ལམ་རིམ་བླ་མ་བརྒྱུད་པའི་རྣམ་ཐར་བཞུགས་སོ།།

སྟོད་ཀ།

ཡོངས་འཛིན་ཡེ་ཤེས་རྒྱལ་མཚན་གྱིས་བརྩམས།

སེར་གཙུག་ནང་བསྟན་དཔེ་རྙིང་འཚོལ་བསྡུ་ཕྱོགས་སྒྲིག་ཁང་ནས་བསྒྲིགས།

གངས་ཅན་ཁྱད་ནོར་དཔེ་ཚོགས་པོད་ཕྲེང་།

〔༣༨〕

བོད་ལྗོངས་མི་དམངས་དཔེ་སྐྲུན་ཁང་།

图书在版编目(CIP)数据

菩提道次师承传:藏文/荣增·益西坚参著. --
拉萨:西藏人民出版社,2011.1(2024.3 重印)
(慧宝丛书)

ISBN 978-7-223-02992-6

Ⅰ.①菩… Ⅱ.①萨… Ⅲ.①喇嘛教—僧侣—传记—中国—藏语 Ⅳ.①B949.92

中国版本图书馆 CIP 数据核字(2010)第 203051 号

菩提道次师承传(上、下)

编　著	荣增·益西坚参
搜集整理	色拉寺、大昭寺佛教古籍搜集整理室
责任编辑	洛桑次仁
封面设计	格次
责任印制	缪攀
出版发行	西藏人民出版社(拉萨市林廓北路 20 号)
印　刷	拉萨市明鑫印刷有限公司
开　本	787×1092 1/16
印　张	97.125
字　数	859 千
版　次	2011 年 1 月第 1 版
印　次	2024 年 3 月第 3 次印刷
印　数	6,001-8,000
书　号	ISBN 978-7-223-02992-6
定　价	198.00 元(上、下册)

༄། །《སེར་གཙུག་ནང་བསྟན་དཔེ་རྙིང་འཚོལ་བསྡུ་ཕྱོགས་སྒྲིག་ཁང་》གི་
དཔེ་རྙིང་བསྡུ་སྒྲིག་དང་ལས་ཞུགས་མི་སྣའི་མཚན་ཐོ།

བསྡུ་སྒྲིག་འགན་འཛིན་པ། བློ་བཟང་ལྷུན་གྲུབ། དབང་གྲགས། ཚེ་རིང་།

ལས་ཞུགས་མི་སྣ། བློ་བཟང་ཆོས་འགྱུར། རྒྱལ་མཚན་བྱམས་པ། ངག་དབང་བྱང་སེམས། ཚེ་བརྟན་རྡོ་རྗེ།
བློ་བཟང་འཕགས་མཆོག བློ་བཟང་འཇིགས་མེད། ཚེ་རིང་མ། ཚེ་རིང་ཆོས་སྒྲོན།
རྡོ་རྗེ་མཚོ། སྤེན་པ། ལྷག་པ་སྒྲོལ་མ། ལྷ་སྐྱིད། བསོད་ནམས་དབྱངས་ཅན།
བཀྲ་གཡང་། བྱམས་པ་ཆོས་སྒྲོན། མིག་དམར་གཡང་འཛོམས།

དེབ་འདིའི་ཞུ་དག་དང་དཀར་ཆག་སྒྲིག་མཁན། བློ་བཟང་ཆོས་འགྱུར། རྒྱལ་མཚན་བྱམས་པ།
གློག་ཀླད་ཡིག་འཇུག་པ། ཚེ་རིང་ཆོས་སྒྲོན།
པར་སྒྲིག་ལག་རྩལ་པ། ཚེ་རིང་མ།

གླེང་གཞི།

ཡུལ་གངས་ཅན་གྱི་ལྗོངས་འདིར་སངས་རྒྱས་ཀྱི་བསྟན་པ་དར་འཕེལ་བྱུང་བའི་ལོ་ངོ་སྟོང་ཕྲག་ལྷག་གི་དུས་ཡུན་ནང་རིམ་སུ་མ་ཆད་པའི་མཁས་གྲུབ་གཉིས་ལྡན་གྱི་སྐྱེས་ཆེན་དམ་པ་མཐའ་ཡས་པ་ཞིག་གི་རྨད་དུ་བྱུང་བའི་ལེགས་བཤད་པོ་ཏི་པར་ཤིང་དང་བཅས་པ་དབུས་གཙང་ཁམས་གསུམ་སོགས་བོད་ཁམས་ཁྱོན་དང་། གཞན་ཡང་ནང་ས་དང་། སོག་ཡུལ། ལ་དྭགས། འབྲས་ལྗོངས། འབྲུག་ཡུལ་སོགས་ཡུལ་གྲུ་གཞན་དུའང་འཕྲིན་ལས་ཀྱི་སྣང་བ་དཀར་པོས་ཁྱབ་བཞིན་པ་དེ་ལྟར་ཡང་། དུས་རབས་ཀྱི་འཕོ་འགྱུར་སྣ་ཚོགས་དང་ལྷག་པར་ "རིག་གནས་གསར་བརྗེ་ཆེན་པོ་" ཟེར་བའི་ལོ་བཅུའི་གོད་ཆགས་ནང་རིམ་བཞིན་རྒྱ་ཆེའི་ལེགས་བཤད་དེ་དག་གིས་མཚོན་ཆོས་འཛིན་རྟེན་གཉིས་ཐད་ཀྱི་རིག་གཞུང་ཆེས་མང་པོ་ཞིག་རྒྱ་བ་ནས་སྟོངས་ཟིན་པ་དང་། ཤུལ་དུ་ལུས་པའི་དཔེ་རྙིང་དེ་དག་གི་གྲས་ནས་མི་ཉུང་བ་ཞིག་བོད་ཀྱི་ཡུལ་གྲུ་གང་སར་ཐོར་གྱུར་དུ་སོང་སྟེ་བཙལ་འཚོལ་ཤིན་ཏུ་དཀའ་བའི་ཁར་འགའ་ཞིག་བཞུགས་ཡོད་པ་དག་ཀྱང་ཕལ་ཆེ་བ་དགོན་སྡེ་ཆེ་ཁག་གི་ནང་ཕྱག་མཆོད་ཀྱི་ཡུལ་ཙམ་དང་། ཡང་ན་སྒེར་ཚོགས་ཚན་པ་ཁག་གི་ནང་རིག་དངོས་ཀྱི་འདུ་ཤེས་ཐོག་ནས་བསྟུ་ཉར་གནང་བ་ཙམ་ལས་ཆེས་རྒྱ་ཆེ་བའི་རང་རིགས་ཀྱི་རིག་གཞུང་ལ་སློབ་གཉེར་དང་ཞིབ་འཇུག་ཉམས་ལེན་ལེགས་ཆ་སོགས་ཁྱབ་གདལ་གནང་མཁན་སོགས་ཀྱི་རྒྱ་ཆེའི་གཟིགས་པ་པོ་རྣམས་ཀྱི་སྤྱན་ལམ་དུ་འགྱུར་མ་ཐུབ་པས་གསུང་རབ་ཀྱི་དགོས་པ་ཇི་བཞིན་སྒྲུབ་མ་ཐུབ་པ་དང་། ལར་ནས་མ་འོངས་པར་ཡང་དུས་ཀྱི་འགྱུར་བགྲོད་དང་འབྱུང་བའི་གནོད་འཚེ་སོགས་ལས་རྒྱ་ཆེའི་རིག་གཞུང་དཔེ་དཀོན་དེ་རྣམས་རྒྱ་སྟོངས་སུ་མི་འགྲོ་བའི་ངེས་པ་མེད་པར་བསམས་ན་དེ་དག་སྲུང་སྐྱོབ་མཚན་ཉིད་ཚང་བ་ཞིག་བྱེད་པའི་ཐབས་ལམ་ཉག་གཅིག་ནི་ཕྱག་མཆོད་ཀྱི་རྟེན་དང་རིག་དངོས་ཀྱི་མཚན་ཐོག་ནས་སུས་ཀྱང་མཛལ་དཀའ་བའི་མཛོད་སྦུག་ཏུ་འཇུག་རྒྱུ་དེ་མ་ཡིན་པར་མིག་རྒྱང་ཡངས་པོས་དཔེ་སྐྲུན་འགྲེམས་སྤེལ་ཞུས་ཏེ་རྒྱ་ཆེའི་སློབ་གཉེར་

བས་མཆོན་གཟིགས་པ་པོ་ཀུན་གྱི་སྤྱན་ལམ་དུ་བསྐྱར་རྒྱུ་དེ་ནི་དོན་དམ་པའི་ཉམས་པ་སོར་ཆུད་དང་། མི་ཉམས་གོང་འཕེལ་གྱི་བྱ་བ་ཞིག་ཡིན་ངེས་སྙམ་པ་དང་། བསྟན་པ་དང་མི་རིགས་ཀྱི་རིག་གནས་རྒྱུན་འཛིན་དང་སྐྱར་གསོའི་བྱ་གཞག་ཁ་ཐོག་ཏུ་མ་ལུས་པར་ལག་ལེན་ལ་ཅི་འགྲོལ་བྱེད་པའི་དྲི་མ་མེད་པའི་ལྷག་བསམ་བཟང་པོས་ཀུན་ནས་བསླངས་ཏེ་ད་ལན་ངེད་སེ་ར་ཐེག་ཆེན་གླིང་དང་། དཔལ་ལྡ་ལྡན་གཙུག་ལག་ཁང་གཉིས་ཀྱིས་ཕུར་གྲུ་མཉམ་འདེགས་ཀྱིས་ཕྱོགས་སོ་སོ་ནས་ཐོག་མའི་དཔེ་སྐྲུན་གྱི་ཐེབས་རྩ་བཞག་སྟེ་བཙུགས་པའི་སེར་གཙུག་ནང་བསྟན་དཔེ་རྙིང་འཚོལ་བསྡུ་ཕྱོགས་སྒྲིག་ཁང་ནས་དགེ་ལུགས་གསུང་འབུམ་གཙོ་གནད་དུ་བྱས་ཏེ་རིས་མེད་ནང་བསྟན་གསུང་རབ་དཔེ་རྙིང་ཁག་གོམ་པ་རིམ་བགྲོད་ཀྱིས་འཚོལ་བསྡུ་དཔར་སྐྲུན་ཞུས་ནས་དེའི་སྲུམ་ཆ་གཅིག་གཞུང་ལུགས་ལ་གསན་བསམ་གནང་མཁན་མང་བའི་དགོན་སྡེ་ཆེ་ཁག་དང་། སྤྱི་ཚོགས་ཚན་པ་ཁག་གི་དཔེ་མཛོད་ཁང་། དེ་བཞིན་སློབ་གྲྭ་ཁག་སོགས་ལ་ཞིབ་འཇུག་གི་དཔྱད་གཞིའི་ཚུལ་དུ་རིན་མེད་འབུལ་ལམ་ཞུ་རྒྱུ་དང་། དེ་འཕྲོས་རྣམས་རིན་གོང་ཆུང་ངོས་ཀྱི་ཐོག་ནས་རྒྱ་ཆེའི་སློབ་གཉེར་བ་དང་གཟིགས་པ་པོ་རྣམས་ཀྱི་ཐུགས་འདུན་བསྐོང་གང་ཐུབ་ཞུ་རྒྱུ་ཡིན་པས་རྒྱ་ཆེའི་མཁྱེན་ལྡན་རྣམ་པས་སྤྱི་དོན་ཐུགས་ལ་འདོགས་པའི་ལྷག་བསམ་གྱི་ངེད་ཚོའི་ལས་རིམ་ལ་རྩ་ཆེའི་དགོངས་འཆར་གང་མང་ལྷུག་སྩོལ་དང་། ལྷག་པར་འབྲེལ་ཡོད་མ་དཔེ་དཀོན་རིགས་མཁོ་འདོན་གནང་སྐྱོང་ཡོང་རེ་ཞུ་བ་བཅས།

སེར་གཙུག་ནང་བསྟན་དཔེ་རྙིང་འཚོལ་བསྡུ་ཕྱོགས་སྒྲིག་ཁང་ནས།

བསྡུ་སྒྲིག་གསལ་བཤད།

གཞུང་འདིའི་མཛད་པ་པོ་ཡོངས་འཛིན་ཡེ་ཤེས་རྒྱལ་མཚན་ནི་གཙང་རྟ་ནག་པད་ཁྱུད་ནང་པའི་རིགས་སུ་ཡབ་ཚངས་པ་དཀར་པོ་དང་། ཡུམ་ཆེ་རིང་དཔལ་འཛོམས་གཉིས་ཀྱི་སྲས་སུ་རབ་བྱུང་བཅུ་གཉིས་པའི་ཆུ་སྤྲེལ༡༦༩༢ལོར་འཁྲུངས། དགུང་ལོ་བདུན་ཐོག་ཐོས་བསམ་གླིང་གི་ཆོས་རྗེ་ཆེ་བཙན་རྣམ་རྒྱལ་གྱི་དྲུང་དུ་གཙུག་ཕུད་ཕུལ་ཏེ་མཚན་དབུ་རྒྱན་ཆོས་འཕེལ་ཞེས་སྩལ། ཨ་ནིས་ཀློག་བསླབས། དགུང་ལོ་བརྒྱད་པར་བཀྲས་ལྷུན་དྲུང་རམས་པ་ནས་ཆོས་སྤྱོད་འཛིན་སྐྱོར་བྱེད་དུ་བཅུག །དགུང་ལོ་བཅུ་ཐོག་བཀྲས་ལྷུན་གྱི་ཆོས་སྐོར་ཞུགས། དེའི་ལོར་པཎ་ཆེན་བློ་བཟང་ཡེ་ཤེས་ཀྱི་དྲུང་དུ་རབ་བྱུང་གི་སྡོམ་པ་བཞེས། མཚན་ཡེ་ཤེས་རྒྱལ་མཚན་འདོགས་པར་མཛད། དགུང་ལོ་བཅུ་བདུན་བར་གཞུང་ཆེན་བཀའ་པོད་ལྔར་གསན་བསམ་མཛད། རྣམ་འགྲེལ་ཐོག་ནས་མིང་བཏགས་གནང་རྒྱུ་ཡིན་ནའང་རང་མཉམ་འགའ་ཞིག་གིས་སྒྲོ་སྐུར་ལ་བརྟེན་མིང་སྐམ་པོར་མ་ཆགས་པར་སྐྱིད་གྲོང་དུ་ཕེབས། དེའི་ལོར་སྟོད་ཁང་སྤྱིལ་བུ་གསར་རྒྱག་གིས་ལོ་གསུམ་རིང་སྒྲུབ་ལ་བརྩོན། དགུང་ལོ་ཉི་ཤུ་ལ་གྲུབ་དབང་བློ་བཟང་རྣམ་རྒྱལ་གྱི་དྲུང་ནས་བསྙེན་རྫོགས་ཀྱི་སྡོམ་པ་བཞེས། དགུང་ལོ་ཉེར་གཅིག་ལ་དབུས་སུ་ཕེབས། ཕུར་བུ་ལྕོག་བྱམས་པ་རིན་པོ་ཆེ་མཇལ་ནས་ཟབ་ཆོས་འགའ་ཞུས་ཏེ་ས་ཕུག་གཅིག་ཏུ་སྒྲིག་འཚོའི་འཚོ་བར་བཅས་ཏེ་ལོ་གཅིག་བཞུགས། དགུང་ལོ་ཉེར་གསུམ་ལ་སྐྱིད་གྲོང་དུ་ཕེབས་ནས་གྲུབ་དབང་རིན་པོ་ཆེ་བསྟན་ཚུལ་གྱིས་ཞི་བར་གཤེགས་པའི་དགོངས་རྫོགས་བསྒྲུབས། དགུང་ལོ་ཉེར་ལྔ་ལ་དིང་རིར་ཕ་དམ་པའི་སྒྲུབ་གནས་མཁའ་འགྲོའི་གསང་ཕུག་ཏུ་འཚོ་བ་ངན་ངོན་ལ་བརྟེན་ནས་སྟ་རྗེས་མི་ལོ་བཅུ་གཉིས་རྩིལ་པོ་སྒྲུབ་པ་ལ་རྩེ་གཅིག་ཏུ་གཞོལ། དགུང་ལོ་ཞེ་བཞི་ནས་རེ་ལྔའི་བར་སྐྱིད་གྲོང་བསམ་གཏན་གླིང་དང་། དགའ་ལྡན་ཕུག་པོ་ཆེ། ཆོས་སྡིངས་ཚུལ་ལྡན་གླིང་། བལ་ཡུལ་ཐང་རྡི་ཏ་ར་སོགས་ཀྱི་གཙུག་ལག་ཁང་རྟེན་དང་བརྟེན་པར་བཅས་པ་ཉམས་གསོའི་

མཛད་པ་གནང་། དགུང་ལོ་རེ་གཉིས་ལ་ཕེབས་སྐབས་རྒྱལ་དབང་ཐམས་ཅད་མཁྱེན་པ་འཇམ་དཔལ་རྒྱ་མཚོའི་ཡོངས་འཛིན་དང་བསྟེ་དཔའི་མཚན་བསྟོད་བཞེས་ནས་ཕོ་བྲང་ཆེན་པོ་པོ་ཏ་ལར་བཞུགས་ནས་དགུང་ལོ་བརྒྱད་ཅུ་བར་ཡོངས་འཛིན་གནང་། དབུས་གཙང་གི་ཆོས་སྡེ་ཆེ་ཆུང་ཚང་མར་འདུལ་བའི་ཕྱག་ལེན་དང་ལམ་རིམ་གྱི་འཆད་སྤེལ་ནར་མར་མཛད། དགུང་ལོ་དོན་བདུན་སྐབས་གྲིབ་ཆེ་མཆོག་གླིང་དགོན་པ་ཕྱག་བཏབ། དགུང་ལོ་གྱ་གཅིག་སྐུ་ཚེ་གྲོང་༡༧༨༣ ལོ་ལ་སྐུ་གཤེགས།

དཔལ་ལྡན་བླ་མ་འདི་ཉིད་ཀྱིས་མདོ་སྔགས་གནད་ལས་བརྩམས་པའི་བསྟན་བཅོས་མང་དུ་མཛད་པ་ལས་དང་པོ་མདོ་ཕྱོགས་ལ་ཤེས་རབ་ཀྱི་ཕ་རོལ་དུ་ཕྱིན་པ་ལས་བརྩམས་པ་《བདག་ཉིད་ཆེན་པོ་སློབ་དཔོན་སེང་གེ་བཟང་པོ་ལ་བསྟུགས་པའི་རབ་ཏུ་བྱེད་པ་ཐེག་ཆེན་ཆོས་ཀྱི་སྒྲ་དབྱངས་ཤེས་རབ་ཀྱི་ཕ་རོལ་ཏུ་ཕྱིན་པའི་མན་ངག་གི་བསྟན་བཅོས་མངོན་རྟོགས་རྒྱན་གྱི་བསྡུས་དོན་ལྡེ་མིག》དང་《ཤེར་ཕྱིན་སྟོང་ཕྲག་བརྒྱད་པ་དང་མངོན་རྟོགས་རྒྱན་སྦྱར་ཏེ་བྱང་ཆུབ་ལམ་ རིམ་ གྱི་ གནད་ རྣམས་ གསལ་ བར་ སྟོན་ པའི་ སྒྲོན་ མེ།》སོགས་དང་། འདུལ་ བ་ ལས་བརྩམས་པ་《རྒྱལ་བའི་བསྟན་པའི་ནང་མཛོད་དམ་པའི་ཆོས་འདུལ་བའི་བྱུང་ཚུལ་བརྗོད་པ་རྒྱལ་བསྟན་གསལ་བྱེད་ཉིན་མོའི་སྣང་བ།》དང་《འདུལ་བའི་ལས་ཀྱི་ཆོ་ག །》དབུ་མ་ལས་བརྩམས་པ་《ཟབ་མོ་དབུ་མའི་ལྟ་ཁྲིད་བློ་བཟང་ཞལ་ལུང་།》དང་《བདེན་བཞིའི་བླང་དོར་གྱི་གནད་བསྡུས་པའི་ཚིགས་བཅད།》སྐྱེས་རབས་རྣམ་ཐར་ལས་བརྩམས་པ་《ཟབ་པ་དང་རྒྱ་ཆེ་བའི་ལམ་ལ་སློབ་ཚུལ་དེ་བཞིན་གཤེགས་པའི་སྟོན་གྱི་རྣམ་པར་ཐར་པ་ངོ་མཚར་རྨད་དུ་བྱུང་བ་དང་སྦྱར་ཏེ་བཤད་པ་སྐྱེས་རབས་སོ་བཞིའི་དོན་རྣམ་བཤད་ཐེག་ཆེན་གསལ་སྒྲོན།》དང་《བྱང་ཆུབ་ལམ་གྱི་རིམ་པའི་བླ་མ་བརྒྱུད་པའི་རྣམ་ཐར་རྒྱལ་བསྟན་མཛེས་པའི་རྒྱན་མཆོག་ཕུལ་བྱུང་ནོར་བུའི་ཕྲེང་བ།》《རྗེ་བཙུན་བླ་མ་གྲུབ་པའི་དབང་ཕྱུག་བློ་བཟང་རྣམ་རྒྱལ་དཔལ་བཟང་པོའི་རྣམ་ཐར།》སོགས་དང་། གཉིས་པ་ཟབ་མོ་རྡོ་རྗེ་ཐེག་པའི་གནད་ལས་བརྩམས་པ། 《འཕགས་པ་འཇམ་དཔལ་གྱི་མཚན་ཡང་དག་པར་བརྗོད་པའི་འགྲེལ་པ་བསྟོད་སྤྲིན་སྒྲ་དབྱངས།》

《བླ་མ་མཆོད་པའི་ཁྲིད་ཡིག་གསང་བའི་གནད་རྣམ་པར་ཕྱེ་བ་སྙན་བརྒྱུད་མན་ངག་གི་གཏེར་མཛོད།》《རྣལ་འབྱོར་དབང་ཕྱུག་ལཱུ་ཨི་པའི་ལུགས་ཀྱི་འཁོར་ལོ་སྡོམ་པའི་ཁྲིད་དམིགས་བསྡུས་དོན།》《བྱིན་རླབས་ཀྱི་གཏེར་ཆེན་པོ་རྡོ་རྗེ་འཇིགས་བྱེད་ཀྱི་ཟབ་ཁྲིད་མན་ངག་ཡིད་ཆེས་གསུམ་ལྡན།》བློ་སྦྱོང་ལམ་རིམ་སྐོར་ལ།《ཐེག་ཆེན་བློ་སྦྱོང་བློ་བཟང་དགོངས་རྒྱན་གྱི་རྩ་ཚིག །》《ལམ་ཁྲིད་འཇམ་དཔལ་ཞལ་ལུང་གི་ཁྲིད་དམིགས་བསྡུས་དོན་སྐལ་ལྡན་འཇུག་ངོགས།》《བློ་སྦྱོང་ཁྲིད་ཡིག་བདུད་རྩིའི་སྙིང་པོ།》སོགས་གསུང་འབུམ་པོད་བཅུ་དགུ་ཙམ་ཡོད་པ་ལས་ད་རེས་འདིར་《བྱང་ཆུབ་ལམ་གྱི་རིམ་པའི་བླ་མ་བརྒྱུད་པའི་རྣམ་ཐར་རྒྱལ་བསྟན་མཛེས་པའི་རྒྱན་མཆོག་ཕུལ་བྱུང་ནོར་བུའི་ཕྲེང་བ།》ཅེས་བྱ་བ་འདི་ཉིད་ནི་རྒྱལ་དབང་སྐུ་ཕྲེང་བརྒྱད་པ་རྗེ་བཙུན་འཇམ་དཔལ་རྒྱ་མཚོས་ཡོངས་འཛིན་ཡེ་ཤེས་རྒྱལ་མཚན་ཉིད་ཀྱིས་རང་རྣམ་གསུང་བར་གསོལ་བ་བཏབ་པའི་ཚེ་རྗེ་ཉིད་ཀྱི་རང་རྣམ་ནི་གསུང་དུ་མ་བཞེད་ལ་དེའི་ཚབ་ཏུ《བྱང་ཆུབ་ལམ་གྱི་རིམ་པའི་བླ་མ་བརྒྱུད་པའི་རྣམ་ཐར་རྒྱལ་བསྟན་མཛེས་པའི་རྒྱན་མཆོག་ཕུལ་བྱུང་ནོར་བུའི་ཕྲེང་བ། 》འདི་ཉིད་མཛད་ཅིང་། དེ་ཡང་རྗེ་ཉིད་ཀྱི་གསུང་ལས་དེ་ལ་འདིར་མཁའ་ཁྱབ་ཀྱི་སེམས་ཅན་ཐམས་ཅད་ལ་ཕན་པ་དང་བདེ་བ་མ་ལུས་གང་ལས་འབྱུང་བའི་རྒྱུ་གཅིག་པུ་རྒྱལ་བས་གསུངས་པའི་ཆོས་ཕུང་བརྒྱད་ཁྲི་བཞི་སྟོང་གི་སྙིང་པོའི་དོན་ཐམས་ཅད་གང་ཟག་གཅིག་གི་ཉམས་ལེན་རིམ་པར་ཕྱེལ་གྱིས་བྱང་ཆུབ་ལམ་གྱི་རིམ་པའི་མན་ངག་ལེགས་པར་སྟོན་པའི་རྩ་བརྒྱུད་ཀྱི་བླ་མ་རྣམས་ཀྱི་རྣམ་པར་ཐར་བ་ནི་གང་བཤད་པར་བྱ་བའི་ཆོས་སོ། །ཞེས་གསུངས་པ་ལྟར་སྟོན་པ་མཉམ་མེད་ཐུབ་པའི་དབང་པོ་ནས་རྗེ་འདི་ཉིད་རྩ་བའི་བླ་མ་གྲུབ་དབང་བློ་བཟང་རྣམ་རྒྱལ་གྱི་བར་གྱི་རྒྱ་ཆེན་སྤྱོད་བརྒྱུད་དང་ཟབ་མོ་ལྟ་བརྒྱུད་ཉམས་ལེན་བྱིན་རླབས་བརྒྱུད་པའི་བླ་མ་རྣམས་དང་པོར་བཤེས་གཉེན་ཚུལ་བཞིན་དུ་བསྟེན་ཏེ་མདོ་སྔགས་ཀྱི་ཆོས་ལ་ཐོས་བསམ་ཇི་ལྟར་གནང་ཚུལ། བར་དུ་མདོ་སྔགས་ཀྱི་གཞུང་དེ་དག་གང་ཟག་གཅིག་འཚང་རྒྱ་བའི་གདམས་པར་ཇི་ལྟར་འཁྲིར་ཚུལ། ཐ་མར་དེ་དག་གི་དོན་ཉམས་སུ་བླངས་པ་བརྟེན་ནས་ཟུང་འཇུག་གོ་འཕང་ཇི་ལྟར་འཐོབ་ཚུལ་སོགས་ཚིག་གི་ལོ་མས་དོན་གྱི་འབྲས་བུ་བསྒྲིབས་པ་ལྟ་བུ་

མ་ཡིན་པར་སྐྱེས་བུ་རབ་འབྲིང་ཐ་གསུམ་སུས་མཐོང་ཀྱང་བསྟན་པའི་ཁུར་ཆེན་འདེགས་པའི་བཤེས་གཉེན་དམ་པའི་མཛད་པ་རྣམ་ཐར་ལ་རྗེས་སུ་ཡི་རང་བ་དང་བདག་ཀྱང་བཤེས་གཉེན་འདི་རྣམས་དང་འདྲ་བར་བསྟན་པ་ལ་བྱ་བ་བྱེད་ཐུབ་ན་ཅི་མ་རུང་སྙམ་པ་སོགས་རྣམ་ དཀར་དགེ་བ་སྐྱེ་བའི་ལེགས་བཤད་རྨད་དུ་བྱུང་བ་ཞིག་ཡིན་པ་དང་། ལྷག་པར་ཡང་དེ་སྔོན་དེབ་གཟུགས་རྣམ་པའི་ཐོག་ནས་བཏོན་པའི་ཕྱག་དཔེ་ཡིག་གཟུགས་ཆུང་བར་བརྟེན་རྒྱ་ཆེའི་གཟིགས་པ་པོ་རྣམས་ནས་འདི་ལས་ཡིག་གཟུགས་ཆེ་ཙམ་བཟོས་ན་ལེགས་ཚུལ་གྱི་རེ་འདུན་དང་དགོངས་ཚར་དང་ལེན་ཞུས་ཏེ་གློག་ཀླད་དུ་པར་རྩ་གསར་འཇུག་ཐོག་དེབ་སྟོད་སྨད་གཉིས་སུ་ཕྱེ་ནས་གངས་ཅན་ཁྲོད་ནོར་པོད་ཕྲེང་སོ་བརྒྱད་པ་དང་སོ་དགུ་པར་བསྒྲིགས་ཏེ་རྒྱ་ཆེའི་གཟིགས་པ་པོ་རྣམས་ཀྱི་སྤྱན་ལམ་དུ་ཕུལ་བ་ཡིན། ཕྱག་དཔེ་འདི་ཉིད་ཞུས་དག་སྐབས་ཐོག་མའི་ཞུ་དག་དང་། བསྐྱར་ཞུས། ཡང་ཞུས། ཞུས་ཆེན་བཅས་ཞུ་དག་གི་རིམ་པ་བཞི་ལྷག་ཙམ་བརྒྱུད་ཅིང་། ལྷག་པར་ཡང་མ་དཔེ་སོར་བཞག་གི་རྩ་དོན་གཞིར་བཟུང་མ་དཔེའི་ནང་གང་ཡོད་རྣམས་རང་སོར་བཞག་ཐོག་དེ་མིན་མངོན་གསལ་ཅན་གྱི་དག་ནོར་རེ་ཟུང་སུམ་རྟགས་དང་མཐུན་པར་བཅོས་ཏེ་རང་བློས་གང་ཐུབ་ཀྱི་སྲི་ཞུ་བསྒྲུབ་ཁུལ་ལགས་ཀྱང་ད་དུང་ཡིག་ནོར་ཆད་ལྷག་སོགས་ཀྱི་སྐྱོན་ཆ་ཡང་འབྱུང་ངེས་པས་རྒྱ་ཆེའི་གཞུང་ཆེན་འཆད་ཉན་པ་དང་གཟིགས་པ་པོ་རྣམས་ནས་གལ་སྲིད་ཡིག་ནོར་དང་ཆད་ལྷག་སོགས་སྐྱོན་ཆ་གཟིགས་ཚེ་མ་དཔེར་དཔེ་བསྡུར་ཞུས་ཏེ་རྣག་ཐོག་གཙག་འཕེལ་གྱི་སྐྱོན་འདོན་གནང་ཚེ་ང་ཚོའི་ཕྱིས་ཀྱི་ལས་ཀའི་ནང་ཡོ་བསྲང་ཞུ་ངེས་པས་སྐྱ་ཉིད་ནས་བསྟན་པའི་ཞབས་འདེགས་ལ་དགོངས་ཏེ་རྩ་ཆེའི་དགོངས་འཆར་གནང་རྒྱུའི་འདུན་པ་ཞུགས་དྲག་དང་བཅས།

སེར་གཙུག་ནང་བསྟན་དཔེ་སྙིང་འཚོལ་བསྡུ་ཕྱོགས་སྒྲིག་ཁང་ནས།

དཔེ་སྐྲུན་གསལ་བཤད།

བོད་བརྒྱུད་ནང་བསྟན་རིག་པ་ནི་བཅུ་ཕྲག་རིག་པའི་གནས་ཀྱི་སྙིང་བཅུད་ལྟ་བུ་ཞིག་ཡིན་ཞིང་། རང་ཅག་ཁ་བའི་ལྗོངས་སུ་སངས་རྒྱས་ཀྱི་ཆོས་ལུགས་དབུ་བརྙེས་པ་ནས་བཟུང་སྟེ་ད་བར་མི་ལོ་སྟོང་ཕྲག་གི་ལོ་རྒྱུས་རྒྱ་རྒྱུན་རིང་པོའི་ནང་མཁས་གྲུབ་ལོ་པཎ་མཁྱེན་བརྩེའི་བདག་ཉིད་ཆེན་པོ་རྣམས་ཀྱིས་བློ་གྲོས་ཀྱི་འོ་མཚོ་བསྲུབས་ཏེ་སྙིང་པོ་གཙུག་ལག་གི་བསྟན་བཅོས་རི་རབ་ཀྱི་ལྷུན་པོ་ལྟར་སྤུངས་པར་མཛད་གཤིས། བོད་ཀྱི་རིག་གཞུང་ཞེས་རང་རྒྱལ་གྱི་སྤྱན་ཟླའི་མི་རིགས་གཞན་ཙམ་དུ་མ་ཟད་འཛམ་གླིང་མི་རིགས་ཧི་སྐེད་ཀྱི་སྤྱན་སྔར་ཡང་བློ་གདེང་ཡིད་སྤྲོབས་དང་བཅས་ཏེ་མགྲིན་པ་མཐོན་མཐོར་བཏེགས་ནུས་པ་ཀུན་གྱིས་མཁྱེན་གསལ་ལགས། དེ་ལྟ་བུའི་རིན་ཐང་གཞལ་དུ་མེད་པའི་རིག་གཞུང་དག་ལོ་རྒྱུས་འཕེལ་འགྲིབ་གྱིས་དུས་ཡུན་རིང་པོའི་ནང་མི་དང་རང་བྱུང་གི་འཚེ་བ་སྣ་ཚོགས་དང་། ལྷག་པར་དུ་རིག་གནས་གསར་བརྗེ་ཆེན་པོ་ཟེར་བའི་ལོ་བཅུའི་གོད་ཆག་ནང་ཉམས་བརླག་ཆེན་པོ་སོང་ཡོད། དེང་གི་དུས་འདིར་ཤུལ་དུ་ལུས་པའི་དཔེ་རྙིང་ཕལ་མོ་ཆེ་དཔེ་རྒྱུན་དཀོན་རིགས་ཤ་སྟག་ཅིག་ཡིན་ཞིང་། དེ་དག་ཀྱང་ས་ཕྱོགས་གང་སར་ཐོར་བྱུར་དུ་གནས་ཏེ་འཚོལ་བསྡུ་བྱ་རྒྱུ་ནི་དཀའ་ཚེགས་ཤིན་ཏུ་ཆེ་བའི་བྱ་བ་ཞིག་ཡིན་སྟབས། རང་རེའི་སྤྱི་ཚོགས་ཀྱི་འབྲེལ་ཡོད་ཚན་པ་ཁག་གིས་ཕྱུར་བ་གྲུ་འདེགས་དང་བསྟན་བཅོས་དེ་དག་ཐོག་འདོན་དང་འཚོལ་བསྡུ་ལེགས་སྒྲིག དཔེ་སྐྲུན་བཅས་བྱ་རྒྱུ་ནི་ང་ཚོས་གཞན་ལ་དགྲི་ཐབས་མེད་པའི་ཁ་ཚ་དགོས་གཏུགས་ཀྱི་འོས་འགན་ཞིག་ཏུ་གྱུར་ཡོད།

ད་ཕན་ལོ་མང་ནང་སེ་ར་ཐེག་ཆེན་གླིང་དང་དཔལ་ལྷ་ལྡན་གཙུག་ལག་ཁང་དཔེ་རྙིང་འཚོལ་བསྡུ་ཕྱོགས་སྒྲིག་ཁང་གིས་དྲི་མེད་རྣམ་པར་དག་པའི་ལྷག་བསམ་བཟང་པོས་ཀུན་ནས་བསླངས་པའི་སེམས་བསྐྱེད་ཀྱིས་དཀའ་སྤྱད་དང་དུ་བླངས་ནས་དགེ་ལུགས་གསུང་འབུམ་གཙོ་བོར་འཛིན་པའི་གྲུབ་མཐའ་རིས་མེད་ཀྱི་གསུང་རབ་དཔེ་རྙིང་ཁག་འཚོལ་བསྡུ་ལེགས་སྒྲིག་དཔེ་སྐྲུན་བཅས་མཛད་དང་མཛད་མུས་སུ་མཆིས་པས་སྙིང་ཁམས་དབུས་ནས་དད་གུས་དང་རྗེས་སུ་ཡི་རང་ཞུ་བཞིན་མཆིས། བོད་མི་རིགས་ཀྱི་ཕུལ་བྱུང་གཙུག་ལག་རིག་གཞུང་རྣམས་ཉམས་པ་སོར་ཆུད་དང་། མི་ཉམས་རྒྱུན་འཛིན་དར་སྤེལ་བཅས་བཏང་སྟེ་དེང་གི་སྤྱི་ཚོགས་ལ་ཞབས་འདེགས་དང་ཕྱི་རབས་བརྒྱུད་བཅས་རྣམས་ལ་རྣམ་དཔྱོད་ཀྱི་གསོས་སུ

སྨིན་པ་བྱ་རྒྱུའི་དམིགས་ཡུལ་དང་། དགོས་པ། ཕན་རླབས་བཅས་ལ་བློ་ཁ་གཅིག་མཐུན་བྱུང་ཐོག་འདི་ག་བོད་ལྗོངས་མི་དམངས་དཔེ་སྐྲུན་ཁང་དང་སེར་གཙུག་དཔེ་རྙིང་འཚོལ་བསྡུ་ཕྱོགས་སྒྲིག་ཁང་གཉིས་པོས་ཕྱིས་འབྱུང་མཉམ་ལས་བྱ་རྒྱུའི་ཞིབ་མོལ་བྱས་མཐར། ཁོང་རྣམ་པས་འཚོལ་བསྡུ་ཕྱོགས་སྒྲིག་མཛད་པའི་གསུང་རབ་དཔེ་རྙིང་དཔེ་དཀོན་གལ་ཆེ་ཁག་འདི་ག་དཔེ་སྐྲུན་ཁང་གིས་རིམ་བཞིན་དཔེ་སྐྲུན་བྱ་རྒྱུ་གཏན་འཁེལ་བྱས་པ་ཡིན།

ད་ལན་《 གངས་ཅན་ཁྱད་ནོར་ 》 ཞེས་པའི་དཔེ་ཚོགས་ཁོངས་ཀྱི་ཡོངས་འཛིན་ཡེ་ཤེས་རྒྱལ་མཚན་གྱིས་མཛད་པའི་《ལམ་རིམ་བླ་མ་བརྒྱུད་པའི་རྣམ་ཐར་》སྟོད་སྨད་པོད་གཉིས་དཔེ་སྐྲུན་ཞུས་པ་འདི་ཉིད་དོན་གཉེར་ཅན་རྣམས་དང་ཞིབ་འཇུག་པ་རྣམས་ལ་དགོས་མཁོ་ཆེ་བར་དམིགས་ཏེ་མ་དཔེ་ཞོལ་པར་མ་གཞིར་བཟུང་ཞུ་དག་གང་ནུས་བྱས་ཀྱུལ་ལགས་ཀྱང་སྐྱོན་དང་ནོར་འཁྲུག་ཅི་ཡང་མཆིས་སྲིད་པ་ན་མཁྱེན་དཔྱོད་ཟབ་ཅིང་ཡངས་པའི་ཀློག་པ་པོ་རྣམས་ནས་ལེགས་བཅོས་ཡོད་པར་མཁྱེན་ཞེས་ཞུ་རྒྱུ་བཅས།

བོད་ལྗོངས་མི་དམངས་དཔེ་སྐྲུན་ཁང་བོད་ཡིག་རྩོམ་སྒྲིག་ཁང་ནས།

དཀར་ཆག

བྱང་ཆུབ་ལམ་གྱི་རིམ་པའི་རྣམ་པར་ཐར་པ་རྒྱལ་བསྟན་མཛེས་པའི་རྒྱན་མཆོག་ཕུལ་བྱུང་ནོར་བུའི་ཕྲེང་བ་ཞེས་བྱ་བ་བཞུགས་སོ། །

མཆོད་བརྗོད་དང་རྩོམ་པར་དམ་བཅའ་བ།

༄༅། །རྗེ་བཙུན་བླ་མ་དམིགས་པ་མེད་པའི་ཐུགས་རྗེ་ཆེན་པོ་དང་ལྡན་པ་ཐུབ་དབང་རྡོ་རྗེ་འཆང་དང་དབྱེར་མ་མཆིས་པའི་ཞབས་ལ་ཕྱག་འཚལ་ཞིང་སྐྱབས་སུ་མཆིའོ། །བརྩེ་བ་ཆེན་པོས་དུས་ཐམས་ཅད་དུ་རྗེས་སུ་གཟུང་དུ་གསོལ། མཚན་ཙམ་ཐོས་པས་ངན་འགྲོའི་འཇིགས་ལས་སྐྱོབ། །གསོལ་བ་བཏབ་ན་དངོས་གྲུབ་ཀུན་སྩོལ་ཞིང་། །བཀའ་བཞིན་བསྒྲུབས་ན་སྐུ་གསུམ་ཐོབ་མཛད་པ། །སྟོན་པ་ཐུབ་པའི་དབང་པོ་ལ་ཕྱག་འཚལ། །རབ་འབྱམས་ཞིང་ཀུན་སྤྲུལ་པས་ལེགས་བཀང་སྟེ། །རྒྱལ་བའི་མཛད་པ་མཐའ་དག་སྒྲུབ་མཛད་པ། །རྒྱལ་ཚབ་(འན)མི་ཕམ་མགོན་དང་འཇམ་པའི་དབྱངས། །བྱང་ཆུབ་སྙིང་པོའི་བར་དུ་གཙུག་གིས་མཆོད། །རབ་བརྟན་བྱང་ཆུབ་སེམས་ཀྱི་སྟོང་པོ་ལ། །རླབས་ཆེན་སྤྱོད་པའི་ཡལ་འདབ་རབ་ཏུ་རྒྱས། །དོན་གཉིས་འབྲས་བུས་འགྲོ་ཀུན་ཚིམས་མཛད་པ། །རྒྱ་ཆེན་སྤྱོད་བརྒྱུད་བླ་མ་རྣམས་ལ་འདུད། །ཟབ་ཞི་སྤྲོས་དང་བྲལ་བའི་མཁའ་དབྱིངས་དབུས། །ཡེ་ཤེས་རྡོ་རྗེའི་ཉིན་བྱེད་འོད་སྣང་གིས། །འགྲོ་བློའི་མ་རིག་མུན་པ་སེལ་མཛད་པ། །ཟབ་མོ་ལྟ་བརྒྱུད་བླ་མ་རྣམས་ལ་འདུད། །ཟབ་དང་རྒྱ་ཆེའི་ལམ་གྱི་རིམ་པ་ཀུན། །རབ་གསང་བྱིན་རླབས་རིན་ཆེན་འབྱུང་གནས་ཆེར། །ཐབས་མཁས་གྲུ་ཡིས་མྱུར་དུ་བགྲོད་མཛད་པ། །བྱིན་རླབས་ཉེ་བརྒྱུད་བླ་མ་རྣམས་ལ་

འདུད། །བརྒྱུད་པ་གསུམ་ལྡན་མན་ངག་སྙིང་པོའི་བཅུད། །རིན་ཆེན་བྱང་(༢བ)ཆུབ་སེམས་ཀྱི་བདུད་རྩི་ཡིས། །བྱང་ཕྱོགས་དམུ་རྒོད་འགྲོ་རྣམས་འདུལ་མཛད་པ། །མགོན་པོ་ཨ་ཏི་ཤ་ལ་གསོལ་བ་འདེབས། །བློ་ཆེན་རྒྱལ་དང་རྒྱལ་སྲས་ཀུན་གྱི་མཛད་པའི་འཕྲིན་ལས་བཟང་པོ་མ་ལུས་གང་གི་སྙིང་སྟོབས་ཡངས་པའི་གྲྭ་གཅིག་ན། །ངལ་བསོ་བགྱིས་པས་རྒྱལ་བ་ཀུན་ལས་ལྷག་པའི་ཐུགས་རྗེ་ཅན་ཞེས་སྣན་པའི་གྲགས་པ་ཕྱོགས་ཀྱི་བུ་མོས་རབ་སྒྲོགས་པ། །བྱང་ཕྱོགས་གངས་རིའི་ཁྲོད་ཀྱི་ཟས་གཙང་སྲས་པོ་འཛམ་མགོན་བླ་མ་བདག་གི་སྤྱི་གཙུག་མཛེས་པའི་རྒྱན་དུ་རྟག་བཞུགས་ལ། །ཉིད་ཀྱི་ལེགས་བཤད་བདུད་རྩིའི་རྒྱུ་ཡིས་བདག་བློའི་འདབ་བརྒྱ་ཆ་ཚང་ལམ་གྱི་བདུད་རྩིའི་སྙིང་པོ་ཅན་དུ་མཛད་དུ་གསོལ། །རབ་འབྱམས་རྒྱལ་བ་ཀུན་གྱི་ཐུགས་རྗེའི་གཟུགས། །བདག་གི་དགེ་བའི་བཤེས་སུ་ལེགས་ཤར་བ། །མ་នོར་ལམ་སྟོན་དྲིན་ཅན་(༣ན)བླ་མ་ལ། །སྙིང་ནས་འདུད་དོ་རེ་བ་འབྲས་ལྡན་མཛོད། །ལྷར་བཅས་འགྲོ་བ་ཀུན་གྱི་ཕན་བདེའི་གཞི། །རྒྱལ་བའི་གསུང་རབ་ཀུན་གྱི་སྙིང་པོའི་དོན། །བྱང་ཆུབ་ལམ་རིམ་བླ་མ་བརྒྱུད་པ་ཡི། །རྟོགས་པ་བརྗོད་ལ་བདག་བློ་སྤྲོ་བ་སྐྱེས། །

སྟོན་པ་ཤཱཀྱ་ཐུབ་པའི་རྣམ་ཐར།

དེ་ལ་འདིར་མཁའ་ཁྱབ་ཀྱི་སེམས་ཅན་ཐམས་ཅད་ལ་ཕན་པ་དང་བདེ་བ་མ་ལུས་གང་ལས་འབྱུང་བའི་རྒྱུ་གཅིག་པུ་རྒྱལ་བས་གསུངས་པའི་ཆོས་ཕུང་བརྒྱད་ཁྲི་བཞི་སྟོང་སྙིང་པོའི་དོན་ཐམས་ཅད་གང་ཟག་གཅིག་གི་ཉམས་ལེན་གྱི་རིམ་པར་རྫིལ་གྱིས་དྲིལ་བ་བྱང་ཆུབ་ལམ་གྱི་རིམ་པའི་མན་ངག་ལེགས་པར་སྟོན་པའི་རྩ་བརྒྱུད་ཀྱི་བླ་མ་རྣམས་ཀྱི་རྣམ་པར་ཐར་པ་ནི་གང་བཤད་པར་བྱ་བའོ། །དེ་ཡང་རྒྱ་འགོ་གངས་ལ་ཐུག་པ་ཞིག

དགོས་པ་ལྟར་དམ་པའི་ཆོས་ཀྱི་བརྒྱུད་པའང་(༣བ)ཡང་དག་པར་རྫོགས་པའི་སངས་རྒྱས་ལ་ཐུག་པ་ཞིག་དགོས་པས་ཐོག་མར་བསྟན་པའི་བདག་པོ་སྟོན་པ་བཅོམ་ལྡན་འདས་ཤཱཀྱ་ཐུབ་པ་ཐུགས་རྗེ་ཅན་དེ་ཉིད་ཀྱི་རྣམ་པར་ཐར་པ་ཕྱོགས་ཙམ་ཞིག་བརྗོད་པར་བྱའོ། །

དེ་ལ་སངས་རྒྱས་འཇིག་རྟེན་དུ་འབྱོན་པ་ནི་བརྒྱ་ལམ་ན་ཨུ་དུམ་ཝ་རའི་མེ་ཏོག་ལྟར་ཤིན་ཏུ་དཀོན་པར་གསུངས་ལ། དེའི་རྒྱུ་མཚན་ཡང་སངས་རྒྱས་འཇིག་རྟེན་དུ་འབྱུང་བ་ལ་དང་པོར་བྱང་ཆུབ་མཆོག་ཏུ་ཐུགས་བསྐྱེད། བར་དུ་བསྐལ་པ་གྲངས་མེད་པ་གསུམ་ལ་སོགས་པ་དུས་རིང་དཔག་ཏུ་མེད་པར་ཚོགས་གཉིས་རླབས་པོ་ཆེ་བསགས་ཏེ། སངས་རྒྱས་ཀྱི་ཞིང་ཡོངས་སུ་དག་པ་དང་། སྨོན་ལམ་ཡོངས་སུ་རྫོགས་པ་དང་། གདུལ་བྱ་རྣམས་རྒྱུད་ཡོངས་སུ་སྨིན་པ་སོགས་རྟེན་འབྲེལ་མཐའ་ཡས་པ་ཞིག་འགྲིག་པ་ན་སངས་རྒྱས་འཇིག་རྟེན་དུ་འབྱོན་པ་ཡིན་ལ། དེ་ལྟ་བུའི་རྟེན་འབྲེལ་འགྲིག་པ་ཤིན་ཏུ་དཀའ་བས་འཇིག་རྟེན་འདི་ཕལ་ཆེར་མུན་བསྐལ་ཤ་སྟག་ཏུ་གནས་ཤིང་། སངས་རྒྱས་འབྱོན་པའི་སྒྲོན་བསྐལ་ནི་བརྒྱ་ལམ་ན་སྲིད་པ་ཙམ་མོ། །དེ་ཙམ་དུ་དཀོན་པ་ཅི་ཡིན་སྙམ་ན། སྤྱོད་འཇུག་ལས། ཇི་ལྟར་མཚན་མོ་མུན་ནག་སྤྲིན་རུམ་ན། །གློག་འགྱུ་སྐད་ཅིག་རབ་སྣང་སྟོན་པ(༤ན)ལྟར། །དེ་བཞིན་སངས་རྒྱས་མཐུ་ཡིས་བརྒྱ་ལམ་ན། །འཇིག་རྟེན་བསོད་ནམས་བློ་གྲོས་ཐང་འགའ་འབྱུང་། །ཞེས་གསུངས་པ་ལྟར། ཁམས་གསུམ་གྱི་འཁོར་བའི་སེམས་ཅན་རྣམས་ལ་དགེ་སེམས་ཕྲ་མོ་རེ་སྐྱེ་བ་ཡང་ཤིན་ཏུ་དཀའ་ཞིང་། དགེ་སེམས་གང་སྐྱེ་བ་ཐམས་ཅད་སངས་རྒྱས་ཀྱི་མཐུ་ཁོ་ན་ལ་བལྟོས་ལ། སངས་རྒྱས་དད་པ་སོགས་དགེ་སེམས་ཕྲ་མོ་རེ་སྐྱེ་བ་ཡང་ཤིན་ཏུ་དཀོན་ན། དཀོན་མཆོག་གསུམ་ལ་དད་པ་རྙེད་ནས་ལས་དཀར་ནག་གི་སྤང་བླངས་ཚུལ་བཞིན་དུ་བྱེད་པ་དང་། སྲིད་པ་མཐའ་དག་ལ་ཞེན་པ་ལོག་པའི་ངེས་འབྱུང་གིས

བསྐལ་ནས་ཐར་པའི་ལམ་ལ་སློབ་པ་རྣམས་དགོན་པ་ལྟ་ཅི་སྨོས། ངེས་འབྱུང་གི་བསམ་པས་ཀུན་ནས་བསླངས་ཏེ་ཐར་ལམ་ལ་སློབ་པའང་ཤིན་ཏུ་དཀོན་ན། བདག་པས་གཞན་གཅེས་པའི་བྱང་ཆུབ་ཀྱི་སེམས་རིན་པོ་ཆེས་ཀུན་ནས་བསླངས་ཏེ་རྒྱལ་སྲས་ཀྱི་སྤྱོད་པ་རྒྱ་མཚོ་ལྟ་བུ་ལ་དུས་བསྐལ་པ་གྲངས་མེད་མང་པོར་བར་མ་ཆད་དུ་སློབ་པ་དང་བསླབས་པ་མཐར་ཕྱིན་པ་ཤིན་ཏུ་དཀོན་པ་ལྟ་བུ་སྨོས་ཀྱང་ཅི་དགོས། དེའི་ཕྱིར་སངས་རྒྱས་འཇིག་རྟེན་དུ་འབྱོན་པ་ཤིན་ཏུ་དཀོན་པར་དྲི་མ་མེད་པའི་རིགས་པས་ལེགས་(༩བ)པར་གྲུབ་བོ། །དེ་ལྟར་སངས་རྒྱས་འབྱོན་དཀའ་བ་ལས་བསྐལ་པ་འདི་ལ་ནི་སངས་རྒྱས་སྟོང་འབྱོན་པས་བསྐལ་པ་བཟང་པོ་ཞེས་བརྗོད་པ་ཡིན་ཏེ། སྔོན་མི་མཇེད་ཀྱི་འཇིག་རྟེན་འདི་ཐོག་མར་ཆགས་པའི་དུས་ཆུའི་དཀྱིལ་འཁོར་ཆགས་པའི་ཚེ་མཚོ་ནང་ནས་པདྨ་སྟོང་འཐོན་པ། གནས་གཙང་མའི་ལྷ་རྣམས་ཀྱིས་མཐོང་ནས་འདི་གང་གི་ལྟས་ཡིན་སྙམ་དུ་བརྟགས་པ་ན་བསྐལ་པ་འདི་ལ་སངས་རྒྱས་སྟོང་འབྱུང་བའི་ལྟས་སུ་གོ་ནས། ཨེ་མ་བསྐལ་པ་འདི་ནི་བཟང་པོའོ་ཞེས་ཆེད་དུ་བརྗོད་པར་སྙིང་རྗེ་པདྨ་དཀར་པོ་ལས་བཤད་དོ། །

དེ་ལ་སྐྱེ་དགུ་རྣམས་ཀྱི་ཚེ་ལོ་བཞི་ཁྲི་པའི་དུས་སུ་སངས་རྒྱས་འཁོར་བ་འཇིག་བྱོན། ཚེ་ལོ་སུམ་ཁྲི་པའི་དུས་སུ་སངས་རྒྱས་གསེར་ཐུབ་བྱོན། ཚེ་ལོ་ཉི་ཁྲི་པའི་དུས་སུ་རྒྱལ་བ་འོད་སྲུངས་བྱོན། རྟོད་ལྡན་ཚེ་ལོ་བརྒྱ་པའི་དུས་སུ་སྟོན་པ་བཅོམ་ལྡན་འདས་ཤཱཀྱ་ཐུབ་པ་འདི་ཉིད་བྱོན་པ་ཡིན་ལ། སྟོན་པ་ཐུགས་རྗེ་ཅན་འདི་ཉིད་ཀྱིས་ཐོག་མར་ཐུགས་ཇི་ལྟར་བསྐྱེད་པའི་ཚུལ་ནི། མདོ་སྡེ་བསྐལ་བཟང་ལས། ངའི་སྔོན་ཚེ་དམན་པར་གྱུར་པའི་ཚེ། །དེ་བཞིན་གཤེགས་པ་ཤཱཀྱ་ཐུབ་ཆེན་ལ། །འཇམ་གང་ཞིག་གི་དབུལ་བ་བྱས་ནས་ཀྱང་། །དང་པོར་བྱང་ཆུབ་ཏུ་ནི་སེམས་བསྐྱེད་དོ། །ཞེས་གསུངས་པ་ལྟར། རྫ་མཁན་གྱི་བུ་ཁྱེའུ་སྣང་བྱེད་དུ་སྐྱ་འཁྲུངས་པའི་ཚེ། དེ་བཞིན་གཤེགས་པ་ཤཱཀྱ་ཐུབ

ཆེན་ཞེས་བྱ་བ་འཇིག་རྟེན་དུ་བྱོན་པ་དང་མཇལ་(༥ན)ཏེ་རྫའི་བུམ་པ་འཇམ་གྱིས་བཀང་བ་མེ་ལོང་གིས་ཁ་བརྒྱན་པ་སོགས་མཆོད་པའི་ཡོ་བྱད་ཅི་ཡོད་ཕུལ་ཏེ། དེ་བཞིན་གཤེགས་པ་ཁྱེད་སྐུ་ཅི་འདྲ་དང་། །འཁོར་དང་སྐུ་ཚེའི་ཚད་དང་ཞིང་ཁམས་དང་། ཁྱེད་ཀྱི་མཚན་མཆོག་བཟང་པོ་ཅི་འདྲ་བ། །དེ་འདྲ་ཁོ་ནར་བདག་ཀྱང་འགྱུར་བར་ཤོག །ཅེས་བརྗོད་ནས་བྱང་ཆུབ་ཏུ་ཐུགས་བསྐྱེད་པར་མཛད་དོ། །

གཞན་ཡང་སྟོན་པ་ཐུགས་རྗེ་ཅན་འདི་ཉིད་ཀྱིས་རང་ཅག་ཁམས་གསུམ་གྱི་འགྲོ་བ་འཁོར་བའི་གནས་ན་ཉོན་མོངས་ཤིང་སྡུག་བསྔལ་བརྒྱ་ཕྲག་དུ་མས་མནར་བ་ཐུགས་ཀྱིས་མ་བཟོད་ནས། དེ་བཞིན་གཤེགས་པ་བགྲང་བ་ལས་འདས་པ་དག་གི་སྤྱན་སྔར་ཐུགས་བསྐྱེད་ཅིང་སྨོན་ལམ་འདེབས་པར་མཛད་དེ། དེ་ཡང་། སྟོན་པས་སྔོན་དེ་བཞིན་གཤེགས་པ་བགྲང་བ་ལས་འདས་པའི་སྤྱན་སྔར་ཐུགས་བསྐྱེད་མཛད་པ་ལས། འདིར་མདོ་སྡེ་ལས་འབྱུང་བ་ལྟར་གཙོ་ཆེ་བ་འགའ་ཞིག་སྨོས་ན། དྲིན་ལན་བསབ་པའི་མདོ་ལས་གསུངས་ཚུལ་ནི། སྟོན་པ་ཐུགས་རྗེ་ཅན་འདི་ཉིད་སྔོན་དམྱལ་བའི་ཤིང་རྟ་འདྲེན་པར་འཁྲུངས་པ་ན། གྲོགས་ཟླ་བོ་ཞིག་དང་གཉིས་ཀྱིས་ལྕགས་བསྲེགས་ཀྱི་ས་གཞིར་གཤིན་རྗེ་ཨ་གླང་གི་ཤིང་རྟ་འདྲེན་པ་ལས་ཟླ་བོ་དེ་ཉམ་ཆུང་བས་ཤིང་རྟ་འདྲེན་མ་ནུས་པ་ན། གཤིན་རྗེ་ཨ་གླང་གིས་ལྕགས་ཀྱི་མདུང་རྩེ་གསུམ་པ་བྲང་ལ་བསྣུན་པས་ཁྲག་གི་(༥བ)ཆར་བབ་ཅིང་སྡུག་བསྔལ་གྱིས་ཉམ་ཐག་ནས་སྨྲེ་སྔགས་འདོན་པ་ན། དེ་ལ་བཟོད་གླགས་མེད་པའི་སྙིང་རྗེ་འཁྲུངས་ནས་སེམས་ཅན་འདི་སྡུག་བསྔལ་ལས་ཐར་བར་བྱས་ཏེ་དམྱལ་བའི་སྡུག་བསྔལ་འདི་ང་གཅིག་པུས་བཟོད་པར་བྱའོ་སྙམ་དུ་ཐུགས་བསྐྱེད་ཅིང་། སེམས་ཅན་དེས་མཚོན་ནས་ལས་ངན་པའི་དབང་གིས་དམྱལ་བར་ལྟུང་བ་དང་ལྟུང་བར་འགྱུར་བའི་སེམས་ཅན་ཐམས་ཅད་ལ་བཟོད་གླགས་མེད་པའི་སྙིང་རྗེ་སྐྱེས་ནས་བྱང་ཆུབ་ཏུ་ཐུགས་བསྐྱེད་དེ། གཤིན་རྗེ་ཨ་གླང་ལ་སེམས་ཅན

ཉམ་ཐག་འདི་ཐོངས་ལ་འདིའི་ཐག་པའང་ངའི་མགོ་ལ་སྐོན་ཅིག །ང་གཅིག་པུས་དྲང་བར་བྱའོ། །ཞེས་གསུངས་པ་ན། ཨ་གླང་ཁྲོས་ནས་ལྕུགས་ཀྱི་མདུང་རྩེ་གསུམ་བསྣུན་པས་བསྐལ་པ་བརྒྱར་བསགས་པའི་སྡིག་པ་དག་ཅིང་། དེ་ནས་ཚེ་འཕོས་ཏེ་སུམ་ཅུ་རྩ་གསུམ་གྱི་ལྷར་སྐྱེས་པར་གསུངས་སོ། །འདི་བཅོམ་ལྡན་འདས་ཀྱིས་བྱམས་པའི་ཐུགས་བསྐྱེད་པའི་ཐོག་མ་ཡིན་པ་དང་། དེ་ནས་བཟུང་སྟེ་མངོན་པར་རྫོགས་པར་སངས་རྒྱས་པའི་བར་དུ་སེམས་ཅན་ཐམས་ཅད་ལ་བྱམས་པ་དང་སྙིང་རྗེའི་སེམས་རྒྱུན་མ་ཆད་པར་བསྐྱེད་པར་མཛངས་བླུན་ལས་གསུངས་སོ། །

ཐུགས་བསྐྱེད་ཚུལ་འདུལ་བ་ལུང་ལས་གསུངས་པ་ནི། ལུང་སྨན་གྱི་གཞི་ལས། སྟོན་པ་ལ་རྒྱལ་པོ་གསལ་རྒྱལ་གྱིས་སྟོན་པས་ཐོག་མར་གང་དུ་སེམས་བསྐྱེད་ལགས་ཞུས་པ་ན། སྟོན་པས་བཀའ་སྩལ་པ། སྔོན་རྒྱལ་(༨ན)པོ་འོད་ལྡན་ཞེས་བྱ་བའི་ཡུལ་དུ་གླང་པོ་རིན་པོ་ཆེ་མེ་ཏོག་ཀུ་མུ་དའི་མདོག་ལྟར་དཀར་བ། ཡན་ལག་བདུན་ཤིན་ཏུ་གནས་པ་ཞིག་བྱུང་སྟེ། དེ་རྒྱལ་པོ་འོད་ལྡན་གྱིས་མཐོང་ནས་གླང་པོ་འདུལ་མཁན་འདི་དུལ་བར་གྱིས་ལ་ང་ལ་ཕུལ་ཅིག་ཅེས་གསུངས་པས། གླང་པོ་འདུལ་མཁན་གྱིས་བཀའ་བཞིན་འཚལ་ཞེས་ཟེར་ཏེ། དེ་དུལ་བར་བྱས་ནས་རྒྱལ་པོ་ལ་ཕུལ་བ་དང་། རྒྱལ་པོས་གླང་པོ་ལ་ཞོན་འདུལ་མཁན་ཡང་གོང་དུ་ཞོན་ཏེ་རི་དྭགས་གཤོར་དུ་སོང་བ་ན། གླང་པོ་ཆེ་དེས་གླང་མོའི་དྲི་ཚོར་ཏེ་རྗེས་བཞིན་དུ་བརྒྱུགས་ནས་རླུང་ལྟར་ཁྱེར་བ་དང་། རྒྱལ་པོ་འོད་ལྡན་གྱིས་གླང་པོ་འདུལ་མཁན་ལ། ནམ་མཁའ་འགྲུལ་བ་འདྲ་ཞིང་ཕྱོགས་ཀུན་སྒྱུར་དུ་འགྲོ་བ་འདྲ་བ་འདི་བཟློག་ཅིག །དེས་བཟློག་མ་ནུས་ཏེ་རྒྱལ་པོ་ལ་གླང་པོ་འདི་མི་ཐུབ་ཀྱིས་ཤིང་གི་ཡལ་ག་ལ་འཇུས་མཛོད་ཅིག་བྱས་པས། རྒྱལ་པོས་ཤིང་གི་ཡལ་ག་འཇུས་པས་སྲོག་གི་འཇིགས་པ་ལས་ཐར་རོ། །དེ་ནས་རྒྱལ་པོས་གླང་པོ་འདུལ་མཁན་ལ་ཁྱོད་ཀྱིས་གླང་པོ་མ་ཐུལ་བར་ང་ལ་ཕུལ་ལོ། །དེས་སྨྲས་པ།

ལྷ། བདག་གིས་ཤིན་ཏུ་དུལ་མོད་ཀྱིས། གླང་མོའི་དྲི་ཆོར་ནས་ཉན་དུ་མ་བཏུབ་ལགས་སོ། །འོན་ཀྱང་དཔྱད་དྲན་ཏེ་ཡོག་ནས་མཆིའོ་ཞེས་ཞུས་སོ། །དེ་ནས་གླང་པོ་དེ་མྱོས་པ་དང་བྲལ་ཏེ་ཞག་བདུན་ལོན་པ་དང་། དཔྱད་དྲན་ཏེ་རང་གི་གནས་སུ་འོངས་སོ། །དེ་ནས་འདུལ་མཁན་གྱིས་རྒྱལ་པོ་ལ་གླང་པོ་མཆིས་ལགས་སོ། །(༦བ)རྒྱལ་པོས་སྨྲས་པ། ཁྱོད་ཀྱིས་འདི་མ་ཐུལ་ལོ། །ལྷ། ཐུལ་ལོ། །ཅིས་མངོན། ལྷའི་སྤྱན་སྔར་ཕབ་པར་བགྱིའོ་ཞེས་དེས་ལྕུགས་ཀྱི་ཐུ་ལུམ་མེས་བསྲེགས་ཏེ་དཔྱད་ཀྱི་སར་ཁྱེར་ནས་ལེན་དུ་གཞུག་པར་བརྩམས་པས། བག་ཚ་བ་མེད་པར་ལེན་ནོ། །དེ་མཐོང་ནས་གླང་རྫིས་རྒྱལ་པོ་ལ་གསོལ་པ། ལྷ། ལེན་དུ་ནི་བཏུབ་ཀྱང་འགུམ་ལགས་སོ། །རྒྱལ་པོས་སྨྲས་པ། ཀྱེ་མཁས་པ། དེ་ལྟར་ཤིན་ཏུ་དུལ་བ་འདིས་བདག་ཅག་གཡེངས་པ་འདི་ལ་རྒྱུ་ཅི་ཞིག་ཡོད། གླང་རྫིས་གསོལ་པ། ལྷ། བདག་གིས་སྔར་ལུས་དུལ་གྱི་སེམས་མ་དུལ་ལོ་ཞེས་མ་གསོལ་ཏམ། བདག་ནི་ལུས་འདུལ་བ་ལགས་ཀྱི། སེམས་འདུལ་བ་ནི་མ་ལགས་སོ། །རྒྱལ་པོས་སྨྲས་པ། སེམས་འདུལ་བ་འགའ་ཡོད་པ་ཐོས་སམ་ཞེས་དྲིས་པ་ན། གླང་པོ་ཆེ་འདུལ་མཁན་དེ་ལ་ཕྱོགས་བཅུའི་སངས་རྒྱས་རྣམས་ཀྱི་བྱིན་རླབས་དང་ནུས་མཐུ་ཞུགས་ནས་དེས་སྨྲས་པ། ལྷ། ལུས་དང་སེམས་གཉིས་ཀ་འདུལ་བར་བྱེད་པ་སངས་རྒྱས་བཅོམ་ལྡན་འདས་མཆིས་སོ། །རྒྱལ་པོ་ཆེན་པོ་སངས་རྒྱས་མཐུ་བོ་ཆེ། །ཉོན་མོངས་སྤྱངས་པ་དཔའ་བོ་སྟོབས་ལྡན་པ། །དེ་དང་གང་དག་དེ་ལྟར་རྗེས་འབྲང་བ། །དེ་དབང་འདིར་ནི་གཟུགས་མེད་སེམས་འགྱུར་རོ། །ཞེས་སོགས་སངས་རྒྱས་རྣམས་ཀྱི་ཡོན་ཏན་རྒྱ་ཆེར་བསྔགས་སོ། །དེ་ནས་རྒྱལ་པོ་འོད་ལྡན་གྱིས་སངས་རྒྱས་བཅོམ་ལྡན་འདས་རྣམས་ཀྱི་བརྩོན་འགྲུས་དང་སྟོབས་ཐོས་ནས་ཤིན་ཏུ་(༧ན)དད་དེ་སྦྱིན་པ་དག་བྱིན། བསོད་ནམས་དག་བྱས་ཏེ་བླ་ན་མེད་པར་ཡང་དག་པར་རྫོགས་པའི་བྱང་ཆུབ་ཏུ་སྨོན་ལམ་བཏབ་པ། སྦྱིན་པ་རྒྱ་ཆེན་སྒྱུར་པ་འདི་ཡིས

སུ། །འགྲོ་བར་རང་བྱུང་སངས་རྒྱས་གྱུར་ནས་ནི། །སྔོན་གྱི་རྒྱལ་བ་རྣམས་ཀྱིས་མ་བསྒྲལ་བ། །སྐྱེ་བོའི་ཚོགས་དག་བདག་གིས་བསྒྲལ་བར་བྱ། །བདག་གིས་སྐྱེ་དགུ་ལེགས་བསྐྱངས་ལས་བྱུང་བའམ། །བཏང་བ་ལས་བྱུང་བསོད་ནམས་ཡོད་པ་གང་། །དེས་ནི་སངས་རྒྱས་ཉིད་ཐོབ་འཇིག་རྟེན་དག །འདོད་པའི་རིམས་ནད་ལས་ནི་ཐར་བར་བྱ། །ཞེས་བྱང་ཆུབ་མཆོག་ཏུ་ཐུགས་བསྐྱེད་པར་གསུངས་སོ། །

མ་སྐྱེས་དགྲའི་འགྱོད་པ་བསལ་བའི་མདོ་ལས་ཐུགས་བསྐྱེད་ཚུལ་གསུངས་པ་ནི། དེ་བཞིན་གཤེགས་པ་སྔོན་འདས་པའི་བསྐལ་པ་བྱེ་བ་ཁྲག་ཁྲིག་བརྒྱ་སྟོང་གྲངས་མེད་པའི་སྔོན་རོལ་གྱི་ཡང་སྔོན་རོལ་ན་ཚོང་དཔོན་གྱི་བུ་དྲི་མ་མེད་པའི་དཔུང་པ་ཞེས་བྱ་བར་འཁྲུངས་པའི་ཚེ། རྗེ་བཙུན་འཇམ་དཔལ་དགེ་སློང་ཆོས་སྨྲ་བ་ཡེ་ཤེས་རྒྱལ་པོ་ཞེས་བྱ་བར་འཁྲུངས་པ་དེས་བསྐུལ་ནས་དེ་བཞིན་གཤེགས་པ་མི་ཐུབ་ཟླ་བའི་རྒྱལ་མཚན་གྱི་སྤྱན་སྔར་ཁྲིད་ནས་དེ་བཞིན་གཤེགས་པ་འཁོར་དང་བཅས་པ་ལ་བསོད་སྙོམས་འབུལ་དུ་བཅུག་པ་ན། ཚོང་དཔོན་གྱི་བུ་དྲི་མ་མེད་པའི་དཔུང་པ་ཞེས་བྱ་བ་དེས་ཀྱང་བསོད་སྙོམས་ཕུལ་ནས་བསོད་སྙོམས་གཅིག(༧བ)ཕུལ་བས། དེ་བཞིན་གཤེགས་པ་མི་ཐུབ་ཟླ་བའི་རྒྱལ་མཚན་འཁོར་ཉན་ཐོས་བརྒྱད་ཁྲི་བཞི་སྟོང་དང་བྱང་ཆུབ་སེམས་དཔའ་ཁྲི་ཉིས་སྟོང་དང་བཅས་པ་ཁྱབ་ཅིང་ཐམས་ཅད་ཀྱིས་ཚིམ་པར་བཞེས་ཀྱང་བསོད་སྙོམས་དེ་ཟད་པར་མ་གྱུར་པ་ན་ཁྱེའུ་དེ་རབ་ཏུ་དགའ་ཞིང་དད་པ་ལྷག་པར་སྐྱེས་ནས་དེ་བཞིན་གཤེགས་པ་དེའི་སྤྱན་སྔར་འདུག་པ་དང་། དེ་བཞིན་གཤེགས་པ་མི་ཐུབ་ཟླ་བའི་རྒྱལ་མཚན་གྱིས་ཁྱེའུ་དེ་ལ་བྱང་ཆུབ་ཀྱི་ལམ་བསྟན་པ་ན། ཚོང་དཔོན་གྱི་བུ་དྲི་མ་མེད་པའི་དཔུང་པས་ཕྱིར་མི་ལྡོག་པའི་དད་པ་ཆེན་པོས་སྐྱབས་སུ་སོང་ཞིང་བྱང་ཆུབ་ཏུ་ཐུགས་བསྐྱེད་པར་གསུངས་སོ། །

བྱང་ཆུབ་སེམས་དཔའི་སྡེ་སྣོད་ལས་སྔོན་པས་སྔོན་ཐུགས་བསྐྱེད་ཚུལ་དང་ས་

ལམ་རིམ་གྱིས་བསྒྲོད་ཚུལ་གསུངས་པ་ནི་མདོ་དེ་ཉིད་ལས། དེ་བཞིན་གཤེགས་པ་སྔོན་འདས་པའི་བསྐལ་པ་གྲངས་མེད་བསམ་གྱིས་མི་ཁྱབ་པའི་སྔོན་རོལ་ན། ཆོས་ཀྱི་རྒྱལ་པོ་ཆེ་རྣམ་པར་རྒྱལ་བ་ཞེས་བྱ་བའི་བུ་གཞོན་ནུ་བརྩོན་འགྲུས་སྤྱོད་པ་ཞེས་བྱ་བར་འགྱུར་བ་པའི་ཚེ་དེ་བཞིན་གཤེགས་པ་ཕུང་པོ་ཆེན་པོ་ཞེས་བྱ་བ་འཇིག་རྟེན་དུ་བྱོན་པ་དང་མཇལ་ཏེ། དེ་བཞིན་གཤེགས་པ་དེས་རྫུ་འཕྲུལ་གྱི་བཀོད་པ་བསམ་གྱིས་མི་ཁྱབ་པ་བསྟན་ནས་གཞོན་ནུ་བརྩོན་འགྲུས་སྤྱོད་པ་ཡིད་འདུན་པར་བྱས་ཏེ་བྱམས་སྙིང་རྗེ་བྱང་ཆུབ་ཀྱི་སེམས་བསྐྱེད་ཚུལ་དང་། སྦྱིན་པ་ལ་སོགས་པའི་ཕ་རོལ་ཏུ་ཕྱིན་པ་དྲུག་དང་བསྡུ་བའི་དངོས་པོ་བཞིས་བསྡུས་པའི་(༢ན)རྒྱལ་སྲས་ཀྱི་སྤྱོད་པ་རླབས་པོ་ཆེ་རྣམས་ལ་སློབ་ཚུལ་རྒྱས་པར་བསྟན་ཅིང་། སྟོབས་བཅུ་དང་མི་འཇིགས་པ་བཞི་དང་། མ་འདྲེས་པ་བཅོ་བརྒྱད་སོགས་སངས་རྒྱས་ཀྱི་ཡོན་ཏན་རྣམས་རྒྱ་ཆེར་བསྔགས་པ་ན། གཞོན་ནུ་བརྩོན་འགྲུས་སྤྱོད་པ་ཐེག་པ་ཆེན་པོའི་ལམ་ལ་ཕྱིར་མི་ལྡོག་པའི་ངེས་པ་བརྟན་པོ་ཐོབ་ནས། བཅོམ་ལྡན་འདས་དེ་བཞིན་གཤེགས་པ་དགྲ་བཅོམ་པ་ཡང་དག་པར་རྫོགས་པའི་སངས་རྒྱས་ཕུང་པོ་ཆེན་པོ་ཉན་ཐོས་ཀྱི་དགེ་འདུན་དང་བཅས་པ་ལ་ལོ་བྱེ་བ་ཕྲག་དགུ་བཅུ་རྩ་དྲུག་ཏུ་མཆོད་པའི་དངོས་པོ་ཐམས་ཅད་ཀྱིས་མཆོད་ཅིང་བསྙེན་བཀུར་ནས་བླ་ན་མེད་པ་ཡང་དག་པར་རྫོགས་པའི་བྱང་ཆུབ་ཏུ་ཐུགས་བསྐྱེད་པར་གསུངས་སོ། །དེ་ནས་བསྐལ་པ་ཆེན་པོ་གྲངས་མེད་པ་གཅིག་འདས་པ་ན་ཚོང་དཔོན་ཤེས་རབ་བཟང་པོ་ཞེས་བྱ་བར་འགྱུར་བ་པའི་ཚེ། དེ་བཞིན་གཤེགས་པ་དཀོན་མཆོག་ཡན་ལག་ཅེས་བྱ་བ་འཇིག་རྟེན་དུ་བྱོན་པ་དང་མཇལ་ཏེ། དེ་བཞིན་གཤེགས་པ་དཀོན་མཆོག་ཡན་ལག་གིས་ཚོང་དཔོན་ཤེས་རབ་བཟང་པོ་ལ་བྱང་ཆུབ་ཀྱི་ལམ་རྒྱས་པར་བསྟན་ཅིང་། རྫུ་འཕྲུལ་གྱི་བཀོད་པ་དུ་མ་འང་བསྟན་པས་དད་པ་དང་དགའ་བ་རྒྱ་ཆེན་པོ་དང་བྱང་ཆུབ་ཀྱི་ལམ་ལ་ཕྱིར་མི་ལྡོག་པའི་ངེས་པ་བརྟན་པར་གྱུར་ནས།

ཆོང་དཔོན་ཤེས་རབ་བཟང་པོས་དེ་བཞིན་གཤེགས་པ་དཀོན་མཆོག་ཡན་(༢བ)ལག་ཉན་ཐོས་ཀྱི་དགེ་འདུན་དང་བཅས་པ་ལ་ལོ་སྟོང་དུ་མཆོད་ཅིང་བསྙེན་བཀུར་ནས་བླ་ན་མེད་པ་ཡང་དག་པར་རྫོགས་པའི་བྱང་ཆུབ་ཏུ་ཐུགས་བསྐྱེད་ཅིང་བྱང་ཆུབ་ཀྱི་ལམ་རྣམས་ཡོངས་སུ་བསྒྲུབ་བོ། །དེ་ནས་བསྐལ་པ་གྲངས་མེད་པ་གཅིག་འདས་ན་བྲམ་ཟེའི་ཁྱེའུ་གཞོན་ནུ་སྤྲིན་དུ་འཁྲུངས་པའི་ཚེ། དེ་བཞིན་གཤེགས་པ་མར་མེ་མཛད་འཛིག་རྟེན་དུ་བྱོན་པ་དང་མཇལ་ཏེ། དགའ་བ་དང་། མགུ་བ་དང་། དད་པ་རྒྱ་ཆེན་པོས་དེ་བཞིན་གཤེགས་པ་མར་མེ་མཛད་ཀྱི་སྤྱན་སྔར་ལོ་བཅུ་གཉིས་སུ་རལ་པ་གསེར་གྱི་མདོག་ཅན་བཏིང་ནས། བདག་བླ་ན་མེད་པ་ཡང་དག་པར་རྫོགས་པའི་བྱང་ཆུབ་ཏུ་ལུང་མི་སྟོན་ན་བདག་འདི་ཉིད་དུ་ལུས་བསྐམ་པར་བྱའོ་ཞེས་ཡི་དམ་བཅས་སོ། །དེ་ནས་དེ་བཞིན་གཤེགས་པ་དགྲ་བཅོམ་པ་ཡང་དག་པར་རྫོགས་པའི་སངས་རྒྱས་མར་མེ་མཛད་ཀུན་ནས་སྤྱན་ཀུན་ནས་མཁྱེན་པ་དུས་གསུམ་གང་ཡང་མི་མཁྱེན་པ་ཅུང་ཟད་ཀྱང་མེད་པ་དེས་བྲམ་ཟེའི་ཁྱེའུ་སྤྲིན་གྱི་བསམ་པ་མཁྱེན་ནས། དེའི་རལ་པ་གསེར་གྱི་ཁ་དོག་ལྟ་བུ་ལ་ཞབས་བཞག་གོ །དེ་ནས་བྲམ་ཟེའི་ཁྱེའུ་སྤྲིན་གྱིས་ལངས་ནས་དེ་བཞིན་གཤེགས་པ་མར་མེ་མཛད་ལ་ཨུཏྤ་ལས་སྤྲིམ་པ་བཀང་སྟེ་གཏོར་རོ། །གཏོར་མ་ཐག་ཏུ་དེའི་ཚེ་དེ་བཞིན་གཤེགས་པའི་དབུའི་གཙུག་གི་སྟེང་གི་ཐད་དུ་ཨུཏྤ་ལའི་ཁང་པ་བརྩེགས་པ་གྲུ་བཞིར་ཀ་བ་(༩ན)བཞི་ཟུག་པ། ཆ་མཉམ་པ། ཤིན་ཏུ་རྣམ་པར་ཕྱེ་བ། ཉམས་དགའ་བ། ཡིད་དུ་འོང་བ་ཞིག་གནས་པར་གྱུར་ཏེ། ཁང་པ་བརྩེགས་པ་དེ་ནའང་དེ་བཞིན་གཤེགས་པའི་སྐུ་སྣང་ངོ་། །དེ་ནས་དེ་བཞིན་གཤེགས་པ་དགྲ་བཅོམ་པ་ཡང་དག་པར་རྫོགས་པའི་སངས་རྒྱས་མར་མེ་མཛད་ཀྱིས་བྲམ་ཟེའི་ཁྱེའུ་སྤྲིན་ལ་འདི་སྐད་ཅེས་བཀའ་སྩལ་ཏོ། །བྲམ་ཟེའི་ཁྱེའུ་ཁྱོད་དགེ་བའི་རྩ་བ་འདིས་མ་འོངས་པའི་དུས་བསྐལ་པ་གྲངས་མེད་པ་ན་དེ་བཞིན་གཤེགས་པ་དགྲ་བཅོམ་པ་ཡང་དག་

པར་རྫོགས་པའི་སངས་རྒྱས་ཤཱཀྱ་ཐུབ་པ་ཞེས་བྱ་བ་རིག་པ་དང་ཞབས་སུ་ལྡན་པ། བདེ་བར་གཤེགས་པ། འཇིག་རྟེན་མཁྱེན་པ། སྐྱེས་བུ་འདུལ་བའི་ཁ་ལོ་སྒྱུར་བ་བླ་ན་མེད་པ། ལྷ་དང་མི་རྣམས་ཀྱི་སྟོན་པ་སངས་རྒྱས་བཅོམ་ལྡན་འདས་སུ་འགྱུར་རོ། །ཞེས་ལུང་བསྟན་ཏོ། །དེ་ནས་བྲམ་ཟེའི་ཁྱེའུ་སྤྲིན་བདག་ཉིད་ལུང་བསྟན་པ་ཐོས་ནས་དགའ་ཞིང་མགུ་ལ་ཡི་རངས་ཏེ། རབ་ཏུ་དགའ་བ་དང་ཡིད་བདེ་བ་སྐྱེས་ནས་དེའི་ཚེ་མི་སྐྱེ་བའི་ཆོས་ལ་བཟོད་པ་རབ་ཏུ་ཐོབ་བོ། །དེ་བཟོད་པ་ཐོབ་ནས་སྟེང་གི་ནམ་མཁའ་ལ་ཏ་ལ་བདུན་སྲིད་དུ་འཕགས་ནས་ཏིང་ངེ་འཛིན་དྲུག་སྟོང་མངོན་དུ་གྱུར་ཅིང་། དེ་བཞིན་གཤེགས་པ་གངྒཱའི་ཀླུང་གི་བྱེ་མ་སྙེད་དག་ཀྱང་མངོན་དུ་(༩བ)གྱུར་ཏོ། །ཞེས་གསུངས། ལྷག་པར་སྟོན་པ་ཐུགས་རྗེ་ཅན་འདིས་རང་ཅག་རྩོད་ལྡན་སྙིགས་མ་ལྔ་བདོའི་འགྲོ་བ་སངས་རྒྱས་དང་བྱང་ཆུབ་སེམས་དཔའ་གཞན་ཐམས་ཅད་ཀྱིས་འདུལ་མ་ནུས་པར་ཡལ་བར་བོར་བ་རྣམས་ཐུགས་རྗེས་མ་བཟོད་པར་བྲམ་ཟེ་རྒྱ་མཚོའི་རྡུལ་དུ་འཁྲུངས་པ་ན་དེ་བཞིན་གཤེགས་པ་རིན་ཆེན་སྙིང་པོའི་སྤྱན་སྔར་ཕྱོགས་བཅུའི་སངས་རྒྱས་དང་བྱང་ཆུབ་སེམས་དཔའ་ཐམས་ཅད་དཔང་དུ་བཞག་སྟེ། ཕྱིར་ཕྱོགས་བཅུའི་སངས་རྒྱས་ཐམས་ཅད་ཀྱིས་འདུལ་མ་ནུས་པར་ལུས་ཤིང་། ཁྱད་པར་བསྐལ་པ་བཟང་པོ་འདི་ལ་འབྱོན་པའི་སངས་རྒྱས་འཁོར་བ་འཇིག་ནས། ཐ་མ་མོས་པ་སྣང་མཛད་ལ་ཐུག་གི་བར་དགུ་བརྒྱ་དང་དགུ་བཅུ་རྩ་དགུ་པོ་དེ་དག་ཐམས་ཅད་ཀྱིས་རང་རང་གི་ཞིང་བཟུང་བ་ན་རྩོད་ལྡན་ཚེ་ལོ་བརྒྱ་པའི་དུས་འདི་ནི་ཇི་ལྟར་མེ་དཔུང་འབར་བའི་ནང་དུ་སུ་ཡང་འཇུག་པར་མི་སྤྲོ་བ་བཞིན་དུ་དགུ་བརྒྱ་དང་དགུ་རྩ་དགུ་པོ་དེ་དག་ཐམས་ཅད་ཀྱིས་སྙིགས་མ་ལྔ་བདོའི་སེམས་ཅན་མ་རུངས་པ་རྨུ་རྒོད་པ་གདུལ་དཀའ་བ་ཕ་ལ་ཕར་མི་འཛིན་པ་མ་ལ་མར་མི་འཛིན་པ་སློབ་དཔོན་ལ་སློབ་དཔོན་དུ་མི་འཛིན་པ་དྲིན་ལན་ལོག་པར་འཇལ་བ་མ་རུངས་པ་དེ་དག་གི་ནང་དུ་སུ་ཞིག་འཇུག

ཅེས་ཡལ་བར་བོར་བ་ན། བྲམ་ཟེ་རྒྱ་མཚོའི་རྡུལ་གྱིས་དེ་བཞིན་གཤེགས་པ་རིན་ཆེན་སྙིང་པོའི་སྤྱན་སྔར་ཕྱོགས་བཅུའི་སངས་རྒྱས་ཐམས་ཅད་དཔང་དུ་བཞག་སྟེ་མཁྱེན་པར་གསོལ་ནས། རྩོད་ལྡན་ཚེ་ལོ་བརྒྱ་པའི་དུས་ཀྱི་སེམས(༡༠ན)ཅན་དེ་དག་སྙིང་རེ་རྗེ། དེ་དག་ང་འབའ་ཞིག་གིས་གདུལ་བར་བྱའོ། །དེའི་བར་དུ་འཚང་རྒྱ་བར་རང་དབང་ཡོད་ཀྱང་འཚང་མི་རྒྱ་བར་དེའི་དུས་ཁོ་ནར་ངེས་པར་འཚང་རྒྱ་བའི་མཛད་པ་བསྟན་པར་བྱའོ། །ཞེས་དམ་བཅས་ཤིང་རང་ཅག་སྙིགས་མ་ལྔ་བདོའི་འགྲོ་བ་རྣམས་ཀྱི་དོན་དུ་སྨོན་ལམ་ཆེན་པོ་ལྔ་བརྒྱ་བཏབ་པ་ན་དེ་བཞིན་གཤེགས་པ་རིན་ཆེན་སྙིང་པོ་དང་ཕྱོགས་བཅུའི་སངས་རྒྱས་ཐམས་ཅད་ཀྱིས་མགྲིན་གཅིག་ཏུ་ལེགས་སོ་བརྗོད་ཅིང་མེ་ཏོག་གཏོར་ཏེ་བདག་ཉིད་ཆེན་པོ་ཁྱོད་ནི་བྱང་ཆུབ་སེམས་དཔའ་ཐམས་ཅད་ཀྱི་ནང་ན་ཟླ་མེད་པ་སྟེ་མེ་ཏོག་ཐམས་ཅད་ཀྱི་ནང་ནས་མཚུངས་པ་མེད་པ་མེ་ཏོག་པདྨ་དཀར་པོ་ལྟ་བུའོ་ཞེས་རྒྱ་ཆེར་བསྔགས་སོ། །སྟོན་པ་ཐུགས་རྗེ་ཅན་འདིའི་མཛད་པ་གཞན་ལྟ་ཞོག །སྟོན་ཐུགས་བསྐྱེད་པའི་མཛད་པ་འདི་ཉིད་བསམས་ནས་ཀྱང་བཀའ་དྲིན་དང་ཐུགས་རྗེ་དྲན་པའི་དད་པ་ཆེན་པོའི་སྒོ་ནས་མཆོད་ཅིང་གསོལ་བ་འདེབས་པ་ལ་བརྩོན་པ་ལྷུར་བྱའོ། །

དེ་ལྟར་སྟོན་པས་ཐུགས་བསྐྱེད་ནས་བར་དུ་ཚོགས་བསགས་ཚུལ་ནི། མཛོད་ལས། རྣམ་གཟིགས་མར་མེ་རིན་ཆེན་གཙུག །གྲངས་མེད་གསུམ་གྱི་ཐ་མར་བྱུང་། །དང་པོ་ཤཱཀྱ་ཐུབ་པ་ཡིན། །ཞེས་གསུངས་པ་ལྟར། དེ་བཞིན་གཤེགས་པ་ཤཱཀྱ་ཐུབ་ཆེན་ནས་བཟུང་དེ་བཞིན་གཤེགས་པ་གཙུག་ཏོར་ཅན་འཇིག་རྟེན་དུ་བྱོན་པའི་བར་ལ་གྲངས་མེད་དང་པོ་དང་། དེ་ནས་དེ་བཞིན་གཤེགས་པ་མར་མེ་མཛད་འཇིག་རྟེན་དུ་བྱོན་པའི་བར་ལ་གྲངས་མེད་གཉིས་པ་དང་། (༡༠བ)དེ་ནས་དེ་བཞིན་གཤེགས་པ་རྣམ་གཟིགས་འཇིག་རྟེན་དུ་བྱོན་པའི་བར་ལ་གྲངས་མེད་གསུམ་པ་སྟེ་བསྐལ་ཆེན་

གྲངས་མེད་གསུམ་དུ་ཚོགས་བསགས། དེ་ཡང་འདུལ་བ་ལུང་ལས། སངས་རྒྱས་ཤཱཀྱ་ཐུབ་པ་ནས། །འདྲེན་པ་ཡུལ་འཁོར་སྐྱོང་གི་བར། །བདུན་ཁྲི་ལྔ་སྟོང་ཚང་བ་ཡི། །སངས་རྒྱས་རྣམས་ནི་ངས་མཆོད་དོ། །སངས་རྒྱས་ལེགས་མཛད་ནས་བཟུང་སྟེ། །དབང་པོ་རྒྱལ་མཚན་ཐུབ་པའི་བར། །བདུན་ཁྲི་དྲུག་སྟོང་ཚང་བ་ཡི། །སངས་རྒྱས་རྣམས་ནི་ངས་མཆོད་དོ། །སངས་རྒྱས་མར་མེ་མཛད་ནས་ནི། །སངས་རྒྱས་འོད་སྲུངས་བར་དག་ཏུ། །བདུན་ཁྲི་བདུན་སྟོང་ཚང་བ་ཡི། །སངས་རྒྱས་རྣམས་ནི་ངས་མཆོད་དོ། །ཞེས་འབྱུང་བ་ལྟར། གྲངས་མེད་དང་པོ་ལ་དེ་བཞིན་གཤེགས་པ་ཤཱཀྱ་ཐུབ་ཆེན་ནས་བཟུང་དེ་བཞིན་གཤེགས་པ་ཡུལ་འཁོར་སྐྱོང་གི་བར་སངས་རྒྱས་བདུན་ཁྲི་ལྔ་སྟོང་དང་། གྲངས་མེད་གཉིས་པ་ལ་དེ་བཞིན་གཤེགས་པ་ལེགས་མཛད་ནས་བཟུང་སྟེ་དེ་བཞིན་གཤེགས་པ་དབང་པོ་རྒྱལ་མཚན་གྱི་བར་སངས་རྒྱས་བདུན་ཁྲི་དྲུག་སྟོང་དང་། གྲངས་མེད་གསུམ་པ་ལ་དེ་བཞིན་གཤེགས་པ་མར་མེ་མཛད་ནས་བཟུང་དེ་བཞིན་གཤེགས་པ་འོད་སྲུངས་ཀྱི་བར་སངས་རྒྱས་བདུན་ཁྲི་བདུན་སྟོང་ལ་བསྙེན་བཀུར་ཞིང་མཆོད་པས་མཉེས་པར་མཛད་ཅིང་ཚོགས་གཉིས་བར་མ་ཆད་དུ་བསགས་སོ། །དེ་ལྟར་གྲངས་མེད་གསུམ་དུ་ཚོགས་བསགས་ཚུལ་དེ་ཡང་ཐེག་པ་ཐུན་མོང་བའི་དབང་དུ་བྱས་ནས་གསུངས་པ་ཡིན་གྱི། (༡༡ན)ཐེག་པ་ཆེན་པོའི་མདོ་ནས་གྲངས་མེད་གསུམ་དུ་ཚོགས་བསགས་ཚུལ་ཇི་ལྟར་གསུངས་པ་ནི་སྔར་བྱང་ཆུབ་སེམས་དཔའི་སྡེ་སྣོད་ལས་ཇི་ལྟར་གསུངས་ཚུལ་བཤད་པ་ལྟར་དང་། མདོ་སྡེ་དཀོན་མཆོག་སྤྲིན་ལས། རིགས་ཀྱི་བུ་དེ་བཞིན་གཤེགས་པ་ནི་བསྐལ་པ་གྲངས་མེད་པ་དུ་མས་ཡང་དག་པར་གྲུབ་པ་ཡིན་ཏེ། རིགས་ཀྱི་བུ་དེ་བཞིན་གཤེགས་པ་ནི་དཔག་པ་དང་། བསམ་པ་དང་། བརྟག་པར་མི་ནུས་སོ། །བྱང་ཆུབ་སེམས་དཔའ་སྒྲིབ་པ་ཐམས་ཅད་རྣམ་པར་སེལ་བས་གསོལ་པ། བཅོམ་ལྡན་འདས་བསྐལ་པ་གྲངས་མ་མཆིས་པ་གསུམ་གྱིས་དེ་བཞིན་གཤེགས་པ་

རྣམས་ཡང་དག་པར་འགྲུབ་པ་མ་ལགས་སམ། བཅོམ་ལྡན་འདས་ཀྱིས་བཀའ་སྩལ་པ། རིགས་ཀྱི་བུ་དེ་ཅིའི་ཕྱིར་ཞེ་ན། བྱང་ཆུབ་སེམས་དཔའ་དེ་བཞིན་གཤེགས་པའི་ཡུལ་བསྒྲུབ་པར་བྱ་བ་ནི་བསམ་གྱིས་མི་ཁྱབ་སྟེ། དེ་ནི་བསྐལ་པ་གྲངས་མེད་པ་གསུམ་གྱིས་ཡང་དག་པར་བསྒྲུབ་པར་མི་ནུས་ཀྱི། ནམ་བྱང་ཆུབ་སེམས་དཔའ་ཆོས་མཉམ་པ་ཉིད་དུ་ཞུགས་པར་གྱུར་པ་དེའི་ཚེ་དེ་ནས་བརྩམས་ཏེ་བསྐལ་པ་བགྲང་བར་བྱ་ཡི། ཐོག་མའི་སེམས་ནས་བརྩམས་ཏེ་ནི་མ་ཡིན་ནོ། །ཞེས་གསུངས། ཟླ་བ་སྒྲོན་མའི་མདོ་ལས། སངས་རྒྱས་དག་ནི་བྱེ་བ་ཁྲག་ཁྲིག་དང་། །དེ་ལས་ལྷག་པ་གངྒཱའི་བྱེ་མ་སྙེད། །ཀུན་ཀྱང་བྱ་རྒོད་ཕུང་པོ་འདིར་བཞུགས་ཏེ། །མི་དབང་དེ་ཀུན་ང(༡༡བ)ཡིས་བཀུར་བསྟི་བྱས། །ཞེས་སོགས་རྒྱ་ཆེར་གསུངས་པ་ལྟར། སྟོན་པས་སྔོན་སློབ་པ་ལམ་གྱི་གནས་སྐབས་སུ་སངས་རྒྱས་གྲངས་མེད་དཔག་ཏུ་མེད་པ་གངྒཱའི་ཀླུང་གི་བྱེ་མ་སྙེད་དག་ལ་བསྙེན་བཀུར་ཞིང་མཆོད་པར་མཛད་ནས་རྫོགས་སྨིན་སྦྱངས་གསུམ་གྱི་སྤྱོད་པ་མཐར་ཕྱིན་པར་མཛད་དེ་གཞི་དང་སྙིང་པོ་མེ་ཏོག་གིས་བརྒྱན་པ་ཞེས་བྱ་བའི་འོག་མིན་གྱི་ཞིང་དུ་ངེས་པ་ལྔ་ལྡན་ལོངས་སྤྱོད་རྫོགས་སྐུ་མངོན་དུ་མཛད་དེ། སྐུ་དེ་ལས་ནམ་ཡང་གཡོ་བ་མེད་བཞིན་དུ་མཁའ་ཁྱབ་ཀྱི་ཞིང་ཐམས་ཅད་དུ་གདུལ་བྱ་རང་རང་གི་དབང་པོ་དང་འཚམ་པའི་སྤྲུལ་པ་བསྟན་ནས་སེམས་ཅན་གྱི་དོན་མཛད་པ་ལས། སྔོན་གྱི་ཐུགས་བསྐྱེད་དང་སྨོན་ལམ་དུས་སུ་སྨིན་ཏེ་མི་མཇེད་འཇིག་རྟེན་གྱི་ཞིང་འདིར་མཆོག་གི་སྤྲུལ་སྐུའི་མཛད་པ་སྟོན་དུ་ཉེ་བ་ན། རྒྱལ་བ་འོད་སྲུངས་འཇིག་རྟེན་འདིར་བྱོན་པའི་ཚེ་སྟོན་པ་ཐུགས་རྗེ་ཅན་འདི་ཉིད་བྲམ་ཟེའི་ཁྱེའུ་བླ་མ་ཞེས་བྱ་བར་འཁྲུངས་ནས་རྒྱལ་བ་འོད་སྲུངས་ཀྱི་སྤྱན་སྔར་ཚངས་པར་སྤྱོད་ཅིང་བཞུགས་པ་ན་རྒྱལ་བ་འོད་སྲུངས་ཀྱིས་བྲམ་ཟེའི་ཁྱེའུ་བླ་མ་ཁྱོད་ནི་ང་མྱ་ངན་ལས་འདས་པའི་འོག་ཏུ་ཚེ་ལོ་བརྒྱ་པའི་དུས་སུ་མི་མཇེད་འཇིག་རྟེན་གྱི་ཁམས་འདིར་དེ་བཞིན་གཤེགས་པ་དགྲ་བཅོམ་

པ་ཡང་དག་པར་རྫོགས་པའི་སངས་རྒྱས་རིག་པ་དང་ཞབས་སུ་ལྡན་པ། བདེ་བར་གཤེགས་པ། འཇིག་རྟེན་མཁྱེན་པ། སྐྱེས་བུ་འདུལ་བའི་ཁ་ལོ་བསྒྱུར་བ་བླ་ན་མེད་པ། ལྷ་དང་མི་རྣམས་ཀྱི་སྟོན་པ། སངས་(༡༢ན)རྒྱས་ཤཱཀྱ་ཐུབ་པ་ཞེས་བྱ་བར་འགྱུར་ཏེ། ལོ་བརྒྱད་ཅུའི་བར་དུ་ཆོས་ཀྱི་འཁོར་ལོ་བསྐོར་ནས་མྱ་ངན་ལས་འདས་པའི་འོག་ཏུའང་དམ་པའི་ཆོས་ཡུན་རིང་དུ་གནས་པར་འགྱུར་རོ། །ཞེས་ལུང་བསྟན་ཏེ་ཕྱོགས་བཅུའི་ཞིང་ཁམས་ཐམས་ཅད་དུ་གྲགས་པར་མཛད་དོ། །བྲམ་ཟེའི་ཁྱེའུ་བླ་མ་དེ་ནས་འཕོས་དེ་དགའ་ལྡན་དུ་ལྷའི་བུ་དམ་པ་ཏོག་དཀར་པོ་ཞེས་བྱ་བ་སྐྱེ་བ་གཅིག་ཐོགས་ཀྱི་བྱང་ཆུབ་སེམས་དཔའི་ཚུལ་བཟུང་སྟེ་དགའ་ལྡན་གྱི་ལྷ་རྣམས་ལ་ཆོས་སྟོན་ཅིང་ཞིང་འདིར་འབྱོན་པའི་བར་དུ་བཞུགས་སོ། །

དེ་ནས་བྱང་ཆུབ་སེམས་དཔའ་དམ་པ་ཏོག་དཀར་པོ་ཞིང་འདིར་འབྱོན་དུ་ཉེ་བ་ན། གང་དུ་བྱང་ཆུབ་སེམས་དཔའ་སྐུ་བལྟམས་པར་འགྱུར་བའི་ས་ལུམ་བི་ནའི་ཚལ་དུ་སྔ་ལྟས་བཅུ་བྱུང་སྟེ། ས་ཐམས་ཅད་ལག་མཐིལ་ལྟར་མཉམ། ས་གཞི་རྡོ་རྗེ་ལས་གྲུབ་ཅིང་རིན་པོ་ཆེས་གང་། རིན་པོ་ཆེའི་ཤིང་གིས་འཁྲིགས། སྤོས་ཀྱི་མྱུ་གུ་དང་ཕྲེ་མའི་མཛོད་འཐོན་ཞིང་རྒྱལ་མཚན་གྱི་སྤྲིན་གདིབས། ལྷ་རྫས་ཀྱི་མེ་ཏོག་དང་གོས་ཀྱི་མཛོད་རྒྱས། ལྗོན་ཤིང་ཐམས་ཅད་ལ་ནོར་བུ་རིན་པོ་ཆེའི་མཛོད་གྲུབ། ཆུ་ལས་འཕགས་པའི་པདྨ་གང་། སྨེ་བརྒྱད་སོགས་འཇིག་རྟེན་གྱི་དབང་པོ་རྣམས་ཐལ་མོ་སྦྱར་ཏེ་འཁོད། སྨེ་བརྒྱད་ཀྱི་བུ་མོ་རྣམས་ཀྱིས་ལྗོན་པའི་རྒྱལ་པོ་པླཀྵའི་སྡོང་པོ་ལ་བལྟ་ཞིང་ཕྱོགས་བཅུའི་རྒྱལ་བ་ཐམས་ཅད་ཀྱི་སྐུའི་ལྟེ་བ་ནས་(༡༢བ)བཀྱེ་བའི་འོད་ཟེར་གྱིས་ཚལ་ཐམས་ཅད་སྣང་བར་བྱས་ཤིང་འོད་ཀྱི་དཀྱིལ་འཁོར་དུ་བྱང་ཆུབ་སེམས་དཔའ་སྐུ་བལྟམས་པའི་རྣམ་འཕྲུལ་གཟུགས་བརྙན་དུ་འཆར་ལ་སྐུ་བལྟམས་པའི་སྒྲ་གྲག་པ་རྣམས་བྱུང་ངོ་། །ལུམ་བི་ནའི་ཚལ་ཞེས་བྱ་བ་ནི་གྲོང་ཁྱེར་སེར་སྐྱ་དང་ཉེ་བའི་ཕྱོགས

ན་སྔོན་ལྷ་རྣམས་ཀྱིས་འདིར་གྲོང་ཁྱེར་རྩིགས་ཤིག་ཅེས་བཀོད་པ་བྱས་པའི་ས་ལྷས་བསྟན་ཅེས་བྱ་བའི་གྲོང་ཁྱེར་ཆེན་པོ་ན་རྒྱལ་པོ་ལེགས་པར་རབ་སད་ཅེས་བྱ་བ་ཞིག་ཡོད་དེ། དེ་ལ་བཙུན་མོ་མཆོག་ལུམ་བི་ནི་ཞེས་བྱ་བ་སྨོན་ལམ་གྱི་མཐུ་གྲུབ་པ་ཞིག་ཡོད་པ་དེ་ལ་བྱང་ཆུབ་སེམས་དཔའི་བྱིན་རླབས་ཞུགས་ཏེ། སེར་སྐྱ་དང་ལྷས་བསྟན་གྱི་བར་དུ་ཀུན་དགའ་ར་བ་ཞིག་ཡོད་པ་དེ་ངའི་སྐྱེད་ཚལ་དུ་བྱུང་ན་སྙམ་དུ་སྨོན་ཞིང་། དེ་ལྟར་དུ་རྒྱལ་པོ་ལེགས་པར་རབ་སད་ལ་ཞུས་པ་ན། རྒྱལ་པོ་ལེགས་པར་རབ་སད་ཀྱིས་དེར་སྐྱེད་ཚལ་ཕུན་སུམ་ཚོགས་པ་ཡོ་བྱད་ཐམས་ཅད་དང་ལྡན་པ་ཞིག་བཅོས་ཏེ་ལུམ་བི་ནི་ལ་བྱིན་པས་ལུམ་བི་ནའི་ཚལ་ཞེས་གྲགས་སོ། །དེ་ནས་བྱང་ཆུབ་སེམས་དཔའ་དམ་པ་ཏོག་དཀར་པོ་ནི་དགའ་ལྡན་གྱི་ལྷའི་གནས་ན། གཞལ་མེད་ཁང་སུམ་ཁྲི་ཉིས་སྟོང་རབ་ཏུ་གནས་པ་ལྷའི་གཞལ་མེད་ཁང་གི་ཡོན་ཏན་དང་རྒྱན་བཀོད་པ་ཕུན་སུམ་ཚོགས་པ་བྱེ་བས་རབ་ཏུ་ཕྱུག་ཅིང་དཔལ་དང་ལྡན་པ་དེ་ན་བདེ་བར་གནས་ཤིང་། སིལ་སྙན་(༡)ཉན)དང་གླུ་དབྱངས་བརྒྱད་ཁྲི་བཞི་སྟོང་གི་སྒྲ་སྒྲོག་པ་ལས། ཉིད་ཀྱི་བསོད་ནམས་ཀྱི་མཐུ་དང་སངས་རྒྱས་རྣམས་ཀྱི་བྱིན་རླབས་ཀྱིས་རོལ་མོའི་སྒྲ་དབྱངས་དེ་དག་ལས། བསོད་ནམས་རྒྱ་ཆེ་ཚོགས་མངའ་དྲན་རྟོགས་དང་། །བློ་གྲོས་མཐའ་ཡས་ཤེས་རབ་འོད་མཛད་པ། །མཚུངས་མེད་སྟོབས་མངའ་སྒྱུ་རྩལ་རྒྱ་ཆེ་བ། མར་མེ་མཛད་ཀྱིས་ལུང་བསྟན་དགོངས་པར་མཛོད། །སྐྱེས་མཆོག་ཁྱོད་ཀྱིས་བསོད་ནམས་དཔལ་གྱིས་ནི། །དགའ་ལྡན་ཕོ་བྲང་ཤིན་ཏུ་མཛེས་མོད་ཀྱི། །འོན་ཀྱང་ཐུགས་རྗེའི་ཐུགས་དང་ལྡན་པས་ན། །འཛམ་བུའི་རྒྱལ་མཚན་དུ་ནི་ཆར་པ་ཕོབ། །ཅེས་པ་ནས། འདི་ནི་དུས་ལགས་བཏང་སྙོམས་མ་མཛད་ཅེས། །སྙིང་རྗེའི་ཡིད་དང་ལྡན་ལ་སྐུལ་བར་བྱེད། །ཅེས་པ་ལ་སོགས་པས་འཛམ་བུའི་གླིང་དུ་འབྱོན་པའི་དུས་ལ་བབ་པར་བསྐུལ་ཏེ། དེ་ཡང་སྔོན་བསྐལ་པ་བགྲང་བ་ལས་འདས་པ་ནས་རྩོད་ལྡན་ཆེ་ལོ་

བརྒྱ་པའི་དུས་སུ་འཛམ་བུའི་གླིང་དུ་སངས་རྒྱས་ཀྱི་མཛད་པ་སྟོན་པར་ཐུགས་དམ་བཅས་ཤིང་། རྒྱལ་བ་མར་མེ་མཛད་དང་རྒྱལ་བ་འོད་སྲུངས་ལ་སོགས་པ་སངས་རྒྱས་བགྲང་བ་ལས་འདས་པ་དག་གིས་ཀྱང་དེ་ལྟར་དུ་ལུང་བསྟན་པ་དེ་རྣམས་དགོངས་པར་མཛོད་ཅིག་ཅེས་རོལ་མོའི་སྒྲ་དག་ལས་ཡང་དང་ཡང་དུ་བསྐུལ་ལོ། །དེའི་ཚེ་(༡༣བ)གནས་གཙང་མའི་ལྷའི་བུ་རྣམས་བྱང་ཆུབ་སེམས་དཔའ་མངལ་དུ་འཇུག་པའི་ལོ་བཅུ་གཉིས་ཀྱི་གོང་ནས་བྲམ་ཟེར་སྤྲུལ་ཏེ། འོག་ནས་འཆད་པའི་རྣམ་པས་མངལ་དུ་ཞུགས་པར་གྱུར་ན་མཚན་དཔེ་དང་ལྡན་ཏེ། འཁོར་ལོས་བསྒྱུར་རྒྱལ་ལམ། སངས་རྒྱས་སུ་འགྱུར་རོ་ཞེས་འདོན་དུ་འཇུག་ཅིང་རང་སངས་རྒྱས་རྣམས་ལ། ལོ་བཅུ་གཉིས་ན་བྱང་ཆུབ་སེམས་དཔའ་ལྟུམས་སུ་འཇུག་གིས་ཞིང་འདི་ཐོར་ཅིག་ཅེས་ཟེར་ཞིང་། དེ་རྒྱལ་པོའི་ཁབ་ཀྱི་མཇུག་མ་སྒྱུར་བའི་རི་ལ་རང་རྒྱལ་གླང་པོ་ཞེས་པས་ཐོས་ཏེ། རྗོ་ལ་ཤང་རྗེས་བཞག་སྟེ་འདས་སོ། །ཝཱ་ར་ཎ་སིར་རང་རྒྱལ་ལྔ་བརྒྱ་མེའི་ཁམས་ལ་ཞུགས་ཏེ་འདས་ནས་རིང་བསྲེལ་ལྷུང་བས་དྲང་སྲོང་ལྷུང་བར་གྲགས་སོ། །དེ་ནས་བྱང་ཆུབ་སེམས་དཔའ་གཞལ་མེད་ཁང་ཆེན་པོ་དེ་ནས་བྱུང་སྟེ། ཆོས་ཀྱིས་མཐོ་བའི་ཁང་བཟང་ལྷ་རྣམས་ལ་ཆོས་སྟོན་པའི་ས་དེར་ཞུགས་ནས་སེང་གེའི་ཁྲི་ཆོས་བཟང་པོ་ཞེས་བྱ་བ་ལ་བཞུགས་ཏེ། བྱང་ཆུབ་སེམས་དཔའ་བྱམས་པ་དང་། ལྷའི་བུ་ཡོངས་སུ་དགའ་ལྡན་དང་། གང་ཡང་བྱང་ཆུབ་སེམས་དཔའ་ཕྱོགས་ཀུན་ནས་འདུས་པ་རྣམས་ལ་ཆོས་རྒྱ་ཆེར་སྟོན་པར་མཛད་ཅིང་། མྱུར་དུ་སངས་རྒྱས་ཀྱི་མཛད་པ་སྟོན་པར་བཞེད་ནས་གཟིགས་པ་ལྔ་ལ་གཟིགས་སོ། །

གཟིགས་པ་ལྔ་ནི། དུས་ལ་གཟིགས་པ། ཡུལ་ལ་གཟིགས་པ། རིགས་(༡༤ན)ལ་གཟིགས་པ། རུས་ལ་གཟིགས་པ། གང་གིས་ཡུལ་བྱེད་པར་ནུས་པའི་བུད་མེད་ལ་གཟིགས་པ་ལྔའོ། །དེའི་དང་པོ་དུས་ལ་གཟིགས་པ་ནི། སྟོན་དེ་བཞིན་གཤེགས་པ་

རིན་ཆེན་སྙིང་པོའི་སྤྱན་སྔར་བྲམ་ཟེ་རྒྱ་མཚོའི་རྫུལ་གྱིས་རྩོད་ལྡན་ཚེ་ལོ་བརྒྱ་པའི་དུས་འདིར་སངས་རྒྱས་ཀྱི་མཛད་པ་སྟོན་པར་ཐུགས་དམ་བཅས་ཤིང་། དེ་བཞིན་གཤེགས་པ་མར་མེ་མཛད་ནས་བཟུང་རྒྱལ་བ་འོད་སྲུངས་ཀྱི་བར་དུ་བྱོན་པའི་སངས་རྒྱས་རྣམས་ཀྱིས་ཀྱང་དེ་ལྟར་དུ་ལུང་བསྟན་པ་ལྟར་བྱང་ཆུབ་སེམས་དཔའ་དམ་པ་ཏོག་དཀར་པོས་དོན་དེ་ཐུགས་ལ་དགོངས་ཤིང་། ཕྱོགས་བཅུའི་སངས་རྒྱས་རྣམས་ཀྱིས་ཀྱང་སྙིགས་མའི་འགྲོ་བ་མགོན་སྐྱབས་དང་བྲལ་བ་འདི་རྣམས་ཀྱི་མགོན་སྐྱབས་སུ་མྱུར་དུ་འབྱོན་དགོས་སོ་ཞེས་ཡང་ཡང་བསྐུལ་བ་ལྟར་འཛམ་བུའི་གླིང་དུ་འབྱོན་པའི་དུས་ལ་བབ་པར་གཟིགས་པའོ། །

ཡུལ་ལ་གཟིགས་པ་ནི། སངས་རྒྱས་འཇིག་རྟེན་དུ་འབྱོན་པ་ནི་གདུལ་བྱའི་དོན་ཁོ་ནར་འབྱོན་པ་ཡིན་ལ། གདུལ་བྱའི་གཙོ་བོ་ནི་ལྷ་དང་མི་གཉིས་ཏེ། དེ་ལ་ལྷ་ཡུལ་དུ་མཆོག་གི་སྤྲུལ་སྐུ་བྱོན་ན་ནི་མི་རྣམས་ལ་ལྷ་ཡུལ་དུ་བགྲོད་པའི་མཐུ་མེད་པས་དེ་དག་ལ་མི་ཕན་པ་དང་། ལྷ་རྣམས་ཀྱང་འདོད་པས་གཡེངས་ཤིང་ངེས་འབྱུང་སྐྱེ་དཀའ་བས་སོ་ཐར་གྱི་སྡོམ་པའི་རྟེན་དུ་མི་རུང་བ་སོགས་ཀྱིས་ཕན་ཆུང་བ་དང་། ལྷ་རྣམས་ཆོས་མཉན་པའི་ཕྱིར་འཛམ་བུའི་གླིང་དུ་བགྲོད་ནུས་པས་མིའི་ནང་ཁོ་ནར་མཆོག་གི་སྤྲུལ་སྐུའི་མཛད་པ་སྟོན་པ་ཡིན་ལ། མི་ལ་ཡང་གླིང་(༡༤བ)བཞི་ལས་གླིང་གཞན་གསུམ་ནི་ལོངས་སྤྱོད་ཕུན་སུམ་ཚོགས་པ་ཡོད་ཀྱང་དབང་པོ་རྟུལ་ཞིང་ངེས་འབྱུང་ཤུགས་དྲག་པོ་སྐྱེ་དཀའ་བ་དང་། འཛམ་བུའི་གླིང་གི་མི་རྣམས་ནི་དབུལ་ཞིང་ཚེ་ཐུང་ཡང་དབང་པོ་ཤིན་ཏུ་རྣོ་བ་མང་བ་དང་། ངེས་འབྱུང་ཤུགས་དྲག་པོ་སྐྱེ་སླ་བ་དང་། ཚེ་སྔོན་ལ་བསགས་པའི་ལས་ཚེ་སྨད་ལ་སྨིན་ནུས་པའང་སྲིད་པ་དང་། འཛམ་བུའི་གླིང་གི་ཤར་ཕྱོགས་ན་རྗེ་བཙུན་འཇམ་དཔལ་དབྱངས་ཀྱི་སྤྲུལ་པའི་ཞིང་ཁམས་རི་བོ་རྩེ་ལྔའི་གནས་དང་། ལྷོ་ཕྱོགས་ན་ཐུགས་རྗེ་ཆེན་པོའི་ཞིང་ཁམས་པོ་ཏ་ལའི་གནས་དང་།

ནུབ་ཕྱོགས་ན་དཔའ་བོ་དང་རྣལ་འབྱོར་མ་རྣམས་ཀྱི་གནས་ཨོཾ་ཊེ་ཡཱ་ན་དང་། བྱང་ཕྱོགས་ན་དཔལ་ཕྲུག་ན་རྡོ་རྗེ་སོགས་ཉེ་བའི་སྲས་བརྒྱད་ཀྱིས་རྒྱལ་པོའི་ཚུལ་བཟུང་སྟེ་སེམས་ཅན་གྱི་དོན་བྱེད་པའི་གནས་ཤམ་བྷ་ལ་རྣམས་ཡོད་ཅིང་། གཞན་ཡང་འཛམ་བུ་གླིང་གི་ཕྱོགས་དང་ཕྱོགས་མཚམས་རྣམས་ན་ཟུང་འཇུག་གྲུབ་པའི་དཔའ་བོ་དང་དཔའ་མོ་བཞུགས་པའི་གནས་མང་དུ་ཡོད་པས་འཛམ་བུའི་གླིང་འདིར་མདོ་དང་སྔགས་ཀྱི་བསྟན་པ་རྒྱས་པར་འགྱུར་བར་དགོངས་ནས་བྱང་ཆུབ་སེམས་དཔའ་དམ་པ་ཏོག་དཀར་པོ་འཛམ་བུ་གླིང་འདིར་སངས་རྒྱས་ཀྱི་མཛད་པ་སྟོན་ཕྱིར་འབྱོན་བཞེད་པའོ། །

རིགས་ལ་གཟིགས་པ་ནི། རྒྱལ་བ་རྣམས་མཆོག་གི་སྤྲུལ་སྐུའི་མཛད་པ་སྟོན་པའི་ཚེ་རྒྱལ་རིགས་དང་བྲམ་ཟེའི་རིགས་གང་རུང་ཞིག་ཏུ་འཁྲུངས་ནས་སངས་རྒྱས་ཀྱི་མཛད་པ་མཛད་ཀྱི་དེ་གཉིས་ལས་རིགས་དམའ་བར་འཁྲུངས་པའི་མཛད་པ་མི་སྟོན་ནོ། །དེ་ཡང་འཇིག་རྟེན་(༡༥ན)ན་རིགས་གཉིས་པོ་དེ་གང་བཙུན་པར་བྱེད་པ་དེར་འཁྲུངས་པར་མཛད་པས་དུས་འདིར་རྒྱལ་རིགས་བཙུན་པར་བྱེད་པས་ན་འཇིག་རྟེན་ཆགས་ཏེ་འཛམ་བུའི་གླིང་དུ་རྒྱལ་པོ་ཐོག་མར་བྱུང་བ་དེ་ནས་བརྒྱུད་གདུང་རྒྱུན་མ་ཆད་པའི་རྒྱལ་རིགས་སུ་འཁྲུངས་པར་བཞེད་ནས་དེ་ལ་གཟིགས་ཏེ། དེ་ལྟ་བུའི་རྒྱལ་རིགས་ཀྱི་གདུང་དྲི་མ་མེད་པ་ནི་ཤཱཀྱའི་རྒྱལ་པོ་ཟས་གཙང་མ་ཡིན་པར་གཟིགས་སོ། །དེའི་ཚུལ་ནི། འཇིག་རྟེན་ཐོག་མར་ཆགས་པ་ན་མི་རྣམས་འོད་གསལ་གྱི་ལྷ་ལས་འཕོས་ཏེ་བརྫུས་ཏེ་སྐྱེས་པ། ཁམས་ཟས་རགས་པ་ལ་མི་བལྟོས་པར་དགའ་བའི་ཟས་ཀྱིས་འཚོ་བ། ལུས་དྭངས་གསལ་འོད་ཀྱིས་རང་བཞིན་ཅན། འབྲུག་རྩོད་གང་ཡང་མེད་ཅིང་འཁྲིག་པའི་འདོད་ཆགས་ཀྱང་མེད་ལ། བརྟན་དུ་སྨྲ་བའང་མེད་པར་རང་བཞིན་གྱིས་དགེ་བའི་ངང་དུ་གནས་པས་དུས་དེ་ལ་ནི་བསྐལ་པ་རྫོགས་ལྡན་གྱི་དུས་ཞེས་བྱའོ། །དེ་ནས་བསྐལ་པ་བཟང་པོ་རིམ་གྱིས་གྲི་ནས་བདུད་རྩིའི་ཟས་ཀྱིས་འཚོ་བ་དང་། མ་

རྫོགས་པའི་ལོ་ཧྲག་གིས་འཚོ་བ་རྣམས་རིམ་གྱིས་བྱུང་སྟེ་མི་རྣམས་ཀྱི་ལུས་ཀྱི་འོད་ནུབ་ཅིང་ལུས་ལྕི་ལ་བཤང་གཅི་དང་ལྡན་པས་ཕོ་མོའི་དབང་པོ་དོད་དེ་འཁྲིག་པ་སྤྱོད་ཅིང་། དེ་ནས་ཀྱང་བསྐལ་པ་བཟང་པོ་རིམ་གྱིས་བྲི་སྟེ་མ་རྫོགས་པའི་ལོ་ཧྲག་ཀྱང་མེད་པར་ས་ལ་ཞིང་རྨོས་ཏེ་འཚོ་བར་བྱེད་པ་ན། ངེད་ཀྱི་ཞིང་དང་ཁྱོད་ཀྱི་ཞིང་ཞེས་ཕན་ཚུན་འཁྲུག་རྩོད་དུ་གྱུར་ཅིང་། མ་བྱིན་པར་ལེན་པ་དང་། བརྫུན་དུ་སྨྲ་བས་ཕན་ཚུན་འཐབ་ཅིང་རྩོད་པར་གྱུར་པ་ན་འཛམ་བུའི་གླིང་གི་(༡༥བ)མི་ཐམས་ཅད་ཀྱིས་སྤྱི་མཐུན་དུ་རྒྱལ་པོ་བསྐོས་པ་ནི་མང་པོས་བཀུར་བའི་རྒྱལ་པོ་ཞེས་བྱ་བ་བྱུང་ངོ་། །རྒྱལ་པོ་དེའི་བུ་འོད་མཛེས། དེའི་བུ་དགེ་བ། དེའི་བུ་དགེ་མཆོག །དེའི་བུ་གསོ་སྦྱོང་འཕགས། དེ་རྣམས་ལ་སྔོན་གྱི་རྒྱལ་པོ་ལྔ་ཟེར། གསོ་སྦྱོང་འཕགས་ཀྱི་སྤྱི་བོའི་ཤ་རྨེན་ལས་སྐྱེས་པ་ང་ལས་ནུ། དེ་ནས་མཛེས་པ། ཉེ་མཛེས། མཛེས་ལྡན། ཉེ་མཛེས་ལྡན། དེ་ལྔ་ནི་སུམ་ཅུ་རྩ་གསུམ་མན་དང་། གླིང་བཞི་ནས་གཅིག་གི་བར་ལ་དབང་བའི་འཁོར་ལོས་བསྒྱུར་བའི་རྒྱལ་པོ་ལྔའོ། །ཉེ་མཛེས་ལྡན་གྱི་བུ་བཟང་པོ་ནས་རྒྱལ་པོ་ས་ཡ་གཅིག་དང་བཞི་ཁྲི་དྲུག་སྟོང་སུམ་བརྒྱ་བདུན་ཅུ་རྩ་དགུ་འདས་པ་ན་རྒྱལ་པོ་ཀྲི་ཀྲི་བྱུང་སྟེ། རྒྱལ་པོ་ཀྲི་ཀྲིས་ནི་སངས་རྒྱས་འོད་སྲུངས་ལ་བསྙེན་བཀུར་ཞིང་། སངས་རྒྱས་འོད་སྲུངས་མྱ་ངན་ལས་འདས་ནས་དེའི་སྐུ་གདུང་གི་མཆོད་རྟེན་ཡང་བྱས་སོ། །རྒྱལ་པོ་ཀྲི་ཀྲིས་བུ་ལེགས་སྐྱེས་ནས་རྒྱལ་པོ་བརྒྱ་འདས་པ་ན། གྲོང་ཁྱེར་གྲུ་འཛིན་དུ་རྒྱལ་པོ་རྣ་བ་ཅན་བྱུང་སྟེ། དེ་ལ་བུ་གཽ་ཏ་མ་ཞེས་པ་རིགས་མཆོག་དང་། བྷ་ར་དྭ་ཛ་གཉིས་ལས། གཽ་ཏ་མ་དྲང་སྲོང་མདོག་ནག་ལས་རབ་ཏུ་བྱུང་ནས་གྲོང་འདབ་ཏུ་གནས་པས་བྷ་ར་དྭ་ཛས་རྒྱལ་སྲིད་བསྐྱངས་སོ། །དེའི་ཚེ་གཽ་ཏ་མ་ཉེས་པ་མེད་པ་མི་གཡོན་ཅན་ཞིག་གི་གཡོ་ཐབས་ཀྱི་མཐུས་རྒྱལ་པོའི་ཁྲིམས་ཀྱིས་གསལ་ཤིང་ལ་བསྐྱོན་པ་དང་། དྲང་སྲོང་མདོག་ནག་གོ་ཏ་མའི་སྤྱིལ་བོར་དུས་དུས་སུ་འགྲོ་བས་ཕྱིན་པ་ན། དེ་མ་མཐོང་ནས་བཙལ་བ་དང་གོ

ཏ་མ་གསལ་ཤིང་ལ་བསྐྱོན་པ་མཐོང་ནས། བུ། ཅི་ཡིན། རྨ་མ་བྱུང་(༡༨ན)ངམ། བདག་གི་སེམས་ཀྱིས་རྨ་མ་བྱུང་བའི་བདེན་པའི་ཚིག་གིས་མཁན་པོའི་པགས་པ་གསེར་མདོག་ཏུ་གྱུར་ཅིག །ཅེས་སྨྲས་མ་ཐག་གསེར་མདོག་ཏུ་གྱུར་ཏེ་ཡོད་ཆེས་སོ། །དེ་ནས་དྲང་སྲོང་གསེར་མདོག་གིས་བསམས་པ། རྒྱལ་པོ་ཟླ་ར་དྣ་ཛ་ལ་བུ་མི་འབྱུང་བས་གོ་ཏ་མ་ཤི་ན་མང་པོས་བཀུར་བའི་རྒྱལ་རྒྱུད་ཆད་པར་འགྱུར་ལ། དེ་ཆད་ན་འཇིག་རྟེན་སྤྱི་ལ་མི་ལེགས་སོ་སྙམ་དུ་བསམས་ནས་གོ་ཏ་མ་ལ་དྲིས་པ། ཁྱོད་ལ་བུ་བསྐྱེད་པའི་ནུས་པ་ཡོད་དམ། མཁན་པོ། བདག་གཞོན་ནུ་ནས་རབ་ཏུ་བྱུང་བས་བུད་མེད་ཀྱི་རྒྱུས་མ་འཚོལ་ན་བུ་བསྐྱེད་པ་ལྟ་ག་ལ་མཆིས། བུ། སྔོན་སྤྱད་པའི་ཡུལ་དྲན་པར་གྱིས་ཤིག །མཁན་པོ། གནད་ཆད་པའི་ཚོར་བས་ཉེན་ན་ཡུལ་དྲན་པར་ག་ལ་འགྱུར། དེར་རྫུ་འཕྲུལ་གྱིས་ཇི་ཆར་ཆེན་པོ་ཕབ་སྟེ་ཆར་པའི་ཐིགས་པ་ལུས་ལ་ཕོག་ཅིང་རླུང་གྲང་མོས་རེག་པས་སྡུག་བསྔལ་མནན་ནས། སྔོན་གྱི་ཡུལ་དྲན་པར་བྱས་ཏེ་འཁྲིག་པའི་འདོད་ཆགས་དྲན་ནས་ཁུ་བ་ཁྲག་དང་འདྲེས་པ་གཉིས་ལྷུང་ངོ་། །དེ་གཉིས་སྒོ་ངང་གཉིས་སུ་གྱུར་ནས་ཉི་མའི་འོད་ཟེར་གྱིས་སྨིན་པ་རྫོལ་བ་དང་ཁྱེའུ་གཉིས་བྱུང་སྟེ་དེ་དང་ཉེ་བའི་བུ་རམ་ཤིང་གསེབ་ཏུ་ཞུགས་སོ། །གོ་ཏ་མ་ཉི་མའི་འོད་ཟེར་གྱིས་ཤིན་ཏུ་ཚ་ནས་ཤིའོ། །དྲང་སྲོང་འོངས་ནས་ཉེ་འཁོར་དུ་བལྟས་པས་སྒོང་སྐོགས་མཐོང་སྟེ་བཙལ་བས་བུ་རམ་ཤིང་གི་ཚལ་ན་ཁྱེའུ་གཉིས་འདུག་པ་དེ་དེའི་བུར་ཤེས་ཏེ་གནས་སུ་ཁྲིད་ནས་མནུན་བསྐྱོད་དེ་(༡༨བ)གསོས་པ་ཉི་མའི་འོད་ཀྱིས་སྨིན་པར་བྱས་པས་ཉི་མའི་རིགས། གོ་ཏ་མའི་བུ་ཡིན་པས་གོ་ཏ་མ། བུ་རམ་ཤིང་གི་ཚལ་ནས་རྙེད་པས་བུ་རམ་ཤིང་པ་ཞེས་མིང་བཏགས་སོ། །དེ་ནས་དུས་ནམ་ཞིག་ན་རྒྱལ་པོ་ཟླ་ར་དྣ་ཛ་བུ་མེད་པར་ཤི་ནས་ཁྱེའུ་གཉིས་རྒྱལ་སར་བོས་ཏེ། ཕུ་བོ་རྒྱལ་སྲིད་ལ་བཞག་པ་ན་དེ་ལའང་བུ་མ་བྱུང་བས་ནུ་བོ་རྒྱལ་སྲིད་ལ་དབང་བསྐུར་བས། རྒྱལ་པོ་བུ་རམ་ཤིང་པ་ཞེས་བྱ་བར་གྱུར། དེའི་

བུ་རྒྱུད་ལ་རྒྱལ་པོ་བུ་རམ་ཤིང་པ་བརྒྱ་ཐམ་པ་ཡུལ་གྲུ་འཛིན་དུ་བྱུང་། དེའི་ཐ་མ་བུ་རམ་ཤིང་པ་འཕགས་སྐྱེས་པོ། དེའི་བུ་རྐང་གདུབ་ཅན། དེའི་བུ་གནས་འཛོག་སྟེ། རྒྱལ་པོ་གནས་འཛོག་འདི་ནི་ཤཱཀྱའི་རྒྱུད་ཀྱི་ཐོག་མ་ཡིན་ནོ། །དེའི་བུ་ས་ཁྱིམ་སྟེ་དེ་སེར་སྐྱའི་རྒྱལ་སར་བཞག་སྟེ། སེར་སྐྱའི་རྒྱལ་པོ་ས་ཁྱིམ་འདི་ནི་སེར་སྐྱར་ཤཱཀྱའི་རྒྱལ་རྒྱུད་བྱུང་བའི་ཐོག་མ་ཡིན་ནོ། །རྒྱལ་པོ་ས་ཁྱིམ་ནས་བརྒྱུད་པ་ཤཱཀྱའི་རྒྱལ་པོ་ལྷ་ཁྲི་ལྷ་སྟོང་བརྒྱ་བཅུ་གཉིས་སེར་སྐྱར་བྱུང་བའི་ཐ་མ་རྒྱལ་པོ་གཞུ་བརྟན། དེའི་བུ་སེང་གེ་འགྲམ། ཤཱཀྱའི་རྒྱལ་པོ་སེང་གེ་འགྲམ་ལ་བུ་བཞི་བྱུང་སྟེ། ཟས་གཙང་། ཟས་དཀར། བྲེ་བོ་ཟས། བདུད་རྩི་ཟས་སོ། །དེ་བཞི་ལས་རྒྱལ་པོ་ཟས་གཙང་ལ་བཙུན་མོ་བླངས་ཏེ་ཤཱཀྱའི་རྒྱལ་པོར་དབང་བསྐུར་ཏོ། །

རྟས་ལ་གཟིགས་པ་ནི། ཡབ་ཡུམ་གཉིས་ཀ་བདུན་བརྒྱུད་རྩུན་ཆད་མ་ཉམས་པ་སྐྱོན་མེད་པ་ཞིག་ལ་གཟིགས་པ་སྟེ། ཡབ་ཟས་གཙང་དང་། ཡུམ་སྒྱུ་མ་ལྷ་མཛེས་གཉིས་ཀྱི་སྲས་སུ་འཁྲུངས་བཞེད་པའོ། །

དེ་ལ་ཡབ་ཀྱི་གདུང་རྒྱུད་(༡༧ན)ནི་བརྗོད་ཟིན་ལ། ཡུམ་ནི་ལྷས་བསྟན་གྱི་རྒྱལ་པོ་ལེགས་པར་རབ་སད་དང་བཙུན་མོ་ཡུམ་པི་ན་གཉིས་ལ་སྲས་གཅིག་དང་སྲས་མོ་གཉིས་བྱུང་སྟེ། སྲས་མོ་ཆེ་བ་ནི་སྒྱུ་འཕྲུལ་མ་སྟེ། སྒྱུ་འཕྲུལ་མ་འཁྲུངས་པའི་ཚེ་ལྟས་ཁྱད་པར་ཅན་བྱུང་ཞིང་མིའི་བུ་མོ་ལས་འདས་པ་ཤིན་ཏུ་གཟུགས་བཟང་ཞིང་བལྟ་ན་སྡུག་པ་ལྷའི་བཟོ་བོས་བཅོས་པ་ལྟ་བུ་ཞིག་བྱུང་བས་མིང་སྒྱུ་འཕྲུལ་མ་ཞེས་བཏགས། དེ་མཚན་མཁན་ལ་བསྟན་པས་མཚན་ཤིན་ཏུ་བཟང་ཞིང་འདི་ལ་བུ་སྟོབས་ཀྱི་འཁོར་ལོས་བསྒྱུར་བ་ཞིག་འབྱུང་བར་ལུང་བསྟན། དེའི་རྗེས་སུ་སྲས་མོ་ཆུང་བ་འཁྲུངས་པ་ན་འཇིག་རྟེན་ཐམས་ཅད་འོད་ཀྱིས་ཁྱབ་པ་དང་། སངས་རྒྱས་ཀྱི་མཛད་པ་བཅུ་གཉིས་སྟོན་པའི་སྒྲ་གྲག་པ་སོགས་ངོ་མཚར་བའི་ལྟས་བསམ་གྱིས་མི་ཁྱབ་པ་བྱུང་ཞིང་། སྲས་

མོ་ཆེ་བ་ལས་ཀྱང་གཟུགས་བཟང་ཞིང་མཛེས་པ། ལྷའི་བུ་མོ་ཇི་ལྟ་བ་ཞིག་བྱུང་བས་མིང་སྒྱུ་འཕྲུལ་ཆེན་མོ་ཞེས་ཀྱང་བྱ། ལྷ་མོ་སྒྱུ་འཕྲུལ་མ་ཞེས་ཀྱང་བྱ། སྒྱུ་མ་ལྷ་མཛེས་ཞེས་ཀྱང་བྱ་བར་གྲགས་སོ། །དེ་མཚན་མཁན་ལ་བསྟན་པས། འདི་ལ་བུ་སྐྱེས་བུ་ཆེན་པོའི་མཚན་སུམ་ཅུ་རྩ་གཉིས་དང་ལྡན་པ་ཞིག་འབྱུང་། ཁྱིམ་དུ་བཞུགས་ན་འཁོར་ལོས་བསྒྱུར་རྒྱལ་དང་། རབ་ཏུ་བྱུང་ན་རྫོགས་པའི་སངས་རྒྱས་སུ་འགྱུར་རོ་ཞེས་ལུང་བསྟན་ཏོ། །དེ་ནས་རྒྱལ་པོ་ལེགས་པར་རབ་སད་ཀྱིས་ཤཱཀྱའི་རྒྱལ་པོ་སེང་གེ་འགྲམ་ལ་བདག་ལ་བུ་མོ་ཁྱད་པར་དུ་འཕགས་པ་གཉིས(༡༧བ)ཤིག་བྱུང་ན་འདི་གཉིས་ལས་གཞོན་ནུ་ཟས་གཙང་གི་བཙུན་མོར་གང་འོས་པ་ཞིག་བཞེས་དགོས་ཞེས་བསྐུལ་བ་ན་རྒྱལ་པོ་སེང་གེ་འགྲམ་གྱིས་སྔོན་ལ་བུ་མོ་ཆུང་བ་སྒྱུ་མ་ལྷ་མཛེས་ཟས་གཙང་གི་བཙུན་མོར་བླངས་ཤིང་། རྗེས་སུ་ཆེ་བ་སྒྱུ་འཕྲུལ་མ་ཡང་བླངས་སོ། །དེ་ནི་མཚན་མཁན་དག་གིས་ཇི་ལྟར་བསྟན་པ་ལྟར། སྒྱུ་མ་ལྷ་མཛེས་ལ་སྐྱེས་བུ་ཆེན་པོའི་མཚན་སུམ་ཅུ་རྩ་གཉིས་དང་ལྡན་པ་བྱང་ཆུབ་སེམས་དཔའ་འཁྲུངས། ཆེ་བ་སྒྱུ་འཕྲུལ་མ་ལ་བུ་སྟོབས་ཀྱི་འཁོར་ལོས་བསྒྱུར་བའི་མཚན་རྟགས་དང་ལྡན་པ་དགའ་བོ་འཁྲུངས་སོ། །གང་གིས་ཡུམ་བྱེད་པར་ནུས་པའི་བུད་མེད་ལ་གཟིགས་པ་ནི། སྔོན་ཡུན་རིང་པོ་ནས་དེ་བཞིན་གཤེགས་པ་འཇིག་རྟེན་འདིར་འབྱོན་པའི་ཚེ་ཡུམ་བྱེད་པར་སྨོན་ལམ་བཏབ་པ་ཡུམ་སྒྱུ་མ་ལྷ་མཛེས་ཀྱི་རུམ་དུ་སྐྱེ་བ་བཞེས་པར་བཞེད་པའོ། །

དེ་ལྟར་བྱང་ཆུབ་སེམས་དཔའ་དམ་པ་ཏོག་དཀར་པོས། དུས་དང་། ཡུལ་དང་། རིགས་དང་། རུས་དང་། ཡུམ་བུད་མེད་ལྔ་ལ་གཟིགས་ནས་དགའ་ལྡན་གྱི་གཞལ་མེད་ཁང་ཆུ་དང་རྒྱུར་དཔག་ཚད་དྲུག་ཅུ་རྩ་བཞི་ཡོད་པ་དེ་ན་ཆོས་སྟོན་པའི་གནས་རྒྱལ་མཚན་མཐོན་པོ་ཞེས་བྱ་བ་ཡོད་པས། དེར་བྱོན་ནས་བསོད་ནམས་མཆོག་གི་སེང་གེའི་ཁྲི་ལ་བཞུགས་ཏེ། ལྷའི་འཁོར་རྣམས་ལ། གྲོགས་པོ་དག་ངའི་ལུས་བསོད་ནམས

བརྒྱའི་མཚན་གྱིས་བརྒྱན་པ་ལ་ལྟོས། ཕྱོགས་བཅུ་ན་བྱང་ཆུབ་སེམས་དཔའ་ང་དང་འདྲ་བ་བགྲང་བ་ལས་འདས་པ་ལ་ཡང་ལྟོས། ཞེས་(༡༢ན)གསུངས་པ་དང་། འཁོར་དེ་དག་ཀུང་དེའི་བྱིན་རླབས་ཀྱིས་ཕྱོགས་ཀུན་ན་བྱང་ཆུབ་སེམས་དཔའ་དགའ་ལྡན་གྱི་གནས་ན་འཁོད་པ་འདི་དང་འདྲ་བ་ཚད་མེད་པ་མཐོང་ནས་ཀུང་ཆེད་དུ་བརྗོད་དོ། །དེ་ནས་བྱང་ཆུབ་སེམས་དཔའ་དམ་པ་ཏོག་དཀར་པོས་རྗེ་བཙུན་བྱམས་པ་ལ་སོགས་པའི་དགའ་ལྡན་ན་གནས་པའི་ལྷ་རྣམས་ལ། གྲོགས་པོ་དང་། དད་པ་ནི་ཆོས་སྣང་བའི་སྒོ་སྟེ། བསམ་པ་མི་ཕྱེད་པར་འགྱུར་རོ། །དང་བ་ནི་ཆོས་སྣང་བའི་སྒོ་སྟེ། སེམས་རྙོག་པ་ཅན་དང་བར་འགྱུར་རོ། །ཞེས་པ་ནས། ཕྱིར་མི་ལྡོག་པའི་ས་ནི་ཆོས་སྣང་བའི་སྒོ་སྟེ། སངས་རྒྱས་ཀྱི་ཆོས་ཐམས་ཅད་ཡོངས་སུ་རྫོགས་པར་འགྱུར་རོ། །ས་ནས་སར་འཕར་བའི་ཡེ་ཤེས་ནི་ཆོས་སྣང་བའི་སྒོ་སྟེ། ཐམས་ཅད་མཁྱེན་པའི་ཡེ་ཤེས་ཀྱི་དབང་བསྐུར་བར་འགྱུར་རོ། །དབང་བསྐུར་བའི་ས་ནི་ཆོས་སྣང་བའི་སྒོ་སྟེ། མངལ་དུ་འཇུག་པ་དང་། བཙས་པ་དང་། མངོན་པར་འབྱུང་བ་དང་། དཀའ་བ་སྤྱད་པ་དང་། བྱང་ཆུབ་ཀྱི་སྙིང་པོར་འགྲོ་བ་དང་། བདུད་འདུལ་བ་དང་། བྱང་ཆུབ་མངོན་པར་འཚང་རྒྱ་བ་དང་། ཆོས་ཀྱི་འཁོར་ལོ་བསྐོར་བ་དང་། ཡོངས་སུ་མྱ་ངན་ལས་འདས་པ་ཆེན་པོ་སྟོན་པར་འགྱུར་རོ། །ཞེས་ཆོས་སྣང་བའི་སྒོ་བརྒྱ་རྩ་བརྒྱད་རྒྱས་པར་བསྟན་ནས་རིན་པོ་ཆེའི་ཅོད་པན་མ་ཕམ་པའི་དབུ་ལ་བཅིངས་ནས། གྲོགས་པོ་དག་ཁྱོ་བོ་འཛམ་བུའི་གླིང་དུ་འཚང་རྒྱར་འགྲོ་སྟེ། ཁྱེད་ལ་མ་ཕམ་པས་ཆོས་སྟོན་ཏོ། །ཞེས་བྱམས་(༡༢བ)མགོན་རྒྱལ་ཚབ་ཏུ་དབང་བསྐུར་ཏོ། །དེ་ཚེ་རྒྱལ་པོ་ཟས་གཙང་གི་ཁྱིམ་དུ་སྔ་ལྟས་བརྒྱད་བྱུང་སྟེ། ས་གཞི་མཉམ་ཞིང་ཁྱིམ་དུ་རྡུལ་མེད་ལ་ཆག་ཆག་བཏབ་པ་སྦྲང་བུ་དང་ཕྱེ་མ་ལེབ་དང་སྡིག་སྦྲུལ་མེད་ཅིང་མེ་ཏོག་གིས་བཀྲམ་པ་དང་། གངས་རིའི་བྱ་ཁུ་བྱུག་སོགས་ཁྱིམ་དེའི་སྟེགས་བུ་སོགས་སུ་འདུག་ནས་སྐད་སྙན་པ་སྒྲོགས་པ་དང་། དེའི་ཀུན་དགའ་

ར་བ་དང་སྐྱེད་མོས་ཚལ་གྱི་མེ་ཏོག་རྒྱས་པ་དང་། དེའི་རྫིང་ལ་སོགས་པ་པདྨ་འདབ་མ་བྱེ་བ་ཁྲག་ཁྲིག་བརྒྱ་སྟོང་དང་ལྡན་པས་ཁེབས་པ་དང་། མར་དང་སྦྲང་རྩི་སོགས་ལོངས་སྤྱོད་ཀུང་ཟད་པར་མི་འགྱུར་བ་དང་རོལ་མོ་རྣམས་མ་བླངས་པར་འཁྲོལ་བ་དང་། རིན་པོ་ཆེ་སྣ་བདུན་གྱི་སྣོད་རང་བྱེ་སྟེ་འབར་བ་དང་། ཉི་ཟླའི་འོད་ཟིལ་གྱིས་གནོན་ཅིང་ལུས་སེམས་བདེ་བ་བསྐྱེད་པའི་འོད་སྣང་བ་རྣམས་བྱུང་ངོ་། །

དེ་ནས་བྱང་ཆུབ་སེམས་དཔའ་རྒྱལ་མཚན་མཐོན་པོ་ནས་ཁང་པ་ཆེན་པོ་བསོད་ནམས་ཐམས་ཅད་ཀྱིས་ཡང་དག་པར་བྱུང་བ་ནོར་བུ་དང་དཔལ་གྱི་སྙིང་པོ་ལྷ་རྣམས་ཀྱིས་ཀུན་ནས་བལྟ་ཞིང་ཁང་བརྩེགས་གནས་ཀྱི་རྒྱན་དུ་བྱོན་ནས་དེར་བཞུགས་ཏེ། བྱང་ཆུབ་སེམས་དཔའ་དང་ལྷ་མང་པོས་བསྐོར་ཞིང་མདུན་དུ་བདར་ནས་བསྒྲིད་པར་བརྩམས་སོ། །དེའི་ཚེ་བྱང་ཆུབ་སེམས་དཔས་བདེ་བའི་རྒྱན་ཞེས་བྱ་བའི་འོད་ཟེར་དགུ་ལ་སོགས་པ་འོད་ཟེར་གྲངས་མེད་པ་བརྒྱ་སྟོང་ཕྲག་བཅུ་བཀྱེ་བས། སྟོང་(༡༩ན)གསུམ་གྱི་མུན་པ་མུན་ནག་ཀུན་སྣང་བར་བྱས་ནས་ཉི་ཟླའི་འོད་ཟིལ་གྱིས་མནན་ཏེ། ངན་སོང་གི་སྡུག་བསྔལ་སྐད་ཅིག་དེ་ལ་ཞི་བ་དང་། སེམས་ཅན་སུ་ལ་ཡང་ཉོན་མོངས་པས་མི་གནོད་པ་དང་། སྣོད་མ་ཡིན་པ་དག་སེལ་བ་དང་། ལག་ན་རྡོ་རྗེ་ཕྱི་བཞིན་དུ་འབྲང་བ་དང་། འདུལ་བ་སྣ་ཚོགས་པ་དག་མཐོང་བ་སྣ་ཚོགས་པས་མཐོང་བཞིན་པའི་ལས་དེ་དག་ལ་སོགས་པ་དག་བྱེད་དོ། །ཡུམ་ལ་ཁྱད་པར་དུ་བྱ་བའི་འོད། ཡུམ་གྱི་ཡོན་ཏན་གྱི་དཀྱིལ་འཁོར་ལས་བྱུང་བའི་སྣང་བ་ཞེས་བྱ་བའི་འོད་བ་སྤུའི་སྒོ་ཐམས་ཅད་ནས་བཀྱེ་བས། ལྷ་མོ་སྒྱུ་འཕྲུལ་གསོ་སྦྱོང་བླངས་པའི་ལུས་ལ་ཞུགས་མ་ཐག །དེའི་ལུས་བདེ་ལ་འགྲོ་བ་ཐམས་ཅད་ཀྱི་ལུས་ལས་མངོན་པར་འཕགས་ཤིང་རུམ་ནམ་མཁའི་ཁྱོན་ལྟར་ཡངས་པར་གྱུར་ཀྱང་མིའི་ལུས་ལས་མ་འདས་ལ། ཡུམ་གྱི་གློ་གཡས་པར་བྱང་ཆུབ་སེམས་དཔའ་ཡོངས་སུ་སྤྱད་པ་རིན་པོ་ཆེ་བཀོད་པ་ཞེས་བྱ་བ། ཙན་དན་

སྤྲུལ་གྱི་སྙིང་པོའི་ཁང་པ་བརྩེགས་པ་མཛེས་ཤིང་བལྟ་ན་སྡུག་པ། གྲུ་བཞི་ཀ་བ་བཞི་པ། སྟེང་ཁང་པ་བརྩེགས་པས་བརྒྱན་པ། འཕང་དུ་ཁྲིམས་པ་བཙས་ནས་ཟླ་བ་དྲུག་ལོན་པའི་ཚད་ཙམ་པ། དེའི་ནང་ན་ཁང་པ་བརྩེགས་པ་གཉིས་པ་དང་། དེ་བཞིན་དུ་གསུམ་པ་ཡང་དེ་དང་མ་རེག་པར་འདུག་པ་སྲ་ཞིང་བརྟན་ལ་མི་ཤིགས་པ་རེག་ན་བདེ་བ། སྔོན་པོ་མཆོག་གི་ཁ་དོག་ཅན། (༡༩བ)འདོད་ལྷའི་གནས་ཀྱི་བཀོད་པ་ཅི་སྲིད་པ་དེར་སྣང་བ། དེའི་ཕྱི་མ་སྲང་ཕྱེད་ལ་སྟོང་གསུམ་འདི་རིན་པོ་ཆེས་བཀང་བས་རིན་དུ་མི་ཆོག་པ། དེའི་འཁོར་ས་ན་ལྷའི་མེ་ཏོག་ལས་འདས་པའི་མེ་ཏོག་སྐྱེ་ཞིང་འདོད་པའི་ཡོན་ཏན་ལྔས་འཁྱིར་པ། ཁང་པ་བརྩེགས་པ་གསུམ་པའི་ནང་ན་ཁྲིམས་པ་བཙས་ནས་ཟླ་བ་དྲུག་ལོན་པ་ལ་འཚམ་པའི་ཁྲི་ཐྲུམ་པོ། ཚངས་པ་ཆེན་པོའི་གོས་ཀྱང་དེའི་འོད་ཀྱིས་མོག་མོག་པོར་བྱེད་པའི་སྟེང་ན་མཆོག་གི་གདན་ལ་གོས་སྟོང་ཕྲག་བརྒྱའི་རྒྱན་ཞེས་བྱ་བ་ཕྲུགས་གཅིག་ཀྱང་ཡོད་པ་ལོངས་སྤྱོད་ཀྱི་དོན་དུ་གྲུབ་པོ། །བརྒྱ་བྱིན་གྱིས་ཀྱང་ཡུམ་གྱི་གཞི་བཙོད་བསྒྲུབ་པ་དང་། ལྟུམས་གཙང་མར་བྱེད་པ་ལ་འབད་དོ། །དེ་ནས་བྱང་ཆུབ་སེམས་དཔའ་དམ་པ་ཏོག་དཀར་པོ་ལྷའི་འཁོར་གྲངས་མེད་པ་དང་། མཆོད་པའི་བྱེ་བྲག་བསམ་གྱིས་མི་ཁྱབ་པ་དང་བཅས་དགའ་ལྡན་ནས་རིམ་གྱིས་ཕེབས་ཏེ་གླང་པོ་ཆེའི་ཕྲུ་གུ་ཐལ་ཀར་མཆེ་བ་དྲུག་དང་ལྡན་པའི་གཟུགས་ཀྱིས་ནམ་གྱི་གུང་ཐུན་ལ་ཡུམ་གྱི་གློ་གཡས་པ་ནས་ཞུགས་ཏེ། ཞུགས་མ་ཐག་ཁྲིམས་པ་བཙས་ནས་ཟླ་བ་དྲུག་ལོན་པའི་ཚད་ཙམ་མཚན་གྱིས་བརྒྱན་པར་གྱུར་ཏེ། ཡུམ་གྱི་གློ་གཡས་པའི་ཁང་པ་བརྩེགས་པའི་ནང་གི་ཁྲི་སྟན་ལ་སྐྱིལ་མོ་ཀྲུང་བཅས་ཏེ་ན་བཟའ་ཕྲུགས་དེ་ཡང་གསོལ་ནས་ཞིང་བཅུའི་རྡུལ་སྙེད་ཀྱི་བྱང་ཆུབ་སེམས་དཔའི་སྐལ་བ་མཉམ་པ་ཀླུའི་སྙིང་པོའི་ཁང་པ་བརྩེགས་པ་(༢༠ན)འཁོད་པ་དག་དང་ལྷན་ཅིག་ཡུམ་གྱི་རུམ་དུ་བཞུགས་སོ། །

བྱང་ཆུབ་སེམས་དཔའ་ཡུམ་གྱི་ལྟུམས་སུ་ཞུགས་པའི་ནུབ་མོ་སྟོན་ཞིང་དམ་པ་ལ་ཟས་ཀྱི་ཕུད་ཕུལ་བའི་རྣམ་སྨིན་ལས་བྱུང་བའི་པདྨ་ཆེན་པོས་རྒྱ་མཚོ་དང་ས་ཆེན་པོ་བརྡོལ་ཏེ་ཞག་བདུན་ལ་ཚངས་པའི་འཇིག་རྟེན་གྱི་བར་དུ་འཕགས་པ་སྐྱེས་སོ། །སྟོང་གསུམ་གྱི་བཅུད་ཛེ་སྙེད་པ་པདྨ་དེ་ལ་ཟིལ་དངར་གྱི་ཐིགས་པ་བཞིན་དུ་ཆགས་པ་དེ་ཚངས་པ་ཆེན་པོ་གཅིག་པུས་མཐོང་ནས་བཻ་ཌཱུརྱའི་སྣོད་བཟང་པོར་བླངས་ཏེ་ཕུལ་བ་བྱང་ཆུབ་སེམས་དཔས་བཞེས་ཏེ་སྐུ་ལུས་བརྟས་པར་བྱེད་དོ། །དེ་འཛུ་བར་ནུས་པའི་སེམས་ཅན་ནི་གཞན་མེད་དོ། །ཡུམ་གྱི་ལྟུམས་ན་བཞུགས་པའི་སྐུ་མེའི་ཕུང་པོ་ལྟ་བུ་འདུག་པའི་སྣང་བས་དཔག་ཚད་ལྔའི་བར་ཁྱབ་བོ། །མི་རྣམས་བྱང་ཆུབ་སེམས་དཔའ་བལྟ་བར་འོངས་པ་དེ་དག་གིས་མེ་ལོང་གི་ནང་དུ་གཟུགས་བརྙན་མཐོང་བ་ལྟར། ཡུམ་གྱི་ལྟུམས་ན་ཁང་པ་བརྩེགས་པའི་ནང་ན་བྱང་ཆུབ་སེམས་དཔའ་བཞུགས་པ་མཐོང་བར་གྱུར་པ་ལ་ཐོག་མར་བྱང་ཆུབ་སེམས་དཔས་དགའ་བར་བྱེད་པའི་གསུང་སྐུལ་ལོ། །དེ་ནས་ཡུམ་གྱིས་སྨྲོས། །བྱང་ཆུབ་སེམས་དཔའ་ལ་ཆོས་མཉན་པའི་ཕྱིར་རྒྱལ་པོ་ཆེན་པོ་བཞི་དང་། གནོད་སྦྱིན་གྱི་སྡེ་དཔོན་རྣམས་སྤྱི་དྲོ་འོངས་པ་ལ་བྱང་ཆུབ་སེམས་དཔས་ཕྱག་གཡས་བརྐྱང་བའི་མཛུབ་མོ་བསྒྲེངས་ནས་སྟན་སྟོན་ཏོ། །དེ་རྣམས་ཀྱང་སྟན་ལ་འཁོད་ནས་འདུག་པ་ལ་ཆོས་སྟོན་ཏེ། སྔར་འགྲོ་(༢༠བ)བར་འདོད་པ་དང་། ཕྱག་གཡས་པ་བརྐྱང་སྟེ་དེ་དག་འདོང་བའི་བཟ་སྟོན་ནོ། །དེ་བཞིན་དུ་ཉི་མའི་གུང་ལ་བརྒྱ་བྱིན་ལ་སོགས་པའི་ལྷ་རྣམས་བྱུང་བ་དང་། ཕྱི་དྲོ་ཚངས་པས་ཟིལ་དངར་གྱི་ཐིགས་པ་འདུལ་བ་དང་། ནུབ་ཐུན་དང་པོ་ལ་ཕྱོགས་བཅུའི་བྱང་ཆུབ་སེམས་དཔའ་རྣམས་འོངས་པ་ལ། སྐུ་ལས་བཀྱེ་བའི་འོད་རྣམས་སེང་གེའི་ཁྲི་རུ་སྤྲུལ་པ་ལ་དེ་དག་འཁོད་དུ་བཅུག་སྟེ། སྔར་བཞིན་ཕྱག་བརྐྱང་བསྐུམ་མཛད་དེ་ཆོས་ཀྱི་བདེའི་སྒོ་ཆེན་པོས་འགྲོ་བར་བྱེད་དོ། །

དེ་ལྟར་ཟླ་བ་བཅུའི་རིང་ལ་ཡུམ་གྱི་ལྟུམས་ཀྱི་གཞལ་མེད་ཁང་དུ་བཞུགས་ནས་ཕྱོགས་བཅུ་ནས་འདུས་པའི་བྱང་ཆུབ་སེམས་དཔའ་བགྲང་བ་ལས་འདས་པ་དག་དང་། ཚངས་པ་དང་བརྒྱ་བྱིན་དང་འཇིག་རྟེན་སྐྱོང་བ་བཞི་ལ་སོགས་པ་དཀར་ཕྱོགས་ཀྱི་ལྷ་དང་ཀླུ་དང་གནོད་སྦྱིན་ལ་སོགས་པ་གདུལ་བྱ་བགྲང་བ་ལས་འདས་པ་ཞིག་སྨིན་གྲོལ་ལ་བཀོད་ནས། བལྟམ་པའི་དུས་ལ་བབ་པ་ན་རྒྱལ་པོ་ཟས་གཙང་མའི་སྐྱིད་མོས་ཚལ་དུ་སྟོ་ལྟས་སུམ་ཅུ་རྩ་གཉིས་བྱུང་སྟེ། མེ་ཏོག་ཐམས་ཅད་དང་། རྫིང་གི་མེ་ཏོག་དང་། ཤིང་ལྗོན་པའི་མེ་ཏོག་ཁ་འབུས་ནས་རྒྱས་པར་གྱུར། རིན་པོ་ཆེའི་ཤིང་ལྗོན་པ་བརྒྱད་སྐྱེས། གཏེར་ཆེན་པོ་ཉི་ཁྲི་ཁ་འབུས། ཁྱིམ་གི་ནང་དུ་རིན་པོ་ཆེའི་མྱུ་གུ་འཐོན། སྤོས་ཆུའི་དཔལ་གྱི་ཕ་འབྲུ་མར་དྲི་ཞིམ་པོས་སྤྲགས་པ་འཛག །གངས་རི་ལས་འོངས་པའི་སེང་གེའི་ཕྲུ་གུ་དག་སེར་སྐྱའི་གྲོང་ཁྱེར་ལ་བསྐོར་བ་བྱས་ནས་སྒོ་ན་(༢༧ན)གནས་ཀྱང་སེམས་ཅན་ལ་འཚེ་བ་མི་བྱེད། གླང་པོ་ཕྲུ་གུ་ཐལ་ཀར་ལྔ་བརྒྱ་འོངས་ནས་རྒྱལ་པོའི་རྐང་པ་ལ་སྣའི་རྩེ་མོས་ཉུག །རྒྱལ་པོ་ཟས་གཙང་མའི་བཙུན་མོའི་འཁོར་གྱི་ཕང་པ་ནས་ཕང་པ་དག་ཏུ་ལྷའི་བྱིས་པ་དག་འདྲེ་ལྡོག །ཀླུའི་བུ་མོ་མཆོད་པའི་ཡོ་བྱད་ཐོགས་པ་ལུས་ཕྱེད་ཕྱུང་ནས་ནམ་མཁའ་ལ་རྒྱུ། རྨ་བྱའི་མདོངས་ཐོགས་པའི་ལྷའི་བུ་མོ་ཁྲི་ནམ་མཁའ་ལ་འཁོད། བུམ་པ་གང་བ་ཁྲི་ཡང་སེར་སྐྱ་ལ་སྐོར་བ་བྱེད། ལྷའི་བུ་མོ་སྤོས་ཆུའི་རིལ་བ་བྷྲིང་ག་ར་གླུད་ལ་ཐོགས་ནས་འཁོད། ལྷའི་བུ་མོ་ཁྲི་གདུགས་དང་བ་དན་ཐོགས་ནས་འཁོད། ལྷའི་བུ་མོ་བརྒྱ་སྟོང་མང་པོ་དུང་དང་རྔ་སོགས་མགུལ་ནས་དཔྱངས་ཏེ་སྡོད། རླུང་དང་རྡུལ་མི་ལྡང་། ཆུ་ཐམས་ཅད་མི་འགྲུལ་ཞིང་མི་རྒྱུ། ཉི་ཟླ་དང་སྐར་མ་རྣམས་ནི་མི་རྒྱུ། སྐར་མ་རྒྱལ་དང་ཡང་ལྡན། ཟས་གཙང་གི་ཁྱིམ་རིན་པོ་ཆེའི་དྲ་བས་ཡོག་མེ་ཡང་མི་འབར། ཁང་བརྩེགས་དང་རྒྱ་ཕུབ་དང་རྟ་བབས་དག་ལ་ནོར་བུ་དང་རིན་ཆེན་འབར་བ་འཕྱང་། རས་བཅོས་བུ་དང་རིན་པོ་ཆེ་སྣ་ཚོགས་ཀྱིས

མཛོད་རྣམས་གང་ནས་སྒོ་ཕྱེ། འགག་པ་ལ་སོགས་པའི་སྐད་མེད། སྙན་པའི་སྒྲ་སྐད་གྲག། སྐྱེ་བོ་རྣམས་ཀྱི་ལས་ཀྱི་མཐའ་རྒྱུན་ཆད། ཕྱོགས་ཐམས་ཅད་མཉམ། ལམ་གྱི་བཞི་མདོ་དང་ཚོང་དུས་ཀྱི་གཞི་རྣམས་མེ་ཏོག་སིལ་མས་བཀྲམ། སྦྲུམ་མ་བདེ་བར་བཙའ་བར་གྱུར། སྣ་ལའི་ནགས་ཚལ་གྱི་ལྗ་རྣམས་ཤིང་གི་ལོ་མའི་(༢༡བ)ནང་ནས་ལུས་ཕྱེད་ཕྱུང་སྟེ་ཕྱག་འཚལ་ཞིང་གནས་པ་རྣམས་བྱུང་ངོ་། །

དེ་ལྟར་ལྷ་མོ་སྒྲུ་འཕྲུལ་ལུམ་བི་ནའི་ཚལ་དུ་འགྲོན་བཞེད་པ་ན་རྒྱལ་པོ་ཟས་གཙང་དང་། ལྷས་བསྟན་གྱི་རྒྱལ་པོ་ལེགས་པར་རབ་སད་གཉིས་ཀས་ལུམ་བི་ནའི་ཚལ་བྱི་དོར་བྱས་ཤིང་། རྒྱན་གྱི་ཁྱད་པར་ཐམས་ཅད་དང་། མཆོད་པའི་བྱེ་བྲག་བསམ་གྱིས་མི་ཁྱབ་པ་བྱས་སོ། །དེའི་ཚེ་ཚལ་དེར་སྔ་ལྟས་ཀྱི་སྣང་བ་ཆེན་པོ་སའི་སྙིང་གི་རིན་པོ་ཆེ་ཁང་བཟང་ཐམས་ཅད་དུ་སྣང་བ་བྱུང་བ་དང་། རིན་པོ་ཆེའི་པདྨ་ཁ་བྱེ་བའི་འདབ་མ་ཐམས་ཅད་ལས་བལྟམ་མམ་ཞེས་པའི་སྒྲ་དང་བཅས་པའི་འོད་བྱུང་བས་ཁྱབ་པ་དང་། ཕྱོགས་བཅུའི་རྒྱལ་སྲས་རྣམས་ཀྱིས་སེམས་བསྐྱེད་པ་ནས་བྱང་ཆུབ་པའི་བར་གྱི་སྣང་བ་སོགས་ཚལ་དེར་སྔ་ལྟས་བཅུ་བྱུང་ངོ་། །དེ་ནས་རྒྱལ་པོ་ཟས་གཙང་མས་རང་གི་འཁོར་རྣམས་ལ་བཀའ་བསྒོས་ཏེ། སེར་སྐྱའི་ཕོ་བྲང་ནས་ལུམ་བི་ནའི་ཚལ་གྱི་བར་གྱི་ལམ་ཐམས་ཅད་བྱི་དོར་ལེགས་པར་བྱས་ཤིང་དྲི་བཟང་གི་ཆུས་ཆག་ཆག་གདབ་པ་དང་། མེ་ཏོག་སྣ་ཚོགས་དགྲམ་པ་དང་། བུད་མེད་ཁྲི་ཁྲག་མང་པོས་གླུ་དབྱངས་དང་རོལ་མོའི་བྱེ་བྲག་བསམ་གྱིས་མི་ཁྱབ་པའི་མཆོད་པ་དང་། རིན་པོ་ཆེའི་ཤིང་རྟ་ཁྲི་ཁྲག་མང་པོ་བཤམས་པ་དང་། བསྲུང་མར་བསྒོས་པའི་དཔའ་བོ་ཁྲི་ཁྲག་མང་པོ་ཕྱོགས་སུ་འཁོད་པ་དང་། ཤིང་རྟ་རྣམས་རིན་པོ་ཆེའི་རྒྱན་ཐམས་ཅད་ཀྱིས་བརྒྱན་པ་སོགས་བྱས་ནས་སྒྲུ་མ་ལྷ་མཛེས་སྤྱན་དྲངས་སོ། །དེ་ནས་ཡུམ་སྒྲུ་མ་ལྷ་མཛེས་ཤིང་རྟའི་(༢༢ན)ནང་དུ་ཞུགས་ཏེ་ནོར་བུས་བརྒྱན་པའི་ཤིང་རྟ་འཇིག་རྟེན་སྐྱོང་བ་བཞིས་འདྲེན་ཞིང་། ལྷའི་

དབང་པོ་བརྒྱ་བྱིན་ནི་མདུན་དུ་ལམ་གྱི་བྱི་དོར་བྱེད། ཚངས་པ་ནི་སྣམ་ལོགས་ནས་བསིལ་ཡབ་གཡོབ་པར་བྱེད། དཀར་ཕྱོགས་ཀྱི་ལྷ་བགྲང་བ་ལས་འདས་པ་དག་ནི་ཡུམ་གྱི་རྣམ་ན་བྱང་ཆུབ་སེམས་དཔའ་ཁང་པ་བརྩེགས་པའི་ནང་ན་བཞུགས་པ་ལ་མིག་མི་འཛུམ་པར་བལྟ་ཞིང་ཕྱག་འཚལ་བ་དང་སྨོན་ལམ་འདེབས་པར་བྱེད་ཅིང་སོང་ངོ་། །

དེ་ནས་ལྷ་མོ་སྒྱུ་འཕྲུལ་ལུམ་བི་ནའི་ཚལ་དུ་ཕྱིན་ནས་ཤིང་རྟ་ལས་བབས་ཏེ། ནགས་ཚལ་ནས་ནགས་ཚལ་དུ་འཆག །ལྗོན་པ་ནས་ལྗོན་པ་ལ་བལྟ་ཞིང་རིམ་གྱིས་སོང་བ་དང་། ས་ཕྱོགས་མཉམ་ལ་ཡངས་པ་རྩ་སྔོན་པོས་གང་ཞིང་རེག་ན་བདེ་བ་ན་སྔོན་གྱི་རྒྱལ་བའི་ཡུམ་གྱི་བརྟེན་པ་གནས་གཙང་མའི་ལྷ་རྣམས་ཀྱིས་ཕྱག་བྱས་པའི་ཤིང་རིན་པོ་ཆེ་མཆོག་འོད་འབར་བ་རྩ་བ་དང་སྡོང་བུ་དང་ཡལ་ག་དང་ལོ་མ་རིན་པོ་ཆེས་བརྒྱན་པ། མི་དང་ལྷའི་མེ་ཏོག་སྣ་ཚོགས་རྒྱས་པ། སྤོས་མཆོག་གི་དྲི་དང་ལྡན་པ། གོས་ཁ་དོག་སྣ་ཚོགས་དཔྱངས་པའི་ལྗོན་པའི་རྒྱལ་པོ་པླཀྵ་ཞེས་བྱ་བའི་རིན་པོ་ཆེའི་ཤིང་གི་ཡལ་ག་ལ་ཕྱག་གཡས་པས་འཇུས་ནས་བྱ་སྨྱང་བྱེད་ཅིང་གནམ་དུ་གཟིགས་པ་ན། རྩིབ་ལོགས་གཡས་ནས་གསེར་གྱི་མཆོད་སྡོང་ཉི་མ་བྱེ་བའི་མདངས་དང་ལྡན་པ་གློ་བུར་དུ་འཐོན་པ་ལྟར་དུ་སྐུ་བལྟམས་སོ། །དེའི་ཚེ་ནམ་མཁའ་ཐམས་ཅད་ལྷའི་མཆོད་(༢༢བ)རྫས་ཀྱིས་གང་ཞིང་། ཚངས་པ་དང་བརྒྱ་བྱིན་གཉིས་ཀྱིས་ལྷའི་གོས་ཀ་ཤི་ཀས་ལྟེབས་ཏེ་བླངས། ཀླུའི་རྒྱལ་པོ་དགའ་བོ་དང་ཉེ་དགའ་གཉིས་ཀྱིས་བདུད་རྩིས་མཆོད། ལྷ་དང་ལྷ་མོ་བགྲང་བ་ལས་འདས་པས་སྤོས་ཆུའི་བུམ་པ་ཐོགས་ཏེ་སྐུ་ཁྲུས་གསོལ། དེའི་ཚེ་ཚངས་པ་དང་བརྒྱ་བྱིན་གཉིས་ཀྱིས་བྱང་ཆུབ་སེམས་དཔའི་སྐུ་ལུས་ནམ་མཁའ་ལ་བླངས་པ་ན་ང་ཐོངས་གསུངས་ཏེ་ས་ལ་ཞབས་བཞག་ནས་ཕྱོགས་བཞིར་གོམ་པ་བདུན་བདུན་བོར་ཏེ། འཇིག་རྟེན་འདི་ན་ང་ཉིད་མཆོག་གོ །ཞེས་སོགས་སེང་གེའི་སྒྲ་དབྱངས་ཆེན་པོ་བསྒྲགས་སོ། །བྱང་ཆུབ་སེམས་དཔའ་སྐྱེ་མ་ལྟ་

མཛེས་ཀྱི་རྒྱན་ལོགས་གཡས་པ་ནས་ན་བཟའ་དང་བཅས་བཞིན་དུ་བལྟམས་པའི་ཚེ་ཉི་མ་སྟོང་དུས་གཅིག་ཏུ་ཤར་བ་ལས་ཀྱང་ཆེས་ཆེར་གསལ་བའི་སྐུའི་འོད་ཀྱིས་འཇིག་རྟེན་གྱི་ཁམས་ཐམས་ཅད་སྣང་བས་ཁྱབ་པར་མཛད་ཅིང་། ས་འོག་གི་གཏིང་རྣམས་ཀྱང་སྣང་བས་ཁྱབ་ཅིང་འོད་ཀྱི་སྣང་བ་དེ་གང་ལ་རེག་པའི་སེམས་ཅན་ཐམས་ཅད་སྐད་ཅིག་དེ་ལ་སྡུག་བསྔལ་དང་ཉོན་མོངས་པ་ཐམས་ཅད་རྒྱུན་བཅད་ཅིང་བདེ་བས་ཁྱབ་པར་མཛད་དོ། །བྱང་ཆུབ་སེམས་དཔའ་ཡུམ་གྱི་རུམ་ན་ཙན་དན་གྱི་ཁང་པ་བརྩེགས་པའི་ནང་ན་བཞུགས་པའི་ཁང་བརྩེགས་དེ་མི་མཇེད་ཀྱི་བདག་པོ་ཚངས་པས་ཚངས་གནས་སུ་ཁྱེར་ཏེ་ཚངས་རིས་ཀྱི་ལྷ་རྣམས་ཀྱི་ཕྱག་དང་མཆོད་པའི་གནས་སུ་བཞུགས་སོ། །དེའི་ཚེ་ཤིང་(༢༢ན)ཐམས་ཅད་ཀྱི་མེ་ཏོག་རྒྱས་ཤིང་འབྲས་བུ་ཆགས། མེ་ཏོག་གི་ཆར་བབས། ངན་སོང་གསུམ་རྒྱུན་བཅད། སེམས་ཅན་ཀུན་ལ་ཉོན་མོངས་པས་མི་འཚེ། དབང་པོ་མེད་པ་རྣམས་དབང་པོ་དང་ལྡན། ས་གཡོས་སོ། །བྱང་ཆུབ་སེམས་དཔའ་བལྟམས་པ་དེའི་སྐད་ཅིག་དེ་ལ་གྲོང་ཁྱེར་ཆེན་པོ་བཞིར་རྒྱལ་པོ་ཆེན་པོ་བཞི་ལ་ཡང་བུ་བཙས་ཏེ། མཉན་ཡོད་དུ་རྒྱབས་ཀྱི་འཕྲུར་ཚངས་བྱིན་གྱི་བུ་བཙས་པ་ན་ཡུལ་བྲ་ཐབ་པ་གསལ་བ་བཞིན་དུ་སྣང་བས་དེའི་མིང་གསལ་རྒྱལ་ཞེས་དང་། རྒྱལ་པོའི་ཁབ་ཏུ་པདྨ་ཆེན་པོའི་བུ་བཙས་པ་ན་ཉི་མའི་གཟུགས་ཤར་བ་ལྟར་སྣང་ཞིང་གཟུགས་ཅན་མའི་བུ་ཡིན་པས་གཟུགས་ཅན་སྙིང་པོ་ཞེས་དང་། ཀཽ་ཤམ་བིར་དམག་བརྒྱ་པའི་བུ་བཙས་པ་ན་འཇིག་རྟེན་ཉི་མ་ཤར་བ་ལྟར་སྣང་བར་གྱུར་པས་ཤར་པ་ཞེས་དང་། འཕགས་རྒྱལ་དུ་མུ་ཁྱུད་མཐའ་ཡས་ཀྱི་བུ་བཙས་པ་ན་འཇིག་རྟེན་སྒྲོན་མས་སྣང་བ་ལྟ་བུར་གྱུར་པས་རབ་སྣང་ཞེས་བྱ་བར་བཏགས་ཏེ། དེ་རྣམས་རང་རང་གི་བུའི་ཡོན་ཏན་དུ་རློམ་མོ། །དེའི་ཚེ་ཤཱཀྱའི་གྲོང་དུ་བཟང་ལྡན་དགའ་བོ་སོགས་རབ་ལྔ་བརྒྱ་དང་། ཤཱཀྱ་གཞན་འབུམ་ཕྲག་ལྔ་དང་། འདུན་པ་ལ་སོགས་པ་འབངས་བརྒྱད་བརྒྱ་

དང་། གྲགས་འཛིན་མ་ལ་སོགས་པ་ཤཱཀྱའི་བུ་མོ་ཁྲི་དང་། འདུན་མ་ལ་སོགས་པ་བྲན་མོ་བརྒྱད་བརྒྱ་དང་། རྒྱལ་རིགས་དང་བྲམ་(༢༣བ)ཟེ་དང་ཁྱིམ་བདག་གི་བུ་མོ་ཉི་ཁྲི་དང་། གསེར་གྱི་འོད་དང་ལྡན་ཞིང་མདོག་དཀར་བའི་ཆིབས་པ་བསྔགས་ལྡན་ལ་སོགས་པ་རྟེའུ་ཕོ་མོ་ཉི་ཁྲི་དང་། གླང་པོ་ཆེ་མཆོག་ཁྲི་དང་། བ་གླང་ཕོ་མོ་དྲུག་སྟོང་རྣམས་བཙས་སོ། །གསེར་གྱིས་བརྒྱན་པའི་གླང་པོ་ཆེ་ཉི་ཁྲི་ནམ་མཁའ་ནས་སྒྲ་འབྱིན་ཅིང་སེར་སྐྱར་འོངས་ལ། ཟས་གཙང་གི་མདུན་ན་འདོན་འཆར་བོའི་བུ་འཆར་ཀ་ཡང་སྐྱེས་སོ། །འཛམ་བུའི་གླིང་གི་དབུས་སུ་ཨ་ཤྭཏྠའི་སྡོང་པོ་དང་། མ་དྲོས་པའི་འགྲམ་དུ་ཨུ་དུམྦ་རའི་མེ་ཏོག་དག་ཀྱང་ཁ་འབུས། གླིང་ཕྲ་མོ་རྣམས་སུ་ཙན་དན་གྱི་ཚལ་དང་། རིའི་རྩེ་མོ་རྣམས་སུ་བྲུ་རུའི་སྨྱུ་གུ་དག་འཕོན་པར་གྱུར་ཏོ། །འབབ་ཆུ་རོ་ཧི་ཏའི་འགྲམ་དུ་ཤིང་དགེ་བའི་སྙིང་པོ་ཞེས་བྱ་བ་ཉི་མ་གཅིག་བཞིན་ཁྲུ་བརྒྱ་སྐྱེ་བར་འགྱུར་བ། ཉི་མ་མ་ཤར་བ་དེ་སྲིད་དུ་སེན་མོས་ཀྱང་བཅད་དུ་རུང་བ། ཉི་མ་ཤར་ནས་མེས་ཀྱང་ཚིག་ཏུ་མི་རུང་བ་ཞིག་སྐྱེས་སོ། །ལུམ་བི་ནའི་ཚལ་དུ་པདྨ་སྤྱངས་པ་ལྷ་བུའི་མཆོད་རྟེན་བརྩེགས་ཏེ་སྐུ་བལྟམས་པའི་མཆོད་རྟེན་དུ་གྲགས་སོ། །

བྱང་ཆུབ་སེམས་དཔས་ཡོངས་སྤྱོད་པའི་དོན་དུ་བཀོད་པ་དྲི་མ་མེད་པ་ལ་སོགས་པ་སྐྱིད་མོས་ཚལ་ལྔ་བརྒྱ་དང་། གཏེར་ལྔ་བརྒྱ་ཡང་བྱུང་། ཁམས་ཀྱི་རྒྱལ་ཕྲན་ཉི་ཁྲི་ཡང་དཔྱ་འབུལ་ཞིང་འདུད་པར་གྱུར་ཏོ། །དེ་ལྟར་གྱུར་པ་ན་རྒྱལ་པོ་ཟས་གཙང་མས་བུ་འདི་བཙས་མ་ཐག་བདག་གི་འདོད་པའི་དོན་ཐམས་(༢༩ན)ཅད་གྲུབ་པས་ན་འདིའི་མིང་དོན་ཐམས་ཅད་གྲུབ་པར་གདགས་སོ་སྙམ་དུ་བསམས་ནས་མཚན་དེ་ལྟར་དུ་བཏགས་སོ། །

དེ་ནས་ཡབ་ཡུམ་གཉིས་ཀྱིས་མཚན་མཁན་རྣམས་ལ་དྲིས་པ་དང་། དེ་དག་གི་ལུང་བསྟན་པ་གངས་ཀྱི་ཇོས་དང་ཉེ་བ་ཆུ་ཀླུང་སྐལ་ལྡན་ཤིང་རྟའི་འགྲམ་དྲང་སྲོང་

སེར་སྐྱའི་བསྟི་གནས་དང་ཏ་ཙང་མི་རིང་བར་ཤཱཀྱ་རྣམས་ཀྱི་གཞོན་ནུ་བྱུང་བ་ནི། གལ་ཏེ་ཕོ་བྲང་གི་ནང་དུ་བཞུགས་པར་གྱུར་ན་འཁོར་ལོས་བསྒྱུར་བའི་རྒྱལ་པོ་མཐའ་བཞི་ལས་རྣམ་པར་རྒྱལ་བ་རིན་པོ་ཆེ་སྣ་བདུན་དང་ལྡན་པར་འགྱུར་རོ། །གལ་ཏེ་སྒྲ་དང་ཁ་སྤུ་བྲེགས་གོས་ངུར་སྨྲིག་བགོས་ནས་དད་པས་ཁྱིམ་ནས་ཁྱིམ་མེད་པར་རབ་ཏུ་བྱུང་ན། དེ་བཞིན་གཤེགས་པ་དགྲ་བཅོམ་པ་ཡང་དག་པར་རྫོགས་པའི་སངས་རྒྱས་སུ་འགྱུར་རོ་ཞེས་ལུང་བསྟན་ཏོ། །

དེ་ལྟར་བྱང་ཆུབ་སེམས་དཔའི་རྣམ་པར་འཕྲུལ་པ་བསམ་གྱིས་མི་ཁྱབ་པས་སེམས་ཅན་བགྲང་བ་ལས་འདས་པ་ཞིག་སྨིན་གྲོལ་ལ་བཀོད་ཅིང་། ལྷ་དང་མིའི་མཆོད་པའི་བྱེ་བྲག་ཚད་མེད་པས་མཆོད་ཅིང་ཞག་བདུན་ལུམ་བིའི་ཚལ་དུ་བཞུགས་སོ། །བྱང་ཆུབ་སེམས་དཔའ་སྐུ་བལྟམས་པའི་འོད་ཀྱིས་འཇིག་རྟེན་ཀུན་སྣང་བར་བྱས་པ་དེའི་ཚེ་གངས་རི་ཀུན་འཛིན་གྱི་ངོས་ལ་གནས་པའི་དྲང་སྲོང་ནག་པོ་ཉིན་མོངས་མེད་ལ་སོགས་པ་དྲང་སྲོང་མངོན་ཤེས་ལྔ་དང་ལྡན་པ་མང་པོས་འོད་དེ་མཐོང་ཞིང་(༢༩བ)དཀར་ཕྱོགས་ཀྱི་ལྷ་རྣམས་ནམ་མཁའ་ལ་དགའ་བའི་ཅ་ཅོ་སྒྲོག་ཅིང་བྱང་ཆུབ་སེམས་དཔའ་སྐུ་བལྟམས་ཏེ་མྱུར་དུ་སངས་རྒྱས་ནས་ཆོས་ཀྱི་འཁོར་ལོ་བསྐོར་བར་འགྱུར་རོ་ཞེས་དགའ་བའི་སྒྲ་རྒྱ་ཆེར་སྒྲོགས་པའང་ཐོས་ནས་གཅིག་ལ་གཅིག་འདི་སྐད་དུ། བྱང་ཆུབ་སེམས་དཔའ་དེ་ལ་ཕྱག་བྱ་བའི་ཕྱིར་འདོང་ངོ་ཞེས་བགྲོས་པ་ན། དྲང་སྲོང་བློ་གྲོས་དང་ལྡན་པ་འགའ་ཞིག་གིས་ད་ལྟ་ནི་ཚངས་པ་དང་བརྒྱ་བྱིན་ལ་སོགས་པ་ལྷ་དབང་ཆེ་བར་གྲགས་པ་མང་པོས་མདུན་དུ་བདར་བས་བྱང་ཆུབ་སེམས་དཔའ་མཇལ་བའི་སྐབས་མི་རྙེད་ཀྱིས། བྱང་ཆུབ་སེམས་དཔའ་སེར་སྐྱའི་ཕོ་བྲང་དུ་ཕེབས་ནས་མཇལ་ལོ་ཞེས་བགྲོས་སོ། །

དེ་ནས་བྱང་ཆུབ་སེམས་དཔའ་ལྷ་དང་མིའི་མཆོད་པ་ཚད་མེད་པས་མཆོད་བཞིན་

དུ་སེར་སྐྱའི་ཕོ་བྲང་དུ་སྤྱན་དྲངས་སོ། །དེ་ནས་སྐྱེ་བོ་རྣམས་ཀྱི་ཡུལ་ཆོས་ཀྱིས་ཁྱིས་པ་སྐྱེས་ནས་རིང་པོ་མ་ལོན་པར་རང་རང་གི་ཡུལ་ལྷ་མཆོད་པར་བྱེད་པས། ཆོས་ཉིད་ཀྱིས་ཤཱཀྱ་རྣམས་ནི་ཤཱཀྱ་སུ་ཡང་རུང་བ་ལ་ཁྱེའུ་འམ་བུ་མོ་གང་བཙས་པ་དེ་གནོད་སྦྱིན་ཤཱཀྱ་འཕེལ་ཞེས་བྱ་བ་གཞུག་མར་གནས་པ་ལྷར་གྲགས་པ་ཞིག་ཡོད་དེ། དེའི་རྐང་པ་ལ་ཕྱག་འཚལ་བའི་ཕྱིར་ལྷ་ཁང་དུ་འཁྲིད་པ་ཡིན་པས་ཤཱཀྱ་རྒན་རབས་རྣམས་འདུས་ཏེ་རྒྱལ་པོ་ལ་གཞོན་ནུ་ལྷ་ཁང་དུ་བཀུར་དུ་གསོལ། རྒྱལ་པོས་གནང་སྟེ། གྲོང་ཁྱེར་ཐམས་ཅད་དགེ་མཚན་(༢༥ན)དང་བཀྲ་ཤིས་ཀྱིས་བརྒྱན་པར་བྱས་ནས། རྒྱལ་པོ་ཉིད་ཀྱིས་སྐྱེ་དགུའི་བདག་མོ་ལ་གཞོན་ནུ་ལྷ་ཁང་དུ་བཀུར་གྱི་རྒྱན་ཐོགས་ཤིག །དེས་ཀྱང་བྱང་ཆུབ་སེམས་དཔའི་རྣ་བ་ཕྱུག་ནས་རྣ་རྒྱན་སེང་གེ་ཅན་བཏགས་ཏེ་ལྷ་ཁང་དུ་བཀུར་རོ་ཞེས་སྨྲས་པ་དང་། གཞོན་ནུས་སྨྲས་པ། ལྷ་རྣམས་ཀྱིས་བདག་གི་རྐང་པ་ལ་བཏུད་ན་སུ་ཞིག་བདག་གི་གོང་ན་འཕགས། འོན་ཀྱང་འཇིག་རྟེན་གྱི་རྗེས་སུ་སྙེག་པ་ཙམ་དང་། བདག་མཐོང་ན་སྐྱེ་བོ་རྣམས་དགའ་བར་འགྱུར་བས་མཆིའོ། །ཞེས་སྨྲས་པ་དང་། རྒྱལ་པོས་གཞོན་ནུ་པང་དུ་བླངས་ཏེ་གླང་པོ་ཆེས་དྲངས་པའི་རིན་པོ་ཆེ་སྣ་བཞིས་བརྒྱན་པའི་ཤིང་རྟ་ལ་འཁོད་ནས་བཀོད་པ་ཆེན་པོས་བྱོན་པ་ན། ཤཱཀྱ་གཏུམ་པོ་དེ་དག་ཐམས་ཅད་ཀྱང་བྱང་ཆུབ་སེམས་དཔའི་གཟི་བརྗིད་མ་བཟོད་པར་བག་འཁུམ་པར་གནས་ཤིང་། སྲོག་ཆགས་གཏུམ་པོ་གཞན་དག་ཀྱང་ཅ་ཅོའི་སྒྲ་མེད་པར་བྱང་ཆུབ་སེམས་དཔའི་གདོང་ལ་གུས་པར་བལྟ་ཞིང་གནས་པས་ཤཱཀྱ་ཐུབ་པ་ཞེས་མཚན་བཏགས་སོ། །

དེ་ནས་བྱང་ཆུབ་སེམས་དཔའ་ལྷ་ཁང་དུ་འཇུག་པར་བརྩམ་པ་ན་གནོད་སྦྱིན་ཤཱཀྱ་འཕེལ་གྱིས་བྱང་ཆུབ་སེམས་དཔའ་རང་གི་གནས་དང་ཉེ་བར་བྱོན་པ་མཐོང་ནས་དེས་བསུ་བའི་ཕྱིར་ཕྱིར་བྱུང་སྟེ། བྱང་ཆུབ་སེམས་དཔའི་ཞབས་གཉིས་ལ་སྤྱི་བོས་

གཏུགས་པ་(༢༥བ)དང་། ལྷ་ཁང་དེར་གཞོན་ནུའི་ཞབས་གཡས་པ་བཞག་མ་ཐག །བླ་བ་དང་། ཉི་མ་དང་། འཇིག་རྟེན་སྐྱོང་བ་བཞི་དང་། བརྒྱ་བྱིན་དང་། སྐེམ་བྱེད་དང་། དབང་ཕྱུག་ཆེན་པོ་དང་། ཚངས་པ་ལ་སོགས་པ་ལྷའི་གཟུགས་རྣམས་རང་རང་གི་གནས་ལས་ལངས་ཏེ་བྱང་ཆུབ་སེམས་དཔའི་ཞབས་ལ་ཕྱག་བྱས་པ་ན་ས་ཡང་གཡོས་སོ། །དེ་ཟས་གཙང་ལ་སྨྲས་པ་དང་། རྒྱལ་པོས་ལྷས་ཀྱང་གཞོན་ནུའི་ཕྱང་པ་ལ་གཏུགས་པས་ལྷའི་ཡང་ལྷ་ཞེས་མཚན་བཏགས་སོ། །དེ་ནས་དྲང་སྲོང་ཉོན་མོངས་མེད་འཁོར་དང་བཅས་པ་བྱང་ཆུབ་སེམས་དཔའི་ཞལ་བལྟ་བར་འོངས་པ་ན། དེའི་ཚེ་དྲང་སྲོང་དེ་དག་འགྲོ་བ་ཐམས་ཅད་ཀྱི་མཆོད་གནས་སུ་བཀུར་ཞིང་ནམ་མཁའ་ལས་འགྲོ་འོང་བྱེད་པ་ཡིན་ཡང་། སེར་སྐྱའི་གྲོང་མཐོང་བ་ན་བྱང་ཆུབ་སེམས་དཔའི་གཟི་བརྗིད་ཀྱི་མཐུས་དྲང་སྲོང་དེ་དག་གི་རྫུ་འཕྲུལ་ཉམས་ཏེ་ཕྱང་པས་འོངས་ནས་རྒྱལ་པོ་ཟས་གཙང་ལ་གཞོན་ནུ་མཇལ་བར་ཞུས་པ་ན་རྒྱལ་པོ་ཟས་གཙང་གིས་དྲང་སྲོང་དེ་དག་གུས་པས་མཆོད་དེ་སྟན་བཟང་པོ་ལ་བཞག་ནས་གཞོན་ནུའི་སྐུ་གཟུགས་བལྟར་བཅུག་གོ །དེ་ནས་དྲང་སྲོང་དེ་དག་གིས་གཞོན་ནུའི་སྐུ་ལུས་ལ་མཚན་བཟང་པོ་སུམ་ཅུ་རྩ་གཉིས་དང་དཔེ་བྱད་བརྒྱད་ཅུས་སྤྲས་པར་མཐོང་ནས་དད་པ་ལྷག་པར་སྐྱེས་ཏེ། གཞོན་ནུ་འདིས་ནམ་ཞིག་ན་ཆོས་ཀྱི་འཁོར་ལོ་བསྐོར་སྙམ་དུ་མངོན་ཤེས་ཀྱིས་བརྟགས་པ་ན། ལོ་ཉི་ཤུ་རྩ་དགུ་ནི་(༢༦ན)ཁབ་ཏུ་བཞུགས། དེ་ནས་ལོ་དྲུག་ཏུ་དཀའ་བ་སྤྱད། དེ་ནས་དཀའ་སྤྱད་དེ་ལས་བཞེངས་ཏེ་འཚང་རྒྱ་བ་དང་། དེ་ནས་ཆོས་ཀྱི་འཁོར་ལོ་བསྐོར་བར་མཐོང་ལ། རང་ལ་དེའི་བར་དུ་སྡོད་པའི་ཚེ་མེད་པར་ཆོས་ཀྱི་བདུད་རྩི་མ་མྱོང་བར་འཆི་བར་མཐོང་ནས་སྡུག་བསྔལ་དང་མྱ་ངན་དྲག་པོས་ནོན་ཏེ་ངུས་སོ། །དེ་ལ་རྒྱལ་པོ་ཟས་གཙང་མས་དྲང་སྲོང་ཆེན་པོ་ངུ་བ་ཅི་ཡིན། གཞོན་ནུ་འདི་ལ་མི་ལེགས་པའི་མཚན་མ་མ་མཐོང་ངམ་ཞེས་དྲིས་པ་ན། དྲང་སྲོང་དེ་དག་གིས་སྨྲས་པ། གཞོན་ནུ་ལ་མཚན་མ་

ངན་པ་གང་ཡང་མེད་ཀྱི། འདི་ནི་ངེས་པར་སངས་རྒྱས་ནས་ཆོས་ཀྱི་འཁོར་ལོ་བསྐོར་ཏེ། རང་ལ་དེའི་བར་དུ་སྡོད་པའི་དབང་མེད་པར་འཆི་བར་རིག་ནས་རང་གི་ཉེས་པ་མཐོང་སྟེ་ངུ་བ་ཡིན་ནོ་ཞེས་ཟེར་རོ། །དེ་ནས་དྲང་སྲོང་དེ་དག་གིས་བྱང་ཆུབ་སེམས་དཔའི་སྐུ་གཟུགས་ལ་སྨོན་ལམ་ལེགས་པར་བཏབ་སྟེ་རང་གནས་སུ་སོང་ངོ་། །ཚུལ་འདི་དག་ལ་ལེགས་པར་དཔྱོད་ཤེས་ན་བྱང་ཆུབ་ལམ་གྱི་རིམ་པའི་ཉམས་ལེན་གྱི་གནད་ལ་ངེས་པ་ལྷག་པར་སྐྱེ་སྟེ། ཚངས་པ་དང་བརྒྱ་བྱིན་གྱི་དཔལ་ཐོབ་པ་དང་། དྲང་སྲོང་མངོན་ཤེས་ལྔ་དང་ལྡན་པའི་གོ་འཕང་ཐོབ་པ་ལས་བྱང་ཆུབ་ལམ་གྱི་རིམ་པའི་ཆོས་ཐོས་པ་རྙེད་དཀའ་བར་གྲུབ་བོ། །དེས་ན་བྱང་ཆུབ་ལམ་གྱི་རིམ་པ་ཉམས་ལེན་བྱ་རྒྱུ་ཡོད་པའི་སྐབས་འདིར་བསྐལ་མང་སྟོང་དུ་རྙེད་དཀའ་བ་ཤེས་པར་བྱས་ལ་ལན་ཅིག་རྙེད་པ་འདི་ཆུད་མ་ཟོས་པར་ལམ་གྱི་རིམ་པའི་དམིགས་རྣམ་བསྐྱང་བར་བྱའོ། །

དེ་ནས་བྱང་ཆུབ་སེམས་(༢༨བ)དཔའ་དགུང་ལོ་བདུན་ལ་བབ་པ་ན་གཙུག་ཕུད་བཞག་ཅིང་དེའི་དུས་སྟོན་ཡང་བྱས་ལ། སྐར་མ་རྒྱལ་ལ་བབ་པའི་དུས་སུ་རྒྱན་འདོགས་པར་བརྩམས་ཏེ། ཐོག་མར་ཤཱཀྱའི་རྒྱལ་པོ་བཟང་པོས་གཞོན་ནུའི་ཕྱིར་རྒྱན་ཇི་སྙེད་ཅིག་བྱས་པ་བྱང་ཆུབ་སེམས་དཔའི་ལུས་ལ་བཏགས་མ་ཐག་རྒྱན་རྣམས་མོག་མོག་པོར་གྱུར་ཏེ། ཚལ་དེའི་ལྷ་མོ་དྲི་མ་མེད་པ་ཞེས་བྱ་བས་རང་གི་ལུས་མངོན་སུམ་དུ་བསྟན་ཏེ་འདི་ལ་ནི་རང་བཞིན་གྱི་མཚན་གྱིས་སྤྲས་པའི་རྒྱན་མཛེས་ཀྱི། བཅོས་མའི་རྒྱན་མི་མཛེས་སོ་ཞེས་སྨྲས་ཏེ་མི་སྣང་བར་གྱུར་ཏོ། །

དེ་ནས་བྱང་ཆུབ་སེམས་དཔའ་བཟོ་རིག་པའི་སྒྱུ་རྩལ་གྱིས་སེམས་ཅན་གྱི་དོན་མཛད་པར་བཞེད་པ་ན་ཡབ་ཟས་གཙང་གིས་བསྐུལ་ནས་དང་པོར་ཡི་གེའི་གྲྭར་བྱོན་ཏེ་བཀོད་པ་ཆེན་པོ་བཤམས་ནས། བྱིས་པའི་སློབ་དཔོན་ཀུན་གྱི་བཤེས་གཉེན། མིང་གཞན་སྲིན་བུ་གོ་ཆར་གྲགས་པ་དེ་ཉིད་ཡི་གེའི་རིགས་ཐམས་ཅད་ལ་མཁས་པ་ཡིན་

པས། དེའི་གན་དུ་བྱོན་པ་དང་བྱང་ཆུབ་སེམས་དཔའི་གཟི་བརྗིད་མ་བཟོད་ནས་ཁ་བུབ་ཏུ་འགྱེལ་ཏོ། །དེ་ལྟར་འགྱེལ་བ་དགའ་ལྡན་གྱི་ལྷའི་བུ་ཡན་ལག་བཟང་པོས་བསླང་སྟེ། ཟས་གཙང་དང་སྐྱེ་བོའི་ཚོགས་ལ་བྱང་ཆུབ་སེམས་དཔའི་གོང་ན་སློབ་དཔོན་གཞན་མེད་མོད་ཀྱིས། སེམས་ཅན་སྨིན་པར་བྱ་ཕྱིར་ཡི་གེའི་གྲྭར་ཞུགས་སོ། །ཞེས་སྨྲས་ནས་མི་སྣང་བར་གྱུར་ཏོ། །དེ་ནས་ཟས་གཙང་དང་འཁོར་གཞན་རྣམས་ལོག་སྟེ་འཁོར་བྲིས་པ་ཁྲི་དང་དེའི་ནང་ནས་མཆོག་ཏུ་གྱུར་པ་ལྔ་བརྒྱ་དང་ལྡན་ཅིག་པར་ཡི་གེའི་གྲྭར་ཞུགས་ནས།(༡༧ན) ཙན་དན་སྦྲུལ་གྱི་སྙིང་པོ་ལས་བྱས་པའི་ཡི་གེའི་བྱང་ཤིང་ལྷའི་ཚོན་གྱིས་བྱུགས་པ་གསེར་གྱི་ཡང་མིག་གིས་བཏགས་པ་ཐ་མ་ནོར་བུ་རིན་པོ་ཆེས་བརྒྱན་པ་ཐོགས་སོ། །ཕྲིན་བུ་གོ་ཆས་ཡི་གེ་གཅིག་ནས་ལྔ་བརྒྱའི་བར་བྲིས་པ་ཐོགས་པ་དང་། བྱང་ཆུབ་སེམས་དཔས་འདི་དག་ངས་ཤེས་ཀྱི་གཞན་སྨྲོས་ཤིག །གསོལ་པ། འཇིག་རྟེན་ན་འདི་ཙམ་སྤྱོད་ཀྱི་གཞན་ནི་མ་འཚལ་ཏོ། །ཞེས་བརྗོད་པ་ན། བྱང་ཆུབ་སེམས་དཔས་ཚངས་པའི་ཡི་གེ་ལ་སོགས་པ་ཡི་གེའི་རྣམ་གྲངས་སྟོན་སུམ་ཀྱང་མ་ཐོས་པ་བགྲང་བ་ལས་འདས་པ་ཞིག་གསུངས་ཤིང་། ཡི་གེའི་ཕྱི་མོ་སློབ་པ་ན་ཨ་ཞེས་བརྗོད་པའི་ཚེ་ཆོས་ཐམས་ཅད་སྟོང་པ་ཉིད་ལ་སོགས་པ་སྟོང་པ་དང་། བདག་མེད་པ་དང་། འདུ་བྱེད་ཐམས་ཅད་སྡུག་བསྔལ་གྱི་རང་བཞིན་ཅན་ལ་སོགས་པའི་ངེས་པར་འབྱུང་བའི་ཆོས་ཀྱི་སྒྲ་དབྱངས་དཔག་ཏུ་མེད་པ་བསྒྲགས་ཏེ་ཡི་གེའི་སློབ་དཔོན་དུ་བྱེད་པ་དེ་དང་། བྱིས་པ་ཁྲི་ཁྲག་མང་པོ་དང་སྲོག་ཆགས་གཞན་ཉི་ཁྲི་དང་ཉིས་སྟོང་བྱང་ཆུབ་ཏུ་སྨིན་པར་བྱས་སོ། །དེ་བཞིན་དུ་རྩིས་པ་སྲིད་སྒྲུབ་ཀྱི་ཐད་དུ་རྩིས་སློབ་པའི་ཚུལ་བསྟན་པ་ན། བྱང་ཆུབ་སེམས་དཔས་རྩིས་ཀྱི་སློབ་དཔོན་སྲིད་སྒྲུབ་ཀྱིས་སྔོན་ཆད་མིང་ཙམ་ཡང་མ་ཐོས་པའི་རྩིས་ཀྱི་རྣམ་གྲངས་དག་གསུངས་ཤིང་། རྩལ་ཕྲ་རབ་ལ་འཇུག་པ་ཞེས་བྱ་བའི་རྩིས་བསྟན་ཏེ། སྟོང་གསུམ་གྱི་སྟོང་ཆེན་པོའི་འཇིག་རྟེན་གྱི་ཁམས་འདི་

ལ་རྟུལ་ཕྲ་མོའི་གྲངས་ཙམ་ཡོད་པ་ཤེས་པར་ནུས་པའི་རྩེས་བསྟན་པ་ན་ལྷ་མི་ཐམས་ཅད་(༡༧བ)ངོ་མཚར་དུ་གྱུར་ཅིང་། སྒྲོག་ཆགས་གྲངས་མེད་པ་ཞིག་བྱང་ཆུབ་ཏུ་སྨིན་པར་མཛད་དོ། །དེ་བཞིན་དུ་མདའ་འཕང་བ་དང་། མཆོང་པ་བྱེད་དང་། གྱད་ཀྱི་འཛིན་སྟངས་ལ་སོགས་པ་སྒྱུ་རྩལ་ཐམས་ཅད་རེ་རེ་ནས་སྟོན་ཆད་སུས་ཀྱང་མ་ནུས་པ་དག་བསྟན་དེ་ཐབས་མཁས་ཀྱི་འཕྲུལ་དེ་དང་དེས་ལྷ་མི་བགྲང་བ་ལས་འདས་པ་སྨིན་གྲོལ་ལ་བཀོད་དོ། །

དེ་ནས་གྲགས་འཛིན་མ་ལ་སོགས་པའི་བཙུན་མོ་དྲུག་ཁྲི་ཁབ་ཏུ་བཞེས་དེ་བྱང་ཆུབ་སེམས་དཔའ་རང་ཉིད་འདོད་ཆགས་ཀྱི་དབང་དུ་གྱུར་པ་མ་ཡིན་ཡང་། དཔའ་བར་འགྲོ་བའི་ཏིང་ངེ་འཛིན་གྱི་འཕྲུལ་གྱིས་བཙུན་མོ་དྲུག་ཁྲི་པོ་དེ་དག་ཐམས་ཅད་ལ་རང་རང་དང་མཉམ་དུ་བྱང་ཆུབ་སེམས་དཔའ་རེ་རེ་བཞུགས་པར་སྣང་ཞིང་། ཐབས་མཁས་ཀྱི་སྤྱོད་པ་དེས་བཙུན་མོ་དེ་དག་དང་། གཞན་ཡང་སྲོག་ཆགས་བགྲང་བ་ལས་འདས་པ་ཞིག་སྨིན་ཅིང་གྲོལ་བར་མཛད་དོ། །དེའི་ཚེ་བྱང་ཆུབ་སེམས་དཔའ་རང་ཉིད་སྟོན་བསྐལ་པ་གྲངས་མེད་པའི་སྔོན་རོལ་ནས་རྩོད་ལྡན་ཚེ་ལོ་བརྒྱ་པའི་དུས་ཀྱི་འགྲོ་བ་རྣམས་ཀྱི་མགོན་དུ་འགྱུར་པར་ཐུགས་བསྐྱེད་ཅིང་། དོན་དེ་ཐུགས་ལ་བརྣགས་ནས་ནམ་ཞིག་འཚང་རྒྱ་བའི་དུས་ངེས་པར་མཁྱེན་པ་ཡིན་ཡང་། ཕྱོགས་བཅུའི་སངས་རྒྱས་རྣམས་དང་དཀར་ཕྱོགས་ཀྱི་ལྷ་རྣམས་ཀྱིས་བྱང་ཆུབ་སེམས་དཔའ་བཙུན་མོའི་འཁོར་དུ་ཡུན་རིང་ན་གདུལ་བྱ་མང་པོ་ཞིག་དུས་ལས་ཡོལ་བར་འགྱུར་བས་ད་ནི་ཁབ་ནས་བྱུང་སྟེ་འཚང་རྒྱ་བའི་མཛད་པ་མྱུར་དུ་སྟོན་དགོས་སོ་ཞེས་ཡང་དང་ཡང་དུ་བསྐུལ་ཞིང་། སངས་རྒྱས་རྣམས་ཀྱི་མཐུས་གླུ་དབྱངས་དང་སིལ་སྙན་གྱི་སྒྲ་(༡༨ན)ལས། སྡུག་བསྔལ་བརྒྱས་གང་སེམས་ཅན་མཐོང་ནས་ནི། །འགྲོ་བའི་མགོན་དང་སྐྱབས་དང་གནས་གྱུར་ཅིང་། །ཕན་བྱེད་མགོན་དང་དཔུང་གཉེན་གྱུར་ཅིག་ཅེས། ཁྱོད་ཀྱིས་སྨོན་ནི་སྨོན་

ལམ་དེ་སྐད་བཏབ། །དགེ་བ་དཔའ་བོ་སྟོན་གྱི་སྤྱོད་པ་དང་། །འགྲོ་ཕན་བྱ་ཞེས་སྨོན་
ལམ་དྲན་པར་གྱིས། །འདི་ནི་ཁྱོད་ཀྱི་དུས་དང་ཚོད་ཡིན་གྱིས། །དྲང་སྲོང་མཆོག་རབ་
ཁྲིམ་ནས་འབྱུང་བར་གྱིས། །ཞེས་སོགས་ཀྱིས་བསྐུལ་ཞིང་། །བཙུན་མོ་རྣམས་ཀྱི་རོལ་
མོའི་སྒྲ་ལས་ཀྱང་སྟོན་གྱི་སྐྱེས་རབས་དག་གླེངས་ཏེ། སྲིད་གསུམ་རྒ་དང་ནད་ཀྱི་སྡུག་
བསྔལ་འབར། །འཆི་མེད་རབ་འབར་འདི་ནི་མགོན་མེད་པ། །སྲིད་ལས་འབྱུང་ལ་འགྲོ་
བ་རྟག་ཏུ་སྨོངས། །བུམ་པར་ཆུད་པའི་བུང་བ་འཁོར་བ་བཞིན། །སྲིད་གསུམ་མི་བརྟན་
སྟོན་ཀའི་སྤྲིན་དང་འདྲ། །འགྲོ་བའི་སྐྱེ་འཆི་གར་ལ་བལྟ་དང་མཚུངས། །འགྲོ་བའི་ཚེ་
འགྲོ་ནམ་མཁའི་གློག་འདྲ་སྟེ། །རི་གཟར་འབབ་ཆུ་ལྟ་བུར་མྱུར་མགྱོགས་འགྲོ །ཞེས་
སོགས་ནས། སྟོན་གྱི་སྤྱོད་དེ་རྗེས་སུ་དྲན་གྱིས་ལ། །གཏི་མུག་མ་རིག་མུན་པས་
བསྒྲིབས་པ་ཡི། །འགྲོ་ལ་ཤེས་རབ་དམ་པ་འོད་བཟང་བ། །ཆོས་མིག་དྲི་མེད་ཉོན་
མོངས་མེད་པ་བྱིན། །ཞེས་སོགས་རྒྱ་ཆེར་བསྐུལ་བ་ན་བྱང་ཆུབ་སེམས་དཔའ་ཡང་
མྱུར་དུ་རབ་ཏུ་འབྱུང་བའི་དུས་ལ་བབ་པར་དགོངས་སོ། །དེ་ནས་བྱང་ཆུབ་སེམས་
དཔའ་སྐྱེད་ཚལ་གཟིགས་པའི་ཕྱིར་ཤར་སྒོ་ནས་ཐེབས་པ་ན་གནས་(༢༨བ)གཙང་
མའི་ལྷ་དག་གིས་སྤྲུལ་པའི་རྒན་པོ་རྒས་ཤིང་འཁོགས་པ། རྒས་པའི་སྡུག་བསྔལ་གྱིས་
ཉེན་པ་གཟིགས་ཏེ། འདུན་པ་ལ། ཁ་ལོ་སྒྱུར་བ་མི་རིད་ཉམ་ཆུང་ཞིང་། །ཤ་ཁྲག་
བསྐམས་ལ་རྒྱུས་པགས་ཉེ་ཆེས་དཀྲིས། །མགོ་དཀར་སོ་རྒྱལ་ལུས་ནི་རབ་སྐེམ་ལ། །
འཁར་བ་བརྟེན་ཅིང་མི་བདེ་འཁྱོར་འགྲོ་སུ། །ཅེས་སྨྲས་པ། ལྷ་ཅིག་མི་འདི་རྒ་བས་
ཟིལ་གྱིས་ནོན། །དབང་པོ་ཉམས་ཤིང་སྡུག་བསྔལ་བརྩོན་སྟོབས་ཉམས། །གཉེན་གྱི་
སྐྱེ་བོས་བརྙས་ཤིང་མགོན་མེད་གྱུར། །དོན་བགྱིད་མི་ནུས་ནགས་ཁྲོད་ཤིང་ལྟར་བོར། །
བྱང་ཆུབ་སེམས་དཔས་སྨྲས་པ། འདི་ཡི་ཆོས་འདི་རིགས་ཀྱི་ཡིན་ནམ་འོན་ཏམ་ནི། །
འགྲོ་བ་འདི་ཀུན་ལ་ཡང་འདི་སྲིད་དེ་སྨྲོས་ཤིག །ཚིག་འདི་ཡང་དག་ཇི་བཞིན་མྱུར་དུ

སྨོས་ཤིག་དང་། །ཐོས་ནས་དེ་བཞིན་དོན་ལ་འདི་ར་ནི་ཚུལ་བཞིན་བསམ། །དེས་སྨྲས་པ། །ལྷ་འདི་རིགས་ཆོས་མ་ཡིན་ཡུལ་འཁོར་ཆོས་མ་ལགས། །སྐྱེ་བོ་ཀུན་གྱི་དར་ལ་བབ་པ་རྣ་བས་འཛེམས། །ཁྱོད་ཀྱི་ཡབ་དང་ཡུམ་དང་ཉེ་དུ་གཉེན་ཚོགས་ཀྱང་། །རྣ་ལས་མི་ཐར་འབྲོས་པའི་ཐབས་ནི་གཞན་མ་མཆིས། །བྱང་ཆུབ་སེམས་དཔས་སྨྲས་པ། །ཁ་ལོ་སྒྱུར་བ་ཁྱེས་པའི་སྐྱེ་བོ་མི་མཁས་པའི། །བློ་ངན་གཞོན་པས་རྒྱུགས་ཤིང་སྨྱོས་པས་རྣས་མ་མཐོང་། །ང་ནི་སླར་འགྲོ་ང་ཡི་ཤིང་རྟ་མྱུར་དུ་སྒྱུར། །ང་ཡང་རྣས་ལ་གནས་པས་རྫེ་(༣༩ན)དགའ་ཅི་ཞིག་བྱ། །ཞེས་གསུངས་ནས་ནང་དུ་ལོག་གོ །ཡང་ལྷོ་སྒོར་ཐེབས་པས་ན་བ་གཟིགས་ཏེ་སྨྲས་པ། །ཁ་ལོ་བསྒྱུར་བ་མི་རྒྱབ་ལུས་ཀྱི་མདོག་ངན་ལ། །དབང་པོ་ཐམས་ཅད་ཉམས་ཤིང་དབུགས་དབྱུང་རབ་ཏུ་དཀའ། །ཡན་ལག་ཀུན་བསྐམས་ལྟོ་བས་དཀྲུགས་ཤིང་ཉམ་ཐག་གྱུར། །རང་གི་གཅིན་རྟུག་སྨད་པའི་གནས་ན་འདུག་འདི་སུ། །དེས་སྨྲས་པ། ལྷ་ཅིག་མི་འདི་ཤིན་ཏུ་ནད་ཀྱིས་བཏབ་པ་སྟེ། །ནད་ཀྱི་འཇིགས་པ་ཉེ་བར་མཆིས་པས་འགུམ་ལ་ཐུག །ནད་མེད་གཟི་བརྗིད་མ་མཆིས་སྟོབས་ཀྱང་རྣམ་པར་ཉམས། །མགོན་དང་སྐྱབས་དང་གླིང་དང་དཔུང་གཉེན་མ་མཆིས་ལགས། །བྱང་ཆུབ་སེམས་དཔས་སྨྲས་པ། ནད་མེད་པ་ཡང་རྨི་ལམ་ན་ནི་རྩེ་དང་མཚུངས། །ནད་ཀྱི་འཇིགས་པ་འདི་ལྟར་ཤིན་ཏུ་མི་བཟད་པ། །སྐྱེས་བུ་མཁས་པས་གནས་འདི་མཐོང་ནས་ཇི་ལྟ་བུར། །རྩེ་ལ་དགའ་དང་སྡུག་པའི་འདུ་ཤེས་སྐྱེད་པར་འགྱུར། །ཞེས་གསུངས་ནས་ནང་དུ་ལོག་གོ །ཡང་ནུབ་ཏུ་ཤི་བ་གཟིགས་ཏེ་སྨྲས་པ། །ཁ་ལོ་བསྒྱུར་བ་མི་འདི་ཁྱོགས་ལ་བླངས་ནས་ནི། །འདི་དག་སྐྲ་བཤིག་མགོ་ལ་ས་ཡིས་འཐོར་བྱེད་ཅིང་། །སྣ་ཚོགས་ངག་གི་ཚིག་ནི་བརྗོད་ལ་བྲང་བརྡུང་བས། །ཀུན་ནས་བསྐོར་བ་བྱས་ཏེ་ཁྲེར་བ་སུ་ཞིག་ཡིན། །དེས་སྨྲས་པ། ལྷ་ཅིག་མི་འདི་འཛམ་བུའི་གླིང་དུ་གུམ་པ་སྟེ། །སླན་ཆད་ཕ་མ་མཆིས་བྲང་བུ་རྣམས་མཐོང་མི་(༣༩བ)འགྱུར། །ལོངས

སྤྱོད་ཁྲིམ་དང་མཛའ་བཤེས་གཉེན་ཚོགས་སྤྱངས་ནས་ནི། །འཇིག་རྟེན་ཕ་རོལ་མཆིས་ཏེ་སླན་ཆད་གཉེན་མི་མཐོང་། །བྱང་ཆུབ་སེམས་དཔས་སྨྲས་པ། རྒ་བས་གནོད་པར་འགྱུར་བའི་གཞོན་པ་ཅིར་མི་རུང་། །སྣ་ཚོགས་ནད་ཀྱིས་གནོད་འགྱུར་ནད་མེད་ཅིར་མི་རུང་། །རིང་དུ་མི་གནས་གསོན་པ་མཁས་ལ་ཅིར་མི་རུང་། །དགའ་ལ་ཆགས་པ་སྐྱེས་བུ་མཁས་པ་ཅིར་མི་རུང་། །གལ་ཏེ་རྒ་མེད་ན་མེད་འཆི་བ་མེད་གྱུར་ཀྱང་། །འོན་ཀྱང་ཕུང་པོ་ལྔ་འཛིན་སྡུག་བསྔལ་ཆེ་ཡིན་ན། །རྒ་ན་འཆི་བ་རྟག་ཏུ་འབྲང་བ་སྨོས་ཅི་དགོས། །ལེགས་པར་སླར་ལོག་རབ་ཏུ་ཐར་བར་བྱ་བ་བསམ། །ཞེས་གསུངས་ནས་ནང་དུ་ལོག་གོ །ཡང་། བྱང་སྒོར་དགེ་སློང་གཟིགས་ཏེ་སྨྲས་པ། ཁ་ལོ་བསྒྱུར་བ་སྐྱེས་བུ་སེམས་ཞི་རབ་ཞི་ཞིང་། །མིག་ཕབ་འགྲོ་ལ་གཉའ་ཤིང་གང་ཙམ་ལྟ་བྱེད་ཅིང་། །ངུར་སྨྲིག་གོས་གྱོན་ཤིན་ཏུ་རབ་ཏུ་ཞི་བར་སྤྱོད། །ལྷུང་བཟེད་ཐོགས་ནས་མི་རྒོད་མ་ཁེངས་སུ་ཞིག་ཡིན། །དེས་སྨྲས་པ། ལྷ་ཅིག་མི་འདི་དགེ་སློང་ཞེས་ནི་བགྱི་བ་ལགས། །འདོད་པའི་དགའ་བ་སྤངས་ཤིང་ཤིན་ཏུ་དུལ་བར་སྤྱོད། །བདག་ཉིད་ཞི་བ་འཚོལ་ཞིང་རབ་ཏུ་བྱུང་བར་གྱུར། །འདོད་ཆགས་ཞེ་སྡང་བྲལ་བ་བསོད་སྙོམས་སྤྱོད་ཅིང་རྒྱུ། །བྱང་ཆུབ་སེམས་དཔས་སྨྲས་པ། འདི་ནི་དགེ་བར་ལེགས་སྨྲས་ང་ཡང་འདོད་པ་སྟེ། །རབ་ཏུ་བྱུང་བ་མཁས་པ་རྣམས་ཀྱིས་རྟག་ཏུ་བསྔགས། །དེ་ནི་བདག་ལ་ཕན་ཞིང་སེམས་ཅན་གཞན་ལའང་ཕན། །འཚོ་བ་(༣༠ན)བདེ་ཞིང་ཉམས་མཐུན་འཆི་མེད་འབྲས་བུར་འགྱུར། །ཞེས་གསུང་ཞིང་ཤིང་རྟ་ཁ་བསྒྱུར་ཏེ་ནང་དུ་བྱོན་ནོ། །དེ་ནས་བྱང་ཆུབ་སེམས་དཔའ་དགུང་ལོ་ཉི་ཤུ་རྩ་དགུ་ལ་བབ་པ་ཀུན་འཛིན་ཅེས་པ་ས་ཕོ་བྱི་བའི་ལོ་སྟོན་ཟླ་རབའི་ཡར་ཚེས་བརྒྱད་ཀྱི་ཐོ་རངས་སྐར་མ་རྒྱལ་ཤར་བ་དང་དུས་མཉམ་དུ་ཁང་བཟང་གི་སྟེང་དུ་ཕེབས་ནས་ཕྱོགས་བཅུའི་སངས་རྒྱས་ཐམས་ཅད་ལ་ཕྱག་བཙལ་ཏེ་སྙིགས་མའི་འགྲོ་བ་རྣམས་ཀྱི་དོན་དུ་མྱུར་དུ་འཚང་རྒྱ་བར་ཐུགས་སྨོན་མཛད་པ་ན། ནམ

མཁའི་དབྱིངས་འདི་ཐམས་ཅད་བྱང་ཆུབ་སེམས་དཔའ་རྣམས་དང༌། ཚངས་པ་དང༌། བརྒྱ་བྱིན་དང༌། འཇིག་རྟེན་སྐྱོང་བ་བཞི་ལ་སོགས་པ་དཀར་ཕྱོགས་ཀྱི་ལྷ་རྣམས་དང༌། གཞན་ཡང་གནོད་སྦྱིན་དང༌། དྲི་ཟ་དང༌། ཀླུ་ལ་སོགས་པ་མཆོད་པའི་བྱེ་བྲག་སྣ་ཚོགས་ཐོགས་པས་ཡོངས་སུ་གང་ཞིང༌། གསང་བའི་བདག་པོ་ཕྱག་ན་རྡོ་རྗེ་དང་སྡེ་དཔོན་ཆེན་པོ་རྣམ་ཐོས་སྲས་ཀྱིས་ལྷས་རྫིན་ལ་བཀའ་བསྒོས་ཏེ་རྒྱལ་པོའི་ཕོ་བྲང་གི་ཆབ་སྒོ་ཐམས་ཅད་བསྲུང་མ་གོ་མཆོན་ཐོགས་པ་བརྒྱ་ཕྲག་མང་པོས་བཀག་པས་ཁང་བཟང་གི་སྟེང་ནས་ཆིབས་པ་བསྟུགས་ལྡན་གྱི་ཐད་དུ་ལྷའི་བཟོ་བོས་བཅོས་པའི་སྐས་རྩུགས་ཤིག་ཅེས་བཀའ་བསྒོས་པ་ན་ལྷས་རྫིན་གྱིས་དེ་མ་ཐག་སྐས་བཙུགས་སོ། །དེ་ནས་བྱང་ཆུབ་སེམས་དཔའ་ལྷའི་སྐས་དེ་ལ་བབས་ནས་བསྟུགས་ལྡན་ལ་ཆིབས་པ་ན། བརྒྱ་(༣༠བ)བྱིན་གྱིས་བཀྲ་ཤིས་ཀྱི་ཤར་སྒོ་ཕྱེ། ཚངས་རིས་ཀྱི་ལྷ་རྣམས་ཀྱིས་གཡས་ལོགས་ནས་བཏེན། འདོད་པའི་ལྷ་རྣམས་ཀྱིས་གཡོན་ལོགས་ནས་བཏེན། ཚངས་པ་དང་བརྒྱ་བྱིན་གཉིས་ཀྱིས་སྣ་དྲངས། ནམ་མཁའི་དབྱིངས་ཐམས་ཅད་མཆོད་པའི་བྱེ་བྲག་གིས་གང༌། དཀར་ཕྱོགས་ཀྱི་ལྷ་མང་པོས་གོས་ཀྱི་གཡབ་མོ་གཡོབ་བཞིན་དུ་འཇིག་རྟེན་སྐྱོང་བ་བཞིས་བསྟུགས་ལྡན་གྱི་སྨུག་པ་བཞི་ནས་བཏེག་སྟེ་མྱུར་བར་ཐེབས་ནས་ཤཱཀྱའི་ཡུལ་དང༌། ཀེའུ་ཏའི་ཡུལ་དང༌། གྱད་ཡུལ་རྣམས་ལས་འདས། མེ་ནེ་ཡའི་ཡུལ་གྱི་གྲོང་བརྡལ་ལས་ཀྱང་དཔག་ཚད་དྲུག་ཕྱིན་པ་ཡུལ་སྐྱོང་བྱེད་ཀྱི་གྲོང་གི་ཉེ་འདབས་རྒྱུ་སྐྱུང་ཡིད་འོང་ལྡན་གྱི་འགྲམ་དུ་བྱོན་པ་ན་ནམ་ལངས་སོ། །ཆོས་འབྱུང་འགའ་ཞིག་ལས་ཤཱཀྱའི་ཕོ་བྲང་ནས་མེ་ནེ་ཡའི་ཡུལ་གྱི་བར་ལ་དཔག་ཚད་དྲུག་ཡོད་ཅིང༌། ཡུལ་དེ་ནས་རྒྱུ་སྐྱུང་ཡིད་འོང་ལྡན་གྱི་བར་ལ་དཔག་ཚད་དྲུག་ཡོད་པས་ཐོ་རངས་དེ་ལ་དཔག་ཚད་བཅུ་གཉིས་ཀྱི་བར་དུ་ཐེབས་པ་ཡིན་ཞེས་འབྱུང་ངོ༌། །གནས་དེ་ན་སྔོན་འདས་པའི་སངས་རྒྱས་གསུམ་གྱི་གཙུག་ཕུད་བྲེགས་པའི་མཆོད་རྟེན་རྣམ་དག

གསུམ་ཡོད་པར་བཤད་ཅིང་། མཆོད་རྟེན་རྣམ་དག་དེ་དག་གི་དྲུང་དུ་བྱང་ཆུབ་སེམས་དཔས་ཁ་ལོ་བསྒྱུར་བ་འདུན་པ་ལ་ངའི་རྒྱན་དང་བསྡིགས་ལྷན་ཁྱེར་ལ་གཉེན་རྣམས་ཀྱི་དྲུང་དུ་སོངས་ཤིག་ཅེས་བཀའ་(༣༡ན)སྩལ་པ་ན་འདུན་པས་མཆི་མ་ཆར་བཞིན་དུ་ཕབ་སྟེ་དེ་བཞིན་དུ་གཞོན་ནུ་རྒྱལ་པོའི་ཕོ་བྲང་ན་འཁོར་ཁྲི་ཕྲག་མང་པོ་དང་བཅས་བཞུགས་པ། ད་ནགས་ཁྲོད་དབེན་པར་གཅིག་པུར་ཇི་ལྟར་བཞུགས་ཞུས་པ་ན། བྱང་ཆུབ་སེམས་དཔས་བཀའ་སྩལ་པ། སྐྱེ་དགུ་འདི་ནི་སྐྱེ་ནའང་གཅིག་པུ་སྐྱེ། །དེ་བཞིན་འཆི་ནའང་གཅིག་པུ་འཆི་བར་འགྱུར། །འདི་ན་གཅིག་པུས་སྡུག་བསྔལ་མྱོང་འགྱུར་གྱི། །འཁོར་བ་ལ་ནི་གྲོགས་ཡོད་མ་ཡིན་ནོ། །ཞེས་གསུང་། དེ་ནས་བྱང་ཆུབ་སེམས་དཔས་རང་གི་དབུ་སྐྲ་རང་གིས་བཅད་དེ་གནམ་དུ་གཏོར་བ་ན། བརྒྱ་བྱིན་གྱིས་མཁའ་ལས་བླངས་ཏེ་སུམ་ཅུ་རྩ་གསུམ་དུ་ཁྱེར་ནས་ལྷ་རྣམས་ཀྱི་མཆོད་པའི་རྟེན་བྱེད་ཅིང་ལོ་རེ་བཞིན་གཙུག་ཕུད་ཀྱི་དུས་སྟོན་ཡང་བྱེད་ཅེས་གྲག་གོ །

དེ་ནས་བྱང་ཆུབ་སེམས་དཔས་ན་བཟའ་ཀ་ཤི་ཀའི་རས་ཁྱད་པར་ཅན་འདི་ལྷ་བུ་གྱོན་པ་རབ་ཏུ་བྱུང་བའི་ཚུལ་དང་མི་མཐུན་ནོ་སྙམ་དུ་དགོངས་ནས་ངུར་སྨྲིག་གི་གོས་གྱོན་པར་བཞེད་པ་ན་བརྒྱ་བྱིན་གྱིས་སྔོན་གྱི་དྲང་སྲོང་རྣམས་ཀྱིས་བྱང་ཆུབ་སེམས་དཔའི་ཆེད་དུ་སྨོན་ལམ་བཏབ་སྟེ་བཞག་པའི་ངུར་སྨྲིག་གི་གོས་བླངས་ཏེ་བྱང་ཆུབ་སེམས་དཔའ་ལ་ཕུལ། ཀ་ཤི་ཀའི་ན་བཟའ་རྣམས་བརྒྱ་བྱིན་གྱིས་བླངས་ཏེ་སྤྱི་བོར་ཁྱེར་ནས་སུམ་ཅུ་རྩ་གསུམ་དུ་མཆོད་པའི་རྟེན་དུ་བཞུགས་ཤིང་ལོ་རེ་བཞིན་ན་བཟའི་དུས་སྟོན་བྱེད་(༣༡བ)ཅེས་གྲག་གོ །གནས་དེར་གཙུག་ཕུད་དོར་བའི་མཆོད་རྟེན་དང་། ངུར་སྨྲིག་བླངས་པའི་མཆོད་རྟེན་དང་། འདུན་པ་ཕྱིར་ལོག་པའི་མཆོད་རྟེན་གསུམ་ཡོད་པར་གྲགས་སོ། །དེ་ནས་བྱང་ཆུབ་སེམས་དཔས་ཤཱཀྱའི་གྲོང་ནས་དེའི་བར་ལ་དཔག་ཚད་བཅུ་གཉིས་ཡོད་མོད་ཀྱང་། ད་དུང་ཉེ་དུ་དང་ཐག་ཉེ་བ་ནི་མི་ལེགས་པར་དགོངས་

ནས་རྒྱུ་བོ་གཏྲུ་བཀྲལ་ཏེ་མ་གཏྲར་བྱོན་ནོ། །

དེ་ལྟར་སྔོན་པས་འཁོར་ལོས་བསྒྱུར་བའི་དཔལ་ཐམས་ཅད་མཆིལ་མའི་ཐལ་བ་བཞིན་དུ་དོར་ཞིང་། སྐུའི་རྒྱན་དང་ན་བཟའ་ རྩུན་ཆད་དོར་ཏེ་རབ་ཏུ་བྱུང་ནས་བསོད་སྙོམས་མཛད་པ་ནི་གདུལ་བྱ་རྣམས་ལ་འདི་ལྟར་བྱ་དགོས་སོ་ཞེས་འདོམས་པ་སྟེ། སྔོན་བྱུང་སྟོན་པའི་རྣམ་ཐར་རྗེས་འཇུག་གདུལ་བྱའི་ཉམས་ལེན་དུ་འཁྱེར་བར་བྱ་བ་ཡིན་པས་བྱང་ཆུབ་ལམ་གྱི་རིམ་པ་ལ་ཉམས་ལེན་སྙིང་པོར་བྱ་འདོད་པ་རྣམས་ཀྱིས་སྟོན་པ་ཐུགས་རྗེ་ཅན་གྱི་མཛད་པ་རྣམ་ཐར་འདི་དག་དྲན་པར་བྱས་ལ་ཐོག་མར་རང་ཡུལ་ཉེ་དུ་དང་བཅས་པ་གང་ལའང་མ་ཆགས་པར་དོར་ནས་རྒྱལ་བའི་བསྟན་པ་ལ་རབ་ཏུ་བྱུང་སྟེ། བྱ་དང་རི་དྭགས་བཞིན་དུ་གསོག་འཇོག་གང་ཡང་མི་བྱ་བར་འཚོ་བ་བསོད་སྙོམས་ཀྱིས་འཚོ་བར་བྱས་ཏེ་བྱང་ཆུབ་ལམ་རིམ་གྱི་ཉམས་ལེན་བྱ་དགོས་པ་ཡིན་པས་སྟོན་པ་ཐུགས་རྗེ་ཅན་གྱི་རྣམ་ཐར་བཟང་པོ་འདི་དག་ཡང་དང་ཡང་དུ་བསམས་ཏེ། (༣༢ན)རང་གི་ཉམས་ལེན་དུ་འཁྱེར་ཤེས་པ་ཞིག་བྱའོ། །དེ་ནས་བྱང་ཆུབ་སེམས་དཔས་རྒྱལ་པོའི་ཁབ་ཏུ་བསོད་སྙོམས་ལ་བྱོན་པ་ན་རྒྱལ་པོ་གཟུགས་ཅན་སྙིང་པོ་འཁོར་བཅས་ཀྱིས་མཐོང་སྟེ་ངོ་མཚར་ནས་བྱང་ཆུབ་སེམས་དཔའི་དྲུང་དུ་ཕྱིན་ཏེ་བརྟགས་པ་ན་གཞོན་ནུ་དོན་ཐམས་ཅད་གྲུབ་པ་ཡིན་པར་ངོ་ཤེས་ནས་བློར་མ་ཤོང་བར་བཀྱལ་ལོ། །བཀྱལ་བ་དེ་ལས་སངས་ནས་བྱང་ཆུབ་སེམས་དཔའ་ལ་ཕྱག་བཙལ་ཏེ་གསོལ་པ། ཁྱོད་ལ་རྒྱལ་སྲིད་ཀྱི་ཕྱེད་འབུལ་གྱི། བདག་གི་གྲོགས་མཛོད་ལ་ཕྱིན་ཆད་རིའི་སྲུལ་དང་རྩའི་གདིང་བ་ལ་མ་བཞུགས་ཤིག་ཅེས་ཞུས་པ་ན། ལན་གསུངས་པ། རྩེ་མོ་སྣ་ཚོགས་ཡངས་པར་གྱུར་པ་ཡི། །ལྷུན་པོ་གངས་ཅན་རླུང་གིས་བསྐྱོད་སྲིད་ཀྱིས། །ང་ཡི་བློ་ནི་ཐར་པ་ལ་བརྟེན་པ། །འདོད་པའི་ཤུགས་ཀྱིས་བསྐྱོད་པར་མི་ནུས་སོ། །ཞེས་གསུངས། དེ་ནས་བྱང་ཆུབ་སེམས་དཔས་དྲང་སྲོང་རྣམས་ཀྱི་ཁྲོད་དུ་བྱོན་ཏེ

དྲང་སྲོང་དཀའ་ཐུབ་སྤྱོད་པ་དེ་དག་གིས་དཀའ་ཐུབ་གང་དང་གང་སྤྱོད་པ་དེ་དང་དེ་ལས་ཉིས་འགྱུར་ཉིས་འགྱུར་དུ་མཛད་པ་ན་དྲང་སྲོང་དེ་དག་ངོ་མཚར་ཏེ་དགེ་སྦྱོང་འདི་ནི་ཆེན་པོ་ཞིག་གོ །ཞེས་བརྗོད་པས་དེ་ཕྱིན་ཆད་དགེ་སྦྱོང་ཆེན་པོ་ཞེས་མཚན་དུ་གྲགས་སོ། །དེ་ནས་ཡབ་ཟས་གཙང་མས་བྱང་ཆུབ་སེམས་དཔའ་གཡོག་མེད་པར་འཁྱམ་མོ་ཞེས་ཐོས་ནས། རྒྱལ་པོ་ཟས་གཙང་མས་གཡོག་སུམ་བརྒྱ་དང་། སྲུ་སྐྱེ་དགུའི་བདག་མོས་ལྔས(༣༢བ)བསྟན་ནས་མི་ཉིས་བརྒྱ་ཞབས་འབྲིང་དུ་བཏང་ངོ། །

དེ་ནས་བྱང་ཆུབ་སེམས་དཔས་འཁོར་ལྔ་བརྒྱ་ཡོད་པ་དེ་དང་མཉམ་དུ་སྤྱོད་པ་ན་དཔེན་པར་འཁོར་མང་པོ་བསྙེན་པ་འདི་མ་ལེགས་སོ་སྙམ་དུ་དགོངས་ནས་བྱིངས་རྣམས་ཕྱིར་སློག་ཅིང་། ཡབ་དང་སྲུའི་ཕྱོགས་ཀྱི་ངོ་བསྲུང་བ་དང་ལྔ་པོ་དེ་ལ་དགེ་བའི་རྩ་བ་ཡོད་པར་མཁྱེན་ནས་ཀོའུ་དི་ནྱ་ལ་སོགས་པ་མི་ལྔ་ཞབས་འབྲིང་དུ་བསྙེན་ནོ། །དེ་ནས་བྱང་ཆུབ་སེམས་དཔས་ཆུ་ཀླུང་ནཻ་རཉྫ་ནའི་འགྲམ་གྱི་ཤིང་དྲུང་ཞིག་ཏུ་དཀའ་ཐུབ་ལ་བཞུགས་ཏེ་ཐོག་མར་འབྲས་འབྲུ་རེ་རེ་ཙམ་གསོལ་ཞིང་། དེ་ནས་རིམ་གྱིས་འབྲུ་རེ་རེ་གསོལ་བ་དེ་ཡང་སྤངས་ནས་ལོ་དྲུག་ཏུ་སྐྱིལ་མོ་ཀྲུང་བཅས་ནས་ཏིང་ངེ་འཛིན་ལ་བཞུགས་སོ། །དེ་ལྟར་དཀའ་བ་སྤྱད་པའི་བརྟུལ་ཞུགས་ལོ་དྲུག་པོ་དེས་ལྷ་དང་མི་ཁྲག་ཁྲིག་ཕྲག་བཅུ་གཉིས་དང་། བྱེ་བ་ཕྲག་དྲུག་ཅུ་རྩ་བཞི་ཐེག་པ་གསུམ་ལ་སྨིན་པར་མཛད་དོ། །དེའི་ཚེ་ལྷ་ནས་ལྟོ་འཕྱེའི་བར་སྡེ་བརྒྱད་རྣམས་ཀྱིས་ཉིན་མཚན་དུ་མཆོད་ཅིང་སྨོན་ལམ་འདེབས་སོ། །ལྷ་དང་མི་གང་དག་རྒྱ་ཆེན་པོ་ལ་མོས་པ་དེ་དག་གིས་ནི་བྱང་ཆུབ་སེམས་དཔའ་རིན་པོ་ཆེའི་ཁང་པ་བརྩེགས་པ་ན་འདུག་ཅིང་། བདེ་བ་མྱོང་བར་མཐོང་ངོ། །ལྷ་དང་མི་ཆོས་བསྟན་པས་སྨིན་པར་མཛད་པ་རྣམས་ཀྱིས་ཆོས་འབབ་ཞིག་འཆད་པར་མཐོང་ངོ། །སེམས་ཅན་ སྤྱི་མཐུན་གྱིས་ནི་དཀའ་བ་སྤྱོད་པ་སྔར་སྨོས་པ་བཞིན་དུ་མཐོང་ངོ། །དཀའ་སྤྱད་མཛད་པ་དེས་ཕྱི་རོལ་པའི་དྲང་སྲོང་ས

ཡ་ཕྲག་བཞི་དང་ཉིས་འབུམ་བཏུལ་ཏེ་བྱང་ཆུབ་ཏུ་སྨིན་པར་མཛད་(༣༣ན)དོ། །དེ་ནས་བྱང་ཆུབ་སེམས་དཔས་འདི་སྙམ་དུ་དགོངས་ཏེ། དཀའ་ཐུབ་གཅིག་པོས་འཚང་རྒྱ་བར་མི་ནུས་ཀྱི་མཐའ་གཉིས་སྤངས་པའི་དབུ་མའི་ལམ་ལ་བརྟེན་ཏེ་འཚང་རྒྱ་བར་བྱའོ་སྙམ་དུ་དགོངས་ཤིང་། ཕྱོགས་བཅུའི་སངས་རྒྱས་རྣམས་ཀྱིས་ཀྱང་དཀའ་ཐུབ་ལས་བཞེངས་ཏེ་བྱང་ཆུབ་ཀྱི་སྙིང་པོར་འཚང་རྒྱ་བའི་མཛད་པ་སྟོན་དགོས་སོ་ཞེས་ཡང་དང་ཡང་དུ་བསྐུལ་བ་ལ་བརྟེན་ནས། དཀའ་ཐུབ་ལས་བཞེངས་ཏེ་དབུགས་དབྱུང་རྡུབ་ཅི་བདེར་མཛད་པ་དང་། ཞལ་ཟས་རགས་པ་གསོལ་ཏེ་སྐུ་ལུས་ཀྱི་སྟོབས་བསྐྱེད་དོ། །དེ་ནས་ཆུ་ཀླུང་ནཻ་རཉྫ་ནར་སྐུ་ཁྲུས་མཛད་དེ་ཕྱག་དར་ཁྲོད་ཀྱི་གོས་གསོལ་ནས། སྔོན་ཡུན་རིང་པོ་ནས་སྨོན་ལམ་བཏབ་པ་གྲོང་པའི་བུ་མོ་ལེགས་སྐྱེས་མ་དང་དགའ་སྟོབས་མ་གཉིས་ཀྱི་ཚོགས་རྫོགས་པར་བྱ་བ་དང་། སྐུའི་གཟི་མདངས་བསྐྱེད་ནས་གདུལ་བྱ་རྣམས་ལ་མཚན་དཔེའི་སྐུ་གསལ་བར་བསྟན་པར་བྱ་བའི་ཕྱིར་བུ་མོ་དེ་གཉིས་ཀྱི་ཐད་དུ་བྱོན་ནས་བསོད་སྙོམས་མཛད་པ་ན། དཔྱིད་ཟླ་ཐ་ཆུང་ས་ག་ཟླ་བའི་ཚེས་བཅུ་བཞིའི་ཉིན་བུ་མོ་དེ་གཉིས་ཀྱིས་བ་མཆོག་སྟོང་གི་འོ་མ་ཉིད་ཁུར་བྱས་པ་གསེར་གྱི་གཞོང་པར་བླུགས་ཏེ་ཕུལ་བ་ན་དྲོའི་དུས་སུ་བུ་མོ་གཉིས་ཀྱི་བྱང་ཆུབ་ཀྱི་ཚོགས་རྫོགས་པར་བྱ་བའི་ཕྱིར་འོ་ཐུག་དེ་ལྷག་མ་མ་ལུས་པར་གསོལ་ཏེ། ཡོལ་གོ་ནཻ་རཉྫ་ནར་བོར་བ་ཀླུའི་རྒྱལ་པོ་རྒྱ་མཚོས་མཆོད་པའི་ཕྱིར་ཁྱེར་བས། བརྒྱ་བྱིན་གྱིས་མཁའ་ལྡིང་དུ་སྤྲུལ་ནས་དེ་ཕྲོགས་ཏེ་རང་གི་གཟུགས་ཀྱིས་སུམ་ཅུ་རྩ་གསུམ་དུ་ཁྱེར་ནས་(༣༣བ)ཡོལ་གོའི་དུས་སྟོན་བཙུགས་སོ། །སེང་གེའི་ཁྲི་ཡང་ཀླུའི་བུ་མོས་མཆོད་པའི་རྟེན་དུ་ཁྱེར་ཏོ། །བུ་མོ་དེ་གཉིས་ཀྱིས་ཀྱང་བྱང་ཆུབ་སེམས་དཔའ་ཐོག་མ་ནས་དེའི་བར་ཇི་ལྟ་བར་མ་འཚལ་ཏོ། །བྱང་ཆུབ་སེམས་དཔའི་བསོད་ནམས་དང་ཤེས་རབ་ཀྱི་སྟོབས་ཀྱིས་འོ་ཐུག་གསོལ་མ་ཐག་སྐུ་སྔ་ཁོ་ལྟར་ཁ་དོག་བཟང་པོ་རྒྱས་པ་དང་མཚན་བཟང་པོ་སུམ་ཅུ་རྩ་

གཉིས་དང་དཔེ་བྱད་བཟང་པོ་བརྒྱད་ཅུ་དང་འོད་འདོམ་གང་བ་རྣམས་ཀྱིས་བརྒྱན་པར་གྱུར་ཏོ། །གཞན་ཡང་ལྷ་ནས་ལྟོ་འཕྱེའི་བར་གྱི་སྡེ་བརྒྱད་པོ་གང་དག་བྱེ་བ་ཁྲག་ཁྲུག་ཅུས་ཀྱང་རང་རང་གི་ཟས་ཐོགས་ཏེ་བྱང་ཆུབ་སེམས་དཔའ་ལ་ཕུལ་བ་དང་། བྱང་ཆུབ་སེམས་དཔས་དེ་དག་ཕན་ཚུན་གཅིག་གིས་གཅིག་མཐོང་བ་མེད་པར་བྱིན་གྱིས་བརླབས་ནས་གསོལ་ཏོ། །རང་རང་གི་གང་ཕུལ་བ་དེ་གསོལ་བར་མཐོང་བའི་མོད་ལ་དེ་དག་ཐམས་ཅད་བྱང་ཆུབ་ཏུ་ཡོངས་སུ་སྨིན་པར་མཛད་དོ། །

དེ་ནས་བྱང་ཆུབ་སེམས་དཔས་གང་དུ་མངོན་པར་རྫོགས་པར་འཚང་རྒྱ་སྙམ་དུ་གནས་བརྟགས་པ་ན་དཀར་ཕྱོགས་ཀྱི་ལྷ་རྣམས་ཀྱིས་ཆུ་ཀླུང་ནཻ་རཉྫ་ན་བརྒྱལ་བའི་ནུབ་ཕྱོགས་ན་རྡོ་རྗེ་གདན་ཞེས་བྱ་བ་དུས་གསུམ་སངས་རྒྱས་ཐམས་ཅད་གང་དུ་མངོན་པར་རྫོགས་པར་འཚང་རྒྱ་བའི་གནས་མཆིས་པས་དེར་གཤེགས་སུ་གསོལ་ཞེས་ཞུས་ཤིང་། བྱང་ཆུབ་སེམས་དཔའ་རང་ཉིད་ཀྱང་དེ་ལྟར་དུ་དགོངས་ནས་བྱང་ཆུབ་ཀྱི་སྙིང་པོར་གཤེགས་སོ། །དེའི་ཚེ་ལྷའི་བུ་ས་བཟང་སོགས་ས་ལ་སྤྱོད་པའི་ལྷ་རྣམས་ཀྱིས་ནི་སྟོང་ཆེན་པོ་ཕྱག་བདར་བྱེད་ཅིང་སྤོས་ཆུས་ཆག་ཆག་འདེབས་སོ། །ཡག་ན་གཞོང་(༣༩ན)ཐོགས་དང་། ཕྲེང་ཐོགས་ཀྱིས་ནི་མེ་ཏོག་གི་ཆར་འབེབས་སོ། །འཇིག་རྟེན་སྐྱོང་བ་བཞིས་ནི་གསེར་གྱི་དྲ་བ་དང་། བརྒྱ་བྱིན་གྱིས་ནི་རྣམ་པར་རྒྱལ་བའི་ཁང་བཟང་དྲ་བས་མཛེས་པར་བརྒྱན་ཏོ། །འཐབ་བྲལ་བས་ནི་བཻ་ཌཱུརྻའི་དྲ་བ་དང་། དགའ་ལྡན་པས་ནི་མུ་ཏིག་གི་དྲ་བ་དང་། འཕྲུལ་དགའ་བས་ནི་འཛམ་བུ་ཆུ་བོའི་གསེར་གྱི་དྲིལ་བུའི་དྲ་བ་དང་། དབང་བསྒྱུར་གྱིས་ནི་ལྷའི་རིན་པོ་ཆེའི་དྲ་བས་བཀབ་བོ། །ཆུ་ཀླུང་ནཻ་རཉྫ་ན་དང་བྱང་ཆུབ་ཀྱི་སྙིང་པོའི་བར་གྱི་ལམ་ཀླུང་གི་ལྷ་རྣམས་དང་སྤྲིན་གྱི་ལྷ་རྣམས་ཀྱིས་ཕྱག་བདར་བྱས། སྤོས་ཆུས་ཆག་ཆག་བཏབ་བོ། །སྟོང་ཆེན་འདིའི་ཤིང་ལྗོན་པ་དང་བྲིས་པ་བཅས་པ་ཇི་སྙེད་པ་རྣམས་བྱང་ཆུབ་ཀྱི་སྙིང་པོ་ལོགས་སུ་མགོ

བཏུད་དོ། །འདོད་པའི་ལྷའི་བུ་རྣམས་ཀྱིས་ནི་དེའི་བར་རྒྱང་གྲགས་ཙམ་ཚུན་ཆད་ཀྱི་ལམ་མངོན་པར་བཀོད་དེ་ལམ་དེའི་འགྲམ་གཡས་གཡོན་དུ་རིན་པོ་ཆེ་སྣ་བདུན་གྱི་སྟེགས་བུ་འཕང་དུ་ཤིང་ཏ་ལ་བདུན་ཙམ་དུ་མཐོ་བ། སྟེང་དུ་རིན་པོ་ཆེའི་དྲ་བ་བྲེས་པ། ལྷའི་གདུགས་དང་རྒྱལ་མཚན་དང་བ་དན་གྱིས་ལེགས་པར་བརྒྱན་པ་སྤྲུལ་ཏོ། །མདའ་རྒྱང་གང་ཙམ་དུ་ནི་རིན་པོ་ཆེ་སྣ་བདུན་གྱི་ཤིང་ཏ་ལ་སྟེགས་བུ་དེ་བས་མཐོ་བ་མངོན་པར་སྤྲུལ་ཏེ་ཤིང་ཏ་ལ་དེ་རྣམས་རིན་པོ་ཆེ་བརྒྱུས་པས་ཕན་ཚུན་དུ་འབྲེལ་བར་འདུག་གོ །ཤིང་ཏ་ལ་གཉིས་གཉིས་ཀྱི་བར་དུ་རྫིང་སྤྱོས་ཆུས་ཡོངས་སུ་གང་བ་གསེར་གྱི་བྱེ་མ་བདལ་བ། ཨུཏྤལ་ལ་སོགས་པས་གང་བ། རིན་པོ་ཆེའི་སྟེགས་བུས་བསྐོར་བ། ནོར་བུ་རིན་པོ་ཆེ་བཻ་ཌཱུརྻ་ཐེམ་སྐས(༣༨བ)བརྒྱན་པ། རྨ་བྱ་དང་ཆུ་བྱ་སྣ་ཚོགས་པ་སྒྲ་འབྱིན་པའི་རྫིང་དག་བྱས་སོ། །ལམ་དེ་ན་ལྷའི་བུ་མོ་བརྒྱད་ཁྲི་བརྒྱད་ཁྲིས་སྤྱོས་ཆུས་གཏོར་ཞིང་མེ་ཏོག་གིས་བཀྲམ་མོ། །ཏ་ལ་ཐམས་ཅད་ཀྱི་མདུན་དུ་རིན་པོ་ཆེའི་མཁའ་རྟེན་བཞག་པ་ལ་ཙན་དན་དང་ཨ་ག་རུའི་སྤྱོས་ཕོར་ཐོགས་པ་བརྒྱད་ཁྲི་དང་། གླུ་དབྱངས་ལེན་པའི་ལྷའི་བུ་མོ་ལྔ་ཁྲི་དག་འཁོད་དོ། །དེ་ནས་མི་མཛེད་ཀྱི་བདག་པོ་ཚངས་པ་དབང་སྒྱུར་ཆེན་པོས་ཚངས་རིས་པ་རྣམས་ལ་བསྒོ་བ་གྲོགས་པོ་དག་སྐྱེས་བུ་ཆེན་པོ་འདི་ནི་སྔོན་གྱི་དམ་བཅས་པ་མཐར་ཕྱིན་པའི་ཕྱིར་བྱང་ཆུབ་ཀྱི་སྙིང་པོར་བཞུད་ཀྱི་ཁྱེད་རྣམས་ཀྱིས་མཆོད་པར་གྱིས་ཤིག །འདོད་པའི་ལྷ་རྣམས་ཀྱིས་མཆོད་པས་སྟོང་ཆེན་བརྒྱན་པར་བྱས་པ་ལ་ལྟོས་ཞེས་བསྐུལ་བ་དང་། གཟུགས་ཀྱི་ལྷ་རྣམས་ཀྱིས་འཇིག་རྟེན་གྱི་ཁམས་འདི་རིན་པོ་ཆེའི་རང་བཞིན་ལ་གསེར་གྱི་པདྨ་བཀྲམ་པ་ཁ་ཁྱེར་རིམ་པ་བདུན་གྱིས་བསྐོར་བ་དང་། གཤེགས་ལམ་དུ་ཤིང་རྟ་བདུན་ཡང་སྤྲུལ་ཏོ། །ལྷའི་བུ་མོ་བྱེ་བ་དྲུག་ཅུ་རྡོ་རྗེའི་གདན་རིན་པོ་ཆེས་བཀྲམ་པ་ལ་སོགས་བྱས་ཏེ་མཆོག་གི་བཀོད་པ་དང་ལྡན་པ་དགའ་ཚལ་ལྷ་བུར་བྱས་སོ། །ཚངས་པ་རང་ཉིད་ཀྱང་སྐད་

ཅིག་དེ་ལ་སྟོང་ཆེན་འདིར་ཕྱིན་ཏེ་ས་གཞི་མཉམ་པ་རིན་པོ་ཆེ་སྣ་བདུན་གྱིས་གང་བ་རེག་ན་བདེ་བར་བྱས་སོ། །དེ་བཞིན་དུ་ཕྱོགས་བཅུའི་བརྒྱ་བྱིན་དང་། ཚངས་པ་དང་། འཇིག་རྟེན་སྐྱོང་བ་རྣམས་ཀྱིས་ཀྱང་ཞིང་འདི་སངས་རྒྱས་ཀྱི་ཞིང་བརྒྱ་སྟོང་གིས་བརྒྱན་ཏོ། །བྱང་ཆུབ་སེམས་དཔའ་རྣམས་ཀྱིས་ཀྱང་བཀོད་པ་དཔག་ཏུ་མེད་པའི་སངས་རྒྱས་ཀྱི་ཞིང་བཀོད་(༣༥ན)པ་སྣ་ཚོགས་པས་ཞིང་འདི་གཅིག་པུ་བརྒྱན་པར་བྱས་སོ། །བྱང་ཆུབ་ཀྱི་སྙིང་པོ་སྐྱོང་བར་བྱེད་པའི་ལྷའི་བུ་ཨུ་ཁ་ལི་ལ་སོགས་པ་ལྷའི་བུ་བཅུ་དྲུག་གིས་བྱང་ཆུབ་ཀྱི་ཤིང་དེ་ལ་དཔག་ཚད་བརྒྱད་ཅུའི་ཁོར་ཡུག་ཏུ་རིན་པོ་ཆེ་སྣ་བདུན་གྱི་སྡིགས་བུ་དང་། ཏ་ལའི་ཕྲེང་བ་དང་གཡེར་ཁའི་དྲ་བ་དང་། རིན་པོ་ཆེའི་ཕྲེང་བ་རྣམས་རིམ་པ་བདུན་བདུན་གྱིས་ལེགས་པར་བསྐོར་བ། གསེར་གྱི་གླིགས་མ་དང་ཚོང་ཚོང་དང་པདྨ་དག་གིས་ཁེབས་པར་བྱས་སོ། །འོད་མ་ལ་སོགས་པ་བྱང་ཆུབ་ཀྱི་ཤིང་གི་ལྷ་མོ་བཞིས་ཀྱང་བྱང་ཆུབ་ཀྱི་ཤིང་དེ་མཛེས་ཤིང་བཀྲ་བ་དང་། ནང་རིམ་ལ་རིན་པོ་ཆེ་སྣ་བདུན་གྱི་སྡིགས་བུ་དང་། ཏ་ལ་དང་གཡེར་ཁ་དང་རིན་པོ་ཆེའི་ཕྲེང་བ་བདུན་བདུན་གྱིས་བསྐོར་ཏོ། །དེ་ནས་ཉི་མ་དགུང་ཡོལ་གྱི་དུས་སུ་བྱང་ཆུབ་ཀྱི་སྙིང་པོར་གཤེགས་པ་ན། ཞབས་ཀྱི་མཐིལ་ལས་ངན་སོང་གསུམ་རྒྱུན་གཅོད་ཅིང་སེམས་ཅན་རྣམས་ཀྱི་སྡུག་བསྔལ་དང་ཉོན་མོངས་པ་བཅིལ་བ་བདེ་བ་དང་ལྡན་ཞིང་སངས་རྒྱས་ཀྱི་ཞིང་ཐམས་ཅད་སྣང་བར་བྱེད་པའི་འོད་བཀྱེ་སྟེ། སངས་རྒྱས་ཀྱི་ཞིང་རྣམས་ནི་རབ་ཏུ་བསྐྱོད་སིལ་སྙན་སྒྲོག །མེ་ཏོག་གི་ཆར་འབེབས། ལམ་གྱི་བཀོད་པ་རྒྱ་ཆེན་པོས་བྱང་ཆུབ་ཀྱི་སྙིང་པོར་གཤེགས་པ་ན་གང་དང་གང་དུ་ཞབས་བཞག་པ་དེར་པདྨ་དག་བྱུང་སྟེ། ས་ཆེན་པོ་འདི་ཡང་ཁར་བའི་སྡོང་བཞིན་དུ་སྒྲ་འབྱིན་ཏོ། །

དེ་ལྟར་བྱང་ཆུབ་སེམས་དཔའ་བྱང་ཆུབ་ཀྱི་སྙིང་པོར་གཤེགས་པ་ན། སྔོན་གྱི་སངས་རྒྱས་རྣམས་རྩའི་གདན་ལ་བཞུགས་པར་དགོངས་ཤིང་། གནས་གཙང་མའི་

ལྷའི་བུ་རྣམས་(༣༥བ)ཀྱིས་ཀྱང་དེ་བཞིན་དུ་གསོལ་བ་དང་། ལྷའི་དབང་པོ་བརྒྱ་བྱིན་གྱིས་བྱང་ཆུབ་སེམས་དཔའི་དགོངས་པ་ཤེས་ནས། རི་སྤོས་ངད་ལྡན་ལས་ཤིང་བལ་ལྟར་རེག་ན་བདེ་བའི་རྩ་ཁུར་གཅིག་བླངས་ནས་བདག་ཉིད་རྩ་འཚོང་བཀྲ་ཤིས་ཀྱི་གཟུགས་སུ་སྤྲུལ་ནས་ཕུལ་བས་རྩ་དེ་བྱང་ཆུབ་སེམས་དཔས་བཞེས་ཏེ། སླར་ཡང་རྩ་འཚོང་བཀྲ་ཤིས་ཀྱི་དགེ་བའི་རྩ་བ་རྫོགས་པར་བྱ་བའི་ཕྱིར་རྩ་འཚོང་བཀྲ་ཤིས་ལམ་གྱི་གཡས་རོལ་ན་རྩ་སྔོ་སེར་དག་བཟང་བ་གཟིགས་ནས་དེ་ལ། བཀྲ་ཤིས་རྩ་དག་ང་ལ་སྨྱུར་དུ་བྱིན། །དེ་རིང་ང་ལ་རྩ་ནི་དོན་ཆེན་འགྱུར། །དཔུང་དང་བཅས་པའི་བདུད་ནི་བཅོམ་ནས་སུ། །བྱང་ཆུབ་དམ་པ་ཞི་བ་རེག་པར་འགྱུར། །ཞེས་གསུངས་པས། རྩ་འཚོང་བ་བཀྲ་ཤིས་སྔོན་ཁྱིམ་བདག་བློ་གྲོས་ལྡན་དུ་གྱུར་པའི་ཚེ་སངས་རྒྱས་རྣམ་གཟིགས་ཀྱི་དྲུང་དུ་སྨོན་ལམ་བཏབ་པའི་མཐུས་རབ་ཏུ་དགའ་བས་རྩ་སྔོན་པོ་རྨ་བྱའི་མགྲིན་པ་ལྟར་གཡས་སུ་འཁྱིལ་བ་དྲི་ཞིམ་པ་རེག་ན་འཇམ་པ་སྣར་བ་གང་ཐོགས་ནས་བྱང་ཆུབ་སེམས་དཔའ་ལ་ཕུལ་ཏེ། རྩ་ཡིས་བྱང་ཆུབ་འཆི་མེད་པ། །སྔོན་གྱི་རྒྱལ་བའི་ལམ་འཐོབ་ན། །ཡོན་ཏན་རྒྱ་མཚོ་ཁྱོད་བཞེས་ཤིག །བདག་ཀྱང་ཐོག་མར་འཚང་རྒྱ་བགྱི། །ཞེས་གསོལ་ཏོ། །དེ་ནས་བྱང་ཆུབ་སེམས་དཔས་བྱང་ཆུབ་ཀྱི་ཤིང་ལ་ལན་བདུན་དུ་བསྐོར་བ་མཛད་དེ་ཕྱག་བཙལ་ནས་སེམས་ཅན་དམན་པ་ལ་མོས་པ་རྣམས་ཀྱི་བློ་ཆེམ་པར་བྱ་བ་དང་། རྩའི་གདན་གྱིས་ཆོག་ཤེས་པར་བྱ་བའི་ཕྱིར་དང་། སྔོན་གྱི་རྒྱལ་བའི་རྗེས་སུ་བསླབ་པའི་ཕྱིར། རང་ཉིད་ཀྱིས་ཤིང་དེའི་དྲུང་དུ་རྩའི་རྩེ་མོ་ནང་དུ་བསྟན་ནས་རྩ་རྣམས་མ་འཁྲུགས་པ་དང་། (༣༦ན)སྟུག་སྲབ་མེད་པར་བཀྲམ་པས་བསྐོར་ཐབས་སུ་ལྷུང་བ་དང་། མཚན་མ་འདི་ལས་བདག་གདོན་མི་ཟ་བར་འཚང་རྒྱ་བར་འགྱུར་རོ་སྙམ་ནས་ཆེད་དུ་ཡང་བརྗོད་དོ། །དེ་ལྟར་རྩའི་གདིང་བ་གཏིང་བའི་སྟེང་དུ་སྐྱིལ་མོ་ཀྲུང་བཅས་ནས་སྐུ་དྲང་པོར་བསྲང་སྟེ་དྲན་པ་མངོན་དུ་བཞག །ཞལ་ཤར་

ཕྱོགས་སུ་གཟིགས་ནས། ཇི་སྲིད་དུ་སྡུག་བསྔལ་ཀུན་གྱི་མཐའི། །ཟག་ཟད་ཡང་དག་མ་ཐོབ་པར། །དེ་སྲིད་སྲོག་གི་མཐར་གྱུར་ཀྱང་། །སྐྱིལ་ཀྲུང་འདི་ནི་གཞིག་མི་བྱ། །ཞེས་བྱ་བ་ལ་སོགས་པ་གསུངས་སོ། །དེ་ནས་ཕྱོགས་བཅུའི་ཞིང་ནས་བྱང་ཆུབ་སེམས་དཔའ་བགྲང་བ་ལས་འདས་པ་འདུས་ཏེ། རྒྱལ་བའི་སྲས་པོ་མང་པོ་དེ་དག་རང་རང་གི་རྫུ་འཕྲུལ་གྱི་རྣམ་པར་འཕྲུལ་པ་ཐ་དད་པ་དག་བྱེད་དེ། མེ་ཏོག་གཞལ་ཡས་ཁང་སྟོན་པ་དང་། ལུས་ལས་ཁ་དོག་སྟོང་འདོན་པ་དང་། ཉི་མ་ལྟ་བུར་འོད་འགྱེད་པ་དང་། ས་གཡོ་བ་དང་། རྒྱ་མཚོ་བཞི་མགོ་བོར་ཐོགས་ནས་ས་ལ་སྤྲོས་ཆུ་འདེབས་པ་དང་། རིན་པོ་ཆེའི་མཆོད་སྡོང་འབུལ་བ་དང་། བར་སྣང་ལ་གནས་ནས་ལུས་དོར་བ་མེ་ཏོག་གི་ཕྲེང་བར་གྱུར་པས་སྟོང་གསུམ་འགེངས་པ་དང་། བ་སྤུའི་ཁུང་ནས་མདོ་སྡེ་ཁྲག་ཁྲིག་བརྗོད་པ་དང་། ལུས་ཆེན་པོར་བསྒྱུར་བ་དང་། ལོ་མ་ལ་བྱང་ཆུབ་སེམས་དཔའ་ལུས་ཕྱེད་གནས་པའི་ལྗོན་པ་ཐོགས་པ་དང་། ལྷུན་པོ་ལག་ན་ཐོགས་པ་དང་། རྐང་གིས་ཆུའི་ཕུང་པོ་འཐོག་པ་དང་། རྫ་བོ་ཆེ་བརྡུང་བའི་སྒྲས་ཕྱོགས་བཅུ་བྱེ་བའི་ཞིང་ཁྱབ་པར་དོ་མོད་བྱང་ཆུབ་སེམས་དཔའ་འཚང་རྒྱའོ་ཞེས་རྒྱ་ཆེར་སྒྲོག་པ་སོགས་ལྟགས་སོ། །ཞིང་ཀུན་ན་བཞུགས་པའི་རྒྱལ་བ་ཐམས་ཅད་ཀྱིས་(༣༨བ)ཕྱག་གཡས་པ་བརྐྱངས་ཏེ། དེང་དཔོན་ཆེན་པོ་རྒྱལ་བར་གྱུར་ཅིག་ཅེས་གསུང་བརྗོད་དོ། །

དེ་ནས་བདུད་སྡིག་ཏོ་ཅན་གྱིས་བདུད་ཀྱི་དམག་བྱེ་བ་ཕྲག་དུང་ཕྱུར་བསྐྱལ་ཏེ་བྱང་ཆུབ་སེམས་དཔའ་ལ་མཚོན་ཆའི་ཆར་འབེབས་པ་སོགས་བྱང་ཆུབ་ལས་གཡོ་བའི་ཕྱིར་བར་ཆད་བྱ་བར་བརྩམས་སོ། །བྱང་ཆུབ་སེམས་དཔའ་ནི་ཐུགས་ཀ་དཔལ་གྱི་བེའུས་བརྒྱན་པ་སོགས་རྡོ་རྗེ་ལྟར་བརྟན་པའི་སྟོབས་མངའ་བ་དང་། ཆོས་ཀུན་སྒྱུ་མ་དང་མཚུངས་པར་གཟིགས་པས་བདུད་ཀྱི་དམག་དེ་རྣམས་ཀྱིས་བག་ཚ་བ་དང་གཡོ་བ་མེད་དོ། །བདུད་ཀྱི་དཔུང་དེ་དག་མཐུ་ཆུང་བར་བྱ་བའི་ཕྱིར་བདུད་ཀྱི་དཔུང་ཞལ་གྱི་

ནང་དུ་ཞུགས་པ་དེ་ལྷ་བུའི་མཐུ་བསྟན་པ་དང་བདུད་རྣམས་བྲོས་སོ། །བྲོས་ནས་ཀུང་ཅི་ཡང་མ་ཡིན་ནོ་སྙམ་ནས་སླར་ལོག་སྟེ་འཁོར་དང་བཅས་པས་མཚོན་ཆ་སྣ་ཚོགས་འཕངས་པ་མེ་ཏོག་གི་བླ་བྲེ་དང་གཞལ་མེད་ཁང་དུ་གྱུར་ཏོ། །དབུགས་གདུག་པའི་མེ་ལྕེ་གཏོང་བ་དག་ཀུང་འོད་ཀྱིས་པདྨ་འདབ་མ་བརྒྱ་པ་བཞིན་དུ་བསྐྱོད་དོ། །དེ་ནས་བྱང་ཆུབ་སེམས་དཔས་ཕྱག་གཡས་པ་མགོ་ལ་བྱུགས་པ་དང་། བདུད་ཀྱིས་བྱང་ཆུབ་སེམས་དཔའི་ཕྱག་ན་རལ་གྲི་འབར་བ་ཐོགས་པར་མཐོང་ནས་ལྷོའི་ཕྱོགས་སུ་བྲོས་པ་དང་ཅི་ཡང་མ་ཡིན་ནོ་སྙམ་ནས་ཡང་སླར་ལོག་སྟེ་མཚོན་ཆ་རྣམས་དྲག་ཏུ་འཕངས་པ་དེ་དག་ཀུང་མེ་ཏོག་གི་ཕྲེང་བར་གྱུར་ཏེ་བྱང་ཆུབ་ཀྱི་ཤིང་བརྒྱན་པར་བྱས་སོ། །དེ་ལྟར་བྱང་ཆུབ་སེམས་དཔའི་ཡོན་ཏན་དེ་མཐོང་ནས་བདུད་སྡིག་ཅན་ཕྲག་དོག་དང་ཞེ་སྡང་གིས་རྒྱུད་འཁྲུགས་ཏེ། བྱང་ཆུབ་སེམས་དཔའ་ལ་སྨྲས་པ། ཁྱོད་ཅིའི་ཕྱིར་བྱང་ཆུབ་ཀྱི་(༣༧ན)སྙིང་པོ་ལ་འདུག །བཀའ་སྩལ་པ། བླ་ན་མེད་པའི་ཡེ་ཤེས་ཐོབ་པར་བྱ་བའི་ཕྱིར་རོ། །བདུད་ཀྱིས་སྨྲས་པ། ཀྱེ་རྒྱལ་བུ་གཞོན་ནུ། བཞེངས་ལ་རྒྱལ་སྲིད་ལ་སྤྱོད་ཅིག །ཁྱོད་ཀྱི་བསོད་ནམས་དེ་ཙམ་གྱིས་ཐར་པ་ག་ལ་ཐོབ། ཅེས་འཁོར་ལོའི་མཚོན་ཆ་འཕངས་པས་མེ་ཏོག་ཏུ་གྱུར་ཅིང་། འཁོར་རྣམས་ཀྱིས་རི་འཕངས་པས་མེ་ཏོག་གི་ཆུན་པོར་གྱུར་ཏོ། །བཀའ་སྩལ་པ། སྡིག་ཅན། ཁྱོད་ཀྱིས་ནི་གཏན་པ་མེད་པའི་མཆོད་སྦྱིན་གཅིག་གིས་འདོད་པའི་དབང་ཕྱུག་ཐོབ་ཏུ་ཟད་ན། ངས་བསྐལ་པ་གྲངས་མེད་པ་གསུམ་དུ་མཆོད་སྦྱིན་བྱེ་བ་ཁྲག་ཁྲིག་བརྒྱ་སྟོང་དུ་མས་གཏན་པ་མེད་པའི་མཆོད་སྦྱིན་བྱས་ཤིང་། སེམས་ཅན་རྣམས་ཀྱི་ཕྱིར་ཡོངས་སུ་གཏང་བར་དཀའ་བ་རྣམས་བཏང་བས་བླ་ན་མེད་པའི་ཡེ་ཤེས་ཐོབ་སྟེ་བླ་ན་མེད་པའི་ཡེ་ཤེས་ཐོབ་པར་མི་འགྱུར་བ་དེ་སྲིད་རེ་སྐན། དེ་སྐད་ཅེས་བཀའ་སྩལ་པ་དང་། བདུད་ཀྱིས་སྨྲས་པ། ཇི་ལྟར་བདག་གིས་མཆོད་སྦྱིན་གཅིག་གིས་འདོད་པའི་ཁམས་ཀྱི་དབང་ཕྱུག་ཐོབ་པར་གྱུར་པའི་

དཔང་པོ་ནི་ཁྱོད་ཉིད་ཡིན་ན། ཇི་ལྟར་ཁྱོད་ཀྱིས་བླ་ན་མེད་པའི་ཡེ་ཤེས་ཐོབ་པའི་ཕྱིར་བསྐལ་པ་གྲངས་མེད་པ་གསུམ་དུ་མཆོད་སྦྱིན་བྱས་པའི་དཔང་པོ་སུ་ཡོད། ཅེས་སྒྲ་གསང་ཆེན་པོ་བསྒྲགས་སོ། །དེ་ནས་བྱང་ཆུབ་སེམས་དཔའ་སྙིང་རྗེ་ཆེན་པོའི་ཐུགས་ཀྱིས་བག་ཚ་བ་མེད་པར་ཕྱག་གཡས་པ་འཁོར་ལོ་དང་གཡུང་དྲུང་གིས་མཚན་པས་སྐུ་ལུས་ཐམས་ཅད་ལ་བྱུགས་ནས། འཇིག་རྟེན་གྱི་ཁམས་ཐམས་ཅད་ཀྱི་སངས་རྒྱས་ཐམས་ཅད་མངོན་དུ་བྱས་ཏེ། ཚུལ་དུ་ཤེས་པར་(༣༧བ)ས་ཆེན་པོ་ལ་བརྡབས་ནས་ངའི་དཔང་དུ་ས་འདི་ཡོད་དོ། །ས་འདི་འགྲོ་བ་ཀུན་གྱི་གནས་ཡིན་ཏེ། །རྒྱུ་དང་མི་རྒྱུ་སྙོམས་ཤིང་ཉེ་འཁོན་མེད། །འདི་ནི་བདག་གི་དཔང་སྟེ་བདག་རྫུན་མེད། །འདི་ལ་ཁྱོད་ནི་བདག་གི་དཔང་གྱོས་ཤིག །ཅེས་ས་ལ་ཕྱག་གཡས་པ་རེག་མ་ཐག་ཏུ་ས་ཆེན་པོ་རྣམ་པ་དྲུག་ཏུ་གཡོས་ཤིང་ལྟས་ཆེན་པོ་བཅོ་བརྒྱད་དག་ཀྱང་བྱུང་ངོ་། །དེ་ནས་སའི་ལྷ་མོ་བརྟན་མ་སའི་ལྷ་མོའི་འཁོར་བྱེ་བ་ཕྲག་བརྒྱ་དང་ལྡན་པ་དེས་རིག་ནས་ས་བརྟོལ་ཏེ་ལུས་རྒྱན་གྱིས་བརྒྱན་པ། ལྟེ་བ་ཡན་ཕྱུང་ནས་བྱང་ཆུབ་སེམས་དཔའི་ལོགས་སུ་བཏུད་དེ་ཐལ་མོ་སྦྱར་ནས་གསོལ་པ། དེ་དེ་བཞིན་ནོ་སྐྱེས་བུ་དམ་པ། ཁྱོད་ཇི་སྐད་གསུངས་པ་བཞིན་ཏེ། འདི་ནི་བདག་ལ་མངོན་སུམ་མོ། །དེ་ལྟ་ལགས་མོད། ཁྱོད་ ཉིད་ལྷ་དང་བཅས་པའི་དཔང་དུ་གྱུར་པ་ཡིན་ནོ། །བདུད་ལ་ཡང་སྨྲས་པ། སྡིག་ཅན། བཅོམ་ལྡན་འདས་ཀྱིས་ཇི་སྐད་བཀའ་སྩལ་པ་དེ་བཞིན་ནོ། །ཞེས་སྨྲས་ནས་དེ་ཉིད་དུ་མི་སྣང་བར་གྱུར་ཏོ། །ཚུལ་དེས་བདུད་སྡིག་ཅན་ཞུམ་ཞིང་ཅང་མི་སྨྲ་ལ་སྤྱི་བོ་སྨད་ནས་སེམས་ཁོང་དུ་ཆུད་ནས་འདུག་གོ །དེའི་ཚེ་བྱང་ཆུབ་སེམས་དཔའི་ཕྱག་གཡས་ས་ལ་བརྡབས་པའི་སྒྲ་དེ་ལས་ཐུག་བཅོམ་དང་ཞུར་སྒྲ་དང་། སོད་ཅིག་ཅེས་སྡིག་ཅན་རྣམས་ཀྱིས་ཐོས་སོ། །འཁོར་དེ་ལས་བདུད་བྱེ་བ་ཁྲག་ཁྲིག་བརྒྱ་སྟོང་གིས་ནི་འདི་ལ་སྐྱབས་སུ་འགྲོ་བར་གྱིས་ཞེས་པ་ལ་སོགས་པའི་ཚིགས་སུ་བཅད་པ་ཐོས་ཏེ། །ཁ་བུབ་ཏུ་འགྱེལ་

ནས་སྐྱེས་བུ་དམ་པ་བསྐྱབ་ཏུ་གསོལ་ཞེས་སྨྲས་སོ། །བདུད་སྡིག་ཅན་དཔུང་དང་བཅས་པ་དེས་དངངས་ཤིང་འབྲོས་འདོད་ཀྱང་བྲོས་མ་ནུས་ཏེ། བྱང་(༣༤ན)ཆུབ་སེམས་དཔས་འོད་ཕྱུང་ནས་དེ་འཇིགས་པ་ལས་བསྐྱབས་སོ། །དེ་ནས་བདུད་ཀྱི་འཁོར་གནོད་སྦྱིན་བྱེ་བ་ཁྲག་ཁྲིག་བརྒྱ་སྟོང་ཕྲག་བརྒྱད་ཅུ་དང་། སྲོག་ཆགས་བྱེ་བ་ཁྲག་ཁྲིག་བརྒྱ་སྟོང་ཕྲག་དགུ་བཅུ་རྩ་དགུས་བྱང་ཆུབ་ཏུ་སེམས་བསྐྱེད་དོ། །སྔོན་སྦྱངས་པ་བྱས་པའི་ལྷ་བརྒྱད་ཁྲི་བཞི་སྟོང་མི་སྐྱེ་བའི་ཆོས་ལ་བཟོད་པ་ཐོབ་བོ། །དེའི་ཚེ་ས་ཆེན་པོ་འདི་རྣམ་པ་དྲུག་ཏུ་གཡོས་ཤིང་། འཇིག་རྟེན་དུ་སྣང་བ་ཆེན་པོས་ཁྱབ་པར་འགྱུར་བའི་འོད་སྐུ་ལས་སྤྲོས་ཏེ་ངན་སོང་གསུམ་གྱི་སྡུག་བསྔལ་ཞི་བར་མཛད། མི་ཁོམ་པ་རྒྱུན་བཅད། སེམས་ཅན་སུ་ལ་ཡང་ཐ་བ་དང་། རྒྱགས་པ་དང་། སྡང་བས་གནོད་པ་མེད་པར་མཛད་དོ། །

དེ་ལྟར་བཅོམ་ལྡན་འདས་ཀྱིས་ཐམས་ཅད་མཁྱེན་པ་ཉིད་ཐོབ་མ་ཐག་ཏུ་ཕྱག་ན་རྡོ་རྗེ་རང་གི་ཐུགས་ལ་བཞུགས་པ་ལ་མཚན་བརྒྱ་རྩ་བརྒྱད་པས་བསྟོད་དེ། ཕྱག་རྡོར་ལ་དེ་བཞིན་གཤེགས་པ་ཐམས་ཅད་ཀྱིས་ལེགས་སོ་ཞེས་བྱ་བ་བྱིན་ནོ། །དེ་ནས་ལྷའི་བུ་རྣམས་ཀྱིས་སྨྲས་པ། གྲོགས་པོ་དག །འདི་མངོན་པར་རྫོགས་པར་སངས་རྒྱས་ཀྱིས་མེ་ཏོག་འཐོར་ཅིག་ཅེས་སྨྲས་པ་དང་། སྔོན་གྱི་རྒྱུས་ཤེས་པའི་ལྷ་རྣམས་ཀྱིས་སྨྲས་པ། བརྟ་མ་མཛད་ཀྱི་བར་གཏོང་བར་མི་བྱའོ་ཞེས་སྨྲས་སོ། །དེའི་ཚེ་ཕྱོགས་བཅུའི་སངས་རྒྱས་རྣམས་ཀྱིས་དེ་བཞིན་གཤེགས་པ་མངོན་པར་རྫོགས་པར་སངས་རྒྱས་པ་ལེགས་སོ་ཞེས་ཕྱག་གཡས་པ་བརྐྱངས་ཏེ་སྐུ་མ་མཉེལ་ཏམ་ཞེས་སྙུན་གསོལ་ཏེ་མཉེལ་བ་མི་མངའ་བར་བྱང་ཆུབ་བམ། རང་བྱུང་དུ་ཆོས་ཐམས་ཅད་ལ་དབང་བསྒྱུར་རམ། (༣༤བ) ཞེས་འདྲི་ཞིང་བྱང་ཆུབ་སེམས་དཔའ་རྣམས་བཀྱེ་སྟེ་སྟོང་ཆེན་འདི་ཁེངས་པའི་རིན་པོ་ཆེའི་གདུགས་འོད་ཟེར་གྱི་དྲ་བ་སྣང་བ་ཆེན་པོ་དང་ལྡན་པ་དག་བསྒྱུར་རོ། །བྱང་ཆུབ

སེམས་དཔའ་དེ་དག་གིས་ཀྱང་བཅོམ་ལྡན་འདས་ཤཱཀྱ་ཐུབ་པའི་ཞབས་ལ་ཕྱག་བཙལ་ནས་ཚུལ་དང་མཐུན་པར་ཕུལ་ལོ། །དེ་ནས་བཅོམ་ལྡན་འདས་སྐྱིལ་ཀྲུང་དང་བཅས་བཞིན་པར་ཤིང་ཏ་ལ་བདུན་ཙམ་དུ་ནམ་མཁའ་ལ་འཕགས་ཏེ། ལམ་གྱི་རྒྱུན་ཆད་དོ། །སྡུག་བསྔལ་ཉེ་བར་ཞིའོ། །ཟག་པ་བསྐམས་སོ། །ཞེས་ཆེད་དུ་བརྗོད་པས། ལྷའི་བུ་ཐམས་ཅད་ཀྱིས་མེ་ཏོག་གཏོར་རོ། །དེ་ནས་གནས་གཙང་མའི་ལྷ་རྣམས་ཀྱིས་ཙན་དན་གྱི་ཕྱེ་མ་དང་འོད་གསལ་གྱི་ལྷ་རྣམས་ཀྱིས་གདུགས་དང་རྒྱལ་མཚན་དང་། ཚངས་རིས་པ་རྣམས་ཀྱིས་རིན་པོ་ཆེའི་དྲ་བ་དང་། བདུད་ཀྱི་བུ་དཀར་ཕྱོགས་པ་དག་གིས་རིན་པོ་ཆེའི་བླ་བྲེ་དང་། དབང་སྒྱུར་སོགས་ཀྱིས་གསེར་གྱི་པདྨ་དང་། འཕྲུལ་དགའ་བས་དར་གྱི་ལྷ་ལྡིང་དང་། དགའ་ལྡན་པས་ལྷའི་གོས་ཀྱི་དྲ་བ་དང་། འཐབ་བྲལ་བས་སྤོས་ཕྲེང་དང་། བརྒྱ་བྱིན་གྱིས་བྱུག་པ་དང་། རྒྱལ་ཆེན་བཞིས་མེ་ཏོག་སྣ་ཚོགས་པ་དང་། བར་སྣང་གི་ལྷ་རྣམས་ཀྱིས་གཡེར་ཁའི་དྲ་བ་དང་། ས་བླའི་ལྷ་རྣམས་ཀྱིས་ས་གཞི་རྣམས་ལ་མེ་ཏོག་བཀྲམ་ནས་ཕུལ་ཞིང་བསྟོད་དེ་བྱང་ཆུབ་ཀྱི་སྙིང་པོ་ལེགས་པར་བརྒྱན་ཏོ། །དེ་ལྟར་བྱང་ཆུབ་སེམས་དཔའ་ནམ་མཁའི་ཁམས་ཡོངས་སུ་གང་བ་དག་གིས་མཆོད་ཅིང་བསྟོད་ལ། རྒྱལ་བ་རང་ཉིད་ཀྱིས་ཀྱང་། བསོད་ནམས་རྣམ་སྨིན་བདེ་སྟེར་སྡུག་བསྔལ་ཐམས་ཅད་སེལ། །བསོད་ནམས་ལྡན་པའི་མི་ཡི་བསམ་པ་རྣམས་ཀྱང་འགྲུབ། །བདུད་བཅོམས་ནས་ནི་བྱང་ཆུབ་མྱུར་དུ་རེག་པར་གྱུར། །མྱ་ངན་ལས་འདས་ཞི་བ་བསིལ་བའི་དངོས་(༣༨ན)པོ་ཐོབ། །ཅེས་ཆེད་དུ་བརྗོད་དོ། །

དེ་ལྟར་འཚང་རྒྱ་བའི་མཛད་པ་བསྟན་པ་ནི་གདུལ་བྱའི་དོན་དུ་མཆོག་གི་སྤྲུལ་སྐུའི་མཛད་པ་ཡིན་གྱི། སྟོན་པ་འདི་ཉིད་སྔོན་བསྐལ་པ་བགྲང་བ་ལས་འདས་པའི་སྔ་རོལ་ཏུ་སངས་རྒྱས་པ་ཡིན་པ་ནི་སྔར་བརྗོད་ཟིན་ཅིང་། སྙིང་རྗེ་པད་དཀར་དུ་ཡང་། སྟོན་པ་འདི་ཉིད་སྔོན་བསྐལ་པ་བརྗོད་ཀྱིས་མི་ལང་བའི་སྔ་རོལ་ཏུ་རྒྱལ་བ་དབང་པོའི་

ཏོག་ཏུ་སངས་རྒྱས་ཤིང་། ཞིང་འདིར་སྙིགས་མའི་འགྲོ་བ་རྣམས་ཀྱི་དོན་དུ་མཆོག་གི་སྤྲུལ་སྐུའི་མཛད་པ་བསྟན་པ་ཡིན་པ་དང་། ད་དུང་སེམས་ཅན་མ་ཟད་ཀྱི་བར་དུ་སྤྲུལ་པ་རྒྱུན་མི་འཆད་དུ་སྟོན་པར་གསུངས་སོ། །སྔར་བཤད་པའི་འཚང་རྒྱ་ཚུལ་དེ་ནི་ཐུན་མོང་བའི་དབང་དུ་བྱས་པའི་འཚང་རྒྱ་ཚུལ་ཡིན་གྱི། སྔགས་ལམ་གྱིས་འཚང་རྒྱ་བའི་ཚུལ་ནི་ས་ག་ཟླ་བའི་ཆོས་བརྒྱད་ཀྱི་ཉིན་རྣམ་སྨིན་གྱི་ལུས་ཆུ་ཀླུང་ནེ་རཉྫནའི་འགྲམ་དུ་བཞག་ནས་ཡིད་ལུས་ཀྱིས་འོག་མིན་དུ་ཕེབས་ཏེ་རྡོ་རྗེ་དབྱིངས་ཀྱི་དཀྱིལ་འཁོར་ཆེན་པོར་ཞུགས་ནས་མངོན་བྱང་ལྔའི་སྒོ་ནས་འཚང་རྒྱ་བའི་མཛད་པ་བསྟན་ཏེ་རྣལ་འབྱོར་རྒྱུད་གསུངས་པ་དང་། ཡང་གསང་བ་འདུས་པའི་དཀྱིལ་འཁོར་དུ་ཞུགས་ནས་བྱང་ཆུབ་རྡོ་རྗེས་ལྷན་ཅིག་སྐྱེས་པའི་ཡེ་ཤེས་མཚོན་པའི་དབང་བསྐུར་ཏེ་གཉིས་སྣང་ཕྲ་མོ་ཡང་དག་ནས་ཟུང་འཇུག་གི་སྐུར་བཞེངས་ཏེ་བླ་མེད་ཀྱི་རྒྱུད་གསུངས་པ་དང་། བདུད་འདུལ་བའི་ཚེ་གཤིན་རྗེའི་གཤེད་དམར་ནག་གི་སྐུར་བཞེངས་ནས་གཤིན་རྗེའི་གཤེད་ཀྱི་རྒྱུད་རྣམས་གསུངས་པའི་ཚུལ་ལ་སོགས་(༣༩བ)པ་གསང་བ་བསམ་གྱིས་མི་ཁྱབ་པའི་ཚུལ་མཐའ་ཡས་པ་ཡོད་དོ། །

དེ་ལྟར་དགུང་ལོ་སོ་ལྔ་ལ་བབ་པ་རྒྱལ་བ་ཞེས་པ་ཤིང་ཕོ་རྟའི་ལོ་ས་ག་ཟླ་བའི་ཆོས་བཅོ་ལྔའི་ཐོ་རངས་མངོན་པར་རྫོགས་པར་སངས་རྒྱས་པའི་ཚུལ་བསྟན་ནས་ཞག་བདུན་བྱང་ཆུབ་ཀྱི་ཤིང་ལ་བརྟེན་ཏེ་བཞུགས། བདུན་གཉིས་པ་ལ་སྟོང་གསུམ་གྱི་སྟོང་ཆེན་པོའི་འཇིག་རྟེན་གྱི་ཁམས་ལ་རྒྱང་རིང་དུ་འཆག་པར་མཛད། བདུན་གསུམ་པ་ལ་བྱང་ཆུབ་ཀྱི་ཤིང་ལ་སྤྱན་མི་འཛུམ་པར་གཟིགས་ཤིང་བཞུགས། བདུན་བཞི་པ་ལ་གླིང་བཞི་པའི་འཇིག་རྟེན་གྱི་ཤར་ནུབ་ཀྱི་རྒྱ་མཚོའི་བར་ལ་འཆག་ཅིང་བཞུགས། བདུན་ལྔ་པ་ལ་ཀླུའི་རྒྱལ་པོ་བཏང་བཟུང་གི་གནས་སུ་བཞུགས། བདུན་དྲུག་པ་ལ་ཤིང་ནེ་གྲོ་དྷ་ར་སྐྱོང་དུ་གཤེགས་ཏེ་ཀུན་ཏུ་རྒྱུ་མང་པོ་ཞིག་བྱང་ཆུབ་ཏུ་སྨིན་པར་མཛད། བདུན་ཕྲག་

བདུན་པ་ལ་ཤིང་སྤྲུལ་རྒྱུའི་ཚལ་དུ་བཞུགས་ཏེ་ཚོང་དཔོན་ག་གོན་དང་བཟང་པོ་གཉིས་རྗེས་སུ་བཟུང་ནས་དེ་གཉིས་ཀྱིས་ཕུལ་བའི་ཞལ་ཟས་བཞེས་ཤིང༌། དེའི་ཚེ་རྒྱལ་པོ་ཆེན་པོ་བཞིས་རྡོའི་ལྷུང་བཟེད་རེ་ཕུལ་བ་གཅིག་ཏུ་བྱིན་གྱིས་བརླབས་ཏེ། དེར་ཞལ་ཟས་བཞེས་སོ། །དེ་ནས་ཚོང་དཔོན་ག་གོན་དང་བཟང་པོ་གཉིས་ཀྱི་དོན་དུ་བཀྲ་ཤིས་ཀྱི་ཚིགས་བཅད་མཛད་ནས་དེ་གཉིས་བྱང་ཆུབ་ཏུ་ལུང་བསྟན་ཏོ། །དེ་ནས་བཅོམ་ལྡན་འདས་འདི་སྐམ་དུ་དགོངས་ཏེ། བདག་གིས་ཆོས་ཟབ་མོ་ཟབ་པར་སྣང་བ། ཁོང་དུ་ཆུད་པར་དཀའ་བ། རྟོག་གེ་པ་རྣམས་ཀྱིས་རྟོག་གེའི་སྤྱོད་ཡུལ་མ་ཡིན་པ། མཁས་པས་ཤེས་པ་འདི་རྟོགས་ན། གཞན་ལ་སྨྲས་ཀྱང་མི་ཤེས་(༥༠ན)པས་བདེ་བར་གནས་པའི་རྣལ་འབྱོར་ལ་རྗེས་སུ་བརྩོན་པར་གནས་པར་བྱའོ་ཞེས་དགོངས་ནས། ཟབ་ཞི་ཏུལ་བྲལ་འོད་གསལ་འདུས་མ་བྱས། །བདུད་རྩི་ཆོས་འདི་བདག་གིས་ཐོབ་པར་གྱུར། བདག་གིས་བསྟན་ཀྱང་གཞན་གྱིས་མི་ཤེས་ཏེ། །མི་སྨྲ་ནགས་འདབ་གནས་པར་བྱ་བ་སྙམ། །ཞེས་བྱ་བ་ལ་སོགས་པ་གསུངས་ཏེ་ཐུགས་ལས་ཆུང་ངུར་བཞུགས་པ་ན། ཕྱོགས་བཅུའི་ཞིང་ནས་ལྷགས་པའི་བྱང་ཆུབ་སེམས་དཔའ་བགྲང་བ་ལས་འདས་པ་དག་དང༌། དཀར་ཕྱོགས་ཀྱི་ལྷ་བགྲང་བ་ལས་འདས་པ་དག་གིས་ཆོས་སྟོན་པར་གསོལ་བ་བཏབ་ཅིང༌། ཁྱད་པར་སྟོང་གསུམ་མི་མཇེད་ཀྱི་བདག་པོ་ཚངས་པ་ཆེན་པོས་བཅོམ་ལྡན་འདས་ལ་ཆོས་གསུང་བར་གསོལ་བ་བཏབ་པས། ཅང་མི་གསུང་བས་གནང་བར་རིག་སྟེ་ཚངས་པ་རང་གི་གནས་སུ་སོང་ངོ༌། །དེ་ནས་བཅོམ་ལྡན་འདས་ཀྱིས་གཞན་དག་ཆོས་ལ་གུས་པ་བསྐྱེད་པར་འགྱུར་བ་དང༌། ཚངས་པས་ཡང་ཡང་བསྐུལ་ན་དགེ་བ་དག་འཕེལ་བར་འགྱུར་བ་དང༌། ཆོས་ཀྱང་ཟབ་པར་བསྟན་པའི་ཕྱིར་ཐུགས་ལས་ཆུང་ངུར་བཞུགས་སོ། །དེ་ཚངས་པས་ཤེས་ནས་བརྒྱ་བྱིན་ལ་བསྐུལ་ཏེ། དབང་ཕྱུག་ཆེན་པོ་སོགས་འདོད་གཟུགས་ཀྱི་ལྷ་མང་པོ་དང་ལྡན་ཅིག་བཅོམ་ལྡན་འདས་ཀྱི་སྤྱན་

སྣར་ཕྱིན་ནས་ཆོས་གསུང་བར་བསྐུལ་ལོ། །དེ་ལྟ་ནའང་ཆོས་གསུང་བ་དཀའ་དཀའ་ལྟར་མཛད་ནས་ཆོས་སྟོན་པར་མ་མཛད་པ་ན་ཚངས་པ་གཙུག་ཕུད་ཅན་གྱིས་དེ་ཤེས་ནས་ནམ་སྲོད་ལ་ཚངས་པ་དྲུག་ཁྲི་བརྒྱད་སྟོང་གིས་བསྐོར་ནས། བཅོམ་ལྡན་འདས་ཀྱི་སྤྱན་སྔར་(༩༠བ)ཕྱིན་ཏེ་ཐལ་མོ་སྦྱར་ནས་གསོལ་པ། མ་ག་དྷར་ནི་སྔོན་ཆད་ཆོས་བྱུང་བ། །དག་པ་མ་ལགས་དྲི་མར་བཅས་པས་རྟོགས། །བདུད་རྩི་ཆོས་ཀྱི་སྒོ་ནི་ཕྱེ་མཛོད་ལ། །དྲི་མ་མེད་པས་རྟོགས་པ་བཤད་པར་མཛོད། །ཐུབ་པ་ཆོས་ཀྱི་སྦྲིན་མས་མུན་པ་སོལ། །དེ་བཞིན་གཤེགས་པའི་རྒྱལ་མཚན་ཁྱོད་ཀྱིས་བསྒྲེང་། །སྙན་པའི་གསུང་བརྗོད་པ་ཡི་དུས་ལ་བབ། །ཛམྦུ་རི་དྭགས་དབང་ལྟར་བསྒྲག་ཏུ་གསོལ། །བཀའ་སྩལ་པ། ཚངས་པ་ངས་ནི་ཚེགས་ཆེན་གྱིས། །སྐྱོན་རྣམས་བཅོམ་ནས་རྟོགས་གྱུར་པ། །སྲིད་དང་ཆགས་པས་དཀྲིས་རྣམས་ཀྱིས། །ཆོས་ནི་ལེགས་པར་རྟོགས་མི་འགྱུར། །གསོལ་པ། འཇིག་རྟེན་ན་དབང་པོ་རྣོན་པོ་དང་འབྲིང་དང་རྟུལ་པོ་དང་། གདུལ་སླ་བའི་སེམས་ཅན་གང་དག་མཆིས་ཏེ། དེ་དག་གིས་ཆོས་མ་ཐོས་ན་ཉམས་པར་འགྱུར་བས་ཆོས་བཤད་དུ་གསོལ། ཞེས་དང་། སྟོན་ཆོས་འཚོལ་བའི་ཕྱིར་དབུ་སྟོང་ཙམ་ཡང་བཏང་ངོ་ཞེས་བསྟོད་དོ། །དེ་ནས་ཚངས་རིས་ཀྱི་ལྷའི་བུ་དེ་རྣམས་ཀྱིས་ཀྱང་བཅོམ་ལྡན་འདས་སྔོན་ཁ་དོག་དང་དམ་པ་ལ་སོགས་པ་རྒྱལ་པོ་ལྔ་དང་། དྲང་སྲོང་ཨུཏྤ་ལར་གྱུར་པའི་ཚེ་དམ་པའི་ཆོས་ཀྱི་ཕྱིར་དཀའ་བ་དེ་ལྟ་བུ་སྤྱད་ན། ད་བཅོམ་ལྡན་འདས་ཆོས་ཀྱི་རྒྱ་མཚོ་ནི་རྫོགས། ཆོས་ཀྱི་སྦྲིན་མི་ཡང་གསལ་བར་མཛད་ན། ཅིའི་སླད་དུ་ཆོས་མ་བསྟན་པར་མྱ་ངན་ལས་འདའ་བར་དགོངས། ཞེས་གསོལ་ཏོ། །བཅོམ་ལྡན་འདས་ཀྱིས་བཀའ་སྩལ་པ། བདུད་རྩིའི་སྒོ་མོ་དག་ནི་དབྱེ་བར་བྱ། །ཉན་པར་སུ་འདོད་སོམ་ཉི་གསོལ་ཅིག་དང་། །ཚངས་པ་མི་རྣམས་ལ་ནི་གྲུ་ནོམ་(༩༡ན)ཆོས། །ཀླན་ཀ་མི་བཙལ་མདོ་ཙམ་བཤད་པར་བྱ། །ཞེས་གསུངས་ནས་ཆོས་གསུང་བར་ཞལ་གྱིས

བཞེས་སོ། །དེ་ནས་དེ་བཞིན་གཤེགས་པ་ཆོས་འཆད་པར་དགོངས་པ་དང་ལྷའི་བུ་རྣམས་ཀྱིས་དོ་མོད་བཅོམ་ལྡན་འདས་ཀྱིས་ཆོས་ཀྱི་འཁོར་ལོ་བསྐོར་བ་གནང་སྟེ། དེས་ན་ཕན་པ་དང་བདེ་བར་འགྱུར་རོ། །ཞེས་སྒྲ་བསྒྲགས་སོ། །བྱང་ཆུབ་ཀྱི་ཤིང་གི་ལྷ་ཆོས་སྲེད་སོགས་བཞིས་བཅོམ་ལྡན་འདས་ལ་གསོལ་པ། ཆོས་ཀྱི་འཁོར་ལོ་གང་དུ་བསྐོར། ཝཱ་ར་ཎ་སིར་རོ། །དེར་ནི་སྐྱེ་བོའི་ཚོགས་ཉུང་བས་གཞན་དུ་བསྐོར་དུ་གསོལ། ཞེས་ཞུས་པ་ན། སྟོན་པས་ཝཱ་ར་ཎ་སི་ནི་སྟོན་གྱི་དྲང་སྲོང་རྣམས་ཀྱི་གནས་ཡིན་ཞིང་དེར་མཆོད་སྦྱིན་བྱེ་བ་སྟོང་ཕྲག་དུ་མ་བྱས་པ་ཡིན་པས་དེར་ཆོས་ཀྱི་འཁོར་ལོ་བསྐོར་བར་བྱའོ་སྙམ་དུ་དགོངས་ནས་བྱོན་པ་དང་། ཀུན་ཏུ་རྒྱུ་ཉེར་འགྲོ་དང་མཇལ་ཏེ། དེས་བཅོམ་ལྡན་འདས་བཞིན་མདོག་ལེགས་པར་མཐོང་ནས། གཽ་ཏ་མ་ཁྱོད་ཀྱི་དབང་པོ་རྣམས་ནི་ཤིན་ཏུ་གསལ་ན་སུ་ལས་ཚངས་པར་སྤྱད་པར་སྤྱད། བཀའ་སྩལ་པ། ང་ལ་སློབ་དཔོན་གང་ཡང་མེད། །ང་དང་འདྲ་བ་ཡོད་མ་ཡིན། །ང་ནི་གཅིག་པུ་རྫོགས་སངས་རྒྱས། །བསིལ་གྱུར་ཟག་པ་མེད་པ་ཡིན། །གསོལ་པ། །གཽ་ཏ་མ་སངས་རྒྱས་སུ་ཞལ་གྱིས་འཆེས་སམ། དེ་བཞིན་ནོ། །གར་བཞུད། ང་ནི་ཝཱ་ར་ཎ་སིར་འགྲོ །གྲོང་ཁྱེར་གསལ་ལྡན་སོང་ནས་ནི། །ལོང་བ་ལྷ་བུའི་འཇིག་རྟེན་ལ། །མཚུངས་པ་མེད་པའི་འོད་བྱའོ། །ཞེས་གསུངས་སོ། །དེ་ནས་བཅོམ་ལྡན་འདས་ཡུལ་ཀཱ་ཤིར་(༥༧)བ)ལྷོངས་རྒྱུ་ཞིང་གྲོང་ཁྱེར་ཝཱ་ར་ཎ་སིར་གཤེགས་ནས་བསོད་སྙོམས་བཞེས་ཏེ་དྲང་སྲོང་ལྷུང་བ་རི་དྭགས་ཀྱི་ནགས་སུ་བྱོན་པ་ལྔ་སྡེས་རྒྱང་རིང་པོ་ནས་གཤེགས་པ་མཐོང་སྟེ། དགེ་སློང་གཽ་ཏ་མ་མང་དུ་ཟ་བ་སྤོང་བ་ལས་ཉམས་པ་འདི་འོངས་ནས་བདག་ཅག་རྣམས་ཀྱིས་འདི་ལ་སྨྲ་བར་མི་བྱ། ལྡང་བར་མི་བྱ། ཕྱག་མི་བྱ། སྟན་སྟོབ་པར་མི་བྱ། ཞེས་འོག་ཁྲིམས་བཅས་པ་ལ་ཀཽཎྜི་ནྱས་ནི་སེམས་ཀྱིས་ཁས་མ་བླངས་སོ། །དེ་ནས་བཅོམ་ལྡན་འདས་འབབ་ཆུ་གནོད་པ་ཅན་གྱི་འགྲམ་གྱི་ལྔ་སྡེའི་གནས་སུ་བྱོན་མ་ཐག་བཅོམ་

ལྡན་འདས་ཀྱི་དཔལ་དང་གཟི་བརྗིད་མ་བཟོད་ནས་སྣན་གྱི་སྣེང་ན་འདར་ཞིང་ཀུན་གྱིས་འོག་ཁྲིམས་དྲལ་ཏེ་སྣན་ལས་ལངས་ནས་གཽའུ་དི་ནྱས་རིམ་གྲོ་བྱེད། རྟ་ཐུལ་གྱིས་ནི་བསུས་ཏེ་ཆོས་གོས་དང་ལྷུང་བཟེད་བླངས། རླངས་པས་ནི་གདན་བཤམས། མིང་ཆེན་གྱིས་ནི་ཞབས་རྟེན་སྟོབ། བཟང་ལྡན་གྱིས་ནི་ཞབས་བསིལ་ཕུལ་ཏེ་ཚེ་དང་ལྡན་པ་གཽ་ཏ་མ་ཁྱོད་བྱོན་པ་ལེགས་སོ། །གདན་བཤམས་པ་ལ་བཞུགས་ཤིག་ཅེས་གསོལ་ཏོ། །དེ་ནས་བཅོམ་ལྡན་འདས་གདན་བཤམས་པ་ལ་བཞུགས་པ་ན་ལྔ་སྡེ་རྣམས་ཀྱིས་ལྷག་པར་ཡང་བཅོམ་ལྡན་འདས་ལ་མཚན་དང་གདུང་དང་ཚེ་དང་ལྡན་པས་བརྗོད་པ་ཀུན་ཏུ་བརྗོད་དོ། །བཀའ་སྩལ་པ། ཁྱེད་རྣམས་དེ་བཞིན་གཤེགས་པ་ལ་དེ་ལྟ་བུའི་ཚུལ་གྱིས་ཀུན་ཏུ་བརྗོད་པར་མ་བྱེད་ཅིག །ཁྱེད་ལ་ཡུན་རིང་པོར་གནོད་པ་དང་སྡུག་བསྔལ་བར་འགྱུར་རོ། །གཽ་ཏ་མ། ཁྱོད་ཀྱིས་སྔོན་གྱི་ཚུལ་དང་དཀའ་བ་སྤྱད་པ་དེས་མིའི་ཆོས་བླ་མ་འཕགས་པའི་ཆོས་མ་ཐོབ་ན་ད་(༤༢ན)སྤྱོད་ཚུལ་འདིས་མི་ཆོས་བླ་མ་འཕགས་པའི་ཆོས་ཐོབ་པར་ནུས་སམ་ཞེས་མ་རངས་པར་གསོལ་པས། བཀའ་སྩལ་པ། རབ་ཏུ་བྱུང་བས་མཐའ་འདི་གཉིས་ལ་བརྟེན་པར་མི་བྱ་སྟེ། གཉིས་གང་ཞེ་ན། འདོད་པ་རྣམས་ལ་འདོད་པའི་བསོད་ཉམས་ཀྱི་རྗེས་སུ་བརྩོན་པ་དམན་པ་ངན་པ་ཐ་ཆད་མ་རབས་གང་ཡིན་པ་དང་། བདག་ཉིད་དུབ་པ་ལ་རྗེས་སུ་བརྩོན་པའི་འཕགས་པའི་ལམ་ལ་གནོད་པ་དང་ལྡན་པ་གང་ཡིན་པའོ། ཁྱེད་ཀྱིས་མཐའ་འདི་གཉིས་ལ་མི་རྟེན་པར་དབུ་མའི་ལམ་མིག་དང་ཡེ་ཤེས་ཕྱེད་པ་ཉེ་བར་ཞི་བ་དང་། མངོན་པར་ཤེས་པ་དང་། རྫོགས་པར་བྱང་ཆུབ་པ་དང་། མྱ་ངན་ལས་འདའ་བར་འགྱུར་བ་ཡོད་དེ། དབུ་མའི་ལམ་གང་ཞེ་ན་འཕགས་པའི་ལམ་ཡན་ལག་བརྒྱད་པའོ། །ཞེས་གསུངས་སོ། །

དེ་ནས་བཅོམ་ལྡན་འདས་ཀྱིས་དྲང་སྲོང་ལྷུང་བ་འདི་ཉིད་ཀྱི་སའི་ཕྱོགས་གང་དུ་ཆོས་ཀྱི་འཁོར་ལོ་བསྐོར་མཉམ་དུ་དགོངས་པ་ན། གང་དུ་སྔོན་གྱི་རྒྱལ་བ་རྣམས་ཀྱིས་ཆོས་

ཀྱི་འཁོར་ལོ་བསྐོར་བའི་ས་ཕྱོགས་དེར་ནི་རིན་པོ་ཆེ་སྣ་བདུན་གྱི་ཁྲི་སྟོང་བྱུང་ཞིང་། ཚངས་པས་ཀྱང་སེངྒེའི་ཁྲི་འཕང་དུ་དཔག་ཚད་བཞི་ཁྲི་ཉིས་སྟོང་ཡོད་པ་བཤམས་སོ། །དེ་བཞིན་དུ་ཚངས་པ་གཞན་དང་། བརྒྱ་བྱིན་དང་བྱང་ཆུབ་སེམས་དཔའ་བྱེ་བ་ཕྲག་བཅུ་བཅུས་ཀྱང་སེངྒེའི་ཁྲི་དེ་ལྟ་བུ་དག་བཤམས། ས་བླའི་ལྷ་རྣམས་ཀྱིས་ཆོས་ཀྱི་འཁོར་ལོ་བསྐོར་བའི་འཁོར་གྱི་ཁྱམས་ཆེན་པོ་བཀྲ་བ་བལྟ་ན་སྡུག་པ། རྒྱ་ཆེ་བ་ཆུ་ཞེང་དུ་དཔག་ཚད་བདུན་བརྒྱ་ཡོད་པ་སྤྲུལ་ཏེ། སྟེང་གི་ནམ་མཁའ་ལ་གདུགས་དང་བླ་བྲེ་ལ་སོགས་པས་བརྒྱན་ཅིང་འདོད་ལྷའི་བུ་རྣམས་ཀྱིས་སེངྒེའི་ཁྲི་བརྒྱད་སྟོང་ཕུལ་ནས་འདི་ལ་བཞུགས་ནས་འཁོར་ལོ་བསྐོར་དུ་གསོལ་ཞེས་གསོལ་ཏོ། །དེ་ནས་བཅོམ་ལྡན་འདས་ཀྱིས་སྔོན་གྱི་རྒྱལ་བ་(༩༢བ)རྣམས་ལ་གུས་པར་མཛད་པའི་ཕྱིར་ཁྲི་གསུམ་ལ་བསྐོར་བ་མཛད་ནས་སེངྒེ་ལྟར་བག་ཚ་བ་མི་མངའ་བར་ཁྲི་བཞི་པ་ལ་སྐྱིལ་མོ་ཀྲུང་བཅས་ཏེ་བཞུགས་ཤིང་། ཚངས་པ་དང་། བརྒྱ་བྱིན་དང་། བྱང་ཆུབ་སེམས་དཔའ་རྣམས་ཀྱིས་སེངྒེའི་ཁྲི་ལ་ཡང་བཞུགས་པར་ཀུན་ཏུ་བསྟན་ཏོ། །དགེ་སློང་ལྔ་པོས་ཀྱང་དེ་བཞིན་གཤེགས་པ་ལ་ཕྱག་བཙལ་ནས་དུལ་བའི་ཚུལ་གྱིས་འདུག་གོ །དེའི་ཚེ་བཅོམ་ལྡན་འདས་ཀྱི་སྐུ་ལས་འོད་ཟེར་བཀྱེ་བས་རིགས་དྲུག་གི་སྡུག་བསྔལ་རྒྱུན་བཅད། ལྟས་ཆེན་པོ་བཅོ་བརྒྱད་བྱུང་། མི་མཇེད་ཀྱི་ཞིང་མཉམ་ཞིང་སེམས་ཅན་ཀུན་བྱམས་པ་དང་ལྡན་པར་གྱུར་ཏོ། །འོད་དེ་ལས། རྒྱལ་བས་བསྐལ་པ་ཁྲག་ཁྲིག་བསྒྲུབས། །ཆོས་དེ་ཉན་པར་གང་འདོད་པ། །དེ་ནི་རིངས་པར་ལ་གོར་དུ། །ཆོས་མཉན་པ་ཡི་ཕྱིར་ཤོག་ཅིག །ཅེས་བསྒྲགས་པའི་ཚེ། ལྷ། ཀླུ། གནོད་སྦྱིན། དྲི་ཟ། ལྷ་མ་ཡིན། ནམ་མཁའ་ལྡིང་། མི་འམ་ཅི། ལྟོ་འཕྱེ་ཆེན་པོ་སྟེ། སྡེ་བརྒྱད་པོ་དག་གིས་ཀྱང་ཤེས་ཏེ་སྤྱན་སྔར་དོང་ངོ་། །ཕྱོགས་བཅུའི་བྱང་ཆུབ་སེམས་དཔའ་གྲངས་མེད་པ་དག་ཀྱང་ལྷགས་ཏེ་མདོར་ན་སྟོང་ཆེན་འདི་སྐྲའི་རྩེ་མོའི་ཆ་ཤས་ཙམ་ཡང་མ་ཁྱབ་པ་མེད་དོ། །

དེ་ནས་བྱང་ཆུབ་སེམས་དཔའ་ཕྱོགས་བཅུ་ནས་ལྷགས་པ་དང་། མི་མཇེད་འདིའི་ཚངས་པ་དང་བརྒྱ་བྱིན་ལ་སོགས་པ་དབང་ཆེ་བར་གྲགས་པ་རྣམས་ཀྱིས་བཅོམ་ལྡན་འདས་ཀྱི་ཞབས་ལ་གཏུགས་ཏེ་སྐྱེ་བོ་མང་པོ་ལ་སྨན་པའི་སླད་དུ་ཆོས་ཀྱི་འཁོར་ལོ་བསྐོར་དུ་གསོལ། །ཞེས་དང་། ཚངས་པས། ཉོན་མོངས་ཚོགས་ཀྱི་ནད་བརྒྱས་གཙེས་པའི་སྐྱེ་བོ་འདི་དག་ལ། །རྒྱལ་བ་སྨན་པ་འཁོར་ལོ་དམ་པ་བསྐོར་ཏེ་ཐར་མཛད་གསོལ། །ནོར་བདུན་བགོ་བཤའ་མཛོད་ཅིག་འདྲེན་པ་འཁོར་ལོ་བསྐོར་བར་གསོལ། །དགོངས་པ་ཡོངས་རྫོགས་རིམས་ནད་མ་མཆིས་འཁོར་ལོ་མཆོག་བསྐོར་གསོལ། །(༩༣ན)ཞེས་ལྷའི་འཛམ་བུ་ཆུ་བོའི་གསེར་ལས་བྱས་པའི་འཁོར་ལོ་རྩིབས་སྟོང་པ། འོད་ཟེར་སྟོང་དང་ལྡན་པ་སྔོན་གྱི་རྒྱལ་བ་རྣམས་ཀྱིས་བཞེས་པ་དེ། བཅོམ་ལྡན་འདས་ཀྱི་དྲུང་དུ་ཕུལ་ཏེ་ཆོས་ཀྱི་འཁོར་ལོ་བསྐོར་བར་གསོལ་བ་བཏབ་བོ། །དེ་ནས་ནམ་མཁའི་དབྱིངས་ཐམས་ཅད་ཡོངས་སུ་ཁྱབ་པའི་བྱང་ཆུབ་སེམས་དཔའ་རྣམས་དང་། ལྷའི་སྲས་པོ་བརྒྱད་ཁྲིས་གཙོ་བྱས་པའི་ལྷ་དང་ཀླུ་དང་གནོད་སྦྱིན་དང་དྲི་ཟ་དང་གྲུལ་བུམ་དང་མིའམ་ཅི་དང་ལྟོ་འཕྱེ་ཆེན་པོ་དང་། གཽའུ་དེ་ཏུ་ལ་སོགས་པའི་ལྷ་སྡེ་དང་། གཞན་ཡང་ཆོས་ཉན་པར་འདུས་པའི་འཁོར་དེ་དག་ཐ་ན་ལུད་པའི་སྒྲ་ཙམ་ཡང་མེད་པ་རྒྱལ་བའི་ཞལ་འབབ་ཞིག་ལ་བལྟའོ། །དེ་ནས་བཅོམ་ལྡན་འདས་ཀྱིས་ནམ་གྱི་ཆ་སྨད་ཀྱི་ཐུན་ལ་ལྔ་སྡེ་བཟང་པོ་ལ་བོས་ཏེ། བདེན་པ་བཞི་པོ་དག་གི་མིང་དང་སྤྱང་བླང་དང་། དེ་དག་ཡོངས་སུ་ཤེས་སྤྱངས་མངོན་དུ་བྱས་བསྒོམས་པའི་གཤེགས་ཤུལ་ཡན་ལག་བརྒྱད་མཐའ་གཉིས་སྤྱངས་པའི་དབུ་མའི་ལམ་རྣམ་པ་བཅུ་གཉིས་སུ་བཟླས་ཏེ་ཆོས་ཀྱི་འཁོར་ལོ་བསྐོར། གསུང་གི་སྒྲ་དབྱངས་དེ་ལས་གང་དང་གང་གིས་འདུལ་བའི་སྒྲ་དེ་དང་དེ་ལ་འཚམ་པའི་གཏམ་སྣ་ཚོགས་པ་ཐེག་པ་གསུམ་པོ་སོ་སོ་དང་མཐུན་པའི་ཆོས་ཐོས་ཏེ་སྟོང་ཆེན་འདི་ན་བདེན་བཞིའི་མིང་བྱེ་བ་ཁྲག་ཁྲིག་བརྒྱ་སྟོང་ཕྲག་དགུ་བཅུ་རྩ་

བཞི་ཡོད་པ་ཐམས་ཅད་སོ་སོར་གོ་སྟེ་ཐམས་ཅད་ཀྱང་ཇི་ལྟ་བ་བཞིན་གྱི་བདེན་པར་
འདུ་བའི་དགོངས་པས་ཆོས་བསྟན་པ་དེས་ཚེ་དང་ལྡན་པ་ཀཽཎྜི་ནྱ་དང་། འབར་བའི་
གཟི་བརྗིད་ལ་སོགས་པའི་ལྷ་བརྒྱད་ཁྲི་པོ་རྣམས་ལ་ཆོས་ཀྱི་མིག་དྲི་མ་དང་བྲལ་བ་
སྐྱེས་སོ། །དེ་ནས་བཅོམ་ལྡན་འདས་ཀྱིས་ཀཽཎྜི་ནྱ་ལ་བཀའ་སྩལ་པ། ཁྱོད་ཀྱིས་ཆོས་
ཀུན་ཤེས་སམ། གསོལ་པ། བཅོམ་ལྡན་འདས་ཀུན་འཚལ་ལགས་སོ། །དེ་ནས་ཚེ་དང་
ལྡན་པ་ཀཽཎྜི་ནྱ་ལ་ཀུན་ཤེས་ཀཽཎྜི་ནྱ་ཞེས་བྱ་བའི་མིང་ཆགས་པས། འཇིག་(༩༣བ)
རྟེན་དུ་དཀོན་མཆོག་གསུམ་པོ་དག་ཀྱང་གྲུབ་ཅིང་ལྷ་རྣམས་ཀྱིས་ཀྱང་། གྲོགས་པོ་
དག་བཅོམ་ལྡན་འདས་ཀྱིས་ཝཱ་ར་ཎཱ་སིར་ལན་གསུམ་དུ་བཟླས་ཏེ་རྣམ་པ་བཅུ་གཉིས་
སུ་ཆོས་ཀྱི་འཁོར་ལོ་ཆོས་དང་ལྡན་པ་སུས་ཀྱང་འཇིག་རྟེན་དུ་ཆོས་དང་མཐུན་པར་
འགའ་ཡང་མ་བསྐོར་བ་ཞིག་བསྐོར་བས། ལྷའི་རིས་འཕེལ་ཞིང་ལྷ་མ་ཡིན་གྱི་རིས་ནི་
ཡོངས་སུ་ཉམས་སོ། །ཞེས་བསྒྲགས་སོ། །དེ་ནས་བཅོམ་ལྡན་འདས་ཀྱིས་ལན་གཉིས་
སུ་ཡང་ལྔ་སྡེ་རྣམས་ལ་བདེན་པ་བཞི་བསྟན་པས། ཀུན་ཤེས་ཀཽཎྜི་ནྱ་ལེན་པ་མེད་
པར་ཟག་པ་ལས་སེམས་རྣམ་པར་གྲོལ་ཏེ་དགྲ་བཅོམ་པར་གྱུར་ཏོ། །དེའི་ཚེ་འཇིག་
རྟེན་ན་དགྲ་བཅོམ་པ་གཅིག་དང་། གཉིས་པ་ནི་བཅོམ་ལྡན་འདས་ཉིད་ཡིན་ནོ། །དགེ་
སློང་ལྷག་མ་བཞི་པོ་རྟ་ཐུལ་དང་། རླངས་པ་དང་། མིང་ཆེན་དང་། བཟང་ལྡན་རྣམས་
ཀྱིས་བདེན་པ་མཐོང་ངོ་། །དེ་ལྟར་ལྔ་སྡེས་ཡེ་ཤེས་ཁོང་དུ་ཆུད་མ་ཐག །མུ་སྟེགས་ཀྱི་
རྟགས་དང་རྒྱལ་མཚན་ཅི་ཡོད་པ་སྐད་ཅིག་ལ་ནུབ་ནས། སྐྲ་བྲེགས་ཆོས་གོས་གསུམ་
དང་། ལྷུང་བཟེད་དང་ལྡན་ལ། བསྙེན་པར་རྫོགས་པ་དགེ་སློང་གི་དངོས་པོར་གྱུར་ཏེ།
བཅོམ་ལྡན་འདས་ཀྱིས་ཀྱང་སྣམ་སྦྱར་གྱི་རྒྱལ་མཚན་འཛིན་པ་རྣམས་ཀྱི་མཆོག་ནི་ཀུན་
ཤེས་ཀཽཎྜི་ནྱ་འདི་ཡིན་ནོ་ཞེས་བསྔགས་སོ། །དེ་ནས་བཅོམ་ལྡན་འདས་ཀྱིས་དགེ་
སློང་ལྷག་མ་བཞི་པོ་གཟུགས་བདག་མ་ཡིན་པ་དང་། སྡུག་བསྔལ་བ་དང་། མི་རྟག་པ་

ཡིན་པར་རྒྱ་ཆེར་བཀའ་སྩལ་པས་ལྷག་མ་བཞི་པོས་ཀྱང་དགྲ་བཅོམ་པ་མངོན་དུ་བྱས་ཏེ། འཛིག་རྟེན་ན་དགྲ་བཅོམ་པ་ལྔ་དང་དྲུག་པ་ནི་བཅོམ་ལྡན་འདས་ཉིད་དོ། །(༩༧ན)དེ་ལྟར་བསྟན་པ་ལས་ལྷ་བྱེ་བ་ཕྲག་བརྒྱ་བཞི་བཅུ་དང་། མི་བརྒྱད་ཁྲི་བཞི་སྟོང་གིས་བདེན་པ་མཐོང་ངོ་། །

དེ་ལྟར་བཅོམ་ལྡན་འདས་ཀྱི་ཚངས་པའི་དབྱངས་སྙན་པ་དེ་ཕྱོགས་བཅུའི་ཞིང་དག་ཏུ་གྲགས་པས། ཕྱོགས་བཅུའི་སངས་རྒྱས་བཅོམ་ལྡན་འདས་དེ་དག་ཅང་མི་གསུང་བར་བཞུགས་པ་ན། སོ་སོའི་རིམ་གྲོ་པ་རྣམས་ཀྱིས་ཅིའི་ཕྱིར་བཀའ་མཆིད་བཀུམ་ཞེས་ཞུས་པ་དང་། བཀའ་སྩལ་པ། བཅོམ་ལྡན་འདས་ཤཱཀྱ་ཐུབ་པ་བྱང་ཆུབ་བརྙེས་ཏེ་འཁོར་ལོ་བསྐོར་བར་མཛད་པས་དེའི་ཕྱིར་མི་སྨྲའོ། །ཞེས་གསུངས་པས་སེམས་ཅན་བྱེ་བ་ཕྲག་བརྒྱ་བྱང་ཆུབ་ཏུ་སེམས་བསྐྱེད་དོ། །སྟོན་པ་མངོན་པར་རྫོགས་པར་སངས་རྒྱས་ནས་ཆོས་གསུངས་པ་དཀའ་དཀའ་ལྟར་མཛད་ནས་ཡང་དང་ཡང་དུ་གསོལ་བ་གདབ་དགོས་བྱུང་བ་དང་། ཆོས་སྟོན་པ་ལ་འཇུག་པའི་ཚེ་ཐོག་མ་ནས་ཟབ་མོ་སྟོང་པ་ཉིད་ལ་སོགས་པ་མ་བསྟན་པར་ཆོས་གོས་ElementGrouplམ་པོར་བགོ་བ་དང་། ཕྱི་དྲོའི་ཁ་ཟས་སྤྱོང་བ་དང་། ཟས་གོས་མཐའ་གཉིས་སུ་ལྷུང་བར་བྱ་དགོས་པ་སོགས་འདུལ་བའི་བསླབ་བྱ་བསྟན་ནས་བདེན་པ་བཞི་སྟོན་པར་མཛད་ཅིང་བདེན་པ་བཞི་པོ་དེ་ལས་ཀྱང་ཐོག་མར་སྡུག་བསྔལ་བདེན་པ་སྟོན་པར་མཛད། སྡུག་བསྔལ་ཡང་རྣམ་པ་བཞི་ཡོད་པ་ལས། ཐོག་མར་མི་རྟག་པ་སྟོན་པར་མཛད་པའི་ཚུལ་འདི་དག་ལ་རྣམ་དཔྱོད་ཅན་གྱིས་ལེགས་པར་དཔྱད་ཤེས་ན་བྱང་ཆུབ་ལམ་གྱི་རིམ་པའི་ཉམས་ལེན་ལ་ངེས་པ་བརྟན་པོ་སྐྱེད་པར་འགྱུར་ཏེ། ཐོག་མར་ལེགས་ཚོགས་ཐམས་ཅད་ཀྱི་རྩ་བ་དགེ་བའི་བཤེས་གཉེན་ཞིག་ལ་(༩༧བ)བརྟེན་དགོས་ཤིང་། དེ་ཡང་གང་བྱུང་གིས་མི་ཆོག་པར་སློབ་མས་ཀྱང་བླ་མ་མཚན་ཉིད་དང་ལྡན་མི་ལྡན་ལེགས་པར་བརྟགས་ནས་མཚན་

ཉིད་དང་ལྡན་པ་ཞིག་ལ་བརྟེན་དགོས་པ་དང་། བླ་མས་ཀྱང་སློབ་མ་མ་བརྟགས་པར་སུ་རུང་རུང་ལ་ཆོས་བསྟན་མི་རུང་བས་སློབ་མ་སྣོད་དང་ལྡན་མི་ལྡན་ལེགས་པར་བརྟགས་ནས་བྱ་དགོས་པ་དང་། སློབ་མ་ལ་ཆོས་སྟོན་པའི་ཚེ་ནའང་མ་མཛངས་མས་བུ་ཆུང་གསོ་བ་དང་། སྨན་པ་མཁས་པས་ནད་པ་ལ་སྨན་སྟེར་བ་དང་འདྲ་བར་གདུལ་བྱའི་ཁམས་ལ་བརྟགས་ནས་རིམ་གྱིས་རྒྱུད་སྦྱོང་བར་བྱ་དགོས་པ་དང་། དཀར་ཆོས་ཐམས་ཅད་ཀྱི་གཞི་ཚུལ་ཁྲིམས་རྣམ་པར་དག་པ་ཞིག་ལ་ཐོག་མར་སྦྱར་དགོས་པ་དང་། དེ་ནས་ཀྱང་ཐོག་མར་ཚེ་འདི་ལས་བློ་ལོག་པ་ཞིག་དང་། འཁོར་བ་སྤྱི་ལས་བློ་ལོག་པ་ཞིག་གི་ཐབས་སུ་སྐྱིར་འདུས་བྱས་ཐམས་ཅད་མི་རྟག་པ་དང་། ཁྱད་པར་ཟག་བཅས་ཀྱི་ལུས་འདི་མི་རྟག་པར་བསྟན་ནས་ཚེ་འདི་ལ་མ་ཆགས་པར་འཇིག་རྟེན་ཕྱི་མ་དོན་གཉེར་གྱི་བསམ་པ་བསྐྱེད་པ་དང་། འཁོར་བ་མཐའ་དག་ལ་མ་ཆགས་པར་ཐར་པ་དོན་གཉེར་གྱི་བསམ་པ་བརྟན་པོ་བསྐྱེད་པ་དང་། བསམ་པ་དེ་ལྟ་བུ་ཞིག་སྐྱེས་པ་ན་འཁོར་བའི་རྩ་བ་ཀུན་འབྱུང་བ་བདེན་པ་ངོ་སྤྲད་དེ་རིམ་གྱིས་ལམ་གོང་མ་ལ་ཁྲིད་དགོས་པའི་ཚུལ་རྣམས་ཤེས་ནས་སྟོན་པའི་རྣམ་ཐར་ཉམས་ལེན་དུ་འཁྱེར་ཤེས་པ་ཞིག་འོང་ངོ་། །

སྟོན་པས་ཆོས་ཀྱི་འཁོར་ལོ་བསྐོར་བའི་ས་ཝ་ར་ཎ་སི་དྲང་སྲོང་ལྷུང་བ་རི་དྭགས་ཀྱི་གནས་སུ་ལྷ་དང་། ལྔ་སྡེ་བཟང་པོ་སོགས་མི་དད་པ་ཅན་དག་གིས་ཆོས་ཀྱི་འཁོར་ལོ་བསྐོར་བའི་མཆོད་རྟེན། དཔེ་རིས་(༩༥(ན)གྲུ་བཞི་པ་བང་རིམ་བཞི་པ། བང་རིམ་རེ་རེ་ལ་ཕྱོགས་བཞིར་སྒོ་འབུར་དང་བཅས་པ་ལ་སྒོ་བཞིའམ་བརྒྱད་དམ་བཅུ་གཉིས་སམ་བཅུ་དྲུག་ཡོད་པ་བརྩིགས་སོ། །དེ་ལ་ནི་ཀ་ཤིའི་ཡུལ་དུ་ཆོས་ཀྱི་འཁོར་ལོ་བསྐོར་བའི་མཆོད་རྟེན་ཞེས་སྟོན་གྱི་མཁས་པ་རྣམས་ལ་གཏམ་དུ་གྲགས་སོ། །དེ་ནས་རིམ་གྱིས་ཡུལ་གཞན་དང་དུས་གཞན་དག་ཏུ་འདུལ་བ་ལུང་དང་། མདོ་སྡེ་དྲན་པ་ཉེར་བཞག་དང་། རྒྱ་ཆེར་རོལ་པའི་མདོ་དང་། མདོ་སྡེ་ལས་བརྒྱ་པ་དང་། རྟོགས་བརྗོད་བརྒྱ་པ་ལ་

སོགས་པ་འཁོར་ལོ་དང་པོའི་སྐོར་གཏོགས་ཀྱི་མདོ་སྡེ་མཐའ་ཡས་པ་ཞིག་བཀའ་སྩལ་ཏོ། །དེ་ལྟར་སྟོན་པ་མངོན་པར་རྫོགས་པར་སངས་རྒྱས་ནས་ཀཽཎྜི་ནྱ་ལ་སོགས་པའི་ལྔ་སྡེ་དང་། གྲགས་པ་ལ་སོགས་པ་ཉེ་བའི་ལྔ་སྡེ་དང་། རྒྱལ་པོའི་ཁབ་ཏུ་ཕེབས་ནས་ཤཱ་རིའི་བུ་དང་མོའུ་འགལ་གྱི་བུ་འཁོར་ལྔ་བརྒྱ་དང་བཅས་པ་དང་། འོད་སྲུངས་ཆེན་པོ་ལ་སོགས་པ་བདག་ཉིད་ཆེན་པོ་བགྲང་བ་ལས་འདས་པ་ཞིག་རྗེས་སུ་བཟུང་སྟེ་སྟན་པའི་གྲགས་པས་སའི་སྟེང་ཐམས་ཅད་ཁྱབ་པ་ན། རྒྱལ་པོ་ཟས་གཙང་མས་དེ་ཐོས་ཏེ་དགའ་ཞིང་མགུ་ལ་མཇལ་བར་འདོད་ནས་ཡང་དང་ཡང་དུ་ཕོ་ཉ་བཏང་སྟེ་སེར་སྐྱའི་ཡུལ་དུ་འབྱོན་དགོས་པར་གསོལ་བ་བཏབ་པ་ན་བཅོམ་ལྡན་འདས་ཀྱིས་ཡབ་ཟས་གཙང་མ་དང་། སྲ་སྐྱེ་དགུའི་བདག་མོ་དང་། བདུད་རྩི་ཟས་དང་བྲེ་བོ་ཟས་དང་། སྒྲ་གཅན་འཛིན་དང་། ཀུན་དགའ་བོ་ལ་སོགས་པ་ཤཱཀྱ་བགྲང་བ་ལས་འདས་པ་དག་འདུལ་བའི་དགོས་པ་ཉེ་བར་གཟིགས་ནས་འཆར་ཀ་ཕོ་ཉར་འོངས་པ་ལ་འབྱོན་པར་ཞལ་གྱིས་བཞེས(༩༥བ)ཏེ། དེ་བཞིན་གཤེགས་པ་དགེ་སློང་གི་དགེ་འདུན་དང་བཅས་པ་རྒྱལ་པོའི་ཕོ་བྲང་དུ་མི་བཞུགས་ཀྱི། གྲོང་ལས་འཕགས་པའི་གཙུག་ལག་ཁང་དུ་བཞུགས་སོ་ཞེས་འཕྲིན་དང་བཅས་བཏང་ངོ་། །དེ་ནས་བཅོམ་ལྡན་འདས་ཀྱིས་མོའུ་འགལ་གྱི་བུ་ལ་བཀའ་སྩལ་པ། དགེ་སློང་རྣམས་ལ་བཅོམ་ལྡན་འདས་སེར་སྐྱའི་གཞིར་གཤེགས་ཏེ་ཡབ་སྲས་གདན་འཛོམ་ན། ཁྱེད་ཅག་ལས་ཡབ་སྲས་མཇལ་བ་སུ་བལྟ་བར་སྤྲོ་བ་དེ་དག་ཆོས་གོས་ཡོངས་ཤིག །དེས་ཀྱང་དེ་བཞིན་དུ་བྱས་ནས་བཅོམ་ལྡན་འདས་འཁོར་དགེ་སློང་སྟོང་ཉིས་བརྒྱ་ལྔ་བཅུའི་དགེ་སློང་གི་དགེ་འདུན་ཆེན་པོ་དང་ལྷན་ཅིག་འབབ་ཆུ་རོ་ཧི་ཀའི་འགྲམ་དུ་བྱོན་ཏེ། གྲོང་ཁྱེར་ཆེན་པོ་སེར་སྐྱ་དང་ཉེ་བར་བྱོན་པར་གྱུར་ཏོ། །དེ་ལྟར་བྱོན་པ་རྒྱལ་པོ་ཟས་གཙང་མས་ཐོས་ནས་རྒྱལ་པོས་གང་ཡང་འབབ་ཆུ་རོ་ཧི་ཀ་ནས་ནྱ་གྲོ་དྷའི་ཀུན་དགའ་ར་བའི་བར་གྱི་ལམ་ཤིན་ཏུ་མཛེས

པར་བྱས་ཏེ། ས་ཕྱོགས་ཡངས་ཤིང་རྒྱ་ཆེ་བར་གདན་རྣམ་པར་བཀྲ་བ་དག་ཤོམ་དུ་བཙུགས་གོ །སེར་སྐྱའི་གཞིའི་རྫོ་བ་དང་། གྱོ་མོ་དང་། གསེག་མ་རྣམས་བསལ་ནས། ཙན་དན་གྱི་ཆུས་ཆག་ཆག་བཏབ། དྲི་ཞིམ་པོའི་སྤོས་ཕོར་ཉེ་བར་བཞམས། དར་གྱི་ཆུན་འཕྱང་མང་པོ་དཔྱངས་ཏེ། ཤཱཀྱ་རྣམས་ལ་བསྒོ་བ། ཁྱེད་ཀྱིས་བཞོན་པའི་མཆོག་རྣམས་སྣ་གོན་གྱིས་ཤིག །དེ་ཅིའི་ཕྱིར་ཞེ་ན། དེ་རིང་བདག་ཅག་རྣམས་ཀྱིས་བཅོམ་ལྡན་འདས་མཆོག་ཏུ་བལྟ་ན་སྡུག་པ་དེ་བལྟ་ཞིང་འདོང་ངོ་། །ལྟ་ལེགས་སོ་ཞེས་གསོལ་ནས་ཤཱཀྱ་རྣམས་ཀྱིས་ཐེག་པའི་མཆོག་རྣམས་མྱུར་དུ་སྣ་གོན་བྱས་སོ། །དེ་ནས་རྒྱལ་པོས་སེར་སྐྱའི་གནས་དང་ཉ་གྲོ་དྷའི་ཀུན་(༥༨ན)དགའ་ར་བའི་བར་དེ་དག་ཐམས་ཅད་རྒྱལ་པོའི་གཤེགས་ཤུལ་དུ་མཉམ་པར་བྱེད་དུ་བཙུག་ཅིང་བྱེ་མ་གཙང་མ་བདལ་བ་ལ་མེ་ཏོག་གིས་བཀྲམ། དར་གྱི་ལྡ་ལྡི་ཕྲེས། གར་མཁན་དང་། གླུ་མཁན་དང་། གྱད་དང་། ཐུམ་རྩ་ཐོགས་པ་དག་བཀོད་ནས། རྒྱལ་པོ་ཟས་གཙང་བཞོན་པ་ཞོན། ཤཱཀྱ་གཞོན་ནུ་བརྒྱད་ཁྲི་མང་པོས་བསྐོར་ཏེ། རྒྱལ་པོའི་དཔལ་ཆེན་པོ་དང་མཐུ་ཆེན་པོས་སོང་ངོ་། །དེ་ལ་ཤཱཀྱ་ཁ་ཅིག་གིས་ཤིང་རྟ་ཡང་སྟོ་ལ་དེ་འདྲེན་པའི་རྟ་ཡང་སྟོ་བ་དང་། རྒྱན་རྣམས་དང་དྲིལ་བུ་གཡེར་ཁའི་དྲ་བ་ཡང་སྟོ་བ་དང་། འཁོར་རྒྱན་སྟོན་པོ་ཅན་གྱིས་བསྐོར་བ། གདུགས་དང་རལ་གྲི་དང་། ཐོད་དང་། ནོར་བུ་ཅན་གྱི་ཛ་ཡབ་དང་། ལྷམ་ཡང་སྔོན་པོ་དང་ལྡན་པ། ཁ་ཚར་མ་བཅད་པའི་རས་སྔོན་པོ་གྱོན་པ། རྒྱན་སྔོན་པོ་ཐོགས་པའི་ཞལ་ཏ་པ་རྣམས་ཞལ་ཏ་བྱེད་པ་རྒྱན་སྔོན་པོ་ཅན་གྱི་ལྷུགས་ཐོགས་པའི་ཁྲིད་པ་དུ་མ་དང་ལྡན་པ། རྒྱལ་མཚན་སྔོན་པོ་བསྒྲེང་བ། ཤིང་རྟ་རེ་རེ་ཞིང་ཡང་རྒྱན་སྔོན་པོ་ཅན་གྱི་མི་བརྒྱ་ཕྲག་རེ་རེས་བསྐོར་བ་དག་དང་། དེ་བཞིན་དུ་ཁ་ཅིག་སེར་བ་དང་། ཁ་ཅིག་དམར་བ་དང་། ཁ་ཅིག་དཀར་བ་དང་། ཁ་ཅིག་ཁྲ་བོར་གྱུར་པ་ཤ་སྟག་གོ །ཤིང་རྟ་དེ་དག་རེ་རེའི་ཕྱི་བཞིན་དུ་གླང་པོ་ཆེ་བརྒྱད་ཁྲི་གསེར་གྱི་རྒྱན་དང་

གསེར་གྱི་རྒྱལ་མཚན་ཅན། གསེར་གྱི་དྲ་བས་གཡོགས་པའི་སྟེང་དུ་རིན་པོ་ཆེ་སྣ་བདུན་གྱི་ཁང་པ་བརྩེགས་པ་བརྒྱད་ཁྲི་བཞག་ནས་དོང་བར་གྱུར་ཏོ། །དེའི་རྗེས་སུ་ཏ་གསེར་གྱི་རྒྱན་གྱིས་བརྒྱན་པ། གསེར་གྱི་དྲིལ་བུ་གཡེར་ཁ་བཀྲུས་པ། རིན་པོ་ཆེ་སྣ་བདུན་གྱི་རྒྱན་(༩༨བ)དང་ལྡན་པ་བརྒྱད་ཁྲི་བཤམས་ནས་དོང་བར་གྱུར་ཏོ། །དེ་ལྟར་རྒྱལ་པོ་ཟས་གཙང་ཤཱཀྱའི་ཚོགས་ཀྱིས་ཟླ་བ་ཁམས་པ་བཞིན་དུ་བསྐོར་ཏེ་བྱུང་བ་གཟིགས་ནས། བཅོམ་ལྡན་འདས་ཀྱིས་དགེ་སློང་རྣམས་ལ་བཀའ་སྩལ་པ། ཤཱཀྱ་རྣམས་སེར་སྐྱའི་གནས་ནས་བྱུང་བ་དེ་དག་ནི་སུམ་ཅུ་རྩ་གསུམ་གྱི་ལྷ་སྐྱེད་མོས་ཚལ་དུ་དོང་བ་དང་རྗེས་སུ་མཐུན་ནོ། །

དེ་ནས་བཅོམ་ལྡན་འདས་དགེ་སློང་གི་དགེ་འདུན་མཐུ་ཆེ་བ་ལྔ་སྡེ་བཟང་པོ་དང་། གྲགས་སྦྱིན་དང་། འཆར་ཀ་དང་། ལྟེང་རྒྱས་འོད་སྲུངས་དང་། ག་ཡ་འོད་སྲུངས་དང་། ཆུ་ཀླུང་འོད་སྲུངས་དང་། འོད་སྲུངས་ཆེན་པོ་དང་། ཤཱ་རིའི་བུ་དང་། མོའུ་འགལ་གྱི་བུ་ཆེན་པོ་ལ་སོགས་པ་དགེ་སློང་སྟོང་ཉིས་བརྒྱ་ལྔ་བཅུས་བསྐོར་ཞིང་། ལྷ་རྣམས་འདུ་བར་དགོངས་པ་ན་རྒྱལ་པོ་ཆེན་པོ་བཞི་དང་། ལྷ་མ་ཡིན་གྱི་དབང་པོ་ཐག་བཟང་རིས་དང་། མདོར་ན་འདོད་པ་དང་གཟུགས་ན་སྤྱོད་པའི་ལྷའི་མཐུ་ཆེ་བ་རྣམས་ཀྱང་དེར་འདུས་སོ། །དེ་ནས་བཅོམ་ལྡན་འདས་ཀྱིས་རྒྱལ་པོ་ཟས་གཙང་མ་ང་རྒྱལ་ཆེ་བར་མཁྱེན་ཅིང་། ཞབས་ཀྱིས་སེར་སྐྱའི་གཞིར་གཤེགས་ན་ཤཱཀྱ་རྣམས་ཀྱང་མི་གུས་པ་སྐྱེ་བར་དགོངས་ནས་ཕྱོགས་བཞིར་འབར་བ་དང་། འོད་འཕྲིན་པ་དང་། ཆུའི་རྒྱུན་འབེབས་པ་ལ་སོགས་མཛད་ནས་རྫུ་འཕྲུལ་དེ་བཏུལ་ཏེ་བཅོམ་ལྡན་འདས་ཏ་ལ་བདུན་གྱི་སྲིད་ཙམ་ན་བཞུགས་སོ། །དགེ་སློང་རྣམས་ཏ་ལ་དྲུག་གི་སྲིད་ཙམ་གྱི་བར་མཐོ་དམན་དུ་གྱུར་ནས་རྒྱལ་པོ་འདུས་པའི་ཁྲམས་དེར་གཤེགས་སོ། །དེའི་མོད་ལ་བཅོམ་ལྡན་འདས་མི་གང་ལྷག་ཙམ་གྱི་སྟེང་གི་བར་སྣང་ལ་འཆག་པར་མཛད་པའི་གཡས་ཕྱོགས་ན་ཚངས་

པ་འགྲོའོ། །གཡོན་དུ་ནི་བརྒྱ་(༤༧ན)བྱིན་ནོ། །ཞབས་འབྲིང་དུ་འདོད་ལྷའི་རིས་བཞི་པོས་གདུགས་འཛིན་ཅིང་བསིལ་ཡབ་ཀྱིས་གཡོབ་བོ། །རྒྱལ་པོ་ཆེན་པོ་བཞིས་ནི་ཤར་ནུབ་ཏུ་ཐལ་མོ་སྦྱར་ཏེ་འདུག་གོ །ལྷ་རྣམས་ཀྱིས་རིན་པོ་ཆེའི་ཁང་པས་བར་སྣང་གང་བར་བྱས་ཤིང་། མེ་ཏོག་དང་སྤོས་ཀྱི་ཕྲེ་མས་མཆོད། གླུ་དབྱངས་དང་སིལ་སྙན་དག་སྒྲ་འབྱིན་ཅིང་། སྤོས་ཀྱི་ཆར་སྤྲིན་དག་ལས་སྤོས་ཀྱི་ཆར་ཟིམ་བུ་ཟིམ་བུ་དག་བབས་སོ། །དེ་ནས་དགེ་སློང་རབ་ཏུ་མང་པོ་དང་། ཆོ་འཕྲུལ་དེ་ལྟ་བུ་དག་མཐོང་ནས། ཡབ་རྒྱལ་པོས་བཅོམ་ལྡན་འདས་གང་ཡིན་པ་མ་ཤེས་ཏེ་རྨོངས་པར་གྱུར་ནས་ནག་པོ་འཆར་ཀ་རྒྱལ་པོའི་ཞབས་འབྲིང་ན་གནས་པ་དེ་ལ་དྲིས་པ། དུར་སྐྲག་གྲོན་པའི་རབ་ཏུ་བྱུང་བ་མང་པོ་ཞིག་ཡོད་ན་གཞོན་ནུ་གང་ཡིན། ནག་པོ་འཆར་ཀར་བཅོམ་ལྡན་འདས་བསྟན་ནས་སྨྲས་པ། འདི་ནི་བཅོམ་ལྡན་འདས་ལགས་མི་དབང་ད་གཟིགས་ཤིག །དེ་ནས་བཅོམ་ལྡན་འདས་ཀྱི་མཐུས་ལྷ་དང་མི་དེ་དག་ཕན་ཚུན་དུ་ཡང་མཐོང་བར་གྱུར་ཅིང་རྒྱལ་པོས་ཀྱང་བཅོམ་ལྡན་འདས་དང་། བཅོམ་ལྡན་འདས་ལ་མཆོད་པ་བྱེད་པའི་ལྷ་རྣམས་དང་ལྷའི་རིན་པོ་ཆེ་སྣ་བདུན་གྱི་ཁང་པ་བརྩེགས་པས་བར་སྣང་གང་བ་མཐོང་ནས། བཅོམ་ལྡན་འདས་ཀྱིས་གསུངས་པ་དེ་ནི་ངོ་མཚར་ཆེ་སྟེ། འདི་གཞོན་ནུའི་དུས་སུ་ང་ནི་ཆོས་ཀྱི་དབང་ཕྱུག་ལ་དབང་བྱའོ་ཞེས་གསུང་ན་དེ་ནི་འདི་ཡིན་པ་ལྟ་སྟེ། བདག་ནི་མིའི་འཁོར་ཅན་དུ་ཟད་ན། བཅོམ་ལྡན་འདས་ནི་ལྷ་དང་མིའི་འཁོར་ཅན་དུ་གྱུར་ཏོ། །སྙམ་མོ། །སེར་སྐྱའི་གཞི་ན་གནས་པའི་ཤཱཀྱ་རྣམས་དགེ་བའི་རྩ་བས་བསྐུལ་ནས་ཐམས་ཅད་(༤༧བ)བྱུང་སྟེ། ཅི་ཡབ་སྲས་ལ་ཕྱག་བྱེད་དམ། འོན་ཏེ་སྲས་ཡབ་ཀྱི་ཞབས་ལ་ཕྱག་བྱེད་པ་བལྟའོ་སྙམ་ནས་ཐམས་ཅད་ཚོགས་པར་གྱུར་ཏོ། །དེ་ནས་རྒྱལ་པོ་ཆེན་པོ་ཟས་གཙང་མས་བླ་གོས་རིན་ཐང་མ་མཆིས་པ་ཕྲག་པ་གཅིག་ཏུ་བྱས། པུས་མོ་གཡས་པའི་ལྷ་ང་ས་ལ་བཙུགས་ནས་རང་གི་ཐོར་ཙུགས་ནོར་བུ་དང་ཅོད་པན་གྱིས

བརྒྱན་པ་བཅོམ་ལྡན་འདས་ཀྱི་ཞབས་ལ་བཏུད་ནས་ཕྱག་བཙལ་ཏེ་ཚིགས་སུ་བཅད་
པ། བློ་གྲོས་ཡངས་པ་ཁྱོད་ལ་འདི་དང་ནི། །ཀུན་སྤྱོད་ཞབས་ལ་ལན་གསུམ་ཕྱག་
བགྱིས་ཏེ། །བལྟམས་པའི་ཚེ་ན་ས་ནི་གཡོས་པ་དང་། འཛམ་བུའི་གྲིབ་མ་སྐྱ་ལས་མ་
འདས་པའོ། །ཞེས་གསོལ་པ་དང་། དེ་ལྟར་ཡབ་ཀྱིས་སྲས་ཀྱི་ཞབས་ལ་ཕྱག་བྱས་པ་
དེའི་ཚེ་ཤཱཀྱ་རྣམས་ཀྱིས་འདི་ཅིའི་ཐ་ཚིག་ཅེས་མ་དད་པ་དང་། རྒྱལ་པོ་ཟས་གཙང་
མས་ཤཱཀྱ་དེ་རྣམས་ལ་སྨྲས་པ། ཤེས་ལྡན་དག་ད་གདོད་ཁོ་བོས་གཞོན་ནུའི་ཞབས་ལ་
ཕྱག་བྱས་པ་མ་ཡིན་ཏེ། འདི་དང་ལན་གསུམ་དུ་ཕྱག་བགྱིས་སོ་ཞེས་གོ་བར་བྱས་སོ། །
དེ་ནས་བཅོམ་ལྡན་འདས་ཀྱིས་རྫུ་འཕྲུལ་དེ་བཏུལ་ནས། དགེ་སློང་གི་དགེ་འདུན་གྱི་
དཀྱུང་ལ་འདོད་པའི་ལྷའི་བུ་རྣམས་ཀྱིས་སེང་གེའི་ཁྲི་ལྷའི་རས་སྣ་ཚོགས་སུ་སྤྱིལ་ནས
བཤམས་པ་ལ་བཞུགས་ཏེ། འདོད་ལྷ་རྣམས་ཀྱིས་སྟེང་དུ་ལྷའི་བླ་བྲེ་བྲེས་ཤིང་། ཁྱམས
དེར་ཡང་ལྷའི་རས་བཅོས་བུ་བཏིང་ངོ་། །དེ་ནས་རྒྱལ་པོ་ཟས་གཙང་སྐད་འཛེར་ཅིང་
སྙིང་སྟྲངས་ལ་མིག་མཆི་མས་གང་བཞིན་དུ་ཚིགས་སུ་བཅད་པས་ཞུ་བ་ཞུས་པ། གཞལ་
མེད་ཁང་གི་གནས་རྣམས་སུ། །ཡབ་ཀྱི་ཁབ་ན་བཞུགས་པ་ལས། །དགོན་(༩༢ན)པ་
འཇིགས་དང་བཅས་རྣམས་སུ། །ཇི་ལྟ་བུར་ནི་འབའ་ཞིག་བཞུགས། །བཅོམ་ལྡན་
འདས་ཀྱིས་བཀའ་སྩལ་པ། །མི་ཡི་བདག་པོ་གང་དུ་ནི། ཁྱིམ་གྱི་འཆིང་བ་ལས་གྲོལ་
བ། །འཕགས་པ་ཡི་ནི་གནས་པ་བཟུས། །ཐུབ་པ་རྣམས་ནི་གནས་པར་མཛད། །ཅེས་
སོགས་རྒྱ་ཆེར་ཡབ་དང་སྲས་གཉིས་དེ་ལྟ་བུའི་བཀའི་འབེལ་མཆིད་གླེང་བར་མཛད་
དེ། དེས་རྒྱལ་པོ་ཟས་གཙང་དགའ་ནས་ཞབས་ལ་ཕྱག་བྱས་ཏེ། བདེ་བར་གཤེགས་པ་
ལ་ཀུན་ནས་རྟོག་ཅིང་འདུག་གོ །དེ་ནས་རྒྱལ་པོ་ཟས་གཙང་འདི་སྙམ་དུ་སེམས་ཏེ།
གང་བདག་གི་བུས་འདི་ལྟ་བུའི་ཡོན་ཏན་ཐོབ་པ་ནི་བདག་གིས་རྙེད་པ་ལེགས་པར་
རྙེད་དོ་སྙམ་མོ། །དེ་ནས་བཅོམ་ལྡན་འདས་ཀྱིས་ཉ་གྲོ་དྷའི་ཀུན་དགའ་ར་བར་འཁོར་

དེ་དང་མཐུན་པའི་ཆོས་བཤད་པས་ཟས་དཀར་ལ་སོགས་པ་ཤཱཀྱ་བདུན་ཁྲི་བདུན་སྟོང་གིས་བདེན་པ་མཐོང་ངོ་། །དེའི་སང་ཚངས་པས་བསྐོར་བའི་སྐྱེད་མོས་ཚལ་དུ་གཤེགས་ཏེ་ཆོས་བསྟན་པས་བྲེ་བོ་ཟས་ལ་སོགས་པ་ཤཱཀྱ་བདུན་ཁྲི་དྲུག་སྟོང་གིས་བདེན་པ་མཐོང་ངོ་། །ཤཱཀྱ་བདུད་རྩི་ཟས་ཀྱི་བུ་གཞོན་ནུ་ཀུན་དགའ་བོ་སྐྱེས་ནས་ལོ་དྲུག་ལོན་པ་བཅོམ་ལྡན་འདས་ཀྱི་རིམ་གྲོ་བགྱིད་པར་མཚན་མཁན་རྣམས་ཀྱིས་ལུང་བསྟན་པ་དེ། བདུད་རྩི་ཟས་ཀྱིས་ཅི་ནས་ཀྱང་བཅོམ་ལྡན་འདས་ཀྱི་སྤྱན་སྔར་མི་འབབ་པར་བྱའོ་སྙམ་སྟེ། ཡངས་པ་ཅན་དང་། སེར་སྐྱའི་གྲོང་ཁྱེར་གཉིས་ཕན་ཚུན་དུ་སྐྱེལ་བ་དང་ལེན་པར་བྱེད་དོ། །དེ་བཅོམ་ལྡན་འདས་ཀྱིས་དགོངས་ནས་སེར་སྐྱར་ཀུན་དགའ་བོ་ཕྱིར་གཤེགས་པ་ན། བདུད་རྩི་ཟས་(༩༢བ)ཀྱིས་ཀུན་དགའ་བོ་ཁང་ཐྲན་དུ་སྦས་པ་དང་། བཅོམ་ལྡན་འདས་ཀྱི་མཐུས་སྒོ་དབྱེ་བས་ཀུན་དགའ་བོ་ཐལ་བྱུང་དུ་འོངས་ནས་བསིལ་ཡབ་ཐོགས་ཏེ་བཅོམ་ལྡན་འདས་ལ་གཡོབ་བོ། །བཅོམ་ལྡན་འདས་གཤེགས་པ་ན་རྗེས་བཞིན་འབྲངས་ནས་སུས་ཀྱང་བཟློག་མ་ནུས་པས་བདུད་རྩི་ཟས་ཀྱིས་དུས་སྟོན་བྱས་ཏེ་ཀུན་དགའ་བོ་གླང་པོ་ཆེ་ལ་བསྐྱོན་ནས་ཉ་གྲོ་དྷའི་ཀུན་དགའ་ར་བར་བཏང་བ་དང་གླང་པོ་ཆེས་ཨུཏྤ་ལའི་ཆུན་པོ་ཟོས་པས་མཚན་མཁན་རྣམས་ཀྱིས་གཞོན་ནུ་འདི་ཐོས་པ་འཛིན་པའི་མཆོག་ཏུ་ལུང་བསྟན་ནས་བཅོམ་ལྡན་འདས་ཀྱི་སྤྱན་སྔར་ཕྱིན་ཏེ། འོད་སྲུངས་སྐྱོབས་བཅུ་པ་ལས་རབ་ཏུ་བྱུང་དུ་བཅུག་གོ །ཀུན་དགའ་བོ་ཡང་དེ་ཉིད་ནས་བཅོམ་ལྡན་འདས་ཀྱི་ཞབས་འབྲིང་དུ་འབྲང་ཞིང་འཛུམ་པ་ལུང་བསྟན་པ་ཡང་ཞུའོ། །དེའི་སང་རོ་ཏ་ཧི་ཀའི་སྐྱེད་མོས་ཚལ་དུ་ཆོས་བཤད་པས་བདུད་རྩི་ཟས་ལ་སོགས་པ་བདུན་ཁྲི་ལྔ་སྟོང་གིས་འབྲས་བུ་ཐོབ་བོ། །ལྷ་སྦྱིན་ནི་བཅོམ་ལྡན་འདས་ལ་མ་གུས་པས་ཁ་ཟེར་རོ། །དེ་ནས་རྒྱལ་པོ་ཟས་གཙང་མས་བཅོམ་ལྡན་འདས་གདུགས་ཚོད་ལ་སྤྱན་དྲངས་ཏེ་གདུགས་ཚོད་གསོལ་ནས་རྒྱལ་པོས་གསེར་གྱི་བྱ་མ་བུམ་བླངས་ཏེ་ཉ་གྲོ་

 རྣའི་ཀུན་དགའ་ར་བ་ཕུལ་ནས་བཅོམ་ལྡན་འདས་ཀྱིས་ཡོན་བསྔོ་བ་མཛད་དེ་གཤེགས་ནས་བཅོམ་ལྡན་འདས་ཤིང་ཉྭ་གྲོ་རྣའི་ཀུན་དགའ་ར་བ་དེ་ཉིད་དུ་དབྱར་གནས་མཛད་དེ་རྒྱལ་པོ་ཟས་གཙང་ཤཱཀྱའི་ཚོགས་ཀྱིས་བསྐོར་ནས་དུས་གསུམ་དུ་བཅོམ་ལྡན་འདས་ཀྱི་སྤྱན་སྔར་ཆོས་ཉན་དུ་འགྲོའོ། །དེའི་ཚེ་རྒྱལ་པོ་ཟས་གཙང་ནི་ཕ་ཅང་ཞུམ་པ་དང་ཤིན་ཏུ་དགའ་བའི་སེམས་དང་ལྡན་པས་འབྲས་བུ་མ་ཐོབ་སྟེ། (༩༨ན)དེ་ལ་བཅོམ་ལྡན་འདས་ཀྱིས་རྒྱལ་པོ་ཟས་གཙང་གི་དགའ་བའི་སེམས་པའི་བུ་འབའ་ཞིག་རྫུ་འཕྲུལ་ཆེའོ་སྙམ་པ་འདི་སྤང་བའི་ཕྱིར་མོའུ་འགལ་གྱི་བུ་ཆེན་པོ་ལ་བསྐུལ་བ་དང་། མོའུ་འགལ་གྱི་བུས་རྒྱལ་པོའི་ཕོ་བྲང་དུ་ཕྱིན་ནས་རྫུ་འཕྲུལ་གྱི་ཆོ་འཕྲུལ་བསྟན་ཏེ་གདན་བཤམས་པ་ལ་འདུག་གོ །རྒྱལ་པོས་སྨྲས་པ། མོའུ་འགལ་གྱི་བུ། །ཉན་ཐོས་རྫུ་འཕྲུལ་ཆེ་བ་གཞན་ཡང་མཆིས་སམ། སྨྲས་པ། གཞན་ཡང་རྫུ་འཕྲུལ་ཆེ་བ་མང་དུ་མཆིས་སོ། །དེ་ནས་རྒྱལ་པོ་ཟས་གཙང་བདག་གི་བུ་འབའ་ཞིག་རྫུ་འཕྲུལ་ཆེ་བར་མ་ཟད་ཀྱི། རྫུ་འཕྲུལ་ཆེ་བ་གཞན་ཡང་ཡོད་དོ་སྙམ་ནས་ཤིན་ཏུ་དགའ་བའི་བློ་དང་བྲལ་ཏོ། །དེ་ནས་རྒྱལ་པོ་ཟས་གཙང་གི་ཞུམ་པའི་བློ་སྤོང་བཅོམ་ལྡན་འདས་ལྷ་དང་མི་དང་ལྷ་མ་ཡིན་གྱིས་མཆོད་ན་ད་ལྟར་མི་འབའ་ཞིག་གིས་མཆོད་དོ་སྙམ་པ་དེ་སྤང་བའི་ཕྱིར་བཅོམ་ལྡན་འདས་ལྷའི་འཁོར་ལ་ཆོས་སྟོན་པར་བཞེད་དོ། །དེ་བརྒྱ་བྱིན་གྱིས་ཤེས་ནས་ཉྭ་གྲོ་རྣའི་ཀུན་དགའ་ར་བར་རིན་པོ་ཆེ་སྣ་བཞིའི་ཁང་པ་བརྩེགས་པ་གདན་སྣ་ཚོགས་བཤམས་པ་ཞིག་གྱིས་ཤིག་ཅེས་ལྷའི་བུ་བི་ཤྭ་ཀརྨ་ལ་བསྒོས་ནས་དེས་དེ་བཞིན་དུ་བྱས་སོ། །སྒོ་བཞི་ན་ནི་རྒྱལ་པོ་ཆེན་པོ་བཞི་འདུག་གོ །དེར་བཅོམ་ལྡན་འདས་སྤྱན་དྲངས་ཏེ་འདོད་གཟུགས་ཀྱི་ལྷའི་བུ་རྣམས་དང་། ཀླུ་དང་། གནོད་སྦྱིན་དང་། དྲི་ཟ་དང་། ལྷ་མ་ཡིན་དང་། ནམ་མཁའ་ལྡིང་དང་། མིའམ་ཅི་རྣམས་ཀྱིས་བསྐོར་ཞིང་ཉན་ཐོས་ཆེན་པོ་རྣམས་ཀྱང་འདུག་གོ །ཕྱི་རོལ་ན་ནི་ཀུན་ཏུ་རྒྱུ་དྲུག་ཁྲི་འདུས་སོ། །དེའི་(༩༨བ)ཚེ་བཅོམ་ལྡན་

འདས་གདན་བཤམས་པ་རིན་པོ་ཆེ་སྣ་ཚོགས་ཀྱིས་བརྒྱན་པ་ལ་བཞུགས་ཏེ། ཡབ་དང་སྲས་མཇལ་བ་བྱང་ཆུབ་སེམས་དཔའི་ཏིང་ངེ་འཛིན་དེ་ཁོ་ན་ཉིད་ངེས་པར་བསྟན་པ་ཞེས་བྱ་བ་སྟོན་པར་བཞེད་དོ། །དེ་ནས་ཆོ་དང་ལྡན་པ་མོའུ་འགལ་གྱི་བུས་ཀྱང་རྒྱལ་པོ་ཟས་གཙང་མ་ཁྲིད་དེ་གྲོང་ཁྱེར་སེར་སྐྱ་ནས་ལྟས་སྤྲུལ་པའི་གཞལ་མེད་ཁང་དེར་འོངས་སོ། །མོའུ་འགལ་གྱི་བུ་ནང་དུ་ཞུགས་ཏེ་རྒྱལ་པོ་ཟས་གཙང་ནང་དུ་འཇུག་པར་བརྩམས་པའི་ཐོག་མ་ཤར་སྒོ་ནས་དོང་བ་དང་། རྒྱལ་པོ་ཡུལ་འཁོར་སྲུང་སྒོ་ན་འདུག་ནས་དེས་ནང་དུ་མ་འགྲོ་སྟོད་ཅིག་ཅེས་བཟློག་གོ །དེ་ཅིའི་ཕྱིར་ཞེ་ན། བཅོམ་ལྡན་འདས་ལྷའི་འཁོར་དག་པ་ལ་ཆོས་འཆད་དེ། དེར་མི་གྱུར་པ་འཇུག་ཏུ་མི་དབང་ངོ། །བཞིན་བཟང་ཁྱོད་སྡུ་ཞིག །རྒྱལ་པོ་ཆེན་པོ། བདག་ཡུལ་འཁོར་སྲུང་ངོ། །དེ་ནས་རྒྱལ་པོ་ཟས་གཙང་གིས་ལྷོ་དང་ནུབ་དང་། བྱང་དུ་ཞུགས་པ་དང་། རྒྱལ་པོ་ལྷག་མ་གསུམ་གྱིས་ཀྱང་དེ་བཞིན་དུ་བྱས་སོ། །དེ་ནས་རྒྱལ་པོ་ཟས་གཙང་གི་མའོ་བཅོམ་ལྡན་འདས་ལྷའི་འཁོར་དག་པ་ལ་ཆོས་འཆད་པ་དེ་བདག་གིས་བལྟའོ་སྙམ་པའི་འདོད་པ་སྐྱེས་ཏེ་ཞུམ་པའི་རྒྱུད་དེ་དང་བྲལ་ལོ། །དེ་ནས་བཅོམ་ལྡན་འདས་ཀྱིས་དགོངས་པ་རྒྱལ་པོ་ཟས་གཙང་གིས་གལ་ཏེ་ང་མ་མཐོང་ན་ཁྲག་དྲོན་མོ་སྐྱུགས་ནས་འཆི་བར་འགྱུར་བའི་གནས་ཡོད་པར་དགོངས་ནས། རིན་པོ་ཆེའི་ཁང་པ་བརྩེགས་པ་དེ་ཤེལ་ལས་བྱས་པར་སྤྲུལ་པ་དང་། རྒྱལ་པོ་ཟས་གཙང་གིས་སངས་རྒྱས་ཀྱི་སྐུ་སྒྲིབ་པ་མེད་པ་མཐོང་ངོ། །མཐོང་ནས་ཀྱང་དགའ་བ(༥༠ན)དང་མགུ་བ་སྐྱེས་ནས་བཅོམ་ལྡན་འདས་ཀྱི་ཞབས་གཉིས་ལ་ཕྱག་བྱས་ཏེ་ཕྱོགས་གཅིག་ཏུ་འདུག་གོ །དེ་ནས་བཅོམ་ལྡན་འདས་ཀྱིས་ལྷ་མ་ཡིན་གྱི་དབང་པོ་ཐགས་བཟང་རིས་མཆོད་པར་བྱེད་དུ་འཇུག་པའི་མཚན་མ་མཛད་དོ། །དེ་ནས་ལྷ་མ་ཡིན་ཐགས་བཟང་རིས་དེ་རིན་པོ་ཆེ་སྣ་བདུན་གྱི་ཤིང་རྟ་ལ་ཞོན་ནས་བཅོམ་ལྡན་འདས་ལ་མཆོད་པའི་ཕྱིར་ཤིང་རྟ་དང་རྟ་རིན་པོ་ཆེས་བརྒྱན་པ་ལ་ལྷ་

མིན་གྱི་བུ་མོ་མང་པོ་འཁོར་དེ་མཆོད་པ་སྣ་ཚོགས་ཐོགས་པ་དེ་རིན་པོ་ཆེའི་ཕོ་བྲང་བཀྲ་བ་དག་བཤམས་ནས་ལྷག་པར་གུས་པས་བཅོམ་ལྡན་འདས་ལ་བསྟོད་ཅིང་ཕུལ་ལོ། །དེ་བཞིན་དུ་ལྷ་མིན་དབང་པོ་སྟོབས་ལྡན་དང་། སྒྲ་གཅན་ལ་སོགས་པ་དང་། བྱའི་རྒྱལ་པོ་འདབ་བཟང་རྣམས་ཀྱིས་ཀྱང་མཆོད་དོ། །དེ་ནས་ཀླུའི་བུ་མོ་རྣམས་ཀྱིས་རིན་པོའི་ཆེའི་གདུགས་དག་དང་། ཀླུའི་རྒྱལ་པོ་དགའ་བོ་དང་། ཉེ་དགའ་བོས་མུ་ཏིག་དམར་པོས་སྤྲིམ་པ་བཀང་ཞིང་རིན་པོ་ཆེ་སྣ་བདུན་གྱི་ཁང་བཟང་ན་ནོར་བུ་སྣ་ཚོགས་ལས་མེ་དང་ཆུ་འབར་འཛག་བྱེད་པ་དག་བྱས་སོ། །གྲུལ་བུམ་རྣམས་དང་རྒྱལ་ཆེན་བཞིའི་ལྷས་རིན་པོ་ཆེའི་བླ་བྲེ་དག་དང་། དྲི་ཟ་རྣམས་ཀྱིས་ས་སྲུངས་ཀྱི་བུའི་སྟེང་དུ་རྫིང་བུ་པདྨས་གཏམས་པ་དག་དང་། མིའམ་ཅིའི་རྒྱལ་པོ་ལྗོན་པས་རིན་པོ་ཆེ་སྣ་བདུན་གྱི་ཁང་པ་གདུགས་ཀྱིས་བརྒྱན་པ་དག་དང་། བརྒྱ་བྱིན་གྱིས་རིན་པོ་ཆེའི་ཁང་པ་དང་། ས་སྲུངས་ཀྱི་བུའི་སྟེང་དུ་རྫིང་ཡོད་པ་དག་དང་། གཞན་ཡང་འདོད་གཟུགས་ཀྱི་ལྷའི་བུ་ཐམས་ཅད་ཀྱིས་མཆོད་ཅིང་བསྟོད་པས། བཅོམ་(༥༠བ)ལྡན་འདས་འཛུམ་པ་མཛད་པ་ན་ཧ་ཐུལ་གྱིས་དེའི་རྒྱུ་ཞུས་པས་དེ་དག་བྱང་ཆུབ་ཏུ་ལུང་བསྟན་ཅིང་། ཀུན་དུ་རྒྱུ་རྣམས་ཀྱང་སོ་སོར་ལུང་བསྟན་ཏོ། །དེའི་ཚེ་ཡང་རྒྱལ་པོ་ཟས་གཙང་མ་བུ་ལ་ཆགས་པས་ཀུན་དུ་དགྲེས་པ་ན། བཅོམ་ལྡན་འདས་ཀྱིས་དེ་འདུལ་བའི་ཏིང་ངེ་འཛིན་ཡབ་སྲས་མཇལ་བའི་མདོ་བསྟན་པས་རྒྱལ་པོ་ཟས་གཙང་མ་ཐེག་པ་ཆེན་པོ་ལ་རྒྱུན་དུ་ཞུགས་པའི་འབྲས་བུ་ཐོབ་ནས་མཐར་གྱིས་ཤཱཀྱ་བདུན་ཁྲི་དང་ལྷན་ཅིག་མི་སྐྱེ་བའི་ཆོས་ལ་བཟོད་པ་ཐོབ་པ་དང་། བཅོམ་ལྡན་འདས་ཀྱིས་འཛུམ་པ་མཛད་པ་ན་ཧ་ཐུལ་གྱིས་དེའི་རྒྱུ་ཞུས་ནས་བཅོམ་ལྡན་འདས་ཀྱིས་རྒྱལ་པོ་ཟས་གཙང་དང་ཤཱཀྱ་རྣམས་བྱང་ཆུབ་ཏུ་ལུང་བསྟན་ཅིང་ཤཱ་རིའི་བུ་ལ་མདོ་འདི་བསྒྲག་པར་བྱའོ་ཞེས་བཀའ་སྩལ་ཏོ། །ཡབ་སྲས་མཇལ་བའི་ཚེ་ཇི་ལྟར་མཛད་པའི་རྣམ་ཐར་བཟང་པོ་འདི་དག་ལ་ལེགས

པར་དཔྱོད་ཤེས་ན་ཆོས་རྣམ་དག་ཅིག་བྱེད་པ་ལ་ཚེ་འདིའི་གཉེན་ཉེ་དུ་ལ་མ་ཆགས་པ་ཞིག་ངེས་པར་དགོས་པ་དང༌། རང་གི་གཉེན་ཉེ་དུ་དང་གཡོག་འཁོར་དང་མཛའ་བཤེས་ཧེ་ལྷ་བུ་ཞིག་ཡིན་ཡང་དེ་ལ་ཕན་པར་སེམས་ན་ཚེ་འདིའི་ཆེ་ཐབས་དང༌། སྲིད་པའི་ཕུན་ཚོགས་ལ་མི་སྤྱོར་བར་ཁྱིམ་ནས་ཁྱིམ་མེད་པར་རབ་ཏུ་བྱུང་སྟེ། ཚུལ་ཁྲིམས་རྣམ་པར་དག་པ་ལ་གནས་ནས་དབེན་པའི་གནས་སུ་ལམ་སྒྲུབ་པ་ལ་སྦྱོར་དགོས་པ་སོགས་བྱང་ཆུབ་ལམ་གྱི་རིམ་པའི་སྦྱོར་དངོས་རྗེས(༥༧ན)གསུམ་གྱི་གནད་རྣམས་ལ་ངེས་པ་བརྟན་པོ་སྐྱེ་བར་འགྱུར་རོ། །དེ་ནས་བཅོམ་ལྡན་འདས་དགུང་ལོ་བཞི་བཅུ་ཞེ་གཅིག་ཏུ་ཕེབས་པ་ལྕགས་ཕོ་བྱི་བའི་ལོ་སུམ་ཅུ་རྩ་གསུམ་དུ་ཕེབས་ནས་དབྱར་གནས་མཛད་དེ། དེ་ཡང་འདི་ལྟར། བཅོམ་ལྡན་འདས་ཡུམ་སྒྱུ་མ་ལྷ་མཛེས་སུམ་ཅུ་རྩ་གསུམ་དུ་སྐྱེ་བ་བཞེས་པ་དེ་རྗེས་སུ་གཟུང་བར་བཞེད་པ་དང༌། གཞན་ཡང་ལྷ་བརྒྱང་བ་ལས་འདས་པ་ཞིག་ལ་དགེ་བའི་རྩ་བ་ཡོད་པར་གཟིགས་ནས་སུམ་ཅུ་རྩ་གསུམ་དུ་གཤེགས་ཏེ། ཆོས་བཟང་ལྷའི་མདུན་སར་བཞུགས་ནས། གདུགས་དཀར་མོ་ཅན་གྱི་གཟུངས་དབུའི་གཙུག་ཏོར་ནས་ཕྱུང་ངོ༌། །དེ་ནས་ལྷའི་དགའ་བའི་ཚལ་དུ་གཤེགས་ཏེ་བརྒྱ་བྱིན་དང་ཚངས་པ་སོགས་སྟེ་བརྒྱད་དང༌། བློ་གྲོས་ཆེན་པོ་ལ་སོགས་པ་བྱང་ཆུབ་སེམས་དཔའ་མང་པོ་དང་ལྡན་ཅིག་གོ །དེའི་ཚེ་འོད་བཀྱེ་བས་སྟོང་གསུམ་འདིའི་ངན་སོང་ཐམས་ཅད་སྡུག་བསྔལ་ལས་གྲོལ་བ་རྣམས་བཅོམ་ལྡན་འདས་ཀྱི་སྤྱན་སྔར་ནོར་བུའི་སྟེང་དུ་འཁོད་ནས་ཆེད་དུ་བརྗོད་པ་དང༌། བརྒྱ་བྱིན་གྱིས་གསོལ་བ། ལྷའི་རིས་འདི་ནས་ལྷའི་བུ་ནོར་བུ་དྲི་མ་མེད་པའི་འོད་ཤེ་འཕོས་ནས་དགུང་བདུན་ལོན་ལགས་ན་གང་དུ་སྐྱེས། བཀའ་སྩལ་པ། ལྷའི་དབང་པོ། །དེ་ནི་མནར་མེད་པའི་དམྱལ་བར་སྐྱེས་སོ། །བརྒྱ་བྱིན་གྱིས་དེ་ལ་བསྐྱབ་པར་ཞུས་པས་ངན་སོང་སྦྱོང་བའི་བརྟགས་པ་གསུངས་ཏེ། བརྒྱ་བྱིན་ལ་ངན་སོང་སྦྱོང་བའི་ཆོ་ག་བསྟན། བརྒྱ་བྱིན་གྱིས་དེའི་ལུས་དཀྱིལ་འཁོར་དུ་བཅུག

ནས་དབང་(༥༧བ)བསྐུར་བས་དེ་སྐད་ཅིག་གིས་དམྱལ་བ་ལས་ཐར་ནས་དགའ་ལྡན་དུ་སྐྱེས་ཏེ་གཙང་མའི་རིས་ཀྱི་ལྷ་རྣམས་དང་ལྷན་ཅིག་དགའ་བའི་ཚལ་དེ་ར་འོངས་ནས་བཅོམ་ལྡན་འདས་དང་བརྒྱ་བྱིན་ལ་ཆེད་དུ་བརྗོད་ཅིང་མཆོད་པའི་སྤྲིན་གྱིས་མཆོད་དོ། །དེ་ནས་བཅོམ་ལྡན་འདས་ལྷའི་ཞིང་ཡོངས་འདུ་ས་བརྟོལ་གྱི་དྲུང་དུ་ཨར་མོ་ནི་ག་སྟེ་ལ་བ་དཀར་པོ་ལྟ་བུའི་རྡོ་ལེབ་ཀྱི་སྟེང་དུ་བཞུགས་ཏེ། ཤཱ་རིའི་བུ། འོད་སྲུངས་ཆེན་པོ། ཀཱ་ཏྱའི་བུ་ཆེན་པོ། གང་པོ། ནམ་གྲུ །རྟ་ཐུལ། ཀ་པི་ན། གསུས་པོ་ཆེ། རབ་འབྱོར་ལ་སོགས་པ་དགྲ་བཅོམ་པ་བརྒྱད་སྟོང་དང་། ཀུན་དགའ་བོ་དང་ཐབས་ཅིག་ཏུ་དབྱར་གནས་པ་མཛད། དེའི་ཚེ་བྱང་ཆུབ་སེམས་དཔའ་མང་པོ་ཡང་འདུས་ཤིང་ཡུམ་སྒྱུ་འཕྲུལ་ཆེན་མོ་ཡང་མཆོག་ཏུ་དགའ་བར་མཛད་ལ། རྒྱལ་བའི་སྲས་ལེགས་པར་གནས་ལ་དབྱིག་ལྡན་གྱི་གཟུངས་སྔུལ་ཧོ། །དེའི་ཚེ་ལྷ་རྣམས་ཐགས་བཟང་རིས་ཀྱི་དཔུང་དང་འཐབས་པས་ཕམ་ནས་བཅོམ་ལྡན་འདས་ཀྱི་དྲུང་དུ་བརྒྱ་བྱིན་སྐྲག་བཞིན་དུ་འོངས་ཏེ་ཞུས་པས་རྒྱལ་མཚན་རྩེ་མོའི་དཔུང་རྒྱན་གྱི་གཟུངས་སྔུལ་ནས་དབུགས་ཕྱུང་ངོ་། །སྤྱན་རས་གཟིགས་ཀྱིས་ལྷ་རྣམས་མཆོད་རྟེན་བགྱིད་པར་འཚལ་ན། དེའི་བསོད་ནམས་འཕེལ་བའི་ཐབས་ཞུས་པས། རྟེན་འབྲེལ་སྙིང་པོ་གསུངས་སོ། །ལྷའི་བུ་ཤིན་ཏུ་བརྟན་པས་ཞག་བདུན་ནས་ཤི་སྟེ་དམྱལ་བར་སྐྱེའོ་ཞེས་པའི་སྒྲ་ཐོས་པ་བརྒྱ་བྱིན་ལ་སྨྲས་ཏེ། དེས་ཞུས་པས་གཙུག་ཏོར་རྣམ་པར་རྒྱལ་བ་ངན་འགྲོ་རྣམ་སྦྱོང་གསུངས་པས་ལྷའི་བུ་དེའི་སྡིག་པ་དག་ཅིང་ཚེ་སྲིངས་སོ། །(༥༨ན)དེའི་ཚེ་ས་བཅུ་པ་འབའ་ཞིག་དང་ཐབས་ཅིག་ཏུ་བཞུགས་ཏེ། བྱམས་པས་འཛམ་བུ་གླིང་པ་རྣམས་ཀྱི་འཆི་བ་ཞི་བར་གསོལ་བས། བཅོམ་ལྡན་འདས་ཀྱིས་ཞབས་ས་ལ་བརྡབས་ཤིང་། སྤྲུལ་པའི་ཁྲོ་བོ་སྤྲོས་ཏེ་གདུག་པ་ཅན་རྣམས་བཏུལ་ནས་མི་གཡོ་བའི་རྒྱུད་གསུངས་སོ། །ལྷའི་བུ་ཞིག་ཤི་འཕོས་ནས་ཕག་ཏུ་སྐྱེ་བར་མཐོང་བས་སྐྲག་སྟེ་བྲང་བརྡུངས་པ་དང་། བཅོམ་ལྡན་འདས་དེར་

གཤེགས་ཏེ་དཀོན་མཆོག་གསུམ་ལ་སྐྱབས་སུ་སོངས་ཤིག་གསུངས། དེས་དེ་ལྟར་བྱས་པས་ཡངས་པ་ཅན་དུ་ཚོང་དཔོན་ཞིག་གི་བུར་སྐྱེས་ཏེ་མིང་ཤེས་ལྡན་ཞེས་བཏགས་སོ། །བཅོམ་ལྡན་འདས་སུམ་ཅུ་རྩ་གསུམ་དུ་བཞུགས་པའི་རིང་མོའུ་འགལ་གྱི་བུ་ཆེན་པོ་འཛམ་བུའི་གླིང་དུ་བསྟན་པ་སྐྱོང་ཕྱིར་བཞུགས། སྐྱེ་བོ་ཕལ་པ་སུས་ཀྱང་བཅོམ་ལྡན་འདས་གང་ན་བཞུགས་མ་ཤེས་པ་ན་རྒྱལ་པོ་གཟུགས་ཅན་སྙིང་པོ་དང་གསལ་རྒྱལ་དང་། འཁོར་རྣམ་བཞི་རྣམས་ཀྱིས་མོའུ་འགལ་གྱི་བུ་ཆེན་པོ་མཉན་ཡོད་ན་དབྱར་གནས་པ་ལ་དྲིས་པ། བཅོམ་ལྡན་འདས་གང་ན་བཞུགས། ལྷའི་གནས་ན་བཞུགས་སོ། །དེ་རྣམས་དགའ་སྟེ་དབྱར་ཟླ་བ་གསུམ་རྫོགས་པ་དང་སླར་ཡང་མོའུ་འགལ་གྱི་བུའི་གན་དུ་སོང་ནས། ད་ནི་བཅོམ་ལྡན་འདས་མ་མཐོང་ནས་ཡུན་རིང་ཞིག་ལོན་པས། བདག་ཅག་གི་ཚིག་གིས་བཅོམ་ལྡན་འདས་སྤྱན་འདྲེན་དུ་གསོལ། མོའུ་འགལ་གྱི་བུས་སྐད་ཅིག་ལ་ལྷའི་ཡུལ་དུ་ཕྱིན་ཏེ། བཅོམ་ལྡན་འདས་ལ་འཁོར་བཞི་པོའི་ཚིག་གིས་བསྙུན་གསོལ་(༥༢བ)ནས། བཅོམ་ལྡན་འདས་འཛམ་བུ་གླིང་པ་རྣམས་ཀྱིས་ལྷའི་གནས་སུ་འཛེག་མི་ནུས་ཤིང་ལྷ་རྣམས་ལ་འཛམ་བུའི་གླིང་དུ་འབབ་པའི་མཐུ་མཆིས་པས། ད་ནི་འཛམ་བུ་གླིང་དུ་གཤེགས་སུ་གསོལ་ཞེས་དེ་དག་གི་མཆིད་གསོལ་པ་དང་། མོའུ་འགལ་གྱི་བུ་ཁྱོད་སོང་ལ་བཅོམ་ལྡན་འདས་དེང་ཞག་བདུན་ན་གྲོང་ཁྱེར་གསལ་ལྡན་གྱི་ཨ་པ་ཛ་རིའི་ནགས་ཤིང་ཨུ་དུམ་ཝ་རའི་དྲུང་དུ་གཤེགས་སོ་ཞེས་བསྒོ་ཤིག །དེས་ཀྱང་སྐད་ཅིག་ལ་འཛམྦུའི་གླིང་དུ་ཕྱིན་ནས་མི་རྣམས་ལ་གོ་བར་བྱས་ཏེ་སླར་མཉན་ཡོད་ནས་སུམ་ཅུ་རྩ་གསུམ་དུ་ཕྱིན་ཏོ། །མ་འགགས་པས་རྒྱལ་པོ་ཨུ་ཏྲ་ཡཱ་ན་ལ་སྤྲིན་པས་དེ་དགའ་སྟེ་གྲོང་ཁྱེར་གསལ་ལྡན་གཙང་མར་བྱས་ནས་མཆོད་པའི་ཡོ་བྱད་དག་བཤམས་ཤིང་། འཁོར་རྣམ་བཞིས་ཀྱང་ཕྱོགས་དེ་ལྷའི་དགའ་ཚལ་བཞིན་དུ་བྱས་སོ། །དེ་ནས་སྟོན་ཟླ་འབྲིང་པོའི་ཚེས་ཉི་ཤུ་གཉིས་ལ་བཅོམ་ལྡན་འདས་འཛམྦུའི་གླིང་དུ་ཞབས་

ཀྱིས་གཤེགས་པར་བཞེད་པ་ན། བརྒྱ་བྱིན་གྱིས་བི་ཤྭ་ཀརྨ་བསྒོས་པས་དེས་ཐེམ་སྐས་གསུམ་སྤྲུལ་ཏེ། དབུས་མ་བཻ་ཌཱུརྱའི་ཐེམ་སྐས་ལ་བཅོམ་ལྡན་འདས་འཁོར་དང་བཅས་པ་གཤེགས་སོ། །གཡས་པ་གསེར་གྱི་ཐེམ་སྐས་ལ་ཚངས་པ་གཟུགས་ཀྱི་ལྷས་བསྐོར་ཏེ་ནོར་བུའི་རྔ་ཡབ་ཀྱིས་བཅོམ་ལྡན་འདས་ལ་གཡོབ་ཅིང་སོང་ངོ་། །གཡོན་པ་ཤེལ་གྱི་སྐས་ལ་བརྒྱ་བྱིན་འདོད་པའི་ལྷ་རྣམས་ཀྱིས་བསྐོར་ཏེ་གདུགས་ཐོགས་ནས་སོང་ངོ་། །བཅོམ་ལྡན་འདས་ཀྱིས་བི་ཤྭ་ཀརྨའི་ཆེད་དུ་ཕྱེད་ནི་ཞབས་ཀྱིས་བྱོན་ལ། མ་དད་པ་བཟློག་པའི་ཕྱིར་དུ་ཕྱེད་ནི་(༥༢ན)རྫུ་འཕྲུལ་གྱིས་བྱོན་ཏེ། དཔག་ཚད་བཅུ་གཉིས་མན་ཆད་མིའི་དྲི་མནམ་པས་ལྷ་རྣམས་འོང་མི་བཟོད་པ་ལ་ཙན་དན་གྱི་དྲིས་ཁྱབ་པར་མཛད་ཅིང་། སྐྱེས་པས་ལྷའི་བུ་མོ་དང་བུད་མེད་ཀྱིས་ལྷའི་བུ་མཐོང་ན་འཆི་བར་འགྱུར་བས་སྐྱེས་པ་རྣམས་ཀྱིས་ལྷའི་བུ་མཐོང་ཞིང་བུད་མེད་རྣམས་ཀྱིས་ལྷའི་བུ་མོ་མཐོང་བར་མཛད་དེ་གྲོང་ཁྱེར་གསལ་ལྡན་དུ་གཤེགས་ནས་བརྒྱ་བྱིན་གྱིས་བཤམས་པའི་སེང་གེའི་ཁྲི་ལ་བཞུགས་སོ། །དེའི་ཚེ་རྒྱལ་པོ་ཨུ་ཏྤ་ཡ་ན་དང་འཁོར་རྣམ་བཞིས་བསུས་ཤིང་དྲི་ཟ་ཆོས་ཀྱི་ཕྲེང་བས་པི་ཝང་བརྡུངས་པས་ཉན་ཐོས་ཆེན་པོ་རྣམས་ཀྱི་ལུས་ཀྱང་གཡོས་སོ། །གནས་དེར་ལྷ་དང་མི་དད་པ་ཅན་གྱིས་ལྷ་ལས་བབས་པའི་མཆོད་རྟེན་བང་རིམ་བཞི་པའམ་བརྒྱད་པ་ཟུར་རེར་གློ་འབུར་དང་བཅས་པའི་གློ་འབུར་གྱི་དབུས་ན་ཐེམ་སྐས་ཡོད་པ་བརྩིགས་སོ། །དེ་ནས་བཅོམ་ལྡན་འདས་དགུང་ལོ་ང་བདུན་ལ་བབ་པ་མེ་ཕོ་འབྲུག་གི་ལོ་མཉན་ཡོད་དུ་ཆོ་འཕྲུལ་ཆེན་པོ་སྟོན་པར་མཛད་དེ། དེ་ཡང་འདི་ལྟར་སྟོན་པ་མངོན་པར་རྫོགས་པར་སངས་རྒྱས་ནས་ལྷ་མི་བགྲང་བ་ལས་འདས་པ་ཞིག་སྨིན་ཅིང་གྲོལ་བར་མཛད། འཛམ་བུའི་གླིང་གི་རྒྱལ་པོ་ཆེ་དགུ་ཐམས་ཅད་ཀྱིས་སྟོན་པ་ཉན་ཐོས་ཀྱི་དགེ་འདུན་དང་བཅས་པ་མཆོད་པ་ན་རྫོགས་བྱེད་ལ་སོགས་པའི་མུ་སྟེགས་ཀྱི་སྟོན་པ་དྲུག་པོ་ཕྲག་དོག་གིས་ཡིད་དཀྲུགས་ཏེ་སྟོན་པ་ལ་འགྲན་པར་

འདོད་པ་ན་བདུད་སྡིག་ཏོ་ཅན་གྱིས་ཀྱང་མུ་སྟེགས་ཀྱི་སྟོན་པ་དྲུག་པོའི་རྒྱུད་བསྒྱུལ་ཏེ། སྟོན་པ་ལ་འགྲན་པའི་བསམ་(༥༣བ)པ་ཆེས་ཆེར་སྐྱེས་ནས་རྫོགས་བྱེད་ལ་སོགས་པ་མུ་སྟེགས་པ་དྲུག་པོ་དེས་རྒྱལ་པོ་གཟུགས་ཅན་སྙིང་པོའི་དྲུང་དུ་ཕྱིན་ཏེ། རྒྱལ་པོ་བདག་ཅག་དང་གཽ་ཏ་མ་གཉིས་ཀ་ཤེས་པར་སྨྲ་བ་ཡིན་ན་ལྷན་ཅིག་རྫུ་འཕྲུལ་འགྲན་དུ་གཞུག་པའི་རིགས་སོ། །རྒྱལ་པོས་བགད་དེ་ཁྱེད་རྣམས་རེ་གླེན། སངས་རྒྱས་རྫུ་འཕྲུལ་ཆེན་པོ་དང་ལྡན་ན་ཇི་ལྟར་འགྲན། སྟོན་པ་དྲུག་གིས་སྨྲས་པ། བདག་ཅག་གཉིས་ཀྱིས་ཞག་བདུན་ན་རྫུ་འཕྲུལ་ཆེན་པོ་འགྲན་ན་མཐོང་ཏེ། བསྟན་པའི་འོག་ཏུ་གང་རྒྱལ་བ་གཟིགས་ཤིག །རྒྱལ་པོས་ཀྱང་བདག་གིས་དེ་བཞིན་བགྱི་ན་ཁྱེད་སྐྱེངས་ཀྱིས་དོགས་སོ། །ཞེས་སྨྲས་ཏེ། རྒྱལ་པོས་བཅོམ་ལྡན་འདས་ལ་དོན་དེ་གསོལ་པ་དང་། ང་ཉིད་དུས་མཁྱེན་ནོ་ཞེས་གནང་ངོ་། །རྒྱལ་པོས་ཆོ་འཕྲུལ་སྟོན་པའི་གནས་བྱེད་དུ་བཙུག་པ་ན། ཞག་བདུན་གྱི་ཉིན་པར་བཅོམ་ལྡན་འདས་དགེ་འདུན་དང་བཅས་པ་ཡངས་པ་ཅན་དུ་གཤེགས་སོ། །སྟོན་པ་དྲུག་གིས་ཀྱང་གཽ་ཏ་མའི་ཆོ་འཕྲུལ་གྱིས་བདག་མི་ཐུབ་པོ་ཞེས་བྱས་ན་ཁྱེད་ཡིད་མི་ཆེས་ཀྱིས་ཆོ་འཕྲུལ་འགྲན་པའི་དུས་བྱས་པ་ལས་བྲོས་སོ་ཞེས་བསྒྲགས་ནས་ང་རྒྱལ་སྐྱེས་ཏེ་རྗེས་སུ་བསྙེགས་ཤིང་རྒྱལ་པོ་གཟུགས་ཅན་སྙིང་པོ་ཡང་བཅོམ་ལྡན་འདས་ཀྱི་རྗེས་སུ་ཡངས་པ་ཅན་དུ་དོང་ངོ་། །ཡངས་པ་ཅན་པ་རྣམས་ཀྱིས་བཅོམ་ལྡན་འདས་བསུས་སོ། །སྟོན་པ་དྲུག་གིས་ལི་ཙ་བྱི་རྣམས་ལ་གཽ་ཏ་མ་དང་ཆོ་འཕྲུལ་འགྲན་པར་གནང་ན་ཞག་བདུན་ན་འགྲན་ནོ། །དེ་བཅོམ་ལྡན་འདས་ལ་གསོལ་པ་དང་། ང་ཉིད་ཀྱིས་དུས་མཁྱེན་ནོ། །(༥༤ན)ཞེས་གསུངས་ནས། སང་འགྲན་པ་ལས་དེ་རིང་བཅོམ་ལྡན་འདས་ཡུལ་ཀཽ་ཤམྦི་ར་རྒྱལ་པོ་ཨུ་དྲ་ཡ་ན་ཅན་དུ་གཤེགས་སོ། །དེར་ཡང་འགྲན་པར་ཞུས་པ་ལས་ཡུལ་ཞ་ཀྲར་རྒྱལ་པོ་ཤྲུན་ཅི་ད་ལ་ཅན་དུ་གཤེགས་སོ། །དེར་ཡང་འགྲན་པར་ཞུས་པ་ལས། ཡུལ་ཙམྤར་རྒྱལ་པོ་ཨེནྡྲ་

པདྨི་ཅན་དུ་གཤེགས་སོ། །དེར་ཡང་འགྲན་པར་ཞུས་པ་ལས་ལྷ་ར་ཀྲྀ་སིའི་རྒྱལ་པོ་ཚངས་བྱིན་ཅན་དུ་གཤེགས་སོ། །དེར་ཡང་འགྲན་པར་ཞུས་པ་ལས། སེར་སྐྱར་ཤཱ་ཀ་རིགས་ཅན་དུ་གཤེགས་སོ། །སྟོན་པ་དྲུག་པོ་ཡང་ང་རྒྱལ་ལྷག་པར་སྐྱེས་ཏེ། རྒྱལ་པོ་གཟུགས་ཅན་སྙིང་པོ་ལ་གོ་ཏ་མ་དང་རྫུ་འཕྲུལ་འགྲན་དུ་ཆུག་ཅིག་ཅེས་ཡང་ནས་ཡང་དུ་བསྐུལ་ལོ། །རྒྱལ་པོས་གལ་ཏེ་ཁྱོད་དོན་འདི་ལན་གསུམ་གྱི་བར་དུ་ཟེར་ན་སྤྱུགས་ཏེ་བཏང་ངོ་། །ཞེས་སྨྲས་པ་དང་། དེ་རྣམས་འདི་སྙམ་དུ་རྒྱལ་པོ་འདི་ནི་གོ་ཏ་མའི་ཕྱོགས་བྱེད་ཀྱིས། རྒྱལ་པོ་གསལ་རྒྱལ་དེ་གཟུ་བོ་ཞིག་ཡོད་ཅེས་གྲག་གི །དེའི་གན་དུ་འགྲོའོ་ཞེས་བཅོམ་ལྡན་འདས་ཀྱི་རྗེས་བཞིན་དུ་བསྙེགས་སོ། །བཅོམ་ལྡན་འདས་ཀྱང་མཉན་ཡོད་དུ་བྱོན་ནས་རྒྱལ་བྱེད་ཚལ་དུ་བཞུགས་སོ། །དེའི་ཚེ་རྒྱལ་པོ་གཟུགས་ཅན་སྙིང་པོ་བཞོན་པ་ལྔ་བརྒྱ་དང་འཁོར་འབུམ་བཞི་ཁྲི་དང་། ལི་ཙ་བྱི་བཞོན་པ་ལྔ་བརྒྱ་དང་། འཁོར་བདུན་ཁྲི་དང་། ཨུ་དྲ་ཡ་ན་འཁོར་སྟོང་ཕྲག་བརྒྱད་ཁྲི་དང་། ཤུན་ཅི་ད་ལ་འཁོར་ལྔ་ཁྲི་དང་། ཨིནྡྲ་པདྨི་དྲུག་ཁྲི་དང་། ཚངས་བྱིན་བརྒྱད་འབུམ་དང་། ཤཱ་ཀ་རིགས་ཁྲི་ཁྲག་(༥༨བ)དགུ་པོ་དག་རྗེས་སུ་འབྲངས་ཏེ། མཉན་ཡོད་ཀྱི་ལྗོངས་ཡོངས་སུ་གང་བར་གྱུར་ཏོ། །དེ་ནས་སྟོན་པ་དྲུག་གིས། རྒྱལ་པོ་གསལ་རྒྱལ་ལ་སྨྲས་པ། དགེ་སྦྱོང་གོ་ཏ་མ་དང་བདག་ཅག་ཆོ་འཕྲུལ་འགྲན་པར་དུས་བྱས་པ་ལས། དུས་ལ་བབ་པ་དང་བྱོལ་ཞིང་བྲོས་ཏེ། ད་ནི་འཁོར་མང་པོ་ཡང་རྒྱལ་པོའི་ཡུལ་དུ་ཚོགས་ཀྱིས། རྒྱལ་པོ་ནི་ས་དང་འདྲ་བས་བྱམས་སྡང་མེད་པའི་ཞལ་ཆེ་གཅོད་པའི་རིགས་སོ། །གོ་ཏ་མ་རྒྱལ་ན་བདག་ཅག་དེའི་དབང་དུ་མཆི་ལ། བདག་ཅག་རྒྱལ་ན་བདག་ཅག་དབང་བར་མཛོད་ཅིག་རྒྱལ་པོས་སྨྲས་པ། ཅིའི་ཕྱིར་ཁྱེད་ལྷ་བུའི་མ་རབས་ཅི་ཡང་མི་ཤེས་པས་ཆོས་ཀྱི་རྒྱལ་པོ་ཆེན་པོ་དང་ཆོ་འཕྲུལ་འགྲན་པར་བྱེད་ཁྱེད་ཐམ་གྱིས་དོགས་སོ། །སྨྲས་པ་ཁྱོད་ཀྱང་གོ་ཏ་མས་བླུས་ཟིན་ནམ་བསྒྲུན་ན་མངོན་པར་

འགྱུར་རོ། །རྒྱལ་པོས་སྨྲས་པ། གལ་ཏེ་དེ་ལྟ་ན་བདག་གིས་བཅོམ་ལྡན་འདས་ལ་ཞུའོ། །དེ་ནས་རྒྱལ་པོ་གསལ་རྒྱལ་གྱིས་བཅོམ་ལྡན་འདས་ལ་ལན་གསུམ་གྱི་བར་དུ་གསོལ་བས། བཅོམ་ལྡན་འདས་ཀྱིས་མཉན་ཡོད་འདིར་སྟོན་གྱི་སངས་རྒྱས་རྣམས་ཀྱིས་ཆོ་འཕྲུལ་ཆེན་པོ་བསྟན་ཞིང་སྐྱེ་བོའི་ཚོགས་ཆེན་པོའང་ཞག་བདུན་ན་འདུ་བར་མཁྱེན་ནས། རྒྱལ་པོ་ཞག་བདུན་ན་དེ་བཞིན་བྱ་ཡི་ཁྱོད་སོངས་ལ་འདི་མ་ཡིན་པ་ཡངས་པ་དག་ཏུ་འདུན་ཁང་རྩིགས་ཤིག །དེ་ནས་རྒྱལ་པོས་སྟོན་པ་དྲུག་ལ་དོན་དེ་སྨྲས་པ་དང་། དེ་རྣམས་བགྲོས་པ་གཽ་ཏ་མ་འབྲོས་པའམ་གྲོགས་ཚོལ་བ་གཉིས་ལས་གདོན་མི་ཟ་བར་(༥༥ན)གྲོགས་འཚོལ་བར་འགྱུར་བས། བདག་ཅག་གིས་ཀྱང་གྲོགས་བཙལ་ལོ་ཞེས། གྱད་ཡུལ་གྱི་ཀུན་ཏུ་རྒྱུ་རབ་བཟང་གི་དྲུང་དུ་སོང་སྟེ་བདག་ཅག་གི་གྲོགས་གྱིས་ལ་གཽ་ཏ་མ་དང་རྫུ་འཕྲུལ་འགྲན་པར་གྱིས་ཤིག །རབ་བཟང་གིས་སྨྲས་པ། ཁོ་བོ་ཉིན་མོ་དཔལ་འབབ་ཀྱི་མཚོ་འགྲམ་ན་གནས་ནས་བསོད་སྙོམས་བསླངས་པ་མ་དྲོས་པར་ཟ་བ་ན། ཤཱ་རིའི་བུའི་དགེ་ཚུལ་སྐྱུལ་བྱེད་ཀྱིས་ཕྱག་དར་ཁྲོད་པ་ཁྱེར་བ་མ་དྲོས་པའི་ལྷས་བཀྲུས་ནས་འབུལ་ཞིང་དེའི་ཆུ་བདག་གི་མགོར་འདེབས་པས། བདག་ཅག་དེའི་ཡང་སློབ་དང་ཡང་མི་མཉམ་ན། རྫུ་འཕྲུལ་ཆེན་པོ་དེ་ཁྱེད་ཀྱིས་རྫུ་འཕྲུལ་ལ་བོས་པ་མ་ལེགས་སོ། །དེ་བས་སྟོན་པ་དྲུག་གིས་དེ་བོར་ནས་གངས་རིའི་ཡུལ་ན་གནས་པའི་དྲང་སྲོང་ལྔ་བརྒྱ་ལ་ཚུལ་དེ་སྨྲས་པ་དང་། དེ་རྣམས་ཀྱིས་ཁས་བླངས་ཏེ་འོང་རན་པའི་ཚེ་མཚན་མ་སྟོན་ཅིག་ཅེས་སྨྲས་སོ། །དེའི་ཚེ་བློན་པོས་དབྱེན་བྱས་པས་རྒྱལ་པོ་གསལ་རྒྱལ་གྱིས། མས་དཔེན་གྱི་གཙུང་ནག་པོའི་ཡན་ལག་བཅད་དེ་སྲང་དུ་དོར་བ། དེའི་གཉེན་བཤེས་རྣམས་ཀྱིས་སྟོན་པ་དྲུག་ལ་འདི་སོས་པའི་བདེན་ཚིག་མཛོད་ཅིག་ཅེས་སྨྲས་པས་དེ་དག་སྤོབས་པ་མེད་ནས་ཅང་མི་ཟེར་རོ། །ཕྱོགས་དེར་ཀུན་དགའ་བོ་འོངས་པ་ལ་དེ་བཞིན་དུ་སྨྲས་པ་དང་། དེས་བཅོམ་ལྡན་འདས་ལ་ཞུས་པས་བདེན་པའི་

ཆོག་འདི་བྱོས་ཤིག་ཅེས་བཀའ་སྩལ་པ་བཞིན། །ཀུན་དགའ་བོས་ཀྱང་དཀོན་མཆོག་གསུམ་མཆོག་ཡིན་པའི་བདེན་པས་འདིའི་ཡན་(༥༥བ)ལག་སྔར་བཞིན་དུ་གྱུར་ཅིག་ཅེས་སྨྲས་པ་དང་། ནག་པོའི་ཡན་ལག་སྔ་ཁོ་བཞིན་དུ་སོས་པས་སྐྱེ་བོའི་ཚོགས་ཀྱིས་ཀུན་དགའ་བོས་མུ་སྟེགས་པ་ཕམ་པར་བྱས་སོ་ཞེས་ཨ་ལ་ལའི་སྒྲ་བོ་ཆེ་བཏོན་ཏོ། །ནག་པོ་ལ་བཅོམ་ལྡན་འདས་ཀྱིས་ཆོས་བསྟན་པས་ཕྱིར་མི་འོང་ཐོབ་ནས་རྒྱལ་པོ་གསལ་རྒྱལ་གྱིས་ཁྱིམ་དུ་བཀུག་ཀྱང་མ་ཉན་པར་དེས་ཀུན་དགའ་ར་བ་དེ་ཉིད་དུ་འཆགས་བྱས་པས་དུམ་བུའི་ཀུན་དགའ་ར་བ་པར་མིང་ཆགས་ཏེ་བཅོམ་ལྡན་འདས་ལ་བསྙེན་བཀུར་ཞིང་རྫུ་འཕྲུལ་ཡང་ཐོབ་བོ། །རྒྱལ་པོ་གསལ་རྒྱལ་གྱིས་མཉན་ཡོད་ནས་རྒྱལ་བྱེད་ཚལ་གྱི་བར་དུ་ཆོ་འཕྲུལ་ཆེན་པོའི་འདུན་ཁང་གོས་བརྒྱ་སྟོང་རི་བས་གཡོགས་པ་ཅན་དན་གྱི་ཆག་ཆག་བཏབ་པ། བ་དན་དང་རྒྱལ་མཚན་བསྒྲེང་བ། དར་གྱི་ཆུན་འཕྱང་དཔྱང་པ། ལྷ་རྣམས་ཀྱི་དགའ་བའི་ཚལ་བཞིན་དུ་བྱས་ནས། དེར་བཅོམ་ལྡན་འདས་ཀྱི་བཞུགས་གདན་རིན་པོ་ཆེས་སྤྲས་པའི་གསེར་གྱི་སེང་གེའི་ཁྲི་ཡང་བཤམས་སོ། །མུ་སྟེགས་ཅན་གྱི་དགེ་བསྙེན་རྣམས་ཀྱིས་ཀྱང་རང་གི་འཁོར་པ་དང་བསྟུན་པའི་གོས་ཀྱིས་གཡོགས་པའི་འདུན་ཁང་དྲུག་དང་སྟན་དྲུག་ཀྱང་བཤམས་པ་ལ་སྟོན་པ་དྲུག་སྔར་འོངས་ཏེ་འདུག་ནས། ལྷ། བདག་ཅག་ནི་མཆིས་ལགས་ན་དགེ་སྦྱོང་གཽ་ཏ་མ་དགུག་ཏུ་གསོལ་ཞེས་ཕོ་ཉ་བཏང་ངོ་། །རྒྱལ་པོ་འཁོར་དང་བཅས་པས་ཀྱང་དེ་ཐོས་ནས་ཆོ་འཕྲུལ་ཆེན་པོའི་འདུན་ཁང་དུ་སོང་ནས། བཅོམ་ལྡན་འདས་སྤྱན་འདྲེན་པར་བྲམ་ཟེའི་ཁྱེའུ་བླ་མ་བཏང་བས་དགུན་ཟླ་ར་ཆུང་གི་ཡར་ངོའི་(༥༦ན)ཚེས་གཅིག་གི་ཉིན་བཅོམ་ལྡན་འདས་ངང་པའི་རྒྱལ་པོ་ལྟར་ནམ་མཁའ་ལས་ཆོ་འཕྲུལ་ཆེན་པོའི་འདུན་ཁང་དུ་གཤེགས་སོ། །དེ་མཐོང་ནས་རྒྱལ་པོ་གསལ་རྒྱལ་གྱིས་མུ་སྟེགས་ཅན་རྣམས་ལ་སྨྲས་པ། བཅོམ་ལྡན་འདས་ཀྱིས་ཆོ་འཕྲུལ་བསྟན་ཟིན་ན་ད་ནི་ཁྱེད་ཀྱི་རེས་ལ་བབ་ཀྱིས་

སྟོན་ཅིག །དེ་རྣམས་ཀྱིས་སྨྲས་པ། ལྷ། སྐྱེ་བོའི་ཚོགས་ཆེན་པོ་འདིར་འདུས་ལགས་ན།
ཆོ་འཕྲུལ་ཆེན་པོ་འདི་ཅི་དགེ་སློང་གོ་ཏ་མ་འམ་བདག་ཅག་གང་གི་ལགས་སུས་འཚལ།
དེ་ནས་དུམ་བུའི་ཀུན་དགའ་ར་བ་པའི་རྫུ་འཕྲུལ་གྱིས་རི་སྤོས་ངད་ལྡང་ལས་ཤིང་ཨ་
མྲ་འདབ་མ་དཀར་པོས་ཀླུབས་པ་བྱའི་ཚོགས་སྐད་འབྱིན་པ་བླངས་ནས་ཆོ་འཕྲུལ་ཆེན་
པོའི་འདུན་ཁང་གི་བྱང་ཕྱོགས་སུ་བཞག་ཅིང་ཁྱིམ་བདག་ངན་པ་བཟང་སྐྱིན་གྱི་རྫུ་
འཕྲུལ་གྱིས་ལྷའི་དཔག་བསམ་གྱི་ཤིང་བླངས་ནས། ལྷོ་ཕྱོགས་ངོས་སུ་བཞག་པ་དང་།
རྒྱལ་པོས་སྟོན་པ་དྲུག་ལ་སྨྲས་པ། བཅོམ་ལྡན་འདས་ཀྱིས་རྫུ་འཕྲུལ་བསྟན་ཟིན་ན་ད་
ཁྱེད་ཀྱིས་སྟོན་ཅིག་སྨྲས་པ། ལྷ། ཆོ་འཕྲུལ་འདི་སུའི་ཡིན་པ་སུས་འཚལ། དེའི་ཚེ་ཆོ་
འཕྲུལ་ཆེན་པོ་བལྟ་བར་སྤྲོ་བའི་སྲོག་ཆགས་གྲངས་མེད་པ་དང་། ནམ་མཁའ་ལ་ལྷ་
བརྒྱ་སྟོང་དུ་མ་ཡང་འདུས་པ་ན། བཅོམ་ལྡན་འདས་གཙུག་ལག་ཁང་དུ་གཤེགས་ནས
སྒོ་འཕར་གྱི་གསེབ་ནས་འོད་ཟེར་ཕྱུང་བས་ཆོ་འཕྲུལ་ཆེན་པོའི་འདུན་ཁང་ཐམས་ཅད་
བསྲེགས་པ་དང་། སྟོན་པ་དྲུག་གིས་སྨྲས་པ། ལྷ། ད་ནི་དགེ་སློང་གོ་ཏ་མའི་འདུན་ཁང་
ཚིག་ན་གལ་ཏེ་དེས་རྫོ་ཐོག་ན་འདིར་(༥༨བ)མཆིས་ལ་ཞི་བར་བགྱིད་གྲང་། དེས་རྒྱལ་
པོ་དང་བཙུན་མོ་ཁྲིད་ལྡན་མ་དང་། དབྱར་ཚུལ་མ་དང་། བཙུན་མོའི་འཁོར་ཕྱུ་མཁན་
དྲང་སྲོང་བྱིན་དང་། སོ་ཕག་མཁན་མནའ་མི་དང་། མགོན་མེད་ཟས་སྦྱིན་དང་། ཙམྤ་
མོ་སོགས་དད་པ་ཅན་མང་པོ་ཅང་མི་ཟེར་བར་སེམས་ཁོང་དུ་ཆུད་ནས་འདུག་ཅིང་།
སྟོན་པ་དྲུག་དང་དེའི་སློབ་མ་རྣམས་ནི་རབ་ཏུ་དགའ་བར་གྱུར་ཏོ། །སངས་རྒྱས་ཀྱི་
མཐུས་མེ་དེས་ཆོ་འཕྲུལ་ཆེན་པོའི་འདུན་ཁང་གི་དྲི་མ་ཐམས་ཅད་བསྲེགས་ནས་རང་
ཉིད་ཞི་སྟེ་འདུན་ཁང་མཛེས་པར་གྱུར་པ་དང་། རྒྱལ་པོ་དགའ་ནས་མུ་སྟེགས་ཅན་
རྣམས་ལ་སྨྲས་པ། བཅོམ་ལྡན་འདས་ཀྱིས་ཆོ་འཕྲུལ་བསྟན་ཟིན་གྱིས་ད་ནི་ཁྱོད་ཀྱིས་
སྟོན་ཅིག །དེ་དག་སྤོབས་པ་མེད་ནས་ཅང་མི་ཟེར་རོ། །དེ་ནས་བཅོམ་ལྡན་འདས་ཆོ་

འཕྲུལ་གྱི་འདུན་ཁང་དུ་བྱོན་པ་ལ་རྒྱལ་པོ་གསལ་རྒྱལ་གྱིས་ཐོག་མར་མཆོད་པའི་ཡོ་བྱད་དང་ཞལ་ཟས་བཤམས་ཏེ་བསྙེན་བཀུར་བ་ན། བཅོམ་ལྡན་འདས་ཀྱིས་ཚེམས་ཤིང་ས་ལ་བཙུགས་མ་ཐག་ཏུ་སྐྱེས་ནས་རིན་པོ་ཆེ་སྣ་བདུན་གྱི་ལྗོན་པ་ཆུ་ཞེང་དཔག་ཚད་ལྔ་བརྒྱ་པ། མེ་ཏོག་ཤིང་རྟའི་འཕང་ལོ་ཙམ་པ། འབྲས་བྲེ་ལྔ་ཤོང་བའི་བུམ་པ་ཙམ་གྱི་འབྲས་བུ་ཅན། དྲི་བསུང་དང་ལྡན་པ་ཆོས་ཀྱི་སྒྲ་འབྱུང་བ་ཉི་འོད་ཟིལ་གྱིས་གནོན་པ་ཞིག་སྤྲུལ་ཏོ། །འདི་ནས་བརྩམས་ཏེ་ཟླ་བ་ཕྱེད་ཀྱི་བར་དུ་ཉིན་རེ་བཞིན་ཆོ་འཕྲུལ་རེ་མཐོང་བ་ཙམ་གྱིས་དད་པར་གྱུར་པ་སྐྱེ་བོའི་ཚོགས་གྲངས་མེད་པ་ལ་ཆོས་བསྟན་པས་ལམ་གསུམ་ལ་སོ་སོར་ངེས་པར་མཛད་དོ། །ཚེས་(༥༧ན)གཉིས་ལ་རྒྱལ་པོ་ཨུ་ཏྲ་ཡ་ནས་བསྙེན་བཀུར་བ་ན། བཅོམ་ལྡན་འདས་ཀྱི་སྐུའི་གཡས་གཡོན་དུ་རིན་པོ་ཆེའི་རི་གཉིས་ཤིན་ཏུ་མཐོ་བ་མཛེས་པ་ཁ་དོག་ལྡར་འཚེར་བ། མེ་ཏོག་དང་འབྲས་བུ་རབ་ཏུ་རྒྱས་པའི་ཤིང་སྣ་ཚོགས་སྐྱེས་པ་གཡས་ཀྱི་རི་ལ་འབྲས་རོ་བརྒྱ་དང་ལྡན་པ་སྐྱེས་པ་ལ་མི་མང་པོ་དག་ཡིད་བཞིན་དུ་ཚིམ་པར་ཟའོ། །གཡོན་གྱི་རི་ལ་རྩྭ་བཟང་བ་སྐྱེས་པ་ལ་དུད་འགྲོའི་ཚོགས་ཟ་ཞིང་ཚིམ་པར་གྱུར་ཏོ། །ཚེས་གསུམ་ལ་རྒྱལ་པོ་ཤུན་ཙེ་ད་ལས་བསྙེན་བཀུར་བ་ན། བཅོམ་ལྡན་འདས་ཀྱིས་ཞལ་བསིལ་བའི་ཆུ་ས་ལ་དོར་བ་རིན་པོ་ཆེའི་རྫིང་བུ་དཔག་ཚད་ཉིས་བརྒྱ་པ་རིན་པོ་ཆེ་སྣ་བདུན་གྱིས་སྤྲས་ཤིང་པདྨ་ཁ་དོག་སྣ་ཚོགས་པས་གང་བ། དེ་དག་གི་ཁ་དོག་དང་རྗེས་སུ་མཐུན་པའི་འོད་ཟེར་གྱིས་གནམ་ས་ཀུན་སྣང་བར་བྱས་པས་འཁོར་ཐམས་ཅད་ཀྱིས་རྫིང་དེ་ལ་བལྟ་ཞིང་བསྟོད་དོ། །ཚེས་བཞི་ལ་རྒྱལ་པོ་ཨིནྡྲ་ཝརྨིས་བསྙེན་བཀུར་བ་ན་རིན་པོ་ཆེའི་རྫིང་དེའི་ངོས་བཞིར་ཡུར་བ་ཆེན་པོ་བརྒྱད་བརྒྱད་ལ་ཆུ་འབབ་པ་ལས་ཆོས་ཀྱི་སྒྲ་འབྱུང་བ་ཕྱིར་ཡང་འཁོར་ཞིང་རྫིང་ཉིད་དུ་འབབ་པ་སྤྲུལ་ཏོ། །ཚེས་ལྔ་ལ་རྒྱལ་པོ་ཚངས་བྱིན་གྱིས་བསྙེན་བཀུར་བ་ན། བཅོམ་ལྡན་འདས་ཀྱི་ཞལ་ནས་གསེར་གྱི་འོད་བཀྱེ་བས་སྟོང་

གསུམ་གྱི་སྟོང་ཆེན་པོའི་འཇིག་རྟེན་གྱི་ཁམས་སྣང་བར་བྱས་ཏེ། འོད་དེས་རེག་པའི་སེམས་ཅན་ཀུན་སྡུག་བསྔལ་གསུམ་དང་སྒྲིབ་པ་ལྔ་དང་བྲལ་ནས་ལུས་དང་སེམས་རབ་ཏུ་བདེ་བར་གྱུར་ཏོ། །ཆོས་དྲུག་ལ་(༥༧བ)ལི་ཙ་བྱི་རྣམས་ཀྱིས་བསྙེན་བཀུར་བ་ན་བཅོམ་ལྡན་འདས་ཀྱིས་འཁོར་མང་པོ་དག་གཅིག་གི་བསམ་པ་གཅིག་གིས་ཤེས་པ་དང་སོ་སོའི་དགེ་བ་དང་མི་དགེ་བའི་ལས་ཀུང་རྟོགས་པར་མཛད་པ་ཐམས་ཅད་དགའ་སྟེ་བསྟོད་དོ། །ཆོས་བདུན་ལ་ཤཱཀྱ་རྣམས་ཀྱིས་བསྙེན་བཀུར་བ་ན་འཁོར་དེ་དག་སོ་སོ་འཁོར་ལོས་བསྒྱུར་བའི་རྒྱལ་པོར་གྱུར་ཏེ་རིན་པོ་ཆེ་སྣ་བདུན་དང་བུ་སྟོང་དང་ལྡན་ཞིང་རྒྱལ་ཕྲན་དང་བློན་པོ་རྣམས་ཀྱིས་བསྟི་སྟང་བྱེད་པར་མཐོང་བས་སྤྲོ་བ་སྐྱེས་སོ། །ཆོས་བརྒྱད་ལ་བརྒྱ་བྱིན་གྱིས་སྤྱན་དྲངས་ཏེ་བཅོམ་ལྡན་འདས་ཀྱིས་ཞབས་གཡས་པ་དྲི་གཙང་ཁང་གི་ནང་དུ་བསྐུན་མ་ཐག་ས་གཡོས་པས་སྟོན་པ་དྲུག་གིས་གྲོགས་སུ་ཤོག་ཅིག་བྱས་པའི་དྲང་སྲོང་ལྔ་བརྒྱ་པོས་བརྡ་བྱས་པའོ་སྐམ་ནས་དེར་དོང་པ་དང་། སྐུ་ལས་འོད་ཟེར་བཀྱེ་བས་དེ་རྣམས་ཀྱིས་བཅོམ་ལྡན་འདས་ཉི་མ་ལྟར་མཛེས་པ་མཐོང་ནས་དད་པས་རབ་ཏུ་བྱུང་ནས་དགྲ་བཅོམ་སྟེ། བཅོམ་ལྡན་འདས་དགྲ་བཅོམ་པ་ལྔ་བརྒྱ་དང་ལྷན་ཅིག་ཆོ་འཕྲུལ་ཆེན་པོའི་འདུན་ཁང་དུ་བྱོན་ནས་འཁོར་བརྒྱ་ཕྲག་དུ་མའི་གུང་ལ་བརྒྱ་བྱིན་གྱིས་བཤམས་པའི་སེང་གེའི་ཁྲི་ལ་བཞུགས་སོ། །དེའི་ཚེ་མོའུ་འགལ་གྱི་བུ་ཆེན་པོས་བདག་གི་རྫུ་འཕྲུལ་གྱིས་མུ་སྟེགས་འདི་རྣམས་ཕམ་པར་བགྱིའོ། །བཀའ་སྩལ་པ། མུ་སྟེགས་འདི་རྣམས་ང་རྫུ་འཕྲུལ་ལ་འབོད་པས་ང་ཉིད་ཀྱིས་རྫུ་འཕྲུལ་བསྟན་པར་བྱའོ། །ཞེས་གསུངས་ནས་རྒྱལ་པོ་གསལ་རྒྱལ་ལ་བཀའ་སྩལ་པ། དེ་བཞིན་གཤེགས་པ་མུ་སྟེགས་ཅན་དང་ལྷན་ཅིག་ཏུ་རྫུ་(༥༨ན)འཕྲུལ་སྟོན་པར་གསོལ་བ་འདེབས་པ་སུ་ཡིན། རྒྱལ་པོ་སྟན་ལས་ལངས་ཏེ་ཐལ་མོ་སྦྱར་ནས། བཅོམ་ལྡན་འདས་ཅི་ནས་ཀྱང་རྫུ་འཕྲུལ་གྱི་ཆོ་འཕྲུལ་བསྟན་དུ་གསོལ། བཅོམ་ལྡན་འདས་ཉིད

ཀྱི་གདན་ལས་མི་སྣང་བར་གྱུར་ནས། ཕྱོགས་བཞིར་གཤེགས་པ་དང་། བཞེངས་པ་དང་། བཞུགས་པ་དང་། གཟིམས་པའི་སྤྱོད་ལམ་བཞི་མཛད་ཅིང་འོད་ཟེར་སྣ་ཚོགས་པ་འཕྲིན། སྐུའི་སྨད་ནས་མེ་འབར་སྟོད་ནས་ཆུའི་རྒྱུན་འབེབས་པ་དང་། གོ་ཟློག་པ་དག་ཀྱང་མཛད་དེ། འདི་ནི་ཉན་ཐོས་དང་ཐུན་མོང་བའི་ཆོ་འཕྲུལ་ཡིན་ནོ་ཞེས་གསུངས་ནས་སེང་གེའི་ཁྲི་ལ་བཞུགས་པ་ལ། ཚངས་པ་དང་བརྒྱ་བྱིན་གྱིས་གཡས་གཡོན་ནས་མཆོད་དེ་བསྙེན་བཀུར་རོ། །ཡང་བཀའ་སྩལ་པ། རྒྱལ་པོ་ཆེན་པོ། དེ་བཞིན་གཤེགས་པ་ལ་ཆོ་འཕྲུལ་སྟོན་པར་གསོལ་བ་འདེབས་པ་སུ་ཡིན། གསལ་རྒྱལ་གྱིས་ཀྱང་བདག་ལགས་སོ། །ཞེས་གསོལ་ཏོ། །དེ་ནས་བཅོམ་འདས་ཀྱིས་ཕྱག་ས་ལ་རེག་པས་ཀླུ་རྣམས་ཀྱིས་པདྨ་ཤིང་རྟའི་འཕང་ལོ་ཙམ་གསེར་གྱི་འདབ་མ་སྟོང་དང་ལྡན་པ་རྡོ་རྗེའི་ཟེ་བ་ཅན་ཕུལ་བ་ས་བརྟོལ་ནས་བྱུང་བ་དང་། བཅོམ་ལྡན་འདས་པདྨ་དེའི་སྙིང་པོ་ལ་བཞུགས་སོ། །དེ་བཞིན་དུ་པདྨ་དེ་འདྲ་བ་རབ་ཏུ་མང་པོ་བྱུང་བ་རེ་རེ་ལ་སྤྲུལ་པའི་སངས་རྒྱས་མང་པོ་བཞུགས་པས་འོག་མིན་གྱི་བར་དུ་གང་ཞིང་སངས་རྒྱས་དེ་དག་ཁ་ཅིག་ནི་འབར། ཁ་ཅིག་ནི་གསལ་བར་མཛད། ཁ་ཅིག་ནི་ཆར་འབེབས། ཁ་ཅིག་ནི་(༥༢བ)གློག་འཕྲིན། ཁ་ཅིག་ནི་ཀུན་ཤེས་པ་ལུང་སྟོན། ཁ་ཅིག་ནི་ཞུ་བ་ཞུ། ཁ་ཅིག་ནི་ལན་འདེབས། ཁ་ཅིག་ནི་འཆག་པར་མཛད། །ཁ་ཅིག་ནི་བཞེས། ཁ་ཅིག་ནི་བཞེངས། ཁ་ཅིག་ནི་བཞུགས། ཁ་ཅིག་ནི་གཟིམས་ཏེ་ཇི་ལྟར་བྱིས་པ་རྣམས་ཀྱིས་ཀྱང་སྒྲིབ་པ་མེད་པར་སངས་རྒྱས་ཀྱི་སྐུ་མཐོང་བ་དེ་ལྟར་བྱིན་གྱིས་བརླབས་སོ། །ཡུལ་སོ་སོ་ནས་ལྷགས་པའི་རྒྱལ་པོ་འཁོར་དང་བཅས་པ་དང་། ལྷ་དང་མི་འབུམ་ཕྲག་དུ་མ་ཆོ་འཕྲུལ་ལ་མིག་མི་འཛུམ་པར་བལྟ་ཞིང་རྒྱུན་མི་འཆད་པར་ཕྱག་འཚལ། དགའ་བ་སྐྱེས་ནས་མེ་ཏོག་དང་སྤོས་ཀྱི་ཕྱེ་མ་དག་གིས་གཏོར་ཏོ། །སྤྲུལ་པའི་སངས་རྒྱས་རྣམས་ཀྱིས་ཀྱང་། བརྩམས་པར་བྱ་ཞིང་ཞེས་པ་ལ་སོགས་པ་ཚིགས་སུ་བཅད་པ་དག་གསུངས་

ནས། བཅོམ་ལྡན་འདས་ཀྱིས་དགེ་སློང་དག་ཆོ་འཕྲུལ་ཆེན་པོ་མི་སྣང་བར་འགྱུར་གྱིས་མཚན་མ་བཟུངས་ཤིག །ཅེས་གསུངས་པའི་མོད་ལ་མི་སྣང་བར་གྱུར་ཏོ། །གསལ་རྒྱལ་གྱིས་སྟོན་པ་དྲུག་ལ་སྨྲས་པ། ཀྱེ་བཅོམ་ལྡན་འདས་ཀྱིས་ནི་ཆོ་འཕྲུལ་བསྟན་ཟིན་གྱིས། ཁྱེད་རྣམས་ཀྱི་རེས་ལ་བབ་པས་སྟོན་ཅིག །དེའི་ཚེ་རྫོགས་བྱེད་ཅང་མི་སྨྲ་བར་གནག་ལྷས་ཀྱི་བུ་ལ་གྲུ་ཕྱག་བྱས་པས། དེས་ཀྱང་ཡང་དག་རྒྱལ་བ་ཅན་ལ། དེས་ཀྱང་མི་ཕམ་པ་ལ། དེས་ཀྱང་ཀཱ་ཏྱའི་བུ་ནོག་ཅན་ལ། དེས་ཀྱང་གཉེན་གྱི་བུ་ལ། དེས་ཀྱང་རྫོགས་བྱེད་ལ་བྱས་སོ། །རྒྱལ་པོས་ལན་གསུམ་གྱི་བར་དུ་སྨྲས་ཀྱང་ཅང་མི་ཟེར་བར་གཅིག་ལ་གཅིག་གྲུ་ཕྱག་བྱེད་ཅིང་ཡུལ་ཡུལ་པོ་དང་ཞུམ་ཞུམ་(ཡ༩ན)པོར་གྱུར་ནས་མགོ་སྨད་ཅིང་སྤོབས་པ་མེད་དེ་སེམས་ཁོང་དུ་ཆུད་ནས་འདར་ཞིང་འདུག་གོ །དེ་ནས་བཅོམ་ལྡན་འདས་ཀྱི་ཕྱག་གིས་སེང་གེའི་ཁྲི་མནན་པས་དེ་ལས་བ་ལང་གི་སྐད་ལྟ་བུའི་སྒྲ་ཆེན་པོ་གྲག་མ་ཐག་སྲིན་པོ་ཆེན་པོ་ལྔ་བྱུང་ནས་སྟོན་པ་དྲུག་གི་ཁྲི་བཤིག་གོ ། ཕྱག་ན་རྡོ་རྗེས་ནི་རྩེ་ལ་མེ་འབར་བའི་རྡོ་རྗེ་ཐོགས་ནས་སྟོན་པ་དྲུག་གི་མགོར་གཟས་ཤིང་རླུང་དམར་དང་ཆར་དྲག་པོ་བཏང་བས་སྟོན་པ་དྲུག་པོ་སྐྲངས་ཤིང་འཇིགས་སྐྲག་ནས་བྱེར་ཏེ། གནག་ལྷས་ཀྱི་བུ་རིའི་གསེབ་ཏུ་ཞུགས། ཡང་དག་རྒྱལ་བ་ཅན་ནི་རྩྭའི་ཚང་ཚིང་དུ། མི་ཕམ་སྐྲའི་ལ་བ་ཅན་ནགས་ཐིབས་པོར། །ཀཱ་ཏྱའི་བུ་ནོག་ཅན་འདུན་ཁང་དུ། གཉེན་གྱི་བུ་ནི་ལྷ་ཁང་དུ་ཞུགས་སོ། །རྫོགས་བྱེད་ནི་རྫིང་དུ་ལྕེབས་ཏེ་དམྱལ་བ་ཆེན་པོར་སོང་ངོ་། །དེ་ནས་རྫོགས་བྱེད་དང་མིང་གཅིག་པའི་སློབ་མའི་གཙོ་བོ་ཞིག་ཚབ་ཏུ་བསྐོས་ཏེ། སྟོན་པ་དྲུག་པོ་བྲམ་ཟེའི་གྲོང་དུ་བྲོས་སོ། །དེ་དག་གི་འཁོར་དགུ་ཁྲི་སངས་རྒྱས་ལ་དད་ནས་རབ་ཏུ་བྱུང་སྟེ་དགྲ་བཅོམ་ཐོབ་བོ། །དེ་ནས་བཅོམ་ལྡན་འདས་ཀྱི་བ་སྤུའི་ཁུང་བུ་བརྒྱད་ཁྲི་ནས་འོད་བཀྱེ་སྟེ། འོད་རེ་རེ་ལ་པདྨའི་སྟེང་དུ་སྤྲུལ་པའི་སངས་རྒྱས་ཆོས་འཆད་པ་བཞུགས་པར་བསྟན་ཏོ། །དེ་ནས་ཆོས་དགུ་ལ་ཚངས་པས་

བསྙེན་བཀུར་བ་ན་བཅོམ་ལྡན་འདས་ཀྱི་སྐུ་ཚངས་གནས་ལ་ཐུག་གི་བར་དུ་མཐོ་བ་འོད་ཟེར་གྱིས་གནམ་ས་གསལ་བར་མཛད་དེ་ཆོས་བསྟན་ཏོ། །ཆོས་བཅུ་ལ་རྒྱལ་ཆེན་བཞིས་བསྙེན་བཀུར་བ་ན་སྲིད་པའི་རྩེ་ལ་ཐུག་གི་བར་གྱི་སྐུ་(༥༩བ)ལས་འོད་ཟེར་འབར་བར་གྱུར་ཏོ། །ཆོས་བཅུ་གཅིག་ལ་ཁྱིམ་བདག་མགོན་མེད་ཟས་སྦྱིན་གྱིས་བསྙེན་བཀུར་བ་ན་སེང་གེའི་ཁྲི་ལ་བཞུགས་བཞིན་དུ་སྐུ་མི་སྣང་བར་མཛད་ནས་འོད་བཀྱེ་སྟེ་ཆོས་བསྟན་ཏོ། །ཆོས་བཅུ་གཉིས་ལ་ཁྱིམ་བདག་ཙི་ཏས་བསྙེན་བཀུར་བ་ན་བཅོམ་ལྡན་འདས་བྱམས་པའི་ཏིང་ངེ་འཛིན་ལ་བཞུགས་ནས་གསེར་གྱི་འོད་བཀྱེ་བས་དེས་རེག་པའི་སེམས་ཅན་ཀུན་བྱམས་པ་ལ་གནས་པར་མཛད་དོ། །

ཆོས་བཅུ་གསུམ་ལ་རྒྱལ་པོ་ཤྲན་ཙི་ད་ལས་བསྙེན་བཀུར་བ་ན་སྟོན་པ་སེང་གེའི་ཁྲི་ལ་བཞུགས་པའི་སྐུའི་ལྟེ་བ་ནས་འོད་ཟེར་གཉིས་བྱུང་བ། སྐུ་ལས་འདོམ་བདུན་ཙམ་དུ་ནམ་མཁའ་ལ་འཕགས་ནས་འོད་ཟེར་གཉིས་པོ་དེའི་སྟེང་ནས་པདྨ་གཉིས་བྱུང་བ་ལ་སྤྲུལ་པའི་སངས་རྒྱས་གཉིས་བྱུང་ཞིང་། དེ་གཉིས་ཀྱི་ལྟེ་བ་ནས་ཀྱང་འོད་ཟེར་གཉིས་བྱུང་སྟེ་ཚུལ་དེ་འདྲ་བས་སྟོང་ཆེན་པོའི་འཇིག་རྟེན་གང་བར་སྤྲུལ་ཏོ། །ཆོས་བཅུ་བཞི་ལ་རྒྱལ་པོ་ཨུ་དྲ་ཡ་ནས་བསྙེན་བཀུར་བ་ན་དེས་མེ་ཏོག་གཏོར་བ་དེ་དག་ཚངས་པའི་འཇིག་རྟེན་ལ་ཐུག་པའི་རིན་པོ་ཆེའི་ཤིང་རྟ་གསེར་ལྷར་འབར་བ་ནོར་བུ་རིན་པོ་ཆེས་སྤྲས་པ་སྟོང་ཉིས་བརྒྱ་ལྔ་བཅུར་གྱུར་ཅིང་། དེ་རེ་རེའི་སྟེང་དུ་སྤྲུལ་པའི་སངས་རྒྱས་རེ་རེ་བཞུགས་ཏེ་འོད་ཀྱིས་སྟོང་གསུམ་མཐོང་བར་མཛད་དོ། །ཆོས་བཅོ་ལྔའི་ཉིན་རྒྱལ་པོ་གཟུགས་ཅན་སྙིང་པོས་བསྙེན་བཀུར་བ་ན་སྣོད་ཐམས་ཅད་ཟས་རོ་བརྒྱ་དང་ལྡན་པས་གང་སྟེ་ཆོ་འཕྲུལ་བལྟ་བའི་འཁོར་ཐམས་ཅད་ཚིམ་པ་དང་། བཅོམ་ལྡན་འདས་ཀྱིས་ཕྱག་ས་ལ་རེག་(༦༠ན)པས་དམྱལ་ཁམས་བཅོ་བརྒྱད་ཀྱི་སེམས་ཅན་སྡུག་བསྔལ་སྣ་ཚོགས་མྱོང་བ་མེ་འབར་བས་སྲེག་པ་སོགས་སྡུག་བསྔལ་གྱིས་མནར་བ་དག་བདག

ཅག་སྡིག་བསྡོལ་འདི་ལྟ་བུ་སྒྲོང་ངོ་ཞེས་སྨྲ་བ་འཁོར་རྣམས་ཀྱིས་མཐོང་ཞིང་ཐོས་པས་སྐྲག་ཅིང་སྙིང་རྗེ་སྐྱེས་ལ། དམྱལ་བ་པ་རྣམས་ཀྱིས་ཀྱང་སངས་རྒྱས་མཐོང་ཞིང་སངས་རྒྱས་ཀྱི་ཕྱག་སོར་ལྔ་ལས་གསེར་བཙོ་མ་ལྟ་བུའི་འོད་ཟེར་ཐོན་ནས་འོད་དེས་དམྱལ་བ་པ་རྣམས་ཀྱི་ལུས་ལ་རེག་པ་ཙམ་གྱིས་སྡུག་བསྔལ་རྣམས་ཞི་ཞིང་ཆོས་ཐོས་མ་ཐག་མཐོ་རིས་སུ་སྐྱེས་སོ། །

དེ་ལྟར་སྟོན་པས་མཉན་ཡོད་དུ་ཆོ་འཕྲུལ་ཆེན་པོ་བསྟན་པ་ན་ལྷ་དང་མི་དད་པ་ཅན་དག་གིས་གནས་དེར་ཆོ་འཕྲུལ་བསྟན་པའི་མཆོད་རྟེན་དབྱིབས་གྲུ་བཞི་བང་རིམ་བཞི་པ་ཕྱོགས་རེར་སྒོ་འབུར་དང་བཅས་པ་བརྩིགས་སོ། །དེ་ནས་རིམ་གྱིས་ལྷ་དང་མིའི་ཡུལ་སྣ་ཚོགས་སུ་ཆོས་ཀྱི་འཁོར་ལོ་མཐའ་ཡས་པ་བསྐོར། དེ་ནས་བྱ་རྒོད་ཕུང་པོའི་རིར་ཕྱོགས་བཅུའི་ཞིང་རབ་འབྱམས་ནས་འདུས་པའི་བྱང་ཆུབ་སེམས་དཔའ་བགྲང་བ་ལས་འདས་པ་དང་། ཉན་ཐོས་བགྲང་བ་ལས་འདས་པ་དང་ལྷ་དང་ཀླུ་ལ་སོགས་པའི་གདུལ་བྱ་བགྲང་བ་ལས་འདས་པ་ལ་ཤེར་ཕྱིན་གྱི་མདོ་སྡེ་རིན་པོ་ཆེ་བཀའ་སྩལ་ཏོ། །དེ་ལ་བཀའ་བར་པ་མཚན་ཉིད་མེད་པའི་ཆོས་འཁོར་ཞེས་བརྗོད་དོ། །

དེ་ནས་ཡུལ་གཞན་དང་གཞན་དུ་ཏིང་ངེ་འཛིན་རྒྱལ་པོའི་མདོ་དང་། སངས་རྒྱས་ཕལ་པོ་ཆེ་དང་། འཕགས་(༨༠བ)པ་དཀོན་མཆོག་བརྩེགས་པ་ཆེན་པོ་སོགས་བཀའ་བར་པའི་སྡེར་གཏོགས་ཀྱི་མདོ་མཐའ་ཡས་པ་གསུངས། དེ་ནས་ཡངས་པ་ཅན་ལ་སོགས་པར་མདོ་སྡེ་དགོངས་འགྲེལ་སོགས་བཀའ་ཐ་མའི་སྡེར་གཏོགས་ཀྱི་མདོ་རྣམས་གསུངས། གསང་སྔགས་ཀྱི་ཆོས་འཁོར་བསྐོར་ཚུལ་ནི། བྱ་རྒོད་ཕུང་པོར་ཤེར་ཕྱིན་གྱི་མདོ་གསུང་བ་དང་དུས་མཉམ་དུ་དཔལ་ལྡན་འབྲས་སྤུངས་ཀྱི་མཆོད་རྟེན་དུ་དཔལ་དུས་ཀྱི་འཁོར་ལོ་སོགས་སྔགས་བླ་མེད་ཀྱི་ཆོས་མཐའ་ཡས་པ་གསུངས། དེ་བཞིན་དུ་རི་རབ་ཀྱི་རྩེ་དང་། སུམ་ཅུ་རྩ་གསུམ་གྱི་གནས་དང་། དགའ་ལྡན་གྱི་གནས་དང་། གནས

གཙང་མ་ལ་སོགས་པའི་ལྷ་གནས་མང་པོ་དང་། ཀླུའི་གནས་དང་། གནོད་སྦྱིན་གྱི་གནས་དང་། ཨོཾ་ཌྜི་ཡ་ན་ལ་སོགས་པའི་འཛམ་བུའི་གླིང་གི་གནས་ཁྱད་པར་ཅན་མང་པོར་གསང་སྔགས་རྒྱུད་སྡེ་བཞིའི་ཆོས་མཐའ་ཡས་པ་གསུངས་སོ། །དེ་ལ་བློན་སྨྲོངས་འགའ་ཞིག་འདི་སྙམ་དུ་སྟོན་པ་ཐུབ་པའི་དབང་པོས་མདོ་ཕྱོགས་ཀྱི་ཆོས་རྣམས་གསུངས་པ་ཡིན་གྱི་སྔགས་ཀྱི་རྒྱུད་རྣམས་མ་གསུངས་སོ་སྙམ་དུ་སེམས་ཤིང་དེ་སྐད་དུ་སྨྲ་བ་ནི། རྣམ་པར་མི་འཚམ་པའི་བབ་ཅོལ་ཏེ། སྟོན་པས་སུམ་ཅུ་རྩ་གསུམ་དུ་དབྱར་གནས་མཛད་པའི་ཚེ་ཆོས་བཟང་ལྷའི་མདུན་སར་དབུའི་གཙུག་ཏོར་ནས་འཕགས་མ་གདུགས་དཀར་མོ་ཅན་གཞན་གྱིས་མི་ཐུབ་པ་མཆོག་ཏུ་གྲུབ་པའི་གཟུངས་བཀའ་སྩལ་ཏོ། །

དེ་ནས་བཟུང་སྟེ་བྱ་རྒྱུད་དེ་བཞིན་གཤེགས་པའི་རིགས་(༨༡ན)འཕགས་མ་གདུགས་དཀར་ཅན་གྱི་དབང་དང་གདམས་ངག་ད་ལྟའི་བར་དུ་རྒྱུན་མ་ཆད་པར་ཡོད། ཡང་བཅོམ་ལྡན་འདས་རི་བོ་པོ་ཏ་ལར་ཕེབས་པའི་ཚེ་ཕྱག་ན་རྡོ་རྗེ་ཆེན་པོ་སེང་གེའི་གཟུངས་གསུངས་ཤིང་གཞན་ཡང་ཕྱག་ན་རྡོ་རྗེ་ཆེན་པོ་དོན་ཡོད་ཞགས་པའི་གཟུངས་དང་། ཕྱག་ན་རྡོ་རྗེ་ཆེན་པོ་ཕྱག་སྟོང་སྤྱན་སྟོང་གི་གཟུངས་སོགས་བྱ་བའི་རྒྱུད་མང་དུ་གསུངས་ཤིང་། བྱ་རྒྱུད་པདྨའི་རིགས་ཀྱི་དབང་དང་གདམས་ངག་ཀྱང་ད་ལྟའི་བར་དུ་རྒྱུན་མ་ཆད་པར་ཡོད་དོ། །ཡང་སྟོན་པས་རྒྱལ་པོ་མ་སྐྱེས་དགྲའི་སྡིག་སྒྲིབ་སྦྱོང་བའི་ཆེད་དུ་བྱ་རྒྱུད་རྡོ་རྗེའི་རིགས་རྣམ་འཇོམས་ཀྱི་རྒྱུད་གསུངས་ཤིང་དེའི་གདམས་ངག་ཀྱང་རྒྱུན་མ་ཆད་པར་ཡོད་དོ། །གཞན་ཡང་དམ་ཚིག་གསུམ་བཀོད་སོགས་བྱ་བའི་རྒྱུད་མཐའ་ཡས་པ་གསུངས་པ་ཡོངས་སུ་གྲགས་པ་ལྟར་དང་། སྤྱོད་རྒྱུད་རྣམ་སྣང་མངོན་བྱང་དང་ལག་ན་རྡོ་རྗེ་དབང་བསྐུར་བའི་རྒྱུད་སོགས་གསུངས་པ་དང་། རྣལ་འབྱོར་གྱི་རྒྱུད་རྡོ་རྗེ་དབྱིངས་ཀྱི་དཀྱིལ་འཁོར་དང་། དེ་ཉིད་བསྡུས་པ་སོགས་མངོན་པར་བྱང་ཆུབ་པའི་དུས་སུ་འོག་མིན་དུ་གསུངས་པ་དང་། སུམ་ཅུ་རྩ་གསུམ་དུ་དབྱར་གནས་མཛད་

པའི་ཚེ་ལྷའི་བུ་ནོར་བུ་དྲི་མ་མེད་པ་ཤི་ནས་དམྱལ་བར་སྐྱེས་པ་བརྒྱ་བྱིན་གྱིས་མཐོང་ནས་བཅོམ་ལྡན་འདས་ལ་དེ་ངན་སོང་ལས་ཐར་པའི་ཐབས་ཞུས་པས། བཅོམ་ལྡན་འདས་ཀྱིས་ངན་སོང་ཡོངས་སུ་སྦྱོང་བའི་རྒྱུད་གསུངས་ནས་བརྒྱ་བྱིན་(༤༧བ)ལ་དེའི་གདམས་ངག་གནང་ནས་བརྒྱ་བྱིན་གྱིས་ངན་སོང་སྦྱོང་བའི་ཆོ་ག་བྱས་པས་ལྷའི་བུ་དེ་དེ་མ་ཐག་དམྱལ་བ་ནས་ཐར་ཏེ་ལྷ་གནས་གོང་མར་སྐྱེས་ནས་སྟོན་པ་ལ་བཀའ་དྲིན་དྲན་པའི་དད་གུས་ཆེན་པོས་ཕྱག་དང་མཆོད་པ་བྱས་ཏེ། ཨེ་མ་སངས་རྒྱས་རྣམས་ཀྱི་ནི། །ཐུགས་ཀྱི་བྱིན་རླབས་ཡ་མཚན་ཆེ། །གང་ཕྱིར་མཚམས་མེད་ལྷུང་བ་ཡི། །སེམས་ཅན་ལྷ་གནས་མྱུར་དུ་སྐྱེས། །ཞེས་ཆེད་དུ་བརྗོད་པ་ཡོངས་སུ་གྲགས་པ་ལྟར་དང་། རྣལ་འབྱོར་བླ་ན་མེད་པའི་རྒྱུད་སྟོན་པས་གསུངས་པ་ནི། བཅོམ་ལྡན་འདས་ཀྱིས་ནག་པའི་ཟླ་ལ་དཔལ་ལྡན་འབྲས་སྤུངས་ཀྱི་མཆོད་རྟེན་ཆེན་པོར་ཤམ་བྷ་ལའི་རྒྱལ་པོ་ཟླ་བ་བཟང་པོས་གསོལ་བ་བཏབ་ནས་འཁོར་བྱེ་བ་ཕྲག་དུ་མ་ལ་དུས་འཁོར་གྱི་རྒྱུད་གསུངས་ཤིང་རྡོ་རྗེ་འཇིགས་བྱེད་ཆེན་པོའི་རྩ་བའི་རྒྱུད་ལ་སོགས་པ་བླ་མེད་ཀྱི་རྒྱུད་ཕལ་མོ་ཆེ་གསུངས་ནས་གསང་བའི་བདག་པོ་ཕྱག་ན་རྡོ་རྗེ་ལ་རྒྱུད་གཏད་པར་མཛད་པ་དང་། གཞན་ཡང་བླ་མེད་ཀྱི་རྒྱུད་ཐམས་ཅད་ཀྱི་རབ་དང་ཕུལ་དང་རྩེ་མོར་གྱུར་པ་ནི་དཔལ་གསང་བ་འདུས་པའི་རྒྱུད་ཡིན་པར་གྲུབ་ཆེན་ཐམས་ཅད་མཐུན་པར་གསུངས་ལ། གསང་བ་འདུས་པའི་རྒྱུད་བཅོམ་ལྡན་འདས་ཀྱིས་གསུངས་པ་ནི་འདུས་པའི་གླེང་གཞིར། བཅོམ་ལྡན་འདས་རྡོ་རྗེ་བཙུན་མོའི་བྷ་གའི་དབྱིབས་ཅན་གྱི་ཆོས་འབྱུང་གི་ནང་གི་གཞལ་ཡས་ཁང་གི་དབུས་སུ་བཞུགས་ནས་ནམ་མཁའི་དབྱིངས་ཐམས་ཅད་ཡོངས་སུ་གང་བའི་འཁོར་གྱི་ཚོགས་ལ་འདུས་(༤༨ན)པའི་རྒྱུད་གསུངས་པར་བཤད་ཅིང་། རྩ་རྒྱུད་ལེའུ་བཅུ་བདུན་པར་རྗེ་བཙུན་བྱམས་པ་མགོན་པོ་དང་ཕྱག་ན་རྡོ་རྗེ་ལ་སོགས་པའི་འཁོར་རྣམས་ཀྱིས་བཅོམ་ལྡན་འདས་ལ་འདི་སྐད་གསོལ་ཏེ།

བརྗོད་ཀྱིས་མི་ལང་བའི་ཡང་བརྗོད་ཀྱིས་མི་ལང་བ་བསྐལ་པ་གྲངས་མེད་པ་འདས་པའི་སྔོན་རོལ་ཏུ་དེ་བཞིན་གཤེགས་པ་མར་མེ་མཛད་འདས་པ་ནས་བཟུང་འོད་སྲུངས་ཀྱི་བར་དུ་སངས་རྒྱས་རྣམས་ཀྱིས་བླ་མེད་ཀྱི་རྒྱུད་མ་གསུངས་པ་ལ་བཅོམ་ལྡན་འདས་ཉིད་ཀྱིས་གསུངས་པ་ལ་ངོ་མཚར་ཆེ་བའི་བསྔགས་པ་རྒྱ་ཆེར་བརྗོད་པ་ལྟར་དང་། བཅོམ་ལྡན་འདས་ཀྱིས་ཨོ་ཌྜི་ཡ་ནའི་ཡུལ་དུ་རྒྱལ་པོ་ཨིནྡྲ་བྷཱུ་ཏི་རྗེས་སུ་བཟུང་བའི་ཕྱིར་དུ་གསང་བ་འདུས་པའི་རྒྱུད་གསུངས་ཤིང་ཕྱག་རྡོར་ལ་རྒྱུད་གཏད་པར་མཛད། དེར་རྒྱལ་པོ་ཨིནྡྲ་བྷཱུ་ཏིས་ཀྱང་བསྒོམས་ནས་ཚེ་གཅིག་ཉིད་ལ་ཟུང་འཇུག་གྲུབ་པར་གྲུབ་ཆེན་ཐམས་ཅད་མཐུན་པར་གསུངས་པ་ལྟར་རོ། །དེ་ལ་འདི་སྐམ་དུ་བླ་མེད་ཀྱི་རྒྱུད་ཕལ་ཆེར་དུ་རྡོ་རྗེ་འཆང་གིས་གསུངས་ཞེས་འབྱུང་གི །བཅོམ་ལྡན་འདས་ཤཱཀྱ་ཐུབ་པས་གསུངས་ཞེས་མི་འབྱུང་བས་བཅོམ་ལྡན་འདས་ཀྱིས་གསུངས་པ་མིན་ནོ་ཞེ་ན། དེ་ནི་རྣམ་པར་མ་བརྟགས་པའི་གཏམ་སྟེ། བཅོམ་ལྡན་འདས་ཀྱིས་ལོངས་སྐུའི་ཆ་ལུགས་ཀྱིས་དཀྱིལ་འཁོར་གྱི་གཙོ་བོར་བཞེངས་ནས་རྒྱུད་གསུངས་པ་རྣམས་བཅོམ་ལྡན་འདས་ཀྱིས་གསུངས་པ་མིན་ཞེས་ཇི་ལྟར་སྨྲ། བཅོམ་ལྡན་འདས་ཀྱིས་ཆ་ལུགས་བསྒྱུར་ནས་(༤༢བ)ཆོས་བསྟན་པ་འདུལ་བ་ལུང་ན་ཡང་སྣང་སྟེ། མཐའ་འཁོབ་ཀྱི་རྒྱལ་པོ་ཀ་པི་ནས་གྲོང་ཁྱེར་ཆེན་པོ་དྲུག་གི་རྒྱལ་པོ་ཐམས་ཅད་དང་། ཁྱད་པར་རྒྱལ་པོ་གསལ་རྒྱལ་ལ་ཆེད་དུ་དམིགས་པའི་ཕོ་ཉ་བཏང་བ། ཁྱེད་རྣམས་ཞག་བདུན་ན་ང་འཕྲད་པར་ཤོག་ཅིག །དེ་ལྟར་མ་འོངས་ན་དམག་དྲངས་ཏེ་ཁྱེད་ཀྱི་ཡུལ་མེད་པར་བྱེད་དོ་ཞེས་སྤྲིངས་པ་དང་། ཕོ་ཉ་དེས་གྲོང་ཁྱེར་ལྔར་ཕྱིན་ཏེ་གཏམ་དེ་སྨྲས་པ་དང་། དེ་རྣམས་སྐྲག་ནས་མཉན་ཡོད་དུ་ལྷགས་ཏེ་རྒྱལ་པོ་གསལ་རྒྱལ་ལ་དོན་དེ་སྨྲས་པ་དང་། ཕན་ཚུན་བགྲོས་ཏེ་བཅོམ་ལྡན་འདས་ཀྱི་སྤྱན་སྔར་ཕྱིན་ནས་དོན་དེ་ཞུས་པ་ན་བཅོམ་ལྡན་འདས་ཀྱིས་ཕོ་ཉ་དེ་ངའི་གན་དུ་ཐོངས་ཤིག་ཅེས་གསུངས་པས་རྒྱལ་པོ་གསལ་

རྒྱལ་སོགས་ཀྱིས་ཕོ་ཉ་ལ་ངེད་ལས་ལྷག་པའི་འཕྲུལ་གྱི་རྒྱལ་པོ་ཞིག་བཞུགས་པས་དེའི་གན་དུ་སོངས་ཤིག །དེས་རྒྱལ་བྱེད་ཚལ་དུ་སོང་བ་དང་། བཅོམ་ལྡན་འདས་འཁོར་ལོས་སྒྱུར་བའི་ཆ་བྱད་དུ་བཞུགས་པ་ལ་ཕྲིན་ཡིག་དེ་ཕུལ་བ་དང་། འཕྲུལ་གྱི་རྒྱལ་པོས་ཡི་གེ་དེ་རྫོག་པས་མནན་ནས། ཕོ་ཉ་ལ་འདི་སྐད་ཅེས་བཀའ་སྩལ་ཏོ། །ང་ནི་རྒྱལ་པོ་ཆེན་པོ་གླིང་བཞི་ལ་དབང་བ་ཡིན་ན་ཁྱོད་ཀྱི་རྒྱལ་པོ་གླེན་པ་དེ་ཅིའི་ཕྱིར་བཀའ་མི་ཉན། ཁྱོད་སོངས་ལ་ངས་འདི་སྐད་ཅེས་བཀའ་སྩལ་ཏོ། །ཞེས་གྱིས་ཤིག །ཁྱོད་ཞག་བདུན་ན་ངའི་གན་དུ་ཤོག་ཅིག །དེ་མ་འོངས་ན་ཁྲིམས་ལ་སྦྱར་རོ། །ཞེས་གྱིས་ཤིག །(༤༣ན)ཅེས་བསྒོ་ནས་བཏང་བ་ན། རྒྱལ་པོ་ཀ་པི་ན་མཉན་ཡོད་དུ་ལྷགས་པ་ཉི་འོག་གི་རྒྱལ་པོ་རྣམས་ཀྱིས་ཀ་པི་ན་བསུས་ཏེ་རྒྱལ་བྱེད་ཚལ་དུ་ཕྱིན་པ་ན། དེའི་ཚེ་རྒྱལ་བྱེད་ཚལ་ལྷའི་གྲོང་ཁྱེར་བལྟ་ན་སྡུག་འདྲ་བར་སྤྲུལ་ཞིང་བཅོམ་ལྡན་འདས་ཀྱང་འཁོར་ལོས་སྒྱུར་བའི་ཆ་ལུགས་སུ་བཞུགས། མོའུ་འགལ་གྱི་བུ་ཆེན་པོ་ནི་བློན་པོ་རིན་པོ་ཆེར་སྤྲུལ་ཏོ། །དེ་རྒྱལ་པོ་ཀ་པི་ན་ཆེན་པོས་མཐོང་བ་དང་། འདི་བདག་ལས་བྱད་གཟུགས་ནི་ལྷག་ན་སྟོབས་ནི་ཇི་འདྲ་བ་ཞིག་སྙམ་པ་དང་། བརྒྱ་བྱིན་གྱིས་དབང་པོའི་གཞུ་ཁྱེར་ཏེ་ཁ་ལོ་བའི་ཚས་སུ་བྱས་ནས་བློན་པོ་ཆེན་པོ་ལ་ཕུལ་ལོ། །བློན་པོས་ཀྱང་རྒྱལ་པོའི་བཀས་གསེར་སའི་རྒྱལ་པོ་ལ་བྱིན་པ་དང་དེས་བླངས་ཀྱང་མ་ཐེག་གོ །དེ་ནས་འཕྲུལ་གྱི་རྒྱལ་པོས་གཞུ་དེ་བླངས་ཏེ་མཐེ་ཆུང་གིས་བརྡུངས་ནས་ཀ་པི་ན་ལ་འགེངས་སུ་བཅུག་པ་དང་། དེས་བསྒྲུལ་བར་ཡང་མ་ནུས་ནས་འཕྲུལ་གྱི་རྒྱལ་པོ་བཅོམ་ལྡན་འདས་ཀྱིས་གནམ་རུ་དེའི་གཞུ་རྒྱུད་སྦྲིངས་པ་ཙམ་གྱིས་ས་གཡོས་མདའ་གཅིག་འཕངས་པས་ལྕགས་ཀྱི་རྫ་བོ་ཆེ་བདུན་ཐལ་ཕྱུང་དུ་སོང་ནས་མདའ་ལྡིར་གྱུར་ཏེ། དེ་དག་གི་རྩེ་མོ་ལས་འོད་ཟེར་གྲངས་མེད་པ་བྱུང་ནས་འོད་ཟེར་རེའི་རྩེ་ལ་འཁོར་ལོས་སྒྱུར་བའི་རྒྱལ་པོ་རེ་རེ་བྱུང་ངོ་། །འོད་ཟེར་དེ་དག་གིས་སེམས་ཅན་སོ་སོའི་དོན་བྱས་

ཤིང་ཆེད་དུ་བཛོད་པ་དང་ཆོས་སྟོན་པའི་སྒྲ་དག་ཀྱང་གྲག་གོ །(༥༣བ)དེ་ནས་རྒྱལ་པོ་ཀ་པི་ན་སྟོབས་ཀྱི་དྲེགས་པ་ཞི་ནས་ཨེ་མ་འདི་ཅི་ཞིག་སྙམ་པ་དང་། བཅོམ་ལྡན་འདས་ཀྱིས་དེ་དང་མཐུན་པའི་ཆོས་བསྟན་པས་བདེན་པ་མཐོང་ངོ་། །དེ་ནས་བཅོམ་ལྡན་འདས་རང་བཞིན་གྱི་སྐུར་མཛད་པ་དང་། རྒྱལ་པོ་ཀ་པི་ན་བློན་པོ་ཁྲི་བརྒྱད་སྟོང་དང་ལྷན་ཅིག་རབ་ཏུ་བྱུང་ནས་དགྲ་བཅོམ་པར་གྱུར་ཏེ། ཚེ་དང་ལྡན་པ་ཀ་པི་ན་ཆེན་པོར་གྲགས་སོ། །དེ་ལ་རྒྱལ་པོ་ཀ་པི་ན་འཁོར་ལོས་བསྒྱུར་བའི་རྒྱལ་པོས་བཏུལ་བ་ཡིན་གྱི། བཅོམ་ལྡན་འདས་ཀྱིས་བཏུལ་བ་མིན་ཞེས་ཤེས་ལྡན་སུ་ཞིག་སྨྲ། བཅོམ་ལྡན་འདས་ཤཱཀྱ་ཐུབ་པས་གསུངས་ཞེས་པའང་བླ་མེད་ཀྱི་རྒྱུད་ལ་མང་དུ་སྣང་སྟེ། དུས་ཀྱི་འཁོར་ལོའི་རྒྱུད། བཅོམ་ལྡན་འདས་ཤཱཀྱ་ཐུབ་པས་གསུངས་པ་ནི་ཡོངས་སུ་གྲགས་པ་ལྟར་དང་། དུས་འཁོར་གྱི་རྒྱུད་ལ་སོགས་པ་བླ་མེད་ཀྱི་རྒྱུད་མང་པོ་ཞིག་གི་རྩ་བ་ནི་འཇམ་དཔལ་མཚན་བརྗོད་ཡིན་པར་གྲགས་ལ། མཚན་བརྗོད་ལས། དེ་ནས་བཅོམ་ལྡན་ཤཱཀྱ་ཐུབ། །གསང་སྔགས་རིགས་ཆེན་ཐམས་ཅད་དང་། །གསང་སྔགས་རིག་སྔགས་འཆང་བའི་རིགས། །རིགས་གསུམ་ལ་ནི་རྣམ་པར་གཟིགས། །འཇིག་རྟེན་འཇིག་རྟེན་འདས་པའི་རིགས། །འཇིག་རྟེན་སྣང་བྱེད་རིགས་ཆེན་དང་། །ཕྱག་རྒྱ་ཆེན་པོའི་རིགས་མཆོག་དང་། །རིགས་ཆེན་གཙུག་ཏོར་ཆེར་གཟིགས་ནས། །ཚིག་གི་བདག་པོས་ཚིགས་སུ་བཅད། །གསང་སྔགས་རྒྱལ་པོ་དྲུག་ལྡན་ཞིང་། །གཉིས་སུ་མེད་པར་འབྱུང་བ་དང་། །(༥༤ན)མི་སྐྱེ་ཆོས་ཅན་འདི་གསུངས་པ། །ཞེས་དང་། འཕགས་པ་འཇམ་དཔལ་གྱི་དོན་དམ་པའི་མཚན་ཡང་དག་པར་བརྗོད་པ། བཅོམ་ལྡན་འདས་ཤཱཀྱ་ཐུབ་པས་གསུངས་པ་རྫོགས་སོ། །ཞེས་འབྱུང་བ་ལྟར་རོ། །ཡང་བདེ་མཆོག་གི་རྒྱུད་ཀྱང་བཅོམ་ལྡན་འདས་ཤཱཀྱ་ཐུབ་པས་གསུངས་པ་ནི། བདེ་མཆོག་གི་བཤད་རྒྱུད་མཁའ་འགྲོ་རྒྱ་མཚོ་ལས། རྟོད་པའི་དུས་སུ་ཤཱཀྱ་སེང་གེས་གསུངས་པ་ཞེས་གསལ་བར

གསུངས་པ་ལྟར་རོ། །

དེས་ན་བྱང་ཆུབ་ལམ་གྱི་རིམ་པ་ལ་སྙིང་ནས་ཉམས་ལེན་བྱ་བར་འདོད་པ་དག་གིས་བླུན་པོའི་འཆལ་གཏམ་ལ་ཡིད་གཏད་པར་མི་བྱ་བར་ལམ་གྱི་རྩ་བ་བཤེས་གཉེན་བསྟེན་ཚུལ་ནས་བཟུང་། མཐར་སྣགས་ལམ་གྱི་འབྲས་བུ་མཐར་ཐུག་ཟུང་འཇུག་གྲུབ་པའི་བར་ཐམས་ཅད་སྟོན་པ་ཐུགས་རྗེ་ཅན་ཤཱཀྱའི་རྒྱལ་པོ་ཉིད་ཀྱིས་བསྟན་པ་ཡིན་པར་ངེས་པ་གཏིང་ནས་དྲངས་པར་བྱས་ལ། རྒྱལ་བའི་བཀའ་ལས་ལྷག་པའི་གདམས་ངག་མེད་པར་ཤེས་པར་བྱས་ལ་རྒྱལ་བའི་བཀའ་ཉིད་གདམས་པའི་མཆོག་ཏུ་ཡིད་ཆེས་པར་བྱའོ། །

དེ་ལྟར་སྟོན་པ་ཐུགས་རྗེ་ཅན་ཤཱཀྱའི་རྒྱལ་པོས་སྡེ་སྣོད་གསུམ་དང་། རྒྱུད་སྡེ་བཞིའི་ཆོས་མཐའ་ཡས་མུ་མེད་པ་ཞིག་བཀའ་སྩལ་པ་དེ་དག་ཀྱང་། ཇི་སྐད་དུ། ལྷ་ཡི་སྐད་དང་ཀླུ་དང་གནོད་སྦྱིན་སྐད། །གྲུལ་བུམ་དག་དང་མི་ཡི་སྐད་རྣམས་དང་། །འགྲོ་བ་ཀུན་གྱི་སྒྲ་རྣམས་ཇི་(༥༥བ)ཙམ་པ། །ཐམས་ཅད་སྐད་དུ་བདག་གིས་ཆོས་བསྟན་ཏོ། །ཞེས་གསུངས་པ་ལྟར། ལྷ་དང་ཀླུ་ལ་སོགས་པ་འགྲོ་བ་རང་རང་གི་སྐད་དང་མཐུན་པར་སྟོན་པར་མཛད་ཅིང་གསུང་གཅིག་ཉིད་འགྲོ་བ་རང་རང་གི་སྐད་དང་མཐུན་པར་གོ་བ་དང་། རང་རང་གི་དབང་པོ་དང་བསམ་པ་དང་འཚམས་པའི་ཆོས་མཐའ་ཡས་པ་འབྱུང་བ་དང་། སྐུའི་བ་སྤུའི་ཁུང་བུ་རེ་རེ་ནས་ཀྱང་ཆོས་ཀྱི་རྣམ་གྲངས་མཐའ་ཡས་མུ་མེད་པ་རྒྱུན་དུ་འབྱུང་བས་རྒྱལ་བས་གསུངས་པའི་ཆོས་ཐམས་ཅད་ནི་རྒྱལ་བ་རང་ཉིད་མ་གཏོགས་སུས་ཀྱང་བརྗོད་པར་མི་ནུས་ལ། འོན་ཀྱང་གདུལ་བྱའི་ཉོན་མོངས་པའི་གཉེན་པོ་དང་མཐུན་པར་སྟོམ་གྱིས་བསྡུས་པ་ནི་ཆོས་ཀྱི་ཕུང་པོ་བརྒྱད་ཁྲི་བཞི་སྟོང་བཀའ་སྩལ་ཅེས་འབྱུང་ངོ་། །

དེ་ལྟར་སྟོན་པ་ཐུགས་རྗེ་ཅན་དེ་ཉིད་ཀྱིས་ཐེག་པ་ཆེ་ཆུང་གི་ཆོས་ཀྱི་འཁོར་ལོ་

མཐའ་ཡས་པ་ཞིག་བསྐོར་ཏེ་ལྷ་མི་བགྲང་བ་ལས་འདས་པ་སྨིན་ཅིང་གྲོལ་བར་མཛད་ནས། སྐྱ་དངོས་ཀྱི་གདུལ་བྱ་ཀུན་ཏུ་རྒྱུ་རབ་བཟང་དང་། དྲི་ཟའི་རྒྱལ་པོ་རབ་དགའ་གཉིས་འདུལ་བའི་དུས་ལ་བབ་པ་ན་གྲོང་ཁྱེར་རྩ་ཅན་དུ་ཕེབས་ནས། སྟོན་པས་སྐྱ་དངོས་ཀྱི་གདུལ་བྱ་རབ་བཟང་དང་། རབ་དགའ་གཉིས་ལུས་པ་ལ། རབ་དགའ་འདུལ་བའི་ཕྱིར་པི་ཝང་རྒྱུད་སྟོང་པ་ཁོག་པ་བཻ་ཌཱུ་ལས་བྱས་པ་བསྣམས་ཏེ་དྲི་ཟར་སྤྲུལ་ནས་རབ་དགའི་སྒོ་དྲུང་དུ་ཕྱིན་པ་དང་། དེ་དང་གླུ་དབྱངས་འགྲན་ཞིང་རྒྱུད་(༥༤ན)རིམ་གྱིས་གཅིག་མ་གཏོགས་པ་བཅད་ཀྱང་སྒྲ་གདངས་ཁྱད་མེད་དོ། །དེ་ནས་སྟོན་པས་རྒྱུད་གཅིག་ཀྱང་བཅད་དེ་ནམ་མཁའ་ཁོ་ན་ལས་སྒྲ་གདངས་སྔར་བཞིན་དུ་བྱུང་བ་དང་། རབ་དགའ་ང་རྒྱལ་ཆག་སྟེ་ངོ་མཚར་སྐྱེས་པ་དང་། སྟོན་པས་སྐྱ་མདོག་སུམ་དུ་བསྟན་པས་དེ་ལ་རབ་དགའ་དད་ནས་ཕྱག་བྱས་ཏེ་ཆོས་ཉན་པའི་ཕྱིར་འདུག་པ་ལ་ཆོས་བསྟན་དེ་བདེན་པ་མཐོང་ངོ་། །དེ་ནས་རྫིང་བུ་དལ་འབབ་ཀྱི་འགྲམ་ན་ཀུན་ཏུ་རྒྱུ་རབ་བཟང་ལོ་བརྒྱ་ཉི་ཤུ་ལོན་པ་དགྲ་བཅོམ་པར་གྲགས་པ་ཞིག་ཡོད་པས། རྫིང་དལ་འབབ་ཀྱི་འགྲམ་ཨུ་དུམ་ཝ་རའི་ཚལ་གྱི་མེ་ཏོག་རྙེངས་པ་དང་སྟོན་པ་མྱ་ངན་ལས་འདའོ་ཞེས་ཐོས་པའི་རྒྱུས་བདག་གི་ཐེ་ཚོམ་སེལ་བར་འགྱུར་སྙིད་སྙམ་སྟེ་སོང་ནས་ཀུན་དགའ་བོ་ལ་ལན་གསུམ་ཞུས་པས་མ་གནང་བ་སྟོན་པས་མཁྱེན་ནས། ང་དང་མུ་སྟེགས་ཅན་གཏམ་གླེང་བའི་ཐ་མ་འདི་ཡིན་གྱི་ཐོངས་གསུངས་ནས། རབ་བཟང་ལ་དགའ་བར་བྱ་བའི་གཏམ་མང་པོ་མཛད་ནས། རབ་བཟང་། ང་ནི་ན་ཚོད་ཉི་ཤུ་རྩ་དགུ་ལོན་ཏེ་རབ་ཏུ་བྱུང་ནས་ལོ་གྲངས་ལྔ་བཅུ་ལྷག་ཅིག་ཏུ་དགེ་བ་གང་ཡིན་ཅེ་ཞེས་བྱས་གྱུར་ཅིང་། རབ་བཟང་ཆོས་འདུལ་བ་གང་ལ་འཕགས་ལམ་ཡན་ལག་བརྒྱད་མེད་པ་དེ་ལ་དགེ་སྦྱོང་གི་འབྲས་བུ་བཞིན་མེད་ལ། ཡན་ལག་བརྒྱད་ཡོད་(༥༤བ)ན་ཡོད་དེ། འདི་ལས་ཕྱི་རོལ་ན་དགེ་སྦྱོང་མེད་ཅེས་སོགས་གསུངས་པས་བདེན་པ་མཐོང་། ཚུར་

ཞོག་གིས་བསྙེན་པར་རྫོགས་པས་དགྲ་བཅོམ་ཐོབ་སྟེ། སྟོན་པ་མྱ་ངན་ལས་འདའ་བ་བལྟ་བར་མི་བཟོད་དོ་སྙམ་ནས་གནས་ལྔ་བྱིན་གྱིས་བརླབས་ནས་མྱ་ངན་ལས་འདས་སོ། །དེ་ནས་སྟོན་པས་འཁོར་རྣམས་ལ་བཀའ་སྩལ་པ། འཁོར་རྣམ་བཞིས་ཕན་བདེར་འགྱུར་བའི་གསུང་རབ་ཡན་ལག་བཅུ་གཉིས་བཀླག །སྟོན་པ་སོ་ཐར་ལ་གྱིས། རྒན་པས་གཞོན་པ་རྣམས་ཡོ་བྱད་ཀྱིས་བསྐྱུ། གཞོན་པས་རྒན་པའི་མིང་འབོད་མི་བྱ། དད་པ་ཅན་ལ་སྟོན་པ་འཁྲུངས་པ། སངས་རྒྱས་པ། ཆོས་གསུངས་པ། མྱ་ངན་ལས་འདས་པའི་ཕྱོགས་བཞི་བསྟན་པར་བྱའོ། །དགེ་སློང་དག་དཀོན་མཆོག་གསུམ་དང་བདེན་པ་བཞི་ལ་ཐེ་ཚོམ་ཡོད་ན་ཞུས་ཤིག །ཅེས་གསུངས་ནས་སྐུའི་སྟོད་གཡོགས་བསལ་ཏེ། དགེ་སློང་དག་དེ་བཞིན་གཤེགས་པ་བལྟ་བ་ནི་རྙེད་པར་དཀའ་ཡི་དེ་བཞིན་གཤེགས་པའི་སྐུ་ལ་ལྟོས་ཤིག །དགེ་སློང་དག་རེ་ཤིག་ཅང་མ་སྨྲ་ཞིག་དང་། འདི་ལྟར་འདུས་བྱས་ཐམས་ཅད་ནི་འཇིག་པའི་ཆོས་ཅན་ཡིན་ཏེ། དེ་ལ་འདི་ནི་དེ་བཞིན་གཤེགས་པའི་གསུང་གི་ཐ་མ་ཡིན་ནོ། །ཞེས་གསུངས་ནས་ཤིང་སཱ་ལ་ཟུང་གི་འགྲམ་དུ་མ་འོངས་པ་ན་བྱང་ཕྱོགས་གངས་རིའི་ལྗོངས་འདིར་རྒྱལ་བ་རང་ཉིད་ཀྱི་བསྟན་པ་ཡོངས་སུ་རྫོགས་པ་རྒྱ་ཆེར་(༨༨ན)དར་བར་འགྱུར་རོ་ཞེས་སྟོན་ཕྱིར་དབུ་བྱང་ཕྱོགས་སུ་བསྟན་ནས། དགུང་ལོ་བརྒྱད་ཅུ་སོང་ནས་ཟླ་གཅིག་གི་ཐོག་ཏུ་ཕེབས་པ་རྣམ་གཞོན་ཞེས་པ་ལྕགས་ཕོ་འབྲུག་གི་ལོ་ས་ག་ཟླ་བའི་ཆོས་བཅོ་ལྔའི་ཉིན་དོན་དམ་པར་ནམ་མཁའ་མ་ཟད་ཀྱི་བར་དུ་གཟུགས་སྐུའི་བཀོད་པ་དང་འཕྲིན་ལས་རྒྱུན་ཆད་པ་མེད་ཀྱང་གདུལ་བྱ་རྟག་འཛིན་ཅན་རྣམས་ཆོས་ལ་བསྐུལ་བ་དང་། དེ་བཞིན་གཤེགས་པ་འཇིག་རྟེན་དུ་འབྱུང་བ་ཤིན་ཏུ་དཀོན་ཞིང་རྙེད་པར་དཀའོ་ཞེས་འདོམས་པ་དང་། སྟོན་གྱི་ཐུགས་བསྐྱེད་དང་སྨོན་ལམ་གྱི་དབང་སོགས་ཀྱིས་མྱ་ངན་ལས་འདའ་བའི་ཚུལ་བསྟན་ཏོ། །

དེ་ནས་རྒྱལ་བ་རང་ཉིད་མྱ་ངན་ལས་འདའ་བའི་ཚུལ་བསྟན་ཀྱང་སྟོན་གྱི་ཐུགས

བསྐྱེད་དང་སྨོན་ལམ་གྱི་དབང་གིས་བསྟན་པ་ལོ་ལྔ་སྟོང་དུ་གནས་པར་བྱིན་གྱིས་བརླབས་ཤིང་། སྐུ་གདུང་དང་རིང་བསྲེལ་མང་དུ་འཕེལ་ཏེ་འཛམ་བུ་གླིང་ཐམས་ཅད་མཆོད་རྟེན་གྱིས་ཁྱབ་པར་བྱིན་གྱིས་བརླབས་སོ། །སྟོན་པ་སྐུ་བལྟམས་པ། སངས་རྒྱས་པ། མྱ་ངན་ལས་འདས་པ། འདི་རྣམས་ཀྱི་ལོ་དུས་ལ་སྔོན་གྱི་མཁས་པ་རྣམས་ལ་བཞེད་ཚུལ་མི་འདྲ་བ་མང་དུ་བྱུང་སྟེ། མཁས་པ་འགའ་ཞིག་ནི་སྟོན་པ་ཤིང་ཕོ་བྱི་བའི་ལོ་ལྟུམས་སུ་ཞུགས། ཤིང་མོ་གླང་ལ་སྐུ་བལྟམས། ས་མོ་ཕག་ལ་སངས་རྒྱས། ཤིང་ཕོ་སྤྲེའུ་ལོར་མྱ་ངན་ལས་འདས་པར་བཞེད་པ་དང་། མཁས་པ་འགའ་ཞིག་ནི། མེ་མོ་ཡོས་ལ་ལྟུམས་སུ་ཞུགས། ས་ཕོ་འབྲུག་ལ་སྐུ་བལྟམས། ཆུ་ཕོ་སྟག་ལ་སངས་རྒྱས། མེ་ཕོ་ཕག་ལ་མྱ་ངན་ལས་འདས་པར་བཞེད་པ་དང་། ཡང་མཁས་པ་འགའ་ཞིག་དུས་འཁོར་གྱི་རྩིས་ཀྱི་སྟེང་ནས་རྣམ་དག་ཡར་ལོག་གི་རྩིས་བྱས་པ་ན་སྔར་གྱི་མཁས་པ་དེ་དག་གི་བཞེད་ཚུལ་དེ་དག་ལ། སྟོན་པ་སངས་རྒྱས་པའི་ས་ག་ཟླ་བའི་ཚེས་བཅོ་ལྔའི་ནུབ་མོ་དུས་མེའི་རི་མོ་ས་གའི་སྟེང་དུ་མི་འབབ་པས་སྟོན་པའི་འཁྲུངས་ལོ་སོགས་ལོ་ཁམས་དེ་དག་མི་འཐད་ཅེས་དེ་སུན་ཕྱུང་ནས་སྟོན་པ་སྐུ་བལྟམས་པ་སོགས་ཀྱི་ལོ་དུས་གཞན་དུ་འཆད་པ་དང་། མྱ་ངན་ལས་འདས་པའི་དུས་ཀྱང་ཕལ་མོ་ཆེར་ས་གའི་ཉ་ལ་བཞེད་ཅིང་། མཁས་པ་མང་པོ་ཞིག་སྟོན་ཟླ་ཐ་ཆུང་གི་ཡར་ངོའི་ཚེས་བརྒྱད་ལ་མྱ་ངན་ལས་འདས་པར་བཞེད་པ་སོགས་བཞེད་ཚུལ་མང་དུ་སྣང་ནའང་། འདིར་བརྗོད་པ་དེ་དག་ནི་མཁས་གྲུབ་ནོར་བཟང་རྒྱ་མཚོས་ཇི་ལྟར་གསུངས་པ་ལྟར་བརྗོད་པ་ཡིན་ལ། ཇི་ལྟར་ཡང་བྱང་ཆུབ་ལམ་རིམ་ལ་བློ་སྦྱོང་བ་རྣམས་ཀྱིས་སྟོན་པའི་འཁྲུངས་ལོ་སོགས་ལ་མཁས་པ་མང་པོ་བཞེད་པ་མི་མཐུན་པ་དེ་དག་ལ་བློ་མི་བདེ་བ་བྱ་མི་དགོས་ཏེ། སྟོན་པ་འཁྲུངས་པ་དང་སངས་རྒྱས་པ་སོགས་ལོ་དུས་གང་ལ་ཡིན་ཡང་རུང་། སྟོན་པ་ཐུགས་རྗེ་ཅན་དེ་ཉིད་ཀྱིས་བདག་ཅག་(༤༧ན)སྙིགས་མའི་འགྲོ་བ་ཉམ་ཐག་རྣམས་ཀྱི་དོན་དུ་

དགའ་ལྡན་གྱི་གནས་ནས་ཞིང་འདིར་བྱོན་ཏེ་ལྷུམས་སུ་ཞུགས་པ་དང་། སྐུ་བལྟམས་པ་དང་། རོལ་རྩེད་མཛད་པ་དང་། ཁབ་ནས་བྱུང་སྟེ་དཀའ་བ་སྤྱད་པ་དང་། བྱང་ཆུབ་ཤིང་དྲུང་དུ་བདུད་བཏུལ་ནས་འཚང་རྒྱ་བའི་མཛད་པ་རྣམས་བསྟན་ཅིང་མཛད་པ་བཟང་པོ་དེ་དག་རེ་རེ་ནས་གདུལ་བྱ་བགྲང་བ་ལས་འདས་པ་ཞིག་སྨིན་གྲོལ་ལ་འགོད་པར་མཛད་པ་དང་། ལྷ་དང་མིའི་མཆོད་པ་ཚད་མེད་པས་མཆོད་པ་དང་། སྤྲུལ་པའི་བཀོད་པ་བསམ་གྱིས་མི་ཁྱབ་པ་དེ་ལྟ་བུ་སྟོན་པར་མཛད་དོ་སྙམ་དུ་དད་གུས་བསྒོམ་པར་བྱ་བ་དང་། ལྷག་པར། མཛད་པ་ཀུན་ནས་གསུང་གི་ནི། །མཛད་པ་མཆོག་ཡིན་དེ་ཡང་ནི། །འདི་ཉིད་ཡིན་ཕྱིར་མཁས་པ་ཡིས། །འདི་ལས་སངས་རྒྱས་རྗེས་དྲན་བྱོས། །ཞེས་གང་གསུངས་པ་ལྟར་ཆོས་ཀྱི་འཁོར་ལོ་བསྐོར་བའི་མཛད་པ་ཇི་སྙེད་ཅིག་མཛད་པ་དེ་ཐམས་ཅད་གདུལ་བྱ་འདུལ་བའི་དོན་ཁོ་ནར་མཛད་ཅིང་། དེ་ཡང་ཐོག་མར་ལྔ་སྡེ་ལ་སྟོད་གཡོགས་སྨད་གཡོགས་ཟླུམ་པོར་བགོ་བ་སོགས་འདུལ་བའི་བསླབ་བྱ་དང་བདེན་པ་བཞིའི་ཆོས་སྟོན་པར་མཛད་པ་དེ་ནས་བཟུང་། ཐ་མར་ཀུན་ཏུ་རྒྱུ་རབ་བཟང་དགྲ་བཅོམ་ལ་བཀོད་པ་དང་། འཁོར་རྣམས་ལ་མི་རྟག་པ་བསྟན་པའི་བར་ཆོས་ཇི་སྙེད་ཅིག་གསུངས་པ་དེ་(༤༧བ)ཐམས་ཅད་གདུལ་བྱ་རྣམས་ཐར་པ་དང་ཐམས་ཅད་མཁྱེན་པ་ཐོབ་པའི་ཐབས་ཤ་སྟག་ཏུ་གསུངས་པ་ཡིན་པས་ན། བྱང་ཆུབ་ལམ་རིམ་ལ་ཉམས་ལེན་སྙིང་པོར་བྱེད་པ་རྣམས་ཀྱིས་རྒྱལ་བས་གསུངས་པའི་མདོ་སྔགས་ཀྱི་ཆོས་ཇི་སྙེད་ཅིག་ཡོད་པ་དེ་ཐམས་ཅད་གང་ཟག་རང་ཉིད་འཚང་རྒྱ་བའི་ཐབས་ཤ་སྟག་ཏུ་གསུངས་པ་ཡིན་པར་ཤེས་པར་བྱས་ལ་སྟོན་པ་ཐུགས་རྗེ་ཅན་དེས་བདག་འཁོར་བ་དང་ངན་སོང་གི་སྡུག་བསྔལ་ལས་བསྒྲལ་ཏེ་སངས་རྒྱས་ཀྱི་ས་ལ་འགོད་པའི་ཆེད་དུ་ཆོས་འདི་སྙེད་ཅིག་གསུངས་སོ་སྙམ་དུ་སྟོན་པའི་ཡོན་ཏན་དང་བཀའ་དྲིན་དང་ཐུགས་རྗེ་དྲན་པའི་སྒོ་ནས་དད་ཅིང་གུས་པས་མཆོད་ཅིང་གསོལ་བ་གདབ་པ་ལྟར་བྱའོ། །

སྟོན་པས་ཆོས་སྟོན་པའི་ཐོག་མར་ཡང་ལྔ་སྡེ་ལ་སྡུག་བསྔལ་བདེན་པའི་རྣམ་པ་མི་རྟག་པ་ནས་བརྩམས་ཏེ་སྟོན་པར་མཛད། མཐར་མྱ་ངན་ལས་འདའ་བའི་ཚེ་འདུས་བྱས་ཐམས་ཅད་ནི་འཇིག་པའི་ཆོས་ཅན་ཡིན་ནོ་ཞེས་མི་རྟག་པ་སྟོན་པར་མཛད་པ་འདི་ལ་བློ་གྲོས་ཅན་རྣམས་ཀྱིས་ལེགས་པར་དཔྱོད་ཤེས་ན་བྱང་ཆུབ་ལམ་རིམ་ལ་ཉམས་ལེན་སྙིང་པོར་བྱ་འདོད་པ་རྣམས་ལ་ཉམས་ལེན་ལ་བསྐུལ་བའི་གནད་ཁྱད་པར་ཅན་ཞིག་ཡིན་པར་ཤེས་པར་ནུས་ཏེ། ཐོག་མར་ཆོས་ལ་བསྐུལ་བའི་ཚེ་ན་འདི་རིང་དུ་མི་གནས་པར་མྱུར་དུ་འཇིག་པའི་ངང་ཚུལ་བསམས་ནས་དེས་བསྐུལ་ཏེ་ཆོས་ལ་འཇུག་དགོས་པ་དང་།   སྐྱེས་བུ་(༥༤ན)འབྲིང་གི་སྐབས་སུ་མི་རྟག་པའི་ཚུལ་བསམས་ནས་འཁོར་བའི་ཕུན་ཚོགས་གང་ལའང་ཡིད་བརྟན་མེད་པའི་ཚུལ་བསམས་ཏེ་དེས་བསྐུལ་ནས་ལམ་སྒོམ་པ་ལ་འཇུག་དགོས་པ་དང་། སྐྱེས་བུ་ཆེན་པོའི་སྐབས་སུའང་མི་རྟག་པ་བསམས་ཏེ་འཁོར་བ་ཐོག་མ་མེད་པ་ནས་སྐྱེ་བ་གཅིག་ནས་གཅིག་ཏུ་རིམ་གྱིས་བརྒྱུད་པའི་ངང་ཚུལ་བསམས་ལ་སེམས་ཅན་ཐམས་ཅད་རང་གི་མར་ཤེས་པ་སོགས་རྒྱུ་འབྲས་མན་ངག་བདུན་གྱི་སྒོ་ནས་བྱང་ཆུབ་ཀྱི་སེམས་སྦྱངས་ཏེ་རྒྱལ་སྲས་ཀྱི་སྤྱོད་པ་ལ་སློབ་པ་དང་། དབུ་མའི་ལྟ་བ་སྒོམ་པའི་ཚེ་ནའང་། དེ་ཕྱིར་མི་རྟག་ལས་སྡུག་བསྔལ། །སྡུག་བསྔལ་ལས་ནི་བདག་མེད་གསུངས། །ཞེས་གསུངས་པ་ལྟར། ཐོག་མར་མི་རྟག་པ་བསྒོམས་ནས་རྟག་གཅིག་རང་དབང་ཅན་དུ་འཛིན་པའི་བློ་བཟློག་པར་བྱས། དེས་རྒྱུད་སྦྱངས་ནས་མཐར་སྤྲོས་པའི་མཐའ་ཐམས་ཅད་དང་བྲལ་བའི་དབུ་མའི་ལྟ་བ་སྒོམ་པ་ལ་འཇུག་པ་དང་། ལམ་ཐུན་མོང་བས་རྒྱུད་སྦྱངས་ནས་སྔགས་ལམ་ལ་སློབ་པའི་ཚེ་ནའང་མི་རྟག་པ་དྲན་པས་རྒྱུད་བསྐུལ་ནས་ལམ་ལ་སློབ་དགོས་པ་ཡིན་པས་སྟོན་པའི་རྣམ་ཐར་གདུལ་བྱ་རང་ཉིད་ཀྱི་ཉམས་ལེན་དུ་འཁྱེར་བའི་ཚུལ་དེ་ལྟར་དུ་ཤེས་པར་བྱའོ། །སྟོན་པ་ཐུབ་པའི་དབང་པོའི་རྣམ་པར་ཐར་པ་ནི་བསམ་

གྱིས་མི་ཁྱབ་བརྗོད་ཀྱིས་མི་ལང་བ་སྟེ། ཁྱོད་ཀྱི་(༥༢བ)སྐུ་གསུང་ཐུགས་ཀྱི་གསང་བ་ཡི། །ཚུལ་འདི་རྒྱལ་སྲས་རང་རྒྱལ་ཉན་ཐོས་ཀྱིས། །ཇི་ཙམ་བརྟགས་ཀྱང་བློ་ཡི་ཡུལ་མིན་ན། །ཚངས་དང་དབང་པོ་སོགས་ཀྱིས་སློས་ཅི་འཚལ། །མཁའ་ལྡིང་དབང་པོས་མཁའ་ལ་བགྲོད་བགྲོད་ནས། །ནམ་ཞིག་རང་སྟོབས་བྲི་བས་ལྡོག་འགྱུར་གྱི། །ནམ་མཁའ་ཟད་པས་ལྡོག་པར་མི་འགྱུར་བཞིན། ཁྱོད་ཀྱི་ཡོན་ཏན་བརྗོད་པའང་དེ་ལྟར་ལགས། །ཞེས་གསུངས་པ་ལྟར། སངས་རྒྱས་ཀྱི་གསང་བ་གསུམ་གྱི་རྣམ་ཐར་ནི་རྒྱལ་བ་ནང་པན་ཚུན་མ་གཏོགས་རྒྱལ་སྲས་བདག་ཉིད་ཆེན་པོ་རྣམས་དང་། རྣམ་ཐར་བརྒྱད་ལ་དབང་ཐོབ་པའི་དགྲ་བཅོམ་པ་རྣམས་དང་། ཚངས་པ་དང་བརྒྱ་བྱིན་ལ་སོགས་པ་མངོན་ཤེས་དང་ལྡན་པའི་ལྷ་མཐུ་བོ་ཆེ་རྣམས་ཀྱིས་ཇི་ཙམ་བརྟགས་ཀྱང་ཤེས་པར་ནུས་མིན་ན་བློ་ཆུང་བདག་འདྲ་བས་ཕྱོགས་ཙམ་ཡང་ཤེས་པར་ག་ལ་ནུས། དེ་མ་ཟད་ཐུན་མོང་བའི་གདུལ་བྱ་རྣམས་ཀྱིས་ཤེས་པར་ནུས་པའི་མཛད་པ་རྣམ་ཐར་རྣམས་ཀྱང་བདག་འདྲ་བས་ཆ་ཙམ་ཞིག་ཀྱང་བརྗོད་པར་ག་ལ་ནུས། སྔར་བརྗོད་པ་དེ་དག་ནི་རྒྱལ་བ་ཉིད་ཀྱི་གསུང་ཚད་མ་དཔང་པོར་བྱས་ཏེ། རྒྱ་ཆེར་རོལ་པའི་མདོ་དང་། སྙིང་རྗེ་པདྨ་དཀར་པོའི་མདོ་དང་། གཞན་ཡང་མདོ་མང་པོ་ལ་བརྟེན་ནས་མཛད་པ་བཅུ་གཉིས་ཀྱི་ཚུལ་ལས་བརྩམས་ཏེ་ཙམ་ཟད་ཅིག་བརྗོད་པ་ཡིན་ལ། སྟོན་པའི་ཡོན་ཏན་བསམ་པ་ནི་རང་གི་ཚོགས་གསོག་པ་དང་སྒྲིབ་པ་སྦྱོང་བའི་ཐབས་བླ་ན་མེད་པ་ཡིན་པ་(༥༣ན)དང་། ཐེག་པ་ཆེན་པོའི་ལམ་གྱི་རྩ་བ་དང་གཞུང་ཤིང་བྱང་ཆུབ་ཀྱི་སེམས་སྐྱེ་བ་ལ་སངས་རྒྱས་ཀྱི་ཡོན་ཏན་བསམས་ནས་དེ་ལ་ཐོབ་འདོད་བསྐྱེད་པ་ཞིག་ངེས་པར་དགོས་ཀྱི། སངས་རྒྱས་ཀྱི་ཡོན་ཏན་ལ་དད་པ་དང་ཐོབ་འདོད་མེད་ན་བྱང་ཆུབ་ཀྱི་སེམས་མཚན་ཉིད་ཚང་བ་མི་སྐྱེ་བར་རྗེ་བཙུན་བྱམས་པ་མགོན་པོས་གསུངས་པ་ལྟར་རོ། །

དེས་ན་ཐེག་པ་ཆེན་པོའི་ལམ་གྱི་རྩ་བ་བྱང་ཆུབ་ཀྱི་སེམས་སྐྱེ་བ་ལ་སངས་རྒྱས་ཀྱི་ཡོན་ཏན་བསམས་ནས་དད་པ་ཐོབ་པ་ཞིག་མེད་མི་རུང་དུ་སྣང་བས་བྱང་ཆུབ་ལམ་རིམ་ལ་ཉམས་ལེན་སྙིང་པོར་བྱ་འདོད་པ་རྣམས་ལ་སངས་རྒྱས་ཀྱི་ཡོན་ཏན་མཐོང་བ་ཞིག་གལ་ཆེ་བར་བསམས་ནས་ཕྱོགས་ཙམ་ཞིག་བརྗོད་པ་ཡིན་ནོ། །དེ་ལྟར་སྟོན་པ་མྱ་ངན་ལས་འདས་པའི་ཚུལ་བསྟན་པའི་དབྱར་དེ་རྒྱལ་པོ་མ་སྐྱེས་དགྲས་སྦྱིན་བདག་བྱས་ནས་རྒྱལ་པོའི་ཁབ་ཀྱི་བདེ་ཆེན་མའི་ཕུག་ཏུ་འོད་སྲུངས་ཆེན་པོ་ལ་སོགས་པའི་དགྲ་བཅོམ་པ་ལྔ་བརྒྱས་དབྱར་གནས་མཛད། དེའི་ཚེ་ཀུན་དགའ་བོ་ལ་མདོ་སྡེ་བསྡུ་བར་གསོལ་བ་བཏབ་པ་ན། དགྲ་བཅོམ་པ་ལྔ་བརྒྱའི་སྣམ་སྦྱར་རྣམས་བརྩེགས་པ་གདན་དུ་བཏིང་བའི་སྟེང་དུ་འཕགས་པ་ཀུན་དགའ་བོས་འཛེགས་ཏེ། ཞལ་མཉན་ཡོད་དུ་ཕྱོགས། ཕྱག་ཐལ་མོ་སྦྱར། གདོང་མཆི་མ་དང་བཅས་བཞིན་དུ་འདི་སྐད་བདག་གིས་ཐོས་པ་དུས་གཅིག་ན་ཞེས་བརྗོད་པ་ན། ལྷ་(༥༩བ)གྲངས་མེད་པ་ནམ་མཁའ་ལས་བབས་ཏེ་གུས་པར་ཉན་ཞིང་མདོ་སྡེའི་སྡེ་སྣོད་བསྡུས་སོ། །

དེ་ཡང་དང་པོ་བདེན་བཞིའི་ཆོས་འཁོར་ནས་བཟུང་ཐ་མ་ཀུན་ཏུ་རྒྱུ་རབ་བཟང་ལ་གསུངས་པ་དང་། འཁོར་རྣམས་ལ་གསུང་གི་ཐ་མ་མི་རྟག་པ་བསྟན་པ་ཡན་ཆད་མདོ་སྡེ་ཇི་སྙེད་ཅིག་གསུངས་པ་ཐམས་ཅད་ཚིག་གཅིག་ཀྱང་མ་ལུས་པར་བློ་ལས་བཏོན་པའོ། །དེ་ལྟར་འཕགས་པ་ཀུན་དགའ་བོས་མདོ་སྡེ་བསྡུས་ནས་ཁྲི་ལས་བབས་ཏེ་འཁོད། དེ་ནས་འཕགས་པ་ཉེ་བར་འཁོར་ཁྲི་ལ་འཛེགས་ཏེ་འདུལ་བའི་སྡེ་སྣོད་རྣམས་བསྡུས། དེ་ནས་འོད་སྲུངས་ཆེན་པོ་ཁྲི་ལ་འཛེགས་ཏེ་མངོན་པའི་སྡེ་སྣོད་རྣམས་བསྡུས་སོ། །དེ་ནས་འོད་སྲུངས་ཆེན་པོ་འདི་སྙམ་དུ་བདག་གིས་བསྟན་པའི་བྱ་བ་བྱས་ཟིན་གྱི། ད་ནི་མྱ་ངན་ལས་འདའོ་སྙམ་དུ་དགོངས་ནས་འཕགས་པ་ཀུན་དགའ་བོ་ལ་བསྟན་པ་གཏད་དེ། ཁྱོད་ཀྱིས་ཀྱང་བསྟན་པ་ཤ་ནའི་གོས་ཅན་ལ་གཏོད་ཅིག་ཅེས

གསུངས་ནས་དེ་བཞིན་གཤེགས་པའི་མཆོད་རྟེན་རྣམས་ལ་ཕྱག་བྱས་ཏེ་ལྷོ་ཕྱོགས་ཀྱི་རི་བྱ་རྐང་ཅན་ཞེས་བྱ་བའི་རི་བོ་གསུམ་འདུས་ཀྱི་དབུས་སུ་བྱོན་ནས་རྩྭའི་གདན་ལ་སྐྱིལ་མོ་ཀྲུང་བཅས། བཅོམ་ལྡན་འདས་ཀྱིས་གནང་བའི་སྣམ་སྦྱར་སྐུ་ལུས་ལ་བཀབ་སྟེ། ཇི་སྲིད་བྱམས་མགོན་མ་བྱོན་གྱི་བར་དུ་ཕུར་མི་ཉམས་པར་བྱིན་གྱིས་བརླབས་ནས་མྱ་ངན་ལས་འདས་སོ། །

དེ་ནས་འཕགས་པ་ཀུན་དགའ་བོས་འཁོར་རྣམ་བཞི་ལ་རྗེས་སུ་གདམས་ཤིང་། བསྟན་(༧༠ན)པ་ལོ་བཞི་བཅུ་ཙམ་གྱི་རིང་བསྐྱངས་ནས་ནམ་ཞིག་ན་བསྟན་པ་ཤ་ནའི་གོས་ཅན་ལ་གཏད་དེ། ཁྱོད་ཀྱིས་བསྟན་པ་ཉེར་སྦས་ལ་གཏོད་ཅིག་ཅེས་ལུང་བསྟན་ནས་མྱ་ངན་ལས་འདས་སོ། །དེ་ནས་འཕགས་པ་ཤ་ནའི་གོས་ཅན་གྱིས་བསྟན་པའི་བྱ་བ་རྒྱ་ཆེར་མཛད་དེ་མཐར་བསྟན་པ་ཉེར་སྦས་ལ་གཏད། དེ་ནས་འཕགས་པ་ཉེར་སྦས་ཀྱིས་སངས་རྒྱས་གཉིས་པ་བཞིན་དུ་བསྟན་པའི་བྱ་བ་བསམ་གྱིས་མི་ཁྱབ་པ་མཛད་དེ། སློབ་མ་དགྲ་བཅོམ་ཐོབ་པའང་གྲངས་མེད་པ་བྱུང་སྟེ། དགྲ་བཅོམ་ཐོབ་པ་རེ་རེ་བྱུང་བ་ན་སོ་ཤིང་སོར་ལྔ་པ་རེ་རེ་དོར་བས་བྲག་ཕུག་འདོམ་ལྔ་བཅུ་ཡོད་པ་ཞིག་སོ་ཤིང་གིས་ཡོངས་སུ་གང་བར་གྱུར་ཏོ། །འཕགས་པ་ཉེར་སྦས་ཀྱིས་བསྟན་པ་དྷི་ཏི་ཀ་ལ་གཏད། འཕགས་པ་དྷི་ཏི་ཀས་བསྟན་པ་འཕགས་པ་ནག་པོ་ལ་གཏད། དེས་ལེགས་མཐོང་ཆེན་པོ་ལ་བསྟན་པ་གཏད་དེ། དེ་དག་ལ་བསྟན་པའི་གཏད་རབས་བདུན་དུ་གྲགས་སོ། །

ཐུབ་པའི་བསྟན་པ་དུས་ཇི་ཙམ་གནས་པ་ནི། སྟོན་པ་ཐུབ་པའི་དབང་པོ་འདི་ཉིད་རྒྱལ་བ་གཞན་ལས་ཐུགས་རྗེ་ཆེས་ལྷག་པས་རྒྱལ་བ་རང་ཉིད་མྱ་ངན་ལས་འདས་ནས་ཀྱང་བསྟན་པ་ལོ་ལྔ་སྟོང་དུ་གནས་པར་བྱིན་གྱིས་བརླབས་ཤིང་། གནས་བརྟན་ཆེན་པོ་སྒྲ་གཅན་འཛིན་ལ་སོགས་པ་གནས་བརྟན་བཅུ་དྲུག་ལ་བསྟན་པའི་གནས་ཚད་མ་རྫོགས་ཀྱི་བར་དུ་མྱ་ངན་ལས་མི་འདའ་བར་བསྟན་པ་སྐྱོངས་ཤིག་ཅེས་བཀའ་བསྒོས། རྣམ་

ཐོས་སྲས་ལ་སོགས་པ་འཛིག་རྟེན་(༧༠བ)སྐྱོང་བ་བཞི་ལ་བསྟན་པ་བསྟན་འཛིན་དང་བཅས་པ་བསྲུང་ཞིང་སྐྱོང་བར་བཀའ་བསྒོ་བར་མཛད་དོ། །

དེ་ལྟར་རྒྱལ་བའི་བསྟན་པ་ལོ་ལྔ་སྟོང་དུ་གནས་པ་ལས་ལོ་སྟོང་ཕྲག་རེ་རེ་ལ་ཕྱེད་ཕྱེད་དུ་བཅད་པས་ལྔ་བརྒྱ་པ་ཕྲག་བཅུ་ལ་ལེའུ་བཅུར་འགྱུར་ཏེ། དེ་ལ་ལྔ་བརྒྱ་དང་པོ་དང་། གཉིས་པ་དང་། གསུམ་པ་རྣམས་ལ་རིམ་པ་ལྟར། དགྲ་བཅོམ་པ་དང་། ཕྱིར་མི་འོང་བ་དང་། རྒྱུན་དུ་ཞུགས་པ་མང་དུ་འབྱུང་བས་དགྲ་བཅོམ་པའི་ལེའུ་དང་། ཕྱིར་མི་འོང་བའི་ལེའུ་དང་། རྒྱུན་དུ་ཞུགས་པའི་ལེའུ་ཞེས་བྱ་སྟེ། །འབྲས་བུ་ཆུད་པའི་ལེའུ་གསུམ་དང་། དེ་ནས་ལྔ་བརྒྱ་བཞི་པ་དང་། ལྔ་པ་དང་། དྲུག་པ་རྣམས་ལ་གོ་རིམ་བཞིན་དུ། ལྷག་མཐོང་དང་། ཏིང་ངེ་འཛིན་དང་། ཚུལ་ཁྲིམས་དང་ལྡན་པ་མང་དུ་འབྱུང་བས་ལྷག་མཐོང་གི་ལེའུ་དང་། ཏིང་ངེ་འཛིན་གྱི་ལེའུ་དང་། ཚུལ་ཁྲིམས་ཀྱི་ལེའུ་ཞེས་བྱ་སྟེ་སྒྲུབ་པའི་ལེའུ་གསུམ་དང་། དེ་ནས་ལྔ་བརྒྱ་བདུན་པ་དང་། བརྒྱད་པ་དང་། དགུ་པ་ལ་རིམ་པ་ལྟར་ཆོས་མངོན་པ་དང་། མདོ་སྡེ་དང་། འདུལ་བ་སྟོན་པ་མང་དུ་འབྱུང་བས་མངོན་པའི་ལེའུ་དང་། མདོ་སྡེའི་ལེའུ་དང་། འདུལ་བའི་ལེའུ་སྟེ་ལུང་གི་ལེའུ་གསུམ་དང་། ལྔ་བརྒྱ་པ་བཅུ་པ་ལ་ནི། རབ་ཏུ་བྱུང་བའི་རྟགས་ཙམ་ལས་ལྟ་སྤྱོད་རྣལ་མ་དང་མི་ལྡན་པས་རྟགས་ཙམ་འཛིན་པའི་ལེའུ་སྟེ། འདི་ཉིད་ལ་ལྔ་བརྒྱ་ཐ་མ་ཞེས་བཤད་དོ། །དེས་ན་བདག་ལེགས་སུ་འདོད་པ་དག་གིས་རྒྱལ་བའི་བསྟན་པ་དང་ལན་ཅིག་མཇལ་བའི་སྐབས་འདིར་རྒྱལ་བའི་བསྟན་པའི་སྙིང་པོ་ཚང་ལ་མ་ནོར་བ་བྱང་ཆུབ་ལམ་གྱི་རིམ་པ་ལ་བག་ཆགས་ཅི་ཐེབས་བྱའོ།། །།

རྒྱ་ཆེན་སྤྱོད་རྒྱུད་ལས་རྗེ་བཙུན་བྱམས་མགོན་གྱི་རྣམ་ཐར།

ཇོ་(༧༡ན)བོ་རྗེ་དཔལ་ལྡན་ཨ་ཏི་ཤས་བྱང་ཆུབ་ལམ་གྱི་རིམ་པ་སྟོན་པའི་བླ་མ་བརྒྱུད་པ་ལ་རྒྱ་ཆེན་སྤྱོད་རྒྱུད་དང་། ཟབ་མོ་ལྟ་རྒྱུད་གཉིས་སུ་མཛད་པའི་རྒྱ་ཆེན་སྤྱོད་རྒྱུད་ཀྱི་བླ་མ་རྣམས་ཀྱི་རྣམ་པར་ཐར་པ་སྟོན་པ་ལ་ཐོག་མར་རྗེ་བཙུན་བྱམས་པ་མགོན་པོའི་རྣམ་ཐར་ནི། འདྲེན་པ་མཉམ་མེད་སྟོན་པ་བཅོམ་ལྡན་འདས། །རྒྱལ་ཚབ་དམ་པ་རྗེ་བཙུན་མི་ཕམ་མགོན། །ཞེས་བསྟུགས་པ། འདྲེན་པ་མཉམ་མེད་སྟོན་པ་ཐུབ་པའི་དབང་པོ་དགའ་ལྡན་དུ་སྐྱེ་བ་སྤྲུལ་སྐུའི་ཚུལ་བཟུང་སྟེ་རྒྱལ་བ་འོད་སྲུངས་ཀྱི་དུས་ནས་ཞིང་འདིར་འགྲོན་པ་ལ་ཉེ་བའི་བར་དགའ་ལྡན་གྱི་ལྷ་རྣམས་ལ་ཆོས་བསྟན་ནས་འཛམ་བུའི་གླིང་དུ་འགྲོན་པ་ལ་ཉེ་བར་ཕྱོགས་པའི་ཚེ། རྗེ་བཙུན་བྱམས་པ་མགོན་པོ་ལ་ཐྲོག་ཞུ་བསྐོན་ནས་རྒྱལ་ཚབ་ཏུ་དབང་བསྐུར་བས། དེ་ནས་བཟུང་རྒྱལ་ཚབ་བྱམས་པ་མགོན་པོ་ཞེས་གྲགས་པ་རྗེ་བཙུན་བྱམས་མགོན་འདི་ཉིད་སྔོན་ཐུགས་ཇི་ལྟར་བསྐྱེད་པའི་ཚུལ་ནི། མདོ་སྡེ་བསྐལ་བཟང་ལས། བྱང་ཆུབ་སེམས་དཔའ་བྱམས་པ་འཁོར་ལོས་སྒྱུར་བ་ཡི། །རྒྱལ་པོ་རྣམ་པར་སྣང་བྱེད་ཅེས་བྱར་གྱུར་པ་ན། །བདེ་གཤེགས་མཐུ་ཆེན་གདུགས་ཚོད་དག་ལ་སྤྱན་དྲངས་ནས། །དང་པོར་བླ་མེད་བྱང་ཆུབ་ཏུ་ནི་སེམས་བསྐྱེད་དོ། །ཞེས་གསུངས་པ་ལྟར་རྗེ་བཙུན་བྱམས་པ་མགོན་པོ་འདི་ཉིད་སྔོན་བསྐལ་པ་བརྗོད་ཀྱིས་མི་ལང་བའི་ཡང་བརྗོད་ཀྱིས་མི་ལང་བའི་སྔོན་རོལ་ཏུ་འཁོར་ལོས་སྒྱུར་བའི་རྒྱལ་པོ་རྣམ་པར་སྣང་བྱེད་ཅེས་བྱ་བར་གྱུར་པའི་ཚེ་དེ་བཞིན་གཤེགས་པ་ཐུབ་པ་ཆེན་པོ་ཞེས་བྱ་བ་འཇིག་རྟེན་(༧༡བ)དུ་བྱོན་པ་དང་མཇལ་ཏེ། དེ་བཞིན་གཤེགས་པ་དེ་ལ་གདུགས་ཚོད་ཕུལ་ནས་མཁའ་ཁྱབ་ཀྱི་སེམས་ཅན་ཐམས་ཅད་ལ་བྱམས་པ་དང་སྙིང་

རྗེ་ཆེན་པོས་གཟིགས་ནས་སེམས་ཅན་ཐམས་ཅད་འཁོར་བ་ལས་སྒྲོལ་བའི་ཕྱིར་དུ་བྱང་ཆུབ་མཆོག་ཏུ་ཐུགས་བསྐྱེད་པར་མཛད་དོ། །

ཡང་བསྐལ་པ་གྲངས་མེད་པ་བས་ཀྱང་ཆེས་གྲངས་མེད་པ་ཡུན་རིང་ཞིང་ཚད་མེད་བསམ་གྱིས་མི་ཁྱབ་པའི་སྔ་རོལ་ཏུ། རྗེ་བཙུན་བྱམས་པ་གླིང་བཞི་ལ་དབང་བའི་འཁོར་ལོས་བསྒྱུར་བའི་རྒྱལ་པོ་གསེར་མདོག་ཅན་ཞེས་བྱ་བར་གྱུར་པའི་དུས་རྫོགས་པའི་སངས་རྒྱས་གསེར་ཟངས་འོད་བྱང་ཆུབ་སེམས་དཔའི་འཁོར་དཔག་ཏུ་མེད་པ་ཉན་ཐོས་ཀྱི་དགེ་འདུན་དང་བཅས་པ་ལ། རྒྱལ་པོའི་འབྱོར་པ་ཆེན་པོ་དང་བསོད་ནམས་ཀྱི་མཐུ་ཆེན་པོས་སུམ་ཅུ་རྩ་གསུམ་གྱི་ལྷ་རྣམས་ཀྱི་འབྱོར་པས་ཀྱང་བསྙུན་དུ་མེད་པའི་བཀོད་པ་དང་། མཆོད་པ་དང་། བསྙེན་བཀུར་བ་ཐམས་ཅད་ཀྱིས་ལོ་བྱེ་བ་ཕྲག་བརྒྱད་ཅུ་རྩ་བཞིར་བཀུར་སྟིར་བྱས་ཏེ་བླ་ན་མེད་པའི་བྱང་ཆུབ་ཏུ་ཐུགས་བསྐྱེད་པར་མཛད། ཡང་སྟོན་མི་མཇེད་འཇིག་རྟེན་གྱི་ཁམས་འདིའི་ཐད་དུ་བསྐལ་པ་འཛིན་པ་ཞེས་བྱ་བ་བྱུང་བ་ལ། བསྐལ་པ་ཆེན་པོ་དེ་ལ་གླིང་བཞི་པའི་སངས་རྒྱས་ཀྱི་ཞིང་འདིར་གླིང་བཞིར་འཁོར་ལོས་བསྒྱུར་བའི་རྒྱལ་པོ་རྩིབས་ཀྱི་མུ་ཁྱུད་ཅེས་བྱ་བ་ཞིག་བྱུང་ངོ་། །རྒྱལ་པོ་རྩིབས་ཀྱི་མུ་ཁྱུད་དེ་ལ་མདུན་ན་འདོན་བྲམ་ཟེ་རྒྱ་མཚོའི་རྡུལ་ཞེས་བྱ་བ་ཞིག་ཡོད་དོ། །དེ་ལ་བུ་སྐྱེས་བུ་ཆེན་པོའི་མཚན་སུམ་ཅུ་རྩ་གཉིས་དང་ལྡན་ཞིང་དཔེ་བྱད་བཟང་པོ་བརྒྱད་ཅུས་ལུས་རྣམ་པར་མཛེས་ལ་བསོད་ནམས་བརྒྱའི་མཚན་དང་ལྡན་ཞིང་འོད་འདོམ་གང་(༧༢ན)བ་ཡོད་ལ་ཤིང་ཏྲ་གྲོ་དྷ་ལྟར་ཆུ་ཞེང་གབ་ཅིང་བལྟ་བས་ཆོག་མི་ཤེས་པ་ཞིག་བཙས་སོ། །དེ་བཙས་མ་ཐག་ཏུ་ལྷ་འབུམ་གྱིས་མཆོད་པ་བྱས་ནས་རྒྱ་མཚོའི་སྙིང་པོ་ཞེས་བྱ་བར་མིང་བཏགས་སོ། །དེ་དུས་གཞན་ཞིག་ན་ངེས་པར་བྱུང་ནས་སྐྲ་དང་སྨ་བྲེགས་ཏེ་གོས་ངུར་སྨྲིག་བགོས་ནས་བླ་ན་མེད་པ་ཡང་དག་པར་རྫོགས་པའི་བྱང་ཆུབ་ཏུ་མངོན་པར་རྫོགས་པར་སངས་རྒྱས་ཏེ། དེ་བཞིན་

གཤེགས་པ་རིན་པོ་ཆེའི་སྙིང་པོ་ཞེས་བྱ་བར་གྱུར་ནས་བཅོམ་ལྡན་འདས་དེས་ཆོས་ཀྱི་འཁོར་ལོ་བསྐོར་ཏེ་སྲོག་ཆགས་བྱེ་བ་ཁྲག་ཁྲིག་འབུམ་ཕྲག་མང་པོ་དག་མཐོ་རིས་དང་ཐར་པའི་འབྲས་བུ་ལ་རབ་ཏུ་བཀོད་པར་གྱུར་རོ། །དེ་ནས་བྲམ་ཟེ་རྒྱ་མཚོའི་རྫུལ་གྱིས་འཁོར་ལོས་བསྒྱུར་བའི་རྒྱལ་པོ་རྩེ་བས་ཀྱི་སྲས་ཁྲུད་དང་རང་གི་སློབ་མ་བྲམ་ཟེ་རིག་བྱེད་གླིག་པ་སྟོང་ལ་སོགས་པ་ལ་ཡང་དང་ཡང་དུ་བསྐུལ་ཏེ། དེ་བཞིན་གཤེགས་པ་རིན་ཆེན་སྙིང་པོའི་སྤྱན་སྔར་སེམས་བསྐྱེད་དུ་བཅུག་གོ །དེའི་ཚེ་རྒྱལ་པོ་རྩེ་བས་ཀྱི་སྲས་ཁྲུད་ཀྱིས་དེ་བཞིན་གཤེགས་པ་རིན་ཆེན་སྙིང་པོའི་སྤྱན་སྔར་སེམས་བསྐྱེད་དེ། བདེ་བ་ཅན་གྱི་ཞིང་གི་བཀོད་པ་བློ་ཡུལ་དུ་བཟུང་ནས་ཞིང་དེ་འགྲུབ་པའི་ཕྱིར་དུ་བསྐལ་པ་གྲངས་མེད་པར་རྫོགས་སྨིན་སྦྱང་གསུམ་གྱི་སྤྱོད་པ་སྤྱད་པ་མཐར་ཕྱིན་པར་མཛད་ནས་བདེ་བ་ཅན་གྱི་ཞིང་གྲུབ་སྟེ་ཞིང་དེར་མངོན་པར་རྫོགས་པར་སངས་རྒྱས་སོ། །བྲམ་ཟེ་རྒྱ་མཚོའི་རྫུལ་གྱི་སློབ་མ་བྲམ་ཟེ་རིག་བྱེད་གླིག་པ་སྟོང་པོ་དེས་ཀྱང་དེ་བཞིན་གཤེགས་པ་རིན་ཆེན་སྙིང་པོའི་སྤྱན་སྔར་སེམས་བསྐྱེད་ཅིང་། དེ་བཞིན་གཤེགས་པ་རིན་ཆེན་སྙིང་པོས་དེ་དག་བསྐལ་པ་བཟང་པོ་(༧༢བ)འདི་ལ་འཚང་རྒྱ་བར་ལུང་བསྟན་ནས་དེ་དག་གིས་རང་རང་གི་ཞིང་བཟུང་བ་ན། དང་པོ་འཁོར་བ་འཇིག་ནས་ཐ་མ་མོས་པ་སྣང་མཛད་ཀྱི་བར་ཐམས་ཅད་ཀྱིས་རང་རང་གི་སངས་རྒྱས་ཀྱི་ཞིང་གདུལ་བྱ་བ་དང་ཞིང་དག་པ་ཤ་སྟག་བཟུང་ནས། རྩོད་ལྡན་ཚེ་ལོ་བརྒྱ་པའི་དུས་འདི་དང་། མ་འོངས་པའི་ཚེ་ལོ་བརྒྱད་ཁྲི་པའི་དུས་གཉིས་པོ་འདི་ལུས་ཏེ། དེ་ཡང་རྩོད་ལྡན་ཚེ་ལོ་བརྒྱ་པའི་དུས་འདི་ནི་དུས་ཀྱི་སྙིགས་མར་གྱུར་པས་སེམས་ཅན་རྣམས་ཚེ་ཐུང་ཞིང་ལོངས་སྤྱོད་དབུལ་ལ་ནད་མང་ཞིང་ཕལ་ཆེར་དུས་མ་ཡིན་པའི་འཆི་རྐྱེན་གྱིས་འཆི་བར་འགྱུར་བ་མ་རུངས་པ་དམུ་རྒོད་པ། དྲིན་ལན་ལོག་པར་མཇལ་བས་གང་བ་འདི་ནི་རྒྱལ་བ་དེ་དག་ཐམས་ཅད་སྐྲག་ནས་འདི་ལྟ་བུའི་དུས་ངན་པ་མ་རུངས་པ་འདི་དག་གི་ཁྲོད་དུ་སུ་ཞིག་

འཛུག་ཅེས་ཡལ་བར་བོར་བ་ན་ཁྲམ་ཟེ་རྒྱ་མཚོའི་རྡུལ་གྱིས་ཐུགས་རྗེས་མ་བཟོད་པར་དུས་འདིར་འགྲོན་པའི་ཐུགས་བསྐྱེད། མ་འོངས་པའི་ཚེ་ལོ་བརྒྱད་ཁྲི་པའི་དུས་དེ་ནི་སྣོད་བཅུད་ཐམས་ཅད་ཕུན་སུམ་ཚོགས་པས་གང་བ། སྣོད་རྣམས་ལྷའི་ཡུལ་དང་མཚུངས་པ། མི་རྣམས་ཚེ་རིང་ཞིང་གཟུགས་བཟང་བ་ལོངས་སྤྱོད་ཆེ་བ་ཕན་ཚུན་འཚེ་བ་གང་ཡང་མེད་ཅིང་རང་བཞིན་གྱིས་དགེ་བའི་ལམ་ལ་གནས་པ་ཤ་སྟག་འབྱུང་བས་འདི་དག་ནི་ཤིན་ཏུ་བཟང་ངོ་ཞེས་ཐམས་ཅད་ཀྱིས་བཏང་སྙོམས་སུ་བཞག་སྟེ་ལུས་པ་ན། རྗེ་བཙུན་བྱམས་མགོན་འདི་ཉིད་དེའི་ཚེ་རིག་བྱེད་གླིག་པ་སྟོང་གི་ལྟ་བ་དྲི་མེད་འོད་ཅེས་བྱ་བར་གྱུར་པ་དེས་ཐུགས་རྗེས་མ་བཟོད་ནས་ཚེ་ལོ་བརྒྱད་ཁྲི་པའི་དུས་ཀྱི་འགྲོ་བ་འདི་རྣམས་དེ་བཞིན་གཤེགས་པ་ཐམས་ཅད་ཀྱིས་(༧༢ན)བཏང་སྙོམས་སུ་བཞག་པས། འདི་དག་ལ་ཆོས་སྟོན་པ་པོ་མེད་པས། འདི་དག་ལ་གནས་སྐབས་སུ་འཁོར་བའི་བདེ་འབྱོར་ཅུང་ཟད་ཡོད་ཀྱང་ལས་ཉོན་གྱིས་བཅིངས་པས་འཁོར་བ་ལས་མ་འདས་ཤིང་། སླར་ཡང་འཁོར་བ་མཐའ་མེད་དུ་འཁྱམས་ནས་སྡུག་བསྔལ་བརྒྱུད་མར་མྱོང་བར་འགྱུར་བ་འདི་རྣམས་སྙིང་རེ་རྗེ། འདི་རྣམས་ཀྱི་མགོན་དུ་ང་ཉིད་ཞིང་དེར་འཚང་རྒྱ་བར་བྱའོ་སྙམ་དུ་ཐུགས་བསྐྱེད་པ་ན་དེ་བཞིན་གཤེགས་པ་རིན་ཆེན་སྙིང་པོས་ཀྱང་། དེ་ལྟར་དུས་བསྐལ་བཟང་གི་སངས་རྒྱས་ལྔ་པར་འགྱུར་བར་ལུང་བསྟན་ཏོ། །དོན་གྱི་དབང་འདི་གཟིགས་ནས་རྗེ་བདག་ཉིད་ཆེན་པོས་བྱམས་མགོན་ལ་བསྟོད་པ་མཛད་པ་ན། བདེ་གཤེགས་སྔ་མས་བཏང་སྙོམས་མཛད་པ་ཡི། །གྲངས་མེད་འགྲོ་ལ་བརྩེ་བས་མ་བཟོད་ནས། །ཞིང་འདིར་བྱང་ཆུབ་སྙིང་པོར་གཤེགས་འགྱུར་བ། །མི་ཕམ་ཆོས་རྗེའི་ཞབས་ལ་གསོལ་བ་འདེབས། །ཞེས་བསྔགས་པ་མཛད་དོ། །ཡང་སྔོན་འདས་པའི་བསྐལ་པ་བརྗོད་ཀྱིས་མི་ལང་བའི་སྔོན་རོལ་ཏུ་འཁོར་ལོས་བསྒྱུར་བའི་རྒྱལ་པོ་ཡུལ་འཁོར་སྐྱོང་ཞེས་བྱ་བ་བྱུང་སྟེ། དེ་ལ་བུ་སྟོང་ཡོད་དོ། །དེའི་ཚེ་དེ་བཞིན་

གཤེགས་པ་ཡོན་ཏན་མཐའ་ཡས་རིན་པོ་ཆེ་སྣ་ཚོགས་བཀོད་པའི་རྒྱལ་པོ་ཞེས་བྱ་བ་འཇིག་རྟེན་དུ་བྱོན་ཏེ། དེ་བཞིན་གཤེགས་པ་དེ་ལ་འཁོར་ལོས་བསྒྱུར་བའི་རྒྱལ་པོ་ཡུལ་འཁོར་སྐྱོང་བུ་སྟོང་དང་བཅས་པས་དུས་ཡུན་རིང་པོར་མཆོད་ཅིང་བསྙེན་བཀུར་ནས་དེ་བཞིན་གཤེགས་པ་དེའི་སྤྱན་སྔར་བླ་ན་མེད་པ་ཡང་དག་པར་རྫོགས་པའི་བྱང་(༧༣བ)ཆུབ་ཏུ་སེམས་བསྐྱེད་པ་ན་དེ་བཞིན་གཤེགས་པ་དེས་རྒྱལ་བུ་སྟོང་པོ་དེ་རྣམས་ཀྱི་མིང་བྱུམ་པར་བཅུག་ནས་རིམ་བཞིན་ལུང་བསྟན་པ་ན། རྗེ་བཙུན་བྱམས་མགོན་འདི་ཉིད་འཁོར་ལོས་བསྒྱུར་བའི་རྒྱལ་པོ་དེའི་བུ་སྟོང་གི་ནང་ནས་བཞི་པ་སྣ་རགས་ཅན་ཞེས་བྱ་བ་ཡིན་པས། དེ་བཞིན་གཤེགས་པ་དེས་བུ་སྟོང་པོ་དེ་རིམ་བཞིན་བསྐལ་པ་བཟང་པོ་འདི་ལ་འཚང་རྒྱ་བར་ལུང་བསྟན་ཏེ། དོན་འདི་ལ་དགོངས་ནས། མཐུན་པའི་སྨོན་ལམ་དགེ་ཚོགས་རྨད་བྱུང་ཞིང་། །སྤྱོད་པ་སྤྱོད་ཆེན་ཡང་མཆེད་གྱུར་ལ། །བསྐལ་བཟང་འདི་ལ་མཛད་པ་མཐར་ཕྱིན་པའི། །རྫོགས་པའི་སངས་རྒྱས་སྟོང་ལ་ཕྱག་འཚལ་ལོ། །ཞེས་བསྟོད་པ་མཛད་དོ། །གཞན་ཡང་སངས་རྒྱས་མང་པོའི་སྤྱན་སྔར་ཐུགས་བསྐྱེད་པར་མཛད་ཅིང་བཅོམ་ལྡན་འདས་ཤཱཀྱ་ཐུབ་པ་ལ་སོགས་པ་བསྐལ་བཟང་གི་སངས་རྒྱས་གཞན་ཐམས་ཅད་ལས་བསྐལ་པ་བཞི་བཅུ་རྩ་གཉིས་ཀྱིས་ཐུགས་བསྐྱེད་པ་སྔ་བར་གསུངས་སོ། །དེ་ལྟར་རྗེ་བཙུན་བྱམས་པ་མགོན་པོས་ཐུགས་བསྐྱེད་ནས་བསྐལ་པ་བགྲང་བ་ལས་འདས་པར་ཚོགས་གཉིས་བར་མ་ཆད་དུ་བསགས། བཅོམ་ལྡན་འདས་ཤཱཀྱ་ཐུབ་པས་མི་སྐྱེ་བའི་ཆོས་ལ་བཟོད་པ་བརྙེས་པ་ནས་བཟུང་བཅོམ་ལྡན་འདས་ཤཱཀྱ་ཐུབ་པ་ཉིད་ཡོངས་འཛིན་དུ་བསྟེན་ཏེ། དབུའི་གཙུག་ཏུ་འབྲལ་མེད་དུ་བསྒོམས་པས་གདུལ་བྱ་རྣམས་ཀྱིས་བྱམས་མགོན་གྱི་དབུའི་གཙུག་ན་བྱང་ཆུབ་མཆོད་རྟེན་ཡོད་པར་མཐོང་སྟེ། ད་ལྟ་བྱམས་མགོན་གྱི་སྐུ་ལ་དབུའི་གཙུག་ཏུ་བྱང་ཆུབ་མཆོད་རྟེན་རེ་བྱེད་སྲོལ་ཡོད་པ་འདི་ཡང་དེའི་རྒྱུ་མཚན་གྱིས་ཡིན་པར་གསུངས། དེ་

(༧༩ན)ལྟར་རྡོ་བཙུན་བྱམས་པ་མགོན་པོས་བསྐལ་པ་གྲངས་མེད་མུ་མེད་པར་ཚོགས་གཉིས་བར་མ་ཆད་དུ་བསགས་ནས། དེ་བཞིན་གཤེགས་པ་རིན་ཆེན་གདུགས་ཞེས་བྱ་བ་འཇིག་རྟེན་དུ་བྱོན་པའི་ཚེ། བྱམས་མགོན་འདི་ཉིད་དགེ་སློང་བློ་གྲོས་བརྟན་པ་ཞེས་བྱ་བར་གྱུར་ནས་དེ་བཞིན་གཤེགས་པ་དེ་ཉིད་ལ་བསྙེན་བཀུར་ཞིང་ལོ་བརྒྱད་ཁྲི་བཞི་སྟོང་གི་བར་དུ་ཉིན་རེ་བཞིན་སེམས་ཅན་བརྒྱ་བརྒྱ་ཙམ་བསླབ་པའི་གཞི་ལྔ་ལ་མ་བཀོད་ཀྱི་བར་དུ་ཟས་མི་བཟའ། སྲོག་ཆགས་ཀྱི་དོན་དུ་འགྱུར་བ་མཐོང་ཚེ་ཞག་མང་པོའི་བར་དུ་ཟས་བཅད་ཀྱང་དེས་མི་སྐྱོ་བར་སེམས་ཅན་གྱི་དོན་ལ་བརྩོན་པར་མཛད་དེ་སྲོག་ཆགས་བྱེ་བ་ཁྲག་ཁྲིག་འབུམ་ཕྲག་སུམ་ཅུ་རྩ་དྲུག་བསླབ་པའི་གཞི་ལྔ་ལ་བཀོད་དོ། །དེ་ལྟར་ལོ་བརྒྱད་ཁྲི་བཞི་སྟོང་གི་བར་དུ་སེམས་ཅན་གྱི་དོན་མཛད་ནས་སྲོག་ཆགས་བྱེ་བ་ཕྲག་གསུམ་ཐེག་པ་ཆེན་པོའི་ལམ་ལ་བཀོད། སྲོག་ཆགས་བགྲང་བ་ལས་འདས་པ་ཞིག་ཐེག་པ་དམན་པའི་ལམ་ལ་བཀོད། སྲོག་ཆགས་གྲངས་མེད་མུ་མེད་པ་ཞིག་ལ་བྱམས་པའི་ཏིང་ངེ་འཛིན་བསྐྱེད་པར་མཛད། ཐ་ན་གྲོང་དང་གྲོང་ཁྱེར་དང་ཚོང་དུས་དང་ཡུལ་འཁོར་ལ་སོགས་པ་གང་དང་གང་དུ་བྱོན་པའི་སེམས་ཅན་དེ་དང་དེ་དག་གིས་ཞལ་མཐོང་བ་དང་། གསུང་ཐོས་པ་དང་ཕྱག་གིས་རེག་པ་དང་གང་དུ་ཞབས་བཞག་པའི་ས་དེ་དང་དེ་དག་ན་གནས་པའི་སེམས་ཅན་དེ་དག་ཐམས་ཅད་ཀྱང་བྱམས་པའི་ཏིང་ངེ་འཛིན་ལ་བཀོད་པས་ཕྱོགས་བཅུའི་རྒྱལ་བ་སྲས་བཅས་ཐམས་ཅད་ཀྱིས་ལེགས་སོའི་བསྔགས་པ་བརྗོད་ཅིང་། (༧༩བ)དཀར་ཕྱོགས་ཀྱི་ལྷ་ཐམས་ཅད་ཀྱིས་འདི་ལྟ་བུར་སེམས་ཅན་ཐམས་ཅད་བྱམས་པ་ལ་འགོད་པ་ངོ་མཚར་རོ། །ཞེས་རྒྱ་ཆེར་བསྔགས་པས་ཕྱོགས་བཅུའི་ཞིང་ཐམས་ཅད་དུ་བྱང་ཆུབ་སེམས་དཔའ་སེམས་དཔའ་ཆེན་པོ་བྱམས་པ་ཞེས་མཚན་གྲགས་ཤིང་། དེའི་ཚེ་དེ་བཞིན་གཤེགས་པ་རིན་ཆེན་གདུགས་ཀྱིས་བྱང་ཆུབ་སེམས་དཔའ་ཆེན་པོ་བྱམས་པ་འདི་ད་ནས་བཟུང་སྟེ་སྐྱེ་བ

ཐམས་ཅད་དུ་ཁྱབ་པའི་མཚན་དང་ལྡན་པར་འགྱུར་ཞིང་། མངོན་པར་རྫོགས་པར་སངས་རྒྱས་པའི་ཚེ་ཡང་དེ་བཞིན་གཤེགས་པ་ཁྱབ་པ་ཞེས་བྱ་བར་འཚང་རྒྱ་བར་འགྱུར་རོ། །ཞེས་ལུང་བསྟན་ཏོ། །

དེ་ནས་རྗེ་བཙུན་ཁྱབ་པ་མགོན་པོ་ཚོགས་གཉིས་ཕལ་ཆེར་རྫོགས་ཏེ་ས་བཅུ་པ་ལ་གནས་པའི་ཚེ་འོད་ཟེར་ཆེན་པོའི་དབང་བསྐུར་པ་ཐོབ་སྟེ། དེའི་ཚུལ་རྒྱས་པར་བརྗོད་ན་ཡི་གེ་མང་དུ་དོགས་པས་རྗེ་བདག་ཉིད་ཆེན་པོས་ཚིགས་བཅད་དུ་བསྡྲིགས་ནས་གསུངས་པ་ནི། མ་ལུས་སེམས་ཅན་བདེ་ལ་འགོད་ཕྱིར་དུ། །རབ་འབྱམས་ཞིང་གི་རྒྱལ་བ་ཐམས་ཅད་ཀྱིས། །འོད་ཟེར་ཆེན་པོའི་དབང་གིས་མགོན་ཁྱོད་ལ། །ཆོས་ཀྱི་རྒྱལ་སྲིད་གཏད་པ་དགོངས་པར་རིགས། །གང་ཚེ་ཁྱོད་ཀྱིས་དབང་བསྐུར་ས་བརྙེས་ཚེ། །གྲངས་མེད་འབུམ་ཕྲག་བཅུ་ཡི་ཏིང་འཛིན་དང་། །ཀུན་མཁྱེན་ཡེ་ཤེས་ཉིད་དུ་དབང་བསྐུར་བའི། །ཏིང་ངེ་འཛིན་རྣམས་མངོན་དུ་གྱུར་པའི་མཐར། །སྟོང་གསུམ་འབུམ་ཕྲག་བཅུ་ཡི་རྡུལ་སྙེད་ཀྱི། །པདྨོའི་འཁོར་གྱིས་བསྐོར་བའི་པདྨ་ནི། །རྩ་བ་རིན་ཆེན་ལྗེ་བ་ཙན་དན་མཆོག །ཟེའུ་འབྲུ་རྡོ་ཡི་སྙིང་པོ་ལོ་མ་ནི། །འཛམ་བུ་ཆུ་བོའི་གསེར་ལྟར(༧༥(ན))ཀུན་ཏུ་སྣང་། །རིན་ཆེན་ཀུན་གྱིས་རབ་སྤྲས་འདབ་བརྒྱ་འབྱེད། །རིན་ཆེན་དྲ་བས་ཀུན་ནས་གཡོགས་པ་ལ། །དེ་དང་འཚམ་པར་ཁྱོད་སྐུ་བཞུགས་པ་ནི། །འཁོར་གྱི་པདྨར་དེ་སྙེད་རྒྱལ་བའི་སྲས། །ཁྱོད་ཀྱི་ཞལ་དུ་ཕྱོགས་ནས་འཁོད་པ་རྣམས། །འབུམ་ཕྲག་བཅུ་ཡི་ཏིང་ངེ་འཛིན་ལ་རོལ། །དེ་ཚེ་ཁྱོད་ཀྱི་ཞབས་མཐིལ་ཕུས་མོ་དང་། །ལྟེ་བ་རྩིབ་ལོགས་ཕྱག་གི་མཐིལ་གཉིས་ནས། །གྲངས་མེད་འབུམ་ཕྲག་བཅུ་ཡི་འོད་ཕྱུང་ནས། །ངན་སོང་གསུམ་དང་མི་དང་ལྷ་མིན་ལྷ། །གནས་ཀུན་སྣང་བྱས་སྡུག་བསྔལ་ཞི་བར་མཛད། །ཕྲག་པ་རྒྱབ་མགུལ་ཞལ་གྱི་སྒོ་རྣམས་ནས། །ཕྱིར་གྱི་འོད་ཀྱིས་ཉན་རང་ས་དགུའི་བར། །བྱང་སེམས་གནས་རྣམས་སྣང་མཛད་རིམ་བཞིན་དུ། །

ཆོས་སྣང་ཉིད་འཛིན་ཐབས་ཤེས་ཚུལ་རྣམས་བསྒྲུབས། །ཕྱིར་བཞིན་མཛོད་སྤུ་ནས་ཕྱུང་འོད་ཟེར་གྱིས། །ཕྱོགས་བཅུའི་བདུད་གནས་ཐམས་ཅད་ཟིལ་མནན་ནས། །དབང་བསྐུར་བརྙེས་པའི་རྒྱལ་བའི་སྲས་རྣམས་ཀྱི། །སྐུ་ཡི་དཀྱིལ་འཁོར་དག་ཏུ་ནུབ་པར་མཛད། །ཡན་ལག་མཆོག་ལས་སྟོང་གསུམ་འབུམ་ཕྲག་བཅུའི། །ཕྲ་རབ་རྡུལ་སྙེད་འོད་ཟེར་ཕྱུང་ནས་ཀྱང་། །བདེ་གཤེགས་འཁོར་གྱི་དཀྱིལ་འཁོར་སྣང་བྱས་ཏེ། །འཇིག་རྟེན་ལན་བཅུར་བསྐོར་ནས་བར་སྣང་ལ། །འོད་ཀྱི་དྲ་བའི་དཀྱིལ་འཁོར་ཆེན་པོ་ཡིས། །ཀུན་བཟང་མཆོད་སྤྲིན་རྒྱ་མཚོའི་ཆར་ཕབ་ནས། །འཇིག་རྟེན་ལན་བཅུར་བསྐོར་ནས་རྒྱལ་རྣམས་ཀྱི། །ཞབས་ཀྱི་མཐིལ་དུ་ཀུན་ནས་ནུབ་པར་གྱུར། །དེ་ནས་སྲས་བཅས་རྒྱལ་བས་དབང་པོ་ཁྱོད། །དབང་བསྐུར་དུས་ལ་བབ་པར་(༧༥(བ)གཟིགས་གྱུར་ནས། །དབང་བསྐུར་ཐོབ་པའི་རྒྱལ་བ་སྲས་བཅས་ཀྱིས། །རྡོ་རྗེ་དཔལ་བེའུ་བཀྲ་ཤིས་རི་མོ་ལས། །གྲངས་མེད་འབུམ་ཕྲག་བཅུ་ཡི་འོད་ཟེར་གྱིས། །འཁོར་བཅས་འོད་ཕྱུང་ཕྱོགས་ཀུན་སྣང་བྱས་ཏེ། །མུ་མེད་ཆོ་འཕྲུལ་བསྟན་ནས་ཁྱོད་ཀྱི་ནི། །རྡོ་རྗེ་དཔལ་བེའུ་བཀྲ་ཤིས་རྣམས་སུ་ནུབ། །དེ་ནས་དེ་མ་ཐག་ཏུ་ཁྱོད་ཀྱི་སྟོབས། །འབུམ་འགྱུར་ལས་ཀྱང་ལྷག་པར་འཕེལ་བའི་ཚེ། །ཕྱོགས་བཅུའི་རྒྱལ་བ་རྣམས་ཀྱི་མཛོད་སྤུ་ནས། །ཕྱིར་བཞིན་འོད་ཀྱིས་ཞིང་ཀུན་སྣང་བྱས་ནས། །འཇིག་རྟེན་ལན་བཅུ་བསྐོར་ཏེ་ཆོ་འཕྲུལ་བསྟན། །བྱང་སེམས་བྱེ་བ་མང་བསྐུལ་ཞིང་ཀུན་བསྐྱོད། །ངན་འགྲོ་ཞི་མཛད་བདུད་རྣམས་ཟིལ་མནན་ཏེ། །བདེ་གཤེགས་རྣམས་ཀྱི་གདན་ཀུན་རབ་བསྟན་ནས། །འོད་ཟེར་གཙོ་བོ་ཁྱོད་ཀྱི་སྤྱི་བོ་དང་། །འཁོར་གྱི་འོད་ཟེར་འཁོར་གྱི་སྤྱི་བོར་ནུབ། །དེ་ཚེ་བྱང་སེམས་རྣམས་ཀྱིས་སྔོན་མེད་པའི། །སྟོང་ཕྲག་བཅུ་ཡི་ཏིང་འཛིན་ཐོབ་པར་གྱུར། །དེ་ལྟར་གླང་པོ་རིན་ཆེན་གསེར་ཁྲི་ཡིས། །བརྒྱན་པའི་སྟེང་དུ་འཁོར་ལོས་སྒྱུར་བའི་སྲས། །རྒྱ་མཚོ་བཞི་ཡི་ཆུས་བཀང་གསེར་བུམ་གྱིས། །སྤྱི་བོའི་གནས་ནས་རྒྱས་པར

དབང་བསྒྱུར་བ། །དེ་བཞིན་ཐུབ་པའི་ཆོས་ཀྱི་རྒྱལ་ཚབ་ཏུ། །མངོན་པར་དབང་བསྒྱུར་ཁྱོད་ཀྱིས་འཁོར་བ་སྲུ །ལས་ཀྱིས་ཀུན་ནས་མནར་བའི་སེམས་ཅན་ཀུན། །ཟག་མེད་བདེ་བའི་དཔལ་ལ་འགོད་དུ་གསོལ། །ཞེས་གསུངས་པ་ལྟར་རོ། །

མ་འོངས་པ་ན་རྗེ་བཙུན་བྱམས་པ་མགོན་པོ་ཞིང་འདིར་བྱོན་ནས་འཚང་རྒྱ་བའི་མཛད་པ་སྟོན་ཚུལ་ནི། ཐུབ་པའི་བསྟན་པ་ལོ་ལྔ་སྟོང་དུ་གནས་པ་རིམ་གྱིས་རྫོགས(༧༨ན)ནས་མཐར་རྟགས་ཙམ་འཛིན་པ་ལོ་ལྔ་བརྒྱ་དང་། དེ་ནས་དེ་ཡང་ནུབ་སྟེ་སེམས་ཅན་རྣམས་རྨོངས་ཤིང་ཉོན་མོངས་པ་ཁོ་ནའི་དབང་དུ་སོང་སྟེ་ཕན་ཚུན་གཅིག་ལ་གཅིག་འཚེ་ཞིང་སྡིག་པ་ཁོ་ན་སྤྱོད་པས་བསོད་ནམས་ཇེ་དམན་ཇེ་དམན་ལ་སོང་སྟེ་ཚེ་ལོ་ཉི་ཤུ་དང་། དེ་ཡང་ཇེ་ཐུང་ཇེ་ཐུང་ལ་སོང་སྟེ་མཐར་ཚེ་ལོ་བཅུ་ལ་རིང་མཐའ་བྱེད་པའི་དུས་འབྱུང་ཞིང་། དེ་ནས་མུ་གེའི་བསྐལ་པ་དང་། ནད་ཀྱི་བསྐལ་པ་དང་། མཚོན་གྱི་བསྐལ་པ་རྣམས་རིམ་གྱིས་བྱུང་སྟེ་སེམས་ཅན་རྣམས་ཕན་ཚུན་འཐབ་རྩོད་ཀྱིས་སྡུག་བསྔལ་ཞིང་ཉམ་ཐག་པ་དམྱལ་བར་གནས་པ་ལྟ་བུར་འགྱུར་ལ། དེའི་དུས་སུ་རྗེ་བཙུན་བྱམས་པ་མགོན་པོའི་སྤྲུལ་པ་ཁྲུ་གང་པ་སྐྱ་ལ་ཆོས་གོས་དུར་སྨིག་གསོལ་བ། །གཟི་བརྗིད་འབར་ཞིང་འོད་འཕྲོ་བ་ཞིག་བྱོན་པ་སེམས་ཅན་དེ་རྣམས་ཀྱིས་མཐོང་ནས་ངོ་མཚར་ཞིང་དད་པ་སྐྱེས་ཏེ་འདི་ལྟ་བུའི་སྐུ་གཟུགས་མཛེས་པ་ཅི་ལས་བྱུང་ཞེས་གསོལ་བས། སྤྲུལ་པའི་བྱམས་མགོན་དེས་ངས་བཟོད་པ་བསྒོམས་པས་འདི་ལྟར་བྱུང་བ་ཡིན། ཁྱེད་རྣམས་ཀྱང་འཐབ་རྩོད་སྤོངས་ལ་བཟོད་པ་སྒོམས་ཤིག །དེ་ལྟར་བྱས་ན་ང་དང་འདྲ་བར་འགྱུར་རོ། །ཞེས་གསུངས་པས། བྱམས་མགོན་གྱི་ཐུགས་བསྐྱེད་ཀྱི་མཐུས་སེམས་ཅན་དེ་དག་གིས་བཟོད་པ་བསྒོམས་པས་རིམ་གྱིས་བསོད་ནམས་རྒྱས་ནས་ཚེ་རིང་དུ་འཕེལ་ཏེ་ཚེ་ལོ་ཉི་ཤུ་པ་དང་། སུམ་ཅུ་པ་སོགས་ཚེ་ཇེ་རིང་ཇེ་རིང་དུ་གྱུར་ཅིང་བདེ་སྐྱིད་ཀྱང་ཇེ་འཕེལ་དུ་སོང་སྟེ་འཛམ་བུ་གླིང་གི་ས་ཆེན་པོའི་ཁྱོན་འདི་

ཐམས་ཅད་ལག་(༧༨བ)མཐིལ་ལྟར་མཉམ་ཞིང་ཡངས་པ། ངམ་གྲོག་དང་ཚེར་མ་དང་ལྡན་ལྡིན་དང་གྱོ་མོ་དང་གསེག་མ་ལ་སོགས་པ་མེད་ཅིང་། ནེའུ་གསིང་མཛེས་པས་ཁྱབ་པ། རྐང་པ་བཏེག་ན་སོར་བཞི་འཕར་ཞིང་མནན་ན་ནེམ་ཞེས་བྱེད་པ་ཤ་སྟག་སྟེ། ཤིང་བལ་ལྟར་འཇམ་པ། འབྲུ་དང་། ལོ་ཏོག་དང་། འབྲི་ཤིང་གེལ་པ་ལ་སོགས་པས་གང་ཞིང་། ཧ་ཅང་ཡང་མི་དྲོ་ཧ་ཅང་ཡང་མི་གྲང་བ་རླུང་ཤིན་ཏུ་ཆུང་བ། དུས་དང་ཚད་མཉམ་པར་ལྡང་ཞིང་དྲི་ཞུན་སུམ་ཚོགས་པ། མངར་ཞིང་ཞིམ་པའི་ས་ལུ་ལ་རྨོས་པར་སྐྱེ་ཞིང་། ལྷའི་ཆར་བབས་པས་སའི་བཅུད་འཕེལ་བ། ཚོན་སྣ་ཚོགས་ཀྱིས་སྤྲས་པའི་གོས་ཀྱི་ལྗོན་ཤིང་མེ་ཏོག་དང་འབྲས་བུ་ཞུན་སུམ་ཚོགས་པ་འཕང་དུ་རྒྱང་གྲགས་ཀྱི་ཚད་ཙམ་ཡོད་པས་གང་བ། བར་བར་ན་ལྗོངས་ཀ་དང་ཁྲུས་ཀྱི་རྫིང་བུ་དང་ལྡན་པ་སྟེ་ཡོན་ཏན་བརྗོད་ཀྱིས་མི་ལང་བ་ཞིག་འབྱུང་ངོ་། །དེར་སྐྱེས་པའི་མི་རྣམས་ནི། ལུས་ལ་ཧ་རི་ཙན་དན་གྱི་དྲི་བྲོ་བ། ཀུ་ཤའི་གོས་ཁྱད་པར་དུ་འཕགས་པ་གྱོན་པ། ལྷའི་དཔལ་འབྱོར་ལ་ལོངས་སྤྱོད་ཅིང་ཚེ་ལོ་བརྒྱད་ཁྲི་ཐུབ་པ། ལུས་ངག་ཡིད་གསུམ་མི་དགེ་བ་དང་བྲལ་བ། ཁ་དོག་བཟང་ཞིང་ལུས་གཟུགས་ཆེ་བ། དེ་ལ་ད་ལྟའི་ཁྲུ་བརྒྱད་ཅུ་འམ་བརྒྱད་ཅུ་རྩ་བརྒྱད་པ། འདོམ་ཉི་ཤུ་རྩ་གཉིས་ཙམ་ཡོད་པ། ཀུན་ཀྱང་ཚན་པོ་ཆེའི་སྟོབས་དང་ལྡན་པ། མི་དེ་དག་ལ་འདོད་པ་དང་ཟ་བ་དང་རྒས་པ་སྟེ་དེ་ཙམ་མ་གཏོགས་ནད་ཀྱི་མིང་ཙམ་ཡང་མི་གྲག་པ་ལྷའི་ལུས་དང་ཁྱད་པར་མེད་པར་འགྱུར་རོ། །

སྟོན་པའི་བསྟན་པ་རྟགས་ཙམ་འཛིན་པའང་ནུབ་པ་ཡན་ཆད་ཀྱིས་བསྐལ་པ་ཡ་ཐོག་རིང་མོ་རྫོགས་(༧༧ན)པ། དེ་ནས་རྗེ་བཙུན་བྱམས་པ་མགོན་པོ་མ་བྱོན་གྱི་བར་ལ་རང་སངས་རྒྱས་མང་དུ་འབྱུང་ཞིང་། བར་གྱི་ཁུག་པ་བཅོ་བརྒྱད་ཀྱི་འགོར་རྗེ་བཙུན་བྱམས་པ་མགོན་པོ་འབྱོན་པར་གསུངས་སོ། །རྗེ་བཙུན་བྱམས་པ་མགོན་པོ་གང་དུ་འབྱོན་པའི་གནས་ནི་ཐུབ་པའི་དབང་པོ་མྱ་ངན་ལས་འདའ་ཚུལ་བསྟན་པའི་ས་གྲོང་

ཁྱིམ་རྩ་ཅན་དུ་ཏོག་གི་བློ་གྲོས་ཞེས་བྱ་བའི་རྒྱལ་པོའི་ཕོ་བྲང་འབྱུང་ལ། ཕོ་བྲང་དེའི་ཀུར་དཔག་ཚད་བཅུ་གཉིས། ཞེང་དུ་དཔག་ཚད་བདུན་ཡོད་པ། རིན་པོ་ཆེ་སྣ་བདུན་གྱི་སོ་ཕག་གི་རྩིག་པའི་རིམ་པ་བདུན་དང་། འོབས་རིམ་པ་བདུན་དང་། རིན་པོ་ཆེ་ལས་གྲུབ་པའི་ཏ་ལའི་ཕྲེང་བ་རིམ་པ་བདུན་གྱིས་བསྐོར་ཞིང་དྲིལ་བུའི་དྲ་བས་མཛེས་པ། དེ་དག་རླུང་གིས་བསྐྱོད་པ་ན་སིལ་སྙན་ཡན་ལག་ལྔ་དང་ལྡན་པའི་སྒྲ་འབྱུང་སྟེ། སེམས་ཅན་རྣམས་དགའ་བར་བྱེད་པ། ལྷ་རྫས་ལས་གྲུབ་པའི་མེ་ཏོག་མནྡཱ་ར་དང་། ཀུ་མུད་ཏ་དང་། ཨུཏྤ་ལ་དང་། མི་ཡུལ་ན་ཡོད་པའི་མེ་ཏོག་སྣ་ཚོགས་པའི་རྒྱན་བཀྲམ་པ། ཡན་ལག་བརྒྱད་དང་ལྡན་པའི་ཁྲུས་ཀྱི་རྫིང་བུ་དང་། པདྨ་བརྒྱན་པ་རྣམས་ལ་ཆུ་བྱ་མང་པོ་སྒྲ་སྙན་པ་སྣ་ཚོགས་སྒྲོག་པ། སྤྱིད་མོས་ཚལ་ཕུན་སུམ་ཚོགས་པ་མེ་ཏོག་གིས་གང་བ་ཡོད་པ། གྲོང་ཁྱེར་དེའི་ཕྱོགས་བཞི་དང་དབུས་ཀུན་ན་གཞན་ལས་ཁྱད་པར་དུ་འཕགས་པའི་རིན་པོ་ཆེའི་དཔག་བསམ་གྱི་ཤིང་རེ་བ་ཐམས་ཅད་སྐོང་བ་ཡོད་པས། དེས་ལྷའི་འབྱོར་པ་ཡང་ཟིལ་གྱིས་གནོན་པར་བྱེད་དོ། །དེར་གླིང་བཞི་ལ་དབང་བའི་འཁོར་ལོས་བསྒྱུར་བའི་རྒྱལ་པོ་དཔུང་ཚོགས་(༧༧བ)ཡན་ལག་བརྒྱད་དང་ལྡན་པ། རིན་པོ་ཆེ་སྣ་བདུན་དང་། བུ་སྟོང་དང་ལྡན་པ། བཙུན་མོ་བརྒྱད་ཁྲི་དང་། ཁམས་ཀྱི་རྒྱལ་ཕྲན་བཞི་སྟོང་བརྒྱད་ཅུ་ལ་དབང་བསྒྱུར་བ་ཆོས་ཀྱི་སྲིད་སྐྱོང་བའི་རྒྱལ་པོ་དུང་ཞེས་བྱ་བ་འབྱུང་ཞིང་། དེའི་མདུན་ན་འདོན་ཆེན་པོ་བྲམ་ཟེ་ཚངས་རབ་ཅེས་པ་ཐོབ་པ་མང་ཞིང་རིག་བྱེད་ཀུན་ལ་མཁས་པ། དེ་ལ་བཙུན་མོ་ཚངས་ལྡན་མ་ཞེས་བྱ་བ་སྒྱུ་རྩལ་གྱི་ཡོན་ཏན་ཡོངས་སུ་རྫོགས་ཤིང་མཛེས་པ་ཞིག་འབྱུང་སྟེ། བྲམ་ཟེ་ཡབ་ཡུམ་དེ་གཉིས་ཀྱི་སྲས་སུ་རྗེ་བཙུན་བྱམས་མགོན་འབྱོན་པར་འགྱུར་རོ། །

དེ་ཡང་རྗེ་བཙུན་བྱམས་པ་མགོན་པོས་དུས་དང་ཡུལ་དང་། རིགས་དང་རུས་དང་ཡུམ་ལྷ་ལ་གཟིགས་ནས་དགའ་ལྡན་གྱི་གནས་ནས་བབས་ཏེ་འཛམ་བུའི་གླིང་དུ

འགྲོན་པ་ཡིན་ནོ། །དེ་ཡང་དུས་ནི་ཚེ་ལོ་བརྒྱད་ཁྲི་པ་སྐྱོད་བཅུད་ཐམས་ཅད་ཕུན་སུམ་ཚོགས་པ་བྱམས་མགོན་རང་ཉིད་ཀྱི་འདུལ་བར་འོས་པའི་སེམས་ཅན་རྣམས་འདུལ་བའི་དུས་ལ་གཟིགས་པའོ། །ཡུལ་ནི་འཛམ་བུའི་གླིང་ལ་གཟིགས་པའོ། །རིགས་ནི་དེའི་དུས་ཀྱི་མི་རྣམས་བྲམ་ཟེའི་རིགས་མཆོག་ཏུ་བྱེད་པས་བྲམ་ཟེའི་རིགས་ལ་གཟིགས་པའོ། །རུས་ནི་ཡབ་ཡུམ་གཉིས་ཀའི་རིགས་རྒྱུད་སྐྱོན་མེད་པ་ལ་གཟིགས་པའོ། །ཡུམ་ནི་བྲམ་ཟེ་ཚངས་ལྡན་མ་ཡོན་ཏན་ཐམས་ཅད་དང་ལྡན་ཞིང་སྨོན་ལམ་གྱི་མཐུ་ཅན་དེ་ལ་གཟིགས་པའོ། །དེ་ལྟར་གཟིགས་ནས་དུས་ལ་བབ་པ་ན་ལྷ་རྣམས་ཀྱིས་མཆོད་པའི་བྱེ་བྲག་བསམ་གྱིས་མི་ཁྱབ་པ་དང་བཅས་དགའ་ལྡན་ནས་བབས་ཏེ་འཛམ་བུའི་གླིང་དུ་གཤེགས་ཏེ་ཡུམ་ཚངས་ལྡན་མའི་ལྟུམས་སུ་བཞུགས་སོ། །(༧༤ན)

དེ་ནས་ཟླ་བ་བཅུའི་རིང་ལ་དཀར་ཕྱོགས་ཀྱི་ལྷ་རྣམས་ལ་ནུབ་རེ་བཞིན་ཆོས་སྟོན་པ་སོགས་གདུལ་བྱའི་དོན་རྒྱ་ཆེར་མཛད་ནས་ཟླ་བ་བཅུ་སོང་བ་ན་ཡུམ་ཚངས་ལྡན་མ་སྐྱིད་མོས་ཚལ་མེ་ཏོག་བཟང་རྒྱས་ཞེས་བྱ་བར་བྱོན་ནས་ཕྱག་གཡས་པས་ཤིང་གི་ཡལ་ག་ལ་འཇུས་ཏེ་གནམ་དུ་གཟིགས་པ་ན་རྩེ་བ་ལོགས་གཡས་ནས་སྐུ་བལྟམས། དེའི་འོད་ཀྱིས་འཇིག་རྟེན་ཐམས་ཅད་བཀང་སྟེ་སྐད་ཅིག་དེ་ལ་སེམས་ཅན་རྣམས་ཀྱི་སྡུག་བསྔལ་རྒྱུན་བཅད་དེ་བདེ་བས་ཁྱབ་པར་བྱས། ལྷའི་དབང་པོ་བརྒྱ་བྱིན་གྱིས་བར་སྣང་ལས་བླངས། ཀླུའི་རྒྱལ་པོ་རྣམས་ཀྱིས་ནམ་མཁའ་ལས་བདུད་རྩིའི་ཁྲུས་གསོལ། དེ་ནས་ཕྱོགས་བཞིར་གོམ་པ་བདུན་བདུན་བོར་བའི་ཤུལ་དུ་གཏེར་ཆེན་པོ་རེ་དང་པདྨ་རེ་བྱུང་ཞིང་། ཕྱོགས་བཞིར་གཟིགས་ཏེ། ང་ཡི་སྐྱེ་བའི་ཐ་མ་ནི། །འདི་ཡིན་ཡང་སྲིད་ཡོད་མ་ཡིན། །ཡང་དང་ཡང་དུ་ཕྱིར་མི་འོང་། །ཟག་མེད་མྱ་ངན་འདས་པར་འགྲོ །ཞེས་གསུངས། །དེའི་ཚེ་བྱམས་མགོན་སྐུ་བལྟམས་པ་དང་མཉམ་དུ་འཁོར་ལོས་བསྒྱུར་བའི་རྒྱལ་པོ་དུང་ལ་སྲས་སྟོང་དང་། གཞན་ཡང་འཇིག་རྟེན་ན་ཡ་རབས་ཀྱི་རིགས་མང་པོ་

བཙའ་ཞིང་གཏེར་རྣམས་ཀུང་ཁ་བྱེ། ལྷ་རྣམས་ཀྱིས་མེ་ཏོག་གི་ཆར་འབེབས། བྱམས་མགོན་གྱི་དབུ་ཐོག་ཏུ་གདུགས་དཀར་པོ་བཟུང་། ཕྱོགས་ཐམས་ཅད་རོལ་མོའི་སྒྲ་སོགས་མཆོད་པའི་བྱེ་བྲག་སྣ་ཚོགས་པས་ཁྱབ་པར་བྱེད་དོ། །དེ་ནས་ཡབ་ཡུམ་གཉིས་ཀྱིས་གཞོན་ནུ་དེ་མཚན་མཁན་ལ་བསྟན་པ་ན་འདི་ནི་བྱང་ཆུབ་སེམས་དཔའ་བྱམས་པ་ཞེས་བྱ་བ་ཡིན་པས་མྱུར་དུ་འཚང་རྒྱ་བར་འགྱུར་(༧༤བ)རོ། །ཞེས་ལུང་སྟོན། དེ་ནས་བྱམས་མགོན་གྱིས་སྒྲ་རྩལ་སྟོན་པ་སོགས་གཞོན་ནུ་རོལ་རྩེད་མཛད་པས་སྲོག་ཆགས་གྲངས་མེད་པ་ཞིག་སྨིན་གྲོལ་ལ་འགོད་ཅིང་ལོ་ཉི་ཁྲིའི་བར་དུ་ཁྱིམ་དུ་བཞུགས། དེ་ནས་འཚང་རྒྱ་བའི་དུས་ལ་བབ་པ་ན། རྒྱལ་པོ་དུང་གིས་རིན་པོ་ཆེ་སྣ་ཚོགས་ཀྱིས་བརྒྱན་པའི་མཆོད་སྡོང་སྒྲོམས་སུ་འདོམ་དྲུག་ཅུ་རྩ་བཞི། འཕང་དུ་འདོམ་སྟོང་ཡོད་པ་ཞིག་བྱམས་པའི་ཡབ་ཚངས་རབས་ལ་ཕུལ་ལོ། །ཚངས་རབས་ཀྱིས་བྲམ་ཟེ་རྣམས་ལ་བྱིན་ནོ། །བྲམ་ཟེ་རྣམས་ཀྱིས་དེ་མ་ཐག་བགོས་སོ། །རྗེ་བཙུན་བྱམས་པས་མཆོད་སྡོང་དེ་ཉིད་མི་རྟག་པར་དགོངས་ཏེ་ཡབ་ལ་གནང་བ་གསོལ་ནས་བྲམ་ཟེ་དང་རྒྱལ་བུ་བཞི་སྟོང་བརྒྱད་ཅུ་དང་བཅས་ཏེ་རབ་ཏུ་བྱུང་ནས་ཀླུ་ཤིང་ཞེས་པའི་བྱང་ཆུབ་ཀྱི་ཤིང་འཕང་དུ་དཔག་ཚད་ཙམ་དུ་འཕགས་ཤིང་། ལོ་འདབ་དང་འབྲས་བུ་མཛེས་པའི་ཡལ་གས་ཁོ་ར་ཁོར་ཡུག་ཏུ་རྒྱང་གྲགས་དྲུག་གི་བར་ཁེབས་པའི་དྲུང་དུ་འཁོད་དེ་རབ་ཏུ་བྱུང་བའི་ནུབ་མོ་ཉིད་ལ་མངོན་པར་རྫོགས་པར་སངས་རྒྱས་སོ། །དེ་ནས། ད་ནི་གནས་བཟང་མཆོག་ཐོབ་པས། །ད་བཟོད་གནས་གཞན་མི་འགྲོ་སྟེ། །འཆི་བདག་ན་ཆ་ལས་གྲོལ་བས། །ཟབ་མོ་བདུད་རྩིའི་སྒོ་འདི་རྙེད། །ཅེས་གསུངས་ནས་ཞག་བདུན་དུ་ཆོས་མ་གསུངས་པ་ལས། ཚངས་པས་གདུགས་དཀར་པོ་གསེར་གྱི་རྩ་བ་ཅན་ཁ་དོག་སྣ་ལྔའི་མུ་ཏིག་དང་དྲིལ་བུའི་དྲ་བས་གཡོགས་པ་དཔག་ཚད་གསུམ་ཡོད་པ་འཛིན་ཅིང་། ལྷའི་རིན་པོ་ཆེས་བརྒྱན་པའི་གསེར་གྱི་འཁོར་ལོ་རྩིབས་སྟོང་དང་ལྡན་པ་ཕུལ་ཞིང་།

མེ་ཏོག་དང་རིན་པོ་ཆེ་དང་སྤྲོས་ཀྱི་ཆར་རབ་ཏུ་ཕབ་སྟེ། རྗེ་བཙུན(༧༩ན)བྱམས་པ་མགོན་པོ་ཁྱེད་ཉིད་ཀྱིས། །ཆོས་ཀྱི་འཁོར་ལོ་བླ་མེད་བསྐོར་དུ་གསོལ། །ཞེས་སོགས་ཀྱིས་གསོལ་བ་བཏབ་པས་ཅང་མི་གསུང་བས་གནང་སྟེ། མེ་ཏོག་མཛེས་པར་རྒྱས་པའི་སྐྱེད་མོས་ཚལ་དུ་གཤེགས་སོ། །དེར་གཤེགས་པའི་རྫུ་འཕྲུལ་དང་ཆོ་འཕྲུལ་དག་མཐོང་བས་རྒྱལ་པོ་དང་ཡང་བུ་དང་བཙུན་མོ་དང་བཅས་རྒྱལ་པོ་བཞི་སྟོང་བརྒྱད་ཅུ། ཚངས་རབས་སོགས་བྲམ་ཟེ་བཞི་སྟོང་བརྒྱད་ཅུ། སྲོག་ཆགས་སྟོང་ཕྲག་གྲངས་མེད་པ་དག་ཀྱང་འཁོར་དེར་འདུས་ཏེ་རབ་ཏུ་བྱུང་ངོ་། །དེ་ནས་ཆོས་ཀྱི་འཁོར་ལོ་བསྐོར་བའི་འདུས་པ་དང་པོ་ལ་དགྲ་བཅོམ་པ་དུང་ཕྱུར་ཕྲག་དགུ་དང་བྱེ་བ་ཕྲག་དྲུག་གོ །གཉིས་པ་ལ་དུང་ཕྱུར་ཕྲག་དགུ་དང་བྱེ་བ་ཕྲག་བཞིའོ། །གསུམ་པ་ལ་དུང་ཕྱུར་ཕྲག་དགུ་དང་བྱེ་བ་ཕྲག་གཉིས་སོ། །

དེའི་ཚེ་རྒྱལ་བའི་འོད་ཟེར་གྱི་མཐུས་མུན་པའི་ཆ་ཤས་མ་མཆིས་ཤིང་ཉི་ཟླའི་འོད་ཀྱང་ཟིལ་གྱིས་མནན་པ་ལྟར་གྱུར་ནས། ཉིན་མཚན་གྱི་དབྱེ་བ་མེ་ཏོག་རྣམས་ཁ་བྱེ་བའི་ཚེ་ཉིན་མོ་ཟུམ་པའི་ཚེ་མཚན་མོའོ། །ཡང་བྱ་རྣམས་སྒྲ་གྲག་པའི་ཚེ་ཉིན་མོ་ མི་གྲག་པའི་ཚེ་མཚན་མོའོ། །དེ་ཙམ་མ་གཏོགས་མཚན་མོའི་མུན་པ་མ་མཆིས་ཏེ་ཡུལ་འཁོར་ཀུན་རྩེ་ཞིང་དགའ་མགུར་སྤྱོད་ལ། ཐམས་ཅད་ཀྱང་བྱམས་མགོན་གྱི་མཐུས་ཕན་ཚུན་བྱམས་པ་ལ་གནས་ཤིང་ཆོས་བཞིན་སྤྱོད་པ་ཤ་སྟག་གོ །དེ་ནས་རྒྱལ་བ་ཉན་ཐོས་རྣམས་དང་ཐབས་གཅིག་ཏུ་གྲོང་ཁྱེར་དུ་བསོད་སྙོམས་ལ་རྒྱུ་བ་ན། བརྒྱ་བྱིན་དང་ཚངས་པ་སོགས་ལྷ་ཐམས་ཅད་ཀྱིས་ལྷ་རྫས(༧༩བ)ཀྱི་མེ་ཏོག་སྣ་ཚོགས་པ་དང་། ཕྲེང་བ་དང་མཆོད་པའི་བྱེ་བྲག་རྣམས་ཀྱི་ཆར་མངོན་པར་འབེབས་ལ། གང་དུ་བཞུགས་པའི་ས་དེར་རིན་པོ་ཆེའི་ཁྲི་དང་འཇམ་ཞིང་རེག་ན་བདེ་བའི་གདིང་བ་གྲུ་ནོམ་པ་འདིང་བར་བྱེད་དོ། །སྐྱེ་དགུ་ཀུན་ཡང་བསྟོད་པའི་དབྱངས་སྙན་པོ་སོགས་ཀྱིས་མཆོད་དོ། །

དེ་ལྟར་ལོ་དྲུག་ཁྲིའི་བར་དུ་སེམས་ཅན་གྲངས་མེད་དཔག་ཏུ་མེད་བརྗོད་དུ་མེད་པའི་དོན་མཛད་ཅིང་འཁོར་ལོ་བསྐོར་ནས་ཡོངས་སུ་མྱ་ངན་ལས་འདའ་སྟེ། སྐུ་གདུང་ནི་རིལ་པོ་གཅིག་ཏུ་བཞུགས་སོ། །རྗེ་བཙུན་བྱམས་པ་མགོན་པོ་མངོན་པར་རྫོགས་པར་འཚང་རྒྱ་བའི་ཚེ་ཡབ་ཡུམ་དང་། འཁོར་འདུས་པ་དང་སྐུ་ཚེའི་ཚད་ལ་སོགས་པ་ནི་མདོ་སྡེ་བསྐལ་བཟང་ལས། དེ་བཞིན་གཤེགས་པ་བྱམས་པ་སྐྱེ་བའི་ཡུལ་ནི་རྒྱལ་པོའི་ཕོ་བྲང་གྲོང་ཁྱེར་ཏོག་གི་བློ་གྲོས་ཞེས་བྱའོ། །རིགས་ནི་བྲམ་ཟེའོ། །འོད་ནི་དཔག་ཚད་གཅིག་གོ །ཡབ་ནི་ཚངས་བཟང་ཞེས་བྱའོ། །ཡུམ་ནི་ཚངས་བདག་མ་ཞེས་བྱའོ། །སྲས་ནི་བསོད་ནམས་སྟོབས་ཆེན་ཞེས་བྱའོ། །ཡུམ་ནི་ཚངས་བདག་མ་ཞེས་བྱའོ། །སྲས་ནི་བསོད་ནམས་སྟོབས་ཆེན་ཞེས་བྱའོ། །རིམ་གྲོ་པ་ནི་རྒྱ་མཚོ་ཞེས་བྱའོ། །ཤེས་རབ་ཅན་རྣམས་ཀྱི་མཆོག་ནི་ཡེ་ཤེས་འོད་ཅེས་བྱའོ། །རྫུ་འཕྲུལ་ཅན་རྣམས་ཀྱི་མཆོག་ནི་བརྩོན་འགྲུས་བརྟན་ཞེས་བྱའོ། །འདུས་པ་དང་པོ་ལ་ནི་ཉན་ཐོས་དགྲ་བཅོམ་པ་དུང་ཕྱུར་ཕྲག་དགུ་དང་བྱེ་བ་ཕྲག་དྲུག་གོ །གཉིས་པ་ལ་ནི་དུང་ཕྱུར་ཕྲག་དགུ་དང་བྱེ་བ་ཕྲག་བཞིའོ། །གསུམ་པ་ལ་ནི་དུང་ཕྱུར་ཕྲག་དགུ་དང་བྱེ་བ་ཕྲག་གཉིས་སོ། །སྐུ་ཚེའི་ཚད་ནི་ལོ་བརྒྱད་ཁྲི་བཞི་སྟོང་ངོ་། །དམ་པའི་ཆོས་ནི་ལོ་བརྒྱད་ཁྲིའི་བར་དུ་གནས་སོ། །སྐུ་གདུང་ནི་རིལ་པོ་གཅིག་ཏུ་འདུག་གོ །(༢༠ན)མཆོད་རྟེན་ཡང་གཅིག་ཏུ་ཟད་དོ། །ཞེས་གསུངས་པ་ལྟར་རོ། །

སྟོན་པ་ཤཱཀྱའི་རྒྱལ་པོ་འདིའི་བསྟན་པ་ལ་རབ་ཏུ་བྱུང་ནས་བསླབ་པའི་གཞི་རྣམས་ལེགས་པར་བསྲུང་ཞིང་ཐོས་བསམ་སྒོམ་གསུམ་ལ་འབད་ཀྱང་ཐེག་པ་གསུམ་གྱི་འབྲས་བུ་མ་ཐོབ་པ་རྣམས་རྗེ་བཙུན་བྱམས་པ་མགོན་པོ་ཞིང་འདིར་བྱོན་ནས་ཆོས་ཀྱི་འཁོར་ལོ་བསྐོར་བའི་ཚེ་རྗེས་སུ་འཛིན་པར་ཐུབ་པས་གསུངས་ཤིང་བྱམས་མགོན་ཉིད་ཀྱིས་ཀྱང་ཞལ་གྱིས་བཞེས་ཏེ། བྱམས་པ་ལུང་བསྟན་པའི་མདོ་ལས། ཤཱཀྱ་སེང་

གའི་བསྟན་པ་ལ། །བསླབ་གཞི་ཡང་དག་བླངས་ནས་ནི། །ཇི་ལྟར་གསུངས་བཞིན་རབ་བསྒྲུབས་ན། །ང་ཡི་བསྟན་ལ་ལྷགས་པ་ཡིན། །དགེ་འདུན་ལ་ཡང་ཆོས་གོས་དང་། །ཞལ་ཟས་དང་ནི་བཀུར་བ་དང་། །བསྟུན་གསོས་སྨན་ཚོགས་སྦྱིན་པ་རྣམས། །ཕུལ་ན་ང་ཡི་བསྟན་ལ་ལྷགས། །བཅུ་བཞི་དང་ནི་བཅོ་ལྔ་དང་། །དེ་བཞིན་ཟླ་ཕྱེད་ཚེས་བརྒྱད་དང་། །ཆོ་འཕྲུལ་གྱི་ནི་ཟླ་བ་ལ། །བསྙེན་གནས་ཡན་ལག་བརྒྱད་བསྲུངས་ཤིང་། །མཆོད་དང་གསོ་སྦྱོང་ལེགས་བྱས་ན། །ང་ཡི་བསྟན་ལ་ལྷགས་པ་ཡིན། །ཞེས་གསུངས་པ་ལྟར་རོ། །

དགའ་ལྡན་དུ་ཇོ་བཙུན་བྱམས་པ་མགོན་པོའི་ཞབས་དྲུང་དུ་སྐྱེས་ནས་བྱམས་མགོན་ལས་བྱང་ཆུབ་ལམ་གྱི་རིམ་པའི་གནད་རྣམས་ཐོས་པར་འདོད་པ་རྣམས་ཀྱིས་ཇོ་བཙུན་བྱམས་པ་མགོན་པོའི་སྐུ་ཡིད་ལ་བྱས་ཏེ་ཡན་ལག་བདུན་པ་མཎྜལ་དང་བཅས་པ་ཡང་དང་ཡང་དུ་འབུལ་བ་དང་། ཁས་བླངས་པའི་(༤༠བ)བསླབ་ཁྲིམས་དག་པར་བསྲུང་བ་དང་། སྟོན་པ་ཐུབ་པའི་དབང་པོ་དང་མགོན་པོ་བྱམས་པ་གཉིས་ཀ་ལ་གསོལ་བ་བཏབ་ན་ཇི་ལྟར་སྨོན་པ་དེ་བཞིན་དུ་འགྲུབ་པར་མདོ་ལས་གསུངས། བྱམས་པས་དམ་བཅས་པའི་གཟུངས་ཁ་ཏོན་དུ་བྱས་ནའང་དགའ་ལྡན་དུ་སྐྱེ་བ་དང་། བྱམས་པ་མགོན་པོས་ངེས་པར་རྗེས་སུ་འཛིན་པར་ཞལ་གྱིས་བཞེས་ཤིང་། སྔོན་གྱི་དམ་པ་མང་པོས་ཞིང་གཤེགས་ཁར་དགའ་ལྡན་དུ་ཕེབས་བཞེད་ནས་བྱམས་པས་དམ་བཅས་པའི་གཟུངས་ཁ་ཏོན་དུ་མཛད་པ་དང་། བྱམས་པའི་སྐུ་བཞེངས་པ་དང་། བྱམས་པའི་སྨོན་ལམ་འདོན་ཞིང་གཞན་ལའང་རྒྱ་ཆེར་སྤེལ་བར་མཛད་པའི་རྣམ་ཐར་མང་དུ་སྣང་ངོ་། །

བྱང་ཆུབ་ལམ་གྱི་རིམ་པའི་གདམས་ངག་གི་གཞུང་རྩ་བ་མཐར་ཐུག་པ་ནི་ཤེར་ཕྱིན་གྱི་མདོ་སྡེ་རིན་པོ་ཆེ་ཡིན་ལ། ཤེར་ཕྱིན་གྱི་མདོ་སྡེ་རིན་པོ་ཆེའི་དོན་རྣམས་བྱང་ཆུབ་ལམ་གྱི་རིམ་པའི་མན་ངག་ཏུ་སྒྲུར་ཏེ་སྟོན་པའི་གཞུང་ནི་རྗེ་བཙུན་བྱམས་མགོན་

གྱིས་མཛད་པའི་ཤེས་རབ་ཀྱི་ཕ་རོལ་ཏུ་ཕྱིན་པའི་མན་ངག་མངོན་པར་རྟོགས་པའི་རྒྱན་ཡིན་ཏེ། མངོན་རྟོགས་རྒྱན་གྱིས་ཤེར་ཕྱིན་གྱི་མདོ་སྡེ་རིན་པོ་ཆེའི་དོན་ཐམས་ཅད་བརྗོད་བྱ་དངོས་པོ་བརྒྱད། དེ་ལ་ནང་གསེས་ཀྱིས་ཕྱེ་བས་དོན་བདུན་ཅུར་གཏན་ལ་ཕབ། དེའི་དང་པོ་སེམས་བསྐྱེད་ནས་ཐ་མ་འཕྲིན་ལས་ཀྱི་བར་ཐམས་ཅད་གང་ཟག་གཅིག་གིས་ཉམས་སུ་ལེན་ཚུལ་གསལ་བར་སྟོན་པ་ནི་བྱང་ཆུབ་ལམ་གྱི་རིམ་པ་སྟེ། རྗེ་བདག་ཉིད་ཆེན་པོས་བྱང་ཆུབ་ལམ་གྱི་རིམ་པ་འདི་མངོན་པར་རྟོགས་པའི་རྒྱན་གྱི་
(༤༧ན)གདམས་ངག་ཡིན་ལ། ཞེས་སོགས་རྒྱ་ཆེར་གསུངས་པ་ལྟར་རོ། །དེ་ལྟར་རྗེ་བཙུན་བྱམས་པ་མགོན་པོས་བྱང་ཆུབ་ལམ་གྱི་རིམ་པའི་གདམས་ངག་གི་གཞུང་རྩ་བ་མངོན་རྟོགས་རྒྱན་དང་། དེའི་ཉམས་ལེན་གྱི་གནད་རྣམས་མདོ་མང་པོ་ནས་བཏུས་ཏེ། རྒྱས་པར་སྟོན་པ་མདོ་སྡེ་རྒྱན་དང་། བྱང་ཆུབ་ལམ་གྱི་རིམ་པའི་ཞི་ལྷག་གཉིས་ཀྱི་ཉམས་ལེན་ཟུར་དུ་བཀར་ནས་སྟོན་པ་དབུས་མཐའ་རྣམ་འབྱེད་དང་། ཆོས་དང་ཆོས་ཉིད་རྣམ་འབྱེད་གཉིས་བྱང་ཆུབ་ལམ་གྱི་རིམ་པའི་ལྟ་བའི་གནད་མཐར་ཐུག་པ་མགོན་པོ་ཀླུ་སྒྲུབ་ཀྱིས་རྒྱལ་བའི་དགོངས་པ་བཀྲལ་བའི་དབུ་མའི་ལྟ་བ་དང་མཐུན་པར་སེམས་ཀྱི་ཆོས་ཉིད་སྤྲོས་པའི་མཐའ་ཐམས་ཅད་དང་བྲལ་བའི་རང་བཞིན་གནས་རིགས་གཏན་ལ་ཕབ་སྟེ་མཐར་ཐུག་ཐེག་པ་གཅིག་ཏུ་བསྒྲུབ་པ་རྒྱུད་བླ་མ་རྣམས་མཛད་དེ། དེ་དག་ལ་བྱམས་ཆོས་སྡེ་ལྔ་ཞེས་ཡོངས་སུ་གྲགས་སོ། །

དེས་ན་བྱང་ཆུབ་ལམ་གྱི་རིམ་པ་ལ་ཉམས་ལེན་སྙིང་པོར་བྱ་འདོད་པ་རྣམས་ཀྱིས་རྗེ་བཙུན་བྱམས་པ་མགོན་པོ་ལ་གསོལ་བ་གདབ་པ་དང་། བྱམས་མགོན་གྱི་གཞུང་འདི་དག་ལ་གཅེས་པོ་ཆེར་བཟུང་ནས་ཐོས་བསམ་སྒོམ་གསུམ་ལ་འབད་པར་བྱའོ།། །།

འཕགས་པ་ཐོགས་མེད་ཀྱི་རྣམ་ཐར།

རྒྱལ་བས་ལུང་བསྟན་འཕགས་པ་ཐོགས་མེད་ཞབས། །ཞེས་བསྟོགས་པ། འཕགས་པ་ཐོགས་མེད་ནི། འཇམ་དཔལ་རྩ་རྒྱུད་ལས། ང་ནི་མྱ་ངན་འདས་འོག་ཏུ། །ལོ་ནི་དགུ་བརྒྱ་ལོན་པ་ན། །ཐོགས་མེད་ཅེས་བྱའི་དགེ(༤༧བ)སློང་ནི། །བསྟན་བཅོས་དེ་ནི་དོན་ལ་མཁས། །མདོ་སྡེ་ངེས་དོན་དྲང་བའི་དོན། །རྣམ་པ་མང་པོ་རབ་ཏུ་འབྱེད། །འཇིག་རྟེན་རིག་པ་སྟོན་བདག་ཉིད། །གཞུང་འབྱེད་དང་ཚུལ་ཅན་དུ་འགྱུར། །དེ་ཡི་རིག་པ་གྲུབ་པ་ནི། །ས་ལའི་ཕོ་ཉ་མོ་ཞེས་བརྗོད། །དེ་ཡི་སྔགས་ཀྱི་མཐུ་ཡིས་ནི། །བློ་ནི་བཟང་པོ་སྐྱེ་བར་འགྱུར། །བསྟན་པ་ཡུན་རིང་གནས་བྱའི་ཕྱིར། །མདོ་ཡི་དེ་ཉིད་བསྡུས་དོན་བྱེད། །ལོ་ནི་བརྒྱ་དང་ལྔ་བཅུར་འཚོ། །དེ་ལུས་ཞིག་ནས་ལྷ་ཡུལ་འགྲོ། །ཞེས་གསལ་བར་ལུང་བསྟན་པ་ཐུབ་པའི་བསྟན་པ་ཉམས་དམས་པ་གསོ་བའི་ཕྱིར་དུ་སྙིང་རྗེ་དང་སྨོན་ལམ་གྱི་དབང་གིས་ཞིང་འདིར་བསམ་བཞིན་དུ་བྱོན་པ་ཞིག་སྟེ། དེ་ཡང་། རྒྱལ་བ་མྱ་ངན་ལས་འདས་ནས་རིང་པོ་མ་ལོན་པ་ན་ནང་པའི་བསྟན་པ་སྡེ་པ་བཅོ་བརྒྱད་དུ་གྱེས་པ་དང་། དེ་ནས་ཀྱང་ཉན་ཐོས་ཀྱི་གྲུབ་མཐའ་སྨྲ་བ་མང་པོ་ཞིག་གིས་ཐེག་ཆེན་རྒྱལ་བའི་བཀའ་མིན་ནོ་ཞེས་ལོག་པར་བཟུང་སྟེ་ཐེག་པ་ཆེན་པོའི་བསྟན་པ་ཆེས་ཆེར་ཉམས་དམས་པར་བྱས་ཤིང་ཉན་ཐོས་ཀྱི་གྲུབ་མཐའ་སྨྲ་བ་རྣམས་ཀྱང་ཕན་ཚུན་རྩོད་པར་བྱེད་པས་འདི་ནི་བདེན་གྱི་གཞན་ནི་གཏི་མུག་གོ་ཞེས་ཕྱོགས་ཕྱོགས་སུ་གྱེས་པས་རྒྱལ་བའི་བསྟན་པ་ཤིན་ཏུ་ཉམས་ཤིང་། ལྷག་པར་བདུད་སྡིག་ཏོ་ཅན་གྱིས་བྱིན་གྱིས་བརླབས་ཏེ་ཡིད་བསྒྱུར་བའི་མུ་སྟེགས་ཀྱི་ཤན་མོ་ཞིག་ན་རེ། ནང་པའི་གཏྲིའི་སྒྲ་ལས་འགེམས་ཞེས་པ་ཞིག་སྣང་སྟེ། འོ་སྐོལ་ལ་གནོད་མི་གནོད་བརྟག་པར་རིགས་

སོ། །ཟེར་ནས་བརྟགས་པས། ལྷ་དང་ཀླུ་དང་གནོད་སྦྱིན་གྱིས་(༡༢ན)མཆོད་པའི། །དཀོན་མཆོག་གསུམ་གྱི་ཏོག་སྟེ་འདི་བརྡུངས་པས། །མུ་སྟེགས་འཆལ་བའི་ཀླད་པ་རྣམ་པར་འགེམས། །ཞེས་པར་རིག་ནས་དྲངས་ཏེ་བསྟན་པ་བསྒྲུབས་སོ། །དེ་ནས་ཅུང་ཟད་འཕེལ་ནས་ཡོད་པའི་ཚེ། དབུས་ཀྱི་རྒྱལ་པོས་སྟག་གཟིག་གི་རྒྱལ་པོ་ལ་རས་ཀྱི་ན་བཟའ་སྲུབས་མེད་པ་ཞིག་སྐྱེས་སུ་བསྐུར་ཏེ། དེའི་སྙིང་གར་རྐང་རྗེས་འདྲ་བ་ཞིག་ཡོད་པས། །ངན་སྤྱགས་བྱས་སོ་ཟེར་ནས་དམག་དྲངས་ཏེ་བསྒྲུབས་སོ། །དེ་ནས་ཡང་ཅུང་ཟད་འཕེལ་ནས་ཡོད་པའི་ཚེ། །ནང་པའི་གཙུག་ལག་ཁང་ཞིག་ཏུ་ཕྱི་བའི་སྤྲང་པོ་གཉིས་སློང་དུ་འོངས་པ་ལ་བཀྲུ་ཆུ་གཏོར་བས་ཁྲོས་ཏེ་ཉི་མ་བསྒྲུབས་ནས་ནང་པའི་གཙུག་ལག་ཁང་དང་གསུང་རབ་མང་པོ་བསྲེགས་ནས་བསྒྲུབས་སོ། །དེའི་ཚེ་བྲམ་ཟེ་མོ་གསལ་བའི་ཚུལ་ཁྲིམས་ཞེས་པ་སྟོན་ཡུན་རིང་པོ་ནས་བྱང་ཆུབ་སེམས་བསྐྱེད་དེ་རྒྱལ་བའི་བསྟན་པ་གསོ་བའི་སྨོན་ལམ་གྱི་མཐུ་ཅན་ཞིག་ཡོད་པ་དེའི་བསམ་པ་ལ་ཐུབ་པའི་བསྟན་པ་ལ་དགྲ་ལན་གསུམ་བྱུང་སྟེ་ནུབ་པས། ད་འདི་དར་བར་བྱེད་ནུས་པ་གཞན་ཡང་མི་སྣང་། བདག་ཀྱང་བུད་མེད་དུ་སོང་བས་མི་ནུས་ཀྱི་ལུས་ལས་བུ་སྐྱེད་ལ་དར་བར་བྱེད་དུ་གཞུག་གོ་སྙམ་སྟེ་རྒྱལ་རིགས་དང་འདུས་པས་ཐོགས་མེད་འཁྲུངས་སོ། །

དེ་ནས་ཡུམ་གྱིས་སྲས་འཁྲུངས་མ་ཐག་ལྕེ་ལ་ཧྲི་ཧང་གིས་ཡི་གེ་ཨ་འདྲི་བ་སོགས་བློ་རྣོ་བའི་ཐབས་བྱས་ཤིང་རྣམ་པ་(༡༢བ)ཀུན་ནས་གཙང་སྦྲ་ལ་གནས་ཏེ་བུ་འདིས་རྒྱལ་བའི་བསྟན་པ་འཛིན་པ་ཞིག་ནམ་འོང་སྙམ་དུ་འབའ་ཞིག་ཡིད་ལ་བཅུགས་ཏེ་དེའི་ཐབས་ལ་འབད་ཅིང་ཡི་གེ་དང་རྩིས་དང་བྲམ་ཟེའི་རིག་བྱེད་སོགས་རིག་གནས་ཐུན་མོང་བ་རྣམས་ཡུམ་རང་ཉིད་ཀྱིས་བསླབས། དེ་ཆེར་སྐྱེས་པའི་ཚེ་གཞོན་ནུ་དེས། ཡུམ། ཕའི་ལས་གང་ཡིན་ཞུས་པས་ཡུམ་གྱིས་ཁྱོད་ཕའི་རིགས་སྐྱོང་བའི་ཕྱིར་བསྐྱེད་པ་མིན་གྱི། སངས་རྒྱས་ཀྱི་བསྟན་པ་ཉམས་པ་སེམས་ཀྱིས་མ་བཟོད་ནས་དེའི་ཕྱིར་

བསྐྱེད་པ་ཡིན་པས་རྒྱལ་བའི་བསྟན་པ་ལ་རབ་ཏུ་བྱུང་ལ་སྡེ་སྣོད་གསུམ་ཀློག་པ་དང་། བསམ་གཏན་ལ་འབད་ནས་རྒྱལ་བའི་བསྟན་པ་དར་བར་གྱིས་ཤིག་ཅེས་གསུངས་ནས་རབ་ཏུ་བྱུང་སྟེ་དགེ་ཚུལ་དང་། དེ་ནས་མཁན་སློབ་དགེ་འདུན་དང་བཅས་པའི་དབུས་སུ་བསྙེན་པར་རྫོགས་ཏེ་སྡེ་སྣོད་གསུམ་ལ་སྦྱངས་ནས་ལོ་རེ་ལ་ཚིགས་བཅད་འབུམ་འབུམ་གྱི་ཚིག་དོན་གཉིས་ཀ་ཐུགས་སུ་ཆུད་པར་མཛད་པས་རིང་པོར་མ་ཐོགས་པར་སྡེ་སྣོད་གསུམ་ཐུགས་སུ་ཆུད། འོན་ཀྱང་ཤེར་ཕྱིན་གྱི་མདོ་སྡེ་རིན་པོ་ཆེའི་སྦས་དོན་མངོན་རྟོགས་ཀྱི་རིམ་པ་རྣམས་རྟོགས་དཀའ་བར་བྱུང་ནས་ཤེར་ཕྱིན་གྱི་མདོ་སྡེའི་དོན་ཐེག་པ་ཆེན་པོའི་ལམ་གྱི་ལུས་ཡོངས་སུ་རྫོགས་པ་ནམ་ཞིག་ན་རྙེད་སྙམ་དུ་དེ་འབའ་ཞིག་ཐུགས་ལ་བཅངས་ནས་ཚུལ་ཁྲིམས་དག་པར་བྱ་བ་དང་། ཚོགས་བསག་པ་དང་། སྒྲིབ་པ་སྦྱོང་བའི་སྒོ་དུ་མ་ལ་འབད་པ་དང་། ནང་དུ་ཡང་དག་འཛོག་ལ་རྟག་ཏུ་འགྲུས་པར་མཛད་དོ། །

དེ་ནས་(༡༣ན)སྔགས་ཀྱི་རྡོ་རྗེ་སློབ་དཔོན་ཞིག་ལ་སྒྱུ་འཕྲུལ་དྲ་བའི་དབང་ཞུ་བར་མཛད་ནས་དེའི་དཀྱིལ་འཁོར་དུ་ཞུགས་ཏེ་ལྷག་པའི་ལྷ་གང་ལ་འབྲེལ་ཆེ་དང་། གང་ལ་གསོལ་བ་བཏབ་ན་བྱིན་རླབས་བྱུང་བརྟག་པའི་ཕྱིར་མེ་ཏོག་དོར་བ་ན་མེ་ཏོག་བྱམས་མགོན་ལ་བབས་སོ། །དེ་ནས་རྗེ་བཙུན་བྱམས་པ་བསྒྲུབས་ལ་བསྟན་པ་དར་བར་བྱའོ་སྙམ་དུ་དགོངས་ཏེ་རི་བྱ་རྐང་གི་ཕུག་ཏུ་བསྒྲུབ་ཏུ་བྱོན་ཏེ་ལོ་གསུམ་དུ་བསྒྲུབས་པས་མཚན་མ་ཙུང་ཟད་ཀྱང་མ་མཐོང་བས་སྐྱོ་སྟེ་ཕྱིར་འཐོན་པ་ན་རྒན་པོ་ཤིང་བལ་གྱི་འདབ་མས་ལྕགས་ཀྱི་སྡོང་པོ་ལ་ཁབ་བྱེད་པ་མཐོང་ནས། །ཁབ་ཇི་ལྟར་འབྱུང་ཞེས་དྲིས་པས། སྙིང་སྟོབས་ལྡན་པའི་སྐྱེས་བུ་ཡིས། །བསྒྲུབས་ན་མི་འགྲུབ་གང་ཡང་མེད། ། དཀའ་ཡང་བརྣགས་པ་མ་དོར་ན། །རི་བོ་རྣམས་ཀྱང་ཐལ་བར་རློག །ཞེར་བས་བརྩོན་འགྲུས་བརྩོམ་དགོས་པར་དགོངས་ནས་སླར་ཡང་ལོ་གསུམ་དུ་མཚམས་བཅད་དེ་

བསྒྲུབས་ཀྱང་འགྲུབ་པའི་མཚན་མ་གང་ཡང་མ་བྱུང་བས་སྐྱོ་སྐྱེ་ཕྱིར་འཐོན་པ་ན་རྩ་ཐིགས་ཀྱིས་བྲག་ཟད་པ་མཐོང་ནས་བརྩོན་པས་ཡུན་རིང་དུ་བསྒྲུབ་དགོས་པར་མཐོང་ནས་ཡང་ལོ་གསུམ་དུ་མཚམས་བཅད་དེ་བསྒྲུབས་ཀྱང་འགྲུབ་པའི་མཚན་མ་གང་ཡང་མ་མཐོང་བ་ན་སྐྱོ་སྐྱེ་ཕྱིར་འཐོན་པས་བྱ་སྒྲོས་བྲག་ཟད་པ་མཐོང་སྟེ་ད་དུང་བརྩོན་པ་བྱེད་དགོས་པར་དགོངས་ནས་སླར་ཡང་ལོ་གསུམ་མཚམས་བཅད་དེ་བསྒྲུབས། དེ་ལྟར་ལོ་བཅུ་གཉིས་སུ་བསྒྲུབས་ཀྱང་འགྲུབ་པའི་མཚན་མ་མ་བྱུང་བས་སྐྱོ་སྐྱེ་འཐོན་ནས་ཕྱིན་པ་ན་ཁྱི་མོ་རོ་སྨད་འབུས་གཞིགས་པ། རོ་སྟོད་ཟུགས་ཤིང་ཟ་བ་ཞིག་མཐོང་ནས་(༤༣བ)སྙིང་རྗེ་ལྷག་པར་སྐྱེས་ཏེ། འབུ་རྣམས་བསལ་ན་འབུ་འཆི། །མ་བསལ་ན་ཁྱི་མོ་འཆི་བར་སྣང་བས་རང་གི་ལུས་ལས་ཤ་བཅད་དེ་དེར་འབུ་རྣམས་བླང་ངོ་སྙམ་སྟེ་གྲོང་ཁྱེར་ཨ་ཙན་ཏ་ཞེས་བྱ་བར་ཕྱིན་ཏེ། གསེག་ཤིང་གཏིང་བར་བཙུག་ནས་གསེར་གྱི་སྦྲུ་གྲི་གཡར་ཏེ་རང་གི་ལུས་ལས་ཤ་བཅད། ལག་པས་བླངས་ནས་འབུ་རྣམས་ཤི་ཡི་དོགས་ཏེ། སྤྱན་བཙུམས་ཏེ་ལྡུགས་ཀྱིས་བླངས་པ་ན་ཁྱི་མོ་མེད་པར་རྗེ་བཙུན་འོད་དང་བཅས་པར་མཐོང་ནས། ཀྱི་མ་ཡབ་གཅིག་བདག་གི་སྐྱབས། །ངལ་བརྒྱས་འབད་ཀྱང་འབྲས་མ་མཆིས། །ཅི་ཕྱིར་ཆར་སྤྲིན་རྒྱ་མཚོའི་དཔུང་། །གདུང་བས་བསྡིགས་ཏེ་སྐོམ་ཚད་འབབ། །བདག་གིས་དེ་ཙམ་བསྒྲུབས་ཀྱང་རྟགས་ཀྱང་མ་བྱུང་ན་ཐུགས་རྗེ་རེ་ཆུང་ཞེས་ཞབས་པས་རྗེ་བཙུན་གྱིས། ལྷ་ཡི་རྒྱལ་པོས་ཆར་ཕབ་ཀྱང་། །ས་བོན་མི་རུང་མི་འབྲུངས་ལྟར། །སངས་རྒྱས་རྣམས་ནི་བྱོན་གྱུར་ཀྱང་། །སྐལ་བ་མེད་པས་བཟང་མི་སྤྱོད། ང་དང་པོ་ནས་ཡོད་དེ་ཁྱོད་རང་གི་སྒྲིབ་པས་མ་མཐོང་ལ། ད་ལྟ་སྙིང་རྗེ་ཆེན་པོ་སྐྱེས་པས་ལས་སྒྲིབ་དག་ནས་མཐོང་བ་ཡིན། དེ་ལྟར་ཡིན་པར་ཁྱོད་རང་ང་ཁྲག་གོང་དུ་ཁྱེར་ལ་མི་རྣམས་ལ་སྟོན་ཅིག་གསུངས་ནས་བསྟན་པས་མཐོང་བ་མ་བྱུང་བས་ངེས་ཡིད་ཆེས་སོ། ཁྱོད་ཅི་འདོད་གསུང་བ་ལ་ཐེག་ཆེན་དར་བར་ཞུ་འཚལ་བྱས་པས།

ངའི་ཆོས་གོས་ལ་འཇུས་ཤིག་གསུངས་ནས་དགའ་ལྡན་དུ་བྱོན་ཏེ་ལྷའི་གྲོ་སྐད་ཅིག །མི་ལོ་ལྔ་བཅུར་བཞུགས་ཏེ་རྗེ་བཙུན་བྱམས་པ་མགོན་པོ་ལ་ཐེག་པ་ཆེན་པོའི་ཆོས་མཐའ་ཡས་པ་གསན་ཞིང་། ལྷག་པར་ཤེར་ཕྱིན་གྱི་མདོ་སྡེ་རིན་པོ་ཆེའི་དོན་ཐེག (༩༤ན)པ་ཆེན་པོའི་ལམ་གྱི་རིམ་པའི་གནད་རྣམས་གདིང་ཕྱིན་པར་ཞུས་ཏེ་ཇི་ལྟར་གསུངས་པའི་དོན་རྣམས་ལ་སེམས་པ་དང་འཇལ་བ་དང་རྟོག་པར་བྱེད་ཅིང་བསྒོམས་པའི་མཐུས་ཏིང་ངེ་འཛིན་གྱི་སྒོ་བརྒྱ་ཕྲག་དུ་མ་ཐོབ་ཅིང་། མི་བརྗེད་པའི་གཟུངས་དང་། ཐོགས་པ་མེད་པའི་སྤོབས་པ་དང་། ཐེག་པ་ཆེན་པོའི་ཆོས་རྣམ་པར་འབྱེད་པའི་ཤེས་རབ་ཐོབ་ཅིང་ཆོས་ཉིད་མངོན་དུ་གྱུར་ཏེ་འཕགས་པའི་ས་ཐོབ། དེ་ནས་གདུལ་བྱའི་དོན་དུ་ཤེར་ཕྱིན་གྱི་མདོ་སྡེ་རིན་པོ་ཆེའི་སྦས་དོན་མངོན་རྟོགས་ལམ་གྱི་རིམ་པ་ཚང་བར་སྟོན་པའི་བསྟན་བཅོས་རྩོམ་པར་ཞུས་པས་རྗེ་བཙུན་བྱམས་པ་མགོན་པོས་ཤེར་ཕྱིན་གྱི་མདོ་སྡེ་རིན་པོ་ཆེའི་སྦས་དོན་བྱང་ཆུབ་ལམ་གྱི་རིམ་པ་སྟོན་པའི་བསྟན་བཅོས་མངོན་པར་རྟོགས་པའི་རྒྱན་དང་། མདོ་སྡེ་རྒྱན་དང་། འབྱེད་རྣམ་གཉིས་དང་། རྒྱུད་བླ་མ་སྟེ་ཆོས་ལྔ་བརྩམས་སོ། །

འཕགས་པ་ཐོགས་མེད་ཀྱིས་དགའ་ལྡན་དུ་བཞུགས་པའི་ཡུན་ཚད་ལ་ལྷའི་གྲོ་སྐད་ཅིག་མི་ལོ་ལྔ་བཅུ་གསུངས་པ་འདི་ལ་གྲོ་སྐད་གཅིག་ལ་མི་ལོ་ལྔ་བཅུ་ཇི་ལྟར་འོང་སྙམ་དུ་དོགས་པར་མི་བྱ་སྟེ་མཛོད་ལས། མི་རྣམས་ཀྱི་ལོ་ལྔ་བཅུ་ལ། །འདོད་པ་དག་གི་ལྷ་རྣམས་ལས། །འོག་མ་རྣམས་ཀྱི་ཉིན་ཞག་གཅིག །གོང་མ་གཉིས་ཀ་གཉིས་འགྱུར་རོ། །ཞེས་གསུངས་པ་ལྟར། རྒྱལ་ཆེན་རིས་བཞི་པའི་ཞག་གཅིག་ལ་མི་ལོ་ལྔ་བཅུ་འོང་ལ། ལྷ་གནས་གོང་མ་རྣམས་ཉིས་འགྱུར་དུ་གསུངས་པའི་སུམ་ཅུ་རྩ་གསུམ་པའི་ཞག་གཅིག་ལ་མི་ལོ་བརྒྱ། འཐབ་བྲལ་བའི་ཞག་གཅིག་ལ་མི་ལོ་ཉིས་བརྒྱ། དགའ་ལྡན་པའི་ཞག་གཅིག་ལ་མི་ལོ་བཞི་བརྒྱ་འོང་བས་དགའ་ལྡན་གྱི་ལྷའི་སྐུ་དྲོའི་ཆ

གཅིག་ལ་མི་ལོ་ལྔ་(༢༩བ)བཅུ་ངེས་པར་འོང་ངོ་། །

དེ་ནས་འཕགས་པ་ཐོགས་མེད་ཆོས་ཀྱི་བདུད་རྩིས་ཚིམ་ནས་འཛམ་བུའི་གླིང་དུ་རྒྱལ་བའི་བསྟན་པ་སྤེལ་བའི་ཕྱིར་འབྱོན་པ་ན་སྔར་དགའ་ལྡན་དུ་ཡར་འབྱོན་དུས་བྱམས་མགོན་གྱི་ན་བཟའ་ལ་འཇུས་ཏེ་དེའི་རྫུ་འཕྲུལ་གྱིས་བྱོན་པ་ཡིན་ཡང་། འཛམ་བུའི་གླིང་དུ་མར་འབྱོན་པའི་ཚེ་འཕགས་པ་ཐོགས་མེད་རང་ཉིད་ཀྱི་རྫུ་འཕྲུལ་གྱིས་བྱོན་ཏེ་མ་ག་དྷའི་ཡུལ་གྱི་ཕྱོགས་དབེན་པའི་ནགས་ཚལ་ཞིག་ཏུ་མང་དུ་ཐོས་པའི་སློབ་མ་ཉུང་ཤས་དང་བཅས་བཞུགས་ཏེ། དེ་དག་ལ་ཐེག་པ་ཆེན་པོའི་ལམ་གྱི་རིམ་པ་བསྟན་པས་དེ་དག་ཐམས་ཅད་ཀྱིས་བཟོད་པ་ཐོབ་ཅིང་རྫུ་འཕྲུལ་དང་མངོན་པར་ཤེས་པ་རྒྱ་ཆེན་པོ་ཐོབ་སྟེ་བསྟན་པའི་བྱ་བ་རྒྱ་ཆེར་ནུས་པ་ཤ་སྟག་བྱུང་བས་གནས་དེ་ལ་ཆོས་ཀྱི་སྦུ་གུའི་དགོན་པ་ཞེས་གྲགས་པར་ཆོས་འབྱུང་འགའ་ཞིག་ལས་བཤད། གནས་དེར་བྱམས་ཆོས་སྡེ་ལྔ་ཡི་གེར་བཀོད་ཅིང་མངོན་པར་རྟོགས་པའི་རྒྱན་དང་ཡུམ་གྱི་དོན་སྟོན་པ་དེ་ཉིད་རྣམ་ངེས་བརྩམས། རིམ་གྱིས་རྒྱུད་བླ་མའི་འགྲེལ་པ་དང་། མདོ་སྡེ་དགོངས་འགྲེལ་གྱི་འགྲེལ་པ་མཛད་ཅིང་། རྗེ་བཙུན་གྱི་མན་ངག་ལ་བརྟེན་ནས་ཐེག་པ་ཆེན་པོའི་ལམ་གྱི་རིམ་པ་རྒྱས་པར་སྟོན་པ་བྱང་ཆུབ་སེམས་དཔའི་ས་སོགས་ས་སྡེ་ལྔ་དང་སྡོམ་རྣམ་པ་གཉིས་མཛད་དེ། ས་སྡེ་ལྔ་ནི་སའི་དངོས་གཞི། གཞི་བསྡུ་བ། རྣམ་གྲངས་བསྡུ་བ། རྣམ་པར་བཤད་པའི་སྒོ་བསྡུ་བ། རྣམ་པར་གཏན་ལ་དབབ་པ་བསྡུ་བ་རྣམས་སོ། །སྡོམ་གཉིས་ནི། ཐེག་པ་(༢༥ན)ཆེན་པོའི་སྡོམ་ཐེག་བསྡུས་དང་། ཐེག་པ་ཐུན་མོང་གི་སྡོམ་མངོན་པ་ཀུན་བཏུས་གཉིས་སོ། །ཤེས་རབ་ཀྱི་ཕ་རོལ་ཏུ་ཕྱིན་པ་གསེར་མདོག་ཅན་གྱི་སྒྲུབ་ཐབས། ཤེས་རབ་ཀྱི་ཕ་རོལ་ཏུ་ཕྱིན་མའི་སྒྲུབ་ཐབས། གསེར་མདོག་ཅན་གྱི་ཤེར་ཕྱིན་གྱི་སྒྲུབ་ཐབས། ཡང་ཤེར་ཕྱིན་གྱི་སྒྲུབ་ཐབས། སངས་རྒྱས་རྗེས་དྲན་གྱི་མདོའི་འགྲེལ་པ། ཆོས་རྗེས་དྲན་གྱི་མདོའི་འགྲེལ་པ། དགེ་འདུན་

རྫེས་དྲན་གྱི་མདོའི་འགྲེལ་པ། བསམ་གཏན་གྱི་སྒྲོན་མ། འཕགས་པ་བྱམས་པའི་སྨྲུབ་ཐབས། ཆོས་སྐུའི་ཡོན་ཏན་ཐུན་མོང་མ་ཡིན་པའི་བསྟོད་པ་རྣམས་མཛད་དོ། །སློབ་དཔོན་འཕགས་པ་ཐོགས་མེད་འདི་ས་གསུམ་པ་བརྙེས་པར་གྲགས་ཤིང་། དེ་ལྟར་ན་ས་དང་པོ་ཐོབ་པའི་ཚེ་སྤྲུལ་པ་མི་འདྲ་བ་བརྒྱ་ཕྲག་དུས་གཅིག་ལ་སྟོན་པ་དང་། སངས་རྒྱས་ཀྱི་ཞིང་བརྒྱ་ཕྲག་ཏུ་དུས་གཅིག་ལ་ཕྱིན་ནས་སངས་རྒྱས་བརྒྱ་ཕྲག་ལ་དུས་གཅིག་ཏུ་མཆོད་པ་དང་བསྙེན་བཀུར་བྱ་ནུས་པ་དང་། འཇིག་རྟེན་གྱི་ཁམས་བརྒྱ་ཕྲག་ཏུ་སྤྲུལ་པ་བརྒྱ་ཕྲག་བཀྱེ་ནས་དེ་དང་དེའི་གདུལ་བྱ་རྣམས་ལ་དུས་གཅིག་ཏུ་ཆོས་སྟོན་ནུས་པ་དང་། རང་དང་གཞན་གྱི་ཚེ་རབས་བརྒྱ་ཕྲག་མང་པོ་མངོན་སུམ་དུ་མཐོང་བ་དང་། མཚན་དཔེ་རྫེས་མཐུན་པ་ཐོབ་ཅིང་ལས་ཉོན་གྱི་དབང་དུ་མི་འགྲོ་བར་སྙིང་རྗེ་དང་སྨོན་ལམ་གྱི་དབང་ཁོ་ནས་སྐྱེ་བ་ལེན་པ་དང་། མཆོག་གི་སྤྲུལ་སྐུའི་ཞལ་མངོན་སུམ་དུ་མཐོང་སྟེ་ནམ་འདོད་དུ་སངས་རྒྱས་ལས་ཆོས་ཉན་ནུས་པ་སོགས་ཡོན་ཏན་མཐའ་ཡས་པ་མདོ་ལས་གསུངས་པས་(༢༥བ)བདག་ཉིད་ཆེན་པོ་འདིའི་ཡོན་ཏན་ནི་ས་ལ་གནས་པའི་སེམས་དཔའ་ནང་ཕན་ཚུན་དང་སངས་རྒྱས་རྣམས་ཀྱིས་མཁྱེན་པ་མ་གཏོགས་བློ་དམན་དག་གིས་ཕྱོགས་ཙམ་ཡང་ཤེས་ནུས་པ་མ་ཡིན་ནོ། །

སློབ་དཔོན་བདག་ཉིད་ཆེན་པོ་འདིའི་སྐུ་ལ་མཚན་དཔེ་རྫེས་མཐུན་པ་ཡོད་པ་དང་། དགུང་ལོ་བརྒྱ་ཕྲག་བཀྱལ་བའི་ཚེ་ནའང་སྐུ་ལ་སྐྲ་དཀར་དང་གཉེར་མ་མེད་ཅིང་གཞོན་ནུའི་ཉམས་ལྟར་སྐྱ་བལྟ་བས་ཆོག་མི་ཤེས་ཤིང་གཞོན་ཤ་ཆགས་པ་ཞིག་ཡོད་པར་བཤད། སློབ་དཔོན་བདག་ཉིད་ཆེན་པོ་འདིས་རྒྱལ་བའི་བསྟན་པ་རྒྱ་ཆེར་སྤེལ་བའི་ཚེ་མུ་སྟེགས་ཀྱི་སྨྲ་བ་ངན་པ་རྣམས་ཕལ་ཆེར་ནུབ། སངས་རྒྱས་ཀྱི་བསྟན་པ་ཆེས་ཆེར་འཕེལ་ནས་འཛམ་བུའི་གླིང་གི་ཆེ་དགུ་ཐམས་ཅད་ཀྱིས་བདག་ཉིད་ཆེན་པོ་འདི་ལ་མཆོད་ཅིང་བསྙེན་བཀུར། རྒྱལ་བའི་བསྟན་པ་ལ་ཞུགས་ནས་རྒྱལ་བ་དགྱེས་པའི་

ལམ་ལ་སློབ་པར་འདོད་པ་ཐམས་ཅད་བདག་ཉིད་ཆེན་པོ་འདིའི་སློབ་མར་གྱུར་ཏེ་སློབ་དཔོན་འདིས་ཆོས་སྟོན་པའི་ཚེ་ཐེག་པ་ཆེན་པོའི་ཆོས་ཉན་པ་ཁྲི་ཕྲག་བརྒྱལ་བ་བྱུང་ཞེས་གྲགས་ཤིང་ཐུབ་བསྟན་མི་ནུབ་པའི་རྒྱལ་མཚན་འཛམ་གླིང་མཛེས་པར་བྱེད་པའི་རྒྱན་གཅིག་པུ་ཞེས་གདམ་དུ་གྲགས་སོ། །

སློབ་དཔོན་འདིས་སྐུ་ཚེའི་མཇུག་ལ་ནཱ་ལནྡྲའི་མཁན་པོ་མཛད་དེ་ལོ་བཅུ་གཉིས་སུ་ནཱ་ལནྡྲ་བསྐྱངས་ཏེ་བསྟན་པའི་བདག་པོ་མཛད། རྒྱ་གར་གྱི་གནས་ཐམས་ཅད་དུ་མཆོད་གཞི་མང་དུ་བཙུགས། དགེ་འདུན་གྱི་སྡེ་ཆེས་ཆེར་འཕེལ་བར་མཛད། མཐར་རྒྱལ་པོའི་ཁབ་ཏུ་སྐུའི་བཀོད་པ་བསྟུས་ཏེ། དགའ་(༤༨ན)ལྡན་དུ་རྒྱལ་བ་མ་ཕམ་པའི་ཞབས་དྲུང་དུ་ཕེབས་ནས་ཐེག་པ་ཆེན་པོའི་ཆོས་ཀྱི་བདུད་རྩི་ལ་ལོངས་སྤྱོད་ཅིང་དགའ་ལྡན་གྱི་ལྷ་རྣམས་ལ་ཐེག་པ་ཆེན་པོའི་ཆོས་སྟོན་པ་དང་འདུལ་བྱར་འོས་པའི་གདུལ་བྱ་གང་དང་གང་ན་ཡོད་པའི་ཞིང་དེ་དང་དེར་སྤྲུལ་པའི་བཀོད་པ་བསམ་གྱིས་མི་ཁྱབ་པས་གདུལ་བྱ་བགྲང་བ་ལས་འདས་པ་སྐད་ཅིག་དང་སྐད་ཅིག་ལ་འཁོར་བ་དང་ངན་སོང་ལས་བསྒྲལ་ཏེ་མཐོ་རིས་དང་ཐར་པ་དང་ཐམས་ཅད་མཁྱེན་པའི་ལམ་ལ་འཁྲིད་ཅིང་བཞུགས་སོ། །བདག་ཉིད་ཆེན་པོ་འདི་གང་དུ་མྱ་ངན་ལས་འདས་པའི་གནས་དེར་དད་པ་ཅན་དག་གིས་མཆོད་རྟེན་བརྩིགས་སོ། །སློབ་དཔོན་འདི་ལ་སློབ་མ་བསྟན་པ་འཛིན་པ་བསམ་གྱིས་མི་ཁྱབ་པ་ཡོད་ཅིང་། སྲས་ཀྱི་ཐུ་བོ་བསྟན་པའི་བདག་པོར་གྱུར་པ་ནི་མཁས་མཆོག་དབྱིག་གཉེན་ནོ། །སློབ་དཔོན་འདི་ཐུགས་བསྐྱེད་ཤིན་ཏུ་རྒྱ་ཆེ་བས་དེང་སང་ཡང་སློབ་དཔོན་འདིའི་གསུང་སྡེ་རྣམས་ཕྱོགས་ཐམས་ཅད་དུ་ཁྱབ་པར་གནས་སོ། །

དེས་ན་བྱང་ཆུབ་ལམ་གྱི་རིམ་པ་ལ་བློ་སྦྱོང་བར་འདོད་པའི་གདུལ་བྱ་རྣམས་ཀྱིས་འཕགས་པ་ཐོགས་མེད་ལ་ཡོན་ཏན་དང་བཀའ་དྲིན་དྲན་པའི་དད་གུས་ཆེན་པོས་གསོལ་བ་འདེབས་ཤིང་བདག་ཉིད་ཆེན་པོ་འདིའི་རྣམ་ཐར་བླ་མ་དང་ལྷག་པའི་ལྷ་

དབྱེར་མ་མཆིས་པ་ལ་གསོལ་བ་ཤུགས་དྲག་ལ་རྒྱུན་རིང་བ་འདེབས་པ་དང་། ཐེག་པ་ཆེན་པོའི་ལམ་གྱི་རྩ་བ་བྱམས་སྙིང་རྗེ་བྱང་ཆུབ་ཀྱི་སེམས་ཐུགས་དམ་གྱི་མཐིལ་དུ་བྱེད་(༤༨བ)པ་དང་། སྐྱེས་བུ་གསུམ་གྱི་ལམ་ལ་བློ་སྦྱོང་བའི་ཚེ་སྐྱེས་བུ་ཆུང་ངུའི་སྐབས་ཀྱི་ལས་འབྲས་ཀྱི་དམིགས་སྐོར་ལ་སའི་དངོས་གཞི་ནས་གསུངས་པ་ལྟར་བསམ། སྐྱབས་འགྲོའི་དམིགས་སྐོར་ལ་གཏན་ལ་དབབ་པ་བསྡུ་བ་ནས་གསུངས་པ་ལྟར་བསམ། ཐེག་ཆེན་ཐུན་མོང་མིན་པའི་སྐྱབས་འགྲོ་ནི་རྒྱུད་བླ་དང་དེའི་འགྲེལ་པ་སློབ་དཔོན་འདིས་མཛད་པ་ནས་གསུངས་པ་ལྟར་བསམ། སྐྱེས་བུ་འབྲིང་གི་དམིགས་སྐོར་ལ་བདེན་བཞིའི་གནས་ཚུལ་བསམས་ཏེ་སྲིད་པ་མཐའ་དག་ལ་ཞེན་པ་ལོག་པའི་ངེས་འབྱུང་བསྐྱེད་ཚུལ་ཉན་ས་དང་མངོན་པ་ཀུན་བཏུས་ནས་གསུངས་པ་ལྟར་བསམ། བསླབ་པ་གསུམ་རྒྱུད་ལ་བསྐྱེད་ཚུལ་ཉན་ས་ནས་གསུངས་པ་ལྟར་བསམ། བྱམས་སྙིང་རྗེ་བྱང་ཆུབ་ཀྱི་སེམས་དང་། རྒྱལ་སྲས་ཀྱི་སྤྱོད་པ་རླབས་པོ་ཆེ་ལ་སློབ་ཚུལ་རྣམས་བྱང་ས་ནས་གསུངས་པ་ལྟར་བསམ། ཞི་གནས་བསྒྲུབ་ཚུལ་དང་སྤྱིར་ལྷག་མཐོང་གི་རྟོག་པ་སྐྱེ་ལུགས་རྣམས་ཉན་ས་ནས་གསུངས་པ་ལྟར་བསམ། ཟབ་མོ་དབུ་མའི་ལྟ་བ་ཐུན་མོང་མིན་པ་ནི་རྒྱུད་བླ་མའི་འགྲེལ་པ་སློབ་དཔོན་འདིས་མཛད་པ་ལས་གསུངས་པ་ལྟར་བསམ་ལ་བྱང་ཆུབ་ལམ་གྱི་རིམ་པ་ལ་ངེས་པ་ཞུ་ཐག་ཆོད་པ་སྐྱེད་པར་བྱས་ལ་ཉམས་ལེན་སྙིང་པོར་བྱའོ།། །།

སློབ་དཔོན་དབྱིག་གཉེན་གྱི་རྣམ་ཐར།

འཛམ་གླིང་མཁས་པའི་གཙུག་རྒྱན་དབྱིག་གི་གཉེན། །ཞེས་བསྔགས་པ། མཁས་མཆོག་དབྱིག་གཉེན་ནི། འཕགས་པ་ཐོགས་མེད་དང་ཡུམ་གཅིག་པར་འཁྲུངས་ཏེ་

འཕགས་པ་ཐོགས་མེད་འབྲུངས་ནས་ཐུན་མོང་(༢༧ན)བའི་རིག་གནས་རྣམས་ལ་སྦྱངས་ཤིང་རབ་ཏུ་བྱུང་ནས་རིང་ཞིག་ལོན་པ་ན་སྟོན་ཡུན་རིང་པོ་ནས་བྱང་ཆུབ་ཀྱི་སེམས་ཆེས་ཆེར་རྒྱས་པ་རྒྱལ་བའི་བསྟན་པ་སྤེལ་བའི་སྨོན་ལམ་གྱི་མཐུ་ཅན་ཡུམ་བྲམ་ཟེ་མ་གསལ་བའི་ཚུལ་ཁྲིམས་དེ་ཉིད་ཀྱིས་བྲམ་ཟེ་དང་འདུས་པ་ལས་ཁྱེའུ་མཚན་དང་ལྡན་པ་ཞིག་བཙས་ཏེ། ཁྱེའུ་དེའི་ལྕེ་ལ་ཧྲཱི་ཏང་གི་ཡི་གེ་ཨ་འདྲི་བ་སོགས་བྲམ་ཟེའི་རིག་བྱེད་ལས་འབྱུང་བ་ལྟར་གྱི་བློ་རྡོ་བའི་ཚིག་བྱས་ཤིང་ཁྲུས་དང་གཙང་སྦྲ་ལ་གནས་པའི་སྒོ་ནས་བསྐྱེད་བསྲིངས་ཏེ་ནར་སོན་པ་ན་ཡི་གེ་དང་། རྩིས་དང་། རིག་བྱེད་བཞི་ལ་སོགས་པ་ཐུན་མོང་བའི་རིག་གནས་རྣམས་ཡུམ་ཉིད་ཀྱིས་ལེགས་པར་བསླབས་ཏེ་ཁོང་དུ་ཆུད་པར་བྱས། དེ་ནས་ཡུམ་གྱིས་སྲས་ལ་འདི་སྐད་དུ། བུ་ཁྱོད་བསྐྱེད་པ་ནི་རིགས་སྤེལ་བ་སོགས་འཇིག་རྟེན་གྱི་བྱ་བའི་ཆེད་དུ་བསྐྱེད་པ་མ་ཡིན་གྱི། རྒྱལ་བའི་བསྟན་པ་སྤེལ་བའི་ཕྱིར་བསྐྱེད་པ་ཡིན་པས་རབ་ཏུ་བྱུང་ལ་སྡེ་སྣོད་གསུམ་ལ་སྦྱངས་ཏེ་རྒྱལ་བའི་བསྟན་པ་དར་བར་གྱིས་ཤིག །ཅེས་བསྐུལ་ནས་ན་ལནྡྲར་རབ་ཏུ་བྱུང་། རབ་ཏུ་བྱུང་ཙམ་ཉིད་ནས་མཁན་སློབ་ཀྱིས་བསྟན་པ་ལྟར་འདུལ་བའི་བཅས་མཚམས་ཕྲ་ཞིང་ཕྲ་བ་མཐའ་དག་མིག་འབྲས་ལྟར་བསྲུང་བ་གཞིར་བཞག་ནས་སྡེ་སྣོད་གསུམ་ལ་སྦྱངས་པས་མཁས་པའི་ཕུལ་དུ་ཕྱིན་པར་གྱུར། དེ་ནས་མངོན་པའི་སྡེ་སྣོད་ཀྱི་དགོངས་དོན་ཕྲ་ཞིང་ཕྲ་བ་དག་རྟོགས་པར་བྱ་བའི་ཕྱིར་དང་། སྡེ་པ་བཅོ་བརྒྱད་(༢༧བ)སོ་སོའི་ལུགས་མ་འདྲེས་པར་ཤེས་པར་བྱ་བའི་ཕྱིར་དང་། གཞན་ཡང་རང་དང་གཞན་གྱི་གྲུབ་པའི་མཐའ་རྒྱ་མཚོ་ལྟ་བུའི་ཕ་རོལ་ཏུ་ཕྱིན་པར་བྱ་བའི་ཕྱིར་མཁས་གྲུབ་དུ་མའི་འབྱུང་གནས་ཁ་ཆེའི་ཡུལ་དུ་ཕེབས་ནས་མཁས་པ་ཆེན་པོ་འདུན་བཟང་གི་དྲུང་དུ་སྟོན་དགྲ་བཅོམ་པ་རྣམས་ཀྱིས་མངོན་པ་སྡེ་བདུན་དང་འདུལ་བ་ལུང་སྡེ་བཞིའི་གནད་རྣམས་བསྡུས་ཏེ་གཏན་ལ་ཕབ་པའི་བསྟན་བཅོས་བྱེ་བྲག་ཏུ་བཤད་པ་ཆེན་པོ་གཞུང་འབུམ་

ཕྲག་གཅིག་ཏུ་ལོངས་པ་ཡོད་པ་དེ་ལ་སྦྱངས་སོ། །བསྟན་བཅོས་འདི་ལ་སྔོན་གྱི་མཁས་པ་རྣམས་ཀྱིས་བྱེ་བྲག་བཤད་མཚོ་ཆེན་མོ་ཞེས་ཀྱང་བརྗོད། བྱེ་བྲག་བཤད་མཛོད་ཅེས་ཀྱང་བརྗོད་དོ། །

དེ་ལྟ་བུའི་བསྟན་བཅོས་ཆེན་པོ་དེ་ཡོངས་སུ་རྫོགས་པ་ཐུགས་ལ་བཟུང་ནས་དོན་གྱི་གནད་མཐའ་དག་ལ་འཁྲུལ་པའི་དྲི་མ་ཕྲ་མོའང་མེད་པར་དྲི་མ་མེད་པའི་རིགས་པ་ཕྲ་མོས་ལེགས་པར་དཔྱད་ནས་མཐའ་དག་པར་ཐུགས་ལ་ཆུད་པར་མཛད། གཞན་ཡང་སློབ་དཔོན་འདུན་བཟང་ལ་མངའ་བའི་སྡེ་སྣོད་གསུམ་གྱི་བཤད་སྲོལ་མཐའ་དག་ལ་སྦྱངས་ནས་མཁས་པའི་ཕུལ་དུ་ཕྱིན་པར་གྱུར་ཏེ། ཁ་ཆེའི་ཡུལ་དུ་གདུལ་བྱ་བགྲང་བ་ལས་འདས་པ་ལ་ཆོས་མང་དུ་བསྟན་ཅིང་དྲི་མ་མེད་པའི་རིགས་ལམ་རྒྱས་པར་མཛད། དེ་ནས་རྒྱ་གར་དུ་འབྱོན་པར་བཞེད་པའི་ཚེ་བདུད་སྡིག་ཏོ་ཅན་གྱིས་བདག་ཉིད་ཆེན་པོ་འདིས་རྒྱལ་བའི་བསྟན་པ་ལ་བྱ་བ་རྒྱ་ཆེན་པོ་མཛད་པ་མ་བཟོད་ནས་ཆོམ་རྐུན་པ་མང་པོ་དང་ཤོ་གམ་བསྲུང་བའི་གནོད་སྦྱིན་གྱི་ཡིད་བསྒྱུར་ཏེ་དེ་དག་གིས(༢༢ན) སློབ་དཔོན་གྱི་ལྷ་རྟེན་དང་གླེགས་བམ་ལ་སོགས་པ་ཡོ་བྱད་ཐམས་ཅད་ཕྲོགས། ཡང་གླེགས་བམ་ལ་སོགས་པ་གསར་དུ་བཞེངས་ནས་ཕེབས་པར་ལན་གསུམ་གྱི་བར་དུ་ཕྲོགས་པ་ན་སློབ་དཔོན་གྱི་ཐུགས་ལ་ད་ནོར་ནི་མེད་གླེགས་བམ་མེད་ཀྱང་ཆོས་ཐམས་ཅད་ནི་བློ་ལ་ཡོད་པ་སུས་ཀྱང་དབྲོག་ཏུ་མི་བཏུབ་པས་ཡོ་བྱད་གང་ཡང་མེད་པར་འགྲོའོ་སྙམ་དུ་དགོངས་ནས་ཕེབས་ཏེ་ནཱ་ལནྡྲར་བྱོན། དེར་སྡེ་སྣོད་འཛིན་པ་མང་པོ་ལ་ཆོས་རྒྱ་ཆེར་སྟོན་ཅིང་བཞུགས་པ་ན། གཅེན་འཕགས་པ་ཐོགས་མེད་ཀྱིས་བསྟན་བཅོས་མང་དུ་བརྩམས་པ་གསན་ནས། ཀྱེ་མ་ཐོགས་མེད་ནགས་སུ་ལོ། །བཅུ་གཉིས་བར་དུ་ཏིང་འཛིན་བསྒྲུབས། །ཏིང་འཛིན་མ་གྲུབ་གླང་ཆེན་གྱི། །རྒྱབ་ཁལ་ལོངས་པའི་གྲུབ་མཐའ་བརྩམས། །ཞེས་ཐེག་ཆེན་གྱི་གང་ཟག་དང་ཆོས་ལ་སྐུར་པ་བྱས་པ་གཅེན

གྱིས་གསན་ནས། ལོག་སྒྲུབ་དོན་མེད་དུ་འགྱུར་བ་མཁྱེན་ནས། དེ་བཟློག་པའི་ཕྱིར་སློབ་མ་གཉིས་ས་བཅུ་པ་དང་། བློ་གྲོས་མི་བཟད་པས་བསྟན་པ་འཛིན་དུ་བཅུག་ནས། གཙུང་ཅན་དུ་སོང་ལ་སྤྱོད་དང་ཐོ་རངས་ཐོན་ཅིག་ཅེས་བསྒོ་བ་ལྟར་བསྒྲུབས་པས། མདོ་བརྟོན་པས་དེ་སློབ་དཔོན་དབྱིག་གཉེན་གྱི་གསན་པ་ན། སྤྱོད་ལ་ཐེག་ཆེན་འདི་རྒྱུ་བཟང་འབྲས་བུ་ཁ་གཡེལ་བ་འདྲ་གསུང་། ཐོ་རངས་རྒྱུ་འབྲས་གཉིས་ཀ་བཟང་བར་འདུག་པ་ལ་ངས་སྐུར་པ་བཏབ་པ་ལྕེ་འདིས་ལན་པས་གཅོད་གསུངས་ནས་སྤྱི་གྲི་འཚོལ་བའི་ཚེ་ཁོང་གཉིས་ཀྱིས་ལྗགས་དགུམ་མི་(༢༢བ)འཚལ། དེའི་སྒྲིབ་པ་སྦྱོང་ཐབས་གཅིག་ལ་མངའ་བས་དེ་ར་གཤེགས་པར་ཞུ་ཞུས་པས། སློབ་དཔོན་དབྱིག་གཉེན་འཕགས་པ་ཐོགས་མེད་ཀྱི་སར་བྱོན་ཏེ་ཆོས་གསན་པས་དད་ནས་འཕགས་པ་ཐོགས་མེད་ལ་ཉེས་པ་བཤགས་ཏེ་ཐེག་པ་ཆེན་པོའི་ཆོས་རྣམས་རིམ་གྱིས་གསན་ཞིང་། དེའི་ཚེ་འཕགས་པ་ཐོགས་མེད་ལ་རྗེ་བཙུན་བྱམས་པ་མགོན་པོ་འབྲལ་མེད་དུ་བཞུགས་ནས་བྱ་བ་ཐམས་ཅད་རྗེ་བཙུན་ལ་ཞུ་ཞིང་མཛད་པ་དེ་གཙང་གིས་མཁྱེན་ནས་ལྷག་པའི་ལྷ་དེ་བདག་ལ་བསྟན་པར་ཞུ་བྱས་པས། རྗེ་བཙུན་ལ་ཞུ་ཡི་གསུངས་ནས་ཞུས་པས། རྗེ་བཙུན་གྱི་ཞལ་ནས། ཁྱོད་སོ་སོའི་སྐྱེ་བོ་ཡིན་ཞིང་དང་པོར་ཐེག་ཆེན་ལ་སྐུར་པ་བཏབ་པས་ཚེ་འདི་ལ་ང་མཐོང་བའི་སྐལ་བ་མེད་ཀྱིས། སྒྲིབ་པ་སྦྱོང་བར་བྱ་བའི་ཕྱིར་ཐེག་ཆེན་གྱི་མདོ་འགྲེལ་མང་དུ་རྩོམས། གཙུག་ཏོར་རྣམ་རྒྱལ་གྱི་གཟུངས་ཐོན། ཕྱི་མ་ལ་མཇལ་གསུངས། དེ་ནས་སློབ་དཔོན་དབྱིག་གཉེན་གཅེན་ལ་ལྷག་པར་དད་དེ། ངཡི་ཕུ་བོ་ཀླུ་དང་འདྲ། །ངནི་ཆར་སྤྱོད་བྱ་དང་འདྲ། །ཀླུ་ཡི་རྒྱལ་པོས་ཆར་ཕབ་ཀྱང་། །བྱ་ཡི་གྲེ་བར་སོང་བ་མེད། །ཅེས་གསུངས་ཤིང་རྗེ་བཙུན་བྱམས་པ་མགོན་པོའི་བཀའ་བཞིན་བསྒྲུབས་ཏེ་ཐོག་མར་བྱང་ཆུབ་ལམ་གྱི་རིམ་པའི་སྐྱེས་བུ་ཆུང་འབྲིང་གཉིས་ཀྱི་དམིགས་པ་དང་། སྐྱེས་བུ་ཆེན་པོའི་ཡང་སྒྲུབ་པའི་དམིགས་པ་བདེན་པ་

བཞིའི་གནས་ཚུལ་ཞིབ་ཏུ་སྟོན་པ་ཆོས་མངོན་པ་མཛོད་ཀྱི་ཚིག་ལེའུར་བྱས་པ་བརྩམས་ཏེ་སྐྱེས་དང་བཅས་པ་འདུན་བཟང་ལ་སྤྲིངས་སོ། །དེའི་སློབ་མ་དག་གིས་ལོ་དང་གྲགས་ལ་སོགས་པ་(༤༩ན)འདི་འོ་སྐོལ་གྱི་གྲུབ་མཐའ་ལ་ཟུར་ཟའོ། །ཞེས་སྨྲས་པ་དང་། ཁོང་བསྟན་བཅོས་རྩོམ་པ་ལ་མཁས་པས་ཚིག་རྒྱན་ཡིན་གསུང་ཞིང་། ཤིན་ཏུ་མཉེས་ནས་འདི་ལ་རང་འགྲེལ་ཞིག་མཛོད་ཅེས་བསྐུལ་མ་མཛད། དེ་ནས་སློབ་དཔོན་འཕགས་པ་ཐོགས་མེད་ལ་ཐེག་པ་ཆེན་པོའི་མདོ་སྡེ་མཐའ་དག་གསན་ཏེ་ལན་རེ་ཙམ་གྱིས་ཐུགས་སུ་ཆུད། བྱམས་མགོན་གྱི་བཀའ་ལྟར་ལྟག་པའི་ལྷ་བསྒྲུབ་པར་བཞེད་ནས་རྡོ་རྗེ་སློབ་དཔོན་ཞིག་ལ་རྗེ་བཙུན་རྣམ་རྒྱལ་མའི་དབང་། ཕྱག་རྡོར་གྱི་དབང་དང་གདམས་ངག་གསན་ཏེ་གཟུངས་སྔགས་བཟླས་པས་མྱུར་དུ་གྲུབ་སྟེ་ལྟག་པའི་ལྷ་དེ་གཉིས་ཀྱི་ཞལ་གཟིགས། ཏིང་ངེ་འཛིན་གྱི་སྣོ་མང་པོ་ཐུགས་རྒྱུད་ལ་འཁྲུངས་རྒྱལ་བའི་བཀའ་འཛམ་བུ་གླིང་ན་བཞུགས་པ་མཐའ་དག་ཐུགས་སུ་ཆུད་དེ་དེའི་ཚེ་ཉན་ཐོས་ཀྱི་སྡེ་སྣོད་གསུམ་ལ་མདོ་ལྔ་བརྒྱ་ཤོ་ལོ་ཀ་འབུམ་ཕྲག་གསུམ་ཡོད་པར་གྲགས་པ་དང་། ཐེག་པ་ཆེན་པོ་ལ་འཕགས་པ་དཀོན་མཆོག་བརྩེགས་པ་ཆེན་པོའི་མདོ། འདུས་པ་རིན་པོ་ཆེའི་མདོ། ཤེར་ཕྱིན་སྟོང་ཕྲག་བརྒྱ་པ་སོགས་མདོ་ལྔ་བརྒྱ། གསང་སྔགས་ཀྱི་གཟུངས་རྒྱུད་སྡེ་ལྔ་བརྒྱ་རྣམས་ཐུགས་སུ་ཆུད་དེ་ལོ་རེའི་ནང་དུ་ལན་རེ་ཁ་ཏོན་དུ་མཛད་དེ། དེ་ཡང་ལུགས་ཀྱི་གཞོང་རིང་ཏིལ་མར་གྱིས་བཀང་བའི་ནང་དུ་ཞུགས་ནས་ཉིན་མཚན་སྤྲེལ་མ་ཞག་བཅོ་ལྔ་རེའི་རིང་ལ་གོང་དུ་སྨོས་པའི་མདོ་དེ་རྣམས་ཚར་རེ་ཁ་ཏོན་དུ་འགྲོ་བར་མཛད། ཤེས་རབ་ཀྱི་ཕ་རོལ་ཏུ་ཕྱིན་པ་བརྒྱད་སྟོང་པ་ནི་ཉིན་རེ་བཞིན་ཁ་ཏོན་དུ་(༤༩བ)མཛད་དེ། རྒྱལ་བ་མྱ་ངན་ལས་འདས་པའི་འོག་ཏུ་བདག་ཉིད་ཆེན་པོ་འདི་ལས་མང་དུ་ཐོས་པ་རྒྱ་ཆེ་བ་སུ་ཡང་མེད་དོ་ཞེས་འཕགས་ཡུལ་གྱི་མཁས་པ་རྣམས་གཏམ་དུ་གླེང་ངོ་། །

དེ་ནས་རྗེ་བཙུན་བྱམས་མགོན་གྱི་བཀའ་བཞིན་ཐེག་པ་ཆེན་པོའི་མདོ་འགྲེལ་རྣམས་རིམ་གྱིས་མཛད་དེ་བྱང་ཆུབ་ལམ་གྱི་རིམ་པའི་མན་ངག་གི་གནད་རྣམས་ཞིབ་ཏུ་སྟོན་པ་མདོ་སྡེ་རྒྱན་གྱི་འགྲེལ་པ་དང་། དབུས་མཐའ་རྣམ་འབྱེད་ཀྱི་འགྲེལ་པ། ཆོས་ཉིད་རྣམ་འབྱེད་ཀྱི་འགྲེལ་པ། ཐེག་བསྡུས་ཀྱི་འགྲེལ་པ། ཆོས་ཐམས་ཅད་རྣམ་རིག་ཙམ་དུ་སྟོན་པ་སུམ་ཅུ་པའི་ཚིག་ལེའུར་བྱས་པ། ཕྱི་རོལ་གྱི་དོན་འགོག་པ་ཉི་ཤུ་པའི་ཚིག་ལེའུར་བྱས་པ། ཉི་ཤུ་པའི་རང་འགྲེལ། རང་བཞིན་གསུམ་ངེས་པར་བསྟན་པ། ཕུང་པོ་ལྔའི་རབ་ཏུ་བྱེད་པ། རྣམ་པར་བཤད་པའི་རིགས་པ་མདོ་སྡེའི་དུམ་པ་བརྒྱ་པ། རྣམ་པར་བཤད་པའི་རིགས་པ། ལས་གྲུབ་པའི་རབ་ཏུ་བྱེད་པ། ཐེག་པ་ཆེན་པོའི་ཆོས་བརྒྱ་གསལ་བའི་བསྟན་བཅོས། ཆོས་མངོན་པ་མཛོད་ཀྱི་ཚིག་ལེའུར་བྱས་པ། དེའི་རང་འགྲེལ། བསྟན་བཅོས་ཚིགས་སུ་བཅད་པ་བསྡུས་པ། དེའི་རང་འགྲེལ། དཀོན་མཆོག་གསུམ་གྱི་བསྟོད་པ། སྒོ་དྲུག་པའི་གཟུངས་ཀྱི་རྣམ་པར་བཤད་པ། ཡོན་ཏན་བདུན་བརྗོད་པའི་གཏམ། ཚུལ་ཁྲིམས་ཀྱི་གཏམ། ཚོགས་ཀྱི་གཏམ། སངས་རྒྱས་རྗེས་སུ་དྲན་པའི་འགྲེལ་པ། ཆོས་རྗེས་སུ་དྲན་པའི་འགྲེལ་པ། དགེ་འདུན་རྗེས་སུ་དྲན་པའི་འགྲེལ་པ། འདོད་པའི་ཡོན་ཏན་ལྔའི་ཉེས་དམིགས་(༨༠ནུ)བཤད་པ། ཚིགས་སུ་བཅད་པ་གཅིག་པའི་བཤད་པ། ག་ཡ་གོ་རིའི་མདོའི་བཤད་པ། མདོ་སྡེ་ས་བཅུ་པའི་རྣམ་པར་བཤད་པ། །བློ་གྲོས་མི་བཟད་པས་བསྟན་པའི་མདོའི་རྒྱ་ཆེར་འགྲེལ། །རྟེན་ཅིང་འབྲེལ་བར་འབྱུང་བ་དང་པོ་དང་རྣམ་པར་དབྱེ་བ་བཤད་པ། མདོ་སྡེ་ས་བཅུ་པའི་འགྲེལ་པ། བཟང་སྤྱོད་སྨོན་ལམ་གྱི་འགྲེལ་པ་རྣམས་མཛད་དོ། །

འཕགས་པ་ཐོགས་མེད་སྐུ་དྲིན་ལས་འདས་པའི་འོག་ཏུ་ཧྲཱ་ལཀྵའི་མཁན་པོ་མཛད་དེ་ཉིན་རེ་བཞིན་རབ་ཏུ་བྱུང་བ་དང་བསྙེན་པར་རྫོགས་པ་མང་པོའི་མཁན་པོ་མཛད་པ་དང་། ཐེག་པ་ཆེན་པོའི་མདོ་སྡེ་མི་འདྲ་བའི་ཆོས་ཐུན་ཉི་ཤུ་རེ་འཆག་མེད་གནང་བ་

དང་། མུ་སྟེགས་ཀྱི་སྨྲ་བ་ངན་པ་བྱུང་ན་དེ་མ་ཐག་ཚར་གཅོད་པ་དང་། བསྟན་བཅོས་རྩོམ་པ་སོགས་མཁས་པའི་བྱ་བ་རྣམ་པ་གསུམ་གྱིས་དུས་འདའ་བར་མཛད། དེ་དུས་འཛམ་བུ་གླིང་གི་ཆེ་དགུ་མཐའ་དག་གིས་བདག་ཉིད་ཆེན་པོ་འདིའི་ཞབས་ལ་གཏུགས་ནས་མཆོད་ཅིང་བསྙེན་བཀུར་བ་དང་། རང་རང་གི་དབང་པོ་དང་འཚམས་པའི་ཆོས་ཀྱི་བགོ་སྐལ་ལེན་པར་བྱེད་པས་དད་པ་ཅན་དག་གིས་གསོལ་བ་བཏབ་པ་ལྟར་ཡུལ་གཞན་དང་གཞན་དུའང་བྱོན་ནས་གང་དང་གང་དུ་རྒྱལ་བའི་བསྟན་པ་ཉམས་པ་དེ་དག་གསོས། སྔར་ཡོད་པ་རྣམས་ཆེས་ཆེར་འཕེལ་བར་མཛད། སློབ་དཔོན་འདི་ཤར་ཕྱོགས་གོ་རིའི་ཡུལ་དུ་བྱོན་ནས་སྐལ་བ་དང་ལྡན་པ་མང་པོ་ཞིག་ལ་ཐེག་པ་ཆེན་པོའི་མདོ་སྡེ་རྒྱ་ཆེར་གསུངས་པས་དཀར་ཕྱོགས་ཀྱི་ལྷ་(༩༠བ)རྣམས་ཀྱིས་གསེར་གྱི་མེ་ཏོག་གི་ཆར་ཕབ་པ་ཀུན་གྱི་མཐུན་སྣང་དུ་གྲུབ་པ་བྱུང་བས་ཐམས་ཅད་དད་པ་ལྷག་པར་འཕེལ་ཏེ་སློབ་དཔོན་འདིའི་བཀའ་བཞིན་བསྒྲུབས་པས་ཕྱོགས་དེར་རྒྱལ་བའི་བསྟན་པ་རྒྱ་ཆེར་འཕེལ། རྒྱལ་བའི་བསྟན་པ་རིང་དུ་གནས་པའི་ཕྱིར་དགེ་འདུན་གྱི་སྡེ་གང་དང་གང་ན་ཡོད་པ་དེ་དང་དེར་མཆོད་གཞི་རྒྱ་ཆེན་པོ་འཛུགས་པར་མཛད། ཨོ་ཊི་བི་ཤའི་ཡུལ་དུ་བྲམ་ཟེ་ཆེན་པོ་ཞིག་གིས་སྦྱིན་བདག་བྱས་ཏེ་ཐེག་པ་ཆེན་པོའི་དགེ་འདུན་སྟོང་ཕྲག་བཅུ་གཉིས་ལ་ཟླ་བ་གསུམ་དུ་ཆོས་འཁོར་བཙུགས་ཏེ་དུས་སྟོན་རྒྱས་པར་བྱས། སློབ་དཔོན་འཕགས་པ་ཐོགས་མེད་ཀྱི་དུས་ལས་ཀྱང་ཐེག་པ་ཆེན་པོའི་འཆད་ཉན་རྒྱས་པར་བྱུང་སྟེ་བདག་ཉིད་ཆེན་པོ་འདིའི་སློབ་མ་ཐེག་པ་ཆེན་པོའི་དགེ་སློང་དྲུག་ཁྲི་ཙམ་བྱུང་ཞེས་གྲགས་སོ། །

སློབ་དཔོན་རང་ཉིད་དང་ལྷན་ཅིག་ཏུ་གནས་པའི་དགེ་སློང་སྡེ་སྣོད་འཛིན་པའང་སྟོང་ཙམ་རེ་ཡོད་ཅིང་། དེ་ཐམས་ཅད་ཀྱང་ཚུལ་ཁྲིམས་རྣམ་པར་དག་པ། སྡེ་སྣོད་གསུམ་ལ་མང་དུ་ཐོས་པ་དང་ལྡན་པ། རྒྱལ་བའི་བསྟན་པ་འཛིན་ཅིང་སྤེལ་នུས་པ་ཤ་

སྐུག་བྱུང་ཞེས་གྲག་གོ །དེ་ལྟར་སློབ་དཔོན་དབྱིག་གཉེན་གྱིས་དགུང་ལོ་བརྒྱར་ཉེ་བའི་བར་དུ་རྒྱ་གར་དུ་བསྟན་པར་བྱ་བ་རྒྱ་ཆེན་པོ་མཛད་ནས། མཐར་དགོས་པ་མང་པོ་ཞིག་ལ་གཟིགས་ནས་སློབ་མ་སྡེ་སྣོད་འཛིན་པ་སྟོང་དང་བཅས་བལ་ཡུལ་དུ་བྱོན་ཏེ་ཡུལ་ན་གནས་པའི་དགེ་འདུན་རྣམས་ལ་ཐེག་པ་ཆེན་པོའི་ཆོས་རྒྱ་ཆེར་བསྟན་ཅིང་བསྟན་པ་ཡུན་རིང་དུ་གནས་པའི་(༩༠༡ན)ཕྱིར་ཕྱོགས་དེར་མཆོད་གཞི་ཡང་མང་དུ་འཛུགས་པར་མཛད། དེ་ནས་རང་བྱུང་གི་མཆོད་རྟེན་དུ་གྲགས་པ་མཆོད་རྟེན་གོ་མ་སཱ་ལ་གནྡྷེ་ལ་ཞབས་བསྐོར་མཛད་ཅིང་བཞུགས་པ་ན་ཏང་དུ་ཞེས་པ་རབ་བྱུང་གི་ཆ་བྱད་འཛིན་པའི་ཁྱིམ་བཙུན་ཞིག་གིས་ཞིང་རྨོད་པ་དང་ཆང་གི་བུམ་པ་ཐོགས་པ་གཟིགས་པ་རྒྱལ་བའི་བསྟན་པ་འདི་ལྟར་ཉམས་དམས་སོ་སྙམ་དུ་ཐུགས་བྱུང་ནས་དགེ་འདུན་རྣམས་ལ་ཐ་མའི་གསུང་ཆོས་མང་དུ་སྩལ་ཏེ་གཙུག་ཏོར་རྣམ་རྒྱལ་གྱི་གཟུངས་འགོ་གཉམ་ལོག་ནས་བཟླས་ཏེ་སྐུ་ཚེའི་འདུ་བྱེད་བཏང་སྟེ་དེ་ཉིད་དུ་སྐུའི་བཀོད་པ་བསྡུས་ནས་རྗེ་བཙུན་བྱམས་པ་མགོན་པོ་དང་འཕགས་པ་ཐོགས་མེད་གང་དུ་བཞུགས་པའི་གནས་དགའ་ལྡན་ཆོས་ཀྱི་ཕོ་བྲང་དུ་ཕེབས་སོ། །སློབ་དཔོན་དབྱིག་གཉེན་གང་དུ་མྱ་ངན་ལས་འདས་པའི་ས་དེར་སློབ་མ་དད་པ་ཅན་དག་གིས་སྐུ་གདུང་བཞུགས་པའི་མཆོད་རྟེན་བརྩིགས་པ་ད་ལྟའང་ཡོད་དོ། །

སློབ་དཔོན་བདག་ཉིད་ཆེན་པོ་འདི་ལ་སློབ་མ་བསྟན་པ་འཛིན་ནུས་པ་བསམ་གྱིས་མི་ཁྱབ་པ་བྱུང་ཞིང་། དེ་ཐམས་ཅད་ཀྱི་ནང་ནས་མཆོག་ཏུ་གྱུར་པ་བཞི་སྟེ། འདུལ་བ་ལ་མཁས་པའི་མཆོག་ཏུ་གྱུར་པ་སློབ་དཔོན་ཡོན་ཏན་འོད། མངོན་པ་ལ་མཁས་པའི་མཆོག་ཏུ་གྱུར་པ་སློབ་དཔོན་བློ་གྲོས་བརྟན་པ། ཚད་མ་ལ་མཁས་པའི་མཆོག་ཏུ་གྱུར་པ་སློབ་དཔོན་ཕྱོགས་ཀྱི་གླང་པོ། ཕར་ཕྱིན་ལ་མཁས་པའི་མཆོག་ཏུ་གྱུར་པ་སློབ་དཔོན་འཕགས་པ་རྣམ་གྲོལ་སྡེ་བཞིའོ། །དེ་(༩༡བ)ལ་འདུལ་བ་ལ་མཁས་པའི་མཆོག་ཏུ་གྱུར་

པ་སློབ་དཔོན་ཡོན་ཏན་འོད་ནི་ཡུལ་བཙོམ་བརླག་ཏུ་བྲམ་ཟེའི་རིགས་སུ་འཁྲུངས། ཆུང་ངུའི་དུས་ནས་རིག་གནས་མཐའ་དག་ལ་མཁས་པར་སྦྱངས། དེ་ནས་རྒྱལ་བའི་བསྟན་པ་ལ་རབ་ཏུ་བྱུང་ཞིང་བསྙེན་པར་རྫོགས་ནས་མཁས་མཆོག་དབྱིག་གཉེན་གྱི་དྲུང་དུ་ཕེབས་ཏེ་སྡེ་སྣོད་གསུམ་ལ་སྦྱངས་ཤིང་ཐེག་པ་ཆེན་པོའི་ལམ་གྱི་རིམ་པ་གསན་ནས་ཐེག་ཆེན་གྱི་མདོ་སྡེ་མཐའ་དག་ལ་སྦྱངས། སྡེ་པ་བཅོ་བརྒྱད་པོ་སོ་སོའི་ལུགས་མ་འདྲེས་པར་མཁྱེན་ཅིང་འདུལ་བ་འབུམ་སྡེ་ཐུགས་ལ་བཟུང་སྟེ་རྒྱུན་དུ་ཁ་ཏོན་དུ་མཛད། དེ་ལྟར་གློག་པ་ཐོས་བསམ་དང་སྒོམ་པ་བསམ་གཏན་ལ་བརྩོན་པར་མཛད་པས་རང་དང་གཞན་གྱི་གྲུབ་པའི་མཐའ་རྒྱ་མཚོ་ལྟ་བུའི་ཕ་རོལ་ཏུ་སོན་ཞིང་གཟུངས་དང་། སྤོབས་པ་དང་། མངོན་པར་ཤེས་པ་དང་། ཏིང་ངེ་འཛིན་གྱི་སྒོ་བརྒྱ་ཕྲག་མང་པོ་ཐུགས་ལ་འཁྲུངས། ལྷག་པར་སློབ་དཔོན་དབྱིག་གཉེན་གྱི་མན་ངག་ལ་བརྟེན་ནས་ལམ་རིམ་གྱིས་བགྲོད་དེ་འཕགས་པའི་ས་ཐོབ་པས་སློབ་དཔོན་འཕགས་པ་ཡོན་ཏན་འོད་ཅེས་སྙན་པའི་གྲགས་པས་ཕྱོགས་ཀུན་ཁྱབ་པར་གྱུར་ཅིང་། རྒྱལ་བའི་བསྟན་པ་ལ་བྱ་བ་མཛད་ཕྱིར་འདུལ་བ་ལུང་སྡེ་བཞིའི་གནད་ཐམས་ཅད་བསྡུས་པ་འདུལ་བ་རྒྱ་མཚོའི་སྙིང་པོ་ཞེས་བྱ་བའི་བསྟན་བཅོས་ཆེན་པོ་མཛད་དེ། དེ་ལ་ནི་འདུལ་བའི་མདོ་ཞེས་ཡོངས་སུ་གྲགས་ཤིང་རྒྱལ་བའི་བཀའ་དང་ཁྱད་པར་མེད་པར་རྒྱལ་བའི་བསྟན་པ་ལ་རབ་ཏུ་བྱུང་བ་ཐམས་ཅད་ཀྱིས་ཚད་མར་འཛིན་ཅིང་(༤༢ན)འདུལ་བ་ལུང་ལ་བལྟ་བའི་མིག་ལྟ་བུ་སངས་རྒྱས་ཀྱི་བསྟན་པའི་སྒྲོན་མེ་སྟོན་བྱེད་པའི་མཁས་གྲུབ་ཐམས་ཅད་ཀྱིས་གཙོས་པོ་ཆེར་མཛད་དོ། །

གཞན་ཡང་འདུལ་བའི་ལས་བརྒྱ་རྩ་གཅིག་གི་ཆོ་ག་ཀརྨ་ཤ་ཏམ་དུ་གྲགས་པ་ཡང་མཛད་དེ། ད་ལྟ་རྒྱལ་བའི་བསྟན་པ་ལ་ཞུགས་ནས་དགེ་བསྙེན་དང་། བར་མ་རབ་བྱུང་དང་། ཚོགས་སྡེ་མ་དགེ་ཚུལ་གྱི་སྡོམ་པ་དང་། བསླབ་གཞི་ཡོངས་སུ་རྫོགས

པ་དགེ་སློང་གི་སྡོམ་པ་ལེན་པའི་ཆོ་ག་དང་གཞི་གསུམ་གྱི་ཆོ་ག་སོགས་འདུལ་བའི་ལས་ཀྱི་ཆོ་ག་རྣམས་བདག་ཉིད་ཆེན་པོ་འདི་ཁོ་ནའི་བཀའ་དྲིན་ལས་བྱུང་བས་བསྟན་པ་འདི་ལ་བཀའ་དྲིན་མཚུངས་པ་མེད་པ་ཞིག་གོ །བདག་ཉིད་ཆེན་པོ་འདི་འཕྲིན་ལས་ཀྱི་ཁྱབ་བདལ་ཤིན་ཏུ་ཆེ་བས་ལྷན་ཅིག་གནས་པའི་དགེ་སློང་ཡང་སྟོང་ཕྲག་ལྔ་རེ་ཙམ་ཡོད་པར་བཤད་ཅིང་། དེ་ཐམས་ཅད་ཀྱང་སྡེ་སྣོད་གསུམ་ལ་མང་དུ་ཐོས་པ་དང་ལྡན་པ། ཉིན་ཞག་ཕྲུགས་རེའི་ནང་དུ་ལྟུང་བ་བཤགས་པར་འོས་པ་རྣམས་བཤགས། བསྡམ་པར་འོས་པ་རྣམས་བསྡམས། བྱིན་གྱིས་བརླབ་པར་འོས་པ་རྣམས་བྱིན་གྱིས་བརླབས་ཏེ་ཚུལ་ཁྲིམས་རྣམ་པར་དག་པ་སྟོན་རྒྱལ་བ་ཞལ་བཞུགས་དུས་དང་བསྟན་པའི་གཏད་རབས་ཀྱི་སྐབས་དགྲ་བཅོམ་པ་རྣམས་ཀྱིས་བསྟན་པ་སྐྱོང་བའི་དུས་བཞིན་ཡོད་ཅེས་སྟོན་གྱི་མཁས་པ་རྣམས་ལ་གཏམ་དུ་གྲགས་སོ། །

བདག་ཉིད་ཆེན་པོ་དབྱིག་གཉེན་གྱི་སློབ་མ་མངོན་པ་ལ་མཁས་པའི་མཆོག་ཏུ་གྱུར་པ་སློབ་དཔོན་(༤༢བ)བློ་གྲོས་བརྟན་པ་ནི། སློབ་དཔོན་དབྱིག་གཉེན་ཧྶ་ག་བཱི་ཧཱ་ར་ཞེས་བྱ་བ་ན་འབྲུ་མར་གྱིས་ཟངས་བཀང་བའི་ནང་ན་བཞུགས་ཏེ་འབུམ་སྡེ་བརྒྱད་ཙུ་ཞལ་ཏོན་མཛད་པའི་ཚེ་ཕུག་རོན་ཞིག་རྒྱུན་དུ་ཉན་ནས་སྡོད་པ་ནམ་ཞིག་ཆེ་འཕོས་ཏེ་མཐའ་འཁོབ་འདྲ་མ་ཞེས་བྱ་བར་དམངས་རིགས་ཀྱི་བུར་སྐྱེས། སྐྱེས་མ་ཐག་ངའི་སློབ་དཔོན་གང་ན་བཞུགས་ཞེས་འདྲི་བ་ལ། ཕས་ཁྱོད་ཀྱི་སློབ་དཔོན་སུ་ཡིན་དྲིས་པས་དབྱིག་གཉེན་ཡིན་ཟེར། ཕས་ཡུལ་དབུས་སུ་འགྲོ་བའི་ཚོང་པ་ལ་དྲིས་པས་དབྱིག་གཉེན་བཞུགས་པར་ཐོས་ནས། ཙུང་ཟད་སྐྱེས་པ་དང་སློབ་དཔོན་དབྱིག་གཉེན་ཅན་དུ་བསྐྱལ། སློབ་དཔོན་གྱིས་དེ་ལ་ཡི་གེ་ཕྱི་མོ་སློབ་པ་ནས་བཟུང་སྟེ་རིག་པའི་གནས་ཐམས་ཅད་ལ་མཁས་པར་བསླབས། ཆུང་ངུའི་དུས་ན་ནཱ་ལནྡྲ་ན་སྒྲོལ་མའི་རྟེན་བཞུགས་པའི་ཕྱག་ཏུ་སྲན་མའི་ཕུད་ཕུལ་ལ་བཟའ་སླམ་ནས་འགའ་ཞིག་ཕུལ་བས་འགྲིལ་ནས་

བྱུང་། ཡང་ཕྱུལ་བས་འགྲིལ། འཕགས་མས་མ་གསོལ་བར་རང་ཟ་བ་མི་འོང་སྙམ་ནས་ཟད་ཟད་ཕྱུལ་ཡང་འགྲིལ་བས་བྱིས་པ་དུས་སོ། །དེར་འཕགས་མས་ཞལ་དངོས་སུ་བསྟན་ཏེ་དུ་མི་དགོས། ངས་ཁྱོད་ལ་བྱིན་གྱིས་བརླབས་ཀྱིས་ཁྱིམ་དུ་སོངས་གསུངས། དེ་ནས་མཁྱེན་རབ་ཐོགས་མེད་དུ་གྱུར་ཏེ་རྗེན་དེ་ལ་སྨྲན་མའི་སྒྲོལ་མ་ཞེས་གྲགས་སོ། །སློབ་དཔོན་དེ་ལ་མདོ་དཀོན་མཆོག་བརྩེགས་པའི་ལེའུ་བཞི་བཅུ་ཞེ་དགུ་ཡན་ཆད་ཐུགས་ལ་མངའ་ཞིང་འགྲེལ་པ་ཡང་མཛད་ཅེས་གྲགས་སོ། །

དེའི་ཚེ་མཁས་པའི་གྲགས་པས་ཕྱོགས་ཀུན་(༩༢ན)ཏུ་ཁྱབ་ཅིང་། སློབ་དཔོན་དེས་མཛོད་ཀྱི་འགྲེལ་པ་གནམ་ལྕགས་ཐོག་གཟེར། །ཆོས་མངོན་པ་ཀུན་ལས་བཏུས་ཀྱི་འགྲེལ་པ། རབ་ཏུ་བྱེད་པ་སྡེ་བརྒྱད་ཀྱི་འགྲེལ་པ་ལ་སོགས་པ་བསྟན་བཅོས་མང་དུ་བརྩམས་སོ། །སློབ་དཔོན་དབྱིག་གཉེན་གྱི་སློབ་མ་ཚད་མ་མཁས་པའི་མཆོག་ཏུ་གྱུར་པ་སློབ་དཔོན་ཕྱོགས་ཀྱི་གླང་པོ་ཞེས་ཡོངས་སུ་གྲགས་པའི་བདག་ཉིད་ཆེན་པོ་དེ་ནི་རྒྱ་གར་ལྷོ་ཕྱོགས་ཀྱི་གྲོང་ཁྱེར་སིམྦ་བཀྲ་ཅེས་བྱ་བར་བྲམ་ཟེའི་རིགས་སུ་འཁྲུངས། སྐྱེ་འཁྲུངས་ནས་རིང་པོ་མ་ལོན་པར་བྲམ་ཟེའི་རིག་བྱེད་ཐམས་ཅད་དང་། གཞན་ཡང་རིག་གནས་ཐམས་ཅད་ལ་མཁས་པའི་ཕྱུལ་དུ་ཕྱིན་པར་གྱུར། སྔོན་ཡུན་རིང་པོ་ནས་གོམས་པའི་བག་ཆགས་བརྟས་པས་འཁོར་བ་མཐའ་དག་མི་འབར་བའི་རླབས་ལྟར་གཟིགས་ནས་ངེས་འབྱུང་ཤུགས་དྲག་པོས་བྲམ་ཟེའི་རིགས་དང་། ཡོངས་སྤྱོད་དང་སློབ་འཁོར་རྒྱ་ཆེན་པོ་ལ་མ་ཆགས་པར་གནས་མ་བུ་པའི་སྡེ་པའི་མཁན་པོ་གླང་པོ་བྱིན་ཞེས་བྱ་བ་ལས་རབ་ཏུ་བྱུང་། མཚན་ཕྱོགས་ཀྱི་གླང་པོར་གསོལ། མཁན་པོ་དེ་ཉིད་ལ་བརྟེན་ཏེ་གནས་མ་བུ་པའི་ལུགས་དང་མཐུན་པའི་སྡེ་སྣོད་གསུམ་ལ་མཁས་པར་བྱས་ཤིང་ཁྱད་པར་ལྷག་པོར་རྟོགས། དེ་ནས་ཐེག་པ་ཆེན་པོའི་ལུང་དང་མན་ངག་མཐའ་དག་གསན་པར་བཞེད་ནས་སློབ་དཔོན་དབྱིག་གཉེན་གྱི་དྲུང་དུ་བྱོན། སྤྱིར་ཐེག་པ་ཆེ་

ཆུང་གི་སྡེ་སྣོད་མཐའ་དག་དང་། ཁྱད་པར་ཐེག་པ་ཆེན་པོའི་མདོ་སྡེ་རྣམས་དང་། རྗེ་བཙུན་བྱམས་པ་ནས་(༨༣བ)བརྒྱུད་པའི་ཐེག་པ་ཆེན་པོའི་མན་ངག་རྣམས་ཐུམ་པ་གང་བྱེའི་ཚུལ་དུ་ལེགས་པར་གསན། ཐེག་པ་ཆེན་པོའི་མདོ་སྡེ་ལྔ་བརྒྱ་ཙམ་ཁ་ཏོན་དུ་མཛད། དེ་ནས་ཇོ་རྗེ་སློབ་དཔོན་ཞིག་ལས་རྗེ་བཙུན་འཇམ་དཔལ་དབྱངས་ཀྱི་དབང་དང་སྒྲུབ་ཐབས་ལེགས་པར་གསན་ནས་སྒྲུབ་པ་མཛད་པས་རྗེ་བཙུན་འཇམ་པའི་དབྱངས་ཀྱི་ཞལ་མངོན་སུམ་དུ་གཟིགས་ཤིང་གདམས་པ་དང་རྗེས་སུ་བསྟན་པ་ལེགས་པར་ཐོབ། དེ་ནས་བཟུང་ནམ་འདོད་དུ་རྗེ་བཙུན་འཇམ་པའི་དབྱངས་ཀྱི་ཞལ་གཟིགས་ཤིང་ཆོས་གསན་པར་མཛད། དེ་ནས་ཨོ་ཊི་བི་ཤའི་ཡུལ་གྱི་ནགས་ཚལ་ཤིན་ཏུ་དབེན་པའི་བྲག་རིའི་ཕུག་ཅིག་ཏུ་སྒྲུབ་པ་ལ་རྩེ་གཅིག་ཏུ་བཞུགས། དེ་ནས་ནཱ་ལནྡྲར་མུ་སྟེགས་ཀྱི་རྩོད་པ་བྱེད་པ་བྱུང་བ་ན་སློབ་དཔོན་འདིས་ཚར་བཅད་དོ། །བདག་ཉིད་ཆེན་པོ་འདིས་སྤྱིར་རྒྱལ་བའི་གསུང་རབ་མཐའ་དག་གི་དགོངས་པ་བཀྲལ་ཞིང་། ལྷག་པར་ཚད་མ་གཏན་ལ་འབེབ་པ་ལ་དམིགས་པ་བརྟག་པ་སོགས་ཚད་མའི་བསྟན་བཅོས་བརྒྱ་རྩ་མཛད་པར་གྲགས། སླར་ཡང་ཨོ་ཊི་བི་ཤའི་ཡུལ་དུ་གཤེགས་ནས་སྔར་གྱི་ཕུག་པར་བསམ་གཏན་ལ་རྩེ་གཅིག་ཏུ་གཞོལ་བར་མཛད། དུས་ནམ་ཞིག་ན་རིགས་པའི་མིག་དང་བྲལ་བའི་གདུལ་བྱ་རྣམས་ལ་ཐུགས་བརྩེ་བ་ཆེན་པོས་གཟིགས་ཏེ་རིགས་པའི་མིག་སྦྱིན་པར་མཛད་བཞེད་པ་ན། གདུལ་བྱ་རྣམས་བློ་གྲོས་ཀྱི་མཐུ་ཤིན་ཏུ་ཆུང་བ་དང་། སྔར་བརྩམས་པའི་ཚད་མའི་བསྟན་བཅོས་རྣམས་ཀྱང་རྣམ་གྲངས་མང་བས་ཁ་འཐོར་པ་ལྟ་བུར་གྱུར་པར་གཟིགས་ཏེ། སྔར་མཛད་(༨༤ན)པ་དེ་དག་ཐམས་ཅད་ཀྱི་གནད་དུ་བསྡུས་ཏེ་གསུང་རབ་སྤྱིའི་དགོངས་འགྲེལ་ཚད་མ་ཀུན་ལས་བཏུས་པ་བརྩོམ་པར་བཞེད་ནས། ཚད་མར་གྱུར་པ་འགྲོ་ལ་ཕན་བཞེད་པ། །སྟོན་པ་བདེ་གཤེགས་སྐྱོབ་ལ་ཕྱག་འཚལ་ཏེ། །ཞེས་པ་སྒྲུབ་ཕུག་གི་བྲག་ངོས་ལ་རྡོ་རྒྱུས་ཀྱིས་བྲིས་

པ་ཙམ་གྱིས་འཇིག་རྟེན་གྱི་ཁམས་སུ་འོད་ཀྱི་སྣང་བ་ཆེན་པོ་བྱུང་། ས་གཡོས་ཤིང་སྒྲ་ཆེན་པོ་གྲག །མུ་སྟེགས་ཀྱི་སྟོན་པ་རྣམས་ཀྱི་བྱིན་པ་རེངས་པར་གྱུར། དེ་གང་གི་ལྟས་ཡིན་སྙམ་དུ་མུ་སྟེགས་ཐུབ་རྒྱལ་ནག་པོས་མངོན་ཤེས་ཀྱི་བརྟགས་པས་ཚད་མ་མདོའི་མཆོད་བརྗོད་བྲིས་པའི་བྱིན་རླབས་ཀྱི་མཐུར་མཐོང་ནས། སློབ་དཔོན་བསོད་སྙོམས་ལ་གཤེགས་པའི་ཤུལ་དུ་རྫུ་འཕྲུལ་གྱིས་འོངས་ནས་མཆོད་བརྗོད་ཀྱི་ཚིག་དེ་བསུབས་ནས་བཞག །དེ་ལྟར་ལན་གསུམ་བྱས་པའི་ཐ་མ་ལ་སློབ་དཔོན་གྱིས་ཀུལ་ཀས་བསུབས་པ་ཡིན་ན་འདི་ལ་དགོས་པ་ཆེན་པོ་ཡོད་པས་ཞོག་ཅིག །རྩོད་པར་འདོད་ན་གཟུགས་སྟོན་དང་རྩོད་པར་བགྱིའོ། །ཞེས་བྲིས་པས་བསོད་སྙོམས་ལས་འཁོར་བའི་ཚེ་ཁོ་དངོས་སུ་བསྡད་འདུག་པ་རིགས་པ་དྲི་མ་མེད་པས་ལན་གསུམ་གྱི་བར་དུ་ཕམ་པར་བྱས་པའི་ཚེ། ད་རྫུ་འཕྲུལ་འགྲན་ཟེར་ནས་ཁ་ནས་མེ་སྦར་ཏེ་སློབ་དཔོན་གྱི་ཆོས་གོས་རྣམ་གསུམ་དང་ཡོ་བྱད་བསྲེགས་པས། སློབ་དཔོན་ཐུགས་ཤིན་ཏུ་སྐྱོ་ནས་སེམས་ཅན་མ་རུངས་པ་འདི་འདྲ་བ་བསམ་གྱིས་མི་ཁྱབ་པས་སེམས་ཅན་ཐམས་ཅད་ཀྱི་དོན་བྱ་མི་ནུས་ཀྱི། ཐོད་ལེ་གོར་ནམ་མཁར་འཕངས་(༨༩བ)ནས་འདི་ནམ་ས་ལ་བབས་པའི་ཚེ་རང་ཉིད་གཅིག་པུ་གྲོལ་བ་དོན་དུ་གཉེར་བར་བགྱིའོ་སྙམ་དུ་དགོངས་པས། ཐོད་ལེ་གོར་འབབ་དུས་མ་བྱུང་བས་ནམ་མཁར་གཟིགས་པ་ན་རྗེ་བཙུན་འཇམ་པའི་དབྱངས་བལྟ་བས་ཚིག་མི་ཤེས་པ་ཞིག་གིས་ཐོད་ལེ་གོར་དེ་བསྣམས་ནས། བུ། མ་བྱེད་མ་བྱེད་ཐེག་པ་དམན་དང་ཕྲད་ལས་བློ་གྲོས་ངན་སྐྱེ་སྟེ། ཁྱོད་ཀྱི་བསྟན་བཅོས་འདི་ལ་མུ་སྟེགས་ཚོགས་ཀྱིས་གནོད་མི་ནུས་པར་ཤེས། ཁྱོད་ཀྱི་ས་མ་ཐོབ་ཀྱི་བར་དུ་དགེ་བའི་བཤེས་སུ་ང་འགྱུར་གྱི། །ཕྱི་མའི་དུས་ན་འགྲོ་བ་ཀུན་གྱི་མིག་གཅིག་ཏུ་ནི་འདི་འགྱུར་རོ། །ཞེས་ལུང་བསྟན་ཅིང་དབུགས་ཕྱུང་ནས་ཚད་མ་ཀུན་ལས་བཏུས་པ་བརྩམ་པར་སྐུལ་མ་མཛད་པ་ན་སློབ་དཔོན་ཕྱོགས་ཀྱི་གླང་པོས་ཀྱང་ཐུགས་རྗེ་དང་སྙིང་སྟོབས་ཆེར་བཞེངས་ནས་ཚད་

མ་ཀུན་ལས་བཏུས་པ་མཛད་དེ། འཛམ་བུ་གླིང་གི་འགྲོ་བ་ཐམས་ཅད་ལ་བློ་གྲོས་ཀྱི་མིག་སྦྱིན་པར་མཛད་དོ། །དེ་ནས་སླར་ཡང་བསམ་གཏན་ལ་རྩེ་གཅིག་ཏུ་བཞུགས་པས་སངས་རྒྱས་མང་པོའི་ཞལ་མཐོང་ཞིང་། ཏིང་ངེ་འཛིན་གྱི་སྒོ་བརྒྱ་ཕྲག་མང་པོ་ཐོབ། ལྷ་རྣམས་ཀྱིས་མེ་ཏོག་གི་ཆར་ཕབ། ནགས་ཚལ་དེའི་ལྗོན་ཤིང་དང་མེ་ཏོག་རྣམས་ཀྱང་སློབ་དཔོན་གྱི་ཕྱོགས་སུ་མགོ་འདུད། གླང་པོ་ཆེ་ལ་སོགས་པ་ནགས་ཚལ་དེ་ན་གནས་པའི་རི་དྭགས་རྣམས་ཀྱང་སློབ་དཔོན་གྱི་ཞབས་ལ་མགོ་བོས་གཏུག་ཅིང་གུས་པའི་ཚུལ་བྱེད། ཡུལ་དེའི་རྒྱལ་པོ་འཁོར་དང་བཅས་པས་ཀྱང་ཞབས་ལ་ཕྱག་བྱས་སོ། །དེ་ནས་ལྷོ་ཕྱོགས་སུ་བྱོན་ཏེ་མུ་སྟེགས་ཀྱི་སྨྲ་བ(༨༥ན)ངན་པ་རྣམས་ཚར་བཅད། དགེ་འདུན་གྱི་སྡེ་རྣམས་ལ་སྡེ་སྣོད་གསུམ་རྒྱ་ཆེར་བཤད་དེ་སངས་རྒྱས་ཀྱི་བསྟན་པ་ཆེས་ཆེར་སྤེལ་བར་མཛད་དོ། །དེ་ནས་སླར་ཡང་ཨོ་ཊི་བི་ཤའི་ཡུལ་དུ་བྱོན་ནས་ཡུལ་དེའི་རྒྱལ་པོ་འཁོར་བཅས་སངས་རྒྱས་ཀྱི་བསྟན་པ་ལ་བཙུད། བྲམ་ཟེ་ཆེན་པོ་ཞིག་གིས་སྦྱིན་བདག་བྱས་ཏེ་དགེ་འདུན་གྱི་སྡེ་མང་དུ་བཙུགས། ཡུལ་དེའི་སྐྱེ་བོ་རྣམས་སངས་རྒྱས་ཀྱི་བསྟན་པ་ལ་ཡིད་ཆེས་སྙེད་པའི་ཕྱིར་ཨ་རུ་རའི་སྡོང་པོ་ཆེན་པོ་སྐམ་པོ་ཞིག་བདེན་ཚིག་བརྗོད་ནས་སོར་ཆུད་པར་མཛད་དོ། །དེ་ལྟར་འཕགས་ཡུལ་གྱི་ཕྱོགས་ཐམས་ཅད་དུ་སངས་རྒྱས་ཀྱི་བསྟན་པས་ཁྱབ་པར་མཛད་ནས་མཐར་ཨོ་ཊི་བི་ཤའི་ནགས་ཚལ་དབེན་པའི་སྒྲུབ་ཕུག་དེ་ཉིད་དུ་ངོ་མཚར་བའི་ལྟས་དུ་མ་དང་བཅས་ཏེ་ཞིང་གཞན་དུ་གཤེགས་སོ། །

དེས་ན་བྱང་ཆུབ་ལམ་གྱི་རིམ་པ་ལ་བློ་སྦྱོང་བར་འདོད་པ་རྣམས་ཀྱིས་མཁས་མཆོག་དབྱིག་གཉེན་ལ་ཡོན་ཏན་དང་བཀའ་དྲིན་དྲན་པའི་དད་གུས་ཆེན་པོས་གསོལ་བ་འདེབས་ཤིང་བདག་ཉིད་ཆེན་པོ་འདིས་མཛད་པའི་ལེགས་བཤད་རྣམས་ལ་བལྟས་ནས་ལུང་ཙམ་སྐབས་སུ་སྦྱར་པ་མིན་པར་རྒྱལ་བའི་གསུང་རབ་ཀྱི་དགོངས་དོན་དྲི་མ་

མེད་པའི་རིགས་པས་རྙེད་པར་བྱས་ལ་གསུང་རབ་དགོངས་འགྲེལ་དང་བཅས་པའི་སྙིང་པོའི་དོན་བྱང་ཆུབ་ལམ་གྱི་རིམ་པའི་ཉམས་ལེན་ལ་བརྩོན་པར་བྱའོ།། །།

འཕགས་པ་རྣམ་གྲོལ་སྡེའི་རྣམ་ཐར།

དབུ་མའི་ལམ་བརྙེས་འཕགས(༨༥བ)པ་རྣལ་གྲོལ་སྡེ། །ཞེས་བསྟགས་པ། ཀུན་མཁྱེན་གཉིས་པ་སློབ་དཔོན་དབྱིག་གཉེན་གྱི་སློབ་མ་མཆོག་བཞིའི་ནང་ཚན། འཕགས་པ་རྣམ་གྲོལ་སྡེ་ནི། ཡུལ་དབུས་དང་ལྷོ་ཕྱོགས་ཀྱི་མཚམས་འབར་བའི་ཕྱུག་དང་ཉེ་བར་སློབ་དཔོན་སངས་རྒྱས་འབངས་ཀྱི་དབོན་སྲས་སུ་འཁྲུངས། གཞོན་ནུ་ནས་རྒྱལ་བའི་བསྟན་པ་ལ་རབ་ཏུ་བྱུང་སྟེ། སྡེ་པ་བཅོ་བརྒྱད་ཀྱི་ནང་ནས་གནས་མ་བུ་པ་ཀུ་རུ་ཀུལླེའི་སྡེ་ལས་རབ་ཏུ་བྱུང་ཞིང་ལོ་ལོན་ནས་བསྙེན་པར་རྫོགས་པའི་སྡོམ་པ་བཞེས། སྡེ་པ་དེའི་ལུགས་ཀྱི་འདུལ་བའི་བཅས་མཚམས་ཆེ་ཕྲ་མཐའ་དག་ལ་མཁས་པར་སྦྱངས་ཤིང་ཕྱུག་ལེན་ལ་ཐེབས་པར་མཛད། སྟོན་ཡུན་རིང་པོ་ནས་བྱང་ཆུབ་མཆོག་ཏུ་ཐུགས་བསྐྱེད་ཅིང་ཚོགས་གཉིས་རྒྱ་ཆེན་པོ་བསགས། རྒྱལ་བའི་དམ་ཆོས་འཛིན་པའི་སྨོན་ལམ་རླབས་པོ་ཆེའི་མཐུ་གྲུབ་པས་སྡེ་སྣོད་གསུམ་དང་ཁྱད་པར་ཐེག་པ་ཆེན་པོའི་སྡེ་སྣོད། དེའི་ནང་ནས་ཀྱང་ཤེར་ཕྱིན་གྱི་མདོ་སྡེ་རིན་པོ་ཆེའི་མན་ངག་རྣམས་གསན་བཞེད་ནས་སློབ་དཔོན་དབྱིག་གཉེན་གྱི་དྲུང་དུ་ཕེབས་ཏེ་སློབ་དཔོན་དབྱིག་གཉེན་བསམ་སྦྱོར་གཉིས་ཀྱིས་ཚུལ་བཞིན་དུ་བསྟེན་ནས་སྡེ་སྣོད་གསུམ་ལ་སྦྱངས་པས་མཁས་པའི་ཕུལ་དུ་ཕྱིན་པར་གྱུར་ཅིང་། ཁྱད་པར་ཤེར་ཕྱིན་གྱི་མདོ་སྡེ་རིན་པོ་ཆེ་རྣམས་རྫོགས་པར་གསན་ནས་ཚིག་དོན་གཉིས་ཀ་ཐུགས་སུ་ཆུད་པར་མཛད། ཤེར་ཕྱིན་གྱི་མདོ་སྡེའི་དོན་རྗེ་བཙུན་བྱམས་པ་མགོན་པོས་བྱང་ཆུབ་ལམ་གྱི་རིམ་པའི་མན་ངག་ཏུ་སྦྱར་བ་

མངོན་པར་རྟོགས་པའི་(༩༨ན)རྒྱན་གསན་ཏེ་དེའི་དོན་ཐེག་པ་ཆེན་པོའི་ལམ་གྱི་ལུས་ཡོངས་སུ་རྫོགས་པ་ཐུགས་ཉམས་སུ་བཞེས་པས་ལམ་རིམ་གྱིས་བགྲོད་དེ་ཆོས་ཉིད་མངོན་སུམ་དུ་གཟིགས་པ་འཕགས་པའི་ལམ་ཐོབ། གཟུངས་དང་སྤོབས་པ་དང་། མངོན་པར་ཤེས་པ་རྒྱ་ཆེན་པོ་དང་། དཔའ་བར་འགྲོ་བའི་ཏིང་ངེ་འཛིན་དང་། ནམ་མཁའ་མཛོད་ཀྱི་ཏིང་ངེ་འཛིན་ལ་སོགས་པ་མངོན་དུ་གྱུར། རྗེ་བཙུན་བྱམས་པ་མགོན་པོ་ཞལ་མཐོང་མངོན་པར་རྟོགས་པའི་རྒྱན་གྱི་བརྗོད་བྱ་དང་པོ་སེམས་བསྐྱེད་ནས་བཟུང་ཐ་མ་འཕྲིན་ལས་ཀྱི་བར་དོན་བདུན་ཅུ་པོ་རེ་རེ་ནས་ཤེར་ཕྱིན་གྱི་མདོ་དང་འགྲོར་བ་ཞིག་བྱུང་ན་ཅི་མ་རུང་སྙམ་དུ་སྨོན་ཞིང་། དེ་ལྟར་དུ་བྱམས་མགོན་ལ་གསོལ་བ་ཤུགས་དྲག་ཏུ་བཏབ་པས། རྗེ་བཙུན་བྱམས་མགོན་གྱིས་ཤྰ་ར་ཏྲ་སིའི་གཙུག་ལག་ཁང་དུ་སོང་དང་འདོད་པའི་དོན་འགྲུབ་པར་འགྱུར་རོ་ཞེས་ལུང་བསྟན། རྗེ་བཙུན་གྱི་བཀའ་བཞིན་ཤྰ་ར་ཏྲ་སིའི་གཙུག་ལག་ཁང་དུ་བྱོན་པ་ན། དེའི་ཚེ་དགེ་བསྙེན་ཞི་བའི་གོ་ཆ་ཞེས་བྱ་བ་ཞིག་གིས་ཤེར་ཕྱིན་སྟོང་ཕྲག་ཉི་ཤུ་ལྔ་པ་པོ་ཏ་ལ་ནས་སྤྱན་དྲངས་ཏེ་ཤྰ་ར་ཏྲ་སིའི་གཙུག་ལག་ཁང་དུ་ཕེབས་པ་དང་དུས་འགྲིག །དེ་ཡང་རྒྱལ་བ་མྱ་ངན་ལས་འདས་ནས་བདུད་སྡིག་ཏོ་ཅན་གྱི་མཐུས་རྒྱལ་བའི་བསྟན་པ་ཉམས་པར་བྱེད་པའི་མུ་སྟེགས་ཅན་གྱི་གནོད་པ་རིམ་པར་བྱུང་བས་འཕགས་ཡུལ་ན་བཞུགས་པའི་རྒྱལ་བའི་བཀའི་གླེགས་བམ་མང་པོ་ཞིག་ནུབ་པར་གྱུར་པ་ལ། བདག་ཉིད་ཆེན་པོ་འཕགས་པ་(༩༨བ)ཀླུ་སྒྲུབ་ཀྱིས་ཤེས་རབ་ཀྱི་ཕ་རོལ་ཏུ་ཕྱིན་པ་སྟོང་ཕྲག་བརྒྱ་པ་ཀླུ་ཡུལ་ནས་སྤྱན་དྲངས་ཏེ་རྒྱ་གར་ན་བཞུགས་ཤིང་། ཤེར་ཕྱིན་སྟོང་ཕྲག་བརྒྱད་པ་སྔར་ནས་བཞུགས་པས་འཕགས་པ་གྲོལ་སྡེས་མངོན་རྟོགས་རྒྱན་ཤེར་ཕྱིན་དེ་གཉིས་དང་སྦྱར་ཡང་འགའ་ཞིག་གི་ཐད་ལ་འགྲོར་དཀའ་བར་བྱུང་བ་ཤྰ་ར་ཏྲ་སིའི་གཙུག་ལག་ཁང་དུ་ཉི་ཁྲི་ལ་གཟིགས་པས་ཐམས་ཅད་འགྲོར་ཏེ། དོན་བདུན་ཅུའི་དང་པོ་སེམས་བསྐྱེད་སྟོན་པ་ལ་ཉི་ཁྲིར།

ཤ་ར་དྭ་ཏིའི་བུ། འདི་ལ་བྱང་ཆེན་ཆོས་ཐམས་ཅད་རྣམ་པ་ཐམས་ཅད་དུ་མངོན་པར་རྫོགས་པར་འཚང་རྒྱ་བར་འདོད་པས་ཤེར་ཕྱིན་ལ་བསྒོམ་པར་བྱའོ། །ཞེས་གསུངས། དེ་བཞིན་དུ་བྱང་ཆུབ་དོན་གཉེར་མདོར་བསྟན་རྒྱས་བཤད། གཞན་དོན་དོན་གཉེར་མདོར་བསྟན་རྒྱས་བཤད། ས་ལྟ་བུའི་སེམས་བསྐྱེད་ནས་ཆོས་ཀྱི་སྤྲིན་ལྟ་བུའི་སེམས་ཀྱི་བར་སེམས་བསྐྱེད་ཉེར་གཉིས་རེ་རེ་ནས་མདོ་དང་འབྱོར་ཞིང་། དེ་བཞིན་དུ་གདམས་ངག་གི་དང་པོ་སྒྲུབ་པ་ནས་བཟུང་འཕྲིན་ལས་ཉི་ཤུ་རྩ་བདུན་གྱི་བར་རེ་རེ་ནས་རྒྱལ་བས་གསུངས་པའི་མདོ་དང་འབྱོར་བས། རྒྱ་མཚོར་བགྲོད་པའི་དེད་དཔོན་གྱིས་ཡིད་བཞིན་གྱི་ནོར་བུ་རྙེད་པ་ལྟར་ཐུགས་རབ་ཏུ་ཆེམ་པར་གྱུར་ཏོ། །དགེ་བསྙེན་ཞི་བའི་གོ་ཆས་ཉི་ཁྲི་གདན་དྲངས་ཚུལ་ནི། དགེ་བསྙེན་དེ་ནགས་ཁྲོད་ཞིག་ན་འཕགས་པ་སྤྱན་རས་གཟིགས་ཀྱི་རྣལ་འབྱོར་ལ་རྩེ་གཅིག་ཏུ་གནས་པའི་ཚེ་ཡུལ་དེའི་རྒྱལ་པོ་ཞིག་གིས་བསྐུལ་ནས་པོ་ཏ་ལར་འགྲོ་བར་ཆས་ནས་འཕགས་པ་སྤྱན་རས་གཟིགས་ལ་གསོལ་བ་རྩེ་གཅིག་(༤༧ན)ཏུ་བཏབ་སྟེ་སོང་བ་ན་ལྷོ་ཕྱོགས་དཔལ་ལྡན་འབྲས་སྤུངས་ཀྱི་མཆོད་རྟེན་དུ་སླེབས། དེ་ནས་པོ་ཏ་ལར་འགྲོ་བའི་ལམ་ཡིག་ལྟར་འགའ་ཞིག་གི་ཐད་དུ་ས་འོག་ཏུ་བགྲོད་པ་དང་། རྒྱ་མཚོ་ལ་གཟིངས་བཅས་ཏེ་བགྲོད་པ་སོགས་དཀའ་བ་བརྒྱ་ཕྲག་དུ་མའི་སྒོ་ནས་ཕྱིན་ཏེ་པོ་ཏ་ལའི་རི་བོའི་གཤམ་དུ་སླེབས་པ་ན་གཡང་ས་ཆེན་པོ་སུས་ཀྱང་བགྲོད་མི་ནུས་པ་ཞིག་བྱུང་བས་ལྷ་མོ་རལ་གཅིག་མ་ལ་གསོལ་བ་བཏབ་པས་ལྷ་མོའི་མཐུས་གཡང་ས་ཆེན་པོ་དེ་ལ་ཟམ་པ་ཞིག་བྱུང་ནས་ཐར། དེ་ནས་གཅན་གཟན་གྱི་འཇིགས་པ་ཆེན་པོ་བྱུང་བ་ལ་འཕགས་པ་ཉིད་ལ་གསོལ་བ་བཏབ་པས་འཇིགས་པ་ལས་གྲོལ། དེ་ནས་རི་བོ་ལ་འཛེགས་པ་ན་རི་བོའི་གཤམ་དུ་རྗེ་བཙུན་མ་སྒྲོལ་མའི་གནས་དང་། ཁྲོ་གཉེར་ཅན་མའི་གནས་དང་། རིའི་རྩེ་མོ་ན་འཕགས་པའི་གཞལ་མེད་ཁང་ཡོད་པ་རྣམས་སུ་རིམ་གྱིས་ཕྱིན་ཏེ་འཕགས་པའི་ཞལ་དངོས་སུ་མཇལ།

ཤི་ཁྲི་ལེ་བརྒྱུད་མ་གདན་དྲངས། འཕགས་པ་ཐུགས་རྗེ་ཆེན་པོའི་མཐུས་གེགས་མེད་པར་ལྷ་ར་ཏྣ་སིར་སླེབས་ནས་དེའི་གཙུག་ལག་ཁང་དུ་ཤི་ཁྲི་བཞུགས་སོ། །དེ་ནས་འཕགས་པ་རྣམ་གྲོལ་སྡེས་མངོན་རྟོགས་རྒྱན་དང་ཤི་ཁྲི་སྦྱར་བའི་བསྟན་བཅོས་ཆེན་པོ་ཤི་ཁྲི་སྣང་བ་མཛད། འཛམ་བུའི་གླིང་དུ་མདོ་རྒྱན་སྦྱར་བའི་ཐོག་མ་འདི་ཡིན་ནོ། །སློབ་དཔོན་བདག་ཉིད་ཆེན་པོ་འདིས་བསྟན་པའི་དོན་དུ་མདོ་རྒྱན་སྦྱར་ནས་སྐལ་བ་དང་ལྡན་པ་དག་ལ་རྒྱ་ཆེར་སྤེལ་ཞིང་། དེའི་ཚེ་ཤར་ཕྱིན་གྱི་གདམས་ངག་ཉན་(༩༧བ)པའི་སློབ་མ་སྟོང་ཕྲག་མང་པོ་བྱུང་ཞིང་ཐེག་པ་ཆེན་པོའི་ལམ་གྱི་རིམ་པ་ལ་སློབ་པར་འདོད་པ་མཐའ་དག་བདག་ཉིད་ཆེན་པོའདིའི་ཞབས་རྡུལ་ལ་བརྟེན་པ་ཞིག་བྱུང་ངོ་། །སློབ་དཔོན་འདིས་ལོ་སུམ་ཅུ་ཙམ་གྱི་རིང་བསྟན་པའི་བྱ་བ་རྒྱ་ཆེར་མཛད་ནས་དགའ་ལྡན་དུ་རྒྱལ་བ་མ་ཕམ་པའི་ཞབས་དྲུང་དུ་ཕེབས་སོ། །

དེས་ན་བྱང་ཆུབ་ལམ་གྱི་རིམ་པ་ལ་བློ་སྦྱོང་བར་འདོད་པ་རྣམས་ཀྱིས་འཕགས་པ་གྲོལ་སྡེ་ལ་གསོལ་བ་འདེབས་ཤིང་བདག་ཉིད་ཆེན་པོ་འདིས་མདོ་རྒྱན་སྦྱར་བའི་ཤིང་རྟའི་སྲོལ་ཕྱེ་བ་ལྟར་བྱང་ཆུབ་ལམ་གྱི་རིམ་པའི་གནད་རྣམས་རྒྱལ་བའི་གསུང་རབ་ཉིད་ལས་གསུངས་པའི་ཚུལ་ལ་ངེས་པ་རྙེད་པར་བྱས་ནས་གསུང་རབ་ཐམས་ཅད་ཀྱི་སྙིང་པོའི་དོན་མ་ཚང་བ་མེད་པ་བྱང་ཆུབ་ལམ་གྱི་རིམ་པའི་ཉམས་ལེན་ལ་བརྩོན་པ་ཆིག་བསྒྲིལ་དུ་བྱའོ།། །།

བཙུན་པ་རྣམ་གྲོལ་སྡེའི་རྣམ་ཐར།

དད་པའི་སར་གནས་བཙུན་པ་རྣམ་གྲོལ་སྡེ། །ཞེས་བསྔགས་པ། བཙུན་པ་རྣམ་གྲོལ་སྡེ་ནི། གཞོན་ནུ་ནས་རྒྱལ་བའི་བསྟན་པ་ལ་རབ་ཏུ་བྱུང་སྟེ། སྡེ་སྣོད་གསུམ་ལ་

མཁས་པར་སྦྱངས། འཕགས་པ་རྣམ་གྲོལ་སྡེ་བསམ་སྦྱོར་གཉིས་ཀྱིས་ཚུལ་བཞིན་དུ་བསྟེན་ནས་ཤེར་ཕྱིན་གྱི་མདོ་སྡེ་རིན་པོ་ཆེའི་མན་ངག་མངོན་པར་རྟོགས་པའི་རྒྱན་ཉི་ཁྲི་དང་སྦྱར་བ་གསན་ཏེ། དེའི་དོན་སྐྱེས་བུ་གསུམ་གྱི་ལམ་ལ་རིམ་གྱིས་སྦྱངས་པས་སྲིད་པ་མཐའ་དག་ལ་ཞེན་པ་ལོག་པའི་ངེས་འབྱུང་དང་། བདག་པས་གཞན་གཅེས་པའི་བྱང་ཆུབ་ཀྱི་སེམས་རིན་པོ་ཆེ་བཅོས་མ་མ་ཡིན་པ་ཐུགས་རྒྱུད་ལ་འཁྲུངས་ཏེ་ཐེག་པ་ཆེན་པོའི་(༩༦ན)ཚོགས་ལམ་དུ་ཞུགས་ཏེ་ཐེག་པ་ཆེན་པོའི་ལམ་རིམ་གྱིས་བགྲོད་ཕྱིར་ལོ་བཅུའི་རིང་ལ་རྗེ་བཙུན་བྱམས་མགོན་བསྒྲུབས་ཏེ་ཐེག་པ་ཆེན་པོའི་ལམ་གྱི་ལུས་ཡོངས་སུ་རྫོགས་པ་ལ་སྦྱངས་ཤིང་། རྗེ་བཙུན་བྱམས་པ་མགོན་པོའི་ཞལ་མངོན་སུམ་དུ་མཐོང་བ་དང་། དེའི་མཐུས་ཐེག་པ་ཆེན་པོའི་ལམ་རྣམས་མྱུར་དུ་བགྲོད་ནུས་པ་ཞིག་བྱུང་ན་ཅི་མ་རུང་སྙམ་དུ་མཛད་ཀྱང་བྱམས་མགོན་གྱི་ཞལ་མ་མཐོང་བ་ན། བྱམས་མགོན་གྱི་ཞལ་མྱུར་དུ་མཐོང་བའི་ཐབས་གཞན་ལ་དྲིས་པས་སྡིག་སྒྲིབ་སྦྱོང་བའི་དོན་དུ་སྦྱིན་སྲེག་བྱས་ན་ལེགས་ཞེས་ཟེར་བ་ལྟར་ཞི་བའི་ཐབ་ཁྲོད་དུ་བྱམས་མགོན་སྤྱན་དྲངས་ནས་སྲེགས་བླུགས་འབུམ་ཕྲག་བཅུ་གཉིས་ཕུལ་བས་བྱམས་མགོན་གྱི་ཞལ་གཟིགས། དེ་ནས་ལུང་དང་རྟོགས་པའི་ཡོན་ཏན་ཐམས་ཅད་ཆེས་ཆེར་རྒྱས་ཏེ་འཕགས་པ་གྲོལ་སྡེའི་མན་ངག་ལ་བརྟེན་ནས་བྱང་ཆུབ་ལམ་གྱི་རིམ་པའི་གནད་རྣམས་རྒྱས་པར་སྟོན་པ་ཉི་ཁྲི་རྣམ་འགྲེལ་མཛད་དོ། །སློབ་དཔོན་འདི་རྗེ་བདག་ཉིད་ཆེན་པོས་དང་པའི་སར་གནས་ཞེས་ཚོགས་ལམ་པ་ཡིན་པར་བཤད་དོ། །

དེས་ན་བྱང་ཆུབ་ལམ་གྱི་རིམ་པ་ལ་བློ་སྦྱོང་བར་འདོད་པ་རྣམས་ཀྱིས་སློབ་དཔོན་བཙུན་པ་རྣམ་གྲོལ་སྡེ་ལ་གསོལ་བ་འདེབས་ཤིང་བཤེས་གཉེན་བསྟེན་ཚུལ་ནས་ཞི་ལྷག་གི་བར་བྱང་ཆུབ་ལམ་གྱི་རིམ་པའི་ཉམས་ལེན་གྱི་གནད་ཐམས་ཅད་རྒྱལ་བའི་ཡུམ་ཉིད་ལས་གསུངས་པའི་ཚུལ་ལ་ངེས་པ་རྙེད་པར་བྱས་ལ་ཡིད་ཆེས་ཀྱི་དད་པ་བརྟན་

པོ་བསྐྱེད་ནས་བྱང་ཆུབ་ལམ་གྱི་རིམ་(༩༤ན)པའི་སྒོམ་པ་ལ་བརྩོན་པ་ཞིག་བསྒྲིལ་དུ་བྱའོ།། །།

སློབ་དཔོན་མཆོག་གི་སྡེའི་རྣམ་ཐར།

སྨད་བྱུང་ངོ་མཚར་གནས་གྱུར་མཆོག་གི་སྡེ། །ཞེས་བསྟགས་པ། སློབ་དཔོན་མཆོག་གི་སྡེ་ནི་རྒྱལ་བའི་བསྟན་པ་ལ་རབ་ཏུ་བྱུང་ནས་སྡེ་སྣོད་གསུམ་ལ་མཁས་པར་སྦྱངས། བཙུན་པ་གྲོལ་སྡེ་བསྟེན་ནས་ཐེག་པ་ཆེན་པོའི་མདོ་སྡེ་མཐའ་དག་དང་། ཁྱད་པར་ཤེར་ཕྱིན་གྱི་མདོ་སྡེ་རིན་པོ་ཆེའི་མངོན་པར་རྟོགས་པའི་རྒྱན་ལས་འབྱུང་བ་ལྟར་ཐེག་པ་ཆེན་པོའི་ལམ་གྱི་རིམ་པའི་ལུས་ཡོངས་སུ་རྫོགས་པ་གསན་ནས་སྒྲུབ་པ་ལ་རྩེ་གཅིག་ཏུ་བཞུགས་པས་སྒོང་བ་ཕུལ་དུ་ཕྱིན་པ་ཐོན་ཏེ་སྐལ་བ་དང་ལྡན་པ་མཐའ་ཡས་པ་ལ་ཤེར་ཕྱིན་གྱི་མན་ངག་འདོམས་པར་མཛད་ཅིང་མདོ་རྒྱན་སྦྱར་བའི་མན་ངག་རྒྱ་ཆེར་སྤེལ་ལོ། །

དེས་ན་བྱང་ཆུབ་ལམ་གྱི་རིམ་པ་ལ་བློ་སྦྱོང་བར་འདོད་པ་རྣམས་ཀྱིས་སློབ་དཔོན་མཆོག་གི་སྡེ་ལ་གསོལ་བ་འདེབས་ཤིང་སློབ་དཔོན་འདིས་ཇི་ལྟར་བསྟན་པ་ལྟར་མདོ་རྒྱན་སྦྱར་བའི་མན་ངག་ཐོབ་པར་བྱས་ལ་བྱང་ཆུབ་ལམ་གྱི་རིམ་པའི་ཉམས་ལེན་ལ་བརྩོན་པར་བྱའོ།། །།

སློབ་དཔོན་དུལ་བའི་སྡེའི་རྣམ་ཐར།

ཟབ་མོའི་ལམ་གྱིས་རྒྱུད་སྦྱངས་དུལ་བའི་སྡེ། །ཞེས་བསྟགས་པ། སློབ་དཔོན་དུལ་བའི་སྡེ་ནི། རྒྱལ་བའི་བསྟན་པ་ལ་ཞུགས་ནས་སློབ་དཔོན་མཆོག་གི་སྡེ་ཡོངས་

འཛིན་དུ་བསྟེན་ནས་སྡེ་སྣོད་གསུམ་ལ་སྦྱངས་ཤིང་། ཁྱད་པར་ཤེས་རབ་ཀྱི་ཕ་རོལ་ཏུ་ཕྱིན་པའི་མདོ་སྡེ་རིན་པོ་ཆེའི་གདམས་ངག་མངོན་པར་རྟོགས་པའི་རྒྱན་ལ་སྦྱངས་ནས་བྱང་ཆུབ་ལམ་གྱི་རིམ་པའི་གནད་ཐམས་ཅད་ཐུགས་སུ་ཆུད་པར་མཛད། དེ་ནས་བྱང་ཆུབ་ལམ་གྱི་རིམ་པའི་ཉམས་ལེན་(༨༨ན)ལ་འབད་པས་རྟོགས་པ་ཞུལ་དུ་ཕྱིན་པ་ཐོབ། རྒྱལ་བའི་བསྟན་པ་སྤེལ་བའི་ཕྱིར་རྗེ་བཙུན་བྱམས་པ་མགོན་པོའི་སྐུ་བཞེངས། དེ་ལ་གསོལ་བ་རྩེ་གཅིག་བཏབ་པས། བྱམས་མགོན་གྱི་སྐུ་དེས་གསུང་བྱོན་ནས་བསྟན་པ་དང་སེམས་ཅན་གྱི་དོན་བྱེད་པ་ལ། རྗེ་བཙུན་སྒྲོལ་མ་ལ་གསོལ་བ་འདེབས་དགོས་པས་འཕགས་མ་སྒྲོལ་མའི་སྐུ་བཞེངས་ཞེས་གསུངས་པ་ལྟར་རྗེ་བཙུན་སྒྲོལ་མའི་སྐུ་བཞེངས། དེ་ལ་གསོལ་བ་རྩེ་གཅིག་ཏུ་བཏབ་པས་རྗེ་བཙུན་མ་སྒྲོལ་མས་འཁྲིན་ལས་མཛད་དེ་སྐལ་བ་དང་ལྡན་པ་མང་པོ་ལ་ཤེར་ཕྱིན་གྱི་མན་ངག་རྒྱ་ཆེར་སྤེལ་ཞིང་། ཁྱད་པར་དུ་ཡང་བསྟན་པ་ཡོངས་རྫོགས་ཀྱི་བདག་པོ་མཁན་ཆེན་ཞི་བ་འཚོ་ལ་གྲོལ་སྡེ་རྣམ་གཉིས་ལས་བྱུང་བའི་མན་ངག །བྱང་ཆུབ་ལམ་གྱི་རིམ་པའི་གནད་ཐམས་ཅད་ཤེར་ཕྱིན་གྱི་མདོ་སྡེ་རིན་པོ་ཆེ་དང་སྦྱར་ཏེ་ངེས་པ་གཏིང་ཚུགས་པར་བསྐྱེད་པ་མདོ་རྒྱན་སྦྱར་བའི་མན་ངག་མཐའ་དག་བྲུམ་པ་གང་བྱོའི་ཚུལ་དུ་ཡོངས་སུ་རྫོགས་པ་གནང་སྟེ་བསྟན་པའི་བདག་པོར་བྱིན་གྱིས་བརླབས་སོ། །

དེས་ན་བྱང་ཆུབ་ལམ་གྱི་རིམ་པ་ལ་བློ་སྦྱོང་བར་འདོད་པ་རྣམས་ཀྱིས་སློབ་དཔོན་དུལ་བའི་སྡེ་ལ་གསོལ་བ་འདེབས་ཤིང་བདག་ཉིད་ཆེན་པོ་འདི་ནས་བརྒྱུད་པའི་ལམ་གྱི་རིམ་པ་ལ་བག་ཆགས་ཅི་ཐེབས་བྱའོ། །

གྲོལ་སྡེ་རྣམ་གཉིས་དང་། མཆོག་སྡེ་དུལ་སྡེ་གཉིས་ཏེ་སློབ་དཔོན་བཞི་པོ་འདི་གང་དུ་འཁྲུངས་པའི་ཡུལ་དང་། རིགས་དང་རུས་གང་ཡིན་པ་དང་། སྐུ་ཚེ་རིལ་པོའི་(༨༨བ)མཛད་པ་རྣམ་ཐར་ཞིབ་པ་མ་མཐོང་བས་སླར་རྙེད་ན་འདིར་བསྣན་པར་བྱའོ།། །།

མཁན་ཆེན་ཞི་བ་འཚོའི་རྣམ་ཐར།

སྐབས་ཆེན་སྤྱོད་པའི་གཏེར་གྱུར་རྣམ་སྣང་མཛད། །ཅེས་བསྟགས་པ། མཁན་པོ་ཡང་དག་རྣམ་སྣང་མཛད། མཚན་གཞན་བོ་དྷི་ས་ཏྭ་ཞེས་ཀྱང་བྱ། །ལེགས་སྦྱར་གྱི་སྐད་ལ་ཤཱནྟ་རཀྵི་ཏ། བོད་སྐད་དུ་ཞི་བ་འཚོ་ཞེས་བརྗོད་པ་མཁན་ཆེན་ཞི་བ་འཚོ་ནི། སྔོན་བསྐལ་པ་བརྗོད་ཀྱིས་མི་ལང་བའི་ཡང་བརྗོད་ཀྱིས་མི་ལང་བའི་སྔོན་རོལ་ནས་བྱང་ཆུབ་མཆོག་ཏུ་ཐུགས་བསྐྱེད་དེ་ས་ལམ་མཐར་ཕྱིན་ནས་ཞིང་འདིར་ཐུབ་པའི་བསྟན་པ་སྤེལ་བའི་སླད་དུ་སྙིང་རྗེ་དང་སྨོན་ལམ་གྱི་དབང་གིས་བསམ་བཞིན་དུ་བྱོན་པ་ཞིག་སྟེ། དེ་ཡང་ཤར་ཕྱོགས་ཟ་ཧོར་རྒྱལ་པོའི་སྲས་སུ་སྐུ་འཁྲུངས། གཞོན་ནུ་ནས་ཁྱིམ་གྱི་གནས་ན་སྡུག་བསྔལ་དུ་མའི་འབྱུང་གནས་བཙོན་ར་ལྟ་བུ་དང་། ཉོན་མོངས་པ་དང་ཉེས་པར་སྤྱོད་པ་ཐམས་ཅད་ཀྱི་འབྱུང་ཁུངས་སུ་རིག་ནས་སྲིད་པའི་ཕུན་ཚོགས་ལ་ཆགས་པ་མེད་པར་རྒྱལ་སྲིད་མཆིལ་མའི་ཐལ་བ་བཞིན་དུ་དོར་ཏེ་མཁན་པོ་ཡེ་ཤེས་སྙིང་པོའི་དྲུང་དུ་རབ་ཏུ་བྱུང་ཞིང་བསྙེན་པར་རྫོགས་པའི་སྡོམ་པ་བཞེས། དེ་ཡང་རྒྱ་བའི་སྡེ་པ་བཞི་ལས་གཞི་ཐམས་ཅད་ཡོད་པར་སྨྲ་བའི་སྡེ་པ་ཡིན་པས། མཁན་པོ་དེ་ཉིད་ལ་བརྟེན་ནས་གཞི་ཐམས་ཅད་ཡོད་པར་སྨྲ་བའི་ལུགས་ཀྱི་འདུལ་བ་ལུང་སྡེ་བཞི་ནས་གསུངས་པའི་དགག་སྒྲུབ་གནང་གསུམ་གྱི་བཅས་པ་ཆེ་ཕྲ་མཐའ་དག་ཐུགས་སུ་ཆུད་པར་མཛད་ནས་བཅས་པ་དང་རང་བཞིན་གྱི་ཁ་ན་མ་ཐོ་བའི་ཉེས་ལྟུང་ཕྲ་མོས་ཀྱང་མ་གོས་པའི་ཚུལ་ཁྲིམས་རྣམ་པར་དག་པ་ལ་གནས་ནས་སྡེ་སྣོད་གསུམ་ལ་སྦྱངས་ཏེ་མཁས་(༡༠༠ན) པའི་ཕུལ་དུ་ཕྱིན་པར་མཛད།

དེ་ནས་བྱང་ཆུབ་ལམ་གྱི་རིམ་པའི་མན་ངག་རྣམས་གསན་བཞེད་ནས་སློབ་དཔོན་

དུལ་བའི་སྡེ་ལ་བསྟེན་ཏེ་ཤེས་རབ་ཀྱི་ཕ་རོལ་ཏུ་ཕྱིན་པའི་མན་ངག་མངོན་པར་རྟོགས་པའི་རྒྱན་གསན་ཏེ། དེའི་མན་ངག་ཤེར་ཕྱིན་གྱི་མདོ་དང་བཅས་པའི་ཚིག་དོན་མཐའ་དག་ཐུགས་སུ་ཆུད་པར་མཛད། ཐེག་པ་ཆེན་པོའི་ལམ་གྱི་རིམ་པ་ལ་རྒྱ་ཆེ་བའི་ལམ་གྱི་རིམ་པ་དང་ཟབ་མོའི་ལམ་གྱི་རིམ་པ་གཉིས་ཡོད་པ་གཉིས་ཀ་མེད་མི་རུང་དུ་གཟིགས་ནས་བདག་ཉིད་ཆེན་པོ་འཕགས་པ་ཀླུ་སྒྲུབ་ཀྱིས་རྒྱལ་བའི་དགོངས་པ་བཀྲལ་བའི་མན་ངག་མཐར་ཐུག་པ་དབུ་མའི་གཞུང་རྣམས་ལ་ལེགས་པར་སྦྱངས་ཏེ་ཐུགས་སུ་ཆུད་པར་མཛད། གཞུང་དེ་དག་གི་དོན་ལ་དྲི་མ་མེད་པའི་རིགས་པས་ལེགས་པར་དཔྱད་ནས་ངེས་ཤེས་གཏིང་ཕྱིན་པར་རྙེད་པ་ན་ཐུགས་རྒྱུད་ལ་སྦྱར་ཏེ་ཉམས་སུ་བཞེས་པས་ཐེག་པ་ཆེན་པོའི་ལམ་གྱི་རིམ་པའི་ལུས་ཡོངས་སུ་རྫོགས་པ་ལ་ཉམས་མྱོང་གི་རྟོགས་པ་ཁྱད་པར་ཅན་འཁྲུངས་པ་ན་སྐལ་པ་དང་ལྡན་པ་གཞན་དག་ལ་ཆོས་ཀྱི་བདུད་རྩི་རྒྱ་ཆེར་སྤེལ་ཏེ། ཐེག་པ་ཆེན་པོའི་ལམ་གྱི་རིམ་པ་ཟབ་པ་དང་རྒྱ་ཆེ་བ་གཉིས་ཀ་སྟོན་པའི་བསྟན་བཅོས་དབུ་མ་རྒྱན་འགྲེལ་པ་དང་བཅས་པ་མཛད་དེ་གདུལ་བྱ་མཐའ་ཡས་པ་ལ་རྒྱ་ཆེར་སྤེལ་ཏེ་འཕགས་ཡུལ་དུ་ཤེར་ཕྱིན་གྱི་མན་ངག་ཉིན་མོ་ལྟར་གསལ་བར་མཛད།

བདག་ཉིད་ཆེན་པོ་འདི་ནི་དགུང་ལོ་བརྒྱ་ཕྲག་མང་པོ་བཞུགས་པས། སྐུ་ཚེའི་སྟོད་སྨད་བར་གསུམ་གྱི་སློབ་མ་རིམ་པ་མང་དུ་ཡོད་ཅིང་སྲས་ཀྱི་ཐུ་བོ་འགྲན་ཟླ་དང་བྲལ་བ་ནི་སློབ་དཔོན་སེང་གེ་བཟང་པོ་དང་། (༡༠༡ན)མཁས་མཆོག་ཀཱ་མ་ལ་ཤཱི་ལ་གཉིས་སོ། །མཁན་ཆེན་ཞི་བ་འཚོ་འདི་ནི་རྒྱལ་སྲས་གཞན་གྱིས་དཔག་པར་དཀའ་བའི་སྙིང་སྟོབས་དང་བྱང་ཆུབ་ཀྱི་སེམས་ཤིན་ཏུ་སྟོབས་ཆེ་བས་སྙིགས་མའི་དུས་འདིར་འགྲོ་བའི་དོན་མཛད་པ་ལ་རྒྱལ་སྲས་ཀྱི་སྤྱོད་པ་ཆེས་ཕུལ་དུ་བྱུང་བ་ཞིག་སྟེ། དོན་གྱི་དབང་འདི་ལ་གཟིགས་ནས་རྗེ་བདག་ཉིད་ཆེན་པོས། རླབས་ཆེན་སྤྱོད་པའི་གཏེར་གྱུར་ཅེས

བསྔགས་པ་ཡིན་ནོ། །

མཁན་ཆེན་ཞི་བ་འཚོ་འདིས་རྒྱ་བོད་ཐམས་ཅད་དུ་བསྟན་པ་ལ་བྱ་བ་རྒྱ་ཆེན་པོ་མཛད་པ་ཡིན་ཞིང་། ལྷག་པར་བྱང་ཕྱོགས་བོད་ཡུལ་འདི་སྟོན་པ་ཐུགས་རྗེ་ཅན་དེས་ཀྱང་འདུལ་མ་ནུས་པར་མུན་པའི་གླིང་དུ་ལུས་ཤིང་། སློབ་དཔོན་འདིའི་གོང་དུ་བྱོན་པའི་ཤིང་རྟ་ཆེན་པོ་གཉིས་སོགས་བདག་ཉིད་ཆེན་པོ་དེ་དག་ཐམས་ཅད་ཀྱིས་འདུལ་བར་མ་ནུས་པར་མཐའ་འཁོབ་མུན་གླིང་དུ་ལུས་པ་སློབ་དཔོན་འདིས་ཐུགས་ཀྱིས་མ་བཟོད་ནས་ཞིང་འདིར་བྱོན་ཞིང་དེ་ལྟ་ནའང་རྟེན་འབྲེལ་སྣ་མང་པོ་ཞིག་ནས་འགྲིག་དགོས་པའི་དབང་གིས་སློབ་དཔོན་འདི་བྱོན་ནས་ལོ་དགུ་བརྒྱ་ལྷག་ཙམ་གྱི་བར་དུ་བོད་དུ་རྒྱལ་བའི་བསྟན་པ་འཛུགས་པའི་རྟེན་འབྲེལ་མ་འགྲིག་པར་ནམ་ཞིག་ན་བོད་ཁམས་མུན་པའི་གླིང་དུ་རྒྱལ་བའི་བསྟན་པའི་སྒྲོན་མེ་འཛུགས་པར་ནུས་སྙམ་དུ་དེ་འབའ་ཞིག་ཐུགས་ལ་བརྣགས་ནས་སྐུ་ཚེ་བྱིན་གྱིས་བརླབས་ཏེ་བཞུགས་པ་ལས། དུས་ནམ་ཞིག་བོད་ཁམས་ཀྱི་རྗེ་བོ་ཆོས་རྒྱལ་ཁྲི་སྲོང་ལྡེའུ་བཙན་སྐྱེས་པས་བོད་དུ་རྒྱལ་བསྟན་གྱི་སྲོལ་བཙུགས། རྗེ་བོ་ཤཱཀྱ་མུ་ནེ་དང་རྗེ་བོ་མི་བསྐྱོད་རྡོ་རྗེ་གཉིས་རྒྱ་བལ་ནས་སྤྱན་དྲངས་ལྷ་སར་གཙུག་ལག་ཁང་བཞེངས། མཐའ་འདུལ་ཡང་འདུལ་གྱི་ལྷ་ཁང་དང་མཆོད་རྟེན་རྣམས་བཞེངས། (༡༠༠བ)ཆོས་ཀྱི་བརྡ་སློབ་པ་སོགས་བསྟན་པ་རིན་པོ་ཆེའི་སྲོལ་བཙུགས་ཀྱང་སྡིགས་མའི་སྐྱེ་བོ་རྣམས་བསོད་ནམས་དམན་པ་དང་། བདུད་སྡིག་ཏོ་ཅན་འཁོར་ནག་ཕྱོགས་ཀྱི་འབྱུང་པོ་གདུག་པ་ཅན་རྣམས་དང་བཅས་པ་མི་རྣམས་ཀྱི་ཡིད་བསྒྱུར་ཏེ་ཆོས་རྒྱལ་ཁྲི་སྲོང་ལྡེའུ་བཙན་སྐྱེས་པོ་འདས་ནས་སྡིག་བློན་མང་པོས་རྒྱལ་བའི་བསྟན་པ་ཉམས་པར་བྱས་ཏེ། རྗེ་བོ་ཤཱཀྱ་མུ་ནེ་མུན་ཁང་དུ་སྦ་བ་དང་། ཆོས་བྱེད་རྣམས་ལ་ཆད་པས་གཅོད་པ་སོགས་རྣམ་པ་ཀུན་ནས་འཚེ་བར་བྱས་ཤིང་སླར་ཡང་ནག་ཕྱོགས་ཀྱི་སྟོབས་ཆེར་རྒྱས་ཏེ་རྗེ་བོ་རིན་པོ་ཆེ་བྱེ་ཐེམས་སུ་སྦ་བ་དང་། དེས་

ཀྱང་མི་ཆོག་པར་དེ་ནས་བཏོན་ཏེ་མང་ཡུལ་སྐྱིད་གྲོང་དུ་སྦྱུགས་པ་དང་། རྒྱལ་བསྟན་གྱི་མཚན་ཙམ་ཡང་འདོན་དབང་མེད་པར་སྡིག་བློན་མང་པོས་ཁྲིམས་དམ་པར་བྱས་ཏེ་རྒྱལ་བསྟན་ཡི་གེ་འབྲུ་རེ་ཡང་ཀློག་ས་མེད་པར་མུན་གླིང་ཁོ་ནར་གྱུར་པ་ན། ཕྱོགས་བཅུའི་སངས་རྒྱས་དང་བྱང་ཆུབ་སེམས་དཔའ་ཐམས་ཅད་ཀྱི་མཁྱེན་བརྩེ་ནུས་གསུམ་གཅིག་ཏུ་བསྡུས་པ་རིགས་གསུམ་མགོན་པོས་བོད་ཡུལ་དུ་རྒྱལ་བསྟན་འཛུགས་པར་ཐུགས་བསྐྱེད་དེ་སྤྱན་རས་གཟིགས་སྲོང་བཙན་སྒམ་པོས་བོད་ཡུལ་དུ་རྒྱལ་བསྟན་གྱི་སྲོལ་བཙུགས་པ་བདུད་སྡེ་དཔུང་དང་བཅས་པས་ཉམས་པར་བྱས་པ་དེ་ཉིད་གསོ་ཕྱིར་རྗེ་བཙུན་འཇམ་དཔལ་དབྱངས་མིའི་རྗེ་བོར་སྤྲུལ་པ་ཆོས་རྒྱལ་ཁྲི་སྲོང་ལྡེ་བཙན་རྒྱ་བཟའ་གོང་ཇོ་ལས་སྐུ་འཁྲུངས་ནས་རིང་པོ་མ་ལོན་པ་ན་ཡབ་གཤེགས། འཁྲུངས་མ་(༡༠༡ན)ཐག་ནས་ཆོས་ཀྱི་བག་ཆགས་བརྟས་པ་དེ་བདུད་སྡེས་མ་བཟོད་པར་བདུད་བློན་རྣམས་ཀྱིས་འདི་རྒྱ་བཟའི་བུ་མིན་གྱི་ཞང་གི་ཚ་བོ་ཡིན་ཞེས་དབྲོག་པར་བརྩམས་པ་ན། རྒྱལ་བུ་ཆུང་ངུ་དེའི་ཞལ་ནས། ཁྲི་སྲོང་ལྡེ་བཙན་རྒྱ་ཚ་ལགས། །ཞང་སྣ་རྣམ་གིས་ཅི་བགྱི་འཚལ། །ཞེས་གསུངས་ནས་རང་ལ་རང་གིས་ཁྲི་སྲོང་ལྡེ་བཙན་ཞེས་མཚན་བཏགས། རྒྱ་བཟའི་སྲས་ཡིན་པར་ཡོངས་སུ་གྲགས་པར་བྱས། དེ་ནས་རྒྱལ་བུ་ཆུང་ངུ་དེས་སྔར་ཡབ་མེས་བཀའ་དྲིན་ཅན་དེ་དག་གིས་བོད་འདིར་སངས་རྒྱས་ཀྱི་བསྟན་པ་བཙུགས་པ་ད་ལྟ་མིང་ཙམ་ཡང་མེད་པ་འདི་ཐབས་གང་ཞིག་བྱས་ན་གསོ་བར་ནུས་སྙམ་དུ་དེ་འབའ་ཞིག་སེམས་པར་མཛད་དོ། །

དེ་ནས་དུས་ནམ་ཞིག་ན་རྒྱལ་པོས་སྦ་གསལ་སྣང་ལ་སོགས་པ་ཁ་ཤས་རྒྱ་ཡུལ་དུ་རྒྱལ་བའི་བཀའ་འཚོལ་དུ་བཏང་། དེ་དག་གིས་ཀྱང་རྒྱལ་པོའི་བཀའ་བཞིན་རྩོལ་བ་ཆེན་པོས་ཕྱིན་ཏེ་རྒྱ་ནག་ནས་རྒྱལ་བའི་བཀའ་མང་པོ་སྤྱན་དྲངས། རྒྱལ་པོའི་སྐུ་མདུན་དུ་སླེབས་ཀྱང་སྡིག་བློན་རྣམས་དབང་ཆེ་བས་རྒྱལ་བའི་བཀའ་མཚན་ཙམ་ཡང་

འདོན་དབང་མེད་པས་རེ་ཤིག་བཀའ་རྣམས་བྲག་ལ་སྦས། དེ་ནས་རྒྱལ་བུས་གསལ་སྣང་དང་གྲོས་བྱས་ཏེ་གསལ་སྣང་གིས་རྒྱ་གར་དུ་ཕྱིན་ནས་རྒྱལ་བའི་བཀའ་དང་དེའི་དོན་སྟོན་པའི་པཎྜི་ཏ་འཚོལ་རྩིས་དང་། བདུད་བློན་རྣམས་ཀྱི་སྣང་ངོར་མང་ཡུལ་སྐྱིད་གྲོང་གི་དཔོན་དུ་བསྐོས་ཏེ་བཏང་། དེ་ནས་གསལ་སྣང་གིས་རྒྱ་གར་དུ་ཕྱིན་ཏེ་རྡོ་རྗེ་གདན་གྱི་མ་ཧཱ་བོ་དྷི་དང་ཤྲི་ན་ལནྡྲ་མཆོད་པ་ཕུལ་བས་མེ་ཏོག་གི་ཆར་བབས། བྱང་ཆུབ་ཀྱི་ཤིང་ལས་འོ་མའི་རྒྱུན་བབས་ཤིང་དགེའོ་ཞེས་སྒྲ་འོད་དང་(༡༠༢༨)བཅས་པ་བྱུང་། དེ་ནས་གསལ་སྣང་བལ་ཡུལ་དུ་བྱོན་པས་བལ་རྗེའི་མཆོད་གནས་སུ་མཁས་ཤིང་གྲུབ་པའི་པཎ་ཆེན་ཤཱནྟ་རཀྵི་ཏ་བཞུགས་པ་མང་ཡུལ་སྐྱིད་གྲོང་དུ་སྤྱན་དྲངས། བཞུགས་གནས་སུ་གཙུག་ལག་ཁང་གཉིས་བརྩིགས། སློབ་དཔོན་ལ་སེམས་བསྐྱེད་ཞུས་པས། སེམས་བསྐྱེད་ཞུ་བ་ལ་ཡོན་དགོས་གསུངས་གསེར་དངུལ་སོགས་རིན་པོ་ཆེ་དང་། དར་ཟབ་སྣམ་གོས་སོགས་ཡོ་བྱད་ཅི་ཡོད་ཕུལ་བས་ད་དུང་ཕུལ་ཅིག་གསུངས། ད་ལུས་ལ་བཅིངས་པའི་སྐ་རགས་གཅིག་མིན་པ་མེད་ཞུས་པས་དེ་ཡང་ཕུལ་ཅིག་གསུངས་ནས་ཕུལ། སེམས་བསྐྱེད་ཞུས་ཟིན་པ་ན་སློབ་དཔོན་གྱིས་འབུལ་བ་ཐམས་ཅད་ཚུར་གནང་ནས་ཁྱོད་དང་ང་གཉིས་སྐྱེ་བ་འདི་ལ་ངོ་ཤེས་པ་ཙམ་མ་ཡིན། སྐྱེ་བ་དུ་མའི་སྔ་རོལ་ནས་ངའི་དྲུང་དུ་སེམས་བསྐྱེད་པའི་སྲས་ཀྱི་ཐུ་བོ་ཡིན། ཁྱོད་ཀྱི་མིང་ཡེ་ཤེས་དབང་པོ་བྱ་བར་འགྱུར་རོ་གསུངས་ནས་མགོ་ལ་ཕྱག་གིས་བྱིལ་བྱིལ་མཛད། དེ་ནས་གསལ་སྣང་གིས་སློབ་དཔོན་ལ་ཕྱག་བྱས་ཏེ། བོད་ཡུལ་དུ་སངས་རྒྱས་ཀྱི་བསྟན་པ་དར་བའི་ཆེད་དུ་བོད་ཀྱི་རྒྱལ་པོའི་དགེ་བའི་བཤེས་གཉེན་དུ་འབྱོན་པ་ཅི་གནང་། ཞེས་གསོལ་བ་བཏབ་པས་སློབ་དཔོན་གྱིས་བོད་ངའི་གདུལ་སྐལ་ཡིན། བོད་ཀྱི་རྒྱལ་པོ་དང་ཁྱོད་ལྷན་ཅིག་མ་སྐྱེས་པས་ཁྱོད་གཉིས་ཀྱི་སྐྱེ་བ་དགུའི་བར་དུ་མང་ཡུལ་དང་ཟ་ཧོར་གཉིས་སུ་བསྒུགས་ནས་བསྡད་པ་ཡིན། ད་ཁྱེད་གཉིས་ཀྱང་ནར་སོན་ནས་དུས་ལ་

བབ་པར་གདའ་བས་ངས་བོད་ཀྱི་རྒྱལ་པོའི་དགེ་བའི་བཤེས་གཉེན་བྱས་(༡༠༢བ)ལ་ཡུལ་བྱིན་གར་ཆུ་བོ་ལོ་ཧི་ཏའི་འགྲམ། རི་ དྭགས་ཕུ་རིའི་དྲུང་དུ་བྲག་དམར་བསམ་ཡས་མི་འགྱུར་ལྷུན་གྱིས་གྲུབ་པ་ཞེས་བྱ་བའི་གཙུག་ལག་ཁང་གཅིག་ཀྱང་བཞེངས་སུ་གསོལ། ཞེས་གསུངས་ནས་སློབ་དཔོན་སླར་ཡང་ཡུལ་དུ་གཤེགས། གསལ་སྣང་བོད་དུ་འོངས་ཏེ་རྒྱལ་པོའི་སྐུ་མདུན་དུ་མཆིས་ནས་དཔེན་པ་ཞིག་ཏུ་ཆོས་བྱ་བར་རིགས་པ་དང་མཁས་པ་ཆེན་པོ་ཤཱནྟ་རཀྵི་ཏ་ཞེས་བྱ་བ་ད་ལྟ་བལ་ཡུལ་ན་བཞུགས་ཡོད། བོད་དུ་འབྱོན་པར་གསོལ་བ་བཏབ་པས་ཞལ་གྱིས་བཞེས། པཎྜི་ཏ་དེའི་བཀའ་མཆིད་ཀྱང་འདི་ལྟར་གནང་ཞེས་རྒྱལ་པོ་ལ་ཞིབ་ཏུ་གསོལ་བས་རྒྱལ་པོའི་ཞལ་ནས། ངེད་གཉིས་ཀྱིས་པཎྜི་ཏ་སྤྱན་དྲངས་ཏེ་རྒྱལ་བའི་བསྟན་པ་འཛུགས་པར་བདུད་བློན་འདི་དག་གིས་ཤེས་ན་ཁྱོད་སྲོག་དང་འབྲལ་བར་བྱེད་ཅིང་དོན་ཆེན་པོ་ལས་ཉམས་པར་འགྱུར་བས་ཁྱོད་རེ་ཤིག་ཡུལ་དུ་སོང་ལ་ཡིབ་ལ་སྡོད་ཅིག་ངས་ཐབས་ཀྱིས་དོན་གྲུབ་པ་ཞིག་བྱའོ་གསུངས་ནས་གསལ་སྣང་རེ་ཤིག་དབེན་པར་བྱོལ། དེ་ནས་རྒྱལ་པོའི་ཐབས་མཁས་ཀྱི་མཛད་པ་དུ་མས་བདུད་བློན་རྣམས་ཀྱི་བསམ་སྦྱོར་མཐའ་དག་བྱེ་མའི་ཆངས་བུ་ལྟར་ཞིག་སྟེ་ཆབ་སྲིད་ཆོས་ཀྱིས་སྐྱོང་བའི་དུས་ལ་བབ་པ་ན། རྒྱལ་པོས་བློན་པོ་རྣམས་ལ་བཀའ་སྩལ་པ། ངའི་ཡབ་མེས་རྣམས་ཀྱིས་རྒྱལ་བའི་བསྟན་པ་རིན་པོ་ཆེ་བཙུགས་པ་དེ་ཞང་མ་ཞང་སོགས་སྡིག་བློན་རྣམས་ཀྱིས་བཤིག །ཇོ་བོ་ཤཱཀྱ་མུ་ནེ་མང་ཡུལ་སྐྱིད་གྲོང་དུ་སྦྱུགས་འདུག་པས། ད་ཇོ་བོ་ཤཱཀྱ་མུ་ནེ་དེ་སྤྱན་དྲངས། ངེད་རང་རྗེ་བློན་འབངས་དང་བཅས་པ་རྣམས་ཆོས་བྱེད་པ་མི་རུང་ངམ་གསུངས་པས། རྒྱལ་པོའི་བཀའ་(༡༠༣ན)བཞིན་རྗེ་བློན་འབངས་དང་བཅས་པ་རྣམས་ཆོས་བྱེད་པ་ལ་འཆམ་ནས་ཆོས་བྱེད་པ་ལ་རྒྱ་གར་ནས་འོངས་པའི་རྒྱུས་ཅན་དགོས་པས་སུ་ཡོད་ཅེས་གླེང་བ་ན། གསལ་སྣང་མང་ཡུལ་ནས་འོངས་པ་མཆི་བས་དེ་རྗེའི་སྤྱན་སྔར་དགུག་འཚལ་ཟེར་བ་བཞིན་

གསལ་སྣང་རྒྱལ་པོའི་སྤྱན་སྔར་བཀུག་ནས་བཀའ་སྩལ་པ། རྒྱ་གར་དང་བལ་ཡུལ་ན་ཆོས་ལ་མཁས་པའི་པཎྜི་ཏ་སུ་ཡོད། དེ་ཁྱོད་ཀྱིས་སྤྱན་དྲོངས་ཤིག་ཅེས་བསྒོ་བ་ན། གསལ་སྣང་གིས་གསོལ་པ། ཟ་ཧོར་རྒྱལ་པོའི་སྲས་དགེ་སློང་ཤཱནྟ་རཀྵི་ཏ་ཞེས་བྱ་བ་ད་ལྟ་བལ་ཡུལ་ན་མཆིས་པ་དེ་དམ་པའི་ཆོས་དང་གཙུག་ལག་ཀུན་ལ་མཁས་པ་ཅིག་བདོག་ཅེས་གསོལ་བས། རྗེའི་ཞལ་ནས་ཁྱོད་ཡུལ་དུ་མ་འགྲོ་བར་པཎྜི་ཏ་དེ་སྤྱན་དྲང་བའི་ཕྱིར་བལ་ཡུལ་དུ་སོངས་ལ་བལ་རྗེ་ལ་ངའི་བཀའི་སྐྲོམ་བུ་འདི་ཕུལ་ལ་པཎྜི་ཏ་དེ་ངེས་པར་སྤྱན་འདྲོངས་པར་གྱིས་ཤིག །ཅེས་མངགས་ནས་གསལ་སྣང་བལ་ཡུལ་དུ་བཏང་ངས། གསལ་སྣང་བལ་ཡུལ་དུ་འབྱོར་ནས་བལ་རྗེ་ལ་རྒྱལ་པོའི་བཀའི་སྐྲོམ་བུ་ཕུལ་ནས་བོ་དྷི་ས་ཏྭ་བོད་ཡུལ་དུ་སྤྱན་འདྲེན་པར་ཆད། རིམ་གྱིས་མང་ཡུལ་དུ་ཕེབས་པ་ན་བོད་ནས་རྒྱལ་པོས་ཕེབས་བསུར་ཁང་ལང་འགྲོ་སྣ་ར་དང་། གཉེར་སྟག་ཚང་ལྡོང་གཟིགས། སྦྲང་རྒྱུར་ལེགས་གཟིགས་གསུམ་བཏང་བ་འབྱོར། དེ་ནས་རིམ་གྱིས་ཕེབས་ཏེ་རྒྱལ་པོའི་ཕོ་བྲང་དུ་ཕེབས་སུ་ཉེ་བ་ན། གསལ་སྣང་གིས་སྔོན་ལ་ཕྱིན་ནས་རྒྱལ་པོ་ལ་ཕྱག་ཕུལ། པཎྜི་ཏ་བྱོན་ཡོད་པའི་ལོ་རྒྱུས་རྣམས་གསོལ་བས་རྒྱལ་པོ་(༡༠༣བ)དགྱེས་ཏེ་གསལ་སྣང་ཁམས་བཟང་ཞིང་པཎྜི་ཏ་བདེ་བར་བྱོན་པ་ལེགས་ཞེས་རྒྱལ་པོས་བཀུར་སྟི་བགྱིས་པ་ན་ཞང་བློན་དག་ན་རེ། རྒྱ་བལ་གྱི་མི་ངན་སྔགས་མཁན་ཡང་མང་པོ་འོང་བས་སྔོན་ལ་རྟོག་དཔྱོད་མཛད་པ་ལེགས་ཟེར། སངས་ཤི་སོགས་འགའ་ཞིག་གིས་བརྟགས་ཀྱང་ཨ་ཙརྱའི་སྐད་མ་གོ །ཁ་ཆེ་ཨ་ནན་ཏ་ལོ་ཙཱ་བཙོལ་ནས་དྲིས་པས། སློབ་དཔོན་གྱི་ཞལ་ནས། ལྷ་དཀོན་མཆོག་མཆོད། དམ་ཚིག་དང་སྡོམ་པ་ལ་གནས། གཙོ་བོར་སེམས་ཅན་ལ་ཕན་པ་འབའ་ཞིག་བྱེད་གསུངས། བློན་པོ་དེ་དག་གིས་རྒྱལ་པོ་ལ་ཨ་ཙརྱ་འདི་སྤྱོད་པ་ཁྱད་པར་དུ་འཕགས་པ་འདུག་པས་ཐུགས་འཕྲིག་བྱ་མི་འཚལ་ཞེས་གསོལ་ནས་ཕོ་བྲང་དུ་སྤྱན་དྲངས། ཕོ་བྲང་གི་ཆབ་

སྒོར་བྱོན་པ་ན་ཕོ་ཉས་རྒྱལ་པོ་ལ་སློབ་དཔོན་སྒོ་ན་བྱོན་ནོ་ཞུས་པས། རྒྱལ་པོས་གསེར་ཕྱེ་བྲེ་གང་ཕྱག་རྟེན་དུ་ཕུལ་ནས་ཕྱག་བྱས་ཞབས་སྤྱི་བོར་བླངས་ཏེ་བྱིན་རླབས་ཞུས་པ་ན། སློབ་དཔོན་གྱི་ཞལ་ནས། རྒྱལ་པོ་ཆེན་པོ། ཁྱོད་ཀྱིས་ཁོ་བོ་མཁྱེན་ནམ་གསུངས་པས། རྒྱལ་པོས་སློབ་དཔོན་དང་སྔོན་ཆད་ཞལ་མ་འཛོམ་ལགས་ཞུས་པས། སློབ་དཔོན་གྱི་ཞལ་ནས། སྔོན་སངས་རྒྱས་འོད་སྲུངས་ཀྱི་བསྟན་པ་གཙུག་ལག་ཁང་གི་རྒྱན་བསྲུང་བའི་བྱིས་པ་གསུམ་གྱི་བྱེ་མའི་མཆོད་རྟེན་བྱས་ཏེ་སྨོན་ལམ་བཏབ་པ། མ་འོངས་པ་ན་ངས་པཎྜི་ཏ་བྱ་བ། ཁྱོད་ཀྱིས་མཐའ་འཁོབ་ཀྱི་རྒྱལ་པོ་བྱ་བ། གསལ་སྣང་གིས་བརྡ་སྤྲོར་གྱི་བང་ཕྱིན་པ་བྱས་ལ་མཐའ་འཁོབ་ཀྱི་རྒྱལ་ཁམས་སུ་དམ་པའི་ཆོས་དར་བར་བྱེད་པའི་སྨོན་ལམ་བཏབ་པ་མ་ཉེལ་ལམ་(༡༠༩ན)གསུངས། རྒྱལ་པོའི་ཞལ་ནས། དེ་མད་བདག་སྨོམ་ཡུན་ཐུངས་པས་ལན་ཞེས་གསོལ། དེ་ནས་རྒྱལ་པོས་བོད་དུ་སངས་རྒྱས་ཀྱི་བསྟན་པ་དར་བར་གསོལ་བ་བཏབ་ནས་བརྟག་པ་ཞུས་པ་ན། སློབ་དཔོན་གྱིས། ངེད་ཨ་ཙརྻ་བྱ་བ་རྟེན་འབྲེལ་བརྟག་པ་ལ་མཁས་པ་ཡིན། རྒྱལ་པོ་ཁྱོད་ཀྱིས་མགོ་ལ་ཐོད་བཅིངས་པ་དང་སྦྲུར་ན་སྟོད་དུ་མངའ་རིས་ཞྭ་ཙམ་ཞིག །ཞབས་ལ་ལྷམ་གསོལ་བས་སྨད་དུ་མངའ་རིས་ལྷམ་ཙམ་ཞིག་ལ་ཆོས་ཁྲིམས་ཆགས། སྐྲ་རགས་མ་བཅིངས་པ་དང་སྦྲུར་ན་བར་དུ་རྒྱལ་ཁྲིམས་མྱུར་དུ་འཇིག་ཉེན་ཡོད། འོན་ཀྱང་རིན་པོ་ཆེའི་ཕྱག་རྟེན་ཕུལ་བས་རྒྱལ་བའི་བསྟན་པ་འཛུགས་བཏུབ་གསུངས། དེ་ནས་སློབ་དཔོན་གྱིས་ཕོ་བྲང་ལྡན་ཀར་འཚུབ་སུ་ཟླ་བ་བཞིར་དགེ་བ་བཅུ་ཁམས་བཅོ་བརྒྱད་རྟེན་འབྲེལ་བཅུ་གཉིས་ཀྱི་ཆོས་བཤད་པས། བོད་ཀྱི་ལྷ་སྲིན་ཁྲོས་ཏེ་འཕང་ཐང་ཆུས་ཁྱེར། དམར་པོ་རི་ལ་ཐོག་རྒྱབ། མི་ནད་ཕྱུགས་ནད་བྱུང་བས་བོད་འབངས་ཡོ་ལོག་ནས་ཆོས་བྱས་པས་ལན་ཟེར་བ་ན། རྒྱལ་པོ་ཁྲི་སྲོང་ལྡེ་བཙན་གྱིས་མཁན་ཆེན་བོ་དྷི་ས་ཏྭའི་ཞབས་ལ་དབུ་གཏུགས་ཏེ་བཤུམ་བཞིན་དུ་བོད་བསོད་ནམས་དམན་པས་ནག

ཕྱོགས་ཀྱི་མི་མ་ཡིན་རྣམས་ཀྱིས་བར་ཆད་འདི་འདྲ་བྱས། བོད་ཀྱི་མི་རྣམས་ཀྱང་འདི་སྐད་ཟེར་བས་སློབ་དཔོན་རེ་ཤིག་བལ་ཡུལ་དུ་གཤེགས་ནས་སླར་འབྱོན་དགོས་ཞེས་ཞུས་ཏེ་སློབ་དཔོན་བལ་ཡུལ་དུ་བྱོན།

དེ་ནས་རིང་ཞིག(༡༠༩བ)ནས་སྦྲ་གསལ་སྣང་རྒྱ་ཡུལ་དུ་ཆོས་འཚོལ་དུ་བཏང་། སང་ཤི་ལ་སོགས་པ་སུམ་ཅུ་མཁན་ཆེན་ཞི་བ་འཚོ་སྤྱན་འདྲེན་དུ་བཏང་ངོ་། །དེའི་ཚེ་རྒྱ་ནག་ཏུ་ཧ་ཤང་ཞིག་ན་རེ། ད་ཟླ་བ་དྲུག་ཞག་དྲུག་ན་འཕགས་པ་རྟ་སྐད་ཀྱི་སྤྲུལ་པ་འདི་འདྲ་ཞིག་འོང་ཞེས་འདྲ་འབག་བྱས་ཤིང་། སང་ཤི་རྒྱ་ནག་ཏུ་སླེབ་པ་དང་རྒྱ་རྗེས་བྱ་དགའ་བྱིན། ཧ་ཤང་ལ་བསྒོམ་ལུང་བླངས་ཏེ་སླར་བོད་དུ་འཁོར་བ་ན་རྒྱལ་པོ་ལ་སྐྱེས་ཕུལ་ལོ། །

དེ་ནས་རྒྱལ་པོས་སང་ཤི་ལ་ཨ་ཙཱ་ར་དུང་སྤྱན་མ་འདྲོངས་པས་ཁྲིད་སོང་ཤིག་གསུངས། དེས་བལ་པོར་ཕྱིན་ནས་མཁན་ཆེན་ཞི་བ་འཚོ་སྤྱན་དྲངས་ཏེ་བྲག་དམར་འགྲིན་བཟང་དུ་ཕེབས་ནས་རྒྱལ་པོ་ལ། བོད་ཀྱི་ལྷ་སྲིན་མ་ཐུལ་བས་ཆོས་བྱེད་དུ་མི་སྟེར་ཞིང་བཙན་པོ་སྐུ་ཚེ་ཐུང་བ་ཡང་དེས་ལན་པས། མི་མ་ཡིན་གདུག་པ་ཅན་རྣམས་འདུལ་བ་ལ་སློབ་དཔོན་པདྨ་སམྦྷ་ཝ་ཞེས་བྱ་བ་མཐུ་རྩལ་དང་ལྡན་པ་ཞིག་ཡོད་པས་དེ་སྤྱན་དྲོངས་ཤིག་གསུངས་པ་ན། བཙན་པོས་རྨི་ལམ་དུ་བྱུང་བ་སྐད་བགྱིས་ཏེ། སྦྲ་མང་རྗེ་གསལ་སྣང་སོགས་མི་ལྔ་སྤྱན་འདྲེན་དུ་བཏང་བས། སློབ་དཔོན་གྱིས་མཁྱེན་ཏེ་མང་ཡུལ་གུང་ཐང་དུ་བྱོན་པ་དང་མཇལ་ནས་རིམ་གྱིས་ལྷ་སྲིན་གདུག་པ་ཅན་རྣམས་དམ་ལ་འདོགས་ཤིང་བྱོན་ཏེ། རས་པོ་རིར་ཕྱག་ཕེབས་ཏེ་བཙན་པོ་དང་མཇལ། མལ་གྲོ་ཞུར་བྱོན་ནས་བོད་ཀྱི་ལྷ་སྲིན་ཐམས་ཅད་དམ་ལ་བཏགས་སོ། །དེ་ནས་མཁན་ཆེན(༡༠༥ན)བོ་དྷི་ས་ཏྭ་དང་། སློབ་དཔོན་པདྨ་སམྦྷ་ཝ་གཉིས་ཀྱིས་ས་མཆོག་མཛད་དེ་ཨོ་ཏནྟ་པུ་རིའི་གཙུག་ལག་ཁང་ལ་དཔེ་བླངས་ནས་རི་རབ་གླིང་བཅུ་གཉིས། ཉི་ཟླ་ཟུང་

གཅིག །མཐའ་ལྟུགས་རིམ་བསྐོར་བའི་བཀོད་པ་མཛད་དེ་མེ་མོ་ཡོས་བུའི་ལོ་ལ་རྨང་བཏིང་། ས་མོ་ཡོས་ལ་ཚར་ནས་མཁན་ཆེན་བོ་དྷི་ས་ཏྭ་དང་སློབ་དཔོན་པདྨ་སཾ་བྷ་ཝས་རབ་གནས་མཛད་དགའ་སྟོན་བྱས་ཏེ། ལུག་གི་ལོ་ལ་ཐམས་ཅད་ཡོད་སྨྲའི་སྡེ་པའི་དགེ་སློང་བཅུ་གཉིས་སྤྱན་དྲངས་ཏེ་བོད་ལ་རབ་བྱུང་བཏུབ་མི་བཏུབ་སད་པའི་ཕྱིར་ཡེ་ཤེས་དབང་པོ་ལ་སོགས་པ་མི་བདུན་རབ་ཏུ་ཕྱུང་བ་ན། རབ་ཏུ་བྱུང་མ་ཐག་ཏུ་དེ་དག་ལ་མངོན་པར་ཤེས་པ་ལ་སོགས་པའི་ཡོན་ཏན་བསམ་གྱིས་མི་ཁྱབ་པ་དང་ལྡན་པར་གྱུར། བདུན་པོ་དེ་ལ་སད་མི་མི་བདུན་ཞེས་གྲགས་སོ། །

དེ་ནས་ཆོས་རྒྱལ་ཁྲི་སྲོང་ལྡེ་བཙན་གྱིས་གངས་རིའི་ཁྲོད་འདིར་མཁན་ཆེན་ཞི་བ་འཚོའི་མཁན་བརྒྱུད་ཐམས་ཅད་ཡོད་པར་སྨྲ་བའི་ལུགས་འདི་དར་ཞིང་རྒྱས་ལ་ཡུན་རིང་དུ་གནས་པ་ཞིག་བྱུང་ན་ཅི་མ་རུང་སྙམ་དུ་འདིའི་མཁན་བརྒྱུད་འཕགས་པ་ཤཱ་རིའི་བུ། སྒྲ་གཅན་ཛིན། ཀླུ་སྒྲུབ། ལེགས་ལྡན་འབྱེད། དཔལ་སྦས། ཡེ་ཤེས་སྙིང་པོ། མཁན་པོ་བོ་དྷི་ས་ཏྭ་རྣམས་བསམ་ཡས་ཀྱི་གྱང་རིས་ལ་འགོད་པར་མཛད་དོ། །དེ་ནས་ཆོས་རྒྱལ་ཁྲི་སྲོང་ལྡེ་བཙན་གྱིས་མཁན་ཆེན་བོ་དྷི་ས་ཏྭ་ཉིད་བཀུར་ཚད་མེད་པས་མཆོད་ཅིང་བོད་ཁམས་འདིར་སངས་རྒྱས་ཀྱི་བསྟན་པ་རྒྱ་ཆེར་སྤེལ་བར་ཞུས་ཏེ། དེའི་འཕྲིན་ལས་ཀྱི་གྲོགས་སུ་ལོ་ཙཱ་མཁས་པ་(༡༠༥(ན)ཡང་མང་དུ་བསླབས་རྒྱ་གར་ནས་སློབ་དཔོན་བི་མ་ལ་མི་ཏྲ་དང་། སློབ་དཔོན་སངས་རྒྱས་གསང་བ་སོགས་མཁས་ཤིང་གྲུབ་པའི་པཎྜི་ཏ་ཆེན་པོ་མང་དུ་སྤྱན་དྲངས། རྒྱལ་བའི་བཀའ་དང་བསྟན་བཅོས་མཐའ་ཡས་པ་བསྒྱུར། གང་བསྒྱུར་བའི་ཆོས་དེ་དག་ཐམས་ཅད་ལ་ལོ་ཆེན་མཁས་པ་རྣམས་ཀྱིས་ཞུས་དག་ཡང་དག་པར་བྱས། དེ་དག་ཐམས་ཅད་ཀྱང་ཆོས་རྒྱལ་ཉིད་ཀྱི་སྤྱན་ལམ་དུ་ཕབ་ནས་ཆོས་ལྟར་བཅོས་པའི་བསྒྲེ་བསྡུད་ཕྲ་མོའམ་མེད་པར་མཛད། བོད་ཁམས་ཐམས་ཅད་ལ་ཁྲིམས་འདི་ལྟར་བསྒྲགས་ཏེ། བོད་ཀྱི་མངའ་འོག་ན་གནས་པ་ཐམས

ཅན་གྱིས་དམ་པའི་ཆོས་ཚུལ་བཞིན་དུ་བྱ་བ་དང་། རྒྱལ་བའི་བསྟན་པ་ལ་རབ་ཏུ་བྱུང་བ་རྣམས་ལ་བླ་ལྷག་ཏུ་གུས་པར་བྱ་བ་དང་། ཆོས་བྱེད་པ་རྣམས་ཀྱིས་ཀྱང་མཁན་ཆེན་པོ་ཧྲི་ཤ་ཏྭས་བོད་ཁམས་འདིར་རྒྱལ་བསྟན་གྱི་སྲོལ་ཇི་ལྟར་གཏོད་པ་ལྟར་འདུལ་བའི་བཅས་ཁྲིམས་རྣམ་པར་དག་པས་གཞི་བཟུང་ནས་སྤྱོད་པ་རྣམ་པར་དག་པ་དང་། འཕགས་པ་ཀླུ་སྒྲུབ་ཀྱིས་རྒྱལ་བའི་དགོངས་པ་ཇི་ལྟར་བཀྲལ་བའི་ལྟ་བ་རྣམ་པར་དག་པ་དེ་ཁོ་ན་བཞིན་བྱ་དགོས་པའི་བཀའ་ཁྲིམས་བསྒྲགས་སོ། །

དེ་ལྟར་མཁན་ཆེན་བོ་ཧྲི་ཤ་ཏྭས་རྒྱལ་བསྟན་ཉིན་མོ་ལྟར་གསལ་བར་མཛད་ནས་སྐུའི་བཀོད་པ་བསྡུ་བ་ལ་ཕྱོགས་པ་ན་ཆོས་རྒྱལ་ཁྲི་སྲོང་ལྡེ་བཙན་ལ་འདི་ལྟར་བཀའ་སྩལ་ཏེ། བོད་དུ་མུ་སྟེགས་ནི་མི་འབྱུང་གིས། སངས་རྒྱས་ཀྱི་བསྟན་པ་ཉིད་ཁ་གཉིས་སུ་གྱེས་ཏེ་རྩོད་པར་འགྱུར་བས། དེའི་ཚེ་ངའི་སློབ་མ་ཀ་མ་ལ་ཤཱི་ལ་སྤྱན་དྲངས་ལ་རྩོད་པ་བྱེད་དུ་ཆུག་ཅིག(༡༠༤ན)རྩོད་པ་བྱས་པས་རྩོད་པ་ཆོས་ཕྱོགས་སུ་ཞི་བར་འགྱུར་རོ། །ཞེས་ལུང་བསྟན་ཏེ་ཞི་བར་གཤེགས་སོ། །

དེ་ནས་དུས་ནམ་ཞིག་ན་མཁན་ཆེན་ཞི་བ་འཚོས་ཇི་ལྟར་ལུང་བསྟན་པ་བཞིན་རྒྱ་ནག་གི་ཧྭ་ཤང་ལྟ་བ་ལོག་པ་འཛིན་པ་ཞིག་བྱུང་ནས་དེའི་ལུགས་དར་ཏེ་ལུས་ངག་གི་ཆོས་སྤྱོད་དགེ་བ་བྱས་པས་སངས་མི་རྒྱ། བྱར་མེད་ལ་གནས་ན་སངས་རྒྱ་ཟེར་ནས་ཆད་ལྟ་ལ་ཞེན་ཏེ་དགེ་སྦྱོར་མི་བྱེད། བོད་ཕལ་ཆེར་དེ་ལ་དགའ་སྟེ་དེའི་ལུགས་སློབ། དཔལ་དབྱངས་དང་། སྦ་རཏྣ་ལ་སོགས་པ་ཉུང་ཤས་ཤིག་མཁན་ཆེན་བོ་ཧྲི་ས་ཏྭའི་ལུགས་བྱེད་པས་ལྟ་སྤྱོད་མ་མཐུན་ཏེ་རྩོད་པ་ལ། བཙན་པོས་མཁན་ཆེན་བོ་ཧྲི་ས་ཏྭའི་ལུགས་བཞིན་དུ་ལྟ་སྤྱོད་གྱིས་ཤིག་གསུངས་པས། སྟོན་མུན་པ་རྣམས་ཁྲོས་ཏེ་ཆུ་གྲི་རྣོན་པོ་རེ་བསྣོལ་ཞིང་ཅེན་མིན་པ་རིལ་གསོད་ཟེར་བས་རྒྱལ་པོ་ཐུགས་མ་བདེ་ནས། ཡེ་ཤེས་དབང་པོ་འབོད་དུ་བཏང་བས་ལན་གཉིས་སུ་མ་ཁུགས་ནས་གསུམ་པ་ལ་མ་

ཁྲུགས་ན་གསད་པར་བྱས་ཏེ་བཏང་བས། བྲག་ཕུག་འདོམ་བཅུ་གཉིས་པ་དཔྱང་ཐག་ལ་འགྲོ་དགོས་པ་ཞིག་ཏུ་ཕྱིན་ཏེ་གཤེགས་པར་ཞུ། མི་གཤེགས་ན་བདག་གསོད་དུ་འོང་བས་ལྡིབ་བྱས་པས་བྱོན་ཏེ་རྒྱལ་པོ་ལ་བདག་དགུག་མ་འཚལ། མཁན་པོའི་ཞལ་ཆེམས་འདི་ལྟར་བདོག་ཞུས་པས་རྒྱལ་པོ་མཉེལ་བསོས་ཏེ་སློབ་དཔོན་ཀ་མ་ལ་ཤཱི་ལ་སྤྱན་འདྲེན་པའི་ཕོ་ཉ་བཏང་། དེ་ཧྭ་ཤང་གིས་ཚོར་ནས་ཡུམ་རྒྱས་པ་ལ་སོགས་པ་མདོ་སྡེ་ཟབ་མོ་རྣམས་སྤྱན་དྲངས་ཏེ་བཤད་པ་བསླབས། བསྟན་བཅོས་ལ་ཆོས་བྱ་མི་དགོས་ཉལ་བས་ཆོག (༡༠༤བ)ཅེས་སྟོན་པ་བསམ་གཏན་ཉལ་བའི་འཁོར་ལོ། དེ་ལ་རྩོད་པ་སྤྱོང་བ་བསམ་གཏན་གྱི་ལོན། ཡང་ལོན་གཉིས། དེ་རིགས་པས་བསྒྲུབ་པ་ལྟ་བའི་རྒྱབ་ཤ །ལུང་གིས་བསྒྲུབ་པ་མདོ་སྡེ་བརྒྱད་ཅུ་ཁུངས་ལ་སོགས་པ་བྱས། མདོ་སྡེ་དགོངས་པ་ངེས་འགྲེལ་རང་གི་ལྟ་སྤྱོད་དང་འགལ་བར་མཐོང་ནས་རྫོག་པས་ཁྲིལ་ལོ། །དེའི་ཚེ་ཡེ་ཤེས་དབང་པོས་མཁན་པོའི་དགོངས་པ་འདི་བཞིན་ཡིན་ཞེས་སྙན་དུ་གསོལ་བས་བཙན་པོ་དགྱེས་ཏེ་ཁྱོད་ངའི་ཨཱ་ཙཪྻ་ཞེས་གསུང་ངོ་། །

དེ་ནས་ཀ་མ་ལ་ཤཱི་ལ་བྱོན་པ་དང་། བཙན་པོ་གུང་ལ་བཞུགས། ཧྭ་ཤང་གཡས་གྲལ་དུ་བྱས། སློབ་དཔོན་གཡོན་གྲལ་དུ་བྱས་ཏེ་རྩེན་མིན་རྣམས་དེའི་མཇུག་འཕྲུད། བཙན་པོས་གཉིས་ཀའི་ལག་ཏུ་མེ་ཏོག་ཕྲེང་བ་གཏད་དེ་ཁྱེད་གཉིས་གཤགས་ཀྱིས་ལ་གང་རྒྱལ་བ་ལ་ཕམ་པས་མེ་ཏོག་ཕྲེང་བ་ཕུལ་ཅིག །ཕམ་པ་དེ་འདི་ར་མ་སྡོད་ཅིག་བཀའ་སྩལ་པ་དང་། ཧྭ་ཤང་ན་རེ་ལས་དགེ་དང་མི་དགེ་སྤྱད་ན་མཐོ་རིས་དང་ངན་སོང་དུ་འགྲོ་བས་འཁོར་བ་ལས་མི་ཐར་ཞིང་སངས་རྒྱས་ཐོབ་པ་ལ་བསྒྲིབ་པ་ཡིན། དཔེར་ན་སྤྲིན་དཀར་ནག་གང་གིས་ཀྱང་ནམ་མཁའ་ལ་བསྒྲིབ་པ་དང་འདྲ། གང་ཞིག་ཅི་ལ་ཡང་མི་སེམས། ཅི་ཡང་མི་བསམ་པ་དེ་འཁོར་བ་ལས་ཡོངས་སུ་ཐར་བར་འགྱུར་རོ། །ཅི་ལ་ཡང་མི་སེམས་མི་རྟོག་མི་དཔྱོད་པ་ནི་མི་དམིགས་པ་ཡིན་པས། ཅིག་ཅར་

དུ་འཇུག་པ་ནི་ས་བཅུ་པ་འདྲའོ། །ཟེར་རོ། །ཀ་མ་ལ་ཤཱི་ལའི་ཞལ་སྔ་ནས། དེ་ལྟར་ཅི་ལ་ཡང་མི་བསམ་ཟེར་བ་དེ་ནི་སོ་སོར་རྟོག་པའི་ཤེས་རབ་སྤྱངས་པ་ཡིན་ནོ། །ཡང་དག་པའི་ཡེ་ཤེས(༡༠༧ན)ཀྱི་རྩ་བ་སོ་སོར་རྟོག་པའི་ཤེས་རབ་ཡིན་པས། དེ་སྤྱངས་པས་འཇིག་རྟེན་ལས་འདས་པའི་ཤེས་རབ་ཀྱང་སྤྱངས་པར་འགྱུར་རོ། །སོ་སོར་རྟོག་པའི་ཤེས་རབ་མེད་ན་རྣལ་འབྱོར་པ་ཐབས་གང་གིས་རྣམ་པར་མི་རྟོག་པ་ལ་གནས། གལ་ཏེ་ཆོས་ཐམས་ཅད་དྲན་པ་མེད་ཅིང་ཡིད་ལ་བྱ་བ་མེད་པ་ཡིན་ན། ཉམས་སུ་མྱོང་བ་ཐམས་ཅད་མི་དྲན་ཞིང་། ཡིད་ལ་མི་བྱ་བར་མི་នུས་སོ། །གལ་ཏེ་བདག་གིས་ཆོས་དྲན་པར་མི་བྱའོ་སྙམ་ན་དེ་ཤིན་ཏུ་དྲན་པ་ཡིད་ལ་བྱས་པར་འགྱུར་རོ། །དྲན་པ་མེད་པ་ཙམ་པོ་ལ་བྱེད་ན་བརྒྱལ་བའམ། འཐོག་པའི་དུས་སུ་རྣམ་པར་མི་རྟོག་པར་འགྱུར་རོ། །ཡང་དག་པའི་སོ་སོར་རྟོག་པ་མེད་པར་མི་རྟོག་པ་ལ་འཇུག་པའི་ཐབས་མེད་དོ། །དེ་དྲན་པ་ཙམ་པོ་བཀག་ཀྱང་ཡང་དག་པའི་སོ་སོར་རྟོག་པ་མེད་ན་ཆོས་ཐམས་ཅད་ངོ་བོ་ཉིད་མེད་པ་ལ་ཇི་ལྟར་འཇུག་ནུས། སྟོང་པ་ཉིད་མ་རྟོགས་པར་སྒྲིབ་པ་སྤྱངས་པར་མི་འགྱུར་བས་ནའོ། །དེས་ན་ཡང་དག་པའི་ཤེས་རབ་ཀྱིས་ཕྱིན་ཅི་ལོག་གི་སྣང་བ་རྒྱང་བསྲིངས་པ་ཡིན་ནོ། །དེས་ན་དྲན་བཞིན་དུ་མི་དྲན་བྱར་མི་རུང་ངོ་། །དྲན་པ་དང་ཡིད་ལ་བྱ་བ་མེད་པར་སྟོན་གྱི་གནས་རྗེས་སུ་དྲན་པ་དང་ཐམས་ཅད་མཁྱེན་པར་ཇི་ལྟར་འགྱུར། ཉོན་མོངས་པ་ཡང་ཇི་ལྟར་སྤོང་། དེ་བས་ན་ཡང་དག་པའི་ཤེས་རབ་ཀྱིས་དོན་ངེས་པར་རྟོགས་པའི་རྣལ་འབྱོར་པས་དུས་གསུམ་ཕྱི་ནང་སྟོང་པར་རྟོགས་ནས་རྟོགས་པ་ཉེ་བར་ཞི་སྟེ་ལྟ་བ་ངན་པ་ཐམས་ཅད་སྤྱངས། དེ་བཞིན་ནས་ཐབས་ཤེས་རབ་ལ་མཁས་པ་སྒྲིབ་པ(༡༠༧བ)ཐམས་ཅད་བསལ་ནས་སངས་རྒྱས་ཀྱི་ཆོས་ཐམས་ཅད་ཐོབ་པར་འགྱུར་རོ། །ཞེས་གསུངས་སོ། །དེ་ནས་བཙན་པོའི་ཞལ་ནས། འཁོར་ཀུན་གྱིས་ཀྱང་མཆིད་གཤགས་ཐོབ་ཅིག་གསུངས། དེ་ནས་སྨྲ་ཡེ་ཤེས་དབང་པོས་ཅིག་ཅར

འཇུག་བྱ་བ་དང༌། རིམ་གྱིས་འཇུག་བྱ་བ་གཉིས་དབྱེད་དགོས་ཏེ། རིམ་གྱིས་འཇུག་ན་རྒྱུ་མ་མཆིས་པས། ངེད་དང་མི་འདྲ་ཅིག་ཅར་འཇུག་ན་ཁྱེད་ད་རུང་ཅི་བྱེད། དང་པོ་ནས་སངས་རྒྱས་ན་ཅི་ཉེས། དེ་བས་ན་རི་ལ་འཛེག་པའང་གོམ་པ་རེ་རེས་འཛེག་དགོས་ཏེ། གོམ་པ་གཅིག་གིས་བགྲོད་མི་ནུས་པ་ལྟར། ས་དང་པོ་ཐོབ་པའང་དཀའ་ན། ཐམས་ཅད་མཁྱེན་པ་ལྟ་ཅི་སྨོས། ངེད་ཅེན་མིན་གྱི་ལུགས་ཀྱིས་གསུང་རབ་ཀུན་ལ་ཤེས་རབ་གསུམ་གྱིས་སྦྱངས་པས་དོན་མ་ནོར་བར་ཤེས། ཆོས་སྤྱོད་བཅུ་ལ་བསླབས་ཏེ་བསྒོམས་པས་བཟོད་པ་ཐོབ། ས་དང་པོ་སྐྱོན་མེད་པ་ལ་ཞུགས་ཏེ་ས་བཅུ་རིམ་གྱིས་སྦྱངས་པས་ཚོགས་གཉིས་རྫོགས་ནས་འཚང་རྒྱ་བ་ཡིན། ཁྱེད་ལྟར་ན་ཚོགས་མ་རྫོགས། བློ་མ་སྦྱངས་པར་འཇིག་རྟེན་གྱི་བྱ་བ་ཡང་མི་ཤེས་ན་ཤེས་བྱ་ཐམས་ཅད་ཤེས་པར་ཇི་ལྟར་འགྱུར། ཅི་ཡང་མ་བྱས་པར་ཉལ་བས་ཟན་ཡང་མི་མྱོང་སྟེ། ལྟོགས་ཏེ་འཆི་ན་སངས་རྒྱས་ག་ལ་འགྲུབ། མ་བརྟགས་མ་དཔྱད་པར་གོམ་པ་བོར་ཡང་བརྡེགས་འཆོས་ན་ཆོས་ག་ལ་རྟོགས་ཞེས་བྱ་བ་ལ་སོགས་པ་རྒྱས་པར་སྨྲས་པ། སྟོན་མུན་པས་ལན་སྨྲ་བར་མ་ནུས་ཏེ་མེ་ཏོག་ཕྲེང་བ་སློབ་དཔོན་ལ་ཕུལ་ཏེ་ཕམ་བླངས་སོ། །དེའི་ཚེ་ཅོ་ཛ་ཛ་ལ་སོགས་པ་མུ་ངན་སྐྱེས་ཏེ་རང་གི་(༡༠༨ན)ཧེན་རྗོས་བརྡུངས་ཏེ་ཤི་ཞེས་གྲགས་སོ། །དེ་ནས་བཙན་པོས་ད་ཕྱིན་ཆད་ལྟ་བ་ཀླུ་སྒྲུབ་ཀྱི་ལུགས་བཟུང༌། སྤྱོད་པ་ཆོས་སྤྱོད་བཅུ་དང་ཕ་རོལ་ཕྱིན་པ་སློབས། སྟོན་མུན་གྱི་ལུགས་བྱེད་དུ་མི་དབང་ངོ་ཞེས་བཀའ་སྩལ་ཏེ་ཧྭ་ཤང་རྒྱའི་ཡུལ་དུ་རྫངས། དཔེ་རྣམས་བསྡུས་ཏེ་གཏེར་དུ་སྦས་སོ། །

དེ་ལྟར་མཁན་ཆེན་ཞི་བ་འཚོ་དང་མཁས་མཆོག་ཀ་མ་ལ་ཤཱི་ལ་གཉིས་ནི་བོད་ཁམས་བསྟན་པའི་སྒྲོན་མེ་ཡིན་པས་བཀའ་དྲིན་མཚུངས་པ་མེད་པ་ཞིག་གོ །དེ་ནས་ཆོས་རྒྱལ་ཁྲི་སྲོང་ལྡེ་བཙན་གྱིས། མཁས་མཆོག་ཀ་མ་ལ་ཤཱི་ལ་བོད་ཁམས་སུ་བསྟན་པ་ལ་དག་ཐེར་མཛད་ནས་ལྟ་བ་ལོག་པར་སྨྲ་བ་རྣམས་སུན་ཕྱུང་བ་བཀའ་དྲིན་ཆེ་ཞེས

གྲུས་པས་མཆོད་པ་ཚད་མེད་པ་མཛད་ཅིང་ལུང་དང་རིགས་པ་དྲི་མ་མེད་པས་ལྟ་ངན་ལོག་པར་སྨྲ་བ་བཀག་པ་དེ་ལྟར་ཕྱི་རབས་ཀྱི་གདུལ་བྱའི་དོན་ཡི་གེར་འགོད་པ་ཞིག་དགོས་ཞེས་བསྐུལ་བ་ལྟར་མཁས་མཆོག་ཀ་མ་ལ་ཤཱི་ལས་དབུ་མ་སྒོམ་རིམ་གསུམ་མཛད། སླར་ཡང་ཆོས་རྒྱལ་ཁྲི་སྲོང་ལྡེ་བཙན་གྱིས་བདག་ཉིད་ཆེན་པོ་འཕགས་པ་ཀླུ་སྒྲུབ་ཀྱིས་རྒྱལ་བའི་དགོངས་པ་ལེགས་པར་བཀྲལ་བའི་དབུ་མའི་ལྟ་བ་མཐར་ཐུག་པ་འདི་འཛིག་རྟེན་འདིར་ཡུན་རིང་དུ་གནས་པར་བྱ་བའི་ཕྱིར་རིགས་པས་གསལ་བར་མཛད་པའི་བསྟན་བཅོས་ཞིག་མཛད་དགོས་པར་བསྐུལ་ཏེ། མཁས་མཆོག་ཀ་མ་ལ་ཤཱི་ལས་དབུ་མའི་ལམ་བཟང་གསལ་བར་སྟོན་པའི་བསྟན་བཅོས་དབུ་མ་སྣང་བ་མཛད་དོ། །དེས་ན་བྱང་ཆུབ་ལམ་རིམ་ལ་ཉམས་ལེན་སྙིང་པོར་(༡༠༤བ)བྱ་འདོད་པ་རྣམས་ཀྱིས་སློབ་དཔོན་ཞི་བ་འཚོ་ཡབ་སྲས་ཀྱིས་མཛད་པའི་དབུ་མ་རྒྱན་རྩ་འགྲེལ་དང་། དབུ་མ་སྒོམ་རིམ་གསུམ་པོ་འདི་དག་ལ་ཡང་དང་ཡང་དུ་བལྟས་ཏེ། ལམ་གྱི་རིམ་པའི་གནད་རྣམས་ལ་ངེས་པ་གཏིང་ཚུགས་པར་བསྐྱེད་པར་བྱའོ།། །།

སློབ་དཔོན་སེང་གེ་བཟང་པོའི་རྣམ་ཐར།

ལམ་མཆོག་ཤེར་ཕྱིན་རྒྱས་མཛད་སེང་བཟང་ཞབས། །ཞེས་བསྟགས་པ། སློབ་དཔོན་སེང་གེ་བཟང་པོ་ནི། སྔོན་ཡུན་རིང་པོ་ནས་ཐུགས་བསྐྱེད་དེ་རྒྱལ་སྲས་ཀྱི་སྤྱོད་པ་རླབས་པོ་ཆེ་ལ་བསླབས་ནས། ཞིང་འདིར་རྒྱལ་བའི་བསྟན་པའི་སྙིང་པོ་ཤེར་ཕྱིན་གྱི་མན་ངག་སྤེལ་ཕྱིར་བསམ་བཞིན་དུ་བྱོན་པ་ཞིག་སྟེ། དེ་ཡང་སློབ་དཔོན་འདི་རྒྱལ་རིགས་སུ་སྐྱ་འབྲུངས་སྔོན་གྱི་ཆོས་འབྲུང་འགའ་ཞིག་ཏུ་སློབ་དཔོན་འདི་མའི་ལྟོ་ན་གནས་པའི་ཚེ་མ་ལ་སེང་གེའི་གནོད་པ་བྱུང་སྟེ་མའི་ལུས་སེང་གེས་ཟོས་ཀྱང་ལྟོ་ན་

གནས་པའི་ཁྲིའུ་སེང་གེས་མ་ཐོས་པར་བདེ་བར་སྐྱེས་པས་སེང་གེ་བཟང་པོ་ཞེས་བཏགས་པར་བཤད། དེ་ནས་ནར་སོན་པ་ན་ཁྱིམ་གྱི་འདུ་འཛི་ལ་མ་ཆགས་པར་རྒྱལ་བའི་བསྟན་པ་ལ་རབ་ཏུ་བྱུང་སྟེ་བསླབ་པ་གཞི་ཡོངས་སུ་རྫོགས་པ་དགེ་སློང་གི་སྡོམ་པ་བཞེས། རང་དང་གཞན་གྱི་གྲུབ་པའི་མཐའ་ཐམས་ཅད་ལ་སྦྱངས་པས་མཁས་པའི་ཡུལ་དུ་ཕྱིན་པར་གྱུར། ཁྱད་པར་ཤེར་ཕྱིན་གྱི་དོན་འཚོལ་བ་ལ་བྱང་ཆུབ་སེམས་དཔའ་རྟག་ཏུ་ངུ་ལྟར་ལུས་དང་སྲོག་ལ་འང་མི་ལྟ་བར་བརྩོན་པ་ཆེར་མཛད་དེ་ཤེས་རབ་ཀྱི་ཕ་རོལ་ཏུ་ཕྱིན་པའི་མདོ་སྡེ་རིན་པོ་ཆེའི་དོན་ཐེག་པ་གསུམ་གའི་ལམ་གྱི་རིམ་པའི་ལུས་ཡོངས་སུ་རྫོགས་པ་ལ་(༡༠༩ན)ངེས་པ་གཏིང་རྩུགས་པ་གཞན་གྱིས་དཀྲི་བར་མི་ནུས་པ་ཞིག་ནམ་ཞིག་ན་འོང་སྙམ་དུ་དེ་འབའ་ཞིག་འཚོལ་བ་ལྷུར་མཛད་དོ། །དེའི་ཚེ་མཁན་ཆེན་ཞི་བ་འཚོ་བསྟན་པའི་བདག་པོར་བཞུགས་པས་མཁན་ཆེན་ཞི་བ་འཚོ་བསམ་སྦྱོར་གཉིས་ཀྱིས་ཚུལ་བཞིན་དུ་བསྟེན་ཏེ། རྗེ་བཙུན་བྱམས་པ་ནས་བརྒྱུད་པའི་ཤེར་ཕྱིན་གྱི་མན་ངག་འཕགས་པ་ཐོགས་མེད་སྐུ་མཆེད་གཉིས་དང་། འཕགས་པ་གྲོལ་སྡེའི་གཞུང་རྣམས་ལ་ཞིབ་ཏུ་སྦྱངས་ཤིང་། རྒྱལ་བའི་དགོངས་པ་དཔལ་མགོན་འཕགས་པ་ཀླུ་སྒྲུབ་ཀྱིས་བཀྲལ་བའི་དབུ་མའི་གཞུང་རྣམས་ལའང་ཞིབ་ཏུ་སྦྱངས། ཡང་དག་པར་རྫོགས་པའི་སངས་རྒྱས་ནས་རྗེ་བཙུན་བྱམས་པ་མགོན་པོ་དང་། དེ་ནས་ཐོགས་མེད་སྐུ་མཆེད་ལ་རིམ་གྱིས་བརྒྱུད་པའི་རྒྱ་ཆེ་བའི་ལམ་གྱི་རིམ་པའི་མན་ངག་རྣམས་དང་། རྫོགས་པའི་སངས་རྒྱས་ནས་རྗེ་བཙུན་འཇམ་པའི་དབྱངས། དེ་ནས་དཔལ་མགོན་འཕགས་པ་ཀླུ་སྒྲུབ་ཡབ་སྲས་ལ་རིམ་གྱིས་བརྒྱུད་པའི་ཟབ་མོའི་ལམ་གྱི་རིམ་པའི་མན་ངག་རྣམས་རྫོགས་པར་གསན། ཇི་ལྟར་གསན་པའི་དོན་ལམ་གྱི་རིམ་པའི་གནད་རྣམས་ལ་ཡང་དང་ཡང་དུ་སེམས་པ་དང་། འཇལ་བ་དང་། རྟོག་པ་དང་། རང་གི་རྒྱུད་ལ་འདྲིས་པར་བྱ་བའི་ཕྱིར་དམིགས་རྣམ་གོམས་པ་ལྷུར་ལེན་པ་རྣམས་ལ་འབད་དེ་

རྒྱལ་བའི་བསྟན་པའི་སྙིང་པོ་ཐེག་པ་གསུམ་གའི་ལམ་གྱི་རིམ་པའི་ལུས་ཡོངས་སུ་རྫོགས་པ་ལ་སྨོང་བ་ཁྱད་པར་ཅན་འབྱུངས། དེ་ནས་སྐལ་བ་དང་ལྡན་པ་སྟོང་ཕྲག་མང་པོ་དག་ལ་ཤེར་ཕྱིན་གྱི་གདམས་(༡༠༩བ)ངག་འདོམས་པར་མཛད། ད་དུང་རྒྱལ་བའི་བསྟན་པ་ལ་བྱ་བ་རྒྱ་ཆེར་མཛད་བཞེད་ནས། མཁན་ཆེན་ཞི་བ་འཚོ་ལ་རྗེ་བཙུན་བྱམས་པའི་སྒྲུབ་ཐབས་ཞུས་ནས་བསྒྲུབས་པས། རྨི་ལམ་དུ་དགེ་སློང་གུར་ཀུམ་གྱི་མདོག་ཅན་སྤྱོད་ལམ་མཛེས་པ་ཅིག་རྨིས་ཏེ། ཤར་ཕྱོགས་ཁ་སརྤ་ཎིར་སོང་ཤིག །ཅེས་ལུང་བསྟན་ཏོ། །ཇི་ལྟར་ལུང་བསྟན་པ་ལྟར་དེར་སོང་ནས། ཞག་གསུམ་དུ་སྨྱུང་གནས་བྱས་ཏེ་རྨི་ལམ་བརྟགས་པས་ཐོ་རངས་ཀྱི་རྨི་ལམ་ན། ཨོ་ཏནྟ་པུ་རི་བི་ཧཱ་རའི་གནྡྷོ་ལའི་སྟེང་གི་ནམ་མཁའ་ལ་སྤྲིན་ཕུང་ཐུག་པོ་ཞིག་གི་གསེབ་ན་ལྷའི་ལུས་སྟོད་སྤྲིན་གྱི་གསེབ་ནས་བྱུང་ནས་མཆོད་རྫས་སྣ་ཚོགས་ཀྱིས་མཆོད་པ་མཐོང་སྟེ། ཅི་བྱེད་དྲིས་པས། རྗེ་བཙུན་བྱམས་མགོན་བརྒྱད་སྟོང་པ་གསུང་བ་ལ་མཆོད་པ་བྱེད་པ་ཡིན་ཟེར་ཏེ། རིང་དུ་བལྟས་པས་རྗེ་བཙུན་ཞལ་གསེར་མདོག་ཅན་སྤྱི་གཙུག་མཆོད་རྟེན་གྱིས་སྤྲས་པ་ཕྱག་གཡས་ཆོས་འཆད་ཀྱི་ཕྱག་རྒྱ་མཛད་པ་ཞིག་མཐོང་ནས་ཕྱག་དང་མཆོད་པ་བྱས་ཏེ། ཉིད་ཀྱི་བསྟན་བཅོས་ལ་དེང་སང་འགྲེལ་པ་མང་དུ་མཆིས་ན་གང་གི་རྗེས་སུ་འཇུག་པར་བགྱི་ཞེས་ཞུས་པས། ཐམས་ཅད་ཀྱི་གཞུང་ལེགས་པར་རྟོགས་ལ་འཐད་པ་བསྡུས་ཏེ་ཁྱོད་ཀྱིས་ཕྱོགས་གཅིག་ཏུ་བསྡུས་ལ་རྩོམས་ཤིག་ཅེས་གནང་བ་ཐོབ་བོ། །མནལ་སད་དེ་མཆོད་པ་བྱས་ནས་བསྟན་བཅོས་བརྩམས་པའི་སྤྲིན་བདག་བཙལ་བའི་ཕྱིར་ཤར་ཕྱོགས་ཁ་སརྤ་ཎི་ནས་ནུབ་ཏུ་བྱོན་པ་ན། རྒྱལ་པོ་ཧྨ་པ་ལས་ཡུམ་འཆད་པ་ལ་སློབ་དཔོན་སེང་གེ་བཟང་པོ་མཁས་པར་ཐོས་ནས་གདན་འདྲེན་དུ་བཏང་བའི་ཕོ་ཉ་དང་ཕྲད་ནས་(༡༡༠ན)གདན་དྲངས་ཏེ་ཆེ་བ་གསུམ་གྱི་གཙུག་ལག་ཁང་དུ་ཕེབས་ཏེ་དགེ་འདུན་སྟོང་ཕྲག་མང་པོ་ལ་ཤེར་ཕྱིན་གྱི་མན་ངག་རྒྱ་ཆེར་འདོམས་པར་མཛད།

རྒྱལ་པོ་ཧྲྀཥྚ་པ་ལས་སྤྲིན་བདག་བྱས་ནས་བྱམས་མགོན་གྱིས་ལུང་བསྟན་པ་ལྟར་མངོན་རྟོགས་རྒྱན་གྱི་འགྲེལ་པ་དོན་གསལ་དང་། མངོན་རྟོགས་རྒྱན་དང་བརྒྱད་སྟོང་པ་སྦྱོར་བའི་མན་ངག་བརྒྱད་སྟོང་འགྲེལ་ཆེན་དང་། འཕགས་པ་གྲོལ་སྡེས་མཛད་པའི་ཉི་ཁྲི་སྣང་བ་དང་མཐུན་པར་ཉི་ཁྲིའི་བསྡུས་དོན་ལེ་བརྒྱད་མ་དང་། ཡོན་ཏན་རིན་པོ་ཆེ་སྡུད་པའི་འགྲེལ་པ་རྟོགས་པར་སླ་བ་དང་། ཤེར་ཕྱིན་སྒོམ་པ། ཙཎྜ་པའི་རྣམ་དབྱེའི་ཚིག་ལེའུར་བྱས་པ་རྣམས་མཛད་དོ། །

བདག་ཉིད་ཆེན་པོ་འདི་ནི་མཁྱེན་རབ་དང་ཐུགས་རྗེ་མཚུངས་པ་མེད་པ་དང་། རྗེ་བཙུན་བྱམས་པ་མགོན་པོས་བྱིན་གྱིས་བརླབས་པའི་མཐུས་འགྲེལ་པ་དོན་གསལ་ནི་བྱང་ཆུབ་ལམ་གྱི་རིམ་པ་ལ་བློ་སྦྱོང་བ་རྣམས་ལ་ཤེར་ཕྱིན་གྱི་མདོ་སྡེ་བལྟ་བའི་མིག་ལྟ་བུར་གྱུར་ཅིང་། བརྒྱད་སྟོང་འགྲེལ་ཆེན་ནི་དང་པོ་གནས་ཁང་གྱི་དོར་བྱ་བ་ནས་བཟུང་ཞི་གནས་དང་ལྷག་མཐོང་གཉིས་ཟུང་དུ་འབྲེལ་བའི་རྣལ་འབྱོར་སྒོམ་པའི་བར་སྐྱེས་བུ་གསུམ་གྱི་ལམ་གྱི་རིམ་པའི་གནད་ཐམས་ཅད་ཤེར་ཕྱིན་གྱི་མདོ་སྡེ་ནས་ཇི་ལྟར་གསུངས་པ་ལྟར་ལམ་གྱི་ངོ་བོ་གང་ཡིན་པ་དང་། གྲངས་ཇི་ཙམ་དུ་ངེས་པ་དང་། གོ་རིམ་ཇི་ལྟར་ཡིན་པའི་ཚུལ་རྣམས་འཁྲུལ་པ་ཕྲ་མོའང་མེད་པར་ཤིན་ཏུ་གསལ་བར་སྟོན་པ་དང་། དམིགས་སྐོར་རེ་རེ་ནས་གཅིག་ཉམས་སུ་ལེན་པའི་ཆ་གཞན་རྣམས་འདོར་(༡༡༠བ) དགོས་པ་མིན་པར། དམིགས་སྐོར་རེ་རེའི་སྟེང་དུ་ལམ་གྱི་ལུས་ཡོངས་སུ་རྫོགས་པ་ཆ་ཚང་བ་རེ་བྱམས་མགོན་གྱི་མན་ངག་ལ་བརྟེན་ནས་རྒྱལ་དུ་བཏོན་ཏེ་འཆད་པ་དང་། དང་པོ་ཐར་པ་ཆ་མཐུན་ནས་བཟུང་མཐར་རྡོ་རྗེ་ལྟ་བུའི་ཏིང་ངེ་འཛིན་གྱིས་གཉིས་སྣང་འཁྲུལ་པའི་དངོས་གཉེན་བྱས་ཏེ་རྣམ་པ་ཐམས་ཅད་མཁྱེན་པའི་ཡེ་ཤེས་ཐོབ་པའི་བར་དང་། རྣམ་མཁྱེན་ཐོབ་ནས་འཕྲིན་ལས་ཉི་ཤུ་རྩ་བདུན་གྱི་སྒོ་ནས་སེམས་ཅན་གྱི་དོན་ཇི་ལྟར་བྱེད་པའི་བར་ཐམས་ཅད་ཚང་བར་བསྟན་པས་འཛམ་བུ་གླིང་པ་རྣམས་ལ་

བཀའ་དྲིན་བླ་མེད་དུ་མཛད་དོ། །

དེས་ན་བྱང་ཆུབ་ལམ་གྱི་རིམ་པ་ལ་བློ་སྦྱོང་བར་འདོད་པ་རྣམས་ཀྱིས་སློབ་དཔོན་སེང་གེ་བཟང་པོ་ལ་གསོལ་བ་འདེབས་ཤིང་། སློབ་དཔོན་འདིའི་གཞུང་རྣམས་ལ་ཡང་དང་ཡང་དུ་བལྟས་ཏེ་རང་གིས་གང་ཉམས་སུ་བླང་བར་བྱ་བའི་ལམ་གྱི་རིམ་པའི་གནད་རྣམས་ལ་བདུད་དང་སྡིག་གྲོགས་གང་གིས་ཀྱང་ཡིད་གཞན་དུ་བསྒྱུར་མི་ཐུབ་པའི་ངེས་པ་བརྟན་པོ་རྙེད་པར་བྱའོ།། །།

སློབ་དཔོན་ཀུ་ས་ལི་ཆེ་བ་རིན་ཆེན་བཟང་པོའི་རྣམ་ཐར།

རྒྱལ་བའི་མན་ངག་ཀུན་འཛིན་ཀུ་ས་ལི། །ཞེས་བསྔགས་པ། མཚན་དངོས་རིན་ཆེན་བཟང་པོ་ཞེས་བརྗོད་པའི་བདག་ཉིད་ཆེན་པོ་འདི་རྒྱལ་བའི་བསྟན་པ་ལ་རབ་ཏུ་བྱུང་ནས་བསྙེན་པར་རྫོགས་པ་དགེ་སློང་གི་སྡོམ་པ་བཞེས། སློབ་དཔོན་སེང་གེ་བཟང་པོ་ཡོངས་འཛིན་དུ་བསྟེན་ནས་རྗེ་བཙུན་བྱམས་པ་མགོན་པོ་ནས་བརྒྱུད་པའི་ཤེར་ཕྱིན་གྱི་མན་ངག་རྣམས་ཡོངས་སུ་རྫོགས་པར་གསན་ཞིང་། དཔལ་མགོན་འཕགས་པ་ཀླུ་སྒྲུབ་ནས་བརྒྱུད་པའི་དབུ་མའི་མན་ངག་རྣམས་ཀྱང་ཡོངས་སུ་རྫོགས་པར་(༡༡༡ན)གསན། དེ་དུས་འཛམ་བུ་གླིང་ན་མཁས་ཤིང་གྲུབ་པའི་སྐྱེས་བུ་གང་དང་གང་ན་བཞུགས་པ་ཕལ་མོ་ཆེའི་ཞབས་ལ་གཏུགས་ནས་མདོ་སྔགས་ཀྱི་མན་ངག་མཐའ་དག་གསན་པར་མཛད་དེ། རྗེ་བཙུན་བྱམས་པ་ནས་བརྒྱུད་པའི་མན་ངག་མཐའ་དག་གསན་པ་ནི། བཀའ་གདམས་གླེགས་བམ་ལས། བྱམས་པ་ཐོགས་མེད་དབྱིག་གཉེན་རྣམ་གྲོལ་སྡེ། །བཙུན་པ་གྲོལ་སྡེ་རྒྱལ་སྲས་མཆོག་གི་སྡེ། །རྒྱལ་སྲས་དུལ་བའི་སྡེ་དང་གྲགས་པའི་དཔལ། །སེང་བཟང་རིན་ཆེན་བཟང་དང་རིན་ཆེན་སྡེ། །རྫུ་བའི་བླ་མ

མཉམ་མེད་གསེར་གླིང་པ། །རྒྱ་ཆེན་རྣམ་དག་སྤྱོད་ལ་ཕྱག་འཚལ་ལོ། །ཞེས་གསུངས་པ་ལྟར་རོ། །འདིའི་རིན་ཆེན་བཟང་པོ་ཞེས་པ་ནི་ཀུ་ས་ལི་ཆེ་བ་དང་། རིན་ཆེན་སྡེ་ཞེས་པ་ཀུ་ས་ལི་ཆུང་བ་ཡིན་པར་སྟོན་གྱི་ཆོས་འབྱུང་དག་ལས་བཤད་དོ། །འཕགས་པ་ཀླུ་སྒྲུབ་ནས་བརྒྱུད་པའི་མན་ངག་མཐའ་དག་དང་། ཁྱད་པར་ཕ་རྒྱུད་གསང་བ་འདུས་པའི་མན་ངག་རྣམས་བླ་མ་འདིས་རིག་པའི་ཁུ་བྱུག་ལ་གསན་ཏེ། བཀའ་གདམས་གླེགས་བམ་ལས། ཀླུ་སྒྲུབ་ཟླ་གྲགས་རིག་པའི་ཁུ་བྱུག་དང་། །བླ་མ་ཨ་ཝ་དྷཱུ་ཏི་ཆེ་ཆུང་གཉིས། །ལྷ་བའི་བླ་མ་ལྔ་ལ་ཕྱག་འཚལ་ལོ། །ཞེས་གསུངས་པ་ལྟར་རོ། །ཡེ་ཤེས་ཞབས་ལུགས་ཀྱི་མན་ངག་མཐའ་དག་བླ་མ་འདིས་སློབ་དཔོན་སངས་རྒྱས་ཞི་བ་ལ་གསན་ཏེ་བཀའ་གདམས་གླེགས་བམ་ལས། སངས་རྒྱས་ཡེ་ཤེས་ཞབས་དང་གསང་བ་པ། །ཞི་བ་ཀུ་སུ་ལུ་དང་ཀུ་ས་ལི། །གསང་སྔགས་མ་ལུས་བདག་ལ་སྦྱིན་མཛད་པའི། །དྲིན་ཅན་བླ་མ་ལྔ་ལ་ཕྱག་འཚལ་ལོ། །ཞེས་གསུངས་པ་ལྟར་རོ། །རྣལ་འབྱོར་རྒྱུད་ཀྱི་མན་ངག་རྣམས་བླ་མ་འདིས་སངས་རྒྱས་ཞི་བའམ་སངས་(༡༡༡བ)རྒྱས་གསང་བ་གང་རིགས་ལས་གསན་ཏེ་བཀའ་གདམས་གླེགས་བམ་ལས། སངས་རྒྱས་ཡེ་ཤེས་སངས་རྒྱས་ཞི་བ་དང་། །སངས་རྒྱས་གསང་བ་དང་ནི་ཀུ་སུ་ལུ། །ཀུ་སུ་ལུ་ཞེས་གྲི་ཡ་ཡོ་ག་ཡི། །གདམས་པ་སྦྱིན་མཛད་ལྔ་ལ་ཕྱག་འཚལ་ལོ། །ཞེས་གསུངས་པ་ལྟར་རོ། །མཁས་གྲུབ་ཆེན་པོ་སངས་རྒྱས་བསྐྱངས་ནས་བརྒྱུད་པའི་མན་ངག་རྣམས་ཀྱང་འདིས་ཡོངས་སུ་རྫོགས་པར་གསན་ཏེ། བཀའ་གདམས་གླེགས་བམ་ལས། མཁས་གྲུབ་ཆེན་པོ་བྷཱུ་སྐུ་ལི་དང་། །སངས་རྒྱས་ཡེ་ཤེ་སངས་རྒྱས་ཞི་བ་དང་། །སངས་རྒྱས་གསང་བ་མཉམ་མེད་ཀུ་སུ་ལུ། །རྩ་བའི་བླ་མ་དྲིན་ཅན་ཀུ་སུ་ལུ། །བྱིན་བརླབས་བླ་མ་དྲུག་ལ་ཕྱག་འཚལ་ལོ། །ཞེས་གསུངས་པ་ལྟར་རོ། །ཡང་བླ་མ་ཀུ་སུ་ལི་འདིས་ཐེག་པ་ཆེན་པོའི་ལམ་གྱི་རིམ་པའི་མན་ངག་རྣམས་སློབ་དཔོན་བློ་གྲོས་བརྟན་པ་ལ་ཡང་གསན་ཏེ་བཀའ་

གདམས་གླེགས་བམ་ལས། བྱམས་པ་ཐོགས་མེད་དབྱིག་གཉེན་བློ་གྲོས་བརྟན། །ཀུ་སུ་ལུ་གཉིས་བླ་མ་གསེར་གླིང་པ། །བྱང་ཆུབ་མཆོག་ཏུ་སེམས་སྐྱེད་སྙིང་མཛད་པའི། །དྲིན་ཅན་བླ་མ་བདུན་ལ་ཕྱག་འཚལ་ལོ། །ཞེས་གསུངས་པ་ལྟར་རོ། །

དེ་ལྟར་མདོ་སྔགས་ཀྱི་མན་ངག་མཐའ་དག་ཀུ་སུ་ལི་ཆེ་བ་འདི་ལ་མངའ་བས་ན། དོན་འདི་ལ་དགོངས་ནས་རྗེ་བདག་ཉིད་ཆེན་པོས། རྒྱལ་བའི་མན་ངག་ཀུན་འཛིན་ཞེས་བསྔགས་པ་མཛད་དོ། །བདག་ཉིད་ཆེན་པོ་འདི་ནི་རྒྱལ་བའི་དམ་ཆོས་མ་ལུས་པ་འཛིན་པའི་སློན་ལམ་གྱི་མཐུ་གྲུབ་པ་ཞིག་སྟེ། འདིས་མདོ་སྔགས་ཀྱི་མན་ངག་མཐའ་དག་གསན་ནས་ཀུ་སུ་ལི་ཆུང་བ་ལ་ཡོངས་སུ་རྫོགས་པ་གནང་། ཀུ་ས་ལི་ཆུང་བས་ཇོ་བོ་རྗེ་དཔལ་ལྡན་ཨ་ཏི་ཤ་ལ་ཡོངས་སུ་རྫོགས་པར་གནང་སྟེ་ཇོ་བོ་མདོ་སྔགས་ཡོངས་རྫོགས་ཀྱི་བསྟན་པའི་བདག་པོར་བཞུགས་པ་འདི་བྱུང་བ་ཡིན་པས་ཀུ་ས་ལི་ཞེས་བྱ་བའི་བདག་ཉིད་ཆེན་པོ་འདི་ནི་སྤྱིར་འཛམ་བུ་གླིང་པ་ཐམས་ཅད་དང་། ཁྱད་པར་ཁ་བ་ཅན་པ་རྣམས་ལ་བཀའ་དྲིན་མཚུངས་མེད་དུ་གྱུར་པ་ཡིན་ནོ། །

དེས་ན་བྱང་ཆུབ་ལམ་གྱི་རིམ་པ་ལ་བློ་སྦྱོང་བར་འདོད་པ་རྣམས་ཀྱིས་སློབ་དཔོན་ཀུ་ས་ལི་ཆེ་བ་ལ་གསོལ་བ་འདེབས་ཤིང་སངས་རྒྱས་ནས་བཟུང་སྟེ་དམ་པ་བར་མ་ཆད་པ་ལས་བརྒྱུད་པའི་ལམ་གྱི་རིམ་པའི་མན་ངག་རྣམས་ཚང་བར་ཐོབ་པར་བྱས་ལ་དབེན་པའི་གནས་སུ་བྱང་ཆུབ་ལམ་གྱི་རིམ་པའི་ཉམས་ལེན་ལ་བརྩོན་པར་བྱའོ།། །།

སློབ་དཔོན་ཀུ་ས་ལི་ཆུང་བ་བྱམས་པའི་རྣལ་འབྱོར་གྱི་རྣམ་ཐར།

འགྲོ་ཀུན་བརྩེ་བས་རྗེས་འཛིན་དགེ་བ་ཅན། །ཞེས་བསྔགས་པ། དགེ་བ་ཅན་ནམ་ཀུ་ས་ལི་ཆུང་བ། མཚན་དངོས་རིན་ཆེན་སྟེ། རྗེས་སུ་ཐུགས་དམ་ཉམས་རྟོགས

ལས་དཔགས་ཏེ་མཚན་དུ་གསོལ་བ་བླ་མ་བྱམས་པའི་རྣལ་འབྱོར་པ་ཞེས་གྲགས་པ་འདི་ནི། ལུང་དང་རྟོགས་པའི་ཡོན་ཏན་གྱིས་མངོན་པར་མཐོ་བ་ཐུབ་བསྟན་ཡོངས་རྫོགས་ཀྱི་བདག་པོར་བཞུགས་པ་ཞིག་སྟེ། སྐུ་གཞོན་ནུ་ནས་རྒྱལ་བའི་བསྟན་པ་ལ་རབ་ཏུ་བྱུང་། བསྙེན་པར་རྫོགས་པའི་སྡོམ་པ་བཞེས་ནས་སྡེ་སྣོད་གསུམ་ལ་སྦྱངས་ཏེ་མཁས་པའི་ཕུལ་དུ་ཕྱིན་པར་གྱུར་ཅིང་། ཀུ་ས་ལི་ཆེ་བ་བསམ་སྦྱོར་གཉིས་ཀྱིས་ཚུལ་བཞིན་དུ་བསྟེན་ཏེ་སྡེ་སྣོད་གསུམ་དང་རྒྱུད་སྡེ་བཞིས (༡༡ ༢ན)བསྡུས་པའི་མན་ངག་མཐའ་དག་གསན་ཏེ་ཡོངས་སུ་རྫོགས་པ་ཐུགས་ལ་ཆུད་པར་མཛད། གདམས་ངག་དེ་དག་ཐམས་ཅད་ཀྱང་ཐོས་པ་ཙམ་ཞིག་ཏུ་མ་ལུས་པར་མན་ངག་སོ་སོ་ལ་སྦྱངས་ཏེ་ཉམས་ལེན་སྙིང་པོར་མཛད་ནས་གདམས་ངག་སོ་སོའི་ནུས་པ་ཐོན་པར་མཛད། ལྷག་པར་རྗེ་བཙུན་བྱམས་པ་ནས་བརྒྱུད་པའི་རྒྱ་ཆེ་བའི་ལམ་གྱི་རིམ་པ་དང་། དཔལ་མགོན་འཕགས་པ་ཀླུ་སྒྲུབ་ནས་བརྒྱུད་པའི་ཟབ་མོའི་ལམ་གྱི་རིམ་པ་གཉིས་ལམ་གྱི་རིམ་པ་གཅིག་ཏུ་དྲིལ་བ་ཐེག་པ་ཆེན་པོའི་ལམ་གྱི་རིམ་པའི་ལུས་ཡོངས་སུ་རྫོགས་པ་ལ་ཆུ་བོའི་རྒྱུན་བཞིན་དུ་ཡུན་བསྲིངས་ནས་ཉམས་ལེན་མཛད་པས་ལམ་གྱི་རིམ་པའི་རྟོགས་པ་ཡོངས་སུ་རྫོགས་པ་ཐུགས་ལ་འཁྲུངས་ཤིང་། དེའི་ནང་ནས་ཀྱང་བྱམས་སྙིང་རྗེ་བྱང་ཆུབ་ཀྱི་སེམས་ལ་ཐུགས་དམ་གྱི་མཐིལ་དུ་མཛད་པས་བདག་པས་གཞན་གཅེས་པའི་བྱང་ཆུབ་ཀྱི་སེམས་རིན་པོ་ཆེ་བཅོས་མ་མིན་པ་ཐུགས་ལ་འཁྲུངས་ཏེ། བླ་མ་འདི་ཆོས་གསུང་བའི་རྩ་ཊཱུ་མི་གཅིག་གིས་ཁྱི་ལ་དབྱུག་པ་བརྒྱབ་པས། བླ་མས་ཨ་གསུངས་ནས་འགྲེལ་བ་ལ་གཞན་རྣམས་ཀྱི་རྟོག་པ་ལ་ཁྱི་ལ་ཅི་ཡང་མི་སྟོ་བར་འདུག་པ་ལ་ཚུལ་འཆོས་རེ་ཆེ་སྙམ་པ་བྱུང་བས། བླ་མས་དེ་མ་ཁྲིན་ནས་སྐུ་རྒྱབ་བསྟན་པས་ཁྱི་ལ་བརྒྱབ་པའི་ཐད་ན་ཁྲུ་རེ་སྐྲངས་འདུག་པས་ཐམས་ཅད་ཡིད་ཆེས་སོ། །དེ་ལྟར་ཀུ་ས་ལི་ཆུང་བའམ་བླ་མ་བྱམས་པའི་རྣལ་འབྱོར་པ་ཞེས་བྱ་བ་དེ་ནི་དབེན་པའི་གནས་སུ་བྱམས་

སྙིང་རྗེ་བྱང་ཆུབ་ཀྱི་སེམས་ལ་ཐུགས་དམ་གཙོ་བོར་མཛད་(༡༡༣ན)ནས། ཀཱ་ཡེ་ཕ་མར་གྱུར་པའི་འགྲོ་བ་མ་ལུས་དྲང་བའི་ཕྱིར། །བདག་ལ་ཡོད་པའི་ཉོན་མོངས་དུག་ལྔ་གང་དག་གིས། །སེམས་ཅན་རྣམས་ཀྱི་དུག་ལྔ་མ་ལུས་དྲང་བར་བྱ། །འདོད་ཆགས་ལ་སོགས་མེད་པའི་དགེ་བ་གང་ཡོད་རྣམས། །འགྲོ་དྲུག་སེམས་ཅན་རྣམས་ལ་སྨོམས་པར་བྲིམས་པར་བྱ། །ན་ཚ་ལ་སོགས་འབྲས་བུར་གྱུར་པའི་སྡུག་བསྔལ་གྱིས། །དེ་དང་རིགས་མཐུན་སྡུག་བསྔལ་མ་ལུས་དྲང་བར་བྱ། །ན་ཚ་ལ་སོགས་མེད་པའི་ཕན་བདེ་གང་ཡིན་དེ། །འགྲོ་དྲུག་སེམས་ཅན་རྣམས་ལ་སྨོམས་པར་བྲིམས་པར་བྱ། །དེ་ལྟར་བྱས་ན་རང་ཉིད་འཁོར་བའི་རྒྱ་མཚོ་འདིར། །སྐད་ཅིག་ཙམ་ཡང་འཁྲུམ་པའི་གོ་སྐབས་ག་ལ་སྲིད། །འོན་ཀྱང་ཇི་སྲིད་བྱང་ཆུབ་མ་ཐོབ་པར། །སྦྱོང་འགྱུར་ཉོན་མོངས་རྒྱུ་འབྲས་ཇི་སྙེད་པ། །ཐམས་ཅད་སྐྱེ་བ་འདི་ལ་ཡོངས་སུ་རྫོགས་པར་བྱ། །དེ་ཡང་ད་ལོ་ཟླ་བ་འདི་ལ་དྲང་བར་བྱ། །དེ་ཡང་དེ་རིང་ད་ལྟ་ཉིད་དུ་རྫོགས་བྱས་ནས། །སྡུག་བསྔལ་བྲང་བྲེང་རབ་ཆད་ཙམ་ཞིག་ཐབས་སུ་བསྟེན། །བློ་འདི་འབྱོངས་པར་གྱུར་ཅིག་བྱམས་པའི་རྣལ་འབྱོར་པ། །ཞེས་བྱམས་སྙིང་རྗེ་བྱང་ཆུབ་ཀྱི་སེམས་ཀྱི་ཉམས་མགུར་མཛད་ཅིང་ཆུ་བོ་གཙྭའི་འགྲམ་དུ་སྒོམ་ཞིང་བཞུགས་པ་ན། རྗེ་བཙུན་བྱམས་པ་མགོན་པོ་མདུན་དུ་བྱོན་ནས་ཞལ་བསྟན་ཏེ། ཐོས་པ་ཙམ་གྱིས་ངན་འགྲོའི་སྡུག་བསྔལ་སེལ་བའི་གླུ། །བསམ་པ་ཙམ་གྱིས་འཁོར་བའི་ལྟོན་པ་གཅོད་པའི་གླུ། །བསྒོམས་པ་ཙམ་གྱིས་བྱང་ཆུབ་མྱུར་དུ་འབྱིན་པའི་གླུ། །བྱམས་པ་སྙིང་རྗེ་བྱང་(༡༡༣བ)ཆུབ་སེམས་ཀྱི་གླུ་འདི་མཚར། །ཉོན་མོངས་དུག་ལྔས་དགྲ་བཞིན་འཇོམས་པར་རིག་ན་ཡང་། །ཁྱོད་ཀྱི་འདི་ལྟར་ན་ནི་རྒྱུད་ལ་བསྟེན་པ་མཚར། །ན་ཚ་སྡུག་བསྔལ་ཀུན་ནས་བཟོད་པར་དཀའ་ན་ཡང་། །ཁྱོད་ཀྱི་འདི་ལྟར་ན་ནི་ངོ་མཚར་རྨད་དུ་བྱུང་། །རང་དོན་ཡལ་བར་དོར་ནས་གཞན་དོན་ལྷུར་མཛད་ཆེ། །རང་དབང་མེད་པར་འཁོར་བར་འཁྱམས་པ་སུ་ཡི་བཀའ། །

དེས་ན་རང་དོན་བསམ་པ་སྐད་ཅིག་མ་འཕྲིས་པར། །གཞན་གྱི་མི་འདོད་བདག་གིས་ལེན་པ་དམ་པ་ཡིན། །ཐེག་པ་ཆེན་པོའི་གསུང་རབ་མཐའ་ཡས་མུ་མེད་ཀྱང་། །འདི་རུ་མ་འདུས་རྡུལ་ཙམ་གང་ཡང་ཡོད་མ་ཡིན། །དེ་ཕྱིར་རྣལ་འབྱོར་ཁྱོད་ཀྱི་རྡོ་རྗེའི་གླུ་དབྱངས་འདི། །ཐོས་སམ་བསམ་མམ་བསྒོམ་མམ་བཤད་ཀྱང་རུང་། །འཇིག་རྟེན་ལྷ་དང་བཅས་པའི་སྐྱབས་གནས་དམ་པ་སྟེ། །ཕྱོགས་བཅུའི་རྒྱལ་བ་རྣམས་ཀྱི་ཐུགས་ཀྱི་ཉིང་ཁུ་དེ། །ཁྱོད་ཀྱི་བློ་ལ་ཤར་བ་ངོ་མཚར་ཤིན་ཏུ་ཆེ། །ཞེས་ཐུགས་ཤིན་ཏུ་མཉེས་པའི་སྒོ་ནས་དབུགས་དབྱུང་བར་མཛད་པས། བྱམས་སྙིང་རྗེའི་རྟོགས་པ་རྒྱ་ཆེར་འཕེལ་ཞིང་ཐེ་ཚོམ་གྱི་མདུད་པ་གྲོལ་ནས། མཐོང་ཐོས་དྲན་རེག་ཐམས་ཅད་ལ་ཕན་པའི་ནུས་པ་ཐོབ་སྟེ། འདི་ལྟར་ཉིན་ལན་གསུམ་མཚན་ལན་གསུམ་དུས་དང་གནས་སྐབས་ཐམས་ཅད་དུ་དྲན་པ་བརྗེད་པ་མ་མཆིས་པར་ཆོས་འདི་བློ་ལ་སྦྱངས་ཤིང་ཁམས་བསོས་རྡོ་རྗེའི་གླུ་དབྱངས་འདི་བླངས་པས། ལྷ་དང་། ཀླུ་དང་། གནོད་སྦྱིན་དང་། ལྷ་མ་ཡིན་དང་། ནམ་མཁའ་ལྡིང་དང་། མིའམ་ཅི་དང་། ལྟོ་འཕྱེའི་ཚོགས་དང་། ཤ་ཟ་དང་། སྲིན་པོ་ལ་(༡༡༩ན)སོགས་པ་མ་རུང་གི་བུ་གཅིག་པུ་ལ་བྱམས་པ་བཞིན་དུ་གུས་པར་དབང་དུ་འདུས་པར་གྱུར་ཏོ། །གཞན་ཡང་ཡུལ་གྱི་རྒྱལ་པོ་དང་། བློན་པོ་དང་། བཙུན་མོ་དང་། བྲམ་ཟེ་དང་། ཁྱིམ་བདག་དང་། ཁྱེའུ་བུ་མོ་དམངས་རིགས་ལ་སོགས་པ་ཐམས་ཅད་དུ་འདུས་ཏེ། དགའ་བས་རྗེས་སུ་འབྲང་ཞིང་མཐོང་བ་དང་ཐོས་པ་ཐམས་ཅད་ཀྱང་བྱམས་པའི་རང་བཞིན་ཅན་དུ་གྱུར་ཏོ། །གཞན་ཡང་རྟ་དང་གླང་པོ་དང་མ་ཧེ་དང་སྤྲེའུ་དང་འདབ་ཆགས་རྣམས་དང་། གཅན་གཟན་གྱི་ཚོགས་རྣམས་དང་། ཐ་ན་སྲོག་ཆགས་གྲོག་སྦུར་ཡན་ཆད་མི་འཇིགས་ཤིང་། བག་ཕེབས་པར་རྣལ་འབྱོར་པའི་དྲུང་དུ་འཁོད་པར་གྱུར་ཏེ། དེ་ལྟར་རྣལ་འབྱོར་པའི་ཐུགས་ཀྱིས་དགོངས་ནས་སླར་ཡང་། ཐོག་མེད་དུས་ནས་ཉེ་བར་འབྲེལ་པ་ཡི། །ཕ་མར་གྱུར་པའི་སེམས་ཅན་མ་ལུས་

པ། །བྱང་ཆུབ་མཆོག་ལ་འགོད་པའི་ཡི་དམ་བསམ། །ཆོས་འདིས་བྱམས་པ་མགོན་ལ་མཆོད་པར་བགྱི། །དེ་ཚེ་རང་དོན་སྐད་ཅིག་མ་འཕྲིས་པར། །གཞན་དོན་འབའ་ཞིག་སྙིང་ལ་གོམས་པར་བྱ། །འདི་ནི་བྱང་ཆུབ་བསྒྲུབ་པའི་གཙོ་བོ་ཡིན། །ཆོས་འདིས་བྱམས་པ་མགོན་ལ་མཆོད་པར་བགྱི། །བདེ་སྡུག་བཏང་སྙོམས་ཚོར་བ་ཅི་བྱུང་ཡང་། །བྱང་ཆུབ་འབྲིན་པའི་གྲོགས་སུ་དང་དུ་བླངས། །བསྐལ་པ་དུ་མར་བསོད་ནམས་ཅི་གསོག་ཀྱང་། །ཉན་ཐོས་སྟར་མའི་ཆོས་སུ་ཤོར་མ་གྱུར། །ཆོས་འདིས་བྱམས་པ་མགོན་ལ་མཆོད་པར་བགྱི། །དེ་ཙམ་ཞིག་ཏུ་མི་འདོད་ཅི་བྱུང་ཡང་། །(༡༡༩བ)བཟོད་པའི་གོ་ཆ་ཅུང་ཟད་ཤོར་མ་གྱུར། །ལྷག་པར་དྲིན་གྱིས་བསྐྱངས་པའི་སྐྱེ་བོ་ཡིས། །ལོག་སྒྲུབ་བྱས་ཀྱང་འཛུམ་པའི་བཞིན་གྱིས་བསྐྱངས། །ཆོས་འདིས་བྱམས་པ་མགོན་ལ་མཆོད་པར་བགྱི། །སྟོང་བའི་སྐྱེ་བོའི་ཕྱོགས་ནས་སྨིག་བསགས་ཀྱང་། །ངན་པའི་བསམ་པ་སྐད་ཅིག་ཤོར་མ་གྱུར། །སྟོང་སྲིད་བདུད་དང་ལྷ་འདྲེ་དགྲར་ལངས་ཀྱང་། །རང་འདོད་འཕྲིས་པའི་བསྲུང་སྐྱོབ་བྱེད་མ་སྲིད་ང་། །ཆོས་འདིས་བྱམས་པ་མགོན་ལ་མཆོད་པར་བགྱི། །ངེས་པར་འཆི་བའི་ནད་ཀྱིས་བཏབ་གྱུར་ཀྱང་། །ཆོས་མིན་དག་ལ་ཡིད་བརྟན་འཆའ་མ་སྲིད་ང་། །སེར་སྣ་གོམ་པས་འཁྱོར་པ་ཆུང་ན་ཡང་། །ལོག་པའི་འཚོ་བས་ལྟོ་གོས་བྱེད་མ་སྲིད་ང་། །ཆོས་འདིས་བྱམས་པ་མགོན་ལ་མཆོད་པར་བགྱི། །ངན་པའི་གྲོགས་ཀྱིས་ཀུན་ནས་བསྒོར་ན་ཡང་། །གཉེན་པོའི་རང་རྩུགས་གང་ལའང་བསྐྱིལ་མ་སྲིད་ང་། །མདོར་ན་འགྲོའམ་འདུག་གམ་ཅི་བྱེད་ཀྱང་། །མ་བརྟགས་བྱ་བ་གང་ཡང་བྱེད་མ་སྲིད་ང་། །ཆོས་འདིས་བྱམས་པ་མགོན་ལ་མཆོད་པར་བགྱི། །དེ་ལྟར་ཡིན་མོད་འོན་ཀྱང་ཆོས་རྣམས་ལ། །བདེན་པར་རྟོག་པ་རྡུལ་ཙམ་ཡོང་མ་སྲིད་ང་། །འདི་ནི་བྱང་ཆུབ་བསྒྲུབ་པའི་གཙོ་བོ་ཡིན། །ཆོས་འདིས་བྱམས་པ་མགོན་ལ་མཆོད་པར་བགྱི། །དེ་ལྟར་སྒྲུབ་པའི་མཆོད་པ་དམ་པ་འདི། །རྣལ་འབྱོར་བདག་གི་བསམ་པ་སྒྲུང་བའི་ཕྱིར། །

བྱམས་པའི་དབྱུང་གིས་ཡོན་འདི་བཞེས་སུ་གསོལ། །བཞེས་ལ་བློ་འདི་འགྲོངས་པར་མཛད་དུ་གསོལ། །ཞེས་རྗེ་བཙུན་བྱམས་པ་མགོན་པོ་ལ་སྤྲུབ་པའི་མཆོད་པ་རྒྱ་ཆེར་ཕུལ།

དེའི་ཚེ་(༡༡༥ན)བར་སྣང་ལ་མཆོད་པའི་ལྷ་མོ་ལྷ་དང་། སྒྲ་དང་འོད་ལ་སོགས་པ་ཡིད་དུ་འོང་བའི་མཆོད་པ་གཞན་ཡང་དཔག་ཏུ་མེད་པའི་རྣམ་པ་བྱུང་བར་གྱུར་ཏོ། །དེའི་ཚེ་བྱམས་པའི་རྣལ་འབྱོར་པ་ལ་བློ་སྦྱོང་འདི་ཞུ་བ་ཆེས་མང་དུ་བྱུང་ཡང་གཙོ་བོར་གྱུར་པ་ནི་ཇོ་བོ་རྗེ་ཉིད་དེ། ཇོ་བོ་རྗེ་དཔལ་ལྡན་ཨ་ཏི་ཤ་ཐུབ་བསྟན་ཡོངས་རྫོགས་ཀྱི་བདག་པོར་གྱུར་པ་དང་། ལྷག་པར་བྱང་ཆུབ་ཀྱི་སེམས་ཀྱི་མངའ་དག་ཏུ་གྱུར་ནས་ཁ་བ་ཅན་གྱི་གདུལ་བྱ་དམུ་རྒོད་ཅན་མཐའ་དག་བྱང་ཆུབ་ཀྱི་སེམས་རིན་པོ་ཆེའི་བྱིན་རླབས་ཀྱིས་སྐུ་མཐོང་བ་དང་གསུང་ཐོས་པ་ཐམས་ཅད་རང་དབང་མེད་པར་སེམས་དུལ་བར་འགྱུར་བ་དང་། ཐ་ན་མཚན་ཐོས་པ་ཙམ་གྱིས་ཀྱང་ཉོན་མོངས་པའི་གདུག་རྩུབ་ཞི་ནས་དད་པས་ཆོས་ལ་འདུན་པར་འགྱུར་བ་ད་ལྟའི་བར་དུ་བྱིན་རླབས་རྒྱུན་མ་ཆད་པ་འདི་བྱུང་བ་ཡིན་ནོ། །

དེས་ན་བྱང་ཆུབ་ལམ་རིམ་ལ་ཉམས་ལེན་སྙིང་པོར་བྱ་འདོད་པ་རྣམས་ཀྱི་ཀུ་ས་ལི་ཆུང་བ་སྐྱེས་མཆོག་བྱམས་པའི་རྣལ་འབྱོར་པ་ཆེན་པོ་ལ་གསོལ་བ་འདེབས་ཤིང་བདག་ཉིད་ཆེན་པོ་འདིའི་རྣམ་ཐར་དྲན་པར་བྱས་ལ་བྱང་ཆུབ་ལམ་གྱི་རིམ་པ་ལ་བློ་སྦྱོང་ཞིང་ཁྱད་པར་བྱམས་སྙིང་རྗེ་བྱང་ཆུབ་ཀྱི་སེམས་དགེ་སྦྱོར་གྱི་མཐིལ་དུ་བཟུང་བར་བྱའོ། །ཀུ་ས་ལི་ཆེ་ཆུང་གཉིས་པོ་འདི་གང་དུ་འབྲུངས་པའི་ཡུལ་ཇི་ལྟར་ཡིན་པ་སོགས་རྣམ་ཐར་རྒྱས་པ་མ་མཐོང་བས་སླར་རྙེད་ན་འདིར་བསྣན་པར་བྱའོ།། །།

གསེར་གླིང་པའི་རྣམ་ཐར།

བྱང་ཆུབ་ཐུགས་ལ་མངའ་བརྙེས་གསེར་གླིང་པ། །ཞེས་བསྟགས་པ། །སེམས་དཔའ་(༡༡༥བ)ཆེན་པོ་གསེར་གླིང་པ་ཆོས་ཀྱི་གྲགས་པ་ཞེས་བྱ་བ་དེ་ནི་ཚེ་རབས་མང་པོར་བྱང་ཆུབ་ཀྱི་སེམས་ལ་གོམས་པར་མཛད་པས་ཐུགས་སྙིང་རྗེའི་དབང་དུ་གྱུར་ཏེ་ཐེག་པ་ཆེན་པོའི་བསྟན་པའི་སྲོག་འཛིན་པའི་སྨོན་ལམ་རླབས་པོ་ཆེ་མཐུ་གྲུབ་སྟེ། གསེར་གླིང་དུ་རྒྱལ་པོའི་སྲས་སུ་སྐུ་འཁྲུངས། གསེར་གླིང་དེ་ནི་གླིང་བཞི་དང་གླིང་ཕྲན་བརྒྱད་གང་ཡང་མིན་ཞིང་། །འཛམ་བུའི་གླིང་དང་ཉུང་ཟད་ཉེ་བའི་ཕྱོགས་ན་མཐའ་རྒྱ་མཚོས་བསྐོར་ཞིང་གསེར་དང་དངུལ་ལ་སོགས་པ་རིན་པོ་ཆེ་མང་པོའི་འབྱུང་ཁུངས་ཡོད་པ། ཕྱོགས་ཐམས་ཅད་ནགས་ཚལ་སྔོན་པོའི་འཕྲེང་བ་འཁྲིགས་པས་བརྒྱན་པ། མེ་ཏོག་པདྨ་དང་ཨུཏྤ་ལ་ལ་སོགས་པ་ཡིད་དུ་འོང་བ་མང་པོ་སྐྱེ་བའི་གནས་ལྷའི་དགའ་ཚལ་ལྟ་བུ་ཞིག་ཡོད་དེ། རང་བཞིན་གྱི་དཔའ་བོ་དང་རྣལ་འབྱོར་མ་མང་པོ་བཞུགས་པའི་གནས་ཡུལ་ཉེར་བཞིའི་ནང་ནས་སུ་ཝརྞ་དྭི་པ་ཞེས་པ་དེ་ཡིན་པར་གྲགས་སོ། །

དེ་འདྲ་བའི་གླིང་དེར་རྒྱལ་སྲས་བདག་ཉིད་ཆེན་པོ་འདི་རྒྱལ་པོའི་སྲས་སུ་འཁྲུངས་ནས་རིང་པོ་མ་ལོན་པར་སི་ན་སི་ན་ཞེས་དཀོན་མཆོག་ལ་སྐྱབས་སུ་འགྲོ་བའི་ཚིག་རྒྱུན་དུ་བརྗོད་པ་ཞིག་བྱུང་། ཡུལ་དེར་རེས་སངས་རྒྱས་ཀྱི་བསྟན་པ་དང་། རེས་མུ་སྟེགས་དར་བ་ལས་དེ་སྐབས་མུ་སྟེགས་དར་བའི་སྐབས་ཡིན་ཡང་རྒྱལ་པོའི་སྲས་སུ་སོང་བས་སུས་ཀྱང་བཟློག་པར་བྱེད་མ་ནུས་སོ། །རྒྱལ་བུ་དེ་ཆེར་སྐྱེས་ནས་རི་ཕུག་ཅིག་ནས་རྒྱལ་བ་ཤཱཀྱ་ཐུབ་པའི་སྐུ་ལི་མ་གཅིག་རྙེད་དེ་བྱུང་། དེ་ལ་མཆོད་པ་སྣ་ཚོགས་བྱས་པས་གླིང་དེ་སྔར་ལས་བདུན་འགྱུར་གྱིས་ལོ་(༡༡༨ན)ལེགས་པ་དང་། ནད་མེད་པ

དང་གནོད་པ་ལྷུང་བ་ལ་སོགས་པ་བཀྲ་ཤིས་པར་གྱུར་ཏོ། །དེས་གསེར་གླིང་པ་ཐམས་ཅད་སངས་རྒྱས་ཀྱི་བསྟན་པ་ལ་དད་ནས་རྒྱལ་བུ་འདི་ཆོས་འཚོལ་དུ་བཏང་བ་དྲག་ཟེར་བས་རྒྱལ་བུ་ཤིན་ཏུ་དགེས་ནས། འཛམ་བུ་གླིང་དུ་བྱོན་པས་རྡོ་རྗེ་གདན་དུ་སྲིན་པོ་རྣམས་མཆོད་པ་ལ་འོངས་པ་དང་དུས་མཚུངས་པར་གྱུར། དེའི་ཚེ་གང་ཟག་ཡོན་ཏན་ཐམས་ཅད་དེར་འདུ་བ་ཡིན་པས་མཁས་པ་དང་གྲུབ་པ་མང་པོ་འདུས་ཀྱང་བླ་མ་འདི་དམ་པ་གཞན་ལ་མོས་པ་མ་སྐྱེས། མ་ཧཱ་ཤྲཱི་རཏྣ་ལ་མོས་པ་ཆེར་སྐྱེས་ནས་ཞག་བདུན་འགྲོགས་ནས་སློབ་དཔོན་དེ་མེད་དེ་སོང་། རྒྱལ་བུས་ཕྱོགས་ཀུན་ཏུ་བཙལ་ཅིང་དྲིས་ཀྱང་མ་རྙེད་པས་ངལ་ནས་གཉིད་ལོག་པའི་རྨི་ལམ་དུ་བྱིས་པ་གཉིས་གླུ་ལེན་པ་ལ། རང་ཡུལ་འཁོར་དང་ལོངས་སྤྱོད་བོར། །སྨིན་པ་གཅིག་གིས་རྩད་མ་ཆོད། །རིང་ནས་ཕུང་ངམ་སྨུར་དུ་ཕུང་། །རིགས་དག་བཟང་སྟེ་ཤེས་རབ་ཆུང་། །ཟེར་བ་རྨིས། དེར་རྒྱལ་བུ་གཉིད་སད་པ་ན་སློབ་དཔོན་མ་ཧཱ་ཤྲཱི་རཏྣ་ཞེས་སྐྱེས་མཆོག་བྱམས་པའི་རྣལ་འབྱོར་པ་ཆེན་པོ་དངོས་སུ་བཞུགས་པ་མཐོང་བ་ན་དད་གུས་ཚད་མེད་པས་མཎྜལ་ཕུལ་ཏེ་གསོལ་བ་བཏབ་པས་བླ་མ་དེས་དགྱེས་བཞིན་དུ་ཞལ་གྱིས་བཞེས་ནས་རྒྱལ་བའི་བསྟན་པ་ལ་རབ་ཏུ་བྱུང་ཞིང་བསྙེན་པར་རྫོགས་སྟེ་སྡོད་གསུམ་དང་རྒྱུད་སྡེ་བཞིས་བསྡུས་པའི་མན་ངག་ཕལ་པོ་ཆེ་གསན། ཁྱད་པར་དུ་ཡང་རྒྱལ་བའི་དགོངས་པ་ཤིང་རྟ་ཆེན་པོ་གཉིས་ཀྱིས་བཀྲལ་བའི་མན་ངག་ཟབ་(༡༡༨བན)པ་དང་རྒྱ་ཆེ་བའི་ལམ་གྱི་རིམ་པའི་ཡུལ་ཡོངས་སུ་རྫོགས་པ་སྐྱེས་བུ་གསུམ་གྱི་ལམ་གྱི་རིམ་པ་མཐའ་དག་པར་གསན་པས་སྣོད་གཅིག་ནས་གཅིག་ཏུ་བྱོ་བ་བཞིན་དུ་ཐུགས་སུ་ཆུད། མཚན་ཡང་གསེར་གླིང་པ་ཆོས་ཀྱི་གྲགས་པ་ཞེས་བཏགས། རྒྱ་གར་གྱི་མཁས་གྲུབ་གཞན་མང་པོ་ལའང་མདོ་སྔགས་ཀྱི་ཆོས་མང་དུ་གསན་ཞིང་། གཙོ་ཆེར་བླ་མ་བྱམས་པའི་རྣལ་འབྱོར་པ་ཆེན་པོ་ལ་བརྟེན་ཏེ་ལོ་བདུན་གྱི་རིང་ལ་ཆོས་གསན་པ་དང་བྱང་ཆུབ་ལམ་གྱི་རིམ

པ་བསྒོམ་བཞིན་བཞུགས་པས་ལམ་གྱི་རིམ་པའི་དམིགས་སྐོར་མཐའ་དག་ལ་ཉམས་མྱོང་གི་རྟོགས་པ་ཕུལ་དུ་བྱུང་བ་ཐོབ། མངོན་པར་རྟོགས་པའི་རྒྱན་དང་ཤེར་ཕྱིན་གྱི་མདོ་སྡེ་སྦྱར་བའི་མན་ངག་ལ་སྦྱངས་པས་མཁས་པའི་ཕུལ་དུ་ཕྱིན་པར་གྱུར། ཁྱད་པར་དུ་ཡང་མགོན་པོ་འཇམ་པའི་དབྱངས་ནས་རྒྱལ་སྲས་ཞི་བ་ལྷ་ལ་བརྒྱུད་པའི་མན་ངག་བདག་པས་གཞན་གཅེས་པའི་བྱང་ཆུབ་ཀྱི་སེམས་རིན་པོ་ཆེ་རླབས་ཆེན་པོ་ཐུགས་ལ་འཁྲུངས་ཏེ་དེ་ཁོ་ན་ཐུགས་དམ་གྱི་མཐིལ་དང་། ས་ལམ་འབྲས་བུ་དང་བཅས་པ་གཞན་ཐམས་ཅད་དེའི་ཡན་ལག་ཏུ་འགྲོ་བ་ཞིག་བྱུང་བས་དུས་དེའི་ཚེ་བྱང་ཆུབ་ཀྱི་སེམས་ཀྱི་བདག་པོར་གྲགས། དོན་གྱི་དབང་འདི་གཟིགས་ནས་རྗེ་བདག་ཉིད་ཆེན་པོས་བྱང་ཆུབ་ཐུགས་ལ་མངའ་བརྙེས་ཞེས་བསྔགས་པ་མཛད་པ་ཡིན་ནོ། །བྱམས་སྙིང་རྗེ་བྱང་ཆུབ་ཀྱི་སེམས་ཆེས་ཆེར་རྒྱས་པས་སྐྱེ་བོ་རྣམས་ཀྱིས་མི་ཏྲི་པ་ཞེས་བྱམས་པའི་མཚན་ནས་འབོད་དེ། འདི་ལ་གསེར་གླིང་མི་ཏྲི་པ་ཞེས་གྲགས(༡༡༧ན)སོ། །དེ་ནས་གསེར་གླིང་པས་ཐུགས་ལ་བཞེད་པའི་དོན་ཐམས་ཅད་གྲུབ་ནས་གསེར་གླིང་དུ་བྱོན་ཏེ་རྒྱལ་བའི་བསྟན་པ་རྒྱ་ཆེར་སྤེལ་བས་ཡུལ་དེའི་སྐྱེ་བོ་ཐམས་ཅད་ཀྱི་གཙུག་གི་ནོར་བུ་ལྟ་བུར་གྱུར་ཏོ། །

དེ་ནས་གསེར་གླིང་པས་ཡུལ་དེའི་སྐྱེ་བོ་ཐམས་ཅད་དང་འཛམ་བུའི་གླིང་ནས་ཆོས་དོན་གཉེར་གྱིས་ལྷགས་པ་ཐམས་ཅད་ལ་ཐེག་པ་ཆེན་པོའི་ཆོས་རྒྱ་ཆེར་བསྟན་ཏེ་ཆོས་ཀྱིས་མཐོ་བའི་ཁང་བཟང་མི་ཡུལ་དུ་བབས་པ་འདྲ་བར་ཐེག་པ་ཆེན་པོའི་ཆོས་ཀྱི་སྒྲ་དབྱངས་ཀྱིས་ཕྱོགས་ཀུན་ཏུ་ཁྱབ་ཅིང་ཡུལ་དེའི་སྐྱེ་བོ་ཕལ་པ་དག་ཀྱང་དཀོན་མཆོག་གསུམ་ལ་སྐྱབས་སུ་འགྲོ་བའི་ཚིག་ཁོ་ན་ཁ་ཏོན་དུ་བྱེད་ཅིང་། བྱང་ཆུབ་ཏུ་སྨོན་ལམ་འདེབས་པ་དང་རང་བཞིན་གྱི་དགེ་བའི་ལས་ལ་བརྩོན་ཞིང་དུས་རྟག་ཏུ་དཀོན་མཆོག་མཆོད་པ་ལྟར་བྱེད། མུ་སྟེགས་ཀྱི་སྨྲ་བ་ངན་པ་རྣམས་ནི་ཉིན་བྱེད་ཤར་བའི་དུས་ཀྱི་

འབྱུང་པོའི་བྱ་ལྟར་སློབ་ནུབ་པར་གྱུར་ཏོ། །

དེ་ནས་གསེར་གླིང་པ་ཆེན་པོས་རྒྱལ་བསྟན་ཡུན་རིང་དུ་གནས་པའི་ཕྱིར་དུ་བྱང་ཆུབ་ལམ་གྱི་རིམ་པའི་མན་ངག་མདོ་རྒྱན་སྦྱར་བའི་འགྲེལ་པ་རྨད་དུ་བྱུང་བ་ཞིག་ཀྱང་མཛད་ཅིང་། བློ་སྦྱོང་སེམས་དཔའི་རིམ་པ་དང་། བློ་སྦྱོང་རྟོགས་པ་འབུར་འཇོམས། འཕགས་པ་མི་གཡོ་བའི་སྒྲུབ་ཐབས། མངོན་རྟོག་རྒྱན་གྱི་འགྲེལ་པ་གཙོ་བོའི་དོན་བཅུ་གཅིག་ཏུ་བསྡུས་པ། བསླབ་པ་ཀུན་ལས་བཏུས་པའི་མངོན་པར་རྟོགས་པ། ཚོགས་བདག་ཁྲོ་བོའི་སྒྲུབ་ཐབས་སོགས་མཛད་དོ། །དེ་ལྟར་བདག་ཉིད་ཆེན་པོ་འདིས་སྤྱིར་བསྟན་པ་ལ་བྱ་བ་(༡༡༧བ)རྒྱ་ཆེར་མཛད་ཅིང་། ལྷག་པར་ཇོ་བོ་རྗེ་དཔལ་ལྡན་ཨ་ཏི་ཤ་ལ་གསེར་གླིང་གི་ཕོ་བྲང་ཉིད་དུ་ལོ་བཅུ་གཉིས་པར་ཐེག་པ་ཆེན་པོའི་ལམ་གྱི་རིམ་པའི་མན་ངག་ཡོངས་སུ་རྫོགས་པ་གེགས་སེལ་བོགས་འདོན་དང་བཅས་པ་གནང་བས་ཇོ་བོ་རྗེའི་ཐུགས་ཀྱི་ཁྱམ་བཟང་བྱང་ཆུབ་ཀྱི་སེམས་ཀྱི་བདུད་རྩིས་ཡོངས་སུ་གང་བས་བྱང་ཆུབ་ཀྱི་སེམས་རིན་པོ་ཆེའི་མཐུས་མཐོང་ཐོས་དྲན་རེག་ཐམས་ཅད་རྗེས་སུ་འཛིན་ཅིང་སྨིན་གྲོལ་ལ་འགོད་ནུས་པ་དང་། པཎ་གྲུབ་གཞན་ལས་འཕྲིན་ལས་ཀྱི་ཁྱབ་བརྡལ་ཆེ་བ་དང་། ལྷག་པར་བྱང་ཕྱོགས་གངས་རིའི་ཁྲོད་ཀྱི་འགྲོ་བ་དམུ་རྒོད་ཤིན་ཏུ་གདུལ་དཀའ་བ་རྣམས་ཀྱང་ཇོ་བོ་རྗེའི་སྐུ་མཐོང་བ་དང་། གསུང་ཐོས་པ་དང་། ཐ་ན་མཚན་ཙམ་ཐོས་པ་ཡན་ཆད་དད་ཅིང་འདུན་པ་དང་ཇོ་བོའི་མཚན་ཐོས་ཏེ་སྐུའི་རྣམ་པ་ཡིད་ལ་དྲན་པ་ན་རང་རང་གི་ཉོན་མོངས་གདུག་རྩུབ་རྣམས་སྐད་ཅིག་ལ་ཞི་ནས་དད་པ་དང་མོས་པ་ངང་གིས་སྐྱེ་བ་དང་། སྙིགས་མ་ལས་ཀྱང་ཆེས་ཆེར་སྙིགས་མ་དུས་མཐའ་འདིར་རང་རང་གི་ཡུལ་གྱི་ཀླན་པོ་སྟོ་མ་དག་གི་ཟེར་སྒྲོས་ལ་ཞེན་ཏེ་བདག་ཅག་གི་འདི་ཁོ་ན་བདེན་གྱི་གཞན་ནི་གཏི་མུག་གོ་ཞེས་ཆགས་སྡང་ཀླུང་དམར་འཚུབ་པས་ཕྱོགས་ཀུན་གང་སྟེ་སྐྱེ་བོ་དམ་པ་ཅི་འདྲ་ཞིག་བྱོན་ཡང་དད་པ་སྐྱེ་དཀའ་བ་ལ་ཇོ་བོ་རྗེ

དཔལ་ལྡན་ཨ་ཏི་ཤ་ལ་ནི་གྲུབ་མཐའ་དང་ཡུལ་དང་སྡེ་དགོན་རིས་སུ་མ་ཆད་པར་མཆོག་དམན་བར་མ་མཐའ་དག་གིས་མཚན་ཐོས་པ་ཙམ་གྱིས་ཐལ་མོ་སྦྱོར་བའི་འོས་སུ་གྱུར་ཅིང་། གསུང་གི་བདུད་རྩི་དག་ལའང་རང་གིས་ཉམས་སུ་ལེན་(༡༡༢ན)པར་མ་ནུས་ཀྱང་འདི་ནི་གཞན་ནོ་ཞེས་མི་སྤང་བར་སློན་ལམ་གྱི་ཡུལ་དུ་བྱེད་པ་འདི་ཐུང་བ་ཡིན་ནོ། །

དོན་གྱི་དབང་འདི་གཟིགས་ནས་ཇོ་བསྟོད་དུ། གསེར་གླིང་རྒྱལ་པོ་ས་སྐྱོང་བླ་མ་ལས། །བྱང་ཆུབ་སེམས་ཀྱི་བདུད་རྩིའི་སྨན་བླངས་ནས། །འགྲོ་བ་ཀུན་ལ་ཕན་པར་མཛད་པ་ཡི། །དཔལ་ལྡན་ཨ་ཏི་ཤ་ལ་གསོལ་བ་འདེབས། །ཞེས་གསུངས་སོ། །

དེ་ལྟར་གསེར་གླིང་པ་ཆེན་པོ་ཆོས་ཀྱི་གྲགས་པས་བསྟན་འགྲོའི་དོན་རྒྱ་ཆེར་མཛད་ནས་སྐུ་ཚེ་དེའི་དངོས་ཀྱི་གདུལ་བྱ་རྫོགས་པ་ན་སྐུའི་བཀོད་པ་བསྡུས་ཏེ་དགའ་ལྡན་ཆོས་ཀྱི་ཕོ་བྲང་དུ་གཤེགས་སོ། །དེས་ན་བྱང་ཆུབ་ལམ་གྱི་རིམ་པ་ལ་བློ་སྦྱོང་བར་འདོད་པ་རྣམས་ཀྱིས་བླ་མ་གསེར་གླིང་པ་ཆེན་པོ་ལ་གསོལ་བ་འདེབས་ཤིང་རྒྱལ་སྲས་བདག་ཉིད་ཆེན་པོ་འདིའི་རྣམ་ཐར་ལྟར་བྱང་ཆུབ་ཀྱི་སེམས་རིན་པོ་ཆེ་དགེ་སྦྱོར་མཐིལ་དུ་བཟུང་ནས་གསུང་རབ་དགོངས་འགྲེལ་དང་བཅས་པ་ཐམས་ཅད་བྱང་ཆུབ་ཀྱི་སེམས་རིན་པོ་ཆེ་མ་སྐྱེས་པ་བསྐྱེད་པ་དང་། སྐྱེས་ཟིན་གོང་ནས་གོང་དུ་འཕེལ་བའི་ཐབས་སུ་གོ་བར་བྱས་ལ་ལམ་གྱི་ལུས་ཡོངས་སུ་རྫོགས་པའི་ཉམས་ལེན་ལ་བརྩོན་པ་ཆིག་བསྒྲིལ་དུ་བྱའོ།། །།

ཟབ་མོ་ལྟ་རྒྱུད་ལས་འཇམ་པའི་དབྱངས་ཀྱི་རྣམ་ཐར།

ཇོ་བོ་རྗེ་དཔལ་ལྡན་ཨ་ཏི་ཤས་བྱང་ཆུབ་ལམ་གྱི་རིམ་པའི་བླ་མ་བརྒྱུད་པ་ལ། རྒྱ་ཆེན་སྤྱོད་རྒྱུད་དང་། ཟབ་མོ་ལྟ་རྒྱུད་གཉིས་སུ་གསུངས་ཤིང་། རྒྱ་ཆེན་སྤྱོད་རྒྱུད་ལ་ཡང་། རྒྱ་ཆེན་སྤྱོད་པའི་རྒྱུད་དང་། རླབས་ཆེན་སྤྱོད་པའི་རྒྱུད་ཅེས་གཉིས་སུ་གསུངས། དེའི་རླབས་ཆེན་སྤྱོད་པའི་རྒྱུད་ཀྱི་(༡༡༢བ)བླ་མ་རྣམས་ཀྱི་རྣམ་ཐར་འོག་ཏུ་སྟོན་ལ། ཟབ་མོ་ལྟ་རྒྱུད་ཀྱི་བླ་མ་རྣམས་ཀྱི་རྣམ་པར་ཐར་པ་ནི། ཡང་དག་པར་རྫོགས་པའི་སངས་རྒྱས་ནས་རྗེ་བཙུན་འཇམ་དཔལ་དབྱངས། དེ་ནས་དཔལ་མགོན་འཕགས་པ་ཀླུ་སྒྲུབ་སོགས་ལ་རིམ་བཞིན་བརྒྱུད་པ་ལ་ཟབ་མོ་ལྟ་རྒྱུད་ཅེས་གསུངས། དེ་ལ། སྨྲ་བ་ཟླ་མེད་འདྲེན་མཆོག་ཤཱཀྱའི་མེ་ཏོག །ཅེས་བསྔགས་པ་སྟོན་པ་ཐུབ་པའི་དབང་པོའི་རྣམ་པར་ཐར་པ་ནི་སྔར་བརྗོད་ཟིན་པ་ལྟར་རོ། །

རྒྱལ་བའི་མཁྱེན་རབ་ཀུན་བསྡུས་འཇམ་དཔལ་དབྱངས། །ཞེས་བསྔགས་པ་རྗེ་བཙུན་འཇམ་དཔལ་དབྱངས་ཀྱི་སྐུ་གསུང་ཐུགས་ཀྱི་ཡོན་ཏན་ནི་བསམ་གྱིས་མི་ཁྱབ་བརྗོད་ཀྱིས་མི་ལང་སྟེ་སྐུའི་ཡོན་ཏན་གཅིག་པུའང་ཕྱོགས་བཅུའི་རྒྱལ་བ་ཐམས་ཅད་ཀྱིས་གསུང་དབྱངས་འགག་པ་མེད་པས་རྒྱུན་མ་ཆད་པར་བསྐལ་པ་མུ་མེད་པའི་བར་དུ་བརྗོད་ཀྱང་ཟད་པའི་མཐའ་མེད་ན། མཁའ་ཁྱབ་ཀྱི་སེམས་ཅན་ཐམས་ཅད་ཀྱིས་ཇི་ཙམ་བརྗོད་ཀྱང་ཡོན་ཏན་ཆ་ཙམ་ཞིག་ཀྱང་བརྗོད་པར་ག་ལ་ནུས། དེ་ལྟར་ཡང་རྗེ་བདག་ཉིད་ཆེན་པོས། བསོད་ནམས་ཚོགས་རབ་རབ་འབྱམས་རྒྱ་ལས་འཁྲུངས་པའི་སྐུ་མཆོག་མཆོག་ཏུ་མཛེས་པ་ཁྱོད་ཀྱི་སྐུ། །ནམ་མཁའི་མཐས་གཏུགས་གཏུགས་པ་མེད་པའི་ཞིང་མཆོག་ཀུན་དུ་དུ་མའི་འགྲོ་ལ་མིག་འཕྲུལ་བཞིན། །ལ་ལར་བལྟམ་

ཞིང་ཞིང་གཞན་དུ་ཡང་བྱང་ཆུབ་ཚུལ་སྟོན་སྟོན་པ་ཁྱོད་ཀྱི་སྐུ་ཡི་ནི། །བཀོད་པ་མཆོག་འདི་འདི་དང་གཞན་དུ་མ་ལུས་འགྲོ་ཀུན་ཀུན་མཁྱེན་གྱུར་ཀྱང་བརྗོད་མི་ནུས། །ཞེས་གསུངས་པ་ལྟར་རོ། །

དེ་ལྟ་ནའང་བྱང་(༡༡༩ན)ཆུབ་ལམ་རིམ་ལ་བློ་སྦྱོང་བར་འདོད་པ་རྣམས་ཀྱིས་རྗེ་བཙུན་འཇམ་དཔལ་དབྱངས་ལ་གསོལ་བ་འདེབས་པའི་ཚེ། ཡོན་ཏན་བསམས་ནས་དད་པ་བསྐྱེད་པའི་ཕྱིར་ཕྱོགས་ཙམ་ཞིག་བརྗོད་པ་ནི། རྗེ་བཙུན་འཇམ་དཔལ་དབྱངས་ཀྱིས་སྔོན་ཐུགས་བསྐྱེད་པའི་ཚུལ་ནི། སྔོན་བསྐལ་པ་གྲངས་མེད་པ་བརྒྱ་སྟོང་གནྡྷའི་ཀླུང་གི་བྱེ་མ་སྙེད་ཕྲག་བདུན་འདས་པ་དེའི་ཡང་ཕ་རོལ་ན། འཇིག་རྟེན་གྱི་ཁམས་འབྱུང་བ་བཟང་པོ་ཞེས་དེ་བཞིན་གཤེགས་པ་འབྲུག་སྒྲའི་དབྱངས་ཀྱི་རྒྱལ་པོ་ཞེས་པ་འཇིག་རྟེན་དུ་བྱོན་པའི་ཚེ། རྗེ་བཙུན་འཇམ་དཔལ་དབྱངས་འདི་ཉིད་འཁོར་ལོས་སྒྱུར་བའི་རྒྱལ་པོ་ནམ་མཁའ་ཞེས་པར་གྱུར་པ་ན། བུ་དང་། ཆུང་མ་དང་། གཉེན་འདབས་དང་། འཁོར་དུ་བཅས་པ་ལ་ལས་གཞན་མེད་ཅིང་མ་སྐྱེ་བའི་སེམས་ཀྱིས་དེ་བཞིན་གཤེགས་པ་འབྲུག་སྒྲའི་དབྱངས་ཀྱི་རྒྱལ་པོ་ཉན་ཐོས་དང་། བྱང་ཆུབ་སེམས་དཔའི་འཁོར་དང་བཅས་པ། ལོ་བརྒྱད་ཁྲི་བཞི་སྟོང་གི་བར་དུ་མཆོད་ནས་དགེ་བའི་རྩ་བ་འདི། བརྒྱ་བྱིན་ནམ། ཚངས་པའམ། ཉན་རང་ལ་སོགས་པ་གང་གི་དོན་དུ་བསྔོ་སྙམ་པ་ལ། སྟེང་གི་ནམ་མཁའ་ལས་ལྷ་མང་པོས་སྒྲ་བསྒྲགས་པ། རྒྱལ་པོ་ཆེན་པོ་དེ་ལྟར་སེམས་མ་བསྐྱེད་པར་བླ་ན་མེད་པ་རྫོགས་པའི་བྱང་ཆུབ་ཏུ་སེམས་བསྐྱེད་ཅིག་ཅེས་བསྐུལ་བ་དང་། རྒྱལ་པོ་ནམ་མཁའ་སྲོག་ཆགས་བྱེ་བ་ཁྲག་ཁྲིག་བརྒྱ་སྟོང་ཕྲག་བརྒྱད་ཅུས་ཡོངས་སུ་བསྐོར་ནས། དེ་བཞིན་གཤེགས་པ་འབྲུག་སྒྲའི་དབྱངས་ཀྱི་རྒྱལ་པོའི་དྲུང་དུ་དོང་སྟེ་སྔར་གྱི་བྱུང་ཚུལ་ཞུས་ནས། ཐུབ་པ་ཇི་ལྟར་(༡༡༩བ)སེམས་བསྐྱེད་ན། །རྫོགས་པའི་བྱང་ཆུབ་སྐྱེ་བར་འགྱུར། །ཡེ་ཤེས་དེ་ནི་གང་གིས་ཐོབ། །དོན་དེ་བདག་ལ་བསྟན་དུ

གསོལ། །བྱང་ཆུབ་སེམས་ནི་བསྐྱེད་བྱས་ཤིང་། །ཐུབ་པ་ཁྱོད་འདྲར་བདག་གྱུར་སྨོན། །
ཞེས་ཞུས་པ་ན། དེ་བཞིན་གཤེགས་པ་འབྲུག་སྒྲའི་དབྱངས་ཀྱི་རྒྱལ་པོས། ཆོས་རྣམས་
ཐམས་ཅད་རྐྱེན་བཞིན་ཏེ། །འདུན་པའི་རྩ་ལ་རབ་ཏུ་གནས། །གང་གིས་སྨོན་ལམ་ཅི་
བཏབ་པ། །དེ་འདྲའི་འབྲས་བུ་ཐོབ་པར་འགྱུར། །རྒྱལ་པོ་ངས་ཀྱང་སྔོན་ཆད་ནི། །
རྫོགས་པའི་བྱང་ཆུབ་སེམས་སྐྱེད་གྱུར། །སེམས་ཅན་ཀུན་ལ་ཕན་དོན་དུ། །ངས་ནི་
སྨོན་ལམ་དམ་པ་བཏབ། །སྨོན་ལམ་ཇི་ལྟར་བཏབ་ཚུལ་དུ། །ངས་ནི་འབྲས་བུ་ཐོབ་
པར་གྱུར། །བྱང་ཆུབ་དམ་པ་ངས་ཐོབ་པས། །ང་ཡི་བསམ་པ་རྫོགས་པར་གྱུར། །རྒྱལ་
པོ་ཆེན་པོ་བརྟན་གྱིས་ལ། །མི་འགྱུར་སེམས་ནི་བསྐྱེད་པར་གྱིས། །གལ་ཏེ་སྤྱོད་པ་སྤྱད་
བྱས་ན། ཁྱོད་ཀྱང་ཡང་དག་སངས་རྒྱས་འགྱུར། །ཞེས་གསུངས་ཤིང་སེམས་བསྐྱེད་
པར་བསྐུལ་བ་ན་འཁོར་ལོས་བསྒྱུར་བའི་རྒྱལ་པོ་ནམ་མཁས་ཕྱོགས་བཅུའི་སངས་
རྒྱས་ཐམས་ཅད་དཔང་དུ་བཞག་སྟེ། དེ་བཞིན་གཤེགས་པ་འབྲུག་སྒྲའི་དབྱངས་ཀྱི་
རྒྱལ་པོའི་སྤྱན་སྔར་སྙིང་སྟོབས་ཆེན་པོས་འདི་ལྟར་ཐུགས་བསྐྱེད་ཅིང་སྨོན་ལམ་བཏབ་
སྟེ། འཁོར་བ་ཐ་མ་མེད་པ་ཡི། །སྔོན་གྱི་ཐ་མ་ཇི་སྲིད་པ། །དེ་སྲིད་སེམས་ཅན་ཕན་
དོན་དུ། །སྤྱོད་པ་དཔག་ཡས་སྤྱད་པར་བྱ། །འཇིག་རྟེན་མགོན་པོའི་སྤྱན་སྔར་འདིར། །
བྱང་ཆུབ་མཆོག་ཏུ་སེམས་བསྐྱེད་དོ། །འགྲོ་བ་ཐམས་ཅད་མགྲོན་གཉེར་ཏེ། །(༡༢༠ན)
དབུལ་ཞིང་ཕོངས་ལས་སྒྲོལ་བར་བྱ། །དེ་རིང་ཕན་ཆད་གལ་ཏེ་ཡང་། །བདག་གིས
འདོད་ཆགས་སེམས་བསྐྱེད་ན། །ཕྱོགས་བཅུ་དག་ན་གང་བཞུགས་པའི། །སངས་རྒྱས
ཐམས་ཅད་བསླུས་པར་གྱུར། །བྱང་ཆུབ་ནམ་ཞིག་ཐོབ་བར་དུ། །ཐ་བའི་སེམས་དང་
གནོད་སེམས་དང་། །ཕྲག་དོག་དང་ནི་སེར་སྣ་ཡང་། །དེ་རིང་ཕྱིན་ཆད་མི་བྱའོ། །
ཚངས་པའི་སྤྱོད་པ་བདག་གིས་སྤྱད། །སྡིག་པའི་འདོད་པ་ཡོངས་སུ་བཏང་། །ཚུལ་
ཁྲིམས་སྡོམ་དང་ངེས་པ་ལ། །སངས་རྒྱས་རྗེས་སུ་བསླབ་པར་བྱ། །བདག་ནི་བྱང་ཆུབ་

རིངས་ཚུལ་དུ། །འཚང་རྒྱར་མོས་ཤིང་སྒྲོ་བ་མེད། །ཕྱི་མཐར་ཐུག་གི་བར་དུ་ཡང་། །སེམས་ཅན་གཅིག་ཕྱིར་སྤྱོད་པ་བྱ། །ཚད་མེད་བསམ་གྱིས་མི་ཁྱབ་པའི། །སངས་རྒྱས་ཞིང་ནི་སྦྱང་བར་བྱ། །ཕྱོགས་རྣམས་བཅུ་པོ་ཐམས་ཅད་དུ། །བདག་གི་མིང་ནི་ཐོས་པར་བྱ། །བདག་གིས་བདག་ལ་ལུང་བསྟན་ཏེ། །སངས་རྒྱས་འགྱུར་བར་དོགས་པ་མེད། །བདག་གི་ལྷག་བསམ་རྣམ་པར་དག །བདག་དབང་འདི་ན་འདྲེན་པ་རྣམས། །ལུས་དང་ངག་གི་ལས་རྣམས་ཀུང་། །རྣམ་པ་ཀུན་ཏུ་བདག་གིས་སྦྱང་། །ཡིད་ཀྱི་ལས་ཀུང་སྦྱང་བར་བྱ། །མི་དགེའི་ལས་ནི་སྤྱད་མི་བྱ། །ཞེས་ཐུགས་བསྐྱེད། བཅོམ་ལྡན་འདས་བསྐལ་པ་བྱེ་བ་ཁྲག་ཁྲིག་ཕྲག་འབུམ་ཕྲག་བརྒྱ་སྟོང་གྲངས་མ་མཆིས་པ་ནས་ཉེ་བར་བཟུང་སྟེ། བདག་གིས་སྨོན་ལམ་བཏབ་པ་ནི། ནམ་བདག་གིས་ཕྱོགས་བཅུ་མཐའ་ཡས་མུ་མེད་པའི་འཇིག་རྟེན་གྱི་ཁམས་སུ་སངས་རྒྱས་ཀྱི་སྤྱན་སྒྲིབ་པ་མེད་པས(༡༢༠བ)བལྟས་ན། སངས་རྒྱས་བཅོམ་ལྡན་འདས་གང་ཇི་སྙེད་པ་དེ་དག་ཐམས་ཅད་བདག་གིས་བྱང་ཆུབ་ལ་ཡང་དག་པར་བཙུད་པ་དང་། བདག་གིས་བྱང་ཆུབ་ཀྱི་སེམས་ལ་བཀོད་པ་དང་། བདག་གིས་སྦྱིན་པ་ལ་ཡང་དག་པར་བཙུད་པ་དང་། དེ་བཞིན་དུ་བདག་གིས་ཚུལ་ཁྲིམས་དང་། བཟོད་པ་དང་། བརྩོན་འགྲུས་དང་། བསམ་གཏན་དང་། ཤེས་རབ་ལ་ཡང་དག་པར་བཙུད་པ་དང་། བདག་གིས་བསྐུལ་བ་དང་། བདག་གིས་རྗེས་སུ་བསྟན་པར་གྱུར་པར་མ་མཐོང་བ་དེ་སྲིད་དུ་བདག་བླ་ན་མེད་པ་ཡང་དག་པར་རྫོགས་པའི་བྱང་ཆུབ་མངོན་པར་རྫོགས་པར་འཚང་རྒྱ་བར་མི་བྱའོ། ནམ་བདག་གིས་སངས་རྒྱས་ཀྱི་སྤྱན་གྱི་སྒྲིབ་པ་མེད་པས་ཕྱོགས་བཅུར་རྣམ་པར་བལྟས་ཀུང་། བདག་གིས་སངས་རྒྱས་ཉིད་ལ་མ་བཀོད་པའི་དེ་བཞིན་གཤེགས་པ་དེ་ལྟ་བུ་གང་ཡང་མཐོང་བར་མ་གྱུར་པ་དེའི་ཚེ་བདག་ཀུང་བླ་ན་མེད་པ་ཡང་དག་པར་རྫོགས་པའི་བྱང་ཆུབ་མངོན་པར་རྫོགས་པར་འཚང་རྒྱ་བར་བྱའོ་ཞེས་ཐུགས་བསྐྱེད་ཅིང་སྨོན་ལམ་

བདུན་པོ། །

དེ་ནས་རྗེ་བཙུན་འཇམ་དཔལ་དབྱངས་ཀྱིས་སྔོན་སྲོག་ཆགས་གྲངས་མེད་མུ་མེད་པ་དེ་བཞིན་གཤེགས་པ་འབྲུག་སྒྲའི་དབྱངས་ཀྱི་རྒྱལ་པོའི་སྤྱན་སྔར་སེམས་བསྐྱེད་དུ་བཅུག་ནས་སྤྱིན་སོགས་ཕར་ཕྱིན་དྲུག་གི་ལམ་སྒོམ་པ་ལ་སྦྱར་ཏེ། སྨིན་པར་བྱས་ནས་སངས་རྒྱས་ནས་ཆོས་ཀྱི་འཁོར་ལོ་བསྐོར་ཏེ། སངས་རྒྱས་གཅིག་མ་གཏོགས་གཞན་ཐམས་ཅད་མྱ་ངན་ལས་འདས་ཟིན། གཅིག་ནི། འཇིག་རྟེན་གྱི་ཁམས་འདི་ནས་འོག་ཏུ་དཔག་ཚད་གནྣའི་ཀླུང་བཞི་ཁྲི་བཞི་(༡༢༡ན)སྟོང་གི་བྱེ་མ་སྙེད་འདས་པ་ན། འཇིག་རྟེན་གྱི་ཁམས་སའི་དབྱིངས་ཞེས་བྱ་བ་ན་ད་ལྟ་ཡང་བཞུགས་ཏེ་དེ་བཞིན་གཤེགས་པ་སའི་ལྷ་ཞེས་བྱའོ། །གཞན་ཡང་རྗེ་བཙུན་འཇམ་དབྱངས་འདི་ཉིད། ཆོས་སྨྲ་བ་ཆོས་ཀྱི་རྒྱལ་མཚན་དུ་གྱུར་པའི་ཚེ། བདག་ཅག་གི་སྟོན་པ་ཤཱཀྱའི་རྒྱལ་པོ་ལ་སོགས་པའི་བསྐལ་བཟང་གི་སངས་རྒྱས་སྟོང་པོ་ཐམས་ཅད་བྱང་ཆུབ་ཀྱི་མཆོག་ཏུ་ཐུགས་བསྐྱེད་དུ་བཅུག་སྟེ་དགེ་བའི་བཤེས་གཉེན་མཛད་པ་ཡིན་ཏེ། དབུ་མ་ལ་འཇུག་པའི་རང་འགྲེལ་ལས། ཡོངས་སུ་འཛིན་པའི་ཁྱད་པར་ལས་ནི་འཕགས་པ་འཇམ་དཔལ་བྱང་ཆུབ་སེམས་དཔར་གྱུར་པ་ཉིད་ཀྱིས། དེ་བཞིན་གཤེགས་པ་ཤཱཀྱ་ཐུབ་པ་དང་། གཞན་ཡང་དེ་བཞིན་གཤེགས་པ་ཐམས་ཅད་ཆེས་ཐོག་མ་ཁོ་ནར་བྱང་ཆུབ་ཏུ་སེམས་བསྐྱེད་དུ་བཅུག་པར་འདོན་པ་ཡིན་ནོ། །ཞེས་གསུངས་པའི་ཕྱིར། གཞན་ཡང་། རྗེ་བཙུན་འཇམ་དབྱངས་འདི་ཉིད་ཀྱི་ཐབས་ལ་མཁས་པ་ཆེན་པོས། བྱང་ཆུབ་ཏུ་སེམས་བསྐྱེད་དུ་བཅུག་སྟེ་སངས་རྒྱས་ནས་ཆོས་ཀྱི་འཁོར་ལོ་བསྐོར་བའི་སངས་རྒྱས་དེ་དང་དེའི་མཚན་རྒྱང་པ་བརྗོད་ཀྱང་བསྐལ་པ་བས་ལྷག་པར་མི་ཟད་ཅིང་། འཇམ་དཔལ་གྱིས་བྱང་ཆུབ་ཏུ་བཙུད་པའི་སངས་རྒྱས་རྣམས་ཀྱིས། འཇམ་དཔལ་ལ་དྲིན་གཟོའི་ཚུལ་དུ་གདུགས་སོགས་བསྐུར་བས་སྟོང་གསུམ་ཁེབས་པར་བྱུང་། ཡང་ལན་ཅིག་སྤྲུལ་པའི་ཁྲིམ་བདག་

ཅིག་གིས་བཅོམ་ལྡན་འདས་ལ་ལུང་བཞེད་ཞུས་ཀྱིས་བཀའ་སྩེ་ཕུལ་བ་ན། འཇམ་དཔལ་གྱིས། བཅོམ་ལྡན་འདས་ལ་ཞལ་ཞུས་ཀྱི་ཕུད་མ་སྟོལ་བས་གསོལ་ན་བྱས་པ་མི་གཟོ་བར་འགྱུར་རོ་ཞུས་པས། འཁོར་གཞན་རྣམས་འཇམ་དཔལ་འདིས་བཅོམ་ལྡན་འདས་ལ་གང་དུ་ཕན་བཏགས་བསམས་པ་ན། སྟོན་པའི་ལུང་(༡༢༡བ)བཞེད་འོག་ཏུ་སོང་སྟེ་འཇིག་རྟེན་གྱི་ཁམས་གནྣའི་བྱེ་སྙེད་བདུན་ཅུ་རྩ་གཉིས་འདས་པའི་འཇིག་རྟེན་དུ་སོང་བ་ན་མཆོག་ཟུང་སོགས་ལ་ལུང་བཞེད་ཚོལ་བར་བཀའ་སྩལ་པས། འཇིག་རྟེན་གྱི་ཁམས་སྟོང་ཕྲག་བཅུ་གཉིས་ཙམ་དུ་བཙལ་ཀྱང་མ་རྙེད་པ་དང་། འཇམ་དཔལ་རང་ལ་བཀའ་གནང་བས་འཇམ་དཔལ་གྱིས་སྐད་དེ་ལ་འདུག་བཞིན་དུ་ལག་པ་བརྐྱངས་ནས་ལུང་བཞེད་བླངས་ནས་ཕུལ་ལོ། །འཇམ་དཔལ་གྱིས་སྟོན་པ་ལ་ཕན་བཏགས་ཚུལ་དངོས་ནི། སྟོན་དེ་བཞིན་གཤེགས་པ་མི་ཐུབ་རྒྱལ་མཚན་འཇིག་རྟེན་དུ་བྱོན་པའི་ཚེ་རྗེ་བཙུན་འཇམ་དཔལ་དགེ་སློང་ཡེ་ཤེས་རྒྱལ་པོར་གྱུར་པས་ལུང་བཞེད་ཞུས་ཀྱིས་བཀའ་སྩེ་བསྣམས་པ་ལ་བདག་ཅག་གི་སྟོན་པ་ཁྱེའུ་དྲི་མེད་དཔུང་པར་གྱུར་པས་སློངས་པས་ཞུས་བྱིན་ནས། དེ་བཞིན་གཤེགས་པ་མི་ཐུབ་རྒྱལ་མཚན་གྱི་དྲུང་དུ་ཁྲིད་ནས་སྐྱབས་འགྲོ་དང་བྱང་ཆུབ་ཀྱི་སེམས་བསྐྱེད་དུ་བཙུག་པས་ཕན་བཏགས་པའོ། །

ཡང་རྒྱལ་པོ་མ་སྐྱེས་དགྲས་ཕ་གཟུགས་ཅན་སྙིང་པོ་བསད། སྟོན་པ་ལ་གླང་ཆེན་ཐད། དགེ་འདུན་ཕོ་མོའི་འཚོ་བ་བཅད། དགྲ་བཅོམ་མ་སེར་སྐྱ་བཟང་མོ་ཆུང་མར་དབང་མེད་དུ་བཀུག་པ་སོགས་ཀྱི་སྡིག་པ་ཆེན་པོ་བྱས་པས་འགྱོད་དེ་སྟོན་པ་ལ་སྡིག་པ་དང་འགྱོད་པ་སེལ་བར་ཞུས་པས། སྟོན་པས་རྗེ་བཙུན་འཇམ་དབྱངས་མ་གཏོགས་གཞན་གྱིས་ཁྱོད་ཀྱི་འགྱོད་པ་དང་ཐེ་ཚོམ་སེལ་བར་མི་ནུས་གསུངས་པས། རྒྱལ་པོས་འཕགས་པ་འཇམ་དཔལ་དང་། འོད་སྲུངས་གཉིས་རྒྱལ་པོའི་ཁབ་ཏུ་གདན་འདྲེན་པར་མཛད་འདོད་ནས་ཤཱ་རིའི་བུ་ལ། འཕགས་པ་འཇམ་དཔལ་ལ་འཁོར་དུ་མཆིས་དྲིས

པས། ལྔ་བརྒྱའོ་ཟེར་བ་ལ། རྒྱལ་པོས་འཇམ་དཔལ་ལ་སང་རྒྱལ་པོའི་ཁབ་ཏུ་གདུགས་ཚོད་ལ་(༡༢༢ན)གཤེགས་པར་ཅི་གནང་ཞུས་པས་ཞལ་གྱིས་བཞེས་ནས། དེའི་སྲོད་ལ་ཤར་ཕྱོགས་སུ། དེ་བཞིན་གཤེགས་པ་བསྒྲགས་པའི་དཔལ་གྱི་དྲུང་དུ་བྱོན་ཏེ་བྱང་ཆུབ་སེམས་དཔའ་བརྒྱད་ཁྲི་ཉིས་སྟོང་ཁྲིད་ནས་ཞིང་འདིར་བྱོན་ནས་འཁོར་རྣམས་ལ་སྲོད་དང་། གུང་དང་། ཐོ་རངས་ཆོས་བསྟན་ཏེ་འཇམ་དཔལ་འཁོར་བརྒྱད་ཁྲི་ཉིས་སྟོང་ལྔ་བརྒྱ་དང་། འོད་སྲུངས་འཁོར་ལྔ་བརྒྱ་དང་བཅས་པ་རྒྱལ་པོའི་ཁབ་ཏུ་གཤེགས་པ་ན། རྒྱལ་པོས་སྟོང་གི་བཤོས་གྲབས་ལས་མ་ཆུད་པས་རྒྱལ་པོའི་སྒྲ་འཁྲུམས་པ་ན་གནོད་སྦྱིན་ཀུ་བེ་རས་ལུས་དངོས་སུ་བསྟན་ནས། རྒྱལ་པོ། འཕགས་པ་འཇམ་དཔལ་ནི་ཐབས་ལ་མཁས་པས་ཟས་གཅིག་གིས་ཀྱང་ཐམས་ཅད་ཁྱབ་པར་བྱེད་པས་མ་འཁྲུམས་ཤིག་ཅེས་དབུགས་དབྱུང་། དེ་ནས་གདུགས་ཚོད་ལ་བབ་པ་ན། འཁོར་འདི་དག་ལ་ལྷུང་བཟེད་མི་སྣང་བས་འབྲས་ཆན་གང་དུ་བླུགས་ཟེར་བ་ལ་འཇམ་དཔལ་གྱིས་ངའི་འཁོར་འདི་དག་ནམ་ཟ་བ་ན་རང་རང་གི་ཞིང་ནས་ལྷུང་བཟེད་འདིར་འོང་ངོ་ཞེས་གསུངས་མ་ཐག་འཁོར་དེ་དག་རྣམས་ལ་རང་རང་གི་ལག་ཏུ་ལྷུང་བཟེད་བྱུང་ཞིང་ཟོས་ཟིན་ནས་ལྷུང་བཟེད་རྣམས་མཁའ་ལ་འཕགས་ཏེ་སོང་། རྒྱལ་པོས་བཤམས་པའི་བཟའ་བཏུང་རྣམས་ཅུང་ཟད་ཀྱང་ཉུང་དུ་མ་སོང་བས་ཐམས་ཅད་ངོ་མཚར་དུ་གྱུར་ཏོ། །

དེ་ནས་འཕགས་པ་འཇམ་དཔལ་གྱིས་རྒྱལ་པོ་ལ་སྡིག་པ་དང་འགྱོད་པའི་ངོ་བོ་ཇི་ལྟར་འདུག་ལྟོས་ཤིག་ཅེས་སོགས་དོན་དམ་ལ་སྦྱར་བའི་ཆོས་གསུངས་པས་རྒྱལ་པོའི་འགྱོད་པ་དང་ཐེ་ཚོམ་ཐམས་ཅད་བསལ་བས། རྒྱལ་པོས་འཕགས་པ་འཇམ་དཔལ་ལ་ཡོན་དུ་རིན་པོ་ཆེའི་གོས་ཞིག་ཕུལ་བ་ན། འཇམ་དཔལ་མ་མཐོང་ནས་མྱ་ངན་དུ་གྱུར་པ་ལ། སུ་འདུག་(༡༢༢བ)འདུག་ལ་ཕུལ་ཅིག་ཟེར་བའི་སྒྲ་ཞིག་བྱུང་བ་ན་འོད་སྲུངས་སོགས་ལ་ཕུལ་བས་ཀྱང་སུ་ཡང་མ་མཐོང་ཞིང་། མཐར་རང་ཡང་མ་མཐོང་བས་བདག

ཏུ་འདུ་ཤེས་པའི་རྣམ་རྟོག་དང་བྲལ་ནས་སྟོང་ཉིད་ཀྱི་ཏིང་ངེ་འཛིན་གྱི་ངང་དུ་སོང་། ཏིང་ངེ་འཛིན་ལས་ལངས་པ་དང་འཕགས་པ་འཇམ་དཔལ་ལ་སོགས་པ་དངོས་སུ་མཐོང་ངོ་། །ཡང་། སྟོན་མཚམས་མེད་ཀྱི་ལས་བྱས་པའི་ལས་ཀྱི་ལྷག་མ་ཙུང་ཟད་ཡོད་པ་ལ་སྤྱོད་པའི་བྱང་སེམས་ལྔ་འདུག་པ་དེ་དག་དམིགས་པ་དང་བྲལ་བར་བྱ་བའི་ཕྱིར། འཕགས་པ་འཇམ་དཔལ་གྱིས་ཕྱག་གཡས་ཀྱིས་རལ་གྲི་བླངས་པ་བཟུང་ནས་བཅོམ་ལྡན་འདས་ག་ལ་བ་དེར་བརྒྱུགས་པ་དང་། བཅོམ་ལྡན་འདས་ཀྱིས་ང་ནི་བསད་ཟིན་གྱིས་ཐོངས་ཤིག་གསུངས་པས། དམིགས་པ་ལ་སྤྱོད་པའི་བྱང་སེམས་ལྔ་པོ་དེས། བདག་ཏུ་དམིགས་པ་བསད་ནས་མེད་པར་གོ །ཆོས་ཐམས་ཅད་སྒྱུ་མ་ལྟ་བུར་རྟོགས་ཏེ། འཕགས་པ་འཇམ་དཔལ་འདི་ནི་ཐབས་མཁས་པའོ་ཞེས་སོགས་ཀྱིས་བསྟོད་ནས་ནམ་མཁར་འཕགས་ཏེ། ཆོས་ཀུན་སྒྱུ་མ་ལྟ་བུ་སྟེ། །ཡོངས་སུ་རྟོག་པས་ཀུན་ནས་བསྐྱེད། །འདི་ལ་གྲུབ་པ་མ་མཆིས་ཏེ། །ཆོས་འདི་ཐམས་ཅད་སྟོང་པ་ལགས། །ཞེས་སྨྲས་སོ། །ཡང་འཕགས་པ་འཇམ་དཔལ་གྱིས་སྟོང་པ་ཉིད་ལས་བརྩམས་ནས་སེམས་ནང་ན་ཡང་མེད། ཕྱི་རོལ་ན་ཡང་མེད། བར་ན་ཡང་མེད་པས། དེ་ལ་ནི་ཅི་ཡང་གྲོལ་རྒྱུ་ཡང་མེད། ཐོབ་པ་ཡང་མེད། མངོན་པར་རྟོགས་པ་མེད་དོ་གསུངས་པས། དེ་ཐོས་པ་ཙམ་གྱིས་དགེ་སློང་མང་པོ་རྣམ་པར་གྲོལ། དགེ་སློང་ཁ་ཅིག་གིས་དེའི་དོན་ལ་མ་དད་ནས་ཅི་ཡང་གྲོལ་རྒྱུ་ཡང་མེད་ན་འོ་སྐོལ་ཆོས་བྱས་པ་ལ་དོན་མི་འདུག་པས་འདོང་ཟེར་ནས་སོང་ངོ་། །ཡང་འཕགས་པ་འཇམ་དཔལ་གྱིས་དེ་རྣམས་འདུལ་བའི་ཕྱིར (༡༢༣ན)སྤྲུལ་པའི་དགེ་སློང་ཅིག་སྤྲུལ་ཏེ་བཏང་བས། དེ་རྣམས་དང་ལམ་དུ་ཕྲད་པས་ཁོང་རྣམས་ན་རེ། དགེ་སློང་གར་འགྲོ་ཟེར། སྤྲུལ་པའི་དགེ་སློང་ན་རེ། ང་ནི་འཇམ་དཔལ་གྱིས་ཆོས་བསྟན་པ་ལ་མ་མོས་ཡིད་མ་ཆེས་ནས་འགྲོ་ཟེར། ཁོང་རྣམས་ན་རེ། ངེད་ཀྱང་འཇམ་དཔལ་གྱིས་ཆོས་བསྟན་པ་ལ་མ་མོས་ཡིད་མ་ཆེས་པར་འགྲོ་བ་ཡིན་

པས་འདོང་ཟེར། དེར་སྤྲུལ་པ་ན་རེ། ཁྱེད་ཀྱིས་འཇམ་དཔལ་གྱིས་ཆོས་ཇི་སྐད་བསྟན་པ་ལ་མ་དད་ཟེར། གྲོལ་རྒྱུ་ཡང་མེད། ཐོབ་རྒྱུ་ཡང་མེད་ཟེར་ནས་མ་དད་ཟེར། སྤྲུལ་པ་ན་རེ། འོ་ན་ཁྱེད་ཀྱི་རྟོགས་རྒྱུ་དང་གྲོལ་རྒྱུ་དེ་གྲུ་བཞིའམ། ཟླུམ་པོའམ། ནར་མོ་ལ་སོགས་པ་དབྱིབས། དཀར་པོ་ལ་སོགས་པ་ཁ་དོག །ཕྱི་དང་ནང་ལ་སོགས་པ་ཇི་ལྟར་འདུག་ལྟོས་ཤིག་གསུངས་པས། ཁོང་རྣམས་ཀྱིས་བཏགས་དོན་བཙལ་བས་མ་རྙེད་པས། སྤྲུལ་པ་ན་རེ། དེ་ལ་བསམས་ནས་འཇམ་དཔལ་གྱིས་གྲོལ་རྒྱུ་ཡང་མེད། ཐོབ་རྒྱུ་ཡང་མེད། མངོན་པར་རྟོགས་རྒྱུ་ཡང་མེད་པར་གསུངས་པ་ཡིན་ནོ་བྱས་པས་དགེ་སློང་དེ་དག་ཐམས་ཅད་སེམས་རྣམ་པར་གྲོལ་བར་གྱུར་ཏེ། སླར་ལོག་ནས་འཕགས་པ་འཇམ་དཔལ་ལ་བསྙེན་བཀུར་ཕུན་སུམ་ཚོགས་པ་བྱས་པ་སོགས་ཐབས་ལ་མཁས་པའི་མཛད་པའི་སྒོ་ནས་སེམས་ཅན་དཔག་ཏུ་མེད་པའི་དོན་མཛད་དོ། །ཡང་ལན་ཅིག་འཕགས་པ་འཇམ་དཔལ་གྱིས་རྒྱལ་པོ་གསལ་རྒྱལ་གྱི་བཙུན་མོའི་ཁྲིད་དུ་དབྱར་གནས་པ། རྒྱལ་བྱེད་ཚལ་དུ་བྱོན་པ་ལ། དགེ་སློང་འོད་སྲུངས་མ་རངས་པས་འཇམ་དཔལ་ལ་སྐྲོད་པའི་ལས་བྱ་བའི་ཕྱིར་གཎྜི་བརྡུངས་པ་ན། ཕྱོགས་བཅུའི་ཞིང་ཐམས་ཅད་འཇམ་དཔལ་གྱིས་གང་བར་མཐོང་བ་དང་། བཅོམ་ལྡན་འདས་ཀྱིས་འོད་སྲུངས་ལ། ཁྱོད་(༡༢༣༨)ཀྱིས་འཇམ་དཔལ་གྲངས་མེད་པ་འདི་དག་གི་ནང་ནས་གང་སྐྲོད་འདོད་གསུངས་པས་འོད་སྲུངས་སྐྲེངས་ཏེ། གཎྜི་བོར་བར་འདོད་ཀྱང་འཛོག་མ་ཐུབ་པས་སྒྲ་རྒྱུན་མི་འཆད་པར་བྱུང་བས། འཇམ་དཔལ་ལ་བཟོད་པར་གསོལ་བ་དང་གཎྜི་བཞག་ཐུབ་བོ། །གཞན་ཡང་འཕགས་པ་གང་པོས་གཙེར་བུ་པ་བདེན་པོ་སོགས་མུ་སྟེགས་བྱེད་མང་པོ་བདེན་པ་མཐོང་བའི་སྣོད་དུ་གཟིགས་ནས་ཆོས་བསྟན་ཀྱང་མི་ཉན་ཞིང་མ་ཐུལ་བར་ལུས་པ་ན། འཕགས་པ་འཇམ་དཔལ་གྱིས་སྤྲུལ་པ་ལྔ་བརྒྱ་བཀྱེ་ནས་བཏུལ་བ་སོགས་ཀྱི་གཏམ་རྒྱུད་ཡོད་དོ། །

འོ་ན་འཕགས་པ་འཇམ་དཔལ་འདི་ད་ལྟ་བྱང་སེམས་རང་རྒྱུད་པ་ཡིན་ནམ་སངས་རྒྱས་ཟིན་གང་ཡིན་སྙམ་ན། འདི་ཉིད་སྔོན་དེ་བཞིན་གཤེགས་པ་ཀླུ་རིགས་མཆོག་ཏུ་སངས་རྒྱས་དང་། མདོ་ཁ་ཅིག་ཏུ་ཀླུ་རིགས་སྒྲོན་མར་སངས་རྒྱས་པར་གསུངས། གཞན་ཡང་། འཕགས་པ་འཇམ་དཔལ་གྱིས་རབ་འབྱོར་ལ། ཁོ་བོ་ནི་ཡང་དག་པར་རྫོགས་པའི་སངས་རྒྱས་ཡིན་ཏེ་བྱ་བའི་རྒྱུན་བཅད་པ་ནི་མ་ཡིན་ནོ། །ཞེས་རྒྱུ་མཚན་དང་བཅས་པ་གསུངས་ཤིང་། འཇམ་དཔལ་ཞིང་བཀོད་ཀྱི་མདོ་ལས། འདི་ནི་དེ་བཞིན་གཤེགས་པའི་སྟོབས་བཅུ་ཡོངས་སུ་རྫོགས་སོ། །འདི་བྱང་ཆུབ་སེམས་དཔའི་ས་བཅུ་ཡོངས་སུ་རྫོགས་སོ། །འདི་སངས་རྒྱས་ཀྱི་ས་ཡོངས་སུ་རྫོགས་སོ། །ཞེས་སོགས་མང་དུ་གསུངས། དེ་ལྟར་སངས་རྒྱས་ཟིན་ཀྱང་སླར་ཡང་རྟུལ་མེད་ཡང་དག་བསགས་པ་ཞེས་བྱ་བའི་ཞིང་དུ་རྒྱལ་བ་ཀུན་ཏུ་གཟིགས་སུ་འཚང་རྒྱ་བའི་ཚུལ་སྟོན་ཏོ། །ཞིང་དེ་ནི་ལྷོ་ཕྱོགས་སུ་འབྱུང་ཞིང་འཇིག་རྟེན་གྱི་ཁམས་མི་མཇེད་འདི་ཉིད་ཀྱང་ཞིང་དེའི་ཁོངས་སུ་ཆུད་པར་གསུངས། ཞིང་དེའི་རྒྱ་ཁྱོན་ནི་གང྄་གཱའི་ཀླུང་དུ་མའི་བྱེ་མ་སྙེད་ཀྱི་(༡༢༩ན)གྲངས་དང་མཉམ་པའི་ཞིང་གི་ཐ་གྲུ་དང་མཉམ་ཞིང་། མགོ་ཁྲུད་སྲིད་པའི་རྒྱ་མོ་དང་མཉམ་པ་འོག་གཞི་རིན་པོ་ཆེ་སྣ་ཚོགས་ལས་གྲུབ་པ། ཞིང་དེར་མི་ཁོམ་པ་དང་། སྡུག་བསྔལ་མི་དགེ་བའི་སྒྲ་དང་། སྐྱོན་དུ་འགྱུར་བའི་སྒྲ་མེད་ཅིང་། སྒྲ་འབྱུང་བ་རྣམས་ཀྱང་ཆོས་སྒྲར་འབྱུང་། སངས་རྒྱས་ཀྱི་ཞིང་གཞན་གྱི་སྣོད་ཀྱི་ཡོན་ཏན་ཀུན་འདིའི་སྣོད་ཀྱི་ཞིང་ལ་ཚང་བ་ཡིན་ལ། ཞིང་དེའི་དབུས་ན། བྱང་ཆུབ་ཀྱི་ཤིང་སྟོང་གསུམ་གྱི་སྟོང་ཆེན་པོ་བཅུའི་འཇིག་རྟེན་གྱི་ཁྱོན་དང་མཉམ་པ། དེའི་རྩ་བར་སེང་གེ་ཆེན་པོ་བརྒྱད་ཀྱིས་བཏེག་པའི་རིན་པོ་ཆེའི་ཁྲིའི་སྟེང་ན་རྒྱལ་བ་ཀུན་ཏུ་གཟིགས་སྐུ་མདོག་གསེར་བཙོ་མ་ལྟ་བུ་རྫོ་རྗེའི་སྐྱིལ་མོ་ཀྲུང་གིས་བཞུགས་ཤིང་། ཕྱག་གཡས་སྐྱབས་སྦྱིན། གཡོན་མཉམ་གཞག་མཛད་པ། སྐུའི་ཚད་དཔག་ཚད་བརྒྱད་ཁྲི་བཞི་སྟོང་དང་ལྡན་པ། ཞིང་

དེའི་གདུལ་བྱ་རྣམས་ཀྱིས་སྐུ་བལྟ་བར་འདོད་ཆེ། ཁྲིའི་སྟེང་ན་སྐུ་བཞུགས་པ། རང་གི་མདུན་དུ་བཞུགས་པར་མཐོང་བའི་མོད་ལ། ཆོས་ཞུ་མི་དགོས་པར་ཆོས་ཀྱི་ཚིག་དོན་མཐའ་དག་ཁོང་དུ་ཆུད་ནས་མཁས་པར་འགྱུར་བ་ཡིན། ཞིང་དེ་ན། ཉན་རང་དང་། བུད་མེད་དང་། མངལ་ནས་སྐྱེ་བ་མེད་ཅིང་། ཞེ་སྡང་དང་། ཐ་བ་དང་འཆབ་པ་མེད་པར་ཚངས་པར་སྤྱོད་པའི་ཆ་ལུགས་ཅན། ནམ་མཁའ་ལ་སྐྱིལ་མོ་ཀྲུང་བཅས་པ། རྫུས་ཏེ་སྐྱེ་བ། སྐུ་དཔག་ཚད་བཞི་ཁྲི་ཉིས་སྟོང་ཡོད་པ་བྱང་ཆུབ་སེམས་དཔའ་ཤ་སྟག །མངོན་ཤེས་ལྔ་དང་ལྡན་པ། བཟའ་བཏུང་ཡིད་ལ་འདོད་པའི་ཚེ་རོ་མཆོག་དང་ལྡན་པའི་བཟའ་བཏུང་གིས་གང་བའི་སྣོད་ལག་པ་གཡས་པར་(༡༢༩བ)འབྱུང་། དེ་ཡང་གཞན་ལ་ཕུད་མ་ཕུལ་བར་རང་གིས་སྤྱོད་པ་ཚུལ་མ་ཡིན་ནོ་སྙམ་ནས་རྫུ་འཕྲུལ་གྱིས་ཕྱོགས་བཅུའི་སངས་རྒྱས་འཁོར་དང་བཅས་པ་ལ་ཕུལ། ཕོངས་ཤིང་སྡུག་བསྔལ་བ་དང་། ཡི་དྭགས་རྣམས་ཚིམ་པར་བྱས་ཏེ། རང་གི་ཞིང་དུ་འོངས་ནས་ལོངས་སྤྱོད་པར་བྱེད་ཅིང་། དེ་བཞིན་དུ་གོས་དང་ལོངས་སྤྱོད་གཞན་ལ་ཡང་དེ་ལྟར་བྱེད་དོ། །

དེས་ན་སངས་རྒྱས་གཞན་ཐམས་ཅད་ཀྱི་མཚན་བརྗོད་པ་ལས། འཕགས་པ་འཇམ་དཔལ་གྱི་མཚན་བརྗོད་པ་ཕན་ཡོན་ཆེ་ཞིང་། དེ་བས་ཀྱང་རྒྱལ་བ་ཀུན་ཏུ་གཟིགས་ཀྱི་མཚན་བརྗོད་པ་ཕན་ཡོན་ཆེ་བ་ཡིན་ཏེ། ཞིང་བཀོད་ཀྱི་མདོ་ལས། རིགས་ཀྱི་བུ་དག་སངས་རྒྱས་བྱེ་བ་ཕྲག་ཁྲིག་ཕྲག་འབུམ་གྱི་མཚན་བརྗོད་པ་བས་ནི། གང་གིས་འཇམ་དཔལ་གཞོན་ནུར་གྱུར་པའི་མིང་བརྗོད་པ་བསོད་ནམས་ཆེས་མང་དུ་བསྐྱེད་ན། བཅོམ་ལྡན་འདས་ཀུན་ཏུ་གཟིགས་ཀྱི་མཚན་བརྗོད་པ་ལྟ་ཅི་སྨོས། དེ་ཅིའི་ཕྱིར་ཞེ་ན་འཇམ་དཔལ་གཞོན་ནུར་གྱུར་པས་བསྐལ་པ་རེ་རེ་ཞིང་། སེམས་ཅན་གྱི་དོན་ཇི་སྙེད་དུ་བྱས་པའི་སེམས་ཅན་གྱི་དོན་དེ་ནི། སངས་རྒྱས་བྱེ་བ་ཕྲག་ཁྲིག་འབུམ་གྱིས་ཀྱང་མ་མཛད་དོ། །ཞེས་གསུངས་པའི་ཕྱིར། འོ་ན། འཇིག་རྟེན་གྱི་ཁམས་བདེ་བ་ཅན་དང་།

ཀུན་གཟིགས་ཀྱི་ཞིང་གཉིས་གང་ཁྱད་པར་འཕགས་ན། བདེ་བ་ཅན་གྱི་ཡོན་ཏན་ནི་རྒྱ་མཚོ་ཆེན་པོ་ནས་སྐྲའི་རྩེ་མོས་བླངས་པའི་ཆུ་ཐིགས་གཅིག་ཙམ། ཀུན་ཏུ་གཟིགས་ཀྱི་ཞིང་གི་ཡོན་ཏན་ནི་རྒྱ་མཚོ་ཆེན་པོའི་ཆུའི་མང་ཉུང་ལྟ་བུ་ཡིན་ནོ། །འོ་ན། རྒྱལ་བ་ཀུན་ཏུ་གཟིགས་པའི་ཞིང་ཁམས་(༡)༢༥(ན)ལྟ་བུ་གཞན་ཡོད་དམ་མེད་སྙམ་ན་ཡོད་དེ། དེ་བཞིན་གཤེགས་པ་ཀུན་གཟིགས་ཀྱི་ཞིང་དང་། དེ་བཞིན་གཤེགས་པ་ཀུན་ནས་འོད་ཟེར་ཡོན་ཏན་རྟག་ཏུ་མངའ་བ་རྒྱ་མཚོའི་རྒྱལ་པོའི་ཞིང་སྨོན་ལམ་ལ་རབ་ཏུ་གནས་པ་མངོན་པར་འཕགས་པ་གཉིས་ལ་ཡོན་ཏན་ལྷག་ཆད་མེད་དེ། གཞན་ཡང་རྒྱལ་བ་ཀུན་ཏུ་གཟིགས་པའི་ཞིང་ཁམས་ལྟ་བུ་ཡོད་དེ། བྱང་ཆུབ་སེམས་དཔའ་འོད་ཀྱི་ཏོག་དང་། བྱང་ཆུབ་སེམས་དཔའ་ཡེ་ཤེས་བླ་མ་དང་། བྱང་ཆུབ་སེམས་དཔའ་དབང་པོ་ཞི་བ་དང་། བྱང་ཆུབ་སེམས་དཔའ་སྨོན་ལམ་བློ་གྲོས་རྣམས་སངས་རྒྱས་པའི་སངས་རྒྱས་ཀྱི་ཞིང་ཡང་དེ་དང་འདྲ་བར་འགྱུར་བར་གསུངས་པས་བྱང་ཆུབ་སེམས་དཔའ་བརྒྱད་ཁྲི་བཞི་སྟོང་གིས་ཀྱང་། འཕགས་པ་འཇམ་དཔལ་གྱི་ཞིང་ལྟར་བསྒྲུབ་པའི་སྨོན་ལམ་བཏབ་པས། དེ་དག་གི་ནང་ནས་བྱང་ཆུབ་སེམས་དཔའ་བཅུ་དྲུག་གིས་འཕགས་པ་འཇམ་དཔལ་གྱི་ཞིང་ལྟར་འགྲུབ་ཅིང་། ལྷག་མ་རྣམས་ཀྱིས་དེ་ལྟར་མི་འགྲུབ་ཀྱང་། བདེ་བ་ཅན་ལྟར་འགྲུབ་པར་གསུངས་སོ། །འོ་ན། །བདེ་བ་ཅན་གྱི་གདུལ་བྱ་དང་། རྒྱལ་བ་ཀུན་ཏུ་གཟིགས་པའི་གདུལ་བྱ་ལ་མང་ཉུང་གི་ཁྱད་པར་ཇི་ལྟར་ཡོད་ན་ཁྱད་པར་ཡོད་དེ། བདེ་བ་ཅན་ན་ཉན་ཐོས་ཡོད་ཅིང་། རྒྱལ་བ་ཀུན་ཏུ་གཟིགས་པའི་ཞིང་ཁམས་རྡུལ་མེད་ཡང་དག་བསགས་ན། འཁོར་བྱང་ཆུབ་སེམས་དཔའ་ཤ་སྟག་ལས་ཉན་རང་མེད། བདེ་བ་ཅན་གྱི་ཞིང་གི་གདུལ་བྱ་ནི་རྒྱལ་བ་ཀུན་ཏུ་གཟིགས་ཀྱི་ཞིང་གི་གདུལ་བྱ་ལ་(༡)༢༥(བ)ལྟོས་ན་ཏིལ་གྱི་རྫང་བ་ཞིག་གི་ཏིལ་འབྲུ་གཅིག་ལྟ་བུ། རྒྱལ་བ་ཀུན་ཏུ་གཟིགས་པའི་ཞིང་གི་གདུལ་བྱའི་གྲངས་རྫང་ནང་གི་ཏིལ་བྱེངས་པོ་ཙམ་གྱི་ཚོད་ཡིན་

པར་གསུངས། གཞན་ཡང་རྒྱལ་བ་ཀུན་ཏུ་གཟིགས་པའི་ཞིང་ཁམས་སུ་སྐྱེ་བར་སྨོན་ལམ་བཏབ་པས། ལོངས་སྐུ་དང་སྤྲུལ་སྐུའི་ཞིང་ཐམས་ཅད་དུ་སྐྱེ་བའི་སྨོན་ལམ་བཏབ་པར་འགྲོ་ཞིང་། འཇམ་དཔལ་དང་། རྒྱལ་བ་ཀུན་ཏུ་གཟིགས་ལ་ཡི་དམ་བྱས་པས་མདོ་སྔགས་ཀྱི་ལྷ་ཚོགས་ཐམས་ཅད་ལ་ཡི་དམ་བྱས་པར་འགྲོ་བར་གསུངས་སོ། །དེས་ན་ཞིང་དེར་སྐྱེ་བའི་རྒྱུའི་གཙོ་བོ་ནི། ཞིང་དེའི་ཡོན་ཏན་ཡིད་ལ་ཡང་ཡང་སེམས་པ། བྱང་ཆུབ་ཏུ་སེམས་བསྐྱེད་པ། སྤྱོད་པ་ཕྱིན་དྲུག་གི་གསལ་བའི་དབྱེ་བ་ མཐའ་ དག་ལ་སློབ་པ། འཕགས་པ་འཇམ་དཔལ་དང་། རྒྱལ་བ་ཀུན་ཏུ་གཟིགས་ཀྱི་མཚན་ནས་བརྗོད་པ། སྔགས་བཟླ་བ། དེ་གཉིས་ཀྱི་སྐུ་བཞེངས་པ། དེའི་གསུང་རབ་འདྲི་ཀློག་སོགས་བྱ་བ་ཡིན་ནོ། །

དེས་ན་བྱང་ཆུབ་ལམ་རིམ་ལ་བློ་སྦྱོང་བར་འདོད་པ་རྣམས་ཀྱིས་རྗེ་བཙུན་འཇམ་པའི་དབྱངས་ཀྱི་སྐུ་གསུང་ཐུགས་ཀྱི་ཡོན་ཏན་རྣམས་བསམས་ནས་དད་གུས་ཆེན་པོས་གསོལ་བ་འདེབས་པ་ཤིན་ཏུ་གལ་ཆེ་སྟེ། སྤྱིར་བྱང་ཆུབ་ལམ་རིམ་ལ་གོ་བ་ཆགས་པ་དང་། ངེས་ཤེས་ཁྱད་པར་ཅན་བསྐྱེད་པ་ལ་ཆོས་རབ་ཏུ་རྣམ་འབྱེད་ཀྱི་ཤེས་རབ་རྒྱས་དགོས་པས། ལྷག་པར་ཟབ་མོ་དབུ་མའི་ལྟ་བ་ཕྲ་ཐག་ཆོད་པ་ཞིག་རྙེད་པ་ལ་སོ་སོར་རྟོག་པའི་ཤེས་རབ་ཤིན་ཏུ་གསལ་ཞིང་རྣོ་བ་ཞིག་དགོས། ཤེས་རབ་དེ་ལྟ་བུ་ཞིག་སྐྱེ་བ་ལ་བླ་མ་དང་རྗེ་བཙུན་འཇམ་དཔལ་དབྱངས་དབྱེར་མ་མཆིས་པ་ལ་གསོལ་བ་ཤུགས་དྲག་(༡༢༨ན)ལ་རྒྱུན་རིང་བ་བཏབ་སྟེ་སེམས་རྒྱུད་ལ་བྱིན་རླབས་ཞུགས་པ་ཞིག་དགོས་ཞེས་མགོན་པོ་འཇམ་དཔལ་དབྱངས་ཀྱིས་རྗེ་བདག་ཉིད་ཆེན་པོ་ལ་དངོས་སུ་གདམས་པ་ལྟར་ཡིན་པས་རྗེ་བཙུན་འཇམ་དཔལ་དབྱངས་ལ་གསོལ་བ་ཤུགས་དྲག་འདེབས་ཤིང་བྱང་ཆུབ་ལམ་གྱི་རིམ་པའི་ཉམས་ལེན་ལ་འབད་པར་བྱའོ།། །།

འཕགས་པ་ཀླུ་སྒྲུབ་ཀྱི་རྣམ་ཐར།

ཟབ་མོའི་དོན་གཟིགས་འཕགས་མཆོག་ཀླུ་སྒྲུབ་ཞབས། །ཞེས་བསྔགས་པ་དཔལ་མགོན་འཕགས་པ་ཀླུ་སྒྲུབ་ནི། སྔོན་བསྐལ་པ་གྲངས་མེད་མུ་མེད་པའི་དུས་ནས་ཐུགས་བསྐྱེད། བསྐལ་ཆེན་གྲངས་མེད་མང་པོར་ཚོགས་གཉིས་བར་མ་ཆད་དུ་བསགས། འཇིག་རྟེན་གྱི་ཁམས་བརྗོད་ཀྱིས་མི་ལང་བའི་ཡང་བརྗོད་ཀྱིས་མི་ལང་བར་སེམས་ཅན་གྲངས་མེད་པའི་དོན་མཛད་བཞིན་པ་ལས། ཞིང་འདིར་ཐུབ་པའི་བསྟན་པ་སྤེལ་བའི་སླད་དུ་བསམ་བཞིན་དུ་བྱོན་པ་ཞིག་སྟེ། དེ་ཡང་དཔལ་མགོན་འཕགས་པ་ཀླུ་སྒྲུབ་ཞིང་འདིར་བྱོན་ནས་རྒྱལ་བའི་བསྟན་པ་སྤེལ་བར་རྒྱལ་བ་རང་ཉིད་ཀྱིས་ལུང་བསྟན་ཏེ། དཔལ་མགོན་འཕགས་པ་ཀླུ་སྒྲུབ་ཞིང་འདིར་ཐུབ་པའི་བསྟན་པ་སྤེལ་བའི་ཕྱིར་འབྱོན་པ་དང་ཇི་ལྟར་ཐུགས་བསྐྱེད་པ་ལྟར་རྒྱལ་བ་མྱ་ངན་ལས་འདས་ནས་བསྟན་པ་ཉམས་དམས་པར་གྱུར་པ་ན་འཕགས་པ་ཀླུ་སྒྲུབ་བྱོན་ནས་བསྟན་པ་རྒྱ་ཆེར་སྤེལ་བར་རྒྱལ་བ་ཉིད་ཀྱིས་ལུང་བསྟན་པ་ནི། སྔོན་ཐུགས་བསྐྱེད་ཚུལ་སྤྲིན་ཆེན་པོའི་མདོ་ལས་ཇི་ལྟར་གསུངས་པ་ནི། སྔོན་བྱུང་བ་འདས་པའི་དུས་ན་བསྐལ་པ་གྲངས་མེད་མུ་མེད་པ་འདས་པའི་སྔོན་རོལ་(༡༢༨བ)ཏུ་བདག་ཉིད་ཆེན་པོ་འདི་ཆོས་ཀྱི་རྒྱལ་པོ་བརྩོན་འགྲུས་ཆེན་པོའི་ཀླུ་ཞེས་བྱ་བར་འཁྲུངས་པའི་ཚེ། དེ་བཞིན་གཤེགས་པ་ཀླུ་རིགས་སྒྲོན་མ་ཞེས་བྱ་བ་དང་མཇལ་ཏེ། དེའི་ཚེ་དེ་བཞིན་གཤེགས་པ་ཀླུ་རིགས་སྒྲོན་མ་ལ་མཆོད་པའི་དངོས་པོ་ཚད་མེད་པས་མཆོད་ཅིང་རིན་པོ་ཆེ་རིན་ཐང་མེད་པ་སྣར་བ་གང་གཏོར་ཏེ་ཐུགས་བསྐྱེད་དང་སྨོན་ལམ་རྒྱ་ཆེན་པོ་མཛད་ཅིང་། ལྷག་པར་མ་འོངས་པའི་དུས་ན་བཅོམ་ལྡན་འདས་ཤཱཀྱ་ཐུབ་པའི་བསྟན་པ་ནུབ་པ་ལ་ཐུག་པའི་ཚེ། བདག་རབ་ཏུ་བྱུང་

སྟེ་ཆོས་ཀྱི་སྦྲ་ཆེན་པོ་ལན་གསུམ་བསྒྲགས་ལ་དམ་པའི་ཆོས་ཀྱི་ཕྱིར་བདག་གི་སྲོག་ཀྱང་འདོར་བར་གྱུར་ཅིག །ཅེས་ཞིང་འདིར་སྟོན་པའི་བསྟན་པ་སྤེལ་བའི་ཐུགས་བསྐྱེད་དང་དམ་བཅའ་མཛད་དོ། །དེ་ལྟར་ཐུགས་བསྐྱེད་པ་ལྟར་ཞིང་འདིར་སྟོན་པ་ཐུབ་པའི་དབང་པོ་བྱོན་པའི་ཚེ་ལི་ཙ་བྱི་གཞོན་ནུ་འཇིག་རྟེན་ཐམས་ཅད་ཀྱིས་མཐོང་ན་དགའ་བ་ཞེས་བྱ་བར་འཁྲུངས་པ་ན། ཐུབ་པའི་དབང་པོས་འཁོར་ཚོགས་རྒྱ་མཚོ་ལྟ་བུའི་དབུས་སུ་གཞོན་ནུ་དེའི་ཡོན་ཏན་རྒྱ་ཆེར་བསྔགས་ཤིང་། རྒྱལ་བ་རང་ཉིད་མྱ་ངན་ལས་འདས་པའི་འོག་ཏུ་ལོ་བཞི་བརྒྱ་ལོན་པ་ན་འཕགས་པ་ཀླུ་སྒྲུབ་ཏུ་གྱུར་ནས་རྒྱལ་བའི་བསྟན་པ་རྒྱས་པར་བྱེད་པར་ལུང་བསྟན། ལངྐར་གཤེགས་པའི་མདོ་ལས་ཀྱང་། ལྷོ་ཕྱོགས་བེ་དའི་ཡུལ་དུ་ནི། དགེ་སློང་དཔལ་ལྡན་ཆེར་གྲགས་པ། །དེ་མིང་ཀླུ་ཞེས་བོད་པ་སྟེ། །ཡོད་དང་མེད་པའི་ཕྱོགས་འཇིག་པ། །ང་ཡི་ཐེག་པ་འཇིག་རྟེན་དུ། །བླ་མེད་ཐེག་ཆེན་རབ་བཤད་ནས། །རབ་ཏུ་དགའ་བའི་ས་བསྒྲུབས་ཏེ། །བདེ་བ་ཅན་དུ་དེ་འགྲོའོ། །(ཀ)༢༧ན)ཞེས་དང་། འཇམ་དཔལ་རྩ་རྒྱུད་ལས། དེ་བཞིན་གཤེགས་པ་ང་འདས་ནས། །ལོ་ནི་བཞི་བརྒྱ་ལོན་པ་ན། །དགེ་སློང་ཀླུ་ཞེས་དེ་འབོད་འབྱུང་། །བསྟན་པ་ལ་ནི་དད་ཅིང་ཕན། །རབ་ཏུ་དགའ་བའི་ས་ཐོབ་པ། །ལོ་ནི་དྲུག་བརྒྱ་དག་ཏུ་འཚོ། །རིག་པ་རྨ་བྱ་ཆེན་མོ་ནི། །བདག་ཉིད་ཆེན་པོ་དེས་ཀྱང་འགྲུབ། །བསྟན་བཅོས་སྣ་ཚོགས་དོན་དང་ནི། །དངོས་པོ་མེད་པའི་དོན་དེ་རིག །གང་ཚེ་ལུས་དེ་བོར་བ་ན། །བདེ་བ་ཅན་དུ་སྐྱེ་བར་འགྱུར། །དེ་ནི་མཐར་གྱི་སངས་རྒྱས་ཉིད། །ངེས་པ་ཁོ་ནར་ཡང་དག་ཐོབ། །ཅེས་དང་། གསེར་འོད་དམ་པའི་མདོ་ལས་ལི་ཙ་བྱི་གཞོན་ནུ་འཇིག་རྟེན་ཐམས་ཅད་ཀྱིས་མཐོང་ན་དགའ་བ་ཞེས་རྒྱ་ཆེར་བསྔགས་པ་དེ་ཡང་བདག་ཉིད་ཆེན་པོ་འཕགས་པ་ཀླུ་སྒྲུབ་འདི་ཉིད་ཡིན་ཏེ། འཕགས་པ་སྤྲིན་ཆེན་པོ་སྟོང་ཕྲག་བཅུ་གཉིས་པའི་མདོ་འདུག་འགྲེལ་དུ་དྲངས་པ་ལས། ཀུན་དགའ་བོ། །ལི་ཙ་བྱི་གཞོན་ནུ་སེམས་

ཅན་ཐམས་ཅད་ཀྱིས་མཐོང་ན་དགའ་བ་ཞེས་བྱ་བ་འདི་ནི། ང་མྱ་ངན་ལས་འདས་ནས་ལོ་བཞི་བརྒྱ་ལོན་པ་ན་ཀླུ་ཞེས་བྱ་བའི་དགེ་སློང་དུ་གྱུར་ནས་ངའི་བསྟན་པ་རྒྱས་པར་བྱས་ཏེ། མཐར་རབ་ཏུ་དང་བའི་འོད་ཅེས་བྱ་བའི་ཞིང་དུ་དེ་བཞིན་གཤེགས་པ་ཡེ་ཤེས་འབྱུང་གནས་འོད་ཅེས་བྱ་བར་འགྱུར་རོ། །ཞེས་གསུངས། རྔ་བོ་ཆེའི་མདོ་ལས་ཀྱང་། ལི་ཙྪ་བྱི་གཞོན་ནུ་འཇིག་རྟེན་ཐམས་ཅད་ཀྱིས་མཐོང་ན་དགའ་བ་འདི་སྟོན་པ་འདས་ནས་ལོ་བརྒྱད་ཅུ་པ་ལ་བསྟན་པ་ཉམས་པའི་ཚེ། སྟོན་པའི་མཚན་འཆང་བའི་དགེ་སློང་དུ་གྱུར་ནས་བསྟན་པ་རྒྱས་པར་བྱས་ཏེ་ལོ་(༡༧༨བ)བརྒྱ་ལོན་པའི་འོག་ཏུ་འདས་ནས་བདེ་བ་ཅན་དུ་སྐྱེ་བར་གསུངས་སོ། །

དུས་ཀྱི་འཁོར་ལོའི་རྒྱུད་ཕྱི་མ་ལས་ཀྱང་བདག་ཉིད་ཆེན་པོ་འདིས་བསྟན་པ་དང་སེམས་ཅན་གྱི་དོན་རྒྱ་ཆེན་པོ་བྱེད་པར་ལུང་བསྟན་ཅིང་། སྔར་སྨོས་པ་དེ་དག་ཀྱང་མཚོན་བྱེད་ཙམ་ཡིན་གྱི། དཔལ་མགོན་འཕགས་པ་ཀླུ་སྒྲུབ་ལུང་བསྟན་པའི་མདོ་རྒྱུད་ཀྱི་གསུང་རབ་བརྒྱ་ཕྲག་ཙམ་ཡོད་ཅེས་འཕགས་ཡུལ་མཁས་པ་རྣམས་ལ་གཏམ་དུ་གྲགས་སོ། །དཔལ་མགོན་འཕགས་པ་ཀླུ་སྒྲུབ་དུས་ཇི་ཙམ་ལ་བྱོན་པ་ནི་རྒྱལ་བ་མྱ་ངན་ལས་འདས་པའི་འོག་ཏུ་རྒྱལ་བའི་བསྟན་པ་འཛིན་པའི་སྐྱེས་བུ་ཇི་ལྟར་འབྱུང་བ་རྒྱལ་བ་ཉིད་ཀྱི་གསུང་ཚད་མར་གྱུར་པ་ལས་ཤེས་ཏེ། སྙིང་རྗེ་པད་དཀར་ལས། སྟོན་པ་འདས་ནས་བསྟན་པ་སུས་འཛིན་ཞེས་ཞུས་པའི་ལན་དུ། ཀུན་དགའ་བོ་དགེ་སློང་འོད་སྲུངས་དང་ཁྱོད་གཉིས་ཀྱིས་ལོ་བཞི་བཅུ་ལྷག་ཙམ་དུ་ངའི་དམ་པའི་ཆོས་འཛིན་པར་འགྱུར་རོ། །ཞེས་སོགས་ལུང་བསྟན་པ་ལྟར་རྒྱལ་བ་མྱ་ངན་ལས་འདས་ནས་གནས་བརྟན་འོད་སྲུངས་ཆེན་པོ་དང་འཕགས་པ་ཀུན་དགའ་བོ་དང་གནས་བརྟན་ཉེ་བར་འཁོར་གསུམ་གྱིས་རྒྱལ་བས་གསུངས་པའི་སྡེ་སྣོད་གསུམ་མ་ལུས་པར་བསྡུས་ཏེ་བཀའ་བསྡུ་དང་པོ་མཛད་ནས་འཇིག་རྟེན་དུ་རྒྱལ་བའི་བསྟན་པ་མི་ནུབ་པར་དར་ཞིང་

རྒྱས་པར་བྱས། དེ་ནས་འོད་སྲུངས་ཆེན་པོ་མྱ་ངན་ལས་འདས་ནས་འཕགས་པ་ཀུན་དགའ་བོས་རྒྱལ་བའི་བསྟན་པ་བཟུང་སྟེ་ལོ་བཞི་བཅུའི་རིང་ལ་རྒྱ་ཆེར་སྤེལ། དེ་ནས་རིམ་གྱིས་ལེགས་མཐོང་ཆེན་པོའི་བར་བསྟན་པའི་གཏད་(༡༢༨ན)རབས་བདུན་གྱིས་རྒྱལ་བསྟན་མི་ནུབ་པར་སྤེལ་བར་མཛད། དེ་ནས་རྒྱལ་བ་མྱ་ངན་ལས་འདས་ནས་ལོ་བརྒྱ་ལོན་པ་ཙམ་ན་དགེ་སློང་རྩིང་སྤྱོད་ཅན་མང་པོ་ཞིག་གིས་གསེར་དངུལ་གྱི་རུང་བ་ཞེས་པ་ལ་སོགས་པ་འདུལ་བའི་བསླབ་པ་དང་འགལ་བའི་གཞི་བཅུ་དར་བ་ན་དཀར་ཕྱོགས་ཀྱི་ལྷ་རྣམས་ཀྱིས་རྒྱལ་བའི་བསྟན་པ་ལ་རྨ་ཕྱུང་ངོ་ཞེས་མྱ་ངན་ཆེན་པོ་བྱས་ཤིང་སྨྲེ་སྔགས་བཏོན་ཏེ་འཛམ་བུའི་གླིང་དང་རྒྱལ་ཆེན་བཞིའི་ལྷ་གནས་དང་སུམ་ཅུ་རྩ་གསུམ་སོགས་ལྷ་གནས་གོང་མ་རྣམས་སུ་འང་བསྒྲགས་ཏེ་དཀར་ཕྱོགས་ཀྱི་ལྷ་རྣམས་མྱ་ངན་ཆེན་པོར་གྱུར་ཅིང་བདུད་རིགས་རྣམས་དགའ་བའི་ཅ་ཅོ་སྒྲོག་པ་ཞིག་བྱུང་བ་ན་སྔོན་གྱི་ཐུགས་བསྐྱེད་དང་སྨོན་ལམ་གྱི་མཐུས་ཆོས་རྒྱལ་མྱ་ངན་མེད་ཅེས་བྱ་བ་བྱོན་ཏེ། ཆོས་རྒྱལ་དེས་སྦྱིན་བདག་བྱས། གནས་བརྟན་གྲགས་པ་ལ་སོགས་པ་དགྲ་བཅོམ་པ་བདུན་བརྒྱ་ཚོགས་ཏེ་ལོག་པར་སྨྲ་བ་རྣམས་བསུན་ཕྱུང་སྟོན་པ་ཐུགས་རྗེ་ཅན་དེས་འདུལ་བའི་བསླབ་ཁྲིམས་ཇི་ལྟར་བཅས་པ་དེ་ཁོ་ན་ལྟར་བྱ་བར་བསྒྲུབས་ཏེ་བཀའ་བསྡུ་གཉིས་པ་མཛད། དེའི་ཚེ་དཀར་ཕྱོགས་ཀྱི་ལྷ་རྣམས་དགའ་བའི་ཅ་ཅོ་སྒྲོག་ཅིང་ཡིད་ཆེས་པར་འགྱུར། དེ་ནས་དུས་རིམས་ཀྱིས་སྙིགས་པར་གྱུར་པ་དང་སེམས་ཅན་རྣམས་བསོད་ནམས་དམན་པའི་དབང་གིས་དམ་པའི་ཆོས་འདུལ་བ་ལ་ལོག་པར་སྨྲ་བ་མང་དུ་དར་ཞིང་། ལྷག་པར་སྡེ་པ་བཅོ་བརྒྱད་དུ་གྱེས་ཏེ་དེ་དག་ཐམས་ཅད་ནང་མི་མཐུན་པར་ཁོ་བོ་ཅག་གི་འདི་ཁོ་ན་བདེན་གྱི་གཞན་ནི་གཏི་མུག་གོ་ཞེས(༡༢༨བ)རྩོད་པས་དུས་འདའ་བར་གྱུར་ཅིང་དམ་པའི་ཆོས་འདུལ་བ་ལ་གློག་པ་ཐོས་བསམ་དང་། སྤྱོད་པ་བསམ་གཏན་བྱ་བའི་ཚུལ་རྣམས་ཆེས་ཆེར་ཉམས་ཤིང་ཉན་ཐོས་ཀྱི་གྲུབ་མཐའ་

སྨྲ་བ་མང་པོ་ཞིག་གིས་ཐེག་ཆེན་གྱི་མདོ་སྡེ་རྣམས་རྒྱལ་བའི་བཀའ་མིན་ནོ་ཞེས་ལོག་པར་སྨྲ་བའི་གདམ་རྒྱ་ཆེར་བསྒྲགས་ཏེ་རྒྱལ་བའི་བསྟན་པ་ཆེས་ཆེར་ཉམས་པ་ན་སྟོན་པ་ཐུགས་རྗེ་ཅན་ཉིད་ཀྱི་ཐུགས་བསྐྱེད་དང་སྨོན་ལམ་གྱི་མཐུས་ནམ་ཞིག་ན་རྒྱལ་པོ་ཀྲི་ཀྲིའི་རྨི་ལྟས་ལུང་བསྟན་པའི་མདོ་རྙེད་ནས་བལྟས་པས། རྒྱལ་བ་འོད་སྲུངས་ཀྱིས་རྒྱལ་པོ་ཀྲི་ཀྲི་ལ་ཁྱོད་ཀྱི་རྨི་ལྟས་དེ་རྣམས་བཅོམ་ལྡན་འདས་ཤཱཀྱ་ཐུབ་པའི་བསྟན་པ་ལ་འདི་ལྟར་འབྱུང་བའི་སྔ་ལྟས་ཡིན། ཞེས་གསུངས་ཤིང་། རྒྱལ་པོ་ཀྲི་ཀྲིའི་རྨི་ལྟས་ཇི་ལྟར་བྱུང་ཚུལ་ནི། མ་ག་དྷ་བཟང་མོའི་རྟོགས་པ་བརྗོད་པ་ལས། སངས་རྒྱས་འོད་སྲུངས་ཀྱི་དུས་སུ་དེའི་སྦྱིན་བདག་རྒྱལ་པོ་ཀྲི་ཀྲི་ཞེས་བྱ་བ་བྱུང་བ་དེའི་རྨི་ལམ་དུ། གླང་པོའི་རྒྱལ་པོ་སྐར་ཁུང་ནས་བྱུང་བ་ལ་དེའི་མཇུག་མ་ཐོགས་པ་དང་། སྐོམ་པས་ཕྱི་ནས་ཁྲིན་པ་བསྙེགས་པ་དང་། ཕྱེ་བྲེ་གང་དང་མུ་ཏིག་བྲེ་གང་འཚོང་བྱེད་པ་དང་། ཙནྡན་དང་ཤིང་ཕལ་པ་རིན་མཉམ་པར་བྱེད་པ་དང་། ཀུན་དགའ་ར་བའི་མེ་ཏོག་དང་འབྲས་བུ་ཕུན་སུམ་ཚོགས་པ་མ་བྱིན་པར་ལེན་པས་ཕྲོགས་པ་དང་། གླང་པོའི་ཕྲུག་གུས་སྨྱོས་ཀྱི་གླང་པོ་འཇིགས་པར་བྱེད་པ་དང་། སྤྲེའུ་མི་གཙང་བས་གོས་པས་གཞན་ལ་སྐྱུད་པ་དང་། སྤྲེའུ་རྒྱལ་པོར་དབང་བསྐུར་བ་མཐོང་བ་དང་། རས་ཡུག་གཅིག་མི་བཅོ་བརྒྱད་ཀྱིས་བགོས་པ་ལས་རེ་རེའི་ལག་ཏུ་(༡༢༨ན)ཡང་རས་ཡུག་ཚང་མ་རེ་རེ་བྱུང་བ་དང་། སྐྱེ་བོའི་ཚོགས་ཆེན་པོ་འདུས་ན་འཐབ་རྩོད་བྱེད་པ་མཐོང་སྟེ། རྨི་ལམ་བཅུ་རྨིས་པས་བདག་ཉེས་སུ་དོགས་པས་འཇིགས་ཏེ། བཅོམ་ལྡན་འདས་འོད་སྲུངས་ལ་ཞུས་སོ། །བཅོམ་ལྡན་འདས་ཀྱིས་དེ་དག་རྒྱལ་པོ་ཁྱོད་ལ་ཉེས་དམིགས་སུ་འགྱུར་བ་མ་ཡིན་གྱི། མ་འོངས་པ་ན་ཚེ་ལོ་བརྒྱ་པའི་ཚེ་ཡང་དག་པར་རྫོགས་པའི་སངས་རྒྱས་ཤཱཀྱ་ཐུབ་པའི་བསྟན་པ་ལ་མ་སྦྱངས་པའི་དགེ་སློང་རྣམས་ཁྱིམ་ནས་བྱུང་ཡང་གཙུག་ལག་ཁང་དང་རྙེད་པ་ལ་ཆགས་པ་འབྱུང་བས། གླང་པོ་ལུས་ཐོན་ནས་མཇུག་ཐོགས

པ་དེ་ནི་དེའི་ལྟས་སོ། །སྐྲོམ་པས་ཕྱི་ནས་ཁྲིད་པ་བསྐྱེགས་པ་ནི། གཙུག་ལག་ཁང་ན་གནས་པ་ལ་གཞན་གྱིས་ཆོས་བཤད་པ་ན་ཉན་པར་མི་བྱེད་པའི་ལྟས་སོ། །ཕྱི་དང་མྱུ་ཏིག་བརྗེ་བ་ནི་དེའི་ཚེ་ཉན་ཐོས་རྣམས་བཟའ་བའི་ཆེད་དུ་ཆོས་སྟོན་པ་འབྱུང་བས་དེའི་ལྟས་སོ། །ཙན་དན་དང་ཤིང་གཞན་མཉམ་པར་མཐོང་བ་དེ་ནི། དེའི་ཚེ་ཉན་ཐོས་རྣམས་མུ་སྟེགས་ཀྱི་གཞུང་དང་། སངས་རྒྱས་ཀྱི་བཀའ་མཉམ་པར་འཛིན་པ་འབྱུང་བས་དེའི་ལྟས་སོ། །ཀུན་དགའ་ར་བའི་མེ་ཏོག་ལ་སོགས་པ་ཕུན་སུམ་ཚོགས་པ་ཆོམ་པོས་ཕྲོགས་པ་ནི། དེའི་ཚེ་ཉན་ཐོས་མ་བསྡམས་པ་རྣམས་དགེ་འདུན་གྱི་ལོངས་སྤྱོད་ཀྱིས་ཁྱིམ་པའི་ངོ་བསྲུང་བ་འབྱུང་བས་དེའི་ལྟས་སོ། །གླང་པོ་ཕྲུ་གུས་སྤོས་ཀྱི་གླང་པོ་འཇིགས་པར་བྱ་པ་ནི། དགེ་སློང་སྡིག་ཅན་གྱིས་ཚུལ་ཁྲིམས་དང་ལྡན་པའི་དགེ་སློང་ཟིལ་གྱིས་གནོན་པ་འབྱུང་བས་(༡༢༩བ)དེའི་ལྟས་སོ། །མི་གཙང་བས་གོས་པའི་སྤྲེའུས་གཞན་ལ་སྐུད་པ་ནི། ཚུལ་ཁྲིམས་ཉམས་པས་ཚུལ་ཁྲིམས་དང་ལྡན་པ་ལ་སྐུར་པ་འདེབས་པར་འགྱུར་བས་དེའི་ལྟས་སོ། །སྤྲེའུ་རྒྱལ་པོར་དབང་བསྐུར་བ་ནི། དེའི་དུས་སུ་སྨྱོངས་པ་རྣམས་རྒྱལ་པོར་དབང་བསྐུར་བ་འབྱུང་བས་དེའི་ལྟས་སོ། །མི་བཅོ་བརྒྱད་ཀྱིས་རས་ཡུག་གཅིག་བགོས་པས་སོ་སོའི་ལག་ཏུ་མ་ཉམས་པར་བྱུང་བ་ནི། ཤཱཀྱ་ཐུབ་པའི་བསྟན་པ་ལ་སྡེ་པ་བཅོ་བརྒྱད་དུ་ཕྱེས་ཀྱང་ཐམས་ཅད་རྣམ་པར་གྲོལ་བའི་སྐལ་བ་ཅན་ཡིན་པས་དེའི་ལྟས་སོ། །སྐྱེ་བོའི་ཚོགས་འདུས་ནས་འཐབ་རྩོད་བྱེད་པ་དེ་ནི་ཤཱཀྱ་ཐུབ་པའི་བསྟན་པ་རྩོད་པའི་ཆོས་ཀྱིས་ནུབ་པར་འགྱུར་བས་དེའི་ལྟས་སོ། །ཞེས་འབྱུང་ངོ་། །མདོ་དེ་མཐོང་ནས་སྡེ་པ་བཅོ་བརྒྱད་པོ་ཐམས་ཅད་བློ་མཐུན་པར་གྱུར་ཏེ་གནས་བརྟན་སོ་སོའི་སྐད་མི་འདྲ་བ་དང་། ཆ་ལུགས་ཙུང་ཟད་ཀྱི་ཁྱད་པར་ལས། དོན་དུ་རྒྱལ་བའི་བཀའ་ཉིད་ལ་མཐུན་ཞིང་ཐམས་ཅད་ལམ་བསླབ་པ་གསུམ་ཉམས་སུ་བླངས་ཏེ་རྣམ་གྲོལ་ཐར་པ་སྒྲུབ་པའི་འབྲས་བུ་ཅན་དུ་མཚུངས་པར་མཐོང་ནས་ཀློག་པ་ཐོས་བསམ་དང་

སློང་བ་བསམ་གཏན་གཉིས་ཀྱི་སྒོ་ནས་རྒྱལ་བསྟན་འཕེལ་བར་གྱུར་ཏེ། དེ་ལ་ནི་བསྟུ་བ་གསུམ་པ་ཞེས་གྲགས་སོ། །

དེ་ནས་ཡང་རྒྱལ་བསྟན་རིམ་གྱིས་ཉམས་དམས་ཤིང་ལྷག་པར་ཐེག་པ་ཆེན་པོའི་བསྟན་པ་མིང་ཙམ་ཡང་ནུབ་པ་ལ་ཕྱོགས་པ། རྒྱལ་བ་མྱ་ངན་ལས་འདས་ནས་ལོ་བཞི་བརྒྱ་ཙམ་ལོན་པ་ན་བདག་ཉིད་ཆེན་པོ་དཔལ་མགོན་འཕགས་པ་ཀླུ་སྒྲུབ་ཞིང་འདིར་བྱོན་ནོ། །འཕགས་(༡༣༠ན)པ་ཀླུ་སྒྲུབ་གང་དུ་འཁྲུངས་པའི་ཡུལ་ནི། རྒྱ་གར་ལྷོ་ཕྱོགས་བཻ་དརྦྷའི་ཡུལ་ཏེ་ཡུལ་དེར་བྲམ་ཟེ་ཆེན་པོ་ཞིག་ལ་བུ་མེད་པ་ན། རྨི་ལམ་དུ་བྲམ་ཟེ་བརྒྱ་ལ་ཆོས་དྲངས་ན་བུ་སྐྱེད་པའི་ལུང་བསྟན་བྱུང་བར་དེ་ལྟར་བྱས་པས། བུ་གཅིག་བཙས་ཏེ་མཚན་མཁན་ལ་བསྟན་པས། མཚན་བཟང་མོད་ཀྱི་ཞག་བདུན་གྱི་ཚེ་ལས་མེད་ཟེར་བར། ཐབས་ཅི་ཡོད་དྲིས་པས། བྲམ་ཟེ་བརྒྱ་ལ་ཆོས་སྟོན་དྲངས་ན་ཟླ་བ་བདུན་དང་། དགེ་སློང་བརྒྱ་ལ་ཆོས་སྟོན་དྲངས་ན་ལོ་བདུན་འཚོ། དེ་ནས་ཐབས་མེད་ཟེར་བས། དེ་ལྟར་བྱས་ཏེ་ལོ་བདུན་དུ་ཉེ་བ་ན། བུའི་ངོ་མཐོང་བ་ཕ་མས་མ་བཟོད་པས། གཡོག་དང་བཅས་པ་འབྲུམ་དུ་བཏང་ངོ་། །དེ་ནས་རིམ་གྱིས་སོང་སྟེ་ཁ་སརྤ་ཎིའི་ཞལ་བལྟས་ཏེ། རིམ་གྱིས་དཔལ་ན་ལནྡྲའི་ས་ར་ཧའི་སྒོ་དྲུང་དུ་སོང་སྟེ། སྔན་དངགས་ཀྱི་རིག་བྱེད་དག་སྟོན་པ་ན་བྲམ་ཟེ་ཆེན་པོས་རྒྱལ་སྲས་གཞོན་ནུ་དེ་ནང་དུ་ཁྲིད་ནས་འདིར་འོང་བའི་རྒྱུ་མཚན་གང་ཡིན་དྲིས། ཇི་ལྟར་གྱུར་པའི་རྒྱུ་མཚན་བཤད་པས། རབ་ཏུ་འབྱུང་ནུས་ན་ཐབས་ཡོད་གསུངས་པས། ཕྱིས་རབ་ཏུ་འབྱུང་བར་ཁས་བླངས་ཏེ། ཚེ་དཔག་མེད་འཆི་བདག་འཇོམས་པའི་དཀྱིལ་འཁོར་དུ་དབང་བསྐུར་ནས་གཟུངས་འདོན་དུ་བཅུག །ཁྱད་པར་ལོ་བདུན་པའི་ནུབ་མོ་མཚན་ཐོག་ཐག་བཏོན་པས། འཆི་བདག་གི་ཆད་པ་ལས་གྲོལ། ལོ་བརྒྱད་ལོན་པ་ན་རབ་ཏུ་བྱུང་ནས། ཤེས་བྱ་རིག་པའི་གནས་རྣམས་དང་། ཐེག་པ་ཆེ་ཆུང་(༡༣༠བ)ཐམས་ཅད་ལ་མཁས་པར་སྦྱངས་སོ། །

ཕྱིས་ཕ་མ་དང་མཇལ་ཞིང་བྲམ་ཟེ་ཆེན་པོ་དེ་ཉིད་ལས་དཔལ་གསང་བ་འདུས་པ་ལ་སོགས་པའི་གསང་སྔགས་ཀྱི་ཆོས་མང་དུ་ཞུས་པས། རྒྱུད་དང་སྔན་རྒྱུད་ཀྱི་གདམས་པ་དང་རྗེས་སུ་བསྟན་པ་མ་ལུས་པ་གནང་ཞིང་། དེ་ཉིད་ལ་མཁན་པོ་ཞུས་ཏེ་བསྙེན་པར་རྫོགས་པར་མཛད་དེ། མཚན་དགེ་སློང་དཔལ་ལྡན་ཞེས་གྲགས་སོ། །དེ་ལྟར་ན་ལནྡྲ་སྡེ་སྣོད་གསུམ་དང་རྒྱུད་སྡེ་བཞིའི་བཤད་སྒྲོལ་གང་ཡོད་པ་རྣམས་གསན་ཞིང་། གཙོ་བོར་ནི་ཆོ་རབས་ཐམས་ཅད་དུ་རྗེ་བཙུན་འཇམ་དཔལ་དབྱངས་ཀྱིས་རྗེས་སུ་བཟུང་བ་ཡིན་པས་རྗེ་བཙུན་འཇམ་དབྱངས་ལྷའི་བུའི་ཚུལ་བཟུང་བ་བྱང་སེམས་བློ་གྲོས་རིན་ཆེན་ལ་མདོ་དང་སྔགས་ཀྱི་དམ་པའི་ཆོས་མ་ལུས་པ་གསན་ཏེ། སྟོན་པ་ཤཱཀྱའི་རྒྱལ་པོ་ཞིང་འདིར་བྱོན་ནས་མདོ་སྔགས་ཀྱི་ཆོས་ཇི་སྙེད་གསུངས་པའི་གསང་བའི་གནས་ཐམས་ཅད་ཐུགས་ལ་ཆུད་པར་མཛད་དོ། །དེའི་ཚེ་མུ་གེ་ཆེན་པོ་ཞིག་བྱུང་ནས་ན་ལནྡྲའི་དགེ་འདུན་རྣམས་འཚོ་བས་ཕོངས་པར་གྱུར་པ་ན་གནས་བརྟན་སྒྲ་གཅན་འཛིན་བཟང་པོས་དཔལ་མགོན་འཕགས་པ་ཀླུ་སྒྲུབ་ལ་ན་ལནྡྲའི་ཞལ་ཏ་པ་མཛད་ནས་དགེ་འདུན་རྣམས་སྐྱོང་དགོས་པར་བསྐུལ་བ་ན། དཔལ་མགོན་འཕགས་པ་ཀླུ་སྒྲུབ་ཀྱིས་ཀྱང་དེ་ལྟར་མཛད་པར་ཞལ་གྱིས་བཞེས་ཏེ་གླིང་བར་ནས་གསེར་འགྱུར་གྱི་རྩི་བཞེས་ནས་ཟངས་མང་པོ་གསེར་དུ་བསྒྱུར་ཏེ་མུ་གེ་མེད་པའི་ས་ནས་འབྲས་དང་ནས་ལ་སོགས་པ་འཚོ་བའི་ཡོ་བྱད་ཐམས་ཅད་དྲངས(༡༣༡ན)ཏེ་ལོ་བཅུ་གཉིས་ཀྱི་བར་དུ་དགེ་འདུན་རྣམས་འཚོ་བས་ཕོངས་པ་མེད་པར་མཛད། དེ་ནས་བསླབ་ཁྲིམས་འཆལ་བར་སྤྱོད་པ་མང་པོ་ཞིག་གིས་སའི་སྟེང་ཁྱབ་སྟེ་རྒྱལ་བའི་བསྟན་པའི་ནང་མཛོད་འདུལ་བ་ཆེས་ཆེར་ཉམས་པར་བྱས་པ་ཐུགས་ཀྱིས་མ་བཟོད་ནས་བསླབ་ཁྲིམས་འཆལ་བར་སྤྱོད་པ་སྟོང་ཕྲག་མང་པོ་གནས་ནས་ཕྱུང་། སྐལ་པ་དང་ལྡན་པ་རྣམས་ལ་སྡེ་སྣོད་གསུམ་གྱི་ཆོས་རྒྱ་ཆེར་བསྟན་ཅིང་ལྷག་པར་དམ་པའི་ཆོས་འདུལ་བ་རྒྱ་ཆེར་བསྒྲགས་ཏེ་སྟོན་སྟོན་པ་ཐུབ་

པའི་དབང་པོས་ཕྱ་ར་ཊཱ་སིར་བཀའ་དང་པོ་བདེན་པ་བཞིའི་ཆོས་འཁོར་བསྐོར་བ་དང་མཚུངས་པ་ལྟ་བུ་ཞིག་མཛད་པས། མཛད་པ་དེ་ལ་སྔོན་གྱི་མཁས་པ་རྣམས་ཀྱིས་འཕགས་པ་ཀླུ་སྒྲུབ་ཀྱིས་དམ་པའི་ཆོས་ཀྱི་སྒྲ་ཆེན་པོ་ལན་གསུམ་བསྒྲགས་པའི་ནང་ནས་དང་པོ་དམ་པའི་ཆོས་འདུལ་བ་ཉམས་པ་གསོས་ཏེ་འདུལ་བའི་ཆོས་རྒྱ་ཆེར་བསྒྲགས་པ་ཞེས་གཏམ་དུ་གྲགས་སོ། །དེའི་ཚེ་བདུད་སྡིག་ཏོ་ཅན་གྱིས་བྱིན་གྱིས་བརླབས་པ་དགེ་སློང་བདེ་བྱེད་ཅེས་པས་ཐེག་པ་ཆེན་པོ་སུན་འབྱིན་པའི་བསྟན་བཅོས་གླེགས་བམ་མང་པོ་བརྩམས་ཏེ་ཐེག་པ་ཆེན་པོའི་ལྟ་སྤྱོད་གཉིས་ཀ་སུན་འབྱིན་པ་ཞིག་བྱུང་བ་ན། བདག་ཉིད་ཆེན་པོ་འཕགས་པ་ཀླུ་སྒྲུབ་ཀྱིས་ལོག་པར་སྨྲ་བ་དེའི་གཉེན་པོར་ཆོས་རྒྱ་ཆེར་གསུངས་ཏེ་ལྟ་བ་ལོག་པ་དེ་རྣམས་སུན་འབྱུང་། སྐལ་པ་དང་ལྡན་པ་མཐའ་ཡས་པ་ལ་སྡེ་སྣོད་གསུམ་གྱི་ཆོས་རྒྱ་ཆེར་སྟོན་པར་མཛད་པ་དེའི་ཚེ་བྱིས་པ་གཉིས་ཆོས་ཉན་དུ་འོངས་པའི་དྲི་ཞིམ་པོས་འཁོར་ཀུན་ཏུ་ཁྱབ་(༡༣༡བ)པར་གྱུར་ཅིང་། སོང་བ་དང་དྲི་ཞིམ་པོ་དེ་མེད་པར་གྱུར་པ་དང་། དེའི་རྒྱུ་མཚན་དྲིས་པས་དེ་དག་ན་རེ། ངེད་ཀླུའི་རྒྱལ་པོ་འཇོག་པོའི་བུ་ཡིན། མི་ཡུལ་དུ་འགྲོ་བ་ལ་ཙན་དན་གོར་ཤཱིརྵའི་བསྲུང་བ་བྱས་པ་ཡིན་ཟེར་རོ། །ཙན་དན་དེ་བླང་དུ་ཡོད་དམ་དྲིས་པས། ཡབ་ལ་འདྲི་ཡིས་ཟེར་ནས་དྲིས་པས། སློབ་དཔོན་ཀླུའི་ཡུལ་དུ་འབྱོན་ན་འབུལ་ཟེར་བ་ན་སློབ་དཔོན་གྱིས་ཀླུའི་ཡུལ་དུ་གདུལ་བྱ་མཐའ་ཡས་པ་ལ་དགེ་བའི་རྩ་བ་བསྐྱེད་པ་དང་། ཤེས་རབ་ཀྱི་ཕ་རོལ་ཏུ་ཕྱིན་པ་སྟོང་ཕྲག་བརྒྱ་པ་གདན་དྲངས་པ་སོགས་དགོས་པ་མང་པོ་ཞིག་ཉེ་བར་གཟིགས་ནས་འབྱོན་པར་ཞལ་གྱིས་བཞེས་ཏེ་ཀླུའི་ཡུལ་དུ་བྱོན། ཀླུའི་རྒྱལ་པོ་འཇོག་པོ་ལ་སོགས་པ་ཀླུ་རྒྱལ་མཐུ་བོ་ཆེ་རྣམས་ཀྱིས་གཙོས་དཀར་ཕྱོགས་ཀྱི་ཀླུ་བགྲང་བ་ལས་འདས་པས་མཆོད་པའི་དངོས་པོ་ཚད་མེད་པས་མཆོད་དེ་ཆོས་སྟོན་པར་གསོལ་བ་བཏབ་པ་ན་བདག་ཉིད་ཆེན་པོ་འཕགས་པ་ཀླུ་སྒྲུབ་ཀྱིས་ཀླུའི་རྒྱལ་པོ་འཁོར་དང་

བཅས་པ་ལ་ཆོས་བསྟན། ཀླུ་རྣམས་ཀྱིས་བཞུགས་པར་ཞུས་པས་ང་མཆོད་རྟེན་བྱེ་བ་བཞེང་བའི་འདམ་ཆོལ་བ་དང་འབུམ་གདན་འདྲེན་དུ་འོངས་ཀྱི་བསྡད་མི་ཁོམ་ཕྱིས་འོང་ཞིད་གསུངས་ཏེ། ཀླུའི་འདམ་མང་པོ་དང༌། ཤེས་རབ་ཀྱི་ཕ་རོལ་ཏུ་ཕྱིན་པ་སྟོང་ཕྲག་བརྒྱ་པ་དང༌། གཟུངས་མང་པོ་སྤྱན་དྲངས་ཏེ་འཛམ་བུའི་གླིང་དུ་བྱོན། དེའི་ཚེ་ཀླུ་རྣམས་ཀྱིས་སློབ་དཔོན་སླར་ཡང་ཀླུའི་ཡུལ་དུ་ངེས་པར་འབྱོན་དགོས་ཞེས་གཏའ་མ་ལྷ་བུར་(༡༣༢ན)འབུམ་གྱི་གཤམ་ནས་བག་ཙམ་མ་བསྐུར་ཅེས་གྲགས་ཏེ་ཀླུ་ཡུལ་ནས་སྤྱན་དྲངས་པའི་ཡུམ་རྒྱས་པ་ལ་རྟག་ཏུ་ངུའི་ལེའུ་དང་ཆོས་འཕགས་ཀྱི་ལེའུ་རྣམས་མ་བྱུང་བས་བརྒྱད་སྟོང་པའི་གཤམ་གྱི་ལེའུ་གཉིས་པོ་དེ་ཡུམ་རྒྱས་པའི་གཤམ་དུ་སྦྱར་ཏེ་ལེའུ་གཉིས་པོ་དེ་ཡུམ་རྒྱས་བསྡུས་ལ་ཁྱད་གང་ཡང་མེད་དོ། །དེ་ནས་སློབ་དཔོན་ཀླུ་སྒྲུབ་ཀྱིས་ཀླུ་ཡུལ་ནས་བཞེས་པའི་འདམ་དེས་མཆོད་རྟེན་བྱེ་བ་ལ་སོགས་པ་བྱས། ཀླུ་རྣམས་ཀྱིས་གྲོགས་བྱས་པས། དེ་ནས་ཀླུ་སྒྲུབ་ཏུ་མཚན་ཆགས། དེ་ནས་ལི་ཁ་ར་ཤིང་འཕེལ་དུ་ཕེབས། གསེར་འགྱུར་མཛད་དེ་སྦྱིན་པ་རྒྱ་ཆེན་པོ་མཛད་ནས། བྲམ་ཟེ་རྒན་པོ་བཟའ་མི་གཉིས་ལ་གསེར་མང་པོ་གནང་བས་དད་དེ། རྒན་པོས་ཉེ་གནས་བྱས་ཆོས་མཉན་ཏེ་ཤི་ནས་སློབ་དཔོན་ཀླུའི་བྱང་ཆུབ་ཏུ་གྱུར་ཏོ། །གཞན་ཡང་ལྷ་ཁང་མང་པོ་བཞེངས་ཤིང༌། དྲིལ་བུ་ལྷ་བུའི་བྲག་གསེར་དུ་བསྒྱུར་བར་རྩོམ་པའི་ཚེ་སྦྲོལ་མའི་སྤྲུལ་པ་རྒན་མོའི་རྣམ་པ་ཅན་ཅིག་གིས། དེ་བས་མཆོག་བསྒྲུབས་ན་དོན་ཆེ་བས་དཔལ་གྱི་རི་ལ་སྒྲུབ་པ་གྱིས་ཤིག་གསུངས་ཏེ། དེར་སྒྲོལ་མའི་སྒྲུབ་ཐབས་ཀྱང་མཛད་དོ། །

དེ་ནས་སློབ་དཔོན་ཀླུ་སྒྲུབ་ཀྱིས་རྒྱ་གར་ཡུལ་དབུས་ཀྱི་གྲོང་ཁྱེར་ཆེན་པོ་དྲུག་གིས་གཙོས་ཕྱོགས་ཐམས་ཅད་དུ་གཙུག་ལག་ཁང་དང་མཆོད་རྟེན་མང་དུ་བརྩིགས། ཆོས་སྨྲ་བ་རྣམས་ལ་མཆོད་གཞི་མང་དུ་གཙུགས། འཛམ་བུའི་གླིང་གི་རྒྱལ་བའི་བསྟན་པ་ལ་ཞུགས་ནས་ཆོས་དོན་དུ་གཉེར་བ་ཕལ་མོ་ཆེ་འདུས་པ་ལ་དམ་པའི་ཆོས་(༡༣༢བ)

རྒྱ་ཆེར་སྤྲུལ། ཁྱད་པར་དུ་ཡང་རྒྱལ་བ་ཉིད་ཀྱི་ཞལ་ནས། ཟབ་ཞི་སྤྲོས་བྲལ་འོད་གསལ་འདུས་མ་བྱས། །བདུད་རྩི་ལྟ་བུའི་ཆོས་ཤིག་ཁོ་བོས་རྙེད། །སུ་ལ་བསྟན་ཀྱང་གོ་བར་མི་ནུས་པས། །མི་སྨྲ་ནགས་ཀྱི་ཚལ་དུ་གནས་པར་བྱ། །ཞེས་ཤེར་ཕྱིན་གྱི་མདོ་སྡེ་རིན་པོ་ཆེའི་དོན་ཆོས་རྣམས་ཀྱི་གནས་ལུགས་སྟོང་པ་ཉིད་ནི་ཤིན་ཏུ་རྟོགས་པར་དཀའ་བས་འཁྲུལ་མེད་དུ་རྟོགས་པ་སྲིད་མཐའ་ཙམ་དུ་སྣང་བ་དང་། ཕལ་མོ་ཆེ་ནི་ཐོས་པ་ཙམ་གྱིས་སྐྲག་སྐྱེ་སྤྱོང་བ་དང་། འགའ་ཞིག་ནི་མོས་བློ་བྱེད་ཀྱང་རང་བཞིན་གྱིས་མེད་པའི་དོན་གཏན་ནས་མེད་པའི་དོན་དུ་བཟུང་སྟེ་ཆད་མཐར་ལྷུང་ནས་ཕུང་བར་འགྱུར་བ་དང་། སྟོང་པ་ཉིད་ཀྱི་དོན་མ་རྟོགས་ན་ཐར་པ་དང་ཐམས་ཅད་མཁྱེན་པ་གང་གི་འང་ལམ་བགྲོད་པའི་ཐབས་མེད་པར་གཟིགས་ནས་ཐུགས་སྙིང་རྗེ་ཆེན་པོས་རང་དབང་མེད་པར་བསྐུལ་ཏེ་ཆོས་རྣམས་ཀྱི་གནས་ལུགས་རྟེན་ཅིང་འབྲེལ་བར་འབྱུང་བ་དོན་དམ་པར་རང་བཞིན་གྱིས་གྲུབ་པ་རྡུལ་ཙམ་ཡང་མེད་པ་དང་། ཐ་སྙད་དུ་དཀར་ནག་གི་ལས་འབྲས་ནམ་ཡང་བསླུ་བ་མེད་པར་ངེས་པ་གཉིས་འགལ་མེད་དུ་རྟོགས་པ་དབུ་མའི་ལམ་བཟང་པོ་རྒྱ་ཆེར་བསྒྲགས་ཏེ། གང་གིས་རྟེན་ཅིང་འབྲེལ་པར་འབྱུང་། །ཞེས་སོགས་དབུ་མ་རྩ་བའི་ཚིག་ལེའུར་བྱས་པ་དང་། དེའི་ཡན་ལག་གི་རིགས་ཚོགས་རྣམས་མཛད་དེ་སྟོན་སྟོན་པ་ཐུབ་པའི་དབང་པོས་བྱ་རྒོད་ཕུང་པོའི་རིར་ཤེར་ཕྱིན་གྱི་མདོ་སྡེ་རིན་པོ་ཆེ་བཀའ་སྩལ་པ་ཇི་ལྟ་བར་འཛམ་བུའི་གླིང་དུ་ཤེར་ཕྱིན་གྱི་མདོ་སྡེ་རིན་པོ་ཆེའི་དོན་ཆེས་ཆེར་གསལ་བར་མཛད་དེ་ཐེག་པ་ཆེན་པོའི་ཆོས་ཀྱི་སྒྲ་བསྒྲགས་པར་(༡༣༣ན)མཛད་དོ། །

དེ་ལ་ནི་བདག་ཉིད་ཆེན་པོ་ཀླུ་སྒྲུབ་ཀྱིས་འཛམ་བུའི་གླིང་དུ་ཆོས་ཀྱི་སྒྲ་ཆེན་པོ་ལན་གསུམ་བསྒྲགས་པའི་ནང་ནས་ཆོས་ཀྱི་སྒྲ་ཆེན་པོ་བསྒྲགས་པ་གཉིས་པ་ཞེས་མཁས་པ་རྣམས་ལ་གཏམ་དུ་གྲགས་སོ། །དེ་ནས་གདུལ་བྱ་མང་པོ་ཞིག་གི་དོན་ལ་དགོངས་ཏེ

བྱང་སྒྲ་མི་སྙན་དུ་འགྲོན་པར་བཞེད་ནས་བྱོན་པའི་ལམ་ཁར་བྱིས་པ་ཅིག་རྫོ་ཏ་ཀའི་ལག་རིས་ལས་རྒྱལ་པོར་ལུང་བསྟན་ནས་སྒྲ་མི་སྙན་དུ་ཕེབས། དེར་ན་བཟའ་ཤིང་ལ་བཀལ་ནས་ཁྲུས་མཛད་པས། དེ་གཞན་གྱིས་ཁྱེར་བ་ལ་ང་ཡི་ཡིན་གསུངས་པས་ང་བདག་ཅན་ཟེར། དེ་ནས་སྒྲ་མི་སྙན་དུ་གདུལ་བྱའི་དོན་མཛད་ནས་ཚུར་ཕེབས་ཚེ་སྔར་རྒྱལ་པོར་ལུང་བསྟན་པའི་བྱིས་པ་དེ་རྒྱལ་པོར་གྱུར་པ་རྒྱལ་པོ་བདེ་སྐྱོད་བཟང་པོའི་མཆོད་གནས་སུ་ལོ་གསུམ་བཞུགས་ཏེ་དམ་པའི་ཆོས་རྒྱ་ཆེར་སྟོན་པར་མཛད། དེ་ནས་རྗེ་བཙུན་མ་སྒྲོལ་མས་བསྐུལ་བ་ལྟར་ལྷོ་ཕྱོགས་དཔལ་གྱི་རི་ལ་བྱོན་ཏེ་གཙོ་བོར་སྒྲུབ་པ་སྙིང་པོར་མཛད་ཅིང་ཕྲས་ཀྱི་ཕྱུ་བོ་ཨཱུཏྤ་དེ་ཕ་དང་སངས་རྒྱས་བསྐྱངས་ལ་སོགས་པ་བསྟན་འཛིན་ཆེན་པོ་མང་པོས་གཙོས་མི་དང་མི་མིན་གྱི་གདུལ་བྱ་མཐའ་ཡས་པ་ལ་དམ་པའི་ཆོས་རྒྱ་ཆེར་སྤེལ་ཏེ་རྒྱལ་བ་རང་ཉིད་སླར་འཛམ་རྟེན་དུ་བྱོན་པ་ལྟ་བུར་བསྟན་པ་ཆེས་ཆེར་རྒྱས་པར་མཛད། རྒྱལ་བའི་བསྟན་པ་ནམ་ཡང་མི་ནུབ་པར་ཡུན་རིང་དུ་གནས་པའི་ཕྱིར་རྡོ་རྗེ་གདན་ལ་རྡོའི་དྲ་མིག་གི་ར་བ་དང་། མཆོད་རྟེན་བརྒྱ་ཕྲག་མང་པོ་དང་། དཔལ་ལྡན་འབྲས་སྤུངས་ཀྱི་བཀོད་པ་ཆེན་པོ་དང་། དགེ་འདུན་གྱི་སྡེ་རྣམས་ལ་མཆོད་གཞི་མང་པོ་བཙུགས་(༡༣༣༦)ནག་པོ་ཆེན་པོ་ལ་སོགས་པ་ཆོས་སྐྱོང་རྣམས་ལ་འཕྲིན་ལས་བཅོལ། ཙཎྜི་ཀ་དང་ནོར་རྒྱུན་མ་ལ་སོགས་པ་ནོར་ལྷ་མང་པོ་ལ་རྒྱལ་བའི་བསྟན་པ་བསྟན་འཛིན་དང་བཅས་པ་ལ་མཆོད་ཅིང་བསྙེན་བཀུར་བྱ་བར་བསྒོས་ཏེ་རྒྱལ་བའི་བསྟན་པ་སྒོ་ཀུན་ནས་འཕེལ་བར་མཛད། སྐུ་ཚེའི་སྨད་ལ་གཙོ་ཆེར། ལྷོ་ཕྱོགས་དཔལ་གྱི་རི་ལ་བཞུགས་ཤིང་རྒྱལ་བ་རང་ཉིད་སླར་བྱོན་པ་ལྟར་མདོ་སྔགས་གཉིས་ཀའི་ཆོས་ཀྱི་འཁོར་ལོ་རྒྱ་ཆེར་བསྐོར། ལྷག་པར་ཆོས་དབྱིངས་བསྟོད་པ་སོགས་མཛད་ནས་ཆོས་ཀྱི་སྒྲ་ཆེན་པོ་གསུམ་པ་བསྒྲགས་ཏེ་སྟོན་རྒྱལ་བས་ཆོས་ཀྱི་འཁོར་ལོ་བསྐོར་བ་དང་མཐུན་པར་གདུལ་བྱ་བགྲང་བ་ལས་འདས་པ་ཐེག་པ་ཆེན་པོའི་ལམ་ལ་

འབྲིད་པར་མཛད་ཅིང༌། རྒྱལ་བས་གསུངས་པའི་ངེས་དོན་གྱི་མདོ་རྣམས་སུས་ཀྱང་དོན་གཞན་དུ་བསྒྱུར་མི་ཐུབ་པར་ངེས་པ་བརྟན་པར་མཛད་དོ། །

ཕྱི་རབས་ཀྱི་གདུལ་བྱ་རྣམས་ཀྱི་དོན་དུ་སྡེ་སྣོད་གསུམ་དང་རྒྱུད་སྡེ་བཞིའི་དགོངས་པ་འགྲེལ་པའི་བསྟན་བཅོས་མང་དུ་མཛད་པ་ནི་འདི་ལྟར། རྒྱལ་བའི་བསྟན་པ་ཡོངས་སུ་རྫོགས་པའི་སྙིང་པོ་ཐེག་པ་ཆེན་པོའི་ལམ་གྱི་ལུས་ཡོངས་སུ་རྫོགས་པ་བྱང་ཆུབ་ལམ་གྱི་རིམ་པ་རིགས་པའི་ལམ་ནས་དྲངས་ཏེ་སྟོན་པ་རིན་པོ་ཆེའི་ཕྲེང་བ་དང༌། དེ་ཉིད་ལུང་གིས་བསྒྲུབ་པ་མདོ་སྡེ་ཀུན་ལས་བཏུས་པ་མཛད། ལམ་གྱི་རིམ་པའི་གནད་མཐའ་དག་རྒྱལ་བའི་བཀའ་དང་སྦྱར་ཏེ་སྟོན་པ་ལ། ས་ལུ་ལྗང་པའི་མདོ་འགྲེལ་དང༌། རྗེ་བཙུན་འཇམ་དཔལ་གྱི་དོན་དམ་པའི་བསྟོད་པ་སོགས་བསྟོད་ཚོགས་དང༌། དཔལ་གསང་བ་འདུས་འི་སྒྲུབ་ཐབས་མདོར་བྱས་པ། སྒྲུབ་ཐབས་(༡༣༩ན)མདོ་དང་བསྲེས་པ། བྱང་ཆུབ་སེམས་འགྲེལ། རྫོགས་རིམ་རིམ་པ་ལྔ་པ། དབུ་མ་རྩ་བའི་ཚིག་ལེའུར་བྱས་པ་ཤེས་རབ་ཅེས་བྱ་བ། རིགས་པ་དྲུག་ཅུ་པ། ཞིབ་མོ་རྣམ་འཐག །སྟོང་ཉིད་བདུན་ཅུ་པ། རྩོད་པ་བཟློག་པའི་ཚིག་ལེའུར་བྱས་པ། བཤེས་པའི་སྤྲིང་ཡིག །ཤེས་རབ་བརྒྱ་པ། སེམས་ཅན་མགུ་བར་བྱ་བའི་ཚོགས་སུ་བཅད་པ་བཅུ་གཅིག་པ། སྦྲོམ་པོའི་ལྗོང་བ་བརྒྱད་པ། འཕགས་པ་བཟང་པོ་སྤྱོད་པའི་སྨོན་ལམ་གྱི་བཤད་སྦྱར། མི་ལམ་ཡིད་བཞིན་ནོར་བུའི་གཏམ། སྦྱིན་པའི་གཏམ། སྲིད་པ་ལས་འདས་པའི་གཏམ། སྦྱོང་བ་བརྒྱད་པ། ལུགས་ཀྱི་བསྟན་བཅོས་ཤེས་རབ་སྡོང་བུ། ལུགས་ཀྱི་བསྟན་བཅོས་སྐྱེ་བོ་གསོ་ཐིགས་སོགས་མདོ་རྒྱུད་ཀྱི་དགོངས་འགྲེལ་དང༌། མདོ་སྔགས་ཀྱི་ལམ་གྱི་རིམ་པ་དང༌། རྒྱུད་སྡེ་བཞི་ནས་གསུངས་པའི་ལྷ་མང་པོའི་སྒྲུབ་ཐབས་སོགས་བསྟན་བཅོས་མང་དུ་མཛད་དོ། །དེ་ལྟར་བདག་ཉིད་ཆེན་པོ་འཕགས་པ་ཀླུ་སྒྲུབ་ཀྱིས་རྒྱལ་བའི་བསྟན་པ་ལ་བྱ་བ་རྒྱ་ཆེར་མཛད་པ་ན་བདུད་སྡིག་ཏོ་ཅན་དཔུང་དང་བཅས་པས་ཕྲག་དོག

གིས་མ་བཟོད་པར་ཡོད་པ་ལ། ཐབས་གཞན་མ་རྙེད་པར། རྒྱལ་པོ་བདེ་སྤྱོད་ཀྱི་བཙུན་མོའི་མངལ་དུ་ཞུགས་པ་ཕྱིར་བཅས་པས་རྒྱལ་བུ་གཞོན་ནུ་ནུས་ལྡན་དུ་གྲགས་པ་ལ། མས་གོས་སྐྱབས་མེད་པ་འཇིག་རྟེན་ན་རྙེད་པར་དཀའ་བ་ཞིག་བྱིན་པས། བུ་ན་རེ། འདི་ད་ལྟ་སྦྲོས་ལ་ང་རྒྱལ་སྲིད་སྐྱོང་བ་ན་བགོ་བར་བྱའོ་ཞེས་ཟེར་བར། མས་ཁྱོད་ཀྱི་ཕ་སློབ་དཔོན་ཀླུ་སྒྲུབ་དང་ཚེ་མཉམ་པའི་བཅུད་ལེན་གྲུབ་པས་སློབ་དཔོན་མ་གྲོངས་བར་དུ་མི་(༡༣༥༠)འཆི་བས། ཁྱོད་རྒྱལ་སྲིད་སྐྱོང་བ་མི་ཡོང་ཟེར་བས། བུ་མྱ་ངན་སྐྱེས་ཏེ་ངུས་པ་དང་། མ་ན་རེ། ད་མི་དགོས་ཀྱིས་སློབ་དཔོན་བྱང་ཆུབ་སེམས་དཔའི་སྤྱོད་པ་རླབས་པོ་ཆེ་ལ་གནས་པས། དབུ་བསླང་ན་སྟེར་བར་འགྱུར་ཞིང་། དེར་ཡབ་ཀྱང་འགུམ་པས་ཁྱོད་ཀྱིས་རྒྱལ་སྲིད་ཐོབ་པར་འགྱུར་རོ་ཟེར། དེ་ནས་རྒྱལ་བུས་སློབ་དཔོན་གྱི་དྲུང་དུ་ཕྱིན་ནས་དབུ་བསླངས་པས། བདག་ཉིད་ཆེན་པོ་འཕགས་པ་ཀླུ་སྒྲུབ་ཀྱིས་འདི་ལྟར་དགོངས་ཏེ་སྔོན་སྟོན་པ་ཐུགས་རྗེ་ཅན་གྱིས་སློབ་པ་ལམ་གྱི་གནས་སྐབས་སུ་དབུ་སྦྱིན་པར་བཏང་བ་སོགས་བྱ་དཀའ་བའི་རྒྱལ་སྲས་ཀྱི་སྤྱོད་པ་མཛད་པ་དེ་ལྟར་དུ་ངས་ཀྱང་སྟོན་པའི་རྣམ་ཐར་བསྐྱང་བ་དང་། བདུད་སྡིག་ཏོ་ཅན་སྤྲ་བཀོང་བར་བྱ་བ་དང་། ཕྱི་མའི་སྐྱེ་བོ་རྣམས་ལ་སྣང་བར་བྱ་བ་དང་། རྒྱལ་སྲས་རྣམས་ལ་སྙིང་སྟོབས་བསྐྱེད་པར་བྱ་བའི་ཕྱིར་སྦྱིན་པར་བྱའོ་སྙམ་དུ་དགོངས་ནས་དབུ་སྟེར་བར་ཞལ་གྱིས་བཞེས་པས། རལ་གྲིས་དབུ་བཅད་ཀྱང་མ་ཆོད་པར། སློབ་དཔོན་གྱི་ཞལ་ནས། ངས་སྔོན་འཇག་མ་ཞིག་བཅད་པའི་ཤར་ལ་འབུ་གཅིག་གི་སྲོག་བཅད་པའི་ཉེས་པ་ཡོད་པས་རྩ་ཀུ་ཤས་ཆོད་ཅིག་གསུངས་ནས་བཅད་པས་ཆོད། དེའི་ཚེ་ཁྲག་འོ་མར་བྱུང་ཞིང་དབུ་དེའི་ཞལ་ནས། ང་ནི་འདི་ནས་བདེ་བ་ཅན་དུ་འགྲོ ། ཕྱི་ནས་ལུས་འདི་ལ་ནི་འཇུག་པར་འགྱུར། །ཅེས་པའི་ཚིག་བྱུང་བར་གྲགས།

དེ་ནས་རྒྱལ་བུ་དེས་དབུ་སླར་འབྱར་གྱིས་དོགས་ནས་དཔག་ཚད་ཙམ་དུ་དོར་བ

སློབ་དཔོན་བཙུན་ལེན་གྲུབ་པས་སྐུ་ལུས་དང་དབུ་རྡོ་རུ་གྱུར་ཅིང་སླར་རིམ་གྱིས་དབུ་དང་སྐུ་ལུས་གཉིས་ཀ་མ་ཉམས་པར་ལོ་རེ་བཞིན་ཇེ་ཉེ་ཇེ་ཉེར་སོང་ནས་མཐར་(༡)༣༥(ན) དབུ་དང་སྐུ་ལུས་འབྱར་ནས་སློབ་དཔོན་རང་ཉིད་ཞལ་བཞུགས་དུས་ལྟར་བསྟན་པ་དང་འགྲོ་བའི་དོན་རྒྱ་ཆེར་མཛད་པར་གསུངས་སོ། །བདག་ཉིད་ཆེན་པོ་འདི་ནི་སྔོན་ཡུན་རིང་པོ་ནས་སའི་དབང་ཕྱུག་ཏུ་གཤེགས་པ་ཞིག་ཡིན་པས་དབུ་སྦྱིན་པར་གཏོང་བ་ལ་ཡ་ང་བ་མེད་པར་དགའ་བཞིན་སྤྲོ་བཞིན་དུ་གཏོང་བར་མཛད་པ་ནི་ས་ཐོབ་པའི་ཐོས་བསམ་ལས། །རྒྱལ་སྲས་བདེ་འབྱུང་དེ་ལྟར་ཐུབ་རྣམས་ལ། །ཞི་བར་ཞུགས་པས་བདེ་བ་བྲེད་མིན་ན། །ཐམས་ཅད་བཏང་བས་ལྟ་ཞིག་སྨོས་ཅི་དགོས། །ཞེས་ས་ཐོབ་ནས་དབུ་སྦྱིན་པར་གཏོང་བ་ལ་སྡུག་བསྔལ་མེད་པར་མ་ཟད་དགེ་སློང་བསམ་གཏན་དང་པོ་ལ་མཉམ་པར་བཞག་པའི་བདེ་བ་ལས་ཀྱང་ལྷག་པའི་དགའ་བ་དང་བདེ་བ་བསྐྱེད་པར་གསུངས་པ་ལྟར་རོ། །འཕགས་པ་ཀླུ་སྒྲུབ་ནི་ས་ཐོབ་པར་རྒྱལ་བས་མདོ་སྡེ་ནས་གསལ་བར་གསུངས་ཤིང་ཡོངས་སུ་གྲགས་པ་ལྟར་ཡིན་ལ། དེ་ཡང་ཐུན་མོང་བའི་སྣང་ངོར་དཔལ་གྱི་རི་ལ་ལོ་ཉིས་བརྒྱའི་བར་དུ་སྒྲུབ་པ་མཛད་ནས་ས་ལམ་གོང་ནས་གོང་དུ་བགྲོད་དེ་ས་བདུན་པ་ཐོབ་པར་གྲགས་ཤིང་། ས་དང་པོ་ཐོབ་པ་ནས་བཟུང་འཇིག་རྟེན་གྱི་ཁམས་བརྒྱར་སྤྲུལ་པའི་བཀོད་པ་བརྒྱ་སྟོན་པ་དང་། སངས་རྒྱས་བརྒྱ་ལ་སྐུའི་བཀོད་པ་བརྒྱས་དུས་གཅིག་ཏུ་ཆོས་མཉན་པ་སོགས་ཡོན་ཏན་བརྒྱ་ཕྲག་བཅུ་གཉིས་ཐོབ་ཅིང་། ཡོན་ཏན་དེ་དག་ས་གཉིས་པ་ནས་བཟུང་གོང་འཕེལ་དུ་འགྲོ་བར་གསུངས་པས་བསམ་གྱིས་མི་ཁྱབ་པའི་ཡོན་ཏན་དང་(༡)༣༥(བ)ལྡན་པ་ཡིན་ཞིང་། ཐུན་མོང་མིན་པར་ནི་སྒྲོན་གསལ་ལས་དེ་ལྟར་སློབ་དཔོན་ཆེན་པོ་དཔལ་ཀླུ་སྒྲུབ་ཀྱི་ཞལ་སྔ་ནས་ཀྱིས་ཉིད་ཀྱི་དོན་རྗེས་སུ་བརྟེན་ནས། སོ་སོར་རང་རིག་པ་རྡོ་རྗེ་འཛིན་པ་ཆེན་པོའི་ཏིང་ངེ་འཛིན་འཇིག་རྟེན་དུ་བསྟན་ནས། ལྷ་དང་མིའི་བདེ་བ་ལས་འདས་

ཤིང་། མུ་སྟེགས་དང་ཉན་ཐོས་དང་རང་སངས་རྒྱས་ཀྱི་བསམ་གཏན་དང་སྙོམས་པར་འཇུག་པའི་བདེ་བ་ལས་འདས་ནས། སྐྱེ་བ་དང་འགག་པ་དང་བྲལ་བའི་དེ་བཞིན་གཤེགས་པའི་སྐུ། རྣམ་པ་ཐམས་ཅད་ཀྱི་མཆོག་དང་ལྡན་པ། སྐུ་ལྟ་བས་ཆོག་མི་ཤེས་པ་སྟོབས་བཅུ་དང་མི་འཇིགས་པ་ལ་སོགས་པ་སངས་རྒྱས་ཀྱི་ཡོན་ཏན་རྣམས་ཀྱིས་བརྒྱན་པ་བརྙེས་ནས་བདེ་བ་ཅན་དུ་གཤེགས་ཏེ། ཡོན་ཏན་གྱི་དབང་ཕྱུག་བརྒྱད་དང་ལྡན་པས་བཞུགས་སོ། །ཞེས་འཕགས་པ་ཀླུ་སྒྲུབ་ཀྱིས་སྐུ་ཚེ་དེ་ལ་གསང་བ་འདུས་པའི་ལམ་ལ་བརྟེན་ནས་ཟུང་འཇུག་རྡོ་རྗེ་འཆང་གི་གོ་འཕང་བརྙེས་པར་གསུངས་སོ། །

དཔལ་མགོན་འཕགས་པ་ཀླུ་སྒྲུབ་ཀྱིས་རྒྱལ་བས་གསུངས་པའི་ཆོས་ཕུང་བརྒྱད་ཁྲི་བཞི་སྟོང་གི་དྲང་ངེས་དྲི་མ་མེད་པའི་རིགས་པས་ལེགས་པར་ཕྱེ་ནས་རྒྱལ་བའི་དགོངས་པ་འཁྲུལ་མེད་དུ་གཏན་ལ་ཕབ་པའི་ལམ་སྲོལ་དེ་ཉིད་འཛིན་ཅིང་སྤེལ་བར་བྱེད་པའི་ཐུགས་སྲས་བསྟན་འཛིན་དམ་པ་མཐའ་ཡས་པ་ཞིག་བྱོན་ཞིང་། ཐམས་ཅད་ཀྱི་ནང་ནས་གཙོ་བོར་གྱུར་པ་ཐུགས་སྲས་བཞི། ཉེ་བའི་ཐུགས་སྲས་གསུམ་སྟེ་བདུན་དུ་གྲགས་ཏེ། སློབ་དཔོན་ཀླུ་སྒྲུབ་ཀྱི་ཐུགས་སྲས་བཞི་ནི། འཇམ་དཔལ་ཞལ་མཐོང་ཤཱཀྱ་མི་ཏྲ། སྒྲོལ་མའི་ཞལ་མཐོང་ནཱ་ག་བོ་དྷི། ས་བརྒྱད་(༡༢༥ན)ནོན་པ་ཨཱརྻ་དེ་ཝ། སྤྱན་རས་གཟིགས་ཞལ་མཐོང་མ་ཏངྒི་པ་བཞིའོ། །ཉེ་བའི་ཐུགས་སྲས་གསུམ་ནི། སངས་རྒྱས་བསྐྱངས། ལེགས་ལྡན་འབྱེད། སློབ་དཔོན་དཔའ་བོ་གསུམ་ཞེས་འབྱུང་ངོ་། །དེ་དག་གི་ནང་ནས་ཀུང་ཟླ་དང་བྲལ་བ་ནི་སློབ་དཔོན་ཨཱརྻ་དེ་ཝ་སྟེ། སློབ་དཔོན་ཨཱརྻ་དེ་ཝ་ནི་མདོ་སྔགས་གང་གི་ཐད་ལའང་འཁྲུལ་པའི་དྲི་མ་ཕྲ་མོའང་མེད་པར་སློབ་དཔོན་ཀླུ་སྒྲུབ་ཀྱི་དགོངས་པ་ཇི་བཞིན་དུ་གཏན་ལ་འབེབས་པའི་བསྟན་བཅོས་མང་དུ་མཛད་པ་པོ་སྟེ། སློབ་དཔོན་ཨཱརྻ་དེ་ཝས་སློབ་དཔོན་ཀླུ་སྒྲུབ་ཀྱི་དགོངས་པ་ལྟར་ཟབ་པ་དང་རྒྱ་ཆེ་བའི་ལམ་གྱི་རིམ་པ་ཡོངས་སུ་རྫོགས་པ་དྲི་མ་མེད་པའི་རིགས་པའི་ལམ་

ནས་བྲངས་ཏེ་སྟོན་པའི་བསྟན་བཅོས་བཞི་བརྒྱ་པ་དང་། དཔལ་གསང་བ་འདུས་པ་གཙོ་བོར་བྱས་པའི་བླ་མེད་ཀྱི་ལམ་རིམ་གཉིས་ཀྱི་གནད་མཐར་ཐུག་པ་རྣམས་སྟོན་པའི་གཞུང་སྦྱོད་བསྡུས་སྒྲོན་མ་མཛད་ཅིང་གཞན་ཡང་བསྟན་བཅོས་མང་དུ་མཛད་དོ། །

འཕགས་ཡུལ་གྱི་མཁས་པ་ཐམས་ཅད་སློབ་དཔོན་ཀླུ་སྒྲུབ་ཡབ་སྲས་ཞེས་འཕགས་པ་ཀླུ་སྒྲུབ་དང་འཕགས་པ་ལྷ་གཉིས་ལ་རྣམ་པ་ཀུན་ཏུ་ཚད་མར་འཛིན་ཅིང་སྟོན་གྱི་དབུ་མ་པ་རྣམས་སློབ་དཔོན་འདི་གཉིས་ལ་གཞུང་ཕྱི་མོའི་དབུ་མ་པ་ཞེས་ཁུངས་མཐར་ཐུག་ཏུ་བྱེད་དོ། །སློབ་དཔོན་ཤཱཀྱ་མི་ཏྲས་རིམ་ལྔའི་རིམ་པ་གཉིས་པའི་སྟོད་རྣམས་སློབ་དཔོན་ཀླུ་སྒྲུབ་ཉིད་ཀྱིས་རྗེས་སུ་གནང་བ་བྱིན་ནས་བརྩམས་པར་གྲགས་ཤིང་། འདིས་མཛད་པའི་བརྩམ་ཆོས་གཞན་མི་སྣང་ཡང་སློབ་དཔོན་འདིས་སྐལ་བ་དང་ལྡན་པ་མང་པོ་ལ་འཕགས་པ་ཀླུ་སྒྲུབ་(༡༣༤བ)ཀྱི་ལུགས་བཟང་རྒྱ་ཆེར་སྤེལ་བར་མཛད་དོ། །ན་ག་བོ་དྷི་ཞེས་པ་སློབ་དཔོན་ཀླུའི་བྱང་ཆུབ་ནི་འཕགས་པ་ཀླུ་སྒྲུབ་ཀྱི་མན་ངག་ལ་བརྟེན་ནས་འཇའ་ལུས་རྡོ་རྗེའི་སྐུ་བརྙེས་ཏེ་དཔལ་གྱི་རི་སོགས་གྲུབ་པའི་གནས་རྣམས་སུ་བཞུགས་ནས་དཔའ་བོ་དང་མཁའ་འགྲོ་བགྲང་བ་ལས་འདས་པ་དག་དང་སྐལ་བ་དང་ལྡན་པའི་མི་དག་ཀྱང་རྗེས་སུ་འཛིན་པར་མཛད་དོ། །

བཀའ་གདམས་གོང་མའི་དུས་སློབ་དཔོན་འདིས་བཀའ་གདམས་ཀྱི་བཤེས་གཉེན་ཆེན་པོ་མང་པོ་ལ་ཞལ་བསྟན་ནས་གདམས་པ་དང་རྗེས་སུ་བསྟན་པ་མང་དུ་སྤྲུལ་པའི་རྣམ་ཐར་སྣང་ཞིང་། གྲུབ་ཆེན་ཆོས་རྡོ་རྗེ་དང་ཡང་དང་ཡང་དུ་འཚོགས་ཏེ་རྡོ་རྗེ་ཐེག་པའི་བཀའ་བགྲོ་བར་མཛད་པ་དང་། པཎ་ཆེན་བློ་བཟང་ཆོས་ཀྱི་རྒྱལ་མཚན་གྱིས་བཀྲ་ཤིས་ལྷུན་པོའི་དབེན་འདུམས་མཆོད་རྟེན་བཞེངས་ནས་རབ་གནས་མཛད་པའི་ཚེ་སློབ་དཔོན་ཀླུའི་བྱང་ཆུབ་དང་གྲུབ་ཆེན་ཆོས་རྡོ་རྗེ་གཉིས་དངོས་སུ་ཕེབས་ཏེ་མཆོད་རྟེན་གྱི་རྩེ་མོར་ལྷན་དུ་བཞུགས་ནས་རབ་གནས་མཛད་ཅིང་། པཎ་ཆེན་བློ་བཟང་ཆོས་

ཀྱི་རྒྱལ་མཚན་ལ་གདམས་པ་དང་རྗེས་སུ་བསྟན་པ་ཡང་སྩལ་ཏོ། །སློབ་དཔོན་འདིས་དཔལ་གསང་བ་འདུས་པའི་དཀྱིལ་འཁོར་གྱི་ཆོ་ག་དང་། སྐུ་གསུམ་ལམ་ཁྱེར་གྱི་ངོ་སྤྲོད་ཆེས་ཁྱད་པར་དུ་འཕགས་པ་རྣམ་གཞག་རིམ་པ་ཞེས་བྱ་བའི་བསྟན་བཅོས་མཛད་ཅིང་། གཞན་ཡང་མང་དུ་མཛད་དོ། །མ་ཏྲྀ་པས་ནི་འཕགས་པ་ཀླུ་སྒྲུབ་ཀྱི་སྙན་རྒྱུད་ཀྱི་མན་ངག་རྣམས་གྲུབ་ཆེན་ཏཻ་ལོ་པ་ལ་ཡོངས་སུ་རྫོགས་པ་གནང་ཞིང་སྐལ་བ་དང་ལྡན་པ་གཞན་མང་པོ་ལ་ཡང་རྒྱ་ཆེར་སྤེལ་ལོ། །སློབ་(༡༣༧༥)དཔོན་སངས་རྒྱས་བསྐྱངས་ནི་ལྷོ་ཕྱོགས་ཏམྦྲ་ལའི་ཡུལ་གྱི་བྲེ་བྲག་དང་པས་རྩེ་བ་ཞེས་བྱ་བར་སྐུ་འཁྲུངས། རྒྱལ་བའི་བསྟན་པ་ལ་ཞུགས་ནས་རབ་ཏུ་བྱུང་ཞིང་བསྙེན་པར་རྫོགས་ཏེ་སྡེ་སྣོད་གསུམ་དང་རྒྱུད་སྡེ་བཞི་ལ་སྦྱངས་པས་རང་དང་གཞན་གྱི་གྲུབ་པའི་མཐའ་རྒྱ་མཚོ་ལྟ་བུའི་ཕ་རོལ་ཏུ་སོན། འཕགས་པ་ཀླུ་སྒྲུབ་ཀྱི་ཞབས་ལ་བསྙེན་ཏེ་མདོ་སྔགས་ཀྱི་མན་ངག་རྣམས་གསན། སྒྲུབ་པ་ལྷུར་མཛད་པས་རྗེ་བཙུན་འཇམ་པའི་དབྱངས་དངོས་སུ་གྲུབ་ཅིང་། ལམ་རིམ་གྱིས་བགྲོད་དེ་གྲུབ་པའི་གོ་འཕང་མཐོན་པོར་གཤེགས་ནས་བསྟན་པའི་དོན་དུ་འཕགས་པ་ཀླུ་སྒྲུབ་ཀྱི་དགོངས་ཟབ་མཐར་ཐུག་པ་ཟབ་མོ་རྟེན་ཅིང་འབྲེལ་པར་འབྱུང་བའི་ཚུལ་རིགས་པའི་རྣམ་འགྱུར་བརྒྱ་ཕྲག་མང་པོས་གསལ་བར་བྱེད་པ་དབུ་མ་རྩ་ཤེའི་འགྲེལ་པ་མཛད་དེ། དེ་ལ་ནི་རྩ་ཤེའི་འགྲེལ་པ་བུདྡྷ་པཱ་ལི་ཏ་ཞེས་ཡོངས་སུ་གྲགས་ཏེ། རྩ་ཤེའི་འགྲེལ་པ་ཇི་སྙེད་མཆིས་པ་ཐམས་ཅད་ཀྱི་ནང་ནས་རྒྱལ་མཚན་གྱི་རྟོག་ལྟར་ཆེས་ཁྱད་པར་དུ་འཕགས་པ་ཞིག་ཡིན་པར་སློབ་དཔོན་ཟླ་བ་གྲགས་པ་དང་རྗེ་བདག་ཉིད་ཆེན་པོས་རྒྱ་ཆེར་བསྔགས་པ་མཛད་དོ། །སློབ་དཔོན་འདིས་གཞན་ཡང་མདོ་རྒྱུད་ཀྱི་དགོངས་པ་འགྲེལ་པའི་བསྟན་བཅོས་མང་དུ་མཛད་དོ། །

སློབ་དཔོན་ལེགས་ལྡན་འབྱེད་ནི་ཟབ་མོ་དབུ་མའི་ལམ་བཟང་གསལ་བར་མཛད་ཕྱིར་འཕགས་པ་ཀླུ་སྒྲུབ་ཀྱི་སྲས་ཀྱི་ཐུ་བོའི་ཚུལ་དུ་བསམ་བཞིན་དུ་བྱོན་པ་ཞིག་སྟེ།

བདག་ཉིད་ཆེན་པོ་འདི་ནི་འཕགས་(༡༣༧བ)མཆོག་རབ་འབྱོར་གྱི་སྤྲུལ་པ་ཡིན་པར་ཡོངས་སུ་གྲགས་པ་ལྟར་རོ། །སློབ་དཔོན་འདིས་འཕགས་པ་ཀླུ་སྒྲུབ་ཀྱི་ལུགས་བཟང་གསལ་བར་བྱ་བའི་ཕྱིར། རྩ་ཤེའི་འགྲེལ་པ་ཤེས་རབ་སྒྲོན་མ་མཛད་ཅིང་། གཞན་ཡང་བསྟན་བཅོས་མང་དུ་མཛད་ལ། ཤེས་རབ་སྒྲོན་མར་རང་རྒྱུད་པའི་གྲུབ་མཐའ་འཆའ་བར་མཛད་པ་ནི་རྒྱལ་བའི་དགོངས་པ་འཕགས་པ་ཀླུ་སྒྲུབ་ཀྱིས་བཀྲལ་བའི་དབུ་མའི་ལྟ་བ་མཐར་ཐུག་པ་དེ་ཤིན་ཏུ་རྟོགས་དཀའ་བས་དེ་རྟོགས་པའི་ཐབས་སུ་གདུལ་བྱ་རྣམས་རིམ་གྱིས་བཀྲི་བའི་ཕྱིར་ཐབས་མཁས་ཀྱི་མཛད་པ་ཞིག་གོ །འཕགས་པ་ཀླུ་སྒྲུབ་ཀྱིས་འཛམ་བུའི་གླིང་དུ་ལོ་དྲུག་བརྒྱ་བཞུགས་ནས་བསྟན་པའི་དོན་རྒྱ་ཆེར་མཛད་པས་སྐུ་ཚེའི་སྟོད་སྨད་བར་གསུམ་གྱི་སློབ་མ་རིམ་པ་མང་པོ་ཡོད་པ་ལས། སྐུ་ཚེའི་སྨད་ཀྱི་སློབ་མའི་གཙོ་བོ་བསྟན་འཛིན་ཐམས་ཅད་ཀྱི་གཙུག་གི་ནོར་བུ་ལྟ་བུར་གྱུར་པ་ནི་སློབ་དཔོན་ཟླ་བ་གྲགས་པ་སྟེ། སློབ་མའི་ཐ་མ་ཟླ་གྲགས་ལ། །ཆོས་ཀྱི་ཐ་མ་སྐྱེ་མེད་བསྟན། །ཅེས་འཕགས་པ་ཀླུ་སྒྲུབ་བདེ་བ་ཅན་དུ་གཤེགས་ཁར་གསུངས་ཞེས་སྟོན་གྱི་ཆོས་འབྱུང་དག་ལས་འབྱུང་བ་ལྟར་རོ། །བདག་ཉིད་ཆེན་པོ་འདིས་རྒྱལ་བའི་བསྟན་པ་ལ་བྱ་བ་ཇི་ལྟར་མཛད་པའི་ཚུལ་ནི་ད་ལྟ་ཉིད་དུ་འཆད་པར་འགྱུར་རོ། །

འཕགས་པ་ཀླུ་སྒྲུབ་ཀྱིས་ལོ་དྲུག་བརྒྱར་བསྟན་པའི་(༡༣༨ན)བྱ་བ་མཛད་ནས་བདེ་བ་ཅན་དུ་གཤེགས་ཏེ། སླར་ཡང་འཛམ་བུའི་གླིང་དུ་སྔར་གྱི་སྐུ་ལུས་དང་དབུ་འབྱར་ཏེ་འགྲོ་བའི་དོན་རྒྱ་ཆེར་མཛད་པར་གྲགས་ཤིང་། མཐར་དང་བའི་འོད་ཅེས་བྱ་བའི་འཇིག་རྟེན་དུ་དེ་བཞིན་གཤེགས་པ་ཡེ་ཤེས་འབྱུང་གནས་ཞེས་བྱ་བར་མངོན་པར་རྫོགས་པར་འཚང་རྒྱ་བར་གསུངས་སོ། །དེས་ན་བྱང་ཆུབ་ལམ་གྱི་རིམ་པ་ལ་བློ་སྦྱོང་བར་འདོད་པ་རྣམས་ཀྱིས་དཔལ་མགོན་འཕགས་པ་ཀླུ་སྒྲུབ་ལ་གསོལ་བ་འདེབས་ཤིང་སློབ་དཔོན་བདག་ཉིད་ཆེན་པོ་འདིས་ཇི་ལྟར་གསུངས་པ་ལྟར་བཤེས་གཉེན་

བསྙེན་ཚུལ་ནས་ཟུང་འཇུག་གི་བར་མདོ་སྔགས་གཉིས་ཀའི་ལམ་གྱི་ལུས་ཡོངས་སུ་རྫོགས་པ་ལ་ལུང་དང་རིགས་པས་ངེས་པ་སྐྱེད་པར་བྱས་ལ་བསྟོན་པ་ཆེན་པོས་ཉམས་སུ་བླང་བར་བྱའོ།། །།

དཔལ་ལྡན་ཟླ་བ་གྲགས་པའི་རྣམ་ཐར།

འཕགས་པའི་དགོངས་པ་གསལ་མཛད་ཟླ་བ་གྲགས། །ཞེས་བསྔགས་པ། དཔལ་ལྡན་ཟླ་བ་གྲགས་པ་ནི། རྒྱ་གར་ལྷོ་ཕྱོགས་ས་མ་ན་ཞེས་བྱ་བའི་ཡུལ་དུ་སྐུ་འཁྲུངས་ཏེ། ཡུལ་དེར་བྲམ་ཟེ་ཕོ་མོ་གཉིས་ལ་བུ་སྤྲུལ་པའི་མཚན་རྟགས་དང་ལྡན་པ་ཞིག་བྱུང་ནས་མཚན་མཁན་རྣམས་ལ་བསྟན་པས་འདི་ནི་མཚན་ཤིན་ཏུ་བཟང་སྟེ། འདི་ནི་རྒྱལ་བའི་བསྟན་པ་ལ་ཞུགས་ནས་བསྟན་འཛིན་ཆེན་པོ་ཞིག་ཏུ་འགྱུར་རོ། །ཞེས་ལུང་བསྟན། ཇི་ལྟར་ལུང་བསྟན་པ་ལྟར་ཕ་མ་གཉིས་ཀྱིས་ཀྱང་གནང་སྟེ་ན་ལནྡྲར་རབ་ཏུ་བྱུང་། ན་ལནྡྲའི་མཁན་པོ་ཟླ་བ་མགོན་པོ་ཞེས་བྱ་བ་ལས་ཚིགས་སུ་མ་དགེ་ཚུལ་གྱི་(༡༣༨བ) སྡོམ་པ་བཞེས། མཁན་པོ་ཉིད་ཀྱི་མཚན་ལས་དྲས་ཏེ་ཟླ་བ་གྲགས་པ་ཞེས་མཚན་བཏགས། དེ་ནས་རིམ་གྱིས་བསྙེན་རྫོགས་ཀྱི་སྡོམ་པ་བཞེས་ཤིང་སྡེ་སྣོད་གསུམ་དང་རྒྱུད་སྡེ་བཞི་ལ་སྦྱངས་པས་མཁས་པའི་ཕུལ་དུ་ཕྱིན་པར་གྱུར་ཏེ་རང་དང་གཞན་གྱི་གྲུབ་པའི་མཐའ་རྒྱ་མཚོ་ལྟ་བུའི་ཕ་རོལ་ཏུ་སོན། འཕགས་པ་ཀླུ་སྒྲུབ་ཀྱི་ཞབས་རྡུལ་སྤྱི་བོས་བླངས་ཏེ། མདོ་སྔགས་ཀྱི་མན་ངག་ཡོངས་སུ་རྫོགས་པར་གསན། ཇི་ལྟར་གསན་པ་ལྟར་མདོ་སྔགས་གཉིས་ཀའི་ལམ་གྱི་ལུས་ཡོངས་སུ་རྫོགས་པ་ལ་སྒྲུབ་པ་རྩེ་གཅིག་ཏུ་མཛད་པས་རྟོགས་པ་མཆོག་ཐོབ་སྟེ་ཕྱི་ནང་གི་སྤྲོས་པ་ཐམས་ཅད་དོར་ནས་ཉིན་མཚན་ཁོར་ཡུག་ཏུ་དོན་དམ་པའི་བྱང་ཆུབ་ཀྱི་སེམས་བསྒོམ་བཞིན་བཞུགས་པས་ཐ་

མལ་པ་དག་གི་སྣང་བ་ལ་བཟའ་བཏུང་བྱེད་པ་དང་། བཤད་གཅི་འདོར་བ་ཙམ་མ་གཏོགས་བྱ་བ་གཞན་གང་ཡང་མི་བྱེད་པར་ཉལ་བ་འབའ་ཞིག་ལྷུར་མཛད་པ་ཞིག་ཏུ་མཐོང་ནས་དེ་དག་མ་རངས་ཏེ། ནླ་བ་གྲགས་པ་འདི་ཐོས་བསམ་སྒོམ་པ་དང་། དགེ་འདུན་གྱི་ལས་གང་ཡང་མི་བྱེད་པ་ཟོས་ཀྱིན་ཉལ་སྡོད་པ་ཅིག་བྱུང་བས། དགེ་འདུན་རྣམས་ཀྱིས། འདི་སྤྱར་མུ་སྟེགས་པ་ཡིན་པས། ད་དུང་མུ་སྟེགས་པར་ལྡོག་པར་འདུག ། འདི་སྒྲུ་ཐབས་སུ་གནས་ནས་ད་གཟོད་འོ་སྐོལ་ལ་གནོད་ནས་འོང་། འདི་ནི་ལས་ངན་སྨྲེ་ཤ་ཅན། །མུ་སྟེགས་ཉིད་ཀྱང་མ་དོར་བས། །དགེ་འདུན་བྱ་བ་མི་བྱེད་དེ། །འདི་ཡིས་གནོད་སྐྱེལ་འདོན་པར་རིགས། །ཞེས་པས། མཁན་པོ་ནླ་བ་མགོན་པོས་བདག་ཉིད་ཆེན་པོ་འདིའི་ངང་(༡༣༨ན)ཚུལ་རྟོགས་པས་འདི་གནས་ནས་དབྱུང་བར་མི་རིགས་ཞེས་བཀག་ཅིང་ཐུགས་དམ་ལ་གཅིག་ཏུ་གཞོལ་བའི་མཛད་པ་དེ་ལ་ཤིན་ཏུ་དགྱེས་སོ། །དེ་ནས་ན་ལནྡྲའི་མཁན་པོས་སློབ་དཔོན་ནླ་བ་གྲགས་པ་ལ་རང་ཉིད་ཐུགས་དམ་ལས་གཡོ་བ་མེད་ཀྱང་དགེ་འདུན་གྱི་ཁྲིད་ན་ཐ་མལ་མང་པོ་ཞིག་ཉིད་ཀྱི་ངང་ཚུལ་མ་རྟོགས་པར་སྨིག་གསོག་པར་འདུག་པས། ཁྱོད་ཀྱིས་གཉེར་ཅིག་གྱིས། ཉི་མ་གྲགས་གྲོགས་ལ་བཏང་གིས་གསུངས་པས་གཉེར་མཛད་ནས་མ་ཏེ་དང་བ་ལང་སོགས་པ་ནགས་ལ་ཡན་དུ་བཙུག་ནས། རི་མོའི་བ་ཞིག་བྱས་ནས་ཡོད་པ་ལ། དགེ་འདུན་རྣམས་ཀྱིས་མ་ཏེ་ལ་སོགས་པ་ནགས་ལ་བརྒྱབ་ནས། ད་འདི་ཅི་བྱེད་བལྟའོ་བྱས་པས། ཉི་མ་གྲགས་པས་གཡོག་བྱས་ནས་ཞོ་དང་འོ་མ་མང་པོ་ཁྱེར་བྱུང་བས་ཉི་མ་གྲགས་ཀྱིས་མ་ཏེ་སོགས་རི་ལ་བརྒྱབ་ནས་ཞོ་དང་འོ་མ་འདི་ཙམ་འོང་བ་ཅི་ཡིན་བྱས་ནས་ཇི་ལྟར་བྱེད་བལྟས་པས། རི་མོའི་བ་ལས་བཞོས་ནས་འོང་བ་མཐོང་བ་གསང་ནས་བསྡད་པས། དེ་ནས་གཉེར་ཐོན་ནས་འབྲས་ལ་སོགས་པ་མང་པོ་གཏད་པས། ཁྱོད་ཀྱིས་མ་ཏེ་སོགས་རི་ལ་བརྒྱབ་ནས། འབྲས་དང་མར་ལ་སོགས་པ་མ་ཟད་པ་ཅི་ལས་བྱུང་ཟེར་བ་ལ། ཉི་

མ་གྲགས་ན་རེ། དཔལ་ལྡན་བླ་བ་གྲགས་པ་ཡིས། །རི་མོའི་བ་ལས་ནོ་བནོས་ནས། །དགེ་འདུན་འཚོ་བ་ལེགས་པར་བསྒྲུབས། །ཞེས་པས། མཁན་པོ་ན་རེ། སེམས་ལ་དབང་ཐོབ་པས་རི་མོའི་བ་ལས་ནོ་འཛོ་བ་ངོ་མཚར་ཆེ་གསུང་། ཡང་ལན་ཅིག(༡༣༩བ)ཏུ་རུཥྐའི་དམག་བྱུང་ནས་ནཱ་ལནྡར་བླ་བ་ཕྱེད་ཀྱི་ལམ་ན་སླེབས་ཟེར་ནས། པཎྜི་ཏ་དང་། ནུས་པ་ཅན་ཐམས་ཅད་ལ་དམག་བཟློག་པའི་ཐབས་ཡོད་དམ་ཞུས་པས། ཐབས་མ་བྱུང་བའི་ཚེ། ནཱ་ལནྡྲའི་ཆོས་སྐྱོང་གི་ཐུགས་ཀ་ནས། བྱ་རོག་ཅིག་བྱུང་ནས། བླ་བ་གྲགས་པ་ལ་ཞུས་ཟེར་ནས་ཞུས་པས། བླ་བའི་ཞལ་ནས་ཐབས་ཡོད་ཀྱིས། རྡོའི་སེང་གེ་གཅིག་གྱིས་ལ། སངས་རྒྱས་པ་རྣམས་ཀྱིས་དཀོན་མཆོག་གསུམ་ལ་གསོལ་བ་ཐོབ། མུ་སྟེགས་པ་རྣམས་ཀྱིས་ཀྱང་དབང་ཕྱུག་ཆེན་པོ་ལ་གསོལ་བ་ཐོབ་ཅིག་གསུངས་ནས། དེ་ར་རྡོའི་སེང་གེ་བཅོས་ཟེིན་པ་དང་། དེ་གས་ཤིང་། དེའི་ནང་ནས་མི་གཅིག་བྱུང་ནས། ངས་བྱ་དགོས་ཟེར་ལེགས་པ་ཅིག་བཅོས་ཟེིན་པ་དང་། བླ་བ་གྲགས་པ་ཐེབས་ནས། ནཱ་ལནྡྲའི་བྱང་ཕྱོགས་སུ་དཔག་ཚད་བཅོ་ལྔ་པའི་བར་གྱི་རྡོའི་སེང་གེ་བཞག་པ་ཅན་དུ་དམག་རྣམས་སླེབས་བྱུང་བ་ན། དམག་རྣམས་སླེབས་བྱུང་ངོ་བྱས་ཀྱང་སེང་གེ་འགྲོར་མ་འདོད་པ་ལ། དགེ་འདུན་རྣམས་ན་རེ་འདིས་བསླུས། འོ་སློལ་ཕྱུང་ངོ་ཟེར་བ་ལ། སློབ་དཔོན་བླ་བ་གྲགས་པ་ཀོག་གིས་བཞེངས་ནས་ཙན་དན་གྱི་དབྱུག་པ་འདོམ་གང་བ་ཅིག་ཁྱེར་ནས་སེང་གེའི་མགོ་ལ་ཐེངས་གསུམ་བརྒྱབ་པས་གཡུ་རལ་ལན་གསུམ་སྤྱུགས་དམག་ཐམས་ཅད་བསྒྲད་ནས་སེང་གེའི་གདོང་པ་ཁྲག་ཏུ་སོང་ནས་འདུག་པས། དེའི་དུས་རྒྱལ་པོ་སྟོབས་ལྡན་གཞོན་ནུས། དཔལ་ལྡན་བླ་བ་གྲགས་པ་ཡིས། །སྟོབས་ལྡན་རྡོ་ཡི་སེང་གེ་བསྐུལ། །ཏུ་རུཥྐ་ཡི་དམག་བཟློག་ཀྱང་། །ཤི་རྨུས་མེད་པ་ངོ་མཚར་ཆེ། །ཞེས་ཟེར་རོ། །(༡༤༠ན)དེ་ནས་དགེ་འདུན་རྣམས་ན་རེ། འདི་བླ་བ་གྲགས་པའི་ནུས་པ་མིན། དགེ་འདུན་རྣམས་ཀྱི་རབ་གནས་བྱ་དགོས་ཟེར་ནས། རབ་གནས་བྱས་

པས་སེང་གེ་སའི་ནང་དུ་ནུབ་པས། མཁན་པོ་ན་རེ། འདི་ཟླ་བ་གྲགས་པ་སེམས་ལ་དབང་ཐོབ་པའི་བྱིན་རླབས་ཡིན་གསུང་། ཡང་སློབ་དཔོན་ནགས་ན་སྒོམ་གྱིན་བཞུགས་པ་ནགས་ལ་མེ་ཤོར་བའི་ཚེ། ནཱ་ལནྡྲ་པ་ལ་སོགས་པའི་ཡུལ་མི་རྣམས་ཀྱིས་བལྟར་ཕྱིན་པས། ཤིང་གི་ལྷ་མོ་ཞིག་གིས་རོ་སྟོད་བཏོན་ནས། བྱམས་མགོན་སྙིང་རྗེའི་བློ་ཅན་ཉིད། །མེ་ཡིས་མི་འཚིག་ཆུས་མི་འབྱེར། །རླུང་གིས་འཐོར་བར་ག་ལ་ནུས། །ཞེས་ཟེར། མི་རྣམས་ཀྱིས་ཕྱིན་པས་སློབ་དཔོན་གྱི་རྩྭའི་སྤྱིལ་བུའི་འདོམ་གང་ཚུན་ཆད་མེས་མ་འཚིག་པར་འདུག་ཅིང་། སློབ་དཔོན་གྱི་ཞལ་ནས། ང་ཡི་བླ་མ་ཀླུ་སྒྲུབ་ཀྱིས། །སྐྱེ་བ་མེད་པའི་མེས་དངོས་པོའི། །བུད་ཤིང་ཐམས་ཅད་བསྲེགས་པ་ཡིན། །མཁན་པོ་ཡིས་ཀྱང་བསྲེགས་པ་ཡིན། །ངས་ཀྱང་སྐྱེ་བ་མེད་པའི་མེས། །དངོས་པོའི་བུད་ཤིང་བསྲེགས་པ་ཡིན། །དངོས་པོའི་མེ་ཡིས་ག་ལ་ཚུགས། །ཞེས་གསུངས་སོ། །མངོན་པར་ཤེས་པ་ཐོགས་མེད་མངའ་བ་ཡིན་ཏེ། མུ་སྟེགས་ཀུ་མ་རི་ཀ་ན་རེ། སློབ་དཔོན་ལ་མངོན་ཤེས་ཡོད་པ་མི་བདེན་ཡོང་། བདེན་ན་བཀྲ་བྱིན་ད་ལྟ་ཅི་བྱེད་དྲིས་པས། སློབ་དཔོན་གྱི་གསུང་ནས་བཀྲ་བྱིན་དངོས་ནི་སུམ་ཅུ་རྩ་གསུམ་ན་ཡོད་ལ། སྤྲུལ་པ་ཅིག་དགའ་ལྡན་ན་བྱམས་པ་ལ་ཆོས་ཉན་གྱི་ཡོད་གསུངས་པས། ཀུ་མ་རི་ཡིད་མ་ཆེས་པ་ལ། སློབ་དཔོན་གྱི་ཕྱག་ཡབ་མཛད་པས། (༡༥༠བ)བཀྲ་བྱིན་དངོས་འོངས་པ་དེ་ཁོས་མ་མཐོང་། ཡང་ཕྱག་ཡབ་མཛད་པས། སྤྲུལ་པ་འོངས་པ་ཁོས་མཐོང་ནས། ཁྱོད་བཀྲ་བྱིན་ཡིན་ནམ་བྱས་པས་དངོས་མིན། དངོས་ཡིན་ན་མིག་སྟོང་ཡོད་པ་ལས། ང་ལ་རྗེས་ལས་མེད་ཟེར་ནས། བལྟས་པས་རྗེས་ལས་མི་འདུག་པས་ཀུ་མ་རི་ཡིད་ཆེས་སོ། །

དེས་ན་སློབ་དཔོན་འདི་ཉིད་པཎྜི་ཏ་རྣམས་ཀྱི་མཆོག་ཏུ་གྱུར་པ་ཡིན་ཏེ། ནཱ་ལནྡྲ་ན་པཎྜི་ཏ་མང་པོ་ཡོད་ཀྱང་། མུ་སྟེགས་ཀྱི་རྒོལ་བ་ཚར་གཅོད་མི་ནུས་ན་ཕྱིར་ཆོས་འཆད་མི་ནུས་ལ། སློབ་དཔོན་འདི་ཉིད་ཕྱིར་ཆོས་འཆད་པ་ན། ལྷོ་ཕྱོགས་ཀྱི་མཁས་པ་ཆེན་

པོ་ཙནྡྲ་གོ་མི་སློབ་དཔོན་ཆོས་འཆད་པའི་སར་འོངས་ཏེ་འདུད་པ་མི་བྱེད་པར་འགྲེངས་ཏེ་གནས་པ་ན་སློབ་དཔོན་ཟླ་བ་གྲགས་པའི་དགོངས་པ་ལ་རྩོད་དམ་བགྲོ་བར་འདོད་པ་ཅིག་འོངས་པ་ཡིན་སྙམ་ནས་དེ་ལ། ཕྱོགས་གང་ནས་འོངས། ཆོས་ཅི་ཤེས་དྲིས་པས། ལྷོ་ཕྱོགས་ནས་འོངས། སྒྲ་པ་ཎི། ཤེར་ཕྱིན་ཚུལ་བརྒྱ་ལྔ་བཅུ་པ། འཇམ་དཔལ་མཚན་བརྗོད་ཤེས་ཟེར། སྒྲ་དང་། མཚན་ཉིད་ཀྱི་རྩ་བ་དང་། སྔགས་ཀྱི་རྩ་བ་སློབས་པས། ལུང་རིགས་ལ་མཁས་པར་ཁས་བླངས་ཀྱང་། ཚིག་ཁེངས་སྐྱུངས་པར་འདུག་པས། ཙནྡྲ་གོ་མི་མིན་ནམ་དྲིས་པས། དེ་ལྟར་འཇིག་རྟེན་པ་རྣམས་འདོགས་སོ་གསུངས། འོ་ན་པཎྜི་ཏ་ཆེན་པོ་ཐོག་བབས་སུ་ཕེབས་པ་མ་ལེགས། བསུ་བ་བྱ་དགོས་པས་རེ་ཞིག་ཕྱིར་གཤེགས་ཤིག་བསུ་བ་བགྱིའོ་བྱས་ནས། ཆོས་འཆད་འཕྲོ་བཅད་དེ། གཎྜི་བརྡུངས་པཎྜི་ཏ་རྣམས་བསགས་ཏེ། འདིར་མཁས་པ་ཆེན་པོ་ཙནྡྲ་གོ་མི་བྱོན་གྱིས། བསུ་བ་བྱ་(༡༥༧ན)དགོས་པས་ཤིང་རྟ་གཉིས་འཆོས་ལ་གཅིག་ལ་འཇམ་དཔལ་གྱི་སྐུ་བཞུགས། གཅིག་ལ་ཙནྡྲ་གོ་མི་བཞུགས་ལ་མཆོད་པའི་ཚོགས་ཀྱིས་སྤྱན་དྲངས་ཤིག་ཅེས་བསྒོས་ཏེ། དེ་ལྟར་བགྱིས་པའི་ཚེ། འཇམ་དཔལ་ལ་ཙནྡྲ་གོ་མིས་བསྟོད་པས། སྐུ་དེ་དགྲེས་ཏེ་སློབ་དཔོན་ལ་ཞལ་ཕྱིར་གཟིགས་ཏེ། ད་ལྟ་ཡང་ན་ལནྡྲ་ན་བྱིན་རླབས་ཅན་ཤིང་སྐུ་འཛིང་ཡོན་དུ་གྲགས་པ་བཞུགས། དེ་ནས་ཙནྡྲ་གོ་མི་ན་ལནྡྲར་བྱོན་པ་ལ་བསྙེན་བཀུར་ཞིང་། སློབ་དཔོན་ཟླ་བ་གྲགས་པ་དང་གདན་འཛོམ། ཕན་ཚུན་ཆོས་ཀྱི་བགྲོ་བ་མཛད་པས། སློབ་དཔོན་ཟླ་བ་གྲགས་པས་གང་དྲིས་པའི་ལན་ཐོགས་མེད་དུ་བཏབ། ཙནྡྲས་སྤྱན་རས་གཟིགས་ལ་དྲིས་ཤིང་ལན་ཐོགས་བཅས་སུ་འདེབས། དེའི་ཚེ་དཔལ་ལྡན་ཟླ་བས་གཟིགས་པས། སྤྱན་རས་གཟིགས་ཀྱི་རྡོ་སྐུ་བཞུགས་པའི་ཁང་པ་ནས་བྱུང་བས། ལན་ཅིག་དེར་སོང་སྟེ་རྒྱབ་ནས་ཉན་པས་ཆོས་འཆད་ཅིང་འདུག་པ་དང་། ཞལ་ལྟ་དགོས་དགོངས་ཏེ་ནང་དུ་ཕྱིན་པ་དང་སྤྲུལ་སྐུ་ཞལ་བཏུལ་ཏེ། དེར་སློབ་དཔོན་གྱིས་

ས་ཐ་བཙུགས་ནས། ཁོང་ལ་ཞལ་སྟོན་པ་ལྟར་བདག་ལའང་བསྟན་དུ་གསོལ་ཞེས་གསོལ་བ་བཏབ་པས། མནལ་ལམ་དུ་བྱོན་ཏེ། ཁྱོད་འཇམ་དཔལ་གྱིས་བྱིན་གྱིས་བརླབས་པའི་མཁས་པ་ཆེན་པོ་ཡིན་པས་ངས་བྱིན་གྱིས་བརླབ་མི་དགོས། ཙནྡྲ་གོ་མི་ལ་ཅུང་ཟད་བྱིན་གྱིས་བརླབས་པ་ཡིན་གྱིས་དེ་སྐད་མ་ཟེར་གསུང་། མནལ་སད་ཚེ་དེ་ལྟར་ལགས་ཀྱང་ཞལ་སྟོན་པར་ཞུ་ཞུས་པས་ཞལ་མངོན་སུམ་དུ་བསྟན་ཏོ། །དེའི་ཚེ་བདག་གི་སྤྱི་གཙུག་ཏུ་བཞུགས་(༡༧༡བ)ལ་སེམས་ཅན་ཐམས་ཅད་ཀྱི་མཐོང་བར་མཛོད་ཅིག་ཅེས་གསོལ་བས། སྤྱན་རས་གཟིགས་ཀྱི་ཞལ་ནས་ངས་སེམས་ཅན་ཐམས་ཅད་ཀྱི་དྲུང་དུ་སོང་ཡང་། དེ་རྣམས་ལས་ཀྱི་སྒྲིབ་པས་ང་མཐོང་བར་མི་འགྱུར་གསུངས། ཅེས་ཀྱང་བཞུགས་ཤིག་ཅེས་གསོལ་བ་བཏབ་ནས། འཕགས་པ་སྤྱི་བོར་ཁྱེར་ནས་ཐམས་ཅད་དུ་ཕེབས་ནས་བདག་གི་སྤྱི་བོ་ན་འཕགས་པ་བཞུགས་སོ། །ཕྱག་མཚོད་ཀྱིས་བྱས་ཀྱང་ལ་ལས་ཅི་ཡང་མ་མཐོང་། ལ་ལས་ཁྱི་རོར་མཐོང་། ཕལ་ཆེ་བས་ཆོས་མང་དུ་བཤད་པས་རླུང་སྨྱོ་ཡིན་ཟེར། ཚང་ཚོང་མ་ཞིག་གི་ཞབས་ཙམ་མཐོང་བས་ཀྱང་ཐུན་མོང་གི་དངོས་གྲུབ་ཐོབ་པ་ཞིག་བྱུང་ཞེས་གྲག་གོ །

སློབ་དཔོན་འདིས་འཕགས་པ་ཀླུ་སྒྲུབ་ཀྱི་དགོངས་པ་ལྟར་ཤེར་ཕྱིན་གྱི་མདོ་སྡེ་རིན་པོ་ཆེའི་དོན་ཟབ་པ་དང་རྒྱ་ཆེ་བའི་ལམ་གྱི་རིམ་པའི་ལུས་ཡོངས་སུ་རྫོགས་ཤིང་ས་ལམ་འབྲས་བུ་དང་བཅས་པ་རྒྱས་པར་སྟོན་པའི་གཞུང་དབུ་མ་ལ་འཇུག་པ་རང་འགྲེལ་དང་བཅས་པ་མཛད་ཅིང་། ཆོས་རྣམས་ཀྱི་གནས་ལུགས་སྟོང་པ་ཉིད་རིགས་པ་བརྒྱ་ཕྲག་གི་སྒོ་ནས་གཏན་ལ་འབེབས་པ་དབུ་མ་རྩ་བའི་འགྲེལ་པ་ཚིག་གསལ་དང་། ལམ་ཐུན་མོང་བས་རྒྱུད་སྦྱངས་ནས་ཐུན་མོང་མིན་པ་བླ་མེད་ཀྱི་ལམ་ལ་འཇུག་པའི་འཇུག་སྒོ་དབང་དང་དམ་ཚིག །ཞུགས་ནས་བསྒོམ་བྱའི་ལམ་རིམ་པ་གཉིས་འབྲས་བུ་དང་བཅས་པ་མཐའ་དག་ཡོངས་སུ་རྫོགས་པར་སྟོན་པ་རྒྱུད་ཀྱི་རྒྱལ་པོ་དཔལ་གསང་

བ་འདུས་པའི་རྩ་རྒྱུད་ཀྱི་འགྲེལ་པ་སྒྲོན་མ་གསལ་བ་མཛད་དེ། ཚིག་གསལ་དང་། སྒྲོན་གསལ་གཉིས་ལ་ནི་སྔོན་གྱི་མཁས་པ་རྣམས་ཀྱིས། མཁའ་ལ་ཉི་ཟླ་རྣམ་གཉིས (༡༩༢ན)ས་ལ་གསལ་བ་རྣམ་གཉིས་ཞེས་སའི་སྟེང་ན་འགྲན་ཟླ་མེད་པའི་བསྟན་བཅོས་སུ་བསྔགས་སོ། །གཞན་ཡང་སློབ་དཔོན་འདིས་ལམ་གྱི་རིམ་པའི་ལྟ་བའི་གནད་རྣམས་སྟོན་པའི་བསྟན་བཅོས་བཞི་བརྒྱ་པའི་འགྲེལ་པ་དང་། རིགས་པ་དྲུག་ཅུ་པའི་འགྲེལ་པ་དང་། དབུ་མ་ཕུང་པོ་ལྔ་པ། སྟོང་ཉིད་བདུན་ཅུ་པའི་འགྲེལ་པ། སྐྱབས་འགྲོ་བདུན་ཅུ་པ། ཐུགས་རྗེ་ཆེན་པོ་ལ་སྨྲེ་སྔགས་སུ་གསོལ་བ། གསང་བ་འདུས་པའི་སྒྲུབ་པ་ཡན་ལག་དྲུག་པའི་འགྲེལ་པ། གསང་བ་འདུས་པའི་མངོན་པར་རྟོགས་པའི་རྒྱན་གྱི་འགྲེལ་པ། རྡོ་རྗེ་སེམས་དཔའི་སྒྲུབ་ཐབས། ཁྲོ་བོ་བདུད་རྩི་འཁྱིལ་བའི་སྒྲུབས་ཐབས། སྒྲོལ་མའི་བསྟོད་པ་རྣམས་མཛད་དོ། །

སློབ་དཔོན་ཟླ་བ་གྲགས་པ་འདི་ནི་འཕགས་པ་ཀླུ་སྒྲུབ་ཀྱི་ལུགས་བཟང་གསལ་བར་མཛད་ཕྱིར་བསམ་བཞིན་དུ་བྱོན་པ་ཞིག་སྟེ། རྗེ་བདག་ཉིད་ཆེན་པོས་རྗེ་བཙུན་འཇམ་དཔལ་དབྱངས་ལ་འཕགས་པ་ཀླུ་སྒྲུབ་ཀྱི་དགོངས་པ་འགྲེལ་པ་ལ་སློབ་དཔོན་ཟླ་བ་གྲགས་པ་འཁྲུལ་མེད་པ་འབའ་ཞིག་ཏུ་བཟུང་བས་ཆོག་ཞུས་པས། ཟླ་བ་གྲགས་པ་ནི་སྟེང་ཕྱོགས་འཛིག་རྟེན་གྱི་ཁམས་ཀྱི་ཞིང་གཅིག་གི་དེ་བཞིན་གཤེགས་པ་གཅིག་གི་ཞབས་དྲུང་ནས་བྱང་ཆུབ་སེམས་དཔའ་རྣམ་དཔྱོད་དང་སྙིང་སྟོབས་མཆོག་ཏུ་གྱུར་པ་ཞིག་ཞིང་འདིར་འཕགས་པ་ཀླུ་སྒྲུབ་ཀྱི་ལུགས་བསྟན་པའི་སྙིང་པོ་གསལ་བར་བྱ་བའི་སླད་དུ་བསམ་བཞིན་དུ་སྐྱེ་བ་བཟུངས་པ་ཡིན་པས། འདི་འཕགས་པ་ཀླུ་སྒྲུབ་ཀྱི་དགོངས་པ་འགྲེལ་བ་ལ་ སྔགས་མཚན་ཉིད་གང་གི་སྐབས་སུའང་འཁྲུལ་པ་ཕྲ་མོ་ཙམ་ཡང་མེད་པས། འདི་ལ་རྣམ་པ་(༡༩༢བ)ཐམས་ཅད་དུ་ཡིད་ཆེས་ཀྱི་གནས་འབའ་ཞིག་ཏུ་ངེས་པར་གཟུང་དགོས་པ་ཡིན་ནོ་ཞེས་གསུངས་པ་ལྟར་རོ། །སློབ་དཔོན་

ཟླ་བ་གྲགས་པ་འདི་ནི། རྒྱ་གར་གྲུབ་ཆེན་བརྒྱད་ཅུའི་ནང་ཚན་ཞིག་ཀྱང་ཡིན་ཏེ། བླ་མ་རྡོ་རྗེ་གདན་པས་གྲུབ་ཆེན་བརྒྱད་ཅུ་ལ་བསྟོད་པ་ལས། འཇམ་དཔལ་སྒྲུ་ཡི་སྤྲུལ་པར་འབྱུང་ངས། །ཀླུ་སྒྲུབ་དགོངས་པ་ཐུགས་སུ་ཆུད། །ཟླ་བ་གྲགས་པ་ཞེས་བྱ་བའི། །བླ་མ་དེ་ལ་ཕྱག་འཚལ་ལོ། །ཞེས་བསྟོད་པར་མཛད་དོ། །

དེས་ན་བྱང་ཆུབ་ལམ་གྱི་རིམ་པ་ལ་བློ་སྦྱོང་བར་འདོད་པ་རྣམས་ཀྱིས་ལམ་གྱི་རིམ་པའི་གནད་རྣམས་ལ་ངེས་པ་ཕུལ་ཕྱིན་བསྐྱེད་པ་ལ་སློབ་དཔོན་བདག་ཉིད་ཆེན་པོ་འདི་ལ་གསོལ་བ་འདེབས་པ་དང་། འདིའི་གཞུང་རྣམས་ལ་ཐོས་བསམ་གྱིས་འཇུག་པ་ཤིན་ཏུ་གལ་ཆེའོ། །སློབ་དཔོན་འདི་ལ་སྙིང་ནས་གསོལ་བ་བཏབ་ན་བྱིན་རླབས་མྱུར་དུ་འཇུག་སྟེ། སློབ་དཔོན་འདི་ནི་རྗོ་རྗེའི་སྐུ་བརྙེས་ནས་ད་ལྟའང་འཛམ་བུ་གླིང་ན་གདུལ་བྱའི་དོན་མཛད་བཞིན་པ་ཡིན་པ་ནི་སྟོན་པ་ཚབ་ལོ་ཙཱ་བས་སློབ་དཔོན་འདི་ལ་དད་ཅིང་གུས་པས་ཡུན་དུ་གསོལ་བ་བཏབ་སྟེ་ཁ་བ་ཅན་གྱི་ལྗོངས་འདིར་དབུ་མའི་ལམ་སྲོལ་བཟང་པོ་འདི་རྒྱ་ཆེར་འཕེལ་ན་ཅི་མ་རུང་སྙམ་སྟེ་རྒྱ་གར་དུ་ཕེབས་པས་སློབ་དཔོན་ཟླ་བ་གྲགས་པས་དངོས་སུ་ཞལ་བསྟན་ཏེ། གདམས་པ་དང་རྗེས་སུ་བསྟན་པ་རྒྱ་ཆེར་སྩལ་ཞིང་བོད་དུ་དབུ་མའི་ལམ་སྲོལ་རྒྱ་ཆེར་སྤེལ་ནུས་པར་བྱིན་གྱིས་བརླབས་པ་ལྟར་རོ།། །།

རྒྱལ་སྲས་རིགས་པའི་ཁྱུ་མྱུག་ཆེ་བའི་རྣམ་ཐར།

དེ་སྲས་ཐུ་བོ་རིགས་པའི་ཁྱུ་མྱུག་ཆེ། །ཞེས་བསྟགས་པ་རིགས་པའི་ཁྱུ་མྱུག་ཆེ་བ་ནི་སྐུ་(༡༨ ༣ན)གཞོན་ནུ་ནས་རྒྱལ་བའི་བསྟན་པ་ལ་རབ་ཏུ་བྱུང་། ལོ་ལོན་ནས་བསྙེན་པར་རྫོགས། པི་ཀ་མ་ལ་ཤཱི་ལར་སྡེ་སྣོད་གསུམ་ལ་སྦྱངས་ཏེ་མཁས་པའི་ཕུལ་དུ་ཕྱིན་

པར་གྱུར། སློབ་དཔོན་ཟླ་བ་གྲགས་པ་ལ་འཕགས་པ་ཀླུ་སྒྲུབ་ནས་བརྒྱུད་པའི་མདོ་སྔགས་ཀྱི་མན་ངག་རྣམས་རྫོགས་པར་གསན། ནང་དུ་ཡང་དག་འཛོག་ལ་རྩེ་གཅིག་ཏུ་བཞུགས་ཏེ་ཐེག་པ་ཆེན་པོའི་ལམ་གྱི་རིམ་པ་ལ་ཉམས་རྟོགས་ཕུལ་དུ་ཕྱིན་པ་ཐོབ། ལྷ་བའི་དཀའ་གནད་ཕྲ་མོ་འགའ་ཞིག་ལ་ངེས་པ་དྲང་བའི་ཕྱིར་བླ་མ་དང་ལྷག་པའི་ལྷ་དབྱེར་མེད་པ་ལ་གསོལ་བ་ཤུགས་དྲག་ལ་རྒྱུན་རིང་བ་བཏབ། བསག་སྦྱང་རྒྱ་ཆེན་པོ་ལ་འབད་པས་དཔལ་མགོན་འཕགས་པ་ཀླུ་སྒྲུབ་ཀྱིས་དངོས་སུ་ཞལ་བསྟན་ནས་ལྟ་བའི་དཀའ་གནས་ཕྲ་མོ་རྣམས་ཞིབ་ཏུ་བསྟན་ཏེ་མཚན་འཛིན་གྱི་འཆིང་བ་མ་ལུས་པ་དྲུང་ཕྱུང་བར་མཛད། མངའ་རིས་ཆོས་རྒྱལ་བྱང་ཆུབ་འོད་ཀྱིས་ནག་ཚོ་ལོ་ཙཱ་བ་རྗེ་བོ་སྤྱན་འདྲེན་དུ་བཏང་བའི་ཚེ་ནག་ཚོ་ལོ་ཙཱ་བས་བི་ཀ་མ་ལ་ཤཱི་ལར་ཕྱིན་ནས་རྗེ་བོ་གང་དུ་བཞུགས་བཙད་དཔྱད་པའི་ཚེ་བི་ཀ་མ་ལ་ཤཱི་ལའི་ཚོགས་སུ་པཎྜི་ཏ་ཀུན་གྱི་གྲལ་དབུ་ལ་བཞུགས་པ་སྐུ་བགྲེས་ཤིང་བརྗིད་ཆགས་པ་འདི་མགོན་པོ་ཨ་ཏི་ཤ་ཨེ་ཡིན་ཞེས་དྲིས་པས། བོད་ཀྱི་ཚེ་དང་ལྡན་པ་ཅི་ཟེར། འདི་དཔལ་ལྡན་ཟླ་བ་གྲགས་པ་ལ་ཆོས་དངོས་སུ་ཉན་པ་རིགས་པའི་ཁུ་བྱུག་བྱ་བ་ཨ་ཏི་ཤའི་ཡང་བླ་མ་ཡིན་ཟེར། རིགས་པའི་ཁུ་བྱུག་འདི་མགོན་པོ་ཀླུ་སྒྲུབ་ཀྱི་ཡང་དངོས་སློབ་ཡིན་ཏེ། མཁས་གྲུབ་རིན་པོ་ཆེའི་གསང་བའི་རྣམ་ཐར་དུ་ཡང་(༡༩༣༨)རིགས་པའི་ཁུ་བྱུག་ཏུ་སྐྱེ་བ་བཞེས་དུས་འཕགས་པ་ཀླུ་སྒྲུབ་བྱོན་ནས་ལྟ་བའི་གནད་ཤིན་ཏུ་ཕྲ་བ་བསྟན་ནས་དངོས་འཛིན་གྱི་འཁྲུལ་པ་རྩ་བ་ནས་དྲུང་ཕྱུང་བར་མཛད་ཅིང་། ཀླུ་སྒྲུབ་ཀྱི་ཞལ་ནས། ངེད་རྒྱ་གར་གྱི་གྲུབ་ཐོབ་རྣམས་འཇམ་དབྱངས་ལ་བརྟེན་པ་ཡིན། དེའི་རྒྱུ་མཚན་ཡང་གསུང་རབ་ཀྱི་དཀའ་བའི་གནད་ཤིན་ཏུ་ཕྲ་བ་བྱུང་ན་རྗེ་བཙུན་འཇམ་དབྱངས་ལ་གསོལ་བ་བཏབ་ནས་ཟབ་མོའི་དོན་ལ་དཔྱོད་པ་ཡིན། ཁྱེད་ཀྱང་རྗེ་བཙུན་འཇམ་དབྱངས་བསྟེན་པར་བྱོས་ཤིག་ཅེས་གསུངས་སོ། །ཞེས་སོགས་དང་། ཡང་ཀླུ་སྒྲུབ་ཀྱི་ཞལ་ནས་བདག་ཀྱང་

མ་འོངས་པའི་དུས་སུ་མཐའ་འཁོབ་ཏུ་འགྲོ་བའི་དོན་བྱེད་པར་སྨོན། ཁྱོད་ཀྱང་དེའི་དུས་སུ་འཁོར་གྱི་ཐོག་མར་གདུལ་བྱ་རྣམས་ཀྱི་མཆོག་ཏུ་འགྱུར་རོ། །ཞེས་མ་འོངས་ལུང་བསྟན་དང་བཅས་གསུངས་སོ། །

དེ་བཞིན་དུ་སློབ་དཔོན་ཟླ་བ་གྲགས་པས་ཀྱང་རིགས་པའི་ཁུ་བྱུག་ཆེ་བ་འདི་ལ་མ་འོངས་པའི་དུས་སུ་རྗེ་བཙུན་འཇམ་དབྱངས་དགེ་སློང་གི་ཚུལ་དུ་བསམས་བཞིན་དུ་མཐའ་འཁོབ་ཏུ་སྐྱེ་བ་བཞེས་པར་འདུག་པས་ཁྱོད་ཀྱང་དེར་སྐྱེ་བ་ལོངས་ལ་བཀའ་སྒྲུབ་པ་དང་བསྟན་པ་རྒྱས་པར་གྱིས་ཞེས་གསུངས་སོ། །ཚུལ་དེ་དག་ནི་མཁས་གྲུབ་ཐམས་ཅད་མཁྱེན་པའི་གསང་བའི་རྣམ་ཐར་དུ་ཇི་ལྟར་གསུངས་པ་ལྟར་བཀོད་པ་ཡིན་ནོ།། །།

རིགས་པའི་ཁུ་བྱུག་གཉིས་པའི་རྣམ་ཐར།

རྒྱལ་སྲས་རིགས་པའི་ཁུ་བྱུག་གཉིས་པའི་ཞབས། །ཞེས་བསྟགས་པ། རིགས་པའི་ཁུ་བྱུག་ཆུང་བ་ནི་བླ་མ་ཨ་ཝ་དྷཱུ་ཏི་པ་ཞེས་ཡོངས་སུ་གྲགས་པ་དེ་ཡིན་པར་མངོན་ཏེ། བཀའ་(༡༩༨ན)གདམས་གླེགས་བམ་ལས། ཀླུ་སྒྲུབ་ཟླ་གྲགས་རིགས་པའི་ཁུ་བྱུག་དང་། །བླ་མ་ཨ་ཝ་དྷཱུ་ཏི་གསེར་གླིང་པ། །ཐུན་མོང་མ་ཡིན་གདམས་པ་སྦྱིན་མཛད་པའི། །དྲིན་ཅན་བླ་མ་ལྔ་ལ་ཕྱག་འཚལ་ལོ། །ཞེས་ཇོ་བོ་རྗེས་ཟབ་མོ་ལྟ་བའི་བླ་བརྒྱུད་དེ་ལྟར་གསུངས་སོ། །དེ་ལྟར་ན་བླ་མ་ཨ་ཝ་དྷཱུ་ཏི་པ་ཆེན་པོ་ནི་སྔོན་ཡུན་རིང་པོ་ནས་ལམ་ལ་གོམས་པའི་མཐུས་སྲིད་གསུམ་མི་འབར་བའི་གློངས་ལྟར་གཟིགས་ཏེ་འཁོར་བའི་ཕུན་ཚོགས་གང་ལ་ཡང་མ་ཆགས་པར་རྒྱལ་བའི་བསྟན་པའི་སྙིང་པོ་མཐར་ཐུག་པ་ཞིག་ལ་ཉམས་ལེན་སྙིང་པོར་མཛད་བཞེད་ནས་རིགས་པའི་ཁུ་བྱུག་ཆེ་བའི་ཞབས་ལ་གཏུགས་ཏེ་འཕགས་པ་ཀླུ་སྒྲུབ་ནས་བརྒྱུད་པའི་མན་ངག་རྣམས་ཡོངས་སུ་རྫོགས

པར་གསན་ནས་དབེན་པའི་གནས་སུ་སྒྲུབ་པ་རྩེ་གཅིག་ཏུ་མཛད་པས་གྲུབ་པའི་གོ་འཕང་མཐོན་པོར་གཤེགས་པ་ན་སྙིང་ནས་རྣམ་གྲོལ་དོན་དུ་གཉེར་བའི་སྐལ་ལྡན་རྣམས་རྗེས་སུ་འཛིན་པར་མཛད་ཅིང་། ལྷག་པར་ཇོ་བོ་རྗེ་དཔལ་ལྡན་ཨ་ཏི་ཤ་ལ་འཕགས་པ་ཀླུ་སྒྲུབ་ནས་བརྒྱུད་པའི་མན་ངག་རྣམས་རྫོགས་པར་གནང་། ཇོ་བོ་རྗེས་ཀྱང་བདག་ཉིད་ཆེན་པོ་འདི་ལོ་བདུན་གྱི་བར་དུ་འབྲལ་མེད་དུ་བསྟེན་པར་མཛད་ཅིང་བླ་མ་འདི་ཉིད་རང་དང་གཞན་གྱི་ཚེ་རབས་བརྒྱ་སྟོང་དྲན་པ་དང་ལྐོག་ཏུ་གྱུར་པའི་དོན་རྣམས་ཇི་བཞིན་དུ་མཁྱེན་པའི་མངོན་ཤེས་རྒྱ་ཆེན་པོ་དང་ལྡན་པ་ཞིག་སྟེ་ཇོ་བོ་རྗེས་བླ་མ་འདི་ལ་གདམས་ངག་ཞུ་བའི་ཚེ་རེས་འགའ་མཐོལ་ཕྱུལ་ཏེ་གསོལ་བ་ཇི་ཙམ་བཏབ་ཀྱང་(༡༩༩བ)གང་ཡང་གསུང་བར་མི་མཛད། རེས་འགའ་རི་ཆེན་པོའི་གཡང་ས་ཉམ་ང་བ་བགྲོད་པ་དང་ཆུ་བོ་ཆེན་པོའི་ཟམ་པའི་སྟེང་ལ་འགྲོ་བ་སོགས་ཤིན་ཏུ་ཉམ་ང་བའི་སྐབས་སུའང་གང་ཡང་མ་ཞུས་ཀྱང་ཞལ་ཕྱིར་བསྒྱུར་ཏེ་ཏེ་ཛྙ་ཏན་ཏ་པཎྜི་ཏ་འདི་དང་འདི་ཞེས་བྱ་བ་དམྱལ་བ་འདི་དང་འདི་ན་འདུག་གོ །ཇི་སྲིད་སངས་རྒྱས་མ་ཐོབ་བར་དུ་དཀར་ནག་གི་ལས་ཕྲ་མོའང་ནམ་ཡང་མི་བསླུ་བས་གཟབ་དགོས་པར་འདུག་གོ །ཞེས་གསུང་འཁྲོན་པ་ཞིག་ཡོད་གསུང་། ཇོ་བོ་རྗེས་རིགས་པའི་ཁུ་བྱུག་ཆེ་བ་དང་། བླ་མ་ཨ་ཝ་དྷུ་ཏི་པ་གཉིས་ཀ་ལ་ཆོས་གསན་ཞིང་གཙོ་བོར་བླ་མ་ཨ་ཝ་དྷུ་ཏི་པ་ལ་ཟབ་མོའི་ལམ་གྱི་རིམ་པའི་མན་ངག་རྣམས་རྫོགས་པར་གསན། ཇོ་བོ་ལ་པཎྜི་ཏ་དང་གྲུབ་ཆེན་གྱི་བླ་མ་མང་དུ་ཡོད་པ་ལས་དབུ་མའི་ལྟ་བ་སྟོན་པ་ལ་བླ་མ་འདི་ཉིད་བཟང་བར་བྱུང་སྟེ་ཟབ་མོ་དབུ་མའི་ལྟ་བ་མཐར་ཐུག་པ་སྟོན་པ་ཤིན་ཏུ་དཀོན་པས་ཇོ་བོས་བླ་མ་ཤན་ཏི་པ་ལ་ཕར་ཕྱིན་གྱི་སྐོར་གསན་པའི་ཚེ་བརྒྱུད་སྟོང་པ་འཆད་པ་ན། བརྒྱུད་སྟོང་འགྲེལ་ཆེན་དུ་སློབ་དཔོན་སེང་གེ་བཟང་པོས་འཕགས་པ་ཀླུ་སྒྲུབ་ཀྱི་མན་ངག་ལྟར་དབུ་མའི་རིགས་པ་ཕྲ་མོ་རྣམས་བྱུང་རེས་ཀྱིས་དགག་པ་མཛད་པ་ན་ཇོ་བོའི་ཐུགས་ལ་

དབུ་མའི་ལྟ་བ་གསལ་བཏབ་པ་བཞིན་དུ་ཟབ་མོ་དབུ་མའི་ལྟ་བ་ལ་ངེས་ཤེས་ཆེར་འགྲོ་བ་ཞིག་ཡོད་གསུང་། བླ་མ་གསེར་གླིང་པ་ལམ་རིམ་འཆད་པའི་ཚེ་ལྟ་བའི་ཐད་དུ་གསེར་གླིང་པ་རང་ཉིད་སེམས་ཙམ་རྣམ་བདེན་གྱི་ལྟ་བ་འཛིན་པས་ལྟ་བ་དེ་ཉིད་རང་སྟོན་པར་མཛད། ཇོ་བོ་ལ་ཡང་ཁྱོད་ལྟ་བུའི་ཤེས་རབ་ཆེན་པོ་(༡)༩༥(ན)འདི་འདྲ་དབུ་མ་ཐལ་འགྱུར་བའི་ལྟ་བ་འཛིན་པ་ངོ་མཚར་ཞེས་ཡང་ཡང་གསུང་། ཇོ་བོ་རྗེ་ལ་ནི་བླ་མ་གསེར་གླིང་པས་དེ་ལྟར་གསུངས་རེས་ཀྱིས་འཕགས་པ་ཀླུ་སྒྲུབ་ཀྱི་དགོངས་པ་སློབ་དཔོན་ཟླ་བ་གྲགས་པས་ཇི་ལྟར་བཀྲལ་བ་ལྟར་གྱི་དབུ་མའི་ལྟ་བ་མཐར་ཐུག་དེ་ཉིད་ལ་གསལ་བཏབ་པ་བཞིན་དུ་ངེས་ཤེས་ཇེ་ཆེར་འགྲོ་བ་ཞིག་ཡོད་གསུང་། ཇོ་བོ་རྗེ་ནི་ཐེག་པ་ཆེན་པོའི་ལམ་གྱི་རིམ་པའི་བདག་པོར་ཡོངས་སུ་གྲགས་པ་ལྟར་ཡིན་པས་བླ་མའི་མཛད་སྤྱོད་ལ་སྐྱོན་རྟོག་མི་སྐྱེ་བར་མ་ཟད་ཅི་མཛད་ཐམས་ཅད་ལམ་གྱི་རིམ་པའི་ཐོགས་འདོན་དུ་འགྱུར་བ་དང་། ལྷག་པར་སློབ་དཔོན་ཟླ་བ་གྲགས་པས་འཕགས་པ་ཀླུ་སྒྲུབ་ཀྱི་དགོངས་པ་ཇི་ལྟར་བཀྲལ་བའི་དཀའ་གནས་མཐར་ཐུག་ཐ་སྙད་དུ་རྟེན་འབྲེལ་བསླུ་བ་མེད་པ་དང་། དོན་དམ་པ་རང་བཞིན་གྱིས་གྲུབ་པ་རྡུལ་ཙམ་ཡང་མེད་པའི་ཚུལ་རྟེན་འབྲེལ་ཟབ་མོ་དེ་ཉིད་མངོན་སུམ་དུ་གཟིགས་པ་ཡིན་པས་སུས་ཀྱང་བསྒྱུར་དུ་མེད་པའོ། །

དེས་ན་བྱང་ཆུབ་ལམ་གྱི་རིམ་པ་ལ་ཉམས་ལེན་སྙིང་པོར་བྱེད་འདོད་པ་རྣམས་ཀྱིས་རིགས་པའི་ཁུ་བྱུག་ཆེ་བ་དང་བླ་མ་ཨ་ཏི་ཤ་རྗེ་ཉིད་པ་གཉིས་ལ་གསོལ་བ་འདེབས་ཤིང་བདག་ཉིད་ཆེན་པོ་འདི་གཉིས་ཀྱི་རྣམ་ཐར་བཟང་པོ་འདི་དག་བསམས་ལ་དོན་མེད་པའི་བྱ་བ་ཐམས་ཅད་བོར་ནས་ཐེག་པ་ཆེན་པོའི་ལམ་དང་ལན་ཅིག་མཇལ་བའི་སྐབས་འདིར་ཤེས་རྒྱུད་ལ་ཐེག་པ་ཆེན་པོའི་ལམ་ཡོངས་རྫོགས་ཀྱི་བག་ཆགས་ཅི་ཐེབས་ཞིག་བྱ་བ་ལ་འབད་པར་བྱའོ། །རིགས་པའི་ཁུ་བྱུག་ཆེ་ཆུང་གཉིས་པོ་འདི་གང་དུ་འཁྲུངས

(༡༩༥བ)པ་སོགས་མཛད་པ་རྣམ་ཐར་ཞིབ་མོར་འཁོད་པ་མ་མཐོང་བས་སྤྲར་རྙེད་ན་འདིར་བསྣན་པར་བྱའོ།། །།

རླབས་ཆེན་སྤྱོད་རྒྱུད་ཀྱི་བླ་བརྒྱུད་ལས་རྒྱལ་སྲས་ཞི་བ་ལྷའི་རྣམ་ཐར།

ཇོ་བོ་རྗེ་དཔལ་ལྡན་ཨ་ཏི་ཤས་བྱང་ཆུབ་ལམ་གྱི་རིམ་པ་གསན་པའི་བླ་མ་བརྒྱུད་རིམ་ལ། རྗེ་བཙུན་བྱམས་པ་ནས་ཐོགས་མེད་སྐུ་མཆེད་སོགས་ལ་རིམ་གྱིས་བརྒྱུད་པའི་རྒྱ་ཆེན་སྤྱོད་རྒྱུད་དང་། རྗེ་བཙུན་འཇམ་དབྱངས་ནས་འཕགས་པ་ཀླུ་སྒྲུབ་ཡབ་སྲས་སོགས་ལ་རིམ་གྱིས་བརྒྱུད་པའི་ཟབ་མོ་ལྟ་རྒྱུད་དང་། ཡང་རྗེ་བཙུན་འཇམ་དབྱངས་ནས་རྒྱལ་སྲས་ཞི་བ་ལྷ་སོགས་ལ་རིམ་གྱིས་བརྒྱུད་པའི་རླབས་ཆེན་སྤྱོད་རྒྱུད་གསུམ་དུ་ཡོད་དེ་རྒྱུད་པ་འདི་གསུམ་གའི་མན་ངག་ཡོངས་སུ་རྫོགས་པ་ཇོ་བོ་རྗེ་ལ་མངའ་བས་བརྒྱུད་པའི་ཆུ་བོ་གསུམ་འདྲེས་ཞེས་བརྗོད་དོ། །རྒྱ་ཆེ་བའི་ལམ་གྱི་རིམ་པའི་བརྒྱུད་རིམ་ལ་གཉིས་སུ་བྱས་པ་ནི་སྐྱེས་བུ་ཆུང་འབྲིང་དང་། སྤྱོད་པ་སྤྱི་བསླབ་དང་། ཞི་ལྷག་གི་སྐོར་ལ་ཁྱད་ཆེར་མེད་ཀྱང་བྱང་ཆུབ་ཀྱི་སེམས་རིན་པོ་ཆེ་སྒོམ་པའི་གདམས་ངག་ལ་ལུགས་མི་འདྲ་བ་གཉིས་བྱུང་སྟེ། ལུགས་དང་པོ་ནི་ཤེར་ཕྱིན་གྱི་མདོ་སྡེ་རིན་པོ་ཆེའི་དགོངས་དོན་ལྟར་བྱང་ཆུབ་ཀྱི་སེམས་རིན་པོ་ཆེ་བསྐྱེད་པའི་ཐབས་སུ་ཐོག་མར་སེམས་ཅན་ཐམས་ཅད་ལ་ཉེ་རིང་མེད་པའི་སེམས་སྙོམས་པའི་བཏང་སྙོམས་བསྒོམས། དེ་ནས་སེམས་ཅན་ཐམས་ཅད་རང་གི་མ་དྲིན་ཅན་དུ་སྒོམ། དེ་ནས་དྲིན་དྲན་དང་དྲིན་གཟོ་རིམ་གྱིས་བསྒོམས་ཏེ་ཡིད་འོང་གི་བྱམས་པ་བསྐྱེད། དེ་ནས་སྙིང་རྗེ་དང་ལྷག་བསམ་དང་བྱང་ཆུབ་ཀྱི་སེམས་རྣམས་རིམ་གྱིས་སྒོམ་པ་སྟེ་ཚུལ་དེ་ལ་ནི་རྒྱུ་འབྲས་མན་ངག་བདུན་གྱི་སྒོ་ནས(༡༩༨ན)བློ་སྦྱོང་བ་ཞེས་བརྗོད་དོ། །ལུགས་གཉིས

པ་ནི་སྟོང་པོ་བཀོད་པའི་མདོ་སོགས་ཀྱི་དགོངས་དོན་བསླབ་བཏུས་དང་སྤྱོད་འཇུག་གཉིས་ལས་ཇི་ལྟར་གསུངས་པ་ལྟར་བདག་གཅེས་འཛིན་གྱི་སྐྱོན་དང་། གཞན་གཅེས་འཛིན་གྱི་ཕན་ཡོན་སྒོ་དུ་མ་ནས་བསམས་ཏེ་སེམས་ཅན་ཐམས་ཅད་རང་ལ་རྣམ་པ་ཀུན་ཏུ་ཕན་བདེ་སྟེར་བའི་ཡིད་བཞིན་གྱི་ནོར་བུ་ལྟར་བསྒོམས་ནས་ཡིད་འོང་གི་བྱམས་པ་བསྐྱེད། དེ་ལ་བརྟེན་ནས་སྙིང་རྗེ་དང་ལྷག་བསམ་དང་བྱང་ཆུབ་ཀྱི་སེམས་རྣམས་རིམ་གྱིས་སྒོམ་པ་སྐྱེ་ཚུལ་དེ་ལ་ནི་བདག་གཞན་མཉམ་བརྗེའི་སྒོ་ནས་བློ་སྦྱོང་བ་ཞེས་བརྗོད་ཅིང་། དེའི་མན་ངག་ཟུར་དུ་བཀོལ་བ་ལ་བློ་སྦྱོང་དོན་བདུན་མའི་ཁྲིད་ཅེས་ཀྱང་བརྗོད་དོ། །

འདིའི་བརྒྱུད་རིམ་ནི་བཀའ་གདམས་གླེགས་བམ་ལས། འཇམ་པའི་དབྱངས་དང་བློ་གྲོས་མི་ཟད་པ། །ཨེ་ལ་ཧྲ་རི་དཔའ་བོ་རྡོ་རྗེ་དང་། །བྱང་ཆུབ་སེམས་དཔའ་ཆེན་པོ་རིན་ཆེན་དཔལ། །རྩ་བའི་བླ་མ་མགོན་པོ་གསེར་གླིང་པ། །བདག་ལ་རྒྱ་ཆེན་སྤྱོད་པ་སྦྱིན་མཛད་པའི། །དྲིན་ཅན་བླ་མ་དྲུག་ལ་ཕྱག་འཚལ་ལོ། །ཞེས་གསུངས་པ་ལྟར་ཏེ། མགོན་པོ་འཇམ་དཔལ་དབྱངས་ཀྱིས་རྒྱལ་སྲས་ཞི་བ་ལྷ་ལ་གནང་། དེས་སློབ་དཔོན་ཨེ་ལ་ཧྲ་རི་ལ་གནང་། དེས་སློབ་དཔོན་དཔའ་བོ་རྡོ་རྗེ་ལ་གནང་། དེས་སློབ་དཔོན་མ་ཧཱ་ཤྲཱི་རཏྣ་བོ་དྷི་ས་ཏྭ་ཞེས་པ་བོད་སྐད་དུ་བྱང་ཆུབ་སེམས་དཔའ་ཆེན་པོ་རིན་ཆེན་དཔལ་ལ་གནང་། དེས་མགོན་པོ་གསེར་གླིང་པ་ལ་གནང་། དེས་ཇོ་བོ་རྗེ་ལ་གནང་ངོ་། །འདིའི་བློ་གྲོས་མི་ཟད་པ་ཞེས་པ་རྒྱལ་སྲས་ཞི་བ་ལྷའི་མཚན་གྱི་རྣམ་གྲངས་ཡིན་ནོ། །བརྒྱུད་རིམ་འདིའི་བླ་མ་རྣམས་ཀྱི་རྣམ་(༡༩༨ན)པར་ཐར་པ་ནི་སྟོན་པ་ཐུབ་པའི་དབང་པོ་དང་རྗེ་བཙུན་འཇམ་པའི་དབྱངས་གཉིས་ཀྱི་རྣམ་ཐར་སྔར་བརྗོད་ཟིན་པ་ལྟར་ཡིན་ལ། རྒྱལ་སྲས་ཞི་བ་ལྷ་གང་དུ་འཁྲུངས་པའི་ཡུལ་ནི། རྡོ་རྗེ་གདན་གྱི་ནུབ་ཕྱོགས་ཡུལ་འཁོར་མོ་བཟང་ཞེས་བྱ་བ་སྟེ། ཡུལ་དེར་ཡབ་རྒྱལ་པོ་དགེ་བའི་གོ་ཆ་དང་། ཡུམ་རྡོ་རྗེ

རྣལ་འབྱོར་མའི་སྤྲུལ་པར་གྲགས་པ་ཞིག་ཡོད་པ་དེ་གཉིས་ཀྱི་སྲས་སུ་རྒྱལ་སྲས་བདག་ཉིད་ཆེན་པོ་འདི་བསམ་བཞིན་དུ་སྐུ་འཁྲུངས། མཚན་ཞི་བའི་གོ་ཆ་ཞེས་བཏགས། མཐུན་པའི་དངོས་པོ་རྣམས་ཀྱིས་བསྐྱེད་པ་བསྲིངས། སྐུ་ན་ཕྲ་མོ་ནས་རིག་གནས་ཐམས་ཅད་ལ་མཁས་པའི་ཕུལ་དུ་ཕྱིན། དགུང་ལོ་དྲུག་ལོན་པའི་ཚེ་སྔས་པའི་རྟུལ་ཞུགས་འཛིན་པའི་གྲུབ་ཐོབ་ཞིག་དང་མཇལ་ཏེ་འཇམ་དཔལ་རྣོན་པོའི་དབང་དང་སྒྲུབ་ཐབས་ཞུས་ནས་སྒོམ་བཟླས་ལ་འབད་པས་རིང་པོར་མ་ཐོགས་པར་རྗེ་བཙུན་འཇམ་པའི་དབྱངས་ཞལ་གཟིགས། གདམས་པ་མང་དུ་སྩལ། དུས་རེ་ཤིག་ན་ཡབ་རྒྱལ་པོ་འདས་ནས་རྒྱལ་སྲས་བདག་ཉིད་ཆེན་པོ་དེ་ཡུལ་ཁམས་དེའི་འབངས་ཐམས་ཅད་ཀྱིས་བློ་མཐུན་པར་རྒྱལ་པོའི་ཁྲི་ལ་འབྱོན་པར་གསོལ་བ་བཏབ་པ་ན། ཚེ་རབས་མང་པོར་རྒྱལ་སྲས་ཀྱི་སྤྱོད་པ་ལ་བསླབས་ཏེ་གོམས་པ་ཀློང་དུ་གྱུར་པ་ཞིག་ཡིན་པས་སྲིད་པའི་ཕུན་ཚོགས་ལ་ཆགས་པའི་སྐབས་མེད་པ་ཞིག་ཡིན་ནའང་གཞན་གྱི་ངོ་བསྲུང་བ་ལ་གོམས་པས་ཡུལ་དེའི་འབངས་རྣམས་ཀྱི་ངོ་མ་བཟློག་པར་རྒྱལ་སྲིད་ལ་ཐེབས་པར་ཞལ་གྱིས་བཞེས་ཏེ་ནང་པར་ཁྲི་ལ་མངའ་གསོལ་རྒྱུའི་དོ་ནུབ་རྨི་ལམ་ན། སང་རང་ཉིད་སྡོད་པར་འགྱུར་བའི་ཁྲི་དེ་ལ་རྗེ་བཙུན་འཇམ་དབྱངས་བཞུགས་ནས། བུ་གཅིག་འདི་(༡༥༧ན)ནི་ང་ཡི་སྟན་ཡིན་ཏེ། །ང་ནི་ཁྱོད་ཀྱི་དགེ་བའི་བཤེས་གཉེན་ཡིན། །ང་དང་ཁྱོད་གཉིས་སྟན་གཅིག་ལ་འདུག་པ། །འདི་ནི་རྣམ་པ་ཀུན་ཏུ་རིགས་མ་ཡིན། །ཞེས་གསུངས་པ་རྨིས་པས་མནལ་སད་པ་ན་རྒྱལ་སྲིད་ཀྱི་དཔལ་ལ་ལོངས་སྤྱོད་མི་རིགས་དགོངས་ཏེ། ཐོས་ནས་ན་ལནྡྲ་པཎྜི་ཏ་ལྔ་བརྒྱའི་གཙུག་མཆོག་རྒྱལ་བའི་ལྷ་ལས་རབ་ཏུ་བྱུང་སྟེ། མཚན་ཞི་བའི་ལྷ་ཞེས་བཏགས། མཁན་པོ་ལ་བརྟེན་ཏེ་སྡེ་སྣོད་གསུམ་ལ་སྦྱངས་པས་མཁས་པའི་ཕུལ་དུ་ཕྱིན་པར་གྱུར་ཅིང་རྗེ་བཙུན་འཇམ་པའི་དབྱངས་ལ་ཡུན་དུ་ཆོས་གསན་ཏེ་མདོ་སྔགས་ཀྱི་བཀའ་དང་གདམས་ངག་མ་ལུས་པ་ཐུགས་སུ

ཆུད། ཕྱི་ནང་གི་གཡེང་བ་ཐམས་ཅད་བཅད་དེ། ནང་དུ་ཡང་དག་འཇོག་ལ་རྩེ་གཅིག་ཏུ་བཞུགས་པས་ས་ལམ་མཐོན་པོར་བྱོན་ཞིང་བསླབ་པ་ཀུན་ལས་བཏུས་པ་དང་། མདོ་སྡེ་ཀུན་ལས་བཏུས་པ་སོགས་རྒྱལ་སྲས་ཀྱི་སྤྱོད་པ་རླབས་པོ་ཆེ་སྟོན་པའི་བསྟན་བཅོས་རྩོམ་པ་སོགས་ནང་དུ་མཁས་པའི་བྱ་བ་རྣམ་པ་གསུམ་དང་ས་ལམ་གོང་ནས་གོང་དུ་འཕར་བ་དང་གཟུངས་དང་སྤོབས་པ་དང་རང་དང་གཞན་གྱི་ཚེ་རབས་བརྒྱ་སྟོང་དྲན་པའི་མངོན་པར་ཤེས་པ་དང་རྫུ་འཕྲུལ་གྱི་ཡུལ་ལ་ཐོགས་པ་མེད་པར་འཇུག་པ་སོགས་ནང་དུ་རྒྱལ་སྲས་སའི་དབང་ཕྱུག་གི་མཛད་པས་དུས་འདའ་ཡང་ཕྱི་རོལ་དམ་པ་མ་ཡིན་པའི་སྐྱེ་བོ་རྣམས་ཀྱི་ངོར་འཚོ་བ་བསྙེན་པ་དང་། ཉལ་བ་དང་། བཤང་གཅི་འདོར་བ་མ་གཏོགས་གླེགས་བམ་ཀློག་པ་སོགས་གཞན་གང་ཡང་མ་མཛད་པས་བྷུ་སུ་ཀུ(༡༩༧བ)སྟེ་འདུ་ཤེས་གསུམ་པ་ཞེས་གྲགས་སོ། །དེའི་ཚེ་མངོན་ཤེས་མེད་པ་རྣམས་ཀྱིས་རབ་ཏུ་བྱུང་བའི་བྱ་བ་ནི་འཁོར་ལོ་གསུམ་གྱི་རོལ་པར་གནས་པ་ཤ་སྟག་ཡིན་པ་ལ། འདི་ནི་གང་དང་ཡང་མི་ལྡན་པས་དད་པས་བྱིན་པ་ལ་ལོངས་སྤྱོད་དུ་མི་རུང་བས་བསྐྲད་པར་བྱ། དེ་ཡང་མདོ་འདོན་རེས་བྱས་པས་རང་བྱུད་དུ་འགྲོའོ་སྙམ་ནས་མདོ་འདོན་པར་གསོལ་བས། རྒྱལ་སྲས་འདིས་དེ་ལྟ་བུ་བདག་གིས་ག་ལ་ནུས་ཞེས་ཞལ་གྱིས་མ་བཞེས་པས། སླར་ཡང་ནན་ཏན་བསྐྱེད་དེ་གསོལ་བས་དེ་ལྟར་ན་བགྱིའོ་ཞེས་ཞལ་གྱིས་བཞེས་པ་ན་བརྙས་པ་བྱེད་པ་དེ་དག་གིས་དཔལ་ནཱ་ལནྡྲའི་དགེ་འདུན་ཐམས་ཅད་འདུས་པའི་དབུས་སུ། འཇིགས་བྲལ་གདོང་ལྔས་བཏེག་པའི་ཁྲི་མཐོན་པོ་བཤམས་ནས་དེ་ལ་ཇི་ལྟར་འཇོག་པ་དག་ཀྱང་མི་ཤེས་སོ་སྙམ་པ་ན། རྒྱལ་སྲས་འདིས་ཕྱག་གིས་ཅུང་ཟད་མནན་ནས་སྟེང་དུ་ཐོགས་པ་མེད་པར་གཤེགས། དེ་ནས་མདོ་སྔོན་ཆད་གྲགས་པ་ཞིག་འདོན་ནམ། མ་གྲགས་པ་ཞིག་འདོན་ཞེས་བཀའ་སྩལ་པས་སྔོན་མ་གྲགས་པ་ཞིག་གསུང་བར་ཞུ་ཞུས་པས། བདེ་གཤེགས་ཆོས་ཀྱི་སྐུ་

མངའ་སྲས་བཅས་དང་། །ཕྱག་འོས་ཀུན་ལའང་གུས་པར་ཕྱག་འཚལ་ཏེ། །བདེ་གཤེགས་སྲས་ཀྱི་སྡོམ་ལ་འཇུག་པ་ནི། །ལུང་བཞིན་མདོར་བསྡུས་ནས་ནི་བརྗོད་པར་བྱ། །ཞེས་པ་ནས། གང་ཚེ་དགོས་དང་དགོས་མེད་དག །ཅེས་པའི་བར་གསུངས་ནས། དེ་ཕྱིན་གསུང་བཞིན་དུ་རྫུ་འཕྲུལ་གྱིས་ནམ་མཁའ་ལ་འཕགས་ཏེ་ཇི་མཐོ་ཇི་མཐོར་མཁའ་དང་མཁྱེན་པ་འགྲན་པ་བཞིན་དུ་གཤེགས་(༡༩༢ན)ནས་མཐར་སྐུ་མི་སྣང་བར་གསུང་གྲག་པའི་སྒྲོ་ནས་རྫོགས་པར་བཏོན་ཏེ་གཤེགས་སོ། །དེའི་ཤུལ་དུ་རྣ་བའི་མངོན་པར་ཤེས་པ་དང་། མི་བརྗེད་པའི་གཟུངས་ལ་དབང་འབྱོར་པའི་པཎྜི་ཏ་རྣམས་ཀྱིས་གཞུང་བཏུས་པ་ན། ཁ་ཆེ་བ་རྣམས་ཀྱིས་ལེའུ་དགུ་ཡོད་པར་བཟུང་ཞིང་། ཡུལ་དབུས་པ་རྣམས་ཀྱིས་ལེའུ་བཅུ་ཡོད་པར་བཟུང་བ་དང་། བསླབ་པ་ཀུན་ལས་བཏུས་པ་ཡང་། །ངེས་པར་ཡང་དང་ཡང་དུ་བལྟ། །ཡང་ན་རེ་ཤིག་མདོར་བསྡུས་པ། །མདོ་སྡེ་ཀུན་ལས་བཏུས་པ་བལྟ། །ཞེས་གསུངས་པའི་བསྟན་བཅོས་གཉིས་པོ་ཡང་ཇི་ལྟར་ཡིན་ཐེ་ཚོམ་དུ་གྱུར་པ་ན། དུས་ནམ་ཞིག་གི་ཚེ་ལྷོ་ཕྱོགས་མཆོད་རྟེན་དཔལ་ཡོན་ཅན་ཞེས་བྱ་བ་ན་བཞུགས་པ་ཐོས་ཏེ། དགེ་སློང་གཉིས་སྤྱན་འདྲེན་དུ་བཏང་བས། མ་བྱོན་པར་གཞུང་གི་ཚད་ཡུལ་དབུས་པ་རྣམས་ཀྱིས་བསྡུས་པ་ལྟར་ཡིན། བསླབ་བཏུས་དང་མདོ་བཏུས་གཉིས་པོ་ཁོ་བོའི་སྦྱིང་ཁང་གི་གདུང་གསེབ་ན་པཎྜི་ཏའི་ཡི་གེ་ཕྲ་མོ་བྲིས་ནས་ཡོད་ཅེས་གསུངས་ཤིང་སྤྱོད་འཇུག་དང་བསླབ་བཏུས་གཉིས་ཀའི་མན་ངག་རྣམས་ཀྱང་རྫོགས་པར་གནང་ངོ་། །

དེ་ནས་རྒྱལ་སྲས་ཞི་བ་ལྷས་སེམས་ཅན་གྱི་དོན་ཇི་ལྟ་བུ་ཞིག་བྱ་སྙམ་དུ་མངོན་པར་ཤེས་པས་གཟིགས་པ་ན། རྩོད་པས་རྒྱུད་འཁྲུགས་པའི་སེམས་ཅན་མང་པོ་ཞིག་གི་དོན་བྱ་དགོས་པར་གཟིགས་ནས་ཤར་ཕྱོགས་སུ་བྱོན་ཏེ་རྩོད་པ་ཆེན་པོ་བྱེད་པ་ཞིག་གི་འཐབ་ཟླ་མཛད་པས། རྫུ་འཕྲུལ་གྱིས་ཐམས་ཅད་འདུམས་པར་གྱུར་ཏེ་བདེ་བ་ལ་

བཀོད་དོ། །(༡༩༢བ)དེ་ནས་ཡང་སེམས་ཅན་གྱི་དོན་ཇི་ལྟ་བུ་ཞིག་བྱ་དགོས་སྙམ་དུ་དགོངས་པ་ན་ལྷ་བ་ངན་པའི་གཡང་སར་ལྟུང་བ་མང་པོ་ཞིག་འདུལ་དགོས་པར་གཟིགས་ནས་ཡུལ་མ་ག་དྷའི་ནུབ་ཕྱོགས་ཧ་ཅང་མི་རིང་བ་ཞིག་ན། ཡ་མཚན་ཅན་གྱི་ལྷ་བ་ལོག་པ་འཛིན་པ་ལྔ་བརྒྱ་གནས་པ་དེ་དག་གི་འཁོར་དུ་བཞུགས་ནས་དེ་རྣམས་མགུ་བར་མཛད་དོ། །

དེ་ནས་རྒྱལ་སྲས་བདག་ཉིད་ཆེན་པོ་འདིའི་མཐུ་ཕུན་སུམ་ཚོགས་པ་དང་། ལོག་པར་སྨྲ་བ་དེ་དག་གི་སྟོན་གྱི་སློན་ལམ་རྣམ་པར་དག་པའི་མཐུས་དུས་ནམ་ཞིག་གི་ཚེ་ཞག་བདུན་གྱི་བར་དུ་བུ་ཡུག་ཆེན་པོ་བྱུང་བས་བཟའ་བཏུང་ཆད་དེ་ཉོན་མོངས་པར་གྱུར་ནས་སུ་སློང་ནུས་པ་དཔོན་དུ་བསྐོ་ཞིང་བསྐོ་བ་ཉན་པར་བྱས་པ་དང་། སློབ་དཔོན་གྱིས་འབྲས་ཆན་ལྟུང་བཟེད་གང་བླངས་ཏེ་བྱིན་གྱིས་བརླབས་ནས་ཐམས་ཅད་ཚིམ་པར་མཛད་དེ་སྔར་གྱི་ལྟ་བ་ངན་པ་དེ་རྣམས་བསྒྱུར་ཕྱུང་སྟེ་ཐུབ་པའི་བསྟན་པ་ལ་བཙུད་དོ། །དེ་ནས་ཡང་སེམས་ཅན་སུ་ཞིག་ལ་ཕན་གདགས་པར་བྱ་སྙམ་དུ་མདོན་ཤེས་ཀྱིས་གཟིགས་པ་ན་མུ་གེས་ཉམ་ཐག་པའི་འགྲོ་བ་མང་པོ་ཞིག་ལ་ཕན་གདགས་དགོས་པར་གཟིགས་ནས་མུ་གེ་ཆེན་པོ་བྱུང་བས་སྤྲང་པོ་སྟོང་ཙམ་ཞིག་བྲུ་བ་ཚ་བས་ཉེན་ཏེ་འཆི་བ་ལ་ཐུག་པ་ན། རྒྱལ་སྲས་བདག་ཉིད་ཆེན་པོ་འདིས་འཚོ་བ་སྦྱར་ཞིང་ཆོས་བསྟན་ཏེ་བདེ་བ་ལ་བཀོད་དོ། །

དེ་ནས་ཡང་རྒྱལ་བའི་བསྟན་པ་ལ་བྱ་བ་ཇི་ལྟར་བྱ་སྙམ་དུ་དགོངས་པ་ན་རྒྱལ་པོ་གདུག་ཅན་ཞིག་བཏུལ་ན་སྐྱེ་འགྲོ་མང་པོ་དང་བསྟན་པ་ལ་ཕན་ཆེ་བར་གཟིགས་ནས་ཤར་ཕྱོགས་སུ་ཕེབས་ཏེ་ཨ་རི་བི་ཤ་ན་ཞེས་བྱ་བའི་རྒྱལ་པོའི་(༡༩༩ན)ཕོ་བྲང་གི་ཉེ་ལོགས་ཀྱི་བཞི་མདོ་རྣམས་སྒྱུལ་ཞིང་བཞུགས་པ་ན་མ་ཙ་ལའི་གནོད་པ་ཞེས་བྱ་བ་འཚོ་བ་མ་ཕྱིད་པས་གཞན་གྱིས་ཐྲས་འཛེམས་པ་ལ་དགའ་ཞིང་། སྙིང་རྗེ་མེད་པ་དྲག་ཤུལ

ཅན་རྟུབ་པ་མི་བསྲུན་པ་མང་དུ་གནས་ཏེ། ཡུལ་གཞན་ནས་ཀྱང་དེ་དང་ཚུལ་མཚུངས་པ་དུ་མ་འདུས་པ་གྲངས་ཤིན་ཏུ་མང་བ་དག་རྒྱལ་པོ་དེའི་འཁོར་པ་ལ་བལྟས་ནས་འོངས་པ་ན། རྒྱལ་པོ་དེ་མི་དགའ་བར་གྱུར་ཏེ། གནོད་བྱེད་འདི་རྣམས་འཁོར་པ་ཀུན་གྱིས་མགུ་བར་བྱས་ན་ནི་བདག་གིས་རྒྱལ་སྲིད་ཐོབ་པའང་ཆུ་ཤིང་གི་སྙིང་པོ་ལྟར་འགྱུར་ལ། འདི་དག་རེ་བ་བཞིན་མ་བགྱིས་ན་ནི་སྐྱེ་བོ་གཡོན་ཅན་འདི་དག་གིས་བདག་གི་ལུས་སེམས་གཉིས་སོ་སོར་འབྲལ་བར་གདོན་མི་ཟའོ་སྙམ་ནས་རྒྱལ་པོ་དེ་མྱ་ངན་གྱིས་ནོན་པ་ན། རྒྱལ་སྲས་བདག་ཉིད་ཆེན་པོ་འདིས་རྒྱལ་པོ་དེ་ལ་ཐུགས་བརྩེ་བས་དེ་དག་བསྲུང་བར་ཞལ་གྱིས་བཞེས་ཏེ་སྐྱ་བསྲུང་མཛད་པ་ན། བདག་ཉིད་ཆེན་པོ་འདིའི་མཐུ་ཚད་མེད་པས་གནོད་བྱེད་དེ་རྣམས་ཟིལ་གྱིས་མནན་ཏེ་རྒྱལ་པོ་འབངས་དང་བཅས་པ་བདེ་བར་མཛད་པ་ན། རྒྱལ་པོ་འཁོར་བཅས་ཤིན་ཏུ་དད་དེ་བཀུར་སྟི་ཕུན་སུམ་ཚོགས་པས་མཆོད་པ་ན། དམ་པ་འདི་ལ་རྗེ་བཙུན་གྱི་ཕྱག་ཆར་བཅངས་པའི་ཤིང་གི་རལ་གྲི་ཞིག་མ་གཏོགས་མཚོན་ཆ་གཞན་མེད་པ་གྲོགས་ཕྲག་དོག་ཅན་གྱིས་མཐོང་བ་ན་གྲོགས་ངན་དེས་མ་བཟོད་པར། རྒྱལ་པོ་ལ་འདི་ནི་སླེས་བུ་གཡོན་ཅན་ཞིག་སྟེ་མཚོན་ཡང་ཤིང་གི་རལ་གྲི་ཞིག་ལས་མེད་པས་ལྷ་ཉིད་ཀྱི་སྐྱ་བསྲུང་བར་མི་ནུས་པས་(༡༩༨བ)བརྟག་འཚལ་ལོ་ཞེས་གསོལ་བ་ན། རྒྱལ་པོ་ཁྲོས་ཏེ། རྒྱལ་སྲས་བདག་ཉིད་ཆེན་པོ་འདི་ལ་ཁྱོད་ཀྱི་རལ་གྲི་ཕྱུང་ཞིག་ཅེས་སྨྲས་པས། ལྷ་ཉིད་ལ་གནོད་པར་འགྱུར་རོ་ཞེས་གསུངས་པ་ན་གནོད་ཀྱང་བླ་ཡིས་ངེས་པར་ཕྱུང་ཞིག་ཟེར་རོ། །འོ་ན་ལྷའི་སྤྱན་གཅིག་བཀབ་སྟེ་གཅིག་གིས་གཟིགས་ཤིག་ཅེས་གསུངས་པས། དེ་ལྟར་བྱས་ཏེ་རལ་གྲི་ཕྱུང་བས་དེའི་འོད་ཟེར་མིག་གིས་མ་བཟོད་དེ་མིག་གཅིག་ཤར་བ་དང་། བཟོད་པར་གསོལ་ཏེ་སྐྱབས་སུ་སོང་སྟེ་ཆོས་ལ་བཙུད་དོ། །

དེ་ནས་ཡང་བདག་ཉིད་ཆེན་པོས་མངོན་པར་ཤེས་པས་གཟིགས་པ་ན་རྒྱལ་བའི་

བསྟན་པ་ལ་ལོག་པར་འབྱུ་བའི་མུ་སྟེགས་མང་པོ་ཞིག་འདུལ་དགོས་པར་གཟིགས་ནས་དཔལ་གྱི་རིའི་ལྷོ་ཕྱོགས་སུ་བྱོན་ཏེ། ཨུཏྤཱ་སླའི་སྤྱོད་པ་ཞེས་པ་སྤྲང་པོའི་ཆ་བྱད་གཅེར་བུ་ཁྲུད་མ་ཕོ་བའི་ཚོགས་མས་འཚོ་བར་བྱེད་པ་ན། ཁ་ཏི་བི་ཧ་རའི་རྒྱལ་པོའི་བྲན་མོ་ཀ་ཙ་མ་ཧས་ཁྲུད་མ་ཕོ་བའི་ཆུའི་ཟེགས་མ་སློབ་དཔོན་གྱི་ཞབས་ལ་ཕོག་པས་ལྟུགས་བསྲེགས་ལ་བྲན་པ་ལྟར་ཁོལ་བ་མཐོང་། དེའི་ཚེ་རྒྱལ་པོ་དེ་ལ་མུ་སྟེགས་ཀྱི་སྟོན་པ་ཤང་ཀར་དེ་བ་ཞེས་བྱ་བས་ནང་པའི་པཎྜི་ཏ་དང་རྩོད་ཅིང་རྫུ་འཕྲུལ་འགྲན་པར་བྱས་ཏེ། དེ་ཡང་སུ་ཕམ་པ་དེ་སུ་རྒྱལ་བའི་བསྟན་པ་ལ་འཇུག་ཅིང་དེའི་ཆོས་དང་གཙུག་ལག་ཁང་སོགས་ཀྱང་མེར་སྲེག་པར་བྱེད་པས་ཁྱོད་ཀྱིས་གནང་བར་མཛད་ཅིང་དྲང་པོར་བཞུགས་སུ་གསོལ། ཞེས་གསོལ་བ་ལྟར། རྒྱལ་པོས་ཕོ་ཉ་བཀྱེ་སྟེ་ནང་པའི་དགེ་འདུན་རྣམས་བསྡུས་ནས་དོན་དེ་བསླད་པ་ན་སུས་ཀྱང་ཁས་(༡༥༠ན)ལེན་མ་ནུས་པས་རྒྱལ་པོ་མྱ་ངན་དུ་གྱུར་པ་ན། བྲན་མོ་ཀ་ཙ་མ་ཧས་རྒྱལ་པོ་ལ་སྔར་མཐོང་བ་དེ་བཤད་པས། དེ་ལྟ་བུའི་སེམས་དཔའ་ཆེན་པོ་དེ་ག་ན་འདུག་ཀྱང་ཚོལ་ཅིག་གསུངས་ནས་ཕྱོགས་ཀུན་ཏུ་བཙལ་བས་ཤིང་སྡོང་གཅིག་གི་དྲུང་ན་བཞུགས་པ་དང་མཇལ་ནས། མུ་སྟེགས་ཀྱི་རྩོད་པ་དང་རྫུ་འཕྲུལ་ཕམ་པར་མཛད་དགོས་པར་གསོལ་བ་བཏབ་པས། དེ་ལྟ་བུ་ཁོ་བོས་ནུས་ཀྱིས་ཆུ་བུམ་པ་གང་། རས་ཡུག་གཉིས། མེ་རྣམས་སྣ་གོན་གྱིས་ཤིག་གསུངས་ནས་དེ་ལྟར་བྱས་སོ། །

དེ་ནས་སྐྱེ་བོའི་ཚོགས་མང་པོ་འདུས་པའི་དབུས་སུ་གདན་ཁྲི་བཤམས་ཏེ་རྒྱལ་པོ་དང་། གཡས་གཡོན་དུ་སེམས་དཔའ་ཆེན་པོ་དང་མུ་སྟེགས་ཀྱི་སྟོན་པ་རྣམས་འཁོད་ནས་རྩོད་པས་བདག་ཉིད་ཆེན་པོ་འདིའི་ལུང་དང་རིགས་པའི་མཐུ་ཕུལ་དུ་བྱུང་བས་ཕྱིར་བཀོལ་དེ་ཉིད་སྤྱོབས་པ་ལན་མེད་དུ་མཛད་དོ། །སླར་ཡང་མུ་སྟེགས་བྱེད་དེས་རྫུ་འཕྲུལ་འགྲན་པར་ཆད་དེ་བར་སྣང་ལ་དབང་ཕྱུག་ཆེན་པོའི་དཀྱིལ་འཁོར་བྲིས་ཏེ་ཤར་

སྒོ་ཙམ་ཟིན་པ་དང༌། བདག་ཉིད་ཆེན་པོ་འདིས་ཟད་པར་རླུང་གི་ཏིང་ངེ་འཛིན་ལ་སྒོམས་པར་ཞུགས་པས་འཚུབ་མ་ཆེན་པོ་ལང་སྟེ་རྡུ་དང་ཤིང་དང་གྲོང་ཁྱེར་ཐམས་ཅད་ཀྱང་འཁྲིལ་ལ་མ་འཁྲིལ་ལ་ཐུག་པར་ལྡེག །རྒྱལ་པོ་དང་བཙུན་མོ་དང་དེར་ཚོགས་པའི་མི་རྣམས་ཀྱང་བདས། དཀྱིལ་འཁོར་དང་བཅས་པའི་མུ་སྟེགས་ཀྱི་སྟོན་པ་ཡང་འཐོར་རླུང་གིས་བདས་པའི་བྱེའུ་(༡༥༠བ)བཞིན་དུ་ཕྱོགས་མཚམས་ཐམས་ཅད་དུ་འཕྱིར་ཞིང་མུན་པ་ཆེན་པོར་གྱུར་ཏོ། །

དེ་ནས་བདག་ཉིད་ཆེན་པོ་འདིས་སྨིན་མཚམས་ནས་འོད་ཕྱུང་སྟེ་རྒྱལ་པོ་དང༌། བཙུན་མོ་ལ་ལམ་བསྟན་ནས་མདུན་དུ་བཀུག་སྟེ་གོས་དང་བྲལ་ཞིང་རྡུལ་གྱིས་གཡོགས་པ་ལ་ཆུས་བཀྲུས་ནས་རས་གསར་པ་གཡོགས་མེ་ལ་བསྲོས་ཏེ་བདེ་བར་བྱས་སོ། །དེ་ནས་མུ་སྟེགས་ཀྱི་ལྷ་ཁང་རྣམས་བཤིག་མུ་སྟེགས་ཀྱི་གཙོ་བོ་དང་རྗེས་སུ་འཇུག་པ་མང་པོ་སངས་རྒྱས་ཀྱི་བསྟན་པ་ལ་བཙུད་པས་ད་ལྟའི་བར་དུ་ཡང་གནས་དེ་ལ་མུ་སྟེགས་ཕམ་པའི་ཡུལ་ཞེས་གྲགས་སོ། །བདག་ཉིད་ཆེན་པོ་འདིའི་མཛད་པ་དེ་དག་ཐམས་ཅད་བསྟན་པ་དང་སེམས་ཅན་གྱི་དོན་དུ་མཛད་པ་ཤ་སྟག་སྟེ། རྒྱལ་བས་མི་ནི་ཨ་མྲའི་འབྲས་བུ་དང་མཚུངས་པས་ཕྱི་སྨིན་ལ་ནང་མ་སྨིན་པ་དང༌། ནང་སྨིན་ལ་ཕྱི་མ་སྨིན་པ་དང༌། ཕྱི་ནང་གཉིས་ཀ་སྨིན་པ་དང༌། ཕྱི་ནང་གཉིས་ཀ་མ་སྨིན་པ་སྣ་ཚོགས་སུ་ཡོད་པར་གསུངས་པ་ལྟར་སོ་སོ་སྐྱེ་བོ་རང་དགའ་བ་དག་གིས་གཞན་གྱི་རྒྱུད་ཚོད་ཤེས་པ་ཤིན་ཏུ་དཀའ་བས། སྤྱིར་ཡང་སེམས་ཅན་སུ་ལའང་སྐྱོན་རྟོག་གི་བློ་མ་ཤོར་བར་བྱ་བ་དང༌། ལྷག་པར་རྒྱལ་བའི་བསྟན་པ་ལ་ཞུགས་པ་རྣམས་ལ་སྐྱོན་བརྗོད་པ་ནི་ཐལ་བས་གཡོགས་པའི་མེ་དོང་དང་མཚུངས་པར་ཤིན་ཏུ་ཉེན་ཆེ་བའི་གནས་ཡིན་པས་ཕ་རོལ་སུ་ལའང་སྐྱོན་བརྗོད་མི་བྱ་བར་དག་སྣང་སྦྱོང་དགོས་སོ་ཞེས་འདོམས་པ་དང༌། བྱང་ཆུབ་ལམ་རིམ་ལ་(༡༥༡ན)བློ་སྦྱོང་བ་རྣམས་ཀྱིས་ལམ་ལྟར་སྣང་དང་ཕྱོགས་རེ་བས་

ཆོམ་པར་མི་བྱ་བར་ལམ་གྱི་ལུས་ཡོངས་སུ་རྫོགས་པ་ལ་སློབ་ཚུལ་སྐྱོད་འཇུག་དང་བསླབ་བཏུས་གཉིས་སུ་བརྗོད་པ་ལྟར་བྱ་དགོས་སོ་ཞེས་འདོམས་པ་དང་། རྗེ་བཙུན་འཇམ་པའི་དབྱངས་ལྷག་པའི་ལྟར་བསྟེན་ན་འདི་ལྟ་བུའི་ཡོན་ཏན་ཐོབ་པར་འགྱུར་རོ་ཞེས་འདོམས་པ་དང་། མུ་སྟེགས་ཀྱི་གཞུང་ལུགས་ནི་རྣམ་པ་ཀུན་ཏུ་ཡིད་བརྟན་མི་རུང་བའི་གནས་དང་། རྒྱལ་བའི་བསྟན་པ་ཁོ་ན་ཐར་འདོད་རྣམས་ཀྱི་འཇུག་ངོགས་ཡིན་ནོ་ཞེས་འདོམས་པ་སོགས་ཀྱི་ཆེད་དུ་མཛད་པ་དེ་ལྟར་མཛད་དོ། །དེས་ན་བྱང་ཆུབ་ལམ་རིམ་ལ་བློ་སྦྱོང་བར་འདོད་པ་རྣམས་ཀྱིས་རྒྱལ་སྲས་ཞི་བ་ལྷ་ལ་གསོལ་བ་འདེབས་ཤིང་བདག་ཉིད་ཆེན་པོ་འདིའི་གཞུང་འདི་དག་ལ་གཙོས་པོ་ཆེར་བཟུང་ནས་ཐོས་བསམ་སྒོམ་པས་འཇུག་པ་ལ་འབད་པར་བྱའོ།། །།

སློབ་དཔོན་ཨེ་ལ་ཧྲ་རིའི་རྣམ་ཐར།

སློབ་དཔོན་ཨེ་ལ་ཧྲ་རི་ནི། རྒྱལ་སྲས་ཞི་བ་ལྷའི་སྲས་ཀྱི་ཐུ་བོ་སྟེ། རྒྱལ་སྲས་ཞི་བ་ལྷ་ལས་ཐེག་པ་ཆེན་པོའི་ལམ་གྱི་རིམ་པའི་མན་ངག་ཡོངས་སུ་རྫོགས་པ་མཉན་ནས་སྒྲུབ་པ་རྩེ་གཅིག་ཏུ་མཛད་པས་ལམ་གོང་མའི་རྟོགས་པ་མཆོག་ཐོབ་ཅིང་། རྗེ་བཙུན་འཇམ་པའི་དབྱངས་ཀྱི་ཞལ་མཐོང་ནས་རྒྱལ་སྲས་ཞི་བ་ལྷ་དང་རྟོགས་པ་མཉམ་པ་ཞིག་ཡིན་ཞེས་བཀའ་གདམས་གླེགས་བམ་ལས་གསུངས་སོ།། །།

སློབ་དཔོན་དཔའ་བོ་རྡོ་རྗེའི་རྣམ་ཐར།

སློབ་དཔོན་དཔའ་བོ་རྡོ་རྗེ་ནི། སློབ་དཔོན་ཨེ་ལ་ཧྲ་རི་ཡོངས་འཛིན་དུ་བསྟེན་ནས་ཐེག་པ་ཆེན་པོའི་ལམ་གྱི་རིམ་པ་ཡོངས་སུ་རྫོགས་པ་གསན་ཏེ་སྒྲུབ་པ་རྩེ་གཅིག་ཏུ་མཛད་པས་སྲིད་པ་མཐའ་དག་ལ་ཞེན་པ་ལོག་པའི་ངེས་འབྱུང་གིས་རྒྱུད་བསྐུལ་ནས་ཟས་བསོད་སྙོམས་པ་དང་། ཟས་སྟན་(༡༥༡བ)གཅིག་པ་དང་། ཟས་ཕྱིས་མི་ལེན་པ་དང་། ཆོས་གོས་གསུམ་པ་བ་དང་། ཕྱིང་པ་བ་དང་། ཕྱག་དར་ཁྲོད་པ་དང་། དགོན་པ་བ་དང་། ཤིང་དྲུང་པ་དང་། བླ་གབ་མེད་པ་དང་། དུར་ཁྲོད་པ་དང་། ཙོག་བུ་བ་དང་། གཞི་ཇི་བཞིན་པ་སྟེ་སྦྱངས་པའི་ཡོན་ཏན་བཅུ་གཉིས་དང་ལྡན་ཞིང་བདག་པས་གཞན་གཅེས་པའི་བྱང་ཆུབ་ཀྱི་སེམས་དང་སྲིད་གསུམ་རྨི་ལམ་ལྟ་བུར་གཟིགས་པའི་ལྟ་བའི་གདེང་ཐོབ་སྟེ། ཕྱི་མའི་སྐྱེ་བོ་རྣམས་ལ་སྟོང་བར་བྱ་བའི་ཕྱིར་དཔེན་པའི་རི་ སུལ་དུ་སྒྲུབ་པ་ལ་རྩེ་གཅིག་ཏུ་གནོལ་བ་ཞིག་ཡིན་ཞེས་བཀའ་གདམས་གླེགས་བམ་ལས་གསུངས་སོ། །

དེས་ན་བྱང་ཆུབ་ལམ་གྱི་རིམ་པ་ལ་བློ་སྦྱོང་བར་འདོད་པ་རྣམས་ཀྱིས་སློབ་དཔོན་ཨེ་ལ་ཧྲ་རི་དང་དཔའ་བོ་རྡོ་རྗེ་གཉིས་ལ་གསོལ་བ་འདེབས་ཤིང་། བདག་ཉིད་ཆེན་པོ་འདི་གཉིས་ཀྱི་རྣམ་ཐར་ལྟར་དཔེན་པའི་གནས་སུ་ལམ་ཆ་ཚང་ལ་སྒྲུབ་པ་སྙིང་པོར་བྱའོ།། །།

རིན་ཆེན་དཔལ་གྱི་རྣམ་ཐར།

སློབ་དཔོན་མཧཱ་ཤྲཱི་རཏྣ་བོ་ཏི་ས་ཏྭ། བོད་སྐད་དུ་བྱང་ཆུབ་སེམས་དཔའ་ཆེན་པོ་རིན་ཆེན་དཔལ་ཞེས་པ་ནི། སྐྱེས་མཆོག་བྱམས་པའི་རྣལ་འབྱོར་པ་སྟེ་འདིའི་རྣམ་པར་ཐར་པ་སྤྱར་བརྗོད་ཙམ་པ་ལྟར་རོ། །བླ་མ་གསེར་གླིང་པ་ཆེན་པོའི་རྣམ་ཐར་ཡང་སྤྱར་བརྗོད་ཙམ་ལ། བླ་མ་གསེར་གླིང་པའི་ཞབས་དྲུང་དུ་ཇོ་བོ་རྗེ་དཔལ་ལྡན་ཨ་ཏི་ཤས་བདག་གཞན་མཉམ་བརྗེའི་བྱང་ཆུབ་ཀྱི་སེམས་སྦྱོང་བའི་གདམས་ངག་ཅེས་པ་བློ་སྦྱོང་དོན་བདུན་མའི་ཁྲིད་ལོ་བཅུ་གཉིས་ཀྱི་བར་དུ་ཕྱི་ནང་གི་གཡེང་བ་གང་གིས་ཀྱང་བར་མ་ཆོད་པར་གསན་པར་མཛད་དེ་ཇོ་བོ་རྗེའི་རྣམ་པར་ཐར་པ་ནི་ད་ལྟ་ཉིད་དུ་འཆད་པར་འགྱུར་རོ། །ཐབས་ཆེན་སྤྱོད་རྒྱུད་ཀྱི་གདམས་ངག་གི་སྙིང་པོ་བདག་པས་གཞན་གཅེས་པའི་བྱང་ཆུབ་ཀྱི་སེམས་མ་སྐྱེས་པ་བསྐྱེད་པ་(༡༥ ༢ན)དང་སྐྱེས་ཟིན་གོང་འཕེལ་དུ་བྱས་ཏེ་སེམས་རིན་པོ་ཆེ་འདིའི་སྒོ་ནས་ས་ལམ་བགྲོད་ཚུལ་སྟོན་པའི་གཞུང་མཆོག་ཏུ་གྱུར་པ་ནི་མདོ་སྡེ་ཕལ་པོ་ཆེ་དང་། དེའི་དགོངས་པ་འགྲེལ་པའི་གཞུང་རིན་ཆེན་ཕྲེང་བ་དང་། སློབ་ལམ་ཡིད་བཞིན་ནོར་བུའི་གཏམ་དང་། སེམས་ཅན་མགུ་བའི་ཚིགས་བཅད་དང་། སྤྱོད་འཇུག་དང་བསླབ་བཏུས་རྣམས་དང་། མདོ་དང་བསྟན་བཅོས་དེ་དག་གི་མན་ངག་རྩ་ཚིག་ཏུ་དྲིལ་བ་བླ་མ་གསེར་གླིང་པ་དང་། ཇོ་བོ་རྗེ་གཉིས་ཀྱིས་མཛད་པའི་བློ་སྦྱོང་རྩ་ཚིག་དང་། རྣམ་རིག་ཏས་མཛད་པའི་བློ་སྦྱོང་མཚོན་ཆ་འཁོར་ལོ་དང་། བྱམས་པའི་རྣལ་འབྱོར་པས་མཛད་པའི་གྲུར་སྒོམ་རྡོ་རྗེའི་གླུ་དང་། བླ་མ་གོང་མ་གཅིག་ནས་གཅིག་ཏུ་བརྒྱུད་པའི་བློ་སྦྱོང་གི་ཁྲིད་དམིགས་མདོར་བསྡུས་སུ་བཀོད་པ་རྒྱལ་སྲས་ཐོགས་མེད་བཟང་པོས་མཛད་པའི་བློ་སྦྱོང་དོན་བདུན་མ་དང་། རྗེ་རིན་

པོ་ཆེས་བློ་སྦྱོང་གི་ཁྲིད་རྒྱས་པ་གནང་དུས་སེམས་དཔའ་ཆེན་པོ་ཧོར་སྟོན་པས་ཟིན་བྲིས་སུ་བཏབ་པའི་བློ་སྦྱོང་གི་ཁྲིད་ཡིག་ཆེན་མོ་དང་། རྗེ་དགེ་འདུན་གྲུབ་ཀྱིས་མཛད་པའི་ཐེག་ཆེན་བློ་སྦྱོང་དང་། པཎ་ཆེན་བློ་བཟང་ཆོས་ཀྱི་རྒྱལ་མཚན་ཡབ་སྲས་ཀྱིས་མཛད་པའི་བློ་སྦྱོང་ཆེ་ཆུང་དུ་མ་ཡོད་ཅིང་། རྒྱ་བོད་དུ་སྔོན་བྱུང་བའི་བློ་སྦྱོང་གི་ཡིག་ཆ་ཕལ་མོ་ཆེའི་ལེགས་ཆ་བསྡུས་ཤིང་། རྗེ་བདག་ཉིད་ཆེན་པོའི་སྙན་བརྒྱུད་ཀྱི་མན་ངག་གིས་བརྒྱན་ནས་བདག་གཞན་མཉམ་བརྗེའི་བྱང་ཆུབ་ཀྱི་སེམས་སྒོམ་ཚུལ་རྒྱལ་དུ་བཏོན་པ་བདག་གིས་སྦྱར་བའི་བློ་སྦྱོང་གི་ཁྲིད་ཡིག་(༡༥༢བ)ཆེན་མོ་བློ་བཟང་དགོངས་རྒྱན་ཞེས་བྱ་བ་ཞིག་ཀྱང་ཡོད་དོ། །

དེས་ན་བྱང་ཆུབ་ལམ་རིམ་ལ་ཉམས་ལེན་སྙིང་པོར་བྱ་འདོད་པ་རྣམས་ཀྱིས་བྱང་ཆུབ་ཀྱི་སེམས་སྒོམ་ཚུལ་ལ་ཤིང་རྟ་ཆེན་པོའི་མན་ངག་ཁྱད་པར་ཅན་གཉིས་ཡོད་པ་སོ་སོའི་མན་ངག་ལེགས་པར་མཉན་ལ་གོ་བ་ཕུ་ཐག་ཆོད་པ་བཅལ་ནས་མན་ངག་གཉིས་པོ་གཅིག་ཏུ་བསྲེས་ནས་ཉམས་སུ་ལེན་ཚུལ་ཤེས་པར་བྱས་ལ་བྱང་ཆུབ་ཀྱི་སེམས་རིན་པོ་ཆེ་ལ་བག་ཆགས་ཅི་ཐེབས་བྱའོ།། །།

ཇོ་བོ་རྗེ་དཔལ་ལྡན་ཨ་ཏི་ཤའི་རྣམ་ཐར།

ཤིང་རྟ་ཆེན་པོའི་སྲོལ་འཛིན་མར་མེ་མཛད། །ཅེས་བསྟགས་པ་ལེགས་སྦྱར་གྱི་སྐད་དུ་དཱི་པཾ་ཀ་ར་ཤྲཱི་ཛྙཱ་ན་བོད་ཀྱི་སྐད་དུ་དཔལ་མར་མེ་མཛད་ཡེ་ཤེས། མཚན་གཞན་ཇོ་བོ་རྗེ་དཔལ་ལྡན་ཨ་ཏི་ཤ་ཞེས་ཡོངས་སུ་གྲགས་པའི་བདག་ཉིད་ཆེན་པོ་དེ་གང་དུ་འཁྲུངས་པའི་ཡུལ་ནི། རྒྱ་གར་ཤར་ཕྱོགས་ཟ་ཧོར་ཏེ། དེ་ན་ཝཾ་ག་ལ་ཞེས་བྱ་གྲོང་ཁྱེར་ཆེན་པོ་མི་ཁྱིམ་འབུམ་ཕྲག་དུ་མ་ཡོད་པ། དེའི་དབུས་ན་རྒྱལ་པོའི་ཕོ་བྲང་གསེར་གྱི

རྒྱལ་མཚན་ཅན་ཞེས་བྱ་བ་ལོངས་སྤྱོད་མངའ་ཐང་བསམ་གྱིས་མི་ཁྱབ་པ་ཡོད་པ། ཡུལ་དེའི་ཁོ་ར་ཁོར་ཡུག་ཏུ་ཤིང་ལྗོན་པ་སྣ་ཚོགས་ཀྱི་ཕྲེང་བ་འཁྲིགས་པ། པདྨ་དང་ཨུཏྤ་ལ་ལ་སོགས་པའི་མེ་ཏོག་སྣ་ཚོགས་ཀྱིས་ས་གཞི་ཁྱབ་པ། ར་བ་རིམ་པ་དུ་མ་དང་། འོབས་རིམ་པ་དུ་མས་བསྐོར་བ་ཞིག་སྟེ། དེ་ལྟ་བུའི་རྒྱལ་པོའི་ཕོ་བྲང་དུ་ཡབ་རྒྱལ་པོ་དགེ་བའི་དཔལ་ཞེས་བྱ་བ་དང་། ཡུམ་དཔལ་མོ་འོད་ཟེར་ཅན་ཞེས་བྱ་བ་གཉིས་ཀྱི་སྲས་སུ་ཆུ་ཕོ་རྟའི་ལོ་བདག་ཉིད་ཆེན་པོ་འདི་བསམ་བཞིན་དུ་སྐུ་བལྟམས་སོ། །རྒྱལ་(༡༥༤༣ན)སྲས་བདག་ཉིད་ཆེན་པོ་འདི་སྐུ་བལྟམས་པའི་ཚེ་དཀར་ཕྱོགས་ཀྱི་ལྷ་རྣམས་ཀྱིས་ནམ་མཁའ་ལས་མེ་ཏོག་གི་ཆར་ཕབ། ནམ་མཁའི་ངོས་རྣམས་འཇའ་ཚོན་གྱི་གུར་ཁྱིམ་གྱིས་བལྟམས། ལྷ་རྣམས་ཀྱིས་དགའ་བའི་གླུ་དབྱངས་དང་རོལ་མོའི་སྒྲ་བསྒྲགས་པ་མི་རྣམས་ཀྱིས་ཀྱང་ཐོས་པ་སོགས་ངོ་མཚར་ཡ་མཚན་བསམ་གྱིས་མི་ཁྱབ་པ་བྱུང་ངོ་། །རྒྱལ་སྲས་དེ་ནི་འཇིག་རྟེན་ཀུན་གྱི་མིག་གི་བདུད་རྩི་ལྟ་བུ་ཞལ་དཀྱིལ་ཟླ་བ་ལྟར་དཀར་ཞིང་། དཔྲལ་བའི་དབྱེས་ཆེ་ལ་སྣའི་གཟེངས་མཐོ་བ། སྤྱན་དཀྱུས་རིང་ཞིང་མཆུ་སྒྲོས་བིམ་པ་ལྟར་དམར་བ་སོགས་སྐྱེ་བོ་དམ་པའི་མཚན་རྟགས་དང་ལྡན་པས་མཐོང་བ་ཙམ་གྱིས་ཉོན་མོངས་དང་སྡུག་བསྔལ་ཞི་ཞིང་། ཡིད་ལ་དགའ་བ་དང་བདེ་བ་སྐྱེ་ལ་དགེ་བའི་ས་བོན་བསྐྲུན་ནུས་པ་ཞིག་བྱུང་སྟེ། རྒྱལ་སྲས་གཞོན་ནུ་དེ་ལ་ཡབ་ཡུམ་གཉིས་ཀྱིས་ཟླ་བའི་སྙིང་པོ་ཞེས་མཚན་བཏགས་སོ། །

རྒྱལ་སྲས་གཞོན་ནུ་དེ་མ་མ་བརྒྱད་ལ་གཏད་དེ་མཐུན་པའི་དངོས་པོ་དག་གིས་བསྐྱེད་བསྲིངས་ཤིང་ཡབ་ཡུམ་གཉིས་དང་བཅས་ཕོ་བྲང་གི་ཡང་ཐོག་ན་མནལ་ཞིང་བཞུགས་པ་ན་ཕོ་བྲང་གི་ཐོག་ནས་ཆོས་སྒྲ་ཆེན་པོ་འཇིགས་སུ་རུང་བ་ཞིག་བྱུང་བ་ན་ཡབ་ཡུམ་འཁོར་དང་བཅས་པ་ཅི་ཞིག་གྱུ་སྐམ་དུ་རྟབ་ཅིང་ཕྱོགས་ཕྱོགས་སུ་བལྟ། རྒྱལ་སྲས་གཞོན་ནུ་དེ་ནི་འཇིགས་པ་མེད་པར་དགའ་བའི་རྣམ་འགྱུར་སྟོན་ཞིང་གནས་སོ། །

དེ་མ་ཐག་ཡབ་ཡུམ་སོགས་ཀྱི་མཐོང་སྣང་ལ་ཨུཏྤལ་སྔོན་པོ་འདབ་མ་མ་ཉམས་པ་ཡིད་དུ་འོང་བ་ཞིག་(༡༥༨བ)བབས་ལ། རྒྱལ་སྲས་གཞོན་ནུ་དེ་ལ་ནི་ཚེ་རབས་ཀུན་གྱི་ལྷག་པའི་ལྷ་རྗེ་བཙུན་མ་སྒྲོལ་མས་ཞལ་བསྟན་ཏེ་གསུང་གི་གནང་བ་སྩལ་ལོ། །དུས་དེ་ནས་བཟུང་སྟེ་རྗེ་བཙུན་སྒྲོལ་མ་རྒྱུན་དུ་གཟིགས་ཤིང་བྱ་བ་གལ་ཆེ་བ་ཐམས་ཅད་ཀྱང་རྗེ་བཙུན་སྒྲོལ་མ་ཉིད་ལ་ཞུས་ནས་མཛད་དོ། །

གཞོན་ནུ་དེ་འཁྲུངས་ནས་ལོ་གཅིག་དང་ཟླ་བ་དྲུག་སོང་བ་ན། ཕོ་བྲང་དེ་དང་ཧ་ཅང་ཐག་མི་རིང་བ་ཞིག་ན་བི་ཀ་མ་ལ་པུ་རི་ཞེས་བྱ་བའི་གཙུག་ལག་ཁང་ཡོད་པ་དེར་རྒྱལ་པོ་ཡབ་ཡུམ་གྱིས་རྒྱལ་སྲས་གཞོན་ནུ་འདི་རིན་པོ་ཆེའི་ཤིང་རྟའི་ནང་དུ་གདན་དྲངས། ཤིང་རྟ་ལྔ་བརྒྱའི་འཁོར་དང་བཅས་རྒྱལ་པོའི་ཕོ་ལངས་ཆེན་པོས་གཙུག་ལག་ཁང་དེར་གཤེགས་པ་ནི། གྲོང་ཁྱེར་གྱི་སྐྱེ་བོ་ཐམས་ཅད་ཕྱོགས་ཕྱོགས་སུ་འདུས་ནས་འཁྲུངས་པའི་ཚེ་ན་ལྷ་རྣམས་ཀྱིས་མཆོད་པ་བྱེད་པའི་རྒྱལ་བུ་ངོ་མཚར་ཅན་དེ་ད་གདོད་མཐོང་ངོ་ཞེས་སྐྱེ་བོ་ཐམས་ཅད་ཀྱིས་མིག་མི་འཛུམ་པར་རྒྱལ་བུ་ཉིད་ལ་བལྟ་ཞིང་དགའ་བའི་ཅ་ཅོའི་སྒྲ་བསྒྲགས་པ་ན་རྒྱལ་སྲས་གཞོན་ནུ་དེས་ཡབ་ཡུམ་གཉིས་ལ་སྐྱེ་བོ་འདི་དག་སུ་ཞིག་ཡིན་ཞེས་དྲིས་པ་ན་ཡབ་ཡུམ་གཉིས་ཀྱིས་འདི་དག་ནི་ཁྱོད་ཉིད་ཀྱི་འབངས་འཁོར་དག་ཡིན་ནོ། །ཞེས་ཞུས་པ་ན། རྒྱལ་བུ་གཞོན་ནུ་དེས་སྐྱེ་བོ་འདི་དག་བདག་བཞིན་ཕུན་སུམ་ཚོགས་པ་དང་ལྡན་པ་དང་། ཐམས་ཅད་དགེ་བའི་རྩ་བ་བསྒྲུབ་ཏེ་དམ་པའི་ཆོས་ཀྱིས་འཚོ་བར་ཤོག་ཅེས་གསུང་སྐད་པོས་བརྗོད་པ་ན་ཐམས་ཅད་ཨ་ལ་ལ་ཞེས་ངོ་མཚར་བའི་ཚིག་བརྗོད་ཅིང་ཐལ་མོ་སྦྱར་ཏེ་གནས་སོ། །

དེ་ནས་ཡབ་ཡུམ་(༡༥༩ན)སྲས་དང་བཅས་པ་གཙུག་ལག་ཁང་དུ་ཕེབས་ནས་དགེ་འདུན་རྣམས་ལ་བསྙེན་བཀུར་དང་མཆོག་གསུམ་གྱི་རྟེན་རྣམས་ལ་མཆོད་པ་ཕུལ་ཏེ་ཕྱག་འཚལ་ཞིང་སྨོན་ལམ་འདེབས་པ་ན་ཡབ་ཡུམ་གཉིས་སོགས་གཞན་ཐམས་ཅད་

ཚེ་རིང་ཞིང་ནད་མེད་པ་དང་། ལོངས་སྤྱོད་ཕུན་སུམ་ཚོགས་པ་དང་། ཕྱི་མ་ངན་སོང་དུ་མི་ལྟུང་བར་བདེ་འགྲོར་སྐྱེས་ནས་མཆོག་གསུམ་ལ་བསྙེན་བཀུར་བགྱིད་པ་སོགས་ཀྱི་སྨོན་ལམ་འདེབས། རྒྱལ་སྲས་བདག་ཉིད་ཆེན་པོ་འདིས་ནི་བདག་ནི་དལ་འབྱོར་མི་དབང་ལུས་ཐོབ་ཅིང་། སྐྱོན་མེད་དབང་པོས་དཀོན་མཆོག་གསུམ་མཐོང་ཞིང་། །རྟག་ཏུ་གུས་པས་དཀོན་མཆོག་སྤྱི་བོར་བླངས། །དེ་རིང་ཉིད་ནས་སྐྱབས་གནས་མཛད་དུ་གསོལ། །ནམ་ཡང་ཁྲིམ་པའི་ཆོས་ཀྱིས་མ་བཅིངས་པར། །དགེ་འདུན་དབུས་སུ་ཆོས་འབྱོར་ཐོབ་པ་དང་། །ང་རྒྱལ་མེད་པར་དཀོན་མཆོག་མཆོད་བྱེད་ཅིང་། །སྐྱེ་བོ་ཡོངས་ལ་སྙིང་རྗེས་ལྟ་བར་ཤོག །ཅེས་སྨོན་ལམ་མཛད་པ་ན། དེར་ཚོགས་པའི་སྐྱེ་བོ་ཐམས་ཅད་དང་དཀར་ཕྱོགས་ཀྱི་ལྷ་རྣམས་ཀུང་དགའ་ཞིང་མགུ་ནས་བདག་ཉིད་ཆེན་པོ་འདི་ལ་དད་པ་ལྷུར་བྱེད་པར་གྱུར་ཏོ། །ཇོ་བོ་རྗེས་སྐུ་ཚེ་འདི་ལ་ཆོས་གསུང་བའི་ཐོག་མ་དེ་ཡིན་པར་བཀའ་གདམས་གླེགས་བམ་ལས་གསུངས་སོ། །

རྒྱལ་སྲས་གཞོན་ནུ་འདིས་འབྲུངས་མ་ཐག་ནས་ཁྲིམ་གྱི་འདུ་འཛི་ལ་ཆགས་པ་མེད་ཅིང་ལྷག་པའི་ལྷའི་ཞལ་མཐོང་བ་དང་། ཆོས་ཀྱི་སྒྲ་དབྱངས་སྒྲོགས་པ་ལ་ཐོགས་པ་མེད་པར་གྱུར་པས་ཁྲིམ་གྱི་འདུ་འཛི་ལ་(༡༥༩བ)ཆགས་པའི་སྐབས་མེད་ནའང་ཡབ་ཡུམ་གཉིས་འབངས་དང་བཅས་པས་ཁྲིམ་དུ་བཞུགས་པ་ཞིག་བྱུང་ན་ཅི་མ་རུང་སྙམ་དུ་གླུ་གར་དང་རྩེད་མོའི་བྱེ་བྲག་རྣམ་པ་སྣ་ཚོགས་སྦྱར་ཞིང་རྒྱལ་པོ་མང་པོའི་བུ་མོ་ཁབ་ཏུ་བཞེས་པའི་གྲབས་བཤམས་པ་ན་རྗེ་བཙུན་མ་སྒྲོལ་མས་རྒྱལ་སྲས་གཞོན་ནུ་དེ་ལ་ཞལ་བསྟན་ནས། ལྷ་ཅིག་མ་ཆགས་མ་ཆགས་སྐལ་བ་ཅན། །འདམ་བུའི་ཚལ་དུ་གླང་པོ་བྱིང་བ་ལྟར། །འདོད་པའི་འདམ་འདིར་དཔའ་བོ་ཁྱོད་བྱིང་ན། །ཚུལ་ཁྲིམས་གོས་ཅན་བསྟུབས་པར་མི་འགྱུར་རམ། །སྐྱེ་བ་ལྔ་བརྒྱ་ལྔ་བཅུ་རྩ་གཉིས་སུ། །པཎ་ཆེན་དགེ་སློང་གཙང་མའི་ལུས་བརྒྱུད་ནས། །པདྨའི་མཚོ་ལ་ངང་པ་འཇུག་པ་ལྟར། །ཁྱོད་ནི་

ཚེ་འདིར་རབ་ཏུ་འབྱུང་འགྱུར་ལགས། །ཞེས་རྒྱལ་སྲིད་ལ་མ་ཆགས་པར་ཆོས་མཛད་དགོས་པར་བསྐུལ་མ་བཏབ། རྒྱལ་སྲས་གཞོན་ནུ་རང་ཉིད་ཀྱང་དེ་ལྟར་དུ་སྨོན་པར་མཛད་ཅིང་བཟོ་དང་། གསོ་བ་དང་། སྒྲ་དང་། གཏན་ཚིགས་དང་། ནང་རིག་པ་སྟེ་རིག་གནས་ཆེ་བ་ལྔ་དང་། །སྙན་ངག་དང་རྩིས་ལ་སོགས་པ་རིག་གནས་ཆུང་བ་རྣམས་ལའང་སྦྱངས་ཏེ་མཁས་པར་ཕྱུལ་དུ་ཕྱིན་པར་གྱུར། ཁྱད་པར་དུ་ལོ་བཅོ་ལྔ་བཞེས་པའི་ཚེ་རིགས་ཐིགས་ཚར་གཅིག་གསན་པས་ཕྱི་རོལ་པའི་རྟོག་གེ་པ་མཁས་པར་གྲགས་པ་ཞིག་དང་རྩོད་པས་དེ་ཕམ་པར་མཛད་པས་སྙན་པའི་གྲགས་པ་ཀུན་ཏུ་རྒྱས་སོ། །

དེ་ནས་རྒྱལ་བུ་གཞོན་ནུ་དེས་འདི་ལྟར་དགོངས་ཏེ། འཁོར་བའི་ཕུན་ཚོགས་གང་ལའང་མ་ཆགས་པར་རྒྱལ་བའི་བསྟན་པ་ཡོངས་(༡༥༥ན)རྫོགས་ལ་བསླབས་ཏེ་ས་ལམ་མཐར་ཕྱིན་པ་ཞིག་ཅིས་ཀྱང་བྱེད། དེ་ལྟ་བུ་ཞིག་འབྱུང་བ་ལ་ལེགས་ཚོགས་ཐམས་ཅད་ཀྱི་རྩ་བ་བཤེས་གཉེན་དམ་པ་ཞིག་གིས་རྗེས་སུ་གཟུང་དགོས་པར་འདུག་པས་ལམ་མ་ནོར་བར་སྟོན་པའི་བཤེས་གཉེན་དམ་པ་སུ་ཞིག་ལ་བརྟེན་དགོངས་པ་ན། ཕོ་བྲང་དེ་དང་ཧ་ཅང་ཐག་མི་རིང་བའི་གནས་ཞིག་ན་ཛེ་ཏཱ་རི་དགྲ་ལས་རྣམ་རྒྱལ་བཞུགས་པར་ཐོས་ནས་རི་བྲག་བསྐོར་དུ་འགྲོ་ཞེས་སྐད་བཏགས་ནས་དམག་ཆས་སུ་ཞུགས་པའི་རྟ་པ་སུམ་བརྒྱ་ཙམ་དང་བཅས་ཛེ་ཏཱ་རིའི་དྲུང་དུ་ཕེབས་ནས་ཞབས་སྤྱི་བོར་བླངས་ཏེ་སྐྱབས་འགྲོ་དང་སེམས་བསྐྱེད་ཞུས། རྒྱལ་སྲིད་ལ་མ་ཆགས་པར་ཆོས་རྣམ་དག་ཅིག་འདོད་པས་རྗེས་སུ་འཛིན་དགོས་ཞེས་ཞུས་པ་ན་ཛེ་ཏཱ་རིས་རེ་ཤིག་ནཱ་ལནྡྲར་བླ་མ་བྱང་ཆུབ་བཟང་པོའི་སྤྱན་སྔར་སོངས་ཞེས་ལུང་བསྟན། དེ་ནས་རྒྱལ་བུ་དམག་གི་དཔུང་དང་བཅས་པས་ནཱ་ལནྡྲར་ཕེབས་ནས་བླ་མ་བྱང་ཆུབ་བཟང་པོའི་ཞབས་སྤྱི་བོར་བླངས་ཏེ་སེམས་བསྐྱེད་ཞུས། དེ་ནས་བླ་མ་བྱང་ཆུབ་བཟང་པོས་ནཱ་ལེནྡྲའི་བྱང་ཕྱོགས་ན་ཆོའི་རིག་འཛིན་བརྟེན་ཤིང་སྤྲོས་བྲལ་དབུ་མའི་དོན་གཟིགས་པའི་རྒྱལ་སྲས་རིགས་པའི་

ཁུ་བྱུག་བཞུགས་པས་དེའི་དྲུང་དུ་སོང་ཞེས་བཤད། དེ་ནས་རྒྱལ་བུ་གཞོན་ནུ་རྒྱལ་སྲས་རིགས་པའི་ཁུ་བྱུག་གི་དྲུང་དུ་ཕེབས་ཏེ། རིགས་པའི་ཁུ་བྱུག་གི་ཞབས་ལ་བསྟེན་ཏེ་གསོལ་བ་བཏབ་པས། རིགས་པའི་ཁུ་བྱུག་གིས་བྱང་ཆུབ་ལམ་གྱི་རིམ་(༡༥༥བ)པའི་གདམས་པ་སྤྱི་དང་། ཁྱད་པར་དཔལ་མགོན་འཕགས་པ་ཀླུ་སྒྲུབ་ནས་བརྒྱུད་པའི་ལྟ་བའི་མན་ངག་རྣམས་ཞིབ་པར་གནང་སྟེ། ད་དུང་བླ་མ་ཨ་ཝ་དྷཱུ་ཏི་པ་ཞེས་བྱ་བ་དབུ་མའི་ལམ་ལ་མངའ་བརྙེས་པ་ཞིག་ཡོད་པས་དེའི་དྲུང་དུ་སོང་ཞེས་བཤད། དེ་ནས་རྒྱལ་བུ་གཞོན་ནུས་རིགས་པའི་ཁུ་བྱུག་གི་བཀའ་ལུང་ལྟར་བླ་མ་ཨ་ཝ་དྷཱུ་ཏི་པའི་ཞབས་དྲུང་དུ་ཕེབས་ནས་རྗེས་སུ་འཛིན་པར་ཞུས་པ་ན། བླ་མ་ཨ་ཝ་དྷཱུ་ཏི་པས་ཆོས་རྣམ་དག་བྱེད་པ་ལ་རྒྱལ་སྲིད་ཀྱི་འཁོར་བ་སྤང་དགོས་ཏེ་རྒྱལ་སྲིད་ཀྱི་འཁོར་བ་ནི་དུག་གི་མཚོ་དང་འདྲ་ཞིང་། མེའི་འོབས་དང་འདྲ་བར་རྣམ་པ་ཀུན་ཏུ་ཕུང་བའི་རྒྱུ་ཡིན་པས་ལན་ཅིག་ཕར་སོང་ལ་རྒྱལ་སྲིད་བློས་ཐོངས་ལ་དེ་ནས་ཚུར་ཤོག་ཅེས་ལུང་བསྟན། དེ་ནས་རྒྱལ་སྲས་གཞོན་ནུ་དེ་བླ་མས་ཇི་ལྟར་ལུང་བསྟན་པ་ལྟར་ཕོ་བྲང་དུ་ཕེབས་ནས་ཡབ་ཡུམ་ལ་གནང་བ་ནན་གྱིས་ཞུས་ཏེ་རྒྱལ་སྲིད་མཆིལ་མའི་ཐལ་བ་བཞིན་དུ་སྤངས་ནས་བླ་མ་ཨ་ཝ་དྷཱུ་ཏི་པའི་ཞབས་ལ་གཏུགས། ཨ་ཝ་དྷཱུ་ཏི་པས་ལུང་བསྟན་ནས་རི་ནག་པོའི་གཙུག་ལག་ཁང་གི་རྣལ་འབྱོར་གྱི་དབང་ཕྱུག་དཔལ་ཀྱི་རྡོ་རྗེའི་ཞལ་གཟིགས་ཤིང་རྡོ་རྗེ་མཁའ་འགྲོ་མས་ལུང་བསྟན་པ་ཐོབ་པའི་བླ་མ་རཱ་ཧུ་ལ་གུཔྟ་ལ་དབང་ཡོངས་སུ་རྫོགས་པར་ཞུས་ཤིང་། གསང་མཚན་ཡེ་ཤེས་གསང་བའི་རྡོ་རྗེ་ཞེས་བྱ་བར་བཏགས། དེ་ནས་ལོ་བདུན་གྱི་རིང་ལ་བླ་མ་ཨ་ཝ་དྷཱུ་ཏི་པ་གཙོ་བོར་བསྟེན་ཅིང་། གཞན་ཡང་དངོས་གྲུབ་བརྙེས་པའི་བླ་མ་དུ་མའི་སྤྱན་སྔར་(༡༥༦ན)རྡོ་རྗེ་ཐེག་པ་ལ་སྦྱངས་པས་གཞུང་དང་གདམས་ངག་མ་ལུས་པ་ལ་མཁས་པར་གྱུར་ཏེ་གསང་སྔགས་ལ་ང་ཉིད་མཁས་སོ་སྙམ་དུ་དགོངས་པ་བྱུང་བ་ན། ཌཱ་ཀི་མ་རྣམས་ཀྱིས་སྔགས་ཀྱི་གླེགས་བམ་

སྔར་མཐོང་མ་མྱོང་བ་མང་པོ་མནལ་ལམ་དུ་བསྟན་ནས་ཐུགས་རྒྱལ་བཅག་གོ །

དེ་ལྟར་དགུང་ལོ་ཉི་ཤུ་རྩ་གཅིག་ནས་དགུང་ལོ་ཉེར་དགུའི་བར་དུ་རྒྱུད་སྡེ་བཞིའི་དབང་ལུང་མན་ངག་མཐའ་དག་ལ་སྦྱངས་ཤིང་ཐུགས་ཉམས་སུ་བཞེས་པས་ལྷག་པའི་ལྷ་མང་པོའི་ཞལ་གཟིགས། ཏིང་ངེ་འཛིན་དང་མངོན་པར་ཤེས་པ་རྒྱ་ཆེན་པོ་ཐོབ། ད་ཆེ་འདི་ལ་སྔགས་ཀྱི་བརྟུལ་ཞུགས་ཀྱི་སྤྱོད་པ་སྤྱད་དེ་ཕྱག་རྒྱ་ཆེན་པོ་མཆོག་གི་དངོས་གྲུབ་ཐོབ་པ་ཞིག་བྱེད་སྙམ་དུ་དགོངས་པ་ནར་མར་བྱུང་བ་ན་ནུབ་གཅིག་རྨི་ལམ་དུ། དཔལ་ཧེ་རུ་ཀ་མདུན་གྱི་ནམ་མཁའ་ལ་བྱོན་ནས། རིགས་ཀྱི་བུ་ཨ་ཝ་དྷཱུ་ཏིའི་སྤྱོད་པས་གར་ཡང་མི་ཕྱིན་གྱིས། ཁྱོད་རབ་ཏུ་ཕྱུང་ན་དུས་ཕྱིས་ཙ་ན་རབ་ཏུ་བྱུང་བའི་གདུལ་བྱ་མང་པོ་འོང་བར་འདུག་གོ་ཞེས་ལུང་བསྟན་ཏོ། །

ཡང་ནུབ་གཅིག་གི་རྨི་ལམ་དུ། བཅོམ་ལྡན་འདས་ཤཱཀྱ་ཐུབ་པ་དགེ་འདུན་མང་པོའི་འཁོར་དང་བཅས་ནས། གདུགས་ཚོད་གསོལ་གྱིན་འདུག །དེའི་གྲལ་ཞབས་ན་ཇོ་བོ་ཉིད་ཀྱང་བཞུགས་འདུག་པ་ལ། བཅོམ་ལྡན་འདས་ཀྱིས་ཇོ་བོ་ལ་གཟིགས་ནས། མི་མ་གི་ཅི་ལ་ཆགས་ནས་རབ་ཏུ་མི་འབྱུང་། ཞེས་གསུང་བ་ཅིག་རྨིས་པ་ན་ད་ངེས་པར་རབ་ཏུ་འབྱུང་བར་བྱའོ་སྙམ་དུ་དགོངས་ནས། དཔལ་རྡོ་རྗེ་གདན་བྱང་ཆུབ་ཆེན་པོ་བརྙེས་པའི་གནས་མ་ཧཱ་བོ་དྷི་ཧ་རའི་གཙུག་(༡༥༨བ)ལག་ཁང་དུ་དགེ་འདུན་ཕལ་ཆེར་སྡེ་པ། དེའི་ནང་ནས་འཇིག་རྟེན་ལས་འདས་པར་སྨྲ་བའི་སྡེ་པ་སློབ་དཔོན་སངས་རྒྱས་ཡེ་ཤེས་ཀྱི་བཀའ་རྒྱུད། གནས་བརྟན་འདུལ་བ་འཛིན་པ་ཆེན་པོ་སྦྱིར་བའི་ལམ་པ། དེ་ཁོ་ན་ཉིད་ཀྱི་ཕྱོགས་གཅིག་ལ་ཞུགས་པའི་ཏིང་འཛིན་བརྙེས་པའི་ཤཱི་ལ་རཀྵི་ཏ་ཞེས་བྱ་བ་ལ་མཁན་པོ་ཞུས་ནས་རབ་ཏུ་བྱུང་། མཚན་དཱི་པཾ་ཀ་ར་ཤྲཱི་ཛྙཱ་ན་ཞེས་བྱ་བར་བཏགས་སོ། །

དེ་ནས་མཚན་ཉིད་ཀྱི་ཐེག་པའི་སྡེ་སྣོད་གསུམ་ག་ལ་ཞིབ་ཏུ་སྦྱངས་ཤིང་། ཁྱད་པར་བླ་མ་རྣམ་རཀྵི་ཏའི་སྤྱན་སྔར་འདུལ་བ་ལུང་སྡེ་བཞིའི་གནད་ཀུན་བསླབས་ཤིང་།

མངོན་པ་སྡེ་བདུན་གྱི་གནད་ཀུན་བསྡུས་པའི་བསྟན་བཅོས་བྱེ་བྲག་ཏུ་བཤད་པ་ཆེན་པོ་ཞེས་བྱ་བ་བམ་པོ་བརྒྱད་བརྒྱ་ཙམ་ཡོད་པའི་བསྟན་བཅོས་ཆེན་པོ་དེ་ལོ་བཅུ་གཉིས་ཀྱི་བར་དུ་གསན་ནས་མཐའ་ཆོད་པར་སྦྱངས། སྡེ་པ་བཅོ་བརྒྱད་པོ་སོ་སོའི་བྱིན་ལེན་དང་ཟུང་ཆུ་སོགས་ཕྱག་ལེན་ཕྲ་མོ་མཐའ་དག་མ་འདྲེས་པར་མཁྱེན་ནས་འཕགས་ཡུལ་གྱི་སྡེ་པ་བཅོ་བརྒྱད་པོ་ཐམས་ཅད་ཀྱི་གཙུག་གི་ནོར་བུར་གྱུར་ཏོ། །

དེ་ལྟར་མདོ་སྔགས་ཀྱི་ཆོས་འཕགས་ཡུལ་ན་དེ་དུས་བཞུགས་པ་མཐའ་དག་གསན་ཅིང་ཐུགས་ཉམས་སུ་བཞེས་ནས་མྱུར་དུ་འཚང་རྒྱ་བ་ལ་ལམ་གང་ཞིག་མྱུར་སླམ་པ་ནར་མར་ཡོད་པ་ན་རི་ནག་པོའི་ཁོང་གསེང་ན་བཞུགས་པའི་བླ་མ་རཱ་ཧུ་ལ་གུཔྟས་མངོན་པར་ཤེས་པས་མཁྱེན་ཏེ། དེར་བྱོན་ནས་ཇོ་བོ་ལ་གསུངས་པ། ཡི་དམ་གྱི་ལྷ་ཞལ་མཐོང་བ་དང་། དཀྱིལ་འཁོར་གྱི་ལྷ་ཚོགས་མང་པོ་(༡༥༧ན)མངོན་དུ་གྱུར་པ་དང་། ཐུན་མོང་གི་དངོས་གྲུབ་མང་པོ་ཐོབ་པ་དང་། ཏིང་ངེ་འཛིན་རི་རྒྱུད་ཙམ་ཡོད་པས་གར་ཡང་མི་ཕྱིན། བྱམས་པ་དང་སྙིང་རྗེ་བྱང་ཆུབ་ཀྱི་སེམས་ལ་བློ་སྦྱོངས། ཐུགས་རྗེ་ཆེན་པོ་སྙིང་རྗེའི་ལྷ་ཡིན་པས་ཡི་དམ་དུ་ཟུངས། འཁོར་བ་མ་སྟོངས་ཀྱི་བར་དུ་སེམས་ཅན་གྱི་དོན་བྱེད་པར་དམ་འཆོས་ཤིག་གསུངས། ཡང་ཇོ་རྗེ་གདན་གྱི་ཁོར་ས་ན་ཕར་བསྐོར་བ་མཛད་པའི་ཚེ་ལྷེར་བཟོ་གཅིག་གིས་གཅིག་ལ་དྲི་བ་དང་ལན་འདེབས་པའི་ཚུལ་དང་། ཇོ་རྗེ་གདན་གྱི་ལྷོ་ཕྱོགས་ཀྱི་ནམ་མཁའ་ལ་མིའི་ལུས་ལས་འདས་པའི་བུ་མོ་གཉིས་གཅིག་གིས་གཅིག་ལ་དྲི་བའི་ཚུལ་དུ། མྱུར་དུ་མངོན་པར་རྫོགས་པར་འཚང་རྒྱ་བར་འདོད་པས་ཆོས་གང་ལ་བསླབ་པར་བྱ་ཞེས་ཟེར་བ་ལ། ཅིག་ཤོས་ན་རེ་བྱང་ཆུབ་ཀྱི་སེམས་ལ་བསླབ་པར་བྱའོ། །ཞེས་གསུངས་ནས། བྱང་ཆུབ་ཀྱི་སེམས་སྦྱངས་ཐབས་བཟང་བ་ཅིག་གསུང་གི་འདུག་པ་ལ། བསྐོར་བ་འཁྲོ་བཅད་ནས་གསན་པས་སྟོད་གཅིག་ནས་གཅིག་ཏུ་བྱོ་བ་བཞིན་དུ་ཐུགས་སུ་ཆུད། སློབ་དཔོན་ཀླུ་སྒྲུབ་ཀྱིས

བཞེངས་པའི་རྡོ་རིན་བཞུགས་ཙ་ན། ཐུད་མེད་རྒན་གཞོན་གཉིས་འདུག་པས། གཞོན་པ་དེ་ལ་རྒན་པ་དེས་མྱུར་དུ་མངོན་པར་རྫོགས་པར་འཚང་རྒྱ་བར་འདོད་པས་བྱང་ཆུབ་ཀྱི་སེམས་སྦྱོངས་གསུང་བ་དང་། ཡང་རྡོ་རྗེ་གདན་གྱི་གནྐོ་ལ་ལ་བསྐོར་བ་མཛད་པའི་ཚེ། བྱ་འདབ་འོག་ན་དེ་བཞིན་གཤེགས་པའི་སྐུ་གཅིག་བཞུགས་པའི་ཞལ་ནས། ཏེ་ལྷ་དནྣ་མྱུར་དུ་མངོན་པར་རྫོགས་པར་འཚང་རྒྱ་བར་འདོད་པས། བྱམས་སྙིང་རྗེ་བྱང་ཆུབ་ཀྱི་སེམས་སྦྱོངས་ཤིག་གསུངས། ཡང་རྡོ་ར་ཁང་བུ་ལ་བསྐོར་(15ཁབ)བ་མཛད་པའི་ཚེ། བ་སོའི་རྒྱལ་བ་ཤཱཀྱ་ཐུབ་པ་གཅིག་འདུག་པ་དེའི་ཞལ་ནས། རྡོ་གི །མྱུར་དུ་མངོན་པར་རྫོགས་པར་འཚང་རྒྱ་བར་འདོད་པས་བྱང་ཆུབ་ཀྱི་སེམས་ལ་སྦྱོངས་གསུང་། དེ་ནས་ཇོ་བོ་རྗེས་བྱང་ཆུབ་ཀྱི་སེམས་རིན་པོ་ཆེ་མ་སྐྱེས་པ་བསྐྱེད་པ་དང་སྐྱེས་ཟིན་གོང་འཕེལ་དུ་བྱས་ཏེ་མཐར་ཕྱིན་པའི་ཕྱིར་དེའི་མན་ངག་ཡོངས་སུ་རྫོགས་པ་མངའ་བ་སུ་ཞིག་ཡོད་སྙམ་བཙད་དཔྱད་པ་ན་དུས་དེའི་ཚེ་བླ་མ་གསེར་གླིང་པ་ཆེན་པོ་བྱང་ཆུབ་ཀྱི་སེམས་ཀྱི་བདག་པོར་གྲགས་པས་བླ་མ་གསེར་གླིང་པ་ཆེན་པོའི་ཞབས་དྲུང་དུ་བྱང་ཆུབ་ཀྱི་སེམས་ཀྱི་གདམས་ངག་རྫོགས་པར་གསན་པའི་ཕྱིར་གསེར་གླིང་དུ་འབྱོན་པར་བཞེད་ནས་འཛམ་བུ་གླིང་ནས་གསེར་གླིང་དུ་ཚོང་ལ་འགྲོ་བའི་ཚོང་པ་ལམ་རྒྱུས་ཅན་དང་བཅས་རྒྱ་མཚོ་ལ་གྲུ་གཟིངས་བཅས་ནས་ཟླ་བ་བཅུ་གསུམ་གྱི་རིང་མཚོའི་སྟེང་ལ་བྱོན་ཏེ་དེའི་ཚེ་བདུད་དགའ་རབ་དབང་ཕྱུག་གིས་སངས་རྒྱས་ཀྱི་བསྟན་པ་དར་བ་མ་བཟོད་ནས་ཇོ་བོ་རྗེའི་བྱང་ཆུབ་ཀྱི་སེམས་ལ་བར་ཆད་བྱ་བའི་ཕྱིར་མི་མཐུན་པའི་རླུང་བཏབ་སྟེ་གྲུ་གཟིངས་ལམ་ལོག་པར་བསྒྱུར་བ་དང་། ཆུ་སྲིན་ཉ་མིག་ཆེན་པོ་རི་ལྟ་བུས་གྲུ་གཟིངས་ཀྱི་མདུན་བཀག་པ་དང་། ནམ་མཁའ་ལས་གློག་བབས་པ་སོགས་གནོད་པ་ཚབས་ཆེན་པོ་བྱས་པ་ན་བརྟེན་ཏ་སའི་སྙིང་པོས་ཇོ་བོ་རྗེ་ལ་ཐུགས་དམ་བསྐུལ་བའི་གསོལ་འདེབས་ཤུགས་དྲག་ཏུ་བྱས་པས། ཇོ་བོ་རྗེས་གཤིན་རྗེའི་གཤེད་དམར་

པོའི་ཏིང་ངེ་འཛིན་གྱི་སྒོ་ནས་བདུད་སྡེ་དཔུང་དང་བཅས་པ་བཏུལ་ཏེ་རིམ་གྱིས་གསེར་གླིང་དུ་ཕེབས། གསེར་གླིང་གི་སྣེ་ཟིན་མ་ཐག་བླ་མ་གསེར་གླིང་པ་(༡༥༢ན)ཆེན་པོའི་སློབ་མ་བསམ་གཏན་པ་འགའ་ཞིག་བཞུགས་པ་དང་མཇལ། དེར་ཞག་བཅུའི་རིང་དཔོན་སློབ་ཚང་མས་ངལ་བསོས་ཤིང་བསམ་གཏན་པ་དེ་དག་ལ་བླ་མ་གསེར་གླིང་པ་ཕྱོགས་གང་དུ་བཞུགས་དང་མཛད་པ་རྣམ་ཐར་ཇི་ལྟར་ཡོད་རྣམས་དྲི་གཏུགས་མཛད་བསམ་གཏན་པ་དེ་དག་གིས་ཀྱང་པཎྜི་ཏ་སའི་སྙིང་པོ་ལ་སོགས་པ་ཇོ་བོའི་སློབ་མ་རྣམས་ལ་ཇོ་བོ་རྗེའི་སྐུ་གསུང་ཐུགས་ཀྱི་ཡོན་ཏན་དང་མཛད་སྤྱོད་རྣམས་ཞིབ་ཏུ་དྲི་གཏུགས་བྱས་པས་ཡིད་ཆེས་ཀྱི་དད་པ་ཆེན་པོ་སྐྱེས་ནས་བསམ་གཏན་པ་དེ་དག་གིས་མྱུར་བར་ཕྱིན་ཏེ་བླ་མ་གསེར་གླིང་པ་ཆེན་པོ་ལ་འདི་སྐད་གསོལ་ཏོ། །ཀྱེ་བླ་མ་དམ་པ་གསན་དུ་གསོལ། དེང་སང་གླིང་འདིར་རྒྱ་གར་གྱི་མཁན་པོ་དཱི་པཾ་ཀཱ་ར་ཤྲཱི་ཛྙཱ་ན་བྱ་བ་དེ། སློབ་མ་བརྒྱ་དང་ཉི་ཤུ་རྩ་ལྔའི་ཚོགས་དང་ལྷན་ཅིག་ཏུ། རྒྱ་མཚོ་ཆེན་པོ་ལ་ཟླ་བ་བཅུ་གསུམ་གྱི་བར་དུ་བྱོན་པ་བདུད་དང་མུ་སྟེགས་ཀྱི་ལྷ་དབང་ཕྱུག་ཆེན་པོས་བར་ཆད་བྱས་པ་བྱམས་པ་དང་སྙིང་རྗེས་འཆིང་ཞིང་སྐུ་གསུང་ཐུགས་མདངས་མ་ཤོར་བར་བདག་ཅག་ག་ན་བ་དེར་ལྷགས་སོ། །དེ་ལ་ཞག་བཅུ་བཞིའི་བར་དུ་ཆོས་ཀྱི་གཏམ་བགྲོ་བར་བྱས་པས། བདག་ཅག་སེམས་རངས་ཤིང་ཚིམ་པར་གྱུར་ཏོ། །ད་ནི་སྐབས་ཀྱི་དོན་ལ་མཁས་པ་ཆེན་པོ་དེ་ཁྱེད་ཀྱི་དྲུང་དུ་འོངས་ཏེ་དུས་གསུམ་གྱི་རྒྱལ་བ་ཐམས་ཅད་སྐྱེད་པར་བྱེད་པའི་ཡུམ་གཙོ་བོར་ཉན་པ་དང་། སྨོན་འཇུག་བྱང་ཆུབ་མཆོག་ཏུ་སེམས་བསྐྱེད་དེ་ཐེག་པ་ཆེན་པོའི་བློ་སྦྱོང་བར་བགྱི། གཞན་ཡང་བླ་མའི་གཞུང་ལུགས་རྒྱ་མཚོ་ལྟ་བུ་ཉིན་མཚན་དུ་སྤྱད་པར་འདོད་པར་གདའ་བས་(༡༥༢བ)ཐུགས་རྗེ་ཆེན་པོས་གོ་སྐབས་དབྱེ་ཞིག །ཅེས་ཞུས། དེ་ནས་ཇོ་བོ་རྗེ་དཔོན་སློབ་རྣམས་བླ་མ་གསེར་གླིང་པ་ཆེན་པོའི་ཕོ་བྲང་དང་ཉེ་བར་ཕེབས་པ་ན་བླ་མ་གསེར་གླིང་པས་དགེ་སློང་ཆོས་གོས

གསུམ་ཁ་དོག་མཐུན་པར་གསོལ་བ། ཐམས་ཅད་མཐུན་པར་རིལ་བ་སྤྱི་བླུགས་འཛིན་པ། ཐམས་ཅད་ཀྱང་འཁར་གསིལ་མཛེས་པར་བསྣམས་པ་ཤིན་ཏུ་དང་བ་འདྲེན་པ་དགྲ་བཅོམ་པ་ལྔ་བུ་ལྔ་བརྒྱ་དང་སུམ་ཅུ་རྩ་ལྔའི་སྣ་བླ་མ་གསེར་གླིང་པས་དྲངས་ནས་དགེ་ཚུལ་དྲུག་ཅུ་རྩ་གཉིས་ཀྱིས་བརྟེན་ཏེ། མདོར་ན་རབ་ཏུ་བྱུང་བ་ལྔ་བརྒྱ་དང་དགུ་བཅུ་རྩ་བདུན་གྱིས་རྒྱང་རིང་པོ་ནས་བསུ་བའི་ཕྱིར་ནར་གྱིས་བྱུང་བ་གཟིགས་སོ། །དེ་མ་ཐག་ཏུ་བཅོམ་ལྡན་འདས་ཞལ་བཞུགས་པའི་དུས་ན་དགྲ་བཅོམ་པ་རྣམས་ཀྱིས་བསྐོར་བ་ལྟར་ཤིན་ཏུ་དང་བ་འདྲེན་ཞིང་ཐུགས་ཉམས་དགའ་བའི་མཐར་ཐུག་པར་གྱུར་ཏོ། །

དེ་ནས་ཇོ་བོ་རྗེས་པཎྜི་ཏ་སའི་སྙིང་པོ་ལ་སོགས་པ་རིག་པའི་གནས་ལྔ་ལ་མཁས་པའི་པཎྜི་ཏ་དང་། སྡེ་སྣོད་གསུམ་ལ་མཁས་པའི་དགེ་སློང་རྣམས་ཕྱུགས་ལྷམ་འབྲིང་མིག་མ་གསོལ་བ་ཁ་ཆེ་གུར་ཀུམ་གྱིས་ལེགས་པར་ཁ་བསྒྱུར་བའི་ཆོས་གོས་རྣམ་གསུམ་ཕལ་ཆེན་སྔེ་པས་ལེགས་པར་བསྒགས་པ་མཛེས་པར་གསོལ་བ། ཐམས་ཅད་ཀྱང་རྟེན་འབྲེལ་གྱི་ཆེ་བས་ལྕུགས་ཀྱི་ལྕུང་བཟེད་རབ་ཚད་ཇོལ་བུག་མེད་པ་བསྣམས་པ། ཟངས་ཀྱི་རིལ་བ་སྤྱི་བླུགས་མ་ག་དྷའི་བྲེ་གང་ཤོང་བ་དང་། བསྟན་པའི་བདག་པོས་རབ་ཏུ་བསྔགས་པའི་འཁར་གསིལ་ལ་སོགས་པའི་རྟགས་མཚན་ཐམས་ཅད་ལེགས་པར་ཚང་བ་ཡོད་པ། ཐམས་ཅད་ཀྱང་པཎྜི་ཏའི་ཞྭ་རྒྱལ་མེད་པ་གསོལ་བ། ཇོ་ཡབ་དཀར་པོ་རེ་ཕྱག་ན་བསྣམས་པ་བརྒྱ་དང་ཉི་ཤུ་རྩ་ལྔས(༡༥༩༨ན)ཇོ་བོའི་རྗེས་ལ་བར་དུ་མི་རེ་ཤོང་ཙམ་དུ་མ་འབྱར་བ། རྒྱངས་ཆེས་མ་དྲགས་པ། བར་མ་ཆད་པར་འཇའ་ཚོན་སྣ་ལྔའི་གུར་བཞིན་དུ་མགོན་པོ་གསེར་གླིང་པ་གང་ན་བཞུགས་པ་དེར་ཕྱིན་པ་དང་། ཐམས་ཅད་ཕུན་སུམ་ཚོགས་པ་ཤ་སྟག་ཏུ་གྱུར་པས་དཀར་ཕྱོགས་ཀྱི་ལྷ་རྣམས་དགའ་ཞིང་མགུ་ནས་མེ་ཏོག་གི་ཆར་པ་ཕབ། གསེར་གླིང་ན་གནས་པའི་སྐྱེ་བོ་ཐམས་ཅད་བླ་མ་གཉིས་ཀྱི་མཛད་པ་ལ་ངོ་མཚར་རྨད་དུ་བྱུང་བའི་དད་པ་ཐོབ་བོ། །

དེ་ནས་ཇོ་བོ་རྗེས་རིན་པོ་ཆེའི་བུམ་པ་ལྟོ་བ་ཆེ་ལ་དབྱིབས་ཟླུམ་པ། རྩ་བ་བརྟན་ལ་མགྲིན་པ་རིང་བ། ཁ་ཡེལ་ལ་མཆུ་འཕྱང་བ། ནང་ན་དངོས་པོ་ཅི་ཡོད་ཕྱི་ནས་གསལ་ཞིང་རིན་པོ་ཆེ་གསེར་དང་། དངུལ་དང་། མུ་ཏིག་དང་། བྱུ་རུ་དང་། བཻ་ཌཱུརྱ་བཀང་སྟེ་བླ་མ་གསེར་གླིང་པ་ཆེན་པོའི་ཕྱག་ཏུ་ཕུལ། པཱིཊ་ཏ་སའི་སྙིང་པོ་ལ་སོགས་པ་ཇོ་བོའི་སློབ་མ་གཞན་ཐམས་ཅད་ཀྱིས་ཀྱང་གསེར་ཞོ་རེ་ཕྱག་རྟེན་དུ་ཕུལ་ལོ། །དེ་ནས་ཇོ་བོ་རྗེས་གསེར་གླིང་པའི་གཟིམ་ཁང་ཕོ་བྲང་གསེར་གདུགས་ཅན་གྱི་ནང་དུ་ཕེབས་ཏེ། བླ་མ་གསེར་གླིང་པ་ལ་མཎྜལ་ཕུལ་ནས་དུས་གསུམ་གྱི་སངས་རྒྱས་ཐམས་ཅད་ཀྱི་ཡུམ་གཅིག་པུ་ཤེས་རབ་ཀྱི་ཕ་རོལ་ཏུ་ཕྱིན་པའི་མདོ་སྡེ་རིན་པོ་ཆེའི་དོན་གྱི་སྙིང་པོ་བྱང་ཆུབ་ཀྱི་སེམས་རིན་པོ་ཆེ་མ་སྐྱེས་པ་བསྐྱེད་པ་དང་། སྐྱེས་ཟིན་གོང་ནས་གོང་དུ་སྤེལ་བ་དང་། དེའི་ཐབས་སུ་ཐེག་པ་ཆེན་པོའི་ལམ་གྱི་རིམ་པའི་ལུས་ཡོངས་སུ་རྫོགས་པ་མགོན་པོ་བྱམས་པ་ནས་འཕགས་པ་ཐོགས་མེད་སྐུ་མཆེད་སོགས་ལ་བརྒྱུད་པ་དང་། རྗེ་(༡)༥(༩བ)བཙུན་འཛམ་དབྱངས་ནས་རྒྱལ་སྲས་ཞི་བ་ལྷ་སོགས་ལ་རིམ་གྱིས་བརྒྱུད་པའི་གདམས་ངག་ཡོངས་སུ་རྫོགས་པ་གནང་དགོས་ཚུལ་ཞུས་པ་ན། བླ་མ་གསེར་གླིང་པས་དེ་ལ་ལོ་མང་པོ་འགོར་བས་ཉིད་རང་གིས་བཞུགས་ནུས་ན་ཅིས་ཀྱང་འབུལ་ཞེས་གསུངས། དེ་ལ་ཇོ་བོ་རྗེས་ལོ་ཧ་ཅམ་འགོར་ཡང་ཡོངས་སུ་རྫོགས་པ་ཞིག་ཅིས་ཀྱང་ཞུ་ཞེས་གསོལ་བ་བཏབ་ནས་ལོ་བཅུ་གཉིས་ཀྱི་རིང་དབུ་སྐྱས་སྤྲེལ་ཏེ་ཐེག་པ་ཆེན་པོའི་ལམ་གྱི་རིམ་པའི་ལུས་སྤྱི་དང་། ཁྱད་པར་བྱང་ཆུབ་ཀྱི་སེམས་རིན་པོ་ཆེ་ལ་བློ་སྦྱོང་བའི་གདམས་ངག་རྣམས་བུམ་པ་གང་བྱོའི་ཚུལ་དུ་གསན། དེ་ནས་རྒྱ་མཚོར་འཇུག་པའི་དེད་དཔོན་གྱིས་ཡིད་བཞིན་གྱི་ནོར་བུ་རིན་པོ་ཆེ་རྙེད་ནས་རང་ཡུལ་དུ་ལྡོག་པ་ལྟར་ཇོ་བོ་རྗེ་ཡང་ཐུགས་ལེགས་པར་ཚིམ་ནས་རྒྱ་གར་དུ་ཕེབས་པར་ཕྱོགས་པ་ན་བླ་མ་གསེར་གླིང་པ་ཆེན་པོས་ཁོང་རང་ལ་ཆུང་ངུའི་དུས་ནས་རྙེད་པའི་ཐུབ་དབང་

གི་གསེར་སྐུ་དེ་ཛོ་བོ་རྗེའི་ཕྲག་ཏུ་ཕུལ་ནས་བསྟན་པའི་བདག་པོར་བྱིན་གྱིས་བརླབས་སོ། །

དེ་ནས་ཛོ་བོ་རྗེ་དཔོན་སློབ་རྣམས་རྒྱ་མཚོ་ལ་གཟིངས་བཅས་ཏེ་རྒྱ་གར་དུ་ཕེབས་ནས་བསྟན་པའི་བདག་པོ་མཛད་ཅིང་བཞུགས། དེའི་ཚེ་ཛོ་བོ་རྗེ་རྡོ་རྗེ་གདན་ན་བཞུགས་དུས། མ་ག་དྷའི་རྒྱལ་པོ་ནཻ་ཡ་པཱ་ལ་དང་། ནུབ་ཕྱོགས་ཀརྞའི་རྒྱལ་པོ་གཉིས་རྩོད་པར་གྱུར་ཏེ། ཀརྞའི་རྒྱལ་པོས་མ་ག་དྷར་དམག་དྲངས། གྲོང་མ་ཐུག་པར་གནས་གཞི་རྣམས་སུ་དྲངས་པས་རབ་ཏུ་བྱུང་བ་བཞི། དགེ་བསྙེན་གཅིག་དང་ལྔ་བཀྲོངས། ཡོ་བྱད་མང་པོ་ཁྱེར་བའི་དུས་སུ་ཀོ་ལོང་མ་མཛད་པར་(༡༥༠ན)བྱང་ཆུབ་ཀྱི་སེམས་བསྒོམས། ཕྱིས་གཡུལ་ལོག་ནས་མ་ག་དྷའི་རྒྱལ་པོས་ཀརྞའི་དམག་མི་ཐམས་ཅད་གསོད་པ་ལ་ཐུག་པ་ན་ཀརྞའི་རྒྱལ་པོ་དང་དམག་མི་ཐམས་ཅད་ཀྱི་སྲོག་བསྐྱབས་ནས་བཏང་། སླར་ཡང་དེ་གཉིས་འཐབས་པ་ན་ཛོ་བོ་རྗེས་ཟང་ཟིང་གི་ནོར་ཚད་མེད་པ་སོ་སོར་གནང་སྟེ་ཆུ་བོ་ཆེན་པོ་བརྒྱལ་ནས་དམག་ཕན་ཚུན་འདུམས་པར་མཛད་དེ་སེམས་ཅན་གྲངས་མེད་པའི་སྲོག་བསྐྱབས་སོ། །

དེ་ཡང་། བསྟོད་པ་ལས། རྒྱལ་པོ་ནཻ་ཡ་པཱ་ལ་དང་། །ནུབ་ཕྱོགས་ཀརྞའི་རྒྱལ་པོ་གཉིས། །རྩོད་པ་ཆེན་པོ་བྱུང་བའི་ཚེ། །ནུབ་ཕྱོགས་ཀརྞའི་རྒྱལ་པོ་ཡིས། །མ་ག་དྷར་ནི་དམག་དྲངས་པས། །གྲོང་ཁྱེར་མ་ཐུབ་གནས་གཞིར་དྲངས། །རབ་བྱུང་དགེ་བསྙེན་ལྔ་ཡང་བསད། །ཡོ་བྱད་མང་པོ་གཞན་དུ་ཁྱེར། །ཁྱོད་ལ་ཞེ་སྡང་མི་མངའ་བས། །ཀོ་ལོང་མ་མཛད་སྙིང་རྗེ་འཁྲུངས། །གཡུལ་ལོག་ཚེ་ན་དམག་མི་བསྐྱབས། །ཕྱི་ནས་བླ་མས་འདུམས་མཛད་དེ། །འཚོ་བའི་ཡོ་བྱད་མ་གཏོགས་པ། །ཡོ་བྱད་ལྷག་མ་མེད་པར་བཏང་། །ལུས་དང་སྲོག་ལ་མ་གཟིགས་པར། །ཆུ་བོ་ཆེན་པོ་ཡང་ཡང་བརྒྱལ། །དེ་གཉིས་འདུམས་ནས་མཛའ་བོར་མཛད། །ཅེས་གསུངས།

ཡང་ཇོ་བོ་རྗེ་ཇོ་རྗེ་གདན་དུ་བསྐོར་བ་མཛད་ཀྱིན་བྱམས་སྙིང་རྗེ་བྱང་ཆུབ་ཀྱི་སེམས་ལ་ཐུགས་སྦྱོང་བ་ན། ལྷོ་ཕྱོགས་ནས་མུ་སྟེགས་པའི་པཎྜི་ཏ་གདུགས་བཅུ་གསུམ་ཕུབ་པ་གཅིག་བྱུང་ནས་སངས་རྒྱས་པའི་བསྟན་པའི་བདག་པོ་ཁྱོད་ཡིན། མུ་སྟེགས་པའི་བསྟན་པའི་བདག་པོ་ནི་ཁོ་བོ་ཡིན་པས་རང་ཅག་གཉིས་རྩོད་(༡༨༠བ)པ་བྱས་ལ་སུ་རྒྱལ་བ་དེའི་བསྟན་པ་ལ་འཇུག་དགོས་ཟེར་ནས། རྒྱལ་པོ་དཔང་དུ་བཙུགས་ཏེ་རྩོད་པ་བྱས་པས། ཇོ་བོས་ཚིགས་མེད་པར་ཚར་བཅད་པས་གདུགས་བཅུ་གསུམ་པོ་ཇོ་བོ་ལ་ཕུལ། ཞབས་སྤྱི་བོའི་གཙུག་ཏུ་བླངས། སློབ་མ་བྱས་ནས་ཕྱི་རོལ་པ་ཐམས་ཅད་ནང་པའི་བསྟན་པ་ལ་བཙུད་དོ། །ཡང་སང་ཕོད་ལོ་དུས་སུ་མུ་སྟེགས་པའི་སྟོན་པ་གདུགས་བརྒྱད་ཕུབ་པ་གཅིག་བྱུང་བའང་སྔ་མ་བཞིན་དུ་ཚར་བཅད་དོ། །ཡང་དེའི་སང་ཕོད་མུ་སྟེགས་ཀྱི་སྟོན་པ་གདུགས་ལྔ་ཕུབ་པ་སྨྲ་ཚད་ལ་ཤིན་ཏུ་མཁས་པ་གཅིག་བྱུང་ནས། སྔ་མ་ཁོ་ན་བཞིན་དུ་ཟེར་བ་ལ། ཇོ་བོས་ཀྱང་རྩོད་པར་ཞལ་གྱིས་བཞེས་ནས་རྩོད་པའི་དུས་པོར། གོལ་ཕྱིར་གོལ་གྱི་སྟན་བཤམས། པཎྜི་ཏ་མང་པོ་དང་། སྐྱེ་བོའི་ཚོགས་འདུས་པར་གྱུར་པའི་དབུས་སུ་རྩོད་པ་བྱས་པས་ཐོག་མར་པཎྜི་ཏ་སུམ་ཅུ་ཙམ་གྱིས་གོ །དེ་ནས་བཅོ་ལྔ་ཙམ་གྱིས་གོ །དེ་ནས་ཕྲ་བར་གྱུར་པས་བཅུ་ཙམ་གྱིས་གོ །དེ་ནས་ལྔ་ཙམ་གྱིས་གོ །དེ་ནས་རབ་ཏུ་ཕྲ་བར་གྱུར་པས་ཁོང་རང་གཉིས་ཀྱིས་གོ་གཞན་གྱི་མི་གོ་བར་གྱུར་ཏོ། །དེར་མུ་སྟེགས་པ་དེས་སྒྲའི་ཚིགས་སུ་བཅད་པ་གཅིག་གིས་དོན་དྲིས་པས་ཇོ་བོས་མ་དགོངས་པ་ན། ཁྱོད་དེར་སྡོད་ཅིག་གསུངས་ནས་ནང་དུ་ཕེབས་ཏེ་ཇོ་མོ་སྒྲོལ་མ་ལ་མཇལ་ཕུལ་གསོལ་བ་བཏབ་པས། ཐུགས་ལ་ཞལ་གྱིས་བྱུང་ནས་ལན་བཏབ་པས་པཎྜི་ཏ་དེ་ཚར་བཅད། སློབ་མར་ཁས་བླངས་ནས་སངས་རྒྱས་ཀྱི་བསྟན་པ་ལ་བཙུད་དོ། །

དེ་ནས་རྒྱལ་པོ་མཧཱ་པ་ལའི་རིང་ལ་ཇོ་བོ་རྗེ་བི་ག་མ་ལ་ཤཱི་ལའི་གཙུག་ལག་ཁང་

དུ་སྤྱན་དྲངས། གཙུག་ལག་ཁང་(༡༥༡ན)བཅོ་བརྒྱད་ཀྱི་བདག་པོ་མཛད་ནས་སངས་རྒྱས་ཀྱི་བསྟན་པ་རྒྱ་ཆེར་སྤེལ། དུས་དེའི་ཚེ་རྒྱ་གར་ཤར་ནུབ་ཡུལ་དབུས་དང་བཅས་པའི་དགེ་འདུན་ཐམས་ཅད་ཀྱི་གཙུག་གི་ནོར་བུ་ལྟ་བུར་གྱུར་ཏེ་རྒྱལ་བའི་བསྟན་པ་ལ་རྒྱལ་བ་རང་ཉིད་སླར་བྱོན་པ་ལྟར་སྡེ་སྣོད་གསུམ་དང་རྒྱུད་སྡེ་བཞིས་བསྡུས་པའི་མདོ་སྔགས་ཀྱི་བསྟན་པ་ཡོངས་རྫོགས་ཀྱི་བདག་པོར་བཞུགས་སོ། །

དེ་ནས་ཇོ་བོ་རྗེའི་སྔོན་གྱི་ཐུགས་བསྐྱེད་དང་སྨོན་ལམ་གྱི་མཐུ་དང་། ཁ་བ་ཅན་གྱི་མགོན་པོ་རྗེ་བཙུན་སྤྱན་རས་གཟིགས་ཀྱི་ཐུགས་རྗེའི་མཐུས་བོད་དུ་སངས་རྒྱས་ཀྱི་བསྟན་པ་རྒྱ་ཆེར་སྤེལ་བའི་དུས་ལ་བབ་སྟེ་མངའ་རིས་ཆོས་རྒྱལ་ཡེ་ཤེས་འོད་ཀྱིས་དཀའ་བ་བརྒྱ་ཕྲག་དུ་མའི་སྒོ་ནས་རྒྱལ་བའི་བསྟན་པ་ཡོངས་སུ་རྫོགས་པ་ཞིག་བོད་ཁམས་འདིར་དར་བར་བྱ་བའི་ཕྱིར་བརྩོན་པ་ནར་མར་མཛད་དོ། །

མངའ་རིས་སྟོད་ནས་བློ་གསལ་ཡིད་གཞུང་བ་མང་པོ་རྒྱ་གར་དུ་བཙངས། སཾ་སྐྲི་ཏའི་སྐད་བསླབས་ནས་ཆོས་བསྒྱུར་དུ་བཅུག །ལྷག་པར་ལོ་ཆེན་རིན་ཆེན་བཟང་པོས་སྨོན་ལམ་ནླབས་པོ་ཆེའི་མཐུ་གྲུབ་པས་སཾ་སྐྲི་ཏའི་སྐད་ཕུལ་ཕྱིན་མཁྱེན། མདོ་སྔགས་ཀྱི་ཆོས་མཐའ་ཡས་པ་བསྒྱུར། ལྷ་བླ་མས་སྦྱིན་བདག་བྱས་ཏེ་མཐོ་ལྡིང་གསེར་གྱི་ལྷ་ཁང་བཞེངས། སྔོན་གླང་དར་མས་རྒྱལ་བའི་བསྟན་པ་བསྣུབས་པ་ནས་ལོ་བདུན་ཅུ་ཙམ་གྱི་རིང་ལ་བོད་དུ་རབ་ཏུ་བྱུང་བ་གཅིག་ཀྱང་མེད་པར་བོད་མུན་པའི་གླིང་དུ་གྱུར་པ་ན་མངའ་རིས་ཆོས་རྒྱལ་བྱང་ཆུབ་སེམས་དཔའ་རྣམས་དང་། ལོ་ཆེན་རིན་ཆེན་བཟང་པོ་ཡབ་སྲས་རྣམས་ཀྱི་མཐུས་མངའ་རིས་སྟོད་དུ་དགེ་འདུན་(༡༥༡བ)གྱི་སྡེ་ཚགས་ཏེ་མར་རིམ་གྱིས་འཕེལ། མདོ་ཁམས་སུ་བླ་ཆེན་དགེ་བ་རབ་གསལ་གྱིས་དགེ་འདུན་གྱི་སྡེ་དང་འདུལ་བའི་བཤད་ཉན་བཙུགས་ཏེ་མདོ་ཁམས་ནས་ཡར་དར་ཏེ་དབུས་གཙང་གི་ལྗོངས་སུ་དགེ་འདུན་གྱི་སྡེ་རྒྱ་ཆེར་འཕེལ། དེ་ལྟ་ནའང་འགའ་ཞིག

འདུལ་བ་ལ་མོས་བློས་སྔགས་ཁྲིད་དུ་གསོད། འགའ་ཞིག་སྔགས་ལ་མོས་བློས་འདུལ་བ་ཁྲིད་དུ་གསོད། ཕལ་མོ་ཆེ་གྲུབ་མཐའི་ཁ་འཛིན་གྱི་བཤད་པ་ཙམ་ལས་ཐེག་པ་ཆེན་པོའི་ལམ་གྱི་རིམ་པའི་ལུས་ཡོངས་སུ་རྫོགས་པ་ཉམས་སུ་ལེན་པ་ལྟ་ཞོག །ཕྱོགས་མཐོང་གི་གོ་བ་ཆགས་པའང་དཀོན་ཞིང་རྒྱ་གར་ནས་པཎྜི་ཏར་རློམ་པ་གསེར་འཚོལ་བ་མང་པོ་ཞིག་བོད་དུ་ལྷགས་ནས་སྔགས་ལ་སྙད་བཏགས་པའི་རྙིང་སྤྱོད་དང་རང་གཞན་ཕུང་ལ་འདེབས་པའི་ངན་སྔགས་མང་པོས་བོད་ཀྱི་སྐྱེ་བོ་བླུན་པོ་རྣམས་བསླུས་ཏེ་རྒྱལ་བའི་བསྟན་པ་རྣམ་པར་དག་པ་ཆགས་པ་ལ་བར་ཆད་ཆེར་བྱུང་བ་ན། ལྷ་བླ་མ་ཐུགས་རྗེ་ཅན་རྣམས་ཐུགས་མ་བདེ་བར་རྒྱ་བརྩོན་སེང་ལ་སོགས་པ་བློ་གསལ་སྙིང་སྟོབས་ཅན་མང་པོ་རྒྱ་གར་དུ་བཏང་ངས་ཏེ་སཾ་སྐྲི་ཏའི་སྐད་བསླབས་ནས་ཆོས་སྒྱུར་ཤེས་པ་ཞིག་བྱེད་པ་དང་། ལྷག་པར་པཎྜི་ཏ་ཐུགས་རྒྱུད་འབྱོངས་པ་བསྟན་པ་ལ་ཕན་ཐོགས་ངེས་འདྲ་གང་ན་འདྲེན་དགོས་པའི་བཀའ་ཕབ་ནས་གསེར་ཡོན་ཆེ་བ་བསྐུར་ཏེ་བཏང་ངས། རྒྱ་བརྩོན་སེང་ལ་སོགས་པ་དེ་དག་གིས་ཀྱང་ལྷ་བླ་མའི་བཀའ་བཞིན་རྒྱ་གར་ལ་ཕྱིན་ཏེ། ལེགས་སྦྱར་གྱི་སྐད་བསླབས། མཁས་གྲུབ་(༡༥༢༣)མང་པོ་ལ་གཏུགས་ཏེ་མདོ་སྔགས་ཀྱི་ཆོས་མང་དུ་བསླབས། ལྷག་པར་བོད་ལ་ཕན་ཐོགས་པའི་པཎྜི་ཏ་ཐུགས་རྗེ་ཅན་ཇི་ལྟ་བུ་ཞིག་ཡོད་སྙམ་དུ་བཙད་དཔྱད་པ་ན་དེ་དུས་རྒྱ་གར་ན་པཎྜི་ཏ་བགྲང་བ་ལས་འདས་པ་བཞུགས་ཀྱང་ཐམས་ཅད་ཀྱི་གཙུག་གི་ནོར་བུ་ལྟ་བུར་བཞུགས་ཤིང་། བདག་པས་གཞན་གཅེས་པའི་བྱང་ཆུབ་ཀྱི་སེམས་རླབས་ཆེན་པོ་ཐུགས་ལ་མངའ་བས་བོད་ཁམས་ཀྱི་སྐྱེ་བོ་དམུ་རྒོད་འདུལ་དཀའ་བ་རྣམས་འདུལ་ནུས་པ་ཇོ་བོ་རྗེ་དཔལ་ལྡན་ཨ་ཏི་ཤ་ཉིད་དུ་མཐོང་ནས་ཇི་ཙམ་གསོལ་བ་བཏབ་ཀྱང་གདན་འདྲེན་ནུས་པ་མ་བྱུང་བར་ལོ་ཙཱ་བ་དཔོན་སློབ་རྣམས་ཚུར་ལོག་སྟེ་མངའ་རིས་ཆོས་རྒྱལ་ཁུ་དཔོན་ལ་དེའི་རྒྱུ་མཚན་ཞུས་པ་ན་ཆོས་རྒྱལ་ཡེ་ཤེས་འོད་ཀྱིས་ད་དུང་གསེར་ཡོན་ཆེ་བ་བཙལ

ནས་རྫོ་བོ་རྗེ་གདན་འདྲེན་ཐུབ་པ་ཞིག་བྱེད་དགོས། ཅེས་ཀྱང་མ་ཐུབ་ན་དེའི་འོག་ནས་པཎྜི་ཏ་ཆེ་བ་འདྲ་གདན་དྲངས་ནས་བོད་དུ་སངས་རྒྱས་ཀྱི་བསྟན་པ་རྣམ་པར་དག་པ་ཚུགས་པ་ཞིག་ཅེས་ཀྱང་བྱེད་དགོངས་ནས་གསེར་འཚོལ་དུ་བྱོན་པས་གར་ལོག་གི་རྒྱལ་པོས་ཆོས་ཀྱི་རྒྱལ་པོ་ཡེ་ཤེས་འོད་པཎྜི་ཏ་གདན་འདྲེན་ཕྱིར་གསེར་འཚོལ་བར་རིག་ནས། འདིའི་ཕ་མེས་རྣམས་ཀྱིས་སྔོན་ཡང་སངས་རྒྱས་ཀྱི་བསྟན་པ་དར་བར་བྱས་ཞེར། འདི་མ་བཟུང་ན་འདིས་པཎྜི་ཏ་གདན་དྲངས། སངས་རྒྱས་ཀྱི་བསྟན་པ་དར་བར་བྱེད་འོང་བས་བཟུང་ལ་བཙོན་ཁང་དུ་ཆུག་ཅིག་ཞེར་ནས་ཆོས་རྒྱལ་ཡེ་ཤེས་འོད་བཟུང་ནས་མནར། དེ་ཆོས་རྒྱལ་(༡༤༢བ)བྱང་ཆུབ་འོད་ཀྱིས་ཐོས་ནས་དྲ་པ་བརྒྱ་བྱས་ཏེ་ཁུ་བོ་བཟློག་ཏུ་ཕྱིན་པས། གར་ལོག་གི་རྒྱལ་པོ་ཕ་ཚན་ཆེས་ནས་མ་བཟློག །ཡང་དམག་བྱས་ནས་ཁོ་ལ་རྒྱབ་ན་ལྡོགས་པར་སྣང་སྟེ། དེའི་བར་དུ་འགྲོ་བ་མང་པོའི་སྲོག་ཆད་པར་སྣང་བ་དང་། ང་རང་ལ་ཡང་བར་ཆོད་བྱུང་ན་རྫོ་བོ་ཆེན་པོ་སྤྱན་མི་འདྲོངས་པར་གདའ་བས་ཁོ་དང་ཐབས་མཁས་པས་བསླུན་ཏེ་ཁུ་བོ་བླུའོ་སྙམ་དུ་དགོངས་ནས་བླུས་པ་དང་། ཁོ་ན་རེ། འོན་ཁྱེད་རང་པཎྜི་ཏ་གདན་འདྲེན་པའི་འཕྲོ་བཤོལ། ཁྱེད་རང་ཡང་ངའི་འོག་ཏུ་ཞུགས། ཡང་ན་གསེར་རྒྱལ་པོ་རང་དང་མཉམ་པ་ཅིག་ཁྱེར་ལ་ཤོག །དེ་ནས་རྒྱལ་པོ་བཏང་གིས་ཞེར་བ་ལ། གསེར་ལ་འདམས་ནས་གསེར་སྲང་བརྒྱ་ཐམ་པ་ཁྱེར་ཏེ། རྒྱལ་པོ་བླུས་པས་ཀྱང་ཁོ་མ་ཉན། དེ་ནས་ལུས་དང་མཉམ་པ་ཅིག་ཁྱེར་ནས་བླུས་པས་ཀྱང་ཐམས་ཅད་ཚང་བ་ཅིག་དགོས་ཞེར་ནས་ཁོ་མ་ཉན། དེར་ཁུ་བོ་ཁྲིམས་མུན་ན་བཙུད་དེ་འོ་བརྒྱལ་བར་བཞུགས་པའི་སྒོ་དྲུང་དུ་ཕྱི་ནས་ཁུ་བོ་ལ་བོས་ཏེ། བཀའ་དྲིན་ཆེན་པོ། སྔོན་གྱི་ལས་ཐོག་ཏུ་བབ་པ་ཡིན་པས། ངས་ཁོ་ལ་དམག་རྒྱབ་ནས་བཟློག་ན་ནི་སྐྱེ་བོ་ཚན་པོ་ཆེ་ཕུང་ལ་གཏད་ནས་རང་རེ་གཉིས་ཀྱང་ངན་སོང་དུ་འགྲོ་དགོས་པར་སྣང་། པཎྜི་ཏ་གདན་མ་དྲངས་པར་ཁྱེད་རང་ངེད་ཀྱི་འོག་ཏུ་ཞུགས

ཟེར་བ་ལ་ནི། ཆོས་བློས་བཏང་ནས་སྲིད་རྒྱལ་གྱི་འོག་ཏུ་ཞུགས་པ་ལས། ཁྱེད་ཆོས་ལྷན་དུ་གཤེགས་པ་དྲག་སྙམ་དུ་བསམས། དེ་ནས་གསེར་ཁྱེད་རང་ཙམ་ཞིག་དགོས་ཟེར་བ་ལ་གསེར་བཙལ་བས། ཁྱེད་ཀྱི་སྐུ་ལུས་དང་མཉམ་པའི་ཚོད་ཙམ་ཞིག་རྙེད། (༡༨༣ན)དེས་ཁོ་མ་ཉན་པས་ད་དུང་དབུ་ཙམ་རྙེད་པ་དང་བླུར་འོང་གིས། དེའི་བར་དུ་སྔོན་གྱི་ལས་ལ་སེམས་པ་དང་། དཀོན་མཆོག་གསུམ་ལ་གསོལ་བ་འདེབས་པ་དང་། སྙིང་པོ་ཆེ་བྲང་འོག་ཏུ་བཙུག་པའི་བསོད་ནམས་མཛད་དགོས་པ་ཡིན། ཞེས་ཞུས་པ་དང་། ཁུ་བོ་བཞད་ཅིག་མཛད་ནས། ཁྱོད་ལའ་གཅེས་ཕྲུག་སྙུམ་ཟན་མའི་བགས་ཅིག་ཡོད། དཀའ་སྤྱད་དང་སྙིང་རུས་མི་ནུས་སྙམ་པ་ཡིན་ཏེ། ང་ཤི་ཡང་ཁྱོད་ཀྱིས་ཕ་མེས་ཀྱི་སྲོལ་སྐྱོང་བར་སྣང་། ཁྱོད་ཀྱི་དེ་གོ་བ་ཆེ། ང་དེས་ཆོག །ངའི་བསམ་པ་ལ་བོད་འདིར་ཆོས་ཁྲིམས་ཞིག་མ་འཚོས་པར་ང་ཤི་ན་མི་རུང་བར་འདུག་སྙམ་པ་ཡིན་ཏེ། ད་ང་ན་སོ་ཡང་རྒས་འདིར་ང་ད་ལན་མ་ཤི་ཡང་ཚེ་ལོ་བཅུ་ཡིན་སྐར་ཚེ་འཕོར་བ་ཐོག་མ་མེད་པ་ནས་ཆོས་ཀྱི་ཕྱིར་གཅིག་ཀྱང་ཤི་བ་མེད། ད་ལན་ཆོས་ཕྱིར་ཤི་ན་ལེགས་པ་ཡིན་པས་རྒྱལ་པོ་འདི་ལ་གསེར་སེ་བར་ཏེ་ཅིག་ཀྱང་མ་སྟེར། གསེར་ང་རང་ཙམ་རྙེད་པ་ཤིན་ཏུ་ཧམ་ཆེན། ད་མགོ་བོ་ཙམ་པ་ག་ན་རྙེད། གསེར་ཐམས་ཅད་རྒྱ་གར་དུ་ཁྱེར་ལ་ད་དུང་པཎྜི་ཏ་དེ་གདན་ཅི་འདྲོངས་ཀྱིས། པཎྜི་ཏ་ཆེན་པོའི་སྐད་དུ་ཡང་། ང་ན་རེ། ངས་ཁྱེད་དང་སངས་རྒྱས་ཀྱི་བསྟན་པའི་ཕྱིར་ལུས་སྲོག་གར་ལོག་གི་རྒྱལ་པོ་ངན་པ་ལ་བྱིན་ཡོད་པས་ཚེ་རབས་ཐམས་ཅད་དུ་བདག་ལ་ཐུགས་རྗེས་འཛིན་པ་དང་། ངའི་བསམ་པའི་གཙོ་བོ་ཁྱེད་བོད་དུ་བྱོན་ནས་སངས་རྒྱས་ཀྱི་བསྟན་པ་དར་བར་བྱེད་པ་ཡིན་པས་དེ་ཁོ་ན་བཞིན་དུ་མཛད་པ་དང་། སྐྱེ་བ་འདིའི་འོག་རོལ་ཏུ་ཁྱེད་དང་(༡༨༣བ)ངེས་པར་མཇལ་བར་བྱིན་གྱིས་བརླབ་ཏུ་གསོལ། ཞེས་ངའི་འཕྲིན་མཛོད་ཅིག །དེ་ལྟར་ལགས་པས་ང་བློས་ཐོངས་ལ་སངས་རྒྱས་ཀྱི་བསྟན་པ་ལ་སོམས་ཤིག་གསུང་།

དེ་ནས་ལྷ་བླ་མ་བྱང་ཆུབ་འོད་ཀྱིས་ནག་ཚོ་ལོ་ཙཱ་བ་སྐུ་མདུན་དུ་བོས་ཏེ་དགེ་བཤེས་པ། ཇོ་བོ་སྤྱན་འདྲེན་དུ་རྒྱ་གར་དུ་འབྱོན་དགོས་པར་འདུག་ཅེས་བྱ་དགའ་ཆེན་པོ་གནང་སྟེ་གསེར་ཡོན་ཆེ་བ་དང་། གཡོག་ཇི་ཙམ་དགོས་པ་གཏོང་། རྒྱ་གར་དུ་བྱོན་ནས་ཇོ་བོ་རྗེ་ལ་འདི་སྐད་ཞུས་ཤིག །སྔོན་དུས་ཆོས་རྒྱལ་གོང་མ་རྣམས་ཀྱིས་དཀའ་བ་ཆེན་པོས་རྒྱལ་བའི་བསྟན་པ་བཙུགས་ཀྱང་གླང་དར་མས་བསྣུབས། དེ་ནས་ངེད་ཀྱི་ཡབ་མེས་ཆོས་རྒྱལ་རྣམས་ཀྱིས་དཀའ་བ་ཆེན་པོས་རྒྱལ་བའི་བསྟན་པ་བཙུགས་ཀྱང་མདོ་སྔགས་གཉིས་པོ་ཕན་ཚུན་ཚ་གྲང་ལྟར་སོང་བ་ལས་བསྟན་པ་ཡོངས་རྫོགས་ཉམས་ལེན་དུ་འཁྱེར་ཤེས་པ་ཤིན་ཏུ་དཀོན་པར་སྣང་ཞིང་། རྟེང་སྤྱོད་ཅན་མང་པོས་བསྟན་པ་ལ་གནོད་པ་ཆེན་པོ་བྱས། ངེད་ཀྱི་ཁུ་བོ་ཡེ་ཤེས་འོད་ཀྱིས་ཚུལ་དེ་མ་བཟོད་ནས་ཇོ་བོ་རྗེ་ཁྱེད་གདན་འདྲེན་ཕྱིར་གསེར་འཚོལ་དུ་བྱོན་པས་ཁུ་བོ་གར་ལོག་གི་རྒྱལ་པོས་མེད་པར་བྱས་པའི་གཏམ་དེ་རྣམས་མགོན་པོ་ཨ་ཏི་ཤའི་སྙན་དུ་ཐོངས། ངའི་ཁུ་བོ་སྙིང་རྗེ་ཅན་དེ་འོ་ཨེ་བརྒྱལ། ངས་ཀྱང་ཁུ་བོ་དེ་བཞག་ནས་འོང་ཡོད་པ་སྙོའི་གསེང་ནས་ཕར་བལྟས་པས་སྐུ་ལུས་རྣམས་ནི་དར་གྱིས་བཅིངས། གསུང་གི་གདངས་ནི་ཤོར། སྔར་གྱི་དེ་ལས་རྣམ་པ་ཐམས་ཅད་འགྱུར། སྐུ་ལུས་བུང་བ་ཙམ་ཞིག་ཏུ་སོང་། དེའི་ཁུང་ནའང་བོད་ཀྱི་སེམས་ཅན་དང་སངས་རྒྱས་ཀྱི་བསྟན་པ་དང་(༡༥༩ན)ཇོ་བོ་འབའ་ཞིག་ཐུགས་ལ་སེམས། ངེད་བོད་མཐའ་འཁོབ་ཀྱི་སེམས་ཅན་མ་རིག་པ་རྣམས་ཀྱི་སྙིང་སྟོབས་དེ་འདྲ་ན་ཁྱེད་འགྲོ་བའི་སྐྱབས་གནས་ཐུགས་རྗེ་ཅན་རྣམས་ཇི་ལྟར་ལ་སོང་། ཞེས་ཞུས་ཤིག་ཅེས་མངགས་གསེར་སྲང་བདུན་བརྒྱ་བསྐུར་ཏེ་ནག་ཚོ་ལོ་ཙཱ་བ་དཔོན་གཡོག་རྣམས་རྒྱ་གར་དུ་ཇོ་བོ་སྤྱན་འདྲེན་དུ་བཏང་ངས་སོ། །

དེ་ནས་ནག་ཚོ་ལོ་ཙཱ་བ་དཔོན་གཡོག་འགས་ལྷ་བླ་མའི་བཀའ་བཞིན་རྒྱ་གར་དུ་བྱོན། ལམ་བར་རྣམས་སུ་ཆོམ་རྐུན་གྱི་འཇིགས་པ་སོགས་བར་ཆད་མང་པོ་བྱུང་བ་

རྣམས་ཐུགས་རྗེ་ཆེན་པོའི་སྤྲུལ་པ་སྣ་ཚོགས་པས་བསལ་ཏེ་ཉེ་ཉོ་མེད་པར་བི་ཀ་མ་ལ་ཤཱི་ལར་སླེབས། རྒྱ་བརྩོན་སེང་དང་གྲོས་བྱས་ཏེ་ཇོ་བོ་གདན་འདྲེན་པའི་བཀོད་པ་བྱས་པ་ན་རེ་ཤིག་ཇོ་བོའི་ཞལ་མཇལ་བ་ཤིན་ཏུ་དཀའ་བ་བྱུང་། དེ་ནས་ཐུགས་རྗེ་ཆེན་པོའི་སྤྲུལ་པས་ཇོ་བོ་བོད་དུ་འབྱོན་པའི་རྟེན་འབྲེལ་སྒྲོ་དུ་མ་ནས་བསྒྲིགས་ཏེ། ཉིན་ཅིག་རྒྱ་གར་གྱི་པཎྜི་ཏ་དང་རྒྱལ་པོ་གཞན་གྱིས་མ་ཚོར་བར་དབེན་པ་ཞིག་གི་དུས་རྒྱ་བརྩོན་སེང་གིས་ནག་ཚོ་ལོ་ཙཱ་བ་ལ་ཤོག་གསུངས་ནས་ཇོ་བོའི་གཟིམ་ཁང་དུ་ཁྲིད། མཎྜལ་ཁྲུ་གང་པ་ཅིག་ཡོད་པའི་སྟེང་དུ་གསེར་ལིང་པ་དེ་བཞག །གསོལ་མ་རྣམས་ཚོམ་བུར་བཀོད་ནས་ཇོ་བོ་ལ་ཕུལ་ཏེ། ལོ་ཙཱ་བ་རྒྱ་བརྩོན་འགྲུས་སེང་གེས་གཏམ་བཏང་བ། བོད་ཀྱི་རྒྱལ་པོ་བྱང་ཆུབ་སེམས་དཔའ་ཡིན་ལུགས། ཆོས་རྒྱལ་མེས་དབོན་གསུམ་གྱི་རིང་ལ་ཆོས་ཇི་ལྟར་དར་ལུགས། གླང་དར་མས་བསྟན་པ་བསྣུབས་ལུགས། བླ་ཆེན་པོའི་དྲིན་ལས་(༡༨༩ན)དགེ་འདུན་ཇི་ལྟར་འཕེལ་ལུགས། ལྷ་བླ་མ་ཁུ་དབོན་གྱིས་ཇོ་བོ་སྤྱན་འདྲེན་པའི་ཕྱིར་དཀའ་སྤྱད་བྱས་ལུགས། ད་ལྟ་བོད་ན་ཆོས་ལོག་ཇི་ལྟར་དར་ལུགས་ཞིབ་རྒྱས་དང་བཅས་པ་ཞུས་ནས། ད་ཡང་བོད་ཀྱི་རྒྱལ་པོ་བྱང་ཆུབ་སེམས་དཔའ་རིས་ཚེ་དང་ལྡན་པ་འདི་མགོན་པོ་ཁྱེད་སྤྱན་འདྲེན་དུ་བཏང་ནས་གདའ་བས། ན་ཞིང་སྐད་མི་གསུང་བར་བོད་ལ་ཐུགས་རྗེས་གཟིགས་པར་ཞུ་ཞུས་པས། ཇོ་བོའི་ཞལ་ནས་བོད་ཀྱི་རྒྱལ་པོ་བྱང་ཆུབ་སེམས་དཔའ་ཡིན་པར་འདུག །ཆོས་རྒྱལ་མེས་དབོན་རྣམ་གསུམ་ཡང་བྱང་ཆུབ་སེམས་དཔའི་རྣམ་འཕྲུལ་ཡིན་ཏེ། དེ་བས་བླ་ཆེན་པོ་ཡང་བྱང་ཆུབ་སེམས་དཔའི་རྣམ་འཕྲུལ་ཡིན། དེ་མིན་ན་བསྟན་པའི་མེ་རོ་བསླང་བར་མི་ནུས། ཇོ་བོ་ལྷ་བླ་མ་དེ་ཀུན་བྱང་ཆུབ་སེམས་དཔའ་ཡིན་པར་འདུག །བྱང་ཆུབ་སེམས་དཔའི་བཀའ་བཅག་ཏུ་ཡང་མི་རུང་བ་ཡིན། རྒྱལ་པོ་དེ་ལ་ངོ་ཡང་གནོང་བར་ཡོད། ཁོང་གི་མི་ནོར་མང་པོ་ཆུད་ཟོས་ལ་སོང་། ཁྱེད་བོད་རྣམས་སྙིང་རྗེ་བར་ཡང་

འདུག་སྟེ། ང་ཡང་ན་སོ་རྒས། ལྟེ་མིག་མང་པོའང་འཛིན། བྱ་བ་མང་པོའི་འཁྲོ་ཡང་ཡོད་པས་བོད་དུ་ཐོན་རེ་མི་འོང་ངམ། འོན་ཀྱང་ངས་བརྟག་པ་ཅིག་བྱ་ཡི། རེ་ཞིག་ཁྱེད་རང་གི་གསེར་ཚགས་ཀྱིས་གསུངས་ནས་ཕྱིར་ལ་གཏོད་པར་མཛད། དེ་ནས་ཇོ་བོ་རྗེས་བོད་ཁམས་ཀྱི་གདུལ་བྱ་རྣམས་ལ་ཐུགས་བརྩེ་བས་བོད་དུ་བྱོན་ནས་སངས་རྒྱས་ཀྱི་བསྟན་པ་ལ་ཕན་མི་ཕན་དང་། དེ་ལ་གེགས་བར་ཆད་ཀྱི་གནོད་པ་ཡོད་མེད་སོགས་བརྟག་པ་མཛད་དེ་ལྷག་པའི་ལྷ་རྣམས་ལ་གསོལ་འདེབས་ཞུགས་དྲག་(༡༤༥ན)ཏུ་མཛད་ཅིང་ཇོ་རྗེ་གདན་དུ་བཞུགས་པའི་དུས། ལྷ་དང་བླ་མ་རྣམས་ཀྱིས་བྱང་ཆུབ་ཀྱི་སེམས་ཇི་ལྟར་སྦྱོང་བར་བསྐུལ་བ་བཞིན་ཐུགས་རྗེ་ཆེན་པོ་ཡི་དམ་དུ་བཟུང་ནས་ཇོ་རྗེའི་གདན་གྱི་ནུབ་ཕྱོགས་ན་འོད་དཔག་ཏུ་མེད་པའི་ལྷ་ཁང་ཞིག་ཡོད་པ་དེའི་ནང་དུ་བྱམས་པའི་ཐུགས་དམ་ལ་བཞུགས་པས། ཇོ་བོ་ཐུགས་རྗེ་ཆེན་པོའི་ཞལ་མངོན་སུམ་དུ་གཟིགས། ཐུགས་རྗེ་ཆེན་པོའི་ཞལ་ནས། སྐྱེས་བུ་དམ་པ་ལེགས་སོ་ལེགས་སོ་དུས་གསུམ་གྱི་སངས་རྒྱས་ཐམས་ཅད་ཀྱི་གསང་བའི་མཛོད་གང་ཡིན་པ་དེ་ཁྱོད་ཀྱིས་ཤེས་སོ། །འདི་ནས་བྱང་ཕྱོགས་ན་ངའི་ཞིང་ཁམས་ཡོད། ཁྱོད་ཀྱི་ཡི་དམ་ཇོ་མོ་སྒྲོལ་མ་ཡང་དེ་ན་སེམས་ཅན་གྱི་དོན་མཛད་ཅིང་བཞུགས། ཁྱོད་ཀྱི་གདུལ་བྱ་མང་པོ་ཡང་དེ་ན་ཡོད་པས་བྱང་ཕྱོགས་སུ་སོངས་ཤིག་གསུངས་ནས་བོད་ཁ་བ་ཅན་འདུལ་བར་ལུང་བསྟན་ཏོ། །

ཡང་ཇོ་བོ་རྗེས་རྗེ་བཙུན་མ་སྒྲོལ་མའི་རྟེན་གྱི་སྤྱན་སྔར་མཆོད་པ་བཤམས། མཎྜལ་ཕུལ་ནས་གསོལ་བ་བཏབ་པ་ནི། ངས་བོད་དུ་ཕྱིན་ན་བསྟན་པ་དང་སེམས་ཅན་ལ་ཕན་ཐོགས་སམ་མི་ཐོགས་བྱ་བ་དང་། རྒྱལ་པོ་བྱང་ཆུབ་སེམས་དཔའི་ཐུགས་དགོངས་རྫོགས་སམ་མི་རྫོགས་བྱ་བ་དང་། རང་གི་ལུས་སྲོག་གི་བར་ཆད་དུ་འགྱུར་རམ་མི་འགྱུར་བྱ་བ་གསུམ་གསོལ་བ་བཏབ་པས། དེའི་ནུབ་མོ་རྨི་ལམ་ན། གནས་འདི་འདྲ་བ་

ཞིག་ན་ནང་པའི་ལྷ་ཁང་ཆུང་ངུ་ཞིག་ཡོད། ནང་པར་དེར་སོང་སོང་བ་ལ་རྣལ་འབྱོར་མ་ཞིག་འོང་གི་དེ་ལ་དྲིས་དང་གསུང་བ་རྨིས། ནང་(༡༨༥བ)པར་ཇོ་བོས་མེ་ཏོག་སྐྱིམ་པ་གང་བསྣམས་ནས་ལྷ་ཁང་དེར་ཞུགས་པ་ན་རྣལ་འབྱོར་མ་རལ་པ་ས་ལ་ཞམ་མེ་བ་ཞིག་བྱུང་། དེ་ལ་མེ་ཏོག་རྣམས་ཕུལ་ནས་ང་བོད་ཀྱི་རྒྱལ་པོས་སྤྱན་འདྲེན་ན་ངས་བོད་དུ་ཕྱིན་ན་བོད་ཀྱི་སེམས་ཅན་ལ་ཕན་ཐོགས་སམ་མི་ཐོགས་ཞུས་པས། བོད་དུ་བྱོན་ན་ཕན་ནི་ཐོགས་ནས་འོང་། ཁྱད་པར་ཨུ་པ་སི་ཀ་གཅིག་ལ་བརྟེན་ནས་ཕན་ཐོགས་ཧེ་འོང་བར་འདུག །དེ་ཕྱིན་གྱིས་རྣོབས་ཤིག་གསུངས། ད་དུང་ཇོ་རྗེ་གདན་ལ་མཆོད་པ་ཆེན་པོ་ཞིག་བྱས་ལ་གསོལ་བ་གདབ་དགོས་སྙམ་ནས་འབྱོན་པར་ཆས་པ་ན། མཁན་པོ་རྣོ་ན་ཤྲཱི་མི་ཏྲས་འགྲོན་བུ་སྤུར་གང་བསྐུར་ནས་ཇོ་རྗེ་གདན་ན་ཏན་མོ་རལ་པ་སེ་ཤ་རེ་བ་གཅིག་ཡོད་དེ་ལ་ཕུལ་གསུང་སྐད། དེ་ནས་ཇོ་རྗེ་གདན་དུ་བྱོན་ཅ་ན་ཏན་མོ་རལ་པ་སེ་ཤ་རེ་བ་གཅིག་ན་རེ། ང་ལ་བསྐུར་བའི་འགྲོན་བུ་ཚུར་ཐོང་གསུང་། དེ་ལ་ཡང་ཡིད་ཀྱིས་ཕྱག་དང་དྲི་བ་མཛད་པས་ཀུང་གོང་དང་མཐུན་པར་བྱུང་། བོད་དུ་བྱོན་ན་ཕན་ཐོགས་པར་ལུང་བསྟན་པ་ན། ལུས་སྲོག་གི་བར་ཆད་དུ་འགྱུར་རམ་མི་འགྱུར་ཞུས་པས། ཚེ་ནི་བོད་དུ་བྱོན་ན་ཐུང་བར་འདུག་གསུང་། ཇི་ཙམ་གྱིས་ཐུང་ཞུས་པས། བོད་དུ་མ་བྱོན་ན་དགུ་བཅུ་གོ་གཉིས་ཐུབ། ཕྱིན་ན་བདུན་ཅུ་རྩ་གསུམ་ལས་མི་ཐུབ་གསུང་། དོན་ལ་ཉི་ཤུ་ཐམ་པས་ཐུང་དུ་སོང་བ་ཡིན་སྐད། དེའི་ཚེ་ཇོ་བོའི་ཐུགས་དགོངས་ལ་བོད་ལ་ཕན་ཐོགས་ན་ཚེ་ཐུང་ན་ཡང་ཐུང་སྟེ། ཚེ་ལ་མི་ལྟ་སྙམ་པའི་ཐུགས་སྟོབས་ཆེན་པོ་སྐྱེས་སོ། །

དེ་ནས་ཇོ་བོ་རྗེ་རྒྱ་གར་གྱི་དགེ་འདུན་གྱི་སྡེ་རྣམས་དང་སྦྱིན་བདག་རྣམས་ཀྱིས་བོད་དུ་བྱོན་ན་(༡༨༨ན)རྒྱ་གར་ཆོས་ཀྱི་འབྱུང་གནས་ཉམས་པར་འགྱུར་ཞེས་ཐམས་ཅད་ཀྱིས་མཐུན་པར་བཀག་ནས་བོད་དུ་འབྱོན་མི་འདུག་པ་ལ། ཇོ་བོ་རྗེས་ཐབས་

མཁས་ཀྱིས་བོད་དུ་འབྱོན་པའི་འཕྲོས་མེད་པར་རྡོ་རྗེ་གདན་སོགས་གནས་ཆེན་རྣམས་སུ་མཆོད་པ་རྒྱ་ཆེ་བ་རེ་བགྱིད་པ་ཡིན་གསུངས་ནས་གནས་རྣམས་སུ་ཕར་ཕེབས་ཚུར་ཕེབས་མཛད། རྗེ་བོ་འཇམ་དཔལ་རྡོ་རྗེ་སོགས་སྐུ་རྟེན་བྱིན་རླབས་ཅན་མང་པོ་དང་གསུང་རྟེན་གླེགས་བམ་མང་དུ་ཡོད་པ་རྣམས་འབྲོམ་ཆོས་ཀྱི་རྒྱལ་པོའི་ཐབས་མཁས་ཀྱི་སྤྲུལ་པ་ཆོང་པའི་རྣམ་པ་ཅན་ཞིག་གིས་སུས་ཀྱང་མ་ཚོར་བར་གདན་དྲངས། རྗེ་བོ་དཔོན་སློབ་རྣམས་རྒྱ་གར་ནས་ལྷུགས་ཕོ་འབྲུག་གི་མཇུག་ལ་ཕྱུགས་བཏེག །ལྷུགས་མོ་སྤྲུལ་ལ་བལ་ཡུལ་དུ་ཕེབས། བལ་ཡུལ་གྱི་རྒྱལ་པོ་གྲགས་པ་མཐའ་ཡས་སོགས་སྡེ་དཔོན་རྣམས་དང་། པཎྜི་ཏ་རྣམས་ཀྱིས་གཙོས་དད་ལྡན་ཐམས་ཅད་ཀྱིས་གུས་པ་ཆེན་པོས་མཆོད་པའི་བྱེ་བྲག་སྣ་ཚོགས་པས་བསུས་ཤིང་གསོལ་བ་བཏབ་ནས་བལ་ཡུལ་དུ་ལོ་གཅིག་བཞུགས་ཏེ་ཆོས་ཀྱི་འཁོར་ལོ་རྒྱ་ཆེན་པོ་བསྐོར། ཐང་ཝི་ཧ་རའི་གཙུག་ལག་ཁང་བཞེངས་ཏེ་དགེ་འདུན་གྱི་སྡེ་བཙུགས། དེ་ནས་རྗེ་བོ་རྗེ་དཔོན་སློབ་རྣམས་ཀྱིས་བལ་པོ་རྫོང་དུ་ཕྱུགས་ཕེབས་པ་ན་ལྷ་བཙུན་པའི་རྟ་པ་སུམ་བརྒྱ་ཙམ་བསུ་བ་ལ་གོས་དཀར་པོ་འབབ་ཞིག་གྱོན། རྒྱན་ཐམས་ཅད་ཀྱང་དཀར་པོ་འབབ་ཞིག་བྱས། སློན་པོ་ཆེན་པོ་ལྷའི་དབང་ཕྱུག་དང་། ལྷའི་བློ་གྲོས་དང་། (༡༤༤བ)ལྷའི་ཤེས་རབ་དང་། ལྷའི་སྲིད་འཛིན་ཞེས་བྱ་བ་བཞི་ལ་དཔའ་བོ་དར་མདུང་དཀར་པོ་ཐོགས་པ་བཅུ་དྲུག་བཅུ་དྲུག་གིས་བསྐོར། གཞན་ཐམས་ཅད་ལ་ཡང་བ་དན་ཚུང་ངུ་རེ་དང་། རྒྱུ་དར་གྱི་གདུགས་ཉི་ཤུ་དང་། པི་ཝང་དང་། གླིང་བུའི་སྒྲ་སྙན་འཁྲོལ་བ་དང་། དཔོན་གཡོག་ཐམས་ཅད་ཀྱང་ངག་མཐུན་པར་དཀོན་མཆོག་གསུམ་ལ་སྐྱབས་འགྲོ་བྱེད་པ་དང་། བོད་དུ་སངས་རྒྱས་ཀྱི་བསྟན་པ་དར་བར་འགྱུར་རོ་བྱ་བའི་ཁ་བརྡ་བཟང་པོ་བྱེད་པ་དང་། ཨ་ཏི་ཤ་ལ་བདོ་བའི་ཕས་རྒོལ་ཐམས་ཅད་བདག་གིས་གཞོམ་པར་བྱའོ་ཞེས་དཔའ་བསྐྱེད་པ་དང་། ཐམས་ཅད་ཇ་ལས་མི་འབབ་པར་གྲལ་སྒོར་མོར་བྱས་ཏེ།

དབུས་སུ་ཨ་ཏི་ཤ་དཔོན་གཡོག་འཁོར་དང་བཅས་པ་རྣམས་བཅུག་ནས་མི་རྟ་ཐམས་ཅད་ཀྱི་མགོ་བོ་ནང་དུ་རུག་གིས་བསྐྱན། བློན་པོ་ཆེན་པོ་བཞིས་དབུས་སུ་འོངས། སྟོན་ཆོས་རྒྱལ་ཁྲི་སྲོང་ལྡེ་བཙན་གྱིས་མཁན་པོ་བོ་དྷི་ས་ཏྭ་སྤྱན་དྲངས་པའི་དྲུང་དུ་བློན་པོ་རིག་པ་ཅན་རྣམས་ཀྱིས་ཟློར་མའི་གླུ་བླངས་པ་ལྟར་བློན་པོ་རྣམས་ཀྱིས་གླུ་བླངས་པ་ནི། ལོ་ཞེས་བྱ་བ་གྲག་སྟོང་སྙན་པའི་གླུ་དབྱངས་ལོ། །ཞེས་སོགས་བཀྲ་ཤིས་པའི་གླུ་དབྱངས་མང་པོ་དང་བཅས་སྤྱན་དྲངས། ལོ་ཙཱ་བ་ཆེན་པོ་གྲུང་ཐང་པ་ལ་སོགས་པ་རབ་ཏུ་བྱུང་བའི་རྟ་པ་སུམ་ཅུ་ཙམ་ལྷུས་བསྐོར་བའི་དབུས་ན་ཆིབས་ཅང་ཤེས་མཐོང་སྨོན་དང་པའི་སྟེང་ན་ཇོ་བོ་རྗེ་དཔལ་ལྡན་ཨ་ཏི་ཤ་ཁྲུ་གང་ཙམ་གྱིས་སྣ་ལ་མ་རེག་པར་མཛད་ནས་སྐུའི་དཀྱིལ་འཁོར་བབས་ཆགས་པ། མཛེས་པ། བལྟ་ན་སྡུག་པ། འཛིག(༡༤༧ན)རྟེན་ལྷ་དང་བཅས་པས་མཆོད་པར་འོས་པ། འཛིག་རྟེན་མཁྱེན་ཅིང་སྐྱེས་བུ་འདུལ་བ་ཁ་ལོ་བསྒྱུར་བ་བླ་ན་མེད་པའི་ཞལ་འཛུམ་པ་དང་བཅས་པ། སཾ་སྐྲི་ཏའི་གསུང་འཁྲོལ་བ། རུས་པ་ཆགས་པ། ཚིག་གི་ལྷད་མེད་ལ་གསུང་གི་གདངས་སྙན་པ། གསུང་གི་ངར་ཆེ་ལ་དྲང་པོར་སླ་བ་དེ་ཁྲོལ་མཛད་ནས། ཨེ་མ་ཧོ། ཨེ་མ་ཧོ། ཕ་ལ་ཕ་ལ། ཕ་ལ་ཧོ་ཞེས་སོགས་སཾ་སྐྲི་ཏའི་སྐད་དུ་བཀྲ་ཤིས་མང་དུ་བརྗོད་པར་མཛད་ཅིང་རིམ་གྱིས་ཕེབས་ཏེ་གངས་རི་ཆེན་པོར་ཕེབས། གངས་རི་ཆེན་པོ་ལ་ཞབས་སྐོར་མཛད་པ་ན་གནས་བརྟན་ཆེན་པོ་ཡན་ལག་འབྱུང་འཁོར་དགྲ་བཅོམ་པ་རྣམས་དང་བཅས་གསོ་སྦྱོང་མཛད་པའི་གཎྜིའི་སྒྲ་གསན་ཞིང་གནས་བརྟན་ཆེན་པོ་དང་དངོས་སུ་མཇལ་ནས་བཀའ་བགྲོ་བར་མཛད། མཆིམ་ཕམ་གྱི་འགྲམ་དུ་ཕེབས་ནས་ཆབ་གཏོར་མཛད་པའི་ཚེ་ཐུགས་རྗེ་ཆེན་པོའི་ཞལ་གཟིགས་ཤིང་། ཀླུ་རྣམས་ཀྱིས་གུས་པས་མཆོད་པ་སོགས་ངོ་མཚར་ཡ་མཚན་ཆེ་བའི་རྣམ་ཐར་མང་དུ་མཆིས། ཕྱོགས་དེའི་དད་ལྡན་རྣམས་ལ་ཆོས་མང་དུ་གསུངས། དེ་ནས་རིམ་གྱིས་ཕེབས་ཏེ་གུ་གེ་མཐོ་ལྡིང་དུ་ཕེབས་སུ་ཉེ་བ་ན་ནག་ཚོ་ལོ་

ཐུ་བས་ལྷ་བླ་མ་བྱང་ཆུབ་འོད་ལ་རིང་པོར་མི་ཐོགས་པར་ཇོ་བོ་རྗེ་འཁོར་བཅས་མཐོ་ལྡིང་གསེར་གྱི་ལྷ་ཁང་དུ་འབྱོན་པར་ཡོད་པས་ཐུགས་དགྱེས་པར་ཞུ་ཞུས་པས་ལྷ་བཙུན་ཆེན་པོ་དགྱེས་པའི་མཐར་ཐུག་ནས། ངས་དད་གུས་མ་ལོག་པར་གསོལ་བ་རྒྱུན་དུ་བཏབ་ནས་ཡུན་རིང་སོང་སྟེ་ལྷ་ཅིག་དང་མཇལ་བ་ཡིན། མདང་(༡༤༧བ)རྨི་ལམ་ན་ནུབ་ཕྱོགས་ནས་ཉི་མའི་དཀྱིལ་འཁོར་ཆེན་པོ་གཅིག་ཤར་བྱུང་བ་དང་། ཤར་ཕྱོགས་ནས་ཟླ་བའི་དཀྱིལ་འཁོར་ཉ་གང་བ་འདྲ་བ་ཞིག་ཤར་ནས་བྱུང་བས། དེ་གཉིས་ལྷན་ཅིག་འཚོགས་མ་ཐག་སྤྲིན་དང་ཁུ་རྡུལ་ཐམས་ཅད་རང་སར་དེངས། སྐར་ཚོགས་ཐམས་ཅད་ནམ་གུང་བཞིན་དུ་གྲ་མ་ཉམས་པར་ཉི་ཟླ་གཉིས་ལ་འདུད་ཀྱིན་སྣང་བ་རྨིས། ད་ཟླ་བ་དེ་ང་ཡིན་སྙམ་ན་ཡང་། ཤར་ཕྱོགས་མ་གི་ནས་བྱུང་བ་སུ་ཡིན་གང་ཡིན་ཆ་མེད་སུ་ཡིན་ཡང་དེས་གོ་ཆོད་པར་སྣང་། རྨི་ལྟས་ཀུང་ཤིན་ཏུ་བཟང་གསུངས། དེ་ནས་ཇོ་བོ་རྗེ་གཉིས་བྱེས་ཀྱི་རྟ་པ་ལྔ་བརྒྱ་ཙམ་གྱིས་སྐོར་བའི་དབུས་ན་ཆིབས་མཐོང་སྨོན་རླུང་གཤོག་ལ་ཁྲུ་གང་ཙམ་མ་རེག་པར་ཉི་མའི་དཀྱིལ་འཁོར་ལྟར་ལྷམ་མེ། ཡེ་རེ། ལྷོད་དེ། ཤིག་གེ །ཡར་བགྲེས་མ་དྲགས་པ། མར་གཞོན་མ་དྲགས་པ་དང་བ་འདྲེན་པའི་སྐད་དུ་གྱུར་པ། གཙང་ཆོས་ནས་འབྱུང་བ་བཞིན་དུ་པཎ་ཆེན་གྱི་དབུ་ཞྭ་ཤིན་ཏུ་མཛེས་པ་དེས་ནམ་མཁའི་མཐོངས་སྒྲིག་པ། དཔོན་སློབ་སུམ་ཅུ་རྩ་བཞི་པོ་ཐམས་ཅད་ལྷ་སྤྱོད་དང་ན་བཟའི་ཆ་ལུགས་ཁྱད་པར་མེད་ནའང་། ཇོ་བོའི་ན་བཟའ་དེ་རྡོ་ཚོས་མ་སྨུམ་ཞིང་དྲི་ཞིམ་ལ་མདངས་ཆགས་པ། སྐུ་ཤ་ཆེ་བ་ལྷ་བུ་ལ་བརྗིད་ཆགས་པ། སྐུ་ལུས་དྲང་ཞིང་མཛེས་ལ་སྐབས་ཐམས་ཅད་ཕྱེད་པ། ཕྱག་དང་སོར་མོ་ཐམས་ཅད་ཟླུམ་ཞིང་རྒྱས་པ། བྱིན་གྱིས་ཕྲ་བ། དབུ་སྐྲ་གནག་ཅིང་སྨུམ་ལ་མཚམས་ཕྱེད་པ། དཔྲལ་བའི་དབྱེས་(༡༤༨ན)ཆེ་བ། ཐམས་ཅད་ནས་བལྟས་ཀྱང་འཛུམ་ཆགས་པ། སྨིན་མ་བཟང་ལ་མདངས་འཕྲེལ་བ། སྣའི་གཟེངས་མཐོ་བ། ཞལ་གྱི་དཀྱུས་ལེགས་པ། མཆུའི་ཆག་ཐོན་པ།

སྐན་ཤལ་རིང་ལ་མཛེས་པ། བག་དྲོ་བ། ཞེལ་ཆེ་བ། ཡང་དང་ཡང་དུ་ལྟ་སྙིང་འདོད་པ། དང་བ་འདྲེན་པའི་སྟོབས་ཀྱིས་བལྟས་ནས་མིག་སྐྱོད་མི་ཤེས་པ། གསུང་ཁྲོལ་ལ་སྙན་པ། གསུང་ཆེ་ལ་དྲང་བ། ལྟབས་ཀྱིན་མི་མཛད་པ། དམ་པའི་ཆོས་ཀྱི་གསུང་ཁོ་ནར་འབྱོན་པ། དད་པ་ཡེ་མེད་པ་དག་གིས་ཐོས་ཀྱང་དད་པ་སྒྲོ་བུར་དུ་སྐྱེ་ཞིང་རྒྱུད་དུལ་ཏེ་འགྲོ་བ། ཕྱོགས་ག་ནས་བལྟས་ཀྱང་སངས་རྒྱས་བཅོམ་ལྡན་འདས་ཀྱི་དྲུང་དུ་ལྟ་དང་བཅས་པའི་འཇིག་རྟེན་གྱིས་འདུད་པ་ལྟར་ལྟམ་མེ་ལྷན་ནེ་བསམ་གྱིས་མི་ཁྱབ་པའི་རྣམ་ཐར་དང་ལྡན་པ་ཅིག་སྣང་བ་དེ་སྐྱེ་བོའི་ཚོགས་སུས་མཐོང་ཡང་མཐོང་མ་ཐག་ཏུ་སྐྱབས་སུ་མཆིའོ། །ཞེས་ལན་གསུམ་གསུམ་ཐམས་ཅད་ཀྱི་ཁ་ནས་འབྱུང་ཞིང་གཅིག་གིས་གཅིག་ལ་སྟོན་ཅིང་ཅག་སྐྲ་དེ་རི་བྱས་ནས་ངོ་མཚར་ཆེ་འདི་ནི་མི་རང་ག་བ་མིན། སངས་རྒྱས་བཅོམ་ལྡན་འདས་སམ་དེ་ཡིན་ལ་ཆེ་ཟེར་ཞིང་ཐམས་ཅད་རང་ས་ནས་ཤེས་པ་གཟུང་རྒྱུ་མེད་པ་སྐད་ཆེན་པོས་འདོད་དེ། སྐྱབས་སུ་མཆིའོ། །སངས་རྒྱས་བཅོམ་ལྡན་འདས་རྒྱ་གར་ཆོས་ཀྱི་རྒྱལ་པོ་པཎ་ཆེན་ལྔ་བཅུ་རྩ་གཉིས་ཀྱི་གཙུག་གི་ནོར་བུ་རིན་པོ་ཆེ། མགོན་པོ་ཨ་ཏི་ཤ་སངས་རྒྱས་བསྟན་པའི་བདག་པོ། བདག་ཅག་(༡༤༢བ)བོད་ཀྱི་སེམས་ཅན་ལས་ངན་ཅན་རྣམས་ལ་ཐུགས་རྗེས་གཟིགས་ཤིག །ཁྱོད་ཀྱི་ཕྱོགས་སུ་དཀའ་ལས་བྱེད་པ་ལྷ་ཁུ་དབོན་ཤིན་ཏུ་བདེན་པར་སྣང་ངོ་། །བོད་ཀྱི་མི་ནོར་ཐམས་ཅད་ཟད་ཀྱང་འགྱོད་པ་མ་མཆིས་སོ། ཁྱེད་གདན་འདྲེན་པ་ལ་དཀའ་ལས་ཆེན་པོ་འོང་བ་རེ་བདེན། ད་ནི་འཇིག་རྟེན་གྱི་མགོན་པོ་བོད་དུ་བྱོན་ནོ། །ཞེས་ཐམས་ཅད་དད་པས་ཕྱོགས་གཅིག་ཏུ་འུར་བ་དང་། མགོན་པོ་ཨ་ཏི་ཤ་ཡང་ཤིན་ཏུ་མཉེས་ནས་བོད་ཀྱི་སེམས་ཅན་རྣམས་ཁོ་བོ་ལ་འདི་ལྟར་དད་པ་ཆེ་བ། བླ་མ་སངས་རྒྱས་བསྟན་པའི་བདག་པོ་ཐམས་ཅད་ཐེག་པ་ཆེན་པོའི་རིགས་ཅན། ཨེ་མ་ཕན་བདེའི་འབྱུང་གནས་དཀོན་མཆོག་གསུམ། ངའི་གདུལ་བྱ་རྣམས་ལ་ཐུགས་རྗེས་ཟུངས་ཤིག

གསུངས་ནས་ཁྲིམ་ཐམས་ཅད་ལ་གཟིགས་ཤིང་བྱིན་བརླབས་མཛད།

ལྷ་བླ་མའི་ཨ་ཙི་ལྷ་ཅིག་ཆོས་འབུམ་གྱིས་ཛོ་བོའི་ཞལ་གྱི་དཀྱིལ་འཁོར་ལ་བལྟས་ཏེ་ཐལ་མོ་སྦྱར་ནས་མཁས་པ་འདིའི་ཕྱོགས་སུ་ངའི་མིང་པོ་གསེར་གྱི་རི་རབ་འདྲ་བ་ཅིག་གཤེགས་ཏེ། ང་སེམས་མི་ཁྲལ། སྨུ་མི་ངན། མིང་པོ་དེའི་སྲོག་དང་བརྟེ་ཏ་འདི་བརྗེས་པ་ཡིན་ཏེ། བལ་པོ་ན་ཏ་སྨྲ། མདའ་རིས་ན་རིན་བཟང་། ཕྱོགས་ནས་ང་ཆེ་ཟེར་བ་རྣམས་ལ་ངོམ་པ་ཡིན། ངའི་ཚ་བོ་འདི་སྲིན་བུ་འདྲ་བ་ཞིག་བསྐྱངས་པས་ད་ལྟ་སའི་བདག་པོ་སྐྱིད་རུས་ཆེ་ལ་སྐབས་དོན་ཡོད་པ་འདི་འདྲ་ཞིག་བྱུང་ཟེར་ནས་ལྷ་བླ་མའི་སྨུ་ངན་རིས་ནོན་པ་ཙམ་ཡོང་བ་སངས་པར་(༡༥༨༩ན)བྱུས། མགུལ་གཡུ་གསེར་སྲང་ལྔ་བཅུ་རི་བ་ཞིག་ཡོད་པ་དེ་མགོན་པོ་ཨ་ཏི་ཤའི་ཕྱག་ཏུ་ཕུལ་ནས། ཐལ་མོ་སྦྱར་ནས་འདི་སྐད་ཟེར། མགོན་པོ་ཨ་ཏི་ཤ་གཡུ་རྫོག་འདི་མཆོད་པར་བཞེས་ལ་ཞུ་བ་འདི་གསོན་དང་། ངའི་མིང་པོ་ལྷ་བླ་མ་ཡེ་ཤེས་འོད་བྱ་བ་དེ་མེས་པོ་ཆོས་ཀྱི་རྒྱལ་པོ་དེ་རྣམས་ཀྱི་ཆོས་ཀྱི་རྣམ་སྲོལ་སླེག་པ་དང་། སྙིགས་མའི་དུས་འདིར་སངས་རྒྱས་ཀྱི་བསྟན་པ་ལ་ལུས་ལོངས་སྤྱོད་དགེ་བའི་རྩ་བ་རྣམས་ལ་སྨྲུགས་པས། ཁྱེད་ལྷ་བུའི་བླ་མ་དཀོན་མཆོག་ཐུགས་རྗེ་ཆེན་པོ་དང་ལྡན་པ་རྣམས་ཀྱི་ཐུགས་རྗེའི་གོ་བར་ནས་སྙིང་སྟོབས་ཅན་དེ་མི་འདོད་པའི་ལག་ཏུ་ཤོར། ད་ནི་མིང་པོ་དེའི་ཚབ་མ་ཁྱེད་ལ་ཞུ་བ་ལགས་པས་སྐྱེ་བོ་ངན་པ་རྣམས་ཀྱི་ལོག་རྟོག་ངན་པ་གཅིག་པུ་སྤྱོང་བའི་ཆེད་དུ་ཡང་བོད་དུ་ཡུན་བསྲིངས་ནས་རྒྱུན་དུ་བཞུགས་པ་ཞུ་འཚལ་ཞེས་གསོལ་བ་བཏབ།

དེ་ནས་ཇོ་བོ་རྗེས་མཐོ་ལྡིང་གསེར་གྱི་ལྷ་ཁང་དུ་ཕེབས། ལྷ་བླ་མས་ཕེབས་སྟོན་རྒྱ་ཆེན་པོ་མཛད། ལོ་ཆེན་རིན་ཆེན་བཟང་པོས་ཀྱང་རང་གི་གནས་གཙུག་ལག་ཁང་དུ་སྤྱན་དྲངས། མཆོད་པའི་དངོས་པོ་ཚད་མེད་པས་མཆོད། དབུ་མ་སྣང་བ་སོགས་ཆོས་མཐའ་ཡས་པ་གསན་ཞིང་། ལྷག་པར་བདེ་མཆོག་གི་དབང་དང་རྗེ་བཙུན་མའི་བྱིན་

རླབས་གཉིས་ཞུས། བྱིན་རླབས་ཐོབ་པ་དང་རྟོགས་པ་དང་ཉམས་(༡༦༩བ)བཟང་པོ་སྐྱེས། དཔེ་དང་མཆོད་གནས་མ་གཏོགས་པ་ནོར་དངོས་པོ་ཅི་ཡོད་རྗེ་བོ་ལ་ཕུལ་ནས། རྗེ་བོའི་བདེ་མཆོག་དང་རྡོ་རྗེ་བཙུན་མ་ལ་ཐུགས་དམ་གྱི་མཐེལ་མཛད། རྗེ་བོའི་ཞལ་ནས། ངའི་ལོ་ཙཱ་ལ་འགྲོ་དགོས་གསུངས་པས། ལོ་ཙཱ་བས་དབུ་བསྣུན་ཏེ། མགོ་བོ་དཀར་པོ་འདི་བཞིན་དུ་སོང་བས་ཁོ་བོ་སྐྱབ་པ་ཅིག་བྱེད་པར་ཞུ་བ་ཕུལ་བས། ཀྱཻ་ཡེ་རིན་ཆེན་བཟང་པོ་ཁྱོད་སྒྲུབ་པ་གཤའ་མ་ཅིག་བྱེད་ན་སྐྱེ་བ་སྔ་མ་ཕན་ཆད་ཀྱི་དགེ་བའི་ཆོས་དཔག་ཏུ་མེད་པའི་མཐུ་ནི་ཡོད། དལ་འབྱོར་གྱི་མི་ལུས་རིན་པོ་ཆེ་ཐོབ་པར་དཀའ་བ་ནི་ཐོབ། སངས་རྒྱས་ཀྱི་བསྟན་པ་དང་ནི་ཕྲད། དེ་སྟོན་པའི་དགེ་བའི་བཤེས་གཉེན་དང་ནི་མཇལ། སྲིད་པའི་ནད་རབ་ཏུ་ཞི་བར་བྱེད་པ་དམ་པའི་ཆོས་ཀྱི་བདུད་རྩིའི་སྨན་ནི་རྙེད། གཏི་མུག་གི་མུན་པ་སེལ་བར་བྱེད་པ་དམ་པའི་ཆོས་ཀྱི་སྒྲོན་མེ་དང་ནི་ཕྲད། སྲིད་པའི་ཆུ་བོ་ལས་སྒྲོལ་བའི་ཐབས་ཤེས་ཀྱི་གྲུ་གཟིངས་རྙེད་པའི་སྐབས་འདིར། སེམས་བྱ་བ་ངན་པ་རྣམས་ཀྱིས་མ་གཡེངས་པར་མཛོད་ཅིག་གསུངས། ལོ་ཆེན་རིན་ཆེན་བཟང་པོས་རྗེ་བོའི་ཞལ་གདམས་དེ་ཐུགས་ལ་བཞག་ནས་སྒྲུབ་ཁང་གི་སྒོ་ལ་ལྕགས་གཟེར་བཏབ་ནས་ཆོས་སྟོན་བུག་པ་གཅིག་ནས་ཚུར་བླངས། སྒོའི་ཡ་ཐེམ་ལ་གནས་ཁང་འདིའི་ནང་དུ་ཐ་མལ་བའི་རྟོག་པ་སྐྱེས་ན་ཆོས་སྐྱོང་བའི་སྲུང་མ་རྣམས་ཀྱིས་མགོ་བོ་ཁོས་བྱ་བ་བྲིས་ནས་རྗེ་བོ་ཐེགས་རྗེས་ལོ་བཅུའི་བར་དུ་(༡༧༠ན)སྒྲུབ་པ་རྩེ་གཅིག་ཏུ་མཛད་པས། བདེ་མཆོག་གི་དཀྱིལ་འཁོར་མངོན་སུམ་དུ་གཟིགས་སོ། །

དེ་ནས་ལྷ་བླ་མ་བྱང་ཆུབ་འོད་ཀྱིས་རྗེ་བོ་རྗེ་ལ་གསོལ་བ་འདི་ལྟར་བཏབ་སྟེ་བྱང་ཕྱོགས་ཁ་བ་ཅན་གྱི་ལྗོངས་འདིར་སྔོན་དུས་ཆོས་རྒྱལ་མེས་དབོན་རྣམ་གསུམ་གྱིས་དཀའ་བ་བརྒྱ་ཕྲག་དུ་མའི་སྒོ་ནས་སངས་རྒྱས་ཀྱི་བསྟན་པ་བཙུགས་ལུགས། དེ་ནས་གླང་དར་གྱིས་བསྟན་པ་བསྣུབས་ལུགས། དེ་ནས་རང་གི་ཡབ་མེས་མངའ་རིས་ཆོས་

རྒྱལ་རྣམས་ཀྱིས་ལུས་སྲོག་ཁྱད་དུ་བསད་ནས་བོད་འདིར་སངས་རྒྱས་ཀྱི་བསྟན་པ་བཙུགས་ཀྱང་ཡོག་པར་སླ་བ་མང་པོས་བསྟན་པ་ཆལ་ཆོལ་དུ་སོང་ཚུལ་སོགས་སྤྱན་མཆི་མ་འཁྲུག་བཞིན་དུ་ཞིབ་ཏུ་ཞུས་ནས་ད་ཇོ་བོ་ཐུགས་རྗེ་ཅན་ཁྱོད་ཀྱིས་བོད་ཀྱི་གདུལ་བྱ་དམུ་རྒོད་ཅན་འདི་རྣམས་ལ་ཆོས་ཟབ་ཟབ་མོ་དང་། མཚར་མཚར་པོ་མི་འཚལ་གྱི་ལས་རྒྱུ་འབྲས་ཀྱི་ཆོས་ཀྱིས་བསྐྱང་བར་ཞུ། ལྷག་པར་རྒྱལ་བའི་གསུང་རབ་དགོངས་འགྲེལ་དང་བཅས་པ་ཐམས་ཅད་རྫིལ་གྱིས་དྲིལ་བ་ཉམས་སུ་བླང་བདེ་བ་བོད་སྤྱི་ལ་ཕན་པའི་ཆོས་ཞིག་ཐུགས་རྗེས་འཛིན་པ་ཞུ། ཞེས་ཞུས་པས་ཞུ་བ་དེ་ལ་ཇོ་བོ་རྗེ་ཤིན་ཏུ་དགྱེས་ནས། དུས་གསུམ་རྒྱལ་བ་ཐམས་ཅད་དག་དང་དེ་ཡི་ཆོས། །དགེ་འདུན་རྣམས་ལ་གུས་པ་ཆེན་པོས་ཕྱག་བྱས་ཏེ། །སློབ་མ་བཟང་པོ་བྱང་ཆུབ་འོད་ཀྱིས་བསྐུལ་གྱུར་པས། །བྱང་ཆུབ་ལམ་གྱི་སྒྲོན་མ་རབ་ཏུ་གསལ་བར་བྱ། །ཞེས་སོགས་བྱང་ཆུབ་ལམ་གྱི་སྒྲོན་མ་མཛད། ཇོ་བོས་མངའ་རིས་གུ་གེར་བྱང་ཆུབ་ལམ་གྱི་སྒྲོན་མ་མཛད་པ་ན་ཇོ་བོའི་(༡༧༠བ)ཐུགས་བསྐྱེད་ལྷག་པར་བཟང་བའི་མཐུས། ཇི་ལྟར་ཉི་མ་ཤར་བ་ན། འུག་པ་དང་སྲིན་བྱ་སོགས་འབྱུང་པོའི་བྱ་རྣམས་སྒྲ་མི་གྲག་པར་རང་རང་གི་ཁུང་བུར་ཡིབ་པ་ཇི་ལྟ་བར་རྩེང་སྤྱོད་ཅན་མཐའ་དག་རེ་ཤིག་ནུབ་པ་ཞིག་བྱུང་ཞེས་སྔོན་གྱི་མཁས་པ་རྣམས་གདམ་དུ་གླེང་ངོ་། །

དེ་ནས་ཇོ་བོ་རྗེ་ཉིད་བོད་དབུས་གཙང་གི་མཐིལ་དུ་ཕེབས་ནས་རྒྱལ་བའི་བསྟན་པ་རྒྱ་ཆེར་སྤེལ་བར་བཞེད་ཅིང་དོན་དེ་ལྟར་དུ་ངེས་མོད་ཀྱང་། ཇོ་བོ་རྒྱ་གར་ནས་འབྱོན་དུས་བི་ཀ་མ་ལ་ཤཱི་ལའི་གནས་བརྟན་གྱིས་ནག་ཚོ་ལོ་ཙཱ་བ་ལ་འཕགས་ཡུལ་གྱི་བསྟན་པའི་བདག་པོ་ཇོ་བོ་རྗེ་འདི་བོད་དུ་རྒྱུན་རིང་བཞུགས་མི་ཆོག་པས་ལོ་གསུམ་གྱི་ཁོངས་སུ་ཚུར་བསྐྱེལ་ཐུབ་པ་བགྱི་དགོས། དེ་ལྟར་མ་བྱུས་ན་ལོ་ཙཱ་ཁྱོད་ཀྱི་ཆོས་དམ་ཚིག་གི་འབྲེལ་པ་ཉམས་སོ་ཞེས་དམ་ཚིག་ལ་བཀར་ཏེ་ལོ་ཙཱ་བས་ཁས་ལེན་བྱེད་དགོས་བྱུང་

བས། ལོ་ཙཱ་བས་རྒྱ་གར་དུ་ད་འབྱོན་དགོས་ཞེས་བསྐུལ། ཇོ་བོས་ཀྱང་འབྱོན་པ་ལྟར་བྱས་ཏེ་པུ་ཧྲེང་དུ་ཕེབས། ཇོ་བོ་ལ་སྟོར་ནས་རྗེ་བཙུན་སྒྲོལ་མས་བོད་དུ་དགེ་བསྙེན་ཆེན་པོ་ཞིག་ལ་བརྟེན་ནས་བསྟན་པ་ལ་ཕན་པ་རྒྱ་ཆེན་པོ་འོང་ཞེས་ཡང་དང་ཡང་དུ་གསུངས་ཤིང་། དེ་སྐབས་ཀྱང་དགེ་བསྙེན་མྱུར་དུ་འོང་ཞེས་ཡང་ཡང་གསུང་བས་ཇོ་བོ་རྗེས་ཉིན་ལྟར་བྱ་ར་མཛད་ཅིང་། ངའི་ཨུ་པ་སི་ཀ་མ་བྱུང་ངམ་ཧྭ་རེ་བརྫུན་ནེ་ཅང་གསུང་ངམ་ཞེས་གསུང་བར་མཛད། ཉིན་གཅིག་སྦྱིན་བདག་ཅིག་གིས་ཇོ་བོ་གདན་དྲངས་པའི་ཤུལ་དུ་འབྲོམ་རིན་པོ་ཆེ་ཕེབས་ཇོ་བོའི་གཟིམ་ཁང་དུ་ཕེབས་པ་ན། ཇོ་བོ་ད་ལྟ་སྦྱིན་བདག་ཞིག་གིས་གདན་དྲངས་སོང་བས་ད་ལྟ་(༡༧༡ན)ཕེབས་ཡོང་ཞེས་བརྗོད་པ་ན། འབྲོམ་རིན་པོ་ཆེས་ང་ཐེག་པ་ཆེན་པོའི་དགེ་བའི་བཤེས་གཉེན་དང་མཇལ་བ་སྐད་ཅིག་མ་སྡོ་ཕྱི་ལའང་སྡོ་མ་འདམ་པས་སྒུག་མི་ཐུབ་གར་བཞུགས་ཀྱི་སར་འགྲོ་ཞེས་ཕེབས་པས་སྲུང་བར་ཞིག་ཏུ་མཇལ། འབྲོམ་རིན་པོ་ཆེས་བརྒྱང་ཕྱག་མཛད་དེ་ཇོ་བོའི་སྐུ་མདུན་དུ་ཕེབས་པ་ན་ཇོ་བོ་རྗེས་འབྲོམ་གྱི་དབུ་ཐོག་ཏུ་ཕྱག་བཞག་ནས་སཾ་སྐྲི་ཏའི་སྐད་དུ་ཤིས་བརྗོད་མིང་དུ་མཛད། དེ་ཉིན་སྦྱིན་བདག་དེ་ལ་ངའི་ཨུ་པ་སི་ཀའི་སྐལ་བ་དགོས་ཞེས་བསླུམས་ནས་ཡོད་པ་དེ་གནང་། ཇོ་བོ་རྗེ་ནི་སྐུ་ཚེ་ཧྲིལ་པོ་ཤ་མི་བཞེས་པར་དཀར་སྟོར་མཛད་པ་ཡིན་པས་དེ་ཉིན་གྱི་སྟོན་སྐལ་དེ་ལ་ཟན་དང་མར་སྦྲགས་ནས་ཡོད་པ་འབྲོམ་གྱིས་ཟན་དེ་བཞེས་མར་དེ་མ་བཞེས་པར་མར་མེ་གོང་བུ་མཆན་ཐུབ་ཅིག་བཟོས་ནས་ཇོ་བོའི་དབུ་སྟོས་སུ་ཕུལ། དེ་ནས་བཟུང་སྟེ་སྐུ་ཚེ་ཧྲིལ་པོ་ཇོ་བོའི་དབུ་སྟོས་སུ་མར་མེ་མཆན་ཐུབ་རྒྱུན་མི་ཆད་པ་ཕུལ་བ་ཡིན་གསུང་། ཇོ་བོས་འབྲོམ་ཕེབས་པ་མཁྱེན་ནས་བུམ་པ་བསྒྲུབས་ཟིན་པས་མཇལ་བའི་ནུབ་མོ་དེ་རང་འབྲོམ་རིན་པོ་ཆེ་ལ་དབང་བསྐུར་སྲས་ཀྱི་ཐུ་བོར་བཟུང་ངོ་། །

དེ་ནས་པུ་ཧྲེང་ནས་རིམ་གྱིས་ཕེབས་ཏེ་མང་ཡུལ་སྐྱིད་གྲོང་དུ་ཕེབས། དེའི་ཚེ་ཇོ་

བོ་རྗེ་ཉིད་ཀྱི་ཐུགས་བསྐྱེད་དང་བོད་ཀྱི་གདུལ་བྱ་རྣམས་ཀྱི་བསོད་ནམས་ཀྱིས་ཇོ་བོ་རྗེ་སྐྱིད་གྲོང་ནས་བལ་པོ་རྫོང་བརྒྱུད་དེ་རྒྱ་གར་ལ་གདན་འདྲེན་རྩིས་བྱས་ཀྱང་བལ་པོ་རྫོང་དུ་དུས་འཁྲུག་ལངས་པས་དམག་ཟིངས་ཆེན་པོས་ལམ་འགགས་ནས་སྐྱིད་གྲོང་དུ་ལོ་གཅིག་བཞུགས། འབྲོམ་(༡༧༡བ)རིན་པོ་ཆེས་ཐབས་མཁས་ཀྱིས་ཇོ་བོའི་སྣན་དུ་བོད་ན་སྔ་གསུང་ཐུགས་རྟེན་མཐའ་ཡས་པ་ཡོད་ཚུལ་དང་དགེ་འདུན་གྱི་སྡེ་མང་པོ་ཆགས་ཏེ་དགེ་འདུན་སྟོང་ཕྲག་མང་པོ་ཡོད་ཚུལ་སོགས་ཞུས་པ་ན་ཇོ་བོ་དགྱེས་ནས་བོད་ལ་ཞལ་གཟིགས་ཏེ་ཕྱག་ཐལ་མོ་སྦྱར་དགེ་འདུན་དེ་སྙེད་བཞུགས་ན་དགྲ་བཅོམ་པ་ཡང་ཡོད་ངེས། བྱང་ཆུབ་སེམས་དཔའ་ཡང་མང་པོ་ཡོད་དུ་ངེས་གསུངས་ནས་མཉེས་མཉེས་མཛད། བོད་དུ་འབྱོན་པར་བཞེད་པ་ན་འབྲོམ་རིན་པོ་ཆེས་དབུས་ཕྱོགས་ཀྱི་དགེ་འདུན་གྱི་སྡེ་རྣམས་སུ་འཕྲིན་ཡིག་བཏང་ངས་ཏེ། དེའི་ཚེ་དབུས་ན་བསྟན་པའི་ཁུར་བཞེས་པའི་བཤེས་གཉེན་ཆེ་བ་ཇོག་ལེགས་པའི་ཤེས་རབ་དང་། ཁུ་སྟོན་བརྩོན་འགྲུས་གཡུང་དྲུང་སོགས་མང་དུ་བཞུགས་ཡོད་ཀྱང་ཞུ་ཡིག་གི་གཉེར་ཁ་ག་བ་ཤཱཀྱ་དབང་ཕྱུག་ལ་གཏད་དེ་བོད་ཀྱི་བླ་ཆེན་མི་ཆེན་རྣམས་ཀྱིས་ཇོ་བོ་ཨ་ཏི་ཤ་གདན་འདྲེན་པར་སྟོན་དུས་ཚུན་ལ་འབྱོར་པ་ཅིས་ཀྱང་མཛོད་ཅེས་ཞུ་འཕྲིན་ཕུལ་བ་དགེ་བཤེས་ཀ་བས་བོད་ཀྱི་བླ་ཆེན་རྣམས་ལ་བརྡ་བྱས་ཏེ་ཐམས་ཅད་བློ་མཐུན་པར་མང་ཡུལ་སྐྱིད་གྲོང་ཕྱོགས་སུ་ཇོ་བོ་གདན་འདྲེན་དུ་འབྱོན་པའི་གྲབས་བྱས་པ་ན། ཁུ་སྟོན་གྱིས་སོགས་ཁོངས་སུ་འཛོག་པའི་མི་དེ་ང་མིན་པས་སྔོན་ལ་ཕྱིན་ནས་ཇོ་བོ་གདན་འདྲེན་ཐུབ་པ་ཞིག་བྱེད་གསུངས་ནས་སྔོན་ལ་ཕེབས་པ་ན་གཞན་ཐམས་ཅད་ལ་ལྟག་བདབ་པ་ལྟར་ཐམས་ཅད་ འུར་ལངས་ཀྱིས་འཕྲལ་དུ་ཐོན་ཏེ་ཕེབས་བསུ་ལ་འཛོམ། ཇོ་བོ་རྗེས་སྐྱིད་གྲོང་དུ་ལོ་གཅིག་བཞུགས་རིང་དེ་(༡༧༢ན)ལ་གཙོ་བོར་རང་བྱུང་འཕགས་པའི་ལྷ་ཁང་དུ་སྐལ་བ་དང་ལྡན་པ་མང་པོ་ལ་ཆོས་ཀྱི་འཁོར་ལོ་བསྐོར། རང་བྱུང་འཕགས་པའི་བྱང་

རི་ནགས་ཁྲོད་ཕུན་སུམ་ཚོགས་པ་ཞིག་ཡོད་པའི་ངོས་ལ་ཕེབས་ཏེ་གནས་དེར་སངས་རྒྱས་ཀྱི་བསྟན་པ་དར་བའི་རྟེན་འབྲེལ་བསྒྲིགས། ཇོ་བོས་གནས་དེར་བྱོན་ནས་བྱིན་གྱིས་བརླབས་སོ་ཞེས་ཕྱི་མའི་སྐྱེ་བོ་རྣམས་ལ་སྣང་བར་བྱ་བའི་ཕྱིར་ཇོ་ལ་ཕྱག་མཛུབ་ཀྱིས་མ་ཎི་བྲིས་ཏེ་བཞག་པས་གནས་དེ་ལ་མ་ཎི་ལ་ཁ་ཞེས་མིང་ཆགས། གནས་དེ་ནི་དེང་སང་བཀྲ་ཤིས་བསམ་གཏན་གླིང་གི་སྒྲུབ་སྡེ་ཆགས་པའི་གནས་འདི་ཡིན་ཏེ། མ་ཎི་ཇོ་བོའི་ཕྱག་བྲིས་མ་དེ་ནི་དེང་སང་ཡང་བལྟར་ཡོད་དོ། །དེ་ལོ་ཇོ་བོས་དབྱར་གནས་མཛད་པའི་ས་དེ་ལ་གནས་ཞེས་མིང་དུ་ཆགས། དེར་ཇོ་བོས་སྐལ་བ་དང་ལྡན་པ་མང་པོ་ལ་ཆོས་སྟོན་པར་མཛད། ཡང་ཇོ་བོས་སྐལ་ལྡན་མང་པོ་ལ་ཆོས་འཁོར་རྒྱ་ཆེར་བསྐོར་བའི་གནས་ལ་ཆོས་འཁོར་ཞེས་མིང་ཆགས་ཏེ། དེང་སང་ཡང་གྲ་ཆོས་འཁོར་དང་ལ་ལྷབས་ཆོས་འཁོར་ཞེས་མིང་དུ་ཆགས་ཤིང་ཡུལ་དེ་དང་དེ་དག་ན་གནས་པའི་སྐྱེ་བོ་རྣམས་ཇོ་བོ་རྗེ་ལ་གསོལ་བ་འདེབས་པ་ལྷུར་བྱེད་དོ། །

དེའི་ཚེ་ནག་ཚོ་ལོ་ཙཱ་བ་ཇོ་བོ་རྒྱ་གར་ལ་འཕྲལ་དུ་སྤྱན་འདྲེན་ནི་མ་ཐུབ། བི་ཀ་མ་ལ་ཤཱི་ལའི་གནས་བརྟན་གྱིས་དམ་ཚིག་ལ་བཀར་བ་དྲན་ནས་ཡིད་སྐྱོང་སྐྱོང་པོར་གྱུར་པ་ན་ཇོ་བོ་རྗེས་མཁྱེན་ནས། ལོ་ཙཱ་བ་དེ་ཙམ་གྱི་སེམས་ངལ་བྱ་མི་དགོས་སྒྲུབ་པར་མ་ནུས་པ་ལ་ཉེས་པ་མེད་གསུངས་པ་ན། ལོ་ཙཱ་བ་གཉིང་ཐག་པ་ནས་(༡༧༢བ)དགའ་ཞིང་མགུ་སྟེ་དེ་ལྟར་ན་ཇོ་བོ་བོད་ལ་འབྱོན་པར་ཞུ་ཞེས་གསོལ་བ་བཏབ། དེ་ནས་དབུས་གཙང་གི་བླ་ཆེན་མི་ཆེན་རྣམས་ཀྱི་བསུ་བ་སླེབས། དེའི་ཚེ་བོད་ཀྱི་བླ་མ་ཆེན་པོ་རྣམས་ཀྱིས་བོད་ཀྱི་གཟབ་འཕྱོར་གྱི་ཆས་བསེ་ཐེབ་དང་རྟ་ཕྱིང་གྱོན་རྟ་བཟང་པོ་ལ་ཆིབས་ནས་འོངས་པ་ན་ཇོ་བོས་རྒྱང་རིང་པོ་ནས་གཟིགས་མ་ཐག །ཨུ་པ་སི་ཀ་འདྲེ་མང་པོ་སླེབས་བྱུང་ཅེ་ཡིན་ཞེས་དབུ་ན་བཟས་གཏུམས་ནས་བཞུགས། དེ་ནས་འབྲོམ་རིན་པོ་ཆེས་བོད་ཀྱི་བླ་ཆེན་རྣམས་ལ་རབ་བྱུང་གི་ཆས་རྣམ་དག་མཛད་ནས་བྱོན་ཞེས

ཞུས་ནས་ཐམས་ཅད་ཀྱིས་ཆོས་གོས་རྣམ་པ་གསུམ་ལེགས་པར་བགོས་ཏེ་ཕེབས་པ་ན་ཇོ་བོ་མཉེས་ནས་བཞེངས་ཏེ་ཕྱག་ལན་མཛད། དེ་ནས་རིམ་གྱིས་གཙང་ཕྱོགས་ལ་ཕེབས་ཏེ་དཔལ་ཁྱུད་ཐང་དུ་མར་པ་ལོ་ཙཱ་རྒྱ་གར་དུ་བཏིང་མ་ཕེབས་པ་དང་མཇལ། མར་པས་ཇོ་བོའི་ཞབས་སྤྱི་བོར་བླངས་ཏེ་ཆོས་ཞུས། ཇོ་བོས་ངའི་ལོ་ཙཱ་ལ་འགྲོ་གསུངས་པས། ད་རེས་ཅིས་ཀྱང་རྒྱ་གར་དུ་ཕྱིན་ཆོག་པ་དགོས་སྐར་མཇལ་ཆོག་པ་ཞུ་ཞེས་ཞུས། དེ་ནས་རིམ་གྱིས་ཕེབས་ཏེ་ས་སྐྱའི་ཐད་དུ་ཕེབས་པ་ན། ས་སྐྱ་ལ་ཕྱག་མཛུབ་གཏད་དེ་གནས་འདིར་འཇམ་དབྱངས་ཀྱི་སྤྲུལ་པ་བདུན་འབྱུང་ཞེས་ལུང་བསྟན། དེ་ནས་རྒྱང་དུ་ཕེབས་གནས་དེའི་དགེ་འདུན་རྣམས་ལ་ཆོས་མང་དུ་གནང་། དེར་འབྲོག་མི་ལོ་ཙཱ་བས་ཇོ་བོའི་ཞབས་ལ་གཏུགས། བསྙེན་བཀུར་ཕུན་སུམ་ཚོགས་པ་མཛད། དེ་ནས་རིམ་གྱིས་ཕེབས་ཏེ་སྣར་ཐང་གི་ཐད་དུ་ཕེབས་པ་ན་གནས་འདིར་འཕགས་པའི་གནས་བརྟན་(༡༧༣ན)གྱི་སྤྲུལ་པ་འབྱུང་ཞེས་ལུང་བསྟན། དེ་ནས་ཚོང་འདུས་སུ་ཕེབས་ཏེ་ཞྭ་ལུ་མཐིལ་གྱི་ལྷ་ཁང་དང་། ཁྱད་པར་རི་སྤྲུག་ཏུ་བཞུགས་ནས་ཆོས་མང་དུ་གསུངས་ཤིང་བྱིན་གྱིས་བརླབས། དེ་ནས་མྱང་སྟོད་ཉན་ཚེར་བྱོན་ནས་དབྱར་གནས་མཛད། དབྱར་ཟླ་བ་གསུམ་གྱི་རིང་ལ་ཕྱོགས་ཕྱོགས་ནས་འདུས་པའི་དད་ལྡན་མང་པོ་ལ་ཆོས་རྒྱ་ཆེར་སྤེལ། ཡོལ་ཆོས་དབང་། ཡོལ་དྲུང་སྲོང་། ཡོལ་ཐོག་འབེབས་གསུམ་དང་། རྗེ་འགོས་ལོས་ཀྱང་གནས་དེར་ཕེབས་ནས་ཇོ་བོའི་ཞབས་ལ་གཏུགས། དགེ་བའི་བཤེས་གཉེན་དགོན་པ་བས་ཀྱང་གནས་དེར་ཕེབས་ནས་ཇོ་བོའི་ཞབས་ལ་གཏུགས་ཏེ་ཇོ་བོའི་མཆོད་གནས་མཛད། དབྱར་གནས་གྲོལ་ནས་རོང་བརྒྱུད་དབུས་སུ་ཕེབས། གན་པ་བྱང་ཐང་དུ་ཕེབས་པ་ན་ལྷ་སའི་ཐད་ཀྱི་རི་ལ་ཕྱག་མཛུབ་གཏད་ནས་ཕ་གི་ན་ཅི་ཡོད་པ་ཡིན་གསུང་། ལྷ་སའི་གཙུག་ལག་ཁང་བདོག་པ་ལགས་ཞུས་པས། དེ་ཐད་འཛའི་གུར་གསུམ་བརྩེགས་འདུག །ལྷའི་བུ་དང་བུ་མོ་མང་པོས་མཆོད་པ་བྱེད་ཀྱི་འདུག

གསུང་། དེ་ནས་ཆོས་འཁོར་བསམ་ཡས་སུ་ཕྱུགས་ཕེབས། ལྷ་བཙུན་པོ་ཧྲི་རཱ་ཛས་ཞབས་ཏོག་ལེགས་པར་མཛད། བོད་ཀྱི་མི་ཆེན་མང་པོའང་འདུས་པ་ལ་ཆོས་རྒྱ་ཆེར་སྩལ། བསམ་ཡས་སུ་ཇོ་བོས་ལྷ་ཁང་ལ་ཐོགས་མེད་དུ་བྱོན་པ་དང་། ཞབས་ས་ལ་མ་རེག་པར་བསྐོར་བ་མཛད་པ་སོགས་རྫུ་འཕྲུལ་མང་པོ་བསྟན་ཏེ་ཕྱོགས་དེའི་གདུལ་བྱ་རྣམས་མི་ཕྱེད་པའི་དད་པ་ལ་བཀོད་དོ། །

དེ་ནས་ཁུ་སྟོན་གྱིས་ཡར་ཀླུངས་སུ་སྤྱན་དྲངས། ཐང་པོ་(༡༧༣༤)ཆེར་ར་ཁྲི་བཟང་བྱ་བས་བརྩིགས་པའི་ར་བརྩིགས་ཁང་པར་བཞུགས། ཆོས་མང་དུ་གསུངས། དེར་འབྲོམ་གྱིས་ཀྱང་སྤྱན་སྔར་བྱོན། ཁུས་ཞབས་ཏོག་བཟང་བ་ཁོ་ན་མ་བྱུང་བས། དཔོན་སློབ་རྣམས་བྲོས་ཏེ་མྱང་པོའི་གྲུ་ལ་ཞུགས་པ་ན། ཁུ་སྟོན་གྱིས་ཀྱང་རྗེས་བསྙེགས་སུ་སླེབས་ནས་ཨ་ཏི་ཤ་དེར་བཞུགས་ཞེས་སྐད་ཆེན་པོ་བཏང་། ཞུ་བ་བྱས་ཀྱང་མ་གསན་པར། དབུ་ཞྭ་ཕྱིར་ཕྱིན་རླབས་ཀྱི་རྗེན་དུ་འཕངས། དེ་ནས་འོན་གྱི་ལྷ་ཁང་ཀེ་རུར་ཟླ་བ་གཅིག་བཞུགས། དེའི་རྩིག་ངོས་ལ་ཉིད་ཀྱི་སྐུ་འདྲ་གཅིག་བྲི་བར་མཛད་དེ། དེང་སང་ཡང་མཆོད་པའི་གནས་སུ་གྱུར། དེ་ནས་བསམ་ཡས་སུ་ཕེབས་ནས་པེ་ཧར་གླིང་དུ་བཞུགས། རྒྱ་དཔེ་མང་པོ་འདུག་པ་གཟིགས་པས། ཤིན་ཏུ་དགྱེས་ཏེ་སྔོན་བོད་དུ་བསྟན་པ་བྱུང་བ་འདྲ་བ་རྒྱ་གར་དུ་ཡང་བྱུང་བ་དཀའ་གསུང་། བྱང་ཆུབ་ཆེན་པོ་གཟིགས་པས་མ་ཧཱ་བོ་དྷི་དང་ཁྱད་མི་སྣང་གསུང་། གནས་དང་གཙུག་ལག་ཁང་ལ་ཐུགས་ཤིན་ཏུ་དགྱེས། དེ་ནས་བང་སྟོན་གྱི་བསུ་བ་རྟ་པ་ཉིས་བརྒྱ་ཙམ་སླེབས་ཏེ་དཔོན་གཡོག་རྣམས་གྲོད་དཀར་ལ་ལ་ཐེགས། སྦྲིའི་རྒྱ་ཕེབས་སུ་ཟླ་བ་ཕྱེད་བཞུགས།

དེ་ནས་རྔོག་ལེགས་པའི་ཤེས་རབ་ཀྱིས་ལྷ་ས་འཕྲུལ་སྣང་དུ་སྤྱན་དྲངས། བསུ་བ་མཛད་པའི་དུས་སུ་ཇོ་བོ་ཐུགས་རྗེ་ཆེན་པོས་ཀྱང་བསུ་བ་མཛད་དེ། མི་རེང་སྐྱ་བོ་ཞིག་བྱུང་ནས། མ་ཧཱ་པཎྜི་ཏ་བྱོན་པ་ལེགས་སོ། །རྒྱལ་བར་གྱུར་ཅིག་གསུངས་ནས་བཞུད་

པས། ཇོ་བོས་ཆིབས་ལས་བབས་ཏེ་བརྒྱུགས་པས་མ་ཟིན། དེ་ལྟར་མཛད་པ་ཅི་ལགས་ཞུས་པས། ཁྱེད་ཀྱིས་མི་རིང་སྐྱ་བོ་དེ་མཐོང་ངམ་གསུངས། མཐོང་ལགས་ཞུས་པས། དེ་ངའི་(༡༧༨ན)ཡི་དམ་ཐུགས་རྗེ་ཆེན་པོ་ཡིན། ཕྱག་བྱ་བར་འདོད་ནས་བརྒྱུགས་པས་མ་ཟིན་གསུང་། འཕྲུལ་སྣང་གི་ཐུགས་རྗེ་ཆེན་པོ་འདི་ལས་ངོ་མཚར་ཆེ་བ་མེད། ཐུགས་རྗེ་ཆེན་པོ་དངོས་ཡིན་གསུང་། ཇོ་བོ་ཤཱཀྱ་མུ་ནེ་གཟིགས་པས་སྤྲུལ་པའི་སྐུ་དངོས་ཡིན་གསུངས་ནས་རྒྱ་གར་གྱི་ལྷ་བཟོ་བ་མཁས་པ་གཅིག་ལ་འདི་ཁོ་ན་འདྲ་བ་ཞིག་བཞེངས་ཤིག་གསུངས་ནས་བཞེངས་སུ་བཅུག་ཆོས་རྒྱལ་བྱང་ཆུབ་སེམས་དཔའ་དེས་སྤྲུལ་པའི་གཙུག་ལག་ཁང་ཆེན་པོ་འདི་ལྟ་བུ་བཞེངས་པའི་ལོ་རྒྱུས་ཤིག་འོང་ངམ་སྙམ་དུ་དགོངས་པའི་ཚེ། སྤྲང་མོ་སྨྱོན་མ་བྱ་བ་གཅིག་ན་རེ་གཙུག་ལག་ཁང་འདི་ཇི་ལྟར་བཞེངས་པའི་ལོ་རྒྱུས་འཚོལ་ལམ་ཟེར། དེ་རང་བཞིན་གྱི་རྣལ་འབྱོར་མར་མཁྱེན་ནས་ཡིད་ཀྱིས་ཕྱག་དང་མཆོད་པ་བྱས་ནས་ཅིས་ཀྱང་འཚོལ་ལགས་ཞུས་པས། འོ་ན་ཀ་བ་བུམ་པ་ཅན་ནས་འདོམ་ཕྱེད་དང་གསུམ་གཞལ་བའི་ས་ན་ཡོད། གཞན་ལ་མ་སྨྲ་ཞིག་གསུང་། དེ་ཇོ་བོས་རྙེད་པས་གཏེར་སྒྲུང་གཉན་པོ་ཞིག་འདུག་པ་ན་རེ། དེ་རིང་ཇི་ཙམ་ཟིན་པ་ཅིག་འདྲིར་གནང་གི་ཟེར་བས། རྣལ་འབྱོར་པས་དབུ་མཛད་སྟོན་པ་བཞི་གས་བྲིས་པས་ལྷག་བག་ཙམ་ཞིག་ལུས་གསུང་ངོ་། །

དོན་འདི་ལ་དགོངས་ནས་ཇོ་བོའི་བསྟོད་པ་སུམ་ཅུ་པ་ལས། གང་དུ་རྒྱལ་པོས་བཀའ་ཆེམས་གཏེར་དུ་སྦས། །མཁའ་འགྲོས་གཏེར་ཁ་ཕྱེ་ནས་ཁྱོད་ལ་བསྟན། །ཤཱཀྱ་མུ་ནེའི་འཇའ་ས་ཁྱོད་ཀྱི་དྲིན། །ཇོ་བོ་བཀའ་དྲིན་ཅན་ལ་གསོལ་བ་འདེབས། །ཞེས་གསུངས། ལྷ་སར་དགུན་གཅིག་(༡༧༨བ)བཞུགས། ཆོས་ཀྱང་དེར་གསུངས་པ་རྣམས་ཟབ། གཞན་ཡང་རྟགས་ཁྱད་པར་དུ་འཕགས་པ་མང་པོ་བྱུང་གསུང་། དེའི་དབྱར་ཪོག་བྱང་ཆུབ་འབྱུང་གནས་ཀྱིས་སྤྱན་དྲངས་ནས་ཡེར་པར་བཞུགས། འགྲོ་བའི་

དོན་རྒྱ་ཆེར་མཛད། ཀ་བ་ཤཱཀྱ་དབང་ཕྱུག་གིས་འཕན་ཡུལ་དུ་སྤྱན་དྲངས། ལན་པ་སྤྱིལ་བུར་བཞུགས་ཆོས་མང་དུ་གསུངས། དེ་ནས་ཡེར་པར་བྱོན། དེའི་དུས་སུ་བང་སྟོན་གྱིས་སྤྱན་འདྲེན་བྱུང་སྟེ་ཕྱིར་ལམ་ལྷ་ས་བརྒྱུད་སྙེ་ཐང་དུ་ཕེབས། དེའི་ཚེ་འབྲོམ་རིན་པོ་ཆེས་དུས་གསུམ་གྱི་རྒྱལ་བ་ཀུན་གྱི་བགྲོད་པ་གཅིག་པའི་ལམ་པོ་ཆེ་ཤེས་རབ་ཀྱི་ཕ་རོལ་ཏུ་ཕྱིན་པའི་མདོ་སྟེ་རིན་པོ་ཆེའི་དགོངས་དོན་བྱང་ཆུབ་ལམ་གྱི་རིམ་པའི་དཀའ་གནས་རྣམས་ལ་ཉིན་མཚན་ཀུན་ཏུ་དྲི་གཏུགས་ནར་མར་མཛད་ཅིང་། སངས་རྒྱས་འཇིག་རྟེན་དུ་བྱོན་པ་ཇི་ལྟ་བར་ལྷ་མི་བགྲང་བ་ལས་འདས་པ་ལ་ཆོས་ཀྱི་འཁོར་ལོ་རྒྱ་ཆེར་བསྐོར་བ་ན་དཀར་ཕྱོགས་ཀྱི་ལྷ་རྣམས་དགའ་ཞིང་མགུ་ནས་མཆོད་ཅིང་བསྙེན་བཀུར་བ་དང་། ཆེད་དུ་བརྗོད་པའི་དབྱངས་རྒྱ་ཆེར་བསྒྲགས་ཤིང་ལྷའི་དབང་པོ་བརྒྱ་བྱིན་གྱིས་རིན་པོ་ཆེ་སྣ་ལྔའི་མེ་ཏོག་གི་ཆར་པ་ཕབ་པ་སོགས་ངོ་མཚར་བའི་ལྟས་བསམ་གྱིས་མི་ཁྱབ་པ་བྱུང་ངོ་། །

དེ་ནས་ཡེར་པ་ལྷ་རི་སྙིང་པོའི་མགུལ་དུ་ཕེབས་ནས་ཇོ་བོ་ཡབ་སྲས་ཀྱིས་ལོ་གསུམ་གྱི་རིང་ལ་བྱང་ཆུབ་ལམ་གྱི་རིམ་པའི་དབུ་བཤེས་གཉེན་བསྟེན་ཚུལ་ནས་མཐར་འབྲས་བུ་ཟུང་འཇུག་སྒྲུབ་པའི་བར་གྱིས་ལམ་འབྲས་བུ་དང་བཅས་པའི་དཀའ་བའི་གནས་རྣམས་ལ་བརྒྱལ་ཞིང་བརྟག་པ་དང་ལུང་དང་རིགས་པས་མཐའ་གཅོད་པར་མཛད་ཅིང་། (༡༧༥ན)བྱང་ཆུབ་ལམ་གྱི་རིམ་པའི་སྙིང་པོའི་ཡང་སྙིང་པོ་བཀའ་གདམས་ལྷ་ཆོས་བདུན་ལྡན་གྱི་མན་ངག་གསང་བ་ལས་ཀྱང་ཆེས་ཆེར་གསང་བ། ཐིག་ལེ་བཅུ་དྲུག་གི་དབང་དང་གདམས་ངག་རྣམས་གནང་སྟེ། དེའི་ཚེ་ཇོ་བཙུན་སྒྲོལ་མའང་རྒྱུན་དུ་དངོས་སུ་བྱོན། རྒྱུད་པ་གསུམ་གྱི་བླ་མ་རྣམས་ཀྱང་དངོས་སུ་བྱོན་ཏེ་བླ་མ་ཡི་དམ་རྒྱལ་བ་སྲས་བཅས་ཞལ་འཛོམ་པའི་དབུས་སུ་ཇོ་བཙུན་མ་སྒྲོལ་མས་ཐིག་ལེ་བཅུ་དྲུག་གི་རྩ་ཚིག་གསུངས། འབྲོམ་རིན་པོ་ཆེའི་སྐུ་འོད་དུ་ཡལ་ཏེ་རྒྱལ་བ་རྒྱ་མཚོའི་དཀྱིལ་

འཁོར་དུ་དངོས་སུ་བཞེངས། འོད་ཟེར་གྱི་སྒྲོ་བསྡུས་བསྐྱེད་རྫོགས་ཀྱི་ལམ་མཐར་ཐུག་པ་རྣམས་ཚུལ་འདི་ལྟར་རོ་ཞེས་མིག་ལ་སྟོན་པ་ལྟ་བུ་མཛད། དེའི་ཚེ་རྗེ་བཙུན་འཇམ་པའི་དབྱངས་ཀྱིས་བྱིན་གྱིས་བརླབས་པ་གསང་ཞུ་བ་ལེགས་པའི་ཤེས་རབ་ཀྱིས་རྗོ་བོ་ཡབ་སྲས་གཉིས་ལ་མཉྫལ་ཞུལ་ཏེ་ཡབ་སྲས་གཉིས་ཀའི་གསང་བ་ཐུན་མོང་མིན་པའི་བཀོད་པ་རྣམས་སྟོན་པར་ཡང་དང་ཡང་དུ་གསོལ་བ་བཏབ་པ་ན། འབྲོམ་རིན་པོ་ཆེའི་སྐྱེས་རབས་ཟབ་མོ་རྣམས་རྗོ་བོས་གསུངས། འབྲོམ་རིན་པོ་ཆེ་ཉིད་ཀྱིས་བཀའ་རྒྱ་ཤིན་ཏུ་དམ་པར་མཛད་པ་སྦྲུལ་པའི་གླེགས་བམ་ཞེས་པ་དེང་སང་བཀའ་གདམས་གླེགས་བམ་དུ་གྲགས་པ་འདི་གསུངས། མི་རབས་མང་པོའི་བར་དུ་ཅིག་བརྒྱུད་ཁོ་ན་ལས་རྒྱ་ཆེར་སྤེལ་བའི་གནང་བ་མ་ཐོབ། ཕྱིས་སུ་འབྲོམ་རིན་པོ་ཆེའི་སྤྲུལ་པ་འབྲོམ་ཀུ་མ་རཱ་བཀའ་རྒྱ་བཀྲོལ་ཏེ་རེ་གཉིས་ལ་སྤེལ། དེ་ནས་དཔལ་སྣར་ཐང་གི་ཆོས་སྡེར་རིམ་གྱིས་འཕེལ་ནས་དེང་(༡༧༥བ)སང་ཕྱོགས་ཐམས་ཅད་དུ་ཁྱབ་པ་འདི་བྱུང་བ་ཡིན་ནོ། །

དེ་ལྟར་རྗོ་བོ་རྗེ་དཔལ་ལྡན་ཨ་ཏི་ཤ་ནི་རྒྱ་བོད་ཐམས་ཅད་དུ་ཉི་ཟླ་ལྟར་གྲགས་ཤིང་བསྟན་འགྲོའི་དོན་མཛད་པའི་རྣམ་ཐར་མཐའ་དག་བརྗོད་པར་ག་ལ་ནུས། སྔར་བཤད་པ་དེ་དག་ནི་ཕྱོགས་ཙམ་ཞིག་བརྗོད་པ་ཡིན་ལ། རྣམ་ཐར་དེ་དག་གི་སྙིང་པོ་བསྡུ་ན། རིགས་ཕུན་སུམ་ཚོགས་པར་སྐྱེ་བ་བཞེས་པའི་ཚུལ། རྗེན་དེ་ལ་ཡོན་ཏན་བསྐྱེས་པའི་ཚུལ། བསྐྱེས་ནས་བསྟན་པ་ལ་བྱ་བ་མཛད་པའི་ཚུལ་གསུམ་དུ་འདུ་བ་ཡིན་ལ། དང་པོ་ནི་རྗོ་བོའི་བསྟོད་པ་བརྒྱད་ཅུ་པ་ལས། ཤར་ཕྱོགས་ཟ་ཧོར་ཡུལ་མཆོག་ན། །
དེ་ན་གྲོང་ཁྱེར་ཆེན་པོ་ཡོད། །བི་ཀྲ་མ་ནི་པུ་ར་ཡིན། །དེ་ཡི་དབུས་ན་རྒྱལ་པོའི་ཁབ། །
ཕོ་བྲང་ཤིན་ཏུ་ཡངས་པ་ཡོད། །གསེར་གྱི་རྒྱལ་མཚན་ཅན་ཞེས་བྱ། །ལོངས་སྤྱོད་མངའ་ཐང་འབྱོར་པ་ནི། །རྒྱ་ནག་སྟོང་ཁྱུན་རྒྱལ་པོ་འདྲ། །ཡུལ་དེའི་རྒྱལ་པོ་དགེ་བའི་དཔལ། །
བཙུན་མོ་དཔལ་མོ་འོད་ཟེར་ཅན། །ཡབ་ཡུམ་གཉིས་ལ་སྲས་གསུམ་མངའ། །པདྨའི་

སླིང་དང་ཟླ་བའི་སླིང་། །དཔལ་གྱི་སླིང་པོ་ཞེས་བྱའོ། །རྒྱལ་བུ་བདྨའི་སླིང་པོ་ལ། །བཙུན་མོ་ལྷ་ཡོད་སྲས་ནི་དགུ། །སྲས་ཀྱི་ཐུ་བོ་བསོད་ནམས་དཔལ། །ད་ལྟའི་དུས་ན་མཁས་པ་ཆེ། །ཛྙ་ན་ཤྲཱི་ཞེས་བྱ་བར་གྲགས། །ཆུང་བ་དཔལ་གྱི་སླིང་པོ་ནི། །དགེ་སློང་བཱིརྻ་ཙནྡྲ་ཡིན། །འབྲིང་པོ་ཟླ་བའི་སླིང་པོ་ནི། །ད་ལྟ་བླ་མ་རྗེ་བཙུན་ཡིན། །ཞེས་འབྱུང་བ་ལྟར་རོ། །

ཡོན་ཏན་བརྗོད་ཚུལ་ལ་ལུང་རྟོགས་གཉིས་ལས། ལུང་གི་ཡོན་ཏན་བརྗོད་པའི་ཚུལ་ནི། ཕྱི་ནང་ཐུན་མོང་བའི་རིག་གནས་ཆེ་ཆུང་མཐའ་དག་དང་། (༡༧༨ན)རྒྱལ་བའི་བཀའ་སྡེ་སྣོད་གསུམ་དང་རྒྱུད་སྡེ་བཞི་དགོངས་འགྲེལ་དང་བཅས་པ་ལ་སྦྱངས་པ་མཐར་ཕྱིན་པར་མཛད་པས། རང་དང་གཞན་གྱི་སྡེ་པའི་གྲུབ་པའི་མཐའ་རྒྱ་མཚོ་ལྟ་བུའི་ཕ་རོལ་ཏུ་སོན་པས་ན་ལུང་གི་བསྟན་པའི་གནད་ཐམས་ཅད་ཕྱིན་ཅི་མ་ལོག་པར་ཐུགས་སུ་ཆུད་པ་ཡིན་ནོ། །རྟོགས་པའི་ཡོན་ཏན་བརྗོད་ཚུལ་ནི། རྟོགས་པའི་ཡོན་ཏན་ཐམས་ཅད་བསྡུ་ན་བསླབ་པ་གསུམ་དུ་འདུ་ལ། ཚུལ་ཁྲིམས་ཀྱི་བསླབ་པ་ལ་ཡང་། སོ་ཐར་གྱི་ཚུལ་ཁྲིམས་དང་། བྱང་སེམས་ཀྱི་ཚུལ་ཁྲིམས་དང་། གསང་སྔགས་ཀྱི་ཚུལ་ཁྲིམས་གསུམ་ལས། སོ་ཐར་གྱི་ཚུལ་ཁྲིམས་རྣམ་པར་དག་པར་མཛད་ཚུལ་ནི། དགེ་སློང་གི་སྡོམ་པ་མནོས་ནས་རྔ་རྔིད་ལ་ཆགས་པའི་གཡག་གིས་རྔ་མ་ཉག་མ་རེ་རེ་ཤིང་ལ་ཐོགས་པ་ན་རྔོན་པས་སྲོག་དང་འཕྲལ་བར་མཐོང་ན་ཡང་སྲོག་དང་བསྡོས་ཏེ་རྔ་མ་མི་གཅོད་པར་བསྲུང་བ་ལྟར། ཁས་བླངས་པའི་བསླབ་པའི་གཞི་ཆེན་པོ་ལྟ་ཅི་སྨོས། བསླབ་པའི་གཞི་ཕྲ་མོ་རེ་རེ་ཡང་སྲོག་དང་བསྡོས་ནས་བསྲུངས་པས་གནས་བརྟན་འདུལ་བ་འཛིན་པ་ཆེན་པོར་གྲགས་སོ། །

བྱང་སེམས་ཀྱི་ཚུལ་ཁྲིམས་དང་ལྡན་ཚུལ་ནི། བྱམས་པ་དང་སྙིང་རྗེའི་རྩ་བ་ཅན་གྱི་བྱང་ཆུབ་ཀྱི་སེམས་སྦྱོང་བའི་གདམས་པ་མང་པོ་དང་། ཁྱད་པར་གསེར་གླིང་པ

བསྟེན་ནས་རྗེ་བཙུན་བྱམས་པ་དང་། འཇམ་པའི་དབྱངས་ནས་ཐོགས་མེད་དང་། ཞི་བ་ལྷ་ལ་བརྒྱུད་པའི་གདམས་པ་མཆོག་ལ་རིང་དུ་སྦྱངས་པས། བསྟོད་པ་ལས། རང་(༡༧༦བ)དོན་ཡལ་བར་དོར་ནས་གཞན་གྱི་དོན། །ལྷུར་མཛད་དེ་ནི་བདག་གི་བླ་མ་ལགས། །ཞེས་འབྱུང་བ་ལྟར་བདག་པས་གཞན་གཅེས་པའི་བྱང་ཆུབ་ཀྱི་སེམས་ཐུགས་རྒྱུད་ལ་འཁྲུངས་ཤིང་། སྨོན་པའི་སེམས་དེས་ཀུན་ཏུ་དྲངས་པའི་འཇུག་པའི་སེམས་བྱང་ཆུབ་སེམས་དཔའི་སྤྱོད་པ་རླབས་པོ་ཆེ་ལ་སློབ་པར་ཁས་བླངས་པའི་རྗེས་སུ་འགྲོ་བའི་བསླབ་པ་ལ་སློབ་པའི་སྤྱོད་པ་བཟང་པོས་རྒྱལ་སྲས་རྣམས་ཀྱི་བཅས་པའི་མཚམས་ལས་མི་འདའ་བར་མཛད་དོ། །

གསང་སྔགས་ཀྱི་ཚུལ་ཁྲིམས་དང་ལྡན་ཚུལ་ནི། རང་གི་ལུས་ལྟར་གཟིགས་པའི་བསྐྱེད་པའི་རིམ་པ་དང་། རྡོ་རྗེའི་ཐུགས་རྫོགས་པའི་རིམ་པའི་ཏིང་ངེ་འཛིན་དང་ལྡན་པས་རྣལ་འབྱོར་པའི་གཙོ་བོ་ཞེས་སྤྱིར་བསྟོད་ཅིང་། ཁྱད་པར་དུ་བཅས་པའི་མཚམས་ལས་མི་འདའ་བར་དམ་ཚིག་ཚུལ་བཞིན་དུ་སྲུང་བ་ཡང་། བསྟོད་པ་ལས། དྲན་དང་ཤེས་བཞིན་ལྡན་པ་ཡིས། །ཚུལ་ཁྲིམས་མ་ཡིན་ཡིད་མི་མཛད། །བག་ཡོད་དྲན་དང་གཡོ་སྒྱུ་མེད། །ལྟུང་བའི་ཉེས་པས་ཁྲོད་མ་གོས། །ཞེས་གསུངས་པ་ལྟར་རོ། །

དོན་འདི་ལ་རྗེ་བདག་ཉིད་ཆེན་པོས་སྡོམ་པ་གསུམ་གྱི་ཡོན་ཏན་དང་ལྡན་ཚུལ་དེ་དག་གསུངས་ནས། དེ་ལྟར་སྡོམ་པ་གསུམ་གྱི་ཚུལ་ཁྲིམས་ཀྱི་བསླབ་པ་རྣམས་ཁས་ལེན་པ་ལ་དབང་བ་ཙམ་མིན་པར་ཇི་ལྟར་ཁས་བླངས་པའི་རྗེས་སུ་འབྲངས་ཏེ་བཅས་པའི་མཚམས་ལས་མི་འདའ་བར་སྲུང་ཞིང་། བརྒྱ་ལ་ཉུང་ཟད་འདས་ན་ཡང་མྱུར་བ་མྱུར་བར་རང་རང་གི་ཕྱིར་བཅོས་ཀྱི་ཆོགས་དག་པར་བྱེད་པའི་རྣམ་པར་ཐར་པ་འདི་ནི་གསུང་(༡༧༧ན)རབ་ཀྱི་གནད་ཤེས་པའི་མཁས་པ་རྣམས་དགའ་བ་སྐྱེད་པའི་རྣམ་པར་ཐར་པར་ཤེས་པར་བྱོས་ལ་དམ་པ་རྣམས་ཀྱི་རྗེས་སུ་བསླབ་པར་བྱའོ། །ཞེས་

གསུངས་སོ། །

ཉིང་ངེ་འཛིན་གྱི་བསླབ་པ་དང་ལྡན་ཚུལ་ནི། ཐུན་མོང་བ་ཞི་ལྷག་ཟུང་འབྲེལ་དང་ཐུན་མོང་མ་ཡིན་པ་བསྐྱེད་རིམ་མཐར་ཕྱིན་པར་མཛད་པའི་ཚུལ་ནི་རྣམ་ཐར་ཆེན་མོར་གསལ་བ་ལྟར་རོ། །ཤེས་རབ་ཀྱི་བསླབ་པ་དང་ལྡན་ཚུལ་ནི། ཐུན་མོང་བ་ཞི་ལྷག་ཟུང་འབྲེལ་དང་ཐུན་མོང་མིན་པ་རྫོགས་རིམ་གྱི་རྟོགས་པ་ཁྱད་པར་ཅན་བརྙེས་པ་རྣམ་ཐར་ཆེན་མོ་དང་རྗེ་རྗེའི་གླུར་གསལ་བ་ལྟར་རོ། །བསྟན་པ་ལ་བྱ་བ་མཛད་ཚུལ་ནི་རྒྱ་བོད་གཉིས་ཀར་རྒྱལ་བའི་བསྟན་པ་ལ་བྱ་བ་མཛད་ཚུལ་བསམ་གྱིས་མི་ཁྱབ་པ་སྔར་བརྗོད་ཟིན་པ་ལྟར་རོ། །

དེ་ལྟར་ཇོ་བོ་རྗེས་རྒྱ་བོད་གཉིས་ཀར་བསྟན་པ་ལ་བྱ་བ་རྒྱ་ཆེན་པོ་མཛད་ཅིང་། སླར་ཡང་རྒྱལ་བའི་བསྟན་པ་ཡུན་རིང་དུ་གནས་པར་བྱ་བའི་ཕྱིར་དང་། ཕྱི་མའི་སྐྱེ་བོ་རྣམས་ཇོ་བོ་རྗེས་འདི་ལྟར་གསུངས་ཞེས་གོ་བར་བྱ་བའི་ཕྱིར་དུ། རྒྱལ་བའི་བཀའ་སྡེ་སྣོད་གསུམ་དང་རྒྱུད་སྡེ་བཞི་དགོངས་འགྲེལ་དང་བཅས་པ་མཐའ་དག་ལས་ཡི་གེ་ན་གཅིག་ཀྱང་དོར་དུ་མེད་པར་གང་ཟག་གཅིག་གི་ཉམས་ལེན་གྱི་རིམ་པར་རྫིལ་གྱིས་དྲིལ་ནས་སྟོན་པའི་མན་ངག་བྱང་ཆུབ་ལམ་གྱི་སྒྲོན་མ་མཛད། བཀའ་གདམས་གོང་མའི་གསུང་སྒྲོས་ལས། འཛམ་བུ་གླིང་ན་གླེགས་བམ་གཅིག་ལ་ལམ་སྒྲོན་ལས་ཆེ་བ་མེད་གསུང་། དེ་ནི་ཤོག་བུ་གྲངས་མང་བས(༡༧༧བ)དེ་ལྟར་བརྗོད་པ་མིན་གྱི་བརྗོད་བྱ་རྒྱ་ཆེ་བས་དེ་ལྟར་བརྗོད་དེ། གདུལ་བྱ་ལས་དང་པོ་པ་ཆོས་ལ་ཐོག་མར་འཇུག་པ་ཞིག་འཆི་བ་དྲན་ནས་འཇིག་རྟེན་ཕྱི་མའི་དོན་སྒྲུབ་པའི་བསམ་པ་བསྐྱེད་པ་ནས་བཟུང་མཐར་ཐུག་སངས་རྒྱས་ཀྱི་སའི་བར་གྱི་ས་ལམ་འབྲས་བུ་དང་བཅས་པ་མཐའ་དག་ལམ་སྒྲོན་གྱི་བརྗོད་བྱར་འདུ་བས་སོ། །

བྱང་ཆུབ་ལམ་གྱི་སྒྲོན་མ་ནས་གསུངས་པའི་ལམ་གྱི་རིམ་པའི་གནད་རྣམས་ལ

ངེས་པ་བསྐྱེད་པར་བྱ་བ་དང་། དེ་སྒོམ་པ་ལ་རྒྱུད་བསྐུལ་བར་བྱ་བ་དང་། ལམ་དེ་དག་གི་གེགས་སེལ་བོགས་འདོན་ཤེས་པའི་ཕྱིར་བསྟན་བཅོས་མཐའ་ཡས་པ་མཛད་དེ། སྙིང་པོ་བསྡུ་བ། སྙིང་པོ་ངེས་པར་བསྡུ་བ་གསང་འདུས་ཀྱི་དཀྱིལ་འཁོར་སྤྱན་རས་གཟིགས་གཙོ་བོར་སྟོན་པ་གསང་བ་འདུས་པ་འཇིག་རྟེན་དབང་ཕྱུག་གི་སྒྲུབ་ཐབས། འཕགས་པ་འཇིག་རྟེན་དབང་ཕྱུག་གི་སྒྲུབ་ཐབས་གསང་བ་འདུས་པ་ལ་བསྟོད་པ་གཉིས། འཁོར་བ་ལས་ཡིད་ངེས་པར་འབྱུང་བའི་གླུ། སྤྱོད་པའི་གླུ། ཆོས་ཀྱི་དབྱིངས་སུ་ལྟ་བའི་གླུ། ཏིང་ངེ་འཛིན་གྱི་ཚོགས་ཀྱི་ལེའུ་དང་། འཇིག་རྟེན་ལས་འདས་པའི་ཡན་ལག་བདུན་པའི་ཆོ་ག །སྐུ་གསུང་ཐུགས་རབ་ཏུ་གནས་པའི་ཆོ་ག །ལས་ཀྱི་སྒྲིབ་པ་ཐམས་ཅད་རྒྱུན་གཅོད་པར་བྱེད་པའི་གཟུངས་རྣལ་འབྱོར་རྒྱུད་དུ་དགོངས་པ་བཀྲལ་བ་མི་འཁྲུགས་པའི་སྒྲུབ་ཐབས་རྒྱས་བསྡུས་གཉིས། དེའི་དཀྱིལ་ཆོག་ལས་ཀྱི་སྒྲིབ་པ་ཐམས་ཅད་རྣམ་པར་སྦྱོང་བ། མི་འཁྲུགས་པའི་སྦྱིན་སྲེག་གི་ཆོ་ག །ཕྱག་ན་རྡོ་རྗེ་ལ་མངོན་རྟོགས་(༡༧༤ན)ཀྱི་སྒོ་ནས་བསྟོད་པ། རྟ་མགྲིན་ཞལ་གསུམ་ཕྱག་དྲུག་གི་སྒྲུབ་ཐབས་དང་། ཞལ་གསུམ་ཕྱག་བཞི་པའི་སྒྲུབ་ཐབས་གཉིས། འཕགས་པ་མི་གཡོ་བ་ལ་བསྟོད་པ་གཉིས། དེ་བཞིན་གཤེགས་པ་ཐམས་ཅད་ཀྱི་དམ་ཚིག་བསྲུང་བ་ཞེས་བྱ་བའི་གཙུག་ཏོར་དྲི་མེད་འོད་ཀྱི་སྒྲུབ་ཐབས། མཆོད་རྟེན་ལྔ་གདབ་པའི་ཆོ་ག་གཟུངས་ཆོག་ཆ་གཉིས། སྒྲོལ་མའི་སྒྲུབ་ཐབས། ལྷ་མོ་སྒྲོལ་མ་སྒོམ་པའི་ཆོ་ག་རྒྱས་པ། སྒྲོལ་མ་འཇིགས་པ་བརྒྱད་སྐྱོབ་ཀྱི་སྒྲུབ་ཐབས་དང་བསྟོད་པ། འཕགས་མ་སྒྲོལ་མའི་སྒྲུབ་ཐབས། དམ་ཚིག་ཐམས་ཅད་བསྡུས་པ་ཞེས་བྱ་བ། ཚོགས་བདག་ཆགས་པ་རྡོ་རྗེའི་བསྟོད་པ། བདུད་རྩི་འབྱུང་བ་ཞེས་བྱ་བའི་གཏོར་ཆོག །ཆབ་གཏོར་དྲི་མེད། ཀླུ་གཏོར་གྱི་ཆོ་ག །ཡི་གེ་དྲུག་པའི་སྒྲུབ་ཐབས། སྤྱན་རས་གཟིགས་ཁ་སརྦ་ཎིའི་སྒྲུབ་ཐབས། ཁྲོ་རྒྱལ་མི་གཡོ་བའི་སྒྲུབ་ཐབས། གཏུམ་པོ་ཁྲོ་བོ་ཆེན་པོའི་སྒྲུབ་ཐབས་དོན་དམ་པ།

མགོན་པོ་གྲི་གུག་གི་སྒྲུབ་ཐབས། ཚོགས་བདག་ཞི་བའི་སྒྲུབ་ཐབས། ཚོགས་བདག་གསང་སྒྲུབ། ནོར་བདག་གཙོ་འཁོར་ལྔའི་བསྟོད་པ། རྟེན་འབྲེལ་སྙིང་པོའི་སྔགས་ཐེམས། བདེན་པ་གཉིས་ལ་འཇུག་པ་ཞེས་བྱ་བ་དབུ་མའི་མན་ངག །དབུ་མའི་མན་ངག་རིན་པོ་ཆེའི་ཟ་མ་ཏོག་བཀོད་པ། དྲན་པ་གཅིག་པའི་མན་ངག །མདོ་ཀུན་ལས་བཏུས་པའི་དོན་བསྡུས་པ། བྱང་ཆུབ་སེམས་དཔའི་སྤྱོད་པ་མདོ་(༡༧༨བ)ཙམ་གདམས་ངག་ཏུ་བྱས་པ། བྱང་ཆུབ་སེམས་དཔའི་ནོར་བུའི་ཕྲེང་བ། བྱང་ཆུབ་སེམས་དཔའི་ལས་དང་པོ་བའི་ལམ་ལ་འཇུག་པ་བསྟན་པ། སྐྱབས་སུ་འགྲོ་བ་བསྟན་པ་ཞེས་བྱ་བ། ཐེག་པ་ཆེན་པོའི་ལམ་གྱི་སྒྲུབ་ཐབས་ཡི་གེ་བསྡུས་པ། ཐེག་པ་ཆེན་པོའི་ཡུམ་གྱི་སྒྲུབ་ཐབས་ཤིན་ཏུ་བསྡུས་པ། རང་གི་བྱ་བའི་རིམ་པ་ལ་བསྐུལ་བ་དང་བཅས་པ་ཡི་གེར་བྲིས་པ། མི་དགེ་བ་བཅུའི་ལས་ཀྱི་ལམ་བསྟན་པ། ལས་རྣམ་པར་འབྱེད་པ་ཞེས་བྱ་བ། སྤྱོད་པ་བསྡུས་པའི་སྒྲོན་མ། མདོ་ཀུན་ལས་བཏུས་པའི་མན་ངག །མདོ་ཀུན་ལས་བཏུས་པ་ཆེན་པོ། བྱང་ཆུབ་ཏུ་སེམས་བསྐྱེད་པའི་ཆོ་ག །བྱང་ཆུབ་སེམས་དཔའི་སྡོམ་པའི་ཆོ་ག །ཁ་ཏོན་དང་གླེགས་བམ་བཀླག་པའི་སྔོན་དུ་བྱ་བའི་ཆོ་ག །ཕ་རོལ་ཏུ་ཕྱིན་པའི་སྟོང་ཐུན་གདབ་པའི་ཆོ་ག །བླ་མའི་བྱ་བའི་རིམ་པ་གཅིག །རྒྱལ་པོ་ནེ་ཡ་པཱ་ལ་ལ་བརྫངས་པ་དྲི་མ་མེད་པའི་རིན་པོ་ཆེའི་འཕྲིན་ཡིག །བྱང་ཆུབ་སེམས་དཔའི་སྤྱོད་པ་ལ་འཇུག་པའི་བཤད་པ། ཤེར་ཕྱིན་དོན་བསྡུས་སྒྲོན་མེ། སྨན་བླའི་སྒྲུབ་ཐབས། ལས་སྒྲིབ་རྣམ་པར་སྦྱོང་བའི་ཆོ་ག་སོགས་མཛད་དོ། །

དེ་ལྟར་ཇོ་བོ་རྗེ་བོད་དུ་ཕྱིན་ནས་མངའ་རིས་སུ་ལོ་གསུམ། སྙེ་ཐང་དུ་ལོ་དགུ །དབུས་གཙང་གཞན་དུ་ལོ་ལྔའི་བར་དུ་སྐལ་བ་དང་ལྡན་པ་རྣམས་ལ་མདོ་སྔགས་ཀྱི་གཞུང་གདམས་ངག་མ་ལུས་པ་བསྟན་ནས་བསྟན་པའི་སྲོལ་ནུབ་པ་རྣམས་གསར་དུ་བཙུགས། (༡༧༩ན)སྲོལ་ཕྲན་ཟད་ཡོད་པ་རྣམས་འཕེལ་བར་མཛད། ལོག་པར་རྟོག

པའི་དྲི་མས་སྦྲགས་པ་རྣམས་ལེགས་པར་བསལ་ཏེ་བསྟན་པ་རིན་པོ་ཆེ་དྲི་མ་དང་བྲལ་བར་མཛད་དོ། །དེ་ནས་སྐུ་ཚེ་དེའི་དངོས་ཀྱི་གདུལ་བྱ་རྣམས་རྫོགས་པ་ན་ཞིང་གཞན་དུ་འགྲོན་པར་བཞེད་དེ། ཤིང་ཕོ་རྟའི་ལོ་དབྱུག་པ་ཟླ་བའི་ཚེས་གསུམ་ནས་བཅོ་བརྒྱད་ཀྱི་བར་ཞག་བཅུ་དྲུག་གི་རིང་ལ་ཐེག་ལེ་བཅུ་དྲུག་གི་རིམ་པ་དང་མཐུན་པར་ཐུགས་དམ་སྟོད་རིམ་མཛད་ནས། ཆུ་བོ་གྱེན་དུ་ལྡོག་གམ་ལྡོས་ཤིག་གསུངས། བལྟར་ཕྱིན་པས་གྱེན་དུ་ལྡོག་གིན་གདའ་ཞུས་པས། འོ་ན་དེ་ཡན་ཆད་ཀྱིས་དོན་འདི་སྟོན། ཉམས་སུ་བླངས་རྒྱུ་འདི་ཡིན་གསུངས་ནས་བརྒྱད་སྟོང་པ་གསུང་འགྲོ་བཅད། ཕྱག་ཏུ་རྡོ་རྗེ་དྲིལ་བུ་བཟུང་ནས་ཐུགས་དམ་རྩེ་གཅིག་ཏུ་མཛད་དོན་ལ་འདས་གྲོངས་མི་མངའ་ཡང་གདུལ་བྱ་ཐུན་མོང་བའི་སྣང་ངོར་དགུང་ལོ་བདུན་ཅུ་རྩ་གསུམ་པ་ཤིང་ཕོ་རྟའི་ལོ་སྟོན་ཟླ་འབྲིང་པོའི་ཚེས་བཅོ་བརྒྱད་ལ་སྐེ་ཐང་དུ་མྱ་ངན་ལས་འདའ་བའི་ཚུལ་བསྟན་ཏེ་འོད་གསལ་ཆོས་སྐུ་མངོན་དུ་མཛད་ནས་གཟུགས་སྐུར་བཞེངས་ནས་དགའ་ལྡན་ཆོས་ཀྱི་ཕོ་བྲང་དུ་ཕེབས་སོ། །

དེ་ཡང་བསྟོད་པ་སུམ་ཅུ་པ་ལས། ཁོ་བོ་འདི་ནས་དགའ་ལྡན་གནས་སུ་འགྲོ། །ང་ལ་དད་ཅིང་གུས་པར་བྱེད་པ་རྣམས། །དགའ་ལྡན་གནས་སུ་མཇལ་བར་འགྱུར་ཞེས་གསུངས། །མ་འོངས་མངོན་སུམ་གཟིགས་ལ་གསོལ་བ་འདེབས། །ཞེས་གསུངས་པ་ལྟར་དགའ་ལྡན་ཆོས་ཀྱི་ཕོ་བྲང་དུ་ནམ་མཁའ་དྲི་མ་མེད་པ་ཞེས་མཚན་(༡༧༩༨)གྲགས་ཤིང་རྗེ་བཙུན་མ་ཕམ་པའི་སྲས་ཀྱི་ཐུ་བོའི་ཚུལ་དུ་བཞུགས་ཏེ་དགའ་ལྡན་གྱི་ལྷ་རྣམས་དང་། ཕྱོགས་བཅུའི་ཞིང་རབ་འབྱམས་ནས་འདུས་པའི་བྱང་ཆུབ་སེམས་དཔའ་བགྲང་བ་ལས་འདས་པ་དག་ལ་ཐེག་པ་ཆེན་པོའི་ཆོས་ཀྱི་ཆར་ཆེར་སྟོན་པར་མཛད་ཅིང་། མིག་འཕྲུལ་བཞིན་དུ་ཕྱོགས་བཅུའི་ཞིང་རབ་འབྱམས་ཐམས་ཅད་དུ་སྤྲུལ་པ་བཀྱེ་ནས་གདུལ་བྱའི་དོན་རྒྱུན་མི་འཆད་དུ་མཛད་ཅིང་བཞུགས་སོ། །

དེས་ན་རྒྱལ་བ་དགྱེས་པའི་ལམ་ལ་འཇུག་པར་འདོད་པ་རྣམས་ཀྱིས་མགོན་པོ་ཨ་ཏི་ཤའི་སྐུ་ཡིད་ལ་བྱས་ཏེ་རྒྱུན་དུ་གསོལ་བ་འདེབས་པ་དང་། མགོན་པོ་དེའི་གསུང་སྐྱེས་བུ་གསུམ་གྱི་ལམ་གྱི་རིམ་པ་ལ་ཉིན་རེ་བཞིན་དུ་ཡང་དང་ཡང་དུ་ཤར་སྦྱོར་བྱས་ཏེ་བག་ཆགས་ཙེ་ཐེབས་བྱ་བ་ལ་འབད་པར་བྱའོ། །ཇོ་བོ་རྗེ་ལ་རྒྱ་བོད་གཉིས་ཀར་བརྒྱུད་འཛིན་གྱི་སློབ་མ་བསམ་གྱིས་མི་ཁྱབ་པ་ཡོད་ཀྱང་། གཙོ་བོ་ནི་རྒྱ་གར་ན་ཇོ་བོ་དང་མཁྱེན་པ་མཉམ་པའི་པཎྜི་ཏ་ཆེན་པོ་བི་ཏོ་པ། ཀྵམ་ཨ་ཀ་ར་མ་ཏི། དབུ་མ་སེངྒེ། སའི་སྙིང་པོ་སྟེ་བཞི། གཞན་ཡང་བཤེས་གཉེན་གསང་བ་སོགས་བསྟན་པ་འཛིན་པའི་པཎྜི་ཏ་དང་། དབེན་པའི་རི་ཤུལ་དུ་སྒྲུབ་པ་སྙིང་པོར་བྱེད་པའི་ཀུ་སུ་ལུ་བགྲང་བ་ལས་འདས་པ་ཡོད་དོ། །བོད་དུ་བྱོན་ནས་གདུལ་བྱ་བགྲང་བ་ལས་འདས་པ་ལ་ཆོས་འཁོར་བསྐོར་བར་མཛད་པས་བརྒྱུད་འཛིན་བགྲང་བ་ལས་འདས་པ་ཡོད་མོད་ཀྱང་། གཙོ་བོ་ནི་མངའ་རིས་ནས་ལོ་ཙཱ་བ་རིན་ཆེན་བཟང་པོ། ནག་ཚོ་ལོ་ཙཱ་བ། ལྷ་བླ་མ་བྱང་ཆུབ་འོད། གཙང་ནས་འགར་དགེ་བ། འགོས་ལོ་ཆེན་པོ་(༡༢༠༩)ཡོལ་སྐྱ་མཆེད། ལྷོ་བྲག་ནས་ཕྱུག་ཁྲི་མཆོག་དང་དགེ་བ་སྐྱོང་། ཁམས་ནས་རྣལ་འབྱོར་པ་ཆེན་པོ། དགོན་པ་བ། ཤེས་རབ་རྡོ་རྗེ། ཕྱུག་དར་སྟོན་པ། དབུས་ནས་ཁུ་རྔོག་འབྲོམ་གསུམ་རྣམས་ཇོ་བོའི་ཐུགས་སྲས་གཙོ་བོར་གྲགས་ཤིང་གཞན་ཡང་མཐའ་ཡས་སོ། །

དེ་ལ་ལོ་ཆེན་རིན་ཆེན་བཟང་པོ་ནི་ས་ཕོ་རྟའི་ལོ་ལ་ཡབ་གཞོན་ནུ་དབང་ཕྱུག་དང་། ཡུམ་ཅོག་རོ་ཀུན་བཟང་ཞེས་བརྟན་མའི་སྲས་སུ་སྐུ་འཁྲུངས། རིགས་གཡུ་རི་གཡུ་སྒྲ། དགུང་ལོ་བཅུ་གསུམ་བཞེས་པའི་ཚེ་མཁན་པོ་ཡེ་ཤེས་བཟང་པོ་ལ་རབ་ཏུ་བྱུང་། དེའི་མོད་ལ་འདུལ་བ་རྒྱ་ཆེར་འགྲེལ་ཐུགས་སུ་ཆུད། དེ་ནས་རྒྱལ་པོའི་བཀས་ཁ་ཆེར་བྱོན། ལོ་ཙཱ་མཁས་པར་བསླབས། པཎྜི་ཏ་ཀ་ར་རྣམ་གསུམ་སོགས་པཎ་གྲུབ་དུ་མ་ལ་གཏུགས་ཏེ་སྔགས་མཚན་ཉིད་ཀྱི་གཞུང་མང་པོ་ལ་སྦྱངས། མཁྱེན་པ་ཤིན་ཏུ

ཆེ་བས་མདོ་སྔགས་ཀྱི་ཆོས་མང་པོ་བསྒྱུར། ཕ་རོལ་ཏུ་ཕྱིན་པ་དང་རྒྱུད་ཀྱི་ཕྱོགས་གཉིས་ཀའི་བཤད་པ་རྒྱ་ཆེར་མཛད། དབང་དང་སྒྲུབ་པའི་ལག་ལེན་མང་དུ་བསྟན་ཏེ་བསྟན་པ་སྔ་དར་ལས་ཕྱི་དར་སྔགས་ཀྱི་བསྟན་པ་བོད་དུ་དར་བ་ཡང་ལོ་ཙཱ་བ་འདི་ཁོ་ནའི་བཀའ་དྲིན་ཡིན། པཎྜི་ཏ་བདུན་ཅུ་རྩ་ལྔ་བསྟེན་ནས་དམ་པའི་ཆོས་མང་དུ་གསན། བླ་ཆེན་པོ་ལྷ་ལྡེ་བཙན་གྱིས་དབུའི་མཆོད་གནས་དང་རྡོ་རྗེ་སློབ་དཔོན་དུ་བསྐུར། ཕུ་རངས་ཞེར་གྱི་གནས་གཞི་ཕྱུལ། གཙུག་ལག་ཁང་ཡང་བཞེངས། ཁ་ཆེའི་གཙུག་ལག་ཁང་དང་རོང་གི་གཙུག་ལག་ཁང་ལ་སོགས་པ་(༡༤༠བ)གནས་གཞི་དང་གཙུག་ལག་ཁང་དང་མཆོད་རྟེན་མང་དུ་བཞེངས། གུར་ཤིང་བརྩོན་འགྲུས་རྒྱལ་མཚན་ལ་སོགས་པའི་སློབ་མ་མཁས་གྲུབ་མང་པོ་དང་ཞུས་ཆེན་ཕེར་བའི་ལོ་ཙཱ་ཡང་བཅུ་ལྷག་ཙམ་ཐོན། འཕྲུལ་གྱི་མཛད་པ་ཡང་སྐུ་གཟུགས་བཞེངས་པ་དང་། འགྱུར་མཛད་པ་ལ་སོགས་རེ་རེའི་རྗེས་ཀྱང་གཞན་གྱིས་མི་རྟོགས་པ་དང་། མཚན་ཡང་དག་པར་བརྗོད་པ་ཡང་སཾ་སྐྲི་ཏའི་སྐད་དུ་འབུམ་ཕྲག་གཅིག་བོད་སྐད་དུ་འབུམ་ཕྲག་གཅིག །གཞན་ལ་ཡོན་བྱིན་ཏེ་འབུམ་ཕྲག་གཅིག་རྣམས་བཏོན། དགུང་ལོ་བརྒྱད་ཅུ་རྩ་ལྔ་བཞེས་པ་ཆུ་རྟ་ལ་རྗེ་བོ་བོད་དུ་བྱོན་པ་དང་མཇལ་ཏེ་སྔར་བསྒྱུར་བ་མང་པོ་ལ་ཞུས་དག་ཞུས། རྗེ་བོ་ཉིད་ཀྱིས་མཛད་པའི་དམ་ཚིག་བསྡུས་པ་བསྒྱུར་བས་འགྱུར་བཟང་བ་ཅིག་བྱུང་། དེ་ནས་ལོ་ཆེན་གྱིས་གསེར་སྲང་བདུན་དང་བཅས་པའི་མཎྜལ་ཕུལ་ནས་བདེ་མཆོག་གི་དབང་དང་བསྐྱེད་རྫོགས་ཀྱི་གདམས་ངག་རྣམས་ཞུས་ཏེ་རྗེ་བོའི་གདམས་ངག་སྐྱེས་བུ་གསུམ་གྱི་ལམ་གྱི་རིམ་པ་དང་བསྐྱེད་རྫོགས་ཀྱི་རིམ་པ་རྣམས་ལ་རྩེ་གཅིག་ཏུ་སྒྲུབ་པ་མཛད་པས་དཔལ་གསང་བ་འདུས་པ་དང་། བདེ་མཆོག་གི་ཞལ་གཟིགས་ཤིང་གྲུབ་པ་བརྙེས་ཏེ་དགུང་ལོ་དགུ་བཅུ་རྩ་བརྒྱད་པ་ཤིང་མོ་ལུག་གི་དགུན་ཟླ་ཐ་ཆུང་གི་ཚེས་བཅུ་བདུན་ལ་མྱུ་ངན་ལས་འདས་པའི་ཚུལ་བསྟན་པའི་ཚེ་ནམ་མཁའ་གང་བའི་ལྷ་རྣམས་ཀྱིས་

རོལ་མོ་རྒྱ་ཆེར་སྒྲོག་པ་དང་། མེ་ཏོག་གི་ཆར་འབེབས་པ་ལ་སོགས་པ་གྲོང་པའི་སྐྱེ་བོ་ཐམས་ཅད་ཀྱི་མངོན་སུམ་དུ་གྱུར། གདུང་རྟེན་མ་བྱུང་བས་མཁའ་སྤྱོད་དུ་གཤེགས་པར་གྲགས། རིང་བསྲེལ་འོ་མ་སེའི་(༡༢༡ན)མདོག་ལྷ་བུ་གསུམ་བྱུང་བ་ཧི་ཞིག་ན་འབྲུག་ལྷ་བུའི་སྒྲ་དང་བཅས་ཏེ་ནམ་མཁར་སོང་བ་ཞིག་བྱུང་ཞེས་གྲགས་སོ། །

དགེ་བཤེས་ནག་ཚོ་ལོ་ཙཱ་བ་ནི་ལྕགས་མོ་ཕག་ལ་གུང་ཐང་ཞེས་གྲགས་པ་མངའ་རིས་རྫོང་དགའི་ལྷ་གདོང་དུ་སྐུ་འཁྲུངས། གདུང་ནག་ཚོ། རབ་ཏུ་བྱུང་བའི་མཚན་ཚུལ་ཁྲིམས་རྒྱལ་བ། འདུལ་བ་མཁས་པར་མཁྱེན་པས་འདུལ་བ་འཛིན་པར་གྲགས། རྒྱ་བརྩོན་སེང་ལ་མངོན་པ་གསན། དགུང་ལོ་ཉེར་བདུན་པ་ལ་ཇོ་བོ་སྤྱན་འདྲེན་ལ་རྒྱ་གར་དུ་བྱོན། ཇོ་བོ་རྗེ་ལོ་བཅུ་དགུའི་བར་ཚུལ་བཞིན་བསྟེན། ཡོན་ཏན་ཐམས་ཅད་རྫོགས་པར་མཛད། ཇོ་བོ་རྗེ་བོད་དུ་སྤྱན་དྲངས་པས་བོད་ཁམས་སྤྱི་ལ་བཀའ་དྲིན་ཆེ་བ་ཡིན་པས། བོད་སྟོན་ཐམས་ཅད་ཀྱིས་ཀྱང་སློབ་དཔོན་ཞེས་བརྗོད་པ་ཡིན། ཇོ་བོའི་ཆོས་རྣམས་ཁོང་གིས་ཁུངས་ཕྱུག་ནས་ཞུར་བཅུག་པས་གཞན་རྣམས་ཀྱིས་ཀྱང་གདམས་པ་ཕལ་ཆེ་བ་ཐོབ་པས་ཁོང་བཀའ་དྲིན་ཤིན་ཏུ་ཆེ་བར་བྱེད། ནག་ཚོ་སྐྱེ་ཐང་ནས་མངའ་རིས་སུ་འབྱོན་ཁར་ཇོ་བོས་བསླབ་བྱ་མང་པར་མཛད་དེ། དམ་ཚིག་གསུམ་བཀོད་ཀྱི་སྐུ་ཕྱག་ཏུ་བཟུང་ནས་བྱིན་རླབས་མཛད། འདུལ་བ་མདོ་རྩ་དང་། གསང་བ་འདུས་པའི་རྒྱུད་དཔེ་དང་། འགྲོ་ཆོས་སུ་ཐུན་མོང་མ་ཡིན་པའི་སྤྱན་རས་གཟིགས་ཀྱི་སྒྲུབ་སྐོར་སོགས་སྣས་ཆོས་ཉི་ཤུ་གནང་ལུང་བསྟན་མང་དུ་མཛད་དེ་ཇོ་བོ་ཉིད་ཀྱི་སྐུ་མཐེ་བོང་ཙམ་སེང་ལྡེང་ལ་བྲིས་ཏེ་གཙུར་བཅུག་ནས་དཔུང་པ་ལ་བཏགས། མཉེས་མཉེས་རྒྱ་ཆེན་མཛད། དེ་ནས་ཡར་བྱོན་ནས་རས་ཁྲ་བཅུ་དྲུག་པ་(༡༢༡བ)གཅིག་ལ་རི་མོ་མཁན་མཁས་པ་ཀྲིཥྞ་བྱ་བ་རྒྱ་གར་བ་ཅིག་ཡོད་པ་འདྲིར་བཅུག་ནས། སྟོད་ལ་ཇོ་བོའི་ཡི་དམ་གྱི་ལྷ་རྣམས་བྲིས། དེའི་འོག་ན་ཕར་ལ་ཇོ་བོའི་བླ་མ་བཅུ་གཉིས་པོ་བྲིས། དེ་ནས་ཇོ་

བོ་རྫེ་ཉིད་ཀྱི་སྐུ་ཚད་ཁྲུས་གཞལ་ཏེ་བྲིས། གཡས་གཡོན་གཉིས་ན་ཉེ་གནས་རེ་ལྡེམ་སྐྱུར་བྲིས། གཡས་གཡོན་གྱི་མཐའ་རམས་ལ་ཇོ་བོའི་མཛད་པ་རྣམས་དང་། འོག་ན་ཚུར་ཁྲུ་ཛོག་འབྲོམ་གསུམ་ལ་སོགས་པ་བོད་སློན་རྣམས་ཆོས་ཉྭའི་ཚུལ་དུ་བྲིས། དེའི་མདུན་དུ་ལོ་ཙཱ་བ་ཉིད་གསོལ་བ་འདེབས་པའི་ཚུལ་དུ་བྲིས། དེའི་རྒྱབ་ལ་ཇོ་བོའི་བསྟོད་པ་བརྒྱད་ཅུ་པ་བྲིས། རབ་གནས་མཛད་པའི་ཚེ། ཇོ་བོ་རྗེ་ཉིད་དགའ་ལྡན་ནས་འབྱོན་པར་ཞལ་གྱིས་བཞེས་པས་འདི་ཇོ་བོ་རྗེ་ཉིད་དང་ཁྱད་མེད་པ་ཡིན། མངའ་རིས་སྐོར་གསུམ་གྱི་རྟེན་ལ་བྱིན་རླབས་ཆེ་ཤོས་ཡིན་གསུང་། དེའི་རྗེས་སུ་རྣཱ་ན་ཨཱ་ཀ་ར་དང་། བལ་པོ་ཤྲཱིཀྵཱི་ཧྱ་དྲ། ནག་པོ་དམ་ཚིག་རྡོ་རྗེ་ལ་སོགས་པ་བསྙེན་ནས་འགྱུར་ཡང་མང་དུ་མཛད་དོ། །དེ་ནས་ཇོ་བོས་ལུང་བསྟན་པ་བཞིན་སྒྲུབ་པ་མཛད་པས་ཇོ་བོ་ཡི་གེ་དྲུག་པ། སྒྲོལ་མ། འཇམ་དཔལ་རྡོ་རྗེ་རྣམས་ཞལ་གཟིགས། ཁོང་རང་གི་ཡི་གེ་ལས་ཀྱང་། ནག་ཚོ་བདག་ཉིད་གཅིག་པུ་མ་གཏོགས་པ། །ཇོ་བོའི་སློབ་མ་གཞན་ལ་ཡོད་རེ་སྐན། ། ཞེས་ང་བོའི་མན་ངག་ཐུན་མོང་མ་ཡིན་པ་རྣམས་ཁོང་རང་ལ་ཡོད་པར་ཞལ་གྱིས་བཞེས་ཤིང་ཇོ་བོ་རྗེ་བོད་དུ་གདན་འདྲེན་མཛད་པས་ལོ་ཙཱ་བ་འདི་ནི་བོད་ཁམས་ཡོངས་ལ་བཀའ་དྲིན་བླ་ལྷག་ཏུ་ཆེ་བ་ཞིག་གོ །

ལྷ་བླ་མ་བྱང་ཆུབ་འོད་ནི་མངའ་རིས་ཆོས་རྒྱལ་(༡༤༢༣)གྱི་སྲས་སུ་སྐུ་འཁྲུངས། རྒྱལ་སྲིད་ལ་མ་ཆགས་པར་རབ་ཏུ་བྱུང་ཞིང་བསྙེན་པར་རྫོགས་ནས་བསྟན་པ་དང་སེམས་ཅན་གྱི་ཁུར་ཁྱེར་ཏེ་ཇོ་བོ་སྤྱན་འདྲེན་པའི་བྱེད་པ་པོ་མཛད། བསྟན་པ་སྤྱི་ཁྱབ་ཏུ་བྱང་ཆུབ་ལམ་གྱི་སྒྲོན་མ་ཞུས་ཏེ། ལོ་ཙཱ་བ་དགེ་བའི་བློ་གྲོས་ཀྱིས་བསྒྱུར། ཁོང་གིས་ཇོ་བོ་ལ་བདག་རྒྱུད་གསང་བ་འདུས་པ་མན་ངག་ཡེ་ཤེས་ཞབས་ལུགས་ཡི་དམ་ཐུགས་རྗེ་ཆེན་པོ་ལ་མོས་པས། འཇིག་རྟེན་དབང་ཕྱུག་གིས་དཀྱིལ་འཁོར་གྱི་གཙོ་བོ་བྱས་པའི་སྒྲུབ་ཐབས་ཤིག་ཞུ་ཞུས་པས། འཇིག་རྟེན་དབང་ཕྱུག་ལྷ་བཅུ་དགུའི་དཀྱིལ་འཁོར

གྱི་དབང་གནང་ཞིང་སྒྲུབ་ཐབས་ཆེ་ཆུང་གཉིས་བསྐོད་པ་དང་བཅས་མཛད་དེ་ལོ་ཙྪ་བས་བསྒྱུར། ཇོ་བོའི་འཇིག་རྟེན་དབང་ཕྱུག་ལ་ཐུགས་དམ་དུ་མཛད་པས་ཞལ་མངོན་སུམ་དུ་གཟིགས། དབུས་སུ་ཕེབས་ནས་ཀྱང་ཇོ་བོའི་ཞབས་ཏོག་མཛད་ཅིང་ཆོས་ཀྱང་མང་དུ་གསན། ཇོ་བོའི་གསུང་ལ་གཅེས་སྤྲས་སུ་མཛད་པས་ཇོ་བོ་རྗེ་ཤིན་ཏུ་མཉེས། ལྷ་བཙུན་བོ་ཧྲི་རཱ་ཛས་ཇོ་བོ་ལ་ལྷ་བཙུན་པས་ཕྱག་མཛད་ཅན་མི་བཞེད། ཁོ་བོས་ཕྱག་བགྱིས་ཅན་སྐུ་ལུས་ཪྗེ་རྗེ་སྐྱིལ་ཀྲུང་མཛད་ཀྱང་བཞེད་པ་ཧི་ལྷར་ལགས་ཞུས་པས། ལྷ་བཙུན་པ་ངའི་སློབ་མ་ཡིན་ཁྱེད་བོད་ཀྱི་རཱ་ཛ་ཡིན་གསུང་། འོན་ཁོ་བོ་སློབ་མ་མ་ལགས་སམ་ཞུས་པས། ཇོ་བོ་སྤྱན་ཟིམ་མེ་མཛད་ནས་ལགས་ལགས་བཟོད་པ་མཛོད་གསུང་། སློབ་མ་བཟང་པོ་བྱང་ཆུབ་འོད་ཀྱིས་བསྐུལ་གྱུར་པས། །ཞེས་ཇོ་བོ་རྗེ་ཐུགས་ཤིན་ཏུ་མཉེས་པས་སྲས་ཀྱི་(༡༤༢བ)ཐུ་བོར་གྱུར་པ་ཞིག་སྟེ། བྱང་ཆུབ་ལམ་གྱི་སྒྲོན་མ་ཞེས་འཛམ་གླིང་བསྟན་པའི་སྒྲོན་མེ་གཅིག་པུ་འདི་ཁོང་གི་བཀའ་དྲིན་ལས་བྱུང་བས་རྒྱལ་བའི་བསྟན་པ་ལ་བྱ་བ་ཆེན་པོ་བྱས་པ་ཞིག་གོ །གཙང་གི་སློབ་མ་རྣམས་ཀྱི་གཙོ་བོ་རྗེ་འགོས་ལོ་ཙྪ་བ་ནི། རྟ་ནག་ཕུའི་ཁྱུག་པ་ཞེས་བྱ་བའི་སའི་ཆར་ཡུམ་སྒྲོལ་མའི་སྤྲུལ་པ་ཡིན་ཟེར་བ་ཞིག་ལ་འཁྲུངས། མཚན་ནི་ལྷས་བཙས་ཏེ་ལྷས་སྐྱབས་ཞེས་བྱ་བ་ཡིན་ལ། དང་པོར་ཟུར་པའི་སར་སློབ་གཉེར་ལ་བྱོན་པས་ལས་ཁོ་ན་བཙོལ་བས་འབྲོག་མིའི་ཐད་དུ་བྱོན། ཆོས་འབྲེལ་ཙམ་གནང་ཡང་རྒྱུད་ཉན་པར་འདོད་པ་ལ་གསེར་ཁྱེར་ཤོག་གསུངས་ནས་མ་གནང་བས། རང་གི་སྟོབས་པ་བསྐྱེད་དེ་རྒྱ་གར་དུ་ཕྱིན་ལ་ཁོང་འདྲ་བ་ཞིག་བྱ་སྙམ་ནས། ཀྱི་ཇོ་ཟླ་བའི་འོད་ཟེར་དང་འགྲོགས་ཏེ་རྒྱ་གར་དུ་བྱོན། པཎྜི་ཏ་རྣམས་ཀྱི་ཐད་དུ་ཆོས་གསན་པའི་ཚེ་ན་བརྩོན་འགྲུས་མ་བསྐྱེད་ན་འབྲོག་ལྷ་མ་དེ་ལ་ངོ་ཚ་བར་ཡོད་གསུངས་ནས་སྙིང་རུས་བསྐྱེད་དེ་སློབ་གཉེར་ལ་འབད་པ་ཆེན་པོ་མཛད། ཁོང་ལ་བལ་པོ་ཕན་ཆད་ན་པཎྜི་ཏའི་བླ་མ་བདུན་ཅུ་དང་། མཁའ་འགྲོ་མའི་བླ་མ་

གཉིས་ཏེ་བདུན་ཅུ་རྩ་གཉིས་ཡོད་པར་གྲགས། གསང་བ་འདུས་པ་གསན་པའི་གཙོ་བོ་ནི་ཧཾ་ག་ཡའི་མངོན་ཤེས་ཅན། ཟ་ཧོར་གྱི་བཙུན་མོ་ཅན། ཀོང་ཀ་ནའི་རྒྱལ་བུ་སྤྲིན་གྱི་ཤུགས་ཅན། རྡོ་རྗེ་གདན་གྱི་ནག་པོ་དམ་ཚིག་རྡོ་རྗེ། ཇོ་བོ་རྗེ། ཁ་ཆེ་གྲིབ་སྟན་གྱི་མཁས་པ་ཙནྡྲ་རཱ་ཧུ་ལ། རྒྱལ་པོའི་ཁབ་ཀྱི་ཞི་བ་བཟང་པོ། ཡེ་རང་གི་བལ་པོ་ཐུགས་རྗེ་ཆེན་པོ། བལ་པོ་རྫོང་གི་ན་བ་ཀུ་དྲི་བ། ནཱ་རོ་པའི་(༡༤༣ན)སློབ་མ་ཁ་ཆེ་ཛྙཱ་ན་ཨཱ་ཀ་ར་རྣམས་བསྟེན་ནས་གསང་བ་འདུས་པའི་རྒྱུད་འགྲེལ་པ་ཆ་ལག་དང་བཅས་པ་མཁས་པར་བསླབས་ནས་བཤད་པ་མཛད་པས་འཕྲིན་ལས་ཀྱི་དར་རྒྱས་ཤིན་ཏུ་ཆེ། རྒྱུད་འགྲེལ་པ་དང་བཅས་པ་ལ་འགྱུར་བཅོས་ཀྱང་ལན་གཉིས་སུ་མཛད། གཞན་ཡང་འགྱུར་མང་དུ་མཛད། ལྷག་པར་གསང་བ་འདུས་པ་འཕགས་ལུགས་ལ་འཕྲིན་ལས་ཀྱི་བཀའ་བབ་པས་བོད་དུ་འདུས་པའི་བཤད་སྲོལ་རྒྱ་ཆེར་སྤེལ་ལོ། །

ཆོས་རྗེ་བུ་སྟོན་རིན་པོ་ཆེ་དང་རྗེ་བདག་ཉིད་ཆེན་པོ་ཡབ་སྲས་རྣམས་ཀྱིས་རྗེ་འགོས་ཀྱི་འདུས་པའི་བཤད་སྲོལ་ཉིད་རྩལ་དུ་བཏོན་ནས་སྤེལ་བས་དེང་སང་གི་བར་དུ་བཤད་སྲོལ་རྒྱུན་མ་ཆད་པར་ཡོད་པ་འདི་བྱུང་བ་ཡིན་པས་བཀའ་དྲིན་ཤིན་ཏུ་ཆེ་བ་ཞིག་གོ །ཡོལ་སྐུ་མཆེད་གསུམ་ནི། ཡོལ་ཆོས་དབང་། ཡོལ་དྲུང་སྲོང་། ཡོལ་ཐོགས་འབེབས་ཏེ། གསུམ་ག་ཇོ་བོའི་དངོས་སློབ་ཡིན་ཡང་། དང་པོ་ཇོ་བོ་ཉན་ཆོར་ཕེབས་དུས་ཇོ་བོའི་ཞལ་ནས། ད་ནང་ཐོ་རངས་ནམ་མཁའ་ལ་ཧཱུཾཿདཀར་པོ་སྒྲ་དང་བཅས་པ་ཅིག་བྱུང་། དེ་བཅུ་གཅིག་ཞལ་གྱི་སྐུ་ལི་མ་འདི་ལ་ཐིམ། །དེ་ལས་འོད་འཕྲོས་བོད་ཐམས་ཅད་འོད་ཀྱིས་ཁྱབ་ནས་འོད་དེ་བན་ཆུང་གཞོན་ནུ་གཅིག་ལ་ཐིམ་པས་དེའི་སྐུ་ལུས་འོད་གསལ་དུ་ཤར་བ་རྨིས་གསུང་། ཉི་མ་རྩེ་ཤར་ལ་ཡོལ་ཆོས་དབང་བཙུན་ཆུང་ལོ་བཅུ་དྲུག་ལོན་པ་གཅིག་གིས་དར་སེར་པོ་ཞིག་ཕུལ། བདག་ལ་ཐུགས་རྗེ་ཆེན་པོའི་གདམས་ངག་ཅིག་ཞུ་ཟེར་(༡༤༣བ)བས་ཇོ་བོ་དགྱེས་ནས་བཅུ་གཅིག་ཞལ་གྱི་སྐུ་དེ་

ཡང་གནང་། སྤྱན་རས་གཟིགས་ཀྱི་ཆོས་སྐོར་རྣམས་རྫོགས་པར་གནང་། དེ་ནས་རང་གི་གནས་སུ་ཇོ་བོ་སྤྱན་དྲངས་ཏེ་ཟླ་བ་གསུམ་དུ་ཞབས་ཏོག་མཛད། དེའི་ཚེ་ཚོགས་ཆོས་སུ་ཕ་རོལ་ཏུ་ཕྱིན་པ་གསུངས། སྒེར་ཆོས་སུ་ཡོལ་མཆེད་གསུམ་ལ་ཀྲི་ཡའི་སྒྲུབ་ཐབས་རྣམས་གསུངས། ཡོལ་གྱིས་ཇོ་བོ་ལ་སྲུང་བ་ཟབ་མོ་ཞིག་ཞུ་ཞུས་པས་མ་ཧེ་གསུངས། དེས་མི་འོང་ཞུས་པས་མི་གཡོ་བ་གསུངས། སྟོན་པས་བྱིན་རླབས་ཆེ་བ་ཞིག་ཞུ་བྱས་པས། ཡི་གེ་དྲུག་པ་དང་ཞལ་བཅུ་གཅིག་པ་གསུངས། ལོ་ཙྪ་བས་མཐུ་ཆེ་བ་ཞིག་ཞུ་ཞུས་པས་གཤིན་རྗེ་གཤེད་གསུངས། སྒྲུབ་ཐག་ཉེ་བ་ཞིག་ཞུས་པས་སྒྲོལ་མ་གསུངས། ཡོལ་གྱིས་ཐུགས་རྗེ་ཆེན་པོ་ཞི་ཁྲོའི་སྐོར་ཞུས་ནས་སྒྲུབ་པ་མཛད་པས་ཟླ་བ་དྲུག་ནས་ཞི་བའི་ལྷའི་ཞལ་གཟིགས། དེ་ནས་ཁྲོ་བོའི་ཞལ་གཟིགས། ཐུགས་རྗེ་ཆེན་པོའི་ཆོས་སྐོར་ལ་ཡོལ་ལས་མཁས་པ་མེད་གསུངས། ཕྱིས་དབུས་སུ་ཡང་བྱོན་ཏེ་ཆོས་མང་དུ་གསན། ཁྱད་པར་རྟ་མགྲིན་ཤྭ་ན་བཞི་བསྐོར་གྱི་སྒྲུབ་ཐབས་དེ་ལོ་ཙྪ་བ་དང་ལྷ་བཙུན་པ་སོགས་ཀྱིས་ཞུས་ཀྱང་མ་གནང་བར་ཡོལ་ལ་འདི་སྙིང་རྗེའི་ལྷ་ཡིན་ཁྱོད་སྙིང་རྗེ་ཆེ་བས་སྟེར་བ་ཡིན་གསུངས་ནས་གནང་། ཡོལ་ལ་བརྟེན་ནས་ཇོ་བོ་ལུགས་ཀྱི་ཐུགས་རྗེ་ཆེན་པོ་གཙོ་འཁོར་གསུམ་གྱི་གདམས་པ་གྲུབ་མཐའ་རིས་སུ་མ་ཆད་པ་དག་ལ་རྒྱ་ཆེར་འཕེལ་ལོ། །

རོང་པ་འགར་དགེ་ནི། རྟེན་དགེ་བསྙེན་ཡིན། ཇོ་བོ་སྤྱན་འདྲེན་ཏུ་མང་ཡུལ་དུ་བྱོན། བསམ་ཡས་(༡༢༩༨)སུ་ཡང་བྱོན་ཏེ། གསང་སྔགས་ཀྱི་གདམས་པ་མང་དུ་གསན་ཞིང་ཕྱིས་ཇོ་བོ་རྗེ་སྙེ་ཐང་དུ་བཞུགས་པའི་དུས་ཉང་རོའི་སྟོན་པ་བསོད་ནམས་ཡེ་ཤེས་དང་ལྷན་དུ་ཕེབས། དེ་ནས་དགེ་བཤེས་སྟོན་པས་མཆིམས་ཕུ་ནས་ལོ་ཙྪ་བ་སྤྱན་དྲངས། སྟོན་པ་དགེ་བས་ཞུས་ནས་དཔལ་དགྱེས་པ་རྡོ་རྗེ་སློབ་དཔོན་ཤེཀྵ་པས་མཛད་པའི་ལྷན་ཅིག་སྐྱེས་པའི་རྣལ་འབྱོར་དང་། ཇོ་བོ་རྗེ་ཉིད་ཀྱིས་མཛད་པའི་ཊཱིཀྐ་

ཧེ་རུ་ཀའི་བདུད་རྩིའི་འོད་ཀྱི་འགྲེལ་པ་དང་། དཔལ་འཁོར་ལོ་སྡོམ་པའི་གཞུང་མང་པོ་དང་། དཔལ་མཧཱ་མ་ཡའི་སྒྲུབ་ཐབས་སློབ་དཔོན་ཀུ་ཀུ་རི་པ་དང་ཤནྟི་པས་མཛད་པ་ལ་སོགས་པ་གསན། སྤྱིར་ན་འགར་འགོས་གཉིས་ལ་གསང་སྔགས་མཐའ་དག་གི་གདམས་པ་མ་ལུས་པར་གནང་། ཁྱད་པར་དུ་གསང་སྔགས་འཕགས་སྐོར་ལ་རྩལ་ཐོན། ལཱུ་ཡི་པའི་དབང་བཀའ། ལྷ་སྲས་ཀྱི་འགྲེལ་པའི་བཤད་བཀའ། ཆོས་ཚན་དགུ་ལ་སོགས་པའི་རྫོགས་རིམ་ཡོངས་སུ་རྫོགས་པ་གསན་པ་དང་གི་ཐུགས་ཉམས་སུ་བཞེས་ཤིང་སྐལ་བ་དང་ལྡན་པ་གཞན་དག་ལའང་རྒྱ་ཆེར་སྤེལ་ལོ། །ལྷོ་བྲག་པ་ཕྱག་ཁྲི་མཆོག་ནི། འབྲུངས་ཡུལ་ལྷོ་བྲག་པ། ལྷ་སར་ཇོ་བོ་མཇལ་བའི་ལམ་ཞོར་ལ་སྙེ་ཐང་དུ་ཇོ་བོ་རྗེ་དང་མཇལ་ཏེ་གདམས་ངག་མང་དུ་ཐོབ། ལོ་ལྔ་བསྟེན། ཆོས་མངོན་པ་ལ་རྩལ་ཐོན། འཇིག་རྟེན་དབང་ཕྱུག་དང་། ཇོ་མོ་སྒྲོལ་མའི་ཞལ་གཟིགས་ཤིང་ཁམས་གོང་མའི་ཏིང་ངེ་འཛིན་ལ་མངའ་བརྙེས། ཇོ་བོའི་རྣལ་འབྱོར་མི་བཞིའི་(༡༤༩བ)ཡ་གྱལ་གཅིག་ཡིན། ཇོ་བོ་མྱ་ངན་ལས་འདའ་ཁར། ཚེ་འདི་བློས་ཐོང་། ཚེ་གཞུག་འབྲོམ་སྟོན་པ་དང་མ་བྲལ་བ་གྱིས་ཤིག་གསུངས་པ་ལ་བརྟེན་ནས་འབྲོམ་གྱི་ཕྱག་ཕྱིར་ར་སྒྲེང་དུ་ཐེབས། དེ་ནས་ཇོ་བོའི་གདུང་ཁང་གི་དངུལ་འདོན་པ་དང་། ཇོ་བོའི་ཕྱག་དཔེ་ཁ་ཅིག་རྒྱ་གར་དུ་རྫོང་བའི་སླད་དུ་བལ་ཡུལ་དུ་བྱོན། རྒྱ་གར་དུ་རྒྱ་དཔེ་འཕྲིན་ཡིག་དང་བཅས་པའི་མི་མང་པོ་བརྫངས། དངུལ་རྣམས་ལ་ལྷང་པ་བྱས་ནས་ཀ་བ་ལིར་བཙུག །ཚུར་བྱོན་པའི་ལམ་དུ་སྨི་ལམ་ལ་ཇོ་མོ་སྒྲོལ་མའི་ཞལ་ནས་བྲམ་ཟེའི་ཁྱེའུ་ལོ་བཅུ་ལོན་པ་གཅིག་རས་ཚོང་དུ་འོང་གི་དེ་ཉོས་ལ་ང་ལ་ཕུལ་ཞིག །དེ་ལྟར་བྱས་ན་ལམ་དུ་བར་ཆད་ཀྱིས་མི་ཚུགས་པའི་གཉེར་ཁ་ཐམས་ཅད་ངས་བྱེད་ཟེར་བ་ཞིག་རྨིས། སང་རས་ཚོང་བ་གཅིག་བྱུང་སྟེ་ཇོ་མོ་ལ་བསྔོས་ནས་དཔལ་མོ་དཔལ་ཐང་ལ་བྱོན་ཙ་ན་ཇག་པ་མང་པོ་བྱུང་བས་ཟླ་བོ་ཐམས་ཅད་བཅོམ། ཕྱག་ཁྲི་མཆོག་གི་དངུལ་ལྷང་པ་དེ་རྣམས་

གད་སྐྱིབས་ཤིག་ན་ཕར་ལ་བཞག་པས་ཧག་པས་མ་མཐོང་བར་ཚུར་ཐོན། ལོ་རྒྱུས་དེ་ར་སྒྲེང་དུ་དགོན་པ་བ་ལ་ཞུས་པས། སྒྲོལ་མ་དཀར་སྔོ་གཉིས་གང་དུ་འདུག་གསུང་། དེ་མ་དྲན་ཞུས་པས་དེ་གཉིས་ཀ་བཞེངས་གསུངས་ནས་རས་དེ་ལ་སྒྲོལ་མ་དཀར་སྔོ་གཉིས་ཀ་བཞེངས་ནས་ད་ལྟ་ར་སྒྲེང་ན་བཞུགས་པ་ལགས། གླང་རི་ཐང་པའི་ཞལ་ནས་རི་མོ་གསལ་རྒྱུ་མི་འདུག་སྙེ་སྤྲུལ་པའི་སྐུ་དངོས་ཡིན་གསུངས། དེ་ནས་རེ་ཤིག་ན་ཧ་ལུང་ཇོ་གང་གི་མང་སྐྱོལ་མཛད། དེ་རིང་ནི་གཏམ་རི་གཟར་གྱི་ཐབ་འདྲ་བ་གཅིག་འོང་བས་སོ་(༡༤༥༨)སོ་ནས་བཟོད་པ་མཛད་པ་ཞུ་གསུངས་ནས་བཟོད་གསོལ་སྟོན་ལ་མཛད། དགེ་བཤེས་སྟོན་པ་ལ་དགེ་བའི་བཤེས་གཉེན་པ་ལགས། ཁྱེད་ལ་ཇོ་བོའི་གདམས་ངག་ཐམས་ཅད་བུམ་པ་གང་བྱོའི་ཚུལ་དུ་མངའ་བ་ལགས་པས། དེས་ཀྱང་མི་ཕན། དེས་ཀྱང་མི་ཕན་མི་གསུང་བར་ཇོ་བོའི་གདམས་ངག་རྣམས་རྒྱུན་མི་གཅོད་པར་གསུང་བར་ཞུ། རྣལ་འབྱོར་པ་ལ། ཁྱོད་རྣལ་འབྱོར་པ་མི་ཆོས་སུ་ངན་ཏེ། ཇོ་བོའི་གཡོག་བཞག་ནས་ཐ་རྒྱ་མཚོའི་རྗེས་ལ་ཕྱིན། ལྷ་ཆོས་སུ་ངན་ཏེ་ཇོ་བོའི་གདམས་ངག་བསྒོམ་པ་བཞག་ནས་སྤྲས་ཚུང་སྟོན་པའི་བདག་མེད་མའི་སྒྲུབ་ཐབས་བསླབས་པ་ཡིན་ཞེས་དང་། རྣལ་འབྱོར་པ་གོང་འོག་ལ་ཡང་བཀའ་ཕེབས་ལམ་མེ་བ་ཞིག་མཛད་ནས། ད་ཁོ་བོ་ཇོ་བོའི་ཐུགས་དགོངས་སྐོང་དགོས་པ་ཡོད་པས། སང་ནས་མཚམས་གཅོད་པར་ཞུ་གསུང་བས། རྣལ་འབྱོར་པ་གོང་འོག་གི་ཐུགས་དགོངས་ལ་ཁོང་མཚམས་བཅད་ནས་མི་དང་མི་ཕྲད་པ་ཡིན་འོང་སྙམ་ཙ་ན་ཤུག་གསེབ་ལ་སོགས་པ་གར་ཐོད་ཐོད་དུ་བཞུགས་ནས་གདའ་སྐད། དེ་དུས་གསང་ཕུ་ནས་རྣལ་འབྱོར་པ་ཤེས་རབ་རྡོ་རྗེ་ར་སྒྲེང་དུ་བྱོན། ཁོང་དང་ཆོས་ཀྱི་གསུང་གླེང་ཁོ་ཐག་ཆོད་པ་ཅིག་བྱུ་སྐམ་ནས་བྱོན་པ་དང་། རྣལ་འབྱོར་པ་མི་བཞུགས་པར་གདའ་སྐད། གར་བཞུད་བྱས་པས། ཤུག་གསེབ་ཀྱི་ཕ་གི་ཡིན་ཟེར་བས། དེར་བྱོན་ཏེ་གསང་ཕུ་བ་དགེ་སློང་ཡིན། ཁྲི་མཆོག་དགེ་བསྙེན་

ཡིན་པས་གསང་ཕུ་བ་ལ་ཚུར་ཕྱག་གསུམ་མཛད་ནས། ཁོ་བོ་ལ་མིའི་རིག་པོ་(༡༢༥བ)ཙམ་མི་བདོག་གསུངས་ནས། ཤུག་གསེབ་ན་ཕར་གཤེགས་པར་མཛད། གསང་ཕུ་བའི་ཞལ་ནས། དེ་ལས་ཡི་མུག་པ་དང་། དེ་ལས་ཁོ་ཐག་མ་ཆོད་པ་ཅིག་མ་བྱུང་གསུང་། ཁོང་འཇིག་རྟེན་གྱི་རྣམ་པར་རྟོག་པ་ལ་མཚམས་པོ་ཆེ་པད་ཀྱིས་བཅད་ནས་བཞུགས་པ་ཡིན་ཏེ། འཇིག་རྟེན་བློས་བཏང་ནས་བྱམས་སྙིང་རྗེ་བྱང་ཆུབ་ཀྱི་སེམས་བསྒོམ་པ་ལ་སོགས་པ་ཇོ་བོའི་ཐུགས་དགོངས་ཇི་ལྟ་བ་བཞིན་དུ་བསྒྲུབ་པར་མཛད། ལན་ཅིག་ཡུལ་ནས་གསེར་ཞོ་ཁ་ཡར་ཞིག་བྱུང་བ་ན། གསེར་གྱི་ཐུམ་པོ་རྣམས་བཀྲོལ་ནས་ཕྱག་གི་མཐིལ་དུ་བླུགས། ཀ་གཉིས་མའི་མདུན་དུ་བྱོན་ནས། བདག་ནི་གྲོལ་བ་དོན་གཉེར་ལ། །རྙེད་དང་བཀུར་སྟིས་འཆིང་མི་དགོས། །གསུང་ཞིང་རྟེན་གྱི་གསེབ་ཏུ་གཏོར་ཏེ་བཏང་། རྟའི་ཟེའུ་ཆུང་ཆུང་ཞིག་ལ་སྐོར་བ་མཛད་པ་ལ། མུ་ངན་འདས་རྟེང་བལྟས་པས། ནང་ན་ཇོ་བོའི་ན་བཟའ་བྲུལ་པ་ཅིག་སྣང་། གཞན་རྟེན་གྱི་དངོས་པོ་ཅི་ཡང་མི་འདུག །དགོན་པ་བའི་ཞལ་ནས། ཨ། ར་སྒྲེང་བའི་མཐའ་འདི་ལྟར་སོང་བ་གསུང་། དེ་ཅི་ནོངས་ཞུས་པས། ངས་ཇོ་བོའི་ཐུགས་དམ་གྱི་ལྷ་བཞེངས། རྣལ་འབྱོར་པས་མདོ་མང་བྲིས། སྟོན་པ་འདས། ཁྲི་མཆོག་ཡོད་ནའང་འདི་ལྟར་མི་འགྲོ་བ་ལ་གསུང་། ཁྲི་མཆོག་གིས་ཅི་ཕན་ཞུས་པས། དེ་འཇིགས་ནས་བྱེད་མི་ཕོད་གསུང་། ཤ་ར་བའི་ཞལ་ནས། ད་ལྟའི་བཀའ་གདམས་པའི་སྲོལ་གང་ཡིན་ཆ་མེད། སྟོན་དགེ་བཤེས་སྟོན་པ་དང་། ཁྲི་མཆོག་དང་། རྣལ་འབྱོར་པ་རྣམས་ཀྱིས་སྐྱེ་སའི་ཡུལ་སྤངས་ཏེ་ཉེ་དུ་འབྲེལ་པ་(༡༢༨ན)ལ་ཤི་བ་ལྟར་བྱས་ནས་ཆོས་ལ་ནན་ཏན་ཆེར་བྱེད་པ་ཡིན་གསུང་། དགེ་བཤེས་གྲོ་ལུང་པའི་ཞལ་ནས། རྣལ་འབྱོར་པ་ཕྱག་ཁྲི་མཆོག་ཆོས་གྲྭའི་སློབ་དཔོན་སྤྱོད་པ་གཞན་གྱི་སེམས་ཤེས་པ་མངའ་བ་ཇོ་བོ་རྗེ་གཤེགས་ཁར་ཐ་མལ་པའི་རྟོག་པ་མ་རྒྱུ་བར་བྱང་ཆུབ་ཀྱི་སེམས་སྦྱོངས་ཤིག །སྟོན་པ་དང་མ་བྲལ་བར་གྱིས་ཤིག་ཅེས་གདམས

པ་དང༌། ལྷག་པར་དགོངས་པ་ལོ་བཞིར་ཐ་མལ་པའི་རྟོག་པ་མ་ཤོར་བར་གྲགས་པ་སྟེ། རྗེད་པ་ནི་འཕྲུལ་འཚོ་ཙམ་ལས་མེད། མགྲོན་གྱི་སྣེ་ལེན་ལ་སོགས་པ་རྩལ་བཞིན་མཛད་པ་ན། ཉེ་གནས་སྐྱོ་ནས་འདི་ལྟ་བུ་མི་འགྲུབ་ཅེས་ཞུས་པ་དང༌། བཀྲོན་ཏེ། གཅིག་པུར་འདུག་པ་ཏ་སོ་གསོད་དེ་ཆིག་སྒྲུ་མི་ཐུབ་པས་དགེ་བཤེས་སྟོན་པ་ལ་བརྟེན་པ་ཡིན་གསུང་ངོ་། །

དེ་ལྟར་ཐ་མལ་གྱི་རྣམ་པར་རྟོག་པའི་རྒྱུ་བ་བཅད་དེ་དགུང་ལོ་ཞེ་གཉིས་འགྲོ་བའི་ཚེ་ར་སྒྲེང་དུ་སྐུའི་བཀོད་པ་བསྡུས་ནས་དགའ་ལྡན་ཆོས་ཀྱི་ཕོ་བྲང་དུ་གཤེགས་སོ། །ལྷོ་བྲག་པ་དགེ་བ་སྐྱོང་གི་རྣམ་ཐར་རྗེད་ན་འདིར་འདུག །ཁམས་པ་སྒྲུ་མཆེད་བཞི་ནི། རྣལ་འབྱོར་པ་ཆེན་པོ་བྱང་ཆུབ་རིན་ཆེན། དགོན་པ་བ་དབང་ཕྱུག་རྒྱལ་མཚན། ཤེས་རབ་རྡོ་རྗེ། ཕྱག་དར་སྟོན་པ་རྣམས་སོ། །དེ་ལ་རྣལ་འབྱོར་པ་ཆེན་པོ་བྱང་ཆུབ་རིན་ཆེན་ནི། མདོ་ཁམས་སྨད་དུ་ཤིང་མོ་ཡོས་ལ་སྐུ་འཁྲུངས། སྐུ་གཞོན་ནུ་ནས་རབ་ཏུ་བྱུང་སྟེ་ཇོ་བོ་རྗེ་བོད་དུ་འབྱོན་པའི་སྐད་པ་གསན་ནས་མཇལ་བར་འདོད་དེ་བྱོན་པས་(༡)༢༤བ) གཙང་གི་ཉན་ཚོར་ཇོ་བོ་དང་མཇལ། ཇོ་བོས་སྔོན་གྱི་འབྲེལ་པ་དང་ཆོས་ཀྱི་བག་ཆགས་ཡོད་པར་མཁྱེན་ནས་མཇལ་མ་ཐག་ཏུ་དམ་ཚིག་གསུམ་བཀོད་པའི་རྒྱལ་པོའི་ལུང་དང༌། འདུ་ཤེས་བསྐྱེད་པའི་ཆོས་བཅུ་བྱ་བའི་གདམས་ངག་གནང༌། རྒྱུན་གྱི་ཞབས་ཏོག་པ་ཉེ་གནས་མཛད་ཅིང༌། རྒྱ་གར་དུ་ཇོ་བོའི་བླ་མ་རྣམས་ལ་འབུལ་སྐྱེལ་དང༌། རྡོ་རྗེ་གདན་གྱི་མཆོད་པ་སོགས་བྱ་བར་ལན་གསུམ་བྱོན། ལན་ཅིག་དབུས་སུ་ཉང་པོའི་གྲུ་ལ་ཇོ་བོའི་ཕྱག་ཕྱི་མཛད་ཅིང་ཕེབས་དུས་ཇོ་བོ་ལ་གྲུ་གླ་ཅི་སྦྱིན་ཞུས་པས་ཇོ་བོས་ཕྱག་རྒྱ་ཞིག་མཛད་པས་དེ་གོ་ནས་ཀ་ར་བམ་པོ་ལྔ་བྱིན་པས་ཇོ་བོ་དགྱེས་ཏེ་ངས་རྐང་མགྱོགས་བསྒྲུབས་ནས་འཛམ་བུའི་གླིང་ལན་གསུམ་སྐོར་ཡང་ཁྱོད་འདྲ་བའི་སློབ་མ་མི་རྙེད་གསུང༌། ཇོ་བོ་སྙེ་ཐང་དུ་བཞུགས་དུས་རྣལ་འབྱོར་པའི་ཐུགས་དགོངས

ལ་ཉིན་མཚན་དང་སྟོན་དབྱེད་མེད་པར་བླ་མའི་ཞབས་ཏོག་བྱེད་བྱེད་ནས་བསྒོམ་བྱ་རྒྱུ་མ་བྱུང་བས་ང་བསོད་ནམས་ཆུང་སྙམ་པའི་བློ་ཞིག་སྐྱེས་པ་རྗེ་བོས་མཁྱེན་ནས་ལུས་ངག་ཡིད་གསུམ་བླ་མའི་ཞབས་ཏོག་ཏུ་བཀོལ་ན་སྒོམ་གྱི་དམིགས་པ་གཞན་ནས་བཙལ་མི་དགོས་གསུངས། དེའི་གནད་ཀྱིས་དགེ་བཤེས་ནལ་འབྱོར་པ་ལས་རྟོགས་པ་མཐོ་ལ་སྒོམ་བཟང་བ་མ་བྱུང་བ་ཡིན། དམ་ཚིག་གསུམ་བཀོད་པའི་རྒྱལ་པོའི་བཟླས་པ་སྟོང་ཕྲག་བརྒྱད་ཐོན་ཙ་ན་ཞལ་གཟིགས། ལས་སྣ་ཚོགས་ལ་རྩལ་ཐོན། དམ་ཚིག་གསུམ་བཀོད་རྒྱལ་པོ་དང་འཇམ་དཔལ་བགྲོ་བ་(༡༢༧ན)མཛད་པའི་ཞལ་གཟིགས། ཇོ་བོ་མྱ་ངན་ལས་འདས་ནས་ཞལ་འཆེམས་བཞིན་དགེ་བཤེས་སྟོན་པའི་ཕྱག་ཕྱིར་བྱོན་ནས་ར་སྒྲེང་དུ་བཞུགས། དགེ་བཤེས་སྟོན་པ་ཞི་བར་གཤེགས་རྗེས་ར་སྒྲེང་གི་གདན་ས་ལོ་བཅུ་གསུམ་མཛད། ར་སྒྲེང་གི་ཁྲིམས་སླད་ལ་སོགས་པ་མཛད་པ་ལྷག་མ་རྣམས་བསྐྱབས་ཤིང་ཚོགས་པ་བསྐྱངས་པས་འཕྲིན་ལས་ཤིན་ཏུ་ཆེ་བ་བྱུང་། བུ་སློབ་ཆེ་བ་མང་རབ་བྱུང་ཚུལ། སྟོད་ལུང་པ་ཆེན་པོ། ལྷག་མི། གཡག་རུམ། སྦྱུག་རུམ་པ་ཆེན་པོ་རྣམས་དང་། བཀའ་གདམས་སྐུ་མཆེད་གསུམ་གྱིས་ཀྱང་འདིའི་ཞབས་ལ་གཏུགས་པར་སྣང་ངོ་། །

བདག་ཉིད་ཆེན་པོ་འདི་ནི་མངོན་ཤེས་དང་རྫུ་འཕྲུལ་ཐོགས་པ་མེད་པ་མངའ་བ་ཞིག་སྟེ། འབྲོམ་རིན་པོ་ཆེ་སྐུ་སྟོན་པའི་སྐབས་ཤིག་རྫུ་འཕྲུལ་གྱིས་རྩིགས་པ་ལའང་ཐོགས་པ་མེད་པར་བྱོན་ནས་སྟོན་དྲིས་པའི་གཏམ་རྒྱུད་ཀྱང་ཡོད་ཅིང་། རྫོགས་རིམ་གྱི་རླུང་མཉམ་འཇུག་གི་ཏིང་ངེ་འཛིན་ཁྱད་པར་ཅན་ཐོབ་པ་ཞིག་ཡིན་པར་གསུངས། དགུང་ལོ་དྲུག་ཅུ་རེ་གསུམ་པ་མེ་མོ་སྦྲུལ་གྱི་ལོའི་རྒྱལ་ཟླའི་ཡར་ཚེས་བརྒྱད་ལ་ངོ་མཚར་བའི་ལྟས་དང་བཅས་དགའ་ལྡན་དུ་གཤེགས་སོ། །དགོན་པ་བ་ཆེན་པོའི་རྣམ་ཐར་ནི་འོག་ཏུ་འཆད་དོ། །

རྣལ་འབྱོར་པ་ཤེས་རབ་རྡོ་རྗེ་ནི། རྗེ་བོའི་གདམས་པ་མང་དུ་མདའ་ཞིང་ཁྱད་པར་གྲུབ་མཐའ་ལ་རྩལ་ཐོན། ཐུགས་དམ་ཡི་གེ་དྲུག་པའི་ཞལ་གཟིགས། (༡༨༧བ) རྗེ་བོ་ལོ་གསུམ་དུ་བསྙེན་པར་གྲགས། ལན་ཅིག་གི་ཚེ་མ་ཊི་བཟླས་པས་ཞལ་ནས་འོད་ཟེར་ཤུ་ཤུ་འོང་བ་ལ་རྣལ་འབྱོར་པ་ཆེན་པོའི་ཞལ་ནས། སྒོམ་ཆེན་འདི་ཁོ་ན་རེ་སྐྱིད། བྱང་ཆུབ་ཀྱི་ཐུགས་མདའ་བ་གསུང་། རྗེ་བོ་གཤེགས་ནས་གསང་ཕུར་བཞུགས་ཏེ་ཐུགས་དམ་ཆིག་ཐོད་དུ་མཛད། ཁོང་དང་རྣལ་འབྱོར་པ་ཁྲི་མཆོག་གཉིས་ཐུགས་གཙུགས་པས་གསང་ཕུ་དང་ར་སྒྲེང་གཉིས་ལ་ཡར་སྐྱེགས་མར་སྐྱེགས་བྱེད་པ་ལ་དྲོ་ཟན་འཁྱེར་མི་དགོས་གསུངས་ཏེ། རྐང་མགྱོགས་ཀྱི་རྫུ་འཕྲུལ་ཐོབ་པར་གྲགས། དགེ་བཤེས་སྤྱན་སྔའི་བླ་མ་ཡིན་པས་སློབ་དཔོན་སྒོམ་ཆེན་ཞེས་འབོད། གསང་ཕུར་སྐུ་གཤེགས་པས་གདུང་བཞུགས་པའི་ས་འབུམ་ཆུང་དུ་ཞིག་གསང་ཕུའི་སྒོར་ལམ་ནུབ་ཕྱོགས་ན་ད་ལྟའང་བཞུགས་སོ། །འདི་ལ་གོང་མ་རྣམས་གསང་ཕུར་སྐུ་ཡལ་ཞེས་བསྟགས་པ་ཆེ་བར་མཛད་དོ། །

ཕྱུག་དར་སྟོན་པ་ནི། སྤྱིར་རྗེ་བོའི་ཆོས་མང་དུ་མཁྱེན་ཅིང་། ཁྱད་པར་ཕ་རོལ་ཏུ་ཕྱིན་པ་ལ་རྩལ་ཐོན། རྗེ་བོས་ཕྱུག་དར་ལ་ལོགས་སུ་བླ་མའི་མན་ངག་བྱ་བ་གསང་བས་འགྲུབ་པ་ཡིན་ཏེ། བསྟན་པ་ཉམས་དམའ་བའི་དུས་སུ་བཟློ་དགོས། ཁྱོད་ཤེས་རབ་ཤིན་ཏུ་ཆེ་བས་ཇི་སྐད་བཤད་པ་བཞིན་དུ་གོ །ངས་ཇི་སྐད་ཟེར་བ་བཞིན་དུ་བྱེད། གཞན་རྣམས་ཀྱིས་བསྟན་ཀྱང་མ་གོ་བས་དེ་མིན་ཞིག་ལོགས་ན་ཡོད་སྙམ་ནས་འོང་། ཁྱོད་བྱམས་སྙིང་རྗེ་བྱང་ཆུབ་ཀྱི་སེམས་སྒོམས་ཤིག་གསུངས། ཡང་དགེ་བཤེས་ཕྱུག་དར་(༡༨༨ན)ལ་སོགས་པ་བོད་སྟོན་ཁ་ཅིག་གིས། རྗེ་བོའི་སྐུ་སྐྱེ་སྔ་མ་ཇི་ལྟར་བཞེས་པ་དང་། ཕྱི་མ་གང་དུ་འཁྲུངས་པ་དང་། འཚང་ཇི་ལྟར་རྒྱ་བའི་ལོ་རྒྱུས་ཤིག་ཡི་གེར་འདྲི་བར་ཞུས་པས། རྗེ་བོའི་ཞལ་ནས། ཁྱོད་ཀྱིས་གཙུག་ཏོར་འདོན་མ་སྦྱོང་དམ་

གསུངས། མྱོང་ལགས་ཞུས་པས། གཙུག་ཏོར་ནས། བཅད་དོ། ཕུར་བུས་གདབ་བོ། །བྱ་བ་བགེགས་ལ་ནུས་པ་མེད་པར་བྱས་པ་ཡིན། དེ་བཞིན་དུ་བཀའ་དང་བླ་མའི་མན་ངག་ལ་ཚིག་གི་ཕུར་བུས་བཏབ་པས་བྱིན་རླབས་ཉམས་འགྲོ་བ་ཡིན། དེ་བས་ན་ཚིག་ཟིན་པ་དང་དོན་གོ་བར་བྱ་ཡིས། ཡི་གེར་འདྲི་བའི་འོས་མ་ཡིན་གསུང་། ཕྱག་དར་སྟོན་པ་ལ་ནན་ཏན་དུ་མཛད་ནས་ཡོན་ཏན་གསར་བས་འགྲུབ་པ་ཡིན་ནོ་གསུང་། སྐྱེ་ཐང་དུ་ཇོ་བོས་བོད་སྟོན་རྣམས་ལ་ཕར་ཕྱིན་ཐོག་མར་པཎྜི་ཏའི་བཤད་ལུགས་དང་། དེ་ནས་ཇོ་བོ་ཉིད་ཀྱི་བཞེད་པ་རྟོན་པ་བཞིའི་སྒོ་ནས་ཁྲིད་ཚུལ་གསུངས་པ་ལས་འདིས་ཟིན་བྲིས་མཛད་པའི་ཕར་ཕྱིན་ཁམས་ལུགས་མར་གྲགས་པའང་སྣང་སྟེ། སྟོན་གཙིགས་ཆེ་བར་བྱུང་འདུག་གོ །ཇོ་བོ་གཤེགས་ནས་ར་སྒྲེང་དུ་བྱོན། །སྟོན་པའི་སློབ་མ་མཛད། སྐུ་མཆེད་གསུམ་གྱིའང་སློབ་དཔོན་དུ་སྣང་ཞིང་། ཕྱིས་ཁམས་སུ་ཕེབས་ནས་བསྟན་འགྲོའི་དོན་རྒྱ་ཆེར་མཛད་ཅེས་གྲགས་སོ། །

དབུས་ཀྱི་སློབ་མའི་གཙོ་བོ་ཁུ་རྔོག་འབྲོམ་གསུམ་གྱི་ནང་ནས་དགེ་བཤེས་ཁུ་སྟོན་ནི་(༡༢༢༥)ཡུལ་ཡར་ཀླུངས། མཚན་བརྩོན་འགྲུས་གཡུང་དྲུང་། ལུགས་མོ་ཕག་ལ་སྐུ་འཁྲུངས་ཏེ་ནག་ཚོ་དང་འཁྲུངས་ལོ་གཅིག །ཁོང་དང་རྔོག་ལེགས་པའི་ཤེས་རབ་བང་སྟོན་གསུམ་གྱིས་ཁམས་སུ་བྱོན་ཏེ། ཇོ་བོ་སེ་བཙུན་ལ་ཆོས་མང་དུ་གསན། གར་མི་ཡོན་ཏན་གཡུང་དྲུང་ལ་མངོན་པ་བསླབས་ཏེ་མཁས་པར་མཁྱེན། ཀླུ་མེས་ཐམས་ཅད་ཀྱི་གནས་བརྟན་མཛད། དེའི་དུས་སུ་ཁོང་ལ་མི་ཆེ་བ་མེད་པ་ཡིན་པ་ལ། དགེ་བཤེས་སྟོན་པས་དབུས་ཀྱི་མི་ཆེན་རྣམས་ལ་གནང་བའི་བཀའ་ཤོག་ན་ཁུའི་མཚན་མ་ཆུད་པས། ཐུགས་རྒྱལ་སྐྱེས་ཏེ་ཇོ་བོ་ང་རང་གིས་ཐོབ་པ་ཅིག་བྱའོ་སྙམ་ནས་སྟོན་ལ་ལྷག་བཏབ་སྟེ་བྱོན་པས། གཞན་རྣམས་ཀྱིའང་བསྐུལ་མར་གྱུར་ཏེ། ཞང་རོམ་གྱི་ཞལ་ནས། ཁུ་མ་ཚུད་པ་དེ་གོ་བཅད་གསུང་སྐད། དེ་ཡང་དགེ་བཤེས་སྟོན་པ་དཀྱིལ་ཆེ་བའི་

ཡོན་ཏན་ཡིན། དགེ་བཤེས་དེས་ཇོ་བོ་ཡུན་དུ་བསྟེན་ནས་གདམས་པ་མང་དུ་གསན། ཁྱད་པར་དུ་ཕ་རོལ་ཏུ་ཕྱིན་པའི་གདམས་པ་དང་། གཤེན་རྗེའི་མན་ངག་ལ་རྩལ་ཐོན། ཐང་པོ་ཆེར་སྤྱན་དྲངས་ཏེ་ཆོས་ཀྱི་འཁོར་ལོ་བསྐོར། སྐྱེ་ཐང་དུ་ཁྲུས་ཕར་ཕྱིན་བཤད་པས་ཆོས་ཉན་སྟོང་ཙམ་འདུས་པ་བྱུང་། མཐར་དགུང་ལོ་དྲུག་ཅུ་རྩ་ལྔ་བཞེས་པ་ཤིང་མོ་ཡོས་ལ་གཤེགས་སོ། །

རྔོག་ལེགས་པའི་ཤེས་རབ་ནི། ཆོས་རྒྱལ་ཁྲི་སྲོང་ལྡེ་བཙན་གྱི་བློན་པོ། རྔོག་ཆེན་པོ་བྱ་བ་བྱུང་སྟེ། བཙན་པོས་རྒྱ་ཡུལ་དུ་དམག་དྲངས་པའི་ཚེ་རྒྱལ་པོ་རི་དེའུ་ཞིག་གི་ཁར་བཞུགས། དམག་རྣམས་ཡུལ་འཇོམས་སུ་བཏང་(༡༥༩ན)བ་ན། རྒྱལ་པོའི་སྐུ་ལ་བསྲོ་བའི་སྐྱིན་པོ་འགའ་ཞིག་བྱུང་བ་ན། བློན་པོ་རྔོག་གིས་འགའ་ཞིག་བསད། འགའ་ཞིག་ནི་ཕྱིར་བྲོས། དེ་ནས་རྒྱ་ནོ་ཕབ་ཀྱིས་བཏབ། རྒྱ་ཕྲུག་བྲག་ལ་བརྡབས་ཟེར་བ་དེའི་རྒྱུད་པ་ཡིན་ཏེ། ཡར་འབྲོག་དོའི་ཕྱི་རོལ་གྱི་མཚོ་ཆེན་པོའི་འགྲམ་དུ་གྲོང་ཆགས་པའི་སྟུགས་སྙིང་མ་བའི་དགེ་བཤེས་རྡོ་རྗེ་གཞོན་ནུ་བྱ་བ་ལ་སྲས་ལྔ་བྱུང་བའི་ཆེ་བ་ལེགས་པའི་ཤེས་རབ། གཉིས་པ་ཀླུ་ཁྲི། གསུམ་པ་ཀླུ་བྱང་། བཞི་པ་ཆོས་སྐྱབས། ལྔ་པ་ཐུབ་པ་རྣམས་ལས་ཆེ་བ་ལེགས་པའི་ཤེས་རབ་ཀྱིས་འབྲིང་ཡེ་ཤེས་ཡོན་ཏན་ལ་རབ་ཏུ་བྱུང་། ཁམས་སུ་བྱོན་ནས་ཇོ་བོ་སེ་བཙུན་ལ་སྡེ་སྣོད་རྣམས་གསན་པས་མཁས་པར་མཁྱེན་ཏེ་སྟོན་པ་བཞུད་པའི་ཕྱི་ལོ་བྱི་བའི་ལོ་ལ་དབུས་སུ་ཕེབས། བཤད་པའི་གྲྭ་བཙུགས་ནས་སློབ་མ་ཡང་མང་དུ་བྱུང་།

དེ་ནས་དབུས་གཙང་གི་མི་ཆེན་རྣམས་དང་ལྷན་དུ་མང་ཡུལ་དུ་ཇོ་བོ་དང་མཇལ། ཆོས་མང་དུ་གསན། ཐུགས་རྒྱུད་ཤིན་ཏུ་བཟང་བས་ཇོ་བོའི་སློབ་མ་སུ་དང་ཡང་མི་མཐུན་པ་མེད། ལྷ་སར་ཇོ་བོ་དཔོན་གཡོག་སྤྱན་དྲངས་ནས་ཞབས་ཏོག་རྒྱ་ཆེར་མཛད། རྔོག་གིས་དབུ་མཛད་པའི་བོད་སྟོན་ཁ་ཅིག་ལ་དབང་བསྐུར་བའི་ཚོ་ག་རྒྱས་པར

གནང་། རྟོག་གེ་འབར་བ་བསྒྱུར་བའི་ཞུ་བ་ཕུལ། རྗེ་བོས་གནང་ནས་ནག་ཚོས་ཚང་བར་བསྒྱུར། དེའི་ཞར་ལ་དབུ་མའི་མན་ངག་ཀྱང་མཛད། རྣལ་འབྱོར་པ་ལ་གཟུགས་སུ་ཕུལ་བས་ངེད་ལ་ཕྱོག་ཏུ་ཧི་ལྟར་ཁྲིད་པ་བཞིན་དུ་བྲིས་འདུག །(༡༥༩བ)ཅུང་ཟད་ཟབ་དྲགས་གསུང་། དེ་ལོ་ཙཱ་བས་བསྒྱུར། དེའི་ཞབས་ན། རས་འཕྲུལ་སྣང་གཙུག་ལག་ཁང་ཆེན་ཏུ། །མར་མེ་མཛད་དཔལ་ཞེས་བྱའི་མཁས་པ་ལ། །ཤཱཀྱའི་དགེ་སློང་རྡོག་བཙུན་ལེགས་ཤེ་ཡིས། །གསོལ་བ་བཏབ་ནས་ཡི་གེར་བཀོད་པ་ཡིན། །བྱ་བ་དེ་རྗེ་བོའི་གསུང་ཡིན། མཚན་ནི་མར་མེ་མཛད་ཅེས་གྲགས་པ་ཡི། །མཁས་པ་འདི་ཡི་གཞུང་ལུགས་སུ་འཛིན་པ། །གོལ་བའི་ལམ་དུ་མི་འགྲོ་ཞེས། །ནག་ཚོ་ཚུལ་ཁྲིམས་རྒྱལ་བ་སྨྲ། །ཞེས་གསུངས།

དགེ་བཤེས་གསང་ཕུ་བ་དེས་རྗེ་བོ་ལོ་བཅུ་བསྟེན་ཅིང་། ལམ་རིམ་བློ་ཀ་དྲུག་དང་དེའི་གསལ་བྱེད་མཛད། སྦྱིར་རྗེ་བོའི་ཆོས་མང་དུ་མཁྱེན་ཀྱང་དབུ་མའི་ལྟ་བ་ལ་རྩལ་ཐོན། རྗེ་བཙུན་མ་སྒྲོལ་མའི་ཞལ་གཟིགས། ལན་ཅིག་རྗེ་བོའི་ཕྱག་ཕྱིར་བྱོན་པས་གསང་ཕུ་ལ་ཕྱག་མཛུབ་བཙུགས་ཏེ་ལུང་པ་ཡ་གིའི་ནང་ན་དུང་གཡས་སུ་འཁྱིལ་བ་འདྲ་བ་ཡོད། ལེགས་ཤེ་ཁྱོད་ཀྱིས་དེར་གཙུག་ལག་ཁང་ཐོབ་ལ་བཤད་ཉན་གྱིས་དང་བསྟན་པ་ལ་ཕན་ཐོགས་རྒྱ་ཆེན་འབྱུང་ཞེས་ལུང་བསྟན་པ་བཞིན་གསང་ཕུ་ནེའུ་ཐོག་ཏུ་གཙུག་ལག་ཁང་བཏབ་བཤད་ཉན་མཛད་པས་ཚོགས་པ་ལྔ་བརྒྱ་ཙམ་འདུས། དགེ་བཤེས་དེས་སྦྱིར་བསྟན་པ་ལ་བྱ་བ་རྒྱ་ཆེན་པོ་མཛད་ཅིང་། ལྷག་པར་རྗེ་བོ་ཡབ་སྲས་ཀྱི་གསང་ཆོས་བཀའ་གདམས་གླེགས་བམ་རིན་པོ་ཆེ་དང་ཐིག་ལེ་བཅུ་དྲུག་གི་མན་ངག་རྣམས་བཤེས་གཉེན་ཆེན་པོ་འདིའི་བཀའ་དྲིན་ལས་བྱུང་བས་བཀའ་དྲིན་མཚུངས་པ་མེད་པ་ཞིག་གོ །

གསང་ཕུ་བ་ཆེན་པོ་དེའི་(༡༦༠ན)དབོན་པོ་རྔོག་ལོ་ཆེན་པོ་བློ་ལྡན་ཤེས་རབ་ནི།

ཆོས་སྐྱབས་ཀྱི་སྲས་སུ་ས་མོ་ཕག་ལ་སྐུ་འཁྲུངས། གཞོན་ནུའི་དུས་ནས་ཁུ་བོའི་དྲུང་དུ་བྱོན། ཁུ་བོ་དང་གཟུས་ཀྱི་སློབ་མ་སྦྱོ་ཆུང་བ་ཚུལ་ཁྲིམས་ཤེས་རབ་གཉིས་ལ་བརྟེན་ནས་རབ་ཏུ་བྱུང་སྟེ་དེ་གཉིས་ལ་གསན་པ་མང་དུ་མཛད་པས་ཁོང་གི་ཤེས་རབ་ལ་ཁུ་བོ་མཉེས་ནས། ལོ་བཅུ་བདུན་བཞེས་པའི་ཚེ་ཁ་ཆེར་སློབ་གཉེར་ལ་བརྫངས། དེའི་ཚེ་རྔ་ལོ། གཉན་ལོ། ཁྲུང་པོ་ཆོས་བརྩོན། རྡོ་སྟོན། བཙན་ཁ་བོ་ཆེ་རྣམས་དང་འགྲོགས་ནས་བྱོན་པས། མངའ་བདག་རྩེ་ལྡེས་དབུས་གཙང་ཁམས་གསུམ་གྱི་སྡེ་སྣོད་འཛིན་པ་རྒྱས་པ་རྣམས་སྤྱན་དྲངས་ནས་མེ་ཕོ་འབྲུག་ལོའི་ཆོས་འཁོར་མཛད་པ་དང་ཐུག །རྩེ་ལྡེའི་སྲས་པོ་དབང་ཕྱུག་ལྡེས་རྫོག་གི་ཡོན་བདག་བྱ་བར་ཆད་ནས་ཁ་ཆེར་བྱོན། པཎྜི་ཏ་སཛྫ་ན་དང་པ་ར་ཧི་ཏ་བྷ་དྲ་ལ་སོགས་པ་དྲུག་ཙམ་བསྟེན། བར་དུ་རྒྱུགས་ཆད་ནས་ཁ་ཆེ་ནས་གསེར་སློང་བྱ་བའི་ཡི་གེ་མངའ་རིས་སུ་བཏང་བ་ལས་དབང་ལྡེས་གསེར་མང་པོ་ཡང་བསྐུར། ཚད་མ་རྒྱན་སྒྱུར་ཅིག་བྱ་བའི་ཞུ་བ་བྱུང་བས། པཎྜི་ཏ་སྐལ་ལྡན་རྒྱལ་པོ་དང་། རྫོག་གིས་བསྒྱུར། དེར་ཁ་ཆེར་ལོ་བཅུ་བདུན་ཡང་དག་པར་སྦྱངས་སླར་བོད་དུ་བྱོན། བོད་དུ་ཡང་པཎྜི་ཏ་འཛུམ་ཕྲག་གསུམ་པ་དང་། སུ་མ་ཏི་ཀཱིརྟི་གཉིས་ལ་ཆོས་གསན་ཞིང་བལ་པོར་ཡང་ཡུད་ཅིག་བྱོན་ནས་ཨ་(༡༨༠༥)རུ་ལ་བརྫུ་དང་། བ་རེཏྣ་རུ་ཙི་ལ་སོགས་པ་ལ་སྔགས་ཀྱི་གསན་པ་ཡང་མཛད། སླར་བོད་དུ་ཕེབས་འགྱུར་མང་པོ་མཛད་པ་ཡང་དག་ཅིང་ཤིན་ཏུ་འགྱུར་བཟང་། འགྱུར་མཛད་པའི་ཚད་ནི། གྲོ་ལུང་པས། དམ་ཆོས་སྒྱུར་ལ་མངའ་བརྙེས་པ། །རྒྱལ་ཡུམ་གཉིས་དང་བསྟན་བཅོས་གཞུང་། །འབུམ་ཕྲག་གཅིག་དང་ཁྲི་ཁྲག་གསུམ། །སྟོང་ཕྲག་བདུན་ནི་ལྷག་བཅས་བསྒྱུར། །ཞེས་འབྱུང་བ་དེའོ། །ལྷ་ས་དང་བསམ་ཡས་དང་། གཉལ་སྣང་ཐོག་དང་། གཙང་རྒྱང་མཁར་དང་། ངན་ལམ་གྱི་སྨུ་གུ་སྣ་ལ་སོགས་པར་བཤད་པ་མཛད་པའི་ཚེ། མཁས་བཙུན་གྲྭ་པ་རིམ་པ་བཞིན་དུ་ལྷ་སར་ཁྲི་དང་སུམ་སྟོང་བདུན་བརྒྱ། བསམ་ཡས

དང་སྣང་ཐོག་གཉིས་སུ་སྟོང་ཚོ་བཅུ་གསུམ་རེ་དང་། རྒྱང་མཁར་དུ་ཁྲི་ཚོ་གཉིས། ངན་ལམ་དུ་དགེ་བཤེས་ཁྲི་ཚོ་གཅིག་དང་། རྣལ་འབྱོར་ཕོ་མོ་ཁྲི་ཚོ་གཉིས་ཏེ་ཁྲི་ཚོ་གསུམ་འཚོགས་སོ། །ཟུར་ཆོས་པའི་གྲངས་ཀྱང་། རྒྱན་དང་ཆོས་མཆོག་འཆད་མཁན་ལྔ་བཅུ་རྩ་ལྔ། རྣམ་ངེས་འཆད་མཁན་ཉིས་བརྒྱ་རྩ་ལྔ། ལུང་ཆོས་སླ་བ་སྟོང་ལྔ་བརྒྱ་བདུན་ཅུ་དོན་ལྔ། དྲིལ་བས་ཆོས་སླ་བ་སྟོང་བརྒྱད་བརྒྱ་བརྒྱད་ཅུ་རྩ་ལྔ་བྱུང་། ཚད་མ་དང་བྱམས་ཆོས་དང་། དབུ་མ་ལ་སོགས་པའི་རྣམ་པར་བཤད་པ་མང་དུ་མཛད། ཕ་རོལ་ཏུ་ཕྱིན་པ་དྲུག་གི་སྤྱོད་པ་ཐམས་ཅད་རྫོགས་པར་སྤྱོད་པའི་སེམས་དཔའ་ཆེན་པོ་དེ་ནི་དབུས་གཙང་དུ་ལོ་བཅུ་བདུན་འགྲོ་དོན་མཛད་དེ་དགུང་ལོ་ལྔ་བཅུ་རྩ་གཅིག་བཞེས་པའི་ཚེ། བསམ་ཡས་མ་རིའི་དྲུང་དུ་ཞིང་བརྗེས་ནས་དགའ་ལྡན་ཆོས་ཀྱི་ཕོ་བྲང་དུ་ཕེབས་སོ། །(༡༩༡ན)གྲོ་ལུང་པ་ཆེན་པོ་བློ་གྲོས་འབྱུང་གནས་ནི། གཞོན་ནུའི་དུས་ན་ཇོ་བོ་ཡབ་སྲས་ཀྱི་ཞབས་ལ་གཏུགས་སྣང་སྟེ་ཁོང་རང་གི་བསྟན་རིམ་ལས། བདག་གིས་ཇོ་བོ་རྗེ་ལ་ཆོས་ལན་ཅིག་འབུམས་པ་དང་། འཕགས་པ་རྟག་ཏུ་ངུའི་བརྩོན་འགྲུས་ལྟ་བུ་བྱའོ་ཞེས་གསུང་ལ། དགེ་བཤེས་པའང་མདོར་ན་གཞན་ཅི་ཡང་མི་བསམ་པར་རྫོགས་པའི་བྱང་ཆུབ་དོན་དུ་གཉེར་བར་བྱའོ་ཞེས་གསུང་། ཡང་སྐྱབས་འགྲོའི་སྐབས་སུ། འདི་ལ་བདག་གི་བླ་མ་ནི་མཆོད་པ་དང་བཅས་པའི་མཎྜལ་གསུམ་བྱེད་དུ་བཅུག་སྟེ། ཞེས་གསུངས་པའི་དགེ་བཤེས་དང་བླ་མ་ནི་འབྲོམ་ཉིད་ཡིན་པར་གནའ་མཆན་གྱིས་བཤད་སྣང་ངོ་། །

སྤྱན་སྔ་ལ་ནི་ཇོ་རྗེ་ནམ་མཁའི་གོས་ཅན་མ་གསན་ཞིང་། ཁམ་པ་ལུང་པ་དང་། པོ་ཏོ་བ་ལ་ཡང་ཆོས་གསན་ཞིང་སློབ་དཔོན་ཞེས་འབོད་པ་མཛད། གཞན་ཡང་ཇོ་བོ་ནས་བརྒྱུད་པའི་ཆོས་དང་། གཞན་མདོ་སྔགས་ཀྱི་གཞུང་ཕལ་ཆེ་བ་ཇོག་ཁུ་དབོན་གཉིས་ལ་གསན་ཏེ་སྦྱངས་པས། སྔགས་མཚན་ཉིད་ལ་ཤིན་ཏུ་མཁས་ཤིང་བརྒྱུད་སྟོང་

པའི་འགྲེལ་པ་དང་། བྱམས་ཆོས་སྡེ་ལྔའི་འགྲེལ་པ་སོགས་ཡིག་ཆའང་མང་དུ་མཛད། ཁྱད་པར་དུ་བསྟན་པའི་རིམ་པ་ཆེ་ཆུང་གཉིས་དང་། ཇོ་བོའི་གཞུང་ཆུང་རྣམས་གཙོ་བོར་གྱུར་པའི་ཆོས་ཆུང་བརྒྱ་རྩ་ལ་དོན་གྱི་ཁོག་འཆིང་བའི་ཊཱི་ཀཱ་བསྡུས་པ་ཅིག་ཀྱང་མཛད་དོ། །སྐུ་ཚེའི་སྟོད་ལ་ལོངས་སྤྱོད་ཀྱིས་ཕོངས་སེ་བྱུང་བས། གུན་པ་ལྷ་རྗེས་ཇོ་སྟན་ལ་དཀར་པོའི་སྐྱབ་སྐོར་བྱིན་པས་ལན་ཅིག་གྲོ་ལུང་པའི་དཀར་ཡོལ་གྱི་ནང་དུ་ཇོ་སྟན་ལ་གཙོ་འཁོར་ལྔ་དངོས་སུ་བྱོན་པ་(༡༤༡བ)མི་གཞན་གྱི་མཐོང་གི་དོགས་ནས་ཕྱག་གིས་སྐོར་བས། གུན་པའི་ཞལ་ནས་དེ་ཙུག་མཛད་མི་དགོས་གཞན་གྱི་མཐོང་དོགས་མེད་གསུང་། དེ་ནས་བརྩམས་ཏེ་གྲོ་ལུང་པ་ལ་གྲྭ་ཚོགས་མང་དུ་འདུས། སྐུ་བསོད་སྐྱེས་ཏེ་བྲིན་ལྷས་ཀྱི་གཙུག་ལག་ཁང་བཏབ། དེར་རྔོག་ལོའི་ཆོས་ཁྲི་སྙིང་པོར་གྱུར་པའི་མཆོད་རྟེན་བཞེངས། དེའི་བུམ་པར་ཟངས་ཆེན་སྟོང་པ་ཅིག་གི་ཁར་ཙན་དན་གྱི་དྲ་བས་བཀབ། དེའི་སྟེང་དུ་རྔོག་ལོའི་ཐུགས་ཟ་མ་ཏོག་ཏུ་བཞུགས། ཟངས་དེའི་ཁར་ལྷོ་ཕྱོགས་ཀྱི་བུ་ག་ནས་ཤིང་གི་ཕ་གདང་ནས་བཞག །ཕྱིས་གྲོ་ལུང་པ་དགུང་ལོ་བརྒྱད་ཅུ་པ་ལ་གཤེགས་དུས་ངའི་རིང་བསྲེལ་གང་བྱུང་མ་ཟགས་པར་མཆོད་རྟེན་གྱི་ལྷོའི་བུ་ག་ལ་སྐྱུར་ཅིག་ཅེས་ཞལ་ཆེམས་བཞག་གོ །སྐུ་གདུང་ཞུ་དུས་ཕྱག་རིན་ཚུལ་གྱི་པང་དུ་ཕྱག་གཡས་པ་དང་། ཟམ་ཁ་པའི་པང་དུ་ཐུགས་སྙིང་ཁང་ནས་ཡར་ཏེ་བྱོན། དེ་ནས་ཞལ་ཆེམས་བཞིན་རིང་བསྲེལ་རྣམས་མཆོད་རྟེན་གྱི་བུ་གར་བསྐྱུར་བས་ཟངས་གང་བ་དང་འགྲིག་པ་ཞིག་བྱུང་ཞེས་གྲགས་སོ། །བདག་ཉིད་ཆེན་པོ་འདིས་མཛད་པའི་བསྟན་རིམ་ཆེན་མོ་ནི་བྱང་ཆུབ་ལམ་གྱི་སྒྲོན་མའི་དགོངས་པ་འགྲེལ་བ་ལ་ཟླ་དང་བྲལ་བ་ཞིག་སྟེ་ཆོས་ཀྱི་རྒྱལ་པོ་ཙོང་ཁ་པ་ཆེན་པོས་ཀྱང་གྲོ་ལུང་པ་ཆེན་པོའི་བསྟན་རིམ་འདི་དང་མཇལ་བའི་ཚེ་མཆོད་པའི་བྱེ་བྲག་སྣ་ཚོགས་པས་བསུ་བ་མཛད་ཅིང་། སྐྱེས་བུ་གསུམ་གྱི་ལམ་སོ་སོའི་ངོ་བོ། གྲངས་ངེས། གོ་རིམ། སོ་སོའི་དམིགས་རྣམ་ཡིད་ལ་བྱེད་ཚུལ། བསྒོམས

པ་ལས་ཉམས་སྨྱོང་ཇི་ལྟར་སྐྱེ་བའི་རིམ་པ་(༡༨༢ན)སོགས་པ་བྱང་ཆུབ་ལམ་གྱི་རིམ་པའི་དོན་སྟོན་པ་ལ་འགྲན་ཟླ་མེད་པའི་བསྟན་བཅོས་སུ་བསྟགས་པ་མཛད་དོ། །འབྲོམ་རིན་པོ་ཆེའི་རྣམ་ཐར་ནི་ད་ལྟ་ཉིད་དུ་འཆད་པར་འགྱུར་རོ།། །།

འབྲོམ་སྟོན་རྒྱལ་བའི་འབྱུང་གནས་ཀྱི་རྣམ་ཐར།

ལམ་བཟང་གསལ་མཛད་སྟོན་པ་རིན་པོ་ཆེ། །ཞེས་བསྟགས་པ། འབྲོམ་སྟོན་པ་རྒྱལ་བའི་འབྱུང་གནས་ཞེས་མཚན་ཡོངས་སུ་གྲགས་པ་དེ་ནི། སྔོན་བསྐལ་པ་དཔག་ཏུ་མེད་པའི་སྔ་རོལ་ནས་ཐུགས་བསྐྱེད་དེ་རྫོགས་སྨིན་སྦྱང་གསུམ་མཐར་ཕྱིན་ནས་འཕགས་པ་ཐུགས་རྗེ་ཆེན་པོ་ཞེས་སངས་རྒྱས་ཀྱི་ཞིང་ཐམས་ཅད་དུ་གྲགས་ཤིང་སྤྲུལ་པའི་བཀོད་པས་སངས་རྒྱས་ཀྱི་ཞིང་ཐམས་ཅད་དང་མ་དག་པའི་འཇིག་རྟེན་གྱི་ཁམས་ཐམས་ཅད་ཁྱབ་ཅིང་། བདེ་བ་ཅན་དུ་མགོན་པོ་འོད་དཔག་ཏུ་མེད་པའི་སྲས་ཀྱི་ཐུ་བོའི་ཚུལ་བཟུང་བ་སོགས་ཕྱོགས་བཅུའི་སངས་རྒྱས་ཐམས་ཅད་ཀྱི་དྲུང་ན་སྲས་ཀྱི་ཐུ་བོའི་ཚུལ་འཛིན་པ་དང་། ཞིག་ཁམས་ལ་ལར་འཚང་རྒྱ་བའི་ཚུལ་སྟོན་པ་དང་། འཇིག་རྟེན་གྱི་ཁམས་ལ་ལར་འཁོར་ལོས་བསྒྱུར་བའི་རྒྱལ་པོ་དང་། ལ་ལར་བློན་པོ། ལ་ལར་སྡེ་དཔོན། ལ་ལར་མཁན་པོ། ལ་ལར་ཕ་མ། ལ་ལར་བྱ་དང་རི་དྭགས་ཚུན་ཆད་ཀྱི་ཚུལ་བཟུང་སྟེ་གང་ལ་གང་འདུལ་གྱི་སྐུའི་བཀོད་པས་སེམས་ཅན་གྱི་དོན་མཛད་བཞིན་པ་ལས་མི་མཇེད་འཇིག་རྟེན་གྱི་ཁམས་འདིར་བསྐལ་བཟང་གི་སངས་རྒྱས་སྟོང་གང་དུ་འཚང་རྒྱ་བའི་ཚུལ་སྟོན་པའི་གནས་འཛམ་བུའི་གླིང་གི་ལྷོ་ཕྱོགས་ན་པོ་ཏ་ལ་ཞེས་བྱ་བའི་སྤྲུལ་པའི་ཞིང་ཁམས་ཞིག་ན་བཞུགས་པ་ལས། ཕྱོགས་བཅུའི་(༡༨༢བ)རྒྱལ་བ་སྲས་དང་བཅས་པ་གདན་འཛོམ་སྟེ་བྱང་ཆུབ་སེམས་དཔའ་སྒྲིབ་པ་རྣམ་སེལ་ཕོ་ཉར་མངགས་ཏེ་

བྱང་ཕྱོགས་ཁ་བ་ཅན་གྱི་ལྗོངས་འདིའི་གདུལ་བྱ་རྒྱལ་བ་གཞན་གྱིས་གདུལ་བར་མ་ནུས་པའི་དམུ་རྒོད་ཅན་འདི་རྣམས་ཐུགས་རྗེ་ཆེན་པོ་ཉིད་ཀྱིས་འདུལ་བར་འོས་སོ་ཞེས་བོད་ཁམས་ཀྱི་མགོན་པོར་འབྱོན་པའི་ཐུགས་རྗེ་བསྐྱལ། དེ་བཞིན་དུ་ཆོས་རྒྱལ་དཀོན་མཆོག་འབངས་ཕྱོན་གྱི་ཡུལ་དུ་བྱོན་པའི་ཚེ་བླ་མ་དྲི་མ་མེད་པ་མཁའ་འགྲོ་བྱེ་བའི་ཚོགས་དང་བཅས་པས་ཀྱང་ཁ་བ་ཅན་དུ་བྱོན་ནས་སེམས་ཅན་གྱི་དོན་མཛད་དགོས་པར་བསྐུལ་བ་ལ་བརྟེན་ནས་འཕགས་པ་ཐུགས་རྗེ་ཆེན་པོས་མི་རྗེའི་ཚུལ་བཟུང་ནས་བོད་དུ་རྒྱལ་ཁྲིམས་བཙན་པོས་ཐམས་ཅད་དབང་དུ་བསྡུས། དགེ་བཅུའི་ཁྲིམས་ཀྱིས་ཆོས་ཀྱི་སྣོད་རུང་དུ་བྱས་སངས་རྒྱས་ཀྱི་བསྟན་པའི་གཞི་ཆགས་པ་ན་བླ་མ་དྲི་མ་མེད་པ་རྒྱ་གར་དུ་གནས་ལྷ་མཁྱེན་པའི་པཎ་ཆེན་དཔལ་མར་མེ་མཛད་ཡེ་ཤེས་ཞེས་བྱ་བར་སྐུ་འཁྲུངས་ནས་གདུལ་བྱ་འདུལ་བའི་དུས་ལ་བབ་པ་ན། ཐུགས་རྗེ་ཆེན་པོ་འབྲོམ་རྗེར་སྐུའི་བཀོད་པ་བསྟན་ཏེ། དེ་ཡང་འབྲོམ་རིན་པོ་ཆེ་གང་དུ་འཁྲུངས་པའི་གནས་ནི། གངས་རིའི་ཁྲེང་བས་ཡོངས་བསྐོར་ས་ཡི་གཞི། །ལྷ་ཆེན་ཟུར་ཕུད་ལྔ་པས་བསྐྱེན་པའི་འདབས། །རྗེ་ཝུའི་རིགས་ལས་འབྲོམ་ཞེས་རབ་གྲགས་པར། །གཙོ་བོའི་རིགས་སུ་འཁྲུངས་ལ་ཕྱག་འཚལ་ལོ། །ཞེས་གསུངས་པ་ལྟར་དབུ་རུའི་བྱང་གི་ཕྱོགས་ལྷ་ཆེན་ཐང་ལྷའི་ཞོལ། སྟོད་ལུང་གི་ཕུ་རྩ་སྙེ་མོའི་སའི་ཆར་ཡབ་སྐུ་གཤེན་ཡག་གཞེར་འཕེན་དང་། ཡུམ་ཁུ་འོད་བཟའ་ལན་ཅིག་མ་(༡༨༣ན)གཉིས་ཀྱི་སྲས་སུ་ཤིང་ཕོ་འབྲུག་གི་ལོ་སྐུ་འཁྲུངས། དེ་ཡང་ཡབ་ཀྱིས་མ་ཡར་གཅིག་བཞེས་ཏེ་དེ་དང་འགྲོགས་ནས་ཡོད་པ་ལ། དེ་དང་ཐུགས་མ་མཐུན་པའི་རྐྱེན་གྱིས་བསྐུལ་ཏེ་གཞུ་རུ་ཞང་པོའི་སར་ལོ་བཅུ་གསུམ་ཙམ་ལ་བྱོན།　 དགེ་བཤེས་གཡུང་ཆོས་མགོན་བྱ་བ་ལ་གློག་ཡིག་བསླབས། དེར་ལོ་བཞི་བཞུགས། དགུང་ལོ་བཅུ་བདུན་ལོན་ཙ་ན་ཇོ་བོ་སེ་བཙུན་གཞོན་ནུ་གྲུམ་གྱི་མཁན་བུ་ཆེན་པོ་དེ་རྒྱ་གར་དུ་བཞུད་པའི་ཐུགས་དགོངས་ཀྱིས་བྱོན་པ་དང་གདན་

འཇོམ་པས་ཤིན་ཏུ་དད་པར་གྱུར་ཏེ་བླ་མ་སེ་བཙུན་ལ་ཛོ་བོ་ཐུགས་རྗེ་ཆེན་པོ་ཡི་གེ་དྲུག་པའི་གདམས་པ་ཞུས། དེ་ནས་སེ་བཙུན་ཡར་བཞུད་བལ་ཡུལ་དུ་བྱོན་ནས་ཕྱི་རོལ་བའི་པཎྜི་ཏ་ཞིག་དང་ཆོས་གཏམ་བྱས་པས་སེ་བཙུན་རྒྱལ། ཕྱི་རོལ་པའི་མངོན་ཤེས་དང་ཁོང་གི་དཔྱད་འགྲན་པས་སེ་བཙུན་མ་ཐུབ་ནས་དེར་སེ་བཙུན་གྱི་ཐུགས་དགོངས་ལ་ཕྱི་རོལ་པས་ངན་བྱས་དོགས་པ་དང་། རྒྱ་གར་ནའང་ང་རང་བས་མཁས་པ་མེད་དམ་སྙམ་ནས་ཕྱིར་ལོག་བྱོན་པ་དང་གདན་འཇོམ་པས་འབྲོམ་རིན་པོ་ཆེས་བླ་མ་སེ་བཙུན་ལ་ཕྱག་ཕྱིར་འཕྲིད་པར་ཞུས་པས་སང་ཕོད་ཚོང་པ་དང་འགྲོགས་ལ་ཤོག །ད་རེས་ཁྲིད་ན་ཁྱེས་པ་བརྐུས་ནས་ཁྲིད་ཟེར་དུ་འོང་གསུང་། དེ་ནས་འབྲོམ་རིན་པོ་ཆེས་རྒྱལ་གྱི་ཞང་སྣ་ནམ་ཛོ་རྗེ་དབང་ཕྱུག་ལ་དགེ་བསྙེན་གྱི་སྡོམ་པ་མནོས་ཏེ་མཚན་རྒྱལ་བའི་འབྱུང་གནས་སུ་གསོལ། དགུང་ལོ་བཙུ་དགུ་པ་ལ་བབ་པ་ན་མདོ་ཁམས་ཕྱོགས་སུ་འགྲོ་བའི་ཚོང་པ་དང་འགྲོགས་ཏེ་མདོ་(༡༧ ༣བ)ཁམས་ལྡན་མའི་ཡུལ་དུ་བྱོན་ནས་བླ་མ་སེ་བཙུན་བསམ་སྡོར་གཉིས་ཀྱི་སྒོ་ནས་ཚུལ་བཞིན་དུ་བསྟེན་ཏོ། །སངས་རྒྱས་ཐམས་ཅད་མཆོད་པ་བས་བླ་མ་མཆོད་པ་ཕན་ཡོན་ཆེའོ་ཞེས་གདུལ་བྱ་རྣམས་ལ་འདོམས་པའི་ཕྱིར་བླ་མ་སེ་བཙུན་གྱི་ནང་གི་ཞབས་ཏོག་ཕྱི་འཐག་པ་ཡན་ཆོད་དང་། ཕྱི་རོལ་ཏུ་ཧ་ཕྱུགས་མང་པོ་ཡོད་པས་ཉིན་པར་དེ་རྣམས་ཀྱི་རྫི་བོ་མཛད། ནུབ་མོ་ཧ་བཟང་ལ་ཞོན་འཁོར་གསུམ་ཆེར་མ་འདྲ་བ་བྱས་ཏེ་མེལ་ཚེ་མཛད། ཕྱེ་འཐག་པ་ན་དཔེ་ཆ་རང་ཐག་གི་སྟེང་དུ་བཞག་སྟེ་གཟིགས་པ་ལ་སོགས་པའི་སློབ་གཉེར་ལ་བརྩོན་པར་མཛད། ཕྱེ་བཏགས་པས་ཕྱག་མཐིལ་གླང་རྣན་གྱི་མཐིང་པ་ལྟར་སོང་། ཛོ་བོ་སེ་བཙུན་དེ་ཡོ་བྱད་ལ་ཆགས་པ་མི་མངའ། གཏོང་བར་ཡང་མི་མཛད་ཀྱང་མ་དད་པ་མ་བྱུང་། སེ་བཙུན་གྱི་བྱ་བྱེད་ལ་ཡང་དཀའ་བ་མ་བྱུང་གསུང་།

འབྲོམ་རིན་པོ་ཆེ་འདི་ནི་ལམ་གྱི་རྩ་བ་བཤེས་གཉེན་བསྟེན་པའི་ཚུལ་ལ་རྒྱལ་བ

སྲས་བཅས་ཀུན་གྱིས་བསྔགས་པར་འོས་པ་ཞིག་བྱུང་སྟེ། ཤེར་ཕྱིན་གྱི་མདོ་སྡེ་རིན་པོ་ཆེར་བཤེས་གཉེན་བསྟེན་པའི་ཚུལ་ལ་བྱང་ཆུབ་སེམས་དཔའ་རྟག་ཏུ་ངུ་བསྔགས་འོས་སུ་མཛད་པ་ལྟར་འབྲོམ་རིན་པོ་ཆེ་འདི་ཡང་བྱང་ཆུབ་སེམས་དཔའ་རྟག་ཏུ་ངུ་དང་ལུས་ཀྱི་རྐང་བཏང་མ་བཏང་གི་ཁྱད་ལས་མེད་པ་ཞིག་བྱུང་། དེའི་ཚེ་བླ་མ་སེ་བཙུན་གྱི་སྤྱན་སྔར་མདོ་སྔགས་ཀྱི་གཞུང་མཐའ་ཡས་པ་ལ་སྦྱངས་ཤིང་། ཁྱད་པར་བདག་ཉིད་ཆེན་པོ་འཕགས་པ་ཀླུ་སྒྲུབ་ཡབ་སྲས་ཀྱི་གཞུང་དབུ་མའི་སྐོར་དང་། བྱམས་ཆོས་སྡེ་ལྔ་དང་། ཐོགས་མེད་སྐུ་མཆེད་ཀྱི་གཞུང་རྣམས་སོགས་(༡༦༨ན)སྦྱོང་ཕྱོགས་རྣམས་ལ་རྒྱལ་དུ་ཐོན་པར་སྦྱངས་ཏེ་ཆོས་གྲར་དགེ་འདུན་བྱིང་དང་བགྲོ་གླེང་མཛད་པ་ན་བདག་ཉིད་ཆེན་པོ་འདི་ལ་སུས་ཀྱང་ལན་འདེད་སྤོབས་པར་མ་ནུས་ནས་མཁས་པའི་ཕུལ་དུ་ཕྱིན་པར་གྲགས། དེའི་ཚེ་དགེ་འདུན་རྣམས་ཀྱིས་མཁས་པ་ཆེན་པོ་འདི་ལྷ་བུ་རྟ་བོང་གི་ཇི་བོ་དང་ཡོས་འཐག་པ་སོགས་ངན་ལས་ལ་བཀོལ་དུ་ཕངས་པས་ད་ཕྱིན་ཆད་ངན་ལས་བགྱི་མི་དགོས་པར་ཆོས་གྲར་ཕེབས་ཆོག་པ་དགོས་ཞེས་བླ་མ་སེ་བཙུན་ལ་ཞུས་ནས་དེ་བཞིན་དུ་གནང་། དུས་དེའི་ཚེ་ཁུ་སྟོན་བརྩོན་འགྲུས་གཡུང་དྲུང་དང་རྔོག་ལེགས་པའི་ཤེས་རབ་གཉིས་ཀྱང་ཆོས་གྲ་དེར་བཞུགས་པས་ཁུ་རྔོག་འབྲོམ་གསུམ་ཞེས་པའང་ཁམས་སུ་གྲགས་པ་ཡིན།

དེ་ནས་འབྲོམ་རིན་པོ་ཆེའི་ཐུགས་དགོངས་ལ། དལ་འབྱོར་གྱི་མི་ལུས་ཐོབ་པར་དཀའ་བ་རྙེད་དུས་འདིར་ཆོས་རྣལ་མ་ཞིག་བྱེད་ན་འདི་ཙམ་གྱིས་ཆོག་གམ་མི་ཆོག ། རྒྱ་གར་མཁས་པ་ཅིག་ལ་འདྲི་བ་ལ་བར་དུ་ལོ་ཙཱ་མི་དགོས་པ་ཞིག་བྱ་དགོངས་ཏེ་པཎྜི་ཏ་སྨྲྀའི་ཚེར་མ་ཞེས་བྱ་བ་སྨྲྀ་ཏི་ཛྙཱ་ན་ཀཱིརྟི་ཕྱོགས་དེར་བྱོན་པ་ལ་སཾ་སྐྲྀ་ཏའི་སྐད་དང་རྒྱ་ཡིག་ཀྱང་བསླབས་པས་ལེགས་པར་མཁྱེན། དེ་དུས་འབྲོམ་རིན་པོ་ཆེས་པཎྜི་ཏ་སྨྲྀ་ཏི་ལ་རྒྱ་གར་ན་ད་ལྟ་པཎྜི་ཏ་ཆེ་བ་ཇི་སྙེད་བྱ་བ་ཡོད་དྲིས་པས། ཆེ་བགྲེས་ན་རོ་པ་དང་

ཤཱཀྱི་པ་བྱ་བ་ཡོད། དེ་གཉིས་ད་ཙམ་འདས་སམ། ད་ལྟ་པཎྜི་ཏ་དཱི་པཾ་ཀཱ་ར་བྱ་བ་རྒྱལ་རིགས་ལས་རབ་ཏུ་བྱུང་བ་ཅིག་ཡོད་དེ། དེ་རང་ཆེ་བར་འོང་ཟེར་བས་འབྲོམ་རིན་པོ་ཆེའི་ཐུགས་ལ་དེ་དང་མཇལ་ན་དགའ་བ་ལ། དེ་དང་ཅི་མཇལ་བྱ་(༡༩༨བ)དགོས་སྙམ་པ་བྱུང་། དེ་ལྟར་འབྲོམ་རིན་པོ་ཆེས་མདོ་ཁམས་སུ་བླ་མ་སེ་བཙུན་གྱི་སྤྱན་སྔར་ལོ་ཉི་ཤུའི་བར་དུ་བཞུགས་ཏེ་མདོ་སྔགས་ཀྱི་ཆོས་མང་དུ་གསན་པས་མཁས་པའི་ཕུལ་དུ་བྱིན། དགེ་བསྙེན་ཆོས་འཕེལ་དུའང་གྲགས་པ་བྱུང་སྟེ། དེ་ལྟར་དུ་འབྱུང་བར་རྒྱལ་བ་ཉིད་ཀྱིས་མདོ་ལས་ལུང་བསྟན་པ་ནི། སྙིང་རྗེ་པད་དཀར་དུ། བྱང་ཕྱོགས་སུ་བསྟན་པ་ལ་དད་པ་ལྟར་སྐྱེ་ཞིང་རབ་བྱུང་ཆོས་བཞིན་མི་སྤྱོད་པ་ལོག་པར་ལྟུང་། དེར་དགེ་བསྙེན་ཆོས་འཕེལ་ཞེས་པ་རྫུ་འཕྲུལ་དང་ལྡན་པ་འབྱུང་། ཞེས་པ་དང་། སངས་རྒྱས་ཕལ་པོ་ཆེར། བྱང་ཕྱོགས་སུ་དགེ་བསྙེན་ཆོས་འཕེལ་བྱ་བ་འབྱུང་ཞེས་ལུང་བསྟན་པ་དང་མཐུན་ནོ། །

དེ་ནས་ཇོ་བོ་མངའ་རིས་སུ་ཕེབས་པ་འགྲུལ་བ་ལས་གསན་པས་སེ་བཙུན་ལ་མངའ་རིས་སུ་འགྲོ་བར་ཞུས། ཁོང་གིས་ཀྱང་མི་དགོས་པ་མེད་པར་དཔེ་རྟ་ཁལ་གཅིག་གནང་ནས་བྱོན་ནོ། །བྱང་ལམ་དུ་སླེབ་ཙ་ན་མངའ་རིས་ཀྱི་ལྷ་བླ་མ་ཁུ་དབོན་གྱིས་ཇོ་བོ་རྗེ་ལྷ་ཅིག་བྱ་བའི་པཎྜི་ཏ་ཆེན་པོ་ཞིག་གདན་དྲངས་ནས་ཡོད། དེ་རིང་པོར་མི་ཐོགས་པར་རྒྱ་གར་དུ་བཞུད་པར་འདུག་བྱ་བ་གསན་པས་དེར་ཇོ་བོའི་མཚན་ཐོས་པ་ཙམ་གྱིས་ཐུགས་རང་དབང་མེད་པར་གཡོས་ཏེ་དད་གུས་བསམ་གྱིས་མི་ཁྱབ་པ་འཁྲུངས། མཇལ་དུ་འབྱོན་པའི་འདུན་པ་དྲག་ཏུ་འཁྲུངས་སོ། །དེ་ནས་ཇི་ལྟར་བཞེད་པ་ལྟར་བྱོན་ཏེ་སོག་ཆུ་ཁར་ཕེབས་པ་ན་ཁང་པ་ཅིག་ན་ཀུ་དེ་རེ་འདུག་པས། འདི་ན་ཅི་ཡོད་དྲིས་པས། འཕྲང་ཁ་པེར་ཆུང་ཡབ་པེར་ཆེན་གྱི་འདེད་དང་སྲིད་པོ་རྣམས་བསྡུ་བའི་ཚང་ཡོད་པ་ཡིན་ཟེར་(༡༩༥ན)བས། ཐག་རིང་ནས་བྱོན་པས་དེར་སྐྱིམ་བསྒྲུར་བྱོན་པ་ལ་འཕྲང་

ཁ་བེར་ཆུང་གིས་ཁྱོད་ཆོས་གྲྭ་ནས་འོངས་པའི་དགེ་བསྙེན་ཞིག་འདུག་སྙེ་ང་ཡང་ཞང་འཕྲང་ཁ་བེར་ཆུང་བྱ་བའི་མི་ཆེན་ཞིག་ཡིན། ཁྱོད་ཀྱིས་དེ་ན་ཡར་ལ་ཕྱག་ལྷ་འཕྲུག་པ་འདྲ་བ་ཅིག་གྱིས་ཟེར་བས་འབྲོམ་རིན་པོ་ཆེས་ཀྱང་དེ་བཞིན་དུ་མཛད། དེར་བེར་ཆུང་ཆོས་གཏམ་ལ་དགའ་བས་ཆོས་གཏམ་མང་པོ་བྱས་པའི་ཚེ་འབྲོམ་གྱིས་ཁོང་གི་ཚིག་སྣ་རེ་ནས་བརྟུངས་པས་ཁོ་ཐེ་ཚོམ་སྐྱེས་ནས། ཁམས་མ་གི་ན་འབྲོམ་སྟོན་པ་ཟེར་བའི་དགེ་བསྙེན་ཆོས་མཁན་ཞིག་ཡོད་ཟེར། དེ་ཁྱོད་ཡིན་ནམ་ཟེར་བར། ཡིན་པའང་སྲིད་གསུངས་པས་ཁོང་ཧ་ལས་ཏེ་ཁོང་རང་གི་འོག་གི་གྲུམ་ཙེ་ཕྱུང་སྟེ་དགེ་བཤེས་སྟོན་པ་ལ་བཏིངས། ཧ་བཟང་པོ་གཅིག་གི་ཐུར་མདའ་དར་ཡུག་གིས་བྱས་ནས་ཕུལ། ད་ཙི་ནས་ཕྱག་བླངས་པའི་བཟོད་གསོལ་བྱས། དེ་ནས་བགྲོ་གླེང་བྱས་པའི་བཟོད་གསོལ་བྱས། ར་སྒྲེང་གི་ས་ཆ་འདིར་དགོན་ས་མཛད་དེ་མཆོད་གནས་མཛད་པར་ཞུས་པ་ན་འབྲོམ་རིན་པོ་ཆེའི་ཞལ་ནས། ངད་རེས་སྟོད་མི་ཁོམ། མདའ་རེས་སྟོད་ཡ་གིར་པཎྜི་ཏ་ཆེན་པོ་ཞིག་བྱོན་ཟེར་བས་དེར་འགྲོ་གསུང་། འོ་ན་ཡས་མར་ཕེབས་ནས་ངའི་མཆོད་གནས་བྱ་དགོས་ཟེར་བས། སྟོན་པའི་ཞལ་ནས། རྟེགས་ཁ་གསུམ་འཛིན་དགོས་ཏེ་སྟེར་ན་བྱ་གསུང་། གང་བཞེད་ཞུས་པས། བོད་མདོའི་མཁར་འདི་བཤིག་ལ་གཙུག་ལག་ཁང་ཞིག་བཞེངས། ཤ་ཟན་དང་རྩམ་ཟན་གྱི་འབྲུག་པ་ནི་བསྐྱུམས། ངའི་ཕྱི་(༡)༤༥(བ)ནས་ཡར་ལ་རྫོག་ལེགས་པའི་ཤེས་རབ་བྱ་བ་འོང་གི་དེ་ལ་ཆོས་ཚུགས། དེ་མ་བྱུང་ན་གཡོན་རུ་ན་ཁུ་སྟོན་བློ་རྟོན་པོ་བྱ་བ་ཡོད། དེ་སྤྱན་དྲངས་ལ་ཆོས་ཚུགས་གསུངས། ཁོང་ན་རེ་གཉིས་པོ་བྱས་པས་ཆོག །ཤ་ཟན་གྱི་འབྲུག་པ་འདི་ལ་ང་རེ་བ་ཡིན། སྨར་ཡང་འབྲི་དྲུག་རྟ་ཙམ་ཟོས་ཟེན། འོ་ན་ཡང་ཁམ་ཙམ་མེད། བསྐྱུམས་བྱས་པས་ཆོག་ཟེར་ནས་རྟེགས་གསུམ་པོ་ཁས་བླངས། དེ་ནས་དགེ་བཤེས་སྟོན་པས་རྒྱལ་གྱི་ཞང་ཆེན་པོ་བསླབ་པའི་སློབ་དཔོན་ཡིན་པས་ཕྱག་འཚལ་དུ་བྱོན། དེའི་ཚེ་དབུས

ཕྱོགས་ན་དགེ་བཤེས་ཀ་བ་མི་ཆེ་བས་རྒྱ་མོའི་ཕུར་བཞུགས་པ་མཇལ། ལྷ་བཙུན་པོ་ཧྲི་
ནཱ་ཛ་ལ་སོགས་པ་བོད་ཀྱི་མི་ཆེན་རྣམས་ལ་ཞེ་ས་མཛད་ནས། ད་ལྷ་མངའ་རིས་ན་ལྷ་
བླ་མ་བྱང་ཆུབ་འོད་ཀྱིས་ཇོ་བོ་ལྷ་གཅིག་བྱ་བའི་པཎྜི་ཏ་མཁས་པ་ཅིག་གདན་དྲངས་
ནས་ཡོད་ཟེར། ངས་དེ་གདན་འདྲོངས་ན་ཞལ་མཐོང་དང་བཅས་པའི་དབུལ་བ་གྱིས་
ཤིག་པའི་ཞུ་བ་ཕུལ། ཀ་བ་ཤཱཀྱ་དབང་ཕྱུག་ལ་ཆབ་ཤོག་ཁྱེད་ཀྱི་ཕྱག་ཏུ་བརྫངས་ཀྱི།
དེ་ཙཾ་ན་བསླུལ་མ་གྱིས་ལ་ལ་སྟོད་དུ་བསུ་བས་སླེབ་པར་མཛོད་ཅིག་པའི་ཞུ་བ་ཕུལ་
བས། ཀ་བ་ན་རེ། ཁྱོད་ཀྱིས་སྤྱན་ཅི་འདྲོངས་གྱིས། ངས་བསླུལ་མ་བྱས་ནས་ལ་སྟོད་དུ་
སླེབ་པར་བསུ་བ་བྱ་གསུང་། དེ་ནས་མི་ཆོས་རྣམས་ལ་གསེར་སློང་ལ་བྱོན་པས། ད་ལྷ་
ཉུང་བ་ལས་མི་འོང་། ཕྱིས་མང་དུ་དབུལ་ཞུས་པས། ཉུང་ཡང་ད་ལྷ་འདོད། པཎྜི་ཏ་
ཅན་དུ་རིངས་གསུང་། ཉུང་ཡང་བླངས་ཏེ་དེ་ནས་མི་གྲོང་མ་བརྒྱུད་པར་བྱང་ལམ་ལ་
ཐེགས་པས་ལམ་ངོ་མ་ཤེས་(༡༠༤༨ན)པའི་སྐབས་སུ་བརྡེ་ཧྲུལ་པོ་ཞིག་བྱུང་ནས་ལམ་
བསྟན། ཡ་ཚད་སྐྱེལ་ཐུང་བྱས་ནས་བདེ་བར་བཞུད་ཅིག །ད་སྔ་ཤུད་ཀྱི་འབྲུག་པ་
ལངས་པས་ང་འགྲོ་མི་ཁོམ་ཟེར་ནས་འཚུབ་མར་རེང་གིས་སོང་། པེ་ཏར་འདི་ཡང་ཆོས་
གཤའ་མར་བྱེད་པ་ལ་གྲོགས་བྱེད་པར་འདུག་གསུང་། ཡང་ལམ་མ་རྙེད་པ་ཅིག་ལ་ཤ་
བ་ཅིག་སོང་བའི་རྗེས་ལ་བྱོན་པས་ལམ་ཏིག་གིས་བྱུང་། དེ་ཇོ་མོ་སྒྲོལ་མའི་སྤྲུལ་པ་
ཡིན་གསུང་། དེ་ཙཾ་ན་ཇོ་བོ་རྗེ་ལ་རྗེ་བཙུན་སྒྲོལ་མའི་ཞལ་ནས། ད་སྟེ་ཞག་གསུམ་དྲོ་
དང་བཞིའི་ཉིན་པར་བོད་ཀྱི་ཨུ་པ་སི་ཀ་ཆེན་པོ་འབྱོན་པས། དེ་ལ་བྱིན་གྱིས་རློབས་
ཤིག་ཅེས་ལུང་བསྟན། ཇོ་བོ་ཉིད་ཀྱིས་ཀྱང་། དེ་ལྟར་དུ་དགོངས་ཏེ་ཇོ་བོའི་ཞལ་ནས།
ད་ཞག་གསུམ་དྲོ་དང་བཞིན་ཁོ་བོའི་སྐྱེ་བ་སྔ་མའི་སློབ་མ་ཨུ་པ་སི་ཀ་ཆེན་པོ་ཞུ་སྤྱི་
རིང་རྒྱང་རེ་བ་གསོལ་བ་ཅིག་འོང་བར་འདུག་གསུངས་ནས་དབུ་སྔས་འགོར་བུམ་པ་
བཞེངས་སུ་གསོལ་ཏེ། ཞག་གསུམ་གྱི་ནང་པར་ཨུ་པ་སི་ཀ་ལ་བྱ་ར་མཛད། དྲོ་ཁ་ཚུན་

ཚད་མ་བྱོན་པས། ཧཱ་རེ་རྫུན་ནི་གསུང་བ་ཅང་སྲིད་དམ་གསུངས་ནས་གྲོང་གསེབ་ཅིག་ཏུ་ཆོས་སྟོན་ལ་བྱོན་པའི་ཤུལ་དུ་དགེ་བཤེས་སྟོན་པ་དཔོན་གཡོག་ཕེབས་པ་ལ། འཁོར་ཀུན་གྱིས་ད་ལྟ་རང་འབྱོན་པས་བཞུགས་ཤིག་བྱས་པ་ལ་ང་ཐེག་པ་ཆེན་པོའི་བླ་མ་དང་མཇལ་བ་སྐད་ཅིག་མ་སྔ་མ་དང་ཕྱི་མ་གཉིས་ཀྱང་སྔ་མ་ལ་འདམ་པ་ཡིན་གསུངས་ནས་བཞུད་པས། ཇོ་བོ་དང་སྲང་བར་ཞིག་ཏུ་མཇལ་ཏེ་ཕྱག་མཛད་ནས། ཕྱག་རྗེན་དུ་(༡༠༤༨)གསེར་ཕུལ། དེར་ཇོ་བོའི་ཕྱག་སྟོན་པའི་དབུ་ཐོག་ཏུ་བཞག་ནས། སཾ་སྐྲི་ཏའི་སྐད་དུ་ཤིས་བརྗོད་མཛད་ཅིང་བྱིན་གྱིས་བརླབས་སོ། །དེ་ནས་འབྲོམ་རིན་པོ་ཆེས་གསོལ་བ་བཞེས་ནས་ཇོ་བོའི་གཟིམ་ཁང་དུ་བྱོན་པ་ན་ཇོ་བོ་རྗེས་བསུམ་པ་དབུ་ཐོག་ཏུ་བཞག་སྟེ་དབང་བསྐུར་ཡང་ལེགས་པར་གནང་། དེའི་ཚེ་དགེ་བཤེས་སྟོན་པས་ཇོ་བོ་ལ་དྲི་བ་གསུམ་མཛད། རྒྱ་གར་ན་པཎྜི་ཏ་ཇི་ལྟ་བུ་ཡོད་བྱ་བ་དང་། ངའི་སྔ་མའི་ཆོས་དེ་ལམ་དུ་སོང་ངམ་མ་སོང་བྱ་བ་དང་། བླ་མ་ཉིད་ཀྱི་སྤྱན་སྔར་བསྡད་ན་ཇི་ལྟར་མཆི་བྱ་བ་དང་གསུམ་ཞུས་པས། ཇོ་བོའི་ཞལ་ནས་རྒྱ་གར་ན་པཎྜི་ཏ་མཁས་པ་མང་པོ་ཡོད། ང་བོད་དུ་འོང་ཙམ་ན་ཤར་ཕྱོགས་བྷཾ་ག་ལ་ནའང་ཉིན་རེ་མ་ཆད་པར་གྲུབ་ཐོབ་རེ་འབྱོན་གྱི་ཡོད། ཁྱེད་ཀྱི་སྔ་མའི་ཆོས་དེ་ལམ་དུ་ཡེ་མ་སོང་། བླ་མའི་ཞབས་ཏོག་ལམ་དུ་སོང་། ད་ཁྱེད་འདི་རང་དུ་སྡོད། ངའི་ལྷ་མོ་སྒྲོལ་མས་ཁྱེད་ལུང་བསྟན་པ་ཡིན་གྱི་ངའི་བཀའ་བརྒྱུད་འདི་ལ་བྱིན་རླབས་ཡོད་ཀྱི་གསུང་། དེའི་ཉིན་པར་གྱི་ཡོན་བདག་དེས་སྟོན་སྐལ་གྱི་མར་ཚལ་གཅིག་བྱིན་པ་དེ་ཞུ་ནས་དེའི་ནུབ་མོ་མར་མེ་མཆོད་ཐུབ་ཅིག་དབུ་སྐྱས་སུ་ཕུལ། དེ་ནས་ཇོ་བོ་ཞིང་གཤེགས་ཀྱི་བར་དང་། གཤེགས་ནས་ཀྱང་ར་སྒྲེང་དུ་སྐུ་གདུང་ལ་དཀར་མེ་མཆོད་ཐུབ་རྒྱུན་མ་ཆད་པར་འབུལ་བར་མཛད། དེ་ནས་ཕལ་ཆེན་སྡེ་པའི་ལུགས་ཀྱི་རས་ཡོལ་གྱིས་ནུབ་ལྷག་ཐུབ་པར་འདོད་པས། དེའི་ནུབ་མོ་ནས་དབུ་སྐྱས་སྤྲེལ་ནས་ཆོས་རྒྱུན་དུ་གསན་པར་མཛད། སང་ནང་པར་དགེ་བཤེས་སྟོན་པ་ལ་

(༡༨༧ན)ཆེད་དུ་དགོངས་ནས་བྱང་ཆུབ་ལམ་གྱི་སྒྲོན་མ་ལ་ཆོས་ཐུན་གཅིག་མཛད་དེ་ཚར་གཅིག་གསུངས། དེ་ནས་བཟུང་སྟེ་ཆོས་གང་གསན་ཐམས་ཅད་སྐྱེས་བུ་གསུམ་གྱི་ལམ་གྱི་རིམ་པའི་སྟེང་དུ་འབབ་པར་མཛད། འབྲོམ་རིན་པོ་ཆེས་ཇོ་བོ་རྒྱ་གར་དུ་ཞག་གསུམ་ན་ཐེགས་པ་ལ་སླེབས་ནས་བོད་དུ་བཞུགས་པར་ཞུ་བ་ཕུལ་བས། ཇོ་བོའི་ཞལ་ནས། གྲགས་པ་ངན་པ་སྤྱོང་མི་བྱེད། བྱ་བ་བྱང་ཆུབ་སེམས་དཔའི་ཉེས་པ་ཡིན་པས་རྒྱ་གར་དུ་འགྲོ་གསུང་ནས་མ་གནང་། དེའི་དུས་སུ་རྒྱ་གར་ན་ཇོ་བོ་ཙམ་པ་ཡང་གསེར་ལ་དམིགས་ནས་བོད་དུ་སོང་བྱ་བ་དང་། བོད་བ་ལང་དང་འདྲ་བའི་གསེབ་ན་ཆོས་ཐམས་ཅད་སྟོང་པ་ཉིད་ཡིན་ཟེར་ཞིང་འདུག་ལོ་བྱ་བ་དང་། གསང་སྔགས་མ་རྒྱུད་ཀྱིས་འགྲོ་བའི་དོན་མཛད་ཀྱི་འདུག་ལོ་བྱ་བའི་གྲགས་པ་བྱུང་བས་དེ་རྣམས་བསལ་བའི་ཆེད་དུ་ཇོ་བོ་ཉིད་ཀྱང་རྒྱ་གར་དུ་འབྱོན་པར་དགོངས་པ་ལྟར་མཛད།

དེའི་ཚེ་འབྲོམ་རིན་པོ་ཆེས་ཇོ་བོ་བོད་དུ་འབྱོན་པར་བསྐུལ་བའི་ཕྱིར་དུ་ཐབས་མཁས་ཀྱིས་ངེད་ཀྱི་ལྷ་ས་དང་བསམ་ཡས་ལ་སོགས་པའི་གཙུག་ལག་ཁང་ན་སློབ་དཔོན་བོ་དྷི་ས་ཏྭ་དང་ཀ་མ་ལ་ཤཱི་ལ་ལ་སོགས་པས་གདན་དྲངས་པའི་རྒྱ་དཔེ་མང་པོ་དང་ཇོ་བོ་ཤཱཀྱ་མུ་ནེ་སོགས་རྟེན་ཁྱད་པར་ཅན་མང་དུ་བཞུགས་ཤིང་དགེ་འདུན་སྟོང་ཕྲག་འདི་ཙམ་བཞུགས་པ་སོགས་ཀྱི་ལོ་རྒྱུས་མང་པོ་སྙན་དུ་གསོལ། དེ་ཐམས་ཅད་ཀྱང་ཇོ་བོ་བོད་དུ་བྱོན་པ་ལ་དགྱེས་པ་ལགས་ཞུས་པས། ཇོ་བོ་ཤིན་ཏུ་དགྱེས་ནས་སྐྱིགས་མའི་དུས་སུ་ཚངས་(༡༨༧བ)པར་སྤྱོད་པ་གྲངས་མང་བ་དེ་ཙམ་པ་རྒྱ་གར་ནའང་མི་བཞུགས། དེ་ཙམ་བཞུགས་ན་ངེས་པ་ཁོ་ནར་དགྲ་བཅོམ་པ་ཡང་བཞུགས་ཏེ་མཆི་གསུང་། བྱིན་པ་འདར་ཕྱིལ་ཕྱིལ་བོད་ཀྱི་ཕྱོགས་སུ་ཕྱག་མཛད། དེ་ཐམས་ཅད་ཀྱང་ཁོ་བོ་འོང་བ་ལ་དགའ་བ་ཡིན་ན་ངས་དགེ་འདུན་གྱི་ཆོས་ལྡན་གྱི་ངག་མི་གཅོག་པར་དམ་བཅས་པ་ཡིན་གསུངས་པས་འབྲོམ་རིན་པོ་ཆེ་སྤྲོབས་པ་སྐྱེས་ནས་ཇོ་བོ་ལ་བོད་དུ་

འཁྱོན་པར་ཞུ་བ་ཕུལ། རྗེ་བོས་ཀྱང་ཞལ་གྱིས་ཞེས་པ་ལགས། དགེ་བཤེས་ལོ་ཙྪ་བའི་ཞལ་ནས། ངས་དམྱལ་བར་འགྲོ་མི་ནུས། སློབ་དཔོན་གནས་བརྟན་དང་ཆད་དོན་ཡོད་པ་ཐུགས་ལ་མངའ་མོད་གསུང་བས་བོད་དུ་བཞུགས་དབང་མ་བྱུང་། རྗེ་བོའི་ཞལ་ནས། དང་པོ་ཚུར་ལ་སྤྱན་མ་འདྲེན་དགོས། དེ་ནས་ཕར་ལ་སྤྱན་མ་འདྲེན་དགོས། ངས་ལོ་ཙྪ་བ་སྐྱོང་བྱ་བའི་ཞལ་ཀྱལ་ཡང་གསུངས།

དེར་འབྲོམ་རིན་པོ་ཆེའི་ཐུགས་དགོངས་ལ་བོད་ཀྱི་མི་ཆེན་རྣམས་གྲོགས་སུ་སྦྲན་ལ་སྤྱན་དྲང་དགོས་དགོངས་ནས་བཀའ་འཕྲིན་བརྫངས་པ་ནི། ཤིང་རྟའི་དབྱིབས་འདྲ་འཛམ་གླིང་གི །བྱེ་བྲག་བརྗོད་ལྡན་གངས་རིའི་བྱང་། །ལོ་ཧི་ཏ་འགྲམ་རིན་ཆེན་ཁུངས། །ཁ་བ་ཅན་ཞེས་མིང་གྲགས་ན། །བློ་ཆེན་སྟོབས་ལྡན་མི་བསྲུན་པ། །བོད་ཅེས་བྱ་བ་གནས་པའི་ཕྱིར། །མི་རྒྱལ་བྱང་ཆུབ་སེམས་དཔའ་ཆེ། །དཔའ་ཆེན་མང་པོ་འཁོར་བཅས་ཀྱིས། །སྣན་གདགས་ཐབས་སུ་དམ་ཆོས་བསྒྱུར། །རྒྱུ་བཟང་བཀོད་ལེགས་གཙུག་ལག་ཁང་། །བསམ་ཡས་ལ་སོགས་གནས་མཆོག་ན། །སྟོན་རྒྱལ་འཕྲུལ་རྗེའི་དགོངས་བཀང་ཕྱིར། །བསྟན་པ་བདུད་རྩི་རྒྱས་མཛད་ཅིང་། །རྒྱལ་སྲས་འདྲེན་པ་དཀྱིལ་ཆེ་བ། །མི་ཡི་རྒྱལ་པོ་ཤཱཀྱའི་སྲས། །ལྷ་བཙུན་བོ་དྷི་རཱ་ཛ་དང་། །དང་པོའི་དགེ་སློང་ལུགས་འབྱིན་དཔོན། །བཙུན་ཆེན་ཡེ་ཤེས་བློ་གྲོས་དང་། །ཐེག་ཆེན་གདུང་བརྒྱུད་བརྟན་མཛད་པའི། །ཐེག་ཆེན་ཀ་བ་རྣམ་གསུམ་དང་། །མིག་འབྱེད་དགེ་བཤེས་རྣམ་གཉིས་ཀྱི། །རྗེས་སློབ་དཔལ་ལྡན་བཅུ་གཉིས་དང་། །ཆོས་འཁོར་ཁྲིམས་བཞིན་སྐྱོང་མཛད་པའི། །རིང་ལུགས་ཆེན་པོ་གཉིས་པོ་དང་། །ཆོས་གྲྭའི་སློབ་དཔོན་ཐུགས་རྒྱལ་ཅན། །ཀ་བ་གར་མི་མཆེད་གཉིས་དང་། །དགེ་བཤེས་ཆེ་རྣམས་དགོངས་སྐྱོང་པའི། །ཀུན་ཕན་དབང་ཕྱུག་རྒྱལ་མཚན་དང་། །གནས་བརྟན་བན་སྒྲའི་རེ་གནས་པ། །ཤཱཀ་གཞོན་རྒྱལ་བའི་སྲས་གཉིས་དང་། །མཁས་བཙུན་ཆེན་པོར་སྙན་གྲགས་པ། །ལེགས་

པའི་ཤེས་རབ་ལ་སོགས་པའི། །འཕགས་པའི་དགེ་སློང་དགེ་འདུན་ཆེ། །སློབ་མ་ཡོན་བདག་འཁོར་བཅས་ལ། །དགེ་བསྙེན་རྒྱལ་བའི་འབྱུང་གནས་ཀྱིས། །གུས་པས་སྟོན་འགྲོའི་མཆེད་གསལ་བ། ཁྱེད་ཀྱི་བྱང་ཆུབ་སྤྱོད་པ་ལ། །བར་ཆད་མི་བདེ་མི་མངའ་འམ། །མདོར་བསྡུས་གཅེས་པའི་དོན་གསོལ་བ། །རྒྱ་གར་ཡུལ་གྱི་མཁས་བཙུན་མཆོག །ཡོན་ཏན་མཐའ་ཡས་རྒྱས་མངའ་ཞིང་། །ཡེ་ཤེས་མཐའ་ཅན་མཚན་ལྡན་པའི། །མཁས་པ་ཆེན་པོ་འདིར་བྱོན་པ། ཁྱེད་ཀྱིས་ལོ་རྒྱུས་མཁྱེན་པ་ལགས། །དེ་ལ་དངོས་ཉིད་དང་འབྲངས་ནས། །ལྷ་བཙུན་(༡༦༨༢བ)བཀའ་སྐུལ་མཆིས་པ་ཡིས། །སྔར་ནི་དབུས་སུ་གཤེགས་ཞུས་ན། །ཕར་རིངས་གསུངས་ནས་བཀའ་མ་གནང་། །སླད་ནས་བལ་ཡུལ་ཤུལ་ཁ་ནས། །དབུས་ཀྱི་དགེ་འདུན་རྒྱུས་གསོལ་བས། །དད་ནས་ཕྱག་འཚལ་དགྱེས་གྱུར་ཏེ། །ཚངས་སྤྱོད་གྲངས་མང་དེ་ལྟ་བུ། །རྒྱ་གར་ཡུལ་ནའང་དཀོན་ཞེས་གསུང་། །དེས་ཀྱང་དངོས་ཉིད་སྤྱོབས་སྐྱེས་ཏེ། ཁྱེད་ཀྱང་དད་པར་ཁྲུམས་ལགས་པས། །ཡང་དང་ཡང་དུ་ཞུས་པ་ལས། །ང་ཡི་དགེ་འདུན་དོན་སྒྲུབ་ཅིང་། །བཀའ་མི་གཅོག་པར་དམ་བཅས་ཕྱིར། །དགེ་འདུན་དག་ལ་གྲོས་ཡོད་ཅིང་། །སྤྱན་འདྲེན་འོང་ན་འགྲོ་གསུང་བས། །དགེ་སློང་གཞོན་ནུ་བློ་རྣོན་པོ། །ལོ་ཙྪ་སྨན་ཐོགས་གཅིག་མཆིས་ན། ཁྱེད་ཅག་དམ་ཆོས་དོན་གཉེར་རྣམས། །མོས་ཤིང་བཀའ་གྲོས་མཐུན་པ་ན། །སྤྱི་སློས་གང་བདེའི་སྤྱན་འདྲེན་པ། །དགེ་སློང་རྟ་མང་ཞལ་མཐོང་བཅས། །སྔོན་དུས་རྩུན་ཆད་འདིར་བྱོན་མཛོད། །ཁྲ་བ་དང་།

གཞན་ཡང་བདག་གིས་དཀྲར་རྟེན་རྟགས་དང་འབྲུལ་བའི་རྒྱ་གཞན་གྱིས། །ཚུལ་ཁྲིམས་ཉམས་པ་སོགས་ཉེས་མཐོང་དེའི་ཕྱིར་བདག་གིས་ཕན་བསམ་སྤྲིངས། མོས་པ་སྣ་ཚོགས་མཆིས་པས་འདི་ལ་མི་དགེ་གང་། །རང་འདོད་གཙོ་བོར་མ་འཛིན་ཐུགས་གཞིགས་གཟིད་པར་མཛོད། །དོན་ལྡན་ཡོན་ཏན་བརྗོད་པའི་མཚན་གྱི་སྟོན་

འགྲོ་བ། །ཤཱཀྱའི་དགེ་སློང་དགེ་འདུན་རྣམས་ཀྱི་སྤྱན་ལམ་དུ། །ཀུན་ལ་ཕན་བསམ་དགེ་བས་ཡི་གེ་འདི་བསྡེབས་པའི། །དགེ་བས་དགོངས་གྲུབ་ལེགས་པའི་དཔལ་འབྱུང་དོན་ལྡན་ཆེར་རྒྱས་སྨོན། །བྱ་བའི་ཚབ་(༡༩༩ན)ཤོག་དབང་ཕྱུག་མགོན་ལ་བརྫངས་ནས་དགེ་བཤེས་ཀ་བའི་ཕྱག་ཏུ་གཏད་དོ། །དེ་ནས་འབྲོམ་རིན་པོ་ཆེས་ཇོ་བོ་དཔོན་གཡོག་གཤེགས་པའི་ཕྱག་ཕྱིར་བྱོན་ཏེ་བོད་སྟོན་རྣམས་འབྱོན་དུ་རེ་ནས་ཅི་འགོར་མཛད། །ལོ་ཙཱ་བས་ཕར་ལ་ཅི་མགྱོགས་མཛད་དོ། །དེར་བོད་སྟོན་རྣམས་མ་སླེབ་པར་ཇོ་བོ་དཔོན་གཡོག་མང་ཡུལ་སྐྱིད་གྲོང་དུ་ཕེབས། དེ་ནས་བལ་པོ་རྫོང་རྒྱུད་དེ་རྒྱ་གར་དུ་ཕེབས་པར་ཆས་པ་ལྟར་མཛད་པ་ན་ས་མན་སྡེ་གསུམ་བྱ་བའི་འཁྲུག་པ་ལངས་ནས་བལ་པོ་རྫོང་འགགས་པས་མ་ཐོན། དེ་བོད་ཀྱི་བསོད་ནམས་སུ་བྱུང་བ་ལགས། དེར་དགེ་བཤེས་ལོ་ཙཱ་བ་དེ་ཐུགས་ཤིན་ཏུ་མ་བདེ་བ་ལ་ཇོ་བོའི་ཞལ་ནས། ཁྱོད་བློ་མི་བདེ་བ་མི་དགོས། སྒྲུབ་པར་མ་ནུས་པ་ལ་ཉེས་པ་གཏན་མེད་པ་ཡིན་གསུང་། དེར་ལོ་ཙཱ་བ་དགྱེས་ཏེ་ད་འོན་བོད་དུ་འབྱོན་པར་ཞུ་ཟེར་ནས་བོད་དུ་སྤྱན་དྲངས་སོ། །

དེའི་དུས་སུ་གསེར་ཀོ་གཏུམ་ཞིག་དང་ལམ་སྒྲོན་ཇོ་བོའི་ཕྱག་བྲིས་ཡིན་པ་ཅིག་ཕུ་རངས་པའི་བཙྟེ་གཉིས་ལ་བསྐུར་ནས་གསེར་འདི་སློབ་དཔོན་གནས་བརྟན་ལ་ཕུལ་ལ་ད་རེས་ཇོ་བོ་གདན་དྲངས་པ་ཡིན་ཏེ་བལ་པོའི་ལམ་འགགས་ནས་ཕྱིར་ལོག །ད་སྤྱན་དྲོངས་གསུང་ན་ཡང་སྤྱན་འདྲེན། ཇོ་བོ་ཡང་བོད་ལ་མཉེས་ཤིང་འགྲོ་དོན་ཡང་ཆེན་པོ་འདུག་པས་བཞུགས་ཆོག་གམ་བྱ་བ་དང་། བསྟན་བཅོས་འདི་བི་ཀ་མ་ལ་ཤཱི་ལའི་པཎྜི་ཏ་རྣམས་ལ་གཟིགས་སུ་ཕུལ་ཞིག་པའི་འཕྲིན་བསྐུར་བཏང་བས་གཉིས་པོས་ཀྱང་ལམ་ལ་ཉེ་ཉོ་མེད་པར་བི་ཀ་མ་ལ་ཤཱི་ལར་(༡༩༩བ)སླེབ་སྟེ་གནས་བརྟན་དཀོན་མཆོག་འབྱུང་གནས་ལ་གསེར་རྣམས་ཕུལ། ཇོ་བོའི་ལོ་རྒྱུས་དང་ལོ་ཙཱ་བའི་འཕྲིན་རྒྱས་པར་གསོལ། བསྟན་བཅོས་དེ་པཎྜི་ཏ་རྣམས་ལ་གཟིགས་སུ་ཕུལ་བས་ནན་

ཏན་མཉེས་ནས་བསྟན་བཅོས་འདི་ལེགས། ཡི་གེ་ཕྱུག་ བྲིས་མ་ནོར་བར་འདུག་གསུང་སྟེ་རྒྱལ་མཚན་གྱི་རྩེ་ལ་བཏགས་ནས་ཞག་ཉི་ཤུ་རྩ་གཅིག་ཏུ་མཆོད་པ་རྒྱ་ཆེན་པོ་མཛད། དེར་གནས་བརྟན་གྱི་ཞལ་ནས་ རྗེ་བོ་འབྱོན་དུ་རེ་བ་ཡིན་ཏེ་ཆོས་འདི་ཕེབས་པས་རྗེ་བོ་དང་ཁྱད་མེད། དེ་རྗེ་བོ་བོད་ན་འགྲོ་དོན་ཆེ་བ་དེ་ལྟག་པར་དགའ། རྗེ་བོ་བོད་ལ་དང་པོ་ནས་མཉེས་པ་ང་རང་ལ་རྒྱུས་ཡོད། ད་སྐུ་ན་སོ་བྱོན་པས་བཤུལ་ཐག་རིང་པོ་ལ་ཚུར་སྤྱན་མ་དྲང་བར་བསྟན་བཅོས་འདི་ལ་འགྲེལ་པ་ཅིག་མཛད་ནས་བསྐུར་ཞུ་གསུངས་ནས་གཉིས་པོ་ཚུར་བཏང་། ཁོང་གཉིས་པོས་ཀྱང་ཚུར་འཁོར་ནས་རྗེ་བོ་དཔོན་གཡོག་ལ་ཞུ་འཕྲིན་སྐད་དུ་གསོལ་བས་ནན་ཏན་མཉེས་ཤིང་། ཁྱད་པར་ལོ་ཙཱ་བའི་ཞལ་ནས་སློབ་དཔོན་གནས་བརྟན་གྱིས་རི་བས་ཀྱང་ལྷོ་བའི་ཁུར་གཅིག་བསྐུར་བ་དེ་ད་སངས་ཀྱི་སོང་གསུང་། རྗེ་བོས་ཀྱང་དེ་འཕྲལ་དུ་འགྲེལ་པའི་དབུ་བཙུག་ནས་ དཀའ་ འགྲེལ་ ཞིག་མཛད་དེ་སླར་ཁོང་གཉིས་པོ་ལ་བསྐུར་བས་པཎྜི་ཏ་རྣམས་ཀྱིས་ཉིན་ལམ་མང་པོ་ནས་བསུ་བ་བྱས། རྒྱལ་མཚན་གྱི་རྩེར་བཏགས་ནས་མཆོད་པ་ཆེན་པོ་མཛད་དོ། །

དེ་ཡང་། དེང་སང་བསྟན་འགྱུར་ནང་ན་ལམ་སྒྲོན་རང་འགྲེལ་ཞེས་གྲགས་པ་འདི་ལ་ཇོ་བོས་མཛད་ངེས་པ་དང་། ཇོ་བོས་མ་མཛད་པར་གཞན་གྱི་གསར་དུ་བསྣན་པའི་ཆ་གཉིས་ཡོད་དེ་རྒྱ་གར་གྱི་པཎྜི་ཏ་(༢༠༠ན)རྣམས་ཀྱིས་བསྐུལ་བ་ལྟར་ཇོ་བོས་ལམ་སྒྲོན་ལ་རང་འགྲེལ་མདོར་བསྡུས་ཤིག་མཛད་ནས་རྒྱ་གར་དུ་བཏང་ངས། དེ་ལ་ཇོ་བོའི་སློབ་མ་བོད་སྟོན་མཁས་པ་འགའ་ཞིག་གིས་ཇོ་བོའི་གསུང་སྒྲོས་ལ་གཞི་བླངས་པའི་བཤད་པ་རེ་མང་ཞིག་བསྣན་པར་སྣང་སྟེ། དེ་ལ་ལེགས་པར་བཤད་པའང་མང་དུ་བྱུང་མོད་ཀྱི་ནོར་བར་མངོན་པ་འགའ་ཞིག་ཀྱང་བྱུང་ངོ་ཞེས་རྗེ་བདག་ཉིད་ཆེན་པོས་གསུངས་སོ། །

དེ་ལྟར་བླ་མ་རྗེ་བཙུན་ཆེན་པོ་འདིས་རྒྱ་གར་དུ་བཞུད་པ་བཞིན་དུ་མཛད། ལོ་ཙཱ

བས་སྐྱེལ་བ་བཞིན་མཛད་ཀྱང་བོད་རང་དུ་བཞུགས་པའི་རྒྱུ་མཚན་ནི་དང་པོ་ནས་ངེས་པ་ཡིན་ཏེ། ཁྱོད་སྟོན་སོ་མ་པུ་རི་ན། །ཏོག་གེ་འབར་བ་གསུང་བའི་ཚེ། །ད་ནི་ལོ་ནི་ཉི་ཤུ་ན། ཚེ་ཡི་འདུ་བྱེད་གཏོང་ཞེས་གསུངས། །དེ་ནས་ལོ་གཉིས་ལོན་པ་ན། །བོད་དུ་འབྱོན་ཁའི་དུས་སུ་ནི། །བི་ཀ་མ་ལ་ཤཱི་ལར་ནི། །ད་ནི་ལོ་ནི་བཅོ་བརྒྱད་ན། །ཚེ་ཡི་འདུ་བྱེད་བཏང་ནས་སུ། །ཡུས་འདི་བོད་དུ་འཇིག་གོ་གསུངས། །ཇི་སྐད་གསུང་བཞིན་མ་འཁྲུལ་པར། །བྱུང་བ་དེ་ནི་ངོ་མཚར་ཆེ། །ཞེས་གསུངས་པ་ལྟར་རོ། །དགེ་བའི་བཤེས་གཉེན་ཤ་ར་བའི་ཞལ་ནས། ཇོ་བོ་བོད་དུ་བཞུགས་པར་རྒྱ་གར་རང་ནས་ངེས་པ་དཔེ་ཆ་དང་ཐུགས་དམ་གྱི་ལྷ་མ་ལུས་པ་སྤྱན་འདྲེན་ལུགས་དེས་ཀྱང་ཤེས་གསུང་ངོ་། །

འབྲོམ་རིན་པོ་ཆེ་ཐུགས་དགོངས་བཟང་བ་དང་། དེ་དུས་ཀྱི་མི་རྣམས་ཀྱང་བསམ་པ་བཟང་བས་བོད་ཀྱི་མི་ཆེན་རྣམས་ཀྱིས་ཀྱང་སོ་སོ་ནས་གསེར་དང་རྟ་ལ་སོགས་(༢༠༠བ)པའི་ཁྲལ་བཀྲལ་ནས་བོད་དབུས་གཙང་གི་མི་ཆེན་ཐམས་ཅད་ཀྱིས་ཇོ་བོ་རྗེ་བསུ་བ་ལ་བྱོན། དེའི་ཚེ་བོད་སྟོན་རྣམས་འབྱོན་པ་ལ་ཇོ་བོས་ཉིན་རེ་བཞིན་བྱ་ར་མཛད་ཙ་ན་བོད་སྟོན་རྣམས་ཀྱིས་ཚག་ཞུ་དང་བེར་གྱོན། རྟ་ལ་ཆིབས་བྱོན་པས་ཇོ་བོས་གཟིགས་མ་ཐག །ཨུ་པ་སི་ཀ །མི་མ་ཡིན་མང་པོ་བྱུང་ངོ་གསུང་ནས་དབུ་རིལ་གྱི་གཏུམས། དེ་ནས་བོད་ཀྱི་མི་ཆེན་རྣམས་ཀྱིས་ཆོས་གོས་གྱོན་སེར་སྦྲེང་མཛད་ནས་ཕྱག་རྟེན་ཕུལ་བས་ཇོ་བོ་ཡང་དགྱེས་ནས་ཕྱག་ལན་མང་པོ་མཛད། དེ་ནས་ཇོ་བོ་རྗེ་དཔོན་གཡོག་ལ་བོད་སྟོན་རྣམས་ཀྱིས་སྣ་ལེན་དུ་བསྙེན་བཀུར་བཟང་པོ་ཞིག་མཛད་པས་རྒྱ་གར་གྱི་རབ་ཏུ་བྱུང་བ་བས་བོད་ཀྱི་རབ་བྱུང་འཚོ་བ་བཟང་བར་འདུག་གསུང་།

དེ་ནས་གཙང་ལ་སྟོད་ལྷོག་གི་ཚ་སྣ་བྱ་བར་དོ་ཧ་རྡོ་རྗེའི་མགུར་གསུངས་པས་འབྲོམ་རིན་པོ་ཆེས་བོད་དུ་འདི་མི་ལེགས། བསླལ་པ་སྐྱིགས་པས་སྡོམ་པ་བསྲུང་བ་དང་ཚོགས་གསོག་པ་མི་མཆི། ལས་རྒྱུ་འབྲས་ལ་སོགས་པ་བསྟན་པ་སྤྱི་ལ་ཕན་པའི་

ཆོས་གསུང་བར་ཞུས་པས། ཨ་ཏི་ཤ་ཡང་ཤིན་ཏུ་མཉེས་ཏེ། སེམས་ཅན་ཆེན་པོ་ཁྱོད་ལྷ་བུ་བོད་ན་བཞུགས་པ་བོད་བསོད་ནམས་ཆེ་ཡི། ཁོ་བོས་ཁྱོད་རྒྱ་གར་དུ་ཐོས་ན་བོད་དུ་འོང་མི་དགོས་པ་འདུག་པ་ལ་གསུང་། སྣེའུ་ཟུར་པའི་ཞལ་ནས། ཕུ་ཅིག་ཡིན་ན་གཞན་སུ་ལའང་མེད་པའི་ཆོས་ཤིག་ཁོ་ན་ཞུ། དགེ་བཤེས་སྟོན་པ་དེ་ཐུགས་དགོངས་ཤིན་ཏུ་བཟང་བས་བོད་སྤྱི་ལ་ཕན་ཆེ་བའི་ཆོས་ཤིག་ཁོ་ན་ཞུ་བར་ལེགས་པར་གདའ་གསུང་། དེ་ནས་(༢༠༡ན)གཙང་རོང་ན་མར་བྱོན་ཙ་ན་ཁང་པ་དོག་པས་གནས་ཁང་འདོད་རིགས་མ་རྙེད་པ་ལ་འབྲོམ་རིན་པོ་ཆེས་ཇོ་བོ་ཕྱིར་བཞུགས་སུ་བཅུག་ནས་དེའི་བར་དུ་ཁང་པའི་གད་བདར་བྱས། ཇོ་བོའི་དབུ་སྐྲས་སུ་མཏྲལ་ཞིག་ཀྱང་ཚར་བར་བྱས་འདུག་པས་ཇོ་བོའི་ཞལ་ནས། ང་ལ་སློབ་མ་ཁྱོད་འདྲ་བ་གཅིག་རྒྱ་གར་ནའང་ཡོད་གསུང་། པོ་ཏོ་བའི་ཞལ་ནས་དོན་ལ་མེད། ཡོད་ན་ཁ་སྐད་འདྲ་བ་འོང་ཐད་པ་ལ་གསུང་ངོ་། །

ཡང་ལན་ཅིག་གི་ཚེ་ཇོ་བོས་བྱིས་པ་ལྔར་མཛད་ནས་ནང་གི་གནས་རྣམས་ཕྱིས་ཚུང་དུ་རེས་བཀང་བས་དེ་རྣམས་འབྲོམ་རིན་པོ་ཆེས་ལེགས་པར་ཕྱགས། སྐུའི་སྤྱོད་པ་ལ་མ་དད་པ་མ་སྐྱེས་པས་བྱ་རྒོད་ཀྱི་ཉིན་ལམ་བཅོ་བརྒྱད་ཀྱི་བར་གྱི་གཞན་གྱི་སེམས་ཤེས་པའི་མངོན་པར་ཤེས་པ་སྐྱེས་གསུངས། དེ་ནས་ཇོ་བོ་རྗེ་ཁུ་སྟོན་གྱིས་ཡར་ཀླུངས་སུ་སྤྱན་དྲངས་ཏེ་ཐང་པོ་ཆེར་ཕེབས། འབྲོམ་རིན་པོ་ཆེས་ཐང་པོ་ཆེར་མ་ཕེབས་པར་སྙེ་ཐང་དུ་ཕེབས་ནས་བང་སྟོན་གྱི་སར་བྱོན་ཏེ་ད་ལྟ་ནི་ཇོ་བོ་ཁུས་སྤྱན་དྲངས་ནས་ཕེབས་ཁུས་ཞབས་ཏོག་འོ་མི་བཀྱལ་བ་མི་འོང་། དེ་ཙ་ན་ཇོ་བོའི་བཞུགས་ས་ཅིག་དགོས་པས་ཁྱེད་ཀྱི་སྙེ་ཐང་འདིར་བཞུགས་ས་བྱེད། ངས་ཐབས་མཁས་ཀྱིས་ཇོ་བོ་བསམ་ཡས་སུ་གདན་དྲངས་ཀྱིས། དེ་ཙ་ན་ཁྱེད་ཀྱིས་རྟ་པ་ཉིས་བརྒྱའི་ཞལ་མཐོང་དང་བཅས་པའི་བསུ་བ་གྱིས་ཤིག་གསུངས་པས་ཁོང་གིས་ཀྱང་ཞལ་གྱིས་བཞེས་སོ། །

དེ་ནས་འབྲོམ་རིན་པོ་ཆེས་ཇོ་བོའི་སྤྱན་སྔར་འགྲོ་དགོངས་ནས་ཡར་(༢༠༡བ)ཀླུངས་ནས་ཡར་ཐོན་པ་དང་ཐང་པོ་ཆེ་བའི་མི་ཅིག་ན་རེ། ཁྱོད་གར་འགྲོ་ཟེར། ཐང་པོ་ཆེར་འགྲོ་གསུངས་པས། སྔ་ཐབ་པར་འོང་ཟེར། ཇོ་བོ་དང་མཇལ་ན་སྔ་ཐབ་ནའང་ཐབ་སྙམ་པ་ཅིག་བྱུང་གསུང་། དེ་ནས་བརྩེ་ཞིག་ལ་ཇོ་བོའི་གཟིམ་ཁང་ག་ན་ཡོད་དྲིས་པས། སྟོན་དུ་མ་བཏུབ་པ་ལ་ཇོ་བོའི་སློབ་མ་ཨ་ཙ་ར་ཅིག་བྱུང་བས་ངོ་ཤེས་ནས་འབྲོམ་རིན་པོ་ཆེའི་རྩར་རྒྱུགས་བྱུང་། དེས་ནང་དུ་ཁྲིད་ནས་ཇོ་བོ་དང་མཇལ་བས་ཡུན་ཟླ་བ་གཅིག་ལས་མ་ལོན་པ་ལ་འོ་ཤིན་ཏུ་བརྒྱལ་བར་བྱས་ནས་གདའ། དེར་ཇོ་བོའི་ཞལ་ནས། ཨུ་པ་སི་ཀ་ཆེན་པོ། ང་རང་དང་པོ་གང་ནས་འོངས་པའི་སར་སྐྱོལ། བཀའ་འཁོར་འདི་ཀུན་ཡང་འོ་བརྒྱལ། རྟ་ཁལ་འདི་ཀུན་ཀྱང་མ་རྟན་ཡིན། ཁྱེ་སྟོན་ནི་འཁོར་ལོས་བསྒྱུར་བའི་རྒྱལ་པོ་ལྟ་བུ། ཁོ་བོ་ནི་དམངས་ཕལ་པ་ལྟ་བུ། ཁྱེ་སྟོན་ནི་སུམ་ཅུ་རྩ་གསུམ་གྱི་ལོངས་སྤྱོད་དང་ལྡན་པ་ལྟ་བུ། ཁོ་བོ་ནི་པྲེ་ཏ་པུ་རིའི་གྲོང་ཁྱེར་ན་གནས་པ་ལྟ་བུ་བྱུང་གསུངས་པ་ལ། འབྲོམ་རིན་པོ་ཆེས་བདག་གིས་ཇོ་བོའི་བཞུགས་གནས་སྐེ་ཐང་ཟེར་བ། དབྱར་བསིལ་བ་དགུན་དྲོ་བ། ནགས་ཚལ་དང་ནེའུ་གསིང་ཡོད་པ། དགུན་ཡང་མེ་ཏོག་སྐྱེ་བ་ཞིག་བཙལ་བཏོག་ཞུས་པས། ཨུ་པ་སི་ཀ་ད་ལྟ་རང་གཤེགས་གསུང་བ་ལ། ཁྱེ་ཡང་དབང་ཆེ་བས་ཁད་ལ་ཐབས་མཁས་བྱེད་དགོས་ཞུས་པས། ཁྱེ་སྟོན་གྱིས་མི་ཆོར་བའི་ཐབས་ང་རང་གིས་བྱེད་གསུང་ནས། དེའི་ནུབ་མོ་རྣ་བསྔོགས་བྱས་ཏེ་ནམ་ལངས་པ་དང་ལམ་དུ་ཆུད་པར་བྱས་ནས་(༢༠༢ན)གཤེགས་པ་བརྩེ་མོ་ཞིག་གིས་མཐོང་ནས་ཁྱེ་སྟོན་ལ་བྱ་གཏོང་དུ་ཕྱིན། དེ་ནས་ཇོ་བོ་དཔོན་གཡོག་གིས་མྱང་པོའི་གྲུ་ལ་ཐོན། འབྲོམ་རིན་པོ་ཆེའི་ཞལ་ནས་མཉན་པ་ལ་སྟོན་ལ་ང་སྒྲོལ་ཅིག་ད་ལྟ་རང་རྟུང་གཏག་ཐམས་ཅད་ང་ལ་འོང་གསུངས་པས་མཉན་པས་སྟོན་ལ་བསྒྲལ། དེའི་ནུབ་མོ་འབྲོམ་རིན་པོ་ཆེ་དཔོན་གཡོག་གིས་འོན་དུ་མ་བཞུགས་པར་ཀ་ཆུར་ཕེབས།

ཛོ་བོ་དཔོན་གཡོག་སྐྱོལ་ཀྱིན་ཡོད་ཙ་ན་དགེ་བཤེས་ཁུ་ཨ་ཧེ་ཤ་ཟེར་ཅིང་རྒྱུགས་བྱུང་བ་གཟིགས་པས་ཛོ་བོའི་ཞལ་ནས་མཁས་པ་ཆེན་པོ་བྱོན། །གྲུ་ཕྱིར་ཐེན་ཅིག་གསུངས་ནས་བཞུགས་པ་དང་ཁུ་ཡུས་ཆེ་བས་ཆིབས་པ་ཐལ་ནས་ཆུ་ནང་དུ་དེའུ་གྲོངས་བྱུང་། དེར་ཁུ་སྟོན་གྱིས་ཛོ་བོ་ལ་ལྟོག་པར་ཞུ་བ་ཕུལ་ཡང་མ་གནང་བར་དབུ་ཞྭ་ཕྱིར་འཕངས་ཏེ་བྱིན་རླབས་ཀྱི་རྟེན་དུ་གནང་།

དེ་ནས་ཛོ་བོ་དཔོན་གཡོག་གིས་འོན་དུ་ཟླ་བ་གཅིག་བཞུགས་ནས་བསམ་ཡས་སུ་ཕེབས། དེའི་དུས་སུ་ཞང་འཕྲང་ཁ་བེར་ཆུང་གིས་འབྲོམ་རིན་པོ་ཆེ་སྤྱན་འདྲེན་པའི་མི་གཉིས་བཏང་ནས་ཡང་ཡང་བསྐུལ་བ་ལ་འབྲོམ་རིན་པོ་ཆེའི་ཞལ་ནས། ང་ད་ལྟ་འོང་མི་ཁོམ། ཛོ་བོ་སྐུ་ན་མཐོ་ལ་སྐུ་གཅོང་མང་བས་ཞབས་ཏོག་གལ་ཆེ། དེའི་བར་དུ་ཐུགས་མི་ཆད་པར་ཆོས་འདི་ཚོ་ལ་དགོངས་པར་ཞུ་གསུངས་ནས་འཕྲིན་ཡིག་བསྐུར་བ། ཡབ་མེས་ཚོ་རིགས་བཟང་པོའི་རྗེས་འབྲངས་ཤིང་། །དགེ་བའི་བློ་མངའ་དཔལ་འབྱོར་ལྡན་རྣམས་ལ། །ཕན་པར་དགོངས་པའི་སེམས་ཀྱིས་ཀུན་བསླངས་ན། །བདུད(༢༠༢བ)རྩི་འདྲ་བའི་གྲོས་ཤིག་ཡོངས་ལ་འདེབས། །སྨོམས་པར་འཆར་བའི་ཉི་མའི་འོད་ཟེར་བཞིན། །སངས་རྒྱས་བསྟན་པས་ཀུན་ལ་ཡོངས་ཁྱབ་ཀྱང་། །བྱང་དུ་བལྟས་པའི་བྲག་ཕུག་ཇི་བཞིན་དུ། །དམ་པའི་ལྷ་ཆོས་མི་མཛད་བློ་རེ་སྨོངས། །འོ་སྐོལ་དལ་འབྱོར་མི་ལུས་ཐོབ་པ་ཡང་། །ད་ལྟ་ཉིད་ཀྱི་སྐུ་སྤྱོད་མ་ལགས་ཏེ། །ཡབ་ཡུམ་ལས་འབྲོ་མཐུན་པའི་འདུ་འཕྲོད་དང་། །ཚེ་སྟོན་བསོད་ནམས་བསགས་པའི་རྒྱུ་ལས་གྲུབ། །དེ་ལྟར་རྙེད་དཀའི་མི་ལུས་ཐོབ་ཙ་ན། །སྡིག་པ་སྤངས་ཏེ་དགེ་བ་མ་སྤྱད་ན། །མཐོན་པོའི་རི་ལ་ཕྱིན་ནས་སླར་ལྟུང་བཞིན། །མི་ལུས་ཐོབ་པ་དོན་མེད་ཆུད་མ་གཟོན། །འོ་སྐོལ་སྟོན་པ་སངས་རྒྱས་བྱོན་ནས་ཀྱང་། །དམ་ཆོས་བདུད་རྩི་ཇི་སྙེད་གསུངས་པ་དག །རྟག་པའི་དོན་དུ་གསུངས་པ་མ་ཡིན་ཏེ། །མི་རྟག་ངེས་ནས་གསུངས་པ་མ་ཡིན་ནམ། །

རྟག་གམ་མི་རྟག་དཔེར་ན་འདི་འདྲ་སྟེ། །འོ་སྐོལ་ཡབ་མེས་སྔ་རབས་འདས་པ་དག །
ད་ལྟ་མིག་ཙམ་ལུས་ནས་མ་སོང་ངམ། །རྟག་པ་ལགས་ན་ད་ལྟ་གང་ན་གདའ། །འོ་
སྐོལ་ཉིད་ཀྱི་སྐུ་རིང་འདི་ལ་ཡང་། །ན་ཚོད་མཐུན་པའི་རྒྱན་གཞོན་མཐོ་དམན་སོགས། །
ཇི་སྙེད་གྲུམ་པ་ཐུགས་མཚོར་མི་མངའ་འམ། །སྔོན་གྱིས་གསན་པ་དེ་བས་ཤིན་ཏུ་མང་། །
ན་ཉིང་དིང་སང་དོ་ཅིག་བར་ལ་ཡང་། །འདས་པའི་མི་དང་ཡུལ་མི་ཁྱིམ་མཚེས་ལས། །
མཆོན་གྱིས་རྨས་དང་དེ་བཞིན་བྲོ་འཚལ་ནས། །གྲངས་ཀྱིས་གྲུམ་པ་སྤྱན་གྱིས་མ་
གཟིགས་སམ། །ཀུན་ཀྱང་ཆོས་ཉིད་འདི་ལས་མ་འདས་ཏེ། །འཆི་བའི་རེ་མོས་འོ་སྐོལ་
ཀུན་ལ་འོང་། །དེ་རིང་སང་གི་དབང་(༢༠༣ན)ཡང་མ་མཆིས་ཏེ། །ཐམས་ཅད་མི་རྟག་
འཇའ་ཚོན་རི་མོ་འདྲ། །གཟུགས་ནི་ལྷོ་སྤྲིན་འདྲ་སྟེ་ཁད་ཀྱིས་འཛིག །སྲོག་ནི་བ་ཐག་
འདྲ་སྟེ་གྱི་ན་ཙམ། །དབུགས་ནི་ན་བུན་འདྲ་སྟེ་ཡོད་ལ་མེད། །ཚེ་ནི་གློག་དང་འདྲ་སྟེ་
སྐད་ཅིག་མ། །འོ་སྐོལ་ཕུང་པོ་འདི་ལ་ཕངས་མཛད་ཀྱང་། །ཁྲིལ་མེད་སློས་ལ་བོར་བ་
མཐོང་བཞིན་དུ། །སྒྱུ་མ་རྟག་ཏུ་རེ་བ་བློ་རེ་རྨོངས། །སྟོང་པ་དངོས་པོར་ལྟ་བ་བློ་རེ་
འཁྲུལ། །ཇི་ལྟར་བགྲེས་ཀྱང་རང་དང་ཕུང་པོ་འདི། །འབྲེལ་བར་མི་འདོད་འགྲོགས་
པར་རེ་འདོད་ཀྱང་། །གོས་རྙིང་བརྗེ་བ་བཞིན་དུ་ཕྱིར་ལུས་ནས། །ལུས་སེམས་སོ་སོར་
ཆ་བ་མ་དགོངས་སམ། །བསོད་ནམས་ལས་གྲུབ་འབྱུང་བཞི་འདུས་བསྐྱེད་པའི། །པདྨ་
ལྟ་བུར་རྒྱས་པའི་ལུས་འདི་ལ། །དགྲ་སྟང་རྣམ་ཤེས་བརྒྱད་ནི་དུག་སྦྱོར་ན། །སྒྱུ་མའི་
ཕུང་པོ་ད་ལྟ་ཇི་སྐམ་མཛད། །དེ་ལ་སྐྱེས་བུ་དམ་པའི་སྨན་པ་ཡིས། །རྣམ་ཐར་བརྒྱད་
ཀྱི་སྨན་གྱིས་མ་བཅོས་ན། །འཆི་བདག་བདུད་ཀྱི་བགེགས་ནི་གདོན་ངོ་མཐོ། །མ་རིག་
དུག་གསུམ་གཏན་གྱི་ནད་གཞི་ཆེ། །མི་རྟག་འཆི་བའི་ནད་ཀྱིས་ཟིན་པ་ལ། །འཚོ་བྱེད་
གཞོན་ནུའི་སྨན་གྱིས་ཅང་ཕན་ནམ། །བདུད་ཀྱི་ཞགས་པ་ནག་པོས་ཟིན་པ་ལ། །མོ་
བོན་ལྟོས་དཔྱད་རིམ་གྲོས་ཅང་ཕན་ནམ། །དབང་མེད་དུས་ཀྱིས་རྒྱས་འདེབས་བྱེད་པ་

ལ། །གཉེན་བཤེས་ཉེ་དུས་བསྐོར་བས་ཅང་ཕན་ནམ། །རྟག་པ་མ་ལགས་ཀུན་ཀྱང་མི་རྟག་སྟེ། །རྟག་ཏུ་བཏུབ་ན་སངས་རྒྱས་སྐུ་འདི་དག །ཡོད་པ་མ་ལགས་ཀུན་ཀྱང་མེད་པ་སྟེ། །ཡོད་དུ་བཏུབ་ན་རྣམ་ཤེས་སེམས་འདི་ཡོད། །བདེན་པ་མ་ལགས་ཀུན་ཀྱང་བརྫུན་པ་སྟེ། །བདེན་དུ་བཏུབ་ན་དམ་པའི་ཆོས་འདི་བདེན། །ངེས་པ་མ་ལགས་ཀུན་ཀྱང་མ་ངེས་ཏེ། །ངེས་སུ་བཏུབ་ན་དགེ་སྡིག་རྒྱུ་འབྲས་ངེས། །འདོད་ཆགས་ཞེ་སྡང་མ་རིག་དེ་དག་ལས། །མི་ཤེས་གཏི་མུག་གཉིད་ནི་མ་ཆེ་བར། །དགེ་བ་བཅུ་ཡི་མེལ་ཚེ་འབད་ལ་མཛོད། །མ་རིག་གཉིད་ལས་སངས་པའི་དུས་བྱུང་ན། །ཡང་དག་བདེན་པའི་ནམ་ཞིག་ལངས་ཙ་ན། །མཐོ་དམན་མཁའ་ལ་ཉི་ཤར་ཇི་བཞིན་དུ། །འགྲོ་མགོན་སངས་རྒྱས་དེ་དང་ཕྲད་པར་མཛོད། །

ཅེས་བྱ་བའི་ཚིགས་སུ་བཅད་པ་བཅོ་བརྒྱད་དང་། གང་གི་དྲིན་གྱིས་བདག་བློ་རྒྱས་མཛད་པའི། །བླ་མ་དམ་པ་རྣམས་ཀྱི་ཞབས་ལ་འདུད། །གཏིང་མཐའ་མེད་པའི་འཁོར་བའི་རྒྱ་མཚོ་འདིར། །དེ་སྔ་ཕན་ཆད་ཇི་ཙམ་པ་ཅིག་འཁྱམས། །ད་ཡང་ཇི་ཙམ་པ་ཅིག་འཁྱམ་དགོས་པས། །བླ་མ་དམ་པའི་གདམས་ངག་ཐོས་བསམ་བྱ། །དེ་ལས་ཐར་བའི་དུས་ནི་ད་རེས་ཡིན། །བློ་ཕྱུར་བར་དུ་གཅོད་པ་མ་བྱུང་ཡང་། །ཚེ་ལ་ལོང་མེད་ཡུན་རིང་མི་སྡོད་ངེས། །འཇིག་རྟེན་འདི་ཡི་བྱ་བ་རྒྱབ་ཏུ་བོར། །འདི་དང་ཕྱི་མ་གཉིས་ཀ་མི་འགྲུབ་ཀྱི། །ཕྱི་མ་གལ་ཆེ་ཆོས་ལ་འབད་པ་སྐྱིད། །གཉིད་དང་སྙོམ་ལས་དབང་དུ་མ་གཏང་བར། །སྟོང་པ་སྙིང་རྗེས་ཟིན་པ་རྩེ་གཅིག་སྒོམས། །ཚེ་ལ་ལོང་མེད་འཆི་བདག་ཕོ་ཉས་སླེབ། །བྱ་བ་ཐམས་ཅད་བྱེད་འཕྲོ་བཏང་ནས་ནི། །རང་བཞིན་མཉམ་པ་ཉིད་ལ་བློ་བཞག་ནས། །ཆོས་ཉིད་རྣམ་དག་འདི་ལ་ལྟ་བ་བྱ། །མི་རྟོག་བདེ་གསལ་འདི་ལ་བསྒོམ་པ་བྱ། །མ་བཅོས་རང་(༢༠༥ན)བཞིན་འདི་ལ་སྤྱོད་པ་བྱ། །སྐུ་བཞི་ཡེ་ཤེས་ལྔ་ལ་འབྲས་བུ་བྱ། །ལྟ་སྒོམ་སྤྱོད་པ་འབྲས་བུ་རྣམ་པ་བཞི། །སོ་སོ་ཐ་དད་མེད་པའི་ལམ

དུ་སེམས། །ལྟ་བ་སྟོང་ཉིད་སྒོམ་ཞེས་ཁས་བླངས་ནས། །སྤྱོད་པ་དངོས་པོར་འཛིན་ལས་མ་གྲོལ་ན། །ལྟ་སྤྱོད་འཛོལ་ཏེ་ལོག་པའི་ལམ་དུ་འགྲོ །རང་གིས་རང་བསླུས་གཞན་གྱིས་ཞེ་ཡང་ཁྲེལ། །ཆགས་སྡང་སྐྱེ་བའི་གྲོགས་ངན་ཐབས་ཀྱིས་སྤོངས། །དེར་ཡང་ཀུན་དང་འདྲིས་པར་མི་བྱའོ། །ཆགས་ན་ལྷ་བ་ཆགས་ཀྱང་མི་གྲོལ་ཏེ། །ཞེན་ན་ཆོས་ལ་ཞེན་ཡང་འཆིང་བའི་རྒྱུ། །ཕྱུག་པོ་གསེར་སྲང་སྟོང་ལ་ཆགས་པ་དང་། །དབུལ་པོ་ཁབ་སྐྱད་ཙམ་ལ་ཆགས་པ་གཉིས། །ཐར་པའི་བར་དུ་གཅོད་ལ་ཁྱད་པར་མེད། །དེས་ན་ཅི་ལའང་ཞེན་ཆགས་མེད་པར་བྱ། །འཁྲུལ་བའི་རྟོག་པ་མ་ཞིག་བར་དུ་ནི། །དད་པས་བླ་མ་དག་དང་དཀོན་མཆོག་མཆོད། །ཡི་དམ་ལྷ་ལ་གསོལ་བ་རྒྱུན་དུ་ཐོབ། །ལུས་ངག་ཡིད་གསུམ་དགེ་བ་ནུས་ཚད་ཀྱིས། །བསམ་དུ་མེད་པའི་ཆོས་ཉིད་དོན་བསྒོམས་ལ། །འགྲོ་བ་རྣམས་ལ་སྙིང་རྗེ་རྒྱུན་དུ་སྐྱེད། །སྟོང་པ་ཉིད་དང་སྙིང་རྗེ་དབྱེར་མེད་པ། །སྒོམ་པ་གོལ་ས་མེད་པའི་ལམ་ཡིན་གསུང་། །ཚེ་ལ་ལོང་མེད་ཡུན་རིང་མི་སྡོད་ངེས། །འཇིག་རྟེན་ལྟོ་རྒྱབ་སྤྲངས་ཀྱང་ཕྱེད་དེ་མཆིས། །ཆོས་དང་མཐུན་ན་ལྟོགས་རིད་ཤི་དོགས་མེད། །འཇིག་རྟེན་འདི་ཡི་བྱ་བ་རྒྱབ་ཏུ་བོར། །འདི་དང་ཕྱི་མ་གཉིས་ཀ་མི་འགྲུབ་ཀྱི། །ཕྱི་མ་གལ་ཆེ་ཆོས་ལ་འབད་པ་ཐོན། །གཉིད་དང་སྙོམ་ལས་དབང་དུ་མ་བཏང་བར། །སྟོང་པ་སྙིང་རྗེའི(༢༠༩བ)སྙིང་པོ་རྩེ་གཅིག་སྒོམས། །ཕུང་པོ་ཉམས་པས་ལུས་ངག་མཐུ་ཉམས་ཀྱང་། །ཡིད་ལ་ཅིས་ཀྱང་གདུང་བར་མི་བྱའོ། །ད་ནི་ལོ་འི་གླགས་མེད་རིང་མི་སྡོད། །ཉིན་མཚན་གཉིས་ཀྱིས་ཚེ་འཛད་དགེ་མྱུར་མཛོད། །འཆི་ཁར་འགྱོད་པས་མི་ཕན་ད་ལྟ་འབད། །དངོས་པོ་ཅིས་ཀྱང་བྱར་མེད་གདམས་ངག་སྒོམས། །དྲན་སྣང་ཐམས་ཅད་སྐྱེ་མེད་རྒྱས་བཏབ་ཅིང་། །ཁྱེད་སྤྱོད་ཐམས་ཅད་སྒྱུ་མ་ལྟ་བུར་བྱ། །བདེ་སྡུག་ཐམས་ཅད་མཉམ་པ་ཉིད་དུ་བསླབ། །ཉེས་ལྟུང་ཕྲ་མོ་ཙམ་ཡང་ཕྱིར་བཅོས་བྱ། །དེ་ནས་སྐྱེ་བ་འདི་ཡི་འོག་རོལ་ཏུ། །སྔོམ་པ་གསུམ་དང་ལྡན་པའི་རྟེན་

ཞིག་གིས། །ཕྱག་རྒྱ་ཆེན་པོའི་དངོས་གྲུབ་ཐོབ་འགྱུར་བས། །སྨོན་ལམ་གདབ་ཅིང་དེ་ཡི་རྒྱུ་ལ་འབད། །ལུས་ངག་བྱ་བྱེད་མང་ན་སེམས་རྗེས་འབྲང་། །གཉུག་མའི་སེམས་འདི་བཅོས་མས་མི་བསླད་ཅིང་། །སྡིག་དང་སྡུག་བསྔལ་འཕེལ་བའི་ལམ་བར་ལ། །མཁའ་ལ་བྱ་སོང་བཞིན་དུ་རྗེས་མེད་བྱ། །ཅི་འདྲས་མི་སྡུག་བྱས་པའི་ལན་མི་བླན། །ཤེས་མཐུན་རྟོག་པ་བསྡུར་ན་དྲང་པོར་སྨྲ། །མདོར་ན་ཆོས་ཉིད་རྟོགས་པའི་ཕྱི་རྟགས་སུ། །བརྙས་པ་བྱུང་ཡང་ཀོ་ལོང་མི་བྱ་ཞིང་། །ཚིག་ངན་སྨྲས་ཀྱང་ཁྲོ་བར་མི་བྱ་ལ། །ཁྱད་གསོད་བྱས་ཀྱང་ང་རྒྱལ་མི་སྐྱེད་དོ། །འགལ་བ་ཇི་ལྟར་བྱུང་ཡང་འདི་བསམ་སྟེ། །འཁྲུལ་པས་བཅིངས་པའི་སེམས་ཅན་སྙིང་རེ་རྗེ། །སྐྱེ་མེད་ཆོས་ལ་བདག་དང་གཞན་བཟུང་བ། །འདི་ལ་དངོས་པོ་ཅི་ཡང་མེད་དོ་ཞེས། །ཆོས་དབྱིངས་ཉིད་དུ་ངེས་པར་བསམ་པར་བྱ། །དེ་ལྟར་ད་ལྟ་ཉིད་ནས་གོམས་བྱས་ན། །གློང་དུ་འགྱུར་ཚེ་ཅིས་ཀྱང་གནོད་མི་ནུས། །རྫས(༢༠༥ན)དང་ལོངས་སྤྱོད་ཆེ་ཆུང་ཅི་ཡོད་ཀྱང་། །རང་དབང་ཡོད་ཚེ་ཕྲལ་བསྔོ་ཕྲལ་སྤྱད་བྱ། །ཁ་ཅིག་ན་རེ་འཆི་ཁར་དགོས་ཟེར་ཏེ། །འཆི་དུས་འབྱུང་བའི་ནད་ཀྱིས་བཏབ་པ་ལ། །ནད་གཡོག་མང་བས་སྡུག་བསྔལ་བགོ་ཐབས་མེད། །གཡོག་མེད་སྡུག་བསྔལ་འགྲོགས་ནས་ཁྱེར་བ་མེད། །དེས་ན་ནད་གཡོག་ཡོད་མེད་གཉིས་ཀ་འདྲ། །ཤི་བའི་རོ་དེ་ཅན་དན་མེར་བསྲེགས་སམ། །ཆུར་བོར་དོང་བསྐྱུར་བྱ་ཁྱིས་ཟོས་པར་མཉམ། །ཤུལ་དུ་གདམ་སྐད་གདམ་ངན་ཅི་བྱུང་ཡང་། །བདག་གི་རྗེས་སུ་འབྲངས་ནས་མི་འོང་སྟེ། །གསོན་ཚེ་དགེ་སྡིག་གཉིས་པོ་གང་བྱས་པའི། །འབྲས་བུ་དེ་ཡི་དུས་སུ་འབྱུང་བར་འགྱུར། །རྣལ་འབྱོར་པ་ཡི་འཆི་ལུགས་རྣམ་པ་གསུམ། །སྨྱོན་པ་ལྟ་བུར་ཤི་བ་རབ་ཡིན་ཏེ། །རི་དྭགས་ལྟ་བུར་ཤི་བ་འབྲིང་ཡིན་ནོ། །རྒྱལ་པོ་ལྟ་བུར་ཤི་བ་ཐ་མ་ཡིན། །དེས་ན་ཤུལ་དུ་ལུས་པ་མེད་པར་བྱ། །འདོད་ཆུང་ཆོག་ཤེས་ང་རྒྱལ་མེད་པ་དང་། །གཞན་དང་འབྲེལ་བསྐྱངས་རང་ལ་ངན་ཤོས་བྱ། །དམན་ས་བཟུང་ན

བླར་ཡང་གཞན་དག་དང༌། །རང་ཡང་ཉོན་མོངས་མི་གསོག་དགེ་སྦྱོར་འཕེལ། །དེས་ན་ཅི་ལའང་ཁེང་དྲེགས་མི་བྱའོ། །དེ་ཕྱིར་བྱང་ཆུབ་སེམས་ནི་རྟག་ཏུ་སྦྱོངས། །ཆོས་ཀྱི་དབྱིངས་ནི་གཉིས་མེད་རྣམ་དག་ལས། །བྱང་ཆུབ་ཅེས་ནི་དེ་ལ་བརྗོད་པ་ཡིན། །དེ་དོན་སེམས་པར་བྱེད་པའི་སེམས་དཔའ་ནི། །དེ་ནི་བྱང་ཆུབ་སེམས་དཔའ་ཞེས་བྱ་སྟེ། །བྱང་ཆུབ་དང་ནི་སེམས་ལ་གཉིས་མེད་སྦྱོད། །གང་ཞིག་དེ་རྟོགས་འདོད་པའི་སྐྱེས་བུ་ནི། །དེ་ནི་བྱང་ཆུབ་སེམས་དཔའ་ཞེས་བྱའོ། །(༢༠༥བ)དེས་ན་དམ་པ་རྣམས་ཀྱི་རྗེས་སུ་བསླབ། །མར་མེ་ཆུང་ངུ་རླུང་གིས་གསོད་པར་བྱེད། །ནགས་ཚལ་མེ་ལ་རླུང་གིས་གྲོགས་ཀྱང་བྱེད། །དེ་ཕྱིར་དང་པོར་རྒྱེན་ངན་དག་ལ་བྱོལ། །བརྟན་པ་ཐོབ་ནས་ཐམས་ཅད་གྲོགས་སུ་འགྱུར། །ཉམ་ཆུང་རྣམས་ལ་རྐྱེན་ངན་གནོད་པ་ཆེ། །དེ་ལ་གཅིག་པུར་གནས་ཤིང་འདུ་འཛི་སྤང༌། །ཚེ་འདིའི་ལྷོ་རྒྱབ་ཧི་ལྷར་བྱས་ཀྱང་ཕྱིད། །ཚེ་རབས་ཕྱི་མ་ཆོས་དང་ཁྲད་པར་དཀའ། །དེ་བས་ཚེ་འདིར་ཆོས་ལ་འབད་པར་གྱིས། །ད་ལྟ་དགེ་བའི་ལས་ལ་མ་འབད་ན། །ཕྱི་མར་སྡུག་བསྔལ་མྱོང་བར་འགྱུར་ཏ་རེ། །བླ་མ་དམ་པ་རྣམས་ཀྱི་མན་ངག་གིས། །གཞུང་ལུགས་རྣམས་ནི་ཉམས་སུ་བླང་བར་བྱ། །

ཞེས་བྱ་བའི་བར་གྱི་ཚིགས་སུ་བཅད་པའི་གདམས་པ་དང༌། ཁོ་འགྱུར་གྱི་དོགས་ནས་ཐུགས་དམ་འཛམ་པའི་རྡོ་རྗེ་ཡང་དེའི་དུས་སུ་བསྐུར་ནས་ང་རྗེ་བོ་དང་ཤི་འབྲལ་བྱེད། དེ་ནས་ཚེ་ལ་བར་ཆད་མ་བྱུང་ན་ཁྱོད་ཀྱི་མཆོད་གནས་ངས་བྱེད་པ་ཡིན་བྱ་བའི་ཞལ་འཕྲིན་ཡང་བསྐུར་བར་མཛད། དེ་ནས་འབྲོམ་རིན་པོ་ཆེས་རྗེ་བོའི་ཕྱག་ཕྱིར་ལྷ་སར་ཕེབས། དེའི་དུས་སུ་རྗེ་བོས་ཚང་གི་ཉེས་དམིགས་ལ་སོགས་པ་ཆོས་མང་དུ་གསུངས་ནས་ངས་ཕལ་ཆེར་སྟེ་པ་འཛུགས་གསུང་བ་ལ། འབྲོམ་རིན་པོ་ཆེས། ཨ་ཏི་ཤ། དེ་མི་མཛད་པར་ཞུ། བོད་དུ་འདི་མི་ལེགས་ཞེས་ཞུས་སོ། །དེའི་རྒྱུ་མཚན་ཡང་སྔོན་དུས་ཆོས་རྒྱལ་ཁྲི་སྲོང་ལྡེ་བཙན་གྱིས་མཁན་ཆེན་པོ་ཧྭ་ཤ་ཏ་བོད་དུ་སྤྱན་དྲངས

ནས་རྒྱལ་བའི་བསྟན་པ་འཛུགས་པར་གསོལ་བ་བཏབ་པ་ན། མཁན་ཆེན་པོ་ཧྲི་ས་དྷས་སྦྲ་ཡེ་ཤེས་དབང་པོ་སོགས་མི་བདུན་རབ་ཏུ་བྱུང་ཞིང་(༢༠༨ན)སོ་ཐར་གྱི་བསླབ་ཁྲིམས་ལ་བཀོད་པས་དེ་དག་རབ་ཏུ་བྱུང་མ་ཐག་མངོན་ཤེས་དང་རྫུ་འཕྲུལ་ཐོབ་ཅིང་སྡེ་སྣོད་གསུམ་ལ་མཁས་པར་གྱུར། ད་ནས་རིམ་གྱིས་དགེ་འདུན་གྱི་སྡེ་རྒྱ་ཆེར་འཕེལ། མཁན་རྒྱུད་འདི་ནི་གཞི་ཐམས་ཅད་ཡོད་པར་སྨྲ་བའི་སྡེ་པའི་བརྒྱུད་པ་ཡིན་པས་ཆོས་རྒྱལ་ཁྲི་སྲོང་ལྡེ་བཙན་གྱིས་ད་ཕྱིན་ཆད་བོད་འདིར་མཁན་ཆེན་པོ་ཧྲི་ས་དྷའི་ལུགས་ལྟར་ཐམས་ཅད་ཡོད་སྨྲ་བའི་སྡེ་པ་ལས་སྡེ་པ་གཞན་མི་བྱ་བ་དང་། འཕགས་པ་ཀླུ་སྒྲུབ་ཡབ་སྲས་ཀྱི་ལྟ་བ་ལས་ལྟ་བ་གཞན་མི་འཛིན་པར་བཀས་བཅད་མཛད་པ་དེ་དང་མཐུན་པར་མཛད་བཞིན་པ་དང་། བོད་ཀྱི་གདུལ་བྱ་ཡོངས་ཀྱི་ཁམས་དང་བསམ་པ་ལ་གཟིགས་ནས་ཕལ་ཆེན་སྡེ་པའི་ལུགས་ཀྱི་བཅས་པ་འགའ་ཞིག་བོད་ཀྱི་གདུལ་བྱས་བསྲུང་དཀའ་བ་སོགས་ལ་གཟིགས་ནས་ཇོ་བོ་རྗེ་ལ་དེ་ལྟར་ཞུས་སོ། །

དེ་ནས་རྟོག་ལེགས་པའི་ཤེས་རབ་ཀྱིས་ཇོ་བོ་དཔོན་གཡོག་ཡེར་པར་སྤྱན་དྲངས་པའི་དུས་སུ་དགེ་བཤེས་སྟོན་པས་བྱང་དུ་མི་ཆོས་ལ་གསེར་སློང་མཛད་དུ་བྱོན། མི་ཆོས་རྣམས་ཀྱིས་འབྲོམ་རིན་པོ་ཆེ་མཇལ་བའི་གྲབས་བྱས་ནས་ཚུར་འོང་ཁ་མ་དང་ཐུག །དེའི་བར་དུ་ཡབ་གྲོངས་འདུག་པས་མི་ཆོས་རྣམས་ཀྱིས་འབྲོམ་རིན་པོ་ཆེ་ལ་མ་ལེགས་བྱ་སྐམ་ཅ་ན་འབྲོམ་རིན་པོ་ཆེས་སྟོན་ལ་ཚུར་མཛད། དེ་ཀུན་ཡང་ཕྱི་རབས་ལ་དགོངས་པ་ཡིན་གསུང་། དེ་ནས་གསེར་སློང་མཛད་དེ་ཚུར་ཕེབས་ནས་ལྷ་རི་སྙིང་པོའི་མགུལ་དུ་འབུལ་བ་མཛད་དོ། །འབྲོམ་རིན་པོ་ཆེའི་ཞལ་ནས་བླ་མ་རྗེ་བཙུན་ཆེན་པོ་ཟང་ཟིང་ལ་མཉེས་པ་མ་ལགས་ཏེ། ཁོ་བོ་ཚོགས་གསོག་(༢༠༨བ)པའི་ཆེད་དུ་ཟང་ཟིང་གི་མཆོད་པ་ཅུང་ཟད་བགྱིད་གསུངས་ནས། གསེར་ཞོ་དགུ་དགུ་ལ་སྲང་རེ་རེ་བརྩིས་པའི་གསེར་སྲང་བརྒྱ་རྩ་བརྒྱད། ཧ་ཤི་ཤུ་རྩ་གཅིག །འབྲི་བཅུ་གཅིག །ཕེར་

གཉིས། དབྱེ་སྒྲུང་གི་པགས་པ་བཞི། ཁྲབ་བཞི། དངུལ་སྒྲོགས་གཉིས། གླ་གོར་གྱི་ཡོལ་གོ་གཅིག །དེ་ལ་སོགས་པའི་ནོར་སྣ་བརྒྱ་རྩ་བརྒྱད་ཕུལ། དེའི་ཚེ་ཇོ་བོ་རྗེ་མཉེས་ནས་འབྲོམ་རིན་པོ་ཆེ་ལ་ཐུགས་མཉེས་པའི་བཀའ་ལུང་མང་དུ་གསུངས་ཤིང་། ཇོ་བོ་ཉིད་ཀྱིས་ཆོས་ལ་དཀའ་བ་སྤྱད་ལུགས། སྒྲུབ་པ་ཉམས་སུ་བླངས་ལུགས་ཡམ་མེ་བ་ཞིག་གསུངས་ནས་ཁྱོད་ཀྱིས་དཀའ་བའི་ལས་མ་བགྱིས་པར་སྙིང་པོའི་དོན་རྙེད་པ་བསོད་ནམས་ཤིན་ཏུ་ཆེ་ཡི། ད་ལེགས་པར་ནན་ཏན་དུ་གྱིས་ཤིག་གསུང་། རྟག་ཏུ་ང་དང་ཆོས་འཕགས་དང་ནོར་བཟང་གི་གཏམ་རྒྱུད་གསུངས་ནས་བླ་མའི་ཞབས་ཏོག་བྱེད་པ་འདི་ལ། བླ་མ་དེ་ལ་འདོད་པ་མི་མངའ་ཡང་རྟེན་ཅིང་འབྲེལ་བར་འབྱུང་བའི་ཆེ་བས་བྱ་དགོས་པ་ཡིན་གསུངས། འབྲོམ་རིན་པོ་ཆེས་གསེར་སློང་ལ་བྱོན་དུས་ཀྱི་ཟླ་བ་གཅིག་དང་། ཁུ་སྟོན་གྱིས་སྤྱན་དྲངས་དུས་ཟླ་བ་གཅིག་སྟེ། ཟླ་བ་གཉིས་མ་གཏོགས་པ་དང་པོར་ཇོ་བོ་དང་མཇལ་ནས་ཞི་བར་མ་གཤེགས་ཀྱི་བར་སྐད་ཅིག་ཀྱང་འབྲལ་མ་མྱོང་པ་ཡིན་གསུང་། ཡང་ཇོ་བོའི་ཞལ་ནས། ཨུ་པ་སི་ཀའི་རིགས་ཅི་ཡིན་གསུང་། རྗེ་འུའི་རིགས་ལགས་ཞུས་པས། རྗེ་འུའི་རིགས་ཀྱི་ང་རྒྱལ་མ་མཛད་གསུང་། ཡེ་མ་མཆིས་ཞུས་པས། བག་ཙམ་བདོག་སྙེ་མཆི། ཡེ་མི་རུང་གསུང་། འབྲོམ་རིན་པོ་ཆེ་ལ་ཁེངས་པ་དང་ཆེ་འགྱིངས་མི་མངའ་བས་པེར་ཀུང་གིས་ཕྱག་གྱིས་ཟེར་བ་ལའང་དེ་(༢༠༧ན)བཞིན་དུ་མཛད་པ་དང་། སྐེ་ཐང་དུ་ཁུ་སྟོན་བྱོན་པ་ལའང་ཕྱག་མཛད་ཅིང་། འབྲོམ་རིན་པོ་ཆེ་ལན་པ་སྤྱིལ་བུར་སྤྱན་དྲངས་དུས་ལམ་དུ་ཐུགས་པ་གཅིག་དང་འཕྲད་པས་ཁ་ཆང་དྲི་ཆིལ་ལེ་བྱས་ནས་ཁོ་ན་རེ། དགེ་བསྙེན་འདི་ཡ་ཚད་ཁུར་ཟེར་ནས་ལྷམ་ཁྲེས་ཤིག་དང་གལ་ལྟེ་བསྐུར་བས་བགྱིའོ་གསུངས་ནས་ཁུར་བྱོན་པས་སྤྱིལ་བུ་བའི་དགེ་འདུན་རྣམས་ཀྱིས་བསུ་བའི་སེར་སྦྲེངས་བྱས་པ་ཐུགས་པས་མཐོང་ནས་དགེ་བསྙེན་འདི་ཅི་ཡིན་ཟེར་བ་ལ། ཁོ་བོ་ལ་བསུ་བ་བྱེད་པའི་ཞར་དུ་གདའ་གསུངས་པས། ཁོ་

སྐྱིངས་ཏེ་བྲིས་པ་ལ་སོགས་པའི་གཏམ་རྒྱུད་གཞན་ཡང་མང་ངོ་། །

དེ་ནས་ཇོ་བོ་དཔོན་གཡོག་སྣེ་ཐང་དུ་སྤྱན་དྲངས་ནས་བཞུགས་པའི་དུས་སུ་ཇོ་བོའི་ཞལ་ནས། ཨུ་པ་སི་ཀ །ཁྱོད་ན་རེ་དགུན་ཡང་མེ་ཏོག་མང་པོ་འཆར་བ་ཞིག་ཡོད་ཟེར་བ་མེ་ཏོག་ག་རེ་གསུངས་པས། འབྲོམ་རིན་པོ་ཆེས་སྣེའི་ན་མོ་ཆེར་ཇོ་བོ་རྗེ་གདན་དྲངས་ནས་གསིང་མའི་མེ་ཏོག་གཟིགས་ཕུལ་བས་ཇོ་བོའི་ཞལ་ནས་བརྟན་མ་བཏང་ཙམ་འདུག་གསུང་། ངས་ས་ཕྱོགས་འདིར་མེ་ཏོག་མང་པོ་འཆར་བར་བྱིན་གྱིས་བརླབས་ཀྱིས་གསུང་། ཇོ་བོའི་བྱིན་རླབས་ཀྱིས་སྣེ་ཐང་གི་ས་སྐོར་ན་མེ་ཏོག་གི་རིགས་གཞན་ན་མེད་པ་མང་པོ་ཡོད། ཇོ་བོའི་ཞལ་ནས། དུག་གི་མེ་ཏོག་དཀོན་མཆོག་ལ་དབུལ་མི་རུང་། སྤང་རྒྱན་འདི་ཨུཏྤ་ལའི་རྒྱུ་རུ་འདུག་པ་ལ་བོད་གྲང་བས་ཁ་མ་བྱེ་བར་འདུག །མེ་ཏོག་ཤང་ཤང་ནི་རྒྱ་གར་ན་ཡང་མེད། ཡོད་ན་ངས་གསེར་འཛལ་ནུས་གསུང་།

དེའི་ཚེ་འབྲོམ་རིན་པོ་ཆེས་ལྷུགས་ཀྱི་སྟེང་དུ་མེ་ཏོག་ངོ་མཚར་བ་ཞིག་སྤྲུལ་པ་སོགས་རྗེ་(༢༠༧བ)འཕྲུལ་གྱི་བཀོད་པ་སྣ་ཚོགས་བསྟན་པ་བཀའ་གདམས་གླེགས་བམ་ལས་འབྱུང་བ་ནི། ཇོ་བོ་རྗེས། ཀུ་མ་ཆུང་ཆུང་འབྲོམ་རྗེ་གཟིགས། །འོལ་ལེ་འདབ་མའང་སྐྱིས་ཏེ་གདའ། །འོད་དོད་བརྟན་བུག་མ་བརྟེབ་ཙམ། །གསུང་བའི་ལྷུགས་དེ་ང་ལ་སྟོན། །དེ་ནས་འབྲོམ་རྗེས་ལྷུགས་བརྐྱངས་པ། །གཟིགས་པས་དེ་ལའང་མེ་ཏོག་གཅིག །སྐྱེས་པ་གཟིགས་ནས་ཇོ་བོ་མཉེས། །ཀྱེ་མའོ་ཡ་མཚན་དེ་ན་འདུག །འབྲོམ་གྱི་ལྷོ་ནི་ནེ་ཐང་འདྲ། །བུང་བ་ཞལ་དུ་མི་འཚང་ཙམ། །འོ་ནའང་མངར་རྩི་མེད་དམ་ཅི། །སླར་ཡང་འབྲོམ་རྗེས་ལྷུགས་བརྐྱང་བའི། །མེ་ཏོག་སྟེང་ནའང་ཇོ་བོ་གདའ། །ཇོ་བོས་གཟིགས་ནས་འདི་སྐད་གསུང་། །ཨ་རེ་ཅི་ཡང་དགོད་རེ་བྲོ། །བདག་ལ་འབྲོམ་གྱིས་བུང་བ་བྱས། །ཁོ་བོ་རེ་ཆུང་ནས་རྟོག་ཙམ། །རེ་དོད་གསུང་ཞིང་ཕྱག་གིས་རེག །པདྨའི་སྟེང་གི་ཇོ་བོ་བཞད། །དེ་ནས་ཇོ་བོའི་བཞད་སྲིན་ལངས། །ཡང་དང་

ཡང་དུ་བཞད་པར་གྱུར། །དེ་ནས་འབྲོམ་གྱིས་འདི་སྐད་སྨྲས། །དགུན་དུས་འབྲུངས་པའི་མེ་ཏོག་དཀར་འབུར་བ། །ཁོ་བོ་ཐོག་མར་མ་བཏང་དྲིན་ཆེའོ། །སྤྱིར་ཡང་མཐའ་འཁོབ་གནས་འདིར་གྲང་གཞི་ཆེ། །ཁྱད་པར་དབུ་རུ་ཆུ་འཁྱིས་ས་འཁྱགས་མང་། །དེང་སང་དགུན་དུས་མེ་ཏོག་འདབ་ལྟ་བ། །ས་ལ་སྐྱེས་པས་ཇོ་བོ་མཉེས་གྱུར་ན། །ཁྱད་པར་ཐུན་མེད་འབྲོམ་གྱི་ལྟེ་ལ་འབྲུངས། །བྱུང་བ་དྲིས་པས་བདེ་གཤེགས་སྐུ་གཟུགས་བྱོན། །བཞད་པ་རབ་བཞད་བདེ་གཤེགས་འདི་འདྲར་བཞད། །མཚར་མོས་རང་གི་བྱད་མཐོང་བཞིན་དུ་བཞད། །ལྷ་མོ་རང་གཟུགས་སྟོན་པ་བཞིན་དུ་བཞད། །བཀྲ་ཤིས་བླ་མ་མཉེས་པའི་བཀྲ་ཤིས་ཤོག །སླར་ཡང་བླ་མ(༢༠༨ན)ཇོ་བཙུན་འདི་སྐད་གསུང་། །འབྲོམ་ཇོ་ད་དུང་ལྟགས་ཀྱི་མེ་ཏོག་སྟོན། །སླར་ཡང་ལྟགས་བརྒྱང་གཟིགས་སུ་ཕུལ་བ་ཡི། །བླ་མའི་མདུན་ནའང་འབྲོམ་ཆུང་ཆུང་ཆུང་གཅིག །འཛུམ་འཛུམ་བླ་མའི་ཞལ་ལ་རབ་བལྟ་ཞིང་། །བུ་ཆུང་སྐད་འདྲ་སྙན་པའི་སྒྲ་འབྱིན་གསན། །གཟིགས་མ་ཐག་ཏུ་ཤིན་ཏུ་དགྱེས་གྱུར་ནས། །མེ་ཏོག་འདི་འདྲ་རྒྱ་གར་ཡུལ་ནའང་མེད། །ཟབ་མོའི་ཡབ་སྲས་ལྟགས་ཀྱི་སྟེང་ནའང་གདའ། །ངོ་མཚར་ཆེའོ་ནང་གི་ཡ་གི་གཉིས། །འབྲོམ་ཇོ་ལྟགས་དེ་གུལ་གུལ་མ་མཛད་ཅིག །སྐུ་ཁམས་གསོ་ཕྱིར་འབྲོམ་གྱིས་རབ་གཡོས་པས། །ལེགས་ལེགས་ལྡེག་ལྡེག་འབྲུལ་ལ་ཁད་དེ་གདའ། །རབ་ཏུ་བཞད་ཅིང་འབྲོམ་ཇེ་ག་ལེ་མཛོད། །ཁྱིའུ་གཞོན་ནུ་སྲན་ཇོག་ཟ་དང་མཚུངས། །ལྟེ་ཡི་སྟེང་ན་རལ་རིལ་ལྷུད་མོར་ཆེ། །བདེ་གཤེགས་ལྟགས་ཀྱི་བསྐོ་ལས་འབྲུངས་པའི། །དང་པོར་བཞུགས་པའི་གཟུགས་ཅན་ཡ་གི་གཉིས། །མར་བྱོན་བདག་ཅག་གཉིས་ནི་ནང་དུ་འགྲོ །འབྲོམ་ཇེའི་ཞལ་ནས་ལན་དུ་འདི་སྐད་ཞུས། །འཇིག་རྟེན་སྒྲོན་མ་ཡར་ལ་གཤེགས་སུ་གསོལ། །ཁོ་བོས་བྱིན་པས་ཁོང་གཉིས་མི་ལུས་མཆི། །དེ་ནས་རྒྱལ་བ་སྲས་བཅས་མཉེས་བཞིན་དུ། །གཟིམ་ཁང་ནང་དུ་གཤེགས་ཏེ་བྱོན་པའི་ཚེ། །ལྷ་ཡི་

ཚོགས་ཀྱིས་མེ་ཏོག་དཔག་མེད་གཏོར། །དེ་ནས་ཇོ་བོའི་ཞལ་ནས་འདི་སྐད་གསུང་། ། འབྲོམ་རྗེ་མེ་ཏོག་མཆོག་ལ་མཉེས་གྱུར་ན། ཁོ་བོས་ས་ཕྱོགས་འདི་དག་བྱིན་བརླབས་ལ། །རིན་ཆེན་ལྷུ་ཡི་མེ་ཏོག་འབྱུང་བར་བྱ། །ལན་(༢༠༨བ)དུ་འབྲོམ་རྗེས་ཐུགས་ལ་ཐོགས་ཞུས་པས། །གསེར་དངུལ་ལ་སོགས་མེ་ཏོག་བཟང་པོ་ཡིས། །སྐྱེ་ཐང་ཁོངས་རྣམས་རབ་ཏུ་གང་བར་གྱུར། །དེ་ནས་ཇོ་བོའི་ཞལ་ནས་འདི་སྐད་གསུངས། །བླ་མས་བྱིན་བརླབས་མར་མེ་མཛད་དཔལ་ངས། །བྱིན་གྱིས་བརླབས་པའི་མེ་ཏོག་འདི་བསྒྲུན་པས། །འབྲོམ་གྱི་རྗེས་འབྲང་མཆོད་ཚོགས་འཕེལ་བར་ཤོག །ཅེས་བཀའ་གདམས་གླེགས་བམ་ལས་འབྱུང་ངོ་། །

ཇོ་བོ་རྗེས་འབྲོམ་རིན་པོ་ཆེ་ཇོ་བོ་རང་ཉིད་དང་མཉམ་པ་འགྲན་ཟླ་མེད་པར་བསྟགས་ཏེ། འབྲོམ་རིན་པོ་ཆེས་ཇོ་བོ་ལ། ཁོ་བོ་ཟབ་མོ་དབུ་མའི་ལྟ་བ་འདི་ལྟར་འཛིན་ཞེས་སློབ་དཔོན་ཟླ་བ་གྲགས་པའི་ལུགས་ཀྱི་ལྟ་བའི་རྟོགས་པ་ཕུལ་བས། ཇོ་བོས་ཕྱག་ཐལ་མོ་ཤར་ཕྱོགས་སུ་སྦྱར་ནས་ད་ལྟ་རྒྱ་གར་ཤར་ཕྱོགས་ནའང་ལྟ་བ་འདི་ཁོ་ན་འཛིན་པ་ཡིན། ཁྱོད་ལྟ་བུའི་སེམས་དཔའ་ཆེན་པོ་བོད་ན་འདུག་པ་བོད་བསོད་ནམས་མི་ཆུང་གི །ཁོ་བོ་བོད་དུ་འོང་མི་དགོས་པ་འདུག་པ་ལ་གསུངས་ནས་གདམས་པ་ཤས་ཤིག་གནང་ངོ་། །

དེ་ལྟར་འབྲོམ་རིན་པོ་ཆེས་ཇོ་བོ་རྗེ་མཉེས་པ་གསུམ་གྱི་སྒོ་ནས་མཉེས་པར་མཛད་ཅིང་། ལྷག་པར་ཡེར་པ་ལྷ་རི་སྙིང་པོའི་མགུལ་དུ་ལོ་གསུམ་གྱི་རིང་ལ་ཇོ་བོ་རྗེ་རྟེན་པ་དང་བཀུར་སྟི་ཚད་མེད་པས་མཆོད་ཅིང་། སྡིག་པ་ཅན་གྱི་སྐྱེ་བོས་དཔེན་པར་བྱས་ཏེ་བྱང་ཆུབ་ལམ་གྱི་རིམ་པའི་འོག་བཞེས་གཉེན་བསྟེན་ཚུལ་ནས་མཐར་འབྲས་བུ་མི་སློབ་པའི་ཟུང་འཇུག་འགྲུབ་པའི་བར་ལམ་སོ་སོའི་ངོ་བོ་གང་ཡིན་པ་དང་། ལམ་དེ་དང་དེ་རྒྱུད་ལ་བསྐྱེད་པ་ལ་རྒྱུ་ཚོགས་གང་དང་གང་ཞིག་དགོས་པ་དང་། (༢༠༩ན)དང་

པོར་གང་ཉམས་སུ་བླང་བར་བྱ་བ་དེ་ནས་རིམ་གྱི་རིམ་གྱིས་བསྒྲུབ་དགོས་པའི་གོ་རིམ་ངེས་པ་དང་། ལམ་དེ་དང་དེ་དག་སྒྲུབ་པ་ལ་གེགས་ཇི་ལྟ་བུ་འབྱུང་བ་དང་། ལམ་དེ་དང་དེ་དག་སྟོན་པའི་བླ་མ་དང་སློབ་མ་ཇི་ལྟ་བུ་ཞིག་དགོས་པ་དང་། ཡི་དམ་གང་ལ་བྱ་དགོས་པ་སོགས་མཐའ་དག་པར་ཞུས་ཤིང་ཉིན་རེ་བཞིན་དུ་དྲི་གཅུགས་དང་བརྒལ་བརྟག་མང་དུ་མཛད་དེ་གཏན་ལ་ཕབ། དེའི་ཚེ་འབྲོམ་རིན་པོ་ཆེས་ལམ་གྱི་གནད་མཐར་ཐུག་པ་འདི་དག་ཁོང་གཞན་འགའ་ཞིག་ལའང་གནང་ན་ལེགས་པ་ལ་གཞན་སུ་ལའང་མི་གནང་བར་ཁོ་བོ་གཅིག་པུ་ལ་གནང་བ་ཅི་ཡིན་ཞེས་ཞུས་པ་ན། ཇོ་བོའི་ཞལ་ནས་ངས་ཁྱོད་མིན་པ་གཞན་ལ་གཏད་ས་མ་རྙེད་པ་ཡིན་གསུང་། ཚུལ་འདི་དག་ལ་བློ་གྲོས་ཅན་རྣམས་ཀྱིས་ལེགས་པར་དཔྱད་ན་ཇོ་བོ་རྗེ་ཉིད་བསྟན་པ་ཡོངས་རྫོགས་ཀྱི་བདག་པོ་ཡིན་པ་དང་ཇོ་བོ་རྗེས་འབྲོམ་རིན་པོ་ཆེ་ལ་བསྟན་པ་ཡོངས་རྫོགས་ཀྱི་མན་ངག་རྣམས་ཐུམ་པ་གང་བོའི་ཚུལ་དུ་གནང་བར་གོ་ནུས་ལ། དེ་ལྟར་གོ་ན་ཇོ་བོ་རྗེས་འབྲོམ་རིན་པོ་ཆེ་ལ་གནང་བ་ནས་བཟུང་ཆོས་ཀྱི་རྒྱལ་པོ་ཙོང་ཁ་པ་ཡབ་སྲས་ལ་རིམ་གྱིས་བརྒྱུད་དེ་བསྟན་པ་ཡོངས་རྫོགས་ཀྱི་མན་ངག་རྒྱུན་མ་ཆད་པར་ཡོད་པ་འདི་ལ་ཡིད་ཆེས་ཀྱི་དད་པ་ཐང་ཚུགས་པ་སྐྱེའོ། །

འདི་དག་ལ་བློ་ཆུང་འགའ་ཞིག་འབྲོམ་རིན་པོ་ཆེས་ཇོ་བོ་ལ་སྐྱེས་བུ་གསུམ་གྱི་ལམ་རིམ་རྫོགས་པར་གསན་མོད་ཀྱང་གསང་སྔགས་རྒྱུད་སྡེ་བཞིའི་མན་ངག་རྣམས་རྫོགས་པར་མ་གསན་ཏེ་ཇོ་བོ་རྗེས་དོ་ཧ(༢༠༩བ)གསུང་བའི་ཚེ་འབྲོམ་རིན་པོ་ཆེས་ཨ་ཏི་ཤ་འདི་བོད་དུ་མི་ལེགས་ཞེས་བཀག་པས་སོ་སྙམ་པ་སྐྱེ་སྲིད་དེ། དེ་ནི་དེ་ལྟ་མ་ཡིན་ཏེ་འབྲོམ་རིན་པོ་ཆེ་ནི་ཐུགས་ནམ་མཁའ་ལྟར་རྒྱ་ཆེ་ཞིང་རྒྱ་མཚོ་ལྟར་གཏིང་ཟབ་པས་སྤྱིར་གསང་སྔགས་གསང་ནས་བྱ་དགོས་པ་དང་། ལྷག་པར་དོ་ཧ་སོགས་བླ་མེད་ཀྱི་རྫོགས་རིམ་མཐར་ཐུག་འདི་དག་ཤིན་ཏུ་གསང་བར་བྱ་དགོས་ཀྱི་དེ་ལྟ་མིན་པར་

ཁྲིམ་བསྒྲགས་སུ་སོང་ན་འཆད་པ་པོ་རྣམས་ལ་རྒུ་ལྟུང་འབྱུང་ཉེ་བ་དང༌། ཉན་པ་པོ་བསོད་ནམས་དམན་ཞིང་བློ་གྲོས་ཆུང་བ་དག་ལ་ཕན་པ་ལས་གནོད་པ་ཆེ་བ་ཞིག་འབྱུང་སྟེ། གསང་སྔགས་སྒྲ་ཇི་བཞིན་པར་བཟུང་ནས་ནག་ཆང་ལ་བག་མེད་དུ་སྤྱོད་པ་སོགས་རང་ཉིད་ཕུང་བར་མ་ཟད་བསྟན་པ་རིན་པོ་ཆེ་ཉམས་ནས་འཇིག་པའི་རྐྱེན་དུ་འགྱུར་བར་གཟིགས་ནས་ཕྱི་ལྟར་དུ་དམ་དོག་ཆེ་བར་མཛད་པ་ཡིན་གྱི། གསང་བའི་གནས་སུ་རྗེ་བོ་རྗེས་འབྲིམ་རིན་པོ་ཆེ་ལ་རྒྱུད་སྡེ་བཞིའི་མན་ངག་ཡོངས་རྫོགས་གནང་ཞིང་ཁྱད་པར་ཕ་རྒྱུད་གསང་བ་འདུས་པ་དང༌། མ་རྒྱུད་འཁོར་ལོ་སྡོམ་པའི་མན་ངག་མཐའ་དག་དང༌། བླ་མེད་སྤྱིའི་མན་ངག་མཐར་ཐུག་པ་གྲུབ་པ་སྡེ་བདུན་དང༌། སྙིང་པོ་སྐོར་གསུམ་གྱི་མན་ངག་རྣམས་བུམ་པ་གང་བྱོའི་ཚུལ་དུ་ཡོངས་སུ་རྫོགས་པར་གནང་ངོ༌། །

འབྲིམ་རིན་པོ་ཆེ་ནི་ཇོ་བོ་རྗེ་ལས་མན་ངག་ཡོངས་རྫོགས་གསན་པ་ཙམ་དུ་མ་ཟད་རང་ཉིད་དཀྱིལ་འཁོར་གྱི་བདག་པོར་ལྷུན་གྱིས་གྲུབ་པ་ཞིག་ཡིན་ཏེ། ཡེར་པ་ལྷ་རི་སྙིང་པོའི་མགུལ་དུ་ཇོ་བོ་ཡབ་སྲས་གཉིས་ལོ་གསུམ་གྱི་རིང་ལ་ལམ་གྱི་དཀའ་གནས་རྣམས(༢༡༠ན)ལ་བགྲོ་བ་མཛད་པ་དེའི་ཚེ་རྗེ་བཙུན་འཇམ་པའི་དབྱངས་ཀྱི་སྲས་ཀྱི་ཐུ་བོ་རྫོག་ལེགས་པའི་ཤེས་རབ་ཀྱིས་ཞབས་འབྲིང་པ་གཅིག་མ་གཏོགས་རང་གི་གྲ་བུ་སློབ་སྤྱིན་བདག་དང་བཅས་པ་སུས་ཀྱང་མ་ཚོར་བར་གསང་སྟབས་ཀྱིས་ཡེར་པར་བྱོན་ནས་དབུལ་གྱི་མཎྜལ་ལ་དུང་གི་ཚོམ་བུ་བཀོད་དེ་འབྲིམ་ཆོས་ཀྱི་རྒྱལ་པོའི་སྐྱེས་རབས་སོགས་གསང་བ་ཟབ་མོ་རྣམས་གནང་དགོས་ཞེས་ཇོ་བོ་རྗེ་ལ་གསོལ་བ་བཏབ་པ་ན་ཇོ་བོ་རྗེས་ཀྱང་དེ་བཞིན་དུ་གནང་ནས། ད་ལམ་འབྲིམ་རིན་པོ་ཆེ་ཉིད་ལ་གསོལ་བ་གདབ་དགོས་ཞེས་འབྲིམ་ཉིད་ཀྱིས་གསུང་བར་བསྐུལ། རྗེ་བཙུན་མ་སྒྲོལ་མ་འང་དངོས་སུ་བྱོན། བརྒྱུད་པ་གསུམ་ལྡན་གྱི་བླ་མ་ཐམས་ཅད་ཀྱང་དངོས་སུ་ཕེབས། ནམ་མཁའི་ཁམས་སངས་རྒྱས་དང་བྱང་ཆུབ་སེམས་དཔས་གང་བ་རྣམས་ཀྱིས་ཀྱང་བྱིན་

གྱིས་བརླབས་པ་ན་འབྲོམ་རིན་པོ་ཆེས་རང་ཉིད་སྤྱན་རས་གཟིགས་དངོས་ཡིན་པ་དང་། སྟོན་གྱི་ཐུགས་བསྐྱེད་དང་། སངས་རྒྱས་བྱང་སེམས་མང་པོས་ཀྱང་བསྐུལ་བ་ལ་རྟེན་ནས་སྤྲུལ་པ་གྲངས་མེད་པས་བོད་ཡུལ་འདིར་སངས་རྒྱས་ཀྱི་བསྟན་པ་བཙུགས་པ་དང་། ལྷག་པར་སྟོན་གྱི་ཆོས་རྒྱལ་ལོ་པཎ་བཀའ་དྲིན་ཅན་དེ་དག་ཇོ་བོ་ཡབ་སྲས་གཉིས་ཀྱི་སྤྲུལ་པ་ཡིན་ཚུལ་སོགས་སྐུ་གསུང་ཐུགས་ཀྱི་གསང་བ་མང་དུ་གསུངས་པའི་མཐར་སྐུ་ཐིག་ལེ་སེར་པོ་ཞིག་ཏུ་ཁྱིལ་ཁྱིལ་འདུག་པའི་འཕྲོ་ལ་སྐུ་མི་སྣང་བར་ཡལ། དེར་དགེ་བཤེས་གསང་ཕུ་བ་དང་། ནག་ཚོ་ལོ་ཙཱ་བ་དང་། (༢༡༠བ)དགེ་བཤེས་ཀ་བ་གསུམ་འབྲོམ་རིན་པོ་ཆེའི་སྐུ་མ་མཐོང་བས་ཡིད་གདུང་ནས་མགྲིན་གཅིག་ཏུ། སྤྲུལ་པའི་ཆོས་རྒྱལ་གང་དུ་ཐལ། །རྒྱལ་བ་རྒྱ་མཚོ་གང་དུ་གཤེགས། །ཞེས་སོགས་གདུང་དབྱངས་ཀྱིས་གསོལ་འདེབས་ཤུགས་དྲག་མཛད་པ་ན། ཇོ་བོའི་ཞལ་ནས། རྒྱལ་བའི་འབྱུང་གནས་མཐོང་འདོད་ན། ཁོ་ཡི་རང་བཞིན་སྙིང་རྗེ་ཡིན། །འགྲོ་བ་ཐམས་ཅད་ཡུལ་བྱས་ནས། །བཟོད་གླགས་མེད་པའི་སྙིང་རྗེ་སྒོམས། །རིང་པོར་མི་ཐོགས་མངོན་དུ་འགྱུར། །ཞེས་གསུངས་པ་ན་ཁོང་གསུམ་གྱིས་སྙིང་རྗེ་ཆེན་པོ་ཤུགས་དྲག་ཏུ་བསྒོམས་པས། ཇོ་བོའི་ཐུགས་ཀ་ཤེད་ནས་ཐིག་ལེ་དཀར་པོ་ཞིག་ཁྱིལ་ཁྱིལ་བྱེད་པ་སྐམ་བྱེད་པ་སྐམ་བྱུང་བ་ལ། ཐིག་ལེ་དེ་ལས་འོད་ཟེར་དཀར་པོ་དྲུག་བྱུང་བས་བཞི་ཕྱོགས་བཞིར་འཕྲོས། གཉིས་སྟེང་འོག་ཏུ་འཕྲོས། དེ་ནས་སླར་འཁོར་ཏེ་བྱུང་ནས་སྟེང་གི་འོད་བླ་གབ་ཀྱི་རྣམ་པ་ཁྱིལ་ལེ་བ་ཁང་པ་ཀ་བ་བཞི་ཙམ་རྒྱ་ཁེབས་པ་བཏུད་ནས་བལྟས་ན་ཨོཾ་གྱི་རྣམ་པར་གནས་པ་ཞིག་འདུག་གོ །དེ་བཞིན་དུ་འོག་གི་འོད་དེ་ཡང་དངུལ་དཀར་གྱི་མེ་ལོང་ལྟར་མཐོ་དམའ་མེད་པར་བླ་གབ་དང་རྒྱ་མཉམ་པར་གནས་ཏེ་གཏུད་དེ་བལྟས་ན་ཧཱུྃ་གི་རྣམ་པར་གནས་སོ། །

དེ་བཞིན་དུ་ཤར་གྱི་འོད་དེ་ཡང་ལྟོ་བྱང་དུ་ངོས་ཕུན་སུམ་ཚོགས་པར་གནས་པ

བཏུད་དེ་བལྟས་ན་མའི་རྣམ་པར་གནས་སོ། །དེ་བཞིན་དུ་ནུབ་ཀྱི་འོད་དེ་ཡང་ལྗོ་བྱང་དུ་ངོས་ཕྱིན་སུམ་ཚོགས་པར་གནས་པ་བཏུད་དེ་བལྟས་ན་པད་ཀྱི་རྣམ་པར་གནས་སོ། །བྱང་གི་འོད་དེ་ཡང་དེ་བཞིན་དུ་ཤར་ནུབ་ཏུ་ངོས་ཕྱིན་(༢༡༡ན)སུམ་ཚོགས་པར་གནས་པ་བཏུད་དེ་བལྟས་ན་མེའི་རྣམ་པར་གནས་སོ། །ལྗོའི་འོད་དེ་ཡང་དེ་བཞིན་དུ་ཤར་ནུབ་ཏུ་ངོས་ཕྱིན་སུམ་ཚོགས་པར་གནས་པ་བཏུད་དེ་བལྟས་ན་ཧཻའི་རྣམ་པར་གནས་ཏེ། མདོར་ན་འོད་དཀར་པོའི་གཞལ་ཡས་ཁང་གི་རྣམ་པ་ཕྱིན་སུམ་ཚོགས་པ་དགའ་བ་བདེ་བ་རྣམ་པར་རྟོག་པ་མ་བཅིངས་པ་དེ་ལྟ་བུའི་གཞལ་ཡས་ཁང་གི་སྟེང་འོག་དང་ངོས་གང་ནས་བྱུང་ཆ་མེད་པར་ཐིག་ལེ་དཀར་པོ་སྲན་མའི་གཞུ་ཙམ་ཞིག་བྱུང་སྟེ། དེ་ལ་སེམས་བཏུད་དེ་བལྟས་པས་དེ་འགྱུར་བ་སྒོམ་བྱེད་པ་ན་དེའི་གསེབ་ཤེད་ནས་ཧཱུཿདཀར་པོ་བཀྲག་འཚེར་བ་ཞིག་བྱུང་། དེ་ཡང་འོད་ཁ་དོག་རྣམ་པ་ལྔས་གཏུམ་ནས་འོད་ཀྱི་རྣམ་པར་ཏིལ་ཏིལ་ཡོང་བའི་གསེབ་ཤེད་ནས་རེས་འགའ་ཨའི་རྣམ་པ། རེས་འགའ་ཟླ་བའི་རྣམ་པ་འདྲ་བ་ཞིག་བྱུང་སྟེ་འོད་དེ་བདེག་གོ །དེ་ནས་ཅུང་ཞིག་ནས་འོད་དེའི་གསེབ་ནས་ཚུར། ཨོཾ་མ་ཎི་པདྨེ་ཧཱུཾ། ཞེས་པའི་ཡིག་འབྲུ་དྲུག་རང་སྒྲ་དང་བཅས་སྟེང་འོག་ཕྱོགས་བཞི་དང་བཅས་པར་འོད་ཟེར་གྱི་རྣམ་པར་འཕྲོས་ཤིང་སླར་ཡང་འོད་དེའི་དཀྱིལ་དུ་ཐིམ། དེ་ནས་རེ་ཞིག་ནས་འོད་དེ་ཇེ་སྲབ་ཏུ་སོང་ནས་འོད་ཅུང་ཟད་ཡོད་པའི་གསེབ་ཕར་ལ་བལྟས་པས། ད་ཅི་ནས་གནས་པའི་ཧཱུཿདེ་ལ་ཡིག་འབྲུ་དྲུག་པོས་གཡས་ཕྱོགས་ནས་བསྐོར་ཏེ། དེ་དག་ལ་ཡང་དབུས་ཀྱི་ཡིག་འབྲུ་དེ་ལས་ཡིག་འབྲུ་དྲུག་པོ་དེ་དག་གི་རྣམ་པའི་འོད་ཟེར་འཕྲོས། དྲུག་པོ་དེ་ལས་ཀྱང་ཡིག་འབྲུ་རེ་རེ་ལའང་ཡིག་འབྲུ་དྲུག་དྲུག་གི་(༢༡༡བ)རྣམ་པའི་འོད་ཟེར་ཕྱོགས་བཅུར་འཕྲོས་ཏེ་མདོར་ན་འོད་ཟེར་དྲུག་ཅུ་དྲུག་ཅུ་བྱུང་། དེར་འོད་ཐམས་ཅད་དང་། ས་ཕྱོགས་ཐམས་ཅད་ཀྱང་ཡི་གེ་དྲུག་པ། ཨོཾ་མ་ཎི་པདྨེ་ཧཱུཾ་ཞེས་པའི་སྒྲ་ཙུར་ཙུར་བའི་སྣང་བ་བྱུང་། དེ་ནས་འོད་ཟེར་དྲུག

ཙུ་དྲུག་ཙུ་པོ་དེ་དག་ཚུར་འདུས་ཏེ་ལ་ལ་སྙིང་ལ་ལ་འོག་དང་ངོས་བཞི་ལ་ཐིམ། ལ་ལ་དབུས་ཀྱི་ཡིག་འབྲུ་ལ་བསྐོར་བའི་ཡིག་འབྲུ་དྲུག་ལ་ཐིམ། ལ་ལ་དབུས་ཀྱི་གཙོ་བོ་ཉིད་ལ་ཐིམ། དེ་ནས་རེ་ཞིག་ན་ཧཱུཿདེ་ཉིད་བཤེས་གཉེན་པར་འགྱུར་བ་སྙམ་བྱེད་པའམ། ཡིག་འབྲུ་དྲུག་པོ་དེ་དག་གི་གསེབ་ནས་བྱུང་བ་སྙམ་བྱེད་པའམ། འོག་གཞི་ཟླ་བའི་དཀྱིལ་འཁོར་དེ་གཡོ་ཞིང་འདུག་པའི་གསེབ་ནས་བྱུང་བ་སྙམ་བྱེད་པའམ། རེས་འགའ་སྙིང་འོག་ངོས་བཞིའི་གསེབ་ནས་བྱུང་བ་སྙམ་བྱེད་དེ། མདོར་ན་དག་པའི་སྣང་བ་འཕགས་པའི་རྣམ་འཕྲུལ་གསལ་ལ་མི་རྟོག་པའི་འོད་ཀྱི་རྣམ་པར་བྱོན་ཏེ། ཧཱུཿདེ་འགྱུར་བ་ལས་འོད་ཀྱི་གསེབ་ནས་འབྲོམ་རིན་པོ་ཆེ་བྱོན་པའི་ཞལ་ནས་ཆོས་ཐམས་ཅད་འདི་ལྟ་བུའི་རྣམ་པར་གདའ་གསུང་། དེ་ནས་དབུས་ཀྱི་ཡི་གེ་ལ་བསྐོར་བའི་ཡིག་འབྲུ་དྲུག་པོ་དེ་དབུས་ཀྱི་ཡིག་འབྲུ་ལ་ཐིམ། དབུས་ཀྱི་ཡིག་འབྲུ་དེ་ཡང་ཐིག་ལེ་གཅིག་ཏུ་ཁྱིལ། ཐིག་ལེ་དེ་ཡང་འོད་ཀྱི་རྣམ་པར་འོད་ཀྱི་གཞལ་ཡས་ཁང་ལ་ཐིམ། འོད་ཀྱི་གཞལ་ཡས་ཁང་དེ་ཡང་ཟླ་བའི་དཀྱིལ་འཁོར་ལ་ཐིམ། ཟླ་བ་དེ་ཡང་ཨ་འོད་ཀྱི་རྣམ་པ་ཅན་ཞིག་ཏུ་གྱུར། དེ་འབྲོམ་རིན་པོ་ཆེ་ལ་གཡས་ཕྱོགས་ནས་ཁྱིལ་ལེ་བསྐོར་(༢༡༢ན)ཞིང་བྱུང་བ། འབྲོམ་རིན་པོ་ཆེའི་ཞལ་ནས་ཨ་གསུངས་པས་ལྷུགས་ཀྱི་སྙིང་ཁར་ཅོན་ཏེ་སོང་སྟེ་ཆོས་ཐམས་ཅད་སྐྱེ་བ་མེད་པའི་སྒོ་གསུངས་ཏེ། འབྲོམ་རིན་པོ་ཆེའི་སྐུ་རིལ་པོ་ཨའི་རྣམ་པར་ལམ་ལམ་བྱུང་། དེར་རྟོག་ལེགས་པའི་ཤེས་རབ་ལ་སོགས་པ་རྣམས་ཀྱིས་འབྲོམ་རིན་པོ་ཆེ་ལ་ནམ་བལྟས་བལྟས་ཀྱི་ཚེ་ཨ་རེ་ལམ་ལམ་བྱུང་ནས། ཆོས་ཐམས་ཅད་སྐྱེ་བ་མེད་པའི་རྣམ་པ་ལམ་པ་རེ་བྱུང་། དེ་ནས་ཨའི་རྣམ་པ་དེ་མི་སྣང་བར་འབྲོམ་རིན་པོ་ཆེའི་སྐུ་འབའ་ཞིག་ཏུ་སྣང་ངོ་། །དེའི་ཚེ་འབྲོམ་རིན་པོ་ཆེའི་ཞལ་ནས། དེ་རིང་ལུ་ཅག་དཔོན་སློབ་ཀྱི་རྣམ་འཕྲུལ་དེ་ཀུན་རྟོག་གི་པ་ཀུན་འགལ་བར་བརྩི། འོ་ནའང་བརྩིར་རུག །ཆོས་ཀྱི་གནས་ལུགས་དེ་འདྲ་ཞིག་མིན་རེ་ཞེས་རྒྱ་བོད་འགྲེམས

ནས་མནའ་སྐྱེལ་ཡང་ཐོན་ནོ། །ཞེས་གསུངས་སོ། །ངེས་པ་དོན་དུ་དེ་ལྟར་ཡིན་མོད། ཐ་མལ་པའི་སྣང་ངོར་ཡང་ཇོ་བོ་རྗེས་འབྲོམ་རིན་པོ་ཆེ་ལ་མདོ་སྔགས་ཀྱི་མན་ངག་ཡོངས་སུ་རྫོགས་པ་གནང་ངོ་ཞེས་སྐྱེ་བོ་ཀུན་གྱིས་གོ་བའི་ཆེད་དུ་ཇོ་བོའི་ཞལ་ནས་ངས་ཁྱོད་ལ་འདི་མ་བཤད་དམ་གསུངས་ནས་ཆོས་རེ་རེ་ལ་ལན་རེ་རེ་བསྐྱར་ཞིང་གསུངས། དེ་ལྟར་ཐུགས་ལ་འདོགས་པས་ཇོ་བོའི་ཡོན་ཏན་ཐམས་ཅད་སྣོད་གཅིག་ནས་སྣོད་གཅིག་ཏུ་བྱོ་བ་ལྟ་བུ་འབྲོམ་རིན་པོ་ཆེ་ཡིན་གསུང་། འབྲོམ་རིན་པོ་ཆེས་ཇོ་བོའི་ཆོས་མང་དུ་མཁྱེན་ཅིང་། ཁྱད་པར་སྐྱེས་བུ་གསུམ་གྱི་ལམ་གྱི་རིམ་པ་ལ་རྩལ་ཐོན། ཡི་དམ་གྱི་ལྷ་དཔག་ཏུ་མེད་པའི་ཞལ་གཟིགས། ཁྱད་པར་བླ་མ་ལ་གསོལ་བ་(༢༡༢བ)ཐེབས་པས་ར་སྒྲེང་དུ་བཞུགས་དུས་ཇོ་བོ་དངོས་སུ་བྱོན། སླར་ཡང་གསོལ་བ་བཏབ་པས་བཅོམ་ལྡན་འདས་ཤཱཀྱ་ཐུབ་པའི་ཞལ་མངོན་སུམ་དུ་གཟིགས་སོ། །

ཇོ་བོ་རྗེ་ཞིང་གཤེགས་སུ་ཉེ་བ་ན་ཡང་འབྲོམ་རིན་པོ་ཆེ་ལ་ཇོ་བོ་རང་ཉིད་ཀྱི་འབྲལ་སྐྱང་ཨུ་རྒྱན་ནས་འོངས་པའི་རྟུས་རྒྱན་དང་། འོད་མའི་ཚལ་གྱི་ཤིང་ལ་བསིལ་བའི་ཚལ་གྱི་མི་ལྤགས་ཀྱི་གཡོགས་ཅན་གྱི་ཌཱ་མ་རུ་དང་། རིགས་ལྔའི་དབུ་རྒྱན་དང་། རྡོ་རྗེ་དྲིལ་བུ་དང་བཅས་པ་སྙུག་དོང་མཐོ་གང་པ་གཅིག་ཏུ་ཤོང་བར་མཛད་དེ་ཕྱག་ཏུ་གཏད་པ་དང་། ཇོ་བོའི་སློབ་མ་རྣམས་ཀྱིས་ཇོ་བོ་རྗེ་ཞིང་གཤེགས་ན་གདན་ས་སུས་འཛིན་རྒྱལ་ཚབ་སུས་བྱེད་ཅེས་ཞུས་པ་ན་ཇོ་བོ་རྗེས་ད་ཕྱིན་ཆད་ཐམས་ཅད་ཀྱིས་འབྲོམ་ལ་བརྟེན་གསུངས། དེ་ལ་དགེ་བཤེས་དགོན་པ་བས་དེ་གང་ཡིན་ཞེས་ཞུས་པས། ཁོ་ངས་བྱིན་གྱིས་བརླབས་པ་ཡིན་ཞེས་གསུངས་པ་སོགས་བཀའ་གདམས་གླེགས་བམ་ན་ཇོ་བོ་རྗེས་འབྲོམ་རིན་པོ་ཆེ་བསྟན་པའི་བདག་པོར་མངའ་གསོལ་བ་དང་། བརྒྱུད་པ་གསུམ་ལྡན་གྱི་བླ་མ་ཐམས་ཅད་དང་རྗེ་བཙུན་མ་སྒྲོལ་མ་སོགས་ལྷག་པའི་ལྷ་རྣམས་དང་། སྒྲོལ་མ་བཅུ་གཉིས་སོགས་མཁའ་འགྲོ་ཆོས་སྐྱོང་རྣམས་ཀྱིས་ཀྱང་འབྲོམ་རིན་

པོ་ཆེ་ཇོ་བོའི་ཆོས་རྒྱུད་འཛིན་པའི་བདག་པོར་མངའ་གསོལ་བ་ལྟར་རོ། །དེ་ནས་ཤིང་ཕོ་རྟའི་ལོ་དབྱུག་པ་ཟླ་བའི་ཚེས་བཅོ་བརྒྱད་ལ་ཇོ་བོ་རྗེ་སྐུ་གཤེགས་པ་ན་ཇོ་བོའི་སློབ་མ་རྣམས་འདུས་ཏེ་གསོལ་བ་འདེབས་པའི་ཚེ་འབྲོམ་རིན་པོ་ཆེས་ལྟེ་མིག་རྣམས་དགེ་བཤེས་ཀ་བའི་ཕྱག་ཏུ་ཕུལ། ཀ་བས་ཀྱང་འབྲོམ་རིན་པོ་ཆེ་(༢༡ ༣ན)ཇི་ལྟར་བཞེད་པ་བཞིན་དུ་མཛད་དེ། ཇོ་བོའི་གདུང་དང་རྒྱ་དཔེ། གསེར་གླིང་པའི་དངུལ་གདུགས་ཅན་ལ་སོགས་པ་རྟེན་གཙོགས་ཆེ་ཤོས་རྣམས་འབྲོམ་རིན་པོ་ཆེ་ལ་གཏད། བུ་ཆེན་གཞན་རྣམས་ལའང་རྟེན་སྐལ་རེ་མཛད། དེ་ནས་ལུག་གི་ལོ་ལ་ཇོ་བོའི་འདས་མཆོད་ཆེན་མོ་མཛད། དེའི་ཚེ་དགེ་བཤེས་ཀ་བས་ཚོགས་སུ་གཏམ་བཏང་བ་གཞན་རྣམས་ཅི་ཙུག་བྱས་ཀྱང་ང་ཕ་བྲ་རག་གི་བུ་ཚོ་རྣམས་ཀྱིས་འབུལ་བ་འདིར་ཞོག་ཅིག །ཇོ་བོའི་གདན་སར་ལྷ་ཁང་བྲེ་ཙམ་ཞིག་བཞེང་དགོས་བྱས་པས་ཐམས་ཅད་ཀྱིས་འབུལ་བ་མ་ཁྱེར་བར་བཞག་སྟེ་འོར་གྱི་གཙུག་ལག་ཁང་བཞེངས། དེའི་དུས་འབྲོམ་རིན་པོ་ཆེའི་ཞལ་ནས། ད་ཇོ་བོའི་གདུང་འདི་རྣམས་དགེ་བསྙེན་དང་དགེ་ཚུལ་ལ་ཡང་མི་བསྐུར། ཁང་ནག་དུ་བ་ཅན་དུ་ཡང་མི་བཞུགས་གསུངས་ནས་དགེ་སློང་ཚུལ་ཁྲིམས་རྣམ་པར་དག་པ་གཉིས་སྤྱན་འདྲེན་དུ་བཙུག་སྟེ། སྟོད་ལུང་ཞོང་པའི་ན་ལ་སྦྲ་དཀར་ནག་གཉིས་ཕུབ་ནས་དཀར་པོའི་ནང་དུ་གདུང་བཞུགས་ཏེ་མཆོད་པ་མཛད། ནག་པོའི་ནང་དུ་གཡོས་མཛད། དེར་དགུང་གཅིག་བཞུགས། སར་ལྷབ་ཀྱི་ན་ལ་དགུང་གཅིག །ཡལ་ས་སྦྲུབ་ཀྱི་ན་ལ་དགུང་གཅིག །ཡམ་པ་གསེར་ཕུག་གི་ན་ལ་དགུང་གཅིག །དེ་ནས་གནམ་གྱི་བྲེ་མ་ལུང་དུ་བྱོན། དེ་ནས་འཕྲང་ཁ་བེར་ཆུང་གིས་ཞུ་བ་བསྐུར་ནས་འབུལ་དུ་བཏང་བྱུང་བས་འབྲོམ་རིན་པོ་ཆེའི་ཞལ་ནས། འུ་ཅག་རྣམས་ལ་སྤྱན་འདྲེན་མཁན་གདའ་ན་འགྲོའམ་མི་འགྲོ་གསུངས་པས། དགོན་པ་བའི་ཞལ་ནས་ཁོང་གི་(༢༡ ༣བ)མི་སྐྱིན་ལ་འགྲོ་མི་དགོས་སམ་གསུང་། དེར་ཁོང་ཡུས་ཆེ་བས་འབྲོམ་རིན་པོ་ཆེས་ཞལ་གྱིས་

བཞེས་ནས་སྟོན་ལ་ཡི་དམ་དབྱུལ་གདུགས་ཅན་བསྒྲུར། དེའི་རྗེས་ལ་ར་སྒྲེང་དུ་བྱོན་ཏེ། མེ་ཕོ་སྤྲེའུའི་ལོ་གསར་མཚམས་ལ་ཕྱགས་ཕེབས་ནས་ར་སྒྲེང་གི་དགོན་པ་གཟིགས་པས། རྒྱབ་ན་བྲག་རྡོ་རྗེ་འདྲ་བ་འདུག །མདུན་ན་མཚོ་གཡུང་དྲུང་འཁྱིལ་བ་འདྲ་བ་འདུག །གཡོན་གྱི་རི་རྒྱལ་སྲིད་རིན་པོ་ཆེ་སྣ་བདུན་འདྲ་བ་འདུག །ཕ་བོང་ཐང་འཁོར་ལོ་རྩིབས་བརྒྱད་འདྲ་བ་འདུག །ཤུག་པ་ར་ཙམ་ལུག་ཙམ་པ་ལ་གསེར་ལོ་གཡུ་ལོ་གཉིས་ལ་ཀ་བ་ཕེར་བ་འདུག །ཆུ་མིག་བརྒྱ་རྩ་བརྒྱད་འདུག །བྱ་རྣམ་པ་སྣ་ཚོགས་ཀུ་དི་རི་བ་འདུག །མི་མ་ཡིན་རྗེས་པོ་ཆེ་བྱ་བ་དཀར་ཕྱོགས་ལ་དགའ་བ་དང་། སྡོང་པོ་ཀུས་འདེབས་བྱ་བ་ནག་པོ་ལ་དགའ་བ་གཅིག་དང་གཉིས་འདུག །དགོན་པ་ལ་ཐུགས་མཉེས་ནས་དེའི་ནུབ་མོ་སེང་གེའི་བྲག་ཕུག་ཏུ་བཞུགས་ཏེ་རྨི་ལམ་བརྟགས་པས། དབུ་རྩེ་རྙིང་མའི་ཤུལ་ན་གསེར་གྱི་མཆོད་རྟེན་གཅིག་འདུག་པ་ལས་འོད་ཟེར་འཕྲོས་པས། དེའི་སྣ་ལ་དབུ་རྩེ་གཉྫ་ཧི་ར་མང་པོ་བྱུང་ནས་བོད་ཀྱི་ཡུལ་ཐམས་ཅད་ཁྱབ་པར་བྱས་ཚུར་འདུས་པས་ར་སྒྲེང་གི་ཤུག་པའི་གསེབ་ཐམས་ཅད་དུ་དབུ་རྩེ་གཉྫ་ཧི་ར་བཙུགས་པས་གང་བ་ད་ལྟ་ཡོད་པ་བཞིན་རྨིས། གཞན་ཡང་ཕ་བོང་ཐང་གི་རྡོ་རིན་པོ་ཆེའི་ཕུང་པོར་སོང་བ་དང་རྩེ་འཕྱིང་དཀར་མར་གྱི་ཕུང་པོར་སོང་བ་རྨིས། ནང་པར་སུམ་པ་མཐུ་ཆེན་དང་། རྣལ་འབྱོར་པ་ཆེན་པོ་དང་། དགོན་པ་བ་གསུམ་བྱོན་ནས་རྟགས(༢༡༩ན)བཟང་ངམ་ཞུས་པས། བཟང་བར་གདའ་གསུང་། དེ་ནས་དགོན་པ་འདེབས་པ་ཐུགས་ཐག་བཅད་ནས་ས་འདུལ་ལ་བརྒྱད་སྟོང་འགྲེལ་ཆེན་གསུངས། ས་ཆོག་པཎྜི་ཏ་ཤྲི་སྨྲ་ར་ལ་ཞུས་པས་མ་གནང་། དགོན་པ་བ་ལ་ཞུས་པས་ཀྱང་མི་གནང་བ་ལ། ད་གསང་ཕུ་བ་ལ་ཞུ་སྙམ་པ་ལ་རྣལ་འབྱོར་པའི་ཞལ་ནས། སྟོན་པ་ལ་མི་ཀུན་རྡོ་བོའི་ཡོན་ཏན་ཁྱེད་ལ་ཡོད་པར་བྱེད་ཁྱེད་འདི་འདྲ་བ་ཟེར་བས། འབྲོམ་གྱི་ཞལ་ནས། ངས་ཤེས་པ་ཡིན་ཏེ་གཅིག་ཏུ་རྟེན་དམན། གཉིས་སུ་ཁྱེད་གོང་མ་རྣམས་ཀྱིས་ཁྲེལ་གྱི་དོགས།

གསུམ་དུ་མི་མ་ཡིན་ལ་འཚེར་བས་ལན། ད་འདི་བཞིན་དུ་བྱེད་པ་ཡིན་གསུངས་ནས་སྔོན་ལ་རྡོ་བོའི་སྐུ་འབག་དང་འཇམ་དཔལ་རྡོ་རྗེ་གཉིས་སྤྱན་དྲངས། གསོལ་བ་བཏབ་ནས་ཆུ་མིག་བསྒྲུབས། སྐྱིར་ཕུང་རྩ་བ་ནས་བཏོན་པ་ལ་སྤྲུལ་སྒྲོག་ཆེར་བྱུང་བས་ཇི་སྙམ་དུ་ཡང་མ་བསམས། དེ་ནས་ཁྲི་བརྩིགས། ཐིག་བཏབ་སྦྲ་ཕུབ་ནས་འདིར་རྡོ་བོའི་གདུང་བཞུགས་པས་ཁྱེད་རྣམས་ཀྱིས་ཀྱང་མཆིལ་སྣབས་ལ་སོགས་པ་མ་འདོར་ཞིག་གསུང་ངོ་། །

དེའི་དུས་སུ་རྣལ་འབྱོར་པ་ཕྱུག་ཁྲི་མཆོག་གིས་བལ་ཡུལ་དུ་དངུལ་འདོན་དུ་ཕྱིན་ནས་ཕྱིར་ཕེབས་པ་རྒྱ་གར་གྱི་ལྷ་བཟོ་མཁས་པ་ཨ་ཙ་ར་མ་ནུ་བྱ་བ་ལ་རྡོ་བོའི་གདུང་ཁང་དུ་དངུལ་གྱི་མཆོད་རྟེན་ནང་དཀྱིལ་འཁོར་གྱི་ལྷ་ཚོགས། ཕྱི་མཆོད་རྟེན་གྱི་རྣམ་པར་བཞེངས་སུ་གསོལ། ནང་རྫོངས་ཀྱི་གཟུངས་རྣམས་དངུལ་གྱི་ལྷུང་པ་ལ་ཡི་གེ་བརྐོས་མ་བྲིས་ནས་(༢༡༩བ)བཞུགས། རི་རབ་ནི་ཐེག་པ་ཆེན་པོ་ཕ་རོལ་ཏུ་ཕྱིན་པའི་ལུགས་སུ་བགྱིས་ཏེ་མདུན་དུ་ཞལ་གཟིགས་པ་ཐུབ་པ་གཙོ་འཁོར་གསུམ། ནུབ་ཏུ་ཞལ་གཟིགས་པ་དམ་ཚིག་གསུམ་བཀོད་པ་གཙོ་འཁོར་གསུམ། བྱང་དུ་ཞལ་གཟིགས་པ་བྱམས་པ་མངོན་པར་བྱང་ཆུབ་པ་གཙོ་འཁོར་གསུམ། ཤར་དུ་ཞལ་གཟིགས་པ་སྨན་བླ་གཙོ་འཁོར་གསུམ། བུམ་པ་ནི་ཐེག་པ་ཆེན་པོ་གསང་སྔགས་ཀྱི་ལུགས་སུ་བགྱིས་ཏེ། དཔལ་གསང་བ་འདུས་པ་ལྷ་བཅུ་དགུ་ཕྱི་ནང་དུ་འབུར་དུ་དོད་པ་ལ་ཕྱོགས་བཞིན་ཡབ་བཞི། མཚམས་བཞིན་ཡུམ་བཞི། གཙོ་བོ་འཇམ་དཔལ་རྡོ་རྗེ་བྲིའི་མགུལ་ན་བཞུགས། ལྷ་མོ་དྲུག་ནང་དུ་འབུར་དོད་དུ་བཞུགས། །ཁྲི་བོ་བཞི་ནས་ཙམ་རེ་ཟུར་གྱི་མཆོད་རྟེན་གྱི་ནང་ན་བཞུགས་པ་གཅིག་བཞེངས་སུ་གསོལ་ཏེ། འབྲོམ་རིན་པོ་ཆེས་རྣལ་འབྱོར་པ་རྣམས་དང་བཀའ་བགྲོས་མཛད་ནས་བྱ་ཡོ་ལ་གདུང་ཁང་དང་གཙུག་ལག་ཁང་ཁྲུང་མགོ་ཅན་གྱི་ཟ་ཁང་ཡན་ཆོད་ཚར་བར་མཛད་ནས་ད་འདི་མན་ཆད་ལ

བྱེད་པ་པོ་ཞིག་འོང་གི་གསུང་སྟེ། འཛིན་རྗེ་ཡོན་ཏན་འབར་བྱ་བ་ལ་བོད་པ་མཛད་ནས་ཁྱོད་འཇིག་རྟེན་གྱི་ཤེས་ཆེ་བ་ཡིན་པས་ཤེས་གྱིས་དང་ཁོ་བོས་འཇིག་རྟེན་གྱི་རྣམ་པར་རྟོག་པ་སྤྱོད་བློ་ཞིག་བགྱི་གསུངས་ནས་ཁྲུང་མགོ་ཅན་ལ་སྐོར་བ་མཛད་དེ་ཤངས་སྣབས་ཀྱིས་ཀུང་ལྐོག་མ་ན་མར་སླེབ་པར་བྱས་ནས། འཇིག་རྟེན་མཁྱེན་པ་རྙེད་དང་མ་རྙེད་དང་། །ཞེས་བྱ་བའི་ཚིགས་བཅད་དེ་འདོན་ཞིང་ཆོས་བརྒྱད་པོ་དེ་ལ་བཏང་སྙོམས་སུ་མཛད་ཅིང་བཞུགས་པ་ལགས།(༢༡༥ན) དེ་ལྟར་འབྲོམ་སྟོན་པ་རྒྱལ་བའི་འབྱུང་གནས་ཐུགས་ཟབ་ལ་དཀྱིལ་ཆེ་བ་མཁྱེན་པའི་ཚད་རྒྱ་མཚོ་ཆེན་པོ་དང་མཚུངས་པ་དེས་ར་སྒྲེང་དུ་རྗེ་བོའི་སྒྲོལ་བཟང་གི་ས་བཙུགས་ནས་ཡོད་པའི་དུས་སུ། ཐུགས་ཀྱི་སྲས་སྐུ་མཆེད་གསུམ་རིམ་པར་བྱོན་པ་ཡིན་ཏེ། ཕུ་ཆུང་བས་ནི་སྐེ་ཐང་ཉིད་ནས་ཕྱག་ཕྱི་མཛད། སྤྱན་སྔས་མི་མོ་བྱའི་ལོ་ལ་ར་སྒྲེང་དུ་བྱོན། པོ་ཏོ་བས་དེའི་ཕྱི་ལོ་ལ་ར་སྒྲེང་དུ་བྱོན། དེ་ལྟར་ཞབས་དྲུང་དུ་བསྙེན་པའི་སློབ་མ་རྣམས་འཇིག་རྟེན་ལ་ཞེན་པ་བཟློག་ཏུ་བཅུག་ནས་ཆོས་ཁོ་ན་སེམས་སུ་བཅུག་པ་ལ་འབྲོམ་རིན་པོ་ཆེའི་དུས་ན་དགེ་འདུན་ལྔ་བཅུ་ཙམ་ལས་མེད་དེ། དེ་རྣམས་ཀྱི་དབང་དུ་བྱས་ན། ཧྲིང་ངེ་འཛིན་བཟང་པོ་ཐུགས་རྒྱུད་ལ་འཁྲུངས་ཤིང་ཚུལ་ཁྲིམས་རྣམ་པར་དག་པ། ཡི་དམ་གྱི་ལྷའི་ཞལ་གཟིགས་པ། མངོན་པར་ཤེས་པ་རྒྱ་ཆེན་པོ་དང་ལྡན་པ། ཆོས་རྣམས་ཀྱི་རང་དང་སྤྱིའི་མཚན་ཉིད་རིག་པའི་ཤེས་རབ་ཕུན་སུམ་ཚོགས་པ་མངའ་བ། ནུབ་ཕྱོགས་ཀྱོན་དང་འདྲ་བ་གྲུབ་ཐོབ་དུ་སྤྱུང་ངེ་བ་གཅིག་བྱོན་ཏེ། མཚོ་ལ་པདྨས་བརྒྱན་པ་འདྲ་བའི་འཁོར་སྐྱིད་པ་དེ་དགེ་བཤེས་སྟོན་པའི་འཁོར་དེ་ཀུན་ལ་ཟེར་བ་ཡིན། དེ་བས་ན་མང་ཁ་ན་མེད་གྲུང་གཙོ་བ་ཡིན་གསུང་། དགེ་བཤེས་པོ་ཏོ་བས་ཀྱང་། ངའི་དོན་གྱི་མཁན་པོ་དེ་ར་སྒྲེང་གི་དགེ་བསྙེན་ཆུན་པོ་དེ་ར་སྣང་གསུངས་ནས། འབྲོམ་རིན་པོ་ཆེའི་གདམས་པ་ཐུགས་ཉམས་སུ་བཞེས་པས་ངེས་འབྱུང་གི་བསམ་པ་མ་བཅོས་པ་ཐུགས་ལ་འཁྲུངས་པ་ན་

སྔར་གྱི་སོ་སོ་ཐར་(༢༡༥བ)པའི་སྡོམ་པ་ངེས་འབྱུང་གི་སྡོམ་པར་སོང་གསུང་བ་ལགས། དེ་ལ་སྤྱིར་རྗེ་བོ་བོད་དུ་ཕེབས་ནས་བདག་གཉེར་འབྲོམ་རིན་པོ་ཆེས་མཛད། རྗེ་བོ་རྗེ་ཉིད་ཀྱང་འབྲོམ་རིན་པོ་ཆེ་ཁོ་ན་ལ་ཐུགས་གཏོད་པར་མཛད། བསམ་ཡས་སུ་བཞུགས་པའི་ཚེ་རྗེ་བོ་རྗེས་འབྲོམ་རིན་པོ་ཆེ་ལ་གསང་སྔགས་ཀྱི་སྤྱོད་པའི་ཐབས་མང་པོ་དང་། མཆིམས་ཕུ་དོ་ཧ་ལ་སོགས་པའི་གདམས་པ་ཟབ་མོ་རྣམས་གནང་ཞིང་ནང་དུ་ཐུགས་ཉམས་སུ་བཞེས་པར་མཛད་ཀྱང་གསང་སྔགས་སྦྲ་ཇི་བཞིན་པར་སྤྱོད་པའི་རྗིང་སྤྱོད་རྣམས་རྗེ་བོའི་དྲིན་ལས་མེད་པ་ཅིག་བྱུང་ན་དགོངས་པས་གསང་སྔགས་ཟབ་མོ་རྣམས་གསན་པ་སྐད་དུ་ཡེ་མི་མཛད་པར་ཐེག་པ་ཆེན་པོའི་བླ་མ་བྱ་བ་བཤད་པ་ན་འབྱམས་གླུས་པར་གོ་བ་བསྐྱེད་ལ། ལག་ཏུ་ལེན་པ་ན་བསྟན་པའི་ཐ་མ་ལ་གང་ཕན་དང་། ཐད་ཀར་དོན་དུ་གང་འགྱུར་སྟོན་པ་ཅིག་དགོས་གསུང་ཞིང་འབྲོམ་རིན་པོ་ཆེ་ཉིད་ཀྱང་དེ་ལྟར་དུ་འདོམས་པར་མཛད། འབྲོམ་རིན་པོ་ཆེས་ཞང་ཆོས་ཀྱི་རྒྱལ་པོ། རྗེ་བོ་ལེགས། ཡོངས་རྫོགས་རྣལ་འབྱོར་པ། སྤྱན་སྔ་དང་བཞི་མིན་པ་ལ་སྔགས་ཀྱི་དབང་བསྐུར་མ་གནང་བ་ཡིན་གསུང་། པོ་ཏོ་བས་འབྲོམ་རིན་པོ་ཆེའི་སྤྱན་སྔར་ལོ་ངོ་བདུན་བཞུགས་པ་ལ་བུམ་པ་འཆའ་བ་ལན་ཅིག་ལས་མ་གཟིགས་གསུང་། སྟོན་རྣལ་འབྱོར་པ་ཆེན་པོས་འབྲོམ་རིན་པོ་ཆེ་ལ་བསྲུང་སྡོམ་རྣམ་པར་དག་པའི་སྐངས་ཕུལ། ཏིང་ངེ་འཛིན་ཕུན་སུམ་ཚོགས་པའི་རྟོགས་པ་ཕུལ་བས། འབྲོམ་རིན་པོ་ཆེའི་ཞལ་ནས། ཁྱོད་བསྲུང་སྡོམ་རྣམ་པར་དག་སྟེ་བསྟུམ་པར་བྱ་(༢༡༦ན)བའི་ཉེས་བྱས་ཕྲ་མོས་ཀྱང་མ་གོས། ཏིང་ངེ་འཛིན་བཟང་སྟེ་རྣ་རྩར་ཇ་བོ་ཆེ་བརྡུངས་ཀྱང་མི་ཚོར་བ་ཡོད་ཀྱང་དེ་བས་ངའི་བྱམས་པ་སྙིང་རྗེ་བྱང་ཆུབ་ཀྱི་སེམས་མེད་ན་ཉིན་མཚན་དུ་བཤགས་པ་བྱ་དགོས་པའི་སར་སྐྱེས་དོགས་ཡོད་དོ་གསུང་ངོ་། །ཡང་ལན་ཅིག་མུ་གེ་ཞིག་བྱུང་བའི་དུས་སུ་འབྲོམ་ཟ་ལོ་མཚོ་མ་བྱ་བ་ཞིག་གིས་ནས་མི་ཁུར་ལྔ་བཅུ་ཕུལ་ནས་དེའི་མིང་པོ་འབྲོམ་ཚིག་པ་

ད་རེ་བྱ་བས་གདམས་བཏང་བ། ཇོ་བོ་ལྷ་ཅིག་འཛམ་བུ་གླིང་གི་རྒྱན་དམ་པ་ཡིན། དེའི་མན་ངག་ཐུམ་པ་གང་བྱོའི་ཚུལ་དུ་མངའ་བ་དགེ་བའི་བཤེས་གཉེན་སྟོན་པ་ཁྱེད་ཡིན། ཕྱོགས་ཕྱོགས་ནས་བྱོན་པའི་གྲྭ་པ་ཀུན་ཡང་མན་ངག་འདོད་པ་ཡིན་པས་དེ་རིང་ཇོ་བོའི་མན་ངག་གསུང་བར་ཞུ་ཞུས་པས། འབྲོམ་རིན་པོ་ཆེའི་ཞལ་ནས་བྱ་བྱ་གསུངས་ནས་འཆི་བ་མི་རྟག་པ་དང་ལས་དང་འབྲས་བུ་མང་དུ་བསམས་ལ། ཁས་བླངས་པའི་སྡོམ་པ་དག་པར་བྱ། བྱམས་པ་དང་སྙིང་རྗེ་མང་དུ་སྒོམས་ལ་བྱང་ཆུབ་ཀྱི་སེམས་བརྟན་པར་བྱ། དེས་འཕངས་ནས་ཚོགས་སྒོ་སྣ་ཚོགས་ནས་གསོག་ཅིང་སྡིག་པ་སྒོ་སྣ་ཚོགས་ནས་སྦྱོང་བ་དེ་བླ་མའི་མན་ངག་ཡིན་པས། སང་ཙ་ན་ཇོ་བོ་རྗེ་ལྷ་ཅིག་དང་མ་ཕྲད་སྙམ་ནའང་དེ་ལས་མེད་དོ། །འབྲོམ་དགེ་བསྙེན་ཆེན་པོ་དེ་དང་མ་ཕྲད་སྙམ་ནའང་དེ་ལས་མེད་གསུང་། ཡང་འབྲོམ་རིན་པོ་ཆེའི་ཞལ་ནས། ངའི་ལམ་གྱི་རིམ་པ་འདི་ལ་སུ་ཡིད་ཆེས། ཁམས་མ་གི་ན་སྟོང་ཐོམ་ཡོན་ཏན་སྙིང་པོ་བྱ་བ་ཞིག་ཡོད་དེ། དེ་ལ་བལྟས་ན་ཡིད་ཆེས་སམ་གསུང་། འབྲོམ་(༢༡༧བ)རིན་པོ་ཆེས་དགོན་པ་བ་ལ་ཉིན་གཅིག་ཐུགས་དམ་སྐྱེལ་དུ་བྱོན་ཙ་ན་མཆུལ་རྟུལ་ཆེང་ངེ་འདུག་པ་ལ། སྒོམ་པ་དབང་ཕྱུག་རྒྱལ་མཚན། མཆོད་པ་མི་བཟྟེ་བ་ཙུག་ཡིན་གསུང་པས། བག་རེ་ནང་དུ་བསམ་འཚལ་བར་གདའ་བས་ཞུས་པས། ཁྱེད་གཅིག་པུ་ལ་སྒོམ་ཡོད་སྙམ་མམ། ཁྱེད་པས་ཨ་ཏི་ཤ་སྒོམ་བཟང་སྙེའང་མཆོད་པ་འདི་དང་འདི་རྣམས་མཛད་པ་ཡིན། ང་ལ་ཡིད་མ་ཆེས་ན་མདོ་སྡེ་ལྟོས་གསུང་། ཡང་འབྲོམ་རིན་པོ་ཆེ་སྐུ་ཁམས་ཙུང་མ་བདེ་བ་ཞིག་གི་དུས་སུ་རྣལ་འབྱོར་པ་ཆེན་པོས་རྩིག་པ་ལ་ཐག་ཐོགས་མེད་པར་བྱོན་ཏེ་བསྐུན་དྲིས་པས། ཇོ་བོ་པ། ཁྱེད་གང་ངོ་ཚ་བའི་ཡན་ལག་དེས་དྲིགས་སམ། སེམས་ཅན་བཞུག་ནས་གར་ཞ། དེ་ནི་ཉིན་མཚན་དུ་བཤགས་པ་བྱ་དགོས་པའི་སར་སྐྱེ་བ་ཡིན་གསུང་ནས་བཀའ་བཀྱོན། ཡང་དགོན་པ་གོང་ན་འབྲོམ་རིན་པོ་ཆེ་དང་། རྣལ་འབྱོར་པ་རྣམ་པ་དང་། སྐུ་

མཆེད་གསུམ་རྣམས་འཚོགས་ནས་ཀུ་རེ་བཞད་གད་ཅིག་སེ་མཛད་ཙ་ན། ཉེ་གནས་ན་རེ་ཀུ་རེ་ནི་ཀུ་རེ་སྙེ་ལུ་ཙག་རྣམས་དེ་རིང་ཅི་ཟ་ཟེར་བ་ལ། དགོན་པ་བའི་ཞལ་ནས། ཨ་པོ་ནི་སྤུས་སྣ་གདོང་ན་ཡར་བྱུང་བ་འོ་ནི་ཀུན་ཟ་བ་ཡིན་གསུང་། དར་ཅིག་ལོན་ཙ་ན་ཡོན་བདག་གཅིག་གིས་ཕྱེ་དང་མར་ཐུད་འཕྲུར་བ་ཞོ་ལ་སོགས་པ་རྟ་རྒྱབ་གཅིག་བཀལ་ནས་བྱུང་བས་བསྙེན་བཀུར་བཟང་པོ་བྱས། དེར་འབྲོམ་རིན་པོ་ཆེས་བསྔོ་བ་ཡོན་བཤད་མཛད་ནས་ཡོན་བདག་དེ་སོང་བའི་ཤུལ་དུ་བཀའ་ཕབ་མཛད་དེ། སྒོམ་ཆེན་པ་ཀུན་ཀྱང་ཡོན་ཏན་བག་རེས་སྦྱོས་ནས་ཕྱིན་ཆད་དེ་འདྲ་བ་གསུང་རྒྱུ་མ་ལགས་གསུང་(༢༡༧ན)ནས་བཀྲོན་པར་མཛད། འབྲོམ་རིན་པོ་ཆེ་བརྒྱུད་སྟོང་འགྲེལ་ཆེན་གསུང་བའི་དུས་སུ། མཁྱེན་གསུམ་ཐོན་ནས་རྣམ་ཀུན་ལ་མ་ཟུག་པའི་སྐབས་སུ་སྐུ་ཁམས་ལྷེམ་པ་ཅིག་བྱུང་ནས་འགྲེལ་པ་གསུང་མ་སྒྲོད་པར་འདི་མན་ཆོད་ཀྱི་དོད་པོ་གཅིག་བྱ་གསུངས་ནས། ཕ་རོལ་ཏུ་ཕྱིན་པ་དྲུག་གསུམ་བཅོ་བརྒྱད་དུ་ཕྱེ་བའི་ཉམས་སུ་བླང་བདེ་བ་ཅིག་གསུངས་པས། སྤྱན་སྔའི་ཞལ་ནས། གསུང་མ་སྒྲོད་པ་རང་གིས་འཚེངས་བསམ་པ་ཅིག་བྱུང་གསུང་།

དེ་ལྟར་ན་འབྲོམ་རིན་པོ་ཆེ་དེས་གཡུང་ཆོས་མགོན་ལོ་བཞིར་བསྟེན། རྒྱལ་གྱི་ཞང་ལ་དགེ་བསྙེན་གྱི་སྡོམ་པ་མནོས་ནས་ཁམས་སུ་ཇོ་བོ་སེ་བཙུན་གྱི་ཞབས་དྲུང་དུ་ལོ་ཉི་ཤུ། དེ་ནས་ཇོ་བོ་དང་མཇལ་ནས་ཇོ་བོ་ཞིང་མ་གཤེགས་ཀྱི་བར་དུ་མི་འབྲལ་བར་ཞབས་ཏོག་མཛད། ཇོ་བོའི་ཡོན་ཏན་མ་ལུས་པ་ཐུགས་སུ་ཆུད་པར་མཛད་ནས་ར་སྒྲེང་དུ་ལོ་དགུར་བསྟན་པའི་མངའ་བདག་མཛད་དེ། སྤྱིར་སངས་རྒྱས་ཀྱི་བསྟན་པ་རིན་པོ་ཆེ་ཡང་སྒོས་སུ་བཀའ་གདམས་ཀྱི་བསྟན་པ་རིན་པོ་ཆེ་ཉི་མ་ཤར་བ་ལྟ་བུར་མཛད། ཕྱི་རབས་ཀྱི་གདུལ་བྱ་རྣམས་ཀྱི་དོན་དུ་ཇོ་བོ་རྗེ་དང་འབྲོམ་རིན་པོ་ཆེ་རང་ཉིད་ཀྱི་ཐབས་མཁས་ཀྱི་སྤྲུལ་པ་འབྱོན་ཚུལ་གསང་བ་ཟབ་མོའི་གནས་རྣམས་ཀྱང་སྟོན་

པར་མཛད་དེ། རྗེ་བཙུན་འཇམ་པའི་དབྱངས་ཀྱི་སྤྲུལ་པ་རྫོགས་ལེགས་པའི་ཤེས་རབ་ཀྱིས་གསོལ་བ་ཞུགས་དྲག་ཏུ་བཏབ། རྡོ་བོ་རྗེས་ཀྱང་གསུང་བར་བསྐུལ་ནས་འབྲོམ་རིན་པོ་ཆེས་ཕྱོགས་བཅུའི་སངས་རྒྱས་ཐམས་ཅད་ཀྱིས་འཕགས་པ་སྤྱན་རས་གཟིགས་(༢༡༧བ)ཀྱི་ཐུགས་རྗེ་བསྐུལ་ནས་བོད་ཁ་བ་ཅན་གྱི་མགོན་པོར་བྱོན་པའི་ལོ་རྒྱུས་རྣམ་ཐར་ཞིབ་ཏུ་གསུངས་ཤིང་། མ་འོངས་པ་ནའང་རྡོ་བོ་རྗེ་དང་འབྲོམ་རིན་པོ་ཆེ་གཉིས་ཀྱི་སྤྲུལ་པ་རྒྱུན་མི་འཆད་པ་བྱོན་ནས་རྒྱལ་བསྟན་འཛིན་ཅིང་སྤེལ་བ་དང་། དེ་དང་དེའི་ཚེ་དགོན་གནས་ཇི་ལྟ་བུ་འབྱུང་བ་དང་། མཚན་ཇི་ལྟ་བུ་འབྱུང་བ་དང་། མཛད་པ་ཇི་ལྟ་བུ་མཛད་རྣམས་ལུང་བསྟན་པའི་གླེགས་བམ་མཛད། བཀའ་གདམས་བསྟན་པའི་རྒྱུ་འགོ་བཙུགས། བཀའ་གདམས་ཀྱི་བསྟན་པའི་སྙིང་པོའི་ཡང་སྙིང་པོ་ཐིག་ལེ་བཅུ་དྲུག་གི་གདམས་ངག་ཆ་ལག་དང་བཅས་པ་ཐོར་བུ་ཐོར་བུར་བསྟན་པ་དང་། ཁྱད་པར་རྒྱལ་བའི་བཀའ་དང་དགོངས་འགྲེལ་མ་ལུས་གང་ཟག་གཅིག་གི་ཉམས་ལེན་གྱི་རིམ་པར་ཕྲིལ་གྱིས་དྲིལ་བ་སྐྱེས་བུ་གསུམ་གྱི་ལམ་གྱི་རིམ་པ་རྒྱུད་ལ་སྦྱོར་ཚུལ་ཤིན་ཏུ་གསལ་ཞིང་གོ་བདེ་བ། བློ་མཐོ་དམའ་སུས་བལྟས་ཀྱང་རྒྱུད་འཚུལ་བ་རང་རྒྱུད་ལ་བསྐུལ་འདེབས་དད་པའི་ལྷོན་ཤིང་སོགས་གདམས་ངག་གི་ཡིག་འཇོག་ཀྱང་མང་དུ་མཛད་ནས། མྱ་ངན་ལས་འདའ་ཁར་པོ་ཏོ་བའི་པང་དུ་དབུ་བཞག་ནས་ཡོད་པའི་ཚེ་པོ་ཏོ་བའི་ཐུགས་ལ་འཇིགས་སར་སྐྱེལ་མས་བོར་བ་འདྲ་བ་ཞིག་འོང་བར་འདུག་ན་ད་སུ་ལ་བརྟེན་སྙམ་ཞིང་སྤྱན་ཆབ་འབྲོམ་རིན་པོ་ཆེའི་ན་བཟའི་གོང་ཙ་ན་མར་ཉིལ་གྱིས་བྱུང་བས་འབྲོམ་རིན་པོ་ཆེས་མཁྱེན་ནས། ཞལ་འཆེམས་ལ་ད་མན་ཆད་དགེ་བའི་བཤེས་གཉེན་འདི་ཁོ་ན་ལ་བརྟེན་དགོས་བྱ་བ་ཡེ་མེད་ཀྱི། མདོ་སྡེ་ལྷོས། དགེ་བའི་བཤེས་གཉེན་མདོ་སྡེ་ལ་གྱིས། (༢༡༨ན)གྲོགས་པོ་མིག་ཟུར་ལ་ལྟེ་བ་དང་འགྲོགས། ཁ་མཉམ་ལག་མཉམ་དེས་ཀྱང་མི་འོང་བར་སྣང་། གཉིས་དང་གསུམ་ཡང་ཞུང་། གཅིག་

ཐུར་ཡ་མ་འདུག །བཞི་ལྷ་མན་ཚོད་ཙམ་རེད། དེ་ལས་མང་དུ་ཡང་མི་རུང་། སེམས་བཟང་པོར་གྱིས་དང་། ཁྱད་པར་ཅན་དང་ཐད་དེ་འོང་གི་གསུངས་ནས། མདུན་ན་རྗེ་བོ་ལེགས་ཡོད་པས། སེམས་བཟང་པོ་བྱང་ཆུབ་ཀྱི་སེམས་ལ་ཟེར་བ་མ་ལགས་སམ་ཞུས་པས། ཡིན་མོད་གསུངས་ནས་སྐུ་དངོས་ཀྱི་གདུལ་བྱ་རྣམས་རྫོགས་པ་ན་ཤིང་ཕོ་འབྲུག་གི་ལོ་སྟོན་གྱི་ཟླ་བའི་ཚེས་ཉེ་ཤུ་ལ་ར་སྒྲེང་དུ་སྐུའི་བཀོད་པ་བསྡུས་ཏེ་དགའ་ལྡན་ཆོས་ཀྱི་ཕོ་བྲང་དུ་རྒྱལ་བ་མ་ཕམ་པ་དང་ནམ་མཁའ་དྲི་མ་མེད་པ་འཁོར་བཅས་ཀྱི་ཞབས་དྲུང་དུ་ཕེབས་ཤིང་། གཞན་ཡང་ནམ་མཁས་གར་ཁྱབ་ཏུ་སྤྲུལ་པའི་བཀོད་པས་ཁྱབ་སྟེ། གདུལ་བྱ་གང་དང་གང་ན་ཡོད་པ་དེར་རང་རང་གི་ཁམས་དང་བསམ་པ་དང་མཐུན་པར་སྐུའི་བཀོད་པ་བསྟན་ནས་འགྲོ་བའི་དོན་མཛད་ཅིང་བཞུགས་སོ། །

འབྲོམ་རིན་པོ་ཆེ་འདི་ལ་ལྷ་དང་མིའི་སློབ་མ་བསམ་གྱིས་མི་ཁྱབ་པ་ཡོད་ཅིང་། བསྟན་པ་ཡོངས་རྫོགས་འཛིན་པའི་སློབ་མའང་ཆེས་མང་བར་ཡོད་ལ། ཡོངས་སུ་གྲགས་པའི་སློབ་མའི་གཙོ་བོ་ནི་དགེ་བཤེས་ཁམས་པ་ལུང་པ་ཆེན་པོ་དང་། རྣལ་འབྱོར་རྣམ་པ་བཞི་དང་བཀའ་གདམས་སྐུ་མཆེད་གསུམ་སྟེ། ཁམས་པ་ལུང་པ་ཆེན་པོ་ནི། འཕན་ཡུལ་ཡུང་བར་ཤིང་མོ་གླང་ལ་འཁྲུངས། རུས་སྣང་། ཧེན་དགེ་བསྙེན་ཡིན་མཚན་ཤཱཀྱ་ཡོན་ཏན། གཞོན་པའི་དུས་སྟེ་སྟོད་ལ་ཡང་(༢༡)(བ)སྦྱངས་པ་མཛད་དེ། ཉིད་ཀྱི་ཞལ་ནས། ངས་ལྷ་ས་སྣེ་ཐང་དུ་བ་མ་ཡིན་པ་དང་རྫ་མ་ཡིན་པ་ལ་མི་ཆེ་བསྐྱལ་ཞེས་གྲགས། སྣེ་ཐང་དུ་རྗེ་བོ་ཉིད་དང་མཇལ་ཞིང་ཕྱིས་ར་སྒྲེང་དུ་དགེ་བཤེས་སྟོན་པ་ཡུན་རིང་དུ་བསྟེན་ཅིང་སྐུ་མཆེད་གསུམ་མམ་བཞི་ཞེས་གྲགས། པོ་ཏོ་བའི་ཞལ་ནས། ཡུང་བའི་དགེ་བཤེས་སྣང་ཤཱཀྱ་ཡོན་ཏན་གྱིས་ཆོས་བདེན་པར་བཟུང་ནས་སྐྱབས་སུ་མཆི་བྱས་པས། ད་ལྟ་ཡུང་བ་ལུང་པ་ན་ཁོང་ལས་བདེ་སྐྱིད་ཆེ་བ་མེད་གསུང་། དེ་ལྟར་དགེ་བཤེས་ཁམས་ལུང་པས་དགུང་ལོ་དགུ་བཅུའི་བར་སྒྲུབ་པའི་རྒྱལ་མཚན་བཙུགས་ཤིང་

སེམས་ཅན་གྱི་དོན་མཛད་ནས་ཤིང་མོ་ལུག་དགུ་བཅུ་རྩ་གཅིག་པ་རྟའི་ཟླ་བའི་ཚེས་བཅུ་བཞི་ལ་ཁམས་ལུང་དུ་སྐུ་གཤེགས། ཆོས་ལ་ཐུན་བརྒྱུད་མར་མིང་ཐོགས་ཚོགས་པ་སྟོང་ཕྲག་རེ་ཙམ་འཚོགས། བྱང་ཆུབ་ཀྱི་ཐུགས་འབྱོངས་པས་ཞལ་མཐོང་བ་ཐམས་ཅད་དད་པར་གྱུར། ཕྱོགས་མཐའ་དག་ནས་མཇལ་མི་ཁྱུང་བ་ན། ཁྱེད་ཅག་གི་ཡུལ་ན་མི་རྒན་མེད་དམ་གསུང་བ་ལ། མི་རྒན་ཏ་ཡོད་དེ་ཁྱེད་ལྟ་བུ་མེད་ཅེས་ཞུས། མདོར་ན་མཐོང་ཐོས་དྲན་རེག་དོན་ལྡན་དུ་འགྱུར་ངེས་པའི་སྐྱེས་བུ་ཆེན་པོར་གྲགས་སོ། །

སྐུ་མཆེད་གསུམ་གྱི་རྣམ་པར་ཐར་པ་ནི་ཕྱི་ནས་འཆད་པར་འགྱུར་ལ། རྣལ་འབྱོར་པ་རྣམ་པ་བཞི་ནི། རྣལ་འབྱོར་པ་ཆེན་པོ་བྱང་ཆུབ་རིན་ཆེན། རྣལ་འབྱོར་དགོན་པ་བ་ཆེན་པོ་དབང་ཕྱུག་རྒྱལ་མཚན། རྣལ་འབྱོར་པ་ཤེས་རབ་རྡོ་རྗེ། རྣལ་འབྱོར་ཕྱུག་དར་སྟོན་པ་བཞི་སྟེ་དེ་དག་གི་རྣམ་ཐར་ནི་སྔར་ཇོ་བོའི་རྣམ་ཐར་གྱི་སྐབས་སུ་བཤད་པ་ལྟར་རོ། །གཞན་མ་དགེ་བཤེས་ཀ་བ་ཆེན་པོ། གསང་(༢༡)(༨ན)ཕུ་བ་ལེགས་པའི་ཤེས་རབ། ཡེར་པའི་དགེ་བཤེས་རྗེ་བོ་ལེགས་སོགས་སེམས་དཔའ་ཆེན་པོ་ངོ་མཚར་བསམ་གྱིས་མི་ཁྱབ་པའི་རྣམ་ཐར་དང་ལྡན་པ་མང་དུ་ཡོད་མོད་ཀྱི་ཡི་གེའི་འཇིགས་པས་འདིར་མཐའ་དག་མ་སྤྲོས་སོ། །དེས་ན་བྱང་ཆུབ་ལམ་རིམ་ལ་བློ་སྦྱོང་བར་འདོད་པ་རྣམས་ཀྱིས་ཐུགས་རྗེ་ཆེན་པོ་རྒྱལ་བ་འབྲོམ་གྱི་རྣམ་ཐར་རྣམས་དྲན་པར་བྱས་ལ་སྐུའི་རྣམ་པ་ཡིད་ཡུལ་དུ་བྱས་ཏེ་ཡང་དང་ཡང་དུ་གསོལ་བ་གདབ་པ་དང་། ལྷག་པར་ཚེ་འདི་བློས་གཏོང་བ་དང་མཁའ་ཁྱབ་ཀྱི་སེམས་ཅན་ལ་བྱམས་སྙིང་རྗེ་སྦྱོང་བ་སོགས་འབྲོམ་རིན་པོ་ཆེའི་གསུང་རྣམས་དྲན་པར་བྱས་ལ་ཉིན་རེ་བཞིན་བྱང་ཆུབ་ལམ་གྱི་རིམ་པ་ལ་བག་ཆགས་ཅི་ཐེབས་བྱའོ།། །།

རྣལ་འབྱོར་དབང་ཕྱུག་དཔལ་ལྡན་དགོན་པ་བའི་རྣམ་ཐར།

ཇོ་བོ་རྗེས་བྱང་ཆུབ་ལམ་གྱི་རིམ་པའི་མན་ངག་གསན་བརྒྱུད་ལ་རྒྱ་ཆེན་སྤྱོད་རྒྱུད་དང་། ཟབ་མོ་ལྟ་རྒྱུད་གཉིས་བྱུང་ཞིང་། ཇོ་བོ་རྗེས་འབྲོམ་རིན་པོ་ཆེ་ལ་རྒྱ་ཆེན་སྤྱོད་རྒྱུད་དང་། ཟབ་མོ་ལྟ་རྒྱུད་ཀྱི་མན་ངག་གཉིས་གཅིག་ཏུ་བསྲེས་ནས་བཤེས་གཉེན་བསྟེན་ཚུལ་ནས་ཞི་ལྷག་གི་བར་བྱང་ཆུབ་ལམ་གྱི་རིམ་པའི་ལུས་གཅིག་ཏུ་དྲིལ་ནས་གནང་བས་དེ་ཕྱིན་ལ་རྒྱུད་པ་གཉིས་སོ་སོར་མེད་ཀྱི་ཇོ་བོ་ཡབ་སྲས་ལ་སློབ་མ་བསམ་གྱིས་མི་ཁྱབ་པ་བྱུང་བས་བརྒྱུད་ཚུལ་མཐའ་ཡས་པ་ཡོད་མོད་ཀྱང་གཙོ་བོ་ཡོངས་སུ་གྲགས་པ་ནི་ཇོ་བོ་ཡབ་སྲས་ནས་དགེ་བཤེས་དགོན་པ་བ། དེ་ནས་སྣེའུ་ཟུར་པ་སོགས་ལ་རིམ་གྱིས་བརྒྱུད་པ་དང་། འབྲོམ་རིན་པོ་ཆེ་ནས་དགེ་བཤེས་སྤྱན་སྔ་བ། དེ་ནས་བྱ་ཡུལ་པ་སོགས་ལ་བརྒྱུད་(༢༡༩བ)པ་དང་། འབྲོམ་རིན་པོ་ཆེ་ནས་དགེ་བཤེས་པོ་ཏོ་བ། དེ་ནས་ཤ་ར་བ་སོགས་ལ་བརྒྱུད་པ་གསུམ་བྱུང་ངོ་། །

དགེ་བཤེས་སྤྱན་སྔ་བ་ནས་བརྒྱུད་པ་ལ་བཀའ་གདམས་གདམས་ངག་པ་དང་། དགེ་བཤེས་པོ་ཏོ་བ་ནས་བརྒྱུད་པ་ལ་བཀའ་གདམས་གཞུང་པ་ཞེས་ཐ་སྙད་མཛད་དོ། །

དེ་ལ། རྣལ་འབྱོར་དབང་ཕྱུག་དཔལ་ལྡན་དགོན་པ་བ། །ཞེས་བསྔགས་པ། དགེ་བཤེས་དགོན་པ་བ་ནི། མདོ་ཁམས་སྨད་དུ་སྔགས་པ་ཅིག་གི་སྲས་སུ་མེ་ཕོ་འབྲུག་ལ་འཁྲུངས། གདུང་རུས་འཇིང་ཡིན་པས་ཕྱིས་དགོན་པ་བ་ར་སྒྲེང་ན་བཞུགས་པའི་ཚེ་འཛིང་སྒོམ་ཞེས་བརྗོད་པ་ཡང་རུས་མིང་ནས་བརྗོད་པ་ཡིན་ནོ། །དེ་ནི་སྐུ་གཞོན་ནུ་ནས་རབ་ཏུ་བྱུང་། མཚན་དབང་ཕྱུག་རྒྱལ་མཚན་ཞེས་བཏགས། ནམ་ཞིག་ན་དུས་ཀྱི་ཆོས་ཉིད་ཀྱིས་ཡབ་ཡུམ་གཉིས་ཀ་གྲོངས་ནས་ཡབ་ལ་དཔེ་ཆ་མང་པོ་ཡོད་པ་གྲོགས

པོ་ཞིག་དང་གྲོས་བྱས་ཏེ། རི་ཁྲོད་དབེན་པ་ཅིག་ཏུ་ལྷ་རྟོག་བྱེད་ཅིང་དགེ་སྦྱོར་བྱེད་པའི་གྲོས་བྱས། པོ་ཏི་མང་པོའི་ཁྲིས་པོ་ཞིག་བཅོས། བརྒྱགས་ཕྱེ་ཚུན་བསྡོགས་ནས་འགྲོ་བར་ཆས་ཡོད་པའི་དུས་སུ། དབུས་ནས་ཡོངས་པའི་ཚོང་པ་ཚན་ཅིག་དང་ཕྲད་པས་མངའ་རིས་སྟོད་དུ་པཎྜི་ཏ་ཆེན་པོ་ཞིག་བྱོན་ལོ་བྱ་བ་གསན་པས་སྔོན་གྱི་བག་ཆགས་སད་དེ་པཎྜི་ཏ་ཆེན་པོ་དེ་དང་མཇལ་ནས་ཆོས་ཕུ་ཐག་ཆོད་པ་ཞིག་ཞུས་ཏེ་ཚེ་ཐུང་འདི་ལ་ཇྲེན་གང་གིའང་དབང་དུ་མ་སོང་བར་སྒྲུབ་པ་མཐར་ཕྱིན་པ་ཞིག་བྱེད་སྙམ་པའི་འདུན་པ་ཤུགས་དྲག་པོ་བྱུང་ནས་རང་ཡུལ་ཉེ་དུ་ནོར་ལོངས་སྤྱོད་གང་ལའང་མ་ཆགས་པར་དཔེ་ཆ་དང་བརྒྱགས་ཕྱེ་གྲོགས་པོ་ལ་བཞག །དབུས་སུ་འགྲོ་བའི་ཚོང་པ་ཚན་(༢༢༠ན)ཅིག་བྱུང་བས། བརྒྱགས་མེད་པར་དེ་དག་དང་ལྷན་དུ་འགྲོན་པོ་རྣམས་ལ་སློང་གིན་བྱོན་ཏེ་གཙང་གི་ཉན་ཆོར་ཇོ་བོ་དང་མཇལ་ཆོས་ཞུས་པས། ངའི་བླ་མཆོད་བྱེད་ན་ཆོས་བཤད་གསུང་། ཁོ་བོས་བླ་མཆོད་ཇོ་མི་ཐོག །ཆོས་ཤིག་ཐུགས་ལ་འདོགས་པར་ཞུས་བྱས་པས། བླ་མཆོད་མི་བྱེད་ན་ང་ཡང་ཆོས་མི་བཤད་གསུངས་པས། དེར་བླ་མཆོད་དུ་ཁས་བླངས་ནས་བཞུགས། ཇོ་བོ་རྗེས་འབྲོམ་རིན་པོ་ཆེ་ལ་ལྐོག་ཏུ་གསུངས་པ་རྣམས་མ་གཏོགས་ཆོས་གང་གསུངས་ཐམས་ཅད་ཞུས། ལྷག་པར་ཁོང་རང་ལ་ཆེད་དུ་སྐྱེས་བུ་གསུམ་གྱི་ལམ་གྱི་རིམ་པའི་ཁྲིད་རྫོགས་པར་གནང་ནས་བསྒོམས་པས་མྱོང་བ་ཕུལ་དུ་ཕྱིན་པ་ཐོན། སྔགས་ཀྱི་གདམས་པའམ་མང་དུ་ཞུས་ཤིང་ཁྱད་པར་ཇོ་བོ་མི་གཡོ་བའི་སྒྲུབ་ཡིག་ཆེན་མོ་དམིགས་པ་སྐོར་གསུམ་དང་བཅས་པ་ལོ་ཙྪ་བས་ཀྱང་བར་དུ་མ་བཅད་པར་ཚང་བར་མཛད་ཅེས་སྔོན་གྱི་ཆོས་འབྱུང་འགའ་ཞིག་ལས་འབྱུང་སྟེ། ཇོ་བོས་བོད་སྐད་དུ་གསུངས་པའམ། ཁོང་རང་གིས་རྒྱ་སྐད་ལོབས་ཏེ་ལོ་ཙྪ་བ་ལ་མི་བལྟོས་པར་ཇོ་བོ་ལས་དངོས་སུ་གསན་པ་གང་རིགས་སུ་མངོན་ནོ། །ཇོ་བོ་རྗེས་སྐལ་ལྡན་གྱི་གདུལ་བྱ་ཁྱད་པར་ཅན་དུ་གཟིགས་ནས་ཆོས་དང་ཟང་ཟིང་གཉིས་ཀས་བསྐྱངས་ཏེ་

བླ་མཆོད་མཛད་ཅིང་ལམ་ཡོངས་རྫོགས་རྒྱུད་ལ་སྐྱེ་བར་བྱིན་གྱིས་བརླབས། ཁོང་རང་གིས་ཀྱང་ཇོ་བོ་རྗེས་གནང་བའི་མན་ངག་ཐམས་ཅད་ལ་སྒྲུབ་པ་རྩེ་གཅིག་ཏུ་མཛད་པས་ལམ་རྒྱུད་ལ་སྐྱེ་བའི་རྒྱུ་ཚོགས་ཐམས་ཅད་ཚང་སྟེ། (༢༢༠བ)ལམ་གྱི་རྩ་བ་བཤེས་གཉེན་བསྟེན་ཚུལ་ལ་ཐུག་པས་ཇོ་བོ་རྗེ་ལ་སངས་རྒྱས་དངོས་ཀྱི་འདུ་ཤེས་བཅོས་མ་མིན་པ་སྐྱེས། སྐྱེས་བུ་ཆུང་ངུའི་ལམ་ལ་སྦྱངས་ཏེ་ཚེ་འདི་ལ་ཆགས་པའི་བསམ་པ་གཏན་ནས་ལོག་སྟེ་ཕྱི་མའི་དོན་འབའ་ཞིག་སྒྲུབ་པའི་བསམ་པ་དང་། ལས་འབྲས་ལ་གཏིང་ནས་ཡིད་ཆེས་པའི་དད་པ་དང་། སྐྱེས་བུ་འབྲིང་གི་ལམ་ལ་སྦྱངས་པས་འཁོར་བ་མཐའ་དག་ལ་ཞེན་པ་ལོག་པའི་ངེས་འབྱུང་བཅོས་མ་མིན་པ་སྐྱེས་ཏེ་ཁས་བླངས་པའི་ཚུལ་ཁྲིམས་ལ་བསྲུམ་པར་བྱ་བའི་ཉེས་པ་ཕྲ་མོ་ཙམ་གྱིས་ཀྱང་མ་གོས་པར་མཛད། ལམ་སྒྲུབ་པ་ལ་བརྩོན་པ་ཤུགས་དྲག་ལ་རྒྱུན་རིང་བ་ནར་མར་མཛད་དེ། ལན་ཅིག་གཟིམ་མལ་དུ་སྐྱིལ་ཀྲུང་ལམ་གྱིས་མཛད་པས་བརླ་ཤ་ལ་སྦྲིན་མ་ཡོག་ཤིང་ཙམ་ཞིག་ཐམ་གྱིས་ཟུག །དེ་འདྲ་བ་ལ་དབྱུང་རིན་མེད། དགེ་སྦྱོར་རང་གལ་ཆེ་སྙམ་ནས་ཐུགས་དམ་དུ་ཧྲིལ་གྱིས་སོང་། ནམ་ལངས་ཙ་ན་གཟིམ་མལ་ཐམས་ཅད་ཁྲག་གིས་གང་། སྐུའི་བརླ་ཤ་ཐམས་ཅད་ནུར་ནས་ཤིན་ཏུ་བསྣུང་བ་བྱུང་། དེ་དགེ་བཤེས་སྟོན་པས་གསན་པས་ཡི་ཁམས་པ་གླེན་པ་དེ་ཕྱུང་ནས་བསྐྱོམས་པས་ཅི་མ་ཁྲབ་གསུང་། ཕྱོག་ཏུ་ཁོང་གི་དེ་འདྲ་ཞིག་དགོས་པ་ཡིན་གསུངས་ནས་བསྔགས་པ་བརྗོད་པར་མཛད། དེ་ལྟར་བླ་མ་ལ་དད་པ་དང་། ཚུལ་ཁྲིམས་དག་པ་དང་། བསམ་གཏན་སྒོམ་པ་ལ་བརྩོན་པ་ཤུགས་དྲག་པ་སྟེ་རྒྱུ་གསུམ་པོ་དེ་ལ་བརྟེན་ནས་ཏིང་ངེ་འཛིན་ཕུན་སུམ་ཚོགས་པ་ནི་ཁམས་གོང་མའི་ཏིང་ངེ་འཛིན་བརྙེས་པ་ཡིན་གསུང་། (༢༢༡ན)ལན་ཅིག་ཙ་ན་རླུང་བཟུང་སྟེ་བ་སྤུ་ཡང་མི་འགུལ་བར་དྲོད་ཚ་ལམ་མེ་བྱུང་ནས་ཞག་གསུམ་གསུམ་ཙམ་བཞུགས་པས། སློབ་མ་རྣམས་ད་ནི་གྲོངས་ཟིན་སྙམ་པ་ལ། ཨ་ཧ་ཧ་གསུང་ནས་ཀོག་གིས་

བཞེངས། དེ་ཙུག་མཛད་པ་ཅི་ཙུག་ལགས་ཞུས་པས། ཁམས་ཙུང་ཞིག་མ་བདེ་བས་སྙུང་བག་ཙམ་བཟུང་བ་ཡིན་གསུང་། རྒྱ་གར་ནག་ཆུང་བྱ་བ་དེ་ཡང་ར་སྒྲེང་དུ་བྱོན་པས། དགོན་པ་བའི་གྲང་ཁང་ལ་མཛུབ་མོ་བཙུགས་ཏེ་འདི་ལ་ཏིང་ངེ་འཛིན་དང་མངོན་ཤེས་ཡོད་ཟེར་བའང་བྱུང་། པོ་ཏོ་བ་སྐུངས་ཤོད་ན་འགོ་ན་བཞུགས་པའི་དུས་སུ། ཕུ་ཆུང་བ་དང་སྣེའུ་ཟུར་པ་གཉིས་ཀྱིས་དགོན་པ་བའི་སྐུ་ཆེ་བའི་ཡོན་ཏན་གླེང་བ་ལ། ཕུ་ཆུང་བའི་ཞལ་ནས། ཞང་སྒོམ་ཁྱེད་ཕྱི་བ་ཡིན། ངེད་སྟོན་དགེ་བཤེས་དགོན་པ་བ་དང་ཇ་གྲལ་གཅིག་ན་བཞུགས་པའི་དུས་ན། དགོན་པ་བའི་ཞལ་ནས། ངས་བར་དེ་ར་སངས་རྒྱས་རྗེས་སུ་དྲན་པ་བག་ཙམ་ཞིག་ཡིད་ལ་བྱའོ་གསུངས་ནས་སྤྱན་ཟིམ་ཙམ་མཛད་ནས་བཞུགས། རྗེས་ལ་ངས་ད་ལྟ་ཏིང་ངེ་འཛིན་ལ་མཉམ་པར་བཞག་པས་འོག་གི་ཕྱོགས་ན་སངས་རྒྱས་ཤིག་བྱང་ཆུབ་སེམས་དཔའ་དཔག་ཏུ་མེད་པས་བསྐོར་ནས་ཆོས་གསུངས་པ་དེ་ངའི་ལྷའི་སྤྱན་གྱིས་མཐོང་བ་ཡིན། ལྷའི་སྙན་གྱིས་གསན་པ་ཡིན་གསུང་། ཡང་དགོན་པ་དབང་ཕྱུག་འོད་བྱ་བ་མཚམས་བཅད་མཛད་པ་ཅིག་བརྒྱགས་ཆད་ནས་དྲོ་གཟན་མེད་པས་མཚམས་བཏོན་ལ་དྲོ་གཟན་བཙལ་དགོས་སྙམ་ནས། ཕར་ཙམ(༢༢༡བ)ཚུར་ཙམ་འདུག་ཅ་ན། དགོན་པ་བ་ལ་ཉེ་གནས་ཀྱིས་བཤོས་དྲངས་བྱིན་ལེན་ཞུས་ཅ་ན། བཤོས་དེ་ཕྱག་ཏུ་བསྣམས་ནས་ལ་ཞུར་འདི་བོ་ལ་སྐྱོལ་ཤོག །བོ་ལ་དྲོ་གཟན་མེད་གསུང་། ཉེ་གནས་ཀྱིས་སྐྱེལ་དུ་ཕྱིན་ཅ་ན། མཚམས་བཏོན་ལ་ཁད་གདའ་སྐད་ན་ཇི་ལྟ་བ་བཞིན་གཟིགས་པ་ཅིག་བདོག་པར་གདའ། ཡང་དགོན་པ་གོང་དུ་དགེ་བཤེས་སྟོན་པས་དབུ་མཛད་རྣལ་འབྱོར་པ་རྣམས་འཚོགས་ནས་བཞད་གད་ཤིག་གེ་འདུག་ཅ་ན། ཉེ་གནས་ཀྱིས་འུ་ཅག་དེ་རིང་ཅི་ཟ་ཞུས་པས། དགོན་པ་བས་ཨ་པོ་ནི་ཕུས་སྣ་གདོང་ན་ཡར་བྱུང་བ་འདི་ཀུན་ཟ་བ་ཡིན་གསུངས་པས། དེ་ལ་སྟོན་པས་ཀྱང་བཀྲོན་པས། ཕྱིས་དགེ་བཤེས་སྟོན་པས་བཀྲོན་དུ་འོང་གསུངས་ནས་དེ་ཙམ་མི་

གསུང་བ་ཡིན། ཡང་སྣེའུ་ཟུར་པ་སྐུ་ཁམས་ལྷེམས་པ་ཅིག་ལ་སྟོན་པ་རྩལ་སེང་བྱ་བའི་གྲོགས་པོ་ཞིག་ཡོད་པ་ན་རེ། དགོན་པ་བའི་མན་ངག་སྐྱི་བོར་མི་འབར་བ་འདི་ལྟ་བུ་ཞིག་ཡོད་དེ་སྒོམས་ཟེར་བས། བསྒོམས་པས་ཇི་ལྟ་བ་བཞིན་དུ་བཏུབ་པར་བྱུང་། དེར་དགོན་པ་བའི་སྤྱན་སྔར་བྱོན་ནས་མདང་ད་ནང་ཁམས་ལྷེམས་པ་ཅིག་གདའ་ཞུས་པས། སྐྱི་བོ་ན་མི་འབར་བ་དེ་སྒོམས་གསུང་། དེ་མི་ཤེས་ཞུས་པས་འོ་ན་མདང་ད་ནང་སྐྱི་བོ་ན་མེ་ཞིག་འབར་གྱིན་འདུག་པ་ཁོ་ནར་ཆོར་གསུང་སྐད། ཇི་ལྟ་བ་བཞིན་ཐིགས་བྱུང་སྟེ་སྟོན་པ་རྩལ་སེང་དེ་སྐད་ཟེར་བས་བསྒོམས་པ་ལགས་ཞུས་པས། འོ་གྲོགས་ལ་ཐོས་པའི་ཆོས་ཉམས་སུ་བླང་དུ་མི་བཏུབ། འདྲི་བ་ནི་མི་ཧོ། ད་འདི་བཞིན་དུ་གྱིས་གསུངས་ནས། དམིགས་(༢༢༢ན)པ་སྐོར་གསུམ་གྱི་གདམས་ངག་རྣམས་གསུངས། ཡང་སྣེའུ་ཟུར་པ་རྩེ་དྲོར་ཡོན་བདག་ཅིག་གིས་བཤོས་དྲངས་ཏེ་བཞུགས་པའི་དུས་སྙིང་རྩུང་ཞིག་ཏུ་ཐུགས་དམ་མཛད་པས་དགེ་སྦྱོར་ཤིན་ཏུ་འཕེལ་བར་བྱུང་། དགེ་བཤེས་ཀྱི་སྤྱན་སྔར་བྱོན་དུས་ཁྱོད་མདང་ད་ནང་སྙིང་རྩུང་ལྷེབ་ལྷེབ་དེ་ན་དགེ་སྦྱོར་ཤིན་ཏུ་འཕེལ་བར་འདུག་ཨང་གསུང་། རོག་ཐོམ་དུ་ལྷ་བཟོ་བའི་ལུགས་བྱེད་པ་ལ་ར་སྒྲེང་དུ་སྒོམ་ཆེན་རྣམས་ལ་གཏོར་མ་ཞུས་པས་དགོན་པ་བས། འུ་ཨུ་གསུང་། ཅི་ལགས་ཞུས་པས། ལུགས་བཟློལ་གསུང་། དྲིས་པས་དེ་ཙ་ན་བཟློལ་འདུག་སྐད། ཡང་སྣེའུ་ཟུར་པས་བསྒོམས་ནས་རྟོགས་པ་ཤོག་པ་རེ་བྱུང་བའི་དུས་སུ། བླ་མའི་ཞབས་ལ་གཏུགས་པའི་ཕྱག་གཉིས་བྱ་དགོས་སྙམ་ནས་སྤྱན་སྔར་བྱོན་དུས། ཞབས་གཡས་པ་དེ་ཤད་ཀྱི་བརྐྱངས་ནས་འོང་བ་ལགས་པར་གདའ། ཆོས་འདི་ལྟ་བུ་ཞིག་ཞུ་སྙམ་པ་དེ་ཞུ་མི་དགོས་པར་བཤད་ཀྱིས་གསུང་འོང་བ་ཡིན། དམ་ཚིག་གསུམ་བཀོད་པའི་རྒྱལ་པོ་ལྷག་པའི་ལྷར་བཟུང་ནས་བཟླས་པ་སྟོང་ཕྲག་བརྒྱད་སོང་ཙ་ན་ཞལ་གཟིགས། དེ་ནས་སྟོང་ཕྲག་བརྒྱད་ནམ་སོང་སོང་ན་ཞལ་མ་གཟིགས་པ་བྱེད་མ་མྱོང་། གཞན་ཡང་དེ་བཞིན་

གཤེགས་པའི་ཕན་ཡོན་གྱི་ལེའུ་ནས་གསུངས་པ་རྣམས་ལ་ངས་ཉམས་སུ་མ་མྱོང་བ་མེད་གསུང་། ལེའུ་དེ་ནས་གསུངས་པ་ལ་ནི་དཀྱིལ་འཁོར་ཐམས་ཅད་དུ་ཞུགས་པར་འགྱུར་རོ། །ཚེ་འདི་ཉིད་ལ་སངས་རྒྱས་ཀྱི་མཛད་པ་བྱེད་པར་འགྱུར་རོ། །ཞེས་གསུངས་ཏེ་བསམ་(༢༢༢བ)གྱིས་མི་ཁྱབ་བོ། །

དགེ་བཤེས་དགོན་པ་བ་དེ་ཏིང་ངེ་འཛིན་ཤིན་ཏུ་བརྟན་པས་ལྷའི་གཟིགས་སྣང་དང་མངོན་པར་ཤེས་པ་རྒྱ་ཆེན་པོ་མངའ་བ་དེ་ལྟར་ཡིན་ཡང་དགོན་པ་བ་རང་གི་ཐུགས་ཀྱི་བཞེད་པའི་གཏིང་ལ་ལྷའི་ཞལ་མཐོང་བ་དང་མངོན་ཤེས་སྐྱེས་པ་དགེ་སྦྱོར་གྱི་འབྲས་བུ་གཙོ་བོར་འཛིན་པར་མི་མཛད་ཀྱི་ལམ་གྱི་རིམ་པའི་དམིགས་སྐོར་སོ་སོ་ལ་མྱོང་བ་བཅོས་མིན་སྐྱེས་པ་ཞིག་དང་ལྷག་པར་ལས་འབྲས་ལ་ཡིད་ཆེས་ནས་སྡོམ་པ་གསུམ་གྱི་བཅས་མཚམས་དག་པ་གཙོ་བོར་འཛིན་པར་མཛད་དེ། དགོན་པ་བའི་ཞལ་ནས། སྣེའུ་ཟུར་པ་ལ། ཡེ་འབར་སང་གནངས་ཅན་ཁྱེད་ཀྱི་དགེ་བཤེས་པ་དེ་ཀུན་མན་ངག་གི་མཐིལ་གང་ལ་བྱེད་ཟེར་ནས་འདྲི་ན། མངོན་པར་ཤེས་པའམ་ཡི་དམ་གྱི་ལྷ་ཞལ་མཐོང་བ་ལ་བྱེད་བྱས་པ་འོང་ངོ་། །ལས་རྒྱུ་འབྲས་ལ་ཧ་ངེས་ཧ་ངེས་སོང་ནས་ཧི་ལྟར་ཁས་བླངས་པའི་སྡོམ་པ་དག་པར་སྲུང་བ་ཞིག་ལ་བྱེད་ཟེར་བ་ཡིན་གསུང་ངོ་། །ཇོ་བོའི་མན་ངག་ལམ་གྱི་རིམ་པའི་འགོ་བཤེས་གཉེན་བསྟེན་ཚུལ་ནས་མཐར་ཐུག་འབྲས་བུ་ཟུང་འཇུག་འགྲུབ་པའི་བར་རང་གི་རྒྱུད་ལ་སྦྱར་ནས་སྒོམ་པར་མཛད་པས་སྒོམ་གེགས་ཀུང་མང་བར་བྱུང་སྟེ་ཇོ་བོས་འཕྲུལ་ལ་སེལ་བར་མཛད་པས་ཇོ་བོའི་སློབ་མ་སྒོམ་གྱི་གེགས་སེལ་བ་ལ་རྩལ་ཐོན་པར་གྲགས། ཇོ་བོ་རྗེ་དང་ཉན་ཚོར་མཇལ་བ་ནས་མཐར་སྐུ་ཐང་དུ་ཇོ་བོ་ཞིང་གཤེགས་པའི་བར་འབྲལ་མེད་དུ་བསྟེན་ཅིང་། ཇོ་བོ་གཤེགས་ནས་ཇོ་བོའི་གསུང་བཞིན་ར་སྒྲེང་དུ་དགེ་བཤེས་སྟོན་པའི་ཕྱུགས་ཕྱི་(༢༢༣ན)མཛད་དེ། དགེ་བཤེས་སྟོན་པ་དང་རྣལ་འབྱོར་པ་གདན་སར་བཞུགས་རིང་

ལའང་དགོན་པ་གོང་དུ་སྒྲུབ་པ་རྩེ་གཅིག་ཏུ་མཛད། ཧ་ལོ་ལ་རྣལ་འབྱོར་པ་གཤེགས་པའི་ལོ་དེ་ཉིད་གཏོགས་པའི་ལོ་ལ་གདན་ས་མཛད་དེ་སྐལ་བ་དང་ལྡན་པ་དག་ལ་ཇོ་བོའི་མན་ངག་རྒྱ་ཆེར་སྤེལ་ལོ། །

དེ་ལྟར་དགེ་བའི་བཤེས་གཉེན་དགོན་པ་བ་ཆེན་པོ་དེས་རང་གི་སྲས་ཀྱི་ཐུ་བོ་སྣེའུ་ཟུར་པ་ལ་ཇོ་བོའི་མན་ངག་རྫོགས་པར་གནང་ཞིང་གཞན་ཡང་དངོས་ཀྱི་གདུལ་བྱ་རྣམས་སྨིན་པར་མཛད་ནས། དགུང་ལོ་དྲུག་ཅུ་རྩ་བདུན་པ་ཤིང་ཕོ་ཁྱིའི་ལོ་མངོན་པར་བྱང་ཆུབ་པའི་ཉ་ལ་སྐུ་གཤེགས་ཏེ་དགའ་ལྡན་ཆོས་ཀྱི་ཕོ་བྲང་དུ་ཕེབས་སོ། །དགེ་བཤེས་དགོན་པ་བ་དེ་ལ་སློབ་མ་བསམ་གྱིས་མི་ཁྱབ་པ་བྱུང་བའི་ནང་ནས་ཡོངས་སུ་གྲགས་པ་སྣེའུ་ཟུར་པ། ཞང་ཀ་མ་པ། དགེ་བཤེས་འབན་གུང་རྒྱལ། ཁ་རག་སྒོམ་ཆུང་བ། རྒྱ་ལྕགས་རི་བ་སོགས་བསྟན་པ་ཡོངས་རྫོགས་འཛིན་པའི་བཤེས་གཉེན་མང་དུ་བྱོན་ནོ། །

དེ་ལ་ཀ་མ་པ་ནི། ཇོ་བོ་ལན་པ་སྤྱིལ་བུར་ཕེབས་དུས། ཡུམ་དེས་ཇོ་བོ་ལ་བྱིན་རླབས་ཞུས་པས། འདི་ལ་བུ་བཟང་པོ་ཞིག་འོང་ཞེས་ལུང་བསྟན་པ་བཞིན། མེ་མོ་བྱ་ལ་སྐྱེངས་ཤོད་རུག་པར་སྐུ་འཁྲུངས། ཡབ་ཞང་འབེན་ཕྱུག་གི་སྲས་ཡིན་པས་ཞང་བུ་གཅིག་པར་གྲགས། མཚན་ཤེས་རབ་འོད། ཕྱིས་དགོན་པ་བ་མཇལ་དུ་བྱོན་པས། ཆོས་དང་ཟང་ཟིང་གཉིས་ཀྱིས་བསྐྱངས་ཤིང་པོ་ཏོ་བ་ལ་ཡང་ཆོས་གསན། མངོན་པར་རྟོགས་པའི་ཡོན་ཏན་ཚད་མེད་པ་དང་ལྡན་ཞིང་རྒྱ་བོད་སྐད་གཉིས་སྦྱོར་བའི་ལོ་ཙྪ་ཡང་འབྲིང་ཞིག་མཁྱེན། ཕྱི་རོལ་གྱི་དངོས་པོ་ངན་པ་རྣམས་བཟང་པོར་བསྒྱུར་ནུས་པའི་ཉིང་ངེ་འཛིན་བརྟན་པོ་མངའ། ཕྱིས་ཀ་མ་དགོན་པ་བཏབ་སྟེ་འཕྲིན་ལས་བསྐྱངས་པས། ཚོགས་པ་བདུན་བརྒྱ་ཙམ་འདུས་སོ། །བདུན་ཅུ་རྩ་ལྔ་པ་ལྕགས་མོ་ཕག་གི་ལོའི་ཧོར་ཟླ་བའི་ཉི་ཤུ་གསུམ་ལ་ཀ་མར་སྐུ་གཤེགས་སོ། །དགོན་པ་པའི་སློབ་མ་དགེ་

བཞེས་འབབ་ནི། ཕན་ཡུལ་གྱི་སའི་ཆར་སླུ་འཁྲུངས། རབ་ཏུ་བྱུང་བའི་མཚན་ཚུལ་ཁྲིམས་རྒྱལ་བ། ཀོ་དེ་ལུང་དུ་བཞུགས་པས་ཀོ་དེ་ལུང་པར་གྲགས། ཁོང་གིས་གཞོན་དུས་སྤྲང་བ་འབབ་ཞིག་མཛད་ནས་ཐུགས་ཀྱང་མ་དུལ་བ་ཅིག་ཡོང་བ་ཡིན། ཕྱིས་དགོན་པ་བ་བསྟེན་ནས་ལམ་རིམ་ཐུགས་ཉམས་སུ་བཞེས་པས། ཆོས་རྣལ་མ་ཐུགས་རྒྱུད་ལ་འཁྲུངས་པ་ཅིག་བྱུང་བས། དགེ་བཤེས་པོ་ཏོ་བའི་གསུང་ནས་ཀྱང་། བོད་ཀྱི་རྒྱལ་ཁམས་ན་འཆི་བ་གཤའ་མར་བློ་ལ་སྐྱེས་པ་འབབ་གྲུང་རྒྱལ་ཡིན་གསུངས་ཏེ། ཁོང་རབ་ཏུ་འབྱུང་བའི་སྔ་རོལ་ཏུ། ཕྱིས་འདི་འདྲ་བ་ནུས་སམ་མི་ནུས་པ་ལྟ་བའི་ཕྱིར། རྒྱུ་མོའི་གྲོག་པོ་བྱ་བ་གཉན་པོ་ཞིག་ཡོད་པའི་སར་ནུབ་གཅིག་ཉལ་དུ་ཕྱིན་སྐད། དེ་ནས་རབ་ཏུ་བྱུང་ནས་ཐམས་ཅད་སྤྱངས་ཏེ་བསོད་སྙོམས་མཛད་པས། འཚོ་བ་མེད་པ་ཡང་ལན་མང་དུ་བྱུང་། རང་ལ་ཟན་བགྲང་འདི་ལྟར་མཛད་དེ། དེ་རིང་སང་གི་དབང་བྱར་མེད་པར་གཏན་དུ་འདུག་རྩིས་མ་བྱེད་ཚུལ་ཁྲིམས་རྒྱལ་བ་གསུངས་ནས་ཆོག་སློས་མཛད། འགྲོ་སྙིང་འདོད་ཙ་ན་སྒོ་གཏན་ལ་ཞོན་ནས་རྐང་པ་ཐག་(༢༢༩ན)པས་བཅིངས་ཏེ་བཞུགས་གསུང་། ཆོས་ནན་ཏར་བྱེད་ན་ཏུར་ཆེན་པོ་ཞིག་འཁྱེན་མི་དགོས་སམ། མི་ངོར་མ་སོང་བ་ཅིག་མི་དགོས་སམ། མཐའ་རྒྱ་ཆོད་པ་ཅིག་མི་དགོས་སམ། ང་དགེ་ཚུལ་ཡིན་ན་གཅང་ཕུ་སྒོམ་ཆུང་ཙམ་ཞིག་ཡོང་། གྲོགས་པོ་གཅིག་ཤི་བའི་རོ་སྐྱེལ་དུ་སོང་བའི་ཤུལ་དུ་བཞུགས་པས་བག་ཙམ་འཇིགས་པའི་ཞད་ཅིག་བྱུང་བས། མི་སྒྲོན་བཏེག་ནས་ཁྱོད་སུ་ལ་འཇིགས། གང་ན་ཅི་ཡོད་གསུང་སྐད། ཡང་ཁོང་གི་གསུང་ནས། སྔོན་ང་ཕོ་རང་མི་གཅིག་ལ་སྟོན་ཐོག་ཁལ་བཞི་བཅུ་འོང་། གྲོང་པ་རྣམས་ཀྱིས་མིང་བཞི་བཅུ་སྡིགས་སུ་བཏགས། ཉིན་མོ་ལ་ཁའི་མི་ཁྲོད་བྱས། ནུབ་མོ་རྐུན་ཕྱུག་བྱས་པས་ལྟོ་མ་ཕྱིད། ད་མཆིལ་མ་ཛོ་ལ་མི་འདེབས་ཏེ་ལྟོ་ཕྱིད། སུ་གེ་ཆེན་པོ་བྱུང་ཡང་སུ་ཕྱུག་པ་ཅིག་དང་མཛེང་སྦྲེལ་ནས་བསྡད་ཆོག །ཆོས་བདེན་སེམས་པ་ཉིས་བསྟུད་གསུམ་

བསྟུད་དུ་འཚོར་གསུང་། སྟར་ངའི་ཁས་ཟས་མི་རྙེད་ད་ཟས་ཀྱིས་ངའི་ཁ་མི་རྙེད་གསུང་། རེས་འདི་སྐད་གསུང་། ང་ནི་ཚུལ་ཁྲིམས་རྒྱལ་བ་ཡིན་ནོ། ཁྱོད་ནི་འབན་གུང་རྒྱལ་ཡིན་ནོ། །དགེ་སློང་ཚུལ་ཁྲིམས་རྒྱལ་བ་ལ་འབན་གུང་རྒྱལ་འགྲན་མ་ཆེ་ཞིག་གསུང་ཞིང་ཀོར་ཡུག་ཡུག་མཛད་དོ། །ཕན་ཡུལ་སྟོད་ཀྱི་དགོན་པ་མང་པོ་འཛོམས་མི་བྱུང་བ་ལ། དགོན་པ་ཐམས་ཅད་ཀྱིས་རབ་ཆོས་བྱས་པས་འབན་གྱིས་ཆོས་གོས་གསོལ་ཚུ་བུམ་ཕྲུག་ཏུ་ཐོགས་ནས། ད་ངའི་རབ་ཆོས་འདི་ལས་བྱ་ཐབས་ཡོད་དམ་ཟེར་སྐད། དེ་ཕྱིས་སུ་པོ་ཏོ་བས་གསན་པས། ཤིན་ཏུ་མཉེས་ནས་ཁོའི་རབ་ཆོས་དེ་ཡིན། འབན་གུང་(༢༢༩བ)རྒྱལ་གྱི་རབ་ཆོས་དེ་ཡིན། ང་ཅག་ཀྱང་བན་དེ་སློབ་ན་དེ་ཙུག་ཏུ་སློབ་དགོས་གསུང་སྐད། ཁ་ཆེ་པཎ་ཆེན་བྱོན་པའི་དུས་སུ་བོད་སྟོན་རྣམས་ཧ་སྨིག་ལྒགས་ཀྱིས་དྲིལ་ལྟ་བ་རྩད་དཔྱོད་དུ་བྱོན་པ་ལ། ཁོང་མི་ཚོ་ཐོས་པ་ལ་བསྐྱལ་བ་ཀུན་ཀྱང་ད་གདོང་ལྟ་བ་རྩད་དཔྱོད་ན། ང་ཐོས་ཆུང་སང་འདྲིས་འཕྱེར། གནངས་འདྲིས་འཕྱེར་ཟེར་བ་ཅིག་བསྟོད་པས་ག་ན་འོང་། ང་ཡང་འགྲོ་བསམ་པ་ཅིག་བྱུང་བ་ལ། ག་རེ་ཐོས་པ་བྱས་པས་ཉོན་མོངས་པ་ཆུང་བར་འགྱུར། ཉོན་མོངས་པ་ཆུང་བ་ལ་བདུད་ཀྱིས་གླགས་མི་རྙེད་ཟེར་བ་ལ། ངས་ཐོས་པ་ཙམ་མ་བྱས་ཀྱང་ཉོན་མོངས་པ་ཆུང་དུ་སོང་ནས་འདུག །ཁོང་ཐོས་པ་བྱས་པ་ཀུན་གྱིས་ཉོན་མོངས་ཆུང་དུ་མ་སོང་བ་འདི་ཅིས་ལན་སླམ་པ་ལ། ཁ་ལ་བརྒྱུད་པར་སོང་བས་ལན་སླམ་པ་ཅིག་བྱུང་གསུང་། ད་ནི་སྟོན་པ་ཅིག་བྱས་ཀྱང་འོང་ངམ་སེམས། སྒོམ་ཆེན་ཞིག་བྱས་ཀྱང་འོང་ངམ་སེམས། གནས་བརྟན་ཞིག་བྱས་ཀྱང་འོང་ངམ་སེམས། གཙོ་བོ་ཞིག་བྱས་ཀྱང་འོང་ངམ་སེམས་གསུང་ངོ། ཁོང་སྟོང་པ་ཉིད་ཀྱི་ཚིག་ཁོ་ན་ཞལ་ནས་འོང་བ་ལ། པོ་ཏོ་བའི་ཞལ་ནས། གུང་རྒྱལ་འདྲ་བ་འདི་ཁ་ལ་སྟོང་པ་ཐོགས་ནས་གསུངས་ཏེ་བསྒོན། དགེ་བཤེས་ཀྱིས་བསྒོན་པས་འདི་མ་ལེགས་པ་ཡིན་ཏེ་འོང་སླམ་ནས་བཞག་པས། བཞག་ཏུ་མ་བཏུབ་པར་སྟོང་པ་ཉིད་དུ་ཆམ་ཅེར་

སོང་བས། དགེ་བའི་བཤེས་གཉེན་པ་ཁོ་བོ་ལས་ནི་ཁྱད་དུ་མི་གསོད། སྟོང་པ་བཞག་ཏུ་མི་བཏུབ་པར་གདའ་ཞུས་པས། ཁྱོད་རང་སྒོམས་ཤིག་ངས་གཞན་ལ་བྱས་པ་ཡིན་གསུང་སྐད། ཡང་འབབ་གྱི་ཞལ་ནས། (༢༢༥ན)ཉིན་མོངས་པའི་མཁར་སྒོར་གཉེན་པོའི་མདུང་ཐུང་ཞིག་བཟུང་ནས་སྟོད་པ་མིན་པ་གཞན་བྱ་རྒྱུ་མེད། ཁོ་སྒྲིམ་ན་ང་ཡང་སྒྲིམ། ཁོ་གློད་ན་ང་ཡང་གློད་གསུང་། ཡང་ཁོང་གིས་ཚུལ་ཤེ་ལ་གསུངས་པ། མི་རྟག་རྟག་ཏུ་རེ་བའི་སེམས་ཅན་སྙིང་རེ་རྗེ། །སྐྱེ་འགྲོ་སྔ་མ་ཤི་བ་མ་མཐོང་ངམ། །ཕྱི་མ་འཆི་བ་མ་ཆོར་རམ། །འཇིག་རྟེན་ལས་ལ་ཟིན་དུས་མེད། །སྐྱེ་ཤི་གཉིས་ལ་ཐར་དུས་མེད། །གཏན་བདེ་བོར་ཀྱང་འགྲོད་དུས་མེད། །ཆོས་ཀྱི་ངོ་བོ་མཐོང་དུས་མེད། །ངལ་བ་དོན་མེད་གཏན་ཁང་བརྩིགས། །བུད་མེད་མང་པོ་སྡུག་བསྔལ་སྣོད། །ཐན་གཡོག་མང་པོ་ཁ་མཆུའི་རྒྱུ། །ནོར་རྫས་མང་པོ་གཡེང་བའི་རྒྱུ། །བུ་མོ་བཟང་སྡུག་ལྡན་པ་ཡང་། །དྲོ་གང་ཙམ་གྱི་གྲང་བའི་ས། །ཅི་ལ་བསམས་ཀྱང་ཕམ་པར་མི་འགྱུར་བས། །རང་གི་སེམས་ལ་ལྟ་བ་ཁོ་ནར་བྱ། །ཞེས་གསུངས་སོ། །

དེ་ལྟར་དགེ་བཤེས་འབབ་འདི་ནི་དགོན་པ་བ་དང་སྐུ་མཆེད་གསུམ་ལ་སོགས་པའི་དགེ་བའི་བཤེས་གཉེན་མང་པོས་བསྐྱངས། འཆི་བ་མི་རྟག་པ་ཐུགས་ལ་འཁྲུངས་པས་འདོད་པ་ལ་མདུང་ཐེབས། སྟོང་པ་ཉིད་ཀྱི་ལྟ་བས་འཁོར་བའི་རྩ་བ་དྲུངས་ཕྱུང་། བྱང་ཆུབ་ཀྱི་སེམས་ཀྱིས་བདག་གཞན་མཉམ་པར་དགོངས་པའི་དཔའ་བོ་ཆེན་པོ་ཞིག་བྱུང་ངོ་། །དགོན་པ་བའི་སློབ་མ་ཁ་རག་སྒོམ་ཆུང་ཞེས་གྲགས་པ་དེ་ནི། གཙང་སྟོད་ཀྱི་དུང་ཞུར་བྱ་བར། ཡབ་དགོན་པ་དཀོན་མཆོག་རྗེན་གྱི་སྲས་སུ་འཁྲུངས། མཚན་དབང་ཕྱུག་བློ་གྲོས་ཞེས་བཏགས། སྐུ་གཞོན་ནུ་ནས་བམ་པོ་གནས་(༢༢༥བ)སུ་མཁན་པོ་མར་སྒོམ་ལས་རབ་ཏུ་བྱུང་། སྲས་སྒོམ་དང་དཔོན་སློབ་གཉིས་པོས་ར་སྒྲེང་དུ་བྱོན་པས། དགེ་བཤེས་སྟོན་པ་གཤེགས་རྗེང་། རྣལ་འབྱོར་པས་ཚོགས་པ་སྐྱོང་གིན་འདུག །དེར་

གཙང་ཕུ་ར་སྦྲིང་གི་སྒོམ་ཆེན་རྣམས་ལ་མོས་པ་བྱུང་བས་རྣལ་འབྱོར་པ་དང་། དགོན་པ་བ་ལོ་བདུན་བསྟེན། ཇོ་བོའི་གདམས་པ་རྣམས་ཚང་བར་ཞུས། དེ་ནས་ཐུགས་དགོངས་ལ་ད་ནི་རང་གིས་ཀྱང་ཅིག་སྒྲུབ་སྐྱེ་འོང་སྙམ་སྟེ། ཞང་མའི་ས་བོན་ཕུལ་གང་འཁྱེར་ནས་སྤྲུགས་ཀྱི་ཀ་རུ་རུ་བྱོན། དབྱར་ལོ་ཐུག་གསོལ། དགུན་ཞང་ཐུག་ལ་ཕྱེ་ཐུན་རེ་བཏབ་ནས་གསོལ་ཏེ། སྒྲུབ་པ་ལོ་བཅུ་གཅིག་རྩེ་གཅིག་ཏུ་མཛད། དེ་ནས་ཕན་ཡུལ་དུ་གཅིག་པུར་རི་ལ་བསྒོམས་པ་ན། མདུན་དུ་མི་ནག་པོ་ཞིག་བྱུང་ནས་ཁྱོད་ཀྱི་མགོ་འདོད་དོ་ཞེས་ཟེར་རོ། །རེ་ཞིག་སྡོད་ཅིག་སྦྱིན་ནོ་གསུངས་ནས། རང་གི་མན་ངག་བཞིན་མཛད་ནས་ཁྱེར་ཅིག་ཅེས་གསུངས་ཏེ། བལྟས་པས་དེ་སྲིན་རས་གཟིགས་དབང་ཕྱུག་ཞལ་བཅུ་གཅིག་པར་གྱུར་ནས་དེའི་ཞལ་གཟིགས་སོ། །དེ་ལ་དགའ་མི་དགའི་རྟོག་པ་མ་བྱུང་གི །དོན་རང་གི་ངོ་བོས་གྲུབ་པ་མེད་མོད་ཀྱི། འོན་ཀྱང་སེམས་འཁྲུལ་པའི་སྣང་བའོ་ཞེས་མཁྱེན་ནོ། །ནམ་ཞིག་ན་དགེ་བཤེས་པོ་ཏོ་བ་ཆེན་པོ་དེའི་ཕྱོགས་སུ་འཆག་པ་ན། དེས་པོ་ཏོ་བ་ལ་ཕྱག་མཛད་ཅིང་། ཕན་ཚུན་ཆོས་ཀྱི་གཏམ་འདྲི་བ་དང་། པོ་ཏོ་བའི་ཞལ་ནས། གཅིག་པུར་རི་ལ་བསྒོམ་པ་ན་བར་ཆད་མ་བྱུང་ངམ་གསུང་། དེས་རང་གི་སྒྲུབ་ལུགས་དང་ཉམས་ཕུལ་(༢༢༨ན)ཞིང་མི་ནག་པོ་ཇི་ལྟར་བྱུང་ཚུལ་ཞུས་པས། དགེ་བཤེས་པོ་ཏོ་བས་དེ་ལ་ཐབས་ཇི་ལྟར་བྱས་གསུངས་པས། སྔ་མ་ལྟར་ཇི་ལྟར་གྱུར་ལུགས་དང་རྟོགས་པ་བརྗོད་པས། པོ་ཏོ་བ་ཐུགས་དགྱེས་ནས། སྐྱེས་བུ་དེ་ཁོ་ན་བཞིན་དུ་སྒྲུབས་ཤིག །སུ་ལ་ཡང་དེ་ལས་ལྷག་པའི་ཐབས་མེད་དོ་གསུངས་ནས་གཤེགས། ཐུགས་ཤིན་ཏུ་མཉེས་པས་ཉིན་རེ་བཞིན་པོ་ཏོ་བས་ཆོས་ཀྱི་གཏམ་རེ་ཆེད་དུ་སྐྱེལ་བར་མཛད་དོ། །དགེ་བཤེས་ཁ་རག་སྒོམ་ཆུང་པ་འདིས་རག་མའི་ཕུར་སྒོམ་ཞིང་བཞུགས་པ་ན་ནགས་ལ་མེ་མཆེད་པས་སྲོག་ཆགས་གྲིབ་སོ་ལྟར་གྲོས་ཀྱང་མ་ཐར་བར་ཆིག་པ་ལ། མི་བཟོད་པའི་བརྩེ་བས་ཇོ་བཙུན་སྒྲོལ་མ་ལ་འཕྲལ་

དུ་རང་གིས་བརྒྱམས་པའི་བསྟོད་པས་བསྟོད་ནས་མེ་ར་མཆོངས་པས། མེ་རང་ཞིར་གྱུར་ཏེ། ངེས་པར་དྲོད་རྟགས་དང་ལྡན་ཞིང་། བྱམས་སྙིང་རྗེ་བྱང་ཆུབ་ཀྱི་སེམས་འབྱོངས་པས་བྱ་རི་དྭགས་རྣམས་ལ་ཟས་བསྔབས་པ་ཕྱག་ནས་ལེན་ནོ། །ཡང་ལན་ཅིག་པོ་ཏོ་བའི་སྤྱན་སྔར་བྱོན། ལམ་རིམ་བློ་ལྡོག་བཞིའི་རྟོགས་པ་ཕུལ་བས་མཉེས་ཏེ། སྐྱེས་བུ་སྨྲ་བའི་སེང་གེར་སོང་གསུང་ངོ། །

དེ་ནས་དགེ་བཤེས་སྒོམ་ཆུང་པ་ཁ་རག་ཏུ་སྒོམ་དུ་འབྱོན་པར་བཞེད་ནས་དགེ་བཤེས་པོ་ཏོ་བ་ལ་ཕྱག་འཚལ་དུ་བྱོན། འབྲལ་མི་ཕོད་པར་གཉིས་ཀ་སྤྱན་ཆབ་བྱུང་། ཕན་ཡུལ་རྒྱལ་དུ་ཕེབས་པ་ན། ཆོས་ཞུ་བ་དང་འབུལ་བ་ཆེན་པོ་ཡང་བྱུང་། དེ་ནས་ཁ་རག་ཏུ་བྱོན་ནས་ཁ་རག་ཕུག་པ་ནག་པོར་ཐུགས་དམ་མཛད། ཁ་(༢༢༧བ)རག་སྒོམ་ཆུང་ཞེས་གྲགས་སྙན་པས་ཕྱོགས་ཐམས་ཅད་དུ་ཁྱབ། དེར་ཚོགས་པ་སྟོང་ཙམ་འདུས་པ་ལ་བྱང་ཆུབ་ལམ་གྱི་རིམ་པ་རྒྱ་ཆེར་སྤེལ་ལོ། །ཁ་རག་སྒོམ་ཆུང་བའི་ཞལ་ནས། དད་པ་མེད་པའི་མི་ལ་ཡོན་ཏན་གྱི་རྣམ་པ་གང་ཡང་མི་འབྱུང་བས། དགེ་བའི་བཤེས་གཉེན་བསྟེན་ཅིང་མདོ་སྡེ་བལྟ། བརྩོན་འགྲུས་མེད་པའི་མི་ལ་ཡོན་ཏན་གྱི་རྣམ་པ་གང་ཡང་མི་འབྱུང་བས་འཆི་བ་མི་རྟག་པ་སྒོམ་ཞིང་ལེ་ལོ་སྤོང་། ང་རྒྱལ་ཅན་གྱི་གང་ཟག་ལ་ཡོན་ཏན་གྱི་རྣམ་པ་གང་ཡང་མི་འབྱུང་བས། རང་མགོ་སྨད་ལ་དམན་ས་བཟུང་། ཆོས་དེ་གསུམ་དང་ལྡན་ན་ཉན་ཐོས་ཀྱི་རྟེན་དུའང་རུང་། བྱང་ཆུབ་སེམས་དཔའི་རྟེན་དུའང་རུང་། གསང་སྔགས་ཀྱི་རྟེན་དུའང་རུང་། མདོར་ན་ཡོན་ཏན་ཐམས་ཅད་ཀྱི་རྟེན་དུ་རུང་བ་ཡིན་གསུང་ངོ། །གཤེགས་ཁར་ཡང་ལྷོ་པ་ལ། སྐྱེ་སའི་ཡུལ་སྤོངས། ཉེ་དུ་དང་ཐག་བསྲིངས། བཤེས་གཉེན་རྟག་ཏུ་བསྟེན། རྒྱལ་པོའི་གོས་གྱོན། དམན་པའི་ས་བཟུང་། ངན་པའི་ཟས་ཟོ། རྒྱ་སྐད་ཆུ་བཞིན་འཐུང་ལ་སྒྲུབ་པ་གྱིས་གསུང་བའི་གདམས་ངག་གནང་། དེ་ནས་སྟོན་མོ་བཟང་པོ་ཞིག་མཛད་དེ་འདི་ཐ་མའི་ཟས་ཡིན་ནོ་གསུང་། ངའི་

རུས་བུ་ལྷག་རོལ་བསྡུས་ལ། བྱང་ར་སྒྲེང་ན་དཔལ་ལྡན་དགོན་པ་བའི་སྐུ་འབུམ་ཡོད་པས། དེའི་གྲིབ་མ་དང་བསེར་བུ་ཕོག་སར་སྐྱོལ་ཅིག་གསུང་ནས་མྱ་ངན་ལས་འདས་སོ། །

དགེ་བཤེས་དགོན་པ་བའི་ཐུགས་སྲས་རྒྱ་ལྕགས་རི་བ་དེ་ནི། སྐྱེས་བུ་གསུམ་གྱི་ལམ་གྱི་རིམ་པ་ལ་རྩལ་ཐོན། ཡི་དམ་ལྷའི་（༢༢༧ན）ཞལ་གཟིགས། མངོན་པར་ཤེས་པ་རྒྱ་ཆེན་པོ་དང་ལྡན་པ་ཞིག་བྱུང་སྟེ། ལམ་གྱི་རིམ་པ་རྒྱ་ཆེར་སྤེལ་བར་མཛད། དྭགས་པོ་ལྷ་རྗེ་ཡང་དགེ་བཤེས་རྒྱ་ལྕགས་རི་བ་འདིའི་སར་བྱོན་ནས་བྱང་ཆུབ་ལམ་གྱི་རིམ་པའི་མན་ངག་ཇོགས་པར་གསན་ནས་ཉམས་བཞེས་མཐར་ཕྱིན་པར་མཛད་ཅིང་། རྗེ་མི་ལའི་ཞབས་དྲུང་ནས་ན་རོ་ཆོས་དྲུག་དང་ཕྱག་ཆེན་གསན་ནས་ཉམས་རྟོགས་ཕུལ་ཕྱིན་འབྱུངས་ཏེ་སྐལ་བ་དང་ལྡན་པ་མཐའ་ཡས་པ་ལ་ཇོ་བོ་རྗེའི་མན་ངག་བྱང་ཆུབ་ལམ་རིམ་དང་། རྗེ་མི་ལ་ནས་བརྒྱུད་པའི་མན་ངག་རྣམས་ཟུང་འབྲེལ་དུ་འདོམས་པར་མཛད་ནས་སྐམ་པོ་པ་ལ་བཀའ་ཕྱག་ཆུ་བོ་གཉིས་འདྲེས་ཞེས་གྲགས་པའང་རྒྱུ་མཚན་དེ་ལྟར་ཡིན་ནོ། །དེས་ན་བྱང་ཆུབ་ལམ་གྱི་རིམ་པ་ལ་བློ་སྦྱོང་བར་འདོད་པ་རྣམས་ཀྱིས་དགེ་བའི་བཤེས་གཉེན་དགོན་པ་བ་ལ་གསོལ་བ་འདེབས་ཤིང་བདག་ཉིད་ཆེན་པོ་འདིའི་མཛད་པ་རྣམ་ཐར་ལྟར་བྱང་ཆུབ་ལམ་གྱི་རིམ་པ་ལ་སློབ་པ་མཐར་ཕྱིན་པ་ཞིག་བྱའོ།། །།

ཟབ་མོའི་ཏིང་འཛིན་བརྟན་པའི་སྣེའུ་ཟུར་པའི་རྣམ་ཐར།

ཟབ་མོའི་ཏིང་འཛིན་བརྟན་པའི་སྣེའུ་ཟུར་པ། །ཞེས་བསྟགས་པ། དགེ་བའི་བཤེས་གཉེན་སྣེའུ་ཟུར་པ་ནི། སྤྲུས་སྣེའུ་ཟུར་གྱི་ས་སྐོར་ཐོང་པ་ཞེས་བྱ་བར། ཡབ་ཞང་སྟག་པོ་ཞེས་པའི་སྲས་སུ་ཆུ་པོ་སྟག་ལ་སྐུ་འཁྲུངས། སྐུ་ཚེ་སྟོ་མ་རྣམས་སུ་བསམ་གཏན

བསྒོམས་པའི་བག་ཆགས་མཐུ་བརྟས་པས་ཁྱིས་པའི་དུས་ཉིད་ནས་སྐྱེ་བས་ཐོབ་པའི་ཏིང་ངེ་འཛིན་བརྟན་པོ་མངའ་བ་ཞིག་བྱུང་ཞིང་། ཁྱིམ་གྱི་འདུ་འཛི་ལ་ཆགས་པ་མེད་པར་གཞན་གྱི་ལད་མོ་(༢༢༧བ)དང་གཞན་གྱིས་དབང་མེད་དུ་བསྐུལ་བ་ཙམ་མིན་པར་ངེས་འབྱུང་ཤུགས་དྲག་པོས་གཞོན་ནུ་ནས་བྲག་རྒྱབ་ཏུ་རབ་ཏུ་བྱུང་། མཚན་ཡེ་ཤེས་འབར་ཞེས་བཏགས། ལོ་ལོན་ནས་བསྙེན་པར་རྫོགས། འདུལ་བ་ནས་གསུངས་པའི་དགག་སྒྲུབ་གནང་གསུམ་གྱི་བཅས་མཚམས་རྣམས་མིག་གི་འབྲས་བུ་ལྟར་བསྲུངས་ཏེ་ཚུལ་ཁྲིམས་རྣམ་པར་དག་པ་ལ་གནས་ནས་སྡེ་སྣོད་གསུམ་ལ་མང་དུ་ཐོས་པ་བཙལ། དགེ་འདུན་སྡེའི་ལས་གང་ལ་ཡང་སྐྱོ་ངལ་མེད་པར་བྱས་ཏེ་བྲག་རྒྱབ་ཀྱི་གཉེར་ཡང་ལོ་གཅིག་མཛད། དེར་བཞུགས་དུས་བྲག་རྒྱབ་པའི་སྟོན་པ་ཤཱཀ་ཚུལ་ཞེས་བྱ་བ་ཞིག་ར་སྒྲེང་དུ་དགོན་པ་བའི་སྤྱན་སྔར་ཕྱིན་པས། དེར་ཁོང་གིས་ངེད་ཀྱི་དེ་ན་བཙུན་ཆུང་སྐྱེས་ཐོབ་ཀྱི་ཏིང་ངེ་འཛིན་མངའ་བ་འདི་ལྟ་བུ་ཞིག་བདོག་ཞུས་པས་དགོན་པ་བ་སྐུ་ལུས་སྒྲེང་མཛད་ནས། ཨ་ཏ་ཏ་ཨ་རེ་སྐྱིད་ཨ་རེ་སྐྱིད། ཡང་ན་ཁོའི་དེ་ལ་བླ་མ་མི་དགོས་པར་ཏལ་གྱིས་འགྲོ་བའང་སྲིད། ཡང་ན་བླ་མ་ཞིག་དགོས་པའང་སྲིད་གསུངས་ནས་ཐུགས་དགྱེས་པའི་མཚན་མ་མཛད། དེར་སྟོན་པ་ཤཱཀ་ཚུལ་གྱིས་བྲག་རྒྱབ་ཏུ་འོངས་ནས་ཁྱེད་འདི་ར་མ་སྡོད་པར་ར་སྒྲེང་དུ་སོངས། དགོན་པ་གོང་མ་བས་ཐུགས་ལ་འདོགས་པར་འདུག་བྱས་པས། དགེ་བཤེས་དགོན་པ་བའི་མཚན་ཐོས་པ་ཙམ་གྱིས་སྣང་བ་འགྱུར་ཏེ་ལུས་ཀྱི་སྤུ་གཟིང་ཞེས་བྱེད་ཅིང་ཇོ་བོ་ཡབ་སྲས་གཉིས་ཀའི་མན་ངག་མངའ་བ་དགེ་བའི་བཤེས་གཉེན་དེ་ལྟ་བུ་ཞིག་དང་མཇལ་ནས་བྱང་ཆུབ་ལམ་གྱི་རིམ་པའི་མན་(༢༢༨ན)ངག་ཡོངས་སུ་རྫོགས་པ་ཞིག་ཐོབ་ན་ཅི་མ་རུང་སྙམ་དུ་སྨོན་པས་ར་སྒྲེང་དུ་ཕྱིན་ཏེ་དགེ་བཤེས་དགོན་པ་བ་མཇལ་བར་ཞུས་པས། སྐུ་མཚམས་དམ་པས་མཇལ་ས་མེད་ཟེར་བས་གཟིམ་ཁང་དེ་ལ་སྐོར་བ་ལན་གསུམ་བྱས། བྱང་ཕྱོགས་ཀྱི་ཆུ་

མིག་གི་ཁ་དེ་ནས་ཕྱུག ལན་གསུམ་མཛད་དེ་སྐྱེ་བ་འདི་ལ་སྐྱེས་བུ་དམ་པ་ཁྱོད་ཀྱི་གདུལ་བྱར་མ་གྱུར་ཀྱང་མ་འོངས་པ་ན་སྐྱེས་བུ་དམ་པ་ཁྱོད་ཀྱི་གདུལ་བྱར་གྱུར་ཅིག་བྱས་ནས་སྨོན་ལམ་བཏབ། སྤྱོས་རེང་བུ་གཅིག་ཀྱང་བསྲེགས་ནས་ཕུལ། ཆུ་མིག་ཁ་དེར་དྲོ་བཏབ། རྒྱལ་འབྱོར་པ་ཆེན་པོ་ལ་ཆོས་ཅི་རིགས་གསན་ཞིང་བཞུགས་པ་ན་དགེ་བཤེས་དགོན་པ་བས་མངོན་པར་ཤེས་པས་མཁྱེན་ཏེ་ཉེ་གནས་བཏང་ནས་ཤོག་གསུང་། དགེ་བཤེས་དགོན་པ་བའི་ཞབས་དྲུང་དུ་བྱོན་ནས་མཇལ་ཏེ་ཆོས་ཀྱི་གསོལ་བ་བཏབ་པ་ན་དགེ་བཤེས་དགོན་པ་བའི་ཞལ་ནས། ཨ་ཏི་ཤས་ང་ལ་དང་པོར་མཇལ་མ་ཐག་ཆོས་འདི་གནང་བ་ཡིན་གསུངས་ནས་བསྟན་པ་ལ་འཇུག་པའི་སྒོ་དམ་པ་སྐྱབས་འགྲོའི་ཁྲིད་དང་གདོར་མའི་ཁྲིད་གཉིས་གནང་སྟེ། འོ། མ་བསམས་པའི་ཆོས་ཀྱིས་ཕན་མེད་པས་ཟླ་བ་ཕྱེད་ཕྱེད་སོམས་ལ་ཤོག་གསུང་། དགོན་པ་བ་ཆེན་པོས་ཇི་ལྟར་གསུང་བ་ལྟར། སྣེའུ་ཟུར་པས་རང་གི་སྤྱིལ་པོར་སྐྱབས་འགྲོ་དང་གཏོར་མ་གཉིས་ལ་ཟླ་བ་ཕྱེད་ཕྱེད་བླ་མས་ཇི་ལྟར་གསུང་བ་ལྟར་བསྒྲུབས་ཏེ་སྒོང་བ་ཐོན་པ་བྱས། དེ་ནས་ཟང་ཟིང་གི་ཡོ་བྱད་རྒྱ་ཆེན་པོ་མེད་ཀྱང་སྤྱོས་རེང་བུ་རེ་(༡༡༨བ)བསྣམས་ཏེ་རང་གིས་ཇི་ལྟར་བསྒྲུབས་པ་རྣམས་ཞུས། དགོན་པ་བ་ཆེན་པོས་ཀྱང་དགྱེས་བཞིན་དུ་སྔར་བསྒྲུབས་པ་རྣམས་ལ་གེགས་སེལ་བོགས་འདོན་དང་། གསར་དུ་སྐྱོང་དགོས་རྣམས་མགོན་པོ་ཨ་ཏི་ཤའི་མན་ངག་ལྟར་སྐྱེས་བུ་གསུམ་གྱི་ལམ་ལ་རིམ་གྱིས་ཁྲིད་དེ་ཕས་བུ་ལ་སློབ་པ་ལྟར་མཛད། ལན་ཅིག་སྤྱན་སྔ་ན་མི་ཁ་ཅིག་འདུག་པ་ལ། ཁོ་ཁ་སང་ནས་མ་འོངས་པ་ཡིན་པས་སྔོན་ལ་ཐོངས་གསུངས་ནས་གང་དང་མི་སློམས་པར་མཛད། དགེ་བཤེས་དགོན་པ་བས་སྣེའུ་ཟུར་པ་ལ་ཆོས་གསུང་བའི་དུས་སུ་ཨ་ཏི་ཤ་འདི་གསུང་། ཨ་ཏི་ཤ་འདི་གསུང་གསུངས་ནས་ཆོས་མི་མང་ཙམ་རེ་གསུང་། ད་དུང་ཞིག་གསུངས་ན་ཕུངས་སམ་སྙམ་ཙ་ན་ཚིག་མང་ཁ་ན་མེད། དོན་སེམས་ལ་གལ་ཆེ་བ་ཡིན་གསུང་། དེ་ཀ་ལ་འཁྲོ་

བཅད་ནས་མི་གསུང་། དེ་ལྟ་བུའི་ཚུལ་གྱིས་གདམས་ངག་རྣམས་ཚང་བར་ཐུགས་ལ་བཏགས། རེས་འགའ་ཕྱག་ཕྱུལ་ཏེ་ད་ལན་ཞབས་ཀྱིས་བྱིན་རླབས་གནང་བ་བྱུང་ན་བསམས་པ་ན་དགོན་པ་བས་ཞབས་ནར་གྱིས་བརྐྱངས་ནས་འོང་། དགོན་པ་བ་ཆེན་པོ་སྣེའུ་ཟུར་པ་ལ་ཐུགས་ཤིན་ཏུ་མཉེས་པས་ལན་ཅིག་ཕྱག་སོར་གསུམ་གྱིས་མགོ་ལ་བྱིན་རླབས་མཛད་པས། དབུ་ལ་ཕྱག་སོར་གསུམ་པོ་ཐིམ་པས་ཤུལ་སྐྱོང་ལོག་གེ་བ་ཇི་སྲིད་འཚོའི་བར་དུ་ཡོད་གསུང་ངོ་། །ལམ་ཐུན་མོང་བ་ལ་ཁྲིད་ནས་སྦྱོང་བ་ཕུལ་ཕྱིན་འཁྲུངས་པ་ན་གསང་སྔགས་རྡོ་རྗེ་ཐེག་པའི་དབང་དང་མན་ངག་རྣམས་གནང་ཞིང་། ལྷག་པར་མི་གཡོ་བ་ཡི་དམ་དུ་ཟུངས་གསུངས་ནས་དེའི་དབང་དང་གདམས་(༢༢༨ན)པ་ལས་ཚོགས་དང་བཅས་པ་ཚང་བར་གནང་། སྣེའུ་ཟུར་པས་ཀྱང་མི་གཡོ་བ་ལྷག་པའི་ལྷར་བཟུང་ནས་བསྙེན་པ་མཛད་པས་མི་གཡོ་བ་ཞལ་གཟིགས། ལས་ཚོགས་ལ་ནུས་པ་ཐོན་ཞེས་གྲགས་སོ། །

དེ་ལྟར་སྣེའུ་ཟུར་པས་དགེ་བཤེས་དགོན་པ་བ་ཐོག་མར་མཇལ་བ་ནས་མཐར་ཞིང་གཤེགས་པའི་བར་འབྲལ་མེད་དུ་བསྟེན་ཅིང་བཀའ་བཞིན་དུ་བསྒྲུབས་པས་ཐུགས་སྲས་ཐུ་བོར་གྱུར། དགོན་པ་བ་གཤེགས་ནས་སྐུ་མཆེད་གསུམ་ག་ལ་ཆོས་འབྲེལ་མཛད། ཁྱད་པར་དུ་པོ་ཏོ་བའི་བླ་མཆོད་མཛད་ནས་ལོ་བཅུ་བཞིར་ཆོས་གསན། ལམ་གྱི་རིམ་པ་ཡང་དགོན་པ་བའི་དེ་གཞིར་མཛད། པོ་ཏོ་བའི་ལེགས་ལེགས་རྣམས་ཀྱང་བཏུས་པ་ཡིན་གསུང་། དེ་ནས་སྣེའུ་ཟུར་པའི་ཐུགས་དགོངས་ལ་འདི་ལྟར་ཤར་ཏེ། ད་ནི་དཔལ་ཨ་ཏི་ཤའི་མན་ངག་བྱང་ཆུབ་ལམ་གྱི་རིམ་པ་འདི་ལ་སྒྲུབ་པ་སྙིང་པོར་བྱ་བའི་ཕྱིར་རང་ཡུལ་ཉེ་དུ་གྲྭ་ས་གང་ལའང་མ་ཆགས་པར་ནམ་ཤི་བར་སྒྲུབ་པ་ལ་རྩེ་གཅིག་ཏུ་གནས་པར་བྱའོ་དགོངས་ནས་སྤྲས་ཐོང་པ་ན་སྔོན་གྱི་དུས་སུ་གཡོག་བྱས་པའི་ཡོན་བདག་གཅིག་གིས་ཞབས་ཏོག་བྱས་ནས་སྣེའུ་ཟུར་གྱི་དབེན་ཚ་གོག་པོ་དེ་ལ་བརྟེན་ཏེ་

ཁང་ཆུང་ཞིག་བརྩིགས་ནས་ཐུགས་དམ་རྩེ་གཅིག་ཏུ་མཛད་པས། དགེ་སྦྱོར་ཤིན་ཏུ་འཕེལ་བས་འདི་བཞིན་བསྒོམས་ན་ནི་འཁོར་བ་འདི་ལ་ཙུར་བཟློག་སྲེ་འོང་བར་འདུག་དགོངས་པ་ཅིག་བྱུང་གསུང་། དགེ་བའི་བཤེས་གཉེན་པོ་ཏོ་བ་ཆེན་པོ་སྟག་ལུང་དུ་གྲྭ་ཚོགས་སྐྱོང་ཞིང་བཞུགས་པའི་ཚེ་དགེ་སློང་བཅུ་ལྔག་ཙམ་(༡༡༩༨)ལ་གླུ་ནད་བྱུང་བ་ལ་སྣེའུ་ཟུར་པ་ལ་ཁྱོད་ཀྱིས་གླུ་ནད་ཀྱིས་བཏབ་པ་འདི་དག་གསོས་གསུངས་པས་དགེ་བཤེས་པོ་ཏོ་བའི་བཀའ་བཞིན་དུ་སྣེའུ་ཟུར་པས་ནད་པ་དེ་དག་བཅོས་ཏེ་བདེ་བར་བྱས་པས་པོ་ཏོ་བ་ཐུགས་ཤིན་ཏུ་མཉེས་པ་བྱུང་། ཕྱིས་པོ་ཏོ་བ་སྐུ་ཁམས་བསྐྱེལ་བའི་ཚེའང་། འཁོར་གྱིས་དགེ་བའི་བཤེས་གཉེན་འདི་དང་འདི་སྤྱན་སྔར་དུ་གདན་དྲངས་ན་ཞུས་དུས་གསན་དུ་མ་བཞེད། སྣེའུ་ཟུར་པ་སྤྱན་དྲང་ངམ་ཞུས་པས། ཞལ་ནས། དེ་བྱུང་ན་དེ་ག་རང་གིས་ཚོག་སྙེ་གསུང་བས་སྤྱན་བསྟུངས་ཀྱང་མཛད། དེར་ཐུགས་དམ་མཛད་པས་ནམ་མཁའ་ལ་མཐོ་བར་འཕགས་པའི་སྣང་བ་བྱུང་ཞུས་པས། པོ་ཏོ་བའི་ཞལ་ནས། ཨེ་འདི་ངའི་དོན་བྱེད་སྙམ་ཙ་ན་ཁོ་རང་གི་དོན་བྱས་ནས་འདུག་གསུང་། སྣེའུ་ཟུར་པའི་ཞལ་ནས། ང་ཡང་རྣལ་འབྱོར་པ་འབྲིང་པོ་ཞིག་ཡིན། སྔོ་དཔོན་དང་མི་ནག་པའི་ཐེམ་པ་འགོམ་མ་མྱོང་ནས་ལོ་བཞི་བཅུ་སོང་བ་ཡིན་གསུང་། རྣལ་འབྱོར་པ་འབྲིང་པོས་མི་ཚད་པོད་དུ་བྱོན་པའི་བཀའ་གདམས་པ་གཅིག་ལ་ཁོང་ལས་ཚུགས་ཐུབ་པ་མ་བྱུང་བ་ཡིན་ཞེས་དཔོན་སྟོན་རིན་པོ་ཆེ་གསུང་ངོ་། །

དེ་ལྟར་དགེ་བཤེས་སྣེའུ་ཟུར་པས་དགེ་བཤེས་དགོན་པ་བ་དང་། དགེ་བཤེས་པོ་ཏོ་བ་གཉིས་ཀ་ལ་ལམ་རིམ་གྱི་ཁྲིད་གསན་ནས་སྒྲུབ་པ་དར་དྲག་ལ་རྒྱུན་རིང་བ་མཛད་པས་རྟོགས་པ་མཆོག་ཐོབ་སྟེ། དེ་ཡང་བཅས་པ་དང་རང་བཞིན་གྱི་ཁ་ན་མ་ཐོ་བ་ཕྲ་མོ་ཙམ་གྱིས་ཀྱང་མ་གོས་པའི་ཚུལ་ཁྲིམས་རྣམ་པར་དག་པ་དང་། ཚེ་འདིའི་བྱ་བ་གང་གི་འང་དབང་དུ་མ་བཏང་བར་ད་ལྟ་རང་འཆི་བ་(༡༣༠༤)ལྟ་བུའི་བརྩོན་པ་ཤུགས་དྲག

པོས་མཚན་མོ་གཉིད་ཀྱང་ཡེ་མི་ཡོང་བར་ཉིན་མཚན་ཁོར་ཡུག་ཏུ་དགེ་སྦྱོར་ལ་ཆེག་སྒྲིལ་མཛད་དེ་གཞན་གྱིས་མདང་སང་རྨི་ལམ་འདྲ་ཅི་གདའ་ཞུས་པས་ཨ་འདི་ཅི་ཟེར། གཉིད་མེད་པར་རྨི་ལམ་ག་ན་འོང་གསུང་། དེ་ལྟར་མཛད་པས་ཏིང་ངེ་འཛིན་ཞུལ་ཕྱིན་ཐོབ་སྟེ་འབྲི་ཆུང་བས་དགེ་བཤེས་ལ་ཏིང་ངེ་འཛིན་ཚད་ཇི་ཙམ་མངའ་ཞུས་པས། ངས་ཏིང་ངེ་འཛིན་གཅིག་ལ་མཉམ་པར་བཞག་ན་ཉིན་ཞག་བཅུ་བཞི་ཙམ་གནས་ཐུབ་པར་འདུག་གསུང་། སྤྱན་སྔའི་ཞལ་ནས། ངེད་ར་སྒྲེང་པ་རྣམས་ལ་ཏིང་ངེ་འཛིན་གྱི་ཚན་ག་དེ་ཞང་སྒོམ་ཁོ་ན་ཆེ་བ་ཡིན་གསུང་། ཏིང་ངེ་འཛིན་ཤིན་ཏུ་བརྟན་ཅིང་དབེན་པར་དགེ་སྦྱོར་ལ་ཆེག་སྒྲིལ་མཛད་པས་རྗེ་བཙུན་མི་ལ་དང་དངོས་སུ་མཇལ་ཡང་ཐུགས་མཐུན་པའི་གྲོགས་སུ་མཛད། ལན་ཅིག་གཡོག་པོ་དར་ཚུལ་བྱ་བས། ཐུགས་དམ་གཏོར་མ་ཚར་ནས་གཟིམ་མལ་དུ་སྐྱིལ་ཀྲུང་ལམ་གྱི་བཅས་ནས་ན་བཟའ་གསོལ། དེའི་སྟེང་ན་ཕར་ལ་རེ་ཁ་ཐེན་ནས་བཞག་སྟེ་ནང་པར་བལྟས་ཙ་ན་སྤྱི་གས་ཙམ་ཡང་མི་ཡོང་བ་ཡིན། མཉམ་གཞག་བྱ་བ་དེ་འདྲ་བ་དགོས་པ་ཡིན། རྒྱུ་མཚན་འདི་དག་ལ་དགོངས་ནས་རྗེ་བདག་ཉིད་ཆེན་པོས། ཟབ་མོའི་ཏིང་འཛིན་བརྟན་པའི་སྣེའུ་ཟུར་པ། །ཞེས་བསྟོད་པ་མཛད་དོ། །

བདག་ཉིད་ཆེན་པོ་འདི་སེམས་ལ་དབང་ཐོབ་པ་ཞིག་སྟེ། སྣེའུ་ཟུར་པ་ཉིད་ཀྱི་ཞལ་ནས། ངའི་སེམས་འདི་ང་རང་གིས་ཁ་ལོ་སྒྱུར་བཏུབ་པ་ཅིག་བྱུང་གསུང་། ཡང་ཞལ་ནས། སྔོན་གྱི་དུས(༢༣༠བ)སུ་ང་རང་གི་སེམས་འདི་ཁ་ལོ་སྒྱུར་དུ་བཏུབ། མིས་ནི་མི་ཚོར། ད་ཡོང་འཁོར་བ་འདི་ལ་འུར་བཟློག་སྟེ་འོང་བར་འདུག་སྙམ་ཙ་ན། ཕྱིས་ལྷ་ཡིན་ཀླུ་ཡིན་ཟེར་ནས་གཅིག་འཚོགས་གཉིས་འཚོགས་མེ་ཏོག་ཤ་ཤ་བྱས་ནས་རང་གི་དགེ་སྦྱོར་བཅག །མི་ལ་འདི་གྱིས་བྱས་པས་ནི་ཉན་དུ་མ་འདོད་གསུང་སྟེ། ཁོང་རང་གར་འདོད་དུ་བཀོལ་དུ་བཏུབ་པ་ཅིག་གནང་ངོ་གསུང་། བྱང་ཆུབ་ལམ་རིམ་ལ་མྱོང་བ་

ཕུལ་ཕྱིན་ཐོན་པའི་རྟགས་སུ་ཐུགས་རྗེ་ཤིན་ཏུ་ཆེ་བས་ལོང་བ་དང་སྤྲང་པོ་ལ་སོགས་པ་དམན་པ་རྣམས་ལ་ཤིན་ཏུ་བྱམས་པར་མཛད། ལན་ཅིག་གཡོར་པོ་གཅིག་གིས་འཛམ་ཕྲུག་གིས་ན་བཟའ་སྦྱར་མ་གཅིག་ཕུལ་བས། ཕ་ཚད་ན་མཛེ་བོ་གཅིག་དགེ་བའི་བཤེས་གཉེན་གོས་གཅིག་ཞུ་འཚལ་ཟེར་བས། འདི་ཁྱེར་གསུངས་ནས་ཕྲུག་སྦྱར་མ་དེ་གནང་། གཡོར་པོ་དེ་ན་རེ། དེ་ལ་དགེ་བཤེས་པའི་ན་བཟའ་བགྱི་བསམས་ནས་དཀའ་ལས་ཅི་ཡང་བགྱིས་པ་ལགས། ཞག་གཅིག་མི་གསོལ་བ་ཟེར་བས་ཅི་ཟེར་ཁྱེད་རང་གི་མ་ལ་བྱིན་པ་ལ་ཡང་མི་དགའ་འམ་གསུང་། ངས་ཚེ་འདི་ལ་གསེར་སྲང་བདུན་སྟོང་སྦྱིན་པར་ཐོངས་གསུངས། ལན་ཅིག་སྨུ་གེ་ཆེ་བ་ཅིག་བྱུང་བས་བཤོས་དེ་གསོལ་བ་བཞིན་མཛད་ནས་ན་བཟའི་ཕག་ཏུ་སྦས་ཏེ་སྤྲང་པོ་རྣམས་ལ་བྱིན་པས་སྤྲང་པོ་མང་པོའི་བརྒྱུགས་བྱུང་། སྐུ་ཤ་ནག་རིད་ཀྱིས་སོང་བའི་དུས་སུ་གླང་ཐང་པ་དེ་ཕྲུག་ཕྱི་ལ་བྱོན་པའི་ཞལ་རས་ཟླ་བ་ཤར་བ་བཞིན་གདའ་བས། རིན་པོ་ཆེའི་ཞལ་ནས། བྱང་ཆུབ་སེམས་དཔའ་བྱ་དཀའ་བའི་སྦྱིན་པ་(༢༣༡ན)བྱར་ཡོད་པའི་དུས་སུ། བརྒྱུགས་ཚད་ཁྱོད་རང་གིས་ཟོས་ནས་ཁྱོད་ལ་བསམ་ལྷག་ཉམ་པོ་ཆེ་ཟེར་བ་ཡིན་གསུངས་ནས་བསྐྱོན་པས། གླང་རི་ཐང་པ་འདར་ཕྲི་ལི་ལི་བྱུང་ཞེས་གྲག །སྐྱེའུ་ཟུར་པ་འདི་ཁྲོ་བོའི་དབང་པོ་མི་གཡོ་བ་ལ་བསྙེན་སྒྲུབ་མཐར་ཕྱིན་པ་ཞིག་ཡིན་པས་ལྷ་འདིའི་སྒོ་ནས་འགྲོ་དོན་མཛད་པ་ལ་ནུས་པ་ཐོན་པ་ཞིག་སྟེ། དགེ་བཤེས་པདྨ་བྱང་ཆུབ་བྱ་བ་ལ་གླུའི་གནོད་པ་བྱུང་ནས། ཁོང་གི་སྣང་བ་ལ་སྤྲུལ་གཅིག་ཐོད་བཞིན་དུ་དཀྲིས་ནས་སྤྲུལ་མགོ་དེ་དཔྲལ་བའི་སྟེང་ན་གདེངས་ཀ་བཞིན་ཡོད་པ་མིས་མཐོང་གི་དོགས་ནས་བཀབ་སྟེ་སྐྱེའུ་ཟུར་པའི་སྤྱན་སྔར་འོངས་པས། དེ་ང་དང་ཁྱོད་རང་མིན་པ་གཞན་གྱིས་མི་མཐོང་། སྦེད་མི་དགོས། ང་དེའི་སྟེང་དུ་སྒོམས་དང་གསུངས་པས། ཁོས་དེ་བཞིན་དུ་བསྒོམས་པས་གར་སོང་ཆ་མེད་པར་སོང་། ལན་ཅིག་ར་སྒྲེང་ལ་བྱོན་པའི་ཚེ། ཕ་བོང་གཅིག་ལ

ཞབས་གཏད་དེ་ཞབས་སྒྲོགས་བཅིངས་པས་སྒྲུལ་དཀར་པོ་གཅིག་ཕ་བོང་འོག་དེ་ནས་འཐོན་ཏེ་སོང་། དེ་ན་མཛེ་བོ་ཅིག་ཡོད་པ་གཞན་ཅི་ཡང་མ་དགོས་པར་དེ་གཅིག་ཕུས་ནད་གསོས། དགེ་བཤེས་ཀྱི་ཞལ་ནས། བོད་ཀྱི་སྲུང་བའི་སྐོར་དུ་གཏོགས་པ་རྣམས་ཕྱོགས་གཅིག་ཏུ་བཞག་པ་བས། ངས་དམིགས་པ་སྐོར་གསུམ་གྱིས་མཛེ་གསོས་པ་མང་བ་ཡིན་གསུང་། ཁམས་པ་ལུང་པ་ལ་མི་མ་ཡིན་ཚན་ཅིག་གིས། སྨྲུག་རུམ་དུ་གཏོར་མ་གཏོང་དེར་འགྲོ་ཟེར། འོ་ན་སྣེའུ་ཟུར་དུ་གཏོར་མ་ཟར་མི་འགྲོའམ་བྱས་པས། དེ་ན་རྫོ་རྗེའི་(༢༣༡བ)ར་བ་དང་མེ་རི་བཅས་པས་མི་ཚུད་ཟེར། སྣེའུ་ཟུར་པའི་ཞལ་ནས་བཀའ་རྒྱུད་འདི་བྱིན་གྱིས་བརླབས་པའི་བཀའ་བརྒྱུད་ཡིན་པས། གཏོར་མ་འདྲེ་ལ་མི་འཆོར་ཙམ་པའི་བཀའ་བརྒྱུད་ཡིན་གསུང་ངོ་། །

སྣེའུ་ཟུར་པས་དགེ་བཤེས་དགོན་པ་བ་ལ་གེགས་སེལ་བོགས་འདོན་གྱི་མན་ངག་མཐའ་དག་ཞུས་ཏེ་ཐུགས་ཉམས་སུ་བསྟར་བས་གཞན་གྱི་སྒོམ་གེགས་སེལ་བ་ལ་ཤིན་ཏུ་མཁས་པ་ཞིག་སྟེ། ཨ་མེས་ཚུལ་ཁྲིམས་འབར་བྱ་བས་གཙང་གཡས་རུར་ཕྱིན་ནས་རི་བོ་ཆེའི་སྒོམ་སེམས་འཛིན་བག་རེ་བསླབས་པ་ཅིག་བདོག་པར་གདའ་བས་སྤྱན་སྔར་འོངས་ཏེ་རྟོགས་པ་ཕུལ་བས། དེས་མི་འོང་གསུང་། འོ་ན་ཇི་ལྟར་བགྱི་ཞུས་པས། འདི་བཞིན་དུ་སྒོམས་དང་གསུང་བ་ལ། སྒོམ་བསླབ་ཉེས་བྱ་བ་ཡིན་པས་ སྟར་གྱི་སྟེང་དུ་སོང་ནས་མ་བཏུབ། ཡང་གཅིག་བསླབས་པས་མ་བཏུབ་པས། ད་འོ་ན་ཙམ་གྱིས་ཞོག་ལ་ཞག་ཤས་གསོལ་བ་ཐོབ་ཅིག་གསུངས། དེ་ནས་ཞག་ཁ་ཡར་གསོལ་བ་བཏབ་པས་དགེ་བཤེས་ཀྱི་གཟིམ་ཁང་ནས་བཅོམ་ལྡན་འདས་ཤཱཀྱ་ཐུབ་པའི་སྐུ་མགོ་གང་ཙམ་པ་འོད་ལྷག་པ་ཅིག་ནར་གྱིས་བྱུང་ནས་ཨ་མེའི་སྤྱི་བོར་ཐིམ་པ་སྙམ་བྱེད་ཙ་ན་དེ་ཉིད་དུ་ཏིང་ངེ་འཛིན་དུ་ལྡན་གྱིས་སོང་བས་དགའ་དྲགས་རྟོགས་པ་འབྱུལ་དགོས་སྙམ་ཕྱིན་པས་གཟིམ་ཁང་གི་སྒོ་ན་མིས་གཅེར་ནས་སྤྱན་སྔར་མ་ཐོན། ཕྱི་ནས་དེ་རྨུང་རྨུང་བྱས་

པས་ཞལ་ནས། འོ་ཨ་མེས་དེ་ཙུག་འོང་བ་ཡིན་གསུངས་ནས་ཏིག་གིས་མཁྱེན་པ་ཞིག་བྱུང་ཞེས་གྲག་གོ །

བདག་ཉིད་ཆེན་པོ་འདི་ལ་གཞན་སེམས་(༢༣༢ན)ཤེས་པའི་མངོན་པར་ཤེས་པའང་རྒྱ་ཆེན་པོ་མངའ་སྟེ། སྣེའུ་ཟུར་པའི་སྤྱན་སྔ་ན་ཇོ་སྟོན་ཚང་རོང་པ་བྱ་བའི་འདུལ་འཛིན་དེ་ནུབ་གཅིག་བཞིན་དུ་བསམ་པས། ཆས་རྐྱེན་མེད་པའི་ཁང་པ་འདི་བྲག་ཕུག་གཅིག་དང་ཁྱད་མེད། ཡུལ་དུ་འགྲོ་དགོས་སྙམ་པ་ཅིག་བྱུང་། སང་དགེ་བཤེས་དེས་ཉེ་གནས་བཏང་ནས་འདིར་ཤོག་དང་གསུང་། སྤྱན་སྔར་ཕྱིན་པས། འོ་བླ་མ་བསྟེན་པའི་དུས་སུ་ཁང་པ་ལ་བྲག་ཕུག་ཏུ་སྙོམ་པ་མིན། ཆོས་རྐྱེན་མེད་ན་འདི་ནས་ཡོངས་གསུངས་ནས། ནས་སྒྲོ་བ་གང་། མར་ཚུད་གཅིག །ཇ་ཞིབ་མ་གང་གནང་། ཡང་ལྷོ་བྲག་པ་གཤེད་སྟོན་ཁ་འདར་བྱ་བ་ལ་དགེ་བཤེས་ཀྱི་ཞལ་ནས། ཁ་འདར་བ་ལ་ཅུར་སོངས། མ་ལ་གཉིད་མེད་ནས་ཟླ་བ་ཁྱུར་པོ་གཉིས་སོང་ན་གསུང་། དེར་ཡུལ་དུ་ཕྱིན་པས་མ་ཀན་ཤེད། ཁྱོད་མེད་པས་སྙིང་མ་དགའ་ནས་གཉིད་མེད་ནས་ཟླ་བ་ཁྱུར་པོ་གཉིས་ལོན་ཟེར་ཏེ་ཏིག་གིས་དགོངས། ཡང་དགེ་བཤེས་དགྱེར་གྱིས་སྣེའུ་ཟུར་པའི་སྤྱན་སྔར་ཕྱིན། དེ་ན་འཕྱིང་པ་དྲུས་ནས་སྣན་ཆུང་གཅིག་གི་བཟོ་མཛད་ཀྱིན་གདའ། དེར་ཁོང་གི་ཐུགས་དགོངས་ལ། དགེ་བཤེས་འདི་ཐུགས་རྒྱུད་རང་ཇི་ཙམ་པ་ཡིན་ནམ། མངོན་ཤེས་མངའ་འམ་མི་མངའ་སྙམ་པ་ཅིག་བྱུང་ཙ་ན། འགྲམ་པ་ལ་ཐལ་ལྕུག་ཅིག་རྒྱབ་ནས། ཨ་ན་ཅི་གདའ་ལོ་གསུངས། བདག་ཉིད་ཆེན་པོ་འདིས་རང་དང་གཞན་གྱི་ཚེ་རབས་སྔ་ཕྱི་མང་པོ་མཁྱེན་པ་ནི། དགེ་བཤེས་སྣེའུ་ཟུར་པ་ཉིད་ཀྱི་ཞལ་ནས། ང་སྐྱེ་བ་སྔ་མ་མི་དབུལ་པོ་ཞིག་(༢༣༢བ)ལས་ཚེ་འཕོས་པ་ཡིན། སྐྱེ་བ་ཕྱི་མ་དགའ་ལྡན་དུ་སྨོན་ལམ་འདེབས་གསུངས། བདག་ཉིད་ཆེན་པོ་འདི་ལ་ཏིང་ངེ་འཛིན་བརྟན་པོའི་མཐུས་རྫུ་འཕྲུལ་དང་མངོན་ཤེས་ཀྱང་མངའ་སྟེ། ལན་ཅིག་ཙ་ན་ཉེ་གནས་ཞང་བཙུན་

བྱ་བས་ན་བཟའ་ཁྲུར་ནས་ཕུ་ཆུང་པའི་འབུམ་པའི་རྒྱ་ནས་ཕར་དཔོན་གཡོག་གཉིས་ཀྱིས་བྱོན། འབུམ་པའི་ནུབ་དུ་སླེབ་ཙ་ན་སྟོན་པ་ཤཱཀྱ་ཐུབ་ཀྱིས་ཕྱག་བྱས། ཕྱག་གཏོད་མཛད་པའི་བར་དེ་ར་ཞང་བཙུན་གྱིས་ན་བཟའ་རྣམས་ཐང་ལ་བཞག་ནས་སྟོན་པ་ཤཱཀྱ་ཐུབ་ལ་ཕྱག་བྱས། ན་བཟའ་ཁྲུར་ནས་འབུམ་ཆུང་ནུབ་དུ་འོངས་ཙ་ན་ཇི་ལྟར་བྱས་ཀ་མེད་པར་གཟིམ་ཁང་ན་ཕར་ཡུད་བཞུད་པ་ཅིག་བྱུང་ཞེས་གྲག་གོ །

ཡང་ནུབ་གཅིག་ཆར་ཆེན་པོ་བྱུང་བས་གཟིམ་ཁང་གི་ཐ་རྒྱ་ཤོར་ནས་ཆུ་ནར་གྱིས་བྱུང་བས། ཉེ་གནས་ཀྱིས་ཇི་ལྟར་མཛད་དམ་སྙམ་ནས་བརྟུས་བསྡད་པས། གཟིམ་མལ་ནས་ཀོག་གིས་བཞེངས་ནས་ས་སྐས་ལ་ཐེགས་པ་བཞིན་རྟེན་གྱིས་གཤེགས་ཏེ་ཐ་ཁ་དེར་ཅག་ཅག་ཅིག་མཛད་ནས་ཡང་ས་སྐས་ལ་འབྱོན་པ་བཞིན་བྱོན་པ་ཉེ་གནས་ཀྱིས་དངོས་སུ་མཐོང་། ཡང་གྲོག་ཅེས་བྱ་བའི་ཡུལ་ན་ཤ་འཛུལ་སློན་ནེ་བྱ་བ་དད་གུས་ཤིན་ཏུ་ཆེ་བ་ཡོད་པ་ཆོའི་དུས་བྱས་པས་ནངས་གཅིག་ཞལ་ནས། ཉེ་གནས་ལ་ཙུ་ཅག་གི་ཡང་གྲོག་གི་ཡོན་བདག་དེ་ཤི་བ་འདྲ་གསུང་། ཇི་ཙུག་གདའ་ཞུས་པས། ད་ནང་ཡོན་བདག་དེ་གོས་གསར་པ་ཅིག་གྱོན། མི་ཏོག་ཚན་ཞིག་ཐོགས་ནས་ངའི་དྲུང་དུ་བྱུང་གསུངས་ཏེ། དེའི་དུས་ཁོ་ནར་ཆོའི་དུས་བྱས་པ་ཇི་ལྟ་བ་བཞིན་མཁྱེན་པར་གདའ། ཡང་(༢༣༣ན)བྱ་ཡུལ་བ་ཆེན་པོས་སྤྱན་སྔ་གཤེགས་པའི་སྐུ་སྐལ་ཞིག་དང་ན་བཟའ་ཞིག་སྐྱེལ་དུ་བྱོན། དེར་གསུང་གླེང་འདྲ་མཛད་དེ། སྔོ་ཙུ་ནུར་པའི་ཞལ་ནས་དུས་ཚོད་འདི་ཁོ་ན་ལ་འདས་ཏེ་འོང་། ཆོས་གྲངས་འདིའི་ཉི་མའི་དུས་ཚོད་འདི་ཙམ་ལ་ཤར་ཕྱོགས་ནས་འོད་ཟེར་ཞིག་བྱུང་ནས་འཇམ་དཔལ་སྐུ་མདོག་དམར་སེར་ཞིག་ནམ་མཁའ་ལ་གཤེགས་པའི་སྣང་བ་ཅིག་བྱུང་། ཁྱེས་འདི་ལྟར་བརྩེས་ཙ་ན་དུས་ཚོད་དང་ཆོས་གྲངས་ཀུང་ཧིག་གེ་བར་འདུག་པ་ལ། རྟོག་པ་ཅིག་གིས་བསྒྲིབས་ནས་ཆོས་ཞུ་རྒྱུ་འདྲ་ཡོད་པ་མ་ཞུས་གསུངས་ནས་འགྲོད་པ་མཛད་དོ། །

དགེ་བཤེས་སྣེའུ་ཟུར་པ་དེ་གཙོ་བོར་དགེ་བཤེས་དགོན་པ་བ་ལ་བརྟེན་ཅིང་སྐྱ་མཆེད་གསུམ་ལའང་བརྟེན་ལ། དགེ་བཤེས་སྤྱན་སྔ་བ་ལ་མི་གཡོ་བའི་སྒྲུབ་སྒོར་ཞུས། དགེ་བཤེས་དགོན་པ་བ་དང་སྤྱན་སྔ་བ་གཉིས་ཀས་གནང་བའི་ཇོ་བོ་མི་གཡོ་བའི་བསྙེན་པ་མང་དུ་མཛད་པས་ཞལ་གཟིགས། དགེ་བཤེས་སྒྲེ་བ་དེ་སྤྱན་སྔའི་སློབ་མར་གདའ་ན། ཇོ་བོ་མི་གཡོ་བའི་ཡི་གེ་བཅུ་པ་ཁོ་ན་བགྲངས་པས་མི་གཡོ་བ་དམར་པོ་ཞལ་གཟིགས། ཀ་མ་བ་ལ་དྲིས་པས་ཆ་མེད་བཟླས་པ་འདྲ་བ་གྱིས་དང་གསུང་། དགེ་བཤེས་ཀྱི་སྤྱན་སྔར་བྱོན་པས། འོ་སྐྱེས་བུ་དད་པས་གོ་བཅད་ནས་འདུག་གི་གསུང་། འོ་ན་དམར་པོར་འོང་བ་ཧེ་ལྷར་ལགས་ཞུས་པས་ཁྲོད་ཐུགས་ཧྲེ་ཆེ་བའི་རྟགས་ཡིན་གསུང་། འོ་ན་དེའི་སྔོན་དུ་ཇོ་མོའི་སྣང་བ་ཅིག་ཀྱང་གདའ་ན་ཞུས་པས། ཡི་དམ་གྱི་ལྷ་གང་གི་ཞལ་མཐོང་ཡང་ལས་ཀྱི་ལྷ་མོ་ཡིན་པས་སྔོན་ལ་ཇོ་མོའི་ཞལ་མཐོང་བ་ཆོས་ཉིད་ཡིན་གསུང་། དེར་དགེ་བཤེས་སྒྲེ་(༢༣༣བ)བས་དགེ་བའི་བཤེས་གཉེན་ལ་ཡང་དེ་ལྟ་བུའི་ཡོན་ཏན་མངའ་འམ་ཞུས་པས་ང་ལ་བསྟན་པའི་སྐོར་ཞུགས་མ་ཐག་ནས་དེ་འདྲའི་སྣང་བ་མང་དུ་བྱུང་གསུང་། དགོན་པ་བའི་གདམས་པ་ལ་བརྟེན་ནས་དམ་ཚིག་གསུམ་བཀོད་པའི་རྒྱལ་པོའི་སྒོམ་བཟླས་མཛད་པས་ཀྱང་སངས་རྒྱས་དང་བྱང་ཆུབ་སེམས་དཔའ་དཔག་ཏུ་མེད་པའི་ཞལ་གཟིགས་སོ། །

དགེ་བཤེས་སྣེའུ་ཟུར་པ་རང་ཉིད་སྨིན་པར་མ་ཟད་གདུལ་བྱ་གཞན་གྱི་རྒྱུད་བྱིན་གྱིས་རློབས་པ་ལའང་མངའ་བརྙེས་པ་ཞིག་སྟེ། དགེ་བཤེས་སྣེའུ་ཟུར་པའི་དྲུང་ན་འདུག་པ་ཀུན་ཀྱང་ལས་དང་ཉོན་མོངས་པ་འགོ་ནོན་པ་དང་། ཡོན་ཏན་རིན་པོ་ཆེ་རྣམས་མེ་ལོང་གི་ངོས་ལ་ཤར་བ་བཞིན་གསལ་བ་ཆོས་ཉིད་ཡིན། དབྱར་གཅིག་ཆར་ཆེས་པས་གཟིམ་ཆུང་གི་རྩིག་པའི་ཟུར་དེ་ཞིག །དེར་ཞང་བཙུན་དགེ་འདུན་གྱིས་གཡོག་བྱས་ནས་འདག་པ་དང་རྗེ་བཏང་། དགེ་བཤེས་ཀྱི་ཐུགས་དམ་འཕྲེང་བ་དེ་དབུ་ལ་བསྐོར

ནས་རྩིག་པ་མཛད་པའི་ཚེ་དེ་མ་ཆར་གྱི་རིང་ལ་ཞང་བཙུན་གྱིས་ཀྱང་མི་ཕྱུགས་མང་པོའི་སེམས་ཤེས་པ་བྱུང་ཞེས་ཟེར། དགེ་བཤེས་སྣེའུ་ཟུར་པས་སྐལ་པ་དང་ལྡན་པ་གཞན་མང་པོ་ལ་ལམ་རིམ་གྱི་ཁྲིད་རྒྱ་ཆེར་སྩལ་ཏེ། དགེ་བའི་བཤེས་གཉེན་དགོན་པ་བ་དེ་རང་ལ་བློ་གཏད་པའི་སློབ་མ་རྣམས་ལ་དབུར་དུས་ལམ་རིམ་ཆར་རེ་དང་དགུན་དུས་ལམ་རིམ་ཆར་རེ་གནང་བ། དགེ་བཤེས་སྣེའུ་ཟུར་པའང་དགོན་པ་བའི་རྣམ་ཐར་རྗེས་སུ་བསྐྱངས་ཏེ་ལམ་གྱི་རིམ་པ་དེ་དབྱར་ཆར་རེ་དགུན་ཆར་རེ་གསུང་། སྐལ་བ་དང་ལྡན་(༢༣༩ན)པ་མང་པོ་ལམ་གྱི་རིམ་པ་ལ་ཁྲིད་པས་བསྐྱང་བཏུབ་པར་བྱུང་གསུང་། ལམ་རིམ་གྱི་ཁྲིད་རྒྱས་པར་གསུངས་པ་ལ་སློབ་མས་ཟིན་བྲིས་སུ་བྱས་པའང་མང་དུ་ཡོད། དེ་ལ་བརྟེན་ནས་བོད་འདིར་སྣེའུ་ཟུར་པའི་ལུགས་ཀྱི་ལམ་གྱི་རིམ་པ་ཤིན་ཏུ་དར་བར་བྱུང་ངོ་། །དེ་ལྟར་བསྟན་པ་ལ་བྱ་བ་རྒྱ་ཆེན་པོ་མཛད་པས་སློབ་མ་མཐའ་ཡས་པ་བྱུང་ཞིང་། པོ་ཏོ་བ་གཤེགས་ནས་གྲྭ་པ་མང་པོ་སྣེའུ་ཟུར་དུ་ལྷགས། སྙིགས་རྨ་པ་འདད་འབའི་དུས་སུ། ང་ལ་བླ་མར་འཛིན་པ་རྣམས་སྤྲུས་ཐོར་བ་ན་དགོན་པ་བའི་སློབ་མ་མི་གཡོ་བའི་བསྐྱེད་རིམ་ལ་བརྟན་པ་ཐོབ་པ་ཅིག་ཡོད་པས་དེར་སོངས་གསུངས་ནས་ཁོང་གི་གྲྭ་པ་མང་པོ་ཞིག་ཀྱང་བྱོན། ཁམས་པ་ལུང་པ་གཤེགས་རྗེས་ཇ་རྫ་ཚུན་ཆད་ཁུར་ནས་བྱུང་བས་གྲྭ་པ་དེ་ཡང་འུར་གྱིས་སོང་། ཚ་རོང་གི་ཇོ་སྟན་ནག་པོ་ལ་སོགས་པའི་འདུལ་བ་འཛིན་པ་ཆེན་པོ་མང་པོས་ཀྱང་ཞབས་ལ་གཏུགས། གཞན་ཡང་དགེ་བའི་བཤེས་གཉེན་རིན་ཆེན་སྣང་བ། ལྷ་འབྲི་སྣང་བ། འདུལ་འཛིན་ཐག་མ་བ་སོགས་བསྟན་པ་ཡོངས་རྫོགས་འཛིན་པའི་དགེ་བའི་བཤེས་གཉེན་ཡང་མང་དུ་བྱུང་ངོ་། །ཚོགས་པ་ཡང་མང་དུས་སུ་ཉིས་སྟོང་ལྷག་ཙམ་འདུས། རྟ་རྒྱུད་བའི་རྟེན་འབྲེལ་དེ་ཡང་མཁས་པའི་ཚད་ཅིག་མཁྱེན། བསླབ་ཕྱོགས་དང་ཕ་རོལ་ཏུ་ཕྱིན་པ་དེ་ཡང་མཁས་པའི་ཚད་ཅིག་མཁྱེན། ལན་ཅིག་བརྒྱད་སྟོང་འགྲེལ་ཆེན་ཞིག་གསུངས་པས་སྐབས་དང་པོ་གཅིག

ཐུ་ལ་བླ་བ་གསུམ་(༢༣༩བ)སོང་གསུངས་སོ། །བདག་ཉིད་ཆེན་པོ་འདི་སྤྲུལ་པའི་སྐུར་ཡང་གྲགས་ཏེ། དེ་དུས་ཕན་ཡུལ་དུ་ནད་ཡམས་ཆེན་པོ་བྱུང་བས་མི་མང་པོའང་ཤི །དེ་ནས་མི་མ་ཡིན་རྣམས་སྣེའུ་ཟུར་དུ་འགྲོ་བར་བརྩམས་པ་ན་ནམ་མཁའ་ལས། དེ་ནི་བྱང་ཆུབ་སེམས་དཔའ་ཀུན་ཏུ་བཟང་པོའི་སྤྲུལ་པ་ཡིན་ནོ་བྱ་བའི་སྒྲ་བྱུང་བས་མི་མ་ཡིན་རྣམས་ཕྱིར་ལོག་སྟེ། བྱང་ཆུབ་སེམས་དཔའ་ཀུན་ཏུ་བཟང་པོའི་སྤྲུལ་པར་ཡང་གྲགས་སོ། །

དེ་ལྟར་དགེ་བའི་བཤེས་གཉེན་སྣེའུ་ཟུར་པས་བསྟན་པའི་བྱ་བ་རྒྱ་ཆེན་པོ་མཛད་ནས་སྐུ་དངོས་ཀྱི་གདུལ་བྱ་རྣམས་ཕལ་ཆེར་རྫོགས་ཏེ་ཞིང་གཤེགས་པ་ལ་ཉེ་བ་ན་ཆོས་ཤིག་གནང་བའི་དུས་སུ་བྱང་ཤར་མཚམས་དེར་བྲག་བརྡབས་པ་འདྲ་བའི་སྒྲ་ཆེན་པོ་དང་། འོད་དང་ས་གཡོ་བ་ལ་སོགས་པའང་བྱུང་། དེ་ནས་སྐུ་ཁམས་ཅུང་ཟད་ལྕིམ་པ་ཅིག་བྱུང་བ་ལ་ཉེ་གནས་དཔོན་རྟོག་ཆུང་བ་བྱ་བ་སྣེའུ་ཟུར་པ་ཇི་སྐད་གསུང་བ་བཞིན་སྒྲུབ་པ་ཅིག་ཡོད་པ་དེས་ལྷ་རྗེ་ཡེ་འབྱུང་བྱ་བའི་སྨན་པ་ཅིག་བོས་ནས་སྦྱོར་ཆུང་ཅིག་བྱས་པས་འཕྲོ་མ་ཆོད་ནས་སྐུ་ཤེད་དེ་ཞན་ཙམ་བྱུང་། ནམ་མཁའ་ལས་བདུད་རིགས་ཀྱི་ཡི་དྭགས་མིང་འདི་ཞེས་བྱ་བས་དགེ་བཤེས་ཀྱི་ཐུགས་དམ་ལ་བར་ཆད་བྱེད་པ་འདུག་པས་བཟླས་པ་གྱིས་བྱ་བའི་སྒྲ་སྒྲོན་སྟེར་བཞུགས་པ་རྣམས་ཀྱིས་ཀུང་ཐོས་པར་བྱུང་བས། ཁྱེད་རྣམས་ཀྱིས་སྔགས་རིང་དེ་ལ་མིང་སྤེལ་ཆུག་ལ་བཟླས་པ་གྱིས་གསུང་བས་དགེ་འདུན་རྣམས་ཀྱིས་བཟླས་པ་བྱས། དེ་ནས་ཞག་བདུན་སོང་བ་ན་སྨན་པ་གཅིག་དང་ཚུལ་ཁྲིམས་འོད་ཟེར་(༢༣༥ན)གཉིས་ཞབས་དྲུང་ན་ཡོད་དུས་སྐྱིལ་ཀྲུང་ལམ་གྱི་མཛད་ནས་ཐུགས་དམ་དུ་ལྷན་གྱིས་སོང་། ཁོང་གཉིས་ཀྱིས་བལྟས་པས་ཞལ་ཀོ་ཕྱང་གིས་སོང་བྱུང་ཙ་ན་སྤྱི་བོ་ནས་ཡར་ལ་འོད་འཛག་མ་ཙམ་ཞིག་དཀར་ནར་གྱིས་སོང་། ཕྱི་ན་ཡོད་པ་ཀུན་གྱིས་སྤྲ་ལྕུག་ཙམ་དཀར་ནར་ནར་མཐོང་། དེ་ཇེ་ཆེ་ལ་སོང་ནས་ནམ

མཁའ་ལ་འོད་ཟེར་མ་ཙམ་ཞིག་ཏུ་སོང་བ་ཞིག་བྱུང་ངོ་། །

དེ་ལྟར་དགེ་བའི་བཤེས་གཉེན་སྣེའུ་ཟུར་པ་དེ་དགུང་ལོ་བདུན་ཅུ་རྩ་བདུན་པ་ས་ཕོ་རྟའི་ལོ་ལ་ཞིང་གཤེགས་ཏེ་དགའ་ལྡན་ཆོས་ཀྱི་ཕོ་བྲང་དུ་ཕེབས་སོ། །སློབ་མ་རྣམས་ཀྱིས་སྤུར་གང་དུ་སྦྱོང་སྙམ་པ་ལ་སྤུར་ལ་འཇའ་གཅིག་ཟུག་པའི་སྣེ་མོར་ཤོད་དེ་ན་ཞིང་གཅིག་ཡོད་པའི་སྟེང་དུ་ཟུག་དེར་འོད་གཡུལ་ཐང་ཙམ་ཞིག་ཞག་གཉིས་གསུམ་དུ་བྱུང་བས། དགེ་བཤེས་ཉིད་ཀྱིས་བསྟན་པ་ཡིན་ཏེ་འོང་སྙམ་ནས་དེར་སྤུར་སྦྱངས་པའི་དུས་ཉི་མའི་དཀྱིལ་འཁོར་གྱི་དབུས་ནས་འོད་ཟེར་ཅིག་བྱུང་བ་སྤུར་ཁང་ལ་ནར་གྱིས་ཟུག་པས་གདུགས་ཀྱི་ཡུ་བ་འདྲ་བ་ཅིག་བྱུང་། ཉི་མ་དེ་ལ་སྤྲིན་སྲིབ་སེ་བ་ཅིག་བྱུང་བས་འཇའ་ཚོན་གདུགས་འདྲ་བས་བསྐོར་བའང་བྱུང་། སྤུར་ཁང་གི་ཁྲིའི་ཟུར་བཞི་ལ་འཇའ་ཚོན་འཕྱུར་དར་འདྲ་བ་བཞི་དང་། གཞན་ཡང་འཇའ་ཚོན་འཕན་འདྲ་བ་དང་རྒྱལ་མཚན་འདྲ་བ་མང་པོའང་བྱུང་། དེའི་དུས་སུ་ལྷ་བཀའ་གདམས་པ་དེ་ཞབས་ཏོག་ཀུང་ཆེ། མི་ཡང་ཆེ་བས་མང་བསྐོལ་ཞིག་བྱས་ནས་འདི་ལ་རྟེན་ཁྱད་པར་ཅན་བྱོན་འོང་བས། དེ་བྱོན་ན་(༢༣༥བ)འམ་བུ་ལ་ཐུགས་ལ་འདོགས་པར་ཞུ་ཟེར་ནས་སྤྱི་ཞུས་བྱས། གདུང་རྣམས་གདན་དྲངས་པའི་དུས་སུ་དགོན་པ་བས་ཕྱག་གཡས་པ་བཞག་པའི་རྗེས་ཀྱི་དབུ་ཐོད་དེ་ལྷ་བཀའ་གདམས་པ་ལ་ཕུལ་བས་དངུལ་གྱི་གདུང་རྟེན་ཞིག་བཞེངས། ཕྱིས་འབྲི་སྒང་ནས་གདན་དྲངས་ཏེ་དོན་སྟེང་གི་གདུང་རྟེན་ཆེན་མོའི་ནང་ན་བཞུགས། ཕྱག་མཉལ་སྣོད་གསེར་ཕྱེ་འབུམ་པའི་ནང་ན་བཞུགས་པར་གྲགས། ཞལ་ཀོ་རིན་ཆེན་སྒང་གི་མཆོད་རྟེན་ནང་ན་བཞུགས། གཞན་ཡང་རིང་བསྲེལ་དཔག་ཏུ་མེད་པ་བྱོན་ནོ། །

དེས་ན་བྱང་ཆུབ་ལམ་རིམ་ལ་བློ་སྦྱོང་བར་འདོད་པ་རྣམས་ཀྱིས་དགེ་བའི་བཤེས་གཉེན་སྣེའུ་ཟུར་པ་ལ་གསོལ་བ་འདེབས་ཤིང་གསོལ་བ་བཏབ་ན་སེམས་རྒྱུད་ལས་སུ་རུང་བ་དང་། དབེན་པར་སྒྲུབ་ཚུགས་ཟིན་པ་དང་། སྒྲུབ་པ་བྱེད་པ་ལ་མི་མ་ཡིན་གྱི་

བར་ཆད་མི་འབྱུང་བ་དང་། ལྷག་པར་གླུ་ནད་ཞི་བ་ལ་ཤིན་ཏུ་བསྔགས་སོ། །གཙོ་བོར་ནི་བདག་ཉིད་ཆེན་པོ་འདིའི་མཛད་པ་རྣམ་ཐར་རྣམས་དྲན་པར་བྱས་ལ་སྨྲེ་སྔགས་པོ་མང་པོ་དང་བསྲེ་བསླད་མི་བྱ་བ་དང་། ལྷག་པར་གྲོང་ཁྱེར་དུ་རྒྱུ་བ་སྤངས་ཏེ་དབེན་པའི་གནས་སུ་ལམ་གྱི་རིམ་པའི་ཉམས་ལེན་མཐར་ཕྱིན་པ་ཞིག་བྱའོ།། །།

འདུལ་བའི་སྡེ་སྣོད་ཀུན་འཛིན་ཐག་མ་བའི་རྣམ་ཐར།

འདུལ་བའི་སྡེ་སྣོད་ཀུན་འཛིན་ཐག་མ་བ། །ཞེས་བསྔགས་པ་དགེ་བཤེས་སྣེའུ་ཟུར་པའི་ཐུགས་སྲས་འདུལ་འཛིན་ཆེན་པོ་ཐག་མ་བ་ནི། སྐུ་གཞོན་ནུའི་དུས་ནས(༢༣༨ན)སྲིད་འཁོར་བའི་ཆོས་ཐམས་ཅད་ལ་ཞེན་པ་ལོག་ཅིང་། ཁྱད་པར་ཁྱིམ་གྱི་གནས་ནི་ཉོན་མོངས་པ་དང་ཉེས་པར་སྤྱོད་པ་མང་པོའི་འབྱུང་གནས་སུ་མཐོང་ནས་ཁྱིམ་ནས་ཁྱིམ་མེད་པར་རབ་ཏུ་བྱུང་། སྤྱིར་སྡེ་སྣོད་གསུམ་ག་ལ་སྦྱངས་ཤིང་། ཁྱད་པར་འདུལ་འཛིན་ཆེན་པོ་ཤ་མི་སྨོན་ལམ་ཚུལ་ཁྲིམས་ཚུལ་བཞིན་དུ་བསྟེན་ཏེ་འདུལ་བ་ལུང་སྡེ་བཞིའི་ཚིག་དོན་མཐའ་དག་ལ་མཁས་པར་བསླབས། འདུལ་བ་ནས་ཇི་ལྟར་གསུངས་པའི་བཅས་མཚམས་ཕྲ་རགས་ཐམས་ཅད་ཕྱག་ལེན་ལ་བཏབ་སྟེ་ཚུལ་བཞིན་དུ་བསྲུང་བར་མཛད་པས་འདུལ་འཛིན་ཆེན་པོར་གྲགས། དགེ་བའི་བཤེས་གཉེན་སྣེའུ་ཟུར་པའི་ཞབས་དྲུང་དུ་བྱོན་ནས་སྣེའུ་ཟུར་པ་བསམ་སྦྱོར་གཉིས་ཀྱིས་ཚུལ་བཞིན་དུ་བསྟེན་ཏེ་དུས་གསུམ་གྱི་སངས་རྒྱས་ཐམས་ཅད་ཀྱི་བགྲོད་པ་གཅིག་པའི་ལམ་པོ་ཆེ་བྱང་ཆུབ་ལམ་གྱི་རིམ་པའི་ཁྲིད་ཡོངས་སུ་རྫོགས་པར་གསན་ཏེ་ཉམས་སུ་བླངས་ནས་མྱོང་བ་ཐོན་པར་མཛད། སྐལ་བ་དང་ལྡན་པ་གཞན་དག་ལའང་རྒྱ་ཆེར་སྤེལ་ཞིང་སྟོད་ལུང་ཐག་མ་བཟུང་ནས་འདུལ་བའི་བཤད་སྒྲོལ་རྒྱ་ཆེར་སྤེལ་བས་རང་གི་དབོན་རྒྱུད་

ཐག་མ་བ་ཕྱི་མ་དཔལ་ཆེན་རྡོར་གཞོན་དང་འདུལ་འཛིན་ཆེན་པོ་སྤྲུལ་ཏེ་ཛོ་སྲས་ལ་སོགས་པའི་འདུལ་འཛིན་མཁས་པ་མང་དུ་བྱུང་ཞིང་། ཁྱད་པར་སྤྲུལ་པའི་སྐྱེས་མཆོག་སངས་རྒྱས་དཔོན་གྱིས་ཀྱང་འདིའི་ཞབས་ལ་གཏུགས་ཏེ་འདུལ་བ་མཁས་པར་བསླབས་ནས་སྐལ་བ་དང་ལྡན་པ་བགྲང་བ་ལས་འདས་པ་ལ་འདུལ་བ་རྒྱ་ཆེར་སྤེལ་(༢༣༨བ)བས་འདུལ་བའི་བཤད་སྲོལ་གྱི་འཕྲིན་ལས་ཆེར་བྱུང་བས་རྗེ་བདག་ཉིད་ཆེན་པོས་ཀྱང་། འདུལ་བའི་སྡེ་སྣོད་ཀུན་འཛིན་ཐག་མ་བ། །ཞེས་བསྔགས་པ་མཛད་དོ། །

འདུལ་འཛིན་ཐག་མ་པ་འདིའི་མཚན་དངོས་ནི་ཀ་བ་དར་སེང་ཞེས་བྱ་ལ། འདུལ་འཛིན་ཐག་མ་བ་ནས་བརྒྱུད་པའི་ལམ་རིམ་གྱི་ཁྲིད་ཀ་ནི་ལྷོ་བྲག་ཕྱོགས་སུ་རྒྱ་ཆེར་འཕེལ་ཏེ། ལྷོ་བྲག་མཁན་ཆེན་ནམ་མཁའ་སེང་གེས་འདུལ་འཛིན་ཐག་མ་བའི་ཞབས་ལ་གཏུགས་ཏེ་དགོན་པ་བ་ནས་བརྒྱུད་པའི་ལམ་རིམ་གྱི་ཁྲིད་རྫོགས་པར་གསན། མཁན་ཆེན་ནམ་མཁའ་སེང་གེས། མཁན་ཆེན་ནམ་མཁའ་རྒྱལ་པོ་ལ་གནང་། དེས་མཁན་ཆེན་སེང་གེ་བཟང་པོ་ལ་གནང་། དེས་མཁན་ཆེན་རྒྱལ་སྲས་བཟང་པོ་ལ་གནང་། དེས་ལྷོ་བྲག་གྲུབ་ཆེན་ནམ་མཁའ་རྒྱལ་མཚན་ལ་གནང་སྟེ། ལྷོ་བྲག་མཁན་ཆེན་ནམ་མཁའ་སེང་གེའི་རྣམ་ཐར་ནི་ད་ལྟ་ཉིད་དུ་འཆད་ལ། མཁན་ཆེན་ནམ་མཁའ་རྒྱལ་པོ་ནས་ལྷོ་བྲག་གྲུབ་ཆེན་གྱི་བར་བླ་མ་བཞི་པོ་འདིའི་རྣམ་ཐར་ནི་འོག་ཏུ་དགེ་བཤེས་སྤྱན་སྔ་བ་ནས་བརྒྱུད་པའི་བཀའ་གདམས་གདམས་ངག་པའི་བླ་མ་རྣམས་ཀྱི་རྣམ་ཐར་འཆད་པའི་སྐབས་སུ་འཆད་དོ། །

འདུལ་འཛིན་ཐག་མ་བ་འདིའི་རྣམ་ཐར་རྒྱས་པ་མ་མཐོང་བས་སླར་རྙེད་ན་འདིར་བསྣན་པར་བྱའོ། །དེས་ན་བྱང་ཆུབ་ལམ་རིམ་ལ་བློ་སྦྱོང་བར་འདོད་པ་རྣམས་ཀྱིས་འདུལ་འཛིན་ཐག་མ་བའི་རྣམ་ཐར་དྲན་པར་བྱས་ལ་གསོལ་བ་གདབ་པ་དང་། བྱང་ཆུབ་ལམ་རིམ་ལ་བློ་སྦྱོང་བའི་ཚེ་འདུལ་བའི་བཅས་མཚམས་ཡལ་བར་དོར་ནས་ཆོས

གཞན་ཞིག་ལ་(༢༣༧ན)བློ་སྦྱོང་བ་སྐད་ཅིག་པ་རྒྱ་བ་མེད་པའི་ཡལ་ག་འཆོལ་བའི་ངལ་བ་མི་བྱ་བར། བསྟན་པའི་རྒྱ་བ་འདུལ་བའི་བསླབ་བྱ་ལ་ནན་ཏན་དུ་བྱས་ནས་ལམ་གྱི་རྒྱ་བ་ཚུགས་པ་ཞིག་བྱའོ།། །།

ལྷོ་བྲག་མཁན་ཆེན་ནམ་མཁའ་སེང་གེའི་རྣམ་ཐར།

བརྩོན་པས་སྒྲུབ་པ་ལྷུར་ལེན་ནམ་སེང་ཞབས། །ཞེས་བསྟུགས་པ། ལྷོ་བྲག་མཁན་ཆེན་ནམ་མཁའ་སེང་གེ་ནི། ཆོས་རྒྱལ་ཁྲི་སྲོང་ལྡེའུ་བཙན་གྱི་ཆོས་བློན་ཤུད་ཕུ་དཔལ་གྱི་སེང་གེའི་རྒྱུད་དུ་ལྷོ་བྲག་ཏུ་སྐུ་འཁྲུངས། སྔགས་རྙིང་མའི་ཁྱིམ་བཙུན་གྱི་རིགས་བརྒྱུད་ཡིན་ཡང་སྔོན་ཡུན་རིང་པོ་ནས་ལམ་ལ་སྦྱངས་པའི་བག་ཆགས་ཀྱི་མཐུ་བརྟས་པས་འཁྲུངས་ཙམ་ཉིད་ནས་ཆོས་འབའ་ཞིག་སེམས་ཤིང་སྐྱེ་ཤེས་པ་ནས་བཟུང་དམ་པའི་ཆོས་འདུལ་བ་ལ་མོས་ཤིང་བཀའ་གདམས་ལམ་རིམ་ལ་མོས་པ་རྩེ་གཅིག་བྱེད་པ་ཞིག་བྱུང་ནས་དགུང་ལོ་བཅུ་གསུམ་པ་ལ་དགྲ་བཅོམ་པ་སྤྲུལ་ཏི་ཇོ་སྲས་ཀྱི་ཞབས་ལ་གཏུགས་ནས་རབ་ཏུ་བྱུང་། འདུལ་བའི་གསན་སྦྱོང་མཐར་ཕྱིན་པར་མཛད། སྔོན་གྱི་ལས་འབྲེལ་བཟང་པོས་འདུལ་འཛིན་ཐག་མ་བ་དང་མཇལ། གུས་པ་ཆེན་པོས་གསོལ་བ་བཏབ་པ་ན་འདུལ་འཛིན་ཐག་མ་བས་ཚེ་དང་ལྡན་པའི་ཚུལ་ཁྲིམས་འགྲོ་ཐོན་པ་འོང་གི་གསུང་། དེ་ནས་འདུལ་འཛིན་ཐག་མ་བ་ཆེན་པོ་བསམ་སྦྱོར་གཉིས་ཀྱིས་ཚུལ་བཞིན་དུ་བསྟེན་ནས་རྒྱལ་བའི་གསུང་རབ་ཀུན་གྱི་སྙིང་པོ་བྱང་ཆུབ་ལམ་གྱི་རིམ་པའི་ཁྲིད་བཀའ་གདམས་གཞུང་པའི་བཤད་སྲོལ་ལྟར་གསན་ནས་ཐུགས་སུ་ཆུད་པར་མཛད། ལམ་ཐུན་མོང་(༢༣༧བ)བའི་སྐབས་དུ་ཐུན་མོང་མིན་པ་རྡོ་རྗེ་ཐེག་པ་ལ་སློབ་པའི་ཕྱིར་ཐག་མ་བ་ཆེན་པོས་མི་གཡོ་བ་དཀར་པོ་ལྷག་པའི་ལྷར་ཟུངས་གསུངས

ནས་དེའི་སྒྲུབ་ཐབས་དང་མན་ངག་གནང་བ་ལྟར་བསྒྲུབས་པས་ཞལ་གཟིགས་ཐུན་མོང་དང་ཐུན་མོང་མིན་པའི་ལམ་གྱི་རིམ་པ་ལ་བརྩོན་པ་ཤུགས་དྲག་ལ་རྒྱུན་རིང་བ་མཛད་པས་མྱོང་བ་ཕུལ་ཕྱིན་ཐོན། དོན་འདི་ལ་དགོངས་ནས་རྗེ་ཐམས་ཅད་མཁྱེན་པས། བརྩོན་པས་སྒྲུབ་པ་ལྷུར་ལེན་ནམ་སེང་ཞབས། །ཞེས་བསྔགས་སོ། །

དེ་ནས་མཁན་ཆེན་ནམ་མཁའ་སེང་གེས་དགེ་བའི་བཤེས་གཉེན་དོན་སྙིང་པ་ལ་སྒྲོལ་མའི་ཆོས་སྐོར་ཞུས། གཞན་ཡང་དམ་ཚིག་གསུམ་བཀོད། ཛམ་བྷ་ལ། ཚོགས་བདག་རྣམས་ཞུས་ཏེ་བསྒྲུབས་པས་ལྷ་དེ་དང་དེའི་ཞལ་གཟིགས། དེ་ལྟར་བརྩོན་པ་ཆེན་པོས་སྒྲུབ་པ་རྒྱུན་རིང་དུ་མཛད་ནས་རང་ཉིད་མི་ཉམས་པའི་གདེང་ཐོབ་པ་ན་རང་གི་དཔོན་སྲས་མཁན་ཆེན་ནམ་མཁའ་རྒྱལ་པོ་སོགས་སྐལ་བ་དང་ལྡན་པ་མཐའ་ཡས་པ་ལ་བྱང་ཆུབ་ལམ་གྱི་རིམ་པའི་ཁྲིད་རྒྱ་ཆེར་སྤེལ། ལྷོ་བྲག་ཕྱོགས་སུ་གཞི་གསུམ་གྱི་ཕྱག་ལེན་སོགས་འདུལ་ཁྲིམས་རྣམ་པར་དག་པ་འཕེལ་བར་མཛད་དེ་ལྷོ་བྲག་སྒྲོ་བ་དགོན་པ་སོགས་ཀྱི་མཁན་པོ་མཛད་དེ་ལྷོ་ཕྱོགས་སྤྱི་དང་ཁྱད་པར་ཤུད་ཕུ་བའི་རྒྱུད་ལ་བཀའ་གདམས་བསྟན་འཛིན་རིམ་པར་བྱོན་པ་ཐམས་ཅད་མཁན་ཆེན་འདིའི་བཀའ་དྲིན་ལས་བྱུང་ངོ་། །དེས་ན་བྱང་ཆུབ་ལམ་གྱི་རིམ་པ་ལ་བློ་སྦྱོང་བར་འདོད་པ་རྣམས་ཀྱིས་མཁན་ཆེན་ནམ་མཁའ་སེང་གེ་ལ་གསོལ་བ་འདེབས་ཤིང་དམ་པ་འདིའི་རྣམ་(༢༣༨ན)ཐར་ལྟར་འདུལ་བའི་བཅས་མཚམས་དག་པ་གཞིར་བཟུང་ནས་བྱང་ཆུབ་ལམ་གྱི་རིམ་པ་སྒོམ་པ་ལ་བརྩོན་པ་ཆུ་བོའི་རྒྱུན་བཞིན་བྱའོ།། །།

དགེ་བའི་བཤེས་གཉེན་པོ་ཏོ་བའི་རྣམ་ཐར།

འབྲོམ་རིན་པོ་ཆེ་ནས་དགེ་བའི་བཤེས་གཉེན་པོ་ཏོ་བ་ལ་བརྒྱུད་པའི་བཀའ་གདམས་གཞུང་པའི་བླ་མ་རྣམས་ཀྱི་རྣམ་ཐར་འཆད་པ་ལ། རྒྱལ་བའི་གདུང་འཚོབ་བཤེས་གཉེན་པོ་ཏོ་བ། །ཞེས་བསྟགས་པ། གངས་རིའི་ཁྲོད་འདིར་རྒྱལ་བའི་བསྟན་པ་སྤེལ་བའི་སླད་དུ་བསམས་བཞིན་དུ་བྱོན་པའི་སྤྲུལ་པའི་སྐྱེས་མཆོག་དཀའ་ཐུབ་ཀྱི་རི་སུལ་དུ་དྲང་སྲོང་གི་སྤྱོད་ཚུལ་གྱི་གནས་ནས་བསྟན་པའི་བདག་པོ་མཛད་པ་དགེ་བའི་བཤེས་གཉེན་པོ་ཏོ་བ་ནི། ཕན་ཡུལ་སྤྲས་ཀྱི་བའོ་ཐང་དུ་ཡབ་སྐུ་གཤེན་སྲིད་ལ་ཕྱུག་སྟེ་སྲིད་པོ་ཞེས་གྲགས་པ་དང་། ཡུམ་རིགས་རྣམ་པར་དག་པ་ལེ་མོ་ཞེས་གྲགས་པ་གཉིས་ཀྱི་སྲས་སུ་མེ་མོ་ཡོས་ཀྱི་ལོ་ལ་སྐུ་འཁྲུངས། གདུང་གཉོས། བྱིས་པའི་དུས་ཉིད་ནས་བྱམས་སྙིང་རྗེ་བྱང་ཆུབ་ཀྱི་སེམས་སྣང་བས་ཆེན་པོ་རང་འཁྲུངས་སུ་བྱུང་སྟེ་འགྲོ་བ་གཞན་སྡུག་བསྔལ་བ་གཟིགས་ན་གཏིང་ནས་མི་དགའ་ཞིང་འདིའི་སྡུག་བསྔལ་འདི་ཐབས་གང་གིས་སེལ་བར་ནུས་སྙམ་པ་དང་། གཞན་བདེ་བ་གཟིགས་ན་ཐུགས་དགའ་ཞིང་འདིའི་བདེ་བ་འདི་ནམ་ཡང་མི་ཉམས་པར་གོང་འཕེལ་དུ་སོང་ན་སྙམ་པ་འབྱུང་བ་ཞིག་ཡོད། སྐྱེ་བོ་གཞན་དག་གིས་དབུས་གཙང་གི་ཆུ་འདི་ཐམས་ཅད་གོང་ཆུ་རྣག་བྱ་བ་ཅིག་ཏུ་འགྲོ །དེ་ན་བྱ་འདམ་སེལ་བྱ་བ་ཡོད་པས་ཆུ་དེས་མི་རོ་རྣ་རོ་ཐམས་ཅད་བསལ། བྱ་དེ་ཤི་ན་དེ་(༡༣༨བ)གསལ་མཁན་མེད་པས་ཆུ་འཁྱིལ་འོང་ཟེར་བ་གསན་པས་བྱ་དེ་ཤིན་ཏུ་གཅེས་པ་འདུག་གོ་གསུངས་ནས་བྱ་དེ་ཤི་དོགས་ནས་ཐུགས་ལས་མཛད། རྒྱ་ལམ་གྱི་འགྲོན་པོའི་སར་བྱོན་ནས་འགྲོན་པོ་ཀུན་ཁྱེད་ཅག་གི་ཡུལ་དུ་ལོ་ལེགས་པར་ཤོག །ཞེས་སུ་དོན་འགྲུབ་པར་ཤོག་ཅིག་ཅེས་སྨོན་ལམ་འདེབས། དགེ་

བཤེས་པོ་ཏོ་བ་ཉིད་ཀྱི་ཞལ་ནས། རང་གིས་དྲན་པ་རྙེད་པ་ནས་ཕ་རོལ་པོ་རྒྱལ་ན་དགའ། བདེ་ན་དགའ། སྐྱིད་ན་དགའ་བ་ལས། རང་རྒྱལ་བ་སོགས་བྱུང་ན་དགའ་སྙམ་པའི་རྟོག་པ་འོང་མ་མྱོང་། མི་གཉིས་འགྲོགས་ནས་འགྲོ་བ་མཐོང་ན་ཡང་འདི་གཉིས་མཐུན་ན་རུང་སྙེ་སྙམ་དུ་དགོངས་པ་ཁོ་ན་འོང་བ་ཡིན་གསུང་། དགེ་བཤེས་ཤ་ར་བས་བསྟོད་པ་མཛད་པ་ན་ཡང་། བཙ་ཕྲད་རྩུན་ཆད་བྱིས་པའི་དུས་ཉིད་ནས། །གཞན་གྱི་བདེ་སྡུག་ཐུན་མོང་ཉིད་དུ་གྱུར། །ཅེས་གསུངས། ཡབ་དེ་བོན་ཡིན་པས་དགེ་བཤེས་པོ་ཏོ་བ་ཆེན་པོས་ཀྱང་བྱིས་པའི་དུས་བོན་ཆོག་འདྲ་ཡང་མཛད་པས་བོན་གྱི་ཆོ་ག་འདི་དཀོན་མཆོག་གསུམ་ལས་ཕྱི་རོལ་ཏུ་གྱུར་པ་འདི་འདྲ་ཅི་རུང་ཞེས་ཐུགས་མ་མཉེས་པའི་བཀའ་ཡང་སྩལ། དེ་ཙ་ན་སྒོམ་ཆེན་ཞིག་ཤི་བའི་སྤུར་སྦྱངས་པས་འཇའ་དང་འོད་ལ་སོགས་པ་བྱུང་། དེ་ཡབ་ལ་དྲིས་པས་སྒོམ་ཆེན་ཞིག་གྲོངས་པ་ཡིན་ཟེར་བས་ངས་ཀྱང་བསླབས་ན་སྒོམ་ཆེན་ཞིག་འོང་སྙམ་པ་བྱུང་གསུང་། ཡབ་ལ་བླ་མཆོད་སྒྲ་སྒོམ་ཞེས་པ་གང་ཟག་ཁྱད་པར་ཅན་ཅིག་ཡོད། དེ་ལ་བྱིས་པའི་དུས་སུ་བསྙེན་གནས་ཀྱི་སྡོམ་པ་བླངས་ནས་སང་བསྲུང་བའི་(༢༣༩ན)དེ་རིང་ཆང་འཐུངས་པས་བད་ཀན་ལ་ཕོག་ནས་སྐྱུགས། ཡབ་ཀྱིས་ཁམས་ངན་པར་འདུག་པས་དེ་རིང་མ་སྲུངས། ཉ་སྟོང་བཅྒྱད་གསུམ་བྱ་བ་ཡིན་པས་སང་སྲུངས་བྱས་པས། ཡབ་ཅི་དགའ་དགའ་ཟེར་དུས་ནམ་ཡིན་པ་ན་སྲུང་བ་ཡིན། །ཁམས་བཟང་ན་བསྲུང་ལ། །ཁམས་ངན་ན་མ་བསྲུངས་པས་ག་ན་འོང་གསུང་། དེ་ལ་སྒྲ་སྒོམ་མཉེས་ནས། གཉེན་པོ་དང་ལྡན་པ་ཅིག་འོང་བར་འདུག་རབ་ཏུ་བྱུང་ལ་ཆོས་ཤིག་བྱེད་དུ་གཞུག་དགོས་ཞེས་ཕ་མ་གཉིས་ལ་ཡང་ཡང་བསྐུལ་ཞིང་གཞོན་ནུ་རང་ཉིད་ཀྱང་སྟོན་གོམས་པའི་བག་ཆགས་མཐུག་པོའི་མཐུས་སྤྱིར་འཁོར་བའི་གནས་ཐམས་ཅད་ཡིད་བརྟན་མི་རུང་བ་སྡུག་བསྔལ་གྱི་རང་བཞིན་ཅན་དུ་རིག་ཅིང་། ཁྱད་པར་ཁྱིམ་གྱི་གནས་ནི་ཉོན་མོངས་དང་ཉེས་པར་སྤྱོད་པའི་འབྱུང་

གནས་སྡུག་བསྔལ་གྱི་རྒྱ་བ་བཙོན་ར་ལྟ་བུར་གཟིགས་ནས་རབ་ཏུ་འབྱུང་བར་འདོད་པའི་འདུན་པ་དྲག་པོས་བསྐུལ་ཞིང་བླ་མ་གཉིས་ཀྱིས་ཀྱང་གནང་སྟེ་ཡེར་པ་བ་རྫོག་བྱང་ཆུབ་འབྱུང་གནས་ཀྱིས་མཁན་པོ། གླན་ཚུལ་བྱང་ལ་སློབ་དཔོན་ཞུས་ནས་རབ་ཏུ་བྱུང་མཚན་རིན་ཆེན་གསལ་ཞེས་བྱ་བར་གསོལ། སློབ་དཔོན་སྒྲ་སྒོམ་ལ་སྒོམ་ཞིག་བསླབས་པར་ཞུ་བྱས་པས་ཁོང་གི་གསུང་ནས། ཁྱོད་སྒོམ་གཤའ་མར་བྱེད་ན་ཆོས་ཨེན་ཅིག་ཉན་དགོས། དེ་ལྟ་མིན་ན་སྒོམ་ཆེན་གྱི་སྒོམ་མཚན་ཁྱུང་པས་ཕུ་ཐག་ཐུང་སྟེ་འགྲོ་བ་ཡིན་གསུངས་པས་ཐོག་མར་བཀའ་གདམས་ཀྱི་ཆོས་སྐྱོད་རྣམས་བསླབས། ཁས་བླངས་པའི་(༡༣༧༨བ)བསླབ་ཁྲིམས་དག་པར་བསྲུང་བ་གཞིར་བཞག་ནས་ཁུ་སྟོན་ལ་སོགས་པ་མཁས་པ་མང་པོ་ལ་བརྟེན་ཏེ་སྡེ་སྣོད་གསུམ་ལ་སྦྱངས་ནས་མཁས་པའི་ཕུལ་དུ་ཕྱིན་པར་མཛད། བདག་ཉིད་ཆེན་པོ་འདི་གཞོན་ནུའི་དུས་སུ་ཇོ་བོ་རྗེ་ཡང་བཞུགས་པས་ཇོ་བོ་ལ་ཡེར་པར་དགེ་བཤེས་སྟོན་པ་བྱང་དུ་གསེར་འཚོལ་དུ་བཞུད་པའི་ཤུལ་དུ་ནག་ཚོས་ལོ་ཙཱ་བྱས་ནས་སྒོམ་རིམ་བར་པ་གཅིག་གསན་པ་ལ་སྐད་ནི་མ་ཤེས། བན་གསར་དུ་སོང་བས་བརྡ་གཞན་མེད་པཎྜི་ཏ་ལ་བཟླ་རྒྱུ་མང་པོ་འོང་བར་འདུག་པ་ལ་ལོ་ཙཱ་བ་ལ་ཅུང་ཟད་ལས་མི་འོང་བར་སྣང་གསུང་། བྲག་རྒྱབ་པའི་བཟའ་མི་ཡིན་པས་ཕྱུགས་ས་ན་བྲག་ཀ་རྗེ་བཙུན་བྱ་བ་དང་ལྷན་དུ་བཞུགས་པ་ན་རྗེ་བཙུན་གཉིད་ལོག་ཁོང་གིས་མངོན་རྟོགས་ཞལ་འདོན་མཛད་པ་ལ་རྗེ་བཙུན་ན་རེ་ཐོན་ཅིག་གྲྭ་པ་མང་པོ་བྱུང་ངོ་ཟེར། གཉིད་སད་ནས་གླེང་པས་ཁྱེད་ཁ་ཏོན་བྱེད་པ་ལ་མི་མ་ཡིན་དཔག་ཏུ་མེད་པ་འདུས་ནས་ཆོས་ཉན་པ་སྨིས་ཟེར། ཤར་བའི་ཞལ་ནས། མི་མ་ཡིན་ལའང་མངོན་ཤེས་ཡོད་པ་ཡིན་གསུང་། བྲག་རྒྱབ་ཏུ་གཉེར་ཅིག་མཛད་པ་ལ་གོ་ཤིན་ཏུ་ཆོད་པ་ཅིག་མཛད་དེ། མདོ་མང་གཅིག་གི་ཕྱག་ལན་ཀྱང་མཛད། དེའི་བར་ལ་དགེ་འདུན་སྐྱི་བས་ལྷག་པ་ཞོ་བཤལ་གཅིག་ལས་འཐུང་མ་སྨྱོང་གསུང་། བྲག་རྒྱབ་པའི་དཔོན་ར་

ཞག་ཤཱཀྱ་རིན་ཆེན་ན་རེ། ར་བ་ཀླུམ་པོ་ལ་སོགས་པའི་གཉེར་བྱེད་དགོས་ཟེར་བ་ལ་སྐྱོ་ཤས་ཆེན་པོ་མཐའ་བས་མི་བྱེད་གསུང་ནས་དོན་མེད་པའི་བྱ་བ་ཐམས་ཅད་སྤངས་ཏེ་རབ་ཏུ་བྱུང་བའི་བྱ་བའི་གཙོ་བོ(༢༩༠ན)ཀློག་པ་ཐོས་བསམ་དང་། སྤོང་བ་བསམ་གཏན་ལ་ཁོར་ཡུག་ཏུ་བརྩོན་པར་མཛད། དེ་ནས་དབེན་པའི་གནས་ཞིག་ཏུ་རྩེ་གཅིག་ཏུ་སྒོམ་པར་བཞེད་ནས་ཡབ་ཀྱི་མཆོད་གནས་རང་ཉིད་ཀྱིས་བསྟེན་གནས་ཀྱི་སྡོམ་པ་ཞུས་པའི་སློབ་དཔོན་སྤྲ་སྒོམ་ལ་གྲོས་ཞུས་པས། སྤྲ་སྒོམ་གྱིས་ཁྱོད་སྒྲུབ་པ་གཤའ་མ་ཞིག་བྱ་འདོད་ན་བྱང་ར་སྒྲེང་ན་ཇོ་བོ་རྗེ་དཔལ་ལྡན་ཨ་ཏི་ཤའི་མན་ངག་ཡོངས་སུ་རྫོགས་པར་མཐའ་བ་འབྲོམ་སྟོན་པ་ཞེས་བྱ་བ་བཞུགས་པས། དེའི་ཞབས་དྲུང་དུ་ཕྱིན་ནས་མན་ངག་རྣམས་ཞུས་ན་ལེགས་ཞེས་བསྐུལ་བ་ལྟར་རང་ཉིད་ཀྱང་དད་གུས་ཆེན་པོས་དེ་ལྟར་བྱ་བར་འདོད་ནས་ར་སྒྲེང་དུ་དགེ་བཤེས་སྟོན་པའི་སྤྱན་སྔར་ཕྱིན་ལ་དབྱར་དགུན་གཅིག་ཙམ་བསྡད། གདམས་ངག་ཞུས་ནས་ཁམས་སུ་ཕྱིན་ལ་མིང་རུས་ཚུན་ཆད་སྤྱོས་ལ་སྒོམ་ཞིག་བྱ་སྙམ་ནས་ཅང་སྟོན་དང་གཉིས་འགྲོགས་ནས་རྒྱལ་གྱི་གླན་ཚུལ་བྱང་དགེ་ཚུལ་གྱི་སློབ་དཔོན་ཡིན་པས་ཕྱག་འཚལ་དུ་བྱོན། དེ་ནས་ར་སྒྲེང་དུ་བྱོན་པ་ལ་བྲག་རྒྱབ་པའི་དཔོན་གྱིས་ཀྱང་དགེ་བཤེས་སྟོན་པ་ལ་ཁྱེད་ཀྱི་སྤྱན་སྔར་ངའི་མི་ཞིག་ཐལ་གྱི །དེ་གཞན་དུ་མ་གཏོང་ཞིག་ཟེར་བའི་འཕྲིན་ཡིག་སླེབས། དེ་ནས་འབྲོམ་རིན་པོ་ཆེ་བསམ་སྦྱོར་གཉིས་ཀྱིས་ཚུལ་བཞིན་དུ་བསྟེན་ཏེ་བྱང་ཆུབ་ལམ་གྱི་རིམ་པའི་ཁྲིད་ཞུས་པ་ན་འབྲོམ་རིན་པོ་ཆེས་རང་གི་ཐུགས་ཀྱི་ཐུ་བོ་བསྟན་པའི་བདག་པོར་འགྱུར་བར་གཟིགས་ནས་སྤྱན་གྱི་འབྲས་བུ་ལྟར་བསྐྱངས་ཤིང་། ལམ་གྱི་རིམ་པའི་དབུ་བཤེས་གཉེན(༢༩༠བ)བསྟེན་ཚུལ་ནས་ཐར་ཆགས་སུ་གདམས་ཤིང་དམིགས་སྐོར་རེ་རེ་ནས་བཤད་ཚོས་ཙམ་དུ་མ་ལུས་པར་རྒྱུད་ལ་སྐོར་ཏེ་སྦྱོང་བ་ཐོན་ངེས་སུ་འཁྲིད་པར་མཛད་པས་དགེ་བའི་བཤེས་གཉེན་སྟོན་པ་རིན་པོ་ཆེའི་ཡོན་ཏན་དང་། ཇི་ལྟར་གསུངས་པའི་

ལམ་གྱི་གནད་རྣམས་ལ་ཡིད་ཆེས་ཀྱི་དད་པ་བརྟན་པོ་སྐྱེས་ཤིང་ཁྱད་པར་དུ་སྒྲོད་འཇུག་གི །བདག་ནི་གྲོལ་བ་དོན་གཉེར་ལ། །རྙེད་དང་བཀུར་སྟིས་འཆིང་མི་དགོས། །ཞེས་པ་ལ་བརྟེན་པའི་མན་ངག་གསུངས་པའི་ཐད་ཀར་ཐུགས་སྣ་འགྱུར་ཏེ་ཚེ་འདིའི་རྟོག་པ་བསྒྱུར། དགེ་བའི་བཤེས་གཉེན་འབྲོམ་རིན་པོ་ཆེ་འབྲལ་མེད་དུ་བསྟེན་པ་ཡིན། ང་དང་པོར་འོང་དུས་ན་ཐོག་ཅིག་མན་ངག་ཞུས་ནས་གནས་གཞན་ཞིག་ཏུ་འགྲོ་བསམས་པ་ཡིན་ཏེ། ད་ང་འགྲེས་སྨད་ཙམ་དུ་སོང་ཟེར་ཡང་མི་ཆ་གསུང་། དེས་ན་མན་ངག་ཆུང་ངུ་འགའ་ཙམ་གྱིས་མི་ཚོག་ལ། དེ་ཡང་ཞུས་ནས་གཞན་དུ་ཕྱིན་པས་མི་ཚོག་པར་དགེ་བཤེས་མཚན་ཉིད་དང་ལྡན་པ་དང་མི་འབྲལ་བར་བསྟེན་དགོས་པར་དགོངས་ནས་ལོ་བདུན་བསྟེན་པ་ལས་དགེ་བཤེས་སྟོན་པའི་ཐུགས་ཀྱང་ཟིན། བའོ་ཐང་འདིར་ཛི་ལྟ་བུའི་མི་ཆེན་པོ་ཞིག་འབྱོན་པར་འདུག་གསུངས། དགེ་བཤེས་རྣལ་འབྱོར་པ་དང་དགོན་པ་བ་ཡང་མ་འདས་བར་དུ་ར་སྒྲེང་དུ་བཞུགས་ནས་སྒྲུབ་པ་རྩེ་གཅིག་ཏུ་མཛད། བར་སྐབས་ཤིག་སྒྲ་སྒོམ་དང་ལྡན་དུ་མདོ་སྡེ་རྒྱན་གྱི་རྩ་བ་གཟིགས་ཤིང་བཞུགས། དེར་ནུབ་ཅིག་སྤྱང་ལེབ་གཅིག་ལ་མདའ་མང་པོ་རྒྱབ་ནས་བཏོན་པས་(༢༧)ན)མདེའུ་ཁ་ཡར་ལུས་པ་རྨིས། ཕྱིས་ཊཱིཀྐ་དང་སྦྱར་ནས་གཟིགས་པས་མདེའུ་མ་ལུས་པར་ཐོན་པ་རྨིས་ཏེ་རྗེ་བཙུན་བྱམས་པའི་དགོངས་པ་ཇི་ལྟ་བ་བཞིན་དུ་ལོངས་པ་ཡིན་གསུངས།

དེ་ལྟར་དགེ་བའི་བཤེས་གཉེན་པོ་ཏོ་བས་འབྲོམ་རིན་པོ་ཆེ་ཐོག་མ་མཇལ་བ་ནས་མཐར་ནམ་གཤེགས་བར་དུ་སྐད་ཅིག་ཀྱང་འབྲལ་མ་མྱོང་པར་བསམ་སྦྱོར་གཉིས་ཀྱིས་ཚུལ་བཞིན་དུ་བསྟེན། འབྲོམ་རིན་པོ་ཆེས་ཀྱང་སྲས་ཀྱི་ཐུ་བོར་བཟུང་། ལན་ཅིག་འབྲོམ་རིན་པོ་ཆེ་སྐུ་བསྙུན་པ་ཞིག་གི་སྐབས་པོ་ཏོ་བའི་པང་དུ་དབུ་བཞག་ནས་ཡོད་པའི་ཚེ། པོ་ཏོ་བའི་ཐུགས་དགོངས་ལ་འཇིགས་སར་སྐྱེལ་མས་བོར་བ་འདྲ་བ་ཞིག་འོང་བ་འདུག་ན་ད་སུ་ལ་བརྟེན་སྙམ་པ་དང་སྤྱན་ཆབ་གོང་བའི་རྩ་ན་མར་ཉིལ་གྱི་བྱུང་

བ་དགེ་བཤེས་སྟོན་པས་མཁྱེན་ནས། ངས་ཁྱོད་ཀྱི་བརྟེན་ས་སུ་ཡང་མ་མཐོང་བས་ད་ཕན་ཆད་གསུམ་ཡན་ཆད་ལྔ་མན་ཆད་དཔུང་གཉེན་ཆོས། དགེ་བའི་བཤེས་གཉེན་མདོ་སྡེ་ལ་གྱིས་ལ་སེམས་བཟང་པོ་གྱིས་དང་ཁྱད་པར་ཅན་དང་ཕྲད་དེ་འོང་གསུངས་པས། མདུན་ན་ཇོ་བོ་ལེགས་ཡོད་པས་སེམས་བཟང་པོ་གང་ལ་ཟེར་ཞུས་པས། འོ་ན་བྱང་ཆུབ་ཀྱི་སེམས་ལ་ཟེར་བ་ཡིན་མོད་ཅེས་ལན་གཉིས་བསྟོད་ནས་གསུངས་པས། དེ་སྐད་ནས་ཀྱང་མ་གོ་རྒྱུ་མེད་པ་ལ་དེས་གསལ་བཏབ་པ་འདྲ་བ་ཞིག་བྱུང་ནས་དེའི་ཐབས་ཀྱིག་ཏུ་མན་ངག་ཏུ་ཡང་གསུངས། ཚིགས་སུ་ལུང་དང་སྦྱར་ནས་ཀྱང་གསུངས། བཀའ་བརྒྱུད་རྟུན་ཆད་ཀྱིས་ཀྱང་དེའི་ཐབས་སུ་(༢༧)བ)གསུང་ནས་ཡོད་པས་ལོ་གཉིས་ཙམ་དུ་མྱ་ངན་ཡང་སངས་པ་འདྲ་ཞིག་བྱུང་བ་ལ། ཕྱིས་སེམས་བཟང་པོ་ལ་ཁོང་རང་དགོས་པར་སོང་བས་མྱ་ངན་ལ་སངས་དུས་མེད་གསུང་། མཐར་འབྲོམ་རིན་པོ་ཆེ་མྱ་ངན་འདའ་ཁར་དགེ་བཤེས་པོ་ཏོ་བས་འབྲོམ་རིན་པོ་ཆེ་ལ་བླ་མ་མ་བཞུགས་ན་སུ་ལ་བརྟེན་ཞུས་པས། བོད་ཕུ་ཐུང་ཙམ་འདི་ན་ཁྱོད་ཀྱི་དགེ་བཤེས་ངས་མ་མཐོང་གི་དགེ་བཤེས་མདོ་སྡེ་ལ་གྱིས་གསུང་། དགེ་བཤེས་སྟོན་པ་མྱ་ངན་ལས་འདས་པའི་དུས་སུ་མནལ་ལམ་དུ་རྩེ་ཕྱིང་དཀར་གྱི་སྟེང་དུ་བྱོན་ནས་རལ་གྲི་ཞིག་ལག་ཏུ་ཐོགས་ཏེ་དུང་ཞིག་བུས་པས་འཛམ་བུའི་གླིང་ཐམས་ཅད་དུ་ཐོས་སམ་སེམས་པ་ཅིག་རྨིས། མནལ་སད་པ་དང་རལ་གྲི་ཐོགས་པ་རྨིས་པ་ནི་ཤེས་རབ་ཇེ་ཆེ་ཇེ་ཆེར་འགྲོ །དུང་བུས་པ་རྨིས་པས་ཆོས་ནི་འགའ་རེ་ཙམ་འཆད་པ་ཅིག་འོང་གསུང་། དེའི་ཟང་ཟིང་གི་བགོ་སྐལ་ནི་ཅི་ཡང་མེད། ཐུགས་དམ་དུ་དགེ་བཤེས་སྟོན་པའི་རག་ཤའི་ཁྲིང་བ་ཉི་ཤུ་རྩ་གཅིག་དང་། ཕྱག་འཁོར་གཉལ་དུ་སྨན་དྲངས་པ་དེ་གཉིས་ཡོད་གསུང་། དགོན་པ་བ་འདས་ནས་ར་སྒྲེང་བསྐྱང་བར་དགོངས་ཏེ། དཔྱར་དེ་སྐྱོ་བསངས་ལ་བསླབ་བཏུས་ཤིག་གསུངས་པ་ལ་གཞན་གྱི་ཤེས་པ་སྒྱུར་ནུས་པ་ལྟ་བུ་ཞིག་བྱུང་བ་ལ། དེར་དབོན་ཆོས་

ཀྱི་རྒྱལ་པོ་ལ་ཡང་མ་བཏུབ། རྨི་ལམ་ན་ཁོང་རང་གིས་ཐོང་མཁན་མཛད་དེ། ཞིང་ར་དེ་རྨོས་པས་འོག་ཐམས་ཅད་ རྫ་རོང་དུ་སོང་ནས་རྨོར་མ་བཏུབ་པ་ཅིག་རྨིས་པས། ཞིང་སྦྲང་དུ་མ་བཏུབ་པ་ཡིན་གསུང་ནས་ར་སྒྲེང་གི་ཆས་དངོས་གང་ཡོད་བསྒྱུར་ཏེ་གཅིག་ཕུར་གཤེགས།

དེ་ནས་དགེ་བཤེས་པོ་ཏོ་(༢༩ ༢ན)བ་དང་ཕུ་ཆུང་བ་དང་། སྤྱན་སྔ་བ་སྟེ་སྐུ་མཆེད་གསུམ་ག་ཡང་ཚེ་འདི་ལ་ཤ་གཟུག་རང་བཟའ་བར་ཆད་ནས། ར་སྒྲེང་ཆོས་ཀྱི་སྒོ་གེས་ཐེབས་ཡོད། དེ་ཙ་ན་ཡོན་བཤད་ཕུ་ཆུང་བས་མཛད་པ་ལ་ཉིན་གཅིག་པོ་ཏོ་བ་མཛད་དུ་བཅུག་པས། གཞན་གྱི་ཤེས་པ་སྒྱུར་ནུས་པ་འདྲ་བ་ཅིག་བྱུང་བས་ཕུ་ཆུང་བའི་ཞལ་ནས། ཞུ་ཅིའི་ཇོ་བོས་ཆོས་གད་མེད་གཡའ་མེད་དགོངས་ཏེ་གདའ། ཇོ་བོ་ཆེན་པོའི་གསུང་བཞག་ནས་ངས་ཡོན་བཤད་བྱས་གསུངས་ནས་མཛད་མ་ཉན། དེ་ཕྱིན་པོ་ཏོ་བས་མཛད། ར་སྒྲེང་ནས་བྱོན་ཏེ་སྐུ་མཆེད་ལྷན་ཅིག་ཏུ་གླུངས་ཤོད་ན་འགོར་བསྒོམས། དེ་ནས་སྤྱན་སྔས་ཕྱོར་ཕུར་སྐུ་མཚམས་མཛད་ནས་བཞུགས། གཉིས་པོས་ཕན་ཡུལ་སྟོད་དང་རྒྱལ་ངོས་སུ་བསོད་སྙོམས་མཛད་ཅིང་བཞུགས། ལ་མོར་སྒྲ་ཟེར་བ་དེར་ཡང་བཞུགས། དེ་ལྟར་རང་རྒྱུད་སྨིན་ནས་གཞན་དོན་གྱི་ཚོགས་བསྡུས་པའི་དང་པོ་སྒྲོ་ལག་དགོན་པ་ཡིན་པར་གསལ་ཏེ། དགེ་བཤེས་དོལ་བས་སྒྲོ་ལག་ཏུ་མཇལ་ཙ་ན་ཚོགས་ནས་ལོ་ངོ་གསུམ་སོང་ཞིང་། གྲྭ་པ་སུམ་ཅུ་ཙམ་འདུག་གསུང་། དེ་ནས་ཁྲབ་འཛབ་ཁུང་མིག་ཏུ་དབྱར་གཉིས་བཞུགས་ནས་ལམ་སྒྲོན་དང་། ཡོན་ཏན་མཐའ་ཡས་པར་བསྟོད་པ་དང་། བཤེས་པའི་སྤྲིངས་ཡིག་གསུངས་པས་གྲྭ་པ་བརྒྱ་ཙམ་འདུས། དགུན་རྒྱལ་གྱི་གངས་རྒྱལ་མོར་བསླབ་བཏུས་གསུངས། གྲྭ་པ་སུམ་བརྒྱ་ཙམ་འདུས། དེ་ནས་ཀམ་ཡུང་བའི་གྲྭ་པ་མང་པོ་བྱུང་། བཟློག་ཀྱང་ཉན་དུ་མ་འདོད་ནས་དབྱར་གཅིག་ཆོས་མ་གསུངས་པར་སྐུ་མཆེད་གཉིས་ལ་མོ་སྟེར་པོ་ཆེར་བཞུགས། དེའི་དབྱར་ཚུལ་འཇུག

(༢༩༢བ)ཡང་དག་པ་ཅིག་བྱས་ཏེ་དགེ་བཤེས་པོ་ཏོ་བའི་ཞལ་ནས། ང་ལ་དེའི་དབྱར་ཐ་མལ་གྱི་རྟོག་པ་སྐད་ཅིག་ཀྱང་མ་སྐྱེས་གསུང་། ཕུ་ཆུང་བའི་ཞལ་ནས། ངས་རྟེན་འབྲེལ་འབའ་ཞིག་བསྒོམས་པས་རྟེན་འབྲེལ་རང་དུ་སོང་གསུང་། དེ་ནས་དར་ཡུལ་ཀོ་རུ་ན་བཞུགས་པའི་ཚེ་པོ་ཏོ་བ་ཆེན་པོའི་ཡབ་དགེ་བཤེས་ཀྱི་སྤྱན་སྔར་བྱུང་སྟེ་ཕྱག་བཙལ་ནས། ཕྱི་མ་ལ་ཐུགས་ལ་གདགས་པར་ཞུ། གོས་དུག་འདི་ཀུན་དགེ་བསྙེན་གྱིས་བགོར་བཏུབ་བམ། གླང་གཅིག་ཡོད་པ་གྲྭ་པའི་ཁལ་གྱིས་ཟེར་ནས་བཞུད། དགེ་བཤེས་པོ་ཏོ་བའི་ཞལ་ནས། ཨ་ན་ཕ་རྒན་དེ་ལྟོས་དང་གསུངས་ནས་བལྟས་པས་མན་ན་འདས་ནས་འདུག །

དེ་ནས་དགུང་ལོ་དྲུག་ཅུ་རྩ་གཅིག་པ་ལ་སྤྲུས་ཀྱི་པོ་ཏོ་དགོན་པ་ན་བཞུགས་པའི་དུས་སུ་ཕན་ཡུལ་སྟོད་དུ་སྔེ་རྩོད་ཆེན་པོ་ཞིག་བྱུང་བས་ས་ཕྱུག་པའི་ཇོ་བོ་མང་པོ་དང་། རྒྱལ་ནས་བྲོས་པ་མང་དུ་བྱུང་། དེ་ཐམས་ཅད་ལ་དགུན་འདི་ཇི་ལྟར་བཏུབ་བཏུབ་གྱིས་ཤིག་དབྱར་ནས་སྤྲུས་སུ་བསྟད་ཀྱི་གསུང་། དེ་ནས་དཔྱིད་ལུང་སྟོངས་མ་ཟིན་པར་དོག་ནས་སྡུད་མི་བཏུབ་པས། དཔེར་ན་སེང་གེ་རི་སུལ་བརྟེན་ནས་འཇིགས་མེད་པར། །ཞེས་པ་དེ་ལན་གསུམ་གྱི་བར་དུ་བྱུང་ནས། དབྱར་སྟག་ལུང་ཐང་དུ་བཞུགས་གྲྭ་པ་དྲུག་བརྒྱ་ཙམ་འཚོགས། ཕྱིས་སྟག་ལུང་དུ་ཆོས་ཉན་པ་དགེ་འདུན་རྣམས་ལ་གསེར་ཞོ་ཕྱེད་ཕྱེད་གནང་བས་གསེར་སྲང་བརྒྱད་ཅུ་ཙམ་སོང་། གྲྭ་པ་སྟོང་དང་སུམ་བརྒྱ་ཙམ་བཞུགས་པར་གསལ། གཞུ་མཁན་བྲག་དང་དབྱར་ས་དགུན་ས་མཛད་དེ་གཉིས་ཀར་བཞུགས། དེ་ནས་དགེ་བཤེས་སྤྲུས་(༢༩༣ན)པ་ཞེས་གྲགས་པ་བྱུང་། དེ་ནས་ཀྱང་ན་འགོར་བཞུགས་པར་གསལ་ཏེ། ཤ་ར་བའི་ཞལ་ནས། སྔར་ན་འགོ་ན་བཞུགས་པ་ན་དེ་རིང་མངོན་པར་བྱང་ཆུབ་པའི་དུས་ཡིན་གསུངས་ཏེ་མཛད་རྒྱུ་ཅང་མེད། ཕྱིས་དུས་དེར་མཆོད་པ་ཆེ་བ་རེ་མཛད་དེ་ཁོ་བོ་སྔ་མ་དེ་ལ་སྨོན་གསུང་། ན་འགོ

ན་བཞུགས་དུས་ས་དེ་གཞན་པས་སྤྱིལ་པོ་བརྩིག་པ་དང་རྐོ་རློག་སོགས་བྱས་པས་གྲྭ་པ་རྣམས་ཀྱི་རྨི་ལམ་དུ་སྡིག་སྦྲུལ་དང་སྦལ་ལྦོང་སོགས་རྨིས་པ་ལ་དགེ་བཤེས་པོ་ཏོ་བའི་ཞལ་ནས། ཁྱེད་སྐྲག་མི་དགོས་ངའི་རྒྱབ་འདི་ན་ནུབ་ཕྱོགས་ཀྱི་རྒྱལ་པོ་སྤྱན་མི་བཟང་ལུས་དང་གྲིབ་མ་བཞིན་དུ་རྟག་ཏུ་ཡོད་ཀྱི་གསུངས། བར་ཆད་ཀྱིས་མི་ཚུགས་པའི་རྒྱུ་ཡང་བྱང་ཆུབ་སེམས་དཔའ་ཉན་ཐོས་ཀྱི་ཆ་ལུགས་ཀྱིས་སེམས་ཅན་གྱི་དོན་མཛད་པའི་གནས་བརྟན་བཅུ་དྲུག་གི་གཅིག་ཡིན་གསུང་། རམ་སྡིངས་མ་བ་ལ་ཁྱེད་མ་འཇེམ་ནས་ཡིད་ཆད་མི་དགོས་པ་གནས་བརྟན་བཅུ་དྲུག་གི་གཅིག་ཡིན་པས་ང་དང་མཇལ་བ་ཁྱོད་བསོད་ནམས་མི་ཆུང་གསུང་། དེ་ལ་དགེ་བཤེས་པོ་ཏོ་བ་ཆེན་པོ་དེ་གནས་བརྟན་ཡན་ལག་འབྱུང་གི་སྤྲུལ་པར་གྲགས་ཤིང་གྲགས་པ་ལྟར་དུ་རང་ཉིད་ཀྱིས་ཀྱང་ཞལ་གྱིས་བཞེས། བཀའ་གདམས་གླེགས་བམ་ལས་དགེ་བཤེས་པོ་ཏོ་བ་འདི་ཉིད་བཤེས་གཉེན་འབྲོམ་རིན་པོ་ཆེ་རྒྱལ་པོ་དད་པ་བརྟན་པོར་སྐྱེ་འཁྲུངས་པའི་ཚེ་སྲས་ཆེ་བ་སངས་རྒྱས་འཛིན་པོ་ཏོ་བ། རྣམ་འཛིན་ཕུ་ཆུང་བ། དགེ་འདུན་འཛིན་སྤྱན་སྔ་བར་འགྱུར་བར་ལུང་བསྟན་ཏེ་དད་པ་བརྟན་པའི་འཁྲུངས་རབས་(༢༩ ༣བ)ལས། སྲས་སངས་རྒྱས་འཛིན་ནི་འདི་ནས་ལོ་ནི་མི་མང་བར་རིན་ཆེན་གསལ་ཞེས་བྱ་བ་རྒྱལ་བའི་འབྱུང་གནས་ཀྱི་སྲས་ཀྱི་ཐུ་བོར་འགྱུར། རྣམ་འཛིན་གཞོན་ནུ་རྒྱལ་མཚན་ཞེས་བྱ་བ་འདི་དེང་སང་གི་ཞུས་ལན་འདི་དག་གི་བདག་པོ་དམ་པ་ཅིག་ཏུ་འགྱུར། དགེ་འདུན་འཛིན་ནི་ཚུལ་ཁྲིམས་འབར་ཞེས་བྱ་བ་རྒྱལ་བའི་འབྱུང་གནས་ཀྱི་གདམས་པ་མང་པོ་ཉམས་སུ་ལེན་ཅིང་སངས་རྒྱས་ཀྱི་བསྟན་པ་ལ་ཕན་པའི་བཤེས་གཉེན་དམ་པ་ཅིག་ཏུ་འགྱུར་རོ་ཞེས་གསུངས། ཡང་གླེགས་བམ་དུ་སྐྱུ་མཆེད་གསུམ་པོ་དེ། རིགས་གསུམ་མགོན་པོའི་སྤྲུལ་པ་ཡིན་ཏེ། བཀའ་གདམས་གླེགས་བམ་གྱི་ལུང་བསྟན་གྱི་ལེའུ་ནས། འདི་ནས་སྤྱན་རས་གཟིགས་དབང་དང་། །འཇམ་པའི་དབྱངས་དང་གསང་བའི་བདག །

གཞན་ཡང་འཇམ་དབྱངས་ཉིད་སྤྲུལ་པ། །སྤྲུལ་པའི་ཁྱེའུ་གཟུགས་མཛེས་སོ། །རྩེ་ལྔའི་རི་ལས་འདིར་ལྷགས་གདའ། །དང་པོ་གསུམ་ནི་ང་ཡི་སྲས། །པོ་ཏོ་བ་དང་ཕུ་ཆུང་བ། །སྤྱན་སྔ་ཞེས་བྱ་སྐུ་མཆེད་གསུམ། །ཞེས་གསུངས། འབྲོམ་རིན་པོ་ཆེས། ཇོ་བོ་ལ་འབུལ་ཆེན་མཛད་པའི་ཚེ། ཇོ་བོའི་ཞལ་ནས་ཏུ་ཙམ། ཁྱེའུ་དཀར་པོ་འདི་ལ་ད་ལྟ་ངས་བོད་འདི་ན་བཀོད་པ་དྲུག་ཅུ་རྩ་ལྔ་མཐོང་གསུང་བ་འདི་ཕུ་ཆུང་བ། ཁྱེའུ་སེར་པོ་ན་རེ་ཁོ་བོ་ལ་བཀོད་པ་དགུ་བཅུ་མཆིས། པོ་ཏོ་བ། ཁྱེའུ་སྔོན་པོ་ན་རེ། ཁོ་བོ་ལའང་བྱང་ཕྱོགས་ན་བརྒྱ་དང་དྲུག་ཅུ་རྩ་ལྔ། འདི་ན་དྲུག་གི་གདུལ་བྱ་ལས་མ་མཆིས་གསུང་བ་སྤྱན་སྔ་ཚུལ་ཁྲིམས་འབར་ཡིན་པར་གོ །ཞེས་གསུངས། ཡང་སྔོན་བལ་ཡུལ་དུ་འཕགས་པ་ཤིང་ཀུན་(༢༩༨ན)ལ་ནུབ་ཕྱུན་དང་ཕོ་རངས་གཉིས་མིས་སྐོར་བ་བྱེད། གུང་ཕྱུན་འབྱུང་བ་བཞི་གཉིད་ལོག་པའི་དུས་སུ་མི་མ་ཡིན་རྣམས་སྐོར་བ་བྱེད། དེའི་དུས་གྲུབ་ཐོབ་མིན་པས་བསྐོར་བ་བྱེད་ན་བར་ཆད་འོང་། རྣལ་འབྱོར་པ་ཅིག་གིས་ཕག་མོའི་དངོས་གྲུབ་བརྙེས་ནས་མི་མ་ཡིན་རྣམས་ཀྱི་གསེབ་ཏུ་སྐོར་བ་བྱས་པས། དེ་རྣམས་གླུ་ལེན་གྱི་འདུག་པའི་ནང་ན་མར། སྔོན་ནས་སྔོན་གྱི་དུས་ཙ་ན། །ཐུགས་དགོངས་བླ་ན་མེད་པ་དེ། །ཇོ་བོ་ཨ་ཏི་ཤ་ལ་བྱུང་། །ད་ལྟ་མ་རིག་འཁྲུལ་པར་འཁྱམས། །ཨ་ཏི་ཤ་ཡི་གདུང་གསོལ་བ། །འཕགས་པ་སྐུ་མཆེད་གསུམ་པོ་དེ། །གཅིག་ཙམ་ལྷོ་བལ་གྱི་མཚམས་ན་ཡོད། །འཕགས་པ་འཇམ་དཔལ་དང་གཉིས་སུ་མེད། །གཅིག་ཙམ་བལ་པོའི་ཡུལ་ན་ཡོད། །འཕགས་པ་ཝ་ཏི་དང་གཉིས་སུ་མེད། །གཅིག་ཙམ་མང་ཡུལ་གྱི་གྲོང་ན་ཡོད། །འཕགས་པ་དབུ་ཁང་དང་གཉིས་སུ་མེད། །ཟེར་བ་གསན། རྟེན་དེ་རྣམས་རིགས་གསུམ་མགོན་པོ་དངོས་ཡིན་པས་བཀའ་གདམས་སྐུ་མཆེད་གསུམ་པོ་འདི་ཡང་རིགས་གསུམ་མགོན་པོའི་སྤྲུལ་པ་ཡིན་ཞེས་བཀའ་གདམས་ཆོས་འབྱུང་ལས་བཤད་དོ། །ངེས་དོན་དུ་སྤྲུལ་པའི་སྐྱེས་བུ་ཡིན་པར་བཤད་མོད། ཐུན་མོང་བ་གདུལ་

བུའི་སྣང་ངོར་ཡང་མཛད་པ་རྣམ་ཐར་བསམ་གྱིས་མི་ཁྱབ་སྟེ། དགེ་བཤེས་པོ་ཏོ་བ་ཆེན་པོ་དེ་འབྲོམ་རིན་པོ་ཆེ་ཁོ་ན་ལ་བརྟེན་ནས་བྱང་ཆུབ་ལམ་གྱི་རིམ་པའི་འགོ་བཤེས་གཉེན་བསྟེན་ཚུལ་ནས་འབྲས་བུ་མི་སློབ་ཟུང་འཇུག་འགྲུབ་པའི་བར་དམིགས་སྐོར་(༢༩༩བ)རེ་རེ་ནས་མྱོང་བ་ཞུལ་ཕྱིན་བཏོན་ཏེ་བསྒྲུངས་པས་རྩོལ་མེད་ཀྱི་མྱོང་བ་ཞུལ་ཕྱིན་འཁྲུངས་ཏེ་སྐྱེས་བུ་ཆུང་འབྲིང་གི་ལམ་ལ་སྦྱངས་པའི་འབྲས་བུ་ཚེ་འདིའི་ལུས་ལོངས་སྤྱོད་རྙེད་བཀུར་སྙན་གྲགས་འཁོར་གཡོག་གང་ལའང་ཆགས་པ་སྐད་ཅིག་ཀྱང་མི་སྐྱེ་བར་རི་དྭགས་རྨུས་མ་བཞིན་དུ་དབེན་པ་ནས་དབེན་པར་འཕོ་བར་མཛད། ལན་ཅིག་སྦྱིན་བདག་ཅིག་གིས་གཡུ་གྲུ་དམར་ཆེན་པོ་ཞིག་ཕུལ་བ་ན་ཕྱག་ཏུ་མ་བཞེས་པར་མདུན་དུ་ཞོག་ཅིག་པའི་བཀའ་མཛད། བསྔོ་བ་ལེགས་པར་མཛད། སང་ཉིན་དགེ་བཤེས་དཔོན་སློབ་རྣམས་ཕྱོགས་གཞན་ཞིག་ཏུ་ཐེབས་པ་ན་སྦྱིན་བདག་དེ་ཡིད་མ་ཆེས་པར་བཞུགས་སར་བལྟར་ཕྱིན་པས་གཡུ་དེ་མདངས་གང་བཞག་ས་དེ་ཁ་རང་ན་འདུག་ཟེར། དགེ་བཤེས་པོ་ཏོ་བ་དང་དེའི་འཁོར་ཐམས་ཅད་ཀྱང་ཟང་ཟིང་གི་དངོས་པོ་གང་ལའང་མི་ཆགས་པར་ཚེ་བློས་བཏང་ཤ་སྟག་ཏུ་བྱུང་སྟེ་རྣམ་པར་ཐར་པ་དེ་ཙམ་ཡང་བསྟན་པ་རིན་པོ་ཆེའི་རྒྱན་དུ་ཆེའོ། །

དགེ་བཤེས་པོ་ཏོ་བ་ཆེན་པོ་དེ་ལ་ཚེ་བློས་བཏང་གི་གྲྭ་པ་རྣམ་གྲོལ་སྒྲུབ་པ་ཤ་སྟག་སྟོང་ཙམ་རེ་འཁོར་དུ་འདུས་ཤིང་། དེ་ཐམས་ཅད་སྡོམ་གསུམ་གྱི་བཅས་མཚམས་དག་པ་བསྟན་པ་ཡོངས་རྫོགས་ཀྱི་ཉམས་ལེན་ལ་གཅིག་ཏུ་གཞོལ་བ། སྒོ་གསུམ་གྱི་སྤྱོད་པ་ཐམས་ཅད་དགེ་བཤེས་པོ་ཏོ་བ་ཉིད་ཀྱི་རྗེས་སུ་སློབ་པ་ཤ་སྟག་བྱུང་བས་འཛམ་བུའི་གླིང་གི་སའི་ཆ་ཐམས་ཅད་དུ་སྙན་པའི་གྲགས་པས་ཁྱབ་སྟེ་རྒྱ་གར་འཕགས་པའི་ཡུལ་དུའང་བོད་ན་རབ་ཏུ་བྱུང་བ་སྟོང་ཙམ་རྣམ་ཐར་གཅིག་ལ་འགོད་ནུས་པའི་སེམས་(༢༩༥ན)དཔའ་ཆེན་པོ་ཞིག་བཞུགས་ཡོད་འདུག་ཅེས་གྲགས་པ་བྱུང་ངོ་། །ཡང་ལན་

ཅིག་དགེ་བཤེས་པོ་ཏོ་བ་མཁར་ཐོག་ན་ཁ་བ་འཆགས་ནས་དོ་ནུབ་གཞོན་ནུ་མ་བདུན་གྱི་རྟོགས་བརྗོད་ནས་བཤད་པ་དང་འདྲ་བ་ཅིག་བྱུང་བས་དགའ་བ་ཞིག་བྱུང་གསུང་། གཞོན་ནུ་མ་བདུན་གྱི་རྟོགས་བརྗོད་ལས་ཇི་ལྟར་འབྱུང་བ་ནི། སྤྲ་རྣམས་བྲེགས་པར་གྱུར་ན་ནི། །ཕྱག་དར་ཁྲོད་ཀྱི་གོས་འཆང་ཞིང་། །དགོན་པ་ཡུལ་དུ་འདོད་པར་ནི། །ནམ་ཞིག་དེ་ལྟར་འགྱུར་ཞིག་གྱུ །ཞེས་གསུངས་པ་ལྟར་རོ། །

དགེ་བཤེས་པོ་ཏོ་བའི་མཛད་པ་རྣམ་ཐར་བཀའ་གདམས་ཀྱི་བཤེས་གཉེན་ཆེན་པོ་ཞིག་གིས་བསྟུས་པ་ནི་འདི་ལྟར། དགེ་བཤེས་པོ་ཏོ་བ་དེ་སྐྱེས་ཐོབ་ཀྱི་ལྷག་བསམ་ཅན། གནས་བརྟན་ཆེན་པོའི་གྲགས་པ་ཅན། བསྟན་པའི་ཁྲབ་གདལ་ཆེ་བ། སྡེ་སྣོད་ཀྱི་དོན་སྤྱིར་ཤར་བ། གཞུང་གི་བྱེད་པ་མཁས་པ། འདུལ་བའི་ཕྱག་ལེན་མཐེམས་པ། རབ་ཏུ་བྱུང་བའི་ཆ་ཐིངས་པ། བསྟན་པའི་བདག་པོ་ཞིག་བྱོན་པས། དགུང་དུས་དིང་སང་གི་བར་དུ་ཁས་བླངས་ལ་རྟོག་དཔྱོད་བྱེད་པའམ། སྡོམ་པའི་རྩི་ས་གཞི་འདིང་པའམ། སྡེ་སྣོད་ལ་བློ་ཁ་ཕྱོགས་པའམ། འདོད་པ་ལ་སྐྱོན་དུ་ལྟ་བའམ། ཡོན་ཏན་ལ་ངོམས་པ་བག་ཙམ་ཞིག་མཆིས་པ་འདི་དེའི་འོད་ལ་བརྟེན་པ་ཞིག་ལགས་པར་གདའ་གསུངས། དགེ་བཤེས་པོ་ཏོ་བ་དེ་སྡེ་སྣོད་གསུམ་ལ་མཁྱེན་པ་རྒྱས་ཤིང་། དེ་ཐམས་ཅད་གདམས་ངག་ཏུ་ཤར་བ་ཞིག་བྱུང་སྟེ། འབྲོམ་རིན་པོ་ཆེས་བསྟན་པའི་ཁྲབ་གདལ་(༢༩༥(བ)གསུང་ཙ་ན་པོ་ཏོ་བའི་ངོས་སུ་ཞལ་བསྟན་ནས་གསུང་། པོ་ཏོ་བ་ཆེན་པོ་དེ་གནས་བརྟན་བཅུ་དྲུག་གི་ཡ་བ་གཅིག་ཡིན་ཀྱང་གསུང་། ཐུགས་རབ་ཤིན་ཏུ་ཆེ་བས་མདུན་དུ་པོ་ཏི་ཅི་བྱུང་ཡང་སྐྱེས་བུ་གསུམ་གྱིས་ཁོག་བཅིངས་ནས་པོ་ཏི་ལ་ཟིན་བཤད་དུ་མཛད། པོ་ཏོ་བའི་ཞལ་ནས། རྒྱལ་གྱི་ཞང་ཆེན་པོ་དང་། འབྲོམ་རྒན་པོ་དེ་མིན་པ་ལྷ་འདྲེ་མི་གསུམ་ཐམས་ཅད་རྒྱ་སྐད་ཀྱིས་བཙུན་ནས་བཞག་གསུང་། འབྲོམ་བསྙེན་ཡུན་ཐུང་སྟེ་ཁྱུར་པོ་ལོ་ངོ་མཐོང་བདུན་དུ་བསྙེན། འབྲོམ་གཤེགས་ནས་ཀྱང་རྣལ་འབྱོར་

པ་དང་། དགོན་པ་བས་སྐྱ་མཆེད་གསུམ་མིག་གི་འབྲས་བུ་ལྟར་བསྐྱངས། དགོན་པ་བ་འདས་ནས་སྐྱ་མཆེད་གསུམ་གྱིས་ཕ་བོང་ཐང་དུ་གྲོས་མཛད་སྐད་ན། ང་ཅག་ཚེ་འདི་ལ་མི་ལ་ཆོས་བཤད་མི་བྱ། བན་མོའི་བསྙེན་བཀུར་མི་བཟའ། སྡེ་པ་དང་དགོན་པ་བདག་ཏུ་མི་བཟུང་། སྐྱེ་བ་ཕྱི་མ་བྱམས་པ་དང་། རྗེ་བོའི་སྤྱན་སྔར་སྨོན་ལམ་བཏབ། གཅིག་ལ་གཅིག་བརྟེན་དུ་བྱས་ལ་དགེ་སྦྱོར་སྐབས་ཅིག་ཏུ་བྱའོ་ཞེས་གྲོས་མཛད་དོ། །

དགེ་བཤེས་པོ་ཏོ་བའི་མཛད་སྤྱོད་རགས་རིམ་རྣམས་གླང་བྱ་རབ་པས་སྟོམས་སུ་བཀོད་པ་ནི། གཞན་གྱི་དབོན་དང་གཡོག་མི་བྱ། །གཞན་སེམས་མི་དགྲུག་སེམས་མི་བཟུང་། །བསྲེ་བསླད་མི་བྱ་འབྲེལ་མི་བྱ། །ལྟོགས་འཛིན་མི་བྱ་འདྲིས་མི་བྱ། །གྲོང་དུ་བྱ་ཞིང་འགྲོགས་དཀར་བྱ། །རྟེན་བཞེང་བ་དང་རྟེན་ལ་མཆོད། །གླེག་འདོན་སྦྱིན་གཏོང་བྱ་བ་ཡང་། །རྒྱུ་ཆེན་ཡོངས་སུ་སྤྱང་ནས་ནི། །རང་གི་ཟས་གོས་འཚོ་བ་ཡང་། །ངན་ངོན་ཙམ་གྱིས་ཆོག་བྱ་ཞིང་། །དབེན་པའི་གནས་(༢༩༨ན)སུ་སོང་ནས་ནི། །སྒྲུབ་པ་སྙིང་པོར་བླང་བར་བྱ། །ཞེས་གསུངས་སོ། །དགེ་བཤེས་པོ་ཏོ་བའི་རྣམ་ཐར་མཛེས་པའི་པདྨོ་རྒྱ་འགྲེལ་ལས་གསུངས་ཚུལ་ནི། སྤང་བྱའི་གནས་ཀྱི་དབང་དུ་བྱས་ནས། རང་ཡུལ་གནས་གཞི་དག་དང་གཞི་དགོན་དང་། །གྲོང་དང་འདུ་འཛི་སྤྱོད་ཡུལ་མ་ཡིན་ལྷ། །མི་གཙང་འཆལ་པ་དམ་ཚིག་ཉམས་པའི་གནས། །མི་དང་མི་མིན་བར་ཆད་གནས་ཀུན་སྤངས། །ཞེས་དང་། སྤང་བར་བྱ་བའི་གྲོགས་ནི། འཆལ་པ་དམ་ཉམས་འདྲིས་ཁྱེར་བུད་མེད་དང་། །ལྟ་སྤྱོད་མི་མཐུན་ཚེ་འདི་དོན་དུ་གཉེར། །མི་གཞི་མ་གྲུབ་བློན་དང་འདོད་པ་ཆེ། །ཉེ་འབྲེལ་ལ་སོགས་སྡིག་གྲོགས་མཐའ་དག་སྤང་། །ཞེས་སོ། །སྤང་བྱའི་ཟས་ནི། ཤ་ཆང་སྔོག་བཙོང་འབགས་བཙོག་མི་གཙང་དང་། །དཀོར་དང་གླུད་དང་ལས་ཀྱིས་འཚོ་བ་དང་། །ལོག་འཚོ་ལྔ་དག་རྗེའུ་འཆའ་རྒྱུ་འཁྱུང་སོགས། །མཐའ་གཉིས་སྤྱོད་པའི་མ་དག་འཚོ་བ་སྤང་། །ཞེས་སོ། །སྤང་བྱའི་གོས་ནི། གཅན་གཟན་རི་

བ་ཕྱུ་དུང་མ་ལ་སོགས། །རྒྱུ་དང་ཁ་དོག་མི་མཐུན་ཚད་ལས་འདས། །ཧ་ཅང་བཟང་དང་ངན་དྲགས་མཛེས་ཆོས་ཅན། །ཆོས་འདུལ་གཞུང་དང་འགལ་བའི་གོས་ཀུན་སྤང་། །ཞེས་པའོ། །སྤང་བྱའི་ནོར་ནི། དགེ་སྦྱོང་ཀུན་གྱིས་བཅང་དུ་མི་མཐུན་ནོར། །རིན་པོ་ཆེ་སོགས་མ་བཏགས་དངོས་པོ་བརྒྱད། །དཀོར་དང་གླུད་དང་གང་ལ་ཞེན་འགྱུར་བ། །ཡོངས་སུ་འཛིན་པ་ཐམས་ཅད་དགྲ་བཞིན་སྤང་། །ཞེས་སོ། །སྤང་བྱའི་ལས་ནི། ཞིང་ལས་ཚོང་དང་བུན་སྐྱེད་དུད་འགྲོ་སྐྱོང་། །སྨན་དང་བཟོ་དང་གཉེན་བཤེས་བསྐྱང་རན་དང་། །(༢༩༨བ)གྲོང་ཆོག་བྱེད་དང་ཆར་འབེབས་སེར་བ་བསྲུང་། །གཙོ་བོ་གནས་གཞིའི་བང་ཆེན་ལས་རྣམས་སྤང་། །ཞེས་པ་སྟེ། དེ་དག་ནི་བཀའ་རྒྱུད་འདིའི་སྤང་བར་བྱ་བ་རྣམ་པ་དྲུག་གོ །བསྒྲུབ་པར་བྱ་བའམ་བླང་བར་བྱ་བ་ནི། མདོ་རྒྱུད་གསུང་རབ་ཀུན་གྱི་སྙིང་པོ་སྐྱེས་བུ་གསུམ་གྱི་ལམ་གྱི་རིམ་པའི་ཉམས་ལེན་རྣམ་པར་ཐར་པ་དུ་མའི་རྒྱན་གྱིས་སྤྲས་པའི་ལམ་གྱི་ཆ་ལག་དང་བཅས་པ་རྣམས་སོ། །

ཉམས་སུ་བླང་བར་བྱ་བ་ལ་བླ་མ་བསྟེན་ཚུལ་གྱི་ཁྱད་པར་ནི། །བླ་མ་ཐ་དད་སྣ་ཚོགས་མི་འཚོལ་ཞིང་། །མཚན་ཉིད་ལྡན་པ་གཅིག་ལ་ལེགས་བརྟེན་ནས། །དེ་ཡི་དམ་ཚིག་སྲོག་པས་གཅེས་པར་བྱེད། །རྣམ་ཐར་ཐམས་ཅད་དེ་ཡི་རྗེས་སུ་སློབ། །ཅེས་དང་། སྡོམ་ཁྲིམས་ཀྱི་ཁྱད་པར་ནི། རྒྱུད་དང་འཚམས་པའི་སྡོམ་ཁྲིམས་ལེགས་པར་བླངས། །དེ་ཡི་བསླབ་བྱ་དེ་ཉིད་གཞུང་བཞིན་སློབ། །ཅེས་དང་། བློ་སྦྱོང་ཚུལ་ནི། བློ་སྦྱོང་བློ་སྣ་མས་རིམ་བཞིན་དུ་སྦྱོང་། །མཉམ་གཞག་རྗོགས་པ་རྗེས་ཀྱིས་གཏན་ལ་འབེབས། །ཞེས་སོ། །ཤེས་བྱ་ཤེས་པའི་ཁྱད་པར་ནི། མན་ངག་རིགས་པ་སྣ་ཚོགས་མི་འཚོལ་ཞིང་། །བསླབ་འོས་ཤེས་བྱ་ཀུན་ལ་བློ་གྲོས་སྦྱངས། །ཞེས་དང་། མན་ངག་གི་ཁྱད་པར་ནི། ཁ་ཕོ་ཅན་གྱི་མན་ངག་མི་འཚོལ་ལ། །མན་ངག་དམ་པ་སྡེ་སྣོད་གསུམ་ལ་བྱེད། །ཅེས་སོ། །ཚེ་འདིའི་འཁྲི་བ་གཅོད་ཚུལ་གྱི་ཁྱད་པར། སྐྱེས་པའི་ཡུལ་སྤངས་ཉེ་དུའི་འབྲེལ་ཐག

བཅད། །སྡེ་དང་ཡོན་བདག་ཕྱོགས་འཛིན་ཀུན་ལས་གྲོལ། །དུད་འགྲོའི་གཡོག་དང་ཞིང་ལས་མ་ཟིན་དང་། །མི་སེམས་འཛིན་སོགས་སྡུག་བསྔལ་ཀུན་དང་བྲལ། །ཞེས་དང་། བྱ་བའི་ཁྱད་པར་ནི། (༡༩༧ན)བློ་སྦྱོང་དགེ་སྦྱོར་ལ་སོགས་བྱ་བ་ཀུན། །མངོན་ཚན་ཆུང་ལ་དོན་གྱིས་ས་ཕྱོད་ཆེ། །ལག་རྗེས་དག་ལ་གཙོ་བོར་མི་མཛད་ཅིང་། །ཐོས་བསམ་སྒོམ་གསུམ་སྟན་ཐོག་གཅིག་ཏུ་མཛད། །ཅེས་དང་། ཐོ་ཅོ་མི་མཛད་པ་ནི། འདོད་པ་ཞུགས་བཅུག་ཆགས་མེད་ལྟར་སྟོན་དང་། རང་དོན་ཞུགས་བཅུག་གཞན་ཕན་ལྟར་བྱེད་དང་། །ཚེ་འདི་ར་མངོན་ཞེན་རྟོག་ལྡན་ལ་སོགས་པ། །རྫུན་དང་འདྲེས་པའི་ཐོ་ཅོ་མི་མཛད་ཅིང་། །ཞེས་དང་། མཁས་པའི་ཁྱད་པར་ནི། རྣམ་དག་སྡེ་སྣོད་གསལ་བའི་མེ་ལོང་ལ། །ཆོས་དང་ཆོས་མིན་གནས་ལུགས་ལེགས་མཐོང་བའི། །འཇིག་རྟེན་ལེགས་པའི་ལམ་ལ་མི་བརྟེན་པར། །མཁས་རྣམས་ཞུགས་པའི་ལམ་ལ་རྗེས་སུ་འཇུག །ཅེས་དང་། ལྟ་སྤྱོད་དག་པའི་ཁྱད་པར་ནི། ལུས་ངག་ཀུན་སྤྱོད་ཆོས་འདུལ་ཇི་བཞིན་ལ། །བརྩེ་སྟོང་དབྱེར་མེད་ཐེག་པ་མཆོག་སེམས་བརྟན། །བླང་དོར་གཉིས་མེད་གནས་ལུགས་དོན་ཤེས་ཀྱང་། །རྣམ་རྟོག་མ་ཟད་ཟད་ཚུལ་སྟོན་མི་བྱེད། །ཅེས་དང་། བརྟན་པའི་ཁྱད་པར་ནི། འཁོར་བའི་རང་བཞིན་ཇི་བཞིན་རྟོགས་གྱུར་པས། །སྐྱིད་སྡུག་ཀུན་གྱིས་སྤྱོད་པ་མི་འགྱུར་ཞིང་། །ལེགས་ཉེས་རྐྱེན་གྱིས་ཆོས་ལས་མི་བསྐྱོད་ལ། །སྐྱོ་བའི་སེམས་ཀྱིས་ཐར་ལམ་དགེ་ལ་འདྲེན། །ཞེས་དང་། ཆོས་བརྒྱད་སྤངས་པའི་ཁྱད་པར་ནི། གང་ལ་ཞེན་པས་སྡུག་བསྔལ་ཀུན་འབྱུང་ཞིང་། །ཅི་བྱས་ཆོས་ཀུན་ལྟར་སྣང་ཉིད་འགྱུར་བ། །འཇིག་རྟེན་ཀུན་གྱིས་བསྒྲུབ་བྱ་འཇིག་རྟེན་གྱི། །ཆོས་བརྒྱད་སྤངས་ཀྱང་སྤང་བ་ལྟར་མི་མངོན། །ཞེས་སོ། །ཐུགས་རྗེའི་ཁྱད་པར་ནི། །མར་(༡༩༧བ)གྱུར་འགྲོ་བའི་སྡུག་བསྔལ་མ་བཟོད་པས། །གཞན་དོན་མིན་པ་ཡིད་ལ་མི་དྲན་ཡང་། །ཐུགས་རྗེ་ཅན་དུ་མངོན་མངོན་མི་མཛད་ཅིང་། །ཅི་བྱེད་ཐམས་ཅད་གཞན་དོན་ཉིད་དུ་མཛད། །

ཅེས་དང་། ཤེས་རབ་ཀྱི་ཁྱད་པར་ནི། །ཆོས་རྣམས་ཐམས་ཅད་སྣང་ལ་རང་བཞིན་མེད། །སྒྱུ་མ་ནམ་མཁའི་ངོ་བོར་ཤེས་གྱུར་ཀྱང་། །དཀར་ནག་ལས་དང་ལས་ཀྱི་རྣམ་སྨིན་ལ། །ཡིད་ཆེས་དད་པས་ཤིན་ཏུ་གུས་པ་ཡིན། །ཞེས་སོ། །

རྒྱལ་སྲས་ཀྱི་སྤྱོད་པ་ལ་སློབ་པའི་ཚེ་ཕར་ཕྱིན་དྲུག་གི་མི་མཐུན་ཕྱོགས་སྤོང་ཚུལ་ནི། གཞན་ལས་བསླུས་ནས་གཞན་ལ་འགྱེད་པ་དང་། །སྐན་གྲགས་འདོད་དང་རྙེད་པ་འདོད་པ་དང་། །ཐོས་བསམ་ཀུན་དོར་ཉེས་ལྟུང་ཁྱད་དུ་བསད། །མ་དག་སྦྱིན་པ་ཆོས་སུ་མི་མཛད་ཅིང་། །རབ་བྱུང་མཁན་སློབ་བྱས་ཀྱང་བསྟན་པ་ལ། །རྨ་འབྱིན་རེ་ལས་བསྐྱངས་འདོད་མི་འོང་ཞེས། །སྤྱིར་ཡང་མཁན་སློབ་མི་མཛད་ཁྱད་པར་དུ། །བན་མོ་སྐྱེར་ཚོག་བར་ཆད་ཅན་གྱི་མིན། །མ་ཤི་ཙམ་གྱི་ཟས་གོས་ངན་ལ་བརྟེན། །ཆོས་ཀྱི་དོན་དུ་སྲོག་ཀྱང་འདོར་ནུས་པ། །གཞན་དང་འཐབ་རྩོད་ངོ་ལྐོག་མི་བྱེད་པར། །གང་དུ་མ་བདེ་ས་དེ་ཉིད་ནས་འགྲོ །རྙེད་དང་སྐན་གྲགས་དོན་དུ་མི་གཉེར་བས། །འཇིག་རྟེན་ལེགས་པ་ཅི་ཡང་མི་སྒྲུབ་ཅིང་། །བྱ་ངན་ལས་ཀུན་ངན་སྐྱུགས་དགྲ་བཞིན་དོར། །དུས་བཞི་ཀུན་ཏུ་ཆོས་སྤྱོད་བཙུ་ལ་འབད། །འདོད་དང་མི་དགེ་སྤོང་བྱེད་མདོན་ཤེས་སོགས། །ཡོན་ཏན་འབྱུང་བྱེད་བསམ་གཏན་མ་གཏོགས་པ། །གནས་པ་ཚམ་ཆོམ་སྙོམ་དུ་མི་འཚལ་ཞིང་། །སྒོ་གསུམ་དགེ་ལ་རྩེ་གཅིག་ཉམས་པ་མེད། །དྲི་མེད་སྡེ་སྣོད་མིག་དང་སྒྲོན་མེ་(༢༩༨ན)དང་། །སྨན་གྱུར་མང་དུ་ཐོས་པས་མི་ངོམས་ཤིང་། །ཐོས་པ་ཀུན་ཀྱང་ཉི་མ་དེ་རིང་ནས། །དངོས་དང་མོས་པས་ཉམས་སུ་བླང་བྱར་ཉན། །བརྒྱལ་ལན་སུན་འབྱིན་ཆོས་དམག་ཟེར་མཆུ་ཞུང་། །དབང་ཟ་རང་གཟོ་བསླུས་དོན་མི་མཛད་ཅིང་། །དོན་གྱི་མཐའ་ཆོད་ཚིག་ཞུང་དོན་ཀུན་གོ །མང་ཐོས་ལུང་ལྡན་དོན་གྱིས་མཚམས་ཕྱེད། །གྲུབ་མཐའ་མ་འདྲེས་ཆོས་སྐད་བཟང་ལ་བརྟེན། །ཅི་བཤད་སྒོམ་དོན་བློ་སྣ་སྒྱུར་ལ་མཁས། །ཉམས་པ་ཟུར་གསོ་ཚིག་འབྲུ་དམ་པ་བཀྲོལ། །འབྲུགས་པ་ཀུན་བསྡེབས

འབྱམས་པ་ངག་ཏུ་འདྲིལ། །བཀའ་ཆད་འགྱུར་འཁྲུགས་འགྱུར་མང་དག་ལ་བལྟ། །
མཁས་པའི་རྩོམ་ལུགས་འགྲེལ་ཊཱི་ཀ་དུ་མ་དང་། །བླ་མའི་མན་ངག་རང་གི་བློ་གྲོས་ལ། །
བརྟེན་ནས་རྣམ་དག་ཆོས་བཤད་དེ་ལྟར་མཛད། །ལྔ་བརྒྱ་ཐ་མར་རང་ཉིད་མི་ཉམས་
ཤིང་། །སྒྲུབ་པ་རྩལ་བཞིན་ཞེ་ནས་བྱེད་གྱུར་ན། །ཆོས་ཀྱི་དཔོན་དང་སྒྲུབ་གཡོག་ལ་
སོགས་པ། །ཚད་ལྡན་དོན་མཐུན་འགའ་ཞིག་མ་གཏོགས་པ། །གཞན་གྱི་དཔོན་དང་
གཡོག་པོ་མི་བྱེད་ཅིང་། །བླ་མ་སྒྲུབ་གཡོག་ལ་སོགས་མ་གཏོགས་པ། །གཞན་སེམས་
མི་གཟུང་ཀུན་གྱི་སེམས་མི་དཀྲུག །ཕྱོགས་འཛིན་འབྲེལ་འདྲིས་ལ་སོགས་བྱ་བ་སྤང་། །
གྱོང་ཞིང་འགྲོགས་དཀའ་རྣམ་ཐར་གཙང་བ་དང་། །དམན་པའི་ས་བཟུང་ཟས་གོས་
ངན་ལ་བརྟེན། །དད་བརྩོན་བློ་དང་སྙིང་རྗེ་ཆེ་བསྐྱེད་ལ། །མི་རྗེས་མི་སྙེག་ཆོས་དང་
གང་མཐུན་བྱ། །དབེན་ཞིང་ཉམས་དགའ་འཚོ་བ་འབབ་རྩོལ་ཆུང་། །གནོད་ཆེ་ཀུན་
ཁྲལ་དེ་ནི་བསྒྲུབ་(༢༥༨བ)པའི་གནས། །བག་ཡངས་སོས་དལ་ཉིད་དུ་མ་སོང་བར། །
ཆུ་བོའི་རྒྱུན་ལྟར་རྒྱུན་ཆད་མེད་པར་སྒྲུབས། །ཚེ་འདིར་མ་ཆགས་བྱ་རྒྱུ་ཆོས་ལས་མེད། །
ཁས་བླངས་གཙང་ཞིང་ལས་འབྲས་སྲོག་ལྟར་འཛིན། །འཁོར་བས་ཡིད་འབྱུང་མར་
གྱུར་འགྲོ་ལ་བརྩེ། །བདག་འཛིན་དགྲ་ཐུལ་མ་ནོར་རྟོགས་པར་འདོད། །ཅེས་གསུངས་
པ་རྣམས་ཏེ་རྒྱས་པར་ནི་མཛེས་པའི་པདྨོ་རྩ་འགྲེལ་གཉིས་ལས་ཤེས་པར་བྱའོ། །

དགེ་བཤེས་པོ་ཏོ་བ་དེ་འབྲོམ་རིན་པོ་ཆེ་ལ་གསང་སྔགས་ཀྱི་མན་ངག་རྣམས་མཐིལ་ཕྱིན་པར་ཞུས་ནས་བླ་མེད་ཀྱི་ལམ་རིམ་གཉིས་ཀྱི་ཉམས་ལེན་མཐར་ཕྱིན་པར་མཛད་པ་ཞིག་ཡིན་ཡང་གསང་སྔགས་ཤིན་ཏུ་གསང་བར་མཛད་ནས་རྒྱུན་གྱི་དམ་ཚིག་གི་རྡོར་དྲིལ་ཉེ་གནས་ཀྱིས་ཀྱང་ཞིང་གཤེགས་ནས་མ་གཏོགས་མ་མཐོང་། གསང་སྔགས་ཀྱི་བཟླས་བརྗོད་མཐར་ཕྱིན་པར་ཆོས་སྤྱོད་རྣམས་ཀྱང་ཐྲན་དུ་ཁོལ་བ་ཞིག་སྟེ་འོལ་པ་སྟོན་ཆུང་གིས་དཔལ་ལྷ་མོ་ཐད་པས་དགེ་བཤེས་མཁར་ཞུ་བ་འདུས། འཁོར་

རྗེས་ན་འདུག་པ་ལ་ཡང་གནོད་པས་དགེ་བཤེས་པོ་ཏོ་བས་དཔལ་ལྷ་མོ་ལ་འདི་ལྟར་བཀའ་བསྒོན་ཏེ། ཁྱོད་སངས་རྒྱས་ལ་ཆོས་དངོས་སུ་ཉན་པས་ཀྱང་འདི་ལྟར་བྱེད་ན། ངེད་ལུང་ལ་བརྟེན་པས་ཇི་ལྟར་བྱེད་གསུངས་པས། ནུབ་གཅིག་མནལ་ལམ་ན་བུ་མོ་གཞོན་ནུ་མ་གཅིག་གིས་གཡག་རྒོད་གཉིས་གཉའ་བཅག་ནས་དེད་སོང་། ཕ་ཚད་སོང་བ་དང་དེ་ཐམས་ཅད་ནམ་མཁའ་ལ་འཕུར་ནས་སོང་བ་ཅིག་རྨིས། དེ་ནས་ཕྱིས་གནོད་པ་ཡེ་མ་བྱུང་གསུང་། དགེ་བཤེས་པོ་ཏོ་བ་ཆེན་པོ་དེའི་སྐུའི་རྣམ་པ་ནི་(༢༥༨ན)གདོང་དཀྱུས་ཐུང་ངེ་བ། ཞལ་དཀྱིལ་དཀར་ལ་དམར་བའི་མདངས་ཆགས་པ། སྤྱན་རྩ་རྟུར་རེ་མཛད་པ་ཅིག་བཞུགས། ཆོས་གསུང་དུས་རྟུར་བཏོན་ནས་གསུངས་པས་དང་པོར་ཕྲུམ་ཚེ་ཞུས། དེ་ནས་བླ་གོས་ཀྱང་རྐེད་པ་ཙམ་དུ་ཞུས་འགྲོ་བ། ཐུགས་ཤེས་རབ་ཤིན་ཏུ་ཆེ་བས་ཚིག་བཞི་པ་རེ་ལ་ཡང་འདིའི་ཆ་ནས་འདི་ལྟར་འགྲོ་འདིའི་ཆ་ནས་འདི་ལྟར་འགྲོ་ཞེས་དོན་མི་འདྲ་བ་བཅུ་བཅུ་ཙམ་འཆད་པ་ཞིག་ཡོད་པར་གསུངས། དགེ་བཤེས་པོ་ཏོ་བ་དེ་ལམ་རིམ་འཆད་པའི་ཚེ་ལམ་སྒྲོན་རྩ་བར་བྱས་ནས། བཀའ་གདམས་གཞུང་དྲུག་དང་། རིན་ཆེན་ཕྲེང་བ། སློབ་སྤྲིངས། བཤེས་སྤྲིངས། ཀ་མ་ལ་ཤཱི་ལའི་སྒོམ་རིམ་རྣམས་དང་སྦྱར་ཏེ་མཐའ་ཆོད་པར་མཛད། གཞན་ཡང་ཇོ་བོའི་བདེན་གཉིས་ལ་སོགས་པ་པོ་ཏི་ལ་བྱུང་བཤད་མཛད་པས་སློབ་དཔོན་པས་ཆོས་འདི་ཙམ་སུ་ལས་བསླབས་པ་ལགས་ཞུས་པས། སློབ་དཔོན་བྲཧྨ་ལ་བསླབས་པ་ཡིན་གསུང་། བཀའ་གདམས་ཟེར་བའི་སྒྲ་བོ་ཆེ་དེ་ཡང་དགེ་བཤེས་པོ་ཏོ་བ་ཆེན་པོའི་དུས་སུ་གྲགས་པ་ཡིན། །རྣམ་ཐར་གཙང་བ་དང་། ཁྱབ་གདལ་ཆེ་བའང་དེ་དུས་བྱུང་བ་ཡིན་གསུང་། ཤིན་ཏུ་གཏིང་ཟབ་པས་ང་ལ་ཡོན་ཏན་འདི་ཡོད་མི་གསུང་ཡང་བྱང་ཆུབ་ཀྱི་ཐུགས་མངའ་བ། ཡི་དམ་གྱི་ཞལ་གཟིགས་པ། མངོན་པར་ཤེས་པ་རྒྱ་ཆེན་པོ་དང་ལྡན་པ་ཞིག་གོ །

དེ་ནས་ཤིང་མོ་བྱའི་ལོ་དབྱར་ཟླ་འབྲིང་པོའི་ཉ་ལ་དབྱར་གནས་མཛད་ནས།

ཆོས་བཅུ་བདུན་ལ་སློབ་མ་ལ་སྤྲིངས་པའི་དབུ་བཙུགས། ཉི་ཤུ་གསུམ་གྱི་(༢༤༩བ)
ཉིན་གྲས་པའི་སྡུག་བསྔལ་ཡན་ཆད་ཐོན། ཀ་པཱ་ལི་ཞལ་བསྐྲམས་ནས་ཁྱེད་ཅག་ང་ལ
དགེ་བཤེས་ཤིག་རེ་སྐྱེ་ད་ལྟ་མིང་ལས་མེད་མ་འོངས་པ་ན་མཚན་ཉིད་དང་ལྡན་པ་ཞིག
ཅི་འགྲུབ་བྱ། འུ་ཅག་རྣམས་གཏོར་མ་ཆེན་པོ་ཞིག་བཤམས་ལ་མནའ་ཐོ་ཞིག་གཅད
དགོས། ད་ཕྱིན་ཆད་སྡུག་ཏུ་འཛུག་མཁན་ཚེ་འདིའི་རྣམ་རྟོག་ཡིན་པས། དེ་མི་བོར་རེ།
སངས་རྒྱས་ཀྱི་བསྟན་པ་འུར་བྱེད་དུ་གཏོང་བའི་བྱ་རོག་དང་འུག་པ་བྱེད་རེ་བྱས་ལ
མནའ་སྐྱོལ་གསུངས་ནས། སྤྱན་ཆབ་སྒོར་སྒོར་མཛད་ཅིང་སྟན་ལས་བཞེངས་ནས་ནང
དུ་གཤེགས་སོ། །དེའི་ནུབ་མོ་ནས་ཅུང་ཟད་བསྙུང་། །སྔར་དྲོའི་དུས་སུ་ཆོས་སྟོན་ཐོན
ནས་རྗེ་རིན་ང་ཡང་འགྲོ་བར་འདུག་སྐྱེ་མ་སྐྱུས་རན་པ་ཡིན། འགྱོད་པ་མེད་པར་འགྲོ
གསུངས་ནས་གཟིམ་ཁང་དུ་གཤེགས་སོ། །དེའི་ཉིན་པར་ཆོས་མ་གསུངས། མཚན་མོ
ཅང་སྟོན་ལ་སོགས་པ་སྟོན་གཡོག་པ་རྣམས་ལ་ང་གཉིད་ཟི་བ་འདྲ་བ་ཅིག་ལ་ཕྱོགས
བཅུའི་ནམ་མཁའ་གང་བའི་སངས་རྒྱས་དང་བྱང་ཆུབ་སེམས་དཔའ་ཐམས་ཅད་མཐོང
ནས། དེ་དག་ལ་གསོལ་བ་བཏབ་པའི་སྣང་བ་ཅིག་བྱུང་གསུངས་དེའི་དུས་སུ་གྲྭ་པ
རྣམས་ཀྱིས་སྐུ་རིམ་བྱེད་པའི་ཁྲལ་བསྐུས་པ་ན། ཐེག་པ་ཆེན་པོའི་བླ་མའི་རིམ་གྲོ་བྱེད
པ་ལ་བྲེ་སྲང་གྲོག་གྲོག་བྱེད་པས་ཅིར་ཡང་མི་འགྱུར། དུག་རྩལ་གྱོན་ནས་ས་སྐྱོར་ལ
ཕར་མཉེས་ཚུར་མཉེས་བྱེད་པ་ཅིག་དགོས་པ་ཡིན་གསུང་། ཉི་ཤུ་དགུའི་ནུབ་མོ་བགྲེས
པ་རྣམས་ཞལ་མཇལ་དུ་འོང་བས། མར་མེ་མདུན་དུ་ཁྱེར་ལ་ཤོག་གསུངས་ནས་ཁོ
ཐག་ཆོད་པ་ལྟར་གནང་ནས་ད་སངས་(༢༥༠ན)གསུང་། དེ་ནས་ཅུང་ཟད་ཡོན་པ་ན
ཞབས་འབྲིང་ནང་འཁོར་བ་དག་དང་། མཆོད་གནས་རྣམས་སྤྱན་སྔར་བྱོན་པ་ལ། ཁྱེད
རྣམས་ཀྱིས་དགེ་བའི་བཤེས་གཉེན་མཉེས་པར་བྱས་ཏེ། སྤྱན་དང་ལྡན་པའི་ཇོ་བོ་ཨ
ཏི་ཤའི་ཞལ་ནས། བླ་མའི་ཞབས་ཏོག་བྱས་པ་དོན་མེད་པ་མ་ཡིན། དོན་ཆུང་བ་མ

ཡིན་གསུངས་པས། ངའི་ཚིག་ལ་ཡིད་ཆེས་པར་གྱིས། ཁྱེད་རྣམས་ལ་ལས་ངའི་མིག་གི་དོད་བྱས། ལ་ལས་ལག་པའི་དོད་བྱས་ཏེ་དོན་ཆེ་བ་ཡིན་གསུང་། གནམ་སྟོང་ཉིན་ཅང་སྟོན་དཀོན་མཆོག་འབར་གྱིས་ཚོགས་པ་ལ་ཞལ་གཅིག་སྟོན་པར་ཞུ། གྲྭ་པ་རྣམས་དེ་སྐད་བཀག་པས་བདག་ཅག་ལ་འབར་ཞིང་བདོག་ལགས་ཞུས་པས། རྒན་པོ་འཆི་ཁ་མ་ཅིག་བལྟས་པ་ལ་དགོས་པ་ཅང་ཡོད་དམ་གསུངས། ནན་གྱིས་ཞུས་པས་འོ་ན་ཁྲི་བརྩེགས་མཆོད་པ་བཟང་པོ་ཤོམས་ཤིག་གསུངས། གྲྭ་པ་རྣམས་ཀྱིས་དེ་ལྟར་བྱས་པའི་ཚེ་དགེ་བཤེས་པོ་ཏོ་བ་ཆེན་པོ་ཁྲི་ལ་བྱོན་ནས་ཆོས་ཤིག་གནང་ནས་ཕྱག་ཐལ་མོ་སྦྱར་ཏེ་སེམས་ཅན་སྐྱབས་མེད་པ་རྣམས་ཀྱི་སྐྱབས། མགོན་མེད་པ་རྣམས་ཀྱི་མགོན། དེ་བཞིན་དུ་གནས་དང་། གླིང་དང་། དཔུང་གཉེན་དང་། འདྲ་ས་མེད་པ་རྣམས་ཀྱི་འདྲ་སར་གྱུར་ཅིག་གསུངས་ནས། ཐལ་མོ་ཕྱིར་ལ་ཤིག་གིས་སོང་སྟེ་སྐུའི་བཀོད་པ་བསྡུ་བར་བརྩམས། དེ་ལྟར་དགེ་བའི་བཤེས་གཉེན་པོ་ཏོ་བ་འདི་མེ་མོ་ཡོས་ལ་འཁྲུངས། བདུན་ཅུ་དོན་དགུའི་བར་བསྟན་འགྲོའི་དོན་མཛད་ནས་བདུན་ཅུ་དོན་དགུ་པ་ཤིང་མོ་བྱའི་དབྱར་ཟླ་འབྲིང་པོའི་(༢༥༠བ)གནམ་སྟོང་གི་སྟ་དྲོ་པོ་ཏོ་དགོན་པར་སྐུ་གཤེགས་ཏེ་དགའ་ལྡན་ཆོས་ཀྱི་ཕོ་བྲང་དུ་ཐེབས་སོ། །

དེ་ནས་གནམ་སྟོང་གི་མཚན་མོ་སྐུ་གདུང་འཕྲུམས་སུ་སྤྱན་དྲངས་ནས་སྲིད་དང་། གུང་དང་། ཐོ་རངས་གསུམ་དུ་གཡོར་གཙང་དང་། ཆུ་འཁྲིས་པ་དང་། འཕན་ཡུལ་བ་གསུམ་གྱིས་མཆོད་པ་རྒྱ་ཆེན་པོ་མཛད། ཚེས་གཅིག་ལ་གཡོར་སྟོན་ཆོས་འབར་དང་། གཙང་པ་ཛོ་བཙུན་ཡེ་རྒྱལ་དང་། ཆུ་འཁྲིས་པ་སྟོན་པ་དབང་གཞོན་དང་། ཞང་བཙུན་ཤེས་རབ་རྒྱ་མཚོ་དང་། སྟོད་ལུང་པ་སྟོན་པ་རྒྱལ་པོ་དང་། འཕན་ཡུལ་བ་སྟོན་པ་ཤཱཀ་གཞོན་རྣམས་ཀྱིས་གདུང་གཉེར་མཛད་ནས་སྤུར་སྦྱངས་པའི་ཚེ། སྤུར་ཁང་གི་ཕྱོགས་བཞིར་རིན་པོ་ཆེའི་མཆོད་རྟེན་བཞི་བྱུང་བ་དང་། དཀར་ཕྱོགས་ཀྱི་ལྷ་རྣམས་ཀྱིས་ཕྱག

དང་མཆོད་པ་བྱས་ཤིང་ཕྱག་འཚལ་ལོ་ཞེས་པའི་སྦྲ་མི་རྣམས་ཀྱིས་ཀྱང་ཐོས་པ་བྱུང་། ལས་ཚན་གསུམ་དང་། བྲག་རྒྱབ་པས་ཕྱོགས་བཞི་ནས་མཆོད་པ་ཕུལ། ཐུགས་ལྷགས་རིང་བསྲེལ་ལ་སོགས་པའི་རྟེན་ངོ་མཚར་ཅན་མང་དུ་བྱོན། ཆོས་གཉིས་ལ་གདུང་ཆ་ལྷར་བགོས། ཆོས་གསུམ་ལ་ན་བཟའ་བགོས་དབྱར་གྲ་པ་རྣམས་དེར་བཞུགས་ནས་སྤྱིར་སྤྱངས་པའི་སར་མཆོད་རྟེན་བཞེངས་ཏེ་དགག་དབྱེ་ཐོན་ནས་སོ་སོར་བྱོན་ནོ། །གདུང་ཁང་དུ་དངུལ་གྱི་མཆོད་རྟེན་བྱེད་པ་དགེ་བཤེས་ཕུ་ཆུང་པས་གསན་ནས། གདུང་རྟེན་དངུལ་ལས་བྱས་ན་དངུལ་མི་ངན་གྱིས་ཁྱེར་ནས་ངའི་གྲོགས་པོའི་སྐུ་གདུང་གྲོག་ནང་དུ་སྤྱར་འདི་འོང་དོགས་ཡོད་དགོངས་ནས་ཇོ་བོ་ཚུལ་བསོད་ལ་འདིར་ཞོག་གྱིས་གསུངས་པས། ཚུལ་བསོད་འབྱོན་དུ་མ(༢༥༡)ན)གནང་། ཕྱིས་རབ་གནས་ལ་ཕུ་ཆུང་བ་སྤྱན་དྲངས་པའི་དུས་སུ་ཞལ་ནས་དངུལ་མ་བྱས་ན་ལེགས་པ་ཡིན་ཏེ། ད་བྱས་ཀྱི་རྟིང་ལ་རབ་གནས་ལ་བབ་པས་དབྱར་དོ་པོ་དགོན་པར་སྟོད་པའི་ལམ་གཞོར་ལ་བྱ་ཡ། འཁོར་ལོ་ཡན་ཆད་རྒྱན་ཡིན་པས་མ་ཚར་ཡང་བཏུབ། བྲེ་མན་ཆད་ཚང་བར་གྱིས་གསུངས་ནས་ཚུར་ལམ་གདུང་རྟེན་གྱི་རབ་གནས་མཛད་དོ། །

དགེ་བའི་བཤེས་གཉེན་པོ་ཏོ་བ་ཆེན་པོ་དེས་བསྟན་པའི་བྱ་བ་རྒྱ་ཆེན་པོ་མཛད་པས་སྤྱིར་གདུལ་བྱ་བགྲང་བ་ལས་འདས་ཤིང་། དུས་གཅིག་ཏུ་འདུས་པ་ལའང་ལས་དང་སྐལ་བར་ལྡན་པའི་གྲ་པ་ཉིས་སྟོང་ཙམ་འདུས་པའི་ནང་ནས། བཀའ་བབ་ཀྱི་བུ་ཆེན་བརྒྱད་དུ་གྲགས་པ་ནི། དང་ཚུགས་མཆོག་ཟུར་གཅིག་ལ་འགྲན་པ་ཞིག་ཡོད་པའི་བཀའ་དགེ་བཤེས་ཕོ་བྲང་སྡིང་པ་ལ་བབ། རྟོད་པ་བཅུ་ཏའི་རྒོལ་བ་ཡང་བཟློག་ནུས་པའི་བཀའ་དགེ་བཤེས་དོལ་པ་ཆེན་པོ་ལ་བབ། བྱམས་སྙིང་རྗེ་བྱང་ཆུབ་ཀྱི་སེམས་བདག་གཞན་བརྗེ་ནུས་པའི་བཀའ་གླང་རི་ཐང་པ་ལ་བབ། བཀའ་འགྱུར་རོ་ཅོག་ལ་གཞུང་བཤད་བྱེད་པ་ཐམས་ཅད་མཁྱེན་པའི་ཡེ་ཤེས་ལ་མངའ་བརྙེས་པ་འདྲ་བ་འོང་

བའི་བཀའ་ཞང་ཤ་ར་བ་ལ་བབ། སྟོང་ཉིད་ཀྱི་ལྟ་བས་དངོས་པོ་དང་མཚན་མར་འཛིན་པ་ཐམས་ཅད་འཇིག་ནུས་པ་ཡོད་པའི་བཀའ་རམ་སྡིངས་མ་པ་ལ་བབ། གསུང་རབ་ཐམས་ཅད་སྐྱེས་བུ་གསུམ་གྱི་གདམས་ངག་ཏུ་དྲིལ་ནས་སྟོན་པ་མཁས་པས་ནད་བརྟགས་ཏེ་ནད་ཐོག་ཏུ་སྨན་གཏོང་བ་འདྲ་བ་ཡོད་པའི་བཀའ་སྣང་དྲིའུ་ལྷས་པ་ཡེ་ཤེས་རྒྱལ་(༢༥༡བ)མཚན་ལ་ཕབ། མཆོད་པ་ཀུན་ཏུ་བཟང་པོའི་མཆོད་སྤྲིན་ལ་འགྲན་ནུས་པ་ཅིག་ཡོད་པའི་བཀའ་དགེ་བཤེས་བྲག་དཀར་བ་ལ་བབ། བླ་མ་ལ་སངས་རྒྱས་དངོས་ཀྱི་མོས་གུས་རྒྱུན་ཆད་མེད་པ་ཡོད་པའི་བཀའ་གཉལ་བ་ཆོས་འབར་ལ་བབ་བོ། །གཞན་ཡང་བསྟན་པ་ཡོངས་རྫོགས་འཛིན་པའི་བུ་ཆེན་སྐྱེས་བུ་དམ་པ་མང་པོ་བྱོན་ནོ། །

དེ་ལ་དགེ་བའི་བཤེས་གཉེན་ཕོ་བྲང་སྡིང་པ་ནི། གདུང་གཉོས་འབྲུངས་ཡུལ་གྲབ་པ། མཚན་གཞོན་ནུ་འོད། དགེ་བཤེས་པོ་ཏོ་བ་ཡུན་རིང་དུ་བསྟེན་པ་ཡིན་ཏེ། དབྱར་དགུན་ཅུང་ཟད་མ་གཏོགས་ཞལ་མཇལ་ནས་མྱ་ངན་ལས་མ་འདས་བར་དུ་ཞབས་དྲུང་དུ་བཞུགས་ནས་ཅི་མཛད་ཐམས་ཅད་ལ་ཡོན་ཏན་དུ་འཛིན་པ་ལས་མི་མཐུན་པར་འཛིན་པར་བྱེད་མ་མྱོང་བའི་སྐྱེས་བུ་དེ་ལ་པོ་ཏོ་བ་མྱ་ངན་ལས་འདའ་ཁར་ཁྱོད་ཀྱང་བཅུ་བཅོ་ལྔ་ཙམ་དང་འགྲོགས། གཅིག་ཕུར་བསྡད་ན་བྲ་བ་བཞིན་དུ་དགྲས་འཕྱེར་རོ་གསུང་། དགེ་བཤེས་པོ་ཏོ་བའི་གདམས་པ་མ་ལུས་པ་ཐུགས་སུ་ཆུད། ཁྱད་པར་ཆོས་གསུང་བ་ཐམས་ཅད་དཔེ་སྣ་ཚོགས་དང་སྦྱར་ནས་གསུངས་པ་ལ་ངོ་མཚར་སྐྱེས་ནས་ཕོ་བྲང་སྡིང་པས་དགེ་བཤེས་པོ་ཏོ་བ་ལ་དཔེ་རྣམས་ཕྱོགས་གཅིག་ཏུ་བསྡེབས་པར་ཞུས་པས། ངར་ཅིག་ཐུགས་དགོངས་མཛད། དེ་ནས་འོ་ན་བྱེད་ན་ཡང་གྱིས་གསུངས་པས། ཕོ་བྲང་སྡིང་པས་དཔེ་རྣམས་ཕྱོགས་གཅིག་ཏུ་དང་པོར་བསྡེབས་པ་ལ། པོ་ཏོ་བ་མཁར་ཐོག་ན་བཞུགས་པའི་དུས་སུ། གནས་བརྟན་རྒྱ་ལེ་འབར་བྱ་བས་བཤེས་གཉེན་པས་གསུངས་(༢༥༢ན)པའི་དཔེ་ཆོས་འདི་རྣམས་ལ་ཉམས་སུ་ལེན་པའི་གོ་རིམ་ཞིག་

གསུང་བར་ཞུ་ཞུས་ནས་གསུངས་པ་དགེ་བཤེས་བྲག་དཀར་བས་ཐུགས་ལ་བཟུང་སྟེ། པོ་ཏོ་བ་གཤེགས་ནས་ལོ་དྲུག་ལོན་པ་ན་དགེ་བཤེས་བྲག་དཀར་བས་གྲབ་པ་ཅན་དུ་བྱོན་ནས། དགེ་བའི་བཤེས་གཉེན་གྱིས་གསུངས་པའི་དཔེ་ཆོས་འདི་ལ་ཞུ་གཏུགས་འདྲ་དགོས་པར་བདོག་པས་དཔེ་ཆོས་ཚར་གཅིག་ཞུ་ཞུས་པས་གྲབ་བའི་ཞལ་ནས། ཁྱེད་རང་དགེ་བཤེས་པོ་ཏོ་བའི་དྲུང་དུ་བཞུགས་ཡུན་ང་བས་རིང་ན་དཔེ་ལ་ཁྱེད་རང་མཁས་པ་མིན་ནམ་གསུང་བ་ལ། ཕ་ཅང་ནན་ཏན་མ་བྱས་ཞུས་པས་གྲབ་པས་བྲག་དཀར་བ་ལ་ཚར་གཅིག་གསུང་། དེ་ནས་ཁོང་ལ་རྟོགས་པ་གསར་པ་འཁྲུངས་ཏེ་ཐོག་མར་གནས་བརྟན་རྒྱ་ལེ་འབར་ལ་དཔེ་ཆོས་རྒྱས་པ་ཅིག་གསུངས། དེ་ནས་གྲབ་པས་བསྐྱེབས་པའི་གཞུང་ལ་བརྟེན། ཁོང་གི་དེ་ན་མ་ཚང་བ་ཀུན་བསྐང་། ཟུར་མ་ཐོན་པ་ཀུན་གསལ་བར་བྱས་གོང་འོག་འབྲུགས་པ་ཀུན་སོ་སོར་བསྐྱེབས། བག་ཙམ་བཅོས་ཏེ་གྲབ་པའི་དེ་བས་ཀྱང་ཟབ་ལ་རྒྱ་ཆེ་བའི་དཔེ་ཆོས་མཛད། དགེ་བཤེས་བྲག་དཀར་བ་ལ་སློབ་དཔོན་འཕན་ཡུལ་བ་བྱང་ཆུབ་སྣང་བས་གསན། དེ་ལ་རྟ་ནག་མདའ་རུ་འཁྲུངས་པའི་ལྟོ་སྒོམ་རྗོང་པ་ཤེས་རབ་རྡོ་རྗེས་གསན་ཞིང་གོ་བདེ་བར་ཡང་བཅོས་ནས་གཞན་ལ་དར་བར་མཛད་དོ། །དགེ་བཤེས་གྲབ་པས་གྲབ་གནས་གསར་དང་ཕོ་བྲང་སྡིངས་བཏབ། གྲ་པ་བཞི་བརྒྱ་ཙམ་འདུས། དགུང་ལོ་རེ་ལྔ་པ་ལ་གྲབ་གནས་གསར་དུ་གཤེགས། །དགེ་བཤེས་བྲག་(༢༥༢བ)དཀར་བ་ནི་སྤྲེའུའི་ལོ་ལ་སྐུ་འཁྲུངས། དགེ་བཤེས་པོ་ཏོ་བ་ཡུན་རིང་དུ་བསྟེན་ནས་དགེ་བཤེས་པོ་ཏོ་བའི་གསུང་སྒྲོས་དཔེ་ཆོས་རྩ་འགྲེལ་བརྩམས། པོ་ཏོ་བ་གཤེགས་ནས་ཕོ་བྲང་སྡིངས་པ་ལའང་གཏུགས། དགེ་བཤེས་བྲག་དཀར་བའི་ཞལ་ནས་མདུང་དགོན་པ་ལ། འགྲོ་དྲུག་སེམས་ཅན་ཐམས་ཅད་ལ། །ཕྱོགས་བཞིར་གཏོར་མ་གཏོང་བ་བཞིན། །འབའ་ས་འབུས་འཕྱེར་བྱེད་པ་ནི། །ནམ་ཞིག་བདག་ཉིད་འགྱུར་ཞིག་གྲུ །བྱ་བ་ཡིན་ནོ་གསུངས། བྲག་དཀར་བའི་

ཞལ་ནས། མི་འདི་སྦྲུང་སླ་བར་འདུག་གསུང་། མདུང་དགོན་པའི་ཞལ་ནས། མི་མ་ཡིན་སྲུང་སླ། མི་ལ་གོ་བ་འཛོལ་པ་འོང་། མི་མ་ཡིན་ལ་མངོན་ཤེས་ཡོད་པས་གོ་བ་འཛོལ་བ་མི་འོང་གསུང་། འདིས་གནས་ཁང་གཅིག་ཏུ་ལོ་ཉི་ཤུ་རྩ་གསུམ་བཞུགས་པ་ལ། ཀོ་མཐིལ་གཅིག་གིས་ལོ་གསུམ་ཐུབ། མར་ལོག་གཅིག་གིས་ཟླ་བ་གཅིག་དང་ཞག་བཅུ་གསུམ་ཐུབ། ཟླ་བ་རེ་རེ་ལ་ནས་བྲེ་ལྔ་ལྔ་ལས་མི་འཛད། ངས་ཆོས་ཁ་ལུས་གཉིས་གས་བཤད་ཀྱང་ཁྱེད་ཀྱིས་མི་གོ །བྲག་དཀར་ནས་སྟག་རྩེར་འཕོ་ཙ་ན་ཁམ་ཕོར་བརྒྱད་དང་བུམ་པ་གཅིག་ལས་འཁྱེར་རྒྱུ་མེད་གསུང་། དེ་ནས་དགུང་ལོ་བརྒྱད་ཅུ་པ་ཡོས་ལོའི་དགུན་ཟླ་ཐ་ཆུང་གི་ཉི་ཤུ་གཉིས་ལ་གཤེགས། དགེ་བཤེས་འདིས་ལམ་རིམ་འཆད་དུས་གྲྭ་པ་སུམ་བརྒྱ་ཙམ་འདུས་སོ། །

དགེ་བཤེས་དོལ་པ་ནི། ས་མོ་ཕག་གི་ལོ་ལ་ཡབ་དགེ་བཤེས་ལེགས་པའི་རྒྱ་མཚོ་ཟེར་བ་ཐེག་པ་ཆེན་པོ་གསང་སྔགས་ཀྱི་མཁྱེན་པ་ཤིན་ཏུ་ཆེ་བ། མི་གཞི་ཡང་(༢༥ ༣ན) ལེགས་པ་ཅིག་ཡོད་པ་དེ་ལ་སྲས་གཉིས་མངའ་བའི་ཆེ་ཤོས་སུ་འཁྲུངས། གདུང་རིག་སྙིངས་པ་ཡིན། བཙས་ནས་ལོ་ལྔའི་བར་དུ་སྐུ་ལུས་ལ་རྟག་ཏུ་འོད་འཁོར་བ་ཅིག་བྱུང་། ལོ་ལྔ་ལོན་ནས་ཀློག་ཡིག་སློབ་པར་མཛད། དེ་ནས་ལོ་བཅུ་བཞི་ལོན་གྱི་བར་དུ་དགེ་བཤེས་ཆོས་ཀྱི་ལ་མངོན་པ་གསན། དེ་ནས་ལོ་བཅུ་དགུའི་བར་དུ་ཁྱུང་པོ་གྲགས་སེང་ལ་སོགས་པ་ལ་དབུ་ཚད་གསན། དེ་ནས་ཡབ་ལ་རབ་ཏུ་འབྱུང་བར་ཞུས་པས་ངེད་སྔགས་པའི་བརྒྱུད་ཡིན་གསུངས་ནས་མ་གནང་། ཡང་ཡང་ཞུས་པས་ཁྱོད་རབ་ཏུ་འབྱུང་ན་ཆུང་བ་འདི་ལ་སྔགས་པ་ཅིག་འཚོལ་བ་ལ་འོས་མེད་གསུང་། དེ་ནས་ལོ་ཉི་ཤུ་ལོན་པ་ན་འོན་དུ་ཆོས་འཁོར་ཞིག་གི་དུས་སུ་ལྷབ་སྟོན་གཤེན་གསུམ་བྱ་བ་འཚོགས་པ་ཡིན་ཏེ། དེའི་དུས་སུ་མི་ཆེ་ཤོས་ཡིན། དེར་དགེ་བཤེས་གཤེན་ལ་མཁན་པོ་ཞུས་ནས། སྟ་དྲོ་དགེ་ཚུལ། ཕྱི་དྲོ་དགེ་སློང་། སྔོད་ལ་སེམས་བསྐྱེད་གནང་སྟེ་ནན་ཏན་བྱེད་

ན་དེ་ཙུག་བྱེད་དགོས་པ་ཡིན་བྱ་བའི་ཞལ་ཀྱལ་ཡང་གསུང་། དེ་ནས་རྒྱ་འདུལ་བ་འཛིན་པ་ལ་འདུལ་བ་གསན། ལོ་གསུམ་ན་གནས་མལ་གྱི་གཞི་མ་གཏོགས་པ་མདོ་རྩ་བློ་ནས་རྩར་གྱེས་བཤད། དགེ་བཤེས་རྒྱ་གྲོང་འདུལ་མཛད་པས། དེད་ཟུར་ཆོས་པ་རྣམས་ཀྱིས་དད་ལྡན་རྣམས་ལ་རེ་མོས་ཀྱིས་ཆོས་འཆད་པ་ལ། ངས་ཐེག་ཆེན་རྣལ་འབྱོར་བཤད་པས་དད་ལྡན་རྣམས་དད་པ་སྐྱེས་ནས་དུ་སྐྱེ་ང་རང་ལ་ཕྲིག་པ་ཅིག་ཀྱང་མ་བྱུང་། ཕྱིས་དགེ་བཤེས་པོ་ཏོ་བའི་གསུང་གི་(༢༥ ༣བ)འཕྲིགས་བཙུག་པས། སྔར་གྱི་དེ་ཐེ་ཙུག་སོང་ན་སྐམ་པ་ཅིག་བྱུང་གསུང་། ཡབ་ཀྱི་ཞལ་ནས་ངའི་གྲོགས་པོ་འབྲོམ་སྟོན་གྱི་སློབ་མ་སྒོམ་སློབ་པ་ཅིག་ཡོད་པར་འདུག་པས་དེར་སོང་གསུངས་ཏེ། ངའི་དགེ་བའི་བཤེས་གཉེན་གྱི་ཐོག་མ་ཕ་ཆུན་དེར་གྱུར་ནས་འདུག་གསུང་།

དེ་ནས་ལོ་ཉི་ཤུ་རྩ་དྲུག་པ་ལ་པོ་ཏོ་བ་སྒྲོ་ལག་དགོན་པ་ན་བཞུགས་པའི་སྤྱན་སྔར་བྱོན། ཛ་དཀོན་པས་ག་བུར་གྱི་ཐག་སྣན་བཅེ་བཅུ་ལྷག་ཙམ་ལ་དྲངས། ཆོས་གོས་ལེང་བཟང་པོ་ཞིག་ཡོད་པ་ཕུལ་ནས་ཆོས་ཀྱི་ཞུ་བ་བྱས་པས། ཁྱོད་ལམ་ནོར་བ་ཡིན། ལྷ་ས་ན་ཉན་བཤད་ཉི་མ་ཤར་བ་ལྟ་བུ་ཡོད་པ་དེར་མི་སྡོད་པར་ང་ལ་ནི་འཆི་བ་རྗེས་སུ་དྲན་པ་བྱ་བའི་ཆོས་གཅིག་ལས་མེད། དེ་ལ་མགུ་ན་ལོ་བཞི་སྡོད། ཆོས་གོས་འདི་ཡང་ཚོངས་ལ་བཀྱགས་ཀྱིས་གསུངས་ནས་ཚུར་ལ་གནང་། དེ་ནས་དགོངས་ཆོས་ཀྱི་དུང་བྱུང་ནས་བྱོན་པ་ན་རིན་ཆེན་ཕྲེང་བའི་རྒྱལ་པོའི་ཚུལ་བསྟན་པའི་ལེའུ་ལ་སླེབ་ནས། ཁྱོད་ཀྱིས་མཁྱེན་པར་མཛད་སླད་དང་། །འགྲོ་བ་ལ་ཡང་བརྩེ་སླད་དུ། །ཁྱོད་ལ་མི་སྙན་ཡང་སྨན་པ། །བདག་ལྷ་གཅིག་པུ་ཏེ་པོར་གསོལ། །ཞེས་པ་དེ་ནས་ཐོས་པ་ཡིན་ཏེ། ཚོགས་ཆོས་ཐོས་པའི་སྔ་ཤོས་འདི་ཡིན་གསུང་། དེ་ཐོན་ནས་མདོ་སྡེ་རྒྱན་ཞིག་གསུངས། དེ་དུས་ཚོགས་བསྡུས་ནས་ལོ་གསུམ་ལོན་ནས་འདུག །གྲྭ་པ་སུམ་ཅུ་ཙམ་བཞུགས་ཀྱི་འདུག་པ་ལ་ལྷོག་ཆོས་ཁྲིད་པ་གསུམ་བཞི་ཙམ་ལས་ཡོད་ཡོད་མི་འདྲ། ཐུགས་མ་

མཉེས་ཙ་ན་ཁྱེད་ལེགས་པར་བྱེད་ན་གྱིས། མི་བྱེད་ན་(༢༥༨ན)ང་ལ་བློ་མི་བདེ་བ་གསུམ་བཞི་ཙམ་ལས་མེད་དོ་གསུང་གི་འདུག །དེ་ནས་དབྱར་གནས་ཀྱི་དུས་ལ་བབ་ནས་ཡོན་ཤེལ་ཞུ་སྣ་བཅོལ་ནས་དབྱར་འདིའི་བྱ་བ་ཞུ་བའི་གནས་ཀྱི་སློབ་དཔོན་ཞིག་ཀྱང་ཞུ་ཞུས་པས་ཇི་ལྟ་བུའི་ཡོན་ཤེ་ཡང་འོང་བ་གསུངས་ནས་བཞེངས་ནས་བཞུད། ཐུགས་མ་དགྱེས་པས་མ་ལེགས་པ་བྱས་སྙམ་པ་ན། སང་དགོངས་དེ་འདི་ར་ཤོག་གསུངས་ནས་བྱོན་པས། ངོ་བོ་སྟོན་པ་ང་ལ་གནས་ཀྱི་སློབ་དཔོན་ཞུ་ཟེར་ཏེ་ད་ལྟ་གནས་ཀྱི་སློབ་དཔོན་མཚན་ཉིད་དང་ལྡན་པ་མེད། ར་སྒྲེང་གི་ཤུག་པའི་གསེབ་དེར་དགེ་བཤེས་སྟོན་པ་གནས་ཀྱི་སློབ་དཔོན་དུ་འོས་པ་ཅིག་བྱུང་བ་ཡིན་ཏེ། སུས་ཀྱང་གནས་མ་བཅས་པར་སྐུ་གཤེགས་སོ། །བཅོམ་ལྡན་འདས་ཀྱིས་གནས་བྲན་པ་ཉེ་བར་བཞག་པ་བཞི་ལ་ཆོས་ཤིག་གསུངས་པས། ཁྱེད་ཅག་ཀྱང་དེ་ལ་གནས་འཆའ་དགོས་པ་ཡིན་གསུང་། དོལ་བ་ཉིད་ཀྱི་ཞལ་ནས། ངས་པོ་ཏོ་བའི་གསུང་དེ་སྐད་གཞན་དག་ལ་བཟླས་པས་གནས་དགེ་བསྙེན་ལ་འཆའ་འམ་སྙམ་སྟེ། ཆོ་འདི་ཕྱི་ཐམས་ཅད་ཀྱི་མདུན་མ་དེ་ལ་བསྐོས་པས་གནས་སུ་ངེས་པར་འོང་བ་ཡིན་གསུངས། སྤྱན་སྔའི་ཞལ་ནས་ཀྱང་། ངའི་དོན་གྱི་མཁན་པོ་དགེ་བསྙེན་ཟན་པོ་དེ་ར་འདུག་བྱ་བ་གསུངས། དགེ་བཤེས་དོལ་པས་ཆོས་ལ་འཕྲིག་བག་རེ་རྙེད་པས། སྔར་གྱི་ཆོས་ཐམས་ཅད་ཀྱིས་གོ་མི་ཆོད་པར་གོ །ཕྱི་མ་ཕན་ཆད་གལ་ཆེ་བའི་བློ་བག་རེ་བྱུང་བས། ཨན་རེ་བསམ་སྙམ་པ་མིན་པ་བཤད་སྙམ་པ་མེད་པས་དཔེ་དང་ཡིག་(༢༥༨བ)སྣ་ཀུན་ཀྱང་མི་ལ་བྱིན། ཀ་པཱ་ལི་རང་སྟོང་པར་བཞག་གསུང་། དེ་བས་ན་དགེ་བའི་བཤེས་གཉེན་དགོས་སྙམ་པ་ཅིག་བྱུང་གསུང་། དགེ་བཤེས་དེ་དང་མ་ཕྲད་ཀྱི་རིང་ལ་ངེད་གླེན་པ་ཆེན་པོར་འདུག །རབ་ཏུ་བྱུང་དགེ་བའི་བཤེས་གཉེན་དེ་དང་མཇལ་བས། བདེ་སྐྱིད་སྙན་གྲགས་ཐམས་ཅད་ངེད་ཆེ་གསུང་། ལོ་ཉི་ཤུ་རྩ་གཉིས་སུ་པོ་ཏོ་བའི་དྲུང་དུ་བསྟེན་པ་ཡིན་ཏེ། དེས་

ངོམས་པའམ་ཚིག་སླམ་པ་ཡེ་མ་བྱུང་གསུང་། དགེ་བཤེས་དོལ་པ་ཆེན་པོས་དབྱར་དགུན་པོ་ཏོ་བའི་སར་བཞུགས་ནས། སྟོན་དཔྱིད་སྐྱ་མཆེད་གཉིས་པོའི་སྤྱན་སྔར་རེ་མོས་སུ་བཞུགས། དེ་ནས་པོ་ཏོ་བ་བྱ་ཡོའི་དབྱར་གནས་ཀྱི་ཟླ་བའི་གནམ་སྟོང་ལ་སྣྱ་ངན་ལས་འདས་ནས་དབྱར་དེར་བཞུགས། སྟོན་ཚོད་པ་དང་ཚུར་བྱོན་ནས་དཔོན་གཡོག་བཅུ་ཙམ་ཆུ་སྣ་དགོན་པར་བཞུགས། ཚུར་འབྱོན་ཁར་ཁམས་པ་ལུང་པ་ཡའང་ཆོས་འབྲེལ་གསན། དེ་ནས་དཔོན་འཕགས་པས་དཔྱིད་ལ་གང་དུ་སྤྱན་དྲངས་ཏེ་ཕྱུལ། ཁྲི་ལོ་ལ་ཡ་གད་བཟུང་སྟེ་ལོ་གཉིས་སུ་གཞུང་མ་གསུངས་པར་སྟོང་ཐུན་སྐྱ་རེ་མ་ཆག་པར་གསུངས། དེ་ནས་འཁོར་རྣམས་ཀྱིས་ཞུས་ནས། དང་པོར་སློབ་མ་ལ་སྦྱིངས་པ་ཅིག་གསུངས། དེ་ནས་བེའུ་བུམ་སྔོན་པོར་གྲགས་པ་འདི་གསུངས་ཏེ་དགེ་བཤེས་དེའི་ཞལ་ནས། རང་གི་རྒྱུད་ལ་ཅི་ཕན་བྱ་བའི་ཆེད་དུ་འཕངས་འཕངས་རྣམས་བརྗེད་ཀྱིས་དོགས་ནས་བྲིས་པ་ཡིན། བཤད་པའི་གོ་ཆ་མ་བྱས། གོ་ཆ་བྱས་ན་དབྱར་དགུན་རེའི་ཆོས་གསུངས་ཚོད་རྣམས་བཟུང་ཡང་ཟད་པ་མེད་པ་འོང་སྟེ། གཅིག་ཕུར་སྡོད་ན་དགོས་སླམ་(༢༥༥ན)ནས་ཁ་ཡར་བྲིས་ནས་ཡོད་པ་ལ་དགེ་བཤེས་ཕྱ་བྲང་སྟེངས་པས་དཔེ་ཆོས་དེ་བསྐྱེབས་འདུག་པ་གསན་པས། འོ་ན་ངའི་དེ་རྣམས་ཀྱང་ལྷན་ཅིག་ཏུ་བསྐྱེབས་ན་གཞན་ལ་ཕན་པ་སྲིད་དམ་སླམ་ནས་ཡ་གད་དུ་བསྐྱེབས་པ་ཡིན་ཏེ། རྩོམ་ཡང་ལེགས་པ་ཅིག་བྱུང་། དེ་ནས་དགུན་བེའུ་བུམ་གསུང་བར་དགོངས་པ་ལ་ཇོ་མོ་དཔེ་མོ་བྱ་བ་ན་རེ། དགེ་བཤེས་ལ་རྨི་ལམ་ངན་པ་ཅིག་བྱུང་དགེ་བཤེས་ཀྱི་ནང་ཁྲོལ་ཡིན་ཟེར་བ་ཅིག་དོལ་ལུང་པ་ལ་འགྲེད་ཀྱིན་སྣང་ཟེར་བ་ཅིག་རྨིས་ཟེར་བས། ནང་ཁྲོལ་ཞིག་ནི་འགྲེད་ཉེན་ཡོད་དེ། སྐྱ་རིམ་མི་དགོས་གསུང་ནས་དགུན་དེ་ནས་གསུང་བར་མཛད་དེ་འགྲོ་བ་དཔག་ཏུ་མེད་པའི་དོན་མཛད་དོ། །

དགེ་བཤེས་ཤ་ར་བའི་ཕྱག་ཏུ་བེའུ་བུམ་འདི་བྱོན་པས་དགེ་བཤེས་དེ་བསྟན་བཅོས

རྫོམ་པའི་འབྲིང་ཚད་དུ་སྐྱོལ་ནས་འདུག་གསུང་སྐྱེ་ཚར་གཅིག་བཞེངས་པར་མཛད། སློབ་དཔོན་དོན་སྟེང་བའི་ཞལ་ནས། ང་ཡང་འདི་གཅིག་ཐོས་པར་འདོད་པས་གདུངས་ནས་ཡོད་ཙ་ན་དཔྱིད་ཅིག་གསུང་ཟེར་བ་ཐོས་ནས་ཡ་གད་དུ་ཕྱིན་པས་དེའི་ནུབ་མོ་རྫོ་རྗེ་གདན་དུ་ཕྱིན་པ་ཅིག་རྨིས། དེ་ནས་དགེ་བཤེས་དེའི་གསུང་གིས་བྱིན་གྱིས་བརླབས་པས་ཕན་པར་བྱུང་ནས་དགེ་བཤེས་ལ་སྨན་པར་མཆི་བར་གདའ་ཞུས་པས། གཅིག་ཕུར་སྡོད་ན་འདིས་དགེ་བཤེས་བཏུབ་པ་ཡིན་གསུང་། གཞན་ཡང་དགེ་བའི་བཤེས་གཉེན་འདི་ཇོ་བོ་ཉིད་ཀྱིས་ཀྱང་ལུང་བསྟན། སྐྱེ་བ་བདུན་པའི་རྟགས་དང་ལྡན། བླ་མ་རྣམས་ཀྱིས་ཇི་སྐད་བསྟན་པ་(༢༥༥བ)བཞིན་ཐུགས་ལ་འཁྲུངས། བདེ་བར་གཤེགས་པ་མང་པོའི་ཞལ་གཟིགས། མངོན་པར་ཤེས་པ་རྒྱ་ཆེན་པོ་མངའ། དེ་ཡང་སྐྱེ་ཐང་འོར་དུ་རབ་གནས་ཤིག་ལ་སྤྱན་དྲངས་པའི་ཚེ་སྡོད་ལུང་པའི་བཙུན་ཆུང་གཉིས་ཀྱིས་སེམས་བསྐྱེད་ཞུ་སྙམ་ནས་ཡང་ཡང་བརྩམས་པ་ལ། དགེ་བཤེས་མི་མང་པོས་གཡེངས་ནས་ཞུ་བའི་སྐབས་མ་བྱུང་བས། ཐུགས་ཀྱིས་མཁྱེན་ནས་ཁྱེད་རང་གྲབས་གྱིས། ཚར་བ་དང་ང་བོས་གསུང་། ཇོ་སྟན་མདའ་རིས་པས་ཡི་གེ་དྲུག་པ་ལི་མ་དེ་སྤྱན་དྲངས་ནས་བྱོན་པ་དགེ་བཤེས་དོལ་པས་ཡེ་མ་གསན་པ་ལ། ཁོང་དོལ་པའི་གཟིམ་ཁང་དུ་བྱོན་ནས་ཕྱག་བྱ་བར་བརྩམས་པས། སྔོན་ལ་ལྷ་ཚུར་སྤྱན་དྲོངས་གསུངས་ནས་མངོན་ཤེས་ཀྱིས་མཁྱེན། བཟང་ཡུལ་དུ་བྱོན་པའི་དུས་ན་ལྕེ་དཔལ་སྒང་པའི་ཞལ་ནས། ང་ལ་སྤར་བས་སྒོམ་བཟང་བ་ཅིག་སྐྱེས་པ་ལ། ཅིའི་ཕན་ཡོན་ཡིན་སྙམ་པ་ན་དགེ་བཤེས་དོལ་པ་དེར་བྱོན་པ་གཟིགས་པས་ཁོང་གི་བྱིན་རླབས་ཡིན་གསུངས་ནས་བསྙེན་བཀུར་ཆེ་བར་མཛད། ཕྱིས་ཀྱང་དེར་བྱོན་པའི་དུས་ན་དེ་ཁོ་ན་བཞིན་དུ་བྱུང་བས་དད་གུས་ཤིན་ཏུ་ཆེ་བར་མཛད་གསུང་། དགེ་བཤེས་མོན་བུ་ཆུང་བའི་ཞལ་ནས། དགེ་བཤེས་ཡ་གད་པ་དེ་རིང་འདི་ན་ཡར་ལ་འབྱོན་པར་འདུག །མདངས་ཆོས་བསམ་དུ་བཏུབ་པ་ཅིག་བྱུང་

གསུངས་ནས། དགེ་བཤེས་དཔོན་གཡོག་འབྱོན་པ་ལ་བྱ་ར་མཛད་དེ། མོན་བུ་ཆུང་གི་ལུང་པའི་མདོར་ཕེབས་པ་ན་བཟང་སྤྱོས་མང་པོ་བསྲེགས་ནས་གསོལ་བ་འདེབས་པ་ཡིན་གསུང་།

གཞན་(༢༥༨ན)ཡང་དགེ་བཤེས་འདི་མཐོང་བ་དང་། གསུང་ཐོས་པ་དང་། དྲན་པ་ཙམ་གྱིས་ཀྱང་གཞན་གྱི་ཉོན་མོངས་པའི་གཉེན་པོར་འགྲོ་བ་ཅིག་ཡོད་པ་ཡིན་གསུང་སྟེ། ལྟོར་བྱོན་པའི་དུས་རྒན་པོ་ཞིག་ན་རེ། ཕ་སྤུན་ཞིག་གིས་ཅི་བྱེད་པ་བྱེད་དུ་མ་སྟེར། དུག་བཏང་ནས་བསད་སྙམ་པ་ལགས་ཏེ། ཁ་སང་ཁྱེད་དང་མཇལ་བས་བསམ་པ་དེ་ལོག །ད་ངན་བུ་ལ་བཟའ་ཁྲིམས་ཤིག་དང་སྲོག་གཅོད་ཀྱི་སྡོམ་པ་ཅིག་ཞུ་ཟེར་བ་ལ། ཁོ་ཅི་ལ་གསོད་ཁྱོད་རང་གིས་སྐྱེ་བ་སྔ་མ་ལ་ཁོ་ལ་གནོད་པ་བྱས་པའི་རྟགས་ཡིན་གསུངས་ནས། ཕམ་ཕབས་ཤིག་དང་བཟའ་ཁྲིམས་གནང་། ཡང་བུད་མེད་གཅིག་ན་རེ། ངན་བུ་ལ་བུ་ནོར་རྫུང་ཞིག་བཏོག་པ་ཁོང་གིས་བསད་ནས་ཞེ་སྡང་ཆེན་པོ་སྐྱེས་པ་ལ་ཁ་སང་ཁྱེད་མཐོང་བས་ཆུང་དུ་ཐལ། མི་ཀུན་ན་རེ་སྐྱེ་བ་བདུན་པའི་བྱང་ཆུབ་སེམས་དཔའ་ལགས་ཟེར་ན་ལགས་སམ། ངན་བུ་ལ་བཟའ་ཁྲིམས་ཤིག་ཀྱང་ཞུ་ཟེར་བ་ལ། མ་རྒན་སྐྱེ་བ་བདུན་པ་མི་འདྲ་ན། འུ་ཅག་བཟའ་ཁྲིམས་ཤིག་བྱ་དགོས་གསུངས་ནས་བུའི་མྱ་ངན་སེལ་བའི་གདམས་ངག་དང་བཟའ་ཁྲིམས་གནང་། དེ་ལྟར་དགེ་བཤེས་དོལ་བ་མཚན་དངོས་ཤེས་རབ་རྒྱ་མཚོ། ཡ་གད་པ་ཞེས་ཀྱང་གྲགས་པ་དེ་དགུང་ལོ་ཉི་ཤུ་རྩ་དྲུག་ཏུ་ཚོགས་དཔོན་མཛད་དེ་འགྲོ་བ་དཔག་ཏུ་མེད་པ་སྨིན་པར་མཛད་ནས་སྨིན་དྲུག་གི་ཟླ་སྨད་ལ་གྲར་ཕེབས་དུས་སྐུ་ཁམས་ཅུང་ཟད་བསྙེལ་ནས་ཡར་བྱོན། ཟླ་བ་ཕྱི་མ་ལ་ཆོས་ཆེན་པོ་ཞིག་འཆད་དེ་འདི་(༢༥༨བ)རྣམས་ཀྱི་མི་གོ་ཉེན་ཡོད་གསུང་། སྐུ་གཤེགས་ཁར་དགུན་དེ་ཆོས་ཆེན་པོ་ཞིག་འཆད་དེ་ཁྱེད་ཀྱིས་མི་གོ་བར་གདའ་གསུངས་པ་ལ། གཞན་གྱིས་མ་གོ་བར། བེའུ་བུམ་གསུང་ངམ། བསླབ་བཏུས་གསུང་ཟེར། དགེ་

བཤེས་དོལ་པའི་གསུང་དེ་ཐོས་པ་ཙམ་གྱིས་ཀྱང་བློ་སྣེ་བསྒྱུར་ནུས་པ་ཞིག་ཡོད་པར་གསུངས།

དེ་ལྟར་བསྟན་འགྲོའི་དོན་རྒྱ་ཆེར་མཛད་ནས་དགུང་ལོ་དོན་གསུམ་པ་ལྕགས་མོ་ཕག་གི་ལོ་དཀྲུན་ཟླ་འབྲིང་པོའི་ཚེས་བདུན་གྱི་དྲོ་ཐོན་པ་ན་ཡ་གད་ཉིད་དུ་སྐུ་གཤེགས་སོ། །ཡ་གད་དུ་ཚོགས་པ་སྟོང་ཙམ་འདུས་པའི་ནང་ནས་བུ་སློབ་ཆེ་བ་ནི་ལྷ་འབྲི་སྒང་པ། དོན་སྟེང་པ་ཆེན་པོ། བྱ་འཆད་ཁ་བ། དཔལ་ཕག་མོ་གྲུ་པས་ཀྱང་འདི་ལ་ཆོས་འབྲེལ་གསན་སྣང་ངོ་། །

དབུས་ཀྱི་ཉི་ཟླ་ཟུང་གཅིག་ཅེས་ཡོངས་སུ་གྲགས་པ་བཤེས་གཉེན་ཆེན་པོ་པོ་ཏོ་བའི་ཐུགས་སྲས་གླང་རི་ཐང་པ་དང་ཤ་ར་བ་གཉིས་ལས། ཤ་ར་བའི་རྣམ་ཐར་ནི་འཆད་པར་འགྱུར་ལ། དགེ་བའི་བཤེས་གཉེན་གླང་རི་ཐང་པ་ནི་འཕན་ཡུལ་གཉན་གོང་གསེར་མ་ཤོངས་སུ་ཡབ་ཇོ་བོ་དར་མ་མགོན་བཟང་གི་སྲས་སུ་ཤིང་ཕོ་རྟ་ལ་འཁྲུངས། རུས་ཤུགས་ཚངས། ཁོ་རང་གི་ཞང་པོ་བཤེས་གཉེན་གྲོག་མོ་མཁར་བ་ལ་རབ་ཏུ་བྱུང་། མཚན་རྡོ་རྗེ་སེང་གེར་བཏགས། རྒྱལ་བ་འོད་དཔག་ཏུ་མེད་པའི་སྤྲུལ་པར་བྱེད་ལ། སྟོན་ལོ་ཙཱ་བ་སྐྲ་བ་དཔལ་བརྩེགས་སུ་སྤྲུལ་ནས་བསྟན་པ་ཆེས་ཆེར་གསལ་བར་མཛད་ཅིང་། འདིར་གདུལ་བྱ་བློ་དམན་པ་རྣམས་ཀྱི་ངོར་དང་པོར་ཤིན་ཏུ་བགྲེན་པའི་ཚུལ་མཛད་དེ་འཚོ་བ་(༢༥༧ན)དཀའ་ཐུབ་ལ་གནས་ནས་སྡེ་སྣོད་གསུམ་ལ་སྦྱངས་ཤིང་། སྡེ་སྣོད་གསུམ་གྱི་བརྗོད་བྱའི་དོན་ཐམས་ཅད་སྐྱེས་བུ་གསུམ་གྱི་ལམ་གྱི་རིམ་པར་དྲིལ་ནས་ཉམས་སུ་ལེན་པའི་མན་ངག་བྱང་ཆུབ་ལམ་གྱི་རིམ་པ་ལ་ཐུགས་རྩེ་ཆེག་སྒྲིལ་དུ་མཛད་ནས་བཀའ་གདམས་སྐུ་མཆེད་གསུམ་ག་ལ་གཏུགས་ཤིང་གཙོ་བོར་ནི་དགེ་བའི་བཤེས་གཉེན་པོ་ཏོ་བ་ཆེན་པོ་ལ་བཀའ་གདམས་གཞུང་དྲུག་གི་བཤད་པ་མཐའ་དག་པ་དང་། ལྷག་ཆོས་སུ་བདག་པས་གཞན་གཅེས་པའི་བྱང་ཆུབ་ཀྱི་སེམས་སྒོམ

པའི་མན་ངག་བློ་སྦྱོང་དོན་བདུན་མའི་ཁྲིད་ལེགས་པར་གསན་ཏེ་ཉམས་ལེན་གྱི་མཐིལ་དུ་མཛད་དོ། །

དགེ་བཤེས་སྣེའུ་ཟུར་པ་ཡའང་ལམ་རིམ་གྱི་ཁྲིད་གསན་ནོ། །དགེ་བཤེས་གླང་ཐང་པས་ལོར་སྤྱན་སྔ་ལ་ཆོས་གསན་དུས་ཡོས་སྤྲར་བ་རེས་གདན་ཉོན་མཛད་ཀྱིན་བཞུགས། དེ་ནས་བསོད་སྙོམས་མཛད་པའི་རྙེད་པ་གང་བྱུང་སྤྱིར་དགེ་འདུན་དང་། ཁྱད་པར་པོ་ཏོ་བ་དཔོན་སློབ་རྣམས་ལ་དངས་པས་སྐུ་བསོད་སྐྱེས་ཏེ་གྲྭ་པ་ཉིས་སྟོང་ཙམ་འཚོགས་པའི་བརྒྱུགས་ཁོང་རང་གིས་གནང་། གནས་ངེས་མེད་མཛད། སྤྱན་སྔ་ལོའི་མཆོད་རྟེན་བཞེངས་དུས་གྲྭ་པ་ལྔ་བརྒྱ་ཁྲིད་དེ་མཆོད་རྟེན་བརྩིག་པའི་ཞབས་ཏོག་ཀྱང་མཛད། གཙོ་བོར་པོ་ཏོ་བའི་རྣམ་ཐར་དང་གསུང་སྒྲོས་འཛིན། པོ་ཏོ་བ་གཤེགས་ཁར་དགེ་བཤེས་གླང་ཐང་པ་ལ་ཁྱེད་གནས་གཅིག་ཏུ་མ་བཞུགས། དངོས་པོ་ཅི་ཡང་བདག་གིར་མ་འཛིན། དེ་གཉིས་སེམས་ལ་ཞོག་གསུང་། སྤྱན་སྔ་ལ་དགེ་(༢༥༧བ) བཤེས་གླང་ཐང་པས་ཁོ་བོ་མི་ཚེ་རྫིལ་གྱིས་བྱམས་པ་ཁོ་ན་སྒོམ་པར་ཞུ་ཞུས་པས། སྤྱན་སྔས་དབུ་ཞུ་ཕུད་ནས་ཇོ་བོ་པ་ཆ་བྱེད་བཟང་གསུངས་ནས་དབུ་དུད་དུད་མཛད། ལན་ཅིག་གི་ཚེ་ཚེ་རབས་ཐམས་ཅད་དུ་དགེ་སློང་གི་དངོས་པོ་དང་མི་འབྲལ་བའི་དམ་བཅའ་བརྟན་པོ་མཛད་པས། དཔལ་ལྷ་མོ་དྲེའུའི་སྐད་ལྷང་ངེ་ཐོན་ནས་དེའི་བར་དུ་ངས་ཁྱོད་ཀྱི་གྲོགས་བྱའོ་གསུང་། གླང་ཐང་པའི་ཞལ་ནས། ཅི་ཙུག་སོང་ངམ། བསྒྲུང་སྒོམ་བག་རེ་ཡང་བྱས། བསམ་སྒོམ་བག་རེ་ཡང་བྱས། བསོད་ནམས་ཀྱི་ལས་བག་རེ་ཡང་བྱས་པ་ལ་ཅི་འདྲའི་པོ་ཏི་ཟབ་མོ་ཞིག་ཞལ་ཕྱེ་ཡང་སྐྱོན་ཐམས་ཅད་རང་གི་ཡིན། ཡོན་ཏན་ཐམས་ཅད་ཇོ་བོ་སེམས་ཅན་གྱི་ཡིན། དེའི་གནད་ཀས་ཁེ་དང་རྒྱལ་ཁ་ཐམས་ཅད་གཞན་ལ་བྱིན་ལ། གྱོང་དང་ཕམ་ཁ་ཐམས་ཅད་རང་གིས་བླང་སེམས་པ་མིན་པ་གོ་རྒྱུ་མ་རྙེད་གསུང་། ཡང་ཞལ་ནས། འགྲོ་བ་རིགས་དྲུག་གར་སྐྱེ་ཆ་མེད་དེ། གར

སྐྱེས་ཀྱང་སེམས་ཅན་ལ་ཕན་འདོགས་པ་འདི་མི་བརྗེད་དམ་སེམས། མིག་ལོང་ཡང་ཆོས་མ་འཆོར། རྣ་བ་འོན་པ་དང་། མཛེས་ཁྱེར་བ་དང་། རྐང་ལག་ཞ་བ་དང་། ལྐུ་ལྐུགས་ཀྱང་ཆོས་མི་འཆོར་གསུངས་ཏེ་དོན་ལ་ཕྱིར་མི་ལྡོག་པར་ཞལ་གྱིས་བཞེས་པ་ཡིན། པོ་ཏོ་བ་ཞིང་གཤེགས་ནས་ཐང་གྲོང་ལྷག་ཏུ་གཏོར་མ་མཛད་དུས་གཏོར་སྐྱེར་བྱ་རོག་གིས་ཁྱེར་ཏེ་གླང་ཐང་གི་ཤར་གྱི་རི་དེའུ་དེའི་ཁར་བཞག་པས་གླང་ཐང་པས་དེར་བྱོན། དཔོན་ཤཱཀྱ་བྱ་བས་ཞབས་ཏོག་བྱས་ཏེ་དེར་ལོ་གསུམ་སྒྲུབ་པ་མཛད། ཞོལ་དུ་སྒྲུབ་ཆུ་ཡང་བྱུང་། ཉིན་(༢༥༤ན)མཚན་དབྱེར་མེད་དུ་བྱང་ཆུབ་ཀྱི་སེམས་ཀྱི་ཏིང་ངེ་འཛིན་སྒོམ་པར་མཛད་པས་ཀླུ་མོ་སྤྱན་གསུམ་གྱིས་གླང་ཐང་གི་གནས་ཕུལ། དགེ་འདུན་གྱི་སྡེ་འཛུགས་པར་ཞུས། ཕྱིས་རི་དེའི་སྟེང་ནས་ཡར་འཕུར་ཏེ་ཐུགས་ཕྲེང་སྐྱུར་སར་ཁྲིན་པ་བྲུས། དབུ་ཞུ་སྐྱུར་སར་བླ་བྲང་བྱས་ཏེ་གླང་ཐང་གི་དགོན་པ་བཏབ། པོ་ཏོ་བའི་མཛད་པ་བཞིན་དུ་བཀའ་གདམས་གཞུང་དྲུག་དང་། ལམ་སྒྲོན་བྱམས་ཆོས་ལ་སོགས་པའི་གཞུང་ཆེ་བ་རྣམས་ཀྱིས་སློབ་མ་བསྐྱངས། གླང་ཐང་པ་ལ་མོ་ཆགས་དེའུར་བཞུགས་དུས་བྱ་ཡུལ་བས་ཀྱང་འདུལ་བ་མདོ་རྩ་གསན། ཕྱིས་གླང་ཐང་པ་སྣེའུ་ཟུར་བའི་ཡང་སློབ་མར་གྱུར་ཅིང་། སྣེའུ་ཟུར་བས་གླང་ཐང་པ་ལ་ཁྱེད་ཀྱི་ཡོན་ཏན་དང་བདེ་བ་འདི་རྣམས་གཞན་གང་ལས་ཀྱང་མ་བྱུང་བྱང་ཆུབ་ཀྱི་སེམས་ལས་བྱུང་བ་ཡིན་ནོ་གསུང་སྐད། དེ་ཁོ་ན་བཞིན་དུ་བདག་གཞན་བརྗེ་བའི་བྱང་ཆུབ་ཀྱི་སེམས་ཁོ་ན་ལ་གཙོ་བོར་མཛད་དེ། གླང་ཐང་པ་ཉིད་ཀྱི་ཞལ་ནས་ཁོ་བོས་རླུང་ཐ་མལ་དུ་གཏོང་མ་མྱོང་གསུངས་ཏེ་གཏོང་ལེན་སྒོམ་པ་དང་ནམ་ཡང་མ་བྲལ་བར་མཛད་པའི་གསུང་ངོ་། །

གླང་ཐང་པ་ཞལ་བཞུགས་རིང་གླང་ཐང་གི་ལྟགས་རིའི་ནང་དུ་སྲོག་ཆགས་རྣམས་གཅིག་ལ་གཅིག་མི་འཚེ་བར་གྲགས། བླ་མ་རྡོ་རྗེ་གདན་པས་ཁྱུང་པོ་རྣལ་འབྱོར་ལ་སངས་རྒྱས་སྣང་བ་མཐའ་ཡས་ཀྱི་སྤྲུལ་པ་གླང་རི་ཐང་པ་ལས་བསྙེན་པར་རྫོགས་ཤིག་

ཅེས་ལུང་བསྟན་པ་ལྟར་དགེ་བཤེས་གླང་ཐང་པས་མཁས་གྲུབ་ཁྱུང་པོ་རྣལ་འབྱོར་གྱི་མཁན་པོ་མཛད་དོ། །ཡན་ཅིག་དགེ་བཤེས་(༢༥༤ཁ)པོ་ཏོ་བ་གླུངས་ཤོད་ན་འགོ་ན་བཞུགས་རྩ་ན། གླང་རི་ཐང་པ་དེར་བྱོན་དུས་གླང་ཐང་པ་སྐུ་ཁམས་མ་བདེ། ངང་ཁ་ངན་པས། སྤྱིར་རིགས་དྲུག་གི་སྡུག་བསྔལ་འདི་འདྲ། དྲག་ཤོས་མི་ཡིན་དེའི་ནང་ནས་ཀྱང་རབ་ཏུ་བྱུང་བ་ཡིན་ཏེ་འདི་འདྲ་བ་སྨྲམ་ནས་ལས་འབྲས་དང་འཁོར་བའི་ཉེས་དམིགས་བསམ་པས་སྐྱོ་ཞིང་ཡིད་འབྱུང་བ་ནི་སྐྱེས། ལུས་ལ་སྡིག་པ་སྤྱོད་པའི་ནུས་པ་མེད་སྙམ་ནས། པོ་ཏོ་བ་བསྐོར་བ་མཛད་པའི་ལམ་ཁར་ན་བཟའ་གདན་དུ་བཏིངས་ནས་དགེ་བའི་བཤེས་གཉེན་པ་འདིར་བཞུགས་པ་ཞུ་དང་ཞུས་པས། ཅི་བྱེད་ང་བསྐོར་བ་བྱེད་གསུང་ནས་མ་གནང་བ་ལ་དོན་གལ་ཆེ་བ་ཅིག་བདོག་བཞུགས་པར་ཞུ་དང་ཞུས་པས། དགེ་བཤེས་པ་སྟན་ཐོག་ཏུ་བཞུགས་པ་ལ་གླང་རི་ཐང་པས་ཁོ་བོ་དབྱར་ཁམས་ངན་པར་བྱུང་། ངང་ཁ་ཡང་ངན་པར་བྱུང་། མི་རྟག་པ་དང་འཁོར་བའི་ཉེས་དམིགས་བསྒོམས་པས་ཡིད་འབྱུང་སྐྱེས། དགེ་སྦྱོར་བྱེད་པའི་ནུས་པ་མེད་པས་ཤེས་པ་ཤིན་ཏུ་མ་བདེ། གདམས་ངག་ཅིག་ཞུ་འཚལ་ཞུས་པས། པོ་ཏོ་བའི་ཞལ་ནས། ཇོ་བོ་ཁམས་དག་གྲང་དྲོ་སྙོམས་པའི་ཉམས་བདེ་སྐྱེ་ཚེ་ཁྱི་མ་ལ་ཕན་ནམ་གསུང་ནས་དགྲ་བཅོམ་པ་གཉིས་ཀྱི་གཏམ་རྒྱུད་དྲངས་ནས། གཞན་ཡང་སྡུག་བསྔལ་ཡོན་ཏན་ནི། །སྐྱོ་བས་དྲེགས་པ་སེལ་བར་བྱེད། །འཁོར་བ་པ་ལ་སྙིང་རྗེ་སྐྱེ། །སྡིག་ལ་འཛེམ་ཞིང་དགེ་ལ་དགའ། །བྱ་བ་ཡིན་ཕར་སོངས་དང་ང་སྐོར་བ་བྱེད་གསུངས་ནས་བཞུད། གླང་ཐང་པ་དེའི་ནུབ་མོ་ནས་བདེ་བསྟུང་དྭངས་སོ། །གླང་ཐང་པ་བསོད་ནམས་གསོག་པ་ལ་དགྱེས། ཟླ་ཐུག་ནུར་ནུར་བ་སྐལ་(༢༥༩ན)བ་མི་གང་གལ་ཆེ་པ་ལ་འདྲེན། ཡན་ཅིག་ཇ་ནི་མེད། རྩབས་རེ་དང་བཅས་པའི་ཚ་བ་ཅིག་པོ་ཏོ་བ་དཔོན་སློབ་ལ་དྲངས། བསྒོ་བ་བྱེད་ཙན་ཁ་བ་ཐུལ་གྱིས་བྱུང་བས། པོ་ཏོ་བའི་ཞལ་ནས་སློམ་ནག་ཁྱོད་ཉི་མ་དེ་རིང་

ནས་དབུལ་དང་བྲལ་བ་ཡིན་ནོ་གསུང་། དགེ་བཤེས་གླང་ཐང་པས་ལྷ་སར་བསྐོར་བ་ཡུན་རིང་མཛད་དུས་དགོངས་མོ་ཕྱི་སེ་བ་ཅིག་ལ་བྱོན་པས་སྐད་ཅིག་ལྷང་ལྷང་གྲག་པ་གཟིགས་སུ་བྱོན་པས་བུད་མེད་གཞོན་ནུ་ཅིག་སྐྱིགས་འདུག་པ་བཀྲོལ་ནས་བུད་མེད་དེ་གོས་ཀྱི་འཕྲུ་བར་བསྐལ། ཁྱོད་རང་ང་ལ་ཕ་དང་བུའི་འདུ་ཤེས་ཞོག །ངས་ཁྱོད་ལ་མ་དང་སྲིང་མོའི་འདུ་ཤེས་འཛོག་གསུངས་ནས་བཞུགས། སང་མོ་ལ་ན་བཟའ་ཅིག་བྱིན་ནས་བཏང་། ཕྱིས་བུད་མེད་དེས་ཡོན་བདག་གི་རྩ་བ་བྱས་གླང་ཐང་ཤར་གྱི་རི་དེའུ་དེའི་ཁར་སྒྲུབ་ཁང་བརྩིགས་ནས་སྒྲུབ་པ་མཛད།

དེ་ནས་བཤེས་གཉེན་ཆེན་པོ་འདིས་གདུལ་བྱ་འདུལ་བའི་དུས་ལ་བབ་པ་ན། གླང་ཐང་གི་དགོན་པ་བཏབ་ཚུལ་དང་བྱང་ཆུབ་ལམ་རིམ་བཀའ་གདམས་གཞུང་དྲུག་དང་སྦྱར་རྒྱ་ཆེ་བསྟན་པའི་ཚུལ་སྟར་བཤད་ཟིན་ཅིང་། རང་རྒྱུད་འདུལ་བ་གཙོ་བོར་མཛད་དེ་འདོད་ཡོན་གྱི་འཁྲི་བ་ཆོད་པ་ཡང་འགྲོན་པོ་གཞུང་འགྲོན་པ་ལམ་ལ་འགྲོ་ཁ་མ་ཅིག་གིས་ཛ་ལེགས་པ་ཞིབ་མ་གང་ཕུལ། སློལ་ནས་བཞེས་པའི་ཞུ་བ་ཕུལ་ནས་ཡོད་པ་ལ་ཡོན་བདག་དེ་མདོ་ནས་ཡར་འཁོར་ནས་མཇལ་དུ་ཕྱིན་པས་ཛ་རྡུལ་ཁད་དེ་འདུག་པ་ལ་ཛ་མ་སློལ་ལམ་ཞུས་པས་ངས་ཀྱང་ཁོ་མ་སློལ། ཁོས་ཀྱང་ང་མ་སློལ་གསུང་། ཉེ་གནས་(༡༥༨བ)ཀྱིས་ငེད་རང་ལ་མི་རྣམས་ཀྱིས་གླང་རི་ཐང་པ་ངོ་ནག་པ་ཞུ་ཡི་འདུག །མཇལ་མི་བྱུང་བ་རྣམས་ལ་གསུང་གླེང་རེ་དང་ཞལ་ངོ་དཀར་བ་རེ་མཛད་ན་ཞུས་པས། དེའང་ཡིན་ཏེ་འཁོར་བའི་ཉེས་དམིགས་བསམ་ན་ངོ་དཀར་ས་འདུག་གོ །དེས་ན་འཁོར་བ་འདི་གསོས་དུས་མེད་པའི་ནད་དང་། ཐར་དུས་མེད་པའི་བཙོན་དུ་འདུག་གི་གསུང་། རབ་ཏུ་བྱུང་ནས་སྐུ་ཆེ་རིལ་པོ་ལ་ཞལ་འཛུམ་པ་ལན་གསུམ་ལས་མ་བྱུང་། ད་ལྟར་དགེ་བཤེས་གླང་ཐང་པས་སྒྲུབ་པ་དར་དྲག་ལ་རྒྱུན་རིང་བ་མཛད་ཅིང་ཐེག་ཆེན་གྱི་ཆོས་མཐའ་དག་ལ་སྐད་ཅིག་ཀྱང་གཡེལ་བ་མེད་པར་སྤྱངས་ཏེ་གཟུངས་

དང་ཏིང་ངེ་འཛིན་ལ་སོགས་པ་སངས་རྒྱས་ཀྱི་ཆོས་གྲངས་མེད་པ་ལ་རྣམ་པར་རྩེ་ཞིང་། སྨྲིན་དང་མངོན་པར་མཁྱེན་པ་ལ་སོགས་པ་ཡོན་ཏན་ཐམས་ཅད་ཀྱིས་ཕྱུག་པ། བདེ་བར་གཤེགས་པ་ནམ་མཁའི་སྐར་ཚོགས་ཙམ་གྱི་ཞལ་གཟིགས། སྤྱོད་འཇུག་ལས། བདག་བདེ་གཞན་གྱི་སྡུག་བསྔལ་དག །ཡང་དག་བརྗེ་བ་མ་བྱས་ན། །སངས་རྒྱས་ཉིད་དུ་མི་འགྲུབ་ཅིང་། །འཁོར་བ་ན་ཡང་བདེ་བ་མེད། །ཅེས་གསུངས་པ་ལྟར་བདག་གཞན་བརྗེ་བའི་ཉམས་ལེན་གཏོང་ལེན་རླུང་ལ་སྒྲོན་ནས་བསྒོམ་པས་འབད་མེད་ལྷུན་གྲུབ་ཏུ་བྱུང་སྟེ། ཁོ་བོས་རླུང་ཐ་མལ་དུ་གཏོང་མ་མྱོང་གསུང་། ལན་ཅིག་གླང་ཐང་པ་ཆོས་གསུང་བའི་པར་དུ་བུད་མེད་ཞིག་གིས་བུ་ཆུང་སྐྱེས་མ་ཐག་ཅིག་བསྐྱལ་ནས་འདི་ཁྱེད་རང་གི་བུ་ཡིན་ནོ་ངས་མི་གསོས་སོ་ཟེར་ནས་སོང་། དེ་ལ་ཞལ་ངོ་འགྱུར་བ་ཙམ་ཡང་མེད་པར་དང་བླངས་མཛད། ཧོ་འདུ་བཙལ་ནས་མ་(༢༨༠ན)རྒྱུགས་བུ་རྒྱུགས་གནང་། བུ་དེ་ཆེར་སྐྱེས་པ་དང་སྔར་གྱི་མི་ཚང་གིས་བསྙེན་བཀུར་བྱས་ནས་དེ་གོང་བུ་ཆུང་འདྲ་བྱུང་བ་མ་གསོས། འདི་ཡང་འདི་བཞིན་མ་བྱས་ན་མི་གསོས་པ་མོ་དང་རྩིས་འབྱུང་བས་དེ་ལྟར་བྱས་པ་ལགས། བཟོད་པ་མཛད་ཅིང་བུ་གནང་བ་ཞུས་པས་ཅི་དགར་གནང་སྟེ་འདི་ནི་བྱང་ཆུབ་སེམས་དཔའི་སྤྱོད་པ་བྱ་དཀའ་བའི་གནས་ལ་བསླབས་པའོ། །

ལྷ་མོ་ལུང་གི་དགོན་པ་ན་བཞུགས་དུས་དབྱར་ཅིག་སེ་ལྟོག་པའི་ཞིང་ལ་ཆུའི་གནོད་པ་བྱུང་བ་ལ། ཆུ་སྲུར་ཞུས་པས་རྡོ་ཅོ་ཁ་བཅད་པ་ཐེ་རྩེས་མནན་པ་ཞིག་བསྐུར་ནས་ཆུའི་གནོད་པ་འོང་བའི་ལོགས་ལ་སྤོས་གསུང་། དེ་བཞིན་བྱས་པས་ཆུ་ཕར་འགྱུར། ཕྱིས་རྡོ་ཅོ་ཁ་ཕྱེ་ནས་བལྟས་པས། འདི་ན་དགེ་སློང་རྡོ་རྗེ་སེང་གེ་ཡོད་པས་ཆུ་ཁྱོད་ཕར་རྒྱུག་ཟེར་བ་ཅིག་འདུག་གོ །དེ་ནི། བདེན་པའི་བྱིན་གྱིས་བརླབས་ཀྱིས་མེ་ཡི་ཕུང་པོ་ཞི། །དེ་ནི་མི་ལྡོག་ལུང་བསྟན་ཡིན་པར་རིག་པར་བྱ། །ཞེས་གསུངས་པ་དང་མཚུངས་པའོ། །གླང་རི་ཐང་གི་ཐུགས་དམ་འབུམ་པ་རྒྱལ་བ་སྲས་བཅས་ཀྱི་ཕོ་བྲང་

མཐོང་བ་དོན་ལྡན་བཞེངས་གྲུབ་ནས་རྟེན་དམ་ཚིག་པ་ལ་ཡེ་ཤེས་པ་རབ་ཏུ་གནས་པའི་བརྟན་བཞུགས་དང་། མེ་ཏོག་གི་མདའ་དབྱུལ་ཕྱོགས་བཞི་རི་རི་ནས་བཤེས་གཉེན་ཆེན་པོ་པོ་ཏོ་བ་ལ་སོགས་པ་དགེ་སློང་རྣམ་དག་སྣམ་སྦྱར་བཞེས་པ་བརྒྱ་རྩ་བརྒྱད་ཙམ་གྱིས་མེ་ཏོག་གི་ཆར་ཕབ་པའི་ཚེ། ནམ་མཁའ་ལ་འཇའ་ཚོན་རྣམ་པར་བཀྲ་བའི་གུར་བཀྲ་ཤིས་རྟགས་བརྒྱད་ལྟ་བུ་ངོ་མཚར་བས་གང་། བར་སྣང་ནས་ལྷས་མེ་(༢༨༠བ)ཏོག་གི་ཆར་ཕབ་པའི་དྲི་བསུང་ཁྱད་པར་ཅན་དུད་འགྲོས་ཀྱང་མནམ་དུ་ཚོར་བ་བྱུང་། ཞལ་བསྒྲོ་ལ་དཀོན་མཆོག་གི་མཆོད་པ་རྒྱ་ཆེན་པོ་དང་། དགེ་འདུན་འདུས་པ་རྒྱ་མཚོའི་ཚོགས་ལ་བསྙེན་བཀུར་དང་། སྐྱེ་བོ་མཐའ་ཡས་པ་ལ་སྦྱིན་གཏོང་རྒྱ་ཆེན་པོ་དང་། ཕོངས་པ་ལ་ཕམ་བབས་ཆེར་སྩལ་ཏེ། དེ་ཡང་། བདོག་པ་ཐམས་ཅད་འབྲས་བཅས་ཏེ། །སྐྱེ་བོ་ཀུན་ལ་བཏང་སེམས་ཀྱིས། །སྦྱིན་པའི་ཕ་རོལ་ཕྱིན་གསུངས་ཏེ། །ཞེས་པ་ལྟར་རོ། །དང་པོའི་དུས་སུ་གླང་ཐང་པ་དང་ཤ་བོ་སྒང་པ་གཉིས་ཆོས་ཕར་གསན་ཚུར་གསན་བྱེད། ཤ་བོ་སྒང་པའི་ཞལ་ནས། གླང་ཐང་པ་བྱང་ཆུབ་ཀྱི་སེམས་ཚན་ཆེ། ངས་ཕན་འདོགས་པ་ལ་སྲོག་གཏོང་ནུས་ཏེ། གནོད་པ་སྐྱེལ་བ་ལ་མི་ནུས། ཁོང་གིས་གཉིས་ཀ་ལ་ནུས་གསུང་། གཞན་རྣ་མོ་བ་དང་། ཁོང་རྣམ་གསུམ་འཛོམ་པ་ལ། ད་ལྟ་འཆི་ན་ཟེ་ལྟར་བྱེད་བྱས་པས། རྣ་མོའི་ཞལ་ནས་འདི་ཙུག་ཀྱང་བྱེད། འདི་ཙུག་ཀྱང་བྱེད་བྱ་བ་ཁ་ཡར་བྱུང་སྟེ་མངས་པ་ཡིན་གསུང་། ཤ་བོ་སྒང་པའི་ཞལ་ནས་བྱང་ཆུབ་ཀྱི་སེམས་སྦྱོང་བ་མིན་པ་གཞན་བྱ་རྒྱུ་མེད་གསུང་། གླང་ཐང་པའི་ཞལ་ནས། ཁོ་བོ་ད་ལྟ་རང་འཆི་ཡང་བསྐྱེད་འདོན་རྒྱུ་སྤྱུ་ཙམ་ཡང་མེད་གསུང་། སེམས་དཔའ་ཆེན་པོ་གླང་རི་ཐང་པ་སྐྱུ་མྱ་ངན་ལས་འདའ་ཁར་སེམས་ཅན་གྱི་དོན་དུ་དམྱལ་བར་སྐྱེ་བར་སྨོན་ལམ་བཏབ་པ་ཡིན་ཏེ་མི་འགྲུབ་པ་འདྲ། དག་པའི་སྣང་བ་འབའ་ཞིག་འཆར་ཡིན་འདུག་གསུང་ནས་ཐུགས་ཁྲལ་མཛད་པར་གསུངས། དགེ་བའི་བཤེས་གཉེན་འཆད་ཁ་བས་དགེ་བའི་

བཤེས་གཉེན་ལྷུགས་ཞིང་པ་ལ་གླང་ཐང་པའི་བློ་སྦྱོང་(༢༥༧ན)ཚིག་བརྒྱད་མ་གསན་
ནས། ཐུགས་འགྱུར་བའི་ཚིག་བརྒྱད་མ་ནི། བདག་ནི་སེམས་ཅན་ཐམས་ཅད་ལ། །
ཡིད་བཞིན་ནོར་བུ་ལས་ལྷག་པའི། །དོན་མཆོག་སྒྲུབ་པའི་བསམ་པ་ཡིས། །རྟག་ཏུ་
གཅེས་པར་འཛིན་པར་ཤོག །གང་དུས་སུ་དང་འགྲོགས་པའི་ཚེ། །བདག་ཉིད་ཀུན་
ནས་དམན་ལྟ་ཞིང་། །གཞན་ལ་བསམ་པ་ཐག་པ་ཡིས། །མཆོག་ཏུ་གཅེས་པར་འཛིན་
པར་ཤོག །སྤྱོད་ལམ་ཀུན་ཏུ་རང་རྒྱུད་ལ། །རྟོག་ཅིང་ཉོན་མོངས་སྐྱེས་མ་ཐག །བདག་
གཞན་མ་རུང་བྱེད་པས་ན། །བཙན་ཐབས་གདོང་ནས་བཟློག་པར་ཤོག །རང་བཞིན་
ངན་པའི་སེམས་ཅན་ནི། །སྡིག་སྡུག་དྲག་པོས་ནོན་མཐོང་ཚེ། །རིན་ཆེན་གཏེར་དང་
འཕྲད་པ་བཞིན། །རྙེད་པར་དཀའ་བའི་གཅེས་འཛིན་ཤོག །བདག་ལ་གཞན་གྱིས་
ཕྲག་དོག་གིས། །གཤེ་བསྐུར་ལ་སོགས་མི་རིགས་པའི། །གྱོང་ཁ་རང་གིས་ལེན་པ་
དང་། །རྒྱལ་ཁ་གཞན་ལ་འབུལ་བར་ཤོག །གང་ལ་བདག་གིས་ཕན་བཏགས་པའི། །
རེ་བ་ཆེ་བ་གང་ཞིག་གིས། །ཤིན་ཏུ་མི་རིགས་གནོད་བྱེད་ནའང་། །བཤེས་གཉེན་དམ་
པར་བལྟ་བར་ཤོག །མདོར་ན་དངོས་དང་བརྒྱུད་པ་ཡིས། །ཕན་བདེ་མ་རྣམས་ཀུན་ལ་
འབུལ། །མ་ཡི་གནོད་དང་སྡུག་བསྔལ་ཀུན། །གསང་བས་བདག་ལ་ལེན་པར་ཤོག །
དེ་དག་ཀུན་ཀྱང་ཆོས་བརྒྱད་ཀྱི། །རྟོག་པའི་དྲི་མས་མ་སྦགས་ཤིང་། །ཆོས་ཀུན་སྒྱུ་མར་
ཤེས་པའི་བློས། །ཞེན་མེད་འཆིང་བ་ལས་གྲོལ་ཤོག །ཅེས་གསུངས་པ་འདིའོ། །

དེ་ལྟར་སེམས་དཔའ་ཆེན་པོ་གླང་རི་(༢༥༧བ)ཐང་པས་བསྟན་འགྲོའི་དོན་རྒྱ་
ཆེར་མཛད་ནས་མཐར་དགུང་ལོ་བདུན་ཅུ་བཞེས་པ་ཆུ་མོ་ཡོས་ལོའི་དཔྱིད་ཟླ་ཐ་ཆུང་
ས་གའི་ཉི་ཤུ་གསུམ་ལ། གླང་ཐང་དུ་སྐུ་གཤེགས་ནས་དགའ་ལྡན་ཆོས་ཀྱི་ཕོ་བྲང་དུ་
ཐེབས་སོ། །སྐུ་གདུང་ལ་མཆོད་པའི་བྱེ་བྲག་བསམ་གྱིས་མི་ཁྱབ་པ་དང་བཅས་ཏེ་
ཞུགས་ལ་ཕུལ་བའི་ཚེ། ནམ་མཁའ་ལ་འཇའི་གུར་གྱི་རིམ་པ་དང་། མེ་ཏོག་གི་ཆར་

དང་། ལྷའི་སྒྲོས་ཀྱི་དད་ལྡང་བ་དང་། རབ་བྱུང་དང་སྐྱེ་བོའི་ཚོགས་ཁྲི་ཁྲག་ཙམ་ཚོགས་པ་ལ་མཐོང་སྣང་དག་པ་དང་། བྱང་ཆུབ་ཀྱི་སེམས་དང་དད་པ་མི་ཕྱེད་པ་སྐྱེས་པ་ཕལ་ཆེར་ལ་བྱུང་ཞིང་། གདུང་རུས་ལ་ལྷ་སྐུ་དང་། ཐུགས་དང་། གདུང་ཤ་རི་རམ་དང་། རིང་བསྲེལ་དང་བཅས་པ་བསམ་གྱིས་མི་ཁྱབ་པ་བྱུང་སྟེ་གདུང་རིང་བསྲེལ་གྱིས་ཀྱང་འགྲོ་བའི་དོན་རྒྱ་ཆེ་མཛད་དོ། །

དེས་ན་བྱང་ཆུབ་ལམ་གྱི་རིམ་པ་ལ་བློ་སྦྱོང་བར་འདོད་པ་རྣམས་ཀྱིས་སེམས་དཔའ་ཆེན་པོ་པོ་ཏོ་བ་སྲས་དང་བཅས་པ་ལ་མཆོད་ཅིང་གསོལ་བ་གདབ་པ་དང་། སེམས་དཔའ་ཆེན་པོ་འདིའི་རྣམ་པར་ཐར་པ་དྲན་པར་བྱས་ལ་ལག་ཏུ་ཅི་ལོན་བྱ་བ་དང་། ཐ་ན་སྨོན་ལམ་གྱི་ཡུལ་དུ་བྱས་ནས་ཀྱང་མཛད་པ་རྣམ་ཐར་དེ་དག་བསམས་ལ་བག་ཆགས་ཅི་ཐེབས་བྱའོ།། །།

རྣམ་དཔྱོད་འགྲན་ཟླ་བྲལ་བ་ཤ་ར་བའི་རྣམ་ཐར།

རྣམ་དཔྱོད་འགྲན་ཟླ་བྲལ་བའི་ཤ་ར་བ། །ཞེས་བསྟགས་པ། བྱང་ཕྱོགས་གངས་རིའི་ཁྲོད་འདིར་རྒྱལ་བའི་བསྟན་པའི་སྙིང་པོ་ཇོ་བོ་ཡབ་སྲས་ཀྱི་མན་ངག་བྱང་ཆུབ་ལམ་གྱི་རིམ་པ་སྤེལ་བའི་སླད་དུ་བསམ་བཞིན་དུ་བྱོན་པ་སེམས་དཔའ་ཆེན་པོ་ཤ་ར་བ་གང་དུ་འཁྲུངས་(༡༧༡ན)པའི་ཡུལ་ནི། བྱང་ར་སྒྲེང་ནས་ཡ་ཚད་ཕྱིན་པའི་ཡུལ་རོལ་པོ་ཞེས་པ་ཡིན་ལ། གནས་དེར་པ་ཚབ་རོམ་པོའི་རྒྱུད་དུ་ལྟགས་ཕོ་ཁྲིའི་ལོ་ཡུམ་ཕྱུགས་མ་སྐྱོང་བའི་ཕྱིར་རྗོ་ལེབ་ཆེན་པོ་ཞིག་གི་སྟེང་ན་བཞུགས་པའི་དུས་སུ་འཁྲུངས་ཏེ། ཕྱིས་རྗོ་ལེབ་དེ་ལ་ཤ་ར་བ་བལྟམས་ས་ཞེས་གྲགས་ཤིང་རྗོ་ལེབ་དེའི་སྟེང་ན་ཤ་ར་བ་འཁྲུངས་ནས་ཞབས་བརྐྱངས་པའི་ཤུལ་རྗོ་ལ་ཞབས་རྗེས་ཀྱང་ཡོད་ཅེས་རྗེ་བཙུན་བླ་

མ་བློ་བཟང་ཡེ་ཤེས་གསུང་། གནས་དེ་ད་ལྟ་ཀུན་གྱི་ཕྱག་མཆོད་ཀྱི་གནས་སུ་བྱེད་དོ། །

དེ་ནས་དགུང་ལོ་བཅོ་བརྒྱད་ཀྱི་བར་ཡབ་ཡུམ་གཉིས་ཀྱིས་བསྐྱངས་ཤིང་ཁྱིམ་དུ་ཞུགས། དེར་བཞུགས་རིང་བྱིས་པའི་སྤྱོད་པ་མཐའ་དག་ལས་ངང་གིས་ལོག །སྔར་ཡུན་རིང་པོ་ནས་གོམས་པའི་བག་ཆགས་བརྟས་པས་ཡི་གེ་འབྲི་ཀློག་སོགས་ནི་ཚེགས་མེད་པར་མཁྱེན། དཀོན་མཆོག་མཆོད་པ་སོགས་དགེ་བའི་ལས་ལ་ནི་ངང་གིས་འཇུག །སྐལ་བ་མཉམ་པའི་སེམས་ཅན་གཞན་དག་མཐོང་ན་བྱམས་པའི་མིག་གིས་བལྟ་ཞིང་བརྩེ་བའི་འཛུམ་གྱིས་བསུ་བ་ལས་གཞན་ལ་ཁྲོ་བ་དང་སྨྲེན་བརྗོད་པ་སོགས་སྒོ་གསུམ་ཉེས་པར་སྤྱོད་པ་ལ་ནི་ངོ་ཚར་བལྟས་ཏེ་འཇུག་པའི་སྐབས་མེད། གཞན་དུ་ན་བསམ་པ་འདི་ལྟ་བུ་དག་འབྱུངས་པར་ངེས་ཏེ། སྐྱེས་རབས་ལས། བཙོན་ར་འདྲ་བའི་ཁྱིམ་ལ་ནི། །ནམ་ཡང་བདེ་བར་མ་སེམས་ཤིག །ཕྱུག་གམ་ཡང་ན་དབུལ་ཡང་རུང་། ཁྱིམ་ན་གནས་པ་ནད་དུ་ཆེ། །གཅིག་ནི་བསྲུང་བས་ཉོན་མོངས་ལ། །གཉིས་(༢༨༢བ)པ་འཚོལ་བས་ཤ་ཐང་ངོ་། །ཕྱུག་གམ་ཡང་ན་དབུལ་ཡང་རུང་། །གང་ན་བདེ་བ་མེད་གྱུར་པ། །དེ་ལ་དགའ་བར་རྨོངས་པ་ནི། །སྡིག་པའི་འབྲས་བུ་སྨིན་པ་ཉིད། །ཅེས་གསུངས་པ་ལྟར། ཁྱིམ་ན་གནས་པ་ནི་ཉོན་མོངས་པ་དང་། ཉེས་པར་སྤྱོད་པ་དང་སྡུག་བསྔལ་དུ་མའི་འབྱུང་གནས་སུ་རིག་ནས་བདག་ནམ་ཞིག་ན་བཙོན་དོང་དང་འདྲ་བའི་ཁྱིམ་གྱི་གནས་འདི་ནས་བྱུང་སྟེ་རྒྱལ་བའི་བསྟན་པ་ལ་ཞུགས་ནས་ཐོས་བསམ་སྒོམ་གསུམ་ལ་འབད་པ་ཞིག་ནམ་འོང་སྙམ་དུ་དེ་འབའ་ཞིག་བསམ་ཞིང་མདོ་སྔགས་ཀྱི་གསུང་རབ་རྣམས་ལ་ཡང་དང་ཡང་དུ་བལྟ་བ་ལྟར་ལེན་པར་བྱེད་དོ། །

དེ་ནས་ཕ་མ་དང་ཉེ་དུ་རྣམས་ཀྱིས་བག་མ་ལེན་པའི་སྒྲོར་བ་བཤམས་པ་ན་རང་ཡུལ་ཉེ་དུ་ནོར་ལོངས་སྤྱོད་གང་ལའང་མ་ཆགས་པར་མཆིལ་སྣབས་བཞིན་དུ་དོར་ཏེ་དགུང་ལོ་བཅོ་བརྒྱད་པའི་དཔྱིད་ཐོས་ནས་གླུངས་ཤོད་དུ་ཕེབས་ནས་རབ་ཏུ་བྱུང་།

མཚན་ཡོན་ཏན་གྲགས་སུ་བཏགས། རབ་ཏུ་བྱུང་བའི་ས་དེ་ལ་ཀླུངས་ཤོད་ཆོར་བ་ཞེས་གྲགས། དེར་ཡང་ཉེ་དུ་རྣམས་ཀྱིས་འཛིན་མི་བྱུང་དོགས་ནས་ཀླུངས་ཤོད་ཕྱུང་བུ་ཞེས་བྱ་བ་ན་དགེ་བའི་བཤེས་གཉེན་སྤྱན་སྔ་བ་ཆེན་པོ་མཚམས་དམ་པར་བཅད་པའི་སར་བྱོན། སྤྱན་སྔ་བ་ཆེན་པོས་ཀྱང་བཀའ་གདམས་བསྟན་འཛིན་ཆེན་པོ་ཞིག་ཏུ་འགྱུར་བར་གཟིགས་ནས། དགྱེས་བཞིན་དུ་རྗེས་སུ་བཟུང་ནས་གདམས་པ་དང་རྗེས་སུ་བསྟན་པ་མང་དུ་སྩལ། དེའི་ཚེ་ཤ་ར་བ་ཡོན་ཏན་གྲགས་ཀྱི་ཐུགས་དགོངས་ལ་བཀའ་གདམས་སྐྱ་མཆེད་གསུམ་པོ་ལ་ཇོ་བོ་རྗེའི་མན་ངག་ཞུས་ནས་(༢༨༣ན)གཙང་ཕྱོགས་སུ་གསང་སྔགས་ཀྱི་ཆོས་མང་པོ་ཞིག་ཞུ་བར་འབྱོན་བཞེད་ནར་མར་འབྲུངས་ཏེ། དུས་དེའི་ཚེ་གཙང་ན་འབྲོག་མི་ལོ་ཙྪ་བ་དང་རྗེ་འགོས་ལོ་ཆེན་པོ་བཞུགས་ཏེ་གསང་སྔགས་རྒྱུད་སྡེ་བཞིའི་འཆད་ཉན་ཤིན་ཏུ་དར་བ་ཡོད་པས་རྔོ་རྗེ་འཛིན་པ་ཆེན་པོ་དེ་དག་གི་ཞབས་ལ་གཏུགས་ཏེ་རྒྱུད་སྡེ་བཞི་ག་དང་། ཁྱད་པར་གསང་སྔགས་བླ་མེད་ཀྱི་མན་ངག་རྣམས་ཞུས་ཏེ་སྔགས་ལམ་སྒོམ་པ་ཞིག་གཙོ་བོར་བྱེད་དགོངས་པ་བྱུང་།

དེ་ནས་དེ་ཁའི་དབྱར་དུས་དགེ་བའི་བཤེས་གཉེན་པོ་ཧོ་བ་ཆེན་པོ་སྟག་ལུང་ཐང་ན་བཞུགས་པའི་སྤྱན་སྔར་བྱོན། ཆོས་ཀྱི་གསོལ་བ་བཏབ་པ་ན་དགེ་བཤེས་པོ་ཧོ་བ་ཆེན་པོས་ཀྱང་རང་གི་སྲས་ཀྱི་ཐུ་བོ་བསྟན་པའི་བདག་པོར་འགྱུར་བར་གཟིགས་ནས་སྤྱན་གྱི་འབྲས་བུ་ལྟར་བསྐྱངས་ཏེ་དུས་གསུམ་གྱི་རྒྱལ་བ་ཐམས་ཅད་གང་ནས་གཤེགས་པའི་ལམ་པོ་ཆེ། རྒྱལ་བས་གསུངས་པའི་ཆོས་ཕུང་བརྒྱད་ཁྲི་བཞི་སྟོང་པོ་ཐམས་ཅད་ཉམས་ལེན་གྱི་ལུས་གཅིག་ཏུ་དྲིལ་བ་བྱང་ཆུབ་ལམ་གྱི་རིམ་པའི་ཁྲིད་གནང་སྟེ། ཐོག་མར་གང་ཉམས་སུ་བླང་བར་བྱ་བ་དེ་ནས་བཟུང་སྟེ་མཐར་འབྲས་བུ་འགྲུབ་པའི་བར་གྱི་ལམ་གྱི་གྲངས་དང་གོ་རིམ་ལས་སོ་སོའི་ངོ་བོ་རྣམས་རྒྱལ་བའི་བཀའ་དང་ཤིང་རྟ་ཆེན་པོའི་གཞུང་ནས་འབྱུང་བའི་དྲི་མ་མེད་པའི་རིགས་པས་ཆེས་ཞིབ་པར་མིག་ལམ་

ལ་མངོན་སུམ་དུ་སྣང་བའི་དཔེ་དང་བཅས་ཁྲིད་པར་མཛད་པ་ན་ཤ་ར་བ་ཆེན་པོ་སྟོན་ཡུན་རིང་པོ་ནས་ལམ་ལ་སྦྱངས་པའི་བག་ཆགས་སད་དེ་ལམ་(༢༥༣བ)གྱི་གྲངས་དང་གོ་རིམ་ལྡོག་ཏུ་མེད་པའི་དད་པ་དང་། ཚིག་ཙམ་མིན་པར་རིགས་པའི་ལམ་ནས་དྲངས་པའི་ངེས་ཤེས་བརྟན་པོ་སྐྱེད་ནས་རེ་ཤིག་སྔགས་ལམ་མཐོན་པོ་ལ་འཇུག་པའི་རེ་བ་མི་འདུག་སྙམ་ནས་གཙང་དུ་འགྲོ་བའི་འདུན་པ་ཡོག །ལམ་མ་ནོར་བར་སྟོན་པའི་དགེ་བའི་བཤེས་གཉེན་འདི་ལྟ་བུ་དང་ལན་ཅིག་མཇལ་བ་འདི་ག་ལ་འདོར་སྙམ་དུ་སྐད་ཅིག་གཅིག་ཀྱང་འབྲལ་མི་ཕོད་པར་དང་པོར་མཇལ་བ་དེ་ནས་བཟུང་མཐར་དགེ་བཤེས་པོ་ཏོ་བ་ཆེན་པོ་ཞིང་གཤེགས་ཀྱི་བར་ནམ་ཡང་མ་བྲལ་བར་བསམ་སྦྱོར་གཉིས་ཀྱིས་ཚུལ་བཞིན་དུ་བསྟེན་ཏེ་ལམ་གྱི་རིམ་པའི་གདམས་ངག་མ་ལུས་པ་ཐུམ་པ་གང་བྱོར་གསན། བར་སྐབས་ཤིག་ཉེ་དུ་རྣམས་དང་ཡུལ་ཕྱོགས་ཀྱི་མི་མང་པོ་ཞིག་གིས་རང་གི་ཁུ་བོའི་གནས་རོམ་པོ་རེ་ཞེས་པའི་དགོན་གནས་ཞིག་གི་ཆོས་དཔོན་དུ་འབྱོན་དགོས་པར་བསྐུལ་བ་ན་སླར་ཞིག་འབྱོན་ནམ་སྙམ་དུ་དགོངས་པ་བྱུང་བ་ལ་དགེ་བཤེས་པོ་ཏོ་བ་ཆེན་པོས་བསླབ་བཏུས་གསུང་བའི་སྐབས་བྱང་སེམས་ཀྱི་ལམ་བགྲོད་པའི་བར་ཆད་གནོད་འགྱུར་རྣམས་གསུང་བའི་ཚེ་ཞལ་ཏ་པའི་གནོད་པ་ཞིབ་ཏུ་གསུངས་པས་ཐུགས་ངེས་བརྟན་པོ་འཁྲུངས་ཏེ། དེ་ནས་ཆོས་དཔོན་དུ་འགྲོ་བའི་སྤྲོས་པ་ཆོད་གསུང་། ཐོག་མར་དགེ་བཤེས་པོ་ཏོ་བའི་གྲྭ་པ་བྱིང་གྲས་ལོ་དགུ་མཛད། དེ་ནས་དགེ་བཤེས་པོ་ཏོ་བ་ཆེན་པོ་ཐུགས་ཤིན་ཏུ་མཉེས་པས་སྐུ་འཁོར་ནང་མ་ལོ་དགུ་མཛད་དེ་ཁྱོན་དགེ་བཤེས་པོ་ཏོ་བ་ཆེན་པོ་ལོ་བཅོ་བརྒྱད་བསྟེན་ཏེ་དེའི་རིང་ལ་བྱང་ཆུབ་ལམ་གྱི་རིམ་པའི་ཁྲིད་(༢༥༤ན)མཐའ་ཆོད་པར་གསན་ཏེ། དེ་ཡང་རྗེ་བཙུན་བྱམས་པས་མཛད་པའི་མངོན་པར་རྟོགས་པའི་རྒྱན་བྱང་ཆུབ་ལམ་གྱི་རིམ་པའི་རྩ་བ་མན་ངག་ཏུ་བྱས། དེའི་སྟེང་དུ་མདོ་སྡེ་རྒྱན་དང་། སློབ་དཔོན་དཔའ་བོས་མཛད་པའི་སྐྱེས་རབས་སོ་བཞི

པ་དང་། རྒྱལ་སྲས་ཞི་བ་ལྷས་མཛད་པའི་སྤྱོད་འཇུག་དང་བསླབ་བཏུས་གཉིས་དང་ཆེད་དུ་བརྗོད་པའི་ཚོམ་དང་། བྱང་ས་སྟེ་བཀའ་གདམས་གཞུང་དྲུག་གུང་བསྒྲིགས་ཏེ་བྱང་ཆུབ་ལམ་གྱི་རིམ་པའི་མན་ངག་རྣམས་དམིགས་སྐོར་རེ་རེ་ནས་གཞུང་དྲུག་པོ་དེ་དག་གང་རིགས་ནས་རྒྱས་པར་བཤད།

གཞན་ཡང་སློབ་དཔོན་འཕགས་པ་ཀླུ་སྒྲུབ་ཀྱིས་མཛད་པ་མདོ་སྡེ་ཀུན་ལས་བཏུས་པ་དང་། རིན་ཆེན་ཕྲེང་བ་དང་རྩ་ཤེ་ལ་སོགས་པའི་རིགས་ཚོགས་རྣམས་དང་སློབ་དཔོན་ཀ་མ་ལ་ཤཱི་ལས་མཛད་པའི་སྒོམ་རིམ་གསུམ་ལ་སོགས་པ་གསུང་རབ་དགོངས་འགྲེལ་དང་བཅས་པ་ཐམས་ཅད་བྱང་ཆུབ་ལམ་གྱི་རིམ་པའི་གདམས་ངག་ཏུ་ངོ་སྤྲོད་ནས་སྟོན་པར་མཛད་པས་རྒྱལ་བའི་གསུང་རབ་དགོངས་འགྲེལ་དང་བཅས་པ་འཆད་པ་ལ་མི་འཇིགས་པའི་སྤོབས་པ་ཐོབ། རང་དང་གཞན་གྱི་གྲུབ་མཐའ་རྒྱ་མཚོའི་ཕ་རོལ་ཏུ་སོན། སྡེ་སྣོད་གསུམ་དང་ཤིང་རྟ་ཆེན་པོའི་གཞུང་རྣམས་ཕལ་ཆེར་ཐུགས་ལ་གཟུང་སྟེ་སྐལ་པ་དང་ལྡན་པ་གཞན་དག་ལ་གསུང་རབ་དགོངས་འགྲེལ་དང་བཅས་པ་མཐའ་དག་བྱང་ཆུབ་ལམ་གྱི་རིམ་པར་བསྡུས་ནས་འདོམས་པ་ལ་དབང་འབྱོར་བས་བོད་དུ་སྐྱེས་པའི་མི་ཞིག་ལ་ཤ་ར་བ་ཆེན་པོ་ལས(༢༧༩བ)མཁྱེན་རབ་རླབས་ཆེ་བ་མེད་ཅེས་བཀའ་གདམས་གོང་མའི་གསུང་བསྒྲོས་ལས་འབྱུང་། དོན་འདི་དག་ལ་དགོངས་ནས་རྗེ་ཐམས་ཅད་མཁྱེན་པས་ཀྱང་། རྣམ་དཔྱོད་འགྲན་ཟླ་བྲལ་བའི་ཤ་ར་བ། །ཞེས་བསྔགས་པ་མཛད་དོ། །ཤ་ར་བ་ཆེན་པོ་ཉིད་ཀྱི་ཞལ་ནས། དེང་དུས་ཆོས་བྱེད་ཀུན་ཆོས་འཆད་པ་པོ་གང་ན་ཡོད་ཟེར་བ་ཐམས་ཅད་ཀྱི་རྩར་འགྲོ་སྟེ། སྟོན་པ་རིན་པོ་ཆེ་ཡབ་སྲས་ཀྱི་ལུགས་དེ་མིན། དགེ་བཤེས་སྟོན་པས་སྐུ་ཚེ་དེ་ལ་བླ་མ་ལྔ་ལས་མ་བསྟེན། དེ་ཡང་དགེ་བསྙེན་གྱི་སྡོམ་པའི་སློབ་དཔོན་དང་། གློག་ཡིག་སློབ་པའི་སློབ་དཔོན་དང་། བླ་མ་སེ་བཙུན་དང་། པཎྜི་ཏ་སྨྲྀ་ཏི་དང་། ཇོ་བོ་རྗེ་སྟེ། དེ་རྣམས་ཀྱི་ནང་ནས་ཀྱང

གཞན་རྣམས་ལ་ཆོས་འབྲེལ་རེ་ཙམ་ཡིན་བླ་མ་སེ་བཙུན་པ་ལ་མཚན་ཉིད་ཀྱི་གཞུང་རྣམས་གསན། གཙོ་བོ་ནི་ཇོ་བོ་རྗེ་ཉིད་ལ་བརྟེན་ནས་བྱང་ཆུབ་ལམ་གྱི་རིམ་པ་མཐའ་དག་པར་གསན་ཏེ། ཇོ་བོ་རྗེ་མངའ་རིས་སུ་མཇལ་བ་ནས་མཐར་སྙེ་ཐང་དུ་ཞིང་གཤེགས་པའི་བར་ཇོ་བོ་རྗེ་ཉིད་བསམ་སྦྱོར་གཉིས་ཀྱིས་ཚུལ་བཞིན་དུ་བསྟེན་ཏེ་མདོ་སྔགས་ཀྱི་གསུང་རབ་དགོངས་འགྲེལ་དང་བཅས་པ་མཐའ་དག་བྱང་ཆུབ་ལམ་གྱི་རིམ་པར་བསྡུས་ཏེ་གསན་ཞིང་དེ་འབའ་ཞིག་ཐུགས་ཉམས་སུ་བཞེས་པས་བསྟན་པ་ཡོངས་རྫོགས་ཀྱི་བདག་པོར་གྱུར་པ་ཡིན། དགེ་བཤེས་པོ་ཏོ་བ་ཆེན་པོས་ཀྱང་ཁྱིམ་དུ་བཞུགས་སྐབས་སྦྲ་སྒོམ་ལ་བསྟེན་གནས་ཀྱི་སྡོམ་པ་ཞིག་ཞུས་བླ་མ་དེ་དང་། དགེ་ཚུལ་གྱི་སྡོམ་པའི་མཁན་སློབ་དང་། མཚན་ཉིད་ལ་བསླབ་སྦྱོང་མཛད་པའི་སྐབས་ཀྱི་སློབ་དཔོན་དང་། འབྲོམ་རིན་པོ་ཆེ་རྣམས་མ་གཏོགས་པ་བླ་མ་མ་(༢༧༥ན)བསྟེན། དེ་ཡང་གཙོ་བོར་འབྲོམ་རིན་པོ་ཆེ་ཉིད་ལ་བརྟེན་ཏེ། དང་པོ་མཇལ་བ་ནས་མཐར་ཞིང་ནམ་གཤེགས་ཀྱི་བར་བསམ་སྦྱོར་གཉིས་ཀྱིས་ཚུལ་བཞིན་དུ་བསྟེན་ཏེ་བྱང་ཆུབ་ལམ་གྱི་རིམ་པ་ཉིད་ལ་སྦྱངས་པས་བསྟན་པ་ཡོངས་རྫོགས་ཀྱི་བདག་པོར་གྱུར། ཁོ་བོས་ཀྱང་བཀའ་གདམས་སྐྱ་མཆེད་རིན་པོ་ཆེ་གསུམ་ལ་བརྟེན་ཅིང་དེའི་ནང་ནས་ཀྱང་དགེ་བའི་བཤེས་གཉེན་པོ་ཏོ་བ་ཆེན་པོ་ཉིད་ལ་བརྟེན། གཞན་དག་དགེ་ཚུལ་གྱི་མཁན་སློབ་མ་གཏོགས་བླ་མ་གཞན་མ་བསྟེན། དགེ་བཤེས་པོ་ཏོ་བ་ཆེན་པོ་ནི་ལོ་བཅོ་བརྒྱད་ཀྱི་བར་དུ་བསྟེན་ཏེ་མི་མཉེས་པ་སྐད་ཅིག་ཀྱང་བྱེད་མ་མྱོང་གསུང་། མཐར་དགེ་བཤེས་པོ་ཏོ་བ་ཞིང་གཤེགས་ནས་དགེ་བཤེས་པོ་ཏོ་བའི་སློབ་མ་ཕལ་ཆེར་ཤ་ར་བའི་རྗེས་སུ་འབྲང་སྟེ་ལྷོར་བརྒྱ་ཕྲག་མང་པོ་དང་བཅས་གླངས་ཤོད་དུ་བྱོན་ནས་ཚོགས་བསྡུས། ཡོ་བྱད་གང་བྱུང་ཐམས་ཅད་དགེ་འདུན་ལ་བསྔོས། དེ་ནས་སྣར་ཐང་པའི་གྲགས་པས་འཛིན་མའི་ཁྱོན་ཀུན་ཁྱབ་སྟེ་བྱང་ཆུབ་ལམ་གྱི་རིམ་པ་རྒྱ་ཆེར་བཤད་པས་ཆོས་གསན་པ་མང་དུས་སུམ་སྟོང་འདུས

པ་བྱུང་། ཕལ་ཆེར་ཉིས་སྟོང་ལྷག་ཙམ་རྒྱུན་དུ་འདུས། དེ་ཐམས་ཅད་ཀྱང་དགེ་བཤེས་ཤ་ར་བ་ཆེན་པོ་ཉིད་ཀྱི་རྣམ་ཐར་རྗེས་སུ་སྐྱོང་བ་ཤ་སྟག་བྱུང་སྟེ། ཤ་ར་བ་ཆེན་པོ་ཉིད་ཀྱིས་རང་གི་འཁོར་དུ་འདུས་པའི་གདུལ་བྱ་ཐམས་ཅད་ཚུལ་ཁྲིམས་རྣམ་པར་དག་པ་གཞིར་བཟུང་ནས་སྐྱེས་བུ་གསུམ་གྱི་ལམ་གྱི་རིམ་པ་སློམ་པ་ལ་སྦྱར། ལམ་གྱི་རིམ་པའི་ཡང་རྩ་བ་བཤེས་གཉེན་བསྟེན་ཚུལ་རྣམ་པར་དག་པ་ཞིག་དགོས་ཞེས་འདོམས་པར་མཛད། ཤ་ར་བ་(༢༧༥བ)ཉིད་ཀྱི་ཞལ་ནས་ཐེག་པ་ཆེན་པོའི་ལམ་གྱི་རྩ་བ་དགེ་བའི་བཤེས་གཉེན་ཡིན། དགེ་བའི་བཤེས་གཉེན་ལ་མ་བསྟེན་པར་ལམ་གང་ཡང་སྐྱེ་བ་མི་སྲིད་པ་ཡིན། ས་བཅུའི་བྱང་ཆུབ་སེམས་དཔའ་བསྐལ་པ་གྲངས་མེད་གསུམ་དུ་ཚོགས་བསགས་པ་ལ་ཡང་ཕྱོགས་བཅུའི་སངས་རྒྱས་རྣམས་ཀྱིས་ཕྱག་གཡས་པ་དབུ་ཐོག་ཏུ་བཞག་ནས་བྱིན་གྱིས་མ་བརླབས་པར་རྡོ་རྗེ་ལྟ་བུའི་ཏིང་ངེ་འཛིན་ཐོབ་མི་སྲིད་པས་དེ་བཞིན་གཤེགས་པ་དེ་དག་གནས་སྐབས་དེ་ན་དགེ་བའི་བཤེས་གཉེན་བྱ་བར་འདོད་པ་ཡིན། ད་ལྟ་འུ་ཅག་ཐམས་ཅད་ཀ་ཙ་ཁོ་ན་ལ་རྩི་བ་ལ་སྐུ་མཆེད་གསུམ་པོ་ལ་རེས་གསུམ་ག་སྤྱིར་འབྱུལ་བ་འོང་། རེས་གཉིས་ལ་འོང་བ་ལ། དུས་དེ་ཐམས་ཅད་ན་གསུམ་ལ་ཕུལ་ན་གཉིས་ལ་འབྱུལ། གཉིས་ལ་ཕུལ་ན་གཅིག་ལ་འབྱུལ་གྱི་ང་འདི་འདོད་ཡེ་མི་གསུང་དེ་ལྟ་བུ་ལ་དད་གསུང་། དགེ་བཤེས་ཤ་ར་བ་ཆེན་པོ་དེ། དགེ་བཤེས་པོ་ཏོ་བའི་རྣམ་ཐར་སྐྱོང་བ་མ་གཏོགས་སུ་ལའང་མི་འདྲ་སུ་དང་ཡང་མི་ཁོན། གང་དུ་འདུག་ཀྱང་དམའ་ས་འཛིན་རྒྱན་བཟང་ངན་གང་བྱུང་ཡང་བྱང་ཆུབ་ལམ་གྱི་རིམ་པ་སློམ་པ་ཁོ་ན་ལས་ཐབས་གཞན་གང་ཡང་མི་མཛད། སྐུ་མཐོང་བ་དང་གསུང་ཐོས་པ་ཐམས་ཅད་དད་པ་རང་དབང་མེད་པར་སྐྱེ། དད་རྫས་དང་གཤིན་རྫས་གང་བྱུང་ཡང་དཀོན་མཆོག་གི་མཆོད་པ་དང་། དགེ་འདུན་གྱི་བསྙེན་བཀུར་ཁོ་ན་ལ་གཏོང་བ་ལས་མི་དགོས་པའི་སར་ཡེ་མི་གཏོང་། མ་དག་པའི་རྫས་ཡེ་མི་འཆང་གཞན་གྱི་ཞིང་

དང་ཁང་ཁྱིམ་དང་ཕྱུགས་མ་སོགས་ཕུལ་ཡང་གཏན་ནས་མི་བཞེས། ལན་ཅིག་སྦྱིན་བདག་ཞིག་གིས་ཞིང་ཟས་པའི་ཐོག་ཅིག་ཕུལ་བ་ན་དགེ་འདུན་ལ་ཕུལ་ང་ལ་མི་དགོས་རྩ་སོག་ཚུར་(༢༨༨ན)སྐྱོལ་གྲྭ་པ་རྣམས་ཀྱི་རྒྱུགས་སྐྱེལ་མིའི་ཁལ་མ་ལ་ཕན་འགྲོ་གསུང་། དགེ་བཤེས་པོ་ཏོ་བ་དང་ཤ་ར་བ་གཉིས་པོས་ཐབས་ལྷོ་བཙོས་གང་ཡང་མ་མཛད་པར་ལམ་རིམ་ཁོ་ན་སྒོམ་པར་མཛད་པས་རང་དང་སློབ་མ་རྣམས་ལ་ནད་གདོན་གྱི་འཚེ་བ་ཉུང་། ལྷ་འདྲེ་མི་གསུམ་བྱམས་ཚེ་རིང་བར་བྱུང་། དགེ་བཤེས་སྤྱན་སྔ་བ་དང་བྱ་ཡུལ་བ་དཔོན་སློབ་རྣམས་ཐབས་རིམ་མན་ངག་འདི་མི་མཁྱེན་བྱ་བ་མེད་པས་གདུལ་བྱ་རྣམས་ཀྱང་མན་ངག་སྣ་ཚོགས་ལག་ལེན་བྱེད་པ་བྱུང་ཡང་ནད་གདོན་གྱི་འཚེ་བ་མང་ཞེས་བཀའ་གདམས་གོང་མའི་གསུང་སྒྲོས་ལས་འབྱུང་། ཤ་ར་བ་ཉིད་ཀྱི་ཞལ་ནས་སྦྱིར་ལེགས་ཉེས་ཅི་བྱུང་ཆོས་ལ་བརྟེན་པ། དེའི་ནང་ནས་ཀྱང་འདུལ་བ་ལ་བརྟེན་ན་ལྡབ་ཀྱང་མི་དགོས་པ་ཞེ་གཙང་བ། རྟག་ཐུབ་པ། ཉམས་དགའ་བ། མཐའ་བཟང་བ་ཡིན་གསུང་། ཡང་ཞལ་ནས་རྟེན་དང་བསྲུང་བ་མི་དགོས་པའི་གང་ཟག་གསུམ་ཡིན། དགེ་སློང་ཆོས་གོས་རྣམ་གསུམ་ལས་ཡོངས་སུ་བཟུང་བ་ཐམས་ཅད་སྤངས་ཏེ་ཉེས་པ་ཕྲ་ཞིང་ཕྲ་བས་ཀྱང་མ་གོས་པ་ཞིག་བྱུང་ན་རྟེན་དེ་ཉིད་མཆོད་གནས་ཡིན་པས་མི་དགོས། བྱང་ཆུབ་ཀྱི་སེམས་སྨོན་འཇུག་གཉིས་རྣལ་མར་ཡོད་པ་དེ་སེམས་ཅན་ཐམས་ཅད་ཀྱི་མཆོད་གནས་ཡིན་པས་མི་དགོས། སྔགས་པ་མཚན་ཉིད་དང་ལྡན་པ་སྣང་བ་ཐམས་ཅད་ལྷ་དང་ལྷ་མོར་ཤེས་པ་ལ་མི་དགོས་གསུང་། བཀའ་བརྒྱུད་ཟམ་མ་ཆད་པའི་གདམས་པ་ལ་བརྟེན་ནས་ཤེས་བཞིན་ཆེན་པོས་ཐམས་ཅད་མིག་ལོག་ཏུ་ཚུད་པར་བྱས་ཏེ། སྤྱོད་ལམ་(༢༨༨བ)རྣམ་བཞི་ཅི་བྱེད་ཐམས་ཅད་ཐར་པའི་རྒྱུར་དཀར་ལམ་གྱིས་གཏོང་ཤེས་པ་ཅིག་དགོས་གསུང་། ཡང་ཞལ་ནས་བྱ་ཡུལ་བའི་བཀའ་བརྒྱུད་འདི་ལ་སྲུང་བ་ཟད་པ་མེད་པ་ཅིག་ཡོད་དེ་འཚེ་བ་ཤིན་ཏུ་མང་། མི་དབང་དུ་བསྡུ་བའི་

ཐབས་ཟད་པ་མེད་དེ་ངན་སླ་དེ་མང་ངེ་སྣང་། ཚེ་སྤྲེལ་ཐབས་ཁོ་ན་མཛད་དེ་སྐུ་ཚེ་རིང་བ་ཙམ་མ་བྱུང་ལ། པོ་ཏོ་བའི་བཀའ་རྒྱུད་འདི་བསྟན་པ་རིན་པོ་ཆེ་ཁས་བླངས་ཀྱི་ཆོས་ཁོ་ན་ལས་སྤྱན་སྔྲིན་ཡེ་མི་མཛད་དེ་འཚེ་བ་ཉུང་མི་བྱམས་སྐུ་ཚེ་རིང་བར་བྱུང་སྟེ། ཁོ་བོས་ནི་མན་ངག་དེ་མཐོན་སུམ་དུ་གོ་བར་བྱུང་གསུང་། ལན་ཅིག་ཤ་ར་བ་ཆེན་པོས་ལམ་རིམ་གྱི་ཁྲིད་གནང་བའི་རྗེས་ལ་འདི་སྐད་གསུང་སྟེ་ཁམས་ངན་ཡང་ཆོས་ཀྱིས་ཕན་ན་ཕན་པ་ཡིན་སྙམ་ནས་འབད་དེ་བཤད་པ་ཡིན། ཆོས་ཀྱིས་ཕན་ན་ཕན་པར་བསྔོ། གཞན་གྱིས་ཕན་པ་ཏ་ཕ་མས་ཀྱང་འདི་ལྟར་བྱེད་དེ་དེས་ཐར་པ་ལ་ཅང་མ་ཕན། གྲྭ་པ་ཆོས་ལ་མ་མགུ་ནས་སོང་ན་དེ་རང་གི་ཉེས་པར་བསྔོ། གཞན་ལ་མ་མགུ་ནས་སོང་བ་རང་གི་ཉེས་པར་མི་བསྔོ་གསུང་།

སྒོམ་པ་གློག་འབར་གྱིས་བྱ་ཡུལ་དུ་ཕྱིན་པའི་དུས་སུ་རྩབས་འདྲེན་དུ་བྱུང་བ་ལ་ང་གཙོང་ལུང་བའི་གྲྭ་པ་ལ་རྩབས་འདྲེན་ནམ་ཟེར་ནས་འཕྲུང་མ་འདོད། དེ་ལ་ཤིན་ཏུ་མཉེས་པར་མཛད། ལན་ཅིག་ཤ་ར་བ་ཆེན་པོ་ལ་སློབ་མ་རྣམས་ཀྱིས་ཕྱོགས་གཞན་ཞིག་ཏུ་འབྱོན་པར་ཞུས་པ་ན་ཆོས་འཕེལ་ན་གང་དུ་ཕྱིན་ཀྱང་ཆོག །གཉེན་ཉེ་དུ་ལ་ཆགས་པའང་མེད། གནས་གཞི་སྡེ་དགོན་ལ་ཆགས་པའང་མེད། ཁོ་བོའི་སྙིང་ན་དབང་ཆེ་བ་གཞན་ངོ་སྲུང་དགོས་པའང་སུ་ཡང་མེད་གསུང་ཤ་ར་བ་ཆེན་པོ་ཐུགས་(༢༥༧ན)བསྐྱེད་ཤིན་ཏུ་བཟང་བས་འཁོར་སུམ་སྟོང་ཙམ་འདུས་པ་དེ་ཐམས་ཅད་ཀྱང་ཐོས་བསམ་སྒོམ་པས་དུས་འདའ། ཟས་གོས་གནས་མལ་དང་སྡེ་དགོན་ལ་ཆགས་པ་སྤངས་པ་ཤ་སྟག་བཞུགས། ཆོས་གནང་བ་ཐམས་ཅད་ཀྱང་སྐྱེས་བུ་གསུམ་གྱི་ལམ་གྱི་རིམ་པ་ཉིད་ལ་སྐོར་ནས་དེའི་ཐོག་ཏུ་འབབ་པ་ཁོ་ན་མཛད། ཚོང་དང་བུན་བསྐྱེད་ཀྱིས་ནོར་བསྒྲུབས་ནས་དཀོན་མཆོག་མཆོད་པ་དང་དབུལ་ཕོངས་ལ་སྦྱིན་གཏོང་བྱེད་པ་བྱུང་ན་ང་ནི་ཁྱེད་ལ་གཏོང་བའི་ཕན་ཡོན་མི་བརྗོད་ཀྱིས་འཛིན་པའི་ཉེས་དམིགས་བརྗོད་པ་ཡིན་གསུང་

ནས་མི་དགྱེས། དབེན་པའི་རི་ཤུལ་དུ་ཚུལ་ཁྲིམས་རྣམ་པར་དག་པ་ལ་གནས་པ་བྱུང་ན་ཤིན་ཏུ་དགྱེས་ཏེ་དབེན་པའི་རི་ཤུལ་དུ་དྲང་སྲོང་གི་སྤྱོད་ཚུལ་གྱིས་གནས་པ་ཅིག་བྱུང་ན་གཟོད་ཕས་བུ་གསོས་བྱ་བ་ཡིན་གསུང་། རབ་ཏུ་བྱུང་བ་ཞིང་ལས་བྱེད་པ་གཟིགས་ན་ཤིན་ཏུ་མི་དགྱེས་ཏེ། ཤ་ར་བ་ཉིད་ཀྱི་ཞལ་ནས་རབ་ཏུ་བྱུང་བ་བྱ་བ་སོ་ནམ་རྣམ་བཞི་སྤངས་པ་ཅིག་ལ་ཟེར་བ་ཡིན། དགེ་སློང་བྱ་བ་འདོད་པ་སྤངས་པ་ཅིག་ལ་ཟེར་བ་ཡིན། བྱང་ཆུབ་སེམས་དཔའ་བྱ་བ་རང་དོན་སྤངས་པ་ཅིག་ལ་ཟེར་བ་ཡིན། སྒོམ་ཆེན་བྱ་བ་འདུ་འཛི་སྤངས་པ་ཅིག་ལ་ཟེར་བ་ཡིན་གསུངས། སེམས་དཔའ་ཆེན་པོ་འདི་ནི་ཇོ་བོ་རྗེས། འཕྲུལ་ལ་ཟས་འཚོལ་བྱ་དང་འདྲ། ཁག་སྐྱེ་ལངས་པས་གཞིས་རྫོགས་པ། །བྱར་མེད་དེ་ནི་བསྟན་ཡུལ་ཡིན། །ཞེས་གསུངས་པ་ལྟར་ཇོ་བོ་ཡབ་སྲས་ཀྱི་རྣམ་ཐར་གཙང་མ་གཞན་འདྲེས་མེད་པར་སྐྱོང་བ། ཕྱི་རབས་ཀྱི་གདུལ་བྱ་ཀུན་གྱི་སློན་གནས་སུ་འོས་(༢༨༧བ)པ་ཞིག་བྱུང་སྟེ། ཤ་ར་བ་ཉིད་ཀྱི་ཞལ་ནས། རྟག་པའི་ཇོ་བོ་གཞོན་ནུ་གྲགས་བྱ་བ་དེ་དང་། ལན་ཚ་རབ་ཀྱི་སྒོམ་པ་དབང་ཕྱུག་རྒྱལ་མཚན་བྱ་བ་དེ་གཉིས་ལོ་བདུན་རྩ་ཙམ་ལ་འདས་པ་ལ། འཚོ་བ་ནི་དགེ་འདུན་གྱི་ནང་ནས་ལེན། སང་གི་བྱ་བ་ནི་དེ་རིང་བྱེད་པ་མ་ཡིན་བྱ་བ་གཞན་གང་ཡང་མེད་པར་དགེ་སྦྱོར་བར་མ་ཆད་པར་འདས་ཏེ་དེ་གཉིས་ཁོ་ན་ལ་སློན་གསུང་། ཡང་ན་ནིང་འདས་པ་གྲྭ་པ་ཆོས་མཐུན་དེ་ཆོས་ལས་གཞན་གྱིས་ནི་བློ་མ་སྦྲགས། དགེ་བཤེས་ལ་ནི་ཡི་དམ་ལྷ་དང་ཁྱད་པར་མེད་པར་ཤེས། སེམས་ནི་བཀོལ་དུ་བཏུབ་དགེ་སྦྱོར་ལས་བྱ་བ་གཞན་ནི་ཅི་ཡང་མེད་དེ་ལྟ་བུ་ལ་སློན་གསུང་།

བོད་སྔ་རབས་སུ་བྱོན་པའི་བཤེས་གཉེན་རྣམས་ལ་སྤྱོད་པ་རྣམ་པར་དག་པ་ཇོ་བོ་ཡབ་སྲས་ཀྱི་དགོངས་པ་ལྟར་བྱེད་པ་མང་བར་བྱུང་ནའང་ལྟ་བ་རྣམ་པར་དག་པ་ཇོ་བོ་ཡབ་སྲས་ཀྱི་དགོངས་པ་ལྟར་འཕགས་པ་ཀླུ་སྒྲུབ་ཀྱི་དབུ་མ་རིགས་ཚོགས་ཀྱི་དོན་སློབ་

དཔོན་སངས་རྒྱས་བསྐྱངས་དང་སློབ་དཔོན་ཟླ་བ་གྲགས་པས་བཀྲལ་བའི་དབུ་མའི་ལྟ་བ་མཐར་ཐུག་པ་རྟོགས་པ་དགོན་པར་བྱུང་འདུག་པ་ན་སེམས་དཔའ་ཆེན་པོ་ཤ་ར་བ་འདི་བཞུགས་པའི་དུས་སུ་པ་ཚབ་ལོ་ཙཱ་བས་རྒྱ་གར་དུ་བྱོན་ཏེ་སློབ་དཔོན་ཟླ་བ་གྲགས་པ་ལ་གསོལ་བ་ཤུགས་དྲག་ལ་རྒྱུན་རིང་བ་བཏབ་པས་སློབ་དཔོན་ཟླ་བ་གྲགས་པས་དངོས་སུ་ཞལ་བསྟན་ཏེ་བྱིན་གྱིས་བརླབས་པས་དབུ་མའི་ལྟ་བ་ཐུན་མོང་མ་ཡིན་པ་རྟོགས།

བོད་དུ་འཕགས་པ་ཀླུ་སྒྲུབ་ཀྱི་ལྟ་བ་ཐུན་མོང་མ་ཡིན་པ་དེ་དར་ན་ཅི་མ་རུང་སྙམ་དུ་དགོངས་ནས་དབུ་མ་ལ་འཇུག་པ་བསྒྱུར། བོད་དུ་ལུགས་བཟང་(༢༧༤ན)དེ་སྤེལ་བའི་འཕྲིན་ལས་མཛད་པ་ན་བླུན་པོ་རྨོངས་པའི་ཁྱུ་དག་གིས་ཆོས་ཐམས་ཅད་རང་བཞིན་གྱིས་མ་གྲུབ་པ་བདགས་ཡོད་མིང་རྐྱང་ཙམ་གྱི་ཚུལ་དེ་ཐོས་པ་ན། ཆོས་ཐམས་ཅད་རང་བཞིན་གྱིས་མེད་པར་ལྟ་བ་ནི་ཆད་ལྟའོ་ཞེས་སྨྲས་ནས་ཀླུ་སྒྲུབ་ལུགས་བཟང་སྤེལ་བའི་འཕྲིན་ལས་བཀག་པ་ན་དགེ་བའི་བཤེས་གཉེན་ཤ་ར་བས་ཀླུ་སྒྲུབ་ཡབ་སྲས་ཀྱི་དགོངས་པ་ཡིན་མིན་ངས་ཤེས་གསུངས་ནས་པ་ཚབ་ལོ་ཙཱ་བ་ལ་དབུ་མའི་ལུགས་ཀྱི་གཞི་ལམ་འབྲས་གསུམ་གྱི་རྣམ་གཞག་ཇི་ལྟར་ཡིན་དང་། དབུ་མའི་ལྟ་བའི་དགག་བྱ་གང་ཡིན་དང་། དེ་འགོག་བྱེད་རིགས་པའི་གཙོ་བོ་གང་ལ་བྱེད་དང་། དབུ་མའི་ལྟ་བ་སྒོམ་པའི་ཚེ་སྦྱོར་དངོས་རྗེས་གསུམ་དུ་ཇི་ལྟར་བྱེད་ཅེས་དྲི་བ་ཞིབ་ཏུ་བསྒྱུར་ནས་གྲྭ་གཞོན་ཤེས་རབ་ཅན་གཉིས་པ་ཚབ་ལོ་ཙཱ་བའི་སར་བཏང་བས། པ་ཚབ་ལོ་ཙཱ་བས་དེའི་ལན་དུ་འཕགས་པ་ཀླུ་སྒྲུབ་ཀྱི་དགོངས་པ་སློབ་དཔོན་ཟླ་བ་གྲགས་པས་བཀྲལ་བའི་དབུ་མའི་ལྟ་བ་མཐར་ཐུག་འདི་ཡིན་དང་། དེ་སྒོམ་པའི་ཚེ་སྦྱོར་དངོས་རྗེས་གསུམ་དུ་ཇི་ལྟར་བྱ་བ་འཕགས་པ་ཀླུ་སྒྲུབ་ཡབ་སྲས་ཀྱི་མན་ངག་འདི་ལྟར་ཡོད་ཅེས་ལན་ཞིབ་ཏུ་ཕུལ་བ་དགེ་བཤེས་ཤ་ར་བ་ཆེན་པོ་དགེ་འདུན་སུམ་སྟོང་ལ་ཉེ་བའི་ཚོགས་དབུར་

བཞུགས་ནས་བྱུར་སྟོན་ཞིག་གསོལ་ལ་ཁྱད་དུ་ཡོད་པའི་ཐོག་ཏུ་སླེབས་པས་ཚོགས་དབུའི་ས་དེ་ཁར་ལེགས་པར་གཟིགས་པས་སྤྱན་ཆབ་མང་པོ་ཁྱོན་བུ་རམ་ཕྱུག་གིས་གང་གཙོགས་ཤིག་གནམ་དུ་གཏོར་ནས་ཀླུ་སྒྲུབ་ཡབ་སྲས་མཆོད། པ་ཚབ་ལོ་ཙཱ་བ་མཆོད་ཆོས་འདི་འདྲ་(༢༥༨བ)ཞིག་གིས་འཁོར་འདས་ཀྱི་ཤན་འབྱེད་པ་ཡིན། ཤེར་ཕྱིན་གྱི་མདོ་སྡེ་རིན་པོ་ཆེའི་དགོངས་པ་འདི་ཡིན་གསུང་ནས་བཙུན་ཆུང་ལྔ་བཅུ་ཙམ་ཞིག་པ་ཚབ་ལོ་ཙཱ་བ་ལ་དབུ་མ་མཉན་དུ་བཏང་། དབུ་མའི་ལུགས་བཟང་སྤེལ་བ་ལ་མཐུན་པའི་རྐྱེན་ཟང་ཟིང་མང་པོ་བསྐྱུར། པ་ཚབ་ལོ་ཙཱ་བ་ལ་བསྟགས་བརྗོད་ཆེ་བར་མཛད་པས་ལོག་པར་རྟོག་པའི་སྨྲ་བ་ངན་པ་རྣམས་རང་ཤུགས་ཀྱིས་འགགས། པ་ཚབ་ལོ་ཙཱ་བ་ལ་འཕྲིན་ལས་ཆེར་འཕེལ་བར་གྱུར་ཏོ། །

དེ་དུས་པ་ཚབ་ལོ་ཙཱ་བས་རང་ཉིད་ཀྱིས་བསྒྱུར་བའི་དབུ་མ་འཇུག་པ་དགེ་བཤེས་ཤ་ར་བ་ལ་གཟིགས་སུ་ཕུལ་བས། ཤ་ར་བ་ཆེན་པོས་ལེགས་པར་གཟིགས་ཏེ། འདི་ལ་འདི་ལྟར་འོང་ཐང་ཞེས་འགྱུར་སྐྱོན་གང་བྱུང་ཐམས་ཅད་བྲིས་ནས་རྒྱ་དཔེ་ལ་ལྟོས་ཞེས་བསྐུར་བ་ན་པ་ཚབ་ལོ་ཙཱ་བས་རྒྱ་དཔེ་ལ་གཟིགས་པས་ཤ་ར་བས་གང་གསུང་བ་དེ་ཁོ་ན་བཞིན་དུ་བྱུང་བས་དགེ་བའི་བཤེས་གཉེན་ཤ་ར་བ་ལ་རྒྱལ་བའི་བཀའ་འགྱུར་རོ་ཅོག་ཐུགས་ལ་མངའོ་ཞེས་གྲགས་པ་བྱུང་ངོ་། །

དགེ་བའི་བཤེས་གཉེན་ཤ་ར་བ་འདི་ཉིད་བཀའ་གདམས་གླེགས་བམ་ལས་གསལ་བར་ལུང་བསྟན་པ་ཡིན་ཏེ། དང་པ་རབ་ཏུ་བརྟན་པའི་འབྲུངས་རབས་ལས། དེས་ན་རྒྱལ་པོ་དགེ་བ་དཔལ། ཁྱོད་ཀྱི་སྲས་ཀྱི་སྲོལ་འཛིན་པ། །ཤ་ར་བ་ཞེས་ཡུལ་ལས་གྲགས། །ཞེས་པ་དང་། ལུང་བསྟན་གྱི་ལེའུ་ལས། ཡོན་ཏན་གྲགས་པས་ཟབ་གཞུང་རྣམས། །རྗོགས་པར་མཛད་ནས་དར་ཡུལ་མདར། །དག་སྣང་གང་ཤར་དགོན་པ་བཞེངས། །དེ་ནས་ཤར་བ་བ་ཞེས་གྲགས། །(༢༥༩ན)ཞང་རྫེ་རོམ་པོའི་མི་རིགས

གཅིག །གདན་གྱི་དོན་གཉེར་གུས་པས་མཆི། །ཞེས་དང་། དག་པའི་སྣང་བ་རབ་ཤར་བ། །རྒྱལ་བ་རྒྱ་མཚོ་ལས་འཁྲུངས་ཤིང་། །མཁས་པ་ང་ནི་ལས་ཅན་རྣམས། །ཕྱོགས་བཞིར་འགྲོ་ཞིང་འདྲི་ན་ཡང་། །དབུས་འདིར་ཤར་བ་བ་ཞེས་གྲགས། །འདི་ནི་ཤར་གྱི་མཐའ་འཁོབ་འདུལ། །དེ་ནས་ནུབ་ཕྱོགས་མཐའ་འཁོབ་ཏུ། །ཤར་པ་ཅི་འདྲ་རྣ་ཡུལ་དང་། །ཞིང་དང་གྲོང་པ་དག་གིས་དབེན། །སྐྱ་བོ་རྒྱ་ཆེན་ཞག་མེད་ཅིག །སྟུམ་ཞིང་སྐལ་བཟང་དུ་མ་སྟུད། །ཅེས་གསུངས་སོ། །

དེ་ལྟར་སེམས་དཔའ་ཆེན་པོ་ཤ་ར་བས་བསྟན་འགྲོའི་དོན་རྒྱ་ཆེར་མཛད་ནས་མ་འོངས་པའི་གདུལ་བྱ་རྣམས་ཀྱི་དོན་དུ་བྱང་ཆུབ་ལམ་གྱི་རིམ་པའི་ཁྲིད་ཡིག་ཆེ་ཆུང་གཉིས་དང་དགེ་བའི་བཤེས་གཉེན་པོ་ཧོ་བའི་རྣམ་ཐར་ཚིགས་བཅད་མ་ཞིག་ཀྱང་མཛད། དགེ་བཤེས་ཤ་ར་བ་འདིས་བྱང་ཆུབ་ལམ་གྱི་སྒྲོན་མ་འཆད་སྐབས་ཇི་ལྟར་གསུངས་པ་རྣམས་ཟིན་བྲིས་སུ་བཀོད་པ་ལམ་སྒྲོན་གྱི་འགྲེལ་པ་རྒྱས་ཤིང་ངོ་མཚར་རྨད་དུ་བྱུང་བ་ཞིག་ཀྱང་སྣང་ངོ་། །བདག་ཉིད་ཆེན་པོ་འདིས་ལོ་སུམ་ཅུ་རྩ་དྲུག་ཏུ་ཚོགས་པ་བསྐྱངས་ནས་བསྟན་པའི་བྱ་བ་རྒྱ་ཆེར་མཛད་ཅིང་། དེ་ཡང་ཇོ་བོ་རྗེ་དཔལ་ལྡན་ཨ་ཏི་ཤའི་མན་ངག་སྐྱེས་བུ་གསུམ་གྱི་ལམ་གྱི་རིམ་པ་ཁོ་ནས་གདུལ་བྱའི་དོན་མཛད་ཅིང་། རྒྱལ་བའི་བཀའ་དང་ཤིང་རྟ་ཆེན་པོའི་གཞུང་ཐམས་ཅད་སྐྱེས་བུ་གསུམ་གྱི་ལམ་རིམ་ཁོ་ནའི་སྟེང་དུ་འབབ་པར་མཛད། རྒྱན་བཟང་ངན་གང་བྱུང་ཡང་ཚུལ་ཁྲིམས་རྣམ་པར་(༢༨༩བ)དག་པ་བསྲུང་བ་གཞིར་བཞག་ནས་བྱང་ཆུབ་ལམ་གྱི་རིམ་པ་སྒོམ་པ་ཉིད་མཛད་པ་ལས་རང་ཉིད་དང་སློབ་མ་སུ་ལའང་མོ་བོན་གྱི་བཅོས་ཀ་སོགས་ཅབ་ཅུབ་ཡེ་མི་མཛད། དགེ་འདུན་སུམ་སྟོང་འདུས་ཏེ་དེ་ཐམས་ཅད་རྒྱལ་བ་རང་ཉིད་ཀྱིས་ཇི་ལྟར་གསུངས་པའི་ཚུལ་ཁྲིམས་རྣམ་པར་དག་པ་དང་ལམ་རྣམ་པར་དག་པ་སྒོམ་པ་ལ་སྦྱར་ཏེ་ཐམས་ཅད་རྣམ་པར་གཙང་མ་རྒྱལ་བ་རང་ཉིད་དངོས་སུ་བཞུགས་པའི་དུས

ཀྱི་མཛད་པ་རྣམ་ཐར་ཇི་བཞིན་དུ་སྐྱོང་བར་མཛད་དོ། །

དེ་ལྟར་དགེ་བའི་བཤེས་གཉེན་ཤ་ར་བ་ཆེན་པོས་བསྟན་པའི་དོན་རྒྱ་ཆེར་མཛད་ནས་དགུང་ལོ་བདུན་ཅུ་དོན་གཉིས་པ་ལྕགས་མོ་བྱའི་ལོ་རྒྱལ་གྱི་ཟླ་བའི་ཚེས་ཉེར་དྲུག་ལ་སྐུའི་བཀོད་པ་བསྡུས་ཏེ་དགའ་ལྡན་ཆོས་ཀྱི་ཕོ་བྲང་དུ་ཐེབས་སོ། །དེ་ནས་དེར་ཚོགས་པའི་དགེ་འདུན་རྣམས་ཀྱིས་ཟླ་བ་ཕྱེད་ཀྱི་བར་སྐུ་གདུང་རིལ་པོར་བཞུགས་པའི་མདུན་དུ་རྒྱལ་བའི་ཡུམ་བསྒྲགས་ཤིང་མཆོད་པ་རྒྱ་ཆེར་ཕུལ། དེ་ནས་ཕུར་སྦྱངས་ཏེ་གདུང་དང་རིང་བསྲེལ་ན་བཟའ་རྣམས་དགེ་འདུན་སྟོང་དང་བདུན་བརྒྱས་བགོས་ཏེ་ཕྱོགས་ཕྱོགས་སུ་ཕྱག་དང་མཆོད་པའི་རྟེན་དུ་བཞུགས་ཤིང་། སློབ་མ་རྣམས་ཀྱིས་བདག་ཉིད་ཆེན་པོའི་གསུང་ལྟར་ཕྱོགས་ཕྱོགས་སུ་སྒྲུབ་པའི་རྒྱལ་མཚན་བཙུགས་ཏེ་དགོངས་པ་ཡོངས་སུ་རྫོགས་པར་མཛད་དོ། །

དེ་ལྟར་དགེ་བའི་བཤེས་གཉེན་ཤ་ར་བ་ཆེན་པོ་ལ་སློབ་མ་སྟོང་ཕྲག་མང་པོ་འདུས་པའི་ནང་ནས་འགྲན་པའི་ཟླ་ཐམས་ཅད་དང་བྲལ་བ་བཀའ་གདམས་བསྟན་པའི་སྲོག་ཤིང་དུ་གྱུར་པ་རྒྱལ་བའི་གདུང་འཚོབ(༡༧༠ན)ཆེན་པོ་ནི་སེམས་དཔའ་ཆེན་པོ་འཆད་ཁ་བ་ཡིན་ལ། སེམས་དཔའ་ཆེན་པོ་འདིའི་རྣམ་ཐར་ནི་འཆད་པར་འགྱུར་ལ། གཞན་ཡང་གཏུམ་སྟོན་བློ་གྲོས་གྲགས་ལ་སོགས་པ་འཕྲིན་ལས་རྒྱ་ཆེར་སྤེལ་བའི་བསྟན་འཛིན་དམ་པ་མང་དུ་བྱོན་ནོ། །

དེ་ལ་གཏུམ་སྟོན་བློ་གྲོས་གྲགས་པ་ནི་ཤབ་སྒོ་ལྔའི་ལྷུགས་མཁར་རྩེའི་དབུ་མང་དུ་མེ་ཕོ་ཁྱི་ལ་འཁྲུངས། གདུང་རུས་གཏུམ། རྟོག་ཚོའི་མཁན་པོ་ལྷོག་ཅོད་པ་ཆེན་པོ་ལས་རབ་ཏུ་བྱུང་ཞིང་བསྙེན་པར་རྫོགས། མཁན་པོ་དེ་ཉིད་དང་རྒྱ་འདུལ་འཛིན་ལ་འདུལ་བ་ལེགས་པར་བསླབས་ཏེ་འདུལ་བའི་བཤད་པ་ཡང་མཛད། དེ་ནས་དབུས་སུ་བྱོན་ཏེ་ཤ་ར་བ་ལོ་བཅུའི་བར་དུ་བསྟེན་ཅིང་མཉེས་པར་མཛད་དེ། བཀའ་གདམས་ཀྱི

ཡོན་ཏན་མ་ལུས་པ་ཐུགས་སུ་ཆུད་པར་མཛད། ཤ་ར་བ་མྱ་ངན་ལས་འདའ་ཁར། དགེ་འདུན་ལ་ཞལ་ཆེམས་གནང་བའི་རྗེས་ལ་གཙུམ་སྟོན་བློ་གྲོས་གྲགས་པ་ལ་གཙང་པ་འདུལ་འཛིན་ཞེས་བོས་ཏེ། ཆོས་ཀྱི་འཕྲོ་ཅུང་ཟད་གནང་ནས། ལྷག་མ་སྐྱེ་བ་ཕྱི་མ་ལ་བྱེད་པ་ཡིན་ནོ། ཁྱོད་ཀྱང་དགེ་སློང་བཞི་སྡེ་རེ་དང་འགྲོགས་ཤིག་ཅེས་གསུང་ནས་ཤ་ར་བ་ལྷུགས་བྱ་ལ་སྐུ་གཤེགས། དེ་ནས་ཆུ་བོའི་བར་གནས་ཅི་རིགས་པར་བཞུགས་ནས། དེ་རྗེས་སྣར་ཐང་གི་མདའི་ཐང་སྟེང་ལ་ལོ་ར་ཅིག་ཡོད་པར་སྤྱིལ་པོ་མཛད་ནས་འམ་ཐུ་འདི་ར་དགེ་སྦྱོར་བྱེད་པ་ཡིན་གསུངས་ཏེ། ཐོག་མར་ཆུ་མོ་བྱ་ལ་ཕེབས་དགེ་སློང་བཞི་སྡེ་དང་བཅས་ཏེ་དགོན་པ་བཏབ་ནས་ལོ་བཅུ་བཞི་བཞུགས། དེ་(༡༧༠བ)རྗེས་ལ་སྟོད་བྱང་གི་ཏྲ་སྡེ་ཆོས་ལུང་དུ་བྱོན་ནས་ཐུགས་དམ་མཛད། དྲུག་ཅུ་རྩ་གཅིག་པ་མེ་ཕོ་ཁྱིའི་ལོ་རྒྱལ་གྱི་ཟླ་བའི་ཉི་ཤུ་གསུམ་ལ་མྱ་ངན་ལས་འདས། འདི་ལ་ཆོས་ལུང་སྐུ་གཤེགས་ཞེས་ཀྱང་གྲགས་སོ། །

གཙུམ་སྟོན་བློ་གྲོས་གྲགས་ཀྱི་རྗེས་སུ་སྣར་ཐང་གི་གདན་སར་སྟོ་སྟོན་ཤེས་རབ་གྲགས་པ། ཞང་བཙུན་རྡོ་རྗེ་འོད། དཔལ་ལྡན་གྲོ་མོ་ཆེ། ཆོས་ཀྱི་བླ་མ། ཐུགས་རྗེ་ཆེན་པོའི་སྤྲུལ་པ་སངས་རྒྱས་སྒོམ་པ། མཆིམས་ཆེན་མོ་ནམ་མཁའ་གྲགས་སོགས་རིམ་གྱིས་བྱོན་ཏེ། མཆིམས་ནམ་མཁའ་གྲགས་འདིས་སྣར་ཐང་དུ་སྡེ་སྣོད་གསུམ་གྱི་བཤད་པ་རྒྱ་ཆེར་སྤེལ་ཞིང་། ཤིང་རྟ་ཆེན་པོ་རྣམས་ཀྱི་གཞུང་ཕལ་ཆེ་བ་འགའ་ཞིག་ལ་འགྲེལ་པ། འགའ་ཞིག་ལ་བསྡུས་དོན་མཛད། འདིས་མཛད་པའི་མངོན་པ་མཛོད་ཀྱི་ཊཱི་ཀ་ཆེན་ངོ་མཚར་རྨད་དུ་བྱུང་བ་ཞིག་ཀྱང་ཡོད་དོ། །

བདག་ཉིད་ཆེན་པོ་འདི་འཕགས་པའི་གནས་བརྟན་གྱི་སྤྲུལ་པར་གྲགས་ཤིང་། འདིའི་རིང་ལ་གནས་བརྟན་བཅུ་དྲུག་སྣར་ཐང་དུ་ཡང་ཡང་ཞལ་འཛོམ་པ་བྱུང་ཞིང་། འགྲོ་མགོན་ཆོས་རྒྱལ་འཕགས་པ་དང་། བཅོམ་ལྡན་རིག་རལ་དང་། དབུས་པ་བློ་

གསལ་དཔོན་སློབ་སོགས་བསྟན་འཛིན་ཆེན་པོ་མང་པོས་ཀྱང་འདིའི་ཞབས་ལ་གཏུགས་ཤིང་། གཙོ་བོར་བྱང་ཆུབ་ལམ་གྱི་རིམ་པ་རྒྱ་ཆེར་བཤད་ནས་དཔལ་སྣར་ཐང་བསྟན་པ་མ་ཚང་བ་མེད་པའི་འབྱུང་གནས་སུ་བསྒྲུབས་སོ། །

འདིའི་རྗེས་སུ་སྣར་ཐང་གི་གདན་སར་སྐྱོ་སྟོན་པ་དང་མཁན་ཆེན་ཉི་མ་རྒྱལ་མཚན་པ་སོགས་རིམ་པར་བྱོན་ཞིང་། རྗེ་ཤེས་རབ་(༡༧)ན)སེང་གེ་དང་། རྗེ་དགེ་འདུན་གྲུབ་དང་། འདུལ་འཛིན་བློ་གྲོས་སྦས་པ་སོགས་བསྟན་པའི་ཉི་མ་ཆེན་པོ་མང་དུ་བྱོན་ཏེ་རྗེ་དགེ་འདུན་གྲུབ་པ་ཡབ་སྲས་ཀྱི་བར་དུ་བྱོན་པ་ཐམས་ཅད་ཚུལ་ཁྲིམས་རྣམ་པར་དག་ཅིང་། སྡེ་སྣོད་ལ་ནང་བྱན་ཆུད་པ། འཆད་པ་དང་། དམ་ཉམས་དང་། འབྲེས་ཁྲེར་གྱིས་མ་བསླད་པ། དགེ་བཤེས་སྟོན་པ་ནས་བརྒྱུད་པའི་རྣམ་པར་ཐར་པ་དྲི་མ་མེད་པ་འཛིན་པ་ཤ་སྟག་ཡིན་ལ། བཀའ་གདམས་གཞུང་པའི་བཤད་སྲོལ་ལ་བརྟེན་ནས་སྐྱེས་བུ་གསུམ་གྱི་ལམ་གྱི་རིམ་པ་འཆད་པ་དང་ཉན་པ་དང་སྒོམ་པ་རྣམས་གཙོ་བོར་འདོན་ཞིང་། ཤིང་རྟ་ཆེན་པོའི་གཞུང་སྤྱི་དང་ཁྱད་པར་བྱང་ས་དང་མདོ་སྡེ་རྒྱན་སྐྱེས་རབས་དང་ཚོམ། བསླབ་བཏུས་དང་སྤྱོད་འཇུག་སྟེ་གཞུང་དྲུག་པོ་དེ་སྐྱེས་བུ་གསུམ་པོའི་ལམ་གྱི་མན་ངག་ཏུ་རྩལ་དུ་བཏོན་ནས་འཆད་ཉན་མཛད་ཅིང་བློ་སྦྱོང་དོན་བདུན་མ་དང་བཀའ་གདམས་ཐིག་ལེ་བཅུ་དྲུག་ལྐོག་ཆོས་སུ་མཛད་དེ་ཉམས་ལེན་མཛད་དོ། །

དེས་ན་བྱང་ཆུབ་ལམ་གྱི་རིམ་པ་ལ་བློ་སྦྱོང་བར་འདོད་པ་རྣམས་ཀྱིས་དགེ་བའི་བཤེས་གཉེན་ཤ་ར་བ་ཆེན་པོ་ལ་གསོལ་བ་འདེབས་ཤིང་བདག་ཉིད་ཆེན་པོ་འདིའི་རྣམ་ཐར་ལྟར་བསྟན་པ་ཡོངས་རྫོགས་ཉམས་ལེན་གྱི་ལུས་གཅིག་ཏུ་དྲིལ་བའི་མན་ངག་བྱང་ཆུབ་ལམ་གྱི་རིམ་པ་སྒོམ་པ་ལ་སྐྱེས་བུའི་རྩལ་ཅི་ཡོད་ཀྱིས་འབད་པར་བྱའོ།། །།

བྱང་ཆུབ་ཐུགས་ཀྱི་བཀའ་བབ་འཆད་ཁ་བའི་རྣམ་ཐར།

བྱང་ཆུབ་ཐུགས་ཀྱི་བཀའ་བབ་འཆད་ཁ་བ། །ཞེས་(༡༧༡བ)སྨྲས་པ་སེམས་དཔའ་ཆེན་པོ་འཆད་ཁ་བ་ནི། ལྷོ་གས་མོ་སྦྲུལ་ལ་ལོ་རོར་ཡབ་འཕགས་པ་སྐྱབས་དང་། ཡུམ་བསོད་ནམས་སྐྱིད་གཉིས་ཀྱི་སྲས་སུ་འཁྲུངས། ཞབས་ལ་འཁོར་ལོའི་མཚན་དང་ལྡན་པ་སོགས་སྐྱེ་བོ་དམ་པའི་རྟགས་དང་ལྡན་པ་ཞིག་བྱུང་། གཞོན་ནུ་ནས་ཆོས་ཀྱི་བག་ཆགས་སད་དེ་ལོ་རོར་བླ་མ་རས་ཆུང་པ་དང་མཇལ་བས་ཁོང་གི་སར་བཟླ་བ་གཉིས་ཙམ་བཞུགས། གདམས་པ་མང་དུ་གསན་ནས་ཚུར་འབྱོན་ཁར་བླ་མའི་ཞལ་ནས་འདིར་བཞུགས་ཁྱོད་ལ་ཆོས་ཀྱིས་ཕན་པ་ཅིག་འོང་བར་སྣང་གསུང་བས་དེར་འབྱོན་པའི་རྗེས་སུ་བྱས་ནས་ཚུར་ཕེབས། ཡུལ་ནས་ཏ་སྟོན་པོ་ཞིག་ལ་ཁལ་བཀལ་ནས་བྱོན་ཙ་ན་ལོ་རོ་ཞིང་གསར་ན་གཉལ་པ་ཆེན་པོ་ཆོས་བར་མཛད་ཅིང་བཞུགས་པས་དད་དེ་རྒྱལ་བའི་བསྟན་པ་ལ་རབ་ཏུ་འབྱུང་བར་མཛད་བཞེད་ནས་གནས་དེར་དགུང་ལོ་ཉི་ཤུ་རྩ་གཅིག་གི་ཐོག་བཤེས་གཉེན་རྩེ་བོར་བ་ལ་མཁན་པོ་ཞུས། ཆག་རིན་ཆེན་འཆང་ལ་སློབ་དཔོན་ཞུས་ནས་རབ་ཏུ་བྱུང་མཚན་ཡེ་ཤེས་རྡོ་རྗེར་བཏགས། དེར་རྡོ་རྗེ་བཙན་པོ་རའི་ཆོས་འཁོར་གྱི་རིམ་གྲོ་ལ་བླ་མ་རས་ཆུང་པ་སྤྱན་དྲངས་པའི་ཕྱག་ཕྱིར་ཐེགས། བླ་མས་སྨིན་གྲོལ་ལན་ཉི་ཤུ་ལྷག་ཙམ་མཛད་ནས་ད་རེས་ཀྱི་འདི་ལ་ཏ་གཅིག་གི་ཚོགས་པ་བུར་བ་ཞིག་ཀྱང་མི་འོང་བ་ང་རང་གིས་ཁས་ལེན་གསུངས་ནས་ཆོས་འཁོར་ལ་ནི་མ་བཞུགས་པར་བཞུད། ཆོས་འཁོར་དེ་ལ་གླང་གཉོས་ལ་སོགས་པའི་གཉལ་ལོ་(༡༧༢ན)རོ་བྱར་གསུམ་གྱི་དགེ་བཤེས་དཔག་ཏུ་མེད་པ་འཚོགས། ལོ་ཙཱ་བ་ཡང་གསུམ་བཞི་བྱོན། ཆོས་འཁོར་དེ་ལ་རྟོག་ལོ་ལ་སོགས་པའི་སྡེ་སྣོད་འཛིན་པ་མང་པོ་དགུ་མ་

དང་སེམས་ཙམ་སོགས་ཀྱི་གླེང་སླང་མང་པོ་མཛད་ཀྱིན་སྣང་བས་དེ་ཆོས་ཇི་སྐད་བྱ་བ་ཡིན་དྲིས་པས་གྲུབ་མཐའ་བྱ་བ་ཡིན་ཟེར། དེས་ཐུགས་ཕྲོགས་ནས་གཉལ་དུ་ཡང་གྲུབ་མཐའ་རྩད་དཔྱད་གནས་དེར་འདུལ་བ་འཛིན་པ་ཚ་རོང་པ་དང་། ཞང་ཤེས་རབ་སྤྱིར་དྭགས་པོ་གཙང་འདུལ་བ་རྣམས་ལ་མཁན་སློབ་ཞུས་ནས་དགུང་ལོ་ཉི་ཤུ་རྩ་གསུམ་ལ་བསྙེན་རྫོགས་མཛད། དེ་ནས་ཤ་མི་ལ་འདུལ་བ་གསན་ཅིང་བཞུགས་ཙ་ན་ཡར་ཀླུངས་སུ་ཆོས་འཁོར་ཆེན་པོ་ཞིག་བྱུང་བའི་དུས་དགེ་བཤེས་གཉགས་དང་། ཤ་མི་དང་། མར་འགོས་ལ་སོགས་པ་དགེ་བཤེས་བཙན་ལ་མདོ་སྡེ་རྒྱན་གསན་པ་གཟིགས་པས་དར་བཙན་ལ་དད་པར་བྱུང་སྟེ་དགེ་བཤེས་བཙན་ལ་མདོ་སྡེ་རྒྱན་ཚར་དྲུག་གསན། ཞར་ཆོས་པ་དང་བཅས་པས་རྩ་འགྲེལ་ཚར་ཕྱེད་དང་བཅུ་གཉིས་གསན།   དགེ་བཤེས་འཆད་ཁ་བ་འདི་ཐུགས་པ་ཞིག་གི་རིགས་སུ་འཁྲུངས་ཏེ་ཡབ་ཀྱི་ཕ་ཆོས་ཐུགས་རྙིང་མའི་གླེགས་བམ་མང་པོ་ལའང་གཟིགས། རས་ཆུང་པ་ལས་རྗེ་བཙུན་མི་ལའི་གདམས་ངག་རྣམས་ཞུས་ཏེ་ཐུགས་གསར་མའི་རྒྱུད་དང་རྒྱུད་འགྲེལ་གྱི་གླེགས་བམ་མང་པོ་ལའང་གཟིགས། དགེ་བཤེས་བཙན་དང་བྱ་ཡུལ་བ་ལ་སོགས་པ་བླ་མ་གཞན་ཡང་མང་པོ་ལ་གཏུགས་ཏེ་སྡེ་སྣོད་གསུམ་དང་གཞུང་ལུགས་མང་པོ་ལའང་སྦྱངས། ཁྱད་པར་གྲུབ་མཐའ་བཞི་ལ་མཁས་པར་སྦྱངས་ཏེ་མདོ་སྔགས་ཀྱི་པོ་ཏི་(༡༧༡བ)བརྒྱ་ཙམ་ཞིག་ཐུགས་ལ་བཞུགས་ཀྱང་། ཐུགས་ཀྱི་གཏིང་ན་ངེས་པར་འཚང་རྒྱ་བ་ལ་ཆོས་གཞན་ཞིག་ཡོད་ཡོང་དགོངས་ཏེ་ཐུགས་ཀྱི་གཏིང་མི་བདེ་ཞིང་བློ་ཐག་མ་ཆོད་པ་ཞིག་ནར་མར་བྱུང་། དེ་ནས་དགེ་བཤེས་མྱང་ལྕགས་ཞིང་པ་ལ་བློ་སྦྱོང་ཚིག་བརྒྱད་མ་གསན།

དེ་ནས་ལུགས་སྣང་པ་ཅན་དུ་བྱོན་ནས་སྣེའུ་ཟུར་པའི་ལུགས་ཀྱི་ལམ་རིམ་གྱི་ཁྲིད་གསན་ལུགས་སྣང་པས་དང་པོ་ཞུ་ཆུང་བའི་ལུགས་ཀྱི་རྟེན་འབྲེལ་ཡང་ཕ་བོང་ཁ་པ་ལས་གསན་པས་དགེ་བཤེས་ལུགས་སྣང་པ་ལ་རྟེན་འབྲེལ་གྱི་ཁྲིད་དེ་ཡང་གསན།

ཉན་ས་དང་། བྱང་ཆུབ་སེམས་དཔའི་ས་ལ་སོགས་པ་གསན་ཏེ་ལོ་བཞི་བསྐྱེན། དགེ་བཤེས་དོལ་པ་ལོ་ལྔ་བསྟེན་ནས་བེའུ་བུམ་སྔོན་པོ་ལ་སོགས་པ་གསན། གྲའི་སོ་ཐང་པ་ལ་རྗོ་རྗེ་རྣམ་འཇོམས་གསན། ཁོང་ལ་བདག་དབུ་རུ་བྱང་དུ་བཀའ་གདམས་ཤིག་ཉན་དུ་འགྲོ་བས་བརྟག་པ་ཅིག་མཛད་དགོས་ཞུས་པས། ཁྱོད་ཡང་དག་པའི་དགེ་བའི་བཤེས་གཉེན་ཞིག་དང་མ་མཇལ་བར་ལ་དམྱལ་བའི་མེ་ནང་དུ་བསྲེགས་ཀྱང་བར་ཆད་མི་འབྱུང་བར་ངས་ཤེས་ཀྱི་གསུང་། དེ་ནས་གླང་རི་ཐང་པ་ལ་དད་ནས་མཇལ་དུ་བྱོན་ཏེ་ལྷ་སར་ཕེབས་དུས་གླང་རི་ཐང་པ་འདས་ཟེར་བ་གསན། ད་འོན་ཁོང་གི་ཤུལ་ན་རྙོགས་པ་གང་མཐོ་དྲིས་པས། གཉན་མཐོ་ཟེར་ནས་འཁོར་གཉིས་བལྟར་བཏང་། ཁོང་རང་གིས་ལྷ་སར་གསོལ་བ་འདེབས་ཀྱིན་བཞུགས། དེར་འཁོར་གཉིས་ལོག་བྱུང་ནས། གཉན་དང་། བ་ཙ། མདོ་སྡེ་གསུམ་གདན་ས་ལ་མ་མཐུན་པར་འདུག་ཟེར་བ་གསན་པས། གདན་ས་ལ་མ་མཐུན་ན་(༡༧༣ན)གློ་སྐྱོང་གི་རེ་བ་མེད་སྙམ་དུ་གླང་ཐང་དུ་འབྱོན་རྩིས་བཞོལ། འོན་ཀྱང་དགེ་བཤེས་དེ་གསུམ་གདན་ས་ལ་མ་མཐུན་པ་དེ་ཆེ་འདོད་ཀྱིས་མ་མཐུན་པ་མིན། དགེ་བཤེས་གླང་ཐང་པའི་རྣམ་ཐར་ལྟར་གསུམ་གས་དམའ་ས་བཟུང་སྐྱེ་གཅིག་ལ་གདན་ས་བསྐོས་ན་ང་བས་ཉིད་ཙག་ཡོན་ཏན་ཆེ་བས་ང་མི་འོས་ཉིད་ཙག་གིས་མཛད་དགོས་ཞེས་ཟེར། གཞན་གཉིས་ཀྱང་དེ་ལྟར་ཟེར་ནས་མ་མཐུན་པ་ཡིན་ཞེས་བཀའ་གདམས་གོང་མའི་གསུང་སྒྲོས་ལས་འབྱུང་ངོ་། །

དེ་ནས་དགེ་བཤེས་འཆད་ཁ་བ་རང་ལོ་སུམ་ཅུ་པ་ལུགས་ཁྲི་ལ་ཤ་ར་བ་ཆེན་པོ་ཞོའི་ཁང་པ་ན་བཞུགས་པའི་སྤྱན་སྔར་མཇལ། དབྱར་དེ་ཉན་ཐོས་ཀྱི་ས་གསུང་ཞིང་འདུག་པ་ཉན་པས། ཁྱིངས་སེ་ཉོག་སེ་བ་ཅིག་ལས་བློ་ཁྱུལ་བ་མ་བྱུང་། དེར་བློ་སྦྱོང་གི་ཚིག་གསལ་བར་མ་བྱུང་བ་ལ་ཉིན་གཅིག་གྲྭ་པ་རྣམས་སྐོན་མོ་ལ་སོང་ནས། དགེ་བའི་བཤེས་གཉེན་ཤ་ར་བ་འབུམ་པ་ལ་བསྐོར་བ་མཛད་པའི་དྲུང་དུ་ཕྱིན་ནས་ཁོང་རང་གི་

ཁྲུམ་ཆེ་བཏིངས་ཏེ། དགེ་བའི་བཤེས་གཉེན་པ་འདིར་བཞུགས་པར་ཞུ་དང་ཞུས་པས། དེར་སྡོད་ནས་ཅི་བྱེད་གསུང་། གྲོས་ཤིག་ཞུ་བ་ལགས་བྱས་པས། ངས་གྲོས་ཐག་ཐམས་ཅད་ཆོས་ཁྲིའི་ཁ་ནས་བཅད་པ་ཡིན། དེར་མ་ཆོད་པ་ཅི་ཡོད་གསུངས། བདག་གིས་མཐོང་བའི་དཔེ་ཅིག་ན། ཁེ་དང་རྒྱལ་ཁ་གཞན་ལ་བྱིན། །གྱོང་དང་ཕུབ་ཁ་རང་གིས་ལོང་། །ཟེར་བ་ཅིག་གདའ་བ་འདི་ཟབ་མི་ཟབ་ཇི་ལྟར་ལགས། གནས་ཁང་མ་རྙེད་པ་དང་། གྲོགས་ཀྱིས་བློ་རྩ་(༡༧༣བ)གཡེངས་པ་སོགས་བྱུང་དུས་སེམས་ལ་ཕན་པར་བྱུང་བ་ལགས་ཞུས་པས། དགེ་བའི་བཤེས་གཉེན་ཤ་ར་བའི་ཞལ་ནས། ཇོ་བོ་སྟོན་པ། ཁྱོད་ཀྱི་སེམས་ལ་ཕན་མི་ཕན་གྱི་ཁ་ན་ཅི་ཡོད། ཡང་དག་པའི་སངས་རྒྱས་མི་སྒྲུབ་ན་ཕར་ཞོག །སྒྲུབ་ན་ཆོས་དེ་ལ་མ་བརྟེན་པར་འགྲུབ་མི་སྲིད་གསུང་། འོ་ན་བདག་ཅག་ལུང་ཆོས་པ་ལགས་པས། དེ་ལ་ལུང་ཞིག་དྲང་བར་ཞུ་ཞུས་པས། མགོན་པོ་ཀླུ་སྒྲུབ་ལ་ཚད་མར་མི་འཛིན་པ་སུ་ཡོད། དེས་རིན་པོ་ཆེའི་ཕྲེང་བར། བདག་ལ་དེ་དག་སྡིག་སྨིན་ཅིང་། །བདག་དགེ་མ་ལུས་དེར་སྨིན་ཤོག །ཅེས་བྱ་བ་གསུངས་པ་ལགས་གསུང་། འོ་ན་བདག་ལ་དེའི་གདམས་པ་ཅིག་ཞུ་འཚལ་ཞུས་པས། ཇོ་བོ་རང་རྐྱེན་ཐུབ་པར་གྱིས་ཤིག །ངས་གདམས་ངག་རྣམས་རིམ་གྱིས་བྱའོ་གསུངས་ནས་བློ་སྦྱོང་གི་ཁྲིད་ལོ་བཅུ་གཉིས་ཉམས་ཁྲིད་དུ་བསྐྱངས་པས། བྱང་ཆུབ་ཀྱི་སེམས་ཀྱིས་ཐུགས་རྒྱུད་གང་ནས་བདག་གཅེས་འཛིན་གྱི་འཁྲི་བ་རྩད་ནས་ཆོད་པ་བྱུང་སྟེ། ཞལ་ནས། སྟོན་སྦྱངས་ལས་ཀྱི་འཕྲོ་སད་པས། །རང་གི་མོས་པ་མང་བའི་རྒྱུས། །སྡུག་བསྔལ་གཏམ་ངན་ཁྲུད་བསད་ནས། །བདག་འཛིན་འདུལ་བའི་གདམས་ངག་ཞུས། །ད་ནི་ཤི་ཡང་མི་འགྱོད་དོ། །ཞེས་བློ་སྦྱོང་ལ་གདེང་ཐོབ་པའི་གསུང་བྱོན་ནོ། །

དགེ་བཤེས་ཤ་ར་བ་དེ་ཚོགས་པ་སྟོང་ཕྲག་མང་པོ་ལ་ལམ་རིམ་གྱི་ཁྲིད་དང་། བྱམས་ཆོས་སྡེ་ལྔ། ས་སྡེ་རྣམས་རྒྱུན་དུ་རྒྱ་ཆེར་གསུང་བར་མཛད་ཀྱང་བདག་གཞན

མཉམ་བརྗེའི་མན་ངག་མཐར་ཐུག་པ་རྣམས་དགེ་བཤེས་འཆད་ཁ་བ་སོགས་རེ་གཉིས་ལ་(༢༧༨ན)ལྐོག་ཏུ་གནང་བ་ལས་ཚོགས་སུ་མི་གསུང་། ལན་ཅིག་རྒྱུད་བླ་གསུང་བ་ན། བདག་གི་དགེ་བ་དང་བདེ་བ་ཟོ་བོ་སེམས་ཅན་ལ་གཏོང་། སེམས་ཅན་གྱི་སྡིག་པ་དང་སྡུག་བསྔལ་ཐམས་ཅད་རང་གིས་བླངས་དགོས་པ་ཡིན་ཏེ། ཐུགས་ཀྱིས་ལྟོགས་ན་དེ་བཞིན་དུ་མཛོད་ཅིག་གསུང་བས། ང་ལ་འཁྲིག་ཡོད་པས་གོ །གཞན་གོ་བ་ཙམ་ཡང་མི་འདུག་གསུང་། ཡང་དགེ་བཤེས་འཆད་ཁ་བའི་ཞལ་ནས། ཤ་ར་བ་ལ་འདི་རྩད་མ་ཆོད་ཀྱི་རིང་ལ་ཧེ་ཙམ་པའི་ཆོས་དང་གདམས་ངག་ཐོས་ཀྱང་སངས་རྒྱས་སྒྲུབ་པ་ལ་ད་དུང་འདི་ཙུག་མིན་པ་ཅིག་ག་ཤེད་ན་ཡོད་དེ་འོང་སེམས་པ་མིན་པ་ཁོ་ཐག་ཆོད་པ་མ་བྱུང་བ་ལ། དགེ་བཤེས་ཤ་ར་བ་ལས་འདི་རྩད་ཆོད་པ་དང་། ད་བྱུང་འདི་ལས་ལྷག་པ་གང་ནའང་མེད་སྙམ་ནས་ཐག་ཆོད། འགྲམ་ཆུ་མི་ལྷང་ཉན་སྙིང་མི་འདོད། ལྷོད་སོང་བ་ཅིག་བྱུང་གསུང་། དགེ་བཤེས་འཆད་ཁ་བ་འདིས་དང་པོར་དགེ་བའི་བཤེས་གཉེན་ཤ་ར་བ་དང་ཞོའི་ཁང་པར་མཇལ་བ་ནས་གནས་དེར་ལོ་གཉིས། ཅོང་ལུང་དགེ་གོང་དུ་ལོ་དྲུག །ཤ་ར་བའི་གདན་ས་ཉིད་དུ་ལོ་བརྒྱད་དེ་ཤ་ར་བ་ལོ་བཅུ་གཉིས་འབྲལ་མེད་བསྟེན་ཏེ་ཇོ་བོ་རྗེ་ཡབ་སྲས་ཀྱི་ལྐོག་ཆོས་བདག་གཞན་མཉམ་བརྗེའི་བྱང་ཆུབ་ཀྱི་སེམས་ཀྱི་མན་ངག་རྣམས་བུམ་པ་གང་བྱོར་ཐོབ་སྟེ་ཐེག་ཆེན་བསྟན་པའི་བདག་པོར་གྱུར་ཏོ། །

དེ་ཡང་དགེ་བཤེས་འཆད་ཁ་བ་ཆེན་པོ་འདིས་དང་པོར་གཉལ་གྱི་ཆོས་འཁོར་ནས་བཟུང་སྟེ། གྲུབ་མཐའ་ཁོ་ན་རྩད་བཅད། གཉན་ལ་(༢༧༨བ)མངོན་པ་ཉན་པས་ཀྱང་གྲུབ་མཐའ་མང་པོ་བྱུང་། སྤྱིར་དགེ་བཤེས་ཆེན་པོ་ཤ་ར་བ་ལས་གྲུབ་མཐའ་ཐམས་ཅད་བྱུང་བ་ཡིན། ཤ་ར་བ་ཆེན་པོ་གྲུབ་མཐའ་ལོགས་སུ་གསུང་བ་མེད་ཀྱང་། ཤེས་རབ་ལེའུ་ལས། གྲུབ་མཐའ་གསུང་བའི་ས་བོན་དེ་ཙམ་ལ་བརྟེན་ནས་རྩད་བཅད་པ་

ཡིན། གྲུབ་མཐའ་ཕྱོགས་མཐའ་དག་རྒྱུས་ཡོད་པ་ཞ་ར་བ་ཆེན་པོ་ལས་མི་སྣང་། ཚོགས་སུ་གྲུབ་མཐའི་ཟུར་ཙམ་ལས་མི་འོང་བར་སྣང་གསུང་། ཞ་ར་བ་གཤེགས་ནས་འཆད་ཁ་པས་འཁོར་རྣམས་ལ་གྲུབ་མཐའ་བཞིའི་ཆོས་འདི་སྟོང་ཐུན་དུ་གསུངས། དེ་ནས་སྒྲེར་སྒོམ་ཆོས་གྲགས་ཀྱིས་ནས་རྫོང་བ་གང་ཕུལ་ནས་ཡི་གེར་བསྡེབས་པར་ཞུས་ནས་མཁའ་རུ་བྲི་བ་དེར་ཡི་གེར་བསྡེབས། དང་པོར་ཡི་གེ་འདི་སྲུའི་ལག་ཏུ་སོང་བ་ང་དང་ཁྲིད་མེད་པ་འོང་། རང་གི་རྒྱུད་ལ་སེམས་པ་མིན་པ་བཤད་དགོས་སྐམ་པ་མེད་པ་ལ། ཁ་ཟད་ཟད་དུ་བཤད་ཀྱང་མི་གོ་བ་ཅིག་བྱུང་། དབུ་མ་པའི་ཚིག་བདུན་པོ་དེ་ལ་བཤད་པ་ཞིག་དགོས་སྐམ་པ་ཅིག་ཡོད་ཅེས་གསུང་། ཞ་ར་བ་གཤེགས་རྗེང་ལོ་སུམ་ཅུ་རྩ་བཞི་བཞུགས་ཏེ་བས་མཐའ་རྣམས་སུ་ཐུགས་དམ་གྱི་གཙོ་བོ་བྱང་ཆུབ་ཀྱི་སེམས་གཉིས་ལ་མཛད་ཅིང་། ཞབས་དྲུང་དུ་ཉེ་བར་ལྷགས་པ་རྣམས་ལའང་ཞ་ར་བའི་མཛད་པ་བཞིན་སྡེ་སྣོད་ཀྱི་བཤད་པ་དང་། གྲུབ་མཐའི་དཀའ་གནད་དང་། ལམ་རིམ་གྱི་ཁྲིད་འདེབས་པར་མཛད་ཅིང་། རེ་རེ་གཉིས་གཉིས་ལ་བློ་སྦྱོང་གི་གདམས་པ་ལྐོག་ཆོས་སུ་མཛད་པས་ཕན་ཐོགས་པའང་འགའ་རེ་བྱུང་བས། ཕྱིས་འབྲེས་ཕུ་སྒོམ་ཆེན་སྡིངས་སུ།(༡༧༥ན) བཞུགས་དུས་ཆོས་འདི་ཚོགས་ཆོས་སུ་བཤད་པའི་འོས་མིན། བཏུབ་པ་འགའ་ལ་ལྐོག་ཁྲིད་དུ་བྱེད་པ་ཡིན་ཏེ། སུ་ལ་ཕན་དང་སུ་ལ་མི་ཕན་མི་ཤེས་པར་འདུག །ཉེ་གནས་ཁྱོད་ལ་མར་དང་བུ་རམ་ཡོད་ན་ནང་པར་སྒོམ་ཆེན་པ་རྣམས་ལ་མར་ཁུའི་བཤོར་འདྲེན་དང་བུར་སྟོན་གྱིས། ངའི་ཆོས་འདི་ལ་མིང་གཅིག་འདོགས་པའི་མིང་སྟོན་བྱེད་པ་ཡིན་གསུངས་ནས། དེའི་དུས་སུ་ཐེག་ཆེན་བློ་སྦྱོང་སྐན་རྒྱུད་ཆེན་མོའི་དོན་ཐམས་ཅད་བསྡུས་ཏེ། སྟོན་འགྲོ་རྟེན་གྱི་ཆོས་བཞི་བསྟན་པ། དངོས་གཞི་བྱང་ཆུབ་ཀྱི་སེམས་གཉིས་སྦྱང་བ། རྐྱེན་ངན་བྱང་ཆུབ་ཀྱི་ལམ་དུ་བསྒྱུར་བ། ཚེ་གཅིག་གི་ཉམས་ལེན་དྲིལ་ནས་བསྟན་པ། བློ་འབྱོངས་པའི་ཚད། བློ་སྦྱོང་དམ་ཚིག །བློ་སྦྱོང་གི་བསླབ་བྱ་སྟེ་དོན་

ཚན་བདུན་དུ་བསྡུས་ནས་ས་བཅད་མཛད་དེ་ཡི་གེར་བཏབ། བློ་སྦྱོང་དོན་བདུན་མ་
ཞེས་མཚན་བཏགས། ཚོགས་ཆོས་བྱེད་པའི་སྲོལ་དེ་ནས་བྱུང་བ་ཡིན། དེའི་རྗེས་སུ་
མལ་གྲོར་བྱོན་ནས་འཆད་ཁ་སྙིང་མའི་དགོན་པ་བཏབ། དེར་འགྲོ་དོན་ལོ་བཅུ་གཅིག་
བསྐྱངས། ཚོགས་པ་དགུ་བརྒྱ་ཙམ་འདུག །སེ་སྤྱིལ་བུ་བ་ལ་འཆད་ཁ་གསར་མ་
འདེབས་པའི་ལུང་བསྟན་མཛད། བྱ་རྒན་གྱི་མི་ཚེ་མཐའ་རུ་སྐྱེལ་གསུང་ནས་མཐའ་
ཕུར་བྱོན། མཐར་ཐུག་གསུམ་གྱི་གདམས་པ་ལ་སོགས་པ་མཛད། བློ་རྒོད་གར་སྐྱེས་
སུ་སྐྱེས་འགོ་སྒྲུར། །རྟོག་དཔྱོད་ཀུན་ཇི་ལྟར་དགྱེས་དགྱེས་མཛོད། །བསོད་སྙོམས་བྱེད་
ཅིང་རི་ཁྲོད་འགྲིམ། །སྡེ་དགོན་ཀུན་ཇི་ལྟར་དགྱེས་དགྱེས་མཛོད། །(༢༧༥བ)ལྷ་དང་
བླ་མ་ལ་གསོལ་བ་འདེབས། །ཡོན་བདག་ཀུན་ཇི་ལྟར་དགྱེས་དགྱེས་མཛོད། །ཁྲག་
ཕུག་ཏུ་ཚེམ་བེར་གྱོན་ནས་འདུག །ཕྱུག་ཆུང་ཀུན་ཇི་ལྟར་དགྱེས་དགྱེས་མཛོད། །མ་
རྒན་ལྷ་ཀླུ་ལ་ཁ་ཏོན་བསྔོ། །ཆོས་བཤད་ཀུན་ཇི་ལྟར་དགྱེས་དགྱེས་མཛོད། །གཅིག་
ཕུར་ཆུ་ཐུག་གི་མི་ཚེ་སྐྱེལ། །སྐྱིད་ཁ་ཀུན་ཇི་ལྟར་དགྱེས་དགྱེས་མཛོད། །གཅིག་ཕུར་
དགེ་ཆོས་སྒྲུབ་པར་བྱེད། །བཀའ་འཁོར་ཀུན་ཇི་ལྟར་དགྱེས་དགྱེས་མཛོད། །ཅེས་
སོགས་དང་། ལྷོ་རྒྱབ་གཉིས་ལ་གྲོང་བསྐྱུར་ནས། །རི་དྭགས་རྨུས་མའི་བརྟུལ་ཞུགས་
སྤྱད། །རང་གི་འདོད་པ་ཁྱད་བསད་ནས། །བླ་མའི་བཀའ་སྐུལ་གཞུང་བཞིན་བསྒྲུབས། །
ད་ནི་ཤི་ཡང་མི་འགྱོད་དོ། །ཞེས་གསུངས། འདའ་ཁ་ཙ་ན་ཡང་འཇིག་རྟེན་ན་སྒྲ་གཅིག་
ཐོས་པ་ལ་བློ་སྦྱོང་གི་སྒྲ་ལས་སྐན་པ་མེད་པས། ཁྱོད་ཀྱིས་ངའི་རྣ་བར་སྒྲོགས་ཤིག་ཅེས་
པ་དང་། ད་རེས་ནི་འདོད་པ་ཙུག་ཁ་ནའང་མ་བྱུང་། སེམས་ཅན་གྱི་དོན་དུ་དམྱལ་བར་
འགྲོ་འདོད་པ་ཁོ་ན་ཡིན་པ་ལ། ད་ནི་བདེ་བ་ཅན་གྱི་སྣང་བ་ཅིག་ཁོ་ན་བྱུང་གསུང་།
གཙུང་པོས་སྐུ་ཁམས་ཞན་པར་གདའ། ཐུགས་དམ་མཛོད་ཅིག་ཞུས་པས། བློ་སྦྱོང་གི་
ཚིག་ཁ་ཡར་གསུངས་ནས། ཁམས་ཞན་ཡང་དེ་ལྟ་བུ་ཞིག་མིན་པ་གནས་པ་ཚམ་ཚོམ་

གྱིས་ས་ཕྱོད་བར་མ་མཐོང་གསུང་།

དེ་ནས་མཐའ་ཕྱུར་ཟླ་བ་བརྒྱད་བཞུགས་ནས་རང་ལོ་དོན་ལྔ་པ་ཤིང་མོ་ལུག་གི་སྤྲེལ་པོ་ཟླ་བའི་ཚེས་ལྔའི་སྔོད་ལ་གནས་དེ་ཉིད་དུ་སྨྱུ་ངན་ལས་འདས། སྤུར་སྦྱངས་པས་ཐུགས་ལྷུགས་སྐུན་གསུམ་དང་མེ་ཏོག (༢༧༨ན)གི་ཆར་ལ་སོགས་པ་ངོ་མཚར་ཅན་མང་དུ་བྱུང་ངོ་། །སེམས་དཔའ་ཆེན་པོ་འཆད་ཁ་བ་འདི་བཀའ་གདམས་གླེགས་བམ་ལས་ལུང་བསྟན་ཏེ། བཀའ་གདམས་གླེགས་བམ་གྱི་བཀའ་གདམས་བསྟན་འཛིན་རྣམས་ལུང་བསྟན་པའི་ཐད་ལས། ཁྱད་པར་དུ་ཐེག་པ་ཆེན་པོ་ལ་བློ་སྦྱོང་བ་བོད་ཀྱི་བྱང་ཆུབ་སེམས་དཔའི་ཡབ་གཅིག་གི་ཡུལ་མལ་གྲོའི་ནང་དུ་བྱོན་ཏེ་འཆད་པ་ཆེན་པོ་ཞིག་གི་སྙིང་དུ་བློ་སྦྱོང་སྒོམ་ཞེས་སོགས་གསལ་བར་ལུང་བསྟན་ཏོ། །འཆད་ཁ་བ་ཡེ་ཤེས་རྡོ་རྗེ་ཞེས་གྲགས་པའི་བདག་ཉིད་ཆེན་པོ་འདིས་ཕྱི་མའི་སྐྱེ་བོ་རྣམས་ཀྱི་དོན་དུ་ཇོ་བོ་ཡབ་སྲས་ཀྱི་དགོངས་པ་གསལ་བར་བྱེད་པའི་བསྟན་བཅོས་མང་དུ་མཛད་དོ། །བདག་ཉིད་ཆེན་པོ་འདི་ལ་གསུང་ལས་སྐྱེས་པའི་སྲས་མང་དུ་བྱོན་ཞིང་མན་ངག་ཐམས་ཅད་བུམ་པ་གང་བྱོར་ཡོད་པའི་བསྟན་འཛིན་ཆེན་པོ་ནི་སེ་སྤྱིལ་བུ་བའོ། །

དེས་ན་བྱང་ཆུབ་ལམ་རིམ་ལ་བློ་སྦྱོང་བར་འདོད་པའི་གདུལ་བྱ་རྣམས་ཀྱིས་སེམས་དཔའ་ཆེན་པོ་འཆད་ཁ་བ་ལ་གསོལ་བ་འདེབས་ཤིང་། བདག་ཉིད་ཆེན་པོ་འདིའི་མཛད་པ་རྣམ་ཐར་རྣམས་དྲན་པར་བྱས་ལ་ཐེག་པ་ཆེན་པོའི་ལམ་གྱི་འཇུག་སྒོ་དང་། གཞུང་ཤིང་དང་སྙིང་པོ་བྱང་ཆུབ་ཀྱི་སེམས་རིན་པོ་ཆེ་མ་སྐྱེས་པ་བསྐྱེད་པ་དང་། སྐྱེས་ཟིན་གོང་ནས་གོང་དུ་སྤེལ་བ་དང་། མཐར་འབྲས་བུ་གྲུབ་ནས་སེམས་ཅན་གྱི་དོན་བྱ་བའི་བར་གྱི་ལམ་གྱི་གནད་ལ་ངེས་པ་གཏིང་ཚུགས་པ་བསྐྱེད་ནས་ས་ལམ་འབྲས་བུ་དང་བཅས་པ་ཐམས་ཅད་བྱང་ཆུབ་ཀྱི་སེམས་རིན་པོ་(༢༧༨བ)ཆེའི་ཁོངས་སུ་འདུ་བར་ཤེས་པར་བྱས་ནས་བྱང་ཆུབ་ཀྱི་སེམས་རིན་པོ་ཆེ་སྒོམ་པ་ལ་སྐྱེས་བུའི་རྩལ་ཅི་ཡོད་

ཀྱིས་འབད་པར་བྱའོ།། །།

བྱང་སེམས་སེ་སྤྱིལ་བུ་བའི་རྣམ་ཐར།

ལྷུང་རྫོགས་མདའ་བདག་བྱང་སེམས་སྤྱིལ་བུ་བ། །ཞེས་བསྟགས་པ། སེམས་དཔའ་ཆེན་པོ་སེ་སྤྱིལ་བུ་བ་ནི། གཉལ་སྟོད་དར་མ་སྣང་དུ་ལྟགས་མོ་གླང་ལ་འཁྲུངས། སེ་ཞེས་པ་རུས་མིང་ངོ་། །སྔོན་ཡུན་རིང་པོ་ནས་ལམ་ལ་སྦྱངས་པའི་མཐུས་སྐུ་གཞོན་ནུ་ནས་གཞན་གྱིས་བསྐུལ་བ་ལ་མ་བལྟོས་པར་ངེས་འབྱུང་གི་བསམ་པ་ཤུགས་དྲག་པོས་ཀུན་ནས་བསླངས་ཏེ་དགེ་བཤེས་ཆ་པའི་དྲུང་དུ་རབ་ཏུ་བྱུང་། ལོ་ཡོན་ནས་མཁན་པོ་དེ་ཉིད་ལས་བསྙེན་པར་རྫོགས་མཚན་ཆོས་ཀྱི་རྒྱལ་མཚན་ཞེས་བཏགས། ལྷན་ཅིག་སྐྱེས་པའི་བློ་གྲོས་རབ་ཏུ་གསལ་བས་སྡེ་སྣོད་གསུམ་གྱི་བརྗོད་བྱའི་གནས་རྣམས་ལ་མཁས་པའི་ཕུལ་དུ་ཕྱིན་པར་གྱུར། དེའི་ཚེ་ཐུགས་བསམ་འདི་ལྟ་བུ་དག་འཁྲུངས་པར་ངེས་ཏེ། རྒྱལ་བའི་བཀའ་དང་དགོངས་འགྲེལ་གྱི་བསྟན་བཅོས་ཐམས་ཅད་རང་གི་རྒྱུད་འདུལ་བའི་ཆེད་དུ་གསུངས་ཤིང་། ཤིས་རྒྱུད་འདུལ་བའི་ཐབས་མཆོག་ཏུ་གྱུར་པ་ནི་བྱང་ཆུབ་ལམ་གྱི་རིམ་པ་དང་། དེའི་ཡང་སྙིང་པོ་ཐེག་པ་ཆེན་པོའི་བློ་སྦྱོང་འདི་ཡིན་པར་ངེས་པས་ཐེག་ཆེན་བློ་སྦྱོང་གི་བདག་པོ་སེམས་དཔའ་ཆེན་པོ་འཆད་ཁ་བའི་ཞབས་ལ་གཏུགས་ཏེ་ལམ་རིམ་བློ་སྦྱོང་གི་གདམས་པ་སྙར་སུ་ལའང་འདྲི་མི་དགོས་པ་ཕྱུ་ཐག་ཆོད་པ་ཞིག་ཞུས་ལ་ཚེ་དང་སྒྲུབ་པ་མཉམ་པ་ཞིག་བྱེད་སྙམ་པའི་འདུན་པ་ཤུགས་དྲག་པོ་འཁྲུངས་ནས་དགེ་བའི་བཤེས(༢༧༧ན)གཉེན་འཆད་ཁ་པ་ཆེན་པོའི་ཞབས་དྲུང་དུ་ཕེབས་ཏེ། དགེ་བཤེས་འཆད་ཁ་བ་ལྷ་ལྡིངས་སུ་བཞུགས་དུས་མཇལ། བློ་སྦྱོང་གི་གདམས་པ་ཐོག་མར་དེར་གསན། ལོ་ཉི་ཤུ་རྩ་བཞིའི་བར་དུ་དགེ་བཤེས་འཆད་ཁ

པ་ཆེན་པོ་བསྟེན་ནས་བློ་སྦྱོང་ཁོ་ན་ལ་ཉན་བསམ་བྱས་གསུངས་ཏེ། དགེ་བཤེས་འཆད་ཁ་བ་ཐོག་མར་མཇལ་བ་ནས་བཟུང་ནམ་གཤེགས་ཀྱི་བར་དུ་འབྲལ་མེད་དུ་བསྟེན་ནས་བློ་སྦྱོང་གི་གདམས་ངག་ཞུས། སྐྱོ་གསུམ་གྱི་སྤྱོད་པ་ཐམས་ཅད་བློ་སྦྱོང་ཁོ་ནའི་གྲོགས་སུ་འགྲོ་བ་ཞིག་མཛད་ནས་ལམ་གྱི་རིམ་པའི་ལུས་སྐྱེ་དང་། ཁྱད་པར་བྱང་ཆུབ་ཀྱི་སེམས་རིན་པོ་ཆེ་ལ་བཙོས་མིན་གྱི་མྱོང་བ་འཁྲུངས་ནས་བདག་ཉིད་མི་ཉམས་པའི་གདེང་ཐོབ་པ་ན་སྐལ་བ་དང་ལྡན་པ་གཞན་མང་པོ་ལའང་ཆོས་ཀྱི་བདུད་རྩི་སྩལ། སྔར་འཆད་ཁ་བ་ཆེན་པོས་ལུང་བསྟན་པ་བཞིན། ཤིང་སྤྲེ་ལ་འཆད་ཁ་གསར་མ་བཏབ། བྱ་འཆད་ཀྱི་ནང་རྟེན་ལ་སྐུ་ལྗེར་རིན་པོ་ཆེ་དང་། ཕྱི་རྟེན་གྱི་འབུམ་པ་ལ་སོགས་པ་བཞེངས་ཏེ་ཚོགས་བསྡུས་ནས་འཆད་ཁ་དང་ལྷ་སྡིངས་ལ་སོགས་པར་ཆོས་མང་དུ་གསུངས་ཤིང་། བློ་སྦྱོང་ལའང་ཚོགས་ཆོས་ཁོ་ནར་མཛད། དེ་ནས་དུས་ནམ་ཞིག་ན་ཤིན་ཏུ་དབེན་པའི་གནས་ཤིག་ཏུ་འབྱོན་བཞེད་དེ་བྱོན་ན་བཞུགས་པའི་དུས། སྤྱིལ་དུ་འཕོ་ཁར་དགེ་སློང་སྐྱེའུ་ཆུང་ན་རེ། དགེ་བཤེས་ཆེན་པོའི་སློབ་མ་མང་བ་ཅིག་བྱོན་པ་ལ། སྐུ་ཚེ་ཐུང་བར་བྱུང་བ་དེ་ཅིས་ལན་ན་ངའི་བསམ་པ་ལ་སྨུགས་དང་ཕ་རོལ་(༡༧༧བ)ཏུ་ཕྱིན་པ་གཉིས་ཀ་ལ་བློ་སྦྱོང་འདི་ལས་ཟབ་པ་གང་ནའང་མི་འདུག་པ་ལ་དེ་ལ་ཚོགས་ཆོས་བྱས་པས་དེས་ལན་ངེས་སྐྱམ་པ་ཅིག་བྱུང་ཟེར་བས། དེ་བདེན། འདི་བས་ཟབ་པ་མེད། ཚོགས་སུ་བཤད་པའི་འོས་མིན། དགེ་བཤེས་འཆད་ཁ་བ་ཆེན་པོ་ལ་འཛམ་བུ་གླིང་གི་སའི་ཆ་མཐའ་དག་ནས་བློ་སྦྱོང་དོན་དུ་གཉེར་བའི་གདུལ་བྱ་འདུས་པ་ན་རེ་རེ་ནས་ཁྲིད་ཀྱིས་མ་ལང་བས་ཚོགས་ཆོས་སུ་གསུངས། དེ་སྒྲོལ་དུ་སོང་བ་ཡིན་གསུངས་ནས་དམ་པར་མཛད། དེ་ནས་ཤིན་ཏུ་དབེན་པ་ལ་དགྱེས་པས། གླངས་ཤོད་དུ་སྤྱིལ་བུའི་དགོན་པ་བཏབ་སྟེ་རྣམ་གཡེངས་སྤངས་ནས་སྟོད་དུ་མཁར་གོང་ལ་ཁ་དང་། སྨད་དུ་ཉུང་ཞིང་སྣང་དུ་མཚམས་ཐོ་བརྒྱབ་ནས་ལོ་བདུན་མཚམས་དམ་པོར་བཅད་ནས

ལམ་རིམ་བློ་སྦྱོང་རྙེ་གཅིག་ཏུ་སྒོམ་པར་མཛད། སྤྱིལ་དུ་བཞུགས་རིང་ལ་ཚོགས་ཆོས་སུ་ལན་གསུམ་ལས་མ་གནང་། དེ་རྣམས་ཀྱི་དུས་སུའང་ཚོགས་ཆོས་ཀྱི་འོས་མ་ཡིན་ཏེ། ཁོང་མི་ཆེན་གྱིས་ཞུས་པས་ངོ་མ་བཟློད་པ་ཡིན། ད་ཚོགས་སུ་འདི་ལས་འཆད་པ་མི་འོང་བས་ཁྱེད་རང་ཐམས་ཅད་ནན་ཆགས་ཀྱིས་ཤིག་གསུང་། སྤྱིལ་དུ་མཆོད་ཁང་རང་ཡང་མེད་པར་འདི་ཁོ་ན་སྒྲུང་སྐམ་པ་ཡིན་པ་ལ་གསུང་། ཐུགས་དམ་ཡང་འདི་ཁོ་ན་ལ་མཛད་པས། ཡིངས་པ་ལ་སོགས་པ་ཅི་བྱུང་ཡང་བློ་སྦྱོང་མི་འཆོར། རྟོགས་པ་ཡང་འདི་ཚིག་གིས་བཀྲངས་པའི་དུས་སུ་སྐྱེས་པ་ཡིན་གསུང་། དེ་ནས་བྲག་དཀར་གནས་བརྟན་ལ་སོགས་པ་འཆད་ཁ་བ་རྣམས་ཀྱིས་སྤྱན་དྲངས་པས་དགུན་ཆོས་ལ་འབྱོན་(༡༧༨ན)པར་ཞལ་གྱིས་བཞེས་ནས་བྱོན། དེ་ནས་ཞིང་ནམ་གཤེགས་ཀྱི་བར་དབྱར་གྱི་ཚུལ་འདུག་སྤྱིལ་བུར་མཛད། དགུན་ཆོས་འཆད་ཁར་མཛད་པའི་སྲོལ་བྱུང་། འཆད་ཁ་གཤེགས་ནས་མེ་སྤྲེ་ནས་ས་བྱའི་བར་དགོན་པ་གོང་འོག་ཏུ་ལོ་བཅུ་བཞི་བཞུགས་ཏེ། རང་ལོ་དྲུག་ཅུ་རྩ་དགུ་པ་ས་མོ་བྱའི་དབྱར་ཟླ་ར་བའི་ཚེས་བཅུ་གསུམ་ལ་སྤྱིལ་བུར་དེད་དཔོན་རྒྱ་མཚོ་ཆེན་པོ་ནས་ཡིད་བཞིན་གྱི་ནོར་བུ་ཐོབ་སྟེ་རང་ཡུལ་དུ་འགྲོ་བ་དང་། བུ་ཐེབས་སུ་འཁྲུམས་པ་ཕ་ཁྱིམ་དུ་འགྲོ་བ་ལྟར་དགའ་བཞིན་སྤྲོ་བཞིན་དུ་ཞི་བར་གཤེགས་ཏེ་དགའ་ལྡན་ཆོས་ཀྱི་ཕོ་བྲང་དུ་ཕེབས་སོ། །

སེམས་དཔའ་ཆེན་པོ་འདི་ནི་བཀའ་གདམས་གླེགས་བམ་རིན་པོ་ཆེ་ནས་གསལ་བར་ལུང་བསྟན་ཏེ། གླེགས་བམ་ལས། རི་ཞིག་སྤྱིལ་བུ་མཛད་ནས་བཞུགས་པས། དགེ་སློང་དང་དགེ་ཚུལ་གྱི་བྱང་ཆུབ་སེམས་དཔའ་དུ་མ་འདུས་ཏེ། སེང་ལྡེང་ནགས་ཀྱི་རི་བོ་ལ་སེང་ལྡེང་ནགས་ཀྱི་སྒྲོལ་མས་བྱིན་གྱིས་བརླབས་པའི་སྐྱེས་བུ་དམ་པ་གཅིག་དྲུང་དུ་བསྟེན་པ་ལ། བྱང་ཆུབ་སེམས་དཔའ་བའི་ཞལ་ནས། ཁྱེད་སྟོན་བདག་ཅག་གི་བླ་མ་རྒྱལ་བའི་འབྱུང་གནས་ཀྱི་བླ་མ་སེ་བཙུན་བྱ་བ་ཞིག་ཡོད། དེ་ཡིན་པར་འདུག

དེའི་རིགས་སྲུའང་གདའ། ད་ཁྱེད་རང་ཀླུངས་ཤོད་ཀྱི་ནང་ན་སྤྲུལ་བུ་བྱ་བའི་ལུང་པ་ཡོད། དེ་ལྟས་བྱིན་གྱིས་བརླབས་པའི་ཡུལ་ཡིན་དེར་སོང་། ཁྱེད་ལ་ཤཱཀྱའི་གདུང་རིགས་འཛིན་པ་ལྷའི་ལྷ་ཞིག་ནས་ལུ་ལས་མི་ཉུང་བར་འབྱུང་། ཞེས་གནས་དང་(༢༧༨བ)བཅས་པ་གསལ་བར་ལུང་བསྟན་ཏོ། །འདིས་ནི་ལྷ་ལུང་གི་དབང་ཕྱུག་དང་། ལྷ་འགྲོ་བའི་མགོན་པོ་གཉིས་ཀྱང་བཀའ་གདམས་བསྟན་འཛིན་ཆེན་པོར་ལུང་བསྟན་པ་ཡིན་ནོ། །སེམས་དཔའ་ཆེན་པོ་སྤྲུལ་བུ་འདི་ལ་བསྟན་འཛིན་གྱི་སློབ་མ་མང་དུ་བྱུང་བའི་ནང་ནས་བྱང་ཆུབ་ལམ་གྱི་རིམ་པའི་མན་ངག་ཡོངས་སུ་རྫོགས་པ་ཐུམ་པ་གང་བྱོར་ཐོབ་པའི་སྲས་ཀྱི་ཐུ་བོ་ནི་ལྷ་ལུང་གི་དབང་ཕྱུག་གོ །

དེས་ན་བྱང་ཆུབ་ལམ་གྱི་རིམ་པ་ལ་བློ་སྦྱོང་བར་འདོད་པ་རྣམས་ཀྱིས་སེམས་དཔའ་ཆེན་པོ་འདི་ལ་གསོལ་བ་འདེབས་ཤིང་། སེམས་དཔའ་ཆེན་པོ་འདིའི་རྣམ་ཐར་ལྟར་བརྩོན་པ་ཐམས་ཅད་གཅིག་ཏུ་དྲིལ་ཏེ་བྱང་ཆུབ་ལམ་གྱི་རིམ་པའི་ཉམས་ལེན་ལ་འབད་པར་བྱའོ།། །།

བཤེས་གཉེན་ཆེན་པོ་ལྷ་ལུང་གི་དབང་ཕྱུག་གི་རྣམ་ཐར།

དྲི་མེད་ལུང་གི་དབང་ཕྱུག་མཁས་པའི་མཆོག །ཅེས་བསྟགས་པ། བཤེས་གཉེན་ཆེན་པོ་ལྷ་ལུང་གི་དབང་ཕྱུག་ནི། ཕོ་བྲང་ཁང་དམར་དུ་ཡབ་རྗེ་བོ་རྣལ་འབྱོར། ཡུམ་སྣ་ནམ་བཟའི་དཔལ་འདྲེན་གཉིས་ཀྱི་སྲས་སུ་ས་ཕོ་སྟག་གི་ལོ་ཆོ་འཕྲུལ་ཟླ་བའི་ཚེས་བཅོ་ལྔའི་ཉི་མ་ཤར་བ་དང་དུས་མཚུངས་པར་སྐུ་འཁྲུངས། བྱིས་པ་ཆུང་ངུའི་གནས་སྐབས་ཉིད་ནས་སྒོ་གསུམ་གྱི་སྤྱོད་པ་ཐམས་ཅད་ཞི་ཞིང་དུལ་བ་དང་། གཞན་གྱིས་བསྐུལ་བ་ལ་མི་བལྟོས་པར་དམ་པའི་ཆོས་འཚོལ་བ་ལ་རང་གིས་ཞུགས་པ་ཞིག་བྱུང་ཞིང་། དགུང་

ལོ་བརྒྱད་བཞེས་པའི་ཚེ། གུ་རི་བ་ཆེན་པོ་ལ་བསྙེན་གནས་དང་། ཆོས་སྤྱོད་མང་པོའི་ལུང་ཞུས་ཏེ་ཆོས་བཞིན་སྤྱོད་པས་དུས་འདའ་བར་མཛད། དེའི་དུས་སུ་ཐུགས་(༡༧༩༤)བསམ་འདི་ལྟ་བུ་དག་འཁྲུངས་པར་ངེས་ཏེ། བདག་རིགས་མཐོན་པོར་སྐྱེས་ཤིང་འབྱོར་པ་དང་ལྡན་ཡང་ཡུད་ཙམ་ནས་ངེས་པར་འདོར་དགོས་པས་མི་རྟག་པ། མི་བརྟན་པ། ཡིད་བརྟན་མི་རུང་བ་བསླུ་བའི་ཆོས་ཅན་འདི་ལ་ཆགས་པས་ཅི་ཞིག་རུང་། ད་ལྟ་རྒྱལ་བའི་བསྟན་པའི་སྙིང་པོ་མཐར་ཐུག་པ་དཔལ་ལྡན་ཅིག་དེ་པཾ་ཀ་རའི་ཆོས་རྒྱུད་མ་ཉམས་པར་ཡོད་པའི་སྐབས་འདིར་རྒྱལ་བའི་བསྟན་པ་ལ་ཞུགས་ནས་རྒྱལ་བ་དགྱེས་པའི་ཆོས་རྣམ་པར་དག་པ་ཞིག་ཅི་ནས་ཀྱང་བྱ་སྙམ་དུ་འདུན་པ་དྲག་པོ་འཁྲུངས་ཤིང་། དམ་པ་གོང་མའི་རྣམ་ཐར་ལ་ཡིད་སྨོན་རྒྱུན་དུ་མཛད། དེ་དུས་སྟེའུ་ཟུར་པའི་མཚན་ཐོས་པ་ཙམ་གྱིས་དད་པ་སྐྱེས། དེ་ནས་ད་ནི་ངེས་པར་མི་གཙང་བའི་འདམ་རྫབ་ལྟ་བུ་ཁྱིམ་གྱི་གནས་འདི་ངོར་ནས་རབ་ཏུ་འབྱུང་བར་བྱའོ་སྙམ་དུ་ཐག་བཅད་དེ་དགུང་ལོ་བཅུ་བཞི་པ་ལ་གུ་རི་བ་ལ་དགེ་བསྙེན་གྱི་སྡོམ་པ་མནོས། བཅོ་ལྔ་ལ་རྒྱ་དུར་གྱི་མཁན་པོ་ཀླུ་བས་དཀར་དང་། དགེ་བཤེས་གཙང་པ་ཁྲུང་པོ་སྤྱན་དྲངས་ཏེ། ཀླུ་བས་དཀར་གྱིས་སློབ་དཔོན་དང་། ཁྲུང་པོ་ལ་མཁན་པོ་ཞུས་ཏེ་བྱ་སར་རབ་ཏུ་བྱུང་། མཚན་བྱང་ཆུབ་རིན་ཆེན་དུ་བཏགས། དེའི་ཚེ་མཁན་སློབ་ལ་འདུལ་བའི་བསླབ་བྱ་ལེགས་པར་གསན་ནས་ཕྲུག་ལེན་ལ་ཐེབས་པར་མཛད་ཅིང་། ཀ་རི་ཀ་ལྔ་བཅུ་པ་གསན་ནས་ཐུགས་སུ་ཆུད་པར་མཛད། དགེ་ཚུལ་གྱི་བསླབ་བྱ་རྒྱས་པར་སྟོན་པ་འདུལ་བ་སུམ་བརྒྱ་པ་ཚར་གཉིས་གསན། འདུལ་བ་ལུང་ལའང་ལེགས་པར་གཟིགས་(༡༧༩༨)ཏེ་བསླབ་བྱ་ཕྲ་རགས་རྣམས་མ་འདྲེས་པར་མཁྱེན་ཅིང་ཇི་ལྟར་མཁྱེན་པ་ལྟར་ཕྱག་ལེན་ལ་བཏབ། འདུལ་བའི་བསླབ་བྱ་བསྲུང་བ་གཞིར་བཟུང་ནས་སྡེ་སྣོད་གསུམ་ག་ལ་སྦྱངས་ཏེ་མཁས་པའི་ཡུལ་དུ་ཕྱིན་པར་གྱུར། སྐལ་བ་དང་ལྡན་པ་ཁ་ཤས་ལ་ཆོས་ཀྱང་གསུངས། དགེ་

བཞེས་འཆད་ཁ་བའི་སྐུ་འབག་གཅིག་གཟིགས་པས་ཤིན་ཏུ་དད་དེ། འདི་ཇི་སྐད་བྱ་བ་ཡིན་བྱས་པས་འཆད་ཁ་བ་ཡིན་འདུས་ཟེར། ད་ལྟ་སེ་བཞུགས་བྱས་པས་དད་དེ་སེམས་དཔའ་ཆེན་པོ་སེ་སྤྱིལ་བུ་བའི་སར་བྱོན་ཏེ་བསམ་སྦྱོར་གཉིས་ཀྱིས་ཚུལ་བཞིན་དུ་བསྟེན། གསུང་རབ་དགོངས་འགྲེལ་དང་བཅས་པའི་སྙིང་པོ་བྱང་ཆུབ་ལམ་གྱི་རིམ་པའི་ཁྲིད་གསན་ཏེ་ཉམས་སུ་བཞེས། རྒྱལ་བའི་གསུང་རབ་དགོངས་འགྲེལ་དང་བཅས་པ་ཐམས་ཅད་དང་། ཁྱད་པར་བཀའ་གདམས་གཞུང་དྲུག་བྱང་ཆུབ་ལམ་གྱི་རིམ་པའི་མན་ངག་ཏུ་ངོ་འཕྲོད་དེ་བྱང་ཆུབ་ལམ་རིམ་ལ་ཉམས་ལེན་ཆེག་སྒྲིལ་དུ་མཛད་པས་སེམས་དཔའ་ཆེན་པོ་སེ་སྤྱིལ་བུ་བ་ཐུགས་གཏིང་ནས་དགྱེས་པར་གྱུར། དེར་བཞུགས་པའི་གྲྭ་པ་ཐམས་ཅད་ཀྱིས་དང་བ་ཆེན་པོས་སྤྱིལ་བུ་ཞིག་བརྩིགས།

དགུང་ལོ་ཉི་ཤུ་རྩ་བཞི་ལ་སེའི་ཞལ་ནས་དགེ་སློང་གྱིས་གསུང་བས། བརྒྱ་སར་སྣང་ནས་མཁན་པོ་གླན་གདན་དྲངས་ནས་མཁན་པོ་ཞུས། སློབ་དཔོན་ཞང་གིས་ལས་ཆོག་པ་མཛད། གཉགས་ཀྱིས་གསང་སྟེ་བ་མཛད་དེ་བསྙེན་པར་རྫོགས། དུས་དེའི་ཚེ་ཁ་ཆེ་པཎ་ཆེན་ཤཱཀྱ་ཤྲཱི་ཡང་བོད་དུ་བྱོན་པས་ཁ་ཆེ་པཎ་ཆེན་ལ་ཆོས་མང་དུ་ཞུས། གཞན་ཡང་དགེ་བའི་བཤེས་གཉེན(༢༨༠ན)མཁས་པ་མང་དུ་བསྟེན་ཏེ་རྒྱལ་བའི་བཀའ་བོད་དུ་འགྱུར་རོ་ཅོག་ཐམས་ཅད་ཀྱི་ལུང་ཐོབ་པར་མཛད། བཀའ་གདམས་གཞུང་དྲུག་སོགས་ཤིང་རྟ་ཆེན་པོའི་གཞུང་རྣམས་ལས་བོད་ན་ལུང་རྒྱུན་གང་བཞུགས་ཐམས་ཅད་རྩད་དཔྱད་དེ་ཐོབ་པར་མཛད། དྲི་མ་མེད་པའི་རིགས་པའི་སྣང་བ་ཆེས་ཆེར་རྒྱས་ཏེ་བསྟན་པ་ཡོངས་རྫོགས་ཀྱི་གནད་ལ་འཁྲུལ་མེད་ཀྱི་ངེས་པ་བརྟན་པོ་རྙེད་པ་ན་ཚེ་འདིའི་གཡེང་བ་ཐམས་ཅད་བཅད་དེ་ཐུག་པར་སྒྲུ་མཚམས་དམ་པོ་མཛད། དེ་དུས་བསག་སྦྱང་གཙོ་བོར་བཏོན་པས་ཐོག་མར་བཅོམ་ལྡན་འདས་སྨན་བླའི་ལྷ་ཚོགས་རྣམས་ཞལ་གཟིགས། ཇི་ལྟར་དད་པའི་ཆུ་ནང་དུ་ཟླ་གཟུགས་འཆར་བ་ལྟར་སངས་རྒྱས་དང་བྱང་

སེམས་མང་པོའི་ཞལ་མཐོང་ཞིང་། ལྷ་སར་བྱོན་དུས་ཇོ་བོ་རིན་པོ་ཆེའི་ཐུགས་ཀ་ནས་འོད་ཟེར་འཕྲོས་ཏེ་ཉིད་ཀྱི་ཐུགས་ཀར་ཐིམ་པའི་སྣང་བ་བྱུང་། བྱམས་སྙིང་རྗེ་བྱང་ཆུབ་ཀྱི་སེམས་སྒོམ་པ་ལྷུར་མཛད་པས་མགོན་པོ་སྤྱན་རས་གཟིགས་ནམ་འདོད་དུ་ཞལ་གཟིགས། དེའི་གནད་ཀྱིས་ལྷ་ཁུ་དབོན་གྱི་ཐང་ཀ་ཞལ་སྦྱོད་འདི་འབྲི་བའི་དབུས་སུ་བཅུ་གཅིག་ཞལ་འབྲི་བའི་སྲོལ་ཡང་དར། ལུང་རིགས་དུ་མ་ལ་དབང་བསྒྱུར་ཞིང་བཀའ་འགྱུར་རོ་འཚལ་གྱི་ལུང་བཞུགས་པས་ལྷ་ལུང་གི་དབང་ཕྱུག་ཅེས་གྲགས་ཤིང་། ལྷ་ཆེན་པོའང་ཟེར། དོན་འདི་ལ་དགོངས་ནས་རྗེ་ཐམས་ཅད་མཁྱེན་པས་ཀྱང་། དྲི་མེད་ལུང་གི་དབང་ཕྱུག་མཁས་པའི་མཆོག །ཅེས་བསྔགས་པ་མཛད་དོ། །

མཁས་པ་ཆེན་པོ་འདིའི་གསུང་སྒྲོས་ལ་བརྟེན་པའི་འཆད་ཁ་(༡༨༠བ)བའི་གྲུབ་མཐའ་གཅེས་བསྡུས་ལ་ཊཱིཀྐ་ཆེན་པོ་ཞིག་དང་། བློ་སྦྱོང་གི་ཟིན་བྲིས་རྒྱས་པ་ལེགས་པ་ཅིག་ཀྱང་ཡོད་ཅེས་བཀའ་གདམས་ཆོས་འབྱུང་ལས་གསུངས་སོ། །ལྷ་ལུང་གི་དབང་ཕྱུག་འདིས་དགེ་བའི་བཤེས་གཉེན་སེ་སྤྱིལ་བུ་བ་ཆེན་པོ་ཐོག་མར་མཇལ་བ་ནས་ནམ་གཤེགས་ཀྱི་བར་ཚུལ་བཞིན་དུ་བསྟེན། སྤྱིལ་བུ་བ་གཤེགས་ནས་ལྕགས་ཕོ་ཁྱིའི་ལོ་སྤྱིལ་བུ་དང་འཆད་ཁའི་གདན་ས་མཛད་དེ་བཀའ་གདམས་གཞུང་པའི་ལུགས་སྲོལ་ལེགས་པར་བསྐྱང་བའི་སྒོ་ནས་ཆུ་ཕོ་འབྲུག་གི་བར་ལོ་བཞི་བཅུ་རྩ་གསུམ་གདན་ས་མཛད་ཅིང་བསྟན་འགྲོའི་དོན་རྒྱ་ཆེར་མཛད་དེ། རང་ལོ་བདུན་ཅུ་རྩ་ལྔ་པ་ཆུ་འབྲུག་གི་ཚེ་འཕྲུལ་ཟླ་བའི་ཚེས་བཅོ་ལྔ་ལ་ཞི་བར་གཤེགས་སོ། །

མཁས་པ་ཆེན་པོ་འདི་ལ་སློབ་མ་མང་དུ་བྱུང་ཞིང་ཐྲས་ཀྱི་ཐུ་བོ་བཀའ་གདམས་གཞུང་པའི་མན་ངག་ཐམས་ཅད་བུམ་པ་གང་བྱོར་མངའ་བ་ནི་ལྷ་འགྲོ་བའི་མགོན་པོའོ། །

དེས་ན་བྱང་ཆུབ་ལམ་རིམ་ལ་བློ་སྦྱོང་བར་འདོད་པ་རྣམས་ཀྱིས་བདག་ཉིད་ཆེན་པོ་འདི་ལ་གསོལ་བ་འདེབས་ཤིང་། འདིའི་རྣམ་ཐར་ལྟར་རྒྱལ་བའི་གསུང་རབ་དགོངས

འགྲེལ་དང་བཅས་པ་མཐའ་དག་ཚིག་དང་དོན་གྱི་སྒོ་ནས་འཛིན་པའི་སློབ་ལམ་གདབ་ཅིང་། གཙོ་བོར་གསུང་རབ་དགོངས་འགྲེལ་དང་བཅས་པའི་སྙིང་པོ་བྱང་ཆུབ་ལམ་གྱི་རིམ་པ་སྒོམ་པ་ལ་བློ་ནུས་ཅི་ཡོད་ཀྱིས་འབད་པར་བྱའོ།། །།

ལྷ་འགྲོ་བའི་མགོན་པོའི་རྣམ་ཐར།

ཁམས་གསུམ་འགྲོ་བའི་མགོན་པོ་རིན་པོ་ཆེ། །ཞེས་བསྟགས་པ། ལྷ་འགྲོ་བའི་མགོན་པོ་ནི་ཕོ་བྲང་ཁང་དམར་དུ་ཡབ་(༢༤༧ན)རྗེ་འབག་དང་། ཡུལ་ལྷ་འབྲི་སྣང་པའི་ལྕམ་མོ་ལྷ་ཅིག་འཛམ་གླིང་རྒྱན་གཉིས་ཀྱི་སྲས་སུ་མེ་ཕོ་རྟ་ལ་འཁྲུངས། སྐུ་གཞོན་ནུ་ནས་དམ་པའི་ཆོས་འཚོལ་བ་ལྷུར་ལེན་པ་ཞིག་བྱུང་སྟེ། ལོ་དྲུག་ལོན་པའི་ཚེ་ཀུན་འདུལ་བ་འཛིན་པ་ཆེན་པོ་ལ་བསྙེན་གནས་ཀྱི་སྡོམ་པ་མནོས། དེ་ནས་ཁྲིམ་གྱི་གནས་བརྟེན་ར་ལྷ་བུར་མཐོང་སྟེ་ངེས་འབྱུང་ཤུགས་དྲག་པོས་བསྐུལ་ནས་ལོ་བཅུ་དྲུག་པ་ལ་འཆད་ཁར་ཁུ་བོའི་དྲུང་དུ་བྱོན་ནས་དགེ་བསྙེན་གྱི་སྡོམ་པ་མནོས། དེའི་མོད་ལ་སྐྱོར་མོ་ལུང་དུ་སྤྱལ་ཏེ་ལ་མཁན་པོ་དང་། གྲོ་ས་བའི་དགེ་བཤེས་གནས་བརྟན་ལ་སློབ་དཔོན་ཞུས་ཏེ་རབ་ཏུ་བྱུང་ནས་མཚན་དབང་ཕྱུག་འོད་དུ་བཏགས། ཕྱིས་པོ་ཏོར་དགེ་བཤེས་གནས་བརྟན་ལ་མཁན་པོ་དང་། སུ་གུ་དོ་ནས་དགེ་བཤེས་རྒྱལ་ཚ་གདན་དྲངས་ནས་ལས་ཀྱི་སློབ་དཔོན་ཞུས། རྗེ་བཙུན་པས་གསང་སྟེ་སྟོན་པ་མཛད་དེ་བསྙེན་པར་རྫོགས་ནས་འདུལ་བའི་བསླབ་བྱ་རྣམས་ལེགས་པར་བསླབས་ཏེ་ཕྱག་ལེན་ལ་ཐེབས་པར་མཛད། དེ་ནས་རང་གི་ཁུ་བོ་ལྷ་ལུང་གི་དབང་ཕྱུག་བསམ་སྦྱོར་གཉིས་ཀྱིས་ཚུལ་བཞིན་དུ་བསྟེན་ཏེ་སྦྱིར་ཆོས་མང་དུ་གསན་ཅིང་། ལྷག་པར་རྗེ་བོ་ཡབ་སྲས་ནས་དགེ་བའི་བཤེས་གཉེན་པོ་ཏོ་བ་ཆེན་པོ་ལ་བརྒྱུད་པའི་བཀའ་གདམས་གཞུང་པའི་མན་ངག

བྱང་ཆུབ་ལམ་གྱི་རིམ་པའི་འགྲོ་བཤེས་གཉེན་བསྟེན་ཚུལ་ནས་ཞི་ལྷག་གི་བར་དམིགས་སྐོར་རེ་རེ་ནས་སྙན་རྒྱུད་ཀྱི་མན་ངག་གིས་ངོ་སྤྲོད་དང་རྒྱལ་བའི་བཀའ་དང་ཤིང་རྟ་ཆེན་པོའི་གཞུང་གི་སྙིང་ནས་ངེས་པ་(༢༤༡བ)ཕུལ་ཕྱིན་འདྲེན་ཚུལ་རྣམས་ཡོངས་སུ་རྫོགས་པར་གསན་ཞིང་ཐུགས་ཉམས་སུ་བཞེས་ཏེ་གདེང་ཐོབ་པར་མཛད། ཞུ་བོ་ལྷ་ལུང་གི་དབང་ཕྱུག་ཞིང་གཤེགས་ནས་སྤྲུལ་བུ་དང་འཆད་ཁའི་གདན་ས་མཛད་དེ། རྒྱ་མོ་སྤྲུལ་ནས། ས་མོ་ལུག་གི་བར་ལོ་ཉི་ཤུ་རྩ་བདུན་བཞུགས་ནས་བསྟན་པའི་བདག་པོ་མཛད། པོ་ཏོ་གནས་བརྟན་དང་། བཀའ་གདམས་གཞུང་པའི་བཤེས་གཉེན་རྣམས་ཀྱིས་མཛད་དེ་པོ་ཏོ་སྟེ་མ་ལག་དང་བཅས་པ་ཕུལ། གོང་པོ་ནས་རྟ་བར། བུ་ཆུ་བྱང་ལུང་གསུམ་གྱིས་ཐོག་དྲངས་པའི་སྟེ་པ་སུམ་ཅུ་ཙམ་གྱིས་གཙུག་ལག་ཁང་གི་ལྟེ་མིག་གཏད་ནས་ཕུལ། དྭགས་པོ་ནས་བླ་མདའ། ཀན་ན་མོ་ཤོད་ཀྱིས་ཐོག་དྲངས་པའི་སྟེ་པ་མི་སྟེ་དང་བཅས་པ་ཕུལ། ཕྱིས་ཀྱང་ཡུན་རིང་པོར་དེ་རྣམས་སུ་དགོན་གཉེར་དང་མི་དཔོན་བསྐོས། གཉལ་ནས་ཟངས་པོ་ཆེ་པས་གདན་དྲངས་ཏེ་སྐུ་འབུམ་ཆེན་མོའི་རབ་གནས་མཛད། ཟངས་པོ་ཆེ་སྟེ་མ་ལག་དང་བཅས་པ་ཕུལ་ནས་གཙུག་ལག་ཁང་གི་ལྟེ་མིག་ཕུལ། རོང་རྩེ་དཀར་དུ་གདུང་ཁང་ཆེན་མོའི་རབ་གནས་ལ་སྤྱན་དྲངས་ནས་སྟེ་མ་ལག་དང་བཅས་པ་ཕུལ། དུས་ཕྱིས་ཀྱང་ཟངས་པོ་ཆེ་དང་། གྲ་སྐོར་ན་སྤྲུལ་བུ་བའི་ཆོས་རྒྱུད་འཛིན་པ་མང་དུ་བྱུང་ངོ་། །ཨེ་ནའང་བུ་དལ་ལ་སོགས་པ་ནས་ཡོན་བདག་དང་བུ་སློབ་མང་དུ་བྱུང་། ཐུན་མོང་བ་བྱང་ཆུབ་ལམ་གྱི་རིམ་པ་དང་། ཐུན་མོང་མིན་པ་རྡོ་རྗེ་ཐེག་པའི་ལམ་ལ་སྦྱངས་ཏེ་བསྙེན་སྒྲུབ་མཛད་པས་ཡི་དམ་མང་པོའི་ཞལ་གཟིགས་ཤིང་ལྷག་པར་མི་གཡོ་བ་དངོས་སུ་གྲུབ་པས་མི་གཡོ་བའི་སྤྲུལ་པར་གྲགས་པ་བྱུང་། ཡར་(༢༤༢ན)ཀླུངས་སུ་གོང་པོ་རིར་སེང་གེ་སྒྲའི་ཞལ་གཟིགས། པོ་ཏོ་ན་དགེ་བཤེས་འདི་ལ་ཆོས་གསུང་བའི་ཐུབ་པའི་སྐུ་གཅིག་ཀྱང་བཞུགས། བསྟན་པའི་ནང་མཛོད་

འདུལ་བ་གཙོ་བོར་མཛད་པས་སྤྱིལ་བུར་ཚུལ་བཞུགས་གཅིག་གི་སྟེང་དུ་གནས་བརྟན་བཅུ་དྲུག་དངོས་སུ་བྱོན་པས། འགྲོ་བའི་མགོན་པོ་ལ་གནས་བརྟན་བཅུ་དྲུག་གིས་བསྐོར་བའི་ཐང་སྐུ་ཡང་མང་དུ་འཕེལ། དབུར་གནས་ཀྱི་ཚེ་གནས་བརྟན་བཅུ་དྲུག་གི་ཚུལ་ཤིང་རི་ཡང་ལེན། མང་ཇའི་དུས་སུ་གནས་བརྟན་གསོལ་འདེབས་འཆག་མེད་མཛད། ལྷ་སར་ཇོ་བོས་ཆོས་གསུངས་ཤིང་ར་སྒྲེང་དུ་བྱོན་པའི་ཚེ་ཇོ་བོ་རྗེ་དཔལ་ལྡན་ཨ་ཏི་ཤས་ཞལ་དངོས་སུ་བསྟན་ནས་གདམས་པ་དང་རྗེས་སུ་བསྟན་པ་མང་དུ་སྩལ།

བདག་ཉིད་ཆེན་པོ་འདི་ཡི་དམ་ལྷའི་བསྙེན་སྒྲུབ་མཐར་ཕྱིན་པས་འདམ་དུ་ལྷ་མོ་ཆེ་ཞིག་ལ་གདོན་ཞུགས་ནས་སུས་ཀྱང་མ་ཐོན་པ་ལ་དེར་བྱོན་ནས་བགེགས་སྐྲོད་མཛད་པས་ལྷའི་མཚན་ཁྱུང་གཉིས་ནས་ཕྱུག་རོན་རེ་འཕུར་ཞིང་། དེ་གཉིས་སྤྱང་ཀིར་སོང་བ་ཀུན་གྱིས་མཐོང་བ་བྱུང་སྟེ། དེ་ནས་རབ་གནས་ལེགས་པར་མཛད། འགྲོ་མགོན་ཆོས་རྒྱལ་འཕགས་པ་ཕྱིར་ཐེགས་དུས་དགེ་བའི་བཤེས་གཉེན་གཞན་རྣམས་ཕྱིར་ལོག །དགེ་བའི་བཤེས་གཉེན་འགྲོ་མགོན་རིན་པོ་ཆེ་ཁྱེད་དང་འབྲལ་མི་ཕོད་པར་འདུག་ལྷན་ཅིག་ཏུ་གཤེགས་གསུངས་ནས་ཤ་ཕོ་སྒང་བར་ཚུན་བྱོན། མཁས་བཙུན་དང་མི་ཆེན་མང་པོའི་དོན་མཛད་ནས་རང་ལོ་དོན་བཞི་པ་ས་མོ་ལུག་གི་ལོ་སྟོན་(༡༨༡༤)ཟླ་ཐ་ཆུང་གི་ཉེར་གཅིག་ལ་སྤྱིལ་བུར་གཤེགས་སོ། །

དེ་ནས་སློབ་མ་རྣམས་ཀྱིས་མཆོད་པ་རྒྱ་ཆེར་བྱས་ཏེ་སྐུ་གདུང་བཞུ་བས་ལྷ་སྐུ་ལ་སོགས་པའི་རྟེན་མང་དུ་བྱོན་ཞིང་། ཁྱད་པར་ཐུགས་ལྗགས་སྤྱན་གསུམ་བྱོན་པ་སྤྱན་སྤྱིལ་བུའི་ནང་རྟེན་གསེར་སྐུའི་ནང་དུ་བཞུགས། ཐུགས་འཆད་ཁ་བས་གདན་དྲངས་ནས་ཇོ་སྲའི་གདུང་ཁང་ན་བཞུགས། ལྗགས་སུ་གུ་དོར་གདན་དྲངས་ནས་བྱང་ཆུབ་ཆེན་པོའི་ནང་ན་བཞུགས། དུང་གཡས་འཁྱིལ་བཞི་བྱོན་པ་ལ་གཅིག་རྩུག་པའི་གསེར་སྐུར་བཞུགས། གཅིག་སྤང་ས་བའི་རྟེན་སྐལ་ལ་གདུང་ཁང་ན་བཞུགས་ནས་ཇོ་སྲ་ན་ཡོད།

གཅིག་ད་ལྷ་སྤྲུལ་བུའི་ནང་རྫེན་ལ་བཞུགས་སོ། །ལྷ་ལུང་གི་དབང་ཕྱུག་དང་། ལྷ་འགྲོ་བའི་མགོན་པོ་གཉིས་པོ་འདི་དང་འདི་གཉིས་ཀྱི་ཆོས་རྒྱུད་འཛིན་པ་སྤྲུལ་བུ་དང་འཆད་ཁའི་གདན་ས་བ་གསུམ་ཙམ་དང་བཅས་བཀའ་གདམས་གླེགས་བམ་ལས་གསལ་བར་ལུང་བསྟན་པ་ནི། སེ་སྤྱིལ་བ་ལུང་བསྟན་པའི་འཕྲོ་ནས། ཁྱེད་ལ་ཤཱཀྱའི་གདུང་རིགས་འཛིན་པ་ལྷའི་ལྷ་ཞིག་ནས་བཟུང་ལྷ་ལས་མི་ཉུང་བ་འབྱུང་། ཞེས་སོགས་གསལ་བར་ལུང་བསྟན་ཏོ། །

བདག་ཉིད་ཆེན་པོ་འདི་འཕྲིན་ལས་ཀྱི་ཁྱབ་བདལ་བླ་ལྷག་ཏུ་ཆེ་བ་ཞིག་བྱུང་བས་རྗེ་ཐམས་ཅད་མཁྱེན་པས། ཁམས་གསུམ་འགྲོ་བའི་མགོན་པོ་རིན་པོ་ཆེ། །ཞེས་བསྔགས་པ་ཆེ་བར་མཛད་དོ། །འགྲོ་མགོན་རིན་པོ་ཆེ་འདི་ལ་སློབ་མ་བསམ་གྱིས་མི་ཁྱབ་པ་ཞིག་ཡོད་ཀྱང་། །སྲས་ཀྱི་ཐུ་བོ་བཀའ་གདམས་གཞུང་པའི་རྒྱུད་འཛིན་ཆེན་པོ་ནི་དགེ་བའི་བཤེས་གཉེན་བཟང་ཆེན་པའོ། །

དེས་ན་བྱང་ཆུབ་ལམ་གྱི་རིམ་པ་ལ་བློ་སྦྱོང་བར་འདོད་པ་རྣམས་ཀྱིས་ལྷ་འགྲོ་བའི་མགོན་པོ་འདི་ལ་གསོལ་བ་འདེབས་ཤིང་། འདིའི་རྣམ་ཐར་ལྟར་བཀའ་གདམས་ཀྱི་རྣམ་ཐར་གཙང་མ་བསྲེ་བསླད་མེད་པར་སྐྱོང་ཞིང་བྱང་ཆུབ་ལམ་གྱི་རིམ་པའི་ལམ་ཐུན་མོང་བ་དང་ཐུན་མོང་མིན་པ་གཉིས་ཀ་ལ་བག་ཆགས་ཅི་ཐེབས་བྱའོ།། །།

རྣམ་དག་ཚུལ་ཁྲིམས་དད་ལྡང་བཟང་ཆེན་པའི་རྣམ་ཐར།

རྣམ་དག་ཚུལ་ཁྲིམས་དད་ལྡང་བཟང་ཆེན་པ། །ཞེས་བསྔགས་པ། དགེ་བའི་བཤེས་གཉེན་བཟང་ཆེན་པ་ནི། གཉལ་སྨད་དུ་ཇོ་མཚར་བའི་ལྟས་དང་བཅས་ཏེ་སྐུ་འཁྲུངས། ཆུང་ངུའི་དུས་ནས་ཁྱིམ་གྱི་འདུ་འཛི་ལ་མ་ཆགས་པར་རྒྱལ་བའི་བསྟན་པ་ལ་

ཞུགས་ནས་དམ་པའི་ཆོས་རྣམ་པར་དག་པ་ཞིག་བྱ་བར་འདོད་པའི་འདུན་པ་ཤུགས་དྲག་པོ་ནར་མར་བྱུང་སྟེ་སུས་ཀྱང་བཟློག་མ་ཐུབ་པར་བཟང་ཆེན་གྱི་གདན་ས་པ་མཁན་པོ་བསོད་ནམས་འབྱུང་གནས་ལས་རབ་ཏུ་བྱུང་ཞིང་ཚིགས་སྡུ་མ་དགེ་ཚུལ་གྱི་སྡོམ་པ་མནོས། མཚན་དར་མ་བསོད་ནམས་སུ་བཏགས་མཁན་པོ་དེ་ཉིད་ལ་བརྟེན་ཏེ་དགེ་ཚུལ་གྱི་བསླབ་བྱ་རྣམས་ལེགས་པར་བསླབས་ཤིང་ཆོས་སྤྱོད་རྣམས་ཐུགས་སུ་ཆུད་པར་མཛད། དེ་ནས་གཞུང་ལུགས་རྣམས་ལ་སྦྱངས་ཏེ་སྡེ་སྣོད་གསུམ་ལ་མཁས་པར་བསླབས། ངེས་འབྱུང་གི་བསམ་པ་རྣམ་པར་དག་པས་རྒྱུད་བསྐུལ་ཏེ་མཁན་པོ་དར་ཡེ་བ། ཁ་སྐོང་གི་དགེ་འདུན་གྲངས་ཚང་བ་དང་བཅས་པའི་དབུས་སུ་བསྙེན་པར་རྫོགས། ལྷ(༢༤༣བ)འགྲོ་བའི་མགོན་པོའི་ཞབས་རྡུལ་སྤྱི་བོས་བླངས་ཏེ་འདུལ་བ་ལུང་སྡེ་བཞིའི་བརྗོད་བྱའི་དོན་ཐམས་ཅད་སློབ་དཔོན་ཡོན་ཏན་འོད་ཀྱིས་འདུལ་བའི་མདོར་གཏན་ལ་ཕབ་པ་ལྟར་ཁྲིན་ལེན་དང་རྟུང་ཆུ་འདེབས་པ་ཡན་ཆད་དགེ་སློང་གི་བསླབ་བྱ་ཕྲ་རགས་ཐམས་ཅད་ཐུགས་སུ་ཆུད་པར་མཛད་དེ་ལག་ཏུ་བདར་ནས་འདུལ་བ་ནས་བཤད་པའི་བཅས་རང་གི་ཉེས་པ་ཕྲ་མོས་ཀྱང་མ་གོས་པའི་ཚུལ་ཁྲིམས་རྣམ་པར་དག་པར་བསྲུང་བར་མཛད། ཚུལ་ཁྲིམས་ཀྱི་མཐུ་ལས་སྐྱེས་པའི་དྲི་བཟང་པོ་རྗེ་ཕྱོགས་མེད་པར་འཕྲོ་བ་ཞིག་ཡོད་པར་གྲགས། དོན་འདི་ལ་དགོངས་ནས་རྗེ་ཐམས་ཅད་མཁྱེན་པས་བཤེས་གཉེན་ཆེན་པོ་འདི་ལ། རྣམ་དག་ཚུལ་ཁྲིམས་ངད་ལྡང་བཟང་ཆེན་པ། །ཞེས་བསྔགས་སོ། །

ལྷ་འགྲོ་བའི་མགོན་པོ་ལ་རྒྱལ་བའི་བཀའ་དང་ཤིང་རྟ་ཆེན་པོའི་གཞུང་མང་པོ་གསན་ཏེ་གཞུང་ལུགས་རྣམས་ལ་མཁས་པའི་ཕུལ་དུ་ཕྱིན་པར་གྱུར་པ་ན་རང་གི་ཡོན་ཏན་གྱི་སྟོབས་ཀྱིས་དགེ་འདུན་ཚང་མས་བཟང་ཆེན་གྱི་གདན་སར་བསྐོས་ཏེ་ཆོས་གྲྭ་ཆེན་པོ་དེའི་སེང་གེའི་ཁྲི་ལ་བཞུགས་ནས་ཤིང་རྟ་ཆེན་པོའི་གཞུང་ལུགས་རྣམས་རྒྱ

ཆེར་སྤེལ་བས་དགེ་བའི་བཤེས་གཉེན་བཟང་ཆེན་པ་ཞེས་ཕྱོགས་ཀུན་ཏུ་སྙན་པར་གྲགས། དེ་ནས་ལྷ་འགྲོ་བའི་མགོན་པོ་བཟང་ཆེན་དུ་གདན་དྲངས་ནས་མཆོད་ཅིང་བསྙེན་བཀུར་ཏེ་རྒྱལ་བའི་གསུང་རབ་དགོངས་འགྲེལ་དང་བཅས་པ་མཐའ་དག་གི་དོན་གང་ཟག་གཅིག་གི་ཉམས་ལེན་གྱི་རིམ་པར་དྲིལ་བ་དཔལ་ཨ་ཏི་ཤའི་མན་ངག་བྱང་ཆུབ་ལམ་གྱི་རིམ་པའི་སྐྱོང་ཁྲིད་ལེགས་པར་གསན། (༢༢༩ན)དེ་ཡང་ཐོས་ལོ་ཙམ་ལ་མ་བཞག་པར་ཚུལ་བཞིན་དུ་ཉམས་སུ་བླངས་པས་སྐྱོང་བ་ལེགས་པར་ཐོན། ལྷ་འགྲོ་བའི་མགོན་པོ་ལ་བཀའ་གདམས་གཞུང་དྲུག་གསན་ཏེ་ལམ་གྱི་རིམ་པའི་དམིགས་སྐོར་མཐའ་དག་ཤིང་རྟ་ཆེན་པོའི་གཞུང་དང་སྦྱར་ཏེ་འཆད་པ་ལ་མི་འཛིགས་པའི་སྤོབས་པ་ཐོབ། ཁ་ཆེ་པཎ་ཆེན་ཤཱཀྱ་ཤྲཱི་བཟང་ཆེན་དུ་གདན་དྲངས་ཏེ་མདོ་སྔགས་ཀྱི་ཆོས་མང་དུ་གསན། ཐྲས་ཀྱི་ཐུ་བོ་མཆོ་སྣ་བ་ཆེན་པོ་སོགས་སྐལ་བ་དང་ལྡན་པ་མང་པོ་ལ་བྱང་ཆུབ་ལམ་གྱི་རིམ་པའི་ཁྲིད་དང་ཤིང་རྟ་ཆེན་པོའི་གཞུང་ལུགས་རྣམས་རྒྱ་ཆེར་སྤེལ་བར་མཛད་ནས་མཐར་དགུང་ལོ་བདུན་ཅུ་རྩ་ལྔ་རུ་ཕེབས་པའི་ཚེ་ཤ་དུག་ཞིག་གིས་སྐུ་བསྟུན་པ་ན་དགེ་འདུན་ཐམས་ཅད་ཀྱིས་རིམ་གྲོ་རྒྱ་ཆེར་མཛད་ཅིང་། ཆོས་སྐྱོང་མགོན་པོ་ཏྲཀྵད་ཀྱིས་ཀྱང་བྱ་རོག་ཏུ་སྤྲུལ་ནས་རྒྱ་བལ་ནས་ཨ་རུ་ར་སྨིན་པ་བླངས་ཏེ་ཕུལ་བ་སོགས་ཐབས་དང་རིམ་གྲོ་ཅི་བྱས་ཀྱང་མ་བཟློག་པར་ཞིང་གཤེགས། དགེ་འདུན་རྣམས་ཀྱིས་མཆོད་པ་རྒྱ་ཆེར་བྱས་ཏེ་སྤུར་གྱི་མཆོད་རྟེན་བཞེངས་པའི་དྲུང་ན་ཆོས་སྐྱོང་ཏྲཀྵད་ཀྱིས་ཕུལ་བའི་ཨ་རུ་ར་སྨིན་པ་དེ་བཞག །སྤུར་གྱི་ཞལ་ནུབ་ཕྱོགས་སུ་བསྟན་པ་ཞིག་བྱུང་བས་གྲྭ་སྐོར་དུ་བཀའ་གདམས་ཀྱི་བསྟན་པ་རྒྱ་ཆེར་འཕེལ་བའི་རྟེན་འབྲེལ་དུ་བྱུང་ཞེས་གླེང་ངོ་། །བཤེས་གཉེན་ཆེན་པོ་འདི་ལ་རྒྱུད་འཛིན་གྱི་སློབ་མ་མང་དུ་བྱུང་བ་ལས་ཐྲས་ཀྱི་ཐུ་བོ་ནི་མཆོ་སྣ་བ་ཆེན་པོའོ། །

དེས་ན་བྱང་ཆུབ་ལམ་རིམ་ལ་བློ་སྦྱོང་བར་འདོད་པ་རྣམས་ཀྱིས་བཤེས་གཉེན་

ཆེན་པོ་འདི་ལ་གསོལ་བ་འདེབས་ཤིང་འདིའི་རྣམ་ཐར་ལྟར་ཚུལ་ཁྲིམས་རྣམ་པར་དག་པ་གཉིས་བཟུང་ནས་བྱང་ཆུབ་ལམ་གྱི་རིམ་པ་ལ་བློ་སྦྱོང་ཞིང་གཞུང་ལུགས་གདམས་པར་འཆར་བ་ཞིག་འོང་བར་བྱའོ།། །།

འདུལ་བ་འབུམ་སྡེའི་མངའ་བདག་མཚོ་སྣ་བའི་རྣམ་ཐར།

འདུལ་བ་འབུམ་སྡེའི་མངའ་བདག་མཚོ་སྣ་བ། །ཞེས་བསྔགས་པ་འདུལ་འཛིན་མཚོ་སྣ་པ་ཆེན་པོ་ནི། མོན་མཚོ་སྣ་སྟོད་དུ་སྐུ་འཁྲུངས། བྱིས་པ་སྨྲ་ཤེས་ཙམ་ནས་ཆོས་བྱེད་པའི་འདུན་པ་ཁོ་ནས་སྒོ་གསུམ་གྱི་སྤྱོད་པ་ཐམས་ཅད་ཆོས་དང་མཐུན་པར་མཛད་པ་ལས་བྱིས་པའི་ངང་ཚུལ་དུ་མི་འགྲོ་བ་ཞིག་བྱུང་ཞིང་། དགུང་ལོ་བརྒྱད་ལོན་པའི་ཚེ་བླ་མའི་དྲུང་དུ་འགྲོ་ཟེར་ནས་སུས་བཀག་ཀྱང་མ་ཐུབ་པར་དགེ་བའི་བཤེས་གཉེན་བཟང་ཆེན་པའི་ཐད་དུ་བྲོས་ཏེ་རབ་ཏུ་བྱུང་། ཚིགས་སྔ་མ་དགེ་ཚུལ་གྱི་སྡོམ་པ་མནོས་ཏེ་མཚན་ཤེས་རབ་བཟང་པོ་ཞེས་བཏགས། དུས་དེའི་ཚེ་པཎྜི་ཏ་མཁས་པའི་ཉམས་དང་ལྡན་པ་ཞིག་རང་ཤུགས་ཀྱིས་བྱུང་བས་སྡེ་སྣོད་འཛིན་པ་བློ་གྲོས་སེང་གེའི་སྐྱེ་བར་གྲགས་པ་བྱུང་ངོ་། །

དེ་ནས་དགེ་བའི་བཤེས་གཉེན་བཟང་ཆེན་པ་བསམ་སྦྱོར་གཉིས་ཀྱིས་ཚུལ་བཞིན་དུ་བསྟེན་ནས་བཀའ་གདམས་གཞུང་དྲུག་ལ་སོགས་པའི་ཤིང་རྟ་ཆེན་པོའི་གཞུང་རྣམས་ལ་ལེགས་པར་སྦྱངས་ཤིང་། ཁྱད་པར་དུ་འདུལ་བ་ལུང་སྡེ་བཞི་དང་། དེ་ཐམས་ཅད་ཀྱི་བརྗོད་བྱའི་དོན་གཅིག་ཏུ་བསྡུས་པ་འདུལ་བ་མདོ་རྩ་བ་ལ་སྦྱངས་ཏེ་ཚིག་དོན་མཐའ་དག་ཐུགས་སུ(༢༤༥ན)ཆུད་པར་མཛད་ཅིང་། དགེ་བའི་བཤེས་གཉེན་བཟང་ཆེན་པ་ལ་མཁན་པོ་ཞུས་ཏེ་མཁན་སློབ་དགེ་འདུན་གྲངས་ཚང་བའི་དབུས་སུ་བསྙེན་པར་རྫོགས་

ཏེ། འདུལ་བའི་བསླབ་བྱ་མཐའ་དག་ཆེས་ཞིབ་པར་ཐུགས་ལ་མངའ་བ་ལྟར་ཕྱག་ལེན་ལ་ཐེབས་པར་མཛད་པས་འཕགས་པ་ཉེ་བར་འཁོར་སླར་ཡང་གངས་རིའི་ཁྲོད་དུ་བྱོན་པ་ཇི་ལྟ་བར་གྱུར་ཏོ། །

དེ་ནས་དགེ་བའི་བཤེས་གཉེན་བཟང་ཆེན་པ་ལས་དུས་གསུམ་གྱི་རྒྱལ་བ་ཐམས་ཅད་ཀྱི་བགྲོད་པ་གཅིག་པའི་ལམ་པོ་ཆེ་ཤིང་རྟ་ཆེན་པོ་ཀླུ་སྒྲུབ་དང་ཐོགས་མེད་གཉིས་ཀྱི་ལམ་སྲོལ། དཔལ་ཨ་ཏི་ཤས་གངས་རིའི་ཁྲོད་འདིར་གསལ་བར་མཛད་པའི་མན་ངག་བྱང་ཆུབ་ལམ་གྱི་རིམ་པའི་ཁྲིད་བཀའ་གདམས་གཞུང་པའི་བཤད་སྲོལ་ལྟར་མཐའ་དག་པར་གསན་ནས་ཉམས་སུ་བླངས་ཏེ་གདེང་ཐོབ་པར་མཛད། བདག་ཉིད་ཆེན་པོ་འདི་ནི་རྒྱལ་བའི་དམ་ཆོས་འཛིན་པའི་སྨོན་ལམ་རླབས་པོ་ཆེའི་མཐུ་གྲུབ་པ་ཞིག་ཡིན་པས་གསུང་རབ་དགོངས་འགྲེལ་དང་བཅས་པ་ལ་ཐོས་པ་ཉིན་པར་མཛད་པར་མ་ཟད་སྐྱི་ལམ་སྒྲུ་མའི་རྣམ་ཐར་འབྱོངས་པས་མཚན་མོ་མནལ་ལམ་དུ་ཡང་སློབ་དཔོན་ཡོན་ཏན་འོད་ལ་འདུལ་བ་གསན། རྒྱལ་སྲས་ཞི་བ་ལྷ་ལ་སྤྱོད་འཇུག་གསན། སློབ་དཔོན་དབྱིག་གཉེན་ལ་མངོན་པ་མཛོད་གསན། སློབ་དཔོན་ཕྱོགས་ཀྱི་གླང་པོ་ལ་ཚད་མའི་མདོ་གསན། སློབ་དཔོན་ཆོས་ཀྱི་གྲགས་པ་ལ་རྣམ་འགྲེལ་སོགས་ཚད་མ་སྡེ་(༢༤༥བ)བདུན་གསན། སློབ་དཔོན་ཟླ་བ་གྲགས་པ་ལ་གསང་འདུས་གསན། རྗེ་བཙུན་བྱམས་པ་མགོན་པོ་ལ་མངོན་རྟོགས་རྒྱན་གསན་པར་གྲགས།

དེ་ལྟར་ཐོས་པ་རྒྱ་མཚོའི་ཕ་རོལ་ཏུ་བྱོན་ཞིང་། ལྷག་པར་འདུལ་བ་ལ་མཁས་པའི་ཕུལ་དུ་གྱུར་པས་མགོན་པོ་ལ་སོགས་པའི་ཆོས་སྲུང་རྣམས་དང་། དཀར་ཕྱོགས་ཀྱི་ལྷ་མང་པོས་འདུལ་བའི་བསྟན་བཅོས་གངས་རིའི་ཁྲོད་ཀྱི་གདུལ་བྱ་རྣམས་ཀྱིས་གོ་སླ་བ་ལུང་སྡེ་བཞིའི་གནད་བསྡུས་པ་ཞིག་རྩོམས་ཤིག །དེ་ལ་ཐོས་བསམ་བྱེད་པ་ཐམས་ཅད་ངེད་ཀྱིས་བུ་བཞིན་སྐྱོང་ངོ་ཞེས་བསྐུལ་ཞིང་། དགེ་འདུན་མང་པོས་གྲྭ་སྐོར་གྱི་གདན་

སར་འབྱོན་དགོན་པར་བསྐུལ་ཏེ་ཆོས་གྲྭ་ཆེན་པོ་གྲྭ་སྒོར་གྱི་སེང་གེའི་ཁྲི་ལ་བཞུགས་ཏེ། ཤིང་རྟ་ཆེན་པོའི་གཞུང་ལུགས་རྣམས་རྒྱ་ཆེར་སྤེལ་ཞིང་ལུང་སྡེ་བཞིའི་གནད་ཀུན་བསྡུས་པ་འདུལ་བའི་མདོའི་རྣམ་བཤད་ཉི་མའི་འོད་ཟེར་ཞེས་བྱ་བ་བརྩམས་ཏེ། དཀར་ཕྱོགས་ཀྱི་ལྷ་རྣམས་ཀྱིས་ཆོས་འདི་ལ་བསྟགས་པ་བརྗོད་ཕྱིར་བརྩམས་མ་ཐག་དཀར་ཕྱོགས་ཀྱི་ལྷ་རྣམས་ཀྱིས་གླིགས་བམ་གདན་དྲངས་ཏེ་སླར་ཡང་ལན་གཉིས་པ་བརྩམས་ཞེས་གྲགས་སོ། །

གཞན་ཡང་། བདག་ཉིད་ཆེན་པོ་འདིས་ལམ་རིམ་ལ་སོགས་པའི་བསྟན་བཅོས་ཀྱང་མང་དུ་མཛད་དོ། །བདག་ཉིད་ཆེན་པོ་འདི་ནི་དགེ་བའི་བཤེས་གཉེན་པོ་ཏོ་བའི་རྣམ་ཐར་ལྟར་སྐྱེས་བུ་གསུམ་གྱི་ལམ་གྱི་རིམ་པ་ཤིང་རྟ་ཆེན་པོའི་གཞུང་དང་སྦྱར་ཏེ་འཆད་པ་ལ་མི་འཇིགས་པའི་སྤོབས་པ་ཐོབ་ཅིང་། ཕྱི་ལྟར་དུ་གསང་(༢༤༨ན)སྔགས་ལ་དམ་དོག་ཆེ་བར་མཛད་ཀྱང་ནང་དུ་རང་ཉིད་སྔགས་ཀྱི་ཉམས་ལེན་ཕུལ་དུ་ཕྱིན་པ་མངའ་བས། དཔལ་གསང་བ་འདུས་པའི་རྫོགས་རིམ་གྱི་རྨི་ལམ་འཛིན་པ་ལ་མངའ་བརྙེས་པས་རྨི་ལམ་དུ་སངས་རྒྱས་ཀྱི་ཞིང་གཞན་དུ་བགྲོད་པ་དང་། གདུལ་བྱ་ལ་ཆོས་སྟོན་པ་དང་། སངས་རྒྱས་བྱང་སེམས་ལས་ཆོས་ཉན་པ་སོགས་སྤྲུལ་བསྒྱུར་སྣ་ཚོགས་ནུས་པ་ཞིག་སྟེ། དེའི་ཚུལ་ཟུར་ཙམ་ནི་སྔར་སྨོས་པ་ལྟར་རོ། །དེ་ལྟར་བསྟན་འགྲོའི་དོན་རྒྱ་ཆེར་མཛད་ནས་དགུང་ལོ་དོན་གཉིས་བཞེས་པའི་ཚེ་དགེ་འདུན་རྣམས་ལ་བསླབ་བྱ་རྒྱས་པར་མཛད་དེ་གྲྭ་སྒོར་གྱི་གདན་ས་མོན་གྲ་པ་ལ་གཏད་ནས་ཞི་བར་གཤེགས་སོ། །འདུལ་འཛིན་ཆེན་པོ་འདི་ལ་སློབ་མ་བསམ་གྱིས་མི་ཁྱབ་པ་ཡོད་ཀྱང་ཐུགས་སྲས་ཐུ་བོ་རང་གི་རྒྱལ་ཚབ་ཏུ་མངའ་གསོལ་བ་ནི་དགེ་བའི་བཤེས་གཉེན་མོན་གྲ་པ་ཆེན་པོའོ། །

དེས་ན་བྱང་ཆུབ་ལམ་རིམ་ལ་བློ་སྦྱོང་བར་འདོད་པ་རྣམས་ཀྱིས་འདུལ་འཛིན་

ཆེན་པོ་འདི་ལ་གསོལ་བ་འདེབས་ཤིང་བསྟན་པའི་ནང་མཛོད་འདུལ་བའི་བཅས་མཚམས་དག་པ་གཞིར་བཟུང་ནས་བྱང་ཆུབ་ལམ་གྱི་རིམ་པ་ལ་བློ་སྦྱོང་བར་བྱའོ།། །།

ཆོས་མངོན་རྒྱ་མཚོའི་མཐར་སོན་མོན་གྲ་པའི་རྣམ་ཐར།

ཆོས་མངོན་རྒྱ་མཚོའི་མཐར་སོན་མོན་གྲ་པ། །ཞེས་བསྟོགས་པ། དགེ་བའི་བཤེས་གཉེན་མོན་གྲ་པ་ནི། མོན་དང་མཚོ་སྣའི་བར་གྱི་ཡུལ་མོན་གྲོང་དུ་སྐུ་འཁྲུངས། གཞོན་ནུ་ཉིད་ནས་ཆོས་ཀྱི་བག་ཆགས་བརྟས་པས་རང་ཡུལ་ཉེ་དུ་དང་བཅས་པ་ལ་མ་ཆགས་པར་མཆིལ་མའི་ཐལ་བ་བཞིན་དོར་ཏེ་གྲྭ་སྐོར་དུ་མཁན་(༢༤༨བ)ཆེན་མཚོ་སྣ་པའི་ཞབས་དྲུང་དུ་ཕེབས་ནས་རབ་ཏུ་བྱུང་། མཚན་ཚུལ་ཁྲིམས་བཀྲ་ཤིས་ཞེས་བཏགས། མཁན་ཆེན་མཚོ་སྣ་པ་བསམ་སྦྱོར་གཉིས་ཀྱིས་ཚུལ་བཞིན་དུ་བསྟེན་ཏེ། སྡེ་སྣོད་གསུམ་གྱི་དགོངས་པ་འགྲེལ་བའི་ཤིང་རྟ་ཆེན་པོའི་གཞུང་རྣམས་ལ་སྦྱངས་པས་མཁས་པའི་གོ་འཕང་ཐོབ་ཅིང་། ཁྱད་པར་མངོན་པ་སྡེ་བདུན་དགོངས་འགྲེལ་དང་བཅས་པ་ལ་མཁས་པའི་ཕུལ་དུ་ཕྱིན་པར་གྱུར་ཏེ་ཆོས་མངོན་པའི་དོན་ལ་མི་འཇིགས་པའི་སྤོབས་པ་ཐོབ། མཁན་ཆེན་མཚོ་སྣ་པ་ལས་བསྙེན་པར་རྫོགས་ཏེ་འདུལ་བའི་བསླབ་བྱ་རྣམས་གསན་ནས་ལག་ཏུ་བླངས། འདུལ་བ་འཛིན་པའི་མཆོག་ཏུ་གྱུར།

དེ་ལྟར་གཞུང་ལུགས་རྒྱ་མཚོ་ལྟ་བུ་ལ་སྦྱངས་པས་མཁས་པའི་ཕུལ་དུ་ཕྱིན་པ་ན་མཚོ་སྣ་པ་ཆེན་པོ་ལ་བྱང་ཆུབ་ལམ་གྱི་རིམ་པའི་ཁྲིད་བཀའ་གདམས་གཞུང་པའི་བཤད་སྲོལ་ལྟར་གསན་ཏེ་ཉམས་ལེན་ལ་སྦྱར་བས་མྱོང་བ་ཁྱད་པར་ཅན་ཐོན་ཏེ་མཁས་བཙུན་བཟང་གསུམ་འཛོམ་པའི་བཤེས་གཉེན་ཆེན་པོར་གྱུར་པ་ན་མཚོ་སྣ་པ་ཆེན་པོས་རང་གི་རྒྱལ་ཚབ་བསྟན་འཛིན་མཆོག་ཏུ་འགྱུར་བར་གཟིགས་ནས་བསྟགས་འོས་སུ་མཛད་

ཅིང་། གྲྭ་སྐོར་གྱི་གདན་ས་བཀྲི་དགོས་ཞེས་ཡང་ཡང་གསུངས་ཀྱང་བདག་ཉིད་ཆེན་པོ་འདི་བྱང་ཆུབ་ལམ་རིམ་ལ་སྦྱོང་བ་ཕྱུལ་ཕྱིན་ཐོན་པས་ཚངས་པ་དང་བརྒྱ་བྱིན་གྱི་དཔལ་ལའང་མི་སྨོན་ན་ཚེ་འདིའི་རྙེད་བཀུར་སྙན་གྲགས་ལ་སྨོན་པ་མེད་པ་ལྟ་ཅི་སྨོས་པར་གྱུར་ནས་བདག་ལྟ་བུས་བླ་མའི་གདན་ས་སྐྱོང་བར་ག་ལ་ནུས་ཞེས་མཛད་དུ་མ་བཞེད། མཐར་མཁན་ཆེན་མཚོ་སྣ་པ་གཤེགས་ཁར་(༡༤༧༥)དགེ་འདུན་རྣམས་ལ་ཞལ་གདམས་རྒྱ་ཆེར་མཛད་ནས་གདན་ས་འདི་མོན་གྲྭ་པ་ལ་གཏོད་གསུངས་ནས་ཞི་བར་གཤེགས་པ་ན་བླ་མའི་གསུང་གི་ཐ་མ་ཞལ་ཆེམས་ལྟ་བུར་སོང་གཤིས་མཛད་ཐབས་མ་བྱུང་བར་གྲྭ་སྐོར་གྱི་གདན་སར་ཕེབས་ནས་གཙོ་བོར་འདུལ་བ་དང་མངོན་པ་རྒྱ་ཆེར་བཤད་ཅིང་། ཕར་ཚད་དབུ་མ་རྣམས་ཀྱང་སྤྱར་སྦྲོལ་གང་ཡོད་བཤད་ནས་ཤིང་རྟ་ཆེན་པོའི་གཞུང་ལུགས་ཤིན་ཏུ་དར་བར་མཛད། སྐལ་བ་དང་ལྡན་པ་དག་ལ་བྱང་ཆུབ་ལམ་གྱི་རིམ་པའི་ཁྲིད་བཀའ་གདམས་གཞུང་པའི་བཤད་སྲོལ་ལྟར་ཞིབ་ཏུ་བཤད་པས་ཆོས་ཀྱི་བདུད་རྩིས་ཚིམས་པ་མང་དུ་བྱུང་ཞིང་། ཕྱི་རབས་ཀྱི་གདུལ་བྱ་རྣམས་ཀྱི་དོན་དུ་ལམ་རིམ་གྱི་ཁྲིད་ཡིག་ཀྱང་མཛད་དོ། །

མཁན་ཆེན་མོན་གྲྭ་པ་འདི་ལ་མཁས་ཤིང་གྲུབ་པའི་སློབ་མ་གྲུབ་ཆེན་ལས་ཀྱི་རྡོ་རྗེ་དང་། མཁན་ཆེན་ཆོས་སྐྱབས་བཟང་པོ་སོགས་བསྟན་པ་ལ་བྱ་བ་རྒྱ་ཆེར་བགྱིད་པ་མང་དུ་བྱུང་ངོ་། །

དེས་ན་བྱང་ཆུབ་ལམ་རིམ་ལ་བློ་སྦྱོང་བར་འདོད་པ་རྣམས་ཀྱིས་དགེ་བའི་བཤེས་གཉེན་མོན་གྲྭ་པ་ཆེན་པོ་ལ་གསོལ་བ་འདེབས་ཤིང་བདག་ཉིད་ཆེན་པོ་འདིའི་རྣམ་ཐར་ལྟར་ཤིང་རྟ་ཆེན་པོའི་གཞུང་ལུགས་རྣམས་ལ་སྦྱངས་ནས་གཞུང་ལུགས་གདམས་པར་འཆར་བར་བྱེད་པ་དང་། གཞུང་ལུགས་གདམས་པར་ཤར་བའི་མན་ངག །བྱང་ཆུབ་ལམ་གྱི་རིམ་པའི་ཉམས་ལེན་ལ་འབད་ནས་རང་གི་རྒྱུད་བཏུལ་ཏེ་གདུལ་བྱ་གཞན་

ལའང་ཕན་ངེས་པ་ཞིག་བྱའོ།། །།

མཁན་ཆེན་ཆོས་སྐྱབས་བཟང་པོའི་རྣམ་ཐར།

ཟབ་ཅིང་རྒྱ་ཆེའི་ཆོས་ལ་མངའ་བརྙེས་པས། །(༢༨༧བ)སྐལ་ལྡན་འགྲོ་བ་ཀུན་གྱི་སྐྱབས་སུ་གྱུར། །འཕྲིན་ལས་བཟང་པོས་བསྟན་པ་རྒྱས་མཛད་པ། །དཔལ་ལྡན་བླ་མའི་ཞབས་ལ་གསོལ་བ་འདེབས། །ཞེས་བསྔགས་པ་མཁན་ཆེན་ཆོས་སྐྱབས་བཟང་པོ་ནི་གཉལ་དུ་རིགས་རུས་ཕུན་སུམ་ཚོགས་པ་ཞིག་ཏུ་སྐུ་འཁྲུངས། ཆུང་དུའི་དུས་སུ་ཡབ་ཡུམ་གཉིས་ཀྱིས་བསྐུམས་ནས་མཁན་ཆེན་མཚོ་སྣ་པ་ཆོས་གྲྭར་ཕེབས་པ་དང་ཐུག་སྐེ་མཇལ་བའི་ཚེ། མཚོ་སྣ་པའི་སྐུ་ཆོས་རླུང་གིས་བསྐྱོད་པ་བྱིས་པ་ཆུང་དུ་འདིའི་སྟེང་དུ་གཡོགས་པ་ལྟར་བཀབ་པར་གྱུར་པས་མཁན་ཆེན་མཚོ་སྣ་པ་བཞད་ཅིང་ཆེར་དགྱེས་ནས་བྱིས་པ་འདི་ངའི་ཆོས་གོས་ཀྱིས་བསྐྱབས་པ་ལྟར་འདུག་པས་འདི་ང་ལ་བྱིན་ཅིག་ཅེས་ཡབ་ཡུམ་གཉིས་ལ་གསུངས་པས་ཡབ་ཡུམ་གཉིས་ཀྱིས་ཀྱང་མཚོ་སྣ་པའི་བཀའ་ལྷག་མ་ནུས་པར་ཕུལ་བས་མཁན་ཆེན་མཚོ་སྣ་པས་བཞེས་ཏེ་ཆོས་སྐྱབས་བཟང་པོ་ཞེས་མིང་བཏགས། ལོ་བདུན་ལོན་པ་ན་རབ་ཏུ་བྱུང་ཞིང་སྡེ་སྣོད་གསུམ་ལེགས་པར་བསླབས། ལོ་ལོན་པ་ན་བསྙེན་པར་རྫོགས་པར་མཛད་དེ་སྨིན་གྱི་འབྲས་བུ་ལྟར་བསྐྱངས། རང་ཉིད་ལ་ཡོད་པའི་ལུང་དང་མན་ངག་ཐམས་ཅད་གནང་ཞིང་། ལྷག་པར་བཀའ་གདམས་གཞུང་པའི་བཤད་སྲོལ་ལྟར་གྱི་བྱང་ཆུབ་ལམ་གྱི་རིམ་པའི་མན་ངག་མ་ལུས་པར་གནང་། མཁན་ཆེན་མཚོ་སྣ་པ་ཞིང་གཤེགས་ནས་དགེ་བའི་བཤེས་གཉེན་མོན་གྲྭ་པ་ཚུལ་བཞིན་དུ་བསྟེན་ནས་མོན་གྲྭ་པ་ལ་མངའ་བའི་བཀའ་དང་གདམས་ངག་མང་པོ་གསན་ཞིང་ལྷག་པར་བྱང་ཆུབ་ལམ་གྱི་རིམ་པའི་ཁྲིད་ཡང་

དང་ཡང་དུ(༢༨༨ན)གསན་ཏེ། ཉམས་སུ་བཞེས་པས་བྱང་ཆུབ་ལམ་གྱི་རིམ་པའི་མན་ངག་བཀའ་གདམས་གཞུང་པའི་བཤད་སྲོལ་ལྟར་རང་གི་རྒྱུད་ལ་སྦྱོར་ནས་ཉམས་སུ་ལེན་པ་དང་། གཞན་ལ་སྟོན་པ་ལ་མི་འཛིགས་པའི་སྤོབས་པ་ཐོབ་པར་གྱུར་ཏོ། །

བདག་ཉིད་ཆེན་པོ་འདི་ནི་ཐོས་པ་རྒྱ་མཚོའི་ཕ་རོལ་ཏུ་སོན་ཞིང་། ལམ་གྱི་རྟོགས་པ་མཐོན་པོར་བྱོན་ཏེ་ཕྱིར་མི་ལྡོག་པའི་རྟགས་ཐོབ་པ་ཞིག་ཡིན་ཞེས་གྲགས་སོ། །མཁན་ཆེན་ཆོས་སྐྱབས་བཟང་པོ་འདིས་དགེ་བའི་བཤེས་གཉེན་མཆོ་སྣ་པ་དང་མོན་གྲ་པ་གཉིས་ཀ་ལ་གཏུགས་ཏེ་བཀའ་གདམས་གཞུང་པའི་བཤད་སྲོལ་ལྟར་གྱི་སྐྱེས་བུ་གསུམ་གྱི་ལམ་གྱི་རིམ་པ་ཡང་དང་ཡང་དུ་གསན་ཏེ་སྦྱངས་པ་མཐར་ཕྱིན་མཛད་པ་ནི། རྗེ་བཙུན་ཆོས་ཀྱི་རྒྱལ་པོ་ཙོང་ཁ་པ་ཆེན་པོས་ཁོང་པ་ལ་བཀའ་གདམས་གཞུང་པའི་བཤད་སྲོལ་ལྟར་གྱི་བྱང་ཆུབ་ལམ་གྱི་རིམ་པའི་ཁྲིད་གསན་པར་འགྱུར་བ་འདི་ལ་དགོངས་པར་མངོན་ཞིང་། རྗེ་ཐམས་ཅད་མཁྱེན་པས་བཀའ་གདམས་གཞུང་པའི་བཤད་སྲོལ་ལྟར་གྱི་ལམ་རིམ་གྱི་ཁྲིད་གསན་ནས་སྐལ་བ་དང་ལྡན་པ་བགྲང་བ་ལས་འདས་པ་ལ་གནང་ནས་ས་ཆེན་པོའི་ཁྱོན་འདི་ཐམས་ཅད་ཆོས་འདིའི་འཕྲིན་ལས་ཀྱིས་ཁྱབ་པ་འདི་བྱུང་ངོ་། །

དེས་ན་བྱང་ཆུབ་ལམ་གྱི་རིམ་པ་ལ་བློ་སྦྱོང་བར་འདོད་པ་རྣམས་ཀྱིས་ཕྱིར་མི་ལྡོག་པའི་སེམས་དཔའ་ཆེན་པོ་མཁན་ཆེན་ཆོས་སྐྱབས་བཟང་པོ་ལ་གསོལ་བ་འདེབས་ཤིང་། བདག་ཉིད་ཆེན་པོ་འདིའི་རྣམ་ཐར་ལྟར་རྒྱལ་བའི་བཀའ་དང་(༢༨༨བ)གཞུང་ལུགས་མ་ལུས་འདུ་བའི་ཆོས་ཀྱི་རྒྱ་མཚོ་ཆེན་པོ་བྱང་ཆུབ་ལམ་གྱི་རིམ་པ་ལ་སློབ་པའི་ཚེ་བསླབས་ལུང་ཙམ་རེ་ཐོབ་པ་དང་། དམིགས་སྐོར་རེ་གཉིས་གོ་བས་ཆོག་པར་མི་བྱ་བར་དགེ་བའི་བཤེས་གཉེན་མཁས་པ་ལ་གཏུགས་ཏེ་ཡང་དང་ཡང་དུ་མཉན་ནས་ངེས་པ་གཏིང་ཚུགས་པ་བསྐྱེད་པ་དང་། ཇི་ཙམ་ཐོས་པ་དེ་ཙམ་དུ་རྒྱུད་ལ་སྦྱར་ནས་ཉམས་

སུ་ལེན་པ་ལ་འབད་པར་བྱའོ།། །།

སྨྱུན་སྦྱང་ཚུལ་ཁྲིམས་འབར་གྱི་རྣམ་ཐར།

དགེ་བཤེས་སྟོན་པ་ནས་དགེ་བཤེས་པོ་ཏོ་བ། དེ་ནས་གྲྭ་སྒོར་མཁན་ཆེན་ཆོས་སྐྱབས་བཟང་པོའི་བར་གྱི་བརྒྱུད་རིམ་དེ་ནི་རྗེ་ཐམས་ཅད་མཁྱེན་པས་བཀའ་གདམས་གཞུང་པའི་ལམ་རིམ་གསན་བརྒྱུད་ཡིན་ལ། བཀའ་གདམས་གདམས་ངག་པར་གྲགས་པ་དགེ་བཤེས་སྟོན་པ་ནས་སྨྱུན་སྦྱང་ཚུལ་ཁྲིམས་འབར་ལ་བརྒྱུད་པའི་བླ་མ་རྣམས་ཀྱི་རྣམ་ཐར་ནི། གྲུབ་པའི་དབང་ཕྱུག་ཆེན་པོ་ཚུལ་ཁྲིམས་འབར། །ཞེས་བསྟགས་པ། དགེ་བཤེས་སྨྱུན་སྦྱང་བ་ནི་ཉན་གྱི་སྣང་ར་སྣང་དུ་ཡབ་ཤཱཀྱ་རྡོ་རྗེ་དང་། ཡུམ་ལི་མོ་ཡེ་ཤེས་སྒྲོན་གཉིས་ཀྱི་སྲས་སུ་ཆུ་མོ་བྱའི་ལོ་ལ་འཁྲུངས། མཚན་སྟག་ཚབ་འབར་ཞེས་བཏགས། སྟོན་ཡུན་རིང་པོ་ནས་ལམ་ལ་སྦྱངས་པའི་བག་ཆགས་བརྟས་པས་གཞན་གྱིས་བསྐུལ་བ་ལ་མ་བལྟོས་པར་སྐྱེས་བུ་གསུམ་གའི་ལམ་གྱི་གནད་རྣམས་ལ་བག་ཆགས་སད་དེ་བྱིས་པའི་དུས་སུ་སྤྱིར་འདུས་བྱས་འདི་ཐམས་ཅད་སྟོང་པའི་མཐུ་མེད་པར་འཇིག་པ་དང་། ཁྱད་པར་རང་གི་ལུས་མྱུར་དུ་འཇིག་པའི་ངང་ཚུལ་དྲན་ནས་རྒྱུན་དུ་བཤུམ་པ་ཞིག་བྱུང་བས་ཡུམ་(༢༥༩ན)དེས་ཁྱོད་འཇིགས་མི་དགོས་མྱུར་དུ་ཤི་འགྲོ་སྙམ་པའི་བློ་དེ་སླར་བརྗེད་འགྲོ་ཟེར་སྨྱུན་སྦྱང་འི་ཡུམ་དེ་ནི་རང་བཞིན་གྱི་རྣལ་འབྱོར་མ་ཞིག་ཡིན་པར་གྲགས་པས་དེང་སང་རང་ཅག་ཐ་མལ་པ་རྣམས་ལ་བླ་མ་རེའི་བཀའ་དྲིན་ལས་འཆི་བ་དྲན་པའི་བློ་རེབ་ཙམ་རེ་བྱུང་ཡང་སྣང་ཤས་མཐུ་ཆེ་བས་ཆུ་ལ་དབྱུག་གུས་བྲིས་པ་ལྟར་དེ་མ་ཐག་བརྗེད་ནས་རྟག་འཛིན་གྱི་དབང་དུ་འགྲོ་བའི་ངང་ཚུལ་དེ་ཡུམ་དེས་བརྗོད་པའོ། །

དེ་དུས་ཡུམ་གྱིས་པང་དུ་ཁྱེར་ནས་སློབ་དཔོན་གྲོང་འདུལ་བ་ཅིག་ལ་ཕྱུང་པོ་ལྷའི་རབ་བྱེད་གསན་པས། ཕྱུང་པོ་འདི་ལྟར་འབྱེད་ཚོད་ཀྱིས་མཐར་སྟོང་པ་ཉིད་དུ་འདུག་སྙམ་སྟེ་བདག་མེད་པའི་ལྟ་བ་རང་འབྲུངས་སུ་བྱུང་། གཞན་ཡང་བྱིས་པའི་གནས་སྐབས་དེར་ལྷག་པའི་ལྷ་མང་པོའི་སྣང་བ་ཡང་ཡང་འཆར་བ་ཞིག་བྱུང་། ལོ་བཅུ་གཉིས་ལོན་ཙ་ན་རྣལ་འབྱོར་མ་གོང་མོ་སྣང་བ་བྱ་བ་བྱོན་ནས་གདམས་ངག་ཅིག་གསུངས་པས་མྱོང་བ་ཁྱད་པར་ཅན་སྐྱེས་པ་ཞིག་བྱུང་སྟེ། དེ་ནི་རང་བཞིན་གྱི་རྣལ་འབྱོར་མས་བྱིན་གྱིས་བརླབས་པ་ཡིན་པར་གསུངས། ཡང་ལན་ཅིག་ཙ་ན་ར་ལུག་འཚོར་རི་ཞིག་གི་རྩེར་བྱོན་པས། ད་སྟེ་ལོ་བརྒྱ་ཐམ་པ་ན་འདི་ནས་མཐོང་བའི་མི་ཐམས་ཅད་འཆི་བ་ཡིན་དགོངས་ཐུགས་ཕྱུང་བའི་མགུར་གསུངས་པ་རི་ཞོལ་གྱི་བཙས་མི་བ་རྣམས་ལ་སྙན་པར་བྱུང་ནས། འོར་ཆེ་སྡུག་ཚབ་འབར་སྙན་རང་སྙན་ད་དུང་ཞིག་ལོངས་དང་ཟེར་བས། ང་མ་དགའ་ཆེས་ནས་བླངས་པ་ལ་ཁོང་ད་དུང་ལོངས་ཟེར་ཨང་གསུང་།

དེ་ནས་(༡༥༩བ)དགུང་ལོ་བཅོ་བརྒྱད་པ་ལ་སྟོད་ལུང་ཚ་ཐོག་དགོན་པར་མལ་ཤེས་རབ་སེམས་དཔའི་དྲུང་དུ་རབ་ཏུ་བྱུང་། མཚན་ཚུལ་ཁྲིམས་འབར་དུ་བཏགས། དེར་ཡུམ་གྱི་སྨི་ལམ་དུ་དུང་དཀར་ཞིག་བུས་པ་འཛམ་བུ་གླིང་པ་ཐམས་ཅད་ཀྱིས་ཐོས་པ་ཞིག་བྱུང་བས། ངའི་བུ་འདི་ལ་རབ་ཏུ་བྱུང་ནས་གྲགས་པ་ཡང་ཆེ་བ་ཅིག་འོང་བར་འདུག་ཟེར། སློབ་གཉེར་མཛད་དུས་ཚ་ཐོག་དགོན་པར་བྱོན་པའི་ཞོར་ལ། ཇོ་བོ་སྣེའི་ན་མོ་ཆེར་བཞུགས་པ་དང་མཇལ། སེམས་བསྐྱེད་གསུང་བ་གསན། དེ་དུས་ཇོ་བོས་འདི་པའི་སྤྱི་བོར་ཕྱག་བཞག །སཾ་སྐྲི་ཏའི་སྐད་དུ་བཀྲ་ཤིས་ཀྱི་ཚིགས་བཅད་མང་པོ་མཛད། གསེར་གླིང་པའི་བུམ་པ་པདྨའི་ཆུ་ཅན་གནང་། ངའི་ཆོས་རྒྱུད་འཛིན་པ་ཅིག་འོང་གསུང་། དེ་ནས་ལན་ཆ་རབ་དང་། རྒྱུག་པར་སྟེ་སྣོད་ཀྱི་གསན་སྦྱོང་མང་དུ་མཛད། རྒྱ་གར་རྡོ་རྗེ་གདན་ཆོས་ཀྱི་འབྱུང་ཁུངས་ཡིན་པས་དེར་འབྱོན་དགོངས་ཏེ་སྐད་དོད

དང་རྒྱ་ཡིག་མང་དུ་བསླབས་དེའི་དུས་སུ་མདོ་སྡེ་གཟིགས་པས་ཆོས་ཐོག་ཏུ་རྩིལ་རྩིལ་འགྲོ་བར་བྱུང་བས་སོ་སོ་སྐྱེ་བོའི་ས་ནས་སངས་རྒྱས་ཀྱི་སར་འགྲོ་བ་ལ་བླ་མ་མི་དགོས་པར་སྣང་སྙམ་པ་བྱུང་། ཕྱིས་སུ་བསམས་ཙ་ན་སྔར་གྱི་དེས་གར་ཡང་མི་ཕྱིན་པར་འདུག་གསུང་། དེའི་དུས་སུ་ཡུམ་རུག་པར་བྱོན་ནས་རུག་པའི་བན་དེ་རྣམས་ལ་འདི་ནི་དགྲས་བདས་པ་ཡིན། འདི་འདྲེས་བདས་པ་ཡིན། སྙིང་ནས་ཆོས་བྱ་བསམ་ནས་རབ་ཏུ་བྱུང་བ་ནི་ཁྱོད་དང་སློབ་དཔོན་ཞང་བཙུན་གཉིས་ཡིན་ཁྱོད་ཆོས་བཤད་མ་ཞིག་བྱེད་ན་ར་སྒྲེང་དུ་དགེ་བཤེས་སྟོན་པའི་སྤྱན་སྔར(༡༩༠ན)འགྲོ་གསུངས་ནས་ཡུམ་གྱིས་ཁྲིད་དེ་དགུང་ལོ་ཉེར་ལྔ་པ་ལ་དགེ་བཤེས་སྟོན་པ་དང་མཇལ། སྤྱན་སྔའི་ཞལ་ནས། ངའི་མ་དེ་རང་བཞིན་གྱི་རྣལ་འབྱོར་མ་ཡིན་པས་འདིར་བསྐྱལ་བ་ཡིན་གསུང་། དེའི་ཚེ་དགེ་བཤེས་སྟོན་པ་ལ་ལམ་གྱི་འགྲོ་ཆོས་ཞུས་ནས་རྒྱ་གར་དུ་རྣལ་འབྱོར་པ་ཅིག་ལ་གཏུག་སྙམ་དུ་དགོངས་པ་ལ་དགེ་བཤེས་སྟོན་པའི་ཞལ་ནས། ཁྱོད་རྒྱ་གར་དུ་མ་འགྲོ་ངས་ཐུགས་ལ་གདགས་ཀྱི་གསུང་བས། དགེ་བཤེས་སྟོན་པས་ཐུགས་ལ་འདོགས་ན་རྒྱ་གར་དུ་འགྲོ་དོན་མི་འདུག་དགོངས་པ་བྱུང་ནས་བཤེས་གཉེན་སྟོན་པ་རིན་པོ་ཆེ་བསམ་སྦྱོར་གཉིས་ཀྱིས་ཚུལ་བཞིན་དུ་བསྟེན་ནས་དུས་གསུམ་གྱི་སངས་རྒྱས་ཐམས་ཅད་གང་ནས་གཤེགས་པའི་ལམ་པོ་ཆེ་བཀའ་དང་དགོངས་འགྲེལ་ཐམས་ཅད་ཀྱི་སྙིང་པོའི་དོན་བྱང་ཆུབ་ལམ་གྱི་རིམ་པའི་མྱོང་ཁྲིད་གསན་པས་ལམ་གྱི་རིམ་པའི་དམིགས་སྐོར་རྣམས་བསམ་དུ་བཏུབ་པར་བྱུང་བ་ལ། དགེ་བཤེས་སྟོན་པའི་ཞལ་ནས། དུས་ཚོད་འདི་ཙ་ན་ཤོག་གསུང་བས་སྤྱན་སྔར་ཕྱིན་དུས་གྲོག་པོའི་གསེབ་ལ་ཉི་མ་བྱུང་བ་དེ། སྤྱན་སྔའི་ན་བཟའ་ལ་ཤར་བས་བཀྲ་ཤིས་རྫས་བརྒྱད་ལ་སོགས་པའི་གཟུགས་མང་པོ་བྱུང་བས་རྟེན་འབྲེལ་ཤིན་ཏུ་བཟང་གསུངས་ནས་མཉེས་པ་ཡིན། དགེ་བཤེས་སྟོན་པ་དེ་ཕར་ཕྱིན་གསུང་བའི་དུས་སུ་སྐུ་མཆེད་གསུམ་ཀ་བ་ལི་གཅིག་ལ་གཟིགས

པ་ཡིན་པར་གདའ། དགེ་བཤེས་སྟོན་པ་གྲུབ་མཐའ་ཞིག་གསུང་བ་གསན་དུ་བྱོན་པས། སྟོན་པའི་ཞལ་ནས། ང་ཁྱོད་ལ་(༢༩༠བ)སྒོམ་ཆེན་ཞིག་རེ་བ་ཡིན། ཁྱོད་རང་ནང་དུ་སྒོམས་ཤིག་གསུང་བས། སྤྱན་སྔས་ཕྱག་མཛོད་ནས་བྱོན་པ་དང་། སྟོན་པའི་ཞལ་ནས། བྱང་ཆུབ་སེམས་དཔའ་སེམས་དཔའ་ཆེན་པོ་ཤེས་རབ་ཀྱི་ཕ་རོལ་ཏུ་ཕྱིན་པ་ལ་སྤྱོད་པ་བྱ་བ་དེ་ཁོ་འདྲ་བ་ཞིག་ལ་ཟེར་བ་ཡིན་གསུངས། ཡོངས་རྫོགས་རྣལ་འབྱོར་པའི་ཞལ་ནས། དགེ་བཤེས་སྟོན་པས་ཐུགས་ལ་འདོགས་པར་སྣང་བས། ཁྱེད་རང་གསང་སྔགས་ཀྱི་ཆོས་ཞུས་ན་འོང་གསུང་བས། སྐུ་མཆེད་གཞན་གཉིས་ཀྱི་དྲོའི་དུ་བ་རེང་བྱུང་དུས་སྤྱན་སྔས་དྲོ་ཐོན་པར་བྱས། དེར་དགེ་བཤེས་སྟོན་པ་དྲོའི་དུས་བཞེས་སྐྱོ་སྲུན་རེ་གསོལ་བས། དེ་དུས་སུ་གདམས་ངག་ཞུས་པས་ཐེག་པ་ཆེན་པོ་གསང་སྔགས་ཀྱི་གདམས་པ་མ་ལུས་པ་གནང་བ་ཡིན། སྤྱན་སྔའི་ཞལ་ནས། ཡོངས་རྫོགས་རྣལ་འབྱོར་པ་འདི་ང་ལ་བཀའ་དྲིན་ཆེ་གསུང་། ཡང་དགེ་བཤེས་སྟོན་པའི་ཞལ་ནས། ཇོ་བོ་པ་ཉོན་མོངས་པ་བརྒྱད་ཁྲི་བཞི་སྟོང་གི་གཉེན་པོར་ཆོས་ཀྱི་སྒོ་མོ་བརྒྱད་ཁྲི་བཞི་སྟོང་གསུངས་པ་དེ། འདོད་ཆགས་ཀྱི་གཉེན་པོར་གསུངས་པ་རྣམས་ཀྱིས་ཞེ་སྡང་འཇོམས་མི་ནུས། ཞེ་སྡང་གི་གཉེན་པོར་གསུངས་པ་རྣམས་ཀྱིས་འདོད་ཆགས་འཇོམས་མི་ནུས་པས་ཉོན་མོངས་སོ་སོའི་གཉེན་པོ་སོ་སོར་བསྟེན་དགོས་པ་ཡིན་ཉོན་མོངས་ཐམས་ཅད་ཀྱི་གཉེན་པོ་བྱེད་ནུས་པའི་ཆོས་ནི་རྟེན་ཅིང་འབྲེལ་པར་འབྱུང་བ་ཟབ་མོ་སྟོང་པ་ཉིད་སྒོམ་པ་འདི་ཡིན་གསུངས་ནས་འཕགས་པ་ཀླུ་སྒྲུབ་ཀྱི་རྒྱལ་བའི་དགོངས་པ་བཀྲལ་བའི་མན་ངག་དབུ་མའི་གདམས་ངག་རྣམས་ལེགས་པར་གནང་།

དེ་ལྟར་དང་པོར་(༢༩༧ན)དགེ་བཤེས་སྟོན་པ་དང་མཇལ་བ་ནས་ནམ་གཤེགས་ཀྱི་བར་འབྲལ་མེད་དུ་ལོ་བརྒྱད་བསྟེན། དེ་ནས་དགེ་བཤེས་སྟོན་པ་སྐུ་གཤེགས་པས་ཐུགས་ངལ་ཆེན་པོ་བྱུང་བ་ན། ནུབ་གཅིག་རྨི་ལམ་ན་ཉི་མ་ཞིག་ལུས་ལ་ཤར་བ་རྨིས།

དེ་དགེ་བཤེས་སྟོན་པའི་ཡོན་ཏན་མ་ལུས་པ་རང་གིས་ཐོབ་པ་ཡིན་ཨང་སྐམ་པ་བྱུང་། དེ་ནས་ཐུགས་དགོངས་ལ་རྣལ་འབྱོར་པ་གོང་འོག་འདི་རྣམས་ལ་ཇོ་བོའི་ཡོན་ཏན་མ་ལུས་པ་མངའ་བ་ཡིན་སྐམ་ནས་བསྟེན་ཏེ་རྣལ་འབྱོར་པ་ཆེན་པོ་དེ་བདེན་པ་གཉིས་དང་ལས་ཁ་ཚར་ལ་དགེ་བཤེས་སྟོན་པ་བས་ཀྱང་ཅི་ཞིབ་ཙམ་དུ་བྱུང་། དགོན་པ་བ་དེ་སྒོམ་སྐྱོན་སེལ་བ་དང་ཆོས་ཟབ་མོ་ཐམས་ཅད་ལ་དགེ་བཤེས་སྟོན་པ་བས་ཀྱང་ཅི་ཞིབ་ཙམ་དུ་བྱུང་། རྣལ་འབྱོར་པ་ཤེས་རབ་རྡོ་རྗེ་དེ་གྲུབ་མཐའ་ལ་དགེ་བཤེས་སྟོན་པ་བས་ཀྱང་ཅི་ཞིབ་ཙམ་དུ་བྱུང་། དེ་ནས་སྤྱན་སྔ་བས་ར་སྒྲེང་དུ་ཇོ་བོའི་སློབ་མ་རྣལ་འབྱོར་པ་ཆེན་པོ་དང་། དགེ་བཤེས་དགོན་པ་བ་སོགས་བསྟེན་ཅིང་ཚེ་འདིའི་བྱ་བ་ཐམས་ཅད་བློས་བཏང་སྟེ་བྱང་ཆུབ་ལམ་གྱི་རིམ་པ་སྒོམ་པ་ལ་དཀའ་སྤྱད་དྲག་པོའི་སྒོ་ནས་བརྩོན་པ་ལྷུར་མཛད། དེ་དུས་སྤྱན་སྔ་བ་འཚོ་ཆས་ཤིན་ཏུ་བཀྲེན་པས་ན་བཟའ་རྣམས་ཧྲུལ་ཧྲུལ་དུ་གྱུར་ཏེ་མཐང་གོས་ལ་གོ་བའི་ལྷན་པ་བྱས་པས་སྤྱན་སྔ་གོ་ཤམ་པ་ཞེས་གྲགས་པ་བྱུང་། ངེས་འབྱུང་ཤུགས་དྲག་པོས་རྒྱུད་བསྐུལ་ནས་མཚན་མོ་མནལ་ཡེ་མེད་པར་ལམ་རིམ་སྒོམ་པ་ལ་ཁོར་ཡུག་ཏུ་འབད་པས་རྣལ་འབྱོར་པ་ཆེན་པོས་བག་རེ་(༢༨༧བ)ཆོགས་དེ་ཙམ་བརྩོན་པ་ཆེས་ན་ཁམས་ལོག་ཉེན་ཡོད་གསུང་བ་ལ། སྤྱན་སྔས་དེ་ལྟོ་ལགས་ཏེ། དལ་འབྱོར་འདི་རྙེད་པར་དཀའ་བས་ཞེས་གསུངས་སྤྱན་སྔ་བ་ཐུགས་དམ་ལ་འཇུག་རེས་ཀྱིས། གང་ཚེ་རང་དབང་འཇུག་ཅིང་མཐུན་གནས་པ། །གལ་ཏེ་འདི་བདག་འཛིན་པར་མི་བྱེད་ན། །གཡང་སར་ལྷུང་བས་གཞན་དབང་འཇུག་འགྱུར་བ། །དེ་ལས་ཕྱིས་ནས་གང་གིས་སློང་བར་འགྱུར། །ཞེས་འཇུག་པ་ནས་གསུངས་པ་དེ་ལན་རེ་བཏོན་ཏེ་དལ་འབྱོར་རྙེད་དཀས་རྒྱུད་བསྐུལ་ཏེ་འཇུག །ཡང་སྤྱན་སྔས་བྱ་ཡུལ་པ་ལ་དལ་བ་འབྱོར་པ་མིའི་ལུས་ཐོབ་པ་དྲན་ནམ་ཞེས་ཡང་ཡང་གསུང་བར་མཛད་དེ། དལ་འབྱོར་དོན་ཆེ་རྙེད་དཀའ་དང་ནམ་འཆི་ཆ་མེད་དྲན་པས་རྒྱུད་བསྐུལ་ཏེ་སྐད་ཅིག་

ཀྱང་ཡེངས་ལོང་མེད་པར་ལམ་རིམ་སྒོམ་པ་ལ་བརྩོན་པ་ཆུ་བོའི་རྒྱུན་བཞིན་མཛད་དོ། །

དེ་ལྟར་སྒྲུབ་པ་དར་དྲག་ལ་རྒྱུན་རིང་བ་མཛད་པས་ལམ་གྱི་རིམ་པ་ལ་སྦྱོང་བ་ཕུལ་ཕྱིན་ཐོན་ཞིང་། མི་ལོང་གཡའ་དག་པ་ལ་གཟུགས་བརྙན་འཆར་བ་ཇི་བཞིན་དུ་སངས་རྒྱས་དང་བྱང་སེམས་མང་པོས་ཞལ་བསྟན་ནས་དངོས་སུ་བྱིན་གྱིས་བརླབས། ནངས་ཅིག་བཅོམ་ལྡན་འདས་གར་གྱི་དབང་ཕྱུག་ཕྱག་ཏུ་ཐུམ་པ་བསྣམས་པ་ཅིག་བྱོན་ནས་སྐུ་ཁྲུས་གསོལ་བས་སྐུ་ལུས་ཀྱི་མི་གཙང་བ་ཐམས་ཅད་སངས་ཀྱིས་དག་པའི་སྣང་བ་བྱུང་། ལན་ཅིག་ཁོང་རང་ཇོ་བོ་མི་གཡོ་བ་ཞྭ་ཐེབ་ཆུང་ཆུང་གསོལ་བ་གཅིག་ཏུ་གཟིགས་སོ། །

སྨྱུན་སྨུ་བ་འདི་ནི་རིག་གནས་མཐའ་དག་ལ་མཁས་པ་ཞིག་སྟེ། རྒྱ་ཡིག་རང་ཡང་རིགས་མི་འདྲ་བ་བདུན་ཙམ་མཁྱེན། ངས་ལོ་ཙྪ་བྱས་ཀྱང་(༢༩ ༢ན)འབྲིང་པོ་ཞིག་འོང་ངམ་སྙམ་པ་ཡིན། ངས་ཐེག་པ་ཆེན་པོ་གསང་སྔགས་ལ་ཕན་ཡོན་ཆེ་ཟེར་བ་རྣམས་ལ་བསྙེན་པ་ཚད་དུ་མ་བསྐྱལ་བ་མེད། ལས་ཚོགས་རྣམས་ལའང་ཉམས་སུ་མ་བླངས་པ་མེད། སཚྭ་གཅིག་ཕུའང་རི་དེའུ་ཙམ་བཏབ་པ་ཡིན། སྦྱང་སྦྱོར་གཅིག་ཕུའང་ཁང་པ་གང་བ་ཙམ་གཏམས་པ་ཡིན་གསུང་།

དེ་ནས་ཤིང་མོ་ཕག་གི་ལོ་དགུང་ལོ་དྲུག་ཅུ་རེ་གསུམ་བཞེས་དུས་ལོ་དགོན་པ་གདབ་པར་དགོངས་ནས་རྒྱ་ཡོན་བདག་ལ་སྨི་ལམ་བརྟག་པ་ཞུས་པས། རྒྱའི་ཞལ་ནས་ཆོས་བགྲེས་པོ་ཞིག་ཡུལ་དུ་འགྲོ་ཟེར་བ་བྱུང་། སྨྱུན་སྨུའི་ཞལ་ནས་སྨི་ལམ་རྣོ་གསུང་སྐད། དེ་ནས་ཉན་དུ་བྱོན། ཡོན་བདག་བྱ་རྡེ་སྟོད་པས་མར་གྱི་མེ་ཏོག་མང་པོ་ཕུལ་བས་ངའི་ཡོན་བདག་དཔལ་གསུམ་ཕུ་བ་གསུངས་ནས་མཉེས། དེ་ནས་ལོའི་གཙུག་ལག་ཁང་ཀ་བཞི་མ་བཞེངས། རྟེན་གཙོ་ལ་དགེ་བཤེས་སྟོན་པ། རྣལ་འབྱོར་པ་ཆེན་པོ། དགོན་པ་བ་གསུམ་གྱི་ནང་རྟེན་དུ་དབུལ་གྱི་གདུང་ཁང་དང་། གསེར་འབུམ་གཡུ་

ཐྲ་ཅན། ཕྱི་རྟེན་དུ་མཆོད་རྟེན་གསུམ་བཞེངས། དེ་རྣམས་ཀྱི་རྩིག་འཕྲེང་རེ་རེ་ལ་རབ་ཏུ་གནས་པ་ལན་རེ་རེ་མཛད་ཅིང་སློབ་དཔོན་ནཱ་ག་བོ་དྷིས་ཀྱང་དེ་བཞིན་དུ་མཛད་པས་བྱིན་རླབས་ཤིན་ཏུ་ཆེ་བ་ལགས། བྲ་ཡུལ་བས་སྤྱན་སྔ་ལ། སློབ་དཔོན་ནཱ་ག་བོ་དྷི་ཞལ་གཟིགས་ཟེར་བ་མང་དམ་ཞུས་པས། ཨ་ནམ་བཙུན་ཆུང་འདྲ་འདྲེར་བཙུག་པའི་ཆོས་མི་འདྲི་བར། འདི་ར་མ་བཙུག་པའི་དེ་འདྲ་བས་ཅི་བྱ་གསུངས་ནས་མ་གནང་། ཡང་ཞུས་(༢༩ ༢བ)པས་ངས་སློབ་དཔོན་ནཱ་ག་བོ་དྷིའི་ཞལ་མཐོང་ཆོས་ཐོས་ཁྱོད་རང་ཡང་གསོལ་བ་ཐོབ་དང་བྱིན་གྱིས་རློབ་པ་ཡིན་གྱི་གསུང་། སྔོན་ར་སྒྲེང་དུ་བྱོན་པ་ཅིག་ལ་ཕ་བོང་ཐང་ན་ཡར་སློབ་དཔོན་ནཱ་ག་བོ་དྷི་དགེ་བཤེས་སྟོན་པའི་རྣམ་པར་བྱས་ནས་བཞུགས་པ་ཞལ་གཟིགས། དེ་ནས་གར་བཞུད་ཆ་མེད་པར་བཞུད། ང་རང་དད་གུས་ཆུང་བས་ལན་སྐམ་ནས་གསོལ་བ་ཤུགས་དྲག་བཏབ་པས་དངོས་སུ་བྱོན་ནས་བྱིན་གྱིས་བརླབས། ཆོས་བཞི་ཚན་བཞི་ལ་སོགས་པ་གདམས་པ་དང་རྗེས་སུ་བསྟན་པ་མང་དུ་སྩལ་ལོ། །

དེ་ནས་དགེ་བཤེས་སྤྱན་སྔ་བས་སྒྱུག་རུམ་དུ་བྱོན་ཏེ་ཕ་བོང་དཀར་ལེབ་བྱ་བའི་སྟེང་ནས་བྲ་ཡུལ་གྱི་རྒྱབ་རི་གཟིགས་པས། རི་དེ་རྒྱལ་བའི་གཙུག་ཏོར་འདྲ། །ཡན་ལག་བརྒྱད་ལྡན་ཆུ་བོ་འབབ། །དེ་ཡི་ཤར་ལྷོའི་ཕྱོགས་མཚམས་ན། །ཆོ་དང་ལྡན་པའི་དགོན་གནས་ཡོད། །རི་བྲ་ཡུལ་ཡུལ་བ་ཕ་གིའི་ཐད་དུ་གཙུག་ལག་ཁང་བཞེངས་ནས་སེམས་ཅན་ལ་ཕན་པ་རྒྱ་ཆེན་པོ་གྱིས་ཞེས་ལུང་བསྟན། དེར་ཞབས་རྗེས་ཀྱང་བྱོན། དེ་ནས་ཅུང་ཟད་བསྐྱེལ་བའི་དུས་ཤིག་རྣལ་འབྱོར་པ་ཆེན་པོ་གར་གཤེགས་གསུངས། དེ་ནི་རྣལ་འབྱོར་པ་ཆེན་པོ་དང་མཇལ་བར་དེས། ཡང་ལན་ཅིག་ཉི་མ་ཤར་ཨང་གསུང་། ལན་ཅིག་འཁོར་ལོ་འཁོར་ཨང་གསུང་། ཅི་ལགས་ཞུས་པས། འཇམ་དཔལ་བརྟན་པའི་འཁོར་ལོ་གསུང་། ད་སྔར་མ་མྱོང་པའི་བདེ་བ་ཅིག་མྱོང་བར་སྣང་གསུང་།

དེ་ནས་དགུང་ལོ་བདུན་ཙུ་དོན་གཅིག་པ་ཆུ་མོ་ལུག་གི་སྨལ་པོ་ཟླ་བའི་ཚེས་ཉི་ཤུ་གཅིག་ལ་ཞི་བར་གཤེགས། དེ་ནས་ལོ་པའི་(༢༨༣ན)སྐྱེ་པ་རྣམས་ཀྱིས་སྤྱུར་བཀྲུས་ནས་གདན་འདྲེན་རྩིས་བྱས་པ་ལ་གདན་འདྲེན་མ་ཐུབ་པར་གཙང་ཁ་དེར་ཞུགས་ལ་ཞེན། དེའི་ཚེ་སྤྱན་སྔའི་ཐུགས་ནམ་མཁའ་ལ་བྱོན་ཏེ་བྱ་ཡུལ་བ་ཆེན་པོ་སྒྲུག་རུམ་གྱི་གདོང་དེ་ན་གསོལ་བ་འདེབས་ཀྱིན་བཞུགས་པའི་པང་དུ་བྱུང་བས་ཐུགས་ཀྱི་གཏོད་ས་ང་རང་ཡིན་སྙམ་དུ་དགོངས་པ་བྱུང་གསུངས།

དེ་ལྟར་སེམས་དཔའ་ཆེན་པོ་སྤྱན་སྔ་པ་འདིས་རྒྱལ་བའི་བསྟན་པ་ལ་བྱ་བ་རྒྱ་ཆེར་མཛད་དེ་དགེ་འདུན་གྱི་སྡེ་མང་དུ་བཙུགས། སྐུ་གསུང་ཐུགས་ཀྱི་རྟེན་མཐའ་ཡས་པ་བཞེངས། སྐལ་བ་དང་ལྡན་པ་མཐའ་ཡས་པ་ལ་ལམ་གྱི་རིམ་པའི་ཁྲིད་གནང་སྟེ་ཚོགས་པ་བདུན་བརྒྱ་ཙམ་འདུས་པས་བསྟན་པ་འཛིན་པའི་སློབ་མ་མང་དུ་བྱུང་ཞིང་ཐམས་ཅད་ཀྱི་ནང་ནས་འགྲན་ཟླ་མེད་པའི་ཐུགས་སྲས་ནི་བྱ་ཡུལ་པ་ཆེན་པོ། སྟོད་ལུང་པ་ཆེན་པོ། སྒྲུག་རུམ་པ་ཆེན་པོ་གསུམ་སྟེ་འདི་གསུམ་ལ་སྤྱན་སྔའི་སློབ་མ་འགྲན་གྱི་ཪྡོ་མེད་གསུམ་ཞེས་གྲགས་སོ། །བྱ་ཡུལ་བ་ཆེན་པོའི་རྣམ་ཐར་ནི་འཆད་པར་འགྱུར་ལ། སྟོད་ལུང་པ་ཆེན་པོ་རིན་ཆེན་སྙིང་པོ་ནི། གསེར་ཕྱུག་ལྟུང་མ་ཅན་དུ་ཆུ་ཕོ་སྤྲེའུ་ལ་སྐུ་འཁྲུངས། དེ་ཕྲོག་ཏུ་ཁྲུང་པོ་ཇོ་བསོད་ལས་རབ་ཏུ་བྱུང་། དེ་ནས་གཞོན་ནུ་ནས་གཙང་དུ་བྱོན་ནས། བླ་མ་སེང་གེ་སྒྲ་གཅན་འཛིན་བཟང་པོ། པཎྜི་ཏ་འབུམ་ཕྲག་གསུམ་པ་ལ་སོགས་པ་མཁས་པ་མང་པོ་ལ་མདོ་སྔགས་ཀྱི་གསན་སྦྱོང་རྒྱ་ཆེར་མཛད། རྩོད་པ་ཡང་བཟང་། དེ་ནས་སྟོད་ལུང་ཐག་མར་དབུས་གཙང་གི་སྟོན་ཆེན་ཐམས་ཅད་འཚོགས་ནས་ཆོས་ཀྱི་(༢༨༣བ)བགྲོ་གླེང་འབབ་ཞིག་མཛད་པས་ཁོང་གིས་ཀུང་གྲྭ་སྐོར་ལ་བྱོན། །རྩོད་པ་མཛད་པས། གློག་སྐྱ་གཙོ་རྐན་བྱ་བས་ཉན་ནས། ཁོ་ན་རེ་བོད་དབུས་གཙང་གི་སྟོན་ཆེན་འདི་ཙམ་ཞིག་ཉིན་རེ་བཞིན་འཚོགས་ནས་མར་འཁོར་བ

སྒྲོང་ལུགས། ཡར་ཐར་པ་སྒྲུབ་ལུགས་ཀྱི་ཆོས་ཚིག་བཞི་པ་གཅིག་མེད་པར་གླུད་པ་གསུམ་གསུམ་བ་ལང་དཀར་ཟལ་ལ་འཆི་བ་འདི་བྱུར་རེ་ཆེ་ཟེར་བ་སྟོད་ལུང་རིན་ཆེན་སྙིང་པོས་གསན་པས། ཁོང་ཀྱང་དེ་ཙམ་ཞིག་གོ་འདུག་ནས། ང་རྒྱ་གར་དུ་ཆོས་འཚོལ་བ་ལ་འགྲོ་དགོངས་ནས་བྱོན་པ་དང་། མཁའ་རུ་བའི་གྲྭ་པ་དགེ་སློང་སྣམ་སྦྱར་ཕྲག་པར་བཞག་པ་ཚུལ་ཁྲིམས་ཀྱི་དྲི་བྲོ་བ་ཞིག་དང་མཇལ་ཏེ། ཆོ་འདི་ཡུན་ཐུང་ཤེས་བྱའི་རྣམ་པ་མང་། །ཚེ་ཡི་ཚད་ཀྱང་ཇི་ཙམ་མི་ཤེས་པས། །ངང་པས་ཆུ་ལས་འོ་མ་ལེན་པ་ལྟར། །རང་གི་འདོད་པ་དང་དུ་བླང་བར་བྱ། །ཞེས་གསུངས། དེ་སྐུས་མཇེད་བྱས་པས་ཇོ་བོའི་གསུང་ཡིན་ཟེར། གང་ནས་བྱོན་བྱས་པས། མཁའ་རུ་དགོན་པ་ནས་འོང་ཟེར། དེ་ནས་མཁའ་རུ་བའི་དྲུང་དུ་བྱོན་ཏེ་སྐྱབས་འགྲོའི་ཆོས་སྐོར་གསུང་བ་གསན། མཁའ་རུ་བས་ལུང་བསྟན་ནས་ར་སྒྲེང་དུ་རྣལ་འབྱོར་པ་ཆེན་པོའི་སྤྱན་སྔར་བྱོན། ལྟ་བའི་དྲི་བ་མང་པོ་མཛད་པས། སྔོན་དུ་ཐབས་གོམས་པས་རྒྱུད་སྨིན་དགོས་པ་ཡིན་གསུངས་ནས། ཐོག་མར་སྐྱབས་འགྲོ་དང་། བྱམས་སྙིང་རྗེ་ནས་རིམ་གྱིས་ཁྲིད་དེ་ཆོས་མང་དུ་གསན། ལོ་བཅུ་གཅིག་ལོན་དུས་ཇོ་བོ་བོད་དུ་ཕེབས་པ་ལ་ཤམ་ཐབས་ཁྲལ་ཀྱང་འཛལ་བར་སྣང་། སྟོད་ལུང་པ་ཆེན་པོས་ར་སྒྲེང་དུ་རྣལ་(༢༩༨ན)འབྱོར་པ་ཆེན་པོའི་སྤྱན་སྔར་བྱོན་པའི་དུས། རྗེན་དགེ་སློང་ཡིན་པ་དང་མི་ཆེ་བའི་དོན་གྱིས་བྲང་ཁང་དེ་རྙེད་པ་དཀའ་ཙམ་ཞིག་བྱུང་བ་ལ། རྣལ་འབྱོར་པ་ཆེན་པོས་སྒྲོལ་སྒོམ་གཞོན་ནུ་སྨོན་ལམ་བྱ་བ་ལ་གནས་ཁང་ལེགས་པོ་ཞིག་ཡོད་དེ། ཁོ་ཁྱོད་ལ་ཉམ་ང་ཟེར་བ་གདའ་གསུངས་པས། སྟོད་ལུང་པས་སྒྲོལ་སྒོམ་གཞོན་ནུ་སྨོན་ལམ་གྱི་སྒོ་གང་ཡིན་དྲིས་ཏེ་ནང་དུ་ཙངས་ཀྱིས་བྱོན་ནས། སྒྲོལ་སྒོམ་ཁྱོད་ང་ལ་ཉམ་ང་ཟེར་བ་ཉམ་ང་མི་དགོས། །ཆུ་ཡང་ང་རང་གིས་ལེན། ཡོས་ཀྱང་ང་རང་གིས་འཐག །ཕྱེ་སྐྱོ་ཡང་ང་རང་གིས་བསྐོལ། ངའི་མལ་དེ་འདི་ཁོ་ནར་འོས་པ་སྣང་གསུང་ནས་ས་གཅིག་ཏུ་གཟིམ་མལ་མཛད། དེར་སྒྲོལ

སྒོམ་དད་པ་བཅོས་མིན་སྐྱེས་ནས་སློབ་མར་གྱུར། ལན་ཅིག་རྣལ་འབྱོར་པའི་སྐུ་མདུན་དུ་བྱོན་ཞེར་བ་བྱུང་བས། དེར་བྱོན་ཙ་ན་སྟན་མཐོན་པོ་ཞིག་བཤམས་འདུག་པ་ལ། རྣལ་འབྱོར་པས་ཇོ་བོ་སྟོན་པ་སྟན་ལ་གཤེགས་གསུངས་པས། བདག་འདི་ལ་མི་མཆི་ཞུས་པས། རྣལ་འབྱོར་པའི་ཞལ་ནས། ཇོ་བོ་སྟོན་པ་ད་དུང་མཚན་ཉིད་པའི་སྐྱ་དྲི་མ་སངས་པར་འདུག་གསུང་བས། ཁོང་གི་ཐུགས་ལ་ངས་འདིར་ཐིམ་གྱིས་སོང་ན་རུང་བ་ལ་དགོངས་པ་བྱུང་གསུང་། རྣལ་འབྱོར་པ་ལོ་བརྒྱད་དང་། དགོན་པ་བ་ལོ་ལྔ་ བསྙེན་ པར་གདའ། དེ་དུས་སྤྱན་སྔ་སྐུ་མཚམས་ལ་བཞུགས་པས་སྤྱན་སྔ་ལ་དད་པ་འཁྲུངས་ཏེ་རྣལ་འབྱོར་པས་ཇོ་ཆེན་མཛད་ནས་ཆོས་ཐུན་བཞི་ཚན་གཅིག་ཐོག་མར་གསན། (༢༥༨བ) རྣལ་འབྱོར་པ་སྐུ་གཤེགས་ནས་སྤྱན་སྔ་ལ་བརྟེན། གསེར་སྲང་བརྒྱད་བརྒྱ་འབུལ་བའི་དམ་བཅའ་མཛད་པ་ལ། ཕྱེད་དང་དྲུག་བརྒྱ་ཕྱག་ཏུ་ཐོངས་དུས་སྤྱན་སྔ་སྐུ་གཤེགས་པས། ཕྱེད་དང་སུམ་བརྒྱས་དགོངས་པ་རྫོགས་པའི་དོན་དུ་སྟོད་ལུང་བཙན་གྲོ་དགོན་པ་གཙུག་ལག་ཁང་དང་བཅས་པ་དགུང་ལོ་བདུན་ཅུ་རྩ་གཉིས་པ་ཆུ་མོ་ལུག་ལ་བཞེངས། སྐུ་གསུང་ཐུགས་ཀྱི་རྟེན་སྔ་ཕྱིར་དཔག་ཏུ་མེད་པ་བཞེངས་པའི་གྲགས་ཆེ་བ། རབ་གནས་ཀྱི་དུས་སྤྱན་སྔ་ལ་ཆོས་གསུངས་པའི་འཇམ་དཔལ་དབང་པོའི་སྐུ་ལ་སོགས་པ་རྒྱུད་སྤྲུངས་མ་བདུན་དང་། རྣལ་འབྱོར་པས་རབ་གནས་མཛད་པ་པོ་ཏིའི་གསུང་འབྱོན། མཁའ་རུའི་ལྷང་སྐྱུས། བཙན་གྲོའི་རྒྱ་ཁོལ་ཞེས་རྟེན་རྟགས་ཐོན་གསུམ་དུ་གྲགས་པའི་རྒྱ་ཁོལ་ཐུབ་པ་སོགས་མང་དུ་བཞེངས། ཁོང་གི་ཞལ་ནས། སྟོད་ལུང་པའི་བར་དེ་ལ་ཆོས་སྟོན་དྲངས་པ་བས། ལོ་པའི་ཁྲི་ལ་ཟན་བྱིན་པ་བསོད་ནམས་ཆེ་ཞེས་གསུངས་ཏེ། ཕྱོགས་བཅུའི་སངས་རྒྱས་ཐམས་ཅད་མཆོད་པ་བས་བླ་མའི་བ་སྤུའི་བུ་ག་གཅིག་མཆོད་པ་ཕན་ཡོན་ཆེ་བ་གསང་བ་འདུས་པའི་རྒྱུད་སོགས་རྒྱུད་དང་གྲུབ་ཆེན་གྱི་གཞུང་མང་པོ་ལས་འབྱུང་བ་དང་། བྱང་ཆུབ་ལམ་གྱི་རིམ་པའི་རྩ་བ་བཤེས་གཉེན་བསྟེན་ཚུལ་ལ་

ཐུག་པས་འདིའི་ཐད་ནས་རྟེན་འབྲེལ་གྱི་སྒོ་མ་འཕྱུགས་པ་ཞིག་དགོས་ཞེས་འདོམས་པའོ། །

དེ་ལྟར་སྟོད་ལུང་པ་ཆེན་པོས་སྤྱན་སྔ་ལོ་བདུན་བསྟེན་ནས་མཉེས་པ་གསུམ(༢༨༥ན)གྱིས་མཉེས་པར་མཛད། སྤྱན་དང་མངོན་པར་ཤེས་པ་མངའ། ཡི་དམ་མང་པོའི་ཞལ་གཟིགས། བདེན་གཉིས་ཀྱི་རྟོགས་པ་ཐུགས་ལ་འཁྲུངས། འགྲོ་བའི་དོན་རྒྱ་ཆེན་པོ་མཛད་དེ་དགུང་ལོ་བརྒྱད་ཅུ་རྩ་ལྔ་པ་མེ་ཕོ་སྤྲེའུའི་ལོ་མངོན་པར་བྱང་ཆུབ་པའི་ཟླ་བའི་ཚེས་བརྒྱད་ལ་ལམ་དགོན་དུ་སྐུ་གཤེགས་སོ། །སྤྱན་སྔའི་སློབ་མ་སླུག་རུམ་པ་ཆེན་པོ་ནི། སྤྱན་སྔའི་ཞབས་ལ་བསྟེན་ནས་གདམས་པ་མང་དུ་གསན། གླུངས་ཤོད་མདར་སླུག་རུམ་གྱི་དགོན་པ་བཏབ། ཕྱིས་སྤྱན་སྔ་ཕེབས་ནས་གནས་དེ་རྡོ་རྗེ་གདན་དུ་བྱིན་གྱིས་རློབ་པར་མཛད། རྗེ་སྒམ་པོ་པས་ཀྱང་བླ་མ་འདིའི་ཞབས་ལ་བཏུགས་ཏེ་བཀའ་གདམས་ལམ་རིམ་གསན་ནས་སྐལ་བ་དང་ལྡན་པ་མཐའ་ཡས་པ་ལ་འདོམས་པར་མཛད་དོ། །

དགེ་བཤེས་སླུག་རུམ་པ་འདི་ནི་དུས་སྐབས་ཀུན་ཏུ་རང་གི་རྒྱུད་ལ་བརྟགས་ནས་རང་རྒྱུད་འདུལ་བ་གཙོ་བོར་མཛད་དེ་ཡི་དམ་ལྷའི་བསྙེན་པ་བྱེད་པའི་ཚེ་ཡང་རང་གི་ཉོན་མོངས་འདུལ་བའི་ཐབས་ཁོ་ནར་མཛད་དེ་སླུག་རུམ་པའི་ཞལ་ནས། ཉོན་མོངས་པ་ལྷག་གིས་བྱུང་ཙ་ན་ལེ་ལོ་མི་བྱ་བར་མོད་ལ་གཉེན་པོས་བཟློག །མ་ནུས་ན་ལང་ལ་མཎྜལ་དང་མཆོད་པ་བཤམས་བླ་མ་དང་ཡི་དམ་ལ་ཕྱུལ་ལ་གསོལ་བ་གདབ། དེ་ལ་དམིགས་ནས་ཁྲོ་བོའི་བཟླས་པ་བྱས་པས་ཉལ་གྱིས་འགྲོ་གསུང་ངོ་། །

དེས་ན་བྱང་ཆུབ་ལམ་གྱི་རིམ་པ་ལ་བློ་སྦྱོང་བར་འདོད་པ་རྣམས་ཀྱིས་བཀའ་གདམས་སྐུ་མཆེད་གསུམ་གྱི་ནང་ནས་སྐུ་ན་གཞོན་པ་འབྲོམ་ཆོས་ཀྱི་རྒྱལ་པོའི་(༢༨༥བ)གསང་བའི་མཛོད་འཛིན་པ་སྤྱན་སྔ་བ་ཆེན་པོ་ལ་གསོལ་བ་འདེབས་ཤིང་བདག་ཉིད་

ཆེན་པོ་འདིའི་རྣམ་ཐར་ལྷར་དལ་འབྱོར་རྙེད་པར་དཀའ་བ་དང་། ཚེ་ལ་ལོང་མེད་པའི་ཚུལ་ཡང་ཡང་བསམས་ལ་སྒྲུབ་པ་ལ་ནང་ནས་བསྐུལ་ཏེ་བྱང་ཆུབ་ལམ་གྱི་རིམ་པ་སྒོམ་པ་ལ་བརྩོན་པ་ཆུ་བོའི་རྒྱུན་བཞིན་བྱའོ།། །།

བྱ་ཡུལ་པ་གཞོན་ནུ་འོད་ཀྱི་རྣམ་ཐར།

བཤེས་གཉེན་ཚུལ་བཞིན་བསྟེན་མཛད་གཞོན་ནུ་འོད། །ཅེས་བསྟགས་པ། དགེ་བའི་བཤེས་གཉེན་བྱ་ཡུལ་པ་ཆེན་པོ་ནི། སྟོད་ལུང་གོལ་གོ་ལུང་དུ་ཡབ་གཡུང་དྲུང་འབར་དང་། ཡུམ་སྟོད་ལུང་པའི་ལྕམ་མོ་གྱི་ལྔང་བཟའ་ལྕམ་བུ་གཉིས་ཀྱི་སྲས་སུ་ཤིང་མོ་ཡོས་ལ་འཁྲུངས། མཚན་འབུམ་རྟག་ཅེས་བཏགས། སྔོན་ཡུན་རིང་པོ་ནས་ལམ་ལ་སྦྱངས་པའི་བག་ཆགས་སད་པས་བྱིས་པའི་སྤྱོད་ཚུལ་རྒྱང་བསྲིངས་ཏེ་དམ་པའི་ཆོས་འཚོལ་བ་ལྷུར་མཛད་པ་ཞིག་ཡོད་པ་ལས། དགུང་ལོ་བདུན་པ་ལ་སྟོད་ལུང་པ་ཆེན་པོ་དང་མཇལ། དགེ་བའི་བཤེས་གཉེན་བསྟེན་ཚུལ་ཁྱད་པར་དུ་འཕགས་པ་ཞིག་ཡོད་པས་སྟོད་ལུང་པ་ཆེན་པོ་ཤིན་ཏུ་མཉེས་ནས་ཆོས་ཅི་རིགས་གནང་།

དེ་ནས་དགུང་ལོ་བཅུ་གཉིས་པ་ལ་ཚ་ཐོག་དགོན་པར་རྣལ་འབྱོར་པའི་སློབ་མ་སྒོམ་པ་བྱང་གྲགས་ཀྱིས་མཁན་པོ་དང་། སྤྱན་སྔའི་སློབ་མ་ཡེ་ཤེས་རྒྱལ་མཚན་གྱིས་སློབ་དཔོན་མཛད་ནས་རབ་ཏུ་བྱུང་། མཚན་གཞོན་ནུ་འོད་དུ་བཏགས། བཅུ་གསུམ་པ་ལ་གོལ་གོ་ལུང་གི་གཉེར་ལོ་གཅིག་མཛད། བཅུ་བཞི་པ་ལ་ཡུམ་འདའ་ལ་ཁད་པའི་སར་བྱོན་ནས་སྐྱབས་འགྲོ་དང་སེམས་བསྐྱེད་འབོགས་(༢༩༨ན)པར་མཛད། ཡུམ་གྲོངས་པ་གཟིགས་པས་རྐྱེན་བྱས་སྲིད་པ་མཐའ་དག་ལ་ཞེན་པ་ལོག་སྟེ་ཐུགས་ལ་སྐྱོ་ཤས་ཆེན་པོ་སྐྱེས་ནས་སྟོད་ལུང་པ་མལ་གྲོ་ཟར་ན་བཞུགས་པའི་སར་དགུང་ལོ་བཅུ

དྲུག་ལ་བྱོན། བསླབ་བཏུས་སྤྱོད་འཇུག་ལ་སོགས་པའི་ལམ་གྱི་རིམ་པའི་མན་ངག་གི་གཞུང་རྣམས་ལེགས་པར་གསན་ནས་ཐུགས་ལ་ངེས་པར་མཛད། དགེ་བའི་བཤེས་གཉེན་སྟོད་ལུང་པ་ཆེན་པོ་བསམ་སྦྱོར་གཉིས་ཀྱིས་ཚུལ་བཞིན་དུ་བསྟེན་ཏེ་ཞབས་ཏོག་ལོ་ལྔ་ཙམ་ཞིག་མཛད། ལན་ཅིག་སྤྱན་སྔ་ཕྱོར་པ་ན་བཞུགས་པའི་སར། སྟོད་ལུང་པ་དཔོན་སློབ་གཉིས་ཀྱིས་མཇལ་དུ་བྱོན་པས། སྤྱན་སྔའི་མདོན་པར་ཤེས་པས་གཟིགས་ནས། ཇོ་བོ་སྟོན་པ་རེ་སྐྱིད་ན་འཁོར་འདི་ལྟ་བུ་ཡོད་པ་ཞེས་ཡང་ཡང་གསུང་བས། དགེ་བའི་བཤེས་གཉེན་བཞེད་ན་འབུལ་ཞུས་པས། ཇོ་བོ་སྟོན་པས་ཅང་འབུལ་ཡོད་དམ་གསུང་བས། མཉེས་པར་བྱུང་སྙམ་ནས། དར་ཡུག་གཅིག་བདགས་ནས་ཕུལ་བས་ལོ་གཅིག་སོང་བ་ན་ཇོ་བོ་སྟོན་པ་རང་ལ་དགོས་གསུངས་ནས། ན་བཟའ་ཕྲུག་ཅིག་བསྔོན་ནས་སྟོད་ལུང་པའི་སར་བཏང་། དེ་ཙན་སྟོད་ལུང་པའི་ཞལ་ནས། ངའི་དགེ་བའི་བཤེས་གཉེན་མ་མཉེས་པར་བྱས་ཨང་གསུང་། མ་མཉེས་པར་མ་བགྱིས། སྟོན་པ་རང་ལ་དགོས་རྒྱུག་གསུང་བས་འོངས་པ་ལགས་ཞུས་པས། འདི་ཅི་ཟེར་བ་ཡིན། ངས་ཁྱོད་ཕུལ་ཟིན་པ་ཡིན་པས་དོ་ནུབ་ལས་མ་སྡོད་པར་རྒྱུག་ཅིག་གསུང་། སྔར་བཀྱོན་པས་འཚེར་བ་ལ་ད་རེས་ལས(༢༩༨བ)དགའ་བ་ཅིག་མ་བྱུང་གསུང་། དེ་ནས་སྤྱན་སྔའི་སྐུ་མདུན་དུ་བྱོན་པས་སྤྱན་སྔའི་ཞལ་ནས། ང་ཅག་ཕ་བུ་གཉིས་ད་གདོད་སྐྱིད་གཅིག་བྱའོ་གསུང་། ལོ་དགུའི་བར་དུ་ཞབས་ཏོག་ཚུལ་བཞིན་དུ་མཛད་པས། སྤྱན་སྔ་མཉེས་པའི་གསུང་མང་པོའང་བྱོན། མཚན་མོ་མཉལ་བྱས་ནས་གསོལ་བ་བཏབ་པས། སྤྱན་སྔའི་ཕྱུག་ན་རིང་བསྲེལ་མང་དུ་ཡོད་པ་འཕེལ། སྤྱན་སྔའི་ཞལ་ནས། ཁྱོད་ཁོ་ན་ཚེ་རབས་སུ་སྐྱིད་ཅིག་གསུང་། པོ་ཏོ་བའི་ཞལ་ནས། ཁྱེད་རྣམ་པ་ལས་དགའ་བ་ཅིག་སླད་མ་གི་ན་ལི་མོའི་བུ་ལ་ཉེ་གནས་ཤིག་ཡོད་ཀྱི། ཁྱོད་དེ་ར་སོང་ལ་ལྟོས་དང་མ་ཐའང་ཁོང་འཛུམ་པ་ཅིག་བྱས་ནས་གཏོང་གི་གསུང་། སྤྱན་སྔའི་གསུང་ནས། ཁྱོད་ཀྱི་ཤེས་རབ་

འདིས་ལྷ་ས་སྐེ་ཐང་ཕྱོགས་ཤིང་ཐོགས་པ་ཅིག་བྱུས་ན་འོང་གསུང་། ཡང་ཁྱོད་ནི་ཐར་ཟིན་གྱི་ང་མ་འཛོག་ཅིག་གསུང་། སྤྱན་སྔ་ཤིན་ཏུ་མཉེས་པས། ཁོང་བཙུན་ཆུང་བྱུང་ཙ་ན། རེད་རྒྱན་པོ་ཀུན་ཁྱི་དང་འདྲ་ཟེར་ནས་ཕྲག་དོག་བྱེད་པ་ཡང་བྱུང་། ལན་ཅིག་སྟོད་ལུང་པས་སྤྱན་སྔ་མཇལ་དུ་བྱོན་ཙ་ན། བཙུན་ཆུང་འདི་ཅི་འདྲ་ཞུས་པས། ཁོ་སློར་སོང་ནས་བཤད་གསུངས་ནས་བྱ་ཡུལ་བ་སློར་བཞུད་པ་དང་བཙུན་ཆུང་འདིའི་དབང་དུ་བྱས་ན། དད་པ་ང་བས་ཆེ། ཤེས་རབ་ང་བས་ཆེ། བརྩོན་འགྲུས་ང་བས་ཆེ། སྙིང་རྗེ་ང་བས་ཆེ། ནམ་མཁའ་ལ་མདུང་བསྐོར་གསུང་། ཆོས་གསུང་ཚད་ཐམས་ཅད་ཀྱི་རྩར་འཛོག ། ལན་ཅིག་ཉན་ཕུའི་དགོན་པར་མང་ར་དང་བྱ་ཡུལ་བ་གཉིས་ལ་དབང་སྐབས་ཤིག་ཏུ་མཛད། སྤྱན་སྔས་རབ་གནས་ཀྱི་ཆོ་ག་རྣལ་མར་(༡༩༧ན)བསླབས་པ་དགེ་བཤེས་ཀོར་ཆེན་པོ་དང་། མང་ར་སྒོམ་པ་གཉིས་ཡིན། སྨུག་རུམ་ན་བཞུགས་དུས། ཁྱོད་ལ་དགོས་གསུང་ནས་རབ་ཏུ་གནས་པའི་ཆོ་ག་རྒྱས་པ་རྣལ་མ་ཅིག་བྱ་ཡུལ་བ་ལ་གདོང་པ་བསླབས་པ་ཡིན་གསུང་། ཡང་སྤྱན་སྔའི་ཞལ་ནས། བྱ་ཡུལ་བ་ལ་ཁྱོད་སྙིང་པ་པོ་ཞིག་འོང་སྙམ་ཙ་ན། རློགས་སྨྲིད་པ་ཅིག་འོང་བར་འདུག་གསུང་། ཉུབ་ཅིག་གི་རྨི་ལམ་ན་འབུམ་པ་ཅིག་ལ་མེ་ལོང་མང་པོ་བཀབ་པ་ཅིག་རྨིས་ཞུས་པས། ཁྱོད་ཁ་ན་རེ་སྨྲུག ། རྟག་ཏུ་མི་ངོ་ཞི་ཆེ་ལྷ་དགོས་བྱ་བའི་རྟགས་ཡིན་གསུང་བ་ལ། དེ་ཐུགས་མེད་པར་གདའ། དགེ་བའི་བཤེས་གཉེན་གྱི་ཞབས་ཏོག་བྱེད་ཙ་ན། གྲྭ་པ་དེ་ཙམ་ཞིག་གི་ངོ་ལྷ་དགོས་པ་བྱུང་། ད་ལྷ་འདི་ཙམ་ཞིག་གི་ངོ་ལྷ་དགོས་བྱུང་གསུང་། མི་གཞན་གྱི་བསམ་པ་ལ། སྤྱན་སྔའི་ཞབས་ཏོག་ཁོ་ན་ལ་འཁོལ་བས་ཆོས་ཤེས་པ་ཅང་འོང་ངམ་སྙམ་ནས་དེ་སྐད་ཟེར་བ་ལ། ངའི་རྣ་བའི་ལམ་དུ་བྱུང་བས་ཆོག་པ་ཡིན་གསུང་། ནངས་ཅིག་ཐལ་པ་འབོད་དུ་བྱོན་པས། སྐས་གདང་གསུམ་པའི་ཁར་ཐེབས་པའི་ཚེ། བཀའ་སྡེ་སྣོད་ཀྱི་དོན་མ་ལུས་པར་ཐུགས་ལ་ལམ་གྱིས་ཤར། ཉིང་ངེ་འཛིན་གྱི་ངང་དུ་ཁྱུར་གྱིས་འགྲོ་བ་

ཞིག་བྱུང་བས་བླ་མའི་ཞབས་ཏོག་ལ་ཡིད་ཆེས་ཏེ། སྐྱིད་སྨད་པའི་དགེ་བཤེས་འདི་རྣམས་བླ་མའི་ཞབས་ཏོག་ལ་མི་འབད་པར་ཐོས་པ་ཁོ་ན་ལ་འབད་པ་འདི་ནོར་བ་ཡིན་གསུང་། ལན་ཅིག་སྤྱན་སྔའི་ཞལ་ནས། ཁྱོད་ཀྱིས་ཆ་བ་དེར་ཅི་བཏབ་བམ། མདང་ད་ནང་ཤེད་ཨེན་རེ་སྐྱེས་གསུང་། ཟླ་བ་(༡༩༧བ)གཅིག་ལ་ན་བཟའ་དྲོད་མ་རང་ཡང་བཅུ་གསུམ་ཕུལ་གསུང་། ངས་རིན་པོ་ཆེ་དེ་རྫས་ཡོ་བྱད་དད་པ་ཤེས་རབ་ཀྱིས་མཉེས་པ་མ་ལགས་ཏེ། ལུས་ལ་ནོ་ཤ་ཡོད་པས་ཤ་ཁྲག་ལྷུ་བར་སོང་སོང་དུ་འབྱུངས་པ་ཡིན། ད་ལྷ་མཁས་བཙུན་སྟོན་སློམ་ཐམས་ཅད་འདུས་པ་འདི་ཡང་དགེ་བཤེས་དེ་མཉེས་པར་བྱས་པ་ལས་བྱུང་བ་ཡིན་གསུང་། ལན་ཅིག་ཡུལ་དུ་བྱོན་ནས་ཐུགས་རྩོལ་མཛད་པས་གསེར་སྲང་བཅུ་གཉིས་རྙེད། སྟོད་ལུང་པས་བརྒྱུད་གནང་བྱུང་བས་གསེར་སྲང་ཉི་ཤུའི་འབུལ་བ་མཛད། སྤྱན་སྔ་འདའ་ཁར་མ་འོངས་པ་ན་ཐུགས་ལ་གདགས་པར་ཞུ་ཞུས་པས། སྤྱན་སྔའི་ཞལ་ནས། རྗེ་སྲིད་ཆོས་ཀྱི་སྐུ་ཞིག་ཏུ་མ་གྱུར་གྱི་བར་དུ་འུ་ཅག་གཉིས་ཕ་སྤད་བྱེད་པ་ཡིན་མོད་གསུང་སྐྱེ་ང་དེ་ལ་རེ་བ་ཡིན་གསུང་། སྤྱན་སྔ་གཤེགས་རྗེང་ཕུ་ཆུང་བ་དང་། པོ་ཏོ་བའི་སར་གསེར་སྲང་རེའི་འབུལ་བ་བསྐུལ། པོ་ཏོ་བའི་ཞལ་ནས། ངའི་འདིར་སྟོད་ཁང་པ་ཡང་རྩིག །བརྒྱུགས་ཀྱང་ངས་སྤྱར་ཏེ་སློམ་དུ་གཞུག་གི་གསུང་བ་ལ། སྟོད་ལུང་པས་བསྐྱོན་གྱི་དོགས་ནས་མ་བཞུགས་གསུང་། ཕུ་ཆུང་དུ་བྱོན་དུས་རྗོ་བོ་མི་གཡོ་བའི་ཞལ་གཟིགས། སྤྱན་སྔའི་ཐུགས་དམ་ཡིན་པས་མྱུ་ངན་སེལ་བ་ལ་བྱོན་པའི་ཞད་དུ་གདའ། ལན་ཅིག་མགོན་པོ་གྲི་གུག་ཐོད་པ་ཅན་གྱི་ཞལ་གཟིགས། ཐུགས་རྗེ་ཆེན་པོའི་རིགས་དཔག་ཏུ་མེད་པའི་ཞལ་གཟིགས། དེ་ནས་སངས་རྒྱས་དང་བྱང་ཆུབ་སེམས་དཔའ་དཔག་ཏུ་མེད་པའི་ཞལ་གཟིགས་གསུང་། ལན་ཅིག་བྲུལ་གྱིས་ར་བ་སྐོར་བར་བཞུགས་དུས་སྐྱོ་སངས་ལ་བྱོན་པས། སློབ་དཔོན་ནཱ་ག་(༡༩༨ན)བོ་དྷི་དང་ཞལ་མཇལ་ཞིང་ཆོས་གསུངས། དེ་ནས་ནང་དུ་བྱོན་ནས་མཆོད་པ་ཕུལ་གསོལ་བ་

བཏབ་པས། མཁའ་འགྲོ་མ་མང་པོ་གར་བྱེད་ཅིང་བྱུང་བ་ཞལ་གཟིགས་གསུང་། སྤྱན་སྔ་འདའ་ཁར་ཁྱོད་འཚོངས་བྱ་བ་ལན་གསུམ་གསུངས། ཁྱོད་མི་ཆོས་ཀྱི་ཡུལ་དུ་མ་འགྲོ །དགེ་སློང་མ་བྱེད་གསུང་བ་ལ། ཕྱིས་མང་ར་སྒོམ་པའི་ཞལ་ནས། བྱ་ཡུལ་བ་ལ་ཁྱོད་དགེ་སློང་བྱ་དགོས་གསུང་བས། སྤྱན་སྔ་ལ་གསོལ་བ་བཏབ་སྟེ་རྨི་ལམ་བརྟག་པར་མཛད་པས། གདུང་རྟེན་གཅིག་ལ་ལུགས་ལན་གཉིས་མི་དགོས་ཟྲ་བ་ཅིག་བྱུང་། དེར་མི་གནང་བ་ཡིན་སྙམ་ཡོད་ཙ་ན་དགེ་བཤེས་མང་རས་དབང་མ་བྱུང་བས། ཡང་དགེ་སློང་བྱེད་པར་གསོལ་བ་བཏབ་པས། སྙམ་སྐྱུར་རྒྱ་གར་མ་ཅིག་གནང་བ་རྨིས་ནས། དགེ་སློང་བྱེད་པར་གནང་བ་བྱུང་སྙམ་ནས་མཁན་པོ་འཆད་འུ་པས་མཛད། མང་རས་ལས་སློབ། རྒྱ་ཤེས་རབ་འབར་གྱིས་གསང་སྟེ་བ་མཛད་ནས་བསྙེན་པར་རྫོགས། དེ་ནས་གླང་རི་ཐང་པ་ལ་མདོ་རྩ་ཚར་གཅིག་གསན། རྒྱ་ཤེས་རབ་འབར་ལ་ཚར་གཉིས། སྟོད་ལུང་གི་སློབ་དཔོན་ཤེས་རབ་བླ་མ་ལ་ཚར་གཅིག་སྟེ་ཚར་བཞི་ཉན་གསུང་། གཞན་གྱིས་ཆོས་གསན་དུས་ན་ཟིན་བྲིས་མཛད་དམ་མ་མཛད་ཞུས་པས། ཟིན་བྲིས་འདྲ་བས་གར་ཡང་མི་ཕྱིན། ཆོས་ཐམས་ཅད་དུས་གཅིག་ལ་ལམ་གྱིས་ཤེས་དགོས་པ་ཡིན་གསུང་། སྤྱན་སྔའི་ཞབས་ཏོག་ལོ་དགུ་མཛད་དེ། རྟག་ཏུ་དུས་ཆོས་འཕགས་བསྙེན་པ་དང་། འཁོར་རིན་པོ་ཆེས་རྗེ་བོ་བསྙེན་པ་དང་མཚུངས་པར་ལམ་(༢༩༨བ)གྱི་རྩ་བ་བཤེས་གཉེན་བསྙེན་ཚུལ་ལ་རྒྱལ་བ་སྲས་བཅས་ཀུན་གྱིས་བསྔགས་འོས་སུ་གྱུར་པ་ཞིག་མཛད། དགུང་ལོ་ཉེ་ཤུ་རྩ་དགུའི་ཐོག་ཏུ་སྤྱན་སྔ་བ་སྐུ་གཤེགས། དེ་ནས་ལོ་བཞི་སྐུ་མཚམས་ལ་བཞུགས། ཚོགས་བསྡུས་པའི་སྔ་ཤོས་གཉེར་དུ་བྱིན་དར་མ་རྡུལ་སྤྱན་དྲངས་ཏེ་ཆོས་གསུངས། དེ་ནས་དགོན་པ་འདེབས་པར་དགོངས་པ་ལ། བྱ་ཡུལ་གྱི་ཤུལ་དེ་ན་སྔགས་བཙུན་བཟའ་མི་གཉིས་ཡོད་པས། དེ་གཉིས་ཀྱིས་གནས་དེ་ཞ་པ་ལ་ཕུལ། ཞ་པས་གླང་རི་ཐང་པ་ལ་ཕུལ། ཁོང་གིས་བརྟག་པ་མཛད་པས་དེ་

གཉན་པར་འདུག་གསུང་ནས་མ་བཞེས། སླར་ཞ་པས་བྱ་ཡུལ་བ་ལ་ཕྱུལ་བས་ཐུགས་དགྱེས་ཏེ། ས་བདག་ཕལ་ཆེ་བ་གནས་གཞན་དུ་སྒྲོ་བའི་ཚིག་མཛད། ཀླུ་གཉན་ཆེ་བ་གཅིག་གི་སྟེང་དུ་གཟིམ་མལ་བཅས་ནས་བཏུལ། དེ་ནས་ས་དེ་ཕ་བོང་ཐག་ཐུག་ཏུ་ཡོད་པ་ལ་ལ་བཅག །ལ་ལ་སྦྲིད་པ་ལ་སོགས་པའི་རྩོལ་བ་ཆེན་པོ་མཛད་དེ། དབུ་རྩེ་ཀ་བ་བཅུ་གཉིས། ཁྱམས་ཀ་བ་བཞི་བཅུ་རྩ་གཉིས་ཡོད་པ་རྣམས་ཤིང་ཕོ་རྟའི་ལོ་ལ་རྨང་བཏིངས་ནས། ལོ་བཅུ་གསུམ་པ་མེ་རྟའི་ནང་ཚུན་དུ་དགོན་པ་གཏོར་ཚུགས་ཡན་རྫོགས་པར་གྲུབ། ཤ་ར་བ་དང་ཡང་ཐུགས་གཙུགས་པས་ཁོང་གི་གྲྭ་པ་རྣམས་ཀྱང་གཙུག་ལག་ཁང་བརྩིག་པའི་ལས་མི་ལ་བཏང་། ཉེ་གནས་ཤེར་སེང་བྱ་བས་ཤིང་རྣམས་ཉང་པོ་ནགས་ཤོད་ནས་དྲངས། དབུ་རྩེ་ཚར་ནས་ཤེར་སེང་ན་རེ། ཆེན་པོ་ཞིག་ནི་ཚར། ད་ཁེངས་པར་མཛོད་ཅིག་ཟེར་བ་ལ་དགེ་བཤེས་ཀྱི་ཞལ་ནས་ཤོང་བར་གྱིས་ཤིག་གསུངས། ཁྱམས་སྟོད་ཚར་ཁྱམས་སྨད་མ་ཚར་(༡༠༩༨)བ་ལ་གནས་བརྟན་སེ་ཆུང་བྱ་བས་ཤེར་སེང་ལ་དྲུག་བཏང་བས། འཆི་ཁར་དགེ་བཤེས་ཀྱིས་ཁྱོད་འཇིགས་མི་དགོས། ང་དང་ལྷན་དུ་འོང་གི་གསུངས་ནས་བུམ་ཆོག་མཛད་པས་ངན་སོང་ནས་ཐོན་གསུང་། གཙུག་ལག་ཁང་ལེགས་པར་ཚར་ནས་དབུ་རྩེ་ར་འབུམ་ཆ་བདུན་རྩ་ཙམ་གྱིས་ཐོག་དྲངས་པའི་རྟེན་དང་བཅས་པ་ས་རྒྱན་གནམ་རྒྱན་མི་ཤོང་བ་ཙམ་བྱུང་། སྤྱན་སྔའི་ཐུགས་བཞུགས་པའི་དབུལ་གྱི་གདུང་ཁང་དར་ཅིག་ཅན་ལ་སོགས་པ་དགེ་བཤེས་ཉིད་ཀྱིས་བཞེངས་པའང་མང་དུ་ཡོད་དོ། །ལན་ཅིག་ཚོགས་སུ་དགེ་བཤེས་ཀྱི་ཞལ་ནས། གཙུག་ལག་ཁང་བཞེང་བ་རྒྱལ་བློན་བྱང་ཆུབ་སེམས་དཔའི་ལས་ཡིན། རབ་ཏུ་བྱུང་བའི་ལས་མིན་ཟེར་ཏེ། སྔོན་གྱི་དུས་སུ་སློབ་དཔོན་སངས་རྒྱས་ཡེ་ཤེས་ཞབས་ཀྱིས་གཙུག་ལག་ཁང་བཞེངས་པ་དང་། ཇོ་བོས་བལ་ཡུལ་དུ་ཐང་བི་ཧ་རའི་གཙུག་ལག་ཁང་བཞེངས་པས་ཆོས་ཚུགས་ཤིན་ཏུ་བཟང་བར་བྱུང་བ་དང་། ཇོ་བོའི་བཀའ་ལུང་གིས

དགེ་བཤེས་སྟོན་པས་ར་སྒྲེང་གི་གཙུག་ལག་ཁང་བཞེངས་སུ་གསོལ་བ་ལགས། ཞུ་ཅག་གིས་ཀྱང་བླ་མ་རྣམས་ཀྱི་ཐུགས་དགོངས་བསྐང་བའི་ཆེད་དང་། དཀོན་མཆོག་གསུམ་གྱི་ཞབས་ཏོག་དང་། གཞན་ལ་ཕན་གདགས་པར་བྱ་བའི་ཆེད་དུ་བཞེངས་སུ་གསོལ་བ་ཡིན། ཞུ་ཅག་གིས་དེ་གོང་ལོ་བཅུ་གཉིས་བཅུ་གསུམ་གཞན་ལ་འཆི་བ་མི་རྟག་པ་ཞ་སྒུག་བཤད་དེ། ང་རང་ལ་ཕྱི་ནང་གི་མི་རྟག་པ་རྣལ་མ་ཅིག་མདང་ད་ནང་རྒྱུད་ལ་སྐྱེས། ལས་འབྲས་ལ་ཡིད་ཆེས་(༢༩༩བ)པའི་དད་པ་རྣལ་མ་ཅིག་གདོད་རྒྱུད་ལ་སྐྱེས། འཁོར་བ་ལ་ཡིད་འབྱུང་རྣལ་མ་ཅིག །བྱམས་སྙིང་རྗེ་བྱང་ཆུབ་ཀྱི་སེམས་རྣལ་མ་ཅིག །ཀུན་རྫོབ་སྒྱུ་མ་ལྟ་བུ་ནས་གནས་ལུགས་ཕྱིན་ཅི་མ་ལོག་པའི་བར་ལ་ངེས་པ་རྣལ་མ་གཅིག་ཀྱང་གདོད་རྒྱུད་ལ་སྐྱེས། དེས་ན་ང་རང་ལ་གོ་བ་ཅིག་ཡོད་ཨང་གསུང་། དགེ་བཤེས་མཐའ་བཞི་སྒོམ་བརྩོན་གྱིས། བྱང་ཆུབ་སེམས་དཔའ་ཞི་བ་སྐྱོང་བྱ་བ་དེ་བྱ་ཡུལ་བ་ལ་ཟེར་བ་ཡིན་གསུངས་པ་དང་། བྱ་ཡུལ་བ་ཕུ་ཆུང་ན་བཞུགས་དུས་མང་ར་སྒོམ་པའི་ཞལ་ནས། ད་ལྟ་ཕུ་ཆུང་ན་ཉན་ཐོས་ཀྱི་རྫུ་འཕྲུལ་གྱིས་འགྲོ་བའི་བྱང་ཆུབ་སེམས་དཔའ་ཞིག་སྡིན་བདོག་གསུང་། ལན་ཅིག་བྱ་ཡུལ་དུ་ལྷ་རྗེ་སྐྱི་སྒོམ་གྱིས་དགེ་བའི་བཤེས་གཉེན་ལགས། ཁྱེད་ཀྱི་ཐུགས་ལ་བདེན་པ་གཉིས་ཅི་ཙུག་སྐྱེས་གསུང་བར་ཞུ་ཞུས་པས། དགེ་བཤེས་ཀྱི་ཞལ་ནས་ཀུན་རྫོབ་བྱང་ཆུབ་ཀྱི་སེམས་དང་དོན་དམ་བྱང་ཆུབ་ཀྱི་སེམས་རྒྱུད་ལ་སྐྱེས་གསུངས། དེ་ལ་སྐྱི་སྒོམ་གྱིས་རང་གི་སེམས་ཉིད་གཞིགས་ནས་སྟོང་པར་གཏོང་བ་ལགས་སམ། ཕྱི་རོལ་གྱི་ཡུལ་གཞིགས་ནས་སྟོང་པར་གཏོང་བ་ལགས་ཞུས་པས། དགེ་བཤེས་ཀྱི་ཞལ་ནས། མདའ་དུམ་ཁོང་དུ་བཞག་ནས་རྨ་ཁ་ཚོལ་བུས་བསྐུས་པའི་ཆོས་ཀྱིས་གར་ཡང་མི་ཕྱིན། རྐུན་མ་ནགས་ལ་སོང་བ་ལ་རྗེས་གྲམ་པ་ལ་དཔྱད་པའི་ཆོས་ཀྱིས་གར་ཡང་མི་ཕྱིན་པས། རང་གི་སེམས་ཉིད་སྟོང་པར་གཏོང་བ་ཡིན། དེས་ཕྱི་རོལ་གྱི་སྒྲོག་རང་གྲོལ་ལ་འགྲོ །ཐམས་ཅད་སྟོང་པ་ཉིད་ཡིན་

གསུང་། འདི་ཇི་ཙམ་ན་ཐུགས་ལ་འཁྲུངས་ཞུས་པས། ང་དང་པོ་སྨྱུན་(༣༠༠ན)སྟེའི་ཞབས་ཏོག་བྱེད་པའི་དུས་ན་སྐྱེས་པ་ཡིན་གསུང་། ཡང་རྗེ་སྒམ་པོ་པས་བླ་མ་རིན་པོ་ཆེ་འཕོར་ཟར་ཟིར་མང་པོ་དང་གཙུག་ལག་ཁང་བཞེང་བ་སོགས་མཛད་པ་མང་པོ་འདི་རྣམས་ཀྱིས་ཐུགས་དམ་ལ་མི་གནོད་དམ་ཞུས་པས། མི་གནོད་གསུངས། ཡང་ལན་ཅིག་སློབ་མ་ཅིག་གཙང་དུ་འགྲོ་བ་ལ་ང་ལ་ལོ་ཁྱུད་སྐོར་གཅིག་འཇིག་རྟེན་གྱི་རྣམ་པར་རྟོག་པ་སྐྱེ་མ་མྱོང་བ་ཡིན། ང་ལ་གསོལ་བ་འབད་ལ་ཐོབ། བར་ཆད་མི་འབྱུང་ཞིང་བྱིན་རླབས་འབྱུང་གསུང་། ལན་ཅིག་དགེ་བཤེས་ཀྱི་ཞལ་ནས། བཀའ་གདམས་པའི་དགེ་བཤེས་མང་པོ་ཞིག་གིས་ སྔགས་མི་ཤེས། ཤེས་ཀྱང་དགེ་བའི་བཤེས་གཉེན་ལ་ལུང་མ་ཐོབ། ཁྱེད་ཅག་གིས་སྔགས་ཤེས་པ་ཡིན། དགེ་བའི་བཤེས་གཉེན་ལ་ལུང་ལེགས་པར་ཐོབ་པ་ཡིན་པས་འཆད་འཚོལ་གསུངས་ནས། གསང་སྔགས་ཀྱི་གདམས་པའང་མང་དུ་གནང་བར་མཛད།

དགེ་བཤེས་ཤ་ར་བ་སྲུ་ལའང་མཉེས་པ་མེད་པ་ཅིག་ཡིན་ཏེ། བྱ་ཡུལ་བ་དེའི་ཐུགས་སུས་ཀྱང་དཔོགས་མི་ནུས་པ་ཅིག་སྣང་གསུང་སྐད། དགེ་བཤེས་ཤ་ར་བ་དབྱེ་གོང་དུ་བཞུགས་པ་ཅིག་ལ་ཕྱག་ལ་བྱོན། དེ་ནས་ཕྱིར་འབྱོན་ཁར་དགེ་བཤེས་ཤ་ར་བས་སྐྱེལ་ཐུང་མཛད་པ་ལ། བྱ་ཡུལ་བའི་ཞལ་ནས། མ་འོངས་པ་ན་དགའ་ལྡན་དུ་མཇལ་བར་ཞུ་གསུང་བ་ལ། དགེ་བཤེས་ཤ་ར་བའི་ཞལ་ནས། ཁྱེད་ཅག་གཉིས་ཐག་ན་པོ་མིན། ད་དུང་ཐེངས་གཅིག་མཇལ་གསུངས་པ་ལ། དེ་ནས་མ་མཇལ་བར་འདས། དེ་ནས་བྱ་(༣༠༠བ)ཡུལ་བ་རྣམས་ལ་ཁྱེད་རང་གི་མདུན་མ་བྱུང་ན། ཆས་རྐྱེན་གྱིས་འཐོགས་པ་མེད་ཀྱི་གསུང་བ་དང་། སང་ཕོད་མྱ་ངན་ལས་འདའ་བའི་ད་ལོ་སྨྱུན་སྟེའི་འདས་མཆོད་ལ་བུ་རམ་ལག་པས་ཐེག་ཚད་གཏོང་དགོས། སང་ཕོད་ནས་འགྲུབ་ངེས་མེད་གསུང་བ་ལ། དགག་དབྱེའི་དུས་སུ་ལས་བྱེད་དཀོན་གཉེར་རྣམས་ཀྱིས་ད་རེས

འབྱུངས་ཤིག །ཁྲིས་ནས་དགོས་ཏེ་མི་འོང་གསུང་བ་དང་། ཚུལ་ཐོན་ནས་གནས་བརྟན་བརྩོན་འགྲུས་རྡོ་རྗེས་རབ་གནས་ཤིག་མཛད་ནས་འདི་ངའི་རབ་གནས་ཀྱི་ཁྲི་མ་ཡིན་གསུངས་ནས་མྱ་ངན་ལས་འདའ་བའི་གསུང་བྱོན།

གཞན་ཡང་བྱ་ཡུལ། གླུངས་ཤོད། མལ་གྲོ་གསུམ་དུ་དུས་གཅིག་ལ་གྲལ་དབུ་མཛད་པ་དང་། མདོ་སྨད་དུ་དང་ཚང་བའི་གཙུག་ལག་ཁང་གི་རབ་གནས་དང་། དྭགས་པོ་ཤ་བ་གླིང་པའི་མཆོད་རྟེན་གྱི་རབ་གནས་ཞུས་པས། དུས་རྟོད་ཆོས་གྲངས་འདི་ལ་མཆོད་པ་རྒྱ་ཆེན་པོ་ཤོམས། གསོལ་བ་ཐོབ། ངས་གཟིམ་ཁྱུང་འདིའི་སྟེང་ནས་རབ་གནས་བྱེད་པ་ཡིན་གསུངས་ཏེ། ཀུན་གྱིས་མཐོང་སར་གཙུག་ལག་ཁང་དང་མཆོད་རྟེན་གྱི་སྟེང་དུ་ཕྱག་ནས་བབས་པས། དེ་ནས་སྤྲུལ་པའི་སྐྱུར་གྲགས། མི་མ་ཡིན་མང་པོ་ལ་ཆོས་གསུངས་པ་དང་། བསྐྱེད་རྫོགས་ཀྱི་ཏིང་ངེ་འཛིན་བརྟན་པོ་དང་ལྡན་ཞིང་མངོན་པར་ཤེས་པ་རྒྱ་ཆེན་པོ་མངའ་བའི་ལོ་རྒྱུས་མང་དུ་སྣང་ངོ་། །

དེ་ལྟར་བདག་ཉིད་པོ་འདིས་འགྲོ་བའི་དོན་ཡུན་རིང་དུ་མཛད་དེ། དགུང་ལོ་དྲུག་ཅུ་རྩ་བཞི་པ་ས་ཕོ་རྟའི་སྨིན་དྲུག་ཟླ་བའི་ཚེས་བཅོ་བརྒྱད་ལ་གཤེགས་པའི་ཚུལ་བསྟན། (༣༠༧ན)གཤེགས་ཁར་རྡོ་བོ་ཕ་ཆེན་ཅིག་གིས་ངེད་རྣམས་ཇི་ལྟར་བྱ་ཞུས་པས། ཁྱེད་ཐམས་ཅད་བསྲུང་སྡོམ་དག་ཏུ་གྱིས། ང་ལ་དད་པ་དང་གུས་པ་སྒོམས། ངའི་རུས་བུ་འདི་ཕྲེགས་ཤིག་གསུངས། དེ་ནས་ཨུ་ཙག་གི་དགེ་བཤེས་ཨུ་ཙག་གི་དགེ་བཤེས་གསུངས་ནས། བླ་མ་རྡོ་རྗེ་གདན་དུ་ཡུན་རིང་ཨང་གསུང་། དེ་ནས་ཞལ་བསིལ་ནས་འཇུག་པའི་ཚོ་ག་གཅིག་མཛད། འཆི་བ་བྱ་བ་མེད་མྱ་ངན་བྱ་མི་དགོས་གསུངས་ནས། སྐྱིལ་མོ་ཀྲུང་བཅས་ནས་ཐུགས་དམ་མཛད། དེ་ནས་སྒོམ་པ་བྱང་བླ་ལ་མཉེས་མཉེས་ཙམ་མཛད། སེང་གེའི་ཉལ་སྟབས་བྱ་གསུངས་ནས་སྤྱི་བོ་ནས་ཡར་རླུང་པ་ཆེན་པོ་ཞིག་ཕྱུར་གྱིས་བྱུང་ནས། དབུ་ཟིལ་པ་ཁྲོམ་མེ་བ་ལ་མྱ་ངན་ལས་འདའ་བའི་ཚུལ་བསྟན།

དགུང་ལོ་དྲུག་ཅུ་རྩ་བཞི་པ་སྨིན་དྲུག་ཟླ་བའི་ཚེས་བཅོ་བརྒྱད་ལ་གཤེགས་པའི་ཕྱི་དེ་ཉིན་པར་ནམ་མཁའ་ལ་འཇའ་ཚོན་དཔག་ཏུ་མེད་པ་བྱུང་། དེ་ནས་སྤུར་དཔོན་ཤེས་རབ་ལ་སོགས་པའི་གནས་བརྟན་རྣམས་ཀྱིས་བདག་བྱས་ནས་གྲྭ་པ་ཉིས་སྟོང་ལ་དབང་མ་བྱུང་བ་ལ། དགེ་བཤེས་ཤ་ར་བས། བྱང་ཆུབ་སེམས་དཔའ་ཆེན་པོ་དེའི་སྤུར་རྡུལ་དུ་བཙུག་ན་དྲི་མི་ཞིམ་པར་ཚོར་བ་ཐམས་ཅད་དམྱལ་བར་འགྲོ་བས་སྤུར་སྦྱངས་གསུང་བ་ལ་བརྟེན་ནས། སྐུ་སྟོད་རྡོ་རྒྱུས་ཀྱི་སྒང་ཁེབས་ཀྱིས་དྲིལ་ནས་སྐུ་སྨད་བཞུ་བར་གནས་བརྟན་རྣམས་ཀྱིས་གནང་ནས་སྦྱངས་པས། དུ་བས་གར་ཁྱབ་ཏུ་རིང་བསྲེལ་བྱུང་བ་དང་། དུང་གཡས་འཁྱིལ། རྣམ་རྒྱལ་མཆོད་རྟེན། སྒྲོལ་མ་རྣམས་བྱོན། རྒྱ་སྟོན་(༣༠༡བ)གྱིས་རིང་བསྲེལ་ཉིས་བརྒྱ་ལྔ་བཅུ་རྩ་བདུན། སྒོམ་པ་བརྩོན་འགྲུས་རྒྱལ་མཚན་གྱིས་བརྒྱ་ཉི་ཤུ་རྩ་བདུན། མང་ར་གཞོན་ནུ་གཡུང་དྲུང་ལ་དྲུག་ཅུ། གད་ཤགས་ལ་ཕྱེད་དང་ཉིས་བརྒྱ། ཡར་ཀླུངས་པ་སློན་སྟོན་ལ་ཉིས་བརྒྱ། ཉང་པོ་གཞོན་ཤའི་རིང་བསྲེལ་གཅིག་ལ་དགྲུར་འཕེལ། ཏ་ཤ་སྐྱོན་གུ་ལ་སུམ་བརྒྱ། གོལ་གོ་ལུང་གི་དཀྱིལ་གྱི་གདུང་རྟེན་ན་རིང་བསྲེལ་བརྒྱ་རྩ་བརྒྱད། རྗེ་བཙུན་བྱམས་པ་ལ་སུམ་ཅུ། ལྷ་བཟོ་སྒོག་སྐྱ་ལ་སུམ་ཅུ། ངར་པ་ལ་བཅོ་ལྔ། གདུང་སོལ་ཁྱིར་གང་གི་ནང་དུ་རིང་བསྲེལ་བདུན་ཅུ་རྣམས་བྱོན་པས་གདུལ་བྱ་རྣམས་ཚིམ་པར་བྱས་སོ། །

བདག་ཉིད་ཆེན་པོ་དེ་ལ་ཚོགས་པ་ཉིས་སྟོང་ལྔ་བརྒྱ་ཙམ་འདུས་པའི་ནང་ནས་བྱང་ཆུབ་ལམ་གྱི་རིམ་པའི་ཁྲིད་རྒྱ་ཆེར་སྤེལ་བའི་རྒྱུད་འཛིན་ཆེན་པོ་ནི་དགྱེར་སྒོམ་པ་ཆེན་པོ་ཡིན་ལ། གཞན་ཡང་རྗེ་སྒམ་པོ་པ་སོགས་བསྟན་འཛིན་དམ་པ་མང་དུ་བྱོན་ནོ། །
དགྱེར་སྒོམ་པ་ཆེན་པོའི་རྣམ་ཐར་ནི་འཆད་པར་འགྱུར་ལ། །

རྗེ་སྒམ་པོ་བ་ནི། གཉལ་སྟོད་བོད་སྙིར་ཡབ་དབུ་གཙོ་རྒྱལ་འབར་དང་། ཡུམ་ཤེ་རོམ་བཟའི་སྲས་སུ་ས་མོ་ལུག་ལ་འཁྲུངས། དགུང་ལོ་ཉི་ཤུ་རྩ་དྲུག་ལ་དྭགས་པོ་རོང

ཁར་མར་ཡུལ་བློ་ལྡན་གྱིས་མཁན་པོ་དང་། ཞ་བ་གླིང་པ་ལ་སློབ་དཔོན་ཞུས་ཏེ་ཚོགས་རྫོགས་མཛད། མཚན་བློ་གྲོས་གྲགས་སུ་བཏགས་ཤིང་། ཡོངས་ལ་བསོད་ནམས་རིན་ཆེན་ཞེས་གྲགས་སོ། །

རྗེ་སྣམ་པོ་བས་དགེ་བའི་བཤེས་གཉེན་བྱ་ཡུལ་བ་ཆེན་པོ། ཞ་བ་གླིང་པ། རྒྱ་ཡོན་བདག །དགེ་བཤེས་སྒྲེ་པ། སྨྱུག་རུམ་པ་ཆེན་པོ། (༣༠༢ན)རྒྱ་ལྡུགས་རི་གོང་ཁ་བ་ཆེན་པོ་རྣམས་བསྟེན་ནས་བཀའ་གདམས་ཀྱི་གདམས་པ་མ་ལུས་པ་གསན་ཏེ་སྒྲུབ་པ་བྱ་དགོངས་ནས། ཡབ་མེས་ཀྱིས་བརྩིགས་པའི་གསེར་ཁ་བྱ་བའི་གནས་གཞིར་བྲང་ཁང་བརྩིགས། ཕ་ཞིང་གིས་མཐུན་རྐྱེན་བྱས་ནས་སྒྲུབ་པ་ཡུན་རིང་དུ་མཛད་པས་བྱང་ཆུབ་ལམ་གྱི་རིམ་པ་ལ་མྱོང་བ་ཐོན་ཏེ། སྲིད་པ་མཐའ་དག་ལ་ཞེན་པ་ལོག་པའི་ངེས་འབྱུང་དང་བྱམས་སྙིང་རྗེ་བྱང་ཆུབ་ཀྱི་སེམས་བཅོས་མ་མ་ཡིན་པ་དང་། གནས་ལུགས་རྟོགས་པའི་ལྟ་བ་རྣམས་རྒྱུད་ལ་སྐྱེས་ཤིང་། ཉིན་ཞག་མང་པོའི་བར་དུ་ཏིང་ངེ་འཛིན་རེའི་ནང་དུ་གནས་ནུས་པ་བྱུང་། དེ་ནས་རྒྱ་ལྡུགས་རིར་ཞབས་བསྐོར་མཛད་པའི་ཚེ་སྤྲང་པོ་གསུམ་ལས་རྗེ་བཙུན་མི་ལའི་སྐད་པ་གསན་པས། དད་པའི་རྐྱེན་བྱས་ཏེ་ཕ་ཞིང་གསེར་དུ་བཙོངས། བཀའ་གདམས་ཀྱི་བླ་མ་རྣམས་ལ་ཕྱི་ཕྱག་མཛད། དེ་ནས་རྗེ་བཙུན་མི་ལའི་སྤྱན་སྔར་བྱོན་ཏེ་བླ་མེད་ཀྱི་རྒྱུད་སྡེ་མཐའ་དག་གི་སྙིང་པོའི་བཅུད་བསྡུས་པ་ནཱ་རོའི་ཆོས་དྲུག་དང་། དེའི་ཡན་ལག་གི་གདམས་པ་རྣམས་ལེགས་པར་གསན་ནས་ཐུགས་ཉམས་སུ་བཞེས་པས་རྟོགས་པ་ཐོབ་ནས་གདུལ་བྱ་འདུལ་བའི་དུས་ལ་བབ་པ་ན་དྭགས་ལྷ་སྒམ་པོ་བཏབ་སྟེ་འགྲོ་དོན་བསྒྲུབས་པས། བཀའ་ཕྱག་ཆུ་བོ་གཉིས་འདྲེས་པར་གྲགས་ཤིང་། སློབ་མའང་མཁས་ཤིང་གྲུབ་པ་བརྙེས་པ་མང་དུ་བྱོན་ནོ། །

དེས་ན་བྱང་ཆུབ་ལམ་གྱི་རིམ་པ་ལ་བློ་སྦྱོང་བར་འདོད་པ་རྣམས་ཀྱིས་དགེ་བའི་བཤེས་གཉེན་བྱ་ཡུལ་བ་ཆེན་(༣༠༢བ)པོ་ལ་གསོལ་བ་འདེབས་ཤིང་བདག་ཉིད་ཆེན་

པོ་འདིའི་རྣམ་ཐར་ལྟར་ལེགས་ཚོགས་ཐམས་ཅད་ཀྱི་རྩ་བ་བཤེས་གཉེན་དམ་པ་བསམ་སྦྱོར་གཉིས་ཀྱིས་ཚུལ་བཞིན་དུ་བསྟེན་ཏེ་སྐྱེས་བུ་གསུམ་གྱི་ལམ་གྱི་རིམ་པ་ཉམས་སུ་ལེན་པ་ལ་སྐྱེས་བུའི་རྩལ་ཅི་ཡོད་ཀྱིས་འབད་པར་བྱའོ།། །།

དགེ་བཤེས་དགྲེར་སྒོམ་པ་ཆེན་པོའི་རྣམ་ཐར།

ཐེག་མཆོག་ལམ་གྱིས་རྒྱུད་སྦྱངས་དགྲེར་སྒོམ་ཞབས། །ཞེས་བསྟུགས་པ། དགེ་བའི་བཤེས་གཉེན་དགྲེར་སྒོམ་པ་ཆེན་པོ་ནི། ཁྲམ་ཟེ་དགྲེར་ལྷ་སྣང་གི་རིགས་སུ་སྔོན་གྱི་མདར་ཡབ་དགྲེར་ཤེས་རབ་སྐྱབས་དང་། ཡུམ་གཡང་མ་ཀློ་ལྕམ་གཉིས་ཀྱི་སྲས་སུ་ལྕགས་ཕོ་རྟ་ལ་འཁྲུངས། གཞོན་ནུའི་དུས་ནས་ཆོས་ཀྱི་བག་ཆགས་སད་པས་ཆོས་བཞིན་སྤྱོད་པས་དུས་འདའ་བ་ཞིག་བྱུང་ཞིང་། དགུང་ལོ་བཅུ་གཉིས་ལོན་དུས་ཡབ་གྲོངས་པས་ཡུམ་གྱིས་བྱིས་པ་ཆེ་བ་གཉིས་ཕྲག་དུ་བཅུག །ཆུང་བ་ཁྲུབ་ཏུ་ཁུར་ནས་གཉེར་ན་ཞང་པོ་བྱན་དར་མ་ར་ཧ་བྱ་བས་གཉེར་གྱི་དཔོན་མཛད་པས་དེ་ལ་གཏད་ནས་རྒྱལ་སྲས་འདི་གཉེར་དུ་དགུང་ལོ་བཅུ་གཉིས་ལ་རབ་ཏུ་བྱུང་། མཚན་གཞོན་ནུ་གྲགས་པར་གསོལ། རབ་ཏུ་བྱུང་ཙམ་ཉིད་ནས་འདུལ་བའི་བཅས་མཚམས་རྣམས་ལེགས་པར་བསླབས་ཏེ་མིག་གི་འབྲས་བུ་ལྟར་གཅེས་པར་བསྲུང་ཞིང་བཀའ་གདམས་ཀྱི་ཆོས་སྤྱོད་འཛིན་པ་སོགས་ལ་བརྩོན་པ་ཆེར་མཛད་དོ། །

དེ་ནས་གླང་རི་ཐང་པའི་ཕྱག་ཕྱིར་བྱོན་ཏེ། གླང་རི་ཐང་པའི་ཞར་ཆོས་པ་འདུལ་བ་འཛིན་པ་ཅིག་ལ་འདུལ་བ་གསན། དེ་ནས་བྱ་ཡུལ་བ་ཆེན་པོ་གཉེར་དུ་བྱོན་པ་ཅིག་ལ་ཚོགས་ཆོས་གསན། བྱ་ཡུལ་བས་ཚོགས་ཆོས་ཀྱི་སྣ་ཤོས་གཉེར་དུ་གནང་བ་ཡིན་པ་འདུག །དེའི་དུས(༣༠༣ན)སུ་དགེ་བཤེས་དགྲེར་འདིའི་བསླབ་པའི་སློབ་དཔོན་ཅིག

གི་ཞལ་ནས། བྲ་ཡུལ་བ་ལ་འདི་ལ་ཐུགས་ལ་གདགས་པར་ཞུ། འདི་ལ་རེ་ཆེ་བ་ལགས་འདིས་སྟོམ་པ་བླངས་པའི་ནུབ་མོ་སྣ་ཚོ་ལེགས་པ་ཀོར་ཕོར་ནས་ཕྱུང་བ་རྨིས་གསུང་བ་ལ། བྲ་ཡུལ་བའི་ཞལ་ནས། ངའི་སྐྱེ་བ་སྔ་མའི་སློབ་དཔོན་ཅིག་ཡིན་པར་འདུག་གསུངས་ནས་དགེ་བཤེས་བྲ་ཡུལ་བ་ཆེན་པོས་དབུ་ཞྭ་ཕུད་དེ་དགྲེར་སྒོམ་པའི་དབུ་ལ་གསོལ་ནས་ཕྱག་བཞག་བྱིན་རླབས་མཛད། སྒོམ་ཆེན་ཆེ་ངེས་པ་ཅིག་ཅི་འོང་བྱེད་དགོས་བསོད་ནམས་ཅན་ཞིག་འོང་བར་འདུག་གི །ང་བས་ཀྱང་ཁྱོད་བསོད་ནམས་ཆེ་བ་ཡིན་གསུངས། ཕྱིས་སུ་སོང་ཙ་ན་བྲ་ཡུལ་བ་ཆེན་པོ་ལས་ང་ཚོ་རིང་བར་བྱུང་། དེའི་སྟོབས་ཀྱིས་བསམ་པ་ཐམས་ཅད་འགྲུབ་པར་བྱུང་གསུང་། ཉིན་ཅིག་བྲ་ཡུལ་བ་སྐྱོ་སངས་ལ་འགྲོན་པའི་ཕྱི་ན་ཕར་བྲོན་པས་མི་རྟོག་ཁུག་ཆོས་གཙང་སེང་བ་གསུམ་རྙེད། བྲ་ཡུལ་བ་ལ་ཕུལ་བས་རྟེན་འབྲེལ་བཟང་། ཁྱོད་ལ་སྟེ་སྣོད་གསུམ་པ་ཅིག་བྱ་དགོས་གསུང་། དེ་ནས་བྲ་ཡུལ་བ་ཆེན་པོ་བསམ་སྦྱོར་གཉིས་ཀྱིས་རྩོལ་བཞིན་དུ་བསྟེན་ཏེ་གཙོ་བོར་ལམ་རིམ་གྱི་ཁྲིད་དང་གཞན་ཡང་བྲ་ཡུལ་བ་ལ་མངའ་བའི་ཆོས་རྣམས་མ་ལུས་པར་གསན། བྲ་ཡུལ་བ་ལ་ལམ་རིམ་གྱི་ཁྲིད་ཇི་ལྟར་གསན་པ་ལྟར་ཐུགས་ཉམས་སུ་བཞེས་ཤིང་ཆོས་གང་གསན་པ་ཐམས་ཅད་ཚིག་གཅིག་ཀྱང་ཆུད་མ་ཟོས་པར་མཁྱེན་རབ་རླབས་ཆེན་པོས་ལེགས་པར་བཟུང་ནས་མཉེལ་བ་མེད་པར་མཛད་དེ་དགེ་བཤེས་དགྲེར་སྒོམ་པ་རང་ཉིད་ཀྱི་ཞལ་ནས། ངས་(༣༠༣བ)བྲ་ཡུལ་བ་ཆེན་པོའི་ཞལ་ལས་གང་ཐོས་པ་ཐམས་ཅད་ད་དུང་མ་བརྗེད་པར་གསལ་བར་ཡོད་གསུང་། དེ་ནས་དགེ་བཤེས་རྩེ་སྒོམ་བྲ་བས་སྣེའུ་ཟུར་དུ་བྲོན་ནས། ངེད་ཅག་གི་དེ་ན་བཙུན་ཆུང་བློ་རྣོ་བ་འདི་ལྟ་བུ་ཞིག་བདོག །འདི་ཁའི་སྤྱན་སྔར་བྱུང་ན་ཐུགས་ལ་འདོགས་པར་ཞུ་བྱས་པས་ཐུགས་མཉེས་ནས་དེ་ཁྲིད་ལ་ཤོག་གསུངས། དེ་ནས་རྩེ་སྒོམ་གྱིས་དགྲེར་སྒོམ་ལ་སྤྲས་ཀྱི་ཐོད་པ་བྲ་བ་ན། དགེ་བཤེས་སྣེའུ་ཟུར་པ་བྲ་བ་རྡོ་བོ་མི་གཡོ་བའི་སྐུ་ལ་བརྟན་པ

ཐོབ་པ་ཅིག་ཡོད་པས་ཁྱེད་དེར་སོངས། ཐུགས་ལ་འདོགས་པར་འདུག་གི་གསུང་། དེ་ནས་དགེ་བཤེས་དགྱེར་སྒོམ་གྱིས་སྣེའུ་ཟུར་དུ་འབྱོན་པའི་ཐུགས་དགོངས་གནང་། སང་འབྱོན་པའི་དོ་ནུབ་སྣེའུ་ཟུར་གྱི་གཟིམ་ཁང་དང་། བྲང་ཁང་དང་འབུམ་པ་ལ་སོགས་པ་ཇི་ལྟ་བ་བཞིན་གཟིགས། སང་ནང་པར་གཞན་ལ་ལ་བྱོན་ཏེ་བྱན་གྱི་ཕུ་བཅད། ལ་མོའི་ཕུ་དང་ཀ་བ་ཀླུངས་ལ་བྱོན། ཡུང་བར་དགོང་མོ་ཕྱི་བར་སླེབ། སྒོམ་ཆེན་པ་ཞིག་གིས་གནས་ཁང་དང་གནས་མལ་ཤིན་ཏུ་འཛོམ་པ་ཅིག་ཐུགས་ལ་བཏགས། དེ་ནས་སང་ཁམས་པ་ལུང་བའི་གྲྭ་པ་ཚན་ཅིག་དང་འགྲོགས་ནས་ཁམས་པ་ལུང་ལ་བྱོན། དེར་ཞག་ཅིག་བཞུགས། ནང་པར་ཁམས་ལུང་ནས་སྣེའུ་ཟུར་དུ་འགྲོ་བ་ཚན་ཅིག་དང་འགྲོགས་ནས་བྱོན་པས་འཕྱི་མོ་ལས་མ་སླེབ། དེར་སྤྱན་སྔར་བྱོན་པས། ཁྱེད་གང་ནས་བྱོན་པ་ཡིན་གསུང་། ཁོ་བོ་སྔོན་ནས་མཆིས་པ་ལགས་ཞུས་པས། འོ་ན་རྟེ་སྒོམ་གྱིས་ཟེར་བ་དེ་ཡིན(༣༠༨ན)ནམ་གསུང་། ལགས་ཞུས་པས། ངའི་ཤེས་འདྲ་ཡོད་ན་དོ་ནུབ་དེར་ཉལ་ལ་སང་ཁ་སྔང་མིག་སྔང་ལ་ཤོག་གསུང་། ནངས་པར་བྱོན་པས་ཇོ་བོ་མི་གཡོ་བའི་དམིགས་སྐོར་གསུམ་གྱི་བཟླས་ལུང་དང་། ཁ་འབར་མའི་གཏོར་མ་གཉིས་གནང་ནས་དེ་ཡི་གེ་ཅིག་ལ་འཛིན་དགོས་གསུང་། ཇི་ལྟ་བ་བཞིན་ཟིན་བྱུང་ལགས་ཞུས་པས། ཁྱེད་ཀྱིས་ནི་ཁོ་བོ་ཐུགས་ལས་ཆུང་དུར་གཞོལ་བས་ཆོག་པ་ཅིག་འོང་བར་འདུག་གོ་གསུང་། ད་ཁྱོད་འདིར་སྡོད་ཆོག་གམ་གསུང་བ་ལ། ད་རེས་སྐོར་གཅིག་འགྲོ །བརྒྱུགས་ཀྱི་རྩོལ་བསྒྲུབ་བྱས་ནས་འོང་བ་ལགས་ཞུས་པས། འོ་ན་ཅི་ཐོན་གྱིས་ཤིག་གསུངས་ནས་མར་ཚུད་གཅིག །ཛ་བཟང་པོ་མོན་ཞལ་གང་། སྐུ་འགག་གསོལ་འཕྲོ་གཅིག་རྣམས་གནང་། དེ་ནས་ཚུར་བྱོན་ནས་བརྒྱུགས་ཀྱི་རྩོལ་བསྒྲུབ་བྱས་ཏེ་སྤྱན་སྔར་བྱོན་ཙ་ན། ད་ཁྱོད་ངའི་གཡོག་བྱེད་དམ་ཆོས་སེམས་གསུང་བ་ལ། ཆོས་སེམས་ལགས་ཞུས་པས། འོ་ན་ཆོས་སེམས་པ་ལ་ཁང་པ་རང་དབང་ཐོབ་པ་ཅིག་དགོས་གསུངས་ནས།

གསེར་ཞོ་དོ་སྐྲ་རྐེད་ལས་ཕྱུང་ནས། འདིས་ཁང་ཆུང་ཞིག་ཉོས་གསུང་། དེ་ནས་གདམས་ངག་བདབ་སྟེ་གཞན་རྣམས་ཀྱིས་ང་མ་རྙེད་པར་འདུག་སྟེ། ངས་ཁྱོད་ཕར་བཙལ་བ་ཡིན་ནོ་དགེ་སྦྱོར་གྱིས་གསུངས་ནས་གདམས་ངག་ཐམས་ཅད་ཆར་བར་མཛད་དེ་ཐུགས་ལ་ཤིན་ཏུ་བདགས། སྣེའུ་ཟུར་དུ་བཞུགས་རིང་ཆོས་གསན་པའི་སྐབས་མ་གཏོགས་མཚམས་ལ་བརྟེན་(༣༠༩བ)ནས་དགེ་སྦྱོར་ལ་བརྩོན་པར་མཛད། ཚོགས་ཆོས་ཐུན་གཅིག་ཆག་གཞན་ཡེ་མ་ཆག་པར་ནན་ཏན་བྱས་པ་ཡིན་གསུང་། ངས་སྣེའུ་ཟུར་དུ་ལོ་དགུ་བསྡད་དེ་དབྱར་དགུན་བསྡད་ནས་སྟོན་དཔྱིད་འགྲོ་ཡིན་མ་བྱས་གསུང་། དེ་དུས་སྣེའུ་ཟུར་པ་ལ་ཚོགས་པ་ཤིན་ཏུ་ཆེ་ན་སེམས་ཅན་ལ་ཕན་ཐོགས་པ་བག་རེ་གདའ་འམ་ཞེས་གཞན་གྱིས་ཞུས་པ་ལ། ཕྱུ་བའི་བཙུན་ཆུང་འདི་ལ་རེ་བ་ལགས་གསུང་བར་གདའ། དེ་ཙ་ན་བྲང་དཔོན་ཕྱུ་བ་ཅིག་ཡོད་པས་དགེ་བཤེས་འདི་ལ་ཕྱུ་བའི་བཙུན་ཆུང་བྱ་བར་གྲགས། སྣེའུ་ཟུར་པས་ཚོགས་སུ་ཡང་ཁྱེད་རྣམས་ཁོ་ལ་མ་འགྲན་པར་དགེ་སྦྱོར་བྱེད་ཆུག་གསུངས་ནས། སུ་དང་ཡང་མི་མཉམ་པར་མཛད། དེ་ནས་སྒོམ་པ་ལ་གཙོ་བོར་མཛད་པས་དགྲེར་སྒོམ་ཆེན་པོ་ཞེས་གྲགས་སོ། །

དགེ་བཤེས་དགྲེར་སྒོམ་ཆེན་པོ་ཞེས་གྲགས་པ་འདི་ནི། དགེ་བའི་བཤེས་གཉེན་བསམ་སྦྱོར་གཉིས་ཀྱིས་ཚུལ་བཞིན་བསྟེན་ནས་བྱང་ཆུབ་ལམ་གྱི་རིམ་པ་སྒོམ་པ་ལ་བརྩོན་པ་ཤུགས་དྲག་ལ་རྒྱུན་རིང་བ་མཛད་པས་ལམ་གྱི་རིམ་པའི་རྟོགས་པ་རྣམས་བཙོས་མ་མིན་པར་ཐོབ་པ་ཞིག་སྟེ་ངེས་འབྱུང་གི་བསམ་པ་རྣམ་པར་དག་པ་རྒྱུད་ལ་སྐྱེས་པས་འདོད་པའི་ཡུལ་ལ་ནམ་ཡང་མི་གཡེང་བར་དྲན་ཤེས་བག་ཡོད་བརྟན་པོས་བསྡམ་པར་བྱ་བའི་ཉེས་པ་ཕྲ་མོ་ཙམ་གྱིས་ཀྱང་མ་གོས་པ་ཞིག་སྟེ། ཐ་ན་སོ་བྲསྒ་ཞེས་མ་བརྗོད་པར་བཞེས་པ་མི་མཛད་པ་སོགས་འདུལ་བའི་བཅས་མཚམས་ཕྲ་རགས་ཐམས་ཅད་ཉམས་པ་མེད་པར་བསྲུང་བར་མཛད། བརྩོན་འགྲུས་ཤིན་ཏུ་ཆེ་བས་མི་

(༣༠༥ན)གཡོ་བའི་གཟུངས་དྲུང་ཕྱུར་མང་པོ་བཟླ་བར་མཛད་དེ། ཉིད་ཀྱི་ཞལ་ནས། དགེ་བའི་བཤེས་གཉེན་སྤྱན་སྔ་པས་ངས་ཡི་གེ་བརྒྱ་པ་འདི་རང་ཡང་དྲུང་ཕྱུར་བཅུ་གསུམ་སོང་གསུང་བ་ལགས་པ་གདའ་སྟེ། ངས་ཀྱང་དེ་ཙམ་ཞིག་འགྲོ་བར་སྣང་གསུང་། གཞན་ཡང་ལུས་ངག་ཡིད་གསུམ་ཐ་མལ་དུ་སྤྱོད་མ་མྱོང་གསུང་། ཚོགས་ཆོས་ལྐོག་ཆོས་གང་མཛད་ཀྱང་ཐུགས་གོ་ཆ་ཤིན་ཏུ་ཆེ། དང་པོ་ཚོགས་མི་སྡུད་པ་ཡིན། བསྡུས་ཀྱི་རྗེས་ལ་ཡན་པར་བཞག་པས་མི་འོང་གསུངས་ནས་བརྩོན་འགྲུས་ཆེན་པོ་མཛད་དོ། །

བྱམས་སྙིང་རྗེ་བྱང་ཆུབ་ཀྱི་སེམས་ཤུགས་དྲག་པས་སེམས་ཅན་དམན་པ་སུ་འདྲ་ཞིག་ལའང་ཕན་ཐོགས་ནུས་པ་བྱུང་ན་དེ་ལ་ངེས་པར་ཕན་ཐོགས་མཛད། གྲོང་པའི་སྐྱེ་བོ་ཉམ་ཐག་དག་གིས་གདན་དྲངས་ཀྱང་དེ་ལ་ཕན་པར་འགྱུར་ན་ངེས་པར་འབྱོན་པར་མཛད་པས་གཞན་དག་གིས་གྲོང་ཆོག་སོགས་ལ་མི་གཤེགས་པའི་ཞུ་བ་ཕུལ་བ་ན་སེམས་ཅན་གྱི་དོན་འགྲུབ་བཞིན་དུ་མི་བྱེད་ན། བྱང་ཆུབ་སེམས་དཔའི་བག་མེད་པའི་གནས་བྱ་བ་ཡིན་གསུངས་ནས་ཞི་བར་མ་གཤེགས་ཀྱི་བར་གྲོང་ཆོག་མཛད། བརྒྱུད་ཙུ་རྩ་གཉིས་ཀྱི་བར་དུ་མོ་རེང་མ་ཞིག་ན་ཡང་སྔས་ཁར་བྱོན་ནས། སྐྱབས་འགྲོ་སེམས་བསྐྱེད་འབོགས་པར་མཛད། ང་ཆུང་དུ་ནས་ཞེ་སྡང་ཆེར་སྐྱེ་མ་མྱོང་། གཞན་ལ་ཕན་སེམས་དེ་ངང་གིས་བྱུང་གསུང་ངོ་། །

དོན་འདི་ལ་དགོངས་ནས་རྗེ་ཐམས་ཅད་མཁྱེན་པས། ཐེག་མཆོག་ལམ་གྱིས་རྒྱུད་སྦྱངས་དགེར་(༣༠༥བ)སློམ་ཞབས། །ཞེས་བསྔགས་སོ། །ཐུགས་རབ་ཤིན་ཏུ་ཆེ་བས་ལམ་གྱི་རིམ་པའི་གནད་རྣམས་ལ་རིགས་པའི་རྣམ་གྲངས་མཐའ་ཡས་པས་དཔྱོད་པར་མཛད་དོ། །བཤེས་གཉེན་བསྟེན་ཚུལ་གྱི་ཉམས་རྟོགས་བཅོས་མ་མིན་པ་འཁྲུངས་ཏེ། ལམ་སྟོན་པའི་དགེ་བའི་བཤེས་གཉེན་ལ་སངས་རྒྱས་ཀྱི་འདུ་ཤེས་མིན་པ་ཐ་མལ་པའི་འདུ་ཤེས་སྐྱེ་མ་མྱོང་གསུང་། ད་ལྟར་བཤེས་གཉེན་ལ་གུས་པ་བཅོས་མ་མིན་པ་འཁྲུངས

པས་སངས་རྒྱས་ཐམས་ཅད་མཆོད་པ་བས་བླ་མ་མཆོད་པ་བྱིན་རླབས་ཆེ་བར་གསུངས་པ་ཡང་དགེ་བཤེས་འདི་ལ་དངོས་སུ་བྱུང་སྟེ། བླ་མ་ལ་གསོལ་བ་བཏབ་པ་ན་སངས་རྒྱས་ཐམས་ཅད་ཀྱིས་བྱིན་གྱིས་བརླབས་ཏེ། ལྷག་པའི་ལྷ་མང་པོའི་ཞལ་གཟིགས་པ་དང་། སྤྱན་དང་མངོན་ཤེས་སོགས་གོང་མའི་ཡོན་ཏན་མཐའ་ཡས་པ་ཐུགས་རྒྱུད་ལ་འཁྲུངས། བླ་མ་གོང་མའི་མན་ངག་ཚིག་གཅིག་ཀྱང་ཆུད་མ་ཟོས་པར་ཐུགས་ལ་བཟུང་ནས་ཐྲས་ཀྱི་ཐུ་བོ་སངས་རྒྱས་དབོན་ལ་སོགས་པ་སྐལ་ལྡན་མཐའ་ཡས་པ་ལ་གདམས་ངག་འདོམས་པར་མཛད་དོ། །

དགེ་སྦྱོར་ལ་བརྩོན་པ་ཞུགས་དྲག་ལ་རྒྱུན་རིང་བ་མཛད་པས་ཏིང་ངེ་འཛིན་མཚན་ཉིད་ཚང་བ་ཤིང་རྟ་ཆེན་པོའི་གཞུང་ལས་ཇི་ལྟར་གསུངས་པ་ལྟར་ཐུགས་རྒྱུད་ལ་འཁྲུངས་ཏེ། ཏིང་ངེ་འཛིན་མཚན་ཉིད་བཞི་ལྡན་ཐུགས་རྒྱུད་ལ་འཁྲུངས་ནས། རིན་པོ་ཆེ་ལ་རྟོགས་པ་ཕུལ་བས། ཁྱེད་ལ་ལོ་དྲུག་ཅུ་བདུན་ཅུ་ལོན་ཙ་ན་སེ་བོ་ཐལ་མོ་སྦྱོར་བ་ལོང་ངེ་བ་ཅིག་འོང་བར་འདུག་གི །དེའི་དུས་སུ་འབུམ་པ་གཅིག་བརྩིགས་(༣༠༨ན)ཤིག་མ་བརྩིགས་ན་སད་ཆེན་པོ་ཏ་བ་ཡིན་ནོ་གསུང་། དགེ་བཤེས་རྟག་ཐོག་པའི་ཞལ་ནས། རིན་པོ་ཆེ་སྣེའུ་ཟུར་པ་ལ་ནུབ་གཅིག་ལ་རྟོགས་པ་འབུལ་བ་བཞི་བྱུང་བ་ལ། ཏིང་ངེ་འཛིན་མཚན་ཉིད་བཞི་ལྡན་ཐུགས་རྒྱུད་ལ་འཁྲུངས་པ་གཅིག་བྱུང་བས། དེ་ཁོ་ན་ལ་དད་པར་བྱུང་སྟེ། ཕྱིས་རྒྱུད་དཔྱད་ཅན་དགེ་བཤེས་རིན་ཆེན་སྣང་པ་དེ་ཡིན་པར་སྣང་གསུང་ངོ་། །

ཏིང་ངེ་འཛིན་གསལ་ཆ་ཤིན་ཏུ་ཆེ་བས་སངས་རྒྱས་དང་བྱང་སེམས་མང་པོའི་ཞལ་གཟིགས་ཏེ་ཡུམ་གྱི་ཕྱུས་མོ་ལ་བརྟེན་ནས་བྱ་ར་བྱེད་པའི་དུས་སུ་ལྷ་ཞིག་གི་ཞལ་མཐོང་། དེ་ཙན་དོས་མ་ཟིན་པ་ལ་ཕྱིས་རྒྱུད་སྟེ་མཐོང་བས། གཤིན་རྗེ་གཤེད་ཡིན་པར་སྣང་གསུང་། སྣེའུ་ཟུར་ན་བཞུགས་པའི་དུས་སུ་ཇོ་བོ་མི་གཡོ་བའི་ཞལ་གཟིགས།

སྣེའུ་ཟུར་པ་གཤེགས་ནས་དགུང་ལོ་ཉི་ཤུ་རྩ་དགུ་པ་ལ་ཡོན་བདག་ཀུན་གྱིས་གདན་དྲངས། དབྱར་གཅིག་ལྷབ་མོར་བཞུགས། ལམ་རིམ་ཚར་གཅིག་གསུངས། དེ་ནས་རིན་ཆེན་སྒང་དུ་བྱོན་ནས་གཙུག་ལག་ཁང་རྙིང་མ་དང་དགོན་པ་རིན་ཆེན་སྒང་ས་མོ་ཕག་ལ་རྨང་བཏིང་། འདིར་བཞུགས་པའི་དུས་སུ། ལྷོ་ཕྱོགས་ཀྱི་རྒྱུད་འདིར་བཅོམ་ལྡན་འདས་ཤཱཀྱ་ཐུབ་པ་ཞལ་གཟིགས། ལྷོ་ནུབ་མཚམས་སུ་སངས་རྒྱས་སྨན་གྱི་བླའི་ཞལ་གཟིགས། ནུབ་ཕྱོགས་རྒྱ་མཚོའི་འགྲམ་ན་རྡོ་བོ་ཐུགས་རྗེ་ཆེན་པོ་གངས་རི་ལྷ་བུའི་ཞལ་གཟིགས་པ་ཡིན་གསུང་། ཡང་ཁོང་རང་གི་སྐུ་ལུས་དཀྱིལ་འཁོར་གྱི་ལྷ་ཚོགས་སུ་གཟིགས་པ་དང་། (༣༠༤བ)ལུས་གཞལ་ཡས་ཁང་དུ་སོང་བའི་ནང་ན་རིགས་ལྔ་བཞུགས་པ་ཅིག་གཟིགས། ཡང་གཟིམ་ཆུང་མཆོད་ཁང་གི་ཀ་བའི་རྩ་དེར་རྡོ་བོ་ཐུགས་རྗེ་ཆེན་པོ་དང་། རྗེ་མོ་སྒྲོལ་མ་གཉིས་མཉམ་དུ་ཞལ་གཟིགས། རྗེ་མོ་ཕྱག་བརྒྱད་མ་ལ་དེའི་དུས་སུ་སྒྲུབ་ཐབས་དེའང་གསན། ཕྱིས་བྲ་ཡུལ་དུ་བྱོན་ནས་དགེ་བའི་བཤེས་གཉེན་བྲ་ཡུལ་བ་ལ་འདི་འདྲའི་སྣང་བ་ཅིག་གདའ་ཞུས་པས། ངོ་མཚར་ཆེ་ཐ་མལ་པར་མི་གདའ་གསུང་། བྲ་ཡུལ་བའི་ཞལ་ནས་རྗེ་བོ་དགྱེར་སྒོམ་པ་ལ་དགོས་ཏེ་མི་མཆི་ནའང་། འོ་ན་ཡང་འམ་བུས་དྲན་པ་གསོ་བ་ཙམ་ཞིག་བགྱི་གསུངས་ནས་རྗེ་མོ་ཕྱག་བརྒྱད་མའི་སྒྲུབ་ཐབས་ཚར་གཅིག་གསུངས་པས་སྔ་མ་རྗེ་མོས་དངོས་སུ་གསུངས་པ་དང་ཁྱད་མ་བྱུང་གསུང་། ཡང་དགེ་བཤེས་བྲ་ཡུལ་བའི་ཞལ་ནས། རབ་གནས་ལ་སོགས་པ་དགྱེར་སྒོམ་པ་ཉིད་ཀྱིས་ཀྱང་མཁྱེན་ནས་མཆི་སྟེ། འཚལ་ན་ངན་བུས་ཞབས་ཏོག་བགྱི་གསུངས་ནས། ཆོས་ཐམས་ཅད་མ་ཞུས་པར་གནང་། ཡང་དགེ་བཤེས་བྲ་ཡུལ་བའི་ཞལ་ནས། དགོན་པ་འདིར་བཞུགས་ལ་ངའི་བཤོས་རེ་གསོལ། ང་ལ་དྲིན་ཆེ་བ་ལགས་གསུང་། ཡོན་བདག་ཚོ་ཅིག་གིས་དགོན་པ་བརྩིགས་ཟིན་འགྲོ་དགོས་པར་བདོག་ཞུས་པས། འོ་ན་ངས་ཀྱང་དགྱེར་སྒོམ་པའི་བསྙུང་བ་བགྱི། དགྱེར་སྒོམ་པས

ཀྱང་ང་ལ་དེ་བཞིན་མཛད་པར་ཞུ་གསུང་། ངས་དེ་ཙ་ན་དེ་བཞིན་དུ་བྱས་ན་རྒྱ་སྟུབས་དགོན་གསུམ་གྱི་མིང་ཡང་མི་འོང་གསུང་། གཞན་ཡང་དམ་ཚིག་གསུམ་བཀོད་པའི་རྒྱལ་པོའི་ཞལ་གཟིགས། རྡོ་རྗེ་(༣༠༧ན)གདན་ཡིན་སྙམ་པ་ཅིག་ཏུ་བྱང་ཆུབ་ཆེན་པོ་གཙོ་འཁོར་གསུམ་པ་དེ་ཞལ་གཟིགས། བྱ་ཡུལ་ན་བཞུགས་པའི་ཆེ་ཆོས་སྐྱོང་མ་དེའི་ཞལ་གཟིགས་གསུང་། ཡི་དམ་ལྷའི་བཟླས་བརྗོད་མཐར་ཕྱིན་པར་མཛད་པས་གཞན་ཕན་གྱི་ནུས་པ་ཁྱད་པར་ཅན་ཐོབ་སྟེ། ནག་པ་ཚོད་འཛིན་བཟླས་ལུང་ཐུག་པ་མེད་པ་ཅིག་མཛད་པ་ལ། གཞན་ལ་ཕན་མ་ཐོགས་པ་ཡི་མ་བྱུང་། སྐུ་ལུས་རྡོ་རྗེ་འདྲ་བས་ཚེམས་བསྣུང་བ་གཅིག་ཀྱང་མ་བྱུང་གསུང་། བྱིས་པའི་དུས་ན་ནད་ཡམས་ཆེན་པོ་ཞིག་བྱུང་བས་བྱིས་པ་མང་པོ་གུམ། རི་ཐམས་ཅད་མཁར་རྒྱབ་ཏུ་བསྐྱལ་གཙུང་པོ་གཉིས་ཀྱང་ན་བས་ངས་ཁོང་གཉིས་གཡས་གཡོན་དུ་བཞག་སྟེ་གཙུག་ཏོར་བཏོན་པས་ནུབ་ཅིག་གི་སྨི་ལམ་ན་མཁར་རྒྱབ་ཏུ་ཕྱིན་པས། བྱ་མགོ་བརྙན་མི་འདྲ་བ་མང་པོ་ཐིབ་ཐིབ་འདུག །ཁྲོན་པ་གཅིག་གི་ཁ་ནའང་བྱ་མང་པོ་ཐིབ་ཐིབ་འདུག་པས། ཁྲོན་པ་དེར་བལྟས་པས་ཁོང་གཉིས་པོ་དེ་ཤི་ལ་ཁད་པ་རེ་བྱས་འདུག་པས། ངས་ལག་པ་ནས་བཟུང་སྟེ་ཙར་ཙར་བཏོན་པ་སྨིས། སང་ནངས་པར་ཁོང་གཉིས་པོ་སངས་དྲག་པ་ཅིག་བྱུང་གསུང་། གཞན་སེམས་ཤེས་པའི་མངོན་པར་ཤེས་པའང་རླབས་ཆེན་པོ་མངའ་སྟེ། ཐུགས་སྲས་སངས་རྒྱས་དབོན་སྟོན་ཆེན་པོ་གཞོན་པའི་དུས་སུ་ཕྲེང་བ་འདི་བྱིན་ན་རུང་སྙེ་སྙམ་ཙ་ན། ཕྲེང་བ་དེ་ཕྱག་ཏུ་བསྣམས་ནས་དགོས་པ་མེད་འདི་ཀུན་འདྲ་བ་མངོན་ཚན་ཆེ་བ་ཡིན་གསུང་། ཡང་དབོན་སྟོན་གྱི་ཞལ་ནས། དགེ་སྦྱོར་བྱེད་འདོད་མ་བྱུང་བའི་དུས་སུ་སྤྱན་སྔར་(༣༠༧བ)ཕྱིན་ཙ་ན། ཞལ་རས་ནག་ཐིང་མཛད་ནས་དགོས་པ་མེད་གསུང་། ནངས་ཅིག་དགེ་སྦྱོར་བྱེད་འདོད་ལྡན་གྱིས་བྱུང་བས་སྤྱན་སྔར་ཕྱིན་ཙ་ན། ད་ནངས་ཅི་ཙུག་བྱུང་གསུང་། འདི་ཙུག་གདའ་ཞུས་པས་དེ་ངས་བྱིན་གྱིས་བརླབས་པ་ཡིན། དང

རྒྱས་ཆོས་འདི་ཡང་དགོས། འདི་ཡང་དགོས་པ་ཡིན་གསུང་། དེ་དག་ནི་གཞན་གྱི་སེམས་ཤེས་པའི་ཡོན་ཏན་ནོ། །རྫུ་འཕྲུལ་གྱི་ཡུལ་ཤེས་པའི་ཡོན་ཏན་ནི། རྗེ་བཙུན་ཡེ་ཤེས་བླ་མས་ཆོས་ཞུ་སྐམ་ནས་གཟིམ་ཚུང་དུ་བྱོན་པས། སྒོ་ནང་ནས་བསྡམས་ནས་བཞུགས། དེར་ཐེམ་པ་ལ་སླེབས་ནས་བཞུགས་ཙ་ན། དགེ་བཤེས་ཆེན་པོ་ཕྱི་རྗེས་ནས་བྱོན་བྱུང་གསུང་ངོ་། །དེ་ལྟར་དགུང་ལོ་བརྒྱད་ཅུ་རྩ་གཉིས་ཀྱི་བར་དུ་དགོན་པ་རིན་ཆེན་སྒང་དུ་བཞུགས་ནས་ལམ་གྱི་རིམ་པ་འདིས་གདུལ་བྱ་མང་པོའི་དོན་མཛད་པ་ཡིན་ཏེ། རྩ་ཚིག་འདི་རྣམས་ཨ་ཏི་ཤས་དགོན་པ་བ་ལ་ཁྲིད་པ་དེ་ཀ་ཉིད་ཡིན། བཤད་པ་དང་ལུང་ཀུན་པོ་ཏོ་བ་ཆེན་པོའི་གཞི་ཆེ། རང་རེའི་ཡིག་སྣས་མ་ཚོག་པར་གཞན་ལ་བལྟས་ནས་བཤད་པ་ཚིག་ཁ་ཡར་རེ་བྱེད་དེ། ཚིག་མང་ཁ་ན་མེད། མདའ་གཞུ་པང་པ་གང་ཡང་གཏད་ས་མདེའུ་རྩེ་གང་ལས་མེད་པ་ཡིན། ཞུ་ཅག་ཐེག་པ་ཆེན་པོ་བའི་དབང་དུ་བྱས་ན་གཏད་ས་བློ་སྣ་གཞན་དོན་དུ་འགྱུར་བ་ལ་བྱའོ་གསུང་། ཡང་བླ་མ་ཞལ་བཞུགས་པའི་དུས་སུ་ཐེ་ཚོམ་དང་སྒྲོ་འདོགས་ཐམས་ཅད་ཆོད་པར་བྱས་ནས་ཞལ་མི་བཞུགས་པའི་དུས་སུ་དོད་ཐུབ་པར་བྱས་ཏེ་དགེ་སྦྱོར་བྱེད་དགོས་པ་ཡིན་གསུང་། གཞན་ཡང་བླ་མ་(༣༠༨ན)གོང་མ་དེ་སྐུ་ཡལ་ནས་བླ་མ་དེའི་གདམས་ངག་མི་ཉམས་ཤིང་འཕེལ་བའི་དགེ་བཤེས་དང་གྲོགས་པོ་ལ་བརྟེན་པ་གལ་ཆེ། རང་གི་བླ་མའི་མཛད་སྤྱོད་དང་མི་མཐུན་པའི་བླ་མ་གཉིས་པ་མི་བཙལ། བཙལ་ན་བླ་མ་སྔ་མའི་བྱིན་རླབས་དུང་གི་རྟལ་ཕྱིས་པ་བཞིན་དུ་འགྲོ་གསུང་། ཡང་བླ་མ་ཞལ་མི་བཞུགས་པའི་དུས་སུ་དགེ་འདུན་ཆོས་དང་མཐུན་པའི་གྲོགས་ལ་བརྟེན་ནས་བླ་མའི་མན་ངག་གི་རྒྱབ་ཏུ་མདོ་སྡེ་བལྟས་ན་ཡང་མི་ཉམས་པ་ཡིན་གསུང་། ཡང་རང་གི་བླ་མ་འདས་ནས་དེའི་གདམས་ངག་དང་རྗེས་སུ་བསྟན་པ་ཉམས་སུ་ལེན་པའི་བླ་མ་ཕྱི་མ་ཅིག་ལ་བརྟེན་ནའང་རང་མི་ཉམས་པ་ཡིན་བྱ་བ་ནན་ཏན་དང་བཅས་པ་གསུང་། ཡང་དབོན་སྟོན་ལ་གདན་འདྲེན་པ་གཉིས

བྱུང་གསུངས། དེའི་ནུབ་མོ་དཔོན་སློབ་ཀྱི་རྨི་ལམ་ན་ལྷའི་བུའི་མཆོད་པ་ཡིན་ཟེར་བ་ཚན་ཅིག་དང་མི་དཀར་པོ་གཙང་སེང་བ་གཅིག་བྱུང་། དགེ་བཤེས་དགྱེར་སྒོམ་ཆེན་པོ་ན་བཟའ་མཐང་ཀྲང་གཅིག་དང་དབུ་ཞྭ་ལྡེབ་མོ་དེ་གསོལ། ཕྱག་འཁར་དེ་བསྣམས་ནས་མི་དཀར་པོ་དེ་དང་གཉིས་བྱོན་ནས། དཔོན་སློབ་ཀྱི་དབུ་སྟས་སུ་ཕྱག་འཁར་དེ་བརྩུགས་གདམས་ངག་ཁ་ཡར་ཞིག་གསུང་། མི་དཀར་པོ་དེ་དང་དགྱེར་སྒོམ་ཆེན་པོ་གཉིས་ཤར་ལྷོ་མཚམས་ཀྱི་ནམ་མཁའ་ལ་གཤེགས་པ་ཅིག་རྨིས། དེ་ནས་ཚ་བ་ཐོན་རྗེས་ལ་ཞལ་ཆེམས་ཁ་ཡར་ཞིག་གསུངས་པ་ན། དཔོན་སློབ་སྐུ་ན་གཞོན་པས་མཆི་མ་མ་ཐུབ། དེ་མིན་ན་དེའི་ཚེ་གསུང་ཁ་ཡར་འོང་བ་(༣༠༨བ)འདུག་པ་ལ་གསུང་། གཞན་ཡང་རྟེན་བྱིན་རླབས་ཅན་འདི་དང་འདི་ཡོད། ཀ་བ་ལི་དང་བེའུ་བུམ་ན་ཆོས་འདི་དང་འདི་ཡོད། མི་ལག་འཁྲིམ་དུ་མ་གཞུག །ངལ་དུས་རྟག་ཏུ་སྣང་དམིགས་ཀྱི་དངོས་པོ་འདི་འོད་དམ་འཇའི་རྣམ་པར་ཡོད་པ་ཡིན། ཁྱོད་ལའང་དེ་ལྟར་བྱུང་ན་ཆོས་བཤད་དང་རབ་གནས་དང་གཏོར་ཆེན་བརླབས་ལུང་ལ་སོགས་པ་རྣམས་ཀྱིས་གསུང་། ཁྱོད་རང་ཡང་ཆོས་དང་མཐུན་པར་གྱིས་ལ་སྡེ་དགོན་འདི་གཉིས་ཆོས་དང་མཐུན་པར་བྱུང་ན་སྐྱོངས། མ་མཐུན་ན་ཞོག་གསུང་བས་བྱ་སྟབས་བདེ་བར་བྱུང་། དེ་ནས་དགུང་ལོ་བརྒྱད་ཅུ་རྩ་གཉིས་པ་ལྕགས་མོ་ཡོས་ཀྱི་ཉེར་དགུ་ལ་རིན་ཆེན་སྒང་དུ་སྨུ་དན་ལས་འདའ་བའི་མཛད་པ་བསྟན་ཏེ། སྐྱིལ་ཀྲུང་ལམ་གྱིས་མཛད་ནས། ཕྱག་ས་གནོན་མཉམ་གཞག་མཛད། དབུའི་སྟེང་ན་ཡར་རླང་པ་བུམ་པའི་ཁ་ཚངས་འདྲ་བ་ཅིག་བྱུང་། འུ་ཅག་སྣང་བ་མ་དག་པས་དེ་ལས་མ་མཐོང་གཞན་དུ་ན་འོད་དུ་འོང་བ་ཡིན་གསུང་། དེ་ནས་གདུལ་བྱ་རྣམས་ཀྱིས་སྐུ་གདུང་ལ་མཆོད་པ་དང་སྨོན་ལམ་རྒྱ་ཆེན་པོ་མཛད་དོ། །

བདག་ཉིད་ཆེན་པོ་འདི་ལ་སློབ་མ་བརྒྱད་བརྒྱ་ཙམ་འཚོགས་པའི་ནང་ནས་སློབ་མ་ཆེ་བ་ནི། ཐུགས་ཀྱི་སྲས་འགྲོ་མགོན་སངས་རྒྱས་དཔོན་སློབ་ཡིན་ལ་གཞན་ཡང་

བསྟན་འཛིན་གྱི་སྐྱེས་བུ་དམ་པ་མང་དུ་བྱོན་ནོ། །

དེས་ན་བྱང་ཆུབ་ལམ་གྱི་རིམ་པ་ལ་བློ་སྦྱོང་བར་འདོད་པ་རྣམས་ཀྱིས་དགེ་བའི་བཤེས་གཉེན་དཀྱིར་སྒོམ་པ་ཆེན་པོ་ལ་གསོལ་བ་འདེབས་ཤིང་། བཤེས་གཉེན་ཆེན་པོ་འདིའི་རྣམ་ཐར་ལྟར་སྐྱེས་བུ་གསུམ་གྱི་ལམ་གྱི་རིམ་པ་ལ་བློ་སྦྱངས་ནས་སྒྲུབ་པ་བཙོས་(༣༠༨ན)མིན་ཐོན་པར་བྱ་ཞིང་། ཐ་ན་སྨོན་ལམ་གྱི་ཡུལ་དུ་བྱས་ཏེ་ཡང་བློ་སྦྱོང་བར་བྱའོ།། །།

དགེ་བའི་བཤེས་གཉེན་སངས་རྒྱས་དབོན་གྱི་རྣམ་ཐར།

རྨད་བྱུང་ཡོན་ཏན་མཛོད་འཛིན་སངས་རྒྱས་དབོན། །ཞེས་བསྟུགས་པ། དགེ་བའི་བཤེས་གཉེན་སངས་རྒྱས་དབོན་སྟོན་རིན་པོ་ཆེ་ནི། བསྐལ་པ་དཔག་ཏུ་མེད་པའི་སྔ་རོལ་ནས་ཐེག་པ་ཆེན་པོའི་ལམ་ལ་སྦྱངས་ཏེ་ཕྱིར་མི་ལྡོག་པའི་གདེང་ཐོབ་ནས་སྙིགས་མའི་འགྲོ་བ་ཉམ་ཐག་རྣམས་ལ་ལྷག་པར་བརྩེ་བ་ཐུགས་རྗེ་ཆེན་པོའི་གཞན་དབང་དུ་གྱུར་པས་ཉེར་ལེན་མཛད་དེ། བྲམ་ཟེ་དཀྱིར་ལྷ་སྣང་གི་རིགས་སུ་ཡབ་ཡོན་བདག་བུ་མོ་སྐྱིག་དང་། ཡུམ་ཤ་མོ་མདོག་གི་སྲས་སུ་སྐུ་འཁྲུངས། དེ་ཡང་ཡུམ་མནལ་ཐུམ་པ་ཅིག་གི་སྐབས་སུ་བལྟམས་ཟིན་འདུག་པ་མིན་པ་མ་ཚོར་བར་སྣང་། དེའི་ནུབ་མོ་ཡབ་ཀྱི་རྨི་ལམ་ན་ཉི་མ་ཆེན་པོ་ཞིག་ཤར་བའི་སྣང་བས་འཛམ་བུའི་གླིང་ཁྱབ་པ་ཅིག་བྱུང་། ངའི་བུ་འདི་བསོད་ནམས་ཅན་ཞིག་འོང་བ་འདྲ་གསུང་། དེ་ནས་ཁུ་བོ་དགེ་བཤེས་དཀྱིར་སྒོམ་པ་ཆེན་པོའི་ཞལ་ནས། ཡོན་བདག་གི་བྱིས་པ་དེ་ངའི་དྲུང་དུ་སྐྱོལ། དེར་བཞག་ཏུ་ཕངས། བཙུན་པ་ཅིག་བྱེད་དགོས་གསུང་། བྱིས་པའི་དུས་རྩེད་མོའི་སར་ཕ་བོང་ལ་ཞབས་རྗེས་བྱོན། དེ་ནས་རིན་ཆེན་སྒང་དུ་རང་གི་ཁུ་བོ་དགེ་བཤེས་དཀྱིར་སྒོམ་པ་ཆེན་

པོའི་སྤྱན་སྔར་བྱོན་པས་དགེ་བཤེས་ཆེན་པོའི་ཞལ་ནས། འཁོར་རྣམས་ལ་ཁྱེད་ཀུན་གྱིས་ཡོན་བདག་གི་བྱིས་པ་འདི་ལ་གུས་པར་གྱིས་ཤིག །འདི་ངོ་མཚར་ཅན་ཞིག་ཡིན་ནོ་གསུངས་ནས་ཐུགས་ལ་བཏགས་(༣༠༩བ)པར་མཛད། ཡང་ཞལ་ནས། ཁྱོད་ཀྱི་ཕ་དེ་ང་ལ་དྲིན་ཆེ་བས་བྱམས་པར་བྱས་པ་ཡིན་ནོ་གསུང་།

དེ་ནས་དགུང་ལོ་བཅུ་བདུན་བཞེས་དུས་དགེ་བཤེས་འབེན་ཐང་པས་མཁན་པོ་དང་། སློབ་དཔོན་ལྷེའུ་སྒོམ་གྱིས་སློབ་དཔོན་མཛད་ནས་རབ་ཏུ་བྱུང་། མཚན་གཞོན་ནུ་འབྱུང་གནས་སུ་བཏགས། མཁན་པོའི་ཞལ་ནས། འདི་ལ་བསོད་ནམས་ཙུར་ཐག་ཆད་པ་ཅིག་རེ་བ་ཡིན། མདང་རྨི་ལམ་དུ་ཡིད་བཞིན་གྱི་ནོར་བུ་ཡིན་ཟེར་བ་ཅིག་ལ་ཕྱེ་བདར་བྱས་པ་རྨིས་གསུང་། སློབ་དཔོན་སྒོམ་པའི་ཞལ་ནས་ཉི་ཟླ་གཉིས་དུས་གཅིག་ལ་ཤར་བ་རྨིས་གསུང་། དགེ་བའི་བཤེས་གཉེན་དགྱེར་སྒོམ་པ་ཆེན་པོ་བསམ་སྦྱོར་གཉིས་ཀྱིས་ཚུལ་བཞིན་དུ་བསྟེན་ནས་བྱང་ཆུབ་ལམ་གྱི་རིམ་པའི་སྐྱོང་ཁྲིད་གསན་ཏེ་དགེ་ཚུལ་གྱི་རིང་ལ་ལམ་རིམ་གྱི་ཁྲིད་དང་ཇོ་བོའི་སྒྲུབ་ཡིག་ཚར་བར་མཛད། ལོ་ཉི་ཤུ་བཞེས་པ་ན་དགེ་བཤེས་དགྱེར་སྒོམ་གྱི་ཞལ་ནས་ཁྱོད་དགེ་སློང་ཞིག་བྱེད་དགོས་གསུངས་ནས། དགེ་བཤེས་ཉང་བྲན་གྱིས་མཁན་པོ་དང་། དགེ་བཤེས་ཆོས་དང་། དགེ་བཤེས་ཁ་ཆེས་ལས་སློབ་དང་གསང་སྟོན་མཛད་ནས་བསྙེན་པར་རྫོགས་འདུལ་བའི་བསླབ་བྱ་རྣམས་ལ་ཚུལ་བཞིན་དུ་བསླབས། དབྱར་དགུན་གསུམ་ཙམ་མཁན་པོའི་དྲུང་དུ་བཞུགས་ཏེ་སྤྱོད་ཕྱོགས་རྣམས་གསན་ནས་མཁྱེན་པར་མཛད། འབེན་ཐང་པ་ལ་འདུལ་བའི་བསླབ་བྱ་གསན་པར་མཛད་དོ། །

དེ་ནས་དགེ་བཤེས་ཀ་བ་དར་སེང་གི་ཐད་དུ་འདུལ་བའི་སློབ་གཉེར་རྣམས་ལོ་གསུམ་ལ་ཚར་བར་མཛད་དེ་འདུལ་བ་ལ་ཤིན་ཏུ་མཁས་(༣༡༠ན)པར་གྱུར་ནས་སྐལ་བ་དང་ལྡན་པ་མང་པོ་ལ་ཀ་རི་ཀའི་སྟེང་ནས་དགེ་ཚུལ་གྱི་བསླབ་བྱ་དང་འདུལ་བ་མདོ་

རྩ་བ་རྒྱ་ཆེར་བཤད་པར་མཛད་དོ། །དེ་ནས་དགེ་བའི་བཤེས་གཉེན་དཀྱིར་སྐྱོམ་པ་ཆེན་པོ་སྐུ་ན་གྱོན་པས་ཡར་བྱོན་ཏེ་བྲང་ཁང་ཞིག་བཞུང་ནས་ཐུགས་དམ་རྩེ་གཅིག་མཛད་ཅིང་སྒྲུབ་པས་བླ་མ་མཉེས་པར་མཛད། ལན་ཅིག་དགེ་བཤེས་དཀྱིར་སྐྱོམ་པ་ཆེན་པོ་ལ་ཐུགས་ལ་གདགས་པར་ཞུ་ཞུས་པས། ངས་དུས་རྟག་ཏུ་རྩར་བཞག་པ་འདི་ཐུགས་ལ་བཏགས་པ་ཡིན། དགེ་བཤེས་ཚན་ཅིག་གིས་ཉེ་དུ་དང་འབྲེལ་བ་ཕྱོགས་སུ་ཉེར་མི་སྐྱེར་བར་མཛད་པ་ཡིན་གསུང་། གཙང་པའི་གྲྭ་པ་ཀུན་གྱིས་དགེ་བཤེས་དཀྱིར་སྐྱོམ་ཆེན་པོ་ལ་ངོ་ཆེན་ཞུས་ནས་ང་ལ་འདུལ་བ་འཆད་དགོས་གསུང་བ་ལ་ངན་ལྷ་ལ་བཀའ་གདམས་ར་རེ་ཞིག་འོང་བར་འདུག་ན་ཆོས་བཤད་མི་བགྱི། དེ་མི་འོང་ན་འདུལ་བ་བཤད་པས་རང་ཉིད་མཁས་སུའང་འགྲོ་བས་བགྱི་ཞུས་པས་ཅང་མི་གསུང་བས་ཐུགས་ལ་བཏགས་སྙམ་པ་བྱུང་གསུང་། དེ་ནི་བཀའ་གདམས་གོང་མའི་རྣམ་ཐར་ཤ་གཟུག་རང་ཟའི་དཔེ་ལྟར་ཐོག་མར་དབེན་པའི་གནས་སུ་རང་རྒྱུད་བཏུལ་ནས་རང་ཉིད་མི་ཉམས་པའི་གདིང་ཐོབ་པ་ན་གདུལ་བྱ་གཞན་ལ་ཆོས་འཆད་པ་སོགས་གཞན་དོན་མཛད་ཅེས་པའི་དོན་ནོ། །

དེ་ནས་དཀྱིར་སྐྱོམ་པ་ཆེན་པོ་སྐུ་ན་མཐོ་བར་བྱོན་ཞིང་བླ་མའི་ཞབས་ཏོག་བྱེད་པ་ཉིད་རང་གི་ཚོགས་རྫོགས་པའི་ཐབས་མཆོག་ཡིན་པར་དགོངས་ནས་ཕྱིས་གཟིམ་(༢༡༠བ)ཆུང་དུ་བཞུགས་ནས་གཟིམ་གཡོག་མཛད། ཆོས་ཞུས་པ་ལས་ཀྱང་གླེང་སླང་ཞུས་པ་མང་གསུང་། སྤྲུལ་པའི་སྐྱེས་མཆོག་དབོན་སྟོན་རིན་པོ་ཆེ་འདི་ནི་སྐུ་ཚེ་སྔོན་ནས་སྦྱངས་པའི་མཐུ་ཅན་ཡིན་པར་མ་ཟད། སྐུ་ཚེ་འདིར་ཡང་དགེ་བའི་བཤེས་གཉེན་རྣམ་པ་ཀུན་ཏུ་མཉེས་པར་བྱས་ནས་བྱང་ཆུབ་ལམ་གྱི་རིམ་པ་ལ་ཉམས་ལེན་སྙིང་པོར་མཛད་པས་ལམ་གྱི་རིམ་པའི་རྟོགས་པ་རྣམས་ཡུལ་དུ་ཕྱིན་པར་ཐོབ་པ་ཞིག་སྟེ། སྐྱེས་བུ་ཆུང་འབྲིང་གི་ལམ་ལ་སྦྱངས་ནས་ངེས་འབྱུང་གི་བསམ་པ་རྣམ་པར་དག་པ་སྐྱེས་ཏེ་

ཚུལ་ཁྲིམས་ཀྱི་བསླབ་པ་ལ་བསྡམ་པར་བྱ་བའི་ཉེས་བྱས་ཕྲ་མོས་ཀྱང་མ་གོས་པས་བདེན་པའི་ཚིག་གྲུབ་པ་ཞིག་གོ །བཤེས་གཉེན་བསྟེན་ཚུལ་ལ་སྦྱོང་བ་ཕུལ་ཕྱིན་ཐོན་ཏེ་བླ་མ་ལ་དུས་རྟག་ཏུ་སངས་རྒྱས་ཀྱི་འདུ་ཤེས་མངའ་སྟེ། དགེ་བཤེས་དགྱེར་སྒོམ་པ་ཆེན་པོ་ལོགས་སུ་བཞག་པའི་ཡི་དམ་གྱི་ལྷ་གཞན་མེད་གསུང་། བླ་མ་སངས་རྒྱས་སུ་མཐོང་བའི་མོས་གུས་བཅོས་མིན་སྐྱེས་པས་བླ་མའི་སྐུའི་བྱིན་རླབས་ཞུགས་པས་ཡི་དམ་གྱི་ལྷ་དཔག་ཏུ་མེད་པའི་ཞལ་གཟིགས་ཏེ། རིན་ཆེན་སྒང་དུ་འཛུག་པ་སེམས་བསྐྱེད་ཞུས་པའི་ཐོ་རངས་ཀྱི་དུས་སུ་འོད་མི་ལོང་ཙམ་ཞིག་གི་ནང་དུ་བླ་མ་བརྒྱ་རྩ་བཅུ་གཉིས་ལ་བརྟེན་ནས་བྱང་ཆུབ་སེམས་དཔའི་བསླབ་པ་ཡོངས་སུ་རྫོགས་པར་མཛད་པ་ཡིན་གསུང་།

འཕྲང་འོག་ཏུ་དབང་ཞུས་པའི་དུས་སུ་དགེ་བཤེས་དགྱེར་སྒོམ་པ་ཆེན་པོའི་བྱང་ཁོག་ནང་ན་གསང་བ་འདུས་པའི་ལྷ་བཅུ་དགུ་མའི་གཙོ་བོ་དགེ་བཤེས་དགྱེར་(༣༡༡ན)སྒོམ་པ་ཉིད་ཀྱིས་མཛད་ནས་དབང་བཞི་རྫོགས་པར་བསྐུར་བས་དབང་བཞི་པའི་དོན་ཐུགས་རྒྱུད་ལ་འཁྲུངས་པ་ཡིན་གསུང་། ནུབ་ཅིག་གི་རྨི་ལམ་ན་སློབ་དཔོན་ལ་བ་པ་བྱོན་ནས་གསང་སྔགས་ཀྱི་དགོངས་པ་མང་དུ་གསུངས། དེ་དགེ་བཤེས་དགྱེར་སྒོམ་པ་ལ་ཞུས་པས། ཐུགས་དགྱེས་པའི་མཚན་མ་མཛད་ལོ་བཅོ་བརྒྱད་ཀྱི་བར་དུ་དགེ་བཤེས་དགྱེར་སྒོམ་པ་ཆེན་པོ་བསྟེན་ནས་ཆོས་ལ་ནན་ཆགས་སུ་བགྱིས་ཏེ་སྒྲུབ་པའི་མཆོད་པས་བླ་མ་མཉེས་པར་མཛད་དོ། །

དགེ་བཤེས་དགྱེར་སྒོམ་པ་ཆེན་པོ་གཤེགས་པའི་སྐྱུར་ལ་སངས་རྒྱས་བྱང་སེམས་དཔག་ཏུ་མེད་པས་མཆོད་པ་མཛད་པ་ཞལ་གཟིགས། ཐུགས་ངན་མཛད་པས་དགེ་བཤེས་དགྱེར་སྒོམ་པ་ཉིད་དངོས་སུ་བྱོན་ནས་ང་རྟག་ཏུ་དྲན་པར་གྱིས་གསུང་བས་ཐུགས་ངན་སངས་འུ་ཅག་ལ་ནི་ནམ་འདོད་ཀྱིས་དགེ་བཤེས་དགྱེར་སྒོམ་པ་ཆེན་པོ

དང་མཇལ་ནས་ལུང་ཐམས་ཅད་ཞུ་བ་ཡིན་གསུང་། ལན་ཅིག་ཙ་ན་འུ་ཅག་ལ་ཚེ་རིང་པོ་འོང་ངེས་མེད། གདན་ས་འདི་དགེ་བཤེས་ལྷོ་བ་ལ་གཏད་ལ་རི་ཁྲོད་ཅིག་བྱ་དགོངས་ཙ་ན་དགེ་བཤེས་དགྱེར་སྒོམ་པས་མི་དཀར་པོ་གཅིག་ཁྲིད་ནས། འདི་ལ་གཞན་མི་འཆལ་བར་གདའི། ཚེ་རིང་བ་ཅིག་མཛད་པར་ཞུ་གསུང་བ་ཅིག་ཐྱིས། སང་གསོལ་བ་ཅིག་བཏབ་པས། དགེ་བཤེས་དགྱེར་སྒོམ་པ་ཐྱི་ལམ་དུ་བྱོན་ནས་རྡོ་བོ་ཐུགས་རྗེ་ཆེན་པོས་སྐུ་ཚེ་རིང་བར་བྱིན་གྱིས་བརླབས་པ་ཡིན་(༣༡༡བ)ནོ་གསུང་། གདུང་ཁང་གི་རབ་གནས་མཛད་པའི་ཚེ། སངས་རྒྱས་བྱང་སེམས་ཐམས་ཅད་ཀྱི་ཐུགས་ཀ་ནས་འོད་ཟེར་དཀར་ཤ་ར་ར་བྱུང་བའི་སྣང་བ་བྱུང་གསུང་། བྱ་སའི་རབ་གནས་ཀྱི་སྔ་གོན་གྱི་དུས་སུ་སློབ་དཔོན་ནཱ་ག་བོ་དྷི་དང་མཇལ་སློབ་དཔོན་ནཱ་ག་བོ་དྷི་འདི་ངའི་རྩ་བའི་བླ་མ་ཅིག་ཡིན། གསོལ་བ་བཏབ་ཙ་ན་མི་མཇལ་བ་བྱེད་མ་མྱོང་གསུང་།

རིན་ཆེན་སྒང་ན་བཞུགས་ཙ་ན་ཐྱི་ལམ་དུ་ནགས་གསེབ་ཅིག་ན་བྲག་ཕུག་ལེགས་པ་ཅིག་འདུག །དེའི་ནང་དུ་བྱོན་ཙ་ན། རྡོ་བོ་ནཱ་རོ་པ་བདུད་རྩི་ཀ་པཱ་ལ་གང་ཐོགས་ནས་འདུག །ཁྱེད་འདི་འདོད་དམ་གསུང་། ཞུ་འཚལ་ཞུས་པས། བདུད་རྩི་དེ་ནས་གནང་། དབང་དང་བྱིན་རླབས་ཀྱང་མཛད་གསུང་། སྣམ་ན་བཞུགས་པའི་ཚེ་དཔོན་སྟོན་ཆེན་པོ་རེ་ལ་བཞུད། སློབ་དཔོན་བཟང་མོ་བས་ཕྱིར་བྱོན་ཙ་ན་བྲག་སྣང་ཞིག་ན་བཞུགས་འདུག །དཔོན་སྟོན་གྱི་ཞལ་ནས། དེ་ན་མར་རྣལ་འབྱོར་པ་བཟའ་མི་གཉིས་སོང་བ་ཡིན་ཏེ་ཁྱེད་དང་ཨེ་ཕྲད་གསུང་། མ་ཕྲད་ཞུས་པས་འོ་ན་དེ་ཐ་མལ་པར་མི་འདུག་གསུང་། ཅི་འདྲ་ཞིག་གདའ་ཞུས་པས་རས་ཀྱི་ཨང་ག་རག་རེ་གྱོན། རྣལ་འབྱོར་མ་དེས་ཁོག་མ་ཅིག་ཁུར་ནས་འདུག །ང་ལ་རང་བཞིན་མེད་པའི་ངར་ལས་རྩ་རླུང་གི་འདུ་འཕྲོད་འདྲ་བ་སྒོམས་དང་བདེ་སྟོང་གི་ཉམས་འཕེལ་བ་ཡིན་གསུང་། བྲག་སྟོན་ལ་སྐུ་མཚམས་མཛད་པའི་དུས་སུ་ཀླུ་སྒྲུབ་ཡབ་སྲས་བྱོན་ནས་འགྲོ་བ་གཞན་གྱི་རྣམ་པ་

བསྙེན་པ་ན་དགེ་སློང་གི་འདུ་ཤེས་ཡོད་པ་ཉིད་ལའོ་བྱ་བ་དེ་ལ་བགྲོ་གླེང་མཛད་པ་ཅིག་གཟིགས། ར་སྒྲེང་དུ་བྱོན་པའི་ཚེ་ཇོ་བོའི་(༣༡ ༢ན)ཕྱག་དཔེ་འདི་རྣམས་གཟིགས་དགོངས་ཅན་ཨ་དེ་ཤ་སྨི་ལམ་དུ་བྱོན་ནས་འདི་འདི་སྐད་བྱ་བ་ཡིན་གསུངས་ནས་ཕྱག་དཔེ་རྣམས་ཅག་གེ་བསྟན། ཡང་དགའ་ལྡན་དུ་མགོན་པོ་བྱམས་པ་དང་མཇལ་ཆོས་ཀྱང་གསན་གསུང་། བཟང་མོའི་དགོན་པ་རྨང་འདིང་ཅན་བྱང་ཆུབ་ཆེན་པོ་གཙོ་འཁོར་གསུམ་ཞལ་གཟིགས། གཞན་ཡང་ཇོ་བོ་མི་གཡོ་བ་དང་སྒྲོལ་མ་དང་གཤིན་རྗེ་གཤེད་དང་རྟ་མགྲིན་ལ་སོགས་པའི་ཞལ་གཟིགས། བཟང་མོར་དེ་དུས་དཔལ་ལྷ་མོ་དཔོན་གཡོག་གསུམ་ཞལ་ཇི་ལྟར་གཟིགས་པ་བཞིན་གཟིམ་ཆུང་བྲག་ལོགས་ལ་རང་བྱུང་དུ་བྱུང་། ཡང་དེར་ནངས་གཅིག་ཇོ་མོ་སྒྲོལ་མ་ལྷ་མོ་དབྱངས་ཅན་མ་ཀུ་རུ་ཀུལླེ་གསུམ་གྱིས་དཔོན་སློན་ཆེན་པོ་ལ་བསྙེན་བཀུར་མཛད་ནས་ཀུ་རུ་ཀུལླེས་གཏམ་བཏང་བས་རྟགས། དབྱངས་ཅན་མས་ཐལ་མོ་བརྡབས། སྒྲོལ་མས་ཞལ་བཀབ་བཞུགས། ཡང་རྨི་ལམ་ན། རྒྱལ་པོ་ཨིནྡྲ་བྷུ་ཏིའི་ཞབས་ལ་རྡོ་ཨ་བ་གཉིས་སྐྱེས་ནས་འདུག་པ་ལ་གཅིག་གསོལ་བས་སྣར་མ་མྱོང་བའི་རོ་བཟང་པོ་ཞིག་བྱུང་། འདི་ཅི་ལགས་ཞུས་པས། བདུད་རྩི་ཐིལ་མངར་བྱ་བ་དངོས་གྲུབ་ཀྱི་ཟས་ཡིན་གསུང་བས་འོ་ན་གཅིག་ཕྱུས་ཟ་བ་ཕངས། སེམས་ཅན་ཐམས་ཅད་ལ་སྦྱིན་དགོས་སྙམ་ནས་རྡོ་ཨ་བ་གཅིག་བཞག་གསུང་། མགོན་པོ་གྲི་གུག་དང་པེང་སོགས་ཆོས་སྐྱོང་མང་པོ་ཞིག་བྱིས་པའི་དུས་རང་ནས་ཞལ་གཟིགས་པ་ཡིན་གསུང་ངོ་། །བླ་མ་ལ་སངས་རྒྱས་ཀྱི་འདུ་ཤེས་བཅོས་མ་མིན་པ་(༣༡ ༢བ)འཁྲུངས་པས་བླ་མའི་གསུང་གི་བྱིན་རླབས་ཞུགས་ཏེ་བཀའ་བསྟན་བཅོས་ཐམས་ཅད་ལ་ཐོགས་པ་མེད་པའི་སྤོབས་པ་མངའ། ནུབ་ཅིག་རྨི་ལམ་ན་དགེ་བཤེས་དགྱེར་སྒོམ་པ་ཆེན་པོ་བྱོན་ནས་སྟོན་པས་ཆོས་ཁྲི་འདིའི་སྟེང་ནས་ཆོས་གསུང་བར་ཞུ་གསུང་། དེ་ནས་ཁྲི་ཁ་དེ་ནས་ཆོས་གསུངས་པས་ཚོགས་པ་རྣམས་ཀྱིས་འོར་ཆེ་བཏབ། དགེ་བཤེས

དགྲེར་སློམ་པ་ཆེན་པོ་བཞད་ཀྱིན་འདུག་སྟེ་ཆོས་བཤད་བྱ་བའི་གནང་བ་བྱིན་པ་འདྲ་གསུང་།

དེ་ནས་གཉེར་དུ་ཆོས་འགོ་མ་གསུང་བའི་དུས་སུ་དཔོན་སློན་པའི་ལྟེ་བའི་ཁུང་བུ་ནས་ཉི་མ་ཆེན་པོ་ཅིག་ཤར་བས། འཛམ་བུའི་གླིང་གི་སེམས་ཅན་རྣམས་ཀྱི་རྒྱུད་དྲོས་པའི་སྣང་བ་བྱུང་། དེ་ནས་སེམས་ཅན་ལ་ཕན་ནམ་བསམས་ནས་ཆོས་བཤད་བྱས་པ་ཡིན་གསུང་། གཉེར་དུ་ཚོགས་ཆོས་ཤིག་གསུང་ཙ་ན། ཚོགས་བཅད་གཅིག་ལ་ཐོགས་པ་ཅིག་བྱུང་བས། ཆོས་ཐུན་དེ་ལད་སྐམ་བྱུང་ཙ་ན། ཆོས་སྟོན་ནས་གཟིམ་ཆུང་དུ་བྱོན་པས། གསང་བ་འདུས་པའི་དཀྱིལ་འཁོར་གྱི་གཙོ་བོ་དགེ་བཤེས་དགྲེར་སློམ་པ་ཆེན་པོས་མཛད། ཞལ་འཛུམ་མཛད་ནས་ཆོས་བཤད་བྱ་བ་ཡང་དཀའ་མོ་ལགས་ང་ལ་གསོལ་བ་ཐོབ་གསུང་། དེ་ནས་སྟེ་སྣོད་འཛིན་པ་བརྒྱུད་བསྐོར་ཀྱང་ཉམ་ང་བ་སྤྱི་ཙམ་ཡང་མེད། ཐམས་ཅད་ལ་ཇོ་རུས་ཐུག་པར་བྱས་པ་ཡིན། ཡ་གི་གསང་བ་འདུས་པ་ནས་ཀཱ་རི་ཀ་ཡན་ཆད་ལ་ཁུག་པར་ལུས་པ་གཅིག་ཀྱང་མེད། ད་རེས་འདི་འདྲ་ཞིག་བཤད་དེ་ཉན་ཐོས་ཀྱི་སའམ། རང་སངས་རྒྱས་ཀྱི་སའམ། རྟག་ཆད་ཀྱི་མཐར་ལྟུང་སྐམ་པ་ནི་གཅིག་ཀྱང་མེད། ཐམས་ཅད་ལ་བླ་ན་མེད་(༣༡) ༣ན)པའི་བྱང་ཆུབ་ཀྱི་ལམ་ཚང་ལ་མ་ནོར་བ་བཤད་དམ་སེམས་པ་ཡིན་གསུང་། བླ་མའི་ཐུགས་ཀྱི་བྱིན་རླབས་ཐོབ་པས་སྤྱིར་ཏིང་ངེ་འཛིན་གྱི་སྒོ་དུ་མ་ལ་མངའ་བརྙེས། ཁྱད་པར་དུ་སྒྱུ་མ་ལྟ་བུའི་ཏིང་ངེ་འཛིན་ཐུགས་ལ་འཁྲུངས་ཤིང་། ལྷག་པའི་བསམ་པ་རྣམ་པར་དག་པས་རང་པས་གཞན་གཅེས་པར་འཛིན་པ་སྒྱུ་མའི་རྣམ་པར་ཐར་པས་འགྲོ་བའི་དོན་མཛད་པ་ཡིན་ཏེ། ཞལ་ནས་ཀྱང་། ཏིང་འཛིན་ནང་ནས་སྒྱུ་མ་ལྟ་བུ་དང་། །སྙིང་རྗེའི་ནང་ནས་བདག་གཞན་བརྗེ་བ་སྟེ། །འགྲོ་བའི་ནང་དུ་རང་འབྱུང་སངས་རྒྱས་འགྱུར། །ཞེས་གསུངས། ལྷག་མཐོང་གི་དམིགས་སྐོར་ལ་མྱོང་བ་ཐོན་ཏེ། རྟག་ཆད་ཀྱི་མཐའ་གཉིས་དང་བྲལ་བའི་

དབུ་མ་ཆེན་པོ་ཐུགས་སུ་ཆུད་པ་ཡིན་ཏེ། ནུབ་ཅིག་རྨི་ལམ་ན་གྲུང་པོ་སྟོང་པ་འདྲ་བ་ཅིག་ཏུ་བྱོན་པས། གཅིག་ན་རེ། འདི་འཕགས་པ་ཀླུ་སྒྲུབ་ཀྱི་རི་ཤུལ་ཡིན། ཁྱོད་ལ་འབུལ་ཟེར་བ་ཅིག་བྱུང་སྟེ། ཀླུ་སྒྲུབ་ཀྱི་ལྟ་བ་དེ་ཇི་ལྟ་བ་བཞིན་དུ་རྟོགས་སམ་སེམས། བདེན་གཉིས་ཀྱི་དགོངས་པ་དེ་ཡོན་ནམ་སེམས་གསུང་། སྟོང་པ་རྟེན་འབྲེལ་དུ་ཤར་ཏེ་རྒྱུ་འབྲས་ཀྱི་ཤེས་བྱ་མ་ལུས་པ་མཁྱེན་པ་ཡིན་ཏེ། ཞལ་ནས། རྒྱུ་འབྲས་མ་ལུས་པ་མཁྱེན་པ་སངས་རྒྱས་ཉག་ཅིག་ཡིན། འུ་ཅག་གིས་ཀྱང་རྒྱུ་འབྲས་ཐམས་ཅད་འོལ་ལེ་ཤེས་པར་འདུག་སྟེ། མེ་ལོང་གི་ངོས་ལ་ཤར་བ་བཞིན་སྣང་། བསྟོན་ཏོ་ལ་གཟུགས་པ་གང་ནའང་མེད་གསུངས། རྒྱལ་སྲས་ཀྱི་སྤྱོད་པ་ལ་སློབ་པ་ལ་གདེང་ཐོབ་སྟེ་སེམས་ཅན་རྣམས་ལ་མ་བུ་གཅིག་པ་ལ་བརྩེ་(༣༡)༣བ)བ་བཞིན་དུ་བྱམས་པ་མཛད། ཁྱད་པར་མི་ཆེན་འོག་ཏུ་ལྷུང་བའམ། འཆི་ཞིང་སྡིག་པ་གསོག་པ་ལ་ཤིན་ཏུ་བྱམས་ཏེ། གཙང་ཐོག་གི་གནས་བརྟན་བཙུན་ཆུང་ཤད་རིན་ཆེན་སྣང་པ་ལ་སྡིག་བསགས་ན་བཟའ་འོང་ཟེར་བས་སྡིག་གསོག་པ་ལ་ཟས་ནོར་བྱིན་ཏེ་མི་འགྲོད་གསུང་། ཏིང་ངེ་འཛིན་ཤིན་ཏུ་བརྟན་པའི་སྟོབས་ཀྱིས་རྫུ་འཕྲུལ་གྱི་མངོན་ཤེས་ཐོབ་སྟེ། གྱེ་ར་སྒོམ་ཤེ་དང་། དགོན་སྟོན་ཆེན་པོ་གཉིས་འགྲོགས་ནས་གཟིམ་ཆུང་དུ་བྱོན་ཙ་ན་ལྡེ་མིག་མེད་པས་སྒོམ་ཤེས་ལྡེ་མིག་བླངས་ནས་འོང་ཙ་ན་ནང་ན་ཕེབས་འདུག །

ཡང་ཉེ་གནས་དར་མ་འོད་ཀྱིས་སྐས་ཐོག་ཁར་དྲངས་ནས་ཉི་མ་ལ་བསྡད་ཙ་ན་དགོན་སྟོན་རྒྱ་མཐོངས་ལ་བྱོན་ནས། ཨ་ན་མ་བག་མེད་པའི་སྤྱོད་པ་བྱས་མི་ལ་མ་བཤད་གསུང་། ཡང་རི་ལ་བྱོན་པ་ཅིག་ལ་དགོན་སྟོན་ཤུལ་ན་བཞུགས། འཁོར་རྣམས་ཀྱིས་མར་སྟོན་ལ་འོངས་པས་ལམ་ཁར་ཆར་པ་བཏང་ཙ་ན་དྲིལ་བུ་སིལ་གྱིས་བྱུང་བས་དགོན་སྟོན་གཟིམ་ཆུང་ན་བཞུགས་འདུག །ལན་ཅིག་ཀ་གཉིས་མའི་སྐས་དེ་མེད་པ་ཅིག་ལ་རྒྱ་མཐོངས་ཀྱི་ནམ་མཁའ་ལ་སྐས་ལ་གཤེགས་པ་བཞིན་དུ་ཕེབས་པ་རྒྱལ་

ཡེས་མཐོང་། དེ་ལ་སོགས་པ་ས་རྫོ་རི་བྲག་ལ་ཐོགས་རྡུགས་མི་མངའོ། །ལྷའི་རྣ་བའི་མངོན་ཤེས་ཐོབ་སྟེ། ངས་ཆེད་དུ་གདད་ན་འཛམ་བུ་གླིང་གི་ཆེ་བ་འབྲུག་གི་སྒྲ་ནས་ཆུང་བ་ཤིག་སྲོ་ཡན་ཆད་ཀྱི་སྒྲ་ཐོས་པར་འདུག་གསུང་། གཞན་སེམས་ཤེས་པའི་མངོན་ཤེས་ཐོབ་སྟེ་གཞན་གྱི་ཡིད་ལ་དྲན་པ་རྣམས་ཅར་ཕོག་ཏུ་མཁྱེན་ཏེ། བྱ་སར་བཞུགས་པའི་ནུབ་མོ་ཞིག་ད་ལྟ་རིན་ཆེན་སྣང་ན་ལྟོ་པའི་(༣༡༩ན)སྒོམ་ཆེན་གསུམ་འུ་ཅག་ལ་ཚོད་འཛིན་བྱེད་ཅིང་མ་མཉེས་པར་འདུག་གསུང་། དེ་ཧིང་དུ་སྒོམ་ཆེན་གསུམ་པོས་ཐོས་པས་འཇིགས་རྒྱུམ་གྱིས་སོང་ཟེར། ལྷའི་མིག་གི་མངོན་ཤེས་ཐོབ་སྟེ། ངས་མཉམ་པར་བཞག་སྟེ་བལྟས་ན་འཛམ་བུ་གླིང་གི་གཟུགས་ཅན་གྱི་དངོས་པོ་རྣམས་ལ་མི་མཐོང་བ་མེད། ཁྲི་ཁ་ནས་ཤོད་དུ་བལྟ་བ་དང་ཁྱད་མེད་གསུང་།

སྒོམ་པ་ཇོ་ཐྲས་པས་སློབ་དཔོན་གྱིས་བཏག་པ་མཛད་པ་འདི་ཇི་ལྟ་བུ་ཞིག་གིས་གཟིགས་པ་ལགས་ཞུས་པས། འདི་ནས་ཤར་ཕྱོགས་ཀྱི་འཇིག་རྟེན་གྱི་ཁམས་བལྟ་བར་བྱའོ་སྙམ་དུ་འཕེན་པ་བཏང་ནས་མཉམ་པར་བཞག་པས་ཏིང་ངེ་འཛིན་གསལ་བ་ལ་བརྟེན་ནས་མེ་ལོང་ནང་གི་གཟུགས་བརྙན་ལ་བལྟ་བའི་ཚོད་ཙམ་དུ་མཐོང་བ་ཡིན་གསུང་། སྔོན་གནས་རྗེས་དྲན་གྱི་མངོན་ཤེས་ཐོབ་སྟེ། གཙང་མའི་གནས་ནས་སྐུ་སྐྱེ་བ་འཕོས་པ་དྲན་པ་དང་། སྐྱེ་བ་ཕྱི་མ་ལ་འཁོར་ལོས་སྒྱུར་བའི་རྒྱལ་པོར་འགྱུར་གསུང་སྟེ། སྔོན་ཆེ་གནས་གཙང་ལྷ་ནས་འཕོས། །དབུས་སུ་མི་ལུས་གཙང་མ་བླངས། །རྒྱལ་བའི་བསྟན་ལ་རབ་བྱུང་ནས། །ལོ་གསུམ་འདུལ་བའི་སྡེ་སྣོད་བསླབས། །བཅོ་བརྒྱད་སངས་རྒྱས་གཉིས་པ་བསྙེན། །མ་འོངས་འཁོར་ལོས་སྒྱུར་བ་བྱེད། །ཅེས་བྱ་བ་གསུངས། འོ་ན་བྱ་ཡུལ་བ་ཆེན་པོ་ཡིན་པའི་གྲགས་པ་གདའ་བ་ལགས་སམ་ཞུས་པས། བྱ་ཡུལ་གྱི་བག་ཆགས་ཀྱང་མང་བར་འདུག །སྦུ་མ་དེ་ཡིན་ཞད་དུ་གདའ་གསུང་།

དགེ་བཤེས་དགྱེར་སྒོམ་ཆེན་པོའི་འབུམ་པ་(༣༡༩བ)འདི་བཞེངས་ཙ་ན་ང་ལ

འཁོར་ལོས་སྒྱུར་བའི་རྒྱལ་པོར་སྐྱེ་བའི་སྣང་བ་མང་པོ་བྱུང་། འབུམ་པ་འདི་དེའི་རྒྱུའི་གཙོ་བོ་ཡིན་གསུང་། དེར་འཁོར་ལོ་དེ་གང་དུ་གདའ་ཞུས་པས་གསེར་གྱི་འཁོར་ལོར་སྣང་། རྒྱལ་སྲིད་རིན་ཆེན་སྣ་བདུན་དང་། ཉེ་བའི་རིན་པོ་ཆེ་སྣ་བདུན་རྣམས་གདའ་གསུང་། བླ་མའི་བྱིན་རླབས་ཞུགས་པས་དགེ་བཤེས་དགྱེར་སྒོམ་པ་ཆེན་པོའི་ཕྱིའི་གདུང་རྟེན་དང་ནང་གི་གདུང་རྟེན་གཉིས་ལ་སོགས་པའི་མཛད་པ་རླབས་པོ་ཆེ་ཐམས་ཅད་ཇི་ལྟར་བཞེད་པ་བཞིན་དུ་གྲུབ། ཆུ་ཚན་ལ་གཤེགས་དུས་འཆད་ཁ་བ་ཆེན་པོའི་ཞལ་ནས། ཁྱོད་ཀྱིས་འགྲོ་བ་ལ་ཕན་པའི་རྟགས་ཁྱད་པར་ཅན་ང་ལ་བྱུང་བས་ཐུགས་གོ་ཆ་ཆེན་པོ་མཛད་འཚལ་གསུང་།

ཡང་རིན་ཆེན་སྒང་ན་བཞུགས་དུས་ལྷ་མོ་སྒྲོལ་བྱེད་མ་བྱོན་ནས། རྡོ་རྗེ་སེམས་དཔའ་སེམས་ཅན་གྱི་དོན་ལ་གཤེགས་སུ་གསོལ་ཞེས་གསོལ་བ་བཏབ་པས། དྭགས་པོ་ལྷ་ས་སོགས་གཡོར་པོའི་རྒྱལ་ཁམས་རྣམས་བསྐོར་བས་པོ་ཏི་རང་ལའང་ཉིས་སྟོང་དང་བཞི་བཅུ་རྩ་གཉིས་བྱོན། ཟང་ཟིང་གི་དངོས་པོ་ཟད་པ་མེད་པ་ཅིག་བྱུང་། དེ་ལ་བརྟེན་ནས་གཙུག་ལག་ཁང་གསར་མ་བཞེང་བར་བརྩམས། གཙུག་ལག་ཁང་དེ་བྱང་ཕྱོགས་སུ་བརྩམ་པའི་དུས་སུ་གསོལ་བ་ཅིག་བཏབ་པས་རྨི་ལམ་དུ་ནུབ་ཕྱོགས་དེ་ན་ཁྲི་ཞིག་གི་སྟེང་ན་སྤྱན་སྔ་རིན་པོ་ཆེ། གཡས་ན་མགོན་པོ། གཡོན་ན་དཔལ་ལྷ་མོ། ཆོས་སྐྱོང་བའི་བསྲུང་མ་ཐམས་ཅད་འཚོགས་ནས་འདུག །འདི་བཞིན་མཛད་དགོས་གསུངས་ནས་བསླབ་བྱ་མང་དུ་མཛད་པ་ཅིག་རྨིས།

དེ་ནས་ཆུ་བོ་སྟག་(༣༡༥༤)གི་དཔྱིད་ས་ག་ཟླ་བའི་ཚེས་བཅུ་གསུམ་གྱི་གཟའ་སྤེན་པ་དང་སྐར་མ་སྨྲོ་ལ་རྨང་བཏིངས་ཏེ་དབུ་རྩེ་ཀ་ཆེན་བཅུ་གཉིས། ཁྱམས་ཆེན་ཀ་བ་དྲུག་ཅུ་རྩ་བཞི། མགོན་ཁང་ཀ་བ་གཉིས་རྣམས་ལོ་སྐོར་གཅིག་གི་ནང་དུ་གྲུབ་པར་མཛད་དོ། །དེ་དུས་དཔོན་དར་མ་རྡོ་རྗེ་ནགས་ཤོད་ལ་ཤིང་འདྲེན་དུ་རྫོང་བའི་ཚེ་གཏོར

ཆེན་ཞིག་མཛད་པས།   དཔལ་ལྷ་མོ་དེ་བོང་བུ་ལ་ཆིབས་ནས་མཁའ་འགྲོ་མའི་འཁོར་གྱིས་བསྐོར་བ་ཞལ་གཟིགས།   རྒྱས་པའི་འཕྲིན་ལས་ལ་མངའ་བརྙེས་ཏེ་བྱ་སར་རབ་གནས་ལ་གཤེགས་པའི་དུས་སུ་མི་ཀུན་ན་རེ། ན་སོ་གཞོན་དྲགས་པས་རབ་གནས་ཙང་འོང་ངམ་ཟེར་ཏེ། མི་ཚེ་སྒྲུབ་པ་ལ་བསྐྱལ་པ་རྣམས་དང་ཨུ་ཅག་གཉིས་གསང་སྔགས་ཀྱི་བརླབས་པ་སྐྱོལ་བ་གང་མང་ཅི་ཆ་གསུང་། དེའི་དུས་སུ་སྟོང་བར་མའི་སེམས་ཅན་ཡིན་ཟེར་བ་མང་པོ་ལ་ལ་འགྲོ་བའི་བླ་བོ་མེད་པར་འདུག་པས་ངས་ལ་དེ་ལ་བསྒྲལ། འདི་རྣམས་ཕྱིར་མི་ལྡོག་པར་གྱུར་ཅིག་པའི་སྨོན་ལམ་བཏབ་པ་ཅིག་སྨི་ལམ་དུ་བྱུང་། སྐྱིད་ཤོད་ན་བཞུགས་པའི་དུས་སུ་བྱ་ཡུལ་གྱི་ལ་ཁ་ཡིན་ནམ་སྙམ་བྱེད་པ་ཅིག་ནས་དུང་དཀར་པོ་ཞིག་བུས་པས་འཛམ་བུའི་གླིང་ཙམ་དུ་ཐོས་པ་ཅིག་རྨིས། ཨུ་ཅག་གི་མིང་འདི་འཛམ་བུའི་གླིང་ཙམ་དུ་ཐོས་པ་ཅིག་འོང་བར་འདུག་གསུང་།

སྐྱིད་ཤོད་དུ་སྐུ་ཁམས་ལྷེམ་པ་ཅིག་གི་དུས་སུ་མགོན་པོ་ཏྲག་ཤད་བྱུང་ནས་ང་རིན་ཆེན་སྣང་བའི་དབོན་སྟོན་འདོད་པ་ཡིན་ཟེར་བ་ལ། ངས་ཏིང་ངེ་འཛིན་གྱི་དམིགས་པ་ཅིག་གིས་བཅིངས་པས་འགྱུལ་མ་ནུས་པར་ད་ཕྱིད་ཀྱི་ཞབས་ཏོག་བྱེད་(༣༡༥བ) གཏོར་མ་གཅིག་ཀྱང་ཞུ་ཟེར་བས། དེ་ནས་དམ་ལ་བཏགས་ནས་བཞག་གསུང་། ཞང་ཚལ་པའི་ལྷ་ཆེན་དཔལ་འབར་ལའང་བགེགས་སྐྲོད་དང་རབ་ཏུ་གནས་པ་རི་བོ་མཐྲལ་གྱི་རྩེ་ནས་མཛད་པར་གྲགས། གཞན་ཡང་ར་སྒྲེང་དང་བྱ་ཡུལ་གྱི་གཙུག་ལག་ཁང་གི་ཞིག་གསོས་དང་དགེ་འདུན་ལ་འབུལ་ནོད་རྒྱ་ཆེན་པོ་མཛད།   དེ་དུས་ཇོ་བོ་འཇམ་དཔལ་རྡོ་རྗེས་འོད་ཟེར་གྱི་སྣ་ལ་ཆོས་གསུང་། རྒྱ་མར་གཙུག་ལག་ཁང་གི་རྟེན་གཙོར་དངུལ་གྱི་གདུང་ཁང་གིས་ཐོག་དྲངས་པའི་སྐུ་གསུང་ཐུགས་ཀྱི་རྟེན་དཔག་ཏུ་མེད་པ་དང་བཅས་པ་ལེགས་པར་མཛད་དོ། །

དེ་ལྟར་ལམ་ལ་སྦྱངས་པ་མཐར་ཕྱིན་པར་མཛད་པས་ཕྱིར་མི་ལྡོག་པའི་རྟགས

ཐོབ་སྟེ། ལན་ཅིག་སྒོམ་ཚུལ་གྱིས་འཇམ་དཔལ་རྩ་བའི་རྒྱུད་ནས་སློབ་དཔོན་པ་ལུང་བསྟན་པ་ཅིག་ཞུས་པས། སྔོན་འུ་ཅག་འདུལ་གྲྭ་ན་འདུག་ཙ་ན་སློབ་དཔོན་ཀ་བ་དར་སེང་གི་ཞལ་ནས། མཛོད་སྤྱི་འདིའི་ཡོད་ལུགས་ཀྱིས་ཉིད་མདོ་ནས་ལུང་བསྟན་པ་ཅིག་ཡོད་ངེས་གསུང་བ་ལ། གང་ན་མཆི་ཞུས་ཏེ་དུས་དེང་སང་ནི་ལུང་བསྟན་འོང་དགོས་པའི་ཚོད་དུ་འདུག །འུ་ཅག་གིས་ཀྱང་སངས་རྒྱས་དགྱེས་པའི་སྤྱོད་པ་བྱས་པ་ཡིན་གསུང་། འོ་ན་ལུང་བསྟན་པ་ཚོད་ཧེ་ཙམ་ནས་མཆི་བ་ལགས་ཞུས་པས། ས་ཐོབ་ནས་འོང་བ་ལགས་གསུང་། སློབ་དཔོན་བཟང་མོ་པས་སྤྱན་སྔར་བྱོན་པ་ཅིག་ལ། ད་ནང་སངས་རྒྱས་ཐམས་ཅད་ཀྱི་ཐུགས་ཀ་ནས་འོད་ཟེར་དཔག་ཏུ་མེད་པ་འཕྲོས་ནས་རྗེ་བཙུན་མ་ཕྱག་བརྒྱད་སྒྲོལ་མ་ལ་ཐིམ །སྒྲོལ་མའི་ཐུགས་ཀ་ནས་འོད་ཟེར་དཔག་ཏུ་མེད་པ་འཕྲོས་(༣༡༨ན)པས། རང་ལ་ཐིམ་ནས་ངའི་སྐུ་ལུས་ཐམས་ཅད་འོད་ཀྱིས་ཁྱབ་པའི་སྣང་བ་བྱུང་གསུང་། དེ་བཟང་མོ་བས་ཁ་ཆེ་པཎ་ཆེན་ལ་ཞུས་པས་པཎ་ཆེན་གྱི་ཞལ་ནས། སངས་རྒྱས་ཐམས་ཅད་ཀྱི་འོད་ཟེར་གྱིས་དབང་བསྐུར་བ་བྱ་བ་ས་བཅུ་པ་ཐོབ་པའི་རྟགས་ཡིན་གསུང་། དེ་དཔོན་སྟོན་ཆེན་པོ་ལ་བླ་མ་པཎ་ཆེན་འདི་སྐད་གསུང་ཞུས་པས། ངས་མཐོང་ལམ་ཙམ་ལས་མ་ཐོབ་སྙམ་པ་ཡིན་ཏེ་རྟགས་རྣམས་དང་བསྟུན་ན་སྒོམ་ལམ་ཡང་རྫོགས་པའི་རིགས་སུ་སྣང་གསུང་། ལན་ཅིག་ཞུགས་མེ་ལ་བཞུགས་དུས་གཅིག་ལ་སྒོམ་ཚུལ་གྱིས། སློབ་དཔོན་པའི་ཕྱག་ཞབས་ལ་འཁོར་ལོ་རྩིབས་བརྒྱད་གདའ་བ་ལ་སུ་ཁྱུད་ཕྱི་མ་འདི་མ་འབྱུར་ཙམ་དུ་གདའ་བ་ཧེ་ལྟར་ལགས་ཞུས་པས། གསལ་ལ་རྫོགས་པ་སངས་རྒྱས་ཀྱི་མཚན་ཡིན་འཁོར་ལོས་སྒྱུར་བའི་རྒྱལ་པོ་དང་། ས་ལ་གནས་པའི་བྱང་ཆུབ་སེམས་དཔའ་གཉིས་ལ་འདི་ང་ཞིན་དུ་བག་མ་རྫོགས་ཙམ་འོང་བ་ཡིན་གསུང་། སྐྱིན་མཚམས་ན་མཛོད་སྤྱི་འཐེན་ན་སོར་བཞི་ཡོད་པ། བཞག་ན་གཡས་སུ་འཁྱིལ་བ། ཞབས་མཐིལ་ལ་བཀྲ་ཤིས་རྟགས་བརྒྱད་ཀྱི་རི་མོ།

ཕྱག་ལ་ཀ་ཁ་སུམ་ཅུའི་རི་མོ་ཡོད་པ་ཐམས་ཅད་ལ་མཐུན་སྣང་དུ་ཡོད། སྐུ་ཁམས་ལྗེམ་པ་ཅིག་ལ་བཟང་མོ་བས་མནལ་བསྒྲུངས་པས། དེའི་དུས་སུ་སློབ་དཔོན་པས་ཡི་དམ་གྱི་ལྷ་རྗེ་ཙམ་ཞིག་ཞལ་གཟིགས། ཐུགས་དམ་གྱི་མཐིལ་གང་ལ་མཛད་གསུང་བར་ཞུ་ཞུས་པས། ངས་ཞལ་བལྟ་བར་འདོད་ན་སྐད་ཅིག་རེ་རེ་ལ་ཡང་(༣༡༨བ)སངས་རྒྱས་བྱང་སེམས་ཉི་ཟེར་གྱི་རྡུལ་ཙམ་ལྟར་ཡོད། འོ་སྐོལ་གྱི་བཀའ་བརྒྱུད་འདིའི་དབང་དུ་བྱས་ན་ཡི་དམ་གྱི་ལྷ་ཞལ་གཟིགས་པ་དང་། མངོན་པར་ཤེས་པ་ཐུགས་དམ་གྱི་གཙོ་བོར་མི་བྱེད། བྱང་ཆུབ་ཀྱི་སེམས་ཀྱིས་ཀུན་ནས་བསླང་བའི་ཟུང་འཇུག་སྒྱུ་མ་ལྟ་བུ་ལ་ཐུགས་དམ་གྱི་མཐིལ་བྱེད་པ་ཡིན་གསུང་ངོ་། །

སངས་རྒྱས་དབོན་སྟོན་འདི་ནི་ཕྱིར་མི་ལྡོག་པའི་སེམས་དཔའ་ལུང་བསྟན་ཐོབ་པ་ཞིག་ཡིན་པ་ནི་ཁ་ཆེ་པཎ་ཆེན་གྱི་རྣམ་ཐར་ལས་ཤེས་ཏེ། སིང་ག་གླིང་ན་དགྲ་བཅོམ་པ་ཅིག་བཞུགས་པ་དེས་ཁ་ཆེའི་པཎྜི་ཏ་ཤཱཀྱ་ཤྲཱིའི་གཙུང་པོ་ལ་མེ་ཏོག་བཞི་ཟ་མ་ཏོག་ཏུ་བཙུག་ནས། དགྲ་བཅོམ་པ་དེའི་ཞལ་ནས། མེ་ཏོག་འདི་རྣམས་ཁྱོད་ཀྱི་ཕུ་བོ་དེ་བོད་དུ་འགྲོ་བར་སྣང་བས་དེ་ལ་བསྐུར་ལ། གཅིག་འབྲི་ཞེས་བྱ་བའི་ས་ཕྱོགས་ན་སློབ་དཔོན་ཀླུ་སྒྲུབ་བྱང་ཆུབ་སེམས་དཔའ་རིན་ཆེན་དཔལ་ཞེས་བྱ་བར་སྐྱེ་བ་བླངས་ནས་ཡོད་པ་དེ་ལ་སྤྲོད། གཅིག་རཏྣ་ཀུ་ཏེ་ཞེས་བྱ་བའི་གཙུག་ལག་ཁང་ན་བྱང་ཆུབ་སེམས་དཔའ་སྐལ་ལྡན་ཤིང་རྟའི་སྐྱེ་བ་ཡོད་པ་དེ་ལ་སྤྲོད། གཅིག་དྭི་ཧྲ་གི་ཞིག་ཡོད་པ་དེ་ལ་སྤྲོད། གཅིག་གི་དྭི་ཧྲ་གི་དེས་ལྷ་ཆེན་པོ་ཞིག་བཞེངས་པ་དེའི་ཐུགས་ཀར་ཞོག །ཅེས་གསུངས་པ་བཞིན་དུ་ཁ་ཆེའི་པཎྜི་ཏས་ཀྱང་དེ་བཞིན་དུ་སོ་སོར་སྤྲད་དོ། །

ཡང་དབོན་སྟོན་རིན་པོ་ཆེས་བསམ་ཡས་སུ་ཆོས་འཁོར་མཛད་པ་ཅིག་གི་དུས་སུ། ཁ་ཆེ་པཎ་ཆེན་གྱིས་དེ་རིང་བསྐལ་བཟང་སངས་རྒྱས་སྟོང་གི་ཡ་གྱལ་སྐལ་ལྡན་ཤིང་རྟ་བྱ་བ་མཇལ་དགོས་པར་འདུག་གི །དགེ་སྦྱོར་གྱི་ཐུན་མཚུར་དུ་གྱིས(༣༡༩ན)ཤིག་བྱ་

བའི་སྨྲ་ཞིག་ཐོས།   དེའི་རྗེས་དེ་མ་ཐག་ཏུ་རིན་ཆེན་སྣང་བ་མཛལ་ཁ་ཞུ་བར་སློབས་ཞེས་འབྱུང་ངོ་། །དེ་ལྟར་འགྲོ་བའི་མགོན་པོ་དཔོན་སྟོན་རིན་པོ་ཆེས་དགུང་ལོ་བདུན་ཅུ་གསུམ་ཙམ་ཆད་དུ་སངས་རྒྱས་ཀྱི་བསྟན་པ་རིན་པོ་ཆེ་ལེགས་པར་བསྐྱངས་དབུ་རུ་བྱང་ཕྱོགས་ཀྱི་བཀའ་གདམས་ཀྱི་བསྟན་པའི་བདག་པོ་མཛད། དགེ་བཤེས་སྟོན་པའི་དགོངས་པ་བསྒྲུབས། བསམ་གྱིས་མི་ཁྱབ་པའི་འཕྲིན་ལས་ཀྱི་མཛད་པ་དུ་མས་འགྲོ་བ་རང་རང་གི་མོས་པ་མཐའ་དག་ཚིམ་པར་མཛད་ནས།   སྙིགས་མའི་སེམས་ཅན་ལ་ཐུགས་སྐྱོ་བ་མི་མངའ་ཡང་འཕྲིན་ལས་ཀྱི་ཐ་མ་དེ་ཉིད་ཀྱིས་སེམས་ཅན་གྱི་དོན་དུ་འགྱུར་བ་དང་། ཞིང་ཁམས་གཞན་དག་ཏུ་འགྲོ་བའི་དོན་སྐབས་ཆེ་བར་དགོངས་ནས། གནམ་ལོ་རྟའི་ལོ་འགོ་ནས་སློབ་དཔོན་ནུ་ག་བོ་ཧྲི་འདི་སྐད་གསུང་། དགེ་བཤེས་ཆེན་པོ་འདི་སྐད་གསུང་། ད་ནི་ཞིང་ཁམས་གཞན་ཞིག་ཏུ་བྱེད་དགོས་པ་འདྲ། ཞེས་བྱ་བ་ལ་སོགས་པ་སྐྱོ་བ་བསྐྱེད་པའི་ཆོས་མང་དུ་གསུངས།   དབྱར་ཚུལ་ནང་དུའང་ལན་ཅིག་འདི་སྐད་གསུང་། ང་ཅག་དགེ་བཤེས་ཆེན་པོའི་དགུང་ལོའི་ཚད་ཙམ་དུ་སྡོད་སེམས་པ་ཡིན་ཏེ་ད་ཚོད་རན་པ་འདྲ། ང་ཅག་ལྷ་བུ་མེད་ན་དབུ་རུ་བྱང་ཕྱོགས་ཀྱི་བསྟན་པ་ལ་ཁའི་ན་བུན་བཞིན་དུ་ཡལ་ནས་འགྲོ་བ་འདི་ལ་བག་ཚོར་ཙམ་དུ་སྣང་། གཞན་ཚོར་བ་མེད་གསུང་།

དེ་ནས་ལྕགས་ཕོ་རྟའི་ལོ་དགུན་ཟླ་འབྲིང་པོ་མགོ་ཟླ་བའི་ཚེས་གཉིས་ཀྱི་དགོངས་མོ་སྤྱན་སྔར་ཕག་ཤེས(༣༡༧བ)རབ་དབང་ཕྱུག་བྱུང་བ་ལ། ཁྱོད་ཀྱིས་སྟོན་མོ་ཇི་ཙམ་ན་བྱེད་གསུང་བས། ཚེས་བཅུ་གསུམ་ལ་སྒྲུབ་རྫིས་ལགས་ཞུས་པས། ང་ཅག་ལ་ཡང་དུས་ཐུག་པ་འདྲ་བ་ཡོད་པས་གནངས་ཚེས་བཞིའི་ཉིན་མོ་ཙི་འགྲུབ་གྱིས་གསུང་།   དེ་ནས་ཚེས་གསུམ་གྱི་དགོངས་མོ་གཟིམ་ཆུང་དུ་བྱོན་ནས། ང་ཅག་གིས་ལོ་ཉི་ཤུ་རྩ་ལྔ་ལ་འདུལ་བའི་བཤད་པ་བྱས། སུམ་ཅུ་རྩ་གསུམ་ལ་གདན་སར་བཏོན། སུམ་ཅུ་རྩ་བཞི

ལ་དགེ་བཤེས་དགྱེར་སྒོམ་པ་ཆེན་པོ་བདེ་བར་གཤེགས། སུམ་ཅུ་རྩ་ལྔའི་ངོ་ལ་བཀའ་གདམས་ཀྱི་བཤད་པ་བྱས་ནས་ཉི་མ་དེ་རིང་ཕན་ཆད་ལ་ཅི་ཕན་ཅི་བཟོད་བྱས་པ་ཡིན། དགེ་བཤེས་ཆེན་པོའི་ཐུགས་དགོངས་ཀྱང་མ་ལུས་པར་བསྐངས་པ་ཡིན། ད་ནི་རི་བྲག་གམ་དབེན་པ་ཅིག་ཏུ་སྐྱིག་སྐྱིང་འདོད། དགེ་བཤེས་ཆེན་པོ་དེ་འདའ་བའི་དུས་སུ་བསྙུན་ནད་ལ་སོགས་པའི་མཚན་མ་མ་བྱུང་། ང་ཅག་ལ་ཡང་མི་འོང་། སྔོན་པའི་ནད་འདི་ཀུན་འོང་མི་ཐང་པ་ཡིན་ཏེ། དེ་སྲ་ཕན་ཆད་ཡག་རབ་འོང་དུ་རེ་བ་ཡིན་པ་ལ་དཀྱིལ་ཆེ་བར་སྣང་། ང་ཅག་གི་བཀའ་རྒྱུད་འདི་བྱིན་རླབས་ཆེ་བ་ཡིན་གྱི། ང་དང་དགེ་བཤེས་ཆེན་པོ་གཉིས་དྲན་པར་གྱིས་བྱ་བ་ཞལ་ཆེམས་ཀྱི་ཚུལ་དུ་གསུངས། དེ་ནས་གྲལ་ཆོས་བཞིའི་ཉིན་པར་རིན་ཆེན་གྲགས་ཀྱི་དགེ་རྩ་ནས་བཟུང་སྟེ། འབར་རྫོགས་ལ་སོགས་པར་མི་རྟག་པའི་ཆོས་མང་དུ་གསུངས། དེ་ནས་ཉི་མ་མ་རྒས་ཙམ་དེ་ལ་རྒྱ་མར་བྱོན། རྒྱན་གཏོར་མཛད་པའི་རྗེས་ལ། སྐྱིལ་ཀྲུང་ལམ་མེ་མཛད་ནས་ཆོས་བཞིའི་སྲོད་འཁོར་རྗེས་དེ་ལ་དགོངས་པ་མྱ་(༢༡)ངན་ལས་འདའ་བའི་ཚུལ་བསྟན། སློབ་དཔོན་སྟོན་པས་གསོལ་བ་བཏབ་པས་སྐུ་མདངས་དེ་སྔར་བས་ཀྱང་གཟི་བརྗིད་ཆེར་སོང་། དེ་ནས་ཞག་བཞིའི་བར་དུ་མཆོད་པ་རྒྱས་པར་བྱས། ཞག་ལྔའི་ཉིན་པར་ཚོགས་པ་ལ་སྦྱར་གྱི་ཞལ་བསྟན། ཞག་དྲུག་གི་ཉིན་པར་གདུང་གི་ཞབས་ཏོག་བྱས། ཞག་བདུན་གྱི་དགོངས་མོ་མཆོད་ཁང་ཆེན་མོའི་ཐ་ཁང་དུ་སྐུ་གདུང་གདན་དྲངས་ཏེ་དད་ལྡན་ཐམས་ཅད་ཀྱིས་མཆོད་པ་རྒྱ་ཆེར་ཕུལ་ཏེ་སྨོན་ལམ་བཏབ་བོ། །

བདག་ཉིད་ཆེན་པོ་འདི་ལ་སྤྱིར་ཆོས་ཐོབ་པའི་སློབ་མ་བསམ་གྱིས་མི་ཁྱབ་པ་བྱུང་ཞིང་ལམ་རིམ་གྱི་ཁྲིད་སྤེལ་ནུས་པའི་བསྟན་འཛིན་དམ་པའང་མང་དུ་བྱོན་ལ། བཀའ་གདམས་གདམས་ངག་པའི་མན་ངག་ལྟར་གྱི་སྐྱེས་བུ་གསུམ་གྱི་ལམ་གྱི་རིམ་པ་རྒྱ་ཆེར་སྤེལ་བའི་སློབ་མའི་གཙོ་བོ་ནི་ལྷོ་བྲག་མཁན་ཆེན་ནམ་མཁའ་རྒྱལ་པོའོ། །མཁན་ཆེན་

ནམ་མཁའ་རྒྱལ་པོས་མཁན་ཆེན་སེང་གེ་བཟང་པོ་ལ་གནང་། དེས་མཁན་ཆེན་རྒྱལ་སྲས་བཟང་པོ་ལ་གནང་། དེས་ལྷོ་བྲག་གྲུབ་ཆེན་ནམ་མཁའ་རྒྱལ་མཚན་ལ་གནང་ངོ་། །

དེས་ན་བྱང་ཆུབ་ལམ་གྱི་རིམ་པ་ལ་བློ་སྦྱོང་བར་འདོད་པ་རྣམས་ཀྱིས་སྒྲུལ་པའི་སྐྱེས་མཆོག་སངས་རྒྱས་དབོན་སྟོན་རིན་པོ་ཆེར་གསོལ་བ་འདེབས་ཤིང་བདག་ཉིད་ཆེན་པོ་འདིའི་རྣམ་ཐར་ལྟར་བཤེས་གཉེན་བསྟེན་ཚུལ་ནས་བཟུང་། ཞི་ལྷག་ཟུང་འབྲེལ་གྱི་བར་སྐྱེས་བུ་གསུམ་ལམ་གྱི་རིམ་པ་ལ་སྒོ་གསུམ་བརྩོན་པ་ཅིག་སྒྲིལ་དུ་བློ་སྦྱངས་ནས་སྒྲུབ་པ་ཐོན་ངེས་ཤིག་(༣༡༤བ)བྱ་བ་ལ་འབད་པར་བྱའོ།། །།

མཁན་ཆེན་ནམ་མཁའ་རྒྱལ་པོའི་རྣམ་ཐར།

དམ་པས་བྱིན་བརླབས་ནམ་མཁའ་རྒྱལ་པོ་དང་། །ཞེས་བསྟུགས་པ། མཁན་ཆེན་ནམ་མཁའ་རྒྱལ་པོ་ནི་ཤུད་ཕུ་བའི་རིགས་སུ་མཁན་ཆེན་ནམ་མཁའ་སེང་གེའི་གཅུང་པོའི་སྲས་སུ་འཁྲུངས། གཞོན་ནུའི་དུས་ནས་རིགས་རྒྱུད་དང་ཁྲིམ་གྱི་ལོངས་སྤྱོད་གང་ལའང་མ་ཆགས་པར་ཁུ་བོ་མཁན་ཆེན་ནམ་མཁའ་སེང་གེའི་དྲུང་དུ་རབ་ཏུ་བྱུང་སྟེ་འདུལ་བའི་ཀུན་སྤྱོད་རྣམས་ལེགས་པར་བསླབས། མཁན་ཆེན་མཆོ་སྣ་པ་དང་། མོན་གྲ་པ་སོགས་དགེ་བའི་བཤེས་གཉེན་མང་པོའི་ཞབས་ལ་གཏུགས་ཏེ། འདུལ་བ་དང་། མངོན་པ་མཛོད་དང་། བྱམས་ཆོས་རྣམས་དང་དབུ་མའི་གཞུང་རྣམས་ལ་སྦྱངས་པ་མཐར་ཕྱིན་པར་མཛད། སངས་རྒྱས་དབོན་སྟོན་གྱི་ཞབས་ལ་གཏུགས་ཏེ་བཀའ་གདམས་གདམས་ངག་པའི་བྱང་ཆུབ་ལམ་གྱི་རིམ་པའི་ཁྲིད་ལེགས་པར་གསན་ཏེ་ཐུགས་ལ་ཆུད་པར་མཛད། སླར་ཡང་ཁུ་བོ་མཁན་ཆེན་ནམ་མཁའ་སེང་གེའི་དྲུང་དུ་བཀའ་གདམས་གཞུང་པའི་བཤད་སྲོལ་ལྟར་གྱི་བྱང་ཆུབ་ལམ་གྱི་རིམ་པའི་ཁྲིད་གསན་ནས

ཐུགས་ཉམས་སུ་བཞེས་ཏེ་མཁན་ཆེན་འདི་ལ་བཀའ་གདམས་གཞུང་པ་དང་གདམས་ངག་པའི་བཤད་སྲོལ་གཉིས་ཀ་མངའ་བས་བརྒྱུད་པའི་ཆུ་བོ་གཉིས་འདྲེས་ཞེས་བསྔགས་སོ། །

དེ་ནས་རྗེ་བཙུན་སྒྲོལ་མས་ལྷོ་མོན་ཕྱོགས་སུ་ལམ་གྱི་རིམ་པའི་འཕྲིན་ལས་འཕེལ་བར་ལུང་བསྟན་པ་བཞིན་ལམ་རིམ་གྱི་ཞིང་རྒྱ་ཆེར་གནང་བས་བསྟན་འཛིན་མང་དུ་(༣༡)(༨ན)བྱོན་ཞིང་རྒྱུད་འཛིན་གྱི་གཙོ་བོ་ནི་རང་གི་དབོན་སྲས་མཁན་ཆེན་སེང་གེ་བཟང་པོའོ། །བདག་ཉིད་ཆེན་པོ་འདི་ལ་ཐུབ་པ་དམ་ཚིག་གསུམ་བཀོད་དང་རྗེ་བཙུན་སྒྲོལ་མ་དང་མི་གཡོ་བ་དང་། བདེ་མཆོག་ལ་སོགས་པ་ལྷག་པའི་ལྷ་མང་པོས་ཞལ་བསྟན་ཅིང་གསུང་གི་གནང་བ་སྩལ། ཕྱི་རབས་ཀྱི་གདུལ་བྱ་རྣམས་ཀྱི་དོན་དུ་བསྟན་བཅོས་kyang་མང་དུ་མཛད་དོ། །

དེ་ལྟར་བསྟན་འགྲོའི་དོན་རྒྱ་ཆེར་མཛད་ནས་རྗེ་བཙུན་སྒྲོལ་མས་ལུང་བསྟན་པ་ལྟར་སྐུའི་བཀོད་པ་བསྡུས་ནས་བདེ་བ་ཅན་དུ་གཤེགས་སོ། །བདག་ཉིད་ཆེན་པོ་འདི་ལ་འབྲོམ་རིན་པོ་ཆེ་ནས་དགེ་བཤེས་པོ་ཏོ་བ་ལ་བརྒྱུད་པ་དང་། འབྲོམ་རིན་པོ་ཆེ་ནས་དགེ་བའི་བཤེས་གཉེན་སྤྱན་སྔ་བ་ལ་བརྒྱུད་པའི་མན་ངག་གཉིས་ཀ་མངའ་ཞིང་། བླ་མ་རྣམས་ཀྱིས་བྱིན་གྱིས་བརླབས་པའི་བཀའ་བབ་ཆེ་བས་ན་རྗེ་ཐམས་ཅད་མཁྱེན་པས་kyang། དམ་པས་བྱིན་བརླབས་ནམ་མཁའ་རྒྱལ་པོ་ཞེས་བསྔགས་སོ། །

དེས་ན་བྱང་ཆུབ་ལམ་གྱི་རིམ་པ་ལ་བློ་སྦྱོང་བར་འདོད་པ་རྣམས་ཀྱིས་མཁན་ཆེན་ནམ་མཁའ་རྒྱལ་པོ་ལ་གསོལ་བ་འདེབས་ཤིང་། དངོས་གྲུབ་ཐམས་ཅད་ཀྱི་རྩ་བ་བླ་མ་དམ་པའི་བྱིན་རླབས་ཐོབ་པར་བྱས་ལ་བྱང་ཆུབ་ལམ་རིམ་སྒོམ་པ་ལ་འབད་པར་བྱའོ།། །།

མཁན་ཆེན་སེང་གེ་བཟང་པོའི་རྣམ་ཐར།

འཇིག་རྟེན་ཆོས་བརྒྱད་སྤངས་པའི་སེང་གེ་བཟང་། །ཞེས་བསྟགས་པ། མཁན་ཆེན་སེང་གེ་བཟང་པོ་ནི་ཤུད་ཕུ་བའི་བརྒྱུད་དུ་མཁན་ཆེན་ནམ་མཁའ་རྒྱལ་པོའི་དབོན་སྲས་སུ་འཁྲུངས། སྔོན་(༣༧༨བ)གྱི་བག་ཆགས་བཟང་པོའི་མཐུས་དགུང་ལོ་བདུན་ལོན་དུས་འདོད་པའི་ཡོན་ཏན་གང་ལའང་མ་ཆགས་པར་སུས་ཀྱང་མཐོང་ཚོར་མེད་པར་ཕྱུག་པ་ཞིག་ཏུ་ཕེབས་ཏེ། ཁམས་ཟས་རགས་པ་ལ་མི་བལྟོས་པར་རྡེའུ་གསོལ་ནས་གྲུབ་པ་པོ་ན་མཛད་པས་ལྷག་པའི་ལྷ་མང་པོས་བྱིན་གྱིས་བརླབས་ཤིང་ཉམས་རྟོགས་ཁྱད་པར་ཅན་སྐྱེས། དགུང་ལོ་ཉི་ཤུ་རྩ་བརྒྱད་པ་ལ་མཁན་ཆེན་ནམ་མཁའ་རྒྱལ་པོའི་དྲུང་དུ་རབ་ཏུ་བྱུང་སྟེ་འདུལ་བའི་ཀུན་སྤྱོད་རྣམས་ལེགས་པར་བསླབས། ཞང་ཡེ་ཤེས་མཛེས་ཀྱི་དྲུང་དུ་འདུལ་བ་མདོ་རྩ་བ་ལ་ཐུགས་སྦྱོང་མཛད། དེ་ནས་མཁན་ཆེན་ནམ་མཁའ་རྒྱལ་པོའི་དྲུང་དུ་བྱང་ཆུབ་ལམ་གྱི་རིམ་པའི་ཁྲིད་གསན་ནས་ཐུགས་ཉམས་སུ་བཞེས་ཏེ་གདེང་ཐོབ་པར་མཛད། མཁན་ཆེན་ནམ་མཁའ་རྒྱལ་པོ་ཞིང་གཤེགས་ནས་གདན་སར་ཕེབས་ཏེ་གཞི་གསུམ་གྱི་ཕྱག་ལེན་སོགས་འདུལ་བའི་བསླབ་བྱ་ཕྲ་རགས་ཐམས་ཅད་ལ་དག་ཏེར་མཛད། བླ་བོ་དགོན་གསར་གྱི་ཆོས་སྡེ་གསར་དུ་བཙུགས། འདུལ་འཛིན་མཚོ་སྣ་བ་ཆེན་པོ་སྤྱན་དྲངས་དགེ་འདུན་མང་དུ་ཚོགས་པ་ལ་ཆོས་འཁོར་བསྐོར་བ་སོགས་བསྟན་པའི་བྱ་བ་རྒྱ་ཆེར་མཛད་དོ། །བདག་ཉིད་ཆེན་པོ་འདིས་འདོད་ཡོན་ལ་ཆགས་པ་སྤངས་ཏེ། དཀའ་ཐུབ་ཀྱི་སྒོ་ནས་སྒྲུབ་པ་རྒྱུན་རིང་དུ་མཛད་པས་ཉམས་རྟོགས་ཁྱད་པར་ཅན་བརྙེས་པས་ན་རྗེ་ཐམས་ཅད་མཁྱེན་པས་ཀྱང་། འཇིག་རྟེན་ཆོས་བརྒྱད་སྤངས་པའི་སེང་གེ་བཟང་། །ཞེས་བསྟགས་སོ། །

དེ་ལྟར་བསྟན་པ་ལ་བྱ་བ་རྒྱ་ཆེར་མཛད་ནས་སྐུའི་བཀོད་པ་བསྒྱུ་བའི་ཆེ་ལྔང་ལོ་ཅན་དུ་(༣༢༠ན)འགྲོ་གསུངས་ནས་ཞིང་གཤེགས་ཏེ། དེའི་ཆེ་མེ་ཏོག་སྟོན་པོའི་ཆར་བབས་པ་སོགས་ངོ་མཚར་བའི་ལྟས་བྱུང་ངོ་། །བདག་ཉིད་ཆེན་པོ་འདིས་སྐལ་བ་དང་ལྡན་པ་མང་པོ་ལ་ལམ་རིམ་གྱི་ཁྲིད་གནང་བས་སློབ་མ་མང་དུ་བྱུང་ཡང་རྒྱུད་འཛིན་གྱི་གཙོ་བོ་ནི་མཁན་ཆེན་རྒྱལ་སྲས་བཟང་པོའོ། །

དེས་ན་བྱང་ཆུབ་ལམ་གྱི་རིམ་པ་ལ་བློ་སྦྱོང་བར་འདོད་པ་རྣམས་ཀྱིས་མཁན་ཆེན་སེང་གེ་བཟང་པོ་ལ་གསོལ་བ་འདེབས་ཤིང་དམ་པ་འདིའི་རྣམ་ཐར་ལྟར་འདོད་ཡོན་ལ་ཆགས་པའི་དབང་དུ་མ་སོང་བར་སྦྱངས་པའི་ཡོན་ཏན་ལ་གནས་ནས་བྱང་ཆུབ་ལམ་གྱི་རིམ་པ་སྒོམ་པ་ལ་བརྩོན་པ་ལྷུར་བྱའོ།། །།

མཁན་ཆེན་རྒྱལ་སྲས་བཟང་པོའི་རྣམ་ཐར།

རྒྱལ་སྲས་བཟང་པོ། ཞེས་བསྟགས་པ། མཁན་ཆེན་རྒྱལ་སྲས་བཟང་པོ་ནི། ངོ་མཚར་བའི་ལྟས་དང་བཅས་ཤུད་ཕུ་བའི་རིགས་སུ་སྐུ་འཁྲུངས། ཁྱིམ་གྱི་འདུ་འཛི་ལ་མ་ཆགས་པར་ངེས་འབྱུང་གི་བསམ་པས་རྒྱུད་བསྐུལ་ཏེ། དགུང་ལོ་བཅུ་གཅིག་པ་ལ་མཁན་ཆེན་སེང་གེ་བཟང་པོའི་དྲུང་དུ་རབ་ཏུ་བྱུང་། འདུལ་འཛིན་མཚོ་སྣ་བ་དང་དགེ་བའི་བཤེས་གཉེན་མོན་གྲ་པ་སོགས་དམ་པ་མང་པོའི་ཞབས་ལ་གཏུགས་ཏེ། དཀའ་ཆེན་བཞི་ལ་སྦྱངས་པ་མཐར་ཕྱིན་པར་མཛད་ནས་དགུང་ལོ་བཅོ་ལྔ་ལོན་པའི་ཆེ་འདུལ་བའི་བཤད་པའང་མཛད། མཁན་ཆེན་སེང་གེ་བཟང་པོའི་དྲུང་དུ་བྱང་ཆུབ་ལམ་གྱི་རིམ་པའི་ཁྲིད་དང་ལམ་རིམ་གྱི་མན་ངག་སྦྱོད་འཇུག་ལ་སོགས་པ་བཀའ་གདམས་ཀྱི་ཆོས་རྣམས་གསན། ཐུགས་རྗེ་ཆེན་པོའི་ཆོས་སྐོར་རྣམས་(༣༢༠བ)ཀྱང་ཡོངས་སུ

རྫོགས་པར་གསན་ནས་ལམ་ཐུན་མོང་བ་དང་ཐུན་མོང་མ་ཡིན་པའི་ལམ་གྱི་རིམ་པ་རྣམས་ལ་མྱོང་བ་ཐོན་པར་མཛད། སྒྲོ་བ་དགོན་པའི་གདན་སར་ཕེབས་ཏེ་སྐུ་གསུང་ཐུགས་རྟེན་མང་དུ་བཞེངས། མོན་གྲྭ་པ་ཆེན་པོ་དགེ་འདུན་གྱི་སྡེ་མང་པོ་དང་བཅས་སྤྱན་དྲངས་ཏེ་ཆོས་འཁོར་བཙུགས། ལྷོ་བྲག་གྲུབ་ཆེན་སོགས་སློབ་མ་དང་ལྡན་པ་མང་པོ་ལ་ལམ་གྱི་རིམ་པའི་ཁྲིད་དང་བཀའ་གདམས་ཀྱི་ཆོས་རྣམས་རྒྱས་པར་གནང་།

དེ་ནས་ལྷོ་བྲག་གྲུབ་ཆེན་ནམ་མཁའ་རྒྱལ་མཚན་ལ་ལུགས་གཉིས་ཀྱི་ཞལ་ཏ་ལེགས་པར་གནང་ནས་ངོ་མཚར་བའི་ལྟས་བསམ་གྱིས་མི་ཁྱབ་པ་དང་བཅས་ཞི་བར་གཤེགས། ལྷོ་བྲག་ཕྱོགས་སུ་བཀའ་གདམས་ཀྱི་བསྟན་པ་ཡུན་རིང་དུ་གནས་པའི་རྟེན་འབྲེལ་དུ་སྐུ་གདུང་རིལ་པོར་སྒྲོ་བ་དགོན་པའི་གསེར་འབུམ་གྱི་ནང་དུ་བཞུགས་སོ། །

དེས་ན་བྱང་ཆུབ་ལམ་གྱི་རིམ་པ་ལ་བློ་སྦྱོང་བར་འདོད་པ་རྣམས་ཀྱིས་མཁན་ཆེན་རྒྱལ་སྲས་བཟང་པོ་ལ་གསོལ་བ་འདེབས་ཤིང་དམ་པ་འདིའི་རྣམ་ཐར་ལྟར་ལམ་མ་ནོར་བར་སྟོན་པའི་བཤེས་གཉེན་དམ་པ་ཚུལ་བཞིན་དུ་བསྟེན་ནས་སྐྱེས་བུ་གསུམ་གྱི་ལམ་གྱི་རིམ་པ་བསྒོམ་པ་ལ་བརྩོན་པར་བྱའོ།། །།

ལྷོ་བྲག་ནམ་མཁའ་རྒྱལ་མཚན་གྱི་རྣམ་ཐར།

བྱང་ཆུབ་ཐུགས་ཀྱིས་འགྲོ་ཀུན་བུ་བཞིན་གཟིགས། །ལྷག་པའི་ལྷ་ཡིས་རྗེས་བཟུང་བྱིན་གྱིས་བརླབས། །སྙིགས་དུས་འགྲོ་བ་འདྲེན་པའི་བཤེས་གཉེན་མཆོག །ནམ་མཁའ་རྒྱལ་མཚན་ཞབས་ལ་གསོལ་བ་འདེབས། །ཞེས་བསྔགས་པ་ལྷོ་བྲག་མཁན་ཆེན་ནམ་མཁའ་རྒྱལ་མཚན་ནི་(༣༢༡ན)ཡབ་སློབ་དཔོན་ནམ་མཁའ་བཟང་པོ་དང་། ཡུམ་རིན་ཆེན་རྒྱན་ཅེས་བྱ་བའི་སྲས་སུ་མེ་ཕོ་སྟག་གི་ལོ་ལ་ཤུད་ཕུའི་རིགས་སུ་སྐུ་བལྟམས།

འཁྲུངས་ཙམ་ཉིད་ནས་སཾ་སྐྲྀ་ཏའི་སྐད་དུ་དེ་བཞིན་གཤེགས་པའི་མཚན་བརྗོད་པ་སོགས་སླ་ཤེས་ཤིང་། བསམས་བཞིན་དུ་བྱོན་པའི་སྤྲུལ་པ་ཞིག་ཡིན་པའི་རྟགས་བསྟན། དགུང་ལོ་གཉིས་པ་ལ་སྔོན་གྱི་སྐྱེ་བ་དྲན་པའི་སྟོབས་ཀྱིས་གཏོར་མ་གཏོང་བའི་ལད་མོ་མཛད། ལོ་གསུམ་པའི་དུས་སུ་ལྷག་པའི་ལྷ་མང་པོའི་ཞལ་མཐོང་བ་བྱུང་། དགུང་ལོ་བདུན་པ་ལ་ཁུ་བོ་མཁན་ཆེན་རྒྱལ་སྲས་པ་ལ་དགེ་བསྙེན་གྱི་སྡོམ་པ་མནོས། ཁྱིམ་གྱི་འདུ་འཛི་ལ་མ་ཆགས་པར་ངེས་འབྱུང་གི་བསམ་པ་ཤུགས་དྲག་པོས་བསྐུལ་ཏེ་མཁན་ཆེན་རྒྱལ་སྲས་བཟང་པོའི་དྲུང་དུ་རབ་ཏུ་བྱུང་ཞིང་དགེ་ཚུལ་གྱི་སྡོམ་པ་བཞེས། ཐུགས་རྗེ་ཆེན་པོའི་ཆོས་སྐོར་རྣམས་གསན། དེའི་ཚེ་བྱད་མེད་པདྨའི་ཕོར་པ་ན་འོ་ཐུག་གི་ཚོད་མ་ཁྱེར་བ་བཞིས་འདི་སྐད་དུ། སྐྱེ་ཀ་ན་འཆིའི་སྣང་ཚུལ་འདི། །ཐོས་པས་ཡི་མུག་སྐྱེ་འགྱུར་ན། །ངན་སོང་སྡུག་བསྔལ་བཟོད་དཀའ་བས། །གཞན་ཕན་བྱང་སེམས་བདུད་རྩི་ཐུངས། །ཞེས་གསུངས་ནས་པད་ཕོར་གྱི་འོ་མ་དེ་བྱིན་ནས་ཤར་ཕྱོགས་ཀྱི་ནམ་མཁའ་ལ་བཞུད། དེ་ནས་སྤྱན་རས་གཟིགས་ཀྱི་བསྙེན་པ་མང་དུ་མཛད།

ལོ་བཅུ་པ་ལ་ཁུ་བོའི་དྲུང་དུ་སྙེ་འུ་ཟུར་པ་ནས་བརྒྱུད་པ་དང་བྱ་ཡུལ་བ་ནས་བརྒྱུད་པའི་ལམ་རིམ་དང་ཐུགས་རྗེ་ཆེན་པོ་དང་མི་གཡོ་བ་རྟ་མགྲིན་ལྷ་བཞི་སྒྲོལ་མ་ཉེར་གཅིག་ལ་སོགས་(༣༢༡བ)པའི་ཆོས་སྐོར་མང་དུ་ཞུས། རྟགས་ཁྱད་པར་ཅན་ཡང་མང་དུ་བྱུང་། ལོ་བཅུ་གསུམ་པའི་ཀེག་ལ་དགེ་སྦྱོར་ཉིན་མཚན་ཡེངས་པ་མེད་པར་མཛད། ནུབ་མོ་སྒྲོ་བ་དགོན་པའི་འབུམ་པ་ལ་སྐོར་བ་མཛད་པས་སྐུ་ལུས་ལས་འོད་འཕྲོ་བ་རྒྱང་རིང་པོ་ན་གནས་པའི་སྐྱེ་བོ་དག་གིས་ཀྱང་མཐོང་ནས་འབུམ་པ་ལ་མེས་སྐོར་བ་བྱེད་ཀྱི་འདུག་ཟེར་བ་བྱུང་།

དགུང་ལོ་བཅོ་ལྔ་པ་ལ་འདུལ་བའི་སློབ་གཉེར་མཛད། བཅུ་བདུན་པ་ལ་འཆད་ཉན་མཆོན་རེ་མཛད་ཀྱང་ཐུགས་ལ་ལུང་སྟོང་ཞིག་ཏུ་སྒོམ་སྒྲུབ་འབའ་ཞིག་མཛད་

དགོངས་པ་བྱུང་གསུང་། ལོ་བཅུ་དགུའི་དུས་ལྷ་སར་ཇོ་བོ་མཇལ་དུ་བྱོན་ནས་ཉིན་མཚན་གཉིས་ཀ་སྐོར་བ་མང་དུ་མཛད། ནུབ་གཅིག་ར་མོ་ཆེའི་ཁྲམས་སུ་བཞུགས་པས་ལྟུགས་སྒོ་དེ་ཁྲེ་ནས་མི་ནག་པོ་འཇིགས་སུ་རུང་བ་དར་ནག་གི་གོས་གྱོན་པ་ཅིག་བྱུང་ནས། ཁྱོད་ནི་ལས་ཀྱི་ཇོ་ཇོ་བདེ་ལྡན་ཞེས་བྱ་བ་ཡིན་ནོ། །ད་རིན་ཆེན་སྒང་དུ་སོངས་ལ་འཇམ་དབྱངས་ཀྱི་སྤྲུལ་པ་གཅིག་དང་མཇལ་ནས་འོང་གི་གསུང་བ་བྱུང་། མི་ནག་པོ་དེ་མགོན་པོ་གྲི་གུག་ཡིན་པར་འདུག་གསུང་། དེ་ནས་རིན་ཆེན་སྒང་དུ་བྱོན། རིན་པོ་ཆེ་བཀྲས་རྒྱལ་བའི་དྲུང་དུ་བསྙེན་པར་རྫོགས། ལམ་རིམ་བློ་སྦྱོང་སེམས་བསྐྱེད་ཀྱི་ཆོས་སྐོར་དང་གཞན་ཡང་གསང་སྔགས་ཀྱི་སྒྲུབ་ལུགས་མང་དུ་གསན། དེའི་ཚེ་རིན་པོ་ཆེའི་ཞལ་ནས་ཁྱོད་ཀྱིས་ཡི་དམ་གང་ལ་བྱས། རབ་ཏུ་བྱུང་ནས་ལོ་དུ་སོང་། སློབ་གཉེར་གང་ལ་བྱས། ཁྱེད་ལ་ཆོས་པ་ཨ་ཐོ་བ་ཅིག(༣༢༢ན)འོང་བར་འདུག་གསུངས་ནས་མཉེས་པའི་ཞལ་ཏ་མང་དུ་གནང་། དེ་ནས་རི་ཟངས་རྫོག་པའི་དྲུང་དུ་བྱོན་ཏེ་འདུལ་བ་རྒྱ་ཆེར་འགྲེལ། ཀཱ་ལ་ཙཀྲ། ཉི་ཁྲི་སྣང་བ། བསླབ་པ་ཀུན་ལས་བཏུས། ཇོ་བོའི་ཆོས་ཆུང་བརྒྱ་རྩ། ཉི་མ་སྦས་པའི་སྒྲོལ་མ་ཉེར་གཅིག་གི་ལས་ཚོགས་སོགས་ཆོས་མང་དུ་གསན། དེ་ནས་ལྷོ་བྲག་ཏུ་ཕེབས་ཏེ་ཆེ་སར་བཏོན།

དེ་ནས་ལོ་ཉེར་གཉིས་ལོན་པའི་ཚེ་ཁྲིའུ་དཀར་པོ་ཞིག་བྱུང་ནས། ཁྱོད་ལ་ཚེ་སྟོན་གྱི་རྣམ་སྨིན་ཡོད་པས་བྱང་ཆུབ་ལྟུང་བཤགས་ཀྱི་སྒྲུབ་པ་གྱིས་ཟེར་ནས་འཇའ་བཞིན་ཡལ། དེ་ནས་ལྟུང་བཤགས་ཀྱི་སྒྲུབ་པ་ལ་ཞུགས་ཐུན་རེ་ལ་ཕྱག་བདུན་བརྒྱ་རེའི་དམ་བཅའ་མཛད། ནུབ་གཅིག་གི་རྨི་ལམ་དུ་བཙུན་ཆུང་ལོ་བརྒྱད་པའི་ན་ཚོད་ཙམ་པ་སུམ་ཅུ་རྩ་ལྔ་བྱོན་ནས། སྡུག་བསྔལ་རྒྱ་མཚོར་བྱེད་པའི་གཞི་ཆེན་པོ། །ཆགས་དང་སྡང་བའི་ངན་རྟོག་སྣ་ཚོགས་འདི། །ངོ་བོ་རང་བཞིན་མེད་པར་རྟོགས་པ་ན། །སྤྲང་བླངས་རྒྱུ་རྐྱེན་མེད་པ་ཆོས་ཀྱི་སྐུ། །ཞེས་པ་ལ་སོགས་པའི་ཆོས་ཚིགས་བཅད་རེ་རེ་གསུངས་ནས་ནམ་

མཁའ་ལ་བཞུད་པ་རྨིས། ཐུགས་དམ་ཤིན་ཏུ་འཕེལ་ཏེ་ཁམས་འདུས་ཤིག་ཡོད་པ་ཞི་ཞིང་བྱང་ཆུབ་ཀྱི་སེམས་དང་སྙིང་རྗེ་བཅོས་མ་མ་ཡིན་པ་རྒྱུད་ལ་སྐྱེས་ནས་ཉིན་མཚན་འཁྲོ་མི་ཆོད་པ་བྱུང་གསུང་།

དགུང་ལོ་ཉེར་གསུམ་ལོན་དུས་སྒྲོ་བ་དགོན་པར་ཟླ་བ་དྲུག་མཚམས་བཅད་ནས་འཛམ་དཔལ་དང་དོན་ཞགས་ལ་གསོལ་བ་བཏབ། ཉེར་ལྔ་ལོན་དུས་བླ་མ་བདེ་བའི་འབྱུང་གནས་ཁར་ཆུར་བྱོན་པ་ལ་ཆོས་མང་དུ་གསན། ཡང་དེའི་(༣༢༢༨)ལོ་མཁན་ཆེན་རྒྱལ་སྲས་པས་མོན་གྲྭ་པ་གདན་དྲངས་ཏེ་ཆོས་འཁོར་ཆེན་མོ་མཛད། མོན་གྲྭ་པ་ལ་ཕྱག་རྫོར་ཁྲུང་ལྔའི་དབང་ལུང་དང་བློ་སྦྱོང་ཚིག་བརྒྱད་མ་སོགས་ཆོས་མང་དུ་གསན། དགུང་ལོ་སུམ་ཅུ་རྩ་གཅིག་ལོན་དུས་རྒྱལ་སྲས་པ་ཞིང་གཞན་དུ་གཤེགས་པའི་དགོངས་རྫོགས་ལ་གསེར་སྐུ་ཆེན་པོ་བཞེངས། ཕྱོགས་དེའི་སེར་སྐྱ་ཚང་མས་གདན་ས་མཛད་དགོས་པར་གསོལ་བ་བཏབ་སྟེ་སྒྲོ་བ་དགོན་པའི་ཆོས་ཀྱི་ཁྲི་ལ་ཕེབས། དེའི་ཚེ་གསང་བདག་གི་ཞལ་ནས། ལས་ཀྱི་རྡོ་རྗེ། ཁ་ཡི་ཆོས་ཀྱིས་འཚང་མི་རྒྱ། །གཤོག་མེད་བྱ་ཡིས་འཕུར་མི་ནུས། །སྨིག་རྒྱུའི་ཆུ་ཡིས་སྐོམ་མི་སེལ། །རྒྱ་མཚོར་སྐོམ་རིར་མི་འཆི་འཚལ། ཁུ་བོ་མི་ཏྲི་འདི་སྐད་གསུང་། །དེ་ཡང་ས་གསེར་ཟླ་བ་མེ། །གཏེར་དང་རིན་ཆེན་འབྱུང་གནས་མཆོ། །ཞེས་སོགས་སེམས་བསྐྱེད་ཉི་ཤུ་རྩ་གཉིས་ཀྱི་གདམས་པ་གནང་།

དགུང་ལོ་བཞི་བཅུ་བཞེས་དུས་གསང་བདག་ལ་ཞུས་པས། སྡོམ་པ་གསུམ་གྱི་ཉེས་ལྟུང་དང་དམ་ཚིག་ཉམས་ཆགས་སྦྱོང་བའི་ཐབས་གསང་བ་བསམ་གྱིས་མི་ཁྱབ་པའི་གདམས་པ་ཟབ་མོ་གསུངས། ཕྱིས་ཡི་གེར་འདེབས་པར་མཛད་དོ། །

དགུང་ལོ་ཞེ་གཉིས་པའི་དུས་གསང་བདག་གི་ཞལ་ནས། ལས་ཀྱི་རྡོ་རྗེ། བླ་མ་ལ་མོས་གུས་མ་ཐོབ་བར་ཡི་དམ་ལྷའི་ཞལ་མཐོང་ཟེར་བ་དང་ཉམས་རྟོགས་བཟང་པོ་སྐྱེས་ཟེར་བ་རྫུན་ཡིན། འཆི་བ་སྙིང་ནས་མ་དྲན་པར་འཇིག་རྟེན་བློས་བཏང་ཟེར་བ

དང་། ལས་རྒྱུ་འབྲས་ལ་ཡིད་ཆེས་མེད་པར་སྡིག་པ་མ་བྱས་ཟེར་བ་དང་། ཕན་སེམས་རྡུལ་ཙམ་མེད་པར་བྱམས་པ་སྙིང་རྗེ་རྒྱུད་ལ་སྐྱེས་ཟེར་བ་དང་། (༣༢༣ན)ཀུན་རྫོབ་ཀྱི་ཆོས་ཐམས་ཅད་བདེན་མེད་དུ་མ་རྟོགས་པར་སྟོང་པ་ཉིད་རྟོགས་ཟེར་བ་རྣམས་རྫུན་ཡིན། ཆོས་གཤའ་མ་ཞིག་བྱེད་ན་གཞི་དད་པ་གལ་ཆེ་གསུང་། དད་པ་སྐྱེ་བའི་རྒྱུ་གང་ལགས་ཞུས་པས་བླ་མ་སངས་རྒྱས་ལྟ་བུ་བསྟེན་ན་དད་པ་སྐྱེ། །འཆི་བ་མི་རྟག་པ་དྲན་ན་དད་པ་སྐྱེ། །མཆེད་གྲོགས་དད་པ་ཅན་དང་འགྲོགས་ན་དད་པ་སྐྱེ། །འཁོར་བའི་ཉེས་དམིགས་དྲན་ན་དད་པ་སྐྱེ། །ཞེས་པ་ལ་སོགས་པའི་གདམས་པ་མང་དུ་གསུངས་སོ། །ཡང་ལན་ཅིག་བྲམ་ཟེ་ཆེན་པོ་ས་ར་ཧ་ཡིན་ཟེར་བ་གྲུབ་ཐོབ་ཅིག་དང་མཇལ། དེས་རྗོ་རྗེའི་ལུས་ཀྱི་གནས་ལུགས་རྒྱས་པ་ཅིག་གསུངས།

དགུང་ལོ་རེ་གཅིག་བཞེས་དུས་ལི་ཡུལ་ཡིན་ཟེར་བའི་ལུང་པ་གསུམ་གཤིབ་འདུག་པའི་དབུས་མ་དེའི་དཀྱིལ་སྟོད་ན་ཕོ་བྲང་ཆེན་པོ་ཞིག་འདུག །ཕོ་བྲང་དེ་ན་སུ་བཞུགས་པ་ཡིན་དྲིས་པས་ཇོ་བོ་དྷི་པཾ་ཀ་ར་ཤྲཱི་ཛྙཱ་ན་བཞུགས་པ་ཡིན་གསུང་། ཇོ་བོ་དེ་དང་མཇལ་བ་ཞིག་བྱུང་ན་སྙམ་ནས་གསོལ་བ་འདེབས་ཀྱིན་ཕྱིན་པས་ཇོ་བོ་ཆེན་པོ་ཞལ་རས་དཀར་ལ་སྐུ་བོང་ཆེ་བ་པཎ་ཞྭ་དམར་པོ་གསོལ་བ་ཅིག་བཞུགས་འདུག །ཐུགས་རྗེས་གཟུང་དུ་གསོལ་ཞེས་གསོལ་བ་བཏབ་པས་ཇོ་བོ་རྗེས་གདམས་པ་མང་དུ་སྩལ་ལོ། །

དགུང་ལོ་བདུན་ཅུ་བཞེས་དུས་འཛག་དཀར་དུ་རྡོ་རྗེ་རྣམ་འཇོམས་ཀྱི་དབང་བྱས་པའི་ཐོ་རངས་ཡི་དམ་ལྷའི་ལུང་བསྟན་ལ། བཅོམ་ལྡན་འདས་མགོན་པོ་བྱམས་པའི་སྤྲུལ་པ་ཅིག་གི་གསུང་ཡིག་ཁྱེར་བའི་མི་བཞི་འོང་བར་ཡོད་གསུང་བ་བྱུང་། སང་དེ་མི་བཞི་བྱུང་། དགེ་བའི་བཤེས་གཉེན་བློ་བཟང་གྲགས་(༣༢༣བ)པའི་གསུང་ཡིག་ཡིན་པར་འདུག །ཁོང་གི་ལོ་རྒྱུས་རྣམས་ཐོས་པ་ན་སྔོན་གྱི་དཔོན་སློབ་ཀྱི་འབྲེལ་བས་ཡིད་

སྒྲོ་བ་ཅིག་བྱུང་གསུང་། དེ་ནས་ནུབ་གཅིག་རྨི་ལམ་དུ་དགེ་བཤེས་བློ་བཟང་གྲགས་པས་སངས་རྒྱས་རབ་བདུན་སྤྱན་དྲངས་ཡོད་ཟེར་བའི་སྐད་ལྷང་བ་ཅིག་བྱུང་། དེ་དང་བདག་མཇལ་ན་དགའ་བ་ལ་སྙམ་ཙ་ན། འཇའ་ཚོན་སྣ་ལྔའི་སྟེང་ན་ཚུར་སངས་རྒྱས་བདུན་པོ་དགུང་ལོ་བཅུ་གཉིས་པའི་ན་ཚོད་ལྟ་བུ་གཙུག་ཏོར་ཀྱོང་ངེ་ཡོད་པ་བྱོན་བྱུང་བས། གཉིད་སད་དེ་བལྟས་པས་ཡུན་རིང་དུ་བཞུགས་འདུག །དེ་དུས་ཁོང་རྗེ་ང་ཕྱིའི་མཆོད་ཁང་ལ་རབ་གནས་མཛད་ཀྱིན་ཡོད་པར་འདུག་གསུང་། ཡང་ལན་ཅིག་བུ་མོ་དཀར་མོ་ཞིག་ན་རེ། བྱམས་པས་བྱིན་གྱིས་བརླབས་པའི་གང་ཟག་འཇམ་པའི་དབྱངས་དང་གཉིས་སུ་མེད་པ་ལྷ་མོ་དབྱངས་ཅན་མས་རིགས་པ་སྟེར་བར་བྱེད་པ་ཅིག་དང་སྐྱེ་བ་བཅོ་ལྔའི་གོང་ནས་འབྲེལ་བ་ཞིག་འོང་བར་ཡོད་པས། དེ་ལ་ཆོས་བཀའ་ལ་བསྲེས་མ་འཇུག་པར་བྱིན། ཕར་ལའང་ཆོས་ཞུས་ཟེར་བ་ཞིག་བྱུང་གསུང་། ཡང་ལན་ཅིག་མགོན་པོ་བྱམས་པ་འབྱོན་ཀྱིན་ཡོད་ཟེར་བའི་སྐད་ལྷང་བ་ཅིག་བྱུང་། དེ་དུས་ཆོས་རྗེ་དཀའ་བཞི་པ་རྒྱ་མོ་རི་འཕྲེང་ལ་ཕེབས་པའི་ཚོད་དུ་འདུག །སངས་རྒྱས་ཀྱིས་ཆོས་འཁོར་བསྐོར་བའི་དུས་དྲུག་པའི་ཚེས་བཞིའི་ཉིན་སྒྲོ་བ་དགོན་པར་ཕེབས་པ་ལ། བསུ་བ་ལ་ཐེགས་པས་རྗེ་བཙུན་འཇམ་དབྱངས་ཕེབས་བྱུང་བར་གཟིགས། རྗེ་བཙུན་ཙོང་ཁ་པས་བདག་ཕྱག་ན་རྡོ་རྗེར་དངོས་སུ་གཟིགས་འདུག་གསུང་། དེའི་ནུབ་མོ་རྗེ་རིན་པོ་ཆེ་ལ་བླ་མའི་རྣལ་འབྱོར་ཞིག་ཐོག་པས། ཕྱག་ན་རྡོ་རྗེ་བྱོན་ནས་རྗེ་རིན་པོ་ཆེ་ལ་(༣༢༨ན)ཐིམ་སོང་གསུང་། དེ་ནས་ཆོས་བཅོ་ལྔའི་ཐོ་རངས་ཤིག་བྱམས་པ་ཉིད་ལ་བསླབ་བཏུས་ཞུས་ཟེར་བ་ཞིག་བྱུང་། དེ་ནས་རྗེ་བཙུན་ཙོང་ཁ་པ་ལ་བསླབ་བཏུས་གསུང་བར་ཞུས་པས། རྗེ་བཙུན་ཙོང་ཁ་པས་གསུངས་ནས་ཡི་དམ་ལྷ་དེ་སྐད་གསུང་ངམ་གསུང་ནས་བསླབ་བཏུས་གསུངས། དེ་དུས་མཐོང་སྣང་ལ་རྗེ་ཙོང་ཁ་པའི་དབུའི་སྟེང་ན་རྗེ་བཙུན་བྱམས་པ་བཞུགས། དཔུང་པ་གཡས་ན་འཇམ་དཀར། གཡོན་ན་

དབྱངས་ཅན་མ། ཆོས་སྐྱོང་དང་མཁའ་འགྲོ་མང་པོས་བསྐོར་ཞིང་། ལྷ་འདྲེ་མང་པོའང་ཆོས་ཉན་གྱིན་འདུག་པས་མོས་གུས་ཐུན་མོང་མ་ཡིན་པ་སྐྱེས་ཞེས་གསུང་། སོ་སོར་འབྲང་མའི་དབང་དང་སེམས་བསྐྱེད་ཀྱང་གསན། རྗེ་ཙོང་ཁ་པ་ལ་བདག་གིས་ཆོས་བཀའ་མ་ལུས་པ་རྫོགས་པར་ཞུས། རྗེ་ཙོང་ཁ་པའི་འཁོར་བླ་མ་འཇམ་དཀར་བ་སོགས་ཕུན་སུམ་ཚོགས་པ་རྣམས་ལའང་ཆོས་ལུང་མང་དུ་བྱས། དཔོན་སློབ་ཐམས་ཅད་ལ་དད་པ་ཐོབ། དེའི་སྟོབས་ཀྱིས་ཁོ་བོ་ལའང་ཡོན་ཏན་བག་རེ་སྐྱེས་པ་བྱུང་། བདག་གིས་ཆོས་བསྟན་པའི་དུས་སུ་རྗེ་ཙོང་ཁ་པའི་གཟིགས་སྣང་ལ་ངའི་མགོ་ཐོག་ཏུ་ཤཱཀྱ་ཐུབ་པ། གཡས་སུ་ཕྱག་ན་རྡོ་རྗེ། གཡོན་དུ་གདུགས་དཀར་ཅན་རྣམས་བཞུགས་འདུག་པ་གཟིགས་འདུག་གསུང་།

དེ་ལྟར་ལྷོ་བྲག་གྲུབ་ཆེན་ནམ་མཁའ་རྒྱལ་མཚན་ཞེས་མཚན་ཡོངས་སུ་གྲགས་པའི་བདག་ཉིད་ཆེན་པོ་འདིས་དགེ་བཤེས་སྟོན་པ་ནས་དགོན་པ་བ། དེ་ནས་སྣེའུ་ཟུར་པ་སོགས་ལ་བརྒྱུད་པའི་ལམ་རིམ་དང་། དགེ་བཤེས་སྟོན་པ་ནས་སྤྱན་སྔ་བ། (༣༢༩བ) དེ་ནས་བྱ་ཡུལ་པ་སོགས་ལ་རིམ་གྱིས་བརྒྱུད་པའི་ལམ་རིམ་སྟེ་བྱང་ཆུབ་ལམ་གྱི་རིམ་པ་བརྒྱུད་པའི་ཆུ་བོ་གཉིས་འདྲེས་ཀྱི་མན་ངག་རྣམས་རང་གིས་ཐུགས་ཉམས་སུ་བཞེས་ནས་རྟོགས་པ་མཆོག་ཐོབ་ཅིང་སྐལ་བ་དང་ལྡན་པ་གཞན་དག་ལའང་རྒྱ་ཆེར་སྤེལ་བས་བརྒྱུད་པའི་སྒྲོལ་འཛིན་ཇི་ལྟར་བྱུང་བ་ནི་ཡི་དམ་གསང་བའི་བདག་པོའི་ལུང་བསྟན་ལས། དད་པ་ཐོབ་པ་འབུམ་ཚོ་གཅིག །ངེས་པར་གྲོལ་བ་ལྔ་བཅུ་སྟེ། །ཕྱོད་མེད་གྲུབ་ཐོབ་བརྒྱད་དུ་ངེས། །འགྲན་གྱི་དོ་མེད་བློ་བཟང་ཡིན། །ཞེས་གསུངས་པ་ལྟར་བསྟན་འཛིན་དམ་པ་མང་དུ་བྱོན་ཞིང་། འཕྲིན་ལས་རྒྱ་ཆེར་སྤེལ་བ་གངས་རིའི་ཁྲོད་ན་འགྲན་པའི་ཟླ་ཐམས་ཅད་དང་བྲལ་བ་ནི་རྗེ་བཙུན་ཆོས་ཀྱི་རྒྱལ་པོ་ཙོང་ཁ་པ་ཆེན་པོའོ། །

དེ་ལྟར་ལྷོ་བྲག་གྲུབ་ཆེན་ནམ་མཁའ་རྒྱལ་མཚན་གྱིས་བསྟན་པ་དང་འགྲོ་བའི་

དོན་རྒྱ་ཆེར་མཛད་ནས་སྐུ་ཚེ་འདིའི་དངོས་ཀྱི་གདུལ་བྱ་རྣམས་རྫོགས་པ་ན། དགུང་ལོ་བདུན་ཅུ་དོན་དྲུག་ཏུ་ཕེབས་པ་ལུགས་མོ་སྦྲུལ་གྱི་ལོ་ངོ་མཚར་བའི་ལྟས་བསམ་གྱིས་མི་ཁྱབ་པ་དང་བཅས་ཞི་བར་གཤེགས། སྐུ་གདུང་ཞུགས་ལ་ཕུལ་བས་ལྷ་སྐུ་རང་བྱུང་དང་རིང་བསྲེལ་ཁྲི་ཁྲག་མང་པོ་ཕེབས་ཏེ་སྐུ་གདུང་རིང་བསྲེལ་གྱིས་ཀྱང་གདུལ་བྱ་མཐའ་ཡས་པའི་བསོད་ནམས་ཀྱི་ཞིང་མཛད་དོ། །

དེས་ན་བྱང་ཆུབ་ལམ་རིམ་ལ་བློ་སྦྱོང་བར་འདོད་པ་རྣམས་ཀྱིས་བླ་མ་ཕྱུག་རྫོང་བ་ཞེས་ཀྱང་གྲགས། གྲུབ་ཆེན་ལས་ཀྱི་རྡོ་རྗེ་ཞེས་ཀྱང་གྲགས། ལྷོ་བྲག་མཁན་ཆེན་ཞེས་ཀྱང་གྲགས་པ་མཁན་ཆེན་ནམ་མཁའ་རྒྱལ་མཚན་ལ་གསོལ་བ་འདེབས་ཤིང་། བདག་ཉིད་(༣༢༥(ན)ཆེན་པོ་འདིའི་རྣམ་ཐར་ལྷར་བླ་མ་དང་ལྷག་པའི་ལྷ་དབྱེར་མ་མཆིས་པ་ལ་གསོལ་བ་འདེབས་ཤིང་རྒྱལ་བའི་བཀའ་དང་དགོངས་འགྲེལ་མ་ལུས་པའི་དོན་གཅིག་ཏུ་བསྡུས་པའི་མན་ངག་བྱང་ཆུབ་ལམ་གྱི་རིམ་པ་སྒོམ་པ་ལ་སྐྱེས་བུའི་རྩལ་ཅི་ཡོད་ཀྱིས་འབད་པར་བྱའོ།། །།

རྒྱལ་བ་ཙོང་ཁ་པ་ཆེན་པོའི་རྣམ་ཐར།

དམིགས་མེད་བརྩེ་བའི་གཏེར་ཆེན་སྤྱན་རས་གཟིགས། །དྲི་མེད་མཁྱེན་པའི་དབང་པོ་འཇམ་པའི་དབྱངས། །བདུད་དཔུང་མ་ལུས་འཇོམས་མཛད་གསང་བའི་བདག །གངས་ཅན་མཁས་པའི་གཙུག་རྒྱན་ཙོང་ཁ་པ། །བློ་བཟང་གྲགས་པའི་ཞབས་ལ་གསོལ་བ་འདེབས། །ཞེས་བསྟོད་པ་སྙིགས་མའི་དུས་སུ་གངས་རིའི་ཁྲོད་འདིར་རྒྱལ་བའི་བསྟན་པ་སྤེལ་བ་ལ་མཁྱེན་བརྩེ་ནུས་གསུམ་གང་གི་ཐད་ནས་ཀྱང་འགྲན་པའི་ཟླ་དང་བྲལ་བ་རིགས་གསུམ་མགོན་པོ་དང་མཚུངས་ཤིང་། རྒྱལ་བསྟན་ཡོངས་རྫོགས་འཛིན་

ཅིང་སྤྱེལ་བ་ལ་རྒྱལ་བ་རང་ཉིད་སླར་བྱོན་པ་ལྟ་བུར་གྱུར་པ་རྗེ་བཙུན་ཆོས་ཀྱི་རྒྱལ་པོ་ཙོང་ཁ་པ་ཆེན་པོ་ནི། སྔོན་བསྐལ་པ་བརྗོད་ཀྱིས་མི་ལང་བའི་ཡང་བརྗོད་ཀྱིས་མི་ལང་བའི་དུས་ནས་བྱང་ཆུབ་མཆོག་ཏུ་ཐུགས་བསྐྱེད་དེ་རྒྱལ་བ་གྲངས་མེད་པ་མཆོད་ཅིང་བསྙེན་བཀུར། ཚོགས་གཉིས་ཡོངས་སུ་རྫོགས་ཏེ་སྟོབས་བཅུ་དང་། མི་འཇིགས་པ་བཞི་དང་། མ་འདྲེས་པའི་ཆོས་བཅོ་བརྒྱད་ལ་སོགས་པ་སངས་རྒྱས་ཀྱི་ཡོན་ཏན་ཐམས་ཅད་ཡོངས་སུ་རྫོགས་ནས་ནམ་མཁའི་མཐས་ཀླས་པའི་ཞིང་ཁམས་རབ་འབྱམས་ཐམས་ཅད་དུ་གདུལ་བྱ་རྣམས་ཀྱི་ཁམས་དང་བསམ་པ་དང་(༣༢༥བ)བག་ལ་ཉལ་དང་མཐུན་པར་སངས་རྒྱས་ཀྱི་མཛད་པས་འདུལ་བར་འོས་པ་རྣམས་ལ་སངས་རྒྱས་ཀྱི་མཛད་པ་སྟོན། བྱང་ཆུབ་སེམས་དཔའི་གཟུགས་ཀྱིས་འདུལ་བར་འོས་པ་རྣམས་ལ་བྱང་ཆུབ་སེམས་དཔའི་གཟུགས་སྟོན། ཉན་རང་གིས་འདུལ་བར་འོས་པ་རྣམས་ལ་ཉན་ཐོས་དང་རང་སངས་རྒྱས་ཀྱི་གཟུགས་སུ་སྟོན། རྒྱལ་པོས་འདུལ་བར་འོས་པ་རྣམས་ལ་རྒྱལ་པོའི་གཟུགས་སུ་སྟོན། ཐ་མལ་པའི་གཟུགས་ཀྱིས་འདུལ་བར་འོས་པ་རྣམས་ལ་གདུལ་བྱ་རང་རང་དང་སྐལ་བ་མཉམ་པའི་ཐ་མལ་པའི་གཟུགས་སྟོན་ཅིང་། གང་ལ་གང་འཚམས་ཀྱི་སྤྲུལ་པས་འགྲོ་བ་རྣམས་སྨིན་ཅིང་གྲོལ་བར་མཛད་པ་ལ་འབད་རྩོལ་དང་རྣམ་རྟོག་མི་མངའ་བར་ལྷུན་གྱིས་གྲུབ་པའི་འཕྲིན་ལས་ཀྱིས་ཁྱབ་པར་མཛད་ཅིང་བཞུགས་པ་ལས་མི་མཐེད་འཇིག་རྟེན་གྱི་ཞིང་འདིར་སྟོན་པ་ཐུབ་པའི་དབང་པོས་སྡེ་སྣོད་གསུམ་དང་རྒྱུད་སྡེ་བཞིས་བསྡུས་པའི་མདོ་སྔགས་ཀྱི་ཆོས་ཀྱི་འཁོར་ལོ་བསྐོར་བར་མཛད་པ་འདི་ཉིད་སངས་རྒྱས་ཀྱི་མཛད་པ་ཐམས་ཅད་ཀྱི་ནང་ནས་རབ་དང་ཕུལ་དང་མཆོག་དང་གོང་ན་མེད་པར་གཟིགས་ནས་མདོ་སྔགས་ཡོངས་སུ་རྫོགས་པའི་བསྟན་པ་འདི་ཉིད་བྱང་ཕྱོགས་གངས་རིའི་ལྗོངས་འདིར་ཆེས་ཆེར་གསལ་བར་མཛད་ཕྱིར་བསམས་བཞིན་དུ་བྱོན་པ་ཞིག་གོ །

རྗེ་བཙུན་ཙོང་ཁ་པ་ཆེན་པོ་འདི་ཉིད་རྒྱལ་བའི་མདོ་སྔགས་ཀྱི་བསྟན་པ་ཡོངས་སུ་རྫོགས་པ་སྤེལ་བའི་ཕྱིར་བསམ་བཞིན་བྲོན་པ་གང་གིས་ཤེས་སྙམ་ན། དེ་ནི་རྒྱལ་བའི་བཀའ་ལུང་ཚད་མ་དབང་པོར་གྱུར་པ་ལས་ཤེས་ཏེ། (༣༢༨ན)སྐྱོབ་པ་ཉིད་གཟིགས་ལམ་གསུང་བ། །འབྲས་མེད་ཕྱིར་ན་རྫུན་མི་གསུང་། །ཞེས་གསུངས་པ་ལྟར་སྟོན་པ་ཐུབ་པའི་དབང་པོ་དུས་གསུམ་གྱི་ཤེས་བྱ་ཐམས་ཅད་ལག་མཐིལ་དུ་སྐྱུ་རུ་ར་བཞག་པ་ལྟར་མངོན་སུམ་དུ་གཟིགས་ཤིང་། རང་གི་ཡེ་ཤེས་སྒྲིབ་པ་མེད་པས་ཇི་ལྟར་གཟིགས་པ་དེ་ཁོ་ན་ལྟར་གསུང་བ་ལས་རྫུན་གསུང་བ་རྣམ་པ་ཀུན་ཏུ་མི་སྲིད་པར་བདེན་པ་གསུང་བའི་བཀའ་མདོ་དང་སྔགས་ཀྱི་ལུང་མང་པོ་དང་སྔོན་གྱི་སྐྱེས་བུ་དམ་པ་མང་པོའི་གསུང་ཚད་མ་དག་ལས་ཤེས་ཏེ། དེ་ཡང་རྗེ་བླ་མ་འདི་ཉིད་གངས་རིའི་ལྗོངས་འདིར་རྒྱལ་བསྟན་སྤེལ་བའི་ཕྱིར་དུ་འབྱོན་པར་མདོ་ལས་ལུང་བསྟན་ཚུལ་ནི། མདོ་སྡེ་གདམས་ངག་འབོགས་པའི་རྒྱལ་པོའི་བསྟན་པ་དྭངས་སྙིགས་འབྱེད་པའི་ལེའུ་ལས། ཀུན་དགའ་བོ། ད་ལྟ་ང་ལ་ཤེལ་དཀར་གྱི། །ཕྲེང་བ་སྟེར་བའི་ཁྱེའུ་འདི། །ང་ཡི་བསྟན་པའི་གསོ་བྱེད་ལ། །མ་འོངས་སྙིགས་མའི་དུས་སུ་ནི། །འབྲི་དང་ལྡན་གྱི་ས་མཚམས་སུ། །དགེ་ཞེས་བྱ་བའི་དགོན་པ་འདེབས། །བློ་བཟང་ཞེས་བྱའི་མིང་ཅན་འབྱུང་། །འཁོར་ནི་རྣམ་མང་བསྡུ་བར་བྱེད། །ཆོས་སྤྱོད་བཅུ་ཡི་རྒྱུན་འཛུགས་ཤིང་། །ལྷ་ཁང་ཀ་བ་ཤིང་ལོ་ཅན། །ང་ཡི་གཟུགས་སྐུ་རྣམ་གཉིས་ལ། །དབུ་རྒྱན་འབུལ་ཞིང་མཆོད་པ་བྱེད། །སྟོན་པའི་མདོ་བཞིན་གསུང་སྒྲོག་ཅིང་། །སྙན་པའི་དབྱངས་ཀྱིས་གསོལ་བ་འདེབས། །དེ་ལ་གསོལ་བ་རབ་འདེབས་ན། །བསྟན་པ་ལོ་སྟོང་བར་དུ་གནས། །དེ་ནས་འཕོས་ནས་ཤར་ཕྱོགས་ཀྱི། །རྨད་བྱུང་བཀོད་པའི་འཇིག་རྟེན་དུ། །(༣༢༨བ)སེང་གེའི་ང་རོ་ཞེས་བྱར་འགྱུར། །དེ་ལ་དད་བྱེད་ཞིང་དེར་སྐྱེ། །ཞིང་མཆོག་དེ་ནི་ཁྱད་པར་འཕགས། །ཞེས་རྗེ་བླ་མ་ཙོང་ཁ་པ་ཆེན་པོ་མཛད་པ་རྣམ་ཐར་དང་བཅས་པ་གསལ་

བར་ལུང་བསྟན་ཏོ། །

ཇོ་བླ་མ་འདི་སྟོན་སངས་རྒྱས་ཞལ་བཞུགས་པའི་དུས་སུ་བྲམ་ཟེའི་ཁྱེའུར་འཁྲུངས་པ་བྱང་ཆུབ་སེམས་དཔའ་མོས་པའི་བློ་གྲོས་ཞེས་བྱ་བས་ཁྲིད་ནས་སྟོན་པ་ཐུབ་པའི་དབང་པོ་རྡོ་རྗེ་གདན་དུ་བཞུགས་པ་དང་མཇལ་ཏེ། ཤེལ་དཀར་པོའི་འཕྲེང་བ་དྲི་མ་མེད་པ་བརྒྱ་རྩ་གཅིག་ཕུལ་ནས་བྱང་ཆུབ་ཏུ་ཐུགས་བསྐྱེད་ཅིང་། རྒྱལ་བ་མྱ་ངན་ལས་འདས་པའི་འོག་ཏུ་བསྟན་པ་ཉམས་པ་ལ་ཕྱོགས་པའི་ཚེ་བྱང་ཕྱོགས་གངས་རིའི་ཁྲོད་དུ་སྤྱིར་ཐུབ་པའི་བསྟན་པ་ཡོངས་སུ་རྫོགས་པ་གསལ་བར་བྱེད་པ་དང་། ལྷག་པར་བསྟན་པའི་སྙིང་པོ་ཟབ་མོ་དབུ་མའི་ལྟ་བ་རྣམ་པར་དག་པ་རྒྱལ་བ་རང་ཉིད་ཀྱི་དགོངས་པ་བཞིན་དུ་ཆེས་ཆེར་རྒྱས་པར་བྱེད་ནུས་པའི་སྨོན་ལམ་བཏབ་པ་ན་དེ་ཁོ་ན་ལྟར་འགྲུབ་བོ་ཞེས་ལུང་སྟོན་པ་ལ་ཀུན་དགའ་བོ། ད་ལྟ་ང་ལ་ཤེལ་དཀར་གྱི། །ཕྲེང་བ་སྟེར་བའི་ཁྱེའུ་འདི། །ང་ཡི་བསྟན་པའི་གསོ་བྱེད་ལ། །ཞེས་སོགས་གསུངས། དེ་ལྟར་ལུང་བསྟན་པ་དེ་ཡང་རྗེ་བཙུན་བླ་མ་ཙོང་ཁ་པ་ཆེན་པོ་འདི་ཉིད་ཁོ་ན་ལ་གོ་བའི་ཕྱིར་བཞུགས་གནས་དང་མཚན་གསལ་བར་ལུང་བསྟན་པ་ནི། མ་འོངས་སྙིགས་མའི་དུས་སུ་ནི། །འབྲི་དང་ལྡན་གྱི་ས་མཚམས་སུ། །དགེ་ཞེས་བྱ་བའི་དགོན་པ་འདེབས། །བློ་བཟང་ཞེས་བྱའི་མིང་ཅན་འབྱུང་། །ཞེས་འབྲི་ཁུང་དང་(༣༡༧ན)སྐྱིད་ཤོད་ལྡན་གྱི་མཚམས་སུ་དགེ་ལྡན་ཞེས་བྱ་བའི་དགོན་པ་འདེབས་པ་དང་། དེའི་རྗེས་འཇུག་རྣམས་ལའང་དགེ་ལུགས་པ་ཞེས་ཟེར་བ་འབྱུང་བ་དང་། མཚན་བློ་བཟང་གྲགས་པ་ཞེས་བརྗོད་པ་འབྱུང་བར་གསལ་བར་ལུང་བསྟན། རྗེ་འདིའི་མཛད་པ་རྣམ་ཐར་ལུང་སྟོན་པ་ལ། འཁོར་ནི་རྣམ་མང་བསྡུ་བར་བྱེད། །ཆོས་སྤྱོད་བཅུ་ཡི་རྒྱུན་འཛུགས་ཤིང་། །ལྷ་ཁང་ཀ་བ་ཤིང་ལོ་ཅན། །ང་ཡི་གཟུགས་སྐུ་རྣམ་གཉིས་ལ། །དབུ་རྒྱན་འབུལ་ཞིང་མཆོད་པ་བྱེད། །སྟོན་པའི་མདོ་བཞིན་གསུང་སྒྲོག་ཅིང་། །སྙན་པའི་དབྱངས་ཀྱིས་གསོལ་བ་འདེབས། །ཞེས་

གསུངས་ཏེ། རྗེ་བདག་ཉིད་ཆེན་པོ་ཁ་བ་ཅན་གྱི་ལྗོངས་འདིར་བྱོན་ནས་གདུལ་བྱ་འདུལ་བའི་དུས་ལ་བབ་པ་ན། རྗེ་བཙུན་སྤྱན་རས་གཟིགས་དང་རྗེ་བཙུན་གསང་བའི་བདག་པོ་ལ་སོགས་པ་ཕྱོགས་བཅུའི་ཞིང་ནས་རྒྱལ་སྲས་མཐུ་ཆེན་མང་པོ་ཞིག་རྗེ་འདིའི་བསྟན་པ་སྤྱེལ་བའི་གྲོགས་སུ་བྱོན་ཏེ། དབང་ཕྱུག་དང་། སྟོབས་དང་། ལོངས་སྤྱོད་ཀྱིས་འཁོར་དབང་མེད་དུ་བསྡུས་པ་མ་ཡིན་པར་སྐད་ཅིག་ཉིད་ལ་ནུབ་ཕྱོགས་ཛ་ལནྡྷ་ར་ནས་ཤར་ཕྱོགས་རྒྱ་མཚོ་ཆེན་པོ་ལ་ཐུག་གི་བར་རྗེ་བླ་མའི་འཁོར་ཐུབ་བསྟན་ཡོངས་རྫོགས་འཛིན་པའི་བཤེས་གཉེན་ཆེན་པོ་དག་གིས་ཁྱབ་སྟེ་རྣམ་པར་དཀར་བའི་ཆོས་ཀྱི་འཕྲིན་ལས་ཀྱིས་ས་ཆེན་པོའི་ཁྱོན་འདི་ཡོངས་སུ་གང་བ་མཆོག་དམན་བར་མ་ཀུན་གྱི་མིག་ལ་སྣང་བ་འདི་རྒྱལ་བས་ལུང་བསྟན་པ་ལྟར་མངོན་སུམ་(༣༢༧བ)དུ་གྲུབ་པ་ཡིན་ལ། གངས་རིའི་ཁྲོད་འདིར་ཐུབ་པའི་བསྟན་པ་ཡུན་རིང་དུ་གནས་པའི་རྟེན་འབྲེལ་བསྒྲིག་ཕྱིར་ཆོས་རྒྱལ་སྲོང་བཙན་སྒམ་པོས་སྤྲུལ་པའི་བཟོ་བོ་མཐའ་ཡས་པ་སྤྲུལ་ཏེ་བཞེངས་པ་ལྷ་ལྡན་སྤྲུལ་པའི་གཙུག་ལག་ཁང་། གང་དུ་བཀའ་ཆེམས་གཏེར་དུ་སྦས་པའི་ཀ་བ་ཤིང་ལོ་ཅན་ཞེས་བྱ་བ་ཡོད་པའི་ལྷ་ཁང་གི་རྟེན་གྱི་གཙོ་བོ་སྟོན་པའི་སྐུ་གཟུགས་བསྟན་པ་འདི་ལ་སྟོན་པ་རང་ཉིད་དངོས་སུ་བཞུགས་པ་དང་མཚུངས་པར་བྱིན་རླབས་དུ་གྲགས་པ་ཇོ་བོ་ཤཱཀྱ་མུ་ནེ་དང་། མི་བསྐྱོད་རྡོ་རྗེ་གཉིས་ལ་དབུ་རྒྱན་འབུལ་ཞིང་ཆོ་འཕྲུལ་གྱི་མཆོད་པ་རྒྱ་ཆེན་པོ་བླ་ན་མེད་པ་བྱེད་པ་དང་། དེའི་དུས་སུ་དགེ་འདུན་ཁྲི་ཁྲག་བགྲལ་བ་འཚོགས་ཏེ་གསོལ་བ་འདེབས་པ་རྣམས་གསལ་བར་ལུང་བསྟན།

དེ་ལྟར་མཛད་པའི་མཐུས་ཐུབ་པའི་བསྟན་པ་ཉམས་པ་གསོས་ཏེ་ལོ་སྟོང་གི་བར་དུ་འཕེལ་ཞིང་གནས་པ་དང་། རྗེ་འདི་ཉིད་མ་འོངས་པ་ན་ངོ་མཚར་རྨད་བྱུང་བཀོད་པའི་འཇིག་རྟེན་དུ་རྒྱལ་བ་སེང་གེའི་ང་རོ་ཞེས་བྱ་བར་འཚང་རྒྱ་བར་འགྱུར་བ་དང་།

རྗེ་བླ་མ་འདི་ལ་དད་པ་བྱེད་པ་རྣམས་ཀྱང་ཞིང་དེར་སྐྱེ་བར་འགྱུར་རོ། །ཞེས་སྟོན་པ་ལ། དེ་ལ་གསོལ་བ་རབ་འདེབས་ན། །བསྟན་པ་ལོ་སྟོང་བར་དུ་གནས། །དེ་ནས་འཕོས་ནས་ཤར་ཕྱོགས་ཀྱི། །རྨད་བྱུང་བཀོད་པའི་འཇིག་རྟེན་དུ། །སེང་གེའི་ང་རོ་ཞེས་བྱར་འགྱུར། །དེ་ལ་དད་བྱེད་ཞིང་དེར་སྐྱེ། །ཞིང་མཆོག་དེ་ནི་ཁྱད་པར་འཕགས། །ཞེས་གསལ་བར་གསུངས་སོ། །

ལྷ་མོ་དྲི་མ་(༣༢༤ན)མེད་པས་ཞུས་པའི་མདོ་ལས། བྱང་ཕྱོགས་གངས་རིའི་རྒྱུད་ཀྱི་སར། །དགེ་བ་ལྡན་པའི་ས་ཕྱོགས་སུ། །དམ་པའི་ཆོས་ནི་རྒྱས་པར་འགྱུར། །ཞེས་རྗེ་བླ་མ་འདི་ཉིད་གང་དུ་འབྱོན་པའི་དགོན་གནས་གསལ་བར་ལུང་བསྟན་ཏོ། །ཡང་ཀར་གཤེགས་པའི་མདོ་ལས་ལུང་བསྟན་པ་ནི། མདོ་དེ་ཉིད་རྒྱ་ནག་ཏུ་འགྱུར་བ་ལས། བཅོམ་ལྡན་འདས་ལ་ཀླུའི་རྒྱལ་པོ་མ་དྲོས་པས་དུང་དཀར་པོ་ཞིག་ཕུལ་བ་མཉྫེང་འགལ་གྱི་བུ་ལ་གནང་ནས་འདི་ཁྱོད་ཀྱིས་འགོག་པའི་རིར་སྦོས་ཤིག །མ་འོངས་པ་ན་དགེ་སློང་པདྨའི་ངང་ལྡན་འདིས་གཏེར་ནས་འདོན་པས་དེའི་ཚོགས་དུང་དུ་འགྱུར་གྱི་གཏེར་བདག་སྲིལུའི་གནས་བྱེད་དོ། །ཞེས་རྗེ་བདག་ཉིད་ཆེན་པོ་འདིས། འགོག་པ་རི་ཞེས་བྱ་བ་འབྲོག་རི་བོ་ཆེ་དགའ་ལྡན་གྱི་བྱང་ངོས་ནས་དུང་གཏེར་ནས་བཞེས་ཏེ་ལྷ་ས་སྨོན་ལམ་ཆེན་མོའི་ཚོགས་དུང་མཛད། དེ་ནས་འཇམ་དབྱངས་ཆོས་རྗེ་ལ་གནང་སྟེ་འབྲས་སྤུངས་སུ་རྗེའི་བསྟན་པ་ཆེས་ཆེར་འཕེལ་བའི་རྟེན་འབྲེལ་བསྒྲིགས་པར་མཛད། ཐུགས་སྨོན་མཛད་པ་ལྟར་གྲུབ་སྟེ་ད་ལྟ་ཡང་འཛམ་བུའི་གླིང་ན་མདོ་སྔགས་ཀྱི་བཤད་སྒྲུབ་འཕེལ་བ་དང་། དགེ་འདུན་གྲངས་མང་བར་བཞུགས་ཤིང་། གཏེར་དུང་ཡང་ཀུན་གྱི་མིག་ལ་བལྟར་ཡོད་པ་འདི་ལྟར་རོ། །

རྗེ་བཙུན་འཇམ་པའི་དབྱངས་ཀྱིས་ཀྱང་རྗེ་རིན་པོ་ཆེ་ཉིད་ལ་སྤྲུལ་པའི་གླེགས་བམ་ཆེན་མོ་གནང་དུས་གཏེར་དུང་འདིའི་ལོ་རྒྱུས་གསལ་བར་གསུངས་པ་གྲུབ་(༣༢༤བ)

ཆེན་དཔེན་ས་པས་ལུང་བསྟན་གསལ་བའི་མེ་ལོང་ཡི་གེར་བཀོད་པ་དཔེན་ས་བཀའ་འབུམ་ན་བཞུགས་པ་ལྟར་རོ། །

རྗེ་བླ་མ་འདི་ཉིད་རྒྱུད་ནས་ལུང་བསྟན་ཚུལ་ནི། འཇམ་དཔལ་རྩ་རྒྱུད་ལས། འཇིག་རྟེན་ང་ནི་མྱ་ངན་འདས། །ས་ཡི་སྙིང་འདི་སྟོངས་གྱུར་ན། ཁྱོད་ཉིད་བྱིས་པའི་གཟུགས་ཀྱིས་ནི། །སངས་རྒྱས་མཛད་པ་བྱེད་པར་འགྱུར། །དེ་ཚེ་དགོན་ཆེན་རབ་དགའ་བ། ཁ་བ་ཅན་ནང་ཡོད་པ་ཡིན། །ཞེས་གསལ་བར་ལུང་བསྟན་ཏེ། དེ་ཡང་རྒྱལ་བ་མྱ་ངན་ལས་འདས་ནས་འགྲོ་བ་མགོན་སྐྱབས་དང་བྲལ་བར་གྱུར་པ་ན་རྗེ་བཙུན་འཇམ་པའི་དབྱངས་བྱིས་པ་སྐྱེ་ཐ་མལ་པའི་ཚུལ་བཟུང་ནས་སེམས་ཅན་གྱི་དོན་རྒྱ་ཆེར་མཛད་པ་དང་། ལྷག་པར་བྱང་ཕྱོགས་ཁ་བ་ཅན་དུ་དགའ་ལྡན་ཞེས་བྱ་བའི་དགོན་པར་སངས་རྒྱས་ཀྱི་མཛད་པ་བྱེད་པ་དང་། མཚན་ཡང་བློ་བཟང་གྲགས་པ་ཞེས་འབྱུང་བར་ལུང་བསྟན། ཡང་འཇམ་དཔལ་རྩ་རྒྱུད་ལས། བློ་ལྡན་དང་པོར་ཡི་གེ་མ། །དེ་བཞིན་སྡོམ་བརྩོན་དད་པ་འབྱུང་། །རྣམ་པ་དུ་མར་སྡོམ་བརྩོན་གསུངས། །དེ་ཚེ་མཐའ་ཡས་འབྱུང་བར་འགྱུར། །སྡོམ་བརྩོན་ཐམས་ཅད་བསྒྲགས་པ་ཡང་། །སྟོན་པའི་བསྟན་པ་གསལ་བར་བྱེད། །བསྟན་པ་དེ་ཚེ་ས་སྙིང་དུ། །རྣམ་པར་ཉམས་ཤིང་སྣང་མེད་ལ། ། སྟོན་པའི་གཟུགས་བརྙན་ཡིད་དུ་འོང་། །བྱེད་པར་འགྱུར་བར་ཐེ་ཚོམ་མེད། །ཐམས་ཅད་བྱང་ཆུབ་ལུང་བསྟན་ཏེ། །ང་ཡི་བྱང་ཆུབ་མཆོག་ཐོབ་འགྱུར། །དེར་ནི་འཇིག་རྟེན་སྒྲིན་གནས་འགྱུར། །སྲིད་(༣༢༨ན)པ་གསུམ་གྱི་མཐར་ཡང་བྱེད། །སྔགས་དང་རྒྱུད་ལ་མངོན་བརྩོན་པའི། །གྲགས་པ་འཛིན་པར་ཤེས་པར་བྱ། །ཞེས་ཤིན་ཏུ་གསལ་བར་ལུང་བསྟན་ཏེ། ཡི་གེ་མ་ཞེས་པ་ནི། བློ་བཟང་གྲགས་པ་ཞེས་པའི་སཾ་སྐྲི་ཏའི་སྐད་ཀྱི་མིང་ཡིག་དང་པོ་སྟེ། བློ་བཟང་གྲགས་པ་ཞེས་པའི་སྐད་དོད་ལ། མ་ཏི་ཀྲྀ་ད྄་ཀཱིརྟི་ཞེས་འབྱུང་ངོ་། །

དེ་ཡང་མ་ཧེ་ཞེས་པ་གཞན་དང་འཕྲུལ་གཞི་མི་འདྲ་བའི་ཕྱིར་རྗེ་འདིའི་མཛད་ཆེན་བཞིའི་ཡ་གྱལ་ཆོ་འཕྲུལ་མཆོད་པའི་མཛད་པ་རྗེ་བོ་ལ་དབུ་རྒྱན་ཕུལ་ཏེ་ཡིད་འོང་དུ་བྱེད་པ་དང་། དེའི་ཚེ་གདུལ་བྱ་བགྲང་བ་ལས་འདས་པ་ལ་དགེ་བའི་རྩ་བ་བསྐྱེད་དེ་བྱང་ཆུབ་ཏུ་ལུང་བསྟན་པ་ཐོབ་པར་འགྱུར་བ་དང་། དེ་ལྟ་བུའི་བསྟན་པ་འཛིན་པའི་བདག་ཉིད་ཆེན་པོ་དེ་གྲགས་པའི་མཚན་ཅན་ཞིག་འབྱུང་ངོ་། །ཞེས་གཞན་སུ་དང་ཡང་མི་ནོར་བར་བྱ་བའི་ཕྱིར་གསེར་བརྟག་པའི་རྡོ་ཀ་ཞི་པ་ལྟར་ལུང་བསྟན་མཛད་དོ། །

དེ་ལྟར་མདོ་རྒྱུད་དུ་མ་ནས་ལུང་བསྟན་ཅིང་སྔོན་གྱི་སྐྱེས་བུ་དམ་པ་དུ་མས་ཀྱང་བསྟན་པའི་བདག་པོ་རྗེ་བླ་མ་འདི་ལྟར་འབྱོན་པ་ལུང་བསྟན་ཏེ། ཆོས་རྒྱལ་སྲོང་བཙན་སྒམ་པོས། དེ་ནས་ཁྱད་པར་བསྟེན་བཀུར་ཆེར་མཛད་པ། །དགེ་སློང་བྱང་སེམས་ཤར་ཕྱོགས་སྐུ་འཁྲུངས་པ། །གསང་སྔགས་འཆང་ཞིང་སྐྱེས་ཆེན་དམ་པ་ནི། །སྙིང་པོའི་མཐའ་རྟེན་རྣལ་འབྱོར་ཆེན་པོ་དེས། །ཞལ་ཡང་བསྒྱུར་ཞིང་བསྟེན་བཀུར་ཆེན་པོ་མཛད། །དེ་ལ་བསྟེན་བཀུར་ཆེར་བྱེད་དེ་དག་ནི། །འཕགས་(༣༢༩བ)པའི་གང་ཟག་དགེ་སྦྱོང་ཤ་སྟག་གོ །དེ་ཕྱིར་དེ་དག་ཀུན་ལ་གུས་པ་བསྐྱེད། །དེ་དག་ཅི་ཕྱིར་འཕགས་པ་ཡིན་ཞེ་ན། །སངས་རྒྱས་རྣམས་ལ་མཛད་པ་ཆེན་པོ་མཛད། །དེ་ཕྱིར་དེ་དག་འཕགས་པའི་གང་ཟག་གོ །དེ་ལྟར་འཕགས་པའི་གང་ཟག་རྣམས་འབྱུང་ཞིང་། །འཁོར་ནི་ལེགས་གནས་སྟོན་པའི་གསུང་རབ་དང་། །སྟོན་པའི་སྐུ་གཟུགས་དངོས་སུ་བཞུགས་པ་དང་། །རི་བོ་ཡོན་ཏན་ཅན་ཡང་དེ་ན་ཡོད། །

ཅེས་བདག་ཉིད་ཆེན་པོ་འདི་འཁྲུངས་ཡུལ་དང་། དགེ་བསྟེན་གྱི་སྡོམ་པ་བཞེས་པའི་མཚན་དང་། རྗེ་བོ་རྣམ་གཉིས་ལ་དབུ་རྒྱན་འབུལ་བ་དང་། མཆོད་པ་རྒྱ་ཆེན་པོ་མཛད་དེ་བསྟན་པ་རྒྱས་པར་མཛད་པ་དང་། གསུང་ལས་སྐྱེས་པའི་འཕགས་པའི་གང་ཟག་མཐའ་ཡས་པ་འབྱུང་ཞིང་སྟོན་པའི་བསྟན་པ་ཆེས་ཆེར་གསལ་བར་མཛད་པ་རྣམས

གསལ་བར་ལུང་བསྟན་ཏོ། །

ཛོ་བོ་རྗེ་དཔལ་ལྡན་ཨ་ཏི་ཤ་དང་འབྲོམ་རིན་པོ་ཆེ་གཉིས་ཀྱིས་ཡེར་པ་ལྷ་རི་སྙིང་པོར་ལོ་གསུམ་གྱི་བར་དུ་བགྲོ་བ་མཛད་པའི་གསང་ཆོས་བཀའ་གདམས་གླེགས་བམ་ལས། བླ་མ་དྲི་མ་མེད་པས། བདག་ཀུང་གནས་དེར་ལྷ་འདྲེ་འདུལ་དུ་འགྲོ །ཞེས་སློབ་དཔོན་པདྨ་དང་། སྤྲུལ་པ་གཅིག་ནི་རྒྱ་གར་གནས་སུ་འགྲོ །ཞེས་ཛོ་བོ་ཆེན་པོ་དང་། སྤྲུལ་པ་གཅིག་ནི་བལ་པོའི་མཐིལ་དུ་འགྲོ །ཞེས་པཎྜི་ཏ་པདྨ་བཛྲ་དང་། སྤྲུལ་པ་གཅིག་ནི་མདོ་ཁམས་སྨད་ལ་འགྲོ །ཞེས་མདོ་སྨད་དུ་འབྱུངས་པ་འཇམ་མགོན་བླ་མ་དང་། མར་མེ་མཛད་ཀུང་གནས་མཆོག་འདི་ར། །སྒྲོལ་མར་བཅས་(༣༣༠ན)ཏེ་སྤྲུལ་སྟོང་འགྱེད། །ལྷག་པར་ཆགས་མེད་བསོད་སྙོམས་པས། །སྟོན་པའི་དབྱངས་ཀྱིས་གསོལ་བ་འདེབས། །ཕྱོགས་བཞིའི་ལས་ཅན་དབང་དུ་སྡུད། །ང་ཡི་མཆོད་ཚོགས་རྒྱས་པར་བྱེད། །མར་མེ་མཛད་དང་བྱམས་པ་ཡང་། ཁྱོད་ཀྱི་གྲོགས་བཟང་སྤྲེལ་བར་བྱེད། །རིང་པོར་མི་ཐོགས་གནས་མཆོག་འདི་ར། །མཆོད་ཚོགས་རྒྱ་མཚོ་འདུ་བར་འགྱུར། །སྤྱན་རས་གཟིགས་དབང་བཟང་པོར་སྤྲུལ། །ཞེས་དང་། གླེགས་བམ་ཕ་ཆོས་ལས། གྲགས་དང་ཡང་གྲགས་རིན་ཆེན་གྱི། །གྲགས་པའི་མཐའ་བཟང་དཔལ་དུ་གྲགས། །བློ་གྲོས་ཤེས་རབ་གཞན་དུ་གསོལ། །གཞན་ཡང་གྲགས་པའི་མཚན་རབ་ཅན། །མང་པོས་འགྲོ་བའི་བདེ་སྐྱིད་བསྐྲུན། །ཞེས་དང་། དེ་ཉིད་ལས། བདག་གི་སྤྲུལ་པ་དམ་པ་ཅིག །རེས་འགའ་དགེ་སློང་ཉིད་དུ་སྤྲུལ། །དེས་ནི་གནས་དེ་སྐྱོང་བར་བྱེད། །རེས་འགའ་བྱིས་པའི་གཟུགས་སུ་འོང་། །རེས་འགའ་དབུལ་ཕོངས་སྤྲང་པོའི་གཟུགས། །རེས་འགའ་བྲོལ་སོང་བྱ་ཁྱིའི་གཟུགས། །རེས་འགའ་གསོལ་འདེབས་དབྱངས་ཀྱི་གཟུགས། །རེས་འགའ་ཡིག་འབྲུ་གཟུངས་ཀྱི་གཟུགས། །གྲགས་པ་ཅན་ནི་དགེ་སློང་ངོ་། །བསྟན་གནས་བར་དུ་ཡང་ཡང་འོང་། །དེ་ནི་རྒྱུད་པ་ཉིད་དང་མཚུངས། ཁྲིམས

ལྷན་དེ་ཡིས་བྱིན་བརླབས་ཤིང་། །སྐྱེས་བུ་གསུམ་ནི་དོན་གཉེར་བའི། །བྱ་བ་སྟོང་བ་
བརྒྱ་ཕྲག་ཙམ། །གནས་དེར་བསམ་གཏན་སྒོམ་པར་བྱེད། །ཅེས་དང་། ལྷ་དང་བཅས་
པའི་མཆོད་པའི་གནས། །(༣༣༠བ)བཀུར་འོས་ཉིད་དུ་ངེས་པར་འགྱུར། །མདོར་ན་
གནས་མཆོག་དེ་དག་ཏུ། །དང་པོ་བཞི་གྲྭ་ནས་བཟུང་སྟེ། །ཐ་མར་སྟོང་ཕྲག་ཕྱེད་དང་
གསུམ། །བསླབ་པ་གསུམ་ལྡན་ཤཱཀྱའི་སྲས། །འགྲོ་བ་ཀུན་གྱི་མགོན་དུ་འགྱུར། །
གནས་དེར་ཕྱོགས་དང་ཕྱོགས་མཚམས་ནས། །དགེ་འདུན་དཔག་མེད་འདུ་བར་
འགྱུར། །སྤྱིར་ཡང་ལས་ཅན་ཕྱོགས་བཅུར་འཕྲོ། །ཕྱི་ཡི་རྒྱ་མཚོ་དག་དང་མཚུངས། །
ཆུ་བོ་བརྒྱ་ཡིས་གང་མི་ནུས། །ཅི་ཙམ་ཞིག་གིས་དམའ་མི་ནུས། །ཞེས་དང་། ཡང་། ཐ་
མར་བསྟན་པའི་མེ་རོ་དག །གྲགས་པའི་མཚན་གྱིས་གསོ་བར་བྱེད། །དུ་མའི་ཕན་བདེ་
སྒྲུབ་བྱེད་པའི། །དེ་ཡང་གནས་མཆོག་དམ་པ་ཡིན། །ཞེས་རྗེ་བདག་ཉིད་ཆེན་པོ་
འཁོར་དང་བཅས་པ་གསལ་བར་ལུང་བསྟན་ཏོ། །རྗེ་བཙུན་འཇམ་པའི་དབྱངས་ཀྱིས་
གྲུབ་ཆེན་འཇམ་དཔལ་རྒྱ་མཚོ་ལ་གསུངས་པའི་ལུང་བསྟན་ལས་ཀྱང་། སྟོན་བསྐལ་
པ་གྲངས་མེད་དཔག་ཏུ་མེད་པའི་སྔ་རོལ་ཏུ། དེ་བཞིན་གཤེགས་པ་དབང་པོའི་ཏོག་
ཅེས་བྱ་བ་འཇིག་རྟེན་དུ་བྱུང་སྟེ། འཁོར་ཚོགས་རྒྱ་མཚོའི་དབུས་སུ་ཐེག་པ་མཆོག་ཏུ་
གྱུར་པ་རྡོ་རྗེ་ཐེག་པའི་ཆོས་ཀྱི་འཁོར་ལོ་བསྐོར་བར་མཛད་དོ། །དེའི་ཚེ་རྗེ་བདག་ཉིད་
ཆེན་པོ་འདི་ཉིད་རྗེ་བཙུན་འཇམ་དཔལ་དབྱངས་ཀྱི་སྲས་ཀྱི་ཐུ་བོ། གཟུངས་དང་།
སྤོབས་པ་དང་། མངོན་པར་ཤེས་པ་དང་། ཏིང་ངེ་འཛིན་དང་། བདེན་གཉིས་མངོན་
སུམ་དུ་གཟིགས་པ་དག་པའི་ཡེ་ཤེས་ལ་སོགས་པ་ཡོན་ཏན་བསམ་གྱིས་མི་ཁྱབ་པ་
དང་(༣༣༡ན)ལྡན་པར་གྱུར་ཏོ། །དེ་ནས་རྗེ་བཙུན་འཇམ་དཔལ་དབྱངས་འཁོར་དང་
བཅས་པ་དེ་བཞིན་གཤེགས་པ་དབང་པོའི་ཏོག་རྡོ་རྗེ་ཐེག་པའི་ཆོས་འཁོར་བསྐོར་བའི་
མདུན་སར་གཤེགས་ཤིང་བཞུགས་པ་ན། བཅོམ་ལྡན་འདས་རྒྱལ་བ་དབང་པོའི་ཏོག

གིས་ཚངས་པའི་དབྱངས་ཀྱིས། བྱང་ཆུབ་སེམས་དཔའ་གང་དག་མ་དག་པའི་ཞིང་ཁམས་གྲངས་མེད་པ་རྣམས་སུ་ཟབ་མོ་དབུ་མའི་ལམ་དང་འབྲེལ་བའི་རྡོ་རྗེ་ཐེག་པའི་ལམ་བཟང་ལུས་དང་སྲོག་ལ་མི་ལྟ་བར་རྒྱས་པར་བྱེད་པ་དེ་ནི། རྒྱལ་སྲས་རྣམས་ཀྱི་རླབས་ཆེན་སྤྱོད་པ་རྒྱ་མཚོའི་རབ་དང་། ཕུལ་དང་། མཆོག་ཏུ་གྱུར་པའོ། །ཞེས་སེང་གེའི་སྒྲ་སྒྲགས་པ་ན། བདག་ཉིད་ཆེན་པོ་འདི་སྙིང་སྟོབས་ཆེས་ཆེར་རྒྱས་པས་འཁོར་ཚོགས་རྒྱ་མཚོའི་དབུས་སུ་བཞེངས་ཏེ་ཞུམ་པ་མེད་པའི་སྒྲ་དབྱངས་ཀྱིས། དེང་ནས་བརྩམས་ཏེ་ལུས་དང་སྲོག་ལ་མི་ལྟ་བར་མ་དག་པའི་ཞིང་གྲངས་མེད་པར་ཟབ་མོ་དབུ་མའི་ལྟ་བ་དང་འབྲེལ་བའི་རྡོ་རྗེ་ཐེག་པའི་ལམ་བཟང་རྒྱས་པར་བྱའོ་ཞེས་དེ་བཞིན་གཤེགས་པ་དབང་པོའི་ཏོག་སོགས་ཕྱོགས་བཅུའི་རྒྱལ་བ་སྲས་བཅས་དཔང་དུ་བཞག་སྟེ་དམ་བཅས་ཤིང་བདེན་པའི་ཚིག་གི་སྒྲ་དབྱངས་བསྒྲགས་སོ། །དེའི་ཚེ་དེ་བཞིན་གཤེགས་པ་དབང་པོའི་ཏོག་སོགས་ཕྱོགས་བཅུའི་སངས་རྒྱས་ཐམས་ཅད་ཀྱིས་ལེགས་སོ། ཁྱོད་ནི་བྱང་ཆུབ་སེམས་དཔའ་སྙིང་སྟོབས་ཆེན་པོའོ། །ཞེས་དབུགས་དབྱུང་ཞིང་། དེ་ནས་བཟུང་སྟེ་སངས་རྒྱས་ཀྱི་ཞིང་ཐམས་ཅད་དུའང་བདག་ཉིད་ཆེན་པོ་འདིའི་མཚན་བྱང་ཆུབ་སེམས་དཔའ་སྙིང་སྟོབས་(༣༣༡བ)ཆེན་པོར་གྲགས་སོ། །དེ་ནས་རྒྱལ་བ་དབང་པོའི་ཏོག་སྐུ་ལས་འོད་ཟེར་གྱི་ཚོགས་བྱེ་བ་དཔག་ཏུ་མེད་པ་འགྱེད་ཅིང་ཞལ་འཛུམ་པ་དང་ལྡན་པས། ཁྱོད་ཀྱིས་ཇི་ལྟར་དམ་བཅས་པ་བཞིན་དུ་དེང་ནས་བཟུང་སྟེ་མ་དག་པའི་ཞིང་གྲངས་མེད་པ་རྣམས་སུ་མདོ་སྔགས་ཀྱི་དམ་ཆོས་རྒྱས་པར་བྱས་ཏེ། མཐར་གྱིས་ངོ་མཚར་རྨད་བྱུང་བཀོད་པའི་ཞིང་དུ་དེ་བཞིན་གཤེགས་པ་སེང་གེའི་ང་རོ་ཞེས་བྱ་བའི་རྫོགས་པའི་སངས་རྒྱས་སུ་འགྱུར་རོ་ཞེས་ལུང་བསྟན་པར་མཛད་དོ། །ཡེ་ཤེས་ཀྱི་མཁའ་འགྲོ་མ་མ་ཅིག་ལབ་ཀྱི་སྒྲོན་མས་གཏེར་གཞུང་ཆེན་མོར་བསྟན་པའི་འཕེལ་འགྲིབ་ལུང་བསྟན་པ་ལས། ཡུམ་གྱིས་དེ་ལྟ་བུའི་རྒྱལ་ཁྲིམས་དང་ཆོས་ཁྲིམས་

འཕྲུལ་སྒྱུར་བའི་དུས་སངས་རྒྱས་ཀྱི་བསྟན་པ་མུན་ནག་ཏུ་གློག་འཁྱུག་པ་ལྟ་བུ་ཞིག་འབྱུང་ཞེས་གསུངས་པ་ལ། བསོད་ནམས་རྒྱན་ལ་སོགས་པ་བུ་མོ་བཞིས། དེ་ལྟ་བུའི་བཀའ་དྲིན་ཅན་དེ་སུ་ལགས། ཞེས་སོགས་མང་དུ་ཞུས་པའི་ལན་དུ། བུ་མོ་ཁྱོད་ཀྱིས་དྲིས་པའི་བྱང་སེམས་དེ། །མ་འོངས་བསྐལ་བཟང་སངས་རྒྱས་བདུན་པ་ཡིན། །ད་ལྟ་བྱང་ཆུབ་སེམས་དཔའ་སྙིང་སྟོབས་ཆེ། །སྙིགས་དུས་ལོག་སྤྱོད་བོད་ཡུལ་བྱུང་བའི་ཚེ། །དགེ་སློང་ཚུལ་འཛིན་གྲགས་པའི་མཚན་ཐོགས་ཏེ། །གང་གི་ཞིང་དུ་སེང་གེའི་ང་རོར་གྲགས། ཁྲིམས་འཆལ་ལོག་སྤྱོད་སྤྱོབས་པ་ཟིལ་གནོན་པས། ཁྲིམས་འཆལ་བག་མེད་ཡང་དག་ཁྲིམས་ལ་སྦྱོར། །ཐུབ་ཉིད་སྒྲོལ་བརྟོད་བསྟན་པའི་ཕྱག་རྟགས་འཛིན། །བསྟན་པ་གསལ་བར་བྱེད་པའི་དགེ་སློང་ངོ་། །མཐའ་ཡས་རྒྱུད་སྡེའི་(༣༣༢ན)ཚོགས་ལ་དབང་བསྒྱུར་ཞིང་། རྒྱུད་སྡེ་རྒྱ་མཚོའི་དགོངས་པའི་བཅུད་ཕྱུང་ནས། །གདུལ་བྱར་གྱུར་པའི་སྐལ་ལྡན་ཚིམ་པར་མཛད། །ཅེས་བདག་ཉིད་ཆེན་པོ་འདི་སྙིགས་མའི་དུས་འདིར་བསམས་བཞིན་དུ་བྱོན་ཏེ་མདོ་སྔགས་ཀྱི་བསྟན་པ་ཡོངས་སུ་རྫོགས་པ་ཆེས་ཆེར་སྤེལ་བར་མཛད་པ་གསལ་བར་ལུང་བསྟན་ཏོ། །དེ་ལྟར་མདོ་རྒྱུད་བསྟན་བཅོས་མང་པོ་ནས་ལུང་བསྟན་ཚུལ་བརྗོད་པ་དེ་དག་ནི། རྗེ་འདི་འབྱོན་པའི་དུས་ཚོད་དང་། འཁྲུངས་ཡུལ་དང་། དགོན་གནས་དང་། མཚན་དང་། མཛད་པ་རྣམ་ཐར་རྣམས་འདི་དང་འདི་ལྟར་འབྱུང་ངོ་། །ཞེས་གསལ་བར་ལུང་བསྟན་པ་འགའ་ཞིག་བརྗོད་པ་ཡིན་གྱི། དོན་གྱིས་ལུང་བསྟན་པ་ནི་ཤེས་རབ་ཀྱི་ཕ་རོལ་ཏུ་ཕྱིན་པ་སྟོང་ཕྲག་བརྒྱད་པ་ལས། ཤེས་རབ་ཀྱི་ཕ་རོལ་ཏུ་ཕྱིན་པ་ཟབ་མོ་འདི་རྒྱལ་བ་རང་ཉིད་མྱ་ངན་ལས་འདས་པའི་འོག་ཏུ་རྒྱ་གར་ལྷོ་ཕྱོགས་སུ་དར་བར་འགྱུར་བ་དང་། དེ་ནས་རྒྱ་གར་གྱི་བྱང་ཕྱོགས་ཁ་བ་ཅན་འདིར་དར་བར་འགྱུར་བ་ལུང་བསྟན་ཏེ། རྒྱ་གར་ལྷོ་ཕྱོགས་སུ་དར་བ་ནི་རྒྱལ་བ་མྱ་ངན་ལས་འདས་ནས་ལོ་བཞི་བརྒྱ་ཙམ་སོང་བ་ན་འཕགས་པ་ཀླུ་སྒྲུབ་འཇིག་རྟེན་

དུ་བྱོན་ཏེ་ཤེར་ཕྱིན་གྱི་དོན་ཟབ་མོ་དབུ་མའི་ལྟ་བ་ཆེས་ཆེར་དར་བར་མཛད་པའོ། །

འཕགས་པ་ཀླུ་སྒྲུབ་ཅེས་བྱ་བ་དེ་ཡང་རྗེ་བདག་ཉིད་ཆེན་པོ་འདི་ཡིན་ཏེ། རྗེ་འདི་ཉིད་འཕགས་པ་ཀླུ་སྒྲུབ་དང་ཐུགས་རྒྱུད་གཅིག་པར་སྨོན་བྱོན་པའི་དམ་པ་མང་པོས་གསུངས་ཤིང་། དོན་དེ་ལ་(༣༣༢བ)འཇམ་དབྱངས་ཁ་ཆེས་ཀྱང་། ནཱ་ག་རྫུ་ནའི་རྣམ་འཕྲུལ་ཙོང་ཁ་པ། །ཞེས་བསྔགས་སོ། །བྱང་ཕྱོགས་སུ་དར་བར་འགྱུར་ཞེས་གསུངས་པ་དེ་ལ། འདི་ལྟ་བུའི་ཤེར་ཕྱིན་ཟབ་མོ་འདི་དུས་ཀྱི་ཐ་མ་ལ་བྱང་ཕྱོགས་སུ་ཇི་ལྟར་དར་བར་འགྱུར་ཤེར་ཕྱིན་ཟབ་མོ་འདི་འཛིན་པ་མང་པོའམ་ཉུང་དུ་ཇི་ལྟ་བུ་ཞིག་འབྱུང་ཞེས་ཞུས་པ་ན་བཅོམ་ལྡན་འདས་ཀྱིས་བཀའ་སྩལ་པ། ཤཱ་རིའི་བུ་བྱང་གི་ཡུལ་དང་བྱང་གི་ཕྱོགས་ཀྱི་ཆར་བྱང་ཆུབ་སེམས་དཔའ་སེམས་དཔའ་ཆེན་པོ་མང་ཞིང་ཤིན་ཏུ་མང་དུ་འབྱུང་བར་འགྱུར་རོ། །ཤཱ་རིའི་བུ་དེ་དག་མང་མོད་ཀྱི་མང་པོ་དེ་དག་ལས་ཤེས་རབ་ཀྱི་ཕ་རོལ་ཏུ་ཕྱིན་པ་འདི་ཉན་པ་དང་འདྲི་བ་དང་འཛིན་པ་དང་འཆང་བ་དང་ཀློག་པ་དང་ཀུན་ཆུབ་པར་བྱེད་པ་དང་རབ་ཏུ་འདོན་པ་དང་སྟོན་པ་དང་ཉེ་བར་སྟོན་པ་དང་ལུང་འབོགས་པ་དང་ཁ་ཏོན་བྱེད་པར་འགྱུར་བ་དང་དེ་བཞིན་ཉིད་དུ་སློབ་པ་དང་དེ་བཞིན་ཉིད་དུ་སྒྲུབ་པ་དང་དེ་བཞིན་ཉིད་དུ་རྣལ་འབྱོར་དུ་བྱེད་པར་འགྱུར་བ་དང་ཤེས་རབ་ཀྱི་ཕ་རོལ་ཏུ་ཕྱིན་པ་འདི་བཤད་པ་ན་འགོང་བར་མི་འགྱུར་ཀུན་ཏུ་ཞུམ་པར་མི་འགྱུར་བག་ཚ་བར་མི་འགྱུར་བག་འཁུམས་པར་མི་འགྱུར་ཡིད་ཕྱིར་ཕྱོགས་པར་མི་འགྱུར་དངང་བར་མི་འགྱུར་ཀུན་ཏུ་སྐྲག་པར་མི་འགྱུར་ཀུན་ཏུ་སྐྲག་པ་དང་ལྡན་པར་མི་འགྱུར་བའི་བྱང་ཆུབ་སེམས་དཔའ་སེམས་དཔའ་ཆེན་པོ་དེ་དག་ནི་ཆེས་ཉུང་བར་འགྱུར་ཏེ། བྱང་ཆུབ་སེམས་དཔའ་སེམས་དཔའ་ཆེན་པོ་དེ་དག་ནི་ཡུན་རིང་པོ་ནས་ཐེག་པ་ལ་ཡང་དག་པར་ཞུགས་པར་རིག་པར་བྱའོ། །(༣༣༣ན)དེ་དག་ནི་སྔོན་གྱི་དེ་བཞིན་གཤེགས་པ་དགྲ་བཅོམ་པ་ཡང་དག་པར་རྫོགས་པའི་

སངས་རྒྱས་རྣམས་ཀྱི་རྗེས་སུ་འབྲང་ཞིང་ཡོངས་སུ་དྲིས་པ་དང་ཡོངས་སུ་ཞུས་པ་དང་ཡོངས་སུ་དྲི་བ་བྱས་ཤིང་གང་ཟག་བྱང་ཆུབ་སེམས་དཔའི་ཐེག་པ་ཅན་རིགས་ཀྱི་བུའམ་རིགས་ཀྱི་བུ་མོ་དེ་དག་གིས་སྔོན་གྱི་དེ་བཞིན་གཤེགས་པ་དགྲ་བཅོམ་པ་ཡང་དག་པར་རྫོགས་པའི་སངས་རྒྱས་རྣམས་ལ་མཆོད་པ་ཡིན་ནོ། །དེ་དག་ནི་ཚུལ་ཁྲིམས་ཡོངས་སུ་རྫོགས་པར་བྱེད་པར་འགྱུར་རོ། །དེ་དག་ནི་འདི་ལྟ་སྟེ་བླ་ན་མེད་པར་ཡང་དག་པར་རྫོགས་པའི་བྱང་ཆུབ་འདི་ཉིད་ལས་བརྩམས་ཏེ་སྐྱེ་བོ་མང་པོའི་དོན་བྱེད་པར་འགྱུར་རོ། །དེ་ཅིའི་ཕྱིར་ཞེ་ན། དེ་ནི་འདི་ལྟར་རིགས་ཀྱི་བུ་དང་རིགས་ཀྱི་བུ་མོ་དེ་དག་ལ་ང་ཉིད་ཀྱིས་ཐམས་ཅད་མཁྱེན་པ་ཉིད་དང་ལྡན་པའི་གཏམ་བྱས་སོ། །དེ་དག་ནི་ཚེ་རབས་འཕོས་ཀྱང་ཐམས་ཅད་མཁྱེན་པ་ཉིད་དང་ལྡན་པ་དང་ཤེས་རབ་ཀྱི་ཕ་རོལ་ཏུ་ཕྱིན་པ་དང་ལྡན་པ་འདི་ཉིད་ལ་ཡང་དག་པར་སྦྱོད་པར་འགྱུར་རོ། །འདི་ལྟ་སྟེ་བླ་ན་མེད་པ་ཡང་དག་པར་རྫོགས་པའི་བྱང་ཆུབ་ལས་བརྩམས་ནས་དེ་ཉིད་ཀྱི་གཏམ་བྱེད་པར་འགྱུར་དེ་ཉིད་ཀྱི་གཏམ་ལ་མངོན་པར་དགའ་བར་འགྱུར་རོ། །དེ་དག་ལ་ལེགས་པར་གནས་ཤིང་ཤེས་རབ་ཀྱི་ཕ་རོལ་ཏུ་ཕྱིན་པ་འདི་ལ་མཉམ་པར་བཞག་པར་འགྱུར་ཏེ་བདུད་ཀྱིས་ཀྱང་དབྱེ་བར་བྱེད་མི་ནུས་ན་འདི་ལྟ་སྟེ་སེམས་ཅན་གཞན་དག་གིས་འདུན་པའམ་སྟུགས་ཀྱི་སྒོ་ནས་དབྱེ་བ་ལྟ་ཅི་སྨོས། དེ་ཅིའི་ཕྱིར་ཞེ་ན། (༣༣༣བ)དེ་ནི་འདི་ལྟར་བླ་ན་མེད་པ་ཡང་དག་པར་རྫོགས་པའི་བྱང་ཆུབ་ཏུ་མཐུ་བརྟན་པའི་ཕྱིར་རོ། །རིགས་ཀྱི་བུ་དང་རིགས་ཀྱི་བུ་མོ་དག་གིས་དེ་ཐོས་ནས་ཤེས་རབ་ཀྱི་ཕ་རོལ་ཏུ་ཕྱིན་པ་འདི་ལ་དགའ་བ་དང་དང་བ་དང་རབ་ཏུ་དང་བ་རྒྱ་ཆེན་པོ་ཐོབ་པར་འགྱུར་རོ། །དེ་དག་གིས་ནི་འདི་ལྟ་སྟེ་བླ་ན་མེད་པ་ཡང་དག་པར་རྫོགས་པའི་བྱང་ཆུབ་ལ་སྐྱེ་བོ་མང་པོ་དག་གིས་དགེ་བའི་རྩ་བ་བསྐྱེད་པར་འགྱུར་རོ། །དེ་ཅིའི་ཕྱིར་ཞེ་ན་འདི་ལྟར་རིགས་ཀྱི་བུ་དང་རིགས་ཀྱི་བུ་མོ་དེ་དག་གིས་ནི་ངའི་

མངོན་སུམ་དུ་ཆོག་འདི་སྐད་དུ། བྱང་ཆུབ་སེམས་དཔའི་སྤྱོད་པ་སྤྱོད་པ་ན་བདག་གིས་སྲོག་ཆགས་བརྒྱ་ཕྲག་མང་པོ་དང་སྲོག་ཆགས་སྟོང་ཕྲག་མང་པོ་དང་སྲོག་ཆགས་བརྒྱ་སྟོང་ཕྲག་མང་པོ་དང་སྲོག་ཆགས་བྱེ་བ་བརྒྱ་ཕྲག་མང་པོ་དང་སྲོག་ཆགས་བྱེ་བ་སྟོང་ཕྲག་མང་པོ་དང་སྲོག་ཆགས་བྱེ་བ་བརྒྱ་སྟོང་ཕྲག་མང་པོ་དང་སྲོག་ཆགས་བྱེ་བ་ཁྲག་ཁྲིག་བརྒྱ་སྟོང་མང་པོ་རྣམས་བླ་ན་མེད་པ་ཡང་དག་པར་རྫོགས་པའི་བྱང་ཆུབ་ལ་ཡང་དག་པར་བཞག་པར་བྱའོ། །ཡང་དག་པར་བསྟན་པར་བྱའོ། །ཡང་དག་པར་འགོད་པར་བྱའོ། །ཡང་དག་པར་གཟེངས་བསྟོད་པར་བྱའོ། །ཡང་དག་པར་དགའ་བ་བསྐྱེད་པར་བྱའོ། །ཡང་དག་པར་རབ་ཏུ་དབྱེ་བར་བྱའོ། །རྫོགས་པའི་བྱང་ཆུབ་ལ་གནས་པར་བྱའོ། །སླར་མི་ལྡོག་པར་བྱའོ། །ཞེས་སྨྲས་སོ། །ཞེས་ལུང་བསྟན་ཏོ། །

འདིས་རྗེ་བདག་ཉིད་ཆེན་པོ་ཇི་ལྟར་ལུང་བསྟན་སྙམ་ན། བྱང་ཕྱོགས་གངས་རིའི་ལྗོངས་འདིར་ཤེར་ཕྱིན་ཟབ་མོ་འདི་འཛིན་ཅིང་ཀློག་པ་མང་པོ་(༣༣༩ན)ཞིག་འབྱུང་ནའང་དོན་ཕྱིན་ཅི་མ་ལོག་པར་རྟོགས་ནས་རྒྱ་ཆེར་སྤེལ་བར་བྱེད་ནུས་པ་ནི་ཤུང་དུ་ལས་མི་འབྱུང་བ་དང་། དེ་ལྟར་སྟོན་ནུས་པའི་སེམས་དཔའ་ཆེན་པོ་དེ་ནི་སྔོན་ཡུན་རིང་པོ་ནས་ལམ་ལ་སྦྱངས་པ་བྱས་པ་ཚོགས་གཉིས་མཐར་ཕྱིན་པ་གདུལ་བྱའི་དོན་དུ་བསམ་བཞིན་དུ་བྱོན་པ་ཞིག་འབྱུང་བ་དང་། དེ་འདྲ་བའི་སེམས་དཔའ་ཆེན་པོ་དེ་རྒྱལ་བ་རང་ཉིད་ཀྱི་སྤྱན་སྔར་སེམས་བསྐྱེད་ཅིང་ཤེར་ཕྱིན་ཟབ་མོ་འདིའི་དོན་རྒྱ་ཆེར་སྤེལ་བར་བྱའོ་ཞེས་དམ་བཅས་ཤིང་སྨོན་ལམ་བཏབ་པ་ཡིན་པར་གསུངས་པ་འདིས་རྗེ་བླ་མ་འདི་ཉིད་ལུང་བསྟན་པ་ཡིན་པར་ཤེས་ཏེ། ཤེར་ཕྱིན་ཟབ་མོ་འདིའི་དོན་ལ་སྦས་དོན་མངོན་རྟོགས་ཀྱི་རིམ་པ་དང་། དངོས་བསྟན་སྟོང་ཉིད་ཀྱི་རིམ་པ་གཉིས་ཡོད་ཅིང་། སྦས་དོན་མངོན་རྟོགས་ཀྱི་རིམ་པ་བཤེས་གཉེན་དམ་པ་ཚུལ་བཞིན་དུ་བསྟེན་ནས་དང་པོར་ཐར་པ་ཆ་མཐུན་གྱི་དགེ་རྩ་བསྐྱེད། དེ་ནས་ས་ལམ་རིམ་གྱིས་བགྲོད་ཚུལ་དང་། མཐར་

འབྲས་བུ་ཐོབ་ནས་འཕྲིན་ལས་ཉེ་ཤུ་རྩ་བདུན་གྱི་སྒོ་ནས་གདུལ་བྱའི་དོན་བྱེད་ཚུལ་གྱི་བར་ལམ་གྱི་གྲངས་དང་གོ་རིམ་དང་ངོ་བོ་རྣམས་རྒྱལ་བའི་དགོངས་པ་ཤིང་རྟ་ཆེན་པོས་བཀྲལ་བ་ཇི་བཞིན་དུ་མཐའ་དག་པར་གཏན་ལ་འབེབས་ནུས་པ་དང་། ཇི་ལྟར་གཏན་ལ་ཕབ་པའི་དོན་རྣམས་སྐྱེས་བུ་གསུམ་གྱི་ལམ་གྱི་རིམ་པར་བསྡུས་ཏེ་སྐལ་བ་དང་ལྡན་པའི་གདུལ་བྱ་ལས་དང་པོ་བའི་ས་ནས་སངས་རྒྱས་ཀྱི་སའི་བར་ལ་མཐར་གྱིས་ཁྲིད་པར་མཛད་པ་(༣༣༨བ)རྗེ་བླ་མ་འདི་དང་མཚུངས་པ་གངས་རིའི་ཁྲོད་འདིར་སུ་ཡང་མ་བྱུང་བ་དང་། དངོས་བསྟན་སྟོང་ཉིད་ཀྱི་རིམ་པ་ལའང་ཤེར་ཕྱིན་གྱི་མདོའི་དོན་འཕགས་པ་ཀླུ་སྒྲུབ་ཡབ་སྲས་ཀྱིས་ཇི་ལྟར་བཀྲལ་བ་ལྟར་ཟབ་མོ་དབུ་མའི་ལྟ་བ་འཁྲུལ་པའི་དྲི་མ་ཐམས་ཅད་དང་བྲལ་བ་རིགས་པའི་ལམ་ནས་གཏན་ལ་ཕབ་སྟེ་ཇི་ལྟར་སྒོམ་པའི་ཚུལ་དང་། བསྒོམས་ནས་ས་ལམ་རིམ་གྱིས་བགྲོད་དེ་འབྲས་བུ་ཆོས་སྐུ་འགྲུབ་ཚུལ་རྣམས་མཐའ་དག་པར་སྟོན་ནུས་པ་རྗེ་བླ་མ་འདི་དང་མཚུངས་པ་བྱང་ཕྱོགས་འདིར་སུ་ཡང་མ་བྱུང་བས་ན་རྒྱལ་བས་བྱང་ཕྱོགས་སུ་ཤེར་ཕྱིན་གྱི་མདོ་སྡེ་ཟབ་མོའི་དོན་རྒྱལ་བ་རང་ཉིད་ཀྱི་དགོངས་པ་ལྟར་སྟོན་ནུས་པའི་སེམས་དཔའ་ཆེན་པོ་འབྱུང་ངོ་ཞེས་ལུང་བསྟན་པ་དེ་རྗེ་འདི་ཉིད་ལུང་བསྟན་པར་ངོས་མེད་ཀྱིས་འགྲུབ་བོ། །

གཞན་ཡང་དེ་ལྟར་ཤེར་ཕྱིན་ཟབ་མོ་སྟོན་ནུས་པའི་སེམས་དཔའ་ཆེན་པོ་དེས་རྒྱལ་བ་རང་ཉིད་ཀྱི་སྤྱན་སྔར་སེམས་བསྐྱེད་ཅིང་ཤེར་ཕྱིན་ཟབ་མོ་འདིའི་དོན་རྒྱ་ཆེར་སྤེལ་བར་བྱའོ་ཞེས་དམ་བཅས་པ་ཡིན་པར་གསུངས་པ་དེས་ཀྱང་རྗེ་བླ་མ་འདི་ཉིད་ལུང་བསྟན་པ་ཡིན་པར་གསལ་བར་གྲུབ་སྟེ་རྗེ་འདིས་སྔོན་སྟོན་པ་ཐུབ་པའི་དབང་པོ་དང་ཐུགས་རྒྱུད་གཅིག་པའི་རྒྱལ་བ་དབང་པོའི་ཏོག་གི་སྤྱན་སྔར་སྙིགས་མའི་དུས་སུ་ཟབ་མོ་དབུ་མའི་ལྟ་བ་རྒྱ་ཆེར་སྤེལ་བར་དམ་བཅས་པ་དང་། སྟོན་པ་རྡོ་རྗེ་གདན་དུ་བཞུགས་པའི་ཚེ་ཤེལ་དཀར་པོའི་ཕྲེང་བ་ཕུལ་ཏེ་ཟབ་མོ་དབུ་མའི་ལྟ་བ་སྤེལ་བར་

ཐུགས་བསྐྱེད་ཅིང་དམ་བཅས་པ་སྔར་དྲངས་ཟིན་པ་ལྟར་རོ། །བདག་ཅག་གིས་རྗེ་(༣༣༥ན)བླ་མ་འདི་ལྟར་ལུང་བསྟན་ཏོ་ཞེས་བརྗོད་པ་འདི་ཡང་རྗེའི་རྗེས་འཇུག་ཡིན་པ་རྒྱུ་མཚན་དུ་བྱས་པའི་སྨྲོངས་ཞེན་དང་འདུ་ཤེས་བསྒྱུར་ཏེ་རབ་བརྟགས་དང་ཟློལ་བསྐྱོད་བྱས་པ་མིན་གྱི་རྒྱལ་བའི་དགོངས་པ་འགྲེལ་བ་ལ་རྗེ་འདི་ཉིད་དང་མཚུངས་པ་གཞན་མེད་དོ་ཞེས་སྨྲས་པ་དེ་ནི་སྣང་རུང་མ་དམིགས་པ་རྟགས་ཡང་དག་པས་གྲུབ་པ་ཡིན་ནོ། །གཞན་ཡང་ལྷོ་བྲག་གྲུབ་ཆེན་ལ་གསང་བདག་ཕྱག་ན་རྡོ་རྗེས་ལུང་བསྟན་བྱུང་བ་དང་། བླ་མ་དབུ་མ་པ་ལ་རྗེ་བཙུན་འཇམ་དཔལ་དབྱངས་ཀྱིས་ལུང་བསྟན་བྱུང་བ་སོགས་ལྷག་པའི་ལྷ་རྣམས་ཀྱིས་ལུང་བསྟན་པའི་ཚུལ་མང་དུ་ཡོད་དེ་འོག་ཏུ་རིམ་བཞིན་འཆད་དོ། །

དེ་ལྟར་མདོ་རྒྱུད་བསྟན་བཅོས་རྣམས་ནས་ལུང་བསྟན་པ་ལྟར། རྗེ་བླ་མ་འདི་ཉིད་གང་དུ་འཁྲུངས་པའི་ཡུལ་ནི་མདོ་ཁམས་སྨད་ཀྱི་སའི་ཆ་ཤར་ཙོང་ཁ་ཞེས་གྲགས་པ་དེ་ཡིན་ལ། དེར་ཇི་ལྟར་འཁྲུངས་པའི་ཚུལ་ནི། མེ་ཕོ་སྤྲེའུའི་ལོ་དགུན་གྱི་དུས་རྗེ་འདིའི་ཡབ་ཀྱི་མནལ་ལམ་དུ། རྒྱ་ནག་རི་བོ་རྩེ་ལྔ་ནས་འོངས་ཟེར་བའི་བཙུན་པ་མི་རྟོག་གི་ཕྲེང་བ་དུ་མ་སྤྲེལ་བའི་ཆོས་གོས་དང་། སུམ་ཅུ་རྩ་གསུམ་གྱི་ཤིང་ལོ་ཡིན་ཟེར་བ་དར་སེར་པོ་འདྲ་བའི་ཤམ་ཐབས་ཅན་པོ་ཏི་ཁྱེར་བ་ཞིག་བྱུང་ནས། ང་ཁྱེད་ལ་གནས་ཤིག་གཡར་བ་ཡིན་ཟེར་ནས་མཆོད་ཁང་ཞིག་ཡོད་པའི་ནང་དུ་སོང་བའི་སྣང་བ་བྱུང་། ཡུམ་གྱི་མནལ་ལམ་དུ་ཡང་མེ་ཏོག་གི་ཐང་ཆེན་པོ་ཞིག་ཏུ་བུད་མེད་སྟོང་ཕྲག་ཙམ་གྲལ་བྱས་པའི་(༣༣༥བ)ནང་ན་ཡུམ་རང་ཡང་བསྡད་པར། ཤར་ནས་ཁྱེའུ་དཀར་པོ་བུམ་པ་འཛིན་པ་ཅིག་དང་། ནུབ་ནས་བུ་མོ་དམར་མོ་རྨ་བྱའི་སྒྲོ་མདོངས་སྟེར་མ་ཙམ་ཡོད་པ་ཅིག་ལག་པ་གཡས་ན་བཟུང་། མེ་ལོང་ཆེན་པོ་ཞིག་གཡོན་ན་བཟུང་ནས་བྱུང་བས། དེ་གཉིས་གྲོས་བྱས་ཏེ་བུད་མེད་ཐམས་ཅད་ལ་འདིས་རུང་ངམ་འདིས་རུང་ངམ་ཞེས་ཁྱེའུ་

དེས་བུ་མོ་དེ་ལ་འདྲི་ཞིང་བུ་མོ་དེས་གཞན་རྣམས་རེ་རེ་ལ་སྐྱོན་རེ་བཏགས། ཁྱེའུ་དེས་ཡུམ་ལ་མཛུབ་མོ་བཙུགས་ནས་འདིས་རུང་ངམ་ཞེས་འདྲི་བ་ལ། བུ་མོ་དེས་འཛུམ་བྱས་ནས་རུང་ཟེར། འོན་འདི་ལ་ཁྲུས་གྱིས་ཟེར་ནས། ཇི་ལྟར་བལྟམས་པ་ཞེས་སོགས་དབྱངས་དང་བཅས་ཁྲུས་བྱས་པས་ལུས་ཀྱི་དྲི་མ་དག་ནས་བདེ་སངས་སངས་པའི་སྣང་བ་ཞིག་བྱུང་བ་དང་། གཉིད་སད་ནས་ལུས་ཡང་བ་དང་སེམས་བདེ་བ་ལ་སོགས་པའི་དགེ་མཚན་དུ་མ་བྱུང་ངོ་། །དུས་དེ་ནས་བཟུང་སྟེ་ཁྱིམ་མཚེས་དང་ཡུལ་མི་རྣམས་ཀྱི་རྨི་ལམ་དུའང་དགེ་འདུན་མང་པོས་རྗེ་བོ་རིན་པོ་ཆེ་དབུས་ནས་གདན་དྲངས་བྱུང་བ་སོགས་རྨི་ལྟས་ངོ་མཚར་བ་མང་དུ་བྱུང་བ་དང་། ཉི་ཟླ་སྐར་གསུམ་དུས་གཅིག་ལ་ཤར་བ་དང་། མེ་ཏོག་གི་ཆར་ཡང་ཡང་འབབ་པ་དང་སྤོས་ཀྱི་དྲི་བཟང་པོ་བྲོ་བ་དང་། ནམ་མཁའ་ལ་རོལ་མོའི་སྒྲ་གྲག་པ་དང་། ས་གཡོ་བ་ལ་སོགས་པའི་ངོ་མཚར་བའི་ལྟས་ཡུལ་དེར་ཀུན་གྱི་མཐུན་སྣང་དུ་གྲུབ་པ་དུ་མ་བྱུང་ངོ་། །

དེ་ནས་བྱ་ལོ་ཟླ་བ་དང་པོའི་ཚེས་བཅུའི་ནུབ་མོ་ཡུམ་གྱི་མནལ་ལམ་དུ་དགེ་འདུན་བསམ་གྱིས་མི་ཁྱབ་པས་གདུགས་དང་རྒྱལ་མཚན་དང་ཟ་བོ་ཆེ་ལ་སོགས་པ་མཆོད་པའི་བྱེ་བྲག་མཐའ་ཡས་པ་བཟུང་སྟེ། སྤྱན་རས་གཟིགས་འགྲོན་(༣༣༨ན)པ་ལ་བསུ་བ་བྱེད་ཟེར་ཀྱིན་འདུག་པས་ཕྱོགས་ཀུན་ཏུ་བལྟས་ཀྱང་མ་མཐོང་། རྗེས་ལ་བལྟས་པས་སྤྲིན་གྱི་ཐད་ཙམ་དུ་གསེར་སྐུ་རི་བོ་ཙམ་པ་འོད་ཟེར་ཉི་མ་ལྟར་ཕྱོགས་ཐམས་ཅད་དུ་འཕྲོ་བ་དང་ཆོས་ཀྱི་སྒྲ་དབྱངས་དང་བཅས་པ་ཅིག་ལྷའི་བུ་དང་བུ་མོ་ཡིན་ཟེར་བའི་ཆ་ལུགས་ཕུན་སུམ་ཚོགས་པ་དང་ལྡན་པ་དུ་མས་བསྐོར་བ་ཞིག་མར་མར་བབས་བྱུང་བས་གསེར་སྐུ་དེ་ཇེ་ཆུང་ཇེ་ཆུང་ལ་སོང་། སྤྱི་གཙུག་གི་ཐད་ཙམ་དུ་སླེབས་པའི་ཚེ་མཐོ་གང་ཙམ་པ་ཤིན་ཏུ་མཛེས་པ་ཞིག་ཏུ་གྱུར་ནས་རང་ལ་ཐིམ། དེའི་འཁོར་རྣམས་དང་བསུ་མི་རྣམས་ཀྱང་རང་ལ་ཐིམ་པར་མཐོང་བས་རང་ལ་ཕྱག་དང་བསྐོར་བ་དང་མཆོད་

པ་བྲེད་ཅིང་བཀྲ་ཤིས་བརྗོད་པ་སོགས་རྨིས་པས་ཕྱི་དེའི་ཉིན་པར་ནས་རིག་པ་གསལ་བ་སྐྱིད་སྣང་ཆེ་བ་བྱུང་། དེ་ཕྱིན་མ་བརྟགས་མ་དཔྱད་པའི་དུས་ནའང་ངའི་ལུས་འདི་ལ་བརྙས་མི་རུང་སྙམ་ནས་གཅེས་སྤྲས་དང་གཙང་སྦྲ་ལ་བརྩོན་པ་སོགས་རང་ཤུགས་ཀྱིས་བྱུང་། ཡབ་ཀྱི་མནལ་ལམ་དུ་ལྷུང་ལོ་ཅན་ནས་ཕྱག་ན་རྡོ་རྗེས་འཕངས་སམ་སྙམ་པའི་གསེར་གྱི་རྡོ་རྗེ་འབར་བ་གཅིག་ཡུམ་ལ་ཐིམ་པ་རྨིས་པས་བུ་སྟོབས་ལྡན་ཅིག་སྐྱེ་བ་ཡིན་ནམ་ཞེས་གླེང་བ་བྱུང་ངོ་། །སྐུ་བལྟམས་པའི་དུས་ལ་བབ་པའི་ཚེ་ཡུམ་གྱི་མནལ་ལམ་དུ། དགེ་འདུན་མང་པོ་དང་སྐྱེ་བོའི་ཁྲོམ་ཆེན་པོས་མཆོད་པ་རྣམ་ལྔ་ཁྱེར་ནས་མཆོད་ཁང་མཛལ་ཟེར། དེ་གང་ན་ཡོད་དྲིས་པས་སྟེར་གྱི་ཁྱེའུ་དཀར་པོ་དེས་ཀུ་ཤེལ་གྱི་ལྷེ་མིག་གཅིག་བཟུང་ནས་འདི་ན་ཡོད་ཟེར་ཞིང་ཡུམ་རང་གི་བྲང་ན་སྒོ་ཆུང་སེར་པོ་ཞིག་(༣༣༨བ)འདུག་པ་ཕྱེ་བའི་ནང་ནས་སྟེར་ལུས་ལ་ཐིམ་པའི་གསེར་སྐུ་དེ་བཏོན་ནས་དྲི་མས་ཅུང་ཟད་ནོགས་པ་ལ་སྟེར་གྱི་བུ་མོ་དེ་བྱུང་ནས་དེ་ལ་བུམ་ཆུས་ཁྲུས་བྱས། ཛ་བའི་སྒྲོས་བྱབས་རྒྱ་གར་གྱི་སྐད་ཡིན་ནམ་སྙམ་པའི་དར་དིར་མང་པོ་དབྱངས་སུ་ལེན་ཞིང་ལྷ་དེ་ལ་མཆོད་པ་འབུལ་གྱིན་འདུག་པའི་སྣང་བ་བྱུང་། གཉིད་སད་ནས་ཐོ་རངས་སྐར་ཆེན་ཤར་བ་དང་སྟབས་ཅིག་པར་རབ་བྱུང་དྲུག་པའི་མེ་མོ་བྱའི་ལོ་ངོ་མཚར་བའི་ལྟས་མང་པོ་དང་བཅས་བདེ་བར་འཁྲུངས་སོ། །དེའི་ཚེ་ཚངས་པ་དང་བརྒྱ་བྱིན་ལ་སོགས་པའི་དཀར་ཕྱོགས་ཀྱི་ལྷ་རྣམས་ཀྱིས་ད་ནི་འགྲོ་བ་མགོན་དང་བཅས་སོ། །ཐུབ་པའི་བསྟན་པ་ཉམས་པ་གསོས་པར་འགྱུར་རོ། །བདུད་ཀྱི་སྡེ་ཕམ་མོ། །དཀར་ཕྱོགས་ཀྱི་ལྷ་རྣམས་རྒྱལ་ལོ་ཞེས་ཤིས་པ་བརྗོད་པའི་ཚིག་འཛམ་བུའི་གླིང་ནས་འོག་མིན་གྱི་བར་དུ་བསྒྲགས་ཤིང་། ཕྱོགས་བཅུའི་རྒྱལ་བ་སྲས་དང་བཅས་པ་ཐམས་ཅད་ཀྱིས་བདག་ཉིད་ཆེན་པོ་འདིའི་དོན་གྲུབ་པར་གྱུར་ཅིག་ཅེས་སྨོན་ལམ་མཛད་ཅིང་མེ་ཏོག་གཏོར། གསང་བའི་བདག་པོ་ཕྱག་ན་རྡོ་རྗེ་དང་། རྒྱལ་པོ་ཆེན་པོ་རྣམ་ཐོས་སྲས་

ལ་སོགས་པ་གཡེལ་བ་མེད་པར་རྗེས་སུ་འབྲངས་ཏེ་བར་ཆད་བསྲུང་བ་ལ་བརྩོན་པར་གྱུར་ཏོ། །

རྒྱལ་བ་ཐམས་ཅད་ཀྱི་གདུང་འཚོབ་རྒྱལ་བའི་སྨྲ་གྲུ་གངས་ཅན་གསེར་གྱི་ས་གཞིར་གསར་དུ་འབྲུངས་པ་གཞོན་ནུའི་གཟུགས་ཅན་དེའི་དབུ་ནི་གདུགས་ལྷ་བུ་དང་། དཔྲལ་བ་དབྱེས་ཆེ་ཞིང་སྨིན་མ་འབྱར་ལ་ཤངས་ཀྱི་གཟེངས་མཐོ་བ་དང་། སྙན་ཤལ་རིང་དུ་འཕྱང་ཞིང་ཡན་ལག་དང་ཉིང་ལག་རྒྱས་ལ་དཀྱུ་སྐབས་བྱེད་པ་དང་། དབང་པོ་ཡོངས་སུ་གསལ་(༣༣༧ན)ཞིང་པགས་པའི་མདོག་ནི་མེ་ཏོག་ཀུནྡ་ལྟར་དཀར་བ། ལྦུགས་པདྨའི་འདབ་མ་ལྟར་འཇམ་ཞིང་མཉེན་ལ་རིང་བ། མཆུ་སྒྲོས་བིམ་པ་ལྟར་དམར་བ་སོགས་མཚན་བཟང་གིས་མཛེས་པ་འཇིག་རྟེན་ཀུན་གྱི་མིག་གི་བདུད་རྩི་ལྟ་བུ་ཞིག་བྱུང་བར་གྱུར་ཏོ། །ཡབ་ཡུམ་དེ་གཉིས་ཀྱང་ཐ་མལ་པ་མིན་པར་སྔོན་ཡུན་རིང་པོ་ནས་བདག་ཉིད་ཆེན་པོ་འདིས་བསྟན་འགྲོའི་དོན་རྒྱ་ཆེན་པོ་མཛད་པའི་ཚེ་མཐུན་པའི་རྐྱེན་སྒྲུབ་པར་སྨོན་ལམ་བཏབ་ནས་བསམ་བཞིན་དུ་བྱོན་པ་ཞིག་སྟེ། ཡབ་དེ་ནི་དཔའ་མཛངས་བརྟུལ་ཕོད་ཅན་འཁོར་པ་དང་ལྡན་ཞིང་གཏོང་བ་ལ་དགའ་བ་རིགས་མཐོ་བ་མལ་གྱི་རིགས། རིགས་རུས་འཁོར་པ་ཕུན་ཚོགས་དང་ལྡན་ཡང་ཁེངས་པ་མེད་པར་སློང་བ་རྣམས་ལ་བྱམས་པ། རྗེ་བཙུན་འཇམ་པའི་དབྱངས་ཀྱི་རྣལ་འབྱོར་དང་ལྡན་པ། རྒྱུན་དུ་འཇམ་དཔལ་མཚན་བརྗོད་ཁ་ཏོན་དུ་མཛད་པ་ཞིག་གོ །ཡུམ་དེ་ནི་གཟུགས་བཟང་ཞིང་མཛེས་ལ་གཡོ་སྒྱུ་ཆུང་བ། ཉམ་ཆུང་རྣམས་ལ་སྙིང་རྗེ་ཆེ་རྒྱལ་བ་བསྐྱེད་པའི་ཡུམ་དུ་འོས་པ་ཞིག་གོ །རྒྱལ་སྲས་གཞོན་ནུ་དེ་འབྲུངས་པའི་སང་ཉིན་ཡུལ་དེའི་ཕུན་ཚོ་རྗེ་འཇིགས་བྱེད་ཀྱི་གྲུབ་ཐོབ་ཏུ་གྲགས་པའི་བདག་ཉིད་ཆེན་པོ་ཆོས་རྗེ་དོན་གྲུབ་རིན་ཆེན་ཞེས་བྱ་བ་བཞུགས་ཡོད་པ་དེས་ཡབ་ཡུམ་གཉིས་ལ་ལེགས་སོའི་བསྔགས་པ་དང་གནང་སྦྱིན། རྒྱལ་སྲས་གཞོན་ནུ་དེ་ལ་བཞེས་རྒྱུའི་བདུད་རྩི་རིལ་བུ་སྐྱ་ལ་བཅང་རྒྱུའི་

སྲུང་མདུད། རྟེན་འབྲེལ་བསྒྲིག་པར་དགོངས་ཏེ་རྡོ་རྗེ་འཇིགས་བྱེད་ཀྱི་བྲིས་སྐུ་བྱིན་རླབས་ཅན་གཅིག་དང་། བུ་ཚུང་སྐྱོང་ལུགས་ཀྱི་ཡི་གེ་ལ་སོགས་པ་ཉེ་གནས་ཚུལ་ཁྲིམས་(༣༣༧བ)དང་ལྡན་པ་ཞིག་ལ་བསྐུར་ནས་བྱུང་སྟེ་བླ་མ་དེས་ཐུགས་མཁྱེན་གྱིས་མཁྱེན་པར་འདུག །ཕྱིས་རྒྱ་མཚན་ཞུས་པས། ངས་མི་ལམ་དུ་རྡོ་རྗེ་འཇིགས་བྱེད་དང་མཇལ་བས་གསོལ་བ་བཏབ། ཁྱད་པར་དུ་ཞལ་ཡང་ཡང་བསྟན་དུ་གསོལ་ཞེས་ཞུས་པས། སང་ཕོད་ད་ཙམ་ལུང་པ་འདིའི་མདའ་རུ་ཡོང་། དེ་བར་དུ་བདེ་བར་གྱིས་གསུང་བས། དེ་གང་ཡིན་དཔྱད་པའི་ཕྱིར་ཏིང་ངེ་འཛིན་ལ་མཉམ་པར་བཞག་པས་ཁྱེད་ཀྱི་བུར་འདུག་པ་ཐིགས་པ་ཡིན་གསུང་བ་ལ་སོགས་པའི་གསང་བའི་གནས་དུ་མ་གསུངས་ནས། ཕྱིས་ཀྱང་བུ་ཚུང་བསྐྱེད་བསྲིང་བ་དང་། འཇམ་དཔལ་དབྱངས་དང་དབྱངས་ཅན་མ་ལ་སོགས་པའི་སྒོ་ནས་ཤེས་རབ་འཕེལ་བའི་ཐབས་དུ་མའང་མཛད་དོ། །

རྒྱལ་སྲས་གཞོན་ནུ་དེ་ཡུམ་གྱི་མངལ་ནས་འཁྲུངས་མ་ཐག་ལྟེ་བ་བཅད་པའི་མཚལ་ཁྲག་ས་ལ་ལྷུང་བ་ལས་ཙནྡན་དཀར་པོའི་སྡོང་པོ་ཞིག་གསར་དུ་སྐྱེས་པ་དེ་ལ་ཡལ་ག་མང་དུ་གྱེས་ཤིང་ལོ་མ་འབུམ་ཡོད་པ། ལོ་མ་རེ་རེ་ལ་དེ་བཞིན་གཤེགས་པ་སེང་གེའི་ང་རོའི་སྐུ་རེ་རེ་ཡོད་པ་ཞིག་བྱུང་བས་སྐུ་འབུམ་ཞེས་གྲགས། དུས་ཕྱིས་རྒྱལ་བ་བསོད་ནམས་རྒྱ་མཚོ་གནས་དེར་བྱོན་ནས་གུས་པ་ཆེན་པོས་མཆོད་པ་རྒྱ་ཆེན་པོ་མཛད་ཅིང་། ཤིང་འདི་འདྲ་ལས་ལྷག་པའི་བྱིན་རླབས་ཅན་དཀོན་ཞེས་ཤིང་དེའི་ཕྱི་དངུལ་གྱིས་བསྐུམས་ཏེ་བྱང་ཆུབ་མཆོད་རྟེན་གྱི་རྣམ་པར་བྱས། གནས་དེར་རྗེ་བླ་མའི་མདོ་སྔགས་ཀྱི་བསྟན་པ་ཡོངས་སུ་རྫོགས་པ་ལ་བཤད་སྒྲུབ་བྱེད་པའི་དགེ་འདུན་གྱི་སྡེ་ཞིག་གསར་དུ་འཛུགས་པར་བཞེད་དེ་ཞལ་བཀོད་གནང་བ་ཐུགས་བཞེད་ལྟར་གྲུབ་ནས་སྐུ་འབུམ་བྱམས་པ་གླིང་ཞེས་བཏགས། (༣༣༨ན)མཆོད་སྡོང་དེའི་ཕྱི་རོལ་ཏུ་ཙན་དན་གྱི་སྡོང་པོ་གསར་པ་ཞིག་ཐོན་པ་དེ་ལ་ཡང་ཡལ་ག་དང་ལོ་མ་རྣམས་ལ་ཨ་ར་པ་

ཙ་ན་དང་། ཧྲཱིཿདང་ཧཱུཾ་ལ་སོགས་པ་ཡི་གེའི་གཟུགས་རང་བྱོན་དུ་འབྱུང་བ་དང་། དེའི་ཡལ་ག་དང་ལོ་མ་ཐོས་ན་ཤེས་རབ་སྐྱེ་ཞིང་རིམས་ནད་སོགས་ཞི་བ་ཀུན་གྱི་མཐུན་སྣང་དུ་ཡོད་དོ། །

དེ་ལྟ་བུའི་རྒྱལ་སྲས་གཞོན་ནུ་དེ་ཉིད་སྙིགས་མའི་དུས་འདིར་བྱོན་ཡང་འདམ་གྱི་དབུས་སུ་སྐྱེས་པའི་པདྨ་འདམ་གྱིས་མི་གོས་པ་ལྟར་སྙིགས་མའི་སྐྱོན་གང་གིས་ཀྱང་མ་གོས་ཤིང་བྱིས་པའི་ཚུལ་བཟུང་ཡང་བྱིས་པའི་རྒྱུད་པ་ཐམས་ཅད་ལས་ཡང་དག་པར་འདས། བག་མེད་པར་རྩེ་བ་མཐའ་དག་ལས་ནི་ངང་གིས་ལོག །ཉེས་པར་སྤྱོད་པ་རྣམས་ནི་རང་བཞིན་གྱིས་བསྡམས། ཀུན་ལ་སྙན་པར་སྨྲ་ཞིང་ཁྲོ་བ་སྤངས་པ་དང་། འགྲོགས་ན་བདེ་ཞིང་སྡོང་བའི་སྐྱེ་བོ་དག་ལ་གཏོང་བའི་ལག་བརྒྱངས་པ་དང་། མགོན་མེད་པ་དག་ལ་སྙིང་བརྩེ་ཞིང་བདེན་པར་སྨྲ་བ་དང་། བློ་གྲོས་དཔག་པར་དཀའ་ཞིང་ཆོས་འཚོལ་བ་ལ་ངང་གིས་ཞུགས་པ་ལ་སོགས་པ་བྱང་ཆུབ་སེམས་དཔའི་སྤྱོད་པ་རླབས་པོ་ཆེ་དག་ནི་བྱིས་པ་གཞན་དག་སྐྱེས་ཙམ་ཉིད་ནས་ནུ་ཞོ་ལེན་པའི་ཀུན་ཏུ་སྤྱོད་པ་དག་ཆེད་དུ་བསླབ་པར་བྱ་མི་དགོས་པ་ཇི་ལྟ་བ་དེ་བཞིན་དུ་གྱུར་ཏོ། །

རྒྱལ་སྲས་གཞོན་ནུ་དེ་དགུང་ལོ་གསུམ་པ་ལ་བབ་པ་ན་ཆོས་རྗེ་ཀརྨ་པ་རོལ་པའི་རྡོ་རྗེ་ལས་དགེ་བསྙེན་གྱི་སྡོམ་པ་ཡོངས་སུ་རྫོགས་པར་མནོས་ཏེ། མཚན་ཡང་ཀུན་དགའ་སྙིང་པོ་ཞེས་བཏགས་སོ། །ལོ་དེ་ལ་ཆོས་རྗེ་དོན་གྲུབ་རིན་ཆེན་པ་དེ་ཉིད་རྗེ་འདིའི་ཡབ་ཀྱིས་གདན་དྲངས་པ་ཞིག་གི་དུས་ན་ཆོས་(༣༣༨བ)རྗེ་དོན་གྲུབ་རིན་ཆེན་པས་ཡབ་ཡུམ་གཉིས་ལ་རྟ་དང་ལུག་ལ་སོགས་པ་ཟང་ཟིང་གི་གནང་སྦྱིན་དཔག་ཏུ་མེད་པ་མཛད་ནས་ཁྱེད་ཀྱི་བུ་འདི་ང་ལ་ཕུལ་ཞིག་ཅེས་བཀའ་གནང་བ་ཡབ་ཡུམ་གཉིས་ཀྱིས་ཀྱང་དང་དུ་བླངས་ཏེ་སྤྲོ་དགའ་དང་བཅས་པས་ཕུལ། དེ་ནས་དགུང་ལོ་བདུན་པ་ལ་ཉེ་བར་བབ་པ་ན་རྗེ་འདིས་ཆོས་རྗེ་དེའི་ཞབས་དྲུང་དུ་ཕེབས་པར་མཛད་དེ། རབ

ཏུ་མ་བྱུང་བའི་སྤྲོ་རོལ་ཉིད་དུ་ཆོས་རྗེ་དེས་རྗེ་འདི་པ་དཔལ་རྡོ་རྗེ་འཇིགས་བྱེད་ལྷ་བཅུ་གསུམ་མའི་དཀྱིལ་འཁོར་དུ་བཅུག་ནས་དབང་བསྐུར་ཏེ་གསང་སྔགས་རྡོ་རྗེ་ཐེག་པའི་སྒོར་སྨིན་པར་མཛད་ཅིང་། དེ་ནས་བཅོམ་ལྡན་འདས་འཁོར་ལོ་བདེ་མཆོག་དྲིལ་བུ་པ་དང་། ཀྱེ་རྡོ་རྗེ་དང་ཕྱག་ན་རྡོ་རྗེ་ལ་སོགས་པའི་དཀྱིལ་འཁོར་དུ་བཅུག་ཅིང་དབང་བསྐུར། གསང་མཚན་དོན་ཡོད་རྡོ་རྗེ་ཞེས་བཏགས། རྗེ་འདི་པས་རིག་པ་འཛིན་པའི་སྡོམ་པ་དང་དམ་ཚིག་ཡོངས་སུ་རྫོགས་པར་མནོས་ཏེ་དབང་དུས་སུ་ཇི་ལྟར་ཞལ་གྱིས་བཞེས་པ་ལྟར་མིག་གི་འབྲས་བུ་ལྟར་གཅེས་པར་སྲུང་བར་མཛད་དོ། །ཆོས་རྗེ་དེའི་དྲུང་དུ་ཐོག་མར་ཕེབས་མ་ཁད་ནས་གསུང་རབ་ཀློག་པ་པོ་མང་དུ་འདུག་པ་རྣམས་ལ་གཟིགས་ཤིང་ཐུགས་ཀྱིས་དཔྱད་པས་དེ་ཙམ་གྱིས་ཀློག་རང་ཉིད་ཀྱིས་ཐོགས་མེད་དུ་འདོན་པར་ནུས་པ་བྱུང་ཞིང་ཆེད་དུ་གཏད་ནས་བསླབ་དགོས་པ་མ་བྱུང་། དབང་ཐོབ་ནས་རབ་ཏུ་མ་བྱུང་བའི་གོང་དགུང་ལོ་བདུན་དུ་ཉེ་བ་ཙམ་གྱི་དུས་ཉིད་དུའང་། བདེ་མཆོག་དགྱེས་རྡོར་ཀུན་རིག་གཤིན་རྗེ་གཤེད་ལ་སོགས་པའི་མངོན་རྟོགས་དང་དཀྱིལ་ཆོག་མང་པོ་ཐུགས་ལ་བཟུང་། (༣༣༩ན)གཤིན་རྗེའི་གཤེད་དང་བདེ་མཆོག་གི་བསྙེན་པ་ཡང་མཛད་ནས་བདེ་མཆོག་དྲིལ་བུ་བའི་བདག་འཇུག་ཀྱང་ལན་མང་དུ་མཛད་ཅིང་། ལྷའི་རྣལ་འབྱོར་དང་བཟླས་པའི་རིམ་པ་ལ་སོགས་པ་ལ་གཅིག་ཏུ་གཞོལ་བར་མཛད་དོ། །

དེའི་ཚེ་ན་རྗེ་འདི་ལ་བཅོམ་ལྡན་འདས་ཕྱག་ན་རྡོ་རྗེ་གཏུམ་པོ་ཕྱག་གཉིས་པའི་རྣམ་པ་ཞིག་ཡུན་རིང་པོའི་བར་དུ་ནུབ་རེ་བཞིན་མནལ་ལམ་དུ་གསལ་བར་འཆར་བ་དང་། གཞན་ཡང་སངས་རྒྱས་དང་བྱང་སེམས་མང་པོའི་སྣང་བ་ཤར་ཞིང་། ཁྱད་པར་ཛོ་བོ་ཆེན་པོ་དཔལ་ལྡན་ཨ་ཏི་ཤ་མནལ་ལམ་དུ་ནར་མར་འོང་བ་ཞིག་བྱུང་། ཕྱིས་དབུས་སུ་ཕེབས་དུས་སྐུ་འདྲ་གཟིགས་པ་ན། སྔར་མནལ་ལམ་དུ་གཟིགས་པ་དེའི་རྣམ་

པ་ཧཱི་ལྟ་བར་འདུག་ཅེས་གསུང་སྟེ། དེ་ནི་ཇོ་བོ་ཉིད་ཁ་བ་ཅན་འདིར་བསྟན་པ་ཉམས་པ་གསོ་བའི་སླད་དུ་བྱོན་པ་ལྟར། མདོ་སྔགས་ཀྱི་ལམ་གྱི་རིམ་པ་ཡོངས་སུ་རྫོགས་པས་གདུལ་བྱ་རྣམས་སྨིན་ཅིང་གྲོལ་བར་མཛད་དེ་བསྟན་པ་རིན་པོ་ཆེ་མི་ནུབ་པའི་རྒྱལ་མཚན་འཛིན་པ་རྣམས་ཀྱི་གཙུག་གི་ནོར་བུར་འགྱུར་བ་འདི་ཉིད་ཀྱི་སྔ་ལྟས་སོ། །དེ་ལྟར་རྗེ་འདི་པ་དེའི་ཚེ་རྒྱལ་སྲས་གཞོན་ནུའི་ཚུལ་བཟུང་བ་དེ་དགུང་ལོ་བདུན་ལ་བབ་པའི་ཚེ། ཁྱིམ་ནས་ཁྱིམ་མེད་པར་རབ་ཏུ་འབྱུང་བར་མཛད་དེ། དུར་སྙིག་གི་རྒྱལ་མཚན་ཡང་དག་པར་བཞེས་སོ། །

དེ་ཡང་རང་དང་གཞན་གྱི་གྲུབ་པའི་མཐའ་རྒྱ་མཚོ་ལྟ་བུའི་ཕ་རོལ་ཏུ་སོན་ཞིང་ལུང་དང་རྟོགས་པའི་ཡོན་ཏན་གྱི་ཚོགས་ཀྱིས་མངོན་པར་མཐོ་བའི་བླ་མ་དོན་གྲུབ་རིན་ཆེན་པས་མཁན་པོ་མཛད་དབུས་གཙང་དང་བལ་པོ་སོགས་སུ་(༣༣༩བ)མཁས་གྲུབ་དང་པཎྜི་ཏ་དུ་མ་ལ་གཏུགས་ནས་མདོ་སྔགས་མང་པོ་ལ་སྦྱངས་པའི་བཤེས་གཉེན་ཆེན་པོ་ཏ་དབེན་གཞོན་ནུ་སེང་གེ་ཞེས་གྲགས་པའི་སློབ་མ་གཞོན་ནུ་བྱང་ཆུབ་ཅེས་བྱ་བས་སློབ་དཔོན་མཛད་དེ་ཚིགས་སྔ་མ་དགེ་ཚུལ་གྱི་སྡོམ་པ་ཡང་དག་པར་མནོས་ཤིང་། མཚན་ཡང་བློ་བཟང་གྲགས་པའི་དཔལ་ཞེས་བྱ་བར་གསོལ་ཏོ། །རྗེ་འདི་ཆོས་རྗེ་དོན་གྲུབ་རིན་ཆེན་པ་འདིས་བྱིས་པ་ཉིད་ནས་བདག་གིར་མཛད་དེ་བསྟན་པ་རིན་པོ་ཆེའི་བདག་པོ་ཆོས་ཀྱི་རྒྱལ་པོར་འགྱུར་བར་དགོངས་ནས་ཐུགས་ཀྱི་ཡུལ་དུ་ཤིན་ཏུ་གཅེས་པར་བཟུང་སྟེ། སྨན་གྱི་ཤིང་ལྗོན་པ་ཆེན་པོའི་མྱུ་གུ་ལྟར་ལེགས་པར་བསྐྱངས། རབ་ཏུ་ཕྱུང་ཞིང་རྡོ་རྗེ་ཐེག་པའི་སྒོར་སྨིན་པར་མཛད་དེ་དབུས་གཙང་དུ་འབྱོན་པའི་ཆས་རྐྱེན་དང་བསྐུལ་མ་ཡང་དག་མཛད་པས་བཀའ་དྲིན་ཟླ་མེད་དུ་འཛིན་པར་མཛད་དེ། རྗེ་འདིས་ཆོས་རྗེ་དོན་གྲུབ་རིན་ཆེན་གྱི་མཚན་ཐོས་པ་ན་ཕྱག་ཐལ་མོ་སྦྱོར་ཞིང་ཆོས་རྗེ་དེ་ཉིད་ཀྱི་དུས་མཆོད་ཀྱང་འཆག་མེད་མཛད་དོ། །དེ་ནས་དེའི་ཚེ་རྗེ་འདིའི་ཐུགས་ལ་འདི་

ལྔ་བུ་དག་འཕྲུངས་པར་ངེས་ཏེ། རྒྱལ་བའི་བསྟན་པ་ལ་རབ་ཏུ་བྱུང་བ་རྣམས་ཀྱི་བྱ་བ་ནི་གཉིས་ཏེ། གློག་པ་ཐོས་བསམ་དང་སྤོང་བ་བསམ་གཏན་ནོ། །དེ་ལ་བདག་གིས་ཀྱང་འདི་གཉིས་ཀ་བྱ་སྟེ་རྒྱལ་བའི་དགོངས་པ་ཤིང་རྟ་ཆེན་པོ་རྣམས་ཀྱིས་བཀྲལ་བའི་གཞུང་ལུགས་ཆེན་མོ་རྣམས་ལ་ཐོས་བསམ་ཞུ་ཐག་ཆོད་པ་ཞིག་བྱས་ལ་གཞུང་དོན་གདམས་པར་འཆར་བའི་ཉམས་ལེན་ལ་འབད་དེ་རྒྱལ་བསྟན་ཡོངས་སུ་རྫོགས་པ་རང་གི་རྒྱུད་ལ་འཛིན་ཅིང་སྐལ་བ་དང་ལྡན་(༣༩༠ན)པ་གཞན་དག་ལའང་རྒྱ་ཆེར་སྤེལ་ཏེ་རྒྱལ་བའི་བསྟན་པ་རིན་པོ་ཆེ་འཛིག་རྟེན་འདིར་དར་ཞིང་རྒྱས་པ་ཞིག་ཅི་ནས་བྱའོ་སྙམ་དུ་ཐུགས་བསམ་རླབས་པོ་ཆེ་དེ་ལྟ་བུ་འཁྲུངས་པར་གྱུར་ཏོ། །

དེ་ནས་དགུང་ལོ་བཅུ་དྲུག་ལ་བབ་པའི་ཚེ་ཆོས་རྗེ་དོན་གྲུབ་རིན་ཆེན་པས་ཀྱང་བསྐུལ་ཞིང་བདག་ཉིད་ཀྱང་སྤྲོ་བ་ཤུགས་དྲག་པོས་སྔོན་གྱི་ཆོས་རྒྱལ་ལོ་པཎ་རྣམས་ཀྱི་བཀའ་དྲིན་ལས་རྒྱལ་བསྟན་ཡོངས་སུ་རྫོགས་པ་གང་དུ་དར་བའི་ས་དབུས་གཙང་གི་ལྗོངས་སུ་འབྱོན་པར་བཞེད་པ་ན། ཆོས་རྗེ་དོན་གྲུབ་རིན་ཆེན་པས་དབུས་གཙང་གི་ལྗོངས་སུ་བྱོན་ནས་ཐོས་བསམ་སྒོམ་གསུམ་འདི་ལྟར་བྱ་དགོས་སོ་ཞེས་ཞལ་གདམས་རྒྱས་པར་གནང་ནས་དོན་དེ་ཉིད་ཐུགས་ལ་གཟུང་བདེ་བའི་ཕྱིར་ཚིགས་སུ་བཅད་པའི་སྒོ་ནས་ཀྱང་གདམས་པ་ནི། གཞོན་ནུ་བློ་བཟང་གྲགས་པ་ཁྱོད། །སྔོན་སྦྱངས་དགེ་བའི་ལས་འཕྲོ་ཅན། །སྔོན་ཚེ་དམ་ཆོས་བདུད་རྩིའི་རོ། །འཐུངས་པའི་བག་ཆགས་ཡོད་པར་ངེས། །ཞེས་པ་དང་། ཡུམ་ཆེན་རྒྱས་འབྲིང་སྡུས་གསུམ་གྱི། །རྒྱན་དུ་གྱུར་པའི་མངོན་རྟོགས་རྒྱན། །ཐོག་མར་བསླབ་ཅིང་ནན་ཏན་བྱ། །དེ་ལ་མཁས་པར་གྱུར་པ་ན། །ལུང་ཆོས་ཀུན་ལ་འཕྲིག་ཚུད་འགྱུར། །དེ་ཡང་སེམས་ཀྱི་ཟུར་ལ་ཞོག །དེ་ནས་བྱང་ཆུབ་སེམས་དཔའ་ཡི། །ལམ་དང་སྤྱོད་པའི་རྣམ་གཞག་དག །སྟོན་པར་བྱེད་པའི་མདོ་སྡེ་རྒྱན། །མཁས་པའི་ཡན་ལག་དག་ཏུ་བསླབ། །འཁོར་བ་མྱ་ངན་འདས་པ་ཡི། །རྟེན་དུ

སྟོན་པའི་ཆོས་དང་ནི། །ཆོས་ཉིད་རྣམ་འབྱེད་(༣༩༠བ)བསྟན་བཅོས་དང་། ཐོག་མ་མཐའ་མ་རྣམ་སྤངས་པའི། །དབུ་མའི་ལམ་ནི་སྟོན་པས་ན། །དབུས་དང་མཐའ་ནི་རྣམ་འབྱེད་དང་། །སེམས་ཀྱི་ཆོས་ཉིད་དག་པ་ནི། །སེམས་ཅན་ཀུན་ལ་ཡོད་པ་སྟེ། །དེ་ཉིད་བདེ་གཤེགས་སྙིང་པོར་ནི། །སྟོན་བྱེད་ཐེག་ཆེན་རྒྱུད་བླ་མ། །བྱམས་ཆོས་ལྔ་པོ་དེ་དག་ལ། །མཁས་པར་བྱེད་པའི་གོ་ཆ་ཡིས། །རྒྱས་པའི་བསྟན་བཅོས་རྣམ་འགྲེལ་དང་། །འབྲིང་དུ་སྟོན་པའི་རྣམ་ངེས་དང་། །ཤིན་ཏུ་བསྡུས་པ་རིགས་ཐིགས་ཏེ། །ལུས་དང་འདྲ་བའི་བསྟན་བཅོས་གསུམ། །གཏན་ཚིགས་ཐིགས་པ་འབྲེལ་བརྟག་དང་། །རྒྱུད་གཞན་སྒྲུབ་པ་རྩོད་རིག་སྟེ། །འཕྲོས་པ་ཡན་ལག་ལྔ་བུ་ཟེར། །ཆོས་ཀྱི་གྲགས་པ་ལས་བྱུང་བའི། །ཚད་མ་སྡེ་བདུན་འཛམ་གླིང་ན། །སངས་རྒྱས་བསྟན་པ་གསལ་བྱེད་པ། །ཉི་མ་ཟླ་བ་ལྟ་བུར་གྲགས། །འདི་ཡི་འོག་ཏུ་དེ་རྣམས་སློབས། །ཞེས་སོགས་དང་། བློ་གྲོས་བཟང་ལྡན་ཁྱོད་ཀྱིས་ནི། །མཐའ་བྲལ་ཆེན་པོའི་ལྟ་བ་ལ། །གལ་ཏེ་མོས་པ་ཡོད་གྱུར་ན། །འཕགས་པ་ཀླུ་སྒྲུབ་ཀྱིས་མཛད་པའི། །དབུ་མ་རིགས་པའི་ཚོགས་རྣམས་དང་། །ཞེས་སོགས། ཤིང་རྟ་ཆེན་པོ་གཉིས་རྗེས་འབྲང་དང་བཅས་པའི་གཞུང་རྣམས་ལ་ཐོས་པ་ཕུ་ཐག་ཆོད་པ་ཞིག་བྱ་དགོས་པ་དང་། ཐོས་པའི་དོན་ལ་ཉམས་ལེན་སྙིང་པོར་མཛད་དེ་གདེང་ཐོབ་པ་ཞིག་བྱ་དགོས་པ་དང་། རང་གིས་ཇི་ལྟར་དགོངས་པ་ལྟར་སྐལ་བ་དང་ལྡན་པ་གཞན་དག་ལའང་སྤེལ་ཏེ་རྒྱལ་བསྟན་ཡོངས་སུ་རྫོགས་པ་འཛིན་ཅིང་སྤེལ་ཐུབ་པ་ཞིག་ཅི་ནས་ཀྱང་བྱ་དགོས་སོ་ཞེས་ནན་(༣༩༡ན)ཏན་དུ་གདམས་ཤིང་། ཚེ་རབས་གཏན་གྱི་ལྷག་པའི་ལྷ་ཡི་དམ་རྡོ་རྗེ་འཇིགས་བྱེད་དང་། བར་ཆད་སྲུང་བའི་ལྷ་ཕྱག་རྡོར་འཁོར་ཆེན་དང་། ཤེས་རབ་བསྐྱེད་པའི་ལྷ་འཇམ་དཔལ་ཨ་ར་པ་ཙ་ན་དང་། ཚེ་བསྲིང་བའི་ལྷ་ཚེ་དཔག་མེད་དང་། མཐུན་རྐྱེན་སྒྲུབ་པའི་ལྷ་རྣམ་ཐོས་སྲས་དང་། འགལ་རྐྱེན་སེལ་ཞིང་མཐུན་རྐྱེན་སྒྲུབ་པའི་ལྷ་ཡེ་ཤེས་ཀྱི་མགོན་པོ་ཕྱག་དྲུག་པ་

དང་དམ་ཅན་ཆོས་རྒྱལ་རྣམས་ངེད་ཀྱིས་བྱིན་པ་ལྟར་བསྟེན་ལ་བསྟེན་སྒྲུབ་དང་མཆོད་གཏོར་མ་འཆག་པར་གྱིས་ཞེས་གདམས་སོ། །

དེ་ནས་རྗེ་འདི་པས་ཆོས་རྗེ་དོན་གྲུབ་རིན་ཆེན་ལ་བཀའ་བཞིན་བགྱིའོ་ཞེས་ཞུས་ཤིང་ཕྱག་བཙལ་ཏེ་བྱིན་རླབས་ཞུས་ནས་འབྲི་ཁུང་ཐེལ་པའི་འབུལ་དཔོན་ལྷུན་མ་རིན་ཆེན་དཔལ་གྱིས་གདན་དྲངས་ནས་འཕྲིན་ལས་པ་དང་འགྲོགས་ཏེ་བྱོན། གླང་ལོའི་སྟོན་གྱི་དུས་སུ་འབྲི་ཁུང་དཔལ་གྱི་ནགས་ཁྲོད་དུ་ཕེབས། དེའི་ཚེ་འབྲི་ཁུང་གི་སྤྱན་སྔ་རིན་པོ་ཆེ་ཆོས་ཀྱི་རྒྱལ་པོ་བཞུགས་པས་ཁོང་གི་སྤྱན་སྔར་མཇལ། ཐེག་ཆེན་སེམས་བསྐྱེད་ཀྱི་ཆོ་ག་དང་ཕྱག་ཆེན་ལྔ་ལྡན་ལ་སོགས་པ་ཟབ་ཁྲིད་མང་དུ་གསན། དེ་ནས་སློབ་གཉེར་ཞིག་ལ་འབྱོན་པར་བཞེད་པ་ལ་གྲོགས་འགའ་ཞིག་གི་དབང་གིས་ཚལ་པའི་སྨན་པ་མཁས་པ་དཔོན་དཀོན་མཆོག་སྐྱབས་ཞེས་པའི་གམ་དུ་བྱོན་ནས་གསོ་དཔྱད་ཀྱི་གཞུང་ལ་སྦྱངས་ཤིང་། ཡན་ལག་བརྒྱད་པ་ཐུགས་ལ་བཟུང་སྟེ་གསོ་དཔྱད་ཀྱི་སྐོར་རྣམས་བསླབས་པས་གཞུང་མན་ངག་ལག་ལེན་དང་བཅས་པ་ལ་ཤིན་(༣༤༧ན)ཏུ་མཁས་པར་གྱུར་ཏེ། ཕྱིས་བསྟུང་དུས་སུ་སྨན་པ་བཅུ་བདུན་བཅོ་བརྒྱད་ཙམ་འཚོགས་པའི་དུས་སུའང་ནད་གང་ལ་སྨན་གང་འཇུག་པ་དང་། སྨན་གྱི་སྦྱོར་སྡེ། བསིལ་དྲོད་ལ་སོགས་པའི་ཁྱད་པར་ཐམས་ཅད་དྲུང་དུ་ཞུས་ནས་ལག་ལེན་བདག་ཅག་རྣམས་ཀྱིས་བྱེད་པ་ཡིན་ཟེར་བ་དང་། སྨན་པ་མཁས་པར་གྲགས་པ་ཐམས་ཅད་ཀྱང་ད་ལྟ་ཁ་བ་ཅན་ན་ཆོས་རྗེ་རིན་པོ་ཆེ་ལས་སྨན་པ་མཁས་པ་མི་འདུག་པའི་གཏན་ཀྱིས་བདག་ཅག་རྣམས་ཀྱང་དྲུང་དུ་སྨན་སྦྱོར་ལ་ཕྱིན་པས་སྨན་གྱི་རྣམ་དབྱེ་མང་དུ་གསུང་བ་ཐོས་པ་ལ་བརྟེན་ནས། སྔར་ལོ་མང་དུ་བསླབས་པ་བས་བློ་བསྐྱེད་ཆེ་བར་བྱུང་ཞེས་གླེང་ངོ་། །དེར་ཡུན་ཧ་ཅང་མི་རིང་བ་ཞིག་བཞུགས་ནས། ཆོས་གྲྭ་ཆེན་པོ་བདེ་བ་ཅན་དུ་བྱོན། བདེ་བ་ཅན་པའི་རིན་པོ་ཆེ་སློ་ཐང་པ་བཀྲ་ཤིས་སེང་གེ་དང་། གདན་

ས་པ་དགེ་བསྙེན་པ་གཉིས་ལ་ཆོས་འབྲེལ་གསན། ཀློག་པའི་སློབ་དཔོན་ཡོན་ཏན་རྒྱ་མཚོ་དང་། ཞར་ཆོས་པ་སློབ་དཔོན་ཨུ་རྒྱན་པས་མཛད་ནས་ཤེས་རབ་ཀྱི་ཕ་རོལ་ཏུ་ཕྱིན་པའི་མན་ངག་གི་བསྟན་བཅོས་མངོན་པར་རྟོགས་པའི་རྒྱན་རྩ་འགྲེལ་ལ་ལེགས་པར་ཐུགས་སྦྱོངས་མཛད། ཞག་བཅོ་བརྒྱད་ཙམ་གྱིས་གཞུང་གི་ཚིག་མཐའ་དག་ཤིན་ཏུ་བྱང་བར་ཐུགས་སུ་ཆུད་དེ། འཇམ་སྐྱའི་ཏེཀྐའི་སྟེང་ནས་ཆོས་གསན་ཞིང་དོན་ཀུན་ཆུབ་པར་མཛད་དེ། སྦྱོར་བ་བརྒྱ་བ་སོགས་ཀྱི་ཐུགས་བརྩོན་ཆེར་མ་མཛད་ཀྱང་རིང་པོ་མ་ལོན་པར་ཤེས་རབ་ཀྱི་ཕ་རོལ་ཏུ་ཕྱིན་པའི་ཚིག་དོན་ལ་ཤིན་ཏུ་མཁས་པར་གྱུར་ནས། སློབ་(༣༩༢ན)དཔོན་དང་གྲོགས་མཆེད་ཐམས་ཅད་ཀྱང་རྗེ་འདི་འི་བློ་གྲོས་ཀྱི་རྩལ་དཔག་པར་དཀའ་བ་ལ་ཆེས་ཆེར་ངོ་མཚར་བའི་གནས་སུ་འཛིན་ལ། ཐེག་པ་ཆེན་པོ་མདོ་སྡེའི་རྒྱན་ནི། སྔར་མདོ་སྨད་དུ་བཞུགས་པའི་དུས་ནས་ཐུགས་ལ་ཆུད་ཅིང་། བཤད་གསར་དང་འཆད་པ་སོགས་མཛད་ཀྱང་བདེ་བ་ཅན་པའི་བླ་མ་འཇམ་རིན་པ་ཞེས་གྲགས་པའི་དགེ་བཤེས་ཆེན་པོ་དེ་བྱམས་ཆོས་ལ་ཤིན་ཏུ་མཁས་པར་བྱེད་ཀྱིན་འདུག་པས། མདོ་སྡེ་རྒྱན་ལ་སོགས་པའི་བྱམས་ཆོས་རྣམས་ལེགས་པར་གསན་ཞིང་ཐུགས་སུ་ཆུད་པར་མཛད། བདེ་བ་ཅན་དུ་ཐུགས་སྦྱོངས་ལ་བཞུགས་པའི་ཚེ་སྐབས་ཤིག་ཏུ་རྗེ་བཙུན་འཇམ་པའི་དབྱངས་ཀྱི་རྣམ་འཕྲུལ་ས་སྐྱོང་མིའི་དབང་པོའི་ཅོད་པན་དཔལ་ལྡན་བླ་མ་དམ་པ་བསོད་ནམས་རྒྱལ་མཚན་པ་དབེན་གནས་ཆོས་རྫོང་དུ་ཕྱུགས་ཐེབས་པའི་སྤྱན་སྔར་མཇལ། འཇམ་དབྱངས་ཨ་ར་པ་ཙ་ནའི་རྗེས་གནང་། བདེ་མཆོག་དྲིལ་བུ་པའི་ལུས་དཀྱིལ་གྱི་དབང་། གུར་གྱི་མགོན་པོའི་རྗེས་གནང་རྣམས་གསན་ནོ། །

དེ་ལྟར་ལོ་གཉིས་ཙམ་ལ་ཕར་ཕྱིན་གྱི་ཚིག་དོན་ལ་ཤིན་ཏུ་མཁས་པར་གྱུར་ནས་དགུང་ལོ་བཅུ་དགུའི་སྟེང་དུ་གསང་ཕུ་དང་བདེ་བ་ཅན་ལ་སོགས་པ་རྣམས་སུ་གྲྭ་སྐོར་

ལ་བྱོན། བློ་གྲོས་དང་ཆོས་སྐད་ཕུན་སུམ་ཚོགས་པའི་སྙན་པ་རིང་དུ་སོང་ཞིང་། བཤེས་གཉེན་མཁས་པ་དག་གི་ཡིད་ཀྱི་དབང་པོ་རྣམ་པར་དཀྱོད་པའི་ལྕུགས་ཀྱིས་དྲངས་པར་གྱུར་ཏོ། །དེ་ནས་གཙང་ཕྱོགས་ལ་འབྱོན་པར་བཞེད་དེ། རིན་(༣༩༢བ)སྤུངས་ཀྱི་ཕུའི་ལ་ལ་བྱོན་མྱང་སྟོད་མཁར་ཁ་བརྒྱུད་ནས་ཞ་ལུར་ཕེབས། བུ་སྟོན་རིན་པོ་ཆེའི་དམ་པའི་ཆོས་ཀྱི་རྒྱལ་སྲིད་འཛིན་པའི་གདན་ས་པ་ལོ་ཙཱ་བ་མཁན་ཆེན་རིན་ཆེན་རྣམ་རྒྱལ་བའི་དྲུང་དུ་མཇལ། བདེ་མཆོག་མི་ཏྲི་བཅུ་གསུམ་མའི་དབང་ཞིག་གསན། དེ་ནས་སྣར་ཐང་ལ་བྱོན། དེ་ནས་གདན་ས་ཆེན་པོ་དཔལ་ལྡན་ས་སྐྱར་ཕེབས། ས་སྐྱའི་དུས་ཆོས་མ་ཚུགས་ཀྱི་རིང་ལ་ས་བཟང་དུ་བྱོན་ནས་ས་བཟང་པཎ་ཆེན་མ་ཏི་བའི་དྲུང་དུ་ཆོས་བཀའ་ཅི་རིགས་པ་གསན། དུས་ཆོས་ཚུགས་ནས་ས་སྐྱར་ཕར་ཕྱིན་གྱི་གྲྭ་སྐོར་མཛད། དེ་ནས་ལ་སྟོད་བྱང་ལ་བྱོན། འདར་བཟང་ལྡན་ངམ་རིང་འགའ་རོང་ཆོས་སྡེ་རྣམས་སུ་འང་གྲྭ་སྐོར་མཛད་ནས་རྫོ་མོ་ནང་དུ་ཕེབས། ཆོས་རྗེ་ཕྱོགས་ལས་རྣམ་རྒྱལ་བའི་དྲུང་དུ་སྦྱོར་བ་ཡན་ལག་དྲུག་གི་ཁྲིད་ལ་སོགས་པ་གསན། དེ་ནས་བོ་དོང་ལ་བྱོན། མར་རེས་སྤྱི་བོ་ལྷས་སུ་ཕེབས། དེའི་མཁན་ཆེན་པ་ལ་བཀའ་གདམས་ལམ་རིམ་གྱི་ལུང་ཐོབ་ཅིག་མཛད།

དེ་ནས་ཆོས་གྲྭ་ཆེན་པོ་ཨེར་གྲྭ་སྐོར་མཛད་ནས་སྣར་ཐང་དུ་ཕེབས། སྣར་ཐང་གི་མཁས་པ་བླ་མ་ལོ་ཙཱ་བ་དོན་བཟང་པ་ལ་མཛོད་ཀྱི་བཤད་པ་ཚར་གཅིག་གསན་ནོ། །དེ་ནས་མྱང་སྟོད་དུ་ཕེབས་ཏེ་གནས་རྙིང་པའི་གཟུངས་སྦྲུབ་ཀྱི་སྟེང་དུ་ཕར་ཕྱིན་གྱི་གྲྭ་སྐོར་མཛད། དབྱར་ཆོས་ལ་རྩེ་ཆེན་དུ་ཕེབས་པར་མཛད་ནས་མཁས་པའི་དབང་པོ་ཉ་དབོན་ཀུན་དགའ་དཔལ་བའི་སྤྱན་སྔར་ཕར་ཕྱིན་གྱི་གཞབ་བཤད་ཚར་གཅིག་གསན། ཐུགས་རབ་གསལ་ཞིང་རྣམ་དཔྱོད་ཡངས་སུ་རྫོ་བ་དང་། བཤད་པར་བྱ་(༣༩༣ན)བའི་གནས་རྣམས་བརྡ་སྤྲོད་པ་ཕུལ་དུ་བྱུང་བས་གདུལ་བྱའི་རྣ་བར་འབབ་ཅིང་།

མཁས་པའི་རྣམ་འགྱུར་གྱིས་ཤིན་ཏུ་ཐུགས་རངས་པར་གྱུར། དེའི་ཚེ་ཁོང་པ་ལ་མངོན་པ་མཛོད་ཅིག་གསུང་བར་ཞུས་པས། ངས་ལེགས་པོ་ཤོད་པར་ཡོད་དེ་དོན་གཉེར་བྱེད་མཁན་མ་བྱུང་བས་ལྷ་རྟོག་ཀྱང་འགའ་རེ་དགོས། ཁམས་ཀྱང་མ་བདེ་ཞིང་ཕར་ཚད་འཚད་དགོས་པ་འདིས་འཕྲལ་ལ་འཆད་པ་མི་འགྲུབ་པ་འདུག །ངེད་ཀྱི་སློབ་མ་རེད་མདའ་པ་འདི་བློ་གྲོས་ཅན་མངོན་པ་ལ་ཤིན་ཏུ་མཁས་པ་ཞིག་ཡོད་པས་ཁྱོད་རང་ཡང་འདི་ལ་ཉན་ན་འཐད་ཅིང་། ཉན་པར་མི་སྤྲོ་ན་མཛུབ་ཁྲིད་ཅིག་བཙལ་བ་དྲག་ཅེས་ཡང་ཡང་གསུང་གིན་འདུག་པ་དང་། ཁོང་གི་སློབ་མ་སྤྱར་ནས་ཞལ་འཚོ་བ་ཡོད་པས་ཀྱང་འཚམས་སྦྱར་ནས། རྗེ་བཙུན་རེད་མདའ་པ་དབྱར་དེ་ས་སྐྱ་ནས་རྩེ་ཆེན་ན་ཕེབས་འདུག་པ་ལ་མངོན་པ་མཛོད་ཀྱི་རང་འགྲེལ་གྱི་སྟེང་ནས་མཛུབ་ཁྲིད་དུ་མཛད་དེ་གསན་པས། གཞུང་གི་ཚིག་རིགས་ཙམ་ལ་བརྟེན་པ་མ་ཡིན་པར་བསྟན་བཅོས་ཀྱི་ལུས་ཡོངས་སུ་རྫོགས་པའི་དོན་གྱི་ཁོག་ལེགས་པར་བསྒྲིགས་ནས་འགངས་ཆུན་པའི་གོ་བ་བོགས་ཆོད་དུ་སྟེར་ནུས་པ་ཞིག་འདུག་པས་དང་བ་ཆེན་པོ་འཁྲུངས། གང་གསུངས་ཐམས་ཅད་ལན་རེ་ཁོ་ནས་ཚིག་དོན་ལྷག་མ་མེད་པར་ཐུགས་སུ་ཆུད་ཅིང་། དཀའ་བའི་གནས་རྣམས་ལ་དྲི་གཏུགས་ལེགས་པར་མཛད་པས་རྗེ་བཙུན་རེད་མདའ་བ་ཡང་ཤིན་ཏུ་ཐུགས་ཕྲོགས་(༣༩ ༣བ)པར་གྱུར་ཏེ་ཁྱེད་ལ་མཛུབ་ཁྲིད་བྱེད་པ་ལ་ལེགས་པར་སྒྲིམ་དགོས་པར་འདུག་ཅེས་གསུང་ངོ་། །

རྗེ་རིན་པོ་ཆེ་འདི་ཉིད་ཀྱིས་རྒྱལ་བའི་གསུང་རབ་ཀྱི་དྲང་ངེས་རྣམ་པར་འབྱེད་པའི་ཤིང་རྟ་ཆེན་པོ་དག་གི་ལམ་སྲོལ། དབུ་ཚད་ཀྱི་རིགས་པའི་སྒོ་དང་པོ་རྗེ་བཙུན་འདི་ཉིད་ལས་རྙེད་པས་དེའི་ཕྱིར་རྗེ་རེད་མདའ་པ་འདི་འགྲན་ཟླ་མེད་པའི་བླ་མའི་གཙོ་བོར་མཛད་པ་ཡིན་ནོ། །དེ་ལྟ་བུའི་བླ་མ་དེ་ཉིད་ལ་མཛོད་ཀྱི་ཆོས་ཐུན་འགའ་ཞིག་མཛུབ་ཁྲིད་ཀྱི་ལུགས་སུ་མཛད། དེ་ལྟག་དོན་ལ་ཁྱད་པར་མི་འདུག་ཀྱང་ད་ལྟའི

མཚན་ཉིད་པ་རྣམས་ལ་གྲགས་པ་དང་བསྟུན་ནས་ཆོས་ཉན་བཤད་ཀྱི་ལུགས་སུ་བྱས་ནས་གསན་གསུང་། རྗེ་ཆེན་དབྱར་ཆོས་དེ་གྲོལ་ནས་སློན་བླ་མ་རྗེ་བཙུན་པ་དང་དཔོན་སློབ་གཉིས་ཀས་མྱུར་སྐྱོད་བསམ་གླིང་དུ་ཆོས་བར་ལ་བྱོན་ནས་རྗེ་བཙུན་རེད་མདའ་པ་ལ་དབུ་མ་ལ་འཇུག་པ་ཚར་གཅིག་གསན། རྗེ་བཙུན་རེད་མདའ་པས་ཀྱང་དབུ་མ་གསུང་བའི་སྐུ་ཤོས་དེར་འདུག །

དེའི་དུས་སུ་གྲུབ་པ་བརྙེས་པའི་རྣལ་འབྱོར་གྱི་དབང་ཕྱུག་ཆེན་པོ་གནས་ལྷ་རིག་པའི་མཁས་པ་མཁན་ཆེན་ལོ་ཙཱ་བ་བྱང་ཆུབ་རྩེ་མོ་དབུས་སུ་བྱོན། དགུན་ཆོས་ལ་སྐྱིད་ཤོད་ཀྱི་པོ་ཏ་ལར་མངོན་པ་ཀུན་ལས་བཏུས་གསུང་བ་འདུག་ཅེས་གསན་ནས། དེ་དུས་ཁོང་མངོན་པའི་བདག་པོར་བྱེད་ཀྱིན་འདུག་པས་ཅི་ནས་ཀྱང་ཀུན་ལས་བཏུས་ཚར་གཅིག་གསན་པར་བཞེད་དེ། སློན་གྱི་མཇུག་ལ་མྱུར་སྐྱོད་ནས་ཕྱུགས་བདེག་ནས་དབུས་སུ་ཕེབས་པར་མཛད། པོ་ཏ་ལར་བྱོན་ནས་ལོ་ཆེན་བྱང་རྩེ་ལ་(༣༡༡ན)མངོན་པ་གསུང་བར་ཞུས་པས་ཁོང་པ་རང་ཤིན་ཏུ་གསུང་བར་བཞེད་པ་འདུག་པ་ལ། འོན་ཀྱང་དགུང་ལོ་མང་དུ་བཞེས་པ་སོགས་ཀྱི་དབང་གིས་མྱུར་དུ་ཁོང་རང་གི་གདན་སར་ཕེབས་པ་འཕད་སྐམ་པ་ཡིད་ལ་བཞག་ནས། མྱུར་བར་གཙང་ཕྱོགས་སུ་ཐེགས་པར་འདུན་པའི་ཞུ་བ་ཇོ་ང་ཧི་བས་ཕུལ་བ་ལ་བརྟེན་ནས། དེ་འཕྲལ་དབུས་ནས་གཙང་ཕྱོགས་སུ་ཕྱུགས་བདེག་པས་མངོན་པའི་ཐུགས་བཞེད་མ་གྲུབ་ཀྱང་ཆོས་འབྲེལ་ཞིག་གསན། དེའི་དགུན་ཆོས་བདེ་བ་ཅན་དུ་བྱོན་ནས་བཞུགས། དེ་རྗེས་སྐྱོར་མོ་ལུང་པའི་མཁན་པོ་དཀའ་བཞི་པ་བློ་གསལ་བ་ཞེས་གྲགས་པ་འདུལ་མཛོད་ལ་ཤིན་ཏུ་མཁས་པར་བྱེད་པ་དེའི་དྲུང་དུ་སྐྱོར་མོ་ལུང་དུ་བྱོན། ཁོང་སློན་དུས་ཀྱི་འདུལ་བ་འཛིན་པ་རྒྱ་མཚོའི་ཁྲིད་ན་ཉི་མ་ལྟར་གྲགས་པའི་འདུལ་འཛིན་ཆེན་པོ་དགེ་བའི་བཤེས་གཉེན་ཐག་མ་པའི་བུ་ཆེན་སྨྲལ་ཧི་དགྲ་བཅོམ་པའི་བཤད་རྒྱུན་འཛིན་པའི་གདན་ས་པ་འདུལ་བ

ལ་ཤིན་ཏུ་མཁས་པར་འདུག་པས། དེའི་ལེགས་པར་བཤད་པའི་བགོ་སྐལ་བླང་བར་བཞེད་དེ་ཁོང་ལ་འདུལ་བ་མདོ་རྩ་བ་འགྲེལ་པ་ཆ་ལག་དང་བཅས་པ་རྫོགས་པར་གསན་ཏེ། ཁོང་གི་ཐུགས་ལ་མངའ་བའི་འདུལ་བའི་བཤད་སྲོལ་ལྷག་མ་མེད་པར་ཐུགས་སུ་ཆུད་ཅིང་ཁྱད་པར་ལྷག་པོར་རྟོགས། དེའི་ཚེ་ཆོས་གསན་པའི་ཞར་ལ་མདོ་རྩ་བའི་རྒྱ་ཆེར་འགྲེལ་གྱི་དབུ་ནས་ཉིན་རེ་བཞིན་ཤོག་བུ་མདའ་ཚད་བཅུ་བདུན་རེ་ཙམ་མ་ཆག་པར་ཐུགས་ལ་བཟུང་། དུས་དེ་དག་གི(༣༤༤བ) ཚེ་ན་ཚོགས་སུ་མང་ཇ་ལ་བྱོན་པ་སོགས་ཀྱི་སྐབས་སུ་དགེ་འདུན་རྣམས་ཡུམ་གྱི་མདོ་འདོན་པའི་རིང་ལ་ཤེར་ཕྱིན་གྱི་དོན་བསམས་པ་ན་ཆོས་ཐམས་ཅད་སྣང་ལ་ངོས་བཟུང་མེད་པའི་དོན་ལ་མཉམ་པར་བཞག་པས། དགེ་འདུན་གྱི་ཆོས་སྤྱོད་དང་བདུད་བཟློག་སོགས་ཀྱི་ཚིག་འབྲུ་ཙམ་ཡང་ཐུགས་ཀྱིས་མ་ངེས་པར་རྣམ་རྟོག་གི་རྒྱུ་བ་རགས་པ་ཐམས་ཅད་ལོག་ནས་གསལ་སྟོང་འཛིན་མེད་ཀྱི་ངང་ལ་ཐུགས་རྩེ་གཅིག་ཏུ་གནས་པ་མང་ཇའི་འགོ་མཇུག་འཁྱོངས་པ་འབད་རྩོལ་མེད་པར་གནས་པ་བྱུང་། བོད་ཀྱི་གྲུབ་ཐོབ་ཏུ་བྱེད་པའི་རྟོགས་པ་བཟང་ཤོས་མཐར་ཐུག་པ་དེ་ཐུགས་ལ་འཁྲུངས་འདུག་ནའང་། གསུང་རབ་ཀྱི་གནད་མ་ལུས་པ་ཐུགས་སུ་ཆུད་པའི་བདག་ཉིད་ཆེན་པོ་འདི་ནི་དེ་འདྲ་བ་ལའང་སེམས་གནས་ཀྱི་ཉམས་བཟང་པོ་ཐུགས་ལ་འཁྲུངས་པའི་ཏིང་ངེ་འཛིན་ཐུན་མོང་བའི་ཁྱད་པར་ཙམ་མ་གཏོགས། དེ་ཁོ་ན་ཉིད་རྟོགས་པའི་ཏིང་ངེ་འཛིན་ཐུན་མོང་མ་ཡིན་པར་འཁྲུལ་པའི་དྲི་ཙམ་ཡང་མི་བྲོ་བ་འདི་ལྟ་བུ་ནི་མཁས་པ་མགུ་བའི་ཡོན་ཏན་དཔག་པར་དཀའ་བ་ཡིན་ནོ། །དེའི་ཚེ་རྒྱ་ཆེར་འགྲེལ་གྱི་བམ་པོ་བཞི་བཅུ་ལྷག་ཙམ་ཐུགས་ལ་ཆུད་པར་མཛད། དེའི་ཚེ་སྐུ་སྟོད་ལ་བསྙུན་གཞི་དྲག་པོ་ཞིག་རྒྱུན་རིང་ཙམ་བྱུང་ཡང་རྒྱལ་སྲས་རྟག་ཏུ་ངུ་ཤེར་ཕྱིན་འཚོལ་བའི་ཚེ་ལུས་དང་སྲོག་ལའང་མི་ལྟ་བར་ཤེར་ཕྱིན་བཙལ་བ་ཇི་ལྟ་བ་བཞིན་དུ་བསྙུན་གཞི་དེ་ལ་ཧི་མི་སྙམ་པར་སློབ་མ་འགའ་ཞིག་དང་བཅས་གཙང་ཕྱོགས

ལ་བྱོན། ས་སྐྱར་འབྱོན་བཞེད་པ་ལ་ལམ་(༣༩༥ན)དུ་ཏ་ཙང་གྲང་བའི་རེག་པས་ཪོ་བཀྲུལ་བར་འདུག་པ་དང་བཤུལ་ཐག་རིང་བས་དུར་སློག་གི་ཕུ་ལ་ལམ་མཛད་དེ་གནས་སྙིང་དུ་བྱོན། དེའི་དགུན་གནས་སྙིང་དུ་བཞུགས། གནས་སྙིང་བའི་དོན་གཉེར་བ་དང་ཕྲུག་ཕྲེ་ལ་བྱོན་པ་འགའ་ཞིག་གིས་ནན་ཆེར་གསོལ་བ་བཏབ་པ་ལ་བརྟེན་ནས། དེ་གོང་མངོན་པ་ཀུན་ལས་བཏུས་ལ་ཆེད་དུ་གཏད་པའི་གཟིགས་རྟོག་མ་མཛད་ཀྱང་། དེ་དུས་ཚིག་ལ་གཟིགས་པ་ཙམ་གྱིས་དོན་ཡང་ཐུགས་ལ་ཅིག་ཅར་དུ་གསལ་བར་ཤར་བས་ཐོག་མར་གཟིགས་པའི་རིམ་པ་བཞིན་གཞན་ལ་ཡང་འདོམས་པའི་སྒོ་ནས། མངོན་པ་ཀུན་ལས་བཏུས་ཚར་གཅིག་རྒྱལ་བཤད་མཛད་དོ། །

དེ་ནས་ས་སྐྱར་བྱོན། དེའི་ཚེ་ས་སྐྱ་ན་བླ་མ་རྗེ་བཙུན་རེད་མདའ་པ་ཆེན་པོ་ལམ་འབྲས་གསན་གྱིན་འདུག་པ་དང་མཇལ་དེ་ནས་བཟུང་སྟེ་ཟླ་བ་བཅུ་གཅིག་ཙམ་གྱི་རིང་ལ་ས་སྐྱར་རྗེ་རེད་མདའ་པའི་སྤྱན་སྔར་བཞུགས། རྗེ་བཙུན་པ་ཁོང་རང་ལམ་འབྲས་སོགས་གསན་པའི་ངང་ནས། རྗེ་འདི་ལ་མངོན་པ་ཀུན་ལས་བཏུས་གཟབས་བཤད་ཚར་གཅིག་མཛད། གཞན་ཡང་དེའི་ཚེ་ཚད་མ་རྣམ་འགྲེལ་ལ་གཙོ་བོར་སྦྱངས་ཤིང་གསན་པ་དང་། དབུ་མ་འཇུག་པ་སོགས་ཀྱི་བཤད་པ་དང་། འདུལ་བ་ལུང་ལ་སོགས་པ་བཀའ་བསྟན་བཅོས་མང་པོའི་ལུང་ཡང་གསན། བླ་མ་རྡོ་རྗེ་རིན་ཆེན་པའི་དྲུང་དུ་བརྟག་(༣༩༥བ)གཉིས་ས་ལུགས་ཀྱི་བཤད་པ་ཚར་གཅིག་ཀྱང་གསན་ཞིང་། ས་སྐྱར་བླ་མ་རྗེ་བཙུན་པས་འཚམས་སྦྱོར་མཛད་ནས་བླ་བྲང་ཤར་པ་ཚང་གི་སྟགས་ཀྱི་དགེ་བཤེས་བགྲེས་པོ་མན་ངག་ལ་མཁས་པར་གྲགས་པ་ཞིག་འདུག་པ་ལས་མན་ངག་བླངས་ཏེ་བླ་བྲང་རིན་ཆེན་སྒང་གི་རྒྱབ་ཕྱོགས་དེ་ལ་བྱོན་གྱིན་མ་ཉིད་ཀྱི་ཏ་འདོན་པ་སོགས་ལན་འགའ་ཡར་མཛད་པས་སྔར་གྱི་སྐྱ་སྟོད་ཀྱི་བསྟུན་གཞི་དེ་ལྷག་མ་མེད་པར་འཐོན། ས་སྐྱ་ནས་དཔོན་སློབ་རྣམས་ཀྱིས་ལ་སྟོད་བྱང་གི་སའི་ཆ་ངམ་རིང་དུ་ཆོས་བར་ལ་བྱོན་

ནས། དཔྱིད་དང་དབྱར་གཉིས་ཀ་ངམ་རིང་དུ་བཞུགས། བླ་མ་རྗེ་བཙུན་པས་དེར་མངོན་པ་ཀུན་ལས་བཏུས་ཀྱི་ཊཱིཀྐ་ཆེན་མོ་དེའི་རྩོམ་པ་མཛད། བརྩམས་ཚར་རིམ་བཞིན་རྗེ་འདི་པས་ཀྱང་ཐུགས་ལ་ཆུད་པར་མཛད་ཅིང་། རྒྱས་པའི་བསྟན་བཅོས་ཚད་མ་རྣམ་འགྲེལ་གྱི་རང་འགྲེལ་དེ་ཞིབ་ཏུ་གསུང་བར་ཞུས་ནས་ཚར་གཅིག་གསན་ནོ། །

དེའི་སྟོན་འབྲུངས་ཡུལ་ནས་རྐྱེན་དུ་བབ་པའི་འཚོག་བཅས་ཅི་རིགས་པ་ཕྲིན་ལས་པའི་ནང་དུ་འབུལ་བ་བསྐུར་ཡོད་པ་འོད་ཟེར་ནས་དེ་བཞེས་པ་ལ་སོགས་པའི་སྐྱིད་དུ་ངམ་རིང་ནས་ས་སྐྱ་ལ་ལམ་མཛད་དེ་དབུས་སུ་བྱོན། དབུས་སུ་ཕེབས་ནས་གྲོགས་དང་སློབ་འབྲེལ་མང་པོས་བསྐུལ་ཞིང་མདོ་སྨད་ནས་ཡུམ་གྱིས་ཀྱང་ཞུ་བ་ནན་ཆེར་བྱུང་བས་རྐྱེན་བྱས་ནས། ལན་ཅིག་མདོ་སྨད་ལ་འབྱོན་པར་བཞེད་པ་འབྲུངས་ཏེ། མལ་གྲོ་ལྷ་ལུང་དུ་བྱོན། ལག་(༣༩༨ན)ལེན་འགའ་ཞིག་ལ་ཐུགས་སྦྱོང་ཡང་མཛད་པར་བརྩམས་པ་ལ་མཚམས་ཤིག་ནས། ཅི་བྱེད་དེ་འདྲ་ལ་དགོས་པ་མི་འདུག །ད་ནི་མདོ་ཁམས་རང་ཡུལ་གྱི་ཕྱོགས་ལ་གཏན་ནས་མི་འགྲོ་བའི་ཡིད་དམ་བཅའ་བར་བྱའོ་སྙམ་དུ་དགོངས་པ་ཤུགས་དྲག་པོ་སྐྱེ་ཤས་དང་བཅས་པ་ཞིག་འབྲུངས་ནས་དེ་འཕྲལ་དུ་མདོ་སྨད་ལ་མི་འབྱོན་པའི་ཐུགས་ཐག་བཅད་དོ། །དེ་ཡང་བདག་ཉིད་ཆེན་པོ་འདི་ལ་ཆེད་དུ་བསམ་པའི་སྒོ་ནས་རྙེད་བཀུར་དང་། སྙན་གྲགས་དང་། འཁོར་བའི་ཕུན་ཚོགས་གཞན་གང་ཡང་རུང་བ། ཐ་ན་ཚངས་པ་དང་བརྒྱ་བྱིན་གྱི་དཔལ་འབྱོར་མངོན་པར་འདོད་པའི་སྲེད་པ་སྐྱེ་མ་མྱོང་བ་ལྟ་ཞོག་གི །ཕུན་སུམ་ཚོགས་པའི་དཔལ་ཇི་ཙམ་འབྱོར་པ་དེ་ཙམ་གྱིས་སྐྱར་ཞིང་སྲེད་པ་ཟད་པའི་སྟོབས་ཆེས་ཆེར་རྒྱས་པར་འགྱུར་བའི་གྲོགས་བྱེད་པ་ནི་དམ་པ་རྣམས་ཀྱི་དྲན་ཤེས་ཀྱི་ལྷུགས་ཀྱུས་ཡིད་ཀྱི་གཉིས་འཐུང་ཡོངས་སུ་བཟུང་བའི་འབད་པ་ལ་བལྟོས་ནས་ཉམས་སུ་བླང་བ་ཡང་ཤིན་ཏུ་བྱ་དཀའ་བའི་གནས་ཡིན་ན། འདི་ནི་བློ་སྟོན་དུ་གཏོང་བ་ལ་ཅུང་ཟད་ཀྱང་བལྟོས་པ་མེད་པར

གཞན་དག་གིས་བསྙེན་བཀུར་བ་དང༌། སྙན་པར་སྨྲ་ཞིང་ལེགས་པར་བསྟོགས་པ་དང༌། འཁོར་བའི་ཁྱད་པར་མཆོག་ཏུ་གྱུར་པ་རྒྱ་ཆེན་པོས་མངོན་པར་མཆོད་པ་སོགས་ཕུན་སུམ་ཚོགས་པ་ཇི་ཙམ་ཞིག་བྱུང་བ་དེ་ཙམ་གྱིས་ཀྱང་སླར་ཞིང་འདུ་བྱེད་ཐམས་ཅད་ལ་མི་རྟག་(༣༩༨བ)པའི་འདུ་ཤེས་དང༌། མགོན་མེད་པ་ཐམས་ཅད་ལ་བསྐྱབ་པར་འདོད་པའི་བརྩེ་བ་དང༌། རྒྱལ་བ་སྲས་བཅས་ཐམས་ཅད་བསྙེན་བཀུར་བར་བཞེད་པའི་དད་པ་རྣམས་ཕན་ཚུན་འགྲན་པ་བཞིན་དུ་འཕེལ་བར་འགྱུར་གྱི། གཞན་དུ་ན་སྲིད་པ་འཕེལ་བ་དང་རྗེས་སུ་མཐུན་པ་ནི་གནས་མེད་ཅིང་གོ་སྐབས་མེད་དོ། །འདི་ནི་རྗེ་འདིའི་སྐྱེ་བས་ཐོབ་པ་ལྷན་སྐྱེས་ཀྱི་ཡོན་ཏན་ཡིན་གྱི། སྐུ་ཚེ་འདི་ཉིད་དུ་གཉེན་པོས་གསར་དུ་བསྐྱེད་པའི་སྦྱོར་བྱུང་ནི་མ་ཡིན་ནོ། །དེ་ཡང་རྗེ་ཉིད་ཀྱི་ཞལ་ནས་ཁོ་བོ་ལ་གཞན་གྱིས་སྙན་བཟང་པོ་བཤམས་པ་དང༌། གུས་པའི་བསྙེན་བཀུར་སོགས་ཅི་ཙམ་བྱས་པ་ཙམ་གྱིས་ཆེད་དུ་བསམ་མི་དགོས་པར་དུས་དེའི་སྐབས་རང་དུ་འདི་ཐམས་ཅད་མི་རྟག་ཅིང་ཡིད་བརྟན་དུ་མི་རུང་བ་སྒྱུ་མའི་བློ་བྲིད་དང་འདྲ་བ་ཡིན་སྙམ་པའི་སྐྱོ་བ་ཤུགས་དྲག་པོ་སྣང་བ་བྱུན་ལོང་དུ་ཐོངས་པ་ཡིད་གཏིང་ནས་འགྱུར་བ་རྒྱུན་རིང་པོ་རེ་སྐྱེ་བ་ཞིག་དང་པོ་ཉིད་ནས་རང་ཆས་སུ་ཡོད་པ་ཡིན་ཞེས་གསུང་ངོ༌། །འདི་ནི་ཤིན་ཏུ་མཐོ་བའི་རྟོགས་པ་ཁྱད་པར་ཅན་དུ་བོད་ལ་གྲགས་པ་མང་པོ་ཞིག་གིས་ཆ་ཙམ་དུ་ཡང་བསླུན་པར་མི་ནུས་པའི་མངོན་པར་རྟོགས་པའི་ཡོན་ཏན་ཡིན་ལ། ཟག་བཅས་ཀྱི་ཕུན་ཚོགས་ལ་སྲིད་པ་འགོག་པ་མེད་དུ་མི་རུང་བའི་དགོས་པ་ཉེ་བར་གཟིགས་ནས་ཆོས་ཀྱི་རྗེ་སངས་རྒྱས་བཅོམ་ལྡན་འདས་ཀྱིས་ཀྱང༌། དེའི་གཉེན་པོ་ཡིད་ལ་བྱེད་པ་ཐེག་པ་ཆེ་ཆུང་གི་མདོ་སྡེ་རྣམས་སུ་ལན་ཅིག་མ་ཡིན་(༣༩༧ན)པར་བཀའ་སྩལ་པ་ལྟ་ཞིག་གི །ཐ་ན་དགེ་སློང་རྣམས་ལ་རིན་པོ་ཆེའི་ཁྲི་ལ་འདུག་པ་སོགས་བྱ་དགོས་པ་བྱུང་ནའང་མི་རྟག་པས་ཉེན་པའི་འདུ་ཤེས་ཉེ་བར་བཞག་པར་བྱ་བ་སོགས་ཀྱི་བསླབ

པ་བཅས་པའི་སྒོ་ནས་ཀྱང་དོན་དེ་སྒྲུབ་པར་མཛད་པ་ཡིན་ནོ། །དེ་བས་ན་ཚུལ་འདི་ནི་མཁས་པ་མགུ་བ་སྐྱེད་པའི་རྣམ་པར་ཐར་པ་ཆེས་ངོ་མཚར་རྨད་དུ་བྱུང་བ་ཞིག་གོ །

དེ་ནས་སྟོན་དེ་ལ་མལ་གྲོ་ལྷ་ལུང་པའི་བླ་མ་བསོད་ནམས་གྲགས་པ་ལ་ཆོས་ལུང་ཡང་མང་རབ་གསན་ཞིང་། བར་ཞིག་ཏུ་སྐུ་མཚམས་བཅད་ནས་ཐུགས་དམ་མཛད། རྣམ་འགྲེལ་གྱི་རྣམ་བཤད་རིགས་མཛོད་ལ་གཟིགས་རྟོག་མཛད་ཅིང་། ལེའུ་གཉིས་པའི་སྐབས་ཀྱི་ལམ་གྱི་རྣམ་གཞག་སྟོན་པའི་སྐབས་ལ་ལེགས་པར་གཟིགས་པས་རྐྱེན་བྱས་ནས། ཆོས་ཀྱི་གྲགས་པའི་གཞུང་ལུགས་དང་རིགས་པའི་སྒྲོལ་ལ་ལྡོག་ཏུ་མེད་པའི་དད་པ་ཤུགས་དྲག་པོ་མནན་པས་མི་ནོན་པ་འཁྲུངས་ཤིང་། སྟོན་དེར་བཞུགས་ཀྱི་རིང་ལ་རྣམ་འགྲེལ་གྱི་གཞུང་ལ་གཟིགས་ཙམ་ནས་དད་པའི་སྤུ་ལོང་གཡོས་ཏེ་སྤྱན་ཆབ་ཀྱི་རྒྱུན་བཅད་པར་མི་ནུས་པ་རྟག་ཏུ་འོང་བ་ཞིག་བྱུང་གསུང་ངོ་། །དེའི་དགུན་ཆོས་བདེ་བ་ཅན་དུ་བཞུགས། དཔྱིད་ཆོས་སྟོན་མ་ལ། གྲྭ་སྐོར་མཛད་བཞིན་པའི་པོ་ཏི་འགའ་ཡར་གྱི་གཟིགས་རྟོག་མཛད་ནས་གཙང་ལ་བྱོན། སྣར་ཐང་དུ་ཕེབས། བླ་མ་ལོ་ཙཱ་བ་དོན་བཟང་པས་ཚད་མའི་ཊཱི་ཀྐ་ཞིག་མཛད་འདུག་པ་དེ་ཚར་གཅིག་ཅིས་ཀྱང་(༣༩༧བ)ཉན། ཞེས་བཀའ་གནང་ནས་གསན། དབྱར་ཆོས་དེ་སྣར་ཐང་དུ་རྣམ་འགྲེལ་མངོན་པ་གོང་འོག་མདོ་རྩ་དང་བཅས་པའི་གྲྭ་སྐོར་མཛད། སྣར་ཐང་དུ་གཞུང་བསྒྱུར་བཙུགས་པའི་ཐོག་མ་དེ་ཡིན་པ་འདུག །དེ་ནས་སྟོན་ཆོས་ལ་བླ་མ་རྗེ་བཙུན་རེད་མདའ་པ་ཆེན་པོ་བོ་དོང་དུ་ཆོས་བར་ལ་ཕེབས་པ་གསན་ནས་ཞེར་བྱོན། བླ་མ་ལོ་ཙཱ་བ་ནམ་མཁའ་བཟང་པོ་ལ་སྙན་དངགས་མེ་ལོང་གི་བཤད་པ་ལ་སོགས་པ་གསན། གཙོ་བོར་རྗེ་བཙུན་རེད་མདའ་པ་ལ་དབུ་ཚད་མངོན་པ་སོགས་གསན་ཞིང་ཕར་ཕྱིན་དང་འདུལ་བ་ཡང་རྗེ་བཙུན་ཉིད་ཀྱི་དྲུང་དུ་ཚར་རེ་ཉན་ན་རྟེན་འབྲེལ་གྱི་ཁྱད་པར་ཞིག་འོང་ཏུ་རེ་བས་གསུང་འཚལ་ཞུས་ནས་ཚར་རེ་གསན། དབུ་མ་འཇུག་པའི་བཤད་པ་ཞིབ་ཏུ་

གསན་ཞིང་། རྩ་ཤེ་ལ་སོགས་པའི་རིགས་ཚོགས་ཀྱི་བཤད་པ་གསན་པ་མ་བྱུང་ཞིང་། དབུ་མ་རིགས་ཚོགས་རྣམས་ཀྱི་ལུང་ཞིག་སྣར་ཐང་མཁན་པོ་ཀུན་དགའ་རྒྱལ་མཚན་པ་ལ་གསན། ཁོང་གིས་ནི་ཁོང་རང་གི་ཟུར་ཆེན་གྱི་གོ་ས་དེ་སྔར་དབུ་མའི་ཟུར་ཆོས་པ་ཞིག་གི་གོ་སར་འདུག་པས་དེ་ནས་བརྒྱུད་པར་འདུག་གསུང་ཞིང་། བདེ་བ་ཅན་པའི་བླ་མ་འཇམ་རིན་པ་ལའང་ལུང་གསན་ཁོང་གིས་ཆོས་རྗེ་བླ་མ་ལ་གསན་པར་འདུག། བླ་མ་རྗེ་བཙུན་གྱིས་དབུ་མ་རིགས་ཚོགས་རྣམས་ཀྱི་ལུང་བྲང་མོ་ཆེའི་གདན་ས་པ་བླ་མ་ཆོས་ཤེས་པ་ལ་གསན། ཁོང་གིས་སྣར་ཐང་པ་ཤེར་སེང་གི་དྲུང་དུ་གསན་པར་འདུག་གསུང་སྐད། (༣༥༢ན)མདོར་ན་དེའི་ཚེ་རྗེ་རིན་པོ་ཆེ་དཔོན་སློབ་ལ་རིགས་ཚོགས་རྣམས་ཀྱི་བཤད་པ་ལྟ་ཞོག །ལུང་ཙམ་ཞུ་བའི་ཡུལ་ཡང་དཀའ་བར་བྱུང་འདུག་གོ །

དེ་ནས་དཔོན་སློབ་གཉིས་ཀ་ཐབས་ཅིག་ཏུ་ས་སྐྱར་བྱོན། རྗེ་རིན་པོ་ཆེ་འདིས་དེའི་ཚེ་ས་སྐྱར་གོང་དུ་སྨོས་པའི་དཀའ་ཆེན་རྣམས་ཀྱི་གྲྭ་སྐོར་མཛད། དེ་དུས་པོ་ཏི་གཞན་བཅུ་ལྷག་ཙམ་གྱི་གྲྭ་སྐོར་ཡང་མཛད་པས་ཆོག་པ་ཡོད་ཀྱང་། དེ་དུས་ཀྱི་གྲྭ་ས་རྣམས་ན་པོ་ཏི་གཞན་རྣམས་ཀྱི་གྲྭ་སྐོར་བྱེད་པའི་ལུགས་མ་དར་འདུག་པས་མ་བྱས་གསུང་ངོ་། །དེ་ནས་དེ་འཕྲལ་དབུས་ལ་བྱོན་ནས་སོས་ཚལ་གུང་ཐང་ནས་བརྩམས་ཏེ་རིམ་པ་བཞིན་དུ་གསང་ཕུ་དང་རྩེས་ཐང་ལ་སོགས་པའི་གྲྭ་ས་ཆེན་པོ་རྣམས་སུ་ཕར་ཕྱིན་སྔར་ནས་མཛད་ཚར་བས་དེ་མ་གཏོགས་པ་དཀའ་ཆེན་ལྷག་མ་བཞིའི་གྲྭ་སྐོར་མཛད་ཅིང་། དེའི་ཚེ་དབུས་གཙང་གི་གྲྭ་ས་ཆེན་པོ་རྣམས་ཀྱི་དགེ་བའི་བཤེས་གཉེན་སྨྲ་སྟོན་འཛིན་པ་རྒྱ་མཚོ་ལྟ་བུ་མཐའ་དག་ཀྱང་རྗེ་བླ་མ་འདིའི་སྐུ་གསུང་ཐུགས་ཀྱི་རྣམ་ཐར་ལ་སྙིང་ནས་དད་པ་ཐོབ་ཅིང་བདག་ཉིད་ཆེན་པོ་འདི་ནི་སྔོན་ཡུན་རིང་པོ་ནས་ལམ་ལ་སྦྱངས་པ་མཐར་ཕྱིན་པ་ཞིག་ཞིང་འདིར་གདུལ་བྱའི་དོན་དུ་བསམ་བཞིན་དུ་བྱོན་པ་ཞིག་ཡིན་པ་ནི་གོར་མ་ཆག་གོ །ཞེས་མཐུན་པར་བརྗོད་ཅིང་དམ་པའི་མགོན་

འདི་ལྟ་བུ་ལ་བརྟེན་པ་ལས་ལྷག་པ་གང་ནའང་མེད་དོ་ཞེས་རྗེ་འདིའི་ཞབས་རྟུལ་སྤྱི་བོར་བླངས་ཏེ་བཀའ་བཞིན་དུ་སྒྲུབ་པ་ལ་འབད་པར་གྱུར་ཏོ། །

དེའི་ཚེ་ཆོས་གྲྭ་ཆེན་པོ་རྣམས་སུ་གྲྭ་སྐོར་ལ་བྱོན་པའི་སྐབས་དག་ཁྲའང་དད་པའི་ཤུགས་ཀྱིས་གསོལ་(༣༩༨བ)བ་འདེབས་ཤིང་དམ་པའི་ཆོས་ཀྱི་བཀའ་སྩལ་མཉན་ནས་རྗེ་ཉིད་ཀྱི་སློབ་མར་ཁས་ལེན་པའི་སྡེ་སྣོད་འཛིན་པའང་དུ་མ་ཞིག་བྱུང་ལ། བདག་ལེགས་སུ་འདོད་པ་དག་ནི་འདི་འདྲ་བའི་དམ་པའི་མགོན་ལ་བརྟེན་པ་ལས་འདོད་པའི་གནས་འཐོབ་པར་འགྱུར་གྱི། གཞན་གྱིས་ནི་མ་ཡིན་ནོ་སྙམ་དུ་བསམས་ནས་བདག་ཉིད་ཆེན་པོ་འདིའི་ཞབས་འབྲིང་དུ་ཁས་ལེན་པར་ཡང་བྱེད་དོ། །དེ་ནས་རྩེས་དང་གི་གྲྭ་སྐོར་ཚར་ནས་ཡར་ཀླུངས་རྣམ་རྒྱལ་དུ་མ་བྱོན་སངས་རྒྱས་གསུམ་པ་ཁ་ཆེའི་པཎྜི་ཏ་བསོད་སྙོམས་པ་ཆེན་པོ་ཤཱཀྱ་ཤྲཱི་བྷ་དྲའི་མཁན་བརྒྱུད་ཚོགས་ཆེན་པོའི་མཁན་པོ་དཀའ་བཞི་པ་ཚུལ་ཁྲིམས་རིན་ཆེན་གྱིས་མཁན་པོ་མཛད། ཚོགས་པ་བྱེ་རྫིང་པའི་མཁན་པོ་གནས་བརྟན་འདུལ་བ་འཛིན་པ་ཤེས་རབ་མགོན་པོས་ལས་ཀྱི་སློབ་དཔོན་མཛད། བྱེ་རྫིང་པའི་དབུ་མཛད་སྨོམ་བརྩོན་བསོད་ནམས་རྡོ་རྗེས་གསང་སྟེ་སྟོན་པ་མཛད་ཅིང་། ཚོགས་པ་གཉིས་ཀྱི་དགེ་སློང་ཁ་སྐོང་དུ་འོས་པ་གྲངས་ཚང་བས་དད་པའི་དགེ་འདུན་མཛད་ནས་བསྙེན་པར་རྫོགས་པའི་སྡོམ་པ་ཡང་དག་པར་བཞེས་ཏེ་གནས་བརྟན་ཆེན་པོ་འོད་སྲུངས་གངས་རིའི་ལྗོངས་འདིར་སླར་ཡང་བྱོན་པ་ཇི་ལྟ་བ་བཞིན་དུ་ལྷ་དང་བཅས་པའི་འགྲོ་བ་ཐམས་ཅད་ཀྱི་བསོད་ནམས་ཀྱི་ཞིང་གཅིག་པུར་གྱུར་ཏོ། །

དེ་ནས་གདན་ས་ཐེལ་དུ་བྱོན། སྤྱན་སྔ་རིན་པོ་ཆེ་གྲགས་པ་བྱང་ཆུབ་པའི་དྲུང་དུ་མཇལ། ལེགས་བཤད་ཀྱི་སྐྱེས་ཕུལ་ཞིང་དམ་པའི་ཆོས་ཀྱི་བཀའ་མཆིད་མཛད་པས་ཆོས་རྗེ་སྤྱན་སྔ་བ་དད་པའི་ཤུགས་ཀྱིས་སྤྱན་ཆབ་བྱུང་། ཕྱིས་ཀྱང་དྲུང་ན་འཁོད་པ་དག་དང་འབེལ་བའི་བཀའ་(༣༩༩ན)མཆིད་གླེང་བ་ན་སྐུ་ན་གཞོན་ནུ་འདི་འདྲ་བ་ལའང་

ཡོན་ཏན་གྱི་གཏེར་ཆེན་པོ་འདི་ལྷ་བུ་འདུག་ན་ཁོ་བོའི་སྐྱེ་ས་འདི་འདྲ་བ་ཞེས་ཐུགས་ཕྱུང་བའི་གསུང་ཡང་ཡང་འབྱོན་པར་མཛད་དོ། །དེའི་ཚེ་སྤྱན་སྔ་རིན་པོ་ཆེ་དེ་ཉིད་ལ་ལམ་འབྲས་བུ་དང་བཅས་པའི་མན་ངག་ཡོངས་སུ་རྫོགས་པ་དང་ནཱ་རོ་བའི་ཆོས་དྲུག་དང་རྗེ་ཕག་མོ་གྲུ་པ་དང་ཆོས་རྗེ་འཇིག་རྟེན་མགོན་པོའི་བཀའ་འབུམ་ལ་སོགས་པ་ལྷོ་བྲག་མར་པ་ནས་རྗེ་བཙུན་མི་ལ་ལ་བརྒྱུད་པའི་གདམས་ངག་གང་ཡོད་དང་། ལྷོ་བྲག་མར་པ་ནས་རྔོག་ཆོས་སྐུ་རྡོ་རྗེ་ལ་བརྒྱུད་པའི་མན་ངག་གང་ཡོད་དང་། འགྲོ་མགོན་ཕག་མོ་གྲུ་པའི་གསུང་གང་ཡོད་དང་མན་ངག་གང་ཡོད་གསན་ཏེ་མན་ངག་དེ་དང་དེ་དག་གི་ནུས་པ་ཐོན་པར་མཛད་དོ། །དེ་ནས་འོན་གྱི་ལྷ་ཁང་ཀེ་རུར་ཆོས་བར་ལ་བྱོན། ཚ་ཁོ་དཔོན་པོ་སོགས་སྡེ་སྣོད་འཛིན་པ་མང་པོ་ཞིག་ལ་ཕར་ཚད་དབུ་མ་སོགས་ཀྱི་ཆོས་མང་དུ་གསུངས། དེ་ནས་སྐྱིད་ཤོད་དུ་ཕེབས་ཏེ་ཚལ་དུ་བཞུགས་ནས་བཀའ་དང་བསྟན་བཅོས་བོད་ཡུལ་དུ་འགྱུར་རོ་འཚལ་ལ་གཟིགས་རྟོག་ཞིབ་པར་མཛད། གསུང་རབ་མཐའ་དག་གི་དོན་ལ་རྣམ་པར་དཔྱོད་པའི་སྒོ་དུ་མ་ཞིག་ཐུགས་ལ་འཁྲུངས། མངོན་པར་རྟོགས་པའི་རྒྱན་འགྲེལ་པ་དང་བཅས་པའི་རྣམ་བཤད་ཆེན་མོའི་རྩོམ་པའང་མཛད། དེའི་ཚེ་འཛིན་བཟང་བར་གྲགས་པ་གླིང་མཚུངས་མེད་དང་། མདོ་སྨད་པ་འཇམ་དཔལ་བཀྲ་ཤིས་དང་། ཤཱཀྱ་གྲུབ་ཅེས་པ་གསུམ་དང་། (༣༥༩བ)རྗེ་འདིས་འཛིན་གྱི་ཁྱད་པར་ཆེ་ཆུང་ཉམས་སད་མཛད་པས། རྗེ་འདིས་ནམ་ལངས་པ་ནས་ཚལ་དབུས་གླིང་གི་གཙུག་ལག་ཁང་གི་ཏོག་གི་རྩེ་ལ་ཉི་མ་ཤར་བ་དང་མཉམ་དུ་སྔོན་གཟིགས་མ་མྱོང་བའི་དཔེ་མདའ་ཚད་ཕྲེང་དགུ་མ་ཞིག་གི་ཤོག་ལྷེབས་བཞི་ཤིན་ཏུ་དག་པར་ཐུགས་ལ་ཆུད་འདུག་ཅིང་། གླིང་མཚུངས་མེད་ཀྱིས་ཕྱེད་དང་གསུམ་ཐོ་རེ་བ་ཞིག་དང་གཞན་གཉིས་ཀྱིས་རེ་རེ་ལས་མ་ཟིན་ནོ། །སྐབས་ཤིག་ཏུ་ཚ་ཁོ་དཔོན་པོ་མཁན་ཆེན་ངག་དབང་གྲགས་པ་ཕྱུགས་ཕྱི་ལ་ཁྲིད་ནས་ལྷ་སར་རྡོ་བོ་ཐུགས་རྗེ་ཆེན་པོ་རང་བྱུང་ལྔ་ལྡན

གྱི་དྲུང་དུ་བྱོན་ནས་སྨྱུང་གནས་མང་དུ་མཛད། དེའི་ནུབ་གཅིག་གི་ཚེ་དཔོན་སློབ་གཉིས་ཀས་གསོལ་བ་དྲག་ཏུ་བཏབ་ནས་མནལ་ལམ་གྱི་ལྟས་བརྟགས་པས། ཚ་ཁོ་བ་ལ་དུང་དཀར་ཆེན་པོ་གཉིས་ནམ་མཁའ་ལས་བབས་ནས་ཁོང་གི་ཐུ་བར་ལྷུང་བྱུང་བ་དེ་མ་ཁད་དེ་གཉིས་འདྲེས་ནས་གཅིག་ཏུ་སོང་འདུག །དེ་ལག་ཏུ་བླངས་ནས་བུས་པས་སྒྲ་ཆེན་པོ་དཔག་ཏུ་མེད་པ་གྲགས་པ་ཞིག་རྨིས་འདུག་སྟེ། ཕྱིས་ཁོང་གིས་རྒྱལ་མོ་རོང་གི་སྐད་དུ་སངས་རྒྱས་ཀྱི་བསྟན་པ་དར་ཞིང་རྒྱས་པར་མཛད་དེ་འཕྲིན་ལས་རྒྱ་ཆེན་པོ་བྱུང་འདུག་པ་དེའི་ལྟས་ཡིན་པར་གསུངས། རྗེ་འདི་པའི་མནལ་ལམ་དུ་སྟེ་ཐང་གི་ཡར་འཕྲང་ཡར་ལ་ཐོན་པའི་བྲག་མདའ་སྒྲོ་ཟེར་བ་དེ་འདྲ་བ་ཞིག་གི་བྲག་རི་གཟར་པོ་ཞིག་ལ་འཛེགས་བྱོན་པས་རྡོ་ལེབ་དཀར་པོ་ཤིན་ཏུ་འཇམ་པ་ཞིག་གི་སྟེང་ན་ཨུཏྤལ་སྔོན་པོ་ཆེས་ཆེར་རྒྱས་ཤིང་ཁ་དོག་གསལ་བ། འདབ་མ་མ་རྙིངས་པ། ཡུ་བ་དང་བཅས་པ་ཞིག་འདུག །དེ་ཕྱག་ཏུ་བླངས། འདི་རྗེ་བཙུན་སྒྲོལ་མའི་ཕྱག་མཚན་དུ་འདུག་(༣༥༠ན)པས་དེས་རྗེས་སུ་འཛིན་པའི་ལྟས་ཡིན་ནམ་དགོངས་པ་ན། ད་ལན་དེ་མ་ཡིན་ཚེའི་ལྟས་ཡིན་གསུང་བ་ཞིག་བྱུང་། ཚལ་ནས་དགུན་ཆོས་ལ་བདེ་བ་ཅན་དུ་བྱོན། སྡེ་སྣོད་མང་དུ་གསུངས། དཔྱིད་དབུས་སྟོད་བྱ་ཡུལ་དུ་ཐེབས། དགེ་བའི་བཤེས་གཉེན་བདུན་ཙུ་ཙམ་ཞིག་ལ་ཕར་ཚད་དབུ་མ་འཇུག་པ་མངོན་པ་ཀུན་ལས་བཏུས་རྣམས་གསུངས། སླར་ཡང་ཚལ་དུ་བྱོན་ནས་ཕར་ཕྱིན་གྱི་རྣམ་བཤད་ཀྱི་འགྲོ་མཛད་ཅིང་མཇུག་བདེ་བ་ཅན་དུ་རྫོགས་པར་མཛད། དེ་ནས། མདོ་རྒྱུད་ཀྱི་གཞུང་ཆེ་ཆུང་དུ་མ་ལ་མཁས་པར་སྦྱངས་ཤིང་། ཁྱད་པར་དུས་ཀྱི་འཁོར་ལོ་ཆ་ལག་དང་བཅས་པ་ལ་མཁས་པར་གྲགས་པ་ཚལ་པ་བླ་མ་རྟོགས་ལྡན་ཡེ་ཤེས་རྒྱལ་མཚན་པ་ལ་དུས་འཁོར་གསུང་བར་ཞུས། ཁོང་གིས་ཀྱང་ཞལ་གྱིས་བཞེས་ནས་དཔོན་སློབ་གཉིས་ཀས་སྐྱོར་མོ་ལུང་དུ་བཞུགས་ཏེ་དུས་ཀྱི་འཁོར་ལོའི་འགྲེལ་ཆེན་དྲི་མ་མེད་པའི་འོད་ཀྱི་བཤད་པ་ཞིབ་པར་གསན་

ཞིང་། རྒྱ་མཚན་རྟེས་དང་ལག་ལེན་རྣམས་ལའང་མཁས་པར་སྦྱངས། སྐྱོར་མོ་ལུང་དུ་སོ་སོར་འཛིན་པ་མང་པོ་ལ་གཞུང་ཆེ་ཆུང་མང་པོའི་བཤད་པའང་གསུངས་ནས། སླར་ཡང་དེའི་ཕྱི་ལོ་དབྱར་ཆོས་བདེ་བ་ཅན་དུ་བཞུགས། བློ་གསལ་འདུས་པ་རྒྱ་མཚོའི་ཚོགས་ལ་སོ་སོར་གྱི་བཤད་པ་མང་དུ་གནང་། དེ་ནས་དགུན་སྟོད་ལུང་མཆོ་སྨད་དང་དཀར་དུ་དུས་འཁོར་ལ་ཐུགས་སྦྱོང་ཤིན་ཏུ་འབྲས་པར་མཛད། བཤེས་གཉེན་བློ་གསལ་མང་པོ་ལ་སོ་སོར་(༣༥༠བ)ཀྱང་མང་དུ་གསུང་། དེ་ནས་རྗོང་ཆེ་གྲགས་པ་རིན་ཆེན་པ་དེ་རྗེ་འདི་པ་ལ་དེ་གོང་ནས་མི་ཕྱེད་པའི་དད་པ་ཡོད་པས་སྤྱ་ཕྱིར་གསོལ་བ་མང་དུ་བཏབ་པ་ལ་དགོངས་ནས་ཡར་ཀླུངས་ཕྱོགས་ལ་འབྱོན་པར་བཞེད་དེ་སྲིན་པོ་རིར་ཐེབས་པ་ན། དེ་དུས་གོང་དཀར་ན་སྒོམ་པ་ཆོས་རྒྱལ་ཡོད་པ་ཁོང་ཡང་རྗེ་འདི་ལ་སྔོང་ནས་དད་པ་ཡོད་པའི་དབང་གིས་ཞུ་བ་ནན་ཆེར་ཕུལ་ཏེ་སོས་དེ་རིགས་ལྷ་ལྷ་ཁང་དུ་བཞུགས། སོ་སོར་འཛིན་པ་བདུན་ཅུ་ལྷག་ཙམ་ལ་ཕར་ཚད་མདོན་པ་གོང་འོག་འདུལ་བ་མདོ་རྩ་དབུ་མ་འཇུག་པ་སོགས་གསུངས། གོང་དཀར་ནས་བསྙེན་བཀུར་དང་ཞབས་ཏོག་ཚད་མེད་པ་བྱས།

དེ་ནས་ཡར་ཀླུངས་སུ་བྱོན་ནས་སློན་མཁར་དུ་བཞུགས་ཏེ་སོ་སོར་མང་དུ་གསུངས་ཤིང་། རྗོང་ཆེ་བས་ཡོ་བྱད་མགོ་དགུ་ཐམས་ཅད་ཀྱིས་གུས་པས་མཆོད། དེ་ལྟར་སྤྱ་ཕྱིར་སོ་སོར་དཔག་ཏུ་མེད་པ་ནར་མར་གསུང་བ་དེ་དག་གི་སྐབས་རྣམས་སུའང་། རྒྱུད་སྡེ་གོང་འོག་གི་དཀྱིལ་འཁོར་ཆེན་པོ་རྣམས་སུ། སྐལ་བ་དང་ལྡན་པའི་གདུལ་བྱ་དབང་གིས་སྨིན་པར་མཛད་པ་དང་། གཞན་ཡང་ལྷ་སོ་སོའི་རྗེས་གནང་དང་། ལུང་དང་མན་ངག་ལ་སོགས་པ་གང་ལ་གང་འཚམ་གྱི་ཆོས་ཀྱིས་གདུལ་བྱ་དཔག་ཏུ་མེད་པ་སྨིན་ཅིང་གྲོལ་བར་མཛད་དོ། །ལྷག་པར་ཡང་དེའི་ཚེ་རྗེ་འདི་ཉིད་ངག་གི་ལྷ་མོ་དབྱངས་ཅན་མས་རྗེས་སུ་བཟུང་བར་གྲགས་ཤིང་། དེའི་རྗེས་གནང་ཞུ་བ་གར་བྱོན་དུ་མང་བ་ཞིག

འོང་ཞེས་གྲག་གོ །དེ་ནས་དགུན་མོན་མཁར་བཀྲ་ཤིས་གདོང་དུ་བཞུགས། དེ་དུས་ནུབ་ཅིག་(༣༥༡ན)ཞུགས་མེ་ལ་བཞུགས་ནས་བོད་ཀྱི་མཁས་གྲུབ་རྣམས་ཀྱི་རྣམ་པར་ཐར་པ་ཅི་རིགས་པ་གསུང་བའི་སྐབས་སུ། དགའ་བཞི་པ་ཤེར་སེང་གིས་ཆོས་ཐོག་གཅིག་ལ་པོ་ཏི་བཅུ་གཅིག་གསུངས་འདུག །དུས་ཕྱིས་བོད་དུ་པོ་ཏི་དུས་གཅིག་ལ་གསུངས་པ་དེ་མང་ཤོས་སུ་འོང་བ་འདྲ་གསུང་། དེ་ནས་དགེ་བཤེས་ཤ་སྟོན་ལ་སོགས་པས་རྗེ་ཉིད་ནས་ཀྱང་དེ་ཙམ་ཞིག་དུས་གཅིག་ཏུ་གསུང་འཚལ་ཞུས་པས། རྩོལ་བ་བྱས་ན་དེ་ཙམ་ཞིག་འཆད་ཐུབ་པ་འདྲ་གསུང་། འོ་ན་ཅིས་ཀྱང་གསུང་འཚལ་ཞེས་ནན་གྱིས་གསོལ་བ་བཏབ་པས་ཞལ་གྱིས་བཞེས་ཏེ་ཟླ་བ་དེའི་ཚེས་བཅུ་ནས་གནམ་གང་གི་བར་སྐུ་མཚམས་བཅད་ནས་གཟིགས་རྟོག་མཛད། གནམ་གང་གི་ཉིན་ཕྱུག་དབེ་ཐམས་ཅད་ཀྱི་སྐུ་རགས་བཅིངས། ཆོས་གཅིག་ནས་ཆོས་འཛུགས་པར་བཞེད་པ་ལ་གསང་ཕུ་སོགས་ནས་འབྱོན་པའི་དོན་གཉེར་བ་སྔེ་སྟོད་འཛིན་པ་མང་པོ་ཞིག་སྒུག་དགོས་པ་བྱུང་བས་ཉི་མ་གསུམ་ཙམ་གྱི་བར་དུ་མི་ལ་དང་མར་པ་སོགས་ཀྱི་གསུང་རྒྱུན་ཐོར་བུ་འགའ་གསུངས། ཆོས་ལྔ་ནས་ཉི་མ་གཅིག་ལ་རྒྱ་གར་སྐད་བཅོ་ལྔའི་དབུ་དུས་གཅིག་ལ་བཙུགས་ནས་ཉིན་རེ་ཞིང་པོ་རངས་ནས་སྲོད་ཀྱི་བར་ལ་ཆོས་ཐུན་བཅོ་ལྔ་རེ་མ་ཆག་པར་ཐུགས་བཤད་མཛད། དེའི་ནང་ནས་པོ་ཏི་ཆུང་བ་གཉིས་རྫོགས་པར་གསུངས་ཚར་བ་ན་དེའི་དོད་དུ་སླར་ཡང་ཆུང་བ་གཉིས་བཙུགས་ནས། ཚད་མ་རྣམ་འགྲེལ། ཕར་ཕྱིན། མངོན་པ་གོང་འོག་གཉིས། འདུལ་བ་མདོ་རྩ་བ། བྱམས་(༣༥༡བ)ཆོས་ཕྱི་མ་བཞི། དབུ་མ་རིགས་པའི་ཚོགས་ལྔ། འཇུག་པ། བཞི་བརྒྱ་པ། སྤྱོད་འཇུག སྟེ་བསྟན་བཅོས་བཅུ་བདུན་གྱི་བཤད་པ་དཀའ་ཆེན་འགའ་ཞིག་བོད་ཀྱི་ཊཱི་ཀྐ་ཆེན་མོ་རེ་གཞིར་བཞག་པའི་ཐོག་ཏུ་འགྲེལ་པའི་འཆད་ཚུལ་དུ་དགག་སྒྲུབ་དང་བཅས་པས་གཏན་ལ་ཕབ་ཅིང་། གཞུང་གཞན་རྣམས་ཕལ་ཆེ་བ་རང་རང་གི་འགྲེལ་པའི་སྟེང་ནས

གཞུང་ཕྲ་རགས་མ་ལུས་པ་ལ་བཤད་པ་ཞིབ་པར་མཛད་དེ་ཟླ་བ་གསུམ་ལ་རྫོགས་པར་མཛད་ཅིང༌། དེའི་སྐབས་སུའང༌། སྙོད་ཆོས་གྲོལ་ནས་རྡོ་རྗེ་འཇིགས་བྱེད་ཀྱི་བདག་འཇུག་ལ་སོགས་པ་ཐུགས་དམ་རིམ་གཉིས་ཀྱི་རྣལ་འབྱོར་རྣམས་མ་ཆག་པར་མཛད་དེ། སྐྱེ་བོ་ཀུན་ཡང་འདི་ནི་ལྷག་པའི་ལྷས་དངོས་སུ་བྱིན་གྱིས་བརླབས་པའམ། གཟུངས་ཐོབ་པའི་བྱང་ཆུབ་སེམས་དཔའ་ཆེན་པོ་ཞིག་ཡིན་པར་ངེས་ཀྱི་གཞན་ལ་འདི་ལྟ་བུ་འབྱུང་བ་མི་སྲིད་དོ་ཞེས་མཐུན་པར་གླེང་ངོ༌། །

དེའི་དབྱར་ཁ་ཡར་ཀླུངས་ཨོ་ཀར་བྲག་ཏུ་བཞུགས་ནས་སྐུ་མཚམས་དམ་པོ་མཛད། བཅོམ་ལྡན་འདས་དཔལ་འཁོར་ལོ་བདེ་མཆོག་གི་སྒོམ་བཟླས་དང་ཐུན་བཞིའི་རྣལ་འབྱོར། བདག་འཇུག་ཤིན་ཏུ་མང་བར་མཛད་ཅིང་ནི་གུ་ཆོས་དྲུག་གི་དམིགས་སྐོར་རྣམས་ཐུགས་ཉམས་སུ་བསྐུར་ནས་ལེགས་པར་སྦྱངས་ཏེ་ཞག་རེ་ལ་གཏུམ་མོའི་རླུང་སྦྱོར་ཡང་བརྒྱད་བརྒྱ་རེ་ཙམ་མཛད་དོ་ཞེས་གསུང་ཞིང་གཏུམ་མོ་ལ་སོགས་པའི་ཐུགས་དམ་གྱི་ཉམས་བཟང་པོ་མང་དུ་འཁྲུངས་སོ། །དེ་ནས་སྟོན་སྐྱིད་ཤོད་དུ་ཕེབས། (༣༥(༢ན)རྗེ་བཙུན་རེད་མདའ་པའི་ཞལ་སྔ་ནས་ཀུང་དབུས་སུ་ཆོས་བར་ལ་ཕེབས་པས་དཔོན་སློབ་གཉིས་ཀས་པོ་ཏ་ལར་བཞུགས་ནས་དམ་པའི་ཆོས་ཀྱི་བཀའ་བགྲོ་བ་མང་དུ་མཛད་ཅིང་གདུལ་བྱ་རྣམས་ལའང་ལེགས་པར་བཤད་པའི་སྐྱེས་སྐྱུལ་ནས་རྗེ་བཙུན་པ་སླར་ཡང་གཙང་ལ་བྱོན། རྗེ་བླ་མ་འདི་ཉིད་ཀྱིས་དེའི་དགུན་སྐྱོར་མོ་ལུང་གི་བྲག་ཏུ་བཞུགས་ནས་སྡེ་སྣོད་འཛིན་པ་ཆེན་པོ་དུ་མ་ལ་དུས་འཁོར་དང་ཕར་ཚད་མངོན་པ་སོགས་མང་དུ་གསུངས་སོ། །

དེ་ནས་དེའི་དཔྱིད་ཟླའི་ལོ་ལ་རྒྱུད་སྡེ་ཆེན་པོ་རྣམས་ཀྱི་བཤད་པ་དང༌། དབང་ལག་ལེན་མན་ངག་དང་བཅས་པ་མཐའ་དག་རྫོགས་པ་ཞིག་རྒྱུད་གཅོད་མཛད་པར་བཞེད་པ་དང༌། བླ་མ་རྗེ་བཙུན་རེད་མདའ་པ་དང་དཔོན་སློབ་གསུང་གླེང་མཛད་པའི་དགོས

པ་འགའ་ཞིག་གི་ཕྱིར་དུ་གཙང་ལ་བྱོན། རོང་གི་སྐུབས་ཆོས་ལུང་དུ་བཞུགས། ཚོགས་པའི་མཁན་པོ་རིན་ཆེན་གྲགས་པ་བཤེས་གཉེན་པ་ལ་བཀའ་ལུང་ཅི་རིགས་པ་གསན། དེ་དུས་རྗེ་འདི་པའི་ཞབས་འབྲིང་ལ་ཡོད་པའི་སློབ་ཕྱི་དཔོན་པོ་བསོད་ནམས་གྲགས་དང་། མདོ་སྨད་པ་དགེ་བཤེས་ཤེས་རབ་གྲགས་ཞེས་པ་གཉིས་ཀྱིས་བླ་མ་དབུ་མ་པ་བརྩོན་འགྲུས་སེང་གེ་བདེ་མཆོག་སྟེང་ཞེས་པའི་དབེན་གནས་ཞིག་ན་བཞུགས་པའི་དྲུང་དུ་མཇལ་བ་ལ་ཕྱིན་ཆོས་འབྲེལ་ཞུས་གསུང་གླེང་བྱུང་བས། དབུ་མ་པའི་ཞལ་ནས། ངེད་ཁྱེད་ཀྱི་སློབ་དཔོན་པ་དེ་ལ་དབྱངས་ཅན་མའི་རྗེས་གནང་ཞིག་ཞུ་དགོས་གསུང་། དེ་ནས་བླ་མ་དབུ་མ་པ་དང་རྗེ་འདི་པ་(༣༥༢བ)ཞལ་འཛོམ་མཇལ་དེ། བླ་མ་དབུ་མ་པས་རྗེ་འདི་ལ་དབྱངས་ཅན་མའི་རྗེས་གནང་ཞུས། དེའི་ཚེ་གསུང་གླེང་ཞིབ་ཏུ་མཛད་པས་བླ་མ་དབུ་མ་པ་ཁོང་རང་ལ་མདོ་ཁམས་ན་ཕྱུགས་མ་སྐྱོང་བའི་དུས་ཉིད་ནས་རྗེ་བཙུན་འཇམ་པའི་དབྱངས་ཀྱི་སྐུ་དང་གསུང་གི་སྣང་བ་ནར་མར་འོང་ཚུལ་དང་། དེ་ལ་སྔ་ཕྱིར་བརྟག་པ་བྱས་ཚུལ་ལ་སོགས་པ་ཞིབ་པར་ཞུས་ནས། ད་དུང་ངེད་འདི་ལ་གཏིང་ནས་ངེས་པ་རྙེད་པ་མེད་པས་བརྟག་དཔྱད་ཡང་དག་ཅིག་ཐུགས་ལ་འདོགས་པར་ཞུད་ལན་ཡང་རྗེ་བཙུན་གྱི་སྐུའི་སྣང་བ་དེའི་གསུང་ནས། རྗེ་ཉིད་ལ་དབྱངས་ཅན་མའི་རྗེས་གནང་ཞུ་བ་ལ་རྒྱུག་གསུང་ནས་འོངས་པ་ཡིན། ཞེས་གསུང་བ་ལ་རྗེ་འདི་པས་དབུ་མའི་ལྟ་བ་སོགས་ཆོས་ཀྱི་གནད་ཟབ་མོ་རྣམས་ཀྱི་དྲི་གཏུགས་མཛད་པ་སོགས་ཀྱི་སྒོ་ནས་ལེགས་པར་བརྟགས་པས་བརྟག་ཐུབ་པ་འདུག་པས་ཐུགས་ཡིད་གཉིས་ཟ་དགོས་པར་མི་གདའ། གསོལ་བ་དྲག་ཏུ་ཐེབ་མཛོད། འོན་ཀྱང་རྗེ་བཙུན་གྱི་སྐུ་དང་གསུང་རང་མཚན་པ་ད་ལྟ་དབང་ཤེས་ལ་སྣང་བ་མིན། ཡི་དམ་གྱི་སྐུ་དངོས་ཀྱིས་གཏད་པའི་རྣམ་པ་ཡིད་ཤེས་ལ་དངོས་སུ་སྣང་བ་ཞིག་ཡིན། ངེད་ཀྱང་འཇམ་པའི་དབྱངས་ཀྱི་སྒྲུབ་སྐོར་མན་ངག་སོགས་འདི་ཕྱོགས་ལ་ཤེས་འདོད་ཆེ་བར་ཡོད་པས་ཞུ་དགོས་ནའང་

ད་ལན་རྗེ་བཙུན་རེད་མདའ་བའི་དྲུང་ནས་སྟག་ཚང་དུ་འབྱོན་པ་དང་དཔོན་སློབ་དུས་ངེས་མཛད་པའི་མཛལ་ཕྲད་དགོས་པར་ཡོད་པ་སོགས་ཀྱིས་བྲེལ་ནས་མི་འགྲུབ་འདུག །རྗེས་སུ་རྟེན་འབྲེལ་ཅིག་ཅེས་ཀྱང་སྒྲིག་འཚལ་(༣༥༦ན)ཞེས་གསུངས་ནས་སྟག་ཚང་རྫང་ཁར་བྱོན། མཁན་ཆེན་ལོ་ཙཱ་བ་གྲགས་པ་རྒྱལ་མཚན་པ་དང་། རྗེ་བཙུན་དམ་པ་རེད་མདའ་པ་དང་། བླ་མ་ལོ་ཙཱ་བ་དོན་བཟང་བ་དང་། རྗེའི་ཞལ་སྔ་ནས་དང་། དེ་དག་གི་ཞབས་འབྲིང་དུ་ལྷགས་པའི་བཤེས་གཉེན་སྡེ་སྣོད་འཛིན་པ་ཕུན་སུམ་ཚོགས་པ་དུ་མ་དང་། གཙུག་མར་གནས་པའི་དགེ་འདུན་གྱི་ཚོགས་དང་བཅས་པའི་ཡུལ་མཆོག་ཏུ་གྱུར་པ་གདན་མངོན་པར་འཛོམ་པ་ཐམས་ཅད་ཀྱི་ཉེ་བར་མཁོ་བའི་འཚོགས་ཆས། ཞལ་ཟས་དང་གནས་མལ་ལ་སོགས་པ་ཕུན་སུམ་ཚོགས་པའི་མཐིལ་ལེན་གྱི་ཐུགས་ཁུར་རྒྱ་ཆེན་པོ་དག་རྒྱལ་སྲས་འདུལ་བ་འཛིན་པ་ཆེན་པོ་གཞུང་ལུགས་རབ་འབྱམས་ལ་མཁྱེན་པ་རྒྱས་ཤིང་། གཅིག་ཏུ་བསྟན་པ་རིན་པོ་ཆེའི་ཁུར་འཁྱེར་བ་ལ་མི་མཉམ་པའི་བརྟུལ་ཞུགས་ཅན་ཆོས་རྗེ་ལོ་ཙཱ་བ་སྐྱབས་མཆོག་དཔལ་བཟང་པོས་བཞེས་སོ། །

དེའི་ཚེ་རིན་པོ་ཆེ་གྲགས་པ་རྒྱལ་མཚན་པས་ཕར་ཕྱིན་དང་། ཆོས་རྗེ་སྐྱབས་མཆོག་པས་བརྟག་གཉིས་གསུངས་ཤིང་། རྗེ་བཙུན་དམ་པ་རེད་མདའ་བའི་ཞལ་སྔ་ནས། ཁོང་རང་གིས་མཛད་པའི་རྣམ་འགྲེལ་རྒྱན་གྱི་འགྲེལ་བཤད་ཆེན་མོ་དེ་གསུང་བ་རྗེ་འདིས་གསན་ཞིང་། དཔོན་སློབ་གཉིས་ཀྱིས་དཀའ་བའི་གནས་གནད་ལ་འབེབས་པའི་རིགས་པའི་བརྒྱལ་བརྟག་ཀྱང་མང་དུ་མཛད། དེ་ནས་དཔོན་སློབ་གཉིས་ཀྱིས་འབའ་ལུ་འབའ་གཉེར་དུ་ཆོས་བར་བཏག་ནས་བྱོན། རྗེ་རིན་པོ་ཆེ་འདིས་བླ་མ་རྗེ་བཙུན་རེད་མདའ་བའི་(༣༥༦བ)ཞལ་སྔ་ནས་ལ་རྒྱུད་ཀྱི་རྒྱལ་པོ་དཔལ་གསང་བ་འདུས་པའི་རྩ་རྒྱུད་ཀྱི་བཤད་པ་ཚར་གཅིག་གསན། དེའི་ཚེ་གོང་གསུམ་བདེ་ཆེན་པའི་བླ་མ་རིན་པོ་ཆེ་ཆོས་ཀྱི་དཔལ་བའི་དྲུང་དུ་དུས་འཁོར་ཞིག་གསན་དགོས་དགོངས་པ་བྱུང་

བའི་ནུབ་གཅིག་མནལ་ལམ་དུ། ཆོས་ཀྱི་དཔལ་གྱིས་བུ་སྟོན་རིན་པོ་ཆེ་ལ་དུས་འཁོར་འགྲེལ་ཆེན་ཚར་བཅུ་བདུན་ཉན་པ་ཡིན་ནོ་ཟེར་བ་ཞིག་བྱུང་། ཁྲིས་ཁོང་དང་མཇལ་དུས་རིན་པོ་ཆེས་བུ་སྟོན་གྱི་དྲུང་དུ་དུས་འཁོར་ཚར་དུ་གསན་པ་ལགས་ཞུས་པས། བཅུ་བདུན་ཉན་ཞེས་གསུང་ངོ་། །དེ་དུས་རྗེ་བཙུན་རེད་མདའ་བའི་ཞལ་ནས། སྔགས་ཀྱི་རྒྱུད་གཅོད་དེ་ཙམ་མཛད་པ་ལ་ཡུན་རིང་འགྱང་། ད་ལྟ་སྡེ་སྣོད་ཀྱི་བཤད་པས་ཕན་ཐོགས་རྒྱ་ཆེན་པོ་འོང་གིན་འདུག་པས་རེ་ཞིག་བཤད་པ་མཛད་པ་མི་འཐད་དམ་ཞེས་གསུང་བ་ལ། བདག་སྔགས་ཀྱི་ཕྱོགས་ལ་འདུན་པ་དྲག་པོ་བདོག་པས་སྔོན་ལ་སྔགས་ཕྱོགས་ཀྱི་རྒྱུད་གཅོད་བགྱིད་པ་ལགས་ཞེས་གསུངས། དེ་ཡང་རྗེ་རིན་པོ་ཆེ་འདིའི་ཞལ་ནས་ངེད་སྔགས་ཀྱི་ཕྱོགས་ལ་གཞན་གྱིས་བསྐུལ་དགོས་པ་མེད། ཆུང་ངུ་ནས་འདི་ལ་ཤེས་འདོད་དྲག་པོ་ཡོད་ཅིང་། དེ་ཡང་རྒྱུད་སྡེ་མཐའ་དག་ཡོངས་སུ་རྫོགས་པར་བསླབ་དགོས་སྙམ་པ་ཞིག་དང་པོ་ནས་ཡོད་ཅེས་གསུང་ངོ་། །

དེ་ནས་བླ་མ་རྗེ་བཙུན་པས་ས་སྐྱ་ལ་ཕྱུགས་བཏེག །རྗེ་འདི་པས་རོང་ཆོས་ལུང་དུ་བྱོན། བླ་མ་དབུ་མ་པ་དང་ཆོས་ཀྱི་གསུང་གླེང་མང་དུ་མཛད། རྗེ་བཙུན་འཇམ་པའི་དབྱངས་ཀྱི་ཆོས་སྐོར་ཡང་མང་དུ་གསན། བླ་མ་དབུ་མ་པས་ཀྱང་རྗེ་རིན་པོ་ཆེ(༣༥༩ན)འདི་ཉིད་ལ་དབུ་མ་ལ་འཇུག་པའི་རང་འགྲེལ་སོགས་ཆོས་བཀའ་ཅི་རིགས་གསན་པར་མཛད་དོ། །རྗེ་རིན་པོ་འདི་པས་སྟོན་གྱི་རིང་རོང་གི་རི་ལུང་ཕུག་ཏུ་ཐུགས་དམ་ལ་བཞུགས། སྟོན་གཞུག་མྱང་སྟོད་སྨད་ཀྱི་མཚམས་གོང་གསུམ་བདེ་ཆེན་དུ་ཕེབས་ནས། ཐམས་ཅད་མཁྱེན་པ་བུ་སྟོན་རིན་པོ་ཆེའི་བུ་ཆེན་རྣམས་ཀྱི་ནང་ནས་དུས་ཀྱི་འཁོར་ལོ་ལ་མཁས་པའི་མཆོག་ཏུ་གྱུར་པ། གཞན་ཡང་སྔགས་ཀྱི་གཞུང་དང་ལག་ལེན་མན་ངག་སོགས་མཐའ་ཡས་པ་ལ་མངའ་འབྱོར་བའི་རིན་པོ་ཆེ་ཆོས་ཀྱི་དཔལ་བའི་དྲུང་དུ་མཇལ། ཐོག་མར་མཇལ་བའི་དགོངས་མོ་དེ་ཕྱག་ཕྱིས་དར་སེར་པོ་ཞིག་ཕུལ། སང་

ཉིན་ཛ་ཞལ་ཞིག་མཛད་དེ་གོས་ནེ་ཙོ་ཁ་ཡུག་གཅིག་ཕུལ་ནས་དུས་ཀྱི་འཁོར་ལོའི་འགྲེལ་ཆེན་ཆ་ལག་དང་བཅས་པ་གསུང་བར་ཞུས། དེ་དུས་ཀྱང་འགྲེལ་ཆེན་གསུང་བའི་ལེའུ་དང་པོ་རྫོགས་པའི་མཚམས་ལ་འདུག་པས། ཁོང་གི་ཞལ་ནས། མདང་གི་དར་སེར་པོ་དེ་སའི་ཁམས་སྣོད་རིམ་དང་མཐུན་པས་རྫོགས་རིམ་ཡོངས་སུ་རྫོགས་པར་འོང་བ་འདུག །ད་ནངས་ཀྱི་གོས་ཡུག་འདི་ལྗང་ཁུ་ནམ་མཁའི་ཁམས་ཡིན་བསྐྱེད་རིམ་དང་མཐུན་པས་བསྐྱེད་རིམ་ཡོངས་སུ་རྫོགས་པར་འོང་བར་འདུག །ཆོས་མཚམས་ལེའུ་གཉིས་པའི་འགོ །གང་ཞིག་ཆེན་པོའི་མི་རྣམས་སྨིན་པར་བྱ་བའི་དོན་དུ། ཞེས་པའི་སྐབས་ལ་སླེབ་བྱུང་བས་རྟེན་འབྲེལ་ཤིན་ཏུ་ལེགས། ཆོས་ཐམས་ཅད་ཡོངས་སུ་རྫོགས་པར་བྱེད་དགོས། ཞེས་དགྱེས་(༣༥༨བ)བཞིན་དུ་ཞལ་གྱིས་བཞེས། ལེའུ་དེ་ནས་དབུ་བཙུགས་ཏེ་གསུངས་ཤིང་། སླར་ཡང་ལེའུ་དང་པོའི་འགོ་ནས་སྐྱར་ཏེ་གསུངས། སྔོན་གཞུག་དེ་ནས་དཔྱིད་ཐ་མ་མ་རྫོགས་རིང་ལ་བཞུགས་ནས་རྒྱུད་འགྲེལ་གྱི་བཤད་པ་ཕྱག་ལེན་གྱི་མཛུབ་ཁྲིད། སྦྱོར་དྲུག་གི་ཉམས་ཁྲིད་སོགས་རྫོགས་པར་གསན་ནོ། །

དེ་ནས་ཡོ་གའི་བཀའ་ལུང་བཤད་པ་མཐའ་དག་གསན་པར་བཞེད་པ་ལ་སྔོན་དུ་ཕྱག་ལེན་ཞིག་སྦྱང་བར་བཞེད་ནས། ན་ལུ་ན་དེ་དུས་བུ་སྟོན་རིན་པོ་ཆེ་པའི་མཆོད་གཡོག་པ་གཙོ་བོ་ཞིག་ཡིན་པ་ཡོ་གའི་ལག་ལེན་ལ་ཤིན་ཏུ་མཁས་པར་གྲགས་པའི་ཡོ་ག་པ་ཚེ་དབང་ཞེས་པའི་སློབ་མ་དྲག་པ་ཡོ་ག་པ་མགོན་བཟང་ཞེས་བྱ་བ་གདན་དྲངས་ནས། ཁོང་དང་རྗེ་རིན་པོ་ཆེ་གཉིས་ཀྱིས་མྱུར་སྟོད་སྨད་ཀྱི་མཚམས་འབྲིས་རྩ་ཁང་ཞེས་པར་བཞུགས་ནས་རྡོ་རྗེ་དབྱིངས་དང་དཔལ་མཆོག་རྩེ་མོ་ལ་སོགས་པ་ཡོ་གའི་དཀྱིལ་འཁོར་ཆེན་པོ་མཐའ་དག་གི་བྲིས་ཐིག་གར་དབྱངས། དཀྱིལ་མཆོག་གི་ཆོག་ཁྲིད། ཕྱག་རྒྱ་འཆིང་བ་སོགས་ལ་ཤིན་ཏུ་བྱང་བར་སྦྱངས། དེའི་ཚེ་ནུབ་གཅིག་མནལ་ལམ་དུ། ཁྲི་ཆེན་པོ་ཞིག་གི་སྟེང་ན་བླ་མ་ཁྲུང་པོ་ལྷས་པ་ཡིན་ཟེར་བའི་བླ་མ་བགྲེས་པོ་དབུ་རྒྱན་

གསོལ། རྡོ་རྗེ་དྲིལ་བུ་ཕྱག་ན་བཟུང་བ་ཞིག་བཞུགས། དེའི་སྐུ་མདུན་ན་རྗེ་རིན་པོ་ཆེ་ཉིད་ཀྱང་བཞུགས་འདུག་པ་ལ། བླ་མ་དེ་བཞེངས་ནས་རྡོ་རྗེའི་འགྲོས་ཀྱིས་དྲིལ་སྐྱབས་དང་བཅས་རྗེ་འདི་ཉིད་ལ་གཡས་སུ་བསྐོར་བ་ལན་གསུམ་མཛད་ཅིང་། ཕྲེང་བ་ནས་བྱུང་བའི་ཨེ་ཀཱ་པ་ཙི་ཀཱ་པ་ཞེས་སོགས་ཀྱི་སྒྲ་བསྒྲགས་ནས་རྗེའི་དབུའི་སྟེང་དུ་(༣༥༥ན)རྡོ་རྗེ་དྲིལ་བུ་བཟུང་སྟེ་ཀརྨ་བཛྲ་ཞེས་བྱའོ་ཞེས་གསུངས་ནས་ཁྲི་ལ་བཞུགས་སོང་བ་ཞིག་བྱུང་། མནལ་སད་ནས་བརྟགས་པ་ན་སྔར་གྱི་གསང་མཚན་དོན་ཡོད་རྡོ་རྗེ་ཡིན་པ་དང་། ཀརྨ་བཛྲ་ཡང་དོན་གྲུབ་ཀྱི་རིགས་ཀྱི་མིང་དུ་འདུག་པས་འདྲ་བ་འདུག་དགོངས་པ་ཞིག་བྱུང་གསུང་ངོ་། །

སླར་ཡང་དཔྱིད་སྐད་དེ་ནས་དབྱར་དང་སྟོན་འགོ་མའི་རིང་ལ་གོང་གསུམ་བདེ་ཆེན་དུ་བྱོན་ནས། རིན་ཆེན་ཆོས་ཀྱི་དཔལ་བ་ལ་རྡོ་རྗེ་ཕྲེང་བའི་དབང་ལུང་མཇུབ་ཁྲིད་བཤད་པ་གར་ཐིག་དབྱངས་གསུམ་གྱི་ཕྱག་ལེན་ཁྲིད་དང་བཅས་པའི་སྒོ་ནས་ཕྲེང་བ་སྐོར་གསུམ་ལ་མཁས་པར་སྦྱངས། གཞན་ཡང་བཅོམ་ལྡན་འདས་ཕྱག་ན་རྡོ་རྗེ་འཁོར་ལོ་ཆེན་པོ་ལ་སོགས་པའི་དབང་ལུང་མན་ངག་དང་བཅས་པ་ལ་སོགས་པ་ཟབ་ཅིང་རྒྱ་ཆེ་བའི་ཆོས་མང་དུ་གསན། དེ་ནས་ཞ་ལུར་རིན་པོ་ཆེ་ཁྱུང་པོ་ལྷས་པ་ལ་ཡོ་གའི་སྐོར་གསན་པ་ལ་འབྱོན་པར་དགོངས་ཡོད་པ་ལ། ནུབ་གཅིག་མནལ་ལམ་དུ་ཁྲི་ཆེན་པོ་ཞིག་གི་སྟེང་ན་རིན་པོ་ཆེ་ཁྱུང་པོ་བ་ཡིན་ཟེར་བའི་བླ་མ་བགྲེས་པོ་ཞིག་བཟང་པོའི་འདུག་སྟངས་མཛད་ནས་བཞུགས། དེའི་དྲུང་ན་རྗེ་འདི་པའང་བཞུགས་ཡོད་པ་ལ། བླ་མ་དེས་ཕྱག་གཉིས་ཀྱིས་ཐུགས་ཀའི་ན་བཟའ་བསལ་ནས་ཐུགས་ཀ་སྟོན་གྱིན་འདུག་པ་ལ་གཟིགས་པས། བླ་མ་དེའི་ཐུགས་ཀ་ནས་སྔགས་ཀྱི་ཕྲེང་བ་རིང་པོ་རིམ་པ་དུ་མས་བསྐོར་བའི་འཁོར་ལོ་ཡིག་འབྲུ་རྣམས་རྫམ་མེ་འདུག་པ་གཟིགས་པས་སྔགས་རྣམས་ཐལ་ཆེ་བ་བཀླགས་པ་ཞིག་རྨིས། (༣༥༥བ)ཕྱིས་མཇལ་བ་ན་སྐུའི་རྣམ་པ་མནལ་ལམ་

དུ་བྱུང་བ་དེ་ཉིད་རང་དུ་འདུག་གསུང་ངོ་། །དེ་ནས་སྟོན་ཕྱི་མ་དགུན་དཔྱིད་དབྱར་རྣམས་སྤྲེལ་ནས་ཞ་ལུར་བཞུགས། སྔགས་འཆང་རྡོ་རྗེ་འཛིན་པ་ཆེན་པོ་རིན་པོ་ཆེ་ཁྱུང་པོ་ལྷས་པའི་དྲུང་དུ་ཡོ་གའི་དཀྱིལ་འཁོར་ཆེན་པོ་རྣམས་ཀྱིས་ཐོག་དྲངས་རྒྱུད་སྡེ་འོག་མ་རྣམས་ཀྱི་བཀའ་དྭ་ལྟ་བོད་ན་རྣམ་པར་དག་པའི་དབང་གི་ཆུ་བོ་རྒྱུན་མ་ཆད་པར་ཡོད་པ་ཕལ་ཆེ་བ་ཡོངས་སུ་རྫོགས་པར་གསན་ཞིང་། བཅོམ་ལྡན་འདས་འཁོར་ལོ་བདེ་མཆོག་ལཱུ་ཨི་པ་དང་ནག་པོ་པའི་ལུགས་ལ་སོགས་པས་ཐོག་དྲངས་པའི་བླ་མེད་ཀྱི་བཀའ་ལུང་ཡང་དཔག་ཏུ་མེད་པ་གསན། ཁོང་ལ་མངའ་བའི་བཀའ་ལུང་ཕལ་ཆེར་བུམ་པ་གང་བྱོའི་ཚུལ་དུ་ཐུགས་རྒྱུད་ལ་གཏམས་པར་མཛད། དེའི་ཚེ་འབུལ་བ་ཚོགས་འཁོར་ཞབས་ཏོག་ནར་མ་སོགས་ཀྱིས་མཉེས་པར་མཛད་དོ། །

དེ་དུས་རྗེ་བཙུན་ཁྱུང་ལྷས་པའི་ཞལ་སྔ་ནས་ཀྱིས་དབང་རེ་རེ་གནང་ཚར་བའི་མཇུག་ཏུ་འདི་ང་ལ་ཡང་བླ་མ་འདི་ཞེས་བྱ་བས་དགྱེས་བཞིན་དུ་གནང་བ་ཡིན་བྱ་བ་རེ་ཅིས་ཀྱང་གསུང་ཞིང་། བཀའ་ལུང་རྣམས་རྫོགས་པ་ན། ད་ནི་ཆོས་བདག་པོ་ལ་འཕྲོད་པས་འགྲོད་པ་མེད་དོ་ཞེས་གསུང་ཞིང་། དང་པོ་བུ་སྟོན་ཐམས་ཅད་མཁྱེན་པ་དང་། བླ་མ་ཁྱུང་ལྷས་པ་གཉིས་ཀས་ཀུན་མཁྱེན་འཕགས་འོད་པའི་དྲུང་དུ་དཔལ་གསང་བ་འདུས་པ་དང་ཡོ་ག་ལ་སོགས་པའི་དཀྱིལ་འཁོར་ཆེན་པོ་རྣམས་ཀྱི་དབང་གསན་དུས་ཚོགས་འཁོར་ཞིག་གི་གྲལ་དུ། ཀུན་མཁྱེན་པའི་ཞལ་ནས། རྗེ་མར་པས་ཉི (༣༥༨ན) མ་ཤར་དུ་ཀ་ཆེན་བཙུགས་པ་དེ། །ཞེས་སོགས་ཀྱི་མགུར་མ་དེ་འདོན་པ་སྦྱོས་ནས། ཉི་མ་ཤར་དུ་ཀ་ཆེན་བཙུགས་པ་དེ། ཁྱུང་པོ་སྟོན་སྒོམ་ཁྲིད་ལ་མི་ཟེར་རམ། །ཞེས་གསུངས་པའི་ལོ་རྒྱུས་ཀྱང་གསུངས། དེ་ནི་རྗེ་བཙུན་ཁྱུང་ལྷས་པས་ཀུན་མཁྱེན་འཕགས་པ་དང་། བུ་སྟོན་ཐམས་ཅད་མཁྱེན་པ་གཉིས་ལས་སྔགས་ཀྱི་གདམས་པ་རྒྱ་མཚོ་ལྟ་བུ་བཞེས་པའི་བྱིན་རླབས་ཀྱི་བཅུད་མ་ཉམས་པར་རྗེ་རིན་པོ་ཆེ་འདི་པའི་ཕྱག་ཏུ་རྡོ་རྗེ་ཐེག་པའི་

བསྟན་པ་ཡོངས་སུ་རྫོགས་པར་འཕྲོད་ནས་ཕྱོགས་འདིར་སྐྱེ་དགུ་ཐམས་ཅད་ཀྱི་ཕན་བདེའི་རྩ་ལག་ཏུ་གྱུར་པ་འདིའི་དོན་ལ་དགོངས་པར་གསལ་ལོ། །རྗེ་རིན་པོ་ཉིད་ཀྱི་ཞལ་ནས། སྔགས་ཀྱི་དངོས་གྲུབ་ཐམས་ཅད་ཀྱི་རྩ་བ་གཙོ་བོར་བླ་མ་མཉེས་པར་བྱས་པ་འབའ་ཞིག་ལ་རག་ལས་འདུག་པས་དབང་གནང་བའི་དུས་ཐམས་ཅད་དུ་བླ་མས་མཉེས་བཞིན་དུ་གནང་བ་ཡིན་ནོ། །ཞེས་གསུངས་པ་དེ་ལ་དཔྱད་རྒྱུ་ཆེན་པོ་ཞིག་འདུག་གོ་ཞེས་གསུང་ངོ་། །

དེ་ནས་རྗེ་བཙུན་དམ་པ་ཁྱུང་པོ་ལྷས་པ་ལས་གསན་དགོས་རྣམས་ཀྱི་ཐུགས་ཐག་ལེགས་པར་ཆོད་ནས། པ་སྣམ་གྱི་ཕག་པ་རི་ན་བླ་མ་བདེ་ཆེན་པ་ཆོས་ཀྱི་དཔལ་བ་གདན་དྲངས་ནས་བཞུགས་འདུག་པའི་སྤྱན་སྔར་བྱོན། སླར་ཡང་རྡོ་རྗེ་སྙིང་འགྲེལ། ཕྱག་རྡོར་བསྟོད་འགྲེལ། ནཱ་རོ་འགྲེལ་ཆེན་ལ་སོགས་པ་དུས་འཁོར་གྱི་ཆ་ལག་མང་པོ་ཞིག་གསན་ཞིང་དཔལ་གསང་བ་འདུས་པ་ལུགས་གཉིས་ལ་བུ་སྟོན་རིན་པོ་ཆེས་ཡིག་ཆ་མཛད་པ་ཅི་ཡོད་ཀྱི་བཤད་ལུང་ལ་(༣༥༨བ)སོགས་པ་ཆོས་བཀའ་མང་དུ་གསན། དེ་ནས་ཁོང་པ་གོང་གསུམ་བདེ་ཆེན་དུ་ཐེགས། རྗེ་རིན་པོ་ཆེས་ཕག་པ་རིར་ཞ་ལུ་བའི་ཡོ་ག་བ་མཁས་པ་སྡེ་སྣོད་འཛིན་པ་ཆེན་པོ་རྒྱལ་མཚན་གྲགས་པ་སྤྱན་དྲངས་ནས་ཡོ་གའི་གར་དབྱངས་སོགས་ཕྱག་ལེན་རྣམས་ཀྱི་དག་ཐེར་ཡང་དག་མཛད། ཆོས་བཀའ་ཡང་ཅི་རིགས་པ་གསན། ཁྱད་པར་བུ་སྟོན་གྱིས་མཛད་པའི་རྡོ་རྗེ་འབྱུང་བའི་རྣམ་བཤད་ཆེན་མོ་གསན་ཞིང་། ཡོ་གའི་རྩ་རྒྱུད་དེ་ཉིད་བསྡུས་པ། བཤད་རྒྱུད་རྡོ་རྗེ་རྩེ་མོ། དཔལ་མཆོག །ངན་སོང་སྦྱོང་བའི་རྒྱུད་ལ་སོགས་པ་དང་། དེ་ཉིད་སྣང་བ། ཀོ་ས་ལའི་རྒྱན། དཔལ་མཆོག་འགྲེལ་ཆེན་ལ་སོགས་པ་རྒྱུད་དང་འགྲེལ་པ་རྒྱ་གཞུང་གི་རིགས་དཔག་ཏུ་མེད་པའི་ལུང་ཡང་གསན་ནོ། །

དེ་ནས་སྤྲེ་ལོའི་སྟོན་བླ་མ་དབུ་མ་པ་དང་ལྷན་ཅིག་ཏུ་དཔོན་སློབ་གཉིས་ཀས

དབུས་ཀྱི་དགའ་བ་གདོང་དུ་ཕྱུགས་ཕེབས། ལྷ་སར་ཇོ་བོ་རིན་པོ་ཆེའི་དྲུང་དུ་གསོལ་བ་འདེབས་པ་ལ་ཕྱིན་ནས། དཔོན་སློབ་གཉིས་ཀས་དགའ་བ་གདོང་དུ་སྐུ་མཚམས་ལེགས་པར་བཅད་ནས་བཞུགས། དེ་ཡང་སྐྱེ་རབས་མང་པོ་ནས་རྗེ་བཙུན་འཇམ་པའི་དབྱངས་ཀྱིས་རྗེས་སུ་བཟུང་སྟེ་ས་ལམ་མཐོན་པོར་ཕྱིན་ཞིང་སྐུ་ཚེ་འདིར་ཡང་འཁྲུངས་ཙམ་ཉིད་ནས་རྗེ་བཙུན་འཇམ་པའི་དབྱངས་ཀྱིས་རྗེས་སུ་བཟུང་སྟེ་གསུང་གི་གནང་བ་རྒྱུན་དུ་སྩོལ་བ་སོགས་ཡོན་ཏན་གྱི་ཚོགས་ཀྱིས་མངོན་པར་མཐོ་བའི་བླ་མ་དབུ་མ་པ་དང་ཐབས་ཅིག་ཏུ་དགའ་བ་གདོང་དུ་བཞུགས་རིང་ལའང་ཁོང་ལ་རྗེ་བཙུན་འཇམ་པའི་དབྱངས་ཀྱི་ཆོས་སྐོར་མང་དུ་(༣༥༧ན)གསན་ཞིང་། བླ་མ་དང་ཡི་དམ་ཐ་མི་དད་དུ་བྱས་པ་ལ་གསོལ་བ་དྲག་ཏུ་འདེབས་པ་དང་། ཡི་དམ་གྱི་བསྙེན་སྒྲུབ་ལ་ཤིན་ཏུ་འགྲུས་པར་མཛད། ཁྱད་པར་རྗེ་རིན་པོ་ཆེ་འདི་ནི་བསྐལ་པ་བགྲང་བ་ལས་འདས་པའི་སྔོན་རོལ་ནས་ལམ་ལ་ལེགས་པར་སྦྱངས་པའི་རིགས་ཀྱི་ནུས་པ་ཡོངས་སུ་སྨིན་པའི་དབང་གིས་གསུང་རབ་དགོངས་འགྲེལ་དང་བཅས་པ་ལ་ཐོས་བསམ་སྒོམ་པ་ཇི་སྙེད་ཅིག་མཛད་པ་ཐམས་ཅད་ལའང་ཚེ་འདིའི་རྙེད་བཀུར་དང་། སྙན་གྲགས་དང་། འཁོར་དང་འདུ་འགོད་ཕུན་སུམ་ཚོགས་པ་དང་། བདག་ཉིད་གཞན་ལས་ཁྱད་པར་འཕགས་པ་ཉིད་དུ་མཐོང་བར་གྱུར་ན་ཅི་མ་རུང་སྙམ་པ་སོགས་ཀྱི་ཀུན་སློང་གི་དྲི་ཙམ་ཡང་མ་འདྲེས་པར་སེམས་ཅན་ཐམས་ཅད་ཀྱི་དོན་དུ་རྣམ་པ་ཐམས་ཅད་མཁྱེན་པའི་ཆེད་དུ་དམིགས་པ་འབའ་ཞིག་གིས་ཐུགས་རང་དབང་མེད་པར་ཁྲོགས་པས། ཚིག་འགྲིག་འགྲིག་མོ་དང་། དོན་མཁས་པ་གཞན་གྱིས་བཤད་པ་ལས་ཁྱད་དུ་ཐོན་ཐོན་མོ་དང་། མང་པོ་ཚོགས་པའི་དབུས་སུ་རང་གི་ལུགས་རྣམ་པར་བཞག་པ་ལ་གཞན་གྱིས་བརྒལ་བར་མི་ནུས་ཤིང་། གཞན་གྱི་འདོད་པ་ཐབས་སྣ་ཚོགས་ཀྱི་སྒོ་ནས་དགག་ནུས་པ་ཙམ་གྱིས་ཐུགས་ཚིམ་པ་དང་། དེ་འདྲ་བ་ཙམ་ཞིག་ལྟར་མཛད་པའི་དྲི་ཙམ་ཡང་མི་མངའ་

ཞིང༌། བདག་ཉིད་རྒྱལ་ཞིང་ཕ་རོལ་སྨྲ་དབབ་པར་བཞེད་པ་དང༌། རང་ཉིད་མཁས་པར་རློམ་པའི་ང་རྒྱལ་གྱིས་རང་གིས་གང་ཤེས་པ་དེ་ཉིད་གཞན་ལ་གྲགས་པར་བྱ་བའི་ཆེད་དུ། འཆད་(༣༥༧བ)པའམ། རྩོད་པའམ། རྩོམ་པ་འདི་ལྟ་བུ་ཞིག་དང་པོ་ཐོས་བསམ་གཙོ་བོར་ལྷུར་མཛད་པའི་ཐོག་མ་ནས་བརྩམས་ཏེ་ཞིང་གཤེགས་པའི་བར་གང་གིས་སྐབས་སུ་འང་དུས་འདིའི་ཚེ་ཚུལ་འདི་ལྟར་མཛད་དོ་ཞེས་གཟུ་བོར་གནས་པ་སུས་ཀྱང་ལན་ཅིག་ཀྱང་དྲང་པོར་གླེང་བའི་སྐབས་མེད་པ་འདི་ནི། ཆོས་ལ་བློ་ཁ་ཙུང་ཟད་ཅིག་ཕྱོགས་པ་ཡན་ཆད་སུས་བསམས་ཀྱང་གཟུ་བོའི་བློས་བསམ་ན་ནི། རང་དབང་མེད་པ་ཉིད་དུ་དད་པ་ལྷག་པར་སྐྱེད་པའི་སྐྱེས་བུ་དམ་པའི་རྣམ་ཐར་ངོ་མཚར་བ་ཡིན་ནོ། །དེའི་ཕྱིར་གསུང་རབ་དགོངས་འགྲེལ་དང་བཅས་པའི་དོན་རྣམ་པར་གཏན་ལ་འབེབས་པ་ནའང༌། ཐར་པ་དང་ཐམས་ཅད་མཁྱེན་པར་བགྲོད་པའི་ལམ་གོང་འོག་ཐམས་ཅད་རྒྱལ་བའི་དགོངས་པ་ཇི་ལྟ་བ་དང༌། ཤིང་རྟ་ཆེན་པོ་རྣམས་ཀྱི་ལུགས་ཇི་ལྟ་བ་བཞིན་དུ་རྙེད་པ་ཞིག་ཇི་ལྟར་བྱས་ན་འོང་ཞིག་སྙམ་དུ་འདི་ཉིད་འབའ་ཞིག་ཐུགས་ལ་བཅགས་པས་དཔྱོད་པར་མཛད་ཅིང༌། དེ་ཡང་དབང་པོ་རྣོན་པོ་ཆོས་ཀྱི་རྗེས་སུ་འབྲང་བའི་རིགས་མཆོག་ཏུ་གྱུར་པས་གཞན་གྱི་ཚིག་ཙམ་ལ་བརྟེན་ནས་རྣམ་པར་དཔྱོད་པ་ལུང་ཙམ་སྐྱབས་སུ་གྱུར་པ་རྣམས་ཀྱི་ངང་ཚུལ་ནི་ངོ་བོ་ཉིད་ཀྱིས་མི་མངའ་བས། འདི་སྙམ་དུ་རྒྱལ་བའི་གསུང་རབ་འགྲེལ་པའི་མཆོག་ཏུ་ལུང་བསྟན་པའི་ཤིང་རྟའི་སྲོལ་འབྱེད་ཆེན་པོ་དག་གིས་བསྟན་པའི་རིགས་པ་ལ་བརྟེན་ནས་རྒྱལ་བའི་གསུང་རབ་ཀྱི་དྲང་ངེས་ཚུལ་བཞིན་དུ་ཕྱེ་བའི་ངེས་དོན་གྱི་གསུང་རབ་ཀྱི་དོན་ཤིན་ཏུ་ཕྲ་བའི་རིགས་པས་རྣམ་པར་དཔྱད་ཀྱང་མཐའ་གཞན་དུ་མི་(༣༥༨ན)འགྱུར་བའི་ཚུལ་གྱིས་རྙེད་པ་ཞིག །སྐྱེས་བུ་སྐོམ་པས་གདུངས་པས་བཙུང་བ་དོན་དུ་གཉེར་བ་ལྟ་བུའི་ཐུགས་ཀྱིས། ཚུལ་འདིས་གསུང་རབ་ཀྱི་དོན་འཚོལ་བ་འབའ་ཞིག་ལྷུར་མཛད་དོ། །

དེ་ཡང་རྗེ་ཉིད་ཀྱི་ཞལ་ནས། ད་ལྟ་བོད་ན་ཤེས་རབ་ཆེ་བ་གོ་བ་བཟང་བའི་མཐར་ཐུག་ཏུ་རྩི་བ་འདི་ཚོ་ལྟར་གསུང་རབ་དགོངས་འགྲེལ་དང་བཅས་པའི་བསྟན་བཅོས་ཕལ་ཆེར་ལ་བལྟས་པ་ཙམ་ནས་འདིའི་དོན་འདིར་འདུག་སྙམ་པ་འབད་མེད་དུ་ལམ་ལམ་འཆར་བ། དེ་གཞན་ལ་བསྟན་ན་གོ་བ་ཆེན་པོ་བློ་ཡུལ་དུ་བདེ་སང་སང་བ་འཆར་ཐུབ་པ་ཞིག་ང་ལ་སྣ་མོ་ནས་ཡོད་དེ། དེ་འདྲ་ལ་ཡིད་བརྟན་བྱར་མི་རུང་། རིགས་པ་ཕྲ་མོས་ལེགས་པར་དཔྱད་པ་ན་དང་པོར་ཡིན་ཡིན་འདྲ་བའི་གོ་བ་རྙེད་པ་རྣམས་ཀྱང་ཕལ་ཆེར་ཞིག་འགྲོ་བ་ཀ་མང་། དེས་ན་རིགས་པ་རྣམ་པར་དག་པ་ཕྲ་མོ་ཞིག་གིས་ལེགས་པར་དཔྱད་པའི་དཔྱད་པ་མ་རྫོགས་བར་དུ་དོན་དེར་ཁ་ཚོན་བཅད་ཀྱང་ཤབ་ཤོབ་ཏུ་འགྲོ་བ་ཡིན་ཞེས་གསུང་ངོ་། །

དེ་ཡང་དེའི་ཚེ་འཕགས་པ་ཀླུ་སྒྲུབ་ཡབ་སྲས་ཀྱི་དགོངས་པ་མཐར་ཐུག་པའི་ལྟ་བ་དང་། གསང་བ་འདུས་པའི་ལམ་རིམ་པ་ལྔ། དེའི་ནང་ནས་ཀྱང་སྒྱུ་ལུས་འདི་ཤིན་ཏུ་རྟོགས་དཀའ་བ་དང་། རྟོགས་ན་དོན་ཆེ་ཞིང་མ་རྟོགས་ན་ནི་ལོག་པར་ལྟུང་བའི་གཡང་ས་འང་ཤིན་ཏུ་ཆེ་ལ། དེ་ཁོ་ན་ཉིད་སྒོམ་པ་དང་། སྔགས་བླ་མེད་ཀྱི་ལམ་ལ་བརྟེན་ནས་སངས་རྒྱས་འཚོལ་བ་སོགས་ཚིག་ཙམ་དུ་འགྱུར་བར་དགོངས་ཏེ། འདི་དག་མགོན་པོ་ཀླུ་(༣༥༤བ)སྒྲུབ་ཡབ་སྲས་ཀྱི་དགོངས་པ་བཞིན་འཁྲུལ་མེད་དུ་སྟོན་པའི་བཤེས་གཉེན་དམ་པ་རྒྱ་བོད་བལ་གསུམ། དབུས་གཙང་ཁམས་གསུམ་སོགས་གང་ན་ཡོད་ཀྱང་དེའི་ཁུངས་ཤིག་རྙེད་ན་ནི་དེ་འཚོལ་བའི་ཕྱིར་དུ་ལུས་སྲོག་ཐེད་ལ་བོར་ནས་དཀའ་བ་ཅི་བྱུང་ཡང་དང་དུ་བླངས་ཏེ་ད་ལྟ་ཉིད་དུའང་འགྲོ་དགོས་དགོངས་པ་སྙིང་ནས་ཤུགས་དྲག་པོ་དེའི་ཚེ་ཡོད་དོ། །ཞེས་རྗེ་ཉིད་གསུང་ངོ་། །

དེའི་དུས་སུའང་བླ་མ་དབུ་མ་པས་ལོ་ཙཱ་བྱས་ནས་རྗེ་བཙུན་འཇམ་པའི་དབྱངས་ལ་དབུ་མའི་ལྟ་བ་དང་། སྔགས་མཚན་ཉིད་ཀྱི་ཁྱད་པར། སྔགས་བླ་མེད་ཀྱི་ལམ་གྱི

གནད་ཆེ་ཤོས་རྣམས་དང་། རིམ་པ་ལྔའི་གོ་རིམ་གྲངས་ངེས་སོགས་མཐའ་ཡས་པ་ཞིག་གི་དྲི་བ་དང་། དོགས་པ་ཆོད་པའི་ཆེད་དུ་བཀྲལ་ཞིང་བརྟགས་པའི་སྒོ་ནས་འདྲི་བ་ལ་སོགས་པ་འབའ་ཞིག་གཙོ་བོར་མཛད་དོ། །རྗེ་རིན་པོ་ཆེ་འདིས་དེའི་ཚེ་རྗེ་བཙུན་འཇམ་པའི་དབྱངས་ལ་ཟབ་མོ་དབུ་མའི་ལྟ་བ་སོགས་མདོ་སྔགས་ཀྱི་ལམ་གྱི་གནད་མཐར་ཐུག་པ་རྣམས་ལ་དྲི་བ་དང་བཀྲལ་བརྟག་མང་དུ་མཛད་པའི་སྐབས་སུ་རྗེ་བཙུན་འཇམ་དཔལ་དབྱངས་ཀྱིས་ཐལ་རང་གི་ཁྱད་པར། ལྷན་སྐྱེས་དང་ཀུན་བརྟགས་ཀྱི་བདག་འཛིན་གཉིས་ཀྱིས་ཇི་ལྟར་བཟུང་བ་ལྟར་གྱི་བདག་དང་། རྟགས་ཀྱི་དགག་བྱའི་ཚད་ཕྲ་རགས། ལྟ་བ་རྟོགས་པའི་ཚད། ཐལ་འགྱུར་བའི་ལྟ་བ་འདིའི་ལུགས་ཀྱི་ཀུན་རྫོབ་རྣམ་པར་འཇོག་པའི་ཚུལ་ལ་སོགས་པ་རྣམས་ཀྱི་དཔྱད་པ་ཞིབ་ཏུ་མཛད་པའི་ས་བོན་ཤིན་ཏུ་འབྲེལ་བ་རེ་དང་། སྔགས་མཚན་ཉིད་ཀྱི་ལམ་ཐུན་མོང་(༣༥༩ན)བ་དང་ཐུན་མོང་མ་ཡིན་པའི་ཁྱད་པར། དཔལ་གསང་བ་འདུས་པའི་རིམ་པ་ལྔའི་ངོ་བོ་དང་། གོ་རིམ་གྲངས་ངེས་ལ་སོགས་པ་རྣམས་ཀྱི་གནད་ཐུན་མོང་མ་ཡིན་པ་ཤིན་ཏུ་འབྲེལ་བ་རེ་གསུངས། མི་གོ་བར་འདུག་ལགས་ཞུས་པས། འདི་རྣམས་མ་བརྗེད་པ་གྱིས་ལ་ཟིན་བྲིས་སུ་གྱིས། བླ་མ་དང་ཡི་དམ་ཐ་མི་དད་དུ་བྱས་པ་ལ་གསོལ་བ་འདེབས་ཤིང་བསྙེན་སྒྲུབ་བྱེད་པ་དང་། བསག་སྦྱང་གཉིས་ལ་ལེགས་པར་འབད་པ་དང་། གཞུང་ལུགས་ཀྱི་དོན་ལ་རིགས་པས་རྣམ་པར་དཔྱོད་ཅིང་ཞིབ་ཏུ་སེམས་པ་རྣམས་སུམ་སྒྲིལ་དུ་ཉམས་སུ་ལོངས་ལ་ཆོམ་མ་སླ་བར་རྒྱུན་བསྲིངས་ལ་ལེགས་པར་དཔྱོད་ཅིག་དང་། སྐབས་སུ་བབ་ན་ངས་ས་བོན་བཏབ་པ་འདི་རྣམས་ཀྱིས་ཀྱང་རྐྱེན་བྱས་ནས་ལེགས་པར་གོ་བ་ཞིག་མྱུར་དུ་འོང་བ་འདུག་ཅེས་གསུང་ངོ་། །འཕགས་པ་ཀླུ་སྒྲུབ་ཡབ་སྲས་ཀྱི་ལུགས་ཀྱི་དབུ་མ་དང་གསང་བ་འདུས་པ་ལ་ཤེས་འདོད་ཤིན་ཏུ་ཆེ་བར་ཡོད་པས་རྒྱུད་གཙོད་པའི་བླ་མ་བོད་ན་སུ་དྲག་ཞུས་པ་ལ། རེད་མདའ་པ་ལས་དྲག་པ་མེད། འོན་ཀྱང་ཁྱོད་

ལ་མཐའ་མ་ལུས་པར་ཆོད་པའི་གོ་བ་རྫོགས་པར་བསྐྱེད་མི་ཐུབ། དབུ་མ་པས་ལོ་ཙཱ་བྱས་ནས་ངས་ཁྱོད་ལ་བཤད་ན་དེ་ཀ་དྲག་པར་འོང་ནའང་ཁོ་ཡང་མྱུར་དུ་མདོ་ཁམས་ལ་འགྲོ་དགོས་པར་སྣང་། དེས་ན་ད་ལྟ་ནས་བཤད་པ་མ་བྱེད་པར་བྱ་བྲལ་གྱིས་ལ་དབེན་པ་སྟེན། གོང་དུ་བཤད་པ་ལྟར་སུམ་སྒྲིལ་དུ་ཉམས་སུ་ལེན་པ་དང་དམིགས་རྣམ་སྐྱོང་བ་སོགས་ལ་ལེགས་པར་(༣༥༨བ)འབད་ན་རིང་པོར་མི་ཐོགས་པར་དེ་རྣམས་ཀྱི་དོན་རྟོགས་པར་འགྱུར་རོ་ཞེས་གསུང་ངོ་། །

གཞན་ཡང་ཆོས་ཀྱི་གནད་དང་གཞུང་གང་ལ་བརྟེན་ནས་འཚོལ་བ་སོགས་གསུངས་པ་ལ་ཚད་མེད། རྒྱ་གར་གྱི་པཎྜི་ཏ་མཁས་པ་རྣམས་ལའང་འགའ་ཞིག་གི་གཞུང་ལ་འཁྲུལ་མེད་རང་འབའ་ཞིག་ཏུ་གཟུང་མི་ཉན་པའི་དམིགས་བསལ་རེ་ཙམ་ཡང་བྱུང་བས། འོ་ན་འཕགས་པ་ཀླུ་སྒྲུབ་ཀྱི་དགོངས་པ་ལ་སློབ་དཔོན་ཟླ་བ་གྲགས་པ་འཁྲུལ་མེད་རང་འབའ་ཞིག་ཏུ་བཟུང་པས་ཨེ་ཆོག་ཞུས་པས། ཟླ་བ་གྲགས་པ་ནི་སྔོན་ཕྱོགས་འཇིག་རྟེན་གྱི་ཁམས་ཀྱི་ཞིང་གཅིག་གི་དེ་བཞིན་གཤེགས་པ་ཞིག་གི་ཞབས་དྲུང་ནས་བྱང་ཆུབ་སེམས་དཔའ་རྣམ་དཔྱོད་དང་སྙིང་སྟོབས་མཆོག་ཏུ་གྱུར་པ་ཞིག་ཞིང་འདིར་འཕགས་པ་ཀླུ་སྒྲུབ་ཀྱི་ལུགས་བསྟན་པའི་སྙིང་པོ་གསལ་བར་བྱ་བའི་སླད་དུ་བསམ་བཞིན་དུ་སྐྱེ་བ་བཟུང་བ་ཡིན་པས་འདི་འཕགས་པ་ཀླུ་སྒྲུབ་ཀྱི་དགོངས་པ་འགྲེལ་བ་ལ་ཐུགས་མཚན་ཉིད་གང་གི་སྐབས་སུའང་འཁྲུལ་པ་ཕྲ་མོ་ཙམ་ཡང་མེད་པས་འདི་ལ་རྣམ་པ་ཐམས་ཅད་དུ་ཡིད་ཆེས་ཀྱི་གནས་འབའ་ཞིག་ཏུ་ངེས་པར་གཟུང་དགོས་པ་ཡིན་ནོ། །ཞེས་གསུང་ངོ་། །བླ་མ་དབུ་མ་པས་རྗེ་བཙུན་འཇམ་དབྱངས་ལ་རྗེ་རིན་པོ་ཆེ་འདིའི་སྐྱེ་སྐྱེ་སྔ་ཕྱི་སོགས་ཀྱི་ཞུ་བ་མཛད་པས། རྗེ་བཙུན་གྱི་ཞལ་ནས། སྟོན་སངས་རྒྱས་འཇིག་རྟེན་ན་བཞུགས་པའི་དུས་སུ་བླ་མ་འདི་རྒྱ་གར་དུ་བྲམ་ཟེའི་ཁྱེའུ་ཞིག་ཏུ་འཁྲུངས། དེའི་ཚེ་དགེ་སློང་གི་ཆ་ལུགས་འཛིན་པའི་བྱང་ཆུབ་སེམས་དཔའ་མོས་པའི་བློ་གྲོས

ཞེས་བྱ་བ་དང་མཇལ་ནས་དེ་ཉིད་མཉེས་པར་བྱས་ཤིང་(༣༨༠ན)ཞབས་འབྲིང་དུ་འབྲང་ཆོས་མང་དུ་གསན། དེས་ཁྲིད་དེ་སྟོན་པ་ཤཱཀྱ་ཐུབ་པའི་ཞབས་དྲུང་དུ་མཇལ་ཞིང་སེམས་བསྐྱེད། དེའི་ཚེ་སྟོན་པ་ལ་ཤེལ་དཀར་པོ་དྲི་མ་མེད་པ་བརྒྱ་རྩའི་ཕྲེང་བ་ཞིག་དང་བཅས་ཕུལ་ནས་སྨོན་ལམ་བཏབ་པས་སྟོང་པ་ཉིད་ཀྱི་ལྟ་བ་ཕྱིན་ཅི་མ་ལོག་པ་རྟོགས་པའི་ས་བོན་བཞག་པ་ཡིན། ད་སྐུ་སྐྱེ་འདིའི་ཕྱི་མ་ལ་དགའ་ལྡན་དུ་རྒྱལ་བ་མ་ཕམ་པའི་ཆོས་ཀྱི་མདུན་སར་ཐེག་པ་ཆེན་པོའི་ཆོས་ཀྱི་འཁོར་པ་དཔག་ཏུ་མེད་པ་ལ་ལོངས་སྤྱོད་པར་འགྱུར་ཞིང་། མཚན་ནི་བྱང་ཆུབ་སེམས་དཔའ་འཇམ་དཔལ་སྙིང་པོ་ཞེས་བྱ་བར་འགྱུར་རོ་ཞེས་གསུངས། རྗེ་རིན་པོ་ཆེ་འདི་པ་སྐུ་སྐྱེ་ཕྱི་མ་དགའ་ལྡན་དུ་ཕེབས་པ་སོགས་ཀྱི་ལོ་རྒྱུས་མཁས་གྲུབ་ཐམས་ཅད་མཁྱེན་པས་རྗེ་རིན་པོ་ཆེ་ཉིད་ལ་ཇི་ལྟར་ལགས་ཞེས་ཞུས་པ་ན་རྗེ་རིན་པོ་ཆེའི་ཞལ་ནས་འདིའི་ཕྱི་མ་དགའ་ལྡན་དུ་འགྲོ་བ་འདི་ལ་རང་བླ་མ་དབུ་མ་པ་དང་བླ་མ་ཕྱུག་རྫོར་བ་སོགས་མང་པོ་ཞིག་ཞལ་མཐུན་པར་འདུག་ཅེས་ནང་ཐུགས་ཀྱི་སྲས་གཅིག་མཁས་གྲུབ་ཐམས་ཅད་མཁྱེན་པ་ལ་གསུངས་སོ། །དེ་དུས་རྗེ་རིན་པོ་ཆེ་རང་ཡང་ཅུང་ཟད་འཆད་ཉན་ལ་ཐུགས་བཞེད་ཆེ། བླ་མ་དབུ་མ་པ་ཡང་དེ་དང་མཐུན་པས། སྐུ་ན་ཆོད་ཤིན་ཏུ་གཞོན་ཞིང་མཁྱེན་རབ་དང་ཕན་འདོགས་ཤིན་ཏུ་ཆེ་བ་འདི་འདྲ་བ་ལ་ད་རུང་བཤད་ཉན་ངོས་མཛད་ན་བསྟན་པ་ལ་ཕན་ཐོགས་ཤིན་ཏུ་ཆེ་ཞིང་། འཆད་ཉན་འཕེལ་པོ་འདི་འདྲ་བའི་འགྲོ་ལ་བྱ་བྲལ་བྱོན་ན་ངེད་ལའང་སྐྱེ་བོ་རྣམས་ཀྱིས་ཁ་ཟེར་དུ་འོང་བས་རེ་ཞིག་འཆད་ཉན་མཛད་པས་ཆོག་པ་ཞིག་འཚལ་ཞེས་ཞུས་པས། རྗེ་(༣༨༠བ)བཙུན་གྱི་ཞལ་ནས་བསྟན་པ་དང་སེམས་ཅན་ལ་གང་ཕན་ཁྱོད་ཀྱིས་མི་ཤེས། ཁ་ཟེར་བ་ལ་བཟོད་པ་སྒོམས། དབེན་པ་བསྟེན་ནས་ཐུགས་དམ་མ་བྱས་ན་སྐུ་ཚེ་རིང་པོ་མི་འོང་། ཕན་འདོགས་ཀྱང་ལྟར་སྣང་ཞིག་ལས་མི་འོང་བས་བྱ་བྲལ་ལ་ཕྱིན་པ་འཐད་ཅེས་གསུངས་སོ། །

སྐྱིད་ཤོད་དགའ་བ་གདོང་དུ་བླ་མ་དབུ་མ་པ་དང་རྗེ་རིན་པོ་ཆེ་གཉིས་པོ་ལས་མེད་པའི་སྐུ་མཚམས་དམ་པོ་བཅད། གཉིས་པོའང་གཟིམ་ཁང་སོ་སོར་བྱས་ནས་གསོལ་ཇ་སོགས་ལ་འཚོག་པར་མཛད་ཅིང་། གསོལ་ཇ་བཞེས་པའི་སྐབས་སུའང་བླ་མ་དབུ་མ་པས་ལོ་ཙྪ་མཛད་ནས་རྗེ་བཙུན་འཇམ་པའི་དབྱངས་ལ་ཆོས་མང་དུ་གསན་ཞིང་དྲི་བ་དཔག་ཏུ་མེད་པ་མཛད། དེ་དུས་ཐོག་མར་བླ་མ་དབུ་མ་པ་ལ་རྗེ་བཙུན་གྱིས་གནང་བའི་ཞི་གནས་ཀྱི་དམིགས་པ་གསན་ནས་སྒོམ་གྱིན་ཡོད་པ་ལ། ད་ཞག་རང་འདི་ལས་ཀྱང་རྗེ་བཙུན་འཇམ་པའི་དབྱངས་ཉིད་ལ་གསོལ་བ་བཏབ་ཅིང་བསྙེན་བསྒྲུབ་བྱས་ན་དེ་ངོས་དོན་ཆེ་བ་འདྲ་དགོངས་ནས་བླ་མ་དབུ་མ་པ་ལ་དེ་ལྟར་ཞུས་པས་དེ་བཞིན་མཛད་པས་ཆོག་ཅེས་གསུངས་ནས། ཉིན་མཚན་དུ་བླ་མ་དང་རྗེ་བཙུན་ཐ་མི་དད་དུ་བྱས་པ་ལ་གསོལ་བ་བཏབ་ཅིང་བསྙེན་བསྒྲུབ་མཛད་པས། ཞག་མང་པོ་མ་སོང་བ་ལ་ཉིན་གཅིག་དཀྱིལ་གྱི་ལྟེ་བའི་རྒྱུ་ཁྱིམ་འཚམས་པ་ཞིག་ཁ་དོག་རྒྱ་མཐིང་བཟང་པོས་ལེགས་པར་སྦྱགས་པ་འདྲ་བ་ལ། ཤིན་ཏུ་དྭངས་པ་བལྟ་བས་ཆོག་མི་ཤེས་པ་ཞིག་གི་དབྱིབས་ཤིན་ཏུ་ཟླུམ་པོར་འདུག་པའི་མཐའ་ཐམས་ཅད་འོད་ཟེར་ཁ་དོག་སྣ་ལྔ་པ་འཇའ་ཚོན་ལྟ་བུའི་དྲ་བས་འཁྲིགས་པའི་དབུས་ཀྱི་ལྟེ་བ་སྔོན་པོ་དེའི་རྒྱུ་ཁྱིམ་དང་འཚམ་པར། རྡོ་རྗེའི་སྐྱིལ་ཀྲུང་གིས་(༣༥༡ན)བཞུགས་པའི་རྗེ་བཙུན་འཇམ་པའི་དབྱངས་ཨ་ར་པ་ཙ་ན་གུར་གུམ་མདོག་ཅན་བལྟ་བས་ཆོག་མི་ཤེས་པ་ཞིག་གི་སྐུའི་སྣང་བ་དངོས་སུ་གཟིགས། དབུ་མ་པ་ལ་མ་ཞུས་ཀྱང་བླ་མ་དབུ་མ་པས་ཁྱེད་རང་ལའང་སྐུའི་སྣང་བ་ཡོད་པ་འདྲ་གསུངས་ནས་ཐིག་བྱུང་། དེ་འདྲ་བའི་སྐུའི་སྣང་བ་དེ་ནམ་འདོད་རེས་ཀྱི་གསོལ་བ་བཏབ་པའི་དུས་ཕལ་ཆེར་དངོས་སུ་ནར་མར་འབྱུང་བ་ཞིག་དེ་ནས་བརྒམས་ཏེ་དུས་རྟག་ཏུ་ཡོད་ཅེས་ནང་ཐུགས་ཀྱི་སྲས་གཅིག་མཁས་གྲུབ་སྨྲ་བའི་ཉི་མ་ལ་ཤིན་ཏུ་གསང་བར་བྱས་ཏེ་གསུངས། དེ་ཡང་རྗེ་རིན་པོ་ཆེ་འདིས་རྗེ་བཙུན་འཇམ་པའི

དབྱངས་དཔའ་གཅིག་དང་། བླ་མེད་ལ་སོགས་པ་རྣམས་དང་། བཀའ་སྟོད་གཤིན་རྗེ་ཆོས་ཀྱི་རྒྱལ་པོ་ཕྱི་ནང་གསང་གསུམ་ལ་སོགས་པ་རྣམས་ཀྱི་རྗེས་གནང་དང་བྱིན་རླབས། ཧིང་དེ་འཛིན་གྱི་དབང་བཞི་སོགས་ནི། རྗེ་བཙུན་འཇམ་པའི་དབྱངས་རང་ཉིད་ལ་གསན་ལ། དེ་ཡང་དཔའ་གཅིག་གི་རྗེས་གནང་མཛད་པའི་རིང་ལ་རྗེ་བཙུན་ཡང་དཔའ་བོ་གཅིག་པ་རང་གི་སྐུའི་རྣམ་པར་ཡོད་པ་ལ་ནང་སྒྲུབ་དང་། གསང་སྒྲུབ་སོགས་ཀྱི་དབང་མཛད་པའི་ཚེ་དཔའ་བོ་གཅིག་པ་དེ། དེ་མ་ཐག་ཡབ་ཡུམ་ཞལ་སྦྱོར་གྱི་རྣམ་པར་འགྱུར་འགྲོ་བ་དང་། ཆོས་སྐྱོང་གི་རྗེས་གནང་མཛད་པའི་སྐབས་སུ། དེ་མ་ཐག་བཅོམ་ལྡན་འདས་རྡོ་རྗེ་འཇིགས་བྱེད་ཀྱི་རྣམ་པར་འགྱུར་ནས་གཤིན་རྗེ་ཆོས་ཀྱི་རྒྱལ་པོ་ལ་བཀའ་བསྒོ་བར་མཛད་པ་ལ་སོགས་པ་དེ་འདྲ་བའི་རྣམ་འཕྲུལ་ངོ་མཚར་བ་སྟོན་པར་མཛད་པར་གསུངས། དེ་ནས་རྗེ་བཙུན་འཇམ་པའི་དབྱངས་ཀྱི་བླ་མ་དབུ་མ་པ་ལ་གནང་བའི་ལས་(༣༥༡བ)ཚོགས་དང་། དམིགས་པ་སྐྱོང་བའི་རིམ་པ་སོགས་མང་པོ་ཞིག་གི་ལུང་ནི་བླ་མ་དབུ་མ་པ་ཉིད་ལ་གསན་ནོ། །དེ་ནས་སྒྲུབ་པ་ལ་འབྱོན་པའི་ཐུགས་ཐག་བཅད། འཁོར་ཧེ་ལྷ་བུ་འབྲིད་རྗེ་བཙུན་ལ་ཞུས་པས་བླ་མ་འཇམ་དཔལ་རྒྱ་མཚོ་བ་སོགས་མདོ་ཁམས་པ་བཞི་དང་། དབུས་པ་བཞི་སྟེ་བརྒྱད་པོ་དེ་འབྲིད་པའི་གནང་བ་བྱུང་། དེ་ནས་བླ་མ་དབུ་མ་པ་ལ་མདོ་ཁམས་ལ་འབྱོན་པའི་སྐྱེལ་མ་ལ་ལྷ་སར་བྱོན་དུས་དེ་དཔོན་སློབ་རེ་ཞིག་མི་མཇལ་བས་གནས་བྱིན་རླབས་ཅན་འདིར་རྗེ་བཙུན་འཇམ་པའི་དབྱངས་ལ་གསོལ་བ་བཏབ། ཉམས་ལེན་གྱི་གནད་བསྡུས་པའི་གདམས་པ་ཞིག་ཞུས་པ་དྲག་ཅེས་བཀའ་བགྲོས་ནས། ལྷ་སའི་ཐོག་སྟེང་མ་རང་གི་ལྷོ་ཕྱོགས་ཀྱི་གསེར་ཕུབ་ཀྱི་བྱ་འདབས་འོག་དེར་མཆོད་པ་བཤམས། གསོལ་བ་དྲག་ཏུ་བཏབ་པས་རྗེ་བཙུན་འཇམ་པའི་དབྱངས་ཀྱིས་ཉམས་ལེན་གྱི་གནད་བསྡུས་པའི་ཚིགས་སུ་བཅད་པ་འགའ་ཞིག་གསུངས། རྗེ་བླ་མ་འདིས་དེ་ཀའི་དུས་སུ་གསུང་རིམ་བཞིན་

ཡི་གེར་འགོད་པར་མཛད་དོ། །དེའི་དུས་སུ་རྗེ་བཙུན་འཇམ་པའི་དབྱངས་ཀྱིས་གསུངས་པའི་མན་ངག་གི་རྩ་ཚིག་ཡི་གེར་འགོད་པར་མཛད་པ་ནི་བཀའ་འབུམ་ཐོར་བུར་གསལ་བ་ལྟར་རོ། །གཞན་ཡང་གསུང་རབ་ཀྱི་གནད་དང་། དཔྱོད་པ་མཛད་པའི་སྒོ་བསྟན་པ་ལ་ཚད་མེད་དོ། །

དེའི་ཚེ་གཞན་ཡང་རྗེ་བཙུན་འཇམ་པའི་དབྱངས་ཀྱི་ཞལ་ནས། ད་ཕྱིན་ཆད་བླ་མ་དང་ཡི་དམ་ཐ་མི་དད་དུ་བྱས་པ་ལ་གསོལ་བ་འདེབས་པ། སྔར་བསགས་ཀྱི་སྡིག་ལྟུང་སྦྱོང་ཞིང་ཚོགས་རྒྱ་ཆེན་པོ་གོང་ནས་གོང་དུ་སྤེལ་བའི་བསག་སྦྱང་ལ་འབད་པ། ཤིང་རྟ་ཆེན་པོ་རྣམས་ཀྱི་(༣༨༢ན)རིགས་པ་ལ་བརྟེན་ནས་མདོ་རྒྱུད་དགོངས་འགྲེལ་དང་བཅས་པའི་དོན་ལ་ཞིབ་ཏུ་དཔྱོད་པ་སུམ་སྒྲིལ་དུ་གྱིས་ལ་རྒྱུན་མ་ཆད་པར་ཉམས་སུ་ལོངས་དང་། རིང་པོ་མི་ཐོགས་པར་ལྟ་བའི་གནད་མཐར་ཐུག་པ་དང་མདོ་རྒྱུད་ཀྱི་དོན་མཐའ་དག་ལ་མི་འཁྲུལ་བའི་ངེས་པ་རྙེད་པར་འགྱུར། ད་ལྟ་ནས་བཤད་པ་བྱས་ཀྱང་ཕན་ཐོགས་ལྟར་སྣང་ལས་མི་འོང་བས་རེ་ཤིག་བྱ་བྲལ་བྱས། དབེན་པ་བསྟེན་ནས་སྒྲུབ་པ་སྙིང་པོར་གྱིས་ཤིག་ཅེས་གསུངས་ཤིང་། དམུ་རྒོད་གདུལ་དཀའི་སེམས་ཅན་འདི་རྣམས་ལ། །བཤད་པས་ཕན་ཐོགས་ཆེན་པོ་ག་ལ་འགྱུར། །དེ་བས་སྒྲུབ་པ་ལྷུར་བླངས་དབེན་པ་སྟེན། །རང་གཞན་གཉིས་ཀ་འཚོངས་པའི་ལམ་རྙེད་སྨྲ། །ཞེས་ནན་ཏན་དུ་གདམས་ཤིང་བསྐུལ་བར་མཛད་དོ། །དེ་ལྟར་བསྐུལ་བ་དང་། རྗེ་འདི་ཉིད་ཀྱིས་ཀྱང་ཚུལ་དེ་ལེགས་པར་དགོངས་ནས་བྱ་བྲལ་མཛད་ཅིང་། དབེན་པ་བསྟེན་ནས་སྒྲུབ་པ་སྙིང་པོར་མཛད་པ་ལ་ཐུགས་ཐག་བཅད་དོ། །དེ་ནས་བླ་མ་དབུ་མ་པ་དེ་གའི་སྔོན་མདོ་ཁམས་ལ་འབྱོན་པར་ཆས། རྗེའི་ཞལ་སྔ་ནས་ཀྱང་ལྷ་སར་སྐྱེལ་མ་ལ་བྱོན། དཔོན་སློབ་གཉིས་ཀས་གསོལ་བ་དྲག་ཏུ་བཏབ། ལྷ་སའི་སྒོ་ཁང་སྟེང་གི་གཙུག་ལག་ཁང་དུ། བླ་མ་དབུ་མ་པ་ལ་རྗེ་འདིས་དཔལ་གསང་བ་འདུས་པ་མི་བསྐྱོད་པའི་དབང་

བཞི་རྫོགས་པར་གནང་། དེ་ནས་རྗེ་རིན་པོ་ཆེས་སྐྱོར་མོ་ལུང་དུ་ཕེབས། སྟོན་མཇུག་དེ་ཆོས་མང་དུ་གསུངས། དགུན་ལ་ཉེ་བ་སྤྲེའུའི་ལོ་ཟླ་བ་བཅུ་པ་ལ་བབ་པ། དགུང་ལོ་སུམ་ཅུ་རྩ་དྲུག་པ་ལ་སྐྱོར་མོ་ལུང་(༣༤༢བ)ནས་ཕྱུགས་བདེག །སློབ་དཔོན་རིན་པོ་ཆེ་འཇམ་དཀར་བ་ཞེས་གྲགས་པ་དཔལ་ལྡན་བཟང་པོ་དང་། རྟོགས་ལྡན་བྱང་སེང་བ། གནས་བརྟན་རིན་ཆེན་རྒྱལ་མཚན་པ། གནས་བརྟན་བཟང་སྐྱོང་བ་སྟེ་དབུས་པ་བཞི། བླ་མ་རྟོགས་ལྡན་འཇམ་དཔལ་རྒྱ་མཚོ་བ། དགེ་བཤེས་ཤེས་རབ་གྲགས། དགེ་བཤེས་འཇམ་དཔལ་བཀྲ་ཤིས། དགེ་བཤེས་དཔལ་སྐྱོང་སྟེ་མདོ་སྨད་པ་བཞི་དང་བཅས་པ་ཕྱུགས་ཕྱིར་ཁྲིད། དེ་གོང་ནས། གཞིས་ཁ་སྣེའུ་རྫོང་པས་ཞབས་ཏོག་ལེགས་པོ་མཛད་ཀྱིན་ཡོད་ཅིང་། དེ་དུས་ཀུང་ཁོང་གིས་ཞབས་ཏོག་བསྒྲུབས་ཏེ་དཔོན་སློབ་དགུས་གཞུང་གོ་མཛད་ནས་བྱ་བྲལ་ལ་བྱོན་ཏེ་འོལ་ཁར་ཕེབས། དེའི་དགུན་དཔྱིད་རྣམས་འོལ་ཁ་ཆོས་ལུང་དུ་བཞུགས་ཤིང་། དེ་ནས་བཟུང་སྟེ་འོལ་ཁ་བ་ཡབ་སྲས་རྣམས་ཀྱིས་དད་པ་ཆེན་པོས་སྦྱིན་བདག་མཛད་དེ་ཞབས་ཏོག་ཕུན་སུམ་ཚོགས་པ་བསྒྲུབས། འོལ་ཁ་ཆོས་ལུང་དུ་བཞུགས་རིང་ལ་ཡང་ཐོག་མར་བསག་སྦྱང་གནད་ཆེ་བར་དགོངས་ཏེ་དཔོན་སློབ་ཐམས་ཅད་ཀྱིས་སྟོབས་བཞི་ཚང་བའི་བསག་སྦྱང་ལ་ཤིན་ཏུ་འགྲུས་པར་མཛད། རྗེ་རིན་པོ་ཆེ་ཉིད་ཀྱིས་ཀུང་ལྟུང་བཤགས་བརྒྱ་ཕྲག་དང་བཅས་པ་དང་། ཕྱག་སོར་གྱི་རྩེ་མོ་རྣམས་སེར་ཁར་སོང་གི་བར་དུ་མཎྜལ་འབུལ་བ་སོགས་ལ་དཔག་པར་དཀའ་བའི་བརྩོན་པ་དྲག་པོ་མཛད་ཅིང་། དགེ་བའི་བཤེས་གཉེན་གྲོ་ལུང་པ་ཆེན་པོའི་གསུང་ལས། མདོ་སངས་རྒྱས་ཕལ་པོ་ཆེ་འདི་མ་འགྱུར་ན་བོད་ཀྱི་བྱང་ཆུབ་སེམས་དཔའ་རྣམས་སྤྱོད་པ་ལ་སློབ་ཚུལ་ཇི་ལྟར་བྱེད་དམ་ཞེས་འབྱུང་(༣༤༣ན)བ་ལྟར་དུ། སངས་རྒྱས་ཕལ་པོ་ཆེ་ལ་སོགས་པ་བྱང་ཆུབ་སེམས་དཔའི་སྤྱོད་པ་རླབས་པོ་ཆེ་རྣམས་སྟོན་པའི་མདོ་སྡེ་རྣམས་ལ་གཟིགས་རྟོག་ཞིབ་པར་མཛད་དེ་ཐེག་པ་ཆེན་

པོའི་རིགས་ཀྱི་ནུས་པ་ཡོངས་སུ་རྒྱས་པར་བྱེད་པའི་ཐབས་རྨད་དུ་བྱུང་བ་བྱང་ཆུབ་སེམས་དཔའི་སྙིང་སྟོབས་དཔག་པར་དཀའ་བས་རྒྱལ་སྲས་ཀྱི་སྤྱོད་པ་རླབས་ཤིན་ཏུ་ཆེ་ཞིང་རྣམ་པ་མཐའ་ཡས་པ་རྣམས་ལ་སྔར་གྱི་བྱང་ཆུབ་སེམས་དཔའ་ཆེན་པོ་རྣམས་ཀྱིས་བསླབས་ཤིང་། ད་ལྟ་དང་མ་འོངས་པའི་བྱང་ཆུབ་སེམས་དཔའ་ཆེན་པོ་རྣམས་ཀྱིས་སློབ་པ་དང་། སློབ་པར་འགྱུར་བའི་ཚུལ་མདོ་སྡེ་མཐའ་ཡས་པ་ནས་གསུངས་པ་དེ་རྣམས་ལ། བདག་ཉིད་ཀྱང་ད་ལྟ་ནས་དེ་ལྟ་བུའི་ཚུལ་ལ་འཇུག་པ་ལ་ཞུམ་པ་གཏན་མི་སྐྱེ་ཞིང་། སྤྲོ་དགའ་ཤུགས་དྲག་པོས་འཇུག་པར་བྱ་བའི་ཆེད་དུ་མདོ་སྡེ་ནས་འབྱུང་བའི་རྒྱལ་སྲས་ཀྱི་སྙིང་སྟོབས་དང་སྤྱོད་པ་གང་རླབས་ཆེ་ཆེ་རྣམས་ལ་རེ་རེ་ནས་དམིགས་ཕུག་གིན་ཐུགས་སྦྱོང་བའི་དམིགས་རྣམ་ནར་མར་བསྐྱེན་པས་དང་པོ་ཞིག་ཙུང་དཀའ་ཙམ་བྱུང་ཡང་། ཕྱིས་ལེགས་པར་གོམས་ནས་འབད་རྩོལ་མི་དགོས་པར་རང་ཤུགས་ཀྱིས་རྒྱལ་སྲས་ཀྱི་སྙིང་སྟོབས་དང་སྤྱོད་པ་རྨད་དུ་བྱུང་བ་ཇི་འདྲའི་དཔག་དཀའ་བ་ཞིག་ལའང་ཞུམ་པ་ནམ་ཡང་མི་སྐྱེ་ཞིང་། སྤྲོ་དགའ་ཤུགས་དྲག་པོས་དང་གིས་འཇུག་པ་ཞིག་བྱུང་ཞེས་རྗེ་ཐམས་ཅད་མཁྱེན་པ་ཉིད་ཀྱིས་ནང་ཐུགས་ཀྱི་སྲས་གཅིག་མཁས་གྲུབ་སྨྲ་བའི་ཉི་མ་ལ་གསུངས་སོ། །དེ་ལྟར་འོལ་ཁ་ཆོས་ལུང་དུ་(༣༤༣བ)རྗེ་རིན་པོ་ཆེ་འཁོར་དག་པ་རྣམ་བརྒྱད་དང་བཅས་པས་བསག་སྦྱང་རླབས་ཆེན་པོ་ལ་འབད་པའི་ཚེ་རྗེ་འདིས་ལྟུང་བཤགས་དང་བརྒྱ་ཕྱག་སྦྲགས་ནས་མཛད་རེས་ཀྱི། སངས་རྒྱས་སུམ་ཅུ་རྩ་ལྔའི་སྐུའི་སྣང་བ་དངོས་སུ་གཟིགས་པ་ནར་མར་བྱུང་། དེའི་ཚེ་རྗེ་བཙུན་བྱམས་པ་མགོན་པོ་སྐུ་གསེར་བཙོ་མའི་ཁ་དོག་ལྟ་བུ་ལ་རིན་པོ་ཆེའི་རྒྱན་དང་ཆོས་འཆད་ཀྱི་ཕྱག་རྒྱས་མེ་ཏོག་གི་སྡོང་བུ་བསྣམས་པ། རིན་པོ་ཆེའི་ཁྲི་ལ་སྐྱིལ་ཀྲུང་གིས་བཞུགས་པ་དེ་འདྲ་བའི་སྐུ་ཤིན་ཏུ་ཆེ་བ་དང་། རྒྱལ་བ་སྨན་གྱི་བླ་བླ་གོས་སེར་པོ་མནབས་པ་དང་། རྗེ་བཙུན་བྱམས་མགོན་བཟང་པོའི་འདུག་སྟངས་མཛད་པ་རབ་བྱུང་གི་ཆ་བྱད་

ཅན་སྣམ་སྦྱར་གསོལ་བ་ཕྱག་གིས་ཀླུ་ཤིང་གི་སྡོང་བུ་རིལ་པས་མཚན་པ་འཛིན་པ་དེ་འདྲ་བ་དང་། གཞན་ཡང་རྒྱལ་བ་ཚེ་དཔག་ཏུ་མེད་པ་སོགས་སངས་རྒྱས་བྱང་སེམས་མང་པོའི་སྐུའི་སྣང་བ་གཟིགས་པ་མང་དུ་བྱུང་། འདི་རྣམས་ཉམས་སྣང་ཡིན་པས་ངེས་པ་ཆེར་མེད་དགོངས་ནས་དེ་ཙམ་དུ་ཆེད་ཆེར་མ་མཛད་ནའང་། བླ་མ་རྟོགས་ལྡན་འཇམ་དཔལ་རྒྱ་མཚོ་བ་ལ་རྗེ་བཙུན་གྱི་སྐུ་དང་གསུང་གི་སྣང་བ་དངོས་སུ་བྱུང་བ་འཁྲུལ་མེད་ཅིག་ཡོད་པས། ཁོང་ལ་རྗེ་བཙུན་འཇམ་དཔལ་དབྱངས་ཀྱིས་གསུང་ནས་རྗེ་ལ་གཟིགས་སྣང་བྱུང་བ་དེ་རྣམས་ཉམས་སྣང་རང་དགའ་བ་མིན་པས་གསོལ་བ་དྲག་ཏུ་ཐོབ། ཕྱིས་རྟེན་འབྲེལ་ཁྱད་པར་ཅན་ཡོད་པ་ཡིན་གསུང་བ་བྱུང་འདུག་གསུང་ངོ་། །རྟོགས་ལྡན་པའི་སྣང་བ་དེ་ལའང་རྗེའི་དྲུང་ནས་བརྟག་དཔྱད་མང་དུ་མཛད་ཅིང་། ཆོས་ཀྱི་གནད་ཟབ་མོ་དྲིས་པ་(༣༤༩ན)རྣམས་ཐལ་ཆེར་འཕྱུག་མེད་དུ་འོང་བར་འདུག་པས་ཐུགས་ལེགས་པར་ཆེས་སོ། །དེ་ནས་རྗེ་རིན་པོ་ཆེ་འཁོར་བཅས་ཀྱིས་རྫིང་ཕྱིའི་ཇོ་བོ་བྱམས་པ་མཇལ། མཆོད་པ་དང་སྨོན་ལམ་རླབས་པོ་ཆེ་མང་དུ་མཛད། དེ་ནས་དྭགས་པོ་སྨན་ལུང་གི་རྒྱ་སོག་ཕུར་བྱོན་དགུན་གྱི་རིང་དེར་བཞུགས་ཐུགས་དམ་ཤིན་ཏུ་འཕེལ་ཞིང་ཡོན་ཏན་གྱི་ཁྱད་པར་བསམ་གྱིས་མི་ཁྱབ་པ་མང་དུ་བརྙེས་ཏེ་དེ་དུས་རྗེ་བཙུན་འཇམ་པའི་དབྱངས་ཀྱི་སྐུ་ཤིན་ཏུ་ཆེ་བ་གཟི་བརྗིད་ཕུན་སུམ་ཚོགས་པ་ཞིག་ལ་སངས་རྒྱས་དང་བྱང་ཆུབ་སེམས་དཔའ་དཔག་ཏུ་མེད་པའི་འཁོར་གྱིས་བསྐོར་བ་དང་། འཕགས་པ་ཀླུ་སྒྲུབ། ཨཱརྻ་དེ་བ། སངས་རྒྱས་བསྐྱངས། ཀླུ་བྱང་། ཟླ་བ་གྲགས་པ། ཐོགས་མེད་སྐུ་མཆེད། ཕྱོགས་གླང་། ཆོས་གྲགས། ཡོན་ཏན་འོད་དང་ཤཱཀྱ་འོད། ལྷ་དབང་བློ། རྒྱན་མཁན་པོ། ཀ་མ་ལ་ཤཱི་ལ། ཨ་བྷ་ཡ་ལ་སོགས་པའི་པཎྜི་ཏ་དུ་མ་དང་། རྒྱལ་པོ་ཨིནྡྲ་བོ་དྷི། བྲམ་ཟེ་ཆེན་པོ་ས་ར་ཧ། ལཱུ་ཨི་པ། དྲིལ་བུ་བ། ནག་པོ་སྤྱོད་པ་ལ་སོགས་པའི་གྲུབ་ཆེན་དུ་མའི་སྐུའི་སྣང་བ་དངོས་སུ་གཟིགས། ཉམས་སྣང་ལ་གཏད་པ་མེད་

ལས་ཆེ་དགོངས་པས། རྗེ་བཙུན་འཇམ་པའི་དབྱངས་ཀྱིས་སྔར་བཞིན་ཉམས་སྣང་རང་དགའ་བ་མིན་པས་གསོལ་བ་དྲག་ཏུ་ཐོབ། འདི་རྣམས་ཀྱི་གཞུང་ལ་བརྟེན་ནས་རང་གཞན་ལ་ཕན་ཐོགས་རྒྱ་ཆེན་པོ་འོང་བའི་རྟེན་འབྲེལ་ཡིན། ཞེས་གསུང་ངོ་། །

དེའི་ཚེ་བཅོམ་ལྡན་འདས་རྡོ་རྗེ་འཇིགས་བྱེད་ཀྱི་སྐུ་ཞལ་ཕྱག་ཡོངས་སུ་རྫོགས་པ་ཤིན་ཏུ་ཆེ་བ་གཟི་བརྗིད་བཟོད་པར་དཀའ་བ་ཞིག་ཞལ་གཟིགས། དེ་(༣༨༩བ)དུས་ནས་འཇིགས་བྱེད་ཀྱི་བདག་འཇུག་ཉིན་རེ་བཞིན་མཛད་པ་ནམ་ཡང་འཆག་མེད་དུ་མཛད་དོ། །ཡང་དེར་སྔར་དང་འདྲ་བའི་རྗེ་བཙུན་འཇམ་པའི་དབྱངས་ཀྱི་སྐུའི་སྣང་བ་དངོས་སུ་གཟིགས་པའི་ཐུགས་ཀའི་ནང་ན་ཕར་རོལ་ཕྱིའི་ཡུ་བ་ཟུག་ཅིང་རྗེའི་ཐུགས་ཀར་རྩེ་མོ་ཟུག་པ་ལ། བདུད་རྩིའི་རྒྱུན་ཁ་དོག་དཀར་སེར་ཤིན་ཏུ་སྣུམ་པ་འོད་ཀྱི་རྒྱུ་རྒྱུན་འདྲ་བ་ཞིག་རྗེ་བཙུན་གྱི་ཐུགས་ཀ་ནས་རལ་གྲིའི་སྟེང་ལ་བརྒྱུད་དེ་ནར་རེ་བྱུང་ནས་རྗེའི་ཐུགས་ཀར་ཞུགས་པས་སྐུའི་ནང་ཐམས་ཅད་བདེ་བ་ཆེན་པོ་དཔག་ཏུ་མེད་པས་གང་བ་བརྗོད་པར་མི་ནུས་པ་ཞིག་འབྱུང་། དེ་དུས་ངོ་མཁྱེན་པ་དང་མི་མཁྱེན་པའི་འཁོར་དུ་མ་ཁ་གདངས་ནས་བཞེད་འདུག་པས། འགའ་ཞིག་གི་ཁར་མང་དུ་འགྲོ་ཞིང་། འགའ་ཞིག་གི་ཁར་ཉུང་ཟད་རེ་དང་། འགའ་ཞིག་གིས་ཁ་གདངས་ཀྱང་ཅུང་ཟད་ཀྱང་མི་འགྲོ་བ་དེ་འདྲའང་འདུག་གསུང་ངོ་། །མདོར་ན་གནས་དེར་དེ་འདྲ་བའི་དག་པའི་སྣང་བ་དང་ཐུགས་རྒྱུད་ལ་མངོན་པར་རྟོགས་པའི་ཡོན་ཏན་དཔག་ཏུ་མེད་པ་ཞིག་འབྱུངས་སོ། །དེ་ནས་རྗེ་བཙུན་འཇམ་པའི་དབྱངས་ཀྱིས་རྫིང་ཕྱིའི་གཙུག་ལག་ཁང་ལ་ཞིག་གསོ་མཛད་ན་བསྟན་པར་ཕན་ཆེ་ཞེས་བསྐུལ་བ་ལ་བརྟེན་ནས་རྫིང་ཕྱིའི་གཙུག་ལག་ཁང་ལ་ཞིག་གསོ་མཛད་པར་བརྩམས་སོ། །

དེ་ཡང་རྫིང་ཕྱིའི་གཙུག་ལག་ཁང་དེ་སྔོན་གར་མི་ཡོན་ཏན་གཡུང་དྲུང་གིས་བཞེངས་པ། རྗོ་བོ་བྱམས་པའི་སྐུ་ལི་ཁྲ་མི་ཚད་ལྷག་ཙམ་ཤིན་ཏུ་བྱིན་རླབས་ཆེ་ཞིང་ངོ་

མཚར་བ་བཞུགས་པ་ཕྱུལ་དུ་བྱུང་བ་ཞིག་འདུག་ནའང་། ཕྱིས་ལྷ་རིས་ཐམས་ཅད་ཉམས་ཤིང་གོགས། རྗེ་བོའི་སྐུ་དེ་(༣༧༥(ན)ཡང་རྡུལ་ཁྲོད་ན་འོ་བརྒྱལ་ཞིང་། སྐུ་ལ་བྱ་ཐལ་སོགས་མི་གཙང་བས་གོས་པར་གྱུར་པ་གཟིགས་པས་ཐུགས་ཀྱིས་མ་བཟོད་པར་སྤྱན་ཆབ་བྱུང་ཞིང་། དེའི་ཞིག་གསོས་མཛད་པར་དགོངས་ནས་འོལ་ཁ་སྟག་རྩེ་བ་ལ་ཞལ་ཏ་གནང་སྟེ། རྩིག་པ་དང་ཐོག་དང་ཞལ་བ་སོགས་འཆོས་དགོས་རྣམས་ཁོང་གིས་ལེགས་པར་བསྒྲུབས་ཤིང་། དེ་ནས་ལྷེབས་བྲིས་རྣམས་དཔོན་སློབ་རྣམས་རང་གིས་ཆ་རྐྱེན་དང་ཞལ་ཏ་མཛད་ནས་སྒྲུབ་པར་བརྩམས་པའི་ཚེ། དཔོན་སློབ་བཅུ་གཉིས་ཡོད་པའི་ཕྱག་རྫས་གཏོར་ཆ་སོགས་གང་ཡོད་ལ་རིན་བཏབ་པས་ཞོ་བཅུ་གཉིས་ལས་མ་བྱུང་བས་ཇི་ལྟར་མཛད་ཀྱི་ཇོ་མ་ཐོགས་པ་ལ། རྣམ་སྲས་ཀྱི་འཛིན་གཏོར་ཞིག་བཅས་ནས་འཕྲིན་ལས་འཚོལ་བར་དགོངས་པའི་ཚེ་མར་མེད་པ་ལ་བཙུན་པ་ཞིག་གིས་མར་གྲོད་བུ་གང་ཕུལ། དེ་ལ་མར་གྱི་འཛིན་གཏོར་བཅས་ནས་འཕྲིན་ལས་བཅོལ་བས་དེའི་སང་ཉིན་རང་ལ་འགྲོག་པ་འགས་མར་ཐུད་མང་པོ་བཀལ་བྱུང་སྟེ་ཕུལ། དེ་ནས་བཟུང་སྟེ་འབུལ་བ་མང་པོ་རིམ་པ་བཞིན་བྱུང་བས་ཡོ་བྱད་ཀྱིས་མ་འཐོགས། འདི་ར་མ་ཟད་ཆོས་ལྡན་གྱི་དགོས་པ་ཁྱད་པར་ཅན་གཟིགས་པའི་སྐབས་གཞན་དུའང་རྣམ་སྲས་ལ་མར་གྱི་གཏོར་མ་དང་བཅས་ཏེ་འཕྲིན་ལས་བཅོལ་བས་ཡོ་བྱད་དཔག་ཏུ་མེད་པ་གློ་བུར་དུ་བྱུང་བའི་ལོ་རྒྱུས་མང་དུ་ཡོད་དོ། །དེ་ནས་ཡར་གླུངས་ཕྱོགས་ནས་ཀྱང་ལྷ་བཟོ་བ་ཆོན་རྩེ་ཁྱེར་ནས་རི་མོའི་དད་བླངས་ལ་འོངས་པའང་མང་དུ་བྱུང་ངོ་། །

དེ་ནས་རྗེ་བཙུན་འཇམ་པའི་དབྱངས་ཀྱིས་རྗེ་བཙུན་བྱམས་མགོན་གྱི་བསྟོད་པ་(༣༧༥(བ)རིན་ཆེན་གསལ་བའི་སྒྲོན་མེ་ཞེས་བྱ་བ་རྗེ་བཙུན་བྱམས་མགོན་ལ་ཕྱོགས་བཅུའི་སངས་རྒྱས་ཐམས་ཅད་ཀྱིས་འོད་ཟེར་ཆེན་པོའི་དབང་བསྐུར་བ་ལ་གཞི་གྱིས་ལ་རྩོམས་གསུངས་པ་ལ་བརྟེན་ནས་རྗེ་བཙུན་བྱམས་མགོན་གྱི་བསྟོད་པ་རིན་པོ་ཆེ

གསལ་བའི་སྒྲོན་མེ་མཛད་ཅིང་། དེ་བཞིན་དུ་བདེ་བ་ཅན་དུ་སྐྱེ་བ་འཛིན་པའི་སྨོན་ལམ་ཞིང་མཆོག་སྒོ་འབྱེད་དང་། རང་ཉིད་མ་འོངས་པ་ན་གང་དུ་སྤྲུལ་པའི་སྐུར་འཚང་རྒྱ་བའི་མཛད་པ་སྟོན་པའི་ཞིང་ཡོངས་སུ་གཟུང་བའི་སྨོན་ལམ་ཡང་རྗེ་བཙུན་གྱི་གསུང་གིས་བསྐུལ་ནས། དོན་གྱི་ངོ་བོ་དང་གོ་རིམ་སོགས་རྗེ་བཙུན་གྱིས་གསུངས་པ་ངེད་ཀྱི་ཚིག་སྦྱོར་གྱིས་བསྒྲིགས་པ་ཡིན་ནོ་གསུངས། དེའི་ཚེ་ལྷ་བཟོ་བ་རྣམས་ཀྱང་བསྙེན་གནས་དང་གསོ་སྦྱོང་གི་སྡོམ་པ་ལ་བཀོད་ནས་འདྲིར་འཛུག་པ་དང་། ལས་བྱེད་པའི་མི་ཕལ་པ་རྣམས་ཀྱང་ཐ་མལ་པའི་ཚིག་སྨྲ་བ་སྤངས་ནས་སྨོན་ལམ་གྱི་ཚིགས་སུ་བཅད་པ་སོགས་ཤས་ཆེར་ཁ་ཏོན་དུ་བྱེད་པས་ལས་སྒྲུབ་པ་ལ་གཞོལ་བར་མཛད་ལ། དེའི་ཚེ་རྗེ་བཙུན་འཇམ་པའི་དབྱངས་ཀྱི་ཞིང་བཀོད་བཞེངས་པའི་སྐུ་རིས་བཏབ་ཚར་བ་དེ་ལ་རབ་གནས་ཤིག་མཛད་པས་རྗེ་བཙུན་འཇམ་པའི་དབྱངས་ཀྱི་སྐུ་དངོས་སུ་བྱོན་ནས་ཐིམ་སོང་བའི་གཟིགས་སྣང་བྱུང་ཞིང་སངས་རྒྱས་སུམ་ཅུ་རྩ་ལྔའི་སྐུ་འདྲི་བར་བརྩམས་པ་ལ། ལྷ་བཟོ་བ་རྣམས་ཀྱིས་སྐུ་མདོག་ཕྱག་རྒྱ་སོགས་ཇི་ལྟར་འདྲི་བ་མ་ཤེས་ནས་རྗེའི་དྲུང་དུ་ཞུས་པ་དེའི་ཚེ་གསོལ་བ་བཏབ་པས་ཇི་ལྟར་འདྲི་བའི་གོ་རིམ་དང་མཐུན་པར་རྒྱལ་བ་སུམ་ཅུ་རྩ་ལྔའི་སྐུ་རིམ་བཞིན་གཟིགས་པའི་གཟིགས་སྣང་བཞིན་(༣༤༤ན) དུ་སྐུ་མདོག་སོགས་འདི་ལྟར་བྲིས་ཤིག་ཅེས་ཞལ་ཏ་གནང་ནས་འདྲིར་བཅུག །དེར་མ་ཟད་ཞིང་བཀོད་གཞན་རྣམས་ལའང་རབ་གནས་ཀྱི་དུས་སུ་ཡེ་ཤེས་པ་དགུག་གཞུག་མཛད་པ་ན་ལྷ་དེ་དང་དེའི་རྣམ་པ་རེ་ཐིམ་སོང་བའི་སྣང་བ་མ་བྱུང་བ་མེད་ཅེས་གསུང་ངོ་། །ཞིང་བཀོད་རེ་བྲིས་ཚར་རིམ་གྱིས་རབ་གནས་མཛད་དེ། མར་མེ་ཕུལ་བ་ལ་མ་བཟུང་བ་གཅིག་ཀྱང་མ་བྱུང་། དེ་ལྟར་རི་མོ་རྣམས་ལེགས་པར་གྲུབ་ནས། འཇམ་དཔལ་གསང་ལྡན་གྱི་དཀྱིལ་འཁོར་བཞེངས་ཏེ། རྗེ་ཉིད་ཀྱིས་རབ་ཏུ་གནས་པ་རྒྱས་པར་མཛད་ཅིང་། དེའི་ཚེ་སློབ་མ་སྐལ་ལྡན་བཅུ་ལྷག་པ་ཞིག་ལ་གསང་ལྡན་གྱི་དབང་

ཡང་གནང་ལ། རབ་སྟོན་མཛད་པའི་སྐབས་སུ་གདན་ས་ཕན་ཚུན་གྱི་མདོ་སྔགས་པ་སོགས་ཀྱིས་གོས་དར་སོགས་འབུལ་བ་མང་དུ་བྱུང་བས་རྟེན་འབྱུར་དུ་དོད་པ་རྣམས་ཀྱི་ན་བཟའ། ཡོགས་ཁྲིས་ཐམས་ཅད་ལ་ཞལ་ཁེབས་དང་བཅས་པ་ལེགས་པར་གྲུབ་བོ། །དེའི་ཚེ་རབ་གནས་དངོས་གཞིའི་ཉིན་ཐུགས་དམ་ནར་མར་མཛད་པ་དང་། ལས་བྱེད་དང་བྱ་བའི་དུས་ཚིགས་འཛིན་པ་མང་པོ་ཞིག་གི་ཐུགས་དམ་དང་བྱ་བ་སོགས་སྣར་ལས་ཆེས་སྣ་བའི་ཚོད་ལ་ཟིན་ནས་འདི་ཙི་ཞིག་སྐམ་དུ་གྲིབ་ཚོད་བཙུགས་ཤིང་ཞིབ་ཏུ་བརྟགས་པས། དེ་ཉིན་ཉི་མ་ཚད་ལས་ཆེས་རིང་དུ་གྱུར་པ་ཞིག་ཀུན་གྱི་མཐུན་སྣང་དུ་བྱུང་ངོ་། །གཞན་ཡང་འགའ་ཞིག་གི་སྨི་ལམ་ན་མཁའ་འགྲོས་རི་མོ་འདྲི་བ་མཐོང་བ་དང་། ལྷོ་བྲག་མཁན་ཆེན་ཕྱག་རྡོར་བའི་གཟིགས་སྣང་ལ། སངས་རྒྱས་རབས་བདུན་(༣༨༨བ)ནམ་མཁའ་ལ་བྱང་ཕྱོགས་སུ་འགྲོན་པ་གཟིགས། གང་དུ་བཞུད་ཅེས་གསོལ་བས་རྗེ་ང་ཕྱིའི་རབ་གནས་ལ་སྤྱན་འདྲེན་གྱིན་འདུག་ཅེས་གསུང་བའི་ཚེས་གྲངས་དང་རབ་གནས་མཛད་པའི་ཚེས་གྲངས་གཉིས་ཕྱིས་བསྡེས་པས་མཐུན་པར་བྱུང་ངོ་། །

དེ་ནས་ལྷོ་བྲག་མཁན་ཆེན་ནམ་མཁའ་རྒྱལ་མཚན་པས་འདིར་ཅིག་ཅི་ནས་ཕྱགས་ཕེབས་པ་ཞུ། བཀའ་འདྲི་ཞུ་བའི་འདོད་པ་ཡང་ཡོད། སྐྱ་ཚེ་བསྒྲིང་བའི་རྟེན་འབྲེལ་སྒྲིག་པ་སོགས་ཀྱི་སྐན་བསྐུལ་འདྲ་ཡང་འབུལ་བ་ལགས། ཞེས་པའི་གསུང་ཡིག་ནན་ཆེར་བྱུང་ཞིང་རྗེ་རང་ཉིད་ཀྱང་ལྷོ་བྲག་མཁན་ཆེན་གྱི་དྲུང་ནས་བཀའ་གདམས་གདམས་ངག་པ་ནས་བརྒྱུད་པའི་ལམ་རིམ་གྱི་ཁྲིད་སོགས་ཆོས་བཀའ་ཅི་རིགས་གསན་པར་བཞེད་ནས་ལྷོ་བྲག་བྲའོ་དགོན་པར་བྱོན། དེའི་ཚེ་ལྷོ་བྲག་མཁན་ཆེན་དང་རྗེ་རིན་པོ་ཆེ་གཉིས་ཀ་ལ་དག་པའི་གཟིགས་སྣང་ངོ་མཚར་བ་མང་དུ་བྱུང་བ་ནི། ལྷོ་བྲག་མཁན་ཆེན་གྱི་ཞལ་ནས་བདག་གིས་ལོ་བདུན་ཅུ་ལོན་དུས་ལྷ་མོ་དཀར་མོ་ཞིག་ན་རེ་བྱམས་

པས་བྱིན་གྱིས་བརླབས་པའི་གང་ཟག་འཇམ་དཔལ་དབྱངས་དང་གཉིས་སུ་མེད་པ། ལྷ་མོ་དབྱངས་ཅན་མས་རིག་པ་སྟེར་བར་བྱེད་པ་ཕུན་སུམ་ཚོགས་པ་ཅིག་དང་སྐྱེ་བ་བཅོ་ལྔའི་གོང་ནས་འབྲེལ་པ་ཡོད་ཅིང་། ཕན་ཚུན་དཔོན་སློབ་ཏུ་འབྲེལ་པ་ཅིག་འོང་བ་ཡོད་པས། དེ་ལ་ཆོས་བཀའ་ལ་བསྲིས་མ་འཇུག་པར་བྱིན། ཕར་ཡང་ཆོས་ཞུས་ཟེར་བ་ཅིག་བྱུང་བས་བདག་མོས་གུས་དཔག་ཏུ་མེད་པ་སྐྱེས་སོ། །

ཡང་ལན་ཅིག་མགོན་པོ་བྱམས་པ་འབྱོན་གྱིན་ཡོད་ཟེར་བའི་སྐད་(༣༨༧ན)ལྷང་བ་ཅིག་བྱུང་། དེ་དུས་ཆོས་རྗེ་དཀའ་བཞི་པ་རྒྱ་མོ་རི་འཕྲེད་ལ་ཕེབས་པའི་ཚོད་དུ་འདུག །བཅོམ་ལྡན་འདས་ཀྱིས་ཆོས་ཀྱི་འཁོར་ལོ་བསྐོར་བའི་དུས་དྲུག་པའི་ཚེས་བཞིའི་ཉིན་ལྷོ་བྲག་སྒྲོ་བ་དགོན་པར་ཕྱུགས་ཕེབས་བྱོན་པ་བདག་གིས་བསུ་བ་ལ་ཕྱིན་པས། རྗེ་བཙུན་འཇམ་དབྱངས་འོད་ཀྱི་དྲ་བས་མཛེས་པ་ཞིག་ཕེབས་བྱུང་བར་མཐོང་། །རྗེ་ཙོང་ཁ་པས་བདག་ཕྱག་ན་རྡོ་རྗེར་དངོས་སུ་གཟིགས་ཤིང་། དེའི་གསུམ་པའི་དཀྱིལ་འཁོར་ཤིན་ཏུ་ལྷིར་ཞིང་བེ་ཧྲཱུྃ་ལྷར་དྭངས་པ་སྤྲུལ་སྤོ་ཕྲས་སྤྲས་པ་གཟིགས་འདུག །དེ་ནི་སྔར་ལས་ཀྱང་གདུལ་བྱ་འཕྲིན་ལས་རྒྱས་སུ་འགྲོ་བའི་བརྡ་ཡིན། དེའི་ནུབ་མོ་རྗེ་ཙོང་ཁ་པས་བླ་མའི་རྣལ་འབྱོར་ཞིག་ཞུ་གསུང་། བདག་གིས་བླ་མའི་རྣལ་འབྱོར་ཞིག་ཕོག་པས། ཕྱག་ན་རྡོ་རྗེ་བྱོན་ནས་རྗེ་ཙོང་ཁ་པ་ལ་ཐིམ་སོང་། ཡང་ཆོས་བཅོ་ལྔའི་ཐོ་རངས་བྱམས་པ་ཉིད་ལ་བསླབ་བཏུས་ཞུས་ཟེར་བ་ཞིག་བྱུང་། རྗེ་ཙོང་ཁ་པ་ལ་བསླབ་བཏུས་གསུང་བར་ཞུ་ཞུས་པས། རྗེ་ཙོང་ཁ་པས་ཡི་དམ་ལྷ་དེ་སྐད་གསུང་ངམ་གསུང་། གསུང་ལགས་ཞུས་པས་བསླབ་བཏུས་གསུངས། ཆོས་ཉན་དུས་མཐོང་སྣང་ལ་རྗེ་ཙོང་ཁ་པའི་དབུའི་སྟེང་ན་རྗེ་བཙུན་བྱམས་པ་བཞུགས། དཔུང་པ་གཡས་ན་འཇམ་དབྱངས་དཀར་པོ། གཡོན་ན་ལྷ་མོ་དབྱངས་ཅན་མ་བཞུགས་འདུག །མགོན་པོ་ཕྱག་བཞི་པ་དང་ཕྱག་དྲུག་པས་གཙོ་བྱས་པའི་ཆོས་སྐྱོང་དང་མཁའ་འགྲོ་བསམ་གྱིས་མི་ཁྱབ་པས་བསྐོར་

ནས་འདུག་གོ །གཞན་ཡང་དཀར་ཕྱོགས་ལ་དགའ་བའི་(༣༤༧བ)ལྷ་འདྲེའི་ཚོགས་མང་པོ་ཆོས་ཉན་ཞིང་འདུག་པས་མོས་གུས་ཐུན་མོང་མ་ཡིན་པ་སྐྱེས་སོ། །སོ་སོ་འབྲང་མའི་དབང་དང་སེམས་བསྐྱེད་ཀྱང་ཞུས་སོ། །རྗེ་ཙོང་ཁ་པས་བདག་ལ་ཚུར་ཆོས་ཞུས་པ་ལ་བྱང་ཆུབ་ལམ་གྱི་རིམ་པའི་བཀའ་བབས་གཉིས་ཀྱི་ཁྲིད། ཕྱག་ན་རྡོ་རྗེས་གསུངས་པའི་གསང་བ་བསམ་གྱིས་མི་ཁྱབ་པའི་ཁྲིད་ལུང་རྗེས་གནང་། ཕྱག་རྡོར་སྐུ་ལྔའི་རྗེས་གནང་། ཞུ་ལན་རྡོ་རྗེ་ཕྲེང་བ། ཞུ་ལན་གཅེས་ཕྲེང་གི་ལུང་རྗེས་གནང་། ཕྱག་ན་རྡོ་རྗེ་ཁྱུང་ལྔའི་དབང་དང་རྗེས་གནང་། དྲེགས་པ་ཀུན་འདུལ་གྱི་དབང་། རྟ་མགྲིན་དཔའ་བོ་གཅིག་པ་ཞལ་གསུམ་ཕྱག་དྲུག་པའི་རྗེས་གནང་སོགས་བྱས་པའི་དུས། རྗེས་གནང་དང་དབང་གི་བྱ་བ་ཊཱ་ཀཱི་རྣམས་ཀྱིས་བྱེད་པ་དང་། བདུད་རྩི་ཀཱ་པ་ལ་གང་རྗེ་ཙོང་ཁ་པ་ལ་ཕུལ་བས་དེར་ལྦུ་བ་ཤར་བའི་ནང་དུ་འཇམ་དབྱངས། ཛམ་ལྷ་རྣམ་སྲས་རྣམས་རེ་རེ་བཞུགས་པ་གཟིགས་ཤིང་རྟགས་ངོ་མཚར་ཅན་མང་ཞིག་བྱུང་སྟེ་བཤད་ཀྱིས་མི་ལང་ངོ་ཞེས་གསུངས།

དེ་དུས་རྗེ་རིན་པོ་ཆེས་ལྷོ་བྲག་གྲུབ་ཆེན་ནམ་མཁའ་རྒྱལ་མཚན་ལ་དགེ་བའི་བཤེས་གཉེན་སྤྱན་སྔ་བ་ནས་བྱ་ཡུལ་བ་ལ་བརྒྱུད་པ་དང་དགོན་པ་བ་ནས་སྣེའུ་ཟུར་པ་ལ་བརྒྱུད་པའི་བཀའ་གདམས་གདམས་ངག་པའི་ལམ་རིམ་གྱི་ཁྲིད་རྒྱས་པར་གསན་ཏེ་ལྷོ་བྲག་མཁན་ཆེན་ལ། སྤྱན་སྔ་བ་ནས་བྱ་ཡུལ་བ་ལ་བརྒྱུད་པ་དང་། དགེ་བཤེས་དགོན་པ་བ་ནས་སྣེའུ་ཟུར་པ་ལ་བརྒྱུད་པའི་ལམ་རིམ་གཉིས་ཀ་མངའོ། །ལྷོ་བྲག་མཁན་ཆེན་པ་དེ་ནི་གསང་བའི་བདག་པོ་ཕྱག་ན་རྡོ་རྗེས་རྒྱུན་དུ་རྗེས་སུ་བཟུང་སྟེ་བྱ་བ་ཐམས་ཅད་(༣༤༨ན)གསང་བདག་ལ་ཞུས་ཏེ་བྱེད་པ་ཞིག་ཡིན་པས་ལྷོ་བྲག་གྲུབ་ཆེན་ཞེས་གྲགས་ཤིང་། ལྷོ་བྲག་ཕྱག་རྡོར་བ་ཞེས་ཀྱང་གྲགས་སོ། །དེ་ལྟ་བུའི་བླ་མ་བདག་ཉིད་ཆེན་པོ་དེས་རྗེ་རིན་པོ་ཆེ་འདིའི་རྣམ་ཐར་ལ་ཡིད་ཆེས་ཀྱི་དད་པ་ཐོབ་སྟེ་བསླབ་པ་

ཀུན་ལས་བཏུས་པ་ཞུ་བར་མཛད། བསླབ་བཏུས་ཞུ་བའི་ཚེ་ལྷོ་བྲག་མཁན་ཆེན་འཁོར་དགེ་འདུན་མང་པོ་དང་བཅས་ཞུས་ཤིང་། ལྷོ་བྲག་མཁན་ཆེན་རང་ཉིད་གཅིག་པུས་གྲ་ལྔའི་དབང་དང་དབྱངས་ཅན་མའི་རྗེས་གནང་སོགས་ཟབ་ཆོས་མང་དུ་གསན། དེའི་ཚེ་རྗེ་རིན་པོ་ཆེ་ཟབ་མོ་དབུ་མའི་ལྟ་བ་མཐར་ཕྱུག་པ་དང་། གསང་བ་འདུས་པའི་སྒྲུ་ལུས་སོགས་མདོ་སྔགས་གཉིས་ཀའི་ལམ་གྱི་དཀའ་གནས་མཐར་ཕྱུག་པ་འགའ་ཞིག་རྩད་དཔྱོད་ཕྱིར་རྒྱ་གར་དུ་སློབ་དཔོན་ཀླུའི་བྱང་ཆུབ་དང་གྲུབ་ཆེན་མི་ཏྲ་སོགས་མཇལ་བར་ཕེབས་བཞེད་ནས་དཔོན་སློབ་བཅུ་གསུམ་རྟེན་འབྲེལ་བསྒྲིགས་ཏེ་ཕེབས་རྩིས་མཛད་པ་ན་གསང་བདག་ཕྱག་ན་རྡོ་རྗེའི་གསུང་ལྟར་ལྷོ་བྲག་མཁན་ཆེན་ནམ་མཁའ་རྒྱལ་མཚན་གྱིས་རྗེ་རིན་པོ་ཆེ་རྒྱ་གར་དུ་ཕེབས་ན་སློབ་དཔོན་ཀླུའི་བྱང་ཆུབ་དང་གྲུབ་ཆེན་མི་ཏྲ་སོགས་དང་དངོས་སུ་མཇལ་ནས་ཡོན་ཏན་ཁྱད་པར་ཅན་བརྙེས་པ་དང་། རྒྱ་གར་རྡོ་རྗེ་གདན་གྱི་མཁན་པོ་མཛད་ནས་སླར་བོད་དུ་འབྱོན་མི་ཐུབ་པ་དང་། འཁོར་སེམས་དཔའ་ཆེན་པོ་འདི་དག་ཚད་པས་གྲུམ་པར་འགྱུར་བ་སོགས་དགག་བྱ་མང་པོ་མཆིས་པས་རྒྱ་གར་དུ་མི་འབྱོན་པར་བོད་རང་དུ་བཞུགས་པ་ཞིག་ཅིས་ཀྱང་མཁྱེན་ཞེས་ནན་ཆེན་པོས་གསོལ་བ་བཏབ་(༣༥༨བ)རྗེ་ཉིད་ཀྱིས་ཀྱང་དོན་དེ་ལྟར་དུ་དགོངས་ནས་རྒྱ་གར་དུ་ཕེབས་པ་ཤོལ་ཏེ་བོད་དུ་བཞུགས་པར་མཛད་པས་ན་ལྷོ་བྲག་མཁན་ཆེན་ནམ་མཁའ་རྒྱལ་མཚན་པ་ནི་བྱང་ཕྱོགས་ཁ་བ་ཅན་གྱི་གདུལ་བྱ་རྣམས་ལ་བཀའ་དྲིན་མཚུངས་པ་མེད་པ་ཞིག་གོ །རྗེ་རིན་པོ་ཆེ་རྒྱ་གར་ལ་འབྱོན་པར་ཆས་པའི་དུས་དེའི་ཚེ་རྗེ་བཙུན་འཇམ་པའི་དབྱངས་ཀྱིས་རྫིང་ཕྱིའི་རྗེ་བོ་ལ་དགེ་སྦྱོང་གི་རྟགས་ཚང་མའི་སྐྱེས་འབུལ་བ་དང་བཅས་པའི་བསྟོད་ཅིང་གསོལ་བ་འདེབས་པའི་ཚིག་ཚངས་པའི་ཅོད་པན་ཞེས་བྱ་བ་དོན་གྱི་རིམ་པ་འདི་ལྟར་གྱིས་ལ་རྩོམས་ལ་ཕུལ་ཅིག་དང་། ཕྱིས་འདུལ་བའི་བསླབ་ཁྲིམས་རྣམ་པར་དག་པ་ལ་བརྟེན་ནས་བསྟན་པ་ལ་ཕན་པ་རྒྱ་ཆེན་

པོ་འབྱུང་བའི་རྟེན་འབྲེལ་ཡོད་དོ། །ཞེས་གསུང་བ་ལ་བརྟེན་ནས་དེ་ལྟར་དུ་བརྩམས་ཏེ་ཕུལ་ལོ། །ཕྱིས་ཀྱང་རྗེ་བཙུན་གྱི་གསུང་གིས་ནན་གྱིས་བསྐུལ་ཞིང་། བསྟན་པའི་རྩ་བ་ཡིན་པའི་ཐུགས་ངེས་ཤུགས་དྲག་པོ་འཁྲུངས་པ་དང་། བསྟན་པ་ཉམས་པ་ཐུགས་ཀྱིས་བསྲན་པར་མ་བཟོད་པའི་སྟོབས་ཀྱིས་འདུལ་བའི་ལག་ལེན་ཕྱིར་བཅོས་ཡན་ཆད་ཡོངས་སུ་རྫོགས་པ་སྔ་མའི་སྲོལ་ཀ་ཙམ་ལ་མ་ལྷོས་པར་ལེགས་པར་འཛུགས་པར་མཛད་དོ། །

དོན་འདི་ལ་རྗེ་ཉིད་ཀྱི་ཞལ་ནས་བསྟན་པའི་ནང་མཛོད་འདུལ་བའི་བསླབ་ཁྲིམས་ཉམས་པ་སེམས་ཀྱིས་མ་བཟོད་ནས་རུང་ཆུ་གདབ་པ་ཡན་ཆད་འདུལ་བའི་བཅས་མཚམས་ཕྲ་རགས་ཐམས་ཅད་གསར་དུ་བཙུགས་པ་ཡིན་གྱི། གཞན་ལས་ཁྱད་པར་ཐོན་པ་ཞིག་དོན་དུ་གཉེར་ནས་བྱས་པ་(༣༤༨ན)ག་ལ་ཡིན་ཞེས་གསུངས། །དེ་ནས་རྗེ་རིན་པོ་ཆེ་གཉལ་ལ་བྱོན། གཉལ་ལོ་རོར་ཕེབས་ནས། ལོ་རོ་སྟོང་སྟག་ཏུ་ཟླ་བ་ལྔ་ཙམ་བཞུགས། དེར་དགེ་བའི་བཤེས་གཉེན་ཆེན་པོ་བྲིན་ལས་པས་མཛད་པའི་བསྟན་རིམ་ཆེན་མོ་གདན་དྲངས་བྱུང་བ་ལ་བསྒུ་བ་མཛད། མཆོད་པ་ཕུལ། ཞིབ་པར་གཟིགས་པས་ཐུགས་ངེས་ཆེན་པོ་འཁྲུངས། དེར་བསྟན་རིམ་ཚར་གཅིག་གསུངས། སྔར་ཡང་བྲ་བྲལ་ལ་བྱོན་པ་ཉིད་ནས་རྒྱལ་བའི་གསུང་རབ་མཐའ་དག་གི་དོན་ཚིག་སྤྱི་ཙམ་ལ་མ་ལུས་པར་ད་ལྟ་ལས་དང་པོ་བ་ཉིད་ནས་རང་གི་རྒྱུད་ལ་བསྒོར་ནས་ཉམས་སུ་བླངས་པས་ཚོག་པའི་ཚུལ་ལམ་གྱི་ངོ་བོ། གྲངས་ངེས་གོ་རིམ་སོགས་ཐམས་ཅད་ཤིང་རྟ་ཆེན་པོ་རྣམས་ཀྱི་ལམ་སྲོལ་དང་མཐུན་པ་ཞིག་མེད་དུ་མི་རུང་བར་གཟིགས་ནས་བླ་མ་ཡི་དམ་ལ་གསོལ་བ་ཤུགས་དྲག་ཏུ་བཏབ་ཅིང་། གསུང་རབ་དགོངས་འགྲེལ་དང་བཅས་པ་མཐའ་དག་ལ་ཞིབ་ཏུ་དཔྱོད་པ་རྒྱུན་མི་འཆད་དུ་མཛད་པས། ཐོག་མར་བཤེས་གཉེན་བསྟེན་པ་ནས་འགོ་བརྩམས་ཏེ་མཐར་ཞི་གནས་དང་ལྷག་མཐོང་ལ་བསླབ་ཚུལ་

གྱི་བར་ཐེག་པ་ཆེ་ཆུང་ཐུན་མོང་དང་། ཐེག་ཆེན་ཐུན་མོང་མ་ཡིན་པའི་ལམ་སྤྱི་དང་། དེའི་སྟེང་དུ་སྔགས་ཀྱི་ཐབས་མཁས་ཀྱི་ཁྱད་པར་ཐུན་མོང་མ་ཡིན་པ་རྣམས་བསྟོན་པ་བཏབ་ནས་ཉམས་སུ་ལེན་ཚུལ་གྱི་ལམ་གྱི་ངོ་བོ་དང་གོ་རིམ་དང་གྲངས་ངེས་ལ་ཕྱིན་ཅི་མ་ལོག་པའི་ངེས་པ་འདྲོངས་ནས་གསུང་རབ་དགོངས་འགྲེལ་དང་བཅས་པ་གང་ལའང་(༣༦༩བ)ཁོལ་བཏོན་རེ་ཙམ་མ་ཡིན་པར་ཐམས་ཅད་གང་ཟག་གཅིག་འཚང་རྒྱ་བའི་ཆ་རྐྱེན་དུ་སྦྱར་ནས་ཉམས་ལེན་གྱི་ཕྱོགས་སུ་འཁྱེར་ཤེས་པ། དེ་ཡང་བཤད་པ་ཙམ་མ་ཡིན་པར་ད་ལྟ་བློ་མཐོ་དམན་དབང་པོ་རབ་འབྲིང་ཐ་མ་གང་ཡིན་གྱི་རྒྱུད་ལ་བསྒྲེར་ནས་དམིགས་རྣམ་གྱི་རིམ་པར་ཉམས་སུ་ལེན་པའི་ལག་ལེན་དུ་འཁྱེར་བདེ་ཞིང་འཚུན་ཆེ་ལ། སེམས་འདུལ་བའི་རིམ་པ་འབའ་ཞིག་ལྷུར་མཛད་པའི་སྒོ་ནས་གདུལ་བྱ་མཆོག་དམན་ཐམས་ཅད་ཇི་ལྟར་བཀྲི་བའི་རིམ་པ་ལ་མངའ་བརྙེས་ཤིང་། གངས་རིའི་ཁྲོད་འདིར་ཚུལ་འདི་ནི་སེམས་དཔའ་ཆེན་པོ་དཔལ་མར་མེ་མཛད་ཡེ་ཤེས་ཀྱི་གདམས་པ་བྱང་ཆུབ་ལམ་གྱི་རིམ་པའི་མཚན་ཉིད་དང་སྔགས་ཀྱི་ཐེག་པའི་ལམ་གྱི་རིམ་པ་ཕྱིན་ཅི་མ་ལོག་པར་གཏན་ལ་ཕབ་པའི་ཤིང་རྟའི་སྲོལ་འདི་ཉིད་ཡ་མཚན་པར་གཟིགས་ཤིང་དེའི་སྲོལ་ལ་བརྟེན་ནས་ཐུགས་ངེས་ཆེར་འདྲོངས། དཔལ་ལྡན་ཨ་ཏི་ཤའི་གདམས་པའི་སྲོལ་ལ་ཡང་དགེ་བའི་བཤེས་གཉེན་ཆེན་པོ་པོ་ཏོ་བ་སོགས་ཀྱི་གདམས་པ་ལ་ཡང་སྨད་དུ་བྱུང་བའི་ཐུགས་ངེས་ཡོད་མོད་ཀྱི། འོན་ཀྱང་ལྷག་པར་བླ་མ་ལོ་ཙྰ་བ་ཆེན་པོ་བློ་ལྡན་ཤེས་རབ་ཀྱིས་མཛད་པའི་བསྟན་རིམ་དང་། དེའི་སྲས་ཀྱི་ཐུ་བོ་དཔལ་ལྡན་གྲོ་ལུང་པས་མཛད་པའི་བསྟན་རིམ་ཆེན་མོ་སོགས་དང་། རང་ཉིད་ཀྱིས་དགོངས་པའི་ལམ་གྱི་རིམ་པ་རྣམས་མཐུན་ཤས་ཆེ་ཞིང་སྲོལ་ཕུལ་དུ་བྱུང་བར་གཟིགས་སོ། །

དཔལ་ལྡན་ཨ་ཏི་ཤའི་གདམས་པ་དེ་ཡང་གསུང་རབ་དང་དགོངས་(༣༧༠ན)

འགྲེལ་གྱི་བསྟན་བཅོས་མན་ངག་མཐའ་དག་ལམ་གྱི་རིམ་པ་གཅིག་ཏུ་དྲིལ་ནས་སྟོན་པར་སྣང་བས་འཆད་ཤེས་པ་དང་ཉན་ཤེས་པ་གཉིས་ཀྱིས་བཤད་ཅིང་ཉམས་སུ་བླངས་ན་མན་ངག་ཆང་ཆུང་དུ་མ་ཟད་གསུང་རབ་མཐའ་དག་གི་གུང་འགྲིག་ནས་འོང་བར་སྣང་བས། ལམ་ཐུན་མོང་བ་ལ་བློ་སྦྱོང་བ་ནས་འཁྲིད་དགོས་པའི་གདུལ་བྱ་རྣམས་ལ་ཁྲིད་ཀྱི་རྣམ་གྲངས་མང་པོ་སྟོན་པ་མ་བྱས་གསུང་ཞིང་། འདི་ཁོ་ནའི་སྟེང་ནས་འཁྲིད་པར་མཛད་དོ། །

དེ་ནས་རྗེ་རིན་པོ་ཆེ་དཔོན་སློབ་སུམ་ཅུ་ལྷག་ཙམ་གྱིས་ཙ་རི་མ་ཆེན་ལ་བྱོན། ཞག་འགའ་བཞུགས་རི་པ་རྣམས་ལ་མང་ཇ་གནང་སྦྱིན་དང་བཅས་པར་མཛད། རི་ཁྲོད་གཟིགས་ཤིང་བདེ་མཆོག་གི་བདག་འཇུག་ལ་སོགས་པ་མཛད་ངོ་མཚར་བའི་ལྟས་མང་དུ་བྱུང་། ཙ་རིར་ཕེབས་དུས་གནས་འདིར་ཡང་ནང་མཆོད་དང་བཅས་པའི་ཚོགས་འཁོར་རང་བྱེད་པ་མི་འོང་དགོངས་པ་ཞིག་ཐུགས་ལ་འཁྲུངས་པས། ད་མ་ཁད་ནས་ཞབས་ཀྱི་ཕོལ་བུ་ཞིག་ལ་གློ་བུར་དུ་ཚེར་མ་ཟུག་པ་འདྲ་བའི་ཚ་ཟུག་དང་བསྔུན་ཟུག་ཆེན་པོ་རང་ཡོད་པ་སྐྲངས་པ་ནག་པོ་ཞིག་བྱུང་བ་ལས། སྐབས་ཤིག་ཏུ་ནང་མཆོད་དང་བཅས་པའི་བདེ་མཆོག་གི་ཚོགས་འཁོར་ཞིག་མཛད་པས་ཚོགས་འཁོར་མ་གྲོལ་ཙམ་ནས་ཟུག་མེད་པར་དེ་མ་ཁད་དྭངས་སོ། །དེ་ནས་ཙ་རི་ནས་ཡར་ཕེབས་ཏེ་གཉལ་ལ་འགྲོན་པའི་ལམ་དུ་མོ་ལའི་ལ་རྒྱར་ཞག་བཞུགས་མཛད་པའི་ནུབ་རྗེ་བཙུན་བྱམས་མགོན་གྱི་སྐུ་ཤིན་ཏུ་ཆེ་བ། (༣༧༠བ)ལྷུན་པོ་ལྟར་མངོན་པར་བརྗིད་ཅིང་ཉི་མ་ལྟར་གཟི་བརྗིད་འབར་བ་ཞིག་གིས་རིགས་ཀྱི་བུ་ཁྱོད་སངས་རྒྱས་འཇིག་རྟེན་དུ་བྱོན་པ་འདྲ་བ་ཞིག་འོང་བས་ཤེས་པར་གྱིས་ཤིག་ཅེས་སེང་གེའི་སྒྲས་དབུགས་ཕྱུང་ཞིང་སྤྲོ་བ་བསྐྱེད་པར་མཛད་པའི་སྣང་བ་དངོས་སུ་བྱུང་གསུང་ངོ་། །

དེ་ནས་གཉལ་སྨད་སེང་གེ་རྫོང་ན་བཞུགས་པའི་དུས་སུ་དཔལ་དུས་ཀྱི་འཁོར་ལོ

རྫོགས་རིམ་སྦྱོར་བ་ཡན་ལག་དྲུག་ལ་སོགས་པའི་ལམ་གྱི་གནད་རྣམས་ལ་དཔྱད་པ་མང་དུ་མཛད་པས་མ་འཁྲུལ་བའི་ངེས་པ་འཁྲུངས་ཤིང་འཕྲུགས་མེད་ཀྱི་གཟེར་ཐེབས་ནས་མི་འཇིགས་པ་བརྙེས། བཅོམ་ལྡན་འདས་དུས་ཀྱི་འཁོར་ལོ་དཔལ་བོ་གཅིག་པ་ཞིག་གི་གཟིགས་སྣང་ནར་མར་འོང་ཞིང་ནུབ་གཅིག་གི་མནལ་ལམ་དུ་དུས་ཀྱི་འཁོར་ལོའི་ཞལ་ནས་ཁྱོད་ཀྱིས་དུས་ཀྱི་འཁོར་ལོ་འདི་ལ་རྒྱལ་པོ་ཟླ་བ་བཟང་པོ་བྱིན་པ་འདྲ་བ་ཞིག་འོང་བར་ཡོད་དོ་ཞེས་གསུང་། གཉལ་སྨད་སེང་གེ་རྫོང་དུ་བཞུགས་དུས་གསེར་ཕྱེ་འབུམ་པ་ལ་མཆོད་པ་ཆེན་པོ་ཕུལ་ཞིང་དེར་འདུལ་བའི་ཆོས་མང་དུ་གསུངས། ལག་ལེན་ཕྲན་ཚེགས་རུང་ཆུ་འདེབས་པ་ཡན་ཆད་ཞིབ་པར་མཛད། དེའི་ཚེ་རྗེའི་ཞལ་ནས་ཡོན་ཏན་ཐམས་ཅད་ཀྱི་གཞི་མ་ཁས་བླངས་པའི་ཚུལ་ཁྲིམས་དག་དགོས་པ་ཡིན། ངེད་ལ་ནི་སོ་སོར་ཐར་པའི་ཕམ་ལྷག་སྦོམ་པོ་དང་བཅས་པའི་ལྟུང་བ་འོང་མ་མྱོང་། ལྟུང་བྱེད་ཉེས་བྱས་དང་བཅས་པ་འགའ་རེ་བྱུང་བ་རྣམས་བཤགས་བསྡམས་བྱེད་གསུང་ནས་མཛད་ཅིང་འཁོར་རྣམས་ཀྱང་ཚུལ་དེ་ཉིད་ལ་སྦྱོར་བར་མཛད་དེ། གངས་(༣༧༡ན)རིའི་ཁྲོད་འདིར་སངས་རྒྱས་ཀྱི་བསྟན་པ་ཆེས་ཆེར་ཉམས་པར་གྱུར་པ་གཏིང་ནས་མ་བཟོད་པའི་ཐུགས་ཀྱིས་བསྟན་པ་རིན་པོ་ཆེའི་སྨད་དཀའ་བ་ཆེན་པོ་གཞི་ནས་འཛུགས་པར་མཛད་པས་ཕྱི་རབས་གངས་རིའི་ཁྲོད་ཀྱི་སྐྱེ་བོ་ཡོངས་ལ་རྒྱལ་བ་ཉིད་དང་མཚུངས་པར་བཀའ་དྲིན་ཆེ་བ་ཡིན་ནོ། །གཉལ་དུ་བཞུགས་དུས་དབྱངས་ཅན་མའི་གསུང་གིས་དགུང་ལོ་ལྔ་བཅུ་རྩ་བདུན་ཐུབ་དེ་བར་རང་གཞན་གྱི་དོན་དཔག་ཏུ་མེད་པ་འགྲུབ་གསུང་བ་ལ། རྗེ་བཙུན་མ་རྣམ་པར་རྒྱལ་མ་སོགས་ལ་གསོལ་བ་བཏབ་ཅིང་བསྙེན་བསྒྲུབ་མང་དུ་བྱས་པས་དེ་ལས་རིང་ཞིག་ཐུབ་པར་མི་འགྱུར་རམ་ཞེས་ཞུས་པས་དེ་ཐམས་ཅད་ཕལ་ཆེར་སྔོན་གྱི་སྨོན་ལམ་གྱི་ཤུགས་དང་། ཆོས་རབ་ཏུ་རྣམ་འབྱེད་ཀྱི་ཤེས་རབ་ལ་ཐུགས་འདུན་ཆེས་པ་ལ་སོགས་པའི་དབང་གིས་བློ་གྲོས་གོང་ནས་གོང་དུ་

འཕེལ་བའི་རྒྱུ་འབའ་ཞིག་ཏུ་སོང་བས་སྐུ་ཚེ་ལ་དེ་ཙམ་དུ་ཕན་པ་མ་བྱུང་ཞེས་གསུང་བ་ཞིག་བྱུང་། རྗེ་བཙུན་འཇམ་པའི་དབྱངས་ཀྱི་སྐུ་དང་གསུང་གི་སྣང་བ་རྒྱུན་དུ་འབྱུང་བའི་གྲུབ་ཆེན་འཇམ་དཔལ་རྒྱ་མཚོ་བ་ལ་རྗེ་བཙུན་འཇམ་པའི་དབྱངས་ཀྱིས་དེ་ཕན་ཆད་སྐུ་ཚེའི་བར་ཆད་ལ་སློས་སུ་དམིགས་པའི་བཟློག་ཐབས་དང་། སྐུ་ཚེ་བསྲིང་བའི་ཕྱི་ནང་གི་རྟེན་འབྲེལ་ལེགས་པར་བསྒྲིགས་ན་དཀའ་སེ་བ་ཞིག་ལ་བཟློག་པར་ནུས་སོ་ཞེས་གསུང་བ་བྱུང་། ཡང་གཉལ་གྱི་སེང་གེ་རྫོང་ན་བཞུགས་དུས་རྗེ་བཙུན་འཇམ་པའི་དབྱངས་ལ། སྔགས་མཚན་ཉིད་ཀྱི་ལམ་གྱི་ངོ་བོ་དང་། (༣༧༡བ)གོ་རིམ་གྲངས་ངེས་སོགས་དང་ཁྱད་པར་ཞི་ལྷག་གི་ཉམས་ལེན་གྱི་གནད་རྣམས་ཞུས་པས། ད་དེད་ལ་ཡང་ཡང་འདྲི་མི་དགོས། གཞུང་ཆེན་མོ་རྣམས་ལ་ཞིབ་པར་དཔྱོད་དང་། ངེད་ཀྱིས་བསྟན་པ་རྣམས་དང་ཕལ་ཆེར་མཐུན་པ་ཤ་སྟག་འོང་། མི་མཐུན་པ་རེ་ཙམ་བྱུང་ན་འདོར་སྤྱུས་གདམས་ངག་ཏུ་འདོད་པ་རྣམས་ལ་འབབ་ཀྱི་གཞུང་ཆེན་མོ་རྣམས་འདོར་དུ་མི་རུང་ངོ་ཞེས་གསུང་ཞིང་། མན་ངག་གིས་ལྕེ་མིག་བྱས་ནས་མདོ་རྒྱུད་དགོངས་འགྲེལ་དང་བཅས་པ་རྣམས་ལ་དཔྱད་པས། དཔྱད་པ་རྫོགས་པའི་ཚད་ནི་ལུང་རིགས་ཀྱི་ལམ་ནས་དྲངས་པའི་ངེས་པ་སྐྱེད་ནས་བློས་དོན་དེར་ཐག་བཅད་པ་ན་གཏིང་ན་མི་བདེ་བའི་རྣམ་པ་མེད་པ་ཅིག་འོང་། དེ་དུས་དོན་དེ་ལ་དཔྱད་པ་རྫོགས་པ་ཡིན་ནོ་ཞེས་གསུང་སྟེ། ཕྱིན་ཆད་འཁྲུལ་མེད་རང་ཞིག་བྱུང་གསུང་ངོ་། །དེ་ནས་དཔྱིད་གཉལ་གྱི་སྣང་ཆུང་དུ་བཞུགས། དགེ་འདུན་རྣམས་ལ་ཆོས་མང་དུ་གསུངས། གྲོང་པ་སྐྱེ་བོའི་ཚོགས་དཔག་ཏུ་མེད་པ་དད་པ་དྲག་པོ་དང་བཅས་ཏེ་འདུས་པ་ཐམས་ཅད་ཀྱང་བསྙེན་གནས་དང་སྐྱབས་འགྲོ་སོགས་འཕྲུལ་དུ་ཡུན་དུ་ཕན་པའི་དགེ་བ་ལ་ལེགས་པར་སྦྱར་ཞིང་། རྗེ་ཉིད་ཀྱིས་ཐོག་མ་མཛད་དེ་ཐམས་ཅད་བསྐུལ་ནས་ཚྭ་ཚྭ་འབུམ་ཐེར་མང་པོ་བཏབ་ཅིང་ཕྱིས་ཀྱང་ཚུལ་དེ་ཉིད་སྒྲུབ་པ་ལ་སྦྱོར་བ་མཛད་དོ། །

དེ་ནས་གཉལ་སྟོད་རབ་གྲོང་དུ་བྱོན། དབྱར་བཞུགས་མཛད། གནས་དེར་སྲས་ཀྱི་ཐུ་བོ་རྗེ་དར་མ་རིན་ཆེན་གྱིས་མཇལ། རྣམ་འགྲེལ་གྱི་ལམ་ཁྲིད་གསན་(༣༧༢ན)པས་རྗེ་རིན་པོ་ཆེའི་གསུང་ལ་ཡིད་ཆེས་ཀྱི་དད་པ་བརྟན་པོ་རྙེད་ནས་དེ་ཕྱིན་རྗེའི་ཞབས་འབྲིང་དུ་བཞུགས་སོ། །དེ་ནས་གཉལ་ཕྱོགས་ཀྱི་སྐྱེ་སྟོད་འཛིན་པ་ཐམས་ཅད་འདུས་པ་ལ་ཆོས་འཁོར་རྒྱ་ཆེན་པོ་མཛད་དོ། །དེ་ལྟར་གཉལ་ཕྱོགས་སུ་བསྟན་པ་དང་སེམས་ཅན་གྱི་དོན་རླད་དུ་བྱུང་བ་རྣམས་ལེགས་པར་མཛད་ནས་སླར་ཡང་འོལ་ཁར་ཐེབས། དེ་ནས་འོ་དེ་གུང་རྒྱལ་གྱི་ལྷ་ཞོལ་དབེན་གནས་ལྷ་སྟེངས་སུ་ལོ་གཅིག་བཞུགས་ཆོས་མང་དུ་གསུངས་རྗེ་འདིས་ཐལ་རང་གི་ལྟ་བའི་གནས་རྣམས་ལ་བྱ་བྲལ་ལ་འགྲོན་པའི་གོང་ཉིད་ནས་དེ་བར་དུ་དཔྱད་པ་ནར་མར་མཛད་ནའང་། མཐར་ཐུག་པའི་གནད་ལ་མི་བདེ་བ་གཏན་ནས་ལོག་པའི་ငེས་པ་འདྲེན་མ་ཐུབ་གསུངས་ཏེ། དེང་སང་གི་གདུལ་བྱ་མི་རྟག་པ་ཕྲ་མོའི་གནས་ཚུལ་ཙམ་ཡང་མ་རྟོགས་པར་ཟབ་མོ་དབུ་མའི་ལྟ་བ་རྟོགས་པར་ཁས་འཆེ་བ་དང་ལས་འབྲས་ལ་ཡིད་ཆེས་པའི་བསམ་པ་མེད་པ་དབུ་མའི་ལྟ་བ་རྟོགས་པར་ཁས་འཆེ་བ་རྣམས་ལ་ཐུགས་བརྩེ་བས་དགོངས་ཏེ་འདི་ལྟ་བུའི་ཚུལ་བསྟན་ཏེ་ཟབ་མོ་དབུ་མའི་ལྟ་བ་ཤིན་ཏུ་རྟོགས་དཀའ་བ་ནི་རྒྱལ་བ་ཉིད་ཀྱི་ཞལ་ནས། ཟབ་ཞི་སྤྲོས་བྲལ་འོད་གསལ་འདུས་མ་བྱས། །བདུད་རྩི་ལྟ་བུའི་ཆོས་ཤིག་ཁོ་བོས་རྙེད། །སུ་ལ་བསྟན་ཀྱང་གོ་བར་མི་ནུས་པས། །མི་སྨྲ་ནགས་ཀྱི་ཚལ་དུ་གནས་པར་བྱ། །ཞེས་ཆོས་ཐམས་ཅད་ཀྱི་གནས་ལུགས་སྤྲོས་པའི་མཐའ་ཐམས་ཅད་དང་བྲལ་བའི་སྟོང་པ་ཉིད་ནི་ཤིན་ཏུ(༣༧༢བ)རྟོགས་དཀའ་བས་མཐའ་དག་པར་རྟོགས་པ་སྲིད་མཐའ་ཙམ་དུ་གསུངས་པ་དང་། འཕགས་པ་ཀླུ་སྒྲུབ་ཀྱི་ཞལ་ནས། རེ་ཤིག་ལུས་འདི་མི་གཙང་ཉིད། །རགས་ཤིང་མངོན་སུམ་སྤྱོད་ཡུལ་བ། །རྟག་ཏུ་སྣང་བའང་གང་གི་ཚེ། །སེམས་ལ་གནས་པ་མ་ཡིན་པ། །དེ་ཚེ་དམ་ཆོས་གནས་མེད་པ། །ཕྲ་རབ་

མངོན་སུམ་མ་ཡིན་པ། །ཟབ་མོ་དེ་ཀོ་ཧི་ལྟ་བུར། །སེམས་ལ་བདེ་བླག་འཇུག་པར་འགྱུར། །ཆོས་འདི་ཟབ་ཕྱིར་སྐྱེ་བོ་ཡིས། །ཤེས་པར་དཀའ་བ་ཐུགས་ཆུད་དེ། །དེས་ན་ཐུབ་པ་སངས་རྒྱས་ནས། །ཆོས་བསྟན་པ་ལས་ལོག་པར་གྱུར། །ཅེས་མི་རྟག་པ་ལ་ངེས་ཤེས་མ་འདྲོངས་པར་དབུ་མའི་ལྟ་བ་རྟོགས་པ་མི་སྲིད་པར་གསུངས་པ་ལྟར་རོ། །

རྗེ་རིན་པོ་ཆེས་གནས་དེར་བླ་མ་དང་རྗེ་བཙུན་འཇམ་པའི་དབྱངས་ཐ་མི་དད་དུ་བྱས་པ་ལ་གསོལ་བ་དྲག་ཏུ་འདེབས་པ་དང་། རིགས་པའི་དཔྱད་པ་ཞིབ་པར་མཛད་པར་བྱིན་གྱིས་བརླབས་པའི་མཚན་མ་ཁྱད་པར་ཅན་བྱུང་། སློབ་དཔོན་སངས་རྒྱས་བསྐྱངས་ཀྱི་འགྲེལ་པ་བུདྡྷ་པཱ་ལི་ཏ་ལ་ལེགས་པར་གཟིགས་པས་ཀྱང་མཚམས་སྦྱར་ཏེ། མགོན་པོ་ཀླུ་སྒྲུབ་ཡབ་སྲས་ཀྱི་ལྟ་བའི་གནད་མཐར་ཐུག་པ་དང་། དགག་བྱའི་མཚམས་འཛིན་སོགས་ལ་སྣང་དང་མི་འདྲ་བའི་ངེས་པ་གཏིང་ཚུགས་པ་འཁྲུངས་ཤིང་མཚན་འཛིན་གྱི་དམིགས་གཏད་ཐམས་ཅད་ཞིག །དེ་ཁོ་ན་ཉིད་ཀྱི་དོན་ལ་མཐའ་གཞན་དུ་དོགས་པའི་སྒྲོ་འདོགས་ལྷག་མ་མེད་པར་དྭངས་ཕྱུང་བར་གྱུར་ཏེ། སྟོན་པ་ལ་ཤེས་ནས་དད་པ་ཐོབ་པའི་(༣༧༣ན)ཤུགས་ཀྱིས་དྭངས་པ་ཟབ་མོ་རྟེན་ཅིང་འབྲེལ་བར་འབྱུང་བ་གསུང་བའི་སྒོ་ནས་བསྟོད་པ་ལེགས་པར་བཤད་པའི་སྙིང་པོ་ཞེས་བྱ་བ་མཛད་དོ། །

རྗེ་རིན་པོ་ཆེའི་མཛད་པ་རྣམ་ཐར་འདི་དག་ལ་བློ་གྲོས་ཅན་རྣམས་ཀྱིས་ལེགས་པར་དཔྱོད་ཤེས་ན་བྱང་ཆུབ་ལམ་གྱི་རིམ་པའི་གོ་རིམ་ལ་ངེས་པ་ཕུལ་ཕྱིན་སྐྱེར་ཞིང་བྱང་ཆུབ་ལམ་རིམ་གྱི་རྩ་བའི་གདམས་ངག་གི་གཞུང་མངོན་རྟོགས་རྒྱན་དུ། སངས་རྒྱས་རྣམས་ལ་ལྷག་པར་བྱས། །དེ་ལ་དགེ་བའི་རྩ་བ་བསྐྱེད། །དགེ་བའི་བཤེས་ཀྱི་མགོན་བཅས་པ། །འདི་མཉན་པ་ཡི་སྣོད་ཡིན་ནོ། །ཞེས་གསུངས་པའི་དོན་ལ་ངེས་པ་ཆེན་པོ་སྐྱེའོ། །དབུ་མའི་ལྟ་བ་འཁྲུལ་མེད་རྙེད་པའི་ཚོ་སྣང་བ་ཇི་ལྟར་འཆར་བ་ནི་རྗེ་

ཉིད་ཀྱི་ཞལ་ནས་ད་ལྟ་ལེགས་པར་གོམས་པས་རྗེས་ཐོབ་ཏུའང་སྣ་ཚོགས་པའི་སྣང་བ་འདི་ཐམས་ཅད་སྟོང་བཞིན་དུ་སྣང་བའི་སྒྱུ་མ་ལྟར་འཆར་གྱི། སྟོང་པ་ཉིད་ཀྱི་རྒྱས་མ་ཐེབས་པའི་སྣང་བ་རང་དགའ་བ་ཆེར་མི་འཆར་བར་འདུག །ཅེས་གསུང་ངོ་། །

རྗེ་བླ་མ་འདིས་བྱང་ཆུབ་ལམ་གྱི་རིམ་པ་ལ་སློང་བ་ཐོན་པར་བྱེད་པ་ལ་ཚུལ་འདི་ལྟར་བྱ་དགོས་སོ་ཞེས་གདུལ་བྱ་རྣམས་ལ་འདོམས་པའི་ཕྱིར་བླ་མ་དང་ཡི་དམ་ཐ་མི་དད་དུ་བྱས་ནས་གསོལ་བ་འདེབས་པ་དང་། བསགས་སྦྱང་ལ་རྩེ་གཅིག་ཏུ་བརྩོན་པར་མཛད་ཅིང་། སྐྱེ་བོ་ཕལ་པ་རྣམས་ཀྱི་བློ་ཡུལ་དུ་ཤོང་དཀའ་བའི་བསྙེན་སྒྲུབ་ལ་རྒྱུན་མི་འཆད་དུ་བརྩོན་པར་མཛད་པས་ལྷག་པའི་ལྷ་དུ་མས་བྱིན་གྱིས་བརླབས་པའི་ཚུལ་དཔག་པར་དཀའ་བ་ཡོད་ལ། ཁྲིད་(༢༧༢བ)པར། རྒྱལ་བ་ཀུན་གྱི་ཡབ་གཅིག་རྗེ་བཙུན་འཇམ་པའི་དབྱངས་ཀྱི་ཞལ་མངོན་སུམ་དུ་གཟིགས་ཤིང་རྒྱུན་དུ་དགེ་བའི་བཤེས་གཉེན་མཛད་པའི་སྟོབས་ཀྱིས་གསུང་རབ་མཐའ་དག་གི་དོན་ལ་འཁྲུལ་པ་མི་མངའ་བར་གྱུར་པ་ཡིན་ལ། གསུང་རབ་ཀྱི་དོན་ཅི་འདྲ་བའི་རྟོགས་དཀའ་བ་ཞིག་ཡིན་ནའང་། ཐོག་མར་རིགས་པ་ཞིབ་ཏུ་དཔྱད་པས་ཕལ་ཆེར་དགོངས་འོང་། དེ་ལྟར་མཛད་ཀྱང་ཐུགས་ངེས་མཐའ་ཆོད་པ་འདྲེན་མ་ཐུབ་པ་རྣམས་ལ། བླ་མ་དང་རྗེ་བཙུན་འཇམ་པའི་དབྱངས་ཐ་མི་དད་ལ་གསོལ་བ་དྲག་ཏུ་བཏབ་ཅིང་མཎྜལ་ཕུལ་བས། དེ་མ་ཐག་འབད་མེད་དུ་དཔྱིས་ཕྱིན་པར་དགོངས་ནས་འོང་བ་ནི་རྗེ་ཉིད་ཀྱི་ཐུགས་སྲས་ཐམས་ཅད་ལ་མཐུན་སྣང་དུ་ཡོད་པར་གསུངས། གཞན་ཡང་རྗེ་བཙུན་འཇམ་པའི་དབྱངས་ཀྱི་སྐུ་དང་གསུང་གི་སྣང་བ་ཇི་ལྟར་བྱུང་བ་སོགས་དག་པའི་གཟིགས་སྣང་མཐའ་ཡས་པའི་རྣམ་པར་ཐར་པ་ནི་རྒྱལ་བ་ནང་ཕན་ཚུན་གྱི་སྤྱོད་ཡུལ་ཡིན་པས་མཐའ་དག་བརྗོད་པར་ག་ལ་ནུས། རྗེ་བཙུན་འཇམ་པའི་དབྱངས་ཀྱིས་རྒྱུན་དུ་ཞལ་བསྟན་ནས་བྱ་བ་ཐམས་ཅད་རྗེ་བཙུན་འཇམ་པའི་དབྱངས་ལ་ཞུས་ནས་མཛད་པ་ནི། རྗེ་ཉིད་ཀྱི་ཞལ

ནས་གསུང་རབ་ཀྱི་དོན་ལ་ཚུལ་ཇི་ལྟར་དཔྱོད། དཔྱད་པ་རྫོགས་མ་རྫོགས། ཉམས་ལེན་གྱི་གནད། གདུལ་བྱ་ཇི་ལྟར་བཀྲི །འཁོར་ཇི་ལྟ་བུ་བསྟེན། གནས་ཇི་ལྟ་བུར་སྡོད་པ་སོགས་ཕལ་ཆེར་རང་བཟོས་ཞུགས་པ་མ་བྱུས་ཞེས་གསུང་ངོ་། །དེ་ནས་སྟོན་འོལ་ཁར་བྱོན། དགུན་དཔྱིད་(༣༧༨ན)འགར་ཞུག་ཏུ་བཞུགས་ནས་འོལ་ཁའི་དགེ་འདུན་རྣམས་ལ་ཆོས་མང་དུ་གསུངས་སོ། །དེ་ནས་ཨེའི་ཏེའུ་རར་བྱོན། དབྱར་བཞུགས་མཛད། ཨེ་པའི་དགེ་འདུན་རྣམས་ལ་ཆོས་མང་དུ་གསུངས་ཤིང་སྐྱེ་བོ་ཐམས་ཅད་དགེ་བའི་ལམ་ལ་བཀོད། དེ་ནས་འོལ་ཁའི་བྲག་གདོང་དུ་བྱོན། དགུན་ཞུགས་མཛད། དེ་ནས་རྫིང་ཕྱིར་རྗེ་བོ་བྱམས་པའི་དྲུང་དུ་ཞག་བཅོ་ལྔའི་རིང་ལ་མཆོད་པ་རྒྱ་ཆེ་ཞིང་བཀོད་པ་ཡིད་འཕྲོག་པ་རྒྱུན་མི་འཆད་པར་མཛད་དེ་བསྟན་པ་དང་སེམས་ཅན་འབའ་ཞིག་ལ་དགོངས་ནས་འཕྲལ་དང་ཡུན་དུ་ཕན་བདེ་རྒྱས་པའི་སྨོན་ལམ་རླབས་ཆེ་བ་མཛད་དོ། །

དེ་ནས་སླན་ལུང་གི་རྒྱ་སོག་ཕུར་ཆོ་འཕྲུལ་ཆེན་པོའི་དུས་མཆོད་ཞག་བཅོ་ལྔའི་རིང་ལ་མཆོད་པ་རྒྱ་ཆེ་ཞིང་བཀོད་པ་ཕུན་སུམ་ཚོགས་པ་བཤམས་ཏེ་ཏིང་ངེ་འཛིན་གྱིས་བྱིན་གྱིས་བརླབས་ནས་མཆོད་ཡུལ་ཐམས་ཅད་མཉེས་པར་བྱེད་པའི་མཆོད་པའི་ཚོ་ག་དང་། འཕྲལ་དང་ཡུན་གྱི་ཕན་བདེ་རྒྱས་པའི་སྨོན་ལམ་དཔག་ཏུ་མེད་པ་མཛད་པའི་སྐབས་སུ། མཆོད་པའི་ཞིང་ཕྱོགས་བཅུའི་དེ་བཞིན་གཤེགས་པ་རྣམས་སྤྱན་འདྲེན་པའི་ཐུགས་ཀྱི་འདུན་པ་ཤུགས་དྲག་པོ་མཛད་པ་ན། ཤར་ཕྱོགས་ཀྱི་དེ་བཞིན་གཤེགས་པ་ཐམས་ཅད་སྐུ་མདོག་དཀར་པོ་རྣམ་སྣང་གི་རྣམ་པས་ཤར་ཕྱོགས་ཀྱི་ནམ་མཁའི་ཁྱོན་ཐམས་ཅད་གང་བར་འཁྲིགས་པ་དང་། དེ་བཞིན་དུ་ལྷོ་ཕྱོགས་དང་ནུབ་དང་བྱང་དང་དབུས་སམ་སྟེང་གི་ནམ་མཁའི་ཁྱོན་ཐམས་ཅད་རིམ་(༣༧༨བ)པ་བཞིན་དུ། རིན་འབྱུང་། འོད་དཔག་མེད། དོན་གྲུབ། མི་བསྐྱོད་པའི་རྣམ་པ་ཅན་གྱི་དེ་བཞིན་གཤེགས

པས་ཁྱབ་ཅིང་། བཀོད་པ་དེ་འདྲ་བའི་སྒོ་ནས་སྟེང་དང་ལོགས་ཀྱི་ནམ་མཁའི་ཁམས་ཐམས་ཅད་བར་མཚམས་མེད་པར་དེ་བཞིན་གཤེགས་པའི་སྐུས་གྲུར་ཕུབ་པ་ལྟར་གྱུར་ཏེ་མཆོད་པ་བདག་གིར་མཛད་པའི་གཟིགས་སྣང་དངོས་སུ་འཆར་བ་ཡང་ཡང་བྱུང་། ཕྱིས་ལྷ་སར་ཆོ་འཕྲུལ་ཆེན་པོའི་མཆོད་པ་རྒྱ་ཆེན་པོ་བསམ་གྱིས་མི་ཁྱབ་པ་སྨོན་ལམ་ཆེན་མོར་གྲགས་པ་མཛད་པའི་དུས་སུ་གཟིགས་སྣང་དེ་འདྲ་བ་ནར་མར་བྱུང་སྟེ། དེ་དུས་མཆོད་ཡུལ་དང་མཆོད་པ་ཐམས་ཅད་ལ་བདེ་སྟོང་གི་རྒྱས་བཏབ་ཅིང་མཆོད་པ་ཕུལ་བས་དེ་ཐམས་ཅད་བདེ་སྟོང་གི་རྣམ་རོལ་དུ་འཆར་བ་བྱུང་གསུང་ངོ་། །དེ་ནས་དཔྱིད་རྗེ་དར་མ་རིན་ཆེན་གྱི་ཞལ་སྔ་ནས་གཙོ་མཛད། སོ་སྡོད་འཛིན་པ་ཉིས་བརྒྱ་ལྷག་ཙམ་ལ་ཆོས་མང་དུ་གསུངས། དེ་ནས་ཉང་པོ་ཕྱོགས་ནས་དད་པ་ཆེན་པོས་གསོལ་བ་བཏབ་པ་ལ་བརྟེན་ནས་ཉང་པོ་མདང་མདོའི་དགོན་པར་བྱོན། དབྱར་བཞུགས་མཛད། ཉང་པོ་ཕྱོགས་ཀྱི་དགེ་འདུན་རྣམས་ལ་ཆོས་མང་དུ་གསུངས་ཤིང་སྐྱེ་བོའི་ཚོགས་ལ་ཕན་པ་རྒྱ་ཆེན་པོ་མཛད། དེའི་སྐབས་སུ་དཔོན་ནམ་མཁའ་བཟང་པོ་བས་རྫོང་ལོ་ཆེན་པོའི་གདན་ས་པ་སློབ་དཔོན་ཆེན་པོ་དཀོན་མཆོག་ཚུལ་ཁྲིམས་པ་དེ་ཆེན་ལ་སྦྲན་ཏེ་སྐྱིད་ཤོད་ཕྱོགས་སུ་ཕེབས་པར་ཞུ་བའི་གསོལ་བ་འདེབས་པ་སྔ་མོ་ནས་ནར་མར་ཡོད་པའི་གཉིང་བསྐུལ་གྱི་གསོལ་འདེབས་པས་སླེབ་པ་དང་། རྗེ་བོ་རིན་(༣༧༥(ན)པོ་ཆེ་མཉལ་བར་བཞེད་པས་ཀྱང་ཐུགས་དྲངས་ཏེ་སྟོན་སྐྱིད་ཤོད་དུ་ཕེབས། པོ་ཏ་ལར་བཞུགས་ནས་གསང་བདེ་གུར་གསུམ། དགའ་སྐྱོར་ཟླུལ་གསུམ་གྱི་གདན་ས་པ་རྣམས་ཀྱིས་ཐོག་དྲངས་པའི་སྡེ་སྣོད་འཛིན་པ་བརྒྱ་ཕྲག་དུ་མ་ལ་དབུ་མ་སྣང་བ། འདུལ་བ། ལམ་རིམ་ལ་སོགས་པའི་ཆོས་མང་དུ་གསུངས།། དེའི་ཕྱི་རེས་སོས་ཀ་དགའ་བ་གདོང་དུ་བྱོན། ཐེག་པ་ཆེན་པོར་འཇུག་པ་རྣམས་ཀྱིས་སངས་རྒྱས་དང་བྱང་ཆུབ་སེམས་དཔའ་ཐམས་ཅད་དཔང་པོར་བྱས་ཏེ་ཁས་བླངས་པའི་སེམས་བསྐྱེད་

ཀྱི་བསླབ་བྱ་རྣམས་ལ་ཇི་ལྟར་བསླབ་ཚུལ་མཐའ་དག་པར་ཤེས་ནས་ཚུལ་བཞིན་དུ་སློབ་པ་ཞིག་མ་བྱུང་ན་དེའི་ཐེག་པ་ཆེན་པོ་བ་མིང་ཙམ་དུ་འགྱུར་བར་དགོངས་ཤིང་། གསང་སྔགས་རྡོ་རྗེ་ཐེག་པ་ལ་འཇུག་པར་འདོད་ན་ལམ་ཐུན་མོང་བ་ལ་ལེགས་པར་བློ་སྦྱངས་པའི་སྟེང་དུ་བླ་མ་བསྟེན་ཚུལ་ཐེག་ཆེན་ཐུན་མོང་བའི་སྐབས་སུ་བསྟན་པ་ལས་ཀྱང་ཆེས་ཁྱད་པར་དུ་གྱུར་པ་ཞིག་གི་སྒོ་ནས་དབང་བསྐུར་རྒྱུད་སྡེ་དང་མཐུན་པ་ཞིག་བླ་མ་མཚན་ཉིད་དང་ལྡན་པ་ལས་མནོས་ཏེ། དེའི་དུས་སུ་ཁས་བླངས་པའི་དམ་ཚིག་དང་སྡོམ་པ་རྣམས་མིག་གི་འབྲས་བུ་ལྟར་གཅེས་པར་འཛིན་ཅིང་། ཁྱད་པར་རྩ་ལྟུང་ལ་སྲོག་བསྡོས་བྱས་ནས་ལེགས་པར་སྡོམ་པ་ཞིག་མ་བྱུང་ན་ཁས་བླངས་པའི་དམ་ཚིག་ཡལ་བར་དོར་ནས་སྔགས་ཀྱི་ལམ་ལ་སློབ་པ་སྐད་བྱས་ཀྱང་ངན་འགྲོ་མི་བཟད་པའི་སྒོ་འབྱེད་པར་དགོངས་ནས། ཕ་མ་ཐེག་པ་ཆེན་པོ་སྤྱི་དང་ཁྱད་པར་བ་ལ་སློབ་པར་འདོད་པ་(༣༧༥(བ)དགེ་ཚུལ་འདི་ལྟ་བུས་སྤྱོད་པར་གྱུར་ན་ཅི་མ་རུང་སྙམ་དུ་སྙིང་ནས་ཤས་མ་བཟོད་པའི་ཐུགས་བརྩེ་བ་ཆེན་པོས་ཀུན་ནས་བསླངས་ཏེ་གདུལ་བྱ་རྣམས་ལའང་ཚུལ་དེ་ཉིད་འདོམས་པར་མཛད་དོ། །དེར་ཡང་བྱང་སའི་ཚུལ་ཁྲིམས་ལེའུ། བླ་མ་ལྔ་བཅུ་པ། རྩ་ལྟུང་བཅུ་བཞི་པ་རྣམས་ཀྱི་བཤད་པ་ཤིན་ཏུ་ཞིབ་པར་གསུངས། དེའི་ཚོས་མཇུག་ལ་བླ་མ་རྗེ་བཙུན་རེད་མདའ་པ་ཆེན་པོའི་ཞལ་སྔ་ནས་མངའ་རིས་ནས་བྱོན། དབྱར་གནས་སྐབས་ཚང་དུ་མཛད་དེ་དབུས་སུ་བྱོན་ནས་དགའ་བ་གདོང་དུ་ཕྱགས་ཕེབས། བསུ་བ་དང་། བསྙེན་བཀུར་དང་། ཞབས་ཏོག་རྒྱ་ཆེན་པོས་ཕུན་སུམ་ཚོགས་པ་མཛད་ནས་དཔོན་སློབ་གཉིས་ཀས་ཆོས་མང་དུ་གསུངས། དེ་ནས་ཡབ་སྲས་གཉིས་ཀ་འང་དབེན་པ་ལ་དགྱེས་ཤིང་། བྱང་ར་སྒྲེང་གི་དབེན་པའི་གནས་ཀྱི་བསྔགས་པ་གདམ་དུ་བརྗོད་པ་སྙན་དུ་སོན་པས་ཀྱང་ཐུགས་གཡོས་པར་གྱུར་ལ་དཔལ་ལྡན་ཨ་ཏི་ཤས་ལུང་བསྟན་པའི་གནས། སྟོན་པ་རིན་པོ་ཆེ་ཡབ་སྲས་ཀྱི་གདན་ས། བཀའ་གདམས་པའི་

དམ་པའི་ཆོས་ཀྱི་ཆུ་བོ་ཐམས་ཅད་ཀྱི་འབྱུང་ཁུངས་སུ་གྱུར་པས་ཀྱང་གཟིགས་པར་བཞེད་དེ་ཡབ་སྲས་གཉིས་ཀྱིས་ཐོག་མ་མཛད་པའི་དགེ་འདུན་སྡེ་སྣོད་འཛིན་པ་མང་པོའི་ཚོགས་དང་བཅས་པ་ར་སྒྲེང་ལ་ཕྱུགས་བདེག་དགུན་བཞུགས་ར་སྒྲེང་དུ་མཛད། བླ་མ་རྗེ་བཙུན་ཆེན་པོས་རིགས་པ་དྲུག་ཅུ་པ་དང་གསང་འདུས་རིམ་ལྔ་སོགས་གསུངས། རྗེ་རིན་པོ་ཆེས་ཐེག་པ་ཆེན་པོ་མདོ་སྡེ་རྒྱན་དང་། དབུས་མཐའ་དང་། ཀུན་ལས་བཏུས་དང་། ཉན་ས་ལ་སོགས་པ་(༣༧༨ན)ཐམས་ཅད་ཀྱང་ལེགས་པར་བསྒྲིགས་ཏེ་ཞི་གནས་ཀྱི་བཤད་པ་མཐའ་དག་པར་གསུངས་ཤིང་། སྒོམ་དུ་བཅུག་པས་འགའ་ཞིག་གི་རྒྱུད་ལ་གསུང་རབ་དང་མཐུན་པའི་ཞི་གནས་ཀྱི་མྱོང་བ་ཁྱད་པར་ཅན་འཁྲུངས། ཡབ་སྲས་གཉིས་ཀྱིས་སྔགས་དང་མཚན་ཉིད་ཀྱི་ལམ་གྱི་གནད་དུ་མ་ལ་འབེལ་བའི་གཏམ་གྱི་བཀའ་མཆིད་ཤིན་ཏུ་ཞིབ་པར་མཛད། དེ་ནས་ཆོས་རྗེ་ལོ་ཙྪ་བ་དང་། འབྲི་ཁུང་ཆོས་རྗེ་གཉིས་ཀས་ཞལ་འཛོམ་པར་ཞུ་བའི་ཕོ་ཉ་དང་གསུང་འཕྲིན་ནར་མར་བྱུང་བས། རྗེ་རིན་པོ་ཆེས་དཔྱིད་འགོ་འབྲི་ཁུང་དུ་བྱོན། ཆོས་མང་དུ་གསུངས། སྤྱན་སྔ་རིན་པོ་ཆེ་ཆོས་ཀྱི་རྒྱལ་པོ་ལ་ནཱ་རོ་ཆོས་དྲུག་དང་། ཕྱག་ཆེན་ལྔན་ཅིག་སྐྱེས་སྦྱོར་ལ་སོགས་པ་གསན་དེ་ནས་རྗེ་རིན་པོ་ཆེ་དང་རྗེ་རེད་མདའ་པ་དང་ཆོས་རྗེ་ལོ་ཙྪ་བ་སྐྱབས་མཆོག་དཔལ་བཟང་གསུམ་ག་གནམ་ཅེང་ལྷིང་དུ་ཨར་ཆེན་པོ་བྱང་ཆུབ་ཡེ་ཤེས་ཀྱི་གཙུག་ལག་ཁང་དུ་ཞལ་མངོན་པར་འཛོམ་ཞིང་། དཔོན་ཡོན་ཏན་རྒྱ་མཚོ་བས་དད་པ་དང་གཏོང་བ་ཤིན་ཏུ་ཡངས་པའི་བསམ་པ་རྒྱ་ཆེན་པོས་ཞབས་ཏོག་བྱས་ཏེ་སྡེ་སྣོད་གསུམ་འཛིན་པའི་མཁས་པའི་དབང་པོ་དུ་མས་ཐོག་དྲངས་པའི་དགེ་འདུན་དྲུག་བརྒྱ་ལྷག་ཙམ་གྱིས་དབྱར་གནས་པར་ཞལ་གྱིས་བཞེས་ནས་ཆོས་རྗེ་གསུམ་གས་ཀྱང་བསྟན་པ་རིན་པོ་ཆེའི་དག་ཐེར་རྣམ་པར་དག་པ་ཞིག་མཛད་པར་དགོངས་ཤིང་། དེ་ཡང་ཇི་སྲིད་དུ་རྒྱལ་བའི་བསྟན་པའི་ནང་མཛོད་འདུལ་བ་ཇོགས་པར་ཡོད་པ་དེ་སྲིད་དུ་སངས་

རྒྱས་ཀྱི་བསྟན་པ་ཡོད་ལ། (༣༧༨བ)དེ་མེད་ན་མེད་པར་གསུངས་པ་དེ་ཉིད་ཐུགས་ལ་ལྕི་བར་གྱུར་ནས་བསྟན་པ་འབའ་ཞིག་ལ་དགོངས་པའི་ཐུགས་ཀྱིས་འདུལ་བ་མདོ་རྩ་བའི་བཤད་པ་རྒྱས་པ་རེ་གསུངས་ཤིང་དེའི་དུས་སུ་གཞི་བཅུ་བདུན་ནས་གསུངས་པའི་བཅས་པ་ཕྲ་མོ་ཞིག་ཡན་ཆད་ད་ལྟའི་གང་ཟག་གིས་ཉམས་སུ་བླངས་ནུས་རྣམས་དང་། རྣམ་འབྱེད་ནས་འབྱུང་བའི་བཅས་པ་རྣམས་ལས་འདས་པའི་ལྟུང་བ་ཐམས་ཅད་རང་རང་གི་མིང་རིགས་ཀྱིས་ཕྱིར་འཆོས་པའི་ཆོ་ག་ཇི་ལྟར་བཤད་པ་བཞིན་གྱི་ཕྱག་ལེན་རྣམ་པར་དག་པའི་སྲོལ་ལེགས་པར་བཙུགས་ཏེ། དེའི་ཚེ་འདུལ་བ་གསན་པ་ཕལ་ཆེ་བས་ཀྱང་རང་རང་རྒྱུད་ལ་བརྟགས་ནས་ལྟུང་བ་ཕྲ་རགས་ཐམས་ཅད་བཤགས་ཡུལ་མང་ཉུང་གི་བྱེ་བྲག་དང་། དངོས་པོ་སྤངས་པའི་ཆད་ལས་སྔོན་དུ་གཏོང་བ་སོགས་ཇི་ལྟར་བཤད་པ་བཞིན་དུ་ཕྱག་ལེན་ལ་བཏབ་ནས་ཕྱིར་བཅོས་མཛད་དེ། དེ་ཕྱིན་ཆད་ཕྱག་ཕྱི་ལ་གཉུག་མར་གནས་པ་ཕལ་ཆེ་བས་ཉིན་རེ་བཞིན་རང་རང་གི་རྒྱུད་ལ་བརྟགས་ནས་ལྟུང་བ་དང་ཡུན་དུ་མི་འགྲོགས་པར་ཕྱིར་འཆོས་པ་དང་། ཡོ་བྱད་བྱིན་བརླབ། རུང་ཁང་གཙོད་པ། ནུབ་ལྟག་ཉལ་བསྲུང་སོགས་ཀྱི་ཕྱག་ལེན་དག་ལའང་ཆེས་བརྩོན་པར་མཛད་ན་དེ་ཙམ་དུ་བསྒྲུབ་མི་དཀའ་བ་རྣམས་ལ་ནི་ལྟ་སྨོས་ཀྱང་ཅི་དགོས། དེ་བས་ན་སངས་རྒྱས་ཀྱི་བསྟན་པའི་རྩ་བ་སོ་སོར་ཐར་པའི་སྡུད་རྫོགས་པར་གསོས་པས་བསྟན་པ་ལ་བྱ་བ་མཛད་པ་ཞིག་ལ་འདི་ཡ་མཚན་པ་ཡིན་ནོ། །ཞེས་མཁས་གྲུབ་ཐམས་ཅད་མཁྱེན་པས(༣༧༧ན)གསུངས་ཏེ། གངས་རིའི་ཁྲོད་འདིར་འདུལ་བ་ལུང་སྡེ་བཞིའི་དོན་སློབ་དཔོན་ཡོན་ཏན་འོད་ཀྱིས་བཀྲལ་བ་ལྟར་དགག་སྒྲུབ་གནང་གསུམ་གྱི་བཅས་མཚམས་མཐའ་དག་རྒྱལ་བ་རང་ཉིད་ཀྱི་དགོངས་པ་ཇི་ལྟ་བ་བཞིན་དུ་འཆད་ཤེས་པ་དང་། བཤད་པ་ལྟར་དུ་བཅས་མཚམས་མཐའ་དག་ལག་ཏུ་ལོངས་པ་དང་། དེ་ཡང་བྱང་ཆུབ་ལམ་གྱི་རིམ་པ་དང་སྦྱར་ཏེ་ཐེག་པ་ཆེ་ཆུང་གཉིས་ཀའི་ལམ་གྱི་གཞི་རྟེན

དུ་འགྱུར་བ་དང་། རྒྱལ་སྲས་ཀྱི་སྤྱོད་པ་ལ་སློབ་པའི་ཚེ་འབྲས་བུ་གཟུགས་སྐུ་བསྒྲུབ་པའི་ཐབས་སུ་འགྱུར་བར་བྱེད་པ་སོགས་རྒྱལ་བ་དགྱེས་པའི་ལམ་ལ་སློབ་པར་འདོད་པ་རྣམས་ལ་བཀའ་དྲིན་བླ་མེད་དུ་མཛད་དོ། །

གཞན་ཡང་གནས་དེར་དབུ་མ་དང་ཚད་མ་རྣམ་འགྲེལ་ལ་སོགས་པའི་ཆོས་ཀྱི་འཁོར་ལོ་མང་དུ་བསྐོར། དགག་དབྱེ་གྲོན་ནས་རྗེ་བཙུན་རེད་མདའ་པ་གཙང་ལ་ཕེབས་རྗེ་རིན་པོ་ཆེ་དང་ལོ་ཆེན་སྐྱབས་མཆོག་དཔལ་བཟང་གཉིས་འཁོར་དང་བཅས་པ་སླར་ར་སྒྲེང་དུ་བྱོན་ནས་བྲག་སེང་གེའི་ཞོལ་དུ་རྗེ་རིན་པོ་ཆེའི་བཞུགས་གནས་བཏབ་སྟེ་རྡོ་བོའི་སྐུ་འདྲ་དབུ་ཡོན་མར་གྲགས་པ་སྤྱན་དྲངས་རྗེ་རིན་པོ་ཆེས་སྐུ་མཚམས་མཛད་དེ་རྡོ་བོའི་སྤྱན་སྔར་མཆོད་པ་རྒྱ་ཆེན་པོ་བཤམས་ནས་གསོལ་བ་ཤུགས་དྲག་པ་རྒྱུན་རིང་བར་འདེབས་པར་མཛད་པས་སྟོན་པ་ཐུབ་པའི་དབང་པོ་ནས་ལྷོ་བྲག་གྲུབ་ཆེན་དང་གྲྭ་སྐོར་མཁན་ཆེན་གྱི་བར་ལམ་རིམ་བརྒྱུད་པའི་བླ་མ་རྣམས་ཞལ་གཟིགས། དེའི་ཚེ་ལམ་རིམ་བླ་མ་བརྒྱུད་པའི་གསོལ་འདེབས་ལམ་མཆོག་སྒོ་འབྱེད་གསར་རྩོམ་མཛད་དེ། དེའི་སྒོ་ནས་གསོལ་བ་ཤུགས་དྲག་ལ་རྒྱུན་རིང་བ་འདེབས་པར་མཛད་པས་བྱིན་གྱིས་བརླབས་པའི་མཚན་མ་ཁྱད་པར་ཅན་མང་དུ་བྱུང་ཞིང་གདམས་པ་དང་རྗེས་སུ་བསྟན་པའང་མང་དུ་གསུངས། མཐར་ལམ་རིམ་བརྒྱུད་པའི་བླ་མ་རྣམས་རིམ་གྱིས་ཐིམ་སྟེ་རྡོ་བོ་རྗེ་དང་། པོ་ཏོ་བ། ཤ་ར་བ་རྣམས་ཡུན་རིང་དུ་ཞལ་གཟིགས། མཐར་པོ་ཏོ་བ་དང་ཤ་ར་བ་ཡང་རྡོ་བོ་ལ་ཐིམ། རྡོ་བོ་རྗེས་རྗེ་རིན་པོ་ཆེའི་དབུ་ཐོག་ཏུ་ཕྱག་བཞག་སྟེ་བསྟན་པ་ལ་བྱ་བ་རྒྱ་ཆེན་པོ་གྱིས། བྱང་ཆུབ་སྒྲུབ་པ་དང་སེམས་ཅན་གྱི་དོན་བྱེད་པའི་གྲོགས་བདག་གིས་བགྱི་གསུང་ནས་མི་སྣང་བར་གྱུར། དེ་ནས་རྗེ་རིན་པོ་ཆེས་རྒྱལ་བའི་བསྟན་པ་ལ་བྱ་བ་བྱེད་པའི་མཆོག་ནི་གསུང་རབ་དགོངས་འགྲེལ་དང་བཅས་པ་མཐའ་དག་གི་དོན་གང་ཟག་གཅིག་གི་ཉམས་ལེན་གྱི་རིམ་པར་བསྡུས་ཏེ་ཕྱི་རབས་ཀྱི་གདུལ་བྱ་

རྣམས་ཀྱིས་ཉམས་སུ་བླང་བདེ་བ་ཞིག་རྩོམ་པར་བཞེད་པ་འཁྲུངས་ཤིང་། ལོ་ཆེན་སྐྱབས་མཆོག་དཔལ་བཟང་པོ་སོགས་མང་པོས་ཀྱང་བྱང་ཆུབ་ལམ་གྱི་རིམ་པའི་ཁྲིད་ཡིག་རྒྱས་པ་ཞིག་ཅི་ནས་ཀྱང་མཛད་དུ་གསོལ་ཞེས་གསོལ་བ་ཤུགས་དྲག་ཏུ་བཏབ། ཕྱོགས་བཅུའི་རྒྱལ་བ་སྲས་བཅས་ཐམས་ཅད་ཀྱིས་ཀྱང་ཐུགས་རྗེ་བསྐུལ་བར་མཛད། དཀར་ཕྱོགས་ཀྱི་ལྷ་དང་སྲུང་མ་མང་པོས་མཐུན་པའི་རྐྱེན་སྦྱར་ཏེ། རྒྱལ་བའི་གསུང་རབ་མཐའ་དག་གི་གནད་བསྡུས་པ། ཤིང་རྟ་ཆེན་པོ་ཀླུ་སྒྲུབ་དང་ཐོགས་མེད་གཉིས་ཀྱི་ལམ་སྲོལ། བྱང་ཆུབ་ལམ་གྱི་རིམ་པའི་(༣༧༤ན)སྒོ་ནས་སྐལ་བ་དང་ལྡན་པ་སངས་རྒྱས་ཀྱི་སར་འཁྲིད་པའི་ཚུལ་རྒྱས་པར་སྟོན་པ་ལམ་རིམ་ཆེན་མོའི་རྩོམ་པ་མཛད། དེ་ལྟར་ར་སྒྲེང་གི་བྲག་སེང་གེའི་ཞོལ་དུ་བྱང་ཆུབ་ལམ་རིམ་ཆེན་མོ་རྩོམ་པ་མཛད་པའི་ཚེ་ཕྱོགས་བཅུའི་རྒྱལ་བ་སྲས་བཅས་ཐམས་ཅད་ཀྱིས་བྱིན་གྱིས་བརླབས་པ་དང་། རྨ་ཆེན་སྤོམ་ར་དང་གཉེན་ཆེན་ཐང་ལྷ་སོགས་བོད་ཀྱི་གཞི་བདག་ལྷ་ཆེན་རྣམས་ཀྱིས་ཀྱང་མཐུན་པའི་རྐྱེན་སྦྱར་ཞིང་བདག་ཅག་རྣམས་ལའང་སྨོན་པའི་ཚིག་སྦྱར་བ་ཞིག་དགོས་ཞེས་ཞུས་པ་ལྟར་རྗེ་རིན་པོ་ཆེས་ལམ་རིམ་ཆེན་མོའི་མཇུག་ཏུ། སྲས་བཅས་རྒྱལ་བའི་རྨད་བྱུང་འཕྲིན་ལས་ལས། །ལེགས་གྲུབ་བྱང་ཆུབ་ལམ་གྱི་རིམ་པས་ཀྱང་། །ཐར་འདོད་རྣམས་ཀྱི་ཡིད་ལ་དཔལ་སྟེར་ཞིང་། །རྒྱལ་བའི་མཛད་པ་རིང་དུ་སྐྱོང་གྱུར་ཅིག །ལམ་བཟང་སྒྲིག་པའི་མཐུན་རྐྱེན་སྒྲུབ་བྱེད་ཅིང་། །འགལ་རྐྱེན་སེལ་བྱེད་མི་དང་མི་མིན་ཀུན། །ཚེ་རབས་ཀུན་ཏུ་རྒྱལ་བས་བསྔགས་པ་ཡི། །རྣམ་དག་ལམ་དང་འབྲལ་བར་མ་གྱུར་ཅིག །ཅེས་སྨོན་ལམ་མཛད་པ་ཡིན་ཞེས་ལམ་རིམ་ཆེན་མོའི་བཤད་ལུང་གི་སྐབས་བླ་མ་གོང་མ་གཅིག་ནས་གཅིག་ཏུ་བརྒྱུད་པའི་གསུང་རྒྱུན་ལས་འབྱུང་ངོ་། །

དེ་ལྟར་ལམ་རིམ་ཆེན་མོའི་རྩོམ་པ་གྲུབ་ནས་འཁོར་རྣམས་ལ་འདི་ལྟར་བཀའ་སྩལ་ཏེ། ད་ཕྱིན་ཆད་སྔགས་ཀྱི་ཆོས་ཐན་ཐུན་འཆད་འདོད་པས། ཁྱེད་དྲག་པ་འགའ་

རེས་ཆོས་རྗེ་ལོ་ཙཱ་བ་ལ་དཔལ་གསང་བ་འདུས་པ་མི་བསྐྱོད་པའི་དབང་ཞུས་ལ་སྣགས་(༣༧༨བ)ཀྱི་སྡོམ་པ་གསོར་ཆུག་གསུང་། དེ་ནས་བླ་མ་འཇམ་དཀར་བ་དང་། འདུལ་འཛིན་གྲགས་པ་རྒྱལ་མཚན་གཉིས་ཀྱིས་གཙོ་མཛད། ཉི་ཤུ་རྩ་ལྔས་དབང་ཞུས། དེ་ཡང་རྗེ་རིན་པོ་ཆེ་རང་གི་སློན་འཇུག་གི་སྡོམ་པ་ཡོགས་པ་འགའ་ཞིག་མ་གཏོགས་གཞན་རྣམས་ལ་ཆོས་རྗེ་ལོ་ཙཱ་བས་སློན་འཇུག་གི་སྡོམ་པ་ཡོག་ཅིང་། དེ་ནས་དབང་བསྐུར་བར་མཛད་དོ། །

གཞན་ཡང་གནས་དེ་ཉིད་དུ། རྗེ་རིན་པོ་ཆེ་རང་ཉིད་ཀྱིས་སྔར་གནམ་ཅོང་ལྷེང་དང་ལམ་པ་དགོན་པ་སོགས་སུ་སློན་འཇུག་གི་སྡོམ་པ་གནང་བ་འགའ་ཞིག་གིས་གཙོས་ཐེག་པ་ཆེན་པོའི་ལམ་ལ་སློབ་པར་འདོད་པ་རྣམས་ལ་ཐུགས་བརྩེ་བས་དགོངས་ནས་བྱང་སའི་ཚུལ་ཁྲིམས་ལེའུའི་རྒྱ་ཆེར་འགྲེལ་ཡང་མཛད་ཅིང་། དོན་གཉེར་ཅན་མང་པོས་གསོལ་བ་དྲག་ཏུ་བཏབ་པ་ལ་བརྟེན་ནས། རྩ་ལྟུང་དང་བླ་མ་ལྔ་བཅུ་པའི་རྣམ་བཤད་ཀྱང་མཛད་དོ། །

དེ་ནས་ལོ་ཆེན་སྐྱབས་མཆོག་དཔལ་བཟང་པོ་བྱང་ཆུབ་ལམ་རིམ་གྱི་གླེགས་བམ་ཕྱག་ཏུ་བཞེས་ཤིང་ལེགས་བཤད་རིན་པོ་ཆེའི་སྐྱེས་ཀྱི་ཐུགས་ཀྱི་བང་མཛོད་གཏམས་ཏེ་གཙང་ལ་ཕྱགས་བཏེག །རྗེ་རིན་པོ་ཆེས་དབྱར་དགུན་གཉིས་ཙམ་དེ་ཉིད་དུ་བཞུགས་ནས་ལམ་རིམ་ལ་སོགས་པ་ཆོས་མང་དུ་གསུངས། ཆོ་འཕྲུལ་ཆེན་པོའི་དུས་མཆོད་ལ་མཆོད་པ་དང་སློན་ལམ་ཤིན་ཏུ་རླབས་ཆེ་ཞིང་ངོ་མཚར་བ་མཛད་དོ། །དེ་ནས་རིམ་གྱིས་བྱོན་ནས་ལྷས་ཞུ་དགོན་གསར་དུ་ཕྱགས་ཕེབས། བློ་གྲོས་དང་ལྡན་པའི་སྡེ་སྣོད་འཛིན་པ་དུ་མ་(༣༧༩ན)ལ་ཚད་མ་རྣམ་འགྲེལ་གྱི་བརྗོད་བྱའི་གཙོ་བོ་མཐའ་དག་རིགས་པའི་ལམ་ནས་དྲངས་ཏེ་གཞུང་ལམ་གྱི་རིམ་པར་བསྒྲིགས་ནས་ཉམས་ལེན་ལ་སྦྱར་ཏེ་གསུངས་པས། སྡེ་སྣོད་འཛིན་པ་ཐམས་ཅད་སྟོན་ལན་ཅིག་ཀྱང་མ་མྱོང་བའི་ལེགས

པར་བཞད་པའི་བདུད་རྩིའི་རོ་ཞུལ་དུ་བྱུང་བ་མྱོང་བ་ཡིད་རང་དབང་མེད་པར་ཕྲོགས་ཏེ་ངོ་མཚར་བའི་གཏམ་གྱིས་དུས་འདའ་བར་བྱེད་ཅིང་། དེ་ཕྱིན་ཆད་ཀྱང་སྐབས་སྐབས་སུ་གསུངས་པས། སྔོན་ཆད་གངས་རིའི་ཁྲོད་འདིར་ཚད་མ་ཆོག་གི་ན་ཡམ་མམ། ཕྱིའི་གོ་རྒྱ་གཅོད་པའི་ཚེ་བསྟན་བཅོས་གཞན་བལྟ་བ་ལ་བློ་ཙུང་ཟད་དྲག་ཏུ་འགྲོ་བའི་ཡན་ལག་ཙམ་དུ་ཉེ་བར་མཁོ་བར་ཟད་ཀྱི། འདི་ཉམས་ལེན་ལ་མཁོ་བའི་ཐེ་ཚོམ་ཙམ་ཡང་སུ་ལའང་མེད་པས། ཕལ་མོ་ཆེ་ཞིག་དོན་མ་ཡིན་པ་སྐྱིད་པར་བྱེད་པ་ལ། ད་ལྟ་བློ་གྲོས་དང་ལྡན་ཞིང་གཟུ་བོར་གནས་པ་དག་ལ། འདི་ཉིད་ཉམས་ལེན་སྟོན་པའི་བསྟན་བཅོས་ཤིག་ལ་རྨད་དུ་བྱུང་བའི་ཕྱོགས་མཐོང་ཙམ་ཡོད་པ་འདི་ནི་རྗེ་རིན་པོ་ཆེ་འདི་འབའ་ཞིག་གི་ཐུགས་རྗེ་ལ་བརྟེན་པ་ཡིན་ཏེ། འདི་ཙམ་གྱི་བཀའ་དྲིན་ཡང་གངས་ཅན་པ་ཡོངས་ཀྱིས་གསབ་པར་སླ་བ་མ་ཡིན་ནོ། །དེ་དུས་རྗེ་རིན་པོ་ཆེས་ཚད་མའི་ལམ་བསྒྲིགས་གསུངས་པ་རྣམས་རྗེ་དར་མ་རིན་ཆེན་གྱིས་ཟིན་བྲིས་སུ་བཏབ་སྟེ་དེང་སང་ཚད་མའི་བརྗེད་བྱང་དུ་གྲགས་པ་འདི་ཡིན་ནོ། །

དེ་ནས་མིའི་དབང་པོ་གྲགས་པ་རྒྱལ་མཚན་པས་ནན་ཆེར་གསོལ་བ་བཏབ་པ(༣༧༨བ)ལ་བརྟེན་ནས་འོན་བདེ་ཆེན་སྟེང་དུ་ཕེབས། སྡེ་སྣོད་འཛིན་པ་བརྒྱ་ཕྲག་དུ་མ་འདུས་པ་རྣམས་ཀྱིས་དེ་ཉིད་དུ་དབྱར་གནས་པར་ཞལ་གྱིས་བཞེས་ཏེ། རྒྱལ་བཟང་སྒོན་མཁར་ནས་ཞབས་ཏོག་བསམ་གྱིས་མི་ཁྱབ་པ་བསྒྲུབས། བྱང་ཆུབ་ལམ་གྱི་རིམ་པའི་ཁྲིད་དང་། དབུ་ཚད་ཀྱི་དཀའ་བའི་གནས་འགྲོལ་བའི་ཆོས་མང་དུ་གསུངས། དེ་ནས་འོ་དེ་གུང་རྒྱལ་གྱི་ལྷ་ཞོལ་འོལ་ཁའི་བྱམས་པ་གླིང་དུ་ཕྱུགས་ཕེབས་དོན་གཉེར་ཅན་རྣམས་ལ་ལམ་རིམ་དང་བསྐྱེད་རྫོགས་ཀྱི་ཆོས་མང་དུ་གསུངས། དེ་ནས་རྗེ་རིན་པོ་ཆེ་སྐུ་མཚམས་ཤིན་ཏུ་དམ་པ་ལ་བཞུགས་ཏེ་བླ་མ་དང་རྗེ་བཙུན་འཇམ་པའི་དབྱངས་དབྱེར་མ་མཆིས་པ་ལ་གསོལ་བ་ཤུགས་དྲག་ཏུ་འདེབས་པར་མཛད་པས། རྗེ་བཙུན

འཇམ་པའི་དབྱངས་ཀྱིས་སློབ་དཔོན་ཀླུའི་བྱང་ཆུབ་ཀྱིས་མཛད་པའི་གསང་བ་འདུས་པའི་མན་ངག་རྣམ་གཞག་རིམ་པའི་ཊཱི་ཀཱ་ཞིག་བྱས་ན་བསྟན་པར་ཕན་ཆེ་ཞེས་གསུངས་པ་ལྟར་རྣམ་གཞག་རིམ་པའི་ཊཱི་ཀཱ་མཛད་དེ་དོན་གཉེར་ཅན་རྣམས་ལ་ཞིབ་པར་གསུངས་དེ་ཡང་བསྐྱེད་རིམ་པའི་དོན་དང་། ཁྱད་པར་རིམ་པ་གསུམ་པའི་སྒྱུ་ལུས་ཀྱི་སྒྲུབ་ཚུལ་སོགས་དཔལ་གསང་བ་འདུས་པའི་རྩ་བཤད་ཀྱི་རྒྱུད་དང་། འཕགས་པ་ཡབ་སྲས་ལྷའི་གཞུང་ནས་འབྱུང་བའི་དོན་ཐུན་མོང་མ་ཡིན་པ་རགས་པ་རྣམས་དཔྱིས་ཕྱིན་པ་ཞིག་ལེགས་པར་གོ་ནས་དེ་དུས་ལོ་བཅུ་ལྔག་སོང་བ་ལ་དེ་བར་དུ་སྨྲ་མ་ནུས། དེ་ནས་དེ་དུས་ཟུར་ཙམ་སྨྲས་པ་ཡིན་ཞེས་གསུངངོ། །

དེ་ནས་ལོ་ཆེན་སྐྱབས་མཆོག་དཔལ་བཟང་པོ་དང་། སྤྱན་སྔ་བསོད(༣༨༠ན) ནམས་བཟང་པོ་སོགས་དམ་པ་མང་པོས་གསོལ་བ་བཏབ་པ་ལ་བརྟེན་ནས། རྒྱུད་སྡེ་བཞིའི་ལམ་གྱི་ལུས་ཡོངས་སུ་རྫོགས་པ་སྟོན་པའི་བསྟན་བཅོས་ཆེན་པོ་གསང་ཆེན་ལམ་གྱི་རིམ་པ་མཛད་དེ་གངས་རིའི་ཁྲོད་འདིར་གསང་སྔགས་རྒྱུད་སྡེ་བཞིའི་ལམ་གྱི་རིམ་པ་ལ་སྐྱོན་མེད་པའི་ཤིང་རྟའི་ལམ་སྲོལ་ཕྱེ་བར་མཛད་དོ། །

དེ་ནས་སྡེ་སྣོད་འཛིན་པ་དུ་མ་ལ་གསང་སྔགས་ལམ་རིམ་གསུངས། དེའི་ཚེ་བར་ཆད་ཀྱི་ལྟས་ཤིན་ཏུ་རྩུབ་པ་ཅི་རིགས་པ་བྱུང་། དགེ་བཤེས་གཅིག་གཉིས་ཀྱང་འདས་པ་ལ། དཔོན་སློབ་རྣམས་ཀྱིས་སྐུ་མཚམས་དམ་པར་མཛད་དེ་ཐུགས་དམ་དང་ཟློག་པ་སོགས་ལ་ཤིན་ཏུ་འགྲུས་པར་མཛད་པས་ཚོགས་མེད་པར་བཟློག །དེའི་ཚེ་བཅོམ་ལྡན་འདས་རྡོ་རྗེ་འཇིགས་བྱེད་ཀྱི་སྒྲུབ་ཐབས་བདུད་ཐམས་ཅད་ལས་རྣམ་པར་རྒྱལ་བ་དང་སྦྱིན་སྲེག་གི་ཆོ་ག་རྒྱས་པའི་རྗོམ་པ་ཡང་མཛད་དོ། །

རྗེ་རིན་པོ་ཆེ་འདི་ཉིད་ཐུགས་དམ་སྒོམ་བཟླས་སོགས་མཛད་པའི་སྐབས་སུ་སྐུ་མདུན་ན་ཡོད་པ་རྣམས་ཀྱིས་སྒོ་གསུམ་གྱི་སྤྱོད་པ་ཅི་བྱས་ཀྱང་ཆེད་དུ་གཏད་ནས

ཐུགས་བཙུགས་ན་མ་གཏོགས་ཐུགས་ཀྱིས་དེ་རྣམས་ཅི་ཡང་མི་ངེས་པ་ཞིག་ཡོད་པ་གསུངས། དེ་དུས་ཐུགས་སྲས་རྣམས་ཀྱི་ཐུགས་དམ་རྐྱེན་གང་གིས་ཀྱང་མི་གཡེང་བ་འདི་དུས་ཇི་ཙམ་ནས་ལགས་ཞུས་པས། དགེ་སྦྱོར་གྱི་དུས་སུ་དེ་ལྟར་འོང་བ་བྱམས་པ་གླིང་ནས་ཡིན། ལྷ་(༣༨༠བ)རྟོག་དང་དཔྱད་པ་ཞིབ་པོ་བྱེད་པའི་སྐབས་སུ་དེ་ལྟར་འོང་བ་སྔ་མོ་ནས་ཡོད་ཅེས་གསུང་ངོ་། །གནས་དེར་ལོ་གཉིས་བཞུགས། དེ་ནས་བྱང་ཆུབ་ལུང་དུ་དགུན་བཞུགས་མཛད། སྔགས་མཚན་ཉིད་ཀྱི་སྡེ་སྣོད་འཛིན་པ་བརྒྱ་ཕྲག་དུ་མ་ལ་གསང་སྔགས་ལམ་རིམ་གསུངས། སོས་ཀ་སྐྱིད་ཤོད་དུ་བྱོན། སྣེའུ་ནས་དད་པ་དྲག་པོས་ཞབས་ཏོག་ཚད་མེད་པ་ནར་མར་མཛད་དེ་དབྱར་གནས་སེ་ར་ཆོས་སྡིངས་སུ་བཞུགས། སྐུ་མཚམས་ཤིན་ཏུ་དམ་པར་མཛད། གསང་འདུས་རིམ་ལྔ་དང་། དཔྱིད་ཐིག་སོགས་མ་རྒྱུད་ཀྱི་རྫོགས་རིམ་འགའ་ཞིག་གསུངས། གནས་དེར་མཁས་གྲུབ་བསྟན་པའི་ཉི་མ་དགེ་ལེགས་དཔལ་བཟང་པོས་ཀྱང་མཇལ། དེར་གསོལ་བ་འདེབས་པ་མང་པོའི་ངོར་དབུ་མ་རྩ་ཤེའི་རྒྱ་ཆེར་འགྲེལ་མཛད་པར་བཞེད་ནས་གཞུང་གི་རིགས་པའི་དཀའ་གནས་ཕྲ་མོ་རྣམས་ལ་དཔྱད་པ་ཞིབ་ཏུ་མཛད་པས། རིགས་པ་ཕྲ་མོ་འགའ་ཞིག་ལ་དོགས་པ་ཅུང་ཟད་དཔྱད་དཀའ་བ་བྱུང་ནས། བླ་མ་དང་རྗེ་བཙུན་འཇམ་པའི་དབྱངས་ལ་གསོལ་བ་དྲག་ཏུ་བཏབ་པས། སྐབས་ཤིག་ན། ཤེས་རབ་ཀྱི་ཕ་རོལ་ཏུ་ཕྱིན་པའི་མདོའི་སྟོང་ཉིད་ཉི་ཤུའི་འགྲེལ་རྐང་རྣམས་གསེར་བཙོ་མ་ཡི་གེར་བཀོད་པའི་རྣམ་པས་བར་སྣང་ཁྲིག་གིས་གང་བར་གཟིགས་པ་ཡང་ཡང་བྱུང་བས། རྩ་ཤེའི་རིགས་པ་ཤིན་ཏུ་ཕྲ་བ་རྣམས་ལའང་དོགས་པ་ལྷག་མ་མེད་པར་འབད་མེད་དུ་ཆོད་སོང་གསུང་ངོ་། །དེ་ནས་ར་ཁ་བྲག་ཏུ་ཕེབས་ནས་དྲང་བ་དང་ངེས་པའི་དོན་རྣམ་པར་འབྱེད་པའི་(༣༨༡ན)བསྟན་བཅོས་ལེགས་བཤད་སྙིང་པོ་མཛད། སེ་ར་ཆོས་སྡིངས་སུ་རྩ་ཤེའི་རྣམ་བཤད་ཆེན་མོ་མཛད། དེའི་ཚེ་རྒྱ་ནག་གི་རྒྱལ་པོ་ཆེན་པོ་ཏ་མིང་གིས་རྗེ་རིན་པོ་ཆེ་

འདི་ལ་དད་པ་ཆེན་པོས་ལུང་དང་གནང་སྦྱིན་དཔག་ཏུ་མེད་པའི་འབུལ་སྐྱེལ་དང་། རྒྱ་
ཡུལ་དུ་བསོད་ནམས་ཀྱི་ཞིང་དང་། སྐྱེ་བོ་མཐའ་དག་ལ་དམ་པའི་ཆོས་ཀྱི་བཀའ་དྲིན་
མཛད་པའི་སླད་དུ་སྤྱན་འདྲེན་པའི་གསོལ་བ་ནན་ཆེར་འདེབས་པ་ལ་གསེར་ཡིག་པ་
ཏཱ་ཞིང་བཞིས་འགོ་བྱས་བརྒྱ་ཕྲག་མང་པོ་མངགས་བྱུང་བ་ལ། དང་པོར་ཙུང་ཟིད་དཔེན་
པ་འབྲུར་མདོན་ཆུང་བར་བཞུགས་ཏེ་གསེར་ཡིག་པ་རྣམས་མཇལ་དུ་མ་གནང་། རྗེས་
སུ་མི་དབང་གྲགས་པ་རྒྱལ་མཚན་པས་གཙོ་མཛད། དཔོན་ནམ་མཁའ་བཟང་པོ་བ་
དང་བཅས་པ་ངོ་ཆེན་ལ་སྨྲུན་ནས་གསེར་ཡིག་པ་རྣམས་ཀྱིས་མཆི་མ་ཕྱུང་ཞིང་ཞུ་བ་
ནན་གྱིས་ཕུལ་བས་རྗེ་རིན་པོ་ཆེས་སེ་རར་ཕེབས། མཇལ་ཁ་གནང་། འབུལ་བ་རྣམས་
བཞེས། རྒྱ་ཡུལ་ལ་འབྱོན་པ་དགག་བྱ་ཆེ་ཞིང་དགོས་པ་ཆུང་བའི་རྒྱུ་མཚན་དང་བཅས་
པའི་ཞལ་ཏ་ནན་ཅན་ཞིབ་པར་བྱོན་ནས་བྱམས་ཆེན་ཆོས་རྗེ་སྐུ་ཚབ་ཏུ་མངགས་ཏེ་
གོང་མའི་གསེར་ཡིག་པ་རྣམས་ཕྱིར་སློག །དེ་ནས་སེ་ར་ཆོས་སྡིངས་སུ་སྡེ་སྣོད་འཛིན་
པ་བརྒྱ་ཕྲག་མང་པོ་ཚོགས་པ་ལ་རྩ་ཤེ །དྲང་ངེས་རྣམ་འབྱེད། བཞི་བརྒྱ་པ། གསང་
སྔགས་ལམ་རིམ། རྩ་ལྟུང་དང་བླ་མ་ལྔ་བཅུ་པ་ལ་སོགས་པའི་བཤད་པ་ཞིབ་པར་
གསུངས་ཤིང་བྱང་ཆུབ་ལམ་གྱི་རིམ་པའི་ཁྲིད་ཀྱང་གནང་། དེ་ནས་གསང་ཕུ། བདེ་བ་
ཅན། (༣༨༧བ)དགའ་སྐྱོར་ཟླུལ་གསུམ་བཅས་ཀྱི་གདན་ས་པ། ཐང་སག་པའི་གདན་
ཟུར་ལ་སོགས་པ་དགེ་བའི་བཤེས་གཉེན་སྡེ་སྣོད་འཛིན་པ་དྲུག་བརྒྱ་ཙམ་འདུས་པ་ལ་
སྟེའུ་ནས་དབུར་གནས་ཀྱི་བདག་རྐྱེན་དང་། དཔོན་སློབ་རྣམས་ཀྱི་སྤྱི་སྐྱོས་ཞབས་ཏོག་
ཕུན་སུམ་ཚོགས་པ་མཛད། དེ་ལྟར་སེ་ར་ཆོས་སྡིངས་སུ་ལོ་གཉིས་ཙམ་བཞུགས་ནས
དགག་དབྱེ་ཐོན་པ་དང་། མི་དབང་གྲགས་པ་རྒྱལ་མཚན་པས་གསོལ་བ་བཏབ་པ་ལ་
བརྟེན་ནས་སྐྱིད་སྨད་གྲུམ་བུ་ལུང་དུ་ཕྱགས་བཏེག །ཕྱགས་ཕྱིར་བྱོན་པའི་བཤེས་གཉེན་
ལྔ་བརྒྱ་ཙམ་ལ་ཕོགས་དང་ཞབས་ཏོག་ཕུལ་དུ་བྱུང་བ་མཛད་ཅིང་། གཞན་ཡང་ཕྱོགས

མཐའ་དག་ནས་དམ་པའི་ཆོས་གསུང་གི་བདུད་རྩི་ལེན་པ་ལ་འདུས་པ་དང་བཅས་དགེ་འདུན་སྟོང་ལོངས་པ་ཙམ་འཚོགས་ཤིང་། དགུན་བཞུགས་དེར་མཛད་ལམ་རིམ་དང་བདེ་མཆོག་ལཱུ་ཡི་པའི་སྐབས་ཐབས་དང་། མ་རྒྱུད་ཀྱི་རྫོགས་རིམ་སོགས་རྒྱས་པར་གསུངས་སོ། །

དེ་ནས་རྗེ་རིན་པོ་ཆེས་གངས་རིའི་ལྗོངས་འདིར་རྒྱལ་བའི་བསྟན་པ་རིན་པོ་ཆེ་མི་ཉམས་ཤིང་འཕེལ་བའི་རྟེན་འབྲེལ་དུ་དགོངས་ནས་གངས་རིའི་མགོན་པོ་ཆོས་རྒྱལ་སྲོང་བཙན་སྒམ་པོས་གངས་རིའི་ཁྲོད་འདིར་ཐུབ་པའི་དབང་པོའི་བསྟན་པ་རིན་པོ་ཆེའི་སྒྲོན་མེ་གསར་དུ་བཙུགས་པའི་གནས་ལྷ་ལྡན་སྤྲུལ་པའི་གཙུག་ལག་ཁང་ལ་ཞིག་གསོ་ལེགས་པར་མཛད་དེ་རྟེན་དང་བརྟེན་པར་བཅས་པ་ཐམས་ཅད་གསར་དུ་བཞེངས་པ་ལྟ་བུར་མཛད་དེ་གླང་གི་ལོ་ཟླ་བ་དང་པོའི་ཚེས་གཅིག་ནས་བཅོ་ལྔའི་བར་དུ་ཆོ་འཕྲུལ་ཆེན་པོའི་དུས་ཀྱི་མཆོད་པ་དངོས་གཞི་མཛད་པ་ལ། ཇོ་བོ་རིན་པོ་ཆེའི་དབུར་དུ (༣༨༢ན)དེ་བཞིན་གཤེགས་པ་རིགས་ལྔ་པ་ལྟ་འཕྲུལ་ལས་བཏོན་པ་དར་དཔྱངས་དང་བཅས་པའི་དབུ་རྒྱན་གྱི་གསེར་བཟང་པོ་འབའ་ཞིག་ལས་བསྒྲུབས་པ། རིན་པོ་ཆེ་ནལ་དང་། མུ་ཏིག་དང་། གཡུ་ལ་སོགས་པའི་ཕྲ་བཟང་པོ་བཀོད་པས་མཛེས་པར་བྱས་པ་དང་། ཇོ་བོ་མི་བསྐྱོད་རྡོ་རྗེ་དང་བཅུ་གཅིག་ཞལ་ལ། དངུལ་བཟང་པོ་ལས་བྱས་པའི་དབུ་རྒྱན་ཕྱུན་སུམ་ཚོགས་པ་དང་བཅས་པ་ཕུལ་ཞིང་། ཇོ་བོ་རིན་པོ་ཆེའི་དབུར་དུ་དངུལ་གྱི་ལྷུང་བཟེད་ཆེ་ཚད་དུ་ལོངས་པ་དེའི་ཁ་ལ་འཚམ་པའི་དངུལ་གྱི་མཧྟལ་དང་བཅས་པ་དང་། ཇོ་ཤཱཀྱ་རྣམ་གཉིས་བཅུ་གཅིག་ཞལ་དང་བཅས་པ་ལ་ཆོ་འཕྲུལ་གྱི་རིང་ཉིན་རེ་བཞིན་ཞལ་གསེར། ཆོས་བརྒྱད་དང་བཅོ་ལྔ་ལ་སྐུ་ཡོངས་རྫོགས་ལ་གསེར་ཆབ་དང་བཅས་པ་ཕུལ་ཞིང་། ཇོ་ཤཱཀྱ་རྣམ་གཉིས་དང་ཐུབ་པ་གནས་ཆེན་མཆོས་གཙོ་མཛད་སྤྲུལ་སྐུའི་རྣམ་པ་ཅན་གྱི་སྐུ་འབུར་དུ་དོད་པ་ཐམས་ཅད་ལ་གོས་དར་ཕུན་སུམ

ཚོགས་པ་ལས་བྱུས་པའི་བླ་གོས་དང་སྣམ་སྦྱར་དང་། སེམས་དཔའ་སེམས་མ་བཅུ་དྲུག་ལ་སོགས་པ་དང་ཁྲོ་བོའི་རྣམ་པར་བཞུགས་པ་ལ་སོགས་པ་རྣམས་ལ་ནི་དར་ཆེན་དང་གན་གོས་ལ་སོགས་པའི་སྟོད་གཡོགས་དང་སྨད་གཡོགས་དང་། གཞན་ཡང་གཙུག་ལག་ཁང་ཆེ་ཆུང་རྣམས་ཀྱི་ཧོག་དང་བྱ་འདབ་ལ་སོགས་པའི་རྩེ་ཟུར་ཕན་ཚུན་དུ་ཐ་གྲུས་སྤྲེལ་བ་ཐམས་ཅད་ལ་བ་དན་དང་ཟ་ཡབ་དང་དྲིལ་བུ་ལ་སོགས་པས་བར་མ་ཆད་པར་མཛེས་པར་བྱས་ཤིང་། ཕྱིའི་སྐོར་ལམ་ཆེན་མོའི་ཕྱི་རོལ་ནས་ཤིང་ཆེན་པོ་འཕང་ཤིན་ཏུ་མཐོ་བ་རྣམས་ལ་(༣༨༢བ)གོས་དར་སོགས་ལས་བྱུས་པའི་བ་དན་ཆེན་པོ་འཛིགས་སུ་རུང་བ་ལ་ཕྱོགས་སྐྱོང་དེ་དང་དེའི་སྐུས་ཧོག་ལ་བརྒྱན་ཅིང་། དེ་དང་དེའི་སྟགས་བ་དན་ཉིད་ལ་བྲིས་པ་བཅོ་ལྔ་ཕྱོགས་སྐྱོང་བ་བཅོ་ལྔ་པོ་རང་རང་གི་ཁ་དོག་དང་མཐུན་པ་རང་རང་གི་ཕྱོགས་སུ་ལེགས་པར་བཙུགས་ནས་ནུབ་རི་བཞིན་དེ་དག་གི་རྩ་བའི་གཏོར་སྟེགས་ཁར་ཕྱོགས་གཏོར་གཏོང་བ་དང་། དེ་དག་གིས་བར་བར་དུ་གདུགས་དཀར་ལ་སོགས་པའི་རྒྱལ་མཚན་རང་རང་གི་ཚོ་ག་བཞིན་དུ་ལེགས་པར་བཙུགས་ཤིང་། བ་དན་དང་རྒྱལ་མཚན་དེ་དག་གི་ཤིང་རྣམས་ཐ་གྲུས་སྤྲེལ་བ་ལ་འཕན་དང་ཟ་ཡབ་དང་། དྲིལ་བུ་ལ་སོགས་པས་བར་མ་ཆད་པར་མཛེས་པར་བྱས་པ་ནི་འཇའ་ཚོན་ཀུན་ནས་བཀྲ་བས་ནམ་མཁའི་ལམ་ཁྱབ་པར་བྱས་པ་ལྟ་བུ་དང་། གཞན་ཡང་ཉིན་པར་ཡང་ཁྲུམས་ནང་མ་ཡན་ཆད་ལ་དཀར་མེ་བརྒྱ་ཕྲག་བཞི་རེ་ཙམ་དང་། བར་སྐོར་ལ་བརྒྱ་ཕྲག་ལྔག་པ་དང་། ཕྱི་སྐོར་ལ་རྡོ་རིང་གི་འགྲམ། རྗེ་བོ་རིན་པོ་ཆེའི་ཞལ་གྱི་དྲུང་ཐད་དུ་གོང་བུ་ཆེན་པོ་གྲུ་བཞི་པ་ཕྱོགས་རེ་ལ་འདོམ་ཚད་མ་གསུམ་གསུམ་ཡོད་པ་དེ་ཉིད་མར་ཁྲུས་ལེགས་པར་བཀངས་པ་ལ་འཚམ་པའི་སྡོང་བུ་ལས་འབར་བའི་མེ་ལྕེ་ནི་གསེར་གྱི་མཆོད་སྡོང་གིས་ནམ་མཁའི་ལམ་འགོག་པར་བྱེད་པ་ལྟ་བུས་ཐོག་དྲངས། ཟླའི་ཁོག་མ་ཆེན་པོ་མར་ཁྲུས་བཀང་བའི་སྡོང་བུ་མི་ཆེན་པོའི་ལག་པའི་

སྤྲོམ་ཙམ་ལ་འཕང་མདའ་ཚད་ལྷག་ཙམ་གི་མར་མེ་བར་ཐག་འཚམ་པར་བཀོད་པས་ཕྱི་སྐོར་གྱི་ཕྱི་རིམ་འཁོར་བ་དང་། གཞན་ཡང་ར་མོ་ཆེ། ཀླུ་ཕུག །པོ་ཏ་ལ། གུང་ཐང་རྣམས་སུ་འང་དཀར་(༣༨༣ན)མེ་དུ་མ་དང་། མཆན་མོ་ནི་བར་སྐོར་གྱི་རྩིག་འགྲམ་འཁོར་བ་དང་། ཁྲིམས་ཁྲ་ཕྱི་མའི་ཀ་ཚར་རེ་ལྟར་ཡོད་པ་བཞིན་དུ་མར་མེའི་ཕྲེང་བ་བཀོད་པས་མིག་གིས་བལྟ་བ་ཙམ་ཡང་བཟོད་དཀའ་བར་བྱས་ཏེ། མཆན་དེའི་གུང་ལའང་སྟེང་དུ་མངོན་པར་བལྟས་པ་ན་ནམ་མཁའ་མར་མེའི་འོད་ཀྱི་གོས་དང་བཅས་པས་ཁ་དོག་དམར་སྐྱ་ཉིད་དུ་མཐོང་བ་མ་གཏོགས་སྐར་མ་གཅིག་གི་གཟུགས་ཀྱང་མཐོང་བའི་ཡུལ་ལས་འདས་པར་གྱུར་ཏོ། །གཞན་ཡང་ཡོན་ཆབ་བརྒྱ་ཕྲག་བཀྲལ་བ་ཉིན་རེ་བཞིན་གསར་དུ་མངོན་པར་བཤམས་པ་རྣམས་ལ་ཁ་ཆེ་གུར་ཀུམ་སྦྲངས་པའི་ཁུ་བས་ཁ་ལེགས་པར་བསྒྱུར་བའི་གུར་ཀུམ་གྱི་རོ་མ་ནི་ཉིན་རེ་ལའང་ཁྲེས་གཞལ་དགོས་པ་དང་། གཞན་ཡང་སྤོས་ཀྱི་རྒྱལ་མཚན་དང་། གདུགས་དང་། སྤོས་སྣོད་ཐ་དད་དུ་མངོན་པར་བསྒྲིགས་པ་ལ་སོགས་པའི་དྲི་བཟང་པོས་ཕྱི་རོལ་གྱི་ཁོར་ཡུག་ཐམས་ཅད་དུའང་ཉིན་མཚན་གཉིས་ཀ་མངོན་པར་ཁྱབ་ཅིང་། དུ་བ་རྣམས་ནི་བར་སྣང་ལ་སྤྲིན་གྱི་སྣ་རིང་པོ་དག་ཕན་ཚུན་མདུད་པའི་ལྡ་ལྡི་བྲིས་པ་ལྟ་བུ། ཐ་ན་ཕྱི་སྐོར་གྱི་སྐོར་ལམ་རྣམས་ཀྱང་སྤོས་ཀྱི་ཆུས་ཆག་ཆག་བཏབ་པར་བྱས་ན་གཞན་ལྟ་ཅི་སྨོས། ཞལ་ཟས་མདའ་ཚད་ལྷག་ཙམ་ལ་མར་གྱི་རྒྱལ་སྲིད་རིན་པོ་ཆེ་སྣ་བདུན་ལ་སོགས་པའི་རྒྱན་ཡིད་འཕྲོག་པས་བརྒྱན་པ་བརྒྱ་རྩ་བརྒྱད་རེ་ཉིན་རེ་བཞིན་གསར་པ་གསར་པ་ཕུལ་ཞིང་། ཀོང་བུ་ཆེན་པོའི་གཡས་གཡོན་དུ་ས་སྟེགས་ལ་རྩམ་པ་ཁལ་བཞི་བརྒྱ་རེ་ལས་བྱས་པའི་ལྷ་བཤོས་(༣༨༣བ)རྒྱན་བཟང་པོ་དཔག་ཏུ་མེད་པས་སྤྲས་པ། འཕྱུར་དར་བཙུགས་པ་དང་བཅས་པ་མངོན་པར་བཤམས་པའི་ཞལ་ཟས་རྙིང་པ་རྣམས་ནི་བདག་གིར་བྱེད་པ་མེད་པར་སྐྱེ་བོ་ཕོངས་པ་སྤྲང་པོའི་ཚོགས་ལ་བལྟོས་པ་མེད་པར་བྱིན།

གཞན་ཡང་མཆོད་པའི་བྱེ་བྲག་མཐའ་ཡས་པ་དང་། རྒྱལ་སྲིད་རིན་པོ་ཆེ་སྣ་བདུན་ལ་སོགས་པའི་བཀོད་པ་ཡིད་འཕྲོག་པ་དཔག་ཏུ་མེད་པ་དང་བཅས་པས་མངོན་པར་མཆོད་དེ། རྗེ་བླ་མ་ཉིད་ཀྱིས་སྨྲུགས་དང་ཕྱག་རྒྱ་དང་ཏིང་ངེ་འཛིན་གྱི་བྱིན་གྱིས་བརླབས་ནས་མདོ་སྡེ་དང་རྒྱུད་སྡེ་ནས་བྱུང་བའི་ཚིག་རྣམ་པར་དག་པས་མངོན་པར་མཆོད་ཅིང་། བསྟན་པ་དང་སེམས་ཅན་འབའ་ཞིག་ལ་དགོངས་པའི་ཐུགས་བསྐྱེད་ཤུགས་དྲག་པོས་བསྟན་པ་རྒྱས་པ་དང་སེམས་ཅན་ལ་ཕན་བདེ་འབྱུང་བའི་སྨོན་ལམ་རྣམ་པར་དག་པ་ཉིན་རེ་བཞིན་མཛད་ལ། དགེ་འདུན་སྐྱེ་བོའི་ཚོགས་དང་བཅས་པ་ལ་ཉིན་རེ་བཞིན་སློབ་དཔོན་དཔའ་བོས་མཛད་པའི་སྐྱེས་རབས་ཀྱི་ཆོས་ཐུན་རེ་གསུངས་ཏེ་དེའི་དུས་སྨོན་ལམ་ལ་འདུས་པའི་སྐྱེ་བོ་ཐམས་ཅད་རང་བཞིན་གྱིས་རྒྱུད་འཇམ་པ་དང་། དང་བ་དང་། དགེ་བ་སྒྲུབ་སོགས་ཀྱི་གཞན་དབང་དུ་གྱུར་པས་ཉིན་མཚན་ཁོར་ཡུག་ཏུ་ཆོས་མཉན་པ་དང་། ཕྱག་དང་། སྐོར་བ་དང་། སྨོན་ལམ་འདེབས་པ་དང་། གཟུངས་ཁ་ཏོན་དུ་བྱེད་པ་སོགས་དགེ་བའི་བྱ་བ་འབའ་ཞིག་གིས་དུས་འདའ་བར་གྱུར་ཅིང་། དེ་ཡང་མཚན་ཕྱེད་ལ་བབ་པའི་དུས་རང་ན་ཕྱི་སྐོར་བྱེད་པ་ཉིན་མོ་བས་ཧུར་ཟད་ཤུང་བར་མངོན་པ་ཙམ་མ་གཏོགས། སྐོར་བ་བྱེད་པ་བར་ཆད་པ་ནི་ཧུར་ཟད་ཀྱང་མ་བྱུང་ངོ་། །

དེ་ལྟ་བུའི(༣༨༩ན)སྨོན་ལམ་བསམ་ལས་འདས་པའི་སྒོ་ནས་བསྟན་པ་དང་སེམས་ཅན་གྱི་གསོས་སུ་འགྱུར་བར་མཛད་དེ། དེའི་ཚེ་ཐུགས་དམ་པ་ཉམས་སྣང་ཤིན་ཏུ་བཟང་པོ་ཞིག་གི་མནལ་ལམ་དུ། ལྷ་སའི་ཉེ་སྐོར་གྱི་གཞི་ལས་སྐྱེ་བོའི་ཚོགས་གྲངས་ལས་འདས་པ་ཐོན་ནས། ཐམས་ཅད་ནམ་མཁའ་ལ་ཡར་ཐལ་བྱུང་དུ་འགྲོ་ཡི་འདུག །འདི་ཅི་ཡིན་བྱས་པས་ངེད་རྣམས་ཇོ་བོ་རིན་པོ་ཆེ་ལ་འདི་ལྟར་མཆོད་པས་ཚངས་པའི་འཇིག་རྟེན་དུ་འགྲོ་བ་ཡིན་ཟེར་བ་དེ་འདྲ་བའི་སྐད་ལམ་ཡང་བྱུང་སྟེ། རྒྱལ་བས་སྟོན་

མཉན་ཡོད་དུ་ཆོ་འཕྲུལ་ཆེན་པོ་བསྟན་པའི་དུས་སུ་གདུལ་བྱའི་དོན་ཇི་ལྟར་མཛད་པ་དེ་ཁོ་ན་བཞིན་དུ་ལྷ་མི་བགྲང་བ་ལས་འདས་པ་ཞིག་སྨིན་ཅིང་གྲོལ་བར་མཛད་དེ་ངན་སོང་གི་རྒྱུན་ལམ་ནི་བཅད། མཐོ་རིས་དང་ཐར་པའི་ལམ་ནི་ལམ་པོ་ཆེ་བཞིན་དུ་བྱས་ཏེ། རྒྱལ་བའི་བསྟན་པ་ལ་རྒྱལ་བ་རང་ཉིད་སླར་བྱོན་པ་ལྟ་བུར་མཛད་དོ། །

དེའི་ཚེ་རྗེ་རིན་པོ་ཆེ་ལ་གངས་ཅན་གྱི་བསྟན་འཛིན་དམ་པ་མང་པོ་དང་། ཡོན་བདག་ཆེ་ཕྲ་མང་པོས་རྒྱུན་དུ་ས་གཅིག་ཏུ་བཞུགས་ཆོག་པའི་དགོན་གནས་ཤིག་བཏབ་ཆོག་པ་དགོས་ཞེས་ཡང་དང་ཡང་དུ་གསོལ་བ་བཏབ་པ་ན་རྗེ་རིན་པོ་ཆེས་ཀྱང་མ་འོངས་པ་ན་བསྟན་པའི་རྒྱུན་ལ་ཕན་པར་དགོངས་ཞལ་གྱིས་བཞེས་ཏེ་ཇོ་བོ་རིན་པོ་ཆེའི་སྐུ་མདུན་དུ་དགོན་གནས་གང་ཟག་བརྟགས་པས་འབྲོག་རི་བོ་ཆེ་བཟང་བར་བྱུང་ཞིང་། ལྷོ་བྲག་གྲུབ་ཆེན་ལ་གསང་བའི་བདག་པོས། དབང་བསྐུར་རི་ཡི་ལྟེབས་དག་ཏུ། །བཙུན་མོ་སྡིངས་ཀྱི་ངོས(༣༨༤བ)ཕྱོགས་སུ། །དགེ་འདུན་དཔག་མེད་འདུ་བར་འགྱུར། །རི་ནི་གང་ཡིན་འཛམ་དབྱངས་འཆད། །དབུས་གཙང་མདོ་ཁམས་རྒྱ་ཡུལ་གྱི། །མཆོད་གནས་དམ་པ་ཚོགས་གསོག་རྟེན། །མངའ་རིས་བོད་ཁམས་ཀུན་གྱི་སྐྱབས། །ཕྱོགས་བཅུར་སྡེ་དགོན་རྒྱས་པ་འབྱུང་། །ཞེས་ལུང་བསྟན་པ་ལྟར་འབྲོག་རི་བོ་ཆེར་དགོན་གནས་འདེབས་པར་དགོངས་ནས་སྨོན་ལམ་གྲོལ་འཕྲུལ་འབྲོག་རི་བོ་ཆེར་ཞབས་ཀྱིས་བཅགས་ནས་ས་གཞི་བྱིན་གྱིས་བརླབས། སྲས་ཀྱི་ཐུ་བོ་རྣམས་ལ་འདི་ལྟར་བགྱིས་ཀྱི་བཀའ་ལུང་བསྩལ། དེ་ནས་དཔྱིད་སྟོན་མ་སེ་ར་ཆོས་སྡིངས་སུ་བཞུགས། སྡེ་སྣོད་འཛིན་པ་དྲུག་བརྒྱ་ཙམ་ལ་དབུ་མ་རྩ་ཤེ །ཚུལ་ཁྲིམས་ལེའུ། སྒྲུབ་ཐབས་ཀུན་བཟང་། ལམ་རིམ་ལ་སོགས་པ་མདོ་སྔགས་ཀྱི་ཆོས་མང་དུ་གསུངས། དེ་ནས་སྤྱན་སྔ་རིན་པོ་ཆེ་བསོད་ནམས་བཟང་པོ་བས་གསོལ་བ་ནན་ཆེར་བཏབ་པ་ལ་བརྟེན་ནས། དཔྱིད་རྟིང་མ་རྗེ་རིན་པོ་ཆེ་དཔོན་སློབ་ཉིས་བརྒྱ་ཙམ་གྱིས་ཟངས་རིའི་ཕུ་མཆེན་དུ་བྱོན། སྤྱན་སྔ་

རིན་པོ་ཆེ་བསོད་ནམས་བཟང་པོ་དང་། མཁན་ཆེན་རྒྱལ་བཟང་བས་གཙོ་མཛད་ཐེལ་པའི་རི་དགེ་མང་པོ་དང་། གཞན་ཡང་སྤྱི་སྡོད་འཛིན་པ་མང་དུ་འདུས་པ་རྣམས་ལ་ལམ་རིམ་ལ་སོགས་པའི་ཆོས་མང་དུ་གསུངས། སྲས་ཀྱི་ཐུ་བོ་རྗེ་དར་མ་རིན་ཆེན་པ་དང་། འདུལ་འཛིན་གྲགས་པ་རྒྱལ་མཚན་གཉིས་ཀྱིས་ཐོག་མ་མཛད་པའི་དགེ་འདུན་ཕལ་ཆེ་བས་འབྲོག་རི་བོ་ཆེར་བྱོན་ཏེ་དགེ་ལྡན་རྣམ་པར་རྒྱལ་བའི་གླིང་བཏབ། ཕྱོགས་ཀྱི་ཡོན་བདག་དང་། ཉེ་སྐོར་གྱི་བན་སྐྱའི་སྐྱེ་ཐམས་ཅད་ཀྱིས་དད་བསྙེངས་ཚད་མེད་པ་དགའ་(༣༥༥ན)སྤྲོ་དང་བཅས་པས་བསྐྲུབས་པས་དེ་ཁའི་ལོ་ལ་གཟིམ་ཁང་གིས་ཐོག་དྲངས་གྲྭ་ཁང་རྫོགས་པར་གྲུབ་པ་བདུན་ཕྲ་ལྷག་ཙམ་དང་། གཞི་བཏིང་བ་བརྒྱ་ཕྲག་བརྒྱལ་བ་བྱུང་། གྲྭ་ཁང་སོ་སོ་ཕལ་ཆེ་བ་ལའང་འདུལ་བ་ནས་ཇི་ལྟར་གསུངས་པ་བཞིན་དུ། དང་པོར་གཞི་བརྟག་པ་དང་། བརྟགས་ནས་དགེ་འདུན་ལ་གསོལ་བ་དང་། དེ་ནས་དགེ་འདུན་གྱིས་གནང་བ་སྦྱིན་པ་དང་། ལག་གི་བླ་བསྒོ་བ་དང་། རྫ་བཏེག་པའི་མཐའ་ལས་བྱུང་བའི་རྫུང་ཁང་གཅོད་པ་དང་། ཁང་པའི་ཚད་ལས་མ་ལྷག་པར་རྩིག་པ་སོགས་ཀྱི་ཕྱག་ལེན་དག་ཐེར་ཅན་མཛད་པས། མཁར་ལས་ཀྱི་ཕྱག་ལེན་ཙམ་གྱིས་ཀྱང་བསྟན་པ་རིན་པོ་ཆེ་གསལ་བར་མཛད་དོ། །

རྗེ་ཉིད་ཀྱིས་ལོ་དེའི་དབྱར་གནས་འོལ་ཁ་བས་གདན་དྲངས་ནས་འོལ་ཁ་བསམ་གཏན་གླིང་དུ་མཛད་དེ་རྗེ་རིན་པོ་ཆེས་སྐུ་མཚམས་དམ་པོ་བཅད་ནས་བླ་མ་དང་ཡི་དམ་ཐ་མི་དད་དུ་དམིགས་པ་ལ་གསོལ་བ་ཤུགས་དྲག་པོ་འདེབས་པར་མཛད་ཅིང་། དཔལ་གསང་བ་འདུས་པའི་རྫོགས་རིམ་རིམ་པ་ལྔའི་ངོ་སྤྲོད་ཆེན་མོ་རིམ་པ་ལྔ་གསལ་བའི་སྒྲོན་མེ་རྩོམ་པའི་ཐུགས་འདུན་བཏང་། ཟིན་བྲིས་འདེབས་པ་མཛད་པའི་སྐབས་སུ། མནལ་ལམ་གྱི་ལྟས་ངོ་མཚར་དུ་བྱུང་བ་དག་མཉེལ་བར་གྱུར་ན་མི་རུང་སྙམ་དུ་དགོངས་ནས་བརྗའི་ཚིག་གིས་རྣམ་པར་བཅིངས་པའི་ཚིགས་སུ་བཅད་པ་ཡི་གེར་

མཛད་དེ། ཀུན་གྱི་མིག་ལམ་དུ་འགྱུར་བའི་གནས་ཇི་ལྟ་བར་བཞག་པར་མཛད་དོ། །དེ་ནི་བཀའ་འབུམ་ཐོར་བུར་གསལ་བ་ལྟར་དང་། (༣༢༥(བ)བཟ་ཚིག་དེ་དག་གི་དོན་མཁས་གྲུབ་ཐམས་ཅད་མཁྱེན་པས་ཞིབ་ཏུ་བཀྲལ་བ་ལྟར་རོ། །

དེ་ནས་གནས་དེར་མདོ་སྔགས་ཀྱི་ཆོས་མང་དུ་གསུངས། སྟག་ལོ་ཟླ་བ་གཉིས་པའི་ཚེས་ལྔ་ལ་རི་བོ་དགེ་ལྡན་རྣམ་པར་རྒྱལ་བའི་གླིང་དུ་ཕྱགས་ཕེབས། ལམ་རིམ་གསང་འདུས་སྒྲོན་གསལ་རིམ་ལྔ་དང་བཅས་པ་གསུངས་ཤིང་། མངོན་པ་ཀུན་ལས་བཏུས་དང་ས་སྡེ་ལ་སོགས་པའི་འགྲེལ་ཀྱི་རྣམ་གཞག་དང་། ཚད་མའི་དཀའ་གནས་ཀྱང་མང་དུ་གསུངས། དཔལ་གསང་བ་འདུས་པའི་བཤད་རྒྱུད་ལྷ་མོ་བཞི་ཞུས་དང་ཡེ་ཤེས་རྡོ་རྗེ་ཀུན་ལས་བཏུས་གཉིས་ཀྱི་རྣམ་བཤད་རྒྱས་པའི་རྩོམ་པའང་མཛད། དེའི་ཕྱི་ལོ་དཔལ་གསང་བ་འདུས་པའི་རྫོགས་རིམ་རིམ་པ་ལྔ་རབ་ཏུ་གསལ་བའི་སྒྲོན་མེ་ཞེས་བྱ་བའི་ལེགས་པར་བཤད་པའི་གཏེར་ཆེན་པོ་དེ་ཉིད་དང་། རིམ་ལྔ་གདན་རྫོགས་ཀྱི་ཁྲིད་ཡིག་དང་བཅས་པའང་མཛད་ནས་ཐེག་པ་ཆེན་པོའི་ཆོས་ཀྱི་འཁོར་པ་དཔག་ཏུ་མེད་པ་སྐྱོལ་བར་མཛད་དོ། །

དེ་ནས་དགུང་ལོ་ལྔ་བཅུ་ང་བདུན་པའི་ཐོག་ཏུ་རྒྱལ་བའི་བསྟན་པ་ཆེས་ཆེར་རྒྱས་པ་བདུད་སྡིག་ཏོ་ཅན་གྱིས་མ་བཟོད་ནས་བར་ཆད་ཀྱི་མཚན་མ་ཅི་རིགས་བྱུང་བ་བྱམས་སྙིང་རྗེ་བྱང་ཆུབ་ཀྱི་སེམས་ཀྱི་མཐུ་དང་། འོད་གསལ་བདེ་བ་ཆེན་པོའི་ཡེ་ཤེས་ཀྱི་མཐུས་བཟློག་པར་མཛད། དེ་ཡང་སྔོན་ཐུབ་པའི་དབང་པོས་བདུད་བྱེ་བ་ཕྲག་དུང་ཕྱུར་བྱམས་པའི་དཔུང་གིས་བཟློག་པར་མཛད་པ་ཇི་ལྟ་བ་དེ་བཞིན་དུ་མཛད་དེ་ལྟ་དང་བཅས་པའི་འགྲོ་བ་ཐམས་ཅད་ཀྱི་དབུགས་ཕྱིན་པ་ཐོབ་པར་གྱུར་ཏོ། །དེ་ནས་ལོ་དེའི་ཕྱི་ལོ་མི་དབང་གྲགས་(༣༢༦ན)པ་རྒྱལ་མཚན་པས་གསོལ་བ་བཏབ་ནས་འོན་བཀྲ་ཤིས་རྡོ་ཁར་གདན་དྲངས། སོ་སོར་འཇོན་པ་བརྒྱ་ཕྲག་དུ་མ་ལ་དབུ་ཚད་དང་ལམ་

རིམ་ལ་སོགས་པའི་ཆོས་མང་དུ་གསུངས་ནས་ཕྱོགས་དེའི་སྐྱེ་བོ་མཐའ་དག་ཚིམ་པར་མཛད་དོ། །རྗེ་རིན་པོ་ཆེའི་སྐུ་བཀྲ་ཤིས་རྫོ་ཁ་མར་གྲགས་པའི་བྱིན་རླབས་ཅན་འདི་རྣམས་ཀྱང་དེ་དུས་བྱུང་བ་ཡིན་ནོ། །དེ་ནས་དགའ་ལྡན་རྣམ་པར་རྒྱལ་བའི་གླིང་དུ་ཕྱིར་ཕེབས། དེ་ནས་བརྩམས་ཏེ་རིམ་པ་བཞིན་དུ་དཔལ་འཁོར་ལོ་བདེ་མཆོག་ལཱུ་ཧི་པའི་ཏིཀྐ་ཆེན་མོ་དང་། རྫོགས་རིམ་རྣལ་འབྱོར་བཞི་ལྡན་གྱི་ཁྲིད་ཡིག་ཆེ་ཆུང་། བདེ་མཆོག་གི་སྒྲུབ་ཐབས། དཔལ་གསང་བ་འདུས་པའི་རྩ་རྒྱུད་དང་འགྲེལ་པ་སྒྲོན་གསལ་གྱི་ཞུས་དག་དག་ཐེར་ཅན་མཛད་ནས། ཚིག་དོན་ཤིན་ཏུ་ཞིབ་པར་འཆད་པའི་མཆན་བུ་དང་། ལེའུ་སོ་སོ་དང་སྤྱིའི་དཀའ་བའི་གནས་རྣམ་པར་གཏན་ལ་འབེབས་པའི་མཐའ་གཅོད་དང་། དོན་ཚན་སོ་སོའི་དམིགས་འབྱེད་པའི་བསྡུས་དོན་དང་བཅས་པ་མཛད་ཅིང་། རྒྱུད་སྡེ་བཞི་དང་འབྲེལ་བའི་བཤད་པ་མཐའ་དག་པ་རྒྱུན་མ་ཆད་པར་གསུངས་པས་རྒྱལ་བའི་བསྟན་པ་རིན་པོ་ཆེའི་སྙིང་པོ་མཐའ་དག་ཉམས་ན་མིང་ཙམ་ཡང་མེད་པར་གྱུར་པ་གཞི་ནས་བསླངས་ཏེ་ལེགས་པར་གསལ་བར་མཛད་པས་གངས་ཅན་པ་རྣམས་ལ་རྒྱལ་བ་བས་ཀྱང་བཀའ་དྲིན་ཆེ་བར་གྱུར་པ་ཡིན་ནོ། །དེ་ནས་ལུག་ལོའི་དབྱར་ནས་འགོ་བརྩམས་སྟགས་ཀྱི་བསྒྲུབ་མཆོད་ཁང་པ་ཞིག་གསར་དུ་བསྒྲུབ་པའི་ཞལ་བཀོད་(༣༤༥བ)མཛད་དེ་གཙུག་ལག་ཁང་ཁྲམས་གཙང་ཁང་དང་བཅས་པ་ཀ་བ་བདུན་ཅུ་རྩ་གཉིས་ཀྱི་ས་ལ། དབུས་ཀྱི་གཙང་ཁང་དུ་སྟོན་པའི་སྐུ་རྗེ་བོ་རིན་པོ་ཆེའི་སྐུ་ཚད་ལས་ཅུང་ཞིག་གིས་ཆེ་བ་དང་། སྙིང་གི་གཙང་ཁང་དུ། དཔལ་གསང་བ་འདུས་པ་ལྷ་སུམ་ཅུ་རྩ་གཉིས། དཔལ་འཁོར་ལོ་བདེ་མཆོག་ལཱུ་ཧི་པ་ལྷ་དྲུག་ཅུ་རྩ་གཉིས། དཔལ་རྡོ་རྗེ་དབྱིངས་ཀྱི་དཀྱིལ་འཁོར་ཆེན་པོ་རྣམས་ཀྱི་རྟེན་དང་བརྟེན་པར་བཅས་པའི་གཞལ་ཡས་ཁང་བློས་བསླངས་རྣམས་རྒྱུན་རིན་པོ་ཆེ་འབའ་ཞིག་ལས་བསྒྲུབས། དེ་ཡང་གཞལ་ཡས་ཁང་དང་ལྷ་གཞན་རྣམས་ཟངས་ལ་གསེར་གསོལ་བ། གཙོ་བོ་རྣམས་དང་།

ཕྱོགས་ཀྱི་དེ་བཞིན་གཤེགས་པ་དང་སྙིང་པོའི་རྣལ་འབྱོར་མ་རྣམས་དབྱུལ་བཟང་པོ་འབའ་ཞིག་ལས་བཞེངས་པའི་གཙོ་བོ་ཡུམ་དང་བཅས་པ་རྣམས་རེ་རེ་ལའང་དབྱུལ་བྲེ་ཆེན་གཉིས་ལྷག་རེ་དང་རྡོར་དབྱིངས་ཀྱི་གཙོ་བོ་ལ་དབྱུལ་བྲེ་ཆེན་གཉིས་མ་ལོངས་ཙམ་དང་། འཁོར་གྱི་ལྷ་བཅུ་གཉིས་ལ་རེ་རེ་ལའང་དབྱུལ་བྲེ་ཆེན་ཕྱེད་དང་གཉིས་རེ་ཙུང་མ་ལོངས་ཙམ་དང་བཅས་པ་དང་། དེ་དག་ལ་རིན་པོ་ཆེ་དང་། གཡུ་རྙིང་བཟང་པོ་དཔག་ཏུ་མེད་པའི་ཕྲ་བསམ་གྱིས་མི་ཁྱབ་པ་དང་། གཞན་ཡང་རྗེ་བཙུན་འཇམ་པའི་དབྱངས། རྒྱལ་བ་ཆེ་དཔག་མེད། རྗེ་བཙུན་བྱམས་མགོན། བཅོམ་ལྡན་འདས་རྡོ་རྗེ་འཇིགས་བྱེད་ཞལ་ཕྱག་ཡོངས་སུ་རྫོགས་པ་རྣམས་ཀྱི་གསེར་སྐུ་མདའ་ཚད་རེ་དང་། བཅོམ་ལྡན་འདས་གཙུག་ཏོར་རྣམ་པར་རྒྱལ་མ་དང་། གཙུག་ཏོར་གདུགས་དཀར་གཉིས་ཀྱི་གསེར་སྐུ་ཁྲུ་ཚད་རེ་དང་། གོས་དར་བཟང་པོ་མཐའ་ཡས་པ་(༣༨༧ན) བརྟངས་པའི་དར་འདམ་འབའ་ཞིག་ལས་བསྒྲུབས་པའི་བཅོམ་ལྡན་འདས་རྡོ་རྗེ་འཇིགས་བྱེད་ཞལ་ཕྱག་ཡོངས་སུ་རྫོགས་པའི་སྐུ་ལ་རྒྱབ་མཐོ་བཅུ་བདུན་ཡོད་པ་རྣམས་བཞེངས་ཤིང་། དེ་དག་ཐམས་ཅད་ཀྱང་ལྷ་བཟོའི་བཟོ་ཐིག་དང་ཕྱག་ཚད་ཕལ་པ་མ་ཡིན་པར། ཤྲཱི་རིའི་བུ་དང་ཚངས་པ་ཨེ་ཊའི་བུ་ལ་སོགས་པས་ཞུས་པའི་ཕྱག་ཚད་ཀྱི་ཡི་གེའང་མང་དུ་ཡོད་མོད་ཀྱི་གཙོ་བོར། དཔལ་འཁོར་ལོ་བདེ་མཆོག་སྡོམ་པ་འབྱུང་བའི་རྒྱུད་ཀྱི་ལེའུ་གཅིག་གིས་ལྷའི་ཕྱག་ཚད་ཞིབ་པར་སྟོན་ཅིང་། དེའི་རྒྱ་ཆེར་འགྲེལ་རཏྣ་རཀྵི་ཏས་ཁྱད་པར་ཞིབ་ཏུ་གཏན་ལ་ཕབ་པ་དང་། དཔལ་གཤིན་རྗེ་གཤེད་དམར་པོ་དང་ནག་པོའི་རྒྱུད་གཉིས་ཀྱི་ལེའུ་རེ་རེས་ལྷའི་ཕྱག་ཚད་སྟོན་པ་རྣམས་ཀྱང་ལེགས་པར་བསྒྲིགས་པའི་ཐིག་ཁོག་ནས་དྲངས་ཏེ། ལྷ་རྣམས་རྒྱལ་བས་གསུངས་པའི་ཕྱག་ཚད་དང་ལྡན་པར་བཞེངས་ཤིང་། དེ་དག་རྣམས་ལའང་རྒྱུའི་བྱིན་རླབས་སོགས་ཚུལ་བཞིན་དུ་མཛད་པས་གེགས་མེད་ཅིང་ཁྱད་པར་ཅན་གྲུབ་སྟེ། ལུགས་བཏང་བ་ལ་འདི་འདྲ་བའི་ལུགས

འདྲེན་བདེ་བ་དང་མཚར་བ་སྔར་འོང་མ་མྱོང་ཞེས་ལྷ་བཟོ་བ་དག་ཟེར་ལ། ཐམས་ཅད་ཀྱང་བལྟས་པ་ཙམ་གྱིས་ཡིད་འཕྲོག་པར་བྱེད་པའི་མིག་གི་བདུད་རྩི་འབའ་ཞིག་ཉེ་བར་བྱོན་ནོ། །དེ་དག་ལས་ཀྱང་། ཁྱད་པར་དུ་གཞལ་ཡས་ཁང་གསུམ་བཞེངས་པའི་ལུགས་སྐུ་མ་བཏང་བའི་ལུགས་ཐུད་ལ། དཔའ་བོ་ཁཎྜ་ཀ་པཱ་ལ་འཇའ་ཚོན་མ་བྱོན་ཏེ། དེ་ཡང་རྒྱུ་ཟངས་ཡིན་ཡང་ལུགས་ཀོང་ནས་(༣༨༧བ)བྱོན་མ་ཁད་པ་ཟངས་ཀྱི་ཁ་དོག་ཡུངས་འབྲུའི་རྡེས་ཙམ་ཡང་མི་མངོན་པར་སྐུ་ཐམས་ཅད་འོད་ཟེར་ལྔའི་གོང་བུར་གྱུར་པའི་སྔོན་པོ་རྣམས་ནི་རྒྱ་མཐིང་བཟང་པོའི་མདངས་ཀྱིས་བསྒྲན་དུ་མེད་ལ། དམར་པོ་དག་ནི་ད་ཆུ་བཏུལ་མ་བཟང་པོའི་ཁ་དོག་ལས་བདུན་འགྱུར་གྱིས་ལྷག་ཅིང་། དམར་སེར་དག་ནི་ལི་ཁྲིའི་མདངས་མོག་མོག་པོར་བྱེད་ལ། སེར་པོ་དག་ནི་གསེར་བཟང་པོའི་རྒྱན་གྱི་མདངས་ཀྱང་ར་གན་ལྟར་བྱེད་པ། གཞན་ཡང་དཀར་པོ་དང་། ལྗང་གུ་དང་། བཙོད་ཀྱི་ཁ་དོག་སོགས་དུ་མ་སྤེལ་བ་ནམ་མཁའི་འཇའ་ཚོན་སྐུ་ལ་འཁྲུད་པའི་རྣམ་པ་ལྟ་བུ་མིག་གིས་བཟོད་པར་བཀའ་བའི་འོད་ཟེར་གྱི་ཕུང་པོ་ཆེན་པོ་ཞིག་བྱོན་ཏེ། བྲད་བརྡར་སོགས་ཙུང་ཟད་ཀྱང་མ་བྱས་ཀྱང་། ཤིན་ཏུ་འཇམ་ཞིང་གཙང་བ་ཤིན་ཏུ་ངོ་མཚར་བར་གྱུར་ནས། འདི་ལྟ་བུ་ཅི་ཞིག་ཅེས་གཟིགས་སུ་ཕུལ་ཞིང་། དག་བྱེད་ཀྱི་རྫས་དུ་མས་ཤིན་ཏུ་དག་པར་བྱི་དོར་བྱས་ཀྱང་སྔར་ལས་ཀྱང་འོད་ཟེར་རྣམས་ཆེས་ཆེར་ཁ་དོག་གསལ་བར་གྱུར་ནས། ལུགས་ཁ་བཅད་པའི་མཚམས་ལ་བལྟས་པས་ཟངས་ཀྱི་ཁ་དོག་ཐམས་ཅད་ཀྱང་དེ་འདྲ་བ་འབའ་ཞིག་ཏུ་གནས་འགྱུར་ནས་བཅད་མཚམས་འོད་ཟེར་སྣ་ལྔར་ཁྲིག་གེ་སྣང་ངོ་། །

རྗེའི་ཞལ་ནས་རྟེན་འདི་ལ་རྒྱན་དང་ན་བཟའ་ཁྱད་པར་ཅན་ཕུལ་ལ་གསོལ་བ་ཐོབ་བྲད་བརྡར་མ་བྱེད་ཅེས་གསུང་ངོ་། །དེ་ལྟར་རྟེན་དེ་རྣམས་དང་གཙུག་ལག་ཁང་དང་བཅས་པ་རགས་རིམ་ཞིག་ལོ་དེ་ཁའི་ཁོངས་སུ་གྲུབ། ཉེ་སྐོར་གྱི་དགེ་འདུན་གྱི་སྡེ་

རྣམས་དང་། ཕྱུགས་ལྷས་ཀྱི་གྲོང་(༣༨༨ན)པ་སྐྱེ་བོའི་ཚོགས་དང་བཅས་པ་ཐམས་ཅད་བསགས་ཏེ་རབ་སྟོན་བཟང་པོ་སྨད་དུ་བྱུང་བ་མཛད་ཅིང་། རྒྱུད་སྡེ་ནས་གསུངས་པའི་ཚོག་རྣམ་པར་དག་པས་རབ་ཏུ་གནས་པ་ཕུན་སུམ་ཚོགས་པ་རྒྱས་པར་མཛད་དེ། དེ་ཕྱིན་ཆད་དབུ་རུ་སྟོད་སྨད་ཀྱི་ཕྱོགས་ཀུན་ཏུ་ལོ་ལེགས་པ་དང་། ཆར་ཆུ་དུས་སུ་འབབ་པ་དང་བཤད་སྒྲུབ་རྒྱས་པ་ལ་སོགས་པའི་ཁྱད་པར་སྔར་ལས་ཕུལ་དུ་བྱུང་བའི་ངོ་མཚར་དང་ལྡན་པར་གྱུར་ཏོ། །ཁྱི་ལོ་ལ་སྡེ་སྣོད་འཛིན་པ་བརྒྱ་ཕྲག་དུ་མ་ཕྱོགས་མཐའ་དག་ནས་བྱོན་པ་དང་། གཉུག་མར་གནས་པའི་དགེ་འདུན་དང་བཅས་པ་ལ་དགེ་ལྡན་ཉིད་དུ་ཆོས་ཀྱི་འཁོར་ལོ་རྒྱུན་མ་ཆད་པར་བསྐོར་ཞིང་། དཔལ་གསང་བ་འདུས་པའི་འགྲེལ་པ་སྒྲོན་གསལ་མཆན་དང་བཅས་པ་དང་། བཤད་རྒྱུད་འགའ་ཞིག་དང་། རིམ་ལྔའི་ཁྲིད་རྒྱས་པ་དང་། སྦྱོར་བ་ཡན་ལག་དྲུག་པའི་ཁྲིད་རྒྱས་པ་དང་། དུས་ཀྱི་འཁོར་ལོའི་འགྲེལ་ཆེན་དྲི་མ་མེད་པའི་འོད་ཀྱི་བཤད་པ་ཆེས་ཞིབ་པ་དང་། གཞན་ཡང་དབུ་ཚད། བདེ་མཆོག །ལམ་རིམ་ལ་སོགས་པའི་ཆོས་ཟབ་ཅིང་རྒྱ་ཆེ་བ་དཔག་ཏུ་མེད་པ་གསུངས། དེའི་དབྱར་དང་སྟོན་ལ་གཙུག་ལག་ཁང་གི་ཁྱམས་ལ་ཡོགས་བྲིས་ཀྱང་གྲུབ་པ་མཛད། དབུ་མ་ལ་འཇུག་པའི་རྣམ་བཤད་ཆེན་མོ་མཛད་པའང་ལེགས་པར་རྫོགས་པར་མཛད་དོ། །ལོ་དེའི་གཞུག་ནས་ཐུགས་ཀྱི་དགོངས་པ་དང་སྟ་གོན་མཛད་ནས། དཔལ་གསང་བ་འདུས་པའི་རྩ་རྒྱུད་འགྲེལ་(༣༨༨བ)པ་སྒྲོན་གསལ་དང་བཅས་པ་པར་དུ་བརྐོ་བའི་སྦྱོར་བ་ཉེ་བར་བརྩམས་པས་འབད་རྩོལ་མེད་པར་ཕག་ལོའི་ནང་དུ་ལེགས་པར་མཐར་ཕྱིན་པར་མཛད་ལ་ཕག་ལོ་ལ་སྡེ་སྣོད་འཛིན་པ་མཐའ་ཡས་པ་ལ་དཔྱིད་དང་དབྱར་གྱི་རིང་ལ་དཔལ་འཁོར་ལོ་བདེ་མཆོག་གི་རྩ་བའི་རྒྱུད་ལ་སོགས་པའི་ཆོས་དཔག་ཏུ་མེད་པ་གསུངས་ཤིང་། བདེ་མཆོག་རྩ་རྒྱུད་ཀྱི་ཊཱི་ཀཱ་སྨད་དུ་བྱུང་བའི་རྩོམ་པའང་རྫོགས་པར་མཛད་དོ། །

རྗེ་ཐམས་ཅད་མཁྱེན་པ་ཆེན་པོའི་མཛད་པའི་གཙོ་བོ་ནི་གདུལ་བྱ་རྣམས་ལ་ཆོས་བསྟན་ནས་སྨིན་ཅིང་གྲོལ་བར་མཛད་པ་འདི་ཡིན་ལ། མཛད་པ་དེ་ནི་ཕྱོགས་བཅུའི་རྒྱལ་བ་སྲས་བཅས་ཐམས་ཅད་ཀྱི་ཡང་མཛད་པའི་གཙོ་བོ་ཡིན་ཏེ། མཛད་པ་ཀུན་ལས་གསུང་གི་ནི། །མཛད་པ་མཆོག་ཡིན་དེ་ཡང་ནི། །འདི་ཉིད་ཡིན་ཕྱིར་མཁས་པ་ཡིས། །འདི་ལས་སངས་རྒྱས་རྗེས་དྲན་བགྱིས། །ཞེས་གསུངས་པ་ལྟར་རོ། །དེས་ན་གངས་རིའི་ཁྲོད་འདིར་རྗེ་ཐམས་ཅད་མཁྱེན་པ་དང་མཛད་པ་མཚུངས་པ་སུ་ཡང་མ་བྱོན་ཏེ། སྔོན་རྒྱ་གར་འཕགས་པའི་ཡུལ་དུ་རྒྱལ་བ་མྱ་ངན་ལས་འདས་ནས་རྒྱལ་བའི་བསྟན་པ་འཛིན་ཅིང་སྤེལ་བ་ལ་འཕགས་པ་ཀླུ་སྒྲུབ་དང་མཚུངས་པ་སུ་ཡང་མ་བྱུང་བས་འཕགས་པ་ཀླུ་སྒྲུབ་ནི་རྒྱལ་བའི་བསྟན་པ་ལ་རྒྱལ་བ་ཉིད་ལྟར་བཀའ་དྲིན་མཚུངས་པ་མེད་པའོ་ཞེས་འཕགས་ཡུལ་གྱི་མཁས་གྲུབ་ཐམས་ཅད་མཐུན་པར་གླེང་ལ་དེ་བཞིན་དུ་བོད་ཡུལ་གངས་ཅན་གྱི་ལྗོངས་འདིར་ཡང་རྒྱལ་བའི་བསྟན་པ་འཛིན་ཅིང་སྤེལ་བའི་སེམས་དཔའ་ཆེན་པོ་བགྲང་བ་ལས་འདས་པ་བྱོན་མོད་ཀྱང་། (༣༥༩ན)རྒྱལ་བས་གསུངས་པའི་མདོ་སྔགས་ཀྱི་བསྟན་པ་ཡོངས་སུ་རྫོགས་པ་འཛིན་ཅིང་སྤེལ་བ་ལ་རྗེ་ཐམས་ཅད་མཁྱེན་པ་འདི་དང་མཚུངས་པ་སུ་ཡང་མ་བྱུང་བས་གངས་རིའི་ཁྲོད་འདིར་རྒྱལ་བསྟན་སྤེལ་བ་ལ་རྒྱལ་བ་རང་ཉིད་སླར་བྱོན་པ་ལྟར་རྣམ་པ་ཀུན་ནས་མཚུངས་པ་མེད་ཅིང་བཀའ་དྲིན་བླ་མེད་པར་གྱུར་ཏོ། །དེ་ཡང་བདག་ཅག་གིས་རྗེ་བདག་ཉིད་ཆེན་པོ་ལ་དེ་ལྟར་བསྟོགས་པ་དེ་རང་ཉིད་རྗེས་འཇུག་ཡིན་པ་རྒྱུ་མཚན་དུ་བྱས་ཏེ་མི་བདེན་བཞིན་དུ་འདུ་ཤེས་བསྒྱུར་ནས་བརྗོད་པ་མ་ཡིན་གྱི། དོན་ལ་གནས་པའི་རང་བཞིན་བརྗོད་པ་སྟེ། ཐུབ་བསྟན་པདྨོའི་ཚལ་ལ་འཛིག་རྟེན་འདིར། །ཁྱོད་ནི་རྒྱལ་བའི་ཉི་མ་ཇི་བཞིན་ཞེས། །མི་ཕམ་མགོན་པོས་ཁྱོད་ལ་མངོན་སུམ་དུ། །དབུགས་དབྱུང་མཆོག་ཏུ་བསྔགས་ལ་གསོལ་བ་འདེབས། །ཞེས་གསུངས་པ་ལྟར་རྗེ་རིན་པོ་ཆེ་ཙ་རི་ནས་བྱོན་ཏེ་མོ་ལའི་

ལ་རྟེན་ཕེབས་པའི་ཚེ་རྗེ་བཙུན་བྱམས་པ་མགོན་པོ་དངོས་སུ་བྱོན་ཏེ། ཕྱག་གཡས་པ་རྗེའི་དབུ་ཐོག་ཏུ་བཞག་ནས་རིགས་ཀྱི་བུ་ཁྱོད་ནི་རྒྱལ་བའི་བསྟན་པ་ལ་རྒྱལ་བ་རང་ཉིད་སླར་བྱོན་པ་ལྟ་བུར་འགྱུར་བ་ཤེས་པར་གྱིས་ཤིག་ཅེས་ལུང་བསྟན་པ་དང་དབུགས་དབྱུང་བ་མཛད་པ་ལྟར་རོ། །

དེ་ལའང་འདི་སྐམ་དུ་མདོ་ལས། དགེ་སློང་དག་གམ་མཁས་རྣམས་ཀྱིས། །བསྲེགས་བཅད་བརྡར་བའི་གསེར་བཞིན་དུ། །ལེགས་པར་བརྟགས་ལ་ང་ཡི་བཀའ། །བླང་བར་བྱ་ཡི་གུས་ཕྱིར་མིན། །ཞེས་དང་། ཚད་མ་(༣༥༨ཁ)རྣམ་འགྲེལ་ལས། བརྗོད་པར་འདོད་པའི་གཞན་དབང་ཕྱིར། །སྨྲ་རྣམས་གང་ནའང་མེད་མ་ཡིན། །དེ་ཡོད་པས་ན་དོན་གྲུབ་ན། །ཐམས་ཅད་ཀྱིས་ནི་ཐམས་ཅད་གྲུབ། །ཅེས་གསུངས་པ་ལྟར། འདི་འདིའོ་ཞེས་བརྗོད་པའི་ཚིག་ཙམ་དང་ལུང་ཙམ་གྱིས་མཆོག་ཏུ་སྒྲུབ་པར་མི་ནུས་ཏེ། གཞན་དུ་ན་བླ་མ་གཞན་དག་ཐམས་ཅད་ལའང་འདི་འབའ་ཞིག་བླ་མེད་པའོ་ཞེས་བརྗོད་པས་ཆོག་གོ་སྙམ་ན། དེ་ནི་བདེན་ཏེ། གངས་རིའི་ཁྲོད་འདིར་རྒྱལ་བསྟན་འཛིན་ཅིང་སྤེལ་བ་ལ་རྗེ་ཐམས་ཅད་མཁྱེན་པ་ཉིད་མཚུངས་བླ་མེད་པའོ་ཞེས་བརྗོད་པ་ནི་ལུང་ཙམ་ལ་སྐྱབས་བཅོལ་ནས་བརྗོད་པ་མིན་གྱི། ཚུལ་འདི་ནི་དྲི་མ་མེད་པའི་རིགས་པས་ལེགས་པར་གྲུབ་པ་ཡིན་ནོ། །ཇི་ལྟར་ཞེ་ན་ཚུལ་འདི་ལ་འབྲས་བུའི་རྟགས་དང་། སྣང་རུང་མ་དམིགས་པའི་རྟགས་དང་། ཡིད་ཆེས་ཀྱི་རྟགས་ཡང་དག་གསུམ་གྱི་སྒོ་ནས་ངེས་ཤེས་བསྐྱེད་པར་བྱར་ཡོད་དེ། འབྲས་བུའི་རྟགས་ལས་ཤེས་ཚུལ་ནི། རྗེ་བཙུན་བྱམས་པས། གང་དང་ཡང་དག་ལྡན་པས་ཐུབ་རྣམས་རྣམ་པ་ཀུན་ལྡན་སྣ་ཚོགས་འདི་གསུངས་པ། །ཞེས་གསུངས་པ་ལྟར་གདུལ་བྱ་རྣམས་ལ་མཐོ་རིས་དང་ཐར་པ་དང་ཐམས་ཅད་མཁྱེན་པར་བགྲོད་པའི་ལམ་ཚང་ལ་མ་ནོར་བ། སངས་རྒྱས་དངོས་སུ་བྱོན་ཡང་དེ་ཕན་དུ་གསུང་དུ་མེད་པ་བྱང་ཆུབ་ལམ་རིམ་ཆེ་ཆུང་དང་། རྡོ་རྗེ་འཆང་ཆེན་པོའི

ལམ་གྱི་རིམ་པ་དང་། རིམ་ལྔ་གསལ་བའི་(༣༩༠ན)སྒྲོན་མེ་སོགས་མདོ་སྔགས་ཀྱི་གསུང་རབ་དགོངས་འགྲེལ་དང་བཅས་པའི་དོན་གྱི་སྙིང་པོ་མཐའ་དག་དྲི་མ་མེད་པའི་རིགས་པའི་ལམ་ནས་དྲངས་ཏེ་ངེས་པ་གཏིང་ཚུགས་པར་བསྐྱེད་པའི་བསྟན་བཅོས་ཆེན་པོ་འདི་དག་ལས་དཔག་པར་ནུས་སོ། །དེ་ཡང་ཚད་མ་རྣམ་འགྲེལ་ལས། བླང་དང་དོར་བྱའི་དེ་ཉིད་ནི། །ཐབས་དང་བཅས་པ་རིག་མཛད་པ། །གང་དེ་ཚད་མ་ཉིད་འདོད་ཀྱི། །ཐམས་ཅད་རིག་མཛད་མ་ཡིན་ནོ། །རིང་པོ་མཐོང་ངམ་མིན་ཡང་རུང་། །འདོད་པའི་དེ་ཉིད་མཐོང་བ་ཡིན། །ཞེས་གསལ་བར་གསུངས་པ་ལྟར་རོ། །སྣང་རུང་མ་དམིགས་པའི་རྟགས་ཀྱིས་བསྒྲུབ་པ་ནི། །རྒྱལ་བའི་མདོ་སྔགས་ཀྱི་བསྟན་པ་སྤེལ་བ་ལ་ཕྱོགས་འདིར་རྗེ་ཐམས་ཅད་མཁྱེན་པ་དང་མཚུངས་པ་གཞན་མ་བྱུང་སྟེ། རྗེ་བླ་མ་འདི་དང་མཚུངས་པ་གཞན་ཞིག་ཡོད་ན་འདིའོ་ཞེས་བསྟན་རྒྱུ་དགོས་པ་ལ་མི་སྣང་བའི་ཕྱིར་རོ། །དེ་ཡང་སྔོན་དུས་འཕགས་མཆོག་ཐུགས་རྗེ་ཆེན་པོ་མི་རྗེའི་རྣམ་པར་བྱོན་པ་ཆོས་རྒྱལ་སྲོང་བཙན་སྒམ་པོ་སོགས་སྤྲུལ་པའི་ཆོས་རྒྱལ་མེས་དབོན་རྣམ་གསུམ་དང་། སད་མི་མི་བདུན་སོགས་བསྟན་པ་སྔ་དར་ལ་བྱོན་པ་དེ་རྣམས་དང་། བསྟན་པ་ཕྱི་དར་ལ་ལྷོ་བྲག་མར་པ་ལོ་ཙྪ་དང་། འབྲོག་མི་ལོ་ཙྪ་བ་དང་། རྗེ་འགོས་དང་། ར་ལོ་ཆེན་པོ་སོགས་ལོ་ཙྪ་བ་བཀའ་དྲིན་ཅན་མང་པོ་དང་། རྣལ་འབྱོར་གྱི་དབང་ཕྱུག་མི་ལ་རས་པ་སོགས་གྲུབ་པའི་གོ་འཕང་མཐོན་པོར་བྱོན་པའི་སྐྱེས་བུ་དམ་པ་མང་དུ་བྱོན་མོད་ཀྱང་(༣༩༠བ)རྒྱལ་བས་གསུངས་པའི་མདོ་སྔགས་ཀྱི་བསྟན་པ་ཡོངས་རྫོགས་སྤེལ་བ་ལ་རྗེ་བླ་མ་འདི་དང་མཚུངས་པ་སུ་ཡང་མེད་དེ། སྔོན་བྱོན་པ་དེ་དག་ལས་འགའ་ཞིག་གིས་སྔགས་ཕྱོགས་མང་དུ་སྤེལ་ཡང་བསྟན་པའི་རྩ་བ་འདུལ་བ་སྤེལ་ནུས་པ་མ་བྱུང་། སྔགས་ལའང་རྒྱུད་སྡེ་བཞི་གའི་འཇུག་སྒོ་དབང་དང་དམ་ཚིག །སོ་སོའི་ལམ་བགྲོད་ཚུལ་སོགས་རྡོ་རྗེ་འཆང་གི་དགོངས་པ་ཇི་བཞིན་དུ་མཐའ་དག་པར་འཛིན་ཅིང་སྤེལ་

ནུས་པ་དཀོན་པར་བྱུང་ངོ་། །འགའ་ཞིག་གིས་འདུལ་ཁྲིམས་གཙོ་བོར་བྱས་ཏེ་ཅུང་ཟད་རེ་སྤྱོལ་ནུས་པ་བྱུང་ཡང་ཐེག་པ་ཆེན་པོ་སྤྱི་དང་ཁྱད་པར་གསང་སྔགས་སྤྱོལ་ནུས་པ་མ་བྱུང་། འགའ་ཞིག་ལ་རང་རང་གི་ཐུགས་རྒྱུད་ལ་ས་ལམ་གྱི་རྟོགས་པ་ཁྱད་པར་ཅན་འཁྲུངས་ཀྱང་གདུལ་བྱ་འཁྲིད་པའི་ཚེ་ཡི་དམ་རེའི་སྒོམ་བཟླས་ལ་གཙོ་བོར་འཁྲིད་པ་དང་། སྔགས་ཀྱི་བསྐྱེད་རྫོགས་གང་རུང་རེ་གཙོ་བོར་སྟོན་པ་ལས་བསྟན་པ་ཡོངས་རྫོགས་སྤྱོལ་ནུས་པ་མ་བྱུང་ལ། རྗེ་ཐམས་ཅད་མཁྱེན་པ་འདིས་ནི་རྒྱལ་བའི་བསྟན་པའི་ནང་མཛོད་འདུལ་བ་སྤྱོལ་བ་ལ་རྒྱལ་བ་རང་ཉིད་སླར་བྱོན་པ་ལྟ་བུར་མཛད་དེ། འདུལ་བ་ལུང་སྡེ་བཞི་ནས་གསུངས་པའི་དགག་སྒྲུབ་གནང་གསུམ་གྱི་བཅས་མཚམས་ཕྲ་རགས་མཐའ་དག་གདུལ་བྱ་ལ་ངོ་སྤྲོད་དེ་བཅས་པ་སོ་སོའི་དགག་བྱ་ཉོན་མོངས་དང་ཉེས་སྤྱོད་གང་གི་གཉེན་པོར་གསུངས་པ་དང་། དགོས་པ་བཅས་པ་དེ་དང་དེ་དག་བསྲུངས་པ་ལས་སེམས་རྒྱུད་ལ་རྟོགས་པ་གང་དང་གང་ཞིག་སྐྱེ་བ་དང་། ཇི་ལྟར་བསྲུང་ཚུལ་ལུང་གང་གི་ཐད་ནས(༣༤༧ན)གསུངས་པ་དང་། གླེང་གཞི་གང་ལ་བརྟེན་ནས་བཅས་པ་དེ་མཛད་པ་སོགས་མཐའ་དག་པར་ངོ་འཕྲོད་པ་དང་། དེ་ཡང་ཤེས་པ་ཙམ་ལ་མ་བཞག་པར་ཆབ་ལེན་ལྷམ་འབུད། ནུབ་ལྷག་གཙོད་པ། རུང་ཆུ་གདབ་པ་ཡན་ཆད་བཅས་མཚམས་མཐའ་དག་ལག་ལེན་ལ་སྦྱར་ཞིང་ཡུལ་དུས་ཀྱི་དབང་གིས་བཅས་འགལ་གྱི་ཉེས་པ་བྱུང་ན་དེ་མ་ཐག་བཤགས་པ་དང་། བསྡམ་པ་དང་། བྱིན་གྱིས་བརླབ་པ་རྣམས་འདུལ་བ་ནས་གསུངས་པ་ལྟར་བྱས་ཏེ་སྡིག་ལྟུང་དང་ཞག་ཏུ་མི་འགྲོགས་པའི་ཚུལ་ཁྲིམས་རྣམ་པར་དག་པ་ལ་སྦྱར་ཏེ་ནུབ་ཛ་ལན་དྷ་ར་ནས་ཤར་ཕྱོགས་རྒྱ་མཚོ་ཆེན་པོ་ལ་ཐུག་གི་བར་འདུལ་བའི་བཅས་མཚམས་རྣམ་པར་དག་པ་བསྲུང་བའི་དགེ་འདུན་གྱི་སྡེ་ཁྱབ་པ་ད་ལྟའི་བར་དུ་མ་ཉམས་པར་ཐམས་ཅད་ཀྱི་མིག་ལ་སྣང་བ་འདི་ཡིན་ལ། འདི་ལྟ་བུའི་སངས་རྒྱས་ཀྱི་མཛད་པ་བྱེད་པ་པོ་བྱུང་ཕྱོགས

འདི་ར་སུ་ཡང་མ་བྱུང་ངོ་། །དེ་བཞིན་དུ་བྱང་ཆུབ་སེམས་དཔའི་བསླབ་པའི་གནས་ལའང་དང་པོར་སྨོན་སེམས་དང་འཇུག་སྡོམ་ལེན་ལུགས། བླངས་ནས་སྨོན་པའི་བསླབ་བྱ་ཐུན་མོང་དང་ཐུན་མོང་མ་ཡིན་པ་རྣམས་དང་། འཇུག་སྡོམ་གྱི་བསླབ་བྱར་རྩ་ལྟུང་དང་ཉེས་བྱས་བསྲུང་ཚུལ། འཇུག་སྡོམ་གྱི་སྒྲུབ་པའི་བསླབ་བྱ་ཚུལ་ཁྲིམས་རྣམ་པ་གསུམ་མམ་ཕྱིན་དྲུག་དང་བསྡུ་བཞི་ལ་སློབ་ཚུལ། དེ་དག་ཐམས་ཅད་ཐེག་ཆེན་གྱི་མདོ་གང་དང་གང་ནས་གསུངས་ཚུལ། མདོའི་དགོངས་པ་ཤིང་རྟ་ཆེན་པོས་བཀྲལ་ཚུལ། ཤིང་རྟ་ཆེན་(༣༥༡བ)པོའི་ལམ་སྲོལ་འཛིན་པའི་བླ་མ་གོང་མ་གཅིག་ནས་གཅིག་ཏུ་བརྒྱུད་པའི་ཕྱག་ལེན་ལ་སྲུང་ཐབས་ཇི་ལྟར་ཡོད་ཚུལ། དེ་དག་ལས་འདས་ན་བཤགས་པ་ཇི་ལྟར་བྱེད་ཚུལ། དེ་དང་ཐམས་ཅད་ཕྱག་ལེན་ལ་འདེབས་ཚུལ་རྣམས་མཐའ་དག་པར་ཐུགས་སྲས་སེམས་དཔའ་ཆེན་པོ་རྣམས་ལ་ཁྲིད་ཅིང་ཕྱི་རབས་ཀྱི་གདུལ་བྱ་རྣམས་ཀྱི་དོན་དུ་ཚུལ་ཁྲིམས་ལེའུའི་རྣམ་བཤད་བྱང་ཆུབ་གཞུང་ལམ་སོགས་སུ་མཐའ་དག་པར་གཏན་ལ་འབེབས་པར་མཛད་དེ། འདི་ལྟ་བུ་དང་མཚུངས་པ་གངས་རིའི་ཁྲོད་འདིར་སྔོན་མ་བྱུང་བ་ཀུན་ལ་གསལ་བ་ལྟར་རོ། །ཐེག་པ་ཐུན་མོང་བའི་ལམ་གྱི་གནད་ཐམས་ཅད་ཉམས་ལེན་གྱི་རིམ་པར་བསྡུས་ཏེ་རྒྱལ་བའི་གསུང་རབ་དགོངས་འགྲེལ་དང་བཅས་པ་ལས་ཡི་གེ་ན་གཅིག་ཀྱང་དོར་དུ་མེད་པར་གང་ཟག་གཅིག་ལས་དང་པོ་བའི་ས་ནས་སངས་རྒྱས་ཀྱི་སའི་བར་དུ་རིམ་གྱིས་འཁྲིད་པའི་ཉམས་ལེན་དུ་སྒྲིར་ཏེ་གཏན་ལ་འབེབས་པ་བྱང་ཆུབ་ལམ་རིམ་ཆེ་ཆུང་དང་། དེ་ཡང་ཤེར་ཕྱིན་གྱི་མདོ་སྡེ་རིན་པོ་ཆེའི་དོན་རྗེ་བཙུན་བྱམས་པས་གསུངས་པའི་མན་ངག་གི་བསྟན་བཅོས་མངོན་པར་རྟོགས་པའི་རྒྱན་དང་སྦྱར་ཏེ་མཐའ་དག་པར་གཏན་ལ་འབེབས་པའི་བསྟན་བཅོས་ལེགས་བཤད་གསེར་གྱི་ཕྲེང་བ་དང་། འཕགས་པ་ཀླུ་སྒྲུབ་ཀྱི་དགོངས་པ་ལྟར་ཟབ་མོ་དབུ་མའི་ལྟ་བ་མཐའ་དག་པར་གཏན་ལ་འབེབས་པ་རྩ་ཤེའི་རྣམ་བཤད་ཆེན་མོ་རིགས་

པའི་རྒྱ་མཚོ་དང་། དབུ་མ་ལ་འཇུག་པའི་རྣམ་བཤད་དགོངས་པ་རབ་གསལ་དང་། དྲང་བ་དང་ངེས་པའི་དོན་རྣམ་པར་འབྱེད་པ་(༣༩༢ན)ལེགས་བཤད་སྙིང་པོ་ཆེ་བ་དང་། རྒྱལ་བའི་དགོངས་པ་འཕགས་པ་ཀླུ་སྒྲུབ་ཀྱིས་བཀྲལ་བའི་ངེས་དོན་མཐར་ཐུག་རྟེན་འབྲེལ་ཟབ་མོའི་ཚུལ་ཆེས་གསལ་བར་སྟོན་པ་ལེགས་བཤད་སྙིང་པོ་ཆུང་བ་སོགས་སྟོན་མེད་པའི་བསྟན་བཅོས་ཆེན་པོ་འདི་དག་མཛད་ཅིང་། བསྟན་བཅོས་ཆེན་པོ་དེ་དག་གི་བཤད་རྒྱུན་ཡང་ད་ལྟའི་བར་དུ་མ་ཉམས་པར་བཞུགས་པས་འདི་ལྟ་བུའི་སངས་རྒྱས་ཀྱི་འཕྲིན་ལས་ལ་འགྲན་བཟོད་པ་སུ་ཡང་མེད་དོ། །ཚུལ་འདི་དག་ལ་གཟུ་བོའི་བློས་དཔྱད་ན་དེ་བཞིན་ནོ་ཞེས་ཐལ་མོ་སྦྱོར་བ་ལས་འོས་མེད་དེ། སྟོན་དུས་གངས་རིའི་ཁྲོད་འདིར་རིག་གནས་མཐའ་དག་ལ་མཁས་པའི་དབང་པོར་གྲགས་པ་སྟག་ཚང་ལོ་ཙཱ་བས་ཀྱང་ཐོག་མར་ཁོང་རང་རྗེའི་རྗེས་འཇུག་མིན་གཤིས་བྲག་ཅའི་སྒྲ་བཞིན་གཞན་ཟེར་གྱི་རྗེས་སུ་འབྲངས་ཏེ་རྗེའི་གསུང་ལ་དགག་པ་ཅི་རིགས་མཛད་ཀྱང་རྗེས་སུ་ལེགས་བཤད་གསེར་ཕྲེང་སོགས་རྗེའི་གསུང་རྣམས་ལ་བལྟས་ཏེ་ལེགས་པར་བརྟགས་པ་ན་སྔར་བྱས་ལ་གནོང་ཞིང་འགྱོད་པ་དང་། རྗེ་རིན་པོ་ཆེའི་བསྟན་པ་ལ་ཡིད་ཆེས་ཀྱི་དད་པ་གཏིང་ཚུགས་པ་སྐྱེས་ཏེ་བཤགས་པ་དང་སྨོན་ལམ་གྱི་ཚིག །བློ་ཆེན་རྒྱལ་བ་རྣམས་ཀྱི་སྤྱན་སྔ་རུ། །བཟང་པོའི་སྨོན་ལམ་རླབས་ཆེན་གྲུབ་པའི་མཐུས། །གྲགས་པའི་སྒྲ་ཆེན་ཐུབ་བསྟན་འགྲོ་བའི་དཔལ། །བློ་བཟང་གྲགས་པའི་དཔལ་ལ་གུས་ཕྱག་འཚལ། །ཞེས་སོགས་བཤགས་པ་དང་སྨོན་ལམ་མང་དུ་མཛད་ཅིང་། དེའི་རྒྱུ་མཚན་(༣༩༢བ)ཡང་། ཁྱོད་བློའི་ཉི་མ་གཞོན་ནུའི་དུས་ཀྱི་ཚེ། །མདོ་དང་རྒྱུད་ཀྱི་པད་ཚལ་རྒྱས་མཐོང་ནས། །བདག་བློ་ཁྱེངས་པའི་ཀུ་མུད་ལྷག་པར་ཟུམ། །ཟབ་ཡངས་མཁྱེན་པའི་གཏེར་ལ་གསོལ་བ་འདེབས། །ཞེས་སོགས་རྗེའི་གསུང་རབ་རྣམས་ལ་གཟུ་བོའི་བློས་དཔྱད་ནས་ཡིད་ཆེས་སྐྱེས་པ་ཡིན་ཚུལ་གསལ་བར་གསུངས་འདུག་པ

དང་། དེ་བཞིན་དུ་ཀརྨ་པ་མི་བསྐྱོད་རྡོ་རྗེས་ཀྱང་ཕར་ཕྱིན་གྱི་ཊཱིཀྐ་སོགས་ཡིག་ཆ་འགའ་ཞིག་ཏུ་གཞན་གྱི་འདོད་ངོ་དང་བསྟུན་ནས་རྗེ་རིན་པོ་ཆེས་འཕགས་པ་ཀླུ་སྒྲུབ་ཀྱི་དགོངས་པ་ཐུན་མོང་མིན་པ་ཇི་བཞིན་བཀྲལ་བའི་ལྟ་བའི་གནད་རྣམས་ལ་དགག་པ་ཙུང་ཟད་མཛད་ཀྱང་། རྗེས་སུ་ཁོང་རང་གི་མཛད་པའི་ཕར་ཕྱིན་གྱི་ཊཱིཀྐ་དེ་རྒྱལ་བ་དགེ་འདུན་རྒྱ་མཚོ་ལ་ཕུལ་ནས་སེ་འབྲས་ཀྱི་ཆོས་རྗེ་རྣམས་ཀྱིས་འདི་ལ་གཟིགས་ནས་འཐད་མི་འཐད་ཀྱི་དཔྱད་པ་མཛོད་གསུངས་པ་ན། སེ་ར་རྗེ་བཙུན་པས་དཔལ་མགོན་འཕགས་པ་ཀླུ་སྒྲུབ་ཀྱི་དགོངས་པ་རྗེ་རིན་པོ་ཆེས་བཀྲལ་བ་དང་མི་མཐུན་པ་རྣམས་དྲི་མ་མེད་པའི་རིགས་པས་སུན་དབྱུང་སྟེ་མཐའ་ཆོད་པར་མཛད་པ་ཀར་ལན་ཀླུ་སྒྲུབ་དགོངས་རྒྱན་མཛད་ནས། ཀརྨ་པ་མི་བསྐྱོད་རྡོ་རྗེ་ལ་ཕུལ་བ་ན། རྗེ་ཀརྨ་པ་ཤིན་ཏུ་མཉེས་ནས། སེ་ར་རྗེ་བཙུན་པ་ལ་ཞུ་ཡིག་གནང་བར་ཡང་། དེང་སང་གི་སྐྱེ་བོ་བློ་ཆུང་འགའ་ཞིག་རང་རང་གི་ལུགས་ལ་རློམ་ངན་གྱིས་འདི་ཁོ་ན་བདེན་གྱི་གཞན་ནི་གཏི་མུག་གོ་ཞེས་བརྗོད་པ་དག་གི་འདོད་པ་དང་བསྟུན་པའི་བརྗོད་ཚུལ་ཙམ་ལས་ངེད་རང་ནི་རྗེའི་གསུང་རབ་(༣༨༣ན)རྣམས་ལ་ཡིད་ཆེས་ཀྱི་དད་པ་གཏིང་ཚུགས་པར་ཡོད་ཅེས་གསུངས་འདུག་པ་དང་། འབྲུག་པ་མི་ཕམ་པདྨ་དཀར་པོས་ཀྱང་སྐུ་ཚེའི་སྟོད་ལ་ཕྱོགས་སུ་ལྷུང་བའི་སྐྱེ་བོ་འགའ་ཞིག་གི་ཚིག་གི་རྗེས་སུ་ཞུགས་ཏེ་རྗེའི་གསུང་ལ་སྐྱོན་ཅི་རིགས་ཤོར་ཡང་རྗེས་སུ་རྗེའི་གསུང་རབ་རྣམས་ལ་ཞིབ་ཏུ་གཟིགས་པ་ན་ཐུགས་འགྱོད་ཆེན་པོ་སྐྱེས་ཏེ་དགའ་ལྡན་དུ་ཕེབས་ནས་རྗེ་རིན་པོ་ཆེའི་སྐུ་གདུང་ལ་མཆོད་པ་ཚད་མེད་པ་ཕུལ་ཏེ་བཤགས་ཤིང་སྨོན་ལམ་འདེབས་པར་མཛད་པ་དང་། རྗེ་ལ་བསྟོད་པ་མཛད་པའི་ཚིགས་བཅད་ལས་ཀྱང་། ཆོས་ཀྱི་རྒྱལ་པོ་ཆེན་པོ་ཤར་ཙོང་ཁ་པ་བློ་བཟང་གྲགས་པའི་དཔལ་གྱི་ཞབས་ཀྱི་པདྨོ་དྲི་མ་མེད་པ་ལ་ཕྱག་འཚལ་ལོ། །དགེ་ལེགས་ཆུ་གཏེར་ཆེན་པོས་འཛིག་རྟེན་ལ། །བློ་བཟང་ཉིན་མོར་བྱེད་པ་ཁྱོད་སྤྲིན་ཚུལ། །ས་འདི

རྨོངས་པའི་མུན་ལས་རྣམ་རྒྱལ་ཞིང་། །གྲགས་པའི་གཉེར་གྱུར་དེ་ལ་ཕྱག་འཚལ་ལོ། །
གང་དང་རྒྱལ་བ་ཀུན་གྱི་ཡོན་ཏན་ནི། །སྲིད་ལ་གཞལ་བཞིན་ཀླུ་ཡང་མ་མཆིས་པས། །
ལྷ་བརྒྱ་པ་ཡི་གཙུག་རྒྱན་དུ་འོས་པ། །ཐམས་ཅད་མཁྱེན་པ་ཁྱོད་ལ་ཕྱག་འཚལ་ལོ། །
སེང་གེའི་ཁྲི་ལ་སེང་གེའི་སྒྲ་བསྒྲགས་པས། །སྨྲ་བའི་གླང་ཆེན་ཐམས་ཅད་དངངས་གྱུར་
ཕྱིར། །མཚུངས་བྲལ་ཁྱོད་ནི་སེང་གེའི་ང་རོའི་མཚན། །བསྐལ་བཟང་སྒྲོན་མར་གྱུར་
ལ་ཕྱག་འཚལ་ལོ། །ལྷག་པའི་ཚུལ་ཁྲིམས་ཏ་རི་ཙན་དན་བསུང་། ཁྱོད་དྲིན་དྲི་བཞོན་
གྱིས་འདིར་ཁྱོངས་པས་སུ། །འཁོར་བའི་ཚ་གདུང་མིང་ཙམ་ལྷག་གྱུར་(༣༡༨ ༣བ)པས། །
སྐྱོབ་མར་བཅས་པ་བསྟགས་འོས་དེར་ཕྱག་འཚལ། །ཞེས་སོགས་བསྟགས་པའི་ཚིགས་
བཅད་མང་དུ་འབྱུང་བ་ལྟར་རོ། །སྔགས་ཀྱི་སྐོར་ལ་འཇུག་སྒོ་དབང་དང་དབང་དུས་སུ་
ཁས་བླངས་པའི་དམ་ཚིག་དང་སྡོམ་པ་དག་པར་བྱེད་ཚུལ་དེ་ནས་ལམ་བགྲོད་ཚུལ་
རྣམས་མཐའ་དག་པར་འདོམས་པ་ལ་ཛྙེ་རིན་པོ་ཆེ་འདི་གངས་རིའི་ཁྲོད་ན་མཚུངས་ཟླ་
མེད་པ་ཞིག་སྟེ། དེ་ཡང་གསང་སྔགས་རྒྱུད་སྡེ་བཞི་པ་ལ་འཇུག་སྒོ་དབང་བསྐུར་ཚུལ་
མི་འདྲ་བ་དང་། དེའི་དུས་སུ་ཐོབ་པའི་དམ་ཚིག་དང་སྡོམ་པ་བསྲུང་ཚུལ་ལ་ཐུན་མོང་
མ་ཡིན་པའི་ཁྱད་པར་ཡོད་པ་རྣམས་དང་། དེ་ནས་ལམ་བགྲོད་ཚུལ་ལ་རྒྱུད་སྡེ་འོག་མ་
ལ་མཚན་བཅས་དང་མཚན་མེད་ཀྱི་རྣལ་འབྱོར། བླ་མེད་ལ་རིམ་གཉིས་ཀྱི་རྣལ་འབྱོར།
དེ་ལའང་ཕ་རྒྱུད་མ་རྒྱུད་གཉིས་ཀྱི་ཐུན་མོང་མིན་པའི་ཁྱད་པར་མི་འདྲ་བ་མང་དུ་ཡོད་
པ་རྣམས་ཛྙེ་རིན་པོ་ཆེ་འདིས་རྒྱལ་བ་རྡོ་རྗེ་འཆང་སླར་ཡང་ཕྱོགས་འདིར་དངོས་སུ་བྱོན་
པ་ཇི་ལྟ་བར་རྡོ་རྗེ་འཆང་ཆེན་པོའི་ལམ་གྱི་རིམ་པ་གསང་བ་ཀུན་གྱི་གནད་རྣམ་པར་ཕྱེ་
བ་ཞེས་བྱ་བ་སྔོན་མེད་པའི་ལེགས་པར་བཤད་པའི་གཏེར་ཆེན་པོ་འདི་མཛད་ཅིང་།
བྱེ་བྲག་ཏུ་ཕ་རྒྱུད་གསང་བ་འདུས་པའི་ལམ་གྱི་གནད་རྣམས་མཐའ་དག་པར་གཏན་ལ་
འབེབས་པ་ལ་རྩ་རྒྱུད་ཀྱི་འགྲེལ་པ་སྒྲོན་མ་གསལ་བའི་མཆན་འགྲེལ། དཀའ་གནས་

མཐའ་གཅོད། བསྡུས་དོན་བཅས་དང་། རིམ་ལྔའི་ངོ་སྤྲོད་ཆེན་མོ་རིམ་ལྔ་གསལ་བའི་སྒྲོན་མེ་སོགས་སྟོན་མེད་པའི་ལེགས་བཤད་ཆེས་མང་བ་དང་། མ་རྒྱུད་བདེ་མཆོག་ལཱུ་ཨི་པའི་སྒྲུབ་ཐབས་ཀྱི་རྣམ་བཤད་(༣༡༨ན)འདོད་འཇོ་དང་། རྫོགས་རིམ་གྱི་ཁྲིད་ཡིག་ཆེ་ཆུང་དང་བདེ་མཆོག་རྩ་རྒྱུད་ཀྱི་ཊཱི་ཀཱ་ངོ་མཚར་རྨད་དུ་བྱུང་བ་སྟོན་མེད་པའི་ལེགས་བཤད་ཀྱི་གཏེར་ཆེན་པོ་འདི་སོགས་རྡོ་རྗེ་འཆང་དངོས་སུ་བྱོན་ཡང་དེ་ཕན་དུ་གསུང་དུ་མེད་པའི་སྟུགས་ཀྱི་བསྟན་བཅོས་མང་པོ་འོག་ཏུ་གསལ་བ་ལྟར་མཛད་དེ། རྗེ་འདིའི་མཛད་པ་ལྷ་བུ་གངས་རིའི་ཁྲོད་འདིར་སྟོན་ཆད་མ་བྱུང་བ་ཀུན་ལ་མངོན་སུམ་དུ་སྣང་བ་ལྟར་རོ། །

རྗེ་བཙུན་བླ་མ་འདིས་གངས་རིའི་ཁྲོད་འདིར་སངས་རྒྱས་ཀྱི་མཛད་པ་མཛད་པར་ཡིད་ཆེས་པའི་རྟགས་ཀྱིས་སྒྲུབ་པ་ནི། །ལྷོ་བྲག་གྲུབ་ཆེན་ལ་གསང་བའི་བདག་པོས་རྗེ་འདིའི་མཛད་པ་རྣམ་ཐར་ཁྱད་པར་དུ་འཕགས་པ་འདི་ལྟར་གསུངས་པ་རྣམས་དང་། རྗེ་བཙུན་འཇམ་པའི་དབྱངས་ཀྱི་དབུ་མ་པ་དཔའ་བོ་རྡོ་རྗེ་ལ་གསུངས་པ་དང་། ཡང་གྲུབ་ཆེན་འཇམ་དཔལ་རྒྱ་མཚོ་ལ་གསུངས་པ་དང་། རྗེ་རིན་པོ་ཆེ་རང་ཉིད་ལ་སངས་རྒྱས་དང་བྱང་སེམས་མང་པོས་ཞལ་གཟིགས་ནས་ལུང་བསྟན་དང་དབུགས་དབྱུང་བ་མཛད་པ་སྔར་དྲངས་ཟིན་པ་ལྟར་ཤིན་ཏུ་ཡིད་ཆེས་པའི་གནས་སུ་ཡོད་མོད། འོན་ཀྱང་དེ་ཙམ་གྱི་ལུང་ལ་འཆེལ་བ་མིན་པར་དྲི་མ་མེད་པའི་རིགས་པའི་ལམ་སྲོལ་ཤེས་པའི་མཁས་པ་རྣམས་ལ་རྗེ་འདིས་སངས་རྒྱས་ཀྱི་མཛད་པ་མཛད་པར་ཡིད་ཆེས་པའི་རྟགས་སུ་མི་འགྱུར་བས་རྒྱལ་བ་ཉིད་ཀྱི་མདོ་སྔེ་དང་རྒྱུད་སྡེ་ཙོད་མེད་རྒྱ་བོད་གཉིས་ཀར་ཡོངས་སུ་གྲགས་པ་ཞིག་གི་སྟེང་ནས་སྒྲུབ་དགོས་ལ། དེ་ནི་སྔར་དྲངས་ཟིན་པ་ལྟར་ལནྐར་(༣༡༨བ)གཤེགས་པའི་མདོ་དང་། མདོ་སྡེ་གདམས་ངག་འབོགས་པའི་རྒྱལ་པོ་དང་། འཇམ་དཔལ་རྩ་རྒྱུད་རྣམས་ལས་སྒྲུབ་པ་ཡིན་ལ། དེའི་ནང་ནས་ཀྱང་འཇམ་དཔལ་རྩ་

རྒྱུད་ལས། འཇིག་རྟེན་ང་ནི་མྱ་ངན་འདས། །ས་ཡི་སྟེང་འདི་སྟོངས་པ་ན། །ཁྱོད་ཉིད་བྱིས་པའི་གཟུགས་ཀྱིས་ནི། །སངས་རྒྱས་མཛད་པ་བྱེད་པར་འགྱུར། །ཞེས་སོགས་རྒྱལ་བ་མྱ་ངན་ལས་འདས་པའི་འོག་ཏུ་འཇིག་རྟེན་མགོན་མེད་འདྲེན་པ་མེད་པར་གྱུར་པ་ན་རྗེ་བཙུན་འཇམ་པའི་དབྱངས་ཐ་མལ་པའི་གཟུགས་བཟུང་སྟེ་བྱང་ཕྱོགས་ཁ་བ་ཅན་འདིར་སངས་རྒྱས་ཀྱི་མཛད་པ་མཛད་པ་དང་། དེ་ལྟར་མཛད་པ་པོ་དེའི་མིང་བློ་བཟང་ཞེས་པ་དང་གྲགས་པ་ཞེས་པའི་མཚན་འབྱུང་བ་དང་། དེའི་དགོན་གནས་ཀྱི་མིང་ལ་དགའ་ལྡན་ཞེས་འབྱུང་བ་གསལ་བར་ལུང་བསྟན་པ་འདིས་རྗེ་འདི་ཉིད་ཀྱིས་གངས་རིའི་ཁྲོད་འདིར་སངས་རྒྱས་དངོས་སུ་བྱོན་པ་ལྟ་བུའི་མཛད་པ་མཛད་པར་ཀུན་གྱིས་ཡིད་ཆེས་པར་གྲུབ་བོ། །

དེ་ལྟར་རྗེ་རིན་པོ་ཆེ་འདིས་སངས་རྒྱས་ཀྱི་མཛད་པའི་གཙོ་བོ་ཆོས་ཀྱི་འཁོར་ལོ་བསྐོར་བའི་མཛད་པ་ངོ་མཚར་དུ་རྨད་དུ་བྱུང་བ་ཞིང་འདིར་བྱོན་པ་ནས་མཐར་དགའ་ལྡན་ལ་བྱོན་པའི་བར་གོང་འཕེལ་དུ་མཛད་དེ་ཕྱི་རབས་ཀྱི་གདུལ་བྱ་རྣམས་ལ་ཐུགས་བརྩེ་བས་དགོངས་ཏེ་མདོ་སྔགས་ཀྱི་ལམ་བཟང་པོ་རྣམས་འདི་ལྟར་ཡོད་དོ་ཞེས་ཡི་གེར་འགོད་པར་མཛད་པ་ནི། དུས་གསུམ་གྱི་རྒྱལ་བ་ཐམས་ཅད་ཀྱི་བགྲོད་པ་གཅིག་པའི་ལམ་པོ་ཆེ་ཤིང་རྟ་ཆེན་པོ་ཀླུ་སྒྲུབ་དང་ཐོགས་མེད་གཉིས་ཀྱིས་རྒྱལ་བའི་དགོངས་པ་དྲི་མ་མེད་པའི་རིགས་ལམ་ནས་དྲངས་ཏེ་ཡོངས་སུ(༣༨༥ན)རྫོགས་པ་བཀྲལ་བའི་ལམ་སྒྲོལ་སྐྱེས་བུ་ཆུང་འབྲིང་ཆེ་གསུམ་གྱིས་ཉམས་སུ་བླང་བའི་རིམ་པ་ཐམས་ཅད་མ་ཚང་བ་མེད་པར་སྟོན་པའི་མན་ངག་བྱང་ཆུབ་ལམ་རིམ་ཆེན་མོ། དེའི་སྙིང་པོའི་གནད་བསྡུས་པ་ལམ་རིམ་ཆུང་བ། བྱང་ཆུབ་ལམ་གྱི་རིམ་པའི་ཁྲིད་ཀྱི་ས་བཅད། ཤེས་རབ་ཀྱི་ཕ་རོལ་ཏུ་ཕྱིན་པའི་མན་ངག་གི་བསྟན་བཅོས་མངོན་པར་རྟོགས་པའི་རྒྱན་འགྲེལ་པ་དང་བཅས་པའི་རྒྱ་ཆེར་བཤད་པ་ལེགས་བཤད་གསེར་གྱི་ཕྲེང་བ། བྱང་ཆུབ་སེམས

དཔའི་ཚུལ་ཁྲིམས་ཀྱི་རྣམ་བཤད་བྱང་ཆུབ་གཞུང་ལམ། ཞི་ལྷག་གཉིས་ཀྱི་དཀའ་བའི་གནས་རྒྱལ་བའི་དགོངས་པ་ཇི་ཙམ་ཡོད་པར་བཤད་པ། དྲང་བ་དང་ངེས་པའི་དོན་རྣམ་པར་ཕྱེ་བའི་བསྟན་བཅོས་ལེགས་བཤད་སྙིང་པོ། རྗེ་བཙུན་འཇམ་པའི་དབྱངས་ཀྱིས་རྗེ་ལ་གནང་བའི་ལྟ་བའི་གནད་འགག་རྗེ་རེད་མདའ་པར་ཕུལ་བ། དབུ་མའི་ལྟ་ཁྲིད། ཚིག་སྦྱོར་ཕུན་སུམ་ཚོགས་པའི་སྙན་ངག་གི་ལམ་ནས་དྲངས་པའི་བློ་སྦྱོང་། དབུ་མ་རྒྱན་གྱི་ཟིན་བྲིས་རྗེ་རང་གིས་གནང་བ། ཡིད་དང་ཀུན་གཞིའི་དཀའ་བའི་གནས་རྒྱ་ཆེར་འགྲེལ། སུམ་བདུན་ལ་འཇུག་པའི་སློ་དོན་གཉེར་ཡིད་ཀྱི་མུན་སེལ། བསམ་གཟུགས་ཟིན་བྲིས། དབུ་མའི་ལྟ་ཁྲིད་བསྡུས་པ། དགེ་འདུན་ཉི་ཤུ་བསྡུས་པ་དང་ཞུགས་གནས་སྐྱེས་བུ་ཆེན་པོའི་དཀའ་གནས། དབུ་མ་རྩ་ཤེའི་རྣམ་བཤད་རིགས་པའི་རྒྱ་མཚོ། བསྟན་བཅོས་ཆེན་པོ་དབུ་མ་ལ་འཇུག་པའི་རྣམ་བཤད་དགོངས་པ་རབ་གསལ། རྒྱལ་བ་ཁྱབ་བདག་རྡོ་རྗེ་འཆང་ཆེན་པོའི་ལམ་གྱི་རིམ་པ་གསང་བ་(༣༩༥བ)ཀུན་གྱི་གནད་རྣམ་པར་ཕྱེ་བ་ཞེས་བྱ་བ། རྒྱུད་ཀྱི་རྒྱལ་པོ་དཔལ་གསང་བ་འདུས་པའི་མན་ངག་རིམ་པ་ལྔ་གསལ་བའི་སྒྲོན་མེ། རྣམ་གཞག་རིམ་པའི་རྣམ་བཤད་དཔལ་གསང་བ་འདུས་པའི་གནད་དོན་གསལ་བ། རྒྱུད་ཀྱི་རྒྱལ་པོ་དཔལ་གསང་བ་འདུས་པའི་རྫོགས་རིམ་རིམ་ལྔ་གདན་རྫོགས་ཀྱི་དམར་ཁྲིད། འདུས་པའི་བཤད་རྒྱུད་ལྷ་མོ་བཞི་ཞུས་ཀྱི་རྒྱ་ཆེར་བཤད་པ་སྒྲོག་རྩོལ་གྱི་དེ་ཁོ་ན་ཉིད་གསལ་བ་དཔལ་གསང་བ་འདུས་པའི་བཤད་རྒྱུད་ཡེ་ཤེས་རྡོ་རྗེ་ཀུན་ལས་བཏུས་པའི་ཊཱི་ཀཱ། བཤད་རྒྱུད་རྡོ་རྗེ་ཕྲེང་བའི་ཟིན་བྲིས། རྒྱུད་ཀྱི་རྒྱལ་པོ་དཔལ་གསང་བ་འདུས་པའི་རྩ་བའི་རྒྱུད་སྒྲོན་མ་རབ་ཏུ་གསལ་བར་བྱེད་པའི་རྒྱ་ཆེར་བཤད་པ་འཆད་པའི་ས་བཅད་བསྡུས་དོན། དཔལ་གསང་བ་འདུས་པའི་དཀའ་བའི་གནས་ཀྱི་མཐའ་གཅོད་རིན་པོ་ཆེའི་མྱུ་གུ །རྒྱུད་ཐམས་ཅད་ཀྱི་རྒྱལ་པོ་དཔལ་གསང་བ་འདུས་པའི་རྒྱ་ཆེར་བཤད་པ་སྒྲོན་མ་གསལ་བའི་ཚིག་དོན་ཇི་བཞིན་

འབྲེད་པའི་མཚན་གྱི་ཡང་འགྲེལ། རྗེ་བཙུན་འཇམ་པའི་དབྱངས་ཀྱི་གསུང་ཐུན་མོང་མ་ཡིན་པ་རྗེ་རེད་མདའ་པར་ཕུལ་བ། དཔལ་གསང་བ་འདུས་པའི་སྒྲུབ་ཐབས་ཀྱི་ལྷན་ཐབས། དཔལ་གསང་བ་འདུས་པའི་མངོན་རྟོགས་དང་བསམ་གཏན་གྱི་སྒྲུབ་མཆོད་ངག་ཏུ་འདོན་པའི་ལྷན་ཐབས། དཔལ་གསང་བ་འདུས་པའི་སྒྲུབ་ཐབས་རྣལ་འབྱོར་དག་པའི་རིམ་པ། བཞི་བརྒྱ་ལྔ་བཅུ་པའི་སྙོར་གྱི་ཟིན་བྲིས། དཔལ་གསང་བ་འདུས་པ་མི་བསྐྱོད་རྡོ་རྗེའི་དཀྱིལ་འཁོར་གྱི་ཆོག་དབང་གི་དོན་གྱི་དེ་ཉིད་རབ་ཏུ་གསལ་བ། རྡོ་རྗེ་བཟླས་པའི་རིམ་པའི་ཟིན་བྲིས། དགོངས་(༣༨༤ན)པ་བླ་ན་མེད་པའི་རིམ་པའི་ཟིན་བྲིས། མན་ངག་གི་མཐར་ཐུག་བདག་བྱིན་རླབས། མན་ངག་གི་མཐར་ཐུག་མངོན་པར་བྱང་ཆུབ་པའི་རིམ་པའི་བཤད་པ། རིམ་ལྔ་བསྡུས་པའི་ཟིན་བྲིས། རྣལ་འབྱོར་བཞི་རིམ། རྣལ་འབྱོར་བཞིའི་རིམ་པའི་ཊཱིཀྐ། འདུས་པའི་དཀའ་གནད་ཀྱི་ཟིན་བྲིས། རྒྱལ་བས་བྱིན་དང་ཤཱནྟི་པའི་གསང་འདུས་ཀྱི་འགྲེལ་པ་དང་དྲིལ་བས་བྱིན་གྱིས་སྒྲུ་འཕྲུལ་དཀྱིལ་ཆོག་གི་ཟིན་བྲིས། ཁྲོ་བཅུའི་ཟིན་བྲིས། ལྷག་པ་ཡི་ནི་ལྷ་གཅིག་ཉིད་ཅེས་པའི་དོན་བཤད་པ། བསམ་གཏན་ཕྱི་མ། གསང་བ་ཁྱད་གཞི། གྲུབ་ཆེན་བརྒྱད་ཀྱི་བཞུགས་ཚུལ། འཇམ་དཔལ་གསང་ལྡན་གྱི་དཔྱད་པ་ཡོངས་སུ་རྫོགས་ནས་ཟིན་བྲིས་སུ་གནང་བ། ཞི་དགུ་མའི་ཟིན་བྲིས། འཇམ་དཔལ་ཞི་དྲག་གི་བསྲུང་བ། འཇིགས་བྱེད་ཀྱི་ཕྱག་མཚན་སོགས་ཀྱི་བཤད་པའི་ཟིན་བྲིས། རྡོ་རྗེ་འཇིགས་བྱེད་ལྷ་བཅུ་གསུམ་མའི་སྒྲུབ་ཐབས་རིན་པོ་ཆེའི་ཟ་མ་ཏོག །རྡོ་རྗེ་འཇིགས་བྱེད་ཆེན་པོའི་སྒྲུབ་ཐབས་བདུད་ཐམས་ཅད་ལས་རྣམ་པར་རྒྱལ་བ། གཤིན་རྗེ་དགྲ་ནག་གི་སྒྲུབ་པའི་ཐབས་རིན་པོ་ཆེ་འབར་བ། གཤིན་རྗེ་གཤེད་ལྷ་བཅུ་གསུམ་མ་རྣམས་ཀྱི་དཀྱིལ་འཁོར་དུ་དབང་བསྐུར་བའི་ཆོ་ག་རིན་པོ་ཆེའི་ཕྲེང་བ། འཇམ་དབྱངས་ཞི་ཁྲོ་སྒྲུགས་སྒྲུབ་ཐུན་མོང་མ་ཡིན་པ། རྡོ་རྗེ་འཇིགས་བྱེད་སེར་པོ་ལ་བརྟེན་པའི་ཤིན་ཏུ་ཟབ་པའི་མན་ངག །ཡི་གེ་

བཞི་པའི་བསྒྲུང་བ་མན་ངག་རྩ་གསུམ་དང་གཤིན་རྗེ་སྐྱོར་ཚུལ་རྣམས་དང་རྩ་དང་གཤིན་རྗེ་སྐྱོར་ཚུལ། འཇིགས་བྱེད་ཀྱི་དག་སྐྱོར། (༣༡༨བ)རྡོ་རྗེ་འཇིགས་བྱེད་ཀྱི་འཕྲིན་ལས་བཞིའི་སྦྱིན་སྲེག་དངོས་གྲུབ་རྒྱ་མཚོ། བླ་མ་ལྔ་བཅུ་པའི་རྣམ་བཤད་སློབ་མའི་རེ་བ་ཀུན་སྐོང་། བདེ་མཆོག་བསྡུས་པའི་རྒྱུད་ཀྱི་རྒྱ་ཆེར་བཤད་པ་སྦས་པའི་དོན་ཀུན་གསལ། བཅོམ་ལྡན་འདས་དཔལ་འཁོར་ལོ་བདེ་མཆོག་གི་མངོན་པར་རྟོགས་པའི་རྒྱ་ཆེར་བཤད་པ་འདོད་པ་འཇོ་བ། རྣལ་འབྱོར་གྱི་དབང་ཕྱུག་ལཱུ་ཨི་པའི་ལུགས་ཀྱི་བཅོམ་ལྡན་འདས་འཁོར་ལོ་སྡོམ་པའི་སྒྲུབ་པའི་ཐབས་བདེ་ཆེན་གསལ་བ། རྣལ་འབྱོར་གྱི་དབང་ཕྱུག་ལཱུ་ཨི་པའི་ལུགས་ཀྱི་བདེ་མཆོག་རྫོགས་རིམ་གྱི་རྣམ་བཤད་དངོས་གྲུབ་སྙེ་མ། རྣལ་འབྱོར་གྱི་དབང་ཕྱུག་ལཱུ་ཨི་པའི་ལུགས་ཀྱི་བདེ་མཆོག་གི་རྫོགས་རིམ་རྣལ་འབྱོར་ཆེན་པོའི་ཁྲིད་ཀྱི་རིམ་པ་མདོར་བསྡུས་པ། དཔལ་མངོན་པར་རྟོགས་པའི་འགྲེལ་པ་ཁྱད་པར་གསལ་བྱེད་ལས་ཐུར་དུ་ཕྱུང་བ། མཁའ་འགྲོ་རྒྱ་མཚོའི་སྐོར་གྱི་ཟིན་བྲིས། གསང་སྔགས་ཀྱི་ཚུལ་ཁྲིམས་ཀྱི་རྣམ་བཤད་དངོས་གྲུབ་ཀྱི་སྙེ་མ། རྗེ་བཙུན་འཇམ་པའི་རྡོ་རྗེའི་སྒྲུབ་ཐབས་འཇམ་པའི་དབྱངས་ཀྱི་དགོངས་པ་གསལ་བ། ཚིག་ཉི་ཤུའི་ཁྲུངས་དགོད་པ། རྣལ་འབྱོར་གྱི་དབང་ཕྱུག་དྲིལ་བུ་ལུགས་བདེ་མཆོག་ལུས་དཀྱིལ་གྱི་མངོན་རྟོགས་དགོངས་པ་རབ་གསལ། རྣལ་འབྱོར་གྱི་དབང་ཕྱུག་དྲིལ་བུ་ལུགས་བདེ་མཆོག་ལུས་དཀྱིལ་གྱི་དབང་ཆོག་རིན་པོ་ཆེའི་བང་མཛོད། དཔལ་འཁོར་ལོ་བདེ་མཆོག་རིམ་ལྔའི་རྣམ་བཤད་སྦས་དོན་ལྟ་བའི་མིག་རྣམ་པར་འབྱེད་པ། མཁའ་སྤྱོད་མ་དམར་མོའི་སྒྲུབ་ཐབས། རྡོ་རྗེ་མཁའ་འགྲོའི་འགྲེལ་པའི་ཟིན་བྲིས། རྡོ་རྗེ་རྣལ་འབྱོར་མའི་འགྲེལ་པ་ཚེས་བཅུའི་(༣༡༩ན)མཆོད་པའི་རྟོག་པའི་ཚིག་གྲུབ་ཆེན་དྷ་རི་ཀ་པས་མཛད་པའི་ཟིན་བྲིས། མན་ངག་སྙེ་མའི་ཟིན་བྲིས། དཔལ་འཁོར་ལོ་སྡོམ་པའི་ཕྱི་རོལ་མཆོད་པའི་ཚིག་ལག་མཆོད་དང་དཔྱིད་ཀྱི་རྒྱལ་པོའི་གླུ་རྫོགས་རིམ་དཔྱིད་ཀྱི་ཐིག་ལེ།

ཟབ་ལམ་ནཱ་རོའི་ཆོས་དྲུག་གི་སྒོ་ནས་ཁྲིད་པའི་རིམ་པ་ཡིད་ཆེས་གསུམ་ལྡན། རྒྱུད་བརྟག་པ་གཉིས་པའི་ཟིན་བྲིས། ཀྱཻ་རྡོ་རྗེའི་རྒྱུད་ཀྱི་ཟིན་བྲིས་དང་། ཀྱཻ་རྡོ་རྗེའི་ཟིན་བྲིས། རྗེ་བཙུན་མ་བདག་མེད་མའི་དཀྱིལ་འཁོར་གྱི་སྒྲུབ་ཐབས་ཟིན་བྲིས། དཔལ་མཆོག་གི་ཟིན་བྲིས། སངས་རྒྱས་ཐོད་པའི་མི་འཇིགས་གཞུང་འགྲེལ་སོགས་ཀྱི་ཟིན་བྲིས། ཀུན་རིག་ཆོ་གའི་ཟིན་བྲིས། མདོར་བསྡུས་དང་པོ་ལ་ཨ་ཙ་ལ་གཏམས་དོན་ཚན་བདུན་དུ་བྱེད་པ། འཕོ་ཁྲིད་ཀྱི་རྩ་ཚིག་བརྟག་པ་བརྒྱད་པའི་རབ་ཏུ་བྱེད་པ་གསུམ་པ། རྣམ་ཤེས་གོང་དུ་འཕོ་བའི་རྒྱ་ཆེར་བཤད་པ་གསེར་གྱི་སྒོ་འབྱེད། སྦྱིན་བྲལ་བའི་མན་ངག་དང་རྟ་མགྲིན་ཤྭ་ན་བཞི་བསྐོར། རི་ཁྲོད་ལོ་མ་ཅན་གྱི་སྒྲུབ་ཐབས། ལྷ་མོ་དབྱངས་ཅན་མའི་སྒྲུབ་ཐབས། དབྱངས་ཅན་མའི་སྒྲུབ་ཐབས། བཅོམ་ལྡན་འདས་རྨེ་བརྩེགས་ཀྱི་སྒྲུབ་ཐབས། དེ་ཉིད་བསྡུས་པའི་འགྲེལ་པའི་ཟིན་བྲིས། རྡོ་རྗེ་དབྱིངས་ཀྱི་ས་ཆོག་གི་ཟིན་བྲིས། རྡོ་རྗེ་དབྱིངས་ཀྱི་འཁོར་བསྒྱུར་གྱི་བསྙེན་པའི་རིམ་པ་སོགས་ཀྱི་ཟིན་བྲིས། སྦྱོར་དྲུག་གི་རྡོ་རྗེའི་ཚིགས་བཅད། དེའི་བཤད་པ། དུས་འཁོར་གྱི་མངོན་རྟོགས་དང་དབང་གི་ཟིན་(༣༤༧བ)བྲིས། སྦྱོར་དྲུག་ཉེར་མཁོའི་ཟིན་བྲིས། འཆི་ཞག་དང་ཚེ་ལྷག་ཇི་ཙམ་ཡོད་དཔྱད་པ། རྡོ་རྗེ་རྩེ་མོའི་ཟིན་བྲིས། ཡེ་ཤེས་མཁའ་འགྲོའི་སྒྲུབ་ཐབས། འཕོ་བ། བཀའ་བསྒོ་བྱ་ཚུལ། སྒྲ་མི་སྙན་གྱི་ཚེ་སྒྲུབ། འདུལ་བ་མདོ་རྩ་བའི་ཟིན་བྲིས། གཞི་ནས་འབྱུང་བའི་བསླབ་བྱའི་ཟིན་བྲིས། ཞུགས་པ་དང་གནས་པའི་སྐྱེས་བུ་ཆེན་པོ་རྣམས་ཀྱི་རྣམ་པར་བཞག་པ་བློ་གསལ་བགྲོད་པའི་ཐེམ་སྐས། གཟུགས་ཀྱི་ཆུང་མཐའ་དང་དུས་ཀྱི་ཐུང་མཐའ་སོགས་ལས་བརྩམས་པའི་དྲིས་ལན། བླ་མའི་རྣལ་འབྱོར་ཟབ་ཁྱད་ཅན་མཁས་གྲུབ་རྗེ་ལ་གནང་བ། བ་སོ་ཆོས་རྗེ་ལ་གཅིག་བརྒྱུད་ཀྱི་ཚུལ་དུ་གནང་བའི་བླ་མའི་རྣལ་འབྱོར། ཞུ་ལན་སྙན་མཆོག་བདུད་རྩིའི་ཕྲེང་བ། སྡོམ་པ་གོང་མ་གཉིས་ཀྱི་ཕྱིར་བཅོས། གཏོར་མ་བརྒྱ་རྩའི་རིམ་པ། རྗེ་རང་ཉིད་ཀྱི་གསན་ཡིག །ཁྲུང་

ཆུབ་ལམ་གྱི་རིམ་པའི་བླ་མ་བརྒྱུད་པ་ལ་གསོལ་བ་འདེབས་པའི་ཚུལ་ལམ་མཆོག་སྒོ་འབྱེད་སོགས་བསྟོད་ཚོགས་དང་ཆབ་ཤོག་དྲིས་ལན་སོགས་གསུང་ཐོར་བུ་བ། རྗེ་རིན་པོ་ཆེ་རང་ཉིད་ཀྱིས་ཇི་ལྟར་ཐུགས་ཉམས་སུ་བཞེས་པ་ལྟར་མདོ་སྔགས་གཉིས་ཀའི་ལམ་གྱི་ལུས་ཡོངས་སུ་རྫོགས་པ་ལ་ཉམས་ལེན་འདི་ལྟར་བྱ་དགོས་སོ་ཞེས་འདོམས་པའི་ཉམས་མགུར་ལམ་རིམ་བསྡུས་དོན་དུ་གྲགས་པ་རྣམས་མཛད། རྗེ་རིན་པོ་ཆེའི་གསུང་ལ་ཐུགས་སྲས་མཁས་གྲུབ་ཆེན་པོ་རྣམས་ཀྱིས་ཟིན་བྲིས་སུ་བྱས་པའི་མདོ་སྔགས་ཀྱི་ལེགས་བཤད་མང་དུ་བཞུགས་པ་ནི་ཡོངས་སུ་གྲགས་པ་ལྟར་རོ། །འདི་ལྟ་(༣༩༨ན)བུའི་མདོ་སྔགས་ཀྱི་བསྟན་བཅོས་རྒྱ་ཆེན་པོ་འདི་སྙེད་ཅིག་མཛད་པ་འདི་དག་ཐམས་ཅད་རྒྱལ་བ་རང་ཉིད་ཀྱི་གསུང་དང་། ཤིང་རྟ་ཆེན་པོ་གཉིས་ཀྱི་གཞུང་ཇི་ལྟ་བ་བཞིན་དུ་ཐེག་པ་གོང་འོག་དང་རྒྱུད་སྡེ་གོང་འོག་གྲུབ་མཐའ་རྣམ་བཞི་གང་གི་ཐད་ལའང་རང་རང་གི་ལུགས་མ་འདྲེས་པར་སྟོན་པ་ལས། ཕན་ཚུན་འདྲེས་པའི་སྐྱོན་ཕྲ་མོའང་མེད་ཅིང་། སྔ་ཕྱི་འགལ་བ་དང་རང་ཚིག་འགལ་བ་དང་ཟློས་བུར་སྨྲ་བ་སོགས་ཀྱི་སྐྱོན་ཡང་རྣམ་པ་ཀུན་ནས་མེད་པ་དྲི་མ་མེད་པའི་རིགས་ལམ་ལ་སྦྱངས་པའི་མཁས་པ་རྣམས་ཀྱིས་གཟུ་བོའི་བློས་ཇི་ཙམ་དཔྱད་ཀྱང་འདིའི་ཐད་ནས་ནོར་རོ་ཞེས་ཚིག་གཅིག་ལའང་སྐྱོན་གདགས་སུ་མེད་པ་དང་། ཐ་སྙད་ཀྱི་གཙུག་ལག་དག་དང་ཡང་མི་འགལ་བར་སྟོན་ཆོས་རྒྱལ་སྲོང་བཙན་སྒམ་པོའི་དུས་ཆོས་རྒྱལ་ཐུགས་རྗེ་ཅན་གྱི་བཀའ་ལྟར་འཛམ་དབྱངས་ཀྱི་སྤྲུལ་པ་ཐོན་མིས་ཡི་གེའི་བརྡ་ཆད་འདི་ལྟར་བྱ་དགོས་སོ་ཞེས་བོད་ཁམས་ཡོངས་ལ་གདམས་པའི་བསྟན་བཅོས་སུམ་ཅུ་པ་དང་རྟགས་འཇུག་ནས་ཇི་ལྟར་བཤད་པ་ལྟར་དོན་སོ་སོ་ལ་ཡི་གེའི་སྦྱོར་འཇུག་སོགས་ཐབ་ཇི་ལྟར་དགོས་པ་རྣམས་ཅུང་ཟད་ཀྱང་མ་འཕྱུགས་པ་དང་། སྔོན་གྱི་ཆོས་རྒྱལ་ལོ་པཎ་རྣམས་ཀྱིས་བཀས་བཅད་མཛད་པ་ལྟར་གྱི་ཆོས་ཀྱི་བརྡ་ཆད་ཁོ་ན་ལས་ཡུལ་མི་རང་བཞིན་པའི་ཕལ་སྐད་

དང་། རང་རང་གི་ཡུལ་ཕྱོགས་ཀྱི་སྐད་སོགས་ཀྱི་སྐྱོན་ཕྲ་མོ་ཡང་མ་འདྲེས་པར་དོན་བཟང་བ། ཚིག་འབྲུ་བཟང་བ། མ་འདྲེས་པ། མ་སྨྲུགས་(༣༩༨ཁ)པ། ཡོངས་སུ་རྫོགས་པ། གདུལ་བྱའི་རྒྱུད་དང་འཚམ་པ། སྲུས་བལྟས་ཀྱང་ཕན་ཐོགས་པ་སོགས་རྒྱལ་བས་ཆོས་ཀྱི་བསྟུགས་པ་ཇི་ལྟར་མཛད་པ་དང་རྣམ་པ་ཀུན་ནས་མཐུན་པ་ཤ་སྟག་ཏུ་ཡོད་དོ། །ཚུལ་འདིས་ཀྱང་རྗེ་ཐམས་ཅད་མཁྱེན་པ་འདི་ཉིད་གངས་རིའི་ཁྲོད་འདིར་མཚུངས་ཟླ་མེད་ཅིང་ཕྱི་རབས་ཀྱི་གདུལ་བྱ་ཡོངས་ལ་བཀའ་དྲིན་ཟླ་མེད་པར་གྲུབ་བོ། །

རྗེ་རིན་པོ་ཆེ་འདི་ཉིད་ཀྱི་སྐུ་གསུང་ཐུགས་ཀྱི་རྣམ་ཐར་བསམ་གྱིས་མི་ཁྱབ་པ་སྔར་བརྗོད་པ་དེ་ལྟར་ཡིན་ཞིང་། འཕྲུལ་གྱི་མཛད་སྤྱོད་ཀྱང་སྔིགས་མ་་རེ་སྐྱེ་བོ་སུ་དང་ཡང་མི་མཚུངས་པའི་ངོ་མཚར་རྨད་དུ་བྱུང་བ་ཞིག་བཞུགས་ཏེ། རྗེ་རིན་པོ་ཆེ་འདི་ཉིད་མདོ་སྨད་དུ་སྐུ་འཁྲུངས་པ་ནས་མཐར་མྱུ་ངན་ལས་འདས་པའི་བར་ལ་ཐུགས་རྒྱུད་འཕྲུགས་ཏེ་གཞན་ལ་ཞེ་གཅོད་པའི་ཚིག་ངན་པ་སྨྲ་བ་དེ་དུས་ཀྱི་སྐུ་དངོས་ཀྱི་གདུལ་བྱ་སུ་ལའང་བསྟན་རྒྱུ་མེད་ཅིང་། མཚན་ཉིད་ཀྱི་སློབ་གཉེར་མཛད་པའི་སྐབས་སུའང་དེང་སང་གི་གདུལ་བྱ་ཕལ་ཆེར་ཕ་རོལ་དང་རྩོད་པའི་ཚེ་ཕ་རོལ་སྨྲ་དབབ་པའི་ཚིག་སྨྲ་གང་ཐུབ་དང་། ལུས་ཀྱི་རྣམ་འགྱུར་ཡང་འགྱིང་བ་དང་ཁེངས་པ་དང་ཕ་རོལ་གནོན་པའི་རྣམ་འགྱུར་བྱེད་པ་འདི་འདྲ་གཏན་ནས་མིན་པར་རྗེ་བླ་མ་འདིས་དབུས་གཙང་གི་གྲྭ་ས་ཆེན་པོ་རྣམས་སུ་ཐུགས་གཉེར་མཛད་པ་དང་། གྲྭ་སྐོར་མཛད་ངའི་སྐབས་གང་དུའང་རྒོལ་བ་ཕ་རོལ་པོ་ལ་ངན་སྨྲ་མཛད་པ་ནམ་ཡང་མི་སྲིད་ཅིང་སྐུ་ལུས་ཀྱི་རྣམ་འགྱུར་ཡང་ཞི་ཞིང་དུལ་བ་དང་འཇམ་ཞིང་དེས་པ་དང་། (༣༩༩ན)གསུང་སྐད་ཞིང་བརྟེད་ལ་གསོང་པོར་སྨྲ་བ་དང་། ཕ་རོལ་པོ་ལ་ཕན་པའི་ཚིག་ཁོ་ན་བརྗོད་པ་ལས་སྐུ་དང་གསུང་གི་རྣམ་འགྱུར་ལ་སྐྱོན་ཆགས་པ་དེ་དུས་སྐུ་དངོས་སུ་མཐོང་བ་སུ་ལའང་དུས་འདིའི་ཆ་འདི་ལྟར་མཛད་དོ་ཞེས་བསྟན་རྒྱུ་མེད་པ་ཡོངས་སུ་གྲགས་པ་ལྟར་ཡིན་

ལ། དེའི་དབང་གིས་གྲྭ་ས་གང་དང་གང་དུ་བྱོན་པ་དེ་དང་དེར་རྗེ་འདི་སྐུ་མཐོང་བ་དང་གསུང་གི་གདངས་ཐོས་པ་ཙམ་གྱིས་སྣང་བ་འགྱུར་ཏེ་རྗེ་འདིའི་ཞབས་དྲུང་དུ་བསྙེན་ཏེ་སློབ་མར་ཁས་ལེན་པ་ཤ་སྟག་བྱུང་སྟེ་སྐད་ཅིག་ཉིད་ལ་གངས་ཅན་གྱི་སའི་ཆ་ཐམས་ཅད་རྗེ་འདིའི་སློབ་མས་ཁྱབ་པ་འདི་བྱུང་བ་ཡིན་ནོ། །རྗེ་འདི་ལ་རྒྱ་མཚོའི་གླིང་བར་ཚུན་ཆད་ནས་གདུལ་བྱ་འདུས་ཏེ་ས་ཆེན་པོའི་ཁྱོན་འདི་ཐམས་ཅད་སློབ་མས་གང་བ་དེ་ལྟ་བུ་བྱུང་ཡང་ཆེན་པོར་རློམ་པའི་ཆེ་འགྲིང་ནམ་ཡང་མི་མཛད་ཅིང་། རང་ཉིད་ཤེས་བྱ་ཀུན་ལ་ཐོགས་པ་མེད་པའི་མཁྱེན་པ་མངའ་བ་ཡིན་ཡང་། སྔོན་བྱོན་པའི་བསྟན་འཛིན་གྱི་སྐྱེས་བུ་དམ་པ་རྣམས་ལ་སྐྱོན་བརྗོད་ནམ་ཡང་མི་མཛད་པར་དག་སྣང་དང་བཀའ་དྲིན་དྲན་པའི་གུས་པ་ལྷུར་མཛད་དེ། སྔོན་བྱོན་པའི་ལོ་ཙཱ་བ་བཀའ་དྲིན་ཅན་རྣམས་དང་། བསྟན་པའི་གསལ་བྱེད་གྲུབ་མཐའ་རིས་སུ་མ་ཆད་པ་ཀུན་ལ་དག་སྣང་དང་གུས་པ་ལྷུར་མཛད་དེ་སོ་སོའི་ཡིག་ཆར་ནོར་འཁྲུལ་སོགས་ཅི་ཡོད་ཀྱང་དེ་རྒྱུ་མཚན་དུ་བྱས་ཏེ་དམ་པ་དེ་དང་དེ་དག་ལ་སྐྱོན་བརྗོད་པ་ནམ་ཡང་མི་མཛད་དེ། རྗེའི་མདོ་སྔགས་ཀྱི་གསུང་རབ་ཇི་སྙེད་ཅིག་བཞུགས་པ་འདི་དག་ནང་ན་སྔོན་བྱོན་པའི་ལོ་ཙཱ་བ་བཀའ་དྲིན་ཅན་དེ་དག་དང་། སྒྲུབ་པ་མཛད་པའི་སྐྱེས་བུ་དམ་པ་ཇི་སྙེད་ཅིག་བྱོན་པ་དེ་དག་དང་། དགེ་འདུན་གྱི་སྡེ་འཛུགས་པའི་དམ་པ་གྲུབ་མཐའ་རིས་མི་འདྲ་བ་མང་པོ་ཞིག་བྱོན་པ་དེ་དག་སུ་ལའང་མཚན་ནས་སྨོས་ཏེ་སྐྱོན་བརྗོད་པ་བསྟན་རྒྱུ་མེད་དོ། །འོན་ཀྱང་ཐིག་དྲང་པོར་བཏབ་ན་ཀྱོག་པོ་ཟུར་ལ་ཐོན་པ་ཆོས་ཉིད་ཡིན་པ་ལྟར་རྗེ་རིན་པོ་ཆེ་འདིས་རྒྱལ་བའི་དགོངས་པ་ཤིང་རྟ་ཆེན་པོ་ཀླུ་སྒྲུབ་དང་ཐོགས་མེད་གཉིས་ཀྱིས་ཇི་ལྟར་བཀྲལ་བ་ལྟར་གཏན་ལ་ཕབ་པ་ན། ཤིང་རྟ་ཆེན་པོས་རྒྱལ་བའི་དགོངས་པ་བཀྲལ་བ་དང་མི་མཐུན་པར་སྨྲ་བ་རྣམས་སྐྱོན་ཅན་དུ་རང་ཤུགས་ཀྱིས་ཐོན་འོང་སྟེ་དེ་ནི་རྗེ་འདིའི་སྐྱོན་དུ་ག་ལ་འགྱུར་ཏེ་ཤིང་རྟ་ཆེན་པོ་གཉིས་ཀྱིས་རྒྱལ་བའི་

དགོངས་པ་བཀྲལ་བ་བཞིན་ནོ། །

གཞན་ཡང་རྗེ་འདིས་སྐུ་ཚེ་ཧྲིལ་པོར་སོ་ནམ་དང་ཚོང་བུན་བསྐྱེད་སོགས་འདུལ་བ་དང་འགལ་བའི་ལས་ནམ་ཡང་མ་མཛད་དེ་བྱ་བྲལ་གྱི་སློབ་མ་སྟོང་ཕྲག་མང་པོ་སྐྱོང་དགོས་པའི་ཚེ་ཡང་ཆོས་དང་མཐུན་པའི་འཚོ་བ་ཁོ་ན་ལ་སྦྱོར་བ་ལས་བུན་བསྐྱེད་སོགས་ལོག་འཚོའི་རིགས་ལ་སྦྱར་བ་དངོས་ཀྱི་གདུལ་བྱ་སུས་ཀྱང་མཐོང་བ་མེད་ཅིང་། དཀོན་མཆོག་གི་མཆོད་པ་རླབས་ཆེན་པོ་མཛད་པ་དང་། དགེ་འདུན་གྱི་སྡེ་སྐྱོང་བ་དང་། མཆོག་གསུམ་གྱི་རྟེན་གསར་དུ་བཞེང་བ་སོགས་(༥༠༠ན)ལ་མཐུན་པའི་འཚོག་ཆས་ངེས་པར་འཚོལ་དགོས་པ་བྱུང་ན་རྒྱལ་པོ་ཆེན་པོ་རྣམ་ཐོས་སྲས་ལ་གཏོར་མ་ཕུལ་ཏེ་སྟོན་ཐུབ་པའི་སྤྱན་སྔར་ཇི་ལྟར་ཁས་བླངས་པ་ལྟར་རྒྱལ་བའི་བསྟན་པ་སྤེལ་ཕྱིར་འཕྲིན་ལས་འདི་སྒྲུབས་ཤིག་ཅེས་བསྒྲུལ་བ་ཙམ་གྱིས་གང་དགོས་པའི་ཡོ་བྱད་ཐམས་ཅད་འབད་མེད་ལྷུན་གྲུབ་ཏུ་བྱུང་བ་ནི་སྐུ་དངོས་ཀྱི་གདུལ་བྱ་ཐམས་ཅད་ལ་མཐུན་སྣང་དུ་གྲུབ་པའོ། །དེ་ལྟར་རྗེ་རིན་པོ་ཆེས་བསྟན་པ་དང་གདུལ་བྱའི་དོན་ཕད་དུ་བྱུང་བ་རྒྱ་ཆེར་མཛད་པས་གངས་རིའི་ཁྲོད་ཀྱི་སྐལ་བ་དང་ལྡན་པ་སྐུ་དངོས་ཀྱི་གདུལ་བྱ་དག་གི་དོན་ཕལ་ཆེར་མཛད་ཟིན་པ་ན་སྟོན་པ་མྱ་ངན་ལས་འདའ་ཁར་གྲོང་ཁྱེར་རྩྭ་ཅན་དུ་བྱོན་ནས་ཀུན་ཏུ་རྒྱུ་རབ་བཟང་དང་དྲི་ཟའི་རྒྱལ་པོ་རབ་དགའ་འདུལ་བར་མཛད་པ་ཇི་ལྟ་བར་སྐུ་ཚེ་འདིའི་དངོས་ཀྱི་གདུལ་བྱའི་ཐ་མ་འགའ་ཞིག་གི་དོན་བྱ་བར་དགོངས་པ་དང་། གངས་རིའི་ལྗོངས་འདིར་རྒྱུད་ཀྱི་འཆད་ཉན་ཀང་ཚུགས་པའི་གྲྭ་ཚང་ཞིག་ངེས་པར་འཛུགས་བཞེད་པ་དང་། གངས་ཅན་སྐྱེ་འགྲོ་ཡོངས་ཀྱི་ཕན་བདེའི་རྩ་ལག་ལྷ་ལྡན་སྤྲུལ་པའི་གཙུག་ལག་ཁང་གི་རྟེན་རྣམས་ལ་མཆོད་པ་རྒྱ་ཆེན་པོ་ཕུལ་ཏེ་རྒྱལ་བའི་བསྟན་པ་ཡུན་རིང་གནས་པའི་ཐུགས་སྨོན་མཛད་པ་སོགས་དགོས་པ་མང་པོ་ཞིག་གི་ཕྱིར་སྟོད་ལུང་གི་ཆུ་ཚན་ལ་འབྱོན་བཞེད་པ་ལྟར་བྱས་ཏེ་རི་བོ་དགའ་ལྡན་ནས་ཕྱག་

བཏེགས་ཏེ་ལྷ་སར་མཆོད་པ་དང་སྨོན་ལམ་རྣམ་པར་དག་པ་མཛད་ནས་སྟོད་ལུང་གི་ཆབ་ཚན་ཁར་བྱོན། འོན་ཀྱང་ཆབ་ཚན་གྱིས་ནི་ཞབས་ལ་(༤༠༠བ)ཙུང་ཟད་ཙམ་འདུག་པ་ལས་མ་མཛད། གཙོ་བོར་སྟོད་ལུང་ཕུ་མདའི་སྐྱེ་བོའི་ཚོགས་མཐའ་ཡས་པ་དག་ལ་ཆོས་དང་བྱིན་རླབས་ཀྱི་སྐྱོབས་གནང་ཞིང་། དད་ལྡན་སོ་སོས་བསྙེན་བཀུར་བ་དང་ཟང་ཟིང་གི་དངོས་པོ་ཕུལ་བ་རྣམས་དད་པ་ཅན་དེ་དང་དེ་དག་གི་དགེ་རྩ་བསྐྱེད་པའི་ཕྱིར་བཞེས། ཞལ་མཐོང་ཞིང་གསུང་ཐོས་པ་ཙམ་གྱིས་ཀྱང་དོན་དང་ལྡན་པར་མཛད་དེ། སླར་འབྲས་སྤུངས་སུ་བྱོན་པའི་ཚེ་འཇམ་དབྱངས་ཆོས་རྗེ་བཀྲ་ཤིས་དཔལ་ལྡན་པས་གཙོས་འབྲས་སྤུངས་ཀྱི་དགེ་འདུན་ཐམས་ཅད་ཀྱིས་མཆོད་པའི་བྱེ་བྲག་སྣ་ཚོགས་པ་ཐོགས། གསོལ་བ་འདེབས་པའི་དབྱངས་ཀྱི་ང་རོ་དང་བཅས་བསུས། འདོ་ལི་ལ་གདན་དྲངས་པའི་འདོ་ལིའི་སྣ་ལ་འཇའ་ཚོན་ཁ་དོག་ལྔ་པ་ཀུན་ནས་བཀྲ་བ་ཐལ་བྱུང་དུ་ཟུག་པ་དང་། འབྲས་སྤུངས་སུ་ཕེབས་ནས་ཀྱང་ཆོས་གསུང་བའི་ཚེ་ཆོས་གྲྭའི་དབུས་སུ་འཇའ་ཚོན་སྣ་ལྔ་པ་ནམ་མཁའི་དབྱིངས་ནས་ག་བ་བཙུགས་པ་ལྟར་ཆེས་གསལ་བར་ཟུག་པ་སོགས་རྗེ་རིན་པོ་ཆེའི་སྐུ་ཚེ་འདིའི་མཛད་པ་ཕལ་ཆེར་རྫོགས་ནས་ཞིང་ཁམས་གཞན་དུ་འབྱོན་པར་བཞེད་པ་ན་དཀར་ཕྱོགས་ཀྱི་ལྷ་རྣམས་ཀྱིས་བསུ་བའི་བཀོད་པ་བཤམས་པ་དང་། ལྷག་པར་ནམ་མཁའི་དབྱིངས་ནས་འཇའ་ག་བ་བཙུགས་པ་ལྟར་བྱུང་བ་ནི་དགའ་ལྡན་གྱི་ལྷ་རྣམས་ཀྱིས་རྗེ་རིན་པོ་ཆེ་དགའ་ལྡན་དུ་འབྱོན་པ་ལ་བསུ་བའི་བཀོད་པ་བཤམས་པ་ཡིན་པར་ངེས་པ་དེ་ལྷ་བུའི་ལྟས་མངོན་སུམ་དུ་བབ་པར་གྱུར་ལ། གཞན་ཡང་འབྲས་སྤུངས་སུ་བཞུགས་རིང་ལ་དགེ་བའི་བཤེས་གཉེན་(༤༠༡ན)སྡེ་སྣོད་འཛིན་པ་སྟོང་ཕྲག་གཉིས་ཙམ་འདུས་ཤིང་། སྔེའུ་ནས་ཞབས་ཏོག་དང་ཅི་དགོས་ཀྱི་ཡོགས་བསྙེན་བཀུར་འབུལ་ནོད་སོགས་བསམ་གྱིས་མི་ཁྱབ་པ་མཛད་ལ། དེའི་ཚེ་ལམ་རིམ་གྱི་ཁྲིད། ན་རོ་ཆོས་དྲུག །དབུ་མ་ལ་འཇུག་པ།

གསང་བ་འདུས་པའི་རྒྱུད་ལ་སོགས་པ་གསུངས་ཤིང་། དེ་ཡང་སྟོན་ཆད་གྲོང་པའི་སྐྱེ་བོ་ཕོ་མོ་དུ་མ་ལ་ཁྲིད་ཆེར་མི་གནང་། ཁྱད་པར་ལམ་རིམ་གྱི་ཁྲིད་ལའང་འཚོག་ཏུ་མི་རུང་བ་ལ་སོགས་པའི་དམ་བཞག་ཆེ་བར་ཡོད་པ་ལ་དེ་དུས་གྲོང་པའི་སྐྱེ་བོ་ཇི་ཙམ་ཞིག་འོངས་པ་དང་། དུས་ནམ་འོངས་ཐམས་ཅད་ལ་ཁྱད་པར་མེད་པར་ཐ་ན་སྤྲང་པོའི་ཚོགས་དུ་མ་འདུས་པ་ཡན་ཆད་ཐམས་ཅད་ལ་ལམ་རིམ་དང་དབུ་མ་ལ་སོགས་པའང་བཀག་པ་མེད་པར་གནང་། འབྲས་སྤྱུངས་སུ་སྐབས་ཤིག་ནས་གཞན་ཕལ་མོ་ཆེ་ལ་ལྐོག་ཏུ་གྱུར་པའི་མངོན་ཚུང་བར་གྱིས་གསུང་ནས་ལྷ་བཟོ་བ་ལ་དམ་བཞག་ཆེ་བར་མཛད་དེ་བཅོམ་ལྡན་འདས་རྣམ་པར་སྣང་མཛད་ཀྱི་དངུལ་སྐུ་ཆེན་པོ་ཞིག་བཞེངས་པའི་ཞལ་ཏ་མཛད། དེ་ལྟར་ཆོས་ཀྱི་འཁོར་ལོ་རྒྱ་ཆེར་བསྐོར་ནས། སྟོན་ཆད་དུས་འཁོར་མ་གཏོགས་པའི་རྒྱུད་ལ་ལེ་མཚམས་མཛད་པའི་ལུགས་མེད་པ་ལ་དེའི་ཚེ་གསང་འདུས་ཀྱི་ལེའུ་དགུ་པའི་མི་བསྐྱོད་སངས་རྒྱས་ཞིང་དག་ཏུ། །རྒྱལ་བའི་སྲས་བུ་སྐྱེ་བར་འགྱུར། །ཞེས་པའི་མཚམས་སུ་ཆོས་མཚམས་མཛད་ནས། མྱུར་དུ་འབྲོག་རི་བོ་ཆེ་དགའ་ལྡན་རྣམ་པར་རྒྱལ་བའི་གླིང་ཉིད་དུ་འབྱོན་བཞེད་པའི་ཞལ་ཏ་གནང་(༦༠༧བ)དེ་ལ་སྦྱིན་བདག་དང་། ཆོས་གསན་པ་རྣམས་ཀྱིས་ད་དུང་ཟླ་བ་གཅིག་གམ་ཟླ་ཕྱེད་ཙམ་དུའང་བཞུགས་ནས་ཆོས་འགྲོ་རྫོགས་པར་གསུང་བ་ཞིག་ཐུགས་རྗེས་གཟུང་འཚལ། ཐ་ན་རྒྱུད་ཀྱི་འགྲོ་རྣམས་བཀླགས་ལུང་མཛད་པ་ཙམ་ཞིག་ཀྱང་གནང་འཚལ་ཞེས་གསོལ་བ་ནན་ཆེར་བཏབ་ཀྱང་གསན་དུ་མ་བཞེད་ནས། ད་ལན་མྱུར་དུ་བཏེག་པ་ཐམས་ཅད་ལ་དགའ་བས་འདེགས། རྒྱུད་དང་ལམ་རིམ་འགྲོ་ལ་འཇོག་པའི་འདུན་པ་ཁ་སང་དུ་བཏང་ཚར་གསུང་ནས་ཆོས་མཚམས་མཛད་དེ། དེ་ཡང་ད་དུང་དུ་ཐུགས་དང་མཚན་ཉིད་ཀྱི་གསུང་སྒྲོས་ཀྱི་བཤད་རྒྱུན་རྫོགས་པ་མེད་པར་འགྲོ་རིང་དུ་གནས་པའི་རྟེན་འབྲེལ་བསྒྲིགས་པའི་དགོངས་པ་མཛད། དེ་ནས་ལྷ་སར་ཕྱུགས་བཏེག །ཇོ་བོ་རིན་པོ་ཆེའི་

དབྱུང་དུ་བྱོན་ཏེ་ཕྱག་དང་མཆོད་པ་དང་སྨོན་ལམ་རྣམ་པར་དག་པ་རྒྱ་ཆེར་མཛད་ནས་ད་དུང་ཡང་བསྟན་པ་རིན་པོ་ཆེ་ཡུན་རིང་དུ་གནས་པའི་གསོལ་འདེབས་ཤུགས་དྲག་མཛད།

དེ་ནས་བྱམས་ཆེན་ཆོས་རྗེ་ཤཱཀྱ་ཡེ་ཤེས་པས་སྤྱན་དྲངས་ཏེ་སེ་ར་ཆོས་སྡིངས་སུ་བྱོན། བྱམས་ཆེན་ཆོས་རྗེ་དཔོན་སློབ་རྣམས་ཀྱིས་བསྙེན་བཀུར་དང་མཆོད་པ་ཚད་མེད་པས་མཆོད། བྱམས་ཆེན་ཆོས་རྗེ་ལ་སེ་རར་ཤིང་རྟ་ཆེན་པོའི་གཞུང་ལུགས་རྣམས་ལ་འཆད་ཉན་གྱི་བསྟན་པ་རྒྱ་ཆེར་སྤེལ་དགོས་པའི་ཞལ་ཏ་མང་དུ་གནང་ཞིང་། ཁྱད་པར་གངས་རིའི་ཁྲོད་འདིར་སྔགས་ཀྱི་རྒྱུད་སྡེ་ལ་འཆད་ཉན་རྣམ་པར་དག་པ་ཡོང་ཡེ་རྣམ་པ་ཐམས་ཅད་དུ་ནུབ་པར་གྱུར་ནས་རིང་ཞིག་ལོན། རྗེ་རང་ཉིད་ཀྱིས(༤༠༢ན)བཤད་པ་རྣམ་པར་དག་པ་མཛད་པའི་གསུང་གི་བདུད་རྩི་ཉམས་སུ་མྱོང་བས་བློ་གྲོས་ཀྱི་ལུས་ཡོངས་སུ་ཚིམ་པ་མང་དུ་བྱོན་མོད་ཀྱི། དེ་ལྟ་ན་འང་ད་དུང་རྒྱུད་སྡེའི་འཆད་ཉན་རྐང་ཚུགས་པའི་གྲྭ་ས་ཐེབས་པ་སྔོན་ཆད་མེད་པས། དེ་འདྲ་བའི་འཆད་ཉན་གྱི་གཞི་རྣམ་པར་དག་པ་ཚུགས་ན་ཅི་མ་རུང་སྙམ་དུ་བསྟན་པ་འབའ་ཞིག་ལ་དགོངས་པའི་ཐུགས་ཀྱི་འདུན་པ་ཤུགས་དྲག་པོས་བྱམས་ཆེན་ཆོས་རྗེ་ལ་སེ་ར་ཆོས་སྡིངས་སུ་གཞི་འདུལ་བའི་བསླབ་ཁྲིམས་རྣམ་པར་དག་པ་ལ་གནས་ནས་དཔལ་གསང་བ་འདུས་པ་དང་བདེ་མཆོག་གཉིས་ཀྱི་བཤད་སྒྲུབ་རྐང་ཚུགས་པའི་རྒྱུད་གྲྭ་ཞིག་འཛུགས་དགོས་པའི་ཞལ་ཏ་གནང་སྟེ་སེ་ར་ཆོས་སྡིངས་སུ་ཆོས་རྗེ་བས་ཐུགས་ཁུར་ཆེས་ཆེར་བཞེས་ནས། གཞི་འདུལ་བའི་བསླབ་ཁྲིམས་རྣམ་པར་དག་པ་ལ་བརྟེན་ཏེ། དཔལ་གསང་བ་འདུས་པ་དང་བདེ་མཆོག་གི་རྩ་རྒྱུད་ལ་འཆད་ཉན་རྐང་ཚུགས་པའི་གྲྭ་ས་རྣམ་པར་དག་པ་འཛུགས་པའི་ཞལ་བཀོད་དང་ཆོས་དཔོན་བསྐོ་བ་ལ་སོགས་པ་མཛད་ཅིང་། རྟེན་འབྲེལ་ཁྱད་པར་ཅན་བསྒྲིག་པའི་ཆེད་དུ་གནས་དེར་གསོ་སྦྱོང་མཛད། རྒྱུད་ཀྱི་རྒྱལ་པོ་གཉིས་ཀྱི་དབུ་ནས་ཆོས་ཐུན་རེ་གསུངས་སོ། །

དེ་ནས་རིམ་གྱིས་ཡར་ལམ་བདེ་ཆེན་རྩེར་ཕྱུགས་ཕེབས་དེར་ཡང་བྲག་དཀར་རྫོང་དཔོན་པ་ཡབ་ཡུམ་ལ་དཔལ་གསང་བ་འདུས་པ་དང་འཁོར་ལོ་བདེ་མཆོག་གཉིས་ཀྱི་བཤད་གྲྭ་རྣམ་པར་དག་པ་ཚུགས་པའི་གྲྭ་ཚང་ཞིག་འཛུགས་དགོས་པའི་(༤༠༢བ)ཞལ་ཏ་བྱོན་ཞིང་ཁོང་པས་ཀྱང་དད་པ་ཆེན་པོས་དགའ་སྤྲོ་དང་བཅས་ཏེ་བཀའི་ཁུར་སྤྱི་བོས་མནོས་ནས་བདེ་ཆེན་རྩེར་དཔལ་གསང་བ་འདུས་པ་དང་འཁོར་ལོ་སྡོམ་པ་གཉིས་ཀྱི་འཆད་ཉན་རྣམ་པར་དག་པ་རྐང་ཚུགས་པ་གཞི་འདུལ་བའི་བསླབ་ཁྲིམས་ཕྱུག་སྒྲོལ་མ་ཉམས་པ་ལ་བརྟེན་པའི་གྲྭ་ས་བཙུགས། རྗེ་རང་ཉིད་ཀྱིས་ཀྱང་མཐུན་རྐྱེན་གྱི་ནས་གཞི་འཛུགས་པ་སོགས་ཀྱི་རྐྱེན་དུ་བབ་པའི་ཡོ་བྱད་དཔག་ཏུ་མེད་པའི་གནང་སྦྱིན་མཛད་ཅིང་རྫོང་དཔོན་པས་བདག་རྐྱེན་ཕུན་སུམ་ཚོགས་པའི་ཐུགས་ཁུར་བཞེས་སོ། །དེ་ནས་གནས་དེ་ཉིད་ལ་རབ་ཏུ་གནས་པ་ཞུས་པས། ད་ལན་མིན་པ་རབ་གནས་བྱེད་པ་མི་འོང་བས་ད་ལན་རྒྱས་པ་ཞིག་བྱེད་དགོས་གསུང་ནས་རབ་ཏུ་གནས་པ་རྒྱས་པར་མཛད་དེ། གནས་དེ་ཉིད་ཀྱི་གཙུག་ལག་ཁང་དེ་ལ་གསང་སྔགས་མཁར་ཞེས་བྱ་བར་མིང་དུ་གདགས་པའང་མཛད་དོ། །དེ་ནས་བྲག་དཀར་དུ་བྱོན། དེ་ནས་གྲུ་བཞིར་གདན་འདྲེན་ཞུས་ནས་བྱོན་ཏེ། དེ་ཡང་འབྲས་སྤུངས་ནས་ཕྱུགས་བཏེགས་དགའ་ལྡན་དུ་མ་ཕེབས་ཀྱི་རིང་ལ་གང་དུ་སྤྱན་དྲངས་པ་ཐམས་ཅད་དུ་ད་ཡང་ཡང་འོང་བ་མི་འོང་བས་ད་ལན་འགྲོ་དགོས་གསུང་ནས་ཞལ་གྱིས་བཞེས་པར་མཛད་དོ། །གྲུ་བཞིར་ཕེབས་པའི་ནུབ་གཎྜི་བརྡུངས་པའི་སྒྲ་ཆེན་པོ་གྲག་པས་ཐམས་ཅད་ཐེ་ཚོམ་དུ་གྱུར་ནས་བརྟགས་ཀྱང་། མི་ཞིག་གིས་བརྡུངས་པ་མ་ཡིན་པར་ངེས་པ་ཙམ་དུ་ཟད་ཀྱི། གཞན་དུ་ན་རྡུང་བར་བྱེད་པ་སུ་ཞིག་གིས་གནས་གང་དུ་བརྡུངས་པ་སོགས་གང་དུའང་བརྟག་པར་མི་ནུས་པར་ཡུན་རིང་དུ་སྒྲ་ཤིན་ཏུ་གྲགས་(༤༠༣ན)ཅིང་གསང་མཐོ་བ་རྡུང་བ་བྱེད་པ་ཞིག་བྱུང་ངོ་། །

གཞན་ཡང་འབྲས་སྤུངས་ནས་ཡར་ལ་ཕྱུགས་མ་བཏེག་པའི་གོང་ཙམ་གྱི་སྐབས་སུ་འང་། ས་ཆེན་པོ་གློ་བུར་ཉིད་དུ་གཡོ་བ་དང་། ནམ་མཁའི་དབྱིངས་མཐའ་མི་མངོན་པའི་ལམ་རིང་པོ་ནས་འོངས་པའི་འཇའ་ཚོན་རྣམ་པར་བཀྲ་བ་མཐའ་ཡས་པ་རི་བོ་དགའ་ལྡན་གྱི་རྩེ་ལ་ཡང་དང་ཡང་དུ་ཟུག་པ་བྱུང་སྟེ། དེ་ནི་རྗེ་རིན་པོ་ཆེ་འདི་ཉིད་འོད་གསལ་ཆོས་སྐུ་མངོན་དུ་མཛད་ནས་གཟུགས་ཀྱི་སྐུར་བཞེང་བ་དང་མཉམ་དུ་ཕྱོགས་བཅུའི་ཞིང་རབ་འབྱམས་ཐམས་ཅད་དུ་སྤྲུལ་པ་འགྱེད་པར་མཛད་པས། ཕྱོགས་བཅུའི་སངས་རྒྱས་ཀྱི་ཞིང་དག་ནས་མཆོད་རྫས་སྣ་ཚོགས་ཐོགས་པའི་ལྷ་བརྒྱད་བ་ལས་འདས་པས་བསུ་བ་བྱས་པ་ཡིན་པར་གདོན་མི་ཟ་སྟེ། དཔལ་འཁོར་ལོ་སྡོམ་པའི་རྩ་རྒྱུད་ལས། འཁོར་ལོ་སྡོམ་པའི་རྣལ་འབྱོར་པ་དམ་ཚིག་དང་སྡོམ་པ་ཚུལ་བཞིན་དུ་བསྲུང་བ་དག་འཆི་བའི་དུས་བྱེད་པ་ན་དཔའ་བོ་དང་དཔའ་མོ་བརྒྱད་བ་ལས་འདས་པས་མཆོད་པའི་བྱེ་བྲག་སྣ་ཚོགས་པ་ཐོགས་ཏེ་མཁའ་སྤྱོད་དུ་འཁྲིད་པར་གསུངས་ན། རྗེ་བདག་ཉིད་ཆེན་པོ་འདི་ལྟ་བུ་འོད་གསལ་ཆོས་སྐུ་མངོན་དུ་མཛད་ནས་ཟུང་འཇུག་གི་སྐུར་བཞེངས་པ་ལ་ཕྱོགས་བཅུའི་དཔའ་བོ་དང་དཔའ་མོ་ཐམས་ཅད་ཀྱིས་མཆོད་པ་བྱེད་པ་དང་། ཞིང་གང་དང་གང་དུ་བྱོན་པ་དེ་དང་དེར་མཆོད་པའི་བྱེ་བྲག་སྣ་ཚོགས་ཐོགས་པས་བསུ་བ་བྱེད་པ་ལྟ་ཅི་སྨོས་སོ། །

དེ་ནས་གྲུ་བཞི་ནས་ཕྱུགས་བཏེགས་ནས་དགེ་ལྡན་དུ་ཕེབས་པ་ན་ཐོག་མར་ཡངས་པ་ཅན་གྱི་གཙུག་ལག་ཁང་ཆེན་པོར་བྱོན་ཏེ་འདིར་ད་(༡༠༣བ)ཡང་འོང་བ་མི་འོང་བས་མཆོད་གཏོར་རྒྱ་ཆེར་ཤོམས་གསུངས་ནས་སྨོན་པའི་སྐུ་དང་། གཞལ་ཡས་ཁང་རྣམས་དང་། ཡི་དམ་གྱི་དྲུང་དུ་མཆོད་པ་དང་གཏོར་མ་རྒྱ་ཆེར་མཛད་དེ་གསོལ་བ་གདབ་པ་དང་སྨོན་ལམ་གྱི་རིམ་པ་ལ་སོགས་པ་མང་དུ་མཛད། དེ་ནས་འདུ་ཁང་དུ་དགེ་འདུན་གྱི་མང་ཇ་འདྲེན་པ་ཞིག་གིས་གདན་དྲངས་པས་ཚོགས་ཀྱི་དབུས་སུ་ཕེབས་

ཏེ་སྦྱིན་བདག་སོགས་ཀྱི་ཆེད་དུ་ཞུ་བ་སུའང་མེད་པར་བདེ་བ་ཅན་གྱི་སྨོན་ལམ་རྒྱས་པ་དགེ་འདུན་ཚོགས་པ་རྒྱ་མཚོའི་དབུས་སུ་ཤིས་བརྗོད་དང་བཅས་པ་མཛད་དེ། ཕྱི་རབས་ཀྱི་གདུལ་བྱ་རྣམས་ལ་རྗེ་ཉིད་ཀྱིས་རི་ལྟར་གསུངས་པའི་མདོ་སྔགས་ཡོངས་སུ་རྫོགས་པའི་ལམ་སྲོལ་བཟང་པོ་འདི་ཉིད་མ་ཉམས་ཤིང་གང་ནས་གང་དུ་འཛལ་བའི་རྟེན་འབྲེལ་བསྒྲིག་པའི་ཕྱིར་འདུས་པ་རྒྱ་མཚོའི་དབུས་སུ་བྱོན་ནས་ཐུགས་སྨོན་དང་བཀྲ་ཤིས་དེ་ལྟར་མཛད་དོ། །

དེ་ནས་གཟིམ་ཁང་དུ་ཕེབས་ཏེ་བཞུགས་གདན་ལ་བཞུགས་པ་ན། དེ་ན་རང་རེའི་དགོན་པ་རང་དབང་ཐོབ་པ་འདི་ར་སླེབ་བྱུང་བས་བློ་བདེའོ། །ཞེས་བཀའ་སྩལ། དེའི་ཉིན་མོ་འདས་པའི་མཚན་མོའི་གུང་ཐུན་ལ་བབ་པ་ཙམ་ནས་སྐུ་ཁམས་ཅུང་ཞིག་བསྙེལ་བའི་ཚུལ་བསྟན་ཏེ། དེའི་སང་ཉིན་ནས་དགེ་འདུན་ཐམས་ཅད་ཀྱིས་ཀྱང་སྐུ་རིམ་ལ་འབད་པ་འདོན་པར་མཛད། དེ་ལྟ་ནའང་སང་གི་ཉི་ཕྱེད་ཙམ་བར་དུ་སྐུ་ལུས་ཀྱི་ཆ་སོ་སོ་ལ་བསྙུན་ཟུག་ཏུ་མངོན་པ་ཅུང་ཟད་ཡོད་གསུང་བ་མ་གཏོགས་དེ་ནས་བསྙུན་ཟུགས་ཀྱང་ཆེན་པོ་མེད་པར་ཅུང་ཟད་ཐུགས་ཉོག་པར་གསལ་ཙམ་གྱི་བར་ལ་ཉིན་ཞག་གཉིས་(༩༠༩ན)ཀྱི་རིང་དུ་སྐུ་རིམ་བསྒྲུབས། དེའི་ཚེ་སྲས་ཀྱི་ཐུ་བོ་རྗེ་དར་མ་རིན་ཆེན་ལ་བསྟན་པའི་བྱ་བ་མཛད་ཚུལ་འདི་ལྟར་དགོས་བྱ་བ་ལ་སོགས་པའི་ཞལ་ཏ་ཞིབ་པར་སྤྱི་མོ་ནས་གནང་ཚར་བས་དེའི་ཚེ་རྒྱས་པར་མ་གསུངས་ཤིང་། དབུ་ཞྭ་སྣ་རིང་དང་གོས་བེར་ཞིག་གནང་སྟེ་དོན་གྱིས་རྒྱལ་ཚབ་ཏུ་བསྐོ་བར་མཛད། གནས་བརྟན་རིན་ཆེན་རྒྱལ་མཚན་པ་ལ་སོགས་པ་སྐུ་དྲུང་ན་འཁོད་པ་ལ། ཚུལ་འདི་ཤེས་པར་གྱིས་ལ་བྱང་ཆུབ་ཀྱི་སེམས་སྒོམས་ཤིག་ཅེས་སོགས་ཙམ་གསུང་གཞན་སྐུ་ཁམས་ཅུང་ཟད་བསྙེལ་བའི་ཚུལ་བསྟན་པའི་རིང་ལའང་སྟེར་གྱི་ཐུན་བཞིའི་རྣལ་འབྱོར་དང་བདག་འཇུག་ལ་སོགས་པའི་ཐུགས་དམ་གྱི་རིམ་པ་རྣམས་འཆག་མེད་དུ་མཛད་པ་དང་། གཞན་ཡང་གཙོ་

བོར་ནང་གི་ཏིང་ངེ་འཛིན་ལ་མཆོག་ཏུ་གཞོལ་བའི་ཐུགས་དམ་ལ་ཁོར་ཡུག་ཏུ་བཞུགས་པར་གྱུར་ཏོ། །

དེ་ནས་ཉི་ཤུ་བཞིའི་དགོང་མོ་བཅོམ་ལྡན་འདས་བདེ་མཆོག་འཁོར་ལོའི་མཆོད་པ་རྒྱས་པ་ཞིག་མཛད་དེ་དེའི་ཚེ་ཀ་པཱ་ལ་མར་མེད་པ་ཅིག་ཁྱེར་ཤོག་གསུང་ནས་དེར་ནང་མཆོད་བྱིན་རླབས་རྒྱས་པ་ཞིག་མཛད་དེ། བདག་ཉིད་ཀྱིས་བདུད་རྩི་མྱང་བ་ལན་གསུམ་ཙུ་རྩ་གཉིས་སམ། བཙུ་དྲུག་ཕྲག་གཉིས་སུ་མཛད་པ་ལ་དེ་ཡང་བདེ་མཆོག་གི་མཆོད་པ་དེ་དང་འབྲེལ་བས་དེ་ཉིད་ཀྱི་དབང་དུ་མཛད་པ་ཡིན་ལ་རག་ཅིང་། གཞན་དུ་ན་ལྷའི་འཁོར་ལོ་འདི་འདྲ་བ་ཞིག་གི་དབང་དུ་མཛད་ནས་བདུད་རྩི་མྱང་བ་མཛད་དོ་ཞེས་བྱ་བར་ནི་ཐུས་ཀྱང་ཁོང་དུ་མ་ཆུད་དེ། སྐུ་དྲུང་ན་(༩༠༩བ)འཁོད་པ་ཁ་ཅིག་ནི་གྲངས་ལ་དཔགས་ནས་བཅོམ་ལྡན་འདས་དཔལ་གསང་བ་འདུས་པའི་སྒོ་ནས་མཛད་པར་ཡང་རྟོག་གོ །གཞན་ཡང་དེ་དག་གི་ཚེ་ཡི་དམ་གྱི་ཁྱད་པར་མངོན་སུམ་དུ་གཟིགས་པ་ལ་སོགས་པའི་གཟིགས་སྣང་ཁྱད་པར་ཅན་མང་དུ་ཡོད་པའི་རྣམ་པ་དུ་མ་མངོན་མོད་ཀྱི། སྐུ་དྲུང་ན་འཁོད་པ་དག་གིས་ཇི་ལྟར་མཆིས་པ་ཞུ་བར་མ་ནུས་སོ། །དེ་ནས་མཚན་མོའི་རིང་ལ་ཐུགས་དམ་ལ་རྩེ་གཅིག་ཏུ་བཞུགས་ཏེ། དེ་ཡང་ཕྱི་རོལ་ནས་མངོན་པ་ལ་རྡོ་རྗེ་བཟླས་པ་ལ་སོགས་པ་མཛད་པ་ཤས་ཆེ་བར་མངོན་ནོ་ཞེས་ཟེར་ཏེ། མདོར་ན་འཆི་བ་འོད་གསལ་ཆོས་སྐུ་དང་སྲེ་བའི་མན་ངག་རྣམས་ཐུགས་ཉམས་སུ་བསྐྱར་བ་ཡིན་པར་ངེས་སོ། །དེའི་སང་ཉིན་ཉི་ཤུ་ལྔའི་སྔ་དྲོ་དང་པོ་ནས་ཞབས་རྡོ་རྗེ་སྐྱིལ་མོ་ཀྲུང་དུ་མཛད། ཕྱག་གཉིས་མཉམ་པར་བཞག་སྟེ་ཐུགས་དམ་ལ་རྩེ་གཅིག་ཏུ་བཞུགས་པ་ལས་ཉི་མ་ཤར་ཙམ་ལ་སྟོང་པ་གསུམ་རིམ་གྱིས་ཐིམ་ནས་ཐམས་ཅད་སྟོང་པ་འོད་གསལ་དོན་དམ་པའི་བདེན་པ་མངོན་དུ་མཛད་དེ་ནང་དུ་འོད་གསལ་ཆོས་སྐུ་མངོན་དུ་མཛད་པ་དང་དུས་མཉམ་དུ་ཕྱིའི་སྐུ་ལུས་འགྱུར་ཏེ། ཞལ་གྱི་དཀྱིལ་འཁོར་དེ་གོང་ཙུང

ཟད་སྐུ་ཁམས་བསྙེལ་བ་སོགས་ཀྱིས་སྣར་ལས་སྐུ་མདངས་ཅུང་ཞིག་ཆུང་བར་ཡོད་ནའང་། དེའི་ཚེ་གློ་བུར་དུ་ཞལ་གྱི་དཀྱིལ་འཁོར་ཟླ་བ་ལྟར་རྒྱས་པར་གྱུར་ཏེ་སྐུའི་ཆ་ཐམས་ཅད་འོད་ཀྱི་ལུས་ཅན་གྱི་ལྷ་བུ་གཞོན་ནུ་ལྟར་གྱུར་ཅིང་། སྐུའི་ཤ་ཞུ་བ་དང་། ལྟར་ལྟར་པོར་གྱུར་བ་དང་། ཁམ་ཁྱུམ་དུ་གྱུར་པ་ལ་སོགས་པ་ཅུང་ཟད་ཀྱང་མེད་ལ། སྣར་གྱི་སྐུའི་གཉེར་མ་རྣམས་ཀྱང་སྐུའི་རྩེ་མོ་(༩༠༥(ན)བརྒྱུར་བཤགས་པའི་ཚོད་ཙམ་དུའང་ཐམས་ཅད་ཀྱི་ཐམས་ཅད་དུ་མེད་པར་གྱུར་ཏེ་བལྟ་བར་མི་བཟོད་པའི་འོད་ཀྱི་ཕུང་པོ་དང་ལྡན་ཞིང་། དེ་ཡང་ཁ་ཅིག་ནི་སྐུའི་འོད་དམར་སེར་དུ་སྣང་ངོ་ཞེས་ཟེར། ཁ་ཅིག་ནི་དཀར་སེར་དུ་སྣང་ངོ་ཞེས་ཟེར། ཁ་ཅིག་ནི་གསེར་བཙོ་མ་ལྟ་བུར་སྣང་ངོ་ཞེས་ཟེར་ཏེ། ལོ་བཅུ་དྲུག་ལོན་པའི་ན་ཚོད་དང་ལྡན་པའི་ལྷའི་ལུས་ཅན། ཇི་ལྟར་འཇམ་དཔལ་གཞོན་ནུར་གྱུར་པ་རྒྱན་དང་ཆ་ལུགས་སྤྲངས་ནས་ནང་དུ་ཡང་དག་འཇོག་ལ་མཉམ་པར་བཞག་པ་ཇི་ལྟ་བ་དེ་ལྟར་གྱུར་ཏོ། །འདི་ནི་ཆོས་ཉིད་ཡིན་ཏེ་ཐེག་པ་ཐུན་མོང་བ་ལ་ཡང་། གང་གི་རྒྱུད་ལ་མཐོང་བའི་ལམ་སྐྱེས་པ་དང་། དགྲ་བཅོམ་པ་མངོན་དུ་བྱས་པ་ལ་སོགས་པའི་སྒོ་ནས་བདུད་རྩི་ཐོབ་པར་གྱུར་པ་ན། དབང་པོ་ཡོངས་སུ་གསལ་ཞིང་། བཞིན་གྱི་མདོག་ནི་དག་ལ། པགས་པའི་མདོག་ནི་དཀར་བ་ལ་སོགས་པ་ལུས་ཀྱི་མདངས་སྔར་ལས་གནས་འགྱུར་བ་འབྱུང་བར་འདུལ་བ་ལུང་ལས་གསུངས་སོ། །དེ་བས་ན་རྗེ་འདི་ཡང་དེའི་ཚེ་འོད་གསལ་དོན་དམ་པའི་བདེན་པ་མངོན་དུ་མཛད་དེ། འཆི་བ་ཆོས་ཀྱི་སྐུར་བསྒྱུར་བའི་སྒོ་ནས་བར་དོ་སྒྱུ་མའི་སྐུར་བཞེངས་ཏེ། བར་དོ་ལོངས་སྤྱོད་རྫོགས་པའི་སྐུ་མཆོག་གི་དངོས་གྲུབ་ཀྱི་གོ་འཕང་མཐར་ཐུག་པ་མངོན་དུ་མཛད་པ་ཡིན་ནོ་ཞེས་ནང་ཐུགས་ཀྱི་སྲས་གཅིག་མཁས་གྲུབ་སྨྲ་བའི་ཉི་མ་དང་གྲུབ་ཆེན་འཇམ་དཔལ་རྒྱ་མཚོ་སོགས་རྗེའི་ཐུགས་སྲས་རྣམས་མཐུན་པར་གསུང་ངོ་། །

དེ་ལྟར་རྗེ་རིན་པོ་ཆེས་འོད་གསལ་ཆོས་སྐུ་མངོན་དུ་མཛད་ནས་འོད་གསལ་དེ་

ལས་བཞེངས་པ་(༤༠༥བ)དང་དུས་མཉམ་དུ་མཚན་དཔེས་སྤྲས་པའི་གཟུགས་ཀྱི་སྐུ་འདུས་པའི་རྒྱ་རྒྱུད་ལས། དཔག་ཚད་བརྒྱ་ཡི་ཁྱོན་ཙམ་དུ། །རྡོ་རྗེ་འབར་བའི་འོད་དག་གིས། །རྒྱན་རྣམས་ཀུན་གྱི་བརྒྱན་པ་ཡི། །དག་པའི་བདག་ཉིད་སྣང་བར་འགྱུར། །ཚངས་པ་དྲག་པོ་ལ་སོགས་ལྷས། །ནམ་ཡང་མཐོང་བར་མི་ནུས་སོ། །ཞེས་གསུངས་པ་ལྟར་ནམ་མཁའི་དབྱིངས་ཐམས་ཅད་འོད་ཟེར་གྱི་དྲྭ་བས་འགེངས་ཤིང་། ཚངས་པ་དང་བརྒྱ་བྱིན་ལ་སོགས་པའི་ལྷ་མཐུ་བོ་ཆེ་དག་གིས་ཀྱང་མཐོང་བར་མི་ནུས་ན་གཞན་དག་གིས་ལྟ་ཅི་སྨོས་པ་ཡེ་ཤེས་ཀྱི་སྐུ་ནམ་མཁའ་མ་ཟད་ཀྱི་བར་དུ་འགྱུར་བ་མེད་པ། གསུང་ཚངས་པའི་དབྱངས་ལ་འགག་པ་མེད་པ། ཐུགས་བདེན་པ་གཉིས་མངོན་སུམ་དུ་གཟིགས་པ་ལས་ནམ་ཡང་ཉམས་པ་མེད་པ། སྐུ་ལས་སྤྲུལ་པ་ཕྱོགས་བཅུར་སྤྲོས་པས་ནམ་མཁའི་དབྱིངས་ཐམས་ཅད་ཁྱབ་པས་སེམས་ཅན་རྣམས་ལ་གང་ལ་གང་འདུལ་གྱི་དོན་མཛད་བཞིན་དུ་འདིའི་གདུལ་བྱ་རྣམས་ཀྱི་དོན་དུ་སྤྱར་ལྷག་པའི་ལྷ་མང་པོས་ལུང་བསྟན་པ་ལྟར་དགའ་ལྡན་ཆོས་ཀྱི་ཕོ་བྲང་དུ་ཕེབས་ནས་རྗེ་བཙུན་བྱམས་པ་མགོན་པོའི་སྲས་ཀྱི་ཐུ་བོའི་ཚུལ་བཟུང་བ་འཇམ་དཔལ་སྙིང་པོ་ཞེས་བྱ་བ་དགའ་ལྡན་གྱི་ལྷ་རྣམས་ཀྱིས་གཙོས་ཕྱོགས་བཅུའི་ཞིང་ནས་འདུས་པའི་གདུལ་བྱ་སའི་རྡུལ་དང་མཉམ་པ་དག་ལ་ཐེག་པ་ཆེན་པོའི་ཆོས་ཀྱི་དགའ་སྟོན་འགྱེད་ཅིང་བཞུགས་སོ། །དེ་ནས་སྲས་ཀྱི་གཙོ་བོ་རྣམས་ཀྱིས་གཙོས་དགའ་ལྡན་དུ་གཞུག་མར་གནས་པ་རྣམས་དང་། ཕྱོགས་ཕྱོགས་ནས་འདུས་པའི་དད་ལྡན་བགྲང་(༤༠༨ན)བ་ལས་འདས་པ་དག་དང་། དཀར་ཕྱོགས་ཀྱི་ལྷ་དང་ཀླུ་ལ་སོགས་པ་ས་དང་བར་སྣང་གི་ཁྱོན་ཐམས་ཅད་ཡོངས་སུ་གང་བའི་དད་ལྡན་དག་གིས་སྐུ་གདུང་རིན་པོ་ཆེ་ལ་ཕྱི་ནང་གསང་བ་དེ་ཁོ་ན་ཉིད་ཀྱི་མཆོད་པ་ཚད་མེད་པས་མཆོད་དེ་རྗེ་རིན་པོ་ཆེས་གངས་རིའི་ཁྲོད་འདིར་རྒྱལ་བསྟན་ཡོངས་རྫོགས་གསར་དུ་འཛུགས་པར་མཛད་པ་འདི་ཉིད་ནམ་ཡང་རྒྱུན་མི་ཆད་ཅིང་མི་ཉམས་པར

གནས་པའི་རྟེན་འབྲེལ་དུ་སྐུ་གདུང་རིལ་པོ་ཅན་དན་གྱི་སྒྲོམ་གྱི་ནང་དུ་བཞུགས། དེ་ཡང་རིན་པོ་ཆེའི་སྒྲོམ་གྱི་ནང་དུ་བཞུགས་ཏེ་དགའ་ལྡན་རྣམ་པར་རྒྱལ་བའི་གླིང་ཉིད་ན་ལྷ་དང་བཅས་པའི་འགྲོ་བ་ཡོངས་ཀྱི་བསོད་ནམས་ཀྱི་ཞིང་དུ་བཞུགས་སོ། །

དེ་ལྟར་རྗེ་རིན་པོ་ཆེས་སངས་རྒྱས་འདིག་རྟེན་དུ་སླར་བྱོན་པ་ལྟར་མདོ་སྔགས་ཀྱི་བསྟན་པ་ཡོངས་སུ་རྫོགས་པ་རྒྱ་ཆེར་སྤེལ་བར་མཛད་པས་རྒྱུད་འཛིན་གྱི་སློབ་མ་ཕྱོགས་ཀྱི་ཐ་གྲུ་ཀུན་ཏུ་བཞུགས་པས་མཐའ་དག་བརྗོད་པར་སུ་ཞིག་གིས་ནུས། བསིལ་ལྡན་གྱི་ལྗོངས་འདིར་བསྟན་པ་འཛིན་སྐྱོང་སྤེལ་གསུམ་མཛད་པའི་བསྟན་འཛིན་ཆེན་པོ་ཇི་སྙེད་བྱོན་པ་དག་ཀྱང་བགྲང་བར་མི་ནུས་ལ། སྔོན་གྱི་མཁས་པ་དག་གིས་གཙོ་བོ་དག་ལས་ཕྱོགས་ཙམ་རེ་བརྗོད་པ་ཡང་མང་དུ་མཆིས་ཤིང་། བརྗོད་ཚུལ་ཡང་མི་འདྲ་བ་མང་དུ་སྣང་སྟེ། མཁས་གྲུབ་ནོར་བཟང་རྒྱ་མཚོས་ནི་རྗེའི་ཐུགས་སྲས་བསམ་གྱིས་མི་ཁྱབ་པ་བྱུང་བ་རྣམས་ཀྱི་ནང་ནས་ཁྱད་པར་དུ་འཕགས་པ་འགའ་ཞིག་བརྗོད་པ་ནི། གཙང་ནས་རྒྱལ་ཚབ་དར་མ་རིན་ཆེན་སོགས(༥༠༨བ)དགུ། དབུས་ནས་འདུལ་འཛིན་གྲགས་པ་རྒྱལ་མཚན་སོགས་བཅུ་གསུམ། ཁམས་ནས་ཚ་ཁོ་མཁན་ཆེན་ངག་དབང་གྲགས་པ་སོགས་ལྔ། མངའ་རིས་ནས་བྱང་སེམས་ཤེས་རབ་བཟང་པོ་སོགས་ལྔ་རྣམས་གཙོ་བོར་མཛད་དེ། དེ་དག་གི་མཚན་རྣམས་ནི་མཁས་གྲུབ་ནོར་བཟང་རྒྱ་མཚོ་ཉིད་ཀྱིས་མཛད་པའི་རྗེའི་བུ་སློབ་བྱུང་ཚུལ་དུ་གསལ་ལོ། །

རྗེ་རིན་པོ་ཆེ་ལ་མི་ཕྱེད་པའི་དད་པ་ཅན་བཟང་བཟང་ནེ་རིང་པ་འཆི་མེད་རབ་རྒྱས་ཀྱིས་ནི་རྗེའི་ཐུགས་སྲས་གཙོ་བོ་རྣམས་བསྡུས་པའི་སྡོམ་འདི་ལྟར་མཛད་དེ། ལུང་བསྟན་རྣམ་དག་ཡོད་པའི་བུ་ཆེན་ཐུགས་སྲས་བདུན། སྔོན་དུས་བྱ་བྲལ་མཛད་དུས་ཀྱི་ཕྱག་ཕྱི་བ་བློས་བཏང་བརྒྱད། སྐུ་བསྟུན་དུས་བསྟུན་གཡོག་དང་། སྐུ་རིམ་རྐང་ཚུགས་མཛད་པའི་བུ་ཆེན་བདུན། གདན་སའི་ལུགས་གཉིས་སྤེལ་བའི་བུ་ཆེན་མཁས་གྲུབ་

བརྒྱད། ཡི་གེས་ཐུགས་ཟིན་པའི་བུ་ཆེན་གསུམ། འཕྲིན་ལས་རྩོད་པ་མེད་པའི་བུ་ཆེན་གསུམ། སློབ་པ་གཙོ་བོར་མཛད་པའི་བུ་ཆེན་རྟོགས་ལྡན་གྱི་མཚན་ཅན་བཞི་དང་། རི་སྒྲུབ་གཉིས། གཞུང་ལུགས་རབ་འབྱམས་མཁྱེན་པའི་མཁས་མཆོག་གཉིས། སྟོད་སྨད་ཀྱི་ཤེས་རབ་བཟང་པོ་རྣམ་གཉིས། བྱང་སེམས་རྣམ་གཉིས། སེམས་དཔའ་རྣམ་གཉིས། གྲགས་པ་རྣམ་གཉིས། བཀའ་བབ་ཀྱི་བུ་ཆེན་དྲུག །སྡེ་དཔོན་གྲུབ་ཐོབ་ཀྱི་བུ་ཆེན་རྩོད་མེད་གསུམ། རིགས་རུས་ཁུངས་བཙུན་གྱི་མཁས་གྲུབ་རྣམ་པ་གསུམ། རྒྱལ་ཚབ་བསྟན་འཛིན་གྱི་བུ་ཆེན་རིན་པོ་ཆེ་རྣམ་པ་གསུམ། སྡེ་དཔོན་ཐུགས་གྲོལ་གྱི་མཁས་པ་(༩༠༧ན)གཅིག །བྱ་བཏང་སྦྲས་པའི་གྲུབ་ཐོབ་གཅིག །མཁས་མཆོག་ཡོངས་གྲགས་ཀྱི་ཆོས་རྗེ་གཉིས། བྱ་བཏང་ཡོངས་གྲགས་ཀྱི་གྲུབ་ཐོབ་གཅིག་ཅེས་སྡེ་ཚན་ཚོམས་སུ་བགྲངས་སོ། །དེ་དག་སོ་སོའི་མཚན་དང་ངོས་འཛིན་ནི་ཁོང་པས་མཛད་པའི་རྗེའི་རྣམ་ཐར་གསེར་གྱི་མཆོད་སྡོང་དུ་གསལ་ལོ། །

པཎ་ཆེན་བསོད་ནམས་གྲགས་པས་མཛད་པའི་ཆོས་འབྱུང་ཡིད་ཀྱི་མཛེས་རྒྱན་དུ་རྗེ་རིན་པོ་ཆེའི་སློབ་མ་གཙོ་བོ་དག་སྡེ་ཚན་སྡེ་ཚན་དུ་བྱས་ནས་ཚོམས་སུ་བསྡུས་པ་ནི། བླ་མ་ཆོས་འབྲེལ་གསན་པ་གསུམ། བྱ་བྲལ་ལ་མ་ཕེབས་གོང་གི་སློབ་མ་ལྔ་ཚར་བཞི། བྱ་བྲལ་ལ་ཐེགས་དུས་ཀྱི་འཁོར་དག་པ་རྣམ་བརྒྱད། སྲས་ཀྱི་ཐུ་བོ་གཉིས། གཉིས་པོ་དེའི་སྟེང་དུ་འཛམ་དཀར་བ་བསྟན་ཧེ་གསང་བདག་གིས་ལུང་བསྟན་པའི་འཁོར་ཁྱད་འཕགས་གསུམ། ནང་ཐུགས་ཀྱི་སྲས་གཅིག །འཕྲིན་ལས་ནམ་མཁའ་དང་མཉམ་པའི་བུ་ཆེན་བཞི། དབུས་གཙང་བསྟན་པའི་སྒྲོན་མེ་བཅུ། གཞན་དོན་ལྷུན་གྱིས་གྲུབ་པའི་སེམས་དཔའ་དྲུག །མི་དབང་གཙུག་ན་མཛེས་པའི་ཏི་ཤྲཱི་གཉིས། རྒྱ་ཆེན་མང་དུ་ཐོས་པའི་དཔོན་སྲས་གཉིས། སྦྱངས་པའི་ཡོན་ཏན་འཛིན་པའི་ཅོག་ཕུ་པ་ཆེ་ཆུང་གཉིས། རྣམ་དཔྱོད་ཕུལ་དུ་བྱུང་བའི་མཁས་པ་གཉིས། བསྟན་པ་ཕྱོགས་མཐར་སྐྱོང་བའི་དར་

ཆེན་དྲུག །སྐད་གཉིས་སྨྲ་བའི་ལོ་ཙཱ་བ་གཉིས། ས་སྐྱོང་ཆོས་རྗེ་དྲུག །གསུང་རབ་མང་དུ་མཁྱེན་པའི་བསྟན་འཛིན་བརྒྱད། མདོ་རིང་གི་མཁས་པ་བཞི། མཁའ་སྤྱོད་གྲུབ་པའི་གདུང་རྒྱུད་གཉིས། ཡ་མཚན་(༤༠༧བ)ཅན་གྱི་སྐྱེས་བུ་གཉིས། སྐྱེ་དགུའི་གཙུག་རྒྱན་སྤྱན་སྔ་བརྒྱད། ཁྲི་སྟེང་མཛེས་པའི་བླ་ཆེན་བཞི། ཚོགས་པ་སྐྱོང་བའི་མཁན་པོ་བཞི། སྡེ་དགོན་ཕྲ་མོའི་ཆེན་པོ་ལྔ། དབང་བཞིའི་སྐུར་བའི་ཆོས་བསྒོ་བ་གཉིས། ལུང་རིགས་སྨྲ་བའི་དཀའ་བཅུ་བ་བཞི། ཚིག་དོན་སྨྲ་བའི་དཀའ་བཞི་པ་བཅུ། བརྟུལ་ཞུགས་འཛིན་པའི་རྗེ་སྟོན་བཞི། ཚུལ་ཁྲིམས་རྣམ་པར་དག་པའི་གནས་བརྟན་དྲུག །ཚེ་བློས་བཏང་གི་རྟོགས་ལྡན་ལྔ། ལྷ་གཟིགས་གྲགས་པ་རྒྱ་མཚོ་སོགས་བསྟན་འཛིན་བཅོ་ལྔ་རྣམས་སྡེ་ཚན་དུ་བྱས་ཏེ་བགྲངས་སོ། །འདི་དག་གི་མཚན་དང་ངོས་འཛིན་རྣམས་ཆོས་འབྱུང་དེ་ཉིད་དུ་གསལ་བའོ། །འདིར་ནི་ཐམས་ཅད་བརྗོད་པར་མི་ནུས་ཀྱིས་སྲས་ཀྱི་ཐུ་བོ་གཉིས་སོགས་ཡོངས་སུ་གྲགས་པ་འགའ་ཞིག་གི་རྣམ་ཐར་བརྗོད་པར་བྱའོ། །

རྒྱལ་ཚབ་དར་མ་རིན་ཆེན་གྱི་རྣམ་ཐར།

དེ་ལ་སྲས་ཀྱི་ཐུ་བོ་རྒྱལ་ཚབ་དར་མ་རིན་ཆེན་ནི། སྔོན་དུས་ཡུན་རིང་པོ་ནས་བྱང་ཆུབ་མཆོག་ཏུ་ཐུགས་བསྐྱེད་དེ་རྒྱལ་སྲས་ཀྱི་སྤྱོད་པ་རླབས་པོ་ཆེ་ལ་སློབ་བཞིན་པ་ལས། ཞིང་འདིར་འཇམ་མགོན་བླ་མའི་བསྟན་པ་སྤེལ་བའི་སླད་དུ་སྨོན་ལམ་གྱི་མཐུས་བྱོན་པ་ཞིག་སྟེ། སེམས་དཔའ་ཆེན་པོ་འདི་གང་དུ་འཁྲུངས་པའི་ཡུལ་ནི། དམ་པ་དུ་མས་བྱིན་གྱིས་རླབས་ཤིང་བཀྲ་ཤིས་པའི་དགེ་མཚན་དུ་མ་དང་ལྡན་པ་གཙང་མྱང་སྟོད་ཀྱི་སའི་ཆ་རི་ནང་ཞེས་བྱ་བ་སྟེ་རི་ནང་གི་ལུང་ལག་མཛོ་ཆད་ཅེས་བྱ་བར་ཡབ་བློན་པོ་ཐའི་རིགས་རྒྱུད་ཏ་དཔོན་པ་དང་། ཡུམ་ཇོ་མོ་ཤེས་རབ་སྲས་སུ་རབ་བྱུང་དྲུག་པའི་

ཤིང་ཕོ་འབྲུག་གི་ལོ་ལ་བཀྲ་ཤིས་པའི་དགེ་མཚན་དུ་མ་དང་བཅས་ཏེ་འབྲུངས། དགུང་(༩༠༢ན)ལོ་བཅུ་བཞེས་པ་རྒྱ་མོ་གླང་གི་ལོ་གདན་ས་ཆེན་པོ་གནས་སྙིང་དུ་མཁན་ཆེན་རིན་ཆེན་རྒྱལ་མཚན་པ་དང་། བྲག་ཐོག་པ་གཞོན་ནུ་ཚུལ་ཁྲིམས་གཉིས་ལ་མཁན་སློབ་ཞུས་ནས་ཚོགས་སྡེ་མ་དགེ་ཚུལ་གྱི་སྡོམ་པ་མནོས། མཚན་དར་མ་རིན་ཆེན་ཞེས་གསོལ། དེ་ནས་མཁན་སློབ་ཀྱི་སྤྱན་སྔར་ཇི་ལྟར་ཞལ་གྱིས་བཞེས་པའི་སོ་ཐར་གྱི་བསླབ་བྱ་རྣམས་མིག་གི་འབྲས་བུ་ལྟར་བསྲུང་ཞིང་སློབ་དཔོན་དཔལ་མགོན་པའི་དྲུང་དུ་ཡི་གེ་འབྲི་ཀློག་ཕུལ་དུ་ཕྱིན་པར་བསླབས་པ་དེ་ནས་མཁས་པའི་དབང་པོ་ཀུན་དགའ་དཔལ་ཡོངས་འཛིན་དུ་བསྟེན་ཏེ་ཚད་མ་རྣམ་འགྲེལ་དང་ཚད་མ་རྣམ་ངེས་ཆ་ལག་དང་བཅས་པ་ལ་སྦྱངས། དེ་ནས་མཁས་པའི་དབང་པོ་རི་ནང་པ་རིན་ཆེན་རྡོ་རྗེ་ཡོངས་འཛིན་དུ་བསྟེན་ཏེ་ཕར་ཕྱིན་གྱི་གཞུང་རྣམས་ལ་སྦྱངས། དེ་ནས་མཁས་པའི་དབང་པོ་བྲན་མ་བྲེག་ཁ་བ་ཆོས་རྗེ་དོན་གྲུབ་རིན་ཆེན་གྱི་དྲུང་དུ་མངོན་པ་ལ་སྦྱངས། འདི་རྗེ་རིན་པོ་ཆེའི་དགེ་ཚུལ་གྱི་མཁན་པོ་ཆོས་རྗེ་དོན་གྲུབ་རིན་ཆེན་ཞེས་པ་དེ་མིན་གྱི་དེ་དང་མཚན་གཅིག་པ་མྱུར་སྟོད་པ་ཞིག་གོ །

དེ་ནས་མཁས་པའི་དབང་པོ་བློ་གྲོས་བཟང་པོའམ་དཀའ་བཞི་པ་བློ་གསལ་ཞེས་ཡོངས་སུ་གྲགས་པ་དེའི་དྲུང་དུ་འདུལ་བ་ལ་སྦྱངས། གཞན་ཡང་ལོ་ཆེན་སྐྱབས་མཆོག་དཔལ་བཟང་དང་། ཤངས་པ་ཀུན་མཁྱེན་པ་སོགས་དགེ་བའི་བཤེས་གཉེན་དུ་མ་ལ་མདོ་སྔགས་ཀྱི་ཆོས་མང་དུ་གསན། ཁྱད་པར་གངས་ཅན་གྱི་ཤིང་རྟ་ཆེན་པོ་རྗེ་བཙུན་རེད་མདའ་པའི་ཞབས་རྡུལ་སྤྱི་བོས་བསྟེན་ཏེ་ཕར་ཕྱིན་ཚད་མ་འདུལ་བ་མངོན་པ་དབུ་མ་(༩༠༢བ)སོགས་མདོ་ཕྱོགས་ཀྱི་གཞུང་རྣམས་དང་དཔལ་གསང་བ་འདུས་པ་སོགས་སྔགས་ཀྱི་གཞུང་རྣམས་ཕལ་ཆེ་བ་གསན་ཏེ་རང་དང་གཞན་གྱི་གྲུབ་པའི་མཐའ་རྒྱ་མཚོ་ལྟ་བུའི་ཕ་རོལ་ཏུ་སོན་པའི་མཁས་པའི་དབང་པོར་གྱུར་ཏེ་རྗེ་བཙུན་རེད་མདའ

པའི་སྲས་ཀྱི་ཐུ་བོ་གཞུང་ལུགས་རབ་འབྱམས་ཤེས་པའི་བཤེས་གཉེན་བདུན་གྱི་ནང་ཚན་གཅིག་ཡིན་ནོ། །དེ་ནས་དཔལ་ལྡན་ས་སྐྱ་སོགས་གཙང་ཕྱོགས་ཀྱི་ཆོས་གྲྭ་ཆེན་པོ་རྣམས་སུ་དཀའ་བཅུའི་གྲྭ་སྐོར་མཛད་དེ་སྙན་པའི་གྲགས་པས་སའི་སྟེང་ཁྱབ་པར་གྱུར་ཏོ། །

དེ་ནས་དགུང་ལོ་ཉེར་ལྔ་བཞེས་པ་ས་ཕོ་འབྲུག་གི་ལོ་ལ་གཙང་ལ་སྟོད་ལྷོག་ལྟོ་པ་ཆོས་རྗེ་ཀུན་དགའ་དཔལ་བས་མཁན་པོ། རྗེ་བཙུན་རེད་མདའ་པས་ལས་སློབ། རྗེ་གངས་ཅན་ཀུན་དགའ་དཔལ་བས་གསང་སྟོན་མཛད། འདུལ་བ་འཛིན་པ་དཔལ་ལྡན་བློ་གྲོས་དང་བློ་གྲོས་མཚུངས་མེད་སོགས་དད་པའི་དགེ་འདུན་ཉེར་གཉིས་ཀྱི་དབུས་སུ་བསྙེན་པར་རྫོགས་པའི་སྡོམ་པ་རྣམ་པར་དག་པ་མནོས་ནས་བསླབ་པ་རིན་པོ་ཆེ་མིག་གི་འབྲས་བུ་ལྟར་གཅེས་སྤྲས་སུ་མཛད་དེ་འཕགས་མཆོག་ཉེ་བར་འཁོར་སླར་ཡང་གངས་རིའི་ཁྲོད་དུ་བྱོན་པ་ཉི་ལྟ་བར་གྱུར་ཏོ། །

དེ་ནས་དབུས་ཕྱོགས་ཀྱི་གྲྭ་ས་རྣམས་སུ་གྲྭ་སྐོར་མཛད་དེ་རྩེས་དང་གི་གྲྭ་སྐོར་གྲུབ་ནས་རྗེ་རིན་པོ་ཆེ་གཉལ་སྟོད་ར་གྲོང་དུ་བཞུགས་པའི་ཚེ་མཇལ་དུ་བྱོན། ཞལ་གྱི་དཀྱིལ་འཁོར་མཐོང་བ་ཙམ་གྱིས་དད་པའི་སྤྱི་ལོང་གཡོས་ཤིང་། སྐུ་མདུན་དུ་བཞུགས་ཏེ་ཆོས་ཀྱི་བཀའ་མཆིད་སྨྲོས་པར་ཞུས་པས་རྗེ་རིན་པོ་ཆེས་སེམས་དཔའ་ཆེན་པོ་འདི་རིན་པོ་ཆེ་ལྟ་བུའི་གདུལ་བྱར་གཟིགས་ནས་གསུང་(༤༠༩ན)རབ་དགོངས་འགྲེལ་དང་བཅས་པའི་སྙིང་པོའི་དོན་ལམ་གྱི་དཀའ་གནས་རྣམས་དྲི་མ་མེད་པའི་རིགས་པའི་ལམ་ནས་དྲངས་ཏེ་རྒྱ་ཆེར་གསུངས་པ་ཡིད་ཆེས་ཀྱི་དད་པ་བརྟན་པོ་འཁྲུངས་ཏེ་འདི་ལྟ་བུའི་དམ་པའི་མགོན་ལ་བརྟེན་པ་ལས་ལྷག་པ་གང་ཡང་མ་མཆིས་ཤིང་། རྒྱལ་བའི་གདུང་འཚོབ་བཤེས་གཉེན་དམ་པ་འདི་ལྟ་བུ་བོར་ནས་གཞན་དུ་འགྲོ་བ་ག་ལ་རིགས་སྙམ་དུ་ཞབས་ཀྱི་པདྨོ་ལ་སྤྱི་བོས་གཏུགས་ཏེ་དེ་ནས་བཟུང་སྟེ་ཇི་སྲིད་འཚོའི་བར་དུ

ཞབས་ཀྱི་པདྨོ་ལ་བརྟེན་ཚོག་པ་དགོས་ཞེས་གསོལ་བ་ནན་ཆེར་བཏབ་པས་རྗེ་རིན་པོ་ཆེས་ཀྱང་དགྱེས་བཞིན་དུ་ཞལ་གྱིས་བཞེས། དེ་ནས་བཟུང་སྟེ་རྗེ་རིན་པོ་ཆེའི་ཞབས་དྲུང་དུ་བཅར་བཞུགས་མཛད་ནས་བྱང་ཆུབ་ལམ་གྱི་རིམ་པའི་ཁྲིད་དང་། བསྐྱེད་རྫོགས་ཀྱི་ཁྲིད་སོགས་མདོ་སྔགས་ཀྱི་ལུང་ཁྲིད་མན་ངག་ཐམས་ཅད་ཡོངས་སུ་རྫོགས་པ་གསན། དེ་ཡང་ཐུགས་རབ་ཀྱི་སྣབས་ཕྱུལ་དུ་ཕྱིན་པས་རྗེ་རིན་པོ་ཆེས་ཆོས་གང་གསུངས་ཐམས་ཅད་ལན་རེས་ཐུམ་པ་གང་བྲོ་ལྷ་བུ་ཐུགས་ལ་ཆུད་དེ། རྗེ་རིན་པོ་ཆེས་གནམ་ཅེང་ལྷིང་དུ་འདུལ་བའི་བསླབ་བྱ་རྒྱས་པར་གསུངས་པའི་ཚེ་གང་གསུངས་ཐམས་ཅད་ཐུགས་སུ་ཆུད་དེ། དེ་མ་ཐག་ཟིན་བྲིས་སུ་བཏབ་པ་བསླབ་བྱ་གནམ་ཅེང་ལྷིང་མར་ཡོངས་སུ་གྲགས་པ་དང་། རྗེ་རིན་པོ་ཆེས་སེ་ར་ཆོས་སྡིངས་སུ་མ་རྒྱུད་རྫོགས་རིམ་དཔྱིད་ཐིག་གསུང་བའི་ཚེ་གང་གསུང་ཐམས་ཅད་ཐུགས་སུ་ཆུད་དེ་དེ་མ་ཐག་ཟིན་བྲིས་སུ་བཏབ་པ་རྫོགས་རིམ་དཔྱིད་ཀྱི་ཐིག་ལེའི་(༤༠༩བ)ཟིན་བྲིས་ལྟ་བུའོ། །

དེ་ནས་ས་མོ་གླང་གི་ལོ་ཆོ་འཕྲུལ་མཆོད་པ་གྲུབ་རྗེས་དགའ་ལྡན་རྣམ་པར་རྒྱལ་བའི་གླིང་འདེབས་པར་མཛད་ཚེ་སེམས་དཔའ་ཆེན་པོ་འདི་དང་འདུལ་འཛིན་གྲགས་པ་རྒྱལ་མཚན་གཉིས་ཀྱིས་ཁུར་བཞེས་ཏེ་དགེ་འདུན་ལ་གནང་བ་ཞུ་བ་དང་། རྡོ་བརྟེག་པའི་མཐའ་ལས་བྱུང་བའི་རྡུང་ཁང་གཙོད་པ་དང་། ལག་གི་བླ་བསྒོ་བ་སོགས་འདུལ་བ་ནས་ཇི་ལྟར་གསུངས་པ་ཐམས་ཅད་ཇི་བཞིན་ཕྱག་ལེན་ལ་བཏབ་པས་མཁར་ལས་ཀྱིས་ཀྱང་རྒྱལ་བའི་བསྟན་པ་གཞི་ནས་གསོ་བའི་བྱ་བ་མཛད་ཅིང་། རྟག་ཏུ་དུས་ཆོས་འཕགས་བསྙེན་པ་ཇི་ལྟ་བ་བཞིན་དུ་ལུས་སྲོག་ལོངས་སྤྱོད་གང་ལའང་མི་ལྟ་བར་རྗེ་རིན་པོ་ཆེའི་བཀའ་བཞིན་སྒྲུབ་པ་ལ་ནམ་ཡང་གཡེལ་བ་མེད་པར་མཛད་དོ། །དེ་ལྟར་མཛད་པས་རྗེ་རིན་པོ་ཆེའི་སྲས་ཀྱི་ཐུ་བོར་གྱུར་ཏེ་རྗེ་རིན་པོ་ཆེ་ཞལ་བཞུགས་དུས་ཉིད་ནས་རྗེའི་སློབ་མ་ཕལ་ཆེར་བདག་ཉིད་ཆེན་པོ་འདིའི་ཞབས་ལ་གཏུག་ཅིང་། རྗེ་རིན་

པོ་ཆེས་རབ་བྱུང་བསྙེན་རྫོགས་གང་གནང་བ་ཐམས་ཅད་བདག་ཉིད་ཆེན་པོ་འདིས་སྒྲོང་བར་མཛད་དོ། །

དེ་ནས་རྗེ་རིན་པོ་ཆེ་ཞིང་གཤེགས་པ་ལ་ཕྱོགས་པའི་ཚེ་ཇི་ལྟར་ལྷའི་བུ་དམ་པ་ཏོག་དཀར་པོས་འཛམ་བུའི་གླིང་དུ་འབྱོན་པ་ལ་ཕྱོགས་པའི་ཚེ་མི་ཕམ་མགོན་པོ་རྒྱལ་ཚབ་ཏུ་དབང་བསྐུར་བ་ཇི་ལྟ་བ་བཞིན་དུ་ཆོས་ཀྱི་རྒྱལ་པོ་ཙོང་ཁ་པ་ཆེན་པོས་ཀུང་པཎ་ཞྭ་སྔོ་རིང་དང་ན་བཟའ་གོས་བེར་བཅས་བདག་ཉིད་ཆེན་པོ་འདི་ལ་གནང་སྟེ་རྒྱལ་ཚབ་ཏུ་དོན་གྱིས་བསྐོ་བར་མཛད། དེ་ནས་དགུང་ལོ་ང་དྲུག་བཞེས་པ་ས་མོ་ཕག་གི་ལོ་ཧོར་ཟླ་བཅུ(༡༧༠ན)གཅིག་པའི་གཟའ་སྐར་དུས་སྦྱོར་བཟང་པོ་ལ་རི་བོ་དགེ་ལྡན་དུ་རྒྱལ་བ་ཙོང་ཁ་པ་ཆེན་པོའི་རྒྱལ་ཚབ་ཏུ་དབང་བསྐུར་ནས་གདན་ས་ལོ་བཅུ་གསུམ་བར་དུ་མཛད་དེ་བཤད་སྒྲུབ་གཉིས་ཀྱི་སྒོ་ནས་གདུལ་བྱ་རྣམས་སྨིན་གྲོལ་ལ་འགོད་པར་མཛད་དོ། །བར་སྐབས་ཤིག་གནས་རྙིང་དུ་བྱོན། དགེ་འདུན་རྣམས་ལ་ཆོས་དང་ཟང་ཟིང་གི་སྐྱེས་རྒྱ་ཆེན་པོ་མཛད། མཁན་ཆེན་རིན་ཆེན་རྒྱལ་མཚན་པ་དང་། མཁན་ཆེན་རིན་ཆེན་གྲུབ་པ་གཉིས་ལ་གན་གོས་རེ་ཕུལ། ཇ་དཀར་གྱི་མང་ཇ། དགེ་འདུན་རྣམས་ལ་དར་འགྱེད། མཚན་ཉིད་པ་དང་ཆོས་འཆད་སྤྱི་ལ་དགེ་རྒྱུན་ནར་མའི་གཞི་རྟེན་དང་གན་གོས་རེ་འབུལ་བར་མཛད། ཁྱད་པར་ཞི་བར་གཤེགས་པའི་སྐུ་ལོ་གོང་ཙམ་དུ་གནས་རྙིང་དུ་ཕེབས། མཁན་ཆེན་རིན་ཆེན་རྒྱལ་མཚན་པའི་ནང་རྟེན་གྱི་དྲུང་དུ་གུ་གུ་ཤའི་མཆྲུལ་རིན་པོ་ཆེ་སྣ་ཚོགས་ལས་གྲུབ་པའི་རྒྱན་དང་བཅས་པ་དང་། དགེ་འདུན་རྣམས་ལ་མང་ཇ་མང་པོ་དང་། ཇ་དཀར་གྱི་གྲལ་འགྱེད། འབུལ་རྐྱེན་བཟང་པོ་དང་བཅས་པ་མཛད། མཁན་ཆེན་རིན་ཆེན་གྲུབ་པ་ལ་དངུལ་ལས་གྲུབ་པའི་རྒྱལ་བ་རིགས་ལྔ། དངུལ་གྱི་སྤྱི་བླུགས། ན་བཟའ་སོགས་འབུལ་བ་མཛད། དེ་དུས་མཁས་གྲུབ་རྗེ་དང་ཞལ་འཛོམས་ཏེ་དགའ་ལྡན་གྱི་གདན་སར་ཕེབས་དགོས་པའི་བཀའ་གྲོས

མཛད། ཉིང་རོ་སྨད་ཆུ་ཁར་མཁས་གྲུབ་གང་བཟང་བའི་དྲུང་དུ་གོས་ཡུག་དུར་ཁ་གཅིག་གིས་གཙོས་འབུལ་བ་མཛད། མདོར་ན་གནས་སྙིང་དུ་དགེ་ལྡན་གདན་སར་མ་ཕེབས་(༩༡༠བ)པའི་གོང་དང་ཕེབས་ནས་ཀྱང་བྱོན་པ་བཅས་ཆོས་འཁོར་ལན་བཞིར་བསྐོར། དེ་ནས་དགུང་ལོ་དྲུག་ཅུ་རེ་བརྒྱད་བཞེས་པ་ལྕགས་མོ་ཕག་ལོ་ཧོར་ཟླ་བཅུ་པའི་གཟའ་ཚེས་དགེ་བ་ལ། མཁས་གྲུབ་དགེ་ལེགས་དཔལ་བཟང་པོ་ཞེས་མཚན་ཡོངས་སུ་གྲགས་པ་དེ་ཉིད་དགེ་ལྡན་གྱི་གདན་སར་རང་གི་རྒྱལ་ཚབ་ཏུ་དབང་བསྐུར་བར་མཛད་དོ། །

བདག་ཉིད་ཆེན་པོ་འདིས་ཕྱི་རབས་ཀྱི་གདུལ་བྱ་རྣམས་ཀྱི་དོན་དུ་མཛད་པའི་བསྟན་བཅོས་ཀྱང་མང་དུ་བཞུགས་ཏེ། ཤེས་རབ་ཀྱི་ཕ་རོལ་ཏུ་ཕྱིན་པའི་མན་ངག་གི་བསྟན་བཅོས་མངོན་པར་རྟོགས་པའི་རྒྱན་གྱི་འགྲེལ་པ་དོན་གསལ་བའི་རྣམ་བཤད་སྙིང་པོ་རྒྱན། དབུ་མ་རིན་ཆེན་ཕྲེང་བའི་རྣམ་བཤད་སྙིང་པོའི་དོན་གསལ་བར་བྱེད་པ། དབུ་མ་བཞི་བརྒྱ་པའི་རྣམ་བཤད་ལེགས་བཤད་སྙིང་པོ། བདེན་གཉིས་ཀྱི་རྣམ་གཞག་དང་ལྟ་བའི་ཁྲིད་ཡིག་རིན་པོ་ཆེའི་ཕྲེང་བ། དབུ་མ་རྩ་བ་ཤེས་རབ་ཀྱི་དཀའ་གནས་ཆེན་པོ་བརྒྱད་ཀྱི་བཤད་པ། བསྟན་བཅོས་ཚད་མ་རྣམ་ངེས་ཀྱི་ཊཱིཀ་ཆེན་དགོངས་པ་རབ་གསལ། ཚད་མ་རིགས་ཐིགས་ཀྱི་འགྲེལ་པ་ལེགས་བཤད་སྙིང་པོའི་གཏེར། ཚད་མ་རྣམ་འགྲེལ་གྱི་ཚིག་ལེའུར་བྱས་པའི་རྣམ་བཤད་ཐར་ལམ་ཕྱིན་ཅི་མ་ལོག་པ་གསལ་བར་བྱེད་པ། ཐེག་པ་ཆེན་པོ་རྒྱུད་བླ་མའི་ཊཱིཀྐ། མངོན་པ་ཀུན་ལས་བཏུས་ཀྱི་ཊཱིཀྐ་ལེགས་པར་བཤད་པ་ཆོས་མངོན་རྒྱ་མཚོའི་སྙིང་པོ། བྱང་ཆུབ་སེམས་དཔའི་སྤྱོད་པ་ལ་འཇུག་པའི་རྣམ་བཤད་རྒྱལ་སྲས་འཇུག་ངོགས། ཚད་མ་མདོའི་རྣམ་བཤད། རྗེའི་གསུང་ཟིན་བྲིས་ཚད་མའི་བརྗེད་(༩༡༡ན)བྱང་ཆེན་མོ། མངོན་པར་རྟོགས་པའི་རིམ་པ་ཉམས་སུ་ལེན་ཚུལ་ཐེག་མཆོག་སྒོ་འབྱེད། མངོན་པར་རྟོགས་པ་བརྒྱད་དོན་བདུན་ཅུ་དང་བཅས་པ་ཉམས་སུ་ལེན་ཚུལ། མངོན་པར་རྟོགས་པའི་རྒྱན་གྱི་བསྡུས་དོན་རིན་

པོ་ཆེའི་ཕྲེང་བ། རྣམ་འགྲེལ་གྱི་བསྡུས་དོན་ཐར་ལམ་གྱི་དེ་ཉིད་གསལ་བྱེད། རིགས་པ་དྲུག་ཅུ་པའི་ཊཱིཀྐཱ། རིགས་པ་དྲུག་ཅུ་པའི་ཟིན་བྲིས། འབྲེལ་པ་བརྟག་པའི་རྣམ་བཤད་ཉི་མའི་སྙིང་པོ། ཚད་མའི་ལམ་བསྒྲིགས། འགལ་འབྲེལ་གྱི་རྣམ་གཞག །མངོན་སུམ་ལེའུའི་བརྗེད་བྱང་། དབུ་མ་རྒྱན་གྱི་བརྗེད་བྱང་། ཤེས་རབ་ལེའུའི་ཟིན་བྲིས། དགེ་སློང་གི་བསླབ་བྱ་གནམ་ཅེང་ལྟེང་མ། དགེ་ཚུལ་གྱི་བསླབ་བྱ་གནམ་ཅེང་ལྟེང་མ། སངས་རྒྱས་སུམ་ཅུ་སོ་ལྔའི་མཚན་གྱི་ཕན་ཡོན། དཔལ་གསང་བ་འདུས་པའི་བླ་བརྒྱུད་གསོལ་འདེབས་མདོ་རྒྱུད་མར་གྲགས་པ། དཔལ་གསང་བ་འདུས་པ་འཇམ་དཔལ་རྡོ་རྗེའི་དཀྱིལ་འཁོར་གྱི་ཆོ་ག་དངོས་གྲུབ་ཀྱི་སྙེ་མ། སྒྲུབ་ཐབས་ཀུན་བཟང་གི་དོན་བཤད་པ། དཔལ་གསང་བ་འདུས་པའི་དཀའ་གནས་ཟིན་བྲིས། དཔལ་དུས་ཀྱི་འཁོར་ལོའི་ལམ་རིམ་པ་གཉིས་ཇི་ལྟར་ཉམས་སུ་ལེན་པའི་ཚུལ་བདེ་བ་ཆེན་པོའི་ལམ་དུ་མྱུར་དུ་འཇུག་པ། སྒྲུབ་པའི་ཕྱག་རྒྱ་བཞིའི་ཟིན་བྲིས་ལ་སོགས་པ་རྣམས་མཛད་དོ། །

དེ་ནས་དགུང་ལོ་རེ་དགུ་བཞེས་པའི་ཚེ་ཞིང་ཁམས་གཞན་གྱི་འགྲོ་དོན་ལ་དགོངས་ནས་ཆུ་ཕོ་བྱི་ལོ་ཧོར་ཟླ་ལྔ་པའི་སྟོན་གྱི་ཟླ་བའི་ཡར་ངོའི་ཚེས་བརྒྱད་ལ་ལྷ་སའི་པོ་ཏ་ལར་(༥༡༡བ)མྱ་ངན་ལས་འདས་པའི་ཚུལ་བསྟན། དེ་ནས་བཞུང་སྐྱེ་བདུན་ཕྲག་གསུམ་གྱི་བར་དུ་དབུས་གཙང་ཐམས་ཅད་དང་། ཁྱད་པར་དགེ་ལྡན་ལྷ་ས་གནས་རྙིང་རྣམས་སུ་གསེར་བཙོ་མའི་མེ་ཏོག་དང་། གཞན་ཡང་ཙམ་པ་ཀ་དང་། པདྨ་ར་ག་དང་། ཨུཏྤ་ལ་ལ་ལྷ་བུའི་ཁ་དོག་དང་ལྡན་པའི་ཆར་ཆེན་པོ་བབས། ཁྱད་པར་སྐུ་གདུང་དགའ་ལྡན་དུ་གདན་འདྲེན་པའི་དུས་དང་། ཞུགས་འབུལ་བའི་དུས་རྣམས་སུ་རོལ་མོའི་སྒྲ་དང་། འཇའ་འོད་དང་། མེ་ཏོག་གི་ཆར་ལ་སོགས་པ་ངོ་མཚར་བའི་ལྟས་བརྗོད་ཀྱིས་མི་ལང་བ་བྱུང་བ་ནི་ཀུན་གྱི་མཐུན་སྣང་དུ་གྲུབ་པ་ཡིན་ནོ། །དེའི་ཚེ་མཁས་གྲུབ་རྗེས་ཞལ་བཀོད་གནང་ནས་དགེ་ལྡན་དང་གནས་རྙིང་སོགས་སུ་ཐུགས་དམ་གསོལ་འདེབས་ཀྱི་

མང་ཛ་ཚ་ར་འབུལ་རྒྱུན་གྲལ་འགྱེད་སོགས་བསམ་གྱིས་མི་ཁྱབ་པ་བསྒྲུབས་སོ། །སྐུ་གདུང་རྒྱལ་ཁང་རྩེ་ར་བཞུགས་ལ་ཕུལ་བ་ལས་ཕྱིས་ཀྱི་གདུལ་བྱ་རྣམས་ལ་གསོལ་བ་འདེབས་པའི་རྟེན་དུ་རིང་བསྲེལ་མང་དུ་བྱོན་པ་དང་ལྡན་གྱི་གདུལ་བྱ་རྣམས་ལ་གསོལ་བ་འདེབས་པའི་རྟེན་དུ་རྒྱ་ཆེར་གནང་ཞིང་། སྐུ་གདུང་བྱིངས་རྣམས་དངུལ་གྱི་མཆོད་རྟེན་ནང་དུ་ཞུགས་ཏེ་དགའ་ལྡན་རྣམ་པར་རྒྱལ་བའི་གླིང་ན་གདུལ་བྱ་རྣམས་ཀྱི་བསོད་ནམས་ཀྱི་ཞིང་དུ་བཞུགས་སོ། །

སྲས་ཀྱི་ཐུ་བོ་འདུལ་འཛིན་གྲགས་པ་རྒྱལ་མཚན་ནི་བསྐལ་པ་དཔག་ཏུ་མེད་པའི་སྔོན་རོལ་ནས་ཐུགས་བསྐྱེད་དེ། རྒྱལ་སྲས་ཀྱི་སྤྱོད་པ་རྒྱ་མཚོ་ལ་སློབ་བཞིན་པ་ལས་ཞིང་འདིར་རྗེ་རིན་པོ་ཆེའི་བསྟན་པ་སྤེལ་བའི་ཕྱིར་སྨོན་ལམ་གྱི་(༧) ༢ན)མཐུས་བྱོན་པ་ཞིག་སྟེ། དེ་ཡང་དབུས་སྟོད་སྨྲང་དུ་ཀུན་དགའ་ཞེས་པ་ཤིང་ཕོ་སྟག་གི་ལོ་སྐུ་འཁྲུངས། སྐུ་གཞོན་ནུ་ནས་འབྲི་ཁུང་ཆོས་རྗེ་ལ་གཏུགས་ཏེ་རབ་ཏུ་བྱུང་། དགེ་བའི་བཤེས་གཉེན་མང་པོ་ལས་མདོ་སྔགས་ཀྱི་ཆོས་མཐའ་ཡས་པ་གསན། ཁྱད་པར་རྗེ་ཐམས་ཅད་མཁྱེན་པའི་ཞབས་ལ་གཏུགས་ཏེ་ཡུན་ཏུ་བསྟེན་ནས་སྡེ་སྣོད་གསུམ་དང་རྒྱུད་སྡེ་བཞིས་བསྡུས་པའི་གསུང་རབ་དགོངས་འགྲེལ་དང་བཅས་པ་ཐམས་ཅད་ཀྱི་སྙིང་པོའི་དོན་བྱང་ཆུབ་ལམ་གྱི་རིམ་པའི་ཁྲིད་གསན་ཏེ་ཉམས་སུ་བཞེས་པ་རྩོལ་མེད་ཀྱི་སྨྱོང་བ་ཕུལ་ཕྱིན་ཐོན། རྒྱུད་སྡེ་བཞིས་བསྡུས་པའི་ལྷའི་རྣལ་འབྱོར་ཕྲ་རགས་རྣམས་སྒོམ་པ་ལ་འབད་པས་དཀྱིལ་འཁོར་གྱི་འཁོར་ལོ་མངོན་སུམ་དུ་གྱུར། བསྐྱེད་རྫོགས་ཀྱི་མན་ངག་རྣམས་ལ་མྱོང་བ་ཕུལ་ཕྱིན་ཐོན། སྡོམ་པ་གསུམ་གྱི་བཅས་མཚམས་ཕྲ་ཞིང་ཕྲ་བའང་ཉམས་པ་མེད་པར་བསྲུང་ཞིང་བྱང་ཆུབ་ཀྱི་སེམས་རིན་པོ་ཆེ་ཐུགས་དམ་གྱི་མཐིལ་དུ་མཛད་པས་ལུང་དང་མངོན་པར་རྟོགས་པའི་ཡོན་ཏན་གྱི་ཕུང་པོ་ཆེན་པོར་གྱུར་ནས་ཆོས་ཀྱི་རྒྱལ་པོ་ཙོང་ཁ་པ་ཆེན་པོའི་སྲས་ཀྱི་ཐུ་བོར་གྱུར་ཏེ་རྗེའི་སློབ་མ་ཐམས་ཅད་ཀྱིས་རྗེ་

ཉིད་དང་འདྲ་བར་གྲུས་པར་བྱེད་ཅིང་ཆོས་ཀྱི་བཀའ་དྲིན་ནོད་པར་བྱེད་དོ། །

སེམས་དཔའ་ཆེན་པོ་འདིས་ལེགས་ཚོགས་ཐམས་ཅད་ཀྱི་རྩ་བ་བཤེས་གཉེན་བསྟེན་ཚུལ་ལ་ཐུག་པར་གཟིགས་ནས་རྗེ་རིན་པོ་ཆེ་དུས་རྟག་ཏུ་མཉེས་པ་གསུམ་གྱིས་མཉེས་(༡༦ ༢བ)པར་བྱེད་ཅིང་། ལྷག་པར་བཀའ་བཞིན་སྒྲུབ་པ་ལས་ནམ་ཡང་མི་འདའ་བར་དགའ་ལྡན་རྣམ་པར་རྒྱལ་བའི་གླིང་འདེབས་པའི་ཚེ་རྗེའི་བཀའ་བཞིན་གཙུག་ལག་ཁང་བརྩིག་པ་དང་སྦྱོང་བ་པ་སོ་སོའི་སྤྱིལ་བུ་བརྩིག་པ་སོགས་ལ་ངལ་བ་ཁྱད་དུ་བསད་དེ་བརྩོན་པ་ཆེར་མཛད་ཅིང་། དེ་ཡང་འདུལ་བ་དང་མཐུན་པ་ཁོ་ནར་མཛད་དེ། ཐོག་མར་ས་བརྟག་པ། དེ་ནས་དགེ་འདུན་ལ་གནང་བ་ཞུ་བ། དགེ་འདུན་གྱིས་གནང་བ་ན་ལག་གི་བླ་བསྙོས་ཏེ་རྩིང་ཁང་གཅོད་པ་ནས་བཟུང་མཐར་གཙུག་ལག་ཁང་རྟེན་དང་བརྟེན་པར་བཅས་པ་ཡོངས་སུ་རྫོགས་པ་གྲུབ་པའི་བར་ཁུར་བཞེས་ཏེ་མཐར་ཕྱིན་པར་མཛད་ནས་རྗེ་རིན་པོ་ཆེ་གདན་དྲངས་ཏེ་མཉེས་པར་མཛད་པ་སོགས་འཁོར་ལོ་གསུམ་གྱི་བྱ་བ་མཐའ་དག་གིས་རྗེ་རིན་པོ་ཆེ་རྣམ་པ་ཀུན་ཏུ་མཉེས་པར་མཛད་ནས་མཐར་རྗེ་རིན་པོ་ཆེ་ཞིང་གཤེགས་པའི་ཚེ་རང་ཉིད་ཀྱིས་རྗེའི་གདན་ས་མ་མཛད་པར་རྒྱལ་ཚབ་རིན་པོ་ཆེ་གདན་སར་མངའ་གསོལ། སྐུ་གདུང་རིན་པོ་ཆེ་མ་ཉམས་པར་ཙན་དན་འབའ་ཞིག་ལས་གྲུབ་པའི་སྒྲོམ་དུ་བཞུགས་སུ་བཅུག །དེ་ཡང་དངུལ་བྲེ་ཆེན་བཅོ་བརྒྱད་ལས་བརྡུངས་པའི་གདུང་ཁང་གི་བུམ་པར་བཞུགས་སུ་གསོལ་ཏེ། གཙུག་ལག་ཁང་གི་གློ་འབུར་བྱང་མར་བཞུགས་ནས་མཆོད་པ་རྒྱ་ཆེན་པོས་མཆོད་པར་མཛད་པ་ལ་སོགས་པའི་བྱ་བ་རྣམས་རྫོགས་པར་མཛད་ནས་རྗེ་རིན་པོ་ཆེའི་དགོངས་པ་རྫོགས་པའི་ཕྱིར་དུ་བཙུན་མོ་ཚལ་གྱི་དགོན་པ་བཏབ་ནས་ཚོགས་པ་བསྐྱངས་པས་(༡༦ ༣ན)དགེ་འདུན་བརྒྱད་བརྒྱ་ལྷག་ཙམ་འདུས། རེས་འགའ་སྤྱང་ས་སོགས་དགོན་གནས་དང་རི་ཁྲོད་གཞན་དུའང་བཞུགས་ཏེ་འགྲོ་དོན་དང་ཐུགས་དམ་འཕེལ་བར་

མཛད། སྐབས་ཤིག་ཏུ་ཚལ་གུང་ཐང་དུ་ཕེབས་ཏེ་འདུལ་བའི་བསླབ་བྱ་དང་ལམ་རིམ་ལེགས་པར་གསུངས། ཚལ་གུང་ཐང་གི་དགེ་འདུན་ཐམས་ཅད་འདུལ་ཁྲིམས་རྣམ་པར་དག་པ་དང་སྐྱེས་བུ་ཆེན་པོའི་ཆོས་ལུགས་ལ་སྦྱོར་བར་མཛད་པས་ཚལ་གུང་ཐང་གི་ཆོས་སྡེ་འདི་ལ་རྗེ་ཉིད་ལས་ཀྱང་བཀའ་དྲིན་ཆེ་བར་གྱུར་པ་ཡིན་ནོ། །བླ་མ་བྱང་ཆུབ་སེམས་དཔའ་འདི་ལ་རྗེའི་གསང་སྔགས་དང་འདུལ་བའི་བཀའ་བབ་པར་སྣང་སྟེ། རྗེའི་བཤད་སྒྲོལ་ཕྱག་ལེན་བཟང་པོ་མི་ཉམས་པའི་ཕྱིར་དུ་འདུལ་བའི་བསླབ་བྱ་ཆེན་མོར་གྲགས་པ་དང་། དགེ་ཚུལ་གྱི་བསླབ་བྱ། གཞི་གསུམ་གྱི་ཆོ་གའི་ལག་ལེན། འདུལ་བའི་གླེང་འབུམ་རྣམས་མཛད། རྗེའི་གསང་སྔགས་ཀྱི་སྒྲུབ་དཀྱིལ་རྣམས་ལ་ལྷན་ཐབས་དང་ཕྱག་བཞེས། རབ་གནས་ཀྱི་ཆོ་ག །འཁོར་ལོ་སྡོམ་པའི་ཕྱི་རོལ་མཆོད་པ། གསང་འདུས་མི་བསྐྱོད་པའི་ཚོམ་བུ་ལ་བརྟེན་པའི་མདུན་བསྐྱེད་ཀྱི་མཆོད་ཐབས། དྲིལ་བུ་ལྷ་ལྔའི་སྒྲུབ་ཐབས། འཁོར་ལོ་ཆེན་པོའི་སྒྲུབ་དཀྱིལ། ལྕུ་ཨི་པའི་དཀྱིལ་ཆོག །དམར་ནག་གི་སྒྲུབ་ཐབས། རྡོ་རྗེ་དབྱིངས་ཀྱི་དཀྱིལ་འཁོར་གྱི་ཆོ་ག །ཀུན་རིག་རྣམ་པར་སྣང་མཛད་ཀྱི་ཆོ་ག །ངན་སོང་སྦྱོང་རྒྱུད་ཀྱི་རྣམ་བཤད། བྱ་རྒྱུད་རིགས་གསུམ་ལ་བརྟེན་པའི་ཆོ་གའི་ལག་ལེན་སོགས་རྩོམ་པ་ཡང་མང་དུ་མཛད་དོ། །ཐུན་མོང་མ་ཡིན་པའི་རྣམ་ཐར་དང་སྐྱེས་རབས་ནི་མཁན་ཆེན་ལས་ཀྱི་རྡོ་རྗེས་གསང་བདག་ལ་ཞུས་པ་དང་། བླ་མ་དབུ་མ་པས་རྗེ་བཙུན་འཇམ་དབྱངས་ལ་ཞུས་པ་དང་། བླ་མ་འཇམ་དཔལ་རྒྱ་མཚོས་རྗེ་བཙུན་ལ་ཞུས་པ་རྣམས་མཐུན་པར་སྣང་སྟེ། དེ་ཡང་འདི་ལྟར་སློབ་དཔོན་གྲགས་པ་རྒྱལ་མཚན་པ་སྐྱེ་བ་མང་པོའི་སྔོན་དུ་བྲམ་ཟེའི་ཁྱེའུ་གོ་འཕང་བྱ་བར་སྐྱེས་པའི་དུས་ན། སངས་རྒྱས་ལོག་པར་དད་སེལ་གྱི་སྤྲུལ་པའི་རང་སངས་རྒྱས་ཤིག་ལ་བསོད་སྙོམས་བཟང་པོ་ལྷུང་བཟེད་གང་ཕུལ་ནས་བདག་འདི་ནས་སྐྱེ་བ་ཐམས་ཅད་དུ་རྒྱལ་བ་ཀུན་གྱི་དམ་པའི་ཆོས་མ་ལུས་པར་འཛིན་ཅིང་། མཐའ་འཁོབ་རྣམས་སུ་འགྲོ

བ་མང་པོ་ལ་དམ་པའི་ཆོས་སྟོན་ཅིང་ཐེག་པ་གསུམ་གྱི་ལམ་ལ་འགོད་པར་གྱུར་ཅིག ། ཅེས་སྨོན་ལམ་བཏབ་པའི་མཐུས་སྐྱེ་བ་དྲུག་མཐའ་འཁོབ་ཀྱི་རྒྱལ་པོར་སྐྱེས་ནས་འགྲོ་བ་མང་པོ་ལ་ཐེག་པ་གསུམ་གྱི་ཆོས་བསྟན་ཏེ་ལམ་རྣམ་པར་དག་པ་ལ་བཀོད། དེ་ནས་རབ་ཏུ་བྱུང་བ་དང་ཐེག་པ་གསུམ་ལ་མཁས་པའི་དགེ་སློང་དང་། པཎྜི་ཏ་མཁས་ཞིང་གསལ་བ་ཤ་སྟག་ཏུ་སྐྱེ་བ་མང་པོ་བླངས་ནས་དམ་པའི་ཆོས་བསྟན་ཏེ་མཐའ་ཡས་པའི་སེམས་ཅན་གྱི་དོན་རྒྱ་ཆེར་བྱས། དེ་ནས་སུམ་ཅུ་རྩ་གསུམ་དུ་ལྷའི་བུ་ཞི་བའི་ཏོག་ཅེས་བྱ་བར་སྐྱེས་ནས་ལྷ་མང་པོའི་དོན་བྱས། དེ་ནས་འདིར་སྐྱེས་པ་ཡིན། (༤༡༤ན)འདིར་རྗེ་བཙུན་བྱམས་མགོན་གྱི་སྐུ་རིན་པོ་ཆེ་ལས་བྱས་པ་སོགས་བཀོད་པ་ཐོ་ཆེར་བྲིས་པ་ལྟར་བཞེངས་ནས་འཆད་ཉན་དང་ཐུགས་དམ་སོགས་ཀྱི་དགེ་རྩ་རྗེ་བཙུན་གྱིས་རྗེས་སུ་འཛིན་པའི་ཆེད་དུ་བསྔོ་ཞིང་བསྟན་པ་རྒྱས་པ་སོགས་ཀྱི་སྨོན་ལམ་རྒྱ་ཆེན་པོ་འདེབས་པར་མཛད། དེ་ལྟར་བསྔོས་པས་འདིར་ཡང་བསྟན་པ་དང་སེམས་ཅན་ལ་ཕན་པ་རྒྱ་ཆེན་འབྱུང་། བྱང་ཆུབ་ཀྱི་སེམས་ལ་བརྟེན་ནས་རྟོགས་པ་ཁྱད་པར་ཅན་སྐྱེ། འབྲེལ་ཚད་དཀར་པོའི་ས་བོན་ཐེབས། མདོ་སྔགས་ལ་བརྟེན་པའི་སློབ་མ་བསྟན་པ་འཛིན་པ་དང་སེམས་ཅན་ལ་ཕན་པ་རྒྱ་ཆེན་པོ་དང་ལྡན་པ་མང་དུ་འབྱུང་། སྙན་པའི་གྲགས་པས་ཕྱོགས་ཀུན་ཏུ་ཁྱབ་ཅིང་སངས་རྒྱས་ཀྱི་བསྟན་པ་རིན་པོ་ཆེ་སྒོ་ཐམས་ཅད་ནས་རྒྱས་པར་བྱེད་དོ། །སྐྱེ་བ་ཕྱི་མ་དགའ་ལྡན་དུ་རྒྱལ་ཚབ་མི་ཕམ་མགོན་པོའི་སྲས་མཆོག་ལྷའི་བུ་རྒྱལ་སྲས་ཞི་བའི་སྙིང་པོ་ཞེས་བྱ་བར་སྐྱེས་ནས་བྱང་ཆུབ་སེམས་དཔའི་སྤྱོད་པ་རླབས་པོ་ཆེས་འགྲོ་བའི་དོན་བྱེད་ཅིང་། མཐར་དེ་བཞིན་གཤེགས་པ་བྱམས་པའི་དབང་པོ་ཞེས་བྱ་བར་འགྱུར་རོ། །ཞེས་མཁན་ཆེན་ལས་ཀྱི་རྡོ་རྗེས་གསང་བའི་བདག་པོ་ཕྱག་ན་རྡོ་རྗེ་ལ་དངོས་སུ་ཞུས་པ་ལས་འབྱུང་ཞིང་། དབུ་མ་པ་དཔའ་བོ་རྡོ་རྗེས་རྗེ་བཙུན་འཇམ་དཔལ་དབྱངས་ལ་ཞུས་པ་ལས་ཀྱང་དེ་བཞིན་དུ་འབྱུང་ཡང་དུས་ཕྱིས་བླ་མ་འཇམ་

དཔལ་རྒྱ་མཚོས་རྗེ་བཙུན་འཇམ་པའི་དབྱངས་ལ་གསོལ་བ་ཡུན་(༤༡༤བ)རིང་དུ་བཏབ་སྟེ། སློབ་དཔོན་རིན་པོ་ཆེ་འདུལ་བ་པ་འདི་པའི་སྐུ་ཚེ་སྔ་ཕྱི་རྣམས་ཇི་སྐད་བྱ་བ་ལགས། འདིར་བསྟན་པ་ལ་ཕན་པ་ཆེ་ཆུང་ཇི་ཙམ་འབྱུང་། སྐུ་ཚེ་རིང་ཐུང་ཇི་ཙམ་ཡོད། གང་དུ་བཞུགས་ན་འགྲོ་དོན་དང་ཐུགས་དམ་འཕེལ་ཞེས་ཞུས་པས། རྗེ་བཙུན་གྱིས་འདུལ་བ་པ་སྔོན་སྐྱེ་བ་མང་པོའི་སྔོན་རོལ་དུ་རྒྱ་གར་དུ་བྲམ་ཟེའི་ཁྱེའུ་གོ་འཕང་བྱ་བར་སྐྱེས་ཏེ་སངས་རྒྱས་ལོག་པར་དད་སེལ་གྱི་སྤྲུལ་པའི་རང་རྒྱལ་ཞིག་ལ་བསོད་སྙོམས་བཟང་པོ་ཕྱུང་བཞེད་གང་ཕུལ་ནས། བདག་སྐྱེ་བ་ཐམས་ཅད་དུ་རྒྱལ་བའི་དམ་ཆོས་མཐའ་དག་བཟུང་ནས་མཐའ་འཁོབ་ཀྱི་ཡུལ་རྣམས་སུ་འགྲོ་བ་གདུལ་དཀའ་བ་རྣམས་ལ་དམ་པའི་ཆོས་བསྟན་ནས་ཐེག་པ་གསུམ་གྱི་ལམ་རྣམ་པར་དག་པ་ལ་འགོད་པར་གྱུར་ཅིག །ཅེས་སྨོན་ལམ་བཏབ་པས་སྐྱེ་བ་མང་པོར་མཐའ་འཁོབ་ཀྱི་རྒྱལ་པོ་སོགས་སུ་སྐྱེས་ནས་འགྲོ་བ་གདུལ་དཀའ་བ་མང་པོའི་དོན་དཔག་མེད་བྱས། སྔོན་པ་འདི་འཇིག་རྟེན་དུ་བྱོན་དུས་དགེ་སློང་འདུལ་བ་ཏོག་ཅེས་བྱ་བའི་སྡེ་སྣོད་གསུམ་ལ་མཁས་པ་ཅིག་ཏུ་སྐྱེས། དེ་ནས་བཟུང་སྟེ་པཎྜི་ཏ་དང་རབ་ཏུ་བྱུང་བ་དང་དགེ་སློང་ཐེག་པ་གསུམ་ལ་མཁས་པ་ཤ་སྟག་ཏུ་སྐྱེས་ཤིང་། དེའི་དུས་དཀའ་བཞི་པ་དང་དཔོན་སློབ་ཏུ་གྱུར་ཅིང་འབྲེལ། དེ་ནས་སུམ་ཅུ་རྩ་གསུམ་དུ་ལྷའི་བུ་ཞི་བའི་ཏོག་ཅེས་བྱ་བར་སྐྱེས། དེ་ནས་འདིར་སྐྱེས་པ་ཡིན། འདིར་ཡང་སྔོན་གྱི་འབྲེལ་བས་དཀའ་བཞི་(༤༡༥ན)པ་དང་དཔོན་སློབ་ཏུ་གྱུར་ཏེ་བླ་ན་མེད་པའི་དད་པ་བརྟན་པོ་ཐོབ། བྱང་ཆུབ་ཀྱི་སེམས་ལ་བརྟེན་ནས་མངོན་རྟོགས་ཁྱད་པར་ཅན་སྐྱེས། མདོ་སྔགས་རྣམ་དག་གི་སྒོ་ནས་བསྟན་པ་ལ་ཕན་པ་རྒྱ་ཆེན་པོ་འབྱུང་། མི་གཡོ་བ་དཀར་པོ་སྐྱེ་བ་མང་པོའི་ཡི་དམ་ཡིན་པས་འདིར་ཡང་རྗེས་སུ་བཟུང་ཞིང་དངོས་དང་རྨི་ལམ་ཅི་རིགས་སུ་ཞལ་སྟོན། འོད་ཟེར་ཅན་གྱིས་སྐབས་མང་པོར་བར་ཆད་སེལ། སྐྱེ་བ་མང་པོར་དཔལ་ལྡན་འདུས་པ་དང་རྟེ

ཧུ་ཀས་བྱིན་གྱིས་བརླབས། འཇམ་དཀར་གྱིས་སྐྱེ་བ་གསུམ་དུ་རྗེས་སུ་བཟུང་ནས་བྱིན་གྱིས་བརླབས་ཀྱང་དམ་སེལ་ཙན་ཞིག་ལ་རྗེས་གནང་བྱས་པས་ཉུང་ཟད་འགྲིབས་འདུག །དེ་ལ་བཤགས་བསྟུམ་གྱིས་ལ་འཇམ་དབྱངས་ཀྱི་བློ་འཕེལ་བའི་གཟུངས་རིན་པོ་ཆེས་བྲིས་པ་བརྒྱ་ཕྲག་གཅིག་འདོན་པ་ལ་ཡོན་བྱིན་ནས་སྨོན་ལམ་བཏབ་ན་གཞན་ཕན་ཆེ། ཚེ་དྲུག་ཅུ་ལྷག་ཙམ་ལས་ཕལ་ཆེར་མི་ཐུབ། དེ་ལའང་བར་ཆད་མང་བར་སྣང་བས། དེ་བཟློག་པའི་ཐབས་ཧ་མགྲིན་ཤྭ་ནའི་བཟླས་སྒྲུབ་དང་། ཕྱག་བཞི་པའི་བསྙེན་པ་ཁྲི་ཕྲག་རེ་ཞག་རེ་ལ་གྱིས། འདུག་གནས་དབེན་སློབ་རྣམ་གཉིས་མཉམ་དུ་ཕལ་ཆེར་བསྡད་ན་དགེ་ཕྱོགས་འཕེལ་ཆེ། ཕྱི་མ་མགོན་པོ་མ་ཕམ་པའི་ཆོས་ཀྱི་མདུན་སར་རྒྱས་སྲས་ཞི་བའི་སྙིང་པོ་བྱ་བར་སྐྱེས་ནས། དཀའ་བཞི་པ་དང་དབོན་སློབ་གཉིས་མཇལ་ནས་ཐེག་པ་མཆོག་གི་ཆོས་ཀྱི་དགའ་སྟོན་ལ་ལོངས་སྤྱོད་པར་འགྱུར་རོ། །ཞེས་གསུངས་སོ། །

དེ་ལྟར་འདུལ་འཛིན་གྲགས་པ་རྒྱལ་(༨)༥(བ)མཚན་གྱིས་རྗེ་བདག་ཉིད་ཆེན་པོའི་ལུགས་སྲོལ་བཟང་པོ་ཉམས་པ་མེད་པར་བསྐྱངས་ཏེ་བསྟན་པ་དང་འགྲོ་བའི་དོན་རྒྱ་ཆེར་མཛད་ཅིང་། འདུལ་བ་འཛིན་པ་ཞེས་མཚན་ཙམ་གྱིས་ཀྱང་བསྟན་པ་ལ་ཕན་པ་ཞིག་མཛད་ནས། སྐུ་ཚེ་འདིའི་དངོས་ཀྱི་གདུལ་བྱ་རྫོགས་པ་ན་དགུང་ལོ་རེ་གསུམ་ལ་མེ་ཕོ་འབྲུག་གི་ལོ་ཧོར་ཟླ་ལྔ་པའི་ཚེས་ཉི་ཤུ་ལ་བཙུན་མོ་ཚལ་དུ་ཞིང་གཤེགས་ཏེ། དགའ་ལྡན་ཆོས་ཀྱི་ཕོ་བྲང་དུ་མི་ཕམ་འཇམ་དཔལ་སྙིང་པོའི་ཞབས་དྲུང་དུ་ཕེབས་སོ། །

རྗེའི་ཐུགས་སྲས་ཚ་ཁོ་དཔོན་པོར་གྲགས་པ་མཁན་ཆེན་ངག་དབང་གྲགས་པ་ནི། རྒྱལ་མོ་རོང་དུ་ཚ་ཁོ་རྒྱལ་པོའི་རིགས་སུ་འཁྲུངས། དབུས་གཙང་དུ་བྱོན་ཏེ་རྗེ་བདག་ཉིད་ཆེན་པོ་སོགས་མཁས་པ་དུ་མའི་ཞབས་པད་བསྟེན་ནས། སྡེ་སྣོད་དང་རྒྱུད་སྡེ་ལ་སྦྱངས་པས་མཁས་པའི་གོ་འཕང་བརྙེས། རྗེ་རིན་པོ་ཆེ་ལས་བྱང་ཆུབ་ལམ་གྱི་རིམ་པའི་

ཁྲིད་དང་། ལམ་གྱི་གཙོ་བོ་རྣམ་པ་གསུམ་གྱི་ཁྲིད་གསན་ཏེ་སྨྱོང་བ་ཐོན་པར་མཛད། རྗེ་རིན་པོ་ཆེ་ལ་རྗེ་བཙུན་འཇམ་པའི་དབྱངས་ཀྱིས་གསུང་རབ་ཐམས་ཅད་ཀྱི་དོན་ལམ་གྱི་གཙོ་བོ་རྣམ་པ་གསུམ་དུ་བསྡུས་ནས་འདོམས་པར་མཛད་པའི་མན་ངག་གི་རྩ་ཚིག་བཀའ་འབུམ་ཐོར་བུ་བཞུགས་པ་འདི་ཡང་རྒྱལ་སྲས་འདིའི་དོན་དུ་རྗེ་རིན་པོ་ཆེས་ཡི་གེར་འགོད་པར་མཛད། རྩ་ཚིག་དེའི་མཇུག་ཏུ། དེ་ལྟར་ལམ་གྱི་གཙོ་བོ་རྣམ་གསུམ་གྱི། །གནད་རྣམས་རང་གིས་ཇི་བཞིན་རྟོགས་པའི་ཚེ། །དབེན་པ་བསྟེན་ལ་བརྩོན་འགྲུས་སྟོབས་བསྐྱེད་ནས། །གདུན་གྱི་མདུན་མ་མྱུར་དུ་སྒྲུབས་ཤིག་བུ། །(༧)༨ན)ཞེས་རྒྱལ་སྲས་འདི་ལ་ཐུགས་ཤིན་ཏུ་མཉེས་པའི་གསུང་ཡང་བྱོན་ནོ། །

རྗེ་རིན་པོ་ཆེ་ལ་བླ་མེད་ཀྱི་དབང་དང་རིམ་གཉིས་ཀྱི་མན་ངག་རྣམས་ལེགས་པར་གསན་ཏེ་ཐུགས་ཉམས་སུ་བཞེས་པས་རིམ་པ་གཉིས་ཀྱི་ཏིང་ངེ་འཛིན་བརྟན་པོ་ཐུགས་རྒྱུད་ལ་འཁྲུངས། རྒྱལ་སྲས་འདིས་རྗེ་རིན་པོ་ཆེ་དཀའ་བཞིའི་གྲྭ་སྐོར་མཛད་པའི་སྐབས་ནས་བཟུང་ཞབས་འབྲིང་པ་རྒྱུན་རིང་དུ་མཛད་དེ། མཉེས་པ་གསུམ་གྱིས་མཉེས་པར་མཛད་ཅིང་། རྗེ་རིན་པོ་ཆེ་དང་རྒྱལ་སྲས་འདི་གཉིས་ཀྱིས་ཐུགས་རྗེ་ཆེན་པོ་རང་བྱུང་ལྷ་ལྔན་གྱི་མདུན་དུ་སྨྱུང་གནས་མང་དུ་མཛད་ཅིང་། དེའི་ཚེ་དཔོན་སློབ་གཉིས་ཀས་ཐུགས་རྗེ་ཆེན་པོ་ལ་གསོལ་བ་ཤུགས་དྲག་ལ་རྒྱུན་རིང་བ་བཏབ་པས། རྒྱལ་སྲས་འདི་ལ་སྐུ་ཚེའི་མཇུག་ལ་འཕྲིན་ལས་རྒྱ་ཆེན་པོ་ཡོང་བའི་མཚན་ལྟས་ཤར། དེ་ནས་རྗེ་རིན་པོ་ཆེས་ཀྱང་གནང་བ་ཁྲོལ་ཏེ། རྒྱལ་སྲས་འདིས་མདོ་སྨད་དུ་བྱོན་ནས་རྗེ་བླ་མའི་རིང་ལུགས་འཛིན་པའི་དགོན་སྡེ་མང་དུ་བཙུགས་ཏེ། ཛ་ཕུ་སྟོད་དུ་ད་ཚང་ལྷུན་གྲུབ་གླིང་ཞེར་བའི་དགོན་པ་དང་། ཛ་ཕུའི་རྐེད་ན་བ་མགོ་དགོན་པ། ཛ་ཕུའི་སྨད་ན་སུམ་མདོ་དགོན་པ། སྨུ་དགེའི་ས་ཆར་བཀྲ་ཤིས་འཁོར་ལོའི་དགོན་ཞེར་བ་རྣམས་བཏབ། གཞན་ཡང་དགོན་པ་བརྒྱ་རྩ་བརྒྱད་བཏབ་པར་གྲགས། མཁན་ཆེན་འདི་ལ་རྗེ་བདག་ཉིད་

ཆེན་པོ་ཐུགས་ཤིན་ཏུ་དགྱེས་པ་ཞིག་སྟེ། ཆབ་ཤོག་ལས། ཁོ་བོས་སྨྲས་པའི་རྗེས་སུ་ཞུགས་ཤིག་དང་། །ཚེ་རབས་ཀུན་ཏུ་སྤྱོད་དང་སྨོན་ལམ་ཀུན། །མཚུངས་པར་སྤྱོད(༦)༨བ)དེ་ནམ་ཞིག་སངས་རྒྱས་ཚེ། །བདུད་རྩིའི་བགོ་བཤའ་ཐོག་མར་སྤྱིན་པར་བྱ། །ཞེས་གསུངས་སོ། །རྗེ་རིན་པོ་ཆེ་བྱ་བྲལ་ལ་ཕེབས་སྐབས་རྗེ་བཙུན་འཇམ་པའི་དབྱངས་ཀྱིས་ལུང་བསྟན་པའི་འཁོར་དག་པ་རྣམ་བརྒྱད་ནི། བླ་མ་འཇམ་དཀར་བ་ཞེས་གྲགས་པ་འཇམ་དཔལ་ཆོས་བཟང་། གནས་བརྟན་བཟང་སྐྱོང་བ། གནས་བརྟན་རིན་ཆེན་རྒྱལ་མཚན། གནས་བརྟན་བྱང་སེང་བ། བླ་མ་འཇམ་དཔལ་རྒྱ་མཚོ། དགེ་བཤེས་ཤེས་རབ་གྲགས། དགེ་བཤེས་འཇམ་དཔལ་བཀྲ་ཤིས། དགེ་བཤེས་དཔལ་སྐྱོང་རྣམས་སོ། །བདག་ཉིད་ཆེན་པོ་འདི་དག་ནི་སྔོན་ཡུན་རིང་པོ་ནས་རྗེ་རིན་པོ་ཆེས་རྗེས་སུ་བཟུང་བ། སྨོན་ལམ་སྐབས་གཅིག་ཏུ་མཛད་པ། སྲིད་པ་མཐའ་དག་མི་འབར་བའི་རླབས་ལྟར་མཐོང་སྟེ་འཁོར་བའི་ཕུན་ཚོགས་ལ་རྒྱབ་ཀྱིས་ཕྱོགས་པ། རང་དོན་དུ་ཞི་བདེའི་གོ་འཕང་ལའང་མི་སྨོན་པ་ཐུགས་བྱམས་པ་དང་སྙིང་རྗེའི་གཞན་དབང་དུ་གྱུར་ཏེ་རྒྱལ་སྲས་ཀྱི་སྤྱོད་པ་རྒྱ་མཚོར་སློབ་པ་ལ་ཞུམ་པ་མེད་པ། སྲིད་གསུམ་དྲི་ཟའི་གྲོང་ཁྱེར་ལྟར་གཟིགས་ཏེ་བདག་ལྟའི་བུད་ཤིང་ཡེ་ཤེས་ཀྱི་མེས་བསྲེགས་པ། རྗེ་བཙུན་འཇམ་པའི་དབྱངས་ཀྱིས་ཚེ་རབས་ཀུན་ཏུ་རྗེས་སུ་བཟུང་བ། ཕྱི་ནང་གི་རྒྱུ་རྐྱེན་ཐམས་ཅད་ཚང་བས་སྐད་ཅིག་རེ་རེར་ཡང་ས་ལམ་གྱི་བགྲོད་པ་གོང་འཕེལ་དུ་འགྲོན་པ། རྗེ་རིན་པོ་ཆེའི་བསྟན་པ་མཛེས་པའི་རྒྱན་དུ་ཆེ་བ། རྒྱལ་བ་སྲས་བཅས་ཀུན་གྱིས་བསྔགས་པའི་གནས་སུ་གྱུར་པ་ཞིག་གོ །འདི་དག་སོ་སོར་གང་དུ་འཁྲུངས་པ་དང་། སྐུ་ཚེ(༦)༩ན)རྫོགས་པོའི་མཛད་པ་ཇི་ལྟར་ཡིན་པ་རྣམས་ཞིབ་ཏུ་བྲིས་ན་ཡི་གེའི་ཁུར་ཆེས་པར་འགྱུར་བས་མ་བཀོད་ལ། བླ་མ་འཇམ་དཔལ་རྒྱ་མཚོ་བ་ནི། ལམ་རིམ་བརྒྱུད་པར་བཞུགས་པས་དེའི་རྣམ་ཐར་ནི་འོག་ཏུ་འཆད་དོ།། །།

འཇམ་དབྱངས་ཆོས་རྗེ་བཀྲ་ཤིས་དཔལ་ལྡན་གྱི་རྣམ་ཐར།

འཇམ་དབྱངས་ཆོས་རྗེ་བཀྲ་ཤིས་དཔལ་ལྡན་ནི། དོན་གྲུབ་ཅེས་པ་ས་མོ་ལུག་གི་ལོ་ལ་བསམ་ཡས་སུ་སྐུ་འཁྲུངས། རྩེས་དང་དུ་རབ་ཏུ་བྱུང་སྟེ་གྲལ་འཛིན་མཛད། གསང་ཕུར་གཉལ་ཊཱིཀ་རིམ་བསམ་དང་། ལྡན་མ་དགོན་མཆོག་སེང་གེ་ལ་ཕར་ཚད། སྐྱོར་མོ་ལུང་དུ་མཁན་ཆེན་དཀའ་བཞི་པ་ལ་འདུལ་མདོན། དགེ་ལྡན་དུ་རྗེ་རིན་པོ་ཆེ་ཉིད་ལ་དྲང་ངེས་རྣམ་འབྱེད། རྩ་འཇུག་གི་བཤད་པ། བྱང་ཆུབ་ལམ་རིམ་ཆེ་ཆུང་དང་། སྔགས་རིམ་ཆེན་མོ་དཔལ་གསང་བ་འདུས་པའི་རྩ་རྒྱུད་འགྲེལ་པ་སྒྲོན་མ་གསལ་བ་དང་བཅས་པ། བཤད་རྒྱུད་ལྷ། མདོར་བྱས། མདོ་བསྡུ། རྣམ་གཞག་རིམ་པ། རྡོ་རྗེ་སེམས་དཔའི་སྒྲུབ་ཐབས། རིམ་ལྔ། སྤྱོད་བསྡུས། རིམ་ལྔ་གསལ་སྒྲོན། རིམ་ལྔ་གདན་རྫོགས། བདེ་དགྱེས་ཀྱི་ཆོས་སྐོར། ཡོ་གའི་སྐོར་སོགས་རྒྱ་ཆེར་གསན་པས་བཀའ་བསྟན་བཅོས་མང་དུ་མཁྱེན་པའི་མཁྱེན་རབ་ལ་སུས་ཀྱང་འགྲན་དུ་མེད་པར་གྲགས། རྗེ་རིན་པོ་ཆེ་ཉིད་ཀྱིས་མཁན་པོ། འདུལ་བ་འཛིན་པས་ལས་སློབ། རྒྱལ་ཚབ་ཆོས་རྗེས་གསང་སྟོན་མཛད་ནས་བསྙེན་པར་རྫོགས། རྗེ་ཐམས་ཅད་མཁྱེན་པ་ཉིད་ཀྱིས་ཆོས་རྗེ་འདི་པ་དང་། ཆོས་རྒྱལ་ནམ་མཁའ་བཟང་པོ་མཆོད་ཡོན་གཉིས་ལ་ཆོས་སྡེ་འདེབས་དགོས་པའི་བཀའ་(༥༡༧བ)སྩལ་ཕྱིར་ཕེབས་པ་དང་། ཆོས་རྗེ་པའི་མནལ་ལམ་དུའང་ལྷ་གནམ་ཐེ་དཀར་པོ་ཡིན་ཟེར་བ་ཞིག་གིས་དགོན་པའི་ས་ཡུལ་བསྟན་ཏེ་འདིར་ཁྱོད་ཀྱིས་དགོན་པ་ཞིག་ཐོབ། ངས་བཙུན་པ་སྟོང་ཕྲག་ལྔ་འབུལ་ཟེར། དེ་ཀའི་མོད་ལ་དན་འབག་མདའ་ནས་ཡར་བྱོན་པས་ལོངས་སྤྱོད་ཀྱི་རྒྱུ་ཡིན་ཟེར་བའི་ཐིང་བུ་མང་པོ་འདུག་པ་གཟིགས་ཤིང་ཁྱད་པར་གླང་ཆེན་རི་གདོང་དུ་ཐིང་བུ་མང་པོའི་འགྲམ་

ན་རྗེ་རིན་པོ་ཆེ་བཞུགས་ནས་འདི་རྣམས་ཐོས་བསམ་གྱི་རྫིང་བུ་ཡིན་པས་འཕྲུངས་
གསུང་བ་སོགས་ཀྱི་ལྟས་ཡ་མཚན་ཅན་བྱུང་ཞིང་ཕྱི་ནང་གི་རྟེན་འབྲེལ་འགྲིག་པ་ན།
ཉིད་ཀྱི་དགུང་ལོ་སོ་བརྒྱད་པ་མེ་ཕོ་སྤྲེའུའི་ལོ་ལ་དཔལ་ལྡན་འབྲས་སྤུངས་ཀྱི་ཆོས་སྡེ་
ཆེན་པོ་བཏབ། ཆོས་རྗེ་རང་གདན་སར་བཞུགས་ནས་གྲྭ་ཚང་སོ་སོར་སློབ་དཔོན་བསྐོ་
བ་མཛད་ཅིང་། གཞིས་ཁ་སྣེའུ་ནས་ལོ་ལོ་བཞིན་སྨོན་ལམ་ཆེན་མོ་དང་གདུགས་དཀར་
འཛུགས་པ། དབྱར་ཚུལ་དགུན་ཚུལ་ལྟར་ཆགས་པ། གཟིམ་ཁང་དང་འཆད་ཉན་ཁང་
ཚོར་ན་བཟའ་གསོལ་ཆས་ནམ་དགོས་སུ་ཕུལ་བ་ལས་དགོན་པ་མ་བས་བུ་དགའ་བ་
འོང་བ་ལུང་བསྟན་པ་ལྟར་གྲྭ་ཚོགས་བཅའ་ཁྲིམས་བཤད་ཉན་སོགས་ཕུན་ཚོགས་མཐའ་
དག་གོང་ནས་གོང་དུ་འཕེལ་བར་གྱུར། ཆོས་ནམ་ཚུགས་སུ་མདོ་ཕྱོགས་ཀྱི་པོ་ཏི་བརྒྱད་
བརྒྱད་རང་རང་གི་འགྲེལ་པ་པོད་ཊཱིཀ་རེ་དང་སྦྲར་ནས་གསུང་བ་གནང་ཞིང་། ཕྱིར་ན་
གཞུང་ལུགས་ཀྱི་པོ་ཏི་ཆེན་མོ་བརྒྱ་དང་སུམ་ཅུ་ལ་ཐུགས་བཤད་མཛད། གསང་འདུས་
འཕགས་ལུགས། བདེ་མཆོག་(༧)༤ན)ལཱུ་ནག་དྲིལ་གསུམ། དགྱེས་རྡོར། དགྲ་
འཇིགས་གཤེད་གསུམ། མི་གཡོ་བ། སྒྲོལ་མ་སོགས་ཡི་དམ་གྱི་ལྷ་མང་པོའི་བསྙེན་པ་
རྒྱུན་དུ་མཛད་པ་དང་། ཞག་རེ་ལ་ཨ་ར་པ་ཙ་ན་ཚར་སྟོང་ཕྲག་གཉིས་རེ་དང་། མཚན་
བརྗོད་ཚར་གསུམ་རེ། ཐུགས་རྗེ་ཆེན་པོའི་གཟུངས་ཡིག་དྲུག་ཁྲི་ཚོ་རེ་བཟླ་བ་འཆགས་
མེད་དུ་མཛད་པས་ཕྱིས་དུང་ཕྱུར་གཉིས་ལྷག་པར་ལོངས། མཚན་ཉིད་པ་གཅིག་ལ་མ་
ཧེ་སོང་བ་ང་མང་ཞེས་གསུང་། དེ་ལྟར་ལྷའི་བསྙེན་སྒྲུབ་ལ་འབྲུས་པར་མཛད་པས་
དབུས་ན་རྗེ་བཙུན་འཇམ་དབྱངས། གཡས་ན་མགོན་པོ་ཀླུ་སྒྲུབ། གཡོན་ན་ཞི་བ་འཚོ།
མདུན་ན་རྗེ་རིན་པོ་ཆེ་རྡོ་ཆེན་གྱི་རྣམ་པ་ཅན་དུ་འགོད་པ་ཞིག་གི་གཟིགས་སྣང་དངོས་
སུ་རྒྱུན་མར་འབྱུང་བ་དང་། མནལ་ལམ་དུ་འཕགས་པ་ཀླུ་སྒྲུབ་གཙོ་འཁོར། ཆོས་རྒྱལ་
སྲོང་བཙན་སྒམ་པོ་ཡབ་ཡུམ། རྗེ་རིན་པོ་ཆེ། ཡེ་ཤེས་མགོན་པོ་ཕྱག་དྲུག་པ། ལྷམ་

དྲལ། རྒྱལ་ཆེན་བཞི་སོགས་ཀྱིས་རྗེས་སུ་བཟུང་བའི་མཚན་མ་བྱུང་བ་སོགས་བསམ་གྱིས་མི་ཁྱབ་བོ། །རྗེ་རིན་པོ་ཆེའི་མན་ངག་ལྟར་རིམ་གཉིས་ཀྱི་རྣལ་འབྱོར་མཐར་ཕྱིན་པར་མཛད་པས་བདེ་སྟོང་དབྱེར་མེད་ཀྱི་རྗོགས་རིམ་ཟབ་མོ་ཐུགས་རྒྱུད་ལ་མངའ་བས། སྣང་འོད་ཟེར་ལྔ་པའི་ཁ་དོག་གསལ་བར་གཟིགས་པ་སོགས་སྒྲུ་ལུས་འགྲུབ་པའི་མཚན་མ་ཐོབ་སྟེ། རྒྱུད་དང་གྲུབ་ཆེན་གྱི་གཞུང་ཤེས་པ་ཞིག་གིས་བལྟས་ན་བསམ་གྱིས་མི་ཁྱབ་པའི་རྣམ་ཐར་རོ། །འཕྲལ་གྱི་མཛད་སྤྱོད་ཀྱང་ཕྱག་ཏུ་བྱུང་བའི་དངོས་པོ(༥༧༢བ)རྣམས་ཆ་གསུམ་དུ་བགོས་ནས་ཆ་གཅིག་གིས་ཕྱག་དཔེ་དང་རྟེན་གསུམ་བཞེངས། ཆ་གཅིག་གིས་ནད་པ་རྣམས་ཀྱི་ཕྱིར་དུ་སྨན་སྦྱིན་མཛད། ཆ་གཅིག་གིས་གཟིམ་ཁང་གི་ཐབ་སྤྱོད་དང་སློབ་མ་སྐྱོང་བར་མཛད་དོ། །དེ་ནས་དགུང་ལོ་བདུན་ཅུ་པ་ས་འབྲུག་གི་དགུན་ཆོས་ཀྱི་མཇུག་ལ། རྩེ་ཁ་བས་གདན་དྲངས་ནས་ཞག་ཤས་བཞུགས། སླར་འབྲས་སྤུངས་སུ་ཕེབས་ནས་བསླབ་བཏུས་ཀྱི་བརྩོན་འགྲུས་ལེའུའི་མཇུག་ཆོས་ཐུན་གཉིས་ཀྱིས་རྫོགས་པར་མཛད་ལ། དེ་ནི་བརྩོན་འགྲུས་མཐར་ཕྱིན་ཞེས་པའི་དོན་ཏེ། སྐུ་ཚེ་དེ་ལ་འབྲས་སྤུངས་སུ་ཆོས་འཁོར་བསྐོར་བའི་ཐ་མར་བྱུང་སྣང་། དུས་དེ་ནས་སྐུ་ཅུང་ཟད་བསྙུན་པས་ཕེབས་བཞུགས་དཀའ་བར་ཡོད་ནའང་བསྟན་པ་དང་སེམས་ཅན་ལ་དགོངས་ཏེ་རིམ་པས་གཞིས་ཁར་ལོ་གསར་དང་ལྷ་སར་སྨོན་ལམ་ཆེན་མོའི་གྲལ་དབུར་ཕེབས་ནས་རྗེ་བོ་རྣམ་གཉིས་དང་། བཅུ་གཅིག་ཞལ་སོགས་མཇལ་དུས་ད་ལན་མིན་པ་ཨེ་མཇལ་མི་ཤེས་གསུང་། ཐུགས་འདུན་དྲག་པོའི་སྒོ་ནས་སྨོན་ལམ་དཔག་ཏུ་མེད་པ་མཛད། འབྲས་སྤུངས་ལ་ཕེབས་ཞོར་པོ་ཏ་ལར་ཞག་གསུམ་བཞུགས། ནང་སོ་དང་ཡོན་མཆོད་བཞུགས་གདན་ལ་འབོད་དུས་ཤིག །ཆོས་རྗེའི་ཞལ་ནས། རྗེ་བཙུན་གྲགས་པའི་མདོན་རྟོགས་ལྗོན་ཤིང་དུ། །འདི་དག་སྟོན་པའི་བླ་མའི་བཀའ་དྲིན་ནི། །དྲན་པའི་ཚེ་ན་དད་པས་མཆི་མ་ལྷུང་། །ཞེས་གསུངས་ཏེ་རྗེ་རྣམ་གཉིས་ཀྱི་ཐུགས

རྒྱུད་ནི་མི་ཤེས། གསུང་རབ་ནི་རིམ་ལྔ་གསལ་སྒྲོན་ཉིད་ བླ་དང་བྲལ་བས་མཆི་མ་ལྷུང་ན་འདི་(༤༧༥ན)ལ་ལྷུང་རྒྱུ་ཡིན་ཏེ་ད་ལེགས་པར་འཆད་པ་དགོས། བསྟན་པའི་འཇིག་མ་རྣམ་དག་ཅིག་འདུག་སྟེ་འཇིག་མཁན་མི་འདུག །ད་ངེད་རང་གི་ཁ་སྐབས་ནི་འདི་ལྟར་སོང་། གསུངས་ནས་གསུང་འདར། སྤྱན་ཆབ་མང་པོ་མཛད་པས་ནང་སོ་དཔོན་སློབ་ཡང་སྤྱན་ཆབ་མང་པོ་ལྷུང་བར་སྣང་། འབྲས་སྤུངས་སུ་ཕེབས་ནས་ནང་སོ་དཔོན་སློབ་དང་གྲྭ་བུ་སློབ་རྣམས་ཀྱིས་བླ་བ་སྤྲེལ་ནས་སྐུ་རིམ་རྒྱ་ཆེན་པོ་བསྒྲུབས་ཤིང་ཞབས་པད་བརྟན་དགོས་པའི་ཞུ་བ་ཕུལ་བ་ན་ཉིད་ཀྱི་ཞལ་ནས། མདངས་རྗེ་རིན་པོ་ཆེ་ཕེབས་ནས་ངེད་རང་གཉིས་རྒྱ་ནག་ཏུ་འགྲོ་རི་བོ་རྩེ་ལྔར་སྒྲུབ་པ་བྱེད་གསུང་བས། ད་རྗེ་རིན་པོ་ཆེ་ལ་སྟེ་སྟོད་གསུམ་དང་རྒྱུད་སྡེ་བཞི་གསུང་གིན་བཞུགས་ཞུས་དང་གསུངས་ནས་ཕྱག་ཐལ་མོ་སྦྱར། སྤྱན་ཆབ་མང་པོའང་མཛད་དོ། །དེ་ནས་ཉེར་བླ་གཉིས་པའི་མཇུག་ལ་ནུབ་ཅིག་མནལ་ལམ་དུ་རྗེ་རིན་པོ་ཆེ་ཕེབས་ནས་རྗེ་བཙུན་འཇམ་པའི་དབྱངས་ཀྱི་ཕྱག་དྲིལ་ཡིན་གསུང་བ་ཞིག་གནང་། ད་ཁྱོད་ངོ་གཉིས་སྟོད་གསུང་བ་ཞིག་རྨིས་པ་དྲུང་འཁོར་བ་རྣམས་ལ་གསུངས་པས། ཁོང་རྣམས་བླ་བ་དང་ལོ་གང་ཡིན་ལ་མ་དན་ཡང་དོན་ལ་བླ་བ་ཡིན་སྣང་། དེ་ནས་མུ་དན་ལས་འདའ་བའི་ལྟས་བྱུང་བ་ན་གཟིམ་ཆུང་དུ་ཕེབས་ཏེ་ཞབས་གཉིས་སྐྱིལ་ཀྲུང་དང་ཕྱག་གཉིས་མཉམ་གཞག་མཛད་ནས་ཐུགས་དམ་ལ་ཐུགས་གཏད་པས་སྐུ་སྨད་ནས་དྲོད་ཡར་ལ་རིམ་གྱིས་བསྡུས་པའི་ཚེ་རྗེ་བཙུན་འཇམ་དབྱངས་ཀྱི་ཞལ་གཟིགས་བྲིས་སྐུ་དེ་སྐུ་མདུན་དུ་སྤྱན་དྲངས། རྗེ་བཙུན་ཕེབས་ཡོད་(༤༧༥བ)ལགས་ཞུས་པས་སྤྱན་གྱིས་ནི་མ་གཟིགས། དབུ་དུད་པ་ཞིག་མཛད། ཅུང་ཞིག་ལོན་པ་ན་ད་མི་དགོངས་པར་འདུག་སྙམ་ནས་བྲིས་སྐུ་དེ་སྐུ་རྒྱབ་གཡོན་ཕྱོགས་སུ་གདན་དྲངས་པས་ཇི་ལྟར་སྤྱན་དྲངས་པ་ལྟར་བྲིས་སྐུ་ལ་སྤྱན་གདངས་ཏེ་ཡོག་སྒོ་སྐུ་དཔུང་གཡོན་པའི་སྟེང་དུ་བཞག་ནས་ཞག་འགའ་བཞུགས་པས་ཐལ་

ཆེར་གྱི་སྐུའི་གཟི་མདངས་ལ་དཔགས་ནས་འབྲུལ་བའང་སྐྱེས། དེ་ནས་ས་མོ་སྦྲུལ་ལོ་
དེའི་ཟླ་བ་བཞི་པ་ས་ག་ཟླ་བའི་ཚེས་བཅོ་བརྒྱད་ལ་དགའ་ལྡན་ཆོས་ཀྱི་ཕོ་བྲང་མི་ཕམ་
རྒྱལ་བའི་མདུན་སར་རྗེ་འཇམ་དཔལ་སྙིང་པོའི་ཞབས་དྲུང་དུ་ཕེབས་སོ། །ཕྱི་རབས་
ཀྱི་གདུལ་བྱ་རྣམས་ཀྱི་དོན་དུ་རྗེའི་དགོངས་པ་གསལ་བར་མཛད་པའི་བརྩམས་ཆོས་
ཀྱང་རྗེ་ཐམས་ཅད་མཁྱེན་པའི་གསང་བའི་རྣམ་ཐར་གསོལ་འདེབས། ཤེས་རབ་ཀྱི་ཕ་
རོལ་ཏུ་ཕྱིན་པའི་དོན་ཚང་ལ་མ་ནོར་པ་ལས་དང་པོ་པས་ཉམས་སུ་བླང་བདེ་བ། རྗེས་
ར་སྙིང་དུ་བསླབ་བཏུས་གསུངས་པའི་ཟིན་བྲིས། ཟབ་ལམ་གཏུམ་མོའི་གཞུང་ཁྲིད།
ཉིད་ཀྱི་རྒྱན་གྱི་ཁ་ཏོན་མཛད་རྒྱུར་འཇམ་དབྱངས་ལ་བསྟོད་པ། དུས་འཁོར་རྒྱུད་འགྲེལ་
གྱི་བརྡ་ཆད། བདེ་མཆོག་ཞུང་དྲུའི་རྒྱུད་པ་ལེའུ་གཅིག་ཡོད་པའི་ལེའུ་དང་པོའི་རྒྱུ་དོན་
མདོར་བསྟན། རྒྱུད་ཀྱི་རྒྱལ་པོ་དཔལ་གསང་བ་འདུས་པའི་རྫོགས་རིམ་རིམ་ལྔ་གདན་
རྫོགས་ཀྱི་དམར་ཁྲིད། གསང་འདུས་རིམ་ལྔ་གདན་རྫོགས་ཀྱི་དམར་ཁྲིད་ཁྲིད་ཡིག་ལ་
མི་གསལ་བ་རྣམས་བརྗེད་བྱང་དུ་བྲིས་པ། གསང་འདུས་རིམ་ལྔ་གདན་རྫོགས་ཀྱི་ཁྲིད་
(༩༢༠ན)ཡིག །གསང་འདུས་རིམ་ལྔ་གསལ་སྒྲོན་གྱི་སྐབས་སུ་ཉེ་བར་མཁོ་བ་འགའ་
ཞིག་བརྗོད་པ་ལ་སོགས་པ་མང་དུ་ཡོད་དོ། །འཇམ་དབྱངས་ཆོས་རྗེ་ཞིང་གཤེགས་པ་
དེའི་ཚེ་ནམ་མཁའ་ཤིན་ཏུ་དྭངས་པ་ལ་འཇའ་དཀར་པོ་དང་། ཁ་དོག་སྣ་ལྔའི་གུར་
ལྷུགས་སྒྲིག་ལྟར་འབྲེལ་བ། འབྲས་སྤུངས་ནས་དགེ་ལྡན་གྱི་བར་ལ་ཤར་བ་དང་། ལྷའི་
མེ་ཏོག་གི་ཆར་མང་དུ་བབས་པ་སོགས་སྐྱེ་བོ་ཀུན་གྱི་མིག་ལམ་དུ་བྱུང་ངོ་། །སྐུ་གདུང་
ནི་བཤད་གྲྭ་ཡུན་རིང་དུ་གནས་པའི་རྟེན་འབྲེལ་དུ་དངུལ་གྱི་མཆོད་རྟེན་ནང་ན་མ་
ཉམས་པར་བཞུགས་ཏེ་ཆོས་གྲྭ་ཆེན་པོ་དཔལ་ལྡན་འབྲས་སྤུངས་ཀྱི་གཙུག་ལག་ཁང་
ན་བསོད་ནམས་ཀྱི་ཞིང་དུ་བཞུགས་སོ། །

བྱམས་ཆེན་ཆོས་རྗེ་ཤཱཀྱ་ཡེ་ཤེས་ཀྱི་རྣམ་ཐར།

བྱམས་ཆེན་ཆོས་རྗེ་ཤཱཀྱ་ཡེ་ཤེས་ནི། རྒྱལ་བ་ཞེས་པ་ཤིང་ཕོ་རྟའི་ལོ་སྟོན་ཟླའི་ཡར་ངོའི་ཚེས་གཅིག་གི་ཉིན་ཚལ་གུང་ཐང་དུ་ཚལ་པར་གྲགས་པའི་དཔོན་རིགས་ཤིག་ཏུ་སྐུ་འཁྲུངས། གཞོན་ནུ་ཉིད་ནས་སྔོན་གྱི་སྐྱེ་གནས་མང་པོ་རྗེས་སུ་དྲན་པ་སོགས་མངོན་པར་རྟོགས་པའི་ཡོན་ཏན་གྱིས་ཕྱུག་ནའང་། བླ་མ་མཁས་པའི་དབང་པོ་དུ་མ་བསྟེན་ནས་རྒྱལ་བའི་གསུང་རབ་མཐའ་དག་ལ་མཁས་པར་སྦྱངས་ཏེ་མཐར་ཕྱིན་པར་མཛད། ཁྱད་པར་དུ་རྗེ་བཙུན་ཙོང་ཁ་པ་ཆེན་པོའི་སྤྱན་སྔར་མདོ་སྔགས་ཀྱི་ཟབ་ཁྲིད་མང་པོ་གསན་ཏེ་མཁས་པའི་དབང་པོར་གྱུར། དེ་དུས་སུ་རྒྱ་ནག་གོང་མ་ཡུང་ལོ་རྒྱལ་པོས་ཆོས་ཀྱི་རྒྱལ་པོ་ཙོང་ཁ་པ་ཆེན་པོའི་སྙན་པ་གསན་ནས་གོང་མའི་རྒྱལ་ཁབ་ཏུ་གདན་འདྲེན་པའི་ཕྱིར་བློན་པོ་ཧའུ་ཞིན་སོགས་ཏཱ་ཞིང་བཞིས་གཙོ་(༡༤༠༨)བྱུས་གསེར་ཡིག་པ་མི་སྣ་མང་པོ་མངགས་ཏེ་ལུང་དང་གནང་སྦྱིན་འབུལ་བ་གྲུ་ནོམ་དང་བཅས་ཁྱེར་ནས་ཙོང་ཁ་པ་ཆེན་པོ་གདན་འདྲེན་ལ་བཏང་ཡང་རྗེ་རིན་པོ་ཆེ་སེ་ར་ཆོས་སྡིངས་སུ་སྐུ་མཚམས་ཤིན་ཏུ་དམ་པར་མཛད་པའི་སྐབས་སུ་གསེར་ཡིག་པ་རྣམས་སླེབས་བྱུང་བ་ལ། དང་པོར་ཙུང་ཟད་དབེན་པ་འདུར་མངོན་ཆུང་བར་བཞུགས་ཏེ་གསེར་ཡིག་པ་རྣམས་མཇལ་དུ་མ་གནང་བ་ལ། ཞུ་བ་ནན་གྱིས་ཕུལ་བས་སེ་རར་ཕེབས་ནས་མཇལ་ཁ་གནང་། འབུལ་བ་རྣམས་བཞེས་རྒྱ་ཡུལ་དུ་འབྱོན་པ་དགག་བྱ་ཆེ་ཞིང་། དགོས་པ་ཆུང་བའི་རྒྱུ་མཚན་དང་བཅས་པའི་ཞལ་ཏ་ཏཱ་ཞིང་རྣམས་ལ་ཞིབ་རྒྱས་གནང་ནས་རྗེ་རིན་པོ་ཆེ་སྤྱན་མ་འདྲོངས་པར་རྗེ་ཉིད་ཀྱི་སྐུ་ཚབ་ཏུ་ལས་འཕྲེལ་གྱི་དབང་གིས་སྤྲུལ་པའི་སྐུ་བྱམས་ཆེན་ཆོས་རྗེ་མངགས་པ་གདན་དྲངས་ཏེ་བླ་མ་གྲྭ་སློབ་ཏཱ་ཞིང་མི་བཞི་མི་

སྣ་མང་པོ་དང་བཅས་ལྷོ་ཁ་ཁམས་ཕྱོགས་ལི་ཐང་བརྒྱུད་ནས་རིམ་གྱིས་རྒྱ་ནག་གོང་མའི་ཕོ་བྲང་དུ་ཕེབས་ཏེ་ཡུང་ལོ་རྒྱལ་པོ་མཇལ། གོང་མ་ཆེན་པོས་ཀྱང་སྲི་ཞུ་བསྙེན་བཀུར་ཕུན་སུམ་ཚོགས་པ་མཛད། དེ་ནས་གོང་མ་རྒྱལ་པོས་བྱམས་ཆེན་ཆོས་རྗེ་ལ་རྒྱལ་ཁབ་འདིར་རྒྱལ་བ་ཙོང་ཁ་པའི་བསྟན་པའི་སྙིང་པོ་རྣམས་དར་བ་ཞིག་བྱ་འདོད་པས་མདོ་སྔགས་ཀྱི་ཆོས་སྤྱི་དང་ཁྱད་པར་རྒྱུད་སྡེ་བཞིའི་དཀྱིལ་འཁོར་ཆེན་པོ་རྣམས་བསྒྲུབ་ཅིང་མཆོད་པ་བྱེད་དགོས་པའི་བཀའ་ལུང་གནང་། དེ་ནས་བྱམས་ཆེན་ཆོས་རྗེ་ལོ་གསར་ནས་དཔྱིད་ཟླ་འབྲིང་པོའི་ཚེས་འགོར་ཚོག་གྲྭ་གསང་འདུས་དགྱེས་རྡོར་བདེ་མཆོག་(༩༢༡ན)འཁོར་ཆེན་འཇིགས་བྱེད་ཞི་དགུ་མ་སྨན་བླ་རྣམས་ཀྱི་སྒྲུབ་མཆོད་ཀྱི་སྟ་གོན་བཙུགས་ཏེ་ཆོས་དགུ་ནས་བཟུང་ཟླ་བ་གསུམ་གྱི་བར་དུ་སྒྲུབ་མཆོད་མཛད་དོ། །གྲུབ་པའི་རྟགས་ནམ་མཁའ་ལ་ལྷའི་རོལ་མོའི་སྒྲ་དང་། ཁ་དོག་སྣ་ལྔའི་འཇའ་འོད་འཁྱིལ་ཞིང་དབྱིབས་རྒྱལ་མཚན་ལྟ་བུ་དང་། རྡོ་རྗེ་འཁོར་ལོ་པདྨ་སྣ་ཚོགས་རྡོ་རྗེ་ལྟ་བུ་ཤར་བ་རྣམས་སྐྱ་སེར་ཀུན་གྱིས་མངོན་སུམ་དུ་མཐོང་། སྤྲིན་མེད་པའི་ནམ་མཁའ་ལས་ལྷས་མེ་ཏོག་གི་ཆར་འབེབས་པ་སོགས་ལྟས་ཁྱད་པར་ཅན་མང་དུ་བྱུང་ཞིང་། རྒྱལ་པོའི་རྨི་ལམ་དུ་ཕྱོགས་བཅུའི་སངས་རྒྱས་བྱང་སེམས་ཐམས་ཅད་ཧེ་ཡིན་ཟེའི་ནམ་མཁར་བཀྲ་ལམ་གྱིས་བཞུགས་པ་ཡང་ཡང་རྨིས་པ་ཡང་བྱུང་གསུངས། ཆོས་རྗེ་རང་ཉིད་ཀྱིས་ཀྱང་དཀྱིལ་འཁོར་ལྷ་ཚོགས་རྣམས་ཀྱི་ཞལ་ཡང་ཡང་གཟིགས། དེ་ནས་གོང་མ་ཆེན་པོ་ཐུགས་དད་ཚད་མེད་པ་སྐྱེས་ཏེ་གསེར་གྱི་འཁོར་ལོ་ཡོད་པའི་ཐམ་ཀ་འབུལ་བ་ཚད་མེད་པ་དང་བཅས་གནང་སྟེ་བསྔགས་བརྗོད་གཟེངས་བསྟོད་མཛད།

དེ་ནས་རྒྱལ་པོའི་དགུང་ལོ་ཁྲི་ཚོ་ཁྲི་ཚོར་སྤེལ་བའི་ཕྱིར་དུ་གྲུབ་པའི་རྒྱལ་མོའི་ལུགས་ཀྱི་ཚེ་དབང་རྗེས་གནང་། གྲུབ་ཆེན་ཏི་ལོ་པའི་ལུགས་ཀྱི་བདེ་མཆོག་འཆི་བ་མཐར་བྱེད་ཀྱི་དབང་བསྐུར་ཏེ་སྤྱི་བོར་བུམ་པ་བཞག་པས་བདུད་རྩིས་བུམ་པ་གང་སྟེ་

འཕྲུར་བར་ཀུན་གྱིས་མཐོང་བ་བྱུང་ཞིང་ཚེ་རིལ་སོགས་ལ་འོད་འཚེར་བ་ལ་སོགས་པའི་གྲུབ་རྟགས་ཡང་མང་པོ(༤༢༧བ)བསྟན། རྒྱལ་པོ་ཤིན་ཏུ་ཡ་མཚན་ཏེ་གུས་པ་ཆེར་མཛད། རིན་པོ་ཆེ་གསེར་དངུལ་གྱི་ཕྲས་བརྒྱན་པའི་བཞུགས་ཁྲི། ཕི་ཙི་མདུན་ལྕུག །ཞབས་སྟེགས་བཞུགས་སྟན་སོགས་འབུལ་བ་ཚད་མེད་པ་གནང་། གཞན་ཡང་རྒྱ་ཧོར་གྱི་ཡུལ་གྲུ་དེ་རྣམས་སུ་རབ་བྱུང་བསྙེན་རྫོགས། ཁྱིམ་པ་རྣམས་ལ་ངསྙེན་གནས་དང་དགེ་བསྙེན་གྱི་སྡོམ་པ་སྦྱིན་པ་དང་། རང་རང་གི་བློ་དང་འཚམ་པའི་ཆོས་བསྟན་ནས་རྗེ་རིན་པོ་ཆེའི་བསྟན་པས་ཕྱོགས་དེ་ཁྱབ་པར་མཛད། དེ་ནས་ཕྱོགས་ནས་ཆེད་དུ་འོངས་ཏེ་མཇལ་ཕྲད་བྱེད་པའི་བླ་དཔོན་སྐྱེ་བོ་སེར་སྐྱ་ཆེ་ཕྲ་ཐམས་ཅད་ཀྱིས་འབུལ་བ་ཞབས་ཏོག་ཕུན་སུམ་ཚོགས་པ་བསྒྲུབས་ཤིང་དེ་དག་སོ་སོའི་སྐལ་བ་དང་འཚམ་པར་རབ་བྱུང་བསྙེན་རྫོགས། དབང་ལུང་རྗེས་གནང་ཁྲིད་མན་ངག་བསྙེན་གནས་སྨྱུང་གནས་ཀྱི་སྡོམ་པ་སོགས་རང་རང་གི་འདོད་མོས་ལྟར་ཆེམ་པར་སྩལ་ཏེ་སྨིན་ཅིང་གྲོལ་བར་མཛད།

དེ་ནས་གོང་མ་རྒྱལ་པོ་ལ་རྒྱལ་བ་ཙོང་ཁ་པ་ཞལ་མཇལ་བ་དང་། མཆོད་ཅིང་བསྙེན་བཀུར་བ་དང་། ཆོས་ཟབ་མོ་མང་པོའི་བཀའ་དྲིན་ཞུ་བ་སོགས་ཀྱི་ཆེད་དུ་དབུས་གཙང་དུ་ཕྱིན་ཆོག་པ་དགོས་ཞེས་དགོངས་པ་ཞུ་བར་མཛད་པས། གོང་མ་ཆེན་པོས་ཀྱང་དགོངས་པ་ཁྲོལ་ཏེ། གོང་ནས་གསེར་ཡིག་པ་སྐྱེལ་བའི་མི་སྣ་དང་བཅས་ཕེབས་ཏེ་ཤན་ཟིའི་ལམ་ཆེན་བརྒྱུད་ནས་རིམ་པས་ལི་ཐང་བྱམས་ཆེན་ཆོས་འཁོར་སོགས་ནས་བོད་ཡུལ་དབུས་ཀྱི་སེ་རར་ཕྱུགས་ཕེབས་ཏེ་རྗེ་རིན་པོ་ཆེ་དང་མཇལ། རྒྱལ་པོས་གནང་བའི་གནས་བཅུའི(༤༢༢ན)ཐགས་སྐུ། ལྷོན་ཤིང་གི་གུར། གསེར་དངུལ་གྱི་མཎྜལ་རིན་པོ་ཆེའི་ཚོམ་བུ་དང་བཅས་པ། གོས་དར་སྣ་ཚོགས་གཏོས་ཆེ་བ་ཕུལ་ནས་ཞབས་བརྟན་གསོལ་འདེབས་ཀྱང་མཛད། ཇོ་བོ་ཤཱཀྱ་མུ་ནེར་གསེར་འབུལ། མགུལ་

རྒྱན་མཆོད་ཆའི་རིགས། རི་བོ་དགའ་ལྡན་གྱིས་གཙོས་དགེ་འདུན་རྣམས་ལ་འགྱེད་མང་ཛ་སོགས་གནང་། མི་སྣ་ལྡོག་དུས་རྒྱལ་པོ་ལ་ལེགས་གསོལ་ཞུ་འབུལ་བྱས། མི་སྣ་རྫོང་བ་མཛད། དེ་ནས་སྤྲུ་མོ་ནས་རྗེ་རིན་པོ་ཆེ་སེ་རར་བཞུགས་དུས། རྩ་ཤེ །དྲང་ངེས་རྣམ་འབྱེད། བཞི་བརྒྱ་པ། བྱང་ཆུབ་ལམ་རིམ། གསང་སྔགས་ལམ་རིམ་གྱི་ཁྲིད། རྩ་ལྟུང་བཅུ་བཞི་པ་དང་བླ་མ་ལྔ་བཅུ་པའི་རྣམ་བཤད་གཉིས་ལ་སོགས་པའི་ཆོས་མང་པོ་གསན་ནའང་། སླར་ཡང་དཔལ་གསང་བ་འདུས་པའི་འགྲེལ་པ་སྒྲོན་གསལ་མཆན་བུ་དང་བཅས་པ། བཤད་རྒྱུད་འགའ་ཞིག་གི་ལུང་། རིམ་ལྔའི་ཁྲིད། སྦྱོར་བ་ཡན་ལག་དྲུག་པའི་ཁྲིད་རྒྱས་པ། དུས་འཁོར་གྱི་འགྲེལ་ཆེན་དྲི་མེད་འོད་ཀྱི་བཤད་པ་ཆེས་ཞིབ་པ། ན་རོ་ཆོས་དྲུག །དབུ་མ་འཇུག་པ། ཚད་མ་རྣམ་འགྲེལ། བདེ་མཆོག་རྩ་བའི་རྒྱུད་ལ་སོགས་པའི་ཆོས་ཟབ་ཅིང་རྒྱ་ཆེ་བ་དཔག་ཏུ་མེད་པ་གསན། དེ་ནས་ལོ་རེ་བཞིན་གོང་མ་ཆེན་པོར་མཚམས་ཞུ་དང་ཆོས་ཀྱི་གདམས་པ་གོང་ནས་གོང་འཕེལ་དུ་མཛད། གོང་མ་ཆེན་(༤༢༢བ)པོས་ཀྱང་ལོ་རེ་བཞིན་གསེར་ཡིག་འབུལ་ནོད་གྱུ་ནོམ་པ་དང་བཅས་སྐྱལ། དེ་ནས་རྗེ་རིན་པོ་ཆེ་ཞིང་གཤེགས་པ་ལ་ཉེ་བའི་ཚེ། སྟོད་ལུང་གི་ཆབ་ཚན་དང་། དེ་ནས་འབྲས་སྤུངས་སུ་བྱོན། དེ་ནས་ལྷ་སར་བྱོན་པའི་ཚེ་བྱམས་ཆེན་ཆོས་རྗེ་འདི་པས་རྗེ་རིན་པོ་ཆེ་སེ་རར་གདན་འདྲེན་བྱེད་པའི་གྲབས་ཀྱང་སྒྲིགས་ཏེ་སྤྱན་དྲངས་ནས་སེ་ར་ཆོས་སྡིངས་སུ་བཞུགས། བསྙེན་བཀུར་ཚད་མེད་པས་མཆོད། དེའི་ཚེ་རྗེ་རིན་པོ་ཆེས་བྱམས་ཆེན་ཆོས་རྗེ་འདི་པ་ལ་སེ་རར་དགེ་འདུན་གྱི་སྡེ་བཙུགས་ནས་བཤད་སྒྲུབ་རྐང་ཚུགས་པ་ཞིག་བྱེད་དགོས་པའི་བསླབ་སྟོན་ཞལ་ཏ་རྒྱས་པ་གནང་ཞིང་། ཁྱད་པར་གངས་རིའི་ཁྲོད་འདིར་སྔགས་ཀྱི་རྒྱུད་སྡེ་ལ་འཆད་ཉན་རྣམ་པར་དག་པ་ནུབ་པར་གྱུར་ནས་རིང་ཞིག་ལོན། རྗེ་རིན་པོ་ཆེ་ཉིད་ཀྱིས་བཤད་པ་རྣམ་པར་དག་པར་མཛད་པའི་གསུང་གི་བདུད་རྩི་ཉམས་སུ་མྱོང་བའི་བློ་གྲོས་ཀྱི་ལུས་ཡོངས་སུ་ཚིམ་པ་མང་དུ

བྱོན་མོད་ཀྱི། དེ་ལྟ་ན་ཡང་ད་དུང་རྒྱུད་སྡེའི་འཆད་ཉན་རྐང་ཚུགས་པའི་གྲྭ་ས་གཞི་ཐིངས་པ་སྟོན་ཆད་མེད་པས། དེ་འདྲ་བའི་འཆད་ཉན་གྱི་གཞི་རྣམ་པར་དག་པ་ཚུགས་ན་ཅི་མ་རུང་སྙམ་དུ་བསྟན་པ་འཕའ་ཞིག་ལ་དགོངས་པའི་ཐུགས་ཀྱི་འདུན་པ་ཤུགས་དྲག་པོས་དེའི་ཚེ་བྱམས་ཆེན་ཆོས་རྗེ་འདི་པ་ལ་བདེ་གསང་གཉིས་ཀྱི་འཆད་ཉན་རྐང་ཚུགས་པའི་སྔགས་གྲྭ་ཞིག་འཛུགས་པའི་ཞལ་ཏ་གནང་སྟེ། བྱམས་ཆེན་ཆོས་རྗེ་འདི་པས་ཀྱང་རྗེ་རིན་པོ་ཆེའི་བཀའ་(༡༤༣༥)བཞིན་དུ་སྒྲུབ་པའི་ཐུགས་ཁུར་རྒྱ་ཆེར་བཞེས་ནས། སེ་ར་ཆོས་སྡིངས་སུ་གཞི་འདུལ་བའི་བསླབ་ཁྲིམས་རྣམ་པར་དག་པ་ལ་བརྟེན་ཏེ་དཔལ་གསང་བ་འདུས་པ་དང་། བདེ་མཆོག་གི་རྩ་རྒྱུད་ལ་འཆད་ཉན་རྐང་ཚུགས་པའི་གྲྭ་ས་རྣམ་པར་དག་པ་འཛུགས་པའི་ཞལ་བཀོད་དང་། ཆོས་དཔོན་བསྒོ་བ་ལ་སོགས་པ་མཛད་ཅིང་རྟེན་འབྲེལ་ཁྱད་པར་ཅན་སྒྲིག་པའི་ཆེད་དུ་གནས་དེར་གསོ་སྦྱོང་མཛད། རྒྱུད་ཀྱི་རྒྱལ་པོ་གཉིས་ཀྱི་དབུ་ནས་ཆོས་ཐུན་རེ་གསུངས་པ་ལ་སོགས་པ་རྟེན་འབྲེལ་བསྒྲིག་པར་མཛད་པ་ལ་བརྟེན་ཏེ་སེ་ར་ཐེག་ཆེན་གླིང་བཏབ། དེ་ནས་རིང་པོར་མ་ལོན་པར་རྗེ་རིན་པོ་ཆེ་གཞན་དོན་དུ་གཤེགས་པའི་གདུང་མཇལ་མགུལ་རྒྱན་མཆོད་མེ་སོགས་གདུང་མཆོད་རྒྱ་ཆེན་པོ་མཛད།

སེ་ར་ཆོས་སྡིངས་སུ་བྱམས་ཆེན་ཆོས་རྗེ་རང་ཉིད་ཀྱིས་གཙོས་དགེ་འདུན་མང་པོ་དང་བཅས་གསང་བདེ་འཇིགས་གསུམ་གྱི་དཀྱིལ་འཁོར་ཆེན་པོ་དག་ཞལ་ཕྱེ་ནས། བླ་མ་རྡོ་རྗེ་འཆང་དང་ཐ་མི་དད་པ་ལ་ཕྱི་ནང་གསང་བའི་མཆོད་པ་རྒྱ་ཆེན་པོས་མཉེས་པར་བྱས་ཤིང་། བདག་ཉིད་འཇུག་ཅིང་དབང་བླང་བ་ལ་སོགས་པས་དམ་ཚིག་དང་སྡོམ་པ་རྣམ་པར་དག་པར་བགྱིས་ཏེ། ཐུགས་ཀྱི་དགོངས་པ་ཡོངས་སུ་རྫོགས་པ་དང་། བླ་མ་མཆོག་གི་ཡེ་ཤེས་ཀྱིས་གཟིགས་པ་ནམ་དུ་ཡང་(༡༤༣བ)འབྲལ་བ་མེད་པའི་སྨོན་ལམ་རྒྱ་ཆེན་པོ་བཏབ་པས་ངོ་མཚར་བའི་ལྟས་མང་དུ་བྱུང་སྟེ། ནམ་མཁའི་འཇའ་ཡང་

ཡང་ཤར་བ་དང་མི་ཏོག་གི་ཆར་ཡང་ཡང་བབས། ཕྱི་ལོ་ཟླ་བ་བཅུ་པར་དགེ་ལྡན་དུ་རྡོ་རྗེ་འཛིན་པ་བརྒྱ་ཕྲག་དུ་མས་དཀྱིལ་འཁོར་དཔག་ཏུ་མེད་པ་བསྒྲུབ་ཅིང་མཆོད་པའི་དུས་ཀྱི་མཆོད་པ་བསྒྲུབས་པ་དེའི་ཚེ་དཔོན་ནམ་མཁའ་བཟང་པོ་ཁུ་དཔོན་པའི་དྲུང་ནས། ར་ཁ་བྲག་ཏུ་ཆོས་རྗེ་བྱམས་ཆེན་པ་འདིས་གཙོ་བོ་མཛད་པའི་དགེ་བའི་བཤེས་གཉེན་དུ་མ་སྤྱན་དྲངས་ནས་དུས་ཀྱི་མཆོད་པ་རྒྱ་ཆེན་པོར་མཛད་དེ་གསོལ་བ་བཏབ་པས་མི་ཏོག་གི་ཆར་བབས་པ་ནི། མི་ཏོག་སྨུ་ཏིག་གི་མདོག་ལྟ་བུ་ཆུང་ངུ་ས་ལ་ཁ་བ་ལྟར་ཆགས་པ་དང་གཞན་ཡང་འདབ་མ་དྲུག་པ་ལ་སོགས་པ་ཁ་ཅིག་གི་མདོག་ནི་དུང་དང་། ཁ་ཅིག་ནི་གསེར་བཙོ་མ། ཁ་ཅིག་ནི་ལི་ཁྲི་ལྟ་བུ། ཁ་ཅིག་ནི་རྒྱ་མཐིང་བཟང་པོས་བྱུགས་པ་ལྟ་བུ་མིའི་ལག་པའི་ཁྱོན་ཙམ་དཔག་ཏུ་མེད་པ་བབས་སོ། །བྱམས་ཆེན་ཆོས་རྗེ་འདིས་རྗེ་རིན་པོ་ཆེའི་དགོངས་རྫོགས་སུ་མཆོད་འབུལ་མཛད་པ་ལ་དེ་ལྟ་བུའི་རྟགས་ངོ་མཚར་ཅན་འབྱུང་བ་ནི་བྱམས་ཆེན་ཆོས་རྗེ་འདི་ཉིད་རྗེ་རིན་པོ་ཆེའི་ཐུགས་རྗེའི་བྱིན་རླབས་ཞུགས་པའི་སྐྱེས་བུ་དམ་པ་གཞན་དང་མི་འདྲ་བ་ཞིག་ཡིན་པའི་རྟགས་ཏེ་རྣམ་པར་ཐར་པ་ངོ་མཚར་བ་ཡིན་ནོ། །དེ་ནས་སླར་ཡང་གོང་མ་ཆེན་པོ་ཡུང་ལོ་རྒྱལ་པོས་གདན་དྲངས་ཏེ་རྒྱ་ནག་ཏུ་ཕེབས། (༩༢༩ན)རྒྱལ་པོ་ཆོས་དང་ཟང་ཟིང་གིས་མཉེས་པར་བྱས། རྒྱ་ནག་གི་ཡུལ་དུ་རྫུ་འཕྲུལ་གི་བཀོད་པ་མང་དུ་བསྟན་ཅིང་། རྗེ་རིན་པོ་ཆེའི་རིང་ལུགས་དྲི་མ་མེད་པ་ཕྱོགས་ཀུན་ཏུ་རྒྱ་ཆེར་སྤེལ། རྗེ་རིན་པོ་ཆེའི་ཐུགས་བསྐྱེད་དང་བྱམས་ཆེན་ཆོས་རྗེ་ཉིད་ཀྱི་སྔོན་གྱི་སྨོན་ལམ་གྱི་དབང་གིས་རྒྱ་ནག་ཐེ་ཛུང་ཡུང་ལོ་རྒྱལ་པོ་ནས་ཟློན་ཏེ་རྒྱལ་པོའི་བར་རྒྱལ་རབས་བཞིས་མཆོད་པའི་དཔལ་ཡོན་ཟླ་ན་མེད་པར་མཛད་དེ། དགུང་ལོ་བརྒྱད་ཅུ་གྱ་གཉིས་བཞེས་པ་ཤིང་མོ་ཡོས་ལོ་ཟླ་བ་བཅུ་པའི་ཚེས་བཅོ་བརྒྱད་ཀྱི་ཉིན་བུ་ཆེན་གཽ་ཤི་ཨ་མོ་གྷ་དང་བསོད་ནམས་ཤེས་རབ་རྣམ་པ་གཉིས་ལ་ཞལ་བཀོད་གནང་སྟེ། ཕྱི་ནང་གི་དོ་དམ་མཛད་ནས་སྐུ་མཚམས་ལ

བཞུགས་ཏེ། ཐུགས་དམ་མཛད། ཉི་ཤུ་བཞི་ལ་མཛོ་མོ་མཁར་དུ་ཞིང་གཤེགས་སོ། །དེ་ནས་ཡོངས་ཀྱི་དགེ་བའི་བཤེས་གཉེན་མང་པོས་དགོངས་པ་ཡོངས་སུ་རྫོགས་པའི་ཕྱིར་དགེ་རྩ་རྒྱ་ཆེན་པོ་བསྒྲུབས་ཤིང་གདུང་མཆོད་རྒྱ་ཆེན་པོའི་ཉིན་ཞག་བཞི་བཅུ་ཞེ་དགུའི་བར་དུ་བསྒྲུབས་དེའི་ཚེ་ནམ་མཁའ་ལ་འཇའ་འོད་འཁྲིགས་ཤིང་། ལྷས་མེ་ཏོག་གི་ཆར་ཕབ་པ་སོགས་ངོ་མཚར་བའི་ལྟས་མང་དུ་བྱུང་ངོ་། །

ཁྲ་སའི་ཞེས་བྱ་བའི་ས་ཆ་དེར་ཀོ་ཤྲི་དཔལ་ལྡན་པས་གཙོས་དགེ་བའི་བཤེས་གཉེན་མང་པོའི་ཚོགས་དང་བློན་ཆེན་མི་ཆེན་དམག་དཔོན་མི་དཔོན་སོགས་སྐྱ་སེར་མང་པོ་འདུས་ནས་སྐུ་གདུང་ཞུགས་འབུལ་མཛད་པ་ལ་ཀོ་ཤྲི་དཔལ་ལྡན་པས་མེ་སྦྱོར་བའི་སྐབས་(༩༢༩བ)ཀ་ཙམ་བྱས་པ་ལ་མེ་རང་འབར་དུ་སོང་ཞིང་། འཇའ་ཚོན་སྣ་ལྔའི་གདུགས་དང་རྒྱལ་མཚན་བ་དན་བཀྲ་ཤིས་རྟགས་བརྒྱད་ཀྱི་དབྱིབས་ལྷ་བུའི་ལྟས་བཟང་ཁྱད་པར་ཅན་ནམ་མཁའི་ཁམས་གང་བར་བྱུང་བ་ཀུན་གྱིས་མཐོང་ཞིང་ངོ་མཚར་བའི་གནས་སུ་གྱུར་ཏོ། །རྗེ་རིན་པོ་ཆེའི་ཐུགས་སྲས་བསྟན་འཛིན་དམ་པ་སྟེར་སློས་པ་དེ་དག་ཐམས་ཅད་ཚུལ་ཁྲིམས་རྣམ་པར་དག་པ་བྱང་ཆུབ་ལམ་གྱི་རིམ་པ་ལ་ཉམས་ལེན་སྙིང་པོར་མཛད་པ་ས་ལམ་གོང་ནས་གོང་དུ་བགྲོད་བཞིན་པ་དང་འགའ་ཞིག་ལམ་གྱི་བགྲོད་པ་མཐར་ཕྱིན་ཏེ་སྤྲུལ་པས་འགྲོ་དོན་མཛད་པ། དམ་ཉམས་དང་འཆལ་བ་དང་འདྲེ་ཅན་གྱི་མ་བསླད་པ་རྣམ་ཐར་གཙང་བ། ལུང་དང་རྟོགས་པའི་ཡོན་ཏན་གྱིས་མངོན་པར་མཐོ་བ། བསྟན་པ་ལ་བྱ་བ་མཛད་པ་ཤ་སྟག་བཞུགས་ཏེ། འདིར་མཐའ་དག་བྲི་མ་ནུས་ལ། མཁས་གྲུབ་སྨྲ་བའི་ཉི་མ་དགེ་ལེགས་དཔལ་བཟང་དང་། བ་སོ་ཆོས་ཀྱི་རྒྱལ་མཚན་དང་། རྗེ་བཙུན་ཤེས་རབ་སེང་གེ་དང་། ཐམས་ཅད་མཁྱེན་པ་དགེ་འདུན་གྲུབ་པ་རྣམས་ནི་ལམ་རིམ་བླ་བརྒྱུད་དུ་བཞུགས་པས་དེ་དག་གི་རྣམ་ཐར་རྣམས་ནི་སོ་སོའི་བརྒྱུད་རིམ་དུ་འཆད་དོ། །དེས་ན་བྱང་ཆུབ་ལམ་གྱི་རིམ་པ་ལ་

བློ་སྦྱོང་བར་འདོད་པའི་གདུལ་བྱ་རྣམས་ཀྱི་རྒྱལ་བ་སྲས་བཅས་ཀུན་གྱི་མཁྱེན་བརྩེ་ནུས་གསུམ་གཅིག་ཏུ་བསྡུས་པའི་ངོ་བོ་ཆོས་ཀྱི་རྒྱལ་པོ་ཙོང་ཁ་པ་ཆེན་པོ་ལ་གསོལ་བ་འདེབས་པ་ལྟར་བྱ་ཞིང་། རྗེ་བདག་ཉིད་ཆེན་པོའི་རྣམ་ཐར་ལྟར་གང་ཉམས་སུ་བླང་བར་བྱ་བའི་(༩༢༥ན)གནས་རྣམས་ལ་ཤིང་རྟ་ཆེན་པོའི་གཞུང་ནས་འབྱུང་བའི་དྲི་མ་མེད་པའི་རིགས་པས་ངེས་པ་རྙེད་པར་བྱ་བ་དང་། ཇི་ལྟར་ངེས་པའི་དོན་ལ་དབེན་པའི་གནས་སུ་ཚེ་འདིའི་འཁྲི་བ་བཅད་དེ་སྒྲུབ་པ་སྙིང་པོ་བྱ་བ་དང་། བསྟན་པའི་རྩ་བ་སོ་སོར་ཐར་པའི་བཅས་མཚམས་རྣམས་མིག་གི་འབྲས་བུ་ལྟར་བསྲུང་བ་གཞིར་བྱས་ནས་རྒྱལ་བའི་བཀའ་དང་ཤིང་རྟ་ཆེན་པོའི་གཞུང་རྣམས་གདམས་པའི་མཆོག་ཏུ་འཁྱེར་བར་བྱ་བ་དང་། ལམ་གྱི་ཡན་ལག་ཕྲ་མོ་རེ་ལ་ཞེན་པ་མིན་པར་ལམ་གྱི་ལུས་ཡོངས་སུ་རྫོགས་པ་ལ་སློབ་པ་དང་། མདོ་སྔགས་གཉིས་ཚ་གྲང་ལྟར་འགལ་བར་སོང་བ་མིན་པར་གཅིག་གྲོགས་སུ་གཅིག་འགྲོ་བར་བྱས་པ་བཤེས་གཉེན་བསྟེན་ཚུལ་ནས་བཟུང་མཐར་ཐུག་གི་འབྲས་བུ་མི་སློབ་པའི་ཟུང་འཇུག་གི་བར་ས་ལམ་འབྲས་བུ་དང་བཅས་པ་ཡོངས་སུ་རྫོགས་པ་རང་གི་རྒྱུད་ལ་སྦྱར་ཏེ་ཉིན་རེ་བཞིན་བག་ཆགས་ཙམ་ཐེབས་བྱ་བ་ལ་སྐྱེས་བུའི་རྩལ་ཅི་ཡོད་ཀྱིས་འབད་པར་བྱའོ།། །།

གྲུབ་པའི་དབང་ཕྱུག་འཇམ་དཔལ་རྒྱ་མཚོའི་རྣམ་ཐར།

རྗེ་བཙུན་འཇམ་པའི་དབྱངས་ཀྱི་བཀའ་གྲུབ་པས། །མདོ་རྒྱུད་རྒྱ་མཚོའི་དཔལ་ལ་དབང་བསྒྱུར་ཞིང་། །བློ་བཟང་ཆོས་ཀྱི་མདུན་ས་མཛེས་པའི་རྒྱན། །འཇམ་དཔལ་རྒྱ་མཚོའི་ཞབས་ལ་གསོལ་བ་འདེབས། །ཞེས་བསྔགས་པ་གྲུབ་པའི་དབང་ཕྱུག་འཇམ་དཔལ་རྒྱ་མཚོ་བ་ནི། མདོ་སྨད་ཙོང་ཁའི་ཡུལ་དུ་མེ་ཕོ་སྤྲེའུའི་ལོ་ལ་སྐུ་འཁྲུངས། སྟོན་

གྱི་བག་ཆགས་བཟང་པོའི་(༩༢༥བ)མཐུ་བརྟས་པར་གྱུར་པ་གཞོན་ནུ་ཉིད་ནས་དམ་པའི་ཆོས་འཚོལ་བའི་ཐུགས་བསམ་ཁོ་ན་བྱུང་ནས། ཟླ་བ་སྒྲོན་མའི་མདོ་ལ་སོགས་པའི་མདོ་དང་བསྟན་བཅོས་མང་པོ་ཐུགས་ལ་བཟུང་། ཁྱད་པར་ཟླ་བ་སྒྲོན་མའི་མདོ་རྒྱུན་དུ་ཞལ་འདོན་དུ་མཛད། སྔོན་ཡུན་རིང་པོ་ནས་ལམ་ལ་གོམས་པའི་མཐུས་སྐུ་ཚེ་འདིར་གཞན་གྱིས་བསྐུལ་བ་ལ་མ་ལྟོས་པར་ངེས་འབྱུང་གི་བསམ་པ་ཤུགས་དྲག་པོས་རྒྱལ་བའི་བསྟན་པ་ལ་རབ་ཏུ་བྱུང་ནས་ཁས་བླངས་པའི་བཅས་མཚམས་རྣམས་མིག་གི་འབྲས་བུ་ལྟར་བསྲུང་ཞིང་། དེའི་ཚེ་དམ་པའི་ཆོས་ཁོ་ནས་ཐུགས་དྲངས་པས་དགུང་ལོ་བཅོ་བརྒྱད་ཙམ་ལ་དབུས་སུ་ཕེབས། གྲྭ་ས་རྣམས་སུ་བཞུགས་ན་སོ་སོའི་ལས་ཚན་དང་མི་མང་གིས་གཡེང་དོགས་ནས་དལ་འབྱོར་རྙེད་དཀའ་དང་ནམ་འཆི་ཆ་མེད་དྲན་པས་རྒྱུད་བསྐུལ་ཏེ་རྟག་ཏུ་ངུ་ལྟར་ཆོས་འཚོལ་བའི་འདུན་པ་སྐྱེས་ཏེ་དགེ་བའི་བཤེས་གཉེན་མང་པོའི་ཞབས་ལ་གཏུགས་ནས་མདོ་སྔགས་ཀྱི་ལུང་མན་ངག་རྣམས་གསན་ཞིང་ཁྱད་པར་རྗེ་བཙུན་ཙོང་ཁ་པ་ཆེན་པོའི་ཞབས་ལ་གཏུགས་ཏེ་མན་ངག་རྣམས་གསན་ནས་ཚེ་མཇུག་སྒྲུབ་པ་མཐར་ཕྱིན་པ་ཞིག་བྱེད་དགོངས་པ་ནར་མར་བྱུང་། དེ་ནས་རྗེ་རིན་པོ་ཆེ་བདེ་བ་ཅན་དུ་རྒྱུད་བླ་མ་གསུང་གིན་འདུག་པ་གསན་དུ་བྱོན་པས་ལེགས་པར་གོ་བ་བྱུང་གསུངས། དེ་ནས་རྗེ་རིན་པོ་ཆེས་སྒྲུབ་པའི་སྙིང་པོར་བྱེད་པ་ལ་ལམ་ཆ་ཚང་ལ་གོ་བ་རྙེད་དགོས། དེ་འོང་བ་ལ་ཤིང་རྟ་ཆེན་པོའི་གཞུང་རྣམས་ལ་སྦྱངས་ནས་དྲི་མ་མེད་པའི་རིགས་པས་ལམ་དང་ལམ་མིན་འབྱེད་(༩༢༦བ)ཐུབ་པ་ཞིག་དགོས་པས་ཚད་མ་ལ་སོགས་པའི་གཞུང་ལུགས་རྣམས་ལ་སློབས་གསུང་བའི་བཀའ་ཕེབས་པ་ན་རྗེ་རིན་པོ་ཆེའི་བཀའ་ལྟར་བསྒྲུབས་ཏེ་གསང་ཕུ་ལ་སོགས་པའི་གྲྭ་ས་མང་པོར་གཞུང་ལུགས་རྣམས་ལ་སྦྱངས་ཏེ་འདྲིས་པར་མཛད་ཅིང་། ཁྱད་པར་རྗེ་རིན་པོ་ཆེ་ཉིད་ལ་གཞུང་ལུགས་རྣམས་གསན་ཏེ་རིགས་པའི་ལམ་སྲོལ་རྙེད་པར་མཛད།

དེ་ལྟར་གཞུང་ཆེན་མོ་རྣམས་ལ་ཐུགས་སྦྱོང་མཐར་ཕྱིན་པར་མཛད་དེ་ད་ནི་སྒྲུབ་པ་རྩེ་གཅིག་ཏུ་བྱ་དགོངས་ནས་སློམ་ཁྲིད་རྣམས་བླ་མ་མང་པོ་ལ་གསན་ཞིང་བསློམས་ནས་མྱོང་བ་ཐོན་པར་མཛད། ཁྱད་པར་སྐྱིར་མོ་ལུང་དུ་བླ་མ་དབུ་མ་པ་དང་རྗེ་རིན་པོ་ཆེས་འཇམ་དབྱངས་ཆོས་སྐོར་གྱི་བདེ་མཆོག་གནང་བྱུང་བ་སློམས་པས་རྨི་ལམ་དུ་རི་བོ་རྩེ་ལྔ་སོགས་ཡུལ་ཁམས་མང་པོར་བྱོན་པ་སོགས་བྱུང་གསུང་། དེ་ནས་བླ་མ་ཡོན་བཟང་བའི་སར་བཞུགས་དུས་སུད་སྟེ་འཇིག་རྟེན་མི་དང་མི་བསྲེ། སེ་མོ་དོ་འམ་ཁ་ཆེའི་ཡན་ལག་གན་རྡོ་ལའི་སྒྲུབ་གནས་སུ་ཕྱིན་ལ་ཚེ་དང་སྒྲུབ་པ་མཉམ་པ་ཞིག་བྱ་དགོངས་པར་བྱུང་། དེ་དུས་རྗེ་རིན་པོ་ཆེ་ཡང་གཙང་ཕྱོགས་ལ་ཕེབས་བླ་མ་དབུ་མ་པ་དང་མཇལ། རྗེ་བཙུན་གྱི་ཞལ་ཏ་ལ་ཉན་བཤད་ལས་བྱ་བྲལ་གྱིས་གསུང་བ་བྱུང་ནས་དེ་ལ་ཐུགས་ཐག་བཅད། རྗེ་རིན་པོ་ཆེ་སླར་གཙང་ནས་ཕེབས། དེ་དུས་བླ་མ་འདི་པའི་ཐུགས་ལ་རྗེ་རིན་པོ་ཆེ་བྱ་བྲལ་མཛད་ན་རྗེའི་ཕྱག་ཕྱིར་འབྲང་དགོས། དེ་ལས་ལྷག་པ་རང་གཞན་དུ་(༡༢༥༤)ཕྱིན་ཡང་མི་འོང་སྙམ་ནས་མཇལ་དུ་བྱོན། ལོ་རྒྱུས་ཞུས་པས། ངེད་ཀྱང་སྒྲུབ་པ་བྱེད་ཁྱེད་རང་ཡང་ལམ་འབྲས་ཀྱི་ཆ་ལག་ལྷག་མ་རྣམས་ཞུས་ལ་ཤོག་གསུང་བས་དེ་ལྟར་མཛད་ནས་བྱོན་གསུངས། རྗེ་རིན་པོ་ཆེས་བྱ་བྲལ་ལ་འབྱོན་པའི་འཁོར་ཇི་ལྟར་འཐད་རྗེ་བཙུན་ལ་ཞུས་དུས། བླ་མ་འདི་པ་དང་བླ་མ་འཇམ་དཀར་བ། བླ་མ་ཤེས་རབ་གྲགས། བླ་མ་རིན་རྒྱལ་པ། སློབ་དཔོན་བཟང་སྐྱོང་། བླ་མ་བྱང་སེང་བ། བླ་མ་འཇམ་དཔལ་བཀྲ་ཤིས། དཔོན་པོ་དཔལ་སྐྱོང་རྣམས་ཁྲིད་གསུང་བ་བྱུང་འདུག ། དེ་ནས་དཔོན་སློབ་རྣམས་སྟོད་ལུང་ནས་དྭགས་པོ་ཕྱོགས་ལ་འབྱོན་པར་ཆས། ཆུ་གཞུང་ལ་མཁར་ལྷག་ལ་ལྐོག་བར་དུ་བྱོན། དེ་ནས་འོལ་ཁར་བྱོན་པས་འོལ་ཁ་རྫོང་དཔོན་གྱིས་འགོ་བྱས་ཐམས་ཅད་དད་ནས་ལོ་ཁ་ཡར་བཞུགས་པའི་ཞུ་བ་ཕུལ། ཆོས་ལུང་དུ་རྗེ་རིན་པོ་ཆེས་སྤྲུལ་པོ་ཞིག་ལ་བཞུགས། གཞན་བྱིངས་པོས་བོང་སྤྱིལ་རེ་ལ་བརྟེན་ནས

བཞུགས། དེ་དུས་བཀའ་གདམས་པ་རྣམས་ཀྱི་ཕྱག་ལེན་ལྟར་ལམ་ཐུན་མོང་བ་ལ་གཙོ་བོར་བློ་སྦྱངས་པ་དང་། སོ་སོ་ཐར་པའི་འདུལ་ཁྲིམས་ལ་གཞི་བྱས་ཐུན་མོང་བ་ནས་རིམ་པས་བརྩེགས་པ་མིན་པ་དང་པོ་ནས་སྔགས་ལ་ཞུགས་ཀྱང་གཉིས་མེད་སེང་གེ་འོང་བར་དགོངས་ནས་སྔགས་ཀྱི་ཡིག་ཆ་དང་ཐང་སྐུ་སོགས་ཀྱང་ཁྱེར་བ་མེད། བླ་མ་འདིས་ལམ་འབྲས་ཞུས་པ་དང་རྗེ་བཙུན་ལ་མོས་པས་ཐང་སྐུ་ཆུང་ཆུང་གཅིག་དང་ལམ་འབྲས་ཀྱི་གཞུང་བཤད་གཅིག་གདན་དྲངས་གཞན་ཡི་མེད་གསུང་། བླ་མ་དབུ་མ་པས་(༩༢༧ན)ཐོག་མར་བླ་མ་འདི་ཉིད་ལ་རྗེ་བཙུན་གྱི་སྒྲུབ་སྐོར་རྣམས་བྱིན་གསུངས་པས། རྗེ་རིན་པོ་ཆེས་བླ་མ་འདི་ལ་རྗེ་བཙུན་འཇམ་དབྱངས་ཀྱི་སྒྲུབ་སྐོར་རྣམས་རིམ་ཅན་དུ་ཚང་བར་གནང་། ཇི་ལྟར་གནང་བ་ལྟར་རྩེ་གཅིག་ཏུ་སྒྲུབ་པ་མཛད་པས་རྗེ་བཙུན་འཇམ་པའི་དབྱངས་ཀྱི་སྐུ་དང་གསུང་གི་སྣང་བ་གསལ་ཞིང་བརྟན་པ་ནར་མར་བྱུང་། ཁྱིམ་མགར་ཕུག་ཏུ་གཞན་རྣམས་ལའང་གནང་སྟེ་བསྒྲུབས་པས་བྱིན་རླབས་ཀྱི་མཚན་མ་བྱུང་གསུངས། དེ་དུས་ཞག་བདུན་བདུན་རྗེའི་ཞབས་ཏོག་བྱེད་རེས་བྱས་ཏེ་བླ་མ་འདིའི་རེས་ཞིག་དབུ་མ་པའི་ལུང་བསྟན་བྱུང་ཚུལ་ཐོར་བུ་ཞིག་གནང་བར་འཕོར་གཞན་རྣམས་ལའང་གནང་བར་ཞུ་ཞུས་ནས་གཞན་རྣམས་ཀྱང་ཐོས། མཆོད་པ་བཤམས་ཏེ་དེ་གསུང་བར་གསོལ་བ་བཏབ་ནས་གསུངས་པས། ཐམས་ཅད་བློ་འཁྲུལ་ཏེ་རྗེ་རིན་པོ་ཆེ་དང་། བླ་མ་འཇམ་དཀར་པ་གཉིས་ལ་བྱིངས་པས་ཞུ་བ་ཕུལ་ཏེ་དཀའ་ཐུབ་མཛད་དུ་མ་བཅུག །གཞན་རྣམས་ཀྱིས་ཤུག་པའི་དཀའ་ཐུབ་བྱས། དེ་ཡང་ཐོག་མར་བླ་མ་འདི་པས་བརྩམས། ཚུལ་ཁྲིམས་ལ་གུས་པས་རིལ་བུའི་རྡ་སིང་པོས་བྱེད་པ་འདུག་སྟེ་ཆུ་ལ་བྱས། གཞན་རྣམས་ལ་རིལ་བུ་བརྒྱད་ཅུ་ཙམ་རེ་དགོས་པར་འདུག །བླ་མ་འདི་ལ་སུམ་ཅུ་ཙམ་རེས་ཆོག་པར་བྱུང་། སྡིག་རྩེ་པས་ཆོས་ཀ་ལོངས་ཟེར་ཏེ། དེ་དུས་སྐྱི་ཤས་ཆེ་དྲགས་པས་མི་དང་སྣང་བ་མི་བསྟུན་ཅི་བྱེད་བསམ་ནས་མ་བླངས་པར་ལོ་

གསུམ་ཙམ་ཤུག་འབྲུའི་བཅུད་ལེན་ལ་བརྟེན་གསུངས། དེའི་རྒྱུ་མཚན་གྱིས་བླ་མ་འདི་ལ་ཤུག་(༤༢༧བ)འབྲུ་པ་བྱ་བར་གྲགས། དེ་ལྟར་བདག་ཉིད་ཆེན་པོ་འདིས་རྗེ་རིན་པོ་ཆེ་སྒྲུབ་པའི་མཆོད་པས་མཉེས་པར་མཛད། ཡུན་རིང་དུ་བསྟེན་ནས་གསུང་རབ་ཐམས་ཅད་ཀྱི་སྙིང་པོའི་དོན་གཅིག་ཏུ་བསྡུས་པའི་མན་ངག་བྱང་ཆུབ་ལམ་གྱི་རིམ་པ་མན་ངག་ཞལ་ཤེས་གེགས་སེལ་བོགས་འདོན་དང་བཅས་པ་དང་། གསང་བདེ་འཇིགས་གསུམ་སོགས་བསྐྱེད་རྫོགས་ཀྱི་ཁྲིད་མན་ངག་ཞལ་ཤེས་གེགས་སེལ་བོགས་འདོན་དང་བཅས་པ་དང་། ཟབ་ལམ་གཅོད་ཀྱི་ཆོས་སྐོར་ཆ་ལག་དང་བཅས་པ་དང་། ལྷག་པར་དགའ་ལྡན་སྙན་རྒྱུད་ཀྱི་ལྷ་ཁྲིད་ཆ་ལག་དང་བཅས་པ་སོགས་གདམས་ངག་ཐམས་ཅད་རྫོགས་པར་ཐོབ། ཐེ་ཚོམ་གྱི་དྲ་བ་མཐའ་དག་ཆོད་པར་མཛད། རྗེ་བཙུན་འཇམ་པའི་དབྱངས་ཀྱིས་རྗེ་རིན་པོ་ཆེ་དང་། བླ་མ་འདི་པ་དགའ་ལྡན་གྱི་ལྷ་ཁ་ཤས་བཅས་ལ་མདོ་སྔགས་གཉིས་ཀའི་ལམ་གྱི་གནད་བསྡུས་པའི་སྙན་རྒྱུད་ཀྱི་མན་ངག་ཡོངས་སུ་རྫོགས་པ་སྤྲུལ་པའི་གླེགས་བམ་ཆེན་མོ་དང་བཅས་པ་གནང་ནས་སྤྲུལ་པའི་གླེགས་བམ་ཆེན་མོ་བླ་མ་འདིའི་ཕྱག་ཏུ་ཕེབས། རྗེ་རིན་པོ་ཆེའི་གདུལ་བྱ་འཁྲིན་ལས་ཐམས་ཅད་ས་འུར་རྫོ་འུར་དུ་རྫོལ་བ་ན་འདི་པས་སྒྲུབ་པ་རྩེ་གཅིག་པ་ཉིད་ཀྱིས་ཐུགས་དྲངས་ནས། ད་ནི་ང་རང་དབེན་གནས་ཤིག་བཙལ་ནས་སྒྲུབ་པ་བྱ་དགོངས་ཏེ་མལ་གྲོ་རྒྱལ་སྟེང་དུ་ཐོགས་གཅིག་བཞུགས། དེ་ནས་སྤྱང་ས་མཁན་པོས་གདན་དྲངས་ཏེ། རི་རྩེའི་ཁང་གཅིག་མོར་རེ་ཤིག་བཞུགས། དེ་ནས་སྤྱང་ས་སྤྱན་སྔས་དབེན་གནས་སེ་བ་རོང་གི་གཟིམ་ཁང་ཕུལ་བས་དེ་ར་བཞུགས་ཏེ་སྤྱན་(༤༢༨ན)སྔས་གཙོ་མཛད་སྐལ་ལྡན་རྣམས་ལ་བྱང་ཆུབ་ལམ་གྱི་རིམ་པ་སོགས་ཆོས་མང་དུ་གསུངས།། དེ་ནས་དགོངས་པ་ལ་འོན་ཀྱང་འཕགས་པའི་གོ་འཕང་མ་བརྙེས་བར་དུ་ཆོས་འཆད་པ་སོགས་གཞན་ལ་ཕན་ཆུང་ཞིང་སངས་རྒྱས་སྒྲུབ་པའི་བར་ཆད་ཡིན་པར་དགོངས་ནས་བྱུག་སྒོ་འདག་སྦྱར་

གྱིས་དུས་འདའ་བར་མཛད། གསེར་དང་བོང་བ་སྙོམས་དགྲ་གཉེན་ཉེ་རིང་སྙོམས་ཆོས་བརྒྱད་འགོ་སྙོམས། རྙེད་བཀུར་སྙན་གྲགས་ལ་བལྟ་བའི་འདོད་པ་ངན་པ་རྒྱང་རིང་དུ་དོར་ཏེ་བསམ་གཏན་གྱི་འཁོར་ལོས་དུས་ཡོལ་བར་མཛད་དོ། །

དེའི་ཚེ་རྗེ་བཙུན་འཇམ་དབྱངས་ཀྱི་སྐུ་གསུང་ཐུགས་ཀྱི་སྣང་བ་ཡོད་ཚུལ་སྙན་གྲགས་ཆེས་པས་ཕྱོགས་ནས་མཁས་བཙུན་བཟང་གསུམ་དང་མི་དྲག་ཞན་ཡོ་འོང་ནས་ལུང་བསྟན་ཞུ་བས་ཕལ་མོ་ཆེ་ལ་མཇལ་ཁ་མི་འོང་། རེ་རེ་ཙམ་མཇལ་དུ་བྱུང་བ་ལའང་དང་པོ་ནས་མཐའ་འགོག་རང་མཛད་དེ། ཡི་དམ་གྱི་ཞལ་གཟིགས་པ་སོགས་ཡེ་མི་མངོན་པར་མཛད། དེ་དུས་ཕག་མོ་གྲུ་པའི་མི་དཔོན་ཆེན་པོ་རྣམས་དང་། ཁྱད་པར་འོལ་ཁ་རྫོང་དཔོན་གྱིས་རང་རང་གི་བསྟི་གནས་སུ་སྤྱན་འདྲེན་པའི་ཞུ་བ་དང་། དབེན་གནས་ཀུང་སོ་སོས་གང་བཞེད་འབུལ་བས་ཕེབས་པའི་ཞུ་བ་ཕུལ་དུས་ང་དབེན་གནས་འདིར་སྦུ་གང་གིའང་ངོ་འཛིན་བྱེད་མི་དགོས་འཚོ་བའང་མཐའ་གཉིས་བྲལ་བར་སྐྱོད་པ་འདི་བསྐྱུར་ནས་དེ་ན་ཕར་ཅི་བྱེད། ཁོང་ཚོའི་ཞབས་ཏོག་དེ་འདྲས་མི་འཚེངས་པར་སྒྲོག་ཁག་འཁྱུར་དགོས(༤༢༨བ)པ་འོང་གསུངས་ནས་ཕེབས་མ་བཞེད་ལན་ཅིག་དགེ་བསྙེན་གཅིག་ན་རེ། དུང་ནས་མི་རྣམས་མཇལ་དུ་འོངས་པ་ན་བཀའ་ཀྱོན་རེ་གྱོན་བཏང་བས་དགའ་འོང་བར་འདུག །ད་ར་ཁ་ཆེ་མཇལ་དུ་བྱུང་བ་ལའང་ཁྱོད་འབྲི་ཁུང་པའི་ས་ཁོག་འདིར་ཕྱི་དགུག་ནང་དགུག་ཡོ་བྱེད་པར་སྣང་གསུངས་ནས་བཀྱོན་པས། ཁོང་དུང་ནས་ང་ལ་ཐུགས་ཚ་ལ་སྦྱར་བའི་གསུང་གྱོན་ཟེར་ཀྱིན་དགའ་ནས་སོང་ཞུས་པས། ངས་སུ་གང་གིའང་ངོ་འཛིན་མ་མྱོང་བ་ཡིན་གསུངས། དེ་ལྟར་ཆགས་སྡང་དགྲ་གཉེན་གྱི་ཕྱོགས་རིས་མི་མངའ་བས་འདི་འདྲ་ཞིག་དང་འཐབ་རྩོད་ཁོན་འཛིན་འདུག་ཅེས་པ་དེ་དུས་ཀྱི་སྐྱེ་བོ་སུས་ཀྱང་མ་ཐོར། སྡུག་བསྔལ་དང་དཀའ་སྤྱད་ལ་བཟོད་པའི་མཐུ་ཆེ་བས་དུས་ཐམས་ཅད་དུ་མགོ་འམ་གོས་ལ་མེ་ཤོར་བ་ལྟ་བུའི་བརྩོན་འགྲུས་རྩོམ་པར་མཛད།

ཚོགས་ཆོས་སོགས་གསུང་བར་ཞུས་དུས་ཆོས་ང་རང་ལ་འཆད་དགོས་པར་འདུག ། ཐོག་མར་མི་ལ་སྙིང་རྗེ་བྱེད་པ་བས་རང་ལ་སྙིང་རྗེ་བྱེད་དགོས་པ་འདུག་གསུངས་ནས་ཚིག་གསུངས་ཚད་གོ་རྒྱུ་ཆེ་བ་དོན་འདྲིལ་བ་ཆོས་མི་འཆད་གསུང་ཡང་གསུངས་ཚད་ཆོས་ཀྱི་གནད་ཟབ་དགུ་འབབ་ཞིག་ཏུ་འོང་བ། གསུང་གང་འཕྲོས་ཡང་རྫོ་བཅག་པའི་འཕྲོ་བཞིན་དུ་སླར་ལྡོག་ཏུ་མེད་པ་ཅིག་འོང་། ཁྱད་པར་དུའང་ཐུགས་ལ་དམ་དོག་ཆེ་བར་མཛད། བདག་ཉིད་ཆེན་པོ་འདི་ཐུགས་ཀྱི་དཔྱོད་པ་གཞན་དང་མི་འདྲ་བ་མངའ་བས་རྗེ་རིན་པོ་ཆེས་ཀྱང་བླ་མ་འདིའི་ཞུ་འབུལ་སོགས་ལ་ཟློས་མཛད་པ་ཡིན་པར་སྣང་ན་གཞན་གྱིས་ལྟ་ཅི་སྨོས། རྗེའི་སྐུ་མདུན་དུ་(༤༢༨ན)གཤེགས་པའི་བཤེས་གཉེན་ཅི་རིགས་ལའང་སྔོ་བན་ཆོ་གསུང་གིན་བཀའ་བཀྱོན། ཁོང་ཚོ་ཤེས་རབ་ཆེ་སྟེ་ང་དད་པ་ཆེ་ཞེས་གསུང་། གཞན་ཡང་ཕྱག་རྫས་ཅི་བྱུང་ཡང་གསོག་པ་ཡེ་མི་མཛད། གཞན་གྱི་བཞིན་ཐབ་ཁ་དང་བཟའ་བཏུང་ལ་གཏོང་བ་ཡེ་མི་མཛད་པར་དགེ་ཕྱོགས་སུ་གཏོང་། འཕྲུལ་དུའང་སྐྱེ་བོ་ཐམས་ཅད་ལྷག་པར་བྱེད་པའི་རང་བཞིན་ཅན་འདོད་པའི་ཉེས་དམིགས་ཁོ་ན་གསུང་བར་མཛད། དྲི་བ་ནི་རྗེ་བཙུན་འཇམ་དབྱངས་ལ་ཅི་བཞེད་ཞུས་པས་ཆོག་པ་དང་། རང་ཉིད་ཡོན་ཏན་ལ་མངའ་བརྙེས་པས་ནད་གདོན་བར་ཆད་ཞི་བ་དང་ཚེ་དང་བསོད་ནམས་རྒྱས་པ་དང་གཞན་དབང་དུ་སྡུད་པ་དང་། དྲག་པོའི་ལས་སོགས་ཇི་ལྟར་བཞེད་པ་བཞིན་འགྲུབ་པས་རྗེ་རིན་པོ་ཆེ་དང་། ཆོས་རྗེ་འདུལ་བ་བ་སོགས་ཀྱིའང་སྐུ་ཚེ་བསྲིང་བའི་ཆོ་ག་དང་། སྐུ་རིམ་ཇི་ལྟར་བསྒྲུབ་པ་སོགས་ཐམས་ཅད་བླ་མ་རིན་པོ་ཆེ་འདི་ཉིད་ཀྱིས་ལུང་སྟོན་ཅིང་གཞན་ཡང་བསྟན་པ་ལ་ཕན་པའི་བཤེས་གཉེན་ཅི་རིགས་ལའང་ལུང་སྟོན་པ་དང་། དོན་ཆེན་པོར་འགྱུར་བར་སྣང་ན་ཁྱིམ་པ་ཅི་རིགས་ལའང་ཕན་ཐོགས་མཛད། ཚུལ་ཁྲིམས་ཀྱི་དབང་དུ་བྱས་ན་སྡོམ་པ་གསུམ་གྱི་ཉེས་ལྟུང་ཕྲ་མོས་ཀྱང་མ་གོས་པར་སྤྱན་གྱི་འབྲས་བུ་བཞིན་དུ་བསྲུང་བར་

མཛད། དུས་ཐམས་ཅད་དུ་བརྗེད་པ་མེད་པའི་དྲན་པ་ཁྱད་པར་ཅན་མངའ་ཞིང་མཉེལ་བའི་རྒྱུ་འདུ་འཛི་དང་རྣམ་གཡེང་རྒྱང་རིང་དུ་སྤངས་ཏེ་དུས་ཐམས་ཅད་དུ་སྒོ་གསུམ་གྱི་སྤྱོད་པ་ལ་སོ་སོར་རྟོག་པར་(༩༢༩ན)མཛད། ཟླ་བ་བྱུང་ངོ་ཅོག་གི་ཕྱེད་ན་ཁྱད་པར་དུའང་སྒོ་གསུམ་གྱི་བྱ་བ་ལ་བརྟགས་ནས་ཉེས་པ་བྱུང་བ་ཐམས་ཅད་ལ་མཐོལ་བཤགས་དང་། ཕྱིན་ཆད་སྲོག་ལ་བབ་ཀྱང་མི་བྱེད་པའི་སྡོམ་སེམས་བཏང་ནས་གསོ་སྦྱོང་བྱ་བའི་ཚུལ་ནམ་ཡང་མ་ཆག་པར་མཛད་པས་བླང་དོར་ལ་གཡེལ་བའི་བག་མེད་པ་ནི་མི་མངའ། དེ་ལྟར་སྡོམ་པ་གསུམ་ལ་རང་བཞིན་དང་བཅས་པའི་ཁ་ན་མ་ཐོ་བའི་དྲི་མ་དང་བྲལ་བས་ཉོན་མོངས་པའི་རྒྱུ་བ་འགགས་ཏེ་ཞི་ཞིང་དུལ་བའི་མཆོག་ཏུ་གྱུར་ཏོ། །འོལ་ཁ་བསམ་གཏན་གླིང་དུ་རྗེ་རིན་པོ་ཆེས་གསང་འདུས་ཀྱི་བསྐྱེད་རྫོགས་གསུངས་ནས་བསྒོམས་པ་གཙོ་འཁོར་ཐམས་ཅད་ལ་གསལ་སྣང་ཐོན། བསྐྱེད་རྫོགས་ཀྱི་གནད་ཟབ་མོ་ཞིག་ལ་ཚོགས་འཁོར་བཤམས་གསེར་གྱི་མཎྜལ་ཕུལ་ནས་ཞུས་པ་གནང་། བསྐྱེད་རྫོགས་ལ་སྣོད་བཅུད་ཐམས་ཅད་ལ་ཐ་མལ་གྱི་སྣང་ཞེན་བཀག་པ་དེ་དགོས། ངས་ཀྱང་དེ་དུས་ཞག་ཉི་ཤུ་རྩ་དྲུག་ཏུ་སྦྱངས་པས་བྱུང་གསུང་། ཉིན་མཚན་ཁོར་ཡུག་ཏུ་བྱང་སེམས་འཛག་མེད་དུ་བཟུང་བས་སྐུ་ལུས་ལང་ཚོ་དར་ལ་བབ་པ་ལྟ་བུར་དཀར་ལ་དམར་བའི་མདངས་ཆགས་པ་མངའ་བ་བདེ་སྟོང་གི་ཏིང་ངེ་འཛིན་བརྟན་པོ་བརྙེས་པའི་ཡོན་ཏན་དུ་སྣང་ཞིང་། དགུང་ལོ་བདུན་ཅུ་ལོན་དུས་སུའང་། ཁྱོད་ཀྱི་ཞལ་གྱི་པདྨ་དང་། །པདྨ་ཉི་མས་ཁ་བྱེ་བ། །བྱུང་བས་མཐོང་ན་པདྨ་ནི། །ཐེ་ཚོམ་དཔྱང་ཐག་ལ་འཛུག་འགྱུར། །ཞེས་གསུངས་པ་ལྟར་ཞལ་རས་ཁ་བའི་གོང་བུ་ལྟ་བུ་ལྟར་དཀར་བ་ལ་མཁྱུར་(༩༣༠ན)ཚོས་ཀྱི་རྩེ་ལ་མཚལ་བྱུགས་པ་ལྟ་བུའི་མདངས་དང་ལྡན་ཞིང་། འབྱོན་བཞུགས་སོགས་ལའང་ཐེར་ཡང་ཞིང་། སྐུ་ལུས་མདའ་ལྟར་དྲང་ཞིང་སྐྱུར་ཀྱོག་གི་རྣམ་པ་ཡེ་མི་མངའ་འོ། །དེ་ལྟར་བདེ་སྟོང་གི་ཏིང་ངེ་འཛིན་གྱི་ཡོན་ཏན་ཁྱད་པར་ཅན་ཐོབ་

ན་ཆུ་ནང་དུ་ཟླ་བའི་སྣང་བརྙན་འཆར་བ་ལྟར་སངས་རྒྱས་བྱང་སེམས་མང་པོ་རང་གི་ངང་གིས་མཐོང་བ་ཡིན་གསུངས་པ་ལྟར་བླ་མ་རིན་པོ་ཆེ་འདི་ལའང་སྐུ་ཚེ་སྔོན་རོལ་དུ་མ་ནས་རྗེ་བཙུན་འཇམ་དབྱངས་ཀྱིས་འབྲལ་མེད་དུ་རྗེས་སུ་འཛིན་པའི་རྒྱུ་ཚོགས་ཡོད་པ་དང་སྐུ་ཚེ་འདིར་ཡང་རྗེ་བཙུན་འཇམ་པའི་དབྱངས་ལ་དད་པ་དང་། རྗེ་བཙུན་གྱི་སྐུ་རྩེ་གཅིག་ཏུ་བསྒོམས་པའི་ཏིང་ངེ་འཛིན་བརྟན་པོ་ལ་མངའ་བརྙེས་པའི་གནད་ཀྱིས། རྗེ་བཙུན་ལ་ནམ་བཞེད་དུ་མཇལ་ནས་ཐུགས་ཀྱི་ཐེ་ཚོམ་ཐམས་ཅད་གཅོད་པར་མཛད། ཅི་རིགས་ཀྱི་ཉམས་སྣང་ལ་སངས་རྒྱས་བྱང་སེམས་མང་པོ་མཐོང་བ་དང་གསུང་འགྲོན་པ་སོགས་འོང་ཡང་རྨི་ལམ་བཞིན་དུ་འཁྲུལ་སྣང་དུ་སོང་ནས་ཡིད་བརྟན་མི་ཐུབ་པ་ཡིན་པར་སྣང་། བླ་མ་འདིའི་དེ་རྣམས་ལ་རྗེ་རིན་པོ་ཆེས་ཀྱང་བརྟག་དཔྱད་མང་དུ་མཛད། ཁྱད་པར་ཆོས་ཀྱི་གནད་ཟབ་མོའི་དྲི་བ་མཛད་པ་རྣམས་ཀྱི་ལན་འཁྱུག་མེད་དུ་འོང་བས་ཐུགས་ཆེས་ནས། ཐེ་ཚོམ་གྱི་དྲི་བ་རྣམས་འདི་ལ་དྲིས་ནས་གཞོད་ཐག་ཆོད་སོགས་མཛད་པ་ཡིན་པར་སྣང་། རྗེ་རིན་པོ་ཆེ་སྐུ་ཁམས་བསྐྱེལ་བ་དྭངས་(༩ ༣༠བ)པའི་སྐབས་ཤིག་རྗེ་བཙུན་འཇམ་དབྱངས་གཟིགས་པས། དེ་ཕྱིན་ཆད་བསྐྱེད་རྫོགས་ཀྱི་རྣལ་འབྱོར་ལ་འབད་ན་རྟོགས་པ་ཁྱད་པར་ཅན་འབྱུང་སློབ་མ་སྐལ་ལྡན་བདུན་ལའང་རྟོགས་པ་ཁྱད་པར་ཅན་སྐྱེའོ་གསུང་བ་ལ། རྗེའི་ཞལ་ནས་ཉམས་སྣང་ཡིན་ནམ་རྟོགས་ལྡན་པ་ལ་འདྲི་དགོས་དགོངས་པ་ན་བླ་མ་འདི་པས་རྗེ་རིན་པོ་ཆེ་ལ་དེ་རྗེ་བཙུན་ལ་བསྐུར་མ་ཞུ་དགོས་པ་མེད་དེ། ལམ་དེ་ཐུགས་ལ་འཁྲུངས་པའི་རྒྱུ་བདེ་སྟོང་གི་ཡེ་ཤེས་ཁྱད་པར་བ་སྤར་ནས་འཁྲུངས་ཟིན། ད་ཕྱིའི་རྐྱེན་ཞིང་སྐྱེས་ཀྱི་ཕོ་ཉས་གྲོགས་མཛད་པའང་མྱུར་དུ་འོང་བས་ལམ་དེ་མྱུར་དུ་འཁྲུངས་པ་ཞིག་འོང་ཞེས་རྗེ་བཙུན་འཇམ་པའི་དབྱངས་གསུང་ཞུས་པས་ཐུགས་ཆེས་པར་སྣང་། ཡང་བླ་མ་འདིའི་གསུང་ནས། རྗེའི་དྲུང་དུ་བུད་མེད་མཛེས་མ་གོས་ཡིད་དུ་འོང་བ་གྱོན་པ་ཐང་ཞྭ་དམར་པོ་ལ་ལེབ་

གྲོན་བྱས་པ་ཅིག་དུས་རྒྱུན་དུ་འོངས་ཏེ་ལྷའི་རྣམ་པར་མི་འོང་། དེ་སྟོད་མིན་ལ་སྦྱགས་ཀྱི་གསང་བ་བསྟན་པའི་སྐྱོན་ཡིན་པར་སྣང་། ལཱུ་ཨི་པའི་འགྲེལ་པ་འདོད་འཇོ་བཀྲམས་ཕྱིན་ཆད་རྡོ་རྗེ་རྣལ་འབྱོར་མ་ལ་སོགས་པའི་རྣམ་པར་འོང་། གྲོགས་ཁྲིད་པར་ཅན་མཛད་པ་ཡིན་པར་སྣང་། ཏིང་འཛིན་པིར་ལེགས་མ་ལ་སོགས་པའི་མཆོད་གླུ་འདི་ཡང་གདངས་དང་བཅས་པ་དགའ་ལྡན་གྱི་གཙུག་ལག་ཁང་བཞེང་དུས་ལྷ་མོ་རྣམས་ཀྱིས་འཐེན་གྱིན་འདུག་པ་གཟིགས་པ་ཡིན་པར་སྣང་གསུངས། བླ་མ་འདིས་རྗེ་བཙུན་འཇམ་དཔལ་དབྱངས་ལ་རྗེ་རིན་པོ་ཆེའི་རྣམ་ཐར་ཞུས་པས། རྗེའི་(༥༣༡ན)རྣམ་ཐར་བསམ་གྱིས་མི་ཁྱབ་རྣམ་ཐར་གྱི་གཙོ་བོ་ཆོས་རབ་ཏུ་རྣམ་འབྱེད་ཀྱི་ཆོས་ཟབ་མོ་ཐམས་ཅད་ཐུགས་སུ་ཆུད་ཅིང་། དངོས་སྟོབས་རིགས་པས་གཞི་ལམ་འབྲས་གསུམ་ཐམས་ཅད་ཐུགས་སུ་ཆུད་པ་འདི་ཡིན། གཟུངས་སྤོབས་ཏིང་འཛིན་མངོན་ཤེས་རྫུ་འཕྲུལ་སོགས་ལ་སྐྱེ་བ་དུ་མ་ནས་མངའ་བརྙེས་ཤིང་འཇམ་དབྱངས་ཀྱིས་རྟག་ཏུ་རྗེས་སུ་བཟུང་། སངས་རྒྱས་དབང་པོའི་ཏོག་གི་དྲུང་དུ་རྡོ་རྗེ་ཐེག་པ་སོགས་བསྟན་པ་མཐའ་དག་རྒྱས་པར་བྱེད་པར་དམ་བཅས། སྨོན་ལམ་བཏབ་པས་ཕྱོགས་བཅུའི་སངས་རྒྱས་ཐམས་ཅད་ཀྱིས་དེ་ལྟར་བྱིན་གྱིས་བརླབས། སངས་རྒྱས་སེང་གེའི་ང་རོ་ཞེས་པར་གྱུར་ཏེ་གདུལ་བྱ་ཐམས་ཅད་ཚེ་གཅིག་གིས་སངས་རྒྱས་ལ་འགོད །དེ་ད་ལྟ་ནས་བསྒོམས་ཏེ་དེའི་ཞིང་དུ་སྐྱེ་བའི་སྨོན་ལམ་ལ་བརྩོན་པར་བྱས་ན་དག་པའི་ཞིང་དེར་སྐྱེས་ནས་སངས་རྒྱས་འགྲུབ་གསུངས། དེར་རྗེ་བཙུན་འཇམ་པའི་དབྱངས་ཀྱིས་ཇི་ལྟར་གསུངས་པ་ལྟར་རྒྱལ་བ་སེང་གེའི་ང་རོའི་སྐུའི་རྣམ་པ་ཡིད་ལ་བྱས་ཏེ་དད་གུས་ཆེན་པོས་རྩེ་གཅིག་ཏུ་སྒོམ་པ་ལ་བརྩོན་འགྲུས་མཛད་པས་སངས་རྒྱས་སེང་གེའི་ང་རོ་ཞག་བཅུ་གཅིག་གི་བར་ཆེས་གསལ་བ་བྱུང་། གསོལ་བ་བཏབ་སྨོན་ལམ་འགྲུབ་པའི་རྟགས་བྱུང་གསུངས། སློབ་དཔོན་བཟང་སྐྱོང་བའི་ཞལ་ནས་རྗེ་རིན་པོ་ཆེས་རྗེ་བཙུན་འཇམ་པའི་དབྱངས

གཟིགས་དུས་སྐུའི་གཟི་བརྗིད་ཆེན་པོ། གསུང་ཆེར་མི་འགྲོན་པ་དེ་འདྲ་ཞིག་ཡོད་པར་སྣང་། བླ་མ་རིན་པོ་ཆེ་འདི་པའི་དེ་གསུང་ཡང་ཡང་(༩༣༡བ)འགྲོན་པ་ཅིག་ཡོད་པར་སྣང་གསུངས། དེ་ལྟར་བླ་མ་བདག་ཉིད་ཆེན་པོ་འདི་ལུང་དང་རྟོགས་པའི་ཡོན་ཏན་དཔག་ཏུ་མེད་པ་ལ་མངའ་བརྙེས་ཀྱང་། སྤྱིར་ཡོན་ཏན་ཐམས་ཅད་ཤེས་རབ་ལ་རག་ལུས་པ་དང་། ཁྱད་པར་སྲིད་པའི་རྩ་བ་གཅོད་པ་ཤེས་རབ་ཉིད་ལ་རག་ལུས་ཤིང་། ཤེས་རབ་ཀྱང་ཐོས་པ་ལས་འབྱུང་བར་དགོངས་ནས་ལེགས་པར་བཤད་པ་འཚོལ་བ་ལ་ངལ་བ་མེད་པའི་བརྩོན་འགྲུས་མཛད། དེ་ལྟར་རྒྱ་ཆོགས་ཚང་བའི་ཉམས་ལེན་ལ་འབད་པས་ཐུན་མོང་དང་ཐུན་མོང་མ་ཡིན་པའི་རྟོགས་པ་ཐམས་ཅད་ཐུགས་རྒྱུད་ལ་འཁྲུངས། ངན་སོང་དུ་མི་སྐྱེ་བ་ལ་སོགས་པའི་གདེངས་ཚད་ཆེན་པོ་རྙེད་པར་སྣང་སྟེ་དད་ལྡན་འགའ་ཞིག་གིས་བླ་མ་འདི་པ་ལ། དེ་ལྟ་བུའི་སྐབས་པ་དར་དྲག་ལ་ཡུན་རིང་བ་མཛད་པ་རྟོགས་པ་ཁྱད་པར་ཅན་ཞིག་བརྙེས་ལས་ཆེ་ཞེས་ཟུར་གྱིས་ཞུས་དུས། གཞན་ཡོན་ཏན་ཅང་ཡང་མེད་ཕྱི་མ་ངན་སོང་དུ་མི་སྐྱེ་ཐག་ཆོད་སྙམ་པ་འདི་ཡོད། ན་ཉིང་འཆི་ལ་ཁད་པ་ཅིག་བྱུང་དུས་རླུང་སྟོད་ལུགས་ལ་བརྟགས་ན་ཡང་ངན་སོང་དུ་འགྲོ་བའི་རླུང་སྟོད་ལུགས་མི་སྣང་གསུང་། མདོ་སྔགས་ཀྱི་ཆོས་ཀྱི་གནད་ལ་རྒྱུས་ཆུང་བ་ཅི་རིགས་ཀྱང་བློ་ལ་ངན་སོང་དུ་མི་སྐྱེ་བའི་གདེངས་འདྲ་བ་ཁམ་ཆེ་རྒྱུ་མེད་སྙམ་པ་འོང་སྟེ་གསུང་རིས་འདི་དག་ལ་རྒྱལ་བའི་བཀའ་དང་། ཤིང་རྟ་ཆེན་པོའི་གཞུང་ལ་འདྲིས་པའི་མཁས་པ་དག་གིས་བརྟགས་ན་བསམ་གྱིས་མི་ཁྱབ་པའི་རྟོགས་པ་མཐོན་པོ་མངའ་བའི་རྟགས་ཏེ། དེ་ཡང་ངན་འགྲོའི་སྡུག་བསྔལ་རྒྱུ་བཅས་ནི་མཐོང་(༩༣༢ན)སྤྲངས་ཡིན་པར་ཤིང་རྟ་ཆེན་པོའི་གཞུང་ལས་བཤད་ལ། དེས་ན་ངན་སོང་གི་སྡུག་བསྔལ་རྒྱུ་བཅས་སྤྲངས་པ་ནི་མཐོང་ལམ་ཐོབ་པ་ཡིན་པ་དང་། སྤྲངས་པ་མིན་ཡང་ངན་སོང་དུ་མི་སྐྱེ་བའི་གདེང་ཐོབ་པ་ནི། བཟོད་ཐོབ་ངན་སོང་ཡོང་མི་ལྟུང་། །ཞེས་གསུངས་པ་ལྟར་སྦྱོར་ལམ་བཟོད་

པ་ཐོབ་ནས་ངན་སོང་དུ་མི་ལྟུང་བའི་གདེང་ཐོབ་པ་ཡིན་པས་བླ་མ་བདག་ཉིད་ཆེན་པོ་འདི་ནི་རྒྱུད་སྟོད་དེ་ཙམ་དུ་ཕེབས་པའོ། །དེས་ན་ཐེག་པ་ཆེན་པོའི་ཚོགས་ལམ་ཆེན་པོ་ཐོབ་པའི་ཚེ་ན་ཆོས་རྒྱུན་གྱི་ཏིང་ངེ་འཛིན་ཐོབ་སྟེ་མཆོག་གི་སྤྲུལ་སྐུའི་ཞལ་མངོན་སུམ་དུ་མཐོང་བ་དང་། དཔག་ཚད་བརྒྱ་ཚུན་ཆད་ཀྱི་རྡུལ་ཕྲ་རབ་ཡན་ཆད་ཀྱི་གཟུགས་མཐའ་དག་མངོན་སུམ་དུ་མཐོང་བ་དང་། སྲོག་ཆགས་གྲོག་སྦུར་ཚུན་ཆད་ཀྱི་སེམས་ཀྱི་རྒྱུ་བ་ཤེས་པ་སོགས་མངོན་པར་ཤེས་པ་དང་། གཟུངས་དང་སྤོབས་པ་དང་། ཏིང་ངེ་འཛིན་དང་ཤེས་རབ་བསམ་གྱིས་མི་ཁྱབ་པ་ཐོབ་པར་གསུངས་ན། ཐེག་པ་ཆེན་པོའི་སྦྱོར་ལམ་ཐོབ་པའི་ཚེ་དེ་ལས་བརྒྱ་འགྱུར་གྱིས་ལྷག་པའི་ཡོན་ཏན་ཐོབ་དགོས་སོ། །དོན་འདི་འདྲ་ལ་དགོངས་ནས། དགེ་བའི་བཤེས་གཉེན་སྟག་རུམ་པ་ཆེན་པོས། ངས་ཐེག་ཆེན་ཚོགས་ལམ་ཆེན་པོའི་ཡོན་ཏན་གསང་བ་ཅིག་བཤད་ན། ད་དེ་ལས་ལྷག་པའི་སངས་རྒྱས་ལ་ཡོན་ཏན་ཇི་ལྟ་བུ་ཡོད་སྙམ་པ་འོང་གསུངས། དེ་ལྟར་གྲུབ་པའི་དབང་ཕྱུག་འཇམ་དཔལ་རྒྱ་མཚོ་བ་འདིས་འཇམ་མགོན་བསྟན་པའི་སྒྲུབ་བརྒྱུད་ཀྱི་ཆུ་འགོ་བཙུགས་ཏེ། རྗེ་བླ(༩༣༢བ)མའི་བཤད་སྒྲུབ་ཀྱི་བསྟན་པ་ཆུ་ཀླུང་ཆེན་པོ་གང་གཱ་ལྟར་ནམ་ཡང་རྒྱུན་འཆད་པ་མེད་པའི་རྟེན་འབྲེལ་བསྒྲིགས། ཐུབ་པའི་བསྟན་པ་རིན་པོ་ཆེ་ནམ་ཡང་མི་ནུབ་པའི་རྒྱལ་མཚན་བཙུགས། སྲས་ཀྱི་ཐུ་བོ་སྙན་རྒྱུད་འཛིན་པའི་བཀའ་བབ་བ་སོ་ཆོས་ཀྱི་རྒྱལ་མཚན་ལ་སྙན་རྒྱུད་ཀྱི་མན་ངག་ཡོངས་སུ་རྫོགས་པ་སྤྲུལ་པའི་གླེགས་བམ་དང་བཅས་པ་གཏད། ཐུགས་ཀྱི་སྲས་མཆོག་སྤྱན་སྔ་བློ་གྲོས་རྒྱལ་མཚན་སོགས་བསྟན་འཛིན་དམ་པ་མང་པོ་ལ་མདོ་སྔགས་ཀྱི་མན་ངག་རྣམས་རྒྱ་ཆེར་སྤེལ་ཏེ་སྐུ་ཚེ་འདིའི་མཛད་པ་ཕལ་ཆེར་རྫོགས་པ་ན་དཔའ་བོ་གཡུལ་ལས་རྒྱལ་བའམ་ཚོང་པ་ཁེ་སྒྲོགས་གྲུབ་པ་ལྟར་དལ་བའི་རྟེན་ལ་སྙིང་པོ་ནི་བླངས། སྐུ་ཚེ་འདིར་སྒྲུབ་དགོས་པའི་དགོངས་པ་ཐམས་ཅད་ནི་རྫོགས། རྗེ་བླ་མ་གང་དུ་བཞུགས་པའི་ཞིང་ཁམས་དགའ་

ལྷན་ཆོས་ཀྱི་ཕོ་བྲང་དུ་གཤེགས་པར་དགོངས་ཏེ། དགུང་ལོ་བདུན་ཅུ་རྩ་གསུམ་བཞེས་པ་ས་ཕོ་སྤྲེའུའི་ལོ་དེ་ཡང་སྟོ་སོར་ཟླ་བ་གཉིས་པ་ལ་སྐྱབ་མཆོད་རེ་མཛད་ཅིང་དུས་ཀྱང་ཆོས་ལྷ་དྲུག་ནས་འཛུགས་པ་ཡིན་ནའང་། དེ་ལོ་ཟླ་བ་དང་པོ་ལ་བཙུགས། དེ་ཡང་ཆོས་གཅིག་རང་ནས་ཚུགས་གསུངས་ནས་བཙུགས་པའི་ཉིན་རང་བདེ་བར་གཤེགས། དེའི་ཆོ་ཪོ་མཚར་བའི་ལྟས་མང་དུ་བྱུང་ངོ་། །སྐུ་གདུང་ནི་རིལ་པོར་སྦྱང་སབ་རྣམས་ཀྱི་དད་པའི་རྟེན་དུ་གསེར་འབུམ་བཞེངས་ཏེ་བཞུགས་ནས་གསོལ་བ་འདེབས་པའི་རྟེན་དུ་བཞུགས་སོ། །

རྗེ་གྲུབ་པའི་དབང་ཕྱུག་འདི་ལ་རྗེ་རིན་པོ་ཆེའི་སློབ་མ་ཕལ་ཆེར་གྱིས་གུས་འདུད་མཛད་པས་སློབ་མ་བསམ་གྱིས(༩༣༣ན)མི་ཁྱབ་པ་ཡོད་ཀྱང་རྒྱུད་འཛིན་གྱི་གཙོ་བོ་ནི། རྗེ་བཙུན་འཇམ་པའི་དབྱངས་ཀྱིས་ལུང་བསྟན་པ་སྟན་རྒྱུད་བསྟན་པའི་བདག་པོ་བ་སོ་ཆོས་ཀྱི་རྒྱལ་མཚན་དང་། རྒྱལ་སྲས་དཔའ་བོ་སྨྱུན་སྟ་བློ་གྲོས་རྒྱལ་མཚན་གཉིས་སོ། །

བ་སོ་ཆོས་ཀྱི་རྒྱལ་མཚན་གྱི་རྣམ་ཐར་ནི་འཆད་པར་འགྱུར་ལ། སྨྱུན་སྟ་བློ་གྲོས་རྒྱལ་མཚན་ནི་ལྷས་ལུང་པ་གྲ་ནམ་ཁང་ཞེས་བྱ་བར་དགྱེར་བྲམ་ཟེ་ལྷས་གནང་གི་རིགས་སུ། ཡབ་དགྱེས་དབོན་པོ་ཆོས་སྐྱབས་དང་། ཡུམ་ཛོ་མོ་ དླང་འབུམ་གཉིས་ཀྱི་སྲས་སུ་ཆུ་ཕོ་རྟའི་ལོ་སྐྱ་འཁྲུངས། སྔོན་ཡུན་རིང་པོ་ནས་ལམ་ལ་སྦྱངས་པའི་བག་ཆགས་བརྟས་པས་འཁྲུངས་ཙམ་ཉིད་ནས་སྲིད་པ་མཐའ་དག་ལ་ཞེན་པ་ལོག་པའི་ངེས་འབྱུང་ཤུགས་དྲག་པོས་རྒྱུད་བསྐུལ་ཏེ་ཆོས་ཁོ་ན་ཡིད་ལ་སེམས་པ་ལས་བྱ་བ་གཞན་གང་ཡང་མི་སེམས་པ་ཞིག་བྱུང་ཞིང་། དགུང་ལོ་བདུན་པའི་དུས་སུ་ཁུ་བོ་སྨྱུན་སྟ་རིན་ཆེན་ཀུན་དགའ་བློ་གྲོས་པའི་དྲུང་དུ་རབ་ཏུ་བྱུང་། མཚན་བློ་གྲོས་རྒྱལ་མཚན་དཔལ་བཟང་པོར་གསོལ། རབ་ཏུ་བྱུང་མ་ཐག་ནས་སོ་ཐར་གྱི་བཅས་མཚམས་རྣམས་མིག་འབྲས་ལྟར་བསྲུང་ཞིང་། མཁས་གྲུབ་ཐམས་ཅད་མཁྱེན་པ་དང་། ཆོས་རྗེ་བློ་གྲོས་པ་སོགས

དམ་པ་མང་པོའི་ཞབས་ལ་གཏུགས་ཏེ་ཚད་མ་དང་། ཕར་ཕྱིན་དང་། འདུལ་བ་དང་། མངོན་པ་དང་། དབུ་མ་རྣམས་ལ་སྦྱངས་པ་མཐར་ཕྱིན་པར་མཛད་དེ། གཙང་དབུས་ཀྱི་གྲྭ་ས་རྣམས་སུ་གྲྭ་སྐོར་མཛད།

དགུང་ལོ་ཉི་ཤུ་ལོན་པའི་ཚེ་ཚོགས་(༩༣༣བ)ཆེན་པོའི་མཁན་པོ་ཡོན་ཏན་རིན་ཆེན་པས་མཁན་པོ་དང་། ལས་སློབ་སློབ་དཔོན་ནོར་བཟང་པ་དང་། གསང་སྟོན་སོགས་དགེ་འདུན་རྣམ་པར་དག་པ་རྣམས་ཀྱི་དབུས་སུ། བསྙེན་པར་རྫོགས་པར་མཛད་ནས་གནས་བརྟན་འོད་སྲུངས་ཆེན་པོ་སླར་ཡང་ལྷོངས་འདིར་བྱོན་པ་ལྟ་བུར་གྱུར་ཏོ། །དེ་ནས་མལ་གྲོ་སྤང་སར་རྗེ་གྲུབ་པའི་དབང་ཕྱུག་འཇམ་དཔལ་རྒྱ་མཚོ་བའི་ཞབས་དྲུང་དུ་བྱོན་ཏེ། བསམ་སྦྱོར་གཉིས་ཀྱིས་ཚུལ་བཞིན་དུ་བསྟེན་པས་རྗེ་བཙུན་ཙོང་ཁ་པ་ཆེན་པོའི་མདོ་སྔགས་ཀྱི་མན་ངག་རྣམས་ཡོངས་སུ་རྫོགས་པར་གསན། དེ་དུས་རྗེ་བཙུན་འཇམ་པའི་དབྱངས་ཀྱིས་རྗེ་གྲུབ་པའི་དབང་ཕྱུག་འཇམ་དཔལ་རྒྱ་མཚོ་བ་ལ་བླ་མ་འདི་ལ་སྙན་རྒྱུད་ཀྱི་མན་ངག་རྣམས་མཐིལ་ཕྱིན་པར་བསྟན་དགོས་པའི་ལུང་བསྟན་བྱུང་བ་ལྟར་རྗེ་བཙུན་དམ་པ་འཇམ་དཔལ་རྒྱ་མཚོ་བས་བླ་མ་འདི་ལ་གཞན་སུ་དང་ཡང་མི་མཉམ་པའི་མཐོང་མཛད་དེ་གཅེས་པར་བསྐྱངས་ཏེ་མན་ངག་མཐའ་དག་རྫོགས་པར་གནང་། དེ་ནས་སེམས་དཔའ་ཆེན་པོ་འདིས་ཚེ་འདིའི་གཉེན་ལུས་ལོངས་སྤྱོད་གང་ལའང་མ་ཆགས་པར་དབེན་པའི་གནས་རྣམས་སུ་སྒྲུབ་པ་ལ་རྩེ་གཅིག་ཏུ་གཞོལ་བར་མཛད་པས་ལམ་ཐུན་མོང་བ་དང་ཐུན་མོང་མིན་པའི་རིམ་པ་ཐམས་ཅད་ལ་རྟོགས་པའི་གདེང་ཐོབ་དེ་ནས་སྐམ་དགོན་གྱི་གདན་སར་གདན་འདྲེན་ཡང་ཡང་ཞུས་ཀྱང་སྲིད་པའི་ཕུན་ཚོགས་སྲིན་མོའི་སྣུ་བྲིད་ལྟར་གཟིགས་ནས་འཇིགས་ཤིང་སྐྲག་པས་བྱོལ་ཐབས་མཛད་དེ་ཕེབས་པ་མ་བཞེད་པར་དབེན་པའི་གནས་སུ་སྒྲུབ་པ་རྩེ་གཅིག་ཏུ་(༩༣༩ན)མཛད། སྐམ་དགོན་གྱི་གདན་ས་པ་ལན་བཞི་ཙམ་བརྗེ་རེས་ཀྱི་སེམས་དཔའ་ཆེན་པོ

འདི་ལ་ཐམས་ཅད་ཀྱིས་གསོལ་བ་བཏབ་ཀྱང་ཕེབས་ཏུ་མ་བཞེད། ལན་བཞི་པའི་དུས་སུ་ཕྱོགས་དེའི་གྲྭ་བུ་སློབ་སྐྱ་སེར་ཚང་མས་མགྲིན་གཅིག་ཏུ་གདོང་མཆི་མ་དང་བཅས་ཏེ་གཙུག་ལག་ཁང་གི་ལྷེ་མིག་ཕྱག་ཏུ་ཕུལ་ཏེ་ད་གདན་ས་འདིའི་བདག་པོ་མཛད་ཀྱང་ཁྱེད་མཁྱེན། མི་མཛད་ཀྱང་ཁྱེད་མཁྱེན། ཞེས་གསོལ་བ་བཏབ་པ་ན་རྗེ་རིན་པོ་ཆེའི་བསྟན་རྒྱུན་ལ་དགོངས་ནས་ཕྱིན་ཆད་འཇིག་རྟེན་གྱི་བྱ་བྱེད་གང་ལའང་ཐེ་མི་དགོས་པ་དང་། ཆོས་ཕྱོགས་ནས་བཀའ་གང་གནང་ཞུ་བ་དང་། བཀའ་གདམས་ཀྱི་རྣམ་ཐར་གཙང་མ་བསྲེ་བསླད་མེད་པར་སྐྱོང་བ་སོགས་ཀྱི་རྩིས་ཀ་བཟུང་ནས་ཞལ་གྱིས་བཞེས་ཏེ་གདན་སར་ཕེབས། དེ་ནས་རྒྱུན་པར་ཁོར་ཡུག་ཏུ་སྐུ་མཚམས་མཛད་ཅིང་། ཡར་དོ་མར་དོའི་གསོ་སྦྱོང་ལ་ཕེབས་ཏེ་ཆོས་གནང་། དུས་དུས་སུ་ལམ་རིམ་གྱི་ཁྲིད་དང་བློ་སྦྱོང་གི་ཁྲིད་སོགས་གནང་། རྡོ་པོ་རྗེ་དཔལ་ལྡན་ཨ་ཏི་ཤ་དང་རྒྱལ་བ་ཙོང་ཁ་པ་ཆེན་པོ་གཉིས་ཀྱི་གསེར་སྐུ་བཞེངས་ཏེ་མཆོད་པ་ཚད་མེད་པས་མཆོད་པ་དང་། ནམ་ཡང་མི་ཉམས་པའི་མཆོད་པའི་རྒྱུན་བཙུགས། གཞན་ཡང་སྐུ་གསུང་ཐུགས་རྟེན་མང་དུ་བཞེངས་ཤིང་དེ་དག་ལ་མཆོད་པ་རྒྱ་ཆེན་པོ་ཕུལ་ཞིང་འབུལ་རྒྱུན་དུ་བཙུགས།

དེ་ལྟར་བསྟན་འགྲོའི་དོན་རྒྱ་ཆེར་མཛད་ནས་བྱ་ལོ་ལ་ཞབས་ཟུང་བསྙེལ་བ་ཞིག་བྱུང་བས་སྐུ་རིམ་གསོས་སྨན་སོགས་བསྟེན་པས(༤༣༤བ)དྭངས། དེ་ལྟར་སྐུ་ཚེ་རིལ་པོར་ཆོས་དང་མཐུན་པའི་རྣམ་ཐར་གཙང་མ་མཐར་ཕྱིན་པར་མཛད་པ་ནི་སྤྱན་སྔ་ཉིད་ཀྱི་ཞལ་ནས། ལོ་བདུན་ལོན་ནས་ཆོས་ལ་འབད། །སྒྲུབ་པ་ཉིད་ལ་རྩལ་དུ་བཏོན། །དམ་པའི་ཆོས་ཀྱི་རོ་མཆོག་མྱོང་། །འདི་ནི་མདུན་མ་ལེགས་པའི་ཚད། །ད་ནི་ལོ་ཡང་བདུན་ཅུར་ཉེ། །དཀོན་མཆོག་གསུམ་གྱི་བྱིན་རླབས་ཞུགས། །སྡིགས་དུས་སྙིད་པའི་ཚད་ལ་འཁྱོལ། །འདི་ནི་མདུན་མ་ལེགས་པའི་ཚད། །དམ་ཆོས་བདུན་གྱི་སྙིང་པོ་མཆོག །རྣམ་དཔྱོད་ཤེས་རབ་རྩལ་དུ་བཏོན། །མདོ་རྒྱུད་ཀུན་ལ་ནང་བྱན་ཚུད། །འདི་

ནི་མདུན་མ་ལེགས་པའི་ཚད། །ཅེས་གསུངས་པ་ལྟར། ཐར་འདོད་རྣམས་སོ་སོར་རྟོག་པའི་ཤེས་རབ་ཀྱིས་ཡང་དག་པའི་ལྟ་བ་ལ་ཐེ་ཚོམ་དང་བྲལ་བར་མཛད། ཉན་ཐོས་ཀྱི་རིགས་ཅན་རྣམས་སོ་སོར་ཐར་པའི་བསླབ་པ་མིག་འབྲས་བཞིན་བསྲུང་བའི་ཚུལ་ཁྲིམས་ལ་བཀོད། ཐེག་ཆེན་གྱི་རིགས་ཅན་རྣམས་བདག་གཅེས་འཛིན་གྱི་དྲི་མ་དང་བྲལ་ནས་གཞན་གཅེས་པར་འཛིན་པའི་བྱམས་པ་དང་སྙིང་རྗེ་ལ་བཀོད། སྡུགས་པ་རྣམས་དམ་ཚིག་ལ་བཀོད། སྐྱེ་འགྲོ་ཕལ་མོ་ཆེ་རྣམས་བདེ་འགྲོ་ཐོབ་ཕྱིར་དུ་བསྙེན་གནས་དང་དགེ་བ་བཅུའི་ཁྲིམས་ལ་བཀོད་དེ་བསྟན་པ་ལ་བྱ་བ་རྒྱ་ཆེན་པོ་མཛད། ཚུལ་འདི་དག་ལ་སྤྱན་སྔ་ཉིད་ཀྱི་ཞལ་ནས། རྒྱལ་བ་སྲས་བཅས་བསྟན་འཛིན་མཆོག །ཨ་ཏི་ཤ་ཡི་ཆོས་ལུགས་སྤྱངས། །སྐྱེས་བུ་གསུམ་གྱི་ཆོས་ལ་འབད། །འདི་ནི་མདུན་མ་ལེགས་པའི་ཚད། །ཅེས་གསུངས།

དེ་(༤༣༥(ན)ལྟར་བསྟན་འགྲོའི་དོན་རྒྱ་ཆེར་མཛད་ནས། ཞིང་གཤེགས་པ་ལ་ཕྱོགས་པའི་ཚེ་རྗེས་འཇུག་རྣམས་ལ་འདི་ལྟར་གསུངས་ཏེ། བླ་མ་ཚོ་ལ་ཞལ་ཆེམས་ཟེར་བ་ཡོང་བ་ཡིན་ནའང་། དངོས་པོའི་ཞལ་ཆེམས་འཇོག་རྒྱུ་མེད་པས་དེ་ཁས་འཆེངས། བླ་མ་གཤེགས་པའི་ཤུལ་དུ་དངོས་པོ་ཚན་ཆེན་ཡོད་པ་དེ་བླ་མ་དེའི་རྐང་འདྲེན་དུ་འགྲོ་བས་མེད་པ་རང་ཞིག་དགོས། སྔེ་ཐང་དུ་ཇོ་བོ་སྐུ་གཤེགས་ཁར་ཕྱུག་ཁྲི་ཚོག་གིས་ཇོ་བོ་ནི་སྐུ་གཤེགས་པར་གདའ། དེའི་རྗེས་སུ་ཆོས་བཤད་ཐང་རྒྱངས་ལ་བགྱིད་པར་ཞུ་ཞུས་པས། བྱ་བ་ངན་པ་ཡིན་པོར་ལ་ཐོངས་གསུང་། འོན་སྐྱབ་པ་རྫེ་གཅིག་བགྱིད་པར་ཞུ་ཞུས་པས་ཀྱང་དེ་སྐད་གསུང་། འོ་ན་ཇི་ལྟར་བགྱི་ཞུས་པས། ཚེ་འདི་བློས་ཐོངས་གསུང་བ་གཅིག་བྱུང་བས། ཇོ་བོའི་ཞལ་ཏ་ཐུགས་ལ་བཞག་ནས། མི་ཟས་ངན་པ་སྤྱངས་ནས་ར་སྒྲེང་གི་ཤུག་གསེབ་ཏུ་སྐུ་ཚེ་འདར་བཅུག་པ་ཡིན། དེ་དང་མཐུན་པར་ར་སྒྲེང་དུ་ཇོ་བོ་ཞིག་གིས་བསྐོར་བ་རྐྱང་པ་ལ་སྒྲོལ་བས་འབྲོམ་གྱི་ཞལ་ནས། ཇོ་བོ་

སྐོར་བ་བྱེད་པ་ཡང་གློ་བ་དགའ་སྟེ་ཆོས་ཤིག་རང་བྱས་ན་མི་ལེགས་སམ་གསུང་། ཁོས་ཕྱག་བྱས་པས་ཀྱང་དེ་སྐད་གསུང་། ཀློག་པ་བྱས་པས་ཀྱང་དེ་སྐད་གསུང་བས། ད་འོ་ན་ཇི་ལྟར་བགྱི་ཞུས་པས། ཚེ་འདི་བློས་ཐོངས་བྱ་བ་ལན་གསུམ་གསུང་། འབྲོམ་ཉིད་ཀྱང་སྐུ་གཤེགས་ཁར་ཤུག་གསེབ་ན་ཕར་ལ་ཞུགས་འཇིག་རྟེན་ཆོས་བརྒྱད་འགོ་སློམས་ནས། བདག་ནི་གྲོལ་བ་དོན་གཉེར་ལ། །རྟེན་དང་བཀུར་སྟིའི་འཆིང་མི་དགོས། །གསུང་(༩༣༥བ)ཡང་འཇིག་རྟེན་མཁྱེན་པ་རྟེད་དང་མ་རྟེད་དང་། །ཞེས་རེས་འགོ་ཙམ་རེ་དང་རེས་ཕྱེད་ཙམ་དང་། རེས་ཚང་བར་གསུང་། ཁོང་སྤྱན་རས་གཟིགས་ལ་དེ་དགོས་ཞལ་མི་གདའ་སྟེ་ཇོས་འཇུག་གི་གདུལ་བྱ་རྣམས་ལ་གསུངས་པར་གདའ། ཆོས་སྙིང་ནས་བྱེད་ན་ཚེ་འདི་བློས་གཏོང་དགོས་པར་འདུག །དེད་བླ་མའི་ངོས་ནས་གསོན་རིང་ལ་འཁོར་གཡོག་རྣམས་འཐད་རབ་བྱུང་སྟེ་འདས་རྗེས་སུ་ཇི་ལྟར་ཡོང་བསམ་པའི་ཐེ་ཚོམ་ཟ་བ་མེད། ང་རང་གི་ངོས་ནས་དཔལ་ཨ་ཏི་ཤ་དང་། རྒྱལ་བ་ཙོང་ཁ་པའི་ཞབས་དྲུང་དུ་དགའ་ལྡན་དུ་འགྲོ་བསམ་པ་ཡོད། དཔལ་ལྡན་ཨ་ཏི་ཤའི་གསུང་རབ་དང་། རྗེ་ཙོང་ཁ་པ་གཉིས་ཀྱི་གསུང་རབ་ལ་མི་འཕྱུག་པའི་གཟེར་ཐེབས་པས་ད་ཉེས་པ་མེད་པ་ཡིན། ཁྱེད་རང་རྣམས་ཀྱང་བླ་མ་དང་ཡི་དམ་དབྱེར་མེད་དུ་གྱིས་ལ་གསོལ་བ་ཐོབ་དང་། ལས་ལ་གང་ཤོང་བའི་དངོས་གྲུབ་འབྱུང་བ་ཡིན། ཁྱད་པར་རྟེན་གསུམ་ལོག་བྲིས་འདི་རྣམས་སངས་རྒྱས་བྱང་སེམས་དངོས་སུ་ཡོད་པ་ཡིན། མདོན་སུམ་ཉམས་སྣང་རྨི་ལམ་གསུམ་གང་རུང་དུ་ཞལ་གཟིགས་པར་འདུག་གསུང་མི་འབྱོན་པ་ནི་སེམས་ཅན་གྱི་ལས་ལ་མི་ཤོང་བ་ཡིན་པས་བྱ་ཐབས་མེད། ཁྱེད་གཉིས་བསླབ་སྦྱངས་དང་ཐོས་རྒྱ་ཆེན་པོ་མེད་ནའང་། ཆོས་རྒྱུན་དུ་ཐོས་པ་རྣམས་སེམས་པ་དང་། ལྟ་རྟོག་གྱིས་ལ་བླ་མ་དེ་ལ་འཚོལ་སྙེགས་མའི་དུས་སུ་ཐེག་པ་ཆེན་པོའི་དགེ་བའི་བཤེས་གཉེན་མཚན་ཉིད་དང་ལྡན་པ་ཉིན་སྐར་ལས་དཀོན་པས་ཆོས་མི་ཉན་དགུ་ཉན་མ

བྱེད། རྟེན་གསུམ་འདི་ཆོ་ལ་མཆོད་པ་འོ་(༩༣༧ན)མ་བཀྲལ་བ་བྱུང་ན། ངེད་ཀྱི་བླ་མཆོད་ཡོ་མཆོད་ཀྱང་དེ་ཡིན་པས་དེ་ལ་འབུངས། ཁྱེད་རང་གཉིས་ཀྱང་ཐེམ་རིག་མ་བྲལ་རིང་ལ་ནང་འདིར་མ་བྲལ་བ་བྱེད་དགོས་པ་ཡིན། དེ་བར་ལ་དོན་ཉུང་བ་བྱ་བ་ཉུང་བ་ལ་བློ་རྩེ་གཏད་ནས། སྐྱེས་པ་ལྷས་མ་ཆོར། ཤི་བ་འདྲེས་མ་ཆོར་ང་ཞིག་དགོས་པ་ཡིན་གསུང་བའི་ཞལ་ཏ་གནང་། དེ་ནས་ཞིང་བརྫེ་བའི་སྐུ་ལྷས་སུ་ཡོས་ལོའི་ནང་དུ་མེ་ཏོག་གི་ཆར་བབས་པ་དང་། ཁྱད་པར་ཟླ་བ་ལྔ་པའི་ཉི་ཤུ་ལྔའི་དགོང་ཁའི་དུས་མེ་ཏོག་གི་ཆར་ཉི་མ་སྐྲིབ་ནུས་པ་ཙམ་བབས། གླིང་གང་ཡོད་ལ་བབས་པ་དང་། དེའི་ནུབ་གྲྭ་དགོན་སྐམ་དགོན་རྣམས་སུ་ཡང་དེ་དང་འདྲ་བ་བབས་པ་བྱུང་། ཆོས་བཅུ་བདུན་གྱི་ཉིན་པར་ཞལ་ཏ་ལ། སྐྲུབ་གསར་བའི་དབུ་མཛད་དེ་ལ་མིང་ཅི་ཟེར་གསུང་། མིང་ལ་གནས་བརྟན་བློ་བཀྲས་ཟེར་བ་ཡིན་ཞུས་པས། ཁོང་པོས་ནས་ཁྱེད་རང་རྣམས་བླ་མ་གོང་མ་རྣམས་དང་སངས་རྒྱས་བྱང་སེམས་རྣམས་ཀྱི་གསོལ་འདེབས་མ་ཚང་བ་མེད་པ་གཅིག་གྱིས་གསུངས་པས། དེ་རིང་སྐུ་ཤེད་ཆེན་པོ་ཡང་མི་འདུག་པས་སྐུ་མདུན་དུ་བསྟོད་ནས་སྐུ་ཤེད་ཆེར་སོང་བ་དང་སང་གདན་དྲངས་ནས་ཇི་ལྟར་གསུང་བ་ལྟར་བྱས་ཆོག་པ་ཞུ་ཞུས་པས། དེ་རིང་ཅིག་བྱུང་ན་བསམ། སང་ནས་བྲེལ་འགོ་ཟུག་ནས་ཡོང་བ་ཡིན་གསུང་། བཅོ་བརྒྱད་ཀྱི་ཉིན་གང་སྟེང་དུ་ཉི་མ་ལ་ཕེབས་ཐུབ་པ་བྱུང་། བཅུ་དགུའི་ནམ་ལངས་པ་དང་ཞིང་གཤེགས་ཏེ་དགའ་ལྡན་ཆོས་ཀྱི་ཕོ་བྲང་དུ་ཕེབས་སོ། །

སེམས་དཔའ་ཆེན་(༩༣༧བ)པོ་འདིས་ཕྱི་རབས་ཀྱི་གདུལ་བྱ་རྣམས་ཀྱི་དོན་དུ་བྱང་ཆུབ་ལམ་རིམ་ལ་ཐོག་མར་བློ་སྦྱོང་བ་ཆོས་ཀྱི་སྒོ་འབྱེད། བློ་སྦྱོང་མཁས་པའི་ཡིད་འཕྲོག །ལུང་གི་བང་མཛོད། དང་པོའི་བློ་སྦྱོང་ཡིད་བཞིན་ནོར་བུ་རྩ་བ་དང་། དེའི་གཞུང་འགྲེལ་ནོར་བུའི་ཕྲེང་བ། ཐེག་པ་ཆེན་པོའི་བཟོད་པའི་བློ་སྦྱོང་ཕན་བདེའི་ཆར་འབེབས། བློ་སྦྱོང་གི་ཁྲིད་ཡིག་རྣམ་དག་གཙུག་གི་ནོར་བུ། ངན་སོང་སྒོ་གཅོད། ཐེག་

པ་ཆེན་པོའི་བློ་སྦྱོང་ལྷན་ཐབས་མན་ངག་རབ་གསལ། སྐྱིད་སྡུག་ལམ་ཁྱེར་གྱི་གདམས་
ངག་རིན་པོ་ཆེའི་སྒྲོན་མེ། བླ་མ་དམ་པའི་ཞལ་གྱི་བདུད་རྩི་ལེགས་གདམས། ཐེག་པ་
ཆེན་པོའི་བློ་སྦྱོང་རིགས་པའི་རྒྱ་གཏེར། ཐེག་པ་ཆེན་པོའི་བློ་སྦྱོང་གི་ངོ་སྤྲོད་གསལ་
བའི་སྒྲོན་མེ་རྩ་འགྲེལ་དཀའ་གནད་འཕྲོས་དང་བཅས་པ། བྱང་ཆུབ་ལམ་གྱི་རིམ་པའི་
བསྡུས་དོན་མཁས་པའི་མགུལ་རྒྱན། བྱང་ཆུབ་ལམ་གྱི་རིམ་པ་བསྡུས་པ་རྩ་འགྲེལ།
བླ་མའི་རྣལ་འབྱོར་གྱི་ཐུར་འདེབས་ཉེར་མཁོ། བྱང་ཆུབ་ལམ་གྱི་རིམ་པའི་ཁྲིད་ཡིག་
གཞན་ཕན་སྙིང་པོའི་ཐུང་འཇུག་རིན་པོ་ཆེ། བྱང་ཆུབ་ལམ་གྱི་རིམ་པའི་ཁྲིད་ཡིག་སྙན་
རྒྱུད་ནོར་བུའི་ཕྲེང་བ། ལེགས་པར་བཤད་པ་ཉོན་མོངས་གདུང་སེལ། རྗེ་འཇམ་
དཔལ་རྒྱ་མཚོའི་རྣམ་ཐར་དད་པའི་རྒྱ་རྒྱུན། རྒྱ་མ་པ་ཁྲུ་དཔོན་གྱི་རྣམ་ཐར་དད་པའི་རྒྱ་
རྒྱུན། མན་ངག་བདུད་རྩིའི་ཐིགས་པ། ཕྱག་ཆེན་སྙིང་པོ་རབ་གསལ། ལེགས་བཤད་
ཚིག་ཤེས་ལམ་སྟོན། གྲོས་འདེབས་བདུན་ཅུ་མ། རང་གཞན་གྱི་སྐྱན་བསྐྱལ་རིང་མོ།
བཤེས་གཉེན་ལ་ཞུ་འབུལ་མ། ཆོས་(༡༣༧༥)གཞས་རྐང་བྲོ་མ། དབེན་པའི་གཏམ་
བརྗོད་པ། སློམ་དོན་སྙིང་པོ། བླ་མའི་རྣལ་འབྱོར་དངོས་གྲུབ་ཆར་འབེབས། གེགས་
སེལ་ཡིད་བཞིན་ནོར་མཆོག །ཆགས་པ་མེད་པའི་གཏམ། བསམ་གཏན་གནད་ཀྱི་
ཉམས་ལེན། རང་ལ་གྲོས་སུ་འདེབས་པ། འདོད་ཡོན་ལ་སྲེད་པ་འགོག་པའི་གཏམ་
དགྲ་འཛོམས། ཨང་ཡིག་བཞི་བཅུ་མ། བསམ་མཐའི་བསྟུགས་པ་བརྗོད་པ་ནོར་བུའི་
ཕྲེང་བ། གྲོས་འདེབས་སྙིང་གི་བདུད་རྩི། གྲོས་འདེབས་ཉེར་བདུན་མ། ཞལ་གདམས
དྲི་བ་མ། གྲོས་འདེབས་བདེ་བ་རབ་སྦྱིན་མ། གཅིག་པུར་དགའ་བའི་གཏམ། གྲོས་
འདེབས་ཉམས་མྱོང་། གྲོས་འདེབས་སྙིང་གི་མུན་སེལ། ལེགས་བཤད་མཁས་པ་དགའ་
བྱེད། ཉམས་ལེན་ངོས་འཛིན་གྱི་གདམས་པ། གྲོས་འདེབས་ལེགས་བཤད་སྙིང་པོ།
གྲོས་འདེབས་སླ་རྟ་བླངས་པ། ལུས་ལ་ཡིད་འབྱུང་བར་བྱེད་པའི་གཏམ། འགལ་རྐྱེན་

ལམ་དུ་སློང་བའི་གླུ། རྒྱན་དང་ སྦྲེ་བའི་ཉམས་ལེན་བྱེད་ཚུལ། རང་ལ་གྲོས་འདེབས་སྙིང་གཏམ། གྲོས་འདེབས་བཅུ་གཉིས། ལེགས་བཤད་བསོད་སློམས་བསྡུགས་པ། སློམས་ལས་ཚར་གཅོད། ཕན་བདེའི་ལམ་སྟོན། མཁས་པ་བརྟག་པའི་རབ་ཏུ་བྱེད་པ། རང་གཞན་ཆོས་ལ་བསྐུལ་བའི་གཏམ། ཛ་དཀར་འགོགས་པའི་གཏམ་སྨོ་ཀུ་སུན་འབྱིན། གྲོས་འདེབས་རིན་ཆེན་ཕྲེང་བ། ལེགས་བཤད་གནད་ཀྱི་དོན་སྟོན། གྲོས་འདེབས་རིན་ཆེན་འོད་འབར། སྨིན་པའི་ལེགས་བཤད་ཀྱི་གཏམ། ལེགས་བཤད་ཉོན་མོངས་གདུང་སེལ། གདམས་(༩༣༧བ)ངག་རིན་ཆེན་ཕྲེང་བ། ལེགས་པར་བཤད་པ་ཞེན་འཁྲིས་ཀུན་གཅོད། འཆི་བདག་འཇོམས་མ། བཅོམ་ལྡན་འདས་ལ་བསྟོད་པ་ཟབ་དོན་རབ་གསལ། ཐེག་པ་ཆེན་པོའི་བློ་སྦྱོང་གཞན་དོན་དོན་གཉེར་གྱི་གདམས་པའི་རྒྱ་བ། ཐེག་པ་ཆེན་པོའི་བློ་སྦྱོང་གཞན་དོན་དོན་གཉེར་གྱི་འགྲེལ་པ་ཐེག་ཆེན་རབ་གསལ། གླང་རི་ཐང་པའི་བློ་སྦྱོང་ཚིག་བརྒྱད་མ་སྨོན་ལམ་དུ་བྱས་པ། སྨོན་ལམ་རིན་ཆེན་ཕྲེང་བ། རྣལ་འབྱོར་བླ་ན་མེད་པའི་རིམ་གཉིས་དང་འབྲེལ་བའི་སྨོན་ལམ། བར་གཅོད་བཟློག་པའི་སྨོན་ལམ། ཐེག་ཆེན་རྩེའི་གཙུག་ལག་ཁང་ལྷ་རྟེན་དང་བཅས་པ་གྲུབ་པ་ན་མཆོད་པ་དང་སྨོན་ལམ་ལྷན་ཅིག་ཏུ་བྱས་པ། དྲིལ་བུ་རིམ་ལྔའི་སྨོན་ལམ་བསྡུས་པ། དཔལ་འཁོར་ལོ་བདེ་མཆོག་དང་དུས་ཀྱི་འཁོར་ལོའི་རྫོགས་རིམ་གྱི་སྨོན་ལམ་བསྡུས་པ་རེ། ལམ་འབྲས་ཀྱི་བསྐྱེད་རྫོགས་ཀྱི་སྨོན་ལམ། བརྟག་གཉིས་ཀྱི་སྨོན་ལམ་བསྡུས་པ། གསང་བ་འདུས་པ་ཡེ་ཤེས་ཞབས་ལུགས་ཀྱི་སྨོན་ལམ། ཨོ་རྒྱན་བསྙེན་སྒྲུབ་ཀྱི་སྨོན་ལམ། ཐེག་པ་ཆེན་པོའི་བློ་སྦྱོང་བྱང་སེམས་དོན་གཉེར། བློ་སྦྱོང་དགྲ་ཟུན་ཤན་འབྱེད། བློ་སྦྱོང་དགོངས་པ་རབ་གསལ། བློ་སྦྱོང་དོགས་སེལ། བློ་སྦྱོང་ལག་ལེན་རབ་གསལ། བློ་སྦྱོང་ཐེ་ཚོམ་ཀུན་སེལ། ལེགས་བཤད་ངེས་དོན་རབ་གསལ། ལས་དང་ཉོན་མོངས་རྣམ་པར་བཤད་པ་བླང་དོར་རབ་གསལ། སྟོབས་ཁྱད་སྟོན་པ་སྟེ་དགུ། རྗེ་ལ་བསྟོད་པ

རིན་ཆེན་སྒྲོན་མེ་ལ་སོགས་པའི་བསྟོད་ཚོགས་དང་། ཆབ་ཤོག་སྣ་ཚོགས། དོན་དམ་བྱང་སེམས་ཀྱི་བློ་སྦྱོང་། སངས་རྒྱས་བཅོམ་ལྡན་འདས་ལ་བསྟོད་པ་བྱིན་རླབས་མྱུར་འཇུག །བྱང་(༩༣༢ན)ཆུབ་དོན་གཉེར་གྱི་བློ་སྦྱོང་བཅོམ་ལྡན་འདས་ལ་བསྟོད་པ་རིན་པོ་ཆེའི་བང་མཛོད། སྟོན་པ་ལ་བསྟོད་པ་ཟབ་མོ་སྤྲོས་མེད། བཅོམ་ལྡན་འདས་ལ་བསྟོད་པ་དངོས་གྲུབ་ཀུན་འབྱུང་། བཅོམ་ལྡན་འདས་ལ་བསྟོད་པ་ཟབ་དོན་རབ་གསལ། སྟོན་པ་ལ་བསྟོད་པ་ལྟ་ངན་མུན་སེལ། བཅོམ་ལྡན་འདས་ལ་བསྟོད་པ་ཟབ་མོ་རྟོགས་པའི་ཚད་དེ་བསྟོད་པ། ཆོས་སྤྱོད་ཀྱི་རིམ་པ། འདུལ་བའི་ལས་ཆོག་སྡོམ་ཆེག །ཐིག་རྩ། སྨི་ལམ་བརྟག་པ། ཐེག་ཆེན་རྩེའི་བཅའ་ཡིག་དང་རྟེན་བཤད། མངོན་བརྗོད་བསྡུས་པ། གསུང་རབ་ལ་གུས་པ་བསྐྱེད་པའི་ཐབས་གསུང་རབ་གསལ་བྱེད། སྔོད་རྫུང་གསལ་བྱེད་ཉི་མའི་འོད་ཟེར། རིན་ཆེན་སྣང་གི་བློ་སྦྱོང་དོན་བདུན་མ། མངོན་རྟོགས་རྒྱན་གི་སྙིང་པོ་བསྡུས་པ་རྒྱས་བསྡུས། སྤྱོད་འཇུག་གི་བསྡུས་དོན་མཁས་པའི་མགུལ་རྒྱན། བཤེས་སྤྲིང་གི་བསྡུས་དོན་དགོངས་པ་རབ་གསལ། དབུ་མའི་ལྟ་ཁྲིད་ཟབ་ལམ་མཐར་ཐུག །སྲིད་ཞི་མཉམ་ཉིད་ཀྱི་ལྟ་ཁྲིད་རྩ་བ་རྗེ་བཙུན་འཇམ་དབྱངས་ཀྱིས་རྗེ་ལ་གནང་བ་དང་བླ་མ་དབུ་མ་པ་ལ་གནང་བ། དེ་དག་གི་དོན་ཉམས་སུ་ལེན་ཚུལ་ཁྲིད་ཡིག །གསང་བ་བླ་ན་མེད་པ་ཟབ་མོའི་གཏམ་བརྗོད་པ། དབུ་མའི་ཉམས་ལེན་ལྟ་ངན་མུན་སེལ་རྩ་འགྲེལ། དབུ་མའི་ལྟ་ཁྲིད་ཆེན་མོ། རྣམ་འགྲེལ་ལ་བརྟེན་པའི་ལྟ་ཁྲིད། གྲུབ་མཐའ་རྣམ་པར་དབྱེ་བ་ཞེས་བྱ་བ་གྲུབ་མཐའ་ལ་བརྟེན་པའི་ཆགས་སྡང་འགོག་ཕྱིར་ཐམས་ཅད་ལ་ལེགས་ཕྱོགས་ནས་བསྔགས་པ། འདུལ་བའི་བསླབ་བྱ་ཆེ་བ་གཞན་ཕན་སྙིང་པོ། དགེ་ཚུལ་གྱི་བླང་དོར་གསལ་བྱེད། དུས་དྲན་བྱེད་ཚུལ། འདུལ་བའི་(༩༣༢བ)བསླབ་བྱ་བསྡུས་པ་གཞན་ཕན་འོད་ཕྲེང་། བསླབ་བྱ་གནང་བཀག་རབ་གསལ། བསྙེན་གནས་ཀྱི་ཆོ་ག་རྒྱས་པ་དངོས་གྲུབ་རྒྱ་མཚོ། ལེགས་པར་བཤད་པ་མི་

ཆོས་གནད་ཕྲེང་། ལེགས་པར་བཤད་པ་རིན་པོ་ཆེའི་འབྱུང་གནས་ལུང་གི་བང་མཛོད། འཁོར་ལོ་སྡོམ་པའི་བསྐྱེད་རྫོགས་སྙན་བརྒྱུད་བདེ་ཆེན་རྒྱ་མཚོ། བདེ་མཆོག་ལཱུ་ཨི་པའི་ལུགས་ཀྱི་རྫོགས་རིམ་སྙིང་པོ་སྒོམ་ཚུལ། བདེ་བར་གཤེགས་པའི་སྐུའི་རྟེན་སྒྲུབ་ཚུལ་དང་དེའི་ཕན་ཡོན་བསྟན་པ་རིན་པོ་ཆེའི་ཕྲེང་པོ། མཆོད་རྟེན་གྱི་ཚད་སྟོན་པ་ལེགས་བཤད་གསེར་གྱི་ཕྲེང་བ། རྣིང་མ་དང་བོན་གྱི་རྣམ་བཞག་དང་། བོན་གྱི་འདོད་ཚུལ་རགས་པ། སྨོན་སེམས་སྐྱབས་འགྲོའི་བསླབ་བྱ། གཤིན་པོ་དམན་མཆོག་ལ་ཕན་གདགས་ཚུལ། འཇིག་རྟེན་བྱ་བའི་རྣམ་པར་བཤད་པ་མཁས་པའི་ཡིད་འཕྲོག །རང་ཉིད་ཀྱི་རྟོགས་པ་བརྗོད་པ་མདུན་ལེགས་མ་རྣམས་མཛད་དེ། ལེགས་བཤད་འདི་དག་ནི་དཔལ་ཨ་ཏི་ཤ་དང་རྒྱལ་བ་ཙོང་ཁ་པའི་མན་ངག་ལ་བསྲེ་བསླད་ཕྲ་མོའང་མ་ཞུགས་པ། རྒྱལ་བ་དགྱེས་པའི་ལེགས་བཤད་ཕྱི་རབས་ཀྱི་གདུལ་བྱ་རྣམས་ལ་ཐེག་པ་ཆེན་པོའི་ལམ་ལ་འཇུག་པ་ལ་ཤིན་ཏུ་མཁོ་བའི་མན་ངག་གཅེས་བསྡུས་ཤ་སྟག་སྣང་ངོ་། །སེམས་དཔའ་ཆེན་པོ་འདིའི་རྣམ་ཐར་རྒྱས་པར་སྤྱན་སྔ་བློ་གྲོས་འཇིགས་མེད་རྒྱལ་མཚན་དཔལ་བཟང་པོས་མཛད་པ་བཞུགས་པས་དེ་ལས་ཤེས་པར་བྱའོ། །

དེས་ན་བྱང་ཆུབ་ལམ་གྱི་རིམ་པ་ལ་བློ་སྦྱོང་བར་འདོད་པ་རྣམས་ཀྱིས་རྗེ་གྲུབ་པའི་དབང་ཕྱུག་འཇམ་དཔལ་རྒྱ་མཚོ་ལ་གསོལ་བ་ཤུགས་དྲག་ཏུ་འདེབས་ཤིང་དམ་པ་དེ་ཉིད་ཀྱི་རྣམ་ཐར་ལྷུར་ཆོས་བརྒྱུད་ཀྱི་འཆིང་བ(༤༣༩ན)ཕྲ་མོས་ཀྱང་མ་གོས་པར་དབེན་པའི་གནས་སུ་ཐེག་པ་ཆེན་པོའི་ལམ་གྱི་རིམ་པའི་ལུས་ཡོངས་སུ་རྫོགས་པ་ལ་སྒྲུབ་པ་སྙིང་པོར་བྱ་བ་ལ་སྐྱེས་བུའི་རྩལ་ཅི་ཡོད་ཀྱིས་འབད་ཅིང་ཐ་ན་སྨོན་ལམ་གྱི་ཡུལ་ཙམ་ཆད་དུ་བྱས་ཏེ་བག་ཆགས་ཅི་ཐེབས་བྱའོ།། །།

མཁས་གྲུབ་དགེ་ལེགས་དཔལ་བཟང་གི་རྣམ་ཐར།

དགེ་ལེགས་རབ་དཀར་ཚོགས་གཉིས་གོམས་པའི་མཐུས། །དཔལ་ལྡན་སྐུ་བཞིའི་གོ་འཕང་མཆོག་བརྙེས་ཀྱང་། །བཟང་པོའི་མཛད་པས་གདུལ་བྱ་མི་འདོར་བ། །དཔལ་ལྡན་བླ་མའི་ཞབས་ལ་གསོལ་འདེབས། །ཞེས་བསྔགས་པ། རྗེ་རིན་པོ་ཆེའི་ནང་ཐུགས་ཀྱི་སྲས་གཅིག་མཁས་གྲུབ་སྨྲ་བའི་ཉི་མ་དགེ་ལེགས་དཔལ་བཟང་ནི། སྔོན་དུས་ཡུན་རིང་པོ་ནས་བྱང་ཆུབ་མཆོག་ཏུ་ཐུགས་བསྐྱེད་དེ་རྒྱལ་སྲས་ཀྱི་སྤྱོད་པ་རྒྱ་མཚོར་བསླབས་ནས་ཞིང་འདིར་འཇམ་མགོན་བླ་མའི་མདོ་སྔགས་ཀྱི་བསྟན་པའི་སྙིང་པོ་མཐར་ཐུག་པ་འདི་ཉིད་འཛིན་ཅིང་སྤེལ་བའི་ཆེད་དུ་སྨོན་ལམ་གྱི་དབང་གིས་བསམ་བཞིན་དུ་བྱོན་པ་ཞིག་སྟེ། མཁས་གྲུབ་ཆེན་པོ་འདི་ལ་སྟོད་བྱང་གི་སའི་ཆ་ལྡོག་གཞུང་དུ་བྱུང་བའི་དཔོན་རིགས་ཡབ་བཀྲ་ཤིས་དཔལ་བཟང་དང་། ཡུམ་བུ་འདྲེན་རྒྱལ་མོ་གཉིས་ཀྱི་སྲས་སུ་རབ་བྱུང་དྲུག་པའི་ཤིང་མོ་གླང་གི་ལོ་ངོ་མཚར་བའི་ལྟས་དང་བཅས་ཏེ་འཁྲུངས་སོ། །ཡབ་ཡུམ་དེ་གཉིས་ལ་སྲས་གསུམ་ཡོད་པ་ལས། རྗེ་འདི་ཆེ་བ་དང་། བ་སོ་ཆོས་ཀྱི་རྒྱལ་མཚན་བར་པ་དང་། ཆུང་བ་བསོད་ནམས་བཀྲ་ཤིས་ཞེས་པ་ཞིག་བྱུང་ངོ་། །

དེ་ལྟར་མཁས་གྲུབ་ཆེན་པོ་འདི་ནི་སྔོན་ནས་ལམ་ལ་སྦྱངས་པའི་མཐུ་བརྟས་པས་འཁྲུངས་ཙམ་ཉིད་(༡༣༩བ)ནས་བྱིས་པའི་རྒྱུད་པ་གང་ཡང་མེད་ཅིང་། ཆོས་དང་ཆོས་མིན་འབྱེད་པའི་བློ་གྲོས་ཐོགས་པ་མེད་པ་ཞིག་བྱུང་ནས་བདག་ཉིད་ཆེན་པོ་འདི་ནི་སྐྱེས་བུ་དམ་པ་ཞིག་བསམས་བཞིན་དུ་བྱོན་པའོ། །ཞེས་གླེང་ཞིང་། མཁས་གྲུབ་ལྷ་དབང་པའི་སྐྱེ་བ་ཡིན་པར་གྲགས་པས་མཁས་གྲུབ་ཅེས་མཚན་ཆུང་ངུ་ནས་ཐོགས་སོ། །

དེ་ནས་རྒྱལ་བ་སྲས་དང་བཅས་པ་དང་། དམ་ཅན་ཆོས་སྲུང་ཐམས་ཅད་ཀྱི་རྗེ་

འདི་པ་འཇམ་དགོན་བླ་མའི་བསྟན་པའི་སྒྲོག་ཤིང་འཛིན་ཕྱིར་ཐུགས་རྒྱུད་བསྐུལ་ཞིང་སྟོན་ནས་གོམས་པའི་མཐུས་ངེས་འབྱུང་གི་བསམ་པ་ཤུགས་དྲག་པོས་རབ་ཏུ་བྱུང་བའི་ལོ་ཚིགས་སུ་སླེབས་མ་ཐག་གནས་བརྟན་འདུལ་བ་འཛིན་པ་མཁན་ཆེན་སེང་གེ་རྒྱལ་མཚན་དཔལ་བཟང་པོས་མཁན་པོ་མཛད།　རྒྱ་མ་བ་ཡོན་ཏན་འོད་ཀྱིས་སློབ་དཔོན་མཛད་ནས་རབ་ཏུ་བྱུང་ཞིང་དགེ་ཚུལ་གྱི་སྡོམ་པ་བཞེས། མཚན་དགེ་ལེགས་དཔལ་བཟང་པོ་ཞེས་གསོལ། དེ་ནས་མཁན་སློབ་གཉིས་ལས་བསླབ་བྱ་གསན་ཏེ་དགེ་ཚུལ་གྱི་བསླབ་བྱ་ཡན་ལག་དང་བཅས་པ་མིག་གི་འབྲས་བུ་ལས་ཀྱང་གཅེས་པར་བསྲུངས་ཏེ་ཚུལ་ཁྲིམས་རྣམ་པར་དག་པར་མཛད་པ་གཞིར་བཟུང་ནས་གངས་ཅན་གྱི་པཎྜི་ཏ་ཆེན་པོ་རྗེ་བཙུན་རེད་མདའ་པའི་ཞབས་ལ་གཏུགས་ཏེ་ཚད་མ་སྡེ་བདུན།　མངོན་པ་གོང་འོག　།བྱམས་ཆོས་སྡེ་ལྔ་དབུ་མ་རིགས་ཚོགས། འདུལ་བ་རྣམས་ལ་སྦྱངས་ཏེ་རིང་པོར་མ་ཐོགས་པར་མཁས་པའི་ཕ་རོལ་ཏུ་སོན། རྡོ་རྗེ་འཛིན་པ་ཡེ་ཤེས་དཔལ་བ་ལ་ཀྱི་རྡོ་རྗེའི་དབང་དང་ལམ་འབྲས་ཆ་ལག་དང་བཅས་པ་ཡོངས་སུ་རྫོགས་པ་གསན། གཞན་ཡང་(༩༩༠ན)བླ་མ་དམ་པ་བསོད་ནམས་རྒྱལ་མཚན་པ་དང་།　ན་བཟའ་པ་སོགས་བཤེས་གཉེན་དམ་པ་དུ་མ་ལས་མདོ་སྔགས་ཀྱི་ཆོས་མཐའ་ཡས་པ་གསན་ཏེ། མདོ་སྔགས་ཀྱི་གཞུང་ལུགས་རབ་འབྱམས་སྨྲ་བ་ལ་མི་འཇིགས་པའི་སྤོབས་པ་ཐོབ་ཅིང་རང་དང་གཞན་གྱི་གྲུབ་པའི་མཐའ་རྒྱ་མཚོ་ལྟ་བུའི་ཕ་རོལ་ཏུ་སོན་པར་གྱུར་ཏོ། །

དེ་ནས་གཙང་ཕྱོགས་ཀྱི་གྲྭ་ས་རྣམས་སུ་གྲྭ་སྐོར་མཛད་ཅིང་། ངམ་རིང་ཆོས་སྡེར་ཕེབས་པ་ན་གངས་ཅན་གྱི་མཁས་པ་ཆེན་པོ་པཎ་ཆེན་ཕྱོགས་ལས་རྣམ་རྒྱལ་ཡང་དེར་ཕེབས་ནས་འཇིགས་མེད་སྨྲ་བའི་གད་བརྒྱངས་བསྒྲགས་ཏེ་དམ་བཅའ་བཞག་པ་ན་ཕྱོགས་འདིའི་མཁས་པ་སུས་ཀྱང་བཟློལ་བའི་གླགས་མ་རྙེད་པ་ན་པཎ་ཆེན་ཕྱོགས་རྒྱལ་བས་ས་པཎ་གྱི་རིག་གཏེར་འདི་ནང་འགལ་གྱི་ཕུང་པོ་ཡིན་པས་ངས་ཐར་ཆགས

སུ་དགག་པར་བྱ་ཡིས། ལན་སྤྲོབས་པ་ཡོད་ན་སློས་ཤིག་ཅེས་ངམ་རིང་། ས་སྐྱ། པོ་དོང་སོགས་ཆོས་སྡེ་ཕལ་མོ་ཆེར་དྲིལ་བསྒྲགས་པ་ན། ཇི་ལྟར་སེང་གེའི་སྐད་ཀྱིས་ཕྲ་སྐྱེས་རྣམས་འདར་བ་བཞིན་དུ་ཕྱོགས་དེའི་མཁས་པར་རློམས་པ་སུས་ཀྱང་ལན་འདོན་པར་མ་ནུས་པ་ན་ཕྱོགས་དེའི་དགེ་འདུན་ཕལ་མོ་ཆེས་གྲོས་བྱས་ཏེ་སྐྱེས་ཙམ་ཉིད་ནས་ཤེས་རབ་ཀྱི་སྣང་བ་རྒྱས་པ་དཀའ་བཅུ་དགེ་ལེགས་དཔལ་བ་འདི་ལ་གསོལ་བ་བཏབ་པར་དྲག་ཅེས་ཐམས་ཅད་ཀྱིས་མགྲིན་གཅིག་ཏུ་མཁས་གྲུབ་ཆེན་པོ་ལ་ཞུས་པ་ན་དེ་དུས་མཁས་གྲུབ་ཆེན་པོ་འདི་པ་དགུང་ལོ་བཅུ་དྲུག་གི་སྐབས་ཡིན་པས་སྐུ་ན་ཤིན་ཏུ་ཕྲ་བ་ཡིན་ཡང་འཇིགས་པ་མེད་པར་ཁྲུ་(༩༩༠བ)མཆོག་ལྷབས་པོ་ཆེའི་གནས་སུ་དམ་བཅས་ཏེ་དེ་ཁོ་བོས་ནུས་སོ་ཞེས་ཞལ་གྱིས་བཞེས་ཏེ་དགེ་འདུན་ཐམས་ཅད་ཚོགས་པའི་དབུས་སུ་པཎ་ཆེན་ཕྱོགས་རྒྱལ་བས་དམ་བཅའ་བཞག །དེ་ལ་མཁས་གྲུབ་རིན་པོ་ཆེས་རེ་རེ་ནས་འདི་ནི་མི་རིགས་པ། འདི་ནི་མི་འཐད་པ། ལུང་དང་འགལ་བ་དང་རིགས་པ་དང་འགལ་བ་སྟེ། དེ་དག་མི་འཐད་པའི་རྒྱུ་མཚན་འདི་དང་འདི་ལྟར་རོ་ཞེས་རིག་གཏེར་འགོག་པའི་དམ་བཅའ་རེ་རེ་ནས་དྲི་མ་མེད་པའི་རིགས་པ་བརྒྱ་ཕྲག་སྟོང་གིས་སུན་ཕྱུང་ནས་པཎ་ཆེན་ཕྱོགས་རྒྱལ་བ་སྤྲོབས་པ་ལན་མེད་དུ་གྱུར། སླར་ཡང་མཁས་གྲུབ་རིན་པོ་ཆེས་རིགས་པའི་ང་རོ་ཆེས་ཆེར་བསྒྲགས་པ་ན་རིགས་པའི་འཕྲུལ་མཚམས་ཆེས་ཞིབ་ཅིང་ཕྲ་བར་གྱུར་ཏེ་པཎ་ཆེན་ཕྱོགས་རྒྱལ་བས་མདོ་སྡེ་པའི་ལུགས་ལ་རྒྱུ་ལས་མ་སྐྱེས་པའི་དངོས་པོ་ཡོད་གསུང་དགོས་པ་བྱུང་ནས་དེ་མདོ་སྡེ་པ་རང་གི་གྲུབ་མཐའི་ནང་འགལ་ཡིན་གསུང་ཞིང་ཚུང་ཟད་ཞལ་སྐྱེངས་ཏེ་ཕྱག་གིས་ཞལ་རྒྱན་ལ་ནོམ་ཞིང་བཞུགས་པ་ན། མཁས་གྲུབ་རིན་པོ་ཆེས་ཉམས་མཚར་གྱི་ཚུལ་དུ། རྒྱུ་ལས་མ་སྐྱེས་པའི་དངོས་པོ་ཡོད་གསུང་བ་དེ་མདོ་སྡེ་པའི་གྲུབ་མཐའི་ནང་འགལ་ཡིན་གསུང་བ། ད་ཁ་སྤྲོ་འཐོག་པའི་ལས་ལ་བརྩོན་པར་གྱིས་ཤིག །ཅེས་གསུངས་པ་ན་ཚོགས་པ་

ཐམས་ཅད་གང་མོའི་གནས་སུ་གྱུར་ཏོ། །དེ་དུས་སུ་ཁོང་གཉིས་ཀྱིས་རྩོད་པ་མཛད་པའི་ཚེ་བདག་ཉིད་ཆེན་པོ་དེ་གཉིས་ཀ་དྲི་མ་མེད་པའི་རིགས་པའི་རྣམ་འགྱུར(༤༧)ན)གཞན་དང་མི་འདྲ་བས་མཁས་པ་མང་པོས་རྩོད་ཡིག་ཟིན་བྲིས་སུ་མཛད་པ་ཡོད་འདུག་ཅིང་། ཕྱིས་མཁས་གྲུབ་ཐམས་ཅད་མཁྱེན་པ་ཉིད་ཀྱིས་ཚད་མ་སྡེ་བདུན་གྱི་དཀའ་གནས་གསལ་བར་སྟོན་པ་ཡིད་ཀྱི་མུན་སེལ་མཛད་པའི་ནང་དུའང་དེ་དུས་ཀྱི་རྩོད་པའི་ཚིག་རྣམས་དྲངས་སོ། །མཁས་མཆོག་བསྟན་འཛིན་དམ་པ་དེ་དག་དྲི་མ་མེད་པའི་རིགས་པའི་རྩེ་དགའ་མཛད་པ་ནི་བསྟན་པ་རིན་པོ་ཆེའི་རྒྱན་དུ་ཆེ་བ་ཡིན་པས་གུས་པ་བསྐྱེད་པར་བྱ་ཡིས། རིགས་པའི་གསང་མི་ཤེས་པའི་བླུན་རྨོངས་དག་གིས་ཁོ་བོ་ཅག་གི་འདི་ཁོ་ན་བདེན་གྱི་གཞན་ནི་གཏི་མུག་གོ་ཞེས་སྒྲོག་པ་དང་རྩོད་པ་མཛད་དེ་ཞེས་ཚིག་ཙམ་གྱིས་འཇིག་རྟེན་པ་བླའི་གྲར་བཞགས་འགྲེད་པའི་ངང་ཚུལ་ལྟར་དུ་བཟུང་སྟེ་ཕྱོགས་སུ་ལྷུང་བའི་བསམ་པས་སྐྱེས་བུ་དམ་པ་ལ་སྐྱོན་པ་ནི་རྣམ་པ་ཀུན་ཏུ་བྱ་མི་རུང་སྟེ་སྐྱེས་བུ་དམ་པ་ལ་སྐྱོད་པ་ནི་རང་ཉིད་ངན་འགྲོ་མི་ཟད་པའི་རྒྱུ་སྒྲུབ་པ་ཡིན་པར་མདོ་ལས་གསུངས་པའི་ཕྱིར་རོ། །དོན་འདི་འདྲ་ལ་དགོངས་ནས་རྗེ་བཙུན་རེད་མདའ་པ་ཆེན་པོས། དུས་ཀྱི་འཁོར་ལོ་ལས་བརྩམས་ཏེ་དགག་སྒྲུབ་མཛད་པ་ལ་བླུན་རྨོངས་ལུག་ལྟར་ལྐུགས་པ་འགའ་ཞིག་གིས་ཕྱོགས་སུ་ལྷུང་བའི་བསམ་པས་རེད་མདའ་པ་འདིས་དུས་འཁོར་རྒྱལ་བའི་བཀའ་ཡིན་པ་ལ་དུས་འཁོར་ལ་དགག་སྒྲུབ་བྱེད་པ་འདི་འདྲ་ཞེས་སྨྲད་པ་བྱས་པ་ན། རྗེ་བཙུན་རེད་མདའ་པ་ཆེན་པོས་ཁོ་བོས་འཁྲུག་པོའི་ཤིང་བསྲོང་བ་ལྟར་རྒྱལ་བའི་བསྟན་པ་ལ(༤༧)བ)ཞུས་དག་བྱས་པ་ཡིན་གྱི། སྐྱོན་བརྗོད་པ་ག་ལ་ཡིན། ལར་ནི། སངས་རྒྱས་བསྟན་ལ་ཡིན་མིན་གྱི། །དགག་སྒྲུབ་མཁས་པ་རྣམས་ཀྱིས་བྱེད། །མི་རྣམས་འཕྱིང་བ་འདྲ་བ་ལ། །ཁྲི་ལ་བཙོལ་གཉེར་ཅི་ཞིག་ཡོད། །ཅེས་གསུངས་པ་ལྟར་མཁས་པ་རྣམས་རིགས་པའི་རྩེད་འཛོ་བྱེད་པར་བླུན་རྨོངས་དག་འཚངས་ཏེ་ཅི་

བྱེད་གསུང་བ་ལྟར་རོ། །ཕྱིས་པཎ་ཆེན་ཕྱོགས་ལས་རྣམ་རྒྱལ་བས་མཁས་གྲུབ་རིན་པོ་ཆེ་ལ་ཆེད་དུ་བརྗོད་པའི་བསྔགས་པ་མང་དུ་མཛད་དོ། །

མཁས་གྲུབ་རིན་པོ་ཆེ་ནི་སྐུ་ན་ཚོད་ཕྲ་མོ་དེ་ཙམ་ནས་འཆད་རྩོད་རྩོམ་གསུམ་གང་ལ་འང་ཐོགས་པ་མེད་པ་ཞིག་སྟེ། དགུང་ལོ་བཅོ་བརྒྱད་བཞེས་པའི་ཚེ་རྗེ་བཙུན་འཇམ་པའི་དབྱངས་སྨྲ་བའི་སེང་གེ་ལ་བསྟོད་པ། འཇམ་དཔལ་གཞོན་ནུར་གྱུར་པ་ལ་ཕྱག་འཚལ་ལོ། །མཚན་དཔེས་རབ་ཏུ་བརྒྱན་པ་གཞོན་ནུའི་སྐུ། །ཚངས་དབྱངས་ལྡན་པ་ཆོས་རབ་སྟོན་པའི་གསུང་། །ཤེས་བྱ་མ་ལུས་ཅིག་ཅར་མཁྱེན་པའི་ཐུགས། །མངའ་བ་འཇམ་པའི་དབྱངས་ལ་ཕྱག་འཚལ་ལོ། །མ་ལུས་སྐྱེ་དགུའི་མགོན་གྱུར་བཅོམ་ལྡན་འདས། །མ་རིག་མུན་སེལ་སྨྲ་བའི་སེང་གེ་ལ། །མ་ཡེངས་སེམས་ཀྱིས་གུས་པས་གསོལ་འདེབས་ཀྱིས། །མ་དག་བློ་ཅན་བདག་ཅག་རབ་ཏུ་སྐྱོངས། །རི་དྭགས་རྒྱལ་པོ་རྣམ་པར་བསྒྱིངས་པའི་སྟེང་། །ཆུ་སྐྱེས་གཞོན་ནུ་རབ་ཏུ་རྒྱས་པ་དང་། །བདུད་རྩིའི་འོད་ཅན་ཀུན་ནས་གང་བ་ཡི། །གདན་ལ་རོལ་པས་བཞུགས་པ་ཞི་བའི་སྐུ། །པདྨ་རཱ་གའི་མདོག་འདྲ་རྒྱལ་བའི་སྲས། །ཞལ་གྱི་དཀྱིལ་འཁོར་འཛུམ་པའི་(༤༤ ༢ན)མདངས་ལྡན་ཞིང་། །ཨུཏྤལ་ཟུང་གི་རྩ་བ་ཉེར་བསྙེན་པའི། །ཆོས་འཆད་ཕྱག་གིས་ཐུགས་ཀར་རྣམ་པར་བརྒྱན། །སྔོན་གྱི་ཐང་དུ་ཆུ་འཕྲོག་འདབ་རྒྱས་པའི། །གེ་སར་སྙིང་པོ་གཡས་སུ་རལ་གྲི་དང་། །གཡོན་པ་གླེགས་བམ་མཆོག་གིས་ཉེར་མཛེས་ཤིང་། །ཤིན་ཏུ་འཁྱིང་བ་འགྲོ་བའི་མགོན་གཅིག་པུ། །མཐོན་མཐིང་རལ་པའི་ཐོར་ཚུགས་རབ་འཁྱིལ་བར། །ཉིད་ཀྱི་རིགས་མཚན་མི་འཁྲུགས་རྒྱན་ལྡན་ཞིང་། །སྙན་ཆ་གདུབ་ཀོར་དར་གྱི་ཅོད་པན་གྱིས། །མཆོག་ཏུ་མཛེས་ཀྱང་བལྟ་བས་ངོམས་པ་མེད། །ཐུན་མཚམས་ཕམ་བྱེད་མཛེས་པའི་སྐུ་དེ་ལ། །རིན་ཅེན་ཕྲེང་བ་འོད་ཀྱི་དྲ་བ་ཅན། །ཟླ་བའི་དུམ་བུ་ལྟར་དཀར་དོ་ཤལ་གྱིས། །མཆོག་ཏུ་མཛེས་པས་བློ་ལྡན་ཡིད་འཕྲོག་བྱེད། །གང་ཞིག་ཅུང་ཟད་ཁྱོད་

ལ་བརྟེན་པས་ཀྱང་། །འཁོར་བའི་སྡུག་བསྔལ་མཐའ་དག་བསྐྱིལ་བྱེད་ན། །ཁྱོད་ཉིད་ཁོ་ན་མགོན་དུ་བྱེད་པ་ཡིས། །བློ་ལྡན་རྣམས་ལ་ཀུན་མཁྱེན་ག་ལ་རིང་། །དེས་ན་རྒྱལ་སྲས་ཐུ་བོ་ཡོན་ཏན་གཏེར། །མཚུངས་མེད་སྨྲ་བའི་དབང་ཕྱུག་ཞབས་ངང་ལ། །རྟག་ཏུ་གུས་པས་མགོ་བོ་འདུད་པར་བགྱི། །སྐྱེ་བ་ཀུན་ཏུ་རྗེས་སུ་གཟུང་དུ་གསོལ། །དེ་ལྟར་བདག་གིས་བསྒྲིམས་ཏེ་བསྟོད་མོད་ཀྱིས། །བཅོམ་ལྡན་ཁྱོད་ཀྱི་ཡོན་ཏན་ཆ་ཙམ་ཡང་། །བརྗོད་པར་མ་ནུས་བློ་གྲོས་ཤིན་ཏུ་ངལ། །ད་ནི་ཐོགས་མེད་སྨྲ་བའི་མཆོག་གྱུར་ཅིག །བདག་གིས་འདི་ལྟར་རྗེ་བཙུན་འཇམ་པའི་དབྱངས། །ཚུང་ཟད་བསྟོད་ལས་དགེ་བ་གང་(༩༩༢བ)བསགས་པ། །རབ་དཀར་དྲི་མེད་ཡིད་ཀྱི་མཁར་ཤར་བས། །འགྲོ་བློའི་མུན་པ་མ་ལུས་མཐར་བྱེད་ཤོག །ཅེས་པ་མཛད་པ་སོགས་འཆད་རྩོད་རྩོམ་པ་གང་ལའང་ཐོགས་པ་མེད་པ་ཀུན་ལ་མཐུན་སྣང་དུ་གྲུབ་བོ། །དེ་ནས་བསྙེན་པར་རྫོགས་པའི་ལོ་གྲངས་སུ་སོན་པ་ན། སྟོད་འདུལ་བའི་མཁན་རྒྱུད་གངས་རིའི་ཁྲོད་ཀྱི་ཤིང་རྟ་ཆེན་པོ་རེད་མདའ་པ་གཞོན་ནུ་བློ་གྲོས་ཀྱིས་མཁན་པོ། མཁས་པའི་དབང་ཕྱུག་ཆེན་པོ་དཔལ་འབྱོར་ཤེས་རབ་ཀྱིས་ལས་སློབ། །མཚན་དོན་དང་མཐུན་པའི་གཉལ་པ་བློ་གྲོས་མཚུངས་མེད་ཀྱིས་གསང་སྟོན། གཞན་ཡང་དད་པའི་དགེ་འདུན་གྲངས་ཚང་བའི་དབུས་སུ་དགེ་སློང་གི་སྡོམ་པ་ཡང་དག་པར་བཞེས་ཏེ་འདུལ་འཛིན་གསེར་རིའི་ཕྲེང་བ་ལྟ་བུའི་དབུས་ན་ཟླ་མེད་པའི་ལྷུན་པོ་ལྟ་བུར་གྱུར་ཏོ། །

དེ་ནས་རྗེ་བཙུན་རེད་མདའ་པ་ཆེན་པོས་མཁས་གྲུབ་རིན་པོ་ཆེ་ལ་ཁྱེད་རྗེ་བཙུན་ཙོང་ཁ་པ་དང་མཇལ་ན་གཞན་དང་མི་འདྲ་བ་ཞིག་འོང་ཞེས་བསྐུལ་བ་དང་། རང་ཉིད་ཀྱང་རྗེ་རིན་པོ་ཆེའི་སྙན་པ་གསན་པས་དད་པས་ཆེས་ཆེར་བསྐུལ་ཏེ་མེ་མོ་ཕག་གི་ལོར་ཁམས་གསུམ་ཆོས་ཀྱི་རྒྱལ་པོ་ཙོང་ཁ་པ་ཆེན་པོ་བློ་བཟང་གྲགས་པ་མཇལ་དུ་བྱོན་ཏེ་སང་མཇལ་རྒྱུའི་ནུབ་མོ་སྐྱེ་ཐང་དུ་བཞུགས་པའི་མནལ་ལམ་དུ། མུན་པ་ནག་

པོ་ཕྱོགས་གར་འགྲོའི་གཏོལ་མེད་པ་ཞིག་ཏུ་ཕྱིན་པ་ན། ཤར་ཕྱོགས་ནས་རལ་གྲིའི་འཁོར་ལོ་རྩིབས་སྟོང་དང་ལྡན་པའི་རལ་གྲིའི་སོ་རྣམས་ཕྱི་དང་ཡུ་བ་ནང་དུ་བསྟན་པ་རལ་གྲི་རེ་རེའི་རྩེ་ནས་ཉི་མའི་དཀྱིལ་འཁོར་བརྒྱ་ཕྲག་རེ་ཤར་བ། འཁོར་ལོ་དེའི་ལྟེ་བའི་དབུས་(༩༩༣ན)སུ་འཇའ་ཚོན་སྣ་ལྔའི་དྲ་བས་བསྐོར་བའི་ནང་དུ་རྗེ་བཙུན་འཇམ་དཔལ་དབྱངས་སྐུ་མདོག་དམར་སེར་རལ་གྲི་དང་གླེགས་བམ་བསྣམས་ཤིང་རིན་པོ་ཆེའི་རྒྱན་དཔག་ཏུ་མེད་པས་སྤྲས་པ། གཞོན་ནུའི་ཆ་བྱད་ཅན། རལ་པའི་ཐོར་ཚུགས་ལ་མུ་ཏིག་གི་ཕྲེང་བས་དཀྲིས་ཤིང་ཤིན་ཏུ་མཛེས་པ་བལྟ་བས་ཚོག་མ་ཤེས་པ་ཞིག་བྱོན་བྱུང་བས། མུན་པ་ཐམས་ཅད་སངས། འཇིག་རྟེན་གྱི་ཁམས་ཐམས་ཅད་སྣང་བ་ཆེན་པོས་ཁྱབ་པ་དང་། རྗེ་བཙུན་གྱི་སྐུ་ཡང་རང་གི་ལུས་ལ་ཐིམ་པས་བདེ་བའི་ཉམས་ཁྱད་པར་ཅན་སྐྱེས་པ་ཞིག་བྱུང་། སང་ཉིན་སེ་ར་ཆོས་སྡིངས་སུ་ཕེབས་པ་ན་ཐོག་མར་དགེ་སློང་ཞི་དུལ་ཅན་ཞིག་དང་མཇལ་བ་ན་དེ་ལ་ཆོས་རྗེ་བློ་བཟང་གྲགས་པའི་གཟིམ་ཁང་གང་ཡིན་དྲིས་པས། ལན་མ་སྨྲས་པར་ནང་དུ་སོང་ནས་སྤྱོས་རེང་སྦྱར་ནས་ཁྱེར་བྱུང་སྟེ། གཟིམ་ཁང་སེར་པོའི་དྲུང་དུ་སླེབས་པ་ན་ཕྱག་གསུམ་བཙལ། ཕྱག་གཉིས་ཀྱིས་སྤྱོས་རེང་བཟུང་སྟེ། དོན་གྱི་སླད་དུ་མཚན་ནས་སྨོས་ཏེ་བདག་གི་མཁན་པོ་རིན་པོ་ཆེ་བློ་བཟང་གྲགས་པའི་ཞལ་སྔ་ནས་བཞུགས་པའི་གཙུག་ལག་ཁང་ནི་འདིའོ་ཞེས་སྤྱོས་ཀྱི་རྩེ་མོ་དེ་ཕྱོགས་སུ་བསྟན་པས་དགེ་སློང་དེ་འདུལ་བ་ནས་གསུངས་པ་ལྟར་གྱི་ཀུན་སྤྱོད་ཡོངས་སུ་དག་པ་དང་། དགེ་བའི་བཤེས་གཉེན་ལ་ཤིན་ཏུ་གུས་པའི་ཚུལ་རྣམས་གཟིགས་པས་རྗེ་ཙོང་ཁ་པའི་ཞབས་འབྲིང་དགེ་སློང་འདི་དག་ཀྱང་འདི་ལྟར་དམ་པའི་ཆོས་འདུལ་བའི་ལག་ལེན་ལ་མཁས་ཤིང་ཞི་ཞིང་དུལ་བ་ཟླ་མ་ལྷུ་བཙུ་པ་ནས་བཤད་པའི་(༩༩༣བ)བཤེས་གཉེན་བསྟེན་ཚུལ་རྣམས་ཀྱང་ཕྱག་ལེན་ལ་ཐེབས་པ་འདི་འདྲ་ན། རྗེ་རིན་པོ་ཆེ་ཧི་འདྲ་ཞིག་ཡོད་སྙམ་དུ་ལུས་ཀྱི་སྤུ་ཟིང་ཞེས་བྱེད་ཅིང་

འཇིགས་ཤིང་སྤྲ་ཞུམ་པར་གྱུར། དེ་ནས་རྗེ་རིན་པོ་ཆེ་མཇལ་བས་དད་པ་དཔག་ཏུ་མེད་པ་འཁྲུངས། རྗེ་རིན་པོ་ཆེས་ཁྱེད་ལ་ལམ་དུ་སྨི་ལམ་ཅི་བྱུང་གསུངས་པར་སྔར་སྣེ་ཐང་དུ་བྱུང་བ་རྣམས་ཞུས་པས་ཁྱེད་སྔགས་ཀྱི་གདུལ་བྱ་དབང་རྣོན་ཡིན་པར་འདུག །ཁྱེད་ཀྱི་གདུལ་བྱ་མང་པོ་ལ་ཕན་ཐོགས་ཆེན་པོ་འོང་གསུང་། དེ་དུས་རྗེ་རིན་པོ་ཆེས་ཁྱེད་ཡི་དམ་གང་ལ་བྱེད་ཀྱིན་ཡོད་གསུངས་པས་མཁས་གྲུབ་རིན་པོ་ཆེས་བདག་ཡི་དམ་གཤེད་དམར་ལ་བྱེད་ཀྱི་ཡོད་ཞུས་པར་རྗེ་རིན་པོ་ཆེས་གཤིན་རྗེ་གཤེད་དམར་པོ་ལ་ཡི་དམ་བྱས་ནའང་རྗེ་བཙུན་འཇམ་དབྱངས་ཀྱིས་རྗེས་སུ་འཛིན་པའི་རྒྱུར་འགྱུར་མོད། འོན་ཀྱང་འཇིགས་བྱེད་ལ་ཡི་དམ་བྱེད་པ་བྱུང་ན་རྗེ་བཙུན་འཇམ་དབྱངས་ཀྱིས་རྗེས་སུ་འཛིན་པའི་རྒྱུར་འགྲོ་བ་ལ་གཤིན་རྗེ་གཤེད་གཞན་གཉིས་ལས་ཁྱད་པར་འཕགས་པའི་ཆོས་མང་དུ་ཡོད་གསུངས་པར་བརྟེན། མཁས་གྲུབ་རིན་པོ་ཆེས་ཀྱང་དེ་ནས་བཟུང་སྟེ་རྡོ་རྗེ་འཇིགས་བྱེད་ལ་ཡི་དམ་དུ་མཛད་ཅིང་། རྗེ་རིན་པོ་ཆེ་ལ་རྡོ་རྗེ་འཇིགས་བྱེད་ལ་ཁྱད་པར་དུ་འཕགས་པའི་ཆོས་ཇི་ལྟ་བུ་ཡོད་ཅེས་གསོལ་བ་བཏབ་པས། འོ་ན་མཚལ་རྒྱས་པ་ཅིག་ཕུལ་གསུངས་ནས། མཚལ་ཕུལ་བས་ཞི་ཁྲོ་སྦྲགས་སྒྲུབ་ཀྱི་མན་ངག་དང་། རྗེ་བཙུན་འཇམ་དཔལ་དབྱངས་རྗེས་སུ་འཛིན་པའི་རྒྱུ་གཞན་གཉིས་དང་མི་འདྲ་བའི་ཁྱད་པར་ཡོད་པ་རྣམས(༤༤༤ན)རྒྱས་པར་གནང་། དེའི་ཚེ་མཁས་གྲུབ་རིན་པོ་ཆེས་རྡོ་རྗེ་འཇིགས་བྱེད་ཀྱི་དབང་གི་དོན་དུ་གསོལ་བ་བཏབ་པས་རྗེ་ཉིད་ཀྱིས་དཀྱིལ་འཁོར་བྲི་ཐིག་གནང་ནས་འཇིགས་བྱེད་བཅུ་གསུམ་མའི་དབང་། རྟོག་བདུན། རྟོག་གསུམ། རྣལ་འབྱོར་བཞི་རིམ་གྱི་ཁྲིད་སོགས་གནང་ནས། ཁྱོད་བསྟན་པ་ཐམས་ཅད་གྲུ་བཞི་ལམ་གྱིས་འཕྱིར་ཤེས་པ་ཅིག་འོང་བར་འདུག་ཅེས་དགྱེས་པའི་བཀའ་བསྩལ། རྗེ་རིན་པོ་ཆེའི་ཚེམས་བྲུལ་བ་ཡང་དགྱེས་བཞིན་དུ་གནང་བར་ཚེམས་ཡིག་ལུང་བསྟན་དུ་གསུངས་སོ། །

དེ་ནས་མཁས་གྲུབ་རིན་པོ་ཆེས་རྗེ་བཙུན་ཙོང་ཁ་པ་ཆེན་པོ་ལ་མི་ཕྱེད་པའི་དད་པ་བརྟན་པོ་ཐོབ་ནས་གསུང་རབ་དགོངས་འགྲེལ་དང་བཅས་པ་ཐམས་ཅད་ཀྱི་སྙིང་པོའི་དོན་རྒྱལ་བ་སྲས་བཅས་ཀུན་གྱི་བགྲོད་པ་གཅིག་པའི་ལམ་པོ་ཆེ་བྱང་ཆུབ་ལམ་གྱི་རིམ་པའི་ཁྲིད་སྔན་རྒྱུད་ཀྱི་མན་ངག་གེགས་སེལ་བོགས་འདོན་དང་བཅས་པ་མཐའ་དག་ལ་གསན་ཞིང་། ཤིང་རྟ་ཆེན་པོ་གཉིས་ཀྱི་ལམ་སྲོལ་དྲི་མ་མེད་པའི་རིགས་པའི་དཀའ་གནས་མཐའ་དག་གསན། རྒྱུད་སྡེ་བཞི་དང་འབྲེལ་བའི་མན་ངག་མཐའ་དག་དང་། ལྷག་པར་དགའ་ལྡན་རྣམ་པར་རྒྱལ་བའི་གླིང་དུ་རྗེ་རིན་པོ་ཆེ་ལ་ཚོགས་ཀྱི་འཁོར་ལོ་ལ་སོགས་པའི་མཆོད་པ་ཚད་མེད་པས་མཆོད་ཅིང་། གསེར་གྱི་མཎྜལ་ཕུལ་ཏེ་གསོལ་བ་ཤུགས་དྲག་ཏུ་འདེབས་པར་མཛད་པས་རྗེ་རིན་པོ་ཆེས་བླ་བ་བཅུའི་རིང་ལ། ཉིན་མོ་རྒྱུད་སྡེ་དང་གཞུང་ཆེན་མོ་རྣམས་ཀྱི་བཤད་པ་མཚན་རེ་བཞིན་(༩༩༩བ) བསྐྱེད་རྫོགས་ཀྱི་མན་ངག་རྣམས་དང་ཁྱད་པར་ཞལ་ལས་ཤེས་པར་བྱ་བའི་གནད་མཐའ་དག་རྒྱུན་མ་ཆད་པར་སྩལ་བ་རྣམས་ཚིག་ཟུར་ཕྲ་མོ་ཙམ་ཡང་ཉམས་པ་མེད་པར་ཐུགས་ལ་བཟུང་ཞིང་ཉམས་སུ་བཞེས་ཏེ་གདེང་ཐོབ་པར་མཛད་དོ། །དེའི་ཚེ་མཁས་གྲུབ་རིན་པོ་ཆེས་རྗེ་ཐམས་ཅད་མཁྱེན་པ་ལ་ཚོགས་ཀྱི་འཁོར་ལོ་ལ་སོགས་པ་མཆོད་པ་ཚད་མེད་པས་མཆོད་ཅིང་གསེར་གྱི་མཎྜལ་ཕུལ་ཏེ་གསོལ་བ་བཏབ་པས། རྗེ་བླ་མའི་ཐུན་མོང་མ་ཡིན་པའི་གསང་བའི་རྣམ་ཐར་དང་སྔགས་ཀྱི་གདམས་པ་མང་པོ་ལྐོག་ཆོས་སུ་གནང་ནས། ད་ཁྱོད་ལ་མན་ངག་རྣམས་རྫོགས་པར་བཤད་ཡོད་པས་ངའི་སྔགས་ཀྱི་ཡིག་ཆ་འདི་རྣམས་ཀྱི་དཀའ་གནད་རྣམས་ལ་ཟིན་བྲིས་ཐོབ་ལ་རང་ཡང་ཉམས་སུ་ལོངས། སྣོད་ལྡན་གྱི་གདུལ་བྱ་རེ་གཉིས་ཙམ་བྱུང་ན་དེ་རྣམས་ལ་ཤོད། ངའི་མདོ་སྔགས་ཀྱི་བསྟན་བཅོས་འདི་རྣམས་ལ་དགོངས་པ་འགྲེལ་བའི་བསྟན་བཅོས་རྣམ་པར་དག་པ་རྩོམས། ཁྱད་པར་དུ་ཟབ་མོ་དབུ་མའི་ལྟ་བ་དང་ངའི་སྔགས་ཀྱི་བསྟན་

པ་འདི་རྣམས་རྒྱས་པར་གྱིས་ཤིག་གསུངས་ནས་བསྟན་པ་ཡོངས་སུ་རྫོགས་པ་གཏདདོ། །གཞན་ཡང་། རྗེའི་ཐུགས་སྲས་རྒྱལ་ཚབ་དར་མ་རིན་ཆེན། འདུལ་འཛིན་གྲགས་པ་རྒྱལ་མཚན་སོགས་ལའང་མན་ངག་མང་དུ་གསན་ནོ། །དེ་ནས་རྗེ་རིན་པོ་ཆེ་ཞིང་གཤེགས་ནས་ཕལ་ཆེར་རི་བོ་མདངས་ཅན་དུ་བཞུགས་ཏེ་རྗེ་རིན་པོ་ཆེའི་མདོ་སྔགས་ཀྱི་མན་ངག་རྣམས་ཐུན་བཞིར་བཅད་དེ་ཉམས་སུ་བཞེས་པས་བཤེས་གཉེན་བསྟེན་ཚུལ་ནས་མི་སློབ་པའི་ཟུང་འཇུག(༩༩༥ན)གི་བར་མདོ་སྔགས་གཉིས་ཀའི་ལམ་གྱི་ལུས་ཡོངས་སུ་རྫོགས་པ་ལ་མྱོང་བ་ཐུལ་བྱིན་ཐོན་ཏེ་ཕྱི་རབས་ཀྱི་གདུལ་བྱ་རྣམས་ལ་སངས་རྒྱས་དངོས་སུ་བྱོན་ཡང་དེ་ཕན་ཆད་དུ་གསུང་དུ་མེད་པའི་མདོ་སྔགས་ཀྱི་གདམས་པ་ཟབ་མོ་འདི་འདྲ་ཐོབ་ནས་ཁ་ཕྱིར་ལྟར་མ་སོང་བར་རང་གི་རྒྱུད་ལ་བསྒོར་ཏེ་ཉམས་ལེན་མཐར་ཕྱིན་པར་བྱ་དགོས་སོ། །ཞེས་འདོམས་ཕྱིར་དམ་བཅའ་འདི་ལྟར་མཛད་དེ།

ན་མོ་གུ་རུ་མཉྫུ་གྷོ་ཥཱ་ཡ། བླ་མ་དང་སངས་རྒྱས་དང་བྱང་ཆུབ་སེམས་དཔའ་ཐམས་ཅད་དང་ཐུགས་རྗེའི་སྟོབས་དང་སྨོན་ལམ་གྱི་མཐུ་གྲུབ་པ་ཐོགས་པ་མེད་པའི་ཡེ་ཤེས་ཀྱི་སྤྱན་དང་ལྡན་པ་རྣམས་ལ་གུས་པ་ཆེན་པོས་ཕྱག་འཚལ་ཞིང་སྐྱབས་སུ་མཆིའོ། །ལྷག་པའི་བསམ་པ་རྣམ་པར་དག་པས་ཡི་དམ་དུ་བགྱི་བའི་དོན་མཐའ་དག་གེགས་མེད་པར་མཐར་ཕྱིན་པར་མཛད་དུ་གསོལ། གང་ཞིག་ཐུགས་རྗེ་ཆེན་པོའི་གཞན་དབང་གིས། བདག་བདེར་ཅུང་ཟད་ཙམ་ཡང་མ་གཟིགས་པར། །གཞན་ཕྱིར་དཔག་པར་དཀའ་བའི་སྤྱོད་ཡུལ་ལ། །གྲངས་མེད་བཟོད་དཀའི་ངལ་བས་མི་སྐྱོ་བར། །ཐུགས་བསྐྱེད་མཐར་ཕྱིན་མཛད་པའི་འགྲོ་བའི་གཉེན། །དགེ་ལེགས་རྒྱ་བ་དྲིན་ཅན་བླ་མ་དང་། །སྲས་བཅས་རྒྱལ་བའི་ཞབས་ལ་ཕྱག་བཙལ་ནས། །དེ་དག་སྤྱན་སྔར་ཡང་དག་བླངས་པའི་ཁྲིམས། །སྡོམ་པ་གསུམ་གྱི་བཅས་པའི་མཚམས་རྣམས་ལས། །མ་གཏོགས་ཁས་ལེན་བགྱི་བ་ཅི་ཞིག་མཆིས། །འོན་ཀྱང་བདག་ནི་ཉོན་མོངས་དབང་གྱུར་ཅིང་། །བག་

མེད་སྤྱོད་པའི་གོམས་པ་(༩༩༥བ)ཤུགས་ཆེ་བས། །ཕལ་ཆེར་ལོག་པའི་རྐྱེན་ཕྱོགས་གཞོལ་གྱུར་པ། །འདི་ལ་དྲན་ཤེས་སྐྱེ་བར་འགྱུར་སྙམ་ནས། །སླར་ཡང་རྒྱལ་དང་དེ་སྲས་སྲུང་མའི་ཚོགས། །དཔང་པོར་གསོལ་ཏེ་འདུན་པ་དྲག་པོ་ཡིས། །དགེ་སྦྱོང་བདག་གིས་དམ་བཅའ་བཅུ་པོ་འདི། །དེ་ནས་བརྩམས་ཏེ་ཇི་སྲིད་འཚོ་ཡི་བར། །སྲོག་ལ་བབ་ཀྱང་དོར་བར་མི་བགྱིད་ཅིང་། །གལ་ཏེ་འདིས་ན་རྒྱལ་བ་སྲས་བཅས་ཀྱིས། །ཐུགས་ལྟར་དགོངས་ནས་སྲུང་མའི་ཚོགས་རྣམས་ཀྱིས། །བག་མེད་བདག་གི་ཁང་པའི་སྙིང་ཕྱུངས་ཤིག །དེ་ལྟར་མཁྱེན་པར་གསོལ་ནས་དམ་བཅའ་བ་བཅུ་རྗེས་སུ་བརྗོད་པ་འདི་དག་གོ །དེ་ཡང་གང་གི་ཚེ་གཞན་གྱི་སེམས་ངེས་པར་བསྲུང་དགོས་ཤིང་། ཆེས་ངོ་མཚར་བ་ལ་སོགས་པའི་ཆོས་ལྡན་གྱི་དམིགས་བསལ་རེ་རེ་ཙམ་མ་གཏོགས་པའི་སྐབས་གང་དུ་ཡང་དམག་དང་། ཆོམ་རྐུན་དང་། རྒྱལ་པོའི་གཏམ་ལ་སོགས་པ་འདུ་འཛིའི་གཏམ་གྱི་སྦྱོར་བ་ཙུང་ཟད་ཙམ་ཡང་མི་བགྱི་བ་ནི་དམ་བཅའ་དང་པོའོ། །ཀུན་སློང་སྙོན་ཆགས་པའམ། ལུང་དུ་མ་བསྟན་པ་རྣམ་པར་མ་བརྟགས་པའི་སེམས་ཀྱིས་ཀུན་ནས་བསླང་བ་ཡང་རུང་སྟེ། དེ་ཉིད་ཀྱི་ཉེས་པ་སེལ་བའི་ཆོས་ལྡན་གྱི་ཆེད་དུ་ཕན་པར་འདོད་པ་འབའ་ཞིག་གིས་བརྗོད་པ་མ་གཏོགས་པ། རང་ལས་རྒྱུད་ཐ་དད་པའི་གང་ཟག་དམིགས་ཀྱིས་བསལ་བའི་མིང་ནས་སྨོས་ཏེ་དེའི་སྒོ་གསུམ་གྱི་སྐྱོན་ཕྲ་མོ་ཙམ་ཡང་ཚིག་ཏུ་བརྗོད་པར་མི་བགྱིད་པ་ནི་དམ་བཅའ་བ་གཉིས་པའོ། །གལ་ཏེ་རང་ལ་སེམས་རྒྱུད་ཙུང་ཟད་ཙམ་ཡང་འཁྲུགས་པའི་བསམ་པ་མི་འདྲེན་ཅིང་། གཞན་ལ་(༩༩༦ན)ཐབས་དེས་ངེས་པར་ཕན་པར་ཡིད་ཆེས་པའི་སྐབས་བྱུང་ན་མ་གཏོགས་པ་རང་ལས་རྒྱུད་ཐ་དད་པའི་སེམས་ཅན་དང་། དེ་ལས་གཞན་སེམས་ཅན་མིན་པ་ཡུལ་དུ་བྱས་པའང་རུང་སྟེ། རྩུབ་མོའི་ཚིག་ཙུང་ཟད་ཙམ་ཡང་མི་བགྱིད་པ་ནི་དམ་བཅའ་བ་གསུམ་པའོ། །གང་གི་ཚེ་ཆོས་ལྡན་གྱི་བྱ་བའི་ཆེད་དུ་དྲན་ཤེས་ཉེ་བར་བཞག་སྟེ་ངེས

པར་བརྟག་དགོས་པའི་གནས་ལ་སེམས་པ་མ་གཏོགས་པ། གཉེན་བཤེས་དང་། རྙེད་བཀུར་དང་འདུ་འཛི་དང་། ཆགས་སྡང་ལ་སོགས་པའི་གནས་ལ་ཅུང་ཟད་ཀྱང་ཉེན་མོངས་པ་དང་འདྲེས་པའི་སེམས་ཀྱིས་བརྟག་པར་མི་བྱ་བ་ནི་དམ་བཅའ་བ་བཞི་པའོ། །གང་གི་ཚེ་ནད་དང་། ལམ་ལ་སོགས་པས་ཧ་ཅང་དུབ་པའི་སྐབས་མ་གཏོགས་པར། དགེ་བའི་སྦྱོར་བའི་སྐབས་གང་གི་ཚེའང་། ཉལ་བ་དང་། འཕྲེས་པ་དང་། བྲེ་མོའི་གཏམ་དང་། བཟའ་བཏུང་ཧ་ཅང་བསྟེན་པ་སོགས་ཀྱིས་ཆོས་ལྡན་གྱི་དགོས་པ་མེད་ཅིང་ལེ་ལོ་སྐྱེ་བར་མཐོང་བཞིན་དུ་འཕྲོ་མི་གཅོད་ཅིང་དང་དུ་ལེན་པ་ཅུང་ཟད་ཀྱང་མི་བགྱི་བ་ནི་དམ་བཅའ་བ་ལྔ་པའོ། །བདག་ལ་རྟུས་དེ་བདོག་ཅིང་དེ་གང་ཟག་དེ་ཉིད་ལ་སྨིན་ན་བདག་གི་དགེ་བའི་བྱ་བ་ཉམས་པའི་རྐྱེན་དང་། འཕེལ་བའི་གེགས་སུ་འགྱུར་བའམ། ཡུལ་དེ་ལ་གནོད་པར་འགྱུར་བར་ངེས་པའམ། ཆེད་དུ་བྱ་བ་ཆོས་ལྡན་གཞན་དང་ཡུལ་གཞན་ལ་བསྒོས་ཟིན་པ་མ་གཏོགས་པ། གང་ཟག་གང་ཡང་རུང་བས་ཡོ་བྱད་བཟང་ངན་ཅི་(༩༩༨བ)འདྲ་ཞིག་སློང་ཡང་སེར་སྣའི་བློས་མི་སྟེར་བ་སྤངས་ཏེ། དེ་མ་ཐག་ཏུ་དགའ་བའི་སེམས་ཀྱིས་བྱིན་ནས་རྫོགས་པའི་བྱང་ཆུབ་ཏུ་བསྔོ་བར་བགྱི་བ་ནི་དམ་བཅའ་བ་དྲུག་པའོ། །གང་གི་ཚེ་བདག་གམ་བདག་གི་གཉེན་བཤེས། ལོངས་སྤྱོད། འཁོར་གཡོག་གང་ཡང་རུང་བ་ལ་སུ་ཡང་རུང་བས་ཅི་ཡང་རུང་བའི་གནོད་པ་དང་། མི་སྙན་པ་བརྗོད་པ་དང་། མཚང་ནས་འབྲུ་བ་དང་། སྲོག་གཅོད་པའི་བར་དུ་ བྱེད་པ་ཐམས་ཅད་ལ་དང་པོར་ཁོང་འཁྲུགས་པ་དང་། རྗེས་སུ་ཁོན་དུ་འཛིན་པས་ལུས་ངག་གི་རྣམ་པར་འགྱུར་པ་ཕྲ་མོ་ཡན་ཆད་འབད་པས་འགོག་ཅིང་ཅུང་ཟད་ཀྱང་དང་དུ་མ་ལེན་ལ་ཅི་ནས་ཀྱང་དེ་ཉིད་ཀྱི་ལན་དུ་དངོས་བརྒྱུད་གང་ཡང་རུང་བའི་སྒོ་ནས་ཕན་གདགས་པའི་བློ་བསྐྱེད་ཅིང་སྨོན་ལམ་གདབ་པ་ནི་དམ་བཅའ་བ་བདུན་པའོ། །བདག་ཉིད་ཀྱིས་དབང་བྲིད་ལུང་མན་ངག་སྟོན་པ། མདོ་རྒྱུད་སོགས་འཆད་པ། བདུན་ཚིགས

རབ་གནས་སྦྱིན་སྲེག་གི་ཡོན་དང་། ཆོས་ཕྱོགས་ལ་དམིགས་པ་དང་། འཕྲལ་དུ་ལོངས་སྤྱོད་པ་ལ་ཉེ་བའི་སྣ་གོན་འདུ་བྱས་པ་འཚེམས་ཤིང་དྲུབ་པའི་ཆོས་གོས་དང་། གཡོས་སུ་བྱས་པའམ་དེ་ཉིད་ཀྱི་ཆེ་གཡོས་སུ་བྱེད་པར་ཆས་པ་ལྷ་བུའི་ཟས་གོས་མ་གཏོགས་པ་ཡོ་བྱད་ཆེ་ཆུང་གང་བྱུང་ཡང་བདག་ཉིད་ཀྱི་དོན་དུ་བདག་གིར་མི་འཛིན་ཅིང་བསོད་ནམས་གསོག་པའི་ཐབས་འབའ་ཞིག་ལ་གཏོང་བ་དང་། ཆོས་ཀྱི་སྦྱིན་པ་ཚིག་བཞི་ཡན་ཆད་ཀྱང་བྱང་ཆུབ་ཀྱི་སེམས་ཀྱི་རྗེས་ཟིན་པར་བྱེད་པ་ནི། དམ་བཅའ་བ་བརྒྱད་པའོ། །བསྟན་པ་འབའ་ཞིག་ལ་བསམ་པའི་བློས་གསུང་རབ་ཀྱི་(༩༩༧ན)དོན་ལ་ལོག་པར་རྟོག་པ་འགོག་པའི་ཡན་ལག་མ་གཏོགས་པར། བཤེས་གཉེན་གཞན་སུ་ལའང་མི་བསྟགས་པ་ཙུང་ཟད་ཀྱང་མི་སྨྲ་ཞིང་ཡོན་ཏན་བརྗོད་པ་ལྟར་ལེན་པ་དང་གང་ཟག་མཆོག་དམན་སུ་ལ་ཡང་ཕྱིན་ཕྱམ་ཚོགས་པའི་རྣམ་པ་ཆེ་ཆུང་ཅི་འདུག་པ་དང་། ཡོན་ཏན་གྱི་ཁྱད་པར་ཆོས་དང་མཐུན་པ་ཅི་འདུག་པ་མཐོང་ངམ་ཐོས་པ་ན་ཡིད་ལ་ཟུག་རྫུ་ཙུང་ཟད་ཀྱང་མི་བསྐྱེད་ཅིང་དེ་མ་ཐག་ཏུ་སྙིང་ལ་དགའ་བའི་བློ་སྦྱང་བ་ནི་དམ་བཅའ་བ་དགུ་པའོ། །ནད་དང་ཆོམ་རྐུན་སོགས་དྲག་པོས་གཅེས་པའི་གཞན་དབང་དུ་གྱུར་པས་བསྒྲུབ་པར་མ་ནུས་པའི་སྐབས་བྱུང་ན་མ་གཏོགས་པ་ཇི་སྲིད་འཚོའི་བར་དུ་ཉིན་ཞག་རེའི་ནང་དུ་དགེ་སྦྱོར་བཅུ་པོ་འཆག་མེད་དུ་བགྱི་བ་སྟེ། དེ་ཡང་འདི་ལྟ་སྟེ། སྨོན་སེམས་དང་འཇུག་སེམས་ཆོ་ག་ཉུང་ངུས་ཐུན་དྲུག་ཏུ་ལེན་ཅིང་། ཁྱད་པར་སྔ་དྲོ་སྨོན་སེམས་དང་བྱང་སེམས་ཀྱི་སྡོམ་པ་རང་གིས་བླངས་པའི་ཆོ་ག་རྒྱས་པ། བྱང་ཆུབ་ཀྱི་སེམས་གཉིས་སྦྱོང་བའི་དམིགས་རྣམ་གང་སྐབས་དང་འཚམ་པར་ཐུན་བཞིར་ལེགས་པར་བསྒོམས་ནས་སྤྱོད་ལམ་ཐམས་ཅད་དེ་ཉིད་ཀྱིས་རྗེས་མ་ཟིན་པའི་རྒྱ་ཡན་དུ་མ་ཤོར་བར་དྲན་ཤེས་ནར་མར་བསྟེན་པ་ལ་འབད་པ། འཁོར་བའི་སྣང་ཤས་ཟིལ་གྱིས་གནོན་པའི་གཉེན་པོར་སྐྱེས་བུ་ཆུང་འབྲིང་གི་དམིགས་རྣམ་གཙོ་བོ་གང་སྐབས་དང

འཚམ་པར་ཐུན་བཞིར་བསྒོམས་ནས་སྔ་མ་ལྟར་དྲན་ཤེས་བསྟེན་པ། སྔགས་བླ་མེད་ཀྱི་དཀྱིལ་འཁོར་རྟེན་དང་བརྟེན་པར་བཅས་པ་ཡོངས་སུ་རྫོགས་པའི་ཐུན་བཞིའི་རྣལ་འབྱོར་རྣམས་ཏེ་དམ་བཅའ་བ(༩༩༧བ)བཅུ་པའོ། །འདི་ལྟར་བདག་གི་ཡི་དམ་རྣམ་པ་བཅུ། །མི་འདོད་བཞིན་དུ་གཞན་གྱིས་བཅོལ་བ་དང་། །རྟོག་དཔྱོད་སྤངས་ཏེ་བྱུང་རྒྱལ་སྒྲུས་པའམ། །ཇི་ཙམ་འབད་ཀྱང་འགྲུབ་པའི་ཐབས་མེད་པ། །དེ་དག་མིན་ཕྱིར་རང་ལ་བརྟགས་པ་ན། །བརྩོན་པས་འབད་ན་བསྒྲུབ་པར་ནུས་པ་དང་། །གྲུབ་ན་དགོས་པ་ཆེ་བར་མཐོང་ནས་ནི། །རྒྱལ་བའི་སྲས་ཀྱི་རྨད་བྱུང་སྤྱོད་པ་ལ། །སྙིང་ནས་གུས་པའི་དད་པ་སྐྱེས་པ་དག །རྒྱལ་བ་སྲས་བཅས་མཐུ་ལྡན་སྲུང་མའི་ཚོགས། །དཔང་པོར་གསོལ་བའི་དམ་བཅའ་འདི་ལྟར་འདོར། །དེ་ཕྱིར་སྲོག་ལ་བབ་ཀྱང་དམ་བཅའི་ཁུར། །འདི་དག་མི་སྤང་སླར་ཡང་རྒྱལ་སྲས་ཀྱི། །འདི་ལས་གྲངས་མེད་རླབས་ཆེའི་སྤྱོད་ཀུན་ལ། །འདུན་དང་སྦྱོར་བ་གོང་དུ་སྤེལ་བར་བགྱི། །ཚུལ་འདིས་མཚོན་པའི་དུས་གསུམ་དགེ་བ་ཀུན། །གཅིག་ཏུ་བསྡོམས་པས་ཚེ་རབས་ཀུན་ཏུ་བདག །རྨད་བྱུང་བཤེས་གཉེན་མཆོག་གིས་རྗེས་བཟུང་ནས། །བྱང་ཆུབ་སེམས་གཉིས་ནམ་ཡང་མི་གཏོང་ཞིང་། །རླབས་ཆེན་རྒྱལ་སྲས་སྤྱོད་ཀུན་བསྒྲུབ་པ་ལ། །མ་ཞུམ་སྙིང་སྟོབས་མཆོག་གིས་སྲིད་མཐའི་བར། །རྒྱལ་བའི་དམ་ཆོས་མ་ལུས་འཛིན་པ་དང་། །འཇམ་པའི་དབྱངས་ཀྱིས་རྗེས་སུ་འཛིན་གྱུར་ཅིག །ཅེས་རྒྱལ་བའི་དགོངས་པ་ཤིང་རྟ་ཆེན་པོ་རྣམས་དང་འཇམ་མགོན་བླ་མས་ཇི་ལྟར་བཀྲལ་བ་ལྟར་མདོ་སྔགས་ཀྱི་ལམ་གྱི་ལུས་ཡོངས་སུ་རྫོགས་པ་ལ་ཉམས་ལེན་སྙིང་པོར་བྱ་བ་ལས་ནམ་ཡང་མི་གཡེལ་བའི་དམ་བཅའ་མཛད་ཅིང་། སྐལ་བ་དང་ལྡན་པ་གཞན་དག་ལའང་རྗེ་རིན་པོ་ཆེའི་མདོ་སྔགས་ཀྱི་བསྟན་པ་བསྲེ་བསླད་མེད་པ་རྣམ་པར་དག་པ་རྒྱ་ཆེར་སྤེལ་ཞིང་། (༩༩༨ན)ཆོས་རྒྱལ་བདག་པོ་རབ་བརྟན་པས་གདན་དྲངས་ཏེ་དཔལ་འཁོར་ཆོས་སྡེར་རྗེ་རིན་པོ་ཆེའི་ལུགས་བཟང་འཛིན་པའི་

དགེ་འདུན་གྱི་སྡེ་མང་དུ་སྤེལ་ཏེ་བསྟན་པའི་བྱ་བ་རྒྱ་ཆེན་པོ་མཛད།

དེ་ནས་དགུང་ལོ་ཞེ་གསུམ་བཞེས་པ་མེ་མོ་ལུག་གི་ལོར་བདག་པོ་རབ་བརྟན་པས་དབུས་ནས་རོང་སྟོན་ཆེན་པོ་གདན་དྲངས་ཏེ་རྗེ་འདི་དང་རྩོད་པ་མཛད་པར་དྲིལ་བསྒྲགས། མཁས་གྲུབ་རིན་པོ་ཆེས་ཀྱང་ཞལ་གྱིས་བཞེས། གཏམ་དེ་དབུས་གཙང་ཡོངས་ལ་བསྒྲགས་པས་མཁས་པ་མང་པོ་དཔང་པོར་བྱོན་ཞིང་། བཀའ་བསྟན་འགྱུར་ཡང་བསྟེགས། རྩོད་པའི་དུས་ཚེས་བཏབ་པས་རོང་སྟོན་པས་རྩོད་པར་མ་ནུས་ནས་བདག་པོ་རབ་བརྟན་པ་དང་གཉིས་ཀས་འགྱོལ་ཐབས་ཁོ་ན་མཛད་པས། མཁས་གྲུབ་སྨྲ་བའི་ཉི་མ་དགེ་ལེགས་དཔལ་བཟང་པོས་འཇིགས་པ་མེད་པའི་སྒྲ་དབྱངས་ཟབ་མོ་སྒྲོག་པར་མཛད་པ་ནི་འདི་ལྟར།

ཨོཾ་བདེ་ལེགས་སུ་གྱུར་ཅིག །བློ་བཟང་གསུང་གི་ལེགས་བཤད་མེ་ཏོག་ཕྲེང་། །གྲགས་པའི་མདངས་ལྡན་རིགས་པའི་དྲི་བསུང་ཅན། །དཔལ་ལྡན་མཁས་པ་ཀུན་གྱི་མགོ་བོ་ལ། །ངལ་བསོ་བགྱིས་པས་ཐུབ་བསྟན་རྒྱས་གྱུར་ཅིག །ཐེག་མཆོག་རིགས་ཀྱི་ནུས་པ་མི་དམན་ཚོགས་གཉིས་རིན་ཆེན་ཁམས་ལས་གྲུབ། །རྣམ་དཔྱོད་མགྱོགས་འགྲོའི་རྟ་ལྗང་གིས་དྲངས་ཤེས་བྱའི་མཁའ་ལ་ཐོགས་མེད་ཅིང་། །གསུང་རབ་རྒྱ་མཚོའི་གོས་ཅན་མ་ལུས་རིགས་པའི་ཟེར་གྱིས་སྣང་བྱེད་པ། །སྒོན་མེད་ནམ་མཁའི་ནོར་བུ་(༩༩༨བ)དེ་དང་མི་ཁྱེར་ལྷན་ཅིག་ཇི་ལྟར་བགྲོད། །འོན་ཀྱང་རང་སྐྱེས་ཤཱཀྱ་ཡི། །བསྟན་པ་སྣང་བའི་ཡིད་ལྡན་ཞིང་། །གཤེན་རབ་གཞུང་ལུགས་རྒྱལ་མཚན་འཛིན། །བྲིས་པ་མཁས་པར་རློམ་པ་གང་། །རིང་ན་གནས་ཚེ་ཁོ་བོ་དང་། །ལྷན་ཅིག་བརྒལ་ལན་བྱའོ་ཞེས། །ཀྱཱ་ཀྱུའི་ཡིད་ལྡན་དྲང་སྲོང་གི །དམོད་པའི་ཚིག་བཞིན་ཡང་ཡང་བསྒྲགས། །དེ་ནས་ནམ་ཞིག་འདིར་ཕྱིན་ཚེ། །ཞུམ་པ་བཞིན་དང་སྐྲག་པ་བཞིན། །གནོང་པ་བཞིན་དང་འགྱོད་པ་བཞིན། །སྐྱབས་མེད་བཞིན་དུ་སྐྱབས་འཚོལ་བྱེད། །དཔལ་ལྡན་བླ་བའི་

འོད་དཀར་ལ། །གླགས་རྩོལ་འདོད་པའི་མུན་ཅན་དེ། །ཁོ་བོའི་རིགས་རྩལ་རྡོ་རྗེ་ཡིས། །
གཞོམ་པར་བྱ་ཞེས་མངོན་དུ་སྨྲས། །བླ་མའི་ལེགས་བཤད་ཉིན་བྱེད་ཟེར། །སྒྲིབ་བྱེད་
ཕྲག་དོག་རྐང་འཐུང་རྒྱུས། །ཉེས་བཤད་ནགས་ཚལ་འཁྲིགས་པ་ཁྱོད། །ད་ལྟ་ཐལ་བར་
བྱ་ཞེས་སྨྲས། །དེའི་ཚེ་སྐྲག་པའི་ཡིད་ལྡན་དེས། །དེ་དག་བདག་གིས་མ་བཀག་ཅེས། །
གཏོལ་མེད་གྱུར་པའི་ཚིག་སྨྲ་ཞིང་། །རྫུན་གྱི་ཁྲུང་བུར་ཡང་ཡང་བྲོས། །ཁྲེལ་ཡོད་ངོ་
ཚའི་གོས་དང་བྲལ། །སྡོམ་པའི་སྣ་རགས་ལྷོད་པ་ཅན། །བླུན་རྨོངས་སློབ་མའི་ཚོགས་
ངན་གྱི། །ཡོལ་བས་བསྒྲིབས་པའི་ཕག་ཏུ་འཆེལ། །ཕྱོགས་འདིར་མཁས་པའི་བཀའ་
མཆིད་དག །བྱ་བར་འོས་པ་མིན་ཞེས་པའི། །སྤྲིན་བདག་ཚིག་ལ་སྐྱབས་བཅས་ནས། །
བདག་ལ་བཀའ་དྲིན་ཆེ་ཞེས་སྨྲས། །ལུང་རིགས་རླབས་ཕྲེང་རོལ་པ་ཅན། །སྒོ་ཆེན་རྒྱ་
མཚོས་སོ་སོ་ནས། །མཁས་པ་གདེང་ཅན་དུ་མ་དག །གནས་འདིར་དཔང་པོར་ལྟགས་
(༡༡༩ན)པ་ཡང་། །དེ་ཡིས་གང་ལ་མགོན་བཅས་པ། །དེ་ཉིད་ཚིག་གིས་རང་རང་གི །
རྒྱུ་གཏེར་གནས་སུ་བསྒྲད་བྱས་ནས། །བགྲོལ་བའི་དཀྱིལ་འཁོར་རྫོགས་མ་གྱུར། །
འདི་ལྟར་མངོན་དུ་མ་ནུས་པའི། །ཞུམ་ཚིག་སྨྲས་པ་དྲན་བྱོས་ལ། །ཕྱིས་ནས་མཁས་
པའི་ལེགས་བཤད་ལ། །ཕྱོག་ཏུ་ངན་སྨྲས་མ་བྱེད་ཅེས། །བདག་གིས་གདམས་ཤིང་
ཚར་བཅད་པས། །བདེན་མིན་སྨྲ་བ་ལྷུར་ལེན་ཞིང་། །ངོ་ཚས་གཏོལ་མེད་གྱུར་དེ་དག །
ལུག་བོང་བཞིན་དུ་མཁས་རྣམས་སྒྲོགས། །བདེ་གཤེགས་བསྟན་པ་གངས་རིའི་ཡུལ་
ན་གནས། །གཞུང་ལུགས་འབུམ་ཕྲག་རལ་པའི་ཁྲུར་གྱིས་བརྫེད། །རིགས་པའི་མཆེ་
སྡེར་མི་བཟད་སྟོབས་ལྡན་པ། །མཁས་མཆོག་གདོང་ལྔའི་དབང་པོ་ཁོ་བོ་ཙམ། །དྲི་
མེད་རིགས་པའི་གད་རྒྱངས་གཅིག་གིས་ཀྱང་། །དྲེགས་ལྡན་ཕས་རྒོལ་གླང་པོ་སྟོང་གི་
སྙིང་། །ལྐོག་མར་ཕྱིན་པའི་འཇིགས་སྡེར་དགེ་ལེགས་དཔལ། །བཟང་པོ་ལས་གཞན་
སྨྲ་བའི་སེང་གེ་གང་། །ཞེས་དྲི་མ་མེད་པའི་རིགས་པའི་གད་རྒྱངས་རྒྱ་ཆེར་བསྒྲགས་པ་

དཔལ་འཁོར་ཆོས་སྡེའི་རྒྱལ་སྒོ་ལ་བླུན་ཏེ་ཀུན་གྱི་མཐོང་བར་མཛད་དོ། །

འདི་ལྟར་མཁས་པ་ཆེན་པོ་གཉིས་ཀྱིས་དྲི་མ་མེད་པའི་རིགས་པའི་ང་རོའི་རྩེ་དགའ་མཛད་པ་ནི་བསྟན་པ་རྒྱས་པའི་ཆེད་དུ་མཛད་པ་ཡིན་གྱི། དེང་སང་གི་བླུན་རྨོངས་དག་གི་དང་ཚུལ་ལྟར་ཆགས་སྡང་གིས་མཛད་པ་མིན་ནོ། །དོན་འདི་ལ་མཁས་གྲུབ་ཐམས་ཅད་མཁྱེན་པ་ཉིད་ཀྱི་ཞལ་(༤༤༩བ)ནས། ཁ་ཅིག་དེ་ལྟར་ཆོས་དང་ཆོས་མ་ཡིན་པའི་རྣམ་དབྱེ་ལ་བརྒལ་བརྟག་མང་དུ་བྱེད་པ་ནི་སེམས་རྒྱུད་མ་དུལ་བ་ཡིན་པས་སྙིང་པོ་མེད། ཆོས་དེ་དག་ཐམས་ཅད་ལ་རང་རང་གི་ལུགས་བཞིན་ཉམས་སུ་བླངས་པས་གང་ཟག་བཟང་པོ་མང་པོ་བྱོན་འདུག་པ་དང་ཆོས་ཐམས་ཅད་དུ་མ་རོ་གཅིག་ཡིན། ཆོས་ཀྱི་ཁ་ཟེར་བྱེད་པ་ཆགས་སྡང་རྨོངས་གསུམ་གྱི་རྩ་བ་ཡིན་པས་བྱར་མི་ཉན། འདོད་པ་དེ་དག་ཐམས་ཅད་ཕུན་སུམ་ཚོགས་པ་འབའ་ཞིག་ཡིན་ཞེས་ཟེར་བ་ཡང་བླུན་པོ་ཕལ་ཆེ་བ་ཆོས་པ་རང་ཇོ་བོ་བཟང་ཞེས་དད་པ་ལྷག་པར་སྐྱེ། ཁོ་རང་ཡང་དེ་ཉིད་དང་དུ་ལེན། སྙིང་བཀུར་འདུ་བ་ཡང་མང་བ་གྲུར་མོད་ཀྱི་ལུང་རིགས་ཀྱིས་ཆོས་ལོག་ཚར་གཅོད་པ་སེམས་རྒྱུད་མ་དུལ་བར་སྨྲ་བ་ནི། སངས་རྒྱས་དང་འཛམ་གླིང་མཛེས་པར་བྱེད་པའི་རྒྱན་དྲུག་ལ་སོགས་པ་རྒྱ་བོད་ཀྱི་ལོ་པཎ་ཁྱད་པར་ཅན་མཐའ་དག་ལས་རང་ཉིད་སེམས་རྒྱུད་དུལ་བར་དོན་གྱིས་ཁས་ལེན་པ་བརྟགས་ན་བློས་འཁྱུད་པར་དཀའ་བའི་གནམ་ཡིན་ནོ། །རང་ཉིད་སྐྱེ་བོ་ཕལ་པ་བླུན་པོ་འགའ་ཞིག་གི་བློ་ཡུལ་དུ་གྲུབ་པར་བྱ་བའི་ཕྱིར་དང་། སྙིང་བཀུར་ཟུང་ཟད་འདུ་བའི་སྒོ་མི་ཉམས་ཤིང་གོང་ནས་གོང་དུ་འཕེལ་བར་བྱ་བའི་ཕྱིར་ཙམ་དུ་ཤེས་བཞིན་དུ་ཆོས་མ་ཡིན་པ་ཆོས་སུ་སྟོན་པར་བྱེད་པ་ནི། སེམས་རྒྱུད་གཏིང་ནས་མ་དུལ་བའི་ཚབས་དེ་ལས་ཆེ་བ་ཅི་ཞིག་ཡོད་དེ། ཚེ་འདིའི་དགོས་པ་ཟུང་ཟད་ཙམ་གྱི་ཕྱིར་དུ་ཆོས་སྤོང་བའི་ལས་ཚབས་པོ་ཆེ་བསགས་ནས་རང་གཞན་སླུ་ཞིང་སངས་རྒྱས་ཀྱི་བསྟན་པ་ཉམས་པར་བྱེད་པའི་ཕྱིར

རོ། །ཆོས་(༩༥༠ན)ཆོས་མ་ཡིན་པར་སྟོན་པ་དང་། ཆོས་མ་ཡིན་པ་ཆོས་སུ་སྟོན་པ་གཉིས་ཀ་ཡང་ཆོས་སྤོང་གི་ལས་སུ་འགྱུར་བ་ལ་ཁྱད་པར་མེད་པར་འཕགས་པ་རྣམ་པར་འཐག་པ་བསྟུས་པའི་མདོ་ལས་གསུངས་སོ། །ཞེས་གསལ་བར་གསུངས་ཤིང་། མཁས་གྲུབ་ཆེན་པོ་འདི་ཉིད་ཀྱིས་རིགས་པའི་དགག་བཞག་མཛད་པ་ནི། རྒྱལ་བའི་བསྟན་པ་ཉམས་པ་ཐུགས་ཀྱིས་མ་བཟོད་པ་དང་། སེམས་ཅན་བླུན་རྨོངས་རྣམས་ཆོས་ལྟར་བཅོས་པས་ཕུང་བར་འགྱུར་བ་ཐུགས་ཀྱིས་མ་བཟོད་ནས་རང་ཡལ་བར་དོར་ཏེ་གཞན་གཅེས་པར་འཛིན་པའི་བསམ་པ་ཁོ་ནས་མཛད་པ་ཡིན་ཏེ། ཆོས་མིན་ཆོས་སུ་སྟོན་བྱེད་ཅིང་། །དམ་ཆོས་བཅོངས་པས་འཚོ་རྣམས་ཀྱིས། །ཐུབ་བསྟན་མིང་གི་ལྷག་མར་བྱས། །ཚུལ་འདི་བདག་གིས་ཇི་ལྟར་བཟོད། །ཅེས་གསུངས་པ་ལྟར་རོ། །

དེས་ན་མཁས་མཆོག་གདོང་ལྔའི་དབང་པོ་གཉིས་དྲི་མ་མེད་པའི་རིགས་པའི་ང་རོའི་རྩེ་དགའ་བྱེད་པའི་བར་དུ་བླུན་རྨོངས་ཝ་སྐྱེས་དག་འཚངས་ནས་ཕྱོགས་ལྷུང་མི་བྱ་སྟེ་རང་ཉིད་ཕུང་བར་འགྱུར་བའི་ཕྱིར་རོ། །དེས་ན་མདོ་ལས། ང་འམ་ང་དང་འདྲ་བས་གང་ཟག་གི་ཚོད་བཟུང་གི །གང་ཟག་གིས་གང་ཟག་གི་ཚོད་མི་བཟུང་སྟེ་ཉམས་པར་གྱུར་ཏ་རེ། ཞེས་གསུངས་པས་བདག་ལེགས་སུ་འདོད་པ་དག་གིས་སྐྱེ་བོ་དམ་པ་ལ་གནོད་པའི་ལས་རྣམས་ཀུན་ཏུ་སྤངས་ཏེ་གུས་པ་ལྷུར་བྱའོ། །དེ་ནས་མཁས་གྲུབ་རིན་པོ་ཆེས་དཔལ་འཁོར་ཆོས་སྡེར་མ་བཞུགས་པར་རི་བོ་མདངས་ཅན་དུ་ཕེབས་ཏེ་བསྟན་པའི་བྱ་བ་(༩༥༠བ)རྒྱ་ཆེར་མཛད་པ་ན་བདག་པོ་རབ་བརྟན་པ་ཡིད་བཞིན་གྱི་ནོར་བུ་ལག་ཏུ་རྙེད་པ་ཆེད་དུ་བསམས་ཏེ་བརླག་པར་བྱས་པ་ལྟར་འགྱོད་པ་ཚད་མེད་པ་སྐྱེས་ཏེ། མཁས་གྲུབ་རིན་པོ་ཆེ་ལ་དངོས་སུ་ཞུ་མ་སྤྱོབས་པར་ཉེ་གནས་ལ་གསེར་མང་པོ་བྱིན་ཏེ་སླར་གདན་འདྲེན་པའི་ཞུ་བ་བྱས་པར་ཕེབས་སུ་མ་བཞེད་པར། །

ཨོཾ་སྭ་སྟི། གང་གི་བཀའ་དྲིན་དྲན་པས་བདག་གི་ཡིད། །ཤིན་ཏུ་བརྟན་པ་ཉམས

པའི་དད་པ་ཡིས། །ཟླ་མེད་བླ་མའི་ཞབས་ལ་ཕྱག་བྱས་ཏེ། །རང་གི་ཡིད་ལ་གཅགས་པའི་གཏམ་འདི་གླེང་། །སྨྲས་པ། འདི་ན་ཟབ་དང་རྒྱ་ཆེ་དམ་པའི་ཆོས། །དགོས་འདོད་ཀུན་འབྱུང་དཔག་བསམ་ལྗོན་པ་ཡང་། །ཁ་ཟས་དོན་གཉེར་བླུན་པོའི་ཚོགས་རྣམས་ཀྱིས། །བུད་ཤིང་ཆེད་དུ་ཆུད་གཟོན་བྱེད་པར་ཟད། །མདོ་རྒྱུད་གསུང་རབ་མཁའ་ལ་ཐོགས་མེད་པའི། །ལེགས་བཤད་འོད་སྟོང་ལྡན་པའི་ཉིན་བྱེད་ཀྱང་། །དུས་མཐར་ལས་ཀྱི་ས་ལ་ལྷུང་བ་ན། །རྟུ་སྒྲོན་ཙམ་གྱི་བྱ་བའང་བྱེད་མ་ཡིན། །སྐྱོན་ཡོན་འབྱེད་པའི་བློ་གྲོས་མིག་ལྡོང་ནས། །བླུན་པོའི་ཚིག་རྗེས་འབྲང་ལས་གཞན་མེད་པས། །རང་གི་ལག་ཐོགས་ནོར་བུ་རིན་ཆེན་ཡང་། །ཕྱག་དར་ཕུང་པོའི་རྡོ་དང་མཚུངས་པར་མཐོང་། །སེམས་ཏྲ་དམུ་རྒོད་འཕྲུལ་དུ་དུལ་བྱེད་པ། །ཕུལ་བྱུང་དམ་པའི་ཆོས་ཀྱི་དགའ་སྟོན་ཡང་། །ངན་སྐྱུགས་དོན་གཉེར་ཁྭ་ཏའི་ཚོགས་རྣམས་ཀྱིས། །པདྨོའི་རྩ་ལག་བཞིན་དུ་འབད་པས་སྤྱོངས། །སངས་རྒྱས་ལས་ཀྱང་དཀོན་པའི་གདམས་པ་མཆོག །ཚང་ལ་མ་ནོར་སྟོན་མེད་བདུད་རྩིའི་རྒྱུན། །དཀའ་སྤྱད་ལྟོས་མེད་བརྩེ་བས་བྱིན་ན་ཡང་། །སྐལ་ངན་སྐྱེ་བོས(༤༥༡ན) དུག་ལྟར་འགལ་བར་འཛིན། །ཆབས་ཆེན་ལུང་རིགས་བཤད་པའི་གྲུ་སྦྱར་ནས། །གཞུང་ལུགས་ཆུ་གཏེར་ཆེ་ལ་ལེགས་ཁྲིད་ན། །བློ་ཆུང་བྱིས་པ་ལྟ་བུ་འདི་དག་ནི། །སྐྱིད་ལུག་ཞུམ་དང་འཇིགས་དང་གཏོལ་མེད་འགྱུར། །གཞུང་ལུགས་བཤད་པ་རྟ་ལྟར་དོར་བྱས་ནས། །བསླུས་པའི་ཐལ་ཕྲེང་མཛུབ་ཁྲིད་ཁོ་ན་ཡང་། །དོན་ཆུང་ལས་ལ་ཚེ་ཟད་འགྱུར་མཐོང་ནས། །བདག་ནི་འདི་ལ་འཇུག་པ་ལྡོག་པར་གྱུར། །ཐུན་མོང་སྟོང་ཉིད་གཏམ་ཡང་སྟོད་མེན་ལ། །འཆད་པ་བཀག་ན་བླ་མེད་ཐེག་པའི་ལམ། །མི་འདོད་བཞིན་དུ་སྟོན་པ་སྨྲས་ཅི་དགོས། །དེ་ཕྱིར་ཁོ་བོ་འདི་ལའང་སྐྱིད་ལུག་གྱུར། །ལྟ་བའི་མཐར་ཐུག་དབུ་མའང་དེ་ཉིད་དོན། །བདེན་འཛིན་གཉེན་པོར་བསྒོམ་ཕྱིར་མི་སློབ་པར། །གྲངས་འཛིན་ཕྱིར་དང་གང་ཤེས་ཚོགས་ནང་དུ། །སྨྲ་ཕྱིར་འབད་

པ་བདག་འཛིན་གསོས་འདེབས་ཡིན། །བླང་དོར་གནས་དང་ལམ་གྱི་ཡན་ལག་ཀུན། །
ཚད་མས་གཏན་ལ་དབབ་ཕྱིར་མ་ཡིན་པའི། །མང་པོའི་དབུས་སུ་འགྲན་ཟླ་ཟིལ་མནན་
ནས། །གཞན་ངོར་གྲུབ་ཕྱིར་འབད་པའང་ཆོས་མིན་ཡིན། །གཞུང་ལུགས་དོན་ལ་ཆ་
ཙམ་མ་རིག་པའི། །རྟོས་ལོག་ནས་བཟུང་ཆོས་ཅན་ཟོལ་འཛོག་སོགས། །འབད་ནས་
སློབ་པ་ཀུན་སློང་སྐྱོན་མེད་ན། །ལུང་མ་བསྟན་གྱི་ལས་སུ་འགྱུར་བ་ཙམ། །ཆགས་སྡང་
ཕྲག་དོག་འགྲན་སེམས་དྲག་པོ་དང་། །མི་གཟུགས་ཚོལ་ཕྱིར་ཐོས་བསམ་སྒོམ་གསུམ་
ལ། །ཇི་ཙམ་འབད་ཀྱང་ཆོས་མིན་དུ་མའི་སྒོ། །(༥༥༡བ)ནད་པ་གསད་ཕྱིར་ཟས་
མཆོག་སྦྱིན་པ་བཞིན། །ལོ་རྒྱབ་ཙམ་ཕྱིར་འདུས་པའི་འཁོར་ནང་དུ། །ཆགས་སྡང་གཡོ་
སྒྱུས་འཐབ་རྩོད་ལྷུར་བླངས་ནས། །ཞར་ལ་སྦྱོར་ངག་ཚིག་གསུམ་བཟླས་བརྗོད་ཀྱིས། །
རང་གཞན་གཉིས་ཀ་འདི་ཕྱིར་ཕུང་བར་བྱེད། །མཁན་སློབ་མཆེད་གྲོགས་ཆོས་དང་
དམ་ཚིག་ནི། །མདའ་ལྟར་འཕངས་ནས་འདུ་བའི་སྒོ་འཕྲོག་ཅིང་། །དད་རྫས་ཕྱིར་རྩོད་
ཡུལ་འཁོར་འཛོམས་པའི་དཔུང་། །ཇི་ཙམ་ཚོགས་ཀྱང་དམྱལ་བའི་འདུན་ཁང་ཡིན། །
དམན་པའི་གཞུང་དང་མཆོག་ཏུ་སྙིང་དཀའི་ལམ། །འཆད་དང་འདོམས་པ་ལོག་སྟེ་དོན་
གཉེར་བ། །སྐལ་བ་མེད་པའམ་ཤིན་ཏུ་བླུན་པོའམ། །སྣང་ཤས་གདོན་ཆེན་སྙིང་ལ་
ཞུགས་པ་ཡིན། །ཚེ་འདིའམ་བར་དོ་སྐྱེ་བ་བདུན་ཙམ་གྱིས། །སངས་རྒྱས་འཐོབ་པའི་
ལམ་བཟང་ཐོབ་ནས་ཀྱང་། །སངས་རྒྱས་མི་འདོད་སླུ་བ་ངོ་ཚ་ནས། །དེ་ལའང་འདི་
ཉིད་དགོས་པའི་ཟོལ་སྦྱོར་གྱིས། །བགྲོས་ངན་ཚིག་གསུམ་གཤགས་སྦྱོར་ཞུང་ཟད་ཅིག །
ཤེས་ནས་ལོང་བས་ལོང་བ་འཁྲིད་པའམ། །ཟས་ནོར་བསྒྲུབ་ཕྱིར་ཕྱི་མ་བློས་གཏོང་བ། །
འདི་དག་མི་ཡི་གཟུགས་བརྙན་དུད་འགྲོའི་ཕུལ། །དམ་པ་རྣམས་ཀྱིས་ཚེ་འདི་བློས་
བཏང་ནས། །ཟབ་མོའི་མན་ངག་རྩེ་གཅིག་ཉམས་བླངས་པས། །དོན་གཉིས་ཕུལ་ཕྱིན་
མཐའ་ཡས་རྣམ་ཐར་ལ། །ཡིད་གཡོའི་འདུན་པ་ཆ་ཙམ་མི་སྐྱེ་བར། །ད་ལྟའི་སྟོན་པ་

འགའ་ཡི་རྙེད་གྲགས་དང་། །སློབ་འཁོར་རྒྱ་ཆེན་འདུ་འགོད་མང་པོའི་གདམ། །ཐོས་
པ་ཙམ་གྱིས་འགྲམ་ཆུ་ལྷུང་བ་ནི། །གཞི་རྩ་གཏིང་ནས་ཉེས་པའི་རྟགས་ངན་ཡིན། །
སྨུམ་ཟད་(༩༥༢ན)མར་མེ་ལྟ་བུའི་བསྟན་པ་འདི། །ཁོ་བོའི་ལེགས་བཤད་གོ་ཆ་བློ་
གྲོས་ཀྱིས། །རྫོགས་ལྡན་བཞིན་དུ་བྱ་བར་ནུས་ན་ཡང་། །སྐལ་ངན་རྣམས་ཀྱིས་ས་འོག་
གཏེར་བཞིན་སྦས། །ད་ནི་དུས་ལ་སྟོད་པ་མེད་པ་དང་། །ལང་ཚོའི་དཔལ་ཡང་སྟོན་
ཀའི་སྤྲིན་ལྟར་གཡོ། །སྐྱེ་བོ་ཕལ་ཆེར་སྐལ་བ་མེད་མཐོང་ནས། །མང་ཐོས་བདག་ནི་
གཅིག་པུར་ཆོས་དོན་སེམས། །ཚེ་འདི་འབའ་ཞིག་དོན་གཉེར་འཁོར་ནང་དུ། །ཆགས་
སྡང་འདུ་འཛིས་འདའ་བའི་གོ་སྐབས་ནས། །རྩོད་པ་ལྷུར་ལེན་ཚིག་འགའི་བཤད་པ་
ལ། །མཁས་པ་ང་ནི་སྐྱུགས་པ་བཞིན་དུ་བལྟ། །རང་ཡུལ་ཉེ་དུ་ལོངས་སྤྱོད་ཀུན་བོར་
ནས། །རྩེ་གཅིག་དམ་ཆོས་བསྒྲུབ་པར་དམ་བཅས་ཏེ། །གཞན་གྱི་ཡུལ་དུ་རྣམ་གཡེང་
འདུ་འཛི་ཡིས། །དལ་འབྱོར་དོན་མེད་བྱེད་པ་སྨྲོན་པ་ཡིན། །ཆོས་དང་ཆོས་མིན་རྣམ་
དབྱེ་ལེགས་རྟོགས་ནས། །ད་དུང་ཆོས་ལྟར་བཅོས་པའི་གཟུགས་བརྙན་ལ། །ཆགས་
ཞེན་བག་མེད་རྣམ་གཡེང་ལྷུར་ལེན་ན། །བདག་ལ་སེམས་མེད་གྲུར་པ་གདོན་མི་ཟ། །
རྒྱལ་བའི་དགོངས་ཟབ་མཐར་ཐུག་རྒྱལ་བ་དང་། །མཚུངས་པའི་བླ་མའི་མན་ངག་
ལེགས་རྟོགས་ནས། །དེ་དོན་རྩེ་གཅིག་བསྒྲུབས་ན་རང་གཞན་གྱི། །གདན་གྱི་མདུན་
མ་འགྲུབ་པར་ཤེས་བཞིན་དུ། །ད་དུང་གཞན་ཟེར་སྙན་དང་མི་སྙན་དང་། །དོན་ཆུང་
ཚེ་འདིའི་ཁ་ཉེན་བརྩེ་བརྩེ་ནས། །ཕྱི་བཤོལ་ངང་ལ་དོན་མེད་དུས་འདའ་ན། །ཆོས་
བརྒྱུད་གདོན་གྱིས་ཟིན་(༩༥༢བ)པའི་སྙིང་རུལ་ཡིན། །གཏིང་ནས་ངེས་པ་མ་རྙེད་བླུན་
པོ་དག །ཟབ་མོ་བསྒྲུབ་ལ་མི་གུས་མཚར་ཅི་ཡོད། །གཏིང་ནས་ཟབ་མོའི་ལམ་ལ་ཡིད་
ཆེས་ནས། །དེ་དོན་མི་བསྒྲུབ་དེ་ལས་ཁྲེལ་བོར་སུ། །ཅིའང་མི་ཤེས་ཁ་ཙིག་ཚེ་འདི་ལ། །
བཀྲོས་མེད་བསྒྲུབ་ལ་བརྩོན་པ་མཐོང་བའི་ཚེ། །ཉམས་ལེན་གནད་ལ་ཆེས་མཁས

རྣམ་གཡེང་གི །ཀྱུར་ཆུད་གྱུར་པ་ཤིན་ཏུ་ངོ་ཡང་ཚ། །དེ་ཕྱིར་མདོ་རྒྱུད་བླ་མའི་མན་ངག་
དོན། །ལེགས་པར་ཁོང་དུ་ཆུད་པས་ཡིད་དྲངས་ནས། །ནམ་ཞིག་འདི་དོན་བསྒྲུབ་པར་
འགྱུར་སྙམ་དུ། །མཁས་པ་ང་ནི་འདི་ཉིད་འབའ་ཞིག་སེམས། །མི་དབང་དུ་མའི་ཅོད་
པན་ནོར་བུའི་འོད། །ཀང་མཐིལ་རྡུལ་ལ་རྩེ་བ་ཐོབ་པ་དང་། །རྩྭ་རྩེའི་ཟིལ་པས་སེན་
མོ་ཉེར་མཆོད་པ། །མཁས་པ་བདག་ལ་ཕན་པར་ཕྱི་མ་འགྱུར། །ཟང་ཟིང་ལོངས་སྤྱོད་
ཕྱི་ལམ་དཔལ་འབྱོར་དང་། །མཚུངས་པར་རིག་ཅིང་ཀྲུལ་བས་སྨད་མཐོང་ནས། །མཁས་
པ་བདག་ནི་བ་སྤུའི་མཆོད་ཡོན་ལྟར། །སྙེད་བཀུར་གནས་ལ་མཐུན་པར་འཛིན་མ་ཡིན། །
བྲག་ཆའི་དབྱངས་ཀྱིས་བདག་རྒྱུད་ཁེངས་མི་འགྱུར། །དུས་མིན་སྙན་གྲགས་བདུད་ཀྱི་
ཕོ་ཉ་ནི། །དེ་ལྟ་མིན་ཞེས་ཚིག་གི་མཆོད་སྦྱིན་ལ། །མཁས་པ་བདག་ནི་རེ་བ་ལྷུར་མི་
བྱེད། །མཆེ་བ་མི་བཟད་སྦྲར་མོའི་ཤུགས་འཆང་བ། །གངས་རི་འཛིན་པའི་གདོང་ལྔའི་
དབང་པོ་ནི། །ལྕགས་ཀྱིས་བཅིངས་ནས་བཙོག་ཆུས་འཚོ་བ་ཡི། །སྒོ་ཁྱིར་བྱེད་འདོད་
མཁས་པའི་བཞད་གད་ཡིན། །དེ་ལྟར་སྨྲས་འདི་དམ་པའི་མཛད་པ་ལ། །བལྟ་བར་
འདོད་པའི་(༩༥༣ན)དགེ་སློང་དགེ་ལེགས་དཔལ། །བཟང་པོས་མདངས་ཅན་རི་བོའི་
ངོས་ལས་ནི། །རང་གི་རྟོགས་པ་གཏམ་དུ་བསྐད་པ་ཡིན། །ཞེས་བཀའ་སྩལ་ཏོ། །

མཁས་གྲུབ་ཐམས་ཅད་མཁྱེན་པ་འདི་ནི་རང་དང་གཞན་གྱི་གྲུབ་མཐའ་རྒྱ་མཚོ་
ལྟ་བུའི་ཕ་རོལ་ཏུ་ཕྱིན་ཞིང་། རྗེ་བཙུན་འཇམ་པའི་དབྱངས་དང་བཅོམ་ལྡན་འདས་
དཔལ་ཧེ་རུ་ཀ་ལ་སོགས་པ་ལྷག་པའི་ལྷ་མང་པོས་རྗེས་སུ་བཟུང་བ་དཔལ་ཡེ་ཤེས་ཀྱི་
མགོན་པོ་ཕྱག་དྲུག་པ་དམ་ཅན་ཆོས་ཀྱི་རྒྱལ་པོ་གུར་གྱི་མགོན་པོ་དཔལ་མགོན་ཞལ་
བཞི་པ་སོགས་དམ་ཅན་ཆོས་སྲུང་རྣམས་ཀྱིས་རྒྱུན་དུ་ཞལ་བསྟན་ཏེ་བཀའ་བཞིན་དུ་
བསྒྲུབས་པས་ཞི་རྒྱས་དབང་དྲག་གི་ལས་གང་ལའང་ཐོགས་པ་མེད་པ་དང་། རྗེ་བཙུན་
འཇམ་པའི་དབྱངས་ཀྱིས་ཞལ་བསྟན་པ་དང་། རྡོ་རྗེ་རྣལ་འབྱོར་མས་ཞལ་བསྟན་པ་

དང་། ལྷ་མོ་དབྱངས་ཅན་མས་ཞལ་བསྟན་པ་དང་། ས་ར་ཧ་དང་འཕགས་པ་ཀླུ་སྒྲུབ་སོགས་པཎ་གྲུབ་མང་པོས་ཞལ་བསྟན་ཏེ་བྱིན་གྱིས་བརླབས་པའི་རྣམ་ཐར་མང་དུ་མཆིས་ཏེ། འདིར་མཐའ་དག་བཀོད་ན་མང་དུ་དོགས་པ་དང་། གསང་བ་བསྒྲགས་པར་ཡང་འགྱུར་དོགས་ནས་མ་བཀོད་པས་གསང་བའི་རྣམ་ཐར་དག་ལས་ཤེས་པར་བྱའོ། །

དོན་འདི་དག་ལ་ཐམས་ཅད་མཁྱེན་པ་དགེ་འདུན་གྲུབ་པས། ཞིང་འདིར་ཁྱོད་སྐུའི་ཉིན་བྱེད་ཤར་བའི་ཚེ། །ལོག་སྨྲ་འབྱུང་པོའི་བྱ་རྣམས་ལོང་གྱུར་ཅིང་། །གསུང་རབ་འདབ་རྒྱའི་ཚལ་ཀུན་རྒྱས་མཛད་པ། །(༩༥ ༣བ)སྟོན་མེད་ཉི་མ་མཆོག་ལ་གསོལ་བ་འདེབས། །ལྷ་དང་བཅས་པའི་རྒྱལ་སྲིད་ཡོངས་རྫོགས་ལ། །ཆོས་ཀྱི་འཁོར་ལོས་འདོད་དགུར་དབང་བསྒྱུར་བ། །ཆོས་ཀྱི་རྒྱལ་པོ་མཁས་གྲུབ་དགེ་ལེགས་དཔལ། །བཟང་པོའི་ཞབས་ལ་གུས་པས་གསོལ་བ་འདེབས། །རྒྱ་ཆེན་བསོད་ནམས་རིང་ནས་བསྒྲུབ་པའི་མཐུས། །རང་དང་གཞན་གྱི་ཚེ་རབས་བརྒྱ་སྟོང་ཀུན། །ཇི་བཞིན་དྲན་པའི་སྟོན་གནས་མཁྱེན་པ་སོགས། །མངོན་ཤེས་ཐོགས་མེད་མངའ་ལ་གསོལ་བ་འདེབས། །གཞོན་དུ་ཉིད་ནས་ཁྱོད་སྐུའི་ལྷུན་པོ་ནི། །ཆོས་གོས་མཚམས་སྦྱིན་གཞོན་ནུས་རབ་འཁྲུད་ཅིང་། །མཁས་མང་གསེར་རིའི་དབུས་ན་ཡོན་ཏན་གྱི། །བང་རིམ་མངོན་པར་མཐོ་ལ་གསོལ་བ་འདེབས། །ཚེ་བས་ཀུན་ཏུ་ལྷག་པའི་ལྷ་རྣམས་ཀྱིས། །རྗེས་སུ་བཟུང་ནས་ལེགས་པར་སྐྱངས་པ་ལས། །བཀའ་དང་བསྟན་བཅོས་ཀུན་གྱི་ཚིག་དོན་ལ། །མཁས་པའི་མཁས་པ་ཁྱོད་ལ་གསོལ་བ་འདེབས། །ཞེས་དང་། འདི་ན་ཆོས་ཀྱི་དྲུང་ཆེན་འབྱུང་པ་ལ། །ང་ལྟར་ཁྱོད་ལས་མཆོག་གཞན་མ་མཆིས་ཞེས། །དམ་ཅན་རྒྱ་མཚོའི་ཚོགས་ཀྱི་མགྲིན་གཅིག་ཏུ། །མགོན་ཁྱོད་མཆོག་ཏུ་བསྔགས་ལ་གསོལ་བ་འདེབས། །བགེགས་དཔུང་འཇོམས་པའི་མཐུ་རྩལ་མཐའ་ཡས་པའི། །ཕྱི་ནང་བསྟན་སྲུང་རྒྱ་མཚོའི་ཚོགས་རྣམས་ཀྱིས། ཁྱོད་ཀྱི་བཀའ་དང་དམ་ལས་མི་འདའ་བར། །ཚུལ་བཞིན་འཕྲིན་ལས་བསྒྲུབས

ལ་གསོལ་བ་འདེབས། །ཞེས་བསྟགས་སོ། །

མཁས་གྲུབ་ཆེན་པོ་འདི་(༩༥༩ན)ནི་བླ་མ་དང་ལྷག་པའི་ལྷ་དབྱེར་མེད་པའི་རྣལ་འབྱོར་ལ་ཐུགས་དམ་གྱི་མཐིལ་དུ་མཛད་པས་རྗེ་བཙུན་ཙོང་ཁ་པ་ཆེན་པོ་ཞིང་གཤེགས་ནས་ཀྱང་དངོས་དང་རྨི་ལམ་ཅི་རིགས་པར་ཡང་དང་ཡང་དུ་ཞལ་བསྟན་ནས་གདམས་པ་དང་རྗེས་སུ་བསྟན་པ་ཡང་ཡང་སྩོལ་བར་མཛད་པ་ཞིག་སྟེ། ལན་ཅིག་ཟབ་མོ་དབུ་མའི་ལྟ་བའི་དཀའ་གནས་ཕྲ་མོ་ཞིག་ལ་དོགས་པ་ཞིག་བྱུང་བའི་ཚེ་རྨི་ལམ་དུ། རྗེ་བཙུན་ཙོང་ཁ་པ་ཆེན་པོ་གསལ་བར་བྱོན་ནས་མདོ་སྡེ་དཀོན་མཆོག་བརྩེགས་པའི་འོད་སྲུངས་ཀྱི་ལེའུ་གསལ་བར་གསུངས་པས་དོགས་པ་ལྷག་མ་མེད་པར་ཆོད་དེ་ཟབ་མོའི་གནས་ལ་འཁྲུལ་བའི་དྲི་མ་ཐམས་ཅད་དང་བྲལ་བ་ཞིག་བྱུང་། དོན་འདི་ལ་ཐམས་ཅད་མཁྱེན་པ་དགེ་འདུན་གྲུབ་པས། རྨི་ལམ་དུ་ཡང་རྗེ་བཙུན་ཙོང་ཁ་པས། འོད་སྲུང་ལེའུ་གསལ་བར་གསུངས་པའི་ཚེ། །ལྟ་བ་འཁྲུལ་པའི་དྲི་མ་ཀུན་བཅོམ་ནས། །ཆོས་ཉིད་མངོན་དུ་གྱུར་ལ་གསོལ་བ་འདེབས། །ཞེས་བསྟགས་སོ། ཁྱད་པར་དུ་ཡང་རྗེ་བླ་མ་ལ་གསོལ་བ་བཏབ་པ་ཙམ་གྱིས་ཞལ་གཟིགས་པ་གཅིག་ཡོད་པས། ལན་ཅིག་ཆོས་གྲོལ་ནས་ནང་དུ་ཕེབས་པའི་སྐབས་ཤིག་ལ་རྗེ་བླ་མ་དྲན་ནས། ལར་སེམས་ཅན་འདི་རྣམས་བསོད་ནམས་མ་བསགས་པས་ཡོངས་འཛིན་དམ་པས་མ་ཟིན། འདུས་བྱས་རྟག་པར་བསྒོམས། ཆོས་རྣམས་བདེན་གྲུབ་ཏུ་འཛིན། ལོངས་སྤྱོད་ལ་འབད་རྩོལ་ཆེར་བཏང་ནས་བསྒྲུབས། (༩༥༩བ)ཚེ་འདིའི་སྣང་གྲགས་ལ་ཐོབ་བྱ་མཐར་ཐུག་ཏུ་བཟུང་། རྗེ་རིན་པོ་ཆེའི་ལེགས་བཤད་འཁྲུལ་བ་ཕྲ་མོ་ཙམ་ཡང་མེད་པ་བསྟན་པའི་སྙིང་པོ་ཆོས་ཕུང་བརྒྱད་ཁྲི་བཞི་སྟོང་གི་བརྗོད་བྱ་མཐར་ཐུག་ཆེས་ཆེར་དཀོན་པ་རྡོ་རྗེ་འཆང་གི་གོ་འཕང་ཚེ་འདི་ཉིད་ལ་མངོན་དུ་བྱེད་ནུས་པའི་ལམ་ཟབ་མོ་ཞལ་ཤེས་དང་བཅས་པ་འདི་ལྟ་བུ་ཉིན་མཚན་དུ་འབད་ནས་བཤད་ཀྱང་། སྐལ་བ་དང་མི་ལྡན་པས་བཤེས

གཉེན་ངན་པ་ཅི་ཡང་མ་བསླུབས་ཤིང་དམ་པའི་གདམས་ངག་མེད་པ། ཤེས་རབ་དང་བྲལ་ཞིང་བདུད་ཀྱི་བར་ཆད་ཀྱིས་ཁྱེར་བ། ཚེ་འདིའི་འདོད་ཡོན་ལ་སྲེད་པས་ངོ་ཚ་ཁྲེལ་མེད་ལ་ཡོན་ཏན་དུ་བྱས་ནས་མི་ཚེ་རྩིལ་པོ་གཏི་མུག་གམ། ཅང་མེད་བསྒོམ་པ་དུད་འགྲོ་ལྟ་བུ་ཞིག་གི་མདུན་དུ་ཆོས་བརྒྱུད་ཀྱི་ཚིག་རེ་ཉན་ཞིང་། ཀུན་སྤྱོད་ཕྱི་ཕག་ལྟར་རོལ་པ་འདི་དག་བླང་དོར་ཤེས་པ་ཅིག་གིས་ལྟོས་དང་། གཏམ་དྲང་པོར་སྨྲས་ན་མཚང་ལ་ཕོག །མ་སྨྲས་ན་སེམས་ཅན་འདི་རྣམས་ལ་སྙིང་བརྗེ་བས་མི་བཟོད་པར་འདུག །དེས་ན་ཅུང་ཟད་སྨྲས་པ་ཡིན། །ལོག་པའི་ལམ་དུ་ཞུགས་པའི་སེམས་ཅན་འདི་རྣམས་ལ་གཟིགས་དང་ཞེས་ཐུགས་ཤིན་ཏུ་སྐྱོ་ནས་སྤྱན་ཆབ་མང་དུ་ཤོར་ཞིང་། མཆོད་པ་བཟང་པོ་བཤམས་ནས་གསོལ་བ་བཏབ་པས། གླང་པོ་ཆེ་དཀར་པོ་མཆེ་བ་དྲུག་ལྡན་ལུས་གསེར་གྱི་དྲིལ་བུ་དང་རིན་པོ་ཆེའི་རྒྱན་གྱིས་བརྒྱན་པའི་སྟེང་དུ་རྗེ་རིན་པོ་ཆེ་སྟར་གྱི་དབྱིབས་ཇི་ལྟ་བར་བྱོན་ནས། བུ་སེམས་མི་དགའ་བ་མི་དགོས། བླ་མ་(༩༥༥ན) དྲན་ན་སྟར་བསགས་ཀྱི་སྡིག་པ་འདག་ཅིང་བསོད་ནམས་ཀྱི་ཚོགས་གསོག་པ་ཡིན། ངེད་རང་དཔོན་སློབ་ཀྱི་མདུན་མ་ལེགས། རྗེ་བཙུན་མི་ལས་ཀྱང་བླ་མ་དྲན་ནས་བླ་མ་དྲན་མགུར་མཛད་པ་ཡིན། ངའི་བསྟན་པ་རྒྱས་པར་གྱིས་གསུང་། ཡང་ལན་ཅིག་ལྟ་བ་དང་བསྐྱེད་རྫོགས་ཀྱི་གནད་ཞྲ་བ་ཅིག་ལ་ཐེ་ཚོམ་བྱུང་ནས་བདག་གི་བླ་མ་དེ་བཞུགས་ན་ཞུ་བ་ཡིན་པ་ལ། ད་ཐག་ཆོད་པའི་ཞུ་ས་གཞན་ནི་མེད་སྙམ་དུ་དགོངས་ནས་མཆྭལ་ཕྱུལ་ནས་གསོལ་བ་བཏབ་པས། གསེར་གྱི་ཁྲི་རིན་པོ་ཆེའི་རྒྱན་གྱིས་སྤྲས་པ་ཞིག་ལྟའི་བུ་མང་པོས་བཏེག་པའི་སྟེང་དུ་རྗེ་བླ་མ་བཞུགས་པ་དངོས་སུ་བྱོན་ནས། ངའི་སྔགས་མཚན་ཉིད་ཀྱི་ལམ་རིམ་གཉིས་ཀྱིས་གཙོ་བྱས་པའི་ཡིག་ཆ་རྣམས་ལྟོས་དང་ཁ་ཆེམས་ཀྱི་ཚབ་ཡིན་གསུངས་ནས་གང་ལ་ཐེ་ཚོམ་བྱུང་བའི་ལྟ་བ་དང་བསྐྱེད་རྫོགས་ཀྱི་དཀའ་གནད་རྣམས་ཞིབ་ཏུ་གསུངས་ཤིང་དབང་རྗེས་གནང་ཁ་ཡར་གནང་། ཡང་སྐབས་

ཤིག་ཏུ་རྗེའི་གསུང་རབ་རྣམས་ཀྱིས་ཐུགས་གྲོགས་ནས། སྡེ་སྣོད་གསུམ་དང་རྒྱུད་སྡེ་བཞིའི་གསུང་རབ་དགོངས་འགྲེལ་དང་བཅས་པའི་དགོངས་དོན་ལམ་གྱི་གོ་རིམ་གྲངས་ངེས། ཤིང་རྟའི་སྲོལ་འབྱེད་རྣམས་ཀྱི་བཞེད་པ་ཇི་ལྟར་ཡིན་པ་དང་། ཁྱད་པར་སྒྱུ་ལུས་འོད་གསལ་སོགས་ཟབ་ལམ་གྱི་རྣམ་གཞག །དེ་ཡང་། འདུལ་བ་ནས་བཟུང་སྔེ་ཤིན་ཏུ་སྤྲོས་མེད་ཀྱི་བར་ཐམས་ཅད་གང་ཟག་གཅིག་འཚང་རྒྱ་བའི་ཐབས་(༩༥༥བ)སུ་ཧྲིལ་གྱིས་དྲིལ་ནས་སྟོན་ཅིང་ལམ་གྱི་ལུས་ཡོངས་སུ་རྫོགས་པ་འདི་ལྟ་བུ་སྟོན་པ་ངའི་བླ་མ་ཙོང་ཁ་པ་ཆེན་པོ་མ་གཏོགས་རྒྱ་བོད་གང་དུ་ཡང་མ་བྱུང་འདུག་སྙམ་པའི་དད་པ་ཆེན་པོ་འཕྲུངས་ནས། གསོལ་བ་དྲག་ཏུ་བཏབ་པས། རྗེ་རིན་པོ་ཆེ་སེང་གེ་ལ་ཆིབས་པ། སྐུ་མདོག་དམར་སེར་རལ་གྲི་དང་གླེགས་བམ་འཛིན་པ་གཞོན་ནུ་རལ་པའི་ཐོར་ཚུགས་དང་རིན་པོ་ཆེས་བརྒྱན་པའི་རྗེ་བཙུན་འཇམ་དབྱངས་ཀྱི་ཆ་བྱད་དུ་བྱོན་ནས། ངའི་བུ་སེམས་མི་དགའ་བ་བྱ་མི་དགོས་སྤྱིར་སེམས་ཅན་གྱི་རིགས་ལ་སྣ་ཚོགས་འོང་། ཁྱད་པར་ད་ལྟ་སྙིགས་མའི་དུས་སུ་མི་རྟག་པ་དང་ངན་སོང་གི་སྡུག་བསྔལ་མ་དྲན་པས་རྙེད་བཀུར་སོགས་ལ་ཞེན་ཅིང་ཚེ་འདིའི་མདུན་མ་བསྒྲུབས་ནས་ཕྱི་མའི་དོན་ལྟ་ཞོག་ཚེ་ཕྱི་མ་ཇི་ལྟར་འགྱུར་སྙམ་པའང་དཀོན། ཆོས་བྱེད་འདོད་ཙུང་ཟད་ཡོད་ཀྱང་ཕྱི་བཤོལ་དུ་སོང་། ཆོས་བྱེད་པར་ཤོམ་པ་ཚོ་ཡང་བཤེས་གཉེན་མཚན་ཉིད་དང་ལྡན་པ་རྙེད་དཀའ་ཞིང་། དེའི་ལེགས་བཤད་གོ་བར་དཀའ། ཤེས་ཀྱང་ཚེ་འདི་བློས་བཏང་ནས་སྒྲུབ་པ་སྙིང་པོར་བྱེད་པ་ཉིན་མོའི་སྐར་མ་ལས་དཀོན་པར་འདུག །ཁོ་བོ་བླ་མ་དང་ཡི་དམ་ལ་གསོལ་བ་བཏབ་ནས་ཚོགས་བསགས་སྒྲིབ་པ་སྦྱངས་གཞུང་ལུགས་ཀྱི་དོན་ལ་བརྟགས་ཤིང་མཐའ་དཔྱད་པའི་ལེགས་བཤད་རྣམས་བལྟས་ལ་ཡིད་ཆེས་པར་བྱས་ནས་ཉམས་སུ་བླངས་ན་སངས་རྒྱས་ལག་མཐིལ་དུ་རྙེད་པ་ལྟར་ཐོབ་སླ་བར་ཡོད་ཀྱང་བྱེད་མཁན་ཉུང་། འོན་ཀྱང་སྟོད་རུང་(༩༥༦ན)གི་གདུལ་བྱ་རེ་གཉིས་བྱུང་ན་དེ་དག་ལ་

ཕན་པར་གྱིས། ཁྱད་པར་སྔགས་ཀྱི་གཞུང་རྣམས་རྒྱས་པར་གྱིས་དང་སྐྱེ་བ་ཕྱི་མ་འཕྲད་པ་ཡིན་གསུངས། ཡང་སྐབས་ཤིག་ཏུ་མྱུར་མཛད་ཡེ་ཤེས་ཀྱི་མགོན་པོ་འཁོར་བཅས་བྱོན་ཏེ་ཞལ་ནས་ཤྭ་ས་ནའི་སྔགས་འདྲེན་ཞིང་བསྐོར་བ་བྱས་ཏེ། ཁྱོད་ཀྱིས་ངའི་སྒྲུབ་སྐོར་ལས་ཁ་ཆར་དང་བཅས་པ་ཚང་བར་རྩོམས་ཤིག་གསུང་བ་ཞིག་བྱུང་བས། མགོན་པོའི་བེའུ་བུམ་ཆ་ལག་དང་བཅས་པ་མཛད་དོ། །

དེ་ནས་ལྕགས་མོ་ཕག་གི་ལོ་རྒྱལ་ཚབ་ཐམས་ཅད་མཁྱེན་པ་གནས་སྙིང་དུ་ཕེབས་པ་མཇལ་བར་བྱོན་པས་རྒྱལ་ཚབ་རིན་པོ་ཆེས་མཁས་གྲུབ་རིན་པོ་ཆེ་ལ་དགའ་ལྡན་གྱི་གདན་ས་བྱེད་དགོས་པའི་བཀའ་གནང་བ་བཞིན་ཡབ་སྲས་ལྷན་དུ་དབུས་སུ་བྱོན། འཇམ་དབྱངས་ཆོས་རྗེ་སོགས་འབྲས་སྤུངས་ཀྱི་དགེ་འདུན་ཚང་མས་ཡབ་སྲས་གཉིས་ཀ་ལ་གུས་འདུད་བླ་མེད་མཛད་ཅིང་ཆོས་ཀྱི་བཀའ་དྲིན་ཞུས། དེ་ནས་དགའ་ལྡན་དུ་ཕེབས་པ་ན་གནས་བརྟན་རིན་ཆེན་རྒྱལ་མཚན་པས་གཙོས་དགའ་ལྡན་གྱི་དགེ་འདུན་ཚང་མས་ཞབས་སྤྱི་བོར་བླངས་ཏེ་གུས་པ་བླ་མེད་མཛད་ཅིང་། རྒྱལ་ཚབ་ཐམས་ཅད་མཁྱེན་པ་ཐུར་བཞུགས་མཛད་དེ། མཁས་གྲུབ་ཐམས་ཅད་མཁྱེན་པ་གསེར་ཁྲིར་ཕེབས་ཏེ་རྒྱལ་ཚབ་ཏུ་མངའ་གསོལ། དེ་ནས་རྗེ་བླ་མའི་གདན་ས་ལུགས་གཉིས་ཀྱི་སྒོ་ནས་ལེགས་པར་བསྐྱངས་ཏེ། (༩༥༨བ)ལོ་རེ་བཞིན་ལམ་རིམ་གྱི་ཁྲིད་རྒྱས་པ་རེ་དང་གཞན་ཡང་དབང་ལུང་མན་ངག་མཐའ་ཡས་པ་སྩལ་ཞིང་རྒྱལ་བ་གཉིས་པའི་བསྟན་པ་རིན་པོ་ཆེ་མི་ནུབ་པའི་རྒྱལ་མཚན་བཙུགས། ཆོས་ཀྱི་འཁོར་ལོ་བསྐོར། ཆོས་ཀྱི་སྒྲ་དབྱངས་ཆེན་པོ་བསྒྲགས་ཏེ་སྨྲ་བ་ངན་པ་ཐམས་ཅད་ཚར་བཅད། རྗེ་བླ་མའི་བསྟན་པ་རྒྱལ་མཚན་གྱི་རྩེ་མོའི་ཡིད་བཞིན་གྱི་ནོར་བུ་ལྟར་གུས་པས་མཆོད་ཅིང་། རྣམ་པ་ཀུན་ནས་བསྲི་བསླད་མེད་པར་རྣམ་པར་དག་པ་འཛིན་པས་འཛིན་མའི་ཁྱོན་ཀུན་ཁྱབ་པ་མཛད། གསེར་གདུང་གི་དབུ་ཐོག་ཏུ་གསེར་ཕིབས་གསར་བསྐྲུན་སོགས་སྲི་ཞུ་ཕུ་དུད་

བླ་ན་མེད་པ་མཛད། དགའ་ལྡན་དུ་ཤིང་རྟ་ཆེན་པོའི་གཞུང་ལུགས་རྣམས་ལ་བཤད་གྲྭ
གསར་འཛུགས་མཛད་དེ། མཁས་པ་ཆེན་པོ་ཤཱཀྱ་ཤྲཱི། སྟོན་པ་དཔལ་ལྡན་པ། བླ་མ
ཡར་འབྲོག་པ། རྗེ་ཆོས་གྲགས་པ་དང་བཞི་སློབ་དཔོན་དུ་བསྐོས་ནས་མཚན་ཉིད་ཀྱི
བཤད་གྲྭ་བཙུགས་ཏེ་ཆེས་ཆེར་དར་བར་མཛད་དོ། །མཁས་གྲུབ་རིན་པོ་ཆེ་འདི་ནི་སྐུ
དང་སྲོག་ལའང་བལྟོས་པ་མེད་པར་འཇམ་མགོན་བླ་མའི་བསྟན་པ་འཛིན་པ་ལ་རྣམ
པ་ཀུན་ཏུ་གཡེལ་བ་མེད་པ་ཞིག་སྟེ། དགའ་ལྡན་དུ་བཞུགས་སྐབས་སྒོམ་འཁོར་སྒང
ནས་གདན་འདྲེན་གྱི་ཞུ་བ་ནན་ཆེར་བྱུང་ཡང་རྗེ་རིན་པོ་ཆེའི་བསྟན་པའི་སྲོག་ཤིང
འཛིན་པ་ལ་སྐད་ཅིག་ཀྱང་མི་གཡེལ་བར་གཞན་གྱི་བསྐུལ་བཀུར་གྱི་ཕྱིར་འབྱོན་པར
མ་མཛད་པར།

ཨོཾ་སྭསྟི། དགེ་བའི་བཤེས་གཉེན་ཤེས་རབ་བཟང་པོ་བདེ་བར་འདོད་(༤༥༧ན)
པའི་གནས་སུ་ཕྱིན་ཏེ། ཁོ་བོ་ལ་འཕྲིན་ཡིག་དགོས་པ་ཆེན་པོའི་གཏམ་རྒྱུ་མཚན་དུ
མས་བསྐྱེད་པ་དང་བཅས་པ་བསྐུར་བ་དང་། གཞན་ཡང་བཤེས་གཉེན་བགྲེས་པ་རྣམས
ཀྱིས་ཐུན་མོང་དུ་བསྐྱེད་པའི་ཡི་གེ་དར་ཡུག་བདུན་གྱི་རྟེན་དང་བཅས་པ་མངགས་པའི
དགེ་བཤེས་གཉིས་ཀྱིས་འཁྱོད་པས་ཡིད་སིམ། བརྗོད་པར་བྱ་བ་ནི། ཡབ་རྗེ་དམ་པའི
བཀའ་སྲོལ་ བླ་མེད་པ། །ཡོངས་སུ་རྫོགས་པའི་བསྟན་པའི་ཁུར་ཆེན་ནི། །ཤིན་ཏུ་ལྕི
བས་བདག་སྙིང་ཅི་ཡང་ནོན། །འོན་ཀྱང་ངལ་བའི་འདུ་ཤེས་མཆིས་མ་ལགས། །དེ
ཕྱིར་སྟོན་ཆད་ཐུབ་བསྟན་ཉི་མའི་འོད། །གང་དུ་བྲལ་བའི་མཐའ་འཁོབ་མུན་གླིང་དུ། །
དྲི་མེད་བསྟན་པའི་སྒྲོན་མེ་འཛུགས་པ་ལའང་། །བདག་ནི་ནམ་ཡང་ཞུམ་པ་མ་མཆིས
མོད། །དེ་ལྟ་ན་ཡང་གངས་ཅན་བསྟན་པའི་གཞི། །སྐྱེས་མཆོག་དུ་མས་གང་དུ་བཙུགས
པའི་གནས། །ད་ལྟའང་དམ་ཆོས་མ་ལུས་འབྱུང་བའི་ཁུངས། །དབུས་གཙང་དག་པའི
ཞིང་ཞེས་གྲགས་མོད་ཀྱི། །ལེགས་པར་བརྟགས་ན་བསྟན་པའི་གཟུགས་བརྙན་ཙམ། །

འདི་ཡང་སྣུམ་ཟད་མར་མེ་ཧི་བཞིན་གྱུར། །ཐུབ་པའི་གཅེས་མཛོད་གང་ཡིན་རྣ་ལྟར་འདོར། །བློ་ངན་ལོག་པའི་གཞུང་ལུགས་ཉིན་བཞིན་འཕེལ། །རང་དགར་སྤྱོད་པ་བདུད་ཀྱི་ཕོ་ཉ་ནི། །མང་པོས་བཀུར་བའི་བཤེས་གཉེན་ཚུལ་འཛིན་པ། །བསྟན་པའི་རྒྱལ་མཚན་སྙིལ་ལ་ཆེར་(༩༥༧བ)བརྩོན་པའི། །དཔུང་ཚོགས་དུ་མས་ཐ་གྲུ་ཀུན་ཏུ་ཁྱབ། །ཚུལ་འདིར་གྱུར་ཀྱང་བློ་གྲོས་མིག་ལྡན་པ། །ཆོས་དང་ཆོས་མིན་འབྱེད་ལ་མ་ཞུམ་པའི། །བསྟན་པའི་ཁུར་འཛིན་བཤེས་གཉེན་ཆེས་ཆེར་དཀོན། །དེ་བས་དེ་རྗེས་འཇུག་པའང་ཤིན་ཏུ་དཀོན། །ཚུལ་འདི་ཡིད་ལ་ཤིན་ཏུ་བརྟག་དཀའ་ནས། །བདག་ཀྱང་འབད་པ་དུ་མས་བསྟན་པའི་ཁུར། །ཡབ་རྗེ་དམ་པའི་རིངས་ལུགས་ཡོངས་རྫོགས་པ། །ཕྱོགས་འདིར་འཛིན་ལ་བློ་གྲོས་ཤིན་ཏུ་འཆེལ། །ཕྱོགས་འདིར་བསྟན་པའི་ལྡོན་ཤིང་རྩ་བ་ནས། །ཆོས་མིན་ཉེས་བཤད་སྔ་རེས་བཅད་པ་ན། །ལན་ཅིག་ཡལ་ག་ཙུང་ཟད་ཕྱོགས་གཞན་དུ། །འཕེལ་ཡང་དགོས་པ་ཆུང་བར་བདག་གིས་མཐོང་། །ད་ལྟ་ཕྱོགས་འདིར་ཆོས་མིན་དཔུང་ཚོགས་དག །ལེགས་བཤད་བསྟན་པའི་རྣ་མཚོན་ཕོ་བོས་འཛིན། །དེ་ཕྱིར་ཕོ་བོས་ཕྱོགས་འདི་གཏང་བ་ན། །ཐུབ་པའི་གཅེས་མཛོད་སུ་ཡིས་འཛིན་པ་སྨྲོས། །དེ་ཕྱིར་ཁྱེད་ཅག་ལྷག་བསམ་དགེ་མོད་ཀྱི། །བདག་གིས་ཁྱེད་ཀྱི་ཇི་ལྟར་བཞེད་པའི་དོན། །ཁས་བླངས་བགྱི་བའི་དམ་བཅའ་རྗེ་མི་ཐོག །དོན་འདི་དགོངས་ནས་རིང་འོངས་སྐྱེ་བོ་ཀུན། །རྣམ་དག་དགོངས་པ་རྫོགས་པའི་བཤེས་གཉེན་མཆོག །ལྷ་སྤྱོད་བཟང་ལྡན་གཞན་ལ་གསོལ་བ་ཐོབ། །བདག་ལ་ཁྱེད་ཀྱིས་བཟོད་པའི་བཀའ་དྲིན་མཛོད། །འདི་ཡི་གནས་ལུགས་དགེ་བཤེས་རྣམས་ལ་གསལ། །ཕྱོགས་དུས་ཀུན་ཏུ་བཀྲ་ཤིས་འཕེལ་གྱུར་ཅིག །ཅེས་སྤྱོམ་འབོར་སྐད་དུ་ཆོས་བར་ལ་འོང་བར་རིགས་སོ་ཞེས་བསྐུལ་(༩༥༨ན)བའི་ལན་དུ་བཙུན་པ་དགེ་ལེགས་དཔལ་བཟང་པོས་སྨྲས་པའོ། །ཞེས་གསུངས་སོ། །

དེ་ནས་དུས་ནམ་ཞིག་ན་རྗེ་ཐམས་ཅད་མཁྱེན་པ་དྲན་ནས། ངའི་བླ་མ་གང་ན

བཞུགས་ཡོད་སྐམ་དུ་སྐྱ་ལུས་འདར་བ་དང་། བ་སྤུ་གཡོ་ཞིང་སྤྱན་ཆབ་དང་བཅས་ནས། རྗེ་བཙུན་རྡོ་རྗེ་འཆང་། སེམས་ཅན་དམུ་རྒོད་ཀྱི་སྤྱོད་པ་ལ་གཟིགས་ཤིག །ཁྱེད་ཀྱི་བསྟན་པ་ཡང་མྱུར་དུ་སྟོད་པ་འདྲ། ཁོ་བོ་བླ་མ་ཁྱེད་ཀྱི་དྲུང་དུ་ནམ་ཞིག་འོང་། ཞེས་གསོལ་བ་དྲག་ཏུ་བཏབ་པས། རྗེ་རིན་པོ་ཆེ་སྟག་ཆེན་པོ་འཇིགས་སུ་རུང་བ་ཞིག་ལ་ཆིབས་ནས་རྣལ་འབྱོར་པའི་ཆ་ལུགས་སྐུ་མདོག་དམར་པོ་སྤྱན་དང་ཤངས་ཆེ་བ། སྟུམ་ཞིང་བཀྲག་པ་ཕྱག་གཡས་རལ་གྲི་ནམ་མཁའ་ལ་འཕྱར་ཞིང་། གཡོན་ཀ་པཱ་ལ་བདུད་རྩིས་གང་བ་ཐུགས་ཀར་བཟུང་བ། གྲུབ་ཆེན་བརྒྱད་ཅུས་བསྐོར་བ་ཞིག་བྱོན་ནས། བུ་སྙིང་མི་དགའ་བ་བྱ་མི་དགོས། ངས་ཁྱོད་བཞག་ནས་གང་དུ་ཡང་མི་འགྲོ། ང་དྲན་ན་ང་ཡི་ཡིག་ཆ་འདི་རྣམས་ལྟོས། ང་དངོས་སུ་ཡོད་ཀྱང་འདི་ལས་སླ་རྒྱུ་གཞན་མེད། སེམས་ཅན་རྣམས་བསོད་ནམས་ཆུང་དུར་སོང་ཉོན་མོངས་རགས་བསྟན་པའི་མཇུག་སྟོད་པའི་འགོ་ཡང་བརྩམས་འདུག །ཁྱོད་རང་ཡང་མཁའ་སྤྱོད་དུ་འོང་བའི་འདུན་པ་ཐོངས་གསུངས། དེ་ནས་མི་རིང་བ་ན་ད་རང་འགྲོ་བའི་འདུན་པ་བྱས་ན་ལེགས་པ་འདྲ་སྙམ་དུ་དགོངས་ནས་གསེར་གྱི་མཎྜལ་དང་བཅས་གསོལ་བ་བཏབ་པས། རྗེ་རིན་པོ་ཆེ་སྔར་གྱི་ཇི་ལྟ་བ་བཞིན་དུ་སྤྲིན་དཀར་པོ་ཞིག་གི་ནང་དུ་བྱོན་ནས། བུ་ད་ནི་མྱུར་དུ་འོང་བའི་གྲབས་གྱིས་(༩༥༢བ)བདག་གིས་བསུ་མཁན་གཏོང་གསུངས། དེའི་ཚེ་རྗེ་རིན་པོ་ཆེ་ད་ལྟ་གང་དུ་བཞུགས་བདག་ཀྱང་དེར་འོང་ལགས་ཞུས་པས། སྤྱིར་ངའི་སྤྲུལ་པ་དགའ་ལྡན་མཁའ་སྤྱོད། འཛམ་བུའི་གླིང་སོགས་སུ་མང་། ད་ལྟ་རྒྱ་ནག་རི་བོ་རྩེ་ལྔར་དགེ་སློང་རྡོ་རྗེ་འཛིན་པ་སྟོང་ཕྲག་བརྒྱད་བརྒྱ་རེ་ཙམ་ལ་སྔ་དྲོ་དབུ་མ་དང་ལམ་རིམ། ཕྱི་དྲོ་བདེ་གསང་འཇིགས་གསུམ་གྱི་བསྐྱེད་རྫོགས་འཆད་ཀྱིན་ཡོད་ཁྱོད་རང་ཡང་དེར་འོང་བའི་འདུན་པ་ཐོངས། རིང་པོར་མི་ཐོགས་པར་ཕྲད་པ་ཡིན་གསུང་། འོ་ན་གདུལ་བྱ་གཞན་གྱིས་གསོལ་བ་བཏབ་ན་ཞིང་དེར་སྐྱེ་ཞིང་གསུང་གི་བདུད་རྩི་མྱོང་ངམ་ཞུས་པས།

ཁོ་བོ་དང་རྗེ་བཙུན་འཇམ་དབྱངས་དབྱེར་མེད་དུ་གསོལ་བ་བཏབ་ན་རྗེས་སུ་འཛིན་ཅིང་ཞིང་དེར་སྐྱེ་ཡང་དེ་ལྟར་བྱེད་མཁན་མེད་པས་ལན་གསུངས་པས། རྗེ་རིན་པོ་ཆེ་དང་རྗེ་བཙུན་གྱིས་རྗེས་སུ་འཛིན་པའི་རྒྱུ་ལ་ཇི་ལྟར་དགོས་ཞུས་པས། རྒྱུ་ཐུན་མོང་མ་ཡིན་པ་ནི། ངེས་འབྱུང་དང་བྱང་ཆུབ་ཀྱི་སེམས་དང་ལྟ་བ་རྣམ་པར་དག་པ་གསུམ་རྒྱུད་ལ་བསྐྱེད་ཅིང་བླ་མ་དང་རྗེ་བཙུན་འཇམ་པའི་དབྱངས་དབྱེར་མེད་པ་ལ་རྩེ་གཅིག་ཏུ་མོས་པ་ཅིག་དགོས་གསུངས། གཞན་ཇི་ལྟར་བསྒྲུབ་དགོས་ལགས་ཞུས་པས། ང་དང་རྗེ་བཙུན་གྱི་སྐུ་གསུང་ཐུགས་རྟེན་བཞེངས། བླ་མ་དང་རྗེ་བཙུན་འཇམ་པའི་དབྱངས་དབྱེར་མེད་འབྲལ་མི་རུང་དུ་གསོལ་བ་བཏབ། བསྟོད་པ་དང་། སྨོན་ལམ་ཚིག་ཙམ་མིན་པར་འདེབས། ལས་འབྲས་ལ་ཡིད་ཆེས་དང་སྟོབས་བཞིའི་བཤགས་བསྡམ་ལ་འབད་པར་བྱས་ན་རྗེས་སུ་འཛིན་པར་ཐེ་ཚོམ་མེད་གསུང་། དེའི་ཚེ། རྗེ་བཙུན་བླ་མ་བློ་བཟང་གྲགས་པའི་དཔལ། །མོས་གུས་སྙིང་ནས་(༤༥༩ན)ཡིད་ཀྱིས་གསོལ་འདེབས་ན། །མགོན་ཁྱོད་གང་དུ་བཞུགས་པའི་ཞིང་ཁམས་དེར། །བདག་ཀྱང་མྱུར་དུ་འོང་བར་བྱིན་གྱིས་རློབས། །ཞེས་སྨོན་ལམ་བཏབ་བོ། །

དེ་ནས་སྐུ་ཚེ་འདིའི་དངོས་ཀྱི་གདུལ་བྱ་རྫོགས་ནས་རྗེ་རིན་པོ་ཆེའི་ཞབས་དྲུང་དུ་འབྱོན་པར་དགོངས་པའི་ཚེ་མྱུར་མཛད་ཡེ་ཤེས་ཀྱི་མགོན་པོ་བྱོན་ནས་བསྟན་པའི་བདག་པོ་ཁྱེད་མེད་ན་རྗེའི་བསྟན་པ་སུས་འཛིན་ཞེས་དང་། མགོན་པོ་ཞལ་བྱོན་ནས། རྗེ་དང་མགོན་པོ་ཀླུ་སྒྲུབ་ལ་ཁྱད་མེད། ཁྱོད་མེད་ན་ཀླུ་སྒྲུབ་ནས་བརྒྱུད་པའི་རྗེ་བླ་མའི་ལྟ་བ་རྣམ་དག་སུས་འཛིན། །ཁ་ལྟ་མཁན་མང་སྟེ་ཞེས་ཞལ་ནམ་མཁའ་ལ་གཟིགས་སོ། །དེ་ནས་དམ་ཅན་ཆོས་རྒྱལ་འཁོར་དང་བཅས་པ་བྱོན་ནས། བདག་ཅག་རྣམས་རྗེ་བླ་མའི་བཀའ་སྡོད་ཐུན་མོང་མ་ཡིན་པར་གཤིན་རྗེ་གཤེད་ཀྱིས་བཀའ་བསྒོས་པ་ཡིན། རྗེ་བླ་མས་བདག་ཅག་རྣམས་ཉིད་བསྲུ་བ་ལ་བཏང་བ་ཡིན་ཟེར་བ་དང་། ལྷའི་བུ་མང

པོ་གདུགས་དང་རྒྱལ་མཚན་དང་བ་དན་ལ་སོགས་པ་མཆོད་རྫས་མང་པོ་ཕྱིར་ནས་བསུ་བ་སོགས་ཞིང་གཞན་དུ་འབྱོན་པའི་ལྟས་ངོ་མཚར་བ་མང་དུ་བྱུང་ཞིང༌། དགུང་ལོ་ང་བཞིར་ཕེབས་པ་ས་ཕོ་རྟའི་ལོ་ཧོར་ཟླ་གཉིས་པའི་ཚེས་ཉེར་གཅིག་ལ་དགའ་ལྡན་ཁྲི་ཐོག་ཏུ་སྐུའི་བཀོད་པ་བསྟུས་ཏེ་བུ་ཡ་ཁྱིམ་དུ་འགྲོ་བ་ལྟར་དགའ་བཞིན་སྤྲོ་བཞིན་དུ་དགའ་ལྡན་ཆོས་ཀྱི་ཕོ་བྲང་དུ་མི་ཕམ་འཇམ་དཔལ་སྙིང་པོའི་ཞབས་དྲུང་དུ་ཕེབས་སོ། །

དེ་ནས་སྐུ་གདུང་ཞུགས་ལ་ཕུལ་བས་གདུང་རིང་བསྲེལ་མང་དུ་བྱོན་པ་རྣམས་དངུལ་དཀར་ལས་གྲུབ་པའི་རྣམ་རྒྱལ་མཆོད་རྟེན་བཞེངས་ཏེ་དེའི་ནང་དུ་བཞུགས་ནས་དགའ་ལྡན་རྣམ་པར་རྒྱལ་བའི་གླིང་དུ་འགྲོ་བའི་བསོད་ནམས་ཀྱི་ཞིང་དུ་བཞུགས་སོ། །མཁས་གྲུབ་བདག་ཉིད་ཆེན་པོ་འདིས་ཕྱི་རབས་ཀྱི་གདུལ་བྱ་རྣམས་ཀྱི་དོན་དུ་བསྟན་བཅོས་མཛད་པ་ནི་རྗེ་བདག་ཉིད་ཆེན་པོའི་ངོ་མཚར་རྨད་དུ་བྱུང་བའི་རྣམ་པར་ཐར་པ་དད་པའི་འཇུག་ངོགས། རྗེ་བདག་ཉིད་ཆེན་པོའི་གསང་བའི་རྣམ་ཐར་རིན་པོ་ཆེའི་སྙེ་མ། རྗེ་བདག་ཉིད་ཆེན་པོའི་དགོངས་པ་ལྟར་དྲི་མ་མེད་པའི་རིགས་པའི་ལམ་སྲོལ་གསལ་བར་བྱེད་པའི་བསྟན་བཅོས་ཚད་མ་རྣམ་འགྲེལ་གྱི་ཊཱི་ཀ་ཆེན་རིགས་པའི་རྒྱ་མཚོ། ཤེས་རབ་ཀྱི་ཕ་རོལ་ཏུ་ཕྱིན་པའི་མན་ངག་གི་བསྟན་བཅོས་མངོན་པར་རྟོགས་པའི་རྒྱན་གྱི་འགྲེལ་པའི་རྣམ་བཤད་རྟོགས་དཀའི་སྣང་བ། སྟོང་ཐུན་སྐལ་བཟང་མིག་འབྱེད། བྱང་བདག་པོ་ནང་སོ་རྣམ་རྒྱལ་གྲགས་པའི་དྲིས་ལན་རྒོལ་ངན་ཚར་གཅོད། ཕྱིན་ཅི་ལོག་གི་གཏམ་གྱི་སྦྱོར་བ་ལ་ཞུགས་པའི་སྨྲ་བ་ངན་པ་རྣམ་པར་འཐག་པའི་བསྟན་བཅོས་གནམ་ལྕགས་འཁོར་ལོ། ཚད་མ་སྡེ་བདུན་གྱི་རྒྱན་ཡིད་ཀྱི་མུན་སེལ། མངོན་སུམ་ལེའུ་ཊཱིཀྐ་རྗེའི་གསུང་བཞིན་བཀོད་པ། དམ་བཅའ་བརྒྱ་པ། ཡིག་རིགས་དྲུག་ཅུ་རྩ་བཞིའི་རྣམ་གྲངས། སྡོམ་པ་གསུམ་གྱི་རྣམ་པར་བཞག་པ་མདོར་བསྡུས་ཏེ་གཏན་ལ་དབབ་པའི་རབ་ཏུ་བྱེད་པ་ཐུབ་བསྟན་རིན་པོ་ཆེའི་བྱི་དོར། བྱང་སེམས་དང་

རིག་པ་འཛིན་པའི་ཕྲིར་བཅོས། སྟོམ་པ་ཉི་ཤུ་པ། རྫ་(༩༥༠ན)ལྷུང་བཅུ་བཞི་པ། སྡོམ་པོ་བརྒྱད་པ་དང་བཅས་པའི་རྣམ་བཤད་སྔགས་བྱང་སེམས་ཀྱི་བསླབ་བྱ་མདོར་བསྡུས། དཔལ་གསང་བ་འདུས་པའི་མངོན་རྟོགས་ཀྱི་ལྷན་ཐབས། གསང་བ་འདུས་པའི་མདུན་བསྐྱེད་ཀྱི་ལྷན་ཐབས། གསང་བ་འདུས་པའི་དཀྱིལ་ཆོག་གི་ལྷན་ཐབས། འདུས་པའི་རྡོ་རྗེ་སེམས་དཔའ་མཉེས་པར་བྱེད་པའི་ཚོ་གའི་ངག་འདོན། གསང་བ་འདུས་པའི་རྫོགས་རིམ་ཟིན་བྲིས། གསང་འདུས་འཇམ་པའི་རྡོ་རྗེ་ལྷ་བཅུ་དགུའི་སྒྲུབ་ཐབས་ཀྱི་ལྷན་ཐབས། དཔལ་རྡོ་རྗེ་འཇིགས་བྱེད་ཀྱི་བསྐྱེད་རིམ་ཆེན་མོ། འཇིགས་བྱེད་ཀྱི་བསྲུང་འཁོར། གཤིན་རྗེ་ཆོས་ཀྱི་རྒྱལ་པོའི་གཏོར་ཆོག་བར་ཆད་ཀུན་སེལ། བཅོམ་ལྡན་འདས་འཁོར་ལོ་བདེ་མཆོག་ཡབ་ཡུམ་ལ་མངོན་པར་བསྟོད་པའི་རབ་ཏུ་བྱེད་པ། དཔལ་འཁོར་ལོ་བདེ་མཆོག་ལཱུ་ཨི་པའི་ལུགས་ཀྱི་དཀྱིལ་འཁོར་གྱི་ཆོ་ག་བདེ་ཆེན་རོལ་མཚོ། དཔལ་ཀྱཻ་རྡོ་རྗེ་ལྷ་དགུའི་དཀྱིལ་འཁོར་གྱི་འཁོར་ལོ་སྒྲུབ་པའི་ཐབས་འཕྲུལ་བ་སྤོང་བ། ཀྱཻ་རྡོ་རྗེའི་ཟུར་འདེབས་ཀྱི་ཆོ་ག །ཀྱཻ་རྡོ་རྗེའི་མཆོད་ཕྲེང་སྨོན་ལམ་ཤིས་བརྗོད་དང་བཅས་པ། དུས་ཀྱི་འཁོར་ལོའི་ཉེ་བར་མཁོ་བའི་ཟུར་འདེབས། དགེ་བའི་བཤེས་གཉེན་བསོད་ནམས་རྒྱལ་མཚན་གྱི་དྲིས་ལན། ཐལ་ལྡོག་གི་དཀའ་གནས་དྲིས་ལན། དགེ་བའི་བཤེས་གཉེན་སངས་རྒྱས་རིན་ཆེན་གྱི་དྲི་བའི་ལན། ལྷ་བའི་ཞལ་ཤེས་ཡིག་ཆུང་། ཟབ་མོ་རྡོ་རྗེ་ཐེག་པའི་རྣལ་འབྱོར་ལ་འཇུག་པའི་ལམ་བསྟན་པ་(༩༥༠བ)སྟོང་ཕྲག་བཅུ་གཉིས་པ་དྲི་མ་མེད་པའི་འོད་ཀྱི་དཀའ་བའི་གནས་རྣམ་པར་འབྱེད་པའི་བརྗེད་བྱང་། འདོད་ཁམས་དབང་ཕྱུག་མ་ལ་བསྟོད་པ། དཔལ་དུས་ཀྱི་འཁོར་ལོའི་འགྲེལ་ཆེན་དྲི་མ་མེད་པའི་འོད་ཀྱི་རྒྱ་ཆེར་བཤད་པ་ལས་འཇིག་རྟེན་ཁམས་ལེའི་འགྲེལ་བཤད། འགྲེལ་ཆེན་དྲི་མེད་འོད་ཀྱི་ནང་ལེའི་འགྲེལ་བཤད། འགྲེལ་ཆེན་དྲི་མེད་འོད་ཀྱི་དབང་ལེའི་འགྲེལ་བཤད། དཔལ་དུས་ཀྱི་འཁོར་ལོའི་འགྲེལ་ཆེན་དྲི་མེད་འོད་ཀྱི་རྒྱ་ཆེར་

བཤད་པ་ལས་སྒྲུབ་ལེའི་འགྲེལ་བཤད། གསན་ཡིག །གསུང་ཐོར་བུ། དཀྱིལ་འཁོར་
གཅིག་ཐུན་བཞིར་བྱེད་ཚུལ་དང་དཀྱིལ་འཁོར་ཐ་དད་པ་ཐུན་བཞི་སྒོམ་ཚུལ་གྱི་རྣམ་
གཞག །བཅོམ་ལྡན་འདས་དུས་ཀྱི་འཁོར་ལོའི་སྐུ་གསུང་ཐུགས་ཡོངས་སུ་རྫོགས་པའི་
དཀྱིལ་འཁོར་གྱི་འཁོར་ལོ་སྒྲུབ་པའི་ཐབས་པདྨ་དཀར་པོའི་ཞལ་ལུང་། བཅོམ་ལྡན་
འདས་དུས་ཀྱི་འཁོར་ལོའི་དཀྱིལ་འཁོར་གྱི་ལྷ་ཚོགས་ལ་མཆོད་པའི་ཆོ་ག་ཀུན་ཏུ་བཟང་
པོའི་མཆོད་སྤྲིན། དཔལ་དུས་ཀྱི་འཁོར་ལོའི་སྐུ་གསུང་ཐུགས་ཡོངས་སུ་རྫོགས་པའི་
ཐིག་གདབ་ཚུལ། དཔལ་དུས་ཀྱི་འཁོར་ལོའི་དཀྱིལ་འཁོར་གྱི་ཆོ་ག་དགོངས་པ་
རབ་གསལ། དུས་འཁོར་གྱི་དབང་བསྐུར་ཚུལ་རྗེའི་གསུང་རྒྱུན་བཞིན་བཀོད་པ། དུས་
འཁོར་གྱི་དྲི་ལན། ས་ལམ་གྱི་རྣམ་གཞག་མཁས་པའི་ཡིད་འཕྲོག །རྒྱུད་ཀྱི་རྒྱལ་པོ་
དཔལ་གསང་བ་འདུས་པའི་བསྐྱེད་རིམ་གྱི་རྣམ་བཤད་དངོས་གྲུབ་རྒྱ་མཚོ། སྦྱོར་བ་
ཡན་ལག་དྲུག་གི་རྩ་ཚིག་དང་(༤༨༡ན)བཅས་པའི་ཟིན་བྲིས། སྦྱོར་བ་ཡན་ལག་དྲུག་
གི་ཁྲིད་ཡིག་གི་སྔོན་འགྲོའི་སྐོར། རྗེ་བཙུན་མར་པའི་སྙན་རྒྱུད་དཔལ་གསང་བ་འདུས་
པའི་ཁྲིད་ཆོས་བསྲེ་འཕོ་སྐོར་གསུམ་དང་ཕྱག་རྒྱ་བསྟེན་ཚུལ་རྩ་ཐིག་རླུང་གསུམ་གྱི་
གེགས་སེལ་བོགས་འདོན་སོགས་ཞལ་ཤེས་ཀྱི་གདམས་པ་རྗེ་བཙུན་ཙོང་ཁ་པ་ཆེན་
པོའི་ཞལ་ལས་བྱུང་བ་ཐུན་མོང་མ་ཡིན་པ་ཤིན་ཏུ་གསང་བ། དཔལ་གསང་བ་འདུས་
པའི་སྒྲུབ་ཐབས་ཀྱི་ཆོ་གའི་ངག་འདོན་ལྷན་ཐབས། དཔལ་གསང་བ་འདུས་པའི་ཞི་རྒྱས་
ཀྱི་སྦྱིན་སྲེག །གསང་འདུས་འཇམ་རྡོར་གྱི་ལྷན་ཐབས། བདེ་མཆོག་དྲིལ་བུ་ལུས་
དཀྱིལ་གྱི་དབང་དུ་བྱས་པའི་བསྐྱེད་རིམ་གྱི་དཀའ་གནས་འགའ་ཞིག །རྡོ་རྗེ་འཇིགས་
བྱེད་ལྷ་བཅུ་གསུམ་མའི་བསྐྱེད་རིམ་རྣམ་པར་བཤད་པ། གཤིན་རྗེ་གཤེད་ཀྱི་འཕྲུལ་
འཁོར་གྱི་ཆོ་གའི་རྣམ་པར་བཤད་པ་ཁམས་གསུམ་ལས་རྣམ་པར་རྒྱལ་བའི་ཉི་འོད།
འཕྲུལ་འཁོར་རྣམ་བཤད་ཆེན་པོའི་ཞལ་ཤེས་ཡིག་ཆུང་དང་ཡང་ཆུང་། བཅོམ་ལྡན་

འདས་དཔལ་ཀྱཻ་རྡོ་རྗེའི་སྒྲུབ་ཐབས་འཁྲུལ་པ་སྤོང་བ། ཀྱཻ་རྡོ་རྗེ་ལྷ་དགུའི་དཀྱིལ་འཁོར་གྱི་ཆོ་ག་བདེ་བ་ཆེན་པོའི་འཇུག་ངོགས། ཀྱཻ་རྡོ་རྗེའི་དཀྱིལ་འཁོར་གྱི་འཁོར་ལོ་མཆོད་པའི་ཆོག་ག །མན་ངག་ཡིད་བཞིན་ནོར་བུ། སྦྱོར་མཛོད་ཡེ་ཤེས་ཀྱི་མགོན་པོ་འཁོར་དང་བཅས་པ་སྒྲུབ་ཅིང་གཏོར་མ་འབུལ་བ་རྒྱུན་གྱི་རྣལ་འབྱོར་ཉམས་སུ་ལེན་ཚུལ། སྤྲས་པའི་གདམས་ངག་བེའུ་བུམ་ནག་པོའི་མན་ངག །ཡེ་ཤེས་(༤༧)བ)མགོན་པོ་ཕྱག་དྲུག་པའི་ཆོས་སྐོར་ལས་ཡིག་ཆུང་དམར་ནག་གཉིས་ཀྱི་མན་ངག་ཟབ་པ་ཞུས་ཐིག་མ། རྒྱུད་སྡེ་སྤྱིའི་རྣམ་པར་བཞག་པ་རྒྱས་པར་བཤད་པ། དཔལ་བརྟགས་པ་གཉིས་པའི་རྣམ་པར་བཤད་པ་རྡོ་རྗེ་མཁའ་འགྲོ་མ་རྣམས་ཀྱི་གསང་བའི་མཛོད། ལྟ་བའི་མཐའ་དཔྱད། ཐུན་དྲུག་གི་རྣལ་འབྱོར། དཔལ་ཀྱཻ་རྡོ་རྗེའི་བསྐྱེད་རིམ་མངོན་རྟོགས་ཀྱི་དྲི་ལན། རྗེ་རིན་པོ་ཆེའི་ཐུགས་ཀྱི་བཅུད་ཕྱུང་བའི་མན་ངག་གསང་ཆེན་རྒྱུད་སྡེ་རྒྱ་མཚོའི་སྙིང་པོའི་བཅུད་བསྡུས་པ་སྙན་རྒྱུད་ཟབ་མོ་ཡིག་ཆུང་ཉེར་གཅིག་ཏུ་གྲགས་པ་རྣམས་མཛད་དོ། །

བདག་ཉིད་ཆེན་པོ་འདི་ལ་རྒྱུད་འཛིན་གྱི་སློབ་མ་ནུབ་ཇ་ལཀྵྨ་ར་ནས་ཤར་ཕྱོགས་རྒྱ་མཚོ་ཆེན་པོ་ལ་ཐུག་གི་བར་དུ་ཁྱབ་པར་བཞུགས་པས་མཐའ་དག་བགྲང་བར་སུ་ཡིས་ནུས། གངས་རིའི་ཁྲོད་འདིར་བསྟན་འཛིན་དམ་པ་ཡོངས་སུ་གྲགས་པའང་ཆེས་མང་ལ་རྗེའི་སྙན་རྒྱུད་ཀྱི་མན་ངག་ཡོངས་སུ་རྫོགས་པར་འཛིན་པའི་ཐུགས་སྲས་མཆོག་ནི་གཙང་བ་སོ་བ་རྗེ་ཆོས་ཀྱི་རྒྱལ་མཚན་ཏེ། དེའི་རྣམ་ཐར་ནི་ད་ལྟ་ཉིད་དུ་འཆད་པར་འགྱུར་རོ། །དེས་ན་བྱང་ཆུབ་ལམ་གྱི་རིམ་པ་ལ་བློ་སྦྱོང་བར་འདོད་པ་རྣམས་ཀྱིས་མཁས་གྲུབ་ཐམས་ཅད་མཁྱེན་པ་ལ་གསོལ་བ་འདེབས་ཤིང་བདག་ཉིད་ཆེན་པོ་འདིའི་རྣམ་ཐར་ལྟར་རྗེ་བླ་མ་ལ་མི་ཕྱེད་པའི་དད་པ་བརྟན་པོ་ཐོབ་པ་དང་ཡང་དག་པའི་ལམ་ལ་དྲི་མ་མེད་པའི་རིགས་པའི་ལམ་ནས་དྲངས་པའི་ངེས་ཤེས་བརྟན་པོ་སྐྱེད་ནས་མདོ་

སྔགས་ཀྱི་ལམ་ཆ་ཚང་ལ་བག་ཆགས་ཙེ་ཐེབས་བྱའོ༎ ༎(༩༨༢ན)

བ་སོ་ཆོས་ཀྱི་རྒྱལ་མཚན་གྱི་རྣམ་ཐར།

རབ་འབྱམས་ཆོས་ཀྱི་དགོངས་དོན་འབྱེད་པ་ལ། །མཁས་མང་དབུས་ན་རྒྱལ་མཚན་ཏོག་ལྟར་མཛེས། །དཔལ་ལྡན་ཀླུ་སྒྲུབ་གཉིས་པ་ཆོས་ཀྱི་རྗེ། །བཟང་པོའི་མཚན་ཅན་ཞབས་ལ་གསོལ་བ་འདེབས། །ཞེས་བསྔགས་པ། སྙན་གྲགས་གདམས་པའི་མཛོད་འཛིན་བ་སོ་ཆོས་ཀྱི་རྒྱལ་མཚན་ནི་ལ་སྟོད་བྱང་གི་སའི་ཆ་ལྷོག་གཞུང་དུ་ཡབ་བྱང་པའི་དཔོན་རིགས་བཀྲ་ཤིས་དཔལ་བཟང་དང་། ཡུམ་བུ་འདྲེན་རྒྱལ་མོ་གཉིས་ཀྱི་སྲས་སུ་ཆུ་ཕོ་རྟའི་ལོ་སྐུ་འཁྲུངས་སྐུ་གཞོན་ནུ་ནས་ཁྱིམ་གྱི་འདུ་འཛི་ལ་མ་ཆགས་པར་རྒྱལ་བའི་བསྟན་པ་རིན་པོ་ཆེའི་སྒོར་ཞུགས། རབ་ཏུ་བྱུང་ནས་རྗེ་རིན་པོ་ཆེ་ཡབ་སྲས་རྣམས་ཀྱི་ཞབས་ལ་གཏུགས་ནས་དམ་པའི་ཆོས་མང་དུ་གསན་ཞིང་ཁྱད་པར་མཁས་གྲུབ་རིན་པོ་ཆེ་ཡོངས་འཛིན་དུ་བསྟེན་ནས་སྡེ་སྣོད་གསུམ་དང་རྒྱུད་སྡེ་བཞིས་བསྡུས་པའི་རྒྱལ་བའི་བཀའ་དགོངས་འགྲེལ་དང་བཅས་པ་ལ་སྦྱངས་པས་མཁས་པའི་ཕུལ་དུ་ཕྱིན་པར་གྱུར།

དེ་ནས་མང་དུ་ཐོས་པའི་དོན་གཞུང་ལུགས་གདམས་པར་ཤར་བའི་མན་ངག་མདོ་སྔགས་གཉིས་ཀའི་ལམ་གྱི་ལུས་ཡོངས་སུ་རྫོགས་པ་ལ་སྒྲུབ་པ་སྙིང་པོར་བྱ་བར་བཞེད་དེ། མཁས་གྲུབ་ཐམས་ཅད་མཁྱེན་པ་ལ་བྱང་ཆུབ་ལམ་གྱི་རིམ་པའི་ཁྲིད་དང་གསང་བདེ་འཇིགས་གསུམ་སོགས་བླ་མེད་ཀྱི་དབང་དང་རིམ་གཉིས་ཀྱི་ཁྲིད་རྣམས་ལེགས་པར་གསན།

དེ་ནས་རྒྱལ་བ་སྲས་བཅས་ཐམས་ཅད་ཀྱི་ཐུགས་རྗེ་(༩༨༢བ)དང་ནུས་པ་ཐུགས་རྒྱུད་ལ་ཞུགས་ཤིང་རྗེ་བཙུན་འཇམ་དཔལ་དབྱངས་ཀྱི་ལུང་བསྟན་ཏེ། གྲུབ་ཆེན་འཇམ་

དཔལ་རྒྱ་མཚོ་བ་ལ་བྱང་ཆུབ་ལམ་གྱི་རིམ་པའི་ཁྲིད་སྙན་རྒྱུད་ཀྱི་མན་ངག་ཞལ་ཤེས་དང་བཅས་པ། གསང་བདེ་འཇིགས་གསུམ་གྱི་ཁྲིད་མན་ངག་ཞལ་ཤེས་དང་བཅས་པ། ཟབ་ལམ་གཅོད་ཀྱི་ཁྲིད་མན་ངག་ཞལ་ཤེས་དང་བཅས་པ། ལྷག་པར་རྗེ་ཐམས་ཅད་མཁྱེན་པ་ལ་མགོན་པོ་འཇམ་པའི་དབྱངས་ཀྱིས་གནང་བའི་སྙན་རྒྱུད་ཀྱི་མན་ངག་ལམ་གྱི་ལུས་ཡོངས་སུ་རྫོགས་པའི་ཟབ་ལམ་བླ་མ་ལྷའི་རྣལ་འབྱོར་གྱི་སྒོ་ནས་སྙིགས་དུས་ཀྱི་ཚེ་ཐུང་གཅིག་ལ་ཟུང་འཇུག་སྒྲུབ་པའི་ཐབས་བླ་ན་མེད་པ་གསང་བ་ལས་ཀྱང་ཆེས་གསང་བ་རྣམས་ཡོངས་སུ་རྫོགས་པར་གསན་ཤིང་། གྲུབ་ཆེན་འཇམ་དཔལ་རྒྱ་མཚོ་བ་ལ་རྗེ་བཙུན་འཇམ་དཔལ་དབྱངས་ཀྱིས་ལུང་བསྟན་བྱུང་བ་ལྟར་དགའ་ལྡན་སྙན་རྒྱུད་ཀྱི་མན་ངག་ཡོངས་སུ་རྫོགས་པ་གནང་བའི་མཐར་སྤྲུལ་པའི་གླེགས་བམ་ཆེན་མོ་ཡང་གནང་སྐྱེ་རེ་ཤིག་ཅིག་བརྒྱུད་དུ་བཀའ་རྒྱས་བཏབ་བོ། །དེ་ནས་ཆོས་རྗེ་འདི་ཉིད་ཀྱིས་གསང་ཕུའི་འཆད་ཉན་ཐོག་ཤས་ཤིག་མཛད། དེ་རྗེས་མ་འོངས་པའི་འབྱུང་འགྱུར་ལ་དགོངས་ཏེ་གཙང་གི་ལྷན་དུ་ཕེབས་ཏེ་བ་སོ་ལྷུན་གྲུབ་བདེ་ཆེན་བཟུང་ནས་གཙོ་བོར་སྒྲུབ་པ་ལ་རྩེ་གཅིག་ཏུ་བཞུགས་ཤིང་སྐལ་བ་དང་ལྡན་པ་གཞན་དག་ལའང་ཆོས་ཀྱི་བདུད་རྩི་སྩལ་བས་སྙན་པའི་གྲགས་པ་ཆེས་ཆེར་རྒྱས་ཏེ་བ་སོ་ཆོས་རྗེར་གྲགས། དེ་ནས་དབེན་གནས་གཞན་དུ་མར་ཡང་སྒྲུབ་པ་(༡༦༣ན)སྙིང་པོར་མཛད་ཅིང་སྐལ་ལྡན་མང་པོ་ལ་དམ་པའི་ཆོས་ཀྱི་བཀའ་དྲིན་སྩལ་ཏེ་ཤབ་སྟོད་སེང་གེ་རྩེ་དང་ཉེ་བའི་སའི་ཆར་རི་བོ་བདེ་ཆེན་ཞེས་པའི་དབེན་གནས་ཤིག་བཏབ་སྟེ་གནས་དེར་ཐུགས་དམ་གཙོ་བོར་མཛད་ཅིང་ཕྱོགས་དེའི་སྐྱེ་འགྲོ་མང་པོ་ལ་རང་རང་གི་སྐལ་བ་དང་འཚམ་པའི་ཆོས་ཀྱི་བདུད་རྩི་སྩལ། དེ་ནས་ངེས་འབྱུང་སྐྱོ་ཤས་དྲག་པོས་རྒྱུད་བསྐུལ་ནས་ད་ལྟ་དལ་བའི་རྟེན་བཟང་པོ་ཐོབ་སངས་རྒྱས་དངོས་སུ་བྱོན་ཡང་དེ་ཕན་ཆད་དུ་གསུང་དུ་མེད་ཅིང་སངས་རྒྱས་ཀྱི་ཞིང་དུ་གང་དུ་བཙལ་ཡང་རྙེད་པར་དཀའ་བ་རྗེ་བླ་མའི་སྙན་

བརྒྱུད་མདོ་སྔགས་ཀྱི་མན་ངག་ཟབ་མོ་འདི་འདྲ་དང་ལྡན་ཅིག་མཇལ་བའི་སྐབས་འདིར་དོན་མེད་པའི་ཚེ་འདིའི་བྱ་བ་མཐའ་དག་སྤངས་ཏེ་སུས་ཀྱང་མཐོང་ཚོར་མེད་པ། ཁ་ཆེའི་ཡུལ་གྱི་ཡན་ལག་སེན་མོ་དོ་འམ། ལྷོ་ཕྱོགས་དཔལ་གྱི་རི་ལྟ་བུ་དབེན་པའི་གནས་ཁྱད་པར་ཅན་ཞིག་ཏུ་ཕྱིན་ལ་སྒྲུབ་པ་མཐར་ཕྱིན་པ་དཔལ་ཤ་ཝ་རི་དང་མཚུངས་པ་ཞིག་བྱེད་སྙམ་པའི་འདུན་པ་ཤུགས་དྲག་པོ་འཁྲུངས་ཏེ། དེ་ལྟར་བྱེད་པ་བརྩམས་པ་ན་མནལ་ལམ་དུ་རྗེ་རིན་པོ་ཆེ་བྱོན་ནས་དགའ་ལྡན་གྱི་ཁྲི་ལ་འབྱོན་དགོས་པར་བསྐུལ་བ་དང་། རྡོ་རྗེ་རྣལ་འབྱོར་མས་དགའ་ལྡན་གྱི་ཁྲི་ཐོག་ཏུ་བཞུགས་རིང་རྗེའི་སྙན་བརྒྱུད་ཀྱི་མན་ངག་འཛིན་པའི་སྐྱེས་བུ་འབྱུང་བར་ལུང་བསྟན་བྱུང་། དེའི་ཚེ་ཆོས་རྗེ་བློ་གྲོས་ཆོས་སྐྱོང་དགའ་ལྡན་གྱི་གདན་སར་བཞུགས་པ་ལས་ཀུན་སྤངས་མཛད་བཞེད་དེ་(༩༤༣བ)གདན་སའི་འོས་བཙལ་བ་ན། དེའི་ཚེ་བཀྲ་ཤིས་ལྷུན་པོར་ཐམས་ཅད་མཁྱེན་པ་དགེ་འདུན་གྲུབ་དཔལ་བཟང་པོ་འཕྲིན་ལས་དབྱར་མཚོ་ལྟར་རྒྱས་པར་བཞུགས་པས་ཁྲི་རིན་པོ་ཆེས་གཙོས་དགའ་ལྡན་པའི་བླ་ཆེན་ཕལ་མོ་ཆེས་རྗེ་དགེ་འདུན་གྲུབ་ལ་རྒྱལ་བ་གཉིས་པའི་རྒྱལ་ཚབ་ཏུ་འབྱོན་དགོས་པར་གསོལ་བ་བཏབ་པས་རྗེ་དགེ་འདུན་གྲུབ་ཀྱིས་ཁོ་བོ་དགྲ་ཡུལ་དུ་དགྲ་མཁར་བརྩིག་དགོས་པ་ཡོད་པས་འདི་ཁ་རང་དུ་རྗེའི་བསྟན་པ་འཛིན་པ་ཡིན། ད་ལམ་མཁས་གྲུབ་རིན་པོ་ཆེའི་གཅུང་པོ་བ་སོ་ཆོས་རྗེ་འདི་ལུང་རྟོགས་ཀྱི་ཡོན་ཏན་གང་ས་ནས་གཞན་དང་མི་འདྲ་བས་དགའ་ལྡན་གྱི་ཁྲི་ལ་འདི་གདན་དྲངས་ན་ལེགས་ཞེས་ལུང་བསྟན། ཐམས་ཅད་མཁྱེན་པ་དགེ་འདུན་གྲུབ་ཀྱིས་ཇི་ལྟར་ལུང་བསྟན་པ་ལྟར་ཆོས་རྗེ་བློ་གྲོས་ཆོས་སྐྱོང་སོགས་ཚང་མས་ཆོས་རྗེ་འདི་པ་ཤབས་སྐྱོད་ནས་གདན་དྲངས་ཏེ། བཀྲ་ཤིས་ལྷུན་པོར་ཐེབས། ཐམས་ཅད་མཁྱེན་པ་དགེ་འདུན་གྲུབ་དང་མཇལ་རྗེ་དགེ་འདུན་གྲུབ་ཀྱི་ཞལ་ནས་ད་ལམ་ཉིད་རྗེ་བཙུན་ཙོང་ཁ་པ་ཆེན་པོའི་གདན་སར་ཐེབས་པ་ལ་ངེད་ནས་ཕྱག་བགྱིད་པས་ཕྱག་ལན་མ་མཛད་

ཅིག་ཅེས་བསྔོ་ནས་རྗེ་ཐམས་ཅད་མཁྱེན་པ་དགེ་འདུན་གྲུབ་འཁོར་དང་བཅས་པས་ཕྱག་མཛད། དེ་ནས་རིམ་གྱིས་ཕེབས་ཏེ་རབ་བྱུང་བདུན་པའི་ཆུ་མོ་ལུག་གི་ལོར་དགའ་ལྡན་རྣམ་པར་རྒྱལ་བའི་གླིང་དུ་ཕེབས་ནས་རྒྱལ་བ་གཉིས་པའི་རྒྱལ་ཚབ་ཏུ་མངའ་གསོལ། དེ་ནས་འཇམ་མགོན་བླ་མའི་ཆོས་ཀྱི་རྒྱལ་སྲིད་བཟུང་སྐྱེ་སྐལ་བ་དང་ལྡན་པ་བགྲང་(༩༥༩ན)བ་ལས་འདས་པ་ལ་རབ་བྱུང་བསྐྱེན་རྫོགས་དབང་ལུང་མན་ངག་མཐའ་ཡས་པ་སྩལ་ཞིང་། ལྷག་པར་དུས་གསུམ་གྱི་རྒྱལ་བ་ཐམས་ཅད་ཀྱི་བགྲོད་པ་གཅིག་པའི་ལམ་པོ་ཆེ་ཤིང་རྟ་ཆེན་པོ་གཉིས་ཀྱི་ལམ་སྲོལ་འཇམ་མགོན་བླ་མའི་ཐུགས་ཀྱི་བཅུད་ཕྱུང་བའི་མན་ངག་བྱང་ཆུབ་ལམ་གྱི་རིམ་པའི་ཆོས་ཀྱི་འཁོར་ལོ་རྒྱ་ཆེར་བསྐོར་བས་པཎ་ཆེན་ཆོས་ཀྱི་རྒྱལ་པོ་ཞེས་རྒྱ་མཚོའི་གོས་ཅན་མ་ལུས་སྐྱོན་པའི་གྲགས་པས་ཁྱབ་པར་གྱུར་ཏོ། །

བ་སོ་ཆོས་རྗེ་འདི་ནི་ལུང་རྟོགས་ཀྱི་ཡོན་ཏན་བསམ་གྱིས་མི་ཁྱབ་པ་བརྙེས་ཤིང་ལྷག་པར་རྗེ་རིན་པོ་ཆེའི་སྙན་རྒྱུད་བྱིན་རླབས་ཀྱི་བཀའ་བབ་གཞན་ལས་ཆེ་བ་ཞིག་སྟེ། གནས་རྙིང་ཞབས་དྲུང་ཀུན་དགའ་བདེ་ལེགས་པའི་ཞལ་ནས། ཁོ་བོ་ལ་གནས་རྙིང་པའི་རིགས་སུ་སྐྱེས་སྙམ་པའི་ང་རྒྱལ་མེད་ཀྱི་བ་སོ་ཆོས་རྗེའི་སློབ་མ་ཡིན་སྙམ་པའི་ང་རྒྱལ་ཡོད་གསུངས་ཏེ་གསུང་འདི་ལ་དཔྱད་ན་བ་སོ་ཆོས་རྗེ་འདི་ཉིད་མཐོང་ཐོས་དྲན་རེག་ཐམས་ཅད་རྗེས་སུ་འཛིན་ནུས་པ་བྱིན་རླབས་ཀྱི་གཏེར་ཆེན་པོ་ཞིག་ཡིན་པར་ངེས་སོ། །ཕྱག་རྗེས་སུ་དགའ་ལྡན་གྱི་གཙུག་ལག་ཁང་ཆེན་མོར་དྲི་གཙང་ཁང་གཏོད་དེ་རྒྱལ་བ་སེང་གེའི་ང་རོའི་སྐུ་རིན་པོ་ཆེ་ལས་གྲུབ་པ་ངོ་མཚར་རྨད་དུ་བྱུང་བ་དང་། གདན་ས་པ་གོང་མ་རྣམས་ཀྱི་སྐུ་འདྲ་ཡང་བཞེངས་ཏེ་བཞུགས་སུ་གསོལ་བ་སོགས་ཆོས་ཟང་ཟིང་གཉིས་ཀའི་སྒོ་ནས་དགའ་ལྡན་རྣམ་པར་རྒྱལ་བའི་གླིང་དར་རྒྱས་སུ་མཛད། ཁྱད་པར་རྗེ་བཙུན་འཇམ་པའི་དབྱངས་ཀྱིས་ལུང་བསྟན་པ་ལྟར་(༩༥༩བ)རིན་པོ་ཆེ་ལྟ་

ཐུའི་གདུལ་བྱ་གསུམ་ལ་སྙན་རྒྱུད་ཀྱི་མན་ངག་ཕྱོག་ཆོས་སུ་མཛད་པས་ཟུང་འཇུག་གྲུབ་པའི་སློབ་མ་མཆེད་གསུམ་བྱུང་སྟེ། གྲུབ་ཆེན་ཆོས་རྡོ་རྗེ། སྟོད་ལུང་པ་དཔལ་ལྡན་རྡོ་རྗེ། ཁམས་པ་རྡོ་རྗེ་དཔལ་བ་གསུམ་མོ། །འདི་གསུམ་ནི་འཇམ་མགོན་བླ་མའི་བསྟན་པ་འདི་ལ་ཚེ་གཅིག་ལུས་གཅིག་ལ་འཇའ་ལུས་གྲུབ་པའི་སློབ་མ་རྡོ་རྗེ་མཆེད་གསུམ་དུ་གྲགས་པ་སྟེ། འཇམ་མགོན་བླ་མའི་རྗེས་སུ་སློབ་པར་འདོད་པ་རྣམས་ལ་གདུལ་བྱ་རང་ངོས་ནས་ཉམས་ལེན་བྱུང་ཕྱིན་བསྟན་པ་འདི་ལ་འདི་ལྟ་བུའི་མཆོག་འགྲུབ་པའི་ཐབས་ཡོད་དོ་ཞེས་ཡིད་ཆེས་པའི་གནས་སུ་གྱུར་པ་ཡིན་པས་རྗེའི་རྗེས་འཇུག་རྣམས་ཀྱིས་ཚུལ་འདི་ངེས་པར་གོ་དགོས་པ་ཡོད་དོ། །ཟུང་འཇུག་གྲུབ་པའི་རྡོ་རྗེ་མཆེད་གསུམ་པོ་དེ་ལས་ཁམས་པ་རྡོ་རྗེ་དཔལ་བ་ནི་ཐོག་མར་པཎ་ཆེན་ཆོས་ཀྱི་རྒྱལ་པོ་ལ་སྙན་རྒྱུད་ཀྱི་མན་ངག་གསན་དུས་དང་དགེ་འཕེལ་དུ་བཞུགས་པའི་སྐབས་དང་རྗེས་སུ་ཁོང་རང་རྡོ་རྗེ་གསུམ་པོ་དེ་ཞལ་འཛོམ་པའི་སྐབས་འདྲ་ལས་སྐྱེ་བོ་ཐ་མལ་པ་གཞན་སུས་ཀྱང་མཐོང་ཚོར་གང་ཡང་མེད་པར་གྲུབ་པའི་གནས་མཆོག་གཞན་ཞིག་ཏུ་དབང་པོ་མཁའ་འགྲོའི་དབུས་སུ་བཞུགས་པའམ་དག་པའི་ཞིང་གཞན་ཞིག་ཏུ་བྱོན་པ་ཇི་འདྲ་ཞིག་ཡིན་ཡང་ལྗོངས་འདིར་ཆོས་ཀྱི་བཀའ་དྲིན་ཐོབ་པ་མངོན་ཆེ་བ་མ་བྱུང་ངོ་། །སྟོད་ལུང་པ་དཔལ་ལྡན་རྡོ་རྗེས་སྐལ་བ་དང་ལྡན་པ་རེ་གཉིས་ལ་མན་ངག་གི་བདུད་རྩི་སྩལ་ཏེ་རྒྱལ་བ་དགེ་འདུན་རྒྱ་མཚོས་ཀྱང་ཟུང་(༩༤༥ན)འཇུག་གྲུབ་པའི་དབང་པོ་འདི་ལ་ཆོས་ཀྱི་བཀའ་དྲིན་ཐོབ་བོ། །

གཞན་ཡང་ཞལ་མཇལ་ཞིང་གསུང་ཐོས་པ་ཁ་ཡར་བྱུང་སྣང་ངོ་། །གྲུབ་ཆེན་ཆོས་རྡོ་རྗེ་ནི་རྗེ་བཙུན་འཇམ་པའི་དབྱངས་དང་རྡོ་རྗེ་རྣལ་འབྱོར་མས་ལུང་བསྟན་པ་ལྟར་སྙན་རྒྱུད་ཀྱི་མན་ངག་ཡོངས་སུ་རྫོགས་པ་སྤྲུལ་པའི་གླེགས་བམ་དང་བཅས་པའི་བདག་པོར་བཞུགས་ཏེ། གྲུབ་ཆེན་འདིའི་ངོ་མཚར་རྨད་དུ་བྱུང་བའི་རྣམ་པར་ཐར་པ་ནི་ད་ལྟ

ཉིད་དུ་འཆད་པར་གྱུར་རོ། །དེ་ནས་པཎ་ཆེན་ཆོས་ཀྱི་རྒྱལ་མཚན་གྱིས་སྐུ་ཚེ་འདིའི་མཛད་པ་ཕལ་ཆེར་རྫོགས་པ་ན་རླུང་ལྷས་ཡོག་པ་གཟིགས་ནས་ཆོས་རྗེ་བློ་གྲོས་བརྟན་པ་གདན་སར་བཞུགས་སུ་གསོལ་ནས་ཀུན་སྤྱངས་མཛད་དེ་ཐུགས་དམ་ལ་རྩེ་གཅིག་ཏུ་བཞུགས་པ་ལས་དགུང་ལོ་དོན་གཉིས་སུ་ཕེབས་པ་ཆུ་མོ་སྦྲུལ་གྱི་ལོའི་མཇུག་ལ་ཞིང་གཤེགས་ཏེ་དགའ་ལྡན་ཆོས་ཀྱི་ཕོ་བྲང་དུ་མི་ཕམ་འཇམ་དཔལ་སྙིང་པོའི་ཞབས་དྲུང་དུ་ཕེབས་སོ། །

རྗེ་བ་སོ་བ་འདིས་ཕྱི་རབས་ཀྱི་གདུལ་བྱ་རྣམས་ཀྱི་དོན་དུ་དུས་འཁོར་གྱི་བསྐྱེད་རྫོགས་ཀྱི་ཁྲིད། དབུ་མའི་ལྟ་ཁྲིད་ཆེན་མོ། རྡོ་རྗེ་འཇིགས་བྱེད་ཀྱི་བསྐྱེད་རྫོགས་ཀྱི་ཁྲིད། སྙིང་པོ་དོན་གསུམ་གྱི་ཁྲིད་སོགས་མཛད། རྗེ་འདིས་བསྟན་པ་ལ་བྱ་བ་རྒྱ་ཆེན་པོ་མཛད་པས་སློབ་མ་བསྟན་འཛིན་དམ་པ་བགྲང་བ་ལས་འདས་པ་བྱོན་ཞིང་རྒྱུད་འཛིན་གྱི་གཙོ་བོ་ནི་ཟུང་འཇུག་གྲུབ་པའི་དབང་པོ་གྲུབ་ཆེན་ཆོས་རྡོ་རྗེའོ། །དེས་ན་བྱང་ཆུབ་ལམ་གྱི་རིམ་པ་ལ་བློ་སྦྱོང་བར་འདོད་པ་རྣམས་ཀྱིས་སྙན་རྒྱུད་(༩༨༥(བ)གདམས་པའི་མཛོད་འཛིན་པ་སོ་ཆོས་ཀྱི་རྒྱལ་མཚན་ལ་གསོལ་བ་འདེབས་ཤིང་རྗེ་འདིའི་རྣམ་ཐར་ལྟར་ལྟ་གྲུབ་གཙང་ཞིང་རྣམ་ཐར་གཙང་མ་རྒྱལ་བ་དགྱེས་པའི་ལམ་བཟང་པོ་ལ་སྒྲུབ་པ་སྙིང་པོར་བྱ་བ་དང་དམ་ཉམས་དང་འཆལ་པ་དང་འབྲེལ་ཁྲེར་དང་ཟོག་པོ་དང་བསྲེ་བསླད་སྤྱངས་ཤིང་སངས་རྒྱས་ནས་བཟུང་སྐྱེ་དམ་པ་བར་མ་ཆད་པའི་སྙན་རྒྱུད་ཀྱི་མན་ངག་ཐོབ་པར་བྱས་ལ་མན་ངག་དེ་ལ་ནུས་པ་ཐོན་པ་ཞིག་བྱའོ།། །།

གྲུབ་ཆེན་ཆོས་ཀྱི་རྡོ་རྗེའི་རྣམ་ཐར།

རྒྱལ་བ་ཀུན་གྱིས་གསུངས་པའི་ཆོས་རྣམས་ཀྱི། །བཅུད་རྣམས་བསྡུས་ནས་ཉམས་སུ་བླངས་པའི་མཐུས། །ཚེ་གཅིག་ཉིད་ལ་རྡོ་རྗེའི་སྐུ་བརྙེས་པ། །འཆི་མེད་རྣལ་འབྱོར་མཆོག་ལ་གསོལ་བ་འདེབས། །ཞེས་བསྟགས་པ། གྲུབ་ཆེན་ཆོས་ཀྱི་རྡོ་རྗེ་ནི། སྔོན་སྔོན་པ་ཐུབ་པའི་དབང་པོའི་སྤྱན་སྔར་བྱང་ཆུབ་མཆོག་ཏུ་ཐུགས་བསྐྱེད་མདོ་སྔགས་བསྟན་པའི་སྙིང་པོ་ཡོངས་སུ་རྫོགས་པ་འཛིན་ཅིང་སྤེལ་བའི་སྨོན་ལམ་བཏབ། དེའི་ཚེ་སྨོན་ལམ་ཇི་ལྟར་བཏབ་པ་ལྟར་གྲུབ་སྟེ། དེ་ནས་བཟུང་སྟེ་མཁས་གྲུབ་ཀྱི་སྐྱེ་བ་བརྒྱུད་མར་བཞེས་ཤིང་། ཁྱད་པར་རྡོ་བོ་རྗེ་དཔལ་ལྡན་ཨ་ཏི་ཤ་ཤར་ཕྱོགས་ཟ་ཧོར་ལ་འཁྲུངས་ནས་རྒྱ་གར་གྱི་སའི་ཆ་ཀུན་ཏུ་དམ་པའི་ཆོས་འཚོལ་བ་ལ་ཞུགས་པའི་ཚེ་གྲུབ་ཆེན་འདི་བླ་མ་ཨ་བ་དྷུ་ཏི་པ་ཞེས་བྱ་བར་སྐུ་སྐྱེ་བ་བཞེས་ཏེ་འཕགས་པ་ཀླུ་སྒྲུབ་ནས་བརྒྱུད་པའི་ཟབ་མོ་དབུ་མའི་ལྟ་བའི་མན་ངག་འདོམས་པ་ལ་མི་འཇིགས་པའི་སྤོབས་པ་ཐོབ་སྟེ་ཇོ་བོ་རྗེ་དཔལ་ལྡན་ཨ་ཏི་ཤ་ལ་ཟབ་མོའི་(༡༤༤ན)ལམ་གྱི་རིམ་པ་རྣམས་རྒྱས་པར་འདོམས་པར་མཛད་ཅིང་། གྲུབ་པའི་གནས་མཆོག་ཏུ་མར་ཕེབས་ཏེ་དབེན་པ་ནས་དབེན་པར་རྒྱུ་ཞིང་སྣང་སྟོང་སྒྱུ་མ་ལྟ་བུའི་རྣལ་འབྱོར་ལ་གོམས་པ་ལྷུར་བཞེས་པར་མཛད། དེ་ནས་ཀྱང་མཁས་གྲུབ་ཀྱི་སྐྱེ་བ་རིམ་པར་བརྒྱུད་དེ་བོད་ཡུལ་དུ་འགྲོ་མགོན་ཆོས་རྒྱལ་འཕགས་པར་སྐྱེ་བ་བཞེས་ཏེ་བྱང་ཕྱོགས་གངས་རིའི་ལྗོངས་འདི་ཐམས་ཅད་ལ་དབང་བསྒྱུར་ཞིང་རྒྱལ་བའི་བསྟན་པ་རྒྱ་ཆེར་སྤེལ་བར་མཛད་པ་ཞིག་སྟེ་གྲུབ་ཆེན་འདི་ལ་རྒྱལ་བ་དབེན་ས་པ་ཆེན་པོས་སྐྱ་ཚེ་སྔ་མའི་འཁྲུངས་རབས་ལས་བརྩམས་ཏེ་བསྟོད་པ་ལས། དགེས་ཤིང་སྲས་བཅས་རྒྱལ་བའི་སྤྱན་སྔ་རུ །བདེན་ཚིག་སྨོན་ལམ་

དཔག་མེད་མཆོག་བསྒྲུབས་པས། །མཁས་དང་གྲུབ་པའི་རྣམ་རོལ་བགྲང་ཡས་ཀྱིས། །འཛམ་གླིང་མཛེས་མཛད་ཁྱོད་ལ་གསོལ་བ་འདེབས། །ཀུན་སྤྱངས་ཉིན་བྱེད་མཁྱེན་བརྩེའི་འོད་སྟོང་གིས། །ཕྱུལ་བྱུང་པད་དཀར་དབང་པོ་ཞལ་ཕྱེ་ནས། །ཟབ་དོན་སྦྲང་རྩི་རྒྱས་མཛད་སྐལ་བཟང་ཅན། །རྐང་དྲུག་ཚོགས་ཀྱི་དཔལ་ལ་གསོལ་བ་འདེབས། །ཆོས་ཀྱི་རྒྱལ་པོའི་རིང་ལུགས་མཆོག་བཟུང་ནས། །རྒྱ་བོད་དད་ཅན་འཕགས་པའི་གནས་བཀོད་ཅིང་། །གངས་ཅན་འདོད་དགུའི་དཔལ་གྱིས་ཚིམ་པར་མཛད། །དངོས་གྲུབ་འབྱུངགནས་མཆོག་ལ་གསོལ་བ་འདེབས། །ཞེས་གསུངས་པ་ལྟར་རོ། །

དེ་ནས་འཇམ་མགོན་བླ་མའི་སྐུ་རྒྱུད་བསྟན་པའི་བདག་པོར་འབྱོན་པའི་དུས(༤༨༨བ)ལ་བབ་པ་ན། རྗེ་རིན་པོ་ཆེ་གང་དུ་འཁྲུངས་པའི་ཡུལ་ཤར་ཕྱོགས་ཙོང་ཁ་དང་ཁད་ཉེ་བའི་སའི་ཆ་ནས་ཀུན་དགའ་རྒྱལ་པོ་དང་། དཔལ་འཛོམ་ཞེས་བྱ་བའི་བྱ་བྲལ་ཕོ་མོ་གཉིས་དབུས་གཙང་གི་གནས་སྐོར་ལ་འོངས་པའི་ལྷུམས་སུ་ཞུགས་ཏེ། རྟ་ནག་རྡོ་རྗེ་གདན་དུ་སླེབས་པ་ན་གླང་གི་ལོ་རྗེ་རིན་པོ་ཆེའི་སྐུ་རྒྱུད་བསྟན་པའི་བདག་པོར་འགྱུར་བའི་རིན་པོ་ཆེ་ལྷ་བུའི་གདུལ་བྱ་བདག་ཉིད་ཆེན་པོ་འདི་ངོ་མཚར་བའི་ལྟས་དང་བཅས་འཁྲུངས་སོ། །

དེ་ཡང་གྲུབ་ཆེན་འདི་ཉིད་ལ་རྒྱལ་བ་དབེན་ས་པ་ཆེན་པོས་གང་དུ་འཁྲུངས་པའི་ཚུལ་ལས་བརྩམས་ཏེ་བསྟོད་པ་ལས། བདེ་ཆེན་ཐུགས་རྗེས་འདུལ་བའི་དུས་ལ་གཟིགས། །སླར་ཡང་རིག་འཛིན་དབང་མོའི་ལྷུམས་སུ་ཞུགས། །རྡོ་རྗེ་གདན་མཚུངས་གྲུབ་པའི་གནས་མཆོག་ཏུ། །བསམ་བཞིན་བལྟམས་པ་ཁྱོད་ལ་གསོལ་བ་འདེབས། །ཞེས་གསུངས་པ་ལྟར་རོ། །དེ་ནས། དེ་ལྷ་བུའི་གཞོན་ནུ་དེ་ཡབ་ཡུམ་གཉིས་ཀྱིས་བསྐྱེད་བསྲིངས་པས་ཆུ་ནང་གི་པདྨ་ལྟར་སྐྱེ་དྲག་པར་གྱུར་ཏེ་དགུང་ལོ་བཅུ་གཅིག་ཏུ་ཕེབས་པ་ན་ཡབ་ཡུམ་གཉིས་ཀྱིས་སྲས་གཞོན་ནུ་དེ་ཁྲིད་དེ་སྟོན་གྱི་སྐྱེས་བུ་དམ་པ

རྣམས་གང་དང་གང་དུ་འཁྲུངས་པ་དང་། གང་དང་གང་དུ་སྒྲུབ་པ་མཛད་པ་དང་། གང་དང་གང་དུ་གྲུབ་པ་བརྙེས་པ་དང་། གང་དང་གང་དུ་ཆོས་ཀྱི་འཁོར་ལོ་བསྐོར་བའི་ས་དེ་དང་དེ་རྣམས་སུ་རིམ་གྱིས་རྒྱུ་ཞིང་སྨོན་ལམ་བཏབ་སྟེ་སོང་སོང་བ་ལས་ཕྱོགས་བཅུའི་རྒྱལ་བ་སྲས་བཅས་ཐམས་ཅད་ཀྱི་ཐུགས་རྗེ་དང་། འཇམ་མགོན་(༤༨༧ན)བླ་མའི་ཐུགས་བསྐྱེད་དང་། དམ་ཅན་ཆོས་ཀྱི་རྒྱལ་པོ་སོགས་འཇམ་མགོན་བླ་མའི་བསྟན་སྲུང་རྣམས་ཀྱི་མཐུས་བསྐུལ་ཏེ་དགའ་ལྡན་རྣམ་པར་རྒྱལ་བའི་གླིང་དུ་ཕེབས་སོ། །གཞོན་ནུ་བདག་ཉིད་ཆེན་པོ་དགའ་ལྡན་རྣམ་པར་རྒྱལ་བའི་གླིང་དུ་སང་ཕེབས་རྒྱུའི་དོ་ནུབ་པཎ་ཆེན་ཆོས་ཀྱི་རྒྱལ་མཚན་ལ་རྡོ་རྗེ་རྣལ་འབྱོར་མས་སང་ཉིན་རྗེ་རིན་པོ་ཆེའི་སྙན་རྒྱུད་འཛིན་ནུས་པའི་སྐལ་ལྡན་ཞིག་འོང་བ་ཡོད་པས་རྗེས་སུ་བཟུང་ལ་རྗེ་རིན་པོ་ཆེའི་སྙན་རྒྱུད་ཀྱི་མན་ངག་རྣམས་ཡོངས་སུ་རྫོགས་པར་སྟོན་ཅིག་ཅིག་ཅེས་ལུང་བསྟན་བྱུང་། སང་ཉིན་དེ་པཎ་ཆེན་ཆོས་ཀྱི་རྒྱལ་པོའི་ཐུགས་ལ་འཇམ་མགོན་བླ་མའི་སྙན་རྒྱུད་ཀྱི་བསྟན་པ་འཛིན་ནུས་པའི་སྐལ་ལྡན་ཇི་འདྲ་ཞིག་འོང་སྙམ་དུ་སྒྲུག་ཅིང་བཞུགས་པ་ན་བྱ་བྲལ་བ་ཡབ་ཡུམ་གཉིས་སྲས་དང་བཅས་པ་པཎ་ཆེན་ཆོས་ཀྱི་རྒྱལ་པོའི་གཟིགས་ལམ་དུ་ཕེབས་པ་ན་པཎ་ཆེན་ཆོས་ཀྱི་རྒྱལ་པོས་ཡེ་ཤེས་ཀྱི་མཁའ་འགྲོ་མས་ལུང་བསྟན་པའི་བདག་ཉིད་ཆེན་པོ་དེ་ནི་བྱིས་པ་གཞོན་ནུ་འདིའོ་སྙམ་དུ་མཁྱེན་ནས་ཡབ་ཡུམ་དེ་གཉིས་ལ་བཟའ་བ་དང་བཏུང་བ་གྱི་ནོམ་པ་དང་གསེར་དང་དངུལ་དང་ཉེ་བར་མཁོ་བའི་ལུས་ཀྱི་ཡོ་བྱད་ལ་སོགས་པ་འཇིག་རྟེན་དང་མཐུན་པའི་གནང་སྦྱིན་དཔག་ཏུ་མེད་པ་གནང་ནས་ཁྱེད་གཉིས་ཀྱི་བུ་འདི་ང་ལ་བྱིན་ཅིག་ཅེས་བཀའ་སྩལ་པ་ན་ཡབ་ཡུམ་དེ་གཉིས་ཀྱིས་ཀྱང་དགའ་བཞིན་སྤྲོ་བཞིན་དུ་གུས་པས་ཕུལ། དེའི་ཚེ་རྒྱལ་སྲས་གཞོན་ནུ་དེ་ནི་བུ་ཕའི་གམ་དུ་སླེབས་(༤༨༧བ)པ་ལྟར་པཎ་ཆེན་ཆོས་ཀྱི་རྒྱལ་པོ་ལ་རྩེ་གཅིག་དད་ཅིང་གུས་པས་ཞབས་དྲུང་དུ་འཁོད་ནས་ཚེ་འདིའི་ཕ་མ་སོགས་གཞན་གང་ཡང་

བསམ་པར་མ་གྱུར་ཏོ། །

དེ་ནས་པཎ་ཆེན་ཆོས་ཀྱི་རྒྱལ་པོས་རྒྱལ་སྲས་གཞོན་ནུ་དེ་ཁྲུས་བྱས་ཁྲིམ་པའི་རྟགས་ཆ་ལུགས་རྣམས་དོར། སྐྲ་བཅད། གོས་ངུར་སྨྲིག་བསྒོན་ནས་རབ་ཏུ་བྱུང་སྟེ་མཚན་ཆོས་ཀྱི་རྡོ་རྗེ་ཞེས་བཏགས་སོ། །དེ་ནས་སྔོན་ཡུན་རིང་པོ་ནས་ལམ་ལ་སྦྱངས་པའི་མཐུ་ཅན་རྒྱལ་སྲས་གཞོན་ནུ་དེ་བརྗ་སྤྲོད་ཀྱི་གཙུག་ལག་སློབ་པ་སོགས་ལ་བལྟོས་པ་མེད་པར་ལམ་ཡོངས་རྫོགས་ལ་སློབ་ནུས་པའི་སྐལ་བ་ཅན་དུ་གྱུར་པ་ན་པཎ་ཆེན་ཆོས་ཀྱི་རྒྱལ་མཚན་གྱིས་རྒྱལ་སྲས་གཞོན་ནུ་དེ་ལ་ཆོས་ཀྱི་ཕུང་པོ་བརྒྱད་ཁྲི་བཞི་སྟོང་གི་ཉིང་ཁུ་རྒྱལ་བ་སྲས་བཅས་ཐམས་ཅད་གང་ནས་གཤེགས་པའི་ལམ་པོ་ཆེ་ཆོས་ཀྱི་རྒྱལ་པོ་ཙོང་ཁ་པ་ཆེན་པོའི་ཐུགས་ཀྱི་བཅུད་ཕྱུང་བའི་མན་ངག་བྱང་ཆུབ་ལམ་གྱི་རིམ་པའི་ཁྲིད་བཏབ་སྟེ་རྒྱ་ལས་རྒྱ་ཡི་འབུར་འབྱུང་བ་བཞིན་དུ་རྒྱལ་སྲས་བདག་ཉིད་ཆེན་པོ་དེ་ལ་བཤེས་གཉེན་བསྟེན་ཚུལ་ནས་ཞི་ལྷག་གི་བར་སྐྱེས་བུ་གསུམ་གྱི་ལམ་རྣམས་རིམ་གྱིས་རྒྱུད་ལ་འཁྲུངས་སོ། །

དེ་ནས་བྱང་ཆུབ་ལམ་གྱི་རིམ་པའི་དམིགས་སྐོར་མན་ངག་ཞལ་ཤེས་གེགས་སེལ་བོགས་འདོན་དང་བཅས་པ་མཐའ་དག་གནང་། དེ་ནས་བདག་ཉིད་ཆེན་པོ་དེ་བྱང་ཆུབ་ཀྱི་སེམས་ཆེས་ཤུགས་དྲག་པས་ཉེ་ལམ་རྡོ་རྗེ་ཐེག་པར་འཇུག་པར་སྨྲོ་བ་ན། གསང་བདེ་འཇིགས་གསུམ་དུས་ཀྱི་འཁོར་ལོ་སོགས་རྒྱུད་སྡེ་(༩༨༢ན)བཞི་དང་འབྲེལ་བའི་དབང་ལུང་མན་ངག་མཐའ་དག་གནང་། ཁྱད་པར་རྒྱལ་བ་ཙོང་ཁ་པ་ལ་མགོན་པོ་འཇམ་དཔལ་དབྱངས་ཀྱིས་གནང་བའི་སྙན་རྒྱུད་ཐུན་མོང་མིན་པ་མདོ་སྔགས་གཉིས་ཀའི་ལམ་གྱི་ལུས་རྫོགས་པའི་ཟབ་ལམ་བླ་མ་ལྷའི་རྣལ་འབྱོར་མན་ངག་ཞལ་ཤེས་དང་བཅས་པ་རྫོགས་པར་གནང་བའི་མཐར་སྤྱིལ་པའི་གླེགས་བམ་ཆེན་མོ་ཕྱག་ཏུ་གཏད་དེ་རྗེའི་སྙན་རྒྱུད་འདི་དག་མཁའ་འགྲོས་ལུང་བསྟན་པའི་སྐལ་ལྡན་གྱི་སློབ་མ་རེ་རེ་

ཙམ་མ་གཏོགས་གཞན་ལ་མ་སྟོན། ཐ་ན་སྐྱེ་བོ་གཞན་དག་ལ་འདི་འདྲ་ཡོད་པའི་གཏམ་ཙམ་ཡང་མ་སྨྲ་ཞིག་ཅེས་བཀའ་རྒྱ་དམ་པོ་བཏབ། དེ་ལྟར་ལོ་ལྔའི་བར་དུ་སྲས་ཀྱི་ཐུ་བོར་བཟུང་སྟེ་གདམས་པ་མཐའ་དག་རྫོགས་པར་མཛད་ནས་འཁྲིད་ཁར་པཎ་ཆེན་ཆོས་ཀྱི་རྒྱལ་པོས་བདག་ཉིད་ཆེན་པོ་འདི་ལ་ཆེ་མཐུག་དབེན་པའི་གནས་སུ་ཉམས་ལེན་འདི་དང་འདི་ལྟར་གྱིས་དུས་ལ་བབ་པ་ན་སྐལ་ལྡན་གྱི་སྐྱེས་བུ་ལ་གདམས་པ་འདི་ལྟར་སྟོན་ཅེས་ཕྱིས་འབྱུང་གི་ལུང་བསྟན་དང་བཅས་བཀའ་སྩལ་ཞིབ་ཏུ་གནང་། རྒྱལ་སྲས་བདག་ཉིད་ཆེན་པོ་འདིས་ཀྱང་པཎ་ཆེན་ཆོས་ཀྱི་རྒྱལ་པོའི་བཀའ་ལུང་སྤྱི་བོས་མནོས་ཤིང་ཞབས་ལ་ཕྱག་བྱས་ཏེ་སློན་ལམ་བཏབ་བོ། །དོན་དེ་དག་ལ་རྒྱལ་བ་དབེན་ས་པ་ཆེན་པོས་གྲུབ་ཆེན་ཆོས་རྡོ་རྗེ་ལ་སྙན་རྒྱུད་ཀྱི་མན་ངག་ཐོབ་པའི་ཚུལ་ལས་བརྩམས་ཏེ་བསྟོད་པ་ལས། དེ་ནས་ཡེ་ཤེས་མཁའ་འགྲོས་ལུང་བསྟན་བཞིན། །གྲུབ་པའི་(୧༨༢ བ)དབང་ཕྱུག་ཆོས་ཀྱི་རྒྱལ་མཚན་གྱིས། །ངུར་སྨྲིག་གིས་གླུབས་ཆོས་ཀྱི་རྡོ་རྗེ་ཞེས། །མངོན་པར་མངའ་གསོལ་ཁྱོད་ལ་གསོལ་བ་འདེབས། །མགོན་དེའི་ཞབས་ཟུང་རིང་དུ་གུས་བསྟེན་ནས། །ཐུགས་ཀྱི་བཅུད་ཕྱུང་ཟབ་ལམ་བདུད་རྩིའི་རྒྱུན། །མ་ལུས་རྫོགས་པར་གསོལ་བས་མགོན་པོ་ཁྱོད། །སྲས་ཀྱི་ཐུ་བོར་བྱུར་ལ་གསོལ་བ་འདེབས། །ཞེས་གསུངས་པ་ལྟར་རོ། །

དེ་ནས་རྒྱལ་སྲས་བདག་ཉིད་ཆེན་པོ་དེས་རྗེའི་སྙན་རྒྱུད་ཀྱི་མན་ངག་རྣམས་ལ་ཤིང་རྟ་ཆེན་པོའི་གཞུང་དང་སྦྱར་ཏེ་དྲི་མ་མེད་པའི་རིགས་པའི་ལམ་ནས་དྲངས་པའི་ངེས་ཤེས་བསྐྱེད་པར་བྱ་བའི་ཕྱིར་འབྲས་སྤུངས་སུ་ཕེབས་ནས་མཁས་པའི་དབང་པོ་བདེ་ལེགས་སྟོབས་ལྡན་པའི་སྤྱན་སྔར་ཕར་ཕྱིན་དང་། དབུ་མ་གཉིས་གཙོ་བོར་བྱས་ཏེ་ཤིང་རྟ་ཆེན་པོའི་གཞུང་ལུགས་རྣམས་ལ་སྦྱངས་པ་མཐར་ཕྱིན་པར་མཛད། གཞུང་ལུགས་ལ་སྦྱངས་པ་མཐར་ཕྱིན་པ་ན་རྗེ་ཡབ་སྲས་ཀྱི་རྣམ་ཐར་དང་མཐུན་པར་བྱ་བའི་

ཕྱིར་ཆོས་གྲྭ་དེར་རྗེ་དཔོན་བློ་བཟང་ཉི་མས་མཁན་པོ་དང་། ཆོས་རྗེ་བདེ་ལེགས་སྐྱོབས་ལྡན་པ་ལ་སློབ་དཔོན་ཞུས་ནས་དགེ་སློང་གི་དངོས་པོ་བཞེས་ཏེ་བཅས་མཚམས་ཕྲ་ཞིང་ཕྲ་བ་ཡང་སྲོག་གི་དབང་པོ་ལྟར་བསྲུངས་ཏེ་གནས་བརྟན་འདུལ་བ་འཛིན་པ་ཆེན་པོར་གྱུར་ཏོ། །དེ་ནས་འཇམ་དབྱངས་སྨོན་ལམ་དཔལ་བ་ལ་ཡང་མདོ་སྔགས་ཀྱི་ཆོས་མང་དུ་ཞུས་ནས་གཙང་དུ་ཕེབས་ཏེ་འདུལ་བ་འཛིན་པ་བློ་གྲོས་སྦས་པ་ལ་འདུས་པའི་ཁྲིད་ལག་རྗེས་ཡིག་ཆུང་ཐོར་བུ་བ། ལམ་རིམ་གྱི་ཁྲིད། རིམ་ལྔའི་(༩༨༩ན)ཁྲིད། མགོན་པོ་ཞལ་དང་། ལྷ་མོ་དམག་ཟོར་མའི་རྗེས་གནང་རྣམས་གསན། དེ་ལྟར་མཁས་གྲུབ་དམ་པ་མང་དུ་བསྟེན་ནས་ཐོས་པ་རྒྱ་མཚོའི་ཕ་རོལ་ཏུ་སོན་པར་མཛད་དོ། །

དེ་ཡང་བདག་ཉིད་ཆེན་པོ་འདི་ནི་སྔོན་ཡུན་རིང་པོ་ནས་ལམ་ཡོངས་རྫོགས་ལ་སྦྱངས་པ་ཡིན་པར་མ་ཟད་པཎ་ཆེན་ཆོས་ཀྱི་རྒྱལ་མཚན་ལས་མདོ་སྔགས་གཉིས་ཀའི་ལམ་གྱི་གནད་མཐར་ཐུག་པ་མཐའ་དག་ཡོངས་སུ་རྫོགས་པར་གསན་ཅིང་གང་གསན་པ་མཐའ་དག་ལ་ངེས་པ་གཏིང་ཚུགས་པར་དྲངས་ཏེ་ཐུགས་ཉམས་སུ་བཞེས་ནས་གདེང་ཐོབ་པ་ཞིག་ཡིན་མོད་ཀྱང་ཕྱི་རབས་ཀྱི་གདུལ་བྱ་རྣམས་ལ་རྒྱལ་བ་དགྱེས་པའི་ལམ་ལ་སྒྲུབ་པ་སྙིང་པོར་བྱ་འདོད་ན་བཀླགས་ལུང་ཙམ་རེ་དང་བླ་མ་རེ་ལས་ཁྲིད་བསྡུས་པ་རེ་ཐོབ་པ་ཙམ་གྱིས་ཆོག་པར་མི་བྱ་བར་གང་ཉམས་སུ་བླང་བར་བྱ་བའི་ལམ་གྱི་གནད་རྣམས་ལ་ཤིང་རྟ་ཆེན་པོའི་གཞུང་ལུགས་ལས་འབྱུང་བའི་དྲི་མ་མེད་པའི་རིགས་པས་དཔྱད་ནས་ངེས་པ་བརྟན་པོ་སྐྱེད་པ་དགོས་སོ་ཞེས་འདོམས་པའི་ཕྱིར་གཞུང་ལུགས་ལ་སྦྱོང་བ་དང་མང་དུ་ཐོས་པ་འཚོལ་བའི་ཚུལ་དེ་ལྟར་མཛད་དོ། །

དེ་ནས་རྒྱལ་བས་བསྔགས་པའི་དབེན་པའི་གནས་རྣམས་སུ་ལམ་གྱི་ལུས་ཡོངས་སུ་རྫོགས་པ་ལ་སྒྲུབ་པ་སྙིང་པོར་མཛད་ཅིང་གང་ལའང་ཆགས་པ་མེད་པར་དབེན་པ་ནས་དབེན་པར་རྒྱུ་ཞིང་། དགེ་སྦྱོར་ཡར་ངོའི་ཟླ་བ་བཞིན་འཕེལ་བར་གྱུར་ཏོ། །དུས་རེ་

ཤིག་གི་ཚེ། པཎ་ཆེན་ཆོས་ཀྱི་རྒྱལ་མཚན་གྱི་བཀའ་དྲིན་དྲན་ཏེ། རིགས་གསང་ཆེན་རྒྱལ་བ་རྡོ་རྗེ་འཆང་། །རྗེ་སྒྲུ་བཞིའི་ངོ་བོ་བ་སོ་བ། །མཚན་ཡོངས་སུ་གྲགས་པའི་ཆོས་རྒྱལ་ཞབས། །ཕ་རྗེ་གཅིག་དྲན་པས་གསོལ་བ་འདེབས། །གནས་འཁོར་བའི་རྒྱ་མཚོ་གཏིང་ཟབ་ཅིང་། །བློ་མ་རིག་འཁྲུགས་པའི་སྦྲུབས་ཆུད་ན། །རྗེ་ཟབ་དོན་མཁྱེན་པའི་འོད་ཟེར་གྱིས། །ཉམས་བདེ་སྟོང་རྟོགས་པ་སྤྱར་དུ་གསོལ། །དུས་སྙིགས་མའི་སྐྱེ་འགྲོ་ཡོངས་ཀྱི་མགོན། །ལར་བསམས་ཀྱིན་རྗེ་བཙུན་སྤྲུལ་པའི་སྐུ། །མི་ཕོ་བོའི་གཙུག་རྒྱན་ཆོས་ཀྱི་རྗེ། །ཡིད་གདུང་ཤུགས་དྲག་པོས་གསོལ་བ་འདེབས། །རང་གཅེས་པར་འཛིན་པའི་ཚེ་གདུང་འདིས། །བྱམས་སྙིང་རྗེ་རྒྱུས་པའི་ལོ་ཏོག་སྲེག །རྗེ་བྱང་ཆུབ་སེམས་ཀྱི་སྤྲིན་ཆེན་ལས། །གཞན་གཅེས་འཛིན་ཆར་རྒྱུན་ཕབ་ཏུ་གསོལ། །ཞེས་གསོལ་འདེབས་ཤུགས་དྲག་པོ་མཛད་ཅིང་ཉམས་ཀྱི་སྣང་བ་དང་བསྟུན་པའི་མགུར་མང་པོ་བཞེས་སོ། །

དེ་ནས་པཎ་ཆེན་ཆོས་ཀྱི་རྒྱལ་མཚན་གྱི་བཀའ་བཞིན་དུ། གངས་དང་། རི་སུལ་དང་། ནགས་ཁྲོད་སོགས་སྐྱེ་བོས་དབེན་པའི་ས་ཕྱོགས་དུ་མར་རྒྱུ་ཞིང་ཉམས་རྟོགས་གོང་ནས་གོང་དུ་འཕེལ་བར་མཛད་ལ། ཁྱད་པར་སྔོན་ཐྱོན་དམ་པ་དུ་མས་གྲུབ་པ་བརྙེས་པའི་ས་དཔའ་བོ་མཁའ་འགྲོ་སྤྲིན་བཞིན་འདུ་བའི་གནས་ཆེན་པ་སྣམ་རྫོ་མོ་ལྷ་རིའི་གསང་ཆེན་གྲུབ་པའི་གནས་པདྨ་ཅན་དུ་བསྙེད་རིམ་མཐར་སོན་ནས་རྫོགས་རིམ་(༡༧༠ན)ལ་ཆེག་བསྒྲིལ་མཛད་པས་སེམས་དབེན་དཔེའི་འོད་གསལ་དང་། མ་དག་པའི་སྒྱུ་ལུས་གྲུབ་བོ། །

དེ་འདྲ་བའི་གནས་བྱིན་རླབས་ཅན་དེ་ནི་རྡོ་རྗེ་བཙུན་མོའི་ཕྲ་གའི་དབྱིབས་ཅན་དུ་ཡོད་པས་པདྨ་ཅན་ཞེས་མཚན་ཐོགས་ཤིང་། དེའི་དྲང་ཐད་ཀྱི་ཤར་ཕྱོགས་ན་བཀྲ་ཤིས་རྫོང་དགའི་རྒྱབ་རིའི་རྩེ་མོ་ན་ལིང་གའི་དབྱིབས་ཅན་གྱི་རྡོ་ཆེན་པོ་ཞིག་ཡོད་པ་ཆེས་བཅོ་ལྔའི་ཟླ་བ་ཤར་བའི་ཚེ་རྡོ་དེའི་གྲིབ་མ་པདྨ་ཅན་དུ་བབས་པ་ན་ལིང་ག་ཆོས་

འབྱུང་དུ་ཞུགས་པ་ཇི་ལྟ་བར་འབྱུང་། དེའི་ཚེ་པདྨ་ཅན་གྱི་སྒྲུབ་ཆུའི་ཉེ་སྐོར་གྱི་ས་རྣམས་སྐད་ཅིག་དེ་ལ་སིནྡྷཱུ་རར་འགྱུར་བ་ཞིག་ཡོད་པས་ཡུལ་ཉེར་བཞི་དངོས་དང་མཚུངས་པ་ཞིག་ཡོད་ཅེས་གྲག་གོ །གནས་བྱིན་རླབས་ཅན་དེར་རྫོགས་རིམ་དང་འབྲེལ་བའི་བླ་མ་ལྷའི་རྣལ་འབྱོར་སྒོམ་པར་མཛད་པས་ཆོས་ཀྱི་རྒྱལ་པོ་ཙོང་ཁ་པ་ཆེན་པོའི་ཞལ་གཟིགས། དེའི་ཚེ་རྗེ་རིན་པོ་ཆེས་དམ་པ་འདི་ལ་ཐུན་མོང་དང་ཐུན་མོང་མ་ཡིན་པའི་སྙན་བརྒྱུད་ཀྱི་གདམས་ངག་ཡོངས་སུ་རྫོགས་པར་གནང་། ལྷག་པར་རྗེ་རིན་པོ་ཆེ་ཕྱི་པཎྜི་ཏའི་ཆ་ལུགས་ནང་གི་ཕུང་ཁམས་སྐྱེ་མཆེད་རྣམས་འདུས་པའི་ལྷ་ཚོགས་སུ་གསལ་བ་ཐུགས་ཀར་རྒྱལ་བ་ཤཱཀྱ་ཐུབ་པ་དེའི་ཐུགས་ཀར་རྡོ་རྗེ་འཆང་བཞུགས་པའི་བླ་མའི་རྣལ་འབྱོར་ཐུན་མོང་མིན་པ་སེམས་དཔའ་སུམ་བརྩེགས་ཅན་འདི་གནང་ངོ་། །

ཚུལ་དེ་ནི་རྒྱལ་བ་དབེན་ས་པ་ཆེན་པོས་གྲུབ་ཆེན་ཆོས་རྡོ་རྗེ་ལ་རྒྱལ་(༤༧༠བ)བ་ཙོང་ཁ་པས་ཞལ་གཟིགས་ནས་སྙན་བརྒྱུད་ཀྱི་མན་ངག་གནང་བའི་ཚུལ་ལས་བརྩམས་ཏེ་བསྟོད་པ་ལས། རྗེ་བཙུན་ཆེན་པོ་མ་ཏི་བྷ་དྲ་སོགས། །དངོས་སུ་ཞལ་གཟིགས་བྱིན་རླབས་མཆོག་ཐོབ་པས། །ཟབ་རྒྱས་ཆོས་ཀྱི་དཔལ་ལ་དབང་འབྱོར་ནས། །གདམས་པའི་གཏེར་ཆེན་གྱུར་ལ་གསོལ་བ་འདེབས། །ཞེས་གསུངས་པ་ལྟར་རོ། །དེ་ནས་གྲུབ་ཆེན་ཆོས་རྡོ་རྗེས་པདྨ་ཅན་གྱི་གོང་ན་སྒྲུབ་ཕུག་ཅིག་ཡོད་པ་དེར་རྒྱལ་བ་ཙོང་ཁ་པས་གནང་བའི་བླ་མའི་རྣལ་འབྱོར་ཐུན་མོང་མིན་པ་འདི་རྩེ་གཅིག་ཏུ་སྒོམ་པར་མཛད་པ་ན། འཕགས་པ་ཐུགས་རྗེ་ཆེན་པོའི་ཞལ་མངོན་སུམ་དུ་གཟིགས། དེས་རྐྱེན་བྱས་ཏེ་ཕྱོགས་བཅུའི་རྒྱལ་བ་སྲས་བཅས་མ་ལུས་པའི་ཞལ་མངོན་སུམ་དུ་གཟིགས་པར་གྱུར་ཏོ། །ཚུལ་དེ་ནི་རྒྱལ་བ་དབེན་ས་པ་ཆེན་པོས་གྲུབ་ཆེན་ཆོས་རྡོ་རྗེ་ལ་འཕགས་མཆོག་ཕྱག་ན་པདྨོས་བྱིན་གྱིས་བརླབས་པའི་མཐུས་ཕྱོགས་བཅུའི་རྒྱལ་བ་སྲས་བཅས་ཐམས་ཅད་མངོན་སུམ་དུ་གཟིགས་པའི་ཚུལ་ལས་བརྩམས་ཏེ་བསྟོད་པ་ལས། ཕྱག་ན་པདྨོས

དངོས་སུ་བྱིན་བརླབས་པས། །མ་ལུས་རྒྱལ་བའི་འཁོར་ལོ་གསལ་བར་གཟིགས། །དངོས་གྲུབ་རྒྱ་མཚོའི་དཔལ་ལ་དབང་འབྱོར་བས། །དོན་གཉིས་ལྷུན་གྲུབ་ཁྱོད་ལ་གསོལ་བ་འདེབས། །ཞེས་གསུངས་པ་ལྟར་རོ། །

དེ་ནས་སླར་ཡང་སྒྲུབ་གནས་དེར་ཟབ་ལམ་རིམ་གཉིས་སྤྱི་དང་ཁྱད་པར་རྫོགས་རིམ་ཟབ་མོའི་རྣལ་འབྱོར་རྩེ་གཅིག་ཏུ་སྒོམ་(༤༧༡ན)པར་མཛད་པས་ཟུང་འཇུག་འགྲུབ་པའི་མཚན་མ་ཐོབ་པ་ན་ཤིན་ཏུ་སྤྲོས་མེད་ཀྱི་སྤྱོད་པ་ལ་བརྟེན་ནས་འོད་གསལ་རྩེ་གཅིག་ཏུ་སྒོམ་པར་མཛད་པས་དོན་དམ་པའི་འོད་གསལ་མངོན་དུ་བྱས་པ་ལས་ཟུང་འཇུག་རྡོ་རྗེ་འཆང་གི་གོ་འཕང་བརྙེས་ཏེ་ནམ་མཁའ་ཇི་སྲིད་གནས་ཀྱི་བར་དུ་ཟུང་འཇུག་གི་སྐུ་ལས་གཡོ་བ་མེད་པར་སེམས་ཅན་རང་རང་གི་སྐལ་བ་དང་འཚམ་པར་སྤྲུལ་པ་བསྟན་ཏེ་ཆོས་སྟོན་པ་སོགས་འགྲོ་བའི་དོན་ལ་གཡེལ་བ་མེད་པར་བཞུགས་སོ། །དེ་འདྲ་བའི་སྒྲུབ་གནས་དེ་ལ་ཟུང་འཇུག་ཕུག་ཅེས་གྲགས་སོ། །

ཚུལ་དེ་ནི་རྒྱལ་བ་དབེན་ས་པ་ཆེན་པོས་གྲུབ་ཆེན་ཆོས་རྡོ་རྗེ་ལ་ཟུང་འཇུག་བརྙེས་པའི་ཚུལ་ལས་བརྩམས་ཏེ་བསྟོད་པ་ལས། དེ་ནས་མཁས་དང་གྲུབ་པ་མང་བསྟེན་ཅིང་། །པདྨ་ཅན་སོགས་གྲུབ་པའི་གནས་རྣམས་སུ། །ཆོས་ཀུན་སྙིང་པོ་རྩེ་གཅིག་ཉམས་བཞེས་པས། །གྲུབ་པ་མཆོག་བརྙེས་ཁྱོད་ལ་གསོལ་བ་འདེབས། །ཞེས་དང་། བརྒྱ་ཕྲག་ལས་ལྷག་ལོར་ནི་བསྟན་པ་བསྐྱངས། །འཆི་མེད་དཔའ་བོ་མཁའ་འགྲོའི་གཙོར་བཞུགས་ནས། །ནམ་མཁའ་ཇི་སྲིད་སྐལ་ལྡན་འགྲོ་བ་འདྲེན། །འཕྲིན་ལས་ཀུན་ཏུ་དགེ་ལ་གསོལ་བ་འདེབས། །ཞེས་གསུངས་པ་ལྟར་རོ། །དེ་ནས་གྲུབ་ཆེན་ཆོས་རྡོ་རྗེས་རེ་ཤིག་རྣམ་སྨིན་གྱི་སྐུ་ལུས་རགས་པ་མ་དོར་བར་ཟུང་འཇུག་དབང་གི་རྒྱལ་པོའི་ཟ་མ་ཏོག་དེ་ལ་གནས་ནས་སྐལ་བ་དང་ལྡན་པ་མཐའ་ཡས་(༤༧༡བ)པ་ལ་ཆོས་ཀྱི་བདུད་རྩི་སྩལ། རྗེ་བཙུན་འཇམ་པའི་དབྱངས་ཀྱིས་ལུང་བསྟན་པའི་སྙན་བརྒྱུད་བསྟན་པའི་བདག

པོ་དབེན་ས་པ་ཆེན་པོ་རེ་ཤིག་མ་བྱོན་པར་དགུང་ལོ་བརྒྱ་ཕྲག་བརྒལ་བའི་བར་དུ་ཟུང་འཇུག་དབང་གི་རྒྱལ་པོའི་ཟ་མ་ཏོག་དེ་ལ་གནས་ནས་མི་སྣལ་ལྷན་དུ་མ་དང་། གཙོ་བོར་གནས་གསུམ་གྱི་དཔའ་བོ་མཁའ་འགྲོ་བགྲང་བ་ལས་འདས་པ་ལ་རྡོ་རྗེ་ཐེག་པའི་ལམ་བཟང་སྟོན་ཅིང་བཞུགས་པ་ལས་རྒྱལ་བ་དབེན་ས་པ་ཆེན་པོ་ཞིང་འདིར་བྱོན་ནས་དགུང་ལོ་བཅུ་བདུན་བཞེས་པའི་ཚེ་འབྲུམ་བུའི་བསྟན་གཉིས་ཟིན་ནས་དབེན་ས་ན་བཞུགས་པའི་ཚེ་གྲུབ་ཆེན་འདིས་དབེན་ས་པ་གང་ན་བཞུགས་པའི་སྒོ་དྲུང་དུ་ཕེབས་ནས། གང་ཞིག་གཟིགས་ཤིང་གསུང་བ་ཡི། །མཁྱེན་དང་སྟོན་པ་བླ་ན་མེད། །རྒྱལ་བ་རྟེན་ཅིང་འབྲེལ་བར་འབྱུང་། །གཟིགས་ཤིང་འདོམས་པ་དེ་ལ་འདུད། །ཅེས་སོགས་ཟབ་མོ་རྟེན་འབྱུང་གསུང་བའི་སྒོ་ནས་ཐུབ་དབང་ལ་བསྟོད་པ་ལེགས་པར་བཤད་པའི་སྙིང་པོ་གསུང་དབྱངས་མཐོན་པོས་ཞལ་འདོན་དུ་མཛད་པ་ན། རྒྱལ་བ་དབེན་ས་པ་ཆེན་པོས་གསུང་གི་གདངས་ཐོས་པ་ཙམ་གྱིས་ལུས་ཀྱི་སྤུ་ཟིང་ཞེས་བྱེད་ཅིང་སྣང་བ་གཏིང་ནས་འགྱུར་བ་ཞིག་བྱུང་སྟེ། འདི་ནི་གྲུབ་པའི་སྐྱེས་བུ་བདག་ཉིད་ཆེན་པོ་ཞིག་ཡིན་པར་གོར་མ་ཆག་གོ་སྙམ་དུ་དགོངས་ནས་སྒོ་དྲུང་དུ་བྱོན་ཏེ་བརྟགས་པ་ན། རྗེའི་སྙན་བརྒྱུད་འཛིན་པའི་གྲུབ་ཆེན་ཡིན་(༤༧༢ན)པར་མཁྱེན་ནས་རྗེས་སུ་འཛིན་པར་གསོལ་བ་བཏབ་པ་ན་དུས་ཚོད་འདི་ག་ཙམ་ལ་བཀྲ་ཤིས་རྫོང་དགའི་ཕུའི་འགར་མོ་ཆོས་རྫོང་དུ་ཤོག་ཅེས་བཀའ་གནང་། དེ་ནས་རྒྱལ་བ་དབེན་ས་པས་འབྲུམ་བུའི་བསྟན་ལས་གྲོལ་མ་ཐག་བླ་མ་གྲུབ་ཆེན་གྱིས་ཇི་ལྟར་གསུང་བའི་དུས་ཚོད་དེ་ལས་ཡོལ་བ་མེད་པར་དབེན་གནས་འགར་མོ་ཆོས་རྫོང་དུ་ཕེབས་གྲུབ་ཆེན་ཆོས་རྡོ་རྗེ་མཉེས་པ་གསུམ་གྱིས་མཉེས་པར་བྱས་ནས་རྒྱལ་བ་ཙོང་ཁ་པའི་སྙན་བརྒྱུད་ཀྱི་མན་ངག་ཡོངས་སུ་རྫོགས་པ་ཞིག་གནང་བ་ཐུགས་རྗེས་གཟུང་འཚལ་ཞེས་གསོལ་བ་བཏབ་པས་གྲུབ་མཆོག་ཆོས་རྡོ་རྗེས་ཀྱང་དགྱེས་བཞིན་དུ་ཐོག་མར་མདོ་སྔགས་ཀྱི་གསུང་རབ་དགོངས་

འགྲེལ་དང་བཅས་པའི་དོན་མཐའ་དག་སྙིང་པོར་བསྡུས་ཏེ་གང་ཟག་གཅིག་གི་ཉམས་ལེན་གྱི་རིམ་པར་དྲིལ་བ་ལས་དང་པོ་པའི་ས་ནས་སངས་རྒྱས་ཀྱི་སའི་བར་གྱིས་ལམ་འབྲས་བུ་དང་བཅས་པའི་ལམ་གྱི་གནད་ཐམས་ཅད་ཚང་བ་བྱང་ཆུབ་ལམ་གྱི་རིམ་པའི་ཁྲིད་མན་ངག་ཞལ་ཤེས་དང་བཅས་པ་ཡོངས་སུ་རྫོགས་པ་དང་། བདེ་གསང་འཇིགས་གསུམ་སོགས་བླ་མེད་ཀྱི་དབང་དང་རིམ་གཉིས་ཀྱི་མན་ངག་རྣམས་ཡོངས་སུ་རྫོགས་པ་གནང་སྟེ་རྒྱལ་བ་དབེན་ས་པ་ཆེན་པོ་འཇམ་མགོན་སྙན་བརྒྱུད་ཀྱི་མན་ངག་མ་ལུས་པའི་བདག་པོར་གྱུར་ཏོ། །དེའི་ཚེ་གྲུབ་ཆེན་ལ་སྙན་བརྒྱུད་ཀྱི་མན་ངག་རྣམས་ཞུ་བར་མཛད་པ་པོ་རྒྱལ་(༥༧༢བ)བ་དབེན་ས་པ་གཙོ་བོ་ཡིན་ཞིང་གཞན་ཁ་ཤས་ཀྱང་ཡོད་ལ། རིན་པོ་ཆེ་ལྷ་བུའི་གདུལ་བྱ་གཞན་གཉིས་ཀྱང་ཡོད་དེ་གཞན་གཉིས་པོ་དེ་ནི་སྨྲས་པའི་བརྟུལ་ཞུགས་བཟུང་སྟེ་སྐྱེ་བོ་ཡོངས་ལ་མཚན་ཙམ་ཡང་གྲག་པར་མ་གྱུར་ཏོ། །

གྲུབ་ཆེན་གྱིས་རྗེའི་སྙན་བརྒྱུད་ཀྱི་མན་ངག་ཡོངས་རྫོགས་གནང་བའི་ཚེ་རྒྱལ་བ་དབེན་ས་པ་ཆེན་པོ་དང་རིན་པོ་ཆེ་ལྷ་བུའི་གདུལ་བྱ་གཞན་གཉིས་བཅས་གསུམ་ཡོད་པ་ནི་རྒྱལ་བ་དབེན་ས་པ་ཆེན་པོའི་གསུང་ཚད་མ་དཔང་པོར་གྱུར་པ་ལས་ཤེས་ཏེ། རྒྱལ་བ་དབེན་ས་པའི་ཞལ་ནས། བདག་གིས་རྗེ་བཙུན་ཆོས་ཀྱི་རྡོ་རྗེ་ལ་གདམས་ངག་འདི་ཡོངས་སུ་རྫོགས་པར་ཞུས་པའི་དུས་སུ། རྗེ་བཙུན་ཆོས་ཀྱི་རྡོ་རྗེས་ཁོ་བོ་ལ་པཎ་ཆེན་ཆོས་ཀྱི་རྒྱལ་མཚན་གྱིས་གདམས་པ་འདི་གནང་བའི་ཚེ། གདམས་པ་འདི་སུ་ལ་ཡང་མ་སྨྲ་གསུང་བ་སོགས་བཀའ་རྒྱ་ཤིན་ཏུ་དམ་པ་ཡོད། ཅེས་གསུང་ཞིང་། ཡང་བདག་གི་བླ་མ་ལ་ཡང་བདག་གྲོགས་མཆེད་གསུམ་ཙམ་གྱིས་འདི་ཉིད་ཞུ་བའི་དུས་སུ་ཡང་། བདག་གསུམ་དང་། ཁྱད་པར་བདག་ལ་བཙུན་ཆུང་ན་གཞོན་པ་དང་། ཁ་ཡང་བའི་སྟོབས་ཀྱིས་འདི་ཉིད་སླེབས་པ་འོང་བས། སུ་ལ་ཡང་ཡོད་པའི་གཏམ་ཙམ་ཡང་མ་སྨྲ་གསུང་། ཞེས་གསུངས་པ་ལྟར་རོ། །

དེ་ནས་སླར་ཡང་གྲུབ་ཆེན་ཆོས་རྡོ་རྗེ་དང་རྒྱལ་བ་དབེན་ས་པ་ཆེན་པོ་དཔོན་སློབ་ལྷན་ཅིག་དབུས་གཙང་གི་(༤༧༣ན)ལྗོངས་དེ་དང་དེར་སྐལ་ལྡན་གྱི་གདུལ་བྱ་དུ་མ་རྗེས་སུ་འཛིན་པ་དང་། མཐོང་ཐོས་དྲན་རེག་གིས་གནས་སྐབས་དང་མཐར་ཐུག་གི་ཕན་བདེ་བསྒྲུབ་པའི་རྟེན་འབྲེལ་ཁྱད་པར་ཅན་བསྒྲུན་པའི་ཕྱིར། གངས་རིའི་ཁྲོད་ཀྱི་གནས་དང་ཡུལ་ལྗོངས་ཕལ་མོ་ཆེར་བཀྲ་ཤིས་པའི་མཚན་དང་ལྡན་པའི་ཞབས་རྡུལ་གྱིས་རེག་པ་སྤུལ་ཞིང་། མཐར་གྲུབ་པའི་གནས་མཆོག་པདྨ་ཅན་དུ་ཕེབས་ཏེ་ཡུན་རིང་དུ་སྒྲུབ་པ་བསམ་གཏན་གྱི་འཁོར་ལོ་ལ་གཞོལ་བར་མཛད་དོ། །

དེ་ལྟར་གྲུབ་ཆེན་ཆོས་རྡོ་རྗེས་རྒྱལ་བ་དབེན་ས་པ་ཆེན་པོ་ལ་དགའ་ལྡན་སྙན་རྒྱུད་ཀྱི་མན་ངག་ཡོངས་སུ་རྫོགས་པ་གནང་བའི་མཐར་སྤྲུལ་པའི་གླེགས་བམ་གཏད་ནས་བཀའ་རྒྱ་དམ་པོ་བཏབ་སྟེ་རི་ཤིག་དབེན་གནས་དུ་མར་སྒྲུབ་པ་སྙིང་པོར་བྱས་ནས་ལམ་ཐུན་མོང་བ་དང་ཐུན་མོང་མ་ཡིན་པ་རིམ་གཉིས་ཀྱི་རྟོགས་པ་ཡོངས་སུ་རྫོགས་པ་རང་གི་རྒྱུད་ལ་བསྐྱེད་ནས་རང་ཉིད་མི་ཉམས་པའི་གདེང་ཐོབ་པ་ན་གདུལ་བྱའི་དོན་ཇི་ལྟར་བྱ་ཚུལ་དང་རྗེའི་སྙན་རྒྱུད་ཀྱི་བསྟན་པ་བསྲེ་བསླད་མེད་པར་འཛིན་ཅིང་སྤེལ་ལུགས་སོགས་ཞལ་གདམས་རྒྱས་པར་གནང་སྟེ་རྒྱལ་བ་དབེན་ས་པ་སྙན་རྒྱུད་བསྟན་པའི་བདག་པོར་བྱིན་གྱིས་བརླབས་སོ། །དེ་ནས་གྲུབ་ཆེན་ཆོས་རྡོ་རྗེས་རང་ཉིད་རྣམ་སྨིན་གྱི་ལུས་རགས་པ་བཟུང་ནས་གནས་པའི་དགོས་པ་ལེགས་པར་གྲུབ་ནས་ཟུང་འཇུག་དབང་གི་རྒྱལ་པོའི་ཟ་མ་ཏོག་རྣམ་སྨིན་གྱི་ལུས་རགས་པ་འོད་གསལ་དུ་བསྡུས་ཏེ་འཇའ་(༤༧༣བ)ལུས་རྡོ་རྗེའི་སྐུའི་རང་བཞིན་དུ་བཞུགས་ནས་མཁའ་ཁྱབ་ཀྱི་འགྲོ་བ་ཐམས་ཅད་ཀྱི་ཁམས་དང་བསམ་པ་དང་བག་ལ་ཉལ་དང་དབང་པོའི་རིམ་པ་དང་མཐུན་པར་སྤྲུལ་པ་བསྟན་ནས་དེ་དང་དེའི་དོན་མཛད་པ་ལ་འབད་རྩོལ་དང་རྣམ་རྟོག་མི་མངའ་ཞིང་ཡིད་བཞིན་གྱི་ནོར་བུ་དང་དཔག་བསམ་གྱི་ཤིང་བཞིན་དུ་གདུལ་བྱ་རང་རང་གིས་

གང་དང་གང་དུ་གསོལ་བ་བཏབ་པ་དེ་དང་དེར་དབང་པོ་དང་འཚམ་པའི་སྤྲུལ་པ་འབྱུང་ལ། གངས་རིའི་ལྗོངས་འདིར་ཡང་སྐལ་བ་དང་ལྡན་པ་དག་ལ་སྐུའི་བཀོད་པ་སྣ་ཚོགས་སུ་བསྟན་ཏེ། པཎ་ཆེན་བློ་བཟང་ཆོས་ཀྱི་རྒྱལ་མཚན་ལ་སྔོན་རྣམ་སྨིན་གྱི་ལུས་རགས་པ་བཟུང་བའི་གནས་སྐབས་ཇི་བཞིན་དུ། དགེ་སློང་བགྲེས་པོ་དབུ་སྐྲ་དང་སྨ་ར་དཀར་པོ་ཅན་ཞིག་གི་རྣམ་པར་ཞལ་བསྟན་པ་ལྟ་བུའོ། །ཇོ་བོ་ལྷ་རིའི་ཟུར་འཇུག་ཕུག་པར་ཡང་སྐལ་བ་དང་ལྡན་པ་འགའ་རེ་ལ་གང་ཡང་རུང་བའི་སྐུའི་རྣམ་པར་བསྟན་ང་དང་སྐུ་མི་སྣང་བར་གསུང་གི་གདངས་ཐོས་པ་དང་། སྐུ་དང་གསུང་གི་སྣང་བ་མེད་པར་ཚུལ་ཁྲིམས་ཀྱི་དྲི་ངད་ཞིམ་པོ་ཆོར་བ་བྱུང་བ་སོགས་ལོ་རྒྱུས་མང་དུ་སྣང་ངོ་། །

དེས་ན་བྱང་ཆུབ་ལམ་གྱི་རིམ་པ་ལ་བློ་སྦྱོང་བར་འདོད་པ་རྣམས་ཀྱིས་གྲུབ་ཆེན་ཆོས་རྡོ་རྗེ་ལ་གསོལ་བ་འདེབས་ཤིང་གྲུབ་ཆེན་འདིའི་རྣམ་ཐར་ལྟར་ཐེག་པ་ཆེན་པོའི་དགེ་བའི་བཤེས་གཉེན་མཚན་ཉིད་དང་ལྡན་པ་ཞིག་བཙལ་ལ་དེ་བསམ་སྦྱོར་གཉིས་ཀྱིས་ཚུལ་བཞིན་དུ་བསྟེན་ཏེ་(༡༧༡༤)སངས་རྒྱས་ནས་བཟུང་དམ་པ་བར་མ་ཆད་པ་ལས་བརྒྱུད་པའི་སྙན་རྒྱུད་ཀྱི་མན་ངག་མདོ་སྔགས་གཉིས་ཀའི་ལམ་གྱི་གནད་ཚང་བ་དེ་ལ་ཆིག་བསྒྲིལ་དུ་བྱས་ཚོག་པ་ཞིག་ཐོབ་པར་བྱས། དེ་ནས་ཚེ་འདིའི་འཁྲི་བ་བཅད་དེ་དབེན་པའི་རི་སུལ་དུ་འཚོ་བ་དཀའ་ཐུབ་ལ་གནས་ནས་སྒྲུབ་པ་རྩེ་གཅིག་ཏུ་བྱས་ལ་མདོ་སྔགས་ཀྱི་ལམ་གྱི་རིམ་པ་ཡོངས་སུ་རྫོགས་པ་རྒྱུད་ལ་བསྐྱེད་ཐུབ་པ་ཞིག་བྱ། གྲུབ་ཆེན་གྱི་རྣམ་ཐར་དེ་ལྟ་བུ་མ་ཟིན་ཡང་ལམ་གྱི་ལུས་ཡོངས་སུ་རྫོགས་པ་ལ་ཐ་ན་སློན་ལམ་གྱི་ཡུལ་ཙམ་ཚད་དུ་བྱས་ཏེ་བག་ཆགས་ཅི་ཐེབས་བྱའོ།། །།

༄༅། །ལམ་རིམ་བླ་མ་བརྒྱུད་པའི་རྣམ་ཐར་བཞུགས་སོ། །(སྟོད་ཆ། སྨད་ཆ།)

མཛད་པ་པོ།	ཡོངས་འཛིན་ཡེ་ཤེས་རྒྱལ་མཚན།
བསྡུ་སྒྲིག་པ།	སེར་གཙུག་ནང་བསྟན་དཔེ་རྙིང་འཚོལ་བསྡུ་ཕྱོགས་སྒྲིག་ཁང་།
རྩོམ་སྒྲིག་འགན་འཁུར་བ།	བློ་བཟང་ཚེ་རིང་།
མདུན་ཤོག་འཆར་འགོད་པ།	སྐལ་ཚོ།
པར་འདེབས་འགན་འཁུར་བ།	མིའོ་ཕན།
དཔེ་སྐྲུན་ཚན་པ།	བོད་ལྗོངས་མི་དམངས་དཔེ་སྐྲུན་ཁང་། (ལྷ་ས་གླིང་སྐོར་བྱང་ལམ་སྒོ་ཨང་20པ།)
པར་འདེབས་ཚན་པ།	ལྷ་ས་གྲོང་ཁྱེར་མེང་ཤིན་པར་འདེབས་ཚད་ཡོད་ཀུང་སི།
དེབ་ཚད།	787 × 1092　1/16
པར་ཤོག	97.125
ཡིག་གྲངས།	ཁྲི85.9
པར་གཞི།	2011ལོའི་ཟླ1པོར་པར་གཞི1བསྒྲིགས།
པར་ཐེངས།	2024ལོའི་ཟླ3པར་པར་ཐེངས3བཏབ།
པར་གྲངས།	6,001 – 8,000
དཔེ་དེབ་ཨང་གྲངས།	ISBN 978 – 7 – 223 – 02992 – 6
རིན་གོང་སྒོར།	198.00 (སྟོད་ཆ། སྨད་ཆ།)